MW00355444

LOS SALMOS

FRANZ J. DELITZSCH

Comentario al texto hebreo
del
Antiguo Testamento
por C. F. Keil y F. J. Delitzsch

Traducción y adaptación de Xabier Pikaza

editorial clie

EDITORIAL CLIE
C/ Ferrocarril, 8
08232 VILADECAVALLS
(Barcelona) ESPAÑA
E-mail: clie@clie.es
http://www.clie.es

Publicado originalmente en alemán bajo el título
[Biblischer Commentar über das Alte Testament] *Biblischer
Commentar über die Poetischen Bücher des Alten Testaments:
Die Psalmen*, von Franz Julius Delitzsch; 4ª edición,
Dörffling und Franke, Leipzig 1883/1884.

Traducido y adaptado por: Xabier Pikaza Ibarrondo

*"Cualquier forma de reproducción, distribución,
comunicación pública o transformación de esta obra solo
puede ser realizada con la autorización de sus titulares, salvo
excepción prevista por la ley. Diríjase a CEDRO (Centro
Español de Derechos Reprográficos) si necesita fotocopiar o
escanear algún fragmento de esta obra
(www.conlicencia.com; 917 021 970 / 932 720 447)".*

© 2022 Editorial CLIE, para esta edición en español.

COMENTARIO AL TEXTO HEBREO DEL ANTIGUO TESTAMENTO
Los Salmos
ISBN: 978-84-18810-79-4
Depósito Legal: B 5535-2022
Comentarios bíblicos
Antiguo Testamento
Referencia: 225178

Impreso en Estados Unidos de América / *Printed in the United States of America*

Querido lector:

Nos sentimos honrados de proporcionar este destacado comentario en español. Durante más de 150 años, la obra monumental de Keil y Delitzsch ha sido la referencia estándar de oro en el Antiguo Testamento.

El Antiguo Testamento es fundamental para nuestra comprensión de los propósitos de Dios en la tierra. Hay profecías y promesas, muchas de las cuales ya se han cumplido, como el nacimiento y la vida de Jesucristo, tal y como se registra en el Nuevo Testamento. Algunas se están cumpliendo ahora, mientras que otras se realizarán en el futuro.

Los autores, Keil y Delitzsch, escribiendo cuando lo hicieron, solo podían imaginar por la fe lo que sucedería cien años después: el renacimiento de Israel como nación y el reagrupamiento del pueblo judío en la Tierra. Este milagro moderno continúa desarrollándose en nuestros días. Desde nuestra perspectiva actual podemos entender más plenamente la naturaleza eterna del pacto de Dios con su pueblo.

Según nuestro análisis, los escritos de Keil y Delitzsch parecen haber anticipado lo que vemos hoy en Tierra Santa. Donde su interpretación es menos clara, es comprensible dada la improbabilidad, desde el punto de vista natural, de que la nación hebrea renaciera y su pueblo se reuniera.

En resumen, le encomendamos este libro de referencia, solo añadiendo que lo involucramos desde la perspectiva de la realidad de lo que ahora sabemos acerca del Israel moderno. De hecho, el Señor está comenzando a levantar el velo de los ojos del pueblo judío.

Sé bendecido con el magnífico comentario de Keil y Delitzsch, ya que estamos ayudando a que esté disponible.

John y Wendy Beckett
Elyria, Ohio, Estados Unidos

CONTENIDO

LIBRO II
SALMOS 42-72

LIBRO III
SALMOS 73–89

LIBRO IV
SALMOS 90-106

LIBRO V
SALMOS 107-150

PRÓLOGO DEL TRADUCTOR

Esta es una obra cumbre de la exégesis y estudio de la Biblia, uno de los textos más significativos de la teología y espiritualidad judeo-cristiana, escrito desde una perspectiva protestante, abierta a las diversas iglesias y confesiones cristianas de la modernidad, en un contexto universal de fe en el Dios bíblico, en comunión con los creyentes monoteístas, de tradición cristiana e incluso musulmana, dentro de eso que puede llamarse la religión (din) semita (de expresión hebrea, aramea y árabe)[1].

Forma parte de la colección de *Comentarios Exegéticos al texto hebreo del Antiguo Testamento,* escrita por F. Delitzsch (1813-1890) en colaboración con K. F. Keil. Es una obra viva, que sigue siendo consultada, utilizada y leída por especialistas y estudiosos de la Biblia. La traducción y adaptación española que ahora ofrecemos constituye uno de los acontecimientos bíblicos más significativos de los últimos decenios.

Esta obra, que fue varias veces actualizada por su autor, se sigue publicando *online* (https://www.betanien.de/kd/Keil_Delitzsch_Band_08_Psalmen_1883.pdf), pero también en edición alemana impresa (Brunnen V. 1984 y Kindle V.) y en traducción holandesa (Importantia Publishing, Dordrecht, 2019) e inglesa (Hendrickson, Grand Rapids 1989 y Kindle V.).

F. Delitzsch escribió además otros comentarios bíblicos (entre ellos el de Isaías y Libros poéticos del A. T., en esta misma colección), y fue especialmente famoso por su elaboración de un *Sistema de Psicología bíblica* (1961), que sigue siendo fundamental para el conocimiento del hombre en la Biblia, con una *Traducción del Nuevo Testamento* al hebreo, que forma parte de su intento de recrear el cristianismo desde su base y esencia judía, universalizada por Jesús.

A pesar del valor de sus restantes libros, su obra más importante sigue siendo quizá esta, su traducción y comentario de los Salmos como texto clave de oración y experiencia no solo judía, sino también cristiana. Este es el libro de la Biblia hecha "vida", experiencia de revelación y encuentro de los hombres con Dios,

---

1. He tomado como texto base la cuarta edición de la obra conjunta de C. F. Keil, *Biblischer Commentar über über die Poetischen Bücher des Alten Testaments*, Viertel Theil, Poetische Bücher I: *Die Psalmen*, Vierte üeberarbeitete Auflage, Dörffling und Franke, Leipzig ⁴1883/1884, 964 pp., con un epílogo y un excurso geográfico de 27 páginas que no hemos considerado necesario incluir.

en un proceso impresionante de desvelamiento divino y de despliegue de la nueva humanidad, tal como se expresa en la historia de Israel y culmina en Jesucristo, que es para F. Delitzsch la plenitud y verdad del judaísmo.

Partiendo de ese fundamento, este libro recoge el proceso de composición e interpretación de los Salmos, desde el tiempo de David (siglo X a. C.) hasta la fijación del texto masorético (siglo IX-X d. C.), tal como ha sido transmitido, vocalizado y precisado con acentos, anotaciones musicales y testimonios de vida a lo largo de los siglos. Al mismo tiempo, muestra y desentraña la historia de la interpretación judía y cristiana de los salmos, con las traducciones más significativas a las diversas lenguas en las que la Biblia ha sido reinterpretada y recreada, desde el griego de los LXX (siglo III a. C.), el arameo de los targumes y el sirio de la Peschita (siglo I-IV d. C.), pasando por el Latín de San Jerónimo (Vulgata, siglo IV d. C.), hasta Lutero (siglo XVI d. C.), con los Padres de la Reforma Protestante y el resto de las iglesias cristianas (católica, ortodoxa) de la modernidad.

No es obra de lectura fácil, pues implica un conocimiento básico de las lenguas bíblicas y de su interpretación a lo largo de la historia. De todas formas, para iniciarse con ella en el mejor conocimiento de los salmos, no es necesario llegar siempre hasta el fondo del original hebreo y de sus traducciones y comentarios posteriores. El lector atento (aunque no especializado) podrá prescindir del análisis científico del texto hebreo, con la aportación de los masoretas, quedándose en el plano de la lectura literaria, teológica y "pastoral" de los salmos, recibiendo el impacto y enseñanza de su interpretación.

Así descubrirá que los salmos, en unión con los evangelios y las cartas de Pablo, son para el cristianismo (y, en otro plano, para la cultura occidental), el libro más impactante de la Biblia (y quizá de la historia religiosa de la humanidad). Quien se aproxime a ellos entrará en un mundo maravilloso de poesía y oración, de historia y experiencia vital, de iluminación creyente y de compromiso pastoral que antes no podía imaginar. Ellos son, con los Vedas de la India, la colección más importante de himnos y cantos sagrados de la humanidad.

Todo el mensaje de la Biblia del Antiguo Testamento se condensa y contiene en los salmos y, por otra parte, el proyecto y camino de Jesús y de la Iglesia primitiva se entiende a partir de ellos. Así lo va mostrando F. Delitzsch en este comentario prodigioso de historia y filología, de poesía y pensamiento, con la tradición del rabinismo judío y de la Iglesia antigua (griega y latina), con Agustín y el conjunto del monacato occidental y oriental, con Lutero y los reformadores protestantes, y de un modo especial con la recuperación bíblica de la teología evangélica del siglo XIX.

Esta es una obra múltiple y así puede y debe valorarse desde diversas perspectivas (histórica, poética, filológica, teológica...). Se puede leer por interés cultural, pero sobre todo por búsqueda y profundización religiosa. Se debe estudiar acudiendo a los idiomas originales (hebreo, arameo y árabe, griego y latín…), pero también dejando al fondo esos idiomas y pasando directamente a su mensaje poético, musical y religioso (teológico).

Sea cual fuere su manera de entrar en este comentario de F. Delitzsch, el lector quedará profundamente enriquecido, con un conocimiento más hondo de los salmos y de la historia bíblica, con una visión ensanchada del cristianismo, con una experiencia más honda de la vida humana, pues en los salmos se refleja y condensa como en un espejo o en un prisma o lente fotográfico la diversidad de luchas y mensajes de la historia humana.

1. Diez temas centrales del comentario de Delitzsch

Esta es una obra de lectura seguida, pero también de consulta más ocasional, en un momento dado de la vida personal (o también de la comunidad) cuando sea necesario entender mejor y comentar un salmo, teniendo que dedicar un tiempo para ello. Sea cual fuere la ocasión de su lectura, la mejor forma de entender este comentario en su conjunto, esto es, de entrar en su contenido, es comenzar con los temas de la introducción que expone el mismo F. Delitzsch, pues ellos nos permiten llegar a los centros neurálgicos del salterio, entendido como libro bíblico de historia y oración, como texto clave de la identidad cristiana:

1. Lugar de los Salmos entre los hagiógrafos y en especial entre los libros poéticos. Los salmos forman parte de la tercera sección de la Biblia (tras la Ley Pentateuco y los Profetas anteriores y posteriores); de esa forma se inscriben en el "resto" de los libros sagrados (*hagiógrafos*) llamados "escritos" (*ketubim*); ellos se encuentran al lado de los libros sapienciales (de la *hokma*: Proverbios, Eclesiastés), pero se definen en especial como libros poéticos (con el Cantar de los Cantares), que no razonan ni describen la grandeza de Dios en el hombre, sino que la cantan, en forma de belleza y grandeza emocionada.

Los salmos emergen en un contexto en el que la poesía, vinculada a la profecía, puede y debe entenderse como lenguaje clave del encuentro del hombre con Dios, que es la oración, como experiencia simbólica y realísima de la presencia de Dios y de la plenitud humana. Una de las decisiones fundamentales de la Iglesia cristiana ha sido (y sigue siendo) la de tomar los salmos como libro o formulario fundante de su relación personal con Dios y de su alabanza al misterio, tal como culminará en Jesucristo.

2. Nombres del Salterio. Los salmos han recibido diversos títulos que responden a su esencia. (a) Ellos se han llamado y se siguen llamando *tephilim*, es decir, "oraciones", textos (modelos) de comunicación del hombre con Dios. (b) Al mismo tiempo son *tehilim*, himnos de alabanza, que cantan la grandeza de Dios y de su acción y presencia en la historia de los hombres. (c) Son *mizmor*, en plural *mizmorîm* o *mizmoroth*, es decir, "cantos" (y también *shir, shirim*: Canciones), porque el lenguaje básico de la oración bíblica y cristiana no es la pura meditación interior, ni el silencio supraverbal, sino el canto jubiloso de alabanza.

A pesar de esos nombres hebreos, estos cantos del salterio se han terminado llamando y se llaman normalmente en otras lenguas (menos en hebreo) *salmos*, palabra de origen griego, que retoma el sentido de "mizmor", y traduce el contenido de los otros dos nombres hebreos (tephilim y tehilim), en la línea de "canto acompañado por la música de un instrumento que se llamaba normalmente salterio, un tipo de cítara o arpa. En ese sentido, sin música no hay salmo, sin canto no hay plegaria verdaderamente humana.

3. Historia de su composición. Los salmos han ido surgiendo a lo largo de un extenso período de tiempo que, por comodidad, podemos centrar entre el siglo X y el II a. C. Están atribuidos en principio al Rey David, a quien la tradición presenta como primero y más grande de los salmistas, y así lo pone de relieve F. Delitzsch, en contra de una opinión ya extendida en su tiempo que tendía a negar la paternidad davídica de la mayor parte de los salmos.

Ciertamente, el mismo Delitzsch sabe y dice que muchos salmos son de origen posterior, pues han surgido a lo largo de la historia de Israel, hasta el tiempo de los Macabeos (en el siglo II a. C.). En ese sentido, los salmos recogen el despliegue de la religión bíblica del Antiguo Testamento, en diálogo con las religiones del entorno, desde la constitución del reino de David hasta la gran crisis de los Macabeos, en cuyo entorno surgieron también las visiones apocalípticas de Daniel. Pero en el principio de ellos, está a juicio de Delitzsch, la inspiración y revelación de Dios a David, quien aparece así como antepasado espiritual y promotor del camino de Jesús, que será el verdadero Rey de Israel y de la humanidad, en un sentido distinto al de David, pero cumpliendo de un modo más alto, más universal, sus auténticas promesas y experiencias.

4. Origen de la colección. En principio los salmos fueron himnos y oraciones de tipo ocasional, compuestos y cantados en un momento preciso de la historia de Israel. Ellos son la "interpretación" y declaración creyente/orante de esa historia. Pero desde muy pronto (según Delitzsch desde el tiempo de David y Salomón) se fueron creando colecciones de salmos que servían como ejemplo y modelo de oración para los cantores (levitas) del templo. Ellos forman la verdadera esencia y religión del Templo de Jerusalén, hasta el día de hoy, para judíos y cristianos.

Al lado de esas colecciones antiguas, vinculadas al culto del templo, junto a los salmos del reinado de Dios, del culto sagrado o de la realeza de David y de su descendencia, han venido a situarse otros grupos de salmos que provienen de las familias de Asaf o de Coráh, con meditaciones de tipo penitencial, cantos de peregrinación (graduales) e himnos de alabanza de Dios, en la naturaleza y en la historia (con otros salmos de tipo aleluyáticos). A imitación de los cinco libros del Pentateuco, los salmos se han recogido también o coleccionado en cinco libros, como podrá verse por el índice de este comentario.

5. Distribución e "inscripciones" (encabezados). Buena cantidad de salmos (no todos) llevan una inscripción o encabezado, en el que se describe la identidad del salmo (unos son *tephila*, otros *tehila*, *mizmor* o *shir*); esos encabezados o títulos sirven también para indicar el tipo de acompañamiento musical y el tipo de melodía del salmo, indicando también a veces la ocasión del origen o surgimiento del salmo (especialmente en relación a la historia de David). Parece que, en la mayor parte de los casos, estos encabezamientos no son del autor directo del salmo, sino de los copistas o adaptadores posteriores, especialmente aquellos en los que se incluye una referencia para el director y/o maestro de música, con una indicación del "tono" o melodía musical.

Muchos autores modernos han tendido a quitar importancia a esos encabezamientos, como si fueran menos fiables, de manera que ellos no suelen incluirse en las ediciones y traducciones de la mayoría de los comentarios actuales a la Biblia. En contra de eso, Delitzsch ha puesto de relieve su valor, como guía segura para situar e interpretar el salmo, conforme a unas indicaciones que han sido incluidas en el mismo título de los salmos.

6. Sistema de estrofas. Los salmos forman parte de la poesía bíblica y solo como poesía pueden entenderse. Así lo ha visto y mostrado de un modo ejemplar F. Delitzsch, siguiendo la gran tradición de la *masora,* esto es, de la fijación e interpretación del original hebreo, a través de la vocalización del texto consonántico y también (sobre todo) por medio de la composición y distribución de un sistema extraordinariamente preciso de acentos, que tienen una función rítmica, musical y de precisión del argumento.

Esa fijación textual culminó en el siglo IX-X d. C., con la edición definitiva del texto masorético. Muchos comentaristas modernos dejan a un lado esa interpretación masorética de los salmos, de manera que no tienen en cuenta la referencia a las estrofas, al nuevo sentido de algunas palabras y, sobre todo, a la aportación de los acentos, pensando que ellos vienen de una composición posterior, no siempre fiable, del texto primitivo. En contra de eso, F. Delitzsch considera que esas indicaciones han sido y siguen siendo fundamentales para entender el salterio, y así lo va mostrando salmo a salmo. Esta referencia al orden y tipo de acentos, que ha sido fijada y comentada por los masoretas judíos, ofrece una de las primeras y más precisas interpretaciones gramaticales de los salmos, ofreciendo así una "ciencia hermenéutica" de gran precisión que, en general, los comentaristas cristianos han pasado por alto.

7. Música del templo y salmodia. Los salmos pueden entenderse como poesía musicalizada, pero también como música poetizada, de forma que letra y melodía son inseparables, conforme a la "escuela coral" (poético-musical) del templo de Jerusalén. Así lo ha mostrado paso a paso F. Delitzsch, estudiando con gran cuidado los tonos y/o melodías de los salmos, con su acompañamiento musical (con instrumentos que son básicamente de cuerda (un tipo de cítaras, arpas y salterios), pero también de percusión (címbalos, tambores) y de viento (trompetas y/o cuernos sacerdotales, entre los que sobresale el *sophar*).

En esa línea debemos recordar que el templo de Jerusalén como lugar de sacrificios sangrientos había cumplido en ese tiempo su misión (había perdido su sentido), como dice la carta a los Hebreos, pero, en otra línea, el recuerdo y actualización de ese templo ha seguido siendo básico como santuario musical, pues de ese templo vienen los salmos que reza la iglesia cristiana, la música litúrgica y celeste que ha puesto de relieve el libro cristiano del Apocalipsis, y que ha pasado de alguna forma hasta el "canto gregoriano" de la iglesia medieval, a través de la tradición musical de los cristianos sirios, más cercanos por afinidad lingüística y musical, al canto de los salmos judíos.

8. Traducciones de los salmos. Los salmos han sido escritos y cantados en hebreo, un idioma y texto que a veces resulta difícil de restituir, por los cambios que ha sufrido a lo largo del tiempo. En este campo se ha situado el primer esfuerzo de Delitzsch, que ha querido fijar el texto y mensaje antiguo de los salmos, siguiendo con gran fidelidad la tradición de los masoretas. Pues bien, para ello ha debido acudir no solo al original hebreo, sino a las grandes traducciones posteriores, empezando por la griega más antigua (de los LXX), con los diversos targumes arameos y la versión siria, pasando a las nuevas traducciones griegas (Aquila, Símaco…) y las latinas (ítala, Jerónimo…).

En esa línea, gran parte de la traducción y recreación histórico-literaria de F. Delitzsch está dedicada al estudio de las interpretaciones más antiguas de los salmos, partiendo no solo del texto hebreo, sino de sus diversas traducciones. Su comentario nos sitúa, según eso, ante la obra de conjunto de la tradición exegético-teológicas de la sinagoga y de la Iglesia de los primeros siglos (del III a. C. al VI

d. C.), tal como desemboca en la tradición latina por San Jerónimo y, más tarde, en el siglo XVI por la traducción alemana de Lutero.

9. Historia de la interpretación de los salmos. Partiendo del texto original y de las traducciones antiguas, Delitzsch retoma la historia de la interpretación de los salmos, desde una perspectiva cercana a su origen (primeros intérpretes judíos, patrística cristiana), pasando por San Agustín y la Edad media, con los "padres de la iglesia" (griegos, sirios, latinos), hasta llegar a la Reforma Protestante, con la crisis posterior de la separación de las iglesias (siglo XVI-XVIII d. C.), hasta llegar su tiempo (entre el 1860-1974), cuando él estaba fijando su comentario. En esa línea, F. Delitzsch podría decir que el cristianismo sigue siendo la religión de la Biblia con algunas anotaciones a pie de página (no solo en la tradición moderna protestante, sino igualmente en la católica).

La época que le tocó vivir (la segunda mitad del siglo XIX) ha sido, según dice el mismo Delitzsch, el momento clave de la historia de occidente y del mundo, situada ante la nueva gran encrucijada de la humanidad, que no puede entenderse ya como un enfrentamiento de religiones, que combaten entre sí, sino como una lucha entre la verdadera religión bíblica y la nueva irreligión militante, con dos posibles "salidas": (a) el afianzamiento y triunfo de un tipo de liberalismo anticristiano (que puede terminar destruyendo las raíces y formas bíblicas de la cultura occidental); o (b) el renacimiento bíblico/cristiano, expresado y condensado en una nueva interpretación y actualización de la experiencia orante de la Biblia.

10. Consideraciones teológicas. En ese momento se sitúa y nos sitúa F. Delitzsch, entre el año 1860 y el 1883 d. C., una etapa que a su juicio es convulsa, llena de amenazas. Él es, por una parte, un buen "protestante alemán", empeñado en recuperar a Jesús partiendo de la "verdad hebraica", para recrear así un cristianismo bíblico, abriendo el "evangelio judío" de Jesús a la totalidad de los pueblos, no en forma de imposición, sino de testimonio de vida y de paz universal.

Tres son, conforme a mi visión de conjunto de su obra, sus propuestas principales; (a) La recuperación de Dios, como Yahvé, aquel que es y actúa en la historia de los hombres. A juicio de F. Delitzsch, sin el retorno al Dios que actúa en los salmos no se puede hablar de misión cristiana. (b) La recuperación y triunfo de la iglesia oprimida (*ecclesia pressa*) de los seguidores perseguidos de Jesús, entre los poderes adversos de un mundo, con su gran promesa pascual, fundada en la resurrección de Jesús. (c) El enraizamiento en la historia concreta, en este mundo, como presencia y anuncio de un Dios que, al culminar la historia, encuentra una visión puramente espiritualista de la inmortalidad del alma o de las ideas.

2. Vivir según los salmos. Novedad y tarea del cristianismo actual

He presentado los diez temas principales del comentario de los salmos de F. Delitzsch que han definido su espléndido comentario de los salmos (culminado el año 1883/1884 d. C.), y que siguen siendo también fundamentales en la actualidad, pasado casi siglo y medio. Ciertamente, en ese tiempo han pasado muchas cosas en el estudio de la Biblia y especialmente en los salmos; descubrimientos y novedades que se pueden condensar en dos aportaciones más significativas que no se oponen a su propuesta exegético-teológica, sino que la ratifican y desarrollan, pero de un modo algo distinto.

La primera novedad ha sido el análisis de las formas literarias de los salmos, realizado, especialmente por escritores protestantes, de origen alemán o escandinavo, entre los que sobresalen H. Gunkel (1862-1932) y S. Mowinckel (1884-1965). Este nuevo estudio de las formas literarias (poéticas y políticas, litúrgicas y jurídicas, económicas y espirituales) en un plano personal y comunitario nos ha ofrecido y abierto una nueva dimensión para entender los salmos, no en contra de lo que decía F. Delitzsch, sino para completarlo. Por eso debemos tenerlo actualmente en cuenta, para precisar así mejor lo que él quiso decir y dijo en este comentario, no para rechazar su investigación, sino para ratificarla[2].

La segunda aportación puede y debe ser de tipo histórico. F. Delitzsch era un grandísimo filólogo e historiador, pero su visión de la historia era más "dogmática" que crítica. Quería mantener de un modo literal las interpretaciones bíblicas, sin hacer una crítica positiva de ellas, tanto en el plano de la historia de David como en la visión "externa" de los libros del Pentateuco, con Samuel, Reyes y Crónicas.

---

2. Esos y otros investigadores nos han enseñado a distinguir con gran precisión los diversos tipos literarios y teológicos de los salmos, como por ejemplo:
- *Himnos de alabanza*: 8; 19; 29; 33; 100; 103; 104; 105; 111; 113; 114; 117; 135; 136; 145; 146; 147; 148; 149; 150.
- *Salmos reales:* 2; 18; 20; 21; 45; 47; 72; 89; 93; 96; 97; 98; 99; 101; 110; 132.
- *Cantos de Sión:* 46; 48; 76; 84; 87; 122.
- *Súplica individual:* 5; 6; 7; 10; 13; 17; 22; 25; 26; 28; 31; 35; 36; 38; 39; 42; 43; 51; 54; 55; 56; 57; 59; 61; 63; 64; 69; 70; 71; 86; 88; 102; 109; 120; 130; 140; 141; 142; 143 y *comunitaria:* 12; 44; 58; 60; 74; 77; 79; 80; 82; 83; 85; 90; 94; 106; 108; 123; 126; 137.
- *Acción de gracias individual:* 30; 32; 34; 40; 41; 92; 107; 116; 138 y *comunitaria:* 65; 66; 67; 68; 118; 124.
- *Oración de confianza individual:* 3; 4; 11; 16; 23; 27; 62; 121; 139 y *comunitaria:* 115; 125; 129.
- *Salmos didácticos, de tipo* litúrgicos: 15; 24; 134.
- *Salmos proféticos e históricos:* 14; 50; 52; 53; 75; 78; 81; 95; 105; 106.
- *Salmos sapienciales:* 1; 37; 49; 73; 91; 112; 119; 127; 128; 133; 139; etc.

Esta visión histórica ha sido matizada, y en parte superada por el conjunto de los exegetas, creyentes o no creyentes, protestantes, católicos o agnósticos. No se trata de negar la historia, sino, al contrario, de fortalecerla y así resituarla, no para rechazar la revelación de Dios y la fe de los creyentes, sino para resituarla y entenderla de un modo más hondo, más concreto.

Precisamente para entender y aplicar mejor la historia de Dios con los hombres resulta necesario situar con cierta precisión el origen y finalidad de los salmos, como ha hecho F. Delitzsch en este comentario, que se sitúa en la línea de una neoortodoxia protestante, básicamente luterana, pero abierta, por un lado, al judaísmo de fondo de la Biblia y de la Iglesia y, por otro, al diálogo con las diversas iglesias cristianas, llamadas a superar desde arriba (desde la revelación de Dios y desde el estudio bíblico) sus enfrentamientos actuales.

Esta reinterpretación histórica y religiosa de los salmos puede y debe vincularse a la investigación filológica que defiende y realiza F. Delitzsch, desde la base de la *verita hebrea*, esto es, de la verdad bíblica originaria de la Biblia, no en contra de las tradiciones posteriores, de tipo griego, latino o alemán, sino para fundarlas y situarlas en su verdadera base.

En ese contexto resulta muy significativo el esfuerzo de F. Delitzsch por ampliar esa *base hebrea*, retomando de algún modo el sustrato pan-semita de la Biblia, no solo con el arameo-siríaco como lengua franca del antiguo oriente sino también, y sobre todo, con la recuperación del árabe, desde una perspectiva literaria y teológica. En los casos de mayor dificultad, para retomar el sustrato antropológico más universal de los salmos hebreos, F. Delitzsch apela al árabe antiguo y moderno como lengua viva de una gran tradición y corriente espiritual (y cultural), vinculada al "din" o religiosidad de Abraham, tanto en su vertiente premusulmana como musulmana.

Fueron y son muchos los que se sienten incómodos ante esa apelación al árabe, pero ella resulta muy significativa (y necesaria) no solo para situar la experiencia y mensaje de los salmos en la religiosidad semita antigua, sino para mantener un diálogo vivo entre las tres religiones abrahámicas o monoteístas (judaísmo, cristianismo e islam). Eso significa que este comentario de F. Delitzsch es, por un lado, muy latino (occidental) y muy germano (protestante), siendo, al mismo tiempo, muy universal, abierto a la tradición semita antigua y moderna.

Este es un comentario totalmente judío, siendo al mismo tiempo cristiano y semita (islámico y árabe en el sentido profundo del término). Desde ese fondo, F. Delitzsch dialoga y se enriquece con la aportación de los grandes "reformadores" cristianos, con los clásicos del siglo XVI (Lutero, Calvino…) y con los de su propio tiempo, entre los que destaca el pastor bautista *Charles H. Spurgeon* (1834-92).

En esa línea, su obra ofrece una aportación sobresaliente (necesaria) para la recuperación actual de los salmos, tal como la está realizando, por ejemplo,

Eliseo Vila-Vila, a partir de los discursos y escritos de C. H. Spurgeon, resituados e interpretados en un amplio contexto espiritual y cultural, en su obra enciclopédica titulada *El Tesoro de David: la revelación Escritural a la luz de los Salmos* I-II, Ed. Clie, Viladecans 2015 y 2020.

Y llegando aquí puedo ir concluyendo este prólogo, ratificando lo ya dicho y añadiendo que el lector afortunado que se decida a penetrar en esta obra de F. Delitzsch (y en el mensaje de los salmos) tendrá que empezar realizando un gran esfuerzo cultural (de contacto con lenguas y tradiciones antiguas) que en principio podrá agobiarle, pero que merecerá decididamente la pena. Empiece por la introducción de la obra de F. Delitzsch y siga después con calma, leyendo paso a paso la traducción de Reina-Valera (1995) para entrar después en el comentario espiritual y técnico de F. Delitzsch.

No se preocupe si no entiende todo a la primera, porque es como si entrara en un nuevo continente o, quizá mejor, en una nueva "galaxia" de hermosura y sencillez, pero también de complejidad y vida, donde se necesita tiempo para asumir y desarrollar la novedad del enfoque del estudio de los salmos. El lector de este comentario se hallará inmerso de pronto ante más de tres mil años de poesía que brota de la vida, tres mil años de dolor inmenso, pero también de alegría nueva, intacta, originaria (casi *brutal*, en el sentido coloquial que hoy tiene ese término).

El lector de este libro de F. Delitzsch y los salmos tendrá que abandonar y superar por un momento su "pequeño" mundo uniformado de la postmodernidad (año 2021/2022), domesticado, nivelado, dominado por el puro afán económico y por unos *mass-media* que tienden a repetir siempre lo mismo, para tenernos así atrapados en su red falsamente "dorada".

Este lector de los salmos entrará, si tiene paciencia y una gran voluntad espiritual, en un mundo más alto, más libre, más abierto a la sinfonía profunda (divina) de su vida. El lector de salmos podrá así penetrar en un mundo superior de riqueza vital, en un espacio *extremado* (desaforado, desmedido), de revelación de Dios, de llamada y respuesta, de búsqueda dolorosa y de placer más hondo de la vida, un mundo iluminado por la figura de David y por el evangelio de Jesús…

Para entrar en ese "mundo superior" de la experiencia bíblica, el lector y cantor de salmos deberá hacer un esfuerzo para romper el primer "cascarón" del "orden actual de la realidad", que podría compararse con una "caja de hierro" que le tiene cerrado, dominado. Tendrá que salir con esfuerzo de un mundo que tiende a dominarle (pensando por él, decidiendo por él…), pero habrá merecido la pena. Solo si hace ese esfuerzo podrá comprender lo que implica de riqueza, de esperanza y de comunicación salvadora el mundo pluriforme del libro de los salmos.

Con esa decisión y esa confianza deberá salir al campo abierto de los salmos, con su colección variada de textos, de cantos, de experiencias, con su riqueza multiforme, llena de enormes propuestas de sentido. Desde ese fondo, debo repetir al lector que vaya directamente al mensaje fundamental de los salmos, muy distintos entre sí, pero todos ellos unidos por un mismo soplo de espiritualidad, de vida, de humanismo, dejando a un lado quizá (en un primer momento) las discusiones más concretas sobre el texto hebreo, sobre el arameo o árabe de fondo y, sobre el griego y latín de las traducciones posteriores.

Es importante la forma literaria de los salmos, pero más importante es aún su sentido, su mensaje, su canto. El lector que acepte esta propuesta (que no es mía, sino de la Biblia en su conjunto y de la misma Iglesia, verá que ha merecido la pena.

Por mi parte, como traductor y adaptador del comentario, solo me queda decirle que he querido facilitarle su lectura, pero no he querido (ni podido) resolverle todos los problemas, pues eso ha de hacerlo el mismo lector, con algo de paciencia al principio, con gran gozo después, mientras vaya descubriendo el sentido antiguo y actual de algunas palabras fundamentales.

Evidentemente he tenido que conservar el esquema de escritura y lectura de F. Delitzsch, con su estilo denso, lleno de "paréntesis" intratextuales, abreviaturas incesantes, referencias continuas a otros textos bíblicos o a otras traducciones, que obligan a pararse un momento, a tomar tiempo para ir entrando en el mensaje de cada salmo, de tal modo que al final cada lector pueda ser comentarista del texto. No olvide el lector que el salterio es un libro o manual de cantos, un "cantoral" bíblico, y que la mejor forma de entenderlos es cantarlos y celebrarlos.

Las abreviaturas (tomadas en su mayoría del latín) se pueden entender sin dificultad (o empleando un buscador de Google), y por eso las he conservado, casi al pie de la letra, pues el propio lector podrá interpretarlas. Lo mismo pasará con las referencias a los textos rabínicos (del Targum o la Misná, del Talmud y de los grandes maestros de la masora). También será fácil entender la referencia a los rabinos y maestros judíos, lo mismo que a los exegetas y teólogos cristianos, desde los Padres de la Iglesia hasta los reformadores del siglo XVI, con los nuevos comentarios especializados del siglo XIX a quienes F. Delitzsch cita y estudia (evalúa) uno por uno en el apartado 9 de la introducción. Allí se verán sus nombres completos, con sus obras de referencia.

Ciertamente, este comentario se puede y debe leer de un modo individual, cada lector sí mismo, como texto y camino de enriquecimiento personal (cultural y espiritual). Pero la verdadera comprensión de los salmos se alcanza allí donde se cantan y celebran en comunidad, como ha puesto muy de relieve F. Delitzsch indicando el motivo y fiesta del canto y celebración de cada salmo, conforme a la liturgia judía y cristiana.

Así se han compilado y editado los salmos desde antiguo, formando el *liber usualis*, o *libro de uso* para el canto litúrgico, adaptado a las fiestas y días normales, para los momentos más significativos de la celebración, como son las *laudes* de la mañana y las *vísperas* de la tarde. Al lado de ese *libro de uso* general se han coleccionado en las diversas iglesias varios tipos de cantorales de salmos, entre los que destacan los *Graduales* (con salmos de peregrinación) y los *Penitenciales* (con los salmos de confesión de pecados y petición de perdón).

Hay muchos cristianos modernos que tienden a convertir la Biblia y el conjunto de la religión en un objeto de reflexión, meditación o fe puramente intelectual y pensamiento, olvidando que la fe bíblica se expresa en la vida y el canto, en la emoción y la esperanza compartida. Pero la Biblia y especialmente los salmos son "textos" de música personal y comunitaria, para ser vividos y cantados, celebrados y sentidos en forma de gozo compartido, en una liturgia de agradecimiento y recuerdo, de petición de perdón y de alabanza.

La renovación de la iglesia ha sido y sigue siendo inseparable de la liturgia de canto de los salmos. Para que esa liturgia se conozca y valore mejor son fundamentales los buenos comentarios como este de F. Delitzsch. No es necesario que todos los cristianos lo tengan y lo lean, ni que lo entiendan del todo, pero es bueno que hagan un esfuerzo en ello en cada una de las comunidades o iglesias.

Para eso es conveniente (yo diría que necesario) que cada iglesia, cada comunidad litúrgica, cada parroquia o centro de culto tenga entre sus libros un comentario de los salmos, como este de F. Delitzsch, y que se utilice no solo como texto de posible lectura particular de algunos creyentes más interesados o eruditos, sino como libro de consulta de las comunidades como tales. Por eso, me parece necesario que las comunidades e iglesias, las parroquias y locales de culto adquieran este libro (con otros que exponen el sentido de los salmos) y lo tengan, como texto de lectura, reflexión creyente y preparación para el buen orden del culto litúrgico.

Ciertamente, la aportación de Delitzsch se puede completar teniendo en cuenta el nuevo estudio de las formas literarias de los salmos, con una comprensión más precisa de su fondo histórico y de su situación en la vida personal de los creyentes. Pero será difícil superar su visión de conjunto, mejorar su contenido en un sentido de experiencia creyente y de celebración compartida de la Palabra.

En ese sentido, este libro de F. Delitzsch constituye la mejor introducción al estudio de los salmos, y de esa forma, unido a la gran "enciclopedia" de los salmos de C. H. Spurgeon y Eliseo Vila-Vila, será por decenios el mejor comentario de los salmos. Solo de esa forma los cristianos que cantan los salmos sabrán lo que dicen, pudiendo aplicarlo mejor al despliegue y sentido de su vida.

Por otra parte, decir que este comentario es muy bueno (quizá el mejor en un sentido filológico) no significa que sea el único. Hay a su lado otros que son muy valiosos. Entre ellos, especialmente en lengua castellana, citaré en la nota que sigue algunos que, a mi entender, son más significativos en este momento (año 2021/2022), fijándome de un modo más directo en los publicados en lengua castellana, escritos desde diversas "confesiones e iglesias", pues, como dice en su introducción F. Delitzsch, en el estudio y aplicación de los salmos, han de tomarse como buenas todas las aportaciones que nos ayuden a entender, a celebrar y a preparar el camino del Reino de Jesús. Y con esto puedo ir terminando ya mi prólogo, deseando que los lectores puedan penetrar de un modo personal en este tesoro de David y de la Iglesia de Jesús que son los salmos.

Para mí ha sido un gran trabajo (pero también un gozo grande) la puesta a punto de la traducción y edición española de este comentario de F. Delitzsch, no solo para comunidades e iglesias protestantes y/o reformadas, sino también para todos los cristianos interesados en el conocimiento y liturgia de los salmos. Por otra parte, este es un comentario que puede interesar también a muchos judíos de lengua española, lo mismo que a muchos musulmanes, cuya oración dirigida al Dios Uno se inspira de un modo especial en los salmos.

Un libro hebreo de los salmos, con el título de *Tehilim*, se encuentra a disposición de todos los orantes ante el "muro de las lamentaciones" del antiguo Templo de Jerusalén. Allí me he sentado muchas veces, en los bancos traseros de la plaza, para orar con uno de los salmos, recordando la historia de Sión, que es la historia de sus orantes y sus salmos.

He orado, evidentemente, con los miles y millones de judíos, que han orado y siguen orando y llorando (cantando) en hebreo con los salmos de Sión; pero he orado también, al mismo tiempo, por y con los miles y millones de cristianos que rezan y cantan con el libro de los salmos de Israel, en las diversas lenguas de la tierra, venerando al mismo Dios y pidiendo la llegada de su reino, para judíos y cristianos, y también para musulmanes y creyentes de todas las religiones que han venerado y siguen venerando al Dios de los salmos[3].

Xabier Pikaza

3. Entre los comentarios recientes a los salmos, a modo de ejemplo quiero citar algunos que me parecen más significativos:
Alonso Schökel, L. y C. Carniti, *Salmos I-II*, Estella 1992.
Aparicio, A., *Salmos* I-IV, Bilbao 2005/9; *Com. filológico a Salmos y Cantar de los cantares*, Madrid 2012.
Briggs, C. A. y E. G. Briggs, *A Critical and Exegetical Commentary on the Book of Psalms*, I-II, Edinburgh 1906-1907.
Carbajosa, I., *Salmos* I, Madrid 2019.
Dahood, M., *Psalms* I-III, New York 1966/1970.
Day, J. N., *Los salmos. Introducción a la interpretación del salterio*, Clie, Viladecans 2007.
Gunkel, H., *Introducción a los salmos I*, Valencia 1983.
Hakham, A., *The Bible Psalms with the Jerusalem Commentary*, I-III Jerusalem 2003.
Kraus, H.J., *Los salmos* I-II, Salamanca 1993/1995; *Teología de los salmos*, Salamanca 1985.
Segal, B. J., *A New Psalm. The Psalms as Literature*, Jerusalem 2013.
Spurgeon, C. H. y E. Vila-Vila (ed.), *El Tesoro de David: la revelación Escritural a la luz de los Salmos* I-II, Ed. Clie, Viladecans 2015 y 2020.
Trebolle Barrera, J., *El libro de los salmos: Himnos y Lamentaciones*, Madrid 2001.
Varios, *Salmos transliterados y traducidos al español*, Madrid 2017.
Vesco, J. L., *Le Psautier de David traduit et commenté* I-II, Paris 2006.

INTRODUCCIÓN

Tanto un pequeño estante como una gran librería deben contener el libro de los salmos, como decía Basilio (Πάντα ὥσπερ ἐν μεγάλῳ τινὶ καὶ κοινῷ ταμιείῳ τῇ βίβλῳ τῶν ψαλμῶν τεθησαύρισται).

1. Lugar de los Salmos entre los hagiógrafos y, en especial, entre los libros poéticos

Todos los textos de la Biblia toman el salterio como una parte esencial de los Ketubim o Hagiógrafos, pero su posición entre ellos varía. A partir de Lc 24, 44 se puede pensar que, en el período más antiguo de la era cristiana, el Salterio era el primero de los *Ketubim*, es decir, de la tercera parte de la Biblia Hebrea[1].

El orden de los libros en los Manuscritos hebreos de tipo askenazí (provenientes de Europa oriental), sobre los que se basan en general nuestras ediciones impresas de la Biblia Hebrea, es actualmente el siguiente: Salmos, Proverbios, Job y los cinco Meguillot o Rollos. Pero en la Masora y en los manuscritos de tipo sefardí (hispánico) los Ketubim comienzan con los libros de las Crónicas, que de esa forma se separaron de manera extraña de los libros de Esdras y Nehemías, y se colocaron al lado de los Salmos, Job, Proverbios y los cinco Meguillot[2].

---

1. Cf. también 2 Mac 2, 13, donde τὰ τοῦ Δαυίδ (los libros de David, es decir los salmos) parecen referirse a los כתובים o Escritos y aparecen como los primeros de esa colección. Así parece deducirse también de Filón, *De vita contempl.* (cf. II 475 ed. Mangey), donde se hace la siguiente descripción de los libros bíblicos: νόμους καὶ λόγια θεσπισθέντα διὰ προφητῶν καὶ ὕμνους καὶ τὰ ἄλλα οἷς ἐπιστήμη καὶ εὐσέβεια συναύξονται καὶ τελειοῦνται, están las leyes y los oráculos pronunciados por profetas, los himnos y los otros (escritos) que acrecientan y perfeccionan la ciencia de la piedad).

2. En las listas masorética los veinticuatro libros se ordenan como sigue: Bereshit בראשית, Shemot שמות. Vayiqrá (Wayiqrá) ויקרא, Bemidbar במדבר, Devarim דברים, Yahoshúa יהושע, Shofetim שפטים, Shemu'el שמואל, Melakhim מלכים, Yeshayahu ישעיהו, Yirmeyahu ירמיהו, Yejezqel יחזקאל, Dodekaprofetôn תרי עשר, Tehilim תהלים, Mishlé משלי, Iyyob איוב, Shir Hashirim שיר השירים, Rut רות, Ekhah איכה, Qohélet קהלת, Ester אסתר, Daniyel דניאל, 'Ezrá עזרה, Nejemyah נחמיה, Divré Hayamim ברי הימים. Según eso, la abreviación masorética para los tres libros poéticos fundamentales no es מתא (Job, Salmos, Proverbios), sino (conforme al orden talmúdico) אסת (Salmos, Proverbios,

Conforme al Talmud (*Baba Bathra* 14b), el orden normal es este: Rut, Salmos, Job, Proverbios. El libro de Rut precede a los Salmos, como si fuera su prólogo, porque ella, Rut, aparece como antepasada de David, esto es, de aquel a quien la lírica hebrea debe su mayor riqueza, en su era de florecimiento. Sin duda, el orden más natural sería aquel en que los Salmos estuvieran al principio de los Ketubim, porque ellos responden al tiempo de David, lo mismo que Proverbios y Job responden a la literatura de la *Hokma*, del tiempo de Salomón. Pero, en un caso o en otro, es evidente que los Salmos han de formar parte de los Ketubim.

Situándonos en el principio de la Biblia, el primer lugar del canon lo debe ocupar el libro de la *Ley o Pentateuco*, que es el fundamento de la Antigua Alianza, el libro que marca la identidad nacional de Israel, y de toda su literatura posterior. Bajo el título colectivo de profetas (נביאים) se incluye una serie de escritos históricos de tipo profético, que exponen la historia de Israel desde la ocupación de Canaán hasta el primer destello de luz que aparece en la tenebrosa condición del exilio de Babilonia, en unión con los libros de los profetas estrictamente dichos.

Esos libros históricos son llamados profetas anteriores (*Prophetae priores*) y son los que primero han sido añadidos a los cinco libros de la Torá. Después viene la serie de libros estrictamente proféticos *(Prophetae posteriores)*, escritos por los profetas de su nombre, que se extienden hasta el tiempo de Dario Noto, e incluso hasta el tiempo del segundo viaje de Nehemías a Jerusalén, bajo el rey persa.

Por lo que toca a la cronología se podría haber invertido quizá el orden, poniendo primero los profetas escritores, pues los libros históricos del período persa (Crónicas, con Esdras, Nehemías y Ester) son bastante tardíos. Pero esto no se ha hecho por una razón muy justa, pues la literatura histórica ha distinguido nítidamente dos formas y métodos de escribir los acontecimientos: una es la historia de los anales y otra la profética. Sirven como tipos generales de estas dos formas de escritura histórica la forma así llamada elohista y la yahvista del Pentateuco.

Pues bien, los libros históricos del período persa responden al tipo de historia de los anales (a pesar de que el libro de las Crónicas haya incorporado muchos elementos de historia profética de tipo yahvista) y, al contrario, el libro de los Reyes incluye muchos elementos que corresponden a la historia profética. Por su parte, el libro de Rut presenta rasgos propios, que van por encima de la división entre libros proféticos y sapienciales, entre libros yahvistas y elohistas.

Este pequeño libro de Rut se parece tanto al libro de los Jueces (cf. cap. 17−21) que podría haberse incluido muy bien entre Jueces y Samuel; y, de hecho, estuvo originalmente tras el libro de Jueces, lo mismo que las Lamentaciones estuvieron detrás de las profecías de Jeremías. Solo por razones litúrgicas esos

---

Job) como indica también Elia Levita, Masoreth ha-Masoreth p. 19. 73 (ed. Venecia 1538) ed. Ginsburg, 1867, p. 120, 248).

dos libros (Rut y Lamentaciones) han sido incluidos entre los llamados *Meguillot* (Cantar, Rut, Lamentaciones, Eclesiastés y Ester) que forman parte de los libros sapienciales o escritos y no de los histórico-proféticos, tal como aparecen en las ediciones normales, conforme al orden de lecturas de las festividades judías.

Evidentemente, los restantes libros solo podían ser clasificados bajo la tercera división del canon (Escritos o Sapienciales), de manera que ellos han recibido el título general de כתובים, *Escritos*, cosa que difícilmente podía haberse hecho de un modo diferente. De esa manera, estos Escritos o כתובים siguen unidos a la תורה y a los נביאים, aunque tienen un carácter distinto.

Tal como lo traduce el nieto de Ben-Sira en su prólogo al Eclesiástico, este título general (כתובים, escritos) significa simplemente τὰ ἄλλα πάτρια βιβλία, "los otros libros patrios", o "el resto de los libros", y nada más que eso. Con ese título, y precisando que han sido escritos ברוח הקדש (por el Espíritu Santo), no se quiere indicar que ellos tienen un tercer grado de inspiración, que iría vinculada con una presencia menor del Espíritu, pues, conforme a la noción sinagogal de inspiración, estos libros han sido escritos también por el Espíritu Santo, es decir por el Espíritu הקדש.

2. Nombres del Salterio

Este nombre puede parecer también extraño, porque la mayor parte de los salmos no son himnos en sentido propio, sino que muchos son de tipo elegíaco o didáctico, y solo un salmo, el 145, se inscribe directamente como תהלה. Pero incluso ese nombre colectivo de Salmos resulta admisible, pues todos ellos comparten un tipo de naturaleza y finalidad hímnica, pues tienen como finalidad glorificar a Dios.

Los salmos narrativos alaban las *magnalia* (obras grandes) de Dios; de un modo semejante alaban a Dios los salmos de súplica, pues todos están dirigidos a él como el único ayudador, y culminan con una palabra de confianza agradecida porque Dios oirá la petición de los orantes y responderá a ella. El verbo הלל (alabar, del que proviene תהלה, alabanza) incluye esos dos matices, uno más propio del *Magnificat* (cf. Lc 1, 46-58) y otro del *De profundis* (Sal 51). El lenguaje de la Masora da preferencia a la forma femenina del nombre (תפלות en vez de תהלים) y así llama siempre al Salterio ספר תהלות (e.g. *Coment.* a 2 Sam 22,5)[3].

En siríaco, a los salmos se les llama *kᵉtobo dᵉmazmûre* (escritos a modo de *mizmor*, de alabanza). En el Corán se les llama *lwa zabûr* (no *zubûr* como puntúan

---

3. Es errónea la opinión de Buxtorf en su libro *Tiberias* y también la de los masoretas judíos, cuando dicen que la Masora llama al salterio הלילא (*halila*, de *hallel*). Sólo el así llamado Hallel, que incluye los salmos 113-119 , utiliza esa nombre porque en la Masora sobre 2 Sa 22.5 el Sal 116,3 es llamado הברו דהלילא (pasaje semejante al del Hallel) en relación con Sal 18,5.

Golius y Freytag), palabras que en el lenguaje usual árabe significan simplemente "escrito" (sinónimo de *kitâb*, cf. comentario a Sal 3.1). Esta denominación ha surgido, quizá, de una corrupción de *mizmor*, palabra de la cual se forma en plural *mezâmir*, por una metátesis de vocales, y así aparece en los manuscritos judeo-orientales.

Así veremos en el comentario que muchos salmos llevan el nombre de *mizmor* (nombre emparentado con el siríaco y el árabe que acabamos de indicar). En los escritos del AT no aparece el plural de mizmor, en el sentido de salmos. Por su parte en el uso post–bíblico *mizmorîm* o *mizmoroth* (salmos en plural) sólo aparece en escasos lugares refiriéndose al libro de los Salmos.

En el griego helenístico, el nombre más común de salmos es ψαλμοί (de ψάλλειν que equivale a זמר). Lógicamente, la colección de Salmos se llama βίβλος ψαλμῶν (Lc 20, 42; Hch 1, 20) o ψαλτήριον, que es el nombre del instrumento musical (*psantêrîn* en el libro de Daniel)[4], de manera que el nombre del instrumento se aplica metafóricamente al conjunto de los cantos que solían ser acompañados con ese instrumento. Según eso, los salmos son cantos para ser acompañados con un tipo de lira harpa; eso significa que son poemas líricos que ha de ser cantados en sentido estricto.

---

4. Como dicen Eusebio y otros Padres Griegos, entre los hebreos el salterio recibía el nombre de *nabla* (de *nebel*). Un instrumento musical parecido a la lira, que tenía por encima las cuerdas y el armazón de bronce, con la caja de resonancia por abajo. Agustín de Hipona describe de un modo más preciso ese instrumento, comentando el Sal. 42, diciendo que el salterio tiene la tabla de resonancia por encima de las cuerdas, al revés de la cítara, que la tiene debajo (Psalterium istud organum dicitur quod de superiore parte habet testudinem, illud scilicet tympanum et concavum lignum cui chordae innitentes resonant, cithara vero id ipsum lignum cavum et sonorum ex inferiore parte habet").

Estos dos instrumentos musicales tienen entre sí unas características distintas, dignas de consideración y de retenerlas en la memoria. Ambos se llevan y se tocan con las manos, de manera que pueden tomarse como obras corporales de los hombres. Bueno es saber tocar el salterio, y bueno tocar la cítara. El salterio se llama así porque en su parte superior tiene una concavidad de madera que sustenta las cuerdas sonoras; la cítara, en cambio, tiene esa misma concavidad de madera resonante en la parte inferior. Debemos distinguir en nuestras obras cuáles pertenecen al salterio y cuáles a la cítara). Tanto en los monumentos egipcios como en los asirios aparecen harpas con el "aparato sonoro" en la parte superior, sea de metal o de madera, protegiendo las cuerdas y la caja de resonancia por debajo.

Casiodoro e Isidoro identifican el salterio descrito por Agustín con un "trígono", que tiene la forma de un triángulo invertido, con un tipo de cuernos salientes. Pero eso no es lo que quiso decir Agustín porque las cuerdas horizontales de este instrumento están rodeadas por un cuerpo de tres lados, de forma que ellos deben referirse a una lira triangular. De todas formas, existe también un trígono perteneciente a la era macedonia, que tiene la forma de un harpa (véase Weiss, *Kostümkunde*, 1860, Fig. 347), cosa que está a favor de nuestra interpretación del tema.

3. Historia de la composición de los Salmos

Antes que intentemos obtener una idea más clara del origen de la colección de los salmos, debemos precisar de un modo general el curso del desarrollo de la escritura de los salmos. En general, la lírica constituye la primera forma de poesía, y la poesía hebrea, siendo el ejemplo más antiguo de poesía que ha llegado hasta nosotros, ha sido una poesía esencialmente lírica. Ni la épica ni el drama se han desarrollado por sí mismas (independientemente de la poesía lírica), sino solo el "mashal", es decir, un tipo de poema lírico o sapiencial que ha logrado tener una forma de vida independiente.

Incluso la profecía, que se distingue de la salmodia por el impulso más hondo que la mente humana recibe partiendo de la mente divina, comparte con la salmodia la designación común de 1) נבא Cron 24, 1-3), y por su parte el cantor de salmos, llamado משרר (cantor de *shirim*, poemas) recibe en cuanto tal el nombre de חזה o vidente (1 Cron 25, 5; 2 Cron 29, 30. 35. 15, cf. 1 Cron 15, 19 *passim*).

En ese sentido, la poesía lírica y la profecía se encuentran muy unidas, tanto por la inspiración de los temas como por la forma artística de expresarlos. De forma lógica, la lírica sagrada se eleva a menudo hasta la altura de la visión profética; y, por su parte, la visión profética del futuro se expresa en forma lírica (aunque tenga que estar mucho más liberada de la inspiración subjetiva del poeta como tal).

El tiempo de Moisés fue el período del nacimiento de Israel como nación y también de la lírica nacional. Los israelitas trajeron en el éxodo instrumentos musicales de Egipto, y con ellos acompañaron su primer canto (el de Ex 15), el himno más antiguo cuyos ecos resuenan en la historia de Israel a través de todos los himnos de las edades siguientes y también en el conjunto del salterio (comparar Ex 15, 2 con Sal 118. 14; Ex 15, 3 con Sal 24, 8; Ex 15, 4 con Sal 136, 15; Ex 15, 8 con Sal 78, 13; Ex 15. 11 con Sal 77, 14 (y con Sal 86, 8; Sal 89, 7); Ex 15, 13 con Sal 78, 54. Hay también otros paralelos de tipo semejante). Si añadimos a estos el Sal 90 y Dt 32, tenemos ya los prototipos de todos los salmos.

Hay salmos que pueden llamarse hímnicos, otros elegíacos y otros profético-didácticos. A estos tres tipos de salmos y cantos les falta, en principio, la simetría estrófica que caracteriza la poesía posterior de Israel. Incluso el canto de victoria de Débora, compuesto con Hexa-esticos —un canto de triunfo proclamado ocho siglos antes que Píndaro, al que supera por mucho— nos muestra ya un arte estrófico que se aproxima a su perfecto desarrollo.

Se ha dicho que es muy extraño que la poesía de Israel haya sido tan perfecta desde su principio, pero la historia de Israel, y también la de su literatura ha seguido una ley diferente a la de otros pueblos entre los que suele darse un progreso constante entre un grado más bajo y uno más alto de perfección. El período redentor y más perfecto de Moisés, único en su estilo, ha influido tanto en los comienzos creadores de la teología de Israel como en todo su desarrollo futuro.

Ciertamente, hay un progreso constante, pero se trata de un progreso que se limita a desarrollar aquello que había comenzado en la era de Moisés con toda su fuerza primordial y con la plenitud de su creación divina. Vemos, sin embargo, que los estadios de ese progreso están estrechamente vinculados entre sí, descubriendo que Ana, la cantora del *Magníficat del Antiguo Testamento* era la madre de aquel que ungió como rey a David, el dulce cantor de Israel, en cuya lengua reposaba la palabra del Señor.

La lírica sagrada alcanzó en David su plena madurez. Muchas cosas se combinaron para hacer del tiempo de David la edad de oro de la lírica israelita. Samuel había puesto los fundamentos de ello a través de sus enérgicas reformas en general y en particular a través de la fundación de escuelas de profetas, en las cuales se enseñaban bajo su guía (cf. 1 Sam 19, 19) la música y el canto, unidas a la evocación y desarrollo del don profético. El mismo David se educó en ese tipo de "escuelas" de las cuales surgió un tipo de renacimiento espiritual que hasta entonces era desconocido en Israel.

En esas escuelas no se despertaba quizá el talento poético (que ya existía), pero se cultivaba y perfeccionaba. David era un músico y poeta de nacimiento. Siendo pastor de Belén, él tocaba el arpa, combinando con sus dones naturales el desarrollo de un corazón profundamente imbuido de sentimientos religiosos. Pero el salterio no contiene huellas de salmos de David antes de que él fuera ungido como rey (cf. *Coment.* a Sal 8, 1-9; Sal 144, 1-15), lo mismo que pasa en el Nuevo Testamento donde no hay huellas de escritos apostólicos antes del tiempo de Pentecostés. Eso significa que los salmos están vinculados a la llamada de David como rey mesiánico sobre Israel.

Solo a partir del momento en que el Espíritu de Yahvé vino a reposar sobre él, cuando fue ungido como rey de Israel, asumiendo la dignidad de su llamada profética, en conexión con el pacto de la redención mesiánica que recibió, David comenzó a cantar unos salmos, inspirados por Dios, que se han convertido en una parte integral del canon de la Biblia. Esos salmos son no solo el fruto de los altos dones de David y de la inspiración del Espíritu del Señor (2 Sam 23, 2), sino también de su propia experiencia personal y artística, y de la experiencia de su pueblo, entrelazada con la suya propia.

El camino de David, desde que fue ungido hasta la culminación de su reinado, lleva de la aflicción a la gloria. En esa línea, como dice un proverbio hindú, el canto es la expresión del sufrimiento, *cada çôka (canto) viene de la çôka (dolor)*, proverbio sánscrito, que vincula sufrimiento y canto. Su vida estuvo marcada por una serie de vicisitudes que unas veces le llevaban al dolor de la elegía y otras a la alabanza y acción de gracias que se despliega en sus grandes himnos. Él fue el fundador de la historia entendida como promesa, como profecía del Cristo futuro y de esa forma su vida, modelada de manera ejemplar, solo podía expresarse en un lenguaje típico y conscientemente profético y sálmico, de honda poesía.

Elevado al trono, David no se olvidó del arpa que había sido su compañía y solaz cuando huyó de Saúl, sino que la siguió tocando con toda su inspiración. Él nombró 4000 levitas, una cuarta parte de todo el orden levítico, haciéndoles cantores y músicos, al servicio del tabernáculo, unos en Sión y otros en Gabaón, lugar donde se hallaba el tabernáculo que Moisés había construido para Dios. Él dividió estos levitas en 24 clases, bajo preceptores como Asaf, Heman y Etan, con Jedutún (1 Cron 25, en comparación con 1 Cron 15, 17) y multiplicó los instrumentos, especialmente los de cuerda, que él mismo inventó (1 Cron 23, 5; Neh 12, 36)[5].

En el tiempo de David había tres lugares para los sacrificios. Uno en Sión junto al arca (2 Sam 6, 17.), otro en Gabaón, junto al tabernáculo de Moisés (1 Cron 16, 39) y finalmente otro en la era de Ornán, que se convirtió más tarde en colina del templo (1 Cron 21, 28-30). De esa manera también otros cantores, además de David, recibían de varias formas un estímulo para acompañar con el canto sus ofrendas al Dios de Israel.

Además de los 73 salmos que llevan la inscripción לדוד (de David), quedando así atestiguada de un modo directo su autoría, hay al menos otros cincuenta en los que aparece también clara la mano de David por su originalidad creadora, por sus rasgos de intensa lamentación, por el despliegue agradable de su movimiento y por su lenguaje antiguo y claro, que solo se vuelve duro y oscuro cuando describe la conducta disoluta de los impíos.

Al lado de esos, la colección del Salterio contiene salmos que llevan el nombre de cantores contemporáneos, nombrados por David: hay 12 salmos de Asaf, לאסף (Sal 50; Sal 78, 1-83. 18), cuyo contenido y lenguaje es básicamente profético; hay 12 de la familia de cantores levitas, los de los hijos de *Koreh*, בני־קרה (Sal 42-49; Sal 84, 1-85, 13; Sal 87, 1-88. 18, incluyendo Sal 43, 1-5), con unos rasgos que son básicamente regios y sacerdotales.

Los dos salmos de los ezraitas (Sal 88 de Heman y Sal 89 de Ethan) pertenecen al tiempo de Salomón, cuyo nombre, con la excepción de Sal 72, aparece solo en Sal 127, 1-5. Con Salomón comenzó a declinar la poesía de los salmos. Todas las producciones líricas que se han conservado de ese tiempo llevan la marca de una contemplación reposada, más que de una concepción y despliegue directo

---

5. Así dice David, al final de Salterio Griego, en la conclusión de Sal 150. *Yo guardaba las oveja de mi padre, y mis manos hacían flautas* (ὄργανα, en el sentido de עוגב) *y mis dedos colocaban (afinaban) cuerdas de arpas* (ψαλτήριον en el sentido de נבל). Cf. *Numeri Rabba* c. XV (f. 264a) y el *Targum* de Amós 6, 5.

de los temas, porque la ansiedad indómita anterior (de David) se ha convertido en un tipo de placidez reposada, pasando así de la concentración nacional a la expansión cosmopolita.

De esa forma pasamos a la era de la *Hokma* o Sabiduría que se expresó en la perfección artística de los apotegmas y que produjo también un tipo de drama. Salomón mismo es el perfeccionador del *Mashal*, aquella forma de composición poética que pertenece estrictamente a la *Hokma*. Ciertamente, según 1 Rey 5, 12 [en la traducción inglesa, 1 Rey 4, 32], Salomón fue también el autor de 1005 cantos, pero en el canon solo se conservan dos salmos escritos por él y el dramático Cantar de los Cantares. Esto puede explicarse quizá por el hecho de que él se ocupó de los árboles, desde el cedro al hisopo, y que sus poemas (la mayoría de carácter mundano) pertenecen al reino de la naturaleza más que al de la gracia.

Solo dos veces después de este tiempo, la poesía de los salmos alcanzó cierta altura y únicamente por un corto período: En el reinado de Josafat y en el de Ezequías. Bajo estos dos reyes los gloriosos servicios del templo pudieron elevarse al esplendor de su antigua gloria. En este tiempo se dieron las dos grandes y maravillosas liberaciones que elevaron el espíritu de la poesía: (a) Bajo Josafat tuvo lugar la destrucción de las naciones vecinas que se habían unido para extirpar a Judá, tal como lo había predicho Jaziel, el asafita. (b) Y bajo Ezequías tuvo lugar la derrota del ejército de Senaquerib, predicha por Isaías, como signo y anticipo de la liberación total de Israel.

Estos reyes rindieron también grandes servicios a la causa del progreso social. Josafat lo hizo a través de la institución que él creó y designó para elevar el nivel de educación del pueblo, que recuerda a los "missi" o inspectores de palacio de los reyes carolingios (2 Cron 17, 7-9). Por su parte, Ezequías puede ser tomado como el Pisístrato de la literatura israelita, porque él estableció una comisión encargada de reunir los restos de la literatura sagrada precedente (Prov 25, 1); él restauró también la música antigua del templo y recuperó los salmos de David y de Asaf para su uso litúrgico (2 Cron 29, 25). Él mismo fue un poeta, como muestra su מכתב o מכתם (cf. Is 38, cf. Sal 30, 88), aunque él debió ser un poeta reproductor más que creador.

Del tiempo de ambos reyes (Josafat y Ezequías) el Salterio conserva algunos salmos asáficos y koraítas que, aunque no llevan una introducción histórica, nos sitúan de un modo indiscutible ante las circunstancias de su entorno[6]. A excepción de estos dos períodos de renacimiento, la última parte del período de los reyes apenas produjo escritores de salmos, aunque esos siglos sí fueron muy ricos en profetas.

---

6. Por lo que respecta al tiempo de Josafat, incluso Nic. Nonne ha reconocido esto en su *Diss. de Tzippor et Deror* (Bremen 1741, 4), con su referencia al Sal 84, 4.

Cuando la lírica enmudeció, elevó la profecía su voz de trompeta a fin de que reviviera la vida religiosa de la nación, que previamente se había expresado en salmos. Ciertamente, en los escritos de los profetas, que representan el λεῖμμα χάριτος (resto de gracia de Israel), nosotros encontramos también salmos, como Jon 2, 1-10, Is 12, 1-6; Hab 3, 1, pero estos salmos son imitaciones de himnos antiguos, más que cantos nuevos, como eran los del tiempo de David.

Solo después del exilio llegó un tiempo de nuevas creaciones. Así como la Reforma y la Guerra de los Treinta años produjeron el nacimiento de los himnos de la iglesia alemana, de manera que sin ellas no hubiera existido quizá un Paul Gerhardt, la edad davídica produjo el nacimiento de la poesía de los salmos, y el exilio hizo que volviera a nacer aquello que se hallaba muerto.

El castigo de Dios no dejó de producir el efecto deseado. Ciertamente, no se puede tomar como algo probado que muchos de los salmos recibieron añadiduras, que muestran que ellos seguían utilizándose, pero resulta sin duda claro que el Salterio contiene muchos salmos que pertenecen al tiempo del exilio, como por ejemplo el Sal 102.

Todavía se produjeron nuevos salmos tras el retorno del exilio, cuando entre los retornados había muchos asafitas[7]. Los israelitas se sintieron de nuevo como una nación y tras la restauración del templo ellos volvieron a ser una iglesia, de manera que las arpas que en Babilonia colgaban de los sauces volvieron a emplearse, de forma que vino a producirse un nuevo torrente de cantares, como fruto del primer amor, nuevamente despertado del pueblo de Israel por su Dios.

Pero esto no continuó ya por mucho tiempo, pues en lugar de la santidad por la fe vino a instaurarse una santidad fundada en buenas obras y, en lugar de aquella idolatría externa y grosera de algunos judíos anteriores, vino a instaurarse en el pueblo retornado a su tierra un tipo de servicio religioso fundado en la letra de la ley, pero sin su espíritu, con unas obras exteriores carentes de fe.

A pesar de ello, en la era de los seléucidas, el sentimiento nacional oprimido y herido revivió bajo los macabeos con nueva vida y vigor. La profecía había estado muda durante largo tiempo, como indica muchas veces, lamentándose de ello, el libro de 1 Macabeos. No se puede afirmar que la poesía de los salmos floreció de nuevo, aunque pudo haber algunos signos de ello.

En contra de esta visión histórica, recientemente, Hitzig ha intentado probar que en el tiempo de los macabeos surgieron muchos salmos, y que ellos forman el material básico del Salterio. Hitzig afirma que el príncipe macabeo Alejandro Janneo fue el autor del Sal 1-2, y relaciona también el Sal 44 con 1 Mac 5, 56-62, atreviéndose a decir, tanto en su Comentario del año 1835-36 como en la

---

7. Tanto Bar-Hebraeus en su libro sobre Job como el *Cronikon* contienen muchas tradiciones referidas a Asaf, el sacerdote hebreo, hermano de Esdras, autor de algunos escritos reconocidos.

edición posterior de 1863-65, que a partir de Sal 73 no hay en la colección ningún salmo que sea premacabeo, de manera que desde ese momento el Salterio es como un espejo en el que se van representando los acontecimientos más importantes del tiempo de los macabeos en orden cronológico.

A Hitzig le han seguido Von Lengerke y Olshausen. Ambos sostienen que el reinado de Juan Hircano (135-107 a. C.) fue el tiempo en el que se compusieron los últimos salmos, el tiempo en el que se completó la colección de 150 salmos del salterio, tal como actualmente se conserva. Por su parte, Hitzig se aventura aún más y afirma que Sal 1-2 y 150, son añadidos al conjunto de la colección, y que fueron compuestos por Alejandro Janeo, hijo de Hircano. En contra de eso, tanto la existencia como la posibilidad de que hubiera habido salmos macabeos es algo que ha sido rechazado no solo por Hengstenberg, Havernick y Keil, sino también por Gesenius, Hassler, Ewald, Thenius, Böttcher y Dillmann.

Por nuestra parte, admitimos la posibilidad de que hubieran existido salmos del tiempo de los macabeos. Se ha dicho que el ardiente entusiasmo del período de los macabeos fue más humano que divino, de carácter más patriótico-nacionalista que teocrático, pero el libro de Daniel nos ofrece una representación profética de ese período, mostrándonos un pueblo santo del Dios Altísimo, luchando contra el poder antidivino del mundo, y mostrando en ese contexto el más alto significado que tiene esa lucha en relación con la historia de la salvación. Por otra parte, la historia del canon no excluye la posibilidad de que hubiera salmos macabeos.

Ciertamente, el Cronista (cf. 1 Cron 16, 36) nos lleva a la conclusión de que en aquel tiempo el Salterio existía ya como un todo (cf. τὰ τοῦ Δαυίδ, 2 Mac 2, 13)[8] y que estaba dividido en cinco libros (véase Sal 96, 1-13; Sal 105, 1-106). A pesar de ello, después que el Salterio hubiera sido organizado, quedaba la posibilidad de que se mantuviera abierto a nuevas inserciones (como las del ספר הישר citado en Jos 1, 1 y en 2 Sam 1), introducidas en el mismo tiempo de los macabeos. No olvidemos que el Salterio fue una antología que iba creciendo en el curso del tiempo.

Así podemos suponer que cuando Judas Macabeo fue reuniendo la literatura nacional él siguió los pasos de Nehemías (2 Mac 2, 14: ὡσαύτως δὲ καὶ Ἰούδας τὰ δεισκορπισμένα διὰ τὸν πόλεμον τὸν γεγονότα ἡμῖν ἐπισυνήγαγε πάντα, καὶ ἔστι παρ᾽ ἡμῖν: "De igual modo Judas reunió todos los libros dispersos a causa de la guerra que hemos padecido, y ahora los tenemos a mano"). En esa línea podemos suponer que en ese momento el salterio fue enriquecido con algunas adiciones. Por otra parte, el hecho de que la tradición judía afirme que la Gran Sinagoga, הגדול כנסת, tomó parte en la compilación del canon no va en contra de

---

8. En el lenguaje primitivo de las iglesias de oriente y occidente, el Salterio se llama simplemente *David*, e. g. Crisóstomo: ἐκμαθόντες ὅλον τὸν Δαβίδ (aprendiendo todo David) y el final del Salterio Etiópico ("fin del libro de David").

esta suposición, pues la συναγωγή μεγάλη existía todavía bajo el dominio de los Seléucidas (1 Mac 14, 28).

Por otra parte, va totalmente en contra de los hechos históricos el afirmar que el período macabeo era totalmente incapaz de producir salmos dignos de incorporarse en el canon. Aunque en ese período no hubiera profetas, podemos y debemos suponer que había al menos muchos que poseían el don de la poesía, de manera que el espíritu de fe, que va esencialmente vinculado con el de profecía, podía santificar ese don, que pudo haber dado así buenos frutos.

Una prueba de ello viene dada por el así llamado Salterio de Salomón (Ψαλτήριον Σαλομῶντος) para así distinguirlo del salterio canónico de David[9]. Ese Salterio de Salomón consta de 18 salmos que, ciertamente, carecen de la originalidad y la belleza artística de los salmos canónicos. Pero muestran que el sentimiento de los creyentes pudo expresarse, también en ese tiempo, a través de un tipo de cantos espirituales, a lo largo de todo el período de los macabeos. Según eso, no es en modo alguno imposible que el Salterio de David haya incluido salmos macabeos, pues debieron surgir sin duda muchos. Por eso no puede negarse a priori que fueran incorporados en el Salterio.

De todas formas, la historia del canon no va a favor de esta suposición. Por otra parte, el hecho de que la versión de los Salmos de los LXX (conforme a la cual se hacen las citas en 1 Macabeos) incluya varios salmos atribuidos a Ageo y Zacarías (Ἀγγαίου καὶ Ζαχαρίου), pero no ninguno de un período posterior (atribuido al tiempo de los Macabeos) va en contra de la suposición del origen macabeo de algunos salmos, de manera que podemos afirmar que la fijación del salterio hebreo es anterior al levantamiento de lo macabeos.

Por otra parte, aún en el caso de que el Salterio hubiera incluido algunos salmos del tiempo de los macabeos, se trataría solo de muy pocos, pues tendrían que haber sido introducidos en una colección que estaba ya establecida. En ese sentido, el hecho de que el movimiento macabeo, que empezó con aspiraciones elevadas, fue descendiendo a lo largo de su desarrollo, ocupándose de fines más carnales que espirituales, nos lleva a suponer que no podemos esperar que hubiera en el Salterio salmos de ese tiempo o, al menos, posteriores al período de Judas Macabeo. Además, por todo lo que sabemos del carácter y de las aspiraciones de Alejandro Janeo, resulta moralmente imposible que ese déspota fuera el autor del salmo 1 y 2, y que fuera él quien concluyera el conjunto de la colección de salmos.

9. Este Salterio de Salomón fue dado a conocer por De la Cerda en sus *Adversaria sacra* (1626), siendo incorporado después por Fabricius en su *Codex Pseudepigraphus V. T.* pp. 914ss (1713).

4. Origen de la colección

Tal como existe actualmente, el Salterio consta de cinco libros, a los que el karaíta Jerocham, hacia el 950 d. C., les llama מגלות (rollos) en vez de ספרים (libros). Así dice Hipólito, en palabras citadas por Eusebio: τὸ ψαλτήριον εἰς πέντε διεῖλον βιβλία οἱ Ἑβραῖοι, ὥστε εἶναι καὶ αὐτὸ ἄλλον πεντάτευχον (*"Los hebreos dividieron el Salterio en cinco libros, de manera que también el salterio formaba otro Pentateuco"*).

Esto concuerda con el Midrash al Sal 1, 1. "Moisés dio a los israelitas los cinco libros de la Torá (es decir, de la Ley) y, en correspondencia con ellos (כנגדם), David les dio los cinco libros de los salmos (ספר תהלים שיש בו חמש ספרים). La división del Salterio en cinco partes o libros aparece así como una copia y eco de la Torá, incluso en este detalle. Así como en la Torá se van alternando secciones elohistas y yahvistas así hay también en el salterio un grupo de salmos elohistas (Sal 42-84) rodeados por ambas partes por salmos yahvistas (Sal 1-41, 85-150). Los cinco libros se componen como sigue: 1-41, 42-72, 73-89, 90-106, 107-150 (el caraíta Jefeth ben Eli les llama: אשרי ספר y כאיל ספר etc.).

Cada uno de los cuatro primeros libros termina con una doxología, que algunos interpretan erróneamente como formando parte del salmo anterior (Sal 41, 14; Sal 72, 18; Sal 89, 53; Sal 106, 48), mientras que en lugar de la quinta doxología tenemos el salmo 150, que ofrece un final adecuado para toda la colección (como el Sal 139 con el que terminan los "salmos graduales"). Estas doxologías se parecen mucho al lenguaje de la *Beraká* litúrgica del Segundo Templo. Las palabras אמן ואמן unidas con la waw (ו) (a diferencia de Num 5, 22 y también de Neh 8, 6) ofrecen una fórmula que solo aparece aquí en los escritos del Antiguo Testamento.

Ya en el tiempo del autor de Crónicas, el Salterio como un todo estaba dividido en cinco partes, que estaban indicadas por estas señales gráficas. Así lo podemos inferir de 1 Cron 16, 36. En una línea que se parece a la de Tucídides y Livio, cuando incluyen un discurso en sus libros, también el Cronista reproduce aquí un himno festivo de David, que había resonado en Israel después de haber trasladado el Arca a su santuario, y lo hace de manera que, después de haber seguido el texto de Sal 106, él pone en boca de David la *Beraká* que seguía a ese salmo.

De esa forma podemos deducir que el Salterio se hallaba ya dividido en libros, en ese período, pues las doxologías finales de cada uno de los cuatro primeros libros habían sido ya incluidas en el cuerpo de los salmos a cuyo final habían sido colocadas. Así lo muestra la obra del Cronista, escrita en el tiempo del pontificado de Johanan, hijo de Eliashib, predecesor de Jaddua, hacia el fin de la supremacía persa, bastante antes del comienzo de la época griega (332 a. C.).

Además de la inclusión de la *Beraká* del final del cuarto libro, por parte del Cronista, el Sal 72, 20 ofrece una marca o signo muy significativo para determinar la historia del origen del salterio. Las palabras "terminan las oraciones de David, el hijo de Jesé" son, sin duda, la conclusión de la colección más antigua de salmos, que precedía al pentateuco sálmico actual. El redactor final de la colección ha cambiado esta conclusión de su lugar original, colocándola al final del 72, sin cambio alguno.

Los recopiladores y aquellos que configuraron los documentos más antiguos para presentarlos como literatura bíblica han sido muy conscientes de su labor y de esa forma han hecho posible que consigamos una mejor comprensión del origen y forma de actualización de su trabajo. En esa línea, por ejemplo, el compositor de los libros de Samuel nos ofrece en 2 Sam 8, 16-18 la lista intacta de los que prepararon el documento anterior que termina aquí.

Lo mismo sucede en 2 Sam 20, 23-26, donde se ofrece la lista de escribas oficiales que trabajaron en el documento precedente. Así actúa no solo el autor del libro de los Reyes, que escribe en el tiempo del exilio, sino también el de Crónicas, en el centro del período persa, de manera que ellos pueden afirmar que las varas del arca han de hallarse en sus anillas "hasta el día de hoy", dato que ha de encontrarse en un documento anterior de anales históricos (1 Rey 8, 8; 2 Cron 5, 9).

De todas maneras, desafortunadamente, esa afirmación (la *suscriptio* de Sal 72), que se ha conservado de un modo tan fiel, ofrece menos ayuda de la que hubiéramos deseado. Ella solo nos indica que la colección presente estaba precedida por una anterior mucho menos extensa, que formaba la base de la actual y que se cerraba con este salmo salomónico (Sal 72).

El redactor actual no habría colocado esta conclusión (*suscriptio*) en este lugar, a no ser que la hubiera encontrado ya allí. Partiendo de ese dato, resulta natural suponer que fue el mismo Salomón el que, por exigencia del orden litúrgico del nuevo templo, recopiló la primera colección de salmos de David, a los que añadió el 72, mostrando así que él había sido el compilador de esta primera colección sálmica.

Pero no podemos responder a la pregunta de si la primera colección de salmos, que terminaba en Sal 72 contenía solo salmos de origen davídico o si la designación תהלות דוד (salmos de David) ha de entenderse en sentido general, indicando que la mayoría de ellos eran de David, aunque no la colección entera. De todas formas, no queda clara la razón por la que en esta primera colección davídica se inserte un salmo no davídico, como es el Sal 50 (que forma parte de los salmos de Asaf, y que se incluía sin duda en la primera colección).

Por otra parte, es totalmente imposible que los salmos corahitas (Sal 42–49) formaran parte de la primera colección, especialmente dos de ellos (Sal 47–48), compuestos en el tiempo de Josafat, cuyo acontecimiento más famoso fue predico por los salmos de Asaf y celebrado por los cantos de Coré o Koré. Por lo tanto, dejando a un lado otros salmos, que nos llevan hasta el tiempo de los asirios (cf. Sal

66–67) y hasta el de Jeremías (como Sal 71) o que llevan en sí mismos los rasgos del tiempo del exilio (como Sal 69 y Sal 35ss) resulta absolutamente imposible que la colección primitiva de salmos estuviera formada por todos los salmos que van del 2 al 72 o, que más bien (dado que el salmo 2 pertenece al tiempo posterior de los reyes) esa colección estuviera formada por Sal 3–72.

En esa línea, dejando a un lado las inserciones posteriores, no se puede hablar de una distribución de los salmos de David y de sus contemporáneos que nos ofrezca la seguridad de que ella proviene del mismo David y de Salomón. Ya los maestros judíos antiguos se extrañaron de esto, y en el Midrash de Sal 3, 1–8 se nos dice que cuando Joshua ben Levi estaba intentando situar en su lugar este salmo escuchó una voz del cielo que le decía (אל־תפיחי את־ישׁן), palabras que tienen el sentido de "no molestes a David en su tumba".

El hecho de que Sal 3 siga inmediatamente después de Sal 2 o, como se dice en el Midrash, פרשׁת אבשׁלום siga a פרשׁת גוג ומגוג (que Absalón siga a Gog y Magog) puede explicarse quizá de una manera más satisfactoria. En esa línea, hablando en general, el modo de distribución de los dos primeros libros de los salmos es semejante al de los tres últimos.

Así lo he mostrado en mi libro *Symbolae ad Salmos illustrandos isagogicae* (1846), indicando que el orden de los salmos se funda más en criterios de tipo externo que en motivos o argumentos de contenido interno[10]. Por otra parte, no se puede negar el hecho de que el fundamento de la colección que formaba la base del salterio actual debe hallarse dentro de los límites de Sal 3–72 (es decir, en los dos primeros libros del salterio 3-41 y 42-72), pues en ningún otro lugar del salterio hallamos los salmos de David tan unidos y tan numerosos como aquí.

El segundo libro del salterio actual (Sal 73–89) muestra unas claras diferencias y novedades en este campo. Por eso, podemos suponer que el núcleo fundamental del libro más antiguo de salmos de la Iglesia israelita está contenido en la primera parte del Salterio (es decir, en los dos libros contenidos en Sal 3–72). Pero, al mismo tiempo, debemos admitir que el contenido del libro más antiguo de salmos ha sido dispersado y nuevamente organizado en las redacciones posteriores y de un modo especial en la última de todas (apareciendo así en los cinco libros del salterio actual). Pues bien, a pesar de eso, en medio de esos cambios, se ha conservado la conexión de Sal 72 con el salmo de Salomón.

---

10. Esto lo percibió ya de hace tiempo Eusebio, cuando, en su exposición de Sal 63 (LXX 62) discute sobre el orden en que están dispuestos los salmos del salterio, por razones de organización externa o interna, insistiendo en un tipo de ἀκολουθία διανοίας, es decir, de progreso según el pensamiento (cf. Montfaucon, *Collectio Nova*, t. I p. 300). De todas formas, esa "disposición" del pensamiento no es siempre tan esencial ni significativa. Los intentos de Lutero (Walch, IV col. 646ss) y especialmente los de Solomón Gesner, para probar la existencia de un progreso interno en el argumento de los salmos no resultan convincentes.

Sea como fuere, los dos grupos primeros de salmos (Sal 3–72 y Sal 73–89) no se han conservado en su disposición original, sino que han sido aumentados por varios tipos de interpolaciones. De todas formas, ellos representan al menos los dos primeros estadios de crecimiento de los salmos. La primera colección debe ser salomónica. Lo añadidos del segundo grupo pudieron ser introducidos, en principio, en el tiempo de Josafat, en un momento en el que probablemente se compilaron también los Proverbios de Salomón.

De todas formas, con una mayor probabilidad, nos inclinamos a pensar que los salmos de ese segundo grupo fueron compilados en el tiempo del rey Ezequías, no solamente porque algunos de ellos han de referirse a la derrota de los asirios bajo el rey Ezequías más que a la derrota de las naciones vecinas aliadas bajo el rey Josafat, sino también por el hecho de que "los hombres de Ezequías" copiaron y recrearon los proverbios del tiempo de Salomón (cf. Prov 25, 1); por otra parte sabemos que Ezequías hizo que se utilizaran de nuevo los salmos de David y Asaf, contenidos en parte en el tercer libro actual de la colección del salterio (cf. 2 Cron 29, 30).

En el tiempo de Esdras y Nehemías, la colección del salterio quedó ampliada con salmos del tiempo del exilio y sobre todo con salmos posteriores al exilio. Además, en este tiempo se "espigaron" (se actualizaron, se adaptaron y distribuyeron) algunos salmos. En ese momento se puso al comienzo un salmo de Moisés, con el fin de ofrecer una buena introducción al conjunto del salterio, adaptándolo al principio de la historia bíblica y a los 56 salmos davídicos de los tres primeros libros se les añaden 17 nuevos, con lo cual tenemos 73 salmos davídicos.

No todos los salmos "atribuidos" a David son directamente davídicos, sino que algunos han sido compuestos por redactores posteriores, que se han colocado en la mente y circunstancias de David. Una parte importante de estos salmos antiguos eran quizá obras de tipo histórico–cronísticos (de historiadores de anales) o de carácter profético, rescatados de un tiempo anterior al exilio. De este tiempo provienen las notas históricas que aparecen al principio de los salmos davídicos (e incluso en un salmo del libro quinto, el 142).

Según todo eso, en principio, hay sin duda un avance evidente entre el primero y el último de los salmos, de manera que podemos decir con Ewald que en Sal 1–41 se contiene el argumento básico no solo de los salmos davídicos sino, en conjunto, de los más antiguos. Por su parte, Sal 42–89 contienen básicamente los salmos del período intermedio. Finalmente, Sal 90–150 recogen en conjunto los salmos tardíos y finales.

De esa manera con la colección de los salmos pasa lo mismo que con la de las profecías contenidas en los libros de Isaías, Jeremías y Ezequiel, pues se combinan el orden cronológico y el orden según el contenido, de manera que en muchos casos un orden y el otro se oponen entre sí. Nos hemos referido ya a menudo a un elemento muy importante, relacionado con el orden conforme al contenido, es decir, a la imitación de la Torá. En esa línea se puede indicar quizá que el salmo con el que comienza el cuarto libro corresponde al contenido del cuarto libro de Moisés, que es Números, que empieza con un Salmo de Moisés de ese mismo tipo.

5. Distribución e "inscripciones" (encabezados)

Entre los Padres de la Iglesia, Gregorio de Nisa quiso mostrar que el Salterio, a través de sus cinco libros, va conduciendo siempre hacía arriba, como si fuera subiendo cinco peldaños, hasta lo más alto de la perfección moral (así lo dice en su texto fundamental sobre el tema: ἀεὶ πρὸς τὸ ὑψηλότερον τὴν ψυχὴν ὑπερτιθεὶς, ὡς ἂν ἐπὶ τὸ ἀκρότατον ἐφίκηται τῶν ἀγαθῶν; Oppera, ed. Paris, 1638, t. I p. 288). En esa línea hasta los tiempos más recientes se han hecho intentos para mostrar que en los cinco libros de los salmos hay una gradación de pensamientos que marcan el sentido del conjunto de la colección. Así lo hace, por ejemplo, Stähelin, *Zur Einleitung in die Psalmen*, 1859, 4.

Tengo el convencimiento de que en esta dirección los investigadores han colocado ante sí una meta inalcanzable. A pesar de ello, algunos investigadores suponen (quizá con cierta razón), que la colección lleva la marca de una mente que va ordenando todo el material. Al principio del salterio hay dos salmos de tipo didáctico–profético (Sal 1–2) que forman la introducción de todos los demás, de manera que en los últimos tiempos se han tomado con un único salmo que empieza y acaba con "bienaventurados", אשרי.

Por otra parte, el final del salterio está formado por cinco salmos (146–150) que empiezan y terminan con "aleluya", הללו־יה, sin necesidad de incluir entre ellos el salmo 150 porque constituye la *beraká* final del quinto libro, lo mismo que el estribillo de Is 48, 12, que se repite en Is 57, 21, pero se omite al final de la tercera parte de la llamada de Isaías a los exilados, de manera que en vez de esa llamada encontramos una descripción terrorífica del final sin esperanza de los malvados.

El primer salmo del Salterio celebra la bienaventuranza de aquellos que caminan conforme a la voluntad redentora de Dios, que ha sido revelada en la Ley y en la historia. Por su parte, el final del salterio llama a todas las creaturas para que alaben al Dios de la redención, como si se tratara de llevar a su pleno cumplimiento su gran obra. Ya Beda puso de relieve el hecho de que el salterio, desde Sal 146 en adelante es un completo despliegue de alabanza; todos los cantos y oraciones del salterio desembocan así en un deseo final de felicidad universal.

De todas formas, la suposición de que todos los salmos del final están expresando el deseo de culminar la colección con el número simbólico de 150 salmos, como supone Ewald, no puede demostrarse. También se podría hablar de un cálculo de 147 salmos (conforme a una Hagadá mencionada en Jeremías, *Sabbath* XVI, en paralelo con los años de la vida de Jacob); también se podría pensar en un cálculo de 149 salmos, que aparece tanto en manuscritos caraítas como rabínicos. Por otra parte, según algunos manuscritos, la numeración del conjunto del salterio —y en particular la de algunos salmos— varía en manuscritos y traducciones[11].

El salterio contiene 73 salmos que llevan el encabezado "de David", לדוד, y se distribuyen así: 37 en el libro 1; 18 en el 2; 1 en el libro 3; 2 en el libro 4; 15 en el libro 5. La redacción final ha querido mantener el agradable efecto de cerrar la colección con un importante grupo de salmos davídicos, correspondiendo al gran número de los salmos davídicos del comienzo. Por su parte, los salmos aleluyáticos que van del 146 al 149 (después de 15 salmos davídicos) ofrecen un anuncio de la doxología final.

Los salmos coraitas y asáficos aparecen solo en los libros 2 y 3. Hay 12 salmos asáficos (el 50 y los 73–83) y también 12 coraitas (42, 43, 44-49, 84, 85, 87, 88, tomando el 43 como salmo independiente, gemelo del 42 y suponiendo que el 88 es también coraita). En estos dos casos nos hallamos ante salmos que pertenecen al tiempo del exilio y de después del exilio (cf. Sal 74, Sal 79 y 85). El hecho de que estos salmos se encuentren solo en el libro 2 y 3 no puede explicarse solo por razones cronológica. Hay salmos coraitas, seguidos por salmos de Asaf abriendo el libro segundo; y hay salmos asáficos, seguidos por salmos de Corá abriendo el tercer libro.

El hecho de que hallemos salmos de David dispersos por varios libros de este "pentateuco" sálmico se debe al hecho de que los salmos se han organizado también conforme a su tema. Este es un principio de homogeneidad, y responde a la manera semítica antigua de división de materiales, pues los semitas organizan los temas según el alfabeto, uniendo la mano y el hueco de la mano, el agua y el pez, el ojo y la boca, la parte delantera y la trasera, etc. Al mismo tiempo, los salmos se siguen unos a otros según un tipo de relación como esa, tal como se manifiesta en marcas distintivas internas y externas.

Al salmo asáfico 50 le sigue el davídico 51, por el hecho de que ambos se oponen a los sacrificios animales, insistiendo en valores de tipo personal y espiritual. Por otra parte, el salmo davídico 86 ha sido insertado entre los salmos coraitas 85 y 87, por el hecho de que está relacionado con 85, 8 (¡muéstrame tu camino, oh Yahvé) y con el 87, por su esperanza de que los paganos se conviertan al Dios

---

11. Tanto los LXX como el texto hebreo incluyen 150 salmos, pero con algunas variaciones: unifican el salmo 9 y el 10, y el 114 y el 115 y, en lugar de eso, dividen en dos el 116 y el 147. En esa línea, los LXX tendrían solo 149 salmos, uniendo el 114 y el 115. Por otra parte, la versión siria antigua combina el 114 y 115, pero divide en dos el 147, conservando así el número 150.

de Israel. Este fenómeno puede encontrarse en toda la colección. Los redactores finales han unido salmos que tienen pensamientos semejantes y en concreto algún pensamiento parecido, especialmente al principio o al final.

Así, por ejemplo, el Sal 56, con el encabezado "según la melodía de la paloma muda entre extraños" se coloca después del salmo 55 a causa de incluir esta frase: "si yo tuviera alas como de paloma…". Por su parte los salmos 34 y 35 van unidos porque son los únicos en los que aparece el ángel de Yahvé. Del mismo modo se unen el 9 y el 10 porque incluyen esta misma expresión: יתות בצרה.

Estrechamente conectado con este principio de distribución de los salmos está la circunstancia de que los salmos elohistas, conforme a su propio estilo de composición, y no por capricho del editor, como he mostrado en *Symbolae*[12], dan a Dios casi exclusivamente el hombre de אלהים, y además de eso le atribuyen nombres compuestos como יהוה אלהים צבאות, יהוה צנואות y otros semejantes; pues bien, esos salmos aparecen siempre unidos, sin mezclarse con los salmos yahvistas, llamados así porque dan a Dios el nombre de Yahvé.

En los salmos 1–41 predomina el nombre divino יהוה, que aparece 272 veces, mientras אלהים solo 15 y entre esas 15 en la mayoría de los casos en circunstancias en las que el nombre de יהוה no puede utilizarse. Con el Sal 42 comienzan los salmos elohistas el último de los cuales es el salmo coraíta 84, que por esta razón aparece después de los salmos elohistas de Asaf.

Con el Sal 85, 1 comienza a dominar de nuevo el nombre de יהוה, y lo hace de un modo tan exclusivo que aparece 339 veces en los libros 4 y 5 (no 239 como se dice por error en *Symbolae* p. 5), mientras אלהים solo aparece una vez aplicado al verdadero Dios (Sal 144, 9). Entre los salmos de David hay 18 que son elohistas, entre los corahitas 9, y entre los asáficos todos son elohistas. Incluyendo un salmo de Salomón y cuatro anónimos, hay en conjunto 44 salmos eloístas (computando el 42 y 43 como dos salmos). Ellos forman la parte media del salterio, y tienen a su derecha 41 salmos y a su izquierda 65.

También la semejanza en el tipo de composición forma parte de las razones por las que se rige el orden de los salmos desde la perspectiva de sus temas. Así, los salmos que aparecen como משׂכיל (Sal 42; 44; 45; 52) y los que se toman como מכתם (Sal 56) están incluidos entre los salmos elohistas. De un modo semejante, en los últimos dos libros tenemos los שׁיר המצלות (Sal 120–134) y, divididos en dos grupos, aquellos que comienzan con הודו (Sal 105–107) y aquellos que empiezan y terminan con הללויה (Sal 111–113; 115–117; 146–150), lo que indica que estos títulos de los salmos son más antiguos que la redacción final de la colección.

---

12. Me opongo así a la visión de Ewald, aceptada por Riehm, *Stud. u. Krit.* 1857 p. 168. Un análisis más minucioso de los rasgos de estos salmos muestra claramente que la opinión de Ewald es superficial y errónea.

Resulta normal que después de las visiones ingenuas defendidas en relación con los encabezamientos por autores y monografías como las de Sonntag (1687), Celsius (1718) e Irhof (1728), la presentación de este tema se haya convertido en objeto de crítica. Pero la moda que ha ido ganando terreno desde el final del siglo XVIII, empeñada en rechazar sin más los datos tradicionales, ha venido a convertirse hoy en una costumbre inexplicable consistente en fundarse en prejuicios que no serían aceptables en ningún otro departamento universitario de literatura, en los que no se parte de supuestos tan faltos de sentido como en nuestro caso.

Casos como el de Hab 3, 1 y 2 Sam 1, 18 (cf. Sal 60, 1) muestran que David y otros escritores de salmos tenían la costumbre de añadir sus nombres a los salmos que escribían, con la finalidad de que se conociera lo que hacían. La gran antigüedad de estas y otras inscripciones semejantes se muestra en el hecho de que los LXX las encontraron en los textos, pero no las entendieron. Este dato puede compararse quizá más claramente con algo que sucede en el libro de las Crónicas (incluyendo el de Esdras, que pertenece a Crónicas).

En esos libros se habla mucho de música, pero dando a entender que se ha perdido desde hace tiempo el sentido de las indicaciones musicales (que han de ser por lo tanto antiguas). En esa línea, da la impresión de que las referencias musicales de los salmos no se entienden ya del todo en el tiempo posterior de la fijación de los salmos por escrito en el Salterio. Por otra parte, las referencias musicales son mucho más escasas en los dos últimos libros del salterio, siendo, sin embargo, más frecuentes en los tres primeros libros.

6. El sistema de estrofas de los Salmos

La poesía hebrea antigua no tiene ritmo ni metro, y ambas cosas, primero el ritmo, después el metro, fueron adoptadas por la poesía judía solamente en el siglo VII d. C. Ciertamente, no faltan intentos de ritmo en la poesía y profecía del Antiguo Testamento, especialmente en el caso de la *tefila* de Sal 106, 4–7 y en Jer 3, 21–25, donde la urgencia de la oración hace que se utilicen los mismos ritmos finales. Pero el método de la asonancia (que parece dirigirse a la formación de un ritmo propiamente dicho), no ha alcanzado todavía una forma bien establecida como la que puede encontrarse en algunos pueblos del entorno, como en poemas siríacos (cf. Zingerle, *Deutsch-Morgenland Zeitschrift* X. 110ss).

Resulta muy difícil hablar de estrofas de solo cuatro líneas, con un metro mezclado de tipo uniforme, recorriendo todos los poemas. De todas formas, Agustín, en *ad Memorium*, tiene toda la razón al decir de los salmos: *certis eos constare numeris credo illis qui eam linguam probe callent* (creo ciertamente a los que conocen esa lengua y dicen que los salmos tienen un número, un metro). Por otra parte, el hecho de que Filón, Josefo, Eusebio, Jerónimo y otros hayan detectado en los poemas del Antiguo Testamento, y especialmente en los salmos un ritmo que responde al metro de los poemas griegos y latinos no es una pura fantasía.

Ciertamente, la poesía hebrea tiene un tipo de medida o metro silábico según el cual (sin tener en cuenta el hecho de que el *Sheb* y el *Chateph* audibles, representan acortamientos primitivos) todas las sílabas con una vocal llena son intermedias, volviéndose largas en ascenso y cortas en descenso. En otras palabras, en una posición esas sílabas se acentúan con fuerza, mientras que en otra se acortan.

A partir de aquí se puede hablar de muchos ritmos, así el anapéstico *wenashlícha mimrénnu abothémo* (Sal 2, 3) o el dactílico *áz jedabbér elémo beappó* (Sal 2, 5). Debemos añadir en esa línea que, la poesía hebrea tiene un ritmo más marcado que la siríaca, con sus constantes ascensos y descensos. De esa forma, ella representa todo tipo de movimientos silábicos, obteniendo así la apariencia de una mezcla viva de metros latinos y griegos. Pero esto es solo una apariencia, porque las formas del verso, que responden a unas leyes de cuantidad, son totalmente extrañas a la poesía hebrea antigua (como a otras poesías primitivas); y los ritmos, que varían conforme a las emociones del poeta, no son metros propiamente dicho.

En esa línea, como dice Agustín en su obra *De Música*: "Todo metro incluye ritmo, pero no todo ritmo es metro" (Omne metrum rhythmus ¡non omnis rhythmus etiam metrum est!). Por otra parte, no se puede hablar de un ritmo definido que corre a través de todo un poema, corto o largo, sino que el ritmo varía de acuerdo con los pensamientos y sentimientos del poeta. Así, por ejemplo, el salmo vespertino 4, 1-8, hacia el final se eleva en un metro anapéstico (*ki-atta Jahawé lebadád*), para transformarse luego en un yámbico (*labétach tôshibéni*)[13].

Con esta alternancia de subida y bajada, de sílabas largas y cortas, respondiendo en pasajes vivos a la emoción interna del poeta, se combina en la poesía hebrea un tipo de expresividad de los acentos que es difícil de encontrar en otros idiomas y lugares con esta intensidad y extensión. Así, por ejemplo, el Sal 2, 5a resuena como un retumbar de trueno y 2, 5b se parece al estallido del relámpago. En esa línea podemos hablar de un tipo de salmos monótonos, como son los salmos

---

13. El estudio de Bellermann, *Versuch über die Metrik der Hebräer* (1813) sigue siendo comparativamente el mejor sobre este tema. Por su parte, los trabajos de Saalschtz (*Von der Form der hebr. Poesie*, 1825, y otros) parten del presupuesto erróneo de que el sistema actual de acentuación no está refiriéndose a las sílabas tónicas de las palabras, conforme a la pronunciación de los judíos alemanes y polacos que, a su juicio, siguen casi siempre un ritmo espondeo-dactílico (como en Jc 14, 18. *lúle charáshtem beegláthi*).

Pero, en contra de eso, tenemos que decir que la acentuación tradicional ofrece una fiel continuación de la pronunciación auténtica del hebreo antiguo. La pronunciación de tipo trocaico es más propia del idioma siríaco, y la tendencia a trasladar el acento de la sílaba final a la penúltima, sin tener en cuenta las condiciones del texto anterior, es un fenómeno que se aplica solamente a las formas más antiguas del lenguaje (véase Hupfeld en *Deutsch-Morgenland Zeitschrift* VI 187).

17, 49, 58, 59, 73, en los que la descripción se hace pesada y difícil de entender, en la que se cortan los sufijos que terminan en "mo" a causa de la forma enojosa en que el escritor insiste en ellos, como si quisiera silenciar o apagar el sonido propio de las palabras. El "non plus ultra" de este tipo de poesías, cuyos tonos oscurecen la expresión de fondo aparece en el ciclo de profecías de Isaías 24–27.

Desde el punto de vista del ritmo se ha insistido también justamente en el así llamado *parallelismus membrorum,* aquella ley fundamental del estilo más elevado, especialmente del poético, para el que se ha acuñado esta expresión hace no mucho tiempo.[14] La relación entre los dos miembros paralelos no se distingue realmente de la que hay entre los dos elementos principales, de un lado y el otro de la cesura principal de un hexámetro o de un pentámetro; y esto se muestra de un modo muy claro en la larga línea de un esquema que va estando marcado por cesuras, es decir, por dualidades, como el que se da por ejemplo en Sal 48, 6–7.

> Pero al verlo quedaron aterrados – huyeron despavoridos,
> allí les agarró un temblor – terrores como de parto.

El mismo pensamiento se expande aquí en el verso en dos miembros paralelos. Pero hay casos en los que el mismo esquema rítmico lleva a la presentación del tema en forma de paralelismo, sin que lo exija la idea de fondo, como en 48, 4. 8.

> Entre sus palacios, – Elohim es conocido como un refugio;
> como viento del este – que destruye las naves de Tarsis.

Aquí vemos que el ritmo no está exigido por el despliegue del pensamiento, sino al contrario: El modo de expresar el pensamiento viene dado por las exigencias del ritmo en paralelismo. En este caso no tenemos ni un paralelismo de identidad (tautológico), ni antitético, ni sintético, sino aquello que De Wette llama *"paralelismo rítmico"*, un tipo de ritmo de ascenso y descenso, de diástole y sístole que la poesía en cuanto tal no necesita, pero que le viene muy bien para organizar los temas.

Ordinariamente, el ritmo de ascenso y descenso no se desarrolla en una sola línea, sino que se distribuye entre dos líneas, que se relacionan entre sí como antecedente y consecuente rítmico, como el *proodo* y el *epodo* del ritmo griego. El

---

14. Abenezra le llama כָּפוּל, *duplicatum,* y Kimchi כפל עניין במלות שונות, *duplicatio sententiae verbis variatis,* y ambos lo toman como una forma de expresión que se va elevando (דרך צחות). En este caso la puntuación no deriva sin más de una comprensión real de la relación rítmica entre los miembros de un verso con los del otro verso; y en el caso que el paralelismo divida cada verso en dos, por medio de un *siluk* (cuando eso sea posible) no se debe suponer que el paralelismo consta solo de dos miembros, sino que puede haber más. De todas formas, como ha mostrado Hupfeld en su admirable tratado sobre el ritmo y el acento en la poesía hebrea, siempre que hay paralelismo ha de haber por lo menos dos miembros.

dístico constituye así la forma más simple de la estrofa, que aparece en el canto más antiguo transmitido por el Gen 4, 23.

Todo el salmo 119 está compuesto por dísticos de ese tipo que constituyen la forma usual del verso de los salmos. La letra de acróstico se coloca así a la cabeza de cada dístico lo mismo que en la cabecera de cada línea de las parejas dísticas de Sal 111-112. El trístico es una forma expandida del dístico, con el ascenso en las dos primeras frases y la caída comenzando en la tercera. Cf. Sal 25, 7, con la letra ח del salmo alfabético:

> No recuerdes los pecados de mi juventud y mis transgresiones,
> recuérdame conforme a tu misericordia,
> a causa de tu bondad, o Yahvé.

Este es, al menos, el origen natural del trístrico que, en conexión con un tipo de organizaciones lógicas más variadas, tiene la peculiaridad inalienable de que la "bajada" final no aparece hasta la tercera línea, como aparece también en las dos primeras estrofas de las lamentaciones de Jeremías, donde empieza habiendo dos líneas, una de ascenso, otra de descenso, pero con la particularidad de que el descenso principal solo se despliega tras la cesura, con el despliegue de la tercera gran línea, cerrando la estrofa.

> ¡Cómo ha quedado sola la ciudad populosa!
> La grande entre las naciones se ha vuelto como viuda,
> la señora de provincias ha sido hecha tributaria.
>
> Amargamente llora en la noche, y sus lágrimas están en sus mejillas.
> No tiene quien la consuele de todos sus amantes;
> todos sus amigos le faltaron, se le volvieron enemigos (Lam 1, 1-2).

Si seguimos preguntando si es que la poesía hebrea va más allá de estos comienzos en la formación de estrofas y si extiende la red del período rítmico, combinando estrofas de dos y tres líneas, con ritmo ascendente y descendente, para formar así conjuntos estróficos más grandes, estructurados en sí mismos, podemos acudir al salmo 37, de tipo alfabético, que ofrece una respuesta clara a esta pregunta, porque sigue casi enteramente un ritmo de tetraestico, por ejemplo:

> [1] No te impacientes a causa de los malignos,
> Ni tengas envidia de los que hacen iniquidad.
> [2] Porque como hierba serán pronto cortados,
> Y como la hierba verde se secarán (Sal 37, 1-2).

Pero este mismo salmo ofrece el ejemplo de estrofas que se amplían hasta formar un pentaestico, pues la marca inconfundible del acróstico permite un movimiento de estilo más libre.

²⁵ Joven fui, y he envejecido,
y no he visto justo desamparado,
ni su descendencia que mendigue pan.
²⁶ En todo tiempo tiene misericordia, y presta;
y su descendencia es para bendición (Sal 37, 25-26).

Desde esta perspectiva, partiendo de los salmos alfabéticos tendremos que estudiar el sistema estrófico de la poesía hebrea[15]. Pues bien, en nuestras investigaciones posteriores de tipo confirmatorio tendremos que deducir de estos salmos la importante conclusión de que el verso[16] delimitado por el *sôph pasuk*, cuya colocación armoniza con la acentuación antes mencionada en el tratado postalmúdico Sofrim, no es en modo alguno la forma original de la estrofa, sino que las estrofas en relación mutua forman un todo (un conjunto) que está constituido por un número igual o simétrico de esticos[17].

En contra de esto, Hupfeld (*Psalmen* IV. 450) ha argumentado diciendo que esto va totalmente en contra de la naturaleza del ritmo, "que se identifica con el paralelismo, que no puede sostenerse sobre una pierna, sino que necesita dos,

---

15. Incluso los críticos más antiguos, aquí y allá, llegaron a la conclusión de que tenemos que tomar esos salmos alfabéticos, como punto de partida de nuestra investigación. Así, por ejemplo, Serpilius decía: Puede quizá chocar a algunos el hecho de que tomemos los así llamados "salmos alfabéticos" como punto de partida de los diversos tipos de versos y poesía de los salmos davídicos, pero ese nos parece el punto de partida más exacto.

16. Ciertamente, como han puesto de relieve Hupfeld y Riehm (*Luth. Zeitschr.* 1866, p. 300), los libros del Antiguo Testamento estaban divididos en versos, פסוקים, incluso antes del tiempo de los masoretas; sin embargo, la división en versos, tal como ahora la encontramos, especialmente en los tres libros poéticos proviene de los masoretas.

17. Estos son precisamente estos esticos, de los cuales el Talmud (*B. Kiddushin* 30a) cuenta ocho más en el Salterio que en la Torá, es decir, los que fueron originalmente llamados פסוקים. Ya en Agustín encontramos versos utilizados de esa forma como στίχος. Según él, las palabras *Populus ejus et oves pascuae ejus* (su pueblo y ovejas de su rebaño) forman un verso. Pero no hay ningún Manuscrito hebreo que pueda haber formado la base para una distribución de los salmos en esticos. Los manuscritos que poseemos solo rompen el verso masorético (si el espacio de la línea lo admite) con la finalidad de escribirlo en dos mitades, sin tener en cuenta ni siquiera el mandato del tratado Soferim (cap. XIV), ni el de Ben-Bileam en su *Horajoth ha-Kore*, según los cuales las pausas han de estar reguladas por los comienzos de los versos y por los dos grandes acentos pausales.

En ningún lugar de los manuscritos que dividen y separan las palabras del modo más caprichoso, puede descubrirse ninguna huella del reconocimiento de que hayan sido conservados esos antiguos פסוקים. Estos פסוקים no eran meramente líneas determinadas por la anchura del espacio del MSS, como sucedía también con los στίχοι o ἔπη conforme al número de los cuales se recordaba el ritmo de las obras griegas, sino que eran un tipo de lazos determinados por el sentido del texto, como κῶλα (Suidas: κῶλον ὁ ἀπηρτισμένην ἔννοιαν ἔχων στίχος, es decir, un tipo de estico con un sentido ordenado, numerado), como escribió Jerónimo en su traducción latina del Antiguo Testamento, conforme al modelo de los oradores griegos y romanos (e.g. en los MSS de Demóstenes), que dividen el texto *per cola et commata*, conforme a su sentido.

de manera que el dístico es por tanto la unidad rítmica originaria". Pero ¿se sigue de esto que una estrofa ha de medirse conforme al número de dísticos? El dístico en sí mismo no es más que la menor de las estrofas, que consta de dos líneas. Pero, a partir de aquí, no se puede medir una estrofa mayor por el número de dísticos, porque la unidad rítmica, de la que el dístico es la forma menor o fundamental, puede estar formada por trísticos, de manera que las así llamadas unidades rítmicas no son partes de igual valor, ni en lo que se refiere al tiempo ni al espacio.

Ciertamente, en mi *Comentario Mayor a los Salmos* (II, 522ss), en la línea de Hupfeld y en oposición a Ewald, he mostrado que la acentuación se desarrolla conforme a la ley de la dicotomía. Pero la división masorética de los versos se siente a veces obligada a prescindir de la ley de la dicotomía por varias razones posibles: (a) Porque el verso (como por ejemplo en Sal 1, 2; 25,1; 92, 9) no puede dividirse propiamente en dos partes; (b) porque hay casos en que el verso consta de tres miembros (como en Sal 1, 1; Sal 2, 2), de manera que el tercer miembro sirve para embellecer los dos anteriores, o está sintéticamente relacionado con ellos.

Esos dos fenómenos ofrecen una prueba a favor de la relativa independencia de las líneas del verso frente a la división en esticos. Por otra parte, hay versos de cuatro miembros, cuando el sentido así lo requiere (como en Sal 1, 3; Sal 18, 16) e incluso cuando no lo requiere (como en Sal 22, 15; Sal 40, 6) según la misma ley de la dicotomía.

Estos versos masoréticos así constituidos a partir de varios tipos de ritmos no pueden medirse tomando como base un mismo tipo de división. Una estrofa solo se vuelve estrofa a causa de su relación simétrica con otras estrofas, de manera que tenga al mismo "tiempo" para el oído y para el ojo, un determinado número de líneas (de cláusulas). Estas cláusulas, conforme a la característica especial de la poesía hebrea, que se mueve y avanza con un movimiento de ascenso y descenso que llamamos paralelismo, hasta que se llega a la conclusión, donde la estrofa encuentra su descanso, son muy significativas, y dentro de ellas, ese movimiento ocupa de algún modo el lugar de la métrica.

En ese sentido, cada estrofa en cuanto tal constituye una sección que llega a su descanso definitivo a través de esa especie de movimiento rítmico. Por eso, lejos de colocar el ritmo sobre una sola pierna o parte del verso nosotros lo colocamos sobre las dos piernas o partes del verso. Pero, en un sentido más profundo, nosotros no medimos la estrofa por los dos pies de los versos masoréticos, ni por un par de versos, sino por el número igual o simétrico de miembros presentes, que se apoyan en la mayor parte de los casos en dos pies, pero también con cierta frecuencia sobre tres pies e incluso a veces sobre cuatro (dentro del paralelismo del conjunto).

Para descubrir si un salmo está compuesto de estrofas y la forma en que lo está hay que acudir primero a sus pausas, para ver cómo se despliega al flujo de sus pensamientos y sentimientos, para así descender y elevarse de nuevo, para descubrir si esas pausas tienen un número semejante o simétricamente correspondiente de esticos (e. g., 6. 6. 6. 6 o 6. 7. 6. 7) o, en el caso de que la extensión del texto sea demasiado grande para tomarse como una única estrofa, para descubrir si puede dividirse en conjuntos más pequeños de un número de esticos iguales o simétricos.

Según eso, la peculiaridad de la estrofa hebrea no se expresa en el despliegue de un número definido de conjuntos métricos para formar así una totalidad armoniosa; no es como en la estrofa sáfica, donde los cuatro versos, vinculados entre sí, como en Is 16, 9–10 con sus breves líneas conclusivas, responden al estilo del verso adónico griego. La poesía hebrea se expresa más bien como un despliegue de pensamiento que se va desenvolviendo a partir de estructuras de dísticos y trísticos formando un período rítmico. Los modelos de estrofas que así surgen son muy diversos. Así podemos descubrir no solo que todas las estrofas de un poema siguen el mismo ritmo (e. g., 4. 4. 4. 4), sino también que el poema está construido por relaciones simétricas formadas por estrofas de ritmos diferentes.

La condición que algunos ponen[18], según la cual solo puede tomarse como estrófico un texto que consta de estrofas de igual longitud va en contra no solo de la poesía siríaca (cf. Zingerle, D.M.Z. X 123, 124), sino también de la hebrea (cf. Zunz, *Synagogale Poesie des Mittelalters*, pp. 92-94). Así encontramos las siguientes variaciones: Estrofas de la misma extensión seguidas por estrofas de extensiones diferentes (e. g., 4. 4. 6. 6); composiciones en forma de quiasmo, donde las estrofas interiores y exteriores tienen la misma extensión (e. g., 4. 6. 6. 4); estrofas donde se corresponden la primera y tercera y la segunda y la cuarta (e. g., 4. 6. 4. 6); la mezcla de estrofas que se repiten de un modo antiestrófico, es decir, en orden inverso (e. g., 4. 6. 7. 7. 6. 4); estrofas de igual extensión que rodean a una de mayor extensión (e. g., 4. 4. 10. 4. 4), conforme a un modelo que Köster llama piramidal; estrofas de igual extensión que terminan con otra más pequeña (e. g., 3. 3. 2); una estrofa más larga que forma la base de todo el conjunto (e. g., 5. 3. 3. 7). Y estas no son en modo alguno todas las formas de composición de los poemas que hallamos en los cantos del Antiguo Testamento, y especialmente en los salmos, cuando disponemos y dividimos su contenido por esticos.

Por lo que se refiere a la amplitud de la estrofa, podemos esperar estrofas de hasta doce líneas, conforme a la poesía siríaca y a la poesía sinagogal. Cada línea incluye normalmente tres ideas o, al menos, tres palabras extensas; en este plano, el hebreo tiene una gran capacidad para formar expresiones cortas, pero muy

---

18. Así piensa, por ejemplo, Meier en su *Geschichte der poetischen Nationalliteratur der Hebräer*, p. 67, cuando afirma que las estrofas de longitud desigual se oponen a las leyes primordiales de canto y de la melodía lírica. Pero las exigencias que la melodía impone sobre la formación del verso y de la estrofa no eran tan estrictas entre los antiguos como en nuestro tiempo. Más aún ¿no es el soneto un poema lírico, aunque las estrofas tengan longitud desigual?

enfáticas, cosa que resulta inadmisible en alemán. Pero esta norma no se sigue de un modo uniforme en textos de gran longitud, no solo en los salmos, sino también en el libro de Job. Hay muchas más razones para afirmar que el orden estrófico está en la base de la distribución del libro de Job que en las observaciones de G. Hermann sobre la distribución estrófica de los bucólicos griegos y en las de Köchly sobre las partes más antiguas de Homero.

7. Música del templo y salmodia

La Torá no contiene directrices respecto al uso de los cantos y la música en la liturgia sagrada, excepto las ordenanzas relacionadas al uso ritual de las trompetas de plata que han de ser sonadas por los sacerdotes (Num 10). El verdadero creador de la música litúrgica fue David y, como vemos en el libro de las Crónicas, todas las normas posteriores apelan a él, especialmente cuando se quería restaurar lo que había caído en desuso. Mientras vivía David todo el ordenamiento de la música litúrgica estaba en sus manos (1 Cron 25, 2).

Los instrumentos por medio del cual los tres maestros del coro (Heman, Asaph y Ethan-Jeduthun) dirigían la música eran los címbalos (צלצלים o מצלתים)[19], que servían sobre todo para marcar los tiempos. Las arpas (נבלים) representaban al soprano, los bajos (voces masculinas en oposición a las femeninas) estaban representadas por las cítaras, que sonaban en una octava inferior (1 Cron 15, 17-21), lo que, según se infiere por la palabra לנצח que aquí se utilizaba para composiciones determinadas por el מנצח.

En los salmos en los que se incluye la referencia סלה (véase Sal 3, 1-8), se utilizan los instrumentos de cuerda (a los que se refiere expresamente הגיון סלה, en Job 9, 17) y el resto de los instrumentos en general para así dar más intensidad al texto que se canta[20]. Entre esos instrumentos, además de los mencionados en Sal 150, 1–6 y 2 Sam 6, 5, se hallaba también la flauta, cuyo uso litúrgico (véase Sal 5, 1) resulta indudable, tanto en el período del primer templo como en el del segundo. La flauta era el instrumento peculiar que acompañaba al *hallel* (véase Sal 113, 1-9)

---

19. En hebreo talmúdico צלצל. La orquesta levítica usual del templo de Herodes estaba formada por dos músicos que tocaban la *nabla* (un tipo de arpa), por nueve que tocaban la *cítara* y por uno que tocaba el *zelazal* (un tipo de tambor), que se llamaba Ben-Arza (*Erachin* 10 a, etc.; Tamid VII. 3), quien tenía también a su cargo la *duchan*, un tipo de címbalo (*Tosephta* a *Shekalim* II).

20. Cf. Mattheson, *Erlutertes Selah* 1745. Selah es una palabra que está indicando un preludio, un interludio o un postludio, en el que suenan los instrumentos, para indicar los cambios o variaciones importantes en el texto de los salmos, en los que se podían repetir los temas a modo de *ritornello*.

y que se utilizaba también en las festividades nocturnas con antorchas, lo mismo que en los días semi festivos de la celebración de los Tabernáculos (*Succa* 15a).

Las trompetas las hacían sonar exclusivamente los sacerdotes a los que no se asignaba ninguna parte en el canto. Ellos eran los únicos que tocaban probablemente el שׁופר (un tipo de cuerno, cf. Sal 81, 4; Sal 98, 6; Sal 150, 3). Conforme a 2 Cron 5, 12 (donde el número de las dos trompetas mosaicas parece elevarse a 120) los sacerdotes tocaban las trompetas al unísono, con el canto y la música de los levitas.

En la Dedicación del templo de Salomón, los levitas cantaban y tocaban los instrumentos, mientras los sacerdotes hacían sonar las trompetas, נגדם (cf. 2 Cron 7, 6). Por su parte, en la inauguración del templo purificado, bajo el reinado de Ezequías, la música sonaba en armonía hasta que se colocaban sobre el altar las ofrendas que debían ser consumidas por el fuego. Después, probablemente mientras se derramaba el vino sobre el altar, comenzaba, sin más el toque de instrumentos de los sacerdotes con el canto de los levitas, cf. 2 Cron 29, 26-30.

En el Segundo Templo, las cosas se desarrollaban de un modo algo distinto. El sonido de las trompetas de los sacerdotes y el canto de los levitas con los instrumentos musicales iban alternando, no se producían al mismo tiempo. Ordinariamente, la congregación no cantaba con el coro, sino que se limitaba a proclamar su *Amen*. De todas formas, los miembros de la congregación se unían para el Hallel y en algunos salmos, participaban después de la primera frase, con su repetición, y después de la segunda con el *hallelujah* (Maimónides, *Hilchoth Megilla, 3*).

1 Cron 16, 36 evoca una disposición semejante ya en el Primer Templo. Así lo hace Jer 33, 11, refiriéndose al estribillo "dad gracias al Señor, porque él es bueno". También puede suponerse que había un canto antifonal por parte de la congregación a partir de Esd 3, 10. El salterio por sí mismo parece inclinarse más hacia una división de los עלמות, que deben ser las voces de tonos altos, de *alma*, doncella, tal como se muestra en el salmo de las *alamoth o doncellas,* Sal 46. En el Segundo Templo parece que los sonidos altos estaban representados por la voz de tiple de los niños levitas (cf. Sal 46, 1), en la liturgia coral, de manera que se habla de alabar a Dios con todo el coro (Sal 26, 12; Sal 68, 27).

Por su parte, el canto responsorial se conocía en Israel desde tiempo muy antiguo. Incluso Myriam y las mujeres respondían a los hombres (cf. להם, Ex 15, 21), alternando así los cantos. Por su parte, Nehemías (Neh 12, 27), en la dedicación de las murallas de la ciudad, colocó a los levitas en dos grandes compañías a las que se llama תודות, en el centro de la procesión que se va dirigiendo hacia el templo.

En el tiempo del Segundo Templo, cada día de la semana tenía su salmo propio. El salmo del domingo era el 24, el del lunes el 48, el del martes el 82, el del miércoles el 94, el del jueves el 81, el del viernes el 93 y el del sábado el 92. Esta distribución venía al menos desde el tiempo de los ptolomeos y los seléucidas, porque las afirmaciones del Talmud están apoyadas por los encabezamientos de Sal 24; 48; 93 y 94 de los LXX.

Por lo que se refiere a los salmos de cada día con las ofrendas de bebidas, cf. Ecl 50, 14-16. Los salmos de los días de la semana se cantaban en el tiempo de las ofrendas de bebida (נסך), que iban vinculadas al *Tamîd* de la mañana[21]. En ese momento, dos sacerdotes que estaban a la derecha y a la izquierda del cimbalista, que era quien daba la señal, hacían sonar las trompetas en cada una de las nueve pausas (פרקים) por las que se dividía el canto de los levitas, mientras el pueblo se inclinaba y adoraba[22].

Los levitas estaban de pie sobre el *suggestus* (דובן), una amplia escalinata que constaba de varios peldaños que conducía del patio de los laicos al de los sacerdotes. Estos levitas eran, al mismo tiempo, cantores y músicos y, por consiguiente, tocaban solo instrumentos de cuerda y de percusión, no instrumentos de viento, como las trompetas (que eran propias de los sacerdotes). Ellos eran por lo menos 12, con 9 cítaras, 2 arpas y un címbalo. Ciertos días se añadía a ese número la flauta[23].

La escalinata normal con sus peldaños al lado del altar se utilizaba para el canto en contadas ocasiones. Por eso se indica como algo especial que los cantores ocupaban una posición distinta en la festividad de la dedicación del agua (fiesta de los Tabernáculos, cf. *introducción* a Sal 120, 1), mientras que los flautistas que

---

21. Del que procede la frase: אין אומר שירה אלא על היין, "que nadie cante, a no ser sobre el vino".

22. Cf. *B. Rosh ha-Shana,* 31a. *Tamid* VII 3 y también introducción a Sal 24, 92 y 94.

23. Conforme a *B. Erachin* 10a, estos eran los acompañamientos normales para el servicio diario: (1) 21 trompetas que podían aumentarse hasta 48; (2) de 2 a 6 nablas; 2 flautas (חלילין) que podían aumentarse hasta 12.

Sonar la flauta se dice golpear la flauta: הכה החליל. La flauta sonaba ante el altar 12 días al año: el 14 de *Nisan* cuando se mataban los corderos de pascua (y se cantaba el Hallel); el 14 del mes de Ijar, cundo se sacrificaba la pequeña Pascua; el día 1 y el 7 de Pascua; y los ocho días de la fiesta de los Tabernáculos.

La embocadura de la flauta (אבוב conforme a la explicación de Maimónides) no era de metal, sino de un tipo de caña (cf. árabe *anbûb,* espada del junco o caña), porque sonaba de un modo más melodioso. En esas ocasiones solo se tocaba una flauta (אבוב יחידי, tocar un sola), que continuaba a lo largo de la ceremonia, hasta su conclusión (חלוק). En esos doce días se cantaba el Hallel con acompañamiento de flauta. Durante los otros días, el salmo escogido para cada día se acompañaba con nablas, címbalos y cítaras.

Este pasaje del tratado Erachin indica también quiénes eran los que tocaban la flauta. Sobre los flautistas de la festividad de la dedicación del agua, cf. mi *Geschichte der jüdischen Poesie,* p. 195. Según. *Erachin* 10b, en el templo de Herodes había también un órgano. No era sin embargo un órgano de agua (הדולי ס, es decir, hidráulico), sino de viento (מגרפה) con cien tonos diferente (מיני זמר), cuyo sonido, como dice Jerónimo (*Opp.* ed. Mart. v. 191) sonaba como el trueno y se escuchaba desde Jerusalén hasta el Monte de los Olivos y más allá (*usque ad montem Oliveti et amplius*), cf. Saalschtz, *Archäol.* I. 281-284.

acompañaban el *Hallel* se ponían delante del altar, לפני המזכח (*Erachin* 10a). El tono de tiple lo cantaban los levitas jóvenes, que estaban en la parte baja de la escalinata, a los pies de los otros levitas (véase Sal 46, 1-11). El שיר הקרבן (*canto del qorbán* de cada día, el salmo diario con el que terminaba el sacrificio de la mañana) era cantado con nueve, o quizá más correctamente con 3 pausas, que estaban indicadas por el toque de trompeta de los sacerdotes (cf. Sal 38 y 41)[24].

Además de los siete salmos que se cantaban semana por semana, había otros determinados para los servicios de las fiestas y para los días intermedios (véase Sal 81). Por su parte, en *Biccurim* 3, 4 leemos que cuando una procesión había alcanzado la colina sobre la que estaba elevado el templo, y los primeros frutos habían sido llevados en cestos, a la entrada de los oferentes en la *Azara* (sala a la entrada del templo), los levitas cantaban el Salmo 30.

Este canto era distinto de aquel que se utilizaba en la Tefilla (véase Sal 44) y en la bendición de los sacerdotes (véase Sal 67, 1-7), pues en ambos casos se trataba de cantos sin acompañamiento musical. Este era un tipo de canto distinto al que se utilizaba en el Hallel, más recitativo que cantado en sentido estricto (cf. *Pesachim* 64a, קראו את ההלל).

Probablemente se parecía más al recitativo de los árabes, que se gozan en un tipo de gemidos, con largas vibraciones y especialmente con sonidos nasales. Así se dice que uno de los jefes cantores, con el fin de multiplicar los tonos, colocaba en su boca el dedo pulgar y las partes intermedias de los dedos ביו הנימין (entre los pelos de la nariz, es decir, según Rashi, en el surco del labio superior, allí donde se dividen los dos orificios de la nariz); de esa manera (formando una especie de trompeta entre la boca y la nariz) producía un tipo de fuertes sonidos, que admiraba a los mismos sacerdotes[25]. Este modo de cantar los salmos en el templo de Herodes no era ya el originario; en esa línea, la acentuación actual de los salmos responde a una costumbre posterior, no refleja el tipo de canto y música anterior al exilio.

Los acentos son signos solo musicales e interpuntuales, para la pronunciación del canto de la sinagoga. Y además no poseemos ya la clave de los acentos de los tres libros métricos (Salmos, Job, Cantar) tomados como signos musicales (con la finalidad de marcar los esticos y estrofas simétricas). Las así llamadas "tablas de zarka", que definen los acentos como notas, empezando con el acento *zarka*, זרקא, que aparecen, por ejemplo, en la segunda edición de Nägelsbach, *Grammatik*, solo

---

24. Esta es la visión de Maimónides, que distribuye los nueve toques de trompeta, con los que estaba acompañado el sacrificio de la mañana, según *Succa* 53b, con tres pausas en el canto. El himno *Haaznu*, Dt 32, al que se le llama el שירת הללוים por excelencia, se cantaba en el sacrificio. El himno del sábado era el *Musaph*; cada sábado se cantaba una división del himno, que constaba de seis partes o divisiones, de manera que el canto comenzaba de nuevo cada siete sábados, cf. J. *Megilla*, sect. III, ad finem.

25. Véase *B. Joma* 38b y *J. Shekalim* v. 3 y *Canticum Rabba* sobre Sal 3, 6.

ofrecen la lectura de las perícopas de los libros del Pentateuco y de los Profetas, de manera que únicamente se aplican al sistema de los acentos de la prosa.

Las sinagogas askenazis no conservan ninguna tradición referente al valor de los así llamados acentos y notas métricas, pues los salmos no se recitaban según los acentos. Por lo que se refiere a los salmos, al menos en los rituales de tradición askenazi, solo hay dos modos de lectura: (1) La lectura corriente, según la cual el salmo, verso a verso, es recitado por el dirigente de la congregación y por el conjunto de la congregación, como por ejemplo en Sal 95 y Sal 29, cada viernes a la tarde. (2) La lectura especial de Sal 119, donde los siete primeros versos de cada estrofa son recitados de un modo alternativo, por el dirigente y por la congregación, mientras que el octavo, como verso conclusivo, tiene que ser recitado por la congregación con una cadencia especial.

Esta cadencia no sigue siempre los acentos. Solo por aproximación podemos determinar la forma en que se recitaban los salmos según los acentos. De todas formas, conservamos aún, al menos, unas pocas afirmaciones de Ben-Asher, Shemtob y Moisés Provenzal (en su poema gramatical didáctico בשם קדמון) sobre la entonación de cada uno de los acentos métricos. Los acentos *pazzer* y *shalshleth* tienen una pequeña entonación, que se eleva con un tipo de trino; por su parte el acento *shalshleth* indica una pronunciación algo más larga, un tercio más larga que en los libros de prosa.

Por su parte, el *kegarme* (en *mahpach* o *azla* seguida por *psik*) tiene un tono algo más alto, mientras que antes de *zinnor* tiene un tono más profundo y quebrado. El *rebia magnum* indica un tono suave, como tendiendo al reposo. Por su parte, con el *silluk* el tono se eleva primero y luego disminuye. El tono del *mercha*, como dice su nombre, indica primero un *andante*, para tender después hacia un bajo. El tono del *tarcha* corresponde a un adagio.

Y ya no tenemos más indicaciones sobre el sentido de los acentos, aunque con respecto al *olewe-jored* (y al *mercha mahpachatum*) con el *athnach*, podemos decir que su entonación debía ser más *cadencial*, como en el caso del *rebia parvum* y del *zinnor* (*zarka*), como una entonación que se apresura hacia el siguiente acento distintivo. Más aún, si colocamos el *dechi* (*tiphcha* inicial) y el *rebia gereshatum* al lado de los seis acentos secundarios que quedan, podemos establecer una *tabla-zarca* de acentos, aunque no seamos capaces de garantizar su concordancia exacta con la manera original de recitación y canto de los salmos.

Siguiendo a Gerbert (*De música sacra*) y a Martini (*Storia della musica*), podemos aceptar la visión muy extendida según la cual los ocho tonos del canto gregoriano, unidos al tono extra (*tonus peregrinus*)[26], utilizado solo para el Sal 113

---

26. Cf. Friedr. Hommel, *Psalter nach der deutschen Uebersetzung*,1859. Los salmos aparecen aquí distribuidos en esticos, asumiendo que ellos responden al modo original más apropiado,

(que equivale al 114 de la numeración hebrea) conservan un resto de la antigua música de los salmos del templo judío. Esto no es en modo alguno improbable, dado el carácter judío de la iglesia primitiva, que solo se fue separando gradualmente del templo y de la sinagoga.

En los conventos de Belén, fundados por Santa Paula, los salmos se cantaban en las seis horas de oración, desde el amanecer hasta la medianoche, y la misma Paula era tan versada en hebreo *ut Salmos hebraice caneret et sermonem absque ulla Latinae linguae proprietate personaret* (que cantaba los salmos en hebreo, sin introducir ningún elemento de la lengua latina, cf. Jerónimo, *Carta 108 ad Eustoch.* c. 26).

Esto nos lleva a postular una conexión en la melodía sálmica entre la iglesia y la sinagoga, según la costumbre de las partes orientales (*mos orientalium partium*), tal como fue introducida por Ambrosio en la iglesia de Milán. Por otra parte, al mismo tiempo, el elemento judío ha sufrido pocos cambios; ciertamente, ha sido desarrollado bajo la influencia del estilo griego, pero, al mismo tiempo, siguen siendo muy recognoscibles sus elementos bíblicos[27].

Cuando *Pethachja de Ratisbona*, viajero judío del siglo XII, llegó a Bagdad, que era entonces la sede de los *Geonim* (גאונים), oyó que los salmos se cantaban de un modo muy peculiar (cf. *Literaturblatt des Orients*, año 4º, col. 541). Por su parte, *Benjamín de Tudela*, en el mismo siglo, conoció en Bagdad a un experto cantor de salmos que oficiaba en el servicio sagrado. Por su parte, *Saadia*, en comentario a Sal 6, infiere de על־השמינית que había ocho tipos diferentes de melodía.

En otros lugares se habla igualmente de ocho נגינית (cf. Steinschneider, *Jewish Literature* p. 336s), algo que quizá debe vincularse con los ocho tonos del cantoral de los cristianos, tonos que se encuentran también entre los armenios (cf. Petermann, *Ueber die Musik der Armenier*, en Deutsche Morgenl. Zeitschrift V. 368s). Por otra parte, las dos formas de utilizar los acentos en el canto, atestiguadas en los libros litúrgicos antiguos (cf. Zunz, *Synagogale Poesie*, p. 115), pueden quizá vincularse con la distinción entre el modo festivo–solemne y el modo simple de las ferias en el estilo gregoriano de la música de la Iglesia.

8. Traducciones de los Salmos

La traducción más antigua de los salmos es la greco-alejandrina de los LXX. Cuando el nieto de Ben Sira vino a Egipto, el año 132 a. C., estaban traducidos al griego

---

suponiendo que el canto antifonal no debe hacerse tomando como unidad los versos, tal como se hace actualmente en las iglesias romana e inglesa, sino los dos miembros o esticos de cada verso.

27. Cf. Saalschtz, *Geschichte und Würdigung der Musik bei den Hebräern*, 1829, p. 121 y Otto Strauss, *Geschichtliche Betrachtung bei.den Psalter als Gesang-und Gebetbuch,* 1859.

no solo los libros de la Ley y los Profetas, sino igualmente los Hagiógrafos. Por supuesto, estaban traducidos también los salmos, nombre que se utiliza para hablar de los hagiógrafos en Lc 23, 44. En su forma original, la historia de la traducción de los LXX (recogida en la Carta de Aristeas) se refiere solo a la Torá; los traductores de los otros libros fueron autores diferentes y más tardíos. Todos ellos utilizaron solo un texto consonántico, que era más o menos el mismo en los diversos casos.

Ese texto hebreo tenía numerosas glosas, y no había sido aún fijado (como será más tarde) por los masoretas. Los LXX tradujeron el texto de un modo literal, sin tener en cuenta las exigencias superiores y las funciones artísticas de la traducción, de manera que a veces la misma traducción resulta oscura. Por Filón, Josefo y el Nuevo Testamento, poseemos partes importantes del texto original de la traducción, de manera que las críticas que se vienen haciendo desde mediados del siglo pasado (siglo XVIII) tienen actualmente más fundamento[28], especialmente en lo que se refiere a los Salmos, pero ellas no nos obligan a cambiar el juicio que teníamos ya sobre la obra.

En sentido general, debemos decir que esta traducción, siendo la llave más antigua para la comprensión del lenguaje de los escritos del Antiguo Testamento, y siendo también el espejo más antiguo del texto original, resulta de sumo valor para comprender el Antiguo Testamento, al lado de las interpretaciones de la Escritura que nos ofrecen el Talmud y el Midrash.

Por otra parte, esta versión de los salmos tiene la mayor importancia, porque, al lado del libro de Isaías, no hay en el Nuevo Testamento otro libro más citado que los Salmos. La Carta a los Hebreos ha crecido enteramente a partir de las raíces del lenguaje de los salmos del Antiguo Testamento. El mismo Apocalipsis, que no apela expresamente a ninguna fórmula bíblica anterior, tiene varias

---

28. A este período pertenecen: (1) El *Psalterium Veronense* publicado por Blanchini 1740, el texto griego en caracteres latinos, con la traducción latina ítala a su lado, del siglo V o VI d. C.; cf. Tischendorf, *Die Septuaginta (LXX)*, 1856, *Prolegg.* p. LVIII s. (2) El *Psalterium Turicense purpureum* descrito por Breitinger 1748, con texto griego del siglo V o VI (cf. *ibid.* p. LIXf.). (3) *Psalmorum Fragmenta papyraccea Londinensia* (en el British Museum), con Sal 10, 2; Sal 20, 14-36, del siglo IV, cf. Tischendorf, *Monumenta Sacra Inedita. Nova Collectio* t. I. (4) *Fragmenta Psalmorum Tischendorfiana*, Salmos 141, 142, 144, del siglo IV o V, en *Monumenta* t. II.

Permanecen aún sin estudiar hasta nuestro tiempo: (1) El *Psalterium Graeco-Latinum* de la librería de St. Gall, Cod. 17 en 4º, texto griego en caracteres unciales con el latín al lado. (2) *Psalterium Gallico-Romano-Hebraico-Graecum* del año 909, Cod. 230 en la librería pública de Bamberg (cf. descripción de este MS en Schönfelder, *Serapeum*, 1865, No. 21). Fue escrito por Solomon, abad de St. Gall y obispo de Constanza (murió el año 920), y llevado a Bamberg por el emperador Enrique II (muerto en el 1024), que lo había recibido como regalo del monasterio de St. Gall; por lo que se refiere a la crítica del texto de los LXX tiene la misma importancia que el MSS Veronense al que se parece.

referencias al Salterio. De un modo especial, el Sal 21 ha contribuido de manera muy significativa a la formación de las concepciones y el lenguaje apocalíptico.

Pues bien, esa citas del Salterio en el N. T., con pocas excepciones (como la de Jn 13, 18), están fundadas en la traducción de los LXX, aún allí donde esta traducción (por ejemplo la de Sal 19, 5; Sal 51, 6; Sal 116, 10), solo reproduce de un modo genérico el texto original hebreo. La explicación de este uso de los LXX en el N. T., se debe a la gran estima que esta traducción tenía entre los judíos, como lo atestiguan no solo los judíos helenistas, sino también los palestinos, pues ellos consideraban que los LXX ofrecían una traducción providencial y un caso milagroso en la transmisión de la Sagrada Escritura.

Esa estima se hallaba justificada por el hecho de que, aunque su nacimiento fuera distinto del nacimiento de los escritos canónicos, ocupaba, sin embargo, un lugar muy especial en la historia de la revelación divina. Los LXX constituían la primera oportunidad que el mundo gentil había tenido para penetrar en la revelación del A. T. Ellos ofrecían la primera entrada de los hijos de Jafet en las tiendas de los hijos de Sem.

De esa manera se produjo al mismo tiempo una brecha en las barreras del particularismo del Antiguo Testamento. En esa línea, la traducción alejandrina fue un acontecimiento que preparó el camino de la cristiandad, de manera que por medio de ella la religión de Israel vino a convertirse en religión del mundo.

Esta versión, escrita en el dialecto del griego popular (κοινή), marcado con un colorido alejandrino, creó el lenguaje que iba a ser utilizado por las Escrituras del Nuevo Testamento. En esa línea podemos decir que los alejandrinismos de los LXX modelaron de antemano las formas que el cristianismo iba a utilizar después para llenarlas con la sustancia del evangelio. Así como el camino de Jesucristo pasó por Egipto (Mt 2, 15), así también la cristiandad bíblica pasó por Egipto y de un modo particular por Alejandría para comprender el Antiguo Testamento.

Igualmente, digna de respeto a causa de su antigüedad e independencia, aunque no tuviera la misma importancia que los LXX desde una perspectiva histórico–religiosa, es la versión caldea del Targum de los salmos. Esta es una versión literal que solo en pocos casos asume la forma de paráfrasis, en la línea de las interpretaciones del Midrash. La fecha de su composición no es segura. Pero, así como hubo un *targum escrito del libro de Job* (cf. Tosefta a *Sabb.* XVI. *Jer. Sabb.* XIV. 1, *Bab. Sabb.* 115a, *Sofrim* V. 15.), ya durante el tiempo del templo, hubo también un *targum de los salmos*, aunque llevando en sí las huellas de múltiples revisiones, que probablemente surgieron durante la existencia del templo.

A diferencia del Targum de Onkelos al Pentateuco y de Jonathan a los profetas menores, el Targum de Salmos pertenece al así llamado grupo del *Targum de Jerusalén* (véase Geiger, *Urschrift und Uebersetzungen der Bibel,* p. 166s). Este es un Targum en el que se utilizan bastantes palabras griegas (como אנגלין

ἄγγελοι, אכסדרין ἐξέδραι, קירים κύριος), aproximándose en sonido y formación al lenguaje siríaco.

Esta traducción del Targum sobrepasa a la del LXX por su precisión gramatical, y tiene en su base un texto hebreo mejor establecido y más preciso. Ella nos ayuda a comprender el significado de los Salmos tal como se entendían en la sinagoga, en un momento en que su interpretación quedó fijada, bajo el influjo de la tradición antigua, en los primeros siglos de la era cristiana. El texto del Targum en cuanto tal se encuentra en la actualidad en una condición de cierto abandono y poco cuidado. Los textos mejores se encuentran en las biblias de Buxtorf y Norzi. Por su parte, Benzion Berkowitz, en su tratado עוטה אור (Vilna, 1843) ofrece buenas observaciones críticas de los Targumes de los hagiógrafos.

La tercera traducción más importante de los Salmos es la que ofrece la Peschita, la versión antigua de la iglesia siria, que se hizo no después del siglo II d. C. El autor tradujo del texto original hebreo, sin la puntuación vocálica, un texto que quizá era a veces incorrecto; como puede verse por errores que aparecen, por ejemplo en Sal 17, 15 (אמונתך en vez de תמונתך), Sal 83, 12 (שדמו ואבדמי, *dele eos et perde eos* —destrúyelos y piérdelos— en vez de שיתמו נדיבמו), Sal 139, 16 (גמלי, *retributionem meam,* en vez de גלמי).

En otros errores, esta traducción de la Peschita se encuentra influenciada por los LXX, como en el Sal 56, 9 (בנגדך, LXX ἐνώπιόν σου, en vez de בנאדך). En algunos casos, la Peschita sigue esta versión de los LXX apartándose también por otras razones del mejor texto, como sucede en Sal 90, 5 (*generationes eorum annus erunt,* i. e. זראותיו שנה יהיו, LXX τὰ ἐξουδενώματα αὐτῶν ἔτη ἔσονται), en Sal 110, 3 (*populus tuus gloriosus,* i. e. נדבות עמך, en el sentido de נדיבה, Job 30, 15, nobleza, rango, LXX μετὰ σοῦ ἡ ἀρχή).

Resulta claro el hecho de que el traductor de la Peschita tiene delante de sí el texto de los LXX, y no se puede decir que ha sido distorsionado más tarde a partir de la traducción posterior de la Hexapla. Ciertamente, puede haber cierto influjo de la Hexapla, pero la traducción de los LXX ganó tal respeto en la iglesia de los sirios, que ellos parecen avergonzados de las traducciones antiguas, que en muchos puntos iban en contra de los LXX.

Por eso, el año 617 d. C., la iglesia siria preparó una nueva versión del A. T., a partir del texto griego de la Hexapla. Por otra parte, no hubo solo relaciones entre la Peschita y los LXX, sino también entre la Peschita y el Targum, como aparece claro en la traducción de Sal 1, donde el hebreo לצים se traduce al sirio por ממיקני y תורת por נמוסא. Evidentemente, no se puede hablar de un influjo de la Targum, pues la relación va solo a la inversa, del Targum a la Peschita [29].

---

29. Esto resulta claro a pesar de que se nos dice que Hai Gaon (de Babilonia), habiendo encontrado un pasaje difícil en su lectura de los Salmos en la Academia, acudió al patriarca de la Iglesia oriental, preguntándole como lo interpretaban ellos; cf. Steinschneider, *Jewish Literature,* p. 125s.

Se puede suponer en esa línea que el traductor de los Salmos al Antiguo siríaco era un judeo-cristiano, y que no despreció la buena ayuda que le ofrecía el Targum, que él tenía a mano, en la forma que fuera. Es evidente que él era un cristiano por la forma que tiene de traducir pasajes como Sal 19, 5; Sal 110, 3, y también Sal 68, 19, cf. Ef 48; Jer 31, 31, cf. Hebr 8. 8.

Por otra parte, resulta evidente que él conocía el idioma hebreo, con el que se unía en aquel tiempo el conocimiento del griego. Todo eso muestra que él era un judeo-cristiano y que su traducción tiene rasgos y elementos tomados del Targum. En esa línea, hay expresiones simbólicas que se traducen al pie de la letra y, por un proceso claro de razonamiento, hay cláusulas interrogativas que se convierten en declaraciones afirmativas, como Sal 88, 11-13, donde encontramos una audaz inversión del texto original, que recibe así un sentido opuesto.

En general, el autor no tiene miedo de dar un sentido más amable a pasajes que le parecen difíciles, como en Sal 12, 6; Sal 60, 6. Por otra parte, él deja sin traducir los encabezamientos de tipo musical e histórico, como el סלה (incluyendo el הגיון סלה de Sal 9. 17). Además, la división de los versos que él acepta no es la de los masoretas posteriores. Todo eso hace que la Peschita sea un documento interesantísimo para la investigación histórico-exegética y crítica. De todas formas, desde la edición de Dathe (1768), que tomó como base el texto de Erpenius y le añadió observaciones muy valiosas, no tenemos apenas ningún estudio que haya avanzado en esta dirección[30].

En el siglo II d. C., se hizo también una nueva traducción de los Salmos al griego. En ese momento, a partir de la ruptura entre la sinagoga y la iglesia, se invirtió la gran veneración que los judíos habían profesado por los LXX, de manera que el día en que se completó esa traducción no se comparó ya más con el día de la donación de la Ley, sino con el día de la construcción del becerro de oro.

Incluso los escritores del N. T., habían sentido la necesidad de corregir aquí y allí el texto de los LXX, pero el cambio vino esencialmente por parte de los judíos, que querían mantener el texto hebreo que se iba tomando como normativo en la línea del que será fijado por los masoretas.

En ese contexto, Aquila del Ponto (un prosélito del paganismo al judaísmo), en la primera mitad del siglo II d. C., realizó una traducción griega del Antiguo Testamento, imitando el texto original, palabra a palabra, con el riesgo de utilizar expresiones que apenas podían entenderse en griego. Más aún, al escoger las palabras griegas, Aquila quería fijarse en su etimología. En esa línea, para no perder el peso y sentido de las palabras, él tradujo así la primera frase de la Torá:

---

30. Por otra parte, Dathe ha añadido en el prefacio de su trabajo los fragmentos de la Peschita reunidos por Erpinius, con el nombre de ὁ Σύρος.

Ἐν κεφαλαίῳ ἔκτισεν ὁ Θεὸς σὺν (את) τὸν οὐρανὸν καὶ σὺν (את) τὴν γῆν (en el encabezamiento, creo Dios con el cielo y con la tierra…).

En los fragmentos de la traducción de los salmos, uno de los cuales ha sido preservado en la literatura talmúdica (cf. *Coment.* a Sal 48, 15), descubrimos que Aquila no solo hace violencia al texto, sino que da al griego una forma que no es griega, sino hebrea, y traduce las palabras conforme a su sentido primitivo, como en este caso. En esa línea דביר se vuelve χρηματιστήριον, por su parte מגלה aparece como εἴλημα, פתח como ἄνοιγμα, רהב como ὅρμημα, אמן como πεπιστευμένως, etc. Esa traducción no solo carece de belleza, sino que a veces va en contra del sentido original del texto, porque las mismas palabras han cambiado de significado con el tiempo.

En algunos pasajes él lee el texto siguiendo una puntuación diferente a la nuestra, como en Sal 10, 4 (ὅταν ὑψωθῇ). De todas formas, muchas veces, él se ajusta bien a la tradición (e. g. סלה es ἀεί, שדי es ἱκανός, ותם מך lo traduce por τοῦ ταπεινόφρονος καὶ ἁπλοῦ). Por otro lado, él no rechaza los textos en los que le parece que los LXX ofrecen una buena traducción (e. g., במנים ἐν χορδαῖς), de manera que su texto, queriendo ser totalmente independiente se apoya más o menos en la obra pionera de su predecesor, el traductor de los LXX.

Es evidente que él tiene un buen talento de traductor, posee un buen conocimiento del hebreo, y despliega con maestría su comprensión de la lengua griega. Así, por ejemplo, al traducir las formas causativas no tiene nunca dificultad para encontrar una palabra griega correspondiente. הפיל es πτωματίζειν, הריץ es δρομοῦν, השכיל es ἐπιστημοῦν, etc.). El hecho de que traduce para la sinagoga y no para la iglesia queda claro en pasajes como Sal 2, 12; Sal 22, 17; Sal 110, 3 y quizá también en Sal 84, 10, cf. Dan 9, 26, donde él prefiere ἠλειμμένου to Χριστοῦ.

De todas formas, en casos como estos no se le puede acusar en modo alguno de mala intención. Incluso Jerónimo, cuando está más calmado, modera su indignación en contra de la traducción de Aquila, limitándose a elevar en contra de él un juicio duro, pero no una condena, llegando incluso a decir *quae ad nostram fidem pertineant roborandam plura reperio* (encuentro en él muchas cosas que pueden servir para fortalecer nuestra fe). En esa línea, él alaba a Aquila a expensas de las traducciones de Teodoción y Símaco: *Isti Semichristiani Judaice transtulerunt, et Judaeus Aquila interpretatus est ut Christianus* (estos semicristianos, Teodoción y Símaco, estropearon las cosas de un modo judaico, mientras que el judío Aquila las interpretó como cristiano).

La traducción de Teodoción no es una obra original, sino que está basada en los LXX, y quiere que esa versión, que sigue siendo la más utilizada, se acerque más al texto original, utilizando para ello la de Aquila. Los fragmentos que se han conservado de ella hasta nosotros, con pasajes traducidos de un modo independiente, no contienen ninguna característica digna de notarse.

Por su parte, otro traductor, Símaco, toma también como base los LXX, pero en su forma de remodelar el texto base él actúa con mucha más decisión e independencia que Teodoción y se distingue de Aquila por el intento de unir el literalismo de la versión con una mayor claridad y precisión verbal. Tanto Aquila como Símaco realizaron su traducción dos veces, de forma que algunos pasajes se conservan en dos formas distintas (véase Sal 110, 3).

Además de las traducciones de los LXX, de Aquila, Símaco y Teodoción, hay al menos otras tres versiones griegas de los salmos (una 5ª, una 6ª y una 7ª). Se dice que la quinta se realizó en Jericó, en tiempo del emperador Caracalla, la sexta en Nicópolis, bajo el emperador Alejandro Severo. La primera de ellas, conforme a los pasajes conservados, muestra un buen conocimiento del lenguaje y de la tradición. La última es más bien una paráfrasis, como muestran los textos de Sal 37, 35 y Habacuc 3, 13. La séptima de la que se habla parece relacionada con la de Teodoción.

Por su parte, la Hexapla de Orígenes, que estrictamente hablando solo contiene seis columnas (texto hebreo, hebreo con caracteres griegos, Aquila, Símaco, LXX y Teodoción), en el caso de Salmos y en otros lugares añade a las anteriores algunas columnas más, que se suelen citar como Quinta (E), Sexta (ς) Séptima (Z)... De esa manera, la Hexapla, dejando a un lado la Séptima columna, se convirtió en una Octava.

La colección más completa de los textos conservados de esas antiguas versiones, tal como fueron compiladas por Orígenes, tras la labor de sus predecesores, Nobilius y Drusius, es la de Bernardo de Montfaucon en su *Hexaplorum Origenis quae supersunt* (2 vols. en folio, Paris 1713). En ella se contienen los elementos más valiosos de esas traducciones que han sido recogidos hasta el momento. Esos elementos siguen todavía en gran parte dispersos y descolocados[31].

Euthymius Zigadenus menciona además de los LXX, Aquila, Símaco, Teodoción, la V y la VI, una séptima versión que sería la de Luciano quien quiso restaurar el texto original de la Septuaginta. Pero Luciano murió como mártir en el 311 d. C., en Nicomedia, donde había sido llevado desde Antioquía. El texto autógrafo de su traducción fue encontrado en Nicomedia, escondido en una pequeña torre mal acabada[32].

---

31. En esa línea, Montfaucon solo fue capaz de utilizar el MS del Vaticano 754 para 16 salmos; Adler los ha comparado cuidadosamente y ha encontrado en ellos fragmentos valiosos de la Hexapla (véase *Repert. fr Bibl. u. Morgenl. Lit.* XIV, p. 183s). El comentario de los Salmos de Barhebraeus y el del *Psalterium Mediolanense* han comenzado a ser investigados con esta finalidad; pero todavía no se ha estudiado el Salterio Siríaco de la Librería Medici, mencionado por Montfaucon, *Bibliotheca Bibliothecarum* I 240, que el parecer está basado en la quinta columna de la Hexapla.

32. Cf. la sinopsis de Atanasio en Montfaucon, *Hexapla* t. 1, y la contribución de un MS siríaco en *el Repertorium für Bibl. u. Morgenl. Lit.* (1784) p. 48s.

No podemos hacernos una visión completa de la recensión de los LXX según Luciano; lo mismo sucede con la de su contemporáneo, el obispo egipcio Hesiquio, pues no se han conservado restos de su obra. Sería interesante conocer la diferencia de tratamiento de estos dos autores, tomando como referencia a Orígenes que intentó corregir el texto de la κοινή partiendo del hebreo original, con la ayuda de Teodoción, con un método que se ha formulado así: quitando con una marca de obelisco aquello que parecía que sobraba, e introduciendo con un asterisco aquello que faltaba (*obelis jugulans quae abundare videbantur, et quae deerant sub asteriscis interserens*); pero ese método produjo una confusión que podía haber sido evitada.

Entre las traducciones latinas sobresale la así llamada Ítala, realizada a partir de los LXX, de la que poseemos el salterio completo. Blanchini ha publicado esta traducción de los salmos (1740), tomada del salterio Veronese, y Sabbatier, en el segundo volumen de su *Latinae Versiones Antiquae* (1751), ha publicado el Salterio del Monasterio de St. Germain. El texto de Faber Stapulensis, *Quincuplex Psalterium* (1509), está compilado de Agustín, porque Agustín, como Hilario, Ambrosio, Próspero y Casiodoro exponen los Salmos conforme a este antiguo texto latino.

Jerónimo revisó primero cuidadosamente ese texto de la Ítala en Roma, y de esa manera publicó el *Psalterium Romanum*, que ha sido utilizado durante mucho tiempo por la Iglesia de Milán y por la Basílica del Vaticano. Pero después, él mismo preparó una nueva traducción, muy revisada, conforme al texto de los LXX de la Hexapla[33], con "flechas" (como signo de adición en los LXX, en contra del original) y con "asteriscos" (como signos de añadidos en el texto de Teodoción, de acuerdo con el original).

Esta segunda edición de Jerónimo, que fue aceptada primero por las iglesias de Galia recibió el nombre de Salterio Galicano. Esta edición no es esencialmente diferente del Salterio de la Vulgata, y fue publicada, con los signos críticos, tomados de un MS de Bruno, obispo de Würzburg (que murió en el 1045), siendo publicada después por Cochelius, 1433. Ambos salterios, el romano y el galicano, aparecen

---

33. Quiero escribiros brevemente, dice Jerónimo en la Epístola 106 ad Sunniam et Fretelam. *ut sciatis, aliam esse editionem, quam Origenes et Caesareensis Eusebius omnesque Graeciae tractatores, Koine. id est, Communem appellant atque Vulgatam et a plerisque nunc Λουκιανός dicitur; aliam Septuaginta Interpretum, quae in Ἑξαπλοῖς codicibus reperitur et a nobis in Latinum sermonem fideliter versa est et Hierosolymae atque in Orientis ecclesiis decantatur,* (para que sepáis que hay otra edición que Orígenes y Eusebio de Cesarea y todos los estudiosos griegos llaman *Común*, es decir, *Vulgata*, aunque hay ahora muchos que le llaman la de *Luciano*; pero hay otra edición de los Setenta Intérpretes, que se encuentra en los códices de la Hexapla, y que nosotros hemos traducido fielmente al latín, y que se canta en las iglesias de oriente).

publicados juntos, uno frente al otro, en Faber, *Quincuplex Psalterium*, en el tomo X de las obras de Jerónimo (*Opp. Hieronymi*, ed. Vallarsi).

Estos Salterios Latinos, que proceden del texto de los LXX de la Hexapla, lo mismo que la traducción siríaca y las restantes versiones orientales, basadas en los LXX y en la Peschita, tienen solo un valor histórico-exegético. Por el contrario, la traducción del Salterio de Jerónimo, *juxta Hebraicam veritatem*, constituye la primera obra científica de traducción, y como la totalidad de su versión del Antiguo Testamento a partir del texto hebreo original, constituye un trabajo fuerte y audaz, por el que Jerónimo realizó un servicio invaluable a la iglesia, sin dejarse vencer por el grito que muchos elevaron en contra de sus innovaciones. Esta traducción independiente se ha convertido en la Vulgata de la Iglesia, un texto muy distinto de las traducciones anteriores, aceptado por toda la iglesia latina, con la excepción del salterio, que siguió siendo el de la traducción anterior, preparada a partir de los LXX por el mismo Jerónimo.

La nueva traducción del Salterio encontró una oposición litúrgica inflexible, y no fue admitida para la liturgia oficial de la iglesia ni aceptada en la Vulgata. Los textos galicano y romano se mantuvieron y se convirtieron (con la omisión de los signos críticos) en una parte esencial de la Vulgata. Por esa razón, resultaría muy deseable que el texto latino de la traducción de Jerónimo con los Salmos traducidos del hebreo (*ex Hebraeo, Opp*. ed. Vallarsi t. IX p. 333) se conociera más y se volviera accesible a través de una edición crítica, publicada por separado. No es necesario para ello un nuevo trabajo crítico, pues existe un excelente MS, Cod. 19, en la librería de St. Gall, presentado por el Abad Hartmot (muerto en el 895).

Orígenes y Jerónimo aprendieron el lenguaje del Antiguo Testamento a través de maestros judíos. Todas las ventajas del aprendizaje filológico de Orígenes se han perdido para nosotros, a excepción de algunos restos insignificantes de la Hexapla. Su gigantesca Biblia habría sido el monumento directo más antiguo del Antiguo Testamento, si se hubiera conservado. Por el contrario, la traducción que hizo San Jerónimo del Antiguo Testamento del texto hebreo original (*canon Hebraicae veritatis*, el canon de la verdad hebrea) nos ofrece el fruto maduro de este firme e instruido investigador, inspirado por el celo del conocimiento. Esta es una obra de valor inmenso, tanto en el sentido crítico como en el histórico, en relación al lenguaje y a la exégesis del texto. La traducción del Salterio está dedicada a Sofronio, que había prometido traducirla a su vez al griego. Pero esa traducción griega no se ha conservado.

La traducción del Salterio de Jerónimo no ha tenido otra igual, ni en la sinagoga ni en la iglesia, hasta el tiempo de Saadia Gaon de Fajum, el traductor árabe de los salmos. Hay dos MS de esta traducción de los salmos en Oxford, pero el más importante, que contiene también sus anotaciones completas se encuentra en Munich. Por su parte, Schnurrer (1791) publicó los salmos 16; 40 y 110 en la *Eichhorn's Biblioth. der Bibl. Lit.* III, tomándolos del Cod. Pocock. 281. Más tarde, Haneberg (1840) publicó el Sal 68 y muchos más, del MS de Múnich; las publicaciones más extensas, tomadas del Cod. Pocock. 281 y del Cod. Huntingt. 416 (con varias lecturas tomas del Cod. de Munich) han sido incluidas por Ewald en el primer volumen de sus *Beiträge zur Ältesten Ausleg. u. Spracherklärung des A. T.* 1844.

La aportación que se puede obtener de la traducción de Saadia para la interpretación de los salmos, conforme a las exigencias científicas de la actualidad, es bastante limitada; pero ella ofrece grandes ventajas para la filología y la historia de la exégesis. Saadía se encuentra aún en el centro del proceso siempre misterioso de desarrollo del cual proviene el texto finalmente establecido y puntuado (y vocalizado) del Antiguo Testamento. Él escribió un tratado de puntuación (ניקוד) al que se refiere Rashi en Sal 45, 10, pero en su tratamiento del texto del Antiguo Testamento, se muestra aún independiente respecto a la puntuación establecida. Su traducción es la primera obra científica sobre los salmos realizada en la sinagoga. La traducción de Jerónimo es cinco siglos anterior, pero solo la traducción de Lutero fue capaz de situarse a su lado, codo a codo, y eso lo consiguió por ser el primero en volver a la fuente primera del texto original hebreo.

La tarea asignada al traductor de las Sagradas Escrituras fue asumida por Lutero como no lo había sido por ningún otro, y él la realizó como nadie lo ha hecho después hasta el día de hoy. Lo que dijo Cicerón de la traducción de dos discursos discutidos de Demóstenes y Ésquines se aplica también a Lutero: "No se trata de traducir como mero intérprete, sino como orador, con figuras y palabras adecuadas a nuestras costumbres, de forma que no es necesario verter el texto palabra a palabra, sino conservar el genio, el sentido y la fuerza de todas las palabras…".

Lutero ha revivido por dentro, en pensamiento y sentimiento, el texto original, no para reproducirlo de un modo literal, esclavizado a su forma, sino para remodelarlo y para renovarlo, dentro de una Alemania nueva y, al mismo tiempo, para preservar su espíritu libre y verdadero, en el sentido más hondo de la palabra. Esto ha sido especialmente lo que ha sucedido con su traducción de los salmos, en cuya tarea incluso Moisés Meldelssohn ha pensado que merecía la pena seguirlo. Pero es innegable que aquí y allí se puede mejorar su obra a través de una comprensión más correcta del original hebreo y, en general, a través de una mayor fidelidad al sentido del texto (sin separarse del espíritu del idioma alemán). Negar eso significaría una indiferencia desagradecida respecto a los avances que se han realizado en la interpretación bíblica —avances no meramente prometidos, sino que nosotros mismos vemos que se están realizando ahora.

9. Historia de la interpretación de los Salmos

Si echamos una mirada sobre la historia de la exposición de los Salmos descubrimos que solo con mucha tardanza se descubrió y se puso en marcha la función propiamente dicha de lo intérpretes y actualizadores del texto. Comencemos con la exposición apostólica de los Salmos.

Conforme a su más honda naturaleza, el A. T., tiende hacia su centro que es Cristo. Según eso, la verdad más honda del A. T., se ha expresado en la revelación de Jesucristo. Pero no todo se ha logrado de una vez. La pasión, resurrección y ascensión de Jesús son tres pasos de una apertura progresiva del A. T., y en especial de los Salmos. Nuestro mismo Señor, antes y después de su resurrección desplegó y reveló el significado de los Salmos, a través de su propio mensaje, vida y muerte.

Jesús mostró así que lo que estaba escrito en la Ley de Moisés, en los Profetas y en los Salmos se había cumplido en él. De esa forma reveló a sus discípulos el significado de "entender las Escrituras", συνιέναι τάς γραφάς, Lc 24, 44. La explicación vital que Jesucristo realizó de los salmos es el comienzo y la meta de la interpretación cristiana. Por lo que se refiere a la Iglesia, esa interpretación comenzó de hecho, ante todo, a través de los apóstoles, en Pentecostés, cuando el Espíritu, del que David había sido un instrumento (cf. 2 Sam 23, 2), descendió sobre ellos como espíritu de Jesús, cumplidor y cumplimiento de la profecía.

Este Espíritu de Jesús glorificado completó aquello que él había realizado a través de su humillación y de su resurrección. Él abrió a sus discípulos el significado de los salmos. La fuerza con que esos discípulos estaban influidos por los salmos puede verse en el hecho de que los salmos aparecen citados unas setenta veces en el N. T., lo que significa que, después de Isaías, ellos forman el libro más frecuentemente citado del Antiguo Testamento. A partir de esa interpretación de los salmos la iglesia tendrá que moverse hasta el fin de los tiempos. Solo el fin será como el principio, e incluso lo sobrepasará.

Pero nosotros no podemos buscar en las Escrituras del N. T., aquello que ellas no están designadas para ofrecernos, es decir, una respuesta a cuestiones que pertenecen a un grado inferior de conocimiento, es decir, a la gramática, a la historia contemporánea y a un tipo de crítica de este mundo, buscando en ese conocimiento la respuesta a todos los problemas de los salmos. Por el contrario, las cuestiones de tipo histórico–gramatical son como el candelario sobre el que puede brillar la candela de la nueva luz…; son cuestiones que irán siendo resueltas por las generaciones posteriores, de un modo científico.

La exposición postapostólica y patrística no fue capaz de resolver los temas histórico–gramaticales de la exégesis de los Salmos, pues no era ese su fin. Los intérpretes de la Iglesia antigua, con la excepción de Orígenes y Jerónimo, no poseían el conocimiento de la lengua hebrea. E incluso estos dos no tenían conocimiento suficiente para liberarse de la dependencia respecto a los LXX, cosa que los llevó con frecuencia a caer en errores. Del comentario y homilías de Orígenes sobre los salmos solo poseemos algunos fragmentos, traducidos por Rufino, con su ὑπόμνημα εἰς τοὺς ψαλμούς, *memorial sobre los salmos* (edición completa por Kleopas, 1855, de un MS del Monasterio de Mar-Saba, de Judea).

Jerónimo, en su Contra Rufinum I 19, menciona ciertamente unos *Commentarioli* o pequeños comentarios escritos por él mismo sobre los Salmos, pero el *Breviarium in Psalterium* (cf t. VII. P. II. de sus Obras, edición de Vallarsi) que lleva su nombre no parece auténtico, y además carece de importancia para la historia y lenguaje del texto. El casi completo *Comentario sobre los Salmos* de Eusebio (del 1 al 119, según la numeración hebrea) dado a conocer por Montfaucon (*Collectio nova Patrum et Scriptorum Graec.* t. I) es auténtico. Pero Eusebio, aunque vivía en Palestina y tenía bajo su poder una valiosa librería era tan ignorante en hebreo que consideraba posible que la palabra Μαριαμ (מרחם) del Sal 110 podría referirse a María. Ciertamente, las aportaciones de la Hexapla que él ha preservado contienen muchos tesoros aceptables de valor histórico, por lo que se refiere a la traducción, pero en otros planos son poco valiosas, porque su interpretación es superficial y caprichosamente alegórica, y además forzada.

Atanasio, en su pequeña explicación de los Salmos (en t. I. p. II. De la edición de los Benedictinos) depende totalmente de Filón para el significado de los nombres y de las palabras hebreas. Su libro πρὸς Μαρκελλῖνον εἰς τὴν ἑρμηνείαν τῶν ψαλμῶν (*A Marcelino, sobre la interpretación de los Salmos*, publicado en la misma edición Benedictina) es un estudio muy hermoso. Trata de las riquezas contenidas en los Salmos, las clasifica desde sus diversos puntos de vista y ofrece algunas directrices para utilizarlas de un modo provechoso en las diversas circunstancias y modos de la vida, tanto interior como exterior. Johann Reuchlin tradujo este pequeño libro de Atanasio en latín y J. Spalatino lo tradujo del latín al alemán (1516).

Del mismo tipo son los dos libros de Gregorio de Nisa εἰς τὴν ἐπιγραφὴν τῶν ψαλμῶν (*Sobre la Interpretación de los Salmos, Obras*, ed. Paris, t. I), que tratan de su disposición y de sus encabezados. Pero en lo que se refiere a los encabezados está tan influido por los LXX que él atribuye la falta de encabezados de doce salmos en los LXX (este es el número según Gregorio) a la ἀπιστία κακία (incredulidad y maldad) de los judíos. A pesar de ello, esta introducción del gran Niseno contiene varias observaciones valiosas.

Al mismo tiempo que Atanasio, siguiendo el ejemplo de Orígenes, Hilario de Poitiers escribió en la iglesia occidental su *Tractatus in librum Salmorum* (Tratado del Libro de los Salmos), con un extenso prólogo, que recuerda mucho otro prólogo que había escrito Hipólito. Conservamos todavía su exposición de los salmos 1, 2,

9, 13, 14, 51, 52, 53-69, 91, 118-150 (conforme a la numeración de los LXX), que está tomada básicamente de Orígenes y Eusebio[34]. Es ingeniosa y piadosa, de manera que es más aprovechable para los teólogos dogmáticos que para los exegetas (cf. t. XXVII, XXVIII. de la *Collectio Patrum* de Caillau y Guillon)[35].

Un poco más tarde, pero en los últimos años del siglo IV (entre el 386–397), viene la obra de Ambrosio, *Enarrationes in Psalmos* (Sal 1; 35-40; 43; 45; 48; 51; el Sal 18 va en el t. II de la edición Benedictina). La Exposición de Salmo 1 ofrece, al mismo tiempo, la introducción de todo el Salterio, y está tomada en parte de Basilio. Ambrosio y Basilio han pronunciado los elogios más grandes del Salterio. Esto es, por ejemplo, lo que dice *Ambrosio*:

> Los salmos son la bendición del pueblo, la bendición de Dios, la alabanza del pueblo, el aplauso universal, las palabras de todos, la voz de la Iglesia, la confesión canora de la fe, la devoción plena de la autoridad, la alegría de la libertad, el clamor del gozo, el resultado de la alegría. Los salmos mitigan la ira, calman los cuidados, alivian el cansancio. Son el arma de la noche, el magisterio del día. Son escudo en el temor, la firmeza en la santidad, la imagen de la tranquilidad, son la promesa de la paz y de la concordia, el canto que expresa la unidad de las diversas voces, a modo de música de cítara. Suenan los salmos al nacimiento del día, resuenan al ocaso[36].

Tras un prefacio de ese tipo, esperamos que la exposición sea de gran fervor y de profunda percepción, y estas son realmente sus características, pero no es tan extensa como podía haberse esperado, si es que Ambrosio (cuyo estilo de escritura

---

34. En ese contexto, Jerónimo (*Ep. ad* Augustinus CXII) menciona los siguientes comentaristas griegos a los Salmos: 1) Orígenes, 2) Eusebio de Cesarea, 3) Teodoro de Heraclea (el anónimo de la *Catena* de Corderius), 4) Asterio de Scitópolis, 5) Apolinar (Apolinarios) de Laodicea, 6) Dídimo de Alejandría. Entre los latinos aparecen los siguientes comentarios: 1) Hilario de Poitiers, que tradujo o, mejor dicho, remodeló las homilías de Orígenes sobre los Salmos (el mismo Jerónimo dice de él en *Epístola 57 a Pammachio* que tradujo a su lengua las interpretaciones menos valiosas de Orígenes), 2) Eusebio de Vercelli, que tradujo el comentario de Eusebio de Cesárea, y 3) Ambrosio, que dependía también parcialmente de Orígenes. De Apollinar el Viejo tenemos una Μετάφρασις τοῦ ψαλτῆρος διὰ στίχων ἡρωϊκῶν, es decir, un tipo de traducción de los salmos en versos heroicos. Él tradujo también el Pentateuco y otros libros del Antiguo Testamento en versos heroicos.

35. Sobre las características de este comentario, cf. Reinkens, *Hilarius von Poitiers* (1864) p. 291-308.

36. Texto latino: *Salus enim benedictio populi est, Dei laus, plebis laudatio, plausus omnium, sermo universorum, vox Ecclesiae, fidei canora confessio, auctoritatis plena devotio, libertatis laetitia, clamor jucunditatis, laetitiae resultatio. Ab iracundia mitigat, a sollicitudine abdicat, a maerore allevat. Nocturna arma, diurna magisteria; scutum in timore, festum in sanctitate, imago tranquillitatis, pignus pacis atque concordiae, citharae modo ex diversis et disparibus vocibus unam exprimens cantilenam. Diei ortus Salum resultat, Salum resonat occasus.*

es tan musical como el de Hilario, recto y angulado al mismo tiempo) hubiera trabajado más esas exposiciones, que él pronunció a veces como sermones, otras veces dictó, otras escribió por su propia mano.

La obra más extensa de la antigua iglesia sobre los salmos fue la de *Crisóstomo,* escrita probablemente cuando vivía en Antioquía. Nosotros conservamos solo la exposición del Salmo 58 (que incluye la del salmo 3 y 41, que en su forma actual no pertenecen a la obra) y la del Salmo 60 (editadas en la edición de Montfaucon).

Focio y Suidas presentan este comentario a los Salmos entre las obras más elevadas de Crisóstomo. Está compuesto en forma de sermones, el estilo es brillante, y el contenido más ético que dogmático. Algunas veces se cita el texto hebreo, conforme a la edición de la Hexapla, y frecuentemente se comparan las versiones griegas que se separan del original, pero desafortunadamente eso se hace sin dar nombres de ediciones. Estos comentarios apenas conservan rasgos que recuerden la famosa tendencia filológico−histórica de la escuela de Antioquía.

Teodoreto (en edición de Halle t. II p. II) ha sido el primero en buscar un camino intermedio entre el alegorismo extravagante y la sumisión antiespiritual a un sentido literal historicista, que él, sin duda, atribuye a Teodoro de Mopsuestia, abriendo así una interpretación que le permite distinguir la exégesis pura y la aplicación práctica. Pero este comienzo de exégesis científica, a pesar de su tendencia histórico−gramatical, era todavía insuficiente y carecía de independencia. Así lo muestra, por ejemplo, la discusión sobre el tema de si todos los salmos son de David o no, que él resuelve brevemente en línea afirmativa "manténgase el voto de la mayoría" (κρατείτω τῶν πλειόνων ἡ ψῆφος)[37].

Resulta digno de agradecimiento el esfuerzo que hace Teodoreto por comparar los salmos hebreos con la traducción griega y; en otro sentido, lo que a este autor le falta de hondura mística (como sucede con otros comentaristas sirios) puede compensarse con el deseo de profundización científica).

Esto mismo puede decirse también de Euthymius Zigadenus (Zigabgenus). Su comentario a los Salmos (en griego en t. IV de la edición veneciana de las Opp. Theophylacti), escrita por encargo del emperador Alexius Comnenus, no es más que una inteligente compilación para la cual él utilizó una *Catena Psalmorun* (una cadena o conjunto de textos sobre salmos), como la compilación algo anterior de

---

37. Así, por ejemplo el Talmud de R. Meir, *Pesachim* 117a, defiende también la visión de que David es el autor de Todos los salmos: תשבחות שבספר תהלים כולן דוד אמר, mientras que en Bathra 14b se supone que los salmos tienen diez autores: דוד כתב ספר תהלים על ידי עשרה זקנים, cf. *Midrash* a Cant 4, 4 y Ecl 7, 19. En el primer pasaje se supone que לתלפיות es un nombre emblemático del Salterio. ספר שאמרוהו לו פיות הרבה, el libro de David al cual han contribuido las bocas de muchos. Entre los comentaristas modernos hay dos, cf. Klauss, 1832, y Randegger, 1841, que están escritos con el propósito de mostrar que todos los salmos son de David.

Nicetas Serronius, Νικήτας Σερρῶν, que puede encontrarse en el Monte Atos y que no ha sido aún publicada[38].

La obra que, en occidente, puede compararse con el comentario de Crisóstomo son las *Enarrationes in Psalmos* de Agustín (t. IV de la Edición Benedictina). Los salmos que se cantaban en la iglesia de Milán han contribuido mucho a la conversión de Agustín. Pero su amor hacia los salmos se hizo aún más fuerte por su lectura particular que él hizo de los salmos en soledad, preparándose para su Bautismo. Su comentario a los salmos está formado por sermones, que en parte fueron escritos por él mismo y en parte fueron dictados. Solo los 32 sermones sobre el Sal 118 (119), que él se decidió a escribir al final de todos no fueron dictados o pronunciados de hecho como sermones[39].

Esta obra de Agustín, que sobrepasa a la de Crisóstomo en riqueza y profundidad de pensamiento, se ha convertido en la Iglesia occidental en una verdadera mina para todas las exposiciones posteriores de los Salmos. En esa línea, Casiodoro, en sus *Expositiones in omnes Psalmos* (t. II de la edición benedictina) toma mucho material de Agustín, aunque no le falta independencia.

Lo que la iglesia griega ha realizado para la exposición de los Salmos ha sido compilado muchas veces desde el tiempo de Focio en las así llamadas Σειραί, *Catenae o Cadenas*. La de Nicetas, arzobispo de Serra, en Macedonia hacia el 1070 no ha sido aún publicada. Una, que se extiende solo al Sal 50 apareció en Venecia, en 1599, y una completa, preparada por Corderius fue editada en Amberes, 1643, en 3 volúmenes, con MSS de Viena y Múnich. Folckmann (1601) publicó extractos de la Catena de Nicetas Heracleota; por su parte, Aloysius Lippomanus comenzó a editar una Catena de autores griegos y latinos, de gran tamaño (un volumen in folio sobre Salmos, en Roma 1585).

Los defectos que pueden encontrarse en los comentaristas griegos y latinos de los salmos son en general los mismos. Les falta conocimiento del texto original; carecen de método en su modo de proceder, interpretan muchos salmos de un modo profético (así, por ejemplo, Tertuliano, *De spectaculis*, interpreta todo el salmo 1 como una profecía sobre José de Arimatea), no tienen visión adecuada de la historia, por lo que mezclan temas y textos del Antiguo y del Nuevo Testamento y se dejan llevar por una visión engañosa del método alegórico.

---

38. Esta información puede encontrarse en la edición en griego moderno del *Comentario a los salmos de Nicodemo el Agiorita*, en dos volúmenes (Constantinopla 1819-1821), que contiene también extractos de la "catena" de Nicetas Serronius.

39. Agustín no adopta el texto de Jerónimo como base, sino que utiliza la versión latina anterior, cuyo texto original él quiso fijar, y corregir aquí y allí, partiendo de los LXX. Por el contrario, Arnobius, el semi-pelagiano, en su comentario afro-latino a los Salmos, no utiliza la así llamada Ítala, sino que toma la traducción de Jerónimo; cf. 1ª edición de Erasmo, Basilea, 1522, quien, lo mismo que Trithemnius (1462-1516), le identifica como apologista.

Estos autores no emplean en modo alguno el método que tuvieron los apóstoles al interpretar los salmos, sino que utilizan esos salmos sin tener en cuenta su verdadero sentido, sin entenderlos desde la perspectiva del cumplimiento del Nuevo Testamento, de manera que mezclan el texto y sentido de los salmos con el lenguaje y pensamientos del Nuevo Testamento. De todas formas, la Iglesia nunca encontró tanto gozo en los salmos como entonces, nunca los utilizó con tanta riqueza de resultados, como entonces, en una línea de testimonio de martirio. En lugar de escuchar cantos profanos, caminando por los campos, uno podía escuchar los salmos, resonando en tierras de cultivo y en las viñas. Así escribe Jerónimo a la viuda de Marcelo, desde Tierra Santa:

> A cualquier lugar donde te dirijas, escucharás al campesino llevando el arado y cantando Aleluya; el segador entona salmos ante la mies; y el mismo viñador, extendiendo su hoz curva sobre los racimos cantó un himno de David. Estos son en esta provincia los cantos, estas son, como dice el pueblo, las canciones amorosas, este es el silbido de los pastores, estas son las armas de la cultura… (cf. Haec sunt in hac provincia carmina, haec (ut vulgo dicitur) amatoriae cantiones, hic pastorum sibilus, haec arma culturae).

De esta forma recomienda Jerónimo a Marcela las delicias de la vida del campo, con palabras como estas, escogidas entre otras. Mientras el campo se pinta de flores, las aves cantoras cantan de un modo más dulce los salmos (cf. Vere ager floribus pingitur et inter querulas aves Psalmi dulcius cantabuntur). Por su parte, Apolinar el Sidonio nos dice que los marinos que empuñan los remos en las naves tienen salmos en sus bocas. Y de esa forma amonesta el poeta a los cristianos, diciéndoles que canten en sus viajes y caminos a lo largo de su vida.

> Aquí canta el coro curvado de los remeros
> a los que responden las riberas diciendo Aleluya.
> Al Cristo amigo se eleva el canto de los marinos.
> Entonad así salmos, entonadlos, navegantes y caminantes[40].

Han sido muchos los mártires que han soportado todo tipo de martirio con los salmos en sus labios. Aquello que la iglesia de aquel tiempo no logró ofrecer en la exposición de los salmos queda muy bien compensado por el hecho de que ella mantuvo con su sangre su fidelidad a los salmos. La Iglesia progresa mucho más por su práctica de vida que por su teoría[41].

---

40. Cf. Curvorum hinc chorus helciariorum / Responsantibus Alleluja ripis /Ad Christum levat amicum celeusma. /Sic, sic psallite, nauta et viator!

41. Cf. además el ensayo de O. Strauss, ya mencionado, *Die heilige Psalmodie oder der psalmodirende König David und die singende Urkirche*, 1855, y el de W. von Glick, *Das Psalterium nach*

Los comentarios a los Salmos de la Iglesia Medieval no ofrecen ningún avance esencial a la patrística. Después de Casiodoro vinieron Haymo (+ 853) y Remigio de Auxerre (+ hacia el 900), que fueron compiladores aún menos independientes que los anteriores. El comentario del primero, editado por Erasmo, apareció en Trier, el 1531; el del segundo apareció primero en Colonia, 1536, y después en la *Bibl. Maxima Lugdunensis*, de Lyon.

El comentario de Pedro Lombardo (+ hacia 1160) recoge una cadena de expositores anteriores, desde Jerónimo hasta Alcuino. Más independientes son los comentarios de Tomás de Aquino, que solo completó 51 salmos, y los de Alejandro de Hales, que apareció bajo su nombre (Venecia 1496), que no ha de ser atribuido al Cardenal Hugo. Además, entre los expositores de los Salmos en la Edad Media sobresalen Buenaventura (+ 1274) y Alberto Magno (+ 1280). Ya hacia el final de la Edad Media encontramos a Michael Ayguanus (+ hacia 1400), cuyo comentario ha sido frecuentemente reeditado desde su aparición en Milán en 1510.

Si se conoce una de estas exposiciones se conocen todas. Lo más que ellas nos ofrecen es un eco de los autores anteriores. Por su dependencia literal a la Vulgata, y de un modo consecuente a los LXX, ellas nos sitúan en una vía equivocada y confunden el sentido literal del texto que queda completamente enterrado bajo una "inteligencia mística", de forma que se pasa por alto la diferencia entre las dos economías, al "convertir" los salmos al lenguaje y pensamiento del N. T., sin tener en cuenta el desarrollo de un testamento al otro.

Así dice, por ejemplo, Alberto Magno en su comentario (Opp. t. VII) sobre el principio de los salmos, al tratar del *Beatus vir* de Sal 1, 1: Consta que todo este libro de los Salmos trata de Cristo y de su cuerpo que es la Iglesia (Constat quod totus liber iste de Christo et ejus corpore ecclesia). Pero, así como en los Padres hallamos ocasionalmente rasgos de profunda penetración en el sentido de los textos, como momentos también de valor permanente, también aquí merece a veces la pena la lectura mística de algunos salmos.

La mayor autoridad para la exposición de los Salmos en la Edad Media fue Agustín. De Agustín y quizá de Casiodoro, provienen las cortas anotaciones que Notker Labeo (+ 1022), monje de St. Gall, fue poniendo a su traducción alemana de los Salmos (vol. II de H. Hattemer, *Denkmahle des Mittelalters*). En esa línea se sitúa la Cadena Latina de los Salmos del obispo Bruno de Würzburg (+ 1045), mencionado ya.

Esa Cadena esta compilada partiendo de textos de Agustín y Casiodoro, pero también de Jerónimo, Beda y Gregorio de Nisa. Por su parte, las *Anotaciones siríacas a los Salmos* de Gregorio Bahhebraeus (+ 1286), publicadas parcialmente

---

seinem Hauptinhalte in seiner wissenschaftlichen und praktischen Bedeutung, un buen ensayo católico, 1858. Estas y otras obras muestran la importancia de los salmos en la edad de los Padres de la iglesia.

por Tullberg y Koraen, Upsala 1842, y por Schörter, Breslau 1857, solo tienen importancia para conocer la historia de la exposición de los salmos, pero no se distinguen en nada de los otros trabajos del tiempo medieval.

Por su parte, las exposiciones de la sinagoga medieval carecen del conocimiento de Cristo, y por eso les falta la condición fundamental requerida para una comprensión espiritual (cristiana) de los salmos. Pero, así como debemos a los judíos la transmisión del código o texto del Antiguo Testamento, así también les debemos la transmisión del conocimiento del idioma hebreo. En esa línea los intérpretes judíos pudieron darnos aquello que los intérpretes cristianos del mismo momento eran incapaces de ofrecernos.

De todas formas, las interpretaciones de algunos pasajes especiales de los Salmos que encontramos aquí y allí, desparramadas en el Talmud, son casi siempre inauditas, arbitrarias y extrañas. El Midrash sobre los Salmos, que lleva el título de טוב שוחר (cf. Zunz, *Vorträge*, 266ss) y la Catena del Midrash, titulada ילקוט, de la cual solo conocemos actualmente el ילקוט שמעוני (que es obra de Simeón Kara ha-Darshan) y el ילקוט מכירי (de Machir b. Abba-Mari), contienen muchas más digresiones interminables que material adecuado al tema y utilizable.

Este tipo de exposición se utilizó siempre con el fin de que los salmos se interpretaran de un modo práctico y estimulante, para edificación de la comunidad. Solo a partir del año 900 d. C., bajo influjo siro–arábigo, los judíos comenzaron a estudiar el texto de los salmos de un modo gramatical, de manera que empezó a renovarse la exposición y aplicación de la Escritura.

A la cabeza de esta nueva era de exposición y aplicación de la exégesis judía se encuentra Saadía Gaón (+ 941/942), cuya traducción de los salmos al árabe, con anotaciones, ha sido publicado y sigue siendo importante. Los caraitas Salmon b. Jerocham y Jefeth, escribieron también comentarios a los Salmos. Ambos fueron enemigos de los métodos exegéticos de Saadia; pero el comentario de Jefeth[42], dado a conocer por Bargs (a partir del año 1846), reconoce el valor de la gramática, que Saadía elevó a la dignidad de ciencia, pero que Salmon rechazó con gran fuerza.

El siguiente gran expositor de los Salmos fue Rashi (i.e. Rabbi Salomo Isaaki) de Troyes (+ 1105), quien interpretó la totalidad del A. T. (excepto Crónicas) y la totalidad del Talmud (con excepción de algunas partes, como *Maccoth*); él no solo ha recogido con brevedad las interpretaciones esparcidas a lo ancho del Talmud y del Midrash, sino que, especialmente para el comentario de los Salmos, se ha valido de la ayuda gramatical y lexicográfica que entonces podía utilizarse.

---

42. Los manuscritos de su texto se encuentran en parte en Paris y en parte en San Petersburgo; los de Paris fueron llevados de Egipto por Munk, el año 1841; y los de San Petersburgo por Tischendorff, el año 1853.

En otra línea, Aben-Ezra de Toledo (+ 1167) y David Kimchi de Narbona (+ en torno al 1250) dependen menos de la tradición anterior, que, por otra parte, se estaba extendiendo y ampliando con interpretaciones extrañas. El primero es más independiente y genial, pero pocas veces acierta con sus fantasías características; el segundo es menos original, pero está mejor dotado para entender las cosas fundamentales, y entre todos los expositores judíos es el que mejor expone los temas de tipo gramatical e histórico.

El comentario de Gecatilia (Mose ha-Cohen Chiquitilla) está escrito en árabe, y solo lo conocemos por algunas citas, principalmente de Aben-Ezra. Los comentarios posteriores de Mose Alshch (Venecia 1601) y de Joel Shob (Salonica 1569), abandonan la simplicidad y elegancia de los expositores anteriores, desembocando en un escolasticismo repulsivo. El comentario de Obadia Sforno (+ en Bolonia en 1550), que fue maestro de Reuchlin insiste mucho en temas filosóficos, pero es, al menos, claro y breve.

Su buen conocimiento del hebreo concede a todos estos expositores una ventaja notable sobre sus contemporáneos cristianos, pero el velo de Moisés colocado sobre sus ojos resulta más denso en proporción a su oposición consciente al cristianismo. De todas formas, la iglesia no ha dejado pasar estas obras preparatorias sin aprovechar sus aportaciones.

Los judeocristianos Nicolás de Lyra (+ hacia el 1340), autor de las *Postillae perpetuae*, y Pablo de Santa María, arzobispo de Burgos (+ 1435), autor de las *Additiones ad Lyram*, fueron los iniciadores de este cambio. Independiente de ellos, en la línea de Pablo de Santa María, Augustinus Justinianus de Génova, en sus *Octaplus Psalterii* (Génova, 1516, folio), aportó material, especialmente del Midrash y del libro del Zohar.

De todas formas, los autores preferidos fueron Aben-Ezra y Kimchi. Así por ejemplo Bucero, que reconoce lo que debe a estos últimos, dice: "no es propio de buenos ingenios, ni siquiera de los más cándidos, disimular la procedencia de aquello que aportas" (dissimulare, per quos profeceris). Justinianus, Pagninus y Felix fueron en este campo las autoridades máximas en el comienzo de la Reforma. Los dos primeros habían adquirido su conocimiento del texto original a partir de fuentes judías. Por su parte, Felix Pratensis, cuyo *Psalterium ex hebreo diligentissime ad verbum fere translatum*, que apareció en tiempo de León X (1522), era un prosélito judío convertido al cristianismo.

De esa forma llegamos a los umbrales de los comentarios a los Salmos escritos por autores reformados. En la iglesia romana, el estudio de la salmodia había decaído de forma alarmante. La exposición de los Salmos había perdido su autoridad, volviéndose dependiente de compilaciones anterior, dentro de un caos de escuelas. Así dice Lutero en su prefacio al Salterio Latino de Bugenhagen, que incluso una repetición fría de los salmos, sin entender el sentido de las palabras, podía ofrecer algún consuelo a los entendimientos, como aroma lejano de rosas (cf. texto latino: "Et ipsa quamvis frigida tractatione Psalmorum aliquis tamen odor vitae oblatus est plerisque bonae mentis hominibus, et utcunque ex verbis illis etiam non intellectis semper aliquid consolationis et aurulae senserunt e Psalmis pii, veluti ex roseto leniter spirantis").

Pero ahora que una luz nueva alumbraba sobre la Iglesia, a través de la Reforma, con un resplandor superior de comprensión gramatical y un más profundo sentido espiritual de la Escritura, representada en Alemania por Reuchlin y en Francia por Vatablus, el jardín de rosas del salterio comenzó a expandir su perfume, con la frescura de un renovado día de primavera. De esa forma, renacidos a partir del salterio, los himnos alemanes resonaron desde las playas del Báltico hasta los picos de los Alpes, con todo el fervor de un amor nuevamente despertado.

Así dice el carmelita español Tomás de Jesús: "Los himnos de Lutero han ayudado de forma maravillosa a la causa luterana. No solo se escuchan en las iglesias y escuelas, sino también en las casas privadas, en los talleres, en los mercados, en las calles y en los campos". De esa forma, convertidos en himnos imperecederos (por obra de Lutero, Albinus, Franck, Gerhardt, Jonas, Musculus, Poliander, Ringwaldt y muchos otros) los salmos antiguos se transformaron de nuevo en la iglesia luterana, convirtiéndose en la salmodia de los pueblos germanos y escandinavos[43].

En la iglesia de Francia, Clement Marot (1541-43) tradujo en verso 30 salmos y más tarde otros 19, y Teodoro Beza añadió la traducción del resto (1562)[44]. Calvino introdujo los salmos (traducidos por Marot, hacia el 1542), en el servicio litúrgico de la Iglesia de Ginebra, y desde entonces los salmos han seguido siendo los himnos favoritos de la Iglesia reformada. Por su parte, Goudimel, mártir de la Noche de San Bartolomé y Maestro de Palestrina, compuso las melodías y corales.

La *Iglesia Nacional* de Inglaterra adoptó los salmos directamente, tal como ellos eran, como una parte de su liturgia. Por su parte, la *Iglesia Reformada* de Inglaterra siguió el ejemplo de las iglesias hermanas del continente. Y de un modo muy artístico el Salterio fue moldeado en versos griegos, por obra de Olympia Morata (+ 1555)[45] y también en latín, por influjo de Melancton[46]. La paráfrasis de Helius Eoban (Hesse, 1488-1540) de quien Martin Herz, 1860, ha dado

---

43. Los himnos suecos, tomados de los salmos han sido recientemente remodelados y aumentados para uso de la Congregación por Runeberg (Orebro 1858).

44. Cf. Felix Bovet, *Les Psaumes de Marot et de Beze,* en el periódico de Lausanne, *Le Chretien Evangelique,* 1866, No. 4.

45. Cf. ejemplos en Bonnet, *Vida de Olympia Morata,* traducción alemana de Merschmann 1860, p. 131-135.

46. Wilhelm Thilo, *Melanchthon im Dienste an heil. Schrift* (Berlin 1859, p. 28).

una información biográfica, con notas escritas por Veit Dietrich, tuvo cuarenta ediciones en setenta años.

Por su parte, las obras de Joh. Major, Jacob Micyllus (cuya vida escribió Classen en 1859), Joh. Stigel (cuya memoria ha sido revivida por Paulus Cassel 1860), Gre. Bersmann (+ 1611), e incluso la que comenzó Geo. Buchanan durante su estancia en un monasterio portugués, no solo son producciones ilustradas, sino también expresiones de una búsqueda y necesidad espiritual. De todas formas, debemos aceptar el juicio expresado por Harless: Los mejores intentos de ese tipo solo resultan satisfactorios en la medida en que seamos capaces de dejar a un lado el texto original de los salmos (del que se apartan con mucha frecuencia).

Pero desde el tiempo de la Reforma, las exigencias de la exposición de los Salmos han sido asumidas con mayor claridad y han sido realizadas de un modo más afortunado que antes. Lutero inició sus lecturas académicas de 1514 con los Salmos (que se encuentran en latín, de la propia mano de Lutero, Wolfenbüttel) y comenzó a publicar parte de ellas el año 1519, con el título de *Operationes in duas Psalmorum decades*. En ellas vincula la hondura de la experiencia de los Padres con el reconocimiento paulino que le transmitió la Iglesia, en referencia a la doctrina de la gracia justificadora.

Sin duda, él no está enteramente libre de los alegorismos que había rechazado en principio, ni se libera tampoco del todo de un alejamiento del sentido literal (sensu litterae); más aún, a Lutero le falta todavía una visión histórica del carácter distintivo de los dos Testamentos, pero su comentario es incomparable, por la hondura de su experiencia y por su visión mística de los textos.

Su interpretación del conjunto de los salmos, especialmente de los penitenciales (y del salmo 90) van más allá de todo lo que se había producido hasta entonces, y es todavía una mina de valor perpetuo. La exposición de los salmos de Bugenhagen (en Basel 1524 y muchas otras veces) es una continuación de la obra interrumpida de Lutero, de la que dice en un breve pero intenso prefacio que es la primera exposición digna de ese nombre.

La penetración y delicadeza de juicio distinguen la interpretación de los cinco libros de los salmos de Aretius Felinus, es decir, de *Martin Bucer* (1529, etc.). La forma de presentar a Dios como *Autophyes* (*a se et per se existens*), palabra con la que traduce siempre יהוה, da a su obra una apariencia elevada. Pero, en esa línea, debemos destacar, sobre todo, casi al mismo tiempo, como exegeta, a Calvino a quien ha de situarse al lado de Lutero. Su comentario (primera edición en Ginebra, 1564) combina una gran penetración psicológica, con un mayor discernimiento de las imágenes y una mayor libertad en la percepción histórica de los temas, pero tiene, al mismo tiempo, muchos errores que derivan de esta libertad.

El método históricamente estricto de Calvino se convierte en una caricatura en Esrom Rödinger, maestro de los Hermanos Moravos, que murió en Altdorf, el año 1591, sin haber sido capaz, como él quería, de reelaborar su comentario, que apareció el 1580-81, en una forma nueva y revisada. Su obra tiene rasgos originales, y en esa línea, después de haber trazado muchas conjeturas, al fin asigna el Salmo 1 al tiempo de los seléucidas.

Entre los postreformadores el primero con quien nos encontramos es Reinhard Bakius, fiel e inteligente pastor de Magdeburg y Grimma durante la Guerra de los Treinta Años. Su *Comentario exegético-práctico de los Salmos* (editado por primera vez por su hijo, 1664) es una obra de extensa lectura y buen sentido, que puede tomarse en muchos sentidos como un complemento de la de Lutero, llena de notables pensamientos sobre los salmos; pero la multitud de sus datos puede hacer que perdamos el hilo de la simple exposición.

Por su parte, Martin Geier se mantiene más fiel al intento de su exposición, y evita en lo posible las digresiones. Sus lecturas sobre los salmos, que él presentó en Leipzig, se extienden a lo largo de 18 años. Su comentario (1668) está adornado por una honda piedad y por una extensa erudición, pero ya no encontramos en su obra la libertad de espíritu de los reformadores.

Geier es incapaz de liberarse de la dogmática, y de centrarse en un tipo de exégesis fiel a los textos, pues a su juicio, el sentido de los salmos aparece como algo ya fijado, de forma que liberarse de la interpretación tradicional es para él un signo de heterodoxia. En la Iglesia Reformada sobresale la obra de Cocceius (+ 1669), que era un hombre original y bien dotado para la exégesis, pero que partía de un falso principio, centrado en la interpretación literal de tipo escatológico.

No solo las dos iglesias protestantes, sino también la Iglesia de Roma tomó parte en la nueva exposición de los salmos. Sus expositores más importantes, del 1550 al 1650, fueron Genebrardus, Agellius y De Muis, todos ellos bien formados en el conocimiento de las lenguas originales, que realizan su labor no solo con un talento natural poco común, sino también como una honda penetración espiritual, dentro de los límites que les imponía la doctrina romana.

En un momento posterior, la exposición de los salmos de la Iglesia romana degeneró en un tipo de escolasticismos. Esto se nota sobre todo en la obra de Le Blanc, *Psalmorum Davidicorum Analysis* y en la de Joh. Lorinus, *Commentaria in Psalmos* (6 volúmenes in folio, 1665-1676).

Pero también en las iglesias protestantes se impuso una decadencia lamentable del espíritu de los hombres de la Reforma. En esa línea, una obra importante de la Iglesia reformada, *Adnotationes uberiores in Hagiographa* (t. I, 1745, sobre Salmos y Proverbios) contienen una gran masa de materiales, pero poco elaborados y separados de la pura repetición del texto. Las anotaciones en forma de glosas van creciendo bajo el peso de una cantidad innumerable y poco significativa de ejemplos y de pasajes paralelos.

Todo lo que se ha hecho a lo largo de los 16 siglos anteriores permanece totalmente inoperante. No se tiene en cuenta a Lutero. Ni siquiera Calvino, el inspirador de su propia iglesia, ejerce ninguna influencia sobre la exposición de la Escritura. Tras el año 1750, la exposición protestante de la Escritura pierde el carácter espiritual y eclesiástico que había ganado en el siglo XVI, volviéndose gradualmente inoperante, aletargada, separada de la revelación.

Ciertamente, como muestran los comentarios a Salmos de De Sacy, Berthier y La Harpe, la Iglesia Romana nunca cayó tan bajo como para negar la existencia de una religión revelada. Mientras tanto, en la Iglesia Reformada, el mismo amor por los Salmos que se expresaba en el Salterio hímnico de la Iglesia evangélica escrito por aquel verdadero cristiano, poeta y ministro eclesial que era Karl Ludwig von Pfeil (1747; cf. su *Vida*, escrita por Heinrich Jerz, 1863, 111-117), degeneró convirtiéndose en un estudio meramente literario, de tipo poético, de manera que la exégesis se convirtió en algo que era solo carnal, falto de espíritu cristiano.

En esta edad de la decadencia, los restos de lo que había sido el estudio espiritual de los salmos, están representados por Burk, en su *Gnomon* a los Salmos. (1760), que sigue el modelo de Bengel, y por Chr. A. Crusius, en la segunda parte de sus *Hypomnemata ad Theologiam Propheticam* (1761), una obra que sigue la línea nuevamente abierta por Bengel, y que es rica en gérmenes de conocimiento abierto al espíritu cristiano (como he puesto de relieve en mi *Biblisch-prophetische Theologie*, 1845).

Podemos ver el carácter de la teología de esa edad en la traducción del Antiguo Testamento de Joh. Dav. Michaelis, con notas para no especialistas (1771), y en sus escritos sobre algunos salmos. En estas obras encontramos algo de valor, desde el punto de vista histórico y lingüístico. Pero, aparte de eso, solo una mezcla de palabras vacías, de discursos sin gusto, de muerte espiritual. Ha sido un honor de Herder el haber liberado la exposición de los salmos de esta falta de gusto; y ha sido un mérito de Hengstenberg (especialmente en sus Lecturas, *Vorlesungen*) el haber insistido de nuevo en la superación de la falta de espiritualidad de la conciencia viva de la Iglesia.

La transición a la exposición moderna está marcada por Rosenmüller, *Scholia zu den Psalmen* (primera edición en 1798-1804), una compilación escrita con un lenguaje claro y puro, con tacto exegético y una atención que se agradece a los expositores más antiguos, que se habían vuelto ya desconocidos, como Rödinger, Bucero y Agellius, y también a los escritores judíos. Por su parte, el comentario a los salmos de De Wette (primera edición en 1811, quinta por Gustav Baur, 1856) fue mucho más independiente y marca una nueva época en la exégesis.

De Wette es preciso y claro y no carece tampoco de cierta percepción por la belleza. Pero su postura respecto a los escritores bíblicos se parece a la de un comentador neutral (sin interés por el fondo religioso de los salmos), su investigación es demasiado escéptica y su estima por los salmos no reconoce de un modo suficiente su lugar en la historia de la redención. Así los toma como himnos nacionales, insistiendo en su función patriótica judía, y cuando resulta incapaz de entender su sentido teocrático o religioso recurre al sarcasmo, en contra de ese elemento, hasta el extremo de causar disgusto en los lectores.

A pesar de eso, el comentario de De Wette abre una nueva época, pues él es el primero en poner un orden en el caos anterior de la exposición de los salmos, e introduce en ellos el gusto por el lenguaje y la precisión gramatical, bajo el ejemplo de Herder y la influencia de Gesenius. Es más independiente que Rosenmüller, quien, sin carecer de gusto y tacto, no es más que un compilador. Por lo que se relaciona con las circunstancias históricas que dieron lugar a la composición de los diferentes salmos, De Wette es más negativo que asertivo.

Hitzig, autor de un comentario histórico y crítico (1835/36), que ha aparecido recientemente en una forma revisada (Vol 1, 1863 y Vol 2, 1ª parte 1864 y 2ª 1865), ha querido revisar y completar positivamente la crítica negativa de De Wette, reconociendo como propios de David 14 salmos, de los setenta y dos que llevan el encabezamiento לדוד, atribuyendo todos los restantes, desde el 73 en adelante, con el 1, 2, 60 menos el 142–144 y el 150 (que serían del tiempo de Alejandro Janeo) al período del alzamiento de los macabeos (e. g., los salmos 138-141 a Juan Hircano, padre de Alejandro), y además atreviéndose a fijar los autores (como Zacarías, Isaías, Jeremías…) o al menos la fecha de composición de todo el resto de los salmos.

Von Lengerke, en su comentario, compilado a medias a partir de las obras de Hengstenberg y Hitzig (1847), se presenta a sí mismo como partidario de un criticismo que él declara "constructivo", llegando siempre a resultados positivos, y tomando los salmos macabeos como el primer conjunto de todo el salterio. Él afirma que no hay ningún salmo que pueda atribuirse con certeza a David.

Olshausen (en su Comentario del 1853) sitúa solo unos pocos salmos (cf. 2, 20, 21) en el tiempo de los reyes de Judá, antes del Exilio, y partiendo de esa base, con una tendencia a la que se muestra incapaz de resistir, afirma que todos los restantes salmos pertenecen al tiempo de los Macabeos, situándolos incluso en el reinado de Juan Hircano.

Por su parte, Hupfeld, en su *Comentario* del año 1855-1862 (4 vols.), considera impropio de una investigación seria rebajarse a trazar hipótesis infantiles, y se sitúa en la línea del criticismo negativo de De Wette, pero queriendo desarrollarlo de un modo personal. En esa línea, él mantiene que ninguno de los salmos puede atribuirse con certeza a David; y así, partiendo de que algunos encabezados son falsos, deduce que no podemos usar ninguno de ellos.

Nosotros no podemos defender ese escepticismo, que no concede ningún tipo de valor a la tradición anterior; pero tampoco podemos quedar cerrados en un tipo de auto/seguridad que rechaza por principio todo tipo de crítica. En esa línea, no podemos dejar de reconocer el gran mérito de autores como Olshausen, Hupfeld y Hitzig en sus libros de exposición sobre los salmos.

De Olshausen destacamos su gran talento para plantear y defender algunas conjeturas críticas. De Hupfeld alabamos la precisión de su análisis gramatical y la solidez de su trabajo crítico. De Hitzig ponemos de relieve la originalidad que él manifiesta en todo momento, su perspicacia para trazar la conexión entre los pensamientos, la atención y erudición que muestra en el estudio del uso del lenguaje y en relación con aquello que es admisible conforme a la sintaxis.

En el comentario de Ewald (*Poetische Bücher*, 1839, 2ª edición, 1866) hay que destacar la parte introductoria, aunque su obra no sea un comentario de los salmos. De todas formas, en los argumentos que dedica a cada salmo, él ha puesto de relieve un don especial en el estudio del aspecto emocional de los textos, con las palpitaciones del corazón que ellos implican y los cambios de sentimientos que suponen.

Ninguna de estas exposiciones mantiene una relación verdaderamente religiosa con el espíritu de los salmistas. En contra de eso, el muy utilizado comentario de Hengstenberg (1842-1847, en 4 vols.; 2ª ed. 1849-1852) abre de un modo consecuente un nuevo camino, situando de nuevo a los salmos en su verdadera relación con la iglesia, sin limitarse a ofrecer un estudio puramente histórico y gramatical de los temas.

Como precursores de ese comentario de Hengstenberg pueden recordarse las obras finamente espirituales de Umbreit (*Christliche Erbauung aus dem Psalter* 1835) y Stier (*Siebzig Psalmen*,1834, 36), que solo se extienden a una selección de los salmos. Por otra parte, el comentario de Tholuck (1847), que excluye el criticismo de las palabras y quiere presentar los resultados del progreso exegético de un modo práctico para el pueblo, puede tomarse como contrapartida del comentario de Hegstenberg.

A fin de que nuestro trabajo sea más completo, podemos mencionar el comentario de Köster (1837) que ha destacado la importancia artística de los salmos, insistiendo especialmente en el sistema de las estrofas. También es importante en esa línea el trabajo de Vaihinger (1845). Fuera de Alemania no hay ningún estudio que pueda compararse con los de Hengstenberg, Hupfeld y Hitzig.

Por otra parte, la inmensidad de la tarea de comentar los salmos exige la colaboración de muchas manos. Sería muy bueno en este campo el trabajo no solo de autores escandinavos, ingleses, latinos, etc., sino también la colaboración de autores de la Iglesia Católica y también de las iglesias ortodoxas. La palabra clave de la Iglesia respecto a la Palabra de Dios es *non plus ultra,* no hay tras ella nada más valioso. Pero, al mismo tiempo, en relación con el estudio y comprensión de la Palabra de Dios tenemos que decir siempre *plus ultra*, siempre más allá. El trabajo común sobre las Escrituras constituye la forma más honda de unión entre las iglesias, y la promesa más segura de su futura unidad. La exposición de las Escritura será la fuerza que moverá la iglesia del futuro.

10. Consideraciones teológicas preliminares

La exposición de los salmos puede situarse en una línea poética, tanto desde la perspectiva de la Iglesia del antiguo Testamento como desde la del Nuevo Testamento (y desde la dispensación actual de la Iglesia). Una condición primaria del progreso exegético es el manteniendo de la separación de estas tres perspectivas (A. T., N. T., y actualidad), distinguiendo según eso la perspectiva de los dos testamentos, con los diversos momentos en el desarrollo de la revelación y en la percepción del plan de la redención. Así como la redención en sí tiene una historia progresiva así también hay un progreso en la historia de la revelación, y en la comprensión de esa historia hasta el momento actual de la iglesia.

La redención se realiza en un sistema de hechos en los cuales se despliega el propósito de amor de Dios para la liberación de la humanidad pecadora. En esa línea la revelación de la salvación viene dada de antemano en este desarrollo gradual del curso de los acontecimientos, a fin de garantizar su divina autoridad, de manera que sea rectamente comprendida.

En los salmos tenemos cinco siglos y más de este despliegue progresivo y de esta comprensión de la salvación que se abre ante nosotros. Si añadimos a esto que hay un salmo que es de Moisés y que las secciones retrospectivas de los salmos históricos se refieren, hacia atrás, a la edad de los patriarcas, podemos afirmar que, desde la llamada de Abraham hasta la restauración de Israel tras el exilio, no hay apenas un acontecimiento de importancia de la historia sagrada que no encuentre su expresión en el salterio.

Los salmos no aluden solo a acontecimientos externos que aparecen reflejados en ellos en forma de eco, sino que, dado que David es, después de Abraham, el personaje más representativo de la historia sagrada del Antiguo Testamento, siendo, al mismo tiempo el compositor principal de los salmos, podemos afirmar que él (David) y sus salmos forman una parte directa de la historia de la redención.

Los salmos son, al mismo tiempo, una fuente de información importante para la historia de la revelación y redención, porque esa revelación no proviene solo del espíritu de fe en una línea de Ley, sino principalmente del espíritu de

Profecía. Por eso, los salmos son al mismo tiempo el memorial más importante del reconocimiento progresivo del plan de salvación, porque en ellos se proclama la conciencia y la vida de la iglesia judía, desde el don de la ley en el Sinaí hasta la proclamación del evangelio de la salvación desde Sión, anunciando la gran salvación final.

En esa línea debemos considerar la relación de los salmos con la profecía del Cristo futuro. Cuando el hombre a quien Dios creó se corrompía a sí mismo por el pecado, Dios no le abandonó en manos de la maldición de la ira que él (el hombre) había escogido para sí mismo, sino que Dios le visitó en la tarde del más infortunado de todos los días (la tarde del pecado original), a fin de convertir esa condena en un medio disciplinar para expresar su amor.

Esta visita de Yahvé Elohim fue el primer paso de la historia de la redención, en una línea abierta hacia la meta de la encarnación, de manera que el así llamado proto-evangelio fue el primer momento en la revelación verbal de la ley y del evangelio —una revelación en la línea de su plan de salvación— preparando el camino hacia la encarnación de Dios y, con ella, hacia la recuperación o redención del hombre.

Este camino de salvación, que abre su propio curso histórico, y que, al mismo tiempo, se anuncia de una forma adaptada a la conciencia humana, va recorriendo toda la historia de Israel, y los salmos van mostrando la forma en que la semilla de trigo de palabras y actos de amor divino se ha expandido con su energía vital en los corazones creyentes de Israel.

Los salmos llevan la impronta del tiempo en el que la preparación del camino de salvación estaba centrada en Israel, de manera que la esperanza de redención era una esperanza nacional. Porque, después que la humanidad se había separado en naciones diferentes, la salvación estaba expresada a través de los cauces de una nación escogida, a fin de que pudiera madurar allí, para extenderse después hasta convertirse en propiedad de toda la raza humana.

En aquel período, la promesa de la venida del mediador futuro de la salvación se hallaba en su tercer estadio (tras el estado de la creación y de la promesa patriarcal). La esperanza de superar la tendencia que lleva a la humanidad a ser dirigida hacia el mal fue vinculada a la semilla de la mujer, mientras la esperanza de bendición para todos los pueblos fue confiada a la semilla de Abraham. Fue en este período cuando David vino a convertirse en creador de la poesía de los salmos, para el servicio del santuario.

La promesa había adquirido ya un carácter mesiánico y ella centró la esperanza de los creyentes en el rey de Israel, y de hecho en David y en su semilla. La salvación y gloria, en primer lugar, de Israel, y después, indirectamente, de todas las naciones, fue concebida a través de la mediación del Ungido de Yahvé, en la línea de David.

El hecho de que entre todos los salmos davídicos solo haya uno (el Sal 110) en el que David (como en las últimas palabras de 2 Sam 23, 17) mira hacia el futuro de su descendencia y tiene claramente al mesías ante su mente, ha de interpretarse partiendo de la consideración que él mismo había tenido hasta entonces de ser objeto de la salvación mesiánica, de manera que su esperanza se fue transformando de un modo gradual (especialmente a consecuencia de su pecado con Betsabé), separándola de sí mismo, y siendo así transferida y aplicada hacia un Mesías futuro, distinto de sí mismo, un Mesías concebido como Hijo del mismo Dios.

Por lo tanto, cuando Salomón vino a sentarse sobre el trono, los deseos y esperanzas mesiánicas de Israel se fueron dirigiendo hacia él, como muestra el salmo 72. Esas esperanzas se cumplirían solo cuando llegara el Cristo final de Dios, pero ellas se aplicaron durante un largo tiempo de un modo expectante y con todo derecho (a partir de 2 Sam 7) a un hijo directo de David, que era Salomón.

También en el salmo 45 la promesa mesiánica se aplica en forma de bendición matrimonial a un hijo (descendiente) de David, contemporáneo del cantor coraíta, deseando que la promesa se realizara en él. Pero pronto se hizo evidente que aquel, en quien debía realizar de manera plena la idea del mesías no había aparecido todavía, ni en la persona de este rey (David) ni en la de Salomón.

Y después, en un tiempo posterior, cuando los reyes de la línea de David se volvieron más y más opuestos a la vocación mesiánica que debía cumplirse en la historia, entonces, la esperanza mesiánica perdió su carácter de cumplimiento inmerecido, de manera que el tiempo presente vino a entenderse como un oscuro fondo en el que debía representarse como en un relieve la imagen futura del mesías. En esa línea, en la boca de la Congregación judía del templo, los salmos 45 y 132, cuyo contenido se refiere al futuro, se han entendido también de un modo profético y escatológico como mesiánicos.

Pero es notable el hecho de que el número de estos salmos que no son simplemente mesiánicos en un sentido típico, sea muy pequeño, y que la iglesia del período posterior al exilio no haya enriquecido el salterio con ningún salmo que sea mesiánico en sentido estricto. En las partes tardías del Salterio, a diferencia de los salmos estrictamente mesiánicos, hay muchos más salmos de tipo teocrático, es decir, salmos que no hablan del reino del Ungido de Yahvé, que ha de conquistar y bendecir el mundo, sino del mismo Dios como rey universal. En esos salmos no estamos ante una *cristocracia,* sino más bien ante una *teocracia,* que se completa a sí misma de un modo interno y externo, de manera que no se habla de la llegada de un rey humano, sino más bien de la llegada del mismo Yahvé, en quien se manifiesta en toda gloria el reino de Dios.

El anuncio de la salvación corre en el Antiguo Testamento en dos líneas paralelas: una culmina en el Ungido de Yahvé, que reina desde Sión a todas las naciones; la otra culmina en el mismo Señor (Yahvé), Dios, sentado sobre los querubines, al que toda la tierra rinde homenaje. Estas dos líneas no se encuentran e identifican en el Antiguo Testamento. Ellas solo se vinculan en el Nuevo Testamento, donde el advenimiento del Ungido de Yahvé y el de Yahvé se identifican.

De esas dos líneas, la preponderante del Salterio es la línea divina, la del Dios que viene. La esperanza de Israel, especialmente después que el reino ha terminado, se dirige generalmente más allá de la mediación humana, hacia el mismo Yahvé, el autor de la salvación.

El artículo fundamental de la fe del antiguo Testamento es este: La salvación es de Yahvé, ישועתה ליהוה (Sal 3, 9; Jon 2, 10). De un modo consecuente, los salmos no contienen oraciones dirigidas al mesías, ni plegarias en su nombre. Por el contrario, la oración dirigida a Yahvé y la fundada en Yahvé son esencialmente idénticas. Porque Jesús (es decir, la salvación) está en Yahvé, y solo Yahvé es el Salvador. Y el Salvador, cuando aparezca no será más que la manifestación visible de la ישועה (salvación) de su Dios (Is 49, 6). Teniendo en cuenta la finalidad de la historia del Antiguo Testamento en relación con el Dios–Hombre, podemos citar varios tipos de salmos, que se dirigen en esa línea.

Conforme a 2 Sam 7, la promesa mesiánica no está ya conectada en sentido general con la tribu de Judá, sino con la familia de David, y no se refiere meramente a la duración sin fin de su reino, sino también a un descendiente de su casa; es aquí donde aparece por vez primera la relación de la semilla de David con Israel, y de Israel con todas las demás naciones, de manera que sin esa relación el reino de Israel es como un tronco sin cabeza. Desde ese fondo podemos distinguir varios tipos de salmos:

1. Salmos escatológicos. Son aquellos en los que el poeta, mirando más allá de su propia edad, se consuela a sí mismo con la visión de este rey en el que ha de cumplirse finalmente la promesa. En ese sentido podemos llamarlos salmos escatológicos, añadiendo que algunos salmos mesiánicos son directamente escatológicos. Estos salmos vienen a conectarse no solo con afirmaciones proféticas ya existentes, sino que las desarrollan de un modo ulterior, de manera que se identifican con la profecía (de la que solo se distinguen por su forma lírica); porque la profecía se expresa a través de discursos, mientras que los salmos son cantos espirituales, pero contienen también un tipo de discursos proféticos.

Esto se puede comparar con lo que sucede en la naturaleza, donde un plano de realidad inferior está como apuntando hacia uno superior, y de un modo indirecto hacia el plano más alto de todos; en esa línea, una gota de agua está mostrando, por su misma estructura circular, de globo, una especie de tendencia hacia una forma de vida orgánica superior, aunque de un modo todavía muy simple.

En ese sentido, el progreso de la historia ha de entenderse en forma "típica", y no solo en su totalidad, sino, de un modo sorprendente, en cada uno de sus rasgos. De esa forma, la vida de David ha de entenderse como un *vaticinium reale* de la vida de aquel a quien la profecía llama directamente mi siervo David, עבדי דוד, cf. Ez 34, 23; Sal 37, 24 y דוד מלכם, Os 3, 5; Jer 30, 9, como si fuera el mismo David resucitado de entre los muertos de una forma glorificada.

2. *Salmos mesiánico-tipológicos.* Estos salmos en los que el mismo David (o incluso un poeta presentándose a sí mismo en el lugar y con el nombre de ese rey) viene a presentarse en unos versos líricos como portador de acontecimientos y rasgos ejemplares, modélicos, pueden interpretarse también, de *un modo tipológico*, como salmos mesiánicos. Esto no se aplica solamente a aquellos casos en los que se trata de manera directa o indirecta de los sufrimientos personales de David, porque el despliegue de los personajes sufrientes del Antiguo Testamento y especialmente de los profetas (cf. Coment. a Sal 34, 20 y Sal 69) es más numeroso, y muchos de ellos aparecen en cierto sentido como τύπος τοῦ μέλλοντος (tipo y anuncio del futuro mesías sufriente).

Todos estos salmos, no menos que aquellos del tipo anterior, pueden ser citados en el Nuevo Testamento con las palabras "a fin de que se cumpliera" (ἵνα πληρωθῇ), sabiendo que en un caso se cumplen las palabras proféticas y en el otro caso (o al mismo tiempo) la historia y vida de los reyes y profetas como anuncio y promesa de la vida del Cristo futuro. Los teólogos antiguos, especialmente los luteranos, se opusieron a estas citas tipológicas del Antiguo Testamento en el Nuevo, pero ello se debe a que carecían de la percepción del carácter orgánico de la historia, que nosotros hoy poseemos, de manera que carecían del verdadero contrapeso que les permitiera superar su rígida noción de inspiración.

3. Hay también otra clase de salmos a los que llamamos *mesiánico-proféticos,* es decir, aquellos en los que David, describiendo su experiencia externa e interna (experiencia que en sí misma tiene un sentido típico) las lleva más allá de los límites de su individualidad, y de su condición presente, y aplica a su misma persona aquellas vivencias o realidades que, trascendiendo los límites de la experiencia actual de la humanidad, solo se cumplirán verdaderamente en Cristo. Estos salmos son típicos en la medida en que su contenido está fundado en la historia de David, mirada no solo en sentido individual, sino universal, como ejemplo y testimonio más hondo de la experiencia y esperanza humana. En esa línea, estos salmos son proféticos, en la medida en que ellos expresan experiencias presentes, de tipo individual, en forma de lamentos, esperanzas y descripciones que tienden más allá del tiempo actual, y que solo se han realizado plenamente en Cristo.

La posibilidad psicológica de esos salmos ha sido puesta en duda; pero ellos solo son psicológicamente imposibles si uno estuviera obligado a suponer que la autoconciencia de David debería pasar, de un modo arbitrario, en tales circunstancias de un tipo de conciencia a su contraria. Pues bien, en realidad lo que sucede es algo totalmente distinto. Un poeta, al describir sus experiencias en un poema, las tiene que idealizar, presentando la idea básica de esas experiencias en su raíz, separando de ellas todos los detalles secundarios e insignificantes, y elevándose al reino de lo ideal. Así también, David idealiza en esos salmos sus experiencias, reduciéndolas a lo esencial, y presentándolas de un modo típico.

David no lo hace, sin embargo, por sí mismo, ni por su propio impulso poético, sino bajo la inspiración del Espíritu de Dios. De esa manera, la descripción de esos rasgos típicos, y el estado correspondiente de sentimientos que implican, pueden presentarse como descripción profética de la "fortuna" (experiencia) y sentimiento de su antitipo.

4. Salmos escatológicos de tipo indirecto. Además de esos tres tipos de salmos mesiánicos se pueden citar otros como Sal 45 y 72, viendo en ellos *un cuarto tipo de salmos mesiánicos que son indirectamente escatológicos.* Estos son salmos en los que, conforme al tiempo de su composición, las esperanzas mesiánicas se aplican a un rey contemporáneo, pero sin que ellas (esas esperanzas mesiánicas) se hayan cumplido en él. Lógicamente, en boca de la Iglesia, que espera todavía el cumplimiento final de su esperanza, estos salmos se han convertido en himnos escatológicos, y su exposición en esa línea está perfectamente garantizada desde una interpretación cronológica.

5. Una quinta clase la forman los salmos escatológicamente yahvistas, que describen la llegada de Yahvé y la consumación de su Reino, que vendrá a realizarse por el juicio (véase Sal 93, 1-5). El número de estos salmos es abundante en el Salterio. Ellos contienen una promesa fuerte y radical del final divino-humano de la historia de la salvación. Ellos son como fogonazos repentinos de luz que iluminan ese fin desde la perspectiva de los profetas. Pero solo la historia de la salvación podrá trazar la *unio personalis* (o unión personal) de esas premisas humanas y divinas, con un redentor que sea al mismo tiempo Dios y Hombre, conforme al dogma cristiano de la Iglesia.

El Redentor en quien reposa la fe del A. T., es Yahvé. El centro de esta esperanza reposa en el rey divino, no en el rey humano. Que el Redentor fuera divino y humano al mismo tiempo es algo ajeno a la Iglesia del Antiguo Testamento. Y la percepción de que ese redentor será al mismo tiempo sacrificio y sacerdote en una misma persona es algo que solo penetra en la oscuridad del Antiguo Testamento a través de algunos simples rayos, cuyo esplendor se centra en יהוה, y solamente en יהוה (pero que en el N. T. y en la Iglesia posterior aparece ya centrado en Jesucristo).

Viniendo ahora a considerar la relación de los salmos con los sacrificios rituales realizados según la Ley, encontramos algo que es diferente de aquello que podríamos esperar desde la perspectiva del cumplimiento de la esperanza israelita. Ciertamente, no faltan pasajes en los que el sacrificio legal exterior se reconoce como un acto de adoración por parte de individuos aislados o de la congregación israelita en su conjunto (Sal 66, 15; Sal 51, 21). Pero son más frecuente los casos en los que los sacrificios rituales, distintos de la λογικὴ λατρεία (Rom 12, 1), se tienen en tan poca estimación, que aparecen como algo que Dios no ha deseado, como una cáscara que debe ser arrojada fuera, como una forma que ha de ser rota en pedazos (Sal 40, 7; Sal 50, 1; Sal 51, 18).

Pero no es solo eso (quitar la cáscara para que aparezca el núcleo) lo que actualmente nos choca. Lo que nos sorprende es la forma en que los salmos contribuyen al progreso de la historia sagrada. Este es un proceso de espiritualización que comienza en el Deuteronomio y que continúa avanzando a partir de las memorables palabras de Samuel (cf. 1 Sam 15, 22: Dios quiere obediencia, no sacrificios). De esa forma vemos que el Espíritu de la Escritura va creciendo más y más, de forma que, aquí y en otras partes, el Salterio rompe las barreras legales y arroja fuera los principios de este mundo (στοιχεῖα τοῦ κόσμου) para expresarse en su función y realidad más alta, como una mariposa que sale de la coraza de su crisálida.

Pero ¿qué es lo que sustituye a los sacrificios así criticados y rechazados? Lo que sustituye a los sacrificios de la Ley, superados por los salmos, es la contrición, la oración, la acción de gracias, la entrega de uno mismo a Dios para cumplir su voluntad (cf. Prov 21, 3), la misericordia (Os 6, 6), la justicia, el amor y la humildad (Miq 6, 6–8), la obediencia (Jer 7, 21–23). Esto es lo que nos sorprende.

El sacrificio criticado y superado aparece como un símbolo (no como un tipo); solo se toma en cuenta su carácter ético, no el valor que haya podido tener en un momento anterior de la historia de la redención. Su naturaleza queda desplegada y recibe todo su sentido en la medida en que aparece como don de Dios (קרבן), pero no como ofrenda para reparación de tipo legal (כפרה). En otras palabras, en el A. T., el misterio y sentido de la sangre redentora queda sin resolverse, pues esa solución solo puede venir dada por Jesús y por la Iglesia.

Conforme al N. T., hay que pensar en la aspersión de la sangre de Jesucristo, mientras que en Sal 51, 9 hay que pensar en la aspersión ritual de la purificación según ley, y en la reparación a la que se alude de un modo figurativo, pero sin que se realice aquello que se está significando. Y eso ¿por qué? Porque el sacrificio con sangre, en cuanto tal, en el Antiguo Testamento, sigue siendo una cuestión a la que Is 53 (el gran cántico del Siervo) da la única respuesta posible, de acuerdo con el cumplimiento histórico del tema, pues pasajes como los de Dan 9, 24; Zac 12, 10 y 13, 7 son por sí mismos cuestionables y enigmáticos.

La representación profética de la pasión y sacrificio de Cristo aparece muy tarde en el lenguaje profético y solo la historia evangélica de su cumplimiento nos permite comprender aquello que el Espíritu de Dios quería decir hablando por medio de David, pudiendo comparar al fin tipo con el antitipo. La confianza de la fe en el tiempo del Antiguo Testamento, tal como se expresa por medio de los salmos, se fundamenta en Yahvé con su referencia a la reparación del pecado de los hombres, relacionándola con la redención en general, desde su perspectiva divina de Yahvé (no desde Jesucristo, Dios encarnado).

En el A. T., el único Salvador es Yahvé, y él es también el único que realiza la reparación (el מכפר) y por medio de él se busca y espera ansiosamente la expiación (cf. Sal 79, 9; Sal 65, 4; Sal 78, 38; Sal 85, 3 y otros pasajes). Pues bien, en el N. T., es el mismo Yahvé quien al final del despliegue de la historia de la redención aparece como Dios-hombre en Jesús, y la sangre derramada de Jesús, como medio de expiación es ya, cumplido el antitipo, la propia sangre de Dios.

A partir de este punto podemos examinar la relación de los salmos con la justicia de la fe y con la moralidad del Nuevo Testamento, que brota del mandamiento del amor infinito cumplido en Jesucristo. Ambos temas, el de la justicia y el de la moralidad, han tenido que sufrir una completa metamorfosis para replantearse en la iglesia del Nuevo Testamento, una metamorfosis que ha sido posible por el desvelamiento y la concreción de la salvación que ha tenido lugar en el Nuevo Testamento, y que solo ha sido posible con una gran transformación, centrada en el hecho de que Jesús se revela como el mismo Yahvé encarnado.

Hay solo dos notas en las que las oraciones de los Salmos son difícilmente aceptables y acomodables para la conciencia cristiana: (a) una es la autoconfianza moral que está muy cerca de la autojustificación que el orante mantiene con frecuencia ante Dios en sus oraciones; (b) otra es el ardor de los sentimientos de ira en contra de los enemigos y de los perseguidores, tal como aparece en muchas terribles maldiciones.

De todas formas, la autojustificación es más aparente que real, porque la justicia a la que apela el salmista no es algo que él merece por sus obras, no es una suma de buenas obras, con las que el orante se acerca a Dios exigiéndole por ley una recompensa, sino que ella es la expresión de un deseo y de una forma de vida, que se funda en el hecho de que el orante se pone totalmente en manos de Dios, que es aquel que le justifica, le santifica, le preserva con su gracia poderosa (Sal 73, 25; Sal 25, 5-7; Sal 19, 14 y en otros pasajes).

Esa actitud de confianza del pecador ante Dios no proviene de una falta de reconocimiento en la innata pecaminosidad de nuestra naturaleza (Sal 51, 7), ni tampoco de la ignorancia del riesgo de castigo en que el hombre se encuentra si no confía en la gracia de Dios (Sal 143, 2), ni de la negación del riesgo de pecado en que se encuentra (Sal 19, 13), ni del rechazo de la necesidad del perdón de los pecados como condición para alcanzar la gracia y la felicidad (Sal 32, 1), sino que ella proviene del don de la gracia de Dios en el que espera. En otras palabras, el orante de los salmos no rechaza el camino de la salvación que consiste y se centra en la contrición de corazón, en la búsqueda del perdón y en la novedad de vida, pero, él sigue aún (al menos a veces) demasiado vinculado a la exigencia de un cumplimiento de la ley.

En esa línea, es evidente el hecho de que, a la luz de la redención vicaria de Cristo y de la regeneración de Espíritu Santo, en el Nuevo Testamento se ha podido formar un juicio moral mucho más penetrante y sutil, fundado en la gracia de Dios, por encima de la justificación humana. Por otra parte, la tribulación que experimenta el creyente del Nuevo Testamento, a pesar de que no llegue a la experiencia sobrecogedora de la ira de Dios que se expresa a menudo en los salmos, puede superarse mucho mejor con la experiencia de la hondura de la presencia de Dios en la cruz del Gólgota y con la experiencia de un cielo o presencia que se abre ante su mirada por medio de Jesucristo.

Esa experiencia más honda de la gracia del Nuevo Testamento está vinculada a la acción de un amor de Dios que castiga y prueba, conforme a Jesús, pero lo hace preparando al hombre para el futuro de la salvación. Solo el Nuevo Testamento nos ofrece la experiencia de la justicia de Dios (una justicia que empieza a mostrarse también a veces en el Antiguo Testamento) entendida como don de gracia, que se manifiesta y despliega a través de la obediencia activa y pasiva de Jesús, que se actualiza en la Iglesia a través de la justicia de la fe y de la justicia de la vida de los creyentes, influyendo de manera poderosa en ellos[47].

Lógicamente, incluso aquellos testimonios personales como los del Sal 17, 1-5 no pueden compararse con los de la conversión que se expresa en las formas de pensamiento y experiencia del Nuevo Testamento, porque ellos no impiden que la mente del orante del Antiguo Testamento siga pensando, al mismo tiempo, no solo en la justificación por la fe, sino en los actos objetivos de Dios que se realizan a través de los sacramentos, que aparecen como origen de un nuevo nacimiento.

De todas formas, los testimonios de los Salmos han de hacer que el cristiano se examine a sí mismo, para descubrir si su fe es realmente fuerte, como poder de

---

47. Cf. Kurtz, *Zur Theologie der Psalmen* III, Dorpater Zeitschrift 1865, p. 352-358: "En el Antiguo Testamento, la justificación por la fe, representada por el *evangelium visibile* (evangelio visible) y por la oración sacrificial, no ocupa todavía el lugar fundamental, primario y salvador que le atribuye Pablo en el Nuevo Testamento, sino solo un lugar más secundario. La justificación no se concibe como una condición de la santificación a la que se aspira, sino como algo que nos ayuda a alcanzar la santificación hacia la que tendemos de manera siempre defectuosa".

nueva vida. En ese contexto, también aquí, la diferencia entre los dos testamentos pierde su dureza, ante la luz de las grandes verdades que aparecen en los salmos y que condenan toda enfermedad moral. Solo desde ese fondo podemos poner de relieve la novedad del mensaje cristiano, según el cual la Iglesia cristiana es una comunidad de Santos, la sangre de Cristo nos ha limpiado de todo pecado y que aquel que ha sido redimido por Dios en Cristo ya no comete pecado.

Y con esto pasamos a los salmos así llamados *imprecatorios*[48], para estudiar la relación del cristiano y de la iglesia con los enemigos de Cristo, para ver si el deseo de destrucción de esos enemigos está contrapesado por el deseo de su conversión. De todas formas, en ese contexto, allí donde se descubre que esos enemigos no se convertirán, ni rechazarán el camino del castigo por la penitencia, el mismo Nuevo Testamento ofrece el testimonio de un camino que pasa del sentimiento de amor a un sentimiento de ira. En esa línea, asumiendo la absoluta dureza de corazón de los impíos, el cristiano no puede negarse ni siquiera a rogar por su destrucción final.

Según eso, el Reino de Dios no viene solo por el camino de la misericordia, sino también por el del juicio. La meta de la oración de los santos, tanto del Antiguo como del Nuevo Testamento, es la llegada del Reino de Dios (véase Sal 9, 21; Sal 59, 14 y otros pasajes). En esa línea, el pensamiento y deseo de que el juicio de destrucción descienda sobre aquellos que se oponen a la llegada del reino de Dios está vinculado en los salmos al convencimiento de su impenitencia final (véase Sal 7, 13; Sal 109, 17); pues bien, conforme a esa visión, ese deseo de la condena de los pecadores impenitentes forma también parte de la experiencia y oración de los cristianos.

De todas formas, en los casos en los que, como en Sal 69 y Sal 109, las imprecaciones se apliquen a temas concretos (y a personas concretas) y se extiendan a los descendientes de los infortunados, y ello para toda la eternidad, la única respuesta del cristiano está en la afirmación de que estos salmos han brotado de un Espíritu Profético que no ha sido recreado por el Nuevo Testamento, y los cristianos solo pueden aceptarlos en el caso de que, al mismo tiempo que rezan esos salmos, ellos glorifican la justicia de Dios y se encomiendan a él de un modo más intenso, pidiendo su favor.

En esa línea, la relación de los salmos con los novísimos es tal que, para que puedan ser utilizados como expresión de la fe del Nuevo Testamento, ellos tienen que ser profundizados y matizados a la luz del perdón y la gracia de la muerte y resurrección de Jesucristo. En esa línea, aquello que Julio Africano dice del Antiguo Testamento "pues no había todavía esperanza en la resurrección del

---

48. Cf. Kurtz, *Zur Theologie der Psalmen* IV, p. 359-372, con nuestra discusión en la introducción a Sal 35 y 109, que pertenecen a ese tipo de salmos.

sepulcro" (οὐδέπω δέδοτο ἐλπίς ἀναστάσεως σαφής) se mantiene firme, al menos, hasta el tiempo de Isaías.

Isaías fue el primero en anunciar, en uno de sus últimos ciclos apocalípticos (Is 24–27), la primera resurrección, es decir, la revitalización de la iglesia mártir que había sucumbido a la muerte (Is 26, 19), en una visión en la que él ha empezado anunciando la destrucción de la misma muerte (Sal 25, 8). Por su parte, el libro de Daniel (que es el Apocalipsis del Antiguo Testamento, sellado hasta el tiempo de su cumplimiento) anunció por primera vez la resurrección general, es decir, el "despertar" de algunos para la vida y de otros para el juicio (Dan 12, 2).

Entre esas dos profecías se sitúa la visión de Ezequiel, que anuncia el retorno de Israel del exilio en la figura de un despertar colectivo de un vasto campo de cadáveres (cf. Ez 37), una figura en la que se asume, al menos, la esperanza de que aquello que está representado en la visión no es imposible para el poder maravilloso de Dios, que es fiel a sus promesas. Ciertamente, la percepción de la salvación no aparece en ningún lugar, ni en los últimos salmos, de manera tan avanzada que se pueda decir que la profecía anunciando la resurrección ha venido a convertirse en un dogma de la fe de la iglesia israelita; pero esa esperanza de salvación final de los justos aparece de algún modo iniciada y prometida.

La esperanza de que los justos confiados a la tierra como semilla resucitarán de nuevo encuentra solo su expresión en una serie de figura que se expresan de formas distintas (Sal 141, 7). La oscuridad sin esperanza del Sheol (Sal 6, 6; Sal 30, 10; Sal 88, 11-13) quedó sin ser iluminada, y allí donde se habla de liberación de la muerte y del Hades, se está hablando de un tipo de experiencia particular (e. g. Sal 86, 13) o de un tipo de esperanza (e. g. 118, 17) de no caer como presa de la Muerte y de Hades. Pero junto a esos pasajes encontramos otros que expresan la imposibilidad de escaparse de este destino universal de muerte (Sal 89, 49).

La esperanza de una vida eterna tras la muerte no se expresa de un modo definitivo en ningún texto del A. T., ni siquiera en el libro de Job donde el deseo de superar la muerte no se despliega y ratifica en forma de esperanza firme, porque ninguna luz de promesa brilla en la noche que reina en la mente de Job, una noche que es más dura por el conflicto de tentación por la que él mismo está pasando al situarse ante la muerte. Según eso, la perla de esperanza (de vida futura) que aparece sobre las olas de la tentación viene a ser tragada nuevamente muy pronto por esas olas.

A pesar de eso, en los mismos salmos hallamos pasajes en los que la esperanza de no caer como presa de la muerte se expresa de un modo tan fuerte que el pensamiento del destino final inevitable de muerte de todos los hombres queda superado y como tragado por la confianza que el orante tiene de vivir en (bajo) la fuerza de Dios (Sal 56, 14 y especialmente Sal 16, 9-11). En esos pasajes, la relación de pacto del hombre con Dios aparece como fundamento de esperanza, en contraste con esta vida presente de muerte, de manera que queda implicada (o al menos iniciada) la promesa de una vida distinta y permanente que se extiende más allá de esta vida de muerte (Sal 17, 14; Sal 63, 4).

En esos pasajes, a diferencia de la culminación de la vida de los justos (que puede estar abierta a la esperanza de una vida superior), el fin de los malvados aparece en forma de derrota y destrucción (cf. Sal 49, 15), de tal manera que puede trazarse la inferencia de que unos mueren para siempre (a pesar de que parecen vivir), mientras que los otros viven para siempre, aunque parezca que mueren de repente.

Hay también pasajes en los que el salmista, aunque solo sea a modo de alusión, mira hacia adelante pensando que va a ser raptado por Dios como lo fueron Enoc y Elías (Sal 49, 16; Sal 73, 24). Ciertamente, en ninguno de esos casos encontramos un credo firme proclamando la resurrección o vida eterna, aunque podemos ir viendo cómo la fe en una vida futura se va abriendo paso, aunque al principio solo sea a modo de conclusión individual en la mente creyente, a partir de premisas que la experiencia va estableciendo.

No se trata de que la tumba sea penetrada por un brillo del cielo. Al contrario, lo que esos pasajes ponen de relieve no es la destrucción de la tumba como tal, sino el despliegue superior, el éxtasis más alto de una vida que deriva de Dios, por encima de la muerte de la tumba… En oposición a la muerte que destruye a los impíos, esa vida que deriva de Dios aparece como un alargamiento infinito (*ad infinitum*) de esta vida presente.

Eso significa que, en los Salmos, lo mismo que en el libro de Job no encontramos una teodicea perfectamente satisfactoria, en relación con la distribución de las suertes de los hombres en el mundo, lo que parece incompatible con la justicia de Dios. Ciertamente, hay salmos como el 7, el 49 y el 73 que se acercan a la verdadera solución del misterio, pero no llegan hasta el fin en esa línea, sino que quedan como insinuaciones y presagios, de manera que sus afirmaciones pueden interpretarse de formas diferentes[49].

Por otra parte, las nociones de muerte y de vida se encuentran tan profundamente enraizada en los salmos (vinculadas a sus raíces, en los principios de la ira y del amor de Dios) que ellas pueden haberse vinculado con el cielo y con el infierno, profundizando y precisando así un sentido que no ha sido aún fijado en el salterio. Eso significa que no puede rechazarse el hecho de que en pasajes como Sal 6, 6 la visión bíblica de la Gehena queda sustituida por un tipo de Hades o infierno eterno, porque desde el descendimiento de Jesucristo al Hades o Gehena no se puede hablar ya de ningún *limbus patrum* (limbo de los patriarcas) entendido de un modo definitivo, porque el camino de todos los que mueren en

49. Véase Kurtz, *Zur Theologie der Psalmen* II, p. 326–352, sobre la retribución.

Yahvé no acaba en la tierra inferior, sino que se dirige a la altura, de forma que el Hades solo puede presentarse ya como un vestíbulo del infierno.

Ciertamente, el salmista tiene miedo del Hades, pero no como infierno de castigo, sino solo como reino de la "ira", es decir, de la separación del amor de Dios, amor que es la verdadera vida de los hombres. Tampoco va en contra de la visión de los Salmos el hecho de pensar en un tipo de visión futura del rostro de Dios, en toda su gloria (como en Sal 17, 5), ni el deseo de resurrección (Sal 49, 15), porque las esperanzas aquí expresadas (aunque se expresen desde la perspectiva de la conciencia del Antiguo Testamento) se refieren a la vida del hombre en este mundo, sin verdadera resurrección, mientras que en el Nuevo Testamento se aplican al cumplimiento futuro de la resurrección, que es la única visión satisfactoria.

Como dice Oetinger, no hay ninguna verdad esencial del N. T., que no esté contenida en los salmos de un modo, al menos mental (νοΐ, es decir, mentalmente, conforme a su sentido aún no desarrollado), es decir, πνεύματι, en espíritu. La anticipación del Antiguo Testamento va como matizando aquello que germinará en la vida del Nuevo Testamento, como algo que se expresará plenamente en el futuro. La escatología del A. T., deja como un trasfondo oscuro que en el N. T., se dividirá en forma de Luz y Oscuridad, quedando así abierta en una amplia perspectiva que se extiende hasta la eternidad, más allá del tiempo.

En todos los lugares en los que empieza a amanecer y superarse la oscuridad escatológica del Antiguo Testamento aparecen ya los primeros rayos del sol del Nuevo Testamento que se anuncia a sí mismo. Por eso, los cristianos no pueden refrenarse, y muchas veces quieren saltar la barrera de los salmistas, para entender los salmos de acuerdo con la mente del Espíritu cuyo propósito, en medio del desarrollo y percepción de la salvación, estaba dirigido hacia su meta y consumación en Cristo.

Entendidos así, los salmos son los himnos de todo Israel tanto del Antiguo como del Nuevo Testamento. Utilizando este lenguaje de los Salmos, la Iglesia celebra la unidad de los dos testamentos, y la ciencia exegética, al exponerlos así, honra el sentido de esa distinción. Iglesia y exégesis tienen razón, cada una a su manera: la Iglesia mirando los salmos a la luz de la única gran salvación y la exégesis distinguiendo cuidadosamente las eras de la historia y los pasos a través de los cuales se percibe esa salvación.

LIBRO I
SALMOS 1–41

Breve introducción al Salmo 1–2.
El lote de los piadosos y el de los impíos

La colección de los salmos y el libro de las profecías de Isaías se parecen por su forma de empezar: Isaías comienza con un discurso sin encabezado y los salmos con un himno que tampoco lleva encabezado. Estos textos sin encabezado forman el prólogo de las dos colecciones.

Por Hch 13, 33, donde se citan las palabras "tú eres mi Hijo…" (que en el libro actual de los salmos están en Sal 2, 7), diciendo que están "en el primer salmo" (ἐν τῷ πρώτῳ ψαλμῷ) vemos que en tiempo antiguo Sal 1 se tomaba como prólogo de la colección (esto es, no como salmo propiamente dicho). La lectura ἐν τῷ ψαλμῷ τῷ δευτέρῳ (en el salmo segundo) es una corrección antigua rechazada ya por Griesbach. De todas formas, la numeración actual de los salmos está basada en una tradición antigua.

Un escolio de Orígenes y Eusebio dice que Sal 1 y Sal 2 son en hebreo un mismo salmo (cf. ἐν τῷ Ἐβραϊκῷ συνημμένοι), y lo mismo hace Apolinar, afirmando que los dos primeros salmos estaban unidos (cf. Ἡνωμένος δὲ τοῖς παρ᾿ Ἐβραίοις στίχοις). Alberto Magno ratifica esta forma antigua de clasificar los salmos, *Salmus primus incipit a beatitudine et terminatur a beatitudine* (el primer salmo comienza con una bienaventuranza y termina con otra); es decir, comienza con nu אשרי (Sal 1, 1) y termina con otro אשרי (Sal 2, 12), de manera que, como dice B. *Berachoth* 9b (cf. *Jerónimo Taanith* II, 2), los dos primeros salmos de la colección actual formaban en principio un solo salmo (חדא פרשה).

De todas formas, por lo que se refiere al tema, las cosas no son tan seguras. Sin duda, Sal 1 y Sal 2 coinciden en ciertos aspectos (en el primero aparece יהגה, en el segundo יהגו; en el primero תאבד...ודרך, en el segundo ותאכדו דוך; en el primero אשרי está al comienzo, en el segundo al final…), pero esas coincidencias de fraseología no son suficientes para afirmar que los dos salmos tengan el mismo autor (Hitzig), o que están tan conectados que forman un solo himno.

Estos dos salmos anónimos están relacionados más bien por el hecho de que uno ha sido adaptado para formar el proemio del Salterio desde una perspectiva ética y el otro desde una perspectiva profética. La cuestión es, sin embargo, la de fijar si esa fue la intención del recopilador del salterio en su conjunto.

Quizá Sal 2 está vinculado a Sal 1 por el hecho de que Sal 1 ha sido colocado como prólogo del Salterio para seguir el orden del Pentateuco, desde la perspectiva de la Torá. El Salterio es el libro del Sí y del Amén, en forma de himnos que responden a la palabra de Dios proclamada en la Torá. Por eso, el

Salterio comienza con un salmo que pone de relieve el contraste entre el lote de aquellos que aman la Torá y el lote de los impíos, en la línea del contraste que traza la exhortación de Jos 1, 8, en la cual, tras la muerte de Moisés, Yahvé manda a su sucesor Josué que cumpla todas las cosas que están escritas en el libro de la Torá.

Así como en el N. T., el Sermón de la Montaña, que es el sermón de la ley espiritualizada, comienza con las bienaventuranzas (*makarioi*) así el Salterio del Antiguo Testamento, enteramente centrado en la aplicación de la Ley a la vida interior de los creyentes, comienza con los *makarioi, bienaventurados,* אשרי. Por otra parte, el primer libro de los Salmos (Sal 1-41) comienza con dos אשרי (Sal 1,1 y 2, 12) y termina con otros dos אשרי (Sal 40, 5 y 41, 2).

Ciertamente, hay bastantes salmos que comienzan con אשרי, (el 32, el 41, el 112, el 119 y el 128); pero no por eso debemos suponer que existiera un tipo especial de salmos - אשר. Así, por ejemplo, el Sal 32 es un משיל, el 112 es un Hallelujah, el 128 un שיר המעלות.

En ese contexto podemos evocar la relación entre Sal 1 y el profeta Jeremías, y así empezamos diciendo que las palabras de maldición y bendición de Jer 17, 5-8, son como una paráfrasis expositiva y embellecedora de Sal 1, pues, como resulta sabido, Jeremías suele reproducir en el flujo de su discurso las profecías de sus predecesores, y más especialmente las de los salmos, adaptándolas a su propio estilo.

Pues bien, en el presente caso, hay varias circunstancias que favorecen la prioridad de Sal 1 sobre Jeremías, pues Jeremías aplica la maldición al rey Joaquim, y de esa forma sitúa el salmo en la historia de su propio tiempo. Por otra parte, en relación con su primer origen, este salmo 1 no puede ser anterior a Salomón, pues la palabra לצים (cf. וּבְמוֹשַׁב לֵצִים לֹא יָשָׁב, ni en la silla de los escarnecedores se ha sentado) que aparece solo aquí en el libro de los Salmos empezó a utilizarse aplicándola a los incrédulos en el tiempo de la *hokma* (véase definición de la palabra en *Coment.* a Prov 21,24), cosa que nos remite al reinado de Salomón o a los reyes que le siguen.

De todas formas, dado que Sal 1 no contiene ninguna observación histórica, renunciamos a fijar el momento de su composición, remitiéndonos a San Columba cuando refuta la opinión de los que atribuyen este salmo al sacerdote Yoyada, protector del rey Joas, diciendo que *no hemos de escuchar a aquellos que, en vez de ofrecer la verdadera exposición de los Salmos, pretenden buscar falsas semejanzas buscadas en la historia* (Non audiendi sunt hi, qui ad excludendam Salmorum veram expositionem falsas similitudines ab historia petitas conantur inducere)[1].

---

1. Cf. Zeuss, *Grammatica Celtica* (1853) II, 1065. El comentario de los salmos de Columba, con explicaciones en irlandés, proviene del Monasterio de Bobbio, y se encuentra entre los tesoros de la Biblioteca Ambrosiana de Milán.

Salmo 1. Bienaventurado el hombre que...

אַשְׁרֵי־הָאִישׁ אֲשֶׁר ׀ לֹא הָלַךְ בַּעֲצַת רְשָׁעִים ¹
וּבְדֶרֶךְ חַטָּאִים לֹא עָמָד וּבְמוֹשַׁב לֵצִים לֹא יָשָׁב:
כִּי אִם בְּתוֹרַת יְהֹוָה חֶפְצוֹ וּבְתוֹרָתוֹ יֶהְגֶּה יוֹמָם וָלָיְלָה: ²
וְהָיָה כְּעֵץ שָׁתוּל עַל־פַּלְגֵי מָיִם אֲשֶׁר פִּרְיוֹ ׀ יִתֵּן בְּעִתּוֹ ³
וְעָלֵהוּ לֹא־יִבּוֹל וְכֹל אֲשֶׁר־יַעֲשֶׂה יַצְלִיחַ:
לֹא־כֵן הָרְשָׁעִים כִּי אִם־כַּמֹּץ אֲשֶׁר־תִּדְּפֶנּוּ רוּחַ: ⁴
עַל־כֵּן ׀ לֹא־יָקֻמוּ רְשָׁעִים בַּמִּשְׁפָּט וְחַטָּאִים בַּעֲדַת צַדִּיקִים: ⁵
כִּי־יוֹדֵעַ יְהֹוָה דֶּרֶךְ צַדִּיקִים וְדֶרֶךְ רְשָׁעִים תֹּאבֵד: ⁶

¹ Bienaventurado el varón que no anduvo en consejo de malos,
ni estuvo en camino de pecadores,
ni en silla de escarnecedores se ha sentado,
² sino que en la ley de Jehová está su delicia
y en su Ley medita de día y de noche.
³ Será como árbol plantado junto a corrientes de aguas,
que da su fruto en su tiempo y su hoja no cae,
y todo lo que hace prosperará.

⁴ No así los malos,
que son como el tamo que arrebata el viento.
⁵ Por tanto, no se levantarán los malos en el juicio
ni los pecadores en la congregación de los justos,
⁶ porque Jehová conoce el camino de los justos,
mas la senda de los malos perecerá.

La exclamación אַשְׁרֵי, como en Sal 32, 2; 40, 5; Prov 8, 34, tiene un *gaja* (*metheg*) junto al *Aleph*, y en algunos códices otro más junto a la שׁ, porque se quiere que se lea *ashᵉré*, como una excepción, a causa del significado de la palabra (Baer, *Comm.* II 495). Esa palabra, con el constructo del plural אשרים (de אשר, de la familia de כשר, ישר, ser directo, recto, bien ordenado), aparece siempre en la forma de אַשְׁרֵי, incluso antes de sufijos suaves (Olshausen 135c), como una exclamación ¡oh qué bienaventuranza...!

El hombre al que se caracteriza como bienaventurado aparece caracterizado primero conforme a las cosas que no hace, y después (y este es el pensamiento básico del salmo) conforme a lo que hace, no es compañero de los impíos, sino que vive conforme a la revelada palabra de Dios.

- רְשָׁעִים son los impíos (sin Dios) aquellos cuya conducta moral es laxa, desprovista de rectitud, como si fuera más allá de los límites razonables de la verdadera nobleza, carente de estabilidad de carácter, como un mar moviéndose en tormenta (cf. Is 57, 20)[1].
- חַטָּאִים (del singular חטא, en vez del cual se encuentra ordinariamente חטא) son los pecadores, ἁμαρτωλοί, cuya vida transcurre entre pecados graves y manifiestos.
- לֵצִים (de לוּץ, como מת de מוּת) son los escarnecedores, aquellos que se burlan, haciendo juegos frívolos con todo lo que es santo y verdadero.

Esos tres apelativos aparecen en forma ascendente, *impii corde, peccatores opere, illusores ore* (impíos de corazón, pecadores de obra, engañadores de boca) de acuerdo con lo cual la palabra בַּעֲצַת (עצה de יעץ *figere, statuere*, establecerse), en la asamblea, en el consejo de los justos de Israel, vinculada al deseo y pensamiento, se utiliza en referencia al primer apelativo (el de los impíos de corazón), como en Job 21, 16; Job 22, 18; y también se utiliza en relación al segundo apelativo, al דרך que es el modo de conducta, la forma de actuar en la vida; y en referencia al tercero, מושב que significa lo mismo que el árabe *mglis* que es tanto la sede (Job 29, 7) como la asamblea que se celebra en esa sede (Sal 107, 32), en sentido social u oficial (cf. Sal 26, 4; Jer 15, 17).

Sobre הָלַךְ בַּ, en un sentido ético, cf. Miq 6, 16; Jer 7, 24. Según eso, bienaventurado es aquel que no camina en un estado de mente propio de los impíos, que no se asocia con los de vida viciosa, es decir, con los pecadores, que no encuentra su deleite en la compañía de aquellos que se burlan de la religión.

La descripción continúa después con כִּי אִם (*immo si,* Gesenius 155, 2, 9), sino que su deleite es… (con frase de sustantivo no de verbo), es decir, aquel que se deleita (חפץ, cf. árabe *chfd*, con el sentido primario de adherirse firmemente a algo, cf. *Coment.* a Job 40, 17). בְּתוֹרַת יְהוָה, es decir, en la enseñanza de Yahvé, que es para Israel el νόμος, es decir, la regla de vida, pues en ella medita profundamente, día y noche (יוֹמָם וָלַיְלָה dos acusativos con la terminación antigua en am y ah).

---

1. De todas formas, no tenemos que comparar רְשָׁעִים con רעש, רגש, porque las dos raíces árabes *rs'* y *rsg* muestran que el sentido primario de רשע es estar flojo, ser poco firme, en oposición al árabe *tsdq,* צדק, ser duro, firme, recto. Así el árabe *rumhun tsadqun* significa que algo, como una espada, es recto, duro, firme. De esa manera podemos transferir la idea de laxo, flojo, al plano de la ética, pues la diferencia en ambos casos es de matices. Las dos nociones primarias son por tanto opuestas, en el plano del mismo "entendimiento" o mente del hombre. En árabe *hakuma,* es sabio, firme, sólido. En cambio, *sachufa* es aflojado, simple, flojo, sin firmeza, como una mala pieza de vestido. Cf. traducción de Fleischer, de la obra de Samachschari, *Golden Necklace* p. 26 y 27, nota 76. Así, un רשע es un hombre poco firme, y en sentido moral–religioso un hombre que no mantiene su relación con Dios, un hombre sin Dios, sin religión. Cf. mi *Bibl. Psychol.* p. 189.

Hasta ahora, el perfecto describe aquello que el bienaventurado no ha hecho nunca; por el contrario, el futuro יֶהְגֶּה describe aquello que él intenta hacer siempre. Esta palabra, de הגה (cf. árabe *hjj*, *depressum esse*, estar deprimido), con un sonido reflexivo, interior, está indicando un tipo de soliloquio tranquilo (cf. árabe *hjs*, *mussitando secum loqui,* hablar consigo mismo, de manera meditativa), como el de alguien que está buscando algo en su interior y meditando.

En Sal 1, 3[2], con וְהָיָה, comienza el desarrollo del tema del אשרי, con pretérito consecutivo: A consecuencia de lo anterior, el bienaventurado es como un árbol plantado junto a la corriente de agua, que produce su fruto en el tiempo adecuado, y que no deja que caigan sus hojas. A diferencia de נטוע, según *Jalkut* 614, שתוּל significa un árbol que está firmemente plantado, de forma que ningún tipo de viento que se abalance contra él puede arrancarlo de su lugar (אין מזיזין אתו ממקומו).

En עַל־פַּלְגֵי מָיִם, tanto la palabra מים como el hecho de que esté en plural sirven para dar intensidad a la imagen. פלג (árabe *fal'g, de* פלג dividir, Job 38, 25) significa un torrente que va haciendo meandros y trazando su curso a través tierras y zonas pedregosas. El plural está indicando que se trata de un torrente de muchas aguas, o de varios torrentes que vienen de varias direcciones y que al unirse enriquecen al árbol con aguas nutricias y tierra refrescante.

En la frase de relativo, el énfasis de conjunto no recae sobre בְּעִתּוֹ (Calvino, *impii, licet praecoces fructus ostentent, nihil tamen producunt nisi abortivum,* los impíos, aunque parezcan tener frutos precoces, no producen más que frutos abortivos), sino que פִּרְיוֹ es la primera palabra tonal (a la que se aplica בְּעִתּוֹ). Los impíos no producen fruto bueno; los justos, en cambio, son como el árbol que produce el fruto que se espera y lo producen (יִתֵּן es equivalente de יעשה), en el tiempo adecuado, en su momento justo (בְּעִתּוֹ es equivalente de בעדתו, porque עת equivale a עדת, de ועד), sin frustrar nunca la esperanza en él depositada en el transcurso recurrente de las estaciones.

La cláusula וְעָלֵהוּ לֹא־יִבּוֹל es la otra mitad de la frase de relativo: Y sus hojas no caen ni se marchitan (con נבל como el sinónimo árabe *dbl*, de la raíz בל). Las hojas verdes son símbolo de la fe, que convierte el agua de la vida que es la palabra divina en savia y alimento. Y el fruto es un emblema de las buenas obras, que maduran gradualmente y esparcen sus bendiciones en el entorno. Un árbol que ha perdido sus hojas no puede hacer que maduren sus frutos. En este contexto, al referirse al justo es importante la palabra וְכֹל (cf. 1, 3, וְכֹל אֲשֶׁר־יַעֲשֶׂה יַצְלִיחַ, y todo lo que haga prosperará). En este momento el lenguaje se vuelve directo, sin necesidad de simbolismo, el sujeto directo de la frase es ya el hombre que ama la Ley de Dios.

2. Junto al *sheb* hay un *metheg* (gaja), como en todos los casos en los que la primera sílaba tiene *rebia magnum* o *dech*, sin una conjunción antecedente. Se dice que, en estos casos, la entonación del acento va marcada por anticipación con la *waw* con un *e* fugitivo.

Los acentos muestran que aquí comienza el tercer miembro de la cláusula de relativo. Uno puede decir que la planta es sana צלח, pero no יַצְלִיחַ, un término que solo se puede aplicar a los hombres. Este *hifil* (de צלח, árabe *tslh*, presionar hacia adelante, avanzar, prosperar, como en Sal 45, 5), tiene un sentido causativo (hacer que algo avance, prospere, Gen 39, 23), en sentido transitivo (suscitar, avanzar…) o intransitivo (tener éxito, prosperar, Jc 18, 5).

En el primer caso, el sujeto de la frase sería el mismo Yahvé, en el segundo sería el proyecto del hombre justo o el mismo justo, que prosperará. Este segundo sentido es el más natural. Todas las cosas que el justo emprende las lleva a feliz final (una expresión semejante aparece en 2 Cron 7, 11; 2 Cron 31, 21; Dan 8, 24). Lo que un torrente rico en agua es para el árbol plantado a su vera, eso es la Palabra de Dios para aquel que la escucha.

La Palabra de Dios hace que el hombre, conforme a su estado y vocación, fructifique siempre en buenas obras, cada una a su tiempo; ella le mantiene sin cesar fecundo en su vida interior y exterior, de tal forma que cualquier cosa que emprenda podrá realizarla con éxito, porque en todas sus acciones le acompaña el poder de la Palabra y la bendición de Dios.

Los impíos (הָרְשָׁעִים, con artículo demostrativo, 1, 4) son lo opuesto a los árboles plantados a la vera del curso de agua. Ellos son כַּמֹּץ, como la paja (de מוץ, exprimir), que el viento avienta y dispersa de la era situada en una zona elevada (Is 17, 13), porque no tienen raíces por abajo, ni fruto por arriba, y están desprovistos de todo vigor y frescura de vida, encontrándose sin protección, sobre la era, siendo presa de cualquier viento, sin valor propio, sin estabilidad.

Con עַל־כֵּן (1, 5) se traza una inferencia de carácter moral para referirse a los impíos, porque ellos, a causa de su falta de valor interno y de su inestabilidad, no forman parte בַּמִּשְׁפָּט, esto es, en el juicio. Esta palabra indica el buen juicio, la justa recompensa que Dios ofrece a cada hombre individual y a todos, sin excepción (Ecl 12, 14). Esta palabra está mostrando el justo gobierno de Dios, que tiene en cuenta toda la vida de cada individuo y la historia de las naciones, recompensando a cada uno según lo merece.

En este juicio de Dios no podrán mantenerse en pie los impíos (con לֹא־יָקֻמוּ, de קוּם, permanecer levantados, como עמד, Sal 130, 3, mantenerse derecho), ni los pecadores podrán formar parte de la asamblea de los justos (בַּעֲדַת צַדִּיקִים). La congregación (עדה) de los justos es la congregación de Yahvé (עדת ה), que, según su naturaleza, ordenada y ratificada por Dios, es una congregación de los justos, de la cual los impíos solo pueden formar parte de un modo externo y aparente, pues οὐ᾽ γὰρ πάντες οἱ ἐξ Ἰσραήλ οὗτοι Ἰσραήλ (no todos los que son de Israel son Israel, Rom 9, 6).

El juicio de Dios, donde y cuando quiera que venga a realizarse, destruirá esa pertenencia aparente de los impíos. Cuando llegue el tiempo de la decisión divina, Dios separará de una forma también externa lo que está ya internamente separado, es decir, los justos de los injustos, el trigo de la paja. Entonces, los injustos serán expulsados, como la paja en tiempo de tormenta, de manera que su prosperidad momentánea, que carece de raíces divinas, vendrá a terminarse de manera temerosa, judicial. Todo esto sucede porque Dios conoce el camino de los impíos, con יודע como en Sal 37, 18 (cf. en el N. T.: Mt 7, 23; 2 Tim 2, 19, etc.).

Como dicen los eruditos, el texto está aludiendo aquí a un *nosse* con *affectu et effectu*, un conocimiento que está en relación íntima con el sujeto y que está al mismo tiempo movido por el amor. Este camino de justo es el curso de su vida, que tiene como meta a Dios. Dios conoce este camino, que, bien recorrido, conduce de un modo infalible a su meta.

Por el contrario, el camino de los impíos (וְדֶרֶךְ רְשָׁעִים) תֹּאבֵד, perece, se destruye, porque abandonado a sí mismo conduce y se hunde en el אבדון, se pierde a sí mismo, sin alcanzar la meta a la que tiende, destruyéndose en la pura noche. Solo el camino de los justos es דרך עולם, Sal 139, 24, un camino eterno, que conduce a la vida eterna. En esa línea, el salmo 112, 1–10, que comienza también con אשרי termina con el mismo fin temeroso, תאבד.

Salmo 2. El reino de Dios y su Cristo, ante quien todo ha de inclinarse

¹ לָמָּה רָגְשׁוּ גוֹיִם וּלְאֻמִּים יֶהְגּוּ־רִיק:

² יִתְיַצְּבוּ। מַלְכֵי־אֶרֶץ וְרוֹזְנִים נוֹסְדוּ־יָחַד עַל־יְהוָה וְעַל־מְשִׁיחוֹ:

³ נְנַתְּקָה אֶת־מוֹסְרוֹתֵימוֹ וְנַשְׁלִיכָה מִמֶּנּוּ עֲבֹתֵימוֹ:

⁴ יוֹשֵׁב בַּשָּׁמַיִם יִשְׂחָק אֲדֹנָי יִלְעַג־לָמוֹ:

⁵ אָז יְדַבֵּר אֵלֵימוֹ בְאַפּוֹ וּבַחֲרוֹנוֹ יְבַהֲלֵמוֹ:

⁶ וַאֲנִי נָסַכְתִּי מַלְכִּי עַל־צִיּוֹן הַר־קָדְשִׁי:

⁷ אֲסַפְּרָה אֶל חֹק יְהוָה אָמַר אֵלַי בְּנִי אַתָּה אֲנִי הַיּוֹם יְלִדְתִּיךָ:

⁸ שְׁאַל מִמֶּנִּי וְאֶתְּנָה גוֹיִם נַחֲלָתֶךָ וַאֲחֻזָּתְךָ אַפְסֵי־אָרֶץ:

⁹ תְּרֹעֵם בְּשֵׁבֶט בַּרְזֶל כִּכְלִי יוֹצֵר תְּנַפְּצֵם:

¹⁰ וְעַתָּה מְלָכִים הַשְׂכִּילוּ הִוָּסְרוּ שֹׁפְטֵי אָרֶץ:

¹¹ עִבְדוּ אֶת־יְהוָה בְּיִרְאָה וְגִילוּ בִּרְעָדָה:

¹² נַשְּׁקוּ־בַר פֶּן־יֶאֱנַף। וְתֹאבְדוּ דֶרֶךְ כִּי־יִבְעַר כִּמְעַט אַפּוֹ אַשְׁרֵי כָּל־חוֹסֵי בוֹ:

¹¿Por qué se amotinan las gentes,
Y los pueblos piensan cosas vanas?

²Se levantarán los reyes de la tierra,
Y príncipes consultarán unidos
Contra Jehová y contra su ungido, diciendo,

³ Rompamos sus cadenas,
Y echemos de nosotros sus cuerdas.

⁴ El que mora en los cielos se reirá;
El Señor se burlará de ellos.
⁵ Luego hablará a ellos en su furor,
Y los turbará con su ira.
⁶ Pero yo he puesto mi rey Sobre Sión, mi santo monte.

(El rey divino)
⁷ Yo publicaré el decreto; Jehová me ha dicho,
Mi hijo eres tú; Yo te engendré hoy.
⁸ Pídeme, y te daré por herencia las naciones,
Y como posesión tuya los confines de la tierra.
⁹ Los quebrantarás con vara de hierro;
Como vasija de alfarero los desmenuzarás.
¹⁰ Ahora, pues, oh reyes, sed prudentes;
Admitid amonestación, jueces de la tierra.
¹¹ Servid a Jehová con temor,
Y alegraos con temblor.
¹² Honrad al Hijo, para que no se enoje, y perezcáis en el camino;
Pues se inflama de pronto su ira.
Bienaventurados todos los que en él confían.

El salmo didáctico anterior (Sal 1) que comenzaba con אשרי, viene seguido con un salmo profético que termina con אשרי. Coincide también en otros rasgos con Sal 1, pero sobre todo con salmos del primer tiempo de los reyes de Judá (Sal 59, 9; Sal 83, 3-9) y con el estilo profético de Isaías. El alzamiento confederado de las naciones y sus gobernantes contra Yahvé y su ungido será destruido en pedazos por el poder imperturbable y el dominio todopoderoso que Yahvé ha confiado a su Hijo, su Rey, sobre Sión.

En esa línea avanza el pensamiento básico de este salmo, elaborado de un modo apasionado, en forma de representación dramática. Las palabras del cantor y vidente forman el principio y fin del salmo. Por otra parte, los rebeldes contra Yahvé y su ungido se sitúan en primera línea y hablan por sí mismos. Pero el encuadre está formado por el discurso del compositor, que, a modo del coro del drama griego, expresa las reflexiones y sentimientos que se producen en los espectadores y oyentes.

Este poema no es puramente lírico, pues la personalidad del poeta queda en un segundo plano. El Ungido de Dios, que empieza hablando en la mitad del salmo (2, 7), no es el poeta anónimo, sino que puede ser más bien un rey de su tiempo, que aparece aquí a la luz de la promesa mesiánica, como aquel rey ungido del futuro, en quien debe cumplirse la misión y profecía del rey davídico sobre el mundo. Sea como fuere, este Ungido se presenta ya aquí con el poder y gloria de Dios con que el Mesías viene a presentarse en los profetas.

Este salmo es anónimo. Por esta razón no debemos atribuirlo ni a David (Hofmann) ni a Salomón (Ewiger), pues no se puede deducir nada de eso de Hch 4, 25, porque en el Nuevo Testamento los Salmos aparecen como "himnos de David", sin implicar que hayan sido escritos sin más por él. En esa línea resulta más aventurado atribuir a David o Salomón un salmo anónimo que negar la autoridad davídica o salomónica a uno que aparece encabezado con לדוד o לשלמה.

Por otra parte, el tema de fondo del salmo no es del tiempo de David (Kurtz) ni del tiempo Salomón (Bleek). En un sentido, podría pertenecer al reinado de David, porque en su tiempo aparece al menos una coalición de pueblos como aquellos que supone este salmo, cf. 2 Sam 10, 6. Por el contrario, no puede ser de Salomón, porque en su reinado, aunque hubo al final ciertos alzamientos (1 Rey 11, 14), no se puede deducir que hubiera nada semejante como la confederación de pueblos enemigos que supone este salmo.

Podríamos inclinarnos más bien por el tiempo de Ozías (Meier) o de Ezequías (Maurer), pues ambos heredaron el reino en una situación de debilidad, y se enfrentaron con la alianza de pueblos del entorno en contra de la casa de David. La situación podría corresponder a la del tiempo de esos reyes, porque los pueblos que se rebelaron entonces habían estado antes sometidos a Yahvé y a su Ungido. Pero, en sentido estricto, no tenemos indicaciones históricas que podrían apoyar esta suposición.

Si el autor del salmo fuera el Ungido de Dios que habla en 2, 7, deberíamos saber al menos que el salmo fue compuesto por un rey poseído por una elevada conciencia mesiánica. Pero el movimiento dramático del salmo que se expresa en el 2,10 (ועתה) va en contra de la identificación del Ungido de Dios con el poeta. Por otra parte, la suposición de que el autor del salmo fue Alejandro Janeo (Hitzig), aquel gobernante sangriento, que inauguró su reino con un fratricidio, es una suposición que va en contra del carácter moral y de alianza con Dios del salmo, convirtiéndolo en pura falsedad.

El Antiguo Testamento no conoce ningún gobernante no davídico al que se le atribuya dominio sobre el mundo y filiación de Dios (2 Sam 7, 14; Sal 89, 28). Los acontecimientos de su propio tiempo que influyeron en la mente del poeta no son ya claros para nosotros. Solo es claro el hecho de que esos acontecimientos tumultuosos desembocarán en el hecho de que todos los reinos reconocerán el Reinado de Dios y de su Cristo (Ap 11, 15; Ap 12, 10).

Este salmo se cita en el N. T., más que ningún otro. Según Hch 4. 1, 1. 25-28, el argumento del salmo se ha cumplido en la hostilidad "confederada" de Israel y de los gentiles contra Jesús, el Santo Siervo de Dios, y contra sus confesores, los cristianos. La Carta a los Hebreos vincula el Sal 110 y el Sal 2, el primero como el testimonio del sacerdocio eterno de Jesús, según el orden de Melquisedec, y el segundo como el testimonio de su filiación, que es superior a la de todos los ángeles.

Por su parte, Pablo muestra en Hch 13, 33 (cf. Rom 1, 4) la forma en que ha de entenderse el "hoy" al que alude el salmo. Conforme a su propio cumplimiento, ese "hoy" es el día de la resurrección de Jesús: Habiendo nacido (resucitado) de los muertos y habiéndose sentado a la derecha de Dios, Jesús entró en su Día (es decir, en el tiempo de su triunfo), que la iglesia llama, por tanto, *dies regalis*, día real, de su eterna realeza, esto es, día de su resurrección.

La resonancia de este salmo en el N. T., es aún más profunda y extensa. Los dos nombres del mesías futuro que se utilizan en tiempos de Jesús, Cristo e Hijo de Dios (ὁ Χριστὸς y ὁ υἱὸς τοῦ θεοῦ, Jn 1, 50; Mt 26, 63, en boca de Natanael y del Sumo Sacerdote) remiten a este salmo y a Dan 9, 25, así como ὁ υἱὸς τοῦ ἀνθρώπου se refiere de un modo indudable al Sal 8, 5 y Dan 7, 13.

La opinión mantenida por De Wette y Hupfeld, según la cual este salmo no debe aplicarse a la visión cristiana del Mesías, puede quizá mantenerse desde la perspectiva técnica de un profesor universitario, pero no se aplica al lenguaje de los apóstoles y del Nuevo Testamento. Por otra parte, en Ap 19, 15 y 12, 5, Jesús aparece exactamente en la forma en que le representa este Salmo, como ποιμαίνων τὰ ἔθνη ἐν ῥάβδῳ σιδηρᾷ. La función del Mesías no es solo la de Salvador, sino también la de Juez. La Redención es el comienzo y el juicio es el final de su obra. A ese final de juicio se refiere este salmo.

El mismo Señor Jesús se refiere frecuentemente a sí mismo en los evangelios, llevando por un lado el centro de la paz y por otro el cayado del pastor, y también el cetro o bastón de hierro, Mt 24, 50, Mt 21, 44, Lc 19, 27. En esa línea, el día de su venida es ciertamente el tiempo del gran juicio, día de la ὀργὴ τοῦ ἀγνίου, Ap 6, 17. Ante eso quedan sin fundamento las creaciones mesiánicas ultraespiritualistas de los exégetas y profesores iluminados, lo mismo que las esperanzas mesiánicas carnales de los judíos quedaron superadas con la venida del Cristo.

2, 1. Este Salmo comienza con una estrofa de siete líneas, regidas por un לָמָּה, *por qué*, indicando desde el principio que el intento malvado de los enemigos se condena a sí mismo, carece de fundamento, no puede dar fruto. Esta certeza se expresa con una admiración involuntaria, en forma de pregunta. La interrogación לָמָּה, seguida por un pretérito busca el fundamento de esa conducta malvada: ¿Por qué se han unido los pueblos de una forma tan tumultuosa (Aquila, ἐθορυβήθησαν)? Esa pregunta, seguida por un futuro, quiere saber la razón de ese gesto inútil: ¿Por qué imaginan cosas vanas?

La palabra רִיק podría ser un adverbio, equivalente a לְרִיק, pero aquí es más bien un acusativo, como en Sal 4, 3, porque el verbo יֶהְגּוּ significa un tipo de meditación y deseo interno que se expresa solo en forma de murmullo mudo (de tipo engañoso, como en Sal 38, 13) y requiere un objeto. Por medio de este רִיק se justifica el asombro involuntario de la pregunta: ¿Qué propósito tiene este empeño vacío, falto de razón, sin posible eficacia? Pero el salmista, que actúa como sujeto y miembro del reino de Dios, conoce muy bien a Yahvé y a su Ungido, sabiendo así de antemano la falta de sentido y la impotencia de una rebelión como esa.

Así lo indica claramente **2, 2**, que sigue describiendo el estado de la cuestión, sin que sus palabras se subordinen ya a למה. El futuro describe lo que está sucediendo en el momento actual. Los enemigos aparecen en una postura desafiante (con יִתְיַצְּבוּ, como en 1 Sam 17, 16), tras lo cual tenemos una transición al perfecto con una expresión más descolorida, נוֹסְדוּ־יָחַד (consultan unidos en reciprocidad, como en Sal 83, 6, pero en orden inverso) a fin de asegurarse mutuamente (como indica el árabe *sâwada*, que, como bien *observa* el turco Kamus, tiene el sentido *de clam cum aliquo locutus est*, hablar unos con otros, para fortalecerse mutuamente, de hacer más presión, deliberando así juntos (cf. Sal 31, 14 y נועץ, Sal 71, 10).

Los sujetos מַלְכֵי־אֶרֶץ y רוֹזְנִים (conforme al árabe *razuna*, ser poderoso, ser fuerte, en el sentido de los dignatarios, σεμνοί, *augusti*) aparecen sin artículo, conforme al estilo poético. El texto nos sitúa así ante un alzamiento general de los pueblos de la tierra, en contra de Yahvé y de su Mesías (עַל־יְהוָה וְעַל־מְשִׁיחוֹ), es decir, en contra de su Χριστὸς, el rey ungido por Dios con óleo santo, vinculándose así más profundamente con él.

Esto indica que el salmista está oyendo el fallo de la deliberación de los príncipes (**2, 3**). El sufijo *êmô* en vez de *êhem* (cf. עֲבֹתֵימוֹ y מוֹסְרוֹתֵימוֹ) se refiere a Yahvé y a su Ungido. Los cohortativos expresan la vinculación de sentimientos, mostrando que los sonidos y el ritmo de las exclamaciones responden al oscuro murmullo del odio y del desafío amenazador de los que quieren alzarse contra el orden de Dios y su Ungido. El ritmo es yámbico y después anapéstico.

Los sublevados han decidido romper primero las cadenas (מוֹסְרוֹת, cf. מוֹסְרוֹתֵימוֹ, es lo mismo que מֹאסְרוֹת) a las que se alude con אֵת, de un modo significativo, en un estilo poético, para evocar después las cuerdas que les atan (con מִמֶּנּוּ, *a nobis*, que es el modo palestino de escribir, a diferencia del modo de los babilonios que escriben y *mimeenuw*, como puede verse en B. Sota 35a), indicando en parte la opresión de los cautivos y en parte el triunfo de los hombres libres.

Ellos, los que se rebelan, son en parte, en el presente, súbditos de Yahvé y de su Ungido, no solo porque todo el mundo en general está sometido a Yahvé, sino especialmente porque él ha ayudado a su Ungido para obtener el dominio sobre todos. Estos sublevados luchan según eso por su propia libertad, pero por una libertad que es opuesta a Dios.

Tras la escena anterior (2, 1–3) que traza el impulso salvaje de la batalla de los que se elevan contra Dios y contra su Ungido, el salmista presenta desde 2, 4 la acción de Yahvé, elevando en espíritu su voz de trueno en contra de los rebeldes (cf. 2, 4ss). En contraste con los gobernantes y los acontecimientos de la tierra, Yahvé aparece como aquel que mora en los cielos (יוֹשֵׁב בַּשָּׁמַיִם), como aquel que está entronizado por encima de la tierra, con majestad inalcanzable, con gloria permanente.

Él aparece como אֲדֹנָי, es decir, como Señor que controla todo lo que acontece o sucede abajo, con poder absoluto, conforme al plan que ha trazado con su sabiduría, de forma que no hay nada que impida realizarlo. Los futuros que siguen describen no aquello que él hará en el futuro, al final de toda la historia, sino lo que él está ya realizando siempre (cf. Is 18,4). Según eso, en la línea de Sal 59, 9; Sal 37, 13, לָמוֹ pertenece también a יִשְׂחַק (con שָׂחַק que en el lenguaje posterior al Pentateuco tiene el mismo sentido que צָחַק).

2, 5. Dios se ríe ante aquellos que le desafían, porque entre ellos y él hay una enorme distancia. Dios se burla permitiéndoles que, en su estupidez sin medida, ellos, que son los infinitamente pequeños, puedan llegar a un clímax en su protesta, para arrojarlos luego a la tierra de su desengaño. Este clímax, que marca el límite extremo del aguante de Dios, está determinado por la partícula אָז, como en Dt 29, 19, cf. שָׁם, Sal 14, 5; Sal 36, 13, que puede traducirse por "entonces", pero refiriéndose al futuro, para indicar la crisis que en ese momento sobreviene.

Entonces, según el salmista, Dios comienza a mostrar, de pronto, el lenguaje de su ira contra sus enemigos para confundirles con el fuego de su cólera, desconcertándoles totalmente, en sentido externo e interno (en el espíritu). בָּהַל (יְבַהֲלֵמוֹ), árabe *bhl*, de la familia de בָּלָה, significa originalmente "soltar", dejar que se vayan, y luego, en hebreo, a veces *sobrepasar* (dominar) externamente, pero también, internamente, confundir y desconcertar. Este verso, 2, 5, es como el estallido del trueno (cf. Is 10, 33). בַּחֲרוֹנוֹ, como el fogonazo destructivo del relámpago. Y de esa manera, así como la estrofa anterior terminaba con las palabras de los rebeldes (cf. 2, 3), esta termina con las palabras del mismísimo Yahvé (cf. 2, 5ss).

En esa línea, **2, 6**, empieza con וַאֲנִי una frase adverbial, como en Gen 15, 2; Gen 18, 13; Sal 50, 17. La cláusula principal suprimida aquí (cf. Is 3, 14; Ewiger 341c) se puede suplir fácilmente: "Os estáis rebelando, y sin embargo yo…". De esa manera, con su וַאֲנִי, Dios indica que se opone de un modo irresistible a la empresa vana de los pueblos rebeldes.

Böttcher ha mostrado que no debemos traducir *yo he ungido* (2, 6) (Targum, Símaco). Ciertamente נסך, árabe *nsk*, significa derramar, pero no "derramar sobre", de manera que en vez de "ungir" (derramar sobre, verter, como en הציג, הציק), aquí tenemos el sentido de establecer firmemente en un lugar (pasando así de *fundere* a fundare, *constituere*, constituir, como traducen los LXX, texto sirio, Jerónimo y Lutero), de manera que נסיך la palabra para príncipe no puede compararse con משיח, sino más bien con otra[3], como con נציב.

De manera adecuada el Targum introduce ומניתיה (*et praefeci eum*) después רביתי (*unxi*), porque el lugar de la unción no es Sión (על־ציון) sino el Mesías. La historia no menciona ningún rey de Israel que haya sido ungido sobre Sión, que es más bien la sede real del ungido, donde él es instalado, a fin de que pueda reinar y gobernar desde allí, Sal 110, 2.

Sión es la colina de la Ciudad de David (2 Sam 5, 7; 2 Sam 5, 9; 1 Rey 8, 1) incluyendo el "monte" Moria, que es lo que aquí quiere indicarse. Esta colina de santidad, es decir, la colina santa, que es el lugar de descanso de la divina presencia y que, por tanto, sobresale sobre todas las alturas de la tierra es asignada por Dios para su Ungido, para que sea su Trono.

2, 7. El mismo Ungido es quien ahora habla, y expresa quién es él, y lo que es capaz de hacer, por virtud del decreto divino. No hay ninguna palabra de transición, ni ninguna fórmula de introducción que denote este cambio repentino, desde el discurso de Yahvé al discurso de su Cristo.

En este momento el salmista actúa como vidente; su salmo es la pintura que refleja como en un espejo lo que él ha visto y el eco de lo que ha oído. Dado que Dios le ha reconocido como rey sobre Sión, en oposición a los rebeldes, el rey de Sión apela ahora a Dios, para enfrentarse así a los rebeldes. El nombre de Dios, יהוָה, tiene aquí un *rebia magnum* y, a causa del ritmo de toda la entonación de ese acento, tiene una *gaia* junto a la *sheb* (cf. Sal 25, 2, אֱלֹהַי y 68, 8, אֱלֹהִים)[4].

3. Incluso el *Jalkut zu den Psalmen*, 620, vacila en la interpretación entre אמשחתיה, yo le he ungido, (cf. Daniel 10, 3), אתיכתיה (yo le he arrojado, según Ex 32, 4 y otros textos) y גדלתיו (yo le he hecho grande, cf. Miq 5, 4). Aquila, al traducir καὶ ἐδιασάμην (de διάζεσθαι con el sentido ὑφαίνειν) añade una nueva posibilidad de traducción. Hay también una nueva que es נסך, purificar, consagrar (Hitzig), que en realidad no tiene sentido en este contexto, pues el árabe *nasaka* recibe ese significado de limpiar arrojando agua sobre lo manchado (e. g., como en el hecho de limpiar o desalar los elementos salados de un campo). También en Prov 8, 23 נסכתי significa "yo he arrojado", en el sentido de "yo he colocado".

4. Podemos observar aquí, en general, que esta *gaja* (*metheg*) que insiste en la entonación de *sheb* ha sido colocado incluso junto a palabras que tienen los signos menos distintivos de *zinnor* y *rebia parvum*, pero solo en los masoretas de la escuela de Ben-Naphtali y no en los de Ben-Asher (ambos en torno al 950 d. C.). Esto es algo que apenas ha sido observado, incluso en la edición de Salterio de Baer, como puede observarse en Sal 5, 11 y 6, 2.

La construcción de ספר con אל (אֶסְפְּרָה אֶל, como en Sal 69, 27, cf. אמר, Gen 20, 2; Jer 27, 19, 2 , דבר Cron 32, 19, הודיע, Is 38, 19), que se utiliza con el sentido de narrar o hacer un anuncio solemne con respecto a algo, es muy precisa y formal. El Ungido muestra de esa forma su gran autoconfianza, de manera que él puede y quiere oponerse a aquellos que no le reconocen, transmitiéndoles una חק, es decir, una determinación o ley firme, que no puede ser cambiada ni anulada.

Todas las versiones antiguas, con la excepción de la siríaca, leen חק־יהוה unidas (nuestro texto pone las palabras separadas, אֶסְפְּרָה אֶל חֹק יְהֹוָה אָמַר, yo publicaré el decreto; Jehová me ha dicho...). Al unir las dos palabras, la estrofa se vuelve más simétrica, pero la expresión pierde fuerza, pues el texto insiste en el "decreto" como tal, en absoluto, pero no en Yahvé, de quien viene ese decreto. En ese sentido, en contra de las ediciones antiguas, que ponen חק־יהוה, el acento *olewejored* insiste en el decreto como tal, y así puede ponerse אל־חק, de manera que ese decreto queda resaltado, presentándose como absoluto, conforme a un estilo bien conocido por la gramática árabe.

Este es un decreto mayestático, tanto por su autor como por su tema. Yahvé le ha declarado "tú eres mi Hijo", בְּנִי אַתָּה[5], y esto en el día muy concreto en que él ha sido concebido o ha nacido desde el mismo Dios, conforme a esta relación filial. El verbo ילד vincula en sí mismo, como γεννᾶν, las ideas de concebir y de dar a luz (LXX γεγέννηκα, Aquila ἔτεκον). Lo que aquí se indica es una operación del poder divino, que se eleva sobre ambos momentos (concebir y dar a luz), y eso de manera aún más firme cuando el texto se refiere, como hemos visto, al hecho de constituir a alguien como rey, al engendramiento a una forma de existencia regia, que se realiza en y a través de un acto de unción (משח).

Tanto si se refiere a David como tal, o a un hijo de David, o a otro David futuro, lo que 2 Sam 7 ha querido decir ha de tomarse como la primera y más antigua proclamación de este decreto. Porque fue aquí donde, en referencia a su propia unción y, al mismo tiempo, a la promesa de un dominio perdurable, David recibió el testimonio de la filiación eterna que Yahvé había determinado para su descendencia, en relación con él, como padre de su estirpe, de tal forma que él (David) y sus descendientes pueden atreverse a decir a Yahvé אבי אתה, tú eres mi Padre (cf. Sal 89, 27), lo mismo que Yahvé puede decirle a David בני אתה, tú eres mi Hijo. A partir de esta filiación del Ungido respecto a Yahvé, creador

---

5. Aun estando aquí en pausa, אַתָּה queda sin una a alargada, ā (Psalter II, 468). Pero esta palabra se ha vuelto *milel*, mientras que con pausa ella sería *milra*, según la escuela de Ben-Asher (como en Sal 89, 10, Sal 89, 12; Sal 90, 2), siendo acentuada en la penúltima sílaba. El *athnach* de los libros llamados תאם (Salmos, Job y Proverbios), que corresponde al *zakeph* de los 31 restantes libros de la Biblia Hebrea, tiene solo un sentido semipausal o, más bien, ningún sentido pausal cuando sigue a un *olewejored*, cf. Sal 9, 7; Sal 14, 4; Sal 25, 7; Sal 27, 4; Sal 31, 14; Sal 35, 15, etc. (Baer, *Thorath Emeth* p. 37).

y poseedor de todo lo creado, fluye esta pretensión y expectación de dominio mesiánico sobre el mundo.

Después de la afirmación (expresada en forma de institución filial) sigue el cohortativo, expresado por שְׁאַל מִמֶּנִּי (**2, 8**), *pídeme...* (Gesenius 128, 1). Yahvé ha concedido a su Hijo el dominio sobre el mundo; por eso, él necesita solo que su Hijo le exprese su deseo para cumplírselo y así concederle aquello que le corresponde. El Hijo no tiene más que desear, y Dios le otorgará todo lo que le pida, dándole su autoridad sobre los rebeldes.

Esta autoridad, determinada en Sal **2, 9,** tiene un contenido terrible para los rebeldes. El sufijo con el que se alude a los גוים o pueblos de 2, 8 debe aplicarse ahora a los paganos como tales. Para los paganos, el cetro de dominio del Hijo de Dios (cf. Sal 90, 2) se convierte en cetro o vara de hierro, que les destruirá en mil piezas, como a una vasija de alfarero (Jer 19, 11).

En estos textos נפץ alterna con רעע (igual a רעץ, romper, fut. תּרע). Por su parte, los LXX (con siríaco, Jerónimo), traducen ποιμανεῖς αὐτοὺς ἐν ῥάβδῳ (como en 1 Cor 4, 21) σιδηρᾷ, suponiendo que el texto hebreo ponía תּרעם de רעה, como en nuestra edición (תְּרֹעֵם). De esa manera, la vara de hierro que, conforme al texto hebreo, es un instrumento de poder punitivo (para romper, para destruir las piezas de alfarería), se convierte, por referencia al שבט en un cayado de pastores (cf. Sal 23, 4; Miq 7, 14), entendido como instrumento de poder despótico.

2, 10. El poeta termina su salmo con una aplicación práctica dirigida a los grandes de la tierra, para que actúen conforme a lo que él les ha dicho (lo que él ha visto y oído). Con ועתה, ahora, καὶ νῦν (cf. 1 Jn 2, 28), *itaque*, se deducen unas conclusiones apropiadas a partir de algún tema moral (e. g., Prov 5, 7) o de algún hecho conectado con la historia de la redención (e. g., Is 28, 22). La exhortación no se dirige ya en concreto a los rebeldes del principio del salmo, sino a los reyes en general, desde la perspectiva de aquello que el poeta ha visto y oído.

En esa línea, los שֹׁפְטֵי אָרֶץ, no son aquellos que juzgan la tierra, sino los jueces como tales, es decir, los gobernantes (Am 2, 3, cf. 1, 8), que forman parte de la tierra, en toda su longitud y anchura. El hifil הַשְׂכִּילוּ significa mostrar inteligencia o discernimiento. El nifal הִוָּסְרוּ (de נוסר) es un así llamado *nifal tolerativum*: dejarse castigar, instruir, como נוֹעַץ en Prov 13, 10, ser avisado, נדרשׁ, Ez 14, 3, ser buscado, נמצא, ser encontrado (cf. 1 Cron 28, 9 y frecuentemente). Esta llamada general a la reflexión aparece seguida en 1 Cron 28, 11, por una exhortación especial referida a Yahvé, y en Sal 2, 12, en referencia al Hijo.

Por su parte, las palabras וְגִילוּ y עִבְדוּ (servid a Dios, alegraos por su Hijo...), con el verbo וְגִילוּ no pueden entenderse aquí en el sentido de Os 10, 5, en una línea de temor (como supone Hitzig), sino que han de tomarse, como en los restantes casos, en el sentido de "alegrarse", como en Sal 100, 2, como expresión de un gozo desbordado por la alegría y el honor de poder ser servidores del Dios que aquí se manifiesta. En esa línea traducen rectamente los LXX, ἀγελλιᾶσθε αὐτῷ ἐν τρόμῳ (alegraos por/con él en temor). A fin de que no desemboque en un exceso de seguridad y soberbia, esta alegría debe estar moderada con un temblor (con ב como en Sof 3, 17), es decir, con un temor de reverencia y de autocontrol, porque Dios es un fuego devorador, Hebr 12, 28.

2, 12. Esta segunda exhortación, referida al Ungido ha sido pasada por alto por todas las versiones antiguas, excepto por la siríaca, como si su claridad hubiera cegado a los traductores, pues ellos traducen בַּר como pureza, castidad, disciplina (LXX, Targum, Ítala, Vulgata), o como algo puro, no mezclado (Aquila, Símaco, Jerónimo, *adorate pure*). En esa línea traducen también Hupfeld (manteneos sinceramente) y Ewald (recibid toda advertencia) y Hitzig (someteos al deber, con ב בר como en el árabe *birr*). Por su parte, Olshausen piensa que debe haber alguna equivocación en la palabra בר, Diestel pone בו en vez de בר.

La mismo, pero el contexto y el uso del lenguaje exigen que se traduzca *osculamini filium* (besad, honrad al Hijo). El *piel* נָשַׁק significa siempre "besar", y nunca otra cosa. Ciertamente, בר en hebreo significa, en un sentido, pureza y nada más… Pero בַּר, en absoluto es también "hijo". Por eso, después que Dios ha declarado que el Ungido es su Hijo (con *ben*, בְּנִי, 2, 6), resulta absolutamente normal que, en este momento solemne, el salmista se refiera al Hijo de Dios, presentándolo de un modo absoluto, sin artículo, como en el caso de חֵק, refiriéndose al único Hijo que es Hijo de Dios[6].

La exhortación a someterse a Yahvé viene seguida según ha observado Aben-Ezra, por la exhortación a rendir homenaje al Hijo de Yahvé. Besar significa ofrecer un homenaje. Así Samuel besa a Saúl (1 Sam 10, 1), mostrando que le rinde homenaje (cf. F. Scacchi, *Myrothecium*, LIII, 1637, cap. 35). Sin embargo, el sujeto que sigue no es el Hijo, sino Yahvé. Ciertamente, según la conciencia del N. T., es muy posible referir al Hijo la advertencia "a fin de que no se enoje" (véase Ap 6, 16). La advertencia en contra de poner la confianza (חסות) en los príncipes

---

6. En esta línea hay que poner de relieve el hecho de que בר sin artículo combina o asume también una visión de la majestad terrible de Dios. Esto es lo que los gramáticos árabes presentan como *'l-tnkîr lt'dîm* o *ltktîr* o *lthwîl*, evocando algo que aparece como un reto para la imaginación. Un comentarista árabe diría, tanto aquí como en 2, 7: ¡Besa al Hijo y a tal Hijo! (cf. Ibn Hishâm, De Sacy, *Anthol. Grammat.* p. 85, donde se traduce, *hic est vir, qualis vir*, este es el varón, y qué varón!). Ejemplos a favor de esta visión son בִּיר (Is 28, 2, por una mano, es decir, por la mano todopoderosa de Dios, que es la mano de las manos) מפני־חרב (Is 31, 8, delante de la espada, es decir, de la espada divina, ante la que no existe ninguna posibilidad de oposición).

(Sal 118, 9; Sal 146, 3) no puede aplicarse al Cristo de Dios, pero no es imposible que la petición de (כָּל־חוֹסֵי בוֹ), al final de este salmo (2, 12) se refiera a él.

De todas formas, dado que חוֹסֵי בוֹ es la palabra usual para referirse a poner la confianza en Yahvé y que el día futuro de la ira se refiere siempre en el A. T., (e.g., Sal 110, 5) al día de la ira de Dios, nosotros aplicamos el *irascatur* (para que no se enoje) a aquel Dios cuyo Hijo es el Ungido. Por eso, el texto ha de ser traducido: *A fin de que Yahvé no se enoje y perezcáis* דרך *(en el camino).* Este דרך está en acusativo indicando una definición más exacta del motivo de fondo (en el camino en que cada uno se pierde), en la línea de Sal 1, 6 que hablaba de la perdición, del camino que conduce a un hombre al abismo.

Se puede discutir si מְעַט significa por un poco, en sentido de *brevi* por un tiempo o *facile* fácilmente. El *usus loquendi* y la posición de las palabras están a favor del último sentido (Hupfeld). En todos los demás casos, כמעט significa por sí mismo (sin las adiciones que hallamos, por ejemplo, en Esda 9, 8; Is 26, 20; Ez 16, 47) "por un poco, aproximadamente, fácilmente".

Ese es el sentido al menos cuando el término aparece después de una cláusula hipotética antecedente, como en Sal 81, 15; 2 Sam 19, 37; Job 32, 22. Según eso, el pasaje ha de ser traducido: Pues su ira puede encenderse rápidamente, o puede arder de repente. El poeta advierte a los gobernantes, en su propio interés, que no exciten el celo airado de Yahvé por su Cristo. Por el contrario, a todos los que no tienen nada que temer de parte de los estallidos de ira de Dios les va bien, porque confían en Yahvé como su refugio.

El estado constructo חוֹסֵי conecta con בו, sin un genitivo de relación, cf. Gesenius 116, 1. חוֹסֵי es la palabra usual para referirse a las personas que se ponen de un modo confiado en las manos de Yahvé, en el sentido radical de la palabra, que no significa *refugere, confugere*, sino *se abdere, condere*, adherirse a, fundarse en, y no se combina nunca con אל, sino siempre con ב.[7]

Salmo 3. Himno de mañana de un angustiado que confía en Dios

¹ מִזְמוֹר לְדָוִד בְּבָרְחוֹ מִפְּנֵי אַבְשָׁלוֹם בְּנוֹ׃
² יְהוָה מָה־רַבּוּ צָרָי רַבִּים קָמִים עָלָי׃
³ רַבִּים אֹמְרִים לְנַפְשִׁי אֵין יְשׁוּעָתָה לּוֹ בֵאלֹהִים סֶלָה׃

7. Sobre los nombres de ciudades que evocan el sentido antiguo de חסה, Wetzstein se fija en Job 24, 8, en su *Comentario,* ac loc. Los árabes utilizan todavía la palabra *hsy* en referencia al sentido primario de agua, absorbida y escondida bajo tierra, que corre bajo la arena y solo sale a superficie si se cava el terreno. El fondo rocoso sobre el que se colecta el agua bajo la superficie de la arena se llama en árabe *hasá* o *hisá,* lugar escondido o lugar de protección, y la fuente que allí se excava se llama en árabe *'yn 'l-hy.*

⁴ וְאַתָּה יְהוָה מָגֵן בַּעֲדִי כְּבוֹדִי וּמֵרִים רֹאשִׁי:

⁵ קוֹלִי אֶל־יְהוָה אֶקְרָא וַיַּעֲנֵנִי מֵהַר קָדְשׁוֹ סֶלָה:

⁶ אֲנִי שָׁכַבְתִּי וָאִישָׁנָה הֱקִיצוֹתִי כִּי יְהוָה יִסְמְכֵנִי:

⁷ לֹא־אִירָא מֵרִבְבוֹת עָם אֲשֶׁר סָבִיב שָׁתוּ עָלָי:

⁸ קוּמָה יְהוָה׀ הוֹשִׁיעֵנִי אֱלֹהַי כִּי־הִכִּיתָ אֶת־כָּל־אֹיְבַי לֶחִי שִׁנֵּי רְשָׁעִים שִׁבַּרְתָּ:

⁹ לַיהוָה הַיְשׁוּעָה עַל־עַמְּךָ בִרְכָתֶךָ סֶּלָה:

<*Salmo de David, cuando huía de delante de su hijo Absalón.*>

¹¡Jehová, cuánto se han multiplicado mis adversarios!
Muchos son los que se levantan contra mí;
² muchos son los que dicen de mí,
"No hay para él salvación en Dios". Selah

³ Mas tú, Jehová, eres escudo alrededor de mí;
mi gloria, y el que levanta mi cabeza.
⁴ Con mi voz clamé a Jehová
y él me respondió desde su monte santo. Selah

⁵ Yo me acosté y dormí, y desperté,
porque Jehová me sustentaba.
⁶ No temeré ni a una gran multitud que ponga sitio contra mí.
⁷ ¡Levántate, Jehová! ¡Sálvame, Dios mío!

Tú heriste a todos mis enemigos en la mejilla;
los dientes de los perversos rompiste.
⁸ La salvación es de Jehová.
¡Sobre tu pueblo sea tu bendición! Selah

En hebreo, el encabezado dice "Salmo de David, cuando huía delante de Absalón, su hijo". La numeración del texto español 1–8 corresponde al hebreo 2-9. Los dos salmos anteriores (Sal 1-2), que formaban el prólogo del libro y trataban de temas semejantes, uno ético (desde el punto de vista de la *hokma*, חכמה) y el otro relacionado con la historia de la redención, en perspectiva profética, נבואה, vienen ahora seguidos por una plegaria matutina.

Las oraciones de la mañana y de la tarde son seguramente las primeras que uno espera que aparezcan en un libro de plegarias e himnos. De un modo natural, el himno de la mañana, Sal 3, que menciona la santa montaña (3, 4), como el Sal 2, viene antes que Sal 4, por lo que algunos piensan que también Sal 3 es un himno de la tarde, pero esta es gramaticalmente una visión equivocada.

Con el Sal 3 comienzan, como he dicho, los salmos que han sido dispuestos para la música. Por el encabezado מִזְמוֹר לְדָוִד, salmo de David, el himno que sigue viene marcado para un acompañamiento musical. מִזְמוֹר es una palabra que aparece exclusivamente en los encabezados de los salmos, y se trata, sin duda, de una expresión técnica que ha sido acuñada por David. זמר (raíz זם) es una palabra onomatopéyica que en *kal* significa "cortar" y también podar o limpiar la viña; en esa línea se sitúa el árabe *zbr*, que significa escribir, por el sonido que produce la pluma o la caña sobre el papiro o piel en que se escribe.

El significado de cantar o tocar un instrumento musical, que es propio del *piel*, no está conectado con el significado de "pellizcar", pues ni la división rítmica (Schultens) ni la pronunciación articulada (Hitzig) ofrece una explicación convincente de la palabra *mizmor*, ya que las cesuras y las divisiones silábicas no son nociones naturales, sino artificiales, ni tampoco el rasgueo de las cuerdas del arpa, para lo que se ha acuñado la palabra נגן (o la raíz semejante con נגע).

Además, los pasajes anteriores en los que aparecen זמר y זמרה (Gen 43, 11; Ex 15, 2; Jc 5, 3) aluden a palabras de conversación normal, más que a música y los dos términos citados evocan sonidos más que cantos musicales (Sal 98, 5; 81, 3) cf. Sal 2, 12. Por otra parte, si la palabra זמר tuviera el mismo significado que ψάλλειν, *carpere* (pulsar) instrumentos, no se podrían haber formado a partir de ella nombres árabes como *zemr* (leñador) y *zummâra,* un tipo de gaita. Pero, como ha mostrado Hupfeld, זמר significa de un modo onomatopéyico "canere", hacer música, en el sentido extenso del término. De todas formas, el uso más preciso del lenguaje distingue entre זמר y שיר pues una palabra significa tocar y otra cantar.

Con la ב de instrumento, זמר está indicando un canto con acompañamiento musical (como en etíope זמר *instrumento canere, cantar* con un *instrumento*) y זמרה (arameo זמר), y tiene a veces, sin más, como en Am 5, 23, el sentido general de "música". Según eso, מזמור significa técnicamente música, melodía, y שיר las palabras del poema que se cantan con esa música. En esa línea, nosotros traducimos מזמור por *salmo*, sin más, pues, como dice Gregorio de Nisa, "el salmo es la melodía musical producida por un instrumento, y son también las palabras del himno proclamado melódicamente con la boca" (ὁ ψαλμός ἐστιν ἡ διὰ τοῦ ὀργάνου τοῦ μουσικοῦ μελωδία ᾠδὴ δὲ ἡ διὰ στόματος γενομένου τοῦ μέλους μετὰ ῥημάτων ἐκφώνησις).

El hecho de que Sal 3 sea un himno preparado para la música se muestra también por la palabra סלה que aquí aparece por 3 veces. Como el Abad Bruno había calculado correctamente, esa palabra aparece 71 veces en el Salterio, 17 en el primer libro; 30 en el segundo, 20 en el tercero y 4 en el cuarto; y siempre, a excepción de Sal 66 y 67, en los salmos con el encabezado "de David", que los salmistas han situado en el tiempo de ese rey.

Esta palabra es una anotación musical, puesta al margen, que se refiere a la música del templo davídico, pues todos los salmos con סלה mencionan al למנצח lo que los relaciona con la ejecución musical, excepto ocho (Sal 32, 48, 50, 82, 83, 87, 89, 143) que, por la designación מזמור están ya destinados de un modo expreso para la música. La *tephilla* de Hab 3 es el único lugar de la Escritura donde aparece סלה fuera del Salterio que, como una excepción, tiene al final למנצח (la *menuchat*, que se refiere a cantos funerarios). Incluyendo las tres סלה de esta *tephilla*, la palabra סלה aparece no menos que 74 veces en todo el Antiguo Testamento.

Por lo que se refiere a esta anotación musical podemos añadir: (1) Debe excluirse toda referencia a una abreviación (la mejor sería סב: למעלה השר ¡Cantor, vuélvete hacia adelante, es decir, hacia arriba!), pues no existe en el A. T., ningún caso de abreviaciones de ese tipo. (2) La palabra סלה sería equivalente a שלה que significa *silere*, estar en silencio, lo que implicaría un tipo de pausa, o indicaría que los cantores deben estar en silencio por un tiempo, mientras suena la música de los instrumentos. Pero esta explicación es inadmisible, porque en ese sentido סלה no aparece nunca ni en hebreo ni en arameo, y además en hebreo resulta extremadamente raro un intercambio entre la ס y la ש (שריון ס ריון).

Solo hay una raíz con la que pueda combinarse סלה y es la de סלל o סלה (סלא), cuya noción primaria es elevarse, y desde ella puedan citarse derivados como סלם una escalera, y מסלה con el significado de ascenso, o escalones, 2 Cron 9, 11. En esa línea, se podría tomar el sentido de סלה, como ascenso de tono musical. De un modo consecuente, la tradición de la *Misná* explica esa palabra como sinónimo de נצח y el Targum la relaciona con la quinta o sexta escala musical. De un modo semejante, aunque algo distinto, Aquila y a veces la versión siríaca traducen esta palabra "por siempre". En esa línea se decide Jerónimo, *Ep. ad Marcellam,* donde evoca el "significado de Sela", y así, a partir del sentido musical originario de la palabra, se ha pasado a una visión correspondiente, de tipo lógico o lexicográfico.

Conforme a lo anterior, por la traducción διάψαλμα de los LXX (adoptado por Símaco, Teodoreto y el texto sirio) debemos afirmar que ese término, *selah*, implica una forma de intensificación, de un tipo o de otro, pues conforme a su origen y formación (con -μα igual a -μενον), διάψαλμα significa un tipo de refuerzo, no una simple pausa, como dice Gregorio de Nisa, ἡ μεταξὺ τῆς ψαλμῳδίας γενομένη κατὰ τὸ ἀθρόον ἐπηρέμησις πρὸς ὑποδοχὴν τοῦ θεόθεν ἐπικρινομένου νοήματος.

En esa línea, סלה puede evocar un interludio (ἐπηρέμησις) para los instrumentos de cuerda, como διαύλιον [διαύλειον], aunque según Hesychius indique el tiempo intermedio de pausa para las flautas; de todas formas, esa pausa puede entenderse también como tiempo de intensificación musical, para incitar el pensamiento, es decir, el νοήματος (como en el διαψάλλειν τριγώνοις del que se habla en un fragmento del comediante Eupolis, pidiendo un sonido más fuerte de las arpas triangulares)[8].

---

8. Para una explicación de διάψαλμα en los Padres y en los lexicógrafos antiguos, Véase Suicer, *Thes. Eccl.* y Augusti, *Christl. Archäologie,* Th. II).

Conforme a la puntuación, tal como ahora aparece, esa palabra (selah) se ha debido tomar como un nombre, que proviene de סל, con la *ah* de dirección (con el mismo sentido de גוה, hacia arriba, Job 22, 29). Para el hecho que se omita el daggesh junto a la *ah de dirección* tenemos algunos ejemplos (cf. 1 Rey 2, 40 גתה, que es la buena lectura, no גתה, como indica Ewald). De todas formas, la puntuación actual de la palabra, que ha sido aceptada de un modo uniforme en el texto masorético, no puede ser la primitiva o genuina; parece tratarse, más bien, de una imitación de נצח. Originalmente, la palabra puede haber sido pronunciada como סלה (con elevación, conforme a דלה, בתה).

La combinación סלה הגיון (Sal 9, 17) donde הגיון evoca el toque de instrumentos de cuerda (Sal 92, 4) nos lleva a pensar que סלה no se refiere al canto, sino al acompañamiento instrumental de la música. Pero esto no significa que se trate de un amontonamiento o multiplicación de acordes expresivos, ni de armonías en general, pues esto sería confundir la música antigua con la moderna. Lo que esa palabra está indicando es más bien la introducción musical de la orquesta, el reforzamiento de los instrumentos o incluso la transición del piano al *forte*[9].

Hay varios salmos que tienen como fecha de composición expresa el tiempo de la persecución de David por Saúl, pero solo este evoca probablemente la persecución bajo Absalón. El salterio contiene, sin embargo, otros salmos que reflejan este segundo tiempo de persecución de David. Por eso, es muy probable que este encabezamiento sea tradicional, refiriéndose al momento en que David huyó de Absalón, su hijo.

No hay en el contenido del salmo nada que vaya en contra de ese encabezamiento. Al contrario, todos los rasgos importantes del salmo van en esa línea, insistiendo en la burla en contra de uno (David) que habría sido rechazado por Dios (2 Sam 16, 7), en el peligro de la noche (2 Sam 17, 1), en la multitud del pueblo (2 Sam 15, 13; 2 Sam 17, 11) y el alto lugar de honor en que está situado el salmista.

Hitzig prefiere referir este salmo y el siguiente al riesgo de ataque que provocaron los amalecitas durante el tiempo en que David se estableció en

---

9. En este salmo la palabra סלה aparece tres veces. Hay 16 salmos (cf. Sal 7, 20, 21, 44, 47, 48, 50, 54, 60, 61, 75, 81, 82, 83, 85, 143) en los que solo se cita una vez. Hay quince salmos (Sal 4, 9, 24, 39, 49, 52, 55, 57, 59, 62, 67, 76, 84, 87, 88) en los que se cita dos veces. En siete salmos, entre ellos el nuestro (cf. Sal 3, 32, 46, 56, 68, 77, 140 y también en Habacuc) aparece tres veces. Solo en Sal 89 aparece cuatro veces. Esa transición con סלה no aparece nunca al comienzo del salmo, pues la música antigua no estaba todavía tan desarrollada como para que el סלה correspondiera de un modo tan preciso al *ritornello*. Más aún, ella no se encuentra normalmente al final de una estrofa, como para marcar el paso o cambio de un interludio regular, sino que se coloca allí donde los instrumentos han de juntarse simultáneamente para marca la melodía, algo que con frecuencia acontece en el centro de una estrofa. En este salmo 3, esa interrupción o סלה aparece al final de la estrofa 1, 2 y 4. La razón para que se omita al final de la estrofa 3 resulta evidente.

Ziklag. Pero el dato de que Sión y Jerusalén no fueran entonces lugares bajo administración israelita exige una interpretación distinta de 3, 5. El hecho de que el salmo no contenga ninguna referencia expresa a Absalón no va en contra de este encabezamiento. Por otra parte, los salmos referidos al tiempo de la rebelión de Absalón no necesitan que el texto del salmo se refiera expresamente a ello.

3, 1–2 (en hebreo 3, 2–3). Esta primera estrofa contiene el lamento relacionado con la desgracia y angustia del momento en que se encuentra David. Por su combinación con la partícula exclamativa מָה, el verbo רַבּוּ está acentuado en la última sílaba, como en Sal 104, 24. La acentuación del perfecto de los verbos en עע sigue muy frecuentemente (incluso sin la *waw* consecutiva) el ejemplo de los verbos fuertes, cf. Ges 76, nota 12. Después viene una declaración en lugar de la cita esperada, y la palabra רַבִּים que va implicada en el verbo רבּו se convierte ahora en el sujeto de los predicados siguientes, que describen de una forma más minuciosa el despliegue continuo de los temas.

La ל de לנפשי significa "en dirección hacia", a lo que sigue un tipo de discurso, como en Sal 11, 1 o, como aquí y frecuentemente (e. g., Gen 21, 7), una narración (con el sentido de "en relación a"). La expresión לנפשי en lugar del simple לי implica que las palabras de los adversarios han de entenderse como un juicio sobre la vida de David, es decir, sobre su relación con Dios.

La palabra יְשׁוּעָתָה es una forma intensiva de יְשׁוּעה, y puede estar construida con una doble terminación femenina (Gesenius, Ewiger, Olshausen) o con un acusativo original de dirección. Pensamos con Hupfeld que esta segunda posibilidad responde mejor al uso y analogía del lenguaje (comparar Sal 44, 27 con Sal 80, 3, y לילה en el sentido de νύκτα, que se ha vuelto muy común en griego, como en ἡ νύκτα νύχθα).

Dios es el fundamento de la esperanza, de forma que no tener su ayuda significa estar desarraigado, no poder esperar en el futuro. En esa línea, sus enemigos abiertos o sus amigos desconcertados miran a David como alguien que ha sido arrojado de la vida, como si hubiera caído en el abismo supremo de la maldad, por su adulterio con Betsabé, precisamente en el año en el que por la renovación de la guerra siro-amonita él había alcanzado el pináculo de su poder mundano. La rebelión de Absalón pertenece a la serie de duras calamidades que le sobrevinieron a partir de aquel momento de su adulterio. No faltaban, por tanto, razones plausibles como las que aparecen aquí para mostrar la razón de su caída.

3, 3–4 (en hebreo 3, 4-5). Pero, habiendo sido purificado por la penitencia, David se encuentra en una relación totalmente distinta con Dios que aquella que suponen los enemigos que le juzgan. Hora tras hora, él tiene razón para temer un duro ataque de parte de sus enemigos, pero Yahvé es el escudo que le cubre por detrás y por delante (בעד en constructo tiene el mismo sentido que en árabe *ba'da*, como preposición, ante y tras mí). En este momento, él ha perdido el reino, pero Yahvé constituye su gloria y le defiende. Con la cabeza cubierta, y con rostro derrotado, él asciende por el Monte de los Olivos (2 Sam 15, 30), pero Yahvé eleva su cabeza, es aquel que le conforta y le ayuda.

El primer pasaje en el que un creyente bíblico dice que Dios es su escudo es Gen 15, 1 (cf. Dt 33, 29). En esa línea, lejos de estar orando en vano, David sabe que él está seguro de que Dios le escucha y responde. La traducción "yo grité y él me respondió" es errónea, pues אקרא (yo grité) no ha de entenderse aquí en un contexto histórico. El futuro de secuencia no requiere esa traducción, como es evidente por Sal 55, 17 (cf. *Coment.* a Sal 120, 1). Estas palabras son simplemente una expresión de confianza en la respuesta por parte de Dios, que cumplirá lo que David le pide.

En una construcción como esta, con קוֹלִי אֶקְרָא, Hitzig y Hupfeld piensan que קוֹלִי ha de tomarse como referencia a un sujeto no determinado, que ha de ser entendido de un modo más general (como en Sal 44, 3; Sal 69, 11; Sal 83, 19, *Mi voz, yo he gritado…*). Pero la forma en que se sitúan las palabras va en contra de esa interpretación, tanto aquí como en otros pasajes (Sal 17, 10; Sal 27, 7; Sal 57, 5; Sal 66, 17; Sal 142, 2; Is 36, 9), aunque puede responder a textos como Sal 69, 11; Sal 108, 2. Conforme a la interpretación de Ewiger 281c, la palabra קוֹלִי (con mi voz) es un acusativo de "definición más precisa", como lo es, sin duda, en Is 10, 30, cf. Sal 60, 7; Sal 17, 13, de forma que el grito ha de entenderse como un grito fuerte[10].

A este grito sucede la respuesta, con וַיַּעֲנֵנִי o, mejor dicho la réplica, conforme al sentido original de ענה (cf. árabe *'nn*, encontrarse, estar uno ante el otro)[11] y esa respuesta viene del lugar al que se había dirigido la súplica, es decir, desde el Monte santo (מֵהַר קָדְשׁוֹ). David había trasladado el arca de Kirjath Jeraim a Sión, pero no la ha tomado consigo cuando ha abandonado Jerusalén para huir ante Absalón, 2 Sam 15, 25. Según eso, en este momento, alejado de Jerusalén, él se hallaba separado de la divina presencia, con un ejército enemigo en medio. Pero su plegaria realizó su camino hasta el trono de los querubines, pues no hay

10. Böttcher, *Collectanea* pp. 166s, asume también esta visión, suponiendo que cada una de las palabras נפשי פי קולי son sujetos vicarios por aposición, y que, por lo tanto, se encuentran en nominativo. Pero, (1) el hecho de que no aparezca un את al lado de esas palabras indica que ellas no pueden tomarse como una precisión colateral, de tipo adverbial. (2) En todos los restantes casos palabras como estas aparecen como sujetos directos. (3) Esas palabras alternan con los sujetos verbales en los miembros paralelos del verso (Sal 130, 5; Prov 8, 4). Esta es una cuestión de sintaxis que ha sido discutida desde antiguo, y así lo ha hecho especialmente Kimchi en su libro sobre las raíces verbales; véase allí su referencia a אוה.

11. Véase Redslob, *Die Integrität der Stelle Hosea 7.4-10 in Frage gestellt* p. 7.

barrera de espacio ni de ninguna otra cosa creada que pueda separar al creyente del trono de su Dios.

3, 5–6 (en hebreo 3, 6-7). El hecho de que Dios le haya protegido en la pasada noche es una garantía de que le protegerá en la mañana. Va en contra de las leyes de la gramática el traducir וָאִישָׁנָה como "yo iré a dormir" o "estoy yendo a dormir". La primera persona de este futuro consecutivo con la *waw* tiende a tomar un "ah" de dirección que concede un matiz subjetivo de intensidad a toda la secuencia, "y caí dormido" (y dormí), cf. Sal 7, 5; Sal 119, 55, con Gen 32, 6, y más especialmente en estilo posterior en Esd 9, 3; Neh 13, 21 (cf. Gesenius 49, 2; Böttcher, *Neue Aehrenlese*, N. 412).

El texto nos está ofreciendo una retrospectiva de lo que ha sido la pasada noche. Por el hecho de haberse despertado con salud y seguridad, David se siente agradecido a aquel a quien se lo debe todo, a יְהוָה יִסְמְכֵנִי, a Yahvé que me sustentaba. Todo lo que le está sucediendo es el resultado del hecho de que Yahvé le está apoyando, de manera que la mano de Dios es su protección, día y noche[12].

Dado que la mano amante y poderosa de Dios le sostiene desde su misma "almohada", es decir, incluso cuando duerme (cf. Cant 2, 6), David se encuentra por encima de todo peligro, de manera que no puede tener miedo. שִׁית (שׁוּת) lleva en sí mismo "su objeto", en el sentido de "enfrentarse con", como en Is 22, 7, sinónimo de חנה, Sal 28, 3 y en 1 שִׂים Rey 20, 12. En ese sentido, cf. ἐπιτιθέναι τινί, con el significado de enfrentarse con alguien, de sitiarle (de sitiar una ciudad…). David no habla aquí de algo que le podría suceder, sino de lo que le está sucediendo de hecho, porque todo Israel, por así decirlo, se ha puesto de parte de Absalón, con millares, miríadas de personas, dispuestas a sitiarle y destruirle.

Aquí, al final de la tercera estrofa falta la pausa de un tercer סלה porque la expresión clave, לֹא־אִירָא (no temerá) no está proclamada en tono de triunfo, sino como suave expresión de confianza creyente. Si en este momento hubiera resonado la música en tono de triunfo ya no se podría seguir proclamando el salmo como grito de petición de ayuda, un grito que ha de seguir brotando de las dificultades que rodean todavía continuamente a David. La estrofa termina de esa forma con un tono de confianza silenciosa.

3, 7–8 (en hebreo 8-9). El intenso קוּמָה, *levántate*, está tomado de la palabra de Moisés en Num 10, 35. Se dice que Dios se levanta cuando toma partido, de un modo decisivo, en aquello que está sucediendo en el mundo. En vez de *kûmah* aquí se acentúa *kumah*, קוּמָה, en la última sílaba, como *milra*, a fin de que el texto

---

12. Referido así a David, Sal 3, 6 se ha convertido en llamada de la mañana de Pascua, con el Cristo que despierta de la muerte. Cf. Val. Herberger, *Paradies-Blümlein aus dem Lustgarten der 150 Psalmen*, 1857, p. 25.

deba leerse קוּמָה אֲדֹנָי en vez de קוּמָה יְהֹוָה, de manera que se separe el final de la palabra קוּמָה de la inicial gutural de la palabra siguiente (אֲדֹנָי) y la pronunciación de las dos palabras pueda ser más clara y exacta (Hitzig, Ewiger 228b)[13].

Además de como יְהֹוָה, Dios aparece aquí como אֱלֹהָי, con el sufijo (mi Dios) para poner de relieve la fe del orante. El grito pidiendo ayuda está concretado a través del כִּי y del perfecto en retrospectiva posterior (כִּי־הִכִּיתָ שִׁבַּרְתָּ). Estos no son perfectos de una esperanza profética segura, como en Sal 6, 9; Sal 7, 7; Sal 9, 5; porque aquí la conexión lógica de la plegaria necesita apoyarse en hechos anteriores de experiencia, tomados de varios acontecimiento concretos (por eso se acude a כָּל־אֹיְבַי, todos mis enemigos), que han venido sucediendo hasta el tiempo presente.

El verbo הכה está construido en este lugar con un doble acusativo, como por ejemplo, en Ilíada XVI. 597 στῆθος μέσον οὔτασε δουρί (le hundió la pica en medio del pecho). La idea de desprecio (Job 16, 10) está combinada con la de herir a todos en la mejilla. Lo que aquí se está indicando es quebrar el hueso de la mandíbula y romper en piezas los dientes (שׁבר). David evoca de esa forma el fin ignominioso que ha sobrevenido siempre a los impíos, que se han elevado en contra de él (de David) y en contra del orden de Dios en general, recibiendo por ello un castigo.

Los enemigos aparecen aquí presentados como monstruos que muerden, y la visión de su destino viene descrita desde esa perspectiva del castigo que ellos merecen. Yahvé tiene el poder y la voluntad de defender a su Ungido en contra de la hostilidad de sus adversarios, pues la salvación pertenece a Yahvé (לַיהוָה הַיְשׁוּעָה), como en la frase *Jovam est salus*, la salud es de Júpiter.

יְשׁוּעָה (de ישׁע, árabe wasi'a, *amplum esse*, tener amplitud, libertad) significa anchura, y se aplica a una perfecta libertad de movimiento, a la superación de todas las estrecheces y opresiones, a la prosperidad sin riesgo de peligro, sin amenazas. En la *lamed* de posesión (לַיהוָה) subyace la idea de que Yahvé tiene la exclusiva de la salvación y la libertad total de manifestarla. La salvación (הַיְשׁוּעָה), en toda su plenitud, está a la libre disposición de Yahvé (cf. Jon 2, 10, Ap 7, 10).

En conexión con eso, David piensa ante todo en su propia necesidad de liberación. Pero, como auténtico rey, no puede presentarse ante Dios solo, de manera aislada, sin vincularse con su pueblo. Por eso, él termina el salmo con una inferencia de intercesión, עַל־עַמְּךָ בִרְכָתֶךָ, que sobre tu pueblo (venga) tu bendición, teniendo que suplir תְּהִי o תָּבֹא. En vez de maldecir a su pueblo infiel, David implora

---

13. Esta es la razón tradicional de la acentuación de palabras como *shub, kûm, shith* antes de יהוה, así se intenta impedir que la primera, la segunda o las dos guturales queden sin ser pronunciadas por el hecho de hablar muy rápidamente (יבולעו שלא). Esto sucede no solamente cuando está en juego la pronunciación del nombre de Dios (אֲדֹנָי), sino con otras palabras que empiezan con la letra א u otras semejantes, que, de lo contrario, podrían unirse de tal forma que no se pronuncien perfectamente todas las letras, como en Jc 4, 18 con א; en Sal 57, 9 con א, etc.

la bendición de Dios sobre aquellos que se han descarriado lastimosamente, que le han engañado y perseguido.

Esta palabra final de David (que tu bendición venga sobre tu pueblo) encuentra su contrapartida en el otro David a quien crucificó su pueblo, que murió pidiendo, sin embargo: "Padre, perdónales". Como dice Ewald, esta palabra conclusiva del Salmo arroja una luz brillante en la profundidad de su alma noble.

Salmo 4. Salmo vespertino ante difamadores y hombres de poca fe

1 לַמְנַצֵּחַ בִּנְגִינוֹת מִזְמוֹר לְדָוִד׃

2 בְּקָרְאִי עֲנֵנִי ׀ אֱלֹהֵי צִדְקִי בַּצָּר הִרְחַבְתָּ לִּי חָנֵּנִי וּשְׁמַע תְּפִלָּתִי׃

3 בְּנֵי אִישׁ עַד־מֶה כְבוֹדִי לִכְלִמָּה תֶּאֱהָבוּן רִיק תְּבַקְשׁוּ כָזָב סֶלָה׃

4 וּדְעוּ כִּי־הִפְלָה יְהוָה חָסִיד לוֹ יְהוָה יִשְׁמַע בְּקָרְאִי אֵלָיו׃

5 רִגְזוּ וְאַל־תֶּחֱטָאוּ אִמְרוּ בִלְבַבְכֶם עַל־מִשְׁכַּבְכֶם וְדֹמּוּ סֶלָה׃

6 זִבְחוּ זִבְחֵי־צֶדֶק וּבִטְחוּ אֶל־יְהוָה׃

7 רַבִּים אֹמְרִים מִי־יַרְאֵנוּ טוֹב נְסָה־עָלֵינוּ אוֹר פָּנֶיךָ יְהוָה׃

8 נָתַתָּה שִׂמְחָה בְלִבִּי מֵעֵת דְּגָנָם וְתִירוֹשָׁם רָבּוּ׃

9 בְּשָׁלוֹם יַחְדָּו אֶשְׁכְּבָה וְאִישָׁן כִּי־אַתָּה יְהוָה לְבָדָד לָבֶטַח תּוֹשִׁיבֵנִי׃

<Al músico principal (director); sobre Neginot. Salmo de David>

¹ ¡Respóndeme cuando clamo, Dios, justicia mía!
Cuando estaba en angustia, tú me diste alivio.
Ten misericordia de mí y oye mi oración.
² Hijos de los hombres ¿hasta cuándo volveréis mi honra en infamia,
amaréis la vanidad y buscaréis la mentira? Selah

³ Sabed, pues, que Jehová ha escogido al piadoso para sí;
Jehová oirá cuando yo a él clame.
⁴ ¡Temblad y no pequéis!
Meditad en vuestro corazón estando en vuestra cama, y callad. Selah

⁵ Ofreced sacrificios de justicia y confiad en Jehová.
⁶ Muchos son los que dicen, "¿Quién nos mostrará el bien?".
Alza sobre nosotros, Jehová, la luz de tu rostro.
⁷ Tú diste a mi corazón más alegría
que la de ellos cuando abundaba su grano y su mosto.
⁸ En paz me acostaré y asimismo dormiré,
porque solo tú, Jehová, me haces vivir confiado.

En hebreo el verso 1 está formado por el encabezado, con la designación "para el líder". Los versos siguientes del 1 al 8 corresponden al 2-9 del texto hebreo. Al salmo davídico anterior de la mañana, sigue este himno davídico de la tarde. Es evidente que ambos (Sal 3 y 4) se encuentran vinculados, como muestra la relación mutua entre Sal 4, 7 y Sal 3, 3 y entre 4, 9 y 3, 6. Estos son los dos únicos salmos en los que las palabras directas de otros se introducen en la oración con la fórmula "muchos dicen", רבים אמרים. La historia y situación cronológica de este salmo se explica desde el encabezado del anterior. Por el *quousque* (עַד־מֶה) de Sal 4, 3, y *las palabras de poca fe* de 4, 7, se deduce que Sal 4 es el último de los dos.

En el encabezamiento de este salmo encontramos por primera vez la fórmula לַמְנַצֵּחַ (cf. Hab 3, 19) que necesita ser investigada todavía. Aparece cincuenta veces en los libros de los salmos, no 54 como a veces se dice, 19 veces en libro 1, 25 en libro 2, 8 veces en el 3, tres veces en el 4. Solo 2 de los salmos en los que aparece este encabezamiento son anónimos, el 66 y el 67. Todos los restantes llevan el nombre de David o de otros salmistas famosos de su tiempo, 9 son de autores corahitas, 5 de Asaf. No menos de 30 de estos salmos son elohístas. La palabra לַמְנַצֵּחַ aparece siempre como primera del encabezado, cosa que no se cumple en Sal 88, algo que sucede quizá porque tiene dos encabezados.

El sentido del verbo נצח es claro por los libros de Crónicas y Esdras, que han surgido en un círculo cercano al de estos salmos. Por otra parte, la predilección que el Cronista tiene por la historia de la liturgia religiosa y por cuestiones de la antigüedad, del tiempo de David, se manifiesta en el uso de esta palabra, y así la utiliza en la historia del tiempo de David, de Salomón, de Josías, de Zorobabel y de Josué, y siempre en conexión con la edificación de unas partes concretas del templo.

El cumplimiento de los deberes oficiales del culto del templo se llama dirigir las obras de la casa de Yahvé (llama 1) (נצח על־) מלאכת בית־ה Cron 23, 4, cf. Sal 28, 1). La expresión aparece también en Esd 3, 8, aplicada al cuidado por la obra y a los obreros de la edificación del templo. Los mismos 3300 (3600) supervisores a los que 1 Rey 5, 5 llama הרדים בעם העשים במלאכה aparecen descritos en 2 Cron 2, 1 como מנצחים עליהם. En conexión con la reparación del templo bajo Josué, a la vuelta del exilio, leemos que los levitas estaban destinados לנצח (2Cron 34, 12) es decir, לכל עשה מלאכה (2Cron 34, 13), y en vez de eso en 2 Cron 2, 17 se dice להעביד, para mantener al pueblo en su trabajo.

La noción primaria de נצח es la de brillar de un modo muy puro y muy resplandeciente. De aquí se pasa al hacer brillar, hacer que algo brille por su excelencia y superioridad (véase Dan 6, 4. Comparar 1 Cron 23, 4 con Sal 9, 13; 1 Cor 15, 54 con Is 25, 8). En esa línea, מנצח es alguien que muestra una gran habilidad en un determinado campo de trabajo o cometido, de manera que puede presentarse y actuar como maestro, director, supervisor general.

En el encabezamiento de los salmos esta palabra parece aplicarse al dirigente de la música del templo. Según eso, מנצח *est dux cantus,* es el jefe del canto, y así dice Lutero en un lugar, *quem nos dicimus Kappellenmeister qui orditur et gubernat cantum,* al que nosotros llamamos maestro de capilla, director de un coro, que organiza y gobierna el canto, el ἔξαρχος (*Opp. lat.* XVII. 134 ed. Erlangen). En este contexto hay que observar lo siguiente:

1. Los salmos de Asaf ponen también למנצח al comienzo, de forma que el מנצח era director de la música del templo y el más importante de los jefes de la música (חראש, cf. 1 Cron 16, 5) o, por lo menos, uno de los tres principales (Heman, Asaph, Ethan), a los que estaban subordinadas las 24 clase de los 4.000 cantores levitas del templo Davídico-Salomónico.

2. Pero el pasaje más importante del Cronista (1 Cron 15, 17-21) en referencia a esta cuestión no concuerda con la explicación anterior. Conforme a este pasaje, los tres directores de la música del templo se ocupaban de los címbalos (להשמיע) para tocar con ellos. Otros ocho músicos de alto rango tocaban las nablas y otros seis las cítaras, לנצח.

Según eso, esta expresión (לנצח) no puede significar aquí "dirigir" sin más, en sentido general, pues la dirección pertenecía a los tres maestros principales, y los címbalos parecen más adecuados para dirigir la música que las cítaras. Esta expresión significa: "tomar la dirección de conjunto de los instrumentos musicales". Los címbalos dirigían en un sentido la marcha de la música, pero las cítaras estaban mejor adaptadas para ir trazando la melodía del conjunto, como en nuestro tiempo los violines en relación con clarinetes. Según eso, parece que el מנצח no era el director de la música en general, sino un tipo de maestro del sonido (alguien que dispone el orden y marcha del toque de los instrumentos).

Conforme a esa expresión, el encabezamiento atribuye al מנצח el deber de organizar el despliegue del canto y de entrenar a los levitas del coro, conforme al sonido de los instrumentos. Según eso, esa palabra muestra que los salmos, al ser representados, tocados y cantados en el templo, necesitaban un maestro de música, para organizar la intervención de los diversos instrumentos.

Por otra parte, la traducción del Targum (que es la que adopta Lutero) corresponde también a este sentido general de la expresión, לשבחא, es decir, refiriéndose a los instrumentos musicales que han de ser tocados litúrgicamente. En esa línea los LXX dicen εἰς τὸ τέλος, que significa "para su ejecución", sin una referencia al tiempo escatológico (para el final)[14].

14. En contra de lo que piensa, por ejemplo, Eusebio, εἰς τὸ τέλος ὡς ἂν μακροῖς ὕστερον χρόνοις ἐπὶ συντελείᾳ τοῦ αἰῶνος μελλόντων πληροῦσθαι (para el final, es decir, para los grandes tiempos finales que deben cumplirse en la culminación del eón). También en contra de Teodoreto

La palabra בִּנְגִינוֹת que se añade en el encabezamiento no está gobernada por לַמְנַצֵּחַ, sino que es independiente, como puede verse por Hab 3, 19, en el sentido de: Al cantor principal, con acompañamiento de instrumentos de cuerda, que Hitzig traduce, al jefe cantor de mis piezas musicales. Pero נצח ב no tiene sentido como frase (de manera que las dos palabras (לַמְנַצֵּחַ בִּנְגִינוֹת) no pueden ir unidas, y además נגינה no significa una pieza de música. El *piel* נגן, completado con בִּיר, significa tocar las cuerdas (de la misma raíz que נגע), tocar un instrumento de música. De aquí viene נגיות (Sal 77, 7; Is 38, 20) que se utiliza casi siempre en plural en el sentido de tocar instrumentos de cuerda.

Por eso, la palabra de encabezamiento בנגינות (cf. Sal 4, 1; Sal 6, 1; Sal 54, 1; Sal 67, 1; Sal 76, 1 se traduce "con un acompañamiento de instrumentos de cuerda", con la bet (בּ), como en Sal 49, 5; Is 30. 29. 32. El salmo ha de ser cantado en compañía de (con) un acompañamiento de instrumentos de cuerda. El hecho de que se pongan como encabezamiento las palabras לַמְנַצֵּחַ בִּנְגִינוֹת, precediendo a מזמור לדוד surgió probablemente del hecho de que ellas fueron escritas originalmente en la parte superior, sobre el título principal que ofrecía el nombre genérico del himno y del autor.

4, 1 (en hebreo 4, 2) Yahvé es אֱלֹהֵי צִדְקִי, Dios de mi justicia, posesor de la justicia, autor de la justicia, y vengador de los que son juzgados injustamente y de los que persiguen a los justos. A este Dios de la justicia, David le presenta de un modo creyente como "su Dios" (cf. Sal 24, 5; Sal 59, 11); porque él mismo (David) posee la justicia en Él (en Dios), de forma que la justicia que él busca la busca en Él (en Dios). Esto no es algo que él ignorara, pues así se lo asegura su experiencia anterior cuando sigue diciendo en 4, 1: *porque tú me diste un espacio (anchura) cuando yo estaba en la angustia (estrechado)*.

En conexión con esta relación confirmatoria de בַּצַּר הִרְחַבְתָּ לִּי (cuando estaba en angustia me confortaste) es muy probable que nos hallemos ante una cláusula atributiva (Hitzig) que no tiene valor independiente, sino que ha de entenderse desde el contexto en sentido retrospectivo, confirmando lo anterior. הִרְחַבְתָּ no es una palabra de ruego (Bötticher), porque el perfecto de certeza con

---

que dice, σημαίνει τὸ εἰς τὸ τέλος ὅτι μακροῖς ὕστερον χρόνοις πληρωθήσεται τὰ προφητευόμενα (se refiere por tanto a la culminación, cuando se cumpla lo que ha sido profetizado para los grandes tiempos finales). En una línea escatológica se sitúa también *Pesachim* 117a, ניצוח ונגון לעתיד לבא, donde dice que los salmos con למנצח y con בנגינות se refieren a los últimos días. Por su parte, Gregorio de Nisa, combina las diferentes traducciones, diciendo, εἰς τέλος ὅπερ ἐστὶν ἡ νίκη (al final, es decir, a la victoria). La visión de Ewald, según la cual τέλος significa en esta fórmula *consagración*, celebración, adoración, resulta improbable. Con ese significado, esa palabra no aparece en los LXX.

colorido *precativo* (de ruego) aparece solo en pasajes exclamativos como el de Job 21, 16 (cf. *Coment.* a ese pasaje)[15].

4, 2–3 (en hebreo 4, 3-4). Como hombre justo en relación con Dios, el orante se vuelve con rechazo intenso en contra aquellos que le desprecian, es decir, contra los partidarios de Absalón porque su honor (como rey elegido por Dios) se identifica con el mismo honor de Dios. A diferencia de los בְּנֵי אָדם, hombres que aparecen perdidos entre la multitud, el orante habla de los בְּנֵי אִישׁ, que son aquellos que ocupan un lugar importante, por encima de la multitud. Esta distinción puede verse en pasajes como Sal 49, 3; Sal 62, 10; Prov 8, 4; Is 2, 9; Is 5, 15.

En este salmo y en el anterior, David no presenta a su hijo Absalón como un degenerado, como lo hace cuando se refiere al rey Saúl que le estaba engañando, en los salmos que pertenecen a su persecución por Saúl. En este salmo, los ataques de David van en contra del partido aristocrático, que está utilizando a Absalón como instrumento a su servicio. A ellos es a quienes dice ¿Hasta cuándo (עַד־מֶה) volveréis mi honra en infamia, os burlaréis de mí, como se puede decir en latín *quousque tandem dignitas mea ludibrio,* hasta cuándo os burlaréis de mi dignidad?

Las dos cláusulas siguientes son frases circunstanciales subordinadas a la principal (עַד־מֶה), semejantes a Is 1, 5 (cf. Ewiger 341b). El futuro enérgico con *nun* paragógico final (תֶּאֱהָבוּן רִיק) no suele aparecer al principio de una cláusula independiente; por lo tanto, el texto ha de traducirse: ¿Hasta cuándo... amaréis la vanidad, רִיק, lo que es vacío? Ese nombre define el verdadero rango de los enemigos de David, que son vacío, apariencia. Por eso él dice: ¿Hasta cuándo buscaréis כָזָב, es decir, la mentira? Ellos están buscando cualquier posible pretexto para mentir, a fin de arrastrar por el suelo el honor del rey legítimo.

Los que dicen que aquí se trata solo del honor de David como persona y no de su dignidad real separan cosas que son inseparables. En realidad, los enemigos están ansiosos de injuriar al mismo tiempo la reputación oficial y personal de David; por eso, él apela, en contra de ellos (4, 4) no solo a su elección divina, sino también a su relación personal con Dios, en la que se fundamenta la elección divina.

---

15. El orante funda su plegaria en dos cosas: en su vinculación con Dios, que es justo y en la gracia justificadora de la que él ha tenido ya experiencia, al encontrarse en un lugar abierto, extenso, sin apreturas (sin miedo de ser sorprendido por los enemigos). Esta experiencia de respiración expansiva (como la de una corriente de aire) y de espacio abierto aparece clara en la raíz árabe que está en el fondo de רחב, raíz רח (cf. revista, *Deutsch. Morgenl. Zeitschr.* XII, 657). Lo que aquí se está indicando es la expansión del corazón oprimido (cf. Sal 25, 17, como en Is 60, 5, donde se alude a la ampliación de un espacio, que se había estrechado; cf. también Sal 18,20; Sal 118,5). Sobre el *daggesh* en לִּ, cf. *Coment.* a Sal 84, 4.

La primera *waw* de וְדְעוּ (lo mismo que en 2 Rey 4, 41) es una *waw* de secuencia: *Y así conocerán ellos...* El *hifil* הִפְלָה (de la raíz פלא o פלל, que en principio tiene el sentido de dividir) significa *hacer una separación*, introducir una distinción, como en Ex 9, 4 y 11, 7, estableciendo de esa forma una ruptura extraordinaria y notable (cf. Ex 8, 18), como muestra Sal 17, 7, cf. Sal 31, 22. Según eso, aquí no se alude a una elección normal (que sería con בחר), sino a una elección extraordinaria, para un honor extraordinario (LXX, Vulgata *mirificavit*). Windberg en su traducción a los Salmos pone *gewunderlichet,* elegir de un modo admirable.

La partícula לוֹ va vinculada al verbo, como en Sal 135, 5, y el acento principal recae en *hasid*, חָסִיד, el piadoso, es decir, aquel a quien no han distinguido los hombres, sino Dios mismo, haciéndole hasid, es decir, un hombre de piedad. Esa palabra puede tener dos matices, (a) Como en siríaco חסידא en el sentido de רהימא, favorecido por Dios. (b) O como en el uso bíblico del lenguaje (cf. Sal 12, 2 con Is 17, 1), con un significado activo, como פָּלִיט, פָּרִיץ, y otras palabras semejantes, con el sentido de *tener un afecto fuerte*, estar muy afectado (cf. *ḥiss* tener un afecto intenso), en hebreo, tener un amor fuerte y ardiente.

Como buen חָסִיד, el orante no llama a Dios en vano, sino que recibe una respuesta rápida. Por eso, el intento de los enemigos que quieren calumniar a David va en contra del deseo milagrosamente expresado por Dios a favor de David, y por eso ese intento de los enemigos fracasará, pues no logrará romper la relación de amor que David, destronado y abajado, sigue teniendo con Dios.

4, 4–5 (en hebreo 4, 5–6). Así continúa el discurso, Los enemigos de David tienen que arrepentirse y rogar a Yahvé en vez de permitir que la arrogancia y el descontento actual les arrastren a mayores males. Los LXX han traducido correctamente, ὀργίζεσθε καὶ μὴ ἁμαρτάνετε (cf. Ef 4, 26), *si os airáis tened cuidado de no pecar,* de no murmurar ni rebelaros (cf. esa misma combinación paratáctica en Sal 28, 1; Js 6, 18; Is 12, 1). Es mejor no utilizar la traducción latina *contremiscite,* pues no hallamos aquí ninguna expresión que muestre aquello ante lo que deberían temblar los enemigos (en este caso no se habla de un castigo de Dios).

David amonesta a sus adversarios, diciéndoles que no caigan bajo el fuego de una pasión ciega, y les aconseja que se mantengan tranquilos, en conversación interior en sus corazones, en meditación solitaria, para no poner en peligro su salvación. Esta expresión (dialogar con el propio corazón, sin sumisión a un objeto externo) equivale a pensar por sí mismos; por otra parte, la referencia al lecho o a la cama no ha de tomarse al pie de la letra, sino que está evocando un estado de contemplación u oración interior de las personas a las que se dirige el orante.

El corazón es la sede de la conciencia y del Espíritu de Dios (como ha puesto de relieve Hamann, *Werke* I, 98). Eso significa que debemos escuchar la voz verdadera de nuestro corazón, estando atentos a sus exhortaciones, a sus consejos, a su sabiduría, elevándonos por encima de nuestro corazón de piedra.

El segundo imperativo de 4, 5 sigue en la línea del anterior, וְדֹמּוּ, *y cesad*, estrictamente hablando "estad callados" (דֹמַם, en el sentido de mantener cerrada la boca, de no andar buscando discursos vanos), resguardándonos en el interior de vuestra mente, en gesto de iluminación interior, *dejad de andar discurriendo*, con una mente que busca razones para imponerse con mentiras. Esta es una advertencia que ha de venir acompañada por el toque de la música que insiste ahora de un modo especial (con סֶלָה).

Pues bien, esa exhortación a la paz interior y al silencio se convierte después en exhortación activa al culto legítimo (זִבְחוּ זִבְחֵי־צֶדֶק, *ofreced sacrificios de justicia…*, 4, 6). Evidentemente, los sacrificios se seguían ofreciendo en el templo, mientras David y sus fieles seguidores estaban lejos de Jerusalén, como fugitivos.

Refiriéndose a eso, David grita a los partidarios de Absalón, ofreced זִבְחוּ זִבְחֵי־צֶדֶק. Aquí se trata de sacrificios de animales, pero que han de ser ofrecidos con una mente justa, conforme a la voluntad de Dios, en vez de los sacrificios hipócritas por los que ellos ratificaban sus malas obras pensando que así podían agradar a Dios. En esa línea, Sal 51, 21, Dt 33, 19 hablan también de "sacrificios de justicia", que son sacrificios reales, verdaderos, no meramente simbólicos (sacrificios externos), pero que han de ser ofrecidos con moralidad interior.

No menos llena de significado es la exhortación וּבִטְחוּ אֶל־יְהוָה (*y confiad en Yahvé*). El verbo בטח está construido con אל como en Sal 31,7; Sal 56,4; Sal 86,2, combinando la noción de confiar con la de acercarse, estar atentos a, vincularse uno a otro. La palabra árabe *btḥ*, *expandere*, expandirse, ha conservado su noción y significado primario, una noción que, como el sinónimo *bst*, que empieza refiriéndose al efecto que un estado gozoso de mente produce en el rostro y en toda la apariencia de una persona, termina significando el mismo estado de mente como בטח que es *confiar y confianza*, estar lleno de seguridad, de valentía, de audacia.

Según eso, David dice a sus enemigos que renuncien a la confianza egoísta que les mantiene ciegos, oponiéndose al rey que está privado de toda asistencia humana. Si se someten confiadamente a Dios, si abandonan la murmuración y el descontento rencoroso del que proviene su rebelión, ellos podrán quedar pacificados, en silencio quieto ante Dios. Hasta aquí ha llegado el discurso de David en contra de los magnates enemigos, que promueven la rebelión de su hijo Absalón.

4, 6-7 (en hebreo 4, 7-8). Mirando a su pequeña compañía militar, David se vuelve consciente del descorazonamiento que le está dominando en una situación tan apurada. Las palabras *¿Quién nos mostrará el bien (como en Sal 34, 12), quién nos permitirá tener la experiencia de algo bueno…?* pueden entenderse como expresión de un deseo, en la línea de 2 Sam 23, 15; Is 42, 23, pero el contexto hace que ellas puedan y deban tomarse más bien en forma de pregunta que espera una respuesta negativa, que nace de una visión descorazonadora del futuro: ¡Nadie, a no ser Dios!

La oscuridad ha durado ya mucho tiempo, en medio de la tribulación que David sufre al ser perseguido por sus enemigos, de manera que su fe en Dios se encuentra amenazada por el miedo, la esperanza se ha convertido en desesperación. Por eso, mirando hacia sus compañeros (asumiendo en su palabra la de todos ellos), David se dirige a Dios y le dice: *Alza sobre nosotros la luz de tu rostro* (פָנֶיךָ נְסָה־עָלֵינוּ אוֹר). La forma de esta petición recuerda la bendición sacerdotal de Num 6, 24–26, donde se expresan tres peticiones, (a) que el Señor te bendiga…; (b) que el Señor te ilumine, haga brillar su luz; (c) que el Señor te muestre su rostro…

Pues bien, aquí se vinculan las dos últimas peticiones, formando una sola, *Alza sobre nosotros, Jehová, la luz de tu rostro*. Por otra parte, en esa palabra נסה (alza sobre nosotros…) hay quizá una alusión a la elevación de una bandera o al despliegue de un signo de triunfo, algo muy importante en aquel momento en que David y sus partidarios se están enfrentando contra el ejército de Absalón.

Eso podría significar que el texto ha vinculado dos raíces נשׂא y נסס, en árabe *nṣṣ, extollere*, elevar (Sal 60, 6). De todas formas, la expresión נסי ה (cf. Sal 60, 6) puede ser una expresión primigenia de la Torá (Ex 17, 15). En esa línea, nos atrevemos a suponer que aquí no estamos solo ante una mezcla de palabras por la forma en que se escriben, sino también ante una mezcla de ideas, de manera que en el fondo de esta oración pueden expresarse tres pensamientos que David pone de forma muy breve ante los ojos y los oídos de lectores u oyentes, (a) que Yahvé haga brillar su rostro sobre vosotros (sobre ellos); (b) que Yahvé eleve la luz de su rostro, de manera que ellos puedan tenerla siempre ante sí, como el sol sobre el cielo; (c) que esa luz (el brillo de ese rostro de Yahvé) sea para ellos como resplandor de una bandera que les prometa la victoria, en torno a la cual ellos puedan reunirse.

Pues bien, a pesar de la falta de salida de la situación en que se encuentra, David se mantiene, incluso ahora, en paz con Dios. El gozo que Yahvé ha puesto en su corazón en medio de la prueba y adversidad externa es mayor que el gozo que tenía cuando abundaba en trigo y en mosto (מֵעֵת דְּגָנָם וְתִירוֹשָׁם רָבּוּ). La expresión es muy concisa: (a) un gozo mayor que equivale a gozo grande, superior a otros anteriores… (*gaudium prae* equivale a *gaudium magnum prae -majus quam*; (b) por eso, tras la comparación concisa (*comparatio decurtata*, e. g., Sal 18, 34 mis pies son como ciervas, es decir, como los pies de las ciervas) la palabra מֵעֵת es equivalente a אשר (en relación con…); (c) la palabra משׂמחת se omite después de עת conforme a Gesenius 123, 3, porque עת equivale al estado constructo y lo que sigue es el segundo miembro de la relación de genitivo que depende de עת (cf. Sal 90, 15; Is 29, 1). De esa manera, David está indicando que su gozo, en medio de esta gran tribulación, es mayor que todos sus gozos anteriores.

La pluralidad de cosas a las que el texto alude (trigo y vino nuevo o mosto) evoca los almacenes donde ellas se contienen. De un modo consecuente, el verbo principal (*raabbu*, רבו) se pone al final, a modo de énfasis. El sufijo "de ellos" (וְתִירוֹשָׁם, דְּגָנָם) no se refiere al pueblo de la tierra en general (como en Sal 65, 10), sino que, en este contexto concreto, se refiere a los absalomitas, es decir, a los miembros del partido de Absalón, es decir, la nación y familia que se han separado de David.

Cuando David llegó con su gente a Mahanaim, mientras que los rebeldes estaban acampados en Galaad, los habitantes del entorno eran hostiles, de manera que los de David debían recibir provisiones de un modo sigiloso, 2 Sam 17, 26-29. Quizá era el tiempo de la fiesta de los Tabernáculos. Ya había pasado la faena de la cosecha y la vendimia. La provisión de vino y trigo estaba ya guardada. A diferencia de los seguidores de David, los partidarios de Absalón tenían allí ricos almacenes a su disposición, una reserva poderosa a la que acudir en caso de necesidad.

En ese momento, David y su ejército eran solo una banda de mendigos y merodeadores. Pero el rey, que había tenido que dejar el cetro para llevar un tipo de bastón de mendigo era, sin embargo, más feliz que los rebeldes que se habían alzado en contra de él. El tesoro que tenemos en el corazón es mayor que las grandes riquezas que podamos tener en graneros o bodegas.

4, 8 (en hebreo 4, 9). Conforme a lo anterior, David podrá dormir gozosa y pacíficamente. Desde ese fondo, el himno se cierra como había comenzado, con una línea de tres versos. La palabra יחדו (lit., en sentido colectivo, *a la vez*, cf. Olshausen, 135c, como כֻּלוֹ, con el significado de siempre, y בעתו, en su justo momento) tiene aquí un sentido enfático, a diferencia de lo que sucede en Sal 19, 10 donde significa "todos juntos, sin excepción".

Los dos verbos (אֶשְׁכְּבָה וְאִישָׁן, *me acostaré y dormiré*) son casi sinónimos y han de entenderse unidos, como en Is 42, 14. La expresión es semejante a la de Sal 141, 10 donde se pone de relieve la relación entre la caída de los enemigos y la libertad de los perseguidos. Así también aquí, David desea ir a dormir y, al mismo tiempo, se dice que cae dormido (con ואישן en un sentido igualmente cohortativo, como el de ואישנה). Su Dios le permite habitar en seguridad, libre de cuidados.

לבדד ofrece una primera determinación de *condición* y לבטח una segunda. La primera palabra no puede entenderse en la línea de Dt 32, 12, como equivalente a לבדד, pues en ese caso lo que sigue carecería de sentido, sería una pura tautología. De un modo más preciso, como lo requiere la situación, tenemos que entender לבדד en el sentido que esa palabra tiene en Num 23, 9; Miq 7, 14; Dt 33, 28; Jer 49, 31.

David no necesita guardia especial, porque él está totalmente guardado (defendido) por Yahvé, que es su seguridad. David se encuentra rodeado, amenazado por enemigos, pero puede estar totalmente confiado, בטח, porque Yahvé está a su lado. De esa manera, tanto en este salmo como en el anterior, de muchas formas y con mucha suavidad, se va expresando y afianzando la naturaleza de la fe. David muestra así su justicia, su exaltación, su alegría, su paz, su gozo en Dios.

El ritmo del conjunto se ha ido expresando de un modo muy delicado. De esa manera, en esta última línea, todo el himno llega a su descanso. Los yámbicos con los que culmina y se cierra son como los últimos latidos de una canción de cuna que van apagándose suavemente hasta parecer que se duermen ellos mismos. Dante tiene razón cuando dice en su *Convito* que la suavidad y armonía que tenía el salterio hebreo se ha perdido en la traducción griega y latina de los salmos.

Salmo 5. Oración de la mañana antes de ir a la casa de Dios

1 לַמְנַצֵּחַ אֶל־הַנְּחִילוֹת מִזְמוֹר לְדָוִד:

2 אֲמָרַי הַאֲזִינָה יְהוָה בִּינָה הֲגִיגִי:

3 הַקְשִׁיבָה לְקוֹל שַׁוְעִי מַלְכִּי וֵאלֹהָי כִּי־אֵלֶיךָ אֶתְפַּלָּל:

4 יְהוָה בֹּקֶר תִּשְׁמַע קוֹלִי בֹּקֶר אֶעֱרָךְ־לְךָ וַאֲצַפֶּה:

5 כִּי לֹא אֵל־חָפֵץ רֶשַׁע אָתָּה לֹא יְגֻרְךָ רָע:

6 לֹא־יִתְיַצְּבוּ הוֹלְלִים לְנֶגֶד עֵינֶיךָ שָׂנֵאתָ כָּל־פֹּעֲלֵי אָוֶן:

7 תְּאַבֵּד דֹּבְרֵי כָזָב אִישׁ־דָּמִים וּמִרְמָה יְתָעֵב יְהוָה:

8 וַאֲנִי בְּרֹב חַסְדְּךָ אָבוֹא בֵיתֶךָ אֶשְׁתַּחֲוֶה אֶל־הֵיכַל־קָדְשְׁךָ בְּיִרְאָתֶךָ:

9 יְהוָה נְחֵנִי בְצִדְקָתֶךָ לְמַעַן שׁוֹרְרָי (הוֹשַׁר) וְהַיְשַׁר לְפָנַי דַּרְכֶּךָ:

10 כִּי אֵין בְּפִיהוּ נְכוֹנָה קִרְבָּם הַוּוֹת קֶבֶר־פָּתוּחַ גְּרוֹנָם לְשׁוֹנָם יַחֲלִיקוּן:

11 הַאֲשִׁימֵם אֱלֹהִים יִפְּלוּ מִמֹּעֲצוֹתֵיהֶם בְּרֹב פִּשְׁעֵיהֶם הַדִּיחֵמוֹ כִּי־מָרוּ בָךְ:

12 וְיִשְׂמְחוּ כָל־חוֹסֵי בָךְ לְעוֹלָם יְרַנֵּנוּ וְתָסֵךְ עָלֵימוֹ וְיַעְלְצוּ בְךָ אֹהֲבֵי שְׁמֶךָ:

13 כִּי־אַתָּה תְּבָרֵךְ צַדִּיק יְהוָה כַּצִּנָּה רָצוֹן תַּעְטְרֶנּוּ:

<Al músico principal; sobre Nehinot. Salmo de David>

1 Escucha, Jehová, mis palabras; considera mi gemir.

2 Atiende a la voz de mi clamor, Rey mío y Dios mío, porque a ti oraré.

3 Jehová, de mañana oirás mi voz;
de mañana me presentaré delante de ti y esperaré.

4 Porque tú no eres un Dios que se complace en la maldad,
el malo no habitará junto a ti.

5 Los insensatos no estarán delante de tus ojos;
aborreces a todos los que hacen iniquidad.

6 Destruirás a los que hablan mentira;
al hombre sanguinario y engañador abominará Jehová.

7 Mas yo por la abundancia de tu misericordia entraré en tu Casa;
adoraré con reverencia hacia tu santo Templo.

8 Guíame, Jehová, en tu justicia, a causa de mis enemigos;

endereza delante de mí tu camino.

⁹ En la boca de ellos no hay sinceridad; su interior está lleno de maldad,
sepulcro abierto es su garganta, su lengua es mentirosa.

¹⁰ ¡Castígalos, Dios! ¡Caigan por sus mismas intrigas!
Por la multitud de sus transgresiones échalos fuera,
porque se rebelaron contra ti.

¹¹ Pero alégrense todos los que en ti confían;
den voces de júbilo para siempre, porque tú les defiendes,
y así se regocijarán en tí los que aman tu nombre.

¹² Tú, Jehová, bendecirás al justo; como con un escudo lo rodearás de tu favor.

A la oración de la tarde del Sal 4 sigue ahora una segunda oración de la mañana
que, como la de Sal 3, concluye con un כִּי־אַתָּה (Sal 4, 8; Sal 5, 12). La situación
es distinta de la de Sal 4, donde David estaba huyendo de Absalón. Aquí está en
Jerusalén, de manera que este salmo aparece como anticipo de la subida de David
al templo para la liturgia oficial. Si este salmo pertenece al tiempo de la rebelión
de Absalón, tiene que haber sido escrito antes de que estallara el alzamiento, que
todavía se mantenía en secreto.

El encabezado אֶל־הַנְּחִילוֹת no es ciertamente un título que indica su
contenido (en contra de LXX, Vulgata, Lutero, Hengstenberg), pues en ese
caso debería ir después de מִזְמוֹר. Pero sea cual fuere su conexión con לַמְנַצֵּחַ, ese
encabezado está haciendo referencia a la música. En el caso de que נְחִילוֹת viniera
de נחל, conforme al uso bíblico de esa palabra, tendría que significar "herencia"
o, conforme al uso del Talmud, "enjambres", y más en concreto, enjambres de
abejas (árabe *naḥl*); y en ese caso la palabra נְחִילוֹת debería ser el comienzo de
alguna melodía popular a cuyo ritmo o tono musical se habría adaptado el salmo.

En esa línea, H Gaon piensa que esa palabra está evocando una melodía que
se parece al zumbido de las abejas. Reggio piensa que debía tratarse de un canto
que se refería a las abejas. Pero נְחִילוֹת podría ser equivalente a נחלות (*excavatae*, cosas
excavadas o agujereadas) y este sería un nombre especial para las flautas (חלילים).
Por otra parte, el uso de las flautas está atestiguado en el servicio del santuario
por Is 30, 29, cf. 1 Sam 10, 5; 1 Rey 1, 40 (he tratado del uso de las flautas en la
introducción de este comentario a los Salmos).

En esa línea, la preposición אל resulta más apropiada que על, pues, como
dice Redslob, un músico no puede tocar la flauta y cantar al mismo tiempo. Un
músico no puede cantar mientras toca la flauta, sino que solo puede hacerlo cuando
es otro quien la toca.

El canto consta de cuatro estrofas, cada una de seis versos. Las líneas de
las estrofas marcan básicamente las cesuras del salmo. Ellas se despliegan en forma
de subida y rápido descenso. El idioma alemán que utiliza muchas palabras para

expresar un pensamiento se adapta con mucha dificultad a este sistema de cesuras (y algo parecido se sucede al idioma español, nota del traductor).

Sal 5, 1–3 (en hebreo 5, 2–4). Marca la introducción, como el introito del salmo ¡La oración ha de ser escuchada! Los pensamientos son sencillos, pero el lenguaje está cuidadosamente escogido. La palabra אמרים es el plural de אמר, una de las palabras peculiares del estilo poético (profético). El verbo denominativo האזין (cf. הַאֲזִינָה), como *audire* que viene de *aus/οὖς*, prestar oídos, pertenece más al lenguaje poético que a la prosa. Por su parte, הגיג, cf. הֲגִינִי, (como אביב o מחיר) aparece solo en dos salmos pertenecientes a David, לדוד, es decir, en este y en Sal 34, 4. Deriva de הגג igual a הגה (véase Sal 1, 2) y significa aquello que se escucha meditativamente, como aquí, orando, en un rapto de devoción.

Habiendo empezado así, esta oración se va convirtiendo gradualmente en una *vox clamoris* (voz de clamor). שַׁוְעִי, de שׁוע, que ha de distinguirse de שׁוּעִי (infinitivo *piel*) que aparece en Sal 28, 2 y en Sal 31, 23, corresponde al arameo צוח, al etíope צוּע (llamar). Sobre הקשׁיב utilizado como escucha intensa, cf. Sal 10, 17. La invocación מַלְכִּי וֵאלֹהָי resulta más significativa cuando es un rey quien la utiliza. David, y en general el rey teocrático de Israel, es un representante del Dios invisible a quien el rey de Israel adora como Rey Supremo. Para él la oración constituye la primera tarea cuando comienza el día.

Así dice, בקר (como en Sal 65,8, en vez de בבקר, Sal 88,13) *escucha mi grito* (בֹּקֶר תִּשְׁמַע קוֹלִי), es decir: *escucha mi grito cuando se eleva a ti mi voz temprano en la mañana.* Hupfeld indica que la expresión "por la mañana" es solo una forma poética, de manera que cuando deja de tener el significado de *prima luce* (a la primera luz del día) ella deja también de aludir a la liturgia del sacrificio diario.

La palabra ערך (cf. אֶעֱרָךְ־לָךְ, *me acercaré a* ti) es la que se utiliza al colocar la leña para el fuego del sacrificio, Lev 1, 7, también para acercar los trozos de carne del sacrificio, Lev 1, 8, Lev 1, 12; Lev 6, 5, y para disponer las lámparas sagradas, Ex 27, 21; Lev 24, 3, y los panes de proposición Ex 40, 23; Lev 24, 8. La colocación de la leña para el sacrificio del cordero de la mañana (Lev 6, 5. 12; cf. Num 28, 4) era uno de los primeros deberes del sacerdote, al amanecer.

El cordero se sacrificaba antes de la salida del sol, y cuando el sol aparecía sobre el horizonte se colocaban las piezas de carne sobre el altar. Esta oración de la salida del sol se compara al sacrificio de la mañana. Ella aparece así por tanto como un sacrificio.

El objeto que David tiene en su mente en conexión con אערך (me presentaré) es la תפלתי, es decir, su oración. Así como los sacerdotes que muy de mañana colocan la leña y los sacrificios del *Tamîd* sobre el altar, así también él pone su oración ante Dios como sacrificio espiritual, *esperando* una respuesta (con צפה, cf. וַאֲצַפֶּה, *speculari*, como en Hab 2, 1), quizá como el sacerdote que espera el fuego del cielo para consumar el sacrificio, o mira cómo el humo se eleva directo hacia el cielo.

5, 4–6 (en hebreo 5, 5–7). El fundamento de la oración es la santidad de Dios. El adjetivo verbal חָפֵץ (que tiene el sentido originario de adherirse firmemente a algo como todavía en árabe *chfd*, fut. 1) está siempre en singular (Sal 34,13; Sal 35, 27), unido con el acusativo. La palabra רע se concibe como referida a una persona, porque, aunque גוּר puede referirse a un objeto no puede tener un sujeto material. Aquí se utiliza יְגֻרְךָ por brevedad, en lugar de יגור עמך (Gesenius 121, 4). El verbo גוּר (volverse a, habitar con o poner su habitación cerca de) tiene frecuentemente un objeto en acusativo, cf. Sal 120, 5, Jc 5, 17 e Is 33, 14, indicando así que la luz de la santidad divina es para los pecadores un fuego consumidor que ellos no pueden soportar.

Ahora sigue la designación específica de los malvados a los que se les llama הוֹלְלִים (que es *participio kal*, igual a *holalim*, o incluso *poal*, igual a מהוללים)[16] que son los insensatos y especialmente los presuntuosos. La primera noción del verbo no es la de estar hueco, sino la de tener una conducta que resuena de un modo equivocado, una conducta presuntuosa y egoísta, no sensible ante las necesidades de los demás. De ellos se dice que no son capaces de mantenerse firmes ante los ojos de Dios (לנגד como en Sal 101, 7, mantenerse ante alguien, viene de נגד, adelantarse, ser visible ante alguien).

Los פֹּעֲלֵי אָוֶן son aquellos que obran, hacen, iniquidad, אָוֶן (οἱ ἐργαζόμενοι Mt 7, 23). El aliento (ἄνεμος) significa aquí un movimiento turbador, en conexión con lo cual alguien sufre, a veces maldad, una cosa en lo que no hay ninguna traza de noble, de verdadero, de puro. A estos hombres hacedores de mal los odia Yahvé, porque si él no los odiara (Sal 11, 5), si no se opusiera al mal, su amor no sería un amor santo. En דֹּבְרֵי כָזָב, la palabra דֹּבְרֵי es la forma usual de combinación que se utiliza en lugar de מדברי cuando se emplea el plural, lo mismo que en Sal 58, 4.

El estilo de la expresión es también davídico en otros aspectos, como en אִישׁ דָּמִים וּמִרְמָה (Sal 55, 24) y en אבד (Sal 9, 6, cf. Sal 21, 11). La palabra תֵּעֵב (en Am 6, 8, תֵּאַב) parece ser una formación secundaria de עוּב (como תָּאַב, desear, de אבה) vinculada a la raíz aramea עִיב despreciar, tratar con indignidad, y a la árabe *'aib*, mancha/manchar (cf. *Coment.* a Lam 2,1). El hecho de que la maldad y los

---

16. Conforme a la regla, tanto aquí como que en שׁוֹרְרָי (cf. לְמַעַן שׁוֹרְרָי) de Sal 5,9, y en otros casos semejantes un *sheb* móvil se convierte en *chateph pathach con gaja* precedente. Cf. las observaciones que ofrecen una representación fiel del A. T., conforme a la masora, *en Luther Zeitschr.* 1863, p. 411. Ben-Naphtali, el babilonio (en torno al 940), prefiere en tales casos una simple *sheb*, y así lo hacen también otros como Ben-Asher de la Escuela de Tiberíades, a quien sigue la masora, y a quien por consiguiente debe seguir nuestro texto masorético, cf. *Psalter* II. 460-467.

malvados estén aquí descritos de siete modos distintos no es quizá accidental, como ha observado Hengstenberg.

5, 7–9 (en hebreo 5, 8-10). Dado que el salmo es un himno de la mañana, el futuro de Sal 5,8 establece, en contra de sus enemigos, aquello que el orante puede y debe hacer (Sal 66,13). Por la grandeza y plenitud del amor divino (Sal 116, 14), el orante tiene acceso al santuario (con בּוֹא, en el sentido de εἴσοδον, que significa según su raíz entrar) donde podrá realizar su servicio litúrgico este día. Este pasaje supone que en el santuario se celebraba el servicio litúrgico, dado que el arca de la alianza era el signo y garantía de la presencia de Yahvé, tal como aparece confirmado en 1 Cron 16, 37.

Aquí se supone también que el sacrificio se ofrecía diariamente ante el tabernáculo. Eso significa que no se puede deducir de 1 Cron 16, 39 que el sacrificio se ofreciera regularmente solo en el *bema* (lugar alto o santuario) de Gabaón antes de que se instituyera el tabernáculo de Moisés[17].

Es claro que, en Gabaón, donde se hallaba el primer tabernáculo y los altares antiguos (al menos el de las ofrendas quemadas al fuego) se habían ofrecido verdaderos sacrificios, incluso después que se hubiera llevado el arca a Sión. Así lo hicieron David (1 Cron 21, 29) y Salomón (1 Rey 3, 4; 2 Cron 1, 2-6). Pero es evidente que los sacrificios podían ser ofrecidos en Sión con más derecho que en Gabaón, sobre todo después que el arca fue trasladada.

De esa forma, tanto David, tras su llegada a Sión (2 Sam 6, 17), como Salomón, después de su ascenso al trono (1 Rey 3, 15), ofrecieron sacrificios en Sión a través de los sacerdotes instituidos en ese lugar. Por eso es muy probable (y por comparación con los salmos davídicos es indudable) que allí, en Sión, se ofrecía entre otros un sacrificio diario ante el arca.

Este verso (5, 8) hace alusión a un tipo de casa o *bait/bet* de Dios (אָבוֹא בֵיתֶךָ). Algunos dicen que antes de la construcción del templo por Salomón no había un templo/casa de Dios en Sión…, de manera que este salmo no podría ser de David. Pero aquí, en Sal 5, 8: ¿Se está mencionando en realidad un templo–casa firme edificado ya en Sión? ¿No es preferible pensar que el texto se está refiriendo al Tabernáculo erigido en Sión antes de la construcción del gran templo?

Algunos críticos renombrados afirman que el tabernáculo edificado por David sobre el arca sagrada no se llamó nunca בית ה o היכל ה o משכן ה o מקדש o קדש, sino más bien *ahl*, tienda. Pero ¿por qué no pudo recibir otros nombres como el de casa, *miskan*? ¿Por qué no se puede tomar como factible el hecho de que el lugar de culto de Dios en Silo (1 Sam 1, 9; 1 Sam 3, 3) se llama בית y היכל ה, a pesar de

17. Cf. en particular Stähelin, *Zur Kritik der Psalmen in the Deutsch. Morgenl. Zeitschr.* VI (1852) p. 108 y *Zur Einleitung in die Psalmen*, 1859.

que se pueda afirmar que tuviera un tabernáculo estrictamente dicho?[18]. Pues bien, en el mismo libro 1 Sam 2, 22, se le llama *ahl*, אהל מועד, *tienda o lugar de reunión.*

Sea como fuere, podemos dejar a un lado pasajes como Ex 23, 19; Ex 34, 26, en los que se podría decir que el templo futuro estaba presente en la mente del legislador y fijarnos en Js 6, 24; 2 Sam 12, 20 donde el santuario recibe el nombre de בית ה sin estar concebido propiamente como un templo hecho de piedra. En esa línea, no hay objeción ninguna para que el tabernáculo que David construyó en Sión, cuando llevó allí el arca (2 Sam 6, 17), antes de edificarse el Templo de Salomón, se llamara בית ה

Solo cuando אהל y בית se ponen en oposición se puede afirmar que la última palabra (בית) toma el sentido preciso de casa edificada con muros y materiales sólidos. Pero en sí misma en semítico, la palabra *beit* (bt) se aplica a todo tipo de lugar para habitar, de forma que puede estar construida con muros de piedra, pero también con otros materiales como madera, lona, piel o pelo de animales, etc. Por lo tanto, esa palabra puede aplicarse tanto a un templo grande de piedra y a un palacio real como a una tienda o cabaña construida con ramas o pieles[19].

Pues bien, si una casa habitada se llama frecuentemente אהל, es decir, tienda, eso significa que una tienda en la que uno habita puede llamarse de un modo natural בית. Y así lo vemos de manera concreta en los textos que se refieren a los lugares donde habitan los patriarcas que, aunque no fueran en general casas sólidas (con cimientos, Gen 33, 17), se llamaban בית (Gen 27, 15).

Por otra parte, el término היכל (de יכל igual a כּוּל, mantener, ser capaz de, *capacem esse*), significando en sí palacio no tiene por qué ser una habitación de piedra, porque a los cielos se les llama היכל de Yahvé e. g., Sal 18, 7, y eso no significa que sean casas de proporciones gigantescas. En esa línea, al Santo de los Santos del templo de Salomón se le llama por excelencia היכל, y una vez, en 1 Rey 6, 3, se le llama היכל הבית.

---

18. Véase C. H. Graf, *Commentatio de templo Silonensi ad illustrandum locum,* Jud (1855) 30–31, donde se quiere probar que el santuario de Silo era un templo dedicado a Yahvé que duró hasta la disolución del reino de Israel.

19. El turco Kamus dice: En árabe *byt* es una casa (en turco *ew*) con el significado de "*châne*" (en persa lo mismo), tanto si está hecha de piel, como una tienda, como si está edificada con piedras y vigas. Y más tarde añade, "Beit significa originalmente un lugar designado para que las personas puedan retirarse a la noche, cf. árabe *báta*, "ha pasado allí la noche". Ese término puede provenir de בוא, árabe *bayya*, véase Job 29, 15-17. Pero más tarde ese significado se extendió, de manera que se perdió la referencia especial a lugar para pasar la noche. De todas formas, en la actualidad, los beduinos no llaman a su tienda *ahl*, sino siempre *bêt* y más en concreto *bêt sha'r* (בית שער), que es la expresión moderna, en lugar de la antigua *bêt wabar* (casa de pelo, trenzada con tejido de pelo de animales).

Sobre la amplitud y el carácter general del tabernáculo de David no sabemos ciertamente nada. Indudablemente, debía tener su esplendor, y no era sin más un sustituto del tabernáculo original del desierto que, conforme al testimonio del Cronista seguía residiendo en Gabaón. Pues bien, ese tabernáculo de Sión era el precedente del de Salomón. En esa línea, por insignificante que pudiera ser era, sin embargo, el היכל de un gran rey, lo mismo que el lugar abierto (sin muros) en el que Dios se manifestó a sí mismo con sus ángeles al errante Jacob, que recibió el nombre de בית אלהים (Gen 28, 17).

Pues bien, según este salmo, David ha de entrar esta misma mañana en ese Tabernáculo de Dios, es decir, en su patio anterior (אָבוֹא בֵיתֶךָ), con y acusativo, como en Sal 66, 13 para postrarse en adoración, en griego προσκυνεῖν (en hebreo אֶשְׁתַּחֲוֶה, reflexivo *piel* de שׁחוה, Gesenius 75, nota 18), ante אֶל־הֵיכַל־קָדְשָׁךְ (con אל como Sal 28, 2; 1 Rey 8, 29; 1 Rey 8, 35; con ל en Sal 99, 5, Sal 99, 9). Ese היכל קדש de Yahvé es el דביר, el Santo de los Santos, Sal 28, 2, donde entrará David, y lo hará בְּיִרְאָתֶךָ, es decir, en tu temor, con reverencia ante ti (*genit. objectivus*).

Este proyecto de David de entrar en el templo dirige sus pensamientos como una constante, a través del transcurso de su vida, de manera que su oración que empieza verdaderamente aquí se moldea a sí misma de un modo correspondiente, David pide a Dios que le guíe, como en Sal 27, 11; 86, 11 y en otros lugares, para entrar en el tabernáculo de Dios. Esta dirección hacia Dios, por la que él quiere ser guiado, se llama *justicia*, צדקה.

Esta es la expresión general por la que David va trazando y guiando su conducta ética recta, una conducta según la cual él se dirige hacia Dios, que se llama por excelencia el justo, es decir, el צדיק, pues él marca el camino de misericordia para los pecadores. Cuando perdona a los que caminan de esta forma, estando cerca de ellos para bendecirles y protegerles, Dios se manifiesta como el *justo* (צדיק); pero él es igualmente justo cuando destruye a los que le desprecian, y lo hace con el ardor y fuego de su amor rechazado.

David ruega a Dios que le conduzca por esta justicia, que concuerda con el consejo y orden de la misericordia de Dios, actuando así לְמַעַן שׁוֹרְרָי, es decir, a fin de que no se cumplan los deseos maliciosos de aquellos que están esperando su desgracia, sino que queden avergonzados, a fin de que el honor de Dios no quede destruido. שׁוֹרֵר es equivalente a מְשׁוֹרֵר (Aquila ἐφοδεύων, Jerónimo *insidiator*, aquel que acecha como enemigo), vigilando de un modo insidioso.

David sigue pidiendo a Dios su favor, a fin de que su camino (el camino por el cual un hombre debe andar de acuerdo con la voluntad de Dios) sea llano, recto y verdadero. De esa forma ruega a Dios, con el fin de que pueda avanzar rectamente, sin impedimentos.

El adjetivo ישר significa tanto la rectitud en la dirección como la rectitud en la superficie del camino. El futuro *hifil* de ישר es יישׁיר en Prov 4, 25. De un modo consecuente, el *keré* dice הַיְשֵׁר, como en Is 45, 2, donde se pone esa misma forma en lugar de אוֹשֵׁר (cf. Gen 8, 17 הוצא *keré* היצא), sin razón gramatical para ello, pero habiendo, sin duda, un fundamento tradicional de tipo religioso.

La partícula כִּי de Sal 5, 10 está estrechamente conectada con לְמַעַן שׁוֹרְרָי, a causa de mis enemigos, de aquellos que me ponen obstáculos en el camino. La partícula אֵין queda después separada de בְּפִיהוּ (igual a בְּפִיו, cf. Sal 62, 5), la palabra a la que está gobernando. Esta separación es normal porque el uso del lenguaje ha olvidado casi totalmente el hecho de que אֵין es un estado constructo, Gesenius 152, 1. Este es el sentido del versículo 5, 10: Nada hay firme en su boca (en la boca de los enemigos), nada conserva su lugar, nada permanece igual, todo es mentira (cf. Job 42, 7).

El sufijo singular de בְּפִיהוּ tiene un sentido distributivo, *in ore unuiscujusque eorum* (en la boca de cualquiera, de todos ellos). A partir de aquí el singular se convierte en plural, como en קִרְבָּם הַוּוֹת: su interior está lleno de maldad, es decir, de corrupción. הַוּוֹת, corrupción, de הוה que viene de הוה igual al árabe *hawâ*, morder, apretar, χαίνειν, atenazar, en el sentido de agarrar con fuerza, de arriba abajo, con un rasgo patológico de deseo y pasión, con un sentido mental de devorarlo todo, en gesto de autoafán destructor (véase Fleischer sobre Job 37, 6).

En hebreo, el significado básico de esta palabra es el de corrupción, Sal 57,2, como metáfora para el abismo, para el báratro (*barathrum*; en esa línea es válido el comentario de Schultens sobre Prov 10, 3). A partir de aquí, esa palabra, הַוּוֹת, está indicando la corrupción en el doble sentido del término: *Una corrupción que es física* (Job 6, 30); pero también, en este pasaje y en otros muchos, *una corrupción de tipo más fuerte,* de fondo ético.

Esa palabra, tanto en su grafía הוה como en la grafía אוה, que solo se distingue de la otra por la *alef* (y que aparece solo en Sal 52, 9; Prov 10, 3; Miq 7, 3) está indicando algo que se está corrompiendo por dentro, refiriéndose especialmente a la garganta que aparece como órgano de la palabra (Sal 115, 7; Sal 149, 6, cf. Sal 69, 4) y también como órgano de la comida. En esa línea, conectando quizá con el sentido primario de הות, esa palabra puede aplicarse a la garganta que se abre y que traga cualquier cosa que se le acerque.

Por eso se dice que "su garganta es un sepulcro abierto", que muerde, miente y traga todo. A esto se añade, en forma de cláusula circunstancial, que *su lengua es mentirosa* porque halaga y engaña. Bajo un lenguaje mendaz, propio de una lengua que halaga con falsedad, se esconde una garganta que lo destruye todo. Estas palabras לְשׁוֹנָם יַחֲלִיקוּן (sus bocas halagan/mienten) pueden entenderse desde Sal 36, 3; Prov 29, 5.

5, 10–12 (en hebreo 5, 11-13). El verbo אשם (cf. הַאֲשִׁימֵם) vincula de manera estrecha sus tres significados que están vinculados entre sí: (a) volverse culpable

(e. g., Lev 5, 19), (b) tener un sentimiento de culpa (Lev 5, 4), (c) realizar una expiación (Sal 34,22). En esa línea, el adjetivo verbal אשם significa también dos cosas: (1) estar sometido al castigo y (2) expiar. Por su parte, el sustantivo אשם evoca la culpa que debe ser expiada y la misma expiación. El *hifil* האשים significa expiar por la falta cometida y hacer penitencia.

Como excepción, en medio de estos salmos yahvistas, Dios aparece como אלהים (no como Yahvé), quizá de un modo intencionado, al presentarse como juez. El מן de מִמֹּעֲצוֹתֵיהֶם, con *gaja* junto a la מן, indicando una transición del contra-tono *metheg* al *galgal* (como en Os 11, 6 en *meajla*, véase *Psalter* II. 526) es ciertamente un *min* causal, como en Os 11, 6, pero ha de ser explicado con Olshausen y Hitzig según Ecl 14, 2; Jud 11, 6 (cf. Os 10, 6). Este es el sentido de la frase: Ellos pueden caer (caerán) por obra de sus propios consejos, es decir, que se destruirán a sí mismos al ejecutarlos.

Por lo tanto, מִמֹּעֲצוֹתֵיהֶם, en el sentido de "arrojarlos fuera" ha de entenderse en una línea paralela a הַדִּיחֵמוֹ, expúlsalos fuera (cf. דחו de דחה). La ב de בְּרֹב ha de entenderse en la línea de Jn 8, 21. 24: "Moriréis en/por vuestros pecados, ἐν ταῖς ἁμαρτίαις ὑμῶν". La multitud de sus trasgresiones quedará sin perdón, y en esa situación Dios acabará por arrojarles al Hades. La razón de esta terrible plegaria ha sido descrita con כִּי כִּי־מָרוּ בָךְ (בָךְ: porque se rebelaron contra ti). Por una causa bien conocida (cf. e.g., Sal 37, 40; Sal 64, 11; Sal 72, 17), el tono de מרו se ha retrasado apareciendo así en la penúltima sílaba.

מרה, raíz מר, significa luchar, oponerse a otro, como en árabe *mârr, tmârr*, enfrentarse y combatir en un tipo de boxeo; y también *mârâ, tmârâ*, luchar contra otro en un tipo de oposición que puede ser externa (corporal), pero también mental y moral. Pues bien, esa obstinación y lucha de los enemigos que se enfrentan al salmista (David) no es solo una lucha contra hombres buenos, sino un combate contra Dios. Por eso, su pecado es satánico y, por tanto, imperdonable.

Todas las oraciones de este tipo están fundadas en el presupuesto expresado en Sal 7, 13, según el cual aquellos a quienes se refiere esta oración no desean misericordia, sino que rechazan la gracia de Dios. Por eso, se pide que sean destruidos, pues solo eso hará posible que la iglesia cautiva (*ecclesia pressa*) pueda vivir en libertad y alegría. Desde esa perspectiva ha de entenderse la oración de 5, 12 (alégrense todos los que en ti confían, וְיִשְׂמְחוּ כָל־חוֹסֵי בָךְ). El futuro no expresa un simple deseo, sino una consecuencia que deriva de la buena acción de los creyentes, que confían en Dios[20].

---

20. Por eso, la división del verso resulta incorrecta, la elevación de la primera parte concluye con בָךְ, y el descenso comienza con לְעוֹלָם יְרַנֵּנוּ: canten siempre con júbilo. A partir de aquí comienza la nueva elevación, extendiéndose otra vez hasta בָךְ, para concluir con el descenso אֹהֲבֵי שְׁמֶךָ, los que aman tu nombre.

Si no se entiende bien, la frase וְתֹסֵךְ עָלֵימוֹ parece fuera de lugar en esta secuencia. Hupfeld y Hitzig la traducen así, "regocíjense para siempre aquellos a los que tú defiendes", pero en ese caso habría que vocalizar de un modo distinto, quitando la waw inicial de וְתֹסֵךְ. Pues bien, en contra de eso, no hay nada que nos impida tomar וְתֹסֵךְ עָלֵימוֹ como si fuera virtualmente un sujeto. En esa línea, hay que tomar el verbo, lo mismo que יִפְלוּ, como un optativo, "Pero tú defiéndelos, y así los que aman tu nombre se regocijarán en ti".

En esa línea se entiende el gozo de aquellos que aman el nombre de Yahvé (es decir, de Dios) revelándose a sí mismo como redentor, tema que aparece en Sal 69, 37; Sal 119, 132 (cf. כי־אתה), como expresión de un hecho de experiencia universal, suma y compendio de todas las revelaciones históricas de Dios. Aquí se utiliza עָלֵימוֹ en lugar de עליהם como una forma de expresión más noble, como הדּיחמו en lugar de הדּיח en tono de indignación. La forma וַיֵּעָלְצוּ (Gen 63, 3) se emplea aquí también lugar de יעלצו (cf. Sal 25, 2; Sal 68, 4) para reforzar el ritmo.

Los futuros son consecutivos. תעטרנו, *cinges eum* (le ciñes) no es un *hifil* contracto, en la línea de 1 Sam 17, 25, sino un *kal* como en 1 Sam 23, 26. Aquí se utiliza como *piel* de Sal 8, 6 con un doble acusativo. La palabra צנה (cf. כצנּה, de צנן, en árabe *tsân*, en etíope צון rodear, guardar) es un escudo de grandes dimensiones; más largo que el מגן de 1 Rey 10, 16 (cf. 1 Sam 17, 7, donde un portaescudos o escudero lleva el צנה o escudo grande de Goliat).

Según eso, כצנּה "como un escudo" equivale a "con un escudo" (Gesenius 118, 3, nota). El nombre de Dios, יהוה, ha sido trasladado correctamente al segundo miembro del verso a causa de la acentuación, a fin de balancear los dos esticos. Por esta razón la primera cláusula no comienza con כי־אתה יהוה como en las demás ocasiones (Sal 4, 9; Sal 12, 8). Por su parte, רצון gozo, buen deseo, es sinónimo de la bendición divina, como en Dt 33, 23.

Salmo 6. Grito de misericordia bajo el juicio

1 לַמְנַצֵּחַ בִּנְגִינוֹת עַל־הַשְּׁמִינִית מִזְמוֹר לְדָוִד:

2 יְהוָה אַל־בְּאַפְּךָ תוֹכִיחֵנִי וְאַל־בַּחֲמָתְךָ תְיַסְּרֵנִי:

3 חָנֵּנִי יְהוָה כִּי אֻמְלַל אָנִי רְפָאֵנִי יְהוָה כִּי נִבְהֲלוּ עֲצָמָי:

4 וְנַפְשִׁי נִבְהֲלָה מְאֹד [וְאַתְּ] (וְאַתָּה) יְהוָה עַד־מָתָי:

5 שׁוּבָה יְהוָה חַלְּצָה נַפְשִׁי הוֹשִׁיעֵנִי לְמַעַן חַסְדֶּךָ:

6 כִּי אֵין בַּמָּוֶת זִכְרֶךָ בִּשְׁאוֹל מִי יוֹדֶה־לָּךְ:

7 יָגַעְתִּי בְּאַנְחָתִי אַשְׂחֶה בְכָל־לַיְלָה מִטָּתִי בְּדִמְעָתִי עַרְשִׂי אַמְסֶה:

8 עָשְׁשָׁה מִכַּעַס עֵינִי עָתְקָה בְּכָל־צוֹרְרָי:

9 סוּרוּ מִמֶּנִּי כָּל־פֹּעֲלֵי אָוֶן כִּי־שָׁמַע יְהוָה קוֹל בִּכְיִי:

10 שָׁמַע יְהוָה תְּחִנָּתִי יְהוָה תְּפִלָּתִי יִקָּח:

11 יֵבֹשׁוּ וְיִבָּהֲלוּ מְאֹד כָּל־אֹיְבָי יָשֻׁבוּ יֵבֹשׁוּ רָגַע:

< Al preceptor, con acompañamiento de instrumentos de cuerda, sobre la octava. *Salmo de David* >

¹ Jehová, no me reprendas en tu enojo
ni me castigues con tu ira.
² Ten misericordia de mí, Jehová, porque estoy enfermo;
sáname, Jehová, porque mis huesos se estremecen.
³ Mi alma también está muy turbada;
y tú, Jehová, ¿hasta cuándo?

⁴ Vuélvete, Jehová, libra mi alma.
¡Sálvame por tu misericordia!,
⁵ porque en la muerte no hay memoria de ti;
en el sheol, ¿quién te alabará?
⁶ Me he consumido a fuerza de gemir;
todas las noches inundo de llanto mi lecho,
riego mi cama con mis lágrimas.
⁷ Mis ojos están gastados de sufrir;
se han envejecido a causa de todos mis angustiadores.

⁸ ¡Apartaos de mí, todos los hacedores de maldad,
porque Jehová ha oído la voz de mi llanto!
⁹ Jehová ha oído mi ruego;
ha recibido Jehová mi oración.
¹⁰ Se avergonzarán y se turbarán mucho todos mis enemigos;
se volverán y serán avergonzados de repente.

La oración matutina de Sal 5 viene seguida por este salmo de David que, aunque no haya sido compuesto como oración de la mañana, evoca hacia atrás una noche sin sueño, llena de lágrimas. Consta de tres estrofas, y en la del centro, que es más larga que las otras dos, por medio de un despliegue más calmado de su corazón, el poeta, se esfuerza por pasar del grito de tristeza de la primera estrofa a la confianza creyente de la tercera.

La hostilidad de los hombres le parece un castigo de la ira divina, de un modo consecuente, aunque esto no se encuentre expresado de manera tan clara como en Sal 38, que es una especie de contrapunto de este salmo. De un modo normal, esta persecución, que le parece expresión de la ira de Dios y expresión de su amargura, hace que el salmista aparezca triste y enfermo hasta la muerte.

Dado que el salmo no contiene ninguna confesión de pecado, uno puede sentirse inclinado a pensar que la iglesia se ha equivocado al escogerlo como el primero de los siete salmos penitenciales, tomados quizá en referencia a los siete días de la semana (Sal 6; 31; 38; 51; 102; 130 y 143). A. H. Francke, en su *Introductio in Psalterium* dice: "Es un salmo imprecatorio, propio de un hombre gravemente tentado, que ha de distinguirse de un penitente bueno" (salus precatorius hominis gravissimi tentati a paenitente probe distinguendi).

Pero esto es una equivocación: Un hombre tentado se distingue de un penitente por el hecho de que en un hombre tentado el sentimiento de ira carece totalmente de razón, mientras que en el penitente está bien fundado. Pues bien, nuestro salmista es un penitente, no solo un hombre tentado, y así le pide a Dios que transforme su castigo punitivo y lo convierta en castigo de amor, porque él es un Dios misericordioso.

Este salmo nos sitúa ante la oración de un creyente, que ruega de un modo penitente, conforme al estilo acuñado por David. Comparar en esa línea, Sal 6, 2 con Sal 38, 1; 6, 3, con 41, 5; 6, 5 con 109, 26; 6, 6 con 30, 10; 6, 7 con 69, 4; 6, 8, con 31, 10; 6, 10, con 35, 4. 26. Este lenguaje propio de David es muy distinto del lenguaje de los salmos de Hemán, como puede verse comparando Sal 6, 6 con Sal 88, 11–13; Sal 6, 8 con Sal 88, 10. Compárense también algunos versos de este salmo con pasajes de Jeremías; así Sal 6, 2 con Jer 10, 24; 6, 3. 5 con Jer 17, 14; 6, 7 con Jer 45, 3. Estas referencias prueban que este salmo pertenece a una etapa anterior, no al tiempo en que se compuso el libro de Jeremías.

Teniendo en cuenta las relaciones del libro de Jeremías con la literatura anterior, resulta muy probable que también en este caso el profeta estuviera reproduciendo temas previos de este Sal 6. Esta idea queda confirmada por el hecho de que Jer 10, 25, después de utilizar un lenguaje semejante a nuestro salmo, continúa tomando palabras de Sal 79, 6. Cuando Hitzig afirma que David no pudo haber compuesto este salmo desconcertante (ni que Isaías pudo haber escrito Is 21, 3–4), nosotros podemos responderle citando Is 22,4 y otros muchos testimonios en los que se afirma que David lloró (cf. 2 Sam 1, 12; 3, 32; 12, 21; 15, 30; 19, 1).

En el encabezamiento musical se dice, "al preceptor, con acompañamiento de instrumentos de cuerda, sobre la octava". Los LXX traducen ὑπὲρ τῆς ὀγδόης, y los Padres de la Iglesia asocian el tema con el octavo día de la felicidad eterna. Así dice Gregorio de Nisa, ἡ ὀγδόη ἐκείνη ἥτίς ἐστιν ὁ ἐφεξῆς αἰών (aquella octava que es la felicidad eterna). Sea como fuere, no hay duda alguna de que על־השמינית ('al ha seminot) se refiere a la música.

Esta referencia la encontramos también en Sal 12, 1–8 y además en 1 Cron 15, 21. Por este pasaje resulta claro que aquí no se habla, sin más, del nombre de un instrumento musical, sino del tipo de música que se está produciendo con ese instrumento. En el caso de que se tratara de un instrumento de cuerda debería tratarse de un tipo de arpa o cítara (nablas) de siete cuerdas.[21]

---

21. Resulta significativo el hecho de que en 1 Cron 15, 21 se añada en este contexto, dentro del encabezado, una referencia que dice על־עלמות (para o con doncellas/muchachas) junto a las palabras que aparecen en el salmo, על־השמינית. Si עלמות significara muchachas (de 'alma), es

6, 1–3 (en hebreo 6, 2–4). Hay dos tipos de castigos que provienen de Dios: (a) uno proviene de su amor al hombre que ha sido perdonado, y es un castigo para probar, purificar y sanar; (b) el otro tipo de castigo proviene de la ira de Dios en contra del hombre que se enfrenta contra él de un modo obstinado; se trata de un castigo contra el hombre que ha perdido el favor de Dios y a quien Dios tiene que sancionar para mostrar en él su ira, es decir, su justo enojo.

Sal 94, 12; Sal 118, 17; Prov 3, 11 hablan del castigo por amor, suponiendo que el hombre que rechaza ese castigo actúa en contra de su propia salvación. De acuerdo con eso, tanto Jer 10, 24 como este salmo no piden a Dios que deje de castigar, sino que no castigue con ira, es decir, que no juzgue a los hombres con un despliegue de su ira destructora (*Zorngericht*), sino con amor que perdona y purifica a los pecadores.

בחמתך y באפך están en el centro de la frase (בְּאַפְּךָ־בַחֲמָתְךָ) entre אל y los verbos, y sobre esas palabras recae el énfasis. En esa línea, Hengstenberg encuentra en esos términos una referencia al castigo y a la ira de Dios, a través de un tipo diferente de antítesis, diciendo: El contraste que se da aquí no es el del castigo con amor y el castigo con ira, sino el contraste entre el rescate o perdón amante y el castigo, que proviene siempre de la ira de Dios.

Pues bien, esa visión de Hengstenberg es falsa, en el caso de que él quiera decir que siempre que Dios castiga lo hace con ira. Esto es un error que puede refutarse con todo un libro de la Biblia, como es el de Job. En ese libro, los amigos de Job piensan que Dios está airado con Job, pero nosotros sabemos por el prólogo que, en vez de estar airado contra Job, Dios está orgulloso de él.

En el caso de este salmo, suponiendo que el castigo proviene de la ira de Dios y que el adulterio de David ha sido la ocasión para ese castigo, las circunstancias son distintas. El castigo bajo el cual David ha sido sometido tiene como causa la ira de Dios; es, por tanto, un castigo punitivo, y así lo seguirá siendo mientras David pecador se encuentre lejos del favor de Dios. Pero en el caso de que David haga penitencia sincera, procurando alcanzar de nuevo el favor de Dios, el castigo punitivo se convertirá en terapia de amor.

La relación de Dios con David vendrá a convertirse en ese momento en algo totalmente diferente. El mal que ha sido resultado de su pecado y que ciertamente ha suscitado la ira de Dios puede convertirse y se convierte en medio para la disciplina purificadora del amor, y esto es lo que David pide para sí mismo

---

decir, voces de muchachas, en el sentido de sopranos, entonces, según parece, הַשְּׁמִינִית tendría que referirse a una entonación más baja, es decir, a una octava baja. En esta línea parece situarnos el hecho de que el Sal 46, 1-11, donde se dice también עַל־עֲלָמוֹת (relacionado con las muchachas) sea un canto gozoso, mientras que Sal 6, 1-10 es un salmo de lamentación y Sal 12, 1-8, un canto melancólico y triste.

en el salmo. En una línea semejante se sitúa Dante Alighieri[22], parafraseando este verso de nuestro salmo de un modo correcto y bello,

> Signor, non mi riprender con furore,
> E non voler correggermi con ira,
> Ma con dolcezza e con perfetto amore[23].

Con חָנֵּנִי, David ruega a Dios que le permita experimentar su cercanía amante y su misericordia tierna, en lugar de castigarle. Ciertamente, Dios tiene derecho a castigarle, pero la angustia del alma ha reducido a David a un extremo de enfermedad incluso física. Él se ha secado, está apesadumbrado, por eso pide a Dios que no le castigue con ira.

La palabra אֻמְלַל tiene *pathach*, y consiguientemente parece tercera persona del plural, como en Joel 1, 10 y Nahum 1, 4; pero conforme a las normas de la gramática esa construcción es imposible. La formación אֻמְלַל (cf. árabe *aml*, con el sentido primario de extenderse a lo largo) puede compararse con las formas IX y XI de ese verbo (*aml*) en árabe, formas que sirven especialmente para expresar colores, pero también defectos de las personas (Caspari 59)[24].

En este caso, la oración del poeta pidiendo sanación está fundada en el hecho de que sus huesos están estremecidos (cf. Job 4, 14; Is 38, 13). No hay una palabra alemana (ni española, indicación del traductor) que corresponda exactamente a כִּי נִבְהֲלוּ עֲצָמָי (porque mis huesos se estremecen), con el motivo básico de נבהל, que se funda en la noción radical de "irse", en la línea de בלה, y que expresa un tipo de desbordamiento exterior y de consternación interior, como efecto de un temblor que desconcierta y de una excitación que priva al hombre de su autocontrol.

Su alma se encuentra, según eso, más combatida por dentro que su propio cuerpo. Eso significa que la aflicción no es solamente una debilidad corporal en la que un hombre timorato pierde el corazón, sino una consecuencia de que el

---

22. En el caso de que Dante sea el autor de *I sette Salmi Penitenziali trasportati alla volgar poesía* (Los siete salmos penitenciales traducidos en poesía vulgar), cf. Dante Alighieri, *Lyrische Gedichte*, poemas líricos traducidos y anotados por Kannegiesser y Witte (1842) I 203s y II 208s).

23. Señor, no me reprendas con furor, no quieras corregirme con ira, sino con dulzura y amor perfecto.

24. Las dos palabras אֻמְלַל אָנִי tienen doble acento *mercha-mahpach* al mismo tiempo, y, conforme al modo exacto de escribir (véase Baer, *Psalter* II 492) el *mahpach* (signo que se asemeja al *jethib*) debería situarse entre las dos palabras, dado que está ocupado al mismo tiempo el lugar del *makkeph*. El tono principal de esas dos palabras se encuentra también en *aani* (אָנִי) de un modo consecuente, la palabra אֻמְלַל está contraída (cf. מרמס, פכף אדמדם y otras semejantes). Esa contracción prueba que אֻמְלַל no puede tomarse como participio *pul* (igual a מֻאֲמְלָל), porque las características de una y otra palabra (אֻמְלַל אָנִי) no se pueden intercambiar.

amor de Dios se ha ocultado de él. Parece como si la ira de Dios le fuera a sacar totalmente de sí mismo.

Esta es una aflicción más grande que todas las otras. Por eso, la orante pregunta: ¿Y tú, oh Yahvé, hasta cuándo, 6, 4? Refiriéndose al "tú", el texto dice וְאַתְּ, que el *keré* corrige diciendo que ha de leerse וְאַתָּה, sin darse quizá cuenta de que hay tres pasajes bíblicos (Num 11, 15; Dt 5, 24 y Ez 28, 14) en los que את se toma como masculino.

6, 4–7 (en Hebreo 6, 5-8). Dios se ha alejado de él; por eso el orante empieza יְהוָה שׁוּבָה, *vuélvete Yahvé,* evidentemente "a mi" (אלי). El tono de שׁוּבָה está en la última sílaba, porque se asume que ha de pronunciarse שׁוּבָה אדני. Esa acentuación al final tiene la intención de que se pronuncie bien la última sílaba de שׁוּבָה y no se mezcle con lo que sigue, a causa de la aspiración del principio de la palabra *Adonai.* Este es el sentido de la frase: Quiera el Señor volverse a él de nuevo y rescatarle (חלץ, cf. חַלְּצָה, de חלץ, que es verbo transitivo en hebreo y arameo, con el sentido de ser libre, estar en buena condición, sin impedimentos, como en árabe *chalaṣa,* ser puro, propiamente estar desatado, en sentido corporal y anímico).

Estos versos expresan la libertad del alma redimida de la aflicción, y abierta hacia la salvación que Dios ofrece a los pecadores. En esa línea, el orante pide a Dios que le ayude para poder alabarle; por eso quiere vivir, porque solo se puede alabar a Dios estando vivo, pues la muerte destruye la posibilidad de alabarle, destruye el "recuerdo" de Dios (cf. זִכְרֶךָ). Los términos זכר, y frecuentemente הזכיר, se utilizan para recordar algo (a alguien) con reverencia y honor.

El sheol, entendido como muerte, se identifica con el cese del recuerdo, ¿Quién recordará a Dios en el sheol: בִּשְׁאוֹל מִי יוֹדֶה־לָּךְ? En esa línea, en Sal 6, 6, el שׁאול (como el ᾅδης, Ap 20, 13) alterna con la muerte, מות. Sheol es el nombre de la tumba, del abismo, el lugar al que descienden todos los mortales (de שׁאל igual a שׁוּל árabe *sál,* estar sin lazos, relajado, colgar, hundirse, descender al hondo; hundirse, estar hundido, la profundidad)[25].

Los escritores de los salmos (y esto es una gran objeción en contra de la existencia de salmos macabeos, es decir, de salmos escritos en un tiempo en que muchos creían ya en un tipo de inmortalidad del alma o de resurrección de los muertos) solo conocen un lugar en el que se reúnen todos los muertos; y ese lugar es la profundidad de la tierra, en el sheol, donde ellos ciertamente viven pero solo en un tipo de "casi-vida", porque están separados de la luz de este mundo y, sobre todo, de algo que es mucho más importante, de la luz de la presencia de Dios.

---

25. Esta forma corresponde al árabe *fi'alun,* que, siendo originalmente un verbo abstracto, ha pasado del campo de lo abstracto a lo concreto, como en *kitáb* que es igual a *maktub* e *iláh* que es igual a אלוה y *ma'lúh* que es igual a *ma'búd* el Temido, el Reverenciado con temblor.

Eso significa que los cristianos solo pueden orar con Sal 6, 6 y con pasajes semejantes (Sal 30, 10; 88, 11–13; 115, 17; Is 38, 18) en la medida en que han pasado de la noción del *hades-sheol* (como final de todos los vivientes) a una visión de la *gehena* como castigo justo de los pecadores (con salvación para los justos)[26].

En ese Sheol o infierno no existe recuerdo ni alabanza de Dios. Según eso, el miedo que David tiene a la muerte en cuanto tal es el miedo por una muerte infeliz, es decir, una muerte que no sea digna, desde una perspectiva puramente humana. Ese miedo a las "penas de una muerte indigna" (de un sheol indigno) le preocupa (como en Sal 69, 4), de manera que él humedece cada noche su almohada con un río de lágrimas. No teme a la condena del infierno (en el sentido posterior), sino a la muerte sin haber sido fiel a Dios.

El *hifil* השׂחה significa nadar en lágrimas. Por su parte el hifil de המסה significa "derretirse en lágrimas", disolverse, de מסה (de la familia de מסס). Así en la noche riego mi cama con mis lágrimas. דמעה en árabe es un nombre que significa una lágrimas en singular, en hebreo es un cambio es un "río de lágrimas" que inundan mi cama cada noche (בְּדִמְעָתִי עַרְשִׂי אַמְסֶה).

En 6, 8 עיני no significa mi apariencia (cf. Num 11, 7), sino, como puede verse con claridad en Sal 31, 10; Sal 88, 10, Job 17, 7, "mi ojo". El ojo es un reflejo del estado de salud de una persona. Por su parte, el verbo עשׁשׁ (cf. עָשְׁשָׁה) parece un denominativo de עשׁ, estar comido por los gusanos[27].

En ese contexto se entiende el sentido del verbo עתק, que significa *senescere*, envejecer sin más, quedar destruido. La palabra final בְּכָל־צוֹרְרָי (de todos los que me calumnian, cf. Num 10, 9) se refiere a los opresores, y viene de la raíz צר árabe *tsr*, oprimir, encerrar, atar, *constringere*, *coartare*[28], con las cuales, el autor indica, de un modo al menos parcial la causa de su tristeza como una especie de encuadre o recipiente en el que se inserta la estrofa siguiente.

6, 8–10 (en hebreo 6, 9-11). Pero antes de que esta plegaria de lamento acabe vienen rápidamente sobre el corazón de David unos destellos de la divina luz y del

---

26. Una semejanza con esto (es decir, con el paso del A. T., al cristianismo) puede verse también en *el paso de la religión de las tribus nómadas árabes,* fieles a la religión de Abraham (*Din Ibráhim*), que no conocen la vida tras la muerte, *a la religión del Islam, que ha tomado del judaísmo tardío y del cristianismo la esperanza de la resurrección* y de la bienaventuranza celeste.

27. Reuchlin en su análisis gramatical de los siete salmos penitenciales, que publicó el año 1512 en su *Liber III de Rudimentis Hebraicis* (1506), explica esto así, עשׁשׁ *Verminavit. Sic a vermibus dictum qui turbant res claras puras et nítidas* (agusanarse, se aplica a los gusanos que pudren las aguas puras y nítidas); y en *Rudim.* p. 412, *Turbatus est a furore oculus meus, corrosus et obfuscatus, quasi vitro laternae obductus*; mi ojo está turbado por el furor, está corroído y ofuscado, como el cristal de la linterna que ha sido opacado.

28. En árabe ציר (que se dice *dir*) es una palabra que se aplica a las madrastras que oprimen a sus hijastros, y a las concubinas, que oprimen a sus rivales.

buen sosiego, como dice Frisch, en su *Neuklingende Harfe Davids* (El arpa de David sonando de nuevo). Los enemigos de David se burlan de él como de alguien que ha sido olvidado por Dios, pero, elevándose ante la faz de sus enemigos, David se vuelve consciente de que no ha sido abandonado por Dios.

Tres veces resuena en el salmo (en 6, 9 y 6, 10) su confianza en que Dios no le abandona, sino que escucha su intenso sollozo, la voz de su llanto que asciende hacia el cielo (¡en palabras pronunciadas hacia el 600 a. C.!). Dios acoge su súplica y acepta graciosamente su plegaria. La palabra שָׁמַע, (*Dios) escucha*, expresa la confianza del orante, y la palabra יְקַּח, (*Dios) acoge,* recibe, ponen de relieve las consecuencias de esa experiencia salvadora. Lo que parecía que él tendría que sufrir será el lote o suerte de sus enemigos, esto es, el fin de aquellos que son rechazados por Dios, son ellos los que serán avergonzados.

La palabra בּוֹשׁ (cf. יְקַּח, se avergonzarán), en sirio *behet*, en caldeo בהת, que escuchamos aquí por primera vez en los salmos, no está conectada en árabe con *bht*, sino con *btt*, que significa desarraigar, dispersarse. En ese sentido, el árabe *battun* implica tristeza y ansiedad, en la línea del hebreo בּוֹשׁ (como el árabe *bâta* igual a *bawata*) que tiene el significado de disturbarse, perturbarse, quedar perplejo, perder el autocontrol, como en griego avergonzarse, confundirse, συγχεῖσθαι, συγχύνεσθαι.

Por su parte, la palabra וִיבָּהֲלוּ retoma el motivo de Sal 6, 2-3: Recaerá sobre los enemigos la suerte que ellos deseaban para el orante. Como implica el juego de palabras יָשֻׁבוּ יֵבֹשׁוּ, ellos se volverán (= se invertirá su suerte), es decir, quedarán avergonzados, un poder más alto se apoderará de los asaltantes, de forma que quedarán llenos de vergüenza (Sal 9, 4; Sal 35, 4).

Los dos verbos en *milel* (*jashûbu jebôshu*), y *rāga* (de repente) nos ofrecen así un final impresionante, una inversión completa de aquel mal que los enemigos habían deseado al orante (es decir, a los justos). Así hay que poner de relieve la transformación que se produce al final del salmo, tanto en el sonido de las palabras como en su contenido, con la vinculación fonética, יבשו y ישבו: se volverán, se avergonzarán. El salterio muestra así una música muy profunda, que los compositores entendían muy bien.

Salmo 7. Al Juez de la tierra, contra los calumniadores

¹ שִׁגָּיוֹן לְדָוִד אֲשֶׁר־שָׁר לַיהוָה עַל־דִּבְרֵי־כוּשׁ

² יְהוָה אֱלֹהַי בְּךָ חָסִיתִי הוֹשִׁיעֵנִי מִכָּל־רֹדְפַי וְהַצִּילֵנִי:

³ פֶּן־יִטְרֹף כְּאַרְיֵה נַפְשִׁי פֹּרֵק וְאֵין מַצִּיל:

⁴ יְהוָה אֱלֹהַי אִם־עָשִׂיתִי זֹאת אִם־יֶשׁ־עָוֶל בְּכַפָּי:

⁵ אִם־גָּמַלְתִּי שׁוֹלְמִי רָע וָאֲחַלְּצָה צוֹרְרִי רֵיקָם:

⁶ יִרַדֹּף אוֹיֵב נַפְשִׁי וְיַשֵּׂג וְיִרְמֹס לָאָרֶץ חַיָּי וּכְבוֹדִי לֶעָפָר יַשְׁכֵּן סֶלָה:

7 קוּמָ֤ה יְהוָ֨ה ׀ בְּאַפֶּ֗ךָ הִ֭נָּשֵׂא בְּעַבְר֣וֹת צוֹרְרָ֑י וְע֥וּרָה אֵ֝לַ֗י מִשְׁפָּ֥ט צִוִּֽיתָ׃

8 וַעֲדַ֣ת לְ֭אֻמִּים תְּסוֹבְבֶ֑ךָּ וְ֝עָלֶ֗יהָ לַמָּר֥וֹם שֽׁוּבָה׃

9 יְהוָה֮ יָדִ֪ין עַ֫מִּ֥ים שָׁפְטֵ֥נִי יְהוָ֑ה כְּצִדְקִ֖י וּכְתֻמִּ֣י עָלָֽי׃

10 יִגְמָר־נָ֬א רַ֨ע ׀ רְשָׁעִים֮ וּתְכוֹנֵ֪ן צַ֫דִּ֥יק וּבֹחֵ֣ן לִ֭בּוֹת וּכְלָי֗וֹת אֱלֹהִ֥ים צַדִּֽיק׃

11 מָגִנִּ֥י עַל־אֱלֹהִ֑ים מ֝וֹשִׁ֗יעַ יִשְׁרֵי־לֵֽב׃

12 אֱ֭לֹהִים שׁוֹפֵ֣ט צַדִּ֑יק וְ֝אֵ֗ל זֹעֵ֥ם בְּכָל־יֽוֹם׃

13 אִם־לֹ֣א יָ֭שׁוּב חַרְבּ֣וֹ יִלְט֑וֹשׁ קַשְׁתּ֥וֹ דָ֝רַ֗ךְ וַֽיְכוֹנְנֶֽהָ׃

14 וְ֭לוֹ הֵכִ֣ין כְּלֵי־מָ֑וֶת חִ֝צָּ֗יו לְֽדֹלְקִ֥ים יִפְעָֽל׃

15 הִנֵּ֥ה יְחַבֶּל־אָ֑וֶן וְהָרָ֥ה עָ֝מָ֗ל וְיָ֣לַד שָֽׁקֶר׃

16 בּ֣וֹר כָּ֭רָה וַֽיַּחְפְּרֵ֑הוּ וַ֝יִּפֹּ֗ל בְּשַׁ֣חַת יִפְעָֽל׃

17 יָשׁ֣וּב עֲמָל֣וֹ בְרֹאשׁ֑וֹ וְעַ֥ל קָ֝דְקֳד֗וֹ חֲמָס֥וֹ יֵרֵֽד׃

18 אוֹדֶ֣ה יְהוָ֣ה כְּצִדְק֑וֹ וַ֝אֲזַמְּרָ֗ה שֵֽׁם־יְהוָ֥ה עֶלְיֽוֹן׃

<Sigaión de David, que cantó a Jehová sobre las palabras de Cus, hijo de Benjamín.>

1 Jehová, Dios mío, en ti he confiado;
sálvame de todos los que me persiguen, y líbrame,
2 no sea que desgarren mi alma cual león
y me destrocen sin que haya quien me libre.

3 Jehová, Dios mío, si de algo soy culpable,
si hay en mis manos iniquidad,
4 si he dado mal pago al que estaba en paz conmigo…
(al contrario, he libertado al que sin causa era mi enemigo),
5 que me persiga el enemigo y me alcance,
que pisotee en tierra mi vida y mi honra ponga en el polvo. Selah

6 ¡Levántate, Jehová, en tu ira!
¡Álzate en contra de la furia de mis angustiadores
y despierta en favor mío el juicio que mandaste!
7 Te rodeará una congregación de pueblos
y sobre ella vuélvete a sentar en alto.
8 Jehová juzgará a los pueblos.
Júzgame, Jehová, conforme a mi justicia y conforme a mi integridad.

9 Termine ahora la maldad de los malvados,
pero establece tú al justo,
porque el Dios justo prueba la mente y el corazón.
10 Mi escudo está en Dios,
que salva a los rectos de corazón.

11 Dios es juez justo;
y Dios está airado contra el impío todos los días.

¹² Si no se arrepiente, él afilará su espada;
armado tiene ya su arco y lo ha preparado.
¹³ Asimismo ha preparado armas de muerte
y ha hecho saetas ardientes.

¹⁴ El impío concibió maldad,
se preñó de iniquidad y dio a luz engaño.
¹⁵ Pozo ha cavado y lo ha ahondado;
pero en el hoyo que hizo, caerá.
¹⁶ ¡Su iniquidad recaerá sobre su cabeza
y su agravio caerá sobre su propia coronilla!
¹⁷ Alabaré a Jehová conforme a su justicia
y cantaré al nombre de Jehová, el Altísimo.

En la segunda parte de Sal 6, David se enfrentaba con sus enemigos, poniendo su confianza en Dios. Este salmo 7, que incluso Hitzig atribuye a David, sigue con ese tema y pone de relieve, con un ejemplo significativo, tomado del tiempo de persecución bajo Saúl, su pureza de conciencia y el gozo de su fe. Basta con leer el texto de 1 Sam 24-26 para descubrir las referencias indudables de este salmo a esa parte de la vida de David. A eso alude el encabezamiento, que se refiere a los acontecimientos que dieron lugar a su composición. Referencias como estas aparecen solo en los salmos davídicos²⁹.

En hebreo, el verso 1 es el encabezamiento, y los versos 2-18 corresponden al 1-17 de la traducción castellana). El encabezamiento dice, *shiggajon de David, que él cantó a Yahvé a causa de las acusaciones de Cush el Benjamita*. El texto pone לְדָוִד, y después עַל־דִּבְרֵי, con una vocalización especial. Aunque דָּבָר (cosa/palabra) y דִּבְרֵי puede significar algún tipo de cuestión o negocio (cf. Ex 22, 8; 1 Sam 10, 2 y otros casos) y עַל־דִּבְרֵי suele significar "en referencia a" (Dt 4, 21; Jer 7, 22) o "en relación a" (Jer 14, 1), aquí esa palabra, דָּבָר, conserva el sentido más general de "con ocasión de las palabras de…" (en referencia a las palabras de…).

Cúsh (a quien los LXX llaman falsamente Χουσί igual a כּוּשִׁי; igualmente Lutero le llama en sentido despreciativo *moro*) debe haber sido uno de los muchos siervos de Saúl, de su propia tribu, uno de los portadores de murmuraciones, como Doeg y los zifitas, que vergonzosamente calumniaron a David delante de Saúl, haciendo que este se enfureciera contra David.

El epíteto בֶּן־יְמִינִי (como en 1 Sam 9, 1; 1 Sam 9, 21, cf. 2 , אִישׁ־יְמִינִי Sam 20, 1) le describe como *benjaminita* sin más, sin mostrar más conocimiento

---

29. Cf. Sal 7, 59, 56, 34, 52, 57, 142, 54 (que pertenecen al tiempo de la persecución bajo Saúl), Sal 3, 83 (a la persecución bajo Absalón), Sal 51 (al adulterio de David), Sal 60 (a la guerra siro-amonita).

sobre él, como sería de esperar si le llamara הַבְּנִימִינִי (el benjaminita) o más bien (de acuerdo con el uso bíblico) בֶּן־הַיְמִינִי. Y esto responde al hecho de que no hay ninguna otra referencia sobre él en la historia bíblica.

La expresión עַל־דִּבְרֵי difícilmente puede significar *de la mano de David*, pues el salmo ha tenido que ser escrito por alguno otro, sea que conozca el tema por tradición o que lo conozca por los דברי הימים de David, donde este salmo habría sido incluido (en la historia de David). De todas formas, conforme a nuestra visión, no hay nada que vaya en contra del hecho de que las palabras שִׁגָּיוֹן לְדָוִד, o, al menos שִׁגָּיוֹן no pudieran haber sido añadidas por el mismo David.

Dado que la palabra שִׁגָּיוֹן (que tiene la forma de הַזָּיוֹן una *visión*) pertenece a la misma clase de encabezamientos de מִזְמוֹר y מַשְׂכִּיל, y a la *tephilla* de Habacuc 3, 1 (véase mis *Comentarios* a esos textos), ella debe referirse a un tipo de composición lírica, en referencia al ritmo de su lenguaje y a su melodía. En esa línea, si שׁגה significa desviarse, vagar, lo mismo que su palabra emparentada o formada de la misma manera שׁגע (de donde viene שִׁגָּעוֹן, locura), שִׁגָּיוֹן puede indicar que este salmo es un poema "tambaleante", es decir, compuesto con un rápido cambio de emociones fuertes, es decir, un poema hiperbólico, de manera que שִׁגְיֹנוֹת significa ritmos ditirámbicos, mezclados de manera violenta y variada.

En esa línea lo entienden, Ewald y Rödiger y así también Tarnov, Geier y otros intérpretes antiguos, que lo traducen como *canto errático* (*cantio errática*). Desde esa perspectiva debemos añadir que este salmo, como decía ya Ainsworth (1627), está compuesto por versos variables e inconexos, de manera que cambia sus ritmos de un modo exaltado, tanteante, nervioso, algo que de hecho sucede en la misma vida, en ciertas ocasiones. En esa línea, el acompañamiento de la música tiene también su influjo en el efecto general producido por el salmo en la persona que lo ha escrito o que lo canta.

Por otra parte, el contenido del salmo corresponde a ese estilo musical y poético. Lo que se expresa en el salmo es un *pathos* de autoconciencia exaltada. De esa forma tiene algo en común con la oración de Habacuc: Muestra la alegría que brota de la ira celosa en contra de los enemigos de Dios y de la contemplación (de la certeza) de que ellos serán rápidamente vencidos, destruidos.

Así se mezclan diversos sentimientos: Descontento penoso, autoconfianza desafiante, éxtasis triunfante, confianza calmada, certeza profética… Todos estos sentimientos se expresan en la distribución irregular de las estrofas, en la línea de un ditirambo davídico, conforme a la costumbre antigua, propia de los salmos de la fiesta de los Purim (*Sofrim* XVIII. 2).

7, 2-3. David comienza este salmo con unas palabras de fe, amor y esperanza (cf. בְּךָ חָסִיתִי, *en ti he confiado*, a modo de *captatio benevolentiae*, cf. Sal 141, 8), como en Sal 11, 1; Sal 16, 1; Sal 31, 2, cf. Sal 71, 1. El perfecto es incoativo y tiene el sentido de "en ti he puesto mi refugio", que equivale a "en ti confío". La transición de la multitud de los perseguidores al singular de 7, 3 se explica del modo más natural, si uno se fija en el encabezado. El orante es un hombre justo, pero en este momento vienen sobre él los pensamientos más adversos, de manera que la multitud de sus enemigos se condensa en un solo enemigo.

El verbo טרף (cf. פֶּן־יִטְרֹף כְּאַרְיֵה) que tiene el sentido primario de "aprovecharse" (sentido que corresponde aún más exactamente a חרף) y significa, más en concreto, desgarrar o romper en piezas (de aquí viene טרפה, algo que ha sido roto en trozos). En esa línea, פרק, que tiene el significado primero de romper, se aplica a gestos como destruir, partir en trozos, y según eso puede tomarse en el sentido de separarse, e incluso de "independizarse", como en Sal 136, 24, partir algo en pequeñas piezas, 1 Rey 19, 11.

Los perseguidores se conciben aquí como animales salvajes, leones que desgarran su presa y quiebran sus huesos. Los enemigos aparecen de esa forma sedientos del alma del justo. Pues bien, tras este comienzo desasosegado de la primera estrofa, la segunda comienza con un tono de autoconciencia desafiante, que estalla y se manifiesta en contra de los impíos.

7, 4–6. Conforme al encabezado, זאת remite al contenido de fondo de las palabras calumniadoras del benjaminita. En esa línea podemos comparar las palabras בְּכַפִּי אִם־יֶשׁ־עָוֶל con las que el mismo David dirige a Saúl en 1 Sam 24, 12; 26, 18: בְּיָדִי רָעָה אֵין. Esta comparación nos muestra, al mismo tiempo, la diferencia que hay entre expresar un sentimiento en poesía o en prosa. שֹׁלְמִי (*Targum*: לְבַעַל שְׁלָמִי) es el nombre que David utiliza en relación con Saúl, afirmando que se encontraba con él en una relación pacífica y amistosa. Cf. el adjetivo שָׁלוֹם, Sal 55, 21 y אִישׁ שְׁלוֹם, Sal 41, 10[30].

Conforme al sentido que vamos descubriendo en el tema, tenemos aquí una alusión muy apropiada al incidente de la cueva, donde David encontró a Saúl, pero no se vengó de él, sino que (sin referirse a liberarle, de un modo expreso), cortó un fleco de su manto, sin hacerle daño (cf. 1 Sam 24). Como observa Hengstenberg:

---

30. El verbo גמל, relacionado con גמר, significa originalmente terminar, completar (raíz גם, גם, כם, cf. כימה llenar o hacer que algo esté completo, reunir algo en un montón). Uno dice גמל טוב y גמל רע, y también, sin referirse a un objeto material, גמל עלי o גמלני indicando así que algo me beneficia o que es malo para mí. Pero nosotros juntamos גמלתי con רע conforme al Targum, en contra de la acentuación, y no con שלמי (Olshausen, Bötticher, Hitzig), a pesar de que שלם al lado de משלם, como דבר al lado de מדבר, puede significar *en relación con* (correspondiendo a). Según eso, el poeta debería haber escrito אם, שלמתי גמלי רע, es decir, *si yo le hubiera respondido con el mismo mal que él me ha hecho*... En Sal 7, 5 traducimos esa palabra conforme al significado que הלץ tiene en otros lugares, como "yo rescaté..." (Louis de Dieu, Ewald 345 y Hupfeld). En esa línea, esa palabra הלץ, que tiene un significado primario de *expedire, exuere,* puede significar *soltar*, no destruir, como en arameo.

"David afirma su inocencia del modo más general, sin poner por eso de relieve que su conducta respecto a Saúl era algo excepcional", pues ella brotaba de toda su disposición bondadosa, de su manera de actuar. Sobre la primera persona del futuro y la terminación en *ah* (וָאֲחַלְּצָה), cf. *Coment* a Sal 3, 6. רֵיקָם pertenece a צוֹרְרִי, como en Sal 25, 3; Sal 69, 5.

En la apódosis de Sal 7,6, el futuro *kal* de רדף (יִרְדֹּף) consta de tres sílabas; este es un caso especial, del que no tenemos más ejemplos en la Biblia, con un *daggesh* fuerte al final, como en גמלים (cf. Wetzstein, *Inshriften,* p. 366). De todas maneras, esta formación podría explicarse como hace Chajug (= Jehuda ben David, siglo XI), que identifica esa palabra (יִרְדֹּף) con יתרדף o como Kimchi, que la identifica con una forma mixta de *kal* y *piel*[31], pero esas opiniones han sido ya refutadas por Baer, *Thorath Emeth,* p. 33.

Sea como fuere esa forma dactílica yusiva de *Kal* viene seguida por los yusivos regulares de hifil, וְיִשֵּׂג יַשְׁכֵּן. El ritmo de las palabras es semejante al de los pasajes primarios de Ex 15, 9, que encuentran un eco en Sal 18, 38, con su yámbico con anapesto (dos sílabas breves y una larga). Por su paralelismo con נפשי y כבוד el término חַיָּי, mi vida, recibe el significado de mi alma, como han visto y traducido ya Saadia, Gecatilia y Aben-Ezra, un significado que aparece confirmado por Sal 16, 9; Sal 30, 13; Sal 57, 9; Sal 108, 2; Gen 49, 6.

El alma del hombre es su doxa, su gloria, y lo es en la medida en que es una copia de la gloria de Dios, como he puesto de relieve en *Psychologie,* p. 98 y en otros lugares. Por otra parte, las palabras "y mi honra ponga en el polvo" reflejan bien el significado de כבודי en el sentido de dignidad o gloria personal (Sal 3, 4; Sal 4, 3). Poner en el polvo equivale a "colocar en el polvo de la muerte", Sal 22, 16. Así, los שכני עפר, Is 26, 19, son los muertos.

Conforme a la visión bíblica las almas son capaces de morir (Num 35, 11), es decir, son mortales (Num 23, 10). El salmo vincula de manera intensa el espíritu y el cuerpo, y esta vinculación queda destruida por la muerte. David afirma así que él se sometería voluntariamente a la muerte en el caso de que hubiera actuado de un modo deshonesto. Al llegar aquí aparece סֶלָה, con la referencia a la música, a fin de intensificar la expresión de esta valiente confesión del salmista. Esta afirmación de inocencia se ratifica en la próxima estrofa, apelando al tribunal de Dios, y a la certeza profética de que el juicio está ya cerca, a la mano.

---

31. La visión de Pinsker, según la cual la puntuación ירדף (cf. 7, 6: יִרְדֹּף אוֹיֵב ׀ נַפְשִׁי) quiere dejar al lector en libertad para escoger entre las varias lecturas posibles no puede ser aceptada. No hay en la *Masora* ningún ejemplo que nos permite suponer que las variantes en la puntuación se dejan abiertas para que el lector acepte una o la otra, como él vea.

7, 7–9. Siendo consciente de su propia inocencia, David invoca a Dios diciéndole que se siente en su tribunal (que inicie el juicio) y que le haga justicia. En esa línea, su visión se amplía y se extiende desde los enemigos que están inmediatamente en su entorno a todo el mundo que es hostil contra Dios y contra su Ungido. De esa manera su juicio especial y el juicio de todo el mundo se colocan uno a lado del otro, como si formaran parte de un mismo lienzo, como en los profetas.

La verdad de esta combinación de perspectivas (histórica y escatológica) se funda en el hecho de que el juicio final no es más que la culminación del juicio que está en constante ejecución en el mundo. El lenguaje toma aquí el vuelo más alto y majestuoso posible. Por medio de קוּמָה (*milra*, como en Sal 3, 8), que es una de las palabras de oración que él ha tomado de los labios de Moisés (Sal 9, 20; Sal 10, 12), David ruega a Dios que venga y se manifieste.

El paralelo es הִנָּשֵׂא, levántate, muéstrate a ti mismo en majestad, Sal 94, 2, Is 33, 10. La ira con la que él ha de mostrarse es el principio de su acción judicial. Con esta ira ha de revestirse Dios y actuar (Sal 76, 11) en contra de los ataques de aquellos que se alzan para oponerse en contra del Ungido; Dios tomará así venganza de las muchas y diversas manifestaciones de hostilidad de sus enemigos.

עברות es una forma condensada de constructo (como en Job 40, 11, cf. Sal 21, 1-13) de עברה que describe la ira que se desencadena, rompiendo por dentro y pasando de las palabras a los hechos (como en árabe *fšš*, que se utiliza para el agua que destruye con ira los diques). Va en contra del lenguaje hacer que מִשְׁפָט sea el objeto de עוּרָה en oposición a los acentos, y tampoco se puede tomar esa palabra (מִשְׁפָט) como acusativo de dirección, como si fuera לְמִשְׁפָט (Sal 35, 23), en la línea que toma Hitzig.

Los acentos unen וְעוּרָה אֵלַי מִשְׁפָּט צִוִּיתָ, *despiértate (apresúrate) por mí*, es decir, *para ayudarme* (אלי como en לִקְרָאתִי, Sal 59, 5). La opinión según la cual צִוִּית está en relativo y equivale a צוּה (manda el juicio…) no se puede establecer conforme a la sintaxis, ni aquí ni en Sal 71, 3. Para tener ese sentido debería haberse escrito וצוית con *waw* consecutiva. Por otra parte, la traducción en relativo (tú que has ordenado el juicio), apoyada por Maurer y Hengstenberg resulta admisible, pero es innecesaria. Esas palabras tienen un sentido confirmatorio y no pueden tomarse como cláusula circunstancial (habiendo mandado el juicio, Ewald), sino que han de entenderse como cláusula coordinada con la anterior: Ciertamente, tú has decidido mantener el derecho (Hupfeld).

Con estas palabras, el salmista está disponiendo la escena. La asamblea de las naciones ha de formar un tipo de círculo en torno a Yahvé; y en medio de esa asamblea Dios se sienta para el juicio, y después de haberlo realizado él ha de volver, marcharse lejos (Gen 17, 22), elevándose y retornando a las alturas del cielo como rey victorioso tras la batalla (cf. Sal 68, 19).

Ciertamente, resulta extraño que no se exprese de manera más precisa el final del juicio; pero la traducción de Hupfeld y de otros (siéntate de nuevo sobre el trono celestial de tu juicio) se ha de rechazar a causa de שׁוּבה (cf. por otra parte 21, 14), que no responde a ese sentido.

שׁוּב לְמרום solo puede significar que Yahvé vuelve a su descanso después de haber realizado el juicio. Esto es lo que desea el salmista conforme a 7, 7–8, partiendo de la fuerte determinación de su fe. Según eso, el comienzo de 7, 9 indica una fuerte esperanza profética de la que brota la oración del salmista, mientras espera que el juez de la tierra le haga justicia (שׁפתני véngame, como en Sal 26, 1; Sal 35, 24), conforme a su inocencia y a la pureza de vida de la que él es consciente.

עלי ha de vincularse estrechamente con תמי, como cuando uno dice נפשׁי עלי (*Psychol.* p. 152). El individuo aparece así como un "ego" que se distingue de sí mismo, como alguien que está en (= ante) sí mismo, según lo indica la partícula עלי. Este matiz no se podría explicar diciendo simplemente "ven a mí" (Ewiger, Olshausen, Hupfeld), pues de esa manera no se consigue precisar el matiz que el salmista ha dado a esa expresión. Sobre תם, cf. *Coment.* a Sal 25, 21; Sal 26, 1.

7, 10–11. En esta estrofa escuchamos la valiente confianza que puede expresarse teniendo en cuenta el esquema de las cesuras, que se adaptan al movimiento del lenguaje en ascenso y descenso. Ese esquema se aplica aquí a la superación del mal: Termine ya la maldad de los malvados (גמר intransitivo como en Sal 12, 2; Sal 77, 9…). La plegaria del salmista no se dirige en contra de los individuos como tales, sino en contra de la maldad que hay en ellos.

Este salmo nos permite entender el sentido del conjunto de los salmos que contienen oraciones en contra de los enemigos. La palabra ותכונן se utiliza para expresar un deseo; es uno de los pocos casos de *voluntativos* de segunda persona (Ewiger, 229): *Oh si quisieras hacer que acabara la maldad de los malvados*. El salmista ha pedido que termine el mal. A ese deseo de que termine y cese el mal con que le amenazan sus enemigos corresponde, expresado ya en forma positiva, el deseo de seguridad y de justicia del orante.

ובחן לבּוֹת es el comienzo de una frase circunstancial, introducida por la *waw*, pero sin pronombre personal, que se suele omitir con frecuencia, tanto en una frase principal (cf. Is 29, 8) como en las cláusulas menores de participio, como en este caso (cf. Sal 55, 20), que puede compararse con aquellos en los que el latín *sis* (eres) equivale a *quoniam es* (porque eres). Los riñones son la sede de las emociones, lo mismo que el corazón es la sede de los pensamientos y sentimientos. Riñones y corazón están desnudos ante Dios. Esta descripción del Dios como el único que conoce el corazón aparece repetida en Jer 11, 20; 20, 12; Ap 2, 23.

En la afirmación, el adjetivo (צַדִּיק) aparece utilizado con אלהים en singular, lo mismo que en Sal 78, 56, cf. Sal 58, 12. Dios es el Justo, y por su conocimiento del interior del hombre es capaz de mostrarse siempre justo, en la ira y en la misericordia, conforme a los requerimiento y necesidades de cada caso. Por eso, David puede añadir, con valentía, *mi escudo está en Dios* (מָגִנִּי עַל־אֱלֹהִים), *Yahvé lleva mi escudo*. Si se utilizara la *lamed* (ל) como en Sal 89, 19 eso significaría, *él tiene mi escudo*, mi escudo le pertenece. Pero con עַל (1Cron 18, 7) la frase significa "él lleva mi escudo" (es mi escudero, mi protección).

Dios ha tomado mi escudo, es mi protección; mi seguridad está en su mano (como en Sal 62, 8, cf. Jc 19, 20). En esa línea, Dios aparece como salvador de todos los que se acogen a él con un corazón sincero, entregado en sus manos, sin culpa (cf. Sal 32, 1 con Sal 7, 2). En los dos hemistiquios de 7, 10 se repite al final la palabra צַדִּיק, de un modo intencional, a modo de *palindromía*, como encontramos en Is 40, 1.

A la forma mixta de ese salmo pertenece el hecho de ser, al mismo tiempo, elohista y yahvista. La estrofa siguiente pasa del corazón calmado y confiado al lenguaje más insistente, de advertencia, que aparece de nuevo con un movimiento de gran excitación, conforme al estilo de la poesía didáctica.

7, 12–14. Si Dios va a desplegar al final su ira, no lo hará sin haber ido amenazando cada día a los impíos que quieren luchar contra él (cf. Is 66, 14; Mal 1, 4). Dios desea que los impíos sientan su ira, זעם, de antemano, con el fin de imponer sobre ellos un terror total, de manera que se conviertan. Solo en el caso de que no se conviertan actuará Dios con ira.

El sujeto de la frase condicional (si no se convierten, אִם־לֹא יָשׁוּב) es cualquier persona. Por su parte, el sujeto de la frase principal, en 7, 12, lo mismo que en la continuación de 7, 14, es el mismo Dios. Si un hombre, uno cualquiera, no se arrepiente, entonces Yahvé preparará su espada (cf. Dt 32, 41).

El sentido de las palabras se entiende bien a partir del conjunto del texto, expresando la ira de Dios desencadenada sobre aquellos que no se convierten. El juicio ha sido gradualmente preparado, como implica el tiempo de futuro. Pero, conforme al uso del perfecto, este pasaje nos sitúa ante el signo de un arco de guerra que está ya armado (tenso), dispuesto a dispararse contra el pecador, con la flecha apuntándole, de manera que la sentencia de muerte se puede ejecutar en cualquier momento. En esa línea se dice וְלֹו הֵכִין כְּלֵי־מָוֶת, *ha preparado contra él armas de muerte*, de manera que está decidido para realizar la obra (o que la está ya realizando). La partícula לֹו, refiriéndose al pecador, aparece ya al principio, por razón del énfasis, lo mismo que en Gen 49, 10 y en 1 Sam 2, 3, y es equivalente a אליו, Ez, 43, 3. Flechas ardientes son flechas de fuego, y las flechas ardientes de Dios son los rayos que él envía, cf. Sal 18, 15; Zac 9, 14.

El futuro יפעל indica el carácter simultáneo del disparo de las flechas y del fuego de la ira de Dios contra el pecador. Este pasaje nos sitúa ante un principio general: A través de la espada y de las flechas se está indicando la múltiple energía de la ira de Dios, de manera que solo su gran paciencia hace que esa ira, no estalle de inmediato. Esta visión no es groseramente material, sino que la misma forma en que se expresa sugiere el poder de la idea que está a su fondo, como expresión radical de la ira del juicio de Dios.

7, 15–18. Esta estrofa conclusiva anuncia la sentencia contra el enemigo de Dios, como si el mismo juez divino le dictara aquello que le espera, y termina con una prospectiva de acción de gracias y de alabanza. El hombre cosecha aquello que ha concebido, recoge lo que ha sembrado.

En esa línea descubrimos que el castigo que el pecado trae consigo está representado frecuentemente bajo las figuras de הדה y זרע, ילד y קצר (cf. 7, 13: הִנֵּה יְחַבֶּל־אָוֶן וְהָרָה עָמָל וְיָלַד שָׁקֶר, concibió maldad, se preñó de iniquidad y dio a luz engaño, un tema desarrollado en Job 15, 35). La acción malvada, la culpa que ella implica y el castigo que desencadena son gestos que van vinculados entre sí. En esa línea, David descubre que el pecado de sus enemigos se identifica con su autodestrucción.

Es significativo el hecho de que aparezcan primero los dolores de la preñez y después la pregnancia, el haber concebido. En esa línea, חבל significa, como en Cant 8, 5, ὠδίνειν, tener dolores de parto, no concebir en el pensamiento, como supone Hitzig. El árabe *ḥabila* (sinónimo de *ḥamala*) significa, al mismo, *concebir* y estar embarazada. Los acentos muestran la correcta relación de los tres miembros de la sentencia.

(a) Al principio viene la afirmación general que habla de *los dolores que sufre el malvado*, del mal que padece por su maldad, און, un mal o sufrimiento que proviene de su conducta malvada.

(b) En segundo lugar, este pensamiento de base queda dividido en dos elementos (Hupfeld) de manera que se puede decir, él concebirá (concipere) עמל (turbación, molestia) y quedará preñado de maldad, שקר. La primera palabra (עמל) significa *dolor*, como la palabra griega πονηρία significa aquello que hace πόνον, dolor.

(c) La segunda palabra (que aparece en el tercer miembro de la frase) significa *falsedad*, es decir, decepción, desilusión, vanidad, indicando así que el mal que el pecador ha preparado para los demás vuelve a él a modo de carga pesada y opresora, como se dice en Sal 7, 17; cf. Is 59, 4, donde און en vez de שקר significa el salario maldito del pecado, que consiste en el desenmascaramiento de su nada, de su vanidad, en el engaño de la ilusión falsa que proviene del pecado.

Este pensamiento está en el fondo de la frase siguiente (7, 16: בּוֹר כָּרָה וַיַּחְפְּרֵהוּ, pozo ha cavado…). El pecador excava un pozo para sí mismo, cf. Sal 57, 7; Ecl 10, 8, y termina cayendo en él. El Sal 7, 16 menciona el hecho de estar cavando un pozo, y Sal 7, 16 la desgracia posterior de caer en ese mismo pozo. El aoristo וַיִּפֹּל tiene un sentido semejante en Sal 7, 13, Sal 16, 9; Sal 29, 10.

El verbo atributivo יִפְעָל actúa en el fondo como genitivo de שַׁחַת, y así lo toma Gesenius 124, 3 como un presente, poniendo de relieve que de la obra de muerte que el pecador prepara para otros se convierte en principio destrucción para sí mismo. De esa manera, la destrucción, עָמָל, que el malvado desea para otros, recae sobre su cabeza (בְרֹאשׁוֹ, colgando de ella), como indica עַל־רֹאשׁוֹ, descendiendo y reposando sobre él.

En ese sentido, la violencia, חָמָס, que el malvado ha preparado para otros se vuelve en contra de él, por obra del juez que reside en lo alto (Miq 1, 12); esa desgracia o maldad desciende sobre su misma coronilla (קָדְקֳדוֹ con la "o" repetida al lado de la q, como en Gen 2, 23).

Según todo eso, la justicia de Dios se revela en forma de ira contra los opresores, y en forma de misericordia sobre aquellos que son inocentemente oprimidos. En esa circunstancia, aquel que ha sido rescatado por Dios, como David, da gracias a Yahvé, como ha de hacerse, después de haber recibido y comprendido la revelación de su justicia. El hombre así redimido cantará el nombre de Yahvé, el Altísimo (עֶלְיוֹן, nombre que se añade a Dios y se utiliza siempre sin artículo, como en Sal 57, 3).

Al revelarse a sí mismo, Dios ha logrado hacer su nombre famoso (7, 18: שֵׁם־יְהוָה עֶלְיוֹן). De esa forma, se ha revelado a sí mismo como el todopoderoso, como el juez y liberador, como el Dios de la salvación, que reina sobre cualquier cosa que acontece aquí abajo. Con ese nombre de Dios, עֶלְיוֹן, Altísimo, culmina este salmo, y de esa forma David se pone en manos de Dios con su canto de acción de gracias.

Salmo 8. Gloria del creador, cielos estrellados

¹ לַמְנַצֵּחַ עַל־הַגִּתִּית מִזְמוֹר לְדָוִד׃
² יְהוָה אֲדֹנֵינוּ מָה־אַדִּיר שִׁמְךָ בְּכָל־הָאָרֶץ אֲשֶׁר תְּנָה הוֹדְךָ עַל־הַשָּׁמָיִם׃
³ מִפִּי עוֹלְלִים וְיֹנְקִים יִסַּדְתָּ עֹז לְמַעַן צוֹרְרֶיךָ לְהַשְׁבִּית אוֹיֵב וּמִתְנַקֵּם׃
⁴ כִּי־אֶרְאֶה שָׁמֶיךָ מַעֲשֵׂי אֶצְבְּעֹתֶיךָ יָרֵחַ וְכוֹכָבִים אֲשֶׁר כּוֹנָנְתָּה׃
⁵ מָה־אֱנוֹשׁ כִּי־תִזְכְּרֶנּוּ וּבֶן־אָדָם כִּי תִפְקְדֶנּוּ׃
⁶ וַתְּחַסְּרֵהוּ מְּעַט מֵאֱלֹהִים וְכָבוֹד וְהָדָר תְּעַטְּרֵהוּ׃
⁷ תַּמְשִׁילֵהוּ בְּמַעֲשֵׂי יָדֶיךָ כֹּל שַׁתָּה תַחַת־רַגְלָיו׃

⁸ צֹנֶה וַאֲלָפִים כֻּלָּם וְגַם בַּהֲמוֹת שָׂדָי׃

⁹ צִפּוֹר שָׁמַיִם וּדְגֵי הַיָּם עֹבֵר אָרְחוֹת יַמִּים׃

¹⁰ יְהוָה אֲדֹנֵינוּ מָה־אַדִּיר שִׁמְךָ בְּכָל־הָאָרֶץ׃

<Al músico principal; sobre Gitit. Salmo de David>

¹ ¡Jehová, Señor nuestro, cuán grande es tu nombre en toda la tierra!
¡Has puesto tu gloria sobre los cielos!
² De la boca de los niños y de los que aún maman,
fundaste la fortaleza a causa de tus enemigos,
para hacer callar al enemigo y al vengativo.

³ Cuando veo tus cielos, obra de tus dedos,
a luna y las estrellas que tú formaste,
⁴ digo, "¿Qué es el hombre para que tengas de él memoria,
y el hijo del hombre para que lo visites?".
⁵ Lo has hecho poco menor que los ángeles
y lo coronaste de gloria y de honra.

⁶ Lo hiciste señorear sobre las obras de tus manos;
todo lo pusiste debajo de sus pies,
⁷ ovejas y bueyes, todo ello, y asimismo las bestias del campo,
⁸ las aves del cielo y los peces del mar;
¡todo cuanto pasa por los senderos del mar!

⁹ ¡Jehová, Señor nuestro, cuán grande es tu nombre en toda la tierra!

El salmo 7 concluía con una visión semejante de los enemigos del salmista, desengañados por la ejecución del juicio divino, igual que el Sal 6. Los dos salmos se vinculaban. Hemos visto ya que el Sal 6, aunque no fuera un himno de la mañana, remitía a una noche de insomnio llena de llanto; pues bien, después de ese salmo 6 venía el 7 como himno de la noche, de manera que ambos se completaban.

David componía también de noche; como dice el autor *koraíta* del Sal 42, afirmando que los cantos de Yahvé eran para él una fuerte compañía incluso de noche. En esa línea, la omisión de cualquier referencia al sol, muestra que Sal 8 es un himno compuesto en la noche o, al menos, un himno en que el escritor se sitúa a sí mismo en pensamiento en la noche.

El poeta tiene ante sí los cielos estrellados, y así comienza con la revelación del poder de Yahvé sobre la tierra y en los cielos, refiriéndose después al ser humano como un viviente pequeño con el que Dios se relaciona en amor y a quien el mismo Dios ha hecho señor sobre la creación. Ewald dice que este pensamiento es como fogonazo de relámpago en la oscuridad de la creación.

Incluso Hitzig reconoce que David es al autor de este salmo. Hupfeld guarda silencio sobre el tema, y Olshausen afirma que no podemos decir nada. La idea de que David lo compuso cuando era un muchacho adolescente, pastor en las llanuras de Judá, ha sido rectamente rechazada por Hitzig, quien antes la había sostenido. Esta idea ha sido trabajada con aprobación por Nachtigal en su obra escrita sobre los salmos que David habría cantado antes de su ascenso al trono, en un libro titulado *Psalmen gesungen vor David's Thronbesteigung*, 1797, que, conforme a la opinión de E. G. Von Bengel, tenía muchos visos de verosimilitud.

Pero, así como los evangelios no contienen ningún discurso de Jesús antes de su bautismo, y así como el resto del Nuevo Testamento no contiene ningún escrito de los apóstoles antes de Pentecostés, de la misma manera, el canon del A. T., no contiene ningún salmo de David del tiempo anterior a su unción como rey. Solo a partir de esa unción, como elegido del Dios de Jacob, David vino a convertirse en el más dulce de los cantores de Israel, un hombre en cuya lengua habitaba la palabra de Yahvé, cf. 2 Sam 23, 1.

La inscripción dice "al preceptor (al músico principal) sobre Gitit, un salmo de David". El Targum traduce, *super cithara, quam David de Gath attulit* (sobre la cítara que David trajo de Gath). Según eso, esa cítara habría sido de tipo filisteo. Según el mito de Athenaeus y Pollux, había una flauta especial de los fenicios y de los carios que se tocaba en los festivales de Adonis, y que se llamaba γίγγρας (*giggras*), y también una flauta egipcia y una lira dórica. En esa línea se puede situar esta cítara/arpa Filistea de Gat, aquí aludida.

Los salmos que llevan la inscripción על־הגתית (Sal 8. 81. 84) son de carácter laudatorio. El arpa *gittith* o de Gath de Filistea era, según eso, un instrumento que producía un sonido gozoso o mejor dicho (lo que concuerda mejor con el hecho de que solo aparezca en inscripciones de los salmos) una melodía gozosa, que podía compararse quizá con una marcha militar de la ciudad de Gath (de los gititas, cf. 2 Sam 15, 18, según Hitzig).

Kurtz divide este salmo en cuatro estrofas tetrásticas, tomando 8, 2a y 8, 10 por separado, como apertura y conclusión del himno y 8, 2b (has puesto tu gloria...) como parte de la primera estrofa. Pero אשר no es un término adecuado para comenzar una estrofa. Si quisiera comenzar así la estrofa, el salmista debería haber puesto, a mi juicio, אתה אשר תנה הודו.

8, 2–3. En este salmo, por vez primera, la persona que habla no es un individuo, sino un grupo de orantes. Ellos no pueden ser otra cosa que la Iglesia israelita que aquí, como en Neh 10, 30 llaman a Yahvé su Señor (אדנינו, como אדני de אדנים *plur. excellentiae,* para bien de toda la tierra). Los israelitas saben que han sido llamados por gracia para alabar a Yahvé, y que han de hacerlo para bien de toda la tierra.

El nombre o שֵׁם de Dios expresa el carácter o rasgo fundante de Dios (como el árabe *wasm*, una señal, como el griego σῆμα). El nombre de Dios es la expresión de su naturaleza, que nosotros vemos en las obras de su creación y en los acontecimientos de la salvación, una naturaleza que solo puede ser conocida a partir de su representación visible y comprensible en el mundo (*nomen gnomen*, el nombre es la identidad de algo, cf. Oehler, *Name*, en Herzog, *Real-Encyklopädie*).

Este nombre de Dios no es aún conocido y alabado en todo el mundo, sino solo en la iglesia donde se ha dado a conocer por una revelación positiva. Sin embargo, el nombre divino expresado en la creación y en sus obras, un nombre por el que Dios se ha hecho capaz de ser reconocido y alabado, es אַדִּיר, *amplum et gloriosum* (grandioso y glorioso) en cualquier lugar de la tierra aunque no reciba un eco o respuesta de todos los hombres.

La frase con אֲשֶׁר (cf. 8, 2: אֲשֶׁר תְּנָה הוֹדְךָ, que has cubierto con tu gloria…) no debe traducirse "te agradará poner tu nombre sobre los cielos" (Gesenius dice, *quam tuam magnificentiam pone in caelis*, pon tu magnificencia en los cielos), porque no se conoce en hebreo ese uso de imperativo después de אֲשֶׁר. Por otra parte, aunque resulte admisible en conexión con la historia de la redención (Sal 57,6), en este lugar, ese sentido va en contra del tono fundamental y de las circunstancias en que está compuesto el salmo.

El primer pensamiento del salmo es este: *Que Dios, cuya gloria reflejan los cielos, sea glorificado también en la tierra y en los hombres.* Debemos recordar la situación: Dios tiene la luna y las estrellas ante sus ojos. ¿Cómo podría querer que el cielo fuera glorioso si era ya glorioso, si su gloria estaba brillando ante sus ojos? Según eso, no se puede tomar תְּנָה como una contracción de נְתָנָה (como תַּתָּה 2, Sam 22, 41, de נָתַתָּה), como han pensado algunos, como Ammonius, y como ha hecho al final de todos E. Böhl (en su obra *Zwölf Messianische Psalmen*, 1862), ni tampoco como Thenius (*Stud. u. Krit.* 1860 p. 712ss).

Ciertamente, el pensamiento "la cual (la tierra) declara (anuncia) tu gloria sobre los cielos" no es contrario al texto (ni al mensaje de la Biblia), ni aún en el caso de que נָתַן עֹז, Sal 68, 34 y נָתַן כָּבוֹד, Jer 13, 16, pudieran compararse con nuestro texto (נָתַן הוֹד), cosa que no es segura. La frase אֲשֶׁר תְּנָה הוֹדְךָ עַל־הַשָּׁמָיִם significa básicamente poner majestad sobre algo, vestir algo con majestad, Num 27, 20; 1 Cron 29, 25; Dan 11, 21, cf. Sal 21, 6; y este es precisamente el pensamiento que uno busca y encuentra aquí, *Que el nombre de Dios, que ha puesto su gloria sobre los cielos (Sal 148, 13), sea también glorioso aquí abajo, en la tierra.*

Por eso, debemos tomar תְּנָה como infinitivo, aunque en todos los demás lugares sea imperativo, lo mismo que רְדָה que aparece una vez en Gen 46, 3 como infinitivo (como el árabe *rĭda* dar de beber, *lĭda* impulsar hacia adelante, formas a las que לְדָה y otras semejantes en hebreo corresponden ciertamente con exactitud). La expresión תְּנָה הוֹדְךָ significa poner tu gloria (propiamente τὸ τιθέναι τὴν δόξαν σου) como דֵּעָה אֶת־ה el conocimiento de Yahvé, con Abdías 5, שִׂים קִנֶּךָ, probablemente "poner tu nido" (Gesenius 133, 1).

El texto puede interpretarse así, *Oh, tú, que has escogido este lugar como lugar en el cual has colocado tu gloria* (Hengstenberger). En esa línea, Jerónimo traduce, *qui posuisti gloriam tuam super caelos* (que pusiste tu gloria sobre los cielos). Este es el sentido de la versión siríaca y del Targum, *dehabt (דיהבת) shubhoch ʿal shemajo*, y del Símaco, ὃς ἔταξας τὸν ἔπαινόν σου ὑπεράνω τῶν οὐρανῶν (que colocaste tu gloria sobre los cielos).

Este uso del *nomen verbale* (nombre verbal), con la relación genitiva de אֲשֶׁר con תְּנָה הוֹדְךָ, que aparece como una sola noción, resulta muy significativo. Hitzig considera que ningún hombre razonable habría pensado y escrito esto, aunque, al mismo tiempo, de paso, él rechaza su propia conjetura תֵּן הַהוֹד (cuya extensión de gloria está sobre los cielos). Ciertamente, esta conjetura (con תֵּן) va más allá de los límites del lenguaje que solo conoce y utiliza el término תֵּן como nombre de un animal (*tannin*, monstruo marino).

Toda la dificultad desaparecería si uno pudiera leer como Hupfeld, נתתה. Pero תנה no tiene la más mínima apariencia de ser una corrupción de נתתה. Sería quizá preferible buscar puntuaciones distintas para תְּנָה, o suponer que la que tiene es errónea, derivada de תנה (ampliar o extender, cf. Os 8, 10, יִתְנוּ, extenderse, distribuir), en sentido de: *tú, cuya gloria se extiende sobre los cielos*.

Una interpretación más probable es la de Paulus y Kurtz, que leen תֻּנָּה: *Tú, cuya gloria es alabada* (con תֻּנָּה como forma pasiva, cf. Jc 5, 11 y 11, 40, que pertenece al dialecto hebreo del norte de Palestina); pero en vez de esa forma uno esperaría la de יתֻנָּה. Así vendría a expresarse la noción verbal, que está tácitamente implícita en Sal 113, 4; Sal 148, 13. Sea como fuere, el salmista pudo escribir quizá תְּנָה הוֹדְךָ en lugar de נתת הוֹדְךָ, porque quiso poner de relieve el despliegue de los cielos, llenos del esplendor divino, un esplendor constantemente repetido y no expresado de una vez y para todos, indicando así que Dios mismo ha querido expresar (poner, inscribir) la grandeza de su gloria en el cielo superior, a fin de que los hombres puedan contemplarla[32].

Sal 8, 3 ofrece la confirmación de 8, 2: También sobre toda la tierra, a pesar de la distancia que la separa de los cielos superiores, el nombre de Yahvé es glorioso, de forma que, como sigue diciendo el salmo, incluso los niños, más aún, los lactantes, le glorifican en la tierra, y no de un modo pasivo, por su simple existencia, sino a través de su misma boca, de sus palabras. Así se utiliza aquí la

---

32. En la primera inscripción sidonia que conocemos aparece אדיר como un sobrenombre de los cielos: שמם אדרם.

palabra עוֹלֵל (como מְעוֹלֵל), cf. עוֹלְלִים, que son niños ya algo mayores, capaces de un tipo de acción espontanea, pero propiamente suya[33].

Por su parte, וֹנֵק es un lactante, lo que no significa sin más que sea un *infans*, alguien que no habla, porque las mujeres hebreas estaban acostumbradas a dar de mamar a sus hijos por un largo período, de manera que un pequeño lactante podía ser ya capaz de cecear e incluso de hablar, mientras seguía alimentándose de la leche de su madre (véase 2 Mac 7, 27). Pues bien, de niños como esos ha recibido Yahvé su עֹז, su alabanza.

Los LXX traducen esa palabra de alabanza como αἶνον; y ciertamente עֹז tiene a veces el significado de poder, adscrito a Dios en la alabanza, de manera que ese término implica un reconocimiento laudatorio de su potencia activa. Pero ese sentido lo tiene solo cuando está conectado con verbos de dar, de donación, como en Sal 29, 1; Sal 68, 35; Sal 96, 7. En sí misma, esa palabra, cuando va sola no puede traducirse así. En este pasaje significa "fortaleza", poder, indicando así la autoridad victoriosa que Dios recibe de la boca de los niños que le confiesan.

Como Lutero ha observado, este poder ofensivo y defensivo se concibe como un edificio fuerte (una fortaleza), עֹז con el sentido de מָעוֹז (Jer 16, 19) i. e., como castillo, baluarte, fortificación. Pues bien, para expresar de esa manera su fortaleza o grandeza, Dios se sirve de los niños que balbucean, y esto lo hace por sus enemigos, para reprimir (הִשְׁבִּית hacer que alguien se agache, que se mantenga debajo, que esté en silencio, cf. Is 16, 10; Ez 7, 24) y confundir a los que se enfurecen en contra de él, y así se revuelven con una sed de venganza que se expresa en forma de maldiciones (la misma combinación aparece en Sal 44, 17).

Aquellos a los que alude el salmo son los que se oponen a la revelación de Dios de un modo fiero y condenatorio. En oposición a ellos, Yahvé apela a la boca de los niños, como expresión y signo de poder grande, defensivo, controvertido. Dios ha escogido aquello que parece más loco y débil a los ojos del mundo para poner en vergüenza a los sabios y fuertes (1 Cor 1, 27). Dios hace que su nombre sea aquí abajo glorioso a través de instrumentos que parecen oscuros y naturalmente débiles (como los niños), superando de esa forma a todos los que se oponen a su gloria.

---

33. עוֹלֵל (poel de עָלַל *ludere*, jugar). Conforme a esta derivación, עוֹלֵל (cf. en beduino עָאלוּל, 'álul un toro joven) está relacionado con תַּעֲלוּל; a diferencia de eso, עוּל es un sinónimo de יוֹנֵק y significa alguien que tiene que ser sustentado. El significado radical de עוּל que corresponde al árabe 'ál, en futuro, es "tener mucho peso, ser pesado, depender de otro que le cuida para poder vivir". En esa línea, el árabe 'ajjil es el niño "mantenido" en la casa; por su parte, ajjila (en la zona de Damasco 'ela) es aquel que depende de otro para sustentarse, y también la familia que depende del paterfamilias para mantenerse. Ni el árabe 'ál, futuro ni gál, futuro se aplica en general para una mujer pregnante ni para un niño que aún mama. Por otra parte, el demonio *Ghul* no recibe su nombre de mamar o de chupar sino de destruir (árabe gál, futuro).

8, 4–6. Stier traduce aquí de un modo equivocado: *Porque yo veré…* El pensamiento principal hacia el que tiende todo lo restante está en Sal 8, 5, de manera que Sal 8, 4 es la prótasis y la partícula כִּי tiene el sentido de *quum, quando*, en la línea de *quoties* (cuando veo los cielos…, cf. כִּי־אֶרְאֶה שָׁמֶיךָ מַעֲשֵׂי אֶצְבְּעֹתֶיךָ: Cuando miro el cielo, obra de tus manos…).

Cada vez que el orante mira hacia los cielos que llevan en sí mismos el nombre de Dios en forma de luz (cada vez que él dice שָׁמֶיךָ), los cielos con sus espacios infinitos (una idea que está en el fondo del plural, שָׁמַים) extendiéndose más allá del alcance de los ojos mortales, la luna (יָרֵחַ, dialectal וָרֵחַ, palabra quizá derivada, como dice Maurer de יָרֹק ser amarillento…).

Cada vez que el orante dirige sus ojos a las innumerables estrellas perdidas en los espacios infinitos (כּוֹכָבִים igual a כַּבְבִים en el sentido de redondo, en forma de balón, de cuerpos esféricos…) a las que Dios ha fijado en la bóveda celeste, con su sabiduría creadora (con כּוֹנֵן colocar y mantener, en el sentido de dar existencia y duración…). Siempre que el orante mira así hacia la inmensidad, él se pregunta "qué es el hombre mortal", y lo hace cada vez con más poder e intensidad.

El pensamiento más natural sería: El hombre pequeño y frágil no es nada ante todo eso… Pero este pensamiento no es el dominante, pues lo que el orante desea celebrar con grata emoción, con adoración emocionada, es el amor divino que aparece así con toda su gloriosa luz… Aunque אֱנוֹשׁ (el hombre) no venga de אנשׁ (ser frágil), sin embargo, desde la perspectiva del uso del lenguaje, esa palabra describe al ser humano en clave de impotencia, de fragilidad, de mortalidad (véase Sal 103, 15; Is 51, 12, y *Coment.* a Gen 4, 26).

Desde la perspectiva anterior בֶּן־אָדָם ofrece también una referencia colateral semejante. Con su alusión retrospectiva a עוֹלְלִים וְיֹנְקִים, el ser humano como בֶּן־אָדָם es equivalente a *nacido de mujer*, יְלוּד־אִשָּׁה en Job 14, 1. El hombre no es como las estrellas, un ser directamente creado por Dios, sino que viene a la existencia a través de una dependencia humana, como nacido de mujer. De esas designaciones se sigue que el texto está aludiendo a la generación actual de los hombres.

El ser humano, tal como lo vemos en nosotros mismos y en otros, este ser débil y dependiente, no es, sin embargo, un ser olvidado por Dios; al contrario, Dios le recuerda, y le cuida. La palabra פָּקַד se relaciona con observar atentamente, visitar; en este caso, con acusativo, está indicando una visita amorosa y amante de Dios (cf. Jer 15, 15), afirmando que no abandona al hombre, sino que se intercomunica con él. Según eso, el hombre es un objeto especial para Dios, objeto favorito de su amor, pues Dios dirige hacia él sus ojos (cf. Sal 144, 3, y la parodia del hombre tentado en Job 7, 17).

Solo en 8, 6 el salmo nos lleva de nuevo a mirar hacia la creación. El verbo וַתְּחַסְּרֵהוּ (en sentido distinto al que tiene en Job 7, 18) describe aquello que realmente acontece. חָסֵר מִן significa ser un poco menor que, carecer de algo, privarse de (cf.

Ecl 4, 8). Pero, מן no es aquí comparativo (*paullo inferiorem eum fecisti Deo:* Un poco inferior le hiciste a Dios), ni negativo (*paullum derogasti ei, ne esset Deus,* un poco inferior le hiciste, para que no fuera Dios).

מן es aquí más bien partitivo (*paullum derogasti ei divinae naturae,* poco inferior le hiciste a la naturaleza divina). De esa manera, sin ser אלהים en sentido plural abstracto, el hombre es "*paullum Deorum*", en el sentido de semejante a Dios (véase *Coment a Gen* p. 66s), un *poco menos que el numen,* es decir, que la divinidad de los dioses.

Conforme a Gen 1, 27 el hombre ha sido creado בצלם אלהים, *a imagen de Dios,* y, por lo tanto, es casi un ser divino. Pero cuando dice "hagamos al hombre a nuestra imagen, según nuestra semejanza", Dios le está conectando con los ángeles. La traducción de los LXX ἠλάττωσας αὐτὸν βραχύ τι παρ' ἀγγέλους (le disminuiste un poco respecto a los ángeles), con la que concuerdan el Targum y el conjunto de las interpretaciones judías está, por tanto, bien fundada.

Dado que, conforme a la visión bíblica, los ángeles estaban tan estrechamente conectados con Dios, como la expresión creatural más cercana a Dios, es realmente posible que al hablar de מאלהים David esté incluyendo en Dios a los ángeles. Siendo imagen de Dios, el hombre es imagen de los ángeles, y en ese sentido es poco menos que un ser angélico, de manera que puede aparecer como nexo de unión entre todas las cosas creadas, ya que en él se unen lo corporal y lo espiritual.

De un modo consecuente, el hombre es algo inferior a Dios que es puro רוח, y a los ángeles que son רוחות (Is 31, 3; Hebr 1, 14), porque él es no solo רוח, sino también un ser material y en cuanto tal es un ser finito y mortal, aunque participando del רוח de Dios. Así lo dice Teodoreto, de un modo claro y breve, τῷ θνητῷ τῶν ἀγγέλων ἠλάττωται (el hombre es algo inferior a los ángeles por ser mortal).

Este es el sentido de la palabra מעט en la que se concentra aquello que le falta al hombre para ser divino, que no es mucho, sino solamente un poco, מעט. La afirmación de Sal 8, 6 se refiere a la naturaleza del hombre, que es imagen de Dios y que ha recibido su aliento. De esa manera, este salmo alude al lugar casi divino del hombre como gobernante del mundo, de acuerdo con su participación en la naturaleza divina, pues *honore ac decore coronasti eum,* de honor y dignidad le coronaste.

כבוד es la manifestación de la gloria de Dios, descrita desde la perspectiva de su dignidad y de su plenitud. El hombre ha recibido honor y gloria (הוד, cf. הד הידד) por la inmensidad de su grandeza (véase *Coment. a* Job 39, 20); el hombre tiene הדר desde la perspectiva de su brillo, de su majestad y belleza. Sobre הוד והדר, cf. Sal 96, 6 o también הדר כבור הוד ה, Sal 145, 5.

El hombre aparece así lleno de la gloria divina, de la que está adornado, como si llevara una corona real. Desde el futuro consecutivo que sigue (תחת־רגליו

כֹּל שַׁתָּה, todo lo sometiste bajo sus pies) se entienden también las dos palabras anteriores (תַּמְשִׁילֵהוּ y תְּעַטְּרֵהוּ) como visiones retrospectivas: Le diste poder, todo lo sometiste bajo sus pies. La siguiente estrofa muestra la gloria real del hombre; él es señor de todas las cosas, de todas las creaturas de la tierra.

8, 7–9. El hombre es un rey, pero no un rey sin territorio, pues su reino está formado por el mundo entero, con las obras de la sabiduría creadora de Dios que lo llenan. Las palabras "puso bajo sus pies" suenan como una paráfrasis de רדה en Gen 1, 26, Gen 1, 28. כֹּל indica un reino ilimitado, como en Job 13, 1; Job 42, 2; Is 44, 24.

Pero la expansión de ese reinado del hombre en Sal 8, 8–9 se extiende solo al mundo y está limitada a los diferentes tipos de creaturas, desde las regiones de la tierra, el aire y el agua, lo cual es objeto de gran entusiasmo; el elevado lenguaje poético de ese pasaje corresponde a ese entusiasmo. La enumeración comienza con los animales domésticos, y pasa después a las fieras salvajes, con las creaturas que habitan sobre la tierra firme[34].

Esos animales se acomodan voluntariamente como ayuda para el hombre, especialmente para el pastoreo, sometidos pacíficamente al servicio de la vida humana. Los animales silvestres, que en prosa se llaman הַשָּׂדֶה חַיַּת הָאָרֶץ, llevan aquí el nombre poético de בַּהֲמוֹת שָׂדָי, como en Joel 2, 22, cf. Joel 1, 20, 1 Sam 17, 44. שָׂדָי es el nombre primitivo de שָׂדֶה, que no se declina y que, por tanto, recibe un significado colectivo.

De los animales del campo, la descripción pasa a las aves del aire y a los peces del agua. צִפּוֹר es la palabra más suave, en vez de עוֹף; y שָׁמַיִם se utiliza sin el artículo, conforme al uso poético. Por el contrario, la palabra יָם (el mar, pero sin el artículo) hubiera parecido demasiado simple; por eso el salmista pone וּדְגֵי הַיָּם (y peces de la mar, con artículo). Pero al final, al hablar de los caminos del mar (יַמִּים אָרְחוֹת) pone יַמִּים en plural, pues el artículo puede omitirse de nuevo, lo mismo que pone שָׁמַיִם en צִפּוֹר שָׁמַיִם (aves de cielo).

עבר (cf. עֹבֵר אָרְחוֹת, que pasan por los caminos...) es un participio colectivo. Los que pasan por los caminos del mar son los peces, no los hombres, como algunos han pensado (Böttcher, Cassel e incluso Aben-Ezra y Kimchi). Si hubiera querido referirse a los hombres, el salmista no podría haber expuesto el tema con este monoestico y de una forma tan dada a la posible equivocación. Estas palabras (cuanto pasa por los senderos del mar) son una designación amplia para referirse a todo lo que existe y se mueve por el mar, incluyendo desde los gusanos minúsculos

---

34. El término (צנא) צנה (Num 32, 24) como el árabe *dná (dn') dân*, futuro, ser prolífico, *proliferum esse*, corresponde en poesía a צֹאן, que es el nombre usual para referirse a la ganadería menor. El término אֲלָפִים (en arameo, como el nombre de la primera letra del alefato, *alef*) equivale en hebreo poético a בָּקָר.

hasta el enorme leviatán o ballena, dice Apolinar (cf. ὁππόσα ποντοπόρους παρεπιστείβουσι κελεύθους).

Si el hombre gobierna así sobre todos los seres vivientes que le rodean, desde el más cercano al más remoto, incluso sobre aquellos animales que no pueden domesticarse, eso significa que todo ser creado que habita en su cercanía debe servirle como rey. El poeta mira al hombre a la luz del propósito de Dios para lo que él fue creado, como signo del mismo Dios sobre la tierra.

8, 10. El salmista ha mostrado que lo que él ha expresado antes en 8, 2 (que la gloria de Dios se despliega en los cielos) se cumple también en la tierra. De esa manera, él puede repetir, en forma de conclusión, el pensamiento con el que había empezado, en un sentido más amplio, más abarcador, para tejer de esa manera este salmo como si fuera una guirnalda.

Pues bien, precisamente este salmo, del que parece que no debía esperarse algo así, es el más citado y aplicado al Mesías en el N. T. Ciertamente, la designación con la que Jesús se presenta a sí mismo, Hijo del Hombre (ὁ υἱὸς τοῦ ἀνθρώπου), por más lejana que pueda parecer al mensaje central del A. T., se funda en este pasaje tanto como en Dan 7, 13. La forma en que la carta a los hebreos (2, 6–8) utiliza este salmo (Sal 8, 5) nos muestra la manera en que se aplicaba al Mesías en el N. T.

El salmista mira aquí al hombre como alguien que glorifica a Dios, siendo así el príncipe del mundo creado por Dios. La deformación de esa identidad por el pecado hace que el hombre no cumpla este designio. Esto puede verse desde dos perspectivas: (a) Por una parte, vemos lo que el hombre ha llegado a ser por la creación, algo que se está aún realizando en el momento presente; (b) por otra parte, descubrimos que el designio que Dios ha confiado al hombre no ha sido cumplido. Si comparamos lo que este salmo dice con la parte sombría de la realidad del mundo actual, descubrimos que la forma presente del mundo va en contra de la finalidad de la creación del hombre; por eso, lo que se dice aquí de la gloria del mundo ha de entenderse como profecía del mundo futuro.

Este salmo nos sitúa ante la metamorfosis que hallamos en la conciencia del Nuevo Testamento, que insiste más en aquello que hemos perdido que en aquello que conservamos del principio original del mundo. En esa línea, el centro de la conciencia del N. T., se identifica y expresa a través de Jesús, restaurador de lo perdido. El hombre ha perdido por su caída, el dominio que Dios le había concedido sobre el mundo, pero lo recuperará a través de la redención de Jesús, de una manera más plena y perfecta.

El hombre actual no posee todavía ese dominio, en su forma externa, pero Jesús, entronizado a la derecha de Dios lo posee ya. Por medio de Jesús se ha realizado ya de una forma trascendente la idea de la humanidad, y se ha hecho de una forma mucho más alta que la que había sido dispuesta en el principio (por la creación). Jesús se ha introducido en este estado de la humanidad, que es solo un poco (βραχύ τι) inferior al de los ángeles, por un pequeño tiempo (βραχύ), a fin de elevar a la humanidad por encima de los ángeles.

Todo (כל) ha sido colocado bajo Cristo, con esta limitación temporal…, no solo el mundo animal, no solo este mundo del entorno cercano a los hombres, sino el universo entero, con todos los poderes dominantes, sometidos ya a Dios, o en hostilidad con él, incluso el poder de la muerte (1 Cor 15, 27, cf. Ef 1, 22). Todo aparece así redimido, como lo muestra la confesión de los niños pequeños, que vienen a presentarse como un "baluarte" fundado en Dios, a fin de que sea superada la resistencia de los que se oponen a la revelación de Dios.

Un ejemplo de esto lo tenemos en Mt 21, 16, donde Nuestro Señor se refiere a los fariseos y escribas, que se han enfurecido contra él, presentándoles el *Hosanna* de los niños, en los que se cumple este Salmo 8, 3, como prueba de su identidad mesiánica. La redención exige que los hombres, antes de toda otra cosa, se vuelvan como pequeños niños, pues Dios revela por medio de ellos unos misterios que están escondidos a los sabios y a los inteligentes.

Según eso, los μικροὶ καὶ νήπιοι (los pequeños, los niños), cuya lengua ha sido desatada por el Espíritu de Dios, empiezan a ser los que avergüenzan a los incrédulos. De esa manera, todo lo que este salmo dice de los hombres del presente, situado a la luz del N. T., en el contexto de la historia de la redención, se vuelve una profecía del Hijo del Hombre por excelencia (κατ' ἐξοχήν), es decir, de la nueva humanidad, por medio de Jesús.

Salmo 9. Al justo juez: Los enemigos han sido derrotados

¹לַמְנַצֵּחַ עַלְמוּת לַבֵּן מִזְמוֹר לְדָוִד׃ס

² אוֹדֶה יְהוָה בְּכָל־לִבִּי אֲסַפְּרָה כָּל־נִפְלְאוֹתֶיךָ׃

³ אֶשְׂמְחָה וְאֶעֶלְצָה בָךְ אֲזַמְּרָה שִׁמְךָ עֶלְיוֹן׃

⁴ בְּשׁוּב־אוֹיְבַי אָחוֹר יִכָּשְׁלוּ וְיֹאבְדוּ מִפָּנֶיךָ׃

⁵ כִּי־עָשִׂיתָ מִשְׁפָּטִי וְדִינִי יָשַׁבְתָּ לְכִסֵּא שׁוֹפֵט צֶדֶק׃

⁶ גָּעַרְתָּ גוֹיִם אִבַּדְתָּ רָשָׁע שְׁמָם מָחִיתָ לְעוֹלָם וָעֶד׃

⁷ הָאוֹיֵב׀ תַּמּוּ חֳרָבוֹת לָנֶצַח וְעָרִים נָתַשְׁתָּ אָבַד זִכְרָם הֵמָּה׃

⁸ וַיהוָה לְעוֹלָם יֵשֵׁב כּוֹנֵן לַמִּשְׁפָּט כִּסְאוֹ׃

⁹ וְהוּא יִשְׁפֹּט־תֵּבֵל בְּצֶדֶק יָדִין לְאֻמִּים בְּמֵישָׁרִים׃

¹⁰ וִיהִי יְהוָה מִשְׂגָּב לַדָּךְ מִשְׂגָּב לְעִתּוֹת בַּצָּרָה׃

¹¹ וְיִבְטְחוּ בְךָ יוֹדְעֵי שְׁמֶךָ כִּי לֹא־עָזַבְתָּ דֹרְשֶׁיךָ יְהוָה׃

¹² זַמְּרוּ לַיהוָה יֹשֵׁב צִיּוֹן הַגִּידוּ בָעַמִּים עֲלִילוֹתָיו׃

¹³ כִּי־דֹרֵשׁ דָּמִים אוֹתָם זָכָר לֹא־שָׁכַח צַעֲקַת (עֲנִיִּים) [עֲנָוִים]׃

14 חָנְנֵ֬נִי יְהוָ֗ה רְאֵ֣ה עָ֭נְיִי מִשֹּׂנְאָ֑י מְ֝רוֹמְמִ֗י מִשַּׁ֥עֲרֵי מָֽוֶת׃

15 לְמַ֥עַן אֲסַפְּרָ֗ה כָּֽל־תְּהִלָּ֫תֶ֥יךָ בְּשַֽׁעֲרֵ֥י בַת־צִיּ֑וֹן אָ֝גִ֗ילָה בִּישׁוּעָתֶֽךָ׃

16 טָבְע֣וּ ג֭וֹיִם בְּשַׁ֣חַת עָשֹׂ֑וּ בְּרֶֽשֶׁת־ז֥וּ טָמָ֗נוּ נִלְכְּדָ֥ה רַגְלָֽם׃

17 נ֤וֹדַ֨ע ׀ יְהוָה֮ מִשְׁפָּ֪ט עָ֫שָׂ֥ה בְּפֹ֣עַל כַּ֭פָּיו נוֹקֵ֣שׁ רָשָׁ֑ע הִגָּי֥וֹן סֶֽלָה׃

18 יָשׁ֣וּבוּ רְשָׁעִ֣ים לִשְׁא֑וֹלָה כָּל־גּ֝וֹיִ֗ם שְׁכֵחֵ֥י אֱלֹהִֽים׃

19 כִּ֤י לֹ֣א לָ֭נֶצַח יִשָּׁכַ֣ח אֶבְי֑וֹן תִּקְוַ֥ת (עֲנָוִים) [עֲנִיִּ֗ים] תֹּאבַ֥ד לָעַֽד׃

20 קוּמָ֣ה יְ֭הוָה אַל־יָעֹ֣ז אֱנ֑וֹשׁ יִשָּׁפְט֥וּ ג֝וֹיִ֗ם עַל־פָּנֶֽיךָ׃

21 שִׁ֘יתָ֤ה יְהוָ֨ה ׀ מוֹרָ֗ה לָ֫הֶ֥ם יֵדְע֥וּ ג֝וֹיִ֗ם אֱנ֖וֹשׁ הֵ֣מָּה סֶּֽלָה׃

<Al músico principal; sobre Mut-labén. Salmo de David>

¹ Te alabaré, Jehová, con todo mi corazón. Contaré todas tus maravillas.
² Me alegraré y me regocijaré en ti; cantaré a tu nombre, Altísimo.

³ Mis enemigos se volvieron atrás; cayeron y perecieron delante de ti.
⁴ Has mantenido mi derecho y mi causa;
te has sentado en el trono juzgando con justicia.

⁵ Reprendiste a las naciones, destruiste al malo;
¡borraste el nombre de ellos eternamente y para siempre!
⁶ Oh tú, enemigo, las destrucciones han llegado a un final perpetuo;
tú has destruido ciudades, su memoria ha perecido con ellas.

⁷ Pero Jehová permanecerá para siempre; ha dispuesto su trono para juicio.
⁸ Él juzgará al mundo con justicia y a los pueblos con rectitud.

⁹ Jehová será refugio del pobre, refugio para el tiempo de angustia.
¹⁰ En ti confiarán los que conocen tu nombre,
por cuanto tú, Jehová, no desamparaste a los que te buscaron.

¹¹ Cantad a Jehová, que habita en Sión; publicad entre los pueblos sus obras.
¹² El que demanda la sangre se acordó de ellos;
no se olvidó del clamor de los afligidos.

¹³ Ten misericordia de mí, Jehová;
mira la aflicción que padezco a causa de los que me aborrecen,
tú, que me levantas de las puertas de la muerte
¹⁴ para que cuente todas tus alabanzas a las puertas de Sión, y me goce en tu salvación.

¹⁵ Se hundieron las naciones en el hoyo que hicieron;
en la red que escondieron fue atrapado su pie.
¹⁶ Jehová se ha hecho conocer en el juicio que ejecutó;
en la obra de sus manos fue enlazado el malo. Higaión. Selah

¹⁷ Los malos serán trasladados al seol, todas las naciones que se olvidan de Dios.
¹⁸ El menesteroso no para siempre será olvidado,
ni la esperanza de los pobres perecerá perpetuamente.

¹⁹ Levántate, Jehová; no se fortalezca el hombre;
sean juzgadas las naciones delante de ti.
²⁰ Infunde, Jehová, tu temor en ellos;
¡conozcan las naciones que no son sino hombres! Selah

Así como Sal 7 sigue al 6 para desarrollar un ejemplo de su contenido, así Sal 9 sigue al 8 para ilustrar el sentido de la glorificación del Nombre de Dios sobre la tierra. Es muy hermoso que Sal 8, que celebra la gloria de Dios en la tierra, haya sido colocado entre un salmo que termina con las palabras "yo cantaré el nombre de Yahvé, el Altísimo" (Sal 7, 18) y este otro que comenzamos ahora y que empieza diciendo "yo cantaré tu Nombre, oh altísimo" (Sal 8, 3).

Los LXX traducen la inscripción עַלְמוּת לַבֵּן por ὑπὲρ τῶν κρυφίων τοῦ υἱοῦ (Vulgata *pro occultis filii*, por las cosas ocultas del hijo) como si el texto hebreo fuera עַל־עֲלָמוֹת. La traducción de Lutero resulta aún más extraña, "sobre la hermosa (quizá blanca) juventud". Ambas traducciones van en contra del sentido del texto en el que עַל aparece solo una vez.

El Targum aplica בֵּן al guerrero Goliat, como si se tratara de un hombre de duelos (como אִישׁ הַבֵּנַיִם). Por su parte, algunos rabinos miran לַבֵּן como resultado de una transposición de letras (de נָבָל, sobre la muerte de Nabal). Hengstenberg ha retomado esta visión, tomando נָבָל como una designación colectiva de todos los que son locos/tontos como el Nabal de la historia de David (1 Sam 25).

Todas estas y otras curiosas traducciones brotan de la idea errónea de que este encabezado se refiere al contenido del salmo. Al contrario, este encabezado se refiere al tono o melodía y lo hace por medio de palabras vinculadas a un canto, quizá a un canto popular de aquel tiempo, con cuyo tono y melodía se asocia este salmo.

Al final del Sal 48, esta indicación del tono se expresa simplemente con עַל־מוּת. Eso significa que puede tomarse en cuenta la visión de los comentaristas judíos que refieren לַבֵּן a un músico judío llamado בֵּן, mencionado en 1 Cron 15, 18. Pero ese nombre despiertas ciertas sospechas críticas. ¿Por qué no podría haber comenzado un salmo conocido con las palabras מוּת לַבֵּן "por la muerte del (para el) hijo..."; por otra parte, לַבֵּן significa blanco y no hay nada en la puntuación que impida que esas palabras מוּת לַבֵּן signifiquen "la muerte blanca que blanquea".

Incluso Hitzig no se deja engañar sobre el origen davídico de este salmo 9 y del 10 por el hecho de que ambos hayan sido ordenados de un modo alfabético (como acrósticos). Estos dos salmos tienen el honor de que han sido reconocidos por él como genuinos salmos davídicos. Eso significa que el ordenamiento alfabético que hallamos en otros salmos no implica, sin más, que ellos hayan surgido en unos tiempos en los que "se ha degenerado ya el gusto poético". Por otra parte, la libertad con la que se utiliza el orden alfabético de estos salmos se puede tomar como una indicación de que este salmo es anterior a los otros salmos alfabéticos.

Los poetas del A. T., tanto aquí como en otros casos, no se dejan encadenar por formas de ese tipo (véase *Coment.* a Sal 145, cf. Sal 42, 2); y el hecho de que el orden alfabético no se haya aplicado de un modo estricto a este Sal 9 no tiene más razón que la libertad con que David utiliza ese ordenamiento, a diferencia de otros poetas posteriores. Lo único que indican estos dos salmos alfabéticos (Sal 9 y 10) es que también David podía utilizar la técnica del acróstico para organizar en parte sus salmos. En esta línea preguntamos: ¿Por qué no iba a tener David la libertad de adaptar a sus fines el orden de los salmos acrósticos?

Incluso entre los romanos (cf. Cicero, *De Divin.* II, 54, 111), el mismo Ennio, que no pertenece a la edad de bronce, sino a la de hierro, de la que vino a desarrollarse después la edad de oro, compuso textos acrósticos. Y las epopeyas germánicas más antiguas están compuestas con un estilo de aliteraciones que, según Vilmar, constituyen el ejemplo más elevado y característico de literatura de la nación alemana. Por otra parte, el orden alfabético ha sido adaptado para el pueblo en general, como muestra Agustín en sus *Retract.* I. 20.

El estilo acróstico no es el sustituto pálido de una inspiración poética ya perdida, ni un accesorio para los ojos o un embellecimiento externo, sino más bien una indicación del poder organizador de la mente. El autor de este poema didáctico toma la disposición de los elementos lingüísticos como pasos a través de los cuales va dirigiendo a sus alumnos hacia el santuario de la sabiduría, como un tipo de armario de muchas celditas en las que va colocando las perlas de su sabiduría.

El escritor lírico toma ese orden acróstico como clave para expresar sus sentimientos de la manera más completa. Incluso un buen poeta no desdeña este orden para organizar el curso de su pensamiento, como vemos en Nahum 1, 3-7 (debo esta observación al pastor Frohnmeyer de Würtemberg). Según eso, cuando entre los nueve salmos alfabéticos o acrósticos del salterio[35] (cf. Sal 9; 10; 25; 34; 37; 111; 112; 119 y 145) encontramos 4 que llevan el encabezado לדוד (Sal 9; 25; 34; 145) no podemos tomarlos, sin más, como no davídicos por el hecho de que sigan un orden alfabético más o menos desarrollado.

Este no es el lugar para hablar de la relación entre Sal 10 (anónimo) y Sal 9, dado que el 9 no tiene ningún signo de que le falte algo o de que sea un canto que no ha sido bien finalizado. Este es un salmo hímnico. La idea de que 9, 14

---

35. El *Psalterium Brunonis* (editado por Cochleus, 1533) pasa por alto los salmos 9–10, y por eso solo reconoce siete salmos alfabéticos.

forma parte de un texto distinto, porque pasa de la acción de gracias a la súplica, proviene de una falsa interpretación del texto, como seguiré indicando. Este salmo es un canto bien estructurado de acción de gracias por la victoria de David, y pertenece al tiempo en que Yahvé había sido ya entronizado en Sión, y según eso al tiempo en que el arca había sido colocada en su lugar.

¿Pertenece este salmo al tiempo en que se había completado ya la triunfal campaña de la guerra siro-amonita? El juicio de exterminio ya ejecutado, cf. 9, 8, armoniza bien con lo que se dice en 2 Sam 12, 31; y los גוים, que siguen viviendo de hecho en las fronteras de Israel, parecen ser los filisteos, conforme a lo que dicen los pasajes de los "Anales" incluidos en los libros histórico, cf. 2 Sam 21, 15; 1 Sam 13, 6.

9, 2–3. Esta primera estrofa del salmo está escrita en forma de tetraestico (la normal en los poemas alfabéticos). Cada estrofa tiene cuatro líneas, cada una de las cuales empieza con una א. Es el preludio de todo el canto.

El poema empieza con una proclamación gozosa de la alabanza de Yahvé, realizada *con todo el corazón* (cf. Sal 128, 1), es decir, con todos los poderes de la mente y del alma, tal como están centrados en el corazón. El salmo confiesa así la gloria de Yahvé de un modo agradecido e inteligente, insistiendo en sus actos maravillosos que exceden todo deseo y comprensión humana (Sal 26, 7).

El salmista quiere regocijarse y estar alegre en Yahvé, como fuente de su alegría, como espacio de su gozo. Él cantará con su voz y con la música de su arpa, exaltando el nombre del Altísimo. עליון no es un atributo del nombre de Yahvé (Hitzig, *tu Nombre exaltado*), sino que, tanto aquí como en los demás casos, desde Gen 14, 18–22 (e. g., Sal 97, 9), es un Nombre atributivo de Dios. Para que fuera atributivo de שמך tendría que haber puesto העליון.

9, 4–5. La llamada que el salmista se dirige a sí mismo para dar gracias suena con toda fuerza, y esta estrofa, que comienza con la bet (ב), continúa poniendo de relieve la razón de ello. La preposición ב expresa en este contexto el tiempo y la razón de la alabanza (como en Sal 76, 10; 2 Cron 28, 6).

En la traducción latina (*recedentibus hostibus meis retro*, volviendo mis enemigos hacia atrás), אחור sirve para fortalecer la noción de ser arrojado hacia atrás, como en Sal 56, 10, cf. Sal 44, 11. En esa línea, en latín, los verbos compuestos con re- quedan fortalecidos con *retro*. En Sal 9, 4b los verbos finitos toman el lugar del infinitivo constructo; por el contrario, en 9a tenemos el verbo en futuro, con significado de presente, como en 2 Cron 16, 7 donde hay un pretérito con significado de perfecto.

La traducción que propone Hitzig (cuando mis enemigos se vuelven atrás, ellos vacilan) no puede aceptarse, tanto por la ausencia de toda indicación sintáctica que indique una apódosis (9, 4; cf. 27, 2), como por el hecho de que יכשלו se entiende mejor como continuación de la descripción de שוב אחור (cf. Jn 18, 6); de esa forma ha de entenderse como cláusula principal, siguiendo a la subordinada anterior.

Por otra parte, אחור no significa *hacia atrás*, lo que debería haberse dicho con אחרנית(cf. Gen 9, 23; 1 Sam 4, 18), sino *atrás,* en la parte trasera. El מן de מפניך es un מן de causa, indicando la acción de la que proviene aquello de lo que se está hablando. El texto está evocando la mirada airada de Dios, que hace arder a sus enemigos como si fueran combustible (Sal 21, 10), en contra de la mirada amorosa de Dios que llena a sus amigos con la luz de su amor. En este momento, cuando eso está sucediendo, y a causa de que sucede, los fieles deben cantar alabanzas a Dios.

Por 9, 2 vemos que el salmo está compuesto de un modo directo tras la victoria conseguida, mientras se están culminando las consecuencias y exigencias finales de destrucción que implica esa victoria en la batalla sobre los enemigos. David contempla todo ese proceso como un acto del poder judicial de Dios. Se trata, pues, de ejecutar (imponer) el derecho de cada uno (cf. משפט, Miq 7, 9), hacer que se cumpla la petición justa con la palabra דין (cf. Sal 140, 13) que es equivalente a *asistir a cada uno,* defender su buena causa, asegurar su derecho.

Las frases de esta sección se utilizan también en este sentido judicial, aunque no lleven sufijo. El genitivo de objeto que viene tras cada una de esas palabras principales no indica nunca la persona contra la que se actúa, sino la persona a favor de la cual se actúa, y en ese contexto ha de entenderse la acción judicial poderosa de Dios. Yahvé se ha sentado sobre la sede de su juicio de justicia (como en Jer 11, 20), i. e., como juez cuyo modo judicial de proceder consiste en imponer el derecho, la justicia, a favor de aquellos por quienes Dios se ha decidido[36]. Con la expresión ישב ל (cf. ישבת לכסא, como en Sal 132, 11), que se distingue en esta línea de ישב על (Sal 47, 9), viene a destacarse la idea de movimiento.

9, 6–7. Esta es la estrofa ג, que quizá ha sido pensada de un modo más amplio, a fin de que represente también la ד y la ה, y así continúa insistiendo en la causa de la acción de gracias que se ha destacado ya en 9, 4. No se centra en la celebración del acto judicial de Dios a favor del orante, acto que él (David) acaba de experimentar, sino que presenta su alabanza en conexión con ese acto, como si él fuera representante de otros muchos en quienes se ha manifestado la obra de Dios.

---

36. También Prov 9, 16 ha de leerse probablemente como צדק כל־שפטי, como hace Norzi, siguiendo la lectura del Targum, la versión siríaca y los códices antiguos. Sea como fuere, esa es una variante de lectura antigua, conforme al sentido de la frase, al lado de כל־שפטי ארץ.

En este caso, además de referirse a los amonitas, Sal 9, 6 parece referirse, al mismo tiempo (como dice Hengstenberger) a los amalecitas (1 Sam 8, 12), que han sido ya amenazados desde el tiempo de Moisés, prometiendo que será borrado su recuerdo (Ex 17, 14; Dt 25, 19, cf. Num 24, 20).

La amenaza divina es la palabra de omnipotencia de Dios que destruye, en oposición a la palabra de omnipotencia que crea. רשע está en conexión íntima con גוים y sirve para individualizar así a los pueblos, cf. Sal 9, 18 con Sal 9, 16, Sal 9, 17. וָעֶד es una forma pausal afilada (incisiva) de ועד, con el *pathach* convertido en *segol* (קטן פתח). Ella se debe quizá al intento de evitar la repetición por tres veces del mismo sonido en לעולם ועד (Nägelsbach 8).

En Sal 9, 7, la palabra הָאוֹיֵב (con *azla legarme*) parece un vocativo. Pero en ese caso, נתשת tendría que dirigirse también a un enemigo, de forma que el texto debería traducirse "tú has destruido tus propias ciudades, su memoria ha perecido", es decir, su mismo recuerdo o pasado ha sido destruido ante el ataque de Israel. Pero, expresado así, el pensamiento sería forzado. Por su parte, si traducimos "el recuerdo de las ciudades que tú has destruido ha perecido", de manera que ya no quedaría ni el recuerdo de esas ciudades, nos hallaríamos ante un pensamiento extraño, que no puede apoyarse en ninguno de los numerosos paralelos que hablan de la destrucción de una ciudad enemiga, sin que queden restos de ella.

Por otra parte, conforme a esas interpretaciones, tiende a pasarse por alto el hecho de que זכרם (su recuerdo) ha sido reforzado por המה y también el hecho de que las dos palabras masculinas זכרם המה se refieren a ערים (algo que han olvidado la mayoría de los expositores), mientras que עיר, con unas pocas excepciones es femenino. Según eso, aunque lo contrario no sea totalmente imposible, זכרם המה tiene que referirse a los enemigos en cuanto tales, no a sus ciudades sin más (cf. Sal 34, 17; Sal 109, 15).

הָאוֹיֵב podría ser nominativo absoluto, de manera que el texto se podría traducir: "el enemigo… está ante su fin para siempre con sus destrucciones"; pero חרבה no tiene nunca sentido activo, sino neutro. También se podría traducir, "el enemigo… ruinas han terminado para siempre". Pero el significado de "ser destruido" exigiría que la palabra aquí empleada fuera תמם, en vez de תַּמּוּ al aplicarse a las ruinas. Más aún, en conexión con esas dos traducciones debería venir el pronombre en חֳרָבוֹת (teniendo que decirse חרבותיו).

Todos estos problemas se solucionan mejor haciendo que האויב sea el sujeto de תמו. Ese verbo (תַּמּוּ, perecerán, morirán) aparece también en otros casos con un sujeto colectivo, así en Is 16, 4; cf. también הארב en Jc 20, 37. Por su parte, חרבות לנצח es un nominativo de resultado (de producción), que corresponden al objeto o resultado de la acción, con verbos de acción, Los enemigos son destruidos como ruinas para siempre, de tal forma que así quedan convertidos en ruinas. El tema se puede traducir de esta manera: el enemigo, esto es, ellos, son (quedan) destruidos, como ruinas para siempre.

Respecto a lo que sigue, la acentuación tiene elementos que llaman también nuestra atención. Según ella, la palabra נִתֵּשְׁתָּ (con el acostumbrado *pathach* con *athnach* después de un acento *olewejored*, véase *Coment.* a Sal 2, 7) nos *sitúa* ante una frase de relativo, de forma que no necesita que זכרם המה se refiera hacia atrás a ערים. Según todo eso, interpretamos el pasaje así: "Y tú has destruido (נתש *evellere, exstirpare*, aniquilar) ciudades (se supone que hostiles), de manera que la memoria de ellos (de los enemigos) ha perecido".

De esa forma se explica el hecho de que la palabra זכרם, conforme a la regla de Gesenius 121, 3, ha quedado reforzada por la adición de המה (cf. Num 14, 32; 1 Sam 20, 42; Prov 22, 19; 23, 15; Ez 34, 11). Hupfeld, cuya interpretación es la misma que la nuestra, piensa que son probablemente los enemigos y las ciudades los que han luchado entre sí y se han destruido.

Pero el contraste sigue en Sal 9, 8, donde se dice que "ellas (las ciudades, los enemigos) han perecido, su memoria se ha borrado, mientras que Yahvé dura para siempre y está entronizado como juez". Este contraste, mirado así, retrospectivamente, va en apoyo de nuestra explicación, según la cual זכרם (su recuerdo) no se refiere a las ciudades, sino al enemigo, es decir a האויב, tomado como un término colectivo. Con esta interpretación de 9, 7 no tenemos ninguna necesidad de leer זכרם מהמה (como el Targum), ni זכר מהמה (Hitzig).

Esta última lectura parece reforzada por Job 11, 20, cf. Jer 10, 2. A pesar de ello, esa lectura de זכרם como *su recuerdo* no parece admisible, dado que זכר no tiene aquí un sentido subjetivo (recuerdo de algunos), sino objetivo (recuerdo sobre algunos). En esa línea se podría decir que ערים significa aquí quizá (como en Sal 139, 20) *celotas, celosos*, en el sentido de adversarios (de עיר *fervere, zelare*, ser fervoroso de...).

De todas formas, nos inclinamos por la negativa, porque este salmo no tiene un lenguaje arameizante, ni un tipo de hebreo del norte de Palestina. De todas formas, sigue permaneciendo la dureza de la palabra ערים sin ningún sufijo que nos permita precisar su sentido. Queda sin embargo claro que las ciudades de las que aquí se trata, ciudades que han sido destruidas de raíz, son ciudades de enemigos.

9, 8–9. Sin que haya ni un recuerdo de ellos, los enemigos han sido destruidos, mientras que, en contra de eso, Yahvé permanece para siempre. Esta estrofa es la continuación de la anterior, con una íntima conexión de contraste (como en el caso de la estrofa ב, 9, 4, en la que se parte de lo dicho en la estrofa anterior). En esa línea, el verbo ישב (cf. לְעוֹלָם יֵשֵׁב) no tiene aquí el sentido general de "permanecer" (como עמד, durar), sino el mismo que en Sal 29, 10.

Todo lo que se opone a Yahvé tiene un final terrible, mientras que él, Yahvé, se sienta en su trono donde habita entronizado para siempre, como juez. Él ha preparado su trono con la finalidad de juzgar (וְהוּא יִשְׁפֹּט־תֵּבֵל). Este mismo Dios que ha dado pruebas de que vive y reina será para siempre juez de las naciones, de un modo total, estricto, imparcial.

תֵּבֵל es una palabra exclusivamente poética y siempre sin artículo, y significa "todo" (a diferencia de ארץ que es el cuerpo de la tierra, y de אדמה que es la cubierta de suelo de la tierra), la superficie fértil del globo (de יבל), la οἰκουμένη. El texto se refiere aquí al juicio final, en el que desembocan todos los juicios anteriores. En salmos más tardíos se repite esta palabra davídica relacionada con el futuro.

9, 10–11. Al juzgar de esta manera a las naciones, Yahvé vendrá a mostrarse (en esta segunda estrofa–guimel, con ו) como refugio y ayuda de los suyos (יְהוָה מִשְׂגָּב, וִיהִי, y será Yahvé refugio). El verbo voluntativo con *waw* (cf. 9, 10, וִיהִי יְהוָה) expresa aquello que el poeta desea para él y para los temas mencionados en Sal 9, 11.

מִשְׂגָּב es un lugar alto, protegido, donde alguien está alejado de todo peligro, como sabe David por las experiencia de sus tiempos de perseguido. Por su parte, דך es alguien que está propiamente aplastado, roto (de דכך igual a דכה, דכא deshacer, romper en pedazos, דקק pulverizar), por lo tanto, uno que está oprimido hasta el extremo, totalmente quebrado, sin fuerza. El paralelo de דך es לעתות בצרה con la partícula de dativo ל (como probablemente también en Sal 10, 1).

עתות de עת (en el sentido de tiempo y también continuidad, cf. Sal 81, 16) indica las condiciones sociales del pueblo, las vicisitudes de la vida de sus habitantes, en la línea de Sal 31, 16. Por su parte, בצרה no es הצרה más la partícula ב (Bötticher), pues esa composición produce un significado que carece aquí de sentido (para tiempos en la necesidad), sino que es, más bien, una palabra formada a partir de בצר (cortar, en árabe tiene el sentido de *ver*, y propiamente hablando *discernir* con agudeza), lo mismo que בקשה de בקש, que significa en sentido estricto algo que está cortado de, separado de, que no puede ni moverse (como בצרת, Jer 17, 8, *plural* בצרות; Jer 14, 1), con un matiz de tristeza sin esperanza de liberación.

Dios es refugio final para hombres que se encuentran en esas circunstancias de vida sin esperanza, de forma que solo por él se fortalece la confianza de su pueblo, se refresca, queda impulsada. Solo Yahvé ofrece seguridad a los que conocen su nombre, el nombre de Dios, pues él se lo revela plenamente a través de sus actos. En esa línea, aquellos que preguntan por Yahvé, o se preocupan por él (este es el sentido de דרש a distinción de בקש) muestran que han tenido la experiencia de que Dios no les olvida, sino que les da a conocer su realidad en plenitud, su poder y su misericordia.

9, 12–13. De esa forma, partiendo de la anterior, esta estrofa ז (זַמְּרוּ לַיהוָה) invita a los fieles para que alaben a su Dios, que ha hecho y hará tales cosas. Las peticiones que siguen tienen un contenido moral y se pueden aplicar a todos los hombres del pueblo en conjunto y a cada uno individualmente. Yahvé, que ha de ser alabado en todo lugar y por todos, aparece aquí como aquel que habita en Sión (יֹשֵׁב צִיּוֹן), cosa que no significa aquí directamente que esté entronizado allí sobre un trono, en un templo bien construido (pues en los años de la vida de David no se había construido todavía allí un templo), sino que habita en Sión, llenando de su vida la santa montaña (Gesenius 138, 1).

Yahvé será en especial el nombre del Dios de Sión desde el momento en que él coloque allí su Trono en la tierra, cuando el Arca de la alianza se establezca en la colina, es decir, en el lugar fuerte de Jerusalén, Sal 76, 3. Este será el nombre que recibirá y tendrá durante el tiempo de los reyes, hasta la caída de la Jerusalén, el año 587 a. C., para recuperarlo después para siempre.

La salvación de Yahvé ha de ser proclamada desde Sión a todo el mundo, incluso fuera de Israel, porque esa salvación será el tema principal de Salmos de David, que podrán titularse *Salmos de Sión*, cuyo tema central serán las *magnalia Dei*, las grandes obras de Dios vinculadas a Jerusalén.

En ese sentido, los salmos son los cantos victoriosos de las grandes obras de Dios que han de ser proclamadas a las naciones. Esas obras son עֲלִילוֹתָיו, "tus acciones poderosas", son *magnalia Dei* (cosas grandes de Dios), unas obras que aparecen ya cantadas en el Canto de Ana (1 Sam 2-3) y que se repetirán después de manera apasionada en los profetas. Esa palabra (עֲלִילוֹת) proviene de עלל, raíz על, que significa elevarse o ponerse sobre alguna cosa, influir en una persona o cosa, como si fuera desde arriba, para llenar así las cosas con su energía y actuar sobre ellas.

Con la partícula כִּי, *quod*, (Sal 9, 13) se pone de relieve la profundidad y sentido de la salvación que Dios ofrece a su pueblo desde Sión. El tiempo presente muestra aquello que Dios ha realizado ya, y que así aparece como expresión y sentido de su acción entre los hombres. Esos actos de Dios tienen dos argumentos principales: (1) Dios se venga de los enemigos; (2) Dios rescata y libera a su iglesia perseguida hasta el martirio.

Este es el texto clave: דֹּרֵשׁ דָּמִים אוֹתָם זָכָר, *(Dios) venga la sangre, recuerda a ellos...* Estos, אוֹתָם (aquellos de los que se acuerda Yahvé, demandando su sangre) aparecen en el texto antes que el verbo (זָכָר), a causa del énfasis, pues son aquellos a los que aludirá después el salmo (en 9, 20). El *qetub* les llama עֲנָוִים, el *keri* עֲנִיִּים, siendo en ambos casos los humildes o los pobres. Ambas palabras se alternan también en otros lugares del salterio, poniéndose a veces como *qetub* y otras veces como *keré*. Ambas remiten a ענה inclinarse (abajarse, Is 25, 5). La significación neutra del verbo ענה igual a ענו, árabe *'ná*, está en el fondo del nombre ענו, que en Num 12, 3 aparece como *keré*, עָנְיו, con una *yod* genérica (lo mismo que la yod de שָׁלִיו, Job 21, 23).

El sustantivo correspondiente, עֲנָוָה, no significa sin más aflicción, sino pasividad, es decir, humildad. Por su parte el nombre עָנִי es pasivo y, por lo tanto, no significa, como עָנָו, alguien de mente humilde, en estado de עֲנָוָה, sino alguien que está inclinado, afligido, lleno de dolores, עָנִי. En esa línea, las dos virtudes (la aflicción y la humildad) aparecen como gemelas, vinculadas a la palabra עֲנָוָה, porque se adquieren en la escuela del sufrimiento, como indica la palabra עָנִי – aunque solo de un modo secundario.

De esa forma se vinculan el sentido moral/espiritual y el sentido físico/anímico de la aflicción, es decir, de una vida de abajamiento, sin felicidad corporal y prosperidad. Esta es una condición básica de la vida de los creyentes y, como muestra Num 12, 3, ella se encuentra bien expresada por el nombre עָנָו (en griego ταπεινός y πραΰς) que tiene el sentido del humildad y mansedumbre.

Pues bien, en ese contexto, conforme a la palabra del salmo, no solo en Israel, sino entre las naciones, se proclamará que Dios es vengador de sangre (*goel* divino, דֹּרֵשׁ דָּמִים), pues él piensa y se ocupa de ellos (de los pobres/afligidos, que son sus דֹּרְשִׁים). Conforme a todo eso, los afligidos pueden buscar a Dios y pedir su protección, porque es Dios mismo el que se preocupa de ellos.

דָּמִים significa siempre sangre humana, una sangre derramada con violencia, de un modo antinatural. El plural es un "plural de exigencia", tal como lo ha estudiado Dietrich, *Abhandl.* p. 40. En esa línea, cuando se dice que Dios es דֹּרֵשׁ דָּמִים, se está indicando que él es *buscador/vengador de sangre*, pues exige que los culpables restituyan aquello que han destruido (la sangre humana), o que paguen por ello, exigiéndoles un tipo de indemnización o satisfacción, Gen 9,5, de manea que los culpables sean por ello castigados a la muerte, en el sentido absoluto de "castigar" como condenar (cf. 2 Cron 24, 22).

9, 14–15. Los que toman esta estrofa como una oración separada de David (sin relación con su vida) destruyen la estructura del carácter hímnico unitario del salmo, porque lo que aquí aparece en forma de oración es lo que se presentará en el salmo siguiente, como algo que el salmista ha experimentado en su propia existencia de rey elegido por Dios. Esta estrofa presenta más bien aquello que los עֲנָוִים y עֲנִיִּים (los afligidos y pobres) han gritado a Yahvé, antes de haber recibido la liberación que ahora experimentan.

En vez de la forma חָנֵּנִי que se utiliza en todos los restantes casos aquí se emplea la fórmula más fuerte y trémula חָנְנֵנִי. Conforme a la lectura más atestiguada (con *pathach* y *gaja* en la primera sílaba), a pesar de que Chajug la toma como imperativo *piel*, esta palabra (חָנְנֵנִי) ha de interpretarse, más correctamente (cf. Ewald 251c), como un imperativo *kal*.

Las puertas de la muerte (cf. שַׁעֲרֵי מָוֶת) son las entradas del reino de la profundidad o sheol (שְׁאוֹל, Is 38, 10) que están en las profundidades de la tierra. De aquel que está en peligro de muerte, se dice que ha sido tragado por la tierra. De aquel que ha sido liberado del riesgo de muerte, se dice que ha sido "elevado", de forma que las puertas de la muerte no le tragan y no se cierran tras de él.

La iglesia (congregación de fieles) de Israel, que ha estado ya cerca de las puertas de la muerte, ha gritado a Dios, pues Dios es el único, que puede liberarle de la destrucción. La finalidad principal de esa liberación consiste en que el creyente (la iglesia) pueda glorificar a Dios, pues los muertos no le alaban. La forma תְּהִלָּתֶיךָ es singular, con un sufijo plural, como en שֹׁנַאתִיךָ (Ez 35, 11) y en אֲשֹׁמְתִימוֹ (Esd 9, 15), con inflexión plural, a pesar de que la palabra sea singular. Este es un caso extraño, pero los especialistas en puntuación afirman que hay posibilidad de una inflexión plural para un nombre colectivo en singular (como muestra עצתיך en Is 47, 13).

En oposición a las puertas de la muerte, situadas debajo de la tierra, las puertas de la hija de Sión (שַׁעֲרֵי בַת־צִיּוֹן) están en lo alto. צִיּוֹן es genitivo de aposición (*gen. appositionis*, Gesenius 116, 5). La hija de Sión (Sión misma) es la iglesia de los que tienen con Yahvé una relación de niños, de novios, de esposos (es decir, de participantes de su gloria). Estar ante las puertas de la hija de Sión equivale a "estar delante de todo el pueblo de Dios" (Sal 116, 14).

Las puertas son el lugar de la reunión pública, el espacio civil más importante de la ciudad, donde se realizan los contratos o negocios de los habitantes. En este período del Antiguo Testamento, los fieles no sabían nada de los cantos de alabanza de los redimidos en el cielo (es decir, estrictamente hablando, no creían en un cielo después de la vida en este mundo). Eso significa que la tumba es el lugar del silencio de la muerte, sin que pueda alabarse desde ella a Dios. Si la iglesia quiere alabar a Dios tiene que continuar en vida y no morir (no bajar a la tumba).

9, 16–17. De esa manera, como dice esta estrofa *teth* (ט), la iglesia puede alabar a Dios, porque ella ha sido rescatada de la muerte, y aquellos que desearon que muriera y terminara, han caído ellos mismos como presa de la muerte. Habiendo interpretado la estrofa anterior (*het* ח, 9, 14–15) como representación de צַעֲקַת עֲנִיִּים precedente (de la suerte de los עֲנִיִּים) no tenemos necesidad de repetir lo ya dicho, como hace Seb. Schmidt, sino de recordar que esta estrofa continúa con los verbos en pretérito, como la anterior, pues el comienzo de esta estrofa (9, 16) sigue hablando de la suerte de los impíos.

El verbo טָבְעוּ (raíz טב, de aquí deriva también טבל) significa estar oprimido, dentro de algo cerrado, como aquí y en Sal 69, 3, Sal 69, 15 (quedar prendido en la misma red que los malvados han construido). El sentido de estos versos es claro, el mismo que hemos visto ya en el salmo anterior: Los malvados quedan prendidos y se pierden en la red o trampa que ellos han tendido para cazar a los justos[37].

En 9, 17, el texto de Ben Naphtali puntúa la palabra נוֹדָע con ā, indicando que Yahvé es conocido (participio nifal); Ben Asher supone que es un pretérito nifal, con sentido reflexivo, con el significado de "se hace conocido", como en Ez 38, 23. Las lecturas de Ben Asher se han convertido en el *textus receptus*.

Inmediatamente después de indicar aquello por lo que Dios se ha hecho conocido a sí mismo, se afirma: Dios ha ejecutado el juicio o derecho, cazando (atrapando) al malhechor (רשע, como en 9, 6) en la misma obra astuta que ese malhechor había planeado para la destrucción de Israel. Así lo interpreta Gussetius.

נוקש es participio *kal* de נקש. El pensamiento de fondo es el mismo que aparece en Job 34, 11; Is 1, 31. La figura de la red, רשת (de ירש agarrar), es propia de los salmos que tienen el encabezado de לדוד. La música, con la combinación הגיון סלה indica que aquí crece el tono y motivo de los instrumentos de cuerda (Sal 92,4) o que la música se eleva tras un "solo" de los instrumentos de cuerda. El canto se eleva en un clímax de triunfo.

9, 18–19. Igual que en 9, 8, la perspectiva de un juicio universal se abre y se inicia con un acto de juicio de Yahvé experimentado en el presente. En esa línea, la visión retrospectiva de lo que ha sucedido en el pasado se transfiere a la contemplación confiada del futuro, lo que indica que la suerte del justo se encuentra garantizada.

Los LXX traducen ישׁובו por ἀποστραφήτωσαν (fueron conducidos, con *apo*), Jerónimo, *convertantur* (han de irse al…), un significado que es posible (cf. e. g., 2 Cron 18, 25). Pero ¿por qué no se podrá decir ἀναστραφήτωσαν, o también ἀναστραφήσονται (fueron llevados o serán llevados), pues 9, 19 muestra que el tema de fondo de 9, 18 no es un deseo, sino una visión prospectiva de algo que va a suceder con seguridad?

Volver al polvo o hundirse en la nada (*redactio in pulverem, in nihilum*) constituye el retorno de la humanidad a su condición original, pues el hombre fue formado del polvo, llamado al ser desde la nada. Morir es volver al polvo, Sal 104, 29, cf. Gen 3, 19 o, como aquí se dice, es "retornar al Sheol". Así se dice en

---

37. La expresión זוּ שָׁמָּנוּ (forma pausal, en conexión, con *mugrash*, en el estico paralelo del verso) se vincula con el atributivo עשׁוּ (cf. יפעל, Sal 7, 16). La unión del epiceno זוּ y de רשת con un *makkeph* (cf. בְּרֶשֶׁת־זוּ) procede de la suposición de que זוּ es demostrativo, como en Sal 12, 8, "la red aquí" (que ellos habían escondido). Ciertamente, la puntuación reconoce la existencia de un זוּ relativo (Sal 17, 9; Sal 68, 29), pero en general esa partícula se toma como demostrativo, pues se vincula estrechamente con el nombre precedente, sea con un *makkeph* (Sal 32, 8; Sal 62, 12; Sal 142, 4; Sal 143, 8) o por medio de un acento conjuntivo (Sal 10, 2; Sal 31, 5; Sal 132, 12). El verbo לכד (árabe "depender de", unirse a, agarrar con fuerza) tiene en hebreo el significado de aferrar, enganchar.

Job 30, 23, *morir*, y en Sal 90, 3, *retornar a la existencia sombría del Hades*, salir fuera de la vida. Según eso, esa decadencia o retorno a la tierra del hombre por la muerte es una forma de renovación (repristinación) de aquello que el hombre era antes de haber venido al ser. Morir y acabar en la fosa (sheol) es como no haber vivido.

En cuanto a la forma externa de לִשְׁאוֹלָה, ella puede ser comparada con לִישֻׁעָתְה en Sal 80, 3. En ambos casos, la ל marca un sentido de dirección o intención, y puede utilizarse muy bien delante de שְׁאוֹלָה, porque esa partícula puede significar ambas cosas, ἐν ᾅδου y εἰς ᾅδου (cf. מִבְּבָלָה Jer 27, 16). R. Abba ben Zabda, en *Gen Rabba* cap. 50, explica el doble signo de dirección en una línea de intensidad, traduciendo *in imum ambitum orci* (en el ámbito más hondo del horco).

El sheol o muerte aparece como lugar o definición de שְׁכֵחֵי אֱלֹהִים, de los que han olvidado a Elohim, de los que no mantienen su recuerdo. Dado que Dios no ha dejado a los hombres sin un testimonio de sí mismo, a fin de que ellos puedan conocerle, el hecho de que ellos, los hombres, se alejan de él (es decir, que no le recuerden) implica un olvido de Dios.

Ese olvido de Dios es la "culpa" de hombres que se han separado de él, de manera que ellos, si quieren salvarse, tienen que "volverse" de ese olvido y convertirse a Dios (Is 19, 22). Pero, dado que ellos no actúan de esa manera, y dado que además se elevan en hostilidad en contra de la nación de Dios y del Dios de la revelación que desvela su plan de redención, ellos serán obligados a retornar a la tierra sin vida de la que han brotado, hundiéndose de un modo concreto y para siempre en el Hades, a fin de que la Iglesia perseguida pueda ver cumplido su deseo de paz y su promesa de dominio (sobre el mundo).

Dios reconocerá (recordará, dará vida) a esa iglesia cautiva (*ecclesia pressa*), y aunque su esperanza parece quedar destruida, en la medida en que queda una y otra vez sin cumplirse, las cosas no seguirán manteniéndose para siempre así. La partícula לֹא, acentuada de un modo fuerte (cf. כִּי לֹא לָנֶצַח) regula los dos miembros de 9, 19, como en Sal 35, 19, en 38, 2 y en otros muchos casos (Ewald, 351a).

אֶבְיוֹן, de אבה está evocando a la persona que está deseosa de recibir aquello que necesita. El sentido del árabe *'bá*, que significa lo opuesto, en la línea de uno que se retrae a sí mismo por la fuerza (porque está obligado a ello) no puede tomarse aquí en consideración.

9, 20–21. Por razón del acto de juicio ya testimoniado, la oración se vuelve ahora mucho más confiada con las cosas que han estado amenazando a los justos, que ahora pueden confiar en Dios, pidiéndole que derrote a los enemigos. A partir de la letra yod, י, (יְשׁוּבוּ 9, 18) el poeta da un salto hasta la letra ק (קוּמָה יְהוָה, 9, 20) que, sin embargo, parece ser un sustituto de la כ que uno podría esperar (y que aparece en 9, 19: כִּי לֹא), dado que el salmo siguiente 10, 1 comienza con la ל (cf. לָמָה).

Esta palabra de David, קוּמָה (Sal 3, 8; Sal 7, 7), está tomada del mandato de Moisés en Num 10, 35, "Yahvé se eleva, viene, aparece". Estas son expresiones emparentadas en el A. T., y todas ellas piden a Dios que vuelva a introducirse en la historia humana, de la que da la impresión que se había alejado, situándose en un estado de reposo, volviéndose invisible a los ojos de los hombres.

Hupfeld y otros traducen de un modo equivocado, "a fin de que el hombre no se vuelva fuerte". El verbo עזז no significa solo ser o volverse fuerte, sino también "sentirse" fuerte, poderoso, poseedor de poder, y actuar de un modo consecuente, es decir, desafiante, como en Sal 52, 9, con עז, que es desafiar, no tener moderación, ser impúdico (en hebreo postbíblico, עזּוּת falta de vergüenza).

אֱנוֹשׁ (cf. 9, 20: אַל־יָעֹז אֱנוֹשׁ, no triunfe el hombre), tanto aquí como en 2 Cron 14, 10, es el hombre impotente en comparación con Dios, el hombre que, siendo frágil en sí mismo, se vuelve enemigo de Dios, queriendo ocupar su lugar. Los enemigos de la iglesia aparecen designados con frecuencia con este nombre, que pone de relieve la impotencia de su pretendido poder (Is 51, 7; Is 51, 12).

David pide a Dios que reprima la arrogancia de estos hombres desafiantes, elevándose y manifestándose en toda la grandeza de su omnipotencia, después que su larga paciencia había sido interpretada por los hombres como resultado de su impotencia. Dios ha de elevarse como juez del mundo, juzgando a los cielos, haciendo que ellos mismos deban presentarse delante de él, como si tuvieran que desfilar con sumisión ante su rostro (עַל־פְּנֵי).

Dios deberá pasar sobre ellos como מוֹרָה. Si el sentido de esa palabra fuera la "cuchilla de afeitar" la frase estaría mal expresada; y si, conforme a Is 7, 20, asociamos esta frase con la idea ignominiosa de rasurar el cabello o de cortar el cuello, esa sería una figura indigna para este pasaje. Otros (LXX, texto sirio, Vulgata y Lutero), han pensado que esa palabra מוֹרָה significa "maestro", que se apoya sobre la lectura אמת, que nosotros con Thenius y otros preferimos a la lectura tradicional (incluso Jerónimo traduce, *pone, Domine, terrorem eis,* ponles, Señor, el terror).

Pero la forma en que la masora interpreta esa palabra מורה en el sentido de terror (como מכלה, Hab 3, 17, en lugar מכלא), nos parece perfectamente adecuada.

Hitzig eleva la objeción de que el miedo o terror no es una cosa que uno pone encima de otros; pero מורא no significa simplemente miedo, sino un tipo de realidad o de persona que, como Hitzig mismo explica en *Coment.* a Mal 2, 5, actúa como causa o impulso de miedo. Según eso, el salmista pide a Dios que infunda el terror sobre los enemigos de su pueblo.

De esa forma no se quiere decir que Dios haga que queden sobrecogidos de terror (עַל), ni que él imponga sobre ellos (בְ) el terror como si fuera una cosa material, sino que les haga objeto de miedo, con (לְ), en la línea de Sal 31, 4; Sal 140, 6; Job 14, 13), de manera que desfallezcan, tal como lo expresa el mismo verso 9, 20. De esa manera los impíos tendrán que reconocer que son mortales (Os 9,

7), que no pueden imponerse con violencia sobre otros hombres (cf. Sal 10, 12; Sal 49, 12; Sal 50, 21; Sal 64, 6; Gen 12, 13; Job 35, 14; Am 5, 12; Os 7, 2)[38].

Salmo 10. Lamento y súplica bajo presión de enemigos

¹ לָמָ֣ה יְ֭הוָה תַּעֲמֹ֣ד בְּרָח֑וֹק תַּ֝עְלִ֗ים לְעִתּ֥וֹת בַּצָּרָֽה׃

² בְּגַאֲוַ֣ת רָ֭שָׁע יִדְלַ֣ק עָנִ֑י יִתָּפְשׂ֓וּ ׀ בִּמְזִמּ֖וֹת ז֣וּ חָשָֽׁבוּ׃

³ כִּֽי־הִלֵּ֣ל רָ֭שָׁע עַל־תַּאֲוַ֣ת נַפְשׁ֑וֹ וּבֹצֵ֥עַ בֵּ֝רֵ֗ךְ נִ֘אֵ֥ץ ׀ יְהוָֽה׃

⁴ רָשָׁ֗ע כְּגֹ֣בַהּ אַ֭פּוֹ בַּל־יִדְרֹ֑שׁ אֵ֥ין אֱ֝לֹהִ֗ים כָּל־מְזִמּוֹתָֽיו׃

⁵ יָ֘חִ֤ילוּ (דְרָכֹו) [דְרָכָ֨יו ׀] בְּכָל־עֵ֗ת מָר֣וֹם מִ֭שְׁפָּטֶיךָ מִנֶּגְדּ֑וֹ כָּל־צ֝וֹרְרָ֗יו יָפִ֥יחַ בָּהֶֽם׃

⁶ אָמַ֣ר בְּ֭לִבּוֹ בַּל־אֶמּ֑וֹט לְדֹ֥ר וָ֝דֹ֗ר אֲשֶׁ֣ר לֹֽא־בְרָֽע׃

⁷ אָלָ֤ה ׀ פִּ֡יהוּ מָלֵ֣א וּ֭מִרְמוֹת וָתֹ֑ךְ תַּ֥חַת לְ֝שׁוֹנ֗וֹ עָמָ֥ל וָאָֽוֶן׃

⁸ יֵשֵׁ֓ב ׀ בְּמַאְרַ֬ב חֲצֵרִ֗ים בַּֽ֭מִּסְתָּרִים יַהֲרֹ֣ג נָקִ֑י עֵ֝ינָ֗יו לְֽחֵלְכָ֥ה יִצְפֹּֽנוּ׃

⁹ יֶאֱרֹ֬ב בַּמִּסְתָּ֨ר ׀ כְּאַרְיֵ֬ה בְסֻכֹּ֗ה יֶ֭אֱרֹב לַחֲט֣וֹף עָנִ֑י יַחְטֹ֥ף עָ֝נִ֗י בְּמָשְׁכ֥וֹ בְרִשְׁתּֽוֹ׃

¹⁰ (וְדָכָה) [יִדְכֶּ֥ה] יָשֹׁ֑חַ וְנָפַ֥ל בַּ֝עֲצוּמָ֗יו (חֶלְכָּאִים) [חֵ֣יל ׀ כָּאִֽים]׃

¹¹ אָמַ֣ר בְּ֭לִבּוֹ שָׁ֣כַֽח אֵ֑ל הִסְתִּ֥יר פָּ֝נָ֗יו בַּל־רָאָ֥ה לָנֶֽצַח׃

¹² קוּמָ֤ה יְהוָ֗ה אֵ֭ל נְשָׂ֣א יָדֶ֑ךָ אַל־תִּשְׁכַּ֥ח (עניים) [עֲנָוִֽים]׃

¹³ עַל־מֶ֤ה ׀ נִאֵ֖ץ רָשָׁ֥ע ׀ אֱלֹהִ֑ים אָמַ֥ר בְּ֝לִבּ֗וֹ לֹ֣א תִדְרֹֽשׁ׃

¹⁴ רָאִ֡תָה כִּֽי־אַתָּ֤ה ׀ עָ֘מָ֤ל וָכַ֜עַס ׀ תַּבִּיט֮ לָתֵ֪ת בְּיָ֫דֶ֥ךָ עָ֭לֶיךָ יַעֲזֹ֣ב חֵלֶ֑כָה יָ֝ת֗וֹם אַתָּ֤ה ׀ הָיִ֬יתָ עוֹזֵֽר׃

¹⁵ שְׁ֭בֹר זְר֣וֹעַ רָשָׁ֑ע וָ֝רָ֗ע תִּֽדְרוֹשׁ־רִשְׁע֥וֹ בַל־תִּמְצָֽא׃

¹⁶ יְהוָ֣ה מֶ֭לֶךְ עוֹלָ֣ם וָעֶ֑ד אָבְד֥וּ ג֝וֹיִ֗ם מֵֽאַרְצֽוֹ׃

¹⁷ תַּאֲוַ֬ת עֲנָוִ֣ים שָׁמַ֣עְתָּ יְהוָ֑ה תָּכִ֥ין לִ֝בָּ֗ם תַּקְשִׁ֥יב אָזְנֶֽךָ׃

¹⁸ לִשְׁפֹּ֥ט יָת֗וֹם וָ֫דָ֥ךְ בַּל־יוֹסִ֥יף ע֑וֹד לַעֲרֹ֥ץ אֱ֝נ֗וֹשׁ מִן־הָאָֽרֶץ׃

¹ ¿Por qué estás lejos, Jehová, y te escondes en el tiempo de la tribulación?
² Con arrogancia, el malo persigue al pobre;
será atrapado en las trampas que ha preparado.

³ El malo se jacta del deseo de su alma,
bendice al codicioso y desprecia a Jehová;
⁴ el malo, por la altivez de su rostro, no busca a Dios;
no hay Dios en ninguno de sus pensamientos.

⁵ Sus caminos son torcidos en todo tiempo;
tus juicios los tiene muy lejos de su vista; a todos sus adversarios desprecia.

---

38. Después de יִדְעוּ (aprendan los pueblos que solo son hombres, אֱנוֹשׁ, seres humanos débiles) viene un discurso que es solo en parte indirecto sin כִּי ni אֲשֶׁר, repitiendo el tema de fondo (para que los hombres reconozcan que son mortales, סֶלָה). (יֵדְעוּ גוֹיִם אֱנוֹשׁ הֵמָּה סֶּלָה tiene *daggesh forte* conjuntivo, conforme a la regla אֲתֵי מֵרַחִיק (cf. sobre ello *Coment.* a Sal 52, 5).

⁶ Dice en su corazón, "No caeré jamás; nunca me alcanzará la desgracia".
⁷ Llena está su boca de maldición y de engaños y fraude;
debajo de su lengua hay insulto y maldad.
⁸ Se sienta al acecho cerca de las aldeas;
en escondrijos mata al inocente. Sus ojos están acechando al desvalido.

⁹ Acecha en oculto, como el león desde su cueva;
acecha para atrapar al pobre; atrapa al pobre trayéndolo a su red.

¹⁰ Se encoge, se agacha, y caen en sus fuertes garras muchos desdichados.
¹¹ Dice en su corazón, "Dios lo olvida; cubre su rostro, nunca ve nada".

¹² ¡Levántate, Jehová Dios, alza tu mano! ¡No te olvides de los pobres!
¹³ ¿Por qué desprecia el malo a Dios?
En su corazón ha dicho, "Tú no habrás de pedir cuentas".
¹⁴ Tú lo has visto, porque miras el trabajo y la vejación,
para dar la recompensa con tu mano;
a ti se acoge el desvalido; tú eres el amparo del huérfano.

¹⁵ ¡Rompe el brazo del inicuo
y castiga la maldad del malo hasta que no halles ninguna!
¹⁶ Jehová es Rey eternamente y para siempre;
de su tierra desaparecerán las naciones.

¹⁷ El deseo de los humildes oíste, Jehová;
tú los animas y les prestas atención.
¹⁸ Tú haces justicia al huérfano y al oprimido,
a fin de que no vuelva más a hacer violencia el hombre de la tierra.

Este salmo y Sal 33 son los únicos anónimos en el primer libro de los salmos. Pero este tiene algo particular, pues la traducción de los LXX lo une con Sal 9, de forma que ambos forman un único canto, no sin cierta razón para ello. Ambos están compuestos con tetraesticos; solo hacia el centro de Sal 10 hay ciertas estrofas de tres líneas mezcladas con las de cuatro. Por otra parte, suponiendo que la estrofa ק con la que acaba el salmo 9 ocupa el lugar de la estrofa כ que uno podría haber esperado después de la estrofa י, Sal 10 que empieza con la estrofa ל, debería ser una continuación de Sal 9.

Sea como fuere, este salmo comienza con la letra del centro del alfabeto, mientras que Sal 9 comenzaba con la *aleph* del principio. Ciertamente, a la estrofa ל le siguen una serie de estrofas sin orden alfabético, pero su número corresponde exactamente a las letras que hay entre la ל y las letras ש ר ק ת con las que comienzan las últimas estrofas del salmo mientras que seis letras intermedias (de la מ a la צ) no han sido introducidas según el orden alfabético.

Además, hay que poner de relieve que Sal 9 y Sal 10 están relacionados temáticamente, de un modo muy íntimo, como muestran los siguientes indicios: (a) el uso de expresiones raras como דֶּךְ y לְעִתּוֹת בַּצָּרָה; (b) la repetición de palabras con el mismo sentido como אֱנוֹשׁ y גוֹיִם; (c) la utilización de fórmulas muy expresivas como "Yahvé no olvida" y "levántate"; (d) las semejanzas de estilo, como la utilización de la *oratio directa* en vez de la *obliqua* (9, 21 y 10, 13).

De todas formas, resulta imposible que estos dos salmos formen solo uno, pues, aun teniendo ciertos rasgos comunes, en otros aspectos ellos son radicalmente diferentes. Sal 9 es un salmo de acción de gracias, Sal 10 es de súplica y, además, la personalidad del salmista, que era prominente en Sal 9, queda aquí totalmente diluida en Sal 10. Los enemigos cuya derrota celebra Sal 9 con acción de gracias, enemigos cuya destrucción final el salmista espera en el futuro, son los גוֹיִם, es decir, los pueblos extranjeros. Por el contrario, en Sal 10 los enemigos son los apóstatas y perseguidores de su misma nación judía que ahora se sitúan en primer plano, de forma que los גוֹיִם solo aparecen mencionados en las últimas dos estrofas.

Los dos salmos se distinguen también por su forma: (a) Sal 10 no tiene marcas musicales que indiquen su forma de utilización, ni sigue con la estructura del tetraestico, que hemos destacado en el salmo anterior; y (b) Sal 9 forma una unidad en sí misma, sin que le falte nada. En el caso de que se le conecte con Sal 10, y siendo ambos leídos o cantados, uno tras otro, el Sal 10 aparece como un añadido, en forma de cola o apéndice que desfigura la unidad del conjunto.

En ese contexto, en relación con el autor, hay dos posibilidades: (a) Sal 10 es una continuación a Sal 9, y ha sido compuesto por el mismo David; (b) Sal 10 ha sido compuesto por un poeta distinto, y unido al anterior a través de la continuación del orden alfabético. La segunda posibilidad tiene muy pocos visos de ser verdadera, porque Sal 10 no es inferior a Sal 9 ni por antigüedad, ni por elegancia de lenguaje ni por pensamientos.

Teniendo eso en cuenta, las coincidencias mutuas apuntan a que el autor de los dos salmos es el mismo poeta, de manera que los dos han de ser considerados como "dípticos coordinados de un conjunto, formando así una unidad superior" (Hitzig), que ha sido compuesta por el mismo David. El mismo lenguaje duro, sombrío y tersamente lacónico de Sal 10, con indignación profunda de tipo moral, lo encontramos también en otros salmos de David, propios de ese tiempo; esa indignación se expresa de formas distintas y complementarias, como sucede en estos dos salmos, escritos con un estilo de indignación arrebatada.

10, 1–2. El salmo comienza con una pregunta de lamento: ¿Por qué tarda Yahvé en liberar a su pueblo? Esta pregunta no es una simple murmuración ante la tardanza de la parusía, sino que muestra un ardiente deseo de que Dios no se retrase, ni tarde en venir, tal como conviene a su naturaleza y a su promesa. La interrogación לָמָּה,

que se aplica a los dos esticos de 10, 1, tiene el acento en la última sílaba, igual que ante עֲזַבְתָּנִי en Sal 22, 2, y ante הֲרֵעֹתָה en Ex 5, 22, a fin de que se distingan y se pronuncien (que no se pierdan) las guturales del principio de las palabras siguientes, en una lectura o canto rápido del texto (véase mi *Coment.* a Sal 3, 8, y Luzzatto sobre Is 11, 2, נחה עליו)[39].

El poeta pregunta la razón por la que en la condición actual de las cosas (sobre בצרה, véase *Coment.* a Sal 9, 10) Yahvé se encuentra distante (con בְּרָחוֹק, que aparece solo aquí, en vez de מרחוק), como si fuera un espectador desinteresado, y por qué cubre sus ojos (תעלים con *Dagesh* ortofónico, para que se mantenga bien la pronunciación), de forma que no ve (no puede ver) la desesperada condición en que se encuentra su pueblo; o por qué cubre también sus oídos (Lam 3, 56), de manera que no escucha las súplicas de los oprimidos.

De un modo consecuente, a causa de la forma insolente en que se portan los impíos, los pobres están llenos de miedo (Gesenius, Stier, Hupfeld), no simplemente de opresión (Hengstenberg). Este asalto contra los piadosos es una πύρωσις, un incendio (1 Ped 4, 12). El verbo דלק (cf. יִדְלַק) que recuerda a דְּלֶקֶת, πυρετός, inflamación, ha sido escogido quizá con referencia a la fiebre que se siente bajo la opresión, que es el resultado de la persecución, a causa de la persecución del impío.

No hay ruptura en la transición del singular al plural, porque tanto רָשָׁע como עָנִי son designaciones individualizantes de dos tipos de hombres. El sujeto de יִתְפְּשׂוּ son los עֲנִיִּים, y el de חָשְׁבוּ son los רְשָׁעִים. Los tiempos en futuro describen lo que usualmente sucede. Los afligidos se encuentran encerrados en la red de engaños y opresiones que los impíos han tramado y desplegado en contra de ellos, sin ser capaces de liberarse a sí mismos. La puntuación que coloca un acento *tarcha* junto a זוּ, confunde el relativo y lo interpreta "en los engaños allí, que ellos han tramado" (cosa que va en contra de lo que dice el texto).

10, 3–4. Los rasgos fundamentales de la trama aparecen aquí desarrollados de un modo más preciso. Los pretéritos expresan aquellos rasgos del carácter de los impíos que están siendo objeto de la experiencia de los fieles. הלל, alabar en voz alta, va

---

39. Conforme a la pronunciación primitiva (sin el acento anterior) habría que leer *lamáh Adonai*, de manera que, de un modo consecuente, la ה y la א coincidirían y se podría perder la pronunciación de una de las dos letras. Conforme a la Masora למה sin *daggesh* es siempre *milra* con la única excepción de Job 7, 20, y למה con *daggesh* es *milel*; pero cuando la palabra siguiente, íntimamente conectada con la anterior comienza con una de las letras אהע se vuelve *milra*, con cinco excepciones, que son, Sal 49, 6; 1 Sam 28, 15; 2 Sam 14, 31 (tres excepciones en las que la gutural de la segunda palabra tiene la vocal i), 2 Sam 2, 22 y Jer 15, 18. Conforme al sistema de puntuación galilea, למה se escribe siempre con *daggesh.* y con el acento sobre la penúltima sílaba, cf. Pinsker, *Einleitung in das Babylonish-hebrische Punktationssystem*, p. 182-184.

generalmente con acusativo (lo hacen en este caso los impíos); aquí se utiliza con על que se refiere a la cosa por la que se alaba.

Lejos de ocultar el deseo o pasión vergonzosa que llena su alma (Sal 112, 10), el impío presenta ese deseo como objeto o fundamento de su más alta y ruidosa alabanza, imaginando que él está por encima de toda crítica humana o divina. Hupfeld traduce de forma equivocada, "Y él bendice al saqueador, blasfema de Yahvé". Pero el רשע que persigue a los justos es él mismo un בצע, es decir, una persona ambiciona y rapaz. Esa designación (בצע), que aparece así en Prov 1, 19, o como רע בצע (Hab 2, 9) no se refiere meramente a alguien que "corta a su favor sí" (árabe *bḍ'*), i. e., que obtiene ganancia injusta a través del comercio deshonrado, sino también y sobre todo al avaricioso que se apodera de todo, al πλεονέκτης.

El verbo ברך aparece aquí con *mugrash*, בֵּרֵךְ (mientras que en Num 23, 20 se acentúa con *tiphcha*, וּבֵרֵךְ) y no significa nunca, en hebreo bíblico, *maledicere*, maldecir, como en el hebreo talmúdico (de manera que ברכת השם es una blasfemia, según B. *Sanhedrin* 56a y con frecuencia), sino despedirse de uno con una bendición y luego abandonarle, como en Job 1, 5 y en otros lugares (cf. en alemán *abdanken* y la frase "*das Zeitliche segnen*", bendecir la vida, despedirse del tiempo, morir). El conjunto de la declaración de 10, 3, sin conjunciones, forma un clímax, como Is 1, 4; Am 4, 5; Jer 15, 7. נאץ, significa rechazo o repulsa, de palabra y obra[40].

En el Sal 10,4, el malo (רשָׁע) es un nombre absoluto, es designación de un tipo de personas, añadiendo que según su jactancia o, más bien, según la altivez de su ira (כְּגֹבַהּ אַפּוֹ, cf. Prov 16, 18), los impíos piensan y dicen que no hay Dios que les pida cuentas, con בַּל־יִדְרֹשׁ אֵין אֱלֹהִים, (no hay Dios) en ninguno de sus pensamientos, cf. en כָּל־מְזִמּוֹתָיו. Esa palabra (מְזִמּוֹתָיו), que indica las intrigas de los impíos según 10, 2, tiene en este verso este significado general de "los pensamientos" (de זמם, árabe *zmm*, unir, combinar) que aparecen combinados con aquello que se quiere evocar sutilmente en todo el salmo.

La trama y despliegue del pensamiento del impío es la siguiente: Está convencido de que "él", es decir, Yahvé (cuyo nombre no quiere pronunciar) no le castigará por nada, de ninguna manera (בל es la forma más intensa de negación subjetiva). Eso implica que de hecho no existe para él Dios en modo alguno. Conforme a la experiencia de la Biblia, negar la acción de un Dios vivo, que está presente en la vida de los hombres y que les castiga por el mal que hacen (es decir, negar la existencia de un Dios personal) es lo mismo que negar totalmente la existencia de Dios (Ewald).

---

40. Entre נאץ y יהוה se ha introducido un *pasek* (נִאֵץ ן יְהֹוָה) porque la blasfemia contra Dios es un pensamiento terrible y no se puede decir una frase así sin pararse, cf. *pasek* en Sal 74, 18; Sal 89, 52; Is 37, 24 (2 Rey 19, 23).

10, 5. Esta estrofa que consta solo de tres líneas describe el tipo de felicidad que busca el impío, que no permite que nada le disturbe. El significado de "durar todo tiempo" queda confirmado por el verbo חִיל (cf. יָחִ֫ילוּ, cf. también Job 20, 21). Cualquier cosa que el impío haga va conducida siempre al mismo fin, que él esté seguro, que nada le haga vacilar ni volver atrás, separándole de su meta, cf. Jer 12, 1.

El *qetub* (דְּרָכוֹ) tiene el mismo significado que el *keré* דְּרָכָ֫יו, cf. Sal 24, 6; Sal 58, 8). No le perturba nada, no quiere que haya ninguna nube o sombra para su felicidad; ni los juicios de Dios, que están para él separados y alejados de su existencia, como los cielos remotos, más allá de su conciencia, que no perturban en modo alguno su conciencia (cf. Sal 28, 5, Is 5, 12; y en línea opuesta, Sal 18, 23) ni sus adversarios a los que él desprecia ostentosamente.

מרום es el predicado, *altissime remota* (muy elevado). Por su parte, יָפִ֫יחַ בָּהֶם, soplar sobre algo no significa solo expulsar aire fuera en sentido material (para ello se habría utilizado נשׁף o נשׁב), sino "hacer un desaire", soplar desdeñosamente sobre algo, en forma de desprecio, como הפיח en Mal 1, 13, en el sentido que tiene *fiare rosas* (despreciar las rosas) en un poema de Prudencio. Por tanto, el significado de la frase, no es empujar y expulsar a los enemigos con gran esfuerzo, sino darles a entender de forma orgullosa y altanera lo poco que los demás le importan al impío.

10, 6–7. En este momento, con su inmensa seguridad "carnal", el impío da rienda suelta a su lengua malvada. Todo aquello que el hombre creyente atribuye a la cercanía de Dios, diciendo que nada le hará caer (בַּל־אֶמּוֹט, Sal 30, 7; Sal 16, 8), lo dice el impío con su autoconciencia sin Dios, pensando en sí mismo, es decir, buscando su seguridad en sí mismo. El impío se toma como alguien que permanece para siempre, de edad en edad, es decir, como alguien que tiene un futuro sin fin, אֲשֶׁר לֹא־בְרָע, de manera que nunca (con אשׁר igual que en Is 8, 20) estará en situación mala (ברע como en Ex 5, 19; 2 Sam 16, 8).

Este pasaje puede interpretarse quizá conforme a Zac 8, 20. 23 (véase Köhler, in loc.), en el sentido de alguien que nunca caerá en una situación de infortunio. Pero en ese caso no podría haberse omitido el pronombre personal (אני o הוּא). De todas maneras, conforme a nuestra interpretación, ese pronombre queda suplido aquí por אמוט (cf. בַּל־אֶמּוֹט), y según eso no hay necesidad de poner un nuevo sujeto porque el segundo estico va unido al primero por aposición, "en todo tiempo venidero, aquel que…".

En conexión con esta autoconciencia de seguridad ilimitada, su boca está llena de אלה, de maldición, *execratio* (no de perjurio, pues *perjurium* no tiene nunca ese sentido). מרמות significa engaño altanero de todo tipo, y תֹּךְ es opresión, violencia. Según eso, todo lo que el impío tiene en su lengua está siempre pronto a expresarse externamente (con Sal 140, 4, cf. Sal 66, 17); todo lo que el impío dice es destructivo para los demás, es maldad pura. De manera lógica, Pablo ha utilizado las palabras de este salmo (10, 7-8) en su descripción abarcadora de la corrupción de la humanidad en Rom 3, 14.

10, 8–9. El impío aparece descrito como una fiera carnívora esperando a la presa, como alguien que se encuentra en estado constante de anarquía, como aparece por ejemplo en Os 6, 9. La visión de conjunto pone de relieve un rasgo en el que culmina el sentido y acción del impío. Posiblemente, esta descripción ha de tomarse en sentido simbólico, emblemático, más que literal.

La palabra חצר (cf. חֲצֵרִים, de חצר que significa rodear, cf. árabe *hdr, hsr*) se refiere a una aldea o casa de campo que está vallada, de forma que puede aplicarse a un tipo de casa o población cercada, defendida, con muros, en contra de una tienda de campaña, abierta del todo a los caminantes y curiosos que acechan (cf. Lev 25, 31; Gen 25, 16). Pues bien, en esos lugares donde los habitantes parecen más seguros, más defendidos, que en tiendas o poblaciones aisladas y sin muros, a campo abierto, se sitúan los malvados, acechando (ישב, como árabe *q'd lh*, insidiar, acechar), como asesinos que observan al desvalido, a aquel que nunca les ha provocado…

En este contexto se podría haber utilizado la palabra צפה (espiar, cf. Sal 37, 32), en vez de צפן (cf. יִצְפֹּנוּ), pero también צפן tiene ese significado (estar oculto, en la mata, Sal 56, 7; Prov 1, 11. 18), conforme al sentido primitivo de esconderse (árabe *dfn*, fut., que conforme al árabe de los beduinos significa estar quieto, inmóvil, perdido en sus pensamientos, cf. *Coment.* a Job 24, 1), una palabra que puede utilizarse también en sentido transitivo, como ocultar algo[41].

El verso 10, 9 desarrolla más la visión del רשע, que ha venido a presentarse como si fuera una bestia de presa. La cueva o refugio del león se llama ahora סך (Jer 25, 38), o סכה (Job 38, 40), un matorral, de la raíz סכך, que significa entrelazar o cubrir. En un segundo momento, la imagen del león se invierte, de tal manera que el עני o pobre viene a presentarse como bestia de presa y el רשע se compara con un

---

41. La palabra חלכה (cf. לְחֵלְכָה), dativo de objeto, está vocalizada como si viniera de חיל: *Tu enemigo* (es decir, tu iglesia, oh Yahvé). Según eso, la forma pausal debería ser חֵלְכָה, con *segol*, como en Sal 10, 14, no con *Keré* como en las ediciones incorrectas. La razón de esa puntuación puede hallarse en el hecho de que el plural חלכאים (cf. Sal 10, 10) está tomado como si fuera una palabra doble, como enemigo (חל igual a חיל como en Abd 1, 20) de ojos preocupados…

De todas formas, se podría apelar a la existencia de un verbo הלך, que, ciertamente, no aparece en el Antiguo Testamento, pero sí en árabe, de la raíz *hk, firmus fuit, firmum fecit* (fue firme, se hizo firme) de donde viene el árabe *hkl,* ser firme, estar cerrado, una palabra que está vinculada por su raíz con חכל, de donde viene חכלילי, que se aplica también a la oscuridad y negrura del infortunio. De esa palabra en abstracto se ha formado חלך (como חפש), *negrura, infortunio,* o, también, conforme a un desarrollo defectivo de los sentidos humanos, *imbecilidad.* De aquí se ha formado el adjetivo חלכה que es igual a חלכי (cf. עלפה, חפשי, Ez 31, 15) que se refiere a uno que está en condición de *debilidad* mental y física, como דודאים, que viene דודי (cf. Ewiger, 189g).

cazador que hace que la fiera caiga en un hoyo, de manera que cuando ha caído se apresura a sacarla de allí para matarla (מֹשֵׁךְ, como en Sal 28, 3; Job 24, 22), o la deja atrapada en una red (Os 11, 4, Job 41, 1), de manera que no pueda soltarse.

10, 10–11. Sigue aquí la comparación del león. El salmista recurre a ella, volviendo a la temática de persecución de los impíos, y llevándola a su final. En lugar del *qetub* (וְדָכָה), el *keré* pone יִדְכֶּה, que está más de acuerdo con el uso hebreo de los tiempos. Job 38, 40 nos ofrece la base para interpretar el texto. Los dos futuros presentan el gesto usual del salteador al acecho de su presa.

Ciertamente, el *kal* דכה con el sentido de "agacharse" no encuentra apoyo en ningún otro texto bíblico, pero se puede acudir al árabe *dakka*, encogerse (cf. árabe *ṛsd, firmiter inhaesit loco)*, aferrarse de modo firme a un lugar, como el gesto de agazaparse de las bestias de presa, de los cazadores y de los enemigos. También se puede citar en este sentido el árabe *dagga*, que Hitzig compara con el gesto de moverse agazapado, o de arrastrarse. Por su parte, la palabra *dugjeh* (un cazador que se esconde en un lugar oculto) tiene unos significados semejantes.

La traducción de los LXX (ταπεινώσει αὐτὸν, hacerse pequeño) no está fuera de lugar. Conforme a esta traducción se puede suponer que el texto original pudo ser ישׁח ודכה, *y aplastado él se hunde* (Aquila, ὁ δὲ λασθεὶς καμφθήσεται); pero דכה no aparece con ese sentido en ningún otro lugar, y si el poeta hubiera querido decir eso ¿por qué no pudo haber escrito דכה? (cf. además Jc 5, 27).

En esa línea, manteniéndonos en 10, 10, si דכה se toma como una posición o lugar donde uno puede ser visto, entonces, los dos primeros verbos (יִדְכֶּה יָשֹׁח) se refieren al "cazador" que se encoge y se agacha, pero el tercer verbo (וְנָפַל), como sucede en otros casos (e. g., Sal 124, 5), tendría que ser el predicado de חֶלְכָּאִים.

Agachándose todo lo que puede, el cazador se mantiene en vigilancia, de forma que los débiles, carentes de defensa, caen en sus garras, עֲצוּמָיו. De esa manera, los impíos destruyen a los justos, pensando en su interior: *Dios ha perdonado, Dios perdona; él ha escondido su rostro, no se ocupa de estas pobres creaturas, y no quiere saber nada de ellas* (negando de esa forma la verdad expresada en Sal 9, 13, Sal 9, 19). Así piensa el impío que Dios no ha sido nunca alguien que mira y se ocupa de los hombres, y nunca lo será.

Estos dos pensamientos se encuentran fundidos en uno: עב con el perfecto como en Job 21, 3, y con la adición de לנצח (cf. Sal 94, 7) rechaza la posibilidad de que Dios esté ahora mirando, pues nunca ha mirado, ni se ha ocupado de los males de los hombres. Por eso, el impío prefiere negar la posibilidad de que exista un Dios que le juzgue, pues a su juicio (para su bien egoísta) piensa que solo existe el destino, añadiendo que es ciego, como un absoluto, que no tiene ojos, que no es más que una "noción vacía", de manera que no interviene en los asuntos de los hombres.

10, 12–13. Las seis estrofas en las que han faltado las letras del acróstico (de la מ a la צ) se han completado ya, y ahora comienza de nuevo la estrofa del acróstico con ק. A diferencia de aquellos que no tienen a Dios, o solo tienen un Dios que carece de vida, el salmista afirma que su Dios es Dios vivo, superando la mentira de aquellos que afirman que no existe, ni ve lo que pasa en el mundo; por eso pide a Dios que se manifieste.

אל es un vocativo, lo mismo que en Sal 16, 1; Sal 83, 2; Sal 139, 17, Sal 139, 23. Dios ha de levantar la mano, a fin de ayudar y castigar (cf. נשא יד, en imperativo). נשא es igual a שא, cf. נסה, Sal 4, 7 (así se dice נשא יד como שלח יד, Sal 138, 7 y נטה יד, Ex 7,5 y en otros muchos lugares). La petición *no olvides* (שְׁכַח אַל־תִּ) es equivalente a "cumple", en la línea de lo que pedía Sal 9, 13, en contra de lo que pensaban los impíos de 10, 11. Nuestra traducción sigue el *keré* עֲנָוִים.

El mismo pensamiento que hemos visto en 10, 3–4 en forma de lamento viene a presentarse ahora en forma de pregunta dirigida a Dios, ¿Por qué desprecia el malo a Dios? עַל־מֶה (cf. Num 22, 32; Jer 9, 11). ¿Por qué permite Dios que pase algo así, que el malo le desprecie y desprecie a los pobres? Sobre el perfecto en esta frase interrogativa, cf. Sal 11, 3.

מדוע es una pregunta por la causa, למה por el fin, y עַל־מה por el motivo o, en general, por la razón de algo, ¿Qué sentido tiene que pase algo así, si la santidad de Dios no puede permitir que exista este tipo de injuria en contra de su honor? Sobre תדרש לא con כי, es decir, sobre el uso de la *oratio directa* en vez de *la obliqua*, véase *Coment*. a Sal 9, 21.

10, 14. Ahora viene la confirmación de este grito dirigido a Dios, que es totalmente diferente de aquello que piensan los impíos. Ellos suponen que Dios no puede (no quiere) castigar. Pero el creyente sabe que Dios ve (cf. 2 Cron 24, 22), y el salmista lo conoce y lo confiesa, con רָאִתָה (defectivo, igual a ראיתה, Sal 35, 22): Tú has visto y ves lo que te hacen, lo que se hace a los inocentes. El salmista apoya esta afirmación diciendo en concreto: El mal que los malvados quieren hacer a los demás, y el gran dolor que les causan (כעס, como en Ecl 7, 3) no escapa al ojo omnividente de Dios; Dios lo conoce todo, y así puede actuar con su mano e influir en la existencia y conducta de todos los hombres, castigando a los impíos.

"Para poner todo bajo su mano" es equivalente a "bajo su poder" (1 Rey 20, 28, passim). Pero Dios no toma aquí en sus manos las cosas que él tiene que administrar, sino las cosas (las acciones) a las que él tiene que responder, por su propia voluntad. Esta expresión ha de entenderse desde la perspectiva de Sal 56,9, cf. Is 49, 16: Dios observa de un modo especial las aflicciones de sus santos; recogiéndolas (teniéndolas) en sus manos, y preservándolas allí, a fin de recompensarles, de restaurarles, ofreciéndoles alegría y castigando a sus enemigos.

Por eso, los débiles, aquellos que carecen de ayuda humana puéden confiar en Dios, descargando en él su peso (cf. יהבו, Sal 55, 23), poniendo en él (en sus manos) todo aquello que les oprime e inquieta. Yahvé ha sido y será el Dios que ayuda a los huérfanos. יתום (huérfano) aparece aquí en forma de énfasis, como אותם en Sal 9,13. Así lo dice Bakius de un modo preciso, *in voce pupilli synecdoche est, complectens omnes illos, qui humanis praesidiis destituuntur* (la voz huérfanos aparece aquí en forma de sinécdoque, abarcando a todos aquellos a los que les faltan las ayudas humanas).

10, 15-16. El deseo de la intervención de Dios se eleva de nuevo con toda fuerza. Es una equivocación tomar דרש y מצא como nociones correlativas, sino que las dos palabras han de distinguirse. En un contexto en el que aludimos a buscar y no encontrar, cuando hablamos de algo que ha desaparecido totalmente, no decimos nunca דרש, sino siempre בקש, Sal 37, 36; Is 41, 12; Jer 50, 20, passim.

En nuestro pasaje, el verbo דרש (cf. תדרוש) significa lo mismo que en Sal 10, 4, Sal 10, 13 y Sal 9, 13 (en el sentido de "castiga su maldad, hasta que no encuentres nada de su mal"). En esa línea, aquello que no es visible para Dios (y no solo para el hombre) es algo que ha desaparecío del todo, que no tiene ya existencia.

Este pasaje supone que el mal ha de ser totalmente superado. El reinado universal de Dios, que ha sido un elemento del credo del pueblo de Dios, desde la llamada y redención del éxodo (cf. Ex 15, 18), tiene que realizarse plenamente, del todo, y ello exige (implica) la destrucción del mal (y de los malvados, si es que no se convierten). Al fin tiene que realizarse el reino absoluto y eterno de Dios, de un modo universal, con duración eterna, tal como se ha prometido en Zac 14, 9; Dan 7, 14; Ap 11, 15.

Introduciéndose en la visión de esa promesa, y contemplando el Reino de Dios, que es el reino del *Bien*, como algo ya realizado, la visión del salmista se extiende más allá de los enemigos de la Iglesia hasta abarcar a todos los enemigos en general; en ese sentido, dado que los paganos del entorno de Israel y los paganos del mundo entero se encuentran vinculados en su mente, el salmista los incluye a todos en el nombre colectivo de גוים, de tal forma que mira y descubre con su mente que la tierra de Yahvé (Lev 25, 23), la Tierra Santa, se encuentra ya purificada y libre de todos los opresores hostiles, contrarios a la iglesia y a su Dios.

Esto es lo mismo que ha sido profetizado por Isaías (52, 1), Nahúm (2, 1), y por otros profetas y textos, de manera que aparece ante el autor de este salmo como algo ya cumplido para siempre, como un hecho pasado. De esa manera, el salmista anticipa el cumplimiento de la fe, es decir, la consumación del juicio, que ha sido celebrada ya en la parte hímnica (Sal 9) de este salmo doble (Sal 9–10), contemplando el juicio como algo ya realizado.

10, 17–18. Manteniéndose aún en la altura desde la que ha contemplado la llegada del fin (del juicio), el profeta insiste en la realización de aquello que él ha visto en visión de fe: El deseo ardiente de los humildes y oprimidos, que aguardan la parusía de Yahvé (Is 26, 8), ha sido escuchado por Yahvé, y así se expresa en los futuros que siguen, y que tienen un significado de pasado. Dios ha concedido a los humildes aquello lo que pedían y ha preservado en sus corazones la recta disposición dirigida hacia él (הכין, como en Sal 78, 8; Job 11, 13, Ecl 2, 17 ἑτοιμάζειν καρδίας, en hebreo postbíblico כּוּן.[42]

Estas palabras nos sitúan ante una relación mutua, cuya finalidad era obtener la justicia para los huérfanos y oprimidos, de manera que los hombres mortales de la tierra no puedan imponer ya más su terror sobre los débiles (en este contexto se utiliza la palabra בל, como en Is 14, 21, y en el hebreo postbíblico, con לבל en vez de פן). Partiendo de la conclusión paralela de Sal 9, 20-21, se puede inferir que la palabra אנוש no se refiere a los oprimidos, sino a los opresores, de manera que aparece como sujeto; según eso, la מן־הארץ se refiere a los hombres (אנוש, en sentido colectivo) que dominan sobre la tierra, como en Sal 17, 14.

Hay pues una combinación entre el pecado de los hombres poderosos de la tierra (אֱנוֹשׁ מִן־הֹאָרֶץ) y la opresión de los huérfanos. Los hombres que oprimen a los pobres son simplemente אנוש, son en sí mismos débiles y mortales, aunque se quieran elevar sobre los demás, como si ellos fueran dioses. No tienen la posibilidad de imponerse desde arriba sobre los pobres, porque no son Dios, no vienen del cielo, sino que son seres de la tierra, que es su lugar de nacimiento.

Estos opresores no son hijos de la tierra en un sentido material (como arcilla de la que han sido formados, como dice Gen 2, מן־האדמה: del lodo o barro de la tierra), sino en sentido social y personal. La tierra de la que provienen se toma aquí en otro sentido, como hogar o casa ancestral de la que dependen, como en la expresión del evangelio de Juan 3, 31, cuando habla de aquel que es de la tierra ó ὢν ἐκ τῆς γῆς (como en la expresión latina, *ut non amplius terreat homo terrenus*, que no aterrorice ya más el hombre terreno).

Un juego de palabras semejante aparece también en Sal 9, 20, אנוש אל־יעז (que no imponga, que no domine el hombre poderoso y cruel). El verbo hebreo ערץ (en בַּל־יוֹסִף עוֹד לַעֲרֹץ) puede significar dejarse dominar por el terror (Dt 7, 21) o aterrar a otros (Is 2, 19. 21; 47, 12). Ese verbo no significa desafiar, rebelarse en

---

42. Cf. B. *Berachoth* 31a, El hombre que ora debe tener su corazón bien firme en Dios, יכון לבו לשמים. En esa línea, cf. 1 Sam 7, 3; 2 Cro 20,33. La expresión לב נכון, Sal 51, 12; 78, 37 es equivalente a la de un *ojo puro*, en el N. T. El A. T., habla también de la atención total que se requiere en la oración, una atención que se expresa a través de un oído siempre dispuesto a escuchar la Palabra, hasta los más secretos suspiros del corazón. En esa línea, con Prov 2, 2, se alude aquí a la necesidad de superar la dureza de los oídos, una dureza que se expresa con קשב, árabe *qasuba*, raíz קש, estar duro, rígido, firme, que se dice también קשה, árabe *qsá, qsh, qsn*, cf. *Coment.* a Is 21, 7.

contra de alguien, aunque podría tener ese sentido en la línea del árabe *'rḍ* (salir al camino de otro, enfrentarse con él).

En esa línea explica Wetzstein la palabra עָרוּץ en Job 30, 6, como el árabe *'irḍ,* a modo de valle que discurre oblicuamente a lo largo de un distrito, como una hendidura que bloquea el camino del viajero, cf. *Zeitschrift für Allgem. Erdkunde* XVIII (1865) 1, p. 30. En este salmo esa palabra está relacionada con el árabe *'rs,* vibrar, temblar (que se aplica, por ejemplo, al relámpago).

Salmo 11. Niégase a escapar en una situación peligrosa

¹ לַמְנַצֵּחַ לְדָוִד בַּיהוָה חָסִיתִי אֵיךְ תֹּאמְרוּ לְנַפְשִׁי (נוּדוּ) [נוּדִין] הַרְכֶם צִפּוֹר:

² כִּי הִנֵּה הָרְשָׁעִים יִדְרְכוּן קֶשֶׁת כּוֹנְנוּ חִצָּם עַל־יֶתֶר לִירוֹת בְּמוֹ־אֹפֶל לְיִשְׁרֵי־לֵב:

³ כִּי הַשָּׁתוֹת יֵהָרֵסוּן צַדִּיק מַה־פָּעָל:

⁴ יְהוָה בְּהֵיכַל קָדְשׁוֹ יְהוָה בַּשָּׁמַיִם כִּסְאוֹ עֵינָיו יֶחֱזוּ עַפְעַפָּיו יִבְחֲנוּ בְּנֵי אָדָם:

⁵ יְהוָה צַדִּיק יִבְחָן וְרָשָׁע וְאֹהֵב חָמָס שָׂנְאָה נַפְשׁוֹ:

⁶ יַמְטֵר עַל־רְשָׁעִים פַּחִים אֵשׁ וְגָפְרִית וְרוּחַ זִלְעָפוֹת מְנָת כּוֹסָם:

⁷ כִּי־צַדִּיק יְהוָה צְדָקוֹת אָהֵב יָשָׁר יֶחֱזוּ פָנֵימוֹ:

<Al músico principal. Salmo de David>

¹ En Jehová he confiado ¿cómo decís a mi alma: escapa al monte como ave?,

² porque los malos tienden el arco, disponen sus saetas sobre la cuerda,
para lanzarlas en lo oculto a los rectos de corazón.

³ Si son destruidos los fundamentos ¿qué puede hacer el justo?

⁴ Jehová está en su santo Templo; Jehová tiene en el cielo su trono;
sus ojos observan, sus párpados examinan a los hijos de los hombres.

⁵ Jehová prueba al justo; pero al malo y al que ama la violencia los repudia su alma.

⁶ Sobre los malos hará llover serpientes;
fuego, azufre y viento abrasador serán la porción de su copa.

⁷ Porque Jehová es justo y ama la justicia, el hombre recto verá su rostro.

Este salmo, colocado después del 10, sigue mostrando que el ojo de Yahvé contempla y conoce aquellos propósitos asesinos que los impíos quieren realizar bajo la protección de la oscuridad. La vida de David, a quien incluso Hitzig y Ewald atribuyen este salmo, se encuentra amenazada: Se conmueven los pilares del Estado, y muchos aconsejan al rey que huya a las montañas. Estos detalles nos sitúan en el tiempo en que Absalón estaba preparando su rebelión de un modo secreto, pero ya claramente discernible.

Aunque desarrollado a un ritmo rápido y claro en sus pensamientos principales, este salmo contiene, sin embargo, algunos puntos difíciles, como sucede en todos los salmos que contienen pasajes oscuros relacionados con la historia y condición interna de Israel, cuya sombría condición parece reflejarse en el mismo lenguaje del texto. El plan de las estrofas no es fácilmente discernible. A pesar de ello, parece claro que podemos dividir el salmo en dos estrofas de siete líneas, con dos líneas a modo de epifonema o enunciado independiente, una al principio y otra al final.

11, 1. David rechaza el consejo de sus amigos que le dicen que salve su vida huyendo, pues habiéndose refugiado en Yahvé, no necesita escaparse ni buscar otro refugio (Sal 16, 1; Sal 36, 8). Por más que el consejo de los que dicen que huya sea bien intencionado y bien fundado, David lo considera miedoso y no puede seguirlo, porque tiene toda su confianza en Dios. Por eso él responde a sus amigos, como en otros pasajes que nos sitúan en el período de la persecución de Absalón (cf. Sal 3, 3 y 4, 7), diciendo que está en manos de Dios y que no escapará.

La falta de valentía de sus amigos, que él tiene después que reprobar, intentando superarla, se muestra incluso antes de que hubiera estallado la tormenta, como podemos ver aquí. Con las palabras "cómo podéis decir a mi alma…", él rechaza su propuesta como irrazonable, y la convierte en reproche contra ellos.

Si se aceptara el *qetub* (נודו), aquellos que están de su parte estarían diciendo a David y a sus súbditos más fieles: "Huid a vuestras montañas, (vosotros) pájaros" (con צפור en sentido colectivo, como en Sal 8, 9; Sal 148, 10). De todas formas, si esta comparación suena demasiado burlona en boca de sus amigos, podría traducirse: "huid como pájaros" (no "vosotros pájaros", una *comparatio decurtata* (comparación acortada) como en Sal 22, 14; Sal 58, 9; Sal 24, 5; Sal 21, 8).

La palabra הַרְכֶם (a vuestros montes) que parece más natural en relación con el vocativo de צפור (oh vosotros, pájaros, cf. Is 18, 6 con Ez 39, 4) se puede explicar en forma comparativa, sin necesidad de una conjetura que diría, הר כמו צפור (al monte como pájaros, cf. Dt 33, 19), que tendría un tono de visión retrospectiva, como cuando David había tenido que huir en el tiempo de la persecución de Saúl, refiriéndose a las montañas, que le protegieron durante aquella persecución (cf. 1 Sam 26, 20; 1 Sam 23, 14)[43].

---

43. El *keré*, aceptado por las traducciones antiguas, cambia la palabra נודו por נודי (cf. Is 51, 23). Pero incluso en este caso no deberíamos tomar צפור, que sin duda es epiceno, como vocativo en el sentido de *huye a vuestra montaña, oh pájaro* (Hitzig), pues esa forma de dirigirse a David no responde a la idea de aquellos que le están aconsejando aquí. Por eso, debemos tomar la frase como una ecuación, más que como una comparación: "Huye a tu montaña (la que te dio cobijo en otro tiempo), tú, pájaro", es decir: Huye a la montaña, como lo hace el pájaro perseguido en el llano.

11, 2. Los compañeros de David, aparentemente bien intencionados, dan como razón de su consejo el terrible peligro que le amenaza por parte de enemigos poderosos y maliciosos. Como implica כִּי הִנֵּה, el peligro es inminente. El perfecto insiste en la inminencia del futuro.

Los enemigos no solo están dispuestos a disparar el arco, sino que han colocado ya sus flechas, es decir, sus armas mortales, tensando la cuerda del arco (יתר igual a מִיתַר, Sal 21, 13, árabe *watar*de, extender, de manera que la flecha apunta ya de forma directa). Más aún, esos enemigos están incluso tomando aire con el fin de disparar (ירה con ל, לִירוֹת, con sentido de determinación, como en Sal 54, 5, con acusativo de objeto) en la oscuridad (i. e., secretamente, como asesinos) en contra de los rectos (es decir, en contra de los que se oponen a ellos).

11, 3. Los miedosos insisten en su consejo por la actual subversión total de la justicia. Los הַשָּׁתוֹת o "cimientos" pueden ser personajes de más alto rango, que sostienen el edificio del Estado y del Templo, conforme a Is 19, 10, o pueden ser, conforme a Sal 82, 5, Ez 30, 4, los fundamentos del Estado sobre los que se sostiene la existencia y el bienestar de la tierra. Preferimos la segunda posibilidad, dado que el rey y sus leales, asociados mentalmente con צדיק, se comparan con los שתות.

La construcción de la frase comienza con כי como Job 38, 41. El futuro tiene un sentido de presente. El perfecto de la cláusula principal, como sucede con frecuencia en otros textos (e. g., Sal 39, 8; Sal 60, 11; Gen 21, 7; Num 23, 10; Job 12, 9; 2 Rey 20, 9), en sentencias interrogativas, corresponde al conjuntivo latino (aquí en el sentido de *quid fecerit*, qué haría) y suele expresarse en otros idiomas con verbos auxiliares. Cuando las bases del Estado se conmueven ¿qué puede hacer el justo? ¡Nada! Todo esfuerzo contrario, para impedir el mal es tan inútil que es mejor alejarse del peligro. Eso es lo que piensan los amigos de David.

11, 4–5. Las palabras de los consejeros de David, que tienen miedo por él, han terminado. Y ahora David justifica su confianza en Dios, con la que él había comenzado el canto. Yahvé ha entronizado su sede por encima de todo lo que sucede en la tierra, por encima de aquello que descorazona a los hombres de poca fe. A una distancia infinita sobre la tierra, incluso por encima de Jerusalén, ahora

---

Pero ese *keré* de las traducciones antiguas parece ser una corrección innecesaria, que solo sirve para quitar la dificultad que proviene del hecho de que נודי viene después de לנפשי, para evitar la *synallage numeri* (es decir, el intercambio de personajes). Conforme a la traducción propuesta por el *keré* la frase (huye a tu montaña, pájaro o como pájaro) necesitaría una acentuación distinta en la línea de la interpretación de Varenius (*Pentateuch-Comm.* 1815): *Fugite (o socii Davidis), mons vester (h. e., praesidium vestrum*, Sal 30, 8): Huid, o socios de David, a vuestro monte, es decir, a vuestro refugio.

en rebelión, sitúa Yahvé su justicia (קָדְשׁוֹ יְהוָה בַּשָּׁמַיִם), y con ella juzga él toda la tierra (קָדְשׁ הֵיכַל קֹד, Sal 18, 7; Sal 29, 9), pues él es el Santo sobre el Santo Templo.

Por encima de la tierra están los cielos, y en el cielo está el trono de Yahvé, rey de los reyes. Y su templo, su palacio del cielo, es el lugar del que dimana la decisión final sobre todos los asuntos de la tierra, cf. Hab 2, 20; Miq 1, 2. Su trono en la altura es la sede del juicio supraterrestre de Dios, cf. Sal 9, 8; Sal 103, 19. Yahvé, sentado en ese trono, es el todo-vidente, el todo-sapiente. Por eso, él, David, tiene que confiar, pues Dios está velando por él.

חֹזֶה (cf. יֶחֱזֶה) propiamente "dividen", disciernen o separan... Aquí se emplea en su sentido original de mirar observando de un modo penetrante. עַפְעַפָּיו יִבְחֲנוּ es decir, sus párpados examinan, בחן, en el sentido de "prueban", como se prueba a los metales con el fuego. De esa forma mira Dios, penetrando con sus ojos en los fundamentos más profundos de cada persona.

La mención de los "párpados" tiene aquí mucho sentido. Cuando observamos una cosa de cerca, con cuidado, centramos los párpados, para que nuestra visión sea más concentrada y directa, como si fuera un rayo que penetra en su objeto. De esa manera observa Dios a los hombres con ojos que todo lo ven, con una mirada que descubre los secretos más profundos, tanto en los justos como en los injustos.

Dios prueba a los justos, es decir, conoce lo que hay en la profundidad de sus almas; Dios sabe que los justos tienen una fuerza que se mantiene firme en toda prueba (Sal 17, 3; Job 23, 10), su propia fuerza, la de Dios.

De esa manera, Dios protege a los justos, pues ellos dependen de él, se apoyan en él. De un modo complementario, Dios odia a los perversos con toda la energía de su perfecta y santa naturaleza, odia a los que se deleitan en su violencia (חָמָס), esto es, en su fuerza contra los débiles. Y cuanto más fuerte sea este odio de Dios contra los perversos, más temerosos serán los juicios en los que él estallará.

11, 6. El salmista declara aquello que está ya muy cerca, a la mano, es decir, que está llegando. En esa línea, la palabra יַמְטֵר no es la expresión de un *voluntativo*, de algo que Dios quiere hacer, de un deseo, sino que es un indicativo, en el sentido de futuro, lo mismo que en Sal 72, 13. Aquí se afirma algo futuro יַמְטֵר עַל־רְשָׁעִים, *Dios hará llover sobre los malos*, para destruirles, indicando así algo que proviene y deriva en forma necesaria de aquello que ha sido ya afirmado en 11, 4 y 11, 5.

Lo que Dios hará llover sobre los malvados son פַּחִים, un tipo de "serpientes", pues, conforme al uso general del lenguaje, a diferencia de גַּחֶלֶת, esa palabra (פַּחִים) no está indicando en general un tipo de incendio de negros carbones, pues en ese caso se tendría que haber dicho אֵשׁ פֶּחָמִי. Hitzig piensan que פֶּחִים viene de פִּיחַ en el sentido de cenizas; pero una lluvia de cenizas no es, sin más, un castigo. Böttcher traduce "bultos" (objetos), conforme al sentido de Ex 39, 3; Num 17, 3; pero en esos casos que él cita la palabra significa un tipo de placas finas.

Nosotros pensamos, más bien, que esa palabra (פַּחִים) significa serpientes (cf. Job 22, 10; 21, 17, Prov 27, 5), y conforme a la acentuación pensamos que ellas son en sí mismas un castigo. Lo que así desciende del cielo es ante todo una descarga de proyectiles que hacen imposible toda huida. Esos proyectiles son como relámpagos que se mueven de un modo cruzado, de un lugar a otro, se inclinan y doblan como serpientes, de manera que, en esa línea, pueden compararse con serpientes o con poderes enemigos, arrojados desde arriba hacia abajo. Son, según eso, rayos de fuego como serpientes.

Además de fuego y azufre (Gen 19, 24) nosotros encontramos aquí también וְרוּחַ זִלְעָפוֹת. Los LXX ponen πνεῦμα καταιγίδος, y el Targum pone זעפא עלעוּלא, *procella turbinea*, un tipo de viento huracanado. La raíz no es לעף, que no puede vincularse con לאב, להב quemar, sino זעף, que (como muestra 1 Sam 5, 10) corresponde exactamente al latín *aestuare*, palabra en la que se vinculan los rasgos de calor y movimiento violento, lo que puede significar un viento huracanado de fuego, un torbellino de llamas, un tipo de tormenta cálida mortal. Conforme a la presente división del verso, ese viento de fuego se vincula con אשׁ וגפרית, con el aliento de la ira divina derramándose como un río de azufre que todo lo quema, Is 30, 33.

Todo este castigo puede entenderse como la porción de su cáliz (מְנָת כּוֹסָם), es decir, de la copa de la ira de Dios que les ha caído en suerte, copa que ellos deben beber, con מנת (palabra que solo se encuentra en los salmos davídicos, con la excepción de 2 Cron 31, 4). Esa copa tiene, según Olshausen (*Psalmen*, 108, 165), un sentido *absolutivo o constructivo,* conforme derive de *manajath* o de *manawath,* con la terminación femenina original *ath.* Conforme a Hupfeld es un "constructo", que deriva de מנית, como קצת (en Daniel y Nehemías) de קצות. Pero, probablemente, es mejor tomar esa palabra como מנות o מנית, como גלות igual גלות.

De esa manera, Yahvé mantiene su pacto con David. Por eso, aunque él no pueda defenderse de sus enemigos por sí mismo, cuando Yahvé suelte su ira en el juicio, ellos (los enemigos) deberán enfrentarse con los poderes de esa destrucción y de esa muerte (que toma la forma de serpientes de fuego), de manera que no serán capaces de escaparse.

11, 7. Este dístico final funda la diferencia de esta relación de Dios, por una parte, con los justos y por otra con los injustos; Dios juzga a los injustos, muestra su justicia con los justos. De esa manera, al llegar a este verso, percibimos la suerte totalmente distinta y bendita que espera a los justos, porque Jehová es justo y ama la justicia, de manera que el hombre recto verá su rostro. Dado que Yahvé es justo, tanto por sí mismo (1 Sam 12, 7; Miq 6, 5, passim) como por el hombre (Is 33, 15) él ama la צדקות, las obras de justicia.

El objeto de אהב viene aquí primero (צְדָקוֹת אָהֵב) lo mismo que Sal 99, 4, cf. Sal 10, 14: Lo que Dios ama es la justicia. En este verso יָשָׁר está designando a una clase de hombres, de forma que es natural que el predicado siga en plural (יֶחֱזוּ יָשָׁר) (cf. Sal 9, 7; Job 8, 19). La traducción "su rostro mira sobre los justos" (Hengstenberger y otros) no es probable, pues uno espera que aquí se hable de la suerte final de los justos, como se ha hablado de la suerte final de los impíos. Esta traducción va también en contra del uso general del lenguaje, conforme al cual la palabra פנים se utiliza siempre aludiendo a lo visto, no a aquel que ve.

En esa línea se tendría que haber puesto עֵינֵימוֹ, Sal 33, 18; Sal 34, 16; Job 36, 7. La suerte final de los justos es contemplar el rostro de Dios. Ellos, los justos, no contemplan simplemente el rostro de otros justos, sino más bien el rostro del mismo Dios.

Por eso, este pasaje se debe traducir como en Sal 17, 15; Sal 140, 13: El justo (*quisquis probus est*, todo aquel que es recto) contemplará su rostro (es decir, el de Dios). La forma "pática" פָּנֵימוֹ (de él) resulta aquí especialmente admisible, pues se habla del rostro de Dios que ha de ser visto por los justos (como en Dt 33, 2, cf. Is 44, 15). En esa línea debemos recordar que la terminación en *mo* (פָּנֵימוֹ) es una forma elevada de sufijo singular (e. g., Job 20, 23, cf. Job 22, 2; Job 27, 23).

Contemplar el rostro de Dios resulta imposible antes de morir para los hombres. Pero cuando Dios se revela a sí mismo en amor, su rostro se vuelve "soportable" (visible) para las creaturas. Gozar de la visión de Dios suavizada por amor es el mayor honor que él (Dios) puede conferir a los hombres por su misericordia. Esa es la bienaventuranza suprema, reservada a los justos, según Sal 140, 14.

No se puede afirmar que esta promesa se cumplirá solo en la visión futura de Dios; pero tampoco se puede afirmar que ella es una visión reservada exclusivamente a este mundo. Conforme a la visión del A. T., el עולם futuro se pierde sin duda en la noche del Sheol. Pero la fe logra abrir una brecha en esa noche, y de esa manera consuela a los fieles con la posesión futura de Dios, Job 19, 26. La redención del N. T., ha cumplido esta aspiración de la fe, pues el Redentor Jesús ha atravesado la noche del reino de los muertos y se ha elevado a la altura con los santos del A. T., y les ha trasladado a la esfera del amor divino revelado en los cielos.

Salmo 12. Lamento y consolación en medio de la falsedad triunfante

[1] לַמְנַצֵּחַ עַל־הַשְּׁמִינִית מִזְמוֹר לְדָוִד:
[2] הוֹשִׁיעָה יְהוָה כִּי־גָמַר חָסִיד כִּי־פַסּוּ אֱמוּנִים מִבְּנֵי אָדָם:

³ שָׁוְא׀ יְדַבְּרוּ אִישׁ אֶת־רֵעֵהוּ שְׂפַת חֲלָקוֹת בְּלֵב וָלֵב יְדַבֵּרוּ׃

⁴ יַכְרֵת יְהוָה כָּל־שִׂפְתֵי חֲלָקוֹת לָשׁוֹן מְדַבֶּרֶת גְּדֹלוֹת׃

⁵ אֲשֶׁר אָמְרוּ׀ לִלְשֹׁנֵנוּ נַגְבִּיר שְׂפָתֵינוּ אִתָּנוּ מִי אָדוֹן לָנוּ׃

⁶ מִשֹּׁד עֲנִיִּים מֵאַנְקַת אֶבְיוֹנִים עַתָּה אָקוּם יֹאמַר יְהוָה אָשִׁית בְּיֵשַׁע יָפִיחַ לוֹ׃

⁷ אִמְרוֹת יְהוָה אֲמָרוֹת טְהֹרוֹת כֶּסֶף צָרוּף בַּעֲלִיל לָאָרֶץ מְזֻקָּק שִׁבְעָתָיִם׃

⁸ אַתָּה־יְהוָה תִּשְׁמְרֵם תִּצְּרֶנּוּ׀ מִן־הַדּוֹר זוּ לְעוֹלָם׃

⁹ סָבִיב רְשָׁעִים יִתְהַלָּכוּן כְּרֻם זֻלּוּת לִבְנֵי אָדָם׃

<Al músico principal; sobre Seminit. Salmo de David>

¹ Salva, Jehová, porque se acabaron los piadosos,
porque han desaparecido los fieles de entre los hijos de los hombres.
² Habla mentira cada cual con su prójimo;
adulan con los labios, pero con doblez de corazón.

³ Jehová destruirá todos los labios aduladores,
y la lengua que habla con jactancia;
⁴ a los que han dicho, "Por nuestra lengua prevaleceremos,
nuestros labios son nuestros, ¿quién es señor de nosotros?".

⁵ "Por la opresión de los pobres, por el gemido de los necesitados,
ahora me levantaré —dice Jehová— pondré a salvo al que por ello suspira".
⁶ Las palabras de Jehová son palabras limpias,
como plata refinada en horno de tierra, purificada siete veces.

⁷ Tú, Jehová, los guardarás; de esta generación los preservarás para siempre.
⁸ Rondando andan los malos
cuando la infamia es enaltecida entre los hijos de los hombres.

Al Sal 11 le sigue este Sal 12, que es de un tipo parecido. Una oración por la liberación del pobre y miserable, en tiempo de corrupción moral universal, y especialmente en tiempo de falsedad dominante y orgullosa.

El encabezado (al preceptor, sobre la octava, un salmo de David) nos sitúa en una época en que estaba ya establecida la música del templo, es decir, en el reinado de David, que fue el más glorioso de la historia de Israel y que, sin embargo, desde la perspectiva del espíritu de santidad estuvo también lleno de gran corrupción. Los miembros del pueblo de Yahvé formaban, como siempre, una iglesia de confesores y de mártires, y el deseo de la venida de Yahvé era entonces no menos profundo que el grito de los que dicen en nuestro tiempo "ven Señor Jesús".

Este salmo unido con el Sal 2 es un segundo ejemplo de la forma en que el salmista, en medio de una gran excitación de espíritu, viene a presentarse como alguien que escucha de un modo directo las palabras de Dios, de forma que así puede hablar como un profeta inspirado. En general, la poesía lírica, como expresión directa y solemne de un fuerte sentimiento interior, es la forma más antigua que toma palabra inspirada por el Espíritu de Dios para expresarse.

En esa línea, la poesía de los salmos contiene en sí misma no solo textos de tipo *mashal* (sapienciales), con otros de épica y drama, en sus estadios antiguos, sino también cantos proféticos, como vemos por los libros de los profetas del período más floreciente, en un tiempo en que la profecía ha brotado, como podría decirse, del seno de la poesía sálmica.

En esa línea, textos como este (Sal 12) han surgido por un tipo de fecundación de la épica profética (de tipo más subjetivo) con la inspiración más profunda de salmos anteriores. En algunos casos, como sucede en Is 12, 1-6; Hab 3, 1ss, la misma profecía se transfigura por dentro y así aparece en forma de salmo.

En esa línea, *Asaf* recibe el nombre de הֹחֹזֶה (vidente) en 2 Cron 29, 30, no solo por el carácter intenso de sus cantos, sino también porque él mismo es, básicamente, un salmista. Por su parte, *Jeduthun* recibe ese mismo nombre —de vidente— en 2 Cron 35, 15, y aparece en 1 Cron 25, 2 como הַנִּבָּא (cf. προφητεύειν, Lc 1, 67), es decir, como alguien que canta los salmos con acompañamiento musical.

Este es un argumento claro para mostrar que la profecía exigía la cooperación de un elemento humano, lo mismo que en la composición de la poesía de los salmos se exigía un elemento divino. En este salmo, las palabras directas de Yahvé, y el amén del salmista, forman la porción central, una estrofa de seis líneas, rodeada por dos estrofas de cuatros, una al principio y otra al final

12, 2–3. El objeto de la petición de ayuda (הוֹשִׁיעָה יְהוָה) son los mismos orantes que dicen: líbranos, ayúdanos. El motivo de esa petición viene expresado por la queja que sigue, כִּי־גָמַר חָסִיד כִּי־פַסּוּ אֱמוּנִים: porque se acaba la misericordia, porque desaparecen los fieles.

El verbo גָּמַר significa completarse y, como en Sal 7, 10, tener un "fin" (se acaban los justos). Por su parte, el ἀπ. λεγ. פַסּוּ tiene el mismo sentido que אפס en Sal 77, 9, llegar a su fin, cesar. Dado que el predicado aparece en plural, en este pasaje, אמונים no es un abstracto como en Prov 13, 17. Así lo muestra el paralelismo, igual que en Prov 31, 24.

חסיד es un hombre piadoso, alguien que practica חסד hacia Dios y hacia los hombres. Un אמון (plur. אמונים; aunque podríamos esperar אמונים), usado como adjetivo (cf. lo contrario en Dt 32, 20), aquí, lo mismo que en Prov 31, 24, 2 Sam 20, 19, es un hombre en el que se puede confiar, alguien que es fiel (fiable), hombre de conciencia, literalmente, alguien que es firme, cuya palabra y promesa es segura, de manera que se puede confiar en él[44].

---

44. La raíz aria *man*, permanecer, habitar (en neo-persa *mánden*), sigue un recorrido semejante, de manera que significa normalmente "continuar el curso emprendido, esperar, aguardar".

Encontramos lamentos semejantes sobre la prevalencia de la maldad en Miq 7, 2; Is 57, 1; Jer 7, 28, *passim*. Esos lamentos contienen su propia limitación, pues los mismos que se lamentan así, sin autojustificación farisaica, sin dejarse vencer por la corrupción dominante, a través de su penitencia y de su sufrimiento por la justicia, con su mismo grito pidiendo ayuda, son una prueba clara de que la humanidad no se ha convertido del todo en *massa perdita*, pues hay personas fieles que siguen confiando en Dios.

Lo que el escritor lamenta de un modo especial es la infidelidad dominante. Como muestra de esa infidelidad, él dice aquí que los hombres hablan שָׁוְא (שָׁוְא‬ יְדַבְּרוּ 12, 3), pues lo que dicen es desolación, vaciedad, ocultando así la verdad, y lo que hacen es falso (Sal 41, 7), con hipocresía (Job 35, 13), engañando cada uno a su prójimo, ἕκαστος πρὸς τὸν πλησίον αὐτοῦ (LXX, cf. Ef 4, 25), mostrando así que tienen un pecado grande, pues la importancia del pecado se mide por el hecho de que, conforme a la enseñanza de N. T., siendo miembros unos de los otros, ὅτι ἐσμὲν ἀλλήλων μέλη, rompemos la unidad, destruyendo de esa forma el cuerpo mesiánico de Cristo.

Ellos hablan con labios de falsedad y adulación (חֲלָקוֹת, plural de חֶלְקָה, *laevitates*, o de חֵלֶק, *laevia*); en otras palabras: ellos utilizan un lenguaje mentiroso, engañosa (con acusativo de objeto como en Is 19, 18), con un doble corazón, de manera que aquello que dicen, de un modo embustero, difiere de aquello que de verdad deberían decir (cf. 1 Cron 12, 33: בְּלֹא לֵב וָלֵב, y Sant 1, 8, δίψυχος, vacilante, con dos sentidos), de forma que, lo que en un momento han dicho de un modo adulador, se convierte muy pronto en lo contrario.

12, 4–5. El verbo está en *voluntativo*, mostrando lo que el salmista quiere, en sentido propio: "Quiere que Yahvé destruya…" (cf. Sal 109, 15, lo opuesto en Sal 11, 6). Labios aduladores y lengua jactanciosa son una misma cosa, y están al servicio de los intereses egoístas del hombre que así habla.

אֲשֶׁר se refiere a los labios y a la lengua de aquellos que hablan. El *hifil* הִגְבִּיר (cf. נִגְבִּיר) puede significar *imponer a la fuerza* o dar pruebas de fuerza. La combinación con ל (לִלְשֹׁנֵנוּ נַגְבִּיר) no con בּ, va a favor del primer sentido: "Daremos énfasis a nuestra lengua" (es decir, a nuestra declaración autocomplaciente).

En contra del sentido del hifil, *Hupfeld* traduce "sobre nuestra lengua tenemos poder"; por su parte, Ewald y Olshausen, partiendo de una interpretación errónea de Dan 9, 27, traducen: "Tenemos o hacemos un pacto firme con nuestra lengua". Así presentan sus labios como si fueran sus confederados (con אֵת como en 2 Rey 9, 32).

En esa línea, el antiguo persa dice *man,* el zend *upaman*, cf. μένειν con sus derivados que se aplican en el N. T., de varias formas a la πίστις.

A través de su expresión "¿quién es Señor de nosotros?", ellos se conciben como absolutamente libres, señores absolutos, exaltados por encima de toda autoridad. Si quisiera elevarse sobre ellos alguna autoridad, su boca (la de los impíos) la abajaría, y su lengua haría que se sometiera. Pero Yahvé, a quien desafían estos que se divinizan a sí mismos, no permitirá que su pueblo quede así esclavizado por los orgullosos.

12, 6–7. En 12, 6, el salmista escucha la voz de Dios que está hablando, y en 12, 7 le responde *Amén*. Los dos מִן de 12, 6 indican el motivo, mientras עַתָּה evoca el paso decisivo de la paciencia de Dios (que retrasa la ejecución del juicio), hasta que toma la palabra y habla (יֹאמַר יְהוָה), de tal manera que se determina y decide para realizar el juicio, tal como ahora puede escucharse. Cf. el eco de ese gesto de Dios en Is 33, 10.

Hasta ahora, Dios ha mirado las cosas con una actitud de aparente inactividad e indiferencia. Pero ahora se levantará con decisión salvadora, para liberar a los que suspiran pidiendo su ayuda (אָשִׁית בְּיֵשַׁע יָפִיחַ לוֹ. cf. שִׂים בְּחַיִּים, Sal 66, 9), como han puesto de relieve Ewald, Hengstenberg, Olshausen y Böttcher, en la línea de Hab 2, 3, insistiendo en que הֵפִיחַ ל tiene el sentido de anhelar algo, de suspirar por ello.

De todas formas יפיח (cf. יָפִיחַ לוֹ) no es adjetivo participial igual a יפה, sino futuro verbal, de manera que יפיח לו es una cláusula de relativo en función de objeto, como podemos ver en Job 24, 19; Is 41, 2; Is 41, 25 y *passim*. La traducción de Hupfeld (a fin de que pueda ganar aire, respirar) hace que אָשִׁית quede sin objeto, en la línea del arameo y el árabe, pero no del hebreo, donde esa idea tendría que haberse expresado con יָנוּחַ לוֹ o con יָרוּחַ לוֹ.

En 12, 7 el anuncio de Yahvé sigue manteniéndose como un eco en el corazón del vidente (las palabras de Yahvé son limpias…). Esas palabras (אֲמָרוֹת, con *sheb* que cierra la sílaba de un modo audible, como en אַשְׁרֵי) son puras, pues se proclaman y cumplen de un modo absoluto, y de esa forma actúan de un modo fiel, sin mezcla alguna de infidelidad. Esa expresión poética (אֲמָרוֹת), compuesta conforme al modelo זִמְרָה, pone de relieve el poder divino de la palabra de Dios como promesa.

Esta figura, que en otros casos se pone de relieve cuando se afirma que la palabra de Dios es צְרוּפָה (acendrada, purificada, Sal 18, 31; Sal 119, 140; Prov 30, 5), aparece aquí más desarrollada: La palabra de Dios es plata refinada y así purificada. La expresión בַּעֲלִיל לָאָרֶץ puede significar un crisol para purificar el metal, de עלל, árabe *gll*, que se puede decir también con על (Hitzig); o también, lo que es más probable (dado que lo anterior se puede decir con כור y מִצְרֵף) la "factoría" donde se funden y purifican los metales, de עלל, árabe *'ll*, *operari* (propiamente, disponer, realizar una cosa).

Esa expresión (בַּעֲלִיל לָאָרֶץ) puede significar la obra realizada (conforme al modelo deיל מעיל, פֿסיל שביל,) y también el lugar donde ella se realiza. De aquí proviene el talmúdico בעליל igual a בעליל, *manifeste* (de un modo claro) que aparece en la Misna, *Rosh ha-Shana* 1. 5 y en otros lugares[45].

12, 8–9. El lamento de súplica de la primera estrofa —que en la segunda había aparecido como súplica ardiente— se convierte ahora en palabra de esperanza consoladora, fundada en la palabra de Dios que se había proclamado en la tercera estrofa.

El sufijo en *eem* de 12, 8 (תִּשְׁמְרֵם) se refiere a los miserables y a los pobres. Por su parte el sufijo en *ennu* (תִּצְּרֶנּוּ) se refiere a "él", no a nosotros (pues en ese caso se debía haber vocalizado de otra forma), refiriéndose de esa manera a aquellos que, según la palabra de Dios de 12, 6, estaban ansiando por la liberación. La salvación aquí anunciada es para siempre, de manera que los justos no caerán en manos de los enemigos, ni en esta generación ni nunca. La opresión de los pobres no permanecerá para siempre; la prueba a la que están sometidos no logrará destruirles.

En esta línea se describe esta "generación perversa" (הַדּוֹר זוּ), marcada por el espíritu general de esta edad, como indica Prov 30, 11-14, donde se describen los rasgos más significativos de esta edad corrupta. La partícula זוּ (siempre sin artículo, Ewiger, 293a) se refiere al tiempo presente, con sus rasgos propios, tiempo que aparece descrito de nuevo y finalmente con unos rasgos de tipo más general que los que aparecían en 12, 3. Así se dice en 12, 9 que los malvados van de un lado al otro (con יִתְהַלָּכוּן, en el sentido de ir por todas partes, sin encontrar oposición, con un gesto arrogante y vanidoso), de manera que la infamia crece y se adueña de la vida de los hijos de los hombres (לִבְנֵי אָדָם).

La vileza, la infamia se llama זֻלּוּת, זֻלֻּל (raíz דָלַל), en el sentido de algo que es rastrero, bajo, sin valor. La forma es pasiva, lo mismo que en el Talmud. Tiene un significado semejante a la palabra זִילוּת (de זִיל igual a זָלִיל), un epíteto que se aplica a lo que es despreciado y despreciable. Estas palabras expresan aquello que

45. Sobre esa palabra, tal como aparece en este salmo, cf. Steinschneider, *Hebr. Bibliographie* 1861, p. 83. Según eso la ל en לארץ no es ל de propiedad. Conforme al sentido usual de לארץ, el texto se está refiriendo a un horno de fundición de plata construido sobre la tierra. Como ha puesto de relieve Olshausen: "La plata se purifica en un horno elevado sobre la tierra, de manera que el metal líquido cae del horno de fundición, sobre la tierra, donde se recoge y se separa la ganga". No se trata pues de un ל de referencia: "Plata purificada con respecto a la tierra", pues la tierra a la que alude el texto no es la tierra como elemento material, sino la tierra como lugar sobre el que se construye el horno, y sobre la que cae la escoria…

El proceso de purificación de la plata es largo y, según el texto se repite siete veces, hasta que la plata queda totalmente limpia. Así de refinada es la palabra de Dios, que no contiene ninguna impureza, como la plata fundida y purificada siete veces, totalmente purgada de ganga o escoria. Tomada así, la plata es signo y emblema de todo lo que es precioso y puro (cf. *Bibl. Psychologie* p. 57).

es opuesto a la disposición y conducta del hombre noble, que es el נדיב, Is 32, 8; ellas muestran una bajeza de pensamiento y vida, que está desprovista no solo de nobles principios y motivos, sino también de nobles sentimientos e impulsos.

La כ de כְּרֻם no es una expresión de simultaneidad, como en Prov 10, 25, en el sentido de "inmediatamente exaltado", pues ella no ha de tomarse como observación general de tipo sapiencial, sino que tiene carácter descriptivo concreto… En nuestro pasaje, כרם tiene el mismo sentido que ברם (al enaltecerse, cuando se enaltece, la infamia de los hombres). Este final del salmo está poniendo de relieve la condición de un tiempo (de una generación) en la que los infames se elevan sobre los justos, enorgulleciéndose además de su infamia.

Este era el estado de cosas en aquel tiempo de David, un tiempo que es como el nuestro, en el que se permitía que los mezquinos ganen ascendencia y se eleven sobre las personas dignas. El momento actual es oscuro y deprimente; pero en medio de esa oscuridad y depresión, el orante está seguro de que Dios preservará a los justos. De esa forma, el salmo culmina con esta esperanza de salvación. En ese sentido, el salmo entero es como un anillo, y esta esperanza final (Tú, Jehová, los guardarás) es como la perla, la joya, engastada en ese anillo.

Salmo 13. Grito suplicante de alguien muy quebrantado

¹ לַמְנַצֵּחַ מִזְמוֹר לְדָוִד׃
² עַד־אָנָה יְהוָה תִּשְׁכָּחֵנִי נֶצַח עַד־אָנָה תַּסְתִּיר אֶת־פָּנֶיךָ מִמֶּנִּי׃
³ עַד־אָנָה אָשִׁית עֵצוֹת בְּנַפְשִׁי יָגוֹן בִּלְבָבִי יוֹמָם עַד־אָנָה יָרוּם אֹיְבִי עָלָי׃
⁴ הַבִּיטָה עֲנֵנִי יְהוָה אֱלֹהָי הָאִירָה עֵינַי פֶּן־אִישַׁן הַמָּוֶת׃
⁵ פֶּן־יֹאמַר אֹיְבִי יְכָלְתִּיו צָרַי יָגִילוּ כִּי אֶמּוֹט׃
⁶ וַאֲנִי בְּחַסְדְּךָ בָטַחְתִּי יָגֵל לִבִּי בִּישׁוּעָתֶךָ אָשִׁירָה לַיהוָה כִּי גָמַל עָלָי׃

\<Al músico principal. Salmo de David\>

¹¿Hasta cuándo, Jehová? ¿Me olvidarás para siempre?
¿Hasta cuándo esconderás tu rostro de mí?
² ¿Hasta cuándo tendré conflictos en mi alma,
con angustias en mi corazón cada día?
¿Hasta cuándo será enaltecido mi enemigo sobre mí?

³ Mira, respóndeme, Jehová, Dios mío;
alumbra mis ojos, para que no duerma en la muerte,
⁴ para que no diga mi enemigo, "lo vencí".
Mis enemigos se alegrarán si yo resbalo.
⁵ Mas yo en tu misericordia he confiado;
mi corazón se alegrará en tu salvación.

⁶ Cantaré a Jehová porque me ha hecho bien.

Del כְּרֶם del salmo anterior (12, 8) pasamos aquí al יָרוּם (13, 3: עַד־אָנָה יָרוּם אֹיְבִי עָלָי ¿hasta cuándo se elevará mi enemigo sobre mí?). El recopilador del salterio ha vinculado por eso estos dos salmos. Hitzig piensa que este pertenece al tiempo en que Saúl puso vigilantes, para que persiguieran a David de lugar en lugar, en un tiempo en el que, siendo perseguido sin cesar, David acarició la esperanza de que solo podría escapar de la muerte a través de un esfuerzo de vigilancia y resistencia infatigable. Quizá esta visión es la correcta.

El salmo consta de tres estrofas o, si se prefiere, de tres grupos de magnitud decreciente: Comienza con un hondo lamento, seguido por una elevación que se expresa en forma de oración más airosa, más calmada; todo termina en un tipo de gozo creyente en el que se anticipa la certeza de ser respondido. Este es un canto de oleaje fuerte que se va calmando, hasta convertirse en un mar tranquilo como un espejo, en el que solo se mueven un tipo de olas de reposo sosegado.

13, 2–3. La reiterada pregunta de estos versos (¿hasta cuándo, hasta cuándo…? Como Sal 74, 10; Sal 79, 5; Sal 89, 47), es la expresión de una compleja situación del alma, en la que, como dice Lutero, de forma breve y exacta, "la misma esperanza desespera y, sin embargo, la desesperación comienza a esperar".

La contradicción de estas preguntas ha de explicarse por el conflicto que se viene dando entre la carne y el espíritu. El corazón abandonado piensa: Dios me ha olvidado para siempre. Pero el espíritu, que arroja de sí este pensamiento, lo convierte en una pregunta que lleva la marca de una apariencia, no de una realidad: ¿Hasta cuándo deberá parecer como si tú me olvidaras para siempre?

Esta es la condición de la ira divina, que está acompañada por el sentimiento humano de que ella durará en un tiempo sin fin, de manera que venga a convertirse en una especie de anticipo del mismo infierno. Pero la fe capta y mantiene firme el amor que es más profundo que la ira. El amor descubre en el fondo de esa misma ira el rostro amante del Dios del amor, anhelando que llegue otra vez ese amor, que se manifieste sin fin.

Tres veces eleva David este grito de fe, desde la profundidad de su espíritu. El hecho de plantear en su alma estas preguntas, estos planes y propuestas, entendidas como medios o formas de liberarse de esta penosa situación, significa que el alma viene a mostrarse como lugar donde se elevan esos pensamientos, lugar donde ellos surgen y se expresan (cf. Prov 26, 24).

Unos עצה o pensamientos opresores (cf. עַד־אָנָה אָשִׁית עֵצוֹת) expulsan a otros en el alma, porque ella descubre la vanidad de todos, tan pronto como emergen. Con respecto al יוֹמָם que sigue (יָגוֹן בִּלְבָבִי יוֹמָם) debemos pensar que estas preocupaciones toman posesión de su alma en la misma noche, porque la noche deja al hombre solo ante su aflicción, de manera que se siente doblemente apoderado y torturado por ella. No puede probarse desde Ez 30, 16 (cf. Sof 2, 4 בְּצָהֳרִים), que יוֹמָם lo mismo que יוֹם (Jer 7, 25, en vez de יוֹם יוֹם) significa sin más "diariamente" (Ewiger, 313a). יוֹמָם no significa aquí eso, sino que es la antítesis de לַיְלָה o noche, que ha de suplirse mentalmente en 13, 3; por eso significa aquí "de día".

De noche el hombre propone planes tras planes, cada uno tan carente de sentido como el otro. Y de día, o, mejor, a lo largo de todo el día, cuando él descubre de nuevo su tristeza al abrir los ojos, siente que el dolor (יָגוֹן) sigue estando en su corazón, como sentimiento que la noche ha dejado tras ella, y como expresión directa de su desamparo y desesperanza.

Él está perseguido, y su enemigo se va fortaleciendo (יָרוּם אֹיְבִי עָלָי). רוּם significa ser exaltado y elevarse, ascender, ganando altura, asumiendo para sí de un modo arrogante una dignidad superior (en alemán: *emporkommen und sich brüsten*). La estrofa termina con "hasta cuándo" (עַד־אָנָה), que se repite por cuarta vez.

13, 4–5. En contraste con el Dios que parece haberle olvidado, y que no quiere ver ni conocer ni remediar su necesidad, el orante dice הַבִּיטָה עֲנֵנִי, mira y pide diciéndole: respóndeme (cf. Is 63, 15). En contra de su situación de perplejidad, sin saber qué curso tomarán las cosas, sintiéndose incapaz de ayudarse a sí mismo, el orante ruega עֲנֵנִי, respóndeme, y lo hace como alguien que necesita su ayuda, pidiendo a Dios que cumpla su petición, ofreciéndole una respuesta actual, real.

En contra del triunfo de su enemigo, el orante dice הָאִירָה עֵינַי, alumbra mis ojos, a fin de que el triunfo de su enemigo no sea completo, en el caso de que él muera. Alumbrar los ojos de alguien que está cargado de dolor y en riesgo de romperse equivale a impartir nueva vida (Esd 9, 8), como se refleja en el fresco y claro brillo de los ojos (1 Sam 14, 27. 29), que siguen vivos, que no quedan entregados a la muerte.

Esta luz que alumbra y da vida (tal como evoca su petición הָאִירָה עֵינַי) es la luz del amor que proviene del rostro, cf. Sal 31, 17. Luz, amor y vida son nociones claramente vinculadas en la Escritura. Aquel a quien Dios mira en amor continúa viviendo, pues recibe de Dios nuevos poderes de vida, de forma que su suerte no sea el sueño de la muerte (dormirse muriendo, cf. Jer 51, 39; 51, 57, cf. Sal 76, 6).

הַמָּוֶת es un acusativo de efecto y secuencia: Dormir de tal manera que el sueño no se convierta en muerte (פֶּן־אִישַׁן הַמָּוֶת, LXX: εἰς θάνατον), como pone de relieve Ewiger, 281e. El orante pide a Dios que le conceda la luz de la vida, de manera que su enemigo no pueda decir al fin יְכָלְתִּיו, *le he vencido*, con acusativo de objeto como en Jer 38, 5, con el significado de יָכֹלְתִּי לוֹ (Sal 129, 2; Gen 32, 26): He sido superior a él, he vencido en la contienda en contra de él. La partícula כִּי del final de 13, 5 (כִּי אֶמּוֹט) ha de entenderse en sentido temporal más que causal (porque termina resbalando y muriendo). Cf. בְּמוֹט רַגְלִי, Sal 38, 17.

13, 6. A las cinco líneas de lamento y a las tres de oración siguen ahora, como final del salmo tres líneas de anticipación gozosa. Por el comienzo de este verso, וַאֲנִי, el orante se sitúa en oposición a sus enemigos. Ellos desean su muerte, pero él confía en la misericordia de Dios, que se volverá hacia él y que hará que termine su aflicción.

בטח ב (cf. בְּחַסְדְּךָ בָטַחְתִּי, en tu misericordia he confiado) evoca la fe del orante que se aferra a Dios, lo mismo que חסה ב indica la confianza de aquel que se esconde, se refugia, en él. La oración voluntativa con יגל (יָגֵל לִבִּי) está indicando la certeza de la realización de su esperanza.

El verbo en perfecto ha de entenderse como expresión del gozo que descubre el orante al final del salmo: אָשִׁירָה לַיהוָה כִּי גָמַל עָלָי, cantaré a Yahvé porque me ha hecho bien, como en Sal 116, 7; Sal 119, 17. Con las dos palabras yámbicas, גָמַל עָלָי, el salmo desemboca en el descanso final. En el alma atormentada (llena de tormentos) del orante se ha hecho la calma. Aunque por fuera se extienda la tormenta, ahora como antes, en la profundidad de su alma reina la paz.

Salmo 14. La corrupción reinante y la redención deseada

¹ לַמְנַצֵּחַ לְדָוִד אָמַר נָבָל בְּלִבּוֹ אֵין אֱלֹהִים
הִשְׁחִיתוּ הִתְעִיבוּ עֲלִילָה אֵין עֹשֵׂה־טוֹב
² יְהוָה מִשָּׁמַיִם הִשְׁקִיף עַל־בְּנֵי־אָדָם לִרְאוֹת הֲיֵשׁ מַשְׂכִּיל דֹּרֵשׁ אֶת־אֱלֹהִים׃
³ הַכֹּל סָר יַחְדָּו נֶאֱלָחוּ אֵין עֹשֵׂה־טוֹב אֵין גַּם־אֶחָד׃
⁴ הֲלֹא יָדְעוּ כָּל־פֹּעֲלֵי אָוֶן אֹכְלֵי עַמִּי אָכְלוּ לֶחֶם יְהוָה לֹא קָרָאוּ׃
⁵ שָׁם פָּחֲדוּ פָחַד כִּי־אֱלֹהִים בְּדוֹר צַדִּיק׃
⁶ עֲצַת־עָנִי תָבִישׁוּ כִּי יְהוָה מַחְסֵהוּ׃
⁷ מִי יִתֵּן מִצִּיּוֹן יְשׁוּעַת יִשְׂרָאֵל בְּשׁוּב יְהוָה שְׁבוּת עַמּוֹ יָגֵל יַעֲקֹב יִשְׂמַח יִשְׂרָאֵל׃

<Al músico principal. Salmo de David>

¹ Dice el necio en su corazón, "No hay Dios".
Se han corrompido, hacen obras despreciables,
no hay quien haga lo bueno.

² Jehová miró desde los cielos sobre los hijos de los hombres,
para ver si había algún sabio que buscara a Dios.
³ Todos se desviaron, a una se han corrompido;
no hay quien haga lo bueno, no hay ni siquiera uno.

⁴ ¿No tienen discernimiento todos los que cometen maldad,
que devoran a mi pueblo, comen pan (= como si comieran pan)
y no invocan a Jehová?
⁵ Ellos temblarán de espanto,

porque Dios está con la generación de los justos.

⁶ De los planes del pobre se han burlado, pero Jehová es su esperanza.

⁷ ¡Ah, si de Sión viniera la salvación de Israel!
Cuando Jehová haga volver a los cautivos de su pueblo,
se gozará Jacob, se alegrará Israel.

Así como el lamento genérico de Sal 12 recibe un carácter personal en Sal 13, Sal 14 vuelve a situarnos de nuevo en un plano general, de forma que el deseo concreto del orante en 13, 5, יגל לבי, tan lleno de esperanza, aparece aquí otra vez (cf. 14, 7) como aspiración de todo el pueblo de Dios. Por otra parte, el Sal 14, ofreciendo una pintura triste de los tiempos en que empieza a mostrarse la revelación de Dios, se parece más al salmo 12 que al 13, aunque este último ha sido insertado entre los dos (Sal 12 y 14) por alguna razón.

Tanto el salmo 14 como el 12 tienen en común la condena del carácter falsamente religioso y moral de los hombres de esta generación, y esto hace que los dos puedan situarse en el tiempo de David (ambos tienen en su encabezado לדוד). Por eso, el Sal 14 no se puede situar en el tiempo del exilio, aunque podamos compararle (y de alguna manera identificarle) con Sal 53, que es yahvista, aunque tenga rasgos elohistas.

Ambos salmos se parecen, aunque el hecho de que Sal 14 forme parte de la primera colección del salterio nos hace suponer que su composición es anterior y más original. Dado que esta presunción exige una comparación crítica entre ambos salmos, dejaremos el estudio del salmo 53 para su lugar, sin estudiarlo aquí por anticipado. Eso no significa que Sal 14 aparezca intacto en su forma original.

En principio Sal 14 está compuesto por siete versos de tres líneas cada uno; pero Sal 15, 5. 6, que deberían tener cada uno tres líneas tienen solamente dos, de manera que la forma original del salmo parece haber sido estropeada por alguna circunstancia. La dificultad puede resolverse tomando los versos 5 y 6 como un único verso de tres líneas, lo que nos daría un salmo unitario con seis versos, cada uno de ellos con tres líneas. En este salmo, el anuncio del juicio se aplica a las naciones enemigas, una circunstancia que ha hecho que algunos críticos se equivoquen en su interpretación.

14, 1. El perfecto אמר, como en Sal 1, 1 y en 10, 3, es un presente abstracto (Gesenius 126, 3), y expresa un hecho que forma parte de la experiencia universal, inferida de una serie de instancias particulares.

El lenguaje del A. T., tiene muchos epítetos referidos a los necios. En la parte más baja de la escala aparecen el *simple*, פתי, y el tonto, כסיל. Por su parte el loco, אויל, y el perturbado, הולל, están en la parte superior. En el centro de la escala aparece el hombre simple o tonto, נבל, una raíz que puede interpretarse desde la perspectiva de נב (Delitzsch, *Genesis* p. 636) o de בל (cf.קמל אמל, אול, אבל), con el sentido de extenderse o de elevarse, ser eminente, como en árabe *nabula*. Según eso, נבל significa el hombre relajado, es decir, sin firmeza, sin poder interior, en la línea de lo que, desde el lenguaje del N. T., se podría decir, πνεῦμα οὐκ ἔχοντα.

Is 32, 6 describe al נבל cuando dice "un simple dice simplezas y su corazón hace cosas ajenas a Dios, practica engaños y dice cosas locas en contra de Dios, de manera que deja vacía el alma de los hambrientos, y se niega a dar agua a los sedientos". Por otra parte, נבל es sinónimo de לץ el que se burla de los demás (véase definición en Prov 21, 24). Un hombre de este tipo aparece en la Escritura como vacío, plano, falto de mente.

La afirmación de que no hay Dios (אין אלהים), que es la raíz del pensamiento y de la acción de personas de ese tipo, forma parte del clímax de la necedad. No se trata aquí meramente de un ateísmo práctico, pues según el lenguaje de la Escritura, el corazón no es solo la sede de la volición, sino también del pensamiento. De esa forma, el נבל no se contenta solo con actuar como si no hubiera Dios, sino que niega directamente su existencia, diciendo que en realidad no existe Dios, es decir, un Dios personal.

El salmista lleva esta afirmación hasta el extremo y hondura de la depravación humana, afirmando que puede haber hombres que niegan la existencia de Dios. Los destinatarios de esta afirmación no son simplemente ateos en sentido teórico, sino hombres que actúan de un modo corrupto, los que son abominables[46].

La negación que sigue (no hay nadie que haga el bien, אֵין עֹשֵׂה־טוֹב) tiene la misma universalidad que en Sal 12, 2, donde también se utiliza. Pero luego el salmista distingue entre el hombre justo, que experimenta en su carne la corrupción, siendo perseguido, y la masa corrompida de la humanidad.

El salmista sabe lo que dice sobre la humanidad entendida como κόσμος, una humanidad en la que, a primera vista, los pocos rescatados por gracia de la masa de la corrupción, no aparecen o se citan de un modo concreto, como en las palabras de Gen 6, 5. 12, cuando se dice que Dios mira y ve a toda la humanidad corrompida (como si no existieran justos en ella).

Dado que solo la gracia libera a los hombres de la corrupción general, puede afirmarse que cuando el salmista afirma que no existe ni un solo justo está hablando de la humanidad tal como ella es, por su naturaleza pecadora, no como ha sido creada por la gracia de Dios. De todas formas, aquí no se está hablando

---

46. La palabra עֲלִילָה es una expresión poética abreviada, en lugar de עֲלִילוֹתָם, y suele vincularse con verbos con *tarcha* y *mercha* (acentos conjuntivos usuales lo mismo que *mugrash*); no se emplea como acusativo adverbial (como piensan Hengstenberg y otros), sino como objeto, dado que הִשְׁחִית (cf. הִשְׁחִיתוּ) es la palabra que se emplea generalmente en combinación con עֲלִילָה(cf. Sof 3, 7) o, lo que es lo mismo, con דֶּרֶךְ(cf. Gen 6, 12). Aquí se añade הִתְעִיבוּ (cf. 1 Rey 21, 26) para dar mayor intensidad a la expresión.

de un pecado simplemente hereditario, sino de un pecado actual que surge y se despliega partiendo del pecado hereditario, corriendo el riesgo de dominar todo lo que existe, a no ser que se interponga la gracia de la que se habla aquí.

14, 2. Este segundo trístico apela a la inefable decisión del mismo Dios. El verbo הִשְׁקִיף (cf. הִשְׁקִיף מִשָּׁמַיִם יְהוָה, Yahvé mira desde el cielo) significa observar con cuidado, inclinándose hacia adelante. Esta es la palabra adecuada para indicar que una persona está mirando desde la ventana (cf. 2 Rey 9, 30, en *nifal*. En Jc 5, 28, passim) y que, por su parte, Dios está mirando desde el cielo sobre la tierra, como en Sal 102, 20, passim. Es una palabra que tiene el mismo sentido que הִשְׁגִּיחַ, Sal 33, 13, Sal 33, 14; cf. además Cant 2, 9. El perfecto se utiliza como tal solo allí donde la mirada de Dios antecede a lo que se dirá después (cf. Sal 14, 3).

Así como el verbo הִשְׁחִיתוּ remite a la historia del diluvio, así לִרְאוֹת evoca la historia de la construcción de la Torre de Babel, Gen 11, 5, cf. Sal 18, 21. El juicio de Dios descansa sobre el conocimiento de los hechos, que en estos pasajes aparecen descritos desde la perspectiva de los hombres. Los ojos omnividentes de Dios, su mirada todo-penetrante, escruta la totalidad de la raza humana.

¿Hay alguno que muestra discernimiento en pensamiento y obra, alguien para quien la presencia de Dios constituya el más alto de los bienes, aquello por lo que él se esfuerza? Este es el sentido de la pregunta por Dios, al afirmar que él se deleita en ese tipo de personas, de forma que ninguna quedará fuera de su mirada amorosa. Sobre אֶת־אֱלֹהִים, τὸν Θεόν, véase Gesenius 117, 2.

14, 3. Este tercer triestico, muestra la condición en la que Dios encuentra a la humanidad. La universalidad de la corrupción se expresa aquí con los términos más fuertes posibles. הַכֹּל son todos los hombres (literalmente la totalidad). יַחְדָּו son unos y otros (lit., en ellos en cuanto unidos, *universo, todos*). אֵין גַּם־אֶחָד no hay uno, ni siquiera uno, que se pueda tomar como excepción. סָר (en érs' lKoïh;) no es probablemente tercera persona del pretérito, sino participio, indicando que todos se han desviado, han abandonado los caminos de Dios, están fuera, como en un tipo de apostasía (ἀποστάτης).

נֶאֱלָחוּ, como en Job 15, 16, indica la corrupción moral más honda, como si fuera una putrefacción como una herida que supura. La frase אֵין גַּם־אֶחָד la traducen los LXX: οὐκ ἔστιν ἕως ἑνός (no hay ni siquiera uno, como se diría en hebreo עַד־אֶחָד, que es la forma más usual de esa expresión).

Pablo cita los tres primeros versos de este salmo (Rom 3, 10-12) para mostrar que su afirmación (que todos, judíos y gentiles están bajo el pecado) está de acuerdo con la enseñanza de la Escritura. Lo que el salmista está diciendo aquí se aplica básicamente a Israel, que son aquellos de los que se ocupa de inmediato, pero puede aplicarse como algo evidente a los gentiles (como hará Pablo). Lo que aquí se dice no forma parte de la corrupción particular de los malos israelitas, ni tampoco de la corrupción de los gentiles como separados, sino de la corrupción universal que impera no solo en Israel, sino también en el mundo pagano.

Las expresiones concretas que el apóstol Pablo aduce al citar este salmo (desde τάφος ἀνεῳγμένος, sepulcro abierto, hasta ἀπέναντι τῶν ὀφθαλμῶν αὐτῶν, delante de sus ojos) fueron incorporadas al salmo desde antiguo en la versión común o Κοινή de los LXX. Ellas aparecen como parte integral del Salmo en el Cod. Alex., en el Salterio Greco-Latino Veronense, y en el Siríaco de Milán. También se encuentran en la paráfrasis de Apolinar sobre los Salmos, como una interpolación posterior. El Cod. Vaticano las pone al margen.

Por su parte, las palabras σύντριμμα καὶ ταλαιπωρία ἐν ταῖς ὁδοῖς αὐτῶν han sido admitidas en la tradición hebrea antigua, que es más rabínica que bíblica (מזל רע ופגע רע בדרכיהם) incluso en códices hebreos (cf. Kennicott 649). De un modo justo, Orígenes ha excluido esta cita apostólica (expresada en forma de mosaico de afirmaciones) de su texto de los Salmos. Por su parte, el verdadero estado de la cuestión de esta cita paulina del salmo lo ha ofrecido Jerónimo, en el prefacio al libro XVI de su comentario sobre Isaías (cf. Pluschke, *Monograph on the Milanese Psalterium Syriacum*, 1835, p. 28-39).

14, 4. Este es el resultado descarnado del escrutinio divino. Conforme a la bondad de Dios, ese escrutinio tendría que haber sido distinto, al menos en Israel, la nación donde se ha producido su revelación positiva, donde deberían encontrarse personas justas. Pero incluso aquí prevalece la maldad, de manera que el propósito de misericordia de Dios no ha sido aceptado, ni ha tenido ningún efecto. El estallido de indignación de Dios que el salmista ha escuchado en este contexto se aplica de un modo intenso a los pecadores de Israel. De un modo semejante, también en Is 13-15 el juez del mundo se dirige de un modo particular a los representantes de Israel.

Los elementos más significativos de nuestro salmo reciben unos rasgos especiales, de tipo profético, en un salmo de Asaf (Sal 82). Aquello que aquí se dice en forma de pregunta (הלא ידעו) se expresa en Sal 82, 5 en forma de aserción. Estas palabras (הלא ידעו) no deben traducirse *¿no tendrían que haber sentido...?* pues en ese caso, el texto tendría que haberse puntuado de un modo distinto. No pueden traducirse tampoco como hace Hupfeld: *ellos no han experimentado.*

Esa expresión, הֲלֹא יָדְעוּ, en el sentido de "acaso no conocen" ha de entenderse de un modo absoluto, con el significado de *non sapere*, y consiguientemente de *insipientem esse*, ser insipientes (incapaces de conocer), como en Sal 82, 5; 73, 22; 92, 7; Is 44, 18; 45, 20, passim. El perfecto ha de entenderse en la línea de *novisse* (Gesenius 126, 3), de forma que ha de traducirse así: ¿Han llegado ellos al no-conocimiento, están desprovistos de todo conocimiento y son, por tanto, como animales brutos? A esa pregunta ha de responderse: Sí, ellos son incluso peores que los brutos (cf. Is 1, 2-3), todos son obradores de iniquidad.

Las dos frases que siguen en 14, 4 (devoran a mi pueblo, no invocan a Yahvé) son, al menos lógicamente, de tipo atributivo. La frase אכלו לחם (comen pan) no es una cláusula subordinada de tipo circunstancial, pues esa traducción resulta sintácticamente inadmisible. Como ha puesto de relieve Olshausen, esa frase, אכל לחם, significa simplemente comer, tomar una comida. En esa línea traduce rectamente Hengstenberg: comen a mi pueblo como pan...

Eso significa que ellos (los que niegan a Dios) "devoran al pueblo de Dios como si comieran una simple comida", como si no hicieran nada malo, como si no se les pudiera reprochar de nada, como si eso de devorar al pueblo no tuviera importancia ni maldad ninguna. Este es un pensamiento que ha sido desarrollado por Miq 3, 1-3 (especialmente en 3, 3: como carne dentro del caldero...).

En lugar de לא קראו ה, no invocan a Yahvé, Jer 10, 21 dice "no buscan a Yahvé (לא דרשו ואת־ה)". El sentido es el mismo que en Os 7, 7, Ellos no invocan a Dios como ha de hacer un hombre dotado de conocimiento, sino que son como animales, como aves de presa.

14, 5. Cuando Yahvé proclama su palabra nunca falla en realizar lo que desea, de manera que derribará a estos hombres que son como animales brutos, sin conocimiento ni conciencia. El demostrativo local שם se utiliza aquí en sentido temporal, lo mismo que en Sal 66, 6; Os 2, 17; Sof 1, 14; Job 23, 7; Job 35, 12, se vincula con un perfecto de certeza, como en Job 35, 13, que tiene también un significado más temporal que local.

El verbo פחד (temblar, espantarse) recibe toda su intensidad por el hecho de que va unido con un objeto sustantivo de la misma raíz (cf. פָּחֲדוּ פָחַד), como sucede con frecuencia cuando se utiliza un lenguaje más elevado, como en Hab 3, 9, y en los casos en los que se añade un infinitivo adverbial de la misma raíz.

En ese momento (שָׁם), cuando Dios abandone su larga paciencia y deje que se desate su ira, entonces, su terror y su temblor se desencadenará sobre los malvados, de un modo total. Pues bien, en otra línea, al mismo tiempo, este juicio de ira viene a presentarse como revelación del amor de Dios que, mientras derrama su venganza sobre los malvados, libera y salva a los que forman parte de su עמי (es decir, de su pueblo).

Desde ese contexto ha de entenderse el sentido de las palabras דור צדיק, la *generación de los justos*, en oposición a la humanidad corrompida de ese tiempo (cf. Sal 12, 8). Esa generación de los justos está formada por aquellos que acogen la voluntad de Dios, y se vinculan entre sí por un "espíritu" de respeto mutuo, que está por encima de la forma de actuar más común de aquellos que se imponen con violencia sobre los demás.

Se les llama así דוֹר (generación) pues esa palabra no significa ya una generación temporal (los hombres de un determinado tiempo), sino más bien un "tipo" (un género especial) de persona no tanto en sentido meramente temporal, sino moral, como en Sal 24, 6; Sal 83, 15; Sal 112, 2, donde se aplica de un modo uniforme al conjunto de los hijos de Dios que están oprimidos en el mundo y que ruegan a Dios por su liberación. Con esa palabra no se alude, pues, solo a los israelitas como pueblo especial, opuesto por ejemplo a los escitas o paganos, sino que se alude a todos los hijos de Dios, como generación de personas justas que escuchan y cumplen la palabra de Dios.

14, 6. El salmista se dirige ahora a los oprimidos, con la gozosa confianza de que ellos forman parte de los afligidos y perseguidos, por los que se manifiesta Dios. En vez de los trísticos que esperábamos, tenemos aquí un nuevo dístico.

El *hifil* de בישׁ que significa burlarse (cf. עֲצַת־עָנִי תָבִישׁוּ, de los planes del pobre se han burlado) se utiliza aquí en sentido personal: *Hacer que alguien quede avergonzado*, e. g., Sal 44, 8 (cf. Sal 53, 6, donde tiene que suplirse el acusativo de persona); actuar de un modo vergonzoso, como en Prov 13, 5, donde se habla de un hijo necio (בֵּן מֵבִישׁ.) que desprecia la corrección paterna.

Ese verbo בישׁaparece aquí con un acusativo neutro de objeto, no con el sentido de *difamar* (Hitzig), un sentido que esta palabra no tiene nunca (ni siquiera en Prov 13, 5, sino con el de *confundir,* poner en vergüenza a alguno, frustrar sus expectativas (Hupfeld), que es el sentido más natural en conexión con עצת, como en nuestro caso.

El futuro, תָבִישׁוּ, se utiliza con un significado parecido al que tiene en Lev 19, 17, que es el que posee siempre en imperativo. La partícula כי parece que tendría que explicar la falta de razón y consecuencias de esa burla, y por esa razón algunos han supuesto que aquí podría faltar una frase (de manera que el verso hubiera sido en su origen un triestico).

La palabra עצה (el consejo o intención del pobre) es todo aquello que podría hacer el hombre piadoso que sufre el ataque de los poderosos, son los planes que él tendría para glorificar a Dios, o de acuerdo con la voluntad divina. Pues bien, los "hijos del mundo", que se han adueñado de los poderes de este mundo, se empeñan en frustrar todos los proyectos de los piadosos. Pero, a la luz de la decisión final de Dios, el salmista sabe que todos los planes de los impíos acaban siendo inútiles, pues los justos encuentran su esperanza o, mejor dicho, su refugio en Dios.

14, 7. Este triestico parece una añadidura del tiempo del exilio, a no ser que uno esté dispuesto a situar todo este salmo en tiempo del exilio, a causa de este verso final.

En todos los demás casos, en un contexto semejante, como en Sal 126, 1-6, la expresión שׁוּב שְׁבוּת significa el retorno de la cautividad, hacer que los cautivos vuelvan de nuevo a su tierra. שׁוּב tiene aquí un significado transitivo a pesar de que Hengstenberg vacile en admitirlo (él piensa que se trata de volver a la cautividad); ese sentido aparece en Sal 126, 4; Sal 2, 3 (seguido por את), cf. Ez 47, 7.

Ese verbo está en *Kal*, que debe preferirse al *hifil*. La salvación proviene de Sión; no era necesario precisarlo, pues para los judíos del exilio no había más salvación que la vuelta a Sión, que se expresa de forma clásica diciendo שְׁבוּת עַמּוֹ בְּשׁוּב יְהוָה, cuando Dios haga volver la cautividad (= los cautivos) de su pueblo. La palabra שְׁבוּת viene de שׁבה que significa hacer a uno prisionero de guerra. En esa línea, Is 66, 6, muestra, por ejemplo, que los exilados nunca esperaron otra redención que no fuera el retorno a Sión.

Esa esperanza de volver no implicaba que ellos pensaran que Yahvé sigue habitando entre las ruinas de su morada antigua. Al contrario, la ciudad estaba en ruinas porque Yahvé la había abandonado (como muestra claramente Ezequiel). Pues bien, el momento en el que Dios vuelva a reconciliarse con su pueblo será también el momento en que él (Dios) entrará de nuevo en Jerusalén.

De esa manera, el santuario de Sión, elegido de nuevo por Yahvé, es el lugar desde el que brotan los rayos del juicio divino sobre los enemigos de Israel, el lugar desde el que emana el brillo de la inversión de las suertes del pueblo de Dios, que desembocará en la liberación final del pueblo. Según eso, incluso durante el tiempo del exilio, Jerusalén era el punto de orientación, la *kibla* hacia la que se dirigía la oración de los cautivos, cf. Dan 6, 11.

No sería nada extraño, según eso que el escritor del salmo, perteneciendo al tiempo del exilio, expresara con estas palabras el deseo de liberación de los israelitas. Esta es la oración de aquel que eleva ante Dios su deseo diciendo: "¡Quien me dijera que la salvación de Dios viniera desde Sión!". Pero la frase שׁוב שׁבות significa también metafóricamente invertir la situación de infortunio, como en Job 42, 10; Ez 16, 53 (y quizá también en Sal 85, 2, cf. Sal 14, 5), pues la idea del exilio, שׁבות, se ha generalizado, recibiendo el sentido de cualquier tipo de opresión[47].

Originalmente, la frase שׁוב שׁבות significaba superar un tipo de exilio, de cautiverio (no solo el del tiempo de los babilonios…), es decir, de vender, de invertir, cualquier tipo de infortunio. En esa línea, el hecho de que esta frase se encuentre al final del salmo no implica en modo alguno que se pueda atribuir a David (לדוד). Por eso, el mismo Hitzig traduce esta frase así, ¡Oh, si Dios superara, si invirtiera, el infortunio de su pueblo! De todas formas, el mismo Hitzig afirma que este salmo (con estas palabras de vuelta de la cautividad) se puede y debe

---

47. Sucede aquí lo mismo que con la palabra alemana "Elend" que en principio significaba exilio (habitar en un país extranjero, deportación), pero que después ha venido a significar cualquier tipo de dolor o de infortunio.

situar en el tiempo de la supuesta invasión de unos grupos de guerreros escitas que habían conquistado el territorio de Israel.

Eso es posible, y en ese sentido, no se puede negar que los salmos con esta frase final (שוב שבות) no puedan atribuirse a David. Pero, en contra de la visión de Hitzig debemos afirmar que en los tiempos de Jeremías no hay traza ninguna de una invasión de escitas en las tierras de Israel.

Por eso es mucho más probable que el salmo pueda situarse en el tiempo de la rebelión de Absalón, que fue un tiempo de שבות, es decir, de opresión en un sentido real, no solo figurado. De todas formas, no es necesario que situemos el salmo en ese u otro tiempo concreto. Estas últimas palabras (volver a Sión, superar la miseria del pueblo) pueden y deben entenderse de un modo muy general, aplicándose a la reunión de la generación final de los justos (no a la liberación concreta de un cautiverio concreto, como el del tiempo de los babilonios). Esta es la visión que está en el fondo del conjunto de este salmo.

La generación de los justos, e incluso el conjunto del pueblo de Israel, se encuentra en una situación de opresión, de prisión, de cautiverio. Solo en el caso de que Dios quiera cambiar la condición de su pueblo, de aquellos que forman verdaderamente su pueblo, se podrá decir que Jacob se regocijará y que Israel se alegrará. Este será el deber gozoso de los redimidos, el deber de alegrarse por su Dios y por su redención. Solo de esa manera podrán ellos responder a la acción salvadora de Dios.

Salmo 15. Las condiciones del acceso a Dios

מִזְמֹ֗ור לְדָ֫וִ֥ד¹

יְהֹוָה מִי־יָג֥וּר בְּאׇהֳלֶ֑ךָ מִֽי־יִ֝שְׁכֹּ֗ן בְּהַ֣ר קׇדְשֶֽׁךָ׃

הֹולֵ֣ךְ תָּ֭מִים וּפֹעֵ֣ל צֶ֑דֶק וְדֹבֵ֥ר אֱ֝מֶ֗ת בִּלְבָבֹֽו׃²

לֹֽא־רָגַ֨ל ׀ עַל־לְשֹׁנֹ֗ו לֹא־עָשָׂ֣ה לְרֵעֵ֣הוּ רָעָ֑ה וְ֝חֶרְפָּ֗ה לֹא־נָשָׂ֥א עַל־קְרֹבֹֽו׃³

נִבְזֶ֤ה ׀ בְּֽעֵינָ֗יו נִמְאָס֒ וְאֶת־יִרְאֵ֣י יְהֹוָ֣ה יְכַבֵּ֑ד נִשְׁבַּ֥ע לְ֝הָרַ֗ע וְלֹ֣א יָמִֽר׃⁴

כַּסְפֹּ֤ו ׀ לֹא־נָתַ֣ן בְּנֶשֶׁךְ֮ וְשֹׁ֥חַד עַל־נָקִ֗י לֹ֥א לָ֫קָ֥ח עֹ֥שֵׂה אֵ֑לֶּה לֹ֖א יִמֹּ֣וט לְעֹולָֽם׃⁵

\<Salmo de David\>

¹Jehová ¿quién habitará en tu Tabernáculo?
¿quién morará en tu monte santo?

² El que anda en integridad y hace justicia;
el que habla verdad en su corazón;
³ el que no calumnia con su lengua ni hace mal a su prójimo
ni admite reproche alguno contra su vecino;

⁴ aquel a cuyos ojos el indigno es menospreciado,
pero honra a los que temen a Jehová;
el que aun jurando en perjuicio propio, no por eso cambia;
⁵ quien su dinero no dio a usura ni contra el inocente admitió soborno.
El que hace estas cosas, no resbalará jamás.

Sal 14 distinguía דור צדיק, una generación recta, de la masa de corrupción universal, y culminaba con el deseo de que la salvación viniera de Sión. Sal 15 responde a la cuestión, mostrando quienes pertenecen a דור צדיק, generación justa, a la que se le dará salvación futura (un tema al que responde también Sal 24, compuesto en conexión con el traslado del arca a Sión). El estado de mente expresado en Sal 15 responde exactamente a la piedad auténtica y a la genuina humildad que se manifestaron en David, en aquella ocasión, con el traslado del arca a Sión, cf. Sal 15, 4 con 2 Sam 6, 19 y 6, 21.

El hecho de que Sión (monte Moria) se llame simplemente הר הקדש (15, 1) va a favor de situar este Salmo en el tiempo del exilio, a causa de la rebelión de Absalón, cuando David tuvo que separarse del santuario de su Dios, que quedaba en manos de hombres que se oponían a las notas que este salmo exige (cf. 15, 4. 6).

No se puede precisar nada más sobre su composición, sino solo el hecho de que Sión recibe la designación especial de "santa montaña", y el hecho de que el arca ha sido llevada y colocada en el אהל o tabernáculo allí erigido (2 Sam 6, 17). Solo se puede añadir que Is 33, 23–16 ofrece una hermosa variación de este Salmo.

15, 1–2. Todo lo que se expandirá en los triesticos siguientes se contiene *in nuce* (en su raíz) en este dístico. La referencia a Dios no es simplemente una fórmula protocolaria sin contenido (Hupfeld), sino que forma parte del compromiso de oración del salmista, que se dirige directamente a Dios y, como si hubiera leído en el corazón de Dios, responde a la pregunta que ha planteado, de acuerdo con la mente de Dios.

גּוּר y שׁכן que suelen distinguirse como παροικεῖν y κατοικεῖν en el griego helenista, tienen aquí el mismo significado. Lo que se quiere expresar con גּוּר (cf. Sal 61, 5), no es solo una presencia temporal sino permanente de Dios en el santuario.

La diferencia existente entre las dos palabras aquí utilizadas (גּוּר y שׁכן) es que la primera indica el hecho de haber encontrado un lugar de habitación o descanso partiendo de la experiencia anterior de una vida errante, mientras que la segunda alude a un lugar de descanso, partiendo de la idea de una vida de familia ya establecida[48].

---

48. En árabe *jâm 'lllh* es uno que está bajo la protección de Dios, como si viviera en la "fortaleza" de Dios, cf. Fleischer, *Samachschari*, p. 1, nota 1.

El santo tabernáculo y la montaña santa se conciben aquí en su carácter espiritual, como lugares de la presencia divina, de manera que se refieren a la iglesia de Dios reunida en torno a esos símbolos sagrados. La hondura espiritual de esta visión está vinculada, a un lugar (monte) y a un tipo de edificio (tabernáculo), como indican Sal 27, 4-5; Sal 61, 5. Lo que importa no es según eso el monte y la tienda en sí mismo, sino el hecho de que Dios esté habitando allí, como muestran Sal 65, 5 y Sal 84, 4-5.

En esa línea podemos afirmar que, por un lado, monte y tabernáculo se contraen y cierran en los límites del A. T., mientras que por otra parte se abre y expande conforme al espíritu del N. T. En ese sentido podemos afirmar que, lo mismo que en el tema de los sacrificios, el espíritu del N. T., aparece ya en el fondo de esos signos del A. T., penetrando más allá del velo del A. T., pero sin que este velo se rasgue del todo.

La respuesta a la pregunta del salmo (¿quién habitará en tu tabernáculo?) nos conduce ya cerca del N. T., pero, por otro lado, queda fuera del corazón del A. T., donde se dice que no aquellos que digan *Señor, Señor,* sino aquellos que cumplen la voluntad de Dios compartirán los derechos de su amistad con él.

La respuesta del salmista nos sitúa ante la verdadera sustancia de la ley, es decir, de nuestros deberes hacia todos los hombres, y del estado interior de corazón con respecto a Dios. En esa línea, el salmo indica que solo pueden habitar en el tabernáculo de Dios aquellos que caminan con rectitud, es decir, los que tienen una conducta íntegra, perfecta[49]. Avanzando en esa línea, en vez de la expresión más normal que es עשה צדקה, *los que hacen justicia,* aquí tenemos la más poética פעל צדק, que podría traducirse como los *obradores de justicia.*

A partir de aquí, Sal 15, 2 sigue ofreciendo la caracterización de la naturaleza interior de los hombres que pueden habitar en el santuario de Dios: Ellos han de ser justos, porque dicen verdad en su corazón no solamente con sus labios. Según eso, la verdad no es algo externo, sino que forma parte del corazón de los justos, como indica la *beth* de דֹּבֵר אֱמֶת בִּלְבָבוֹ, decir verdad en el corazón, esto es, desde lo más profundo (Hitzig). Estos son los tres rasgos del hombre que habita en el santuario de Dios: (1) caminar sin mancha; (b) responder con la conducta a la voluntad de Dios; (3) tener pensamientos verdaderos.

---

49. La palabra תָמִים que aparece aquí (en הֹלֵךְ תָּמִים, 15, 2, lo mismo que en Prov 28, 18), puede tener dos sentidos: (a) Puede ser una *definición más precisa del sujeto,* refiriéndose a un hombre que es justo, que es íntegro y perfecto, a diferencia de הוֹל רָכִיל, que es aquel que se comporta como un calumniador, cf. הַיָשָׁר הוֹלֵךְ (Miq 2, 7). Según eso, el הֹלֵךְ תָּמִים es uno que camina rectamente. (b) Pero תָּמִים puede ser *acusativo de objeto,* como en הוֹלֵךְ צְדָקוֹת (Is 33, 15), de manera que la "perfección" no se aplica al hombre como tal, sino a los caminos que él recorre, que son siempre caminos de rectitud, de integridad. En esa línea, תָמִים puede significar *integrum* en el sentido de *integritas,* como aparece en la frase הלכים בתמים, los que caminan en integridad (cf. Sal 84, 12).

15, 3-5. Los dos dísticos anteriores, con la pregunta y la respuesta general (15, 1-2), vienen ahora seguidos por tres trísticos, que ofrecen una respuesta más detallada, con frases independientes, que lógicamente tienen el sentido de cláusulas de relativo. Los verbos están en perfecto, pero con sentido de presente, pues sirven para expresar cualidades y formas de actuación que el hombre justo debe evitar con todo cuidado, si quiere habitar en el santuario de Dios.

No calumniar (15, 3a). El primer verbo es רגל (לֹא־רָגַל עַל־לְשֹׁנוֹ) y sirve para indicar la conducta y condición del hombre que anda espiando y calumniando a los demás (en *piel*, tanto aquí como en 2 Sam 19, 28; cf. רכיל, רֹכֵל). En vez de בלשנו tenemos aquí עַל־לְשֹׁנוֹ (עַל־לְשֹׁנוֹ) con *daggesh* en la segunda abalís (לְשֹׁנוֹ) para que se lea con énfasis y no pase inadvertida. El calumniados no puede formar parte de la casa de Dios.

No dañar al prójimo (15, 3b). La asonancia de לְרֵעֵהוּ רָעָה está bien lograda. En este contexto se dice que hacer daño a alguien que está vinculado a nosotros con lazos de familia y amistad es un pecado que lleva consigo el castigo. קָרוֹב aparece como palabra paralela a רע en Ex 32, 27. En ambos casos, el salmista condena no solo a personas que hacen daño a los de la misma nación, sino que su condena puede referirse a los que hacen daño a cualquier tipo de personas. Conforme a la visión del A. T., alguien que es pecador en sí mismo y en unas circunstancias determinadas es también pecador en relación con todos los demás hombres.

No admitir reproches contra los demás (15, 3c). La afirmación de Hupfeld y de otros, según la cual נשא en conjunción con חרפה significa simplemente *efferre* en el sentido de *effari* (declarar, determinar algo) resulta insuficiente. Al contrario, el verbo נשא se utiliza siempre en frases como נשא חרפה, con el sentido de "elevar un reproche contra" (Sal 69, 8), condenar a alguien, dirigir contra alguien unos juicios adversos. Eso significa que no pueden habitar en el templo de Dios aquellos que van reprochando y condenando siempre la conducta de los demás[50].

Honrar a los que se humillan a sí mismo (15, 4ab). El texto de 15, 4 tiene ciertas dificultades de traducción, que han sido destacadas por los investigadores, pero su sentido de fondo es claro. El salmista quiere decir que Dios exalta a aquel que es pequeño ante sí mismo, קטן בעיניו, 1 Sam 15, 17, que no se exalta ni enorgullece por encima de los demás. En esa línea, cuando llevó el arca de su Dios, David se abajó de un modo muy intenso (נקל), de manera que apareció שפל בעיניו, 2 Sam 6, 22.

Este abajamiento, que David confiesa también en Sal 131, 1-3, ha sido puesto de relieve tanto aquí como en el resto del Antiguo Testamento, e. g., Is 57,

---

50. El salmista supone que es más fácil reprochar y calumniar que borrar o limpiar la condena, como se dice en latín, *audacter calumniare semper aliquid haeret* (calumnia con fuerza, que siempre queda algo).

15, donde el abajamiento propio se toma como una condición para ser agradable ante Dios. Este abajamiento es en verdad el principio de todas las virtudes. Leído de esa forma, este verso trata del hombre que se abaja a sí mismo, que se considera indigno de ser ensalzado por otros, mientras que muestra siempre respeto ante ellos.

Este es el hombre que se juzga a sí mismo bajo o indigno, pero que muestra gran respeto por los demás, teniendo como medida de su juicio el temor de Dios (el hecho de que los hombres respeten a Dios, se inclinen ante él). Solo este tipo de personas pueden habitar en el tabernáculo de Dios.

Cumplir los votos (15, 4). De esa manera, su temor de Yahvé se manifiesta en que este justo no se exalta a sí mismo, pero cumple con toda fidelidad, en sentido estricto, los votos que ha prometido a Dios. Este es el hombre que cumple los juramentos, que mantiene la palabra, aunque vaya en contra de sus propios intereses.

En ese contexto, estas palabras sobre el cumplimiento de los votos nos sitúan en la línea de Lev 5, 4, y van en contra de las personas que cambian con toda facilidad sus votos, conforme les sean favorables o desfavorables. El justo en cambio mantiene fielmente sus votos, siendo siempre leal con Dios y con los demás.

El tema de fondo son los votos, que pueden "olvidarse" (dejarlos a un lado sin cumplirlos), un olvido que puede ser redimido (de forma que aquel que ha prometido los votos queda liberado de su cumplimiento), a través de un tipo de sacrificio (*asham*), que dependerá de la naturaleza del voto pronunciado y prometido, si es agradable o desagradable, si es provechoso o no provechoso para la persona que lo ha hecho.

Estas palabras nos sitúan ante un tema de manipulación religiosa, distinguiendo así entre un voto cuyo cumplimiento es provechoso y otro que no es provechoso para aquel que lo ha pronunciado (cf. לְהֹרֵעַ), de manera que su cumplimiento queda a merced de la conveniencia de cada uno. Sobre להרע, véase Gesenius. 67, nota 6. El antecedente hipotético (cf. e. g., 2 Rey 5, 13) viene aquí seguido por וְלֹא יָמֵר רפ como apódosis.

El verbo המיר es propio del lenguaje de los votos. Y así se dice que, si uno ha hecho un voto sobre un animal que se ha de ofrecer como sacrificio, la Ley le prohíbe no solo cambiar lo prometido (החליף), sino también cambiar el animal prometido en el voto por otro, sea bueno o malo. Esta es la ley básica de Lev 17, 10 (לֹא יַחֲלִיפֶנּוּ, טוב ברע או־רע בטוב, cf. también Lev 17, 33).

Ciertamente, el salmista no utiliza esas palabras del Levítico en sentido técnico, tal como se emplean en el establecimiento de la Ley. Conforme al trasfondo del texto, el juramento va vinculado al cumplimiento de un voto y, en esa línea, la palabra del salmo וְלֹא יָמֵר no solo condena la falta de cumplimiento del voto, sino también la alteración de aquello que ha sido jurado. A lo que el salmo se refiere en este contexto es la utilización del nombre de Dios en vano, de cualquier forma que sea.

No prestar dinero a usura (15, 5a). En este momento, el salmista ratifica algunos pasajes fundamentales de la Torá como: Ex 22, 24; Dt 23, 20; Ez 18, 8, en los que se pone de relieve la prohibición de la usura. כַּסְפּוֹ לֹא־נָתַן בְּנֶשֶׁךְ. Esa frase significa que no puso su dinero para usura, en el sentido de נשׁך que es morder, δάκνειν; el que presta dinero a usura es semejante a uno hombre que muerde a otro, que le quita la propia carne o vida. El que recibe o exige interés es מַשִּׁיך, el que lo paga es נַשּׁוּך, el interés en sí es נשׁך.

La manera como se describe el dar o exigir interés en 15, 5 está tomada del lenguaje de la ley mosaica, que dice de forma apodíctica שׁחדלא לקח. Esta prohibición de la usura se encuentra en Ex 23, 8; Dt 16, 19. En el fondo de ella se sitúa la gran maldición de Dt 27, 25, en la que se prohíbe el préstamo de dinero por interés, על־נקי, a causa del inocente, es decir, en contra de él, para condenarle.

Sea un préstamo, sea un regalo, el que da algo tiene que hacerlo sin condiciones, de manera que si impone un interés y es conducido a juicio tiene que ser condenado como usurero, especialmente porque su forma de actuar implica la destrucción de los inocentes.

El que obra así nunca vacilará (15, 5b). Y a modo de conclusión de todas las condiciones y exigencias anteriores, el Salmo dice que quien obra así habitará para siempre en el templo en la casa de Dios (tema del principio del Salmo). El lenguaje toma un tono diferente, moldeado según el sentido espiritual de la cuestión inicial: El que así actúa no será nunca movido de lugar (לֹא יִמּוֹט לְעוֹלָם), no será expulsado nunca, no vacilará, sino que se mantendrá firme, siendo elevado por Yahvé, escondido y protegido en su compañía. No habrá nada, ni de dentro, ni de fuera, ninguna desgracia que podrá derribarlo.

Salmo 16. Refugio es Dios, Bien supremo, en tiempo de tristeza y muerte

¹ מִכְתָּם לְדָוִד
שָׁמְרֵנִי אֵל כִּי־חָסִיתִי בָךְ׃

² אָמַרְתְּ לַיהוָה אֲדֹנָי אָתָּה טוֹבָתִי בַּל־עָלֶיךָ׃

³ לִקְדוֹשִׁים אֲשֶׁר־בָּאָרֶץ הֵמָּה וְאַדִּירֵי כָּל־חֶפְצִי־בָם׃

⁴ יִרְבּוּ עַצְּבוֹתָם אַחֵר מָהָרוּ בַּל־אַסִּיךְ נִסְכֵּיהֶם מִדָּם
וּבַל־אֶשָּׂא אֶת־שְׁמוֹתָם עַל־שְׂפָתָי׃

⁵ יְהוָה מְנָת־חֶלְקִי וְכוֹסִי אַתָּה תּוֹמִיךְ גּוֹרָלִי׃

⁶ חֲבָלִים נָפְלוּ־לִי בַּנְּעִמִים אַף־נַחֲלָת שָׁפְרָה עָלָי׃

⁷ אֲבָרֵךְ אֶת־יְהוָה אֲשֶׁר יְעָצָנִי אַף־לֵילוֹת יִסְּרוּנִי כִלְיוֹתָי׃

⁸ שִׁוִּיתִי יְהוָה לְנֶגְדִּי תָמִיד כִּי מִימִינִי בַּל־אֶמּוֹט׃

⁹ לָכֵן שָׂמַח לִבִּי וַיָּגֶל כְּבוֹדִי אַף־בְּשָׂרִי יִשְׁכֹּן לָבֶטַח׃

כִּי ׀ לֹא־תַעֲזֹב נַפְשִׁי לִשְׁאוֹל לֹא־תִתֵּן חֲסִידְךָ לִרְאוֹת שָׁחַת: ¹⁰

תּוֹדִיעֵנִי אֹרַח חַיִּים שֹׂבַע שְׂמָחוֹת אֶת־פָּנֶיךָ נְעִמוֹת בִּימִינְךָ נֶצַח ¹¹

<Mictam de David>

¹ Guárdame, Dios, porque en ti he confiado.
² Alma mía, dijiste a Jehová,
"Tú eres mi Señor; no hay para mí ningún bien fuera de ti";
³ y para los Santos que están en la tierra
y para los más Nobles…, todo mi deleite está en ellos.

⁴ Se multiplicarán los dolores de aquellos que sirven diligentes a otro dios.
No ofreceré yo sus libaciones de sangre ni en mis labios tomaré sus nombres.
⁵ Jehová es la porción de mi herencia y de mi copa;
tú aseguras mi suerte.

⁶ Las cuerdas me cayeron en lugares deleitosos
y es hermosa la heredad que me ha tocado.
⁷ Bendeciré a Jehová que me aconseja;
aun en las noches me enseña mi conciencia.
⁸ A Jehová he puesto siempre delante de mí;
porque está a mi diestra, no seré conmovido.

⁹ Se alegró por tanto mi corazón y se gozó mi alma;
mi carne también descansará confiadamente,
¹⁰ porque no dejarás mi alma en el sheol,
ni permitirás que tu santo vea corrupción.
¹¹ Me mostrarás la senda de la vida;
en tu presencia hay plenitud de gozo,
delicias a tu diestra para siempre.

El Salmo anterior culminaba con las palabras לֹא יִמּוֹט, no se moverá, no fallará. Esta palabra de promesa (בַּל־אֶמּוֹט) se repite ahora como garantía de vida, en boca de David (16, 8). Nosotros, lectores de este salmo, nos hallamos aquí confrontados con el modelo de la confianza inmutable de un amigo de Dios, el escritor de este Salmo, que está en peligro de muerte, como se puede inferir de la oración inicial (16, 1) y de la esperanza final (16, 10).

No hay en este salmo ningún rasgo de acusación amarga, de conflicto sombrío, de dura lucha. El grito de petición de ayuda queda inmediatamente reasumido y elevado por una conciencia bendita, por una esperanza brillante. En todo el salmo reina una calma estable, un gozo intenso, una gozosa confianza. El orante sabe que todo lo que él puede desear para el presente y para el futuro lo tiene ya en manos de Dios.

Este salmo lleva el encabezamiento לדוד; en esa línea, el mismo Hitzig añade y confiesa que, por su lenguaje, este salmo puede atribuirse a David. Todo aquello que puede tomarse como davídico lo hallamos combinado a lo largo del texto (pensamientos amontonados y unidos) en un lenguaje comprimido que se vuelve audaz por su dureza, pero que se muestra después claro, y que al fin se mueve, cada vez más rápidamente. Esta es una forma de composición antigua, peculiar, altamente poética, con palabras como אדני, mi Señor, y también מנת נחלת שפר תומיך y con una agrupación armónica de estrofas.

Además de eso, este salmo muestra muchos puntos de contacto con otros que son indudablemente davídicos (comparar e. g., Sal 16, 5 con 11, 6; 16, 10 con 4, 4; 16, 11 con 17, 15) y con pasajes que son también antiguo del Pentateuco (Ex 23, 13; Ex 19, 6; Gen 49, 6). Apenas hallaremos otro salmo que muestre tan claramente como este las raíces su dependencia respecto al Pentateuco, tanto por su temática como por su lenguaje. Sobre las circunstancias de composición del Salmo, cf. *Coment.* a Sal 30, 1-12.

El encabezamiento מכתם לדוד es el mismo de Sal 56, 1. Por analogía con otros encabezamientos debe entenderse en un sentido técnico. Esta observación va en contra de la explicación de Hitzig, según el cual se trata de un poema que es hasta el momento de autor desconocido, ἀνέκδοτον, conforme al sentido del árabe má*ktum*, escondido, secreto. Por su parte, la palabra *keimee'lion*, que aparece en otros manuscritos, no puede ofrecernos ningún tipo de ayuda.

Los LXX traducen στηλογραφία (εἰς στηλογραφίαν, con escritura grabada con un tipo de punzón) y la Vetus Latina pone *tituli inscriptio* (inscripción del título); en esa línea, Hesychius traduce τίτλος· πτυχίον ἐπίγραμμα ἔχον, en el sentido de lo que está insculpido, como un epigrama (*inscripción grabada*). Esta traducción queda confirmada por el Targum גליפא תריצא que significa *sculptura recta* (no erecta, como traduce Hupfeld), algo que está esculpido de un modo adecuado.

Las dos versiones dan al verbo el significado de כתם *insculpere*, esculpir, lo que se apoya también en comparación con כתב, palabra emparentada con חצב עצב, y con חתם *imprimere* (*sigillum*, sello). Más aún, el pecado de Israel se llama נכתם en Jer 2, 22 (cf. Sal 17, 1), como si se tratara de una mancha profundamente impresa, que no se puede borrar.

Pues bien, si miramos con atención los Salmos en los que aparece la palabra Michtam/Mictam, descubrimos que tienen en común dos rasgos fundamentales: (a) A veces contienen palabras significativas y notas, introducidas con אמרת וימר דבר (Sal 16, 2; Sal 58, 12; Sal 60, 8; cf. Is 38, 10-11, donde el salmo del rey Ezequías está inscrito con מכתב. (b) A veces contienen palabras de este tipo que se repiten en forma de refrán, como en Sal 56: *No temeré ¿qué puede hacerme un hombre?* o en Sal 57: *¡Que tú, Elohim, seas exaltado por encima de los cielos, que tu gloria se eleve por encima de la tierra!* o también en Sal 59, *Elohim es mi torre de refugio, mi*

Dios misericordioso. Significativamente, el Salmo de Ezequías vincula ambos rasgos. Por otra parte, en la poesía judía moderna, Miktam es el nombre de un epigrama.

Según todo eso, מכתם, como ἐπίγραμμα, parece significar ante todo "inscripción" y, por otra parte, resulta equivalente a una inscripción poética, a un poema que contiene dichos profundos. En los salmos de este tipo encontramos algunas sentencias expresivas, como refranes, especialmente adecuados para ser repetidas en forma de estribillo. El esquema de las estrofas es 5. 5. 6. 7. La última estrofa, que consta de siete líneas, aparece como expresión de una gozosa esperanza que se extiende hasta la muerte, para introducirse desde allí en la eternidad.

16, 1-3. El Salmo comienza con una oración que se funda en la fe, cuyo sentido especial resulta claro por 16, 10 (no me entregarás a la muerte...). El orante pide a Dios que le proteja, porque solo Dios (אֵל), el Todopoderoso, capaz de hacer todas las cosas, puede y quiere protegerle, si el orante se refugia en sus manos. Esta corta introducción carece de estico paralelo; ella está formada por un solo verso monóstico, un lamento que lo expresa todo en forma breve. Desde este fondo se entiende la palabra enfática, שָׁמְרֵנִי *shāmereni*, protégeme, pues así ha de leerse (שְׁמְרֵנִי), como en Sal 86, 2; Sal 119, 167, de *shāmerah* (cf. *Coment.* a Is 38, 14, עשׁקה), conforme al testimonio expreso de la Masora[51].

El texto de los dos siguientes versos (16, 2-3) necesita ser mejorado o, mejor dicho, necesita ser bien entendido en dos de sus rasgos. Por una parte, suele decirse que la lectura אָמַרְתְּ como dirigida al alma (Targum, cf. Lam 3, 24), no puede mantenerse, pues no hay ninguna mención de la cosa o persona a la que se dirige. Pero esa postura descansa en la falsa concepción de su forma escrita, con אָמַרְתְּ (Gesenius 44, nota 4). Aquí es claro que el orante se dirige a sí mismo (he dicho), dirigiéndose a Dios[52], porque David está hablando consigo mismo al dirigirse a Dios, al decirle que él es todo su bien.

---

51. La Masora observa ב בספרא גרשׁין, i. e., dos veces en el salterio. שְׁמְרֵנִי es imperativo, con la *o* desplazada por la *gaja* (*metheg*) y cambiada en *aa*, véase Baer, *Torath Emeth* p. 22s. De todas formas, los gramáticos no se han puesto de acuerdo sobre la pronunciación de las formas en imperativo y en infinitivo. Así Luzzatto, con Lozano, lee *shŏmereni*.

52. Conforme a la visión de Pinsker (*Einleitung* pp. 100-102), פעלת proviene de פללת como forma primaria de la 1 pers. singular, y de ella derivó después פלתי. Pero esta hipótesis resulta insostenible, conforme a la historia del lenguaje. Hitzig y Ewald (190d) suponen que nos hallamos ante un rechazo de la última vocal, tal como suele darse en el lenguaje popular, conforme al estilo del arameo (אמרת).

En esa línea, se añade que este es un caso del uso frecuente de una forma defectiva (ידעת en vez de ידעתי, Sal 140, 13; Job 42, 2; בנית igual a 1 , בניתי Rey 8, 48; עשׂית igual a עשׂיתי, en Ez 16, 59, cf. 2 Rey 18, 20, con אמרת en vez de אמרתי, en Is 36, 5), por la que se corta la letra final *i*, algo que es propio del lenguaje popular. Sea como fuere, si David lo escribió así, אמרת ha de leerse igual que en Sal 31, 15; 140, 7.

Ante todo, David proclama aquí su confesión de fe en Yahvé, ante quien se somete de un modo incondicional, y a quien coloca por encima de todas las cosas, sin excepción alguna. El sufijo de אדני (en el sentido original de *domini mei, mi* Señor, que aparece en Génesis 18, 3, cf. Sal 19, 2), ha perdido muchas veces su sentido de dominio, como en la palabra monseñor, convirtiéndose en parte del mismo nombre. Pero aquí, como en otros casos (cf. Sal 35, 23) conserva su sentido originario, de forma que debe traducirse "*tú eres mi Señor*", y no en forma absoluta "tú eres el Señor".

El énfasis de la palabra se pone precisamente en ese "de mí" (= mi Señor). El Salmista expresa de esa forma un sentimiento pleno y gozoso de dependencia, en la línea de un niño pequeño ante su padre, más que en la línea de un siervo ante su señor. Así se expresa el sentido de esta primera confesión del Salmista. La segunda confesión dice que Yahvé, mi señor, es también *mi benefactor* (no hay para mí un bien que sea mayor que el Señor).

La preposición על (cf. בַּל־עָלֶיךָ) está indicando algo que se extiende por encima, sobre todas las cosas, como en Gen 48, 22 (cf. Sal 89, 8; 95, 3) pasajes a los que pueden añadirse otros como Gen 31, 50; 32, 12; Ex 35, 22; Num 31, 8; Dt 22. De esa manera se está expresando aquella cosa que está por encima de todas las restantes, relacionadas con ella.

Así también aquí se está diciendo que "mi bien" (aquello que me hace feliz) no está por encima de ti (= fuera de ti). No hay nada bueno para mí que se puede añadir a ti (además de ti); no hay para el orante nada por encima de Dios, nadie ni nada que le pueda conceder felicidad. Eso significa que el orante no tiene ningún bien fuera de Dios (de ti), como han traducido el Targum, Símaco y Jerónimo. Eso significa que *tú solo, sin excepción, eres mi bien*.

En conexión con esta traducción de על, la partícula בַּל (forma poética y contracta de בְּלִי), que es desconocida en hebreo antes del tiempo de David, no presenta ninguna dificultad. Igual que en Prov 23, 7, esa partícula tiene el mismo sentido abreviado de בַּל־תִּהְיֶה (no existe fuera de ti). Así lo pone de relieve Hengstenberg: El orante dice "tú eres el Señor"; el Señor responde con las palabras "Yo soy el Señor, tu Dios" (Ex 20, 2).

El orante dice "solo tú eres mi salvación"; el Señor responde, "Tú no tendrás otros dioses junto a mí, aparte de mí" (עַל־פְּנֵי). El Salmista no conoce más fuente de verdadera felicidad que Yahvé; en él posee todo, su tesoro está en el cielo. Esta es su confesión a Yahvé, a quien el orante presenta como su único bien. Pero, al lado de Dios, hay en la tierra otros (otros seres humanos) a los que el orante confiesa también, declarando que en ellos tiene todo su bien, dirigiéndose a הֵמָּה וְאַדִּירֵי כָּל־חֶפְצִי־בָם ,לִקְדוֹשִׁים אֲשֶׁר־בָּאָרֶץ. y diciendo

Conforme a la alteración textual que propone Diestel, el texto se podría traducir así, "A los santos que son en la tierra, él (Dios) se hace a sí mismo glorioso, y todo su deleite es en ellos". Pero esta es una traducción extraña, que va en contra del sentido del Salmo, que puede superarse poniendo simplemente al principio una *waw* (cf. ולקדושים), introducción que ha sido aprobada por Kamphausen y por la recensión que aparece en *la Liter. Blatt of the Allgem. Kirchen-Zeitung* 1864 p. 107, un cambio que va de acuerdo con todo el contexto.

El orante confiesa a Dios como su Bien, pero en unión con Dios confiesa también a los santos (ולקדושים), de manera que la confesión del orante (del creyente) en Dios va unida a la confesión en los hombres santos (los que son signo y presencia de Dios en la tierra, los buenos israelitas). En ese sentido resulta claro que לקדושים, como algunos han supuesto, es un dativo, gobernado por אמרתי, verbo cuya influencia se extiende hasta aquí. En esa línea hay que distinguir los dos "afectos" o amores: (a) por un lado está el afecto dirigido a Yahvé, que resulta incomparablemente más alto; (b) por otro lado está al afecto a los que están en la tierra, אשר בארץ [53].

Según eso, los אדירי o nobles son los mismos קדושים. No son aquellos a quienes el mundo considera אדירים a causa de su poder y de sus posesiones mundanas (Sal 136, 18; 18, 2; 2 Cron 23, 20), sino más bien los santos, aquellos a quienes se alaba por ser gloriosos, por compartir la gloria más alta, siendo así dignos del honor más elevado. Mirado el tema en profundidad, ese cambio en la disposición del Salmo armoniza con su carácter como *mictam*.

El pensamiento que así se consigue es el que uno podría esperar (el texto une el amor o respeto supremo, dirigido a Dios en el cielo, y el amor a sus santos de la tierra). Esta es la idea de fondo con la que ha de enfrentarse el intérprete a partir del texto tal como ahora lo tenemos, de cualquier manera que queramos traducirlo: (a) podemos hacerlo en la línea de De Welte, Maurer, Dietrich y otros, "Los santos que son en la tierra, ellos son la excelencia en la que tengo todos mis deleites", con una *waw* de apódosis (ולקדושים), con la que uno podría quedar satisfecho, pero solo en el caso de que en vez de הֵמָּה el texto pusiera והמה (cf. 2 Sam 15, 34); (b) la otra traducción sería, "los santos que son en la tierra, y todos los gloriosos, mi deleite está en ellos".

En ambos casos resulta necesaria la ל del principio, como exponente del *nom. absol.* (nominativo absoluto) que aparece en todos los casos como separado y colocado al principio de la sentencia. Pues bien, esta ל (lamed) de referencia (Ewiger, 310a) vincula al orante con Yahvé.

---

53. Según eso, la palabra הֵמָּה (ellos) se dirige exclusivamente a los que están en la tierra, אשר בארץ המה (que von Ortenberg cambia y puntúa poniendo אשר ארצה בהמה). Pero este cambio resulta inútil y extraño, tanto a causa de su redundancia (pues המה es superfluo, cf. e. g., 2 Sam 7, 9; 2, 18) como por la disposición de las palabras (una disposición que suele ser normal dentro de un contexto de construcción negativa, como en Dt 20, 15; 2 Cron 8, 7; cf. Gen 9, 3; Ez 12, 10).

Así dice el orante a Yahvé, לַיהוָה, que es el Bien supremo; y a sus santos, לִקְדוֹשִׁים, les dice que comparten su santidad en la tierra. En esa línea, la lamed se entiende como lamed de compañía o de unión, que vincula al orante con Dios, vinculándole, al mismo tiempo, con sus "santos", es decir, con el pueblo de Dios en la tierra, con aquellos que forman su verdadera comunidad o iglesia.

El pasaje tiene otras dificultades, que han sido interpretadas por los traductores de diversas formas, pero que así pueden superarse, vinculando a los "santos" (auténticos israelitas), que son קְדוֹשִׁים, que comparten de alguna forma la santidad y la gloria de Dios, con los אַדִּירִים, que son los verdaderamente nobles y grandes de este mundo. El orante no se encuentra abandonado en la tierra, a solas con Dios, frente a todos los otros como enemigos, sino que se vincula con los santos/nobles de Dios en el mundo, con quienes se une, de tal forma que todo su descanso o complacencia se encuentra en ellos.

En esta línea ha de entenderse la referencia a los "santos" del mundo, que son los אַדִּירִי, nobles e íntegros, no solo en relación con Dios, sino también desde la perspectiva de la tierra (con הָאָרֶץ que se debe suplir como en el caso de los santos). En esa línea, tanto la traducción de וְאַדִּירֵי como la formación y sentido de la frase que comienza con לְ, es decir con לִקְדוֹשִׁים, nos lleva a esperar una apódosis, que vendrá a ser el punto central y la meta de esta estrofa (de 16, 2–3). Esa apódosis viene dada por las palabras וְאַדִּירֵי כָּל־חֶפְצִי־כָם.

Y con esto tenemos que volver al intento de mejorar el texto que hemos propuesto. Los קְדוֹשִׁים tienen que ser aquellos en los que se ha cumplido el deseo de Yahvé respecto a Israel, es decir, respecto al hecho de que Israel sea una nación santa (Ex 19, 6; Dt 7, 6), de manera que los israelitas sean los miembros vivos de la *ecclesia sanctorum* (iglesia de los santos) en este mundo, pues hay todavía otra iglesia de los santos en el otro mundo (Sal 89, 6).

La gloria, δόξα (propia de los אַדִּירִי, que aquí hace referencia a los gloriosos de Dios, los nobles y fuertes, los אַדִּירִי) es la manifestación externa de esa santidad. Esa gloria está dispuesta por Dios para los santificados (cf. Rom 8, 30), es decir, para aquellos cuya nobleza moral se encuentra actualmente velada bajo la forma de vida típica de los pobres; pues bien, a los ojos de David, esos pobres poseen ya la gloria de Dios.

Esta visión espiritual se expresa en la forma externa de vida de los siervos de Dios. El veredicto del Salmista es igual que el de Dios, pues él se encuentra unido totalmente con Dios. Los santos, y solamente ellos, son los excelentes, los nombres elevados ante él (ante Dios y ante el salmista). Todo el placer del salmista está centrado en ellos, todo su respeto, todo su afecto va dirigido a ellos. En esa línea, la congregación de los santos es su *hephzibam* חֶפְצִי־בָם, mi placer son ellos, cf. Is 62, 4 (cf. 2 Rey 21, 1).

16, 4–5. El Salmista ama a los santos, pero aborrece a los apóstatas y a sus ídolos. אהר מהרו, ha de tomarse como cláusula de relación, en aposición a la anterior, *multi sunt cruciatus* (cf. Sal 32, 10) *eorum, eorum scil. qui in alium permutant* (muchos son los dolores de aquellos, es decir, de aquellos que se cambian a otro). La expresión sería más fluida y discurriría de un modo más suave si יִרְבּוּ significara "multiplican o aumentan sus penas", de manera que אחר מהרו fuera el sujeto, como por ejemplo ה אהבו (el que ama a Yahvé), Is 48, 14.

En esta línea, 16, 4 es la antítesis perfecta de 16, 3. Conforme a la visión de David, los santos se encuentran ya glorificados en aquel que es fuente de deleite para ellos. Por el contrario, él sabe que para los idólatras se encuentra preparada una gran carga de angustia, de manera que su idolatría, y los mismos nombres de los dioses, son para él una abominación.

Los sufijos de נסכיהם y de שמותם pueden referirse a los ídolos, como en Ex 23, 13; Os 2, 19, si es que אהר se tomara colectivamente como אחרם en Job 8, 19. Pero es más natural tomar esos sufijos como en עצבותם, donde no se alude a sus ídolos (pues eso se diría con עצבים), sino a sus tormentos y penas (עצבת derivado עצב), Sal 147, 3; Job 9, 28.

El pensamiento es semejante al de 1 Tim 6, 10, ἑαυτοὺς περιέπειραν ὀδύναις ποικίλαις, les sobrevinieron diversos dolores. La expresión אחר es una designación general que se aplica a cualquier tipo de cosas que no es Dios, pero que los hombres convierten en ídolos, en contra de Dios, en oposición a Dios (cf. Is 42, 8; Is 48, 11). מהרו no puede significar *festinant* (se apresuran), porque esa palabra tiene ese significado solo en *piel*, מהר, y eso en un sentido local, no personal, como acusativo de dirección, Nahúm 2, 6.

Por eso ha de traducirse (y el perfecto es más adecuado para ello): *Ellos han tomado como propio (ellos sirven) a aquello que no es Dios* (con מהר como המיר, Sal 106, 20; Jer 2, 11). Quizá (como en la frase זנה אהרי) esa palabra מהר tiene un sentido secundario de cortejar y de vincularse en amor con…, porque מהר es la palabra propia que se utiliza para tomar a una mujer, pagando el precio exigido por su padre, Ex 22, 15. Con hombres como esos, que pueden parecer אדירים o nobles a los ojos del mundo, pero ante quienes se abre un futuro lleno de angustia, David no quiere tener ninguna relación; no derramará ofrendas de bebida cuando ellos lo hagan. נְסְכֵיהֶם tiene un *daggesh lene*, como en otros casos.

Esas libaciones no son מדם, es decir, no están formadas por sangre material, o con vino mezclado de sangre, pero se dice que son de sangre porque se ofrecen con manos manchadas de sangre, con conciencias culpables de sangre. El מן de מדָּם es una partícula de derivación; en este contexto (como en Am 4, 5, cf. Os 6, 8) el *min* de מדָּם indica la materia o realidad que está al fondo del sacrificio, como en otros casos semejantes, Sal 10, 18; Sal 17, 14; Sal 80, 14.

Este rechazo de los ídolos encuentra su clímax al final de 16, 4. El orante se compromete a evitar incluso los nombres de los falsos dioses, de forma que no los cita ni los pone en sus labios, tal como lo exige y prohíbe de hecho la Torá, Ex 23, 13 (cf. *Const. Apost.* V. 10 εἴδωλον μνημονεύειν ὀνόματα δαιμονικά, cuando exige que ni siquiera se recuerden los nombres diabólicos del ídolo). El justo se pone siempre de parte de Yahvé. Cualquier cosa que él pueda desear la tiene ya en Yahvé, y cualquier cosa que él tenga en Dios la tiene ya asegurada.

חֶלְקִי no significa aquí comida (Böttcher), porque en ese sentido מְנָת y חֶלְקִי, serían lo mismo (cf. Lev 6, 10 y 1 Sam 1, 4) y así lo muestran pasajes paralelos como Sal 142, 6 donde se ve claro el sentido que tiene חלקי cuando se aplica a Yahvé. Según Sal 11, 6, כוסי es también un genitivo, lo mismo que מְנָת־חֶלְקִי. En sentido estricto חלקי es la parte de tierra asignada propiamente a cada familia; מנת כוס es la parte de la copa asignada por el padre a cada uno de los hijos (y por Dios a los hombres).

La tribu de Levi no recibió en la distribución del país un territorio propio del que pudiera mantenerse; por eso se dice que el mismo Yahvé era su חלק, Num 18, 20, de manera que los dones consagrados a Yahvé fueran su comida, Dt 10, 9; Dt 18, 1. A pesar de eso, todo Israel era reino sacerdotal βασίλειον ἱεράτευμα, Ex 19, 6, como estaban ya evocando las palabras קדושים y אדרים en Sal 16, 3.

Eso significa que lo que se dice de los miembros de la tribu de Levi, en un sentido externo, se aplica en sentido interior a todos los israelitas. En esa línea, los israelitas no reciben una herencia terrena, visible, creada, material, sino que Yahvé es su herencia y solo en Yahvé encuentran su más honda felicidad.

A primera vista, da la impresión de que, tal como está, תּוֹמִיךְ, es un *hifil*, formado a partir de un verbo como ימך (ומך). Pero ese verbo no aparece en ningún otro lugar, de manera que debemos explicar la palabra de otra forma. No puede ser un sustantivo con el significado de posesión (Maurer, Ewald), porque tal sustantivo no existe.

Parece que puede explicarse mejor como un participio, en la línea de תּוֹמֵך, semejante a יוֹסִיף, Is 29, 4; Is 38, 5; Ecl 1, 18, lo mismo que יוֹסֵף, una opinión que fue expuesta por Aben-Ezra (*Sefath Jether* No. 421) y por Kimchi (*Michlol* 11a), un tipo de participio que, al menos en su forma escrita, se parece a סוֹכִיב, 2 Rey 8, 21. Pero hay buenas razones para pensar que no existe tal forma verbal.

Si el poeta hubiera querido utilizar el participio de תמך, es más probable que hubiera escrito אתה תומכי גורלי, tal como pueden haber hecho los LXX, si es que hubiera que entender el texto en esa línea, σὺ εἶ ὁ ἀποκαθιστῶν τὴν κληρονομίαν μου ἐμοί, tú eres el que has establecido mi herencia para mí (Böttcher). La conjetura propuesta por Olshausen y Thenius, que toman תּוֹסִיף en el sentido de "tú eres continuamente mi porción", carece de fundamento tanto gramatical como argumental. La conjetura de Hitzig, que lee la palabra como תּוּמִיךְ "tú eres mi tummim, mi lote", parece que tiene más fundamento y es más tentadora. Pero el hecho que תֻּמִּים no aparezca nunca (ni siquiera en Dt 33, 8) sin אוּרִים, va en contra de ella.

De todas formas, deberíamos preferir esta conjetura, por encima de otras explicaciones, a no ser que tomemos la palabra como *hifil* de וּמך o יָמך, que es la explicación mejor y más natural. En esa línea, Schultens ha comparado esa palabra con el árabe *wamika*, ser extenso; de esa raíz proviene, en *hifil* la forma árabe *awmaka*, hacer extenso, en árabe de Siria, donde se sigue utilizando todavía[54].

Todo esto nos lleva a pensar que, en el fondo de esa palabra, תּוֹמִיך, hay algo inusual, pues se trata de un ἅπαξ γεγραμμ. (palabra que solo aparece escrita una vez en la Biblia), en el sentido de "tú ensanchas mi lote", es decir, tú me garantizas una habitación espaciosa, un lugar extenso como posesión[55].

16, 6-8. Se han "arrojado" las líneas de medida, las suertes (הבלים, Miq 2, 5), de manera que determinan la propiedad que se asigna a cada uno, de forma que se dice נפל חבל (Jos 17, 5) para indicar el lote que recibe cada familia cuando se distribuye la tierra. נעמים (conforme a la Masora) es una palabra defectiva, que aparece también como נעמות, y que es un plural que se utiliza para referirse a una unidad (una relación) en las circunstancias de un tiempo y espacio (cf. Gesenius 108, 2), indicando, como en nuestro caso, un lote bueno, cf. Job 36, 11, una localidad agradable, Lat. *amaena* (palabra que corresponde de un modo más preciso a נעמות en Sal 16, 11).

Las líneas de la suerte le han caído en un lugar hermoso, es decir, en la compañía agradable con Dios, de manera que el dominio más bendito de amor se ha convertido para él en posesión paradisiaca. La partícula אַף (cf אַף־נַחֲלָת) pone de relieve la satisfacción completa que le produce esa suerte. Esta herencia le parece adecuada, fuente de pacer y satisfacción interna.

---

54. Los lexicógrafos árabes conocen el nombre *wamka*, anchura (*amplitudo*), pero no el verbo, e incluso el nombre está poco extendido, no pertenece al árabe clásico, universal. Pero en la actualidad palabras como *'l-wamk* (wumk), anchura, y *wamik* son de uso común en Damasco, aunque el verbo no se emplea en las conversaciones elegantes (Wetzstein).

55. Es difícil encontrar palabras que sean más cercanas, casi idénticas, que גורל y κλῆρος. La última, derivada de κλάω (pieza rota), proviene de κέλεσθαι (una determinación del juicio divino), como indica Döderlein, *Homerische Glossar*, III, 124. Pero quizá tiene el mismo origen que גורל. Además, κλῆρος significa: (1) *El signo* (una piedrecita, un trozo de cerámica) de que una cosa pertenece a una persona, no a otra, de acuerdo con la suerte o la voluntad divina. Así en Homero, Il. III. 316, VII. 175, XXIII. 351, *Od.* X. 206, donde echar a suertes se dice κλῆρος. (2) *El objeto* que se vuelve lote o patrimonio de alguien, e. g., Homero, *Od.* xiv. 64, Il. xv. 498, con οἶκος καὶ κλῆρος, especialmente en referencia a campos. (3) Una herencia, sin la noción de lote ni de herencia, de un modo absoluto; una propiedad establecida de campo. Es la expresión que se emplea en general para indicar el reparto de tierra entre colonos (κληροῦχοι), un pensamiento que se expande en Sal 16, 6.

Según Ewiger, 173d, נְחֲלָת, es una forma extendida de estado constructo (como נגינת, Sal 61, 1). Conforme a Hupfeld, viene de נחלתי (con el mismo tipo de apócope que es tan común en siríaco, como אמרת, que deriva de אמרתי, igual que זמרת en Ex 15, 2), y es quizá una forma condensada de נחלתה, una herencia placentera, que me encanta, que es adecuada para mí (con שפר, raíz צפר, ספר, con sentido cercano al de בשר, árabe *bšr*, pulido, brillante, intr. שפר estar brillando, ser hermoso).

עלי, para mí, se aplica a la belleza conocida y sentida por él (cf. Est 3, 9 con 1 Sam 25, 36, טוב עליו, algo que es bueno para mí, tal como se expresa en Dan 3, 22). Pero, dado que quien da el don y el don en sí son lo mismo, el gozo que el orante tiene por el don recibido que es la herencia, se convierte en cuanto tal en causa de agradecimiento constante y de bendición dirigida a Dios, porque él le ha aconsejado que escoja una cosa necesaria, buena.

Incluso en la noche su corazón se mantiene despierto, incluso entonces los riñones, que se pueden tomar como conciencia interna de la vida, le aconsejan bien (con יסר, cf. יִסְּרוּנִי, palabra que se aplica aquí al impulso moral, como en Is 8, 11: que advierte y aconseja). Los riñones se conciben como sede de los sentimientos benditos que Yahvé inspira a sus devotos (cf., *Psychologie* p. 268).

El orante se siente impulsado por dentro a ofrecer su agradecimiento de corazón y su fidelidad a Dios. Tiene siempre a Yahvé ante sí; Yahvé es la meta a la que dirige constantemente su mirada indivisa. Según eso, el orante puede tener constantemente presente a Dios, porque él está siempre מִימִינִי, a mi derecha (suplir הוּא, como en Sal 22, 29; Sal 55, 20; Sal 112, 4), él está allí donde empieza mi mano derecha, sin faltar a mi lado, como presencia inmediata, sin necesidad de imaginarle. Las palabras finales, בַּל־אֶמּוֹט, sin conjunción, expresan el efecto natural de esta presencia de Dios, tanto en la conciencia como en la vida del orante, por eso, no vacilará, no correrá el riesgo de ser conmovido, derribado.

16, 9–11. De esa manera, en esta estrofa final, como si hubiera recibido siete rayos de luz, el orante descubre ante sí la perspectiva más bendita, sin necesidad de temer más a la muerte. Dado que Dios está cerca, a su mano, para ayudarle, el corazón del orante se muestra gozoso (שׂמח) y su gloria, es decir, su alma (véase *Coment.* a Sal 7, 6) se alegra, de manera que el gozo estalla en forma de agradecimiento, como indica el futuro consecutivo que sigue.

No hay en la Escritura ningún otro pasaje que se parezca tanto a este como el de 1 Tes 5, 23, donde לב aparece como πνεῦμα (νοῦς), כבוד como ψυχή (véase *Psychol.* p. 98), y finalmente בשר aparece como σῶμα (conforme a su significado primario de fragilidad). El hecho de mantenerse firmes, ἀμέμπτως τηρηθῆναι, que el apóstol desea a los tesalonicenses en el pasaje anterior, aludiendo a los tres momentos de su ser, David lo expresa aquí en forma de esperanza confiada. La partícula אַף (cf. אַף־בְּשָׂרִי) muestra que él está seguro de que se cumplirá en su cuerpo lo que espera para su espíritu-vida, centrada en el corazón, y para su alma, elevada a su plena dignidad, tanto por obra de la creación como por gracia.

De esa forma, el salmista mira hacia la muerte, de un modo calmado y triunfante, pues sabe que incluso su alma habitará o yacerá con seguridad, sin dejarse conmover ni temblar por la aproximación de la corrupción. La esperanza de David descansa y se apoya en esta conclusión: Un hombre que vive con esa experiencia de fe, e invoca a Dios como su Dios, no puede caer y perderse en manos de la muerte. En esa línea, el Sal 16, 10 muestra lo que significa en ese contexto שׁכן לבטח, *habitar de un modo seguro* bajo la protección divina (Dt 33, 12, Dt 33, 28, cf. Prov 3, 24), preservado de la muerte.

La palabra שׁחת ha sido traducida por los LXX como διαφθορά, como si viniera de שׁחת, que es corromperse, διαφθείρειν, como puede quizá suceder en Job 17, 14. Pero aquí, en Sal 7, 16, los LXX podían haber puesto βόθρος, que sería la expresión más correcta, en el sentido de *hundirse en*, de שׁוּח hundirse, ser tragado por, como נחת de נוּח y רחת de רוּח. Ir al mundo "no visto" (עזב propiamente dejarse ir) es lo mismo que abandonarse en sus manos de la muerte, convirtiéndose en su presa. Ver la corrupción, ver la tumba (Sal 49, 10) significa sucumbir, descender al estado de muerte (cf. tumba en Sal 89, 49; Lc 2, 26; Jn 8, 51) y se opone a la expresión de "ver la vida", experimentar la vida, gozarla (Ecl 9, 9; Jn 3, 36).

Aquí se utiliza el sentido de la vista, como el más noble de todos, para indicar el "sensus communis", es decir, el sentido común que está en la base de todos los otros, es decir, de todas las percepciones y, figurativamente, de todas la experiencias activas y pasivas (*Psychologie* p. 234). Todo lo que aquí se dice no implica un abandono por el que, tras quedar bajo el poder de la muerte, se puede volver a la vida (Böttcher), sino que el salmo nos sitúa más bien ante la esperanza de no morir, y esto es lo que David dice en 16, 10.

El *hasid* o piadoso de Dios que habla así חֲסִידְךָ es David mismo. Como dice Norzi, los MSS ponen חסידיך (en plural, *tus santos, hasidim*) con la anotación masorética יתיר יוד, y los LXX, el Targum, el Siríaco, el Talmud y el Midrash lo interpretan así, de acuerdo con este *keré*. De todas formas, no hay razón para esta lectura plural, con חסידיך, pues ella se opone al sentido de conjunto del Salmo, que está en singular[56].

La expresión positiva de esperanza de 16, 11 viene después de las expresiones negativas que acabamos de indicar, *Tú me garantizarás* (con הודיע, que se utiliza

---

56. La mayoría de los MSS y entre ellos los mejores, que no distinguieron aquí ente *qetub* y *keré*, leen en singular, חסידך, como hace la Biblia de Venecia del 1521 y la políglota española, con otros textos antiguos impresos. Por el contrario, aquellos MSS que ponen solo חסידיך (sin *keré*), son escasos y apenas pueden tenerse en cuenta.

normalmente de un conocimiento que concierne a todo el hombre, y no solamente a su entendimiento) *la permanencia en el camino de vida*, אֹרַח חַיִּים, es decir, el camino que lleva a la vida (cf. Prov 5, 6; Prov 2, 19 con Sal 10, 17; Mt 7, 14).

Este camino de vida no se refiere a un tipo de final abrupto, sino a un camino que va llevando de un modo lento y gradual hacia la Vida (que es el mismo Dios). Aquí se utiliza la palabra חיים en el sentido más extenso, como por ejemplo en Sal 36, 10; Dt 30, 15.

Esta es la vida de Dios (con Dios y en Dios), que se identifica con el Dios viviente, en contra de la muerte, que es la manifestación de la ira, del alejamiento de Dios. El hecho de que el cuerpo no muera es solo el signo externo y visible de aquello que David espera para sí mismo, compartiendo así el lado invisible y más profundo de la vida, inmerso en Dios, en la totalidad de la vida humana, como una continuación (continuidad) del caminar en la vida divina.

La segunda parte de 16, 11, que consta de dos miembros, describe esta vida, con la que el Salmista se goza. Conforme a la acentuación נְעִמוֹת בִּימִינְךָ נֶצַח, שֹׂבַע שְׂמָחוֹת אֶת־פָּנֶיךָ, que ha marcado a חַיִּים con *olewejored* no con *rebia magnum* o *pazer*, שׂבע שׂמחות no es un segundo objeto que depende de תוֹדִיעֵנִי, sino el sujeto de una frase de sustantivo, *una plenitud de gozo desbordante,* con/en tu rostro (אֶת־פָּנֶיךָ) una plenitud conectada y producida por el hecho de contemplar su faz (con את como preposición de compañía, como en Sal 21, 7; Sal 140, 14); la alegría es luz, y el rostro de Dios, entendido como doxa es la luz de las luces.

Dios lleva en su mano todo tipo de cosas gozosas, las lleva en su mano derecha, y las extiende a sus santos, como un gozo que dura para siempre. נצח tiene un primer sentido de *brillo* que se despliega, es una duración que se extiende más allá de todo lo que existe, en el sentido de לעולם: esta es una expresión que David ha sido el primero en acuñarla, pues aparece por primera vez en los Salmos davídicos. En la mano de Dios está el gozo, continuamente, para siempre. La mano derecha de Dios no está nunca vacía; su plenitud es inextinguible.

La aplicación apostólica de este Salmo (Hch 2, 29-32; 13, 35-37) está basada en la consideración de que la esperanza de David, de no caer bajo el poder de la muerte, no se realizó en el mismo David, tal como se expresó de un modo limitado en el Salmo; pero que ella se cumplió en Jesús, que no quedó abandonado en el Hades, y cuya carne no sufrió la corrupción; de manera que las palabras del Salmo han de entenderse como profecía de David, pero concerniente a Jesús, llamado el Cristo, a quien se le prometió la herencia de su trono. El Salmo ha de entenderse pues proféticamente de Jesús.

Si miramos de esa manera el Salmo, vemos que David, por su forma de expresarse, funda su confianza en la relación personal que él tiene con Yahvé, el siempre viviente. A David en particular se le concedió el hecho de expresar esta esperanza, que está fundada en la relación mística del "hasid", del piadoso (חסיד)

con Yahvé, una esperanza que ha sido sellada por un acontecimiento histórico (la resurrección de Jesús). Esta promesa del Salmo con su cumplimiento ha de explicarse desde la relación en la que David se encuentra con Jesús, su descendiente, que es el Cristo y Santo de Dios, que ha aparecido en la persona de Jesús.

David, el ungido de Dios, mirándose a sí mismo como aquel que está en Yahvé, el Dios que le ha dado su promesa, viene a presentarse como profeta de Cristo, pero lo hace solo de un modo indirecto, pues él habla de sí mismo, y lo que él dice se ha cumplido también en su propia persona. Pero este cumplimiento del Salmo en David no está limitado al hecho de que él no sucumbió bajo ningún peligro que amenazara su vida (siempre que con su vida hubiera perecido también el Reino) y al hecho de que cuando él murió el reino siguió permaneciendo (Hofmann), sino al hecho de que él estaba asegurado en contra de cualquier peligro de muerte, hasta que se cumpliera la misión de su vida, hasta que hubiera cumplido la vocación que se le había asignado en el plan de la historia de la redención (Kurtz), que culmina y se cumple en Cristo.

El tema central es que la esperanza que él (David) había acariciado para sí mismo, de un modo personal, ha encontrado un cumplimiento que excede con mucho lo que él esperaba. Dado que esta esperanza de David hubiera encontrado su plena realización en Cristo de acuerdo con la historia del plan de redención, por medio de Cristo, esa esperanza de realización se ha cumplido también en el mismo David (pues el Mesías Cristo está incluido de algún modo en David).

Porque lo que David dice se extiende por un lado mucho más allá de su persona, y se refiere proféticamente a Cristo. Como dice Jerónimo de un modo muy audaz, *In decachordo Salterio ab inferis suscitat resurgentem*: en el salterio de diez cuerdas, David resucita (hace que resucite) el que ha de resucitar. Pero, en otro sentido, lo que David predice vuelve de nuevo sobre sí mismo, de manera que él se eleva de la muerte y del Hades para la morada de Dios.

Así dice Sontag en sus *Tituli Psalmorum*, 1687: El verdadero Sol de justicia resucitó del sepulcro, devolviendo al sepulcro la στήλη o piedra sepulcral, erigiendo un arco triunfal, anunciada la victoria a los hombres. Este es para vosotros el *miktam*, este es el evangelio ("Verus justitiae Sol e sepulcro resurrexit, στήλη seu lapis sepulcralis a monumento devolutus, arcus triumphalis erectus, victoria ab hominibus reportata. ¡En vobis Michtam! ¡En Evangelium!").

Salmo 17. Un inocente y perseguido huye buscando refugio en Dios

¹ תְּפִלָּה לְדָוִד

שִׁמְעָה יְהוָה׀ צֶדֶק הַקְשִׁיבָה רִנָּתִי

הַאֲזִינָה תְפִלָּתִי בְּלֹא שִׂפְתֵי מִרְמָה׃

²מִלְּפָנֶיךָ מִשְׁפָּטִי יֵצֵא עֵינֶיךָ תֶּחֱזֶינָה מֵישָׁרִים:
³בָּחַנְתָּ לִבִּי ׀ פָּקַדְתָּ לַּיְלָה צְרַפְתַּנִי בַל־תִּמְצָא זַמֹּתִי בַּל־יַעֲבָר־פִּי:
⁴לִפְעֻלּוֹת אָדָם בִּדְבַר שְׂפָתֶיךָ אֲנִי שָׁמַרְתִּי אָרְחוֹת פָּרִיץ:
⁵תָּמֹךְ אֲשֻׁרַי בְּמַעְגְּלוֹתֶיךָ בַּל־נָמוֹטּוּ פְעָמָי:
⁶אֲנִי־קְרָאתִיךָ כִי־תַעֲנֵנִי אֵל הַט־אָזְנְךָ לִי שְׁמַע אִמְרָתִי:
⁷הַפְלֵה חֲסָדֶיךָ מוֹשִׁיעַ חוֹסִים מִמִּתְקוֹמְמִים בִּימִינֶךָ:
⁸שָׁמְרֵנִי כְּאִישׁוֹן בַּת־עָיִן בְּצֵל כְּנָפֶיךָ תַּסְתִּירֵנִי:
⁹מִפְּנֵי רְשָׁעִים זוּ שַׁדּוּנִי אֹיְבַי בְּנֶפֶשׁ יַקִּיפוּ עָלָי:
¹⁰חֶלְבָּמוֹ סָגְרוּ פִּימוֹ דִּבְּרוּ בְגֵאוּת:
¹¹אַשֻּׁרֵינוּ עַתָּה (סְבָבוּנִי) [סְבָבוּנוּ] עֵינֵיהֶם יָשִׁיתוּ לִנְטוֹת בָּאָרֶץ:
¹²דִּמְיֹנוֹ כְּאַרְיֵה יִכְסוֹף לִטְרוֹף וְכִכְפִיר יֹשֵׁב בְּמִסְתָּרִים:
¹³קוּמָה יְהֹוָה קַדְּמָה פָנָיו הַכְרִיעֵהוּ פַּלְּטָה נַפְשִׁי מֵרָשָׁע חַרְבֶּךָ:
¹⁴מִמְתִים יָדְךָ ׀ יְהֹוָה מִמְתִים מֵחֶלֶד חֶלְקָם בַּחַיִּים (וּצְפִינְךָ)
[וּצְפוּנְךָ] תְּמַלֵּא בִטְנָם יִשְׂבְּעוּ בָנִים וְהִנִּיחוּ יִתְרָם לְעוֹלְלֵיהֶם:
¹⁵אֲנִי בְּצֶדֶק אֶחֱזֶה פָנֶיךָ אֶשְׂבְּעָה בְהָקִיץ תְּמוּנָתֶךָ:

<Oración de David>

¹ Oye, Jehová, una causa justa; atiende a mi clamor.
Escucha mi oración hecha de labios sin engaño.
² De tu presencia proceda mi defensa; vean tus ojos la rectitud.

³ Tú has probado mi corazón, me has visitado de noche;
me has puesto a prueba y nada malo hallaste.
He resuelto que mi boca no cometa delito.
⁴ En cuanto a las obras humanas,
por la palabra de tus labios yo me he guardado de las sendas de los violentos.
⁵ Afirma mis pasos en tus caminos, para que mis pies no resbalen.

⁶ Yo te he invocado por cuanto tú, Dios, me oirás;
inclina a mí tu oído, escucha mi palabra.
⁷ Muestra tus maravillosas misericordias,
tú que salvas a los que se refugian a tu diestra
de los que se levantan contra ellos.

⁸ Guárdame como a la niña de tus ojos;
escóndeme bajo la sombra de tus alas,
⁹ de la vista de los malos que me oprimen,
de mis enemigos que buscan mi vida.

¹⁰ Envueltos están en su gordura; con su boca hablan arrogantemente.
¹¹ Han cercado ahora nuestros pasos;
tienen puestos sus ojos para echarnos por tierra.

¹² Son como león que ansía agarrar su presa
y como leoncillo que está en su escondite.
¹³ Levántate, Jehová; sal a su encuentro, derríbalos;
libra mi vida de los malos con tu espada,
¹⁴ de los hombres, con tu mano, Jehová,
de los hombres de este mundo, para quienes lo mejor es esta vida,
y cuyo vientre está lleno de tus bienes.
Sacian a sus hijos y aun les sobra para sus pequeños.

¹⁵ En cuanto a mí, veré tu rostro en justicia;
estaré satisfecho cuando despierte a tu semejanza.

El Sal 17 está colocado tras el 16 porque culmina también con la esperanza de una visión bendita y salvadora de Dios. Estos dos salmos tienen, igualmente, otros rasgos en común, como son: la petición שמרני, Sal 16, 1; Sal 17, 8; la visión retrospectiva de la comunión nocturna con Dios (Sal 16, 7; Sal 17, 3), la forma de dirigirse a él como אל (Sal 16, 1; Sal 17, 6); la utilización del verbo תמך (Sal 16, 5; Sal 17, 5, etc., véase *Symbolae* p. 49). A pesar de ello, ofrecen una gran desemejanza en el tono.

Sal 17 es el primero de los salmos escritos con un estilo de indignación. El lenguaje de los Salmos de David, que en otros momentos aparece tan fluido y claro, se vuelve aquí más duro, de acuerdo con el tema, como si estuviera lleno de disonancias no resueltas (Sal 17, 1; Sal 140, 1; Sal 58, 1; Sal 36, 2, cf. Sal 10, 2-11), describiendo la conducta disoluta de sus enemigos y de los impíos en general.

El tono del lenguaje se vuelve también hosco, como si fuera una murmuración de fondo, y así estalla al fin como descarga de un trueno lejano, amontonando los sufijos como *āmo, ēmo* (17, 10; cf. Sal 35, 16; Sal 64, 6, Sal 64, 9), donde David habla de sus enemigos y les describe con un tono de indignación, que brota de su mismo pecho; en esa línea, se puede comparar con Sal 59,12-14; Sal 56, 8; Sal 21, 10-13; Sal 140, 10; Sal 58, 7, donde, en lenguaje profético, David anuncia a sus enemigos el juicio de Dios. El flujo del lenguaje que es la expresión de un amor más vehemente y menos ordenado proviene del tumulto interior de sus sentimientos.

Este salmo tiene muchas semejanzas de pensamiento y lenguaje con otros salmos davídicos (entre los que pueden citarse Sal 7; Sal 11; Sal 4 y Sal 10), de tal forma que incluso Hitzig admite que es לדוד. El autor de este salmo es un perseguido y con él han sido perseguidos muchos, entre los que destaca Uno, su líder Jesús, que se sitúa en primer plano.

Los enemigos atentan en contra de la vida del salmista, y le amenazan de la manera más perversa, deseando su muerte. Todo esto corresponde línea a línea con la situación de David en el desierto de *Maon* (a unas tres horas y tres cuartos al sudeste de Hebrón), tal como se dice en 1 Sam 23, 25, cuando Saúl y sus hombres le seguían tan de cerca que él solo pudo escapar por un afortunado accidente.

El único encabezado de este salmo es תְּפִלָּה (una oración), el nombre más genérico para "salmo", el más antiguo (cf. Sal 72, 20), porque los otros, como שִׁיר y מִזְמוֹר se empleaban solo cuando debían ser cantados en la liturgia, con acompañamiento musical. Como título de salmo, תְּפִלָּה se encuentra solo cinco veces en el salterio (Sal 17, 1; Sal 86, 1; Sal 90, 1; Sal 92, 1; Sal 142, 1), y además de eso una vez en el himno de Habacuc, compuesto también para música; pero en el salterio no encontramos ningún salmo que lleve ese encabezado y que haya sido compuesto para ser cantado. El esquema estrófico es, 4. 7; 4. 4. 6. 7.

17, 1–2. La palabra צֶדֶק con acusativo de objeto indica la justicia del suplicante (cf. Sal 17,15). David reconoce así que él no es solo justo en su relación con los hombres, sino también con Dios. En este tipo de afirmaciones que brotan de una autoconciencia piadosa, aquello que aparece como justicia de la vida personal tiene su fundamento en la justicia de la fe, que proviene de Dios.

Ciertamente, Hupfeld opina que, en el A. T., no hay nada que pueda tomarse como justicia por la fe, o justicia que pertenece a otro y que es imputada al orante. Pero, si esto fuera cierto, Pablo habría estado en un gran error y el cristianismo se hallaría edificado simplemente sobre arena.

Pero la certeza de que la fe es el último fundamento de la justicia aparece ya en Gen 15, 6 y en otros lugares básicos en el despliegue de la historia de la redención. En esa línea, la justicia que avala al hombre ante Dios, como don de gracia, está ratificada de un modo muy preciso en la expresión de Jeremías ה צדקנו, "el Señor de nuestra justicia".

Ciertamente, la visión del A. T., mira más a los fenómenos que a la raíz del tema (*ist mehr phenomenell als wurzelhaft*), y se encuentra, por así decirlo, en una línea que responde más a la Carta de Santiago que a Pablo; pero la justicia de la vida del A. T., y del N. T., tienen una misma base, que es la gracia de Dios redentor hacia el hombre redimido que, por sí mismo, carece de la justicia necesaria ante Dios (Sal 143, 2).

Según eso, en la oración de David no hallamos solo una autojustificación por las obras, sino una llamada dirigida al Dios de la justicia, desde su situación de hombre perseguido que grita pidiendo ayuda, diciéndole a Dios que le escuche. Por un lado, en su relación personal con Saúl, David reconoce que él está libre de todo pensamiento impropio, pues no quiere usurpar su trono. Por otro lado, en su relación personal con Dios, David está libre de toda מִרְמָה, i. e., de toda autoilusión, de toda hipocresía.

El duro grito de petición de ayuda, que él eleva (רִנָּה), puede ser escuchado y respondido por Dios, porque sus labios no son labios de engaño y mentira. Así lo manifiesta situándose לפני יהוה, de manera que su derecho puede elevarse מלפניו, ante el rostro de Dios, siendo proclamado de un modo público y abierto, ante los ojos de Aquel que conoce los corazones de los hombres (Sal 11, 4), de forma que el mismo Dios puede escucharle מישרים (como en Sal 58, 2; Sal 75, 3, con el mismo sentido que במישרים, cf. Sal 9, 9, que tiene en otros pasajes), en justicia, según derecho, de acuerdo con los hechos que están al fondo de su caso, sin ningún tipo de parcialismo. מישרים podría ser también un acusativo de objeto, como en 1 Cron 29, 17, pero el uso del lenguaje está a favor de tomarlo como adverbio, lo que está más de acuerdo con la relación confirmatoria entre 17, 2a y 17, 2b.

17, 3-5. David afirma ahora que Dios le ha puesto a prueba y ha iluminado su vida más íntima, de manera que ha experimentado en sí su ayuda, en apoyo de su sinceridad. Los pretéritos de 7, 3 expresan los actos divinos que han precedido al resultado de esa investigación de Dios, que no ha encontrado en David nada malo בל־תמצא. Dios ha escrutado a David para purificarle, como se purifica el oro con fuego, a través de una investigación radical, con פקד como en Job 7, 18.

El resultado de ese profundo escrutinio al que Dios le ha sometido en la noche, que es el tiempo en el que el corazón del hombre se muestra de un modo más claro (sin los engaños del día) ha sido definitivo, Dios no ha encontrado en él nada punible, ningún tipo de escoria que pueda separarse de su oro. Una confesión como esta (de inocencia total) hubiera sido más difícil para el creyente del Nuevo Testamento, que penetra de un modo más intenso, más microscópico en el pecado de fondo de la vida del hombre; pero David se encuentra aún en el Antiguo Testamento, y en ese fondo él puede aparecer como santo.

El Antiguo Testamento no ha llegado a descubrir con la intensidad que lo hace el Nuevo Testamento la separación entre carne y espíritu. De todas formas, no podemos olvidar que este orante del A. T., no está diciendo sin más que él está libre de todos los pecados, sino solo de un amor consciente al pecado, de un autoamor egoísta, hostil a Dios.

David comienza con זמֹתִי, con una confesión sobre la forma en que Dios le ha encontrado, añadiendo que no ha descubierto en él nada punible. Esta palabra puede ser un infinitivo como חנות (Sal 77, 10) con acento en la última sílaba de un modo regular, conforme a los verbos en הל, de acuerdo con lo cual Hitzig traduce, *Mis pensamientos no van más allá de mi boca*, es decir, no van en contra de lo que dice mi boca. Pero también podría ser 1ª persona del pretérito, en *milel*, quizá incluso en *milra*, cf. Dt 32, 41; Is 44, 16 (cf. *comentario* sobre Job 19, 17), y en esa línea Böttcher ha traducido *aún en el caso de que yo hubiera pensando algo malo*, no lo habría dicho con mi boca.

En una línea semejante, esa frase (זמֹתִי בַּל־יַעֲבָר־פִּי) podría traducirse, lo mismo que Jer 4, 28; Lam 2, 17: Yo he tomado la decisión de que mi boca no peque. Pero esta última traducción se opone al hecho de que, en sí misma, la palabra עבר no se utiliza en hebreo con el significado ético de "pecar" y además en la frase יַעֲבָר־פִּי la palabra פִי se toma como objeto. Según eso, preferimos la explicación de Böttcher, que traduce זמותי como perfecto hipotético, en la línea de Prov 20, 32 (que ha de traducirse, y si tu piensas el mal, está tu mano en mis labios).

A pesar de ello, בל יעבר־פי no es la expresión de un hecho, sino de un propósito, como lo requiere la combinación de בל con el futuro. Lo que el salmista está diciendo es que mantiene tan sujetos sus malos pensamientos dentro de sí que, incluso aunque surjan en su mente, él no deja que pasen a su boca y, mucho menos, que él obre según ellos (pasando del pensamiento y de la boca a la acción): "Incluso si yo pensara mal, mis malos pensamientos no llegarían a mi boca, yo no los diría".

El resto de la estrofa (17, 4-5) es más fácil de entender. En 17, 4 (en cuanto a las obras de humanas, cf. לִפְעֻלּוֹת אָדָם) el hombre al que aquí se refiere el texto no es el אדם del principio del Génesis, el primero de todos, sino que se refiere a los hombres en general, tal como son por naturaleza, por hábito, por forma de comportamiento. En relación con los hombres, el salmista, David, obedeciendo el mandado de Dios, ha tenido mucho cuidado en no seguir las obras de los opresores, esto es, en no andar con ellos, en no imitarles, como indica 1 Sam 25, 21.

En esa línea, Jerónimo ha traducido bien, diciendo que "no ha seguido *vías latronis*", los caminos de los ladrones, porque פריץ significa alguien que rompe, que irrumpe, haciendo lo malo de un modo intencional y con violencia. Esa confesión del salmista sobre sí mismo continúa en 17, 5. El contenido de ese verso no puede entenderse en forma de imperativo, sino en perfecto histórico. El orante pide a Dios que afirme, que sostenga sus pasos, para que sus pies no resbalen.

17, 6-7. Solo ahora, una vez que ha expuesto su experiencia interior, presentando ante Yahvé su camino, el orante resume su petición, que está bien justificada y sólidamente basada, pudiendo así entrar en detalles. El texto empieza con אני que aparece con קראתיך (אֲנִי־קְרָאתִיךָ), en perfecto, refiriéndose a lo que antes ha puesto en ejecución[57]. Un hombre como él, que acaba de describirse a sí mismo como él hace, conforme al testimonio de su conciencia, puede invocar a Dios, porque Dios le escucha y quiere hacerlo.

הַט־אָזְנְךָ לִי corresponde exactamente al latín *audi* (*ausculta,* con referencia implícita al oído, que es *aus*). El *hifil* הפלה (cf. Sal 31, 22; Sal 4, 4) significa actuar de una manera extraordinaria y maravillosa. El hombre que ora de esa manera se encuentra en gran riesgo, pero las misericordias de Dios (que está a su lado y

---

57. La palabra אני está puntuada como en אֲנִי־קְרָאתִיךָ donde tiene *munach* y le sigue un *dech*, como en Sal 116, 16. La *gaja* exige una entonación fuerte de la siguiente palabra, en relación con la principal (que aquí es קראתיך, cf. אֲנִי־קְרָאתִיךָ כִּי־תַעֲנֵנִי, te he llamado porque me respondes).

es capaz de ayudarle) son aún mayores, pues él quiere exhibir y ofrecer toda su plenitud al que obra de esa manera. El texto se puede traducir como hace Lutero, "Muestra tu bondad amorosa, tú que eres salvador de aquellos que confían en ti, en contra de aquellos que se elevan en contra de tu mano derecha".

En ese caso, חוסים se utiliza de un modo absoluto, como en Prov 14, 32, y la mano derecha de Dios se concibe como aquella que organiza y fortalece todo. Pero la frase "rebelarse en contra de la derecha de Dios" (no en contra de sus estatutos, sino de su derecha, *not statuta, sed desteram*) resulta extraña.

En este contexto se pueden escoger otras dos construcciones: (a) tú que liberas *con tu mano* derecha a los que buscan protección de los adversarios (Hitzig); (b) tú que ayudas (proteges) *junto a tu mano derecha* a los que buscan protección de sus adversarios (Aben-Ezra, I. Tremellius).

La última traducción es la preferible, porque se dice מחסה מן, refugiarse de... Por otra parte, חסה ב significa esconderse (refugiarse) en alguien o en algún lugar, como muestra la noción verbal de la preposición (cf. lo que he dicho en *Coment.* a Sal 2, 12). En esa línea, ממתקוממים es equivalente a מתקוממיהם, cf. Job 27, 7. Por su parte, חוסים בימינך significa *los que buscan protección en tu fuerte mano (de Yahvé)*[58].

17, 8–9. La relación de alianza en la que Yahvé ha colocado a David, y la de amor en la que David se encuentra respecto a Yahvé sirve de justificación para que los oprimidos se coloquen en las manos de Dios. La niña del ojo, que está rodeada por el iris, se llama אישון, árabe *insân*, el *hombre* u *hombrecito*, porque en ella se ve en imagen una miniatura de uno mismo, cuando mira, como, en un espejo; esto es lo que se ve cuando miramos en el ojo de otra persona.

La palabra בת־עין (hija del ojo) se llama así porque es como si naciera del ojo, o como si todo el ojo se hubiera concentrado en la pupila o, quizá mejor, como si la imagen concentrada así en el centro del ojo fuera la hija pequeña del mismo ojo (cf. aquí y en Lam 2, 18). En esa línea, el latín *pupilla (pupula)* y el griego κόρη, corresponden de manera estricta a esa בת עין, Zac 2, 12, que no significa la puerta, apertura, sino como muestra la palabra בת, el hijo pequeño o mejor aún

---

58. La ב de בִּימִינֶךְ tiene el mismo sentido que la utilizada en 1 Sam 23, 19. En este contexto, Wetzstein observa que, tanto en Damasco como en el conjunto de Siria, los débiles utilizan estas palabras cuando se rinden ante los fuertes. En esa línea se dice en árabe, *anâ b-qabḍt ydk*, "yo estoy bajo el poder de tu mano" (en tu mano cerrada) i. e., "yo me entrego totalmente a ti". En sentido parecido al de חסה ב encontramos en árabe *'sttr b.* y *tadarrâ b.*, e. g., *tḍrrâ b-'l-ḥật mn 'l-rîḥ* (él se protege, se esconde, del viento tras la pared) o *bâl'ḍât mn 'l-brd*, protegerse del frío junto a un fuego. En esa línea, *'âḍ* se emplea con un sentido semejante a de la protección que ofrece Dios. Así, por ejemplo (conforme a Bochri, *Sunna*) una mujer a quien Muhammad quería confiscar, gritó en voz alta, en árabe, *a'uḍu b-'llh mnk*, yo me pongo bajo la protección de Dios, en contra de ti, y él replicó, también en árabe *'uḍti bi-ma'âḍin*, tú has tomado refugio en un asilo inaccesible.

la hija pequeña del ojo. Resulta significativo el hecho de que אישון tenga aquí el femenino בת־עין en aposición, para indicar lo mismo.

La construcción debe ser de tipo genitivo: "Como el hombre pequeño de la manzana o globo del ojo", así se siente David tan cercano a Dios, como si él estuviera reflejado (presente) en el gran ojo de Dios como en un espejo. De todas formas: (1) el nombre más normal para referirse a la pupila del ojo no es בת עין, hija del ojo, sino אישון, hombrecito; (2) con esta construcción, se corre el riesgo de perder el sentido central de la comparación, formada por el hecho de que la pupila del ojo es objeto del mayor cuidado para las personas.

Aquí tenemos por tanto una combinación de los dos nombres de la pupila o "hija" del ojo, una que es más usual, otra que es más selecta, que no se hacen para referirse al género empleado (masculino o femenino), sino para dar más precisión y énfasis a la figura. El primer pasaje en el que aparece esta audaz figura, que responde a un tipo fuerte de experiencia de amor, es Dt 32, 10, aunque este brillante antropomorfismo ha sido borrado por los LXX y por otras versiones antiguas (cf. Geiger, *Urschrift und Ueberstezungen der Bibel*, p. 324.) y también en Ecl 17, 22.

Sigue después otra figura, tomada del águila, que esconde bajo sus alas a sus polluelos, que aparece también en Dt 32, cf. Sal 17, 11, pues la figura de la gallina (cf. Mt 23, 37) es ajena al A. T. En Dt 32,10, Moisés habla de las alas de Dios, pero la doble figura de la sombra de las alas de Dios ha sido acuñada por David (aquí y en Sal 36, 8; Sal 57, 2; Sal 63, 8).

Las alas de Dios son un signo de su expansión, de la manifestación de su amor, del amor de Dios que toma a la creatura bajo la protección de su más íntima compañía, bajo sus alas. La sombra de las alas de Dios es la expresión de su amor refrescante, que protege a los hombres tanto del calor de fuera como del enfrentamiento interno.

El verso 17, 9 indica la situación en que se encuentra el salmista. שׁדד significa usar violencia para destruir la vida, la continuidad, la identidad de una persona. Conforme a su acentuación, בנפש ha de conectarse con איבי, no con יקפו, y ha de entenderse en la línea de Ez 25, 6. Según eso, "enemigos del alma" son aquellos cuya enemistad no es simplemente superficial, sino que está profundamente enraizada (cf. ἐκ ψυχῆς, Ef 6, 6; Col 3, 23), de forma que un enemigo de ese tipo quiere destruir totalmente a la persona enemiga.

De esa forma, el alma (que odia y desea, cf. Sal 27, 12; Sal 41, 3) es la misma persona, como si בנפש estuviera conectada con el verbo, en el sentido de "el alma de los enemigos", y como si איבי נפשי no fuera más correcto que בנפש איבי, como piensa Hitzig, sino que tuviera un significado diferente. Los enemigos están deseosos de destruir el alma del orante (con perfecto de conatus), y forman en su entorno un círculo de adversarios voraces que persiguen al salmista.

17, 10–12. 17, 10 muestra el tipo de gente que son los perseguidores. Su corazón es grasiento, adiposo, pero no como si חֵלֶב (entrañas) pudiera ser equivalente a לֵב (corazón), pues ambas palabras son de raíces diferente; חֵלֶב es de la raíz לב, λιπ, es decir, grasa; por su parte לֵב es de la raíz לף, envolver, aquello que está envuelto, la pepita, el interior (sin necesidad de aceptar la conjetura de Ortenberg, חלב לבמו סגרו: "ellos encerraron su corazón con grasa", cf. Sal 119, 70, cf. Sal 73, 7), en el sentido de que, así, rodeado de grasa, el corazón se vuelve incapaz de cualquier sentimiento de compasión y de cualquier emoción noble.

En ese sentido, "quitar la grasa del corazón" (cf. κλείειν τὰ σπλάγχνα 1 Jn 3, 17) significa fortalecer la propia intimidad, pasando de la indiferencia a la simpatía, al sentimiento tierno y noble (cf. השמין לב en el sentido de endurecer el corazón, Is 6, 10). La construcción de פִּימוֹ (que concuerda por su sonido con פימה, Job 15, 27) es la misma que la de קולי, Sal 3, 5.

Por otra parte, אַשֻּׁרֵינוּ (según la forma עמוד con escritura plena) no es un acusativo de instrumento, ni un segundo acusativo (distinto del objeto), referido a aquello que envuelve al objeto, que se utiliza normalmente con verbos que tienen el significado de rodear (cf. Sal 5, 13; Sal 32, 7), porque la traducción "ellos nos (me) han rodeado con nuestros pasos" carece de sentido.

En contra de eso, אשורנו puede ser "acusativo de miembro", como en Sal 3, 8, cf. Sal 22, 17, Gen 3, 15, aunque el "paso" al andar no es un miembro (Hitzig). Pero, dado que paso y pie son nociones intercambiables, cf. Sal 73, 2, el σχῆμα καθ᾽ ὅλον καὶ μέρος, es decir, el modo de hablar que se aplica en todo o en parte a una palabra (por ejemplo, al pie) puede aplicarse también a la otra (por ejemplo, al paso).

Así dice en esa línea Homero, *Iliada* VII. 355, σὲ μάλιστα πόνος φρένας ἀμφιβέβηκεν (el gran dolor ha abrumado tus pensamientos...). El poeta hebreo puede decir también: *Ellos se han acompasado a nuestros pasos* (han abrumado nuestros pasos), de tal manera que con ellos no podemos ir ni hacia adelante ni hacia atrás.

El *keré* סְבָבוּנוּ ha resuelto el tema del cambio de número que se producía en el *qetub*, סבבוני. Sin embargo, el *qetub* podía admitirse, según lo muestran algunos paralelos, como Sal 62, 5, pues responde a la situación de David, quien está perseguido por Saúl, y en este momento se encuentra fugitivo a la cabeza de una pequeña compañía de seguidores fieles que le acompañan en el destierro. En esa línea se puede decir y se dice en 17, 11, que ellos han puesto sus ojos en nosotros, a fin de que puedan arrojarnos de la tierra.

נטה (en לִנְטוֹת) es transitivo, como en Sal 18, 10; 62, 4. Y se aplica aquí en el sentido directo que tiene en Sal 73, 2 (cf. Sal 37, 31): hacer que alguien se incline para caer. La palabra בארץ tiene todo sentido (sin necesidad de la conjetura בארה), y expresa la suerte final (la caída final), en vez de לארץ, Sal 7, 6. La palabra

דמינו está mostrando que entre los enemigos hay uno que destaca, actuando de esa forma como jefe de ellos; y así se le presenta como un león (leoncillo), conforme a la peculiaridad del estilo poético que puede cambiar de frases verbales a frases de sustantivo (aquí se podría haber dicho, דמה כאריה).

Dado que, en el hebreo del A. T., lo mismo que en siríaco y en árabe, כ es solo una preposición, con el sentido de conjunción (partícula conectiva), no se puede traducir "como un león que ansía su presa", sino *como un león que está hambriento por su presa* (cf. árabe *ksf,* que se utiliza para indicar algo que se hunde, que declina, que se oscurece o eclipsa, que se está volviendo pálido); en esa línea, esa palabra equivale también al árabe *ksf,* despellejar, desnudar. En el miembro paralelo del verso los participios alternan con cláusulas atributivas. כפיר es (conforme a Meier) el joven león que está cubierto por pelo más espeso.

17, 13–15. La frase קדם פני (cf. קוּמָה יְהוָֹה קַדְּמָה פָנָיו, *antevertere faciem alicujus*, salir al encuentro de alguien) significa dos cosas: (a) Presentarse ante alguien con reverencia, como en Sal 95, 2 (en sentido postbíblico: ofrecer ante alguien los propios respetos). (b) Tratar a alguien como a un enemigo, atacarle. El enemigo salta como un león en contra de David, que ruega diciendo: *Quiera Dios oponerse al león, e interceptar su paso*, para así derribarle, de manera que, vuelto inofensivo, se mantenga allí en el suelo, dobladas las rodillas (כרע, cf. הַכְרִיעֵהוּ, palabra que significa león en Gen 49, 9; Num 24, 9).

Dios tiene que rescatar el alma del orante de la mano de los impíos, y ha de hacerlo con la espada, חרבך. Esta palabra, חרבך, e incluso el ידך de Sal 17, 14, podría tomarse como el sujeto de la frase (Böttcher, Hupfeld y Hitzig). Esta es una explicación que puede apoyarse en Sal 44, 3 y en otros pasajes. Pero es mucho más probable que esas palabras deban tomarse como un acusativo, cf. *Coment.* a Sal 3, 5.

Sea como fuere, tanto espada como mano han de interpretarse como instrumentos por los cuales se realiza el rescate, פלט, del salmista. La fuerza de פלטה, libra mi alma (17, 13), se extiende a 17, 14, y la palabra מִיתְמֶם מְמָתִים con un *chateph* debajo de la *tau*, que está libre de reduplicación, como ממכון, en Sal 33, 14, corresponde a מרשע, como ידך a חרבך.

La palabra מְמָתִים (plural de מת) significa hombres, cf. Dt 2, 34 (pues מתם es uno en particular, cada uno, cualquiera). En sí misma, esa palabra no tiene sentido completo, por lo que tiene que repetirse tras la ה ידך. Esta es una manera notable de obstruir un sentido y luego de retomarlo, de manera que Hofmann (*Schriftbeweis,* II, 2, 495) ha querido en vano cambiar la puntuación del verso (17, 14).

חלד puede tener también aquí el sentido que tiene en siríaco (planear, deslizarse) o quizá también en hebreo talmúdico (cubrir, ocultar). En esa última línea, חלד tiene el sentido de algo que es limitado, de manera que la combinación

מחלד מתים podría traducirse en la línea de unas expresiones semejantes, que encontramos en Sal 10, 18; Sal 16, 4.

Unidas así, esas dos palabras están refiriéndose a los hombres que no tienen lugar permanente en este mundo que pasa, que acaba. Esas palabras se refieren, por tanto, a los hombres ἐκ τοῦ κόσμου τούτου, o también a los υἱοὶ τοῦ αἰῶνος τούτου, es decir, a los hombres de este mundo (de este siglo).

El significado y la descripción posterior de חֶלְקָם בַּחַיִּים, (cf. Ecl 9, 9) resulta claro desde esta perspectiva partiendo de Sal 16, 5. Yahvé es el חלק o herencia de los hombres piadosos, a diferencia de los mortales de este mundo que no tienen más herencia que los bienes visibles, materiales, de esta vida mortal.

Estos son los hombres para los que no hay más vida ni más suerte que la suerte de esta vida temporal, visible, material. Esta es para ellos la única vida, mientras que los hombres piadosos responden, diciendo a Dios: "buena es tu misericordia para los justos" (cf. טוב חסדך מחיים, Sal 63, 4).

El contraste que aquí se traza no es tanto entre esta vida y la futura, sino entre la vida de este mundo material en sí y la vida en Dios. Aquí es donde *descubrimos* la fe más honda del Antiguo Testamento. Para el creyente del A. T., la bienaventuranza y la gloria de la vida futura, tal como la desplegará el N. T., se condensa (está centrada) en Yahvé. Eso significa que Yahvé es el bien más alto, y quien tiene a Yahvé se eleva sobre los cielos y la tierra, por encima de la vida y de la muerte.

El rasgo característico de la fe del A. T., consiste en confiar implícitamente en Yahvé, sin tener ningún conocimiento explícito de una vida futura de bienaventuranza. Toda la satisfacción del hombre del Antiguo Testamento consiste en encontrar su plenitud en Yahvé, descansar en él, esconderse en él, ante la faz de la muerte.

Por el contrario, los hombres de este mundo, חלקם בחיים, que solo se ocupan de las cosas de este mundo; no tienen más bien ni plenitud que los bienes de la tierra, para disfrutar en abundancia de ellos, sin otra riqueza que esos mismos bienes materiales.

Las palabras "cuyo vientre está lleno de tus bienes" se refieren a los hombres a quienes Dios llena de posesiones de este mundo, pero solo de ellas, sin ofrecerles su ser o plenitud divina. Son hombres que no tienen más satisfacción que esas cosas de la tierra, de forma que viven solamente en el nivel de lo externo, esto es, de los sentidos materiales, de manera que carecen de todo deseo o "posesión" que se extienda más allá de esta vida de los sentidos, y así están privados de una satisfacción que se extienda más allá de este mundo y de sus posesiones materiales.

En esa línea, tanto el *qetub* como el *keré* hablan de algo que es צפון, pero en el sentido material de esa palabra (צפונים en Job 20, 26, de צפן mantenerse unido a algo, aferrarse a algo). Pues bien, en contra de eso, el hombre divino, piadoso, es el que tiene bienes más hondos, y los tiene sin mostrar envidia por los bienes de este mundo. El hombre divino, piadoso, posee unos bienes más altos en los que encuentra su plenitud, de manera que puede exclamar, dirigiéndose a Dios: ¡Qué grande es la bondad que tu concedes a los que temen! (cf. Sal 31, 20).

Entre los bienes de este mundo con los que Dios llena el vientre y la casa de los impíos (como en Job 22, 17) está la abundancia de hijos, pero solo en un sentido material. En otros lugares, los hijos son un don de Dios para los piadosos (Sal 127, 3; Sal 128, 3), pero para aquellos que no reconocen a Dios como dador de todos los bienes, los mismos hijos pueden convertirse en lazos opresores, en formas o medio de autoglorificación (cf. Job 21, 11; Job 4, 1).

בנים no es sujeto, sino un acusativo, y así lo han entendido todos los traductores antiguos del texto original, como en la frase שבע ימים con el sentido de estar satisfecho, cargado de vida. Sobre עוללים, cf. *Coment.* a Sal 8, 3. יתר es lo que se extiende y sobrepasa, lo que desborda, lo que va más allá. Y en ese sentido aquí significa lo superfluo, lo redundante, la gran abundancia de cosas poseídas.

El contraste con la abundancia material viene marcado con el אני de 17, 15 (cf. אֲנִי בְּצֶדֶק אֶחֱזֶה פָנֶיךָ). Esta frase describe la prosperidad incomparablemente mayor del Salmista, frente (en contra de, sobre) sus enemigos ricos (que solo tienen bienes materiales). En esa línea, propia de los bienes superiores, el orante (aunque sea alguien despreciado y perseguido por los hombres), verá el rostro de Dios, בצדק, en justicia; de esa forma encontrará su recompensa (cf. Mt 5, 8; Hebr 12, 14), de manera que cuando se cumpla su esperanza (es decir, cuando "despierte") quedará totalmente reconfigurado con la forma de Dios.

Estas son las palabras fundamentales: En la justicia veré tu rostro אֶחֱזֶה פָנֶיךָ בְּצֶדֶק. Ver el rostro de Dios no es simplemente recibir una experiencia fuerte del influjo que procede de Dios que se le muestra de manera que no está ya velada, vuelto hacia él, sino que implica algo más.

El paralelo con la segunda parte del verso (estaré satisfecho cuando despierte a tu semejanza, אֶשְׂבְּעָה בְהָקִיץ תְּמוּנָתֶךָ) está indicando que el salmista habla aquí de una visión de Dios, como aquella en la que se apareció a Moisés, en su forma verdadera, sin acomodaciones de tipo visionario —tal como se muestra en Num 12, 8— donde se dice que Yahvé se apareció a Moisés en la verdadera forma de su ser divino.

Por otra parte, el texto fundamental de Ex 33, 20 dice que Dios negó a Moisés la visión plena de su rostro divino; según eso, de un modo consecuente, la automanifestación de Yahvé en su diálogo con Moisés tuvo que estar mediada por algún tipo de velo, que permitiera que él pudiera tolerar esa visión sin morir.

Pues bien, a diferencia de lo que sucedió en el caso de Moisés, según el libro del Éxodo, cuando David expresa aquí la esperanza que es la meta final y el clímax de todas sus esperanzas, no tenemos ningún derecho de limitar el alcance de la visión de Dios, que en amor permite (= permitirá) que el hombre le contemple plenamente, tal cual es (cf. *Coment.* a Sal 11, 7). Tampoco tenemos derecho a poner límites al sentido de "saciarse" con el semblante de Dios, con su תְּמוּנָה (LXX τὴν δόξαν σου, véase *Psychologie* p. 49).

Si esto es correcto, בהקיץ no puede significar "cuando yo despierte del sueño de la noche" como suponen Ewald, Hupfeld y otros. Supongamos que el salmo ha sido compuesto justamente antes de que el Salmista haya empezado a dormir, ¿qué sentido tendría posponer solo unas horas esa visión tan transcendental?

Este pasaje tampoco puede referirse a una experiencia de superación de una oscuridad anterior, cuando el orante vendría a despertar de una noche (de una situación) de oscuridad y tristeza para descubrir en su vida, en este mundo, una más honda experiencia de cercanía de Dios (Kurtz). Este gesto de despertarse de una experiencia o noche de aflicción no puede responder a lo que está diciendo aquí el salmista.

La única explicación que puede darse a este pasaje es *despertarse del sueño de la muerte* (cf. Böttcher, *De inferis* 365-367). Ciertamente, David no compartía todavía la visión de Dan 12, 2, donde se habla del día en que los muertos oirán la voz de aquel que les despierta de la muerte, pues parece seguro que esa verdad no se le había revelado todavía.

Pero nada impide que esta gran revelación de la resurrección de los muertos, que fue avanzando mucho en el A. T. (cf. Is 26, 19; Ez 37, 1-14) pudiera escucharse también de alguna forma en los Salmos de David, como una fuerte y audaz exigencia de fe, como una esperanza que luchaba por liberarse de la visión triste del Sheol que dominaba por entonces.

Esta es una experiencia que pudo revelarse (iluminarse) en tiempo de David, en este salmo, como se revelará poco después, en el libro de Job, escrito por un contemporáneo de Salomón. Esta mañana de iluminación total, de la que habla este Salmo (17, 15) no es una mañana cualquiera después de una noche más, semejante a las anteriores, sino la mañana final que traerá la liberación de los justos y que inaugurará su tiempo de plenitud.

Este pasaje no implica un conocimiento seguro de la resurrección tal como Hofmann (*Schriftbeweis*, II, 2, 490) supone que existía desde el comienzo del Antiguo Testamento, pues los lamentos que encontramos en salmos como 6, 6; 30, 10; 88, 11-13, muestran que ese conocimiento seguro de la resurrección no existía todavía, pero se fue abriendo camino en pasajes como este, en los últimos versos de Sal 17.

Los conocimientos que tenemos de la literatura del A. T., y del N. T., ofreciéndonos una visión de la percepción bíblica de la redención, solo nos permiten afirmar lo que he venido diciendo. La esperanza de una resurrección futura de los muertos se fue expresando y desarrollando desde el tiempo de los profetas hasta el judaísmo posterior al exilio, pero solo lo hizo de un modo intermitente, en ciertos momentos, sin que el pueblo tuviera por fe la esperanza firme de esa resurrección.

Esta esperanza solo se fue expresando poco a poco, como inferencia derivada de aquello que algunos creyentes iban descubriendo dentro de sí mismos, pero sin haber recibido todavía una palabra explícita de promesa que les ofreciera una seguridad total en esa línea[59].

Salmo 18. Himno de David sobre una vida llena de mercedes de Dios

¹ לַמְנַצֵּחַ ׀ לְעֶבֶד יְהוָה לְדָוִד אֲשֶׁר ׀ דִּבֶּר ׀ לַיהוָה
אֶת־דִּבְרֵי הַשִּׁירָה הַזֹּאת בְּיוֹם הִצִּיל־יְהוָה אוֹתוֹ מִכַּף
כָּל־אֹיְבָיו וּמִיַּד שָׁאוּל׃
² וַיֹּאמַר אֶרְחָמְךָ יְהוָה חִזְקִי׃
³ יְהוָה ׀ סַלְעִי וּמְצוּדָתִי וּמְפַלְטִי אֵלִי צוּרִי אֶחֱסֶה־בּוֹ מָגִנִּי וְקֶרֶן־יִשְׁעִי מִשְׂגַּבִּי׃
⁴ מְהֻלָּל אֶקְרָא יְהוָה וּמִן־אֹיְבַי אִוָּשֵׁעַ׃
⁵ אֲפָפוּנִי חֶבְלֵי־מָוֶת וְנַחֲלֵי בְלִיַּעַל יְבַעֲתוּנִי׃
⁶ חֶבְלֵי שְׁאוֹל סְבָבוּנִי קִדְּמוּנִי מוֹקְשֵׁי מָוֶת׃
⁷ בַּצַּר־לִי ׀ אֶקְרָא יְהוָה וְאֶל־אֱלֹהַי אֲשַׁוֵּעַ יִשְׁמַע מֵהֵיכָלוֹ
קוֹלִי וְשַׁוְעָתִי לְפָנָיו ׀ תָּבוֹא בְאָזְנָיו׃
⁸ וַתִּגְעַשׁ וַתִּרְעַשׁ ׀ הָאָרֶץ וּמוֹסְדֵי הָרִים יִרְגָּזוּ וַיִּתְגָּעֲשׁוּ כִּי־חָרָה לוֹ׃
⁹ עָלָה עָשָׁן ׀ בְּאַפּוֹ וְאֵשׁ־מִפִּיו תֹּאכֵל גֶּחָלִים בָּעֲרוּ מִמֶּנּוּ׃
¹⁰ וַיֵּט שָׁמַיִם וַיֵּרַד וַעֲרָפֶל תַּחַת רַגְלָיו׃
¹¹ וַיִּרְכַּב עַל־כְּרוּב וַיָּעֹף וַיֵּדֶא עַל־כַּנְפֵי־רוּחַ׃
¹² יָשֶׁת חֹשֶׁךְ ׀ סִתְרוֹ סְבִיבוֹתָיו סֻכָּתוֹ חֶשְׁכַת־מַיִם עָבֵי שְׁחָקִים׃

59.   Ciertamente, en contra de esto, Hofmann, O. c. p. 496, afirma que la fe no puede estar a merced de experiencias y palabras audaces como las de este Salmo de David; la fe, dice él, tiene que tener un fundamento más seguro. Pero, en contra de eso, debemos afirmar que el camino de la fe no es un camino inseguro, sino que se va expresando a lo largo de un proceso, por el que se van descubriendo rasgos y elementos que antes no eran tan seguros.

En un contexto semejante podemos citar otros elementos de la fe cristiana que no habían sido proclamados por el A. T., como por ejemplo la fe en la encarnación de Dios y todo lo referente a la abrogación de la ley ceremonial judía. La palabra de Dios no es un fundamento inseguro, y en esa línea Dios pudo haber revelado a David unos conocimientos que todavía no formaban parte de la fe común del pueblo.

En esa misma línea se sitúa la revelación que está en el fondo del Sal 13, 4, donde David habla también de no morir o superar la muerte. La esperanza de esos dos salmos (13, 4 y 17, 15) no es idéntica, pero va en la misma línea, una línea que se abre a la resurrección de los muertos. Esa esperanza de la resurrección, no es una simple apropiación de ciertos conocimientos extraños, sino una luz que se va expresando en la conciencia de los creyentes, a partir de su conexión profunda con Yahvé.

מִנֹּגַהּ נֶגְדּוֹ עָבָיו עָבְרוּ בָּרָד וְגַחֲלֵי־אֵשׁ: 13

וַיַּרְעֵם בַּשָּׁמַיִם׀ יְהֹוָה וְעֶלְיוֹן יִתֵּן קֹלוֹ בָּרָד וְגַחֲלֵי־אֵשׁ: 14

וַיִּשְׁלַח חִצָּיו וַיְפִיצֵם וּבְרָקִים רָב וַיְהֻמֵּם: 15

וַיֵּרָאוּ׀ אֲפִיקֵי מַיִם וַיִּגָּלוּ מוֹסְדוֹת תֵּבֵל מִגַּעֲרָתְךָ יְהֹוָה מִנִּשְׁמַת רוּחַ אַפֶּךָ: 16

יִשְׁלַח מִמָּרוֹם יִקָּחֵנִי יַמְשֵׁנִי מִמַּיִם רַבִּים: 17

יַצִּילֵנִי מֵאֹיְבִי עָז וּמִשֹּׂנְאַי כִּי־אָמְצוּ מִמֶּנִּי: 18

יְקַדְּמוּנִי בְיוֹם־אֵידִי וַיְהִי־יְהֹוָה לְמִשְׁעָן לִי: 19

וַיּוֹצִיאֵנִי לַמֶּרְחָב יְחַלְּצֵנִי כִּי חָפֵץ בִּי: 20

יִגְמְלֵנִי יְהֹוָה כְּצִדְקִי כְּבֹר יָדַי יָשִׁיב לִי: 21

כִּי־שָׁמַרְתִּי דַּרְכֵי יְהֹוָה וְלֹא־רָשַׁעְתִּי מֵאֱלֹהָי: 22

כִּי כָל־מִשְׁפָּטָיו לְנֶגְדִּי וְחֻקֹּתָיו לֹא־אָסִיר מֶנִּי: 23

וָאֱהִי תָמִים עִמּוֹ וָאֶשְׁתַּמֵּר מֵעֲוֹנִי: 24

וַיָּשֶׁב־יְהֹוָה לִי כְצִדְקִי כְּבֹר יָדַי לְנֶגֶד עֵינָיו: 25

עִם־חָסִיד תִּתְחַסָּד עִם־גְּבַר תָּמִים תִּתַּמָּם: 26

עִם־נָבָר תִּתְבָּרָר וְעִם־עִקֵּשׁ תִּתְפַּתָּל: 27

כִּי־אַתָּה עַם־עָנִי תוֹשִׁיעַ וְעֵינַיִם רָמוֹת תַּשְׁפִּיל: 28

כִּי־אַתָּה תָּאִיר נֵרִי יְהֹוָה אֱלֹהַי יַגִּיהַּ חָשְׁכִּי: 29

כִּי־בְךָ אָרֻץ גְּדוּד וּבֵאלֹהַי אֲדַלֶּג־שׁוּר: 30

הָאֵל תָּמִים דַּרְכּוֹ אִמְרַת־יְהֹוָה צְרוּפָה מָגֵן הוּא לְכֹל׀ הַחֹסִים בּוֹ: 31

כִּי מִי אֱלוֹהַּ מִבַּלְעֲדֵי יְהֹוָה וּמִי צוּר זוּלָתִי אֱלֹהֵינוּ: 32

הָאֵל הַמְאַזְּרֵנִי חָיִל וַיִּתֵּן תָּמִים דַּרְכִּי: 33

מְשַׁוֶּה רַגְלַי כָּאַיָּלוֹת וְעַל בָּמֹתַי יַעֲמִידֵנִי: 34

מְלַמֵּד יָדַי לַמִּלְחָמָה וְנִחֲתָה קֶשֶׁת־נְחוּשָׁה זְרוֹעֹתָי: 35

וַתִּתֶּן־לִי מָגֵן יִשְׁעֶךָ וִימִינְךָ תִסְעָדֵנִי וְעַנְוַתְךָ תַרְבֵּנִי: 36

תַּרְחִיב צַעֲדִי תַחְתָּי וְלֹא מָעֲדוּ קַרְסֻלָּי: 37

אֶרְדּוֹף אוֹיְבַי וְאַשִּׂיגֵם וְלֹא־אָשׁוּב עַד־כַּלּוֹתָם: 38

אֶמְחָצֵם וְלֹא־יֻכְלוּ קוּם יִפְּלוּ תַּחַת רַגְלָי: 39

וַתְּאַזְּרֵנִי חַיִל לַמִּלְחָמָה תַּכְרִיעַ קָמַי תַּחְתָּי: 40

וְאֹיְבַי נָתַתָּה לִּי עֹרֶף וּמְשַׂנְאַי אַצְמִיתֵם: 41

יְשַׁוְּעוּ וְאֵין־מוֹשִׁיעַ עַל־יְהֹוָה וְלֹא עָנָם: 42

וְאֶשְׁחָקֵם כְּעָפָר עַל־פְּנֵי־רוּחַ כְּטִיט חוּצוֹת אֲרִיקֵם: 43

תְּפַלְּטֵנִי מֵרִיבֵי עָם תְּשִׂימֵנִי לְרֹאשׁ גּוֹיִם עַם לֹא־יָדַעְתִּי יַעַבְדוּנִי: 44

לְשֵׁמַע אֹזֶן יִשָּׁמְעוּ לִי בְּנֵי־נֵכָר יְכַחֲשׁוּ־לִי: 45

בְּנֵי־נֵכָר יִבֹּלוּ וְיַחְרְגוּ מִמִּסְגְּרוֹתֵיהֶם: 46

חַי־יְהֹוָה וּבָרוּךְ צוּרִי וְיָרוּם אֱלוֹהֵי יִשְׁעִי: 47

הָאֵל הַנּוֹתֵן נְקָמוֹת לִי וַיַּדְבֵּר עַמִּים תַּחְתָּי: 48

מְפַלְּטִי מֵאֹיְבָי אַף מִן־קָמַי תְּרוֹמְמֵנִי מֵאִישׁ חָמָס תַּצִּילֵנִי: 49

עַל־כֵּן׀ אוֹדְךָ בַגּוֹיִם׀ יְהֹוָה וּלְשִׁמְךָ אֲזַמֵּרָה: 50

(מַגְדִּיל) [מִגְדּוֹל] יְשׁוּעוֹת מַלְכּוֹ וְעֹשֶׂה חֶסֶד׀ לִמְשִׁיחוֹ לְדָוִד וּלְזַרְעוֹ עַד־עוֹלָם: 51

<Al músico principal. Salmo de David, siervo de Jehová, el cual dirigió a Jehová las palabras de este cántico el día que lo libró Jehová de manos de todos sus enemigos, y de manos de Saúl. Entonces dijo:>

¹ Te amo, Jehová, fortaleza mía.

² Jehová, roca mía y castillo mío, mi libertador; Dios mío, fortaleza mía, en él confiaré; mi escudo y la fuerza de mi salvación, mi alto refugio.

³ Invocaré a Jehová, quien es digno de ser alabado, y seré salvo de mis enemigos.

⁴ Me rodearon los lazos de la muerte y los torrentes de la destrucción me atemorizaron.

⁵ Los lazos del sheol me han rodeado, me tendieron redes de muerte.

⁶ En mi angustia invoqué a Jehová y clamé a mi Dios.
Él oyó mi voz desde su Templo y mi clamor llegó hasta sus oídos.

⁷ La tierra fue conmovida y tembló; se conmovieron los cimientos de los montes y se estremecieron, porque se indignó él.

⁸ Humo subió de su nariz y de su boca fuego consumidor;
carbones fueron por él encendidos.

⁹ Inclinó los cielos y descendió, y había densas tinieblas debajo de sus pies.

¹⁰ Cabalgó sobre un querubín y voló; voló sobre las alas del viento.

¹¹ Puso tinieblas por su escondite, por cortina suya alrededor de sí;
oscuridad de aguas, nubes de los cielos.

¹² Por el resplandor de su presencia, pasaron sus nubes, granizo y carbones ardientes.

¹³ Tronó en los cielos Jehová, el Altísimo dio su voz, granizo y carbones de fuego.

¹⁴ Envió sus saetas y los dispersó; lanzó relámpagos y los destruyó.

¹⁵ Entonces aparecieron los abismos de las aguas
y quedaron al descubierto los cimientos del mundo,
a tu reprensión, Jehová, por el soplo del aliento de tu nariz.

¹⁶ Envió desde lo alto y me tomó, me sacó de las muchas aguas.

¹⁷ Me libró de mi poderoso enemigo y de los que me aborrecían,
pues eran más fuertes que yo.

¹⁸ Me asaltaron en el día de mi desgracia, pero Jehová fue mi apoyo.

¹⁹ Me sacó a lugar espacioso; me libró, porque se agradó de mí.

²⁰ Jehová me ha premiado conforme a mi justicia;
conforme a la limpieza de mis manos me ha recompensado,

²¹ porque yo he guardado los caminos de Jehová,
y no me aparté impíamente de mi Dios,

²² pues todos sus juicios estuvieron delante de mí
y no me he apartado de sus estatutos.

²³ Fui recto para con él y me he guardado de hacer lo malo,

²⁴ por lo cual me ha recompensado Jehová conforme a mi justicia,
conforme a la limpieza de mis manos delante de sus ojos.
²⁵ Con el misericordioso te mostrarás misericordioso,
y recto con el hombre íntegro.

²⁶ Limpio te mostrarás con el limpio y severo serás para con el tramposo,
²⁷ porque tú salvarás al pueblo afligido y humillarás los ojos altivos.
²⁸ Tú encenderás mi lámpara; Jehová, mi Dios, alumbrará mis tinieblas.
²⁹ Contigo desbarataré ejércitos y con mi Dios asaltaré ciudades amuralladas.

³⁰ En cuanto a Dios, perfecto es su camino y acrisolada la palabra de Jehová;
escudo es a todos los que en él esperan.
³¹ ¿Quién es Dios sino solo Jehová? ¿Y qué roca hay fuera de nuestro Dios?
³² Dios es el que me reviste de poder y quien hace perfecto mi camino;
³³ quien hace mis pies como de venados y me hace estar firme sobre mis alturas;
³⁴ quien adiestra mis manos para la batalla,
para tensar con mis brazos el arco de bronce.
³⁵ Me diste asimismo el escudo de tu salvación;
tu diestra me sustentó y tu benignidad me ha engrandecido.

³⁶ Ensanchaste mis pasos debajo de mí y mis pies no han resbalado.
³⁷ Perseguí a mis enemigos y los alcancé; no volví hasta acabarlos.
³⁸ Los herí de modo que no se levantaran; cayeron debajo de mis pies,
³⁹ pues me has revestido de fuerzas para el combate;
has humillado a mis enemigos debajo de mí.
⁴⁰ Has hecho que mis enemigos me vuelvan las espaldas,
para que yo destruya a los que me odian.

⁴¹ Clamaron, y no hubo quien salvara; aun a Jehová, pero no los oyó.
⁴² Los molí como polvo delante del viento; los lancé afuera como a lodo de las calles.
⁴³ Me has librado de las contiendas del pueblo;
me has hecho cabeza de las naciones; pueblo que yo no conocía me sirvió.

⁴⁴ Al oír de mí, me obedecieron; los hijos de extraños se sometieron a mí.
⁴⁵ Los extraños se debilitaron y salieron temblando de sus encierros.
⁴⁶ ¡Viva Jehová y bendita sea mi roca! Y enaltecido sea el Dios de mi salvación,

⁴⁷ el Dios que venga mis agravios y somete pueblos debajo de mí,
⁴⁸ el que me libra de mis enemigos e incluso me eleva sobre los que se levantan
contra mí.
Me libraste de hombre violento.
⁴⁹ Por tanto yo te confesaré entre las naciones, Jehová, y cantaré a tu nombre.
⁵⁰ Grandes triunfos da a su rey y hace misericordia a su ungido,
a David y a su descendencia para siempre.

Tras la תְּפִלָּה u oración de David (Sal 17) viene en Sal 18 un שִׁירָה, que es el *nomen unitatis*, es decir, el nombre que se da a una composición unitaria, en forma de שִׁיר, en sentido de *canto*. El encabezamiento dice que fue David quien "cantó las palabras de este canto" (הַשִּׁירָה הַזֹּאת), entrelazado con el salmo anterior en muchas de sus palabras y pensamientos (*Symbolae* p. 49). Este es el más largo de los salmos hímnicos, y lleva como encabezado:

> Al músico principal. Salmo de David, siervo de Jehová, el cual dirigió a Jehová las palabras de este cántico el día que lo libró Jehová de manos de todos sus enemigos, y de manos de Saúl. Entonces dijo:

El encabezado original del salmo en la colección primitiva decía probablemente solo לַמְנַצֵּחַ לְעֶבֶד יְהֹוָה לְדָוִד (al músico principal, del siervo de Dios, de David...) como en el encabezado de Sal 36. El resto se parece al de los cantos de este tipo que suelen ser introducidos en el contexto de la narración histórica: Ex 15, 1; Num 21, 17 y especialmente Dt 31, 30.

Por otra parte, este salmo se encuentra también en 2 Sam 22, introducido por unas palabras que de un modo consecuente concuerdan con las de la inscripción en el salterio, lo cual se explica por el hecho de que este salmo ha sido incorporado en una de las crónicas o historias de las que ha sido extractado el libro de Samuel, es decir, probablemente, de los *Anales* (*Dibre ha-Yammim*) de David. De esa fuente ha tomado el escritor del libro de Samuel este salmo, con ese encabezado, que conecta con el que tenía antes, con la partícula אֲשֶׁר. Solo las palabras anteriores (לַמְנַצֵּחַ לְעֶבֶד יְהֹוָה לְדָוִד) constituían la introducción primitiva al salmo.

David parece haberse presentado a sí mismo en la introducción como עֶבֶד יְהֹוָה, lo mismo que los apóstoles se llaman a sí mismos *siervos de Jesucristo*, δοῦλοι Ἰησοῦ Χριστοῦ. También en otros lugares, en contextos de oración, David se presenta como "siervo de Dios", Sal 19, 12, Sal 19, 14; Sal 144, 10; 2 Sam 7, 20, como podía hacerlo todo israelita.

Pero David, que es el primero que lleva esta designación después de Moisés y de Josué, puede hacerlo de un modo especial, pues él, como aquel con quien comienza el reino de la promesa, ha trazado en el servicio de la obra de Dios una época que no es menos importante que la de Moisés a través de cuya mediación Israel había recibido la Ley, y no menor que la de Josué, por quien los israelitas obtuvieron la tierra de la promesa.

La terminología de la poesía hímnica no suele poner שִׁירה, con artículo, como en nuestro caso, sino solo שִׁיר. Esto significa que, al menos la parte histórica de la inscripción proviene de una fuente distinta de la de los cantos del salterio. La referencia al día, בְּיוֹם va seguida por הִצִּיל en pluscuamperfecto. בְּיוֹם se refiere al tiempo en que él (David) había sido "liberado" de sus enemigos, con una cláusula de genitivo (Gesenius, 116, 3) como en Sal 138, 3; Ex 6, 28; Num 3, 1; cf. Sal 56,

10. La expresión מִיַּד (de la mano) alterna con מִכַּף (que tiene el mismo sentido) sin ninguna otra finalidad que la de hacer que varíe la palabra.

La liberación de la mano de Saúl resulta especialmente significativa por el hecho de que la parte más importante del salmo (Sal 18, 5) trata de él. El peligro en que se encontró David en ese contexto fue el más personal, el más lleno de riesgos, el más continuado. Estos datos fueron muy valiosos para el colector de los salmos, porque el salmo anterior tiene rasgos de ese tiempo, cuyo eco se extiende de un modo más extenso en este salmo de alabanza.

Solo un afán por crear dudas donde no las hay puede llevar a negar el origen davídico de este salmo, atestiguado en dos obras que son distintas entre sí. El doble testimonio de la tradición está apoyado además por el hecho de que el salmo no contiene nada que vaya en contra de que David sea su autor. Incluso su nombre al final no va en contra de ello (cf. 1 Rey 2, 45). Este salmo aparece como contrapartida israelita de las inscripciones monumentales cuneiformes en las que los reyes de las monarquías de este mundo recapitulaban lo que habían hecho con la ayuda de sus dioses. El que habla aquí es un rey que se siente poderoso.

El autor de los libros de Samuel encontró el salmo como Salmo de David; las diferencias entre el texto del salterio y el texto del libro de los Reyes muestran que ya en aquel tiempo este canto davídico había sido transmitido a partir de un origen o principio anterior. Por otra parte, escritores de tiempos posteriores utilizan un lenguaje que ellos toman prestado de aquí y ofrecen ecos de este salmo (cf. Prov 30, 5 con Sal 18, 31; Hab 3, 19 con Sal 18, 34).

Este salmo lleva las huellas de la edad clásica del lenguaje y de la poesía hebrea, de manera que, en el caso de que no fuera de David, "tendría que estar escrito en su nombre, por alguien lleno de su espíritu, por un contemporáneo que fuera un espíritu poético gemelo del genio de David" (Hitzig).

Todo esto nos conduce de un modo irresistible a tomar a David mismo como autor del salmo, afirmando al mismo tiempo que son davídicos todos los restantes salmos de 2 Sam, que han sido introducidos como tales (sobre Saúl, Jonatán, Abner, etc.). Este es el mayor de todos ellos y brota enteramente de su nueva autoconciencia a la que fue elevado por las promesas recordadas en 2 Sam 7.

De esa forma, hacia el final del salmo, David concluye su canto con una visión retrospectiva expresa sobre esas promesas, pues la certeza que él tiene del mantenimiento duradero de su "casa" (reino) y del pacto de Dios con ella, como pacto de misericordia, se apoya sobre el anuncio de Natán.

El salmo se divide en dos mitades. La primera discurre hasta 18, 31. La segunda empieza en 18, 32. Las dos mitades son distintas por su misma forma. El esquema estrófico de la primera es 6. 8. 8. 6. 8 (no 9). 8. 8. 8. 7. La mezcla de estrofas de 5 y de 8 líneas es simétrica y resulta normal que la última sea de 7 líneas. Por el contrario, en la segunda parte la mezcla es variada. El arte de sistema de estrofas puede verse aquí claro, lo mismo que en otros casos, y el hecho de que en el comienzo se guarden mejor las formas ha llevado a una presión y amontonamiento de pensamientos.

El modo tradicional de escribir este salmo, igual que en los *Cantica* o Cantos de 2 Sam 22 y Jc 5, es el que se aplica en las construcciones de paredes de ladrillo: un ladrillo entero sobre la división que hay entre dos ladrillos y viceversa, con ladrillos sobre un ladrillo entero... (אירח על גבי לבנה ולבנה על גבי אריח). Es decir, una línea que consta de dos partes de un verso, y otra consta de tres partes, y según eso la línea que consta de tres partes tiene al principio solo una palabra y otra al final, de manera que, de un modo consecuente, el conjunto está formado por tres columnas. Por el contrario, el cántico de Dt 32 (lo mismo que Jos 12, 9 y Est 9, 7-10) está construido con otro método, medio ladrillo sobre medio ladrillo y ladrillo sobre ladrillo, de forma que consta solo de dos columnas.

18, 2–4. El poeta abre este canto citando una serie de nombres entrañables de Dios, en los que él resume, de forma agradecida, el resultado de largas y variadas experiencias. Por lo que se refiere al paralelismo entre los miembros, el comienzo de este salmo está formado por un monóstico (אֶרְחָמְךָ יְהוָה חִזְקִי, te amo, te tengo *rehem*, Yahvé, mi fortaleza), como en Sal 16, 1-11; Sal 23, 1-6; Sal 25 y en muchos otros casos.

De todas formas, el tema recibe un aspecto algo distinto. Resulta lógico que 18, 3 no sea (en contra de lo que piensan Maurer, Hengstenberg y Hupfeld) una frase de dos predicados (Yahvé es..., mi Dios es...), sino una simple frase de vocativo, que responde a la intensidad de este himno, el más largo de los himnos davídicos, que se abre invocando a Dios como אֵלִי, mi Dios, al que se le atribuyen diversos nombres, de manera que cada uno de ellos sea una expansión predicativa del mismo Dios, haciendo así que se ponga de relieve la fuerza del tono y el énfasis de las palabras.

La palabra אֶרְחָמְךָ, con ā (según Ew 152b), a la que siguen las tres series de nombres de Dios, destaca ya la hondura de significado de lo que sigue. En todos los restantes casos encontramos la raíz *rhm*, רחם solo con *piel*, en el sentido de amor lleno de compasión, pero aquí encontramos la palabra en *kal* como en arameo. Por eso, el *Jalkut* de este pasaje lo interpreta diciendo רחמאי יתך, en el sentido de "yo te amo", con amor ardiente, con unión y entrega intensa. El significado original es el de "suavidad", ternura (raíz רח, árabe *rḥ, rch*, ser suave...); de aquí proviene רחם, útero, palabra vinculada a la ternura de sensaciones o sentimientos.

El predicado más general, חִזְקִי (de חזק con una inflexión semejante a la que encontramos en palabras como אמ, בסר עמק, en plural עמקי, Prov 9, 18) viene seguido por otros predicados que describen a Yahvé, por una parte como protector en la persecución y, por otra, como defensor y dador de victoria en la batalla.

Todos estos son nombres típicos, simbolizando lo que Yahvé es en sí mismo; en esa línea, el texto insiste en מִפַלְטִי, en el sentido de "mi refugio". Dios se ha presentado ya ante Abraham como un *escudo*, Gen 15, 1; y ha aparecido como roca o צוּר (cf. אבן, Gen 49, 24) en el gran canto de Moisés (Dt 32, 4. 37) cuyo último verso aparece evocado en nuestro salmo.

En sentido básico, סלע, árabe *sl'*, *findere*, hendir, significa propiamente una hendidura en una roca[60], es decir, una roca empinada y rasgada. Por su parte, צוּר, como el arameo *sachr*, es una masa grande y fuerte de roca (arameo טוּר, una montaña). Las figuras de מצודה y משׁגב están relacionadas. La primera significa propiamente *specula*, una torre de vigilancia[61] y la segunda una *subida* empinada.

Por otra parte, el cuerno, que es una figura antigua para indicar la victoria, el poder desafiante (cf. Dt 33, 17; 1 Sam 2, 1) se aplica aquí al mismo Yahvé al que se le llama "cuerno de mi salvación", apareciendo así como el que actúa a favor de mi debilidad, como aquel que se opone a mis enemigos y me libera. Todos estos epítetos aplicados a Dios son fruto de la aflicción de la que ha brotado este salmo, en el contexto de las persecuciones por parte de Saúl, cuando, en un país lleno de rocas empinadas y falto de bosques, David buscó su seguridad entre las rocas y las montañas que le sirvieron de fortalezas.

Al abrigo de estas montañas que, en aquella situación, entre accidentes afortunados, fueron su refugio en medio de extremos peligros, David reconoció de un modo especial los fenómenos maravillosos cuya causa final era Dios y que le ofrecieron salvación en medio de los peligros. Esta confesión de fidelidad agradecida a quien se busca y conoce de muchas maneras continúa y culmina en Sal 18, 4, donde el orante ratifica la ayuda anterior de Yahvé, a quien invoca como salvador. Así, מהלל es un predicado de Yahvé en acusativo (מְהֻלָּל אֶקְרָא יְהוָה): Invoco a Yahvé como aquel que es *digno de ser alabado*.

---

60. Neshwn afirma que en árabe *'l-sal'* es un desfiladero entre rocas, citando una serie de lugares que se llaman así, un lugar llano (árabe *fd'*) rodeado por rocas empinada, al que se llega a través de un paso estrecho (árabe *ša'b*), al que solo se puede descender a pie. Según eso, סלעי ofrece la idea de un lugar seguro (confortable), un lugar básicamente de refugio. Por su parte, en צוּרי predomina la idea de lugar firme e inaccesible. La primera figura nos hace recordar la ciudad edomita de Sela, *Petra*, con agua abundante, rodeada de precipicios de rocas que lleva el nombre de סלע, Is 16, 1; Is 42, 11, la ciudad que Estrabón definió como Πέτρα en XVI 4, 21; la otra palabra recuerda la isla roqueña fenicia de צוּר, *Sûr* (Tiro), refugio en el mar.

61. En árabe *maṣâdun* significa: (1) Una colina alta (un significado que no aparece en el diccionario de Freytag), (2) la cumbre de una montaña. Conforme a los léxicos de raíces semitas, esa palabra está vinculada a *maṣada*, que, conforme a su apariencia externa, se asemeja a las formas sinónimas árabes *maṣadun* y *maṣdun*, y también a los plurales *amṣidatun* y *muṣdânun*, pero solo pueden formarse a partir de esos singulares suponiendo que la m (*mem*) forma parte de la misma raíz (Fleischer).

David invoca a Yahvé, el Dios a quien hay que dar gloria, digno de ser alabado. Esta traducción responde mejor al sentido general de la frase, en la que se expresa la confianza de aquel que invoca sabiendo que va a ser respondido. Esta es una traducción mejor que la que ofrece Olshausen: "Digno de alabanza, yo le grito, es Yahvé". La prueba de ello, es decir, de que Yahvé es digno de ser alabado y de que responde a los que le invocan, viene seguida y ratificada por la historia posterior de David, tal como la recogen y expresan los acontecimientos siguientes de este Salmo.

18, 5-7. David reúne en estos versos, en un tipo de figura colectiva, todos los grandes peligros a los que él estuvo expuesto durante la persecución de Saúl, con las maravillosas respuestas de liberación que fue experimentando. De esa manera, él pudo descubrir de forma palpable la presencia invisible de Dios, que se volvía visible para él. David aparece aquí de un modo receptivo; la mano invisible de Dios le va guiando y le libera de las aguas caudalosas. A diferencia de esta parte del salmo, en la siguiente, David aparecerá en compañía de Dios, bajo su bendición, actuando como libre autor de su historia.

Esta descripción comienza en 18, 5 con el peligro y el grito de ayuda, que no queda sin respuesta. Conforme a una tradición de la que no se debe dudar, el verbo אפף (cf. אופן, que es *rueda*) significa *ir en torno*, como sinónimo poético de סבב הקיף. Por su parte, כתר no puede entenderse con el sentido de *dirigir, urgir*, como uno podría pensar a parte del árabe.

En vez de los *lazos de muerte* (חֶבְלֵי־מָוֶת), los LXX (cf. Hch 2, 24) traducen ὠδῖνες (dolores agudos) θανάτου (de la muerte). Pero la comparación con Sal 18, 6 está indicando que se trata de bandas, cuerdas, lazos; cf. Sal 119, 61 (con el mismo sentido de חבלי), de manera que la muerte aparece representada por un cazador con una cuerda y una red, para atrapar a los hombres (Sal 91, 3).

Por su parte, la palabra בליעל (נַחֲלֵי בְלִיַּעַל, torrentes de Belial) se compone de בלי y יעל, con el significado de *aquello que no sirve para nada*, que no tiene provecho ninguno, en el sentido de algo que está lleno de corrupción moral, apareciendo así como destrucción profunda, signo del abismo (cf. 2 Cor 6, 15, Βελίαρ igual a Βελίαλ como nombre de Satán y de su reino).

Torrentes de belial/beliyaal o de la destrucción son aquellas inundaciones de agua que conducen al abismo de la destrucción (Jon 2, 7). Muerte, Belíaal y Sheol son los nombres de los poderes perversos, que actúan y se manifiestan a través de los perseguidores de David, apareciendo así como instrumentos a su servicio.

Aquí alternan los futuros en sentido de imperfectos con los perfectos. El verbo בעת que se identifica con el árabe *bgt* significa *caer rápidamente* sobre alguien (cf. יְבַעֲתוּנִי) y va en paralelo con el verbo קדם, que significa abalanzarse sobre (cf. קִדְּמוּנִי). Estos dos verbos se distinguen y vinculan como podrían ser en alemán *verfallen* y *anfallen* (me perseguían los lazos del abismo, me alcanzaban las redes de la muerte).

El היכל (templo, lugar noble) es el lugar desde el que Yahvé escucha, su habitación celeste (יִשְׁמַע מֵהֵיכָלוֹ). Ese "hekal" es al mismo tiempo palacio y templo, el "lugar" en el que Yahvé se sienta sobre el trono, estando allí entronizado y siendo adorado por los santos espíritus. La expresión לפניו se vincula con וְשַׁוְעָתִי, mi grito llegó hasta sus oídos (לְפָנָיו תָּבוֹא בְאָזְנָיו). El templo es el lugar donde reside el rostro (לְפָנָיו), la presencia de Dios, el lugar donde él escucha con su oídos (בְּאָזְנָיו).

18, 8–10. Como estos versos siguen indicando, la dureza y peligrosidad anterior se manifiestan por la forma de la liberación. Toda la naturaleza se mantiene en una relación de "simpatía" (en el sentido original de *comunicación* o participación) con el hombre, compartiendo su maldición y su bendición, su destrucción y su gloria con Dios en una relación especial de sinergia, ofreciendo a Dios los medios e instrumentos para realizar sus obras. Según eso, la intervención de Yahvé en favor de David viene acompañada por terribles manifestaciones en la naturaleza.

Como en la liberación de Israel de Egipto (cf. Sal 68, 77), como en el don de la ley en el Sinaí (cf. Ex 19) y como en la revelación final de Yahvé y de Jesucristo, conforme a las palabras del profeta (Hab 3, 2) y del apóstol (2 Tes 1, 7), la aparición de Yahvé en ayuda de David se manifiesta a través de fenómenos naturales de tipo extraordinario. Ciertamente, no recordamos en la vida de David (cf. 1 Sam 7, 10) ningún incidente que pueda compararse con los aquí citados; pero tuvieron que haberse dado en su vida experiencias reales como estas, que él idealiza en este pasaje (es decir, las sitúa en sus raíces más hondas y las generaliza y reelabora, ofreciendo con ellas una intensa pintura de su milagrosa liberación).

En medio del terremoto, se despliega una gran tormenta de nubes, cuya descarga viene anunciada por el fogonazo de un relámpago, de forma que los densos nubarrones descienden de manera cada vez más cercana a la tierra. Los acontecimientos de 18, 8 aparecen descritos con aoristos, que han venido siendo preparados a partir de 18, 4, de manera que ahora culminan todos.

La excitación interior del Dios Juez, que se aparece a su siervo David para liberarle, pone en violenta oscilación la tierra. Los fundamentos de las montañas (cf. Is 24, 18) son aquellos sobre los que se sostienen por debajo y por dentro, como, por así decirlo, los pilares que sostiene la inmensa mole del mundo. La palabra de raíz גָעַשׁ (rimando con רַעַשׁ) viene seguida por el *hitpael* del mismo verbo (cf. וַתִּגְעַשׁ וַתִּרְעַשׁ הָאָרֶץ וּמוֹסְדֵי הָרִים); este es el primer impulso, y a partir de aquí la tierra y los pilares de las montañas siguen moviéndose o sacudiéndose por sí mismos. Estas convulsiones acontecen porque Dios se ha indignado (כִּי־חָרָה לוֹ).

No es necesario añadir en este contexto la palabra אַפּוֹ, como sinónimo de חָם לוֹ. Conforme a la visión del A. T., cuando Dios está airado, el poder de la ira que él lleva dentro se enciende y estalla y se despliega con toda fuerza. En esa línea, el estallido de la ira de Dios puede presentarse como el humo del fuego que brota de su ira (Sal 74, 1; Sal 80, 5).

El humo es como la respiración del fuego. Desde ese fondo se puede afirmar que el fuerte y caliente aliento que se inhala y exhala por la nariz de alguien que está airado (cf. Job 41, 12) es como el humo que brota del fuego interno de su ira. El mismo fuego de la ira es como un aliento devorador que sale de la boca de Dios y que consume todo lo que encuentra delante, expresándose en forma de palabras, que se despliegan a través de la naturaleza airada.

Los poderes de la naturaleza aparecen y se expresan de esa forma como signo de la ira o del poder destructor de Dios que se manifiesta especialmente en el poder del rayo. Es básicamente el rayo el que se compara aquí con el incendio que proviene de carbones ardiendo. El poder de la ira de Dios se vuelve manifiesto en su acción, como un incendio que descarga su ira, manifestándose y anunciándose de antemano, con el estallido de los relámpagos que son como heraldos del estampido de la tormenta.

De esa manera, como respirando el aliento de su ira, Yahvé hace que los cielos se inclinen, uniéndose con la tierra, moviéndose en la oscuridad de las nubes, que están bajo sus pies. Esto es la tormenta: Nubes negras de Dios, volando raseras, proclamando su llegada, anunciando la venida de aquel que estaba descendiendo airado hacia la tierra.

18, 11–13. La tormenta, anunciando la aproximación del estallido del trueno, aparece así como precursora de la manifestación del Dios vengador y liberador. Si comparamos Sal 18, 11 con 104, 3, es natural que tomemos כרוב (el *querubín*) como transposición de las letras of רכוב (*carro*, Ewiger, 153a) (cf. וַיִּרְכַּב עַל־כְּרוּב, en el sentido de *cabalgó sobre un carro...*)[62].

Los querubines han sido ya mencionados en Gen 3, 24 como guardianes del paraíso; esta misma observación basta para refutar una idea reciente, aparecida en *Evang. Kirchen-Zeit*, 1866, No. 46, según la cual los querubines serían un símbolo de la unidad del Dios viviente, de manera que כרוב (en el sentido de *ke* y *rab,* como y muchos) significaría "como una multitud".

En la línea de Gen 3, los querubines son signo de la venida o cercanía de la majestad inaccesible de Dios. Más aún, ellos no son simplemente una mediación

---

62. Pues bien, manteniendo la relación entre el Qerub/Querubín bíblico y el "grifo/ángel" persa (en la línea de Ctesias), se podría decir que aquí el "grifo" (la palabra viene del Zend *grab, garew, garefsh,* apoderarse de) del que habla. Esquilo significa *un tipo de creatura que se apodera de las cosas y las vuelve irreconocibles.* Pero, en lenguaje semítico, esta fuerte creatura (el querubín) viene de כרב como el árabe *krb,* apretar, *constringere* (de aquí *mukrab,* fuerte, tieso), y gramaticalmente ella aparece en forma pasiva, lo mismo que גבול יסד לבוש.

de la presencia personal de Dios en el mundo, sino, de un modo mucho más especial, el signo universal de la presencia divina, dirigiendo hacia el mundo el esplendor terrible de su doxa.

Como dice Esquilo, en su obra *Prometeo*, el océano aparece volando en un carro tirado por un caballo alado (τὸν πτερυγωκῇ τόνδ᾽ οἰωνόν γνώμῃ στομίων ἄτερ εὐθύνων). Pues bien, en este pasaje del salmo, Yahvé cabalga sobre el querubín, cuya figura aparece distorsionada en el grifo caballo alado de Esquilo.

Pues bien, pasando a un plano bíblico y tendiendo una comparación con pasajes como Sal 104, 3; Is 66, 15, podemos interpretar este pasaje de David en la línea de la gran visión del carro de Dios de Ezequiel (Ez 1-3), diciendo que Dios cabalga sobre el querubín como si fuera su carro–trono viviente o *merkaba* (מרכבה).

El trono flota (se mantiene) sobre el querubín, y este trono-querubín avanza sobre las alas del viento.

En esa línea podemos decir que el querubín y este trono-querubín vuelan sobre el viento, como si el querubín fuera el espíritu celeste actuando en este vehículo formado por elementos de tipo espiritual, pero expresados en signos materiales. El dirigente de este carro es Dios, que está escondido detrás de las densas nubes del trueno.

ישת (cf. יֶשֶׁת חֹשֶׁךְ סִתְרוֹ סְבִיבוֹתָיו) está en aoristo sin la ו (yod) consecutiva (cf. יָךְ, Os 6, 1). חֹשֶׁךְ es acusativo de objeto, como *oscuridad*; por su parte, el acusativo del predicado es doble, como *cubierta y pabellón* del entorno de Dios. También en Job 36, 29 las nubes que acompañan al trueno se llaman סֻכָּה, un tipo de morada de Dios; y en esa línea, de un modo semejante, en Sal 97, 2 ellas están ocultando a Yahvé por todas partes, y anunciando su presencia solo cuando él se encuentra airado[63].

La dispersión, la descarga del agua procede (cf. 18, 13) del resplandor de su presencia (מִנֹּגַהּ נֶגְדּוֹ). Esta es una expresión que indica la gloria de Dios, tal como se expresa y refleja en su naturaleza, como si ella fuera el brillo o reflejo de la gloria divina. Esta doxa de Dios es fuego y gloria. Con esta ocasión, en este momento, las fuerzas de la ira surgen de Dios, como potencias fieras, pesadas, y destructoras, por el granizo (cf. Ex 9, 23; Is 30, 30) y también en forma de carbones encendidos, como relámpagos que estallan y lo encienden todo.

El objeto עביו viene primero, pues se supone que las nubes preceden a la gloria de Dios que está escondida en ellas (cf. עָבָיו עָבְרוּ בָּרָד), conforme a 18, 11, como si dijera que ante el brillo de Dios sus nubes se convierten en granizo, una traducción que, conforme a la estructura de los esticos resulta posible (cf. Gesenius,

---

63. En Sal 18, 12, el acusativo de objeto, חֹשֶׁךְ, es la oscuridad de las aguas que se expanden, una oscuridad que viene cargada de aguas, con billones de denso vapor, con masas oscuras de líquido, con עב en su sentido primario de densidad, como en un denso matorral (cf. Ex 19, 9, cf. Jer 4, 29) de שחקים (עָבֵי שְׁחָקִים), que es aquí un nombre poético para evocar las nubes cargadas de agua.

138, n. 2). Sin embargo, en conexión con la combinación de עבר con nubes, parece que son las nubes las que, quizá con la fuerza de Dios que las mueve, estallan por dentro en forma de agua y granizo (cf. Lam 3, 44).

18, 14–16. En medio de la tormenta, Yahvé lanza rayos como flechas contra los enemigos de David, y el aliento de su ira seca totalmente y vacía el lecho de las aguas hasta el centro de la tierra, a fin de rescatar a los que están hundidos. La tormenta es el retumbar del despliegue de Dios, como si fuera el hondo murmullo de su boca, cf. Job 37, 2. En este contexto emerge עליון, el Altísimo, que es el nombre de Dios como juez inalcanzable que gobierna todas las cosas.

La tercera línea de 18, 14 (וְעֶלְיוֹן יִתֵּן קֹלוֹ בָּרָד וְגַחֲלֵי־אֵשׁ) está erróneamente repetida de la estrofa precedente (עֲבָרוּ בָּרָד וְגַחֲלֵי־אֵשׁ). Esa repetición no se puede apoyar ni en razones gramaticales, ni partiendo de Ex 9, 23, dado que קול נתן, *edere vocem*, tiene un sentido distinto del que tiene נתן קלת, *dare tonitrua*, en aquel pasaje. La simetría de la estructura de la estrofa va también en contra de esa repetición, y ella falta tanto en la versión de 2 Sam como en los LXX.

רב, en 18, 15 (וּבְרָקִים רָב וַיְהֻמֵּם), en cuanto opuesto a מעט (Neh 2, 12; Is 10, 7) significa adverbialmente "en abundancia", y está en paralelo con וַיִּשְׁלַח. Se toma generalmente en analogía con Gen 49, 23, en el sentido de ברק, Sal 144, 6. רב en pausa equivale a רבב, raíz emparentada con רבה רמה; pero las formas סב סבו, tanto aquí como en otros lugares, tienen una existencia muy cuestionable, como por ejemplo רב en Is 54, 13, que es más probablemente un adjetivo y no la tercera persona de pretérito del verbo (cf. Böttcher, *Neue Aehrenlese* No. 635, 1066).

Los sufijos en *ēm* (וַיִּפִיצֵם וּבְרָקִים וַיְהֻמֵּם) no se refieren a los relámpagos, sino a los enemigos de David. המם significa básicamente amedrentar (Ex 14, 24; Ex 23, 27). En ese contexto, el trueno es la expresión más significativa de Dios, es la voz de Yahvé que viene en el huracán de la tormenta, presentándose como el resoplido del aliento de sus narices. Ese aliento de Dios seca los canales de agua de los ríos y desnuda los fundamentos de la tierra. אפיק (forma colateral de אפק) es en principio el lecho del río, pero después se aplica al mismo río o torrente, como lugar que contiene las aguas (Gesenius).

Este mismo es el sentido que tiene en árabe *mesîk, mesâk, mesek,* de la raíz *msk*, palabra de la que proviene *tamâsaka,* que es un lugar donde el agua no se hunde y se pierde en la tierra, sino que se conserva y fluye. Aquí se está aludiendo, por tanto, a los ríos y torrentes que mantienen siempre viva la corriente de agua.

Pero Dios solo necesita que se escuche su amenaza (cf. *epitiman* Mt 8, 26) para que las corrientes de agua en las que uno se hunde queden secas, de manera que el servidor fiel de Dios que está en peligro de perecer pueda liberarse y no se anegue (Sal 104, 7; Sal 106, 9; Nah 1, 4). Este pasaje tiene un sentido básicamente alegórico, de manera que podemos interpretar estos versos como expresión de una verdad ideal, general. Pero esos versos responden también a la experiencia más profunda de David y de otros hombres fieles, que han sentido que Dios les libera de un tipo de dificultad y de opresión, sacándoles de una oscuridad y hondura que se parece casi al Hades (al Sheol).

18, 17–20. En ese momento de máximo peligro, Yahvé extiende su mano desde arriba hasta el profundo y terrible abismo y eleva (rescata) al que se estaba hundiendo. El verbo שלח (cf. יִשְׁלַח מִמָּרוֹם) se utiliza también en prosa (2 Sam 6, 6), sin necesidad de introducir la palabra יד que está presupuesta (Sal 57, 4, cf. por otra parte Sal 144, 7) con el significado de alcanzar (de llegar hasta alguien).

Por el contrario, el verbo משה (cf. יַמְשֵׁנִי מִמַּיִם) solo aparece en otro lugar de la Biblia (Ex 2, 10) como raíz (trasferida del egipcio al hebreo) del nombre de Moisés, e incluso Lutero ha visto en eso una alusión histórica, como si David dijera: "Dios ha hecho de mi otro Moisés", él me ha sacado de las grandes, muchas, aguas, que casi me tragaban.

"Dios ha hecho conmigo lo que hizo con Moisés, liberándome de las aguas del Nilo, en las que él habría perecido". Este lenguaje figurativo viene seguido en 19, 18 con su interpretación, como se hace en 144, 7, donde las grandes aguas quedan explicadas por מִיד בְּנֵי נכר, un sentido que no es aquí el adecuado o que, al menos, es muy limitado.

Con 18, 17 el salmo ha alcanzado el clímax de la descripción épica, desde donde desciende después del tono, para volverse cada vez más lírico. En la combinación מֵאֹיְבִי עָז, עז no es un adverbio acusativo, sino un adjetivo, como en רוּחֲךָ טוֹבָה, Sal 143, 10, y en ὁ ἀνὴρ ἀγαθός (cf. explicación en mi *Hebräerbrief*, p. 353). Esta partícula כי introduce la razón para que actúe la omnipotencia divina, es decir, la fuerza superior del enemigo y la debilidad del oprimido.

En el día de su איד (cf. בְיוֹם־אֵידִי), es decir, de su opresión o calamidad (véase *Coment*. a Sal 31, 12) cuando David era poco más que un fugitivo sin casa y casi sin defensa, sus enemigos vinieron contra él (cf. קדם en, Sal 17, 13), cortando casi todos los medios que él tenía para liberarse, pero Yahvé fue su bastón y apoyo (cf. Sal 23, 4), de forma que él pudo refugiarse en su divinidad, y así se mantuvo firme.

Liberado por la mano de Dios, David pudo liberarse de las angosturas y dificultades que le amenazaban, alcanzando de esa forma un lugar extenso, abierto, saliendo de la cárcel de la opresión a la anchura de la libertad, porque Yahvé había encontrado su deleite en él, de forma que él (David) fue su escogido y amado, liberado por Dios de la gran tormenta[64].

---

64. חפץ (cf. כִּי חָפֵץ בִּי, porque encontró su deleite en mí) tiene su acento en la penúltima sílaba, con *metheg* como signo de alargamiento (העמדה) junto a la ē, para que no se lea ĕ (a modo

La siguiente estrofa indica la razón de ese deleite que Dios encuentra en David, a quien ofrece su ayuda, a fin de que no perezca. De esa manera, esta frase (כִּי חָפֵץ בִּי, porque encontró su deleite en mi) ha venido a mostrarse ahora como pensamiento central de este salmo.

18, 21–24. La palabra גמל (cf. יִגְמְלֵנִי יְהוָה), lo mismo que שׁלם, se utiliza con un acusativo que no es solamente de objeto, sino también de persona (cf. 1 Sam 24, 18), en el sentido de εὖ ο κακῶς πράττειν τινά (véase *Coment.* a Sal 7, 5). Por su parte שמר, observar, en el sentido de cumplir, se utiliza de la misma manera en Job 22, 15. רשע מן es una expresión pregnante que indica una deserción, un abandono de lo fundamental. Sobre la expresión poética מני en pausa (cf. מֶנִּי וחֻקֹּתָיו לֹא־אָסִיר), cf. Ewiger, 263b.

El futuro del verbo en Sal 18, 23 al lado de la cláusula sustantiva de 18, 23, no está refiriéndose a alguna cosa del pasado, sino al tiempo presente: Ha guardado los mandamientos de Dios (con כִּי igual a *imo, sed*). Eso significa que ha tenido los mandamientos de Dios siempre presentes ante él, como regla de conducta; no los ha alejado y mantenido fuera o lejos, a fin de poder pecar en libertad (como si no hubiera Dios), sino todo lo contrario.

En esa línea, en relación con Dios (con עם, como en Dt 18, 13, cf. 2 Sam 23, 5), el orante afirma que ha sido siempre תמים, perfecto, con toda el alma indivisa, dedicada a Dios manteniéndose siempre alejado de la iniquidad (עון, de עוה, árabe *'wâ*, doblarse, pervertirse, cf. árabe *gwâ*, en el sentido de error, ilusión, autoiluminación pecadora). De esa manera, David, hombre perfecto, no ha permitido que la iniquidad se apodere de él, sino que se ha opuesto siempre al dominio de ella[65].

18, 25–28. Aquí se expresa nuevamente lo ya dicho en 18, 21, como resultado de lo anterior, y así se ratifica en 18, 26–27. El *hasid* o חסיד (עִם־חָסִיד תִּתְחַסָּד, con el *hasid* serás tú también) es un amigo de Dios y de los hombres, y en esa línea esa palabra se puede emplear para referirse a la *piedad* (al hombre piadoso), cuando se habla de la conducta de los hombres con otros hombres y con Dios. Por su parte, un *gabar tammim*, גבר תמים, es el hombre (varón) de perfección moral y religiosa (en el sentido de integridad, *integritatis*, cf. Sal 15, 2), es decir, el *hombre fiel a Dios.*

---

de vocal corta). De un modo semejante se coloca también *metheg* al lado de la ee de la sílaba final cerrada, que ha perdido el tono en חפץ (cf. Sal 22, 9).

65. En esta estrofa, este salmo 18 puede y debe compararse con Sal 17, 1-15, por lo que quizá se ha colocado aquí, después de Sal 17. Podemos comparar estas palabras con el testimonio que David ofrece de sí mismo en 1 Sam 26, 23 y con el testimonio de Dios en 1 Rey 14, 8, tal como aparece en los libros de historia (1 Rey 15, 5 y 11, 4).

En una línea semejante, la palabra *gabar*, נבר (cf. עִם־נָבָר תִּתְבָּרָר), en vez de la cual encontramos en otros lugares בַר לֵבָב, en el sentido de *puro de corazón* (Sal 24, 4; Sal 73, 1) no significa simplemente alguien que está purificado, sino, de acuerdo con el significado reflexivo primario del nifal, *alguien que se purifica a sí mismo*, ἁγνίζων ἑαυτόν, 1 Jn 3, 3. En contra de eso, עִקֵּשׁ (lo opuesto a recto, יָשָׁר) es uno que está *moralmente distorsionado*, que es perverso[66].

Dios responde así al amor fervoroso del hombre devoto ofreciéndole un amor más alto y premia la sumisión del hombre justo, que se esfuerza por vivir en pureza, enriqueciéndole con la plenitud de su gracia, con una caridad sin límites (cf. Sal 73, 1). Por el contrario, Dios responde a la perversidad moral con un juicio paradójico, de justicia de talión, dejando al perverso en su perversidad (Rom 1, 28) y llevándole a la condena final a través de extraños caminos (Is 29, 14, cf. Lev 26, 23), es decir, dejándole que se condene él a sí mismo.

La verdad que el salmista está proclamando aquí no es que la visión que el hombre tiene de Dios no es la imagen refleja de su propia mente y corazón, sino que la conducta que Dios hacia el hombre es el reflejo de la relación en que el hombre se coloca ante Dios, cf. 1 Sam 2, 30; 1 Sam 15, 23. Esta verdad universal queda ilustrada y condensada en Sal 18, 28.

Las personas que se encuentran aplastadas por la aflicción experimentan la condescendencia de Dios que les salva; por el contrario, los opresores altivos que se alzan contra Dios descubren la exaltación de Dios que les humilla. Los ojos soberbios y orgullosos están entre las siete cosas que Dios odia, Prov 6, 17, y el juicio de Dios les conduce a humillarse con vergüenza, cf. Is 2, 11.

18, 29–31. David confirma aquí lo antes dicho aplicándolo a su propia vida. Hitzig traduce los futuros de 18, 29 como imperfectos, pero la secuencia de los tiempos que esta traducción exigiría ha sido interrumpida ya en 18, 28 por medio del כִּי. La lámpara, נֵר (contracción de *nawer*) כִּי־אַתָּה תָּאִיר נֵרִי, porque tú has iluminado mi lámpara) es una imagen de luz brillante de la vida, que se mantiene, brillando más y más, incluyendo la idea de prosperidad y de alto rango. En esa línea, la expresión נִיר (de *niwr, nijr*) es la palabra figurativa normal que se utiliza para indicar la continuidad de la casa de David, cf. 1 Rey 11, 36, passim.

La vida y dominio de David, como rey de la alianza, es la lámpara que el favor de Dios ha mantenido encendida para el bienestar de Israel. Por su parte, el honor de Dios no permitirá que esta lámpara se apague (2 Sam 21, 17).

---

66. En esa línea, los verbos en *hitpael*, libremente formados a partir de esas palabras, se utilizan de manera atributiva para dar mayor expresión a la manifestación correspondiente de esa conducta desde la perspectiva de Dios (*con el hasid eres hasid...*), התחסד התמם (Gesenius 54, 2b), התפתל y התברר (mostrarse uno a sí mismo פִּתַּלְתֹּל o נִפְתָּל).

La oscuridad que ha amenazado a David y a su casa ha sido vencida e iluminada de nuevo por Yahvé. El poder de Dios se muestra fuerte en la debilidad de los hombres, y así, con ese poder, con la ayuda de Dios, David puede llevar adelante todos sus planes, que son los planes de Dios.

El futuro ארץ (cf. כִּי־בְךָ אָרֻץ גְּדוּד, porque contigo desbarataré ejércitos) parece derivar seguramente de רצץ (igual a ארץ), dado que este verbo puede cambiar el sonido de la "u" en el futuro, y lo hace también en Is 42, 4; Ecl 12, 6. Sin embargo, el texto de 2 Sam 22 parece que puede significar "perseguir", más que desbaratar a los ejércitos enemigos.

Con 18, 31 termina la primera mitad del himno y lo hace de un modo epifonemático, con הָאֵל, Dios con artículo, como nombre absoluto, como en Dt 32, 4 (הָאֵל תָּמִים דַּרְכּוֹ, Dios, perfecto es su camino). Esta antigua confesión mosaica aparece evocada nuevamente aquí, como en 2 Sam 7, 22, en la boca de David.

El artículo de la palabra Dios (הָאֵל) evoca su presencia tal como se ha manifestado en la historia pasada. El camino de Dios no tiene falta alguna, carece de toda imperfección. Por su parte, la palabra de Dios es צְרוּפָה, no es simple escoria, sino que está acrisolada y purificada, como oro macizo, Sal 12, 7. Para cualquiera que confía en él, el Dios de la promesa es un escudo que le protege de todos los peligros. El texto de Prov 30, 5 depende de este pasaje.

18, 32–35. La descripción agradecida de las muestras de favor que David ha experimentado toma un nuevo vuelo y continúa en la segunda parte del salmo, de manera más variada y con una mezcla menos artificial de estrofas. Lo que decía Sal 18, 31 del camino y palabra de Yahvé y del mismo Yahvé queda confirmado en 18, 32 por el hecho de que solo Yahvé es אֱלוֹהַ, el ser divino que ha de ser reverenciado, siendo la צוּר, es decir, la *roca* o fundamento de confianza que no puede ser sacudida y conmoverse. Por eso, lo que decía 18, 21 solo se puede aplicar a él.

Las palabras מבלעדי y זולתי se alternan. La primera, con la partícula negativa de intensidad (מן) significa "sin referencia a ti", es decir, sin ti. Y la segunda, זוּלָתִי (con î como vocal de conexión, que en otros lugares tiene también función de sufijo), viene de זולת (זולה), en el sentido de "excepto" (es decir, si no eres tú, a no ser tú).

Los versos inmediatamente siguientes están vinculados de un modo descriptivo a אלהינו, nuestro Dios (i. e., el Dios de Israel), el Dios que me ciñe de fortaleza, y que por consiguiente (futuro de consecuencia) hace que mi camino sea תמים, "perfecto" i. e., absolutamente liso, libre de tropiezos y errores, de forma que me conduce hacia adelante, a una meta divina.

Esta es la misma idea de Sal 18, 31, cf. Job 22, 3, con la diferencia de que aquí la libertad del error se refiere al camino de un hombre, esto es, de un rey, de un guerrero (no solo de Dios). De todas formas, hay que comparar el texto con el de

Job 22. El verbo שׁוּה (cf. מְשַׁוֶּה רַגְלַי כָּאַיָּלוֹת, hacer, fortalecer) significa, como el árabe *swwá, hacer como...* (*aequare*), establecer, fortalecer, a ejemplo del mismo Dios.

El pasaje dependiente de Hab 3, 19 tiene, en vez de este verbo, otro más general y descolorido, שִׂים. El ciervo, אילה o אילת, es el animal más perfecto por su forma de andar (cf. ἔλαφος y ἐλαφρός), el que con más gracia camina entre los animales.

Como los ciervos equivale a "como los pies de los ciervos". El estilo hebreo permite que el lector infiera el punto más preciso de comparación de la imagen. Aquí no se evoca la suavidad en la carrera sin más (De Wette), sino en la carrera veloz o en la persecución, conforme a 2 Sam 1, 23; 2 Sam 2, 18; 1 y Cron 12, 8.

Cuando David dice que Dios le hace estar seguro sobre los lugares altos (וְעַל בָּמֹתַי יַעֲמִידֵנִי) no se está refiriendo a las fortalezas de la tierra en general, sino a las de la Tierra Santa que le pertenecen como rey de Israel; tierras sobre las que Yahvé le preserva, a fin de que, desde ellas, pueda desplegar a lo largo y a lo ancho su dominio y mantenerlas de una forma victoriosa (cf. pasajes como Dt 32, 13; Is 58, 14).

El verbo למד (cf. מְלַמֵּד יָדַי לַמִּלְחָמָה, adiestra mi mano para la batalla), que en otros casos tiene un doble acusativo, va seguido aquí con el lamed, ל, que indica el tema de su enseñanza (lo que Dios enseña a quien le es fiel). El verbo נחת (נִחֲתָה קֶשֶׁת, oprimir, tensar un arco) precede al sujeto (mi brazo, זְרוֹעֹתָי) en singular. Este paso del singular al plural (manos en plural, brazo en singular) se encuentra también en otros casos, como en Gen 49, 22; Joel 1, 20; Zac 6, 14).

נחושה קשׁת es un arco de bronce, como en Job 20, 24. Esta es la forma en que los héroes de Homero y de Ramayana tensan con las manos el arco, cuyo extremo inferior está sujeto firme al suelo.

18, 36–37. Pero lo que de hecho le da la victoria no es el arco de bronce, sino la ayuda poderosa de su Dios. Por eso dice "tú me diste el escudo de tu salvación" (וַתִּתֶּן־לִי מָגֵן יִשְׁעֶךָ). La palabra escudo, מגן, resulta aquí insustituible, como en los restantes casos. *La salvación de Yahvé le recubre, como suprema defensa, de forma que ningún golpe de los enemigos puede alcanzarle.* La mano derecha de Yahvé le sostiene como firme broquel, de manera que las suyas, las manos de David, no vacilan en la batalla.

Por eso, en un sentido radical, la causa de su grandeza es la ענוה divina, es decir, su benignidad (וְעַנְוַתְךָ תַרְבֵּנִי), i. e., el hecho de que Dios se haya inclinado hacia él (hacia David), que está en la tierra (Sal 113, 6), y que los pobres y contritos sean el lugar favorito en el que Dios habita y se manifiesta (Is 57, 15; Is 66, 1).

Así lo dice *B. Megilla* 31a, "en todos los lugares en los que la Escritura ofrece el testimonio de la גבורה (Geburah) o fortaleza del Santo, benditos sea, ella (la Escritura) está manifestando, en relación con esto, la condescendencia divina, es decir, su עַנְוַתְנוּתוֹ, como en Dt 10, 17 y también en Dt 10, 18, Is 57, 15, con Is 57, 15, Sal 68, 5 y Sal 68, 6".

La traducción de Lutero, que sigue a los LXX y a la Vulgata (cuando tú me humillas me haces grande) se opone al hecho de que עֲנוֹה significa la humillación de uno mismo (en este caso la de Dios) y no la de otro. Lo que aquí se pone de relieve es la condescendencia de Dios respecto de la humanidad, y en especial respecto a la casa de David, una condescendencia que estaba, en último término, al servicio de la encarnación de Dios en Cristo, ya en la vida del hijo de José, desde el tiempo de su unción hasta su muerte.

Lo que aquí se pone de relieve es la χρηστότης καὶ φιλανθρωπία (la bondad y filantropía) de Dios (Tito 3, 4), que escogió al muchacho pastor David para ser rey, y no le arrojó fuera cuando cayó en pecados, ni cuando sus enfermedades se volvieron manifiestas. La referencia final a "ensanchar sus pasos debajo de mí" (תַּחְתָּי תַּרְחִיב צַעֲדִי) significa asegurar un espacio para que él pueda moverse con seguridad (cf. la idea opuesta en Prov 4, 12).

Yahvé retira los obstáculos que impedirían el paso de David, y fortalece sus piernas de manera que se mantengan firmes en la batalla y así permanezca hasta la victoria. El pretérito "no han resbalado" (וְלֹא מָעֲדוּ) recoge y ratifica todo lo anterior, tal como lo exige la *consecutio temporum,* es decir, el despliegue de los tiempos verbales anteriores.

18, 38–41. De esa manera, apoyado en la fuerza de Dios, con la armadura de Dios y con su asistencia en el combate, David derrotó, derribó y destruyó totalmente a todos sus enemigos, en las guerras contra los pueblos extranjeros y también en las guerras civiles contra Saúl o Absalón. Conforme a la sintaxis hebrea, todo este pasaje es retrospectivo. El significado imperfecto de los futuros en 18, 38–39 queda claro por el aoristo que aparece en Sal 18, 40, y por los perfectos y futuros que siguen.

Esta estrofa comienza como un eco de Ex 15, 9 (cf. *Coment.* a Sal 7, 6). El poeta llama a sus oponentes קָמַי (cf. קָמֵי תַחְתָּי), los que se han levantado contra él, como en Sal 18, 49; Sal 44, 6; Sal 74, 23, cf. קִימָנוּ, Job 22, 20, dado que קוּם en cuanto tal tiene el sentido de levantarse en la batalla, con fuerza para seguir luchando, de manera que uno puede afirmar en singular קָמַי en vez de קוֹמִים (עֲלִיקְמִים), cf. 2 Rey 16, 7)[67].

El uso frecuente de esta frase (e. g., Sal 36, 13, Lam 1, 14) muestra que קוּם en Sal 18, 39 no significa simplemente mantenerse (resistir), sino "levantarse de

---

67. En el lenguaje de los beduinos, *kôm* es guerra, un grupo militar, y *kômânî* (denominativo de *kôm*) es *mi enemigo* (*hostis*); *kôm* tiene también el significado de un colectivo de *kômânî*, de manera que uno puede decir *entum waijânâ kôm,* tú y yo somos enemigos, *y bênâtnâ kôm,* hay guerra entre nosotros.

nuevo". Sin embargo, la frase נתן ערף, que en otros pasajes tiene como sujeto a los que huyen (2 Cron 29, 6), se expande aquí y se utiliza de un modo más amplio, aplicándose a la victoria militar: *Has humillado a mis enemigos, has hecho que me vuelvan la espalda* (como los enemigos de Ex 27, 27).

Por Sal 21, 13 (los pondrás en fuga, תשיתמו שכם, Símaco τάξεις αὐτοὺς ἀποστρόφους) queda claro que ערף no es solo un acusativo de persona (Dt 33, 11), sino un acusativo factitivo, es decir, de acción intensa, según Gesenius, 139, 2.

18, 42–43. Aquí se presenta la plegaria de los enemigos a sus dioses; ellos oraron incluso a Yahvé, pero fue en vano, porque oraron por su causa egoísta (por sus intenciones particulares) y no por la causa de Dios. Según eso su plegaria se elevó ante Dios demasiado tarde.

En este caso על (cf. על־יְהוָה) tiene el mismo sentido que אל; en Sal 42, 2 las dos proposiciones son intercambiables. Dado que no pulverizamos el polvo, sino "como polvo", la palabra כעפר ha de tomarse como describiendo el resultado de la acción de Dios, *de forma que se vuelvan como polvo* (cf. Job 38, 30, כאבן, como piedras; así lo dice Is 41, 2) ante el viento (על־פני como en 2 Cron 3, 17).

La segunda figura de la estrofa ha de explicarse de un modo diferente: Yo los vacié (los lance fuera, אריקם de הריק) como el polvo de las calles. Esa expresión no indica solo que ellos fueran como polvo, sino que Dios los ha barrido, arrojado fuera, como se barre el polvo, de un modo vergonzoso, ignominioso, completo (cf. Is 10, 6; Zac 10, 5). Los LXX traducen λεανῶ, suponiendo que la palabra hebrea es הרק (raíz רק, comprimir; cf. *tendo tenius*, estirar, destruir). Cf. 2 Sam 22 que presenta la misma idea con אדיקם.

18, 44–46. Habiendo salido así victorioso en Dios, David se ha convertido en aquello que ahora es, es decir, en el gobernante de un gran reino, firmemente establecido, tanto en sus relaciones interiores como exteriores. Con respecto a los גוים y al verbo תפלטני que sigue, ריבי עם solo puede aplicarse a los conflictos que David ha tenido con las gentes de su pueblo, con las persecuciones que sufrió de parte de Saúl y con las rebeliones de Absalón y Sheba el hijo Bichri, rebeliones y conflictos de los que Yahvé le liberó para que pudiera mantener su destino de dominar sobre el mundo entero, conforme a su promesa.

Según eso, interpretamos la referencia al מְרִיבֵי עָם de este pasaje conforme a la expresión ברית עם de Is 49, 8, y también el קנאת־עם de Is 26, 11. Por el contrario, en el caso siguiente, עם (cf. עם לא־יָדַעְתִּי) se aplica a las naciones extranjeras por el hecho de que esa palabra forma parte de una frase atributiva, לא־ידעתי (Gesenius, 123, 3). El *nifal* נשמע en 18, 45 es una forma reflexiva de שמע obedecer (e. g., Ex 24, 7), y según eso ha de traducirse, me obedecieron (יִשָּׁמְעוּ לִי), en *itpael* como en Daniel 7, 27).

La *expresión* לִשְׁמֹעַ אֹזֶן implica más que el hecho de obedecer a una orden estricta, pues שׁמע significa información, rumor, y שׁמע אזן es lo opuesto a una observación personal (Job 42, 5), de manera que hay que traducir, *ellos se sometieron al escuchar noticias de mis victorias*. 2 Sam 8, 9 es un ejemplo de esto. כחשׁ es mentir, fingir, y se aplica aquí, como con frecuencia, al caso de una humildad fingida que los derrotados suelen mostrar hacia el conquistador.

El v. 18, 46 completa la visión de la razón por la que los hijos de un país extranjero ponen un rostro que parece agradable (pero solo de apariencia) ante un dominador que les viene de fuera. Ellos se demudan, es decir, se vuelven débiles, con un corazón fingido (Ex 18, 18), de manera que se muestran incapaces de mantenerse ante el asedio de David y así se rinden temblando, saliendo derrotados de los lugares donde se habían refugiado (cf. Sal 142, 8).

El significado de fondo es "hallarse alarmados", significado que se vincula con un מן locativo (cf. מִמִּסְגְּרוֹתֵיהֶם), lo que está indicando que se trata de una huida con terror, como confirma el verbo חרג (cf. וְיַחְרְגוּ) que tiene el sentido del árabe *ḥarija* (raíz *ḥrǧ*, que evoca una gran presión, amontonamiento, etc.), lo que implica una huida como a presión, con hacinamiento, a través de un lugar estrecho, como en el targúmico חרנא דמותא igual a אימתא דמותא (véase *Targum* sobre Dt 32, 25)[68].

18, 47–49. El himno tiende ahora hacia el final, y lo hace con alabanza y acción de gracias por la multitud de los hechos poderosos que Dios acaba de realizar. Como la expresión ברוך (צוּרִי) que tiene siempre un sentido doxológico (bendita mi Roca), la expresión חַי־יְהוָה (*vivus Jahve*, vive/viva Yahvé) ha de tomarse como una cláusula de predicado, pero con los acentos propios de una exclamación, lo mismo que en la fórmula de un juramento, y en este caso tiene un sentido doxológico.

En esa línea וירום (cf. וְיָרוּם אֱלוֹהֵי) significa también "sea exaltado". De esa manera, tenemos aquí tres exclamaciones doxológicas tomadas de los acontecimientos que han sido celebrados en este himno (חַי בָּרוּךְ יָרוּם).

Lo que sigue, desde הָאֵל הַנּוֹתֵן en adelante, describe a Yahvé una vez más como el viviente, bendito (εὐλογητόν) y exaltado, tal como él se ha mostrado. Las pruebas de su acción vindicativa (me ha dado venganza de…, הַנּוֹתֵן נְקָמוֹת לִי) aparecen como dones de Dios, que le ha hecho capaz de castigar a los que iban en contra de su dignidad y de la dignidad de su pueblo. De esa manera, David aparece como testigo del castigo que Dios infligía sobre aquellos que le insultaban

---

68. Aquí no se puede acudir a la palabra árabe *ḥjl*, pararse, a la que remite Hitzig, porque su sonido es muy distinto. Por su parte, la palabra árabe más cercana, pero descolorida, *chrj*, salir (que según el sentido de la radical *chrq, chr'*, etc., significa romper el cerco, escaparse, *erumpere*), no está testimoniada ni en hebreo ni en arameo. La palabra ירגזו que aparece en el pasaje relacionado de Miq 7, 17, favorece nuestra traducción.

(como en el caso de Nabal); según eso, la venganza divina constituye una forma de castigar a los culpables y de mantener la inviolabilidad del derecho divino.

En esa línea debemos preguntar si הדביר (sinónimo de רדד, Sal 144, 2), tanto aquí (וַיַּדְבֵּר עַמִּים תַּחְתָּי) como en Sal 47, 4 significa imponer la razón, "someter", como forma intensiva de דבר. El sentido más natural de la palabra es hacer que los enemigos tengan que dar la espalda, huir como en árabe *adbara* (Hitzig), cf. *dabar, dabre*, que significan huida, retirada. En esa línea puede tener el sentido de "someter" (impedir que se rebelen).

Con la ayuda de Dios, David ha logrado tener sujetos a sus enemigos, les ha perseguido, les ha hecho caer bajo su poder (Sal 45, 6). Pero tampoco se puede rechazar del todo la idea que está en el fondo de Sal 129, 3; Is 51, 23 (¡cuánta guerra me hicieron desde mi juventud, pero no pudieron dominarme!).

A partir de 18, 49 (después de מְפַלְּטִי מֵאֹיְבָי אַף) las palabras del salmo toman el sentido de un discurso directo. Esas palabras centrales (מִן־קָמַי תְּרוֹמְמֵנִי) tienen un sentido parecido al de Sal 9, 14: Tú me libraste de mis enemigos, de manera que me impongo sobre ellos y les venzo. La partícula אַף (אַף מִן־קָמַי), que es muy utilizada en la poesía, vincula aquí dos pensamientos que son de la misma importancia (me libera y me eleva) para dar intensidad a la expresión de la idea de fondo, que es la presencia y acción victoriosa de Dios a través de David. Al participio le siguen dos futuros, en los que se concentra el sentido de las afirmaciones del salmista, es decir, de David, a quien Dios ha liberado.

18, 50–51. La alabanza de un Dios tan bendito, que realiza por David aquello que ha prometido, no debe confinarse a los límites estrechos de Israel. Cuando el Ungido de Dios lucha con su espada contra los enemigos, en último término, él está luchando para que se abra camino y triunfe la bendición del conocimiento de Yahvé a favor de todas las naciones; de esa forma, el Ungido de Dios lucha a favor de la salvación de Yahvé, es decir, de su obra santa de Dios, de quién él es mediador.

En esa línea, Pablo tiene pleno derecho a citar el verso 18, 50 en Rom 15, 9, unido a Dt 32, 43 y Sal 117, 1, como prueba de que la salvación pertenece también a los gentiles, conforme al propósito de la misericordia de Dios. Por eso, lo que se dice aquí (en 18, 50, te bendecirá entre las naciones) viene a presentarse como fundamento y motivo de que la alabanza de Dios se extienda más allá de Israel, como un eco de la promesa mesiánica de 2 Sam 7, 12–16, que concuerda perfectamente con el hecho de que este salmo haya sido compuesto por David, como reconoce el mismo Hitzig.

En esa línea, Teodoreto tiene razón cuando apela a las últimas palabras (לְדָוִד וּלְזַרְעוֹ עַד־עוֹלָם) עַד־עוֹלָם a favor de David y de su descendencia para siempre, para entender este salmo en una línea de apertura universal de la salvación, que se distingue de la línea del judaísmo que se cierra en sí mismo. Porque: ¿en quién sino en Cristo alcanza una verdadera continuidad el trono caído de David, en quién sino en Cristo la promesa que Dios ha hecho a David y a su descendencia tiene firmeza y realidad eterna? Según eso, cuando se alaba a Yahvé, el Dios de David, su Ungido, se está alabando en último término al Padre de Jesucristo.

Salmo 19. Alabanza a Yahvé, por su doble revelación de sí mismo

¹לַמְנַצֵּחַ מִזְמוֹר לְדָוִד:

²הַשָּׁמַיִם מְסַפְּרִים כְּבוֹד־אֵל וּמַעֲשֵׂה יָדָיו מַגִּיד הָרָקִיעַ:

³יוֹם לְיוֹם יַבִּיעַ אֹמֶר וְלַיְלָה לְּלַיְלָה יְחַוֶּה־דָּעַת:

⁴אֵין־אֹמֶר וְאֵין דְּבָרִים בְּלִי נִשְׁמָע קוֹלָם:

⁵בְּכָל־הָאָרֶץ׀ יָצָא קַוָּם וּבִקְצֵה תֵבֵל מִלֵּיהֶם לַשֶּׁמֶשׁ שָׂם־אֹהֶל בָּהֶם:

⁶וְהוּא כְּחָתָן יֹצֵא מֵחֻפָּתוֹ יָשִׂישׂ כְּגִבּוֹר לָרוּץ אֹרַח:

⁷מִקְצֵה הַשָּׁמַיִם׀ מוֹצָאוֹ וּתְקוּפָתוֹ עַל־קְצוֹתָם וְאֵין נִסְתָּר מֵחַמָּתוֹ:

⁸תּוֹרַת יְהוָה תְּמִימָה מְשִׁיבַת נָפֶשׁ עֵדוּת יְהוָה נֶאֱמָנָה מַחְכִּימַת פֶּתִי:

⁹פִּקּוּדֵי יְהוָה יְשָׁרִים מְשַׂמְּחֵי־לֵב מִצְוַת יְהוָה בָּרָה מְאִירַת

¹⁰יִרְאַת יְהוָה׀ טְהוֹרָה עוֹמֶדֶת לָעַד מִשְׁפְּטֵי־יְהוָה אֱמֶת צָדְקוּ יַחְדָּו :

¹¹הַנֶּחֱמָדִים מִזָּהָב וּמִפַּז רָב וּמְתוּקִים מִדְּבַשׁ וְנֹפֶת צוּפִים:

¹²גַּם־עַבְדְּךָ נִזְהָר בָּהֶם בְּשָׁמְרָם עֵקֶב רָב:

¹³שְׁגִיאוֹת מִי־יָבִין מִנִּסְתָּרוֹת נַקֵּנִי:

¹⁴גַּם מִזֵּדִים׀ חֲשֹׂךְ עַבְדֶּךָ אַל־יִמְשְׁלוּ־בִי אָז אֵיתָם וְנִקֵּיתִי מִפֶּשַׁע רָב:

¹⁵יִהְיוּ לְרָצוֹן׀ אִמְרֵי־פִי וְהֶגְיוֹן לִבִּי לְפָנֶיךָ יְהוָה צוּרִי וְגֹאֲלִי:

<Al músico principal. Salmo de David>

¹ Los cielos cuentan la gloria de Dios y el firmamento anuncia la obra de sus manos.

² Un día emite palabra a otro día y una noche a otra noche declara sabiduría.

³ No son voces ni palabras cuyo mensaje no puede comprenderse.

⁴ Por toda la tierra salió su voz y hasta el extremo del mundo sus palabras.
En ellos puso tabernáculo para el sol;
⁵ y este, como esposo que sale de su alcoba,
se alegra cual gigante para correr el camino.
⁶ De un extremo de los cielos es su salida y su curso hasta el término de ellos.
Nada hay que se esconda de su calor.

⁷ La ley de Jehová es perfecta, convierte el alma;
el testimonio de Jehová es fiel, hace sabio al sencillo.

⁸ Los mandamientos de Jehová son rectos, alegran el corazón;
el precepto de Jehová es puro, alumbra los ojos.

⁹ El temor de Jehová es limpio, permanece para siempre;
los juicios de Jehová son verdad, todos justos.
¹⁰ Deseables son más que el oro, más que mucho oro refinado;
y dulces más que la miel, la que destila del panal.
¹¹ Tu siervo es, además, amonestado con ellos; en guardarlos hay gran recompensa.
¹² ¿Quién puede discernir sus propios errores? Líbrame de los que me son ocultos.
¹³ Preserva también a tu siervo de las soberbias, que no se enseñoreen de mí.
Entonces seré íntegro y estaré libre de la gran rebelión.
¹⁴ ¡Sean gratos los dichos de mi boca y la meditación de mi corazón
delante de ti, Jehová, roca mía y redentor mío!

En el encabezamiento de Sal 18, David se presentaba como עבד יהוה, mientras en este aparece simplemente como David (מִזְמוֹר לְדָוִד). En ambos salmos (en el primero al comienzo y en el segundo en la conclusión), el salmista llama a Yahvé con el nombre צוּרִי, *mi roca*. Estos y otros puntos de contacto han hecho que el compilador final ponga Sal 19, que celebra la revelación en la naturaleza y en la historia, después de Sal 18, que celebra la revelación de Dios en la historia de David.

La opinión según la cual este salmo 19 pone ante nosotros dos torsos incompletos (que debían ir unidos a otros temas, formando así un conjunto más grande, que estaba formado por cuatro temas) se funda en una visión defectuosa de las dos partes del texto, una que empieza en 19, 2 y otra en 19, 8, como ha puesto de relieve Hitzig.

El poeta comienza alabando la gloria de Dios creador (19, 2) y luego se eleva a la visión de su misericordia como legislador (19, 8); de esa manera, partiendo de la adoración de Dios por su obra creadora, el salmista le alaba después por la justificación y la santificación de los creyentes. De esa manera, esta oración culmina en la visión de Dios que se manifiesta por la Palabra (en la Ley), sin necesidad de insistir otra vez en el tema de la primera parte (revelación por la creación, 19, 2).

Ciertamente, los cielos proclaman la gloria de Dios, pero no su voluntad salvadora en Israel, como dice la segunda parte del salmo, en la que el poeta pide a Dios que le perdone y santifique. En esa línea podemos insistir en el hecho de que este salmo empieza poniendo de relieve la gloria del cielo diurno (a diferencia de Sal 8, que destaca más la gloria del cielo nocturno), de manera que teniendo en cuenta esas dos perspectivas descubriremos de una forma aún más clara la unidad de las dos revelaciones de Dios.

Por un lado, en la mañana (desde 19, 2), el salmista se alegra por la luz del día, y de esa forma prepara la llegada de la jornada para que brille ante él la gloria de la Torá que alumbrará en la noche. Esta segunda parte, que comienza en 19, 8, consta también de 14 líneas, divididas en una estrofa de seis y en otra de ocho líneas. Pero en la segunda parte, en lugar de líneas cortas, tenemos un esquema de divisiones que nos hacen ascender sobre alturas superiores y descender a profundidades más hondas, de forma que surge un movimiento de ascenso y descenso de olas, porque la Torá inspira al salmista más que el sol de la mañana.

En ese contexto encontramos también otro hecho significativo: En la primera parte a Dios se le llama אל conforme a la relación de poder que establece con el mundo, y solo se le menciona una vez. A diferencia de eso, en la segunda parte se le llama יהוה, con su nombre de alianza israelita, repetido siete veces. Y en ese contexto, al final, el salmista concede a Dios tres nombres, que despliegan de un modo más intenso su visión y hondura religiosa, llamando a Dios con tres nombres: *Yahvé, mi roca y mi vengador*: יהוה צורי וגאלי. Este salmo presenta así la unidad y diferencia entre el Dios redentor y creador.

La última estrofa nos ofrece *in nuce*, es decir, en su raíz, un esquema que debe ser desarrollado para formar una profunda soteriología. Si a todos estos temas añadimos los del Sal 32, que es parecido a este, obtenemos casi una visión completa del camino de la salvación, anunciando lo que será la claridad y precisión de la soteriología paulina. Pablo cita ambos salmos; es evidente que estaban entre sus preferidos.

19, 2–4. Los cielos (cf. 19, 2) son aquí las esferas supraterrestres que, por lo que toca a la visión humana, están perdidas en el espacio infinito, declarando la gloria de Dios a quienes proclaman ciertamente como אל, el Todopoderoso. Estos versos añaden que todo lo que Dios ha creado lo ha hecho con un Poder superior, pues todo es posible para él. Dios ha creado de esa forma el firmamento, es decir, la bóveda del cielo, extendida en longitud y anchura, con un poder más alto, pues todo lo puede (cf. raíz greco-veneta τάμα igual a ἔκταμα, en hebreo רקע, raíz רק, extender; τείνειν; cf. וּמַעֲשֵׂה יָדָיו מַגִּיד הָרָקִיעַ).

El firmamento y el cielo (הָרָקִיעַ י הַשָּׁמַיִם) no se conciben aquí a modo de seres vivientes como en la Edad Media suponían muchos, partiendo de Aristóteles (véase Maimónides, *More Nebuchim* II, 5), apoyándose precisamente en este pasaje, cf. también Neh 9, 6; Job 38, 7. En contra de esa perspectiva medieval, la Escritura no sabe nada de la música de las estrellas de las que hablaban los pitagóricos. Lo que estos versos afirman, como dicen correctamente los expositores, es el *objectivum vocis* no un tipo de *articulatum praeconium*, la voz objetiva de los cielos en conjunto, no un *mensaje articulado* en palabras distintas, en un tipo de lenguaje humano.

La gloria que Dios ha concedido a las creaturas, como reflejo de su propia gloria divina, vuelve nuevamente a Dios, como reconocimiento de su origen. La perpetuidad y permanencia de esa gloria se expande en 19, 3. Las palabras de este discurso de alabanza siguen avanzando desde aquí de un modo ininterrumpido.

El verbo הִבִּיעַ (cf. יוֹם לְיוֹם יַבִּיעַ, cf. נבע, árabe *nbʿ*, raíz נב, seguir anunciando, palabra que tiene sentido parecido a la raíz בע, saltar) expresa la rica plenitud con la que, como si fuera de una fuente inextinguible, va pasando el testimonio de un día al día siguiente. La palabra paralela חוה (cf. וְלַיְלָה לְּלַיְלָה יְחַוֶּה־דָּעַת) es menos plástica, pero muy poética, más aramea que hebrea (igual a הגיד).

Por su parte, la palabra אֹמֶר pertenece también al estilo más elevado. Lo cognoscible de Dios, γνωστὸν τοῦ Θεοῦ, impreso en la creación, aunque no reflejado totalmente en ella, se llama aquí דעת. El poeta no dice que las noticias proclamadas por el día, cuando va decayendo su luz, son retomadas por la noche, ni que las noticias de la noche son retomadas por el día. Parece más bien que, dado que el conocimiento proclamado por el día concierne a las obras visibles de Dios y el conocimiento proclamado en la noche responde a sus obras nocturnas, cada madrugada retoma el discurso del día anterior y cada noche retoma el motivo con el que había declinado el día precedente; el día pasa su mensaje al día siguiente, la noche a la noche siguiente (*Psychologie* p. 347).

En contra de lo que algunos piensan, 19, 4 no se puede traducir diciendo "no hay voz, no hay palabras, su mensaje es inaudible…". El salmo habla de voces externas, que resuenan en el mundo. Ellas no son voces silenciosas, sin sonido, sino voces reales, que resuenan y se escuchan en un plano superior (Hengstenberg), pero que solo interiormente se escuchan (Thenius).

Si el texto dijera que las voces del mundo resultan en sí mismas inaudibles, el verso siguiente (19, 5) debería comenzar de un modo distinto, con un *waw adversativum*. Según eso, las voces del mundo (del día y de la noche) pueden y deben escucharse y comprenderse, aunque no sea en un plano material, sino con otro tipo de audición.

En esa línea, 19, 4 no se puede tomar como una frase circunstancial que precede a 19, 5, en forma de contraposición. Al contrario, 19, 4 es una sentencia con sentido propio, independiente, y no hay nada que indique que se trata de una sentencia subordinada a 19, 5 ("y aunque no hablen, aunque no tengan voz…"). No hay nada que deba entenderse en forma de contraposición o antítesis entre 19, 4 y 19, 5 ("no hablan, no tienen voz…, y sin embargo se escucha"). Por eso es preferible la traducción de Lutero: "No hay lenguaje ni palabra cuya voz no se escuche"; en esa línea, él ha insistido en el hecho de que el testimonio que los cielos ofrecen de Dios es comprensible por todos los pueblos, cada uno con su lenguaje y lengua.

Sea como fuera, la única traducción posible es la que ofrecen los LXX, Vitringa y Hitzig: *Este no es un lenguaje ni una palabra cuya voz sea inaudible*. Eso significa que todos los hombres pueden escuchar y entender el lenguaje de los cielos, del día y de la noche. La respuesta de Hupfeld según el cual esta traducción destruye el paralelismo de los versos carece de fundamento.

La estructura de conjunto se parece a la de Sal 139, 4. El discurso de los cielos, con el firmamento en la noche (cielo nocturno), y el discurso de la tierra, en el día (cielo diurno), no son un discurso escondido en algún lugar secreto, sino audible para todos, con palabras que se pueden escuchar de un modo universal. Este es un discurso universal y claro, es decir, φανερόν o abierto para todos, como dice Pablo en Rom 1, 19.

19, 5–7. Dado que אמר y דברים son el lenguaje y las palabras de los cielos, que forman la noción principal dominante que se aplica a יום y לילה, los sufijos de קום y מליהם deben referirse, sin duda, a השמים a pesar de que sea necesario buscar otra referencia en relación a קולם en Sal 19, 4. Para ello nos ayuda Jer 31, 39 mostrándonos que קַו ha de entenderse en conexión con יצא, como diciendo que la medida de la línea de los cielos se ha extendido sobre toda la tierra.

19, 5 nos muestra el tipo de medida a la que aquí se alude, que es la referente al mensaje, a las palabras (con el término מלה, que es más arameo que hebreo y que, por lo tanto, es más poético) que se extienden hasta el extremo del mundo, lo llenan totalmente, de un final al otro. Aquí no se puede aplicar el sentido que el término קו tiene en Is 28, 10, porque esa palabra no significa mandamiento, sino norma, y porque se utiliza como palabra de burla, rimando con צו.

De todas formas, la traducción ὁ φθόγγος αὐτῶν de los LXX (ὁ ἦχος αὐτῶν, Símaco) se justifica quizá mejor, dado que קו puede significar la cuerda de un arpa, es decir, una cuerda en tensión, como τόνος (cf. τοναία), una nota o sonido musical (cf. Gesenius en su *Lex.*, y Ewald en *Comentario* a Salmos). Sea como fuere, aquí tenemos la referencia al sol como mensajero de un tipo de palabra de Dios que llena todo el espacio, de un extremo al otro, en sentido universal, abierto al conjunto de la tierra, a toda la humanidad.

El apóstol Pablo utiliza en el fondo este verso para justificar la expansión del evangelio a toda la tierra, a todas las naciones. En esa línea, muchos expositores antiguos han tomado la primera parte del salmo (19, 1–7) como predicción alegórica del mensaje de la Iglesia, extendido a todos los pueblos, como el sol con su mensaje o anuncio universal de Dios.

Sea como fuere, Pablo no cita de manera expresa este salmo, pero puede aludir y alude a su contenido, tomando el *praeconium coelorum* (el *anuncio universal de los cielos* que proclaman la gloria de Dios) como figura y anticipo del *praeconium evangelii*, del anuncio universal del evangelio. Esta es una visión que se encuentra plenamente justificada, desde el momento en que el salmista mismo ha trazado una línea que va de la revelación universal de Dios en la naturaleza a la revelación escrita del mismo Dios en la Ley.

Allí ha puesto su tienda el sol... (es decir, en el firmamento, en la noche oscura). La tienda es el lugar de retirada del sol para el descanso de la noche (אהל, en sentido radical significa una habitación, de אול, que es retirarse, salir de un lugar abierto...).

De un modo muy significativo, el sol se retira del cielo en la noche, ocultándose en el límite de la tierra, קצה תבל. De manera correspondiente, בהם tiene un significado neutro, en el sentido de "allí" (cf. Is 30, 6). El sol pone allí su tienda en la noche, en el extremo de la tierra (שָׂם־אֹהֶל בָּהֶם). El nombre del sol, que en árabe es siempre femenino, es predominantemente masculino en hebreo y arameo (a no ser en textos como Gen 15, 17; Nah 3, 17; Is 45, 6, Mal 4, 2). En esa línea, los sabeos y los árabes paganos tenían un dios sol masculino. De esa manera se indica el lugar donde está la tienda nocturna del sol para descansar, según este pasaje del salmo (לַשֶּׁמֶשׁ שָׂם־אֹהֶל).

Según eso, en 19, 6, el sol (שֶׁמֶשׁ) aparece comparado con un esposo que sale por la mañana de su חפה, que según Joel 2, 16 es la cámara nupcial (de חפף, cubrir), como lugar del encuentro del esposo con la esposa (Is 4, 5), y así lo entiende el hebreo talmúdico hablando del tálamo (*Talmud*, בית גננא), apoyado en cuatro postes y llevado a hombros por cuatro jóvenes, cuando se celebra la consagración del matrimonio, de forma que el mismo casamiento se llama *chuppa* (tálamo nupcial).

La luz de la mañana tiene una frescura y una alegría propias de una renovada juventud. Por eso, el sol de la mañana se compara con un novio que ha satisfecho el deseo de su corazón, que empieza, como por así decirlo, una nueva vida y en cuyo semblante gozoso brilla la alegría del día siguiente a las bodas. Y así, cuando se eleva en la mañana, el sol es como un novio que empieza el nuevo curso del día (cf. Ecl 43, 5), es como un héroe (cf. Sal 18, 34), que retoma de nuevo su camino, desbordante de vida y triunfante, lleno de fortaleza, גבורה (Jc 5, 31).

Desde un extremo al otro del cielo, desde el este del horizonte, el sol está avanzando, es decir, está ascendiendo (cf. Os 6, 3). Lo opuesto a la salida es la puesta del sol, y el camino entero es como un circuito (תקופה, de קוף igual a נקף, Is 29, 1, revolverse) que conduce hasta su על־קצותם, es decir, *hasta el fin del trayecto de los cielos* (cf. עד, Dt 4, 32). Cf. también 1 Esd 4, 34, ταχὺς τῷ δρόμῳ ὁ ἥλιος, ὅτι στρέφεται ἐν τῷ κύκλῳ τοῦ οὐρανοῦ καὶ πάλιν ἀποτρέχει εἰς τὸν ἑαυτοῦ τόπον ἐν μιᾷ ἡμέρᾳ (rápido es el curso del sol, que se apresura a recorrer el ciclo del cielo, volviendo en un día a su propio lugar).

En ese patente camino no hay nada que esté נסתר, escondido, es decir, que pueda ocultarse a su calor. En esa línea, חמה es el influjo iluminador y caldeante del que nada puede esconderse, como se dice aquí poéticamente (נסתָּר מֵחַמָּתוֹ).

19, 8–10. No hay señal externa que indique la transición de una parte a la otra del salmo, pero el cambio está indicado por la introducción del nombre divino יהוה en vez de אל. El nombre de Dios que responde a la naturaleza es para nosotros אל (Dios); por su parte, el nombre de la Escritura y del pacto israelita es יהוה (Yahvé). El primero es el *Dios del poder y la gloria*; el segundo es el nombre del *Dios del consejo (la Ley) y de la voluntad salvadora.*

A partir de aquí, se siguen doce encomios de la Ley, unidos de dos en dos, como antecedente y consecuente, ascendiendo y descendiendo, conforme al esquema de las cesuras, siguiendo el movimiento de las olas. De esa forma, descubrimos cómo el corazón del poeta comienza a latir con gozo redoblado, en la medida en que comienza a declarar la palabra de Dios, la revelación de su voluntad.

En sí misma, la palabra תורה no significa la ley, sino un tipo de declaración, una instrucción, una doctrina, una enseñanza, y en especial aquella que es divina y por tanto positiva. De un modo consecuente, la palabra Torá se utiliza también para la profecía, Is 1, 10; 8, 16, y proféticamente para el evangelio (cf. Is 2, 3).

Pero aquí no se alude a ninguna revelación nueva, sino a la misma que ha sido ya dada por mediación de Moisés, que ha venido a presentarse como proclamador de la Ley entendida como regla de vida (νόμος) de Israel. En esa línea, Torá es la ley entera, como un todo que no es meramente de tipo exhortativo y disciplinar, sino que incluye también la promesa de futuro.

Según eso, las alabanzas que el poeta pronuncia aquí sobre la ley son adecuadas incluso desde la perspectiva del Nuevo Testamento. Así dice el mismo Pablo en Rom 7, 12–14, "La Ley es santa y espiritual, y el mandamiento es santo, y justo y bueno". La Ley merece esas alabanzas por sí misma, y para aquel que está en favor de ella; por eso, ella no es una ley que, en cuanto tal, lleva en sí misma maldición, sino que es un espejo del Dios misericordioso en su santidad, de manera que el hombre fiel puede mirarse en ella sin temor de ser esclavizado.

Según eso, para el hombre fiel, la Ley marca la dirección en que debe moverse la obediencia de los fieles, de un modo libre y voluntario. Por eso, los salmistas y los profetas tienen un afecto totalmente profundo hacia la ley, un afecto que está fundado en la esencia y moralidad universal de los mandamientos, por encima del cumplimiento puramente material de la letra, fundándose en el consuelo de las promesas… Tomada así la verdadera ley se distingue radicalmente del puro servicio rabínico a la letra y de su cumplimiento básicamente ceremonial, tal como algunos han querido exigir tras el exilio. Estas son sus notas:

- La ley divina es תמימה, es decir, *sin mancha*, sin daño ninguno, en un sentido absolutamente positivo, dirigido al bien de los hombres.
- En ese sentido, la ley es משיבת נפש, pues *restaura y renueva la vida de los hombres*, haciendo que el alma se restablezca (cf. el *piel* שובב, Sal 23, 3), que obedezca la ley que Dios le ha revelado de un modo gratuito, introduciéndose así en el camino o norma de la salvación.
- Según eso, en lugar del término תורה encontramos עדות, como se llaman las Tablas de los Diez Mandamientos (לחות העדות). Esa palabra viene de עוד העיד, que significa no solamente un *testimonio* o atestación corroborativa, sino también una advertencia o mensaje instructivo.

- El testimonio de Yahvé es נאמנה, *firme, seguro*, fiable; es decir, por encima de toda duda, de forma que sus amenazas y promesas son siempre íntegras. Por eso, מחכימת פתי, la ley es simple, expansiva (de la raíz פת que significa expandir, abrir, como en el Indo-Germano, πετ, *pat, pad*), de manera que concede a cada uno una base sólida, una estabilidad, haciéndole así sabio, σοφίζει αὐτὸν, 2 Tim 3, 15.

- La ley contiene פקודים, preceptos o *declaraciones* que conciernen a las obligaciones de los hombres, que son ישרים, obligaciones que son rectas, elevadas, propias de una *norma normata*, precisamente porque proceden de la voluntad de Dios que es absolutamente elevada y buena, pues surgen de una *norma normans,* de manera que guían a los hombres a lo largo de un camino recto, en la dirección auténtica.

- Ellos son, por tanto, משמחי לב, como una *guía educativa del corazón*, pues toman a los hombres de la mano y les liberan de toda vacilación, ofreciéndoles una guía moral, concediéndoles una conciencia gozosa de hallarse en el camino recto que dirige hacia la meta buena.

- Las leyes son מצות יהוה, *estatutos* de Yahvé (de צוה *statuere*, que significa el fundamento o principio de sus mandamientos). El estatuto es una lámpara (como dice Prov 6, 23) y la ley es la luz que arde sobre ella.

- Por eso dice que la ley es ברה, *clara,* como la luz del sol (cf. Cant 6, 10), una luz que cae sobre otros objetos, מאירת עינים, iluminando los ojos, por lo que no solo se alumbran ellos, sino que alumbran la totalidad del hombre. La ley hace que la mente del hombre sea clara, y que el cuerpo sea también como la mente, saludable y lleno de luz y de vida, porque la oscuridad de los ojos es tristeza, melancolía, falta de conocimiento.

- Esta cadena de nombres que se dan para la ley culmina de algún modo el יראת ה, el *temor de Yahvé,* que no se entiende como sometimiento divino, sino como precepto que marca una forma de actuar positiva y salvadora. Ese temor es aquello que la revelación de Dios pide, realiza y mantiene, presentándose de esa manera como el camino revelado según el cual Dios tiene que ser temido, respetado (Sal 34, 12). En sentido estricto, ese temor es la esencia de la religión de Yahvé (cf. Prov 15, 33; Dt 17, 19).

- Según eso, la ley de Dios es *limpia, pura*, como palabra que se parece al oro acrisolado, y así ofrece su enseñanza al hombre (Sal 12, 7, cf. Job 28, 19), de manera que ella es עמדת לעד, pues permanece y dura para siempre, en oposición a todas las formas falsas de reverenciar a Dios, que llevan en sí mismas su propia condenación, pues acaban en la muerte.

- Las משפטי ה son *jura*, es decir, *mandamientos jurídicos* de la Ley, que así aparece como un *corpus juris divini*, un cuerpo o suma de derecho divino, formado por todo aquello que ha sido constituido conforme a la decisión de Yahvé.
- Estos juicios son אמת, es decir, *verdad que permanece* y se verifica a sí misma, porque, a distinción de muchas otras normas (y de leyes de fuera de Israel), ellos (esos juicios, esos mandamientos) tienen un fundamento moral incambiable, son צדקו יחדו, i. e., son צדיקים, conforme a derecho, siempre rectos y adecuados (Dt 4, 8) porque no hay en ellos nada que sea reprochable o inapropiado, nada que justifique aquello que es injusto o equivocado. La voluntad eterna de Dios ha alcanzado según eso una forma y desarrollo perfecto en la ley de la voluntad de Dios, alcanzando así una estructura relativamente perfecta, conforme al desarrollo de Israel y al estándar o medida de perfección que Dios le ha marcado a través de la ley.

19, 11–15. Con הנחמדים (cf. הַנֶּחֱמָדִים מִזָּהָב) el poeta pone de relieve las características ya enumeradas. El artículo sirve para retomar todo lo anterior como en הַשִּׁשִּׁי al final del *hexamerón* de Gen 1, 31. פז es el oro más purificado, cf. 1 Rey 10, 18 y 2 Cron 9, 17. Por su parte, נפת צופים es "el producto de las colmenas" (de נפת, igual al árabe *nft*), es decir, la miel virgen, la que fluye por sí misma de las celditas de la colmena.

Las palabras reveladas por Dios han de ser deseadas, no solo como una posesión externa, sino también como un don internamente recibido, como la dulzura de la miel. El poeta, que es consciente de ser un siervo de Dios, utiliza estas palabras con la finalidad con la que han sido reveladas y, de esa forma, él aparece como un נזהר, uno que se esfuerza para ser iluminado, instruido y amonestado por ellas.

La partícula גם pertenece a נזהר (conforme al orden natural de las palabras, e. g., Os 6, 11; pero en Sal 19, 14 ella se vincula con חשׁך. El salmista reconoce que guardar/cumplir esas leyes (con בשׁמרם, un sufijo subjetivo en sentido objetivo, בְּשָׁמְרָם עֵקֶב רָב, cf. Prov 25, 7) incluye una gran recompensa, con עקב que es lo que viene detrás de uno, siguiendo a un tipo de acción, como si viniera siguiendo los talones (עקב) de alguien que camina, como recompensa inmediata por la propia conducta.

En esa línea, la ley no es solo una copia de la voluntad de Dios, sino un espejo del propio conocimiento, un espejo donde el hombre puede mirarse y conocerse a sí mismo. Por eso, el orante, al situarse ante la ley pide a Dios que le perdone, a causa de los numerosos pecados que ha cometido por su debilidad, muchos de los cuales ni siquiera ha percibido, ni ha sido consciente de ellos.

שניאה (según la terminología de la ley, שגנה, ἀγνόημα) incluye todo el abanico de los pecados involuntarios (*peccatum involuntarium*), tanto los de ignorancia como los de debilidad o enfermedad (*peccatum ignorantiae, peccatum infirmitatis*). La pregunta sobre quién conoce sus pecados (*delicta quis intelligit*) tiene un sentido claramente negativo, ha de responderse con "nadie". Nadie puede discernir sus faltas, pues el corazón del hombre es impenetrable, unas veces a causa de los disfraces tan sutiles con los que se engaña a sí mismo y otras veces por la sutilidad del mismo pecado.

De aquí, como inferencia, brota la oración, *líbrame también* מנסתרות, *ab occultis* (de los pecados ocultos), que equivale a *mee`alumiym* (Sal 90, 8), i. e., aquellos pecados que incluso el hombre que se esfuerza con más fuerza por la santificación no logra discernir, aunque quiera de hecho conocerlos y confesarlos ante Dios. Ni siquiera el justo puede conocer todos esos pecados, por razón de la naturaleza limitada de su conocimiento, tanto de sí mismo como de su pecado[69].

נקה, δικαιοῦν, es una *vox judicialis*, que se utiliza para declarar que alguien es inocente, que está libre, que puede irse del tribunal, sin ser castigado. A la oración por la justificación sigue en 19, 14 la oración por la santificación, y en sentido más estricto la oración del que pide a Dios que le libere de los pecados deliberados de insolencia (que se oponen a los pecados que brotan de un tipo de debilidad o enfermedad, Ex 21, 14; Dt 18, 22; Dt 17, 12).

Esos pecados de insolencia se expresan con palabras formadas con זד, pecador insolente, uno que no peca simplemente בשגגה (por debilidad), sino בזדון (por insolencia, como en 1 Sam 17, 28, cuando los hermanos de David elevan ante él un reproche). Están finalmente los ביר רמה, que pueden presentarse en sentido general (cf. סטים, Sal 101, 3; Os 5, 2) como *peccata proaeretica* o *contra conscientiam*, que sacan a uno de su estado de gracia o de favor de Dios, cf. Num 15, 27-31.

Estos pecados reciben el nombre de זדים cuando se repiten con presunción, cuando se convierten en faltas y gestos dominantes, de tal forma que esclavizan al hombre (con משל con un sujeto no personal, como en Is 3, 4, cf. Sal 103, 19). De esa forma ruega el orante pidiendo que no le dominen los pecados (desde el *peccatum involuntarium* o sin voluntad, hasta el *proaereticum*, buscado personalmente, hasta convertirse en dominante, *regnans*). El orante pide que esos pecados no tengan dominio sobre él (אל־ימשלו־בי; la partícula בי con *dech*, generalmente suele ir mal puntuada con *munach*).

Entonces (אז), *cuando tú me concedas este doble favor*, el del perdón y el de la gracia de la preservación, *yo podré ser proclamado limpio* y absuelto de la gran

69. Hay un proverbio árabe que dice, "no hay pecado duradero que sea pequeño, no hay pecado grande que Dios no pueda perdonar". Así el árabe *ṣġîrt* es un pecado pequeño y *kbîrt* es un pecado grande, cf. *Allgem. Literar. Zeitschr.* 1844, No. 46, p. 363.

transgresión (וּנְקֵּיתִי מִפֶּשַׁע רָב), con una palabra derivada de פֶּשַׁע (de la raíz פש), que significa salir fuera de los propios límites, separándose así de Dios, en un tipo de pecado que en el fondo se identifica con la apostasía.

Finalmente, el salmista pide a Dios que acepte gratuita y graciosamente su oración, una oración en que se han vinculado boca y corazón, con una fidelidad estable, de manera que Dios se manifiesta así, como Yahvé, redentor, fiel al pacto, en forma de roca y de liberador. De esa forma aparecen condensados los tres nombres fundamentales de Dios, יְהוָה צוּרִי וְגֹאֲלִי.

- El orante pide a Dios que se revele de esa forma como יְהוָה, Dios de Israel, aquel que ha sido y sigue siendo fiel al pacto con su pueblo.
- Este Dios fiel se mantiene siempre firme, estable como la roca, mi roca (צוּרִי); es el Dios de la seguridad, que protege a los hombres con su amor redentor.
- Finalmente, el orante pide a Dios que se manifieste como *goel*, el que libera y hace justicia a todos los oprimidos del mundo (גּוֹאֲלִי redentor, vengador, de la raíz, גל, חל, liberar, redimir).

El salmista pide así a Dios que los dichos de su boca y la meditación de su corazón le sean agradables (יִהְיוּ לְרָצוֹן אִמְרֵי־פִי וְהֶגְיוֹן לִבִּי) y lo hace utilizando la palabra clave del lenguaje sacrificial, לְרָצוֹן, que se emplea para pedir a Dios que acepte como válidos los sacrificios de animales en el templo (cf. Lev 1, 3). El orante pecador del salmo no ofrece a Dios un sacrificio de animales, sino la confesión de su boca (con sus palabras), la meditación del corazón… De esa manera transforma el lenguaje sacrificial de los sacerdotes del templo, presentándose a sí mismo ante la faz de Dios, לְפָנֶיךָ, con su verdadero sacrificio interior, de palabra y de confesión de corazón.

De esa forma, la presencia de los sacerdotes ante Dios en el templo, con los sacrificios de animales (Ex 28, 38, לרצון), se interpreta como signo de la oración personal más honda del creyente, que se presenta ante Dios con el sacrificio interior y personal de su vida. Este es el sacrificio de la meditación interior, por la que el creyente presenta a Dios la ofrenda de su vida; este es el sacrificio de la boca del orante, que presenta ante Dios su pecado y lo confiesa con su boca, a fin de que Dios le acepte y perdone.

Salmo 20. Oración por el rey en tiempo de guerra

1 לַמְנַצֵּחַ מִזְמוֹר לְדָוִד:
2 יַעַנְךָ יְהוָה בְּיוֹם צָרָה יְשַׂגֶּבְךָ שֵׁם אֱלֹהֵי יַעֲקֹב:
3 יִשְׁלַח־עֶזְרְךָ מִקֹּדֶשׁ וּמִצִּיּוֹן יִסְעָדֶךָּ:

⁴ יִזְכֹּר כָּל־מִנְחֹתֶךָ וְעוֹלָתְךָ יְדַשְּׁנֶה סֶלָה׃
⁵ יִתֶּן־לְךָ כִלְבָבֶךָ וְכָל־עֲצָתְךָ יְמַלֵּא׃
⁶ נְרַנְּנָה ׀ בִּישׁוּעָתֶךָ וּבְשֵׁם־אֱלֹהֵינוּ נִדְגֹּל יְמַלֵּא יְהוָה כָּל־מִשְׁאֲלוֹתֶיךָ׃
⁷ עַתָּה יָדַעְתִּי כִּי הוֹשִׁיעַ ׀ יְהוָה מְשִׁיחוֹ יַעֲנֵהוּ מִשְּׁמֵי קָדְשׁוֹ בִּגְבֻרוֹת יֵשַׁע יְמִינוֹ׃
⁸ אֵלֶּה בָרֶכֶב וְאֵלֶּה בַסּוּסִים וַאֲנַחְנוּ ׀ בְּשֵׁם־יְהוָה אֱלֹהֵינוּ נַזְכִּיר׃
⁹ הֵמָּה כָּרְעוּ וְנָפָלוּ וַאֲנַחְנוּ קַּמְנוּ וַנִּתְעוֹדָד׃
¹⁰ יְהוָה הוֹשִׁיעָה הַמֶּלֶךְ יַעֲנֵנוּ בְיוֹם־קָרְאֵנוּ׃

<Al músico principal. Salmo de David>

¹ Jehová te escuche en el día de conflicto; el nombre del Dios de Jacob te defienda.
² Te envíe ayuda desde el santuario y desde Sión te sostenga.
³ Traiga a la memoria todas tus ofrendas y acepte tu holocausto. Selah
⁴ Te dé conforme al deseo de tu corazón y cumpla todos tus planes.
⁵ Nosotros nos alegraremos en tu salvación
y alzaremos bandera en el nombre de nuestro Dios.
Conceda Jehová todas tus peticiones.

⁶ Ahora conozco que Jehová salva a su ungido;
lo atenderá desde sus santos cielos con la potencia salvadora de su diestra.
⁷ Estos confían en carros, y aquellos en caballos;
más nosotros del nombre de Jehová, nuestro Dios, haremos memoria.
⁸ Ellos flaquean y caen, pero nosotros nos levantamos y resistimos a pie firme.
⁹ Salva, Jehová; que el Rey nos oiga en el día que lo invoquemos.

Al Sal 19 se vincula estrechamente Sal 20, y así lo muestra su comienzo, que es como un eco de la oración con que concluye el anterior. Por otra parte, este Sal 20 está muy unido a Sal 21, porque los dos se refieren de algún modo al mismo acontecimiento, como oración y acción de gracias por el rey.

Este Sal 20 es un salmo de intercesión por la nación, y el 21 será un salmo de acción de gracias de la nación, a favor de su rey. Resulta claro que ambos salmos forman una pareja, y se encuentran conectados por autor y tema. Los dos se abren de un modo uniforme, con un paralelismo sinonímico de sus miembros, en Sal 20, 2-6 y en Sal 21, 2-8. A partir de aquí ellos aumentan en fervor y asumen un colorido más intenso, cuando empiezan a referirse a los enemigos del rey y de su reinado (20, 7-9 y 21, 9-13; los dos concluyen con un grito en forma de jaculatoria, dirigido a Yahvé (20, 10 y 21, 14).

El rey aparece apostrofado en varios versos (20, 2-6; 21, 9-19), y en algunos momentos da la impresión de que las peticiones van dirigidas al mismo Yahvé (20, 6 y 21, 10). En ambos salmos al rey se le llama "el rey", con artículo, המֶּלֶךְ (20, 10; 21, 8). Todos los deseos se condensan en ambos casos en la palabra "salvación", יְשׁוּעָה (20, 6); cf. 20, 7; 21, 2. 6).

Estos salmos tienen, además, términos raros, menos utilizados en el A. T., (cf. 30, 6. 7; 21, 2. 6). Parece que a su autor le gustan las formas de expresión más rebuscadas, que solo aparecen en estos casos en todo el A. T. (cf. נדגל, 20, 6; נתעדד, 20, 9; ארשת, 21, 3; תחדהו, 21, 7).

Si, como indica el encabezado, estos salmos formaban parte del salterio más antiguo de David, resulta posible que su autor no sea el mismo David, sino un contemporáneo suyo. Ciertamente, ambos tienen formas de expresión que parecen davídicas (cf. 21, 12 comparado con 10, 2); y también pensamientos comunes (comparar 21, 7 con 16, 11). Sin embargo, su carácter es bastante distinto. De todas formas, a pesar de ello, como muestra el encabezado לדוד y el lugar que ocupan en el centro de los salmos de David, pienso que ambos salmos pueden ser davídicos.

Con la guerra siro-amonita comenzó un tiempo de caída para David, que sufrió como consecuencia unas fuertes dolencias tanto anímicas como corporales. Solo después de alcanzar de nuevo el favor divino, pudo ponerse al frente de su ejército para completar la conquista de la ciudad de los amonitas. La explicación más satisfactoria de esta situación, como aparece en estos salmos, la ofrece 2 Sam 11-12.

Sal 20 pide por la salvación (victoria) del rey, que está envuelto en guerra contra poderosos enemigos. Por su parte, Sal 21 da gracias por su recuperación, y le desea una salida victoriosa para la próxima campaña. Los carros y la caballería (20, 8) son característicos del poder militar de Aram (2 Sam 10, 18 y passim); además en 21, 4.10 percibimos una alusión a 2 Sam 12, 30-31 o al menos una relación temática con lo que allí se indica.

20, 2–6. Es una oración litánica por el rey que está en situación de tristeza, y ofrece sacrificios por sí mismo en el santuario. Los futuros de 20, 2, que aparecen cinco veces a la cabeza de los pasajes climáticos del paralelismo son de tipo optativo. Por su parte, ימלא, sigue en la línea de la cadena de deseos, en la que se incluye también נרנֵנָה (20, 6, cf. Sal 69, 15).

Los deseos del pueblo acompañan tanto la oración como el sacrificio. El "nombre del Dios de Jacob" se identifica con el poder de su manifestación, esto es, con la gracia del Dios de Israel. En poesía, el nombre יעקב se utiliza de forma intercambiable con ישראל, como אלהים con יהוה. La palabra כָּל־מִשְׁאֲלוֹתֶיךָ puede referirse a Gen 35, 3 y no es improbable que los deseos del salmista estén modelados conforme a las peticiones antiguas del mismo patriarca Jacob.

Los orantes piden a Dios que, como muestra la historia de Jacob, escuche y responda al rey (como escuchó en otro tiempo a Jacob); que el Dios de Jacob le libere de los enemigos, de forma que alcance una gran victoria. La palabra שׂגב alterna con רומם (Sal 18, 49) en ese mismo sentido. Esta intercesión a favor de aquel que está orando se realiza en el santuario de las alturas de Sión, donde Yahvé tiene su sede, pues está allí entronizado.

Los orantes siguen pidiendo a Dios que envíe desde allí su socorro al rey, un socorro que puede concretarse en forma de tropas auxiliares que decidan la victoria. El rey está ofreciendo sacrificios, conforme a la costumbre, antes del comienzo de la batalla (cf. 1 Samuel 13, 9, con la referencia a la מלחמה קדש (la guerra santa). Se trata, por tanto, de un sacrificio y, al mismo tiempo, de la comida o, quizá mejor, de la carne entendida como ofrenda a Dios, es decir, como מנחות. En esa línea, cada sacrificio y cada *shelamim* (ofrecimiento de sacrificios pacíficos)[70] se vinculaba con una ofrenda de carne y bebida, como acompañamiento indispensable.

La voz זכר es perfectamente conocida en el ritual de la ofrenda de comidas. Solo una pequeña parte de la ofrenda de comida se colocaba y quemaba sobre el altar. Solo esta parte, que ascendía desde el altar a la altura en forma de humo se llamaba אזכרה, μνημόσυνον (cf. Hch 10, 4), es decir el recuerdo o memorial, que no se identifica con el incienso, como lo traduce Hupfeld.

En este contexto se puede hablar de "la ofrenda de los celos", que un hombre "celebra" en relación con su mujer (cf. Num 5, 15), con el fin de poder recordar (situar) ante Dios el recuerdo de la iniquidad, tal como lo indica en un contexto semejante la palabra זכר. En ese sentido, toda ofrenda de comida es un tipo de מנחת זכרון, una ofrenda de recuerdo, es decir, un ofrecimiento por la que Dios recuerda al oferente.

Por lo que se refiere a la *'olah* (cf. וְעוֹלָתְךָ), los orantes quieren que el deseo de que baje fuego del cielo y reduzca el holocausto a "cenizas" (Lev 9, 24; 1 Rey 18, 38; 1 Cron 21, 26) no quede sin cumplirse. Pero ese deseo no se refiere a nada extraordinario y, en sí mismo, el hecho de que el holocausto quede reducido a cenizas (Böttcher) no es en sí mismo una señal de aceptación divina. Más aún, como denominativo, דשן significa "limpiar de cenizas", no convertir en cenizas (cf. יְדַשְּׁנֶה, aceptar, acoger las cenizas del holocausto).

Por otra parte, דשן significa también "aceptar la grasa", o aceptar el sacrificio sin más, cf. Sal 23, 5, y este es el significado que se aplica declarativamente en este caso: *Que el Señor acoja (encuentre valioso) tu holocausto.* Estas palabras equivalen a decir: Que tu sacrificio sea para Dios de buen olor (ריח ניחח), olor satisfactorio, ofrenda de suave o dulce sabor.

No se arregla nada cambiando la puntuación entre ידשנה o ידשנה (Hitzig). Esta pasaje (וְעוֹלָתְךָ יְדַשְּׁנֶה), seguido por סֶלָה, nos sitúa ante un momento de intensificación de la música que acompaña al salmo, de manera que el canto intercesor con la música del coro se despliegue al mismo tiempo que la presentación

---

70. El plural מנחות (cf. כָּל־מִנְחָתֶךָ) es la forma principal de plural de esa palabra, como reconoce David Kimchi, *Lexicón*, de manera que está suponiendo la existencia de un מנח (como שמלות שפחות גבעות que se relacionan con שפח שמל גבע). Hay otros gramáticos que piensan que la raíz de la palabra tendría que ser נחה lo que va en contra de la pronunciación tradicional que es *menachoth*.

del holocausto sobre el altar. Todo el sacrificio y la oración se realiza בִּישׁוּעָתֶךָ, por tu salvación, es decir, por tu triunfo en la guerra.

En un sentido, todo este lenguaje se dirige aquí al rey davídico (como en 21, 2); pero, al mismo tiempo se dirige también a Yahvé, refiriéndose así a la victoria alcanzada en realidad por el mismo Yahvé. Es innecesario leer נגדל en vez de נדגל, conforme a la traducción de los LXX (*megalyntheesometha*).

נדגל es un verbo denominativo, construido a partir de דגל, en el sentido de elevar, ondear una bandera. En la última línea (יְמַלֵּא יְהֹוָה כָּל־מִשְׁאֲלוֹתֶיךָ: que Yahvé te conceda todas tus peticiones), la meta de la esperanza se sitúa nuevamente en el presente y asume de nuevo la forma de una deseo, en línea de intercesión.

20, 7–9. En los versos anteriores, el salmo se cantaba probablemente mientras se realizaba la ofrenda del sacrificio. Ahora, tras una pausa sostenida, se eleva una voz, que era probablemente la de uno de los levitas, expresando la gozosa seguridad de que el sacrificio gratuito de la ofrenda había sido presentado por el sacerdote (y había sido aceptado por Dios).

Con עתה o וְעַתָּה, que son las palabras que indican el cambio de ritmo, se introduce el momento de mutación de la oración (cf. עַתָּה יָדַעְתִּי) y se expresa el resultado del proceso anterior del sacrificio, de manera que pasamos de la petición a la afirmación y acción de gracias, como puede verse en 1 Rey 17, 24; Is 29, 22. Este es el sentido de עַתָּה יָדַעְתִּי כִּי הוֹשִׁיעַ| יְהֹוָה מְשִׁיחוֹ: Ahora conozco que Yahvé salva a su Ungido.

El verbo הוֹשִׁיעַ, *howshiyá*, es un "perfecto de fe", un perfecto que expresa la certeza de que Dios ha respondido, cumpliendo así por anticipado aquello que los hombres le han pedido. En esa línea, la exuberancia del lenguaje de 20, 7 responde a la riqueza del sentimiento que se expresa de esa forma.

Conforme a 20, 4, se esperaba que la respuesta proviniera de Sión; pues bien, ahora se está suponiendo que esa respuesta proviene en realidad de más arriba, del cielo santo de Dios, porque el Dios que se sienta entronizado en Sión es el mismo que está entronizado para siempre en los cielos. Según eso, su trono en la tierra es como el vestíbulo (signo y garantía) del trono celestial. La presencia de Dios en el santuario de Israel no constituye una limitación, sino una manifestación de su omnipresencia.

La ayuda que Dios ofrece desde Sión es la ayuda del Dios celestial que esta exaltado sobre el cielo de los cielos. La palabra גבורות (cf. בִּגְבֻרוֹת יֵשַׁע יְמִינוֹ) no significa solo la plenitud del poder (cf. Sal 90, 10), sino el despliegue del poder (Sal 106, 2; Sal 145, 4; Sal 150, 2; Sal 63, 1-11) que proviene de su mano derecha y que produce la salvación, es decir, la victoria para los combatientes.

La gloria de Israel (que es la de Dios) es totalmente diferente de la gloria de los paganos que se manifiesta en un lenguaje lleno de orgullo propio, por la grandeza del pueblo. En Sal 20, 8a se debe suplir una palabra como יַזְכִּירוּ o הַזְכִּירוּ conforme a la palabra נַזְכִּיר de נזכיר de 20, 8b (LXX, μεγαλυνθησόμεθα igual a נגביר, cf. Sal 12, 5). הַזְכִּיר ב significa elevar una mención laudatoria en algún caso especial, es decir, alabar, magnificar, pudiendo así alegrarse uno por ello (cf. הלל ב, Sal 44, 9).

Conforme a la Ley, Israel no podía tener un ejército permanente; por otra parte, la Ley referente al rey (Dt 17, 16) prohíbe de un modo expreso que el rey tenga muchos caballos. Algo semejante se aplicaba en el tiempo de los Jueces, y en el de David. Pero en tiempo de Salomón, que compró muchos carros y caballos para sus jinetes (1 Rey 10, 26-29), era muy diferente, había en Israel muchos carros de combate. Eso significa que lo que aquí se dice debe situarse en tiempo del Rey David, porque el salmo 20, 8 está proclamando que la gloria y victoria de Israel, en contra de sus enemigos, en especial de los sirios, no proviene de sus carros y caballos (como los que tenía Salomón), sino solo de la protección del nombre de su Dios.

Un lenguaje semejante a este aparece en el tiempo del David joven, cuando se enfrenta a Goliat (1 Sam 17, 45). En esa línea, los pretéritos del Sal 20, 9 son pretéritos de confianza. Este es, como dice Lutero, "un canto de triunfo antes de la victoria, un grito de gozo antes de haber recibido el socorro de Dios". Dado que קוּם no significa mantenerse, sino elevarse, la palabra וַאֲנַחְנוּ קַמְנוּ supone que los enemigos eran en aquel momento superiores, pero que los israelitas se elevarán y triunfarán.

De esa manera, la situación va a cambiar: Aquellos que están en pie caerán, los mismos que se encuentran yaciendo en los suelos se elevarán. Los primeros caerán al suelo, los segundos se elevarán. El *hitpael* התעודד muestra el deseo de que uno se mantenga fuerte, firme, lleno de coraje, como עודד (cf. Sal 146, 9; Sal 147, 6), fortalecerse, recuperarse, de la familia del árabe *âd,* en el sentido de tener fuerza, fortaleza. En esa línea, el mismo Corán (Sur, XXXVIII, 16) llama a David *dhá-l-aidi,* poseedor de fuerza.

20, 10. Después de la palabra anterior del único sacerdote (cf. versos 20, 7-9) vuelve otra vez el coro. Y de esa manera, con este verso, se cierra el canto, tal como había comenzado, con la voz de toda la congregación, retornando a la nota del principio, pidiendo a Dios el cumplimiento de aquello que se había buscado y necesitado.

Los acentos vinculan al rey (הַמֶּלֶךְ) con יַעֲנֵנוּ יענֵנוּ, הַמֶּלֶךְ, que el Rey nos oiga…). Así ha traducido Reina-Valera: Que el Rey (que en este caso es Dios) nos salve… (nota del traductor). Pero en nuestro caso esa no puede ser la verdadera traducción, porque el objeto de todo el salmo ha sido la salvación del Rey. El mismo orden de las palabras nos invitan a entender y traducir el texto de otra manera (יְהוָה הוֹשִׁיעָה הַמֶּלֶךְ) mostrando que es Yahvé quien debe salvar al rey (no que el rey davídico salva a su pueblo).

Ciertamente, Yahvé aparece algunas veces como rey, pero no en sentido absoluto, como הַמֶּלֶךְ sin más. De esa manera en Sal 48, 3 aparece como מלך רב, rey grande, y no simplemente como puro rey. Por eso, con Hupfeld, Hitzig y con otros (en contra de Reina-Valera, nota del traductor), tenemos que traducir el texto conforme a los LXX y la Vulgata, *Domine salvum fac regem* (Señor, salva al Rey).

En esa línea, el grito de Hosanna del N. T. (Ὡσαννὰ τῷ υἱῷ Δαυίδ) constituye una aplicación particular de este canto davídico, "Dios, bendice al rey" (que Dios salve al Rey, es decir, a Jesús, que es el rey mesiánico), en una línea que puede compararse con Sal 118, 25. De esa manera, esa petición final del salmo puede entenderse como un "amén" final continuado.

Salmo 21. Acción de gracias por el rey en tiempo de guerra

¹ לַמְנַצֵּחַ מִזְמוֹר לְדָוִד׃
² יְהוָה בְּעָזְּךָ יִשְׂמַח־מֶלֶךְ וּבִישׁוּעָתְךָ מַה־יָּגֶיל מְאֹד׃
³ תַּאֲוַת לִבּוֹ נָתַתָּה לּוֹ וַאֲרֶשֶׁת שְׂפָתָיו בַּל־מָנַעְתָּ סֶּלָה׃
⁴ כִּי־תְקַדְּמֶנּוּ בִּרְכוֹת טוֹב תָּשִׁית לְרֹאשׁוֹ עֲטֶרֶת פָּז׃
⁵ חַיִּים שָׁאַל מִמְּךָ נָתַתָּה לּוֹ אֹרֶךְ יָמִים עוֹלָם וָעֶד׃
⁶ גָּדוֹל כְּבוֹדוֹ בִּישׁוּעָתֶךָ הוֹד וְהָדָר תְּשַׁוֶּה עָלָיו׃
⁷ כִּי־תְשִׁיתֵהוּ בְרָכוֹת לָעַד תְּחַדֵּהוּ בְשִׂמְחָה אֶת־פָּנֶיךָ׃
⁸ כִּי־הַמֶּלֶךְ בֹּטֵחַ בַּיהוָה וּבְחֶסֶד עֶלְיוֹן בַּל־יִמּוֹט׃
⁹ תִּמְצָא יָדְךָ לְכָל־אֹיְבֶיךָ יְמִינְךָ תִּמְצָא שֹׂנְאֶיךָ׃
¹⁰ תְּשִׁיתֵמוֹ כְּתַנּוּר אֵשׁ לְעֵת פָּנֶיךָ יְהוָה בְּאַפּוֹ יְבַלְּעֵם וְתֹאכְלֵם אֵשׁ׃
¹¹ פִּרְיָמוֹ מֵאֶרֶץ תְּאַבֵּד וְזַרְעָם מִבְּנֵי אָדָם׃
¹² כִּי־נָטוּ עָלֶיךָ רָעָה חָשְׁבוּ מְזִמָּה בַּל־יוּכָלוּ׃
¹³ כִּי תְּשִׁיתֵמוֹ שֶׁכֶם בְּמֵיתָרֶיךָ תְּכוֹנֵן עַל־פְּנֵיהֶם׃
¹⁴ רוּמָה יְהוָה בְּעֻזֶּךָ נָשִׁירָה וּנְזַמְּרָה גְּבוּרָתֶךָ׃

<Al músico principal. Salmo de David>

¹ El rey se alegra en tu poder, Jehová, y en tu salvación ¡cómo se goza!

² Le has concedido el deseo de su corazón y no le negaste la petición de sus labios, Selah

³ porque le has salido al encuentro con bendiciones de bien;
corona de oro fino has puesto sobre su cabeza.

⁴ Vida te demandó y se la diste; largura de días eternamente y para siempre.

⁵ Grande es su gloria por tu salvación; honra y majestad has puesto sobre él.

⁶ Lo has bendecido para siempre; lo llenaste de alegría con tu presencia.

⁷ Por cuanto el rey confía en Jehová, y por la misericordia del Altísimo, no será conmovido.

⁸ Alcanzará tu mano a todos tus enemigos; tu diestra alcanzará a los que te aborrecen.

⁹ Los pondrás como horno de fuego en el tiempo de tu ira;
Jehová los deshará en su ira y el fuego los consumirá.

¹⁰ Su fruto destruirás de la tierra y su descendencia de entre los hijos de los hombres,

¹¹ porque intentaron el mal contra ti, fraguaron maquinaciones, pero no prevalecerán,

¹² pues tú los pondrás en fuga; en tus cuerdas dispondrás saetas contra sus rostros.

¹³ ¡Engrandécete, Jehová, en tu poder! ¡Cantaremos y alabaremos tu poderío!

Que Yahvé colme todos tus deseos, gritaba el pueblo en el salmo anterior (Sal 20), intercediendo a favor de su rey. En este nuevo salmo (Sal 21) responde el pueblo, dando gracias a Dios y diciendo: *Le has concedido (al rey) el deseo de su corazón.*

En ambos salmos viene el pueblo ante Dios con temas que se relacionan con el bienestar de su rey. En el anterior con sus deseos y oraciones, en este con su acción de gracias y su esperanza. En el anterior el pueblo cantaba cuando el rey se hallaba en medio de la guerra; en el segundo cuando se ha recuperado de su enfermedad, y está ya seguro de un resultado victorioso en la guerra.

El Targum y el Talmud, *B. Succa* 52a, aplican este salmo al rey mesías. Rashi responde que esta interpretación mesiánica debía dejarse más bien a un lado, a causa de los cristianos. Pues bien, ahora, incluso la interpretación de los cristianos no puede aceptar de un modo tan directo y rígido esa interpretación mesiánica de este salmo que se hacía en tiempos anteriores, aunque ella ha de estar al fondo.

Este par de salmos (20 y 21) tratan de David; pero, la causa de David que debe culminar al final en forma de triunfo (ciertamente a través del sufrimiento) es, sin duda, de un modo figurado, la causa de Cristo, que para los cristianos es Jesús de Nazaret.

21, 2–3. Este salmo comienza con la acción de gracias por las bendiciones corporales y espirituales que Dios ha concedido al rey, como respuesta a su oración. Este motivo ocupa los tres tetrásticos iniciales, el primero de los cuales está formado por 21, 2-3. La palabra עז (cf. בְּעָזְּךָ יִשְׂמַח־מֶלֶךְ, en tu poder se alegra el rey, como en Sal 74, 13; cf. también עֻזְּךָ, Sal 63, 3, passim), se refiere al poder que se ha hecho manifiesto en el rey, de manera que él ha superado su aflicción. La palabra יְשׁוּעָה (cf. וּבִישׁוּעָתְךָ) significa la ayuda o salvación que le ha llegado de arriba y que le ha liberado de su tristeza. El verbo יָגִיל, que sigue al מה de la exclamación (מַה־יָּגִיל) ha sido a veces abreviado (perdiendo la segunda *yod*, cf. יגל, que aparece en el *keré* de algunas versiones, con el tono situado en la parte de atrás).

El ἅπ. λεγ. אֲרֶשֶׁת (לֹוֹ וַאֲרֶשֶׁת) tiene el significado de desear con fuerza, conforme al sentido del contexto; en esta misma línea, los LXX ponen δέησιν. Ha de tenerse en cuenta la fuerte negación manifestada con בל, אֲרֶשֶׁת שְׂפָתָיו בַּל־מָנַעְתָּ

259

לֹו וְ (no le negaste el deseo de sus labios). Se trata, claramente, de una negación formulada para insistir en lo opuesto: Dios ha cumplido el deseo fuerte del rey. Así lo pone de relieve el סֶלָה que sigue, indicando que la música hace aquí una pausa, para mostrar que la ocasión del salmo es el cumplimiento de una oración pública, bien conocida.

21, 4–5. Las bendiciones buenas (בִּרְכֹות טֹוב, cf. también Prov 24, 25) son aquellas que prometen bienes, es decir, una fortuna verdaderamente favorable. El verbo קדם, que significa relacionarse con uno ofreciéndoles bendiciones, se construye con doble acusativo, como en los verbos con sentido de ofrecer algo a alguien, de dotarle de algo (Gesenius, 931).

Dado que este pasaje no puede referirse a la primera coronación de David en Jerusalén, sino a la conservación y aumento del honor de su realeza, es muy probable que deba referirse a la coronación que se recuerda en 2 Sam 22, 30, tras la conquista de la capital amonita de Rabbah, cuando David se impuso a sí mismo la corona real (עטרת) del reino de los amonitas, famosa por su cantidad de oro y de piedras preciosas.

David era ya de edad avanzada, había cometido pecados graves que le habían llevado casi a la tumba, pero lo había superado con su penitencia, poniendo su vida en manos de la misericordia de Dios. Él había sido merecedor de la muerte, y sin embargo vivía, y la victoria sobre el poder siro-amonita constituía para él una señal y garantía de la fidelidad de Dios en el cumplimiento de sus promesas.

Las palabras de 21, 5 se refieren a la longevidad de David, y no a la sucesión de sus herederos en el trono. El hecho de desearle a uno que viva para siempre, לעולם, y especialmente a un rey, es una cosa normal, como aparece en 1 Rey 1, 31, y passim. Así se desea que la vida del rey se prolongue por tiempo indefinido. Pues bien, aquello que el pueblo ha deseado siempre a sus reyes (que vivan sin fin) se reconoce aquí como algo ya logrado: Dios ha concedido larga vida al rey.

21, 6–7. La ayuda de Dios se ha vuelto principio de honor para el rey, y así aparece aquí como fundamento de honor de su camino, como indica 21, 6: Dios mantiene y fortalece el reino de David con fama y gloria. La expresión שׁוּה על (הֹוד וְהָדָר תְּשַׁוֶּה עָלָיו, le has vestido de gloria y majestad) se utiliza como en Sal 89, 20, aplicándose a la investidura y dotación divina del rey. Darle bendiciones, una plenitud de bendiciones, constituye una forma intensa de actualizar las palabras que Dios dirigió a Abraham en Gen 12, 2: Tú serás una bendición, tú mismo poseerás la bendición y serás mediador de bendición para otros.

La alegría vinculada al rostro de Dios (con את como en Sal 16, 11) es la alegría que se encuentra en la comunión más gozosa y más íntima con él (le llenaste de alegría con tu presencia: תְּחַדֵּהוּ בְשִׂמְחָה אֶת־פָּנֶיךָ). La palabra חדה, de חדה,

que aparece una vez en Ex 18, 9, tiene en árabe, en un contexto de vida nómada, este sentido de alegrar. "Se alegra a las bestias de carga con un canto, quitándoles el peso", para que puedan descansar y comer con más libertad. Tanto en hebreo como en arameo, esa palabra (חדה) significa alegrar, animar.

21, 8–9. Con esta estrofa comienza la segunda mitad del salmo. El salmista no se dirige ahora a Dios, sino al rey; no expresa ya un deseo, sino una esperanza confiada. Hengstenberg interpreta bien el verso 8 como paso de la primera a la segunda parte del salmo, distinguiendo el lenguaje que antes se hallaba dirigido a Dios del lenguaje que desde ahora estará dirigido al rey.

El texto no quiere decir que el rey no será movido y que por eso confía en Dios, sino al revés: la confianza en Dios es lo primero, y esa confianza hace que el rey no sea movido (no será destruido), como indica una comparación con Prov 10, 30. De la acción de Dios deriva la respuesta y bendición humana del rey.

Desde aquí se entiende la referencia posterior de 21, 9, por la que se dice que el rey supera el peligro en que le han metido sus enemigos, que quieren hacerle vacilar y caer. En vez de vacilar y caer, el rey podrá no solo mantenerse, sino realizar un asalto victorioso contra sus enemigos. Estas palabras no refieren al rey, no directamente a Yahvé, pues para ello tendría que haberse cambiado la conexión entre 21, 8 y 21, 9, poniendo שׂנאיו y איביו (en referencia a los enemigos de Yahvé), en vez de אֹיְבֶיךָ y שֹׂנְאֶיךָ, que se refieren a los enemigos tuyos, del mismo rey.

Lo que el pueblo ahora espera en relación a su rey lo expresa el salmo en forma de profecía. מצא ל (como en Is 10, 10) y מצא seguido de acusativo (como en 1 Sam 23, 17) se distinguen así, en el sentido de *tender o dirigirse* hacia algo y de *alcanzar, obtener* algo.

21, 10–11. Hasta aquí el salmo se ha mantenido de manera uniforme, como una dipodia (conjunto de dos pies), con sinónimos que se vinculan entre sí en el paralelismo. Pero ahora el ritmo empieza a cambiar y agitarse, de manera que el lector u oyente comienza a percibir que los enemigos del rey son sus propios enemigos (es decir, los enemigos del pueblo de Dios).

Ciertamente, en un sentido, Hupfeld tiene razón cuando dice que לעת פניך parece una oración dirigida directamente a Yahvé, en 21, 10 (cf. אֵשׁ לְעֵת פָּנֶיךָ כְּתַנּוּר). Pero es también posible y es mejor otra traducción, en la que esas palabras se dirijan al rey. Sin duda, en otros pasajes se dice que la destrucción de los enemigos proviene del rostro de Yahvé, cf. Sal 34, 17; Lev 20, 6; Lam 4, 16 (cf. ἔχει θεὸς ἔκδικον ὄμμα). Pero aquí esa destrucción se atribuye a la aparición personal del rostro del rey, que infunde temor en los enemigos (cf. 2 Sam 17, 11).

Ha sido la llegada de David la que ha decidido la caída de Rabbath Ammon, algunos de cuyos habitantes murieron castigados con instrumentos de tortura y otros quemados en hornos de fuego (de ladrillos ardientes), 2 Sam 12, 26. Así se describe la suerte de los amonitas vencidos.

La expresión כְּתַנּוּר אֵשׁ constituye un segundo acusativo de תְּשִׁיתֵמוֹ: los harás (los quemarás) como un horno de fuego de manera que todos sus miembros serán enteramente consumidos. Esa figura está aquí solo evocada y se aplica de un modo distinto a lo que se dice en Lam 5, 10; Mal 4, 1.

Las dos partes del Sal 21, 10 forman un largo ascenso y descenso, como de olas, seguidas en 21, 11 por dos líneas cortas, la segunda de las cuales describe un tipo de amanecer pacífico, después del duro paso del juicio que Dios ha realizado por medio de David, destruyendo y matando a muchos amonitas. פְּרִימוֹ (cf. תְּאַבֵּד פְּרִימוֹ מֵאָרֶץ) ha de entenderse como en Lam 2, 20 y en Os 9, 16 en analogía con פְּרִי הַבֶּטֶן, el fruto del vientre, es decir, los hijos. Ese será el juicio de los amalecitas (cf. Sal 9, 6) que aquí aparecen como enemigos del rey.

21, 12–13. Aquí se habla del destino que merecen los enemigos, cuyos malos designios han sido frustrados por el rey de Israel. La construcción de la sentencia en 21, 12 es como la de Sal 27, 10; 119, 83, cf. Ewiger, 362b. La frase נטה רעה (cf. כִּי־נָטוּ עָלֶיךָ רָעָה) no ha de entenderse en el sentido de נטה רשת (igual a פרשׂ), frase que no aparece en el A. T. Tenemos que comparar esta frase más bien con la del Sal 55, 4 y 2 Sam 15, 14, con el sentido de "inclinar o descargar el mal sobre alguien", ponerlo encima, de manera que caiga sobre él.

נטה significa "extender sobre", pero también atar fuerte. Por su parte, שׁית שׁכם (cf. כִּי תְּשִׁיתֵמוֹ שֶׁכֶם) es poner a alguien de espaldas, ponerle en fuga. Esta es una expresión más precisa que נתן ערף, que aparece en Sal 18, 41, cf. 1 Sam 10, 9. Esa imagen (perseguir a los enemigos) viene unida a otra que parece que tiene un sentido opuesto: Disparar flechas contra sus rostros (בְּמֵיתָרֶיךָ תְּכוֹנֵן עַל־פְּנֵיהֶם). Esa posible oposición se resuelve bien suponiendo que los israelitas perseguidores han sobrepasado a los enemigos, de manera que pueden ya disparar contra ellos las flechas de frente, esto es, desde delante.

21, 14. Después que ha extendido sus alas en dos tetrásticos, el canto del salmo se apaga en un fuerte descenso en forma de dístico, invocando a Yahvé y pidiendo que se engrandezca su poder (בְּעֻזֶּךָ), de forma que podamos cantar su poderío (גְּבוּרָתֶךָ).

Este es un canto dirigido a Dios, dándole gracias por la victoria en la batalla, a favor del rey. Así se le dice al mismo Yahve: רוּמָה יְהוָה, sé exaltado, elévate, manifiéstate a ti mismo en tu poder supremo, en tu soberanía judicial (Sal 57, 6; 7, 7). Estas palabras finales quieren que se realice y se revele la soberanía del poderío de Yahvé (גְּבוּרָתֶךָ), de manera que quede derrotado todo aquello que se opone a él. De esa forma, el salmo culmina con una palabra de gratitud por el cumplimiento de la promesa.

Salmo 22. Eli Eli Lama Asabtani

לַמְנַצֵּחַ עַל־אַיֶּלֶת הַשַּׁחַר מִזְמוֹר לְדָוִד: ¹

אֵלִי אֵלִי לָמָה עֲזַבְתָּנִי רָחוֹק מִישׁוּעָתִי דִּבְרֵי שַׁאֲגָתִי: ²

אֱלֹהַי אֶקְרָא יוֹמָם וְלֹא תַעֲנֶה וְלַיְלָה וְלֹא־דוּמִיָּה לִי: ³

וְאַתָּה קָדוֹשׁ יוֹשֵׁב תְּהִלּוֹת יִשְׂרָאֵל: ⁴

בְּךָ בָּטְחוּ אֲבֹתֵינוּ בָּטְחוּ וַתְּפַלְּטֵמוֹ: ⁵

אֵלֶיךָ זָעֲקוּ וְנִמְלָטוּ בְּךָ בָטְחוּ וְלֹא־בוֹשׁוּ: ⁶

וְאָנֹכִי תוֹלַעַת וְלֹא־אִישׁ חֶרְפַּת אָדָם וּבְזוּי עָם: ⁷

כָּל־רֹאַי יַלְעִגוּ לִי יַפְטִירוּ בְשָׂפָה יָנִיעוּ רֹאשׁ: ⁸

גֹּל אֶל־יְהוָה יְפַלְּטֵהוּ יַצִּילֵהוּ כִּי חָפֵץ בּוֹ: ⁹

כִּי־אַתָּה גֹחִי מִבָּטֶן מַבְטִיחִי עַל־שְׁדֵי אִמִּי: ¹⁰

עָלֶיךָ הָשְׁלַכְתִּי מֵרָחֶם מִבֶּטֶן אִמִּי אֵלִי אָתָּה: ¹¹

אַל־תִּרְחַק מִמֶּנִּי כִּי־צָרָה קְרוֹבָה כִּי־אֵין עוֹזֵר: ¹²

סְבָבוּנִי פָּרִים רַבִּים אַבִּירֵי בָשָׁן כִּתְּרוּנִי: ¹³

פָּצוּ עָלַי פִּיהֶם אַרְיֵה טֹרֵף וְשֹׁאֵג: ¹⁴

כַּמַּיִם נִשְׁפַּכְתִּי וְהִתְפָּרְדוּ כָּל־עַצְמוֹתָי הָיָה לִבִּי כַּדּוֹנָג נָמֵס בְּתוֹךְ מֵעָי: ¹⁵

יָבֵשׁ כַּחֶרֶשׂ כֹּחִי וּלְשׁוֹנִי מֻדְבָּק מַלְקוֹחָי וְלַעֲפַר־מָוֶת תִּשְׁפְּתֵנִי: ¹⁶

כִּי סְבָבוּנִי כְּלָבִים עֲדַת מְרֵעִים הִקִּיפוּנִי כָּאֲרִי יָדַי וְרַגְלָי: ¹⁷

אֲסַפֵּר כָּל־עַצְמוֹתָי הֵמָּה יַבִּיטוּ יִרְאוּ־בִי: ¹⁸

יְחַלְּקוּ בְגָדַי לָהֶם וְעַל־לְבוּשִׁי יַפִּילוּ גוֹרָל: ¹⁹

וְאַתָּה יְהוָה אַל־תִּרְחָק אֱיָלוּתִי לְעֶזְרָתִי חוּשָׁה: ²⁰

הַצִּילָה מֵחֶרֶב נַפְשִׁי מִיַּד־כֶּלֶב יְחִידָתִי: ²¹

הוֹשִׁיעֵנִי מִפִּי אַרְיֵה וּמִקַּרְנֵי רֵמִים עֲנִיתָנִי: ²²

אֲסַפְּרָה שִׁמְךָ לְאֶחָי בְּתוֹךְ קָהָל אֲהַלְלֶךָּ: ²³

יִרְאֵי יְהוָה הַלְלוּהוּ כָּל־זֶרַע יַעֲקֹב כַּבְּדוּהוּ וְגוּרוּ מִמֶּנּוּ כָּל־זֶרַע יִשְׂרָאֵל: ²⁴

כִּי לֹא־בָזָה וְלֹא שִׁקַּץ עֱנוּת עָנִי וְלֹא־הִסְתִּיר פָּנָיו מִמֶּנּוּ וּבְשַׁוְּעוֹ אֵלָיו שָׁמֵעַ: ²⁵

מֵאִתְּךָ תְּהִלָּתִי בְּקָהָל רָב נְדָרַי אֲשַׁלֵּם נֶגֶד יְרֵאָיו: ²⁶

יֹאכְלוּ עֲנָוִים וְיִשְׂבָּעוּ יְהַלְלוּ יְהוָה דֹּרְשָׁיו יְחִי לְבַבְכֶם לָעַד: ²⁷

יִזְכְּרוּ וְיָשֻׁבוּ אֶל־יְהוָה כָּל־אַפְסֵי־אָרֶץ וְיִשְׁתַּחֲווּ לְפָנֶיךָ כָּל־מִשְׁפְּחוֹת גּוֹיִם: ²⁸

כִּי לַיהוָה הַמְּלוּכָה וּמֹשֵׁל בַּגּוֹיִם: ²⁹

אָכְלוּ וַיִּשְׁתַּחֲווּ כָּל־דִּשְׁנֵי־אֶרֶץ לְפָנָיו יִכְרְעוּ כָּל־יוֹרְדֵי עָפָר וְנַפְשׁוֹ לֹא חִיָּה: ³⁰

זֶרַע יַעַבְדֶנּוּ יְסֻפַּר לַאדֹנָי לַדּוֹר: ³¹

יָבֹאוּ וְיַגִּידוּ צִדְקָתוֹ לְעַם נוֹלָד כִּי עָשָׂה: ³²

<Al músico principal; sobre Ajelet-sahar. Salmo de David>

¹ Dios mío, Dios mío, ¿por qué me has desamparado?

¿Por qué estás tan lejos de mi salvación y de las palabras de mi clamor?

² Dios mío, clamo de día y no respondes; y de noche no hay para mí descanso.

³ Pero tú eres santo, tú que habitas entre las alabanzas de Israel.

⁴ En ti esperaron nuestros padres; esperaron y tú los libraste.

⁵ Clamaron a ti y fueron librados; confiaron en ti y no fueron avergonzados.

⁶ Pero yo soy gusano y no hombre; oprobio de los hombres y despreciado del pueblo.

⁷ Todos los que me ven se burlan de mí; tuercen la boca y menean la cabeza, diciendo,

⁸ "Se encomendó a Jehová, líbrelo él; sálvelo, puesto que en él se complacía".

⁹ Pero tú eres el que me sacó del vientre,
el que me hizo estar confiado desde que estaba en el regazo de mi madre.

¹⁰ A ti fui encomendado desde antes de nacer;
desde el vientre de mi madre, tú eres mi Dios.

¹¹ No te alejes de mí, porque la angustia está cerca y no hay quien me ayude.

¹² Me han rodeado muchos toros; fuertes toros de Basán me han cercado.

¹³ Abrieron contra mí su boca como león rapaz y rugiente.

¹⁴ He sido derramado como el agua y todos mis huesos se descoyuntaron.
Mi corazón fue como cera, derritiéndose dentro de mí.

¹⁵ Como un tiesto se secó mi vigor y mi lengua se pegó a mi paladar.
¡Me has puesto en el polvo de la muerte!

¹⁶ Perros me han rodeado; me ha cercado una banda de malignos;
desgarraron mis manos y mis pies.

¹⁷ ¡Contar puedo todos mis huesos! Entre tanto, ellos me miran y me observan.

¹⁸ Repartieron entre sí mis vestidos y sobre mi ropa echaron suertes.

¹⁹ Mas tú, Jehová, ¡no te alejes! Fortaleza mía ¡apresúrate a socorrerme!

²⁰ Libra de la espada mi alma, del poder del perro mi vida.

²¹ Sálvame de la boca del león y líbrame de los cuernos de los toros salvajes.

²² Anunciaré tu nombre a mis hermanos; en medio de la congregación te alabaré.

²³ Los que teméis a Jehová, ¡alabadlo! ¡Glorificadlo, descendencia toda de Jacob!
¡Temedlo vosotros, descendencia toda de Israel!

²⁴ porque no menospreció ni rechazó el dolor del afligido, ni de él escondió su rostro,
sino que cuando clamó a él, lo escuchó.

²⁵ De ti será mi alabanza en la gran congregación;
mis votos pagaré delante de los que lo temen.

²⁶ Comerán los humildes hasta quedar saciados;
alabarán a Jehová los que lo buscan; vivirá vuestro corazón para siempre.

²⁷ Se acordarán y se volverán a Jehová todos los confines de la tierra,
y todas las familias de las naciones adorarán delante de ti,

²⁸ porque de Jehová es el reino y él regirá las naciones.

²⁹ Comerán y adorarán todos los poderosos de la tierra;

se postrarán delante de él todos los que descienden al polvo,
aun el que no puede conservar la vida a su propia alma.
[30] La posteridad lo servirá; esto será contado de Jehová hasta la postrera generación.
[31] Vendrán y anunciarán su justicia; a pueblo no nacido aún, anunciarán que él hizo esto.

Este es un salmo penitencial, cuyas quejas profundas, que brotan de la más honda y humillante degradación humana y del más temeroso peligro, están en fuerte contraste con el tono alegre de Sal 21. Este salmo comienza con un grito desconsolado de angustia, para pasar a una llamada confiada, a una petición de ayuda, y terminar con votos de agradecimiento y una visión de apertura universal que brota de la liberación del sufriente. En ningún otro salmo hallamos una acumulación semejante de inmenso dolor externo con un sufrimiento interior tan grande, en conexión con la más perfecta inocencia.

Este salmo puede compararse con el 69; pero se distingue en una cosa: en Sal 69, no aparece ninguna palabra de imprecación mezclada con estos lamentos; hallamos a David que se esfuerza por ascender desde la hondura más hiriente de su abandono hasta la altura más luminosa de la presencia salvadora de Dios.

Este es un salmo davídico que pertenece al tiempo de su persecución por Saúl, pero Ewald lo sitúa en el tiempo que precede a la destrucción de Jerusalén el año 587 a. C., y Bauer en el tiempo del exilio. Ewald sigue diciendo que es imposible precisar mejor la identidad del poeta. Y Maurer concluye su presentación del tema de esta forma: "Solo una cosa tengo por cierta, que el autor del salmo fue un hombre ilustre, dotado de riquezas, que tenía una gran autoridad no solo entre los suyos, sino incluso entre los extraños o bárbaros" (illuc unum equidem pro certo habeo, fuisse vatem hominem opibus praeditum atque illustrem, qui magna auctoritate valeret non solum apud suos, verum etiam apud barbaros).

Hitzig insiste en esa visión, añadiendo que el autor del salmo fue Jeremías, y que escribió su primera parte cuando estaba encarcelado por apóstata, y la segunda cuando fue colocado en el patio de la prisión, bajo condiciones menos duras. Por su parte, Olshausen piensa una vez más que todo el salmo ha de ser situado en el tiempo de los macabeos.

En contra de eso, pienso que el autor del salmo fue el mismo David, cuando estaba perseguido por Saúl, y que esa afirmación puede tomarse como un hecho confirmado. En esa línea debemos recordar que tanto el grito de plegaria אל־תרחק (Sal 22, 12. 20; 35, 22; 38, 22, tomado en préstamo en Sal 71, 12), como el nombre dado al alma, יחידה (Sal 22, 21; 35, 17), y finalmente la forma de indicar la quietud y la resignación, con דומיה (Sal 22, 3; 39, 3; cf. 65, 2) son formas de expresión propias de los salmos davídicos.

Por otra parte, en ese salmo encontramos también otros puntos de contacto con antiguos himnos claramente davídicos, cf. 22, 30 con Sal 28, 1: aquellos que bajan al polvo, es decir, a la tumba... Hay también referencias de Sal 22 en salmos posteriores, como 143, 7. Pero los más significativos son los contactos de este salmo con otros del tiempo del enfrentamiento de David con Saúl, como Sal 69 (cf. Sal 22, 27 con 69, 33 y Sal 22, 17 con Sal 59, 15). A eso se añade el hecho de los nombres de animales que aparecen en nuestro salmo tienen paralelos en esos salmos citados de David.

Que el Sal 22 es un antiguo salmo davídico se confirma también con pasajes paralelos de la literatura de salmos y cantos posteriores. Así Sal 71, 5 está tomado de Sal 22, 10; Sal 102, 18 es una imitación de 22, 25. 31. Por su parte, dentro de la literatura de la *Hokma* o Sabiduría tenemos casos como estos, así Prov 16, 3, גֹּל אֵל־הּ, está tomado de Sal 22, 9. También hay conexiones con la profecía de Isaías 49, 1; 53, 1 y con Jeremías en Lam 4, 4, cf. Sal 22, 15, y en otras muchas instancias.

A pesar de esas conexiones con la literatura posterior, el Sal 22 posee algunas expresiones que son únicas y que no se encuentran en ningún otro lugar, como los *hapax legomena* אֱיָלוּת y עֱנוּת. Teniendo en cuenta todo lo anterior, no tenemos duda alguna de que este salmo proviene directamente de David, es לְדָוִד.

David es quien habla en este salmo, y ningún otro, y lo hace desde su más honda identidad. De acuerdo con la naturaleza de la poesía lírica, este salmo ha brotado de la hondura personal y de la sensibilidad individual de David. Hay, además, de hecho, en la historia de David, una ocasión en la que, siendo perseguido por Saúl, él pudo haber compuesto este salmo, exponiendo el sentimiento de su vida, en el contexto de 1 Sam 23, 25.

No conocemos las circunstancias más precisas de la tristeza y dolor de David en aquel momento, aunque no coinciden del todo con el raro y terrible sufrimiento descrito en este salmo, de forma que no podemos afirmar que este salmo sea la copia exacta, fiel y literaria, de aquellos sufrimientos, como puede mostrarnos otro salmo (Sal 17, 1–15), que fue compuesto en aquel mismo período. Solo de un modo muy extenso y genérico se pueden identificar las circunstancias de la liberación que expresa este salmo con aquello que aconteció en la vida de David.

Miradas las cosas desde otra perspectiva, la primera parte del argumento de Sal 22 coincide exactamente con el sufrimiento de Jesús de Nazaret, y la segunda con su resurrección. Lo que Sal 22, 15 presenta ante nuestros ojos, con fidelidad intensa, es la situación agonizante del Crucificado, su crucifixión, el dolor torturador en manos y pies, la sed ardiente, que responde a la profecía de la Escritura, con el grito διψῶ, Jn 19, 28.

El evangelio sigue hablando de aquellos que blasfeman y mueven sus cabezas pasando ante Jesús (Mt 27, 39, con Sal 22, 8) y también de los que se ríen y burlan de él diciendo "que le salve aquel en quien ha confiado" (cf. Mt 27, 43 con Sal 22, 9). En este contexto se sitúa el hecho de que dividieran y echaran a suertes sus vestidos (cf. Jn 19, 23) a fin de que se cumpliera Sal 22, 19. Todo eso indica que esté salmo está anunciando de modo misterioso la pasión de Jesucristo.

La cuarta de las siete palabras de Jesús crucificado, Ἠελί, Ἠελί κ. τ. λ., Mt 27, 46; Mc 15, 34, es la primera palabra del Salmo, como apropiación, anuncio y resumen de todo lo que sigue. Por otra parte, Hebr 2, 11 cita Sal 22, 23 como palabra de Cristo, para mostrar que él no se avergüenza de llamar hermanos a aquellos a quienes Dios ha querido que santificara, tal como ha hecho, siendo redentor resucitado (cf. Mt 28, 10; Jn 20, 17).

Estas no son las únicas relaciones que existen entre la historia de Jesús y este salmo, que ha vinculado de manera muy clara los sufrimientos del crucificado, con la salvación del mundo que brota de su resurrección y con la eficacia de sus sacramentos, de tal manera que, en sentido muy profundo, podemos afirmar que este salmo es más una historia que una profecía de Jesús (cf. *ut non tam prophetia, quam historia videatur*, Casiodoro).

En esa línea, la iglesia antigua afirmaba que quien hablaba en este salmo era el mismo Cristo más que David, de manera que condenó a Teodoro de Mopsuestia por interpretarlo de otra forma. Bakius presenta la opinión de los antiguos comentaristas luteranos cuando dice: "Afirmamos que este salmo ha de aplicarse solo a Cristo, en su integridad y en su totalidad, sin ninguna alegoría, tropología y ἀναγωγῆ" (asserimus, hunc Salmum ad literam primo, proprie et absque ulla allegoria, tropologia et ἀναγωγῆ integrum et per omnia de solo Christo exponendum esse). Incluso la Sinagoga, cuando habla de un Mesías sufriente, reconoce que es ese mesías quien habla aquí, e interpreta su salvación como revelación de la *Sekina*, como símbolo de la llegada de la redención.

Por nuestra parte, pensamos que todo este salmo contiene palabras de David, pero que no por eso pierde nada de su carácter profético. Es un salmo típico. El mismo Dios que comunica sus pensamientos de redención a la mente de los hombres, haciéndoles avanzar en un camino de revelación y anuncio profético, ha modelado de tal forma la historia contada en este salmo que ha hecho que ella sea una prefiguración de la liberación futura de Cristo. En esa línea, la evidencia de las profecías que se expresan en los hechos de la redención (*Thatweissagungen*) es tan importante y decisiva como la evidencia de las profecías que se expresan por medio de predicciones verbales o palabras (*Wortweissagungen*).

Aquel David, que había sido ungido como rey por Samuel, antes de ascender al trono, tuvo que atravesar un camino de sufrimiento, que se asemeja al camino de sufrimiento de Jesús, Hijo de David, bautizado por Juan. Pues bien, los sufrimientos típicos de David están encarnados y expresados para nosotros en los salmos, como imágenes reflejadas en un espejo, de forma que en esas imágenes se expresa el poder, misericordia y sabiduría de Dios.

Pero ese Sal 22 no es meramente salmo típico, porque en la misma naturaleza del tipo se incluye la diferencia y distancia entre el tipo y el antitipo. Este es un salmo muy especial, pues David desciende con su llanto hasta una profundidad que se encuentra más allá de su propia aflicción y sube con su esperanza más allá de la altura a la que él puede aspirar como recompensa por haber sido afligido.

En otras palabras, el Espíritu de Dios ha utilizado aquí la figura literaria de la hipérbole (árabe *mubâlgt*), es decir, una pintura con colores fuertemente destacados, pues sin ellos la misma poesía sería plana y desfigurada a los ojos de los semitas. Pues bien, en este salmo, ese elemento hiperbólico de la figura literaria viene a convertirse en anuncio profético real, profecía de Cristo.

Esta elevación del elemento típico, hasta convertirse en profético, se puede explicar desde una perspectiva psicológica. Dado que David ha sido ungido con el óleo de la consagración real, y al mismo tiempo con el espíritu Santo (el Espíritu regio de la promesa), él se mira a sí mismo como Mesías de Dios, como aquel hacia quien apuntan las promesas de la Escritura.

En virtud de esta visión de sí mismo, a la luz de la llamada más alta de Dios, en conexión con la historia de la redención, la realidad histórica de su propia experiencia (la experiencia de dolor de David) viene a tomar un carácter histórico y profético más alto, de tipo ideal, de tal manera que lo que él experimenta y lo que él espera adquieren una hondura y una profundidad que se extienden y abren hasta la historia del Cristo final y verdadero de Dios.

Con esto no queremos afirmar que en David se haya dado un desbordamiento de su propia conciencia, identificándose así con la conciencia de Cristo, una opinión que Hengstenberg, Tholuck y Kurtz han mostrado que es psicológicamente imposible. Lo que queremos decir es que, tomándose como Cristo de Dios (para expresar su vocación y llamada a la luz del cumplimiento histórico), David se mira a sí mismo desde la perspectiva de Jesucristo.

David no se distingue ni se separa del Cristo futuro (como si fueran dos figuras distintas), sino que se ve a sí mismo con los rasgos del futuro Cristo, cuya imagen no logrará expresarse y desarrollarse plenamente hasta más tarde, de manera que la nueva historia de Jesús coincidirá con aquellos elementos que aparecen como "excesivos" (desbordantes, más altos) en las afirmaciones de David como tipo de Cristo.

Dios, como Padre, modela la historia de Jesucristo de acuerdo con su propio consejo; pues bien, de un modo semejante el Espíritu Santo modela las afirmaciones de David referentes a sí mismo como tipo del Cristo que ha de venir, desde una perspectiva histórica, que anuncia y anticipa lo que ha de ser la historia del Cristo futuro y pleno.

A través de la acción de ese Espíritu, que es, al mismo tiempo, el Espíritu de Dios y del Cristo futuro, la historia típica de David, tal como él la describe en los salmos, y de un modo especial en este Sal 22, adquiere una hondura tal de tono, brillantez y poder que, por medio de ella, esta experiencia del dolor de David va más allá de los hechos típicos y penetra en la auténtica raíz de los consejos divinos, creciendo de tal forma que viene a convertirse en palabra de profecía, penetrando así en la raíz del consejo divino, de tal forma que podría decirse que el mismo Cristo está hablando en este salmo a través de David.

En ese sentido, los sufrimientos de David, antepasado de Cristo, vienen a presentarse como tipo y anticipación de los sufrimientos del mismo Cristo. Sin asumir esta incontestable relación entre el Sal 22 y Cristo no podemos entender ni entrar plenamente en sus sentimientos.

El encabezamiento reza "al preceptor, sobre (según) la estrella de la mañana (עַל־אַיֶּלֶת הַשַּׁחַר, *al Ajelet-sahar*), Salmo de David". Lutero, teniendo en cuenta que Jesús fue prendido en la noche y llevado ante el Sanedrín, traduce "por el reverso, que será pronto vencido, expulsado", porque "Patris Sapientia, Veritas divina, Deus homo captus est hora matutina" (porque la Sabiduría del Padre, la Verdad divina, el Dios hombre, ha sido cautivado en la hora matutina).

Esta interpretación ofrece, sin duda, una mejora bien intencionada de la traducción de los LXX (ὑπὲρ τῆς ἀντιλήψεως τῆς ἑωθινῆς, sobre la recepción de la mañana) y de la Vulgata (*pro susceptione matutina*, sobre el comienzo o recepción de la mañana). Pero ella y otras se fundan en una confusión entre אילת y אילות (cf. Sal 22, 20), que ha sido explicada así por Teodoreto, ἀντίληψις ἑωθινὴ ἡ τοῦ σωτῆρος ἡμῶν ἐπιφάνεια (la recepción de la mañana es la epifanía de nuestro Salvador).

Incluso el *midrash* de Cant 2, 8, y el *Targum* del Cordero o Tamid del Sacrificio de la Mañana (sacrificado tan pronto como el vigía del pináculo del templo gritaba, ברק ברקאי: ¡Brillan los primeros rayos de la mañana!) evocan esta luz primera del día que amanece. Según eso, y conforme a la definición tradicional, las palabras עַל־אַיֶּלֶת הַשַּׁחַר significan *la primera luz que precede de la mañana*, en un amanecer cuyos primeros rayos se parecen a los cuernos de un ciervo que aparece en el horizonte[71].

Ciertamente, es natural asignar a este encabezado un sentido simbólico, pero en otra línea hay que entenderlo técnicamente desde una perspectiva musical, en la línea de otros encabezados de los Salmos. Así lo ha explicado Melissus (1572) de un modo correcto: "Se relaciona con la melodía de un canto común,

---

71. Estas palabras se refieren según eso a una determinación del tiempo, que encontramos tanto en el *Targum* de Babilonia como en el de Jerusalén: "desde el brillo del amanecer en la mañana hasta que todo el este queda iluminado". En *J. Berachoth, ad initium* se explica: ומנהרין לעלמא אילת השחר כמין תרתי קרני דנהורא סלקין ממדינחא, "como los cuernos de la luz, brotando del este y llenando el mundo con su claridad".

que comenzaba *Ajleth Hashhar*: cuando aparece el cuerno de luz de la aurora en la mañana". Es evidente que la elección de esta melodía puede referirse a la gloria que se alza superando la noche de la aflicción humana. Pero estrictamente hablando se trata de una melodía musical.

Conforme al despliegue de sus pensamientos, el salmo se puede dividir en tres partes, 22, 2-12; 22, 13–22 y 22, 23-32, que se componen armónicamente de 21, 24 y 21 líneas. No es claro si el poeta ha querido organizar estos tres grupos de un modo más preciso. Pero parece cierto que las siete líneas finales pueden separarse del tercer grupo, apareciendo, así como columnas que sostienen el conjunto, de forma que aparecen como base de todo el canto.

22, 2–3. Esta primera división o parte de Sal 22 comienza con un desconsolado grito de angustia, con la lamentación sobre el alejamiento prolongado de Dios, como principio de una oración confiada. La pregunta comienza con לָמֶה en vez de con למה antes de la gutural (עֲזַבְתָּנִי), quizá para hacer que la exclamación sea más incisiva (cf. *Coment.* a Sal 6, 5 y 10, 1), no como expresión de impaciencia y desesperación, sino de alienación, sufrimiento y anhelo.

El sufriente se siente rechazado por Dios; el sentimiento de la ira divina le ha envuelto del todo; a pesar de ello él conoce que está unido a Dios en temor y en amor. Su condición actual desmiente o va en contra de la naturaleza real de su relación con Dios, y es precisamente esta contradicción la que le lleva a plantear esa dolorosa pregunta que surge de su más honda profundidad: "¿Por qué me has abandonado?".

Pues bien, a pesar de este sentimiento de abandono por parte de Dios, el lazo de amor con él no se ha roto. El sufriente llama a Dios אֵלִי (Dios mío), y urgido por el gran deseo de que Dios le haga sentir su amor repite: אלי אלי (Dios mío, Dios mío).

Esta llamada quejosa aparece también en otros casos de la Biblia, como en Sal 88, 15 e Is 49, 14. De todas formas, el abandono del Crucificado es único, y no puede ser medido con la medida del sufrimiento David o de ningún otro sufriente, que se queja de esa forma desde el centro de la prueba. En medio de todos estos casos hay algo en común: Detrás de la ira que siente, el orante sabe que él se encuentra escondido (integrado) en el amor de Dios, y así se mantiene firme en la fe (en medio de la gran oscuridad y abandono). El que así se queja, incluso a causa de ello (de quejarse) no es como tal un sujeto destruido por la ira de Dios, porque en medio de ese sentimiento de abandono él se mantiene su comunión con Dios.

En su postrer suspiro, el Crucificado habla aquí como el Santo de Dios, y la reconciliación por la que él se ofrece a sí mismo es el propósito de la misericordia eterna de Dios, que se está expresando (realizando) ahora, en la plenitud de los tiempos. Pues bien, en la medida en que se coloca a sí mismo bajo el juicio de Dios, llevando en sí el pecado de su pueblo y de toda la raza humana, Jesús no puede ser una excepción, separándose de los otros y dejando de experimentar la ira de Dios en contra de la humanidad pecadora. De esa forma, él se siente a sí mismo como si fuera también culpable, bajo la gran ira de Dios que se extiende sobre la humanidad pecadora.

Desde el fondo de la infinita profundidad de esta experiencia de ira, que en este caso no se funda en una mera apariencia, sino que es expresión de la más honda realidad del sufrimiento de los hombres[72], brota el grito de su queja que va más allá de la ira, llegando hasta la hondura del amor divino, con las palabras de los evangelistas (ἠλὶ ἠλὶ λαμὰ σαβαχθανί), que omiten la palabra πρόσχες μοι, que introdujeron los LXX con el sentido de "mírame"[73].

Los LXX traducen, Θεέ μου, θεέ μου, ἵνα τί με ἐγκατέλιπες. Pues bien, en ese contexto, Jesús no dijo עזתני, sino שבקתני, que es la palabra que utiliza el Targum en vez de otras. Jesús la dice en arameo, no con el fin de que todos pudieran entenderla, pues una consideración de ese tipo estaba en aquel tiempo lejos de su mente, sino porque el arameo era su lengua materna, por la misma razón por la que él llamó a Dios אבא en su plegaria. Su separación de Dios, como dice Sal 22, 2 se expresa en el hecho de que la ayuda de Dios y el grito de Jesús pidiendo ayuda estaban muy distantes.

שאגה (cf. שְׁאָגָתִי) se aplica propiamente al rugido del león (Aquila: βρύχημα), y es el grito que Jesús pronunció en medio de su mayor agonía (cf. Sal 38, 9). Pero en este caso, como muestra la expresión דברי, esa llamada no es un grito inarticulado, sino un grito que eleva y expone ante Dios las palabras de su oración, de un modo comprensible. La palabra רחוק no ha de tomarse como aposición de sujeto de עזבתני (עֲזַבְתָּנִי רָחוֹק), lejos de mi ayuda, esto es, lejos de las palabras de mi grito (Riehm), pues en ese caso דברי שאגתי, en conexión con la no repetición del מִן, serían una aposición a מִישׁוּעָתִי.

Se han dado diversas interpretaciones sobre el sentido de esa palabra רחוק, lejos. Pero la mejor de todas consiste en tomarla, en su forma primitiva, como en

---

72. Eusebio observa, comentando este Sal 22, 2, que "siendo fuente de misericordia, Jesús asumió nuestro pecado, y siendo fuente de bendición recibió el piélago de la maldición preparada para nosotros (δικαιοσύνης ὑπάρχων πηγὴ τὴν ἡμετέραν ἁμαρτίαν ἀνέλαβε καὶ εὐλογίας ὢν πέλαγος τὴν ἐπικειμένην ἡμῖν ἐδέξατο κατάραν). Y añade que, siendo principio de educación de paz para nosotros, Jesús recibió la *paideia* o educación que merecíamos nosotros (cf. τὴν ὡρισμένην ἡμῖν παιδείαν ὑπῆλθεν ἑκών παιδεία γὰρ εἰρήνης ἡμῶν ἐπ᾽ αὐτὸν…).

73. Véase Jerónimo, *Ep. ad Pammachium de optimo genere interpretandi*, donde él responde a los críticos que le acusan de dejar a un lado las palabras de los LXX: Reddant rationem, cur septuaginta translatores interposuerunt "respice in me" (que justifiquen la razón por la que los LXX introdujeron la expresión "mírame").

Sal 119, 155, según la visión de Gesenius, 146, 4, como predicado de la palabra דברי a la que precede (רָחוֹק מִישׁוּעָתִי דִּבְרֵי שַׁאֲגָתִי): Lejos de mi salvación, es decir, lejos de mi rescate, están las palabras de mi grito. Hay, según eso, un gran abismo o separación entre las dos realidades (entre Dios y Jesús), pues Dios no responde a Jesús, el orante, aunque él grite sin cesar.

En 22, 3 encontramos el nombre reverencial de Dios, אלהי, en lugar de אלי que es el nombre que expresa el poder de Dios. Aparece igualmente en vocativo y está marcado según eso con un *rebia magnum*. No es un acusativo de objeto, como en Sal 18, 4 (Hitzig), en cuyo caso la construcción tendría que ir seguida no por ולא יענה, sino por וְלֹא תַעֲנֶה. Queda, sin embargo, claro que aquel a quien Jesús llama es Dios, como lo indican tanto la persona a la que dirige la oración (אלהי) como la anotación ולא תענה, dado que aquel de quien se espera una respuesta es la persona a la que se dirige la pregunta.

El grito ininterrumpido del orante permanece según eso sin respuesta, sin ser apaciguado. La frase ולא־דמיה לי es paralela a ולא תענה y no significa "no me has concedido una respuesta", y tampoco "no me has dado reposo" (Jer 14, 17; Lam 3, 49), *sino sin que haya recibido descanso*, "sin que mi lamento haya sido apaciguado".

De la hora sexta a la nona la tierra quedó envuelta en oscuridad. En torno a la nona Jesús gritó, tras un largo y más silencioso combate, diciendo: ἠλί, ἠλί. En esa línea, la expresión ἀνεβόησεν φωνῇ μεγάλῃ, Mt 27, 46, y también la expresión κραυγῇ ἰσχυρά de Hebr 5, 7, que no se refiere exclusivamente a la escena de Getsemaní, nos recuerdan la palabra שאגתי de Sal 22, 2 (de mi clamor, de mi grito). Cuando su pasión llegó a su clímax habían pasado días y noches de duro combate, y lo que entonces se volvió audible fue solo el estallido del segundo conflicto de oración de David, que se volvía cada vez más fuerte, más ardiente, a medida que se acercaba la hora de su solución final.

22, 4–6. El orante recuerda a Yahvé la contradicción que existe entre el largo tiempo en que él se ha encontrado sin ayuda, y la rapidez con la que el mismo Dios respondía en otro tiempo, de manera tan frecuente, a los que le pedían ayuda. La partícula ואתה abre una cláusula adverbial de contraargumento: Aunque tú Yahvé eres קדוש, absolutamente puro, es decir, separado (de la raíz קד, árabe qd, cortar, partir, como tahur, sinónimo de kadusa, como intransitivo de tahara, igual a ab'ada, separar, poner a gran distancia, בר, puro, limpio). En esa línea Yahvé es santo, y así se ha mostrado a sí mismo, como indica de forma solemne de la תהלות u oración de Israel, sobre la que (o en medio de la que) él se sienta entronizado.

תהלות son los cantos de alabanza ofrecidos a Dios por sus atributos y sus obras, que son dignas de ser glorificadas (esas mismas obras se llaman también תהלות en Sal 78, 4; Ex 15, 11; Is 63, 7), y así son presentadas en su santuario (Is 64, 10). La combinación יושב תהלות (el que habita entre alabanzas, con el acusativo de los verbos de habitar) es semejante a la combinación de יוֹשֵׁב כְּרֻבִים (el que habita entre querubines: Sal 99, 1; Sal 80, 2), como si las alabanzas de los fieles fueran los verdaderos querubines sobre los que Dios se encuentra entronizado. Los cantos de alabanza, que resuenan en Israel a modo de memorial de sus gestos de liberación, son como las alas del querubín sobre las que la presencia de Dios habita en Israel.

En 22, 5, la oración trae el recuerdo de la gratuita y gloriosa autoatestación de Dios que, desde los tiempos más antiguos, como Dios Santo, reconoce a aquellos que dan testimonio de él, en oposición a sus perseguidores, justificando así la confianza que han puesto en él. En 22, 5, confianza en Dios y rescate se ponen en relación recíproca. Por si parte, פלט y מלט se distinguen solo por las sibilantes, una más fuerte y otra más suave, cf. Sal 17, 13 con Sal 116, 4. No es nada extraño que tales pensamientos estuvieran actuando en el alma del Crucificado ya que su conciencia divino–humana, desde el lado humano, era totalmente israelita, y el Dios de Israel es también Dios de salvación en medio del sufrimiento. Dios es quien determina la redención ¿Por qué no debería redimir rápidamente al Redentor?

22, 7–9. El orante se queja de la grandeza de su dolor, a fin de mover a Yahvé que está implicado en ello, pidiéndole que le envíe un rápido socorro. Pero a pesar de su grito pidiendo ayuda, el orante (David, Jesús) se encuentra inmerso en la aflicción más honda y sin rescate. Cada palabra de este verso (22, 7) recibe un eco en la segunda parte del libro de Isaías. Tanto allí como aquí, Israel (y Jesús) aparecen como un gusano (Is 41, 14). Todos los rasgos de este hombre sufriente se muestran y despliegan claramente allí, en Is 49, 7; Is 53, 3, cf. Is 50, 6, y especialmente en Is 52, 14: "tan doliente era su apariencia que no parecía un hombre".

תּוֹלַעַת es en particular un gusano, una especie de cochinilla (*vermiculus*, por su color bermejo, *vermeil, vermiglio*). Pero el punto de comparación en este caso no es la apariencia sanguinolenta/rojiza, sino el sufrimiento ignominioso, sin defensa alguna. La palabra עם tiene el mismo sentido que גוי en Is 49, 7 (pueblo, plebe). Jerónimo traduce bien las palabras ἐξουθένωμα λαοῦ de los LXX por *abjectio* (Tertuliano: *nullificamen*) *plebis,* no *populi,* desprecio o nulidad [Tertuliano], pero sin que se diga "del pueblo").

Las palabras ἐξεμυκτήρισάν με, por las que LXX traduce ילעיגו לי (se burlaban de mí) las ha utilizado Lc 23, 35 (cf. Lc 16, 14) en la historia de la Pasión de Jesús. El cumplimiento y la profecía coinciden de un modo tan exacto que no se pueden encontrar en la historia del evangelio expresiones más adecuadas que las de esta profecía, que aparece como expresión histórica del sufrimiento de Jesús. Lo que en otros casos aparece como signo de una acción (abrir la boca, burlarse con los labios, הפטיר בשפה) viene a presentarse aquí como indicación de la burla de la gente en cuanto tal. El mismo movimiento de la boca y los labios se vuelve así burla. Cf. פער בפה, Job 16, 10; נתן בקול Sal 68, 34 (cf. Gesenius, 138, 1, nota 3).

El movimiento de la cabeza es aquí, lo mismo que en Sal 109, 25 (cf. Sal 44, 15; Sal 64, 9), un gesto de sorpresa y extrañeza por algo que resulta inesperado, no un tipo de reverencia, aprobando la injuria de otros, aunque las expresiones נוע נוד נוט, con νεύ-ω, *nu-t-o, nic-to, neigen, nicken,* forman una misma familia en su raíz. En Sal 22, 9 siguen las palabras de burla. Los que escarnecen al sufriente lo hacen con gestos y palabras que se vinculan entre sí, de manera que al burlarse de él (del sufriente que es mesías de Dios) se están burlando en realidad del mismo Dios, con miradas y preguntas maliciosas, que van en el fondo dirigidas al mismo Dios en quien el sufriente confía.

22, 10–12. El orante pide a Dios que responda a la confianza que ha depositado en él, pues esa confianza se ha vuelto objeto de burla. Con la partícula כי él confirma la relación de amor que ha establecido con Dios, relación de la que sus enemigos se burlan (porque tú eres quien me sacó del vientre, כִּי־אַתָּה גֹחִי מִבָּטֶן). En el fondo de la afirmación del orante está la certeza de que ha sido realmente así, de manera que כי tiene un valor afirmativo.

El verbo (גיח) גוח (cf. גֹחִי מִבָּטֶן) tiene un sentido intransitivo (sacar, del vientre, cf. Job 38, 8) y transitivo (empujar, expulsar fuera, cf. árabe *jchcha*), de forma que el nacido es fruto del vientre, Miq 4, 10. Ese verbo parece tener aquí un sentido intransitivo, mostrando que Dios mismo es su "ruptura", es decir, la causa de su salida/ruptura, pues en Dios y de Dios ha nacido el orante (como ponen de relieve Hengstenberg, Baur y otros). De Dios ha nacido Jesús, él debe ampararle (aunque no sea necesario insistir en la metonimia de fondo de las palabras)[74].

Por su parte, el *hifil* הבטיח no significa simplemente poner en seguridad (Hupfeld), sino hacer que uno (el nacido) pueda confiar. Conforme a la concepción bíblica, incluso el no nacido, es decir, el niño en el vientre de la madre, tiene un tipo de atisbo de conciencia, que brota de las más hondas profundidades de la inconciencia (*Psychologie* p. 215). Por eso, cuando el orante afirma que ha sido sacado del vientre de su madre por el mismo Yahvé, él está afirmando que, desde el nacimiento, él está siendo dirigido por el mismo Yahvé, y que tiende hacia Yahvé y solo hacia él, con todas sus necesidades y cuidados, de forma que a partir del

---

74. La palabra נֹחִי puede tener dos sentidos: (a) puede ser participio de גוח, con el significado de "el que me empuja", el que me impulsa fuera del vientre, es decir, el que me ha hecho "separarme" del vientre, romper mi unidad con la madre y nacer; (b) pero, dado que el verbo גוח no aparece en sentido causativo, y dado que los participios de tipo בוס (salida, salimiento) y לוט (velamiento, cf. Gesenius 72, nota 1) no aparecen nunca con un sufijo, puede ser participio de un verbo como גחה, empujar fuera (Hitzig), que quizá solo se emplea por metaplasmo del *piel* גחח con un eufónico מגחחי (Ewald S. 859, *Addenda*). En Sal 71, 6 hallamos גוזי en vez de גחי, lo mismo que en Sal 71, 5 tenemos מבטחי en vez de מבטיחי.

mismo vientre Yahvé es su Dios. De esa forma encontramos aquí una especie de conciencia de vivir en Dios, no solo en sentido objetivo, sino también subjetivo.

El texto menciona por dos veces a la madre. A lo largo del A. T., no encontramos ninguna mención del padre o generador humano masculino del mesías; solo hallamos referencia a la madre o a aquella mujer que le ha engendrado. Y las palabras de estos versos están indicando que el comienzo de la vida del orante, en necesidad y pobreza, se parece al surgimiento del Cristo, tanto en el A. T., como en el N. T. Desde el fundamento de esa vinculación con Dios, puede y debe entenderse el grito de llamada y petición de auxilio de Sal 22, 12, como expresión del abandono del hombre, a quien Dios ha hecho nacer, acogiéndole en su vida, aunque pareciendo después que le abandona.

Los dos כִּי, el del 22, 10 y el del 22, 12 (כִּי-אַתָּה י כִּי-צָרָה), son semejantes. Desde la suma necesidad en que se encuentra, el orante apela al Dios que le ha sacado del vientre; solo él le ha hecho nacer, solo Dios puede salvarle en este momento de angustia, ningún otro.

22, 13–14. Tras haberse referido a su relación con Dios, tal como ha existido desde los momentos primeros de su vida, en el vientre de su madre, el orante se vuelve más calmado, de forma que describe desde 22, 13 su vida interior y exterior, y lo hace para descargar su corazón. Él llama aquí a sus enemigos פרים, toros, y más en concreto בְּשָׁן אבירי (toros fuertes de Basán, cf. Sal 50, 13, con Dt. 32, 14), bovinos poderosos de unas tierras fecunda de ricas encinas y pastos abundantes (בשן significa un tipo de colina feraz, y en el lenguaje de los beduinos esa palabra sigue significando tierra feraz de praderas, sin piedras, como he puesto de relieve en mi *Coment. a Job*, p. 509ss), al norte del río Yabok, extendiéndose hasta las laderas del monte Hermón, la tierra de Og (rey de Basán), tierra que fue después de la tribu de Manasés (Num 30, 1).

Los toros de Basán son especiales por su robustez y vigor, un tipo de fuerza que, siendo adquirida y utilizada en oposición a Dios, viene a presentarse como fuerza animal, bestial, más que humana (Am 4, 1). La Biblia emplea estas figuras tomadas del mundo animal y las aplica y explica en sentido moral, pues los antiguos comparaban los instintos animales con algunas conductas de los hombres.

Más aún, la Biblia está muy influida por el hecho de que, conforme a la visión del Génesis, fue un animal (serpiente) el que, por impulso de Satán, tentó e hizo caer a los hombres. Por eso, dado que Satán se sirvió de un animal para tentar a los hombres, Satán y los animales aparecen como poderes dominantes que les amenazan, desde una perspectiva adámica. Las palabras כתר y סבב vienen dadas en paralelo en el sentido de rodear o cercar (סְבָבוּנִי y כִּתְּרוּנִי).

Con Sal 22, 14 pueden compararse los ecos de Jeremías en Lam 2, 16 y 3, 46. Finalmente todos los enemigos aparecen comparados con la figura de un león que, tan pronto como avista la presa empieza a rugir. La palabra hebrea טרף, que según su raíz significa *discerpere* (arrancar), pertenece a la misma familia de חרף, destruir. El texto latino dice: *leonis dilaniaturi et rugientis,* león que desgarra y ruge.

22, 15–19. El orante describe en 22, 15 la forma en la que, rodeado de enemigos, como dicen los versos anteriores, sigue viviendo, pero como si ya estuviera muerto. El hecho de estar siendo derramado como agua nos recuerda el ignominioso abandono en que se encuentra un crucificado, en una condición de debilidad, en un momento en que su vida, privada de su apoyo natural, está en trance de "disolverse", pues todos sus poderes se secan (2 Sam 14, 14) y sus huesos se van descoyuntando, por la dolorosa separación de los miembros[75].

En esa línea, Job sigue diciendo que su corazón "se derretía como cera" (הָיָה לִבִּי כַּדּוֹנָג), evocando así su ardiente angustia, la presión de la sangre en su cabeza y en su corazón, que son los rasgos característicos que indican la causa de la muerte de un crucificado. La cera, דונג, recibe ese nombre por el hecho de derretirse (דנג, raíz דג).

En 22, 16 la comparación de fondo de la palabra כחרש hace referencia al resultado de la situación anterior (véase Sal 18, 43), יָבֵשׁ כַּחֶרֶשׂ כֹּחִי, *mi fuerza se ha secado* de manera que se ha vuelto como un tiesto, un ladrillo… Saadia pone חכי en vez de כחי y el cambio no es bueno, a no ser que tomemos כח como en el hebreo talmúdico כיח, en el sentido de "saliva", que hace juego con la *lengua* del estico posterior paralelo (וּלְשׁוֹנִי), de la que se dice que ha quedado seca por la sed.

La palabra רק es siempre femenina, quizá con la excepción de Prov 26, 28; pero en nuestro caso el predicado es del género básicamente masculino, sin referencia al sujeto. De todas formas, el participio pasado tiene generalmente la tendencia a ser utilizado sin referencia al género, conforme al influjo de una construcción que ha sido estudiada por Gesenius 143, 1b, según la cual לְשֹׁנִי puede tomarse como acusativo de objeto. Por su parte, מַלְקוֹחָי es un acusativo de lugar (con ל, Sal 137, 6; Job 29, 10; con אל, Lam 4, 4; Ez 3, 26), mi lengua se pegó a mi paladar, *fauces meas* (a mis fauces).

Este es el estado del orante, a consecuencia de su padecimiento externo. No es Dios el que le persigue, pero es claro que sus enemigos no habrían tenido el poder de hacer todo lo que aquí se dice, a no ser que Dios se lo hubiera permitido (concedido). Eso significa que ha sido Dios mismo quien le ha derribado hasta la muerte. שפת es imponer sobre alguien un peso, hacerle sucumbir, con una idea de fondo de firmeza y de duración, como en árabe *ṯbât,* Is 26, 12.

---

75. Con התפרד, de פרד separar, en griego ἐξαπλοῦν; cf. árabe *frd,* conforme a su significado que ha sido conservado en el árabe común: separar, apartar (cf. Bocthor, *Dict. Fran-arabe,* voces. *Etendre* y *Deployer*).

El verbo se utiliza aquí en futuro para indicar precisamente aquello que está sucediendo. De un modo semejante al de Is 53, 1-12, también aquí se habla de la muerte del que sufre (del Siervo de Dios) no solamente como de algo que está sucediendo sin más, sino como de algo que ha sido decretado (no simplemente permitido) por Dios, conforme a la decisión de su voluntad.

Así se dice que David, estando perseguido por Saúl, el rey de su pueblo, se encontró en el borde de la muerte, y pudo haber muerto. Por su parte, el Sanedrín, que era la autoridad de su pueblo entregó a Jesús a los romanos, y según eso él fue ejecutado por los paganos, que le condenaron a una muerte de cruz.

La muerte de Jesús fue un asesinato judicial, ejecutado bajo las condiciones y circunstancias de aquel tiempo. Pues bien, habiendo sido condenado en un sentido por los paganos, Jesús fue ejecutado a consecuencia de una dispensación del Dios Santo, en cuyas manos se encuentran todos los caminos de la historia del mundo, un Dios que ha puesto así el mismo pecado de los hombres al servicio de su expiación (de la redención divina).

La palabra "perros" (כלבים) describe figuradamente el carácter de estos animales, que carecen de vergüenza, y que están inclinados a morder y ladrar, es decir, a perseguir. Por eso, Símaco y Teodoción han traducido: θηράται κυνηγέται (algo así como *fieras perrunas*).

En 22, 17b, עדת מרעים toma el lugar כלבים (de 22, 17a) y a esto le sigue הקיף en plural, con el sentido de cercar (de atacar en círculo), rodear de manera amenazadora, formando un círculo, actuando a modo de intensificador del verbo anterior, como traduce Reina-Valera: (a) כִּי סְבָבוּנִי כְּלָבִים, porque me rodearon perros; (b) עֲדַת מְרֵעִים הִקִּיפוּנִי, una banda de malvados me ha rodeado.

Tertuliano traduce: *synagoga maleficorum*; Jerónimo: *concilium pessimorum* (sinagoga o consejo de los malos, de los pésimos). En esa línea, un grupo formado por algunos que tienen malos propósitos reciben también el nombre de עדה, e. g., עדת קרח, apareciendo así como sinónimo de una banda de perros furiosos, en ataque. El problema empieza cuando queremos precisar el sentido de כָּאֲרִי, que se puede entender como si fuera combinación de כּ más אֲרִי (*instar leonis*, a modo de leones) o también como verbo, con el sentido de *desgarraron como leones* mis manos y mis pies, הִקִּיפוּנִי כָּאֲרִי יָדַי וְרַגְלָי. La frase puede tener, según eso, dos sentidos:

– Puede significar que, escogiendo un punto de ataque, los malvados trazaron un círculo con sus manos y sus pies, como hacen los leones tan pronto como tienen la presa a su alcance, de manera que esa presa no pueda defenderse de sus manos (de sus patas delanteras) ni escaparse de sus patas traseras; así, el orante se concibe como presa indefensa ante leones, de manera que no puede defenderse ni con sus manos ni con sus pies[76].

- Pero כארי puede tomarse también como un verbo, en el sentido de "taladraron" (atravesaron) mis manos y mis pies, en una línea que parece más cercana a la visión de los cristianos, que han tendido a interpretar este verbo a la luz de la crucifixión de Jesús (a quien atravesaron pies y manos con los clavos). Esa interpretación puede deducirse de la misma Masora, que aparece vacilante respecto de este pasaje[77]. Incluso el Targum que traduce *mordent sicut leo manus et pedes meos* (muerden como león mis manos y mis pies), es un testimonio de la vacilación que hay en la interpretación de estas palabras.

Sea como fuere, las antiguas versiones han leído sin duda כארו, atravesaron/desgarraron (como hace Reina-Valera). Aquila en su primera edición traduce ἤσχυναν (del arameo y talmúdico כאר igual a כער כאור, en el sentido de sucio, ensuciar); pero esta traducción no es aplicable a nuestro caso. En la segunda edición, el mismo Aquila, igual que Símaco, pone "ellos han atado, han amarrado"[78], en sentido de atar, de ligar, de encadenar; pero este sentido es difícilmente aplicable, pues en hebreo existen otras palabras que indican mejor al sentido de atar, de sujetar[79].

76. La dificultad de esta traducción ha sido puesta de relieve desde antiguo, como puede observarse en la *masora* que compara este pasaje (Sal 22, 17) con Is 38, 13 diciendo que la palabra כארי tiene dos sentidos diferentes (לישני בתרי), lo mismo que se dice en el *Midrash* donde la palabra כארי se toma como un verbo, con el sentido de "conjurar". Diversos manuscritos y anotaciones masoréticas interpretan la palabra de formas distintas, sin que se haya llegado a una solución satisfactoria, como ha mostrado la revista *Biccure ha-'Ittim*. El tema de fondo es si el significado de כארי en la masora es el mismo que el de כארים, como plural explícito, o si se trata de una forma participial de tipo arameo como כאר (que en hebreo solo aparece en forma media) o si estamos más bien ante un plural apocopado, como admiten Gesenius y Ewald, para algunos casos raros (véase Sal 45, 9 y comparar con 2 Sam 22, 44). Sea cual fuere la solución que se tome, este es un caso que está sometido a muchas dudas.

77. Las dudas han crecido por el hecho de que Jacob ben Chajim se convirtió al cristianismo, y otros testimonios masoréticos no mencionan un "qetub" por el que se pudiera interpreta כארי como verbo. El mismo Ant. Hulsius en su edición del *Salterio* (1650) ha escrito en el margen כארו como verbo (= desgarran, atraviesan) conforme al texto de la Políglota Complutense.

78. Por su parte, la traducción independiente de Jerónimo pone *vinxerunt* al lado de *fixerunt* (en el sentido de vencieron, fijaron). En la misma línea se sitúa Abraham de Zante en su paráfrasis rimada del salterio: גם כארי ידי ורגלי אסרו. Aquí es perceptible la falta de verbo. Por su parte Saadia supla esa falta de otro modo: "me rodearon como un león, para desgarrar mis manos y mis pies".

79. En ese último sentido no hay ninguna razón de peso que nos impida aceptar la traducción de los LXX, ὤρυξαν (Peshita בזע; Vulg. *foderunt*; Jerónimo *fixerunt*), en el sentido de agujerear, atar; por dos razones: (a) Aunque no existe un verbo del que כאר se puede formar, esa arbalap está relacionada con כרו (כרה כור) de la misma manera que ראמה, Zac 14, 10 viene de רמה, cf. קאמיא, Dan 7, 16. (b) כרה y כור pueden significar no solamente cavar, sino también atravesar, agujerear, en

La versión que los LXX ofrecen de Sal 22, 17, podría entenderse en esa segunda línea, en el caso de que la lectura original del texto fuera κατετρήσω (de κατατιτρᾶν) en lugar de κατηρτίσω, que es la palabra que aparece actualmente en el texto. Pues bien, si la palabra original del texto es כארו, en lugar de la que suele aparecer en otros MS (כְּאֲרִי), este salmo 22, 17, aplicado a David, quizá teniendo en el fondo la imagen de los perros que atacan al orante, está diciendo que los malvados fijaron (atravesaron) las manos y los pies del condenado, de forma que le apresaron, haciéndole objeto de sus inhumanos deseos. Así queda clara la aplicación del texto a la "crucifixión" (clavar en pies y manos) o, al menos, al prendimiento de Jesús.

Este no es el único pasaje en que el A. T., predice que el futuro Cristo ha de ser atravesado, de un modo asesino. Encontramos esa misma imagen en Is 53, 5 donde se dice que el Siervo de Yahvé será atravesado por nuestros delitos (מחלל) y en Zac 12, 10 donde se dice que miraron al que atravesaron, de manera el mismo Yahvé se describe como el "atravesado", ἐκκεντηθείς.

Según eso, la lectura כארו (atravesaron) puede tener al menos el mismo derecho a ser reconocida y aceptado que la otra (כְּאֲרִי, como leones), que autores como Hupfeld y Hitzig toman como única válida. En otra línea, Böttcher piensa que כְּאֲרִי significa "saltando alrededor" (al modo de los perros), añadiendo que *sicut leo* (como león) es un producto de la pobre imaginación judía.

Por su parte, Thenius, después de haberse esforzado de todos los modos posibles por aclarar el tema, propone con Meier una división distinta del verso, traduciéndolo así, "Una plebe de malvados me han rodeado como leones, de forma que en mis manos y pies yo puedo contar todos mis huesos". Pero, en ese caso, כארי no puede vincularse bien con el resto del pasaje y no se ve la forma en que ידי ורגלי pueda ir delante de 22, 18. En esa línea resulta imposible asociar todo el tema con עצמותי, que son los huesos del pecho y de las costillas, y no los de las manos y los pies.

El verbo אספר es potencial (se refiere a contar los huesos). En la parte anterior, 22, 15, el orante ha dicho que sus huesos están descoyuntados. No se trata de un adelgazamiento repentino a causa del dolor, ni de un tipo de visión distorsionada por la agonía. El orante puede contar sus huesos porque están descoyuntados, fuera de su lugar. En esta condición, él es objeto de burla de sus adversarios. Por su parte, הביט (cf. הֵמָּה יַבִּיטוּ יִרְאוּ־בִי) significa volverse para mirar a alguien y ראה ב es fijar la vista en alguien con placer malsano.

El verso 22, 19 añade unos detalles que van más allá de la circunstancia del mismo David, cuando dice "reparten mis vestidos" (לָהֶם וְעַל־לְבוּשִׁי יַפִּילוּ גוֹרָל

---

una línea que se puede comparar con מכרה (aunque la semejanza de sonido con μάχαιρα de la raíz μαχ, *maksh, mraksh*, sea solo accidental) por el doble significado que tiene el verbo נקר, ὀρύσσειν (e. g., ὀρύσσειν τὸν ἰσθμόν. Herod. I, 174), *fodere* (agujerear).

יְחַלְּקוּ בְגָדַי). El orante no dice la razón por la que hacen eso, sino ve en su mente lo que hacen, aunque ellos no lo hicieran en realidad.

Esto no le sucedió nunca a David, al menos en el sentido literal de la palabra, sino que le sucedió a Cristo, en quien se ha cumplido al pie de la letra lo dicho aquí, es decir, la división de los בגדים (sus vestidos, ἱμάτια) entre los soldados, en cuatro partes, también la circunstancia de echar a suertes sobre su לבוש para no dividir en partes la túnica o χιτὼν ἄρραφος, como añade Jn 19, 23.

לבוש es la túnica que uno se pone sobre el cuerpo, a fin de no ir desnudo. בגדים son las otras vestiduras que uno pone alrededor de sí para cubrirse. En esa línea, el sentido de לבוש ha sido bien interpretado por *B. Sabbath* 77b cuando dice לא בושה (con la que uno no tiene necesidad de avergonzarse, pues no va desnudo), a diferencia de גלימא, el manto que cubre y oculta la forma externa del cuerpo.

En Job 24, 7, y de un modo frecuente, לבוש es la vestidura interior o camisa, que se dice en árabe *twb, thôb*, vestido o prenda que los romanos llamaban *túnica*, distinguiéndola de manera muy precisa de la toga, que es lo que en hebreo se dice מעיל, lo que va por encima. Estas palabras de Sal 22, 19 tienen el mismo sentido que el de Zac 9, 9 (de cuyo cumplimiento habla Mt 21, 5). Sobre ese tipo de cumplimiento de la profecía, de un modo literal, más allá de toda expectación, cf. Saat, *Hoffnung* III, 3, 47-51).

22, 20–22. La descripción del dolor del orante ha alcanzado su clímax en 22, 19, pues la división y sorteo de la ropa supone que la muerte del afligido es ya cierta. Por su parte, 22, 20 concentra la mirada del sufriente sobre el mismo Yahvé, a quien llama אילותי (cf. אֱיָלֻתִי, mi fortaleza) *nomen abstractum* de איל, Sal 88, 5. Ese nombre expresa la esencia de la fuerza, como si ella fuera la esencia o identidad más honda de la persona. En esa línea, *le"ezrāthi* tiene el acento en la penúltima sílaba (Sal 71, 12, cf. también Sal 38, 23), a fin de que no vayan juntas dos sílabas tónicas.

En 22, 21, la palabra espada, חרב (הַצִּילָה מֵחֶרֶב נַפְשִׁי), alude al arma mortal del enemigo, y se utiliza aquí de un modo genérico. En la expresión מִיַּד־כֶּלֶב יְחִידָתִי, la palabra מיד no es equivalente de מן, sino que יד, conforme al contexto, significa "garra" (cf. כַּף, Lev 11, 27), como פי es equivalente a mandíbula. Ciertamente, en otros lugares, la Biblia utiliza frases como "mano de león o de oso", 1 Samuel 17, 37, y también "manos de la espada", Sal 63, 11, e incluso "mano de la llama", Is 47, 14, pues יד es la designación general para aquello que se impone, domina o subyuga, como instrumento activo.

Pues bien, así como יד se utiliza como arma de ataque en conexión con perro, y también פי en conexión con león (cf. sin embargo, Dan 6, 28 donde esa palabra tiene otro sentido), en este contexto del salmo se mencionan los cuernos (en plural y no en singular como en Dt 33, 17) de unos animales llamados רמים, que pueden ser un tipo de antílopes aunque otros autores, como Reina-Valera los interpretan como "toros salvajes" (cf. en su forma ampliada, רְאֵמִים, Sal 29, 6; Sal 34, 7). De todas formas, Lutero, siguiendo a los LXX y a la Vulgata los traduce como unicornios (véase *Coment.* a Sal 29, 6).

La palabra יְהִידָה (cf. יְחִידָתִי), tanto aquí como en el pasaje paralelo de Sal 35, 17, es un epíteto de mi alma, נפשׁ. En ambos casos, los LXX traducen de un modo correcto, τὴν μονογενῆ μου, que, conforme al sentido de la Vulgata, se refiere a mi única vida, es decir, a mi propia vida (*unicam meam*).

Según Gen 22, 2 y Jc 11, 34, יהידה significa el alma única, tras la cual el hombre no tiene ninguna otra, es decir, el alma o la vida más honda, lo más querido y precioso que un ser humano tiene (cf. lo que dice Homero, sobre el alma como "philon kêr", en relación con la diosa de la muerte). Esa palabra puede interpretarse también, conforme a Sal 25, 16; 68, 7, como "mi alma solitaria", refiriéndose al hombre como olvidado por Dios y por los hombres, o al menos por el hombre, como abandonado a sí mismo (Hupfeld, Kamphausen y otros).

Pero el hecho de estar en paralelo con נפשׁי, y en analogía con כבודי (mi gloria, igual a נפשׁי), hace que aquí יהידה (cf. מִיַּד־כֶּלֶב יְחִידָתִי) sea un nombre que tiene un sentido más amplio, pero que se aplica de un modo particular al alma del orante. El alma aparece así como realidad "singular", aquella que no se puede duplicar, aquella que es de cada uno y que por consiguiente no puede ser reemplazada, en el caso de que se pierda, de manera que se puede hablar del alma como mi "única", mi querida.

El pretérito עניתני puede ser equivalente a ענני, como *perf. consec.* privado de la *waw conversionis* (de inversión), pero dado el cambio que se produce en 22, 23, esa palabra ha de tomarse como *perf. confidentiae* (de confianza), pues en el mismo centro de la súplica aparece en la mente del suplicante la seguridad de que la oración será escuchada y respondida. Ser escuchado desde los cuernos del antílope o toro salvaje es lo mismo que ser escuchado y rescatado de la muerte; cf. la misma expresión pregnante en ב ענה (Sal 118, 5) y quizá también en Hebr 5, 7.

22, 23–25. En esta tercera unidad, a partir de 22, 23, la gran oración anterior de queja concluye con una palabra de agradecimiento y esperanza. Con la certeza de ser escuchado, el orante concluye su plegaria dando gracias a Dios. El orante llama a sus compañeros, conectados con él por lazos de naturaleza pero, como muestra lo que sigue, también por lazos espirituales, como hermanos (לְאֶחָי), personas que pertenecen a su misma קהל o "tienda" de reunión (cf. בְּתוֹךְ קָהָל אֲהַלְלֶךָ, con קָהָל que viene de קל, καλ-έω, cal-o, sanscrito *kal*, resonar), es decir, a su εκκλησία.

Este orante que sufre es consciente del significado que tiene el sufrimiento en relación con la historia de la redención. Por eso, él quiere que la salvación que ha experimentado venga a ser una especie de propiedad común de su iglesia o comunidad. La Congregación o Iglesia deberá escuchar el evangelio de su rescate.

Sal 22, 24 presenta la introducción a un anuncio, que está dirigido a todo Israel, en la medida en que Israel escucha y teme (acoge, venera) al Dios de la revelación. En vez de וגור el texto de los judíos orientales (מדנחאי), es decir, de los babilonios, tiene aquí como *qetub* יגורו con el *keré* וגורו. La introducción del yusivo (Sal 33, 8) después de los dos imperativos no resulta aquí inapropiada. גור מן (igual a יגר) es una expresión más fuerte que la de ירא מן, de Sal 33, 8.

22, 25. Este trístico es puro evangelio. La *materia laudis* o motivo de alabanza está introducida por כִּי, cf. כִּי לֹא־בָזָה וְלֹא שִׁקַּץ עֱנוּת עָנִי, *pues no menospreció ni rechazó el dolor del afligido*. עֱנוּת de ענות, inclinarse, doblarse, aflicción. En sí misma, esa palabra significa "pasión". En Is 53, 4. 7 se dice también que el Siervo de Dios está מענה y נענה, y Zac 9, 9, le presenta también como עני y נושע.

Los LXX, Vulgata y Targum traducen esa palabra erróneamente por "grito". Pero ענה no significa gritar, sino responder, ἀμείβεσθαι. Sin embargo, aquí, conforme a su raíz, ענות, significa inclinarse. A partir de la palabra שקץ (שִׁקַּץ וְלֹא, mirar con aborrecimiento), que alterna con בזה, vemos que el sufriente sigue sintiendo la ira de Dios, pero se trata ahora de una ira que se ha cambiado en amor o en compromiso de ayuda.

Dios no mantiene ya su rostro airado y escondido, sino que le escucha, porque su oración ha sido agradable para él. La palabra שמע no es un adjetivo verbal, sino que, dado que tenemos ante nosotros el acto definitivo de rescate, esta palabra, vocalizada como שָׁמֵעַ, es una forma pausal de שמע, como en Sal 34, 7, Sal 34, 18; Jer 36, 13.

22, 26–27. La llamada al arrepentimiento ha terminado ya, y ahora empieza una mirada distinta, que se eleva al autor de la salvación, una mirada agradecida hacia el Dios salvador que viene a expresarse en forma de visión profética del futuro. Este hecho (que el sufriente sea capaz de glorificar y dar gracias en la gran congregación, Sal 40, 10) procede de Yahvé (con מאת como en Sal 118, 23, cf. Sal 71, 6).

Conforme a la acentuación correcta de Baer, la primera mitad de 22, 26 (רָב תְּהִלָּתִי בְּקָהָל) concluye con בְּקָהָל רָב. La palabra final del verso (יְרֵאָיו) no se refiere a *qahal*, קהל, que es la asamblea, sino que, como en todos los demás casos, se dirige a Yahvé, pues el tema de la oración viene a presentarse en forma de afirmación declarativa. En este pasaje es necesario suponer que, conforme a la mente de David, el cumplimiento de los votos no es algo puramente ritualista, sino ético.

Habiendo sido rescatado, David llevará נְדָרַי אֲשַׁלֵּם, las ofrendas de acción de gracias que él había prometido ofrecer con voto a Dios cuando se hallaba en medio de un peligro extremo. Al completarse la aspersión de sangre (זריקה) con el ofrecimiento de carnes grasas sobre el altar (הקטרה), el resto de la carne de los *shelamim* o sacrificios pacíficos se conservaba para los orantes, a fin de que ellos la consumieran, de un modo gozoso, el mismo día de la ofrenda y el día siguiente, igual que la ofrenda de otros sacrificios semejantes (Lev 7, 15).

La invitación a los pobres para que compartieran estos sacrificios no estaba estrictamente mandada, pero resulta muy probable conforme a la exigencia de la ley, y está expresamente recomendada en relación con otras exigencias análogas relacionadas con los segundos y terceros diezmos. A esto se refiere 22, 27, diciendo que el orante deberá invitar a los עֲנָוִים, es decir, a los que son *pobres* (cf. יְהַלְלוּ יְהוָה יֹאכְלוּ עֲנָוִים וְיִשְׂבָּעוּ), en sentido externo (material) y espiritual, porque este gesto de "comer ante Yahvé" ha de entenderse como banquete ritual por el que ellos dan gracias a Dios por la comida que él les ha concedido por medio de aquel a quien Dios mismo ha rescatado (en este caso, el orante del salmo).

En ese sentido, 22, 27 puede entenderse como palabra de bendición que el dueño de la casa (el rescatado) ofrece a sus huéspedes o, mejor dicho, a los mismos huéspedes de Yahvé. Por eso el orante dice a los que comparten su sacrificio: "que vuestro corazón viva para siempre" y que esta comida os ofrezca un refrigerio duradero. En este contexto se utiliza la palabra יְחִי (optativo de חיה), para indicar así que el corazón que parecía muerto (1 Sam 25, 37) revive y se recrea con alegría espiritual.

Resulta obvio que el texto se está refiriendo a las ofrendas pacíficas del sacrificio. Por otra parte, resulta también obvio que la bendición que se ofrece a las demás personas brota y surge de la salvación que ha surgido por medio del sufriente que ha sido salvado. Al mismo tiempo, resulta claro que esa salvación implica algo mucho más alto que las ventajas materiales que puede ofrecer el hecho de poder comer la carne de un sacrificio de animales ofrecidos sobre el altar.

Este sacrificio tiene un significado espiritual, de manera que sus formas y expresiones externas son solo una figura de su verdadera naturaleza religiosa. Este sacrificio evoca y suscita un gozo espiritual más alto, con resultados duraderos. Es totalmente normal que todo este gesto pueda referirse al sacramento de la eucaristía, por el que el Segundo David, como el primero, habiendo alcanzado el trono a través del sufrimiento de su muerte, hace que los hombres participen de los frutos de su sufrimiento.

22, 28–32. Esta larga estrofa conclusiva forma como si dijéramos el pedestal de todo el salmo y muestra que la realidad a la que aquí se alude transciende no solo a la aflicción personal de David, sino incluso la realidad histórica de la experiencia de David. Como resultado de la proclamación de aquello que Yahvé ha realizado por medio de él, este sufriente del salmo espera la conversión de todos los pueblos. Los paganos serán al fin perdonados y también restituidos. Ese resultado que aparecía ya de un modo inicial en 9, 18 viene a presentarse ya aquí de un modo totalmente claro. Hay entre los paganos una γνῶσις τοῦ θεοῦ (*Psychologie.* p. 346 ss), un conocimiento originario de Dios que se desarrollará en sus conciencias a través del anuncio del rescate de este sufriente[80].

Este anuncio de Sal 22, 29 (cf. Jer 16, 19) está fundado sobre el derecho que Dios tiene de reinar sobre todos los pueblos. Se dice que un gobernante está exaltado (מׁשל) sobre otros en la medida en que realiza un servicio superior. Conforme a su sentido primigenio, מׁשל, lo mismo que el árabe *mtl*, significa estar erecto, igual que su sinónimo כהן, cf. *Coment.* sobre Sal 110, 4, cf. מד, Miq 5, 3).

En esa línea וּמׁשל (cf. וּמׁשׁל בַּגוׁיִם) es un participio, usado como pretérito, sin ninguna referencia personal (cf. Sal 7, 10; 55, 20) con un sentido de presente continuo, en forma de *tempus durans*, indicando así que Dios reina sobre las naciones (ἔθνη). La conversión de los paganos por esta proclamación será la realización del reino de Dios.

Nuevamente viene a la mente la comida (22, 30). El perfecto אכלו y el futuro וישתחוו (cf. אָכְלוּ וַיִּשְׁתַּחֲווּ כָּל־דִּשְׁנֵי־אֶרֶץ) están uno y el otro en relación de causa y efecto. Como resulta claro por 22, 27, el texto se refiere a una comida que satisface al cuerpo, siendo, al mismo tiempo, una celebración espiritual, pensada y realizada como acto poderoso de rescate realizado por Dios. En la culminación de Sal 69, donde se pasa por alto el ritual de acción de gracia, aparece ראו (cf. Sal 22, 23) en lugar de אכלו, que es la palabra que aparece en nuestro caso.

Este pasaje nos ofrece la visión de alguien que ha sido rescatado y que por tanto glorifica a Dios dándole gracias, lo que hace que otros puedan compartir con él el gozo de la salvación que él ha experimentado ya. Pues bien, en este caso viene a expresarse el gozo que brota de la acción de gracias que se manifiesta no solo en palabras, sino en la fiesta de acción de gracias, a la que son invitados en Israel aquellos que anhelan la llegada de la salvación, pues ellos reconocerán el acto poderoso de Dios a quien ya conocían. Más aún, en este contexto se indica que entre los paganos vendrán hombres de las más diversas condiciones, ricos y pobres, pues a ellos se les ofrece un favor que no habían esperado, y que ahora aceptan del modo más agradecido.

Tan magnífica será esta fiesta que vendrán todos los que gobiernan sobre el mundo (כָּל־דִּשְׁנֵי־אֶרֶץ), los que sobresalen por encima de las gentes de su tierra, a causa de la abundancia de sus posesiones temporales (cf. el uso cada vez más elevado de la palabra ארץ, Sal 75, 9; Sal 76, 10; Is 23, 9). Aquí se alude a esos ricos de la tierra por la abundancia que ellos tienen, y por la gracia y gloria que implica la celebración, pues en ella se inclinan y adoran a Dios.

---

80. Agustín, *De trinitate* XIV, 13, 17: "No se habían olvidado las naciones de su Dios hasta el punto de no poder acordarse de él en el caso de que él mismo despertase el recuerdo" (cf. Non igitur sic erant oblitae istae gentes Deum, ut ejus nec commemoratae recordarentur).

En antítesis a estos poderosos, aparecen también aquellos que descienden al polvo (עפר, se utiliza siempre en esa línea en referencia al polvo de la tierra, lo mismo que el árabe *turáb*), de quienes se pone de relieve su pobreza y su necesidad. En lugar del participio יורדי (descienden) aquí tenemos ונפשו (igual a ואשר נפשו), una cláusula con ולא, que tiene el valor de una cláusula de relativo (como en Sal 49, 21; Sal 78, 39, Prov 9, 13, y passim). El texto se refiere según eso a aquellos que no han prolongado y no han podido prolongar más su vida (Gesenius, 123, 3c).

Comparando este pasaje con Flp 2, 10, Hupfeld supone que se refiere a los que están actualmente muertos. El texto se podría traducir según eso de esta manera: su reino se extiende a los vivos y a los muertos. Pero en el A. T., no hay nada que se asemeje al hecho de que los que habitan en el Hades alaben a Dios. Por su parte, יורד עפר puede significar tanto *descensuri* (los que han de descender) como *descenderunt* (los que descendieron) y נפשו חיה (cf. Ez 18, 27) significa preservar la propia vida, una frase que puede utilizarse en el sentido de *vitam sustentare* y *conservare* (sustentar y conservar la propia vida).

Aquí se trata, por tanto, de aquellos que están ya casi muertos, entre cuidados y necesidades. Estos también (¡y qué agradecidos están!) van incluso de rodillas para alabar a Dios por haber sido invitados a esta mesa de acción de gracias. Esta es aquella fiesta de la que ha profetizado Is 25, 6, una fiesta a la que el mismo Isaías acompañará a los invitados con la música de sus palabras, que nos permiten entender mejor las de Sal 22. En esta línea, el resultado de este poderoso acto de rescate no es solo de universalidad ilimitada, sino también de ilimitada duración: Este rescate se propaga de generación en generación.

En otro tiempo, yo mismo había interpretado 22, 31 de esta manera: "Una semilla que le servirá (será reconocida) para el Señor por una generación". En esa línea tomaba יספר como una metáfora aplicada a un censo (como el de 2 Cron 2, 16; Sal 87, 6), y por otra parte tomaba לדור, según Sal 24, 6 y otros pasajes, como una forma de totalidad parcial, referida a un tipo de personas, como a un grupo de una misma raza. Pero el contexto nos invita a tomar דור en un sentido genealógico, abierto al futuro de la descendencia. Por eso, debemos mantener la interpretación tradicional, "Una semilla (una posteridad) le servirá, esto se dirá del Señor a la próxima generación".

A favor de esta interpretación resulta decisivo el hecho de que tras לדור viene יבאו, con lo que דור recibe el significado de la *generación próxima*, lo mismo que en Sal 71, 18, teniendo en cuenta que aquí se habla de tres generaciones mencionadas muy en concreto: La generación de los padres, que se han convertido a Yahvé (22, 30), la que viene después (cf. דור en 22, 31) y; finalmente el עם נולד de 22, 32, aquella generación posterior a la que se le contarán los hechos de esta דור (22, 31). "Ellos vendrán (בוא como en Sal 71, 18, empezarán a vivir), y declararán su justicia (la de Dios) al pueblo que ha de nacer, lo que él (Dios) ha realizado".

Según eso, la palabra clave (זֶרַע יַעַבְדֶנּוּ) podrá verse en dos perspectivas: (a) por una parte se refiere a la generación que vendrá inmediatamente, es decir, a la próxima, pues ella anunciará la justicia de Dios (יָבֹאוּ וְיַגִּידוּ צִדְקָתוֹ); (b) por otro lado, esa palabra anuncia la llegada del pueblo aún no nacido (לְעַם נוֹלָד) que escuchará lo que esta generación le contará, las cosas que ha hecho Dios al justo sufriente (a esta generación).

Ese עם נולד es el pueblo que ha de nacer, el pueblo cuyo nacimiento está cerca, a la mano (78, 5). Los LXX traducen bien λαῷ τῷ τεχθησομένῳ (cf. Sal 102, 19, עם נברא, *populus creandus*, el pueblo que ha de ser creado). דקתו es la *dikaiosyne* de Dios, es decir, su justicia tal como se ha manifestado en el rescate del sufriente que habla el salmo.

Dios no ha permitido que ese sufriente sea derrotado en el borde de la muerte, sino que le ha liberado de las manos de sus enemigos asesinos, elevándole a una gloria más alta, la gloria de la צדקה divina. Dios no ha permitido que le arrebaten la gloria, de manera que ahora se puede proclamar de verdad la צדקה divina, como indicaba 22, 16, pero de un modo aún lejano.

Según esta proclamación, el Siervo de Dios se ofreció a sí mismo como *asham* (ofrenda por el pecado), antes de que se pudiera celebrar la fiesta de los *shelamim* (los sacrificios pacíficos de acción de gracias). De esa forma logró que todo el mundo pudiera participar del fruto de su sufrimiento. Eso es lo que está indicando el fondo del texto, pero esa conclusión es algo que la revelación profética solo pudo descubrir y proclamar más tarde, en el contexto de otras relaciones típicas, desde la perspectiva del Nuevo Testamento.

La naturaleza del verdadero sacrificio, עשה, que está en consonancia con el consejo divino, solo se fue revelando gradualmente en el A. T. La palabra de este salmo, tan llena de significado (como la de Sal 52, 11; 37, 5 y la de Is 44, 23) incluye y condensa en sí la obra de la redención, que está prefigurada en David, y de esa forma ratifica e incluye todo el despliegue de la redención.

Esta palabra puede compararse con לעשות, Gen 2, 3, con la que se cierra y concluye la historia de la creación. Desde ese fondo se entiende la última palabra del salmo, לְעַם נוֹלָד כִּי עָשָׂה, *anunciarán lo que Dios ha hecho a un pueblo no nacido*, que puede y debe compararse con la última palabra de Jesús crucificado en el evangelio de Juan, τετέλεσται está cumplido.

La sustancia del evangelio en esta historia preparatoria y en su cumplimiento se condensa de esa manera. La acción de Dios va pasando de generación en generación, diciendo esto: Que Dios va cumpliendo lo que planeó cuando ungió al hijo de Jesé, es decir, a David como mediador de la obra de la redención; que Dios cumplió su palabra con David dirigiéndole a través de la aflicción como rey; y que Dios hizo que el segundo David, el mesías definitivo, que fue Jesús, hijo de David, fuera, por su muerte, una escala (un camino de salvación) que dirige al cielo.

Salmo 23. La alabanza del buen pastor

¹ מִזְמוֹר לְדָוִד יְהוָה רֹעִי לֹא אֶחְסָר׃

² בִּנְאוֹת דֶּשֶׁא יַרְבִּיצֵנִי עַל־מֵי מְנֻחוֹת יְנַהֲלֵנִי׃

³ נַפְשִׁי יְשׁוֹבֵב יַנְחֵנִי בְמַעְגְּלֵי־צֶדֶק לְמַעַן שְׁמוֹ׃

⁴ גַּם כִּי־אֵלֵךְ בְּגֵיא צַלְמָוֶת לֹא־אִירָא רָע כִּי־אַתָּה עִמָּדִי

שִׁבְטְךָ וּמִשְׁעַנְתֶּךָ הֵמָּה יְנַחֲמֻנִי׃

⁵ תַּעֲרֹךְ לְפָנַי שֻׁלְחָן נֶגֶד צֹרְרָי דִּשַּׁנְתָּ בַשֶּׁמֶן רֹאשִׁי כּוֹסִי רְוָיָה׃

⁶ אַךְ טוֹב וָחֶסֶד יִרְדְּפוּנִי כָּל־יְמֵי חַיָּי וְשַׁבְתִּי בְּבֵית־יְהוָה לְאֹרֶךְ יָמִים׃

<Salmo de David>

¹ Jehová es mi pastor, nada me faltará.
² En lugares de delicados pastos me hará descansar;
junto a aguas de reposo me pastoreará.

³ Confortará mi alma. Me guiará por sendas de justicia por amor de su nombre.
⁴ Aunque ande en valle de sombra de muerte, no temeré mal alguno,
porque tú estarás conmigo; tu vara y tu cayado me infundirán aliento.

⁵ Aderezas mesa delante de mí en presencia de mis angustiadores;
unges mi cabeza con aceite; mi copa está rebosando.
⁶ Ciertamente, el bien y la misericordia me seguirán todos los días de mi vida,
y en la casa de Jehová moraré por largos días.

El salmo anterior hablaba del gran festival de la misericordia que Dios había preparado para la humanidad. Ahora sigue este salmo que alaba a Yahvé como pastor y anfitrión de su propio pueblo. Esta es, sin duda, una disposición muy adecuada. Si David es su autor, y no hay razón ninguna para dudar de ello, este salmo tiene que pertenecer al tiempo de la rebelión de Absalón, y esta suposición viene confirmada desde diversas perspectivas.

Aquí estamos ante una amplificación de Sal 4, 7 y Sal 3, 7, cuyos ecos siguen resonando en el salterio. Pero este salmo no solo mantiene contactos con los dos salmos antes mencionados, sino también con otros como 27, 4 y especialmente 6, 1–11, del que se dice que fue compuesto por David, cuando se iba retirando (huyendo) con sus fieles seguidores por el Cedrón y el Monte de los Olivos, pasando a las llanuras del desierto de Judá, cuando Husai le mandó mensajeros aconsejándoles que se escondiera más allá del Jordán con toda prisa.

Un elemento característico de todos estos salmos es el hecho de que David muestra gran nostalgia por la casa de Dios, como hogar central de su corazón, de forma que todos sus deseos se centran en este: Quiere volver de nuevo a su hogar de Jerusalén, junto al templo de Yahvé.

Este corto y tierno canto, con una frescura propia de la naturaleza en el mes de mayo, responde bien a la situación errante de David, que iba huyendo un lado a otro en aquel momento. Está formado por dos hexásticos, con unas cortas líneas de clausura que se parecen (lo mismo que Is 16, 9-10) a los versos adónicos de las estrofas de Safo, y a los tetraesticos formados por líneas cortas y largas, mezcladas entre sí.

23, 1. El poeta llama a Yahvé רֹעִי, pastor, y le presenta como aquel que le guía de un modo gratuito y gozoso, dirigiéndole a él y a todos los suyos. Más tarde, la profecía anunciará la aparición visible de este pastor del pueblo en Is 40, 11, en Ez 34, 22 y en otros pasajes.

Cuando se cumpla lo anunciado, esta palabra ("Yahvé es mi pastor": יְהוָה רֹעִי), pronunciada por David, encontrará su respuesta en el mensaje y vida de Jesús que dice: Yo soy el buen pastor (ἐγὼ εἰμὶ ὁ ποιμὴν ὁ καλός). Quien tiene con él a Yahvé, posesor de todas las cosas, las tiene también a todas ellas, de forma que nada le falta (לֹא אֶחְסָר), pues todo es bueno en sí mismo y todo será bueno para aquel que escucha a Yahvé (cf. Sal 34, 11; 84, 12).

23, 2. נְאוֹת דֶּשֶׁא son los pastizales de hierba fresca y tierna en los que uno puede descansar tranquilo y gozoso. Conforme a su sentido primitivo, נאה (נוה) son los lugares de descanso, adecuados para vivir, especialmente los oasis, lugares verdes en medio del desierto. עַל־מֵי מְנֻחוֹת, junto a las aguas tranquilas, donde los hombres cansados encuentran un lugar deleitoso para descansar y refrescarse. Conforme a Hitzig, la expresión está en plural por la referencia a la palabra central, que son las aguas (מֵי), entendidas aquí en sentido superlativo, es decir, como un lugar de muchas aguas.

La palabra יְנַהֲלֵנִי, me guiará, de נהל tiene un sentido pastoril y se refiere a que el pastor dirige su rebaño de un modo gentil y tranquilo, llevándolo a lugares de abundancia de agua, y en esa línea הרביץ significa hacerles descansar, especialmente ante el calor del mediodía, como en Cant 1, 7; cf. ὁδηγεῖν, guiar: Ap 7, 17.

23, 3. נַפְשִׁי יְשׁוֹבֵב יַנְחֵנִי, me hará descansar (hará que descanse mi alma) en lugares de pastos tranquilos, con שׁוב נפש (que en otros lugares se dice השיב). Estas palabras indican que la vida y alma del poeta se pacifican de nuevo, como si volviera a recobrar el aliento, recibiendo nuevas fuerzas. Esto es lo que Dios le concede, haciendo que pueda gozar de la esencia de la vida, de forma que se refresque y se ensanche por dentro, en medio de la sequedad y del calor de la tentación y en medio de la turbación.

El *hifil* de הנחה, que es una forma intensiva de נחה (Sal 77, 21, cf. יַנְחֵנִי) tiene el mismo sentido que en árabe, ponerse de parte de alguien, como quizá puede verse en Job 12, 23 y en Sal 143, 10. El poeta se gloría de que Yahvé le dirija con todo cuidado, sin riesgo de perderse por los campos, llevándole por caminos rectos (בְּמַעְגְּלֵי־צֶדֶק) que le conducen al lugar adecuado, למען שמו (a causa de su nombre). Dios se ha revelado de esa forma como Señor/Pastor de gracia, y de esa forma se manifiesta y glorifica en aquellos que se someten a su guía.

23, 4. Las palabras שִׁבְטְךָ וּמִשְׁעַנְתֶּךָ tu vara y tu cayado, no se aplican a un pastor o peregrino de este mundo, sino al mismo Yahvé, que es el pastor. שבט, cayado, bastón de mando (cetro) tiene el mismo sentido que en Miq 7, 14, y en conexión con ese texto puede verse también el sentido que ella tiene en Num 21, 18.

El término משענת completa la visión de la vara/cayado, y aparece como utensilio de guía y defensa. Ambas palabras se refieren al mismo bastón, cayado o báculo, con el que el pastor guía a su rebaño, apoyándose en él para mirar y dirigir a sus ovejas. La vara y cayado de Dios dan fuerza al poeta, le defienden, le hacen sentirse seguro, con espíritu alegre. Incluso cuando pase a través de un valle oscuro y tenebroso, como rodeado por sombras de muerte, lugar donde pueden sobrevenirle calamidades de cualquier tipo para herirle, él no tendrá miedo de ningún infortunio. Los LXX estrechan el sentido de esa figura, traduciendo בגיא conforme al arameo בגוא, Dan 3, 25, ἐν μέσῳ, en medio.

El nombre צלמות, que aparece aquí por primera vez en el A. T., no es originalmente una palabra compuesta, sino que está formada por el verbo צלם, árabe *ḏlm* (raíz צל, árabe *ḏl*), en el sentido de entenebrecer, oscurecer, según la forma de עבדות, pero pronunciado צלמות (cf. חצרמות, *Hadra-moî*, que significa patio de muerte, בצלאל, a la sombra de Dios). Esa palabra significa la sombra de la muerte, como epíteto de la más tenebrosa oscuridad, que es la del Hades, Job 10, 21, una oscuridad que se puede aplicar al túnel lúgubre de una mina (Job 28, 3), pero también a un tipo de tiniebla solitaria como la que se hace sentir en un desierto salvaje, deshabitado, cf. Jer 2, 6.

23, 5. La figura del pastor desaparece en 23, 4, y aparece en su lugar la del anfitrión, la del hombre que acoge en su casa. Los enemigos quedan lejos, no pueden hacer otra cosa que mirar desde la distancia (נגד como en Sal 31, 20), sin ser capaces de hacer daño, mirando cómo Dios acoge a su huésped lleno de bondad, le unge con perfume y le ofrece un gozoso y magnífico banquete (cf. Sal 92, 11), llenando su copa hasta el borde.

Lo que aquí se está indicando no son simplemente bendiciones de tipo espiritual. El rey David, que huía de Absalón, con sus acompañantes, pues se hallaba olvidado por la masa de su pueblo, estaba incluso externamente en peligro de ser destruido por carencia de comida. En contra de eso, aquí se alude a la abundancia de comida material que Dios le ofrece, como en 2 Sam 17, 27-29.

Pero ese motivo de abundancia material se vincula con la riqueza espiritual, pues todo aparece como don del cielo, de forma que la satisfacción externa (en comida y descanso) se vincula con una fuerte experiencia de plenitud interna. Esta es una experiencia que el N. T., puede aplicar a la eucaristía cristiana.

El futuro תערך (cf. תַּעֲרֹךְ לְפָנַי שֻׁלְחָן), conforme a la costumbre de volver al tiempo básico del poema, retoma el sentido de דִּשַּׁנְתָּ בַשֶּׁמֶן רֹאשִׁי (דשנת ראשי: unge con perfume mi cabeza), que tiene significado de presente. La palabra final כוסי, mi copa, significa metonímicamente el contenido de esa copa, que aparece así rebosante, כּוֹסִי רְוָיָה, y que así puede saciar de un modo abundante, es decir, de un modo total.

23, 6. Le perseguían los enemigos, pero de ahora en adelante le acompañará solo la prosperidad y el favor, de tal modo que sus enemigos quedan fuera de su vida. La partícula אך, originalmente afirmativa, tiene aquí un sentido restrictivo, en la línea de *nil nisi,* que Reina-Valera traducen como "ciertamente" (cf. Sal 39, 6, Sal 39, 12; Sal 139, 11).

La expresión que sigue es notable en todos los sentido, sin ejemplo en ningún otro lugar: Dios le envía (le enviará) טוב y חסד (misericordia y bien) todos los días de su vida (טוֹב וָחֶסֶד יִרְדְּפוּנִי כָּל־יְמֵי חַיָּי), de manera que podrá vencer a todos sus enemigos, y así se encontrará protegido de todo peligro, a lo largo de su vida entera (con acusativo de continuidad).

Se ha discutido sobre el sentido de וְשַׁבְתִּי בְּבֵית־יְהֹוָה, que puede significar "volveré" a la casa de Yahvé o "habitaré" en la casa de Yahvé. Dado el contexto en que hemos situado el salmo (con David huyendo de Jerusalén, perseguido por su hijo Absalón) el sentido primario tiene que ser el de "volver", como puede deducirse de Jer 42, 10. En esa línea, וְשַׁבְתִּי ha de entenderse como forma contracta de וישבתי, dado que en ese pasaje שוב significa *redeundo* (volviendo), en el sentido de *rursus,* de nuevo.

Ciertamente, los LXX traducen וְשַׁבְתִּי como καθίσαντες, igual que en 1 Sam 12, 2, en la forma de καὶ καθήσομαι (y me sentaré en la casa de Yahvé); pero en este caso podemos y debemos dudar de esa traducción, que exigiría un cambio grande en la fonética del verbo "sentarse" (en el sentido de entronizarse). En contra de eso, debemos afirmar que aquí tenemos una *constructio praegnans,* que se traduce "y yo volveré (perfecto consecutivo) a la casa de Yahvé", es decir, volveré y habitaré de nuevo en la casa del Señor.

De todas formas aquí pueden haberse mezclado de alguna manera los dos sentidos a los que venimos aludiendo, de manera que וְשַׁבְתִּי בְּ (cf. frase entera, וְשַׁבְתִּי בְּבֵית־יְהֹוָה לְאֹרֶךְ יָמִים) puede entenderse de dos formas: (a) y volveré a la casa de Yahvé por días sin término, es decir, por largos días; (b) y habitaré en la casa del Señor por largos días, como supone la traducción de Reina-Valera.

Salmo 24. Preparándose para recibir al Señor que viene

¹לְדָוִד מִזְמוֹר
לַיהוָה הָאָרֶץ וּמְלוֹאָהּ תֵּבֵל וְיֹשְׁבֵי בָהּ:
² כִּי־הוּא עַל־יַמִּים יְסָדָהּ וְעַל־נְהָרוֹת יְכוֹנְנֶהָ:
³ מִי־יַעֲלֶה בְהַר־יְהוָה וּמִי־יָקוּם בִּמְקוֹם קָדְשׁוֹ:
⁴ נְקִי כַפַּיִם וּבַר־לֵבָב אֲשֶׁר לֹא־נָשָׂא לַשָּׁוְא נַפְשִׁי וְלֹא נִשְׁבַּע לְמִרְמָה:
⁵ יִשָּׂא בְרָכָה מֵאֵת יְהוָה וּצְדָקָה מֵאֱלֹהֵי יִשְׁעוֹ:
⁶ זֶה דּוֹר (דֹּרְשׁוֹ) [דֹּרְשָׁיו] מְבַקְשֵׁי פָנֶיךָ יַעֲקֹב סֶלָה:
⁷ שְׂאוּ שְׁעָרִים רָאשֵׁיכֶם וְהִנָּשְׂאוּ פִּתְחֵי עוֹלָם וְיָבוֹא מֶלֶךְ הַכָּבוֹד:
⁸ מִי זֶה מֶלֶךְ הַכָּבוֹד יְהוָה עִזּוּז וְגִבּוֹר יְהוָה גִּבּוֹר מִלְחָמָה:
⁹ שְׂאוּ שְׁעָרִים רָאשֵׁיכֶם וּשְׂאוּ פִּתְחֵי עוֹלָם וְיָבֹא מֶלֶךְ הַכָּבוֹד:
¹⁰ מִי הוּא זֶה מֶלֶךְ הַכָּבוֹד יְהוָה צְבָאוֹת הוּא מֶלֶךְ הַכָּבוֹד סֶלָה:

<Salmo de David>
a. Salmo al comienzo de la subida (abajo, sobre la colina de Sión)

¹ De Jehová es la tierra y su plenitud, el mundo y los que en él habitan,
² porque él la fundó sobre los mares y la afirmó sobre los ríos.

(Una voz) ³ ¿Quién subirá al monte de Jehová? ¿Y quién estará en su lugar santo?
(Otra voz) ⁴ El limpio de manos y puro de corazón;
el que no ha elevado su alma (¡mi alma!) a cosas vanas ni ha jurado con engaño.
(Coro) ⁵ Él recibirá bendición de Jehová y justicia del Dios de salvación.
⁶ Tal es la generación de los que lo buscan,
de los que buscan tu rostro, Dios de Jacob. Selah

b. Salmo a la entrada del templo (arriba sobre la ciudadela de Sión)
(Coro de la procesión festiva, que ha llegado)

⁷ ¡Alzad, puertas, vuestras cabezas!
¡Alzaos vosotras, puertas eternas, y entrará el Rey de gloria!
(Una voz desde el interior, desde las puertas) ⁸ ¿Quién es este Rey de gloria?
(Coro) ¡Jehová el fuerte y valiente, Jehová el poderoso en batalla!
⁹ ¡Alzad, puertas, vuestras cabezas!
¡Alzaos vosotras, puertas eternas, y entrará el Rey de gloria!
*(La voz interior desde las puertas)*¹⁰ ¿Quién es este Rey de gloria?
(Coro) ¡Es Jehová de los ejércitos! ¡Él es el Rey de gloria! Selah

El *Sal 23* expresaba la nostalgia por la casa de Yahvé en Sión. Completando esa experiencia, el *Sal 24* celebra la entrada de Yahvé en Sión, indicando los rasgos de aquellos que pueden y quieren entrar también con Yahvé en el templo (entre ellos ha de estar David).

Este salmo fue compuesto con ocasión del traslado del arca desde Kirjath Yearim al Monte Sión, donde David había mandado que se colocara, en un tabernáculo edificado expresamente para ella (2 Sam 6, 17; cf. 2 Sam 11, 11; 1 Rey 1, 39). O quizá puede referirse (y esto es más probable) a un momento posterior, cuando el Arca, que había acompañado a los guerreros de Israel a la batalla, era llevada de nuevo triunfalmente al monte Sión después de la victoria (véase Sal 68).

El Sal 15 es muy semejante a este, pero solo en su primera parte (24, 1-6), que así puede aparecer como un canto completo en sí mismo. Por eso, Ewald divide este salmo en dos partes o salmos distintos, aunque los dos han sido compuestos por el mismo David, en dos momentos diferentes: (a) *24, 1-6 es bien un himno didáctico introductorio*, que se añade a la otra parte de tipo histórico. (b) *24, 7-10 es un himno de victoria* que se cantó cuando se trasladaba el Arca al Monte Sión.

En esa línea se puede suponer que el Sal 24 está formado por dos salmos, combinados y unificados sin dificultad, pues ambos tienen una fuerte coherencia interna. Esos dos salmos se han unido porque desarrollan un mismo tema: La venida de Yahvé a su templo; de ese tema brotan, hacia ese tema tienden. Por eso, siendo en principio dos salmos, esas dos unidades forman al fin un mismo salmo, aunque siga estando dividido en dos partes.

La inscripción original es לדוד מזמור, los LXX añaden τῆς μιᾶς σαββάτου[81], que significa של אחד בשבת, *el día después del sábado*, es decir, el primer día de la semana, lo que implica que este salmo era propio de nuestro día de domingo. Esta adición está confirmada por *B. Tamîd*, con *Rosh ha-Shana* 31a, *Sofrim XVIII*. En el segundo de estos pasajes, citado por el Talmud, R. Akiba quiere precisar la razón de este añadido, y afirma que se trata de una referencia a la historia de la creación (al primer día de la creación, a diferencia del sábado que es el día final).

Incorporado en el libro de los salmos, desde la perspectiva de su ocasión original (traslado del arca a Jerusalén) y de su finalidad (la venida salvadora de Yahvé), este salmo vino a convertirse en un himno veterotestamentario de Adviento, en honor del Señor que ha de venir a su templo, cf. Mal 3, 1, de manera que el grito de "alzad o puertas vuestras cabezas" tiene el mismo significado que la voz del pregonero de Is 40, 3 que grita: "Preparad el camino de Yahvé, allanad en el desierto un camino para nuestro Dios".

Conforme a la visión del N. T., la aparición mesiánica de Dios (su venida en Cristo) ocupa el lugar de la primera, de forma que este salmo se aplica a la parusía del Señor Jesús, cuando venga en gloria a su iglesia, que es su templo espiritual. Según eso, conforme a este salmo, estamos llamados a preparar dignamente la venida del Señor.

---

81. Un fragmento del Papiro de Londres, citado en Tischendorf, *Monum.* I 247, lee TH MIA TΩN ΣABBATΩN, pero en el texto de la Hexapla no aparece este añadido.

La segunda parte del salmo ha sido aplicada en la Iglesia Ortodoxa a la entrada en el Hades de Cristo, que es el conquistador (destructor) de la muerte. Esta es una interpretación que se encuentra ya en el Evangelio de Nicodemo (véase Tischendorf, *Evv. apocrypha* p. 306s) y que se mantiene viva en la iglesia griega. En esa misma iglesia este salmo se aplica a la ascensión celeste del Señor (εἰς οὐρανοὺς ἀνάληψις τοῦ κυρίου); pero estas interpretaciones fuerzan demasiado el paralelismo entre los hechos del Antiguo y del Nuevo Testamento.

24, 1–4. Yahvé, cuyo trono de gracia ha sido colocado sobre Sión no tiene solo un dominio limitado, como el de las divinidades paganas, sino que su derecho de soberanía se extiende sobre toda la tierra y su plenitud (לַֽיהוָה֭ הָאָ֣רֶץ וּמְלוֹאָ֑הּ, cf. Sal 50, 12; Sal 89, 12), es decir, sobre todo lo que se encuentra en y sobre ella[82].

Dios, הוּא, es el dueño del mundo porque es su Creador, lo ha fundado sobre las aguas, sobre el mar y sus grandes "torrentes", נהרות, ῥέεθρα (Jon 2, 4); porque las aguas existen antes que la tierra firme, y esta, la tierra, ha surgido de las aguas por la palabra de Dios, de manera que ella, la tierra firme, que encierra en el interior un תהום רבה (Gen 7, 11), esto es, un *gran abismo* de aguas, surgiendo del mar, tiene como cimiento esas mismas aguas (Sal 136, 6). Por eso, por sí misma, la tierra se hundiría de nuevo en las aguas, a no ser que la sostenga el poder creador de Dios.

A partir de aquí surge la gran pregunta: ¿Quién podrá atreverse a subir al Monte de Yahvé? ¿Cómo ha de ser, según eso, aquel a quien Yahvé recibe en su compañía, aquel con cuya oración él se complace? La respuesta es clara: *Tiene que ser un hombre inocente en sus acciones y puro en su mente,* alguien que no centra su mente en aquello que es vano (לֹא־נָשָׂ֣א לַשָּׁ֣וְא נַפְשִׁ֑י). La expresión (נשא נפש אל (ל significa dirigir el alma hacia algo (cf. Sal 25, 1), anhelar o tender hacia una cosa, Dt 24, 15; Prov 19, 18; Os 4, 8[83].

---

82. En 1 Cor 10, 26, Pablo descubre en este verso (cf. Sal 50, 12) la doctrina según la cual un cristiano (a no ser por caridad respecto a los más débiles) tiene el derecho de comer todas las cosas que se venden en los mercados, sin andar preguntando si se han ofrecido o no a los ídolos. Un maestro talmúdico, *B. Berachoth* 35a, infiere de este pasaje el deber de orar antes de la comida: Aquel que come sin dar gracias mete sus manos sin cuidado alguno sobre קדשי שמים (las cosas sagradas de Dios); según eso, el derecho de comer va vinculado a la oración.

83. El *keré* נפשי (en vez del *qetub* שמי, mi nombre) es antiguo y ha sido aceptado por las mayores autoridades; siendo actualmente la lectura "oficial" (así en la *Biblia Hebraica Stuttgartensia*, que estamos siguiendo en esta edición, nota del traductor). Pero más importante que el hecho de haber aceptado esta palabra (alma), es el hecho de que aquí se diga "mi alma" (לַשָּׁ֣וְא נַפְשִׁ֑י) en vez de נפשו (su alma), pasando así de la tercera a la primera persona.

Todo el texto está hablando en tercera persona, sobre aquel que puede entrar en el templo de Yahvé (como supone la traducción de Reina–Valera, nota del traductor). Pero de pronto ahora se pasa de la tercera (נפשו, su alma) a la primera (נפשי). Esa lectura, נפשי en primera persona, va en

En **24, 5,** termina la primera parte de este canto (24, 1–5). El salmista sigue presentando los rasgos del hombre que es digno de habitar en la Casa de Yahvé, tema al que se refería la pregunta de 24, 3. Ese hombre debe llevar en sí mismo (o adquirir, con נשׂא, cf. e. g., Est 2, 17) la bendición de Yahvé y la justicia del Dios de su salvación (cf. Sal 25, 5; 27, 9; cf. יִשָּׂא בְרָכָה מֵאֵת יְהוָה וּצְדָקָה מֵאֱלֹהֵי יִשְׁעוֹ). La justicia, צְדָקָה, es la conformidad con Dios y con aquello que es agradable a Dios; ella aparece aquí como un don, y en ese sentido puede intercambiarse con יֶשַׁע que es la salvación (e. g., Sal 132, 9, Sal 132, 16).

Esta es la justicia de Dios que anhela el hombre piadoso, no la autojustificación egoísta del pecador. Esta es la perfección moral que se identifica con la semejanza divina, que Dios ha restaurado en el justo y que, al mismo tiempo, el justo va expresando en sus acciones. Esta justicia se expresa en el hecho de que el mismo Dios ha cambiado o transfigurado al justo, conforme a la imagen de su santidad. Así culmina en 24, 5 la respuesta a la pregunta de 24, 3, sobre quién puede habitar en el monte de Dios.

24, 6, añade a todo eso el hecho de que los justos, que han recibido (esperan recibir plenamente) el don de la salvación, constituyen la verdadera iglesia de Yahvé, son el Israel de Dios. La palabra דּוֹר (lit. *revolución*, se dice en árabe *dahr*, raíz דר, volver, tornarse) se utiliza aquí (cf. también Sal 14, 5; Sal 73, 15; Sal 112, 2) como expresión de una colectividad, cuyo lazo de unión no es el hecho de formar un grupo de coetáneos en el tiempo, sino el hecho de ser portadores de una misma disposición de alma, a través de los tiempos. Esa palabra va acompañada de un doble *keré*, en el sentido de la generación del salmista en particular o de la generación de todos aquellos que buscan a Dios en plural (דֹּרְשׁוֹ דֹּרְשָׁיו).

---

contra de un tipo de contexto, pero puede y debe aceptarse para poner de relieve la radicalidad del mensaje del salmo, a fin de que el orante se introduzca en la misma dinámica del salmo.

Esa lectura fue adoptada por Saadia (*Enumoth* II, donde dice que נפשׁי es equivalente a שׁמִי), y por otros como Juda ha-Levi (*Cuzari* III, 27), Abulwalid (*Rikma* p. 180), Rashi, Kimchi, *Zohar*, con la mayor parte de los códices (algunos del año 1294) y de las ediciones (entre ellas la *Complutense* que tiene נפשׁי en el texto). Ni siquiera Aben-Ezra puede invertir esa situación, y así interpreta el *keré* נפשׁי como una metáfora, un antropomorfismo, וכתוב נפשׁי דוך כנוי.

El único que rechaza ese *keré* es Elias Levita y lo hace porque ha interpretado mal la masora (véase Baer, *Psalterium* p. 130). Él es el único crítico textual que rechaza esa lectura. Incluso los LXX (Cod. Alex.) traducen, τὴν ψυχὴν μου, aunque el Cod. Vat. (con Eusebio, Apolinar, Teodoro y otros pongan τὴν ψυχὴν αὐτοῦ). Este cambio de "su alma" a "mi alma" es críticamente intangible, tiene que aceptarse, aunque sea exegéticamente poco comprensible. Ciertamente, נפשׁי puede ser equivalente a שׁמִי, mi nombre. Pero el tema no es la variante nombre/alma (las dos cosas significan lo mismo). El tema es que el poeta haya incluido un "mi alma" en un texto en que viene hablando en tercera persona. Ciertamente, es un cambio increíble, pero el poeta ha escrito así.

Esta es la generación de los que buscan tu rostro, el de Dios (מבקשׁיפניך), como segundo genitivo, dependiente de דור, como en Sal 27, 8. De esa manera, aquí, al final, el discurso en tercera persona se convierte en invocación en primera persona. Los que buscan tu rostro, el de Dios, con יעקב como predicado (los que buscan el rostro del Dios de Jacob). Estos son los que se identifican con Jacob, pero no meramente según la carne, sino según el espíritu, es decir, en verdad (Is 44, 2, cf. Rom 9, 6; Gal 6, 16).

Es significativo el hecho de que en hebreo el texto no hable del Dios de Jacob, sino de Jacob (de los que se identifican con Jacob, מבקשׁי פניך יעקב, *los que buscan tu rostro, Jacob)*. Jacob es aquí no solo el patriarca antiguo, sino el pueblo elegido, en el que se incluye el mismo Dios de Israel. Al interpolar אלהי (Dios) de Jacob, en vez de decir simplemente Jacob, como han hecho los LXX y la Peshita, con Ewald, Olshausen, Hupfeld y Böttcher, el texto pierde su nervio poético e incluso teológico.

La palabra *Jacob* condensa de manera fundamental el predicado, como meta a la que tiende todo lo anterior (*Jacob* es el nombre de Dios, es el título y sentido divino del texto). Lógicamente, en este momento suena el "fortissimo" de la música, como indica el סלה. De esa manera culmina la primera parte de este salmo doble, mientras se escucha la música de los levitas, porque el arca ha sido traída בכל־עז ובשׁירים, con toda la fuerza y gloria de los cantos de Dios, como supone 2 Sam 6, 5. 14.

24, 7-10. La procesión festiva ha llegado a las puertas de la ciudadela de Sión, llamadas פתחי עולם, puertas de la eternidad (no del mundo, como traduce Lutero, en contra del texto del A. T.). No son las puertas del templo de Salomón en cuanto tal, ni unas posibles puertas antiguas de un presumible templo anterior, muy antiguo (cf. עולם en Gen 49, 26; Is 58, 12), de la época de los jebuseos o incluso de la época de Melquisedec, por las que debería entrar ahora el rey de la gloria, aquel cuyo ser y obrar es todo gloria. Se trata, más bien, de las puertas de la ciudadela de Sión, a las que se dirige el grito de los que vienen, pidiéndoles que se organicen de una forma que sea digna del Señor, que está disponiéndose a entrar, pues en sí mismas esas puertas son demasiado estrechas y bajas.

Regocijándose con el honor que se les confiere por el hecho de que entre por ellas el mismo Señor (Yahvé), esas tienen que elevar su altura (cf. Job 10, 15; Zac 2, 4), es decir, elevar sus portales (sus dinteles). Esas puertas antiguas tienen que abrirse hacia lo alto y hacia lo ancho (sobre el *munach* en vez del *metheg* en והנשׂאו, véase Baer, *Accentsystem,* VII, 2).

Esta es la respuesta que las puertas ofrecen a la procesión festiva que se ha parado delante, pues ellas solo están dispuestas a recibir a los señores poderosos, ¿Quién es pues (con זה dando viveza a la pregunta, cf. Gesenius, 122, 2) ese Rey de la Gloria? Y entonces los de la procesión le describen de un modo más detallado y minucioso, diciendo que este es el Dios–Héroe, por medio del cual los israelitas han tomado la ciudad de Sión de manos de los jebuseos, el Dios que en tiempos pasados ha sido siempre victorioso.

El adjetivo en el que se centra el clímax de la escena es עזוז (cf. יְהוָה עִזּוּז וְגִבּוֹר), puntuado como למוד, y solo se encuentra en otro pasaje del A. T., en Is 43, 17. Su traducción como גבור מלחמה (héroe de la guerra) nos remite a Ex 15, 3. Por eso, las puertas tienen que abrirse (levantar sus cabezas) y los portones antiguos tienen que elevarse a sí mismos, es decir, abrirse a lo alto y a lo ancho, con נשא (elevarse, cf. Nah 1, 5; Os 13, 1; Hab 1, 3), invirtiendo el orden de las palabras, como suele hacerse de ordinario cuando la respuesta retoma el tenor fundamental de la pregunta.

Las puertas de Sión preguntan por segunda vez (¿quién ese ese…?), pero no lo hacen porque tienen alguna duda, sino porque quieren escuchar mejor la alabanza del gran rey de la gloria. Esta es una pregunta que busca más información, y la forma de hacerlo es amontonando los pronombres (מִי הוּא זֶה מֶלֶךְ, como en Jer 30, 21, cf. Sal 46, 7; Est 7, 5), para indicar la urgencia que se tiene (como en latín, *quis tandem, ecquisnam,* quién es pues, quién…). La respuesta dice así, "Jahve Sebaot, él es el Rey de la gloria…". Y tras esta segunda respuesta la procesión puede entrar.

יְהוָה צְבָאוֹת es el nombre propio de Yahvé como Rey; el nombre que se ha venido utilizando desde el tiempo de los reyes de Israel. צבאות es un genitivo gobernado por יְהוָה y, mientras en otros lugares se encuentra referido a los ejércitos humanos, en esta frase se encuentra referido a los ángeles y a las estrellas, a las que Sal 103, 21 y 148, 2 les llama צבאיו, esto es, el ejército de Dios. El ejército de Yahvé está integrado por héroes celestiales, Joel 4, 11 y por las estrellas que están formadas en lo alto de los cielos como si fueran un ejército dispuesto para la batalla (cf. Is 40, 26), una referencia para la que diversos textos como Gen 21, 2; Dt 33, 2; Jc 5, 20 han preparado el camino.

Este Dios es, por tanto, el gobernador y comandante de innumerables e invencibles seres supraterrestres y desea (y debe) ser admitido en Sión. Silenciosamente, las puertas se abren totalmente, de forma que Yahvé, sentado, entronizado sobre los querubines de encima del arca, entra en Sión.

Salmo 25. Súplica pidiendo protección y guía de Dios

¹ לְדָוִד אֵלֶיךָ יְהוָה נַפְשִׁי אֶשָּׂא׃

² אֱלֹהַי בְּךָ בָטַחְתִּי אַל־אֵבוֹשָׁה אַל־יַעַלְצוּ אֹיְבַי לִי׃

³ גַּם כָּל־קֹוֶיךָ לֹא יֵבֹשׁוּ יֵבֹשׁוּ הַבּוֹגְדִים רֵיקָם׃

⁴ דְּרָכֶיךָ יְהוָה הוֹדִיעֵנִי אֹרְחוֹתֶיךָ לַמְּדֵנִי׃

⁵ הַדְרִיכֵנִי בַאֲמִתֶּךָ וְלַמְּדֵנִי כִּי־אַתָּה אֱלֹהֵי יִשְׁעִי אוֹתְךָ קִוִּיתִי כָּל־הַיּוֹם׃

⁶ זְכֹר־רַחֲמֶיךָ יְהוָה וַחֲסָדֶיךָ כִּי מֵעוֹלָם הֵמָּה׃

⁷ חַטֹּאות נְעוּרַי וּפְשָׁעַי אַל־תִּזְכֹּר כְּחַסְדְּךָ זְכָר־לִי־אַתָּה לְמַעַן טוּבְךָ יְהוָה׃

⁸ טוֹב־וְיָשָׁר יְהוָה עַל־כֵּן יוֹרֶה חַטָּאִים בַּדָּרֶךְ׃

⁹ יַדְרֵךְ עֲנָוִים בַּמִּשְׁפָּט וִילַמֵּד עֲנָוִים דַּרְכּוֹ׃

¹⁰ כָּל־אָרְחוֹת יְהוָה חֶסֶד וֶאֱמֶת לְנֹצְרֵי בְרִיתוֹ וְעֵדֹתָיו׃

¹¹ לְמַעַן־שִׁמְךָ יְהוָה וְסָלַחְתָּ לַעֲוֹנִי כִּי רַב־הוּא׃

¹² מִי־זֶה הָאִישׁ יְרֵא יְהוָה יוֹרֶנּוּ בְּדֶרֶךְ יִבְחָר׃

¹³ נַפְשׁוֹ בְּטוֹב תָּלִין וְזַרְעוֹ יִירַשׁ אָרֶץ׃

¹⁴ סוֹד יְהוָה לִירֵאָיו וּבְרִיתוֹ לְהוֹדִיעָם׃

¹⁵ עֵינַי תָּמִיד אֶל־יְהוָה כִּי הוּא־יוֹצִיא מֵרֶשֶׁת רַגְלָי׃

¹⁶ פְּנֵה־אֵלַי וְחָנֵּנִי כִּי־יָחִיד וְעָנִי אָנִי׃

¹⁷ צָרוֹת לְבָבִי הִרְחִיבוּ מִמְּצוּקוֹתַי הוֹצִיאֵנִי׃

¹⁸ רְאֵה עָנְיִי וַעֲמָלִי וְשָׂא לְכָל־חַטֹּאותָי׃

¹⁹ רְאֵה־אוֹיְבַי כִּי־רָבּוּ וְשִׂנְאַת חָמָס שְׂנֵאוּנִי׃

²⁰ שָׁמְרָה נַפְשִׁי וְהַצִּילֵנִי אַל־אֵבוֹשׁ כִּי־חָסִיתִי בָךְ׃

²¹ תֹּם־וָיֹשֶׁר יִצְּרוּנִי כִּי קִוִּיתִיךָ׃

²² פְּדֵה אֱלֹהִים אֶת־יִשְׂרָאֵל מִכֹּל צָרוֹתָיו׃

¹ A ti, Jehová, levantaré mi alma.

² Dios mío, en ti confío; no sea yo avergonzado.
¡No se alegren de mí mis enemigos!

³ Ciertamente, ninguno de cuantos esperan en ti será confundido;
serán avergonzados los que se rebelan sin causa.

⁴ Muéstrame, Jehová, tus caminos; enséñame tus sendas.

⁵ Encamíname en tu verdad y enséñame,
porque tú eres el Dios de mi salvación; en ti he esperado todo el día.

⁶ Acuérdate, Jehová, de tus piedades y de tus misericordias, que son perpetuas.

⁷ De los pecados de mi juventud y de mis rebeliones no te acuerdes.
Conforme a tu misericordia acuérdate, Jehová, de mí, por tu bondad.

⁸ Bueno y recto es Jehová; por tanto, él enseñará a los pecadores el camino.

⁹ Encaminará a los humildes en la justicia y enseñará a los mansos su carrera.

¹⁰ Todas las sendas de Jehová son misericordia y verdad
para los que guardan su pacto y sus testimonios.

¹¹ Por amor de tu nombre, Jehová, perdonarás también mi pecado, que es grande.

¹² ¿Quién es el hombre que teme a Jehová? Él le enseñará el camino que ha de escoger.

¹³ Gozará él de bienestar y su descendencia heredará la tierra.

¹⁴ La comunión íntima de Jehová es con los que lo temen,
y a ellos hará conocer su pacto.

¹⁵ Mis ojos siempre se dirigen hacia Jehová, porque él saca mis pies de la red.

¹⁶ Mírame y ten misericordia de mí, porque estoy solo y afligido.

¹⁷ Ensancha tú las estrecheces de mi corazón, sácame de mi angustia.

¹⁸ Mira mi aflicción y mi trabajo y perdona todos mis pecados.

¹⁹ Mira mis enemigos, cómo se han multiplicado y con odio violento me aborrecen.

²⁰ ¡Guarda mi alma y líbrame! No sea yo avergonzado, porque en ti he confiado.

²¹ Integridad y rectitud me guarden, porque en ti he esperado.

²² ¡Redime, Dios, a Israel de todas sus angustias!

El salmo anterior empezaba con una pregunta: ¿Quién podrá subir al monte de Yahvé? Aquí tenemos una pregunta semejante (¿Quién es aquel que teme a Yahvé?) y el salmista responde exponiendo las grandes y gloriosas promesas del Señor.

Este salmo es una oración confiada, llena de calma, por la que el orante pide ayuda en contra de sus enemigos, rogando a Dios que le instruya, le perdone y le ofrezca su gracia guiadora. Este salmo no contiene ningún tipo de trasfondo histórico concreto que nos permita indicar el tiempo en que fue compuesto, y por otra parte carece de signos que indiquen quién ha sido su compositor.

Este es uno de los nueve salmos alfabéticos del conjunto del libro de los salmos, y puede compararse con el Sal 34, con el que se vincula en muchos rasgos por su estructura acróstica. Ambos salmos carecen de la estrofa que corresponde a la waw (ו). Ambos son paralelos en lo que se refiere al sonido y significado, al comienzo de las estrofas que empiezan con מ ע y también con פ. Ambos salmos, después de haber seguido las letras del alfabeto, o han añadido una estrofa פ como conclusión, y su principio y contenido están relacionados entre sí. Estos rasgos parecen indicar que ambos tienen un mismo autor.

No vemos en esta disposición alfabética (desarrollada aquí con cierta libertad), tanto en este salmo como en Sal 9–10, nada que vaya en contra de que David pueda ser su autor. Pero no contamos con más razones generales de tipo ético y religioso que nos permitan afirmar con seguridad que estos salmos son davídicos. Por su carácter universal, y por su armonía con el despliegue del plan de la redención, este Sal 25 coincide con varios salmos postexílicos, aunque no contiene nada que no pueda adaptarse a la conciencia creyente de la iglesia en cada una de sus edades.

No hay aquí, en este salmo, nada que sea exclusivo del AT o de la conciencia israelita, de forma que Teodoreto afirma, ἁρμόζει μάλιστα τοῖς ἐξ ἐθνῶν κεκλημένοις, se adapta de un modo especial para aquellos que son llamados al cristianismo de entre los paganos. Los introitos para la celebración del domingo 2 y 3 de la Cuaresma están tomados de Sal 25, 6. 16, por lo que esos domingos se llaman *Reminiscere* y *Oculi*. El himno de Paul Gerhardt, "Nach dir, o Herr, verlanget mich" (con música de J. S. Bach, traducido al español con el título, "Tú, Señor, eres mi anhelo") ofrece una hermosa traducción poética de este salmo.

25, 1-2. El salmo comienza como Sal 16 y 23 con un monostico. 25, 2 es la estrofa ב a pesar de que empieza con alef (אֱלֹהַי בְּךָ) y בְּךָ aparece en segundo lugar, a no ser que esas palabras tuvieran un orden distinto y se escribiera בך אלהי (cf. Sal 31,2), como en las interjecciones de las tragedias griegas, en las que la expresión primera, *oо́moi* no se reconocía como perteneciente al verso (J. D. Köhler).

Necesitado de ayuda, y lleno de nostalgia por la liberación, separando su alma de los deseos terrenos, el orante la eleva hacia Yahvé (Sal 86,4; Sal 143,8), el único que puede garantizarle la plena satisfacción de sus necesidades. Su propio "ego", en cuyo interior se encuentra el alma, la dirige hacia arriba, hacia aquel a quien él llama אלהי, mi Dios, porque, con plena confianza, se apoya en él.

Los dos (אַל־אֵבוֹשָׁה אַל־יַעַלְצוּ) אל muestran que Yahvé no está dispuesto a abandonarle, como en Sal 31, 2. 18. Conforme a la lectura de Sal 25, 19; 25, 20; 38, 17, resulta más seguro unir לִי con יעלצו (אַל־יַעַלְצוּ לִי, cf. Sal 71, 10), como sucede en Sal 27, 2; Sal 30, 2, Miq 7, 8, aunque también sería posible unir לִי con אויבי (cf. Sal 144, 2). El verso 25, 3 universaliza la esperanza confiada del individuo (יַעַלְצוּ אֹיְבַי).

25, 3. La razón por la que el orante queda confortado no es una prerrogativa o ventaja personal suya, sino una certeza agradecida y gozosa de fe, que él comparte con todos los creyentes, como dice Pablo: La esperanza no queda confundida, ἡ ἐλπὶς ου᾽ καταισχύνει (Rom 5, 5). Los que esperan se llaman קֹוֶךָ, de קוה participio de קֹוֶה (como דִבֵר es participio de דִּבֵּר).

La esperanza es el ojo de la fe, que mira hacia adelante, de manera clara y fija, hacia el futuro. Frente a los que esperan en Yahvé, que no permite que sean desamparados, están aquellos que actúan de un modo traidor contra Dios (cf. Sal 119, 158, según Aquila, Símaco, Teodoreto: οἱ ἀποστατοῦντες), y los que se rebelan contra Dios ריקם, i.e. con pretextos sin fundamento algunos, los que actúan de un modo inconsciente.

25, 4. Reconociendo la infamia de la ingratitud, el orante pide a Dios que le instruya de manera que él pueda actuar conforme a sus preceptos (cf. Sal 18, 22). La voluntad de Dios marca la verdad, y se encuentra ante nosotros en la palabra escrita de la Ley de Dios. Pero el orante sabe que el único que puede exponer la recta comprensión de esa palabra es el mismo Dios. Por eso le ruega que le conceda conocimiento. Y, además, para cumplir aquello que él conoce y hacerlo de un modo perfecto y viviente, el orante necesita la gracia de Dios, es decir, su iluminación, su mano guiadora.

25, 5. La verdad se encuentra en la revelación duradera y verificadora de la gracia de Dios. Sin esa revelación, esto es, sin Dios, no se puede penetrar en esa verdad ni caminar según ella (Sal 26, 3; Sal 86, 11), pues eso implicaría una contradicción intrínseca. Por lo tanto, igual que en Sal 119,35, el salmista pide, "Guíame en tu verdad" (ὁδήγησόν με ἐν τῇ ἀληθείᾳ σου, LXX Cod. Alejandrino; por su parte, el Cod. Vaticano dice ἐπὶ τὴν..., cf. Jn 16, 13).

El orante pide así porque su salvación viene de Yahvé, o, mejor dicho, porque Yahvé es su salvación[84]. No espera que Dios le ofrezca cosas concretas, sino que le espera a él, todo el día, es decir, de un modo incesante, porque todo aquello que merece la pena esperar, todo aquello que puede satisfacer el deseo del alma, está incluido en Dios. Según eso, toda merced o gracia que procede de él (de Dios) se funda en su compasión y en su condescendencia.

25, 6. Este recuerdo de súplica final significa: que Dios nunca se olvide de ejercer su piedad y su gracia, gracia y piedad que, como implica el plural, son ricas y superabundantes. El fundamento sobre el que se basa esta oración está introducido con un כִּי (כִּי מֵעוֹלָם הֵמָּה, *nam*, o también *quoniam*). La compasión y la gracia de Dios son tan antiguas y eficaces como la debilidad y el pecado de los hombres. Compasión y piedad de Dios son eternas y tienen en sí mismas la garantía de una duración perpetua (Sal 100,5; Sal 103,17).

25, 7. El orante pide a Yahvé que no recuerde los pecados de su juventud (חטאות), que le han llevado a un tipo de búsqueda de placer y de inconsciencia; y le ruega también que le permita superar las transgresiones posteriores (פּשעים), de su edad madura, que le han llevado a romper su relación de amistad con Dios, transgresiones y pecados de los que tiene que convertirse.

En esa línea, el orante pide a Dios que se acuerde de él (זכר ל como en Sal 136,23), conforme a su gracia y su ternura. En esa línea dice San Agustín: *Memor esto quidem mei, non secundum iram, qua ego dignus sum, sed secundum misericordiam tuam, quae te digna est* (recuérdate de mí no según la ira de la que soy digno, sino según tu misericordia, de la que eres digno tú). El orante ruega así porque sabe que Dios es bueno, טוב, lo que realmente equivale a decir que es amor, ἀγάπη. El nuevo dístico mostrará que טוב se aplica aquí a la bondad de Dios y no, como por ejemplo en Neh 9, 35, a la abundancia de sus posesiones.

25, 8. La ב con הורה (יוֹרֶה חַטָּאִים בַּדֶּרֶךְ) indica el camino, es decir, el recto camino (Job 31,7), a modo de principio y tema de la instrucción de Dios, como en Sal 32,8, Prov 4,11; Job 27,11. Dios es condescendiente con los pecadores, a fin de

---

84. Hupfeld piensa que la acentuación resulta inadecuada. Sin embargo, la primera mitad del verso se extiende hasta ישעי (כִּי־אַתָּה אֱלֹהֵי יִשְׁעִי) y consta de dos partes, siendo la segunda una confirmación de la primera. Así la secuencia de los acentos (*rebia magnum, athnach*) concuerda con el tema.

enseñarles el camino que dirige a la vida, porque él es bueno y recto, טוב־וישֹר; su deleite consiste en hacer el bien, y, si no se provoca su ira (Sal 18,27), él muestra solo su mejor y más sincera intención en todo lo que hace.

25, 9. Al comienzo encontramos יַדְרֵךְ, forma abreviada de futuro (cf. Gesenius, 2, 128) en vez de la forma plena, porque referirse a hechos generales no permite utilizar el optativo. La ב de בַּמִּשְׁפָּט (cf. Sal 107, 7; Sal 119, 35) nos sitúa ante una visión de "guía". מֹשׁפט es la justicia, entendida como algo que se realiza, se recorre.

Dios dirige a los ענוים y les enseña el camino para que puedan cumplir su voluntad, complacerle. ענוים es una palabra que abarca a los que *son amables, mansos, humildes, modestos*. Jerónimo utiliza en este caso (25, 9a y 9b) dos palabras distintas (diriget mansuetos in iudicio, docebit mites vias suas); pero el poeta hebreo utiliza en ambos casos la misma palabra (עֲנָוִים) refiriéndose a los ענוה, que son de un modo especial los humildes.

Los que se justifican a sí mismos y los autosuficientes tienen que cambiar, incluso en contra de su voluntad. El salmista quiere discípulos que aprendan, y les promete una gran recompensa a quienes lo hacen, a los que han aprendido.

25, 10. Los caminos que los hombres han de seguir son aquellos que están de acuerdo con la voluntad y el consejo divino. Estos caminos son misericordia y verdad, חֶסֶד וֶאֱמֶת, dos palabras fundamentales de la experiencia bíblica. חסד es la bondad amante, la misericordia y la gracia, para la salvación de los hombres; por su parte, אמת es la verdad, por la que los hombres fieles a Dios van descubriendo a cada paso la prueba, la certeza, del cumplimiento de las promesas.

Solo aquellos que comparten el pacto de Dios, y responden con fidelidad y obediencia a sus mandamientos (לְנֹצְרֵי בְרִיתוֹ וְעֵדֹתָיו) podrán participar de esta misericordia y verdad de Dios. Para el salmista resulta precioso el nombre de Yahvé, que se despliega en sí mismo en forma de misericordia y de verdad, como muestra la oración que sigue.

25, 11. El perfecto consecutivo (וְסָלַחְתָּ, perdonarás) va unido a Yahvé, y de un modo especial al poder de vida que está en el fondo de ese nombre (לְמַעַן־שִׁמְךָ יְהוָה). El salmista nos sitúa de esa forma ante el sentido más alto del nombre *Yahvé*, como expresión del Dios que perdona todos los pecados que están comprendidos en la palabra עון, que se utiliza aquí como un nombre colectivo, que abarca el conjunto de la corrupción y culpa de los hombres (וְסָלַחְתָּ לַעֲוֹנִי כִּי רַב־הוּא).

La partícula כי expresa el fundamento de la necesidad y de la urgencia de esa petición de perdón. El orante sabe que sobre él pesa una carga multiforme y pesada de pecados, pero el nombre de Dios, es decir, su naturaleza, se muestra en la misericordia y verdad (חֶסֶד וֶאֱמֶת), de manera que el salmista puede pedir perdón, no por sus propios méritos, sino por causa del nombre de Yahvé, que es nombre de perdón, como saben Jer 14, 7 e Is 43, 25. Feliz, por tanto, quien teme a Dios y recibe de esta forma su perdón.

25, 12. Desde ese fondo surge la pregunta: ¿Quién es el hombre que teme a Yahvé? (מִי־זֶה הָאִישׁ יְרֵא יְהוָה). Esta pregunta (quisnam est vir...), que se parece a la de Sal 34, 13; 107, 43; Is 50, 10, se utiliza aquí para llamar la atención sobre la persona que teme a Dios y puede así alcanzar su perdón, para establecer lo que ella puede esperar. En el fondo está una pregunta como *qui talis est qui Dominum vereatur* (qué tipo de persona ha de ser aquella que teme, es decir, que reverencia al Señor).

La pregunta queda así abierta e iluminada por la respuesta: יוֹרֶנּוּ בְּדֶרֶךְ יִבְחָר (él, Dios, le enseñará el camino que ha de elegir). El verbo atributivo יבחר (escoger el camino que ha de recorrer, cf. Is 48, 17) puede referirse a Dios (pues él se goza escogiendo el buen camino para el hombre, como suponen los LXX); pero textos paralelos como Sal 119, 30. 173, muestran que se trata del camino que el mismo ser humano tiene que escoger.

Entre todas las bendiciones que recaen sobre el lote de aquellos que temen a Dios, la primera es esta: Dios eleva a sus fieles por encima de las vacilaciones y dudas, de manera que puedan escoger lo que es mejor para ellos (según Dios).

25, 13. El verbo (לִין (לוּן) (cf. נַפְשׁוֹ בְּטוֹב תָּלִין, su alma gozará de bienestar) equivale probablemente a לִיל y significa vivir con tranquilidad (descansar en la noche). Se trata, pues, de "gozar", descansar en lo que es bueno, en prosperidad interior y exterior, en seguridad, en protección.

De esa manera, con prosperidad, el hombre fiel alcanzará aquello que Dios había prometido a los patriarcas, y a los israelitas liberados de Egipto, a quienes cumplió su promesa, dándoles la tierra. Esta es la promesa que sigue activa en el N. T., como declara Mt 5, 5, cuando afirma que los mansos heredarán la tierra (cf. también Sal 37, 11; Ap 5, 10).

24, 14. Los LXX traducen סוֹד (cf. סוֹד יְהוָה) con κραταίωμα, como si fuera equivalente a יסוד. La forma recíproca נוֹסַד, Sal 2, 2, nos permite descubrir el significado primario de la palabra. Partiendo de ese significado primario de סד, ser o hacer que uno esto firme, סוד significa que dos personas o realidades están profundamente unidas, para conversar, para comunicarse, para tener una relación recíproca de comunión, cf. Sal 89, 8; Sal 111, 1 (Símaco, ὁμιλία).

En esa línea, סוד termina significando un tipo de comunicación profunda, como en Sal 55, 15 donde se trata de la comunicación de un secreto (Aquila, ἀπόρρητον, Teodoción, μυστήριον). Así también aquí. Dios abre su mente sin reserva algunas, habla de un modo confidencial con aquellos que le temen, como muestra Prov 3, 32, lo mismo que el ejemplo bien conocido de Gen 18, 17.

Aquí, en Sal 26, 14, el infinitivo con ל (סוֹד יְהוָה לִירֵאָיו), conforme a Gesenius 132, nota 1 (cf. Is 38, 20), es una expresión que tiene el sentido de un futuro perifrástico, que se puede traducir así, *faedus suum notum facturus est iis,* su pacto será dado a conocer a aquellos que...; o como traduce Reina-Valera, la comunión íntima de Yahvé se da a conocer a... (cf. Dan 2, 16. 18; 4, 14).

הוֹדִיעַ se utiliza para un conocimiento que no es meramente intelectual, sino de tipo experimental. Hitzig traduce la frase de un modo algo distinto: Para iluminarles... En esa línea, בריתו aparece como objeto. La comunión íntima con Yahvé está al servicio del conocimiento de la revelación de Dios, tal como se manifiesta en su pacto. Con estas palabras, el poeta ha confirmado de todas las formas posibles, que todo don bueno desciende de arriba, del Dios de la salvación y que retorna al principio del que ha brotado.

25, 15. Aquel que mantiene sus ojos siempre dirigidos hacia Dios (Sal 141, 8; 123, 1) está realizando un tipo duradero de plegaria, que no puede quedar sin respuesta. En esa línea de oración constante, תמיד corresponde a ἀδιαλείπτως en 1 Tes 6, 17. El objetivo de esta constante mirada hacia Dios se expresa en este contexto en forma de liberación de la red con que los enemigos quieren prender al orante. De esa manera, por su unión con Dios, el orante puede liberarse de la red en la que puede quedar atrapado por las difíciles circunstancias en las cuales ha sido encerrado sin culpa propia.

25, 16. La traducción "mírame" (cf. פְּנֵה־אֵלַי וְחָנֵּנִי), en la medida en que פנה אל se refiere al Dios que observa y que se vuelve de un modo amistoso hacia alguien (LXX, ἐπιβλέπειν), corresponde a Sal 86, 16; Lev 26, 9. Esto es lo que el orante desea, esto es aquello que anhela, que Dios le escuche, porque los hombres le tratan como a un extraño, y se niegan a tener cualquier relación con él.

יחיד (cf. כִּי־יָחִיד, porque estoy solo) es alguien que está aislado, que no tiene compañero (otro como él), de manera que se encuentra sin nadie a su lado. De esta forma se expresa el orante: ¿A quién podría yo dirigirme, yo que soy hombre aislado, a quién podría comunicar mi aflicción, a quién podría revelar mis pensamientos y sentimientos más íntimos? ¡Solo a Dios! El orante solo puede compartir sus quejas con Dios, solo a Dios puede suplicarle una y otra vez, siempre de nuevo.

25, 17. El *hitpael* הרחיב significa ensancharse, agrandarse, y como verbo denominativo transitivo aplicado a la mente (al corazón), tiene el sentido de "abrir un espacio extenso", expandirse (como en Lam 2, 13, "grande como el mar es mi infortunio"). Así traducen los LXX ἐπληθύνθησαν, aunque algunos manuscritos ponen ἐπλατήνθησαν (se ensancharon...).

Ciertamente, ese sentido de la palabra הרחיבו resulta aceptable, por lo que se refiere al lenguaje. Pero ofrece un sentido muy pálido y poco apropiado como antítesis para צרות, de manera que resulta sospechosa, y no puede aceptarse. Sin duda, el texto original tuvo que ser distinto (הרחיב וממצוקות) como en Sal 77, 2 (cf. 2 Rey 8, 6): "Ensancha tú las estrecheces de mi corazón (cf. Sal 119, 32; 2 Cor 6, 11) y sácame de mi angustia" (Hitzig y otros).

25, 18–19. Como he dicho ya, aquí falta la estrofa que debía empezar con ק y en su lugar encontramos dos estrofas 18 (25, ר y 25, 19). Incluso los LXX ponen por dos veces ἴδε. La cuestión por la que se ruega es en ambos casos semejante: Es un tema por el que el orante pide a Dios, pero dejando en sus manos la forma en que puede resolverse.

La frase וְשָׂא לְכָל־חַטֹּאותָי, con el objeto en dativo en vez de en acusativo (*tollere peccata*, quitar los pecados), significa conceder un tipo de perdón para alguien (como sinónimo de סלח ל). Desde la perspectiva del N. T. (en 25, 19), tenemos que poner de relieve el hecho de que el orante invoca expresamente la venganza sobre los enemigos. En esa línea, כי (cf. כִּי־רָבּוּ) tiene el sentido de un *quod* expansivo (mira a mis enemigos, cómo se han multiplicado como en Gen 1, 4). Finalmente, שִׂנְאַת חמס con un genitivo atributivo significa un "odio violento", odio que brota de la injusticia y culmina en la injusticia.

25, 20. El orante pide a Dios que le preserve y le libere, que no permita que su esperanza sea defraudada (con אַל־אֵבוֹשׁ, cf. 1 Cron 21, 13, en vez de אל־אבושה que suele utilizarse en otros casos). Esta esperanza se funda ciertamente en Dios. El orante ha puesto su refugio en él, y Dios no puede, por tanto, abandonarle, no puede dejar que sea destruido.

25, 21. Estas son las dos palabras fundamentales, יֹשֶׁר y תֹם, se refieren a la devoción que llena al hombre entero, que no es parcial ni hipócrita, de un hombre a quien se llama תֹם; en esa línea, la rectitud del que cumple la voluntad de Dios sin atajos mentirosos y caminos prohibidos se llama יֹשֶׁר.

Estas dos virtudes radicales (cf. Job 1, 1) son las que el orante desea tener como guardianes de un camino que resulta peligroso no solo a causa de los enemigos exteriores, sino también por la pecaminosidad del hombre. Verdad y rectitud: Estos son los guardianes que no le perderán de vista, que no le abandonarán, a no ser que él, el orante, se aparte de ellos (cf. Sal 40, 12; Prov 20, 28). Esto es lo que el orante pide, porque la garantía de su esperanza es el mismo Dios del que proceden יֹשֶׁר y תֹם como los buenos ángeles guardianes de su vida.

25, 22. Esta experiencia del orante no es algo exclusivamente suyo, sino que la enemistad del mundo y el pecado luchan igualmente contra todo el pueblo de Dios. Y la necesidad del individuo no cesa hasta que no queda remediada la necesidad de todo el pueblo de Israel.

Desde ese fondo brota esta oración intercesora, que consta de dos dísticos y cuya conexión con lo anterior no es tan clara como será la de Sal 34, 23. Da la impresión de que este último verso no es primitivo, sino que ha sido añadido cuando el salmo ha comenzado a ser utilizado como oración pública, y así parece mostrarlo el cambio en el nombre de Dios, que es aquí Elohim (פְּדֵה אֱלֹהִים) y no Yahvé como en los casos anteriores.

Tanto este salmo como el 34 concluyen con la repetición de la letra פ que la primera vez representa probablemente a la π y en la segunda la φ. Esto puede deberse quizá al hecho de que se ha querido dar una importancia especial a las últimas letras, como suele hacerse a veces (no siempre) en el final de los himnos de las sinagogas.

Salmo 26. Un perseguido inocente da gracias a Dios en su casa

1 לְדָוִד‬ ׀ שָׁפְטֵנִי יְהוָה כִּי־אֲנִי בְּתֻמִּי הָלַכְתִּי וּבַיהוָה בָּטַחְתִּי לֹא אֶמְעָד׃

2 בְּחָנֵנִי יְהוָה וְנַסֵּנִי (צרופה) [צָרְפָה] כִלְיוֹתַי וְלִבִּי׃

3 כִּי־חַסְדְּךָ לְנֶגֶד עֵינָי וְהִתְהַלַּכְתִּי בַּאֲמִתֶּךָ׃

4 לֹא־יָשַׁבְתִּי עִם־מְתֵי־שָׁוְא וְעִם נַעֲלָמִים לֹא אָבוֹא׃

5 שָׂנֵאתִי קְהַל מְרֵעִים וְעִם־רְשָׁעִים לֹא אֵשֵׁב׃

6 אֶרְחַץ בְּנִקָּיוֹן כַּפָּי וַאֲסֹבְבָה אֶת־מִזְבַּחֲךָ יְהוָה׃

7 לַשְׁמִעַ בְּקוֹל תּוֹדָה וּלְסַפֵּר כָּל־נִפְלְאוֹתֶיךָ׃

8 יְהוָה אָהַבְתִּי מְעוֹן בֵּיתֶךָ וּמְקוֹם מִשְׁכַּן כְּבוֹדֶךָ׃

9 אַל־תֶּאֱסֹף עִם־חַטָּאִים נַפְשִׁי וְעִם־אַנְשֵׁי דָמִים חַיָּי׃

10 אֲשֶׁר־בִּידֵיהֶם זִמָּה וִימִינָם מָלְאָה שֹּׁחַד׃

11 וַאֲנִי בְּתֻמִּי אֵלֵךְ פְּדֵנִי וְחָנֵּנִי׃

12 רַגְלִי עָמְדָה בְמִישׁוֹר בְּמַקְהֵלִים אֲבָרֵךְ יְהוָה׃

<Salmo de David>

1 Júzgame, Jehová, porque yo en integridad he andado; he confiado asimismo en Jehová sin titubear.

2 Escudríñame, Jehová, y pruébame; examina mis íntimos pensamientos y mi corazón,

3 porque tu misericordia está delante de mis ojos y ando en tu verdad.

4 No me he sentado con hombres hipócritas, ni entré con los que andan disimuladamente.

⁵ Aborrecí la reunión de los malignos y con los impíos nunca me senté.

⁶ Lavaré en inocencia mis manos, y así, Jehová, andaré alrededor de tu altar,
⁷ para exclamar con voz de acción de gracias y para contar todas tus maravillas.
⁸ Jehová, la habitación de tu Casa he amado, el lugar de la morada de tu gloria.

⁹ No arrebates con los pecadores mi alma ni mi vida con hombres sanguinarios,
¹⁰ en cuyas manos está el mal y cuya diestra está llena de sobornos.
¹¹ Pero yo andaré en integridad; redímeme y ten misericordia de mí.
¹² Mi pie ha estado en rectitud; en las congregaciones bendeciré a Jehová.

Los salmos 25 y 26 están vinculados entre sí por la semejanza de pensamiento y expresión. Tanto en el salmo anterior como en este (Sal 26) encontramos un mismo tipo de ideas y de formas expresivas; el autor da en ambos casos un mismo testimonio de confianza en Dios (1 ,26 ;2 ,25 , בטחתי,).

En ambos casos, el grito de petición de ayuda brota de un sentimiento de abandono, y está dirigido hacia la liberación (פדה, Sal 25, 22; Sal 26, 11), buscando una manifestación de la misericordia de Dios, a quien el orante ruega diciendo חנני (cf. Sal 26, 11; Sal 25, 16). Hay además otros puntos de contacto entre ambos salmos (cf. 26, 11 con 25, 21; 26, 3 con 25, 5).

Estas razones bastan para poner juntos ambos salmos, aunque en el Sal 26 falte toda confesión o autoacusación del orante, unida al testimonio de su piedad, una confesión que está ya muy cerca de la conciencia religiosa del N. T., y que aparecía repetida tres veces en Sal 25. En contra de eso, Sal 26 no puede ofrecer ese tipo de autoacusación del orante porque lo impide la descripción más minuciosa de los enemigos, que parecen ser los enemigos de David (los partidarios de Absalón).

Esos enemigos, partidarios de Absalón, son hipócritas que, compartiendo un mismo tipo de infidelidad y de consejo sangriento, han arrojado fuera todos los disimulos y han sido vencidos por el engaño y la maldad a favor de Absalón, su nuevo jefe, pues según 2 Sam 15, 6, el hijo de David ha robado (engañado) el corazón de los hombres de Israel.

En este momento, David no había llevado consigo el Arca en su huida, pero confía en su Dios y dice: "Yo encontraré favor a los ojos de Yahvé, que me llevará de nuevo a su casa, de forma que podré verle allí, viendo el lugar en el que habita" (cf. 2 Sam 15, 25). En esa línea, el verdadero corazón de este salmo está formado por el amor hacia la casa de Yahvé.

26, 1-2. Como un hombre perseguido, el poeta pide a Dios que le restituya sus derechos y que le rescate, fundando esta petición en la forma en que él se relaciona con Dios. שפטני tiene el mismo sentido que en Sal 7, 9; Sal 35, 24, cf. Sal 43, 1. תם (sinónimo de תמים, que se emplea aquí sin sufijo) significa, según Gen 20, 5 y 1 Rey 22, 34, el hecho de que alguien esté libre de todo interés de pecado; está implicando limpieza de carácter, pureza, falta de culpa (ἀκακία, ἀπλότης).

Este es el fundamento de la confianza del orante: Ha caminado con mente inocente, sin querer ni buscar enemistades, confiando de manera muy firme (con לא אמעד, forma circunstancial de tipo adverbial, cf. Sal 21, 8) en Yahvé. Sobre esa base se funda su petición, el deseo de que se reconozca su derecho que ha sido negado con injurias. Él no actúa con un tipo de autosuficiencia mentirosa, no se cree moralmente perfecto, sino que apela a su experiencia y búsqueda más honda, dirigida hacia Dios, solo hacia él.

En esa línea, Sal 26, 2 no puede entenderse como un reto que el orante eleva a Dios, con la exigencia de que satisfaga su inocencia, sino como petición para que pruebe el estado de su mente, y en el caso de que las cosas no sean como él piensa que se lo haga ver (Sal 139, 23). La palabra בחן (cf. בְּחָנֵנִי יְהוָה וְנַסֵּנִי) no se emplea aquí en el sentido de que Dios le pruebe a través de tribulaciones, sino de que le mire de manera penetrante, que descubra su naturaleza más profunda (Sal 11, 5; Sal 17, 3). Por eso, נסה no tiene el sentido de πειράζειν, tentar, sino de δοκιμάζειν, que es probar, dar testimonio de algo.

צרף, en el sentido de fundir, como por medio del fuego, purificando así el metal precioso y separando la escoria (Sal 12, 7; Sal 66, 10). Ha de preferirse el *qetub,* צרופה, forma que aparece también en Is 32, 11, cf. Jc 9, 8. 12; 1 Sam 28, 8. Los riñones se toman como sede de las emociones, el corazón es el centro de la vida, como la mente y alma (cf. כִלְיוֹתַי וְלִבִּי).

26, 3. El orante muestra aquí la forma confiada y gozosa en que ha venido a situarse a la luz de Dios. La gracia y ternura amante de Dios son el marco y meta en que se fija su mirada, son el deseo de sus ojos; de esa forma camina en la verdad de Dios: (a) חסד es el amor de Dios, condescendiente con sus creaturas, y más especialmente con los pecadores (Sal 25, 7), el amor lleno de ternura que los hombres no merecen, y que el orante tiene siempre ante sus ojos (כִּי־חַסְדְּךָ לְנֶגֶד עֵינָי). (b) אמת es la verdad y fidelidad con la que Dios lleva adelante la determinación de su amor y la voz de su promesa. Esta ternura amante ha sido siempre el fundamento de su vida, la verdad de Dios que determina la dirección y los límites (esto es, la meta) de su camino.

26, 4–5. El orante sigue fundando su petición en la forma en que Dios se relaciona con los hombres de este mundo, indicando así la manera en que él (el orante) se ha fijado y se sigue fijando en la conducta de aquellos que no siguen el camino de Dios (cf. לֹא־יָשַׁבְתִּי עִם־מְתֵי־שָׁוְא, no me he sentado con los hipócritas). En esa línea, este verso puede compararse con Jer 15, 17.

Los מתי שוא (Job 11, 11, cf. Sal 31, 5, en paralelo con מרמה) son los hombres "falsos", aquellos en los que uno no puede confiarse, los hipócritas, en sentido radical. שׁוא es la aridez, la falta de hondura y dignidad, y por tanto, en sentido fuerte, evoca "una disposición de maldad" (árabe *su*'), el vacío caótico de la alienación ante Dios, la mentira, una especie de limpieza hipócrita externa, que va acompañada con el disimulo y la mentira (Sal 12, 3), y por tanto con la nada.

Esos מתי שׁוא son aquellos que se oponen a la perfección de Dios, los que van en contra de todo lo que es bueno, de la moralidad real (su sinónimo es און, maldad, como en Job 22, 15). En esa línea siguen los נעלמים, que son los que llevan delante un tipo de velo, es decir, los simuladores, los que mantienen en secreto sus designios malvados, los que van enmascarados, los hipócritas. En el hebreo postbíblico se habla en este contexto de los צבועים, los que van como pintados, con otra faz, llenos de hipocresía (cf. ἀνυπόκριτος, Lutero "ungeförbt", desteñidos).

La expresión עם עם בוא (וְעִם נַעֲלָמִים לֹא אָבוֹא) significa ir con alguno en sentido extenso, salir y entrar con él, relacionarse… (como en Prov 22, 24, cf. Gen 23, 10). מרע (de רעע) es el nombre que se da a alguien que trama intrigas y que las pone en ejecución. Sobre רשׁע, cf. *Coment.* a Sal 1, 1.

26, 6–8. El poeta apoya su petición poniendo de relieve el motivo de su amor por el santuario de Dios, del que se encuentra ahora alejado, sin haber cometido falta o pecado para recibir ese castigo. El futuro ואסבבה (וְאֲסֹבְבָה אֶת־מִזְבַּחֲךָ, y andaré alrededor de tu altar; cf. *Coment.* a Sal 3, 6 y 73, 16) solo puede significar *et ambiam*, a fin de andar, caminar alrededor, junto al altar. Ese futuro se entiende así en conexión emocional con todo lo anterior y lo que sigue (cf. Sal 27, 6; Cant 7, 12; Is 1, 24; 5, 19, passim) en la línea de la palabra ארחץ.

El orante desea lavar sus manos, para indicar su inocencia (con la ב, כְּפָּי בְּנִקָּיוֹן, que es una acción con la que el acusado da testimonio de su inocencia), y rodear el altar de Yahvé (Sal 59, 7) mostrando de esa forma su comunión con él. Lo que en otros casos es un acto simbólico (Dt 21, 6; cf. Mt 27, 24) es aquí una figura retórica, que se utiliza para confesar la conciencia propia de inocencia. Naturalmente, el orante asume y manifiesta este signo (cf. Sal 73, 13) fundándose en el gesto del sacerdote que lava sus manos antes del servicio del altar (Ex 32, 20); de esa manera, él también, el exilado, se asocia a la liturgia del templo.

En esa línea, la expresión de 26, 6 toma una forma sacerdotal, sin necesidad de ir más allá de lo que implica el ritual, fundándose en la conciencia general según la cual todos los israelitas, incluso los laicos, son sacerdotes (Ex 19, 16). Por su parte, la palabra סבב (וְאֲסֹבְבָה אֶת־מִזְבַּחֲךָ) se puede utilizar para indicar el gesto de trazar, al menos mentalmente, un semicírculo en torno al altar (cf. Gen 2, 11; Num 21, 4), sea que el orante se encuentre inmediatamente cercano o incluso algo más alejado del punto central del altar, que es símbolo de la presencia de Dios.

En 26, 7, לשׁמע (para exclamar, cf. לִשְׁמֹעַ בְּקוֹל תּוֹדָה) es una expresión sincopada y defectiva del *hifil*, en lugar de להשמיע, como לשׁמד, Is 23, 11. La forma con *beth* (בְּקוֹל) va en lugar de לִשְׁמֹעַ קוֹל תּוֹדָה, "para que se escuche la voz de acción de gracias". Sea que se traduzca "para exclamar" (como Reina–Valera) o "para que se escuche", el salmista quiere que todos puedan ser testigos de la acción de gracias que se dispone a proclamar ante Dios, en torno a su altar.

En la expresión (para proclamar) "todas tus maravillas" (וּלְסַפֵּר כָּל-נִפְלְאוֹתֶיךָ), el orante quiere destacar básicamente la última, a la que se refiere todo el salmo, es decir, a su "liberación", al hecho de que él (David) haya podido volver al templo de Jerusalén, después de haber tenido que abandonarlo por la persecución y exilio que ha sufrido por parte de su hijo Absalón y de sus partidarios.

Anhelando volver de nuevo a Jerusalén, cuando llegue a la ciudad santa, el orante quiere participar ante todo en el glorioso servicio de la casa de su Dios, integrándose en el movimiento (procesión) que los fieles realizan rodeando el gran altar del patio exterior del templo.

Esto significa que el orante quiere ante todo habitar en la casa de Dios, en el lugar donde su gloria se revela en la tierra, de manera que allí se manifiesta también su gracia. Desde ese fondo se entiende la palabra *ma`own* o morada (cf. 26, 8, מְעוֹן בֵּיתֶךָ). Esta expresión (la morada de tu templo) no significa solo refugio, abrigo, sino casa y presencia de Dios (Hupfeld).

Ciertamente, esa palabra (*ma`own* o morada) podría significar un tipo de "refugio" en general, como en árabe *`ân*, con el significado de ayudar (de esa raíz viene *ma`ûn, ma`ûne, ma`âne*, ayuda, asistencia, socorro). Pero aquí significa lugar, morada, habitación, como en árabe *ma`ân*, que Kamus interpreta como *menzil*, un lugar donde establecerse, en la línea del árabe *mḥll `l-`în*, i. e., "un espacio donde el ojo descansa", como en la frase *hum minka bi-ma`ânin*, ellos están a tu lado de forma que pueden verte (y tú estás en un lugar desde el que puedes verlos a ellos). Se trata pues de una morada permanente (Targum, מדור), un espacio abierto donde se está a la vista de Dios (aunque en otros aspectos el significado de la raíz sea cuestionable).

26, 9-11. Solo ahora puede condensarse toda la petición en una sola palabra, tal como había sido proclamada en el principio del salmo, שָׁפְטֵנִי יְהֹוָה (júzgame/sálvame, Yahvé). El orante ha pedido y pide otra vez a Dios (como en 28, 3) que no le vincule con aquellos cuyos sentimientos y formas de conducta él ha criticado. Por eso dice a Dios que no arrebate su vida con los hombres sanguinarios (דְּמִים חַיָּי וְעִם-אַנְשֵׁי). Estos אַנְשֵׁי דָמִים, son como los del Sal 5, 7, los hombres violentos que derraman sangre, los que matan (cf. ἄνθρωποι αἱμάτων, Ecl 31, 25).

En otros lugares, la palabra זִמָּה (cf. 26, 10) significa intención, propósito, y casi siempre en sentido negativo. En este pasaje, אֲשֶׁר-בִּידֵיהֶם זִמָּה, tiene el sentido de infamia, pero no en una línea vinculada a los pecados sexuales, pues בידיהם no va en ese sentido, sino cualquier tipo de vicio o maldad en general. Ellos, los enemigos, están llenos de engaño y prepotencia malvada, de manera que su mano derecha que debía ser signo de honradez y justicia, está llena (מלאה) de maldad (Dt 27, 25), de engaño, de opresión y condena de los inocentes. En contra de eso, el orante, como siempre ha hecho, sigue caminando con rectitud, de manera que, en este momento, con la conciencia más segura y gozosa, puede pedirle a Dios que le juzgue, que intervenga en su favor.

26, 12. Este verso marca el epílogo del salmo. La petición del orante se expresa ahora en forma de gozo porque está seguro de que Dios le concederá lo que ha pedido. Su pie ha caminado en rectitud (רַגְלִי עָמְדָה בְמִישׁוֹר); hasta ahora podía parecer que se hallaba sobre vías cerradas, sin salida. Ahora, en cambio, se siente seguro (בְמִישׁוֹר), de forma que podrá seguir caminando y bendecir a Dios en las congregaciones, es decir, en las asambleas litúrgicas del templo de Jerusalén, בְּמַקְהֵלִים.

El orante se descubre así en un lugar abierto y seguro, tras haber atravesado los caminos difíciles y peligrosos. De esa manera, desde ese lugar, él puede extender su vista y abarcar un amplio ángulo de visión; por eso quiere que su canto (su salmo) se vincule con el canto de la congregación del templo que ora, בְּמַקְהֵלִים, con todo el resto de los fieles de Israel, en el *qahal*, קהל, es decir, en la congregación de Dios (LXX, ἐν ἐκκλησίαις), cantando a plena voz con el coro del salmo.

Salmo 27. Un inocente perseguido, refugiado en el Señor, que conoce a los suyos

¹לְדָוִד‍ יְהוָה‍ אוֹרִי וְיִשְׁעִי מִמִּי אִירָא יְהוָה מָעוֹז־חַיַּי מִמִּי אֶפְחָד׃
²בִּקְרֹב עָלַי‍ מְרֵעִים לֶאֱכֹל אֶת־בְּשָׂרִי צָרַי וְאֹיְבַי לִי הֵמָּה כָשְׁלוּ וְנָפָלוּ׃
³אִם־תַּחֲנֶה עָלַי‍ מַחֲנֶה לֹא־יִירָא לִבִּי אִם־תָּקוּם עָלַי מִלְחָמָה בְּזֹאת אֲנִי בוֹטֵחַ׃
⁴אַחַת‍ שָׁאַלְתִּי מֵאֵת־יְהוָה‍ אוֹתָהּ אֲבַקֵּשׁ שִׁבְתִּי בְּבֵית־יְהוָה כָּל־יְמֵי חַיַּי לַחֲזוֹת בְּנֹעַם־יְהוָה וּלְבַקֵּר בְּהֵיכָלוֹ׃
⁵כִּי יִצְפְּנֵנִי‍ בְּסֻכֹּה בְּיוֹם רָעָה יַסְתִּרֵנִי בְּסֵתֶר אָהֳלוֹ בְּצוּר יְרוֹמְמֵנִי׃
⁶וְעַתָּה יָרוּם רֹאשִׁי עַל אֹיְבַי סְבִיבוֹתַי וְאֶזְבְּחָה בְאָהֳלוֹ זִבְחֵי תְרוּעָה אָשִׁירָה וַאֲזַמְּרָה לַיהוָה׃
⁷שְׁמַע־יְהוָה קוֹלִי אֶקְרָא וְחָנֵּנִי וַעֲנֵנִי׃
⁸לְךָ‍ אָמַר לִבִּי בַּקְּשׁוּ פָנָי אֶת־פָּנֶיךָ יְהוָה אֲבַקֵּשׁ׃
⁹אַל־תַּסְתֵּר פָּנֶיךָ‍ מִמֶּנִּי אַל־תַּט־בְּאַף עַבְדֶּךָ עֶזְרָתִי הָיִיתָ אַל־תִּטְּשֵׁנִי וְאַל־תַּעַזְבֵנִי אֱלֹהֵי יִשְׁעִי׃
¹⁰כִּי־אָבִי וְאִמִּי עֲזָבוּנִי וַיהוָה יַאַסְפֵנִי׃
¹¹הוֹרֵנִי יְהוָה דַּרְכֶּךָ וּנְחֵנִי בְּאֹרַח מִישׁוֹר לְמַעַן שׁוֹרְרָי׃
¹²אַל־תִּתְּנֵנִי בְּנֶפֶשׁ צָרָי כִּי קָמוּ־בִי עֵדֵי־שֶׁקֶר וִיפֵחַ חָמָס׃

¹³ לוּלֵא הֶאֱמַנְתִּי לִרְאוֹת בְּטוּב־יְהוָה בְּאֶרֶץ חַיִּים:

¹⁴ קַוֵּה אֶל־יְהוָה חֲזַק וְיַאֲמֵץ לִבֶּךָ וְקַוֵּה אֶל־יְהוָה:

<Salmo de David>

¹ Jehová es mi luz y mi salvación, ¿de quién temeré?
Jehová es la fortaleza de mi vida ¿de quién he de atemorizarme?
² Cuando se juntaron contra mí los malignos, mis angustiadores y mis enemigos,
para comer mis carnes, ellos tropezaron y cayeron.
³ Aunque un ejército acampe contra mí, no temerá mi corazón;
aunque contra mí se levante guerra, yo estaré confiado.

⁴ Una cosa he demandado a Jehová, esta buscaré,
que esté yo en la casa de Jehová todos los días de mi vida,
para contemplar la hermosura de Jehová y para buscarlo en su Templo.
⁵ Él me esconderá en su Tabernáculo en el día del mal;
me ocultará en lo reservado de su morada; sobre una roca me pondrá en alto.
⁶ Luego levantará mi cabeza sobre mis enemigos que me rodean,
y yo sacrificaré en su Tabernáculo sacrificios de júbilo;
cantaré y entonaré alabanzas a Jehová.

⁷ ¡Oye, Jehová, mi voz con que a ti clamo! ¡Ten misericordia de mí y respóndeme!
⁸ Mi corazón ha dicho de ti, "Buscad mi rostro". Tu rostro buscaré, Jehová;
⁹ ¡no escondas tu rostro de mí! ¡No apartes con ira a tu siervo!
¡Mi ayuda has sido! No me dejes ni me desampares, Dios de mi salvación.
¹⁰ Aunque mi padre y mi madre me dejen, con todo, Jehová me recogerá.

¹¹ Enséñame, Jehová, tu camino y guíame por senda de rectitud
a causa de mis enemigos.
¹² No me entregues a la voluntad de mis enemigos,
porque se han levantado contra mí testigos falsos y los que respiran crueldad.

¹³ Hubiera yo desmayado, si no creyera que he de ver la bondad de Jehová
en la tierra de los vivientes.
¹⁴ ¡Espera en Jehová! ¡Esfuérzate y aliéntese tu corazón! ¡Sí, espera en Jehová!

El mismo deseo de habitar en Sión resuena con fuerza en este salmo, como en los anteriores. La oración central es esta: vivir siempre cerca de la casa de Dios, liberado de los enemigos, para ofrecer allí sacrificios de acción de gracias, en esperanza confiada.

El היכל o templo de Dios, que es el verdadero Rey, no es ahora más que una tienda o tabernáculo, אהל, pero, dado que Dios se encuentra allí entronizado, puede llamarse también היכל, como el templo que Ezequiel contempló, recordando el Tabernáculo de Moisés, que era también un אהל, cf. Ez 41, 1. Separado del santuario, el poeta se siente amenazado por todos los lados, por los peligros de la guerra, pero él se encuentra tan afianzado en Dios como en Sal 3, 7 en medio de la batalla, "No tengo miedo de miríadas de personas, acampadas en contra de mi".

La situación por lo tanto se parece a la de David durante el tiempo en que le perseguía su hijo Absalón. Pero este es solo el argumento de la primera parte del salmo (27, 1–6). La segunda, desde 27, 7 en adelante no parece haber sido compuesta por el mismo David.

De hecho, las dos partes son muy distintas entre sí. Ellas forman un *hysteron-proteron* (el fin debía ser el principio), porque en la primera parte hallamos una *fides triumphans* (fe triunfadora), mientras que en la segunda parte aparece una *fides supplex* o fe suplicante.

De esa forma, con la δέησις o súplica de 27, 7 el estilo se vuelve pesado y torpe, la disposición estrófica se vuelve oscura, de manera que incluso resultan inciertas las fronteras de las líneas y de los versos, con la consecuencia de que uno tiene la tentación de pensar que con 27, 7 comienza un nuevo salmo (o un apéndice, escrito por un autor distinto). Sea como fuere, el compilador tenía ante sí el texto exactamente igual que lo tenemos nosotros, pues las razones que tuvo para colocar aquí este salmo (desde del 16) se encuentran en ambas partes del texto, comparar Sal 27, 7 con 26, 11; 27, 11 con 26, 12.

27, 1–2. En esta primera estrofa (a partir de 27, 1) se expresa la audaz confianza de la fe. Por el esquema de las cesuras se trata de un hexaestico. El orante puede caer en manos de la oscuridad de la noche, de la turbación o del conflicto espiritual; pero Yahvé es su luz y si él (el orante) está firme en Yahvé, él se hallará en la luz y sobre él brilla un sol que no conoce ocaso o eclipse.

Aquí estamos ante un nombre sublime, infinitamente profundo de Dios, אורי, mi luz, (cf. יְהוָה אוֹרִי וְיִשְׁעִי, Yahvé es mi luz y mi salvación), una expresión que se encuentra solo en este pasaje, pues solo hay en la Biblia otra frase que puede compararse con esta, y es la de בא אורך (Is 60, 1), ha llegado tu luz; cf. φῶς ἐλήλυθα, Jn 12, 46. La palabra ישעי (mi salvación) no está al lado de אורי como si fuera una expresión no figurativa, al lado de otra de tipo figurativo, porque la afirmación de que Dios es luz no es una simple metáfora, sino expresión de la presencia de Dios.

David llama a Dios "su salvador" en referencia a todo lo que le oprime, y también la "fortaleza de su vida" (מָעוֹז־חַיַּי, מעוז de עזז), para superar así cualquier peligro que le llegue. Apoyado en Yahvé, el orante se extiende y se defiende a lo largo y a lo ancho de su vida amenazada. En Dios está escondida su vida, como si fuera dentro de una fortaleza edificada sobre roca (Sal 31, 3).

De esa forma, cuando los enemigos vienen de manera hostil en contra de él (קרב על que es diferente de קרב אל), el orante sabe que tienen la intención de devorar su carne, de manera que les concibe como bestias salvajes y se defiende de ellas. Comer la carne de uno significa (como en Job 19, 22) lo mismo que perseguirle con palabras malignas (en arameo con calumnias, picándole por la espalda) hasta su destrucción.

En 27, 2, con בקרב (בִּקְרֹב עָלַי מְרֵעִים) se pone de relieve que los enemigos vienen de un modo directo contra él; en esa línea, las referencias siguientes (לִי y אֹיְבַי לִי) pueden verse como en el Sal 25, 2 (cf. 144, 2), a modo de formas literarias, para poner de relieve la intensidad de la enemistad personal de los enemigos.

Pero una mera repetición de las personas enemigas, sin indicación de su propósito hostil hubiera sido poco intensa en el contexto del paralelismo de miembros de este verso. Por un lado, לִי (cf. וְאֹיְבַי לִי) sería una variante del עלי precedente como en Lam 3, 60. En la apódosis, הֵמָּה כָּשְׁלוּ וְנָפָלוּ (ellos tropezaron y cayeron) la derrota del enemigo aparece como algo que ya se ha cumplido. Por eso, estos versos ponen de relieve la hondura de la maldad de los enemigos del orante.

27, 3–4. La santa audacia y el imperturbable reposo del orante se expresan en 27, 3 en el mismo ritmo de los versos. La tesis o movimiento descendente de este verso es de tipo espondaico, sin nada que le perturbe en forma yámbica. De esa manera, el orante puede ser audaz.

La traducción de Hitzig (como la de Rashi) dice: "En esto yo confío, es decir, en que Yahvé sea mi luz", está equivocada. Esta podría ser una buena interpretación en el caso de que בְּזֹאת אֲנִי בוֹטֵחַ estuviera vinculada a Sal 27, 2, pero no se puede pasar sin más de 27, 2 a 27, 3, pues en 27, 3 empieza un pensamiento distinto. Por otra parte: ¿Por qué debería haberse expresado el poeta de esa forma, de un modo extenso, en vez de decir simplemente בַּיהוה? La razón es esta, la palabra בוטח significa por sí misma "con gran coraje", e. g., Prov 11, 15. Por su parte, בזאת significa "a pesar de esto" (Coccejus, *hoc non obstante*). Cf. también Lev 26, 27 (Sal 78, 32) que comienzan la apódosis con una conjunción adversativa.

Según 27, 4, a pesar de que el orante está plenamente satisfecho de Yahvé en medio de extranjeros, en situación de adversidad, él solo desea verdaderamente una cosa, y así lo dice en futuro, para expresar su ardiente deseo, que se extiende del pasado hacia el futuro, a lo largo de toda su vida. Esa única cosa, deseada por el orante, se describe con estas palabras: שִׁבְתִּי בְּבֵית־יְהוָה כָּל־יְמֵי חַיַּי, habitar en la casa de Yahvé todos los días de mi vida.

Se trata, pues, de mantenerse de un modo constante en la casa de Yahvé, de poder cultivar una relación espiritual íntima con el Dios que ha puesto allí su morada (בית), su palacio (היכל) en la tierra santa. Este es el único deseo del corazón de David, que consiste en *que él pueda contemplar y celebrar la hermosura de Yahvé,* נֹעַם־יְהֹוָה (cf. Sal 90, 17); todo esto se indica con חזה ב, que es una forma de expresión más significativa que la que vendría dada solo con חזה y acusativo, como en Sal 63, 3. Según eso, el salmista quiere contemplar la gracia de Yahvé, recibiendo así revelación llena de gracia, que se vuelve visible para aquellos que tienen su mismo espíritu.

Se trata, pues, de la hermosura del templo. La interpretación que toma *amaenitas* (amenidad, hermosura), como equivalente al *amaenus cultus,* interpreta el tema desde una perspectiva equivocada. Se trata, ante todo, de encontrar a Dios en el templo (וּלְבַקֵּר בְּהֵיכָלוֹ), no de forma general en un lugar simplemente ameno.

Esa expresión, בקר ב, no es sinónima de חזה ב, en la línea de una contemplación agradable y constante (Hupfeld, Hitzig), pues va en contra del sentido del verbo בקר, que significa examinar (con ל de buscar, como si se tratara de espiar algo, Lev 13, 36), reflexionar sobre o considerar con hondura. En esa línea, en el griego postbíblico, חזה ב significa visitar, y de un modo especial a los enfermos (de aquí viene la expresión בקור הלים).

Un sentido apropiado de este verbo בקר podría obtenerse tomando esa palabra como una forma denominativa de בקש, traduciendo la frase, como han hecho Dunash y Rashi, "y apareciendo temprano en su templo". Pero no es necesario separarse del uso general del lenguaje. Acertadamente, Hengstenberg retiene el significado de "meditar sobre". En ese sentido, בהיכלו está indicando el lugar dedicado a la devoción, y לבקר se refiere a la meditación contemplativa, propia de aquel que se introduce (se mantiene) en Dios, que se manifiesta allí.

27, 5–6. David fundamenta la justificación de su deseo sobre aquello que significa para él el santuario de Dios. Los futuros afirman que Yahvé se ocupará de él en su santuario, que es un refugio en el que él puede esconderse (protegerse) a sí mismo, mientras que Yahvé le toma a su cargo y le ofrece amparo por encima de las tormentas y tribulaciones que amenazan por fuera. Aquí en el templo el orante está seguro y protegido de todos los peligros, está elevado sobre ellos, y sus pies se encuentran sobre un suelo firme de roca.

El templo aparece aquí como "tabernáculo", בְּסֻכֹּה, como en la tradición de la fiesta de los Tabernáculos (*sukot*). De esa manera, este salmo puede utilizar alternativamente las dos palabras, por un lado אהל (que se entiende más bien como "tienda") y por otro סך, que toma el lugar de סכה en estilo poético, como lugar de habitación, edificio (cf. Sal 76, 3; Lam 2, 6), siempre con un sufijo.

Con (27, 6) ועתה) el poeta predice de un modo inferencial (cf. Sal 2, 10) el cumplimiento de aquello que fervientemente desea, de aquello cuya garantía se encuentra en su mismo deseo. זבחי תרועה no significa sacrificios que van acompañados por el toque de trompetas de los sacerdotes; pues la "terua" del toque de los sacerdotes se realizaba solo en los sacrificios ofrecidos por toda la congregación (Num 10, 10) y no por sacerdotes individuales.

תרועה es un sinónimo de תודה, Sal 26, 7; y זבחי תרועה es una forma intensa de decir זבחי תודה (Sal 107, 22), i. e. (cf. זבחי צדק, Sal 4, 6; Sal 51, 21), ofrecer sacrificios de acción de gracias, de un modo jubiloso. El orante anuncia que ofrecerá sacrificios en los que la gratitud será el gesto central, de forma que él mismo entonará cantos de alabanza, acompañados por la música de instrumentos de cuerda, en honor al Dios Liberador que ha cumplido de nuevo sus promesas con los fieles, y lo ha hecho de una forma tan gloriosa.

27, 7-9. En este momento tendrían que culminar las palabras anteriores de acción de gracias, con la certeza de que Dios ha cumplido su promesa. Y de esa manera debería haber terminado toda la oración. Pero, como hemos visto en la introducción, este salmo ha cambiado el esquema general de la plegaria, invirtiendo sus dos partes: La primera parte (27, 1-6) ha presentado el cumplimiento de las peticiones que empiezan precisamente aquí (27, 7-14), es decir, en la segunda parte. Por eso, el sentido, la oración con las peticiones (que debería haber estado al comienzo del salmo) comienza precisamente ahora.

En la parte anterior (27, 1-6) los peligros que amenazaban al orante habían sido superados. Pues bien, ahora (27, 7), acabado ya el peligro, se hace consciente la necesidad de una oración especial pidiendo la ayuda de Dios. Las palabras que empiezan en este momento no han de ser traducidas como en la Vulgata, *Exaudi Domine vocem qua clamavi* (mejor dicho, *qua clamo*) *ad te* (escucha, Señor, la voz que he clamado o que clamo...).

Este es el texto que se canta en la *Dominica exspectationis* (domingo de intervalo o preparación ente la Ascensión y Pentecostés). La palabra שמע (קולי שְׁמַע־יְהוָה) tiene *dech*, y según eso קולי אקרא, *voce mea,* con mi voz he de llamar (como en Sal 3, 5), ha de tomarse como una frase adverbial, equivalente a *voce mea clamante me* (clamando yo con mi voz).

En 27, 8, לך no puede traducirse tomando la ל como *Lamed auctoris* (de autor, Dathe, Olshausen): "De ti, dice mi corazón buscad mi rostro". Esta es una lectura artificial, que no responde al texto. Sin duda, las palabras לך אמר deben tomarse como unidas. Y lo que el corazón dice a Yahvé no es "buscad mi rostro" (el hecho de buscarle), sino la razón por la que debemos buscarlo, como si fuera un eco (Calvino, como susurrando a Dios), diciendo: Por lo tanto, yo buscaré tu rostro.

Este es un pasaje semejante a Job 42, 3, una inferencia que se deduce de una palabra que viene del mismo Dios. En un estilo narrativo, esta expresión, בקשו פני, buscad mi rostro, debería traducirse así: "De acuerdo con tu persuasiva invitación, tú nos has permitido buscar tu rostro, y nos has exhortado a que lo hagamos; por eso, yo busco tu rostro" (Hupfeld).

No hay en la Escritura ninguna referencia retrospectiva donde se nos diga expresamente que busquemos el rostro de Dios (como podría ser Dt 4, 29). Por eso, esta oración no está fundada en ningún pasaje concreto de la Escritura, retomado aquí, que se funda en los mandamientos y promesas de Dios en general.

Ahora, en 27, 9 siguen las preguntas con gran libertad y audacia, y en ellas el salmista le pide a Dios que se muestre favorable, de manera que responda cuando se le ha suplicado e invoca. En este pasaje, tomado en sentido absoluto, el *hifil* הטה (cf. עַבְדֶּךָ בְּאַף אַל־תַּט) significa (cf. Job 24, 4), apartar, dejar a un lado.

La frase עֶזְרָתִי הָיִיתָ no significa "sé tú mi ayuda", lo que es imposible por razones sintácticas, ni tampoco se puede tomar como expresión de relativo (tú que has sido mi ayuda), pues en este salmo no hay razón para decir así. Al contrario, esta frase en perfecto ha de tomarse como afirmativa sin más "tú eres mi ayuda", es decir: Tú has venido a ser (te has convertido en) mi ayuda; por eso, "no me arrojes fuera". Este es el sentido que tienen también los acentos.

27, 10-11. Como he dicho ya, no parece que Sal 27, 10 (y todo 27, 7-14) sea de David. Ciertamente, 1 Sam 22, 3 afirma que, durante el tiempo de su persecución por Saúl, él tuvo que dejar a sus parientes en un lugar más seguro. Pero hay una diferencia. En Sal 27, 10 se habla solo hipotéticamente (aunque me dejen, es decir, aunque me dejaran); por el contrario, en la historia real de David sus familiares tuvieron que dejarle de hecho. Esta suposición (aunque mis padres me dejaran) tiene la función de preparar y situar la afirmación o promesa directa (¡Yahvé me recogerá!), con la petición de 27, 11.

En 27, 11 el orante aparece como un ciervo al que quieren dar caza; pero Dios es capaz de guiarle de manera que escape de todos los peligros. Esta es la situación desde la que se entiende la plegaria. Como en Sal 143, 10, la palabra מִישׁוֹר (cf. מִישׁוֹר בְּאֹרַח) se utiliza en sentido ético, y por eso tiene una función distinta de la que tenía en 26, 12. Sobre שׁררים, cf. texto primario, que es el del Sal 5, 9, del que aquí tenemos como un eco.

Espías enemigos vigilan todos sus pasos y verían con gozo cómo se cumple en él lo que han imaginado e inventado en su contra: Cómo se introduce David en un camino del pecado que dirige a la destrucción, porque si él pecara y cayera, eso sería un deshonor para Dios, pues el honor de Dios se expresa en el hecho de que sus fieles no caigan. Por eso, el orante pide a Dios que le dirija en su camino, que no le deje caer, pues la unión de la propia voluntad con la de Dios hace que el hombre sea inaccesible al mal.

27, 12-14. La palabra נפש se utiliza aquí como en Sal 17, 9 y en otro pasaje genuinamente davídico (Sal 41, 3) con el sentido de *pasión o deseo fuerte*, pues el "alma", en su estado natural, es egoísmo y deseo desordenado. Por eso el orante pide a Dios que no le entregue (que no le deje) en manos del "alma" de sus enemigos (אַל־תִּתְּנֵנִי בְּנֶפֶשׁ צָרָי), que "respiran crueldad" (וִיפֵחַ חָמָס).

יפח no es una forma colateral de יפיח, sino que ambas palabras son adjetivos formados del futuro del verbo פוּחַ (como ירב יריב). Los enemigos están acostumbrados a expresar dureza, a respirar crueldad, cf. πνεῖν, or ἐμπνεῖν φόνον y también θόνοῦ, θυμον, *respirar muerte, envidia, ira*, etc. (cf. Hch 9, 1).

De esa forma, el orante logra mantener la confianza que procede de la fe. Unido a 27, 12 (cf. Aben-Ezra, Kimchi), el nuevo verso 27, 13 no parece ofrecer un sentido claro. Por eso, con Geier y Dachselt, debemos suponer que las palabras de 27, 13 necesitan una prótasis, es decir, un antecedente implícito para poder entenderse. Esta podría ser una prótasis como לוּלֵא (que es la del texto) o alguna otra, pero seguida de puntos suspensivos…, de modo que el texto podría traducirse así: "ciertamente…, yo hubiera desmayado si no creyera que he de ver…".

El tema de fondo de este final del salmo es según eso la fe… Si no hubiera creído que iba a ver la bondad de Dios, el orante no hubiera podido sostenerse en la prueba. En ese contexto, el salmista no habla de la fe que él tuvo en otro tiempo, una fe del pasado, sino de la fe que le sostiene ahora mismo, en el presente.

En esa línea, la apódosis de 27, 13 tendría que sonar de alguna forma como esta (cf. Sal 119, 92; Sal 94, 17): "Si yo no creyera, si la confianza no me hubiera preservado, entonces… (con אז o כִּי אז) yo habría perecido" (o yo hubiera súbitamente perecido).

Pero él ha tenido esa fe y de un modo consecuente se anima a sí mismo para aguardar y esperar. De esa forma, él se habla a sí mismo, como si la parte creyente de su alma dialogara con la parte incrédula y más débil. En vez de ואמץ (Dt 31, 7), la expresión que aquí se utiliza es como la de Sal 31, 25, חֲזַק וְיַאֲמֵץ לִבֶּךָ, *esfuérzate y que tu corazón sea firme*, es decir, que muestre la prueba de su fortaleza.

Para traducir "que Yahvé fortalezca tu corazón" se hubiera necesitado otra forma verbal (como יאמץ), una forma que es abundante en el vocabulario hebreo, lo mismo que en el árabe. Aquí, esta palabra de esfuerzo tiene como sujeto al mismo creyente, que ha de poner su confianza en Dios. Pero al final y en el fondo de todo se encuentra la fe en Yahvé que se muestra en forma de esperanza: Y espera en Yahvé (וְקַוֵּה אֶל־יְהוָה).

Salmo 28. Petición de ayuda y acción de gracias en un tiempo de rebelión

¹ לְדָוִד אֵלֶיךָ יְהוָה׀ אֶקְרָא צוּרִי אַל־תֶּחֱרַשׁ מִמֶּנִּי
פֶּן־תֶּחֱשֶׁה מִמֶּנִּי וְנִמְשַׁלְתִּי עִם־יוֹרְדֵי בוֹר׃
² שְׁמַע קוֹל תַּחֲנוּנַי בְּשַׁוְּעִי אֵלֶיךָ בְּנָשְׂאִי יָדַי אֶל־דְּבִיר קָדְשֶׁךָ׃

אַל־תִּמְשְׁכֵנִי עִם־רְשָׁעִים וְעִם־פֹּעֲלֵי אָוֶן דֹּבְרֵי שָׁלוֹם עִם־רֵעֵיהֶם וְרָעָה בִּלְבָבָם׃ 3

תֶּן־לָהֶם כְּפָעֳלָם וּכְרֹעַ מַעַלְלֵיהֶם כְּמַעֲשֵׂה יְדֵיהֶם תֵּן לָהֶם הָשֵׁב גְּמוּלָם לָהֶם׃ 4

כִּי לֹא יָבִינוּ אֶל־פְּעֻלֹּת יְהֹוָה וְאֶל־מַעֲשֵׂה יָדָיו יֶהֶרְסֵם וְלֹא יִבְנֵם׃ 5

בָּרוּךְ יְהֹוָה כִּי־שָׁמַע קוֹל תַּחֲנוּנָי׃ 6

יְהֹוָה עֻזִּי וּמָגִנִּי בּוֹ בָטַח לִבִּי וְנֶעֱזָרְתִּי וַיַּעֲלֹז לִבִּי וּמִשִּׁירִי אֲהוֹדֶנּוּ׃ 7

יְהֹוָה עֹז־לָמוֹ וּמָעוֹז יְשׁוּעוֹת מְשִׁיחוֹ הוּא׃ 8

הוֹשִׁיעָה אֶת־עַמֶּךָ וּבָרֵךְ אֶת־נַחֲלָתֶךָ וּרְעֵם וְנַשְּׂאֵם עַד־הָעוֹלָם׃ 9

<Salmo de David>

¹ A ti clamaré, Jehová. ¡Roca mía, no te desentiendas de mí,
no sea que, dejándome tú, llegue a ser semejante a los que descienden al sepulcro!
² Oye la voz de mis ruegos cuando clamo a ti,
cuando alzo mis manos hacia tu santo Templo.
³ No me arrebates juntamente con los malos y con los que hacen iniquidad.
Ellos hablan paz con sus prójimos, pero la maldad está en su corazón.
⁴ Dales conforme a su obra y conforme a la perversidad de sus hechos.
Dales su merecido conforme a la obra de sus manos.
⁵ Por cuanto no atendieron a los hechos de Jehová ni a la obra de sus manos,
¡él los derribará y no los edificará!

⁶ ¡Bendito sea Jehová, que oyó la voz de mis ruegos!
⁷ Jehová es mi fortaleza y mi escudo; en él confió mi corazón y fui ayudado,
por lo que se gozó mi corazón. Con mi cántico lo alabaré.
⁸ Jehová es la fortaleza de su pueblo y el refugio salvador de su Ungido.
⁹ Salva a tu pueblo y bendice a tu heredad; pastoréalos y sustántalos para siempre.

A los salmos 26 y 27 se les añade un tercero, que pertenece al tiempo de la persecución de Absalón. Tampoco en este salmo se puede dejar a un lado la atracción del orante por el santuario de Dios; y junto a ese deseo de habitar junto al templo encontramos aquí también la oración del Ungido, cuando se encuentra personalmente en peligro, una oración a favor de aquellos que están igualmente necesitados de ayuda, una intercesión que solo puede ser bien entendida en conexión con las circunstancias de aquel tiempo.

Como Sal 27, este salmo, que está a su lado, se divide en dos partes, y aunque sus versos tengan un orden diferente, siguen una misma impronta poética. Ambos salmos constan de versos que tienen dos o tres líneas. Hay muchos puntos de contacto entre este salmo y el 27, por ejemplo, un epíteto aplicado a Dios (מָעוֹז). Compárese también Sal 28, 2 con 26, 9; Sal 28, 2 con 31, 23; Sal 28, 9 con 29, 11. Son muchos los ecos de este salmo en Isaías y en Jeremías.

28, 1–5. Esta primera parte del salmo es de súplica. La preposición מִן en conexión con el verbo 1 ,28) חרשׁ, אַל־תֶּחֱרַשׁ מִמֶּנִּי) estar ciego o sordo, y con חשׁה, guardar silencio, es una forma de expresión pregnante, que denota aversión, apartarse del suplicante, al que no se considera digno de recibir una respuesta.

Yahvé es su צוּר, su roca, el fundamento de su confianza. Pero si él, Yahvé, continúa guardando así silencio, los que confían en él vendrán a ser como aquellos que descienden a la fosa, aquellos que han caído para siempre en ella (cf. Sal 22, 30; Is 14, 19). El participio de pasado responde mejor a la situación de alguien que se encuentra ya en el borde de abismo.

En la doble sentencia que empieza con פֶּן, el acento principal recae en la segunda cláusula (...פֶּן־תֶּחֱשֶׁה מִמֶּנִּי וְנִמְשַׁלְתִּי), para la que la primera abre paratácticamente el camino (cf. Is 5, 4; 12, 1). En latín se hubiera dicho *bene, te mihi non respondente, similis fiam* (ciertamente, si tú no me respondes, yo seré semejante a...)[85].

Solo Dios le sostiene, de forma que, si le abandonara, el orante estaría destinado desde ese mismo momento a caer en la fosa de la muerte. Dios aparece de esa forma como aquel que mantiene en vida al orante, en un mundo (en unas circunstancias) en las que cada uno recibe la recompensa de Dios conforme haya sido su conducta.

El orante ruega (28, 2) elevando y dirigiendo sus manos hacia un lugar muy especial, que se identifica con el "santo" o דְּבִיר del templo de Yahvé (קָדְשֶׁךָ בְּנָשְׂאִי יָדַי אֶל־דְּבִיר). Esta palabra (*Debir*), está construida según la forma de בְּרִיחַ כְּלִיא y se utiliza solo en los libros de Reyes y Crónicas, a no ser en ese pasaje de Salmos, para indicar el Santo de los Santos, que no es el χρηματιστήριον (Aquila y Símaco), o λαλητήριον, *oraculum*, lugar de los oráculos (Jerónimo), como si fuera la cámara de audiencias de Yahvé (Hengstenberg), un significado que no responde a la formación de la palabra.

Este espacio santo es más bien la parte del fondo de la tienda o tabernáculo, דבר, *dabara*, lo que está al fondo, de donde viene *dubr* (talmúdico דּוּבֶר), lo que está detrás (opp. a *kubl. kibal*, lo que está por delante), cf. *Jesurun*, p. 87s.

En 28, 2-3, la oración se expande. La palabra מֹשֵׁךְ (cf. אַל־תִּמְשְׁכֵנִי עִם־רְשָׁעִים, no me arrebates con los malvados, en cuyo lugar aparecía אסף en Sal 26, 9) significa derribar, arrebatar a alguien de un modo forzado, para destruirle, llevarle al lugar del

---

85. Olshausen y Baur creen que, dado que וְנִמְשַׁלְתִּי no tiene el acento en la última sílaba, siendo perfecto de consecuencia, la frase debería interpretarse como sigue: "A fin de que no puedas guardar silencio mientras yo me he vuelto ya como...". Pero, en ese caso, la expresión tendría que haber sido ואני נמשל, o al menos נמשלתי ואני. Y si ונמשלתי fuera un perfecto con valor en sí mismo, debería traducirse: "Y en ese caso yo debería ser como...". Este es un tema que sigue siendo discutido entre los expertos, aunque todos ellos sostienen que ונמשלתי es un perfecto de consecuencia.

juicio, como en Ez 32, 20 (cf. Sal 10, 8; Job 24, 22). David presenta a los impíos con los rasgos de los enemigos que le persiguen. En el caso de que él sucumba ante esos enemigos, su destino será como el de sus adversarios, de quienes él sabe que son totalmente distintos a él.

Por eso, el salmista le pide a Dios que, conforme a su justicia, empiece actuando ya, de manera que él (David) puede responder a los que le atacan, a pesar de que él ha querido darles paz (שלום), compartiendo con ellos la vida, es decir, los ha querido bien, ha querido alimentarles, entenderse con ellos, mientras que ellos, con gesto exterior hipócrita, le han deseado el mal (רעה) como ahora se ha descubierto (cf. Jer 9, 7). נתן tiene aquí el sentido de adjudicación oficial, como en Os 9, 14; Jer 32, 19. La repetición de תן־להם es semejante a la de Sal 27, 14[86].

La frase הָשֵׁב גְּמוּלָם לָהֶם aparece con frecuencia en los profetas y, según ella, se pide a Dios que recompense a alguien según su conducta, es decir, conforme a lo que él ha hecho y ha merecido. Estos pensamientos aparecen de un modo especial en Is 3, 8–11. El "derecho" de pedir una recompensa (venganza) de ese tipo se funda, conforme a Sal 28, 4, en la certeza de que los perversos son ciegos ante el orden justo y misericordioso de Dios, tal como se ha manifestado en la historia humana (cf. Is 5, 12; 22, 11), de manera que el mal que hacen recae sobre ellos mismos[87].

En 28, 5 el pensamiento básico de la mente de David es este: De un modo vergonzoso, ellos han sido incapaces de reconocer la forma gloriosa y gratuita en que Dios se expresa, una vez y otra, mientras que a él (a David) Dios le ha reconocido como Ungido suyo, encargado de realizar su obra. Él ha recibido la promesa de que Dios le edificará una casa, le concederá una sucesión perpetua en su trono, pero ellos (los enemigos) no le han hecho caso, no han aceptado el plan de Dios.

De esa manera, los partidarios de Absalón se han rebelado en contra del nombramiento divino de David como Ungido de Dios. Por eso, ellos tienen que experimentar el reverso de la promesa divina que Dios le ha concedido a él, a David. De un modo consecuente, él, Dios, destruirá de raíz, desde su base, la nueva dinastía que Absalón y sus partidarios han querido elevar en contra de la voluntad de Dios, que se expresa a través de la elección de David.

28, 6–9. La parte anterior de este salmo se centraba en la liberación de David y en el juicio de sus enemigos. La segunda parte, que ahora empieza, da gracias a Dios por estas dos cosas (liberación de David, juicio de sus enemigos). Si el poeta

---

86. Esta repetición final de una palabra significativa, que ha sido utilizada al principio de un verso, es un recurso favorito de Isaías, cf. *Coment.* a Is 3, 7.

87. El contraste entre בנה y חרס, derribar (con un objeto personal, como en Ex 15, 7) responde al estilo de Jeremías (Sal 42, 10; cf. Sal 18, 8 *passim*).

escribió este salmo de una tirada, en este momento tuvo que llegarle la certeza de que iba a ser respondido por Dios. Pero también es posible que él añadiera más tarde esta segunda parte, como recuerdo de la respuesta que recibió en su oración (Hitzig, Ewald). De todas formas, esta segunda parte suena como recuerdo de algo que ha sucedido ya de hecho cuando David la está escribiendo.

Los dos perfectos que aparecen unidos en Sal 28, 7 (Yahvé es mi defensa y escudo, יְהוָה‏ עֻזִּי וּמָגִנִּי) indican el sentido de la experiencia que ha tenido el poeta. Se trata de dos perfectos consecutivos en los que, como sucede normalmente (cf. Job 14, 2), el significado histórico queda en un segundo plano, pues lo que se pone más de relieve es la idea esencial de aquello que se ha realizado.

Al decir וּמִשִּׁירִי אֲהוֹדֶנּוּ (y le alabaré con mi canto), ese canto se concibe como fuente de la que brota la alabanza, הוֹדוֹת. En esa línea, en vez de אוֹדֶה, tenemos aquí la expresión más intensa de אֲהוֹדֶנּוּ, como en Sal 45, 18; 116, 6 y 1 Sam 17, 47, con omisión del síncope gramatical. Del sufrimiento (en alemán *Leid*) brota el canto (alemán *Lied*) y del canto la alabanza (*Lob*) dirigida a aquel que ha invertido (superado) el sufrimiento, como indica aquí este salmo (Sal 28, 6. 8).

Los αὐτοί, es decir, aquellos, que están implicados en la expresión לָמוֹ en la frase יְהוָה‏ עֹז־לָמוֹ son los que forman parte de Israel, como en Sal 12, 8; Is 33, 2 (Hitzig). Los LXX (que traducen κραταίωμα τοῦ λαοῦ αὐτοῦ, la fuerza de tu pueblo) han leído לְעַמּוֹ, como en Sal 29, 11, una lectura que ha sido aceptada por Böttcher, Olshausen y Hupfeld; pero ese cambio es innecesario, pues למו tiene un sentido semejante.

En primer lugar, David piensa en el pueblo, luego en sí mismo, pues su carácter privado (personal) queda incluido en su función oficial, por la que él es cabeza de Israel. Por esa razón, su libertad es signo de la liberación de los israelitas a los cuales, aunque han sido infieles a su ungido, Yahvé no les ha castigado por su infidelidad, mientras que en la medida en que han permanecido fieles a él (a David) les ha recompensado por su fidelidad.

Yahvé es para ellos su עֹז, su fortaleza, de manera que por su gran poder les preserva de la destrucción en la que ellos se habían precipitado. Según eso, Dios es el verdadero וּמָעוֹז יְשׁוּעוֹת, refugio salvador para su Ungido, pues le rodea y protege, desde su fortaleza inaccesible, ofreciéndoles la plena salvación en lugar de una destrucción anticipada. Estaba en riesgo la salvación y bendición de Israel. Pero Dios ha querido seguir reconociendo a Israel como su pueblo y su herencia, de forma que por eso (por su misma elección, no por la bondad de los israelitas) Dios les ofrecerá su salvación y les bendecirá en toda necesidad futura.

Habiendo apostatado de David, el pueblo estaba corriendo el riesgo de convertirse en un rebaño perdido, en peligro de destrucción, en manos de mercenarios. Por eso, el salmista pide a Dios que él sea siempre pastor de los israelitas, y que los lleve en brazos en medio del peligro. La palabra נשׂא unida con וֹרעם (cf. וְרֵעֵם וְנַשְּׂאֵם עַד־הָעוֹלָם), como exige la puntuación según Ben-Asher, nos hace pensar en Dt 1, 31 (Yahvé lleva a Israel como un padre a su hijo) y también en Ex 19, 4 (como en alas de águila).

Lo mismo que en Is 63, 9, el *piel*, se utiliza para referirse al hecho de llevar en brazos a los débiles, a quienes un hombre fuerte toma, consigue y protege en una situación de indefensión y peligro. De esa forma había terminado Sal 3, como oración de intercesión; y así termina Sal 29, pero en forma de promesa. Por eso es lógico que venga después el Sal 28, como seguiremos viendo.

Salmo 29. El salmo de los siete truenos

¹ מִזְמוֹר לְדָוִד הָבוּ לַיהוָה בְּנֵי אֵלִים הָבוּ לַיהוָה כָּבוֹד וָעֹז׃

² הָבוּ לַיהוָה כְּבוֹד שְׁמוֹ הִשְׁתַּחֲווּ לַיהוָה בְּהַדְרַת־קֹדֶשׁ׃

³ קוֹל יְהוָה עַל־הַמָּיִם אֵל־הַכָּבוֹד הִרְעִים יְהוָה עַל־מַיִם רַבִּים׃

⁴ קוֹל־יְהוָה בַּכֹּחַ קוֹל יְהוָה בֶּהָדָר׃

⁵ קוֹל יְהוָה שֹׁבֵר אֲרָזִים וַיְשַׁבֵּר יְהוָה אֶת־אַרְזֵי הַלְּבָנוֹן׃

⁶ וַיַּרְקִידֵם כְּמוֹ־עֵגֶל לְבָנוֹן וְשִׂרְיֹן כְּמוֹ בֶן־רְאֵמִים׃

⁷ קוֹל־יְהוָה חֹצֵב לַהֲבוֹת אֵשׁ׃

⁸ קוֹל יְהוָה יָחִיל מִדְבָּר יָחִיל יְהוָה מִדְבַּר קָדֵשׁ׃

⁹ קוֹל יְהוָה יְחוֹלֵל אַיָּלוֹת וַיֶּחֱשֹׂף יְעָרוֹת וּבְהֵיכָלוֹ כֻּלּוֹ אֹמֵר כָּבוֹד׃

¹⁰ יְהוָה לַמַּבּוּל יָשָׁב וַיֵּשֶׁב יְהוָה מֶלֶךְ לְעוֹלָם׃

¹¹ יְהוָה עֹז לְעַמּוֹ יִתֵּן יְהוָה יְבָרֵךְ אֶת־עַמּוֹ בַשָּׁלוֹם׃

<Salmo de David>

¹ Tributad a Jehová, hijos de los poderosos, dad a Jehová la gloria y el poder.

² Dad a Jehová la gloria debida a su nombre; adorad a Jehová en la hermosura de la santidad.

³ Voz de Jehová sobre las aguas. Truena el Dios de gloria,
¡Jehová sobre las muchas aguas!

⁴ Voz de Jehová con potencia; voz de Jehová con gloria.

⁵ Voz de Jehová que quiebra los cedros; ¡quiebra Jehová los cedros del Líbano!

⁶ Los hace saltar como becerros; al Líbano y al Sirión como hijos de toros salvajes.

⁷ Voz de Jehová que derrama llamas de fuego;

⁸ voz de Jehová que hace temblar el desierto; ¡hace temblar Jehová el desierto de Cades!

⁹ Voz de Jehová que desgaja las encinas y desnuda los bosques.
En su Templo todo proclama su gloria.

¹⁰ Jehová preside en el diluvio y se sienta Jehová como rey para siempre.
¹¹ Jehová dará poder a su pueblo; Jehová bendecirá a su pueblo con paz.

La ocasión de este salmo es una tormenta de truenos. Pero el salmista no se limita a dar testimonio de un fenómeno natural, sino que percibe en la tormenta el testimonio de la historia redentora de Dios. El Dios de la revelación salvadora recibe en este salmo por siete veces el nombre de Yahvé, pues esos truenos cósmicos aparecen también por siete veces como קוֹל יְהֹוָה, la voz de Yahvé. Refiriéndose a esos siete truenos de la naturaleza, como voces del Dios revelado, ese salmo ha recibido el nombre de salmo de los *hepta' brontai'* o siete truenos (cf. Ap. 10, 3)[88].

Durante el tiempo del Segundo Templo, como parece indicar la adición del encabezado que aparece en la LXX (ἐξοδίου/ἐξόδου σκηνῆς), este salmo se cantaba en el *Shemini Azereth*, es decir, el último día (ἐξόδιον: Lev 23, 36) de la fiesta de los Tabernáculos, que en griego se llama la σκηνοπηγία. Entre los dos tetrásticos, en cada uno de los cuales aparece el nombre de יהוה cuatro veces, se incluyen tres pentásticos, que por la repetición septenaria del קוֹל ה, representan el repiqueteo de truenos que se suceden con rapidez mientras aumenta la furia de la tormenta.

29, 1–2. La estrofa inicial pide a los espíritus celestes que alaben a Yahvé porque está preparando una revelación de la gloria divina que, desde sus primeros movimientos, aparece como digna de ser contemplada, porque las raíces de todo lo que sucede en este mundo de abajo se encuentran en el mundo invisible de los cielos del alto.

Este pasaje no alude a los poderosos de la tierra, a quienes en Sal 82, 6 se les llama בְּנֵי עֶלְיוֹן, sino a los ángeles, a quienes en todos los restantes lugares se le llama בְּנֵי אֱלֹהִים (e. g., Job 21), aunque aquí, como en Sal 89, 7, reciben el nombre de בְּנֵי אֵלִים. Pero אֵלִים no significa nunca Dios sin más, como אֱלֹהִים, sino *lo divino*

---

88. El שִׁיר o canto de la liturgia del templo para el *Shemini Azereth* no está determinado en el Talmud (véase *Tosefoth* B., *Succa* 47a, donde, de acuerdo a *Sofrim* XIX. 2 y al Talmud de Jerusalén parece que se cantaba el Sal 6). Solo sabemos que el Sal 29 pertenece a los salmos de los días intermedios de la fiesta de los tabernáculos, que están comprendidos en la *vox memorialis* (*mnemotéctica*) בהיהום (*Succa* 55a, cf. Rashi sobre *Joma* 3a). Estos salmos son, según las letras, el 29 (י) 82 ;(ה) 81 ;(ב) 8 ,94 ;(מ) 16 ,94 ;(ו) 50 ;(ה).

Además de eso, el tratado *Sofrim* XVIII. 3, menciona el Sal 29 como el que se reza en la fiesta de Pentecostés, y la tradición de las sinagogas que se cumple hasta el día de hoy fija este salmo para el primer día de la fiesta de *Shabuoth* o Pentecostés. Por su parte, el salmo de la *Shemini Azereth* es el 65. La única confirmación de lo que dicen los LXX se encuentra en el libro de la Cábala o Zoar donde, en la sección צ, se afirma que el Sal 29 evoca el derramamiento de agua para el séptimo día de la fiesta de los tabernáculos (*Hosianna rabba*), y se añade que, con ocasión de los siete truenos o קולות (que corresponden a las siete vueltas que se dan en torno al altar), hay siete *Sefirot* que abren las puertas del diluvio del cielo.

en sentido extenso, de manera que se les pudiera llamar hijos de la divinidad, más que "dioses" (cf. Ex 15, 11; Dan 9, 36).

Estos אלים בני son, por tanto, *los hijos de lo divino*, los בּן־אל, según la analogía de בּתּי כלאים, Is 42, 22, de בּית כּלא (Gesenius, 108, 3), son "hijos de Dios" en el sentido extenso de lo divino. Son los "engendrados de Dios", es decir, creados a imagen de Dios, de manera que forman como una única familia con Dios su padre (véase *Coment.* a *Genesis* p. 1212). El salmista les invita aquí a rendir gloria y poder a Dios (el pasaje original donde aparece esta idea es Dt 32, 3). Se trata de devolver a Dios su gloria, de un modo cariñoso y gozoso, en forma de alabanza, como un eco de la gloria y poder de Dios que se ha revelado en el mundo creado. Se trata de dar gloria a su Nombre, esto es, de alabar su glorioso Nombre (cf. Sal 72, 19), tal como él lo merece.

Por tres veces se repite la palabra הבו, y en los tres casos lleva el acento en la última silaba, conforme a la regla gramatical (en otra línea, cf. Job 6, 22). En ese fondo se habla de los בּהדרת־קדשׁ, los santos vestimentos, la ropa espléndida de la fiesta (2 Cron 20, 21; Sal 110, 3)[89].

Aquí se está suponiendo ya que va a revelarse el poder de Dios. Por eso, los espíritus celestes tienen que prepararse para esa revelación con todo el despliegue externo del que sean capaces.

En el Sal 28 hallábamos una petición dirigida a la iglesia de la tierra, lo mismo que en Sal 96, 9, donde la invitación se dirigirá a esos mismos habitantes. En esa línea, también aquí, en Sal 29, tendríamos que haber encontrado alguna expresión dirigida a los habitantes de la tierra. Pero no tenemos nada de eso. Tanto en 29, 2 como en 29, 1 el orante se dirige a los "sacerdotes" del היכל celeste. También en el Apocalipsis de Juan se dice que los cantos de alabanza y el toque de trompetas de los ángeles del cielo preceden a los juicios de Dios. Conforme a la visión de Sal 29, la liturgia de los sacerdotes del templo de Jerusalén está vinculada a la de los hijos de Dios, que son los ángeles del trono celeste.

29, 3–9. Ahora viene la revelación del poder de Dios al que se refiere todo lo que sigue, un poder que es el tema de la alabanza del salmo. Dios (el Uno todo–glorioso) se hace escuchar en el lenguaje del trueno (cf. Ap 10, 3), y se revela en la tormenta. Este es el tema de las quince líneas que siguen, dispuestas en tres estrofas de cinco líneas cada una. De todas formas, el objetivo básico del poeta son las siete voces de Dios (קול ה).

---

89. La lectura presupuesta en *B. Berachoth* 30b בחרדת (con temblor sagrado) nunca ha sido una verdadera variante textual; ni tampoco es válida la variante בחצרת, conforme a la cual traducen los LXX, ἐν αὐλῇ ἁγίᾳ αὐτοῦ, en su aula santa.

Aunque la palabra קוֹל se utiliza muchas veces como un tipo de jaculatoria (¡escucha! Gen 4, 10; Is 2, 8), este uso no se puede aplicar aquí (en contra de Ewald 286s). En nuestro caso, la fórmula קוֹל ה del salmo, siete veces repetida, se refiere a la Voz de Dios, que se anuncia a sí mismo desde el cielo, como voz que conmueve el mundo. El monótono sonido de קוֹל sirve no solo para indicar el trueno, como voz de la gran tormenta, sino también el sonido del terremoto, el rugido de una tempestad y, en forma general, cualquier sonido hondo, monótono, retumbante, por el que Dios se hace audible en el mundo, expresando de un modo especial el aspecto airado de su doxa o gloria celeste.

Estas aguas de 29, 3 no son las aguas inferiores de la tierra. Pero, si no son ellas ¿qué aguas son? Si aquí se quisiera aludir a las aguas del Mar Mediterráneo, ellas tendrían que haber sido evocadas de una manera mucho más concreta, precisando de esa forma su sentido. Resulta, por tanto, mucho más pertinente pensar que, en este comienzo de la descripción del salmo, las aguas a las que se refiere el poeta son aquellas que están reunidas en las nubes densas, oscuras de la tormenta (cf. Sal 18, 12; 10, 13) de Yahvé, tal como el poeta lo expresa en 29, 3.

En esa línea se puede afirmar que el trueno está producido en lo alto del cielo por el mismo Dios de la Gloria (אֵל הַכָּבוֹד, cf. מֶלֶךְ הַכָּבוֹד, Sal 24, 7), que rueda sobre el mar de las aguas que flotan por encima de la tierra, en altura suprema, más allá del firmamento, sobre las aguas superiores del principio de Gen 1.

Las dos partes del Sal 29, 4 (lo mismo que las de 29, 3) son cláusulas sustantivas independientes. El retumbar de la voz de Yahvé surge, se despliega, avanza y pasa hacia adelante, hasta perderse en la lejanía del desierto. Y así lo indica la *beth*, ב, que se emplea en cada caso con el artículo abstracto, como en Sal 77, 14; Prov 24, 5 (cf. Prov 8, 8; Lc 4, 32, ἐν ἰσχύϊ, Ap 18, 2). Esta es una *beth* que sirve para precisar el atributo profundo de gloria de la voz divina (בְּכֹחַ בֶּהָדָר).

En 29, 3 se escuchan los primeros estampidos del trueno; en 29, 4 la tormenta se va acercando, y los estampidos resultan más fuertes, de forma que estallan con toda violencia. 29, 5 lo expresa de un modo general, y luego viene un futuro consecutivo de tipo inferencial, como para precisar aquello que está sucediendo (וַיְשַׁבֵּר יְהוָה אֶת־אַרְזֵי הַלְּבָנוֹן): En medio del rugido de los truenos, el estallido de luz de los relámpagos hiende con su resplandor de fuego los cedros del Líbano (como es bien sabido, el relámpago ilumina y nos permite ver puntos muy lejanos). El sufijo del Sal 29, 6 (וַיַּרְקִידֵם כְּמוֹ־עֵגֶל, los hace saltar como becerros) se refiere a los montes.

Ese verbo (וַיַּרְקִידֵם) no se refiere prolépticamente a lo que vendrá después, sino a los mismos cedros (Hengstenberg, Hupfeld, Hitzig), que se inclinan ante la tormenta y después se alzan de nuevo rápidamente. El hecho de que el Líbano y el Sirión salten no se refiere a que sus cumbres boscosas se inclinen y eleven después, sino (conforme a Sal 114, 4) al hecho de que, al ser sacudidas por la tormenta, parecen moverse, algo que no sucede realmente (los montes no cambian de sitio), pero que parece suceder, ante la mirada del que observa una fuerte tempestad.

Según Dt 3, 9, el Sirión, שְׂרִיֹן, es el nombre que los sidonios dan al Hermón, y por lo tanto está al lado del Líbano, formando lo que suele llamarse Anti-Líbano. Conforme a la Masora, esa palabra tiene un שׂ *sinistrum* o siniestro (וְשִׂרְיֹן), de forma que debe leerse *isriyown*, y por eso Hitzig de un modo correcto piensa que la palabra שׂריון deriva de *srá*, en futuro, con el sentido de brillar, como supone un comentario árabe a Sal 133, 3, el relámpago hace que estas montañas brillen y salten como jóvenes antílopes.

El animal al que se llama ahora ראם (cf. כְּמֹו בֶן־רְאֵמִים; sobre el término árabe *r'm* véase Seetzen, *Reisen* III, 339 y también IV, 496) es como el βούβαλος, βούβαλις (búfalo), un nombre genérico que se da a los antílopes, un tipo de búfalos que pastan por los bosques, más allá del río Jordán, hasta el día de hoy. Estos antílopes se parecen a los búfalos (excepto en la forma de la cabeza y en las pezuñas hendidas), y por otra parte se parecen también a los caballos, de manera que los LXX traducen: *como hijos de unicornios*.

¿Se alude aquí a los unicornios de las tradiciones antiguas, que son animales de un solo cuerno, que aparecen representados en los monumentos persas y africanos? ¿Se trata de un tipo de unicornios que se distingue de los antílopes de un solo cuerno? Sea como fuere, los viajeros no han visto en esos lugares, hasta el día de hoy ni unicornios ni antílopes de un solo cuerno. Eso significa que la relación que esos animales pueden tener con otros bien conocidos nos resulta científicamente indefinible[90].

Cada retumbar de trueno iba seguido por un estampido de relámpagos. Por eso se dice que el trueno de Yahvé lanza llamas de fuego, es decir "formas", divisiones de (como si fuera λατομεῖ) de materia incandescente, saliendo de las nubes de la tormenta convertida, en llamas de fuego, es decir, en relámpagos, cruzando con rapidez el aire.

---

90. En oposición a Bochart, Ludolf piensa que ראם son los rinocerontes. Pero este animal pertenece al género de los porcinos, y no es el que aquí se cita, ni tiene relación con él. Por otra parte, el rinoceronte actual, con un único cuerno en la nariz, recibe en Egipto el nombre de *charnin* (del árabe *chrn* igual a *qrn*), mientras que el unicornio se llama *charnit*. "Yo estaba el año 1862 en Damasco, con el arqueólogo francés M. Waddington, cuando un anticuario me trajo una vasija antigua en la que estaban grabados varios animales, con sus nombres escritos en sus vientres. Entre otros animales bien conocidos había un unicornio, que era como una cebra o un caballo, con un largo cuerno en su frente. Sobre su cuerpo estaba escrito en árabe *chrnît*. M. Waddington quiso comprar la vasija, y yo se la regalé, y él la llevó consigo a Paris. Hablamos mucho sobre ese unicornio y yo tuve que llegar a la conclusión de que un tipo de animal fabuloso como ese podía haber sido conocido entre los árabes en el tiempo de las cruzadas, cuando un cuerpo de soldados ingleses llegó hasta Siria" (Nota de Wetzstein).

En ese contexto debemos recordar que la ה קול (voz de Yahvé) no indica solo el trueno como fenómeno aislado, sino que se refiere a la omnipotencia de Dios que se expresa en todo ese fenómeno. La brevedad y la triple división de 29, 7 (אֵשׁ לַהֲב֣וֹת חֹצֵ֥ב יְהוָ֖ה קוֹל), voz de Yahvé que derrama llamas de fuego) indica el incesante zigzag o movimiento cruzado del relámpago (como la *tela trisulca, ignes trisulci*, línea de tres puntas, fuego de tres puntas de Ovidio).

Desde las montañas del norte la tormenta se extiende hacia el sur de Palestina, desembocando en el desierto de Arabia, como se sigue diciendo en 29, 8 (cf. 29, 5, según el esquema del "paralelismo implícito"), hasta la región desértica de Cadesh (Kadesh Barnea), una tierra que resulta difícil de definir, pero que debe estar cerca de la parte occidental de las montañas de Edom, hacia la Arabá.

El trueno de Yahvé, es decir, la tormenta de truenos, pone este desierto en situación de torbellino (tornado), dado que va llevando polvaredas de arena (חול, cf. אַיָּל֫וֹת יְחוֹלֵ֪ל) que desgajan las encinas o, mejor dicho, que hace que se retuerzan, de manera que ellas se secan y envejecen de forma prematura por el fuego. En este contexto, tanto el *hifil* de יָחִיל יְהוָה como el *piel* de יְחוֹלֵל (29, 8-9) se utilizan en sentido causativo (de la raíz חי o חו, moverse en círculo, alrededor).

El poeta continúa en יְעָר֑וֹת וַיֶּחֱשֹׂף, dando el efecto de que una tormenta sigue a otra, brotando así de su mismo interior, como si estuviéramos ante el renacer de las tormentas (a través de un tipo de ciclogénesis) a partir de una especie de estado de latencia, a modo de "crisálidas" que se desarrollan luego con rapidez. יערות es un plural poético para señalar los bosques. La frase tiene así el sentido de cerrar y desgajar los bosques, arrojando al suelo las ramas, los picos y las hojas de los árboles. De esa manera se revela Yahvé desde el cielo sobre la tierra, como un poder irresistible, desde su palacio superior, celeste, בהיכלו (cf. Sal 11, 4; Sal 18, 7).

La palabra כלו se refiere al templo de Yahvé en su totalidad (בהיכלו), aludiendo así al hecho de que todos los seres del santuario celeste dicen y proclaman la gloria de Dios, כבוד. De esa forma se cumple aquello que anticipaba el salmista en Sal 29, 1, al pedir que todos los seres pregonaran la gloria divina. Todo eso se ha cumplido, de manera que Yahvé recibe la gloria del universo entero, en forma de adoración inmanente de mil voces que cantan su gloria.

29, 10-11. Lutero traduce 29, 10: "El Señor se sienta para preparar el diluvio" y de esa forma introduce un orden en la traducción ininteligible de la Vulgata y de los LXX. Por otra parte, su traducción va en la línea del original hebreo, porque (יָשָׁ֑ב לַמַּבּ֣וּל יְהוָה) ha de entenderse en analogía con ישב למשפט, sentarse para juzgar, de Sal 122, 5; cf. 29, 8, conforme al contexto, pues el salmista se ha referido expresamente en versos anteriores a los torrentes de lluvia en los que se vacía el agua de la tormenta.

También Engelhardt (*Lutherische Zeitschrift*, 1861, 216s), Kurtz (*Bibel und Astronomie*, p. 568) y Riehm (*Liter. Blatt* del *Allgem. Kirchen-Zeit.*, 1864, p. 110), interpretan מבול como un cuasi-diluvio, con torrentes de agua que acompañan a los relámpagos y al trueno. Pero la palabra no es למבול, sino למבול, y la palabra המבול (texto sirio: *momúl*) aparece exclusivamente en Gen 5–11, como nombre del Gran Diluvio original.

Sea como fuere, según la Biblia, cada tempestad es un recuerdo de aquel juicio y de aquella liberación misericordiosa del tiempo de Noé, porque aquella tormenta del diluvio aparece ante nuestra mente, en la historia sagrada, como el primer despliegue de la lluvia con relámpagos y truenos, con el arco iris en el cielo anunciando su mensaje de paz (cf. *Coment.* a Génesis, p. 276).

La referencia retrospectiva a este acontecimiento queda confirmada también por el aoristo וַיֵּשֶׁב que sigue al perfecto יָשָׁב (Hofmann, *Schriftbeweis,* I, 209). El poeta dice que Yahvé se había sentado sobre su trono en el diluvio (para ejecutarlo), y que después volvió a sentarse (tras el Diluvio, en el tiempo presente de su revelación) como rey, y que lo hizo para siempre, porque él reina aquí abajo, sobre la tierra, desde su trono celeste (cf. Sal 115, 16) en ira y en misericordia, juzgando y ofreciendo bendición a los hombres.

Aquí abajo, en la tierra, Dios tiene un pueblo al que ofrece una parte de su poder, bendiciéndole con la paz, mientras la tempestad de su ira se despliega sobre sus enemigos.

Es muy expresiva la palabra final בְּשָׁלוֹם (יְבָרֵךְ אֶת־עַמּוֹ בַשָּׁלוֹם, bendecirá a su pueblo *con la paz*) con la que concluye el salmo. Esa palabra se extiende como un arco iris sobre la tierra. En el comienzo del salmo aparecen los cielos abiertos y el trono de Dios en medio de los cantos angélicos de alabanza; al final vemos la tierra, con el pueblo de Dios victorioso y bendecido con la paz (con la ב como en Gen 24, 1); en el centro del salmo escuchamos la voz de la ira de Dios que conmueve todas las cosas[91]. En el comienzo está la Gloria (*gloria in excelsis Deo,* gloria a Dios en la altura), y también al final, con la paz en la tierra (*pax in terris*).

Salmo 30. Tras haber sido sanado de una dolorosa enfermedad

¹ מִזְמוֹר שִׁיר־חֲנֻכַּת הַבַּיִת לְדָוִד׃

² אֲרוֹמִמְךָ יְהוָה כִּי דִלִּיתָנִי וְלֹא־שִׂמַּחְתָּ אֹיְבַי לִי׃

³ יְהוָה אֱלֹהָי שִׁוַּעְתִּי אֵלֶיךָ וַתִּרְפָּאֵנִי׃

91. Refiriéndose a este salmo, la *Misná* dice en *Uksin* III, 12, que el Santo (bendito sea su nombre) no ha encontrado otra vasija, otro recipiente (כלי) mejor que este Sal 29 para contener la bendición de Paz que él ha ofrecido experimente Israel.

יְהוָה הֶעֱלִיתָ מִן־שְׁאוֹל נַפְשִׁי חִיִּיתַנִי (מִיּוֹרְדִי) [מִיָּרְדִי־]בוֹר: ⁴

זַמְּרוּ לַיהוָה חֲסִידָיו וְהוֹדוּ לְזֵכֶר קָדְשׁוֹ: ⁵

כִּי רֶגַע׀ בְּאַפּוֹ חַיִּים בִּרְצוֹנוֹ בָּעֶרֶב יָלִין בֶּכִי וְלַבֹּקֶר רִנָּה: ⁶

וַאֲנִי אָמַרְתִּי בְשַׁלְוִי בַּל־אֶמּוֹט לְעוֹלָם: ⁷

יְהוָה בִּרְצוֹנְךָ הֶעֱמַדְתָּה לְהַרְרִי עֹז הִסְתַּרְתָּ פָנֶיךָ הָיִיתִי נִבְהָל: ⁸

אֵלֶיךָ יְהוָה אֶקְרָא וְאֶל־אֲדֹנָי אֶתְחַנָּן: ⁹

מַה־בֶּצַע בְּדָמִי בְּרִדְתִּי אֶל־שָׁחַת הֲיוֹדְךָ עָפָר הֲיַגִּיד אֲמִתֶּךָ: ¹⁰

שְׁמַע־יְהוָה וְחָנֵּנִי יְהוָה הֱיֵה־עֹזֵר לִי: ¹¹

הָפַכְתָּ מִסְפְּדִי לְמָחוֹל לִי פִּתַּחְתָּ שַׂקִּי וַתְּאַזְּרֵנִי שִׂמְחָה: ¹²

לְמַעַן׀ יְזַמֶּרְךָ כָבוֹד וְלֹא יִדֹּם יְהוָה אֱלֹהַי לְעוֹלָם אוֹדֶךָּ: ¹³

\<Salmo de David. Canto a la dedicación de la Casa de David\>

¹ Te glorificaré, Jehová, porque me has exaltado
y no has permitido que mis enemigos se alegren de mí.
² Jehová, Dios mío, a ti clamé y me sanaste.
³ Jehová, hiciste subir mi alma del sheol.
Me diste vida, para que no descendiera a la sepultura.

⁴ ¡Cantad a Jehová, vosotros sus santos, y celebrad la memoria de su santidad!
⁵ porque por un momento será su ira, pero su favor dura toda la vida.
Por la noche durará el lloro y a la mañana vendrá la alegría.

⁶ En mi prosperidad dije yo, "No seré jamás conmovido",
⁷ porque tú, Jehová, con tu favor me afirmaste como a monte fuerte.
Escondiste tu rostro, fui turbado.

⁸ A ti, Jehová, clamaré; al Señor suplicaré.
⁹ ¿Qué provecho hay en mi muerte cuando descienda a la sepultura?
¿Te alabará el polvo? ¿Anunciará tu verdad?
¹⁰ Oye, Jehová, y ten misericordia de mí; Jehová, ¡sé tú mi ayudador!

¹¹ Has cambiado mi lamento en baile;
me quitaste la ropa áspera y me vestiste de alegría.
¹² Por tanto, a ti cantaré, gloria mía, y no estaré callado.
Jehová Dios mío, ¡te alabaré para siempre!

La petición que en el salmo anterior se dirigía a los ángeles de Dios, se dirige ahora en Sal 30 a los piadosos de la tierra. No hay nada en contra de la referencia a David como autor del canto. Una vez más, Hitzig elabora ante este salmo una serie de indicaciones para mostrar que su autor es Jeremías. Pero los textos paralelos de Isaías, que son ecos de este salmo y la palabra דליתני de Is 30, 2, no necesita ser explicada como gesto de sacar a una persona de un tanque o de un pozo (como había sucedido de hecho en la vida de Jeremías, a quien tuvieron que sacar de un cenagal donde había sido arrojado, cf. Jer 38), sino como liberación de una angustia o depresión.

Incluso el canto de agradecimiento del rey Ezequías, en Isaías 38, se ha construido partiendo de las dos estrofas finales de este salmo en un contexto que se encuentra también familiarizado con el libro de Job. En esa línea podemos atrevernos a decir que este salmo es antiguo y que su autor es el mismo David, después que, habiendo estado en la cumbre de su poder, cayó en una enfermedad que le llevó a la frontera de la muerte, pero que más tarde, tras haber sido curado, cuando ya no tenía ninguna confianza en la carne, pudo alabar al Señor en quien se había refugiado, y lo hizo con las palabras de este salmo, invitando a todos los piadosos a unirse con él en la alabanza. Por eso, no podemos decir que este salmo ha sido escrito por Jeremías, aunque tiene semejanzas con su vida.

El encabezado reza así: "Canto-Salmo a la dedicación de la Casa, por David". Esto se ha referido a la dedicación del lugar donde se edificará después el templo (2 Sam 24; 1 Cron 21), pues el lugar del templo posterior, con el altar allí erigido, puede llamarse בית יהוה (1Cron 22, 1), y en algún sentido puede denominarse incluso de forma absoluta הבית (o הר הבית, la colina de la Casa o Templo).

En esa línea, podemos afirmar que en el principio de la historia del templo no está la peste (cf. 2 Sam 24), que fue el castigo de Dios a David por haber contado la cantidad de sus soldados, mostrando de esa forma su arrogancia por tener un pueblo numeroso; sino que el lugar del templo es lugar santo y elegido por Dios antes de la peste. De todas formas, este salmo no contiene nada que pueda referirse, sin más, a la dedicación de un santuario, sea en el Monte Moria, sea como lugar del Tabernáculo (cf. 2 Sam 6, 17).

Por eso resulta más natural pensar que este salmo no se refiere a la consagración del templo (o del lugar del templo futuro), sino a la nueva purificación del palacio de David, que había sido manchado por Absalón tras su levantamiento. En otro sentido, este salmo menciona algún riesgo inminente, cuya superación no puede entenderse como recuperación de una peligrosa enfermedad, sino como superación de un peligro que podía provenir de enemigos sangrientos. En esa línea es preferible pensar que este salmo debe estar vinculado también a la dedicación de la ciudadela de Sión, cuando se terminó su edificación.

Por 2 Sam 5, 11 sabemos que David tomó esa construcción como signo de la estabilidad y exaltación de su reino. Por otra parte, como han puesto de relieve Aben-Ezra, Flaminius, Crusius y Vaihinger, podemos afirmar, a partir del mismo texto del salmo, que David había sufrido una severa enfermedad, antes de tomar posesión del nuevo palacio/fortaleza que había construido. Ese era también el contexto que estaba al fondo de Sal 16.

Según eso, este Sal 30 nos sitúa ante la dedicación del palacio de David, llamado הבית, con la palabra "casa" tomada en sentido absoluto. En sí misma, la "casa" puede referirse lo mismo al templo que al palacio. Pero aquí se aplica mejor al palacio/fortaleza, como indican los LXX al traducir, τοῦ ἐγκαινισμοῦ τοῦ οἴκου (τοῦ) Δαυίδ (dedicación de la casa de David). En el ritual judío, tal como se establece en el Tratado *Sofrim* XVIII, 2, este canto se aplica a la fiesta de *Hanuka* o Dedicación, a la que alude también 1 Mac 4, 52ss.

30, 2–4. El salmo comienza como un himno. El *piel* דלה (cf. כִּי דְלִיתָנִי, de דלה, árabe *dlá*, significa mantener algo en su lugar, no dejar que se mueva arriba y abajo como un péndulo) y en sentido más preciso sujetar, elevando con firmeza una cosa, que puede ser un ramo (דלי, griego ἀντλίον, Latín *tollo*) u otro tipo de objeto. El poeta conoce bien la profundidad y el peligro en el que ha estado hundido, y del que Dios le ha sacado (liberado), de manera que sus enemigos no han podido regocijarse sobre él (לי como en Sal 25, 2).

Dios no ha permitido que sus enemigos se gocen de su destrucción, que era lo que ellos deseaban. David había estado a las puertas del Hades a consecuencia de una fatal enfermedad. Pero el Señor חיה (cf. וְחִיִּתָנִי), es decir, le curó, palabra que no significa crear de la nada, sino restaurar a la vida, hacer revivir a una persona que aparentemente había caído en manos de la muerte. Con este sentido se vincula de un modo satisfactorio el *keré* con *mem*, בּוֹר מִיָּרְדִי (a fin de que no me hundiera en la fosa).

Este pasaje utiliza en ese contexto el infinitivo del verbo ירד, que significa hundirse, descender. Por su parte, el *qetub* מִיּוֹרְדִי puede ser también infinitivo, escrito con un *cholem plenum*, como el infinitivo de Gen 32, 20 o el imperativo de Num 23, 8, puntuado siempre con *cholem* en vez de con *kamtez chatuph*. Pero es probable que la palabra deba leerse como un participio, מיורדי, es decir, *tú me has hecho revivir*, saliendo del estado anterior, propio de aquellos que se hunden en la tumba (Sal 28, 1; 22, 22).

30, 5–6. Este salmo sigue invitando a alabar al Dios que, tras un corto tiempo de ira, ha vuelto a mostrarse de nuevo como portador de gracia. En vez del שם o nombre de Yahvé, aquí encontramos la expresión זכר como en el Sal 97, 12 o Ex 3, 15. Al revelarse a sí mismo, Yahvé *aparece* como aquel que es capaz de *ser nombrado y recordado*, y eso de la forma más ilustre. Según eso, la historia de la redención viene a mostrarse como un despliegue del nombre de Yahvé y, al mismo tiempo, como la edificación de un memorial, es decir, de un recuerdo divino, pues todas las manifestaciones de Dios, sea en amor, sea en ira, fluyen del océano de luz de su santidad.

Cuando Dios se manifiesta según su santidad prevalece el amor, de forma que la ira es, en relación al amor, solo un momento pasajero. La ira de Dios pasa con rapidez, su amor permanece y dura a lo largo de toda la vida de una persona. Como dice una sentencia alemana, "Alles Ding währt seine Zeit, Gottes Lieb' in Ewigkeit" (todas las cosas tienen un tiempo, pero el amor de Dios dura toda la eternidad). La preposición בּ (que se emplea aquí varias veces, חַיִּים בִּרְצוֹנוֹ בָּעֶרֶב, בְּאַפּוֹ) no indica (como en otros casos, cf. Is 54, 7; 60, 10) el tiempo y modo en que algo acontece, sino la forma en que alguien emplea su tiempo.

El versículo 30, 6 pone de relieve la rapidez con que el amor de Dios supera a la ira (cf. Is 17, 14). Así en la tarde nos domina en llanto, con el que penetramos en la noche, pero a la mañana siguiente nos sorprende un huésped distinto, que es el gozo, רנה, como ángel que nos rescata de la tristeza, de forma que con él desaparece el llanto, בכי.

Eso significa que el llanto no es permanente, no dura para siempre. Por el contrario, la frase final de tipo sustantivo (y la mañana de alegría) expresa algo que es permanente, poniendo de relieve el carácter inesperado y sorprendente de la acción de Dios que nos envía בכי (llanto), pero sobre todo רנה (risa o alegría).

30, 7–8. David refiere ahora con detalle su experiencia, empezando por la causa del castigo que acaba de padecer. En וַאֲנִי אָמַרְתִּי בְשַׁלְוִי ואני אמרתי בשלוי, como en Sal 31, 23; 49, 4) David pone de relieve la diferencia entre su autoconfianza antigua, por la que él (como el רשע de Sal 10, 6) pensaba falsamente que era inconmovible, y la protección de Dios que él ha logrado (recibido) en la escuela de la aflicción, para así permanecer para siempre. Antes, en vez de confiar en Dios, Dador de Bienes, David confiaba en su función y esfuerzo de guerrero y rey, pensando que el don recibido era resultado de su propia labor.

No se sabe bien, aunque en realidad el sentido es el mismo, si שלוי es un infinitivo, con flexión, del verbo שלי (que es lo que nosotros pensamos), o si es un sustantivo como שלו, también con flexión (así aparece en el texto, בְּשַׁלְוִי), como uno que no tiene nada (Ez 47, 5) o como שלוה, cf. Jer 22, 21. La consecuencia inevitable de esa seguridad carnal, tal como aparece minuciosamente descrita en Dt 8, 11–18, ha sido el castigo divino para humillarle. Esta conexión íntima ha sido expresada de forma perfecta en Sal 30, 8, donde aparece el perdón de Dios, que antes había retirado su favor a David, como consecuencia de su autoexaltación, pero que ahora le ofrece de nuevo su favor.

La frase העמיד עז (cf. הֶעֱמַדְתָּה לְהַרְרִי עֹז) equivale a conceder poder y hacerlo de un modo duradero. Esto significa que Dios ha dado a David su poder, como posesión permanente, cf. 2 Cron 33, 8, un pasaje que ha de entenderse como variante, no como corrupción de 2 Rey 21, 8, como supone Riehm. Según eso, en contra de Hitzig, no es necesario tomar la ל (cf. לְהַרְרִי) como indicación de acusativo y עז como adverbio. El sentido del texto es *con tu favor has hecho que mi montaña permanezca firme*.

La montaña es Sión, que es fuerte por su posición natural y por las construcciones humanas allí edificadas (2 Sam 5, 9). Tomada así, como colina-castillo, Sión es el emblema del reino de David. Dios ha establecido allí con fuerza un reino para David, haciéndole comprender que todo lo que posee lo tiene solo por él (por Dios). La forma de inflexión הררי, en vez de הרי, aparece también en Gen 14, 6 y Jer 17, 3 (donde la palabra הררי ha de entenderse como derivada de הרר).

La lectura להדרי (LXX, Siríaco), i. e., con el sentido de *me has elevado a la dignidad real,* recoge bien el sentido de la frase. Por el contrario, la lectura del Targum להררי, "me has colocado en firmes montañas" no puede sostenerse porque tendría que haber introducir una partícula equivalente a "me".

30, 9–11. El texto indica que aquel que ha sido castigado por Dios se ha convertido a Dios y le ruega, de un modo ferviente. Los futuros de 30, 9, hallándose como se hallan en el pleno fluir de la narración, tienen un sentido de imperfectos, esto es, de indicación de algo pasado, como les llaman los gramáticos árabes.

De la pregunta *¿qué provecho hay en mi muerte?* (en la línea de la expresión usual τί ὄφελος, *quid lucri*, qué ganancia) no se debe inferir que David se encuentre en peligro de muerte a causa del ataque de los enemigos. La expresión de 30, 3 (ותרפאני) nos indica que el sentido de la frase es muy distinto, y puede entenderse en la línea de Job 16, 18, donde se dice: ¿Qué ventaja tendrías en matarme antes de tiempo?

En el caso de que David muriera, Dios no recibiría ventaja alguna, sino que se vería privado de la alabanza que le podría tributar un hombre vivo como él. Por eso, la petición dirigida a Dios pidiéndole que prolongue su vida no tiene como razón el gozo egoísta de mantener unas posesiones terrenas, pues lo que David desea de verdad es el despliegue de la gloria de Dios.

El orante teme a la muerte, porque la muerte significa el fin de la alabanza de Dios, pues desde la tumba no podrá seguirle bendiciendo con salmos (cf. Sal 6). Conforme a la visión del A. T., el Hades o Sheol no había sido aún vencido por Dios, el cielo no había sido todavía abierto para los hombres. Ciertamente, en el cielo estaban ya los בני אלים (los hijos de Dios), pero solo ellos, pues aún no había allí hijos de los hombres, בני אדם para alabar a Dios.

30, 12–13. A fin de expresar la secuencia inmediata entre la oración y su cumplimiento, aquí se omite la *waw* de conjunción que aparece de un modo normal en otros casos (e. g., Sal 32, 5). Sobre הָפַכְתָּ מִסְפְּדִי לְמָחוֹל לִי (cambiaste mi luto en danzas…), véanse los ecos en Jer 31, 13 y Lam 5, 15. Desde nuestra perspectiva, conforme a la relación existente entre los salmos y los acontecimientos de aquel tiempo, se puede hablar de la posibilidad de que exista una relación entre el término לִמְחוֹל de Sal 30, 12 y el texto de 2 Sam 6, 14, lo mismo que entre el שַׂק siguiente y el texto de 1 Cron 21, 16.

En lugar del vestido de penitencia y llanto (cf. מחגרת שׂק, Is 3, 24) el orante aparece ceñido de un cinturón o vestido de alegría (וַתְּאַזְּרֵנִי שִׂמְחָה). Este pasaje nos sitúa ante un cambio rápido y radical de la aflicción anterior a la gloria del salmista, a fin de que pueda él mismo, alcanzar su verdadera dignidad (כבוד en lugar de כבודי en el sentido de נפשי, como en Sal 7, 6; 16, 9; 108, 2) para así cantar las alabanzas de Dios (con ידם, *futuro kal*). Esta capacidad de alabar a Dios por siempre constituye la finalidad y sentido de todo el salmo.

Salmo 31. Un hombre duramente perseguido se entrega en manos de Dios

¹ לַמְנַצֵּחַ מִזְמוֹר לְדָוִד:

² בְּךָ יְהוָה חָסִיתִי אַל־אֵבוֹשָׁה לְעוֹלָם בְּצִדְקָתְךָ פַלְּטֵנִי:

³ הַטֵּה אֵלַי אָזְנְךָ מְהֵרָה הַצִּילֵנִי הֱיֵה לִי לְצוּר־מָעוֹז לְבֵית מְצוּדוֹת לְהוֹשִׁיעֵנִי:

⁴ כִּי־סַלְעִי וּמְצוּדָתִי אָתָּה וּלְמַעַן שִׁמְךָ תַּנְחֵנִי וּתְנַהֲלֵנִי:

⁵ תּוֹצִיאֵנִי מֵרֶשֶׁת זוּ טָמְנוּ לִי כִּי־אַתָּה מָעוּזִּי:

⁶ בְּיָדְךָ אַפְקִיד רוּחִי פָּדִיתָה אוֹתִי יְהוָה אֵל אֱמֶת:

⁷ שָׂנֵאתִי הַשֹּׁמְרִים הַבְלֵי־שָׁוְא וַאֲנִי אֶל־יְהוָה בָּטָחְתִּי:

⁸ אָגִילָה וְאֶשְׂמְחָה בְּחַסְדֶּךָ אֲשֶׁר רָאִיתָ אֶת־עָנְיִי יָדַעְתָּ בְּצָרוֹת נַפְשִׁי:

⁹ וְלֹא הִסְגַּרְתַּנִי בְּיַד־אוֹיֵב הֶעֱמַדְתָּ בַמֶּרְחָב רַגְלָי:

¹⁰ חָנֵּנִי יְהוָה כִּי צַר־לִי עָשְׁשָׁה בְכַעַס עֵינִי נַפְשִׁי וּבִטְנִי:

¹¹ כִּי כָלוּ בְיָגוֹן חַיַּי וּשְׁנוֹתַי בַּאֲנָחָה כָּשַׁל בַּעֲוֹנִי כֹחִי וַעֲצָמַי עָשֵׁשׁוּ:

¹² מִכָּל־צֹרְרַי הָיִיתִי חֶרְפָּה וְלִשֲׁכֵנַי מְאֹד וּפַחַד לִמְיֻדָּעָי רֹאַי בַּחוּץ נָדְדוּ מִמֶּנִּי:

¹³ נִשְׁכַּחְתִּי כְּמֵת מִלֵּב הָיִיתִי כִּכְלִי אֹבֵד:

¹⁴ כִּי שָׁמַעְתִּי דִּבַּת רַבִּים מָגוֹר מִסָּבִיב בְּהִוָּסְדָם יַחַד עָלַי לָקַחַת נַפְשִׁי זָמָמוּ:

¹⁵ וַאֲנִי עָלֶיךָ בָטַחְתִּי יְהוָה אָמַרְתִּי אֱלֹהַי אָתָּה:

¹⁶ בְּיָדְךָ עִתֹּתָי הַצִּילֵנִי מִיַּד־אוֹיְבַי וּמֵרֹדְפָי:

¹⁷ הָאִירָה פָנֶיךָ עַל־עַבְדֶּךָ הוֹשִׁיעֵנִי בְחַסְדֶּךָ:

¹⁸ יְהוָה אַל־אֵבוֹשָׁה כִּי קְרָאתִיךָ יֵבֹשׁוּ רְשָׁעִים יִדְּמוּ לִשְׁאוֹל:

¹⁹ תֵּאָלַמְנָה שִׂפְתֵי שָׁקֶר הַדֹּבְרוֹת עַל־צַדִּיק עָתָק בְּגַאֲוָה וָבוּז:

²⁰ מָה רַב־טוּבְךָ אֲשֶׁר־צָפַנְתָּ לִּירֵאֶיךָ פָּעַלְתָּ לַחֹסִים בָּךְ נֶגֶד בְּנֵי אָדָם:

²¹ תַּסְתִּירֵם בְּסֵתֶר פָּנֶיךָ מֵרֻכְסֵי אִישׁ תִּצְפְּנֵם בְּסֻכָּה מֵרִיב לְשֹׁנוֹת:

²² בָּרוּךְ יְהוָה כִּי הִפְלִיא חַסְדּוֹ לִי בְּעִיר מָצוֹר:

²³ וַאֲנִי אָמַרְתִּי בְחָפְזִי נִגְרַזְתִּי מִנֶּגֶד עֵינֶיךָ אָכֵן שָׁמַעְתָּ קוֹל תַּחֲנוּנַי בְּשַׁוְּעִי אֵלֶיךָ:

²⁴ אֶהֱבוּ אֶת־יְהוָה כָּל־חֲסִידָיו אֱמוּנִים נֹצֵר יְהוָה וּמְשַׁלֵּם עַל־יֶתֶר עֹשֵׂה גַאֲוָה:

²⁵ חִזְקוּ וְיַאֲמֵץ לְבַבְכֶם כָּל־הַמְיַחֲלִים לַיהוָה:

דְּשָׁאד ד מֹלָאס לאפֿצנרפ צסֹמֹ לו

¹ En ti, Jehová, he confiado; no sea yo confundido jamás. ¡Líbrame en tu justicia!

² Inclina a mí tu oído, líbrame pronto.

¡Sé tú mi roca fuerte y la fortaleza para salvarme!

³ Tú eres mi roca y mi castillo; por tu nombre me guiarás y me encaminarás.

⁴ ¡Sácame de la red que me han tendido, pues tú eres mi refugio!

⁵ En tu mano encomiendo mi espíritu;

tú me has redimido, Jehová, Dios de verdad.

⁶ Aborrezco a los que esperan en ídolos vanos;

mas yo en Jehová he esperado.

⁷ Me gozaré y alegraré en tu misericordia, porque has visto mi aflicción,

has conocido las angustias de mi alma.

⁸ No me entregaste en manos del enemigo;

pusiste mis pies en lugar espacioso.

⁹ Ten misericordia de mí, Jehová, porque estoy en angustia;

se han consumido de tristeza mis ojos, también mi alma y mi cuerpo.

¹⁰ Mi vida se va gastando de dolor y mis años de suspirar;

¡se agotan mis fuerzas a causa de mi maldad y mis huesos se consumen!

¹¹ De todos mis enemigos soy objeto de oprobio, y

de mis vecinos mucho más; soy el horror de mis conocidos.

¡Los que me ven afuera huyen de mí!

¹² He sido olvidado de su corazón como un muerto;

he llegado a ser como un vaso quebrado.

¹³ Oigo la calumnia de muchos; el miedo me asalta por todas partes,

mientras conspiran juntos contra mí e idean quitarme la vida.

¹⁴ Mas yo en ti, Jehová, confío, diciendo: ¡tú eres mi Dios!

¹⁵ En tu mano están mis tiempos!.

Líbrame de manos de mis enemigos y de mis perseguidores.

¹⁶ Haz resplandecer tu rostro sobre tu siervo; ¡sálvame por tu misericordia!

¹⁷ No sea yo avergonzado, Jehová, ya que te he invocado;

¡sean avergonzados los impíos, estén mudos en el sheol!

¹⁸ Enmudezcan los labios mentirosos,

que hablan contra el justo cosas duras con soberbia y menosprecio.

¹⁹ ¡Cuán grande es tu bondad, que has guardado para los que te temen,

que has mostrado a los que esperan en ti,

delante de los hijos de los hombres!

²⁰ En lo secreto de tu presencia los esconderás

de la conspiración del hombre;

los pondrás en tu Tabernáculo a cubierto de lenguas contenciosas.

²¹ Bendito sea Jehová, porque su misericordia

ha hecho maravillas para conmigo en ciudad fortificada.

²² Decía yo en mi apuro, "Excluido soy de delante de tus ojos";
pero tú oíste la voz de mis ruegos cuando a ti clamé.
²³ Amad a Jehová, todos vosotros sus santos;
a los fieles guarda Jehová y retribuye con creces al que procede con soberbia.
²⁴ Esforzaos todos vosotros, los que esperáis en Jehová,
y tome aliento vuestro corazón.

Igual que en Sal 30, en este Sal 31 (cf. 7 ,31, ואני אמרתי), el orante mira hacia atrás, hacia un estadio anterior al conflicto presente y buscando un futuro renovado de seguridad. También aquí, el orante quiere que todos los piadosos, los *hasidim*, חסידים, compartan con él el fruto saludable de su liberación (cf. 31, 24 y 30, 5). Pero en otros aspectos, la situación de los dos salmos es muy diferente.

Ambos son ciertamente davídicos, aunque Hitzig piensa que ambos han sido compuestos por Jeremías. Por lo que se refiere a Sal 31, que Ewald atribuye también a Jeremías, esta relación con el profeta es digna de ser tenida en cuenta. No solo está el hecho de que Jer 20, 10 recurra a este salmo, sino que todo el salmo recuerda por su lenguaje a Jeremías[92].

Pero muchos elementos que parecen de Jeremías, quien sin duda está cerca de estos salmos, pueden ser una reminiscencia de Jonás 2, 5-9. Además, entre David y Jeremías hay muchos rasgos en común, procedentes ambos de un tipo de ternura dolorida. Ambos son siervos de Dios, dotados de un espíritu tierno y noble, capaz de intensos sentimientos, con grandes deseos y abundantes tribulaciones.

Todo sumado, no sin cierta duda, nos inclinamos por el testimonio del encabezado y pensamos que el autor del salmo fue David. Este es un salmo que brotó en medio de conflictos interiores y exteriores, propios del tiempo de su enfrentamiento con Saúl (los LXX sitúan este salmo en un momento de riesgo o salida, ἐκστάσεως, palabra que probablemente deriva de Sal 31, 23, ἐν ἐκστάσει, בחפזי, y de 1 Sam 23, 36).

Mientras que Sal 31, 12 no puede entenderse en la boca de Jeremías cautivo (Hitzig), hay en todo el salmo muchos elementos que son comunes no solo con Sal 69 (un salmo cercano al espíritu de Jeremías), sino con otros salmos que tomamos como claramente davídicos, por ejemplo, las referencias que corresponden a la vida de guerrero que David mantuvo en medio de cuevas y rocas del desierto[93]. Este salmo tiene también algo en común con Sal 22, del que toma, menos tres, las últimas palabras de Jesús en la pasión. En esa línea, el Sal 31, 10-14 ofrece

92. Compárese así Sal 31, 10 y Lam 1, 20; Sal 31, 11 y Jer 20, 18; Sal 31, 18 y Jer 17, 18; Sal 31, 23 con Lam 3, 54; además, la triste ternura de este salmo recuerda la de Jeremías. Pero estas referencias no solucionan el tema de la relación más profunda entre el salmo y Jeremías.

93. En esa línea se puede evocar la tierna llamada de Jer 21, 25 (cf. Sal 22, 27; 27, 14), con el raro uso del *hifil* הפליא (cf. Sal 31, 22; 17, 7) y el deseo de estar escondido en Dios (cf. Sal 31, 21; 17, 8; 64, 3, etc.).

también una prefiguración de la pasión de Jesús, en sentido típico, aunque sin llegar a la precisión profética e histórica del Sal 22. La apertura de Sal 31 se repite en el "centón" de Sal 71, que es obra de un poeta anónimo posterior. Por otra parte, Sal 31, 23 ha sido repetido en parte por Sal 116, 11. La distribución de sus estrofas no es muy clara.

31, 2–9. El poeta comienza con una oración por su liberación, fundada en la confianza que él tiene, y en el hecho de que Yahvé, en cuyas manos se pone, no puede defraudarle, sino que se alegra de antemano en la protección que él, David, piensa que Dios le concederá sin duda. De esta seguridad confiada que David muestra por Dios (31, 2: בְּךָ יְהֹוָה חָסִיתִי) brota la oración: "Que yo no quede nunca confundido por la esperanza que he puesto en él" (31, 2: אַל־אֵבוֹשָׁה לְעוֹלָם).

Esta primera oración en forma de intenso deseo, viene seguida de peticiones en forma directa de súplica. La palabra de súplica פַלְּטֵנִי está fundada en la justicia de Dios, que no puede dejar de responder de un modo correspondiente a la conducta de los hombres, en un plano de redención, aunque ello implique un tipo de largo discurso donde el orante le pide a Dios que le ofrezca signos de liberación.

En la expresión expresión הֱיֵה לִי לְצוּר־מָעוֹז נֶסְרָפֶה (31, 3), la palabra מעוז es *genit. appositionis* (de aposición), una roca de defensa (מעוז de עז, como en Sal 27, 1) o, mejor dicho, de refugio (מעוז igual al árabe *m'âd*, de עוז como en árabe *'âd*, cf. Sal 37, 39; 52, 9 y probablemente también, Is 30, 2 y otros lugares)[94].

De modo consecuente, מעוז (formado como el árabe *m'âd,* que según el lexicógrafo *Neshwn* equivale al árabe *ma'wad*) es propiamente un lugar en el que esconderse, sinónimo de מַחֲסֶה מָנוֹס, árabe *mlâd, malja'*. Ciertamente, los dos sustantivos derivados de עז y עוז tienen un significado semejante al de *praesidium* (cárcel) y *asylum* (refugio) y conforme a pasajes como Jer 16, 19 parecen haberse fundido y fecundado en el genio del lenguaje hebreo, pero son en sí distintos.

94. Parece claro que, en oposición a la puntuación actual del texto, que supone que los dos términos forman una sola palabra, צוּר־מָעוֹז, o roca fuerte, hay en el fondo de esa expresión dos sustantivos que tienen esta forma principal: (a) un sustantivo es מָעֹז o *fortaleza*, lugar firme, baluarte, que, conforme a su derivación puede ser modulado como מָעֻזִּי, etc.; (b) otro sustantivo es מָעוֹז que equivale al árabe *ma'âdh*, lugar para esconderse y defenderse, *refugio*, que debería declinarse como מָעוּזִי o מָעֻזִי como el sinónimo מְנוּסִי (Olshausen 201, 202).

Por otra parte, está en el fondo la palabra עוּז, árabe *'âd*, como חסה, palabra que aparece en Is 30, 2, con el sentido de *esconderse* (*piel* e *hifil*), en hebreo הֵעִיז, conforme a Kamus, Zamachshari y Neshwn, en un significado que aparece también en *Corán* 3, 31. De aquí viene el árabe *'a'd*, una planta que crece escondida entre arbustos (*bên esh-shok* conforme a Kamus) o en las hendiduras de las rocas (*fi-l-hazn*, según Neshwn) siendo así inaccesible para los rebaños.

En esa línea se puede hablar de las gacelas (cf. árabe *'wwad*) que se esconden y se vuelven invisibles por setenta días después de haber parido, comiendo trozos de carne que ellas mismas han escondido en esos lugares inaccesible. Esa misma raíz, en su forma árabe de *'ûdat,* se emplea también para los amuletos con los que una persona se cubre a sí misma, se protege, etc. (nota de Wetzstein).

En esa línea, un castillo roqueño, es decir, construido sobre una roca, se llamaría מָעוֹז צוּר. Invirtiendo el orden de las palabras, צוּר מָעוֹז en Sal 31, 3 es una fortaleza para habitar, es decir, un lugar seguro, en la línea de esta interpretación. Por su parte, מצוּדה, en latín *specula*, significa una montaña alta o la cumbre de una montaña. Según eso, una casa sobre la roca es una que está situadas sobre la cumbre de una alta montaña, y que ofrece por tanto un lugar seguro de asilo (véase *Coment. a* Sal 18, 3).

La frase y la idea que están en el fondo de la petición del Sal 31, 3-4 suena así: "muéstrame tu salvación porque tú eres mi salvador", como pone de relieve la partícula כִּי al comienzo de 31, 4 (כִּי־סַלְעִי וּמְצוּדָתִי אָתָּה, *porque tú eres mi roca y mi defensa*).

Esta petición está en el fondo de toda oración creyente, aunque algunos dicen que es ilógica, porque no se puede pedir lo que ya se tiene. Pero, en contra de eso, debemos decir que el poeta ruega a Dios que le conceda *actu reflexo* (de un modo consciente y directo) aquello que ya tiene conforme al *actus directus* de la fe (en el fondo de su misma fe). Esta oración no pide a Dios algo nuevo, que antes no tuviera, sino la expresión consciente de lo que antes ya tenía conforme a la vida profunda de la fe.

Los futuros de 31, 4-5 (תּוֹצִיאֵנִי תַנְחֵנִי וּתְנַהֲלֵנִי) expresan esperanzas que brotan necesariamente de aquello que Yahvé está siendo ya para el poeta. Las nociones intercambiables de הנחה y נהל, que nos son ya familiares desde Sal 23, 1-6, están una al lado de la otra para expresar la urgencia de aquello que el orante pide a Dios cuando le ruega que le guíe de un modo amoroso y seguro. En vez de traducir "fuera de la red...", conforme a los acentos (cf. Sal 10, 2; 12, 8), debe traducirse "sácame de esta red que...", pues טָמְנוּ לִי es una expresión de relativo.

En manos de este Dios (31, 6), que es y será todo para él, el orante encomienda su espíritu, poniéndolo en sus manos como un depósito, como un tesoro (פִּקָּדוֹן). El orante sabe que cualquier cosa que deposite en manos de Dios queda libre de todo peligro y tristeza. La palabra que aquí se utiliza no es נפשׁי, en el sentido de alma (que Teodoción sustituye así cuando traduce el texto τὴν ἐμαυτοῦ ψυχὴν τῇ σῇ παρατίθημι προμηθείᾳ, "mi alma coloco bajo tu cuidado"), sino רוּחִי, mi espíritu, y esto de un modo muy preciso (31, 6, בְּיָדְךָ אַפְקִיד רוּחִי).

El lenguaje empleado toma la vida del orante desde su raíz, como realidad que brota de Dios, de forma que él (su espíritu) vive de Dios y en Dios. El salmista coloca todo lo que es y todo lo que tiene bajo la protección de Dios, que es la vida verdadera de su espíritu (Is 38, 15) y de todo su ser. Este es el lenguaje de la oración con la que Cristo muriendo "expiró", entregó su vida en Dios (Lc 23, 46).

El período de la persecución de David por Saúl fue el más prolífico en la creación de tipos o signos de pasión y de canto religioso. Pues bien, este lenguaje de oración, que procede del horno de aflicción por el que David pasó en aquel tiempo, muestra, en la boca de Cristo, una crisis en la historia de la redención, y ella (en la boca de Cristo) recibió su cumplimiento en el A. T.

Al modo de David, Jesús encomienda su espíritu a Dios; pero no para no morir sin más, sino para superar la muerte muriendo, es decir, recibiendo de nuevo su vida espiritualizada (corporeizada de forma espiritual), una vida escondida en las manos de Dios, en poder y gloria imperecedera. De esa forma, David descubre y expresa como ya realizado aquello que había deseado y esperado, poniéndose en las manos de Dios, pues "tú me has redimido", Yahvé, Dios de verdad.

El perfecto פָּדִיתָ (encomiendo) no se utiliza aquí al modo de Sal 4, 2, como de algo propio del pasado, sino que se aplica a algo que está ya presente como sucedido. No es un perfecto *precativo* (Ewiger, 223b), sino como en Sal 31, 8-9, un perfecto de anticipación creyente de la redención. Es pues un *praet. confidentiae* (un pretérito presente de confianza) que está muy relacionado con el *praet. prophetiae* (pretérito de profecía), porque el espíritu de fe, lo mismo que el espíritu de los profetas, habla del futuro con una confianza y certeza histórica, como de algo ya sucedido.

En la noción de Yahvé, Dios de la verdad (יְהוָה אֵל אֱמֶת) o Dios verdadero está incluida y superada la referencia a los dioses falsos, pues en Sal 31, 7 aparecen como antítesis las "vanas ilusiones" o ídolos vanos (הַבְלֵי־שָׁוְא) y la verdad contenida en la expresión 2) אלהי אמת Cron 15, 3). La palabra הבלים (vanidades) se ha empleado desde antiguo (Dt 32, 21) como nombre favorito para los ídolos, y así aparece de un modo particular en Jer 8, 1-9.

En línea de oposición, la expresión del salmo está muy cerca de la de Dt 32, 4, אל אמונה, Dios de la verdad, pues en el fondo de la oración de David está presente la idea de Dios como garante de la verdad y fundamento de la vida en plenitud, de forma que אמת y אמונה se utilizan de un modo intercambiable en otros pasajes como atributos personales del mismo Dios. Así podemos decir que אמת es aquello que permanece y se verifica a sí mismo y אמונה es el sentimiento que permanece y se ratifica en la acción y presencia de Dios hacia los demás. Por eso, el Dios אמת (יְהוָה אֵל אֱמֶת) de 31, 6) es el Dios verdadero que mantiene la verdad de su revelación y de un modo especial de su promesa, por su autoridad o mandato viviente.

En 31, 7, David aparece aquí como aquel que se entrega de un modo total y simple en manos del Dios de la verdad y la fidelidad. Por eso son odiosos ante él aquellos que adoran imágenes vanas, mientras que él, por el contrario, se apoya en Yahvé, que es la verdadera firmeza. A los falsos dioses se les llama así הַבְלֵי־שָׁוא, seres que no tienen realidad, que no ofrecen ninguna ayuda a sus adoradores, que no cumplen nunca sus expectativas.

Probablemente aquí (lo mismo que en Sal 5, 6) tenemos que leer שָׂנֵאתִי como lo hacen las diversas versiones (LXX, Vulgata, Siriaca y Árabe, cf. Hitzig,

Ewald, Olshausen y otros). Por eso no es necesario el וַאֲנִי que aparece en algunos manuscritos, y que no podría entenderse como antítesis respecto a la frase anterior.

En el salmo de Jonás (Jon 2, 9) este pensamiento se expresa por מְשַׁמְּרִים הַבְלֵי־שָׁוְא (los que confían en ídolos vanos), de forma que הַשֹּׁמְרִים son los que "observan" ídolos vanos (se someten a ellos, con *observare, colere*, adorar), como en Os 4, 10 e incluso en Prov 27, 18.

En este gesto de *servir* (no a los ídolos, sino a Dios) se incluye la palabra *confiar*, como en Sal 59, 10. La palabra בטח (בָּטַחְתִּי, he esperado) expresa la *fiducia fidei* (confianza de la fe), que se construye ordinariamente con בּ (adherirse a) o con על (descasar, apoyarse en). Pero aquí se vincula con אל (אֶל־יְהוָה).

Los verbos cohortativos de 31, 8 expresan intenciones de los orantes. Olshausen y Hitzig los traducen como optativos: pueda yo regocijarme... Pero esa traducción parece menos apropiada en este verso, después de 31, 7. Ciertamente, el orante quiere ser oído, pero el sentido básico del texto no es ser oído, sino dar gracias a Dios por su misericordia (con אשר, como en Gen 34, 27): él ha mirado (אֲשֶׁר רָאִיתָ, ἐπέβλεψε, Lc 1, 48) su aflicción, porque ha conocido la necesidad del orante, y ha tenido misericordia de él en su aflicción.

La construcción ידע בּ (יָדַעְתָּ בְּצָרוֹת נַפְשִׁי: conoces mi alma en las aflicciones) no puede ser puesta en duda, pues tenemos los testimonios de Gen 19, 33. 35; Job 12 9; 35, 15; cf. Hupfeld). Esa es una expresión más significativa que la de "conocer algo sobre" una cosa. La בּ tiene aquí un sentido semejante al de ἐπὶ en ἐπιγιγνώσκειν, que pone de relieve un conocimiento perceptivo y comprensivo, que capta el sentido de un objeto, tomando posesión de él, como haciéndose dueño de él.

La palabra הסגיר, Sal 31, 9 (וְלֹא הִסְגַּרְתַּנִי בְּיַד־אוֹיֵב), tiene el sentido de συγκλείειν de "agarrar" (estar en manos de), como en 1 Sam 23, 11 (en boca de David). Dios no le ha abandonado bajo el poder de sus enemigos, de manera que su mano, la de los enemigos se cierre sobre él, para tenerle totalmente (completamente) en su poder, sino al contrario: Dios le mantiene, le concede existencia.

La palabra מרחב, como en Sal 26, 12, tiene el sentido de abrir, poner ante el orante un lugar espacioso para sus pies. El lenguaje de David es aquí el lenguaje de la Torá (Pentateuco), y especialmente el del Deuteronomio (cf. Dt 32, 30; 23, 16).

31, 10–14. Tras el *peán* anterior procedente de la victoria, que él ha cantado desde la plenitud de su fe, en esta segunda parte del salmo (con grupos de estrofas que van disminuyendo de amplitud, 6. 5. 4), irrumpe de nuevo con fuerza la petición, fundada en la grandeza del sufrimiento del salmista, que antes parecía haber sido superado por la confianza en Dios, pero que ahora emerge ante él de un modo muy fuerte, de nuevo.

La expresión צר־לִי, *angustum est mihi,* estoy en estrechez/angustia (cf. Sal 69, 18; 18, 7; 31, 10) retoma palabra por palabra la de Sal 6, 8, pero con la novedad de que en este pasaje (צַר־לִי עָשְׁשָׁה בְכַעַס עֵינִי נַפְשִׁי וּבִטְנִי) se ponen de relieve los ojos, que son como espejos en los que se condensa el estado de sufrimiento concentrado del hombre. Los ojos se añaden a נפש, al alma que forma el nexo entre el espíritu y el cuerpo, y a בטן, que es la parte interior del cuerpo, que refleja las energías y sentimientos del espíritu y el alma.

La palabra חיים, (31,11, en constructo חַיַּי), combinando la idea de la mezcla interior de los poderes del alma y del cuerpo, está en plural como en Sal 88, 4. El hecho de que David mencione su iniquidad como causa de que su fuerza física se haya vuelto vacilante (כשל como en Neh 4, 4), no es nada extraño, y menos en el caso de un salmo que pertenece al tiempo de su persecución por Saúl, pues cuanto más se extendía esta persecución más profundamente sentía David la necesidad de ser purificado en este horno de la aflicción.

El texto hebreo de 31, 12 sobre el que se funda la traducción de los LXX (παρὰ πάντας τοὺς ἐχθρούς μου ἐγενήθην ὄνειδος καὶ τοῖς γείτοσί μου σφόδρα καὶ φόβος τοῖς γνωστοῖς μου), es el mismo que encontramos hoy en nuestra Biblia Hebrea (y así ha sido interpretado por Reina-Valera, nota del traductor). Pero la palabra σφόδρα (Jerónimo *nimis,* excesivo) resulta discutible, y solo se podría aceptar traduciendo "y me he convertido en reproche incluso para mis vecinos de un modo excesivo".

Lo que está en juego es el sentido de la palabra hebrea מאד, unida a la *waw* anterior, y para fundar la traducción de los LXX podríamos compararla con Jc 12, 2; veríamos así que esta traducción no es realmente imposible, porque la *waw* anterior, ו, (cf. וְלִשְׁכֵנַי מְאֹד) tiene con frecuencia el sentido de "incluso", como en 2 Sam 1, 23; por otra parte, la *waw* puede tener el significado de "y también", para evocar e incluir aspectos antes omitidos, como en Am 4, 10. Más aún, la *waw* tiene a veces incluso un sentido directo (como en griego y latín καὶ, *et,* donde el significado de *etiam,* "y también"), cf. Is 32, 7; Os 8, 6. En esa línea ha de traducirse aquí, conforme a los acentos, con 2 Cron 27, 5; Ecl 5, 5 (cf. Ewiger, 352b)[95].

---

95. De todas formas, como en hebreo no se había desarrollado de un modo claro ese sentido de la *waw* con el significado de "y también", sino que solo parecía estar empezando a introducirse, se puede preguntar si no es posible encontrar una explicación más adecuada de la frase, sin tener que recurrir a la equivalencia de ו con גם, una equivalencia que resulta siempre problemática. En esa línea, Olshausen coloca ולשכני después de למידעי, un cambio que resolvería todos los problemas. Por su parte, Hitzig transforma la palabra מאד en מגד, con el sentido de estar aterrado, asustado. Pero sería mejor buscar un sustantivo paralelo a חרפה, con el significado de "terror" (como en siríaco o de peso y carga). Pero ni מגור (pavor) ni משאת (peso) parece que pueden tomarse en ese sentido, suponiendo que מאד sería la corrupción de una de esas palabras.

Pero, a partir de lo dicho, tenemos que seguir precisando mejor el tema. Desde ese fondo, en este contexto, debemos seguir preguntando: ¿no sería posible tomar la palabra מאד como equivalente de משׂאת, en el sentido de peso? Dado que el significado de σφόδρα es muy poco apropiado para este pasaje, quizá sería preferible suponer que en el texto original había una palabra diferente (distinta de מאד) o darle a מאד otro significado, que se entienda mejor desde el contexto. J. D. Michaelis ha apelado incluso al árabe *awd* (*awdat*) en el sentido de *onus,* peso.

En esa línea, sin caer en las dudas que sienten Maurer y Hupfeld ante el significado de la palabra מאד y ante la forma en que debe ser vocalizada, podemos afirmar que el adverbio מאד es originalmente un sustantivo, derivado de אוד, árabe *âd* (según la forma de מצד de צוד), con el significado de *gravitas, firmitas*, y que se utiliza según eso con el sentido de *con autoridad, con firmeza.*

En ese sentido, אוד, árabe *âd,* tiene el significado radical de estar compacto, sólido, sentido que viene de los dos matices de *âd,* que son *âda-jaîdu y âda-jaûdu,* ser fuerte, poderoso y *presionar sobre,* tener peso, matices unidos por la palabra árabe *'dd* (cf. comentario a Sal 20, 9). Los oponentes que tenía David le hicieron el reproche (aceptado incluso por algunos de los mejores dispuestos del pueblo) de actuar como un revoltoso y un usurpador.

Igualmente, incluso aquellos en los que él encontró un asilo amistoso comenzaron a sentirse amenazados, y así podemos verlos en el triste destino que Abimelech y otros sacerdotes de Nob tuvieron que sufrir, porque estaban íntimamente relacionados con David (מידעים como en Sal 55, 14; 88, 9). En ese sentido, David aparece como un muerto, como alguien condenado a la tumba desde que nace, un hombre a quien los otros, en general, tienden a castigar, condenándole al olvido y a la destrucción (נִשְׁכַּחְתִּי כְּמֵת מִלֵּב הָיִיתִי, como a un muerto, destinado a la oscuridad perpetua; cf. מפה, Dt 21, 12).

David se ha convertido así en כִּכְלִי אבֵד, de forma que aparece como una tinaja quebrada, una frase que confirma lo anterior, y anticipa lo que sigue, en 31, 14, *vas periens* (una vasija que se quiebra, no un *vas perditum,* ya quebrado). David aparece de esa forma como un recipiente en acto de romperse, un recipiente אבד, es decir, arrojado fuera, siendo abandonado para la más fuerte destrucción, como una cosa de la que nadie se ocupa ya (cf. Os 8, 8; con Jer 48, 38 y 22, 28).

La partícula כִּי de 31, 14 confirma lo que sigue al decir que todos le calumnian y condenan como si fuera una vasija arrojada fuera y rota (כִּי שָׁמַעְתִּי דִּבַּת רַבִּים). Las insinuaciones y calumnias de muchos le condenan como a un transgresor, rodeándole de amenazas por todas partes (esto es, al pie de la letra, lo que han hecho con Jeremías en Jer 20, 10).

En esa línea, Olshausen coloca וּלְשֹׁכְנֵי después de לִמְיֻדָּעַי, un cambio que resolvería todos los problemas. Por su parte, Hitzig transforma la palabra מאד en מַגֹּד, con el sentido de estar aterrado, asustado. Pero sería mejor buscar un sustantivo paralelo a חרפה, con el sentido de "terror" (como en siriaco) o de peso y carga. Pero ni מגור (pavor) ni משאת (peso) parece que pueden tomarse como palabras sustitutivas, suponiendo que מאד sería la corrupción de una de ellas.

La expresión מגור מסביב se utiliza también de un modo frecuente, en circunstantes semejantes a las que tiene aquí este salmo. Cuando los enemigos se juntan para celebrar un consejo de acusación en contra de él (conforme a los acentos, la segunda parte del verso 31, 14 comienza con בְּהִוָּסְדָם יַחַד עָלַי), ellos solo piensan en condenarle y librarse de él (es decir, del salmista). Si la construcción ב y el infinitivo se tomara como algo que debe ser continuado tendría que haberse construido así לקחת נפשי יזמו o también וזממו לקחת נפשי.

31, 15–19. Pues bien, a pesar de haber sido maldecido por el mundo y expulsado por el pueblo, el salmista confía en Dios, su liberador y vengador. Con ואני (cf. 31, 15, וַאֲנִי עָלֶיךָ) él sigue presentándose a sí mismo como sujeto, a modo de contraste, lo mismo que en 31, 7. Es como si Yahvé hubiera superado ya su ira, de forma que el orante confía en él y, a pesar de las apariencias contrarias sigue apoyándose en él, como lo muestra esta oración de fe.

Las עתות o אתים de 31, 16 (בְּיָדְךָ עִתֹּתָי, cf. 1 Cron 29, 30) son los acontecimientos e incidencias ya evocadas, las vicisitudes de la vida humana, como en árabe las *'idât* (como עת de ועד), los premios o castigos ya determinados. Según eso, los tiempos, con todo lo que llevan con ellos, están en las manos del Señor; todos ellos están determinados o enviados por Dios. La Vulgata sigue a los LXX, *in manibus tuis sortes meae*, mis suertes están en tus manos.

Las peticiones de 31, 16-17 brotan de la conciencia del orante, según la cual han sido y son las manos de Dios las que han moldeado su vida. Estamos ante tres peticiones: (a) la del centro es un eco de la bendición de Aarón en Num 6, 25; (b) la expresión כי קראתיך, que muestra la razón según la cual su esperanza no será confundida (cf. Sal 31, 2), ha de entenderse en la línea de אמרתי (cf. 31, 15), según Gesenius, 126, 3; (c) la expresión utilizada en אל־אבושה (no seré confundido) favorece el sentido de esa esperanza, lo mismo que el lenguaje de petición (que no sea yo avergonzado, 31, 18).

Los futuros que siguen (cf. יֵבֹשׁוּ רְשָׁעִים יִדְּמוּ לִשְׁאוֹל) pueden tomarse como optativos, pero el orden de las palabras no lo requiere, y por eso preferimos tomarlos como expresión de una esperanza, de forma que las tres peticiones de 31, 16-17 corresponden a las tres esperanzas de 31, 1–19. El orante no será avergonzado, pero lo serán los malvados, avergonzados y silenciados para siempre[96].

---

96. La forma ידמו (cf. יִדְּמוּ לִשְׁאוֹל) de דמם, es, como en Jer 8, 14, un plural del futuro *kal* ידם, con la duplicación de la primera radical, como en arameo (cf. otros ejemplos יתם, ישם, יקד) no

Solo de acuerdo con esta conexión, en este contexto, se entienden las palabras iniciales de 31, 19 (תֵּאָלַמְנָה שִׂפְתֵי שָׁקֶר), de forma que נאלם, igual que דמם, denota el silencio que se impone a los impíos, a causa de la intervención judicial de Dios. La palabra עתק que se refiere a los insolentes, los que no se refrenan ante el mal (cf. árabe *'âtik, 'atik*), es un acusativo de objeto, como en Sal 94, 4 (en 1 Sam 2, 3 aparece como nominativo de sujeto).

31, 20–25. En este momento, la esperanza bien fundada se expande en forma de certeza triunfante, para culminar a modo de canto agradecido de alabanza a la bondad de Dios y de exhortación a todos los que esperan en Yahvé en y desde un fondo de fe firme. El pensamiento básico (¡qué bueno ha sido Dios conmigo!) toma aquí (31, 20) una forma más universal (מָה רַב־טוּבְךָ) a modo de exclamación (con מה, como en Sal 38, 8) de admiración que adora.

טוּב יהוה es la suma de los bienes que Dios ha atesorado para emplearlos de un modo constante y creciente al servicio del gozo de los santos. צפן se utiliza aquí con el mismo sentido que en Sal 17, 14; cf. τὸ μάννα τὸ κεκρυμμένον, Ap 2, 17. En vez de פְּעַלְתָּ debería poner נתת, porque podemos decir פָּעַל טוּב, pero no פָּעַל טוּב (con reduplicación en la *pe,* פ). Lo que se quiere aquí indicar o manifestar es que el hombre que es טוּב está apoyándose en Dios que es טוּב, como un tesoro de gracia. De esa forma, Yahvé se da a conocer a sus santos confundiendo (acallando) a sus enemigos, enfrentándose a todos los que les persiguen (cf. Sal 23, 5).

Dios toma a los que son suyos bajo su amparo y les protege de las conspiraciones (מֵרֻכְסֵי אִישׁ תִּצְפְּנֵם, con רכס, árabe *rks, magna copia,* multitud), es decir, de las calumnias y persecuciones de los hombres. En otros lugares se dice que Dios esconde a los suyos סֵתֶר אהלו (al amparo de su tienda, Sal 27, 5), o סתר כנפיו (al amparo de sus alas, Sal 61, 5), o en su sombra refrescante (צל, Sal 91, 1).

En este pasaje se supone que Dios acoge a los suyos bajo la defensa y protección de su rostro, es decir, en la región de la luz impenetrable que emana de su presencia. La palabra סכה (cf. בְּסֻכָּה מֵרִיב לְשֹׁנוֹת) evoca la segura y confortable protección del todopoderoso, que se abre sobre los perseguidos como un árbol de rico follaje.

Con la expresión בָּרוּךְ יְהוָה (31, 22), bendito sea Yahvé, David vuelve de nuevo a su experiencia personal. La unidad del salmo exige que, por medio de esta esperanza, evoquemos la liberación que ha sido anticipada por la fe. Yahvé le ha mostrado a David su maravilloso favor, pues le ha concedido עיר מצור, es decir, un lugar o ciudad para habitar con seguridad.

---

el futuro *nifal* de ידם, que debería ser ידמו, como en 1 Sal 2, 9, en el sentido de *conticescere in orcum,* "ser silenciado", es decir, de volverse impotentes, como una presa del hades.

מָצוֹר, de צוּר (en árabe *misr* con el verbo denominativo *maṣṣara,* encontrar una ciudad fortificada), significa dos cosas: (a) asediar una ciudad, cercarla de un modo militar; (b) habitar en una ciudad cerrada, es decir, fortificada (cf. Sal 60, 11; 108, 11), con fortificaciones y otros medios, contra el ataque de los enemigos (cf. 2 Cron 8, 5).

La ciudad fortificada aparece la mayor parte de las veces como símbolo del mismo Dios y de su poderosa y gratuita protección. Así podemos comparar este pasaje con Is 33, 21 y con otros semejantes. Pero ¿por qué no podemos pensar que en este caso esa ciudad fortificada (בְּעִיר מָצוֹר) donde David se ha protegido según 31, 22 no es, al mismo tiempo, una ciudad concreta, como por ejemplo Ziklag/ Siclag, donde se ha refugiado del ataque de sus enemigos?

Todo nos lleva a pensar que David se está refiriendo a un ciudad segura y fortificada, que él está evocando aquí proféticamente, de antemano, como signo de la protección que Dios va a concederle en el peligro. Históricamente (cf. 1 Sam 30), Ziklag fue para David el punto de inflexión entre la persecución y derrota y la exaltación y victoria, el lugar donde terminó su vida errante de perseguido y su ascenso al trono de Israel. Pero, en un sentido más hondo y definitivo, para él, la ciudad fortificada será Jerusalén, como signo de Dios, que es la fortaleza en la que él se encontrará siempre protegido.

David había hablado de su temblor, חפז, *trepidare*, temblar; cf. Sal 116, 11: he sido cortado y separado del círculo de tus ojos… Así se explica la expresión נִגְרַזְתִּי מִנֶּגֶד עֵינֶיךָ, estaba excluido de la compañía de tus ojos, con la palabra נגרזתי, de גרזן, un hacha que separa y divide (cf. Lam 3, 54; Jon 2, 5). En su miedo y desesperación David llegó a pensar que Dios nunca se ocuparía de él. Pero, אכן, sin embargo, Yahvé escuchó el grito de su petición, cuando él le llamó (esa palabra aparece también en Sal 28, 2). Dios se reveló ante él como la ciudad fortificada.

A partir de esas experiencias, David llama y pide a todos los santos de Dios (cf. 31, 23) que amen a Yahvé que ha hecho cosas tan grandes, diciéndoles que le amen, que amen al Dios del amor: (a) por un lado Dios preserva a sus devotos (a los אמונים, de אמון, es decir, a los que son πιστοί, como en Sal 12, 2); así preserva a sus fieles, mostrándoles su más alta fidelidad divina al protegerles de todos los peligros; (b) por otro lado, Dios retribuye, esto es, castiga, con todo rigor (יְתֵר־ לְמַעַל, κατὰ περισσείαν) a aquellos que son ante él orgullosos, cometiendo de esa forma el pecado de todos los pecados.

El salmo culmina según eso (en 31, 24) con una llamada dirigida a los piadosos, es decir, a los fieles, de un modo semejante a la llamada que aparecía en Sal 27, 14. Los piadosos de Dios (חֲסִידָיו) y los fieles (אֱמוּנִים, cf. 31, 23) son aquellos que esperan en Yahvé (31, 24, הַמְיַחֲלִים לַיהוָה); ellos mantienen su fidelidad porque su esperanza tendrá un fin glorioso. De esa manera el brillante sol de primavera romperá al fin la oscuridad, de manera que los cielos perderán su aspecto de dureza y la petición dolorida de ayuda se convertirá en un jubiloso *halleluja*.

Este ojo de la fe, pacientemente dirigido hacia Yahvé, es el signo característico de la fe del Antiguo Testamento. En esa línea, la unidad sustancial del orden de gracia o misericordia del Antiguo Testamento con la gracia del Nuevo Testamento podrá manifestarse ante nosotros en el salmo siguiente (Sal 32) con su aspecto paulino y neotestamentario, apareciendo así como contrapartida del salmo 19.

Salmo 32. El camino del perdón de los pecados

¹ לְדָוִד מַשְׂכִּיל אַשְׁרֵי נְשׂוּי־פֶּשַׁע כְּסוּי חֲטָאָה׃

² אַשְׁרֵי אָדָם לֹא יַחְשֹׁב יְהוָה לוֹ עָוֹן וְאֵין בְּרוּחוֹ רְמִיָּה׃

³ כִּי־הֶחֱרַשְׁתִּי בָּלוּ עֲצָמָי בְּשַׁאֲגָתִי כָּל־הַיּוֹם׃

⁴ כִּי יוֹמָם וָלַיְלָה תִּכְבַּד עָלַי יָדֶךָ נֶהְפַּךְ לְשַׁדִּי בְּחַרְבֹנֵי קַיִץ סֶלָה׃

⁵ חַטָּאתִי אוֹדִיעֲךָ וַעֲוֹנִי לֹא־כִסִּיתִי אָמַרְתִּי אוֹדֶה עֲלֵי

פְשָׁעַי לַיהוָה וְאַתָּה נָשָׂאתָ עֲוֹן חַטָּאתִי סֶלָה׃

⁶ עַל־זֹאת יִתְפַּלֵּל כָּל־חָסִיד אֵלֶיךָ לְעֵת מְצֹא רַק לְשֵׁטֶף מַיִם רַבִּים אֵלָיו לֹא יַגִּיעוּ׃

⁷ אַתָּה סֵתֶר לִי מִצַּר תִּצְּרֵנִי רָנֵּי פַלֵּט תְּסוֹבְבֵנִי סֶלָה׃

⁸ אַשְׂכִּילְךָ וְאוֹרְךָ בְּדֶרֶךְ־זוּ תֵלֵךְ אִיעֲצָה עָלֶיךָ עֵינִי׃

⁹ אַל־תִּהְיוּ כְּסוּס כְּפֶרֶד אֵין הָבִין בְּמֶתֶג־וָרֶסֶן עֶדְיוֹ לִבְלוֹם בַּל קְרֹב אֵלֶיךָ׃

¹⁰ רַבִּים מַכְאוֹבִים לָרָשָׁע וְהַבּוֹטֵחַ בַּיהוָה חֶסֶד יְסוֹבְבֶנּוּ׃

¹¹ שִׂמְחוּ בַיהוָה וְגִילוּ צַדִּיקִים וְהַרְנִינוּ כָּל־יִשְׁרֵי־לֵב׃

<Salmo de David. Masquil >

¹ Bienaventurado aquel cuya transgresión ha sido perdonada y cubierto su pecado.
² Bienaventurado el hombre a quien Jehová no culpa de iniquidad
y en cuyo espíritu no hay engaño.

³ Mientras callé, se envejecieron mis huesos en mi gemir todo el día,
⁴ porque de día y de noche se agravó sobre mí tu mano;
se volvió mi verdor en sequedades de verano. Selah
⁵ Mi pecado te declaré y no encubrí mi iniquidad.
Dije, "Confesaré mis rebeliones a Jehová",
y tú perdonaste la maldad de mi pecado. Selah

⁶ Por esto orará a ti todo santo en el tiempo en que puedas ser hallado;
ciertamente en la inundación de muchas aguas no llegarán estas a él.
⁷ Tú eres mi refugio; me guardarás de la angustia;
con cánticos de liberación me rodearás. Selah

⁸ "Te haré entender y te enseñaré el camino en que debes andar; sobre ti fijaré mis ojos.

⁹ No seáis como los caballos, o una mula, sin entendimiento,
que han de ser sujetados con cabestro y con freno, porque si no, no se acercan a ti".
¹⁰ Muchos dolores habrá para el impío; pero al que espera en Jehová,
lo rodea la misericordia.

¹¹ Alegraos en Jehová y gozaos, justos;
¡cantad con júbilo todos vosotros los rectos de corazón!

Hay varios signos importantes que nos permiten afirmar que este salmo está vinculado con el anterior (véase *Symbola* 25). En ambos, utilizando la palabra אמרתי, el salmista mira a un hecho pasado de su vida espiritual; ambos terminan con una exhortación dirigida a los piadosos, que se relaciona con la visión general de todo el salmo.

Pero en otros aspectos los dos difieren mucho: (a) Sal 31 es una oración bajo circunstancias de tristeza externa; (b) Sal 32 es un canto didáctico, que describe el camino de la penitencia que conduce al perdón de los pecados, y en esa línea aparece como el segundo de los siete salmos penitenciales de la iglesia. Este ha sido el salmo favorito de San Agustín.

Podemos tomar las palabras de Agustín como punto de partida: el principio de la inteligencia es que te reconozcas (te aceptes como) pecador (*intelligentia prima est ut te noris peccatorem*). El poeta funda este principio en su propia experiencia personal y, después, la aplica como principio básico a cada individuo de la Iglesia de Dios.

Por todo un año, tras su adulterio, David fue como un sentenciado a la condena. En medio de esa terrible angustia del alma compuso el Sal 51, mientras que el 32 lo compuso después de haber sido liberado de ese estado de culpa. El primero fue escrito en medio de la lucha por la penitencia; el segundo después de haber recuperado su paz interna.

El tema de este salmo constituye el precioso tesoro que él pudo deducir y formular saliendo del abismo de su opresión espiritual, es decir, descubriendo y formulando la doctrina de la bienaventuranza del perdón, que se condensa en esto: la confesión sincera y total de los pecados constituye el camino para esa bienaventuranza; el fruto de esa confesión de los pecados es la protección de Dios en todos los peligros, teniendo como fruto el gozo del mismo Dios.

Este canto ha tomado el sentido de *psalmus didascalicus,* de enseñanza o información creyente. De manera consecuente, Reuchlin le llamaba salmo *intellectificum vel resipiscentificum,* salmo para crear inteligencia, salmo de reconsideración. En ese sentido podemos llamarle משכיל, una designación adecuada, pues nos enseña el camino de la salvación.

De todas formas, no se puede insistir en ese significado. Es improbable que, significando en la mayoría de los restantes casos *inteligente,* הַשְׂכִּיל pueda significar, en otros, *intelligentem faciens* (hacer inteligente), porque la palabra הַשְׂכִּיל, en el sentido causativo de "impartir inteligencia" aparece solo en algunos casos aislados (cf. Sal 32, 8; Prov 21, 11) en el hebreo anterior al tiempo del exilio, y solo empezó a utilizarse de forma general en el hebreo utilizado ya después del Antiguo Testamento, después de Daniel, Crónicas y Nehemías.

Pero aquello que resulta decisivo en contra del hecho de tomar este salmo como "poema didáctico" es el hecho de que, entre los trece salmos en cuyo encabezado aparece la palabra מַשְׂכִּיל, solo hay dos (Sal 32 y 78) que pueden tomarse como poemas didácticos. Por otra parte, el Sal 45 recibe el título de שִׁיר יְדִדֹת y el 142 el de תְּפִלָּה, dos nombres que concuerdan mal con la intención y plan didáctico que tendría este מַשְׂכִּיל. Incluso el Sal 48, 8, un pasaje que es importante para determinar la recta idea de la palabra מַשִׂיל que aparece aquí como acusativo de objeto, excluye el sentido de "poema didáctico".

Ewald, *Dichter des Alten Bundes*, I. 31, afirma que Sal 27, 8 ofrece la mejor guía para descubrir el significado correcto de esa palabra: en este pasaje מַשְׂכִּיל viene al lado de זְמֹר como definición más exacta de "canto" inteligente, bien estructurado; en esa línea, no hay duda de que es un canto melodioso, inteligente, un salmo bien escogido y delicado, compuesto de manera ingeniosa. Eso es lo que significa la palabra מַשְׂכִּיל en este caso. En otros lugares, esa palabra aparece solo como atributo de personas, que son inteligentes o prudentes. Aquí es el mismo salmo el que viene a presentarse como inteligente, bien organizado.

Incluso en 2 Cron 30, 22, donde se alude a los "salmos masquil", los que reciben ese nombre son los músicos levitas porque ellos nos הַמַּשְׂכִּילִי טוֹב, es decir, porque interpretan la música de un modo inteligente, con tacto delicado. En ese contexto, esta palabra se refiere a los intérpretes del salmo, más que a sus autores. Eso nos lleva a interpretar la palabra en *hifil* con el significado de "meditación pensativa" (como en Sal 106, 7; cf. Sal 41, 2; Prov 16, 20).

Lógicamente, en esa línea, מַשְׂכִּיל significa *lo que se medita,* es decir, meditación, lo mismo que la palabra מַכְבִּיר es aquello que multiplica, es decir, la plenitud de algo, mientras que la palabra מַשְׁחִית indica aquello que destruye, la destrucción. Partiendo de los "salmos masquîl", por ejemplo, del 54 y el 142, no podemos descubrir nada especial sobre el uso técnico de la palabra, sino, simplemente, que significa meditación piadosa o devota, bien interpretada, y nada más.

32, 1–2. El salmo comienza con la felicidad de aquel que experimenta la gracia justificante de Dios, cuando se pone sin reservas en sus manos. Al pecado se le llama de diversas formas, es פֶּשַׁע, como ruptura o separación de Dios; es חַטָּאה,

como desviación de aquello que es agradable a Dios; es עָוֹן, como perversión, distorsión, maldad.

Por el contrario, el perdón del pecado se llama נָשָׂא (Ex 34, 7), como levantar o quitar, en griego αἴρειν y ἀφαιρεῖν, algo, Ex 34, 7; también se le llama כָּסֹה como "cobertura", de manera que el pecado se vuelve así invisible para Dios, el Santo, pues está oculto o tapado, como si nunca hubiera sucedido (Sal 85, 3; Prov 10, 12; Neh 4, 5); también se dice חָשַׁב לֹא (2 Samuel 19, 20, cf. árabe *ḥsb*, no numerado, no reconocido, οὐ᾽λογίζεσθαι, Rom 4, 6-9), en el sentido de no imputado. De esa manera se expresa aquí de forma muy clara la δικαιοσύνη χωρὶς ἔργων, la justificación sin obras.

Al justificado se le llama נְשׂוּי־פֶּשַׁע, uno que *está* exento de trasgresión, *praevaricatione levatus*, liberado de la prevaricación (Gesenius 1, 135, con נְשׂוּי en vez de נָשָׂא, cf. Is 33, 24, coordinando con כְּסוּי, que es el participio de כָּסֹה, como בָּרוּךְ es el participio de כָּרַךְ); véase *Coment.* a Is 22, 13. En esa línea se evoca la existencia de alguien que está "cubierto del pecado" (*Bedeckter der Sünde*), esto es, de alguien sobre cuyo pecado se ha puesto la cobertura de la expiación (כִּפֵּר, raíz כַּף, cubrir, que corresponde al árabe *gfr, chfr, chmr, gmr*) ante los ojos santos de Dios.

En esa línea se puede hablar de una última designación del justificado como aquel a quien Yahvé no reconoce el pecado, sino que al contrario él mira su pecado como algo que ha sido ya "descargado", anulado, superado. Pues bien, aquel que está así justificado es el hombre en cuyo espíritu no hay רְמִיָּה, engaño; aquel que no niega ni se esconde, aquel que no excusa ni se pone a un lado, esto es, aquel que no favorece al pecado. En contra del justo (cuyo pecado ha sido expiado, descargado), el pecador es aquel que retiene el pecado en el fondo de sí, como algo que él guarda con plena voluntariedad, buscando su propia justificación, no la de Dios.

32, 3–5. Como su propia experiencia ha enseñado al poeta, aquel que no descarga todo su pecado confesándolo ante Dios, no hace más que torturarse a sí mismo, a no ser que se libere de su maldición secreta. Dado que el verso 32, 3 no puede tomarse por sí mismo como razón para la proposición que se acaba de exponer, el כִּי del principio de 32, 3 (כִּי־הֶחֱרַשְׁתִּי בָּלוּ עֲצָמָי) significa "porque, quod" (e. g., Prov 22, 22) o también "cuando, quum" (Jc 16, 16; Os 11, 1).

La palabra שְׁאָגָה (עֲצָמָי בְּשַׁאֲגָתִי כָּל־הַיּוֹם) evocaba el estallido de las torturas que su conciencia acusadora suscitaba en él. Cuanto más se esforzaba por no confesar su pecado, con más fuerza le acusaba su conciencia. Por eso, dado que no tenía capacidad para silenciar esta voz interior, por la que se expresaba la ira de Dios, él tenía que ir gritando cada vez con más fuerza su pecado, pidiendo ayuda. Pero mientras su corazón no se rompiera por dentro pidiendo ayuda a Dios él no podía recibir una respuesta.

Así gritaba David a lo largo de todo el día, porque la mano castigadora de Dios, su mano derecha (Sal 38, 3; 39, 11), pesaba duramente sobre él día y noche. El sentimiento de la ira de Dios no le dejaba descansar, cf. Job 33, 14. Ardía dentro de sí un fuego que amenazaba con devorarle totalmente. La expresión importante es בְּחָרְבֹנִי (como בְּעֶשֶׁן en Sal 37, 20; Sal 102, 4), sin כ, pues los temores que le quemaban fieramente por dentro, hasta el fondo de su corazón, hasta abrasarle, eran como un incendio en tiempo de gran calor.

La ב de בְּחָרְבֹנִי (cf. נֶהְפָּךְ לְשַׁדִּי בְּחַרְבֹנֵי קָיִץ) es una *beth* de estado o condición (no de mutación), pues *mutare in aliquid* (cambiar en algo) se expresa por הפך ל. Según eso (en contra de lo que han dicho Saadia y otros) la ל de לְשַׁדִּי no es una partícula o preposición, sino que forma parte de la raíz לשׁד (de לשׁד, árabe *lsd*, chupar), que se construye en analogía con גמל y otras palabras semejantes, y significa jugo. En la ansiedad del calor del verano el mismo jugo vital de la persona sufre un gran cambio, se quema y seca por dentro (como se seca el hombre bajo el pecado no confesado ante Dios).

En este momento la música del salmo se vuelve más fuerte (con סֶלָה) e influye en la expresión de los tormentos de la conciencia que despierta en conexión con un corazón que permanece todavía duro, sin romperse. A partir de este διάψαλμα, o cambio de tema en el salmo, la conexión histórica conserva todavía fuerza suficiente para dar todo su sentido a la אוֹדִיעֲךָ (cf. 32, 5, ... חַטָּאתִי אוֹדִיעֲךָ וַעֲוֹנִי), en forma de imperfecto (cf. Sal 30, 9), "Mi pecado te declaré y no encubrí mi iniquidad" (con כסה que se utiliza aquí como en Prov 27, 13; Job 31, 33): "Yo confesaré mis transgresiones" al Señor, con הודה en el sentido de התודה, Neh 1, 6; Neh 9, 2; construido siempre con acusativo, cf. Prov 28, 13), y tu perdonaste…

Hupfeld se inclina a colocar אמרתי antes de חטאתי אודיעך, por lo que אודיעך y אודה se convertirían en futuros. Pero וַעֲוֹנִי לֹא כִסִּיתִי suena como afirmación de un hecho, no como signo de una intención; por su parte, וְאַתָּה נָשָׂאתָ es la continuación natural de אמרתי que precede inmediatamente. La forma וְאַתָּה נָשָׂאתָ se utiliza deliberadamente en vez de וַתִּשָּׂא.

Pues bien, en esa línea, al mismo tiempo que la confesión del pecado viene la absolución: *y tú perdonaste la maldad de mi pecado* (עָוֹן, maldad, como un hecho, es decir, como algo ya sucedido, como suspensión de la pena del pecado; cf. Lam 4, 6; Zac 14, 19). Así dice Agustín, *vox nondum est in ore, et vulnus sanatur in corde* (no ha terminado de confesarse el pecado con la boca y la herida ha sido ya sanada en el corazón).

El סלה de la música que aquí se escucha (en Sal 32, 5) es la antítesis del סלה del verso anterior (32, 4), por el que escuchábamos el lamento chirriante sobre el pecador que se tortura a sí mismo. Aquí en cambio escuchamos los tonos claros de alegría y de experiencia bendita de aquel que derrama su alma ante Dios, respondiendo con un "sí" y un "amén" a la gran verdad de la gracia justificante.

32, 6–7. Por esta misericordia que se ofrece a cada pecador que se arrepiente y confiesa su pecado, todo hombre piadoso, חסיד, que busca y desea la misericordia (también חסד), dirige su oración a Yahvé, לעת מצא, en el tiempo oportuno (Sal 21, 10; 1 Cron 12, 22; cf. בעת, Is 49, 8) sabiendo que encontrará a Dios y que Dios le concederá su misericordia (cf. Dt 4, 29 con Jer 29, 13; Is 55, 6, בהמצאו). A este deseo exhortativo le sigue una promesa aseguradora.

El hecho de que לשטף מים רבים (*quam inundant aquae magnae*; al que inundan grandes aguas) sea virtualmente una prótasis (con ל de tiempo), que separa רק de אליו, impide que en este caso tomemos רק como perteneciente a אליו, aunque se coloque antes, a la cabeza de la frase, por hipálage, como suele suceder con גם, אך, אף, y con רק o פן (como en Prov 13, 10: ante el orgullo no hay más salida que la contención)[97].

En 32, 7, David confirma lo anterior desde su propia experiencia. Dado que צר, *angustum, estrecho*, tiene el sentido de "angustias" (cf. Sal 119, 143), la asonancia de מצֵּר תִּצְּרֵנִי (me guardarás en la angustia) está aquí buscada expresamente. Y después de תצרני viene, también con asonancia, רני, como כלו después de בהיכלו en Sal 29, 9. No hay razón suficiente para dejar a un lado רני, como hacen Houbigant y otros, como si esa palabra fuera la repetición condensada de תצרני.

El infinitivo רן (Job 38, 7), igual que רב, plur. de רבי, חק, plur. de חקי, puede ser conjugado o recibir inflexión, como si fuera un sustantivo. Por su parte פלט (como en Sal 56, 8), que aparece aquí como sustantivo (cf. נפץ, Dan 12, 7), tiene el sentido de genitivo, lo que puede entenderse bien, como en el caso de דעת en la expresión איש דעת, *hombre de conocimiento*.

Yahvé le llenará de cantos de liberación, rodeándole así por todas partes, y así, en el centro de esta exultación, podrá encontrarle en cualquier lugar al que vaya. Aquí vuelve por tercera vez la música (סֶלָה) con un "forte", para expresar de esa manera el sentimiento más intenso de alegría.

32, 8–10. En esta sección no es Yahvé el que habla, respondiendo a las palabras que antes le han dirigido, sino que es más bien el mismo poeta el que asume de un modo directo, el tono de predicador (cf. Sal 34, 12). Aquello que David prometerá hacer en Sal 51, 15, lo realiza él ya aquí, es decir, lo hace él mismo, instruyendo a los pecadores en el camino de la salvación.

---

97. En este caso, el sentido restrictivo de רק, como sucede con frecuencia (Dt 4, 6; Jc 14, 16; 1 Rey 21, 25, cf. Sal 91, 8), tiene más fuerza que el sentido afirmativo, *certo quum*, ciertamente, etc. La inundación o desbordamiento de aguas a la que alude el texto ofrece una descripción ejemplificativa del juicio divino (cf. Nahum 1, 8). En esa línea, 32, 8 expresará el sentido de la promesa que se expande de un modo ejemplar en el Sal 91.

No hace falta cambiar los sufijos de אִיעֲצָה como quiere Olshausen, pues los sufijos de אַשְׂכִּילְךָ y de וְאוֹרְךָ (te haré entender y te enseñaré, en lugar de אוֹרְךָ) se aplican también a este tercer verbo, con el que están en relación de subordinado de relativo las palabras עָלֶיךָ עֵינִי, equivalentes a שָׂם עָלֶיךָ עֵינִי (fijando mis ojos en ti, con amor de simpatía).

Los LXX traducen ἐπιστηριῶ ἐπὶ σὲ τοὺς ὀφθαλμούς μου (volveré hacia ti mis ojos), de forma que ellos (los LXX) toman יעץ con el sentido radical de *firmare, afirmar*, como verbo que rige a עֵינִי (yo fijaré de un modo intenso mis ojos en ti); pero el uso general del idioma hebreo no está a favor de esa interpretación.

Los acentos nos permiten postular una traducción distinta. Aparentemente, ellos toman עֵינִי como acusativo adverbial (dado que אעצה עליך עיני es una transformación de איעצה עליך עיני: *yo te aconsejaré con mis ojos*). Pero, en todos los restantes casos, esas palabras, יעץ על tienen el significado de una mirada acusadora, y en ese sentido han de tomarse también aquí, como en Is 7, 5.

Sin cambiar de objeto, la forma de dirigir la enseñanza, pasando del singular al plural, para poner de relieve y condenar el carácter cruel y malo de las personas a las que se dirige, la palabra del salmista se vuelve dura en 32, 9. El sentido de la advertencia es claro. Lo que se pide al hombre no es una obediencia obligada sino una respuesta libre, consentida, a diferencia de los animales a quienes se les debe obligar con bridas sujetadas a su boca. El asíndeton de la frase (como a los caballos, así a una mula) con פֶּרֶד, igual que en árabe *fard* (uno de su misma clase) se entiende bien en sí mismo (cf. Sal 35, 14; Is 38, 14).

De todas formas, no es claro el sentido de עדיו (cf. אֵין הָבִין בְּמֶתֶג־וָרֶסֶן עֶדְיוֹ). Podemos tomar esa palabra (עדיו) con el significado usual de "ornamento", y traducir (con cabestro y freno como ornamentos), poniendo así quizá de relieve el carácter servil del animal (cuyo ornamento es algo que le impide moverse en libertad), a no ser que tomemos עדי como sinónimo de arnés.

Sea como fuere, parece que debe ser respetada la traducción de los LXX, *in camo et fraeno*, como ha interpretado Jerónimo (con el fin de apretar sus maxilares, para que no se aproximen a ti). En ese caso, si עדי significa morro o boca, עדיו לבלום (עֶדְיוֹ לִבְלוֹם בַּל קְרֹב אֵלֶיךָ) equivale a *ora eorum obturanda sunt*, sus bocas han de ser cerradas (Gesenius 132, nota 1), como indican los LXX con ἄγξαι, *constringe* (apretar), o el Cod. Alejandrino con ἄγξις (ἄγξεις), *constringes*, aprietas.

Como hacen Ewald y Hitzig (*Coment.* a Ez 16, 7), podemos comparar עדיו con עדי, mejilla, en árabe *chadd*, en conexión con גדוד, surco, que significa concretamente el hoyo de la mejilla (de la cara), es decir, la parte posterior del maxilar, que carece de dientes, donde se sujetan la bridas o frenos de los animales.

Si la palabra se refiere al conjunto de la boca, con los maxilares, la frase בַּל קְרֹב אֵלֶיךָ podría ser traducida: *a fin de que no se te acerquen mucho*, es decir, para que no te ataquen o muerdan (Targum, Siríaco, Rashi, etc.); pero esta traducción resulta difícil de entender en el contexto de este salmo. Por eso, es mejor traducir: *pues, de otra manera (si no les pusieran un freno en la boca) no podrías acercarte a ellos (a esos animales)*. Esta interpretación tiene en cuenta el énfasis de בל, según el cual, conforme a un uso del lenguaje que no aparece en otros lugares, podríamos decir, por ejemplo, בל לכתי שמה, "nunca me alejaré de ti".

También en Prov 23, 17, בל incluye en su significado el verbo "ser". Ese es el sentido que tiene aquí la palabra, "de ningún modo hay (habría) una aproximación a ti", es decir, "no podrías dejar que (esos animales no domados) se aproximaran a ti, a no ser que les pongas una brida o freno". Estas palabras no están dirigidas a Dios, sino a un hombre, que debería utilizar un arnés u otro tipo de freno para domar y tener sometidos a los animales, de manera que solo así les puede utilizar, poniéndolos bajo su control, sobre todo cuando se encuentran cerca de él.

Entendido de esa forma, este salmo se refiere a los pecadores, que no quieren acercarse a Dios (pues tienen miedo), aunque Dios no les quiera poner bozal, sino ayudarles, como David ha descubierto por experiencia, teniendo que superar su tortura interior para llegar a este justo estado de mente, en libertad. Esta forma agónica de vida propias de alguien que tiene una conciencia culpable, viene a ser contrapuesta y superada en 32, 10 con la misericordia de Dios que dirige y rodea al hombre por todas partes.

En esa línea, la palabra רבים (רַבִּים מַכְאוֹבִים לָרָשָׁע), muchos dolores para el malo) puede ser un numeral (véase Sal 89, 51) pero aquí se utiliza más bien como atributivo o adjetivo, colocado delante del nombre. La frase final podría traducirse "la misericordia le acompaña" (cf. trad. Reina-Valera); pero la forma *poel* y el texto de 32, 7 nos inclinan a traducirla de otra forma: "Él, Dios, le acompaña con misericordia".

32, 11. Después que la doctrina del salmo ha sido desarrollada en tres grupos de versos desiguales, en correspondencia a la breve introducción, sigue esta cláusula breve, por la que el salmista llama a los que se encuentran en el feliz estado de paz, que han conseguido, invitándoles a juntarse con él en cantos de exultante alegría.

Salmo 33. Alabanza al Gobernante del mundo, defensor de su pueblo

רַנְּנוּ צַדִּיקִים בַּיהוָה לַיְשָׁרִים נָאוָה תְהִלָּה: ¹
הוֹדוּ לַיהוָה בְּכִנּוֹר בְּנֵבֶל עָשׂוֹר זַמְּרוּ־לוֹ: ²
שִׁירוּ־לוֹ שִׁיר חָדָשׁ הֵיטִיבוּ נַגֵּן בִּתְרוּעָה: ³
כִּי־יָשָׁר דְּבַר־יְהוָה וְכָל־מַעֲשֵׂהוּ בֶּאֱמוּנָה: ⁴
אֹהֵב צְדָקָה וּמִשְׁפָּט חֶסֶד יְהוָה מָלְאָה הָאָרֶץ: ⁵

⁶ בִּדְבַר יְהוָה שָׁמַיִם נַעֲשׂוּ וּבְרוּחַ פִּיו כָּל־צְבָאָם׃

⁷ כֹּנֵס כַּנֵּד מֵי הַיָּם נֹתֵן בְּאֹצָרוֹת תְּהוֹמוֹת׃

⁸ יִירְאוּ מֵיְהוָה כָּל־הָאָרֶץ מִמֶּנּוּ יָגוּרוּ כָּל־יֹשְׁבֵי תֵבֵל׃

⁹ כִּי הוּא אָמַר וַיֶּהִי הוּא־צִוָּה וַיַּעֲמֹד׃

¹⁰ יְהוָה הֵפִיר עֲצַת־גּוֹיִם הֵנִיא מַחְשְׁבוֹת עַמִּים׃

¹¹ עֲצַת יְהוָה לְעוֹלָם תַּעֲמֹד מַחְשְׁבוֹת לִבּוֹ לְדֹר וָדֹר׃

¹² אַשְׁרֵי הַגּוֹי אֲשֶׁר־יְהוָה אֱלֹהָיו הָעָם בָּחַר לְנַחֲלָה לוֹ׃

¹³ מִשָּׁמַיִם הִבִּיט יְהוָה רָאָה אֶת־כָּל־בְּנֵי הָאָדָם׃

¹⁴ מִמְּכוֹן־שִׁבְתּוֹ הִשְׁגִּיחַ אֶל כָּל־יֹשְׁבֵי הָאָרֶץ׃

¹⁵ הַיֹּצֵר יַחַד לִבָּם הַמֵּבִין אֶל־כָּל־מַעֲשֵׂיהֶם׃

¹⁶ אֵין־הַמֶּלֶךְ נוֹשָׁע בְּרָב־חָיִל גִּבּוֹר לֹא־יִנָּצֵל בְּרָב־כֹּחַ׃

¹⁷ שֶׁקֶר הַסּוּס לִתְשׁוּעָה וּבְרֹב חֵילוֹ לֹא יְמַלֵּט׃

¹⁸ הִנֵּה עֵין יְהוָה אֶל־יְרֵאָיו לַמְיַחֲלִים לְחַסְדּוֹ׃

¹⁹ לְהַצִּיל מִמָּוֶת נַפְשָׁם וּלְחַיּוֹתָם בָּרָעָב׃

²⁰ נַפְשֵׁנוּ חִכְּתָה לַיהוָה עֶזְרֵנוּ וּמָגִנֵּנוּ הוּא׃

²¹ כִּי־בוֹ יִשְׂמַח לִבֵּנוּ כִּי בְשֵׁם קָדְשׁוֹ בָטָחְנוּ׃

²² יְהִי־חַסְדְּךָ יְהוָה עָלֵינוּ כַּאֲשֶׁר יִחַלְנוּ לָךְ׃

¹ Alegraos, justos, en Jehová; en los íntegros es hermosa la alabanza.

² Aclamad a Jehová con arpa; cantadle con salterio y decacordio.

³ Cantadle un cántico nuevo; ¡hacedlo bien, tañendo con júbilo!

⁴ Porque recta es la palabra de Jehová y toda su obra es hecha con fidelidad.

⁵ Él ama la justicia y el derecho; de la misericordia de Jehová está llena la tierra.

⁶ Por la palabra de Jehová fueron hechos los cielos;
y todo el ejército de ellos, por el aliento de su boca.

⁷ Él junta como montón las aguas del mar; él pone en depósitos los abismos.

⁸ ¡Tema a Jehová toda la tierra!
¡Tiemblen delante de él todos los habitantes del mundo!

⁹ Porque él dijo, y fue hecho; él mandó, y existió.

¹⁰ Jehová hace nulo el plan de las naciones
y frustra las maquinaciones de los pueblos.

¹¹ El plan de Jehová permanecerá para siempre;
los pensamientos de su corazón, por todas las generaciones.

¹² Bienaventurada la nación cuyo Dios es Jehová,
el pueblo que él escogió como heredad para sí.

¹³ Desde los cielos miró Jehová; vio a todos los hijos de los hombres.

¹⁴ Desde el lugar de su morada miró sobre todos los habitantes de la tierra.

¹⁵ Él formó el corazón de todos ellos; atento está a todas sus obras.

¹⁶ El rey no se salva por la multitud del ejército ni escapa el valiente por la mucha fuerza.

¹⁷ Vano para salvarse es el caballo; la grandeza de su fuerza a nadie podrá librar.

¹⁸ El ojo de Jehová está sobre los que lo temen, sobre los que esperan en su misericordia,

¹⁹ para librar sus almas de la muerte y para darles vida en tiempo de hambre.

²⁰ Nuestra alma espera a Jehová; nuestra ayuda y nuestro escudo es él.

²¹ Por tanto, en él se alegrará nuestro corazón, porque en su santo nombre hemos confiado.

²² ¡Sea tu misericordia, Jehová, sobre nosotros, según esperamos en ti!

Al *masquil* davídico anterior (Sal 32) le sigue un canto anónimo de la congregación, con carácter hímnico que empieza precisamente como acaba el anterior. Quizá ha sido compuesto tras una deliberación del pueblo, que ha superado la opresión pagana por medio de la ayuda de Dios, sin necesidad de una guerra externa, de manera que ahora se dispone a cantar la grandeza del Dios que le ha liberado.

Este salmo no muestra ningún signo de dependencia externa respecto de modelos anteriores, de manera que no tenemos necesidad de situarlo en un tiempo tardío, como hace Hitzig, que lo ubica en la época de Jeremías. Su estructura es simétrica. Entre los dos hexásticos (33, 1 y 33, 20), la *materia laudis* o motivo de alabanza (33, 2-19) viene a desarrollarse en ocho tetrásticos.

33, 1–3. La llamada de este hexástico (alegraos, justos, en Jehová; en los íntegros es hermosa la alabanza) se dirige a los justos y honrados, a los que buscan a Dios de un modo sincero, para vivir de un modo recto, agradando a Dios, sin más deseo que cumplir su voluntad y sus mandatos. Solo aquellos que actúan así conocen a Dios, de forma que su vida es un claro espejo de la divinidad, y así, lógicamente, pueden confesar con gozo lo que en él poseen. La alabanza de Dios es su deber y, al mismo tiempo, su honor, de forma que pueden gloriarse en él.

La palabra נָאוָה en femenino (formada a partir de נָאוִי), como en Sal 147, 1, cf. Prov 19, 10. Sobre כִּנּוֹר (LXX, κιθάρα, κινύρα) y נבל (LXX, ψαλτήριον, νάβλα, ναῦλα, etc.) he tratado con cierta extensión en la introducción de este comentario. נבל es el nombre que se da al arpa o lira, a causa del parecido que tiene con una vasija o una pequeña cuba de cuero (de la raíz נב, hinchar, estar distendido). Por su parte, נבל עשׂור (nabla de diez) es un arpa, llamada también, sin más, "diez" (decacordio), עשׂור, distinguiéndose así del arpa ordinaria que es נבל, como en Sal 92, 4.

Comparando esta expresión con el asíndeton de Sal 35, 14 y Jer 11, 19, Aben-Ezra piensa que נבל עשׂור son dos instrumentos, en contra del tenor de las palabras. Por su parte, Gecatilia, con quien Aben Ezra discute, tiene razón en el fondo, aunque se equivoca en la forma al interpretar *los diez* como "agujeros" (נקבים) en vez de como cuerdas. La ב de בְּנֵבֶל בְּכִנּוֹר, etc., es una *beth instrumenti*, lo mismo que en la expresión κιθαρίζειν ἐν κιθάραις de Ap 14, 2.

Un "cántico nuevo" (שִׁיר חָדָשׁ) es uno que surge a consecuencia de nuevos actos poderosos de Dios, partiendo de un impulso más fuerte de gratitud del corazón (cf. Sal 40, 4, y otros muchos salmos, con Is 42, 10; Jud 6, 13; Ap 5, 9). היטיבו expresa las formas de tocar el instrumento, de modo suave o fuerte, rápido o lento, etc. Con la palabra 33, 3 (בתרועה) que retoma el motivo inicial de רננו 33, 1)) se cierra y culmina este primer canto de alabanza.

33, 4–11. Ahora comienza el cuerpo del canto. La invitación a alabar a Dios queda apoyada sobre una presentación de su dignidad, esto es, de su grandeza y excelencia, que se expresa en estos tres rasgos:

- *Yahvé es digno de ser alabado como Dios que se revela en el reino de la gracia (33, 4–5).* El término clave es יָשָׁר (כִּי־יָשָׁר דְּבַר־יְהוָה): Dios tiene una intención elevada, es fiel a sí mismo, es recto, cumple su palabra. Él actúa siempre como y con אמונה, esto es, con verdad, de forma que su palabra se cumple sin falta alguna. Sobre אהב, equivalente a אהב הוּא, véase Sal 7, 10; 22, 29.

  Por su parte, צדקה es la justicia en su conducta; משפט es el derecho de Dios, como norma de juicio y condición de vida; חסד es un acusativo, como en Sal 119, 64, *misericordia Domini plena est terra*, la tierra está llena de la misericordia de Dios (introito de la celebración del Domingo de la Misericordia, segundo domingo de Pascua).

- *Yahvé es digno de alabanza como creador del mundo, es decir, del reino de la naturaleza (33, 6–9).* La palabra de Yahvé es todopoderosa, cuando él dice "hágase" se hace. En esa línea, el espíritu de su boca (רוח פיו) viene a presentarse como "material" del que está formada su palabra (que es portadora de esa palabra).

  Ese espíritu se identifica con su mandato o, de un modo general, con la operación que se despliega y surge de su omnipotencia creadora (cf. Job 15, 30; Is 34, 16; Sal 11, 4). Según eso, los cielos superiores y las aguas inferiores aparecen como milagros de la creación. El despliegue del poder de Dios en las aguas del mar se expresa en el hecho de que él ha confinado esas aguas entre unas fronteras fijas, para contenerlas dentro de ellas.

  Dios junta las aguas del mar (כֹּנֵס כַּנֵּד מֵי הַיָּם, 33, 7) como "un montón". נד es una "pila", un montón o cúmulo de cosas (cf. árabe *nadd*), como los montones de frutos en una cosecha, de manera que las aguas del mar parecen elevarse por encima de los continentes, sin que salgan, sin embargo, de su lugar en los mares. Esta expresión se parece a la de textos como el de Jos 3, 13-15 y Ex 15, 8, pero en esos casos se trata de un milagro histórico de salvación, mientras que este salmo nos sitúa ante un milagro que se identifica con la misma creación.

La expresión כנס se refiere al mismo amontonamiento de las aguas, no a los "muros" que las contienen. Esa imagen de "muros" aparece solo en Sal 33, 7, donde se dice que los "lechos" del mar y de los ríos son como almacenes o casas de tesoros (אוצרות), con muros fuertes, de manera que en esos Dios ha depositado las olas espumantes de la masa de las aguas.

Los habitantes de la tierra (ישבי, no יושבי) tienen razón para temer a Dios que es de esa manera omnipotente (con מן, que significa no solo temer, sino estremecerse o quedar derribados), porque Dios solo necesita decirlo y lo que él dice se cumple, surgiendo de la nada, como vemos en el Hexamerón de Gen 1, es decir, en los seis días de la creación, tal como lo confirma también la historia humana (cf. Lam 3, 37). Dios solo necesita mandar, y todas las cosas surgen y se elevan, como hace un siervo obediente, que aparece de inmediato cuando lo manda el amo (cf. Sal 119, 91).

– *Yahvé es, finalmente, digno de alabanza porque es el gobernante irresistible de la historia de los hombres* (Sal 33, 10–11). Como muestra 2 Sam 15, 34 y 17, 14, la frase יהוָה הֵפִיר עֲצַת־גּוֹיִם tiene un sentido bien conocido, que aparece también en Sal 89, 34; Ez 17, 19. La palabra הֵפִיר (cf. *heepiyr*) significa "frustrar", impedir que se produzca y cumpla el deseo de destrucción de los pueblos (Gesenius 67, nota 9). Los verbos en perfecto no se utilizan en un sentido abstracto o genérico, sino que aluden a lo que el pueblo ha experimentado históricamente en tiempos recientes, dado que el "canto nuevo" presupone que hay hechos nuevos que deben cantarse.

En esa línea, Sal 33, 11 puede compararse con Prov 19, 21. El עצת de Dios es la unidad de los pensamientos de su corazón, es decir, la realidad más honda de sus ideas, la parte más íntima de su corazón, el motivo último de lo que acontece. Toda la historia del mundo viene a presentarse, así como el despliegue ininterrumpido del plan divino de auxilio a los hombres, cuyo objetivo primario es la salvación del pueblo de Israel, salvación en la que se incluye la humanidad en su conjunto.

33, 12–19. A partir de aquí, la llamada a la alabanza de Dios viene apoyada por la declaración de aquello que el pueblo de Israel posee en Dios. Esta porción del canto es como una paráfrasis de la אשרי o bienaventuranza de Dt 33, 29. El tema de 33, 12 queda así probado en 33, 13 por el hecho de que Yahvé es el gobernante omnisciente, creador de los hombres, de manera que sin su conocimiento (consentimiento) no acontece en el mundo nada, ni de un modo secreto ni abierto, y especialmente nada que vaya en contra de su pueblo.

Esa certeza queda apoyada en 33, 15–16 por el hecho de que el pueblo de Israel tiene en Yahvé una defensa que es mayor y más fuerte que todos los pueblos del mundo. Yahvé aparece aquí como el que ha formado los corazones de cada uno de los hombres (הַיֹּצֵר יַחַד לִבָּם), como en Zac 12, 1 y Prov 24, 12. Lógicamente, él observa las obras de todos, mirándolas en el laboratorio más íntimo de sus corazones, que él como creador ha formado[98].

Así pues, Dios es el Padre de los espíritus (Hebr 12, 8). Por eso todo lo que existe, incluso aquello que está más escondido, está regulado por su omnisciencia y su omnipotencia. Dios ejerce un control omnisciente sobre el conjunto de las cosas, haciendo que todas ellas estén al servicio de su designio, esto es, de su plan universal, que por lo que toca a su pueblo (Israel) es un plan de salvación.

Sin Dios nada acontece; por él se realiza todo. Por eso, la victoria del rey y la salvación del guerrero no dependen de sus propias obras, sino de la voluntad divina. Sus grandes poderes militares y su fuerza militar no logran nada sin Dios, que puede mostrarse poderoso también en los débiles. Incluso para el propósito de conseguir la victoria (33, 17: תְּשׁוּעָה, cf. יְשׁוּעָה, Sal 21, 2), el caballo de guerra es שֶׁקֶר, i. e., algo que parece prometer mucho, pero que en realidad no consigue nada. No es su gran fuerza la que hace que el ejército se salve (יְמַלֵּט), sino Dios.

Así dice Salomón en Prov 21, 31, "El caballo está equipado para el día de la batalla, pero la victoria es de Yahvé" (הַתְּשׁוּעָה לַה). Dios concede la victoria a quién él quiere. En sus manos está el fin último de todas las cosas que han de suceder, como dice Sal 33, 18, haciendo que centremos la atención en esta sentencia medular: הִנֵּה עֵין יְהוָה אֶל־יְרֵאָיו לַמְיַחֲלִים לְחַסְדּוֹ (el ojo de Jehová está sobre aquellos que lo temen…, 33, 18). El ojo de este Dios, es decir, el objetivo final de su gobierno del mundo está dirigido hacia aquellos que le temen, está centrado en aquellos que esperan en su misericordia (לַמְיַחֲלִים).

33, 19 concreta esa afirmación, insistiendo en la misericordia de Dios (לְחַסְדּוֹ). Por eso los fieles esperan y confían en la amorosa providencia de Dios, pues

---

98. Hupfeld piensa que la palabra יחד (de la frase ya citada: הַיֹּצֵר יַחַד לִבָּם הַמֵּבִין) ha de tomarse como un signo que "vincula en igualdad" (*pariter ac*) las dos aposiciones que siguen, pero en ese caso tendría que haberse puesto וּמֵבִין (cf. Sal 49, 3. 11), en vez de הַמֵּבִין. Los LXX han traducido correctamente καταμόνας, *singillatim* (es decir, a cada uno de un modo individual o distinto). Por eso, no es necesario traducir como hace Hupfeld (el que formó, qui *finxit*), porque los corazones de los hombres no fueron formados al mismo tiempo, desde el principio, sino que la infusión originaria del espíritu–vida se sigue realizando en cada nacimiento, de un modo misterioso.

son conscientes de su propia limitación, de su debilidad. Lógicamente, en medio de los mayores peligros, ellos buscan la protección de Dios, que es el único que puede liberarles de la opresión de otros hombres. Ese mismo es el argumento de Sal 20, 8, pero todo nos invita a pensar que los dos textos son independientes entre sí.

33, 20–22. Conforme a todo lo anterior, en este hexástico conclusivo, la Iglesia reconoce a Dios como su ayuda, su escudo, su fuente de alegría.

Sin contar este pasaje, la palabra חכה (cf. נַפְשֵׁנוּ חִכְּתָה לַיהוָה, nuestra alma espera en Yahvé) aparece solo en otro lugar en el salterio (cf. Sal 106, 13). Esa palabra, que pertenece al grupo de aquellas que tienen el sentido de esperar y aguardar, proviene quizá de la raíz חך (árabe *ḥk', ḥká, firmiter constringere sc. nodum*, atar y vincular firmemente, por ejemplo, con un nudo), ser firme, como la palabra alemana *harren* (estar seguro, esperar) y *hart* (estar firme, compacto).

En 33, 20 escuchamos todavía el eco del pasaje originario de Dt 33, 29 (cf. 33, 26). Lo mismo que en Sal 115, 9–11, el énfasis se pone aquí en el הוּא final de 33, 20, término sobre el que descansa y se funda lo que se aplica en 33, 21 a בּוֹ (כִּי־בוֹ יִשְׂמַח לִבֵּנוּ). Este es el pensamiento clave de 33, 21 y de todo el salmo, Dios es la esfera de vida ilimitada, la realidad inexhaustible, la fuente perenne de nuestra alegría.

La segunda partícula כ (כִּי בְשֵׁם קָדְשׁוֹ בָטָחְנוּ, porque en su santo nombre confiamos) confirma este argumento desde nuestra perspectiva. Su santo nombre es el fundamento de la fe, del amor y de la esperanza de la iglesia, pues de ese nombre viene su salvación. El orante puede pedir de un modo confiando, rogando a Dios que su misericordia le llene y salve, pues él espera en Dios, y la esperanza del hombre y la gracia de Dios se encentran mutuamente implicadas. Este es el sentido de la palabra כאשר (כַּאֲשֶׁר יִחַלְנוּ לָךְ, como esperamos en ti), pues Dios es fiel a su palabra. De esta misma manera concluye el *Te Deum laudamus* de Ambrosio.

Salmo 34. Acción de gracias y enseñanza de uno que ha sido liberado

לְדָוִד בְּשַׁנּוֹתוֹ אֶת־טַעְמוֹ לִפְנֵי אֲבִימֶלֶךְ וַיְגָרֲשֵׁהוּ וַיֵּלַךְ: ¹
אֲבָרֲכָה אֶת־יְהוָה בְּכָל־עֵת תָּמִיד תְּהִלָּתוֹ בְּפִי: בְּשַׁנּוֹתוֹ אֶת־טַעְמוֹ לִפְנֵי אֲבִימֶלֶךְ וַיְגָרֲשֵׁהוּ וַיֵּלַךְ:
² אֲבָרֲכָה
³ בַּיהוָה תִּתְהַלֵּל נַפְשִׁי יִשְׁמְעוּ עֲנָוִים וְיִשְׂמָחוּ:
⁴ גַּדְּלוּ לַיהוָה אִתִּי וּנְרוֹמְמָה שְׁמוֹ יַחְדָּו:
⁵ דָּרַשְׁתִּי אֶת־יְהוָה וְעָנָנִי וּמִכָּל־מְגוּרוֹתַי הִצִּילָנִי:
⁶ הִבִּיטוּ אֵלָיו וְנָהָרוּ וּפְנֵיהֶם אַל־יֶחְפָּרוּ:
⁷ זֶה עָנִי קָרָא וַיהוָה שָׁמֵעַ וּמִכָּל־צָרוֹתָיו הוֹשִׁיעוֹ:
⁸ חֹנֶה מַלְאַךְ־יְהוָה סָבִיב לִירֵאָיו וַיְחַלְּצֵם:

טַעֲמ֣וּ וּ֭רְאוּ כִּי־ט֣וֹב יְהוָ֑ה אַֽשְׁרֵ֥י הַ֝גֶּ֗בֶר יֶחֱסֶה־בּֽוֹ׃ ⁹

יְר֣אוּ אֶת־יְהוָ֣ה קְדֹשָׁ֑יו כִּי־אֵ֥ין מַ֝חְס֗וֹר לִירֵאָֽיו׃ ¹⁰

כְּ֭פִירִים רָשׁ֣וּ וְרָעֵ֑בוּ וְדֹרְשֵׁ֥י יְ֝הוָ֗ה לֹא־יַחְסְר֥וּ כָל־טֽוֹב׃ ¹¹

לְֽכוּ־בָ֭נִים שִׁמְעוּ־לִ֑י יִֽרְאַ֥ת יְ֝הוָ֗ה אֲלַמֶּדְכֶֽם׃ ¹²

מִֽי־הָ֭אִישׁ הֶחָפֵ֣ץ חַיִּ֑ים אֹהֵ֥ב יָ֝מִ֗ים לִרְא֥וֹת טֽוֹב׃ ¹³

נְצֹ֣ר לְשׁוֹנְךָ֣ מֵרָ֑ע וּ֝שְׂפָתֶ֗יךָ מִדַּבֵּ֥ר מִרְמָֽה׃ ¹⁴

ס֣וּר מֵ֭רָע וַעֲשֵׂה־ט֑וֹב בַּקֵּ֖שׁ שָׁל֣וֹם וְרָדְפֵֽהוּ׃ ¹⁵

עֵינֵ֣י יְ֭הוָה אֶל־צַדִּיקִ֑ים וְ֝אָזְנָ֗יו אֶל־שַׁוְעָתָֽם׃ ¹⁶

פְּנֵ֣י יְ֭הוָה בְּעֹ֣שֵׂי רָ֑ע לְהַכְרִ֖ית מֵאֶ֣רֶץ זִכְרָֽם׃ ¹⁷

צָעֲק֣וּ וַיהוָ֣ה שָׁמֵ֑עַ וּמִכָּל־צָ֝רוֹתָ֗ם הִצִּילָֽם׃ ¹⁸

קָר֣וֹב יְ֭הוָה לְנִשְׁבְּרֵי־לֵ֑ב וְֽאֶת־דַּכְּאֵי־ר֥וּחַ יוֹשִֽׁיעַ׃ ¹⁹

רַ֭בּוֹת רָע֣וֹת צַדִּ֑יק וּ֝מִכֻּלָּ֗ם יַצִּילֶ֥נּוּ יְהוָֽה׃ ²⁰

שֹׁמֵ֥ר כָּל־עַצְמוֹתָ֑יו אַחַ֥ת מֵ֝הֵ֗נָּה לֹ֣א נִשְׁבָּֽרָה׃ ²¹

תְּמוֹתֵ֣ת רָשָׁ֣ע רָעָ֑ה וְשֹׂנְאֵ֖י צַדִּ֣יק יֶאְשָֽׁמוּ׃ ²²

פּוֹדֶ֣ה יְ֭הוָה נֶ֣פֶשׁ עֲבָדָ֑יו וְלֹ֥א יֶ֝אְשְׁמ֗וּ כָּֽל־הַחֹסִ֥ים בּֽוֹ׃ ²³

<Salmo de David, cuando mudó su semblante ante el rey Abimelec, y él lo echó, y se fue>

¹ Bendeciré a Jehová en todo tiempo; su alabanza estará de continuo en mi boca.

² En Jehová se gloriará mi alma; lo oirán los mansos y se alegrarán.

³ Engrandeced a Jehová conmigo y exaltemos a una su nombre.

⁴ Busqué a Jehová, y él me oyó y me libró de todos mis temores.

⁵ Los que miraron a él fueron alumbrados y sus rostros no fueron avergonzados.

⁶ Este pobre clamó, y lo oyó Jehová y lo libró de todas sus angustias.

⁷ El ángel de Jehová acampa alrededor de los que lo temen y los defiende.

⁸ Gustad y ved qué bueno es Jehová. ¡Bienaventurado el hombre que confía en él!

⁹ Temed a Jehová vosotros sus santos, pues nada falta a los que lo temen.

¹⁰ Los leoncillos necesitan, y tienen hambre;
pero los que buscan a Jehová no tendrán falta de ningún bien.

¹¹ Venid, hijos, oídme; el temor de Jehová os enseñaré.

¹² ¿Quién es el hombre que desea vida, que desea muchos días para ver el bien?

¹³ Guarda tu lengua del mal y tus labios de hablar engaño.

¹⁴ Apártate del mal y haz el bien; busca la paz y síguela.

¹⁵ Los ojos de Jehová están sobre los justos y atentos sus oídos al clamor de ellos.

¹⁶ La ira de Jehová está contra los que hacen mal,
para eliminar de la tierra la memoria de ellos.

¹⁷ Claman los justos, y Jehová oye y los libra de todas sus angustias.

¹⁸ Cercano está Jehová a los quebrantados de corazón y salva a los contritos de espíritu.

¹⁹ Muchas son las aflicciones del justo, pero de todas ellas lo librará Jehová.
²⁰ Él guarda todos sus huesos; ni uno de ellos será quebrado.
²¹ Matará al malo la maldad y los que aborrecen al justo serán condenados.
²² Jehová redime el alma de sus siervos.
¡No serán condenados cuantos en él confían!

En Sal 33, 18 oíamos las palabras "mirad, los ojos de Yahvé están dirigidos hacia aquellos que le temen". Pues bien, en 34, 16 escuchamos el mismo gran pensamiento: "Los ojos de Yahvé están dirigidos sobre los justos".

Este salmo 34 es uno de los ocho al que los encabezados sitúan en el tiempo de la persecución de David por parte de Saúl, y fue compuesto en aquel duro camino que se extiende desde Gibea de Saúl hasta Ziklag, en el tiempo de su huida (aquí presento una aproximación cronológica sobre el tiempo de su composición, teniendo en cuenta los ocho salmos de persecución, Sal 7; 59; 56; 52; 57; 142; 54).

El encabezado reza así "De David, cuando mudó su pensamiento (su semblante, טעמו con *daggesh*, en vez de טַעֲמוֹ, que debería pronunciarse de un modo distinto) ante Abimélek, que le expulsó, de forma que tuvo que irse (con וַיְגָרְשֵׁהוּ, con *chateph pathach*, como sucede siempre en verbos cuya segunda radical es ר, y que llevan el acento en la tercera radical).

Presionado por Saúl, David huyó al territorio de los filisteos, donde le reconocieron como el hombre peligroso que había sido para ellos durante mucho tiempo, y así le llevaron delante de Aquish, el rey. El salmo 56 reproduce la oración por la que David implora ayuda en este período, en una línea semejante a la del Sal 24. En ese contexto se sitúan el salmo 51 y el 32. David hubiera perdido su vida, si su intento de salvarse fingiendo que estaba loco no hubiera tenido éxito. El rey le mandó que escapara, y David encontró un lugar para ocultarse en su país, en la cueva de Adullam en el desierto de Judá.

La corrección de este encabezado ha sido disputada. Hupfeld piensa que el redactor que lo ha escrito lo ha tomado de 1 Sam 21, 14, de una forma equivocada. Redslob, Hitzig, Olshausen y Stähelin añaden que las razones de Hupfeld eran acertadas, pero nosotros pensamos que son inválidas. Hupfeld piensa que el טעמו del salmo ha de entenderse en la misma línea que el טעמו de 1 Sam 21, 14; y por otra parte, combina la palabra תתהלל, *gloriaris* (תִּתְהַלֵּל, gloriarse) de Sal 34, 3 con ויתהלל, *insanivit* (enloqueció) de 1 Sam 21, 14.

Nosotros llegamos a una conclusión distinta: el autor del salmo no introduce ninguna referencia expresa a aquel incidente en Filistea, y solo lo conoce de forma indirecta por tradición. Su fuente de información no fue el libro de Samuel, porque allí el rey recibe el nombre de אכיש, mientras que el autor del encabezado le llama אבימלך y, como percibió ya san Basilio (véase Euthymius Zigadenus, *Introducción a los Salmos*), ese nombre, אבימלך, es el título general de los reyes de Palestina, lo mismo que Faraón es el título de los reyes de Egipto, Hagag el de los amalecitas y Lucumo el de los etruscos.

Como muestra una comparación de 2 Sam 22, 1 con Sal 18, 1, la fuente de información de este encabezado tiene que provenir de una obra diferente, que se identifica con los *Anales de David,* de donde el redactor ha sacado el trasfondo histórico de este salmo, lo mismo que el de otros salmos davídicos. El hecho de que el salmo sea alfabético no dice nada en contra de que David sea su autor (cf. *Coment.* a Sal 9–10).

No es un salmo que haya sido adaptado para la música, porque, a pesar de que comienza como canto de alabanza, toma pronto un tono didáctico. Consta de versos de dos líneas, que se siguen conforme al orden de las letras del alfabeto. Falta la letra ו lo mismo que falta la נ en Sal 145, y después de la ת (como en Sal 25, que está vinculado en esto con el Sal 34), viene una segunda פ (repetida).

34, 2–4. El poeta empieza alabando a Yahvé, y dice a todos los piadosos que se unan con él para proclamar la grandeza de Yahvé. En esa línea, el salmista quiere que la cláusula sustantiva de 34, 2 tenga la misma intensidad que la verbal cohortativa. La palabra אֲבָרְכָה, igual que וַיְגָרְשֵׁהוּ, ha de escribirse con *chateph-pathach* en la sílaba del centro. A diferencia de עֲנִיִּים, *afflicti*/afligidos, ענוים significa *submissi*/sometidos, aquellos que han aprendido paciencia y permanencia en la escuela de la aflicción.

La alabanza del salmista ayudará mucho a mantener e intensificar esa actitud de paciencia, pues ella responde a la obra del liberador de los oprimidos. Pero a fin de que esa alabanza pueda resonar con gran fuerza y con tono más decidido, el salmista insiste en su propia experiencia (cf. 34, 4).

Para vincular la grandeza divina con su propia alabanza, en Sal 69, 31, el salmista utiliza el verbo גדל con un acusativo. En nuestro caso, en cambio, él acude a la ל, נַדְּלוּ לַיהוָה אִתִּי (cf. también 29, 2). Incluso רומם tiene un sentido subjetivo, וּנְרוֹמְמָה שְׁמוֹ יַחְדָּו, con corazón, palabra y hechos, los piadosos tienen que exaltar el nombre de Yahvé, tal como él es exaltado en sí mismo[99].

34, 5–7. El poeta expresa ahora la razón para esta alabanza, poniendo de relieve la liberación que él ha experimentado. Él ha buscado ansiosamente a Dios y ha realizado un esfuerzo por encontrarle (este es el significado de דרשׁ, cf. אֶת־יְהוָה דְּרַשְׁתִּי, a diferencia de בקשׁ), y este esfuerzo, expresado en forma de oración, no ha permanecido sin respuesta (con ענה, cf. וְעָנָנִי, en el sentido de ser escuchado, como

---

99. Conforme a la ley gramatical, cuando en una palabra hay dos letras iguales que siguen una a la otra, y la primera tiene un *sheb* que debe ser audible, el *chateph pathach* ha de estar precedido por *gaja (etheg),* y por eso debe escribirse: וּנְרוֹמְמָה.

réplica a la petición del orante). Los perfectos de 34, 6-7, describen hechos, uno de los cuales no puede realizarse sin el otro, y por su parte la palabra וְעֹנֵ֫נִי los sitúa en relación de antecedente y consecuente.

En 34, 6, el salmista generaliza su experiencia personal, presentándola como una verdad de experiencia, expresada de forma histórica, "Los que le miran quedan radiantes", es decir, todos los que se fijan en él (con הביט אל, con ojos de intenso deseo, ansiosos de salvación, como en Num 21, 9; Zac 12, 10) terminan siendo iluminados. Los ענוים de 34, 3 no se pueden tomar como sujetos concretos; lo que aquí aparece como sujeto universal es al acto de experiencia que se muestra en esa mirada de Dios y que se realiza y expresa de un modo universal, utilizando unos verbos en perfecto gnómico. Todos los que miran al Dios del salmista quedan de esa forma iluminados.

El verbo נהר, aquí como en Is 60, 5, tiene el significado de alumbrar, iluminar, como נהרה, luz. Así se dice que הִבִּיטוּ אֵלָיו וְנָהָ֑רוּ, los que le miraron (a Dios) quedaron iluminados. Teodoreto traduce: Ὁ μετὰ πίστεως τῷ θεῷ προσιὼν φωτὸς ἀκτῖνας δέχεται νοεροῦ, es decir, la contemplación gratuita de Dios queda reflejada en los rostros iluminados de aquellos que le miran. Según eso, al acto directo de la fe suplicante (*actus directus* de una *fides supplex*) sucede el *actus reflexus* (acto reflejo) de una *fides triumphans* (fe triunfante).

Conforme a todo eso, nunca podrá suceder que el rostro del orante deba ser cubierto con vergüenza, a causa de que su esperanza no se cumpla de forma que quede frustrada. Algo así no sucederá, ni podrá suceder, por la fuerza de "simpatía" y de transformación que brota del rostro de Dios, pues creemos, que nunca abandona a sus creyentes. Tanto en árabe como en arameo y hebreo, la raíz חפר puede significar dos cosas contrapuestas y vinculadas: ser *avergonzado* y ser *elevado* (sacralizado).

Conforme a Gesenius y Fürst, esa raíz (חפר) tiene en principio el significado de enrojecimiento, de brillo y rubor. Sin embargo, una vez que esa raíz se combina con otras (como כפר, cf. árabe *kfr, gfr, gmr*), ella puede tomar el sentido de cubrir, ocultar, velar, etc. Y en esa línea se combinan el sentido de brillar/resplandecer y el de avergonzarse/cubrirse.

Este es un tema que está al fondo de 34, 7, en un contexto en el que David se está refiriendo a sí mismo: (a) por una parte alude al gran peligro de vergüenza, como aquel que había sufrido haciéndose pasar por loco en la corte de los filisteos; (b) por otra parte pone de relieve el brillo de su liberación, siendo rescatado por Dios y pudiendo así quedar iluminado, como lo indica el canto de gratitud de su liberación.

34, 8–11. Esta alabanza queda ratificada por la certeza de la protección que Dios ofrece continuamente a sus santos. El מלאך יהוה (ángel de Yahvé) del que aquí se trata no es otro que aquel que actuaba como mediador entre Yahvé y los patriarcas, aquel que iba acompañando a Israel en su camino hacia Canaán (לִירֵאָיו וַיְחַלְּצֵם חֹנֶה מַלְאַךְ־יְהוָה סָבִיב).

Este es el ángel que acampa en torno a Israel y le protege. Este מַלְאַךְ יהוה no es un nombre colectivo, como piensan Calvino, Hupfeld, Kamphausen y otros, sino que es un ángel bien preciso y único, pues actúa como capitán del ejército de Yahvé (Jos 5, 14), rodeado de un modo consecuente por una hueste de ángeles menores, que son servidores. Este ángel de Yahvé que no tiene límites de espacio ofrece protección total, por todas partes, a los israelitas.

La partícula חנה, (34, 8, cf. Zac 9, 8) es quizá una alusión al מחנים de Gen 32, 2, aquel "ejército angélico" que se unió al campamento de Jacob, y que le rodeó, como una barricada de lucha y salvación. Sobre el futuro consecutivo ויחלצם, et *expedit eos* (y les salvó), como expresión de una secuencia de acción divina, cf. Ewald, 343a.

A causa de la protección que ofrece el Ángel de Dios, el poeta invita después a sus oyentes para que descubran y gusten la bondad de Dios, עֲמוּ וּרְאוּ כִּי־טוֹב יְהוָה, gustad y ved qué bueno es Yahvé 34, 9. En griego γεύσασϑαι (Hebr 6, 4; 1 Ped 2, 31) es una experiencia interior, que precede a la visión exterior, porque la experiencia espiritual conduce a la percepción o conocimiento externo, y no al revés.

Nisi gustaveris, non videbis, si no gustareis no veréis, dice Bernardo. David está deseoso de que también otros experimenten lo que él ha experimentado, a fin de que ellos puedan conocer igualmente la bondad de Dios, como él la ha conocido[100]. De aquí deriva en 34, 10 la llamada siguiente a los santos, a fin de que ellos teman a Yahvé, con יְראוּ אֶת־יְהוָה קְדֹשָׁיו, "temerán", como en Jc 24, 14 y 1 Sam 12, 24, de forma que temiendo a Dios poseerán todo en él.

En este contexto, el salmista recuerda que los mismos leones jóvenes pueden perecer por falta de presa, mientras que los hombres que temen a Dios no carecerán de nada. El verbo רוּשׁ (carecer, ser pobres, que puede transformarse en ירשׁ, 1 Sam 2, 7, de la raíz רשׁ, estar desposeído, carente), se utiliza en otros casos solamente en relación con los hombres; aquí, en cambio, lo mismo que en Sal 104, 21 puede aplicarse también a los leones, de un modo concreto, sin referirse simbólicamente a los enemigos (cf. Sal 35, 17; 57, 5; 17, 12). En este caso no puede aplicarse a los enemigos de David, que están en la corte de Saúl o de Achish.

34, 12–15. Ha terminado ya la primera de las dos partes en que se divide el salmo. La segunda, en la línea de Sal 32, toma la forma de un poema didáctico, aunque Sal 34, 6 y 9 tenían ya elementos didácticos. El poeta empieza dando unas directrices

---

100. Por esa razón, Sal 34, 9, con Γεύσασθε καὶ Ἴδετε κ. τ. Λ., se utilizó en el momento de la comunión en la liturgia de la Iglesia antigua, cf. *Constit. Apost.* VIII 13; Cirilo, *Catech. Myst.* V 17.

sobre el tema de Dios, de forma que podemos comparar su argumento con el de Sal 32, 8 y 51, 15, en un sentido muy davídico. Los בנים de 34, 12 (שִׁמְעוּ־לִי בָּנִים לְכוּ) no son los pequeños en años o en entendimiento, sino todos aquellos oyentes o alumnos a quienes se dirige de un modo cordial el maestro experimentado en los caminos de Dios, como en Prov 1, 8 y *passim*.

En 34, 13 el maestro formula la pregunta a la que él mismo responde en 34, 14. Esta forma de insistir en una verdad, como respuesta a un problema previamente presentado por el mismo sabio o poeta, forma parte del estilo de David, como indican Sal 14, 1; 24, 8. 10; 25, 12. En la forma de utilización de este salmo en el N. T. (cf. 1 Ped 3, 10-12) se ha perdido este estilo davídico de respuesta a una pregunta.

La expresión מִי־הָאִישׁ הֶחָפֵץ חַיִּים (el hombre que desea vida) corresponde a la idea de fondo de אֹהֵב יָמִים, que significa el que ama la vida (es decir, los días), con לראות como definición de propósito. Así, ימים significa días como totalidad, lo mismo que חיים significa vida larga, en su conjunto. En el N. T., Sant 3, 2 muestra bien la forma en la que el salmista, al presentar el ideal de una vida larga y buena, empieza hablando de la necesidad de evitar o superar el pecado de la lengua.

En esa línea se entiende Sal 34, 15 donde se destaca el motivo de una buena paz, una paz que no consiste solo en evitar el enfrentamiento, sino en buscar y perseguir la más honda concordia, como un cazador persigue al más ligero de los venados. Desde ese fondo nos recomienda Pablo en Rom 14, 19 (cf. Hebr 12, 14): busquemos aquellas cosas que colaboran a la paz, entendida como שלום, esto es, como una relación armoniosa, libre de enfrentamientos, agradable al Dios del amor. Esta idea de un lazo o vínculo de convivencia viene expresada en el N. T., con la palabra *eirênê*, que está conectada con esta misma noción radical.

34, 16–22. El poeta recomienda ahora el temor de Dios, sobre el que antes se ha referido brevemente, presentando la recompensa que ese temor lleva en sí mismo, en contraste con el castigo de los impíos. Las preposiciones אל y ב en 34, 16-17 trazan un preciso intercambio de impresiones, la primera de inclinación gratuita (33, 18); la última de intención hostil, de enfrentamiento, como en Job 7, 8; Jer 21, 10; 44, 11, en la línea de Lev 17, 10.

Los malhechores están sobrecogidos por el poder de destrucción que procede del rostro de Yahvé, que les amenaza y destruye, hasta que no quede en ellos la más ligera traza de existencia terrena (opuesta a Dios). Conforme a Sal 107, 17–19, los sujetos de Sal 34, 18 no son ער ישע (los malhechores), pues no se les pide el más mínimo rastro de penitencia (que se les debería pedir a los malhechores), sino los מיקידצ (los justos, que no necesitan penitencia).

Probablemente, la estrofa פ (Sal 34, 23, פּוֹדֶה יְהוָה נֶפֶשׁ עֲבָדָיו) se hallaba originalmente antes de la estrofa צ (34, 18) o antes de la estrofa ע (34, 16), como en Lam 2, 4, donde la ע precede a la פ (Hitzig). En conexión con la secuencia actual de pensamientos, la estructura de 34, 18 es como la de 34, 6: claman, y el Señor los escucha, sea cual fuere la razón por la que clamen.

En este pasaje se está aludiendo al grito que surge de la profundidad del alma que desespera de sí misma. Ese grito se vincula con (suscita) una escucha de Dios; por su parte, la realización de lo que Dios dice lleva en sí sus propias credenciales, sus propias razones.

Los נִשְׁבְּרֵי־לֵב (quebrantados de corazón) son aquellos en quienes su vida egoísta, de amor cerrado en sí mismo, que rodea y angosta su propia personalidad, ha venido a quebrarse en su raíz. Esos quebrantados (דכאי, de דכא, con una ā cambiable, según la forma אילות de איל) y los contritos de espíritu (לֵב דִּכְּאֵי־רוּחַ, נִשְׁבְּרֵי) son aquellos que han domado o sometido y humillado totalmente su falsa superioridad, su conciencia orgullosa.

De todos ellos está cerca Yahvé, preservándoles de la desesperación, pronto a elevarles a una vida más alta, por encima de las ruinas de la vida vieja, cubriendo o cancelando su infinita deficiencia. Estos son los que, desde el fondo de su opresión, son capaces de recibir la gracia de Dios, estando así deseosos de salvación, de tal forma que Dios les hace participantes de ella (de la salvación).

Ciertamente, las aflicciones vienen sobre el justo, pero Yahvé le rescata de todas, con מכלם que tiene el sentido de מכלן (aquí aparece la misma enálage de género que en Rut 1, 19; 4, 11). Así se dice que Dios guarda todos sus huesos, y ni uno (*ne unum quidem*) se rompe; esta es una imagen pictórica que pone de relieve el hecho de que Dios no permite que los justos lleguen al extremo en el padecimiento, no permite que sean separados de su amor divino, como poder protector todopoderoso, ni que caigan como presa de opresores.

En esa línea podemos recordar el cumplimiento literal que estas palabras del salmista han recibido en Jesús Crucificado, pues la profecía del A. T., citada por Jn 19, 33–37 puede referirse a este salmo lo mismo que a Ex 12, 46. No solamente el cordero pascual, sino también, en un sentido comparativo, toda aflicción de los justos es un tipo (anuncio y señal) del sufrimiento de Cristo.

En esa línea, en Cristo no solo se cumple y realiza la esencia del simbolismo de la oración del santuario, no solo se repite en él la esencia de la historia de Israel y de David, no solo alcanza en él su culminación el sufrimiento humano, sino que todas las promesas referidas a los justos encuentran en él su cumplimiento de un modo total, κατ' ἐξοχήν, porque él es el Justo en el sentido más absoluto de la palabra, el Santo de Dios, en un sentido totalmente único (cf. Is 53, 11; Jer 23, 5; 9, 9; Hch 3, 14; 22, 14).

El justo es siempre liberado del peligro extremo, mientras que el mal (רעה) destruye (con מותת que es más fuerte que המית) a los impíos. El mismo mal que el injusto ha amado y acariciado viene a convertirse en su verdugo, poder de muerte bajo el que cae destruido. En esa línea, aquellos que odian a los justos deben pagar su pena.

La palabra אשם (véase *Coment.* a 1 Sam 14, 13) tiene varios sentidos, incurrir en culpa, sentirse uno en sí mismo culpable, y padecer el castigo por ser culpable. En este caso tiene el tercer sentido, ser castigado por ser culpable.

34, 23. Habiendo acabado ya el orden alfabético, sigue ahora, al fin, un segundo פ lo mismo que en Sal 25, 22. El primer פ de 25, 16 era פנה; el primero de 34, 17 era פני, de manera que ambos tienen sentidos relacionados. Por su parte, los dos últimos פ, que están al fin como "excedentes" tienen una correspondencia entre sí, El primero forma parte de un salmo elohista, el segundo de un salmo yahvista.

Salmo 35. Guerra de Dios contra los perseguidores ingratos

1 לְדָוִד ׀ רִיבָה יְהוָה אֶת־יְרִיבַי לְחַם אֶת־לֹחֲמָי׃

2 הַחֲזֵק מָגֵן וְצִנָּה וְקוּמָה בְּעֶזְרָתִי׃

3 וְהָרֵק חֲנִית וּסְגֹר לִקְרַאת רֹדְפָי אֱמֹר לְנַפְשִׁי יְשֻׁעָתֵךְ אָנִי׃

4 יֵבֹשׁוּ וְיִכָּלְמוּ מְבַקְשֵׁי נַפְשִׁי יִסֹּגוּ אָחוֹר וְיַחְפְּרוּ חֹשְׁבֵי רָעָתִי׃

5 יִהְיוּ כְּמֹץ לִפְנֵי־רוּחַ וּמַלְאַךְ יְהוָה דּוֹחֶה׃

6 יְהִי־דַרְכָּם חֹשֶׁךְ וַחֲלַקְלַקּוֹת וּמַלְאַךְ יְהוָה רֹדְפָם׃

7 כִּי־חִנָּם טָמְנוּ־לִי שַׁחַת רִשְׁתָּם חִנָּם חָפְרוּ לְנַפְשִׁי׃

8 תְּבוֹאֵהוּ שׁוֹאָה לֹא־יֵדָע וְרִשְׁתּוֹ אֲשֶׁר־טָמַן תִּלְכְּדוֹ בְּשׁוֹאָה יִפָּל־בָּהּ׃

9 וְנַפְשִׁי תָּגִיל בַּיהוָה תָּשִׂישׂ בִּישׁוּעָתוֹ׃

10 כָּל עַצְמוֹתַי ׀ תֹּאמַרְנָה יְהוָה מִי כָמוֹךָ מַצִּיל עָנִי מֵחָזָק מִמֶּנּוּ וְעָנִי וְאֶבְיוֹן מִגֹּזְלוֹ׃

11 יְקוּמוּן עֵדֵי חָמָס אֲשֶׁר לֹא־יָדַעְתִּי יִשְׁאָלוּנִי׃

12 יְשַׁלְּמוּנִי רָעָה תַּחַת טוֹבָה שְׁכוֹל לְנַפְשִׁי׃

13 וַאֲנִי ׀ בַּחֲלוֹתָם לְבוּשִׁי שָׂק עִנֵּיתִי בַצּוֹם נַפְשִׁי וּתְפִלָּתִי עַל־חֵיקִי תָשׁוּב׃

14 כְּרֵעַ־כְּאָח לִי הִתְהַלָּכְתִּי כַּאֲבֶל־אֵם קֹדֵר שַׁחוֹתִי׃

15 וּבְצַלְעִי שָׂמְחוּ וְנֶאֱסָפוּ נֶאֶסְפוּ עָלַי נֵכִים וְלֹא יָדַעְתִּי קָרְעוּ וְלֹא־דָמּוּ׃

16 בְּחַנְפֵי לַעֲגֵי מָעוֹג חָרֹק עָלַי שִׁנֵּימוֹ׃

17 אֲדֹנָי כַּמָּה תִּרְאֶה הָשִׁיבָה נַפְשִׁי מִשֹּׁאֵיהֶם מִכְּפִירִים יְחִידָתִי׃

18 אוֹדְךָ בְּקָהָל רָב בְּעַם עָצוּם אֲהַלְלֶךָּ׃

19 אַל־יִשְׂמְחוּ־לִי אֹיְבַי שֶׁקֶר שֹׂנְאַי חִנָּם יִקְרְצוּ־עָיִן׃

20 כִּי לֹא שָׁלוֹם יְדַבֵּרוּ וְעַל רִגְעֵי־אֶרֶץ דִּבְרֵי מִרְמוֹת יַחֲשֹׁבוּן׃

21 וַיַּרְחִיבוּ עָלַי פִּיהֶם אָמְרוּ הֶאָח ׀ הֶאָח רָאֲתָה עֵינֵינוּ׃

22 רָאִיתָה יְהוָה אַל־תֶּחֱרַשׁ אֲדֹנָי אֲל־תִּרְחַק מִמֶּנִּי׃

23 הָעִירָה וְהָקִיצָה לְמִשְׁפָּטִי אֱלֹהַי וַאדֹנָי לְרִיבִי׃

24 שָׁפְטֵנִי כְצִדְקְךָ יְהוָה אֱלֹהָי וְאַל־יִשְׂמְחוּ־לִי׃

25 אַל־יֹאמְרוּ בְלִבָּם הֶאָח נַפְשֵׁנוּ אַל־יֹאמְרוּ בִּלַּעֲנוּהוּ׃

²⁶ יֵבֹ֤שׁוּ וְיַחְפְּר֨וּ ׀ יַחְדָּו֮ שְׂמֵחֵ֢י רָעָ֫תִ֥י יִֽלְבְּשׁוּ־בֹ֥שֶׁת וּכְלִמָּ֑ה הַֽמַּגְדִּילִ֥ים עָלָֽי׃

²⁷ יָרֹ֣נּוּ וְיִשְׂמְחוּ֮ חֲפֵצֵ֪י צִ֫דְקִ֥י וְיֹאמְר֣וּ תָ֭מִיד יִגְדַּ֣ל יְהוָ֑ה הֶ֝חָפֵ֗ץ שְׁל֣וֹם עַבְדּֽוֹ׃

²⁸ וּ֭לְשׁוֹנִי תֶּהְגֶּ֣ה צִדְקֶ֑ךָ כָּל־הַ֝יּ֗וֹם תְּהִלָּתֶֽךָ׃

<Salmo de David>

¹ Disputa, Jehová, con los que contra mí contienden;
pelea contra los que me combaten.

² Echa mano al escudo y al pavés, y levántate en mi ayuda.

³ Saca la lanza, cierra contra mis perseguidores; di a mi alma, "¡Yo soy tu salvación!".

⁴ Sean avergonzados y confundidos los que buscan mi vida;
sean vueltos atrás y avergonzados los que mi mal intentan.

⁵ Sean como el tamo delante del viento, y el ángel de Jehová los acose.

⁶ Sea su camino tenebroso y resbaladizo, y el ángel de Jehová los persiga,

⁷ porque sin causa escondieron para mí su red en un hoyo;
sin causa cavaron hoyo para mi alma.

⁸ ¡Véngale el quebrantamiento inesperado, y la red que él escondió lo atrape!
¡Caiga en ella con quebranto!

⁹ Entonces mi alma se alegrará en Jehová; se regocijará en su salvación.

¹⁰ Todos mis huesos dirán, "Jehová, ¿quién como tú, que libras
al afligido del más fuerte que él, y al pobre y menesteroso del que lo despoja?".

¹¹ Se levantan testigos malvados; de lo que no sé me preguntan.

¹² Me devuelven mal por bien, para afligir a mi alma.

¹³ Pero yo, cuando ellos enfermaron, me vestí con ropas ásperas;
afligí con ayuno mi alma y mi oración se volvía a mi seno.

¹⁴ Como por mi compañero, como por mi hermano andaba;
como el que trae luto por madre, enlutado me humillaba.

¹⁵ Pero ellos se alegraron en mi adversidad, y se juntaron;
se juntaron contra mí gentes despreciables y yo no lo entendía;
me despedazaban sin descanso;

¹⁶ como aduladores, escarnecedores y truhanes, crujieron contra mí sus dientes.

¹⁷ Señor, ¿hasta cuándo verás esto?
Rescata mi alma de sus destrucciones, mi vida de los leones.

¹⁸ Te confesaré en la gran congregación; ¡te alabaré en medio de numeroso pueblo!

¹⁹ No se alegren de mí los que sin causa son mis enemigos,
ni los que me odian sin causa guiñen el ojo,

²⁰ porque no hablan paz y contra los mansos de la tierra piensan palabras engañosas.

²¹ Ensancharon contra mí su boca; dijeron,
"¡Con nuestros ojos lo hemos visto!".

²² ¡Tú lo has visto, Jehová! ¡No calles! ¡Señor, no te alejes de mí!

²³ ¡Muévete y despierta para hacerme justicia, Dios mío y Señor mío,
para defender mi causa!

²⁴ Júzgame conforme a tu justicia, Jehová, Dios mío, ¡que no se alegren de mí!

²⁵ No digan en su corazón, "¡Ya es nuestro!". No digan, "¡Lo hemos devorado!".

²⁶ Sean avergonzados y confundidos a una los que de mi mal se alegran;
vístanse de vergüenza y de confusión los que se engrandecen contra mí.

²⁷ Canten y alégrense los que están a favor de mi justa causa y digan siempre,
"Sea exaltado Jehová, que ama la paz de su siervo".

²⁸ ¡Mi lengua hablará de tu justicia y de tu alabanza todo el día!

Este salmo 35 y el anterior (Sal 34) forman pareja. Son los únicos en los que se menciona el ángel de Yahvé, מלאך יהוה. Ambos pertenecen al tiempo en que David estaba perseguido por Saúl y están especialmente permeados por una referencia retrospectiva a la Torá. Por otra parte, todo este salmo es un tipo de expansión lírica de aquello que David expresó ante Saúl en 1 Sal 24, 15.

La opinión crítica sobre el autor de este salmo está íntimamente vinculada a la del autor de Sal 40 y 69, con los que el 35 está muy relacionado. Cf. relación de 35, 21. 27 con Sal 40, 16; y también la del Sal 35, 13 con Sal 59, 11. Por el contrario, la relación de Sal 35 con Sal 71 es decididamente secundaria. Hitzig piensa que este salmo es de Jeremías, pero su contenido se entiende mejor en los labios de un rey perseguido que en los de un profeta perseguido.

Los puntos de contacto de los escritos de Jeremías con nuestro salmo (cf. Jer 18, 9; 23, 12; Lam 2, 16) pueden entenderse mejor como reminiscencias de un escritor antiguo que conoce el Sal 69, sin necesidad de postular un influjo directo de Sal 69. A lo largo de todo el salmo prevalece una profunda vejación de espíritu, que se expresa por el sufijo מוֹ- (como en Sal 59; 55; 11; 17; 64…), y una fuerte emoción. Solo en la segunda parte del salmo, donde el autor describe la indigna ingratitud de sus enemigos, el lenguaje se vuelve más claro y transparente, y una especie de tristeza quieta y tranquila cede el paso a la indignación y la ira.

El salmo tiene tres partes, que empiezan con 35, 1; 35, 11 y 35, 19. Cada una de ellas se abre con un grito de liberación y se cierra con cierta seguridad de que esa liberación se cumplirá, y con un voto de acción de gracias, de manera que la división resulta clara. El número relativo de esticos en los grupos separados es como sigue: 6. 6. 5. 5. 7. 7. 5. 6. 6. 6. 5.

Solo unos pocos salmos de David, pertenecientes el tiempo de la persecución de Saúl (como Sal 22) se mantienen dentro de los límites de una pena interior profunda. Y no hallamos casi ningún caso en el que David se refiera con certeza profética al destino de sus enemigos, como algo que él espera que se realice con certeza (como, por ejemplo, en Sal 7, 13-17). Pero en la mayor parte de los casos los anuncios objetivos de castigo quedan integrados y desbordados por sus sentimientos más profundos, que se traducen al fin en forma de oraciones, como en Sal 7, 7; 17, 13 y passim. Por otra parte, en la mayor parte de los casos el chorro de los sentimientos del salmista se vuelve dominante al expresarse en forma de deseo de algo que debe suceder.

Así, los salmos 7; 35; 69 y 109 forman una gradación llena de fuerza, cada vez más temible. Los antiguos expositores encuentran en Sal 109 no menos que treinta anatemas. ¿Qué explicación puede tener el hecho de que este lenguaje de anatematismo venga de los labios y del corazón de un profeta? ¿Son quizá expresión de un deseo o paroxismo de venganza? Su forma de responder a Nabal (1 Sam 25) muestra que incluso David era susceptible de tales sentimientos. Pero 1 Sam 25, 32 muestra que solo un toque suave de humanidad era suficiente para hacer que David abandonara el deseo y ejercicio de la venganza a favor de la humanidad.

En ese sentido, resulta mucho más natural concordar con la opinión de Kutz, según la cual, David tenía un espíritu fuerte de magnanimidad, que se mostró activo en sus momentos de máxima consagración religiosa, en los que compuso sus salmos. Resulta inconcebible que el fuego impío de su pasión personal pudiera mezclarse en los salmos con el fuego santo de su amor a Dios.

Los Salmos son precisamente el espejo en el que se refleja el aspecto más puro y creyentes de la piedad del A. T. Por otra parte, el amor a los enemigos resulta tan central en el A. T. (cf. Ex 23, 4; Lev 19, 18; Prov 20, 22; 24, 17; 25, 21; Job 31, 29…) que las mismas palabras del A. T., se emplean en el Nuevo para inculcar el amor al enemigo.

Por el Sal 7, donde se refleja la historia de la conducta de David con respecto a Saúl, podemos ver que David era consciente de haber cumplido en este campo su deber de justicia y fraternidad. Por eso, todas las palabras imprecatorias de estos salmos provienen de la fuente pura del celo desinteresado (no egoísta) por el honor de Dios. El dato de que ese celo se encuentre vinculado a veces con su propia persona proviene del hecho de que David, ungido por Dios como heredero del reino, aparece como antagonista de Saúl, el rey que se ha alejado (alienado) de Dios, de manera que en la mente de David la causa de Dios, la continuación de la comunidad de Dios (iglesia) y el futuro de Israel se encuentran vinculadas con su propio destino personal.

Por eso, el fuego de su ira se viene a encender por así decirlo en ese foco, es decir, en la visión que él tiene de su propio lugar en el curso de la historia de la redención. Este es, por tanto, un fuego sagrado. Pues bien, a pesar de eso, el espíritu del Nuevo Testamento, tal como Jesús lo ha declarado en Lc 9, 55 es en este campo un espíritu básicamente diferente, superando así el espíritu del mismo David.

El acto y profundidad de amor divino que se ha revelado en Jesús no se había manifestado todavía en el tiempo de David como fuente universal de amor, que abraza y conquista todo el mundo. En ese sentido había entonces, en tiempos de David, un tipo de cortina que separaba a los hombres de la eternidad, impidiendo descubrir el destino final del cielo y del infierno; por eso, las imprecaciones que aparecen, por ejemplo, en Sal 69, 20 no se entendían ni interpretaban todavía con toda su carga infinita de amor y justicia.

Solo más tarde, cuando esa cortina ha sido rasgada por Jesús, la fe del N. T., no puede ya invocar sobre nadie un tipo de destrucción y venganza לעולם. Por eso, en este tiempo del N. T., siempre que exista una mera sombra de posibilidad de respuesta de perdón, el amor intenta liberar a los hombres (a todo lo que sea humano) de la perdición y pena eterna de la condena, una perdición cuyo pleno sentido no puede ser explorado y conocido por el entendimiento humano.

En relación con todo esto, queda todavía una importante consideración. Según el N. T., las maldiciones que están contenidas en los salmos davídicos del tiempo de la persecución de Saúl han sido cumplidas en los enemigos de Jesús (cf. Hch 1, 20; Rom 11, 7-10). Una expresión que hallamos en los salmos (ἐμίσησάν με δωρεάν, me odiaron sin causa, Sal 69, 5) ha sido utilizada por el mismo Jesús, cuando afirma que esa palabra se ha cumplido en él (Jn 15, 25).

En esa línea podría afirmarse que todo este salmo, o al menos una parte de él, puede tomarse típicamente como palabra de Cristo. Pero en todo el N. T., no encontramos ninguna imprecación utilizada por Jesús en contra de sus enemigos o de los enemigos del Reino de Dios. Las imprecaciones de David no resultan aceptables en los labios del Salvador, ni aparecen en el conjunto del N. T., como palabras directas de Jesús. Esas imprecaciones no son palabras de Jesús, sino que pertenecen al lenguaje de los profetas, pronunciadas por el Espíritu, cuyo instrumento era David y cuyas obras se expresaban en la Escritura. Y solo en ese sentido las adopta la Iglesia en su plegaria.

Conforme al modelo de su oración, por la que pidió a Dios en la cruz que les perdonara, Jesús no pudo desear que ninguno de sus más amargos enemigos se perdiera eternamente, sino que, al contrario, aunque solo fuera *in artículo mortis* (en la misma muerte), él pidió a Dios con el fin de que esos enemigos pudieran convertirse y salvarse.

Por su parte, los anatematismos de Pablo en contra de los falsos maestros judaizantes, y en contra de Alejandro el herrero (Gal 1, 9; 5, 12; 2 Tim 4, 14), se refieren solo a una conversión o castigo temporal, nunca a la perdición eterna. Estas imprecaciones nos sitúan en la extrema frontera donde, en casos extraordinarios, el celo santo del Nuevo Testamento vino a ponerse en contacto con el fervor santo del Antiguo Testamento.

35, 1–3. *El Dios de la guerra.* El salmista comienza con un estilo marcial y antropomórfico, que hasta ahora no hemos encontrado en los salmos. Sobre la acentuación final de רִיבָה, cf. *Coment.* a Sal 3, 8. Los dos אֵת (אֶת־יְרִיבַי אֶת־לֹחֲמָי) son signos de acusativo. Esta es la traducción más natural, pues el salmista pide a Dios que someta a sus enemigos, en contra de aquellos que toman את como equivalente de עם (cf. Is 49, 25; Sal 27, 8; Job 10, 2); además, por la misma razón, aquí encontramos la expresión לְחַם (en *kal.*, forma que por otra parte solo suele aparecer en participio, cf. Sal 56, 2, con el *nifal* נלחם) en vez de la forma recíproca הלחם.

Suele suponerse normalmente que לחם significa propiamente *vorare*, de manera que, en consecuencia, la guerra se concibe como una forma de devorar a los hombres. Pero en árabe esta palabra tiene otro sentido primario, el de presionar de manera intensa y compacta (en *nifal,* apretarse unos a otros), de manera que מלחמה (que suele traducirse como guerra) significa una densa muchedumbre, un intenso bullicio y tumulto (cf. en Homero, κλόνος).

El poeta pide a Yahvé que se arme, y se lo pide de dos formas, con el מגן o escudo normal de mano para defenderse de las armas enemigas y con צנה (véase Sal 5, 13) o *testudo* (como el caparazón de las tortugas) que cubre casi todo el cuerpo. Dado que es imposible tomar al mismo tiempo estas dos armas defensivas, la imagen que aquí propone el poeta es de tipo genérico; el poeta quiere decirle a Dios que se haga presente de un modo totalmente eficaz, como aquel que no puede ser vencido, como aquel que es imbatible, que no puede ser atacado ni derrotado.

La *beth* de בעזרתי (en mi defensa) puede entenderse como *beth essentiae,* *beth* que indica la esencia de una cosa[101], y en este caso la de Dios que consiste en ayudar en la batalla (en la vida) a los amigos. Así se manifiesta para el salmista la esencia de Dios que, por una parte, combate en contra de los enemigos (portando para ello las armas apropiadas) y que, por otra parte, salva a sus devotos.

Este es un Dios que empuña un arma (cf. Ex 18, 4; Prov 3, 26; Is 48, 10), que puede y debe entenderse en un plano general como espada, en el sentido de סגר, como σάγαρις, en Heródoto, Jenofonte y Estrabón, aunque a veces se toma como un hacha. Pero el hacha de guerra no parece haber sido un arma conocida entre los israelitas. Sea como fuere, aquí estamos ante un Dios al que se le dice que se levante para la guerra, conforme a un modelo que aparece en el mismo Pentateuco, donde Dios viene a presentarse como "hombre de guerra" (מלחמה איש Ex 15, 3; Dt 32, 41).

---

101. En hebreo, la *beth essentiae* se utiliza con mucha más frecuencia y amplitud que en árabe y su predicado puede entenderse de forma indeterminada o determinada. Sea como fuere, esta *beth* de בְּעֶזְרָתִי sirve para presentar a Dios como aquel guerrero que combate contra los enemigos y que ayuda/salva a los amigos.

Esa imagen del Dios guerrero aparece desarrollada aquí con brillantes colores, bajo un fuerte impulso marcial. De todas formas, como hemos visto en Sal 31, esta imagen combativa puede entenderse en sentido espiritual. Ciertamente, el salmo nos sitúa ante la visión de un Dios que es guerrero, pero guerrero al servicio del consuelo y ayuda de su pueblo. La finalidad de este grito militar del creyente que pide al Dios de amor que embrace el escudo, que empuñe la lanza tiene la finalidad de hacernos descubrir la presencia de Dios a través de una apariencia externa de ira y de guerra.

35, 4-8. *Imprecaciones violentas.* Estos cuatro versos interpretan y aplican esa "guerra de Dios" a través de las más duras maldiciones contra los enemigos. Vemos así, en estas dos estrofas, unas terribles palabras de ira en contra de los adversarios.

Conforme a Fürst la relación entre בוש y חפר en 35, 4 (cf. יֵבֹשׁוּ וְיִכָּלְמוּ y וְיֵחָפְרוּ חֹשְׁבֵי רָעָתִי) es la que hay entre *avergonzarse,* empalidecer (*erblassen,* cf. Is 29, 22; Sal 34, 6), y *enrojecer,* arder. Sin embargo, ni בוש tiene el sentido de בוץ, quedar pálido, ni חפר (cf. árabe *chfr, chmr*), el de enrojecer. En contra de eso, בוש significa soltar, dejar suelto (cf. Sal 6, 11) y חפר, por su parte, destruir, inutilizar (cf. Sal 34, 5).

Estas imágenes nos sitúan en un contexto de guerra santa, de tipo destructor, una guerra como la de los egipcios y los israelitas en el paso por el Mar Rojo, donde el ángel de Yahvé, como fuerte viento, destruye a los enemigos de Israel y los arroja en el Mar Rojo. יסגו significa propiamente "haz que caigan de espaldas" (cf. e. g., Is 42, 17). Sobre la figura de Sal 35, 5, cf. Sal 83, 14.

Las frases sobre el *Ángel de Yahvé* (Sal 35, 5. 6) son circunstanciales, y definen su forma de actuar. La figura de 35, 5, con דחה (וּמַלְאַךְ יְהוָה דּוֹחֶה), empujándoles para que caigan, equivalente a דחם, Sal 68, 28) está muy relacionada con la de 35, 6, רדפם, y da la impresión de que el texto actual ha invertido o cambiado la acción originaria del Ángel de Yahvé.

Lo mismo que sucedía en Sal 34, la estrofa ע y la פ han cambiado sus lugares originales. El texto primigenio (tanto en Ex 14, 25 como aquí) está suponiendo que fue el *Ángel* el que apretó contra las ruedas de los carros del Faraón, de forma que se volvieron muy pesadas.

El hecho de que aparezca este Ángel es aquí fundamental, pues se trata de saber si el reino de la promesa puede ser o no destruido en sus comienzos. Este dato está en armonía con el hecho de que el מלאך ה aparece y actúa en todos los momentos críticos del curso de la historia de la redención. La palabra חלקלקות, *loca passim lubrica* (lugares tenebrosos y resbaladizos), es una forma intensiva de expresión para חלקות (cf. Sal 73, 18). Así como דחה remite a Ex 15, רדפם remite a Jc 5. En el último pasaje, el Ángel de Yahvé aparece también en medio de los conquistadores de la tierra de Israel, que están como encarnados en Débora, y que persiguen a los enemigos derrotados.

El verso 35, 7 tiene que ser también reorganizado, como 35, 5, pues los lugares originales de דחה y רדפם se han cambiado. שחת רשתם parece un pozo engañosamente cubierto, con una red debajo para inmovilizar a los enemigos. Pero, como han puesto de relieve algunos críticos antiguos, שחת ha de entenderse sin duda en 35, 7 en el sentido de "sin causa", es decir, sin provocación por mí (o nuestra) parte; ellos han actuado secretamente, tendiendo una red para mí (como en Sal 9, 16; 31, 5); ellos han cavado también un pozo sin causa alguna, para "cazar" mi alma.

En Sal 35, 8 los enemigos son tratados de un modo colectivo. לֹא ידע es una cláusula negativa circunstancial (Ewiger, 341b), *improviso* (de improviso), como en Prov 5, 6; cf. Is 47, 11, en vez de תלכדנו, como en Os 8, 3. La forma más dura está mejor adaptada para destacar el carácter repentino y cierto del acontecimiento.

Conforme a Hupfeld, el verbo significa un tipo de conmoción salvaje, seca, confusa, como una devastación y destrucción, una transición de significado que, como muestra שואה (que viene שוא, cf. תהו), está indicando una inmensa y vacía estepa. De esa manera, la frase nos hace pasar de un vacío y confusión de tonos del alma a un desorden desolado de cosas, sin una noción intermedia de derrumbamiento de ruinas.

Pero podríamos pensar si no es mejor ver la descripción desde la otra perspectiva. En esa línea, lo primero sería el inmenso desierto o vacío, en el sentido de vaciedad externa y rumor seco, como un ruido de algo que cae, un quebrantamiento inesperado. Ambos sentidos se encuentran vinculados en nuestro pasaje, pues שואה (cf. תְּבוֹאֵהוּ שׁוֹאָה לֹא־יֵדָע) significa dos cosas: (a) en primer lugar, devastación, desolación; (b) en segundo lugar, un fuerte, un tronco, un duro retemblar (δουπεῖν)[102].

35, 9–10. Esta estrofa con la que termina la primera parte del canto, contiene la apódosis de los yusivos imprecatorios anteriores. El derrumbamiento del poder opuesto a Dios vendrá seguido por el gozo del triunfo de los justos. Los huesos del cuerpo de los justos, que antes se mencionaban solo como portadores de la angustia de su alma (cf. Sal 6, 3; 31, 11; 32, 3; 51, 10), aparecen ahora (como en Sal 51, 10) como portadores de alegría, de una alegría por la que se ha cambiado la misma médula de los huesos. Esta alegría que ahora experimenta el alma se

---

102. La versión siríaca traduce, "que caiga en el pozo que ha excavado" como si el texto pusiera שחת en lugar de שואה. Y por eso, Hupfeld, con J. H. Michaelis, Stier y otros, piensa que se debe traducir: "Que caiga en la destrucción que él mismo ha preparado". Pero este *quam ipse paravit* no se encuentra en el pasaje, y transformar el texto de esa manera sería un procedimiento arbitrario.

expande y expresa en todos los miembros del cuerpo y se multiplica como si fuera un coro de voces paradisíacas[103].

La exclamación מִי כָמֹוךָ está tomada de Ex 15, 11, donde, según la masora oficial, se lee igual que en nuestro texto (יְהֹוָה מִי כָּמֹוךָ מַצִּיל), y así lo ve también la masora de Ben Naphtali. El *daggesh*, que aparece en el pasaje anterior, pero que falta aquí, precisa y condensa al mismo tiempo el sentido del texto, haciendo que el pasaje sea enfáticamente pronunciado (sin que haya ningún peligro de que el tema se deje al lado). Ese *daggesh* no sirve para vincular mejor el tema con lo anterior, sino para darle más prominencia.

חזק ממנו, más poderoso que él, en el sentido de "ser fuerte", mientras los demás son débiles, como en Jer 31, 11, cf. Hab 1, 13. La expresión צדיק ממנו significa ser justo, mientras los otros son impíos. La repetición de וְעֲנִי sirve para poner de relieve el hecho de que Dios rescata al עני, que es también אביון (pobre), liberándole de las manos de aquel que le habría quitado los pocos bienes que poseía.

35, 11–16. La segunda parte comienza con dos estrofas que ponen de relieve la triste descripción de la maldad del enemigo. Los futuros en 35, 11 y 12 insisten en aquello que sucede en el presente. Los עדי חמס son los μάρτυρες ἄδικοι (LXX). Ellos le piden una confesión de hechos y cosas que están enteramente fuera de su conciencia y de su forma de actuar (cf. Sal 69, 5); ellos le habrían destruido como a un perjuro, un usurpador y un saqueador.

Aquello de lo que David se queja en 35, 12, es aquello que Saúl confiesa en 1 Sam 24, 18. La acusación de ingratitud se encuentra, por tanto, bien fundada. Las palabras שְׁכֹול לְנַפְשִׁי, para afligir mi alma, no dependen de יְשַׁלְמוּנִי, pues en ese caso habríamos esperado כָּשׁוּל en vez de שְׁכֹול, con una cláusula de sustantivo, "mi alma está afligida": ella está abandonada por todos los que previamente le mostraban pruebas de afecto; todos ellos han desaparecido, por lo que se refiere a él.

David se vio obligado no solo a salvar a sus parientes, haciendo que huyeran, sino que la misma Mikal, su mujer, fue alejada de él, Jonatán separado, y todos los miembros de la corte de Saúl, que hasta ahora habían buscado el favor y la amistad del bien dotado y muy respetado nuero del rey, se alejaron de él. ¡Y qué generoso y sincero había sido David, agradeciendo los dones que había recibido de todos! Por medio de ואני en 35, 13 (וְאֲנִי בַּחֲלוֹתָם לְבוּשִׁי שָׂק), David muestra su buena conducta en contraste con la ingrata e insensible de aquellos que le atacaban.

---

103. La palabra כל (cf. כָּל עַצְמֹותַי תּאמַרְנָה) con un acento conjuntivo y sin *makkeph*, como también en Prov 19, 7 (no כָּל־, cf. Masora en Baer, *Psalterium* p. 133), ha de leerse *câl* (con קמץ רחב, opuesta a קמץ חטוף) según Kimchi. Sin embargo, conforme a Lonzano, ha de leerse *col*, pues sigue marcada con un acento conjuntivo, que tiene el mismo poder que un *makkeph*. Pero esta visión es falsa, pues nunca se puede poner un acento en contra de *kametz chatuph*.

En vez de לבשתי שק, la expresión es לִבוּשִׁי שָׂק; la tendencia profética de fondo, por la que el salmista prefiere las frases sustantivadas, se vincula aquí con el deseo de una brevedad bien precisa, buscando expresiones de tipo pictórico. David mostraba hacia ellos un amor que no conocía distinción entre el yo y el tú, de forma que miraba como propias las penas y tristezas de los demás, y se unía en expiación con y a favor de ellos; su cabeza se abajaba hasta el pecho, rogando por ellos, como hacía Elías (1 Rey 18, 24), o se inclinaba hasta el suelo, con el mentón hundido hasta las rodillas, de manera que sus peticiones, que brotaban de lo más hondo de su naturaleza, se expresaban en rotos acentos en su mismo pecho.

La traducción de Riehm, según la cual, "a pesar de su impiedad y de su hostilidad, mi oración por cosas que yo no había ejecutado volvía a mí" es contraria al sentido del texto, pues según ella el texto debería poner אלי en vez de אל־חיקי. Perret-Gentil traduce correctamente, *je priai la tête penche sur la poitrine* (yo rezaba con la cabeza inclinada sobre el pecho).

En 35, 14, el salmista viene a decir "como por mi compañero, como por mi hermano andaba", es decir, como si el que sufría fuera compañero o hermano mío. Con la palabra התהלך, que corresponde a la lentitud solemne del paso, alterna la palabra שחח que se utiliza para indicar el gran peso de la pena que sobre él cargaba.

כאבל־אם no se traduce simplemente "como el que se lamenta (de אבל, como הבל) por una madre" (Hitzig), pero aquí no se trata de uno cualquiera, sino de un hijo único, que padece por la pérdida de una madre (cf. Gen 24, 67), sufriendo así la herida más honda. Como uno que se lamenta o llora (כַּאֲבֶל־אֵם קֹדֵר), con לבן , Gen 49, 12, de אבל, en estado constructo (cf. טמא) por una madre (con genitivo objetivo como en Gen 27, 41; Dt 34, 8; Am 8, 10; Jer 6, 26).

קדר significa los colores, la apariencia externa y el atuendo de la mañana, con vestidos oscuros, con rostro no lavado, lleno de lágrimas, con barba descuidada. Pero ellos, aquellos por los que yo (David) me afligía y lamentaba ¿cómo actúan en un momento posterior, cuando él (David) se encuentra en צלע (Sal 38, 17; Job 18, 12), en situación de adversidad, pronto a caer (de צלע, árabe *ḍl'*, inclinarse hacia un lado)? Ellos se regocijan, y se reúnen mutuamente; y esa reunión de amigos ingratos alegrándose entre sí por el infortunio del orante al que atacan todos a una, constituye el motivo más bajo de vinculación de esta chusma.

El verbo נכה (cf. נֶאֶסְפוּ עָלַי נֵכִים) significa herir; *nifal* נכא, Job 30, 6, avanzar con un látigo. Por eso los LXX traducen μάστιγες, Símaco πλῆκται, y el Targum *conterentes me verbis suis,* hiriéndome con sus palabras; cf. הכה בלשון, Jer 18, 18. Pero נכים no puede significar por sí mismo "hiriéndome con la lengua". El adjetivo נכה (unido a רגלים) significa uno que es herido en los pies, es decir, uno que cojea o se para, y también con רוח, aunque sin ningún añadido (cf. Is 16, 7), uno que está herido en espíritu, es decir, uno que está profundamente turbado o triste.

Según eso, por tanto, נכים de נכה, como גאים de גאה, puede significar hombres heridos, es decir, hombres que están como aplastados o reducidos (Hengstenberg). Pueden ser también como en árabe *nawika*, heridos en la mente, *anwak*, estúpidos, tontos (de la misma raíz que נך, pinchar, herir, cf. *ichtalla*, estar atravesado por la enfermedad), es decir, mentalmente desajustados, que se enfadan por cualquier cosa, sin razón alguna.

Pero quizá es mejor darle a esa palabra (נכים) un sentido más físico, favorecido por el adjetivo verbal que se escribe de igual forma (נכים) seguido por ולא ידעתי: personas de las que yo no había tomado noticia hasta entonces, que yo no conocía, porque pertenecían a las heces del pueblo (cf. Job 19, 18; 30, 1). Esa adición, ולא ידעתי, ha hecho que Olshausen piense que debemos leer נכרים en vez de נכים; pero en ese caso la expresión se vuelve tautológica.

También en otros lugares, el lenguaje poético de los salmos va más allá del carácter ordinario de las palabras para describir las cosas con un tono que sea incluso repugnante, en sentido plástico, para destacar así la forma de los gestos o acciones. פרע es rasgar, romper en piezas, con palabras abusivas y escandalosas (como en árabe *qr'*), palabra que no aparece en ningún otro lugar de la Biblia.

Pues bien, en esa línea, en Sal 35, 16, encontramos un lenguaje sorprendente. La palabra מעוג (בחנפי לעגי מעוג חרק) no significa desprecio o bufonería, como imaginan Böttcher y Hitzig[104], sino un pastel redondo (cf. 1 Rey 17, 12), como el talmúdico עגה, un círculo. Por su parte, לעג tiene un sentido de burlas y bromas.

Por tanto, לעגי מעוג significa los que se burlan por un tipo de pastel, es decir, aquellos que hacen juicios despreciativos a causa de alguien que está en una situación delicada, es decir, por un hombre perseguido, como era en este caso el orante David. Así se dice en alemán *Tellerlecker, Bratenriecher*; en griego κνισσοκόλακες, ψωμοκόλακες; en latín medieval *buccellarii*.

Estos לעגי מלוג, a los que incluso Rashi interpreta sustancialmente de la misma manera, pueden estar en relación de coordinación lógica (véase *Coment.* a Is 19, 11) o de subordinación lógica o gramatical con la palabra regente que es חנפי. En el primer caso, la traducción sería así: los hombres profanos o vanos, es decir, los que se burlan de cosas menos importantes, como son los bufones injustos. En el segundo caso, que nos parece más natural y apropiado, los "profanos" son los más deshonestos, aquellos que se burlan de otros, cf. Sal 45, 13, Is 29, 19; Ez 7, 24.

La ב de בחנפי לעגי no es una *beth* de compañía o de solidaridad, para lo que tendría que haberse utilizado la partícula עם o את (Os 7, 5), sino una *beth essentiae* o *beth* de caracterización. Entre los ejemplos más abyectos de este tipo de hombres estaban aquellos que chasqueaban con sus dientes en contra de él, de David.

---

104. La palabra Talmúdica (לשון) עגה, *B. Sanhedrin* 101b, de la que se dice que es un modo burlesco de hablar, tiene aquí poco sentido, pues su misma lectura varía entre עגה (עגא) y אגא.

El gerundio חרק (propio del ruido de los dientes que chocan entre sí de un modo burlesco) se parece a *ḥrq,* el chasquido del fuego, o del movimiento de una serie de hombres mientras van avanzando. Ellos rechinan en contra del salmista con los dientes, como hacen los hombres menos educados, más burlones cuando chasquean con los dientes ante un delicado pastel.

35, 17–18. Así como la primera parte del salmo acababa con deseos y acción de gracias por su cumplimiento, así también la segunda parte cierra con una oración y acción de gracias. כּמּה (compuesta por כּ, que significa cómo, y el interrogativo, con מה, que va en genitivo). En arameo se dice כּמא, en árabe *kam,* en hebreo בּמה, con *daggesh forte conjunctionis.* Propiamente significa el total de algo que, en general, tiene el sentido de *quot,* pero que aquí tiene el significado de *quousque,* como en Job 7, 19.

משּׁאיהם viene de שׁאה, cuyo plural puede expresarse de dos formas, שׁאים y שׁאות (aunque esta última no aparece en los textos), como el plural de אימה, terror, puede ser אימים y אימות. El sufijo, que se refiere a los enemigos como autores de las destrucciones (Prov 3, 25), muestra que no se debe traducir "de sus destructores" (Hitzig). Si Dios continúa mirando así las cosas, entonces, las dificultades que vienen pasando sobre el alma de David le destruirán totalmente.

Por eso, la oración vuelve a situarnos ante aquello que parece estar llamado para la destrucción. Sobre יהידה, véase Sal 22, 21. Los leones, כּפירים, que, en 34, 11 se entendían literalmente, aquí han de tomarse en sentido simbólico. אודך es cohortativo. עצוּם como palabra en paralelo a רב, se refiere siempre —según el contexto— a la cantidad de gente (la muchedumbre de los enemigos) o a la fuerza de su poder.

35, 19–21. Al comienzo de la tercera parte del salmo, en 35, 19, se retoma el motivo de la piedad de los enemigos. Pero el alma del salmista orante se ha vuelto más tranquila, por lo que todo el lenguaje resulta más claro y se mueve hacia adelante con su tranquilidad acostumbrada. שׁקר y חנּם son genitivos, con sentido atributivo (véase *Coment.* a 2 Sam 22, 23). El verbo קרץ (חנּם יקרצוּ־עַיִן) significa moverse de un modo burlesco (cf. Job 33, 6, cf. árabe *karada,* cortar), como con un gesto de pellizcar, y se emplea aludiendo a los ojos, pero también a los labios, como en Prov 16, 30, y siempre como un gesto insidioso y malicioso.

La palabra אל (אַל־יִשְׂמְחוּ־לִי) rige sobre los dos miembros del verso, como en Sal 75, 6 y en otros casos. שׁלום en 35, 20 es una palabra que se aplica a todo lo que proviene de una buena intención y a los deseos de promover o restaurar una relación armoniosa. Los רגעי־ארץ (de רגע, cf. ענוי־ארץ, Sal 76, 10; Sof 2, 3), con los צפוּניך (Sal 83, 4), son aquellos que caminan de un modo quieto y sin ostentación en los caminos de Dios.

Los malvados elevan asechanzas contra los justos, palabras escandalosas y acusaciones. Les desprecian con las bocas abiertas, con un duro desprecio; de esa forma gritan y se alegran de la desgracia de aquellos a quienes persiguen, como diciendo: todo eso nos lleva a la conclusión de que הָאָח (compuesto de הֹה y אָח) es un grito de gozo, y de satisfacción maligna, por la destrucción de otros (cf. Ez 25, 3).

35, 22–24. El poeta toma de nuevo la palabra maligna "lo han visto nuestros ojos" y vuelve a precisar su sentido. Con יהוה alterna en 35, 22 y 23 (cf. 35, 17) la palabra אדני, cuya fuerza pronominal ha sido destacada por la combinación אלהי ואדני (véase Sal 26, 2). חעיר, llevando su sentido dentro de la misma palabra, significa remover, elevar, y הקיץ, romper, defendiendo así el derecho del orante perseguido. El orante quiere que Dios le defienda, que se ponga de parte de su derecho, con hechos, elevándose así en su defensa.

35, 25–26. Sobre el uso metonímico de נפש, lo mismo que sobre el uso de τò ὀρεκτικόν (ὄρεξις), véase *Psychologie*, p. 203. El clímax o culminación del deseo de los malvados es "tragar" a David, superarle en poder y expulsarle del camino, de tal forma que no quede ni una huella de él. Sobre בלענוהו antes de ג, como en Sal 132, 6, y sobre la ley de las vocales que se aplica en este caso, cf. Ewald, 06a. Por su parte, שמחי רעתי es una forma de expresión breve de (ב) שמחים רעתי על, y tiene el sentido de poner en vergüenza o deshonor (Sal 109, 29, cf. Sal 18), una vergüenza que le cubre totalmente, de manera que su apariencia externa corresponde a la naturaleza interna.

35, 27–28. Aquí evoca la alegría de aquellos que desean que se haga manifiesta y sea vengada la injusticia con la que han hecho sufrir a otros. Cuando esto suceda se probará la justicia de Yahvé. יגדל, que él sea reconocido y alabado como grande, que él sea magnificado. David desea que todos los que le han permanecido fieles puedan alegrarse de esa forma. Y por su parte, él está determinado a promover la revelación de la justicia de Dios en su corazón.

Salmo 36. Maldición de alejarse de Dios, la bendición de su compañía

¹ לַמְנַצֵּחַ לְעֶבֶד־יְהֹוָה לְדָוִד׃
² נְאֻם־פֶּשַׁע לָרָשָׁע בְּקֶרֶב לִבִּי אֵין־פַּחַד אֱלֹהִים לְנֶגֶד עֵינָיו׃
³ כִּי־הֶחֱלִיק אֵלָיו בְּעֵינָיו לִמְצֹא עֲוֹנוֹ לִשְׂנֹא׃
⁴ דִּבְרֵי־פִיו אָוֶן וּמִרְמָה חָדַל לְהַשְׂכִּיל לְהֵיטִיב׃
⁵ אָוֶן יַחְשֹׁב עַל־מִשְׁכָּבוֹ יִתְיַצֵּב עַל־דֶּרֶךְ לֹא־טוֹב רָע לֹא יִמְאָס׃

יְהוָה בְּהַשָּׁמַיִם חַסְדֶּךָ אֱמוּנָתְךָ עַד־שְׁחָקִים׃ ⁶

צִדְקָתְךָ ׀ כְּהַרְרֵי־אֵל מִשְׁפָּטֶךָ תְּהוֹם רַבָּה אָדָם־וּבְהֵמָה תוֹשִׁיעַ יְהוָה׃ ⁷

מַה־יָּקָר חַסְדְּךָ אֱלֹהִים וּבְנֵי אָדָם בְּצֵל כְּנָפֶיךָ יֶחֱסָיוּן׃ ⁸

יִרְוְיֻן מִדֶּשֶׁן בֵּיתֶךָ וְנַחַל עֲדָנֶיךָ תַשְׁקֵם׃ ⁹

כִּי־עִמְּךָ מְקוֹר חַיִּים בְּאוֹרְךָ נִרְאֶה־אוֹר׃ ¹⁰

מְשֹׁךְ חַסְדְּךָ לְיֹדְעֶיךָ וְצִדְקָתְךָ לְיִשְׁרֵי־לֵב׃ ¹¹

אַל־תְּבוֹאֵנִי רֶגֶל גַּאֲוָה וְיַד־רְשָׁעִים אַל־תְּנִדֵנִי׃ ¹²

שָׁם נָפְלוּ פֹּעֲלֵי אָוֶן דֹּחוּ וְלֹא־יָכְלוּ קוּם׃ ¹³

<Al músico principal, salmo de David, siervo de Jehová>

¹ La maldad del impío me dice al corazón,
"No hay temor de Dios delante de sus ojos".
² Se jacta, por tanto, ante sus propios ojos,
de que su maldad no será hallada y aborrecida.

³ Las palabras de su boca son iniquidad y fraude;
ha dejado de ser sensato y de hacer el bien.
⁴ Medita maldad sobre su cama,
está en camino no bueno, el mal no aborrece.

⁵ Jehová, hasta los cielos llega tu misericordia y tu fidelidad alcanza hasta las nubes.
⁶ Tu justicia es como los montes de Dios; tus juicios, abismo grande.
Tú, Jehová, al hombre y al animal conservas.
⁷ ¡Cuán preciosa, oh Dios, es tu misericordia!
¡Por eso los hijos de los hombres se amparan bajo la sombra de tus alas!

⁸ Serán completamente saciados de la grosura de tu Casa
y tú les darás de beber del torrente de tus delicias,
⁹ porque contigo está el manantial de la vida; en tu luz veremos la luz.
¹⁰ Extiende tu misericordia a los que te conocen, y tu justicia a los rectos de corazón.

¹¹ No me golpee con su pie el soberbio ni me mueva la mano del impío.
¹² Allí cayeron los malhechores ¡fueron derribados para no levantarse jamás!

El autor del salmo anterior, esperando una rápida liberación, puso en los labios de los amigos del nuevo reino, obligados a mantenerse en el trasfondo, estas palabras: "Sea magnificado Yahvé que se complace en el bienestar de su siervo". David aparecía así como siervo de Yahvé. Pues bien, en el encabezado de Sal 36 él lleva el mismo nombre: *al preceptor, por el siervo de Yahvé, por David.*

El *textus receptus* acentúa למנצח con un *illuj* conjuntivo; Ben-Naphtali lo acentúa como un *legarme* disyuntivo (véase *Psalter*, II, 462), dado que David no es en sí mismo el מנצח. Sal 36 forma parte un grupo de salmos (12; 14; 53;

36 y 37) en los que David se queja de la corrupción moral de su generación, ofreciendo una serie de reflexiones generales sobre el carácter de este tiempo, no de aplicaciones particulares.

En común con Sal 121, este salmo tiene un colorido profético; y en común con Sal 37 ofrece alusiones a la historia primitiva del Génesis. El esquema de las estrofas es 4. 5. 5. 6. 6.

36, 1–4. *El hombre bajo el poder del pecado. Afirmación fundamental.* Desde el comienzo, el poeta insiste en la maldad de los hijos del mundo, una maldad cuya raíz es el alejamiento de Dios. Suponiendo que Sal 36, 2 se pudiera traducir "una palabra divina sobre la maldad de los impíos en el interior de mi corazón" (לִבִּי נְאֻם־פֶּשַׁע לָרָשָׁע בְּקֶרֶב, con נאם como genitivo de objeto, igual que מִשָּׂא, conforme a una comparación hecha por Hofmann), la dificultad de esa palabra נאם, de la que tanto se ha tratado, se podría solucionar de un modo mucho más fácil que a través de conjeturas propuestas por Diestel, que en lugar de ella pone נעם: agradable es la transgresión para los malvados, etc.

Pero el genitivo después de נאם (que en Sal 110, 1; Num 24, 3; 2 Sam 23, 1; Prov 30, 1, igual que en nuestro caso está a la cabeza de la frase) se refiere siempre al que habla, no a la cosa de la que habla. Incluso Sal 5, 1 (שִׁירַת דּוֹדִי לְכַרְמוֹ) no se puede tomar como un canto relacionado con mi amado en relación con su viña, sino como un canto de mi amado (un canto que mi amado ha de cantar), en relación con su viña.

De esa manera, por tanto, פֶּשַׁע debe referirse al que habla, y לָרָשָׁע (como en Sal 110, 1, לַאדֹנִי, a la persona o cosa a la que se dirige el que habla). La transgresión queda aquí personificada, y se le atribuye incluso un oráculo.

Pero el predicado לִבִּי בְּקֶרֶב, que resulta bastante ininteligible en conexión con la primera traducción de פֶּשַׁע como genitivo de objeto, resulta difícil y duro de entender en relación con la traducción final de פֶּשַׁע como genitivo subjetivo, sea cual fuere la forma en que se entienda: sea que quiera decir que la proclamación de la transgresión del malhechor es interiormente conocida por el poeta, o que ella ocupa sus partes más íntimas, y le afecte en ellas.

Resulta muy normal leer לִבּוֹ, como hacen los LXX, con las versiones siríaca y árabe, y el mismo Jerónimo (en vez de בְּקֶרֶב לִבִּי). En línea con eso, tomando נאם como parte del encabezado, de acuerdo con Von Lengerke, Thenius traduce así: "Pecado hay en los impíos, en medio de su corazón", es decir, en el motivo o impulso más profundo de lo que piensan o dicen. Pero esta forma de aislar el sentido de נאם va siempre en contra del uso y de la interpretación normal del lenguaje[105].

---

105. La traducción de Hupfeld, Hitzig y también de Böttcher, es mejor: la sugestión del pecado habita en los impíos, en la parte interior del corazón. Quizá se puede traducir el texto aún

El salmo está hablando de una voz interior de pecado, una voz que no es la de Dios, ni la del hombre concreto, sino que proviene de un tipo de mal, de un poder maligno que le rodea, que habita en su interior, y que le habla, en lugar de Dios, en lugar de su propia conciencia, impidiéndole conocer y vivir en rectitud. Por su parte, la palabra לרשע no se refiere a la persona a la que se dirige, sino que (como en Sal 32, 10) se dirige al poder malo que se ha apoderado de alguna forma del malvado, rodeándole y poseyéndole del todo.

Esta inspiración de la iniquidad se ha adueñado del malvado, de manera que no queda en su interior un lugar para Dios; por eso, en consecuencia, Dios no puede pedirle que le adore (no puede mandarle ni exigirle nada), pues no hay lugar para Dios en el alma del malvado.

Tras este פשע נאם podemos esperar aquello que la transgresión interna le manda al pecador y la forma en que se lo manda; por eso, en sentido estricto, lo más probable es que la transgresión sea el sujeto de החליק. En esa línea, no podemos interpretar el texto diciendo "él adula a Dios en sus ojos" (con un servicio fingido) porque esta traducción es contraria tanto a lo que precede como a lo que sigue.

Tampoco traducimos con Hupfeld (que sigue a Hofmann), "Dios trata con él de un modo suave (gentil) conforme a sus ilusiones o mentiras", porque el supuesto de que החליק, a causa de בעיניו, debe tener otro sujeto que el mismo malhechor es en sí correcta, pero no exige en modo alguno que ese sujeto sea Dios, sino ese sujeto puede ser la misma transgresión, conforme al comienzo solemne de 36, 2, donde la transgresión aparece personificada.

Estas palabras iniciales de lisonja dirigidas a él (con אל como על en Prov 29, 5) son agradables ante sus ojos, pero ¿con qué finalidad? Con una finalidad de poder odiar con más fuerza, llegando así al culmen de la culpabilidad, pudiendo así ser inculpado por Dios, por odiar a Dios o a los hombres, en vez de amarlos. Desde ese fondo ha de entenderse לשנא (לִמְצֹא עֲוֹנוֹ לִשְׂנֹא), sin un objeto directo, como en Ecl 3, 8, de manera que las palabras de adulación de פשע le llevan a

---

mejor diciendo que la idea de fondo de בקרב no es central, sino circunferencial, poniendo de relieve el hecho de que el pecado rodea totalmente al corazón. En conexión con esto debemos observar que esta combinación לבו בקרב (en vez de בקרבו o בלבבו בלבו) aparece solo allí donde, con una personificación del pecado, se quiere describir un hecho que pertenece a la realidad más honda de la vida del alma, una realidad que es el principio del pecado, como aquello que rodea totalmente al alma del pecador.

Esta aplicación no puede ser más precisada, pero נאם (que se vincula a נהם המה), como designación onomatopéyica de un sonido hondo y resonante, constituye una palabra apropiada para referirse a una comunicación misteriosa que se aplica al misterio de la vida (cf. árabe *nemmâm*, que es un contador de cuentos). Ciertamente, el genio del idioma hebreo no está aludiendo de esa forma, directamente, al contenido de lo que se dice en secreto, es decir, de aquello que se comunica al alma de un modo misterioso, pero el texto puede traducirse en esa línea.

convertir en objeto de odio todo lo que él debería amar, de forma que el odio sea su propio elemento.

Thenius se ha esforzado por suavizar la dureza de la expresión con una pequeña alteración del texto, לְמֹצֹא עָוֹן וְלִשְׂנֹא, interpretándolo así: él se adula a sí mismo ante sus propios ojos (cultivando de esa forma su orgullo), descubriendo faltas en los otros, y haciéndoles sufrir por ellas.

Pero no hay necesidad ni apoyo para este cambio en el uso general del lenguaje, de manera que הֶחֱלִיק no se puede interpretar de un modo impersonal, y la palabra בְּעֵינָיו, que en este caso no se puede interpretar de un modo pleonástico (sino que está fuera de lugar), exige que haya una distinción entre el adulador y la persona que es objeto de la adulación.

Sea como fuere, la expresión de Sal 36, 3, de cualquier forma que ella se explique, resulta dura. Pero *el lenguaje de David, en todos los lugares en los que él describe la corrupción del pecado, con bien fundada indignación, suele envolverse a sí mismo en este tipo de nubes (de expresiones misteriosas) que, para nuestra difícil comprensión, suenan como corrupciones del texto.*

En la siguiente estrofa (36, 4) todo el lenguaje resulta más fácil. לְהַשְׂכִּיל לְהֵיטִיב es otro asíndeton, lo mismo que לְמֹצֹא עֲוֹנוֹ לִשְׂנֹא. Un hombre que ha caído así bajo el dominio del pecado, y que se ha alejado de Dios, ha dejado (cf. לְהֵיטִיב חָדַל לְהַשְׂכִּיל, como en 1 Sam 23, 13) de actuar con sabiduría y de ser sensato (cosas que esencialmente se identifican). Tanto sus palabras, cuando él está despierto, como sus pensamientos en medio de la noche ruedan en torno al mal, אָוֶן (Is 59, 7), es decir, en torno a la maldad, esto es, hacia lo contrario de aquello que es bueno.

De un modo rápido, esta persona toma la dirección opuesta, la que se dirige hacia el mal, es decir, hacia todo lo que se opone al bien (cf. Prov 16, 29; Is 65, 2). Su conciencia está muerta respecto al pecado; no se encuentra en él nada que se oponga al mal, sino que el pecador ama al mal con toda su alma.

36, 5–10. *Misericordia y justicia de Dios. La mística de la luz de Dios.* El poeta se vuelve ahora de esa perspectiva repulsiva a una más agradable. Él contempla y alaba la misericordia de Dios que es infinita y siempre segura, con la salvación, la felicidad y la luz que brotan de ellas. En vez de בַּשָּׁמַיִם, el texto dice בְּהַשָּׁמַיִם, sin que el artículo haya sido sincopado.

La partícula בְּ alternando con עַד (cf. Sal 57, 11), tiene aquí, lo mismo que en Sal 19, 5 y 72, 26, el sentido de tocar o de alcanzar el lugar al que se refiere el texto. El poeta describe la exaltación y superioridad de la misericordia divina y de su fidelidad de un modo figurado, con símbolos de la tierra.

Esa exaltación y eminencia divina se revela en la tierra sobre una altura que alcanza los cielos y se extiende hasta los שְׁחָקִים, es decir, hasta el tenue velo de vapor que se extiende como un velo sobre las profundidades de los cielos; esa exaltación y eminencia trascienden todos los pensamientos, deseos y medios de comprensión humana (cf. Sal 103, 11 y Ef 3, 18).

La צדקה (justicia) se distingue de la אמונה (fidelidad) de esta manera: la fidelidad está gobernada por la promesa de Dios; la justicia está gobernada por su santidad; por otra parte, la fidelidad tiene su asiento en el amor de Dios; en contra de eso, la justicia se manifiesta en parte justificando las mercedes de Dios y, por otra parte, expresando su justa venganza.

Por lo que respecta a la justicia, el poeta dice que es como las montañas de Dios, como los cedros de Dios (Sal 80, 11), firmes, incapaces de ser cambiados (Sal 111, 3), como las grandes montañas primordiales que ofrecen el testimonio de la grandeza y de la gloria de Dios. Por lo que toca a los juicios de Dios, ellos son de una inmensa profundidad, incomprensibles, invadeables (ἀνεξερεύνηται, Rom 11, 33), como las grandes masas de agua que brotan de las profundidades del mar o las fuentes de agua de la tierra que desembocan por los ríos en los mares.

Pues bien, esa justicia punitiva de Dios, como es evidente desde antiguo, está plenamente rodeada de la compasión; y esa compasión, como se muestra en el diluvio (cf. Jon 4, 11), se extiende hasta el mundo animal, que está intensamente implicado con la humanidad, como resulta claro desde la ballena hasta el zorro.

Perdido en esta profundidad, que es tan digna de adoración, el salmista exclama: ¡qué preciosa es tu misericordia, oh Dios! (cf. Sal 139, 17), valiosa sobre todos los tesoros, valiosa para aquellos que saben apreciarla. La *waw* de וּבני (en וּבְנֵי אָדָם בְּצֵל כְּנָפֶיךָ יֶחֱסָיוּן) es de tipo explicativo, en el sentido de "por eso...". La forma enérgica de futuro (יֶחֱסָיוּן, se ampararán) tiene un *kametz* pretónico, y aquí aparece en pausa, lo mismo que el Sal 36, 8; 39, 7; 78, 44).

La sombra de las alas de Dios constituye el aspecto benefactor de su amor, que protege a los hombres en medio de toda tentación y persecución. La mayor de todas las bendiciones se identifica con este gesto de estar así refugiado en Dios, como sabe Sal 36, 9. Por eso, los creyentes se sacian a sí mismos, bebiendo de las corrientes de la "grosura" de tu casa.

La casa de Dios es su santuario, es el dominio de su misericordia y de su gracia. דשׁן (cf. טוב, Sal 65, 5) es la expresión de los dones y bienes abundantes, agradables y poderosos con los que Dios fortalece a los suyos. Por su parte, רוה (de donde proviene ירוין, como en Dt 8, 13; 40, 18), es el gozo espiritual del alma, especialmente de aquella que tiene el gozo espiritual del desbordamiento de la misericordia de Dios.

Así, la participación abundante de los sacerdotes, que se alimentan de la mesa de Yahvé (cf. Jer 31, 14), y la alegría festiva de los que toman parte del sacrificio de los *shelamim*, es decir, de las ofrendas de comunión, reciben un hondo sentido espiritual, en el que se unen el gozo de la tierra y el gozo del culto espiritual.

Aquí nos encontramos ante un torrente de placeres (עדנים) con los que Dios riega y fertiliza a los devotos, como si fuera un río paradisíaco de gozo. Como los cuatro ríos del paraíso, estos ríos tienen una fuente común (cf. Gen 20, 10), todos brotan de la fuente de Dios, que es la verdadera fuente de la vida (cf. Jer 2, 13), pues de ese Dios que es la existencia absoluta y feliz brota toda forma de vida.

Por eso, cuanto más intensamente se encuentre unido a Dios, con más intensidad beberá el piadoso de esta primera fuente de la vida que es el mismo Dios que, siendo Manantial de vida, es también *Fuente de luz*. Por eso dice el salmo, "Y en tu luz veremos la luz" (בְּאוֹרְךָ נִרְאֶה־אוֹר). Separados de Dios, solo podremos ver oscuridad, mientras que inmersos en el mar de luz que es Dios podremos ser iluminados por el conocimiento divino, llenos de gozo espiritual.

De esa manera, tras haber ofrecido unos destellos del caos del mal, el poeta se mueve aquí y avanza hasta las benditas honduras del misticismo santo (mística o misticismo, en el buen sentido, verdadera religión, divinización de la vida); pero, al revés de lo que sucedía en el caso anterior, cuando el lenguaje era totalmente oscuro, ese lenguaje se ha vuelto ahora claro como el cristal.

36, 11–13. *La oración del justo.* Ahora, por primera vez, en el último hexástico, tras el lamento y la petición, llega el lenguaje de la verdadera plegaria. El poeta pide a Dios que extienda, es decir, que preserve su misericordia (con משך, como en Sal 109, 12): que los pies del arrogante, concebido aquí como un tirano, no vengan de repente sobre el justo (con בוא, como en Sal 35, 8), que las manos del malvado no le arrojen de la casa de Dios, condenándole para siempre al exilio (Sal 10, 18).

Con חסד alterna aquí la צדקה, es decir, la justicia de Dios, que se vuelve hacia aquellos que conocen a Dios, que les ofrece su gran recompensa. Mientras el salmista ruega de esa forma, el futuro se abre y desvela ante él. Con la certeza de que la oración será escuchada, el salmista contempla cómo los adversarios de Dios y de sus santos caen destronados para siempre.

Igual que en Sal 14, 5, שם evoca el lugar donde el juicio ha de ser ejecutado. Así, los pretéritos son proféticos, como en Sal 14, 5; 64, 8-10. También en Is 26, 14, que descubre que toda la raza de opresores de la Iglesia de Yahvé ha venido a convertirse en un cúmulo de cadáveres, sin esperanza de resurrección alguna.

Salmo 37. Falsa prosperidad para los malvados, verdadera para los piadosos

¹ לְדָוִד‍ אַל־תִּתְחַר בַּמְּרֵעִים אַל־תְּקַנֵּא בְּעֹשֵׂי עַוְלָה׃
² כִּי כֶחָצִיר מְהֵרָה יִמָּלוּ וּכְיֶרֶק דֶּשֶׁא יִבּוֹלוּן׃

בְּטַח בַּיהוָה וַעֲשֵׂה־טֹוב שְׁכָן־אֶרֶץ וּרְעֵה אֱמוּנָה: ³

וְהִתְעַנַּג עַל־יְהוָה וְיִתֶּן־לְךָ מִשְׁאֲלֹת לִבֶּךָ: ⁴

גֹּול עַל־יְהוָה דַּרְכֶּךָ וּבְטַח עָלָיו וְהוּא יַעֲשֶׂה: ⁵

וְהֹוצִיא כָאֹור צִדְקֶךָ וּמִשְׁפָּטֶךָ כַּצָּהֳרָיִם: ⁶

דֹּום לַיהוָה וְהִתְחֹולֵל לֹו אַל־תִּתְחַר בְּמַצְלִיחַ דַּרְכֹּו בְּאִישׁ עֹשֶׂה מְזִמֹּות: ⁷

הֶרֶף מֵאַף וַעֲזֹב חֵמָה אַל־תִּתְחַר אַךְ־לְהָרֵעַ: ⁸

כִּי־מְרֵעִים יִכָּרֵתוּן וְקֹוֵי יְהוָה הֵמָּה יִירְשׁוּ־אָרֶץ: ⁹

וְעֹוד מְעַט וְאֵין רָשָׁע וְהִתְבֹּונַנְתָּ עַל־מְקֹומֹו וְאֵינֶנּוּ: ¹⁰

וַעֲנָוִים יִירְשׁוּ־אָרֶץ וְהִתְעַנְּגוּ עַל־רֹב שָׁלֹום: ¹¹

זֹמֵם רָשָׁע לַצַּדִּיק וְחֹרֵק עָלָיו שִׁנָּיו: ¹²

אֲדֹנָי יִשְׂחַק־לֹו כִּי־רָאָה כִּי־יָבֹא יֹומֹו: ¹³

חֶרֶב פָּתְחוּ רְשָׁעִים וְדָרְכוּ קַשְׁתָּם לְהַפִּיל עָנִי וְאֶבְיֹון לִטְבֹוחַ יִשְׁרֵי־דָרֶךְ: ¹⁴

חַרְבָּם תָּבֹוא בְלִבָּם וְקַשְּׁתֹותָם תִּשָּׁבַרְנָה: ¹⁵

טֹוב־מְעַט לַצַּדִּיק מֵהֲמֹון רְשָׁעִים רַבִּים: ¹⁶

כִּי זְרֹועֹות רְשָׁעִים תִּשָּׁבַרְנָה וְסֹומֵךְ צַדִּיקִים יְהוָה: ¹⁷

יֹודֵעַ יְהוָה יְמֵי תְמִימִם וְנַחֲלָתָם לְעֹולָם תִּהְיֶה: ¹⁸

לֹא־יֵבֹשׁוּ בְּעֵת רָעָה וּבִימֵי רְעָבֹון יִשְׂבָּעוּ: ¹⁹

כִּי רְשָׁעִים יֹאבֵדוּ וְאֹיְבֵי יְהוָה כִּיקַר כָּרִים כָּלוּ בֶעָשָׁן כָּלוּ: ²⁰

לֹוֶה רָשָׁע וְלֹא יְשַׁלֵּם וְצַדִּיק חֹונֵן וְנֹותֵן: ²¹

כִּי מְבֹרָכָיו יִירְשׁוּ אָרֶץ וּמְקֻלָּלָיו יִכָּרֵתוּ: ²²

מֵיהוָה מִצְעֲדֵי־גֶבֶר כֹּונָנוּ וְדַרְכֹּו יֶחְפָּץ: ²³

כִּי־יִפֹּל לֹא־יוּטָל כִּי־יְהוָה סֹומֵךְ יָדֹו: ²⁴

נַעַר הָיִיתִי גַּם־זָקַנְתִּי וְלֹא־רָאִיתִי צַדִּיק נֶעֱזָב וְזַרְעֹו מְבַקֶּשׁ־לָחֶם: ²⁵

כָּל־הַיֹּום חֹונֵן וּמַלְוֶה וְזַרְעֹו לִבְרָכָה: ²⁶

סוּר מֵרָע וַעֲשֵׂה־טֹוב וּשְׁכֹן לְעֹולָם: ²⁷

כִּי יְהוָה אֹהֵב מִשְׁפָּט וְלֹא־יַעֲזֹב אֶת־חֲסִידָיו לְעֹולָם נִשְׁמָרוּ וְזֶרַע רְשָׁעִים נִכְרָת: ²⁸

צַדִּיקִים יִירְשׁוּ־אָרֶץ וְיִשְׁכְּנוּ לָעַד עָלֶיהָ: ²⁹

פִּי־צַדִּיק יֶהְגֶּה חָכְמָה וּלְשֹׁונֹו תְּדַבֵּר מִשְׁפָּט: ³⁰

תֹּורַת אֱלֹהָיו בְּלִבֹּו לֹא תִמְעַד אֲשֻׁרָיו: ³¹

צֹופֶה רָשָׁע לַצַּדִּיק וּמְבַקֵּשׁ לַהֲמִיתֹו: ³²

יְהוָה לֹא־יַעַזְבֶנּוּ בְיָדֹו וְלֹא יַרְשִׁיעֶנּוּ בְּהִשָּׁפְטֹו: ³³

קַוֵּה אֶל־יְהוָה וּשְׁמֹר דַּרְכֹּו וִירֹומִמְךָ לָרֶשֶׁת אָרֶץ בְּהִכָּרֵת רְשָׁעִים תִּרְאֶה: ³⁴

רָאִיתִי רָשָׁע עָרִיץ וּמִתְעָרֶה כְּאֶזְרָח רַעֲנָן: ³⁵

וַיַּעֲבֹר וְהִנֵּה אֵינֶנּוּ וָאֲבַקְשֵׁהוּ וְלֹא נִמְצָא: ³⁶

שְׁמָר־תָּם וּרְאֵה יָשָׁר כִּי־אַחֲרִית לְאִישׁ שָׁלֹום: ³⁷

וּפֹשְׁעִים נִשְׁמְדוּ יַחְדָּו אַחֲרִית רְשָׁעִים נִכְרָתָה: ³⁸

וּתְשׁוּעַת צַדִּיקִים מֵיהוָה מָעוּזָּם בְּעֵת צָרָה: ³⁹

וַיַּעְזְרֵם יְהוָה וַיְפַלְּטֵם יְפַלְּטֵם מֵרְשָׁעִים וְיֹושִׁיעֵם כִּי־חָסוּ בֹו: ⁴⁰

<Salmo de David>

¹ No te impacientes a causa de los malignos ni tengas envidia de los malhechores,
² porque como la hierba serán pronto cortados y como el heno se secarán.
³ Confía en Jehová y haz el bien; habitarás en la tierra y te apacentarás de la verdad.
⁴ Deléitate asimismo en Jehová y él te concederá las peticiones de tu corazón.
⁵ Encomienda a Jehová tu camino, confía en él y él hará.
⁶ Exhibirá tu justicia como la luz y tu derecho como el mediodía.
⁷ Guarda silencio ante Jehová y espera en él. No te alteres
con motivo del que prospera en su camino, por el hombre que hace lo malo.
⁸ Deja la ira y desecha el enojo; no te excites en manera alguna a hacer lo malo,
⁹ porque los malignos serán destruidos,
pero los que esperan en Jehová heredarán la tierra,
¹⁰ pues dentro de poco no existirá el malo; observarás su lugar, y ya no estará allí.
¹¹ Pero los mansos heredarán la tierra y se recrearán con abundancia de paz.

¹² Maquina el impío contra el justo y rechina contra él sus dientes.
¹³ El Señor se reirá de él, porque ve que viene su día.
¹⁴ Los impíos desenvainan espada y tensan su arco
para derribar al pobre y al menesteroso, para matar a los de recto proceder.
¹⁵ Su espada entrará en su mismo corazón y su arco será quebrado.
¹⁶ Mejor es lo poco del justo que las riquezas de muchos pecadores,
¹⁷ porque los brazos de los impíos serán quebrados;
pero el que sostiene a los justos es Jehová.
¹⁸ Conoce Jehová los días de los íntegros y la heredad de ellos será para siempre.
¹⁹ No serán avergonzados en el tiempo de dificultad,
y en los días de hambre serán saciados.
²⁰ Pero los impíos perecerán, los enemigos de Jehová serán consumidos;
como la grasa de los carneros, se disiparán como el humo.
²¹ El impío toma prestado y no paga; pero el justo tiene misericordia y da.
²² Los benditos de él heredarán la tierra y los malditos de él serán destruidos.
²³ Por Jehová son ordenados los pasos del hombre y él aprueba su camino.
²⁴ Cuando el hombre caiga, no quedará postrado, porque Jehová sostiene su mano.
²⁵ Joven fui y he envejecido, y no he visto justo desamparado
ni a su descendencia mendigando pan.
²⁶ En todo tiempo tiene misericordia y presta. Su descendencia es para bendición.
²⁷ Apártate del mal, haz el bien y vivirás para siempre,
²⁸ porque Jehová ama la rectitud y no desampara a sus santos.
Para siempre serán guardados, mas la descendencia de los impíos será destruida.
²⁹ Los justos heredarán la tierra y vivirán para siempre en ella.
³⁰ La boca del justo habla sabiduría y su lengua habla justicia.
³¹ La Ley de su Dios está en su corazón; por tanto, sus pies no resbalarán.

³² Espía el impío al justo y procura matarlo.

³³ Jehová no lo dejará en sus manos ni lo condenará cuando lo juzguen.

³⁴ Espera en Jehová, guarda su camino,
y él te exaltará para heredar la tierra; cuando sean destruidos los pecadores, lo verás.

³⁵ Vi yo al impío sumamente enaltecido y que se extendía como laurel verde.

³⁶ Pero él pasó, y he aquí ya no estaba; lo busqué, y no lo hallé.

³⁷ Considera al íntegro y mira al justo,
porque hay un final dichoso para el hombre de paz.

³⁸ Mas los transgresores serán todos a una destruidos;
la posteridad de los impíos será extinguida.

³⁹ Pero la salvación de los justos es de Jehová
y él es su fortaleza en el tiempo de angustia.

⁴⁰ Jehová los ayudará y los librará;
los libertará de los impíos y los salvará, por cuanto en él esperaron.

El lazo de unión entre el Sal 36 y el 37 está en la semejanza de sus contenidos, que aquí y allí se vuelve identidad en las mismas palabras. El pensamiento fundamental del salmo aparece ya en los primeros versos: que la prosperidad de los impíos no sea para ti una fuente de dolor, sino espera en el Señor, porque esa prosperidad acabará de repente, y será el final lo que distinguirá a los justos de los malvados.

En esa línea, Tertuliano afirma que este salmo "es un espejo de la providencia" (*providentiae speculum*); Isidoro le llama "medicina contra la murmuración" (*potio contra murmur*), y Lutero "vestido de los piadosos, en el que está escrito: esta es la paciencia de los santos" (*piorum, cui adscriptum, Hic Sanctorum patientia est* (Ap 14, 12).

El poeta no expresa este pensamiento fundamental en estrofas bien divididas, sino en expresiones cortas, siguiendo el orden de las letras del alfabeto, con algunas repeticiones, que nos hacen volver a los pensamientos anteriores, a fin de imprimirlos mejor y de un modo más convincente en la mente de los lectores y oyentes. Este salmo forma parte, según eso, de los *salmos alfabéticos* (con Sal 9; 10; 25 y 34) y se inscribe con todo honor en esos himnos acrósticos cuyo lenguaje es cariñoso, elevado, de hondos pensamientos, siendo, al mismo tiempo de tipo natural, muy elegante.

La estructura de sus afirmaciones proverbiales es casi totalmente tetrástica, aunque los versos ק, כ, ד son de tres esticos, mientras que el ח (que aparece dos veces, quizá de un modo inadvertido), con el נ y el ת tienen cinco esticos.

Aparentemente falta la estrofa ע; pero, mirando con más atención descubrimos que las estrofas ס y ע que en principio parecen separadas se implican mutuamente, formando una estrofa doble. Esa estrofa ע comienza con לעולם (37, 28) y tiene cuatro esticos, lo mismo que la estrofa ס.

El hecho de que la preposición ל esté delante de la siguiente letra no debe confundirnos. También la estrofa ת, de 37, 39, comienza con una *waw*, ותשועת. Las estrofas con זמם רשע לוה רשע צופה רשע (cf. 37, 12. 21. 32), como ha puesto de relieve Hitzig, parece que quieren poner de relieve la importancia de las pausas en la sucesión de las afirmaciones de tipo proverbial.

37, 1–2. *La justicia de Dios en este mundo.* Olshausen afirma que este salmo acepta la visión tradicional de la recompensa que ha sido poderosamente refutada por Job. Pero, desde la perspectiva de la recompensa final, esta visión del salmo responde a la teodicea tradicional de Israel, aceptada por el mismo libro de Job, según la cual la justicia de Dios queda velada en este mundo, pero se cumple de un modo radical ya en este mismo mundo, aunque los hombres no lo adviertan.

Tanto el libro de Job como este salmo, suponen que la justicia punitiva de Dios se cumple en este mundo, incluso en el caso de los impíos, desde la perspectiva de su muerte, pues para los impíos la muerte suele aparece como un castigo, ya que significa una pérdida de todo lo que han logrado conquistar en el mundo por su maldad.

Esto es lo que el poeta está indicando aquí, lo que ha sido expresado por el mismo Job 27, 1. Con la palabra התחרה, que significa volverse furioso (una palabra distinta de תחרה, *emular* (cf. Jer 12, 5; 22, 15) alterna con la palabra קנא, entrar en un estado de furia o de incandescencia (*excandestentia*), propia de aquellos que estarían dispuestos a pedir que bajara fuego del cielo contra los malvados.

Este primer dístico del salmo reaparece en Prov 24, 19 (cf. Prov 23, 17; 24, 1; 3, 31). En ese contexto, en general, podemos afirmar que la doctrinal sapiencial de los libros de Salomón proviene del esquema profético y davídico de este salmo. Conforme a la visión de Gesenius, Olshausen y Hitzig, la forma ימלו (cf. כִּי כֶחָצִיר מְהֵרָה יִמָּלוּ) es el fut. *kal* de מלל, de la raíz אמל (ellos se secan), forma pausal de ימלו como יתממו, Sal 102, 27.

Pero aquí puede tener también el sentido de cortar, expulsar, propio del verbo מלל en la forma *nifal* נמל, cf. Gen 17, 11, donde encontramos el futuro ימלו igual a יִמֹּלוּ; cf. *Coment.* a Job 14, 2; 18, 16. Por su parte, ירק דשא es una combinación de genitivo y significa el verdor (el vigor) de una vegetación joven.

37, 3–4. *El gozo de la tierra de Dios.* La tierra a la que se refiere el texto (שְׁכָן־אָרֶץ) es en todo este salmo la tierra prometida como don de salvación (*Heilsgut*), es decir, la tierra de la presencia de Yahvé, que incluye no solo un pasado glorioso, sino también un futuro rico en promesas, la tierra que por medio de Josué vino a convertirse en la herencia del verdadero Israel. El texto ha de entenderse de esta forma: disfruta de la tranquila y segura tierra que Dios te concede, y cultiva de un modo diligente la virtud de la fidelidad en esta misma tierra.

Los imperativos de 37, 3 (בְּטַח בַּיהוָה וַעֲשֵׂה־טוֹב), dado que son dos (cf. 37, 27) y de que el primero carece de una *waw* conjuntiva, tienen la apariencia de ser admoniciones consecutivas, más que promesas. Según eso, אֱמוּנָה no es un acusativo adverbial, como en Sal 119, 75 (Ewald), sino el objeto de רעה, es decir, de apacentarse (de disfrutar, cf. Siríaco רדף, Os 12, 2) de la verdad (וּרְעֵה אֱמוּנָה). La raíz רעה, רע tiene el sentido de tener interés en algo o en alguien. En esa línea se mantiene el árabe beduino *ra̒â* con el significado de *ṣāḥb*, que tiene el sentido de mantener un tipo de relaciones intensas, de interesarse por algo (cf. *Deutsch. Morgenland. Zeitschrift* V. 9).

En 37, 4, ויתן es una apódosis: deléitate asimismo en Jehová y él te concederá las peticiones de tu corazón (cf. Job 22, 26; Sal 27, 10; Is 58, 14, con מִשְׁאֲלֹת, como en Sal 20, 5). Según eso, aquel que se ha elevado sobre el deseo de las creaturas encuentra su mayor deleite en Dios, y no puede desear nada que sea contrario a Dios, con cuya voluntad él se encuentra fundido en amor.

37, 5–6. Los LXX traducen erróneamente גול (igual a גל, Sal 22, 9) por ἀποκάλυψον en vez de ἐπίρριψον (1 Ped 5, 7): descarga en Yahvé las cargas de tu vida, deja que él te guíe de un modo total, déjaselo a él solo, sin buscar nada exclusivamente por ti mismo, pues él, Dios, cumplirá gloriosamente todo lo que se relaciona contigo, con עשה, como en Sal 22, 32; Sal 52, 11; cf. Prov 16, 3. Así lo dice el canto de Paul Gerhardt, *Befiehl du deine Wege* (cf. confía en él en todos tus caminos, etc.).

El perfecto de Sal 37, 6 está a continuación de la promesa de יעשה. Por su parte, como en Jer 51, 10, הוֹצִיא significa cumplir: él iluminará tu justicia, criticada por muchos, como ilumina la luz del sol (Job 31, 26; 37, 21), y de un modo especial el sol de la mañana, Prov 4, 18, que atraviesa la oscuridad y la llena de luz. Él iluminará tu camino posterior (וּמִשְׁפָּטֶךָ es la forma pausal del singular, con *mugrash*), como la luz brillante del mediodía (cf. Is 58, 10, y también Sal 37, 4 con Is 58, 14).

37, 7. El verbo דמם, con sus derivados (Sal 62, 2; Sal 62, 6; Lam 3, 28), indica resignación, i. e., una quietud de mente que descansa en Dios, que renuncia a toda autoayuda egoísta y que se somete a la voluntad de Dios. התחולל (de הול, hallarse en estado de tensión, esperar) se refiere a la tranquilidad interior, totalmente dirigida en esperanza hacia Dios, como en B. *Berachoth* 30b, donde es un sinónimo de התחונן, como si fuera un reflexivo, en la línea de חלה, centrarse uno en sí mismo en oración. Con Sal 37, 7 vuelve a ponerse de relieve el sentido original del conjunto del salmo; cf. definición de malhechor en Prov 24, 8.

37, 8–9. Sobre הרף (deja), imperativo apocopado *hifil* (en lugar de הרפה), véase *Gesenius* 75, nota 15. Por su parte, אך להרע es una frase en sí misma (cf. Prov 11,

24; Sal 21, 5; Sal 22, 16): el que tiende solamente hacia el mal, acaba implicándose a sí mismo en el pecado.

El resultado final, sin necesidad de que tú te cierres en ti mismo de un modo huraño, es que los מרעים, con los que tú te puedes identificar por tu forma de murmurar y de enojarte, sean apartados (destruidos), mientras que aquellos que, separándose de la maldad presente, hacen que Dios sea el fundamento y sentido de su esperanza, heredarán la tierra (véase Sal 25, 13). Este es el final definitivo que define todo el tema.

37, 10–11. La prótasis de Sal 37, 10 es literalmente *adhuc parum temporis superest* (queda aún un poco de tempo), עוד מעט, como en Ex 23, 30. En una conexión semejante puede citarse מעטו, Job 24, 24. Finalmente, והתבוננת es también una prótasis con perfecto hipotético, Gesenius, 155, 4a.

Esta promesa aparece igualmente en el Sermón de la montaña (Mt 5, 5) que toma la traducción de los LXX, Sal 37, 11, οἱ δὲ πραεῖς κληρονομήσουσι γῆν. La mansedumbre, que está satisfecha con Dios, y que renuncia a todas las ventajas de la imposición, será a la larga la heredera de la tierra. Los que se oponen a Dios podrán amontonar muchos bienes, pero todos ellos acabarán siendo al fin la posesión y bienaventuranza de los mansos.

37, 12–13. El verbo זמם está contraído con ל que está indicando el objeto de deseo de los malvados (זֹמֵם רָשָׁע לַצַּדִּיק). El rechinar de dientes como Sal 35, 16, cf. Job 16, 9, es un gesto de ira y de rabia, no de pura burla, aunque rabia y burla suelen ir unidas.

El Señor, que considera un insulto a los suyos como un insulto dirigido a él mismo, se ríe (Sal 2, 4) ante la ira y maldad de los enemigos; porque él, que ordena y dirige los destinos de los hombres, ve de antemano el futuro de los impíos, el día de su muerte o de su visitación (Sal 137, 7; Abd 1, 12; Jer 50, 27. 31).

37, 14–15. Lo que corresponde al tensar y preparar el arco para el disparo es el desenvainar la espada, פתח, Ez 21, 28, cf. Sal 55, 22. La combinación יִשְׁרֵי־דָרֶךְ essemejante a la de תְּמִימֵי־דוֹךְ, Sal 119, 1. El énfasis en Sal 37, 14 va sobre el sufijo de בלבם: ellos perecerán a causa de su propia arma o espada. Por su parte, וְקַשְּׁתוֹתָם tiene (cf. Baer) un *sheb dirimens*, igual que en Is 5, 28 en los textos correctos.

37, 16–17. Concuerda con Prov 15, 16 y 16, 8, cf. Tob 12, 8. La ל de לצדיק es una indicación perifrástica de genitivo (Gesenius, 115). המון es una multitud ruidosa, palabra que aquí se aplica a las posesiones terrenas. רבים no es equivalente a רב *per attractionem* (por atracción, cf. Sal 38, 11, הם en vez de הוא), sino que se refiere a un hombre justo, en oposición a muchos injustos.

Aquí, en Sal 37, 15 aparecen las manos en lugar del arco que ellas llevan. Aquel cuyos brazos están rotos no puede dañar/herir a los demás ni valerse por sí mismo. En contra de eso, Yahvé hace por los hombres algo que no pueden hacer por ellos mismos, ni la riqueza ni el poder humano; Dios es quien ayuda de verdad a los hombres.

37, 18-19. La vida de los hombres que aman a Yahvé con todo su corazón y con todas sus fuerzas es objeto de la mirada amorosa de Dios y de su cuidado providencial, cf. Sal 1, 6; Sal 31, 8 y Sal 16, 1-11. Dios no permite que los suyos pierdan su herencia, ni que se pierdan a sí mismos. La αἰώνιος κληρονομία no se extiende ni se aplica aquí al mundo futuro, como ocurre en el Nuevo Testamento, sino a la vida en el mundo. En Sal 37, 19 la supervivencia se refiere únicamente a la vida presente.

37, 20. La partícula כִּי sirve para confirmar desde la perspectiva opuesta la afirmación anterior (cf. Sal 130, 4). פִּיקָר בָּרִים forma un buen juego de sonidos; יָקָר es un adjetivo substantivado, como גָּדֵל, cf. Ex 15, 16. En vez de בעשן, no hay que leer כעשן, Os 13, 3, pues la ב queda confirmada por Sal 102, 4; Sal 78, 33.

La idea de fondo es que los impíos se desvanecen en (como) el humo, que empieza siendo espeso, pero que después se va aligerando hasta que desaparece (Rosemüller, Hupfeld, Hitzig). Ese sentido es físicamente admisible, y puede ser confirmado por el uso del lenguaje, tal como lo muestra la palabra בְּהֶבֶל, Sal 78, 33, cf. בְּצֶלֶם, Sal 39, 7.

La palabra בעשן va unida a la anterior, acentuada de un modo regular (cf. כָּלוּ, (כָּלוּ בֶעָשָׁן כָּלוּ). El *munach* en בֶעָשָׁן está sustituyendo a un *mugrash*, que no puede utilizarse nunca donde no haya al menos dos sílabas que preceden al tono *silluk* (véase *Psalter* II. 503). El segundo כָּלוּ tiene el acento sobre la penúltima sílaba, por razón del cambio de ritmo (Ewiger, 194; cf. לָמָה לָמָה, Sal 42, 10; Sal 43, 2; עוּרִי עוּרִי, Jc 5, 12 y Sal 137, 7), particularmente aquí a causa de la posición de la palabra en pausa (cf. עֲרוּ, Sal 137, 7).

37, 21-22. La promesa de vida y posesión de la tierra para los justos, formulada en Dt 15, 6; 28, 12. 44, se expresa aquí (Sal 37, 21) de la manera más universal, a modo de sentencia de sabiduría. לוה significa estar atado o bajo obligación con alguien del mismo rango (*nexum esse*). La confirmación de Sal 37, 22 no es inapropiada (como Hitzig considera, colocando Sal 37, 22 después Sal 37, 20), y se refiere a la caída más profunda de los impíos.

De esa forma se pone de relieve la falta de caridad de los impíos respecto a los justos, insistiendo en la maldición y bendición de Dios, que se revelará al final de la vida de los impíos y de los justos, tal como se anuncia aquí de nuevo, de manera universal. Los que rechazan las bendiciones de Dios quedan expulsados de la tierra, mientras que la promesa anunciada a los patriarcas se cumple en la experiencia de los que son bendecidos por Dios en toda su plenitud.

37, 23–24. Por la obra de Dios (con מִן, ἀπό, que es casi equivalente a ὑπό con pasiva, como en Job 24, 1; Ecl 12, 11, y en algunos otros pasajes) quedan establecidos y fijos (ya fijados firmemente) los pasos de un hombre, no solamente orientados o dirigidos hacia (LXX, Jerónimo: κατευθύνεται), lo que conforme al uso del lenguaje exigiría que se hubiera puesto la palabra הוּכַנּוּ (pasiva de הֵכִין, cf. Prov 16, 9; Jer 10, 23; 2 Cron 27, 6), sino sustentados por el mismo Dios.

Por גֶּבֶר se entiende aquí el hombre varón, en un sentido enfático (Job 38, 3), y también en un sentido ético. En ese fondo, cf. también la expresión más general del dicho que se expresa así: "El hombre propone y Dios dispone" (Prov 16, 9; 20, 24; Jer 10, 23). Por su parte, el sentido de Sal 37, 23 muestra que el texto se está refiriendo aquí al camino, es decir, al curso de vida de un hombre al que Dios va dirigiendo y apoyando con placer y ternura (יֶחְפָּץ con cambio pausal de vocal, יֶחְפָּץ).

Aquí se supone que ese hombre, por sí mismo, debería haber caído sin remedio, sea por mala fortuna o por error, pero que Dios le sostiene con su mano, ofreciéndole un fuerte punto de apoyo un tipo de *fulcrum* o palanca (cf. תָּמַךְ בּ, Sal 63, 9, passim), de manera que él pueda sostenerse y levantarse de nuevo.

37, 25–26. Aquí debe aplicarse una norma teológica antigua, según la cual, las *promissiones corporales intelligendae sunt cum exceptione crucis et castigationis* (las promesas corporales han de entenderse teniendo en cuenta la excepción de la cruz y del castigo). El salmo no niega un tipo de opresión o dolor temporal, y no se plantea el tema del conflicto y de la duda que surge en la mente de algunos temerosos de Dios, a partir de condiciones y circunstancias que son al parecer contrarias a la justicia de Dios, y esto lo hace teniendo en cuenta el contraste que se da entre lo transitorio y lo eterno, en un mundo (en un momento) en el que no se tenía conocimiento del futuro del juicio universal, en el que se ajustarán y se resolverán los temas del mundo presente, un tema que solo se resuelve en el Nuevo Testamento, aunque ha quedado ya planteado en el libro del Eclesiastés.

37, 27–28a. La temática de las promesas llega aquí de nuevo a su lugar central, como en Sal 37, 3. El imperativo שְׁכָן, que tiene aquí un carácter exhortativo aparece con una ו de secuencia, en el sentido de promesa, diciendo que el que haga tales cosas (buenas) habitará para siempre en la tierra lo mismo que tú, etc. (שְׁכָן, con sentido pregnante lo mismo que en Sal 102, 29, Is 57, 15). De todas formas, el imperativo retiene incluso aquí su significado, dado que la promesa final, vinculada a la exhortación, se realizará en aquellos que cumplen la ley de Dios, de manera que así compartirán la recompensa por el deber cumplido. Sobre Sal 37, 28, comparar con lo dicho en Sal 33, 5.

37, 28b–29. La división de verso resulta equivocada, porque la estrofa ס (*samej*) termina con חסדיו y la estrofa ע (*ayin*) comienza con לעולם, de forma que, de acuerdo con el texto que nosotros poseemos, la ע de esta palabra (después de la lamed) es la letra de comienzo de la nueva estrofa del acróstico[106].

Los LXX traducen עריץ por ἄνομος en Is 29, 20; עולה por ἄνομα en Job 27, 4; y הצמית, que es sinónimo de השמיד, por ἐκδιώκειν en Sal 101, 5. En esa línea, de un modo consecuente, como han mostrado Venema y Schleusner, esta estrofa comenzaba en נשמדו עולים (es decir, con la *ayin*).

Según eso, podemos afirmar que עולים נשמדו es otra lectura de לעולם נשמרו; una lectura que se mantiene al lado de la anterior, que ha sido un intento antiguo de encontrar un comienzo correcto para la estrofa ע, un intento que ha querido ser trasplantado así de los LXX al texto hebreo.

Pero resulta dudoso que esta reparación constituya de verdad una restauración de las palabras originales (en contra de Hupfeld, Hitzig) dado que עול (עויל) es una palabra que no se encuentra en los salmos, y por esa razón Böttcher piensa que el texto más adecuado es el que dice עולה עשי aunque críticamente pueda ser menos probable. En conclusión, a nuestro juicio, לעולם נשמרו forma una continuación del texto que resulta más adecuada al contexto y que es perfectamente lógica.

37, 30–31. El verbo הגה une en sí mismo los dos significados de meditar y de expresar el contenido de la meditación (véase Sal 2, 1), lo mismo que אמר une los dos sentidos de pensar y de decir. En este contexto, Sal 37, 31b ratifica la estabilidad y firmeza de la naturaleza moral del hombre: el camino del recto tiene una norma interior fija, pues la Torá no es para él simplemente un objeto externo de conocimiento, sino un precepto obligatorio.

El mandato de Dios queda así fijado en el corazón del justo, que ama según eso la Torá de su Dios, como motivo de sus acciones, una Torá que se encuentra internamente unida a la voluntad y vida de Dios. Sobre תמעד, seguido por el sujeto, en plural, cf. Sal 18, 35; Sal 73, 2, en *qetub*.

---

106. En contra de eso, los LXX, han introducido tras εἰς τὸν αἰῶνα φυλαχθήσονται otra línea que sugiere que el texto original podría tener un comienzo distinto para la estrofa ע, y en esa línea se mantiene el Cod. Vaticano, que de un modo incorrecto lee ἄμωμοι ἐκδικήσονται. Por el contrario, el Cod. Alejandrino pone correctamente ἄνομοι δὲ ἐκδιωχθήσονται (Símaco: ἄνομοι ἐξαρθήσονται).

37, 32–33. El Señor como aquel que juzga, es decir, como ἀνακρίνων, aparece en 1 Cor 4, 3, en contraste con el ἀνακρίνειν de los hombres y del ἡμέρᾳ humano. Si los hombres se sientan en juicio sobre la justicia, y lo hacen justamente, Dios, el juez supremo, no les condena, sino que se pone de parte de ellos (cf. por el contrario Sal 109, 7); pero si los hombres actúan en contra de la justicia de Dios, el mismo Dios les condena. Así dice Tertuliano: *si condemnamur a mundo, absolvimur a Deo* (si somos condenados por el mundo, seremos absueltos por Dios).

37, 34. Que el ojo de tu fe, dirigido por la esperanza hacia Yahvé, avance por este camino, sin apartarse de la rectitud a causa de la persecución y condena del mundo, pues el mismo Dios te librará de toda turbación y hará que poseas (לרשת, *ut possidas et possideas*) la tierra, como verdadero señor de ella, de la que serán expulsados los malvados.

37, 35–36. עריץ viene unido a רשע, y las dos palabras se alternan, como en Job 15, 20. En este caso, רשע tiene el significado de malhechor, alguien que inspira terror y que es tiránico. Por su parte el participio עריץ tiene un sentido bueno, de algo extenso, enaltecido, difundido.

Los LXX y Jerónimo traducen como si fuera כארז הלבנן, "como los cedros del Líbano", en vez de כאזרח רענן. Pero la expresión אזרח רענן se refiere a una encina, un terebinto o un árbol de ese tipo, que ha estado plantado y ha crecido desde tiempo inmemorial en este territorio, que es el suyo propio, alcanzando a lo largo de los siglos una altura gigantesca, con una copuda cabeza, dominando sobre todo el entorno.

Según eso, ויעבר no significa "y entonces desapareció" (como piensan Hupfeld y otros), porque en este contexto la palabra עבר no es adecuada para un árbol (pues los árboles no cambian de lugar, como los animales). Lutero traduce correctamente: entonces uno (alguien) pasó por allí y el impío ya no estaba, de forma que el caminante pasó de largo, cf. Gesenius 137, 3. La LXX, el texto siríaco y otros, para precisar mejor ponen: "Y entonces yo pasé por allí y ya no estaba".

37, 37–39. תם (el íntegro) podría tomarse en sentido general neutro, en unión con ישר, (cf. שמר־תם וראה ישר, ten en cuenta al íntegro, mira al justo…), pero los dos verbos (שמר y וראה) han de tomarse como vinculados y complementarios, y pueden entenderse desde 1 Sam 1, 1. El sentido más preciso del texto ha de verse a partir de la partícula כי (כי־אחרית לאיש שלום: porque hay un final dichoso para el hombre de paz).

Eso significa que el hombre de paz tiene un final totalmente distinto del final de los malvados, cuyo deleite está en la violencia y en la persecución. Como fruto de su conducta, el hombre de paz tiene un אחרית, un futuro, Prov

23, 18; 24, 14, es decir, una posteridad abundante, Prov 24, 20, mientras que los apóstatas son totalmente destruidos, no solo ellos, sino sus descendientes, pues su posteridad desaparece, cf. Am 4, 2; Am 9, 1; Ez 23, 25. Ellos no tienen posteridad que heredará su nombre, su אחרית está destinada a la destrucción (cf. Sal 109, 13 con Num 24, 20).

37, 40. La salvación de los justos viene de Yahvé, de manera que está caracterizada y fundada por la promesa de Dios: ellos tendrán una posteridad segura, perfecta, duradera para siempre. מעוזם es una aposición.

En este caso, la plena *scriptio* (escritura plena) sirve, lo mismo que en 2 Sam 22, 33, para indicar que מעוז no significa aquí una fortaleza material, sino un lugar de protección, un refugio, en el sentido de la palabra árabe *ma'âd'llh* (protección de Dios), *m'âdwjh'llh* (protección de la presencia de Dios), palabras que pueden utilizarse también como fórmulas de juramento; véase además *Coment.* a Sal 31, 3.

Los modos de secuencia de Sal 37, 40 son aoristos gnómicos. El paralelismo de Sal 37, 40 es progresivo, como el que se utiliza en los salmos graduales. La pequeña cláusula confirmatoria del final (כִּי־חָסוּ בוֹ) forma una cadencia conclusiva de mucha expresividad.

Salmo 38. Por el cambio de la ira merecida al amor que redime

¹ מִזְמוֹר לְדָוִד לְהַזְכִּיר:
² יְהוָה אַל־בְּקֶצְפְּךָ תוֹכִיחֵנִי וּבַחֲמָתְךָ תְיַסְּרֵנִי:
³ כִּי־חִצֶּיךָ נִחֲתוּ בִי וַתִּנְחַת עָלַי יָדֶךָ:
⁴ אֵין־מְתֹם בִּבְשָׂרִי מִפְּנֵי זַעְמֶךָ אֵין־שָׁלוֹם בַּעֲצָמַי מִפְּנֵי חַטָּאתִי:
⁵ כִּי עֲוֹנֹתַי עָבְרוּ רֹאשִׁי כְּמַשָּׂא כָבֵד יִכְבְּדוּ מִמֶּנִּי:
⁶ הִבְאִישׁוּ נָמַקּוּ חַבּוּרֹתָי מִפְּנֵי אִוַּלְתִּי:
⁷ נַעֲוֵיתִי שַׁחֹתִי עַד־מְאֹד כָּל־הַיּוֹם קֹדֵר הִלָּכְתִּי:
⁸ כִּי־כְסָלַי מָלְאוּ נִקְלֶה וְאֵין מְתֹם בִּבְשָׂרִי:
⁹ נְפוּגוֹתִי וְנִדְכֵּיתִי עַד־מְאֹד שָׁאַגְתִּי מִנַּהֲמַת לִבִּי:
¹⁰ אֲדֹנָי נֶגְדְּךָ כָל־תַּאֲוָתִי וְאַנְחָתִי מִמְּךָ לֹא־נִסְתָּרָה:
¹¹ לִבִּי סְחַרְחַר עֲזָבַנִי כֹחִי וְאוֹר־עֵינַי גַּם־הֵם אֵין אִתִּי:
¹² אֹהֲבַי וְרֵעַי מִנֶּגֶד נִגְעִי יַעֲמֹדוּ וּקְרוֹבַי מֵרָחֹק עָמָדוּ:
¹³ וַיְנַקְשׁוּ מְבַקְשֵׁי נַפְשִׁי וְדֹרְשֵׁי רָעָתִי דִּבְּרוּ הַוּוֹת וּמִרְמוֹת כָּל־הַיּוֹם יֶהְגּוּ:
¹⁴ וַאֲנִי כְחֵרֵשׁ לֹא אֶשְׁמָע וּכְאִלֵּם לֹא יִפְתַּח־פִּיו:
¹⁵ וָאֱהִי כְּאִישׁ אֲשֶׁר לֹא־שֹׁמֵעַ וְאֵין בְּפִיו תּוֹכָחוֹת:
¹⁶ כִּי־לְךָ יְהוָה הוֹחָלְתִּי אַתָּה תַעֲנֶה אֲדֹנָי אֱלֹהָי:
¹⁷ כִּי־אָמַרְתִּי פֶּן־יִשְׂמְחוּ־לִי בְּמוֹט רַגְלִי עָלַי הִגְדִּילוּ:

כִּי־אֲנִי לְצֶלַע נָכוֹן וּמַכְאוֹבִי נֶגְדִּי תָמִיד: 18

כִּי־עֲוֹנִי אַגִּיד אֶדְאַג מֵחַטָּאתִי: 19

וְאֹיְבַי חַיִּים עָצֵמוּ וְרַבּוּ שֹׂנְאַי שָׁקֶר: 20

וּמְשַׁלְּמֵי רָעָה תַּחַת טוֹבָה יִשְׂטְנוּנִי תַּחַת (רְדוֹפִי־)[רָדְפִי־]טוֹב: 21

אַל־תַּעַזְבֵנִי יְהוָה אֱלֹהַי אַל־תִּרְחַק מִמֶּנִּי: 22

חוּשָׁה לְעֶזְרָתִי אֲדֹנָי תְּשׁוּעָתִי: 23

<Salmo de David, para recordar>

¹ Jehová, no me reprendas en tu furor ni me castigues en tu ira.
² Tus saetas cayeron sobre mí, y sobre mí ha descendido tu mano.

³ Nada hay sano en mi carne a causa de tu ira;
ni hay paz en mis huesos a causa de mi pecado,
⁴ porque mis maldades se acumulan sobre mi cabeza;
como carga pesada me abruman.

⁵ Hieden y supuran mis llagas a causa de mi locura.
⁶ Estoy encorvado, estoy humillado en gran manera, ando enlutado todo el día,

⁷ porque mis lomos están llenos de ardor; nada hay sano en mi carne.
⁸ Estoy debilitado y molido en gran manera;
¡gimo a causa de la conmoción de mi corazón!

⁹ Señor, delante de ti están todos mis deseos y mi suspiro no te es oculto.
¹⁰ Mi corazón está acongojado, me ha dejado mi vigor,
y aun la luz de mis ojos me falta ya.

¹¹ Mis amigos y mis compañeros se mantienen lejos de mi plaga,
y mis cercanos se han alejado.
¹² Los que buscan mi vida arman lazos contra mí,
y los que procuran mi mal me amenazan y traman engaños todo el día.

¹³ Pero yo, como si fuera sordo, no oigo, y soy como un mudo que no abre la boca.
¹⁴ Soy, pues, como un hombre que no oye y en cuya boca no hay represiones.

¹⁵ Porque en ti, Jehová, he esperado, tú responderás, Jehová, Dios mío.
¹⁶ Dije: "No se alegren de mí; cuando mi pie resbale, no se engrandezcan sobre mí".

¹⁷ ¡Pero yo estoy a punto de caer y mi dolor está delante de mí continuamente!
¹⁸ Por tanto, confesaré mi maldad y me entristeceré por mi pecado.

¹⁹ Mis enemigos están vivos y fuertes,
y se han aumentado los que me aborrecen sin causa.
²⁰ Los que pagan mal por bien me son contrarios, por seguir yo lo bueno.

²¹ No me desampares, Jehová; Dios mío, no te alejes de mí.
²² ¡Apresúrate a ayudarme, Señor, salvación mía!

El Sal 38 es un salmo penitencial y está colocado inmediatamente después de Sal 37 a causa de la semejanza de su conclusión con la estrofa ת del salmo anterior. Comienza como Sal 6. Si miramos el adulterio de David como ocasión de este salmo (cf. especialmente 2 Sam 12, 14), podremos afirmar que Sal 6; 38; 51 y 32 forman una serie cronológica.

David está oprimido, tanto en su mente como en cuerpo, olvidado de sus amigos, mal mirado por sus enemigos, como alguien que ha sido arrojado fuera para siempre. El fuego de la ira divina arde dentro de él como una fiebre, y el rechazo divino se extiende por encima de él como una oscuridad.

Pero él sigue recorriendo su camino de oración, a través de este fuego y oscuridad hasta la confianza luminosa de la fe. Así, aunque haya surgido de sentimientos al mismo tiempo elevados y depresivos, este salmo se encuentra estructurado de forma simétrica y cuidadosa. Consta de tres párrafos principales que se dividen en cuatro (Sal 38, 2), tres (Sal 38, 10) y cuatro (Sal 38, 16) tetraesticos.

La forma en que se introducen los nombres de Dios está bien pensada. La primera palabra del primer parágrafo es יהוה, la primera del segundo es אדני, y en el tercero se intercambian dos veces los nombres de יהוה y אדני. Este salmo lleva en común con Sal 70 la inscripción להזכיר (*lehazkir,* para el recuerdo). El Cronista, en 1 Cron 16, 4, se refiere a estos salmos *hazkir* junto a los salmos en *hodu* y *halleluya.*

En conexión con la presentación de ofrendas alimenticias, se dice que una מנחות, esto es, una porción de ofrenda de carne se arrojaba sobre el fuego del altar, con un puñado de harina mezclada con aceite y todo ello con incienso. Esa porción se llamaba אזכרה, ἀνάμνησις, recuerdo, y la ofrenda era un הזכיר (un recordatorio), porque se pensaba que el humo ascendente llevaba hasta Dios el recuerdo de la persona que ofrecía el sacrificio.

En conexión con la presentación de esta porción del *memorial* se utilizaban como oración estos dos salmos (38 y 70). Por eso, la inscripción o encabezado evocaba la porción de la ofrenda de alimento reservada para Dios. Los LXX añaden aquí περὶ (τοῦ) σαββάτου, que equivale quizá a לשבת.

En este salmo se repiten los rasgos peculiares de los salmos penitenciales, en los que el orante se lamenta no solo de las aflicciones interiores de cuerpo y alma, sino también de los enemigos exteriores, que actúan como acusadores, y se aprovechan del pecado del orante (de David) para preparar el camino de su ruina. Esto se debe al hecho de que el creyente del A. T., cuya percepción del pecado no era todavía tan espiritual y profunda como la del creyente del N. T., pone siempre de relieve algún hecho pecaminoso que resulta abiertamente conocido.

Esos enemigos, que están buscando la ruina del orante, aparecen como instrumento de los poderes satánicos del mal (cf. Sal 38, 21, ישטנוני), que, como sabe bien el creyente del N. T., desean la muerte de los pecadores, en contra de Dios que desea que ellos vivan.

38, 2–9. David comienza como en Sal 6, con el deseo de que la acción punitiva de Dios se transforme y convierta en acción disciplinaria, educativa. Bakius ofrece una buena paráfrasis de Sal 38,2: "Corrige según ley, castiga por la cruz; mil veces prometí, no puedo negarlo; pero castígame te pido por amor, como padre, no con furor y ardor como juez; no me castigues con el rigor de la justicia, sino con la dulzura de la misericordia" (Corripe sane per legem, castiga per crucem, millies promerui, negare non possum, sed castiga, quaeso, me ex amore ut pater, non ex furore et fervore ut judex; ne punias justitiae rigore, sed misericordiae dulcore) cf. *Coment.* a Sal 6, 2.

La parte negativa se repite en Sal 38, 2, como en Sal 1, 5; Sal 9, 19; Sal 75, 6. En la descripción, que da el fundamento para el grito pidiendo piedad, la palabra נחת no es *piel*, como en Sal 18, 35, sino *nifal* del *kal* נחת que sigue inmediatamente (de la raíz קצף. נח) es la ira que irrumpe, el fragor del castigo de Dios (cf. Os 10, 7, LXX, φρύγανον), con ĕ en vez de ĭ en la primera sílaba, como vocales que alternan en esta palabra. Por su parte חמה, es la ira que arde y quema.

חצים (en Homero κῆλα), son las flechas de la ira de Dios, son los juicios de su cólera. Por su parte, יד, como en Sal 32, 4; Sal 39, 11, es la mano castigadora de Dios, que se muestra dispensando su juicio a través del castigo. En esa línea se ha podido añadir תנחת como un elemento de toda la secuencia. En Sal 38, 4 a la ira se le llama זעם, agua hirviendo.

El pecado es la causa de esta experiencia de la ira de Dios, y la ira es la causa de la destrucción o castigo del pecador. En esa línea, el pecado, como causa excitante de la ira, se manifiesta siempre hacia fuera, incluso en el cuerpo, como un poder fatal que domina al pecador.

En Sal 38, 5 el pecado se compara con las aguas que amenazan con derribar a los hombres, con un tipo de fuerza mayor. Ellas, las aguas de la ira de Dios, son más fuertes que yo (ממני ככבדו), de manera que no puedo resistir a su embate. En Sal 38, 6 los efectos de la mano divina que castiga son heridas de diverso tipo.

La palabra חבורת son como las marcas de los golpes, con lesiones infectadas que supuran, con magulladuras de, como en Is 1, 6; de חבר, árabe *ḥbr*, estar herido, magullado. Cf. הבאישו, que se refiere a las llagas abiertas (נמקו) que producen un olor repelente. Al pecado que origina todas estas llagas se le llama אולת, porque, sea cual fuere la forma en que se manifiesta, culmina siempre en la destrucción de las personas (como en un tipo de holocausto).

De manera enfática, las palabras מפני אולתי forman la conclusión de la segunda parte de Sal 38, 6. No tiene sentido tomar נעויתי de Sal 38, 7 e introducir esa palabra en el verso anterior, como han propuesto Meier y Thenius, destruyendo así el orden lógico del discurso. Sobre los tres מפני, de 38, 4. 5, véase Ewald, 217, 1.

En esa línea, enfermo de alma y cuerpo, el orante se ve obligado a inclinarse y humillarse hasta el extremo. La palabra נעוה se utiliza para indicar una situación convulsa del cuerpo, cf. Is 35, 14. הלך es una especie de marcha lenta, pesada, de alguien incapaz de andar.

En 38, 8, donde se ofrecen las razones de la petición del orante. comienza la tercera parte del texto: כִּי־כְסָלַי מָלְאוּ נִקְלֶה, *porque mis lomos* (los músculos internos de mis lomos, que son normalmente la parte más activa del cuerpo), *están llenos de נקלה,* de un fuego interior que arde y me impide caminar.

Es como si la fiebre, el ardor, que comienza por la parte central donde reside el poder del cuerpo, se extendiera sobre el cuerpo entero, como si la ira de Dios se manifestara y actuara desde las zonas más íntimas hasta las más externas de la vida humana. Amenazado así por el ardor (fiebre) de la ira de Dios que él mismo suscita en su cuerpo, el hombre acaba destruyéndose a sí mismo, hasta devenir como un cadáver.

פוג es la palabra adecuada para evocar el frío y la rigidez de un cadáver. El *nifal* evoca la forma en que el pecador se introduce en esa muerte, lo mismo que נדכא significa ser aplastado, ser conducido a un estado de ruptura total, de violenta disolución interior y exterior, por causa del pecado. La מן de מנהמת (שָׁאַגְתִּי מִנַּהֲמַת לִבִּי, gimo por la conmoción de mi corazón) quiere indicar que la pena, dolencia y muerte que brota de su corazón es la expresión externa de su más profunda dolencia interna.

38, 10–15. Habiendo descrito y lamentado su sufrimiento ante Dios, el salmista comienza ahora presentándose a sí mismo con un tono más calmado, con el sosiego de aquel que está cansado, pero también con la calma de aquel que sabe que el rescate aparece ya en el horizonte y va a realizarse pronto.

El salmista se ha lamentado, pero no como si lo primero y más importante fuera conseguir que Dios conociera su sufrimiento, pues el Dios Omnisciente conoce bien, por sí mismo, sin necesidad de preguntar, todo aquello que le pasa al orante (Dios lo tiene a su lado, ante sí, con נגד, que es como לנגד en Sal 18, 25).

Dios conoce la súplica que brota del orante que sufre, pues ningún sufrimiento o deseo se le escapa. El orante no dice estas cosas con el deseo de confortarse y tranquilizarse a sí mismo con este pensamiento, como si pudiera excitar la compasión de Dios. Pero tiene que decírselas, y así lo hace.

De esa manera expone la visión lastimosa de su condición, el estado de su corazón que gira sin cesar de un modo violento, en latidos y movimientos cada vez más fuertes y frecuentes de contracción y expansión (*Psychologie,* p. 252). Se encuentra, según eso, en un estado de palpitación intensa, que se muestra en los fuertes y rápidos latidos de su corazón (cf. סחרחר, en *pealal* según Gesenius 55, 3).

Le ha abandonado la fuerza que brota del centro de su corazón (Sal 40, 13), y la misma luz de sus ojos, incluso ella (con גַם־הוּא, cf. וְאוֹר־עֵינַי גַּם־הֵם אֵין אִתִּי), le ha dejado, la ha perdido por su llanto, por su forma incesante de mirar y por su fiebre. Aquellos que le amaban, y que se mostraban amistosos con él se han venido a poner lejos de su alcance (אֹהֲבַי וְרֵעַי מִנֶּגֶד נִגְעִי), abandonándole en las manos de Dios que le ha sacudido con ira). De esa manera, el orante no puede recibir la ayuda de sus presumibles amigos; ellos le dejan a solas, limitándose a mirarle (Abd 1, 11), de un modo hostil (2 Sam 18, 13) y no amistoso.

מִנֶּגֶד significa a cierta distancia, pero dentro del círculo de su visión, esto es, a la vista, cf. Gen 21, 16; Dt 32, 52. Las palabras וּקְרוֹבַי מֵרָחֹק עָמָדוּ, *y mis allegados lejos de mí*, introducen un pentaestico, dentro de un salmo que está formado en conjunto por tetraesticos… Esas palabras forman parte del texto no son una glosa o variante posterior, como algunos han pensado.

Sea como fuere, מִנֶּגֶד ha de verse en unión con מֵרָחֹק 2 Rey 2, 7. Según eso, sus enemigos, intentan tomar la delantera, aprovechándose de su caída, de su falta de ayuda, a fin de asestar sobre su cabeza el golpe final de la muerte[107].

Siendo consciente de su pecado, él está obligado a guardar silencio, de manera que renunciando a actuar por sí mismo, abandona su causa en manos de Dios. Consciente de su culpa, con la resignación que cierra sus labios, él no es capaz de refutar las acusaciones de sus enemigos, ni de rebatir sus falsedades; no tiene תּוֹכָחוֹת (וְאֵין בְּפִיו תּוֹכָחוֹת), ningún tipo de contraevidencias para justificarse a sí mismo. Las palabras וּכְאִלֵּם לֹא יִפְתַּח־פִּיו no se debe traducir "como un mudo que no abre su boca" pues la כ de כְאִלֵּם es solo una preposición, no una conjunción (como muestran las pruebas que pueden hallarse en Sal 38, 14, Sal 38, 15)[108].

38, 16–23. Sabiendo que es totalmente inútil querer justificarse por sí mismo, el orante renuncia a toda autoayuda porque (כִּי) espera en Yahvé, que es el único

---

107. Por su parte וַיְנַקְּשׁוּ (con la ק con *daggesh*, cf. מְבַקְשֵׁי נַפְשִׁי ŸWvÜq.n,yẹ) describe lo que ellos han planeado a consecuencia de la posición en que él se encuentra ahora. La substancia de sus palabras se condensa en הַוּוֹת (+דִּבְּרוּ הַוּוֹת): buscan su destrucción completa (véase Sal 5, 10). En esa línea se sitúa el término מִרְמוֹת, engaño sobre engaño, malicia sobre malicia, y así se lo repiten sin cesar sus enemigos, con su mirada, con su corazón y con su boca.

108. Los pasajes a los que apela Hupfeld en apoyo de uso de la כ como una conjunción, es decir, Sal 90, 5; Sal 125, 1; Is 53, 7; Is 61, 11, no son probativos. El pasaje que parece más favorable a su postura es Abd 1, 16, pero en este caso la expresión es elíptica, dado que כְלֹא es equivalente a כַאֲשֶׁר לֹא, como כְלֹּא, Is 65, 1, que tiene el sentido de לַאֲשֶׁר לֹא. Solo כְּמוֹ (árabe *kma*) puede utilizarse como una conjunción, pero כ (árabe k) es siempre una preposición en el antiguo hebreo, como en siríaco y árabe (véase Fleischer, *Hallische Allgem. Lit. Zeitschrift* 1843, vol. IV. p. 117ss).

Solo a partir de la poesía sinagogal del medioevo (véase Zunz, *Synagogal-poesie des Mittelalters*, p. 121, 381s) esa partícula se puede utilizar como una conjunción (e. g., כְּמָצָא, cuando él encontró), como sucede en el idioma *himjarítico* (de la antigua Arabia) y como aparece en inscripciones descifradas por Osiander. La cláusula verbal que se vincula con la palabra a la que se antepone כ, en el sentido de *instar, en lugar de*, es, en la mayoría de los casos, una cláusula atributiva, como en el caso arriba citado, pero podría ser a veces también circunstancial (árabe *ḥâl*), como en Sal 38, 14; cf. Corán, *Sura* LXII 5, "como la figura de un asno llevando libros".

que puede responderle; así aguarda su ayuda porque (כִּי) dice, etc. Con יְהוָה הוֹחָלְתִּי כִּי־לְךָ (38, 16) empiezan los *cuatro versos encabezados por* כִּי: 38, 16-19).

El orante espera una respuesta de Dios, porque está convencido de que la gloria de Dios no permitirá que sus enemigos triunfen sobre él, de manera que tiene la seguridad de que Dios no fortalecerá a esos enemigos en su falta de piedad y en su injusticia. Por su parte, la afirmación Sal 38, 17 parece estar determinado por כִּי־אָמַרְתִּי פֶּן־יִשְׂמְחוּ־לִי פֶּן, cf. primer (כִּי), pero, dado que en este caso se hubiera esperado una *waw* de relación, y un orden diferente de palabras, debemos suponer que Sal 38, 17 constituye en sí misma una cláusula de sujeto: "Cuando mi pie resbale, cuando mi aflicción se convierta en caída y destrucción total ¿quién se gloriaría a sí mismo en contra de mí?" (cf. Reina-Valera 38, 16: "No se alegren de mí; cuando mi pie resbale, no se engrandezcan sobre mí").

Eso significa que en Sal 38, 17, la partícula כִּי sirve para conectar lo que sigue, a modo de confirmación, con בְּמוֹט רַגְלִי. El salmista está נָכוֹן לְצֶלַע, pronto para caer, de modo que, si Dios no se interpone y actúa de un modo gratuito, él caerá sin remedio cabeza abajo.

La siguiente כִּי (de Sal 38, 19: כִּי־עֲוֹנִי אַגִּיד) está vinculada, de un modo confirmatorio con Sal 38, 18. Así dice: "Por tanto, confesaré mi maldad y me entristeceré por mi pecado". Su pena y tristeza más intensa le acompañan siempre, de manera que está obligado a confesar su culpa, pues sentirla es el verdadero aguijón de su pena. Desde ese fondo se entiende todo lo que sigue. En esa línea, mientras el orante es consciente de su bien merecido castigo, y se siente enfermo de muerte, sus enemigos son numerosos, y están llenos de vigor, plenos de vida.

En vez de חַיִּים (וְאֹיְבַי חַיִּים), en la línea de Sal 35, 19; Sal 69, 5, hay que leer probablemente חִנָּם (cf. Houbigant, Hitzig, Köster, Hupfeld, Ewald y Olshausen). Pero incluso los LXX leen חַיִּים. Eso supone que esa lectura es muy antigua, y aunque no se acomoda muy bien con עָצְמוּ (pues en lugar de esa palabra uno esperaría וְעָצוּמִים), ella debe tener un sentido.

En esa línea, conforme a Sal 38, 9, el orante se descubre a sí mismo como más muerto que vivo. Sus enemigos, en cambio, están חַיִּים, muy vivos, muy vigorosos. El verbo tiene con frecuencia este significado pregnante, y el adjetivo puede tenerlo también[109].

Sal 38, 21 es una aposición de sujeto, igual que la de Sal 38, 20. En lugar de רֹדְפִי (Gesenius 61, nota 2) el *keré* es רָדְפִי, *rādephî* (sin *makkeph* posterior), o

---

109. Ciertamente, la acentuación de la palabra סַבּוּ varía en otros lugares, en los que no está en pausa. Por su parte, la forma וְרַבּוּ tiene aquí el tono en la última sílaba, a pesar de no ser perf. consec. Otras palabras semejantes tienen también el acento en la última sílaba: וַחֲתוּ, Is 20, 5, Abd 1, 9, y וְרַבּוּ, Is 66, 16; quizá también וְחַדּוּ, וְקַלּוּ, Hab 1, 8 y וְרַבּוּ (*perf. hypothericum*), Job 32, 15. Pero no hay razón para la acentuación en la final de los siguientes casos: רַבּוּ, Sal 55, 22; רַבּוּ, Sal 69, 5; דַּלּוּ, Is 38, 14; קַלּוּ, Jer 4, 13; שָׁחוּ, Prov 14, 19; שַׂחוּ, Hab 3, 6; חַתּוּ, Job 32, 15; זַכּוּ, צַחוּ, Lam 4, 7.

רדפי, *rādophî* (cf. תַּחַת (רְדוֹפִי־)רְָדְפִי־טוֹב). Sobre la pronunciación de las palabras, cf. Sal 86, 2; Sal 16, 1. Para el *qetub* רדופי y צרופה, cf. Sal 26, 2, también מיורדי, Sal 30, 4. Al decir "por seguir yo lo bueno" (38, 21), David se está refiriendo de un modo especial a su relación con los enemigos, tanto como se ha venido expresando en los versos anteriores[110].

De esa forma, el salmista concluye Sal 38, 22 con deseos de ayuda, sin que se advierta ninguna luz que le permita superar la oscuridad de la ira. La fe suplicante (*fides supplex*) no se ha convertido en fe triunfante (*fides triumphans*). Pero las palabras finales: oh Señor, mi salvación (אֲדֹנָי תְּשׁוּעָתִי, cf. Sal 51, 16), muestran la diferencia que existe entre el arrepentimiento de Caín y el de David. El verdadero arrepentimiento lleva consigo la fe; el auténtico arrepentido desespera de sí mismo, pero no de Dios.

Salmo 39. Oración de uno que sufre por la prosperidad de los impíos

¹ לַמְנַצֵּחַ (לִידִיתוּן) לִידוּתוּן מִזְמוֹר לְדָוִד׃

² אָמַרְתִּי אֶשְׁמְרָה דְרָכַי מֵחֲטוֹא בִלְשׁוֹנִי אֶשְׁמְרָה לְפִי מַחְסוֹם בְּעֹד רָשָׁע לְנֶגְדִּי׃

³ נֶאֱלַמְתִּי דוּמִיָּה הֶחֱשֵׁיתִי מִטּוֹב וּכְאֵבִי נֶעְכָּר׃

⁴ חַם־לִבִּי בְּקִרְבִּי בַּהֲגִיגִי תִבְעַר־אֵשׁ דִּבַּרְתִּי בִּלְשׁוֹנִי׃

⁵ הוֹדִיעֵנִי יְהוָה קִצִּי וּמִדַּת יָמַי מַה־הִיא אֵדְעָה מֶה־חָדֵל אָנִי׃

⁶ הִנֵּה טְפָחוֹת נָתַתָּה יָמַי וְחֶלְדִּי כְאַיִן נֶגְדֶּךָ אַךְ כָּל־הֶבֶל כָּל־אָדָם נִצָּב סֶלָה׃

⁷ אַךְ־בְּצֶלֶם יִתְהַלֶּךְ־אִישׁ אַךְ־הֶבֶל יֶהֱמָיוּן יִצְבֹּר וְלֹא־יֵדַע מִי־אֹסְפָם׃

⁸ וְעַתָּה מַה־קִּוִּיתִי אֲדֹנָי תּוֹחַלְתִּי לְךָ הִיא׃

⁹ מִכָּל־פְּשָׁעַי הַצִּילֵנִי חֶרְפַּת נָבָל אַל־תְּשִׂימֵנִי׃

¹⁰ נֶאֱלַמְתִּי לֹא אֶפְתַּח־פִּי כִּי אַתָּה עָשִׂיתָ׃

¹¹ הָסֵר מֵעָלַי נִגְעֶךָ מִתִּגְרַת יָדְךָ אֲנִי כָלִיתִי׃

¹² בְּתוֹכָחוֹת עַל־עָוֹן יִסַּרְתָּ אִישׁ וַתֶּמֶס כָּעָשׁ חֲמוּדוֹ אַךְ הֶבֶל כָּל־אָדָם סֶלָה׃

¹³ שִׁמְעָה־תְפִלָּתִי יְהוָה וְשַׁוְעָתִי הַאֲזִינָה אֶל־דִּמְעָתִי אַל־תֶּחֱרַשׁ כִּי גֵר אָנֹכִי עִמָּךְ תּוֹשָׁב כְּכָל־אֲבוֹתָי׃

¹⁴ הָשַׁע מִמֶּנִּי וְאַבְלִיגָה בְּטֶרֶם אֵלֵךְ וְאֵינֶנִּי׃

110. En los textos griegos y latinos, lo mismo que en los etíopes y en algunos árabes, y también en el *Salterium Mediolanense* árabe, encontramos en 21, 38 el siguiente añadido, que dice: "Y arrojaron fuera al Dilecto como muerto abominable" (en griego: ce aperripsan me ton agapeton osi necron ebdelygmenon; en latín: et projecerunt me dilectum tanquam mortuum abominatum, cf. Salt. Veronense). Teodoreto aplica esta frase a la relación de Absalón con David. Las palabras ὡσεὶ νεκρὸν ἐβδελυγμένον están tomadas de Is 14, 19.

<Al músico principal; a Jedutún. Salmo de David>

¹ Yo dije, "Atenderé a mis caminos para no pecar con mi lengua;
guardaré mi boca con freno en tanto que el impío esté delante de mí".
² Enmudecí con silencio, me callé aun respecto de lo bueno; pero se agravó mi dolor.
³ Se enardeció mi corazón dentro de mí;
en mi meditación se encendió un fuego y así proferí con mi lengua,

⁴ Hazme saber, Jehová, mi fin y cuánta sea la medida de mis días;
sepa yo cuán frágil soy.
⁵ Diste a mis días término corto y mi edad es como nada delante de ti;
ciertamente, es apenas un soplo todo ser humano que vive. Selah
⁶ Ciertamente, como una sombra es el hombre;
ciertamente, en vano se afana; amontona riquezas y no sabe quién las recogerá.

⁷ Y ahora, Señor, ¿qué esperaré? Mi esperanza está en ti.
⁸ Líbrame de todas mis transgresiones; no me conviertas en la burla del insensato.
⁹ Enmudecí, no abrí mi boca, porque tú lo hiciste.
¹⁰ Quita de sobre mí tu plaga; estoy consumido bajo los golpes de tu mano.
¹¹ Con castigos por el pecado corriges al hombre
y deshaces como polilla lo más estimado de él;
¡ciertamente, es apenas un soplo todo ser humano! Selah

¹² Oye mi oración, Jehová, y escucha mi clamor.
No calles ante mis lágrimas, porque forastero soy para ti y advenedizo,
como todos mis padres.
¹³ Déjame, y tomaré fuerzas antes que vaya y perezca.

En Sal 38, 14 el poeta se presentaba como persona muda, que no abre su boca. Igualmente sometido y resignado se presenta en Sal 39, 3. Esto forma un elemento común de los dos salmos, lo que ha motivado que aparezcan juntos, formando una pareja. Pero hay también otros salmos que están aún más vinculados a Sal 39, entre ellos Sal 62, que unido con Sal 4, tiene un trasfondo histórico semejante.

El autor se descubre amenazado en su dignidad por aquellos que, siendo falsos amigos, han venido a convertirse en enemigos abiertos, como lo muestran por el hecho de que se alegran con el gozo de un poder y de unas posesiones que han adquirido de un modo ilegal.

A partir de su propia experiencia, en medio de la cual él entrega su salvación y su honor en manos de Dios, el orante proclama una serie de advertencias generales, afirmando que la confianza en las riquezas resulta engañosa, y que el poder verdadero pertenece solo a Dios, el Vengador. Estas son dos doctrinas básicas en las que se apoya el compromiso y camino de David, en el contexto del alzamiento Absalón, su hijo, con el que tuvo que enfrentarse (2 Sam 15-18).

Este es el trasfondo de Sal 52, el mismo que el de Sal 39. Ambos llevan el nombre de Jedutún, puesto al lado del de David, en el encabezado. Ambos salmos describen la nulidad de toda empresa humana, y lo hacen con el mismo lenguaje. Ambos se deleitan, más que otros salmos, en la forma de asegurar lo que dicen con un אַךְ de confianza; ambos incluyen por dos veces el סלה; ambos coinciden en varios puntos con el libro de Job.

Ambos muestran, en fin, una forma tan pulida, transparente y clásica que no hay crítica alguna que nos autorice a pensar que ellos puedan ser de un autor distinto de David. La razón por la que el redactor no haya colocado Sal 62 inmediatamente después de Sal 39 está en el hecho de que Sal 62 es un salmo de Elohim, y no está bien colocarle en medio de los salmos de Yahvé.

Al encabezado לַמְנַצֵּחַ se le añade aquí לִידִיתוּן. El nombre aparece escrito también así en Sal 77, 1; 1 Cron 16, 38; Neh 11, 17, y siempre en el *keré* (cf. לִידוּתוּן), vocalización que, en analogía con זְבוּלוּן, es la más fácilmente pronunciable (Sal 62, 1). Proviene de la forma יְדוּת o יְדִית; cf. שְׁבוּת y חַפְשׁוּת, חֲפְשִׁית y שְׁבִית. Es el nombre de uno de los tres maestros del coro o preceptores de David, el tercero, en unión con Asaph y Heman, 1 Cron 16, 41; Sal 25, 1; 2 Cron 5, 12; 2 Cron 35, 15. Este Jedutún se identifica sin duda con 1 ,אֵיתָן Cron 15, que cambió su nombre por el יְדוּתוּן tras el acuerdo de Gibeón, narrado en 1 Cron 16.

De manera consiguiente, puesto al lado de לַמְנַצֵּחַ, este לִידוּתוּן al que se refiere el encabezado tiene que ser el mismo מְנַצֵּחַ, i. e., el nombre de la persona a quien se encargó el salmo para que fuera preparado y adaptado para la música. El hecho de que en las dos inscripciones (Sal 62, 1; Sal 77, 1) leamos עַל en vez de לְ en לִידִיתוּן no va en modo alguno en contra de esta hipótesis.

Según eso, Jedutún es la persona a la que se le entrega el salmo para que sea musicalizado y cantado. La traducción de Hitzig "al director de los jedutunitas" es posible por lo que toca a יְדוּתוֹן, pero solo en el caso de que se utilice como nombre genérico, igual que אַהֲרֹן en 1 Cron 12, 27; 1 Cron 27, 17; sin embargo, el uso acostumbrado de לְ en las inscripciones va en contra de esa posibilidad.

El Salmo consta de cuatro estanzas sin simetría estrófica. Las tres primeras siguen aproximadamente el mismo ritmo y tienen las mismas dimensiones; la estanza final viene presentada en forma de epílogo.

39, 2–4. El poeta evoca la forma en que él había decidido llevar su propia aflicción en silencio, ante el hecho de la prosperidad de los impíos, pero su decisión fue tan dolorosa que se vio obligado a romperla de un modo involuntario (dejando de estar en silencio). Esta resolución de hablar sigue a las palabras introductorias אָמַרְתִּי אֶשְׁמְרָה, con verbos cohortativos.

Él había querido guardar silencio, tanto en un plano mental, de pensamiento, como de acción externa, con el fin de no pecar con su lengua, es decir, con el fin de no murmurar de un modo pecaminoso sobre su infortunio, viendo la prosperidad de los impíos. Había decidido mantener su decisión, de un modo firme, poniendo una especie de freno (sobre la forma מַחְסוֹם, cf. *Coment.* a Gen 30, 37), es decir, una brida (*capistrum*), sobre su boca, mientras viera cómo los impíos seguían pecando y teniendo éxito con su fuerza, en vez de caminar rápidamente hacia su ruina, como uno podría esperar.

Conforme a ese propósito, David se mantenía totalmente mudo דוּמִיָּה, en silencio, i. e., como en Sal 62, 2, cf. Lam 3, 26, en sumisión resignada. De esa forma, guardaba su mente y su boca de murmuraciones, estado מִטּוֹב, es decir, alejado (véase Sal 28, 1; 1 Sam 7, 8, passim) de la prosperidad, es decir, del tiempo de vida que veía en los impíos, que se regocijaban y triunfaban.

Así se mantuvo en silencio ante la contradicción y la perplejidad, entre la prosperidad de los impíos y la justicia de Dios. Pero este silencio impuesto hacía que creciera su dolor reprimido, de manera que el sufrimiento interior aumentaba, נֶעְכָּר, se extendía. Lógicamente, la fiebre interna se convertía en un tipo de llanto cada vez más intenso (Jer 20, 9). De esa forma, "se enardeció mi corazón dentro de mí; en mi meditación se encendió…".

Sus pensamientos y sus emociones, luchando entre sí, producían un fuego ardiente, un dolor irreprimible, de forma que al final él tuvo que hablar con su lengua, pues era incapaz de reprimir su dolencia. Lo que ahora sigue no es lo que el poeta dijo cuando se hallaba en esa condición. Por el contrario, él ha dejado de cumplir su decisión anterior de mantener silencio, que se ha mostrado impracticable, a fin de entonar, a fin de que Dios escuche su lamento y le enseñe a vivir en un estado de sumisión calmada, pero llena de las más hondas palabras.

39, 5–7. El salmista pide a Dios que ponga claramente ante sus ojos la transitoriedad de la vida en la tierra (cf. Sal 90, 12); porque si la vida solo tiene una duración muy pequeña, el sufrimiento del justo y la prosperidad de los impíos no podrá durar mucho tiempo, pues en esta tierra todo acaba.

Lo que el salmista pide es esto: que Dios le conceda conocer su fin (Job 6, 11), esto es, el fin de su vida, que es, al mismo tiempo, el fin de su aflicción, y también la medida de sus días. Quiere saber cómo puede calcularse la longitud de la vida de los hombres (con מה, un interrogativo que surge del cansancio, como en Sal 8, 5), para que cada uno sea consciente de su propia fragilidad[111].

---

111. Hupfeld corrige el texto para poner אֲנִי מֶה־חָדֵל, conforme a la analogía con Sal 89, 48, porque, a su juicio, חָדֵל no significa "frágil". Pero, en contra de eso, debemos afirmar que חָדֵל significa *aquello que termina y cesa*, es decir, aquello que es *finito, transitorio y frágil*. מה tiene aquí el sentido *quam* (como en ¡qué corta es la vida…!) en conexión con un adjetivo, como en Sal 8, 2; Sal 31, 20; Sal 36, 8; Sal 66, 3; Sal 133, 1.

Por medio de הֵן (forma normal de introducir una *propositio minor*, cf. Lev 10, 18; Lev 25, 20) se reafirma la petición anterior. Ciertamente, Dios ha hecho que los días de un hombre, es decir, su tiempo de vida, sea טְפָחוֹת, es decir, muy corto, como un puñado de soplos, i. e., Dios le ha concedido solo una pequeña cantidad de alientos (cf. יָמִים, unos pocos días, e. g., Is 65, 20), como si muchísimos de ellos no tuvieran más extensión que un codo (cf. πήχυιος χρόνος en Mimnermus y en 1 Sam 20, 3); la duración de la vida de un hombre (sobre חֶלֶד, véase Sal 17, 14) es una nada que se desvanece ante la eternidad de Dios.

La partícula אַךְ (ciertamente..., cf. אַךְ־בְּצֶלֶם׀ יִתְהַלֶּךְ־אִישׁ אַךְ־הֶבֶל יֶהֱמָיוּן) es originalmente afirmativa, y partiendo de ese primer sentido se puede convertir en restrictiva, lo mismo que רַק que es originalmente restrictiva y se convierte después en afirmativa. Algunas veces, como sucede comúnmente con אָכֵן, el significado afirmativo viene a convertirse en adversativo (cf. verum, verum enim vero), ciertamente.

En nuestro caso, insistiendo en el sentido restrictivo, esa partícula ha de entenderse así: el ser humano no es más que nulidad (cf. Sal 45, 14; Sant 1, 2); de esa forma, aquel que quiere mantenerse firme y seguro por sí mismo (cf. נצב) no podrá conseguirlo en modo alguno. El hombre que solo quiere fundar su vida en sí mismo nunca podrá mantenerse seguro y asentado en el mundo (Zac 11, 16).

En este momento, la música se eleva en forma de amargo lamento, y así continúa el tema en Sal 39, 7. La palabra צֶלֶם, que pertenece a la misma raíz que צֵל, sombra, significa una imagen vana, como una sombra fugitiva.

La ב de אַךְ־בְּצֶלֶם, es como la de Sal 35, 2, una *beth essentiae*: el hombre camina solo como una sombra insubstancial; no es más que הֶבֶל, *habel*, como un aliento que se desvanece (Sal 144, 4), lleno de vacío, con vanos motivos y vanos resultados, que se diluyen, como una perturbación que se destruye a sí misma (אַךְ־הֶבֶל יֶהֱמָיוּן: con *fut. energicum*, como en Sal 36, 8).

Como ejemplo de vanidad, el salmista cita al hombre que trabaja sin descanso, y afanosamente se ocupa de almacenar riquezas, sin saber quién las heredará, ni para quién servirán (צבר, como en Job 27, 16). Cf. Is 33, 4, con סְפֶּם מִי־א (con final en *ām* igual que αὐτά; cf. Lev 15, 10, en conexión con lo cual אֵלֶּה הַדְּבָרִים, cf. Is 42, 16, nos sitúa ante la mente de aquel que está hablando).

39, 8–12. Resulta normal comenzar un nuevo tema de discurso con וְעַתָּה, en el sentido de "y ahora": en conexión con esta *nada de vanidad* que es la vida humana, llena de sufrimiento e intranquilidad, tras un comienzo como ese: ¿qué puedo esperar, *quid sperem*: וְעַתָּה מַה־קִּוִּיתִי (en relación con el perfecto, cf. *Coment.* a Sal 11, 3)? La respuesta a esta pregunta que el mismo poeta ha planteado, es que Yahvé es el final o meta de su espera y esperanza.

Puede parecer extraño que el poeta haya querido presentar la brevedad de la vida humana como razón para mantenerse en calma, y como fundamento de tranquilidad. Pero hay una explicación clara para ello: aunque no se afirme de un modo expreso que exista una vida futura de bienaventuranza, la fe del salmista, incluso en medio de la muerte, se mantiene firme en Yahvé como el Viviente, como el Dios de los vivientes.

Este es el sentido y fundamento heroico de la fe del Antiguo Testamento: que en medio de los enigmas del presente, y ante la faz de un futuro que parece perderse en la noche sin respuestas, el creyente se ponga y se entregue sin reservas en las manos de Dios. Ciertamente, sabiendo que el pecado es la raíz de todos los males, en 39, 9, como base para todo lo demás, el poeta pide a Dios que aleje de él todas las transgresiones por las cuales ha caído en aflicción.

El poeta sabe que a consecuencia de su pecado él se convertirá no solo en objeto y causa de su propio deshonor, sino también del deshonor de Dios, como objeto de burla de los que no creen. Por eso pide en Sal 39, 9 que Dios no le permita llegar a esa situación, pues la salvación de los piadosos forma parte del honor de Dios.

De un modo consecuente, como en Sal 35, 10, la partícula כֹּל, Sal 39, 9 (מִכָּל־פְּשָׁעַי) ha de leerse con â (no con ŏ), pues nunca se puede colocar un acento sobre un *kametz chatûph*. Sobre נבל, Sal 39, 9, cf. *Coment.* a Sal 14, 1.

Este es el tema clave. En relación a lo demás, el salmista se mantiene en silencio y calma, porque el mismo Dios es el autor de todo, incluida su aflicción (עשׂה, aparece en forma absoluta, como en Sal 22, 32; Sal 37, 5; Sal 52, 11, Lam 1, 21). Sin dejar aún de fijarse en la prosperidad de los impíos, el salmista reconoce la mano de Dios en su aflicción, y confiesa que ha merecido la pena sufrir lo que ha sufrido, que no ha sido digno de nada mejor. Pero, al mismo tiempo, le pide a Dios que tenga misericordia de él, y que le coloque en el lugar de los justos.

El nombre que el salmista da a su aflicción es נגע (cf. הָסֵר מֵעָלַי נִגְעֶךָ), lo mismo que en Sal 38, 12, como si se tratara de un golpe (un ataque) de la ira divina (תִּגְרַת יָדְךָ) como si la mano de Dios cayera sobre él con toda la fuerza. Pues bien, si quiere afirmarse como אֲנִי, con un yo fuerte, centrado en sí mismo, frente a la mano todopoderosa, castigadora de Dios, ante la que él quiere elevarse, siendo un hombre débil, el salmista tiene que saber que su ruina es segura.

En Sal 39, 12 el salmista expone su propia experiencia particular en forma de máxima general, cuando responde a Dios hablando de sus castigos (cf. תּוֹכָחוֹת de תּוֹכַחַת, forma colateral de תּוֹכֵחָה), diciéndole: si tú castigas a un hombre a causa de su iniquidad (perf. condicional), tú haces que su belleza (Is 53, 3), i. e., su hermosura corporal (Job 33, 21), se disipe y desaparezca (וַתֶּמֶס, fut. apocopado de המסה, fundirse, desaparecer, Sal 6, 7), como si fuera un vestido comido por la polilla (Os 5, 12), desapareciendo así, sin dejar casi rastro, convertido en hilachos.

Según eso, todos los hombres que se elevan frente a Dios terminan siendo pura nada: son pecadores y perecen. De esa forma, este pensamiento, que había sido ya expresado en Sal 39, 6 se repite aquí en forma de refrán. Y en este momento vuelve a sonar la música, como había sonado en 39, 6.

39, 13–14. Finalmente, el poeta renueva su oración pidiendo a Dios que alivie sus sufrimientos, fundándose en la brevedad de su peregrinación terrena, como ser humano frágil. La petición urgente שמעה recibe aquí toda su fuerza, como en שִׁמְעָה־תְפִלָּתִי: escucha mi oración[112].

Junto a ese lenguaje de oración, aparecen aquí también las lágrimas, como plegaria corporal, inteligible para Dios, pues allí donde parece que se cierran las puertas de la oración de las palabras siguen abiertas las puertas de la oración de las lágrimas (שערי דמעות לא ננעלו, cf. *B. Berachoth* 32b). Como razón para ser escuchado, David apela en este contexto a la inestabilidad y al carácter finito de esta vida terrena.

Un hombre así, que está de paso en la vida, tiene que ser escuchado por Dios. Ese hombre es un pasajero por el mundo, es un גר, un extranjero que se mueve y habita como huésped en un país que no es su tierra nativa; תושב es un "advena" o advenedizo, que goza de la protección de las leyes del país donde habita, pues se ha establecido allí y ha recibido permiso de residencia para aliviar así sus sufrimientos.

La tierra es de Dios, y esto que se dice de la Tierra Santa en Lev 25, 23 puede decirse de la totalidad de las tierras del mundo. El hombre no tiene derecho sobre ella, sino que se limita a permanecer allí el tiempo que Dios se lo permita.

Las palabras כְּכָל־אֲבוֹתַי, como todos mis padres (cf. אָנֹכִי עִמָּךְ תּוֹשָׁב כְּכָל־אֲבוֹתָי, כִּי גֵר), nos permite lanzar una mirada a la época de los patriarcas (Gen 47, 9, cf. Sal 23, 4). Ciertamente, en el tiempo de David, Israel era un pueblo que poseía un lugar fijo de habitación, en la tierra de Canaán, pero eso solo lo había conseguido como don de su Dios, y para cada individuo durante el tiempo de su vida, que se desvanece muy pronto, como sombra, como frágil aliento. Por eso, David ruega a Dios diciéndole que aleje de él su ira, que se vuelva cariñoso y protector, antes de que él tenga que dejar esta tierra y sea demasiado tarde.

השע (הָשַׁע מִמֶּנִּי, déjame...) es imperativo apocopado *hifil* en vez de השעה (con el significado de *kal*), pero aquí esta vocalizado como *imperativo hifil* de

---

112. Así interpretan Heidenheim y Baer, siguiendo a Abulwald, Efodi y Mose ha-Nakdan. En algunos códices aparece la observación masorética לית קמץ חטף, "solo aquí con *kametz kateph*". Ese *kateph-kametz* es eufónico, como en לקחה, Gen 2, 23, y en muchos otros lugares, en los que no aparece incluido en nuestras ediciones, véase Abulwald, חרקמה p. 198, donde se cita también entre los ejemplos מטהרו igual a מטהרו, Sal 89, 45 (Gesenius 10, nota 2).

שעע en Is 6, 10, sin necesidad de suponer que el texto está aludiendo a unos ojos implícitos de Dios, que han dejado de mirar… Al contrario, el texto ha de ser traducido como "déjame", no me mires…".

En esta línea, cf. Job 7, 19; 14, 6; sobre אבליגה, cf. *Coment.* a Job 10, 20; Job 9, 27; sobre אלך בטרם, cf. *Coment.* a Job 10, 21; sobre ואינני, *ibidem* Job 7, 8; 7, 21. Según eso, la conclusión de este salmo puede entenderse como un eco del libro de Job, que se ha ocupado de los mismos enigmas y misterios de la vida que los que trata Sal 39.

Pero, en la solución de esos problemas Job dará un paso en adelante respecto a este salmo. David no conoce cómo disociar en su mente el pecado y el sufrimiento, la ira y el dolor. Por el contrario, el libro de Job ha vinculado el sufrimiento y el amor, sabiendo que el sufrimiento, incluso aquel que lleva a la muerte, debe servir a los intereses más altos de aquellos que aman a Dios. En esa línea, el libro de Job anuncia una solución más satisfactoria del tema del dolor y de la muerte, planteado en este salmo.

Salmo 40. Acción de gracias, ofrenda de uno mismo y oración

1 לַמְנַצֵּחַ לְדָוִד מִזְמוֹר׃

2 קַוֹּה קִוִּיתִי יְהוָה וַיֵּט אֵלַי וַיִּשְׁמַע שַׁוְעָתִי׃

3 וַיַּעֲלֵנִי מִבּוֹר שָׁאוֹן מִטִּיט הַיָּוֵן וַיָּקֶם עַל־סֶלַע רַגְלַי כּוֹנֵן אֲשֻׁרָי׃

4 וַיִּתֵּן בְּפִי שִׁיר חָדָשׁ תְּהִלָּה לֵאלֹהֵינוּ יִרְאוּ רַבִּים וְיִירָאוּ וְיִבְטְחוּ בַּיהוָה׃

5 אַשְׁרֵי הַגֶּבֶר אֲשֶׁר־שָׂם יְהוָה מִבְטַחוֹ וְלֹא־פָנָה אֶל־רְהָבִים וְשָׂטֵי כָזָב׃

6 רַבּוֹת עָשִׂיתָ אַתָּה יְהוָה אֱלֹהַי נִפְלְאֹתֶיךָ וּמַחְשְׁבֹתֶיךָ אֵלֵינוּ אֵין עֲרֹךְ אֵלֶיךָ אַגִּידָה וַאֲדַבֵּרָה עָצְמוּ מִסַּפֵּר׃

7 זֶבַח וּמִנְחָה לֹא־חָפַצְתָּ אָזְנַיִם כָּרִיתָ לִּי עוֹלָה וַחֲטָאָה לֹא שָׁאָלְתָּ׃

8 אָז אָמַרְתִּי הִנֵּה־בָאתִי בִּמְגִלַּת־סֵפֶר כָּתוּב עָלָי׃

9 לַעֲשׂוֹת־רְצוֹנְךָ אֱלֹהַי חָפָצְתִּי וְתוֹרָתְךָ בְּתוֹךְ מֵעָי׃

10 בִּשַּׂרְתִּי צֶדֶק בְּקָהָל רָב הִנֵּה שְׂפָתַי לֹא אֶכְלָא יְהוָה אַתָּה יָדָעְתָּ׃

11 צִדְקָתְךָ לֹא־כִסִּיתִי בְּתוֹךְ לִבִּי אֱמוּנָתְךָ וּתְשׁוּעָתְךָ אָמָרְתִּי לֹא־כִחַדְתִּי חַסְדְּךָ וַאֲמִתְּךָ לְקָהָל רָב׃

12 אַתָּה יְהוָה לֹא־תִכְלָא רַחֲמֶיךָ מִמֶּנִּי חַסְדְּךָ וַאֲמִתְּךָ תָּמִיד יִצְּרוּנִי׃

13 כִּי אָפְפוּ־עָלַי רָעוֹת עַד־אֵין מִסְפָּר הִשִּׂיגוּנִי עֲוֹנֹתַי וְלֹא־יָכֹלְתִּי לִרְאוֹת עָצְמוּ מִשַּׂעֲרוֹת רֹאשִׁי וְלִבִּי עֲזָבָנִי׃

14 רְצֵה יְהוָה לְהַצִּילֵנִי יְהוָה לְעֶזְרָתִי חוּשָׁה׃

15 יֵבֹשׁוּ וְיַחְפְּרוּ יַחַד מְבַקְשֵׁי נַפְשִׁי לִסְפּוֹתָהּ יִסֹּגוּ אָחוֹר וְיִכָּלְמוּ חֲפֵצֵי רָעָתִי׃

16 יָשֹׁמּוּ עַל־עֵקֶב בָּשְׁתָּם הָאֹמְרִים לִי הֶאָח הֶאָח׃

17 יָשִׂישׂוּ וְיִשְׂמְחוּ בְּךָ כָּל־מְבַקְשֶׁיךָ יֹאמְרוּ תָמִיד יִגְדַּל יְהוָה אֹהֲבֵי תְּשׁוּעָתֶךָ׃

18 וַאֲנִי עָנִי וְאֶבְיוֹן אֲדֹנָי יַחֲשָׁב לִי עֶזְרָתִי וּמְפַלְטִי אַתָּה אֱלֹהַי אַל־תְּאַחַר׃

<Al músico principal. Salmo de David>

¹ Pacientemente esperé a Jehová, y se inclinó a mí y oyó mi clamor,
² y me hizo sacar del pozo de la desesperación, del lodo cenagoso;
puso mis pies sobre peña y enderezó mis pasos.
³ Puso luego en mi boca un cántico nuevo, alabanza a nuestro Dios.
Verán esto muchos y temerán, y confiarán en Jehová.
⁴ ¡Bienaventurado el hombre que puso en Jehová su confianza
y no mira a los soberbios ni a los que se desvían tras la mentira!
⁵ Has aumentado, Jehová, Dios mío, tus maravillas y tus pensamientos
para con nosotros. No es posible contarlos ante ti.
Aunque yo los anunciara y hablara de ellos, no podrían ser enumerados.

⁶ Sacrificio y ofrenda no te agradan; has abierto mis oídos;
holocausto y expiación no has demandado.
⁷ Entonces dije, "Aquí, vengo; en el rollo del libro está escrito de mí;
⁸ el hacer tu voluntad, Dios mío, me ha agradado, y tu Ley está en medio de mi
corazón".

⁹ He anunciado justicia en la gran congregación;
he aquí, no refrené mis labios, Jehová, tú lo sabes.
¹⁰ No encubrí tu justicia dentro de mi corazón; he publicado tu fidelidad y tu
salvación;
no oculté tu misericordia y tu verdad en la gran congregación.

¹¹ Jehová, no apartes de mí tu misericordia; tu misericordia y tu verdad me guarden
siempre,
¹² porque me han rodeado males sin número;
me han alcanzado mis maldades y no puedo levantar la vista.
Se han aumentado más que los cabellos de mi cabeza y mi corazón me falla.

¹³ Quieras, Jehová, librarme; Jehová, apresúrate a socorrerme.
¹⁴ Sean avergonzados y confundidos a una los que buscan mi vida para destruirla.
Vuelvan atrás y avergüéncense los que mi mal desean.
¹⁵ Sean asolados en pago de su afrenta los que se burlan de mí.

¹⁶ Gócense y alégrense en ti todos los que te buscan,
y digan siempre los que aman tu salvación "¡Jehová sea enaltecido!".
¹⁷ Aunque yo esté afligido y necesitado, Jehová pensará en mí.
Mi ayuda y mi libertador eres tú. ¡Dios mío, no te tardes!

Al Sal 39 le sigue Sal 40, porque el lenguaje de acción de gracias con el que
este nuevo salmo se abre es como un eco del lenguaje del salmo anterior. Si fue

escrito por David y no más bien por Jeremías (un tema que solo puede resolverse incluyendo en la misma investigación el Sal 69), este salmo tuvo que ser compuesto cuando David vivía entre Gibea de Saúl y Ziklag.

La mención del rollo del libro en el verso 8 está de acuerdo con las referencias retrospectivas a la Torá que abundan en este salmo, que pertenece al tiempo de Saúl. A esto se debe añadir el voto de alabar a Yahvé בקהל, Sal 40, 10, cf. Sal 22, 26; Sal 35, 18.

Sobre la expresión "más numerosos que los cabellos de mi cabeza" de Sal 40, 13, cf. Sal 69, 5. Sobre el deseo יצרוני, Sal 40, 12, cf. Sal 25, 21. Sobre la burla האח האה, Sal 40, 16, cf. Sal 35, 21 y Sal 35, 25, con otros textos, sobre los cuales he tratado en *Comentario a Hebreos*, p. 457. La segunda mitad de este salmo ha recibido una forma independiente en Sal 70,1-5. Esa segunda parte resulta más adecuada que la primera para tomarse como un salmo autónomo, pues la primera ofrece una mirada retrospectiva hacia el pasado, de forma que no contiene ninguna oración propiamente dicha.

Un signo característico de este salmo son sus largas líneas, que siguen más el estilo de una oración que de un canto; ellas alternan con otras que son muy cortas. Si asociamos estas largas líneas con otras más cortas, mejor o peor caracterizadas, este salmo se puede dividir en siete estrofas de seis líneas. Hebreos 10, 5-10, siguiendo el lenguaje de los LXX, toma Sal 40, 7 como lenguaje propio de Cristo cuando viene al mundo. No hay duda de que, según veremos en la segunda parte del salmo, este lenguaje ha de tomarse de una forma típica.

Las palabras de David, ya ungido, pero antes de haberse sentado en el trono, han sido modeladas por el Espíritu Santo, que es el Espíritu de la profecía, de tal manera que ellas vienen a presentarse como palabras del Segundo David, que es Jesús, pasando del sufrimiento a la gloria, de forma que la ofrenda de sí mismo viene a tomarse como conclusión y meta de los sacrificios animales, como núcleo y sentido más profundo de la función y cumplimiento de la ley.

Por eso, no estamos obligados a entender todo el salmo como una predicción típica. Este salmo tiene un fuerte fondo profético, que se expresa en 40, 10-11, pero a partir de 40, 12 empieza a descender ese tono profético, que ya no aparece en 40, 13.

40, 1–4. Aunque con alguna duda, tomamos a David como autor del salmo. Pues bien, él se encuentra ahora en una situación en la que, por una parte, ha sido rescatado del peligro, mientras que por otra sigue estando en riesgo de vida. En esa circunstancia, la oración aparece como elemento principal del salmo, mientras que en otros lugares como en 50, 23, ese elemento principal es la acción de gracias por la salvación ya conseguida. Su esperanza, aunque תוחלת ממשכה (cf. Prov 13, 12), no le ha engañado; él ha sido rescatado y ahora puede cantar un cántico nuevo de acción de gracias, apareciendo así como un ejemplo para otros, a fin de fortalecer su confianza.

Las palabras iniciales, קַוֹּה קִוִּיתִי יְהוָה וַיֵּט אֵלַי, significan *esperé con confianza y perseverancia*... Por su parte, יהוה está en acusativo, como en Sal 25, 5; Sal 130, 5, y no en vocativo, como en Sal 39, 8. El texto supone que se debe suplir la palabra אזנו (me escuchó), uniéndola a ויט, aunque, por analogía con Sal 17, 6; Sal 31, 3, uno podría haber esperado el *hifil* (*wayat*) en vez del *kal*.

בור שאון no significa un pozo de agua que corre y resuena, dado que שאון en el sentido de estar a solas (cf. por otra parte, Sal 65, 8; Is 17, 12) no tiene aquí ese significado. Por otra parte, la idea de unas aguas tumultuosas que corren y resuenen no responde a la visión de un pozo o cisterna. Tampoco significa un pozo en el que uno puede caer y perderse, pues שאה no tiene el sentido de *deorsum labi* (caer dentro). El sentido es más bien el de un pozo de devastación, de destrucción, de ruinas, como en Jer 25, 31; Jer 46, 17 (véase *Coment.* a Sal 35, 8).

Otra figura importante es la del lodo cenagoso (מִטִּיט הַיָּוֵן, con יון que se encuentra solo aquí y en Sal 69, 3), i. e., una masa de agua en cuyo fondo de barro uno pierde los pies, una combinación lingüística como la de מטר־גשם, Zac 10, 1, אדמת־עפר, Dan 12, 2, explicada en la Misná, *Mikvaoth* IX. 2, con טיט הבורות (lodo de cisterna). Sacándole de esos lugares, Yahvé ha asentado los pies del salmista sobre una roca, y de esa forma le ha colocado en un lugar seguro, libre del peligro que le rodeaba, poniéndole sobre un lugar firme.

Esta roca alta y este lugar firme para sus pies están en oposición al hondo pozo y al suelo cenagoso de la cisterna. Esta liberación hace que el salmista proclame su acción de gracias a Dios (cf. Sal 33, 3), de manera que el salmo se convierta en alabanza para nuestro Dios, por la liberación del rey escogido, como acción del Dios de Israel a favor de su pueblo. Los futuros de Sal 40, 4 (con una aliteración semejante a la de Sal 52, 8) indican, por su misma presentación cumulativa, que ellos se aplican al presente, pero que continuarán actuando en el futuro.

40, 5–6. El salmista considera feliz a quien pone su confianza (מבטחו, con un *daggesh* latente, como, según Kimchi sucede también en Sal 71, 5; Job 31, 24; Jer 17, 7) en Yahvé, el Dios que se ha manifestado ya glorioso en Israel, a través de sus innumerables obras maravillosas. Jer 17, 7 es un eco de este אשרי יְהוָה מִבְטַחוֹ, אַשְׁרֵי הַגֶּבֶר אֲשֶׁר־שָׂם, bienaventurado el hombre que puso en Yahvé su confianza...). Sal 52, 9 (cf. Sal 91, 9) muestra el carácter davídico de este lenguaje.

La bienaventuranza no se dirige al האיש, sino al הגבר, término más aplicable a una persona que ha tenido la tentación de poner su confianza en sí mismo. רהבים de רהב son los impetuosos o violentos, que con su arrogancia destruyen todo lo que encuentran. שטי כזב, "los que se desvían tras la mentira" (שוט igual a שטה, cf. Sal 101, 3), son los apóstatas, que buscan lo que es falso, en vez de la verdad.

Aquí no se puede tomar כזב como acusativo, pues lo impide el *status constructus*. Tampoco se puede tomar como genitivo, en el sentido de acusativo de objeto (como תם הלכי, Prov 2, 7), porque שׁוט (שׂטה) no admite un sentido transitivo; כזב es, por tanto, un genitivo de cualidad, *genit. qualitatis*, como און en Sal 59, 6.

La segunda estrofa (40, 6) contiene dos aplicaciones prácticas de aquello que el mismo salmista ha experimentado. Desde este punto de vista, aquel que confía en Dios aparece ante el poeta como alguien que es supremamente feliz, y de esa manera aparece vinculado con una visión más alta del Dios que gobierna de un modo gratuito sobre su propio pueblo.

נפלאות son los pensamientos de Dios ya realizados, y מחשבות son aquellos que se están realizando, como en Jer 51, 29; Is 55, 8. רבות es un acusativo de predicado, con el sentido de *en gran número, en rica abundancia*. אלינו tiene el sentido de "por nosotros", como por ejemplo en Jer 15, 1 (Ewiger, 217c). Estas obras de Dios a favor de Israel eran desde antiguo acciones y planes de liberación, que Dios estaba realizando, revelándose a sí mismo.

No hay nadie que sea ערך אליך, es decir, que pueda compararse contigo. En los LXX se dice: οὐκ ἔστι (Ewiger, 321c) ἰσουν τί σοι. La palabra ערך como en Sal 89, 7; Is 40, 18. Esas obras de Dios son demasiadas numerosas (עצם, una suma poderosa, como en Sal 69, 5; Sal 139, 17, cf. Jer 5, 6) para que uno pueda contarlas. Conforme a la visión de Rosenmüller, Stier y Hupfeld, אין ערך אליך afirma también lo mismo con otras palabras: no es posible numerar todas esas obras ante ti. Por otra parte, el hecho de que el hombre tenga que colocar, exponer (Símaco, ἐκθέσηαι) ante Dios sus obras maravillosas es una visión que no aparece en el A. T.

Las formas cohortativas que vienen después, אגידה ואדברה, pudieran tomarse como prótasis de aquello que sigue, en analogía con Job 19, 18; 16, 6; 30, 26; Sal 139, 8… "Si yo quisiera declararlas y exponerlas, ellas serían demasiado numerosas como para poder ser enumeradas" (Gesenius 128, 1d). Pero los acentos exigen que veamos esta frase como una cláusula de paréntesis: yo quisiera (como en Sal 51, 18; Sal 55, 13; Sal 6, 10) declararlas y hablar sobre ellas, pero…

El salmista quisiera hacerlo, pero dado que Dios (por la plenitud de sus obras maravillosas y por sus pensamientos de salvación) está absolutamente por encima de toda semejanza, tiene que abandonar esa tarea de narrar las grandezas de Dios, pues ellas son tan numerosas (poderosas) que quien quisiera contarlas quedaría siempre muy corto en su empeño. En ese sentido, esas palabras *alioqui pronunciarem et eloquerer* (si fuera de otra forma yo las pronunciaría…) tienen un carácter de paréntesis. En esa línea, Sal 40, 7 muestra su acuerdo con el estilo de este Salmo.

40, 7–9. La conexión de pensamientos es clara: grandes y diversas son las pruebas de tu acción amorosa ¿cómo podré darte gracias por ellas? A esta pregunta, el salmista responde ante todo de un modo negativo: Dios no se deleita en sacrificios externos, unos *sacrificios* que aparecen nombrados aquí de dos formas:

- *Conforme al material que se utiliza para ellos,* aquí se dice, por un lado, זבח, sacrificio de animales; por otra parte, aquí se alude a la מנחה, la ofrenda de comida, incluyendo el נסך, que es la ofrenda de vino o de bebida, que es el accesorio obligado de la *minja.*
- *Conforme a su finalidad,* esto es, de acuerdo con el propósito por el que se ofrecen a Dios estos dones agradables, se puede hablar por un lado de la עולה (holocausto quemado) y por otro de los הטאת (en este caso sin reduplicación de חטאה), que son sacrificios por los pecados, para reparar a Dios y superar su enfado divino por los pecados.

La palabra זבח designa de un modo particular las ofrendas de los *shelamîm,* entre las que están las de acción de gracias, las *tôda-shelamîm.* Por otra parte, este pasaje insiste en la importancia de la עולה como sacrificio de adoración (προσευχή), que recibe también el nombre de sacrificio de acción de gracias (εὐχαριστία), que va unido al de los *shelamim,* que es un elemento central de la acción de gracias.

Cuando este pasaje afirma que a Dios no le agradan ese tipo de sacrificios "impersonales", el texto no quiere rechazarlos sin más (como no quieren hacerlo ni Jer 7, 22 ni Am 5, 21). Eso significa que este pasaje no va en contra de los preceptos de la Torá, es decir, de los sacrificios del Pentateuco, sino que quiere poner de relieve que la verdadera voluntad de Dios no se cumple con esos sacrificios, ni se centra en ellos.

Entre las afirmaciones de Sal 40, 7a y Sal 40, 7b se inscribe la cláusula אָזְנַיִם כָּרִיתָ לִּי (has abierto mis oídos). En este contexto es natural que autores como Rosenmüller, Gesenius, De Wette y Stier hayan explicado estas palabras (has abierto mis oídos) diciendo que han de entenderse en la línea de una manifestación divina: tú has grabado esas palabras en mi mente como una revelación, tú me has manifestado tu enseñanza… Pero, aunque la palabra כרה, excavar, grabar, pueda tener ese sentido (véase *Coment.* a Sal 22, 17), hay dos consideraciones que van en contra de esa interpretación:

- Si esas palabras aludieran a una revelación, habríamos esperado la palabra אזן en lugar de אזנים conforme a la analogía de frases como פתח אזן, גלה אזן y העיר אזן, pues el sentido interior del oído, en el que se funda y origina la acción de los órganos externos, se concibe como unidad y se expresa en forma singular, diciendo "has abierto mi oído", no mis oídos.

- Conforme a la sintaxis, las palabras, כרית, חפצת y שְׁאַלְתָּ aparecen colocadas en un mismo nivel. Por eso, la respuesta positiva tendría que haber comenzado con esas mismas palabras: אזנים כרית לי. En esa línea se sitúa 1 Sam 15, 22: "¿Se deleita acaso Yahvé en la ofrenda de sacrificios, y en el resto de los sacrificios, o en que le obedezcas a él? Mira, la obediencia es mayor que los sacrificios y la escucha de la palabra es mejor que la grasa de carneros".

Las palabras de este salmo de David son un eco de las que Samuel dirige a Saúl, por las que pronunció la sentencia de muerte en contra de su reinado, de forma que quedó abierto el camino del Reino agradable a Dios a través de la dinastía de David. En esa línea, David dice aquí que Dios no desea sacrificios externos de animales, sino obediencia interior: "*Él me ha dado oídos (orejas), él me ha concedido el sentido del oído, me ha enriquecido con la facultad de escuchar, y me ha ofrecido ante todo la capacidad (el mandato) de obedecer*"[113].

La idea de fondo no es, por tanto, que Dios le ha dado orejas externas para escuchar su voluntad (Hupfeld), sino que le ha dado un oído integral, para escuchar la palabra de Dios y para obedecer aquello que ha escuchado. Según eso, Dios no desea sacrificios, sino oídos que escuchen, es decir, Dios quiere la sumisión de la persona entera, para obedecer en consecuencia de una forma voluntaria.

Interpretar "tú me has constituido para ti mismo como עולם עבד" (siervo eterno, según Ex 21, 6 y Dt 15, 17), no iría en la línea del contexto; por otra parte, esta interpretación ha de ser rechazada por el hecho de que la palabra "oído" no es אזן, en singular, sino אזנים, en plural. En referencia a la traducción generalizante de los LXX, σῶμα δὲ κατηρτίσω μου, siguiendo a la Apolinar traduce: αὐτὰρ ἐμοί Βροτέης τεκτήναο σάρκα γενέθλης, y la ítala (que sigue siendo la aceptada por el *Salterium Romanum*) pone "*corpus autem perfecisti mihi*" (me diste un cuerpo…), puede tenerse en cuenta lo que digo en *Comentario a Hebreos* 10, 5, p. 460ss.

La expresión que sigue, אז אמרתי, introduce ahora la expresión de la obediencia, por la que el Salmista (David) se pone a sí mismo al servicio de Dios, cuando se vuelve consciente de la especial relación que Dios tiene respecto a él. Con referencia al hecho de que la obediencia y no el sacrificio es lo que se le ha revelado, lo que Dios le pide, el salmista dice: "He aquí que yo vengo a cumplir…".

---

113. Hay una expresión semejante en el *Tamul Kural*, traducción de Graul, p. 63, No. 418, "un oído que no ha sido abierto por la escucha, aunque parezca oír no oye". En ese sentido la apertura de la que trata este pasaje es una apertura del sentido interior del oído para la instrucción, esto es, para la escucha de la palabra de Dios.

A través de estas palabras, "he aquí que yo vengo", el siervo se coloca ante la llamada de su señor, dispuesto a escucharle y cumplir lo que diga, cf. Num 22, 38; 2 Sam 19, 21. Según eso, no es probable que las palabras במגלת ספר כתוב עלי (en el rollo del libro está escrito...) formen un paréntesis, dado que Sal 40, 9 no es una continuación de "aquí vengo...", sino una frase nueva, independiente. Nosotros tomamos la *beth* de בִּמְגִלַּת־סֵפֶר como en Sal 66, 13, en el sentido de *beth* de acompañamiento.

El rollo del libro es la Torá, y de un modo especial el Deuteronomio, escrito sobre pieles curtidas y enrollado, un texto que, conforme a la ley (Dt 17, 14-20), era una especie de *vade-mecum* del rey de Israel. Por su parte, עלי no se vincula con la palabra siguiente במעי, y no puede significar algo así como "ley escrita en mi corazón", como quieren De Wette y Thenius, una visión que, conforme ha mostrado Maurer con toda razón, solo puede aplicarse a עלי desde un contexto y en unas circunstancias totalmente ajenas a nuestro pasaje.

Por el contrario, en este caso, tanto aquí como en 2 Rey 22, 13, esa preposición está indicando el contenido del libro: על כתב significa algo que está escrito sobre alguien, es decir, sobre la persona de la que se trata de un modo especial (así, por ejemplo, en la decisión judicial recordada en el escrito al que se refiere Job 13, 26). Dado que Yahvé quiere ante todo obediencia, David evoca aquí el documento en el que se expresa esa voluntad de Dios que es la Torá, documento donde se le prescribe a él, como hombre y especialmente como rey, el recto curso de la conducta que ha de seguir.

En ese contexto, presentándose a sí mismo ante el Dios de la revelación, el salmista puede decir en Sal 40, 9, que la obediencia voluntaria a la ley de Dios constituye su delicia, y de esa forma él reconoce que esa ley está escrita de un modo especial en su corazón o, para decirlo de un modo aún más plástico, en sus mismos riñones. La forma principal de מעי no aparece en el A. T.

Esa forma era מעים (de מע, מעה o incluso מעי), conforme a la pronunciación judía corriente de מעים (que Kimchi explica como si fuera *dual*). Esa palabra significa propiamente (véase *Coment.* a Is 48, 19) las partes suaves o entrañas (delicadas) del cuerpo, que aparecen de ordinario, como רחמים, que tiene un sentido semejante, como la sede de la simpatía, de los deseos más hondo de la vida, pero también del miedo y el dolor.

Este es el único lugar en que esa palabra (בְּתוֹךְ מֵעָי, en medio de mi corazón, en medio de mis entrañas) aparece indicando el "lugar" de una adquisición o profundización mental, aunque vinculada con la aceptación amorosa y la protección cariñosa de Dios (en esa línea, cf. la frase siríaca: סם בגו מעיא, *som begau meajo*, disparar el corazón, en el sentido de amar). Que la Torá de Dios ha de escribirse en las "tablas" del corazón aparece indicado también en Dt 6, 6, cf. Prov 3, 3; 7, 3.

La acogida e inscripción de la Torá en las partes más íntimas del pueblo, que antes había estado separado de Dios, constituye según Jer 31, 33, la nota característica de la nueva alianza. Pero incluso en el A. T., se habla de las "masas" de Israel como de un pueblo que lleva inscrita mi ley en su corazón (Is 51, 7). En esa línea, en el mismo A. T., se dice que un hombre justo es aquel que lleva la ley de Dios inscrita en su corazón (Sal 37, 31). De esa manera, como alguien que lleva la Torá de Dios en su interior, no simplemente fuera, David se presenta a sí mismo como un hombre bien dispuesto para sentarse sobre el trono de Israel.

40, 10–11. La autopresentación ante Yahvé, introducida por אז אמרתי, se extiende de הנה hasta מעי. De un modo consecuente, la primera palabra de 40, 10, בשרתי se vincula con 8 ,40, אמרתי, y la palabra אכלא (שְׂפָתַי לֹא אֶכְלָא) que está en medio de perfectos, describe en forma de pasado sincrónico, lo que ha venido realizando el nuevo rey. De esa forma se describe aquí el pasado de un modo retrospectivo.

La palabra בשר, árabe bśr (raíz בש), partiendo del sentido más antiguo de limpiar, de quitar las manchas, haciendo que algo quede brillante, significa alegrar a alguien, *vultum ejus diducere*, hacer que alguien sea o esté alegre y contento, y de un modo más concreto, saludar a alguien con buenas noticias (e. g., *basharahu o bashsharuhu bīmaulûdin, bashsharuhu bi-maulûdin*, él le ha saludado con la buena noticia del nacimiento de un hijo). Así el texto hebreo ha sido tomado como equivalente al griego εὐαγγελίζειν (εὐαγγελίζεσθαι).

El salmista ha proclamado a todo Israel el evangelio de la ley justificadora y gratuita de Yahvé, que solo se vuelve castigo allí donde alguien desprecia su amor (el de Dios). De esa manera, este "rey evangelista" puede apelar al Dios Omnisciente (Jer 15, 15), diciendo que ni por miedo a los hombres, ni por vergüenza o indolencia ha dejado de alabarle.

Pues bien, la buena conducta de Dios, de acuerdo con el orden de la redención, se llama de hecho *justicia*, צדק, y como atributo de su divino amor toma la forma de צדקה. En esa línea, la אמונה es la fidelidad, por la que Dios cumple sus promesas y no permite que sean avergonzados los que confían en él. Por su parte, la תשועה es la salvación de Dios, tal como se manifiesta en sus actos.

Este rico contenido de la predicación del evangelio puede ser condensado en dos palabras, חסד y ועמת, que son el Alfa y Omega de la manifestación de Dios en el curso de su historia redentora. Ese conocimiento de Dios, que ha recibido el salmista, no ha permanecido en su corazón como un conocimiento sombrío y muerto, es decir, sin frutos, sino que David (salmista rey) ha cantado realmente este nuevo canto que Yahvé ha puesto en sus labios. Y de esa forma culmina la primera parte de este salmo, por el que David da gracias a Dios por las mercedes que ha recibido en el pasado.

40, 12–13. Ahora, conforme al arte verdadero de la plegaria, partiendo de la acción de gracias, se despliega la oración de petición. Los dos כְלָא, el de Sal 40, 10 y el de 40, 12 (לֹא־תִכְלָא רַחֲמֶיךָ מִמֶּנִּי), están en relación recíproca entre sí. El salmista ha expresado, por un lado, la verdad de sus labios; por otro, pide a Dios que no le aparte de él (מִמֶּנִּי), es decir, de sus misericordias divinas. Aquí sigue la misma relación que había en Sal 40, 11 entre misericordia y verdad (cf. חַסְדְּךָ וַאֲמִתְּךָ), los dos poderes de Dios que él ha proclamado con todo agradecimiento ante Israel.

Con כִּי, en Sal 40, 13, el salmista fundamenta esos dos deseos sobre su propia y urgente necesidad. רעות son los males que vienen incluso sobre los rectos o justos (Sal 34, 20), sea como pruebas, sea como castigos.

כִּי אָפְפוּ־עָלַי רָעוֹת constituye una forma de expresión más precisa, en vez de אפפוני, Sal 18, 5. Sus maldades se han apoderado de él, es decir, han tomado posesión de él, con todas sus consecuencias (הִשִּׂיג, como en Dt 28, 15; Dt 28, 45; cf. לכד, Prov 5, 22), habiéndose convertido en decretos de sufrimiento.

El salmista no puede precisarlo mejor, porque está como encerrado por todas partes, de manera que no puede tener una visión completa de su situación (esa expresión, וְלֹא־יָכֹלְתִּי לִרְאוֹת, se utiliza con frecuencia para indicar una falta de visión, cf. 1 Sam 3, 2; 4, 15; 1 Rey 14, 4). La interpretación adoptada por Hupfeld y Hitzig (yo soy incapaz de contar el número de los males) pone en la frase hebrea más que lo que ella dice por sí misma, según el uso común del lenguaje.

Su corazón, el poder de su consistencia vital, le ha abandonado (עֲזָבַנִי וְלִבִּי), de manera que está desconcertado, expulsado, como entregado en manos de la desesperación (cf. Sal 38, 11). Este sentimiento de su miseria no se opone a la fecha de composición del salmo, en tiempos de la persecución de Saúl, cf. *Coment.* sobre Sal 31, 11.

40, 14–16. En medio de tales sufrimientos, que cuanto más duran con más fuerza muestran que él es un pecador, el salmista ruega a Dios pidiendo pronta ayuda. El grito por ayuda de Sal 40, 14 se dirige con רצה hacia la voluntad de Dios (רְצֵה יְהוָה לְהַצִּילֵנִי), porque él es la raíz de todas las cosas. Por lo demás, las peticiones se parecen a las del Sal 22, 20 (cf. también Sal 38, 23).

El salmista perseguido desea que el propósito de sus enemigos mortales choque contra la voluntad de Dios, de manera que ellos no puedan lograr lo que pretenden: (a) לספותה, *ad abripiendam eam* (מְבַקְשֵׁי נַפְשִׁי לִסְפּוֹתָהּ) son los que buscan mi alma para destruirla (con *aaggesh* en la פ, según Gesenius 45, 2, Ewiger 245a), y sin aspirar (en contra lo que dice Gesenius, *Thesaurus*, p. 1235)[114]; (b) por su parte, יֵשֹׁמּוּ, de שמם, significa volverse torpe, como paralítico, en sentido anímico

---

114. Tras la ל desaparece normalmente la aspiración, como aquí y en Sal 118, 13, aunque hay excepciones, como en לִנְתוֹשׁ וְלִנְתוֹץ, Jer 1, 10. Ella se mantiene normalmente tras la ב y la כ, como

y corporal, como resultado de un tipo de imposición superior, como consecuencia de un encantamiento, de un miedo, de una sorpresa paralizante, que los árabes llaman *ro'b* o *ra'b* (parálisis causada por el terror), cf. *Coment.* a Job 18, 12.

La partícula עַל siguiendo a יֵשֹׁמּוּ עַל־עֵקֶב בָּשְׁתָּם), queden asolados a causa de su afrenta), parece en un primer momento que ha sido introducida para indicar el objeto y razón de ese estremecimiento. No se trata, pues, de una recompensa por razón de su infamia, lo que no se podría decir con עַל־עֵקֶב, sino solamente con el acusativo עֵקֶב (Is 5, 23, árabe *'qîba*). Se trata, por tanto, de una "recompensa" (retribución) para su mal, es decir, para su desgracia (Sal 19, 12; cf. en ese mismo sentido, Sal 109, 29; Sal 35, 26).

Esa retribución por su mala acción se traduce en forma de fuerte vergüenza (Hitzig). לִי como en Sal 3, 3; Sal 41, 6, en el sentido de *a mí*. הֶאָח הֶאָח (Aquila, ἀὰ ἀὰ, αὐτῇ συγχρησάμενος), como dice Eusebio, οὕτως ἐχούσῃ τῇ Ἑβραϊκῇ φωνῇ, es una exclamación de alegría malsana y de burla sarcástica, propia de alguien que busca y expresa su satisfacción a causa de la desgracia de otros (Sal 35, 25).

40, 17–18. Sobre Sal 40, 17, cf. *Coment.* a Sal 35, 27. David desea, como en aquel pasaje, que los piadosos puedan regocijarse cordialmente en Dios, como objeto de sus máximos deseos. Y quiere que ellos se gocen así a causa de la salvación que se ha vuelto manifiesta, la salvación que ellos aman (cf. 2 Tim 4, 8), de forma que puedan decir continuamente: *¡que Yahvé sea grande! ¡que sea magnificado y celebrado con alabanzas!*

En Sal 40, 17 el salmista vuelve con וַאֲנִי a su estado presente de desamparo, pero solo para poner como contraste de ese estado presente la confesión de su esperanza confiada en la salvación. Ciertamente, él es וַאֲנִי עָנִי (pobre y desamparado, como en Sal 109, 22; Sal 136, 1, cf. Sal 25, 16), pero Dios reina sobre todo y tendrá cuidado de él, *dominus solicitus erit pro me* (Jerónimo).

La palabra חָשַׁב tiene el mismo sentido que en Sal 40, 6, donde מַחְשְׁבוֹת se refiere a los pensamientos de salvación de Dios (cf. la expresión correspondiente, del norte de Palestina, propia de Jn 1, 6). Esta palabra nos sitúa ante un deseo de rápida ayuda de parte de Dios (אַל־תְּאַחַר, como en Dan 9, 19) con una transición que va del *tsere* de tono alargado a un *athach* pausal, y esto en conexión con la sílaba cerrada anterior (cf. Olshausen, 91d), bajo la influencia de las dos letras finales, con las que se cierra la segunda parte de este salmo (עֶזְרָתִי וּמְפַלְטִי אַתָּה אֱלֹהַי אַל־תְּאַחַר, mi ayuda y libertador eres tú, Dios mío, no tardes). La primera parte del salmo había sido una acción de gracias; la segunda ha sido exclusivamente una oración, pidiendo la ayuda y la presencia salvadora de Dios.

---

en Sal 87, 6, Job 4, 13; 33, 15; 2 Sam 3, 34; 1 Rey 1, 21; Ecl 5, 10; pero hay también excepciones como בְּשֵׁכֶן, Gen 35, 22, בְּזֹכֵר, Jer 17, 2.

Salmo 41. Lamento de un sufriente, entre personas hostiles y traidoras

¹ לַמְנַצֵּחַ מִזְמוֹר לְדָוִד:

² אַשְׁרֵי מַשְׂכִּיל אֶל־דָּל בְּיוֹם רָעָה יְמַלְּטֵהוּ יְהוָה:

³ יְהוָה׀ יִשְׁמְרֵהוּ וִיחַיֵּהוּ (וְאֻשַּׁר) [וְאֻשַּׁר] בָּאָרֶץ וְאַל־תִּתְּנֵהוּ בְּנֶפֶשׁ אֹיְבָיו:

⁴ יְהוָה יִסְעָדֶנּוּ עַל־עֶרֶשׂ דְּוָי כָּל־מִשְׁכָּבוֹ הָפַכְתָּ בְחָלְיוֹ:

⁵ אֲנִי־אָמַרְתִּי יְהוָה חָנֵּנִי רְפָאָה נַפְשִׁי כִּי־חָטָאתִי לָךְ:

⁶ אוֹיְבַי יֹאמְרוּ רַע לִי מָתַי יָמוּת וְאָבַד שְׁמוֹ:

⁷ וְאִם־בָּא לִרְאוֹת׀ שָׁוְא יְדַבֵּר לִבּוֹ יִקְבָּץ־אָוֶן לוֹ יֵצֵא לַחוּץ יְדַבֵּר:

⁸ יַחַד עָלַי יִתְלַחֲשׁוּ כָּל־שֹׂנְאָי עָלַי׀ יַחְשְׁבוּ רָעָה לִי:

⁹ דְּבַר־בְּלִיַּעַל יָצוּק בּוֹ וַאֲשֶׁר שָׁכַב לֹא־יוֹסִיף לָקוּם:

¹⁰ גַּם־אִישׁ שְׁלוֹמִי׀ אֲשֶׁר־בָּטַחְתִּי בוֹ אוֹכֵל לַחְמִי הִגְדִּיל עָלַי עָקֵב:

¹¹ וְאַתָּה יְהוָה חָנֵּנִי וַהֲקִימֵנִי וַאֲשַׁלְּמָה לָהֶם:

¹² בְּזֹאת יָדַעְתִּי כִּי־חָפַצְתָּ בִּי כִּי לֹא־יָרִיעַ אֹיְבִי עָלָי:

¹³ וַאֲנִי בְּתֻמִּי תָּמַכְתָּ בִּי וַתַּצִּיבֵנִי לְפָנֶיךָ לְעוֹלָם:

¹⁴ בָּרוּךְ יְהוָה׀ אֱלֹהֵי יִשְׂרָאֵל מֵהָעוֹלָם וְעַד הָעוֹלָם אָמֵן׀ וְאָמֵן:

<Al músico principal. Salmo de David>

¹ Bienaventurado el que piensa en el pobre; en el día malo lo librará Jehová.

² Jehová lo guardará, le dará vida y será bienaventurado en la tierra.
No lo entregarás a la voluntad de sus enemigos.

³ Jehová lo sostendrá en el lecho del dolor; ablandará su cama en la enfermedad.

⁴ Yo dije, "Jehová, ten misericordia de mí, sana mi alma,
porque contra ti he pecado".

⁵ Mis enemigos hablan mal de mí, preguntando,
"¿Cuándo morirá y perecerá su nombre?".

⁶ Y si vienen a verme, hablan mentira en su corazón;
recogen malas noticias y al salir afuera las divulgan.

⁷ Reunidos murmuran contra mí todos los que me aborrecen;
contra mí piensan mal, diciendo,

⁸ "Cosa maligna se ha apoderado de él;
el que cayó en cama no volverá a levantarse".

⁹ Aun el hombre de mi paz, en quien yo confiaba,
el que de mi pan comía, alzó el pie contra mí.

¹⁰ Mas tú, Jehová, ten misericordia de mí y hazme levantar, y les daré el pago.

¹¹ En esto conoceré que te he agradado, en que mi enemigo no se alegre de mí.

¹² En cuanto a mí, en mi integridad me has sustentado
y me has hecho estar delante de ti para siempre.

¹³ ¡Bendito sea Jehová, Dios de Israel, por los siglos de los siglos! ¡Amén y amén!

Después de un salmo con אַשְׁרֵי sigue otro con el mismo comienzo, de manera que estos dos salmos de bienaventuranza cierran el primer libro del salterio, que empezaba precisamente con אַשְׁרֵי.

Este salmo 41 se sitúa en el tiempo de la persecución de Absalón. Así como el Sal 39 (Yahvista) forma una pareja coherente con el Sal 62 (Elohista), que pertenece a ese mismo tiempo, así también el Sal 41 forma pareja con el Sal 55 (Elohista). Estos dos salmos tienen este rasgo en común: el lamento por los enemigos del salmista se dirige con especial dureza a algunos de sus amigos íntimos, que se han vuelto infieles.

En Sal 41, 1-13 David celebra la bendición que va acompañada de una simpatía sincera, pero describe también la hostilidad y falsedad que él mismo experimenta en su enfermedad, especialmente en relación con sus amigos más cercanos. Aquí se refiere a la misma persona de la que él se lamentaba en Sal 55, aquella que le causa la más profunda tristeza.

No se trata de un personaje ideal, como afirma Hengstenberg, porque estos salmos se ocupan en general de personas concretas de su propio tiempo. En Sal 55 el poeta quisiera tener alas de paloma, a fin de que, alejado de la ciudad, él pudiera buscar un lugar seguro en el desierto, porque en la ciudad prevalecen el engaño, la violencia y la maldad, pues él descubre que está reuniéndose en contra de él una conspiración en la que está implicado su amigo íntimo.

Solo necesitamos completar lo ya estudiado en *Coment.* a 2 Sam con algunas pocas reflexiones tomadas de estos salmos, de manera que ellos encuentren una explicación satisfactoria desde el contexto en que han sido compuestos, en el tiempo de la rebelión de Absalón. El amigo infiel es aquel Ajitófel (Ahithophel), cuyos consejos, según 2 Sam 16, 23, le parecían antes a David casi oráculos divinos.

Absalón tenía que aprovecharse de una enfermedad bajo la que sufría su padre, para presentarse como un juez cuidadoso e imparcial, para así robar el corazón de los hombres de Israel. Ahithophel le ayudó en ese proyecto, y cuatro años después de la reconciliación de Absalón con su padre la partida se hallaba al parecer ganada a su favor. Estos cuatro años fueron para David un tiempo de cuidado y ansiedad creciente, pues aquello que tramaban en contra de él no podía pasar sin conocimiento del rey, pero él no tuvo el coraje ni la fuerza de apagar en su germen aquel mal propósito.

Su amor por Absalón le impedía actuar. La conciencia de sus propias acciones vergonzosas y sangrientas le hicieron incapaz de actuar con la energía necesaria en circunstancias como aquellas; el conocimiento del juicio divino, que debía seguir a sus pecados, hizo que dejara sin atajar la conspiración, que iba madurando ante sus ojos, y así lo fue dejando todo en manos de Dios, sin tomar parte directa en el asunto.

Desde el punto de vista de esas consideraciones, se descubren bien las implicaciones de Sal 41 y 55 en los acontecimientos de la historia de aquel tiempo. Una confirmación del origen davídico de estos salmos se encuentra en el contenido semejante del Sal 28.

Jesús afirma en Jn 13, 18 que la acción de Judas Iscariote sirvió para que se cumpliera lo dicho en Sal 41, 10: ὁ τρώγων μετ'ἐμοῦ τὸν ἄρτον, ἐπῆρεν ἐπ'ἐμε'τὴν πτέρναν αὐτοῦ (la traducción no sigue el texto de los LXX). En esa línea, Jn 12 ,17; Hch 16 ,1 indican, de un modo general, que la acción y destino del traidor que entregó a Jesús había sido predicha en la Escrituras del A. T., es decir, en los salmos davídicos del tiempo de Absalón. En esa línea, la traición y el fin de Ahithophel pertenecen a los rasgos típicos más importantes de la aflicción de David en este segundo momento de su persecución, como ha puesto de relieve Hofmann, *Weissagung und Erfüllung* II, 122.

41, 2–4. El salmo comienza celebrando el lote, tan rico en promesa, del hombre bienaventurado, amigo de los pobres. דל se refiere en general al pobre (e. g., Ex 30, 15), en el sentido de enfermo y débil (Gen 41, 19), de enfermo de mente (2 Sam 13, 4), de alguien que vacila de un modo exterior o interior, apareciendo de manera consecuente como necesitado y frágil.

El hecho de mostrar una conducta llena de simpatía hacia esos pobres (השכיל אל, como en Neh 8, 13, cf. על, Prov 17, 20) está premiada con grandes promesas. El verbo חיה, que en otros lugares significa llamar de nuevo a la vida (Sal 71, 20), significa aquí preservar la vida, es decir, guardarla de la destrucción, en el sentido de defenderla y prolongarla (como en Sal 30, 4; Sal 22, 30).

El *pual* אשר significa hacerse feliz (Prov 3, 18), pero tiene también un sentido declarativo: proclamar que alguien es feliz (Is 9, 15). En este caso, por razón del בארץ que acompaña a esa palabra, ella tiene el segundo sentido. El *qetub* (יאשׁר) interpreta esa palabra como una promesa independiente; mientras que el *keré* (וְאַשֵּׁר) la vincula con lo antes ya dicho. אל, Sal 41, 3 (cf. Sal 34, 6, *passim*), indica una negación llena de simpatía. נתן בנפש como en Sal 27, 12.

La palabra "sostendrá" (Sal 41, 4) está indicando *mantener a alguien de pie*, impedir que descienda a la muerte o que caiga en la tumba. עַל־עֶרֶשׂ דְּוָי (cf. דְּוָי, lo mismo que *davj*, es una forma semejante a שְׁמֵי מֵעִי, pero sin una sílaba antes del tono) significa enfermedad. Si Sal 41, 4 se aplica al gesto de sostener la cabeza de un enfermo (cf. Cant 2, 6), Sal 41, 4 ha de aplicarse, como dicen Mendelssohn y otros, al gesto de arreglar (de disponer bien) el lecho o cama del enfermo.

Pero ¿qué sentido tienen en esa línea las palabras כָּל־מִשְׁכָּבוֹ? Ellas han de entenderse desde la perspectiva de הָפַכְתָּ בְחָלְיוֹ. La palabra חָלָל se refiere a la cama de un enfermo (cf. Ex 21, 18, de alguien que está arrojado en el lecho). Por su parte, הפכת (cf. Sal 30, 12) significa convertir la cama del enfermo grave en cama de un convaleciente.

En esa línea, כָּל־מִשְׁכָּבוֹ no significa estar tendido sin más en una cama, sino la aflicción que hace que alguien deba quedar postrado en una cama, con todo lo que ello implica. Desde ese fondo se dice que Yahvé cambia la condición de alguien que se ha vuelto enfermo, con בחליו, de alguien que ha caído en el lecho de la enfermedad (expresión paralela a la de על־ערש דוי). Según eso, Dios transforma, él cambia la cama del enfermo, a fin de que pueda recuperarse, de tal forma que no quede en él ni un vestigio de su enfermedad.

41, 5–7. En contra del pasaje anterior, que trataba de la acción de Dios, llena de promesas, el poeta habla aquí de un modo totalmente diferente. Él se presenta a sí mismo como un דל, alguien por quien se debe mostrar simpatía, consideración e interés. Pero, mientras el salmista enfermo se dirige a Dios con un lenguaje penitencial, pidiendo misericordia y ayuda, sus enemigos hablan en contra de él, deseando que muera y perezca su nombre.

רפאה (en רְפָאָה נַפְשִׁי, salva mi alma) tiene como excepción un *milra*, pues la אatrae el tono a su propia sílaba; cf. por otra parte רגזה, Is 32, 11 (Hitzig). La palabra מתי(prop. extensión, duración de tiempo) aparece aquí en forma de interrogación con el significado de *quando* por omisión del interrogativo אי (común en árabe, en su forma plena *ymtá, êmata*). ואבד es una continuación del futuro.

En Sal 41, 7 hay una persona que destaca, alguien cuya conducta hipócritamente maliciosa queda aquí descrita. ראות se aplica a la visita de una persona enferma, como en 2 Sam 13, 5; 2 Rey 8, 29. אם se utiliza en perfecto (Sal 50, 18; Sal 63, 7; Sal 78, 34; Sal 94, 18; Gen 38, 9; Amós 7, 2; Is 24, 13; Is 28, 25) a modo de futuro (Sal 68, 14; Job 14, 14), como *quum*, a modo de combinación de *si* (condicional) y de *cuándo* (temporal), como en alemán *wenn* (si) y *wann* (cuándo).

En יְדַבֶּר לִבּוֹ se juntan dos *rebias*, el primero de los cuales tiene más valor, como elemento distintivo, conforme a la regla establecida por Baer, *Psalterium*, XIV. De un modo consecuente, según los acentos, no debe traducirse "su corazón habla falsedad". Los LXX, Vulgata y Targum han sabido apreciar la combinación de las palabras. Además, la acentuación, tal como ha sido precisada por el Targum y por los comentaristas, se funda en el supuesto de que לבו es equivalente a בלבו.

Pero es muy posible que la noción de sujeto (en su corazón לִבּוֹ יְדַבֶּר שָׁוְא) sea una expresión de la actividad de su mente y de sus sentimientos, escondida tras una mirada externa engañosa y falsa. El asíndeton prueba que los enemigos quieren lograr que el tema de la acusación contra el salmista se vuelva público, tanto en la ciudad como en el país.

41, 8–10. Continúa la descripción de la conducta de los enemigos y del falso amigo. La palabra התלחש significa, como en 2 Sam 12, 19, murmurar uno de otro, o murmurar entre ellos. El *hitpael* tiene a veces (cf. Gen 42, 1) un sentido de reciprocidad, como el *nifal*. La noticia extendida por los visitantes hipócritas, sobre la condición crítica del enfermo, se extiende de boca en boca entre todos los que le quieren mal, como si fuera una noticia satisfactoria para ellos. De hecho, esa noticia se extiende entre murmullos, porque en ese tiempo era necesario tomar precauciones, pues David seguía siendo rey.

עלי aparece dos veces en forma destacada, en el sentido de *contra mí*. רעה לי van unidas: ellos inventan maliciosamente lo que es peor para él (yendo más allá de lo que en principio se decía, en realidad). En este contexto, hay como un sentimiento a favor de בליעל, entendido como destino perverso (contrario a David), conforme a Sal 18, 5, y no a Sal 101, 3 (cf. Dt 15, 9), en la línea de un mal pensamiento y conducta.

Esta visión queda apoyada por el predicado יצוק בו (cf. יָצוּק בּוֹ דְּבַר־בְּלִיַּעַל, una cosa mala, de Belial, se ha apoderado de él), como si fuera un gran peso de metal (Job 41, 15), de manera que él no puede liberarse de esa cosa mala, y una vez que ha caído en el lecho no podrá levantarse. Desde ese fondo entendemos el אשר en Sal 41, 9, que no ha de tomarse como un acusativo, separándonos del sentido más natural de la palabra, como hace Hitzig.

Incluso el hombre de su paz, literalmente, el hombre de su relación armoniosa (אִישׁ שְׁלוֹם, como en Abd 1, 7; Jer 20, 10; Jer 38, 22), aquel en quién él había depositado su más plena confianza, que había compartido con él su pan, que era, por tanto, su compañero de mesa (cf. Sal 55, 15), se ha opuesto duramente a David, alzando en contra de él su pie, su calcañar (LXX, ἐμεγάλυνεν ἐπ᾽ἐμὲ πτερνισμόν). La combinación הגדיל עקב se explica por el hecho de que עקב se toma aquí en el sentido de golpe muy fuerte, una patada, tomando mucho impulso con el pie.

41, 11–13. El salmista ha descrito la conducta de sus enemigos en contra de él, que era un hombre enfermo en cuerpo y en alma, privado de afecto. Esta ha sido una conducta maligna, totalmente contraria a la voluntad y promesa de Dios. Pues bien, David pide al fin a Dios que le levante, pues ahora se encuentra postrado, enfermo de alma y de cuerpo. La petición va seguida, como en Sal 39, 14 y en otros muchos pasajes por un futuro terminado en *ah* (וַאֲשַׁלְּמָה לָהֶם, y les daré en pago lo que merecen...).

El texto se refiere así a la recompensa o castigo, pues era deber de David, constituido como rey, recompensar o dar lo merecido a cada uno, ejerciendo de esa forma el poder de Dios, y así debía hacerlo cuando sometiera la rebelión de

Absalón y mantuviera su poder real, enfrentándose de esa manera a la falta de fidelidad y a la falsedad de sus enemigos. En lugar de בזאת אדע (Gen 42, 33, cf. Gen 15, 8: Ex 7, 17; Num 16, 28; Jos 3, 10) la expresión es aquí בזאת ידעתי, en el sentido de (*ex hoc*) *cognoverim* (en esto conoceré que te he agradado). Sobre חפצת בי, cf. Sal 18, 20; Sal 22, 9; Sal 35, 27.

Por medio del segundo כי (cf. כִּי לֹא־יָרִיעַ אֹיְבִי עָלָי) se explica el בזאת anterior (בְּזֹאת יָדַעְתִּי). El sujeto ואני, acentuado de un modo adversativo aparece por primera vez en 41, 13 como término absoluto, como en Sal 35, 13. De esa forma, Sal 41, 13 ratifica, retrospectivamente, desde el punto de vista del cumplimiento, lo que se hará manifiesto al final, de manera que se cumpla para el salmista la buena voluntad de Dios, es decir, que Yahvé le libere y restituya (תמך, como en Sal 63, 9), afirmándole como su Elegido (cf. Sal 39, 6), de acuerdo con la promesa mesiánica de 2 Sam 7, 16, que habla de un futuro abierto para siempre.

41, 14. Sobre la doxología final del primer libro, cf. *Introducción*. Sobre ברוך, vid. Sal 18, 47. La expresión "de eón a eón" (מֵהָעוֹלָם וְעַד הָעוֹלָם) se dirige, según *Berachoth* IX, 5, en contra de aquellos que niegan la verdad del mundo futuro. El doble amén (אָמֵן וְאָמֵן) constituye el culmen climático del salmo.

LIBRO II
SALMOS 42–72

Salmos 42–43. Anhelo por Sión en un país hostil

42 ¹ לַמְנַצֵּחַ מַשְׂכִּיל לִבְנֵי־קֹרַח:

² כְּאַיָּל תַּעֲרֹג עַל־אֲפִיקֵי־מָיִם כֵּן נַפְשִׁי תַעֲרֹג אֵלֶיךָ אֱלֹהִים:

³ צָמְאָה נַפְשִׁי ׀ לֵאלֹהִים לְאֵל חָי מָתַי אָבוֹא וְאֵרָאֶה פְּנֵי אֱלֹהִים:

⁴ הָיְתָה־לִּי דִמְעָתִי לֶחֶם יוֹמָם וָלָיְלָה בֶּאֱמֹר אֵלַי כָּל־הַיּוֹם אַיֵּה אֱלֹהֶיךָ:

⁵ אֵלֶּה אֶזְכְּרָה ׀ וְאֶשְׁפְּכָה עָלַי ׀ נַפְשִׁי כִּי אֶעֱבֹר ׀ בַּסָּךְ אֶדַּדֵּם
עַד־בֵּית אֱלֹהִים בְּקוֹל־רִנָּה וְתוֹדָה הָמוֹן חוֹגֵג:

⁶ מַה־תִּשְׁתּוֹחֲחִי ׀ נַפְשִׁי וַתֶּהֱמִי עָלָי הוֹחִלִי לֵאלֹהִים כִּי־עוֹד אוֹדֶנּוּ יְשׁוּעוֹת פָּנָיו:

⁷ אֱלֹהַי עָלַי נַפְשִׁי תִשְׁתּוֹחָח עַל־כֵּן אֶזְכָּרְךָ מֵאֶרֶץ יַרְדֵּן וְחֶרְמוֹנִים מֵהַר מִצְעָר:

⁸ תְּהוֹם־אֶל־תְּהוֹם קוֹרֵא לְקוֹל צִנּוֹרֶיךָ כָּל־מִשְׁבָּרֶיךָ וְגַלֶּיךָ עָלַי עָבָרוּ:

⁹ יוֹמָם ׀ יְצַוֶּה יְהֹוָה ׀ חַסְדּוֹ וּבַלַּיְלָה (שִׁירָה) [שִׁירוֹ] עִמִּי תְּפִלָּה לְאֵל חַיָּי:

¹⁰ אוֹמְרָה ׀ לְאֵל סַלְעִי לָמָה שְׁכַחְתָּנִי לָמָּה־קֹדֵר אֵלֵךְ בְּלַחַץ אוֹיֵב:

¹¹ בְּרֶצַח ׀ בְּעַצְמוֹתַי חֵרְפוּנִי צוֹרְרָי בְּאָמְרָם אֵלַי כָּל־הַיּוֹם אַיֵּה אֱלֹהֶיךָ:

¹² מַה־תִּשְׁתּוֹחֲחִי ׀ נַפְשִׁי וּמַה־תֶּהֱמִי עָלָי הוֹחִילִי לֵאלֹהִים
כִּי־עוֹד אוֹדֶנּוּ יְשׁוּעֹת פָּנַי וֵאלֹהָי:

43 ¹ שָׁפְטֵנִי אֱלֹהִים ׀ וְרִיבָה רִיבִי מִגּוֹי לֹא־חָסִיד
מֵאִישׁ־מִרְמָה וְעַוְלָה תְפַלְּטֵנִי:

² כִּי־אַתָּה ׀ אֱלֹהֵי מָעוּזִּי לָמָה זְנַחְתָּנִי לָמָּה־קֹדֵר אֶתְהַלֵּךְ בְּלַחַץ אוֹיֵב:

³ שְׁלַח־אוֹרְךָ וַאֲמִתְּךָ הֵמָּה יַנְחוּנִי יְבִיאוּנִי אֶל־הַר־קָדְשְׁךָ וְאֶל־מִשְׁכְּנוֹתֶיךָ:

⁴ וְאָבוֹאָה ׀ אֶל־מִזְבַּח אֱלֹהִים אֶל־אֵל שִׂמְחַת גִּילִי וְאוֹדְךָ בְכִנּוֹר אֱלֹהִים אֱלֹהָי:

⁵ מַה־תִּשְׁתּוֹחֲחִי ׀ נַפְשִׁי וּמַה־תֶּהֱמִי עָלָי הוֹחִילִי לֵאלֹהִים
כִּי־עוֹד אוֹדֶנּוּ יְשׁוּעֹת פָּנַי וֵאלֹהָי:

42 *<Al músico principal. Masquil de los hijos de Coré>*

¹ Como el ciervo brama por las corrientes de las aguas,
así clama por ti, Dios, el alma mía.

² Mi alma tiene sed de Dios, del Dios vivo.
¿Cuándo vendré y me presentaré delante de Dios?

³ Fueron mis lágrimas mi pan de día y de noche,
mientras me dicen todos los días, "¿Dónde está tu Dios?".

⁴ Me acuerdo de estas cosas y derramo mi alma dentro de mí,
de cómo yo iba con la multitud y la conducía hasta la casa de Dios,
entre voces de alegría y de alabanza del pueblo en fiesta.

⁵ ¿Por qué te abates, alma mía, y te turbas dentro de mí?
Espera en Dios, porque aún he de alabarlo, ¡salvación mía y Dios mío!

⁶ Dios mío, mi alma está abatida en mí. Me acordaré, por tanto, de ti

desde la tierra del Jordán y de los hermonitas, desde el monte Mizar.

[7] Un abismo llama a otro a la voz de tus cascadas;

todas tus ondas y tus olas han pasado sobre mí.

[8] Pero de día mandará Jehová su misericordia y de noche su cántico estará conmigo,

y mi oración al Dios de mi vida.

[9] Diré a Dios, "Roca mía, ¿por qué te has olvidado de mí?

¿Por qué andaré yo enlutado por la opresión del enemigo?".

[10] Como quien hiere mis huesos, mis enemigos me afrentan diciéndome cada día,

"¿Dónde está tu Dios?".

[11] ¿Por qué te abates, alma mía, y por qué te turbas dentro de mí?

Espera en Dios, porque aún he de alabarlo, ¡salvación mía y Dios mío!

43 [1] Júzgame, Dios, y defiende mi causa;

líbrame de gente impía y del hombre engañador e inicuo.

[2] Tú que eres el Dios de mi fortaleza, ¿por qué me has desechado?

¿Por qué andaré yo enlutado por la opresión del enemigo?

[3] Envía tu luz y tu verdad;

estas me guiarán, me conducirán a tu santo monte y a tus moradas.

[4] Me acercaré al altar de Dios, al Dios de mi alegría y de mi gozo.

Y te alabaré con el arpa, Dios, Dios mío.

[5] ¿Por qué te abates, alma mía, y por qué te turbas dentro de mí?

Espera en Dios, porque aún he de alabarlo, ¡salvación mía y Dios mío!

El segundo libro de los salmos contiene solo salmos elohistas (vid. introducción). En el primer libro יהוה aparece 272 veces y אלהים solo 15 veces; pero aquí se ha invertido la relación: אלהים aparece 164 veces y יהוה solo 30 veces, y casi siempre por razones que son fáciles de deducir por el contexto (que llevan al salmista a escoger el nombre de יהוה).

En la primera parte de estos salmos, escritos en estilo elohista, hay siete que tienen como encabezado לבני־קרח, de los hijos de Korah. Aquí, lo mismo que en לאסף se trata de un ל (*lamed*) de autor (*auctoris*), como queda claro por el hecho de que en ninguno de ellos se añade, como es lógico, el nombre de David (לדוד) como autor. Los LXX traducen τοῖς υἱοῖς Κορέ, en la línea de los salmos de David, con τῷ Δαυίδ, sin distinguir el sentido de ל en un caso y en otros. Incluso el Talmud supone que ese *lamed* tiene el mismo sentido que לדוד.

Resulta significativo el hecho de que, en vez del nombre de un autor, tengamos aquí el nombre de una familia, una norma que, a partir de Sal 88 (cf. *Coment.*), se toma como punto de referencia. Es muy semejante el uso de la fórmula "Böhmische Brüder" (Hermanos bohemios) en la himnología de la iglesia alemana. Probablemente los salmos koraitas formaban un libro separado, que llevaba como título שירי בני קרה (*Cantos de los hijos de Korah*) o algo semejante.

Solo en un momento posterior, ese título de קרה בני pasó al encabezado de cada uno de los salmos de ese grupo incorporados en la colección, como parece haber sucedido también en el encabezado de los שיר המעלות, cantos graduales o de ascenso, que se repite quince veces. Quizá se puede suponer que fue una costumbre de familia de los korahitas dejar de citar con el nombre individual del autor de cada uno de los salmistas, para atribuir todos a la familia Korah, como si quisieran expiar (blanquear) el nombre de su desafortunado antepasado, atribuyendo a su familia las mejores producciones litúrgicas.

Este Korah, biznieto de Leví y nieto de Kehaath, es aquel que pereció por castigo divino, a causa de su rebelión contra Moisés y Aarón (Num 16), pero sus hijos no padecieron su mismo juicio y castigo (Num 26, 11). En el tiempo de David, los קרה בני formaban una de las familias más renombradas de la tribu levítica de los Kehathitas. La estirpe real de la familia de David encontró pronto valientes defensores y partidarios en esta familia. Los korahitas se vincularon a David en Ziklag, con el fin de ayudarle a defenderse y a defender su derecho al trono con la espada (1 Cron 12, 6)[1].

Tras el exilio, los korahitas fueron en Jerusalén guardianes de las puertas del templo (1 Cron 9, 17; Neh 11, 19), y el Cronista nos informa que ellos eran ya en el tiempo de David los guardianes de los "límites" del אהל (erigido sobre el arca de la alianza, en Sión). Incluso en un momento anterior, en el tiempo de Moisés, en el campamento de Yahvé, ellos tenían la función de guardianes de la entrada.

Los korahitas retuvieron esta función antigua, a la que se alude en Sal 84, 11, en conexión con las nuevas normas instituidas por David. El puesto de guardianes de las puertas del templo fue asignado a las dos ramas de la familia de los korahitas, junto a la familia de los meraritas (1 Cron 26, 1-19). Pero, al mismo tiempo, actuaban como músicos en el santuario. Así aparece entre ellos, Hemán el korahita, uno de los tres preceptores de la música del templo, distinguiéndose de otro Hemán, el hombre sabio mencionado en 1 Rey 4, 31.

Los catorce hijos de Korah, con los catorce hijos de Asaf y los seis de Etán, formaban las 24 divisiones de los músicos del templo (1 Cron 25). Los korahitas aparecen nombrados también en los días de Josafat, como cantores y músicos, cf. 2 Cron 20, 19, donde se les presenta en plural, como הקרחים בני (cf. Gesenius 108, 3), un plural formado a partir de בני־קרה, que a veces aparece formando una única palabra. Pues bien, después del exilio ellos no aparecen mencionados ya más como ejecutores de ese servicio del templo.

---

1. Los korahitas de los que aquí se trata no pueden ser como opina Bertheau descendientes de un קרה de la familia de Judá, mencionado en 1 Cron 2, 43, que son, por lo demás, desconocidos. Ese nombre se atribuye siempre (cf. 1 Cron 9, 19; 1 Cron 9, 31) a la familia levítica, autora de estos salmos.

Eso significa que debemos insistir en el valor de los salmos korahitas que pertenecen a los tiempos del reino que sigue David (antes del exilio), mientras que en principio no podemos apoyar la existencia de salmos korahitas para tiempos posteriores al exilio. El rasgo más común de este conjunto de cantos consiste en el hecho de que se deleitan en la alabanza de Elohim como rey entronizado en el templo de Jerusalén, y en el hecho de que realizan este servicio del modo más tierno, con la más genuina emoción. En esa línea, el hecho de aparecer formando una unidad como hijos de Korah está indicando que esa denominación, marcada por el título de לבני־קרח muestra bien que ellos poseían un tipo de autoridad.

El compositor de este primer משׂיל de los korahitas, Sal 42, 1-11, se encuentra en este momento, en contra de su voluntad, a una gran distancia del templo, es decir, del santuario de Sión, el lugar donde reside y se manifiesta la presencia divina; está rodeado por un pueblo impío, que se mofa de él, diciendo que ha sido abandonado por Dios, mientras que él consuela su alma apenada, mirando con nostalgia hacia aquello que ha perdido, con la perspectiva de que Dios ha de mostrarse pronto para ayudarle.

Todas las quejas y esperanza que él expresa se parecen mucho a las de David en el tiempo en que estuvo perseguido por Absalón. La nostalgia que David expresa por la casa de Dios en Sal 23, 1-6, en Sal 26, 1-12 y en Sal 63, 1-11, encuentra aquí un eco. Eso significa que los rasgos básicos de la conducta y de la acción de sus enemigos son básicamente los mismos. Incluso el hecho de que el sacerdote korahita se encuentre al otro lado del Jordán concuerda con el hecho de que David estuviera refugiado en Mahanaim, en las montañas de Galaad.

Pero, como puede deducirse del estudio de este salmo, el salmista de la familia de Korah expresa su pesar y su deseo desde el interior de su propia alma, y no como una repetición del alma de David (en contra de lo que han pensado Hengstenberg y Tholuck). Él se limita a compartir la humillación de David, y así lo muestra en Sal 84, 10 donde ruega por el Ungido de Dios.

En ese nuevo salmo (84, 1-12) se respiran los mismos sentimientos de este Sal 42 (42-43), de forma que ellos (con Sal 84) parecen haber sido escritos por el mismo autor; cf. אל חי que aparece en Sal 84, 3 y Sal 42, 3; cf. también משכנותיך, en Sal 84, 2 y en Sal 43, 3; מזבחותיך en Sal 84, 4 y en Sal 43, 4. Un uso semejante de la partícula עוד aparece en Sal 42, 6 y en Sal 84, 5; cf. Is 49, 20; Jer 32, 15.

Tanto en Sal 42 como en Sal 43 (que unimos aquí, como partes de un mismo salmo) encontramos los rasgos distintivos de los salmos korahitas, en el sentido más fuerte y más claro: la forma gozosa de expresarse y el llanto ante el ungido de Dios, la alabanza de Dios como Rey y el deseo de compartir su servicio en el templo sagrado.

Ciertamente, en ese contexto encontramos pensamientos que han sido acuñados por David, y que forman parte de sus rasgos distintivos (así se puede comparar Sal 42, 2 con Sal 84, 3 y Sal 63, 2); pero esos rasgos han sido reproducidos aquí con la belleza particular del autor korahita. Por eso, no tenemos duda alguna de que el salmo 42 es el poema de un levita korahita, que se encontraba en el exilio, al otro lado del Jordán, entre los servidores de David, el rey exilado.

Con respecto al Sal 43, Eusebio ha dicho que forma parte del salmo anterior (Sal 42), y que ello se muestra por las palabras utilizadas en un caso y en otro, y por el pensamiento común en ambos salmos (ὅτι μέρος ἔοικεν εἶναι τοῦ πρὸ αὐτοῦ δεδήλωται ἔκ τε τῶν ὁμοίων ἐν ἀμφοτέροις λόγων καὶ ἐκ τῆς ἐμφεροῦς διανοίας).

Por su parte, un antiguo Midrash afirma que había 147 Salmos, uniendo el Sal 42 y el 43, y el Sal 9 y 32. La semejanza de la situación, con la impresión general que ofrece su estructura y sus mismas palabras tienden a mostrarnos que estos dos salmos (Sal 42–43) formaban una unidad, de tal manera que eran reconocidos como un único salmo.

Este salmo doble (Sal 42–43) constaba de tres partes, las dos primeras formadas por el Sal 42; la tercera comenzaba en Sal 43, 1, donde el lamento, la resignación y la esperanza quedaban elevadas por un lenguaje de oración confiada en la que culmina todo. La unidad de este salmo no queda afectada por la repetición de Sal 42, 10 en 43, 2, pues Sal 42, 11 es también una repetición de 42, 4. La unidad del salmo viene dada por el hecho de que al principio y final se repiten un tipo de refranes, y también porque el poeta ha puesto de relieve algunos rasgos de conexión interna. La tercera parte se compone ahora de trece líneas, mientras que las dos anteriores del Sal 42 tienen, cada una de ellas, doce líneas.

La crítica moderna ha formulado en este contexto una gran cantidad de hipótesis, sobre la composición de Sal 42 (y de 42–43). Vaihinger supone que este salmo es un canto compuesto por uno de los levitas que fue desterrado en tiempos de la reina Atalía. Ewald piensa que pudo haber sido el mismo rey Jeconías, exilado en Babilonia, el que compuso este salmo; ciertamente, en esa línea, se podría decir que, en el camino del destierro hacia Babilonia, la comitiva pudo haberse detenido una noche en la cercanía del monte Hermón, lugar que se cita en el salmo. Por su parte, Reuss (la *Nouvelle Revue de Théologie*, 1858), se inclina a pensar que el autor del salmo fue uno de aquellos que fueron llevados cautivos con Jeconías (entre ellos se hallaban sacerdotes, como Ezequiel).

Hitzig afirma con toda firmeza que el autor de este salmo es un sacerdote que fue expulsado y tuvo que huir hacia Siria, en el tiempo de las guerras entre los seléucidas y los ptolomeos. Probablemente ese autor podría haber sido Onías III, sumo sacerdote a partir del año 199 a. C., que habría sido el compilador del libro II de los Salmos, libro que el general Skopas llevó a la ciudadela de Paneas.

En su línea, Olshausen afirma, también aquí, que la temática y tiempo de este salmo está relacionado con la represión y guerra bajo Antíoco Epífanes.

En oposición a todas estas críticas, Maurer afirma de un modo taxativo que, "al buscar el autor de este elegantísimo salmo unitario, los intérpretes se fatigan en vano" (quaerendo elegantissimi carminis scriptore frustra se fatigant interpretes). Así lo estudiamos aquí como salmo unido.

42, 2–6. El poeta compara la sed del alma por Dios con la sed de un ciervo. Como otros nombres de animales, אִיל es epiceno, de manera que no hay necesidad de adoptar la enmienda de Böttcher (que quiere presentar esa palabra como femenina). כְּעֵילָת תַּעֲרֹג es epiceno y se construye con un predicado femenino a fin de indicar que el ciervo (o gacela) es una imagen del alma.

ערג no indica una sed lánguida, sino un fuerte y audible deseo penoso de agua, causado por la sequía dominante, cf. Sal 63, 2; Joel 1, 20. El significado fundante de *desiderare* se refiere a la noción originaria de inclinarse (cf. árabe *'l-mîl*, el acto de inclinarse); en esa línea, el verbo árabe *'rj* es doblarse, agacharse, y a partir de esa situación se ha desarrollado el sentido de ascender, de moverse hacia adelante, sentido que en hebreo se ha aplicado de un modo especial al deseo de vivir, vinculado al hecho de ponerse en pie y caminar.

Sin embargo, no hay que suponer como Lutero (con los LXX y la Vulgata) que el ciervo emite algún tipo de sonido especial, sino que (como indican los acentos), brama como hacen los ciervos ante las corrientes de agua (תַּעֲרֹג עַל־אֲפִיקֵי־מָיִם). La palabra אפיק igual a אפק es, conforme a su sentido primario, un tipo de río o arroyo con una corriente de agua (vid. Sal 18, 16). Con el añadido de מים se está indicando que el torrente o río lleva agua, para distinguirlo de uno que está seco.

La diferencia entre על (utilizado para el ciervo) y אל (para el hombre) pone de relieve la diferencia entre el objeto del deseo: el ciervo tiene el agua debajo (por eso se emplea על); por el contrario, el alma desea a Dios que está encima (אל). El deseo de uno se dirige hacia abajo (*deorsum*); el del otro hacia arriba (*sursum*). El deseo del alma es una sed por Dios, Elohim (כֵּן נַפְשִׁי תַעֲרֹג אֵלֶיךָ אֱלֹהִים).

Este es el nombre que aquí se aplica a Dios (como en Sal 84, 3), al que se llama "viviente", como al agua que corre siempre se llama agua viva, manadero o fuente de vida (לֵאלֹהִים לְאֵל חָי, cf. Sal 36, 10). Dios es la fuente viva, de la que brota y fluye la gracia que nunca se seca, la gracia que sacia la sed del alma.

El lugar en el que Dios se revela a aquel que le busca es el santuario de Sión; por eso, el salmista sigue: ¿cuándo podré venir y ponerme en presencia de Elohim? La expresión que la Ley utiliza para hablar de las tres veces en las que los israelitas tienen que presentarse en el santuario en las fiestas solemnes es: אֶל־פְּנֵי ה אֶת־פְּנֵי o נֵרָאֶה, Ex 23, 17; Ex 34, 23. En nuestro caso, de acuerdo con la licencia de brevedad poética, aquí tenemos un simple y desnudo *accusativo local, localis* (לֵאלֹהִים לְאֵל חָי) que se emplea también en otras ocasiones para referirse a localidades concretas, como en Ez 40, 44.

Böttcher, Olshausen y otros piensan que en principio el texto hablaba de "ver el rostro de Dios" (con אראה), pero que después se ha evitado esa palabra (ver a Dios) por timidez. Pero el hecho de que aquí se evite la expresión de "ver a Dios" (ver el rostro de Dios: ה פני ראה) se explica mejor por el presupuesto fundamental de la Ley, según la cual nadie puede ver a Dios sin morir, cf. Ex 33, 20; por eso, aquí se habla de presentarse ante Elohim, el Dios vivo, no de verle.

En Sal 42, 4 el poeta sigue evocando las circunstancias que le llevaron a mostrar un deseo tan fuerte. La comida acostumbrada es incapaz de hacerle revivir, pues las lágrimas son su comida constante, y ellas ruedan día y noche sobre su boca (cf. Sal 80, 6; Sal 102, 20), mientras que sus "enemigos" le hieren y preguntan a lo largo de todo el día, es decir, continuamente: *¿dónde está tu Dios?*

Sin cesar, el orante escucha estas palabras de sus acusadores, como si fueran palabras que brotan de su misma alma entristecida. Esta burla constituye, tanto en los Salmos como en los textos de los Profetas, el signo y la causa más fuerte de su pena, cf. Sal 79, 10; Sal 115, 2 (cf. Sal 71, 11), Joel 2, 17; Miq 7, 10.

Desde este oscuro presente, el salmista aparece como objeto de burla, como alguien que ha sido abandonado por Dios; pero, fundándose en la fidelidad a las promesas, él invoca en su recuerdo el brillo de su magnífico tiempo pasado, de forma que su alma se despliega y derrama en su interior, como si todo ello hubiera desaparecido y se hubiera convertido en simple pena. Sobre la partícula עלי utilizada aquí y más adelante en vez de בי o de בקרבי, y sobre la forma de distinguir entre el ego y el alma del orante, en וְאֶשְׁפְּכָה עָלַי נַפְשִׁי, cf. *Psychologie.* p. 152 y *Coment. a* Job 30, 16.

Como en Sal 77, 4, las cohortativas indican que el salmista ha expresado de esa forma su recuerdo más amargo, y en esa línea se sitúa la expresión אֵלֶּה (he aquí que...: אֵלֶּה אֶזְכְּרָה וְאֶשְׁפְּכָה עָלַי נַפְשִׁי כִּי) esto recuerdo y derramo mi alma dentro de mí... La כִּי (*quod*) que sigue abre la expansión de esta palabra. En esa línea, los futuros, que expresan el objeto de recuerdo del orante, muestran aquello que había sido su forma de actuar en el pasado. La palabra עבר (אֶעֱבֹר בַּסָּךְ אֶדַּדֵּם כִּי, cómo iba con la multitud...) no significa sin más "haber ido", sino *porro ire*, ir o caminar ahora... סָךְ es una multitud, en sentido figurativo (cf. Is 9, 17; Is 10, 34), una masa de gente entrelazada, avanzando hacia el santuario.

La traducción es, por tanto: *cómo yo me movía en medio de una densa multitud* (aquí con el distintivo *zinnor,* בַּסָּךְ). La forma אדדם es *hitpael* como en Is 38, 15, según la forma הדמה, del verbo דדה, "ir avanzando libre y suavemente", una forma que deriva por reduplicación de la raíz דא (cf. árabe *d'ud'u*), que tiene el sentido primario de empujar, conducir (ἐλαύνειν, avanzar); ese término, con las varias combinaciones posibles de la דא) ד, árabe *dah*, דח, árabe *da',* דב, דף), expresa las diversas formas de un movimiento hacia adelante, con impulsos y gestos más ligeros o pesados.

El sufijo de אֶדַּדֵּם, como en גְּדָלַנִי igual a גָּדַל עִמִּי, Job 31, 18 (Gesenius 121, 4), se refiere a aquellos en referencia a los cuales, y en conexión con los cuales se va realizando este movimiento, de manera que, de un modo consecuente, esta palabra incluye no solo una noción subjetiva de movimiento, sino una noción objetiva o de grupo, conforme a la cual, el salmista como levita, va avanzando y caminando con otros hacia el templo (cf. 2 Cron 20, 27). הָמוֹן חוֹגֵג está en aposición con el sufijo personal de אדדם: el salmista camina con ellos, es decir, con la alabanza de multitud que celebra su fiesta (וְתוֹדָה הָמוֹן חוֹגֵג).

En Sal 42, 6, el poeta busca la manera de tranquilizarse y darse ánimo, al comparar su estado presente, con el estado gozoso de tiempos anteriores cuando subía al santuario en gesto de fiesta: ¿por qué te abates, alma mía, y te turbas dentro de mí? (LXX, ἵνα τί περίλυπος εἶ, κ. τ. λ., cf. Mt 26, 38; Jn 12, 27). Aquí es el "espíritu" el que, siendo la parte más fuerte y valiente del hombre, habla a su alma como a su σκεῦος ἀσθενέστερον (vaso más frágil). El hombre espiritual eleva y anima al hombre natural.

El *hitpael* הִשְׁתּוֹחֵח, que aparece solamente aquí y en el Sal 43, 1-5, significa inclinarse uno a sí mismo, para sentarse sobre el suelo como un plañidero (Sal 35, 14; Sal 38, 7), inclinándose del todo (Sal 44, 26). La frase מַה־תִּשְׁתּוֹחֲחִי נַפְשִׁי וַתֶּהֱמִי עָלָי significa ¿por qué te abates/inclinas, alma mía, y te turbas/gimes dentro de mí? La palabra הָמָה (cuyo futuro Ben-Asher puntúa aquí en forma de וַתֶּהֱמִי, mientras que Ben-Naphtali lo puntúa como וַתֶּהֱמִי) significa emitir un profundo gemido, pero también hablar de una forma quieta, como murmurando consigo mismo.

En este contexto, el orante eleva de nuevo la misma pregunta. ¿Por qué lo hace? ¿por qué este gemido? Yo le alabaré con acción de gracias, yo alabaré la bendición de su rostro, פְּנֵי יְשׁוּעוֹת buscando y recibiendo el pronto socorro de su mirada, vuelta hacia mí en gesto de misericordia. Así dice el texto que nos ha sido transmitido. Este cambio está en la línea de muchas expresiones de salmistas y poetas, que pronuncian su mensaje en forma de "refranes", que no son exactamente los mismos, pero que se corresponden (cf. Sal 24, 7; Sal 24, 9; Sal 49, 13; Sal 56, 5; Sal 56, 11; Sal 59, 10).

En este contexto hay que introducir un cambio, tanto en la división de las palabras como en la del verso, en la línea de Sal 42, 5 y de Sal 43, 5, יְשׁוּעוֹת פְּנֵי וֵאלֹהַי, como han hecho los LXX (Cod. Alejandrino), el Siríaco y la Vulgata, con la mayor parte de los expositores modernos. Las palabras יְשׁוּעֹת פְּנֵיו, que recoge la última edición de la Biblia Hebrea (BHStuttgartensia), producen un sentido bastante bueno (cf. e. g., Sal 44, 4; Is 64, 9), pero carecen de cadencia conclusiva, y no son suficientes para formar una nueva línea de verso[2].

---

2. Incluso los antiguos MS hebreos indican que el *shop-pasuk* está aquí equivocado. Cf. Pinsker, *Einleitung*, p. 133.

42, 7–12. El poeta continúa consolándose aquí con la ayuda que Dios ha de ofrecerle, pues de lo contrario, el mismo Dios quedaría deshonrado, si no ofreciera ayuda y salvación a quien ha puesto su confianza en él. Ciertamente, la palabra עָלַי al comienzo de la línea (עָלַי נַפְשִׁי תִשְׁתּוֹחָח: en mí está abatida mi alma) parece una expresión quizá demasiado suave. Pero después, inmediatamente, en la misma línea, el poeta sigue diciendo: Por eso me acordaré de ti (עַל־כֵּן אֶזְכָּרְךָ). Ese recuerdo fundamenta y define la acción de Dios a favor del orante[3].

Tanto en este pasaje (Sal 42, 7) como en 48, 36, עַל־כֵּן indica que se invierte la relación entre el fundamento y la consecuencia: el fundamento es el recuerdo de las acciones de Dios en la tierra prometida, desde el Jordán al monte Misar (el pequeño Hermón); la consecuencia será la superación del abatimiento del alma del poeta. "Por lo tanto, me acordaré de ti..."; es decir, el recuerdo de ti hará que cambie mi forma de ver las cosas. Por encima de la pena del salmista viene a elevarse el recuerdo de Dios, lo mismo que en Jon 2, 8 donde, por encima del dolor o de la pena, emerge el recuerdo de Dios.

Esta tierra del Jordán y del Hermonim (Hermón Menor, tierra de los "hermonitas") no es necesariamente la cadena de montañas junto a las fuentes del Jordán. La tierra que está más allá del Jordán se llama así en oposición a la "tierra de Líbano" (ארץ לבנון), que está a este lado del Jordán (hacia el occidente). Conforme a Dietrich (*Abhandlungen*, p. 18), חרמונים es una amplificación plural del monte Hermón, un pico que se eleva sobre las montañas menores del entorno. Por su parte, John Wilson (*Lands of the Bible,* II, 161) piensa que el plural חרמונים sirve para poner de relieve todas las cumbres del Antilíbano que se extienden hacia el sudeste, de forma que se refiere al país que se encuentra al este del Jordán.

Sea como fuere, no se puede suponer, ni por un momento, que al evocar al Hermón el poeta se está refiriendo a su montaña nativa de Sión, la elegida de Dios. Eso significa que esta הר מצער, que significa montaña de la pequeñez, no se está refiriendo a la montaña más pequeña de Sión, y así lo indica también la repetición de מן antes de esta הר o montaña más pequeña.

No tiene sentido la propuesta de Hitzig, que suprime la מ de מהר, suponiendo así que el poeta se está refiriendo a Sión: "Porque yo te recuerdo a ti, la pequeña montaña (= Sión) desde la tierra del Jordán y de las cumbres del Hermón". En contra de eso, las palabras de 42, 8 están aludiendo a Elohim, que es el Dios a quien invoca el salmista.

---

3. En esa línea se establece una relación profunda entre "mi alma está abatida en mí" y "por eso me acordaré de ti". Este recuerdo de Dios fundamenta la esperanza del salmista, tal como se expresa con על־כן que ha de entenderse en sentido fuerte: para superar su abatimiento el poeta tiene que acudir y acude al recuerdo de Dios, que es el principio de su transformación, en contra de lo que *han* podido pensar, en este contexto, algunos investigadores como el mismo Gesenius en su *Lexicon*.

Desde la vecindad del Monte Mizar (מֵהַר מִצְעָר), desconocido para nosotros, en el país que está más allá del Jordán, en una tierra donde habita el profeta como desterrado, desde ese mismo lugar, el poeta dirige su mirada con nostalgia y anhelo hacia el distrito del entorno de Sión, que es su patria. Desterrado en esa tierra extraña (extranjera) de montes y aguas, dirige su mirada con nostalgia hacia su tierra.

Precisamente desde esa tierra extraña, con aguas salvajes y montañas que inspiran terror, el poeta siente en su alma un tumulto y terror semejante desde la lejanía de su destierro. En Sal 42, 8 el poeta describe los rasgos especiales de la naturaleza que le rodea, con las inmensas montañas y las magníficas cascadas del lago de Muzêrîb, en las fuentes del Jordán, cerca de Panias, con las aguas que descienden de las montañas del entorno. Así, en Sal 42, 8, el poeta dice que se siente amenazado, como si todas esas masas de agua turbulentas estuvieran viniendo como olas de infortunio sobre su cabeza (cf. comentarios de Tholuck, Hitzig y Riehm).

Es como si una ola llamara a otra ola, un abismo a otro abismo (cf. Is 6, 3 con el canto antifonal continuo de los serafines), con el estruendo de voces de las cataratas (לקול como en Hab 3, 16), que con su terrible grandeza proclaman la grandeza del creador, que es el Dios de las cataratas (LXX, τῶν καταρρακτῶν σου).

Todas estas aguas de Dios, que irrumpen y se expanden, pasan por encima del salmista, que se encuentra rodeado de ellas, en medio de los fuertes poderes de la naturaleza que en este caso no le produce ningún deleite.

En esos poderes/terrores de la naturaleza él solo descubre como en un espejo la imagen de sus propios terrores interiores, que amenazan con envolverle del todo y destruirle (cf. la imagen del canto del libro de Jonás, con el mar embravecido, tomada de los Salmos, cf. Jon 2, 4).

Sin embargo, el autor de este salmo se anima a sí mismo, para tomar coraje y volverse valiente (Sal 42, 9), con la esperanza de que después de la noche de la aflicción amanecerá una mañana luminosa (Sal 30, 6), cuando Yahvé, el Dios de la redención, y del pueblo de los redimidos, envíe y revele su ternura amorosa (cf. Sal 44, 5; Amós 9, 3s), de manera que cuando este tiempo de miedo haya culminado, realizando su obra de liberación, vendrá un día de salvación completa y una noche de acción de gracias (Job 35, 10). Esta visión produce en el salmista excitación gozosa, con un inmenso sentimiento de gratitud para siempre.

El sufijo de שׁירה (*keré*: שִׁירוֹ) es un sufijo de objeto: un canto de alabanza para el Señor, una oración (vid. oración de alabanza, Hab 3, 1) para el Dios de su vida (cf. Ecl 23, 4), i. e., para el Dios que es su Vida y que no permitirá que caiga bajo el dominio de la muerte. Por lo tanto, el salmista dirá (proclamará) su canto (אומרה), a fin de desplegar su oración en ese día de la amante ternura de Dios, en la noche de los cantos de acción de gracias, alabando al Dios que es su roca, es decir, al Dios Roca, con genitivo de aposición (אוֹמְרָה לְאֵל סַלְעִי :לָמָה־קֹדֵר אֵלֵךְ) ¿por qué andaré enlutado?

Sobre la diferente acentuación de לָמָה, en la primera sílaba, aquí y en Sal 43, 2, cf. *Coment.* a Sal 37, 20 (cf. Sal 10, 1). En este caso, cuando no sigue una gutural, esa acentuación puede tomarse como una variante estilística (cf. Hitzig). Pero incluso entonces esa variante no se utiliza de un modo consistente, es decir, en todos los casos, vid. Sal 49, 6, cf. 1 Sam 28, 15 (Ewiger, 243b).

Resulta inadmisible la visión de Vaihinger y Hengstenberg según la cual Sal 42, 10 y Sal 42, 11 contienen la oración a la que el salmista se refiere en Sal 42, 9. Estos dos versos responden más bien al tema y sentido del conjunto de este salmo, lleno de un poderoso deseo de liberación.

En algunos MSS encontramos la lectura כרצח en vez de ברצח (בְּעַצְמוֹתַי חֵרְפוּנִי); pero aquí la ב es realmente un sinónimo de כ, es decir, una *beth essentiae* (vid. Sal 35, 2). El orante se duele, porque sus enemigos se esfuerzan por aplastar, por quebrar sus huesos (cf. Ez 21, 27), causándole así una pena inmensa, destruyéndole en lo más profundo de su vida, vinculada a la presencia y ayuda de Dios.

La pregunta destructora de sus enemigos es אַיֵּה אֱלֹהֶיךָ ¿dónde está tu Dios? El orante de Israel, es decir, el salmista, ha puesto toda su confianza en Dios, que es el sentido y verdad de su vida, pues en él vive, y solo en él (en Dios) tiene sentido todo lo que hace, lo que quiere, lo que piensa.

Por eso, frente a la pregunta maliciosa de los enemigos, que destruyen sus huesos, que niegan todo el sentido de su vida, el salmista se responde a sí mismo diciendo: הוֹחִילִי לֵאלֹהִים, espera en Dios, porque aún has de alabarle. Esta es la experiencia y esperanza de futuro de su existencia: él ha de alabar aún a su Dios, a quien llama "salud de mi rostro, Dios mío": כִּי־עוֹד אוֹדֶנּוּ יְשׁוּעֹת פָּנַי וֵאלֹהָי.

43, 1–3. La petición elohista de 43, 1 (שָׁפְטֵנִי אֱלֹהִים, *iudica, júzgame Elohim*) es el introito de la así llamada celebración de la Cruz o del Domingo de Pasión, con el que se abre la *celebritas Passionis*). La primera estrofa de esta segunda parte del salmo (Sal 43, 1-3) retoma el motivo del *júdica*, juzga, de los salmos yahistas, cf. Sal 7, 9; Sal 26, 1; Sal 35, 1; Sal 35, 24. Júzgame, es decir, decide mi causa (LXX, κρῖνόν με, Symmacho κρῖνόν μοι). La palabra וְרִיבָה, defiéndeme, tiene el tono en la última sílaba, antes de ריבי (וְרִיבָה רִיבִי), que comienza con la semi gutural ר, como sucede también en Sal 74, 22; Sal 119, 154.

La segunda oración dice, *vindica me a gente impia*, véngame de la gente no piadosa, con מִגּוֹי לֹא־חָסִיד, con מן en el sentido de "contra" una gente no piadosa. חָסִיד־לֹא es a aquí equivalente irrespetuoso, no devoto, alguien que no es חסד o piadoso respecto de los hombres, alguien a quien falta totalmente aquella חסד por la que los hombres han de imitar a Dios, siendo misericordiosos con los otros hombres.

No está claro si el אִישׁ de מֵאִישׁ־מִרְמָה está aludiendo al enemigo principal del orante, como líder de los otros, que así aparecen como representantes de la nación no piadosa (מִגּוֹי לֹא־חָסִיד) o si se trata meramente de una individualización simbólica de los enemigos. עַוְלָה significa un hombre de conducta malvada, desprovisto de todo sentido de justicia.

En Sal 43, 2 el poeta ratifica su petición con un doble "por qué". Él ama a Dios y ansía por él, pero al mirarse en el espejo de su condición actual, se encuentra a sí mismo como alejado y expulsado de su Dios. Esta contradicción entre su propia conciencia actual y lo que debería ser su vida como hombre piadoso que confía en Dios permanece por tanto sin resolverse.

El orante define a Dios como אֱלֹהֵי מָעוּזִּי, Dios de mi fortaleza, esto es, el Dios que es mi baluarte. En vez de אלך aquí tenemos la forma אתהלך (לָמָּה אֶתְהַלֵּךְ): ¿por qué andaré perdido en mis propios pensamientos y sentimientos? La razón de esta pena es la distancia en que se encuentra respecto del santuario de su Dios.

En conexión con Sal 43, 3 uno puede recordar Sal 57, 4 y Ex 15, 13 lo mismo que Sal 42, 9. "Luz y verdad" (אוֹרְךָ וַאֲמִתְּךָ) son equivalentes a misericordia y verdad. Lo que el salmista pide a Dios es la luz de su ternura amante, vinculada a la verdad de la fidelidad a las promesas. El salmista quiere la luz en la que se vuelve manifiesto de un modo claro y se revela el propósito de amor de Dios, como expresión de su naturaleza.

El poeta quiere ser guiado por estos dos ángeles de Dios, que son su luz y su verdad. De esa forma podrá ser dirigido hasta el lugar en el que Dios habita y se revela (el *qetub* de los manuscritos de tipo babilonio dice יבואוני, "venga sobre mí", pero la partícula אל que sigue no se adapta a esa lectura). Los tabernáculos (junto a monte santo, cf. אֶל־הַר־קָדְשְׁךָ וְאֶל־מִשְׁכְּנוֹתֶיךָ) son aquí, como en Sal 84, 2 y Sal 46, 5, una designación ampliada de la tienda de Dios, que es magnífica en sí misma y que ha sido elevada como gesto de honor especial ofrecido ante el Dios que habita en la Tierra Sagrada del Monte Sión.

43, 4-5. El poeta revela así, de un modo anticipado, la realidad de aquello por lo que ha rogado, en el sentido de aquello en lo que ha esperado de un modo confiado. Los cohortativos de 43, 4, como los de Sal 39, 14, forman la apódosis de la petición: me acercaré, te alabaré…

El poeta sabe que no hay gozo alguno que pueda compararse con el gozo que procede de Dios. Por eso él le llama אֵל שִׂמְחַת גִּילִי (Dios de mi alegría y de mi gozo), de forma que no hay para él ninguna alegría mayor que la de acercarse a la fuente de su felicidad (cf. Os 9, 5), a la fuente del templo de la que surgen las corrientes de la vida.

Sea como fuere, aunque alejado de allí, el orante quiere dar gracias a Dios con la cítara (*beth instrumental*). Él le llama אֱלֹהִים אֱלֹהָי, una expresión que en los salmos elohistas es equivalente a la expresión יהוה אֱלֹהַי de los salmos yahvistas. La esperanza expresada en Sal 43, 4 expandía ya sus rayos de luz en la oración anterior de Sal 43, 3. En Sal 43, 5, habiendo tomado coraje en Dios, el espíritu mantiene esa esperanza ante el alma que sigue entristecida en la lejanía, pidiéndole que se alegre, que tome fuerzas. En vez de מַה־תִּשְׁתּוֹחֲחִי נַפְשִׁי; de Sal 42, 6 la expresión que aquí se emplea es la de Sal 42, 12, וּמַה־תֶּהֱמִי; unas variaciones como esas no se oponen a la identidad del autor del salmo.

Salmo 44. Letanía de Israel, oprimido por los enemigos y fiel a Dios

1 לַמְנַצֵּחַ לִבְנֵי־קֹרַח מַשְׂכִּיל:

2 אֱלֹהִים। בְּאָזְנֵינוּ שָׁמַעְנוּ אֲבוֹתֵינוּ סִפְּרוּ־לָנוּ פֹּעַל פָּעַלְתָּ בִימֵיהֶם בִּימֵי קֶדֶם:

3 אַתָּה। יָדְךָ גּוֹיִם הוֹרַשְׁתָּ וַתִּטָּעֵם תָּרַע לְאֻמִּים וַתְּשַׁלְּחֵם:

4 כִּי לֹא בְחַרְבָּם יָרְשׁוּ אָרֶץ וּזְרוֹעָם לֹא־הוֹשִׁיעָה לָּמוֹ

כִּי־יְמִינְךָ וּזְרוֹעֲךָ וְאוֹר פָּנֶיךָ כִּי רְצִיתָם:

5 אַתָּה־הוּא מַלְכִּי אֱלֹהִים צַוֵּה יְשׁוּעוֹת יַעֲקֹב:

6 בְּךָ צָרֵינוּ נְנַגֵּחַ בְּשִׁמְךָ נָבוּס קָמֵינוּ:

7 כִּי לֹא בְקַשְׁתִּי אֶבְטָח וְחַרְבִּי לֹא תוֹשִׁיעֵנִי:

8 כִּי הוֹשַׁעְתָּנוּ מִצָּרֵינוּ וּמְשַׂנְאֵינוּ הֱבִישׁוֹתָ:

9 בֵּאלֹהִים הִלַּלְנוּ כָל־הַיּוֹם וְשִׁמְךָ। לְעוֹלָם נוֹדֶה סֶלָה:

10 אַף־זָנַחְתָּ וַתַּכְלִימֵנוּ וְלֹא־תֵצֵא בְּצִבְאוֹתֵינוּ:

11 תְּשִׁיבֵנוּ אָחוֹר מִנִּי־צָר וּמְשַׂנְאֵינוּ שָׁסוּ לָמוֹ:

12 תִּתְּנֵנוּ כְּצֹאן מַאֲכָל וּבַגּוֹיִם זֵרִיתָנוּ:

13 תִּמְכֹּר־עַמְּךָ בְלֹא־הוֹן וְלֹא־רִבִּיתָ בִּמְחִירֵיהֶם:

14 תְּשִׂימֵנוּ חֶרְפָּה לִשְׁכֵנֵינוּ לַעַג וָקֶלֶס לִסְבִיבוֹתֵינוּ:

15 תְּשִׂימֵנוּ מָשָׁל בַּגּוֹיִם מְנוֹד־רֹאשׁ בַּל־אֻמִּים:

16 כָּל־הַיּוֹם כְּלִמָּתִי נֶגְדִּי וּבֹשֶׁת פָּנַי כִּסָּתְנִי:

17 מִקּוֹל מְחָרֵף וּמְגַדֵּף מִפְּנֵי אוֹיֵב וּמִתְנַקֵּם:

18 כָּל־זֹאת בָּאַתְנוּ וְלֹא שְׁכַחֲנוּךָ וְלֹא־שִׁקַּרְנוּ בִּבְרִיתֶךָ:

19 לֹא־נָסוֹג אָחוֹר לִבֵּנוּ וַתֵּט אֲשֻׁרֵינוּ מִנִּי אָרְחֶךָ:

20 כִּי דִכִּיתָנוּ בִּמְקוֹם תַּנִּים וַתְּכַס עָלֵינוּ בְצַלְמָוֶת:

21 אִם־שָׁכַחְנוּ שֵׁם אֱלֹהֵינוּ וַנִּפְרֹשׂ כַּפֵּינוּ לְאֵל זָר:

22 הֲלֹא אֱלֹהִים יַחֲקָר־זֹאת כִּי־הוּא יֹדֵעַ תַּעֲלֻמוֹת לֵב:

23 כִּי־עָלֶיךָ הֹרַגְנוּ כָל־הַיּוֹם נֶחְשַׁבְנוּ כְּצֹאן טִבְחָה:

24 עוּרָה। לָמָּה תִישַׁן। אֲדֹנָי הָקִיצָה אַל־תִּזְנַח לָנֶצַח:

25 לָמָּה־פָנֶיךָ תַסְתִּיר תִּשְׁכַּח עָנְיֵנוּ וְלַחֲצֵנוּ:

26 כִּי שָׁחָה לֶעָפָר נַפְשֵׁנוּ דָּבְקָה לָאָרֶץ בִּטְנֵנוּ:

27 קוּמָה עֶזְרָתָה לָּנוּ וּפְדֵנוּ לְמַעַן חַסְדֶּךָ:

<Al músico principal. Masquil de los hijos de Coré>

1 Con nuestros oídos, Dios, hemos oído, nuestros padres nos han contado
la obra que hiciste en sus días, en los tiempos antiguos.

² Tú, con tu mano, echaste a las naciones y los plantaste a ellos;
afligiste a los pueblos y los arrojaste,
³ pues no se apoderaron de la tierra por su espada, ni su brazo los libró;
sino tu diestra, tu brazo, y la luz de tu rostro, porque te complaciste en ellos.

⁴ Tú, Dios, eres mi rey ¡manda salvación a Jacob!
⁵ Por medio de ti sacudiremos a nuestros enemigos;
en tu nombre hollaremos a nuestros adversarios,
⁶ porque no confiaré en mi arco ni mi espada me salvará,
⁷ pues tú nos has guardado de nuestros enemigos,
has avergonzado a los que nos aborrecían.
⁸ ¡En Dios nos gloriaremos todo el tiempo
y por siempre alabaremos tu nombre! Selah

⁹ Pero nos has desechado, nos has hecho avergonzar,
y ya no sales con nuestros ejércitos.
¹⁰ Nos hiciste retroceder delante del enemigo
y nos saquean para sí los que nos aborrecen.
¹¹ Nos entregas como ovejas al matadero y nos has esparcido entre las naciones.
¹² Has vendido a tu pueblo de balde; ¡no exigiste ningún precio!

¹³ Nos has hecho objeto de afrenta de nuestros vecinos;
nos pones por escarnio y por burla de los que nos rodean.
¹⁴ Nos pusiste por proverbio entre las naciones;
todos al vernos menean la cabeza.

¹⁵ Cada día mi vergüenza está delante de mí y la confusión cubre mi rostro
¹⁶ por la voz del que me vitupera y me deshonra,
por razón del enemigo y del vengativo.
¹⁷ Todo esto nos ha venido, y no nos hemos olvidado de ti
ni hemos faltado a tu pacto.
¹⁸ No se ha vuelto atrás nuestro corazón
ni se han apartado de tus caminos nuestros pasos,
¹⁹ para que nos arrojaras al lugar de los chacales
y nos cubrieras con la sombra de la muerte.
²⁰ Si nos hubiéramos olvidado del nombre de nuestro Dios
o alzado nuestras manos hacia un dios ajeno,
²¹ ¿no lo descubriría Dios? pues él conoce los secretos del corazón.
²² Pero por causa de ti nos matan cada día;
somos contados como ovejas para el matadero.
²³ ¡Despierta! ¿por qué duermes, Señor? ¡Despierta! No te alejes para siempre.
²⁴ ¿Por qué escondes tu rostro, y te olvidas de nuestra aflicción y de la opresión
nuestra?

²⁵ Porque nuestra alma está agobiada hasta el polvo
y nuestro cuerpo está postrado hasta la tierra,
²⁶ ¡levántate para ayudarnos y redímenos por causa de tu misericordia!

Al *maskîl* korahítico anterior (Sal 42, 1-11, con su complemento de Sal 43, 1-5) le sigue un segundo masquil, el redactor se ha situado en este lugar por sus múltiples relaciones con Sal 42-43, es decir, con el estribillo de Sal 42, 6-12 y 43, 5 (comparar además Sal 44, 10. 24, con Sal 43, 2 y Sal 42, 10, la oración de Sal 44, 5 con Sal 43, 3 y 42, 9).

Este Sal 44 ha de compararse con Sal 85. Así como Sal 42-43 forma pareja con Sal 84, así también Sal 44 y Sal 85 forman pareja, siendo como son lamentos y salmos de súplica de tipo korahita y carácter nacional. Por otra parte, Sal 60, de David, Sal 80, de Asaf y Sal 89 de Etán, están muy cerca de este salmo. En todos ellos encontramos lamentaciones semejantes sobre el presente, en contraste con los tiempos antiguos y con la promesa de futuro de Dios; pero ninguno de esos contiene expresiones en la que se pone de relieve la conciencia de inocencia del orante, un rasgo en el que Sal 44 se distingue de ellos.

En ese plano, este salmo parece explicarse mejor si lo situamos en el contexto de los חסידים (hasidim, asideos o santos), que bajo el liderazgo de los macabeos defendieron su nacionalidad y su religión en contra de los sirios, cayendo miles de ellos como mártires. La guerra de ese momento fue, al menos en su comienzo, una guerra santa, de religión, y el pueblo que se alzó en defensa de Yahvé en contra de Júpiter Olímpico, distinguiéndose de los apóstatas, un pueblo fiel a su fe y a su confesión creyente, que tuvo que lamentarse ante el despliegue de la ira de Dios, tanto en 1 Mac 1, 64 como en este salmo.

Hay, además, una tradición según la cual en el tiempo de los macabeos se compuso un salmo de lamentación como este. Según esa tradición, los levitas subían cada día a un tipo de púlpito (דוכן) y elevaban su oración gritando: *¡despierta! ¿Por qué duermes, tú, oh Dios?* Estos levitas gritadores, pidiendo a Dios que les defendiera, se llamaban מעוררים (los que despertaban a Dios).

En *B. Sota 48a* se dice que el Sumo Sacerdote Jochanan, i. e., Juan Hircano (135-107 a. C.), exigió que estos מעוררים cesaran de increpar a Dios, diciéndoles: *¿es que la divinidad está dormida? No ha dicho la Escritura: ¡mira, el Guardián de Israel no dormita ni duerme?* Solo en un tiempo en el que Israel se hallaba abandonado, y los pueblos del entorno en quietud y prosperidad, solo en tales circunstancias se podía orar diciendo: *¡despierta, tú que duermes, oh Señor!* Sin embargo, muchas consideraciones se oponen a la suposición de que este salmo se compusiera en tiempo de los macabeos. Aquí solo indicaremos unas pocas.

En el tiempo de los macabeos, estrictamente hablando, la nación no había sufrido una derrota de sus ejércitos (Sal 44, 10), pues, tras haber recobrado su coraje, los ejércitos de Judas, Jonatán y Simón fueron siempre vencedores, y la única derrota que Hitzig vincula con ese salmo, es decir, la de José y Azarías, en contra de Gorgias en Jamnia (1 Mac 5, 55ss), fue un castigo ocasionado por una acción indiscreta, no aprobada por Dios.

Según eso, los lamentos de Sal 44, 10 no se entienden bien partiendo de los acontecimientos históricos del tiempo de los macabeos. Por otra parte, dado que una nación ha de entenderse como un todo unificado, resulta sorprendente que este salmo no haga mención a los apóstatas del tiempo de los macabeos, que rompieron la unidad de la nación.

Por otra parte, la suposición de Ewald, según la cual este salmo pertenece a los tiempos postexílicos de Jerusalén resulta también inadmisible. En este sentido, cuando preguntamos "a qué acontecimientos se refiere este salmo, a qué tipo de desastre militar alude" no encontramos respuesta alguna. Por otra parte, la referencia al tiempo de Joaquín, a la que apela en vano Tholuck, no puede aceptarse, pues Joaquín fue un rey que hizo el mal ante los ojos de Yahvé (cf. 2 Cron 36, 9 y el juicio de Jer 22, 20-30 y el de Ez 19, 1-14) y este salmo supone, en contra de eso, que el pueblo ha obrado bien ante Dios.

Está además el hecho de que este salmo haya sido colocado al lado de unos salmos que encuadran el entorno del rey Josafat, tiende a situarnos en la primera parte del reinado de Joás, un tiempo en el que, conforme a la profecía de Joel, no había en el pueblo idolatría que debiera ser castigada y, sin embargo, hubo severas aflicciones. En ese contexto se dice que los filisteos y los árabes, unidos a los vecinos cusitas, habían irrumpido sobre Judá, saqueando Jerusalén y vendiendo cautivos del pueblo de Judá, por muy poco dinero, a los griegos (2 Cron 21, 16, Joel 3, 2-8). Pero esta referencia histórica resulta también insostenible. La historia sitúa esos acontecimientos en el tiempo del rey Jorán, no en el de Joás, y parece imposible que este salmo quiera referirse a los tiempos de Jorán desde la perspectiva de Joás.

De un modo consecuente, no tenemos más remedio que volver al tiempo de David; y a partir de aquí se plantea la pregunta de si este salmo, lo mismo que Sal 60, con el que está vinculado, no ha de entenderse desde la misma perspectiva, es decir, desde los acontecimientos relacionados con la guerra siro-amonítica. El hecho de que el conflicto con los sirios y amonitas estuviera también vinculado con los enemigos del sur, es decir, con los edomitas, resulta evidente a partir de Sal 60, 1, cuando comparamos su texto con 2 Sam 8, 13, donde se dice que en ese tiempo ἐπάταξε τὴν Ἰδουμαίαν (LXX), se separó Idumea.

Mientras que David estaba luchando con los sirios, los idumeos invadieron aquella parte de su país, que estaba vacía de tropas judías. Resulta evidente por 1 Rey 11, 15 que esos idumeos causaron gran derramamiento de sangre, porque, en ese contexto, se dice que Joab enterró a los muertos y que tomó una terrible venganza sobre los edomitas, de forma que después de haberlos vencido en el Valle de la Sal, marchó contra su tierra y mató a todos los varones de la población. En esa línea, conforme a la opinión de Hengstenberg, de Keil y otros autores, podemos afirmar que este salmo se explica mejor desde la perspectiva en que se hallaba Israel antes de la derrota y destrucción de los idumeos.

El hecho de que en Sal 44, 12 la nación se lamenta por la dispersión de sus habitantes entre los gentiles puede explicarse por deducción a partir de Am 1, 6, conforme a la cual los idumeos habían establecido un tráfico de esclavos israelitas. Por otro lado, la alta autoconciencia israelita que encuentra su expresión en este salmo, se entiende mejor desde la perspectiva de los tiempos de David, porque solo en ese período y en los primeros años del reino de Salomón se pudo decir que los israelitas estaban libres de toda influencia extranjera en su culto y oración.

En ninguno de los otros salmos afines (ni en Sal 60 ni en el 89) hallamos una autoconciencia semejante de separación y grandeza israelita como la que hallamos en este Sal 44, que por esa razón puede compararse con el libro de Job, ocupando un lugar único en la literatura del A. T., al lado del libro de Lamentaciones y del Segundo Isaías.

La aflicción de Israel, que en sentido estricto no pudo ser de tipo punitivo (esto es de castigo), sino de prueba divina, se parece a la aflicción de Job en su libro. En este salmo, Israel se encuentra ante Dios en la misma situación que Job y el Siervo de Yahvé de Isaías, con la excepción de algunas respuestas del libro de Job y de todo lo que tiene un carácter expiatorio en la aflicción del Siervo de Yahvé. Pues bien, esta misma autoconciencia es la que encontramos, de forma aproximada, en Sal 60, 4. En estos dos pasajes no encontramos diferencia entre Israel y los temerosos de Dios, y la guerra en la que Israel fue vencido (aunque con esperanza de una victoria final) es una batalla por la verdad.

En contra de este salmo se ha elevado la acusación de que manifiesta una visión muy superficial del pecado, a consecuencia de la cual el salmista ha terminado acusando a Dios de infidelidad (en vez de buscar la causa de la derrota en la infidelidad de Israel). Pues bien, esa acusación es injusta. Ciertamente, el escritor de este salmo no puede ni quiere negar el pecado de algunos individuos, ni tampoco puede negar algún tipo de transgresión de todo el pueblo, pero en su tiempo no existía un tipo de apostasía de la mayor parte del pueblo respecto a su Dios, ni se podía hablar de rechazo del pueblo entero. Por eso, la supremacía concedida a los paganos sobre Israel debía tomarse como algo anormal, y a consecuencia de ello, fundándose en la fidelidad de Israel y en la bondad amante de Dios, el poeta pide a Dios una rápida liberación del pueblo.

Sin duda, un salmo que brotara de forma directa del corazón de la Iglesia cristiana del N. T., debería haber sonado de un modo muy distinto, porque la Iglesia del N. T., no es una comunidad nacional. Por otra parte, tanto en lo que se refiere a la relación entre la idea de Iglesia y su realidad concreta, y en lo que se refiere a la relación entre las aflicciones de la Iglesia y el motivo y designio de Dios, la visión del N. T., penetra en una profundidad mucho mayor. El creyente cristiano sabe que la pasión de Cristo responde al amor de Dios, de forma que, siendo crucificado con Cristo, en (bajo) el mundo, ese creyente cristiano puede compartir la gloria de su Señor y Cabeza.

44, 2-4. El poeta empieza citando una tradición que viene desde el tiempo de Moisés y de Josué, una tradición que los israelitas han escuchado con sus propios oídos, mostrando la gran distancia que existe entre los tiempos antiguos y el tiempo presente, lo mismo que hace Asaf en Sal 78, 3, apelando a la palabra de la tradición, no a la Escritura. Aquello que los israelitas han oído se sigue diciendo en palabra directa (*oratio directa*).

Sal 44, 3 explica al tiempo de acción a la que aquí se alude, es decir, la victoria sobre los pueblos de Canaán, como obra de Dios, por la que Moisés rogaba en Sal 90, 16. Sobre ידך (אַתָּה‎ ׀ יָדְךָ‎, tú con tu mano), vid. *Coment.* a Sal 3, 5; Sal 17, 14. La posición en la que están aquí las palabras, como en Sal 69, 11; Sal 83, 19, nos lleva a suponer que el término ידך aparece como una palabra permutativa, en lugar de אתה, y por lo tanto en el mismo caso.

La figura de "plantar" (en la línea de Ex 15, 17) aparece desarrollada en ותשלחם, pues esta palabra significa expulsar a uno a fin de abrir un espacio para otros, una figura que aparece en Sal 80. Según eso, la conquista de Canaán no fue obra propia de Israel, sino que fue (con כי, *ciertamente no*, como en alemán *nein, den*, como en latín *imo*) obra de Dios: "Fue tu mano derecha, fue tu brazo, con la luz de tu mirada" la que produjo la salvación, es decir, la victoria para Israel.

La combinación de sinónimos como ימינך וזרועך aparece igualmente en Sal 74, 11; Ecl 33, 7, χεῖρα καὶ βραχίονα δεξιόν. Los dos nombres de los miembros del cuerpo humano (mano, brazo) se aplican a Dios solo en forma de figuras; la mano derecha es signo de una acción enérgica; el brazo es signo del poder efectivo, que realiza aquello a lo que se refiere la cosa indicada (cf. e. g., Sal 77, 16; Sal 53, 1). Por su parte, la luz de su rostro es una figura de la bondad amante de Dios que ilumina la oscuridad de la vida de los hombres.

La causa final de todo es el propósito de amor de Dios, en la medida en que tú (el pueblo) eras digno del favor de Dios (con רצה como en Sal 85, 2). Esta misma idea, según la cual la posesión de la tierra de Canaán es el resultado de la libre gracia de Dios está presente a lo largo de Dt 9.

44, 5-9. Partiendo de la mirada retrospectiva anterior, tan rica en misericordia, brota Sal 44, 5, como una oración confiada que se funda en la relación teocrática de Dios con Israel, que comenzó en el tiempo de la liberación, por medio de Moisés (Dt 33, 5).

En el comienzo de la oración de sustantivo: מַלְכִּי אֱלֹהִים צַוֵּה יְשׁוּעוֹת יַעֲקֹב‎
אַתָּה־הוּא‎ (ahora tú, rey de Israel, concede la salvación a Jacob) no hallamos una
cópula ni un predicado lógico (cf. Sal 102, 28; Dt 32, 39, con el equivalente אתה‎
הוא אשר‎, cf. 1 Cron 21, 17), sino un tipo de recuperación (reasunción) del sujeto,
como en Is 43, 25; Jer 49, 12; Neh 9, 6; Esd 5, 11, lo mismo que en la expresión
muy frecuente יהוה הוא האלהים‎.

Por eso hay que traducir: "Tú, aquel que es (que eres) mi rey…". Según
eso, el salmista le pide a Dios que, en virtud de su deber como rey (deber que ha
asumido libremente), y por el poder del que dispone, él debe mandar (realizar)
la salvación sobre Jacob, de una forma plena y entera (Sal 18, 51; Sal 53, 7), con
צוה‎ como en Sal 42, 9.

Jacob se utiliza aquí en lugar de Israel, lo mismo que Elohim en lugar de
Yahvé. Si Elohim, rey de Jacob, vuelve gratuitamente su rostro hacia su pueblo,
ellos, los israelitas, serán de nuevo victoriosos e invencibles, como afirma Sal
44, 6. La palabra נגח‎ con referencia a קרן‎ es una figura y emblema de fuerza, lo
mismo que en Sal 89, 25 y *passim*. קמינו‎ equivale a עלינו קמים‎. Eso significa que
solo podemos confiar en la fuerza de Dios (בך‎ como en Sal 18, 30), pues se dice
que "no confío en mi arco", etc.

Esta enseñanza de Israel (Sal 44, 7) fue deducida de la historia de los
primeros tiempos. En aquel momento originario, el pueblo no confió en el arco
ni en la espada, ni en ningún tipo de armas carnales de ataque, sino solo en "ti",
es decir, en Dios, Sal 44, 8. En el fondo de la expresión כִּי הוֹשַׁעְתָּנוּ מִצָּרֵינוּ‎, se incluye
un "tú" enfático de Dios, como aquel que ha salvado a Israel: no ha sido su propio
poder nacional el que ha dado a los israelitas la supremacía, sino el poder gratuito
de Dios que se expresa a través de la debilidad del pueblo elegido.

Según eso, la gloria y orgullo de Israel es Elohim, de forma que podemos
decir בֵּאלֹהִים הִלַּלְנוּ כָל־הַיּוֹם‎, *en Elohim nos gloriaremos todo el tiempo*, cf. על הלל‎, Sal
10, 3. Y aquí se introduce la música en forma de himno, tal como lo indica el סֶלָה‎.
En este momento, el salmo se eleva de altura, expresando la grandeza más gozosa
de la alabanza de Dios, para volver de nuevo y caer en el lamento más amargo.

44, 10–13. En principio אף‎ (אַף־זָנַחְתָּ וַתַּכְלִימֵנוּ‎) significa *imo vero* (Sal 58, 3), pero
cuando viene tras una cláusula antecedente (que sea expresa o virtualmente
negativa), puede significar "sin embargo", introduciendo así un contraste con lo
anterior, como resulta frecuente también con גם‎ o וגם‎. Este es, pues, el sentido:
*nosotros te alabamos, celebramos tu nombre de un modo incesante…, pero (sin embargo)
tú nos has arrojado fuera.* Desde esta perspectiva, este salmo se sitúa en una relación
muy estrecha con Sal 89, 39 o, incluso, en una medida aún más extensa con Sal
60, 1-12, que se sitúa en el tiempo de la guerra siro-amonita, salmo con el que se
relaciona casi palabra con palabra nuestro salmo (cf. 44, 10).

Los צבאות (cf. לֹא־חָצָֽא בְּצִבְאוֹתֵ֫ינוּ) no son estrictamente hablando unos ejércitos establecidos (como se debe destacar, en contra de la conexión de este salmo con las guerras de los macabeos), sino las huestes de un pueblo que se ha visto inmerso en la batalla (sin tener un ejército estable, como en Ex 12, 41), las huestes israelitas que salieron de Egipto. En vez de dirigir a esas huestes a la victoria, como capitán victorioso (2 Sam 5, 24), Dios las ha abandonado y ha permitido que sean derrotadas por los enemigos.

Los enemigos "nos han despojado", vencido, con לָמוֹ, es decir, a placer, sin encontrar resistencia, para su propio gozo. Y dado que Dios ha entregado a los israelitas (con נתן como en Miq 5, 2, y el primer יתּן como en Is 41, 2), una parte del pueblo ha venido a convertirse en ovejas para el matadero y otra ha sido dispersada entre los gentiles, de forma que los israelitas han sido vendidos como esclavos, de un modo humillante, בְּלֹא־הוֹן, "sin precio caro", entregados a bajo precio, prácticamente de balde. Sabemos por Joel 3, 3 lo que aquí se quiere decir.

Esta referencia económica sigue estando en el fondo de Sal 44, 13: tú (Dios) no exigiste un precio caro para la venta. En esa línea, la traducción de Maurer es correcta: *in statuendis pretiis eorum* (al establecer su precio). De todas formas, aquí no estamos ante un *beth* de simple precio, sino más bien de dignidad (o de falta de dignidad), como si a Dios no le importara nada la honra y el valor de los israelitas. Esa manera de portarse ha sido indigna de Dios, que no ha valorado en modo alguno a su pueblo, que lo ha rechazado y entregado en manos de los enemigos, como si ese pueblo suyo no le interesara nada, como si no tuviera para él valor ninguno.

44, 14-17. A este tema se suma el de la vergüenza que viene unida al abandono de Dios y a la derrota. En este contexto se traza una distinción entre *las naciones vecinas* (es decir, entre aquellos países que se encuentran inmediatamente en torno a Israel, es decir, las סביבות, como se dice en un pasaje muy semejante de Sal 79, 4, cf. Sal 80, 7), y *aquellas que habitan en una tierra que se encuentra lejos de Israel*.

El texto sigue diciendo que Dios ha hecho a los israelitas un מָשָׁל, ejemplo negativo, un proverbio despreciativo, como expresión de una nación que ha sufrido un intenso castigo (vid. Hab 2, 6). El gesto de mover la cabeza es aquí, lo mismo que en Sal 22, 8, un signo de admiración maliciosa, de tipo condenatorio. El salmista añade: "cada día, es decir, siempre, תָּמִיד, como en Sal 38, 18, mi vergüenza va delante de mí" (כָּל־הַיּוֹם כְּלִמָּתִי נֶגְדִּי), tanto en el aspecto externo como en la conciencia de su propia desgracia.

En vez de decir "la vergüenza cubre mi rostro", el texto afirma "la vergüenza de mi rostro me cubre". Eso significa que la vergüenza domina todo su ser, en el aspecto interno y externo (cf. sobre ese tema el sentido radical de בּוֹשׁ, Sal 6, 11 y de חפר, Sal 34, 6). La yuxtaposición entre enemigo y hombre vengativo

(אוֹיֵב וּמִתְנַקֵּם) tiene su origen en Sal 8, 3. En Sal 44, 17 alternan מָקוֹל y מִפְּנֵי; en el primer caso se alude a la impresión causada por una voz adversa; en el segundo caso a la producida por un rostro enojado.

44, 18-22. Pero el salmista se siente y se sabe inocente. Si el salmista de Israel compara su conducta respecto a Dios con la suerte de su vida no puede afirmar en modo alguno que esa suerte sea consecuencia de algún tipo de pecado. Construido con acusativo, el verbo בוא significa, como en Sal 35, 8; Sal 36, 12, sobrevenir sobre alguien y de un modo especial cuando se trata de una suerte mala, que proviene de poderes hostiles. שִׁקֵּר es mentir o engañar, con una ב de objeto (cf. בִּבְרִיתֶךָ וְלֹא־שִׁקַּרְנוּ, sin haber traicionado tu alianza), relacionada con aquel que practica el engaño o la traición, como en Sal 89, 34.

En Sal 44, 19, la palabra אָשׁוּר se construye como femenino, exactamente como en Job 31, 8. En esa línea se entiende el futuro consecutivo, como en Job 3, 10; Num 16, 14: *y nuestros pasos no se han separado, alejándose de ti* (וַתֵּט אֲשֻׁרֵינוּ מִנִּי אָרְחֶךָ). No se trata, pues, de que haya habido un tipo de apostasía interior, seguida por un alejamiento exterior respecto de Dios. Desde ese fondo se entiende el כִּי de Sal 44, 20; los israelitas no se han separado de Dios, de forma que su desgracia actual no se puede entender como castigo por algo que hayan (que hayamos) cometido. De esa forma, el salmista pone de relieve la inocencia de su pueblo, que no se ha rebelado en contra de la voluntad de Dios.

En relación con תַּנִּים, vid. Is 13, 22. Un cubil de chacales es como una habitación de dragones (Jer 10, 22), el lugar más solitario, el desierto más terrible; por eso, el lugar destinado por Dios para su pueblo es el desierto o מדבר menos hospitalario, más alejado de la morada de los hombres. Se trata de un espacio cubierto con la sombra de la muerte, con כסה que se construye con עַל refiriéndose a la persona cubierta y con ב refiriéndose a aquello que le cubre (cf. 1 Sam 19, 13; aquí se alude a la sombra de muerte, בְּצַלְמָוֶת.

Tú nos has cubierto con la honda oscuridad (vid. Sal 23, 4). La partícula אִם, Sal 44, 21, no introduce una afirmación (*¡verdaderamente no hemos olvidado...!*), sino una apódosis interrogativa: *si es que hubiéramos olvidado*, en condicional... Si hubiéramos obrado así eso no hubiera quedada olvidado ante Dios, pues él conoce los corazones, todos los secretos de la mente de los hombres. Tanto la forma como el tema de estas reflexiones recuerdan las de Job, y de un modo especial las de Job 31, 4; cf. sobre תעלמות (los secretos..., יֹדֵעַ תַּעֲלֻמוֹת לֵב כִּי־הוּא), Job 11, 6; Job 28, 11.

44, 23-27. La iglesia israelita no es consciente de ninguna apostasía; al contrario, ella está sufriendo a causa de su fidelidad. Este es el significado que el salmista quiere resaltar a través de la partícula כִּי (כִּי־עָלֶיךָ הֹרַגְנוּ) en Sal 44, 23 (cf. Sal 37, 20). El énfasis yace en עָלֶיךָ, que se utiliza de la misma forma que en Sal 69, 8.

Pablo aplica esta experiencia en Rom 8, 36 a los sufrimientos que la iglesia del N. T. padece a causa de su testimonio de la verdad. En sentido estricto, Pablo piensa que esta palabra del salmo constituye un oráculo divino que se aplica a los sufrimientos de la Iglesia del N. T.; él ha acuñado esta frase para aplicarla a la Iglesia cristiana, y por eso la cita diciendo: como está escrito, καθὼς γέγραπται.

Los gritos del suplicante, עוּרָה y הָקִיצָה (despierta y levántate) son davídicos, y así aparecen en los Salmos más antiguos: Sal 7, 7; Sal 35, 23; Sal 59, 5, cf. Sal 78, 65. El texto supone que Dios está dormido, pues no actúa directamente en algo que está sucediendo aquí abajo, como si no le interesara nada. En esa línea, la naturaleza del sueño consiste en volverse hacia el interior de uno mismo, de manera que los poderes que actúan en lo externo quedan como en suspenso.

El autor de nuestro salmo es amigo de utilizar parejas de sinónimos como עָנְיֵנוּ וְלַחֲצֵנוּ (de nuestra aflicción y de nuestra opresión, Sal 44, 25; cf. Sal 44, 4), יְמִינְךָ וּזְרוֹעֲךָ tu mano y tu brazo, como en Sal 119, 25 que es un eco de este verso (Sal 44, 26). El grito suplicante קוּמָה (levántate, en este caso en conexión con עֶזְרָתָה לָּנוּ, para ayudarnos) es de tipo davídico, cf. Sal 3, 8; Sal 7, 7, aunque originalmente forma parte de los libros de Moisés. Por lo que se refiere a la sílaba final *ah* עֶזְרָתָה, tanto aquí como en Sal 63, 8 tiene el mismo sentido que לְעֶזְרָתִי, Sal 22, 20, y en otros casos, cf. *Coment.* a Sal 3, 3.

Salmo 45. Canto de matrimonio en honor del rey excelso

¹ לַמְנַצֵּחַ עַל־שֹׁשַׁנִּים לִבְנֵי־קֹרַח מַשְׂכִּיל שִׁיר יְדִידֹת׃

² רָחַשׁ לִבִּי דָּבָר טוֹב אֹמֵר אָנִי מַעֲשַׂי לְמֶלֶךְ לְשׁוֹנִי עֵט סוֹפֵר מָהִיר׃

³ יָפְיָפִיתָ מִבְּנֵי אָדָם הוּצַק חֵן בְּשְׂפְתוֹתֶיךָ עַל־כֵּן בֵּרַכְךָ אֱלֹהִים לְעוֹלָם׃

⁴ חֲגוֹר־חַרְבְּךָ עַל־יָרֵךְ גִּבּוֹר הוֹדְךָ וַהֲדָרֶךָ׃

⁵ וַהֲדָרְךָ צְלַח רְכַב עַל־דְּבַר־אֱמֶת וְעַנְוָה־צֶדֶק וְתוֹרְךָ נוֹרָאוֹת יְמִינֶךָ׃

⁶ חִצֶּיךָ שְׁנוּנִים עַמִּים תַּחְתֶּיךָ יִפְּלוּ בְּלֵב אוֹיְבֵי הַמֶּלֶךְ׃

⁷ כִּסְאֲךָ אֱלֹהִים עוֹלָם וָעֶד שֵׁבֶט מִישֹׁר שֵׁבֶט מַלְכוּתֶךָ׃

⁸ אָהַבְתָּ צֶּדֶק וַתִּשְׂנָא רֶשַׁע עַל־כֵּן מְשָׁחֲךָ אֱלֹהִים אֱלֹהֶיךָ שֶׁמֶן שָׂשׂוֹן מֵחֲבֵרֶיךָ׃

⁹ מֹר־וַאֲהָלוֹת קְצִיעוֹת כָּל־בִּגְדֹתֶיךָ מִן־הֵיכְלֵי שֵׁן מִנִּי שִׂמְּחוּךָ׃

¹⁰ בְּנוֹת מְלָכִים בִּיקְּרוֹתֶיךָ נִצְּבָה שֵׁגַל לִימִינְךָ בְּכֶתֶם אוֹפִיר׃

¹¹ שִׁמְעִי־בַת וּרְאִי וְהַטִּי אָזְנֵךְ וְשִׁכְחִי עַמֵּךְ וּבֵית אָבִיךְ׃

¹² וְיִתְאָו הַמֶּלֶךְ יָפְיֵךְ כִּי־הוּא אֲדֹנַיִךְ וְהִשְׁתַּחֲוִי־לוֹ׃

¹³ וּבַת־צֹר בְּמִנְחָה פָּנַיִךְ יְחַלּוּ עֲשִׁירֵי עָם׃

¹⁴ כָּל־כְּבוּדָּה בַת־מֶלֶךְ פְּנִימָה מִמִּשְׁבְּצוֹת זָהָב לְבוּשָׁהּ׃

¹⁵ לִרְקָמוֹת תּוּבַל לַמֶּלֶךְ בְּתוּלוֹת אַחֲרֶיהָ רֵעוֹתֶיהָ מוּבָאוֹת לָךְ:

¹⁶ תּוּבַלְנָה בִּשְׂמָחֹת וָגִיל תְּבֹאֶינָה בְּהֵיכַל מֶלֶךְ:

¹⁷ תַּחַת אֲבֹתֶיךָ יִהְיוּ בָנֶיךָ תְּשִׁיתֵמוֹ לְשָׂרִים בְּכָל־הָאָרֶץ:

¹⁸ אַזְכִּירָה שִׁמְךָ בְּכָל־דֹּר וָדֹר עַל־כֵּן עַמִּים יְהוֹדֻךָ לְעֹלָם וָעֶד:

<Al músico principal; sobre "Lirios". Masquil de los hijos de Coré. Canción de amores>

¹ Rebosa mi corazón palabra buena; dirijo al rey mi canto;
mi lengua es pluma de escribiente muy diestro.
² Eres el más hermoso de los hijos de los hombres;
la gracia se ha derramado en tus labios; por tanto, Dios te ha bendecido para siempre.

³ Ciñe tu espada sobre el muslo, valiente, con tu gloria y majestad.
⁴ En tu gloria sé prosperado; cabalga sobre palabra de verdad, de humildad y de justicia.
Tu diestra te enseñará cosas que asombran;
⁵ tus saetas agudas, con que caerán pueblos debajo de ti,
penetrarán en el corazón de los enemigos del rey.

⁶ Tu trono, Dios, es eterno y para siempre; cetro de justicia es el cetro de tu reino.
⁷ Has amado la justicia y aborrecido la maldad;
por tanto, te ungió Dios, el Dios tuyo, con óleo de alegría más que a tus compañeros.
⁸ Mirra, áloe y casia exhalan todos tus vestidos;
desde palacios de marfil te recrean.
⁹ Hijas de reyes están entre tus ilustres; está la reina a tu diestra con oro de Ofir.

¹⁰ ¡Oye, hija, mira e inclina tu oído! olvida tu pueblo y la casa de tu padre,
¹¹ y deseará el rey tu hermosura. Inclínate delante de él, porque él es tu señor.
¹² Y las hijas de Tiro vendrán con presentes; implorarán tu favor los ricos del pueblo.

¹³ Toda gloriosa es la hija del rey en su morada; de brocado de oro es su vestido.
¹⁴ Con vestidos bordados será llevada al rey;
vírgenes irán en pos de ella, sus compañeras serán traídas a ti.
¹⁵ Serán traídas con alegría y gozo; entrarán en el palacio del rey.

¹⁶ En lugar de tus padres serán tus hijos, a quienes harás príncipes en toda la tierra.
¹⁷ Haré perpetua la memoria de tu nombre en todas las generaciones,
por lo cual te alabarán los pueblos eternamente y para siempre.

Al *masquil* korahita anterior (Sal 44) se le añade un canto del mismo nombre y de contenido semejante, un texto regio, conforme al estilo de las producciones korahitas. Pero las palabras centrales de Sal 44, 5 "tú, tú eres mi Rey, Elohim" iban dirigidas al Dios de Israel: aquí en cambio la identidad de ese rey a quien se dirige el canto es objeto de duda y controversia (puede ser Dios, puede ser el rey Mesías).

La carta a los Hebreos (Hebr 1, 8) parte del supuesto de que ese rey es el Cristo futuro, Hijo de Dios. Esa suposición está apoyada en una tradición de la antigua sinagoga, conforme a la cual el Targumista traduce: "Tú belleza, o rey mesías, es mayor que la de los hijos de los hombres" (Sal 45, 3).

Esta interpretación mesiánica ha tenido que ser muy antigua. Así como Ez 21, 32 remite al שילה de Gen 49, 10 e Is 9, 5 introduce al גבור אל entre los nombres del mesías (cf. Zac 12, 8), así puede suceder también, de manera semejante, en Sal 45 donde el rey a quien este salmo canta es el mismo Mesías. La recepción del Cantar de los Cantares en el Canon de la Biblia se pudo haber realizado sin dar un valor alegórico (profético) al Amado; pero la recepción de este salmo en el canon habría sido muy difícil a no ser que este rey se entendiera en sentido profético-alegórico como mesías de Dios.

Históricamente, este salmo fue compuesto para alguna ocasión especial, relacionada con un acontecimiento de aquel tiempo; el rey a quien aquí se celebra debe ser un contemporáneo del poeta. Pues bien, si ese rey pertenecía a la familia de David, debía ser poseedor de una realeza a la que se le atribuían, conforme a 2 Sam 7, grandes promesas mesiánicas, abiertas hacia un futuro ilimitado, con el que se vinculaban muchas perspectivas de futura prosperidad y gloria para Israel. Por eso, el poeta tiene todo el derecho de mirarle a la luz de la idea mesiánica.

Por su parte, la iglesia posterior tiene también el derecho de interpretar este canto, que surgió en alguna ocasión del pasado, como canto para todas las edades, aplicándolo al gran Rey del futuro, entendido como meta de toda su esperanza. En esa línea, debemos recordar que cantos como este, que sirvieron para destacar un hecho o figura particular del pasado, fueron recibidos en el salterio israelita y acogidos en la Biblia cristiana, para ser utilizados en la iglesia como oraciones y cantos espirituales.

Respecto a la ocasión histórica en que surgió este canto, seguimos manteniendo la visión que defendimos en nuestro comentario al *Cantar de los Cantares* y a la *Carta a los Hebreos*, donde decíamos que fue compuesto en conexión con el matrimonio entre Joram de Judea y su esposa Atalía. La visión que relaciona este salmo con el matrimonio entre Ahab de Israel y Jezabel de Tiro, defendida por Hitzig, debe ser rechazada por el hecho de que el poeta idealiza a la persona a la que canta, presentándola como anuncio del mesías, de una manera que solo puede ser justificada en conexón con la figura de un rey Davídico, mientras que Ahab de Israel no pertenecía a la estirpe de David.

Este salmo podría aplicarse mejor a Salomón, rey de Israel, cuya apariencia era hermosa como la de una mujer y majestuosa como la de un héroe. En esa línea, algunos intérpretes actuales (por ejemplo: Kurtz, *Dorpater Zeitschrift 1865*, p. 1-24) explican este salmo desde la perspectiva del matrimonio de Salomón con la hija del Faraón; pero la ausencia total de cualquier referencia a Egipto va en contra de esta visión. Por su parte Hupfeld imagina que la novia es una hija de Hiram, rey fenicio, relacionándola con la diosa sidonia Ashtreth (Astarot), mencionada entre los dioses extranjeros introducidos en Israel por Salomón (1 Rey 11, 5; 11, 33).

Pero el hecho de que el rey a quien celebra este salmo deba luchar como guerrero va en contra de esa atribución, pues, de acuerdo con su nombre, Salomón era Príncipe de la Paz, איש מנוחה 1Cron 22, 9. Por otra parte, el salmo presenta al rey como descendiente de antepasados regios, mientras Salomón, tenía un padre rey (David) pero no padres o antepasados reales, y hay pocas posibilidades de encontrar príncipes de Judá entre los antepasados de Salomón (como quiere Kurtz), pues entre esos príncipes solo podría citarse a Naason, en la ascendencia de David.

Todo esto nos lleva a excluir a Salomón y a optar por Joram como el rey a quien canta este salmo. Él era hijo de Josafat, y fue el segundo Salomón de la historia israelita; fue ya rey en el tiempo de la vida de su piadoso padre, bajo el cual revivió la prosperidad salomónica de Israel (cf. 2 Cron 18, 1 con Sal 21, 3; 2 Rey 8, 16, y la exposición de Winer, *Realwörterbuch*, bajo la entrada *Jehoram/Joram*).

Este Joram se casó con Atalía durante el tiempo de vida de su padre; y resulta natural que, en aquel momento, justamente en el tiempo en que Judá alcanzaba de nuevo la altura de gloria de los días de Salomón, surgieran y se proclamaran las más altas esperanzas en el entorno de esas bodas. Desde aquí se explica además el nombre de שגל que se atribuye a la reina, un nombre que es básicamente caldeo (Dan 5, 2) y persa (Neh 2, 6), propio de Israel (reino del norte), más que de Judá (probablemente en el canto de Débora, Jc 5, 30, tengamos que leer שגל en vez de לצוארי שלל).

Atalía descendía de la familia real de Tiro, a través de la casa real de Israel (reino del norte) y estuvo casada con Joram. En esa línea, siendo ella reina recibe más fuerza la exhortación a olvidar la casa del padre al casarse con el heredero de la casa real de David, en Jerusalén. Desde ese fondo se entiende también el hecho de que en este salmo se mencione de un modo especial la ciudad de Tiro, y solo la de Tiro.

El esplendor salomónico de perfumes y adornos lujosos se entiende también fácilmente en este contexto, evocando en el fondo las riquezas de Salomón. Recordemos que Josafat había querido ser como Salomón, y había dirigido su atención a las mercancías extranjeras, y especialmente al oro de la India; él había preparado incluso una flota con el propósito de navegar hasta Ofir, pero antes de que pudiera iniciar su viaje marino, fue destruía en el puerto de Ezion-geber (1 Rey 22, 48-50; 2 Cron 20, 35).

Ciertamente, Salomón tenía un trono de mármol (1 Rey 10, 18) y el canto salomónico (Cant 7, 5) menciona incluso una torre de marfil, pero no se dice que tuviera un palacio de marfil, como el que se cita en ese salmo. De todas formas, el hecho de que nuestro salmo mencione un palacio de marfil (היכלי־שן) nos sitúa en el entorno de la familia de Ahab, padre de Atalía, que construyó una casa de marfil (בֵּית־שֵׁן), como ha puesto de relieve el libro de los Reyes, retomando una noticia de los Anales, y presentándola como digna de mención, 1 Rey 22, 39 (cf. Amós 3, 15, בָּתֵּי הַשֵּׁן).

Pues bien ¿qué impide que Joram, en un momento de exaltación de su figura, tan rica en esperanza, haya podido presentarse como un tipo de Mesías? Por otra parte, su nombre se cita en la genealogía de Jesucristo (Mt 1, 8). Joram y Atalía aparecen, pues, entre los antepasados de Nuestro Señor. Este es un dato significativo de su vida, aunque, de hecho, Joram y Atalía no hayan cumplido después los buenos deseos expresados en este salmo por el poeta, en el tiempo de su matrimonio, lo mismo que sucede en el caso de Salomón, que empezó por el espíritu y terminó en la carne, y no cumplió las esperanzas de paz que la misma Escritura había vinculado a su persona.

Joram y Atalía fueron por sí mismos infieles a las promesas y esperanzas de este salmo, a causa de su impiedad. Sucede así, con el tema de este salmo, lo mismo que con los doce tronos sobre los que, de acuerdo con la promesa de Mt 19, 28, tendrían que haberse sentado los doce apóstoles, juzgando sobre las doce tribus de Israel. Esa promesa (los doce se sentarán sobre doce tronos...) fue proclamada por Jesús, refiriéndose también a Judas Iscariote, pues uno de los doce tronos le pertenecía a él, pero él se desligó (fue indigno) de que se cumpliera en él esa promesa.

Ciertamente, Matías vino a convertirse, según el libro de los Hechos, en heredero del trono de Judas Iscariote (ocupando el décimo segundo puesto entre los apóstoles de la iglesia primitiva). Pero ¿quién fue el heredero de las promesas de Sal 45? Todas las cosas gloriosas declaradas en este salmo dependían de una condición: que el rey a quien el salmista alababa fuera portador digno del ideal del reinado teocrático. En esa perspectiva podemos afirmar que, toda la profecía y esperanza mesiánica de Israel, especialmente desde los días de Isaías hasta Cristo, constituye un camino y realización de esta promesa (que se cumplió en Jesús de un modo distinto, pero en la línea de las promesas de este salmo).

El *encabezado* del salmo reza así: *al músico principal (al preceptor); sobre "Lirios". Maskil de los hijos de Coré. Canción de amores* (una meditación, un cántico, sobre algo que es amable, canción de amores). Sobre el Maskil, cf. lo dicho en Sal 32, 1. שׁוֹשָׁן es el nombre que recibe el lirio (de seis hojas)[4], un nombre que aparece con frecuencia en las lenguas de oriente. No es la rosa de cinco hojas, que solo fue introducida en Palestina en tiempo muy posteriores. Sea como fuere, en este nombre, עַל־שֹׁשַׁנִּים (sobre lirios, flores de seis hojas) descubre Hengstenberg

---

4. Este nombre se encuentra también en el antiguo Egipto, cf. *Libro de los muertos*, LXXXI. 2, "Wnuk seshni pir am t̓ah-en-Phra", es decir, "yo soy un lirio que ha brotado de los campos del Dios-Sol".

una referencia simbólica a los "esposos amantes" de los que trata el salmo. Por su parte, Lutero traduce "relativo a las rosas" y aplica esa referencia a las rosas venideras (*rosae futurae*) de la Iglesia abierta al futuro de su plenitud.

Nosotros preferiríamos decir, con Bugenhagen, Joh. Gerhard y algunos otros comentaristas que "el divino esposo y la esposa espiritual son las dos rosas o lirios de los que se trata en este salmo". Pero el sentido de עַל־שֹׁשַׁנִּים (sobre los lirios) tiene que vincularse también con la inscripción עַל־שׁוּשַׁן עֵדוּת (testimonio de los lirios), de Sal 60, 1, que se identifica probablemente con la inscripción anterior (a pesar de que lleva un *athnach*). Por otra parte, la preposición עַל (אֶל) no nos permite pensar en un instrumento musical, quizá en un tipo de campanillas en formas de lirios[5].

Tiene que haber existido según eso un canto popular bien conocido que comenzaba con unas palabras como estas: "El testimonio es un lirio…", o, más bien, "lirios son los testimonios (עֵדוּת)…". Este salmo 45 estaría compuesto y debería ser cantado con la melodía del canto de los lirios, como alabanza de la Torá, vinculada de alguna forma con un tipo de amor, expresado por la palabra יְדִידֹת[6]. El adjetivo יָדִיד significa amado y también amable (cf. Sal 84, 2).

Según eso, este salmo trata de cosas que son amadas porque excitan al amor, porque son agradables. Por eso, se dice que este canto es un שִׁיר יְדִידֹת, indicando así que su contenido es el amor, algo amable. En esa línea, שִׁיר יְדִידֹת no significa estrictamente hablando un canto de matrimonio, pues en ese caso se tendría que titular שִׁיר חֲתֻנָּה (cf. Sal 30, 1). Tampoco significa un canto secular erótico, pues en ese caso se tendría que haber dicho עֲגָבִים שִׁיר, דּוֹדִים שִׁיר. En contra de eso, יָדִיד es una palabra noble y se utiliza para un tipo de amor santo o elevado, como seguiremos indicando.

45, 2-3. Como indica su significado, el verbo רָחַשׁ, derivado de מַרְחֶשֶׁת, con el que empieza el salmo (45, 1: רָחַשׁ לִבִּי דָּבָר טוֹב, bulle en mi corazón una palabra buena) significa originalmente producir burbujas, hervir, y se utiliza en las diversas lenguas semitas para referirse a un movimiento excitado y muy vivo de emoción. Se construye con acusativo, como los verbos que evocan plenitud, como el sinónimo

---

5. Cf. C. Jessen, en su trabajo sobre *los lirios en la Biblia*, en Hugo von Mohl, *Botanische Zeitung*, 1861, No. 12. Por su parte, Thrupp en su *Introducción* (1860) piensa que שׁוֹשַׁנִּים se refiere a címbalos en forma de lirios.

6. Es muy discutible el sentido de la palabra יְדִידֹת (שִׁיר יְדִידֹת, canto de amores, que para Orígenes era ιδιδωθ y para Jerónimo *ididoth*), aunque parece que ella debe entenderse en analogía con צְחוֹת, Is 32, 4, y con נְכֹחוֹת, Is 26, 10. En el primer caso se trataría de un "canto de amor" (Aquila, ᾆσμα: προσφιλίας); en el segundo se trataría de "un canto sobre aquello que es amado", es decir, sobre una persona que es amable, digna de amor. Esta segunda parece la traducción preferible.

נבע, Sal 119, 171 (cf. la expresión talmúdica: לשונך תרחיש רננות, que mi lengua rebose con cánticos de alabanza).

El poeta entiende y presenta como "buena palabra" todo aquello de lo que está lleno el corazón y que fluye de la boca. En esa línea, דבר es algo que se puede expresar y que se dice en forma de palabras. Por su parte, טוב indica aquello que es bueno, con la idea colateral de agradable, placentero, rico en promesas (Is 52, 7; Zac 1, 13). El corazón del poeta esta desbordante de buenas palabras, con las que quiere cantar un tipo de amor propio del rey.

El hecho de que, surgiendo de la plenitud y fuerza del corazón, pueda brotar una palabra tan buena depende del tema que llena la mente del poeta, de las cosas en las que está pensando, y de las que quiere hablar (con un אני pausal, a fin de que la fórmula introductoria no pueda ser equivocada o mal entendida). Este es el deseo de plenitud que el poeta dedica en primera persona al rey, מעשי למלך: que mis obras o creaciones (no en singular, sino en plural, como sucede también en מקני en Ex 17, 3; Num 20, 19) estén dedicadas al rey.

En otras palabras: este es el pensamiento que me llena totalmente, que me saca de mí mismo, pues mis palabras estarán dedicadas al rey, no en un sentido más personal (como un hombre concreto), sino en su función real, como representante de un tipo de poder superior. Esta es quizá la palabra más noble que puede pronunciar el poeta, desplegando al servicio del rey el arte supremo de su canto. El hecho de ponerse al servicio del rey hace que su lengua se vuelva tan elocuente y fluida como la de un escribano que actúa como hombre de palabra elevada, γραμματεὺς ὀξύγραφος.

Así lo traducen de forma correcta los LXX, comparando al poeta de este canto con un escriba experto, סופר מהיר, conforme al epíteto que se aplica a Esdras (Esd 7, 6), que no se refiere, sin más, a un escribiente que realiza con rapidez su trabajo, sino a un escriba bien instruido e inteligente. La lengua del poeta se mueve así como la pluma de un ágil escribano, expresándose con toda rapidez, a causa de los pensamientos y de las palabras que fluyen apresuradamente de su corazón.

El tema principal que le inspira es la belleza del rey. La palabra יפיפית (que tiene el significado de hermosura, como el nombre Yafet), ha de tener ciertamente un sentido pasivo (Aquila, κάλλει ἐκαλλίωθης), y su formación no puede explicarse por reduplicación de la primera de las dos radicales del verbo (יפה (יפי), pues no se encuentran ejemplos de una raíz de cinco letras (יפיפית) que se derive de esa forma. Esa palabra está, sin duda, en *pealal* como יפיפה (cf. el adjetivo יפהפי igual a יפיפי, Jer 46, 20), que se vuelve pasivo por el cambio de vocales, de un modo muy particular, pero que puede explicarse en conexión con este verbo.

Este es el significado de la frase que el poeta dedica al rey: יְפְיָפִיתָ מִבְּנֵי אָדָם, eres el más hermoso, estás desarrollado de una forma muy bella, por encima de toda comparación, estás dotado con la belleza más grande de los hijos de los hombres.

Especialmente bellos son tus labios, entre los restantes rasgos de tu hermosura. Desde encima de sus labios brota la gracia, חֵן (plenitud de gracia o benevolencia), de tal manera que, incluso sin necesidad de hablar, la forma de tus labios y cada uno de sus movimientos, despiertan amor y ternura en aquel que los contempla. Resulta evidente que, de esos labios llenos de χάρις o gracia, han de proceder también palabras intensas de gracia (λόγοι τῆς χάριτος, cf. Lc 4, 22; Ecl 10, 12).

En la belleza del rey, y en el encanto de sus labios, descubre el salmista una manifestación de la bendición siempre viva de Dios, que se vuelve así perceptible a los sentidos. Dios no bendice al rey porque él es hermoso, sino que el rey es hermoso porque Dios le bendice. Ciertamente, la expresión עַל־כֵּן puede indicar que la bendición de Dios es una consecuencia de la hermosura del rey: הוּצַק חֵן בְּשִׂפְתוֹתֶיךָ עַל־כֵּן בֵּרַכְךָ אֱלֹהִים (la gracia se derrama en tus labios, y por eso te ha bendecido Elohim…). Pero no se puede probar en modo alguno (por עַל־כֵּן) que deba entenderse necesariamente de esa forma, como si fuera אֲשֶׁר עַל־כֵּן (Dios te ha bendecido porque…, cf. *Coment.* a Sal 42, 7).

Esa expresión ha de tomarse, más bien, de un modo inverso: lo que el Salmista quiere decir no es por tanto que, dado que el rey es tan perfecto y está dotado de tanta gracia, ha sido bendecido por Dios, sino al revés: la bendición de Dios es la que hace que el rey sea tan agraciado. En el caso de que se quisiera decir que son las dotes del rey las que fundamentan la bendición divina, esas dotes tendrían que haber sido expresadas de un modo mucho más preciso y claro. Lo que el texto quiere decir y dice es más bien que la misma belleza del rey es una bendición de Dios, no una razón para que Dios le bendiga.

Lo primero es, por tanto, la bendición de Dios, y de ella deriva la hermosura del rey. Desde ese fondo hay que entender la expresión עַל־כֵּן: Dios no bendice al rey por su hermosura, sino que la bendición de Dios produce, como consecuencia, la hermosura del rey. Eso significa que la belleza del rey es un signo de la bendición de Dios.

El salmista sabe, sin duda, que la gracia es engañosa, y que la belleza en sí misma, separada de Dios, es vana (Prov 31, 30). Eso significa que a sus ojos la belleza del rey es mucho más que una hermosura externa de la tierra; esa belleza es signo (expresión y consecuencia) de una transfiguración divina. Por eso, el salmista no canta la belleza del rey en cuanto tal, como una belleza de la tierra, sino como signo y presencia de la bendición divina.

45, 4–6. Estas palabras describen al héroe siempre bendito, que une la mayor fuerza y vigor con la más alta belleza. La alabanza de su fuerza heroica se expresa en la llamada por la que se le pide que ejerza el poder de su fuerza, para obtener así la victoria sobre el mal. Su gloria y majestad están vinculadas al hecho de ceñir la espada, חֲגוֹר־חַרְבְּךָ. Aquí no se alude a dos experiencias distintas, sino a dos elementos de la misma grandeza del rey: (1) por un lado él se ciñe su espada; (2) por otro se rodea con su gloria real, semejante a la de Dios.

והדר הוד son el brillo de la Gloria divina (Sal 96, 6), que se refleja en la dignidad davídica del rey (Sal 21, 6); de esa forma se vinculan la espada victoriosa y la realeza davídica, como dos elementos esenciales de la panoplia del rey, con su brillante armadura.

En Sal 45, 5 se repite por segunda vez la palabra והדרך, escrita quizá accidentalmente, de forma que debería ser suprimida, como opinan Olshausen y Hupfeld. Hitzig puntúa esa palabra de un modo distinto, de forma que signifique "avanza", pero así vocalizada no puede utilizarse en hebreo. Tal como el texto aparece ante nosotros (וַהֲדָרְךָ ׀ צְלַח, con *legarme* precedida por *illuj*, cf. *Accentsystem* XIII. 8, 9) parece que ella es una simple repetición de la que hallamos en Sal 45, 4 en forma de eco, conforme a una vinculación ascendente de términos que se utiliza con frecuencia en los salmos graduales (cf. Sal 121, 1-2). Se trataría, pues, de una palabra repetida como acusativo, con el fin de ofrecer una definición más exacta del tema (de la misma forma brusca que hallamos en Sal 17, 13-14).

Esa repetición de הֲדָרְךָ va precediendo a la palabra צלח, como el árabe *slḥ*, que tiene el sentido primario de avanzar, de atravesar, de presionar hacia adelante. En esa línea acaba recibiendo el sentido de "prosperar", de tener éxito, de proceder con rectitud y de triunfar (en la misma línea del árabe *flḥ, 'flḥ*). Según eso, conforme a Gesenius 142, nota 1, esa palabra (¡avanza!) tiene que vincularse con la siguiente, que es רכב, con el sentido de cabalgar victorioso, teniendo éxito en la batalla.

No podemos determinar si esa palabra רכב (cabalgar) ha de entenderse en el sentido de cabalgar sobre el caballo o de avanzar montado en el carro de guerra (en latín, *vehi curru o vehi equo*). Pero ciertamente el animal al que alude el texto es un caballo, no una mula o de un asno (1 Rey 1, 33; Zac 9, 9), que son los animales que se utilizan en tiempo de paz. En su gesto de cabalgar para la batalla, el rey puede montar sobre un carro (como Ahab y Jehoshaphat, 1 Rey 22), o sobre un animal de guerra, como en Ap 19, 11, donde se habla del Logos montado sobre un caballo blanco. Lo que aquí se pone de relieve es el hecho de que el rey triunfante cabalga en majestad, על־דבר (a causa de la verdad y de la justicia/humildad), como en Sal 79, 9; 2 Sam 18, 5.

La combinación עֲנָוָה־צֶדֶק es muy semejante a la de עריה־בשת de Miq 1, 11: desnudez e ignominia, es decir, desnudez ignominiosa. En esa línea, ענוה ha de entenderse como nombre de una virtud, como la justicia. Los dos nombres (צֶדֶק־עֲנָוָה) han de tomarse como nombres de virtudes, lo mismo que la palabra anterior אמת (la verdad que es igual que la veracidad, propia de aquel que ama y practica aquello que es verdadero siendo hostil a la mentira, a la falsedad y al disimulo).

De esa manera, עֲנָוָה־צֶדֶק tendría que significar justicia-mansedumbre, y su forma de unirse las dos palabras en asíndeton indicaría mansedumbre y justicia como hermanas gemelas, mutuamente vinculadas, penetrándose una en la otra. Esas virtudes se encuentran al servicio de aquellos que están necesitados, en ayuda de los cuales ha sido llamado el rey, para que cabalgue, para que entre en la batalla, a favor de la justicia, esto es, de los justos, que aparecen así como marginados (mansos, pobres: עניים, עניים), doblemente dignos, necesitados de su ayuda.

De todas formas, hay otra explicación posible de ענוה que es muy probable precisamente en este salmo que tiene un colorido vinculado al lenguaje hebreo de la zona norte de Palestina. Los escritores del norte de Palestina no vocalizan siempre el estado constructo con *ath*, como lo ha mostrado Hitzig, en su comentario a Sal 68, 29, donde apela de un modo equivocado a Os 10, 6; Job 39, 13, pero de un modo justo a Jc 7, 8; Jc 8, 32 (cf. Dt 33, 4; Dt 33, 27).

En esa perspectiva, de un modo muy posible, ענוה puede ser equivalente de ענות, pero no en el sentido de negocio o asunto (como ענין, que tiene el mismo sentido de דבר), sino en el sentido de *afflictio*, aflicción, pena (como en ראוה, Ez 28, 17). Según eso, el texto se puede traducir de esta manera: *para poner un fin a la opresión de los justos o al sufrimiento de los inocentes.*

Con el yusivo ותורך, como ויתאו en Sal 45, 12, comienza la apódosis con una prótasis hipotética, que aparece aquí de un modo virtual (Ewiger, 347b): de manera que tu mano derecha te enseñe justicia, es decir, te dirija y te capacite para ver (realizar) terribles cosas al servicio de la justicia. En esa línea, en Sal 45, 6, tanto las recomendaciones como los deseos aparece como expresión de una esperanza que va a cumplirse con seguridad, de manera que tiene que realizarse ciertamente aquello que proclama el salmista: tus espadas son afiladas y por lo tanto son mortales para aquellos a quienes se dirigen: por eso los pueblos han de caer (יפלו) bajo tu paso, de forma que tú avanzarás sobre aquellos que yacerán vencidos (muertos) en el suelo. Tus flechas se clavarán en el corazón de los enemigos del rey.

La dura elipse (entre flechas afiladas…, penetrarán en el corazón de los enemigos del rey) se explica por el hecho de que el poeta tiene ante su mente la escena de la batalla, como si fuera testigo presencial de ella. La frase "en el corazón de los enemigos del rey" es una exclamación pictórica, como si estuviera acompañada con un dedo que va apuntando la escena. De esa manera, el salmista quiere indicar que las flechas afiladas vuelan y hieren a los enemigos del rey.

En ese contexto se entiende el comentario de Crusius, pero él va más allá de lo necesario cuando dice "apostrophe per prosopopaeiam directa ad sagittas quasi jubens, quo tendere debeant" (con una apóstrofe dirigida, por prosopopeya, a las flechas, como diciéndoles a dónde debían dirigirse). En este contexto podemos citar Sal 110, 2, donde aparece un בקרב en una conexión profético-mesiánica. Sea como fuere, sin perder su referencia a la historia contemporánea, del tiempo del salmista, toda la escena tiene un sentido mesiánico.

El poeta desea que el rey a quien él está cantando pueda gobernar y triunfar, en la línea del mesías. Quiere que él camine y luche a favor de la verdad y de aquello que es verdaderamente bueno, y que venza a los enemigos del mundo o, para decirlo como en Sal 2, que el rey ungido de Sión pueda destruir todo aquello que se le oponga con un cetro de hierro. Sin embargo, el Rey ungido de Sal 2 no es solo Hijo de David, sino también Hijo de Dios. Por eso se le llama, de un modo absoluto בר, ὁ υἰὸς. Is 9, 5 le llama además גבור אל, cf. Is 10, 21. Por eso no resulta intolerable o imposible que el poeta ahora le llame אלהים, aunque la figura así esbozada sea plenamente humana, a pesar de su carácter idealizado.

45, 7-8. Queriendo evitar que el salmista se dirija al rey llamándole Elohim, Sal 45, 6 se ha interpretado de diversas formas: (1) "Tu trono de Dios es para siempre y siempre". Esta es una traducción gramaticalmente posible, y si el salmista hubiera querido dar ese sentido a la frase debería haberlo hecho de esa manera (Nagelsbach, 64g); (2) "Tu trono es Dios (= es divino) para siempre y siempre"; pero posiblemente esa idea no podría haberse expresado así, pues constituye un pleonasmo, como "el altar de madera es madera" (cf. Sal 45, 9), o "es tiempo de lluvias, por tanto lluvioso" (cf. Esd 10, 13), pues Dios no es una substancia del trono, ni el trono en cuanto tal puede tomarse como una representación o figura de Dios, porque en ese caso el predicado tendría que haberse tomado como un genitivo, como אלהים כסא, lo que, sin embargo, no puede ser aceptado en la línea de la sintaxis hebrea, ni siquiera partiendo de 2 Rey 23, 17, cf. Gesenius 110, 2b.

Según eso, no se debe aceptar la primera interpretación, algo que resulta además bien claro por el hecho de que el trono terreno del rey teocrático recibe el nombre de trono de Yahvé (יהוה כסא, cf. 1 Cron 29, 23). Por otra parte, la sentencia "tu trono de Dios es eterno" resulta tautológica, dado que el predicado está ya implícito en el sujeto. Por eso, antes que nada, tenemos que ver si אלהים no puede tomarse en forma de vocativo, como hacen los LXX ὁ θρόνος σου, ὁ Θεὸς, εἰς αἰῶνα αἰῶνος. Pero, dado que el trono de Dios es ante todo eterno (Sal 10, 16; Lam 5, 19), y dado que el amor por la justicia y el odio por el mal aparece por doquier como una descripción de la santidad divina (Sal 5, 5; Sal 61, 8), estamos obligados a tomar אלהים como palabra referida a Dios.

Pero ¿hay alguna posibilidad de que al rey cuya gloria se celebra se le pueda llamar אלהים? Ciertamente, el hecho de que en los salmos elohísticos se identifique el nombre de Elohim con el de Yahvé no está a favor de esa suposición. Pero que en la segunda mención de אלהים se diga אֱלֹהִים אֱלֹהֶיךָ, hace que eso sea posible.

Por otra parte, dado que en otros lugares a las autoridades humanas se les llame también אלהים (cf. Ex 21, 6; Ex 22, 7; Sal 82, 1-8, cf. Sal 138, 1), por el hecho de que ellas representan a Dios y sean portadoras de su imagen en la tierra, hace que eso sea muy posible. Por lo tanto, el rey a quien este salmo celebra puede ser invocado con más propiedad como *Elohim*, especialmente si tenemos en cuenta su celestial belleza, su doxa o gloria irresistible y su santidad divina. Ese rey aparece de esa forma ante el salmista como la realización perfecta de la estrecha relación que Dios ha establecido entre él y David, y sus descendientes.

El salmista le llama אלהים, lo mismo que Isaías llama al niño rey exaltado (a quien él saluda en Is 9, 1-6) con el nombre de אל־גבור, *Dios fuerte*. El salmista llama al rey "Elohim", esto es, Dios, a causa de que en la transparencia exterior de su perfecta humanidad él descubre la gloria y santidad de Dios, que se ha presentado entre los hombres de un modo claro y conspicuo, salvador y misericordioso. Pero, al mismo tiempo, inmediatamente después, él evita que se pueda entender mal ese atributo, distinguiendo al rey Elohim del Dios supremo, que está por encima de él, diciendo "Elohim tu Dios".

Tanto en los salmos korahíticos como en lo elohísticos, este doble nombre (אֱלֹהִים אֱלֹהֶיךָ) es equivalente al de "Yahvé, tu Dios" (Sal 43, 4; Sal 48, 15; Sal 50, 7)[7]. Por otra parte, el cetro del rey es un "cetro de rectitud" (cf. Is 11, 4), pues él ama la justicia y consiguientemente odia la iniquidad; por eso Dios, su Dios, le ha ungido con oleo de alegría (Is 61, 3; sobre esta construcción, cf. Amós 6, 6) por encima de sus compañeros.

Lo que aquí se evoca no es la unción real de su oficio como rey (cf. Sal 89, 21 y en otro plano Hch 10, 38), como dedicación para un reinado feliz y próspero, sino el hecho de que Dios ha derramado sobre él, y especialmente en este día de sus bodas, una alegría superabundante, tanto exterior como interior (en su espíritu), una alegría como la que Dios no ha derramado sobre ningún otro en el mundo. Es evidente que este rey se eleva así sobre todos los otros de su entorno, pues incluso entre sus compañeros regios, reyes como él, no hay nadie semejante a él.

Es una cuestión discutida si el autor de Hebreos 1, 8, ha tomado el primer ὁ Θεὸς de la expresión ὁ Θεὸς ὁ Θεὸς σου como un vocativo. Parece que Apollinar no lo ha entendido así, porque él traduce: τοὔνεκά σοι Θεὸς αὐτὸς ἑὴν περίχηευεν ἀλοιφήν χηρίσας τερπωλῆς μετόχηοις παρὰ πάντας ἐλαίῳ. Por su parte, los comentaristas griegos toman también aquí ὁ Θεὸς como un nominativo.

45, 9–10. Este salmo, que trata de aquello que es "digno de amarse", alcanza aquí la altura hacia la que aspiraba desde el principio, cuando ha ido presentando al rey como rey amable como hombre, como un héroe, como gobernante divino. Ahora le describe como un novio en el día de sus nupcias. La secuencia de los pensamientos y figuras corresponde a la historia del futuro, como aparece en Apocalipsis.

---

7. En esa línea, las dos palabras van unidas por un *munach*; la visión según la cual este *munach* depende aquí del *tiphchae* anterior (cf. Dachselt, *Biblia Accentuata*) es falsa, como he mostrado en *Accentuationssystem*, XVIII, 4.

Cuando caiga Babilonia, y cuando el héroe montado en un caballo blanco, sobre el que está escrito su nombre (rey de reyes y señor de señores), haya destruido las naciones enemigas con la espada que sale de su boca, podrán celebrarse las bodas del Cordero, culminando así un camino que había sido preparado por medio de las victorias anteriores (cf. Ap 19, 7). Pues bien, el autor del Sal 45 está viendo y narrando por anticipado esta boda o *gamos* final, que se celebrará cuando culmine el tiempo de la esperanza mesiánica, cuando la luz total de Dios amanezca sobre la Iglesia del Antiguo Testamento, regocijándose al ver de lejos lo que estaba por venir.

Los vestidos del rey están totalmente aromatizados con costosas especias, de manera que parecen estar hechos (*entrelazados*) de aromas. Desde los palacios de marfil suena la música (מִנִּי) como fuente de encanto para el rey.

Este מִנִּי se ha tomado muchas veces, partiendo de Is 59, 18 (cf. también Is 52, 6), como una repetición del מן anterior (מִן־הֵיכְלֵי שֵׁן מִנִּי שִׂמְּחוּךָ: de los palacios de marfil, con מִן, de allí, y con מִנִּי, te encantan). Pero esta repetición carece de sentido. Se podría discutir de un modo general si la *yod* final de מִנִּי está apocopada, en lugar de *îm* (vid. Sal 22, 17; 2 Sam 22, 44), pero en nuestro caso resulta claro que מִנִּי es equivalente a מִנִּים, de forma que alude a la música de los instrumentos de cuerda (Sal 150, 4). Esta forma apocopada de מִנִּים responde al hebreo del norte de Palestina, donde era normal está forma de apocopar algunas palabras a causa del mismo ritmo musical del salmo.

En la línea de nuestra traducción histórica de los salmos, los palacios de marfil que aquí se evocan son las magníficas residencias de marfil construidas en Samaría por el padre de la novia. Desde las habitaciones interiores de esos palacios, revestidos de marfil y, por lo tanto, resplandecientes, viene el novio para saludar y recoger a su novia, mientras se escuchan los sonidos de la música festiva. Desde la perspectiva del N. T., esa música de las bodas finales se puede identificar con la melodía de las cítaras y de las arpas que escuchó el vidente de Ap 14, 2, como voz de muchas aguas y de poderosos truenos resonando desde el cielo.

El poeta del Antiguo Testamento estaba imaginando un tipo de ciudadela regia, con un esplendor que sobrepasa el de David y Salomón. Del interior de esa ciudadela o palacio real resuena la música festiva para dar la bienvenida al rey exaltado. Vienen incluso las hijas de reyes, que se toman como las "realidades" más preciosas. יְקָר (cf. בִּיקְרוֹתֶיךָ) es el nombre de aquello que es más costoso, de aquello que tiene más precio, y que es más querido por su valor (Prov 6, 26). Esta forma, בִּיקְרוֹתֶיךָ, se parece a la forma לִיקְהַת, Prov 30, 17, con la *i* en vez del *sheba* móvil, y también con el *daggesh dirimens* en la ק (cf. עֲקֵבִי, Gen 49, 17; מִקְדָּשׁ, Ex 15, 17)[8].

---

8. La lectura de Ben-Naphtali se ha convertido en este caso, por excepción, en el *textus receptus*. Vide S. D. Luzzatto, *Prolegomeni*, CXCIX y *Grammatica della Lingua Ebraica*, 193.

Pues bien, en este momento, el rey ha escogido a su propia esposa, que aquí aparece con el nombre común que suele darse a las reinas caldeas y persas (שֵׁגַל), un nombre que parece propio del hebreo del norte de Palestina. Esa reina preferida se llama *Shegel* (cf. שֵׁגַל לִימִינְךָ בְּכֶתֶם אוֹפִיר, la reina a tu derecha con oro de Ofir[9]). Ese nombre Shegel sustituye al de Gebira (גבירה, la "Mujer fuerte"), mujer importante, que se aplica en el Antiguo Testamento de un modo especial a la madre del rey, no a su esposa.

El hecho es que ella, la reina, es decir, la Shegel, brillando con oro de Ofir, ha tomado el lugar de honor, a la derecha del rey (se dice que ella נִצְּבָה, se sienta, como pretérito, no participio). Es evidente que en este momento está siendo completada y ratificada su relación con el rey. ¿Quiénes son las hijas de reyes, y quién es esta reina, sentada y manteniendo la más íntima relación con el rey?

Las primeras son las naciones paganas convertidas a Cristo, y la última es Israel, que ha vuelto a desposarse con Dios en Cristo, después que ha venido a él la plenitud de las naciones. Solo cuando Israel vuelva a Cristo, después que haya entrado en la comunidad final la plenitud de las naciones (cf. Rom 11, 25), podrá amanecer la mañana del gran día que se celebra en este día como canto de la Iglesia.

La frase hijas de los reyes, מלכים בנות, no pueden ser una designación personificada de las naciones paganas, como la בַּת־צֹר, aunque la reina, שֵׁגַל, sea el Israel creyente, concebido como una persona. Ellas son más bien las hijas de los reinos del mundo, como representación de sus naciones, de forma que el orden de las cosas que aquí se simboliza es el mismo que vemos en Is 49, 23, donde se afirma que los reyes del mundo serán los "padrinos" (protectores) y sus princesas serán las madrinas (servidoras) de la Iglesia israelita del futuro.

45, 11–13. En este momento el poeta viene a dirigirse a la única esposa del rey, que recibe el honor más grande, muy por encima de las hijas de reyes. Con la palabra שמעי él le pide que le escuche; con ראי le ruega que dirija su vista hacia las nuevas relaciones en las cuales viene a entrar ahora. Con הטי אזנך le ruega que preste atención a la exhortación que sigue. Al llamarle hija, בת, él se sitúa ante ella en una relación que es semejante a la del maestro y predicador cuando se dirige a la pareja matrimonial ante el altar.

Ella tiene que olvidar a su pueblo y a la casa de su padre, abandonando sus relaciones naturales, hereditarias, sus formas anteriores de vida, tanto en un

---

9. Bar-Ali dice que en Babilonia la diosa Venus se llamaba שגל ודלפת, vid. Lagarde, *Gesammelte Abhandl.* p. 17. En otra línea, Windischmann (*Zoroastrische Studien*, p. 161) compara erróneamente a *ćagar* (pronunciado *tshagar*) con el nombre de una de las dos mujeres de Zaratustra, pero este no es el nombre de la mujer de primer rango (Neo-Persa: *padishāh-zen*), sino el de la del segundo (*ćakir-zen*, la mujer-atada).

plano externo como en el plano de los afectos interiores, a fin de que el rey pueda desear su hermosura, pues él, siendo su marido (1 Ped 3, 6), y de un modo más específico su rey, es también su señor, y ella debe mostrar ante él su más profunda y reverente devoción. Según Gesenius 128, 2c., וַיִּתְאָו הַמֶּלֶךְ יָפְיֵךְ (וַיתאו), y deseará el rey tu hermosura) es un prótasis hipotética. Esta sumisión voluntaria de la reina al rey será recompensada por el homenaje universal de las naciones.

Por razón de la sintaxis, no se puede negar que וּבַת־צֹר se puede traducir como "y tú, hija de Tiro" (Hitzig), una traducción que, por otra parte, va en la línea de nuestra interpretación histórica del salmo, según la cual la nueva reina era "hija de Tiro" (hija del rey de Tiro). Pero no hay en la Biblia ningún ejemplo de un vocativo con *waw*, ו, a no ser que venga precedido por otro vocativo (Prov 8, 5; Joel 2, 23; Is 44, 21). Pero ¿qué finalidad puede tener en este caso particular este apóstrofe (וּבַת־צֹר בְּמִנְחָה), por el que se podría suponer que ella, la Hija-Tiro (= Hija de Tiro), seguiría vinculada a su casa ancestral y no a la casa del rey de Israel de quien ella ha venido a convertirse en posesión por el matrimonio.

Pero el texto ha de traducirse de un modo distinto. La Hija de Tiro es un sujeto plural, de manera que viene seguido por un verbo en plural. La hija de Tiro es (son) aquí "las hijas de Tiro", es decir, toda la población de Tiro (= la ciudad de Tiro) que se aproxima con presentes o regalos que han de colocar (literalmente "colocar corriendo") ante tu rostro; ellas, las hijas de Tiro (toda la población de Tiro) han de venir para buscar (suscitar) tu amor.

Por su parte, (פָּנַיִךְ יְחַלּוּ עֲשִׁירֵי עָם) (cf. חלה (פני) עֲשִׁירֵי עָם) corresponde al Latín *mulcere* en el sentido de *delenire*, como חלה en árabe: los más ricos entre los pueblos serán dulces contigo, serán tiernos, buscando la forma de reconciliarse contigo, siendo gentiles, amables. La palabra Tiro (hijas de Tiro) se utiliza aquí solo en forma de ejemplo para todas las naciones, representadas por los pueblos ricos del mundo, עָם עֲשִׁירֵי, que no están en simple aposición a lo anterior, sino que son una continuación del tema anterior. Eso significa que no vendrán solo los habitantes de Tiro, sino en general todos los habitantes de los pueblos más ricos, de todos los pueblos o naciones. En esa línea, así como los אֶבְיוֹנֵי אָדָם (Is 29, 19) son los más pobres de la humanidad, עֲשִׁירֵי עָם son los más ricos entre los pueblos de la tierra.

Sobre el sentido que la congregación cristiana, es decir, la Iglesia debe asignar a todo este pasaje, la paráfrasis más adecuada de las palabras centrales (olvida a tu pueblo…) puede encontrarse en un pasaje del Targum: "Olvida las malas obras de los impíos de tu pueblo y de la casa de los ídolos a los que has servido en la casa de tu padre".

Ciertamente, no es toda la masa endurecida de Israel la que viene a entrar en esa relación amorosa con Dios y con Cristo, sino que aquí se cumple lo que declara Dt 32: solo un pueblo purificado, que ha pasado por el juicio y que ha sido rescatado de la tribulación podrá pertenecer totalmente a Cristo y convertirse de esa forma en semilla de un futuro mejor (Is 6, 13). Para ello, este nuevo Israel tendrá que romper sus relaciones con el pueblo de dura cerviz, con su casa paterna, para separarse, así como Abraham, de los gentiles y formar parte del nuevo pueblo de Cristo.

Esta Iglesia del futuro será perfecta, porque ha expiado (Dt 32, 43), se ha limpiado (Is 4, 4), se ha adornado (Is 61, 3) para su Dios. Y si ella actúa de esa forma, sin mirar hacia atrás, no solo Dios será suyo, sino que serán suyas las riquezas de todas las naciones. Siendo altamente honrada por el Rey de los reyes, esa novia/esposa, la iglesia del futuro, será Reina entre las hijas de los reyes, de forma que los hijos/hijas de Tiro y de todos los pueblos ricos del mundo vendrán con sus dones para expresarle su amor y su reconocimiento gozoso. Encontraremos un lenguaje muy semejante al de aquí, aplicado a la iglesia del Mesías en Sal 72, 10.

45, 14–16. Sigue aquí la descripción de la forma en que ella, la reina, deja la casa de su padre de manera que, ricamente adornada y con numeroso cortejo, es conducida ante el rey, haciendo su entrada en palacio. En conexión con eso debemos tener en la mente el hecho de que el poeta combina en la tela de una misma pintura, por así decir, cosas que están bien separadas en tiempo y espacio.

Lo primero es que el rey mira y ve a la reina en su cámara (פְּנִימָה, propiamente hablando "dentro", es decir, en el interior de la casa, Gesenius 90, 2b), descubriendo que ella es puro esplendor, pura gloria[10]. Así como Dios es pleno de כָּבוֹד, ella es pura Gloria (כָּל־כְּבוּדָּה, meramente esplendor, femenino de כָּבוֹד como en Ez 23, 41; cf. en sentido opuesto כָּל־הֶבֶל, Sal 39, 6, meramente nada). Su vestido está tejido de oro, entrelazado con hilos de oro, o entretejido con diamantes y adornado además de oro.

De esa forma, lo mismo que Ester (cf. Est 2, 12), ella es presentada ante el rey, su esposo, y así la llevan לִרְקָמוֹת, con vestidos bordados, recamados de diversas formas (la ל se utiliza aquí adverbialmente, como en 2 Cron 20, 21, לְהַדְרַת), con un séquito de vírgenes, que son sus compañeras, que así empiezan a ser, como ella la propiedad del esposo. Conforme a los acentos hay que traducir *virgines post eam* (בְּתוּלוֹת אַחֲרֶיהָ, muchachas/vírgenes tras ella), *sociae ejus, adducuntur tibi* (sus compañeras, serán traídas a ti), pues רֵעוֹתֶיהָ es una aposición.

---

10. En el Talmud de Babilonia, *B. Jebamoth* 77a, estas palabras se citan defendiendo la necesidad de la residencia doméstica de la mujer, como virtud propia de la esposa. De un modo más apropiado, en el Talmud de Palestina estas palabras se ponen en relación con Gen 18, 9. Los LXX, en el Cod. Vaticano y el Sinaítico, ponen Ἐσεβών (Eusebôn), palabra que carece de sentido. El Cod. Alejandrino pone correctamente ἔσωθεν (cf. versión itálica, Jerónimo, versión siríaca, Crisóstomo, Teodoreto, Apolinar).

También esto ha de tomarse, en armonía con la interpretación alegórica del salmo, como un canto de la iglesia. La esposa del Cordero, a quien ha contemplado el autor del Apocalipsis, va vestida de lino esplendente (*byssus*), que es signo de su justicia, lo mismo que las vestiduras de oro evocan su gloria.

Ella no es solo una persona, ni siquiera una iglesia aislada, sino la Iglesia de Israel, con las iglesias de los gentiles, unidas por una misma fe, vinculadas todas, de una forma activa en la restauración de la Hija de Sión. La procesión se mueve con gozo y regocijo; es la marcha de honor de la escogida y de las muchas escogidas con ella, marcha de amigos y compañeros. Esta es la esperanza que se enciende en la mente del poeta ante la contemplación de la escena.

45, 17-18. Todo esto se empieza entendiendo del modo más natural en relación con la historia contemporánea del poeta, pero sin oponerse a la referencia del salmo al rey mesías, como entiende la iglesia. Así como el rey de Judá y de Israel permitían que sus hijos compartieran su gobierno real (2 Sam 8, 18; 1 Rey 4, 7, cf. 2 Cron 11, 23; 1 Rey 20, 15), así también de la amorosa relación de la hija de Sión y de las vírgenes de su séquito con el rey mesías han de surgir hijos a quienes se transferirá y en quienes culminará la gloria real de la casa de David, una raza real a quien el Rey Mesías concederá el dominio sobre la tierra (vid. Sal 149, 1-9), pues él hará que su pueblo sea "reino de sacerdotes, y reinarán sobre la tierra" (Ap 5, 10).

Estos hijos han de entenderse aquí en la línea de Sal 110, 1-7, como aquellos que nacen del rocío de la aurora de la mañana, los miembros de la nación siempre joven por la que el mesías conquista y gobierna todo el mundo. Por eso, cuando el poeta afirma que recordará el nombre del rey a través de todas las generaciones, esto se funda en dos presupuestos: (a) el salmista se toma a sí mismo como miembro de una iglesia imperecedera (Ecl 37, 25); (b) él mira al rey como una persona que es digna de ser alabada por la iglesia en todas las edades.

En todos los demás lugares, la alabanza de Yahvé se toma como una alabanza que permanece viva a través de las generaciones (Sal 102, 13; Sal 135, 13); pero aquí es el rey el que aparece como objeto de la alabanza duradera de la iglesia y, a partir de la iglesia, como objeto de alabanza también de las naciones. Ante todo, aquí se pone de relieve la importancia de Israel a quien representa el salmista, el pueblo de Israel escogido para alabar por generaciones y generaciones el nombre del mesías.

Pero ese Israel no aparece aquí de un modo aislado, sino que está abierto a todas las naciones. El fin y meta de la historia de la alianza consiste en que Israel y las naciones alaben juntas a este rey divino, heroico y digno de amor, "pues su nombre durará por siempre: será alabado mientras dure el sol, y todas las naciones serán benditas en él y le alabarán" (Sal 72, 17).

Salmo 46. Nuestro Dios, una defensa segura

¹ לַמְנַצֵּחַ לִבְנֵי־קֹרַח עַל־עֲלָמוֹת שִׁיר׃

² אֱלֹהִים לָנוּ מַחֲסֶה וָעֹז עֶזְרָה בְצָרוֹת נִמְצָא מְאֹד׃

³ עַל־כֵּן לֹא־נִירָא בְּהָמִיר אָרֶץ וּבְמוֹט הָרִים בְּלֵב יַמִּים׃

⁴ יֶהֱמוּ יֶחְמְרוּ מֵימָיו יִרְעֲשׁוּ־הָרִים בְּגַאֲוָתוֹ סֶלָה׃

⁵ נָהָר פְּלָגָיו יְשַׂמְּחוּ עִיר־אֱלֹהִים קְדֹשׁ מִשְׁכְּנֵי עֶלְיוֹן׃

⁶ אֱלֹהִים בְּקִרְבָּהּ בַּל־תִּמּוֹט יַעְזְרֶהָ אֱלֹהִים לִפְנוֹת בֹּקֶר׃

⁷ הָמוּ גוֹיִם מָטוּ מַמְלָכוֹת נָתַן בְּקוֹלוֹ תָּמוּג אָרֶץ׃

⁸ יְהוָה צְבָאוֹת עִמָּנוּ מִשְׂגָּב־לָנוּ אֱלֹהֵי יַעֲקֹב סֶלָה׃

⁹ לְכוּ־חֲזוּ מִפְעֲלוֹת יְהוָה אֲשֶׁר־שָׂם שַׁמּוֹת בָּאָרֶץ׃

¹⁰ מַשְׁבִּית מִלְחָמוֹת עַד־קְצֵה הָאָרֶץ קֶשֶׁת יְשַׁבֵּר וְקִצֵּץ חֲנִית עֲגָלוֹת יִשְׂרֹף בָּאֵשׁ׃

¹¹ הַרְפּוּ וּדְעוּ כִּי־אָנֹכִי אֱלֹהִים אָרוּם בַּגּוֹיִם אָרוּם בָּאָרֶץ׃

¹² יְהוָה צְבָאוֹת עִמָּנוּ מִשְׂגָּב־לָנוּ אֱלֹהֵי יַעֲקֹב סֶלָה׃

‹Al músico principal; de los hijos de Coré. Salmo sobre Alamot›

¹ Dios es nuestro amparo y fortaleza, nuestro pronto auxilio en las tribulaciones.
² Por tanto, no temeremos, aunque la tierra sea removida
y se traspasen los montes al corazón del mar;
³ aunque bramen y se turben sus aguas,
y tiemblen los montes a causa de su braveza. Selah

⁴ Del río sus corrientes alegran la ciudad de Dios,
el santuario de las moradas del Altísimo.
⁵ Dios está en medio de ella; no será conmovida. Dios la ayudará al clarear la mañana.
⁶ Bramaron las naciones, titubearon los reinos; dio él su voz y se derritió la tierra.
⁷ ¡Jehová de los ejércitos está con nosotros! ¡Nuestro refugio es el Dios de Jacob! Selah

⁸ Venid, ved las obras de Jehová, que ha hecho portentos en la tierra,
⁹ que hace cesar las guerras hasta los fines de la tierra,
que quiebra el arco, corta la lanza y quema los carros en el fuego.
¹⁰ "Estad quietos y conoced que yo soy Dios;
seré exaltado entre las naciones; enaltecido seré en la tierra".
¹¹ ¡Jehová de los ejércitos está con nosotros! ¡Nuestro refugio es el Dios de Jacob!
Selah

Cuando durante el reinado de Josafat, los moabitas, amonitas y edomitas y más en particular los maonitas (porque en 2 Cron 20, 1 hay que leer מהמעונים) declararon la guerra en contra del reino de David y amenazaron Jerusalén, el Espíritu del Señor vino sobre Jahaziel, en asafita, en la congregación del templo que el rey había convocado, y profetizó una liberación milagrosa para el día siguiente.

Entonces los cantores levitas alabaron al Dios de Israel con voces jubilosas, es decir, los cantores de la "clase" de Kohaath, que eran de hecho de la familia de Korah. El día siguiente, los levitas cantores, con vestidura sagrada y con cantos, salieron delante del ejército de Josafat. Los enemigos, sorprendidos por otra banda de saqueadores del desierto, se enfrentaron en armas unos contra otros, siendo dispersados por la confusión de la batalla, de manera que el ejército de Josafat encontró el campamento enemigo lleno de cadáveres.

En la fiesta de acción de gracias que siguió en el Emek ha-Beraka (Valle del juicio) los cantores levitas tomaron de nuevo una parte activa en la lucha, de forma que el ejército, cargado de botín, volvió a Jerusalén en procesión, subiendo al templo de Yahvé con música de nablas, cítaras y trompetas.

De esa manera, la narración de 2 Cron 22, 1-12 nos ofrece la clave para entender el Sal 83 (de Asaf ¿con el 76?) y estos salmos korahitas (Sal 46-48). Ciertamente, estos tres salmos podrían atribuirse también al tiempo de la derrota del ejército de Senaquerib bajo el rey Ezequías, pero esta opinión no tiene tanta consistencia histórica como la anterior que yo propongo. Después de los catorce años del reinado de Ezequías, la congregación judía no podía evocar con este salmo la catástrofe de los asirios, tan recientemente experimentada, y menos sabiendo que Isaías había predicho este acontecimiento siguiendo muy de cerca el lenguaje de los salmos, porque Isaías y este salmo están vinculados de un modo muy preciso.

Así como Sal 2 describe, por así decirlo, la quintaesencia del libro del Emmanuel (cf. Is 7) así también el Sal 46 ofrece el mensaje central de los motivos de Is 28-33, modelados de forma lírica, antes de la liberación de Jerusalén, en un tiempo de intensa tristeza. El pensamiento fundamental de este salmo se expresa en Sal 46, 2 en forma de petición; y por medio de una comparación con Is 25, 4 podemos ver la semejanza que hay entre el lenguaje del salmista y el de Isaías.

Is 33, 13 ofrece un pensamiento que está muy cerca de la amonestación final de este salmo. Y la imagen del torrente o río que aparece evocada en el salmo tiene semejanzas con la gran figura de Is 33, 21, donde aparece más elaborada: "El Señor se mostrará allí como Yahvé, Dios glorioso, en un lugar de corrientes, de canales de gran extensión en los que no se aventurará ninguna flota de barcos de remo, unos ríos que ningún hombre de guerra podrá cruzar".

La determinación divina que hallamos expresada en ארום (Sal 46, 11: בָּאָרֶץ אָרוּם בַּגּוֹיִם אָרוּם) podemos escucharla también en Is 33, 10. Y la perspectiva del fin de la guerra recuerda la predicción de Is 2, 2-4, muy cercana al lenguaje de Miqueas, que descubrimos también en Sal 46, 8. 11, recordándonos también la palabra clave de Is 7: se llamará Emmanuel (אל עמנו). Esto significa que la mente de Isaías, lo mismo que la de Jeremías, cada una a su manera, han tomado y desarrollado pensamientos de este salmo (de cuya temática están impregnados).

Nos hemos referido también, de un modo lateral, a las palabras del encabezado de Sal 6, 1: עַל־עֲלָמוֹת. Böttcher las traduce como *voces puberes*, en la línea de voces de tenor, una traducción que ciertamente concuerda con el hecho de que, según 1 Cron 15, 20, estos salmos solían ser cantados por בִּנְבָלִים עַל־עֲלָמוֹת. En esa línea, conforme a la observación de Villoteau (*Description de l'Egypte*), los sonidos orientales corresponden a los seis tonos que tienden al agudo de la octava central, cantada por la voz del tenor.

Pero עֲלָמוֹת no significa *voces puberes*, sino *puellae puberes* (muchachas púberes, de עֶלֶם, árabe *glm*, de la familia de חָלַם, árabe *ḥlm*, haber alcanzado la pubertad). Ciertamente, en el templo de Jerusalén no había eunucos cantores, sin embargo, sabemos que había levitas jóvenes entre los cantores del segundo templo[11]; por otra parte, Sal 68 menciona a las עֲלָמוֹת que tocaban los timbales en las fiestas del templo.

Además de eso, debemos tener en cuenta el hecho de que el espectro de voz del tenor se extiende hasta el campo del soprano, de forma que los cantores eran de diferentes edades, hasta los veinte años, y que el canto oriental, especialmente el judío, acude con frecuencia al *falsetto*. Por eso, preferimos la traducción de Perret-Gentil (canto con voz de mujeres) y, quizá mejor la de Armand de Mestral (canto en soprano). En contra de eso, la traducción de Melissus (sobre instrumentos musicales llamados "alamot", quizá se podría decir "virginales") no puede sostenerse en modo alguno.

46, 2–4. La congregación comienza con una declaración general de lo que Dios es para ella. Esta declaración es el resultado de su experiencia. Siguiendo a los LXX y a la Vulgata, Lutero traduce: "en las grandes desgracias que han venido sobre nosotros", como si נִמְצָא pudiera ponerse en vez de הַנִּמְצָעוֹת, y como si esto pudiera significar algo así como "existen en el tiempo presente", una traducción que no responde a מְאֹד. A Dios mismo se le llama נִמְצָא מְאֹד, como si fuera alguien a quien se le puede encontrar de un modo especial en tiempos de desgracia (2 Cron 15, 4, *passim*); i. e., como si Dios se revelara a aquellos que le buscan, ratificando de un modo especial su palabra.

Siendo así Dios la fortaleza y ayuda definitiva de sus miembros, la congregación o iglesia no tiene miedo, aunque pudieran venir sobre ella desgracias aún mayores de las que ellos han tenido que padecer. Según eso, la iglesia no tiene miedo, aunque la tierra temblara y viniera a sufrir un gran cambio (con un *hifil*

---

11. La Misná, *Erachin* 13b, dice expresamente que cuando los levitas cantaban acompañados por las nablas y las cítaras, los más jóvenes estaban de pie en la parte inferior del púlpito, para dar al canto la armonía o complemento producido entre las voces altas y las bajas (תֶּבֶל, *condimentum*), aunque la *Gemara* explica el hecho de otra manera.

internamente transitivo, Gesenius 53, 2); incluso si las montañas se derrumbaran y se hundieran en el corazón del mar (del océano, con בְּלֵב exactamente como en Ez 27, 27; Jon 2, 4); es decir, incluso si esas montañas tuvieran que hundirse de nuevo en las aguas de las que brotaron el tercer día de la creación, de manera que tuviera que volver de nuevo el caos, los creyentes no tendrían miedo.

Este salmo sitúa, pues, a la iglesia en el caso más extremo de pavor, es decir, ante la caída del universo, ante el caos que había sido superado por la creación hecha por Dios. No podemos tomar aquí este lenguaje en sentido alegórico (como hace Hengstenberg, diciendo que las montañas son los reinos de este mundo), sino en el sentido poético real en que tomamos el lenguaje de Horacio, si *fractus illabatur orbis*, si el orbe se desplomara, rompiéndose en pedazos (*Carmina* III, 3, 7). Por su parte, יַמִּים no es un plural numérico, sino amplificativo, los sufijos singulares de Sal 46, 4 deben referirse a esa palabra, referida al mar. גַּאֲוָה (cf. בְּגַאֲוָתוֹ) es el orgullo, la autoexaltación, y se aplica al mar, como גֵּאוּת en Sal 89, 10, y como גָּאוֹן en Job 38, 11.

Los futuros de Sal 46, 4 no son una continuación de la construcción en infinitivo (si las aguas braman y se turban..., etc.), sino que, como exige su posición y su repetición, tienen un sentido concesivo. Eso se encuentra a favor de la suposición de Hupfeld y Ewald, según los cuales el estribillo de Sal 46, 8 y 46, 12 (יְהוָה צְבָאוֹת עִמָּנוּ מִשְׂגָּב־לָנוּ אֱלֹהֵי יַעֲקֹב סֶלָה) tendría que haber estado también aquí, como apódosis de esta frase concesiva... (aunque brame el mar, etc.; cf. Sal 139, 8-10; Job 20, 24; Is 40, 30).

De todas formas, en el texto, tal como está ante nosotros, Sal 46, 4 se vincula con las palabras לֹא־נִירָא בְּהָמִיר, de 46, 3 (de manera que no es necesario introducir aquí el estribillo): *aunque el mar se enfurezca, aunque se extienda y desborde por encima de las tierras del entorno, aunque las montañas se hundan en el mundo..., nosotros no temeremos.* En este momento, la música que se eleva con un "forte" vigoriza la confianza creyente de la congregación, a pesar de la excitación salvaje de los elementos, del mar y de las montañas.

46, 5-8. Así como según Gen 2, 10 una corriente que brotaba del Edén regaba todo el jardín, así también aquí, una corriente hace que Jerusalén sea el verdadero paraíso con un río cuyas aguas alegran la ciudad de Elohim (Sal 87, 3; Sal 48, 9, cf. Sal 101, 8). La palabra פְּלָגָיו (que se aplica a los brazos o meandros de la corriente principal del gran río) es un segundo sujeto permutativo de la frase, junto al primero que es נָהָר, río. De lo que aquí se trata es del río de la gracia, que está vinculado también al río del paraíso en Sal 36, 9.

Aunque la ciudad de Dios se encuentre amenazada y cercada por enemigos, ella no tendrá hambre, ni sed, ni temerá, ni se desesperará, porque el río de la gracia y de las ordenanzas y promesas de Dios fluye con sus aguas ondulantes a través del lugar santo, donde se eleva la morada o tabernáculo del Altísimo. Jerusalén es el קְדֹשׁ מִשְׁכְּנֵי עֶלְיוֹן, el santuario de las moradas del Altísimo. En esa línea, קדש, Sanctum, *el-Ḳuds,* es el nombre de Jerusalén, como en Sal 65, 5; Is 57, 15; גדל, Ex 15, 16. מִשְׁכְּנִי, moradas, como מִשְׁכָּנוֹת, Sal 43, 3; Sal 84, 2; Sal 132, 5; Sal 132, 7, equivalente a morada gloriosa.

En Sal 46, 6, en el lugar del río, encontramos a aquel del que brota el río, es decir, al mismo Elohim, que ayuda a la ciudad לִפְנוֹת בֹּקֶר, es decir, al clarear el alba. Solo habrá, por tanto, una noche de perturbación, de manera que el despliegue de la mañana traerá consigo al amanecer una rápida ayuda. Los pretéritos de Sal 46, 7 son hipotéticos: aunque los pueblos y los reinos se enfurezcan llenos de rabia y amenacen, de manera que la tierra esté en peligro de quedar hundida por la inundación, Dios solo necesita elevar su voz poderosa de trueno (נתן בקולו, como en Sal 68, 34; Jer 12, 8, cf. הרים במטה, en referencia a la vara de Moisés, como en Ex 7, 20), para que la tierra se derrita, quede sin fuerza (תָּמוּג אָרֶץ, como en Am 9, 5; Is 14, 31, *passim*).

De esa forma, el desafío titánico de la tierra en contra de Dios se convierte en cobardía; vacilan y se rompen los poderes de la confederación enemiga, queda destruida la fuerza de los que amenazaban a la ciudad de Dios... De esa forma viene a mostrarse con claridad que Yahvé Sebaot está con su pueblo.

Este nombre de Dios (יְהֹוָה צְבָאוֹת עִמָּנוּ) es el rasgo característico de los salmos korahitas, el nombre de Dios que se utilizaba de un modo especial en el tiempo de la monarquía, antes del exilio (vid. *Coment.* a Sal 24, 10; Sal 59, 6). Este es el nombre que aparece ante todo en boca de Ana, en su canto (1 Sam 1, 11), y también en los salmos korahitas, vinculado a la historia y conquistas de los reyes de Judá.

En este Dios, a cuyo mandato todos los poderes creados están obligados a obedecer, Israel tiene un refugio seguro, un משׁגב que no puede ser escalado y conquistado por ningún enemigo. Al acercarse a Jerusalén, los ejércitos de los enemigos, de los pueblos y reinos confederados, vienen a convertirse en un campo para la muerte.

46, 9–12. Las obras poderosas de Dios son visibles por sus resultados, y aún aquellos que no pertenecen a la Iglesia han de ver por sí mismos y quedar convencidos. En un pasaje fundado en este salmo (en Sal 66, 5) leemos אלהים מפעלות; aquí en cambio, según el Targum y la Masora (vid. *Psalter*, II. 472), el salmo nos sitúa מִפְעֲלוֹת יְהֹוָה, es decir, ante las obras (portentos) de Yahvé[12].

---

12. De todas maneras, en algunas variantes de lectura que provienen del tiempo del Talmud, leemos: אלהים מפעלות. Así lee también el Salterio hebreo más antiguo, de 1477, cf. *Repertorium fr Bibl. und Morgenlnd. Liter.* V (1779) 148. Por esa lectura se decide Norzi, y así la ha adoptado

Incluso este salmo elohista, al oponerle a todos los otros dioses del mundo, concede a Dios el nombre de יְהֹוָה. La palabra שָׁמוֹת (שֵׁם שָׁמוֹת בָּאָרֶץ) no significa aquí cosas estupendas (Jer 8, 21), sino de acuerdo con la frase שׁוּם לְשַׁמָּה (Is 13, 9 *passim*), *devastaciones,* es decir, obras destructoras entre los enemigos que se habían elevado en guerra en contra de la ciudad de Dios.

El participio מַשְׁבִּית (מַשְׁבִּית מִלְחָמוֹת) se utiliza aquí expresamente para continuar la descripción. Pues bien, la aniquilación del poder mundano, que la iglesia ha experimentado ahora, en su favor, como rescate, es el preludio de la cesación de toda guerra, cf. Miq 4, 3 (Is 2, 4).

Hasta los confines de la tierra hará Dios que cese la guerra destructora. Y dado que no tiene gozo en ninguna guerra, y mucho menos en una guerra elevada en contra de su propio pueblo, Dios hace romper en pedazos y destruye en el fuego las armas de guerra (cf. Is 54, 16). Cesad, grita Dios (Sal 46, 10) a las naciones; dejad de hacer guerra en contra de mi pueblo, y sabed que yo soy Dios, el Dios invencible, tanto yo mismo como mi pueblo, y así debo ser reconocido en mi exaltación por todo el mundo.

Una amonestación semejante está al final de Sal 2. Con esta represión, que es de aviso y amenaza al mismo tiempo, el salmo despide a las naciones. Pero la Iglesia se gloría diciendo ahora, una vez más, que Yahvé Sebaot es su Dios y su fortaleza.

Salmo 47. Exultación ante la ascensión triunfante del Señor

¹ לַמְנַצֵּחַ לִבְנֵי־קֹרַח מִזְמוֹר:
² כָּל־הָעַמִּים תִּקְעוּ־כָף הָרִיעוּ לֵאלֹהִים בְּקוֹל רִנָּה:
³ כִּי־יְהוָה עֶלְיוֹן נוֹרָא מֶלֶךְ גָּדוֹל עַל־כָּל־הָאָרֶץ:
⁴ יַדְבֵּר עַמִּים תַּחְתֵּינוּ וּלְאֻמִּים תַּחַת רַגְלֵינוּ:
⁵ יִבְחַר־לָנוּ אֶת־נַחֲלָתֵנוּ אֶת גְּאוֹן יַעֲקֹב אֲשֶׁר־אָהֵב סֶלָה:
⁶ עָלָה אֱלֹהִים בִּתְרוּעָה יְהֹוָה בְּקוֹל שׁוֹפָר:
⁷ זַמְּרוּ אֱלֹהִים זַמֵּרוּ זַמְּרוּ לְמַלְכֵּנוּ זַמֵּרוּ:
⁸ כִּי מֶלֶךְ כָּל־הָאָרֶץ אֱלֹהִים זַמְּרוּ מַשְׂכִּיל:
⁹ מָלַךְ אֱלֹהִים עַל־גּוֹיִם אֱלֹהִים יָשַׁב עַל־כִּסֵּא קָדְשׁוֹ:
¹⁰ נְדִיבֵי עַמִּים נֶאֱסָפוּ עַם אֱלֹהֵי אַבְרָהָם כִּי לֵאלֹהִים
מָגִנֵּי־אֶרֶץ מְאֹד נַעֲלָה:

---

también Biesenthal en su edición del Salterio (1837), que, en otra línea, es una reproducción del texto de Heidenheim.

<Al músico principal. Salmo de los hijos de Coré>

[1] ¡Pueblos todos, batid las manos! ¡Aclamad a Dios con voz de júbilo!

[2] Porque Jehová, el Altísimo, es temible, rey grande sobre toda la tierra.

[3] Él someterá a los pueblos debajo de nosotros y a las naciones debajo de nuestros pies.

[4] Él elegirá nuestras heredades, la hermosura de Jacob, a quien amó. Selah

[5] ¡Subió Dios con júbilo, Jehová con el sonido de trompeta!

[6] ¡Cantad a Dios, cantad! ¡Cantad a nuestro Rey, cantad!,

[7] porque Dios es el Rey de toda la tierra. ¡Cantad con inteligencia!

[8] Dios reina sobre las naciones; Dios se sienta sobre su santo trono.

[9] Los príncipes de los pueblos se reunieron como pueblo del Dios de Abraham,

[10] porque de Dios son los escudos de la tierra. ¡Él es muy enaltecido!

Mientras que entre Sal 45 y Sal 46 no hay apenas más relación que el uso semejante de la fórmula עַל־כֵּן, Sal 47 tiene en común con Sal 46 no solo el pensamiento de la exaltación real de Yahvé sobre los pueblos de la tierra, sino también la ocasión histórica en que se fundan los salmos, es decir, la victoria de Josafat sobre las naciones aliadas del entorno, una victoria que han conseguido sin guerra, y que aparece así de un modo más claro como resultado de la intervención de Yahvé, que ha luchado a favor del pueblo y que asciende de nuevo en medio de la música de la celebración de su victoria, un acontecimiento que estuvo representado por el hecho de llevar el arca de nuevo al templo, en procesión jubilosa de victoria (2 Cron 20, 28). El esquema de las estrofas es fácil de recordar: 8. 8. 4.

A causa del toque de la trompeta[13] que se menciona en Sal 47, 6, este salmo es el propio del año nuevo, en la liturgia de la sinagoga (en unión con Sal 81, el salmo del segundo día de la fiesta del Año Nuevo). Y a causa de la mención de la "subida" de Yahvé, este es el salmo que la Iglesia canta el día de la Ascensión del Señor Jesús. Lutero lo titula: Cristo asciende al cielo, de los hijos de Korah. Por su parte, Paulus Burgensis (= Pablo de Burgos, en España) discutió con Lyra porque él no aplicaba directamente este salmo a la Ascensión. Y Bakius dice: Lyranus a Judaeis seductus, in cortice haeret (Lira, seducido por los judíos, queda prendido en la letra).

Como en otros casos, la verdad total no se puede encontrar ni en una parte ni en la otra. El salmo toma su motivo de un acontecimiento sucedido en el tiempo del reinado de Josafat. Pero la iglesia judía de tiempos posteriores, se vio llamada

---

13. En conexión con la palabra עלה (עָלָה אֱלֹהִים בִּתְרוּעָה, 47, 6) se quiere poner de relieve el hecho de que, cuando comienza el toque de las trompetas de Israel, Dios se eleva y deja el trono de la justicia, y se sienta sobre el trono de la misericordia, vid. Buxtorf, *Lex. Talmud.* col. 2505.

a celebrar lo que se canta en este salmo, y así lo celebra todavía la iglesia del N. T., a partir de la victoria del rey judío sobre los pueblos del entorno. Esta victoria hizo que el pueblo de Dios pudiera descansar y gozar de tranquilidad durante un tiempo, pero sin alcanzar la paz duradera y definitiva de Cristo.

Por otra parte, aquella Ascensión de Yahvé, tras haber luchado en la tierra a favor de su pueblo, no fue todavía la definitiva, el comienzo del reinado de Dios sobre todos los poderes que son más peligrosos para su pueblo, una ascensión que abre el camino del despliegue final de la salvación. Esta ascensión de la que habla el salmo no es todavía la última y más gloriosa. Por eso, este salmo ha tomado en la historia cristiana un sentido profético, que excede en mucho al sentido y alcance que tuvo en su primer momento, cuando todavía no se había manifestado plenamente el sentido y alcance del triunfo de Cristo.

47, 2–5. "Y por consiguiente el temor de Elohim…". Así cierra el Cronista (2 Cron 20, 29) la narración de la derrota de los confederados que se habían alzado en contra de Judá. Y el texto sigue: "El temor de Elohim se extendió entre todos los enemigos de Israel". A pesar de eso, el salmista no pide a los pueblos que teman, sino que se regocijen y aplaudan, porque el temor es una emoción involuntaria, mientras que el gozo es una emoción voluntaria.

La victoria final y verdadera de Yahvé no consiste solo en un tipo de sumisión que se logra imponer por medio de la guerra, ni por derramamiento de sangre, ni como efecto de una consternación que se impone sobre las mentes con violencia. Al contrario, la victoria final de Dios es un cambio que se produce en las mentes y corazones de los pueblos a través de la alegría, en el momento en que ellos se vuelven gozosamente a Dios y le adoran.

En esa línea, a fin de que Dios pueda mostrarse como Señor universal de todos los pueblos, él tiene que convertirse primero en Dios de Israel, de forma que después (a través del propio Israel) los restantes pueblos puedan alcanzar el fin y meta de su elección. De este deseo de conversión brota la llamada de Sal 47, 2.

Los pueblos tienen que mostrar su gozo en el Dios de la revelación, haciéndolo con gestos y palabras, porque Yahvé es absolutamente exaltado (עליון es aquí un predicado, mientras que en Sal 78, 56 es un atributo), un Dios excelso. En el camino que lleva al triunfo del reino de Dios, la esfera de su dominio tiene su punto central en Israel, pero no para encerrarse solamente allí, sino para extenderse desde allí sobre el conjunto de la tierra.

Todas las cosas tienen que rendir su homenaje a Dios a través de su pueblo Israel, sea de un modo voluntario, sea por imposición. Conforme a los tiempos de los verbos empleados, lo que afirma Sal 47, 4 aparece como resultado de su experiencia reciente, aunque muchos afirman que esa experiencia no se expresa aquí de una forma histórica concreta, siempre en camino, sino de un modo general e idealizado. Pero la palabra יבחר de Sal 47, 5, va en contra de esta interpretación, pues la elección a la que se alude es un hecho que se ha realizado de una vez y para siempre, y no un acto que tiene que repetirse. Eso exige que tomemos los futuros del texto como referencia a unos hechos históricos en los que culminará la obra salvadora de Dios, en la línea de Num 23, 7; Jc 2, 1.

En relación con ידבר (él se inclinó, él escogió, vid. Sal 18, 48). No hay necesidad de alterar la palabra, porque en los acontecimientos que están en el fondo del salmo Dios se ha mostrado a sí mismo como Señor fiel y poderoso de la tierra de Israel. La confederación de los enemigos había querido expulsar a Israel enteramente de su herencia, esto es, de la tierra de su posesión (2 Cron 20, 11), impidiendo así el cumplimiento de las promesas de Dios, pero Dios ha venido y ha luchado a favor de su pueblo.

En ese sentido, la tierra santa se llama el orgullo (גאון) de Jacob, por ser el don de gracia del que puede gloriarse el pueblo amado de Dios. En Am 6, 8 la expresión יעקב גאון tiene un sentido diferente (pecado de orgullo) y también en Nahúm 2, 3 (Gloria de Israel, según la promesa). Pues bien, en nuestro caso el sentido es el mismo que el del Sal 13, 19. את tiene una función de conjuntivo, lo mismo que en Sal 60, 2 y en Prov 3, 12 (únicos casos en los que esa partícula tiene sentido conjuntivo). La estrofa que sigue muestra que el poeta tiene en su mente, el Sal 47, 5, un acto reciente de Dios a favor de su pueblo.

47, 6–9. El ascenso de Dios presupone un descenso previo, para manifestarse a sí mismo y cumplir algún tipo de promesa (Gen 17, 22; Jc 13, 20), o para ejecutar de un modo triunfal algún juicio (Sal 7, 8; Sal 68, 19). En este caso se supone que Dios ha bajado antes de subir, y que lo ha hecho para luchar a favor de su pueblo. Así, en procesión, los fieles de Israel retornan a la ciudad santa y; por su parte, Dios sube a su trono, que está por encima de Sión y aún más alto, en la altura del cielo.

Sobre בתרועה y שופר קול, cf. Sal 98, 6; 1 Cron 15, 28, y más especialmente Am 2, 2. Por lo que toca al grito (תרועה), aquí se trata del grito de victoria del pueblo; por su parte la música del cuerno o trompeta (שופר קול) se refiere al claro y fuerte sonido de los cuernos anunciando la victoria, con referencia a la victoria en el *Valle de la Bendición*, mientras el ejército sube con los sacerdotes en gesto de gloria, en medio del sonido de la música (2 Cron 20, 26).

El poeta, que tiene en mente esta fiesta de victoria que acaba de celebrarse, desea que la música de fiesta pueda sonar sin fin y sin fronteras, proclamando la gloria de Dios. El verbo זמר se construye primero con el acusativo, como en Sal 68, 33 y después con el dativo. En cuanto a משכיל ha de entenderse en el sentido de ᾠδὴ πενυματική o cántico espiritual (Ef 5, 19; Col 3, 16), cf. *Coment.* a Sal 32, 1.

Aquello que excita y suscita los cantos de alabanza es el dominio de Yahvé sobre el pueblo, tal como se acaba de poner de manifiesto. El verbo מלך (כָּל־הָאָרֶץ)

כִּי מֶלֶךְ) ha de tomarse en el mismo sentido histórico de ἐβασίλευσας, cf. Ap 11, 15-18. Lo que ha sucedido en la victoria anterior es el preludio de lo que será la entrada final y visible de todos los fieles en el reino de Cristo, el anuncio de aquello que ha visto más tarde el vidente del Apocalipsis en el N. T.

Dios ha bajado a la tierra, y tras haber recibido un reconocimiento de su dominio, por haber destruido a los enemigos de Israel, él ha ascendido de nuevo con gloria real muy visible a su trono celeste. Así lo dice Chr. Aug. Crusius: "El ascenso del arca de la alianza a la sede central del reino en Jerusalén era una imagen del ascenso del Mesías al trono de su gloria" (Imago conscensi a Messia throni gloria erat deportatio arcae faederis in sedem regni).

47, 10. En el fondo de ese acontecimiento presente (con la victoria de Dios sobre los pueblos), descubre el profeta la gran promesa de la conversión de todos los pueblos a Yahvé, como acontecimiento en el que culmina la historia del mundo. Los nobles de los pueblos (נדיבי en el doble sentido de generosos y poderosos), los "escudos" (es decir, los defensores de su pueblo) en la tierra (Os 4, 18), como dice Teodoreto, entran en la sociedad del pueblo del Dios de Abraham (πέρας αἱ πρὸς τὸν πατριάρχην Ἀβραὰμ ἔλαβον ὑποσχέσεις).

La promesa que está relacionada con la bendición de las tribus de las naciones, que aparecen ya como "semilla de los patriarcas" ha venido a realizarse ya plenamente, pues los nobles llevan consigo a los hombres que ellos protegen, convertidos en "pueblos" (*laoi*) de Dios. El mismo Eusebio ha alabado a los traductores Símaco y Teodoción, porque han traducido la palabra más ambigua ἀμ (que puede referirse a cualquier pueblo, sin más) por λαὸς, pueblo escogido de Dios (τοῦ Θεοῦ), pueblo de Abraham.

Los pueblos gentiles se convierten así al Dios de Abraham; se reúnen y se integran en la nación en la que caben todos los hombres, pueblo universal de los hijos de Abraham. De esa manera, se someten con Israel al Dios único, que se muestra totalmente glorioso. Tomada así, la conclusión remite al canto de Ana en 1 Sam 2, 8, indicando de esa manera, de un modo solemne, que todos los pueblos rendirán un homenaje universal al Dios Uno de Israel, que se ha elevado de un modo triunfal, y que en consecuencia viene a presentarse como totalmente exaltado.

Salmo 48. La inaccesibilidad de la Ciudad de Dios

¹ שִׁיר מִזְמוֹר לִבְנֵי־קֹרַח׃
² גָּדוֹל יְהוָה וּמְהֻלָּל מְאֹד בְּעִיר אֱלֹהֵינוּ הַר־קָדְשׁוֹ׃
³ יְפֵה נוֹף מְשׂוֹשׂ כָּל־הָאָרֶץ הַר־צִיּוֹן יַרְכְּתֵי צָפוֹן קִרְיַת מֶלֶךְ רָב׃
⁴ אֱלֹהִים בְּאַרְמְנוֹתֶיהָ נוֹדַע לְמִשְׂגָּב׃

⁵ כִּי־הִנֵּה הַמְּלָכִים נוֹעֲדוּ עָבְרוּ יַחְדָּו:

⁶ הֵמָּה רָאוּ כֵּן תָּמָהוּ נִבְהֲלוּ נֶחְפָּזוּ:

⁷ רְעָדָה אֲחָזָתַם שָׁם חִיל כַּיּוֹלֵדָה:

⁸ בְּרוּחַ קָדִים תְּשַׁבֵּר אֳנִיּוֹת תַּרְשִׁישׁ:

⁹ כַּאֲשֶׁר שָׁמַעְנוּ כֵּן רָאִינוּ בְּעִיר־יְהוָה צְבָאוֹת בְּעִיר אֱלֹהֵינוּ
אֱלֹהִים יְכוֹנְנֶהָ עַד־עוֹלָם סֶלָה:

¹⁰ דִּמִּינוּ אֱלֹהִים חַסְדֶּךָ בְּקֶרֶב הֵיכָלֶךָ:

¹¹ כְּשִׁמְךָ אֱלֹהִים כֵּן תְּהִלָּתְךָ עַל־קַצְוֵי־אֶרֶץ צֶדֶק מָלְאָה יְמִינֶךָ:

¹² יִשְׂמַח הַר־צִיּוֹן תָּגֵלְנָה בְּנוֹת יְהוּדָה לְמַעַן מִשְׁפָּטֶיךָ:

¹³ סֹבּוּ צִיּוֹן וְהַקִּיפוּהָ סִפְרוּ מִגְדָּלֶיהָ:

¹⁴ שִׁיתוּ לִבְּכֶם לְחֵילָה פַּסְּגוּ אַרְמְנוֹתֶיהָ לְמַעַן תְּסַפְּרוּ לְדוֹר אַחֲרוֹן:

¹⁵ כִּי זֶה אֱלֹהִים אֱלֹהֵינוּ עוֹלָם וָעֶד הוּא יְנַהֲגֵנוּ עַל־מוּת:

<Cántico. Salmo de los hijos de Coré>

¹ Grande es Jehová y digno de ser en gran manera alabado
en la ciudad de nuestro Dios, en su monte santo.

² ¡Hermosa provincia, el gozo de toda la tierra es el monte Sión, a los lados del norte!
¡La ciudad del gran Rey!

³ En sus palacios Dios –es conocido por refugio.

⁴ Ciertamente los reyes se reunieron –avanzaron todos.

⁵ Y viéndola ellos así, se maravillaron, se turbaron –se apresuraron a huir.

⁶ Les tomó allí temblor –dolor como de mujer en parto.

⁷ Con viento solano quiebras tú –las naves de Tarsis.

⁸ Como lo oímos, así lo hemos visto en la ciudad de Jehová de los ejércitos,
en la ciudad de nuestro Dios. ¡La afirmará Dios para siempre! Selah

⁹ Nos acordamos de tu misericordia, Dios, en medio de tu Templo.

¹⁰ Conforme a tu nombre, Dios, así es tu loor hasta los fines de la tierra.
De justicia está llena tu diestra.

¹¹ Se alegrará el monte Sión, se gozarán las hijas de Judá por tus juicios.

¹² Andad alrededor de Sión y rodeadla; contad sus torres.

¹³ Considerad atentamente su antemuro, mirad sus palacios,
para que lo contéis a la generación venidera,

¹⁴ porque este Dios es Dios nuestro eternamente y para siempre;
él nos guiará aún más allá de la muerte.

El Sal 48 es también un canto de acción de gracias por la victoria. Está conectado con Sal 46 y 47 por el pensamiento fundamental de la exaltación de Yahvé por encima de todos los pueblos de la tierra, pero se distingue de ambos por una nota especial. De acuerdo con el rasgo fundamental de la poesía korahita, este canto de acción de gracias por la victoria se ha convertido en salmo de alabanza por Jerusalén, ciudad gloriosa y fuerte, protegida por Dios que está sentado, entronizado en ella.

La ocasión histórica es la misma de los salmos anteriores. La mención del Rey está vinculada a la presencia de un ejército de confederados que luchan contra la ciudad. Sal 48, 10 evoca la reunión que han mantenido en el templo antes de la salida del ejército para la batalla; en ese contexto, la representación figurada de los poderes enemigos como barcos de Tarsis destruidos por la tormenta se aplica al tiempo del rey Josafat mucho mejor que al éxodo. Los puntos de coincidencia entre este salmo y el libro del Éxodo (comparar Sal 48, 7 con Ex 33, 14; Sal 48, 8 con Ex 33, 21; Sal 48, 13 con Ex 33, 18; Sal 48, 15 con Ex 33, 22) no prueban que el autor del salmo sea el mismo autor del Éxodo.

48, 2–3. Desde la perspectiva de su temática, este salmo se divide en tres partes, y ahora empezamos comentando las tres estrofas de la primera parte. La estrofa del centro sigue el esquema de un ascenso y caída, dentro de un modelo de "cesuras" (de oposiciones temáticas). Dado que Yahvé ha liberado a Jerusalén de una forma maravillosa, el poeta comienza alabando al gran rey y a su ciudad santa. Grande y digno de ser alabado (מהלל como en Sal 18, 4) es Dios en ella, en su ciudad, sobre su Santa Montaña, donde se encuentra su morada.

Después siguen en Sal 48, 3 dos predicados con un tema triple o, fundamentalmente, doble, pues la expresión צפון ירכתי, de cualquier manera en que se entienda, está en aposición con הר־ציון. Los predicados se refieren, por tanto, a Sión-Jerusalén, pues la expresión קרית מלך רב (ciudadela del Gran Rey) no es un nombre de Sión, sino, más bien, de Jerusalén, ya que el texto nos hace pasar de la Santa Montaña a la Santa Ciudad (como se hace, de un modo inverso, en Sal 48, 2), ὅτι πόλις ἐστὶ τοῦ μεγάλου βασιλέως (porque es la ciudad del Gran Rey, Mt 5, 35).

De Sión-Jerusalén se dice, por tanto, que es יפה נוף, altura hermosa, en preeminencia o elevación (נוף, en árabe *náfa, nauf*, raíz נף, que tiene más fuerza que נב, árabe *nb*, con el sentido de elevarse, montar, sobresalir de forma notable). De un modo semejante, יפה proviene de la raíz יף, árabe *yf, wf*, que significa también elevarse, ser excelso, nombre que en hebreo se ha aplicado a una eminencia o perfección y también a la hermosura: como una altura elevándose en belleza sobre el llano[14].

---

14. A partir de Jerónimo, y fundándose en los LXX y la Vulgata, Lutero traduce "el Monte Sión es como una rama hermosa", y lo hace en la línea de la tradición de la Misná y el Talmud: נוף, una rama, *Maccoth* 12a, una visión que ha sido también compartida por Saadia y especialmente por Dunash, quien traduce "bella en sus ramas", y evoca la belleza del Monte de los Olivos.

En esa línea se dice que Sión-Jerusalén es el gozo (מָשׂוֹשׂ) de toda la tierra. Esa ciudad merece ser alegría del mundo entero, lo mismo que el pueblo que la habita (Lam 2, 15). Ella está llamada a serlo, y lo es ya de alguna forma en esperanza, una esperanza que se está verificando y cumpliendo de antemano. Pues bien ¿qué sentido tiene la aposición צְפוֹן יַרְכְּתֵי inmediatamente después de הַר־צִיּוֹן?

Hitzig, Ewald, Hengstenberg, Caspari (*Comentario* a Miqueas, p. 359) y otros piensan que la colina de Sión recibe el nombre del extremo norte de la tierra desde la perspectiva de la antigua concepción asiática de la *Montaña de los dioses*, en la línea del persa antiguo *Ar-bur'g* (*Al-bur'g*), de forma que puede llamarse también *hara* o *haraiti*, la montaña (cf. Spiegel, *Erân*, p. 287s), conforme a la antigua visión hindú de Kailâsa y Mêru (cf. Lassen, *Indische Alterthumskunde*, II, 847s). Se trataría según eso de la gran Altura que vincula el cielo con la tierra, una Montaña que se encuentra a una distancia inaccesible, escondida en el extremo norte de la tierra.

Pero el poeta no está aquí evocando en modo alguno una figura de montaña ideal, para aplicarla a la altura concreta de Sión, como si Sión fuera inferior o menos importante que esa montaña del extremo norte (cf. Bertheau, *Lage des Paradieses*, p. 50, y también S. D. Luzzatto en su comentario a Isaías 14, 13), o como si hubiera ocupado su lugar (Hitzig). Esa noción se encuentra ciertamente en Is 14, 13, donde aparece en boca del rey de los Caldeos. Pero, con la excepción de este pasaje del Sal 48, no hay en la Biblia ningún texto que nos permita decir que los israelitas hayan asumido en su teología esta forma de expresión mítica de la ciudad del templo, propia de la religión de los pueblos paganos.

Por eso debemos tomar la expresión "por el lado del norte" como una designación que no es mítica, sino topográfica, en sentido literal. Aquí se está evocando el Monte Sión, entendido geográficamente como Colina del Templo, pues la colina del templo, que es el lugar llamado Sión, en el sentido más estricto, se identificaba con el ángulo nordeste de la antigua Jerusalén. No se trata necesariamente del extremo norte (cf. Is 38, 6; Is 39, 2), pues aquí se dice צְפוֹן יַרְכְּתֵי y יַרְכְּתִים y esas palabras se refieren a las dos partes, es decir, a los ángulos en que se vinculan las dos líneas de la ciudad, y ciertamente en ese ángulo norte estaba el Monte Moria, significativo por su posición en referencia a la ciudad de David (parte alta de Jerusalén) y a la ciudad baja de la misma Jerusalén.

48, 4–9. El verso Sal 48, 4, donde la vocalización de נודע es נוֹדַע לְמִשְׂגָּב, muestra que la alabanza cantada por el poeta no se funda en un mito pagano, sino en un acontecimiento de la historia contemporánea: Elohim se ha dado a conocer en la ciudad, alta de Jerusalén[15], cuyas fortalezas (cf. Sal 122, 7) son bien conocidas, de

---

15. Los LXX ponen, ἐν ταῖς βάρεσιν αὐτῆς, tema que Gregorio de Nisa (*Opera*, Ed. Paris, t. I p. 333) ha comentado evocando las fortificaciones de la edificación cuadrada de la antigua Jerusalén: βάρεις λέγει τάς τῶν οἰκοδομημάτων περιγραφεὶς ἐν τετραγώνῳ τῷ σχήματι.

manera que puede decirse que ella es לְמִשְׂגָב (con la ל que se acostumbra a poner con verbos de acción y cumplimiento), es decir, una fortaleza inaccesible y segura, en contra de los ataques enemigos, en sentido histórico y militar, no mítico.

Inmediatamente se sigue hablando del hecho por el que Jerusalén se ha hecho conocida, y ello se debe a que no ha sido conquistada por los reyes enemigos. Los מלכים a los que aquí se alude (כִּי־הִנֵּה הַמְּלָכִים) están evocando un número bien definido de reyes, conocidos por el poeta. Esta referencia alude, sin duda, al tiempo de peligro y guerra en el reinado de Josafat, más que al tiempo de Ezequías. La palabra נועד evoca dos cosas: *citarse* en un lugar determinado para reunirse, o *reunirse* precisamente allí.

עבר (cf. עָבְרוּ יַחְדָּו), como en Jc 11, 29; 2 Rey 8, 21, está indicando que los reyes enemigos cruzaron la frontera de Israel, e invadieron el territorio de Judá (Hitzig), no que perecieran allí o que destruyeran la tierra, como en Sal 37, 36 o en Nahúm 1, 12 (De Wette), porque el hecho de que los reyes se reunieran (נועדו) requiere una precisión posterior de lo que sucede: los reyes aliados acamparon en el desierto de Tekoa, a unas tres horas de distancia de Jerusalén.

Desde ese punto se ve a lo lejos la ciudad de Jerusalén; y tan pronto como los enemigos del Dios de Israel la vieron, los reyes quedaron asombrados y tuvieron miedo: vieron la ciudad, se admiraron, les entró el pánico y huyeron confusos, todo casi al mismo tiempo. Escaparon de la Ciudad Santa, porque supieron que Elohim habita en ella, como חרדת אלהים (1 Sam 14, 15), cayendo así presa del pánico, de un terror lleno de espanto. Sobre la partícula כֵּן como expresión de simultaneidad (כֵּן תָּמְהוּ נִבְהֲלוּ נֶחְפָּזוּ), cf. *Coment.* a Hab 3, 10. En este contexto, en la prótasis se omite כַּאֲשֶׁר como en Os 11, 2, *passim*. Cf. *Coment.* a Is 55, 9. Allí (שָׁם, como en Sal 14, 5) les poseyó el terror, terrores como de mujer de parto.

En Sal 48, 8 la descripción deja su tono más emocional y viene a presentarse en forma de narración, de manera que aparece a modo de recuerdo de algo que ha sucedido en los tiempos recientes del poeta, como podría ser la destrucción de la flota mercante fletada por el rey Josafat en unión con Azarías, rey de Israel (1 Rey 22, 49; 2 Cron 20, 36). El mensaje general de Sal 48, 8 es que la omnipotencia de Dios es irresistible y se expresa en la misma historia, no por razón de algún mito antiguo. Sobre la observación del viento del este (del desierto) que destruye las naves de Tarsis, cf. *Coment.* a Is 27, 26 y a Job 27, 21.

Como supone el contexto, tanto anterior como posterior, las naves de Tarsis no han de entenderse solo en un sentido literal, sino que aparecen, al mismo tiempo, como signo de los poderes del mundo. En un contexto semejante, Is 33 compara el reino de Asiria con un fuerte navío. De esa manera, la iglesia puede decir que en el caso de Jerusalén ella ha experimentado, como testigo ocular, aquello que había oído por tradición, desde tiempos anteriores (con ראה y שמע como en Job 42, 5), porque Dios es el único que establece y puede destruirlo todo.

En este contexto, Hengstenberg ha podido observar: "La Jerusalén que ha sido destruida y ha caído en ruinas no es aquella a la que se refiere aquí el salmista, en su sentido religioso más profundo; la Jerusalén así destruida es solo la forma externa de la ciudad de Dios. Conforme a su naturaleza interior y espiritual, la ciudad santa continúa existiendo en la iglesia del Nuevo Testamento. Por eso, el hecho de que Jerusalén haya sido destruida y pisoteada en el tiempo de los gentiles (en los *kairoi tôn ethnôn*) no anula ni destruye la promesa de Dios; el hecho de que el pueblo de Israel haya sido temporalmente rechazado no anula la elección eterna de Israel. La ciudad santa no cae sin levantarse de nuevo".

48, 10-12. Sigue ahora la alabanza agradecida al Dios que escucha la oración de sus fieles y les responde con justicia, para alegría de la ciudad y de su pueblo. Con דִּמִּינוּ (= hemos recordado), el poeta se refiere al servicio religioso que el pueblo ha realizado en el templo, delante del ejército, antes de la salida para la batalla, tal como se narra en 2 Cron 20, con las oraciones elevadas ante Dios en el momento del peligro inminente, y con la respuesta de Dios que ha salido en defensa de los suyos (causando el terror a los enemigos). Esa escucha de la acción de Dios constituye el principio y garantía de la esperanza del pueblo no solo en el momento de la guerra, sino en el tiempo en que se compone y canta el salmo.

La palabra דָּמָה (cf. דִּמִּינוּ אֱלֹהִים חַסְדֶּךָ) significa comparar, situar una cosa ante la otra, de manera que la historia del pasado se mantenga en la mente de los orantes, que así recuerdan en oración la misericordia ya revelada y ejercida de Dios. A los poderosos hechos de Dios en el pasado se añade ahora este recuerdo nuevo de la victoria última de Dios, evocada en oración. El nombre de Dios, es decir, la suma de las atestaciones divinas, era el tema del recuerdo de sus fieles (cf. דִּמִּינוּ) en el templo, y así lo manifiestan de un modo especial los salmos korahitas (2 Cron 20, 19).

De esa manera, el nombre de Dios ha sido "verificado" de nuevo, gloriosamente, por este nuevo acto de su justicia salvadora. De un modo consecuente, el nombre de Dios se extiende y proclama hasta los límites de la tierra (2 Cron 20, 29). Él ha mostrado de esa forma que su mano derecha está llena de justicia, lo que significa que él practica el derecho y la rectitud allí donde eso ha sido necesario. Por eso tienen que alegrarse las ciudades de la tierra de Judá (Is 40, 9, cf. Sal 16, 2). Toda la heredad de Israel estaba amenazada; ella ha sido ahora gloriosamente liberada, y por eso se alegran los fieles.

48, 13-15. Esta llamada no se dirige ya a los enemigos de Jerusalén (porque sería absurdo que se les invitara a recorrer la ronda de la ciudad con gozo y alegría), sino al pueblo de la misma ciudad. Desde el momento que el ejército había salido para la batalla hasta la llegada de las noticias de victoria, los fieles de Jerusalén habían permanecido expectantes detrás de las murallas de la ciudad santa. Ahora, conseguida la victoria, pueden salir, para recorrer la ronda o circuito de las murallas (con הקיף, una palabra aún más precisa que סבב, Jos 6, 3), caminando fuera de los muros, para examinar su solidez y ver si las torres están bien fundadas y los baluartes compactos, con sus palacios resplandecientes como en el tiempo anterior.

שִׁיתוּ לִבְּכֶם l לְחֵילָה, (cf. לְחֵילָה, mirad atentamente sus baluartes, es decir, su "antemuro"), como לְחֵילָה (Zac 9, 4), con sufijo suave, como en Is 23, 17, *passim*, cf. Ewiger, 247d. El verbo פסג (פַּסְּגוּ אַרְמְנוֹתֶיהָ, conforme a otra lectura הפסיג) significa, en B. *Baba Kamma* 81b, pasar a través (como por una viña), observar. El significado de alabar, engrandecer (Lutero dice *erhöhen*, siguiendo una tradición judía) se apoya sobre una falsa deducción del nombre פסגה.

Louis de Dieu traduce correctamente la frase: *Dividite palatia*, h. e. *obambulate inter palatia ejus, secando omnes palatiorum vias, quo omnia possitis commode intueri* (observad los palacios, es decir, caminar por entre los palacios, pasando por todas las calles, a fin de que podáis observarlo todo con comodidad). Ellos podrán así observar el estado de la Ciudad Santa, que no ha sido dañada en modo alguno, para así podérselo decir a la posteridad, declarando que Elohim, su Dios, es el maravilloso defensor de Jerusalén, y que él se ha manifestado una vez más como victorioso. Ese mismo Dios les guiará en el futuro.

Y de esa forma concluye el salmo en 48, 15. La primera parte del verso es fácil de traducir y tiene un sentido lógico: כִּי זֶה אֱלֹהִים אֱלֹהֵינוּ עוֹלָם וָעֶד, *porque este es Elohim, nuestro Dios, desde siempre y para siempre*. Pero la segunda parte es más compleja. En un sentido, הוּא יְנַהֲגֵנוּ עַל־מוּת puede significar "él nos guiará, incluso más allá de la muerte" (como dice la traducción de Reina-Valera, nota del traductor), pero esa traducción ha sido y sigue siendo discutida.

Ciertamente נהג se puede vincular con על con el significado de ἄγειν ἐπὶ (Sal 23, 2; Is 49, 10), es decir, "incluso en la muerte" [literalmente "muriendo"], es decir, "cuando llegue la muerte" (Hengstenberg), o "en la muerte" (על como en Sal 48, 11; Sal 19, 7), como supone Hupfeld. Pero ese final no parece muy adecuado para un salmo nacional de victoria de un pueblo del que dice el Sirácida (Ecl 37, 25), ζωὴ ἀνδρὸς ἐν ἀριθμῷ ἡμερῶν καὶ αἱ ἡμέραι τοῦ Ἰσραήλ ἀναρίθμητοι (la vida del hombre se cuenta por el número de sus días, y los días de Israel son incontables).

Sería más exacta y apropiada, la traducción de Mendelssohn, Stier y otros "sobre la muerte", i. e., más allá de la muerte (siríaco) entendida como destrucción (Bunsen, *Bibelwerk*, Th. I p. CLXI), pero las palabras no pueden entenderse de esa forma, y además un pensamiento como este no tiene cabida en un Salmo compuesto en un tiempo anterior al exilio. El Targum de Jerusalén, *Megilla*, ch. II. (fol. 73, col. b, edición de Venecia), presenta un elenco de posibles interpretaciones de esas palabras (הוּא יְנַהֲגֵנוּ עַל־מוּת):

- מות-על es igual a בעלימות, en juventud. Adoptando esta lectura, e interpretándola de un modo algo distinto, el Targum traduce: "en los días de la juventud".
- עלמות כעילין, como vírgenes; y con esto coincide la traducción de Lutero: como juventud (*wie die Jugend*).
- Interpretando עלמות en la línea de los LXX: en este mundo y el futuro; en ese contexto se debe recordar que Aquila traduce la palabra por ἀθανασία: en un mundo en el que no hay muerte.

Pero, a fin de que la última traducción fuera aceptable, el texto tendría que haber puesto אל-מות (Prov 12, 28). Por otra parte, la interpretación de עלמות como equivalente a αἰῶνες es misnáica y no bíblica. Además, la palabra עלמות/עלימות en el sentido del arameo עלימת no está justificada en ningún lugar. Por la variación en el texto de los MSS, algunos de los cuales ponen על-מות, mientras otros ponen עלמות, y por la vacilación de los comentaristas descubrimos la poca esperanza que existe de poder tomar (interpretar) על-מות como una parte sustancial del salmo, tanto desde la perspectiva del análisis del lenguaje como desde la perspectiva del contexto histórico.

Es muy probable que esas palabras (הוּא יְנַהֲגֵנוּ עַל-מוּת) formaran parte de una nota marginal sobre la melodía, o fueran una abreviación en el sentido de על-מות לבן, Sal 9, 1. Por otra parte, estas palabras (como las de Hab 3, 19, למנצח בנגינותי) podrían hallarse de un modo excepcional y por accidente al fin del salmo, en vez de encontrarse en el encabezado, como sería lógico (Hitzig, Reggio). O ellas son más bien una parte del encabezado del siguiente salmo (con למנצח) pero han sido insertadas aquí por un copista menos fiel (Böttcher, *De inferis*, 371).

Sea como fuere, si esta palabra על-מות no pertenece al salmo en sí mismo, las palabras finales del original se habrían perdido para siempre. El texto original debería tener un tono algo distinto, quizá en la línea de Is 33, 22 (el Señor es nuestro rey, él es nuestra salvación).

Salmo 49. Vana prosperidad en la tierra. Poema didáctico

¹ לַמְנַצֵּחַ ׀ לִבְנֵי-קֹרַח מִזְמוֹר:
² שִׁמְעוּ-זֹאת כָּל-הָעַמִּים הַאֲזִינוּ כָּל-יֹשְׁבֵי חָלֶד:
³ גַּם-בְּנֵי אָדָם גַּם-בְּנֵי-אִישׁ יַחַד עָשִׁיר וְאֶבְיוֹן:
⁴ פִּי יְדַבֵּר חָכְמוֹת וְהָגוּת לִבִּי תְבוּנוֹת:
⁵ אַטֶּה לְמָשָׁל אָזְנִי אֶפְתַּח בְּכִנּוֹר חִידָתִי:
⁶ לָמָּה אִירָא בִּימֵי רָע עֲוֹן עֲקֵבַי יְסוּבֵּנִי:
⁷ הַבֹּטְחִים עַל-חֵילָם וּבְרֹב עָשְׁרָם יִתְהַלָּלוּ:
⁸ אָח לֹא-פָדֹה יִפְדֶּה אִישׁ לֹא-יִתֵּן לֵאלֹהִים כָּפְרוֹ:

⁹ וַיֵּקַר פִּדְיוֹן נַפְשָׁם וְחָדַל לְעוֹלָם׃
¹⁰ וִיחִי־עוֹד לָנֶצַח לֹא יִרְאֶה הַשָּׁחַת׃
¹¹ כִּי יִרְאֶה׀ חֲכָמִים יָמוּתוּ יַחַד כְּסִיל וָבַעַר יֹאבֵדוּ וְעָזְבוּ לַאֲחֵרִים חֵילָם׃
¹² קִרְבָּם בָּתֵּימוֹ׀ לְעוֹלָם מִשְׁכְּנֹתָם לְדֹר וָדֹר קָרְאוּ בִשְׁמוֹתָם עֲלֵי אֲדָמוֹת׃
¹³ וְאָדָם בִּיקָר בַּל־יָלִין נִמְשַׁל כַּבְּהֵמוֹת נִדְמוּ׃
¹⁴ זֶה דַרְכָּם כֵּסֶל לָמוֹ וְאַחֲרֵיהֶם׀ בְּפִיהֶם יִרְצוּ סֶלָה׃
¹⁵ כַּצֹּאן׀ לִשְׁאוֹל שַׁתּוּ מָוֶת יִרְעֵם וַיִּרְדּוּ בָם יְשָׁרִים׀ לַבֹּקֶר (וְצִירָם) וְצוּרָם לְבַלּוֹת שְׁאוֹל מִזְּבֻל לוֹ׃
¹⁶ אַךְ־אֱלֹהִים יִפְדֶּה נַפְשִׁי מִיַּד־שְׁאוֹל כִּי יִקָּחֵנִי סֶלָה׃
¹⁷ אַל־תִּירָא כִּי־יַעֲשִׁר אִישׁ כִּי־יִרְבֶּה כְּבוֹד בֵּיתוֹ׃
¹⁸ כִּי לֹא בְמוֹתוֹ יִקַּח הַכֹּל לֹא־יֵרֵד אַחֲרָיו כְּבוֹדוֹ׃
¹⁹ כִּי־נַפְשׁוֹ בְּחַיָּיו יְבָרֵךְ וְיוֹדֻךָ כִּי־תֵיטִיב לָךְ׃
²⁰ תָּבוֹא עַד־דּוֹר אֲבוֹתָיו עַד־נֵצַח לֹא יִרְאוּ־אוֹר׃
²¹ אָדָם בִּיקָר וְלֹא יָבִין נִמְשַׁל כַּבְּהֵמוֹת נִדְמוּ׃

<Al músico principal. Salmo de los hijos de Coré>

¹ Oíd esto, pueblos todos; escuchad, todos los habitantes del mundo,
² tanto los plebeyos como los nobles; el rico y el pobre juntamente.
³ Mi boca hablará sabiduría, y el pensamiento de mi corazón inteligencia.
⁴ Inclinaré al proverbio mi oído; declararé con el arpa mi enigma.

⁵ ¿Por qué he de temer en los días de adversidad,
cuando la iniquidad de mis opresores me rodee?
⁶ Los que confían en sus bienes y de sus muchas riquezas se jactan,
⁷ ninguno de ellos podrá, en manera alguna, redimir al hermano ni pagar a Dios
su rescate
⁸ (pues la redención de su vida es de tan alto precio que no se logrará jamás),
⁹ para que viva en adelante para siempre, sin jamás ver corrupción,
¹⁰ pues se ve que aun los sabios mueren;
que perecen del mismo modo que el insensato y el necio, y dejan a otros sus riquezas.
¹¹ Su íntimo pensamiento es que sus casas serán eternas,
y sus habitaciones para generación y generación. ¡Dan sus nombres a sus tierras!
¹² Pero el hombre no gozará de honores para siempre.
¡Es semejante a las bestias que perecen!

¹³ Este su camino es locura; con todo,
sus descendientes se complacen en el dicho de ellos. Selah
¹⁴ Como a rebaños que son conducidos al sheol, la muerte los pastoreará.
Los rectos se enseñorearán de ellos por la mañana,
se consumirá su buen parecer y el sheol será su morada.
¹⁵ Pero Dios redimirá mi vida del poder del sheol, porque él me tomará consigo.
Selah

¹⁶ No temas cuando se enriquece alguno, cuando aumenta la gloria de su casa,

¹⁷ porque cuando muera no llevará nada ni descenderá tras él su gloria.

¹⁸ Aunque, mientras viva, llame dichosa a su alma y sea alabado porque prospera,

¹⁹ entrará en la generación de sus padres, y nunca más verá la luz.

²⁰ El hombre que goza de honores y no entiende, semejante es a las bestias que perecen.

A los dos salmos anteriores (47 y 48) se añade Sal 49, que comienza igualmente con una llamada profética a todos los pueblos, pero que, en otro plano, es un canto didáctico, de forma que no tiene nada en común con el Sal 46–48, de tipo histórico-nacional. El poeta actúa en Sal 49 como un predicador para todos los hombres. Su tema básico es el carácter transitorio de la prosperidad de los impíos, mientras la esperanza de los justos se apoya en Dios.

De acuerdo con eso, este salmo puede dividirse en tres partes: una introducción, que comienza en 49, 2, con tonos que recuerdan a uno de los discursos de Elihu en el libro de Job, y con dos sermones que siguen y empiezan en 49, 6 y 49, 14, que incluyen un tipo de estribillo (49, 6 y 49, 14), con un ligero cambio de expresión. Este es un salmo de tipo dogmático, que armoniza con los del tiempo de David, y que por sus expresiones antiguas y por sus formas atrevidas puede compararse con otros salmos como el 17 (de David) y el 83 (de Asaf)¹⁶.

49, 2–5. *Introducción.* De un modo muy semejante introdujeron sus profecías Miqueas el viejo, en el tiempo del rey Josafat, y Miqueas el joven, autor del libro de su nombre (cf. 1 Rey 22, 28; Miq 1, 2); lo mismo hace Elihu, en el libro de Job, comenzando de esa forma sus discursos didácticos (Sal 34, 2, cf. Sal 33, 2). El tema que el poeta quiere plantear es de tipo universal, y así convoca a todos los pueblos y a todos los habitantes del mundo, (כָּל־יֹשְׁבֵי חָלֶד) דלח). Esta es la primera palabra que el poeta expone sobre esta vida temporal, que primero se desliza de un modo que parece lento, pero que luego avanza de un modo muy rápido, en un mundo que pasa (cf. *Comentario* a Sal 17, 14).

El autor no quiere hablar solo al hombre rico, diciéndole la nada o vanidad de su falsa esperanza en la riqueza; ni quiere demostrar al pobre la superioridad de su esperanza sobre todas las posibles riquezas materiales. Él se dirige, más bien, por igual a unos y otros, superando las barreras que separan a ricos de pobres, hablando así para todos los אדם בני que son hijos del mismo pueblo, que forman parte de la misma humanidad, sin distinguirse en ese plano unos de otros, siendo

---

16. Dado que en los salmos didácticos de David y de Asaf hallamos también un estilo diferente al de otros salmos, con una fuerte condena de los impíos, con un tono más duro, conciso e intenso, no hay nada que impida que este salmo 49 haya sido compuesto por el mismo autor de Sal 43 y 84, quizá en el tiempo de la persecución de Absalón (cf. Sal 39 y Sal 62).

todos בְּנֵי־אִישׁ, hijos de los hombres, i. e., de cualquier rango o clase que sean (cf. *Coment.* a Sal 4, 3), ricos y pobres (עָשִׁיר וְאֶבְיוֹן), como dice el salmista, a fin de que su discurso resulte más claro.

Eso significa que el salmista quiere enseñar con su boca una sabiduría o הכמות más alta, no cualquier tipo de pequeñas sabidurías particulares, sino una más honda, bien probada, para todos. En esa línea, su discurso tratará de cosas que son תְּבוּנוֹת, de profunda intuición y entendimiento. Sobre la forma de esa palabra en plural, cf. otros plurales como בִּינוֹת, Is 27, 11; יְשׁוּעֹת, Sal 42, 12, *passim*, con שְׁלוֹת, Jer 22, 21.

La forma paralela de תְּבוּנוֹת, que en este pasaje es חָכְמוֹת (cf. לְבֵי תְבוּנוֹת, muestra que esa palabra, tanto aquí como en Prov 24, 7, no es singular, como tampoco lo es en Prov 1, 20 y 9, 1, cf. Sal 14, 1, de forma que ha de tomarse como plural. Una cosa es la sabiduría en singular, el conocimiento profundo de la vida, y otra cosa son las חָכְמוֹת o sabidurías en plural, que son discursos o sentidos particulares del conocimiento, que van en paralelo con los תְּבוּנוֹת, que podríamos traducir como "entendimientos" (reflexiones concretas de la vida).

De esa forma se distinguen y vinculan los לֵב הָגוּת que son algo así como las meditaciones o pensamientos que brotan del corazón (LXX, μελέτη) y los discursos que se expresan con palabras bien organizadas, en la línea de los חָכְמוֹת, o pensamientos sabios, y los תְּבוּנוֹת, que son las disertaciones inteligentes.

Pues bien, lo que el salmista quiere expresar con sus discursos no es una mera creación de su cerebro, sino la expresión de la verdad o conocimiento más hondo que él ha recibido. Por eso dice: inclinaré al proverbio mi oído; declararé con el arpa mi enigma (אַטֶּה לְמָשָׁל אָזְנִי אֶפְתַּח בְּכִנּוֹר חִידָתִי). El salmista es, por tanto, alguien que ha recibido la sabiduría de la tradición, alguien que ha escuchado la verdad de los proverbios (con מָשָׁל), una sabiduría que ha recibido por tradición superior, y que él puede declarar "cantando", esto es, en un plano de conocimiento superior, con la música del arpa, en forma de enigmas de la vida, cf. חִידָתִי.

Eso significa que el salmista transforma y expresa (actualiza) los proverbios tradicionales (*mashal*), en toda su hondura y plenitud, presentando su contenido en forma de "hidah", חידה, i. e., esto es, de "enigmas" (de חוד, palabra de la misma raíz que עקד, אגד). Este salmista no es un erudito de puras palabras, sino un maestro cantor, que expone y de alguna forma explica los arcanos de la vida con la ayuda de la cítara (בְּכִנּוֹר, con ב de acompañamiento).

El conocimiento propio de los enigmas no consiste en resolverlos de un modo teórico, sino en plantearlos con toda su hondura, con פתח, que es abrir, en el sentido de proponer, en forma de "discurso" (mensaje) lo escondido en los proverbios. Así lo muestra Prov 31, 26; cf. Sal 119, 130, donde פתח, como "apertura" del enigma, tiene el sentido de revelación, desvelamiento (como la apertura de una puerta).

49, 6-13. *Primera parte del sermón.* Aquellos que han debido soportar el sufrimiento que proviene de que existan pecadores ricos no tienen necesidad de temer, porque el poder y esplendor de esos opresores se está apresurando a su propia destrucción. רע ימי son días en los que un hombre experimenta el mal, como en Sal 94, 13, cf. Amós 6, 3. Al verbo cognitivo r` (רַע) sigue en Amós 6, 6 una frase que aparece subordinada a la expresión בימי, como aquí en Sal 49, 6 (cf. 1 Sam 25, 15; Job 29, 2; Sal 90, 15).

El poeta llama a sus poderosos y malignos enemigos עקבי, presentándoles como aquellos que le rodean de forma amenazadora (עֲוֹן עֲקֵבַי יְסוּבֵּנִי, cuando la maldad de mis enemigos me rodee). La palabra עקב es, en principio, un participio y significa *suplantador*, y así parece formada a partir de עקב, suplantar (no en el sentido de la planta o base de los pies).

No se puede traducir esta frase diciendo "cuando la maldad me rodee por la planta de los pies", sea cual fuere el sentido que עון o pecado tenga en línea de maldad (cf. Hupfeld, Von Ortenberg). La frase "rodear los talones" o las plantas de los pies de una persona no tiene aquí ningún sentido[17], y además, en ese caso, la palabra que sigue, הַבֹּטְחִים עַל־חֵילָם (los que confían en las riquezas), quedaría desconectada de lo anterior.

Por otra parte, el sentido de Sal 49, 6 resulta bastante comprensible, y los problemas mayores de la traducción empiezan en 49, 7. Uno podría esperar naturalmente que el texto dijera que *el hombre rico es incapaz de redimirse a sí mismo de la muerte.* Pero lo que el texto dice es, más bien, que *ningún hombre es capaz de redimir a otro de la muerte.* Para evitar la dificultad, Ewald, Böttcher y otros toman la palabra אח (hermano), como palabra que no tiene aquí sentido (como en Is 18, 10; Is 21, 20, vid. Hitzig), de forma que en vez de אָח (hermano) ponen אַך (solamente, nada más) y en vez del verbo activo יפדה (redimir) ponen el reflexivo יפדה (redimirse).

De todas maneras, con esos cambios no logran dar un sentido aceptable al texto, de manera que tendrían que cambiarlo casi totalmente, de forma que en vez de lo que dice, dijera נפשו לא יפדה איש אך (ciertamente, el hombre no podrá redimir su alma). Pero tal como están en el texto las palabras parecen decir expresamente que un hombre, una persona, no puede redimir en modo alguno a su hermano (אָח לֹא־פָדֹה יִפְדֶּה אִישׁ), es decir, a otro hombre, con אח, hermano, en el lugar fundamental, con *rebia magnum*, con el sentido de אהיו, su hermano,

---

17. Quizá se podría traducir עון עקבי en el sentido de "el pecado que persigue mis talones" (las plantas de mis pies); pero esa traducción es imposible, no solo porque no interpreta bien el sentido de "mal", sino porque la palabra "tacones" (calcañar de los pies) no se puede entender de esa manera como genitivo. De todas formas, la traducción de los LXX puede entenderse también en esa línea: ἡ ἀνομία τῆς πτέρνης μου (la anomia o pecado de mi calcañar), una expresión que ha sido y sigue siendo muy discutida en la iglesia oriental griega.

cf. Is 5, 10; Is 18, 18; Miq 7, 6; Mal 1, 6). En otros términos, los hombres no se pueden redimir unos a otros.

Hengstenberg y Hitzig traducen así esta frase: *por muy rico que sea, el hombre impío no puede redimir con sus riquezas a otro ser humano, es decir, a su hermano* (אָח), de manera que mucho menos podrá redimirse a sí mismo, ofreciendo a Dios un כֹּפֶר o rescate por su vida (לֵאלֹהִים כָּפְרוֹ). Pero si el poeta quisiera haber dicho esto tendría que haber escrito כֹּפֶר נַפְשׁוֹ y וְלֹא.

Según eso, Sal 49, 8a y Sal 49, 8b no parecen referirse a personas diferentes, de manera que la segunda parte de la línea es un suplemento necesario de la primera: entre los hombres, en ciertas circunstancias, alguien que es rico podría salvar de la muerte a otro hombre, pagando dinero por él; pero a Dios (לֵאלֹהִים) no se le puede dar ningún rescate, para conservar así o salvar la propia vida.

Eso significa que un hombre no puede rescatar a otro hombre de la muerte, ni puede rescatarse o salvarse a sí mismo. Lo que el poeta salmista intenta decir (lo que él quiere mostrar) es que ningún hombre puede redimir a otros hombres, pues eso solo puede hacerlo Dios; solo Elohim es capaz de redimirles. Esa es la idea central, expresada del modo más claro y más fuerte posible: ¡ningún hombre puede redimir a su hermano: אָח לֹא־פָדֹה יִפְדֶּה אִישׁ; un hombre no puede pagar a Dios un rescate por otro hombre! (con la negación del infinitivo intensivo, como en Gen 3, 4; Amós 9, 8; Is 28, 28). Y en ese fondo puede añadir: ningún hombre es capaz de salvarse a sí mismo de la muerte.

Con gran ironía, Sal 49, 9 afirma que el *lytron* o rescate que hay que pagar por las almas de los hombres es demasiado grande y precioso, es exorbitante, de manera que no puede lograrse en el mundo, de forma que cada hombre viene a presentarse como responsable de sí mismo y de su vida ante Dios, sin poderse liberar de la muerte. Esta es la idea más clara del texto, y a partir de ella debemos entender su mensaje de conjunto. En ese sentido, Sal 49, 9 ha de tomarse como un paréntesis.

El verso anterior ha mostrado que ningún hombre puede dar a Dios un rescate para que libere a otro de la muerte. Siguiendo en esa línea, el texto añade que nadie puede vivir para siempre, sin fin (לָנֶצַח), sin ver la tumba, es decir, sin terminar en la tumba; nadie puede vivir sin estar obligado a descender a la tumba.

Desde ese fondo se entiende la partícula כִּי de Sal 49, 11, que es una confirmación de lo anterior: nadie puede liberar a otro de la muerte, y por eso nadie puede vivir sin morir. Todos, incluidos los sabios, están condenados a la muerte; todos los hombres, sin distinción alguna, sucumben a ella, terminan en la tumba.

Ciertamente, la palabra que se emplea para hablar de la muerte de los sabios es מוּת (כִּי חֲכָמִים יָמוּתוּ), ellos acaban; por el contrario, la muerte de los locos y estúpidos se expresa con el verbo אָבַד (יֹאבֵדוּ, son exterminados, de la misma raíz que Abbadón, el exterminador). Pero en el fondo el sentido es el mismo.

Todos los hombres sin distinción, mueren mezclados unos con otros, caen como presa de la muerte. El hombre rico debe aceptarlo… y, sin embargo, como sigue diciendo el texto, el rico corre el riesgo de quedar poseído por la ilusión loca de que su riqueza puede hacerle inmortal, como si pudiera vivir para siempre, por razón de ella.

Los ricos tienen el pensamiento de que sus casas serán eternas… (לְדֹר וָדֹר בְּתֵּימוֹ לְעוֹלָם מִשְׁכְּנֹתָם, casas para siempre, posesiones definitivas, de generación en generación…). Algunos traductores como los LXX, Targum, el texto siríaco, Ewald, Olshausen y Riehm piensan que la palabra קִרְבָּם ha de entenderse en el sentido de "tumba", como estancia eterna… Pero esa palabra ha de interpretarse a partir del sentido de קרב que evoca la parte más íntima de los hombres ricos que quieren ser eternos, pero se engañan.

El texto habla así de la locura de los hombres ricos que piensan que sus casas, בְּתֵּימוֹ, (*bāttēmo*) son para siempre (Hengstenberg, Hitzig). Esta es la ilusión y locura de los ricos, que han pensado que sus habitaciones, sus riquezas duran por siempre, de generación en generación (cf. Sal 10, 4; Est 5, 7). Ellos ponen su nombre a sus tierras (קרא בשׁ), como si pudieran vivir por ellas, permanecer para siempre (cf. Is 44, 5), pero se engañan del todo.

Esa es la idea de fondo de los poderosos propietarios, que vinculan su nombre con unas posesiones, que consideran propias para siempre, como si ellas les concedieran un tipo de eternidad. Esos poderosos piensan que sus casas, sus habitaciones o moradas, y ellos mismos, que han crecido con ellas (que se identifican con ellas) podrán vivir para siempre, siendo de esa forma inmortales.

Pero el poeta añade que el hombre no "habita", no permanece, no perdura en su riqueza, mostrando así el carácter inexorable de la muerte. En ese sentido, el hombre es igual que los animales que perecen, כבהמות, es decir, como las cabezas de ganado, que son cortadas, destruidas. Esta es la afirmación básica, esta es la experiencia definitiva de la vida, conforme a la visión del salmista: por grande que se piense, el hombre no gozará de honores para siempre. ¡Es semejante a las bestias que perecen!

En esa línea, la suerte de los hombres y de los animales es la misma (מוּ כַּבְּהֵמוֹת נִד). El verbo que el salmista escoge y utiliza aquí es el más apropiado, el que vincula a hombres y animales, unidos por la muerte (cf. Os 10, 7. 15; Abd 1, 5; Is 6, 5).

49, 14–21. La segunda parte del discurso sigue el mismo esquema que la primera. Aquellos que pensaban que eran inmortales yacen bajo el Hades, mientras que, por el contrario, aquellos que se apoyan en Dios pueden esperar que él les redima del Hades. Olshausen se queja diciendo que este pasaje tiene una expresión abrupta, poco fina y que en conjunto es muy oscuro. Pero la falta no reside como él piensa en la corrupción del texto, sino en el hecho de que él (Olshausen) no entiende el estilo del texto, propio de salmos como este, de tipo melancólico y triste.

זה דרכם remite a Sal 49, 13, que es el verdadero *mashal* del salmo: "Pero el hombre no gozará de honores para siempre: ¡es semejante a las bestias que perecen!". Este es su camino, esta es su jornada (דרך como en Sal 37, 5, cf. Hageo 1, 5). A estas palabras siguen inmediatamente: זֶה דַרְכָּם (este es el camino de ellos), es decir, de aquellos que confían en sí mismos (cf. Sal 69, 4); כסל significa confianza, tanto en el buen sentido como en el malo, autoconfianza, falta de pudor e incluso (Ecl 7, 25), en general, locura.

Esta cláusula atributiva se extiende en Sal 49, 14, donde se dice "y el camino de aquellos que les siguen", es decir, de aquellos que van tras ellos, teniendo confianza en sus bocas, pronunciando palabras que son orgullosas, insolentes, duras (cf. Jc 9, 38). Estas palabras han de entenderse en la línea de Job 29, 22 o de un modo aún más universal de Dt 12, 30. Aquí se podría esperar que la música sonara con un "forte"; pero la música puede mantener también la tensión del texto con tonos melancólicos y cortos, insistiendo así en la locura del mundo.

Sal 49, 15, un texto cargado de sentido escatológico describe ahora aquello que sucederá con los que han "partido" (a través de la muerte): como a rebaños conducidos al Sheol les pastoreará la Muerte. El sujeto de שַׁתּוּ (כַּצֹּאן לִשְׁאוֹל שַׁתּוּ, como en Sal 73, 9, donde tiene *milra*) no son quizá como en el caso de los ἀπαιτοῦσιν, Lc 12, 20, una serie de poderes superiores no nombrados, sino todos los muertos. Sea como fuere, שׁוּת (aquí שָׁתַת, como en Sal 3, 7; Os 6, 11), se utiliza en un sentido semi pasivo: como un rebaño de ovejas ellos son conducidos hacia la hondura o yacen ya en la fosa del sheol (לִשְׁאוֹל), es decir, en el Hades, donde quedan encerrados, como un rebaño de ovejas en el redil.

¿Quién es el pastor que gobierna a esas ovejas con la vara? Es la Muerte. Ella les pastoreará (מָוֶת יִרְעֵם), no el buen pastor (Sal 23, 1), que conduce a las ovejas por la tierra de la vida; les pastoreará la Muerte, bajo cuyo poder han caído los hombres que mueren, de forma irrecuperable. La muerte está así personificada, como en Job 18, 14, definiéndose como el rey de los terrores. El *modus consecutivus*, ויּרדו, expresa aquello que se realizará en el futuro.

El texto supone que la noche de aflicción pasará rápidamente para los justos, de manera que se abrirá para ellos una mañana distinta; descubrirán que han sido constituidos señores sobre aquellos que les oprimían, como conquistadores, que ponen sus pies sobre el cuello de los derrotados y entregados a la muerte (los LXX traducen esto bien con la palabra κατακυριεύσουσιν, les dominarán). Este será el destino de los justos que dominarán tras la muerte, mientras que los ricos, aplastados en el suelo, bajo sus pies, serán totalmente destruidos.

לבקר tiene un *rebia magnum*, ישרים tiene *asla-legarme*. Eso significa que la primera palabra no va unida a lo que sigue (por la mañana, entonces...), sino a lo anterior. Por su parte, צוּר o צִיר (como en Is 45, 16) significa una forma o imagen, como צוּרה (árabe *tsûrat*): aquello que está moldeado o formado a través de una presión de las manos, como el barro en manos del alfarero…

Esa palabra se emplea aquí para indicar materialidad o corporalidad, incluyendo un tipo de apariencia externa (como φαντασία en Hch 25, 23). El *sheol* aparece de esa manera como estado y camino de muerte, es la descomposición, entendida como un lento, inexorable, proceso de corrupción, por el que el cuerpo se va destruyendo en el mundo inferior, donde ya no queda nada de la vida anterior de los ricos, que querían eternizar sus riquezas, su poder en el mundo.

El texto pone así de relieve la naturaleza externa, pomposa, de los impíos, que no tienen ya lugar en el que habitar, lugar ninguno para ser. Todo lo que ellos tenían en sí mismos y en su entorno queda destruido, de forma que vagan errantes, de un lugar para otro, de aquí para allá, en la terrible devastación del Hades.

De esa forma, ellos, que habían edificado grandes casas para la eternidad y que habían impuesto su nombre sobre los distritos del país, no tienen ya ningún זבל o lugar propio (cf. שְׁאוֹל מִזְּבֻל לוֹ, porque el *sheol* será su morada); el Hades destruirá de un modo gradual y seguro todo lo que son, todo lo que han sido. De esa forma, los impíos van perdiendo su "caparazón" (su concha) sólida y engañosa, quedando devastados en la tumba, donde todo perece, sin dejar traza alguna posterior de lo que han sido.

Esta es sustancialmente la interpretación de Hupfeld; esta es también la de Jerónimo (*et figura eorum conteretur in infero post habitaculum suum*, y su figura quedará destruida, en el mundo inferior, en el infierno, con su tumba), lo mismo que la de Símaco: τὸ δὲ κρατερὸν αὐτῶν παλαιώσει ᾅδης ἀπὸ τῆς οἰκήσεως τῆς ἐντίμου αὐτῶν (en el sentido de "el Hades destruirá todo su poder, en su mismo sepulcro que parecía glorioso").

Ciertamente, hay otros autores que resuelven de un modo distinto el enigma de este verso (49, 15). Mendelssohn relaciona צוּרם con los justos, cuyo ser o realidad dura más que la tumba (sobrevive a ella), de manera que el texto no puede referirse a una habitación o tumba eterna, añadiendo: "El poeta habla aquí claramente de la resurrección, es decir, de la inmortalidad", como dice en un comentario a su traducción de los salmos (aportación de David Friedländer).

Un moderno judeo-cristiano, Israel Pick, partiendo de Jerusalén como ciudad muerta, piensa que este pasaje está evocando la superación del reino de la muerte, tal como ha sido realizada por medio de Jesús resucitado: "Su roca está allí, de manera que será destruido el reino de la muerte, y según eso la muerte, no será ya más la morada del mesías Jesús, ni de los cristianos"[18].

18. Así decía un texto de la llamada "Congregación del Amén", que desgraciadamente ya no existe más, en la ciudad de München-Gladbach.

La 2ª edición exige una discusión más detallada, porque él ha querido mantenerla intentando refutar todas las posibles objeciones. Von Hofmann interpreta la mañana como el fin del estado o condición de los muertos, tanto de los justos como de los impíos: "En la noche de la muerte todos ellos se hallaban hundidos en la misma situación; pero ahora, en la mañana, ha terminado el dominio de la muerte, y comienza el dominio de los justos".

En esa línea, él supone que, según 49, 15, aquellos que han muerto son solo los impíos, no los justos, añadiendo que la forma corporal de los muertos impíos queda sometida a la destrucción del mundo inferior, de manera que ellos pierden incluso su última morada (y acaban siendo así destruidos del todo, aniquilados).

Eso significa que los impíos no pueden habitar ya ni siquiera en el mundo inferior, y en esa línea ellos pierden su misma naturaleza corporal, su misma realidad, dejando así de existir. Según eso, de ahora en adelante, su existencia queda desprovista de todas sus posesiones. Así quedan, sin espacio vital, sin "cuerpo ninguno", sin ninguna riqueza, en contra de lo que sucedía en el tiempo anterior, cuando poseían casas edificadas para la eternidad con amplios espacios de tierra que llevaban su nombre. De esa forma quedan al fin sin existencia, han perdido su misma realidad.

Pero en contra de esa visión de Hofmann, debemos afirmar que, conforme a la enseñanza del Antiguo Testamento, después del exilio, la resurrección se aplicaba tanto a los justos como a los injustos (cf. Dan 12, 2). Por otra parte, según la experiencia y palabra del N. T., tras la muerte y el Hades, los condenados por impíos (los proscritos) son lanzados al lago de fuego, de forma que reciben allí otro tipo de *zebul* (זבול), una morada distinta de la descomposición sin fin que es la Gehenna, un tipo de "infierno" que se relaciona con el Hades, de forma que igual que se habla de unos nuevos cielos y una nueva tierra puede hablarse también de unos "infiernos nuevos" de condena, en los que se reelabora la visión de los infiernos antiguos (como sheol universal, de muerte sin condena), que ahora aparece en forma de castigo eterno.

Eso significa que debe mantenerse la visión de Sal 49, 15 como visión de "castigo" (de la morada o *zebul* de muerte) de los impíos. A eso hay que añadir una nueva consideración: En ningún lugar del A. T., ni del N. T., se habla de una destrucción del Sheol, como quiere Hofmann. Además, la palabra לבלות que aparece en este salmo sería la más inadecuada para indicar esa destrucción del Sheol, pues en vez de ella se debería haber dicho לכלות (para consumirlos) y no לבלות (para dominarlos).

Por esa razón no podemos aceptar aquí una visión escatológica en la que se habla de la condena de los impíos, sino de destrucción total, una visión que no se encuentra en ningún otro pasaje del A. T. En ese sentido, la palabra לבקר no puede limitarse solo a la mañana que amanece sobre los justos tras una noche de aflicción, sino que indica todo el tiempo que sigue después de la aflicción. Lo que aquí se está indicando es más bien el surgimiento de una nueva mañana que no se aplica solo a unos individuos concretos, sino a todos los justos; una mañana o tiempo sin fin en el que los impíos quedan condenados al castigo eterno y los otros (los justos) triunfan sobre sus tumbas.

Con estas palabras se expresa, en la línea del A. T., el final de todos los tiempos, pues, conforme a la visión de la Biblia, la historia humana se cierra con la victoria del bien sobre el mal. Así, Sal 49, 15 nos ofrece la solución del enigma del gran día final que, en el N. T., se aplica a la mañana de la Resurrección, donde se dice que los justos "juzgarán" al mundo: οἱ ἅγιοι τὸν κόσμον κρινοῦσι (1 Cor 6, 2).

Con אַךְ, en Sal 49, 16 (que se utiliza aquí de un modo adversativo, como Job 13, 15, cf: אַךְ־אֱלֹהִים יִפְדֶּה נַפְשִׁי), el poeta pone de relieve el contraste total entre los ricos, que están satisfechos de sí mismos y se olvidan de Dios, y los justos que tienen su realidad en Dios. אַךְ se vincula lógicamente con נפשׁי, pero (como sucede con frecuencia con אַף y רק גם) su sentido ha de entenderse desde la sentencia que sigue: "Pero Elohim redimirá mi alma de la mano del Sheol" (Sal 89, 49; Os 13, 14).

Sobre la forma en que el poeta entiende esta redención podemos recordar la historia de Enoc (Gen 5, 24), que se vincula con la palabra central de este verso (Sal 49, 16), donde se dice: כִּי יִקָּחֵנִי (pues me tomará, consigo). Böttcher recuerda de un modo tajante que la expresión de este verso es la más iluminadora, por razón de su relativa brevedad. Su significado no puede ser que "Dios me tomará bajo su protección", porque לקח no significa eso.

Los auténticos paralelos de esa sentencia son Sal 73, 24 y Gen 5, 24. Los dos "raptos divinos" de Enoc y de Elías, eran un tipo de signos indicadores que dirigían más allá de la triste idea según la cual el fin de todos los hombres era hundirse en la profundidad del Hades. Fundándose en esos testimonios, de Enoc y de Elías, el poeta expresa su mayor esperanza, según la cual Dios le liberará del poder del Sheol y le llevará consigo.

Esta no es una esperanza a la que se pueda apelar sin más, como si fuera una palabra universal de Dios; solo más tarde ella recibirá el apoyo de la promesa divina. Pero, por entonces, en el tiempo del salmista, esta esperanza era solo un tipo arriesgado de anhelo y deseo de fe. Solo teniendo eso en cuenta podemos hacer aquí el intento de definir la manera en que el salmista concebía esta redención en la que Dios tomaba y llevaba consigo al creyente.

El salmista no tenía un conocimiento claro de cómo podía suceder esto; la sustancia y base de su esperanza no era más que una inclinación en esa línea. Había en este campo un tipo de oscuridad que solo podía ser iluminada de un modo gradual. En ese sentido podemos afirmar que la visión de una vida eterna era algo que solo fue madurando de un modo gradual, como si fuera una experiencia que se iba aclarando a partir de la misma fe. Esta es la fe que se expresa en Sal 49, 16, cuando el salmista afirma que Dios le tomará consigo, ratificando esa afirmación con la música gozosa del *Selah* (כִּי יִקָּחֵנִי סֶלָה).

Tras esto, en Sal 49, 17, el salmista pasa del plano lírico al gnómico y didáctico. No podemos empezar traduciendo como hace Mendelssohn, "que mi alma no tema", sino que debemos empezar en forma de discurso directo: "no temas". El hecho de que aumente la riqueza (כבוד), es decir, el poder, abundancia y apariencia de los injustos no debe ser causa de preocupación para los justos, porque los impíos, al final de todo, deben morir, y no pueden llevar consigo lo que tienen, הכל, es decir "todo" en el sentido de ninguna cosa (cf. לכל, todo: Jer 13, 7).

La partícula כי, Sal 49, 17, tiene el sentido de ἐάν, en el caso de que… En esa línea, el כי de Sal 49, 18 es confirmatorio y el כי de Sal 49, 19 es concesivo, en el sentido de גם־כי, cf. Ewiger, 362b: "Aún en el caso de que el impío diga que su alma es bendita en el tiempo de su vida…" (aun en ese caso él no encontrará salvación, pues la salvación viene solamente de Dios).

Este es el sentido de la frase: aún en el caso de que el hombre se sienta seguro por disfrutar de todo (cf. Dt 29, 18, התברך בנפשו, con el soliloquio del rico de Lc 12, 19), aún en el caso de que todos los hombres te alaben, a ti, hombre rico, porque gozas de tus posesiones (Lc 16, 25), de forma que ellos, todos, quieran ser afortunados como tú, tu alma, tu vida, entrará en la generación de tus padres, de forma que morirás (acabarás en la muerte) no verás más la vida (לֹא יִרְאוּ־אוֹר תָּבוֹא עַד־דּוֹר אֲבוֹתָיו עַד־נֵצַח).

No hay necesidad de tomar la palabra דור en el sentido más raro de "habitación" (en árabe *dâr*, sinónimo de *menzíl*), sino que significa más bien "generación", los antepasados que han muerto sin haber llevado consigo nada de este mundo.

En esa línea, los ricos formarán parte de la generación de los antepasados muertos. Según, los hombres ricos y orgullosos serán enterrados lo mismo que la generación de sus padres, en oscuridad para siempre, sin poder contemplar ya más la luz de la vida, de esta vida que es solo una sombra que pasa.

De esa forma, este discurso didáctico termina en 49, 21 con el mismo estribillo de 49, 13: "El hombre que goza de honores y no entiende, es semejante a las bestias que perecen". Pero en vez de בל־יילין aquí se utiliza la expresión ולא יבין (y no entiende), una palabra que está en coordinación con ביקר (el hombre ilustre, que goza de honores…, Ewiger, 351b), un hombre lleno de gloria, pero que "no entiende" (que no tiene *bina*, entendimiento), de forma que no distingue entre aquello que es perecedero y lo que es imperecedero, entre el tiempo y la eternidad.

Ese proverbio, formulado ya en 49, 13, viene a expresarse aquí, según eso, de un modo más exacto y preciso. Esta dura perspectiva de futuro no se identifica sin más con el hecho de que el hombre sea rico, sino con el hecho de que su mente (su entendimiento) sea mundano y carnal. Lo que importa es, por tanto, tener sabiduría.

Salmo 50. Discurso divino sobre el verdadero sacrificio y adoración

¹ מִזְמֹור לְאָסָף אֵל ׀ אֱלֹהִים יְהוָה דִּבֶּר
וַיִּקְרָא־אָרֶץ מִמִּזְרַח־שֶׁמֶשׁ עַד־מְבֹאֹו׃
² מִצִּיֹּון מִכְלַל־יֹפִי אֱלֹהִים הֹופִיעַ׃
³ יָבֹא אֱלֹהֵינוּ וְאַל־יֶחֱרַשׁ אֵשׁ־לְפָנָיו תֹּאכֵל וּסְבִיבָיו נִשְׂעֲרָה מְאֹד׃
⁴ יִקְרָא אֶל־הַשָּׁמַיִם מֵעָל וְאֶל־הָאָרֶץ לָדִין עַמֹּו׃
⁵ אִסְפוּ־לִי חֲסִידָי כֹּרְתֵי בְרִיתִי עֲלֵי־זָבַח׃
⁶ וַיַּגִּידוּ שָׁמַיִם צִדְקֹו כִּי־אֱלֹהִים ׀ שֹׁפֵט הוּא סֶלָה׃
⁷ שִׁמְעָה עַמִּי ׀ וַאֲדַבֵּרָה יִשְׂרָאֵל וְאָעִידָה בָּךְ אֱלֹהִים אֱלֹהֶיךָ אָנֹכִי׃
⁸ לֹא עַל־זְבָחֶיךָ אֹוכִיחֶךָ וְעֹולֹתֶיךָ לְנֶגְדִּי תָמִיד׃
⁹ לֹא־אֶקַּח מִבֵּיתְךָ פָר מִמִּכְלְאֹתֶיךָ עַתּוּדִים׃
¹⁰ כִּי־לִי כָל־חַיְתֹו־יָעַר בְּהֵמֹות בְּהַרְרֵי־אָלֶף׃
¹¹ יָדַעְתִּי כָּל־עֹוף הָרִים וְזִיז שָׂדַי עִמָּדִי׃
¹² אִם־אֶרְעַב לֹא־אֹמַר לָךְ כִּי־לִי תֵבֵל וּמְלֹאָהּ׃
¹³ הַאֹוכַל בְּשַׂר אַבִּירִים וְדַם עַתּוּדִים אֶשְׁתֶּה׃
¹⁴ זְבַח לֵאלֹהִים תֹּודָה וְשַׁלֵּם לְעֶלְיֹון נְדָרֶיךָ׃
¹⁵ וּקְרָאֵנִי בְּיֹום צָרָה אֲחַלֶּצְךָ וּתְכַבְּדֵנִי׃
¹⁶ וְלָרָשָׁע ׀ אָמַר אֱלֹהִים מַה־לְּךָ לְסַפֵּר חֻקָּי וַתִּשָּׂא בְרִיתִי עֲלֵי־פִיךָ׃
¹⁷ וְאַתָּה שָׂנֵאתָ מוּסָר וַתַּשְׁלֵךְ דְּבָרַי אַחֲרֶיךָ׃
¹⁸ אִם־רָאִיתָ גַנָּב וַתִּרֶץ עִמֹּו וְעִם מְנָאֲפִים חֶלְקֶךָ׃
¹⁹ פִּיךָ שָׁלַחְתָּ בְרָעָה וּלְשֹׁונְךָ תַּצְמִיד מִרְמָה׃
²⁰ תֵּשֵׁב בְּאָחִיךָ תְדַבֵּר בְּבֶן־אִמְּךָ תִּתֶּן־דֹּפִי׃
²¹ אֵלֶּה עָשִׂיתָ ׀ וְהֶחֱרַשְׁתִּי דִּמִּיתָ הֱיֹות־אֶהְיֶה כָמֹוךָ אֹוכִיחֲךָ וְאֶעֶרְכָה לְעֵינֶיךָ׃
²² בִּינוּ־נָא זֹאת שֹׁכְחֵי אֱלֹוהַּ פֶּן־אֶטְרֹף וְאֵין מַצִּיל׃
²³ זֹבֵחַ תֹּודָה יְכַבְּדָנְנִי וְשָׂם דֶּרֶךְ אַרְאֶנּוּ בְּיֵשַׁע אֱלֹהִים׃

<Salmo de Asaf>

¹ El Dios de dioses, Jehová, ha hablado
y ha convocado la tierra desde el nacimiento del sol hasta donde se pone.
² Desde Sión, perfección de hermosura, Dios ha resplandecido.
³ Vendrá nuestro Dios y no callará;
fuego consumirá delante de él y tempestad poderosa lo rodeará.

⁴ Convocará a los cielos de arriba y a la tierra, para juzgar a su pueblo.
⁵ "Juntadme mis santos, los que hicieron conmigo un pacto con sacrificio".
⁶ ¡Los cielos declararán su justicia, porque Dios es el juez! Selah

⁷ "Oye, pueblo mío, y hablaré; escucha, Israel, y testificaré contra ti,
Yo soy Dios, el Dios tuyo.
⁸ No te reprenderé por tus sacrificios ni por tus holocaustos,

que están continuamente delante de mí.

⁹ No tomaré de tu casa becerros ni machos cabríos de tus apriscos,

¹⁰ porque mía es toda bestia del bosque y los millares de animales en los collados.

¹¹ Conozco todas las aves de los montes,

y todo lo que se mueve en los campos me pertenece.

¹² Si yo tuviera hambre, no te lo diría a ti, porque mío es el mundo y su plenitud.

¹³ ¿He de comer yo carne de toros o beber sangre de machos cabríos?

¹⁴ Sacrifica a Dios sacrificios de alabanza y paga tus votos al Altísimo.

¹⁵ Invócame en el día de la angustia; te libraré y tú me honrarás".

¹⁶ Pero al malo dijo Dios:

"¿Qué tienes tú que hablar de mis leyes y tomar mi pacto en tu boca?

¹⁷ Pues tú aborreces la corrección y echas a tu espalda mis palabras.

¹⁸ Si veías al ladrón, tú corrías con él, y con los adúlteros era tu parte.

¹⁹ Tu boca metías en mal y tu lengua componía engaño.

²⁰ Tomabas asiento y hablabas contra tu hermano; contra el hijo de tu madre ponías infamia.

²¹ Estas cosas hiciste y yo he callado; pensabas que de cierto sería yo como tú; ¡pero te reprenderé y pondré esas cosas delante de tus ojos!

²² Entended ahora esto, los que os olvidáis de Dios,

no sea que os despedace y no haya quien os libre.

²³ El que ofrece sacrificios de alabanza me honrará, y al que ordene su camino, le mostraré la salvación de Dios".

Introducción. Los doce salmos de Asaf. Con el salmo anterior ha terminado la serie de los salmos korahitas de la colección primaria de Salmos del primer libro del salterio, que abarcaba en principio de Sal 1 a Sal 72. En esta serie, tomando Sal 42 y 43 como un único salmo, contábamos siete salmos (de Sal 42 a Sal 49), que forman el grupo principal de los salmos korahitas, que han sido completados en el tercer libro de los salmos, donde encontramos por un lado un salmo elohista (Sal 84) y, por otro lado, alguno yahvista (Sal 85-88).

Por el contrario, los salmos asáficos pertenecen exclusivamente al estilo de los salmos elohistas, pero no están todos juntos, sino que el grupo principal de estos salmos comienza en el libro tercero (Sal 73), mientras que el primer libro contiene solo un salmo de este tipo, es decir, este Sal 50, que ha sido colocado aquí, inmediatamente después del 49, a causa de los varios puntos de contacto que tienen ambos salmos y, en especial, por la exclamación "escucha, pues, pueblo mío" (50, 7) que responde al comienzo de Sal 49: "Escuchad todos los pueblos".

Según 1 Cron 23, 2-5, la totalidad de los 38.000 levitas habían sido divididos en cuatro secciones (24000 + 6000 + 4000 + 4000). A la cuarta sección (4000) se le asignó la música perteneciente a la adoración divina. Fuera de esta división quedaban, sin embargo, 288 cantores, divididos en 24 clases. Estos se hallaban colocados bajo el mando de tres dirigentes o preceptores (*Sangmeister*), según este orden: 14 clases bajo Hemán el Kehathita y sus catorce hijos; 4 clases bajo Asaf el Gersonita y sus cuatro hijos; y seis clases bajo Ethán (Jeduthun) y sus seis hijos (1 Cron 25, cf. Sal 15, 1-5).

Los instrumentos que tocaban los tres dirigentes, que se distinguían de otros por el sonido claro y penetrante, eran los címbalos (1 Cron 15, 19). Así lo supone también 1 Cron 16, 5, donde se dice que Asaf era el jefe (הראש) de la música sagrada, en la tienda donde se hallaba el arca, añadiendo que tocaba los címbalos, aunque no se puede afirmar que él fuera el jefe, el primer dirigente de todos los músicos. El orden usual de los nombres es Hemán, Asaf y Ethan. El mismo orden aparece en las genealogías de los tres en 1 Cron 6, 16-32. Hemán ocupa el primer lugar, a su derecha está Asaf y a su izquierda Ethán.

La historia ofrece el testimonio de que Asaf fue también un escritor de salmos, pues, según 2 Cron 29, 30, Ezequías hizo que se utilizaran las palabras (los Salmos) de David y de Asaf el vidente en el servicio de la casa de Dios. Por su parte, según Neh 12, 46, David y Asaf están colocados uno al lado del otro como המשררים ראשי o cantores principales en los días del antiguo Israel.

Los doce salmos que llevan la inscripción "de Asaf" son elohistas. El nombre de Dios, יהוה, no aparecen en modo alguno en dos de ellos (Sal 77, Sal 82), y en el resto solo una vez o a lo más dos veces. En contra de eso, como nombres favoritos de Dios aparecen אלהים, אדני y אל, aunque se da una preferencia especial al nombre עליון. Entre los nombres compuestos de Dios, son peculiares de estos salmos los siguientes: אלהים והוה אל (fuera de aquí solo en Jos 2, 22), y צבאות אלהים (vid. *Symbolae*, pp. 14-16). Por lo que se refiere a su contenido, estos salmos se distinguen de los korahitas por su carácter proféticamente judicial.

Igual que en los profetas, Dios aparece en estos salmos hablando muchas veces; en ellos encontramos varias descripciones proféticas de la aparición de Dios como juez, con largos discursos judiciales (Sal 50, 75 y 82). El apelativo החזה, el vidente, que Asaf recibe en 2 Cron 29, 30, concuerda con esto. De todas formas, el Cronista atribuye este título a los otros dos preceptores de música. El fundamento de esto, igual que el del título de נבא, utilizado por el Cronista y aplicado a los que cantan y tocan instrumentos en el servicio de la Casa de Dios, se debe a la conexión íntima que existe entre la lírica sagrada y la profecía en su conjunto.

El carácter visionario de futuro que tienen los salmos asáficos está vinculado a su forma de apelar al pasado histórico. En estos Salmos encontramos visiones descriptivas de carácter retrospectivo de la historia primigenia (Sal 74, 13-15; Sal 77; Sal 80, 9-12; Sal 81, 5-8; Sal 83, 10-12). Por su parte, el Sal 78 está enteramente compuesto a modo de ejemplo y espejo de la historia de la nación, desde la antigüedad hasta el presente.

Si leemos en orden los doce salmos de Asaf, uno tras el otro, encontraremos esta característica chocante: que se menciona a José y a las tribus que descienden de él más que a las restantes tribus (Sal 77, 16; Sal 78, 9; Sal 78, 67; Sal 81, 6; Sal 80, 2). Hay en estos salmos otra figura que es no menos característica: la presentación de Yahvé como pastor de Israel, con la Imagen del rebaño (Sal 74, 1; Sal 77, 21; Sal 78, 52; Sal 78, 70-72; Sal 79, 13; Sal 80, 2). Por otra parte, estos salmos insisten en presentar a Dios con el mayor número y carácter de designaciones posibles.

Tanto en Sal 50 como en Sal 73 tenemos ante nosotros un tipo muy especial de salmos. El encabezado לאסף tiene en su apoyo los mayores argumentos internos de autenticidad. Pero eso no exige que todos ellos fueran compuestos por un mismo Asaf anciano que, como muestra Sal 78, 69, vivió hasta los días de la primera parte del reinado de Salomón. Los signos característicos de Asaf continuaron influyendo en su posteridad, incluso hasta el período posterior al exilio. La historia menciona salmistas de Asaf bajo Josafat (2 Cron 20, 14), bajo Ezequías y entre los exilados que volvieron a Jerusalén (cf. 2 Cron 29, 13; Esd 2, 41, cf. Esd 3, 10) aparecen en conjunto ciento veintiocho asafitas. Contando con Neh 7, 44, cf. 11, 22, tendríamos 148 asafitas.

Hasta el período posterior al exilio, los asafitas aparecen como maestros en el arte de tocar los címbalos (מצלתים), algo que heredan de su primer antepasado; de un modo semejante, el talento y entusiasmo poético parece haber sido algo hereditario en ellos. Los poemas posteriores de Asaf, ya fueran compuestos por asafitas posteriores o por asociados a ellos, llevan el encabezado לאסף porque, de alguna manera, fueron compuestos al estilo de Asaf y conforme a los modelos asáficos. Sea como fuere, el Sal 50 es un salmo original de Asaf.

Conforme al estilo de los profetas, estos salmos ponen de relieve dos verdades fundamentales: (a) que a Dios no le agradan los sacrificios animales, sino el sacrificio de la oración que brota del corazón; (b) que la confesión de la palabra de Dios sin una vida que responda a esa palabra es algo abominable para él. Esta es la misma verdad fundamental que se expresa en Sal 40, 7-9; Sal 69, 31; Sal 51, 18, y que está en el fondo de Sal 24, 1-10 (cf. Sal 1, 1) y Sal 15, 1. De esa forma, estos salmos retoman la gran proclamación de Samuel (1 Sam 15, 22), de manera que podemos presentarle como padre de la poesía de estos salmos.

Resulta según eso normal la denuncia contra un culto puramente exterior (de obras externas), que tantas veces se repite en los escritos de la edad davídica. Esta insistencia en la vaciedad o falta de sentido del *opus operatum* seguirá apareciendo más tarde como palabra clave de los profetas en los tiempos en los que la observancia religiosa bien organizada de acuerdo a las prescripciones legales predominaba en Judá, pero sin fundarse en el espíritu interior de la religión.

No es extraño que Asaf el levita se expresara así, pues él fue establecido para el culto del santuario de Sión. También Jeremías fue un levita e incluso un sacerdote (*cohen*) y; sin embargo, nadie ha hablado con tanta fuerza como él contra un tipo de sacrificios religiosos externos, puramente formalistas (cf. Jer 7, 22). Una vez que hemos rechazado esas dos posibles objeciones no hay nada que nos impide atribuir este Sal 50 al mismo Asaf. Esta atribución queda favorecida por los ecos que encontramos de este salmo en los escritos proféticos: comparar Sal 50, 2 con Lam 2, 15, y el final de Sal 50 con Is 49, 16. Nada hay en el lenguaje de este salmo que puede oponerse a su atribución a Asaf.

50, 1–3. *Teofanía.* Los nombres de Dios se amontonan en 50, 1 a fin de conseguir un exordio bien enriquecido para presentar a Dios como juez del mundo. Hupfeld considera esta acumulación de títulos divinos un poco fría y rígida; pero este es precisamente el estilo propio de los salmos elohistas. Los tres nombres aparecen así coordinados uno con el otro: אל אלהים no significa Dios de los dioses, pues eso se habría expresado más bien de otra manera, con אל אלים o אלהי האלהים.

En sentido estricto, אל es el nombre de Dios como todopoderoso; אלהים es el Dios a quien se tiene reverencia; יהוה es el Ser que es absoluto en su existencia y que, por tanto, influye en la historia y la moldea libremente, conforme a su plan; este es su nombre propio particular, el tercero de la tríada.

En 50, 1-3, los perfectos alternan con los futuros, de forma que en un momento predomina la idea de aquello que se está realizando, mientras que en otro la de aquello que debe realizarse en el futuro. Yahvé pide a la tierra que sea testigo de su juicio divino sobre el pueblo de la alianza. El añadido "desde la salida del sol hasta su ocaso" indica que el poeta está refiriéndose a la tierra desde la perspectiva de sus habitantes. Dios habla, y dado que sus palabras son de gran importancia, él hace que toda la tierra le escuche. Esta llamada precede a su automanifestación.

Con Aquila, el texto Siríaco, Jerónimo, Tremellius y Montano hay que traducir: "Desde Sión, la perfección en belleza, Elohim brilla". Sión es la perfecta en belleza (cf. los pasajes dependientes de Lam 2, 16 y 1 Mc 2, 12, donde al templo se le llama ἡ καλλονὴ ἡμῶν, nuestra hermosura, porque es el lugar de la presencia de Dios, el Glorioso, el Lugar Brillante desde donde se extiende el brillo de la manifestación divina, como el sol naciente).

Ciertamente, en sí mismo (con los LXX, la Vulgata y Lutero) no es inapropiado tomar מִצִּיּוֹן מִכְלַל־יֹפִי como una designación de la manifestación de Elohim en su gloria, como *non plus ultra de belleza*, que ha de explicarse de un modo consecuente en la línea de Is 28, 12, cf. Ex 33, 19, y no en la de Lam 2, 15 (teniendo especialmente en cuenta que Jeremías ha dado con frecuencia un nuevo sentido a los escritos de autores anteriores). Pero teniendo en cuenta el hecho de que en ningún otro lugar de la Escritura la belleza (יפי) se predica así, tan directamente, de Dios, a quien pertenece una gloria que transciende toda belleza, debemos seguir la indicación de los acentos, que hacen que מִכְלַל־יֹפִי con *mercha* sea aposición a צִיּוֹן (cf. *Psychol.* p. 49).

El poeta contempla la aparición de Dios, una venida que se asemeja a la salida del sol, con הוֹפִיעַ que viene de יפע (como en el salmo asáfico 80, 2, en la línea de Dt 33, 2), con una transición de la *noción primaria de surgir*, árabe *yf'*, *wf'*, *a la noción de elevarse e iluminar*, a lo largo y a lo ancho, como en árabe *ṣt'*. "Porque nuestro Dios vendrá y en modo alguno guardará silencio". No se debe traducir "que nuestro Dios venga" (Hupfeld) y que no guarde silencio (Olshausen).

El primer deseo se formula en un momento un poco atrasado, tras el יָבֹא אֱלֹהֵינוּ precedente. Por eso, הוֹפִיעַ ha de traducirse en modo consecuente, como *veniet*. Por su parte, אַל (וְאַל־יֶחֱרַשׁ), como en Sal 34, 6; Sal 41, 3; Is 2, 9, *passim*, implica en forma negativa un vivo interés por parte del escritor: el salmista no puede, no se atreve, a guardar silencio, pues Dios no se lo permitirá.

El Dios que proclamó la Ley vendrá para juzgar a aquellos que la han recibido y que no la cumplen. Él no puede quedarse mirando y guardar silencio, sino que debe castigar, y ha de hacerlo ante todo de palabra, a fin de prevenir un castigo posterior con obras.

El fuego y la tormenta son portadoras de la obra del Dios legislador y juez del Sinaí, que ahora aparece como Juez de todo el mundo. El fuego amenaza con consumir a los pecadores, y la tormenta (una tempestad acompañada de relámpagos y truenos, como en Job 38, 1) amenaza con dispersar y destruir a esos pecadores como a paja. La expresión de 50, 3 es como la de 18, 9. El femenino *nifal* נשׂערה no se refiere a fuego, אשׁ, sino que se utiliza en forma neutra, como la tormenta que se embravece (Apolinar, ἐλαιλαπίσθη σφόδρα). El fuego es la ira de Dios; y la tormenta es el poder o fuerza de su ira.

50, 4–6. *La escena del juicio.* Dios llama a *los cielos* de arriba (מעל, en otros lugares como preposición; aquí, igual que en Gen 27, 39; 49, 25, como adverbio, en el sentido de *desuper, superne*) y a *la tierra* de abajo (קרא אל, como en Gen 28, 1); a los dos elementos del cosmos les llama como testigos del juicio de su pueblo עמו לדין, a fin de sentarse y juzgar a Israel, en presencia de cielo y tierra.

¿O quizá no se les llama solo como testigos, sino que la palabra de juicio se dirige directamente a ellos, como piensan algunos (Olshausen, Hitzig)? Ciertamente no, porque la llamada a juntarse no se dirige a los cielos y a la tierra como tales, en sentido material, sino a los hombres; además, cielos y tierra están allí desde el principio y para siempre, y son testigos del juicio que Dios realiza con los hombres (Dt 4, 26; Dt 32, 1; Is 1, 2; 1 Mac 2, 37).

Por otra parte, la llamada que dice אספו (juntadme) se dirige como en Mt 24, 31, *passim*, a los ángeles, que se toman como espíritus celestes, servidores de

Dios, que se aparecen y le acompañan en el juicio. Los ángeles, espíritus celestes, tienen que juntar a los hombres (al pueblo de Dios) para el juicio.

Pues bien, esos hombres, acusados, que han de ser llevados ante el tribunal divino por medio de los ángeles, aparecen con el nombre que les corresponde, un nombre que expone la relación en que ellos se encuentran con Dios (cf. Dt 32, 15; Is 42, 19). El texto les llama *hasidim*, חסידים, como en el salmo asáfico 79, 2. Esta contradicción que existe entre la relación que ellos tienen con Dios (que les ha llamado para la justicia) y la forma en que se han comportado (sin ser de hecho *hasidim* o piadosos) parece objeto de una amarga ironía.

El pueblo y Dios se encuentran en una relación de pacto, consagrada y ratificada por un sacrificio de alianza (עלי־זבח, como en Sal 92, 4; Sal 10, 10). Dios ha hecho alianza con ellos, es decir, con el pueblo de Israel (cf. Ex 24); y esta relación de pacto ha sido ratificada por los sacrificios que los israelitas han ofrecido a Dios, como signo de su obediencia y fidelidad. El participio כרתי evoca aquí la continuidad constante de aquella alianza primigenia. Pues bien, ahora que los acusados se encuentran reunidos, el poeta escucha y descubre que los cielos reconocen de un modo solemne la justicia originaria del juez divino, a diferencia de los hombres, que han podido rechazar esa justicia.

La construcción del participio (וַיַּגִּידוּ שָׁמַיִם צִדְקוֹ כִּי־אֱלֹהִים שֹׁפֵט הוּא, los cielos declararán su justicia, porque Dios es el juez) puede indicar algo presente (Nah 1, 2), pero también pasado (Jc 4, 4), o futuro (Jer 25, 31). Pues bien, esa expresión está indicando aquí lo que está sucediendo en este mismo momento, como "a la mano" (*fut. Instans*, futuro de este momento). A Dios se la llama הוּא, es decir, aquel que juzga.

Este es el sentido de la escena: Dios se ha sentado en el trono para juzgar y los cielos aparecen como los testigos más significativos de su juicio, de forma que así testifican su justicia. En esa línea, la música de la tierra, que suena en este momento del canto (con סלה) se vincula a la alabanza de los cielos, que son testigos del justo juicio de Dios. Ahora ya no falta nada en la escena. Están presentes todos los actores del juicio, va a empezar la acción.

50, 7–15. *Exposición de la Torá sacrificial para bien (para transformación) de aquellos cuya santidad consiste en las obras externas.* La formas verbales de 50, 7, reforzadas por la *ah* final (שִׁמְעָה וַאֲדַבֵּרָה וְאָעִידָה), describen el gran deseo que Dios tiene de que Israel escuche y cumpla su palabra. ב העיד significa *obtestari aliquem*, testimoniar contra alguien, tanto aquí como en otro salmo de Asaf (Sal 81, 9), advirtiendo a Israel y amenazando con castigarle si no cumple lo que se le pide. Sobre *el Dagesh forte conjuntivo* de בָּךְ (contra ti), cf. Gesenius 20, 2a.

Aquel que está hablando tiene según eso el derecho de enfrentarse directamente con Israel, porque es Elohim, el Dios de Israel. Con esa designación se está haciendo referencia a las palabras אֱלֹהֶיךָ יהוה אָנֹכִי (Ex 20, 2), con las que comienza la Ley, tal como ha sido promulgada y ofrecida en el Sinaí, una ley que aquí toma la forma elohista.

Como establece 50, 8, lo que Dios quiere no son sacrificios materiales que Israel le ofrece sin cesar, unos sacrificios que en su forma externa son aquí censurados. De un modo especial Dios recuerda en este momento los holocaustos de Israel, que están siempre presentes ante su faz (וְעוֹלֹתֶיךָ לְנֶגְדִּי תָמִיד). Pero no son esos sacrificios los que él quiere, sino que él quiere justicia y santidad, con los cielos como testigos de su pacto.

Dios no disputa aquí con Israel sobre sacrificios externos, porque, como él sigue diciendo en 50, 9, lo que Dios quiere y necesita no son sacrificios, pues Israel no puede ofrecerle en ese plano algo que él, Dios, no posea. De Dios son todas las bestias del campo (כָּל־חַיְתוֹ־יָעַר, cf. Sal 79, 2). De Dios es toda la ganadería, los miles de animales de las colinas o montañas (בְּהֵמוֹת בְּהַרְרֵי־אָלֶף), donde ellas viven en gran cantidad (נבל עשׂור). Dios conoce, además, todos los pájaros que ponen sus nidos en los montes.

La palabra conocer (יָדַעְתִּי כָּל־עוֹף הָרִים) está indicando aquí un conocimiento de autoridad, propio de alguien que está al tanto y domina la cosa conocida. De Dios son todas cosas que se mueven sobre el campo; todo forma parte de su conocimiento (cf. Job 27, 11; Sal 10, 13) y, según eso, también de su poder. Por eso, no necesita sacrificios especiales.

La palabra זִיז, utilizada tanto aquí (cf. וְזִיז שָׂדַי, lo que se mueve en el campo), como en el salmo asáfico 80, 14, viene de זאזא igual a זעזע, moverse de aquí para allí, como טיט de טיטע, cf. κινώπετον, κνώδαλον, de κινεῖν. Dios no necesita sacrificios de los hombres para enriquecerse. Si él tuviera hambre no buscaría este tipo de alimentos para saciarla. Por otra parte, Dios no tiene hambre, pues está por encima de todas las necesidades carnales. Por eso, él no necesita en modo alguno la ofrenda exterior de sacrificios, sino que quiere y pide un tipo de ofrenda espiritual, la adoración del corazón, Sal 50, 14.

En vez de los שְׁלָמִים (sacrificios pacíficos), y de otros tipos especiales de sacrificios (como los זבח תודה, Lev 7, 11-15, y los שׁלמי נדר, Lev 7, 16), entre los cuales se incluyen todos los votos y ofrendas materiales de acción de gracias, lo que Dios desea es la acción de gracias del corazón y el cumplimiento moral de lo que implica nuestra relación con él y con los otros hombres. En vez de un tipo de עולה o sacrificio en sus diversas formas, lo que Dios quiere es la oración del corazón, que no quedará sin respuesta, pues dentro del abanico de formas de la λογικὴ λατρεία (es decir, del culto espiritual, cf. Rom 12, 1) todo proviene de y culmina en la εὐχαριστία, es decir, en la acción de gracias del corazón y de la vida.

Aquí no se oponen unos sacrificios ofrecidos con un verdadero espíritu, en contra de otros realizados sin la ofrenda del corazón (como quiere, por ejemplo, Ecl

32, 1-9), sino que el salmo rechaza todo tipo de sacrificios externos, aceptando solo el sacrificio espiritual. Este abandono de la forma externa de los sacrificios y de las ceremonias legales aparece aquí ya, en el mismo A. T., como una transformación y anuncio que conduce hacia aquella adoración de Dios en Espíritu y Verdad, que es la única aceptada por el Nuevo Testamento (Jn 4, 23-24).

Esta transformación ha comenzado en la misma Torá, especialmente en el Deuteronomio. Nuestro salmo, lo mismo que la teología sapiencial o de la *Hokma* (Prov 21, 3) y la profecía posterior (cf. Os 6, 6; Miq 6, 6-8; Is 1, 11-15, con otros textos), se sitúa en la línea del libro final de la Torá, que es el Deuteronomio, donde no aparece más ley fundamental que el amor (cf. Dt 6, 4-6).

50, 16–21. *La acusación de los pecadores manifiestos.* En contra de lo que piensa Hengstenberg, Dios no se dirige aquí a los mismos que en 50, 7. El orden mismo de las palabras, אמר ולרשע, muestra claramente que el discurso divino se dirige ahora a otro tipo de personas, es decir, a los malhechores que, al mismo tiempo que cometen pecados y tienen vicios manifiestos, toman en sus labios la palabra de Dios para deshonrarle. Los que así aparecen referidos son distintos de aquellos anteriores que querían fundar su santidad en obras de piedad puramente objetiva, cumpliendo plenamente los mandamientos, en sentido material, pero engañándose y satisfaciéndose a sí mismos con un tipo de observancias legales únicamente externas.

A estos les dice Dios: מַה־לְּךָ לְסַפֵּר חֻקָּי וַתִּשָּׂא בְרִיתִי עֲלֵי־פִיךָ, ¿qué tienes que hacer contando mis leyes y poniendo en tu boca mi pacto? Esta acusación comienza con un וְאַתָּה, *y tú*, que es de tipo adversativo: וְאַתָּה שָׂנֵאתָ מוּסָר, *y tú odias la corrección*, y no conoces el sentido que ha de darse a mis palabras, sino que las ponías a tu espalda, pecando así en contra de los mandamientos fundamentales de la alianza.

En esa línea, en 50, 18a, Dios condena la transgresión del octavo mandamiento (no robar), y en 50, 18b la del séptimo mandamiento (no adulterar) y en 50, 19 la del noveno mandamiento (fidelidad en el testimonio en un juicio). Finalmente, en 50, 20, Dios se refiere al pecado de aquellos que engañan y deshonran a sus mismos familiares, de un modo contrario a la verdad...

Lo que Yahvé está diciendo en este pasaje es en el fondo lo mismo que dirá Pablo en Rom 2, 17-24, cuando pone de relieve la contradicción entre el conocimiento y la vida, como pecado propio y peculiar de Israel. Esta contradicción entre el conocimiento de la verdadera ley y su falta de cumplimiento es lo que Dios condena aquí, y lo que Pablo condenará en Rom 2, una contradicción que Dios tiene que desenmascarar y castigar a causa de su santidad.

En contra de eso, el pecador piensa que Dios es de otra manera, es decir, pecador como él, de forma que lo que él hace no lo toma como pecado. Eso significa que el pecador no solo realiza unas obras que son muertas (que no dan vida), sino que tiene un conocimiento muerto, pensando que Dios no va a reprenderlo. Pero Dios no es como él, y por eso le reprueba: "Y por eso, yo te reprenderé y pondré tus obras delante de tus ojos".

Dios desenmascara así las obras del pecador, que niega, de hecho, la divina santidad, diciendo que conoce a Dios y que conoce sus leyes, pero sin cumplirlas. Este es el reproche de Dios en contra de un pueblo que aprovecha el supuesto conocimiento de Dios para pecar, como si tuviera la conciencia limpia.

50, 22–23. *Epílogo del discurso divino.* Bajo el nombre de שֹׁכְחֵי אֱלוֹהַּ, los que olvidan a Dios quieren incluirse entre aquellos hombres que parecen decentes u honorables, aunque su santidad se apoya en obras, y también aquellos que conocen mejor los mandamientos de Dios, pero se entregan a una vida licenciosa; a ellos les advierte el salmista que recibirán la sentencia que merecen.

Dios no se deleita en las obras muertas de los hombres, sino en aquellos que ofrecen verdaderos "sacrificios de alabanza", no los *shelamim-tôda* (sacrificios externos de adulación), sino la *verdadera "tôda" o alabanza del corazón* (זֹבֵחַ תּוֹדָה), que consiste en la auténtica ofrenda y glorificación de la vida. Las palabras וְשָׂם דֶּרֶךְ han sido discutidas ya en un momento anterior; la mejor explicación de ellas es la que ofrece la traducción de la Vulgata (*qui ordinat viam*), traducción que ha sido aceptada por Böttcher, Maurer y Hupfeld: *ordenar o tomar la vía recta, en sentido ético*. Así podemos unir las dos expresiones: *alabar a Dios* con el corazón y *tomar la vía recta*, con una conducta ordenada en relación con el prójimo.

Los LXX se sitúan en la buena línea, traduciendo: ἐκεῖ ὁδὸς ᾗ δείξω αὐτῷ τὸ σωτήριον Θεοῦ (este es el camino que le mostraré, la salvación de Dios). De esa forma, con la recta alabanza del corazón a Dios se vincula el auténtico camino de salvación, aquel camino a través del cual el hombre justo encontrará a Dios, es decir, será justificado por Dios.

De esa manera, el salmo 50 encuentra en su verso final, el 50, 23, la culminación y solución de todo lo anterior, en la línea del verdadero pacto del Sinaí. Lo que Dios enseña a los hombres en esta revelación del Sal 50 es en realidad lo mismo que les había enseñado en la teofanía y pacto del Monte Sinaí, conforme al libro del Éxodo: los fieles de Dios tienen que superar la falta de sentido de las obras muertas, para cumplir la verdadera voluntad de Dios, tal como Jesús la mostró plenamente cuando dirigió su palabra al pueblo reunido, en el Sermón del Monte.

De esa manera, el ciclo de la revelación de Dios en el evangelio está vinculado al Ciclo de la revelación en el Monte Sinaí, cuya verdad viene a expresarse plenamente y a culminar en el Sermón del Monte de Jesús en Galilea. En este punto se tocan y se completan ambos círculos, el del A. T., y el del N. T., rectamente entendidos.

Salmo 51. Oración penitencial e intercesión para recuperar el favor de Dios

לַמְנַצֵּחַ מִזְמוֹר לְדָוִד: ¹

בְּבוֹא־אֵלָיו נָתָן הַנָּבִיא כַּאֲשֶׁר־בָּא אֶל־בַּת־שָׁבַע: ²

חָנֵּנִי אֱלֹהִים כְּחַסְדֶּךָ כְּרֹב רַחֲמֶיךָ מְחֵה פְשָׁעָי: ³

(הַרְבֵּה) [הֶרֶב] כַּבְּסֵנִי מֵעֲוֹנִי וּמֵחַטָּאתִי טַהֲרֵנִי: ⁴

כִּי־פְשָׁעַי אֲנִי אֵדָע וְחַטָּאתִי נֶגְדִּי תָמִיד: ⁵

לְךָ לְבַדְּךָ חָטָאתִי וְהָרַע בְּעֵינֶיךָ עָשִׂיתִי לְמַעַן תִּצְדַּק ⁶
בְּדָבְרֶךָ תִּזְכֶּה בְשָׁפְטֶךָ:

הֵן־בְּעָווֹן חוֹלָלְתִּי וּבְחֵטְא יֶחֱמַתְנִי אִמִּי: ⁷

הֵן־אֱמֶת חָפַצְתָּ בַטֻּחוֹת וּבְסָתֻם חָכְמָה תוֹדִיעֵנִי: ⁸

תְּחַטְּאֵנִי בְאֵזוֹב וְאֶטְהָר תְּכַבְּסֵנִי וּמִשֶּׁלֶג אַלְבִּין: ⁹

תַּשְׁמִיעֵנִי שָׂשׂוֹן וְשִׂמְחָה תָּגֵלְנָה עֲצָמוֹת דִּכִּיתָ: ¹⁰

הַסְתֵּר פָּנֶיךָ מֵחֲטָאָי וְכָל־עֲוֹנֹתַי מְחֵה: ¹¹

לֵב טָהוֹר בְּרָא־לִי אֱלֹהִים וְרוּחַ נָכוֹן חַדֵּשׁ בְּקִרְבִּי: ¹²

אַל־תַּשְׁלִיכֵנִי מִלְּפָנֶיךָ וְרוּחַ קָדְשְׁךָ אַל־תִּקַּח מִמֶּנִּי: ¹³

הָשִׁיבָה לִּי שְׂשׂוֹן יִשְׁעֶךָ וְרוּחַ נְדִיבָה תִסְמְכֵנִי: ¹⁴

אֲלַמְּדָה פֹשְׁעִים דְּרָכֶיךָ וְחַטָּאִים אֵלֶיךָ יָשׁוּבוּ: ¹⁵

הַצִּילֵנִי מִדָּמִים אֱלֹהִים אֱלֹהֵי תְּשׁוּעָתִי תְּרַנֵּן לְשׁוֹנִי צִדְקָתֶךָ: ¹⁶

אֲדֹנָי שְׂפָתַי תִּפְתָּח וּפִי יַגִּיד תְּהִלָּתֶךָ: ¹⁷

כִּי לֹא־תַחְפֹּץ זֶבַח וְאֶתֵּנָה עוֹלָה לֹא תִרְצֶה: ¹⁸

זִבְחֵי אֱלֹהִים רוּחַ נִשְׁבָּרָה לֵב־נִשְׁבָּר וְנִדְכֶּה אֱלֹהִים לֹא תִבְזֶה: ¹⁹

הֵיטִיבָה בִרְצוֹנְךָ אֶת־צִיּוֹן תִּבְנֶה חוֹמוֹת יְרוּשָׁלָ͏ִם: ²⁰

אָז תַּחְפֹּץ זִבְחֵי־צֶדֶק עוֹלָה וְכָלִיל אָז יַעֲלוּ עַל־מִזְבַּחֲךָ פָרִים: ²¹

<Al músico principal. Salmo de David, cuando, después que se llegó a Betsabé, vino a él Natán el profeta>

¹ Ten piedad de mí, Dios, conforme a tu misericordia;
conforme a la multitud de tus piedades borra mis rebeliones.
² ¡Lávame más y más de mi maldad y límpiame de mi pecado!

³ porque yo reconozco mis rebeliones, y mi pecado está siempre delante de mí.
⁴ Contra ti, contra ti solo he pecado; he hecho lo malo delante de tus ojos,
para que seas reconocido justo en tu palabra y tenido por puro en tu juicio.

⁵ En maldad he sido formado y en pecado me concibió mi madre.
⁶ Tú amas la verdad en lo íntimo y en lo secreto me has hecho comprender sabiduría.

⁷ Purifícame con hisopo y seré limpio; lávame y seré más blanco que la nieve.
⁸ Hazme oír gozo y alegría, y se recrearán los huesos que has abatido.

⁹ Esconde tu rostro de mis pecados y borra todas mis maldades.

¹⁰ ¡Crea en mí, Dios, un corazón limpio, y renueva un espíritu recto dentro de mí!
¹¹ No me eches de delante de ti y no quites de mí tu santo espíritu.

¹² Devuélveme el gozo de tu salvación y espíritu noble me sustente.
¹³ Entonces enseñaré a los transgresores tus caminos y los pecadores se convertirán a ti.

¹⁴ Líbrame de homicidios, oh Dios, Dios de mi salvación; cantará mi lengua tu justicia.
¹⁵ Señor, abre mis labios y publicará mi boca tu alabanza,
¹⁶ porque no quieres sacrificio, que yo te lo daría; no quieres holocausto.
¹⁷ Los sacrificios de Dios son el espíritu quebrantado;
al corazón contrito y humillado no despreciarás tú, oh Dios.

¹⁸ Haz bien con tu benevolencia a Sión. Edifica los muros de Jerusalén.
¹⁹ Entonces te agradarán los sacrificios de justicia, el holocausto u ofrenda del todo quemada;
entonces se ofrecerán becerros sobre tu altar.

El mismo rechazo de los sacrificios externos que aparecía en Sal 50 se expresa en Sal 51, que es un complemento del anterior, pues aplica la espiritualización del sacrificio a la misma ofrenda por el pecado, que ha de ser también espiritual (cf. Sal 40, 7). Este es el primero de los salmos elohistas de David.

El encabezado reza así: "Al preceptor, Salmo de David, cuando entró a él Natán el profeta, después que él se hubiera llegado a Betsabé". La falta de cuidado del estilo hebreo se muestra en el hecho de que el salmista utiliza la misma palabra cuando habla de la venida oficial de Natán como profeta ante David (בְּבוֹא־אֵלָיו נָתָן, cf. 2 Sam 12, 1) y cuando habla de David que se une con Betsabé (בָּא אֶל־בַּת־שֶׁבַע) כַּאֲשֶׁר, como en Gen 6, 4; Sal 16, 2, cf. 2 Sam 11, 4).

El comparativo כַּאֲשֶׁר, como partícula de tiempo, en el sentido del latín *quum*, vincula aquello que precede con lo que viene después. Si le sigue un perfecto (2 Sam 12, 21; 1 Sam 12, 8), tiene el sentido de *postquam* (cf. no confundir esta palabra כאשר con אחרי אשר, Jos 2, 7). La expresión בבוא expresa, de un modo general, el tiempo de la composición del salmo.

Este salmo nos muestra la forma en que David se esfuerza por alcanzar una conciencia interior del perdón del pecado por el que le había amonestado Natán (2 Sam 12, 13). En Sal 6, 1-10 y Sal 38, 1, hemos escuchado ya la forma en que David, enfermo de cuerpo y alma, pedía perdón a Dios. Aquí, en Sal 51, él aparece de un modo más calmado, y no le falta ya nada sino la ratificación del perdón que él siente ya dentro de sí mismo.

Por otra parte, Sal 32, 1-11 va incluso más allá que Sal 51 en esa línea. Porque aquello que se le promete a David en Sal 51, 15, esto es que, si Dios le muestra su favor, él podrá enseñar a los apóstatas los caminos de Dios (es decir: él podrá enseñar a los pecadores la manera en que ellos podrán volverse a Dios), esto mismo, David ya lo ha cumplido, como hemos visto en Sal 32, 1-11.

Hitzig afirma que el Sal 51, lo mismo que el Sal 50, ha sido escrito por el mismo autor de Is 40, 1. En esa línea, las diversas coincidencias de estilo muestran que este profeta, el autor de Is 40ss, estaba familiarizado con los dos salmos (Sal 50 y 51). En Sal 51 hallamos cuatro partes de longitud decreciente. La primera, Sal 51, 3-11, contiene la oración por el perdón del pecado; la segunda, Sal 51, 12-15, la petición por su renovación personal; la tercera, Sal 51, 16-20, el voto de ofrecer sacrificios espirituales; la cuarta, Sal 51, 20-21 contiene la intercesión por todo Jerusalén. El nombre divino de Elohim se utiliza cinco veces, que están distribuidas de un modo adecuado a lo largo de todo el salmo.

51, 3-4. Sobre los diversos nombres para el pecado, cf. *Coment.* a Sal 32, 1. Aunque la primera ocasión del salmo es el pecado de adulterio, David dice פִּשְׁעֵי (מְחֵה פְשָׁעָי, borra mis rebeliones), no solo porque de aquel primer pecado brotaron otros muchos, como el homicidio en el caso de Urías, con el escándalo puesto en la boca de los enemigos de Yahvé, y el autoengaño de David que duró al menos un año, sino porque cada pecado en sí, percibido en toda su hondura, como si fuera microscópicamente, aparece siempre como un cúmulo complejo de pecados; más aún, cada pecado viene a percibirse vinculado, cada vez con más hondura, en la línea de causa y efecto, con la condición general de degeneración en que el pecador se descubre a sí mismo.

Al decir מחה (מְחֵה פְשָׁעָי, borra mis pecados), esos pecados son concebidos como una deuda cumulativa (cf. Is 44, 22; Is 43, 25, como una densa, oscura nube) que solo queda diluida o destruida cuando esa deuda se "paga" a través del castigo. La palabra כבסני (lávame, de כבס, en el sentido de πλύνειν) supone que la mancha se quita frotando, a diferencia de רחץ, λούειν, por la que se indica que la mancha se quita enjuagando. Ese término indica que la iniquidad se concibe como algo que ensucia profundamente al pecador.

La palabra טהרני significa "límpiame" (cf. וּמֵחַטָּאתִי טַהֲרֵנִי). Esta es la palabra que se utiliza para mostrar que alguien queda limpio, y en ese fondo el pecado se concibe como un tipo de lepra, cf. Lev 13, 6, Lev 13, 34. El *keré* dice [הֶרֶב] כַּבְּסֵנִי (imperativo *hifil*, como הרף, Sal 37, 8), que significa hazme grande, límpiame; según Gesenius 142, 3b; lávame totalmente, *penitus et totum*, con el mismo significado del *qetub*, הַרְבֵּה (en el sentido de *multum faciendo*, actuando de forma generosa, abundante, Gesenius 131, 2). Con las expresiones כרב (Is 63, 7) y הרב se está expresando la hondura de la conciencia del pecado; así dice Martin Geier *profunda enim malitia insolitam raramque gratiam postulat* (una malicia profunda exige una gracia inusitada, muy grande).

51, 5-6. El salmista presenta su pecado, mostrando que no se trata de algo superficial, pero añadiendo que él está dispuesto a hacer penitencia, una verdadera penitencia que no se funda en el conocimiento muerto del pecado cometido, sino en la conciencia viva de su realidad (Is 59, 12), que se expresa en forma de inquietud, pena y deseo de transformación. Esta tristeza dolorida, que invade a todo el penitente no es un mérito que él puede elevar ante Dios, exigiendo por ley que le perdone, sino una condición sin la cual es imposible que se produzca ese perdón, como manifestación de Dios a favor del penitente.

Esta conciencia verdadera de culpa, de cualquier tipo que sea, se expresa en la certeza de que el pecado es algo cometido de un modo directo contra Dios, no solo como una falta que va únicamente en contra de él, es decir, del pecador (חטא con la ל de la persona contra la que se peca: Is 42, 24; Miq 7, 9), sino en contra del mismo Dios; pues toda relación del hombre consigo mismo, con otros hombres o con las cosas creadas en general es una manifestación de su relación fundamental con Dios. En esa línea, pecado es aquello que es malo no solo a los ojos del hombre, sino a los del mismo Dios (Is 65, 12; Is 66, 4), aquello que va en contra de la voluntad de Dios, el único y más alto legislador y juez.

Esto es lo que David confiesa, en relación a su pecado... למען "a fin de que tú (Dios) seas considerado justo en tu palabra" (לְמַעַן תִּצְדַּק בְּדָבְרֶךָ). No se trata, pues, del pecado como algo puramente externo (o propio del hombre, separado de Dios), sino como aquello que está vinculado con la intención más honda del hombre en relación con Dios, únicamente con Dios (solo contigo, לְךָ לְבַדְּךָ), mostrando así que solo es pecado aquello que es malo a los ojos de Dios (הרע בעיניך).

Conforme a esta visión, cuando condena al pecador, Dios viene a mostrarse como el Justo y como el Santo, de forma que no puede hacer otra cosa que declarar una sentencia condenatoria contra el pecado, no por egoísmo suyo (de Dios), sino para bien del mismo pecador. Así, cuando un hombre descubre y confiesa su pecado, él mismo ha de proclamar "amén", respondiendo de esa manera al juicio divino, tal como hace David en este salmo, respondiendo a la condena de Natán y glorificando a Dios por ella.

Pertenece, según eso, a la naturaleza de la penitencia confesar el propio pecado, a fin de que Dios pueda mostrarse como aquel que tiene razón, ganando así su causa. A la naturaleza de la penitencia pertenece, según eso, el hecho de que el hombre confiese su equivocación, de manera que Dios pueda mostrar su justicia y ganar su causa.

Según eso, la misma acusación del pecador sirve para ratificar la justicia de Dios. En contra, todo intento de autojustificación del pecador (que antes o después descubrirá su engaño) termina siendo una acusación contra Dios, condenando a Dios como injusto (cf. Job 40, 8). Por eso, en último término, todo pecado humano tiene que ser superado, de tal manera que se exprese plenamente la gloria de Dios.

En esa línea interpreta y aplica Pablo en Rom 3, 4 el sentido de Sal 51, 6, tomando lo que está escrito aquí en el salterio (LXX: ὅπως ἂν δικαιωθῇς ἐν τοῖς λόγοις σου, καὶ νικησεες ἐν τῷ κρίνεσθαί σε, a fin de que seas justificado en tus palabras y venzas en tus juicios) como la meta final y salvadora a la que tiende toda la historia de Israel, una meta que no es otra cosa que la justificación de Dios.

Este es el tema clave del argumento del salmo: que Dios pueda ser justificado en su palabra decisiva, tanto cuando habla como cuando juzga. Esto es lo que David quiere poner de relieve al confesarse pecador: que Dios gane siempre su causa, en oposición a todo juicio humano. Este es el fin de la historia de la humanidad y, en especial, el fin y meta de la historia israelita.

51, 7–8. David confiesa aquí su pecado hereditario como raíz de su pecado actual. Esta declaración mira hacia atrás, pasando desde su nacimiento hasta su concepción, penetrando de esa forma en el punto más remoto del comienzo de su vida. La palabra חוֹלָלְתִּי (cf. הֵהֵן־בְּעָווֹן חוֹלָלְתִּי) se utiliza aquí en lugar de נוֹלַדְתִּי (como en otros lugares, cf. Sal 90, 2), evocando quizá el carácter penoso, doloroso, del nacimiento, interpretando así el sentido más profundo del decreto de Dios cuando dice a la mujer del principio: "y con dolor parirás a tus hijos" (cf. Gen 3, 16, Kurtz).

La utilización de las dos palabras, עון y חטא (cf. בְּעָווֹן וּבְחֵטְא) está evocando la esfera de culpabilidad y de pecado de los padres. El verbo יחם (arder de deseo, cf. יֶחֱמַתְנִי אִמִּי, y en fuerte ardor me concibió mi madre) hace referencia a aquello que el coito humano tiene de común con el coito de los animales, y puede herir una sensibilidad más delicada de los hombres, sin que עון y חטא definan en ese contexto la concepción y el nacimiento en cuanto tal como pecado. El sentido de la frase es simplemente que los padres eran simplemente pecadores y que ese estado (hábito) de pecado ha operado (influido) en el nacimiento e incluso en la concepción del hijo, de forma que el pecado ha pasado de ellos (de sus padres) a él.

Lo que quiere expresarse de esa forma no es una simple excusa (que el hombre no se considere pecador), sino todo lo contrario, es una acusación que sirve para iluminar el último fundamento de la corrupción natural. El hombre es pecador desde el vientre materno (מִלֵּדָה וּמֵהֵרָיוֹן, Sal 58, 4; Gen 8, 21), es טָמֵא מִטָּמֵא, es un ser impuro que brota de lo impuro (Job 14, 4), es "carne" que nace de carne.

Desde su mismo comienzo, desde el origen de su vida, el hombre se encuentra marcado por el pecado. De esa manera, la tendencia al pecado, con su culpa y corrupción, se propaga de los padres a los hijos. Según eso, de un modo consecuente, en cada pecado actual que el hombre comete, su misma naturaleza humana, inmersa en el pecado, se muestra externamente como pecadora.

Esta experiencia se expresa aquí de un modo más claro que en ningún otro pasaje del Antiguo Testamento, pues la visión del A. T., conforme a su rasgo distintivo, se fija en los fenómenos externos, esto es, en la manifestación fenoménica de la vida, más que en las raíces de su realidad. De esa forma, el conjunto del A. T., deja sin resolver el fundamento último del pecado, su despliegue a partir de la historia primitiva de la humanidad, y su trasfondo demoníaco. Solo en este pasaje se expresa la conciencia más honda del pecado del hombre en el conjunto del Antiguo Testamento.

Desde ese fondo ha de entenderse el הֵן de Sal 51, 7 (הֵן־בְּעָווֹן חוֹלָלְתִּי) al que sigue un segundo הֵן correlativo en Sal 51, 8 (הֵן־אֱמֶת חָפַצְתָּ, cf. Is 55, 4; Is 54, 15). Así dice correctamente Geier: "El orante, concebido en pecado y carente de la verdadera probidad del corazón, pide a Dios que le conceda una sabiduría penitencial y mística, por cuyo medio pueda liberarse de la culpa y dominio del pecado" ("Orat ut sibi in peccatis concepto veraque cordis probitate carenti penitiorem ac mysticam largiri velit sapientiam, cujus medio liberetur a peccati tum reatu tum dominio").

En ese contexto se dice que Dios *ama la verdad* en lo secreto, en lo que está oculto (אֱמֶת חָפַצְתָּ בַטֻּחוֹת). אמת es, por tanto, la naturaleza y la vida del hombre, conformada por la naturaleza y voluntad de Dios (cf. ἀλήθεια, Ef 4, 21). El salmista dice en este contexto que Dios le ha hecho obtener la חכמה, es decir, la *sabiduría* que le permite comprender con profundidad la verdad de Dios, esto es, aquella en la que Dios se deleita, la que Dios desea en lo más hondo, בטחות.

La *beth* de esta palabra no es aquí una radical, como en Job 12, 6, sino una preposición. Con esa palabra se alude a los riñones que, en cuanto rodeados de grasa (*adipe obducti*) tanto aquí como en Job 38, 36, según el Targum, Jerónimo y Parchon, reciben el nombre de טחות (*Psychologie,* p. 269).

Esta referencia a los riñones (cf. Sal 40, 9: la ley de Dios en mis vísceras, *in visceribus meis*) indica que la verdad más honda del hombre se manifiesta en sus partes más íntimas. En ese contexto, los riñones aparecen como sede de los sentimientos más profundos, como lugar de la experiencia y percepción más honda del hombre, como centro más íntimo de la vida humana, tanto en un plano de conciencia como de conocimiento (Sal 16, 7).

En el estico paralelo, סתם (cf. וּבְסָתֻם חָכְמָה תוֹדִיעֵנִי) indica la parte más íntima del hombre. Esta es la confesión de fondo del salmista: que según su voluntad Dios habite y reine en lo más íntimo del hombre, incluso en sus riñones. De aquí brota el deseo final: que Dios le imparta, que Dios le enseñe, su חָכְמָה, es decir, su sabiduría. De esa manera, el hombre que nace y ha sido concebido en pecado queda encomendado a la misericordia de Dios, a través de aquella parte más escondida de la mente humana (¡en sus riñones!) en la que se manifiesta el camino que lleva hacia esa verdad.

51, 9-11. Sin embargo, la posesión de todas sus posesiones, la más necesaria para el hombre, el fundamento de todas sus riquezas, es la certeza del perdón de sus pecados. Los futuros que siguen en Sal 51, 9 son consecuencias del primer futuro, y se utilizan en forma de optativos. Sal 51, 9 evoca el gesto de rociar y limpiar a los enfermos de lepra, y a los que están impuros por haberse puesto en contacto con un cuerpo muerto, tal como se hacía entonces con un ramo de hisopo (Lev 14, Num 19), la βοτάνη καθαρτική (Bähr, *Symbologie* II, 503). En esa línea, Sal 51, 9 retoma el motivo de lavarse con agua que, conforme a las directrices sacerdotales, era algo que todas las personas impuras tenían que realizar.

La purificación y el lavatorio que exigía la Ley se realizaban conforme a la idea de fondo que implicaban esos gestos, de tipo simbólico y carnal. Pues bien, el salmo ya no pide el gesto externo, realizado por sacerdotes, sino que ambos gestos (rociar con hisopo, lavar...) se toman como signos que se realizan sin mediación sacerdotal, como algo que se pide directamente a Dios, que es quien limpia y perdona. Es evidente que la palabra באזוב (no כבאזוב) ha de entenderse de un modo espiritual, como medio interior de purificación, sin que se exija la acción externa.

El creyente del N. T., confiesa con Petrarca, en el segundo de sus salmos penitenciales: *omnes sordes meas una gutta, vel tenuis, sacri sanguinis absterget* (que todas mis impurezas las limpie una gota, por pequeña que sea, de la sangre sagrada). Pero el salmo no menciona la reparación hecha por sangre, pues David es el antitipo de la sangre redentora de Cristo. Esta operación de la gracia justificante que limpia al hombre de la mancha del rojo pecado de la sangre derramada se expresa diciendo que la culpa roja se volverá más blanca que la nieve (cf. el pasaje de Is 1, 18, derivado de este salmo).

La historia de la humanidad apenas recuerda un ejemplo más claro del cambio del rojo del pecado en nieve blanca y brillante que aquella que sigue al matrimonio de David y de Betsabé, del que nació Salomón, el más ricamente bendecido de todos los reyes. En el momento en que David proclamaba este salmo, sus huesos se hallaban todavía conmovidos y crujían con el sentimiento del pecado. דכית (cf. עֲצָמוֹת דִּכִּיתָ, los huesos que habías abatido). Solo Dios cambia y sana los huesos abatidos del hombre pecador, solo él ofrece al alma su consuelo, y la gozosa seguridad de que él (Dios) es nuevamente amigo del pecador.

Esto es lo que pide el salmista: que Dios aparte su mirada del pecado en que está hundido en ese momento el pecador, de forma que el pecado no esté ya más presente en él; de manera que el pecador pueda expulsar de sí mismo todas sus iniquidades, a fin de que ellas no levanten ya su testimonio en contra de él. Y así concluye la primera parte del salmo, con el recuerdo de las palabras del principio: esconde tu rostro de mis pecados (51, 11; cf. 51, 3).

51, 12–13. Este es el deseo del salmista (que Dios no mire su pecado), y con esto comienza la segunda parte, de forma que a la plegaria por la justificación sigue la plegaria por la renovación de su vida. Un corazón limpio, que no está cerrado por el pecado ni por una conciencia pecadora, incluye un nuevo corazón (לב, cf. *Psichologie,* p. 134), un espíritu firme (נכון, cf. Sal 78, 37; Sal 112, 7), un espíritu fundado en el favor de Dios, bien arraigado en él.

Esta petición de David se refiere a lo mismo que prometerán los profetas, cuando hablen de la obra futura de la salvación de Dios, que es el verdadero redentor de su pueblo (cf. Jer 24, 7; Ez 11, 19; Ez 36, 26). David y los profetas se refieren así a unos hechos de "conciencia espiritual" que pueden experimentarse de un modo inicial y por anticipado en el Antiguo Testamento, pero que solo pueden realizarse y se han realizado en plenitud en el Nuevo Testamento, donde se han cumplido de manera sobreabundante las promesas de salvación, es decir, la μετάνοια (que es propio del corazón, לב, que tiene aquí el mismo sentido de νοῦς), la καινὴ κτίσις, la παλιγγενεσία καὶ ἀνακαίνωσις πνεύματος (Tito 3, 5).

Sin distinguir esos matices, David se mira a sí mismo como rey, como israelita, como hombre. Por consiguiente, aquí no podemos decir que el רוח הקדש (como en Is 63, 16), y el πνεῦμα ἁγιωσύνης (que es el mismo πνεῦμα ἅγιον) es simplemente un "espíritu de gracia", pero sin implicar en modo alguno el "espíritu de su oficio o ministerio" (es decir, el carisma regio de David), pues en David se vinculan vida personal y carisma regio, es decir, el Espíritu Santo de Dios y el ministerio o carisma de dirección que ha recibido David.

Si Yahvé hubiera rechazado a David como rechazó a Saúl, esto hubiera significado una manifestación extrema de ira (cf. 2 Rey 24, 20), no solo contra él como persona, sino también como rey. El espíritu santo al que aquí se alude es el mismo que él recibió por medio de su unción real (1 Sam 16, 13). A través de su pecado, David ha afligido y rechazado a ese Espíritu. Por eso, él ahora pide a Dios que le muestre de nuevo su favor, que realice su justicia salvadora y que no le niegue (retire) su Santo Espíritu, vinculado a su carisma de rey del pueblo elegido.

51, 14-15. En conexión con ese רוח נדיבה (cf. וְרוּחַ נְדִיבָה תִסְמְכֵנִי), los comentaristas antiguos han pensado que נדיב es un noble, un príncipe, y que נדיבה significa nobleza, alto rango (cf. Job 30, 15, LXX: πνεύματι ἡγεμονικῷ στήριξόν με, es decir, fortaléceme con un *spiritu principali*, un espíritu de príncipe). Pues bien, en contra de eso, esta palabra tiene aquí un significado ético, no de nobleza social, como en Is 32, 8, cf. נדבה, Sal 54, 8. Según eso, la relación entre las dos palabras (נדיבה y רוח) no ha de tomarse en sentido de adjetivo (espíritu noble), sino de genitivo (espíritu de nobleza), pues el salmista ha utilizado ya la palabra רוח con ese mismo significado personal en Sal 51, 12.

Por eso, estas dos palabras deben traducirse en la línea de Gen 27, 37, de esta manera: devuélveme un espíritu de prontitud, de decisión personal, de noble impulso hacia aquello que es bueno; es decir, "apóyame impartiendo en mí tu espíritu, elévame constantemente hacia aquello que es bueno".

Lo que se pide no es el cambio del Espíritu Santo en sí mismo, sino el cambio del espíritu humano, que el hombre quede liberado del dominio del pecado por medio del Espíritu Santo, de forma que el bien sea para el orante una especie de despliegue salvador interno, como si fuera natural, algo que brota de su misma vida. Solo de esa manera, asegurado por su justificación y fortalecido en gesto de nueva obediencia a Dios, David enseñará a los transgresores los caminos de Dios, y los pecadores podrán ser convertidos, y unidos a Dios, a través del testimonio que David les ofrecerá en un plano de misericordia, como resultado de su nueva experiencia de pecador perdonado y restablecido por Dios.

51, 16–19. Ahora comienza la tercera parte, con una doble oración de apremio. La invocación de Dios como Elohim se vuelve aquí más urgente, con el añadido de אלהי תשועתי, Dios de mi salvación, de manera que las peticiones por la justificación y la renovación se vinculan en la palabra esencial: הַצִּילֵנִי מִדָּמִים, libérame de la sangre, etc.

David no quiere presentar su culpa como más pequeña, sino que la presenta vinculada a la sangre, דמים, con su verdadero nombre que significa sangre violentamente derramada, pecado de homicidio, pecado digno de muerte (Sal 9, 13; Sal 106, 38, *passim*). Aquí encontramos también la palabra הציל construida con מן, en el sentido de liberar del pecado, cf. Sal 39, 9. David ha dado orden de que muera Urías, a fin de poseer para sí a Betsabé. De esa forma, la acusación de su conciencia no es meramente el adulterio, sino también el asesinato.

Sin embargo, la conciencia del pecado ya no le sigue derribando sobre la tierra, pues la misericordia de Dios le ha elevado sobre ella. De esa forma ruega a Dios, pidiéndole que complete en él su obra, a fin de que su lengua pueda cantar (רנן con acusativo de objeto, como en Sal 59, 17) la alabanza de la justicia de Dios que, de acuerdo con la promesa, toma al pecador bajo su protección. Pero, a fin de realizar lo prometido (cantar a Dios…), David necesita la gracia de Dios, y así le pide que abra gozosamente su boca.

A Dios no le complacen los sacrificios (Sal 40, 7, cf. Is 1, 11), pues de lo contrario él (David) habría realizado algunos (ואתנה, *te los hubiera ofrecido*, como en Sal 40, 6). Dios no desea sacrificios totalmente quemados (holocaustos), pues las expiaciones que a él le agradan no son obras de la carne, obras muertas, como los עולות y los זבחים, que no tienen valor, sino la acción de gracias (Sal 50, 23) que brota de la plenitud de un corazón penitente y abajado. Aquí no hay, al menos directamente, un antitipo espiritual de la ofrenda por el pecado, que nunca se llama זבה, sacrificio; lo que Dios quiere no son sacrificios, ni siquiera espirituales, sino una renovación del corazón.

Lo que Dios quiere es un corazón quebrantado, allí donde se rompe la naturaleza pecadora, donde el yo impío muere, donde se suaviza la dureza impenetrable de una vida pecadora, donde la vanagloria orgullosa se abaja… En fin, lo que Dios (el salmista) quiere es que el hombre se vuelva como "nada", de forma que Dios sea en él todo. Estos son los sacrificios que Dios quiere, gestos de gracia y amor, verdaderamente dignos de ser aceptados por Dios, pues son agradables para él (cf. Is 57, 15, donde ese espíritu quebrantado aparece como templo terreno de Dios)[19].

51, 20-21. De ese sacrificio espiritual, agradable a Dios, el salmo vuelve ahora a los sacrificios materiales que se ofrecen con un adecuado estado de mente. Esto se debe al hecho de que ahora David pasa de su oración por sí mismo a la intercesión en favor de todo Israel.

Haz bien siendo benevolente con Sión (הֵיטִיבָה בִרְצוֹנְךָ אֶת־צִיּוֹן). La partícula את־ puede ser aquí un signo de acusativo, pues הטיב toma un acusativo de persona (Job 24, 21), pero también puede tomar una preposición, como en ese caso, pues así se construye con ל y con עם, e igualmente con אֵת, con el mismo significado (Jer 18, 10; Jer 32, 41). זבח־צדק son aquí, como en Sal 4, 6; Dt 33, 19, aquellos sacrificios en los que no se mira solo el carácter externo, sino que se pone de relieve su valor y carácter interno, pues se ofrecen con el mismo espíritu con el que Dios los ha prescrito.

La palabra כליל junto a עולה puede entenderse como holocausto que los sacerdotes ofrecen totalmente a Dios, Lev 6, 15 (מנחת חביתין, cf. Hebr 2, 8), pues toda עולה en cuanto tal es también כליל; pero la poesía de los salmos no hace esa referencia particular a la tradición sacrificial. Por eso debemos tomar aquí וכליל lo mismo que כליל en 1 Sam 7, 9, como un añadido explicativo, de manera que la combinación es como las de ימינך וזרועך, Sal 44, 4, ארץ ותבל, Sal 90, 2 *passim*. Un tipo de שלם כליל (como aquel sacrificio al que se refiere Hitzig, según las comidas sacrificiales de los fenicios) resulta desconocida en la oración sacrificial israelita.

La oración "construye las murallas de Jerusalén" no es inadmisible en boca de David, בנה no significa meramente construir lo que ha sido destruido, sino también retomar y culminar aquello que se había empezado a realizar (Sal 89, 3); además, el hecho de que Salomón terminara de construir las murallas de Jerusalén (1 Rey 3, 1) puede entenderse como cumplimiento de la oración de David. Sin

---

19. El Talmud encuentra un significado especial en el plural זבחי. En esa línea *J. ben Levi* (B. *Sanhedrin* 43b) dice: cuando el templo estaba en pie, todos los que llevaban una ofrenda quemada recibían una recompensa (parte) para ellos; y los que llevaban una ofrenda de comida recibían también una parte. Pero el hombre que era humilde aparece en la Escritura como *uno que ofrecía todos los sacrificios a la vez* (cf. כאילו הקריב כל הקרבנות כולן). En Ireneo, IV, 17, 2 y en Clemente Alejandrino, *Paedag.* III, 12, tras τὸ θυσία τῷ Θεῷ καρδία συντετριμμένη se añade que el olor agradable a Dios es un corazón que alaba a su creador: ὀσμὴ εὐωδίας τῷ Θεῷ καρδία δοξάζουσα τὸν πεπλακότα αὐτήν.

embargo, no se puede negar la explicación de Teodoreto que aplica estas palabras a los desterrados de Babilonia, para reconstruir las murallas de Jerusalén tras el exilio: τοῖς ἐν Βαβυλῶνι... ἁρμόττει τὰ ῥήματα.

Gracias a la penitencia, los exilados pudieron volver a Jerusalén. Es muy natural que fueran ellos los que añadieran los versos 51, 20-21 al salmo anterior de David. En esa línea, si se admitiera que los capítulos de Is 40ss provienen del tiempo del exilio, se podría afirmar (como hacen algunos) que no solo Sal 50, 20-21, sino el salmo entero deriva del tiempo del exilio (cf. Is 60, 5; Is 60, 7; Is 60, 10). En esa línea hay algunos que afirman con Hitzig que todo este salmo ha surgido en el tiempo y contexto de un Deutero-Isaías del tiempo del exilio o posterior.

Pero en contra de eso tenemos que decir que el escritor de Is 40ss muestra señales de que está muy familiarizado con la literatura anterior de los cantos (Salmos) y de la literatura sapiencial de los *mashal*. Eso implica que debemos cambiar nuestra visión del tema. No es el Sal 51 el que proviene del tiempo de Isaías, sino al contrario: es Isaías el que recibe la inspiración de salmos como este.

En esa línea debemos añadir que el Sal 51 fue uno de los textos favoritos de Isaías, de manera que en su obra encontramos por doquier ecos de este salmo en su totalidad, de principio a fin, de manera que no podemos decir que Sal 50, 20-21 es un añadido posterior. Todo el salmo, tal como ahora se conserva, ha sido obra del mismo rey David.

Salmo 52. El castigo que espera a la lengua mala

¹ לַמְנַצֵּחַ מַשְׂכִּיל לְדָוִד׃

² בְּבוֹא דּוֹאֵג הָאֲדֹמִי וַיַּגֵּד לְשָׁאוּל וַיֹּאמֶר לוֹ בָּא דָוִד אֶל־בֵּית אֲחִימֶלֶךְ׃

³ מַה־תִּתְהַלֵּל בְּרָעָה הַגִּבּוֹר חֶסֶד אֵל כָּל־הַיּוֹם׃

⁴ הַוּוֹת תַּחְשֹׁב לְשׁוֹנֶךָ כְּתַעַר מְלֻטָּשׁ עֹשֵׂה רְמִיָּה׃

⁵ אָהַבְתָּ רָּע מִטּוֹב שֶׁקֶר מִדַּבֵּר צֶדֶק סֶלָה׃

⁶ אָהַבְתָּ כָל־דִּבְרֵי־בָלַע לְשׁוֹן מִרְמָה׃

⁷ גַּם־אֵל יִתָּצְךָ לָנֶצַח יַחְתְּךָ וְיִסָּחֲךָ מֵאֹהֶל וְשֵׁרֶשְׁךָ מֵאֶרֶץ חַיִּים סֶלָה׃

⁸ וְיִרְאוּ צַדִּיקִים וְיִירָאוּ וְעָלָיו יִשְׂחָקוּ׃

⁹ הִנֵּה הַגֶּבֶר לֹא יָשִׂים אֱלֹהִים מָעוּזּוֹ וַיִּבְטַח בְּרֹב עָשְׁרוֹ יָעֹז בְּהַוָּתוֹ׃

¹⁰ וַאֲנִי כְּזַיִת רַעֲנָן בְּבֵית אֱלֹהִים בָּטַחְתִּי בְחֶסֶד־אֱלֹהִים עוֹלָם וָעֶד׃

¹¹ אוֹדְךָ לְעוֹלָם כִּי עָשִׂיתָ וַאֲקַוֶּה שִׁמְךָ כִי־טוֹב נֶגֶד חֲסִידֶיךָ׃

<Al músico principal. Masquil de David, cuando vino Doeg edomita
y dio cuenta a Saúl diciéndole, "David ha venido a casa de Ahimelec">

¹ ¿Por qué tú, poderoso, te jactas de la maldad? ¡La misericordia de Dios es continua!

² Agravios maquina tu lengua; engaña como navaja afilada.

³ Amaste el mal más que el bien, la mentira más que la verdad. Selah
⁴ Has amado toda suerte de palabras perversas, engañosa lengua.

⁵ Por tanto, Dios te destruirá para siempre, te arruinará y te echará de tu casa,
te desarraigará de la tierra de los vivientes. Selah
⁶ Verán los justos y temerán; se reirán de él, diciendo,
⁷ "Este es el hombre que no consideró a Dios como su fortaleza,
sino que confió en sus muchas riquezas y se mantuvo en su maldad".

⁸ Pero yo estoy como olivo verde en la casa de Dios;
¡en la misericordia de Dios confío eternamente y para siempre!
⁹ Te alabaré para siempre, porque lo has hecho así.
Esperaré en tu nombre, porque es bueno, delante de tus santos.

Con el Sal 52, internamente vinculado al Sal 51, que muestra el contraste entre el uso falso y recto de la lengua, empieza una serie de Salmos de tipo masquil (52-55), propios de David. Este es uno de los ocho que, por lo que dicen sus encabezados (algunos de los cuales pueden ser verificados y otros pueden al menos ser reemplazados por otros más creíbles), están situados en el tiempo de la persecución de David por Saúl (Sal 7, 59, 56, 34, 52, 57, 142 y 54).

Agustín les llama "salmos fugitivos". El encabezado de este dice así: "Al músico principal (al preceptor). Masquil de David, cuando vino Doeg edomita y dio cuenta a Saúl diciéndole, David ha venido a casa de Ahimelec".

Con בבוא (cuando vino), como en Sal 51 y 54, el autor del encabezado no define el momento exacto de la composición del salmo, sino que ofrece solo en general el período en que debe situarse. Después de haber habitado un corto tiempo con Samuel, David fue a Nob, donde Ahimelec, el sacerdote, le dio, sin dudarlo, porque el rey era su suegro, los panes de la presentación que habían sido recogidos ya del ámbito del altar, con la espada de Goliat, que había sido colgada en el santuario, detrás del efod.

Doeg el edomita, fue testigo de ello, y cuando Saúl convocó una asamblea de sus servidores, bajo el tamarisco de Gibea, Doeg, que era custodio de las mulas reales, le contó lo que había sucedido entre David y Ahimelec. Saúl mandó a matar inmediatamente a dieciocho sacerdotes, víctimas de la traición de Doeg, y solo Abiatar (= Ebjathar), hijo de Ahimelec pudo escaparse y alcanzar a David, cf. 1 Sam 22, 6-10 (aunque en el verso 9 hay que leer פרדי en lugar de עבדי, cf. Sal 21, 8).

52, 3–6. Es ya muy malo actuar de un modo perverso, pero es malo en extremo enorgullecerse de ello, como si se tratara de un acto heroico. Eso es lo que ha hecho Doeg, causante de una masacre, aunque no por la fuerza de su brazo, sino por la perversidad de su lengua. Por eso se le llama sarcásticamente גבור (cf. Is 5, 22).

Pero la causa de David no está sin más perdida, porque es la causa de Dios, cuya bondad amorosa permanece siempre, sin dejarse afectar por aquellos que quieren triunfar calumniando a otros. Sobre la palabra הַוּוֹת, vid. *Coment.* a Sal 5, 10. לָשׁוֹן se toma como femenino, igual que en otros casos. Las palabras עשֵׂה רְמִיָּה (aunque en la masora vayan con *tsere*) deben dirigirse de un modo consecuente a una persona.

En 52, 5 la palabra רע que viene después de אהבת (אָהַבְתָּ רָע מִטּוֹב) lleva *daggesh* lo que es también usual en otros casos, conforme a una regla rabínica (אתי מרחיק) en conexión con las letras כפתבגד (con las que *resh* viene asociada en el Libro de Jezira, *Michlol* 96b, cf. 63b)[20]. La מן de מטוב y מדבר no quiere indicar que ama el bien menos que el mal, etc., sino que *no ama el bien en modo alguno* (cf. Sal 118, 8; Hab 2, 16).

La música que viene después de Sal 52, 5 sirve para reforzar las acusaciones con amargura, sin palabras. El canto y tema comienza de nuevo en Sal 52, 6, dirigiéndose al adversario con las palabras "tu lengua es perversa" (cf. Sal 120, 3), añadiendo que ese adversario ama únicamente (solo quiere) aquellas palabras que destruyen la vida, el honor y los bienes de otros, sin dejar traza alguna de bien detrás de ellas, con בלע, forma pausal de בלע, como בצע en Sal 119, 36 (cf. el verbo en Sal 35, 25; 2 Sam 17, 16; 2 Sam 20, 19).

52, 7–9. El anuncio de la retribución divina comienza con גם (cf. גַּם־אֵל יִתָּצְךָ לָנֶצַח, Dios te destruirá para siempre), como en Is 66, 4; Ez 16, 43; Mal 2, 9. El sentido de אהל no es aquí, como podría suponerse, la santa tienda o tabernáculo, que Doeg ha mancillado convirtiéndola en lugar de engaño, de un traidor (1 Sam 21, 7), pues ello debería haberse expresado con מאהלו, sino su propia casa (la de Doeg).

Dios, el Elevado y Poderoso, le derribará (con נתץ, como se derriba quizá una torre, Jc 8, 9; Ez 26, 9), haciéndole caer de su posición de honor y prosperidad, y expulsándose fuera de ella, como se toma un carbón encendido del fuego de hogar (con חתה en sentido bíblico y talmúdico), para expulsarlo fuera (נסח, cf. נתק, Job 18, 14), arrojándole lejos (Dt 28, 63), por haber traicionado al fugitivo sin casa, arrancándole de la tierra de los vivos, por haber destruido a los sacerdotes de Dios (1 Sam 22, 18).

---

20. אתי מרחיק es el nombre que los gramáticos judíos aplican a un grupo de dos palabras, la primera de las cuales termina con *kametz* o *segol*, y tiene el acento en la penúltima sílaba, mientras la segunda es monosilábica o está acentuada también en la penúltima sílaba. En ese caso, la consonante inicial de la segunda palabra recibe un *daggesh*, a fin de que se insista en su pronunciación y no pase inadvertida, porque el primer *ictus* queda lejos de ella. Sin embargo, este acento con *daggesh* solo se pone en el caso de que exista riesgo de que no se respete el sentido e identidad de las dos palabras. Sobre esta regla, cf. Baer, *Thorath Emeth*, p. 29s.

El texto sigue después en 52, 8, en la línea de 40, 4-5. Este motivo se encuentra también en otros salmos que pertenecen al mismo período (cf. Sal 51, 8; Sal 57, 5, cf. לטש, Sal 7, 13). La ira que aquí se expresa de forma excitada e indignada en contra de los enemigos se manifiesta en el ritmo y elección de las palabras, tal como hemos destacado a partir de Sal 7, como elemento característico de estos salmos de tipo "masquil" de David.

La esperanza que David manifiesta aquí (52, 8), y que se expresa en forma de actuación judicial de Dios, es la misma que aparece en 64, 10. Los justos quedarán fortalecidos en el temor de Dios (para el juego de sonidos, cf. Sal 40, 4), con la mezcla de risa y alegría que se expresa en las palabras: "Verán los justos y temerán; se reirán de él, diciendo…".

En ese sentido, en Sal 58, 11, la risa expresa la alegría porque se ha manifestado la justicia de Dios, que había estado escondida largo tiempo, no porque el enemigo haya sido destruido, pues la misma enseñanza moral del A. T. (Prov 24, 17) condena la alegría malvada de los que se regocijan por la destrucción del enemigo.

Por medio de la palabra ויבטח (וַיֶּבְטַח בְּרֹב עָשְׁרוֹ, y confió en sus muchas riquezas…), el salmista pone de relieve la antigua confianza de ese hombre en la abundancia de sus bienes, esto es, en Mammón; por eso recibe ahora el castigo, porque no ha querido poner su confianza en Dios, en aquel que es el verdadero מעוז, la fortaleza del hombre, como en árabe *m'âd*, lugar donde uno puede encontrarse protegido, fuera del influjo del mal (cf. *Coment.* a 31, 3; y también Sal 37, 39, cf. Sal 17, 7; Sal 22, 33). Lo que destruye al hombre es la pasión por la riqueza, es decir, por las cosas de este mundo, que le empujan y le hacen caer tras ellas.

52, 10–11. Este oscuro salmo se eleva ahora con brillo, y de esa forma con tonos más calmados tiende rápidamente a su meta. El traidor aparece así al fin como un árbol desarraigado; el traicionado, en cambio, está firme como un olivo de verde follaje (Jer 11, 16) plantado en la casa de Elohim (Sal 90, 14), es decir, en un suelo sagrado e inaccesible a la persecución de los enemigos (cf. promesas de Is 60, 13).

La bien pensada expresión "porque lo ha hecho" (כִּי עָשִׂיתָ) se refiere, como en Sal 22, 32, a la gratuita y justa culminación de lo que Dios había propuesto en la elección de David. Alcanzado esto, entonces, él (David) dará gracias a Dios por siempre y esperará después en el Nombre de Dios, es decir, en su auto manifestación, pues él está lleno de gracia y de bondad. Por eso, él (David) dará gracias y esperará en la presencia de todos los santos.

Esta esperanza (אֲקַוֶּה שִׁמְךָ כִי־טוֹב, confiaré en tu nombre porque es bueno…) no está libre de sospecha, porque aquello que el salmista quiere hacer en la presencia de los santos (נֶגֶד חֲסִידֶיךָ) debe ser algo que ellos puedan oír y ver. Ciertamente, esperar en el nombre de Dios constituye una combinación bíblica (Is 36, 8), pero en referencia a lo que sigue (שְׁמְךָ כִי־טוֹב) uno podría aguardar aquí la presencia de un verbo que exprese una proclamación de acción de gracias y alabanza (cf. Sal 54, 8). En esa línea, la conjetura de Hitzig, según la cual, después de שְׁמְךָ, tendríamos que introducir un ואחוה resulta satisfactoria.

נגד חסידיך no pertenece a טוב, pues en ese caso tendría que construirse con בעיני y no con נגד. Sobre las dos palabras votivas (te alabaré, esperarse), cf. Sal 22, 26; Sal 138, 1, *passim*. Toda la iglesia (Sal 22, 23; 40, 10) ha de recibir el testimonio de la acción de gracias a Dios, con esta proclamación en la que se muestran las pruebas que Dios ha dado de su amor y de su favor hacia los fieles.

Salmo 53. Variación elohista del Salmo yahvista (cf. Sal 14)

¹ לַמְנַצֵּחַ עַל־מָחֲלַת מַשְׂכִּיל לְדָוִד׃
² אָמַר נָבָל בְּלִבּוֹ אֵין אֱלֹהִים הִשְׁחִיתוּ וְהִתְעִיבוּ עָוֶל אֵין עֹשֵׂה־טוֹב׃
³ אֱלֹהִים מִשָּׁמַיִם הִשְׁקִיף עַל־בְּנֵי אָדָם לִרְאוֹת הֲיֵשׁ מַשְׂכִּיל דֹּרֵשׁ אֶת־אֱלֹהִים׃
⁴ כֻּלּוֹ סָג יַחְדָּו נֶאֱלָחוּ אֵין עֹשֵׂה־טוֹב אֵין גַּם־אֶחָד׃
⁵ הֲלֹא יָדְעוּ פֹּעֲלֵי אָוֶן אֹכְלֵי עַמִּי אָכְלוּ לֶחֶם אֱלֹהִים לֹא קָרָאוּ׃
⁶ שָׁם פָּחֲדוּ־פַחַד לֹא־הָיָה פָחַד כִּי־אֱלֹהִים פִּזַּר עַצְמוֹת חֹנָךְ הֱבִשֹׁתָה כִּי־אֱלֹהִים מְאָסָם׃
⁷ מִי יִתֵּן מִצִּיּוֹן יְשֻׁעוֹת יִשְׂרָאֵל בְּשׁוּב אֱלֹהִים שְׁבוּת עַמּוֹ יָגֵל יַעֲקֹב יִשְׂמַח יִשְׂרָאֵל׃

<Al músico principal; sobre Mahalat. Masquil de David>

¹ Dice el necio en su corazón, "No hay Dios".
Se han corrompido e hicieron abominable maldad ¡no hay quien haga el bien!

² Dios, desde los cielos, miró sobre los hijos de los hombres,
para ver si había algún entendido que buscara a Dios.

³ Cada uno se había vuelto atrás; todos se habían corrompido;
no hay quien haga el bien, no hay ni aun uno.

⁴ ¿No tienen conocimiento todos los que hacen lo malo,
que devoran a mi pueblo como si comieran pan y a Dios no invocan?

⁵ Allí se sobresaltaron de pavor donde no había miedo,
porque Dios esparció los huesos del que puso asedio contra ti.
Los avergonzaste porque Dios los desechó.

⁶ ¡Ah, si saliera de Sión la salvación de Israel!
Cuando Dios haga volver de la cautividad a su pueblo,
se gozará Jacob, se alegrará Israel.

Sal 52 y Sal 54 están estrechamente relacionados entre sí por ocasión, contenido y expresión; pero han sido separados al insertar entre ellos el Sal 53, en el que se generaliza el carácter individual de Sal 52, con la descripción de la corrupción moral y el anuncio de la maldición divina.

Sal 53 pertenece también a esta serie de composiciones poéticas. El encabezado reza así: *Al Preceptor (músico principal), según Mahalal, un masquil de David.* La fórmula עַל־מָחֲלַת aparece también en Sal 88, 1 con la adición de לְעַנּוֹת. Dado que el Sal 88 es el más sombrío de todos los salmos; y por su parte, el Sal 53, aun teniendo un entorno brillante, ofrece una visión muy oscura, el significado de מַחֲלָה (de la raíz חל, en oposición a מר, que aparece también en Ex 15, 26), puede traducirse como *enfermedad, tristeza.*

Según eso, עַל־מָחֲלַת evoca un tono, una expresión triste. A partir de aquí se pueden dar dos opciones: (a) se podría decir que מָחֲלַת (con terminación dialectal femenina, como נְגִינַת, Sal 61, 1) es el nombre que se aplica a este tipo de melodías de tipo elegíaco; (b) o se podría pensar que esa palabra es la inicial de un canto popular de carácter triste. En el último caso, מָחֲלַת sería una forma en estado constructo, para indicar un canto que empieza por לב o מָחֲלַת o algo así.

Pero esa construcción es ajena al hebreo. Resulta imposible combinar מָחֲלַת con el árabe *mahlt*, estar bien, estar a gusto, como hace Hitzig, pues מָחֵל (en hebreo rabínico *perdón*), se vincula de manera más precisa con מָחָה, Sal 51, 3; Sal 51, 11. Según todo eso, podemos tomar מָחֲלַת como equivalente a la indicación musical *mesto* (lacrimógeno, triste), a diferencia de *piano* o *andante.*

No se puede afirmar, sin más, que los dos textos con מָחֲלַת, Sal 14 y Sal 53, son vestigios de un original idéntico (Hupfeld). Al contrario, parece que el Sal 53 es una versión tardía de Sal 14. La designación musical, que solo es común a los salmos más antiguos, nos impide situar este salmo en un tiempo posterior al de Josafat y Ezequías.

Por otra parte, aquí tenemos una prueba de que unos salmos posteriores, compuestos sobre el modelo de salmos davídicos anteriores (o como variación de ellos) recibieron sin vacilación el encabezado לְדָוִד. Aparte del problema crítico, lo único que podemos hacer desde una perspectiva de exégesis es discutir algunos rasgos peculiares en aquellos casos en los que este salmo se desvía del Sal 14.

53, 2. El bien fundado asíndeton הִשְׁחִיתוּ הִתְעִיבוּ ha desaparecido, y la expresión se vuelve más redundante o ampulosa por el uso de עֹל en vez de עֲלִילָה. En sentido estricto, עֹל (masculino de עוֹלָה), con el significado de maldad, es acusativo de objeto de los dos verbos (se han corrompido, hicieron lo abominable...; cf. Ez 16, 52), y pone así de relieve el carácter perverso de los que dicen que no hay Dios. Por otra parte, en los textos impresos, הִשְׁחִיתוּ se acentúa con *mugrash* en vez de con *tarcha*. Pero un *mugrash* después de otro (cf. עָוֶל) va en contra de las reglas hebreas.

53, 3. En las dos recensiones de este salmo el nombre de Dios aparece siete veces. En el Sal 14 aparece tres veces Elohim; Yahvé, en cambio, cuatro. En nuestro salmo (Sal 53) aparece las siete veces Elohim, que actúa como nombre propio, con la misma dignidad que Yahvé. Dado que la mezcla de ambos nombres en Sal 14 es totalmente intencionada, el uso exclusivo de Elohim en Sal 53 tiene que ser también intencionado.

En el Sal 14, 1-2, Elohim aparece como ser muy Exaltado (por encima de los hombres), pero en 14, 5 el mismo Dios aparece como aquel que está presente entre los hombres, en la generación de los justos, siendo poderoso en su debilidad. *Por el contrario, en el Sal 53*, Dios aparece siempre como un ser altamente exaltado, aquel que ha de ser reconocido con reverencia.

Todo nos lleva a pensar que hay un gran cambio en la visión de Dios, entre el Sal 14 y el Sal 53, y parece claro que David no puede ser el autor de este cambio, ni de la rigidez innecesaria con la que se utiliza el nombre de Elohim. Eso significa que Sal 53 debe tener un autor distinto de David, posterior a él, aunque imita y retoma los motivos de Sal 14.

53, 4. En vez de הַכֹּל, la totalidad, aquí tenemos כֻּלּוֹ, que se refiere a cada individuo, del todo, y a ello se refiere el sufijo que en otros lugares casi ha desaparecido (cf. Sal 29, 9) conforme al genio del lenguaje. Y, por otra parte, en vez de סָר, aparece סָג, que es una expresión más elegante, sin ninguna distinción en el significado.

53, 5. En la primera línea falta la palabra כָּל־, que está en Sal 14 en su lugar, lo mismo que en Sal 5, 6; Sal 6, 9. En el Sal 14 seguían después dos dísticos, en vez de dos trísticos, lo que parece indicar que el texto de Sal 14 se hallaba quizá mutilado. Pues bien, el autor del Sal 53 ha restaurado los trísticos de modo simétrico, pero lo ha hecho de un modo violento, pues ha fundido dos dísticos en un único trístico.

53, 6. Las dos últimas líneas de este trístico son semejantes, por el número de letras, a los dos dísticos de Sal 14, 1-7, de forma que parece que son como un intento de restaurar un manuscrito perdido. De todas formas, esa manera de seguir el sonido original de las letras y esa forma de transformarlo por medio de un intercambio de letras se encuentra también en otros autores, especialmente en Jeremías, e igualmente en la forma de relacionarse 2 de Pedro y Judas en el Nuevo Testamento. Por otra parte, estas dos líneas suenan de una forma tan completa por sí mismas, y tan llenas de vida, que nos hacen valorar mejor el talento poético del autor.

Eso indica a mi juicio que un poeta posterior, perteneciente quizá al tiempo de Josafat y Ezequías, ha adaptado aquí el salmo davídico (Sal 14), aplicándolo a algún tipo de catástrofe que acaba de suceder, insistiendo a partir de ello en el anuncio universal del juicio. El añadido לֹא־הָיָה פָחַד (hay que suplir אֲשֶׁר igual a שם אשר, Sal 84, 4) pone de relieve el hecho de que el miedo del juicio se ha apoderado del pueblo de los enemigos de Dios, en un momento en que el salmo dice "no hay miedo", es decir, no hay razón exterior para temer. Este salmo nos sitúa, según eso, ante un חרדת אלהים (1Sam 14, 15), un Dios que produce pánico.

El acontecimiento al que alude aquí este salmo es el del miedo que padeció el ejército de los confederados en los días de Josafat (2 Cron 20, 22-24); algo semejante sucedió con el ejército de Senaquerib ante Jerusalén (Is 37, 36). כי pone de relieve el hecho de que este miedo proviene de la acción del poder divino.

Las palabras están dirigidas al pueblo de Dios, al pueblo de Elohim que ha desparramado los huesos de los enemigos, de forma que permanecen sin enterrar, como restos impuros sobre la llanura, como presa para bestias salvajes, cf. Sal 141, 7; Ez 6,5. *Esos son los huesos de tus sitiadores,* es decir, de aquellos que habían acampado en contra de Dios (de Jerusalén). חנך tiene el mismo sentido que עליך²¹.

Por el poder de su Dios que les ha derribado, Israel ha puesto en vergüenza a los enemigos del pueblo de Dios, es decir, les ha derrotado del modo más vergonzoso, destruyendo así el proyecto de aquellos que estaban tan seguros de su victoria que imaginaban que ellos podrían devorar a Israel de un modo sencillo y confortable como si se tratara de tomar un trozo de pan.

Resulta claro que, en este contexto, el salmo 53 puede referirse también a pueblos enemigos de Israel que originariamente no aparecían citados en los salmos, de forma que el paralelo más cercano a este pasaje no es ya Miq 3, 3, sino otros textos como Num 14, 9 (ellos son nuestro pan, los habitantes de Canaán) y Jer 30, 16: "todos aquellos que te devoran serán devorados".

53, 7. En este momento final coinciden de nuevo los dos textos, Sal 14 y Sal 53, aunque aquí, en vez de ישועת tenemos ישעות. La expresión queda así intensificada; el plural significa *entero*, lleno, como salvación.

Salmo 54. Consuelo ante la presencia de adversarios sedientos de sangre

¹ לַמְנַצֵּחַ בִּנְגִינֹת מַשְׂכִּיל לְדָוִד:
² בְּבוֹא הַזִּיפִים וַיֹּאמְרוּ לְשָׁאוּל הֲלֹא דָוִד מִסְתַּתֵּר עִמָּנוּ:
³ אֱלֹהִים בְּשִׁמְךָ הוֹשִׁיעֵנִי וּבִגְבוּרָתְךָ תְדִינֵנִי:

---

21. Así lo explica Menachem, mientras que Dunash toma equivocadamente la ך de חנך como letra de la raíz. Por su parte, Simson ha-Nakdan, en su obra חבור הקונים (hay un MS en la *Librería de la Univ. de Leipzig*, fol. 29b) ha observado correctamente que formas como שמך y עמך no son en principio del hebreo bíblico, sino que provienen más bien del arameo, y que se encuentran básicamente en el lenguaje del Talmud, formado como mezcla del hebreo y el arameo.

⁴ אֱלֹהִים שְׁמַע תְּפִלָּתִי הַאֲזִינָה לְאִמְרֵי־פִי׃

⁵ כִּי זָרִים׀ קָמוּ עָלַי וְעָרִיצִים בִּקְשׁוּ נַפְשִׁי לֹא שָׂמוּ אֱלֹהִים לְנֶגְדָּם סֶלָה׃

⁶ הִנֵּה אֱלֹהִים עֹזֵר לִי אֲדֹנָי בְּסֹמְכֵי נַפְשִׁי׃

⁷ (יָשׁוּב) [יָשִׁיב] הָרַע לְשֹׁרְרָי בַּאֲמִתְּךָ הַצְמִיתֵם׃

⁸ בִּנְדָבָה אֶזְבְּחָה־לָּךְ אוֹדֶה שִׁמְךָ יְהוָה כִּי־טוֹב׃

⁹ כִּי מִכָּל־צָרָה הִצִּילָנִי וּבְאֹיְבַי רָאֲתָה עֵינִי׃

> *<Al músico principal; en Neginot. Masquil de David,*
> *cuando vinieron los zifeos y dijeron a Saúl,*
> *"¿no está David escondido en nuestra tierra?">*

¹ Dios, sálvame por tu nombre y con tu poder defiéndeme.

² Dios, oye mi oración; escucha las razones de mi boca,

³ porque extraños se han levantado contra mí y hombres violentos buscan mi vida; no han puesto a Dios delante de sí. Selah

⁴ Dios es el que me ayuda; el Señor está con los que sostienen mi vida.

⁵ Él devolverá el mal a mis enemigos ¡Córtalos, por tu verdad!

⁶ Voluntariamente sacrificaré a ti; alabaré tu nombre, Jehová, porque es bueno,

⁷ porque él me ha librado de toda angustia y mis ojos han visto la ruina de mis enemigos.

En el texto hebreo, **54, 1-2** incluye el encabezado (al músico principal; en Neginot. Masquil de David, cuando vinieron los zifeos y dijeron a Saúl, ¿no está David escondido en nuestra tierra?). El texto de Reina-Valera 54, 1-7 corresponde al hebreo 54, 3-9. Este es nuevamente uno de los ocho salmos del tiempo de la persecución de Saúl a David, un masquil como los dos anteriores, con puntos de estrecho contacto tanto con Sal 53, 1-6 (cf. Sal 54, 5 con Sal 53, 3) como con Sal 52, 1-9 (cf. parecido en las palabras finales del v. 8) y Sal 52, 11.

Abiatar, hijo de Ahimelec, se había escapado, para ir donde David, que estaba con 600 hombres en la ciudad fortificada de Keilah, comunicándole un oráculo divino según el cual los habitantes de la ciudad le entregarían a Saúl en el caso de que este la sitiara. Por eso, David escapó de nuevo y le encontramos en el desierto de Zif. Los zifitas le traicionan, y ellos mismos se comprometen a capturarlo, de forma que él se encuentra en medio de un gran peligro, del que solo le salvó una invasión de filisteos que obligaron a Saúl a retirarse (1 Sam 23, 19).

Esta misma historia, narrada por el redactor más antiguo de los libros de Samuel, aparece nuevamente en 1 Sam 26 con un colorido más completo. La forma del encabezado de este salmo es la misma que hallamos en 1 Sam 23, 19 y en 1 Sam 26, 1. En los tres casos, la fuente del encabezado son los anales del reinado de David.

54, 3-5. Este pequeño canto se divide por la *"selah"* o pausa en dos partes. La primera es una petición de ayuda, con la respuesta correspondiente (implícita). El nombre de Dios es la manifestación de su naturaleza, destacando como elemento central su misericordia (el nombre de Dios es טוֹב, como en 52, 11; cf. v. 8 :טוֹב־ אוֹדֶה שִׁמְךָ יְהוָה כִּי), de forma que בְּשִׁמְךָ (en paralelo con בִּגְבוּרָתְךָ) termina siendo equivalente a בְּחַסְדְּךָ.

La forma de obtener algún tipo de derecho en la tierra (con דִּין como שָׁפַט, Sal 7, 9; así se dice con frecuencia, עָשָׂה דִּין, Sal 9, 5) se atribuye al poder absoluto de Dios, que es un elemento de su Nombre, es decir, de su naturaleza divina, que se manifiesta en la diversidad de sus atributos.

La palabra הַאֲזִין (Sal 54, 4, cf. הַאֲזִינָה לְאִמְרֵי־פִי) se construye con לְ (cf. אֶל, Sal 87, 2) como en הַטֵּה אֹזֶן, Sal 78, 1. El Targum, equivocado por el Sal 86, 14, lee זֵדִים como en el Sal 54, 5. El encabezado tiende a identificar a los zifitas con extranjeros, en el sentido de hombres violentos. En la mayoría de los casos, esas dos palabras (zifitas y extranjeros) se están refiriendo a enemigos de fuera, como en Is 25, 2; Sal 29, 5; Ez 31, 12. Pero זָר no tiene por qué ser enemigo, sino que es simplemente un extranjero en el sentido extenso de la palabra, que se concreta por el contexto, como los no-sacerdotes de Lev 22, 10.

Siendo judíos de origen como David, los zifitas pueden llamarse extranjeros porque se han opuesto a David; y pueden llamarse hombres violentos porque se han comprometido a tomarle y entregarle. En otras circunstancias, este habría sido su deber, como súbditos del rey. Sin embargo, en este caso, se trataba de una impiedad, como dice el Sal 54, 5 (cf. Sal 86, 14). Cualquiera que en aquel tiempo temiera a Dios más que a los hombres podía convertirse en instrumento de la furia ciega de Saúl, mientras que Dios había manifestado ya su reconocimiento a favor de David.

54, 6-9. En esta segunda mitad, con la certeza de haber sido escuchado, el salmista se regocija por la ayuda de Dios, y hace un voto de acción de gracias. La palabra בְּסֹמְכֵי (cf. נַפְשִׁי אֲדֹנָי בְּסֹמְכֵי, el Señor sostiene mi vida), referida a Dios, no significa que él es uno de los muchos que le mantiene a salvo en medio de una vida amenazada, sino que él es el único, su única ayuda, su sostén por sí mismo, solo él (cf. Sal 118, 7). Sobre el origen de este *beth essentiae*, en בְּסֹמְכֵי, cf. Sal 99, 6; Jc 11, 35.

En Sal 54, 7 debe preferirse el *keré* (יָשִׁיב) sobre el *qetub* (יָשׁוּב): que el mal venga sobre aquellos que me espían, pues el *qetub* hubiera exigido el uso de עַל en vez de la לְ en לְשֹׁרְרָי (cf. Sal 7, 17). Sobre שֹׁרְרַי, vid. *Coment.* sobre el Sal 27, 11. En esta rápida transición a la invocación en el Sal 54, 7 se anuncia ya el fin del salmo. La verdad de Dios no aparece aquí como un agente instrumental del cambio, sino como la causa impelente. También aquí, la *beth* de בַּאֲמִתְּךָ (por tu fidelidad) tiene el mismo sentido que el que aparece en la expresión בִּנְדָבָה (Num 15, 3), expresando el impulso fundante.

Los sacrificios voluntarios a los que aquí se alude (בִּנְדָבָה אֶזְבְּחָה־לָּךְ) no son sacrificios puramente espirituales en oposición a los rituales (Sal 50, 14), sino rituales, pero realizados como representación externa de la ofrenda espiritual. El sujeto de (כִּי מִכָּל־צָרָה הִצִּילָנִי הִצִּילָנִי) es el mismo Nombre de Dios.

El lenguaje postbíblico, siguiendo a Lev 24, 11, llama a Dios de un modo directo el Nombre, הַשֵּׁם, y pasajes como Is 30, 27 y textos como este nos sitúan ya muy cerca de ese uso, por el que se identifica a Dios con el Nombre. Los pretéritos mencionan la razón de esa acción de gracias. Lo que David espera hacer aquí lo ha realizado ya en el pasado.

La línea final (54, 9b) retoma motivos de Sal 35, 21, cf. Sal 59, 11; Sal 92, 12. Sobre invocar la maldición sobre los enemigos en 54, 7, cf. Sal 17, 13; Sal 56, 8; Sal 59, 12. Por su parte, el voto de acción de gracias de 54, 8, retoma motivos de Sal 22, 26; Sal 35, 18; Sal 40, 10.

Salmo 55. Oración de uno que es acosado y traicionado por su amigo

1 לַמְנַצֵּחַ בִּנְגִינֹת מַשְׂכִּיל לְדָוִד׃

2 הַאֲזִינָה אֱלֹהִים תְּפִלָּתִי וְאַל־תִּתְעַלַּם מִתְּחִנָּתִי׃

3 הַקְשִׁיבָה לִּי וַעֲנֵנִי אָרִיד בְּשִׂיחִי וְאָהִימָה׃

4 מִקּוֹל אוֹיֵב מִפְּנֵי עָקַת רָשָׁע כִּי־יָמִיטוּ עָלַי אָוֶן וּבְאַף יִשְׂטְמוּנִי׃

5 לִבִּי יָחִיל בְּקִרְבִּי וְאֵימוֹת מָוֶת נָפְלוּ עָלָי׃

6 יִרְאָה וָרַעַד יָבֹא בִי וַתְּכַסֵּנִי פַּלָּצוּת׃

7 וָאֹמַר מִי־יִתֶּן־לִי אֵבֶר כַּיּוֹנָה אָעוּפָה וְאֶשְׁכֹּנָה׃

8 הִנֵּה אַרְחִיק נְדֹד אָלִין בַּמִּדְבָּר סֶלָה׃

9 אָחִישָׁה מִפְלָט לִי מֵרוּחַ סֹעָה מִסָּעַר׃

10 בַּלַּע אֲדֹנָי פַּלַּג לְשׁוֹנָם כִּי־רָאִיתִי חָמָס וְרִיב בָּעִיר׃

11 יוֹמָם וָלַיְלָה יְסוֹבְבֻהָ עַל־חוֹמֹתֶיהָ וְאָוֶן וְעָמָל בְּקִרְבָּהּ׃

12 הַוּוֹת בְּקִרְבָּהּ וְלֹא־יָמִישׁ מֵרְחֹבָהּ תֹּךְ וּמִרְמָה׃

13 כִּי לֹא־אוֹיֵב יְחָרְפֵנִי וְאֶשָּׂא לֹא־מְשַׂנְאִי עָלַי הִגְדִּיל וְאֶסָּתֵר מִמֶּנּוּ׃

14 וְאַתָּה אֱנוֹשׁ כְּעֶרְכִּי אַלּוּפִי וּמְיֻדָּעִי׃

15 אֲשֶׁר יַחְדָּו נַמְתִּיק סוֹד בְּבֵית אֱלֹהִים נְהַלֵּךְ בְּרָגֶשׁ׃

16 (יְשִׁימָוֶת) [יַשִּׁי] [מָוֶת] עָלֵימוֹ יֵרְדוּ שְׁאוֹל חַיִּים כִּי־רָעוֹת בִּמְגוּרָם בְּקִרְבָּם׃

17 אֲנִי אֶל־אֱלֹהִים אֶקְרָא וַיהֹוָה יוֹשִׁיעֵנִי׃

18 עֶרֶב וָבֹקֶר וְצָהֳרַיִם אָשִׂיחָה וְאֶהֱמֶה וַיִּשְׁמַע קוֹלִי׃

19 פָּדָה בְשָׁלוֹם נַפְשִׁי מִקְּרָב־לִי כִּי־בְרַבִּים הָיוּ עִמָּדִי׃

20 יִשְׁמַע אֵל וְיַעֲנֵם וְיֹשֵׁב קֶדֶם סֶלָה אֲשֶׁר אֵין חֲלִיפוֹת׃

לָמוֹ וְלֹא יָרְאוּ אֱלֹהִים:

²¹ שָׁלַח יָדָיו בִּשְׁלֹמָיו חִלֵּל בְּרִיתוֹ:

²² חָלְקוּ׀ מַחְמָאֹת פִּיו וּקֲרָב־לִבּוֹ רַכּוּ דְבָרָיו מִשֶּׁמֶן וְהֵמָּה פְתִחוֹת:

²³ הַשְׁלֵךְ עַל־יְהוָה׀ יְהָבְךָ וְהוּא יְכַלְכְּלֶךָ לֹא־יִתֵּן לְעוֹלָם מוֹט לַצַּדִּיק:

²⁴ וְאַתָּה אֱלֹהִים׀ תּוֹרִדֵם׀ לִבְאֵר שַׁחַת אַנְשֵׁי דָמִים וּמִרְמָה

לֹא־יֶחֱצוּ יְמֵיהֶם וַאֲנִי אֶבְטַח־בָּךְ:

<Al músico principal; en Neginot. Masquil de David>

¹ Escucha, Dios, mi oración y no te escondas de mi súplica;

² atiéndeme y respóndeme. Clamo en mi oración, y me conmuevo

³ a causa de la voz del enemigo, por la opresión del impío,
porque sobre mí echaron iniquidad y con furor me persiguen.

⁴ Mi corazón está dolorido dentro de mí y terrores de muerte sobre mí han caído.

⁵ Temor y temblor vinieron sobre mí y me envuelve el espanto.

⁶ Y dije: "¡Quién me diera alas como de paloma! Volaría yo y descansaría.

⁷ Ciertamente huiría lejos; moraría en el desierto. Selah

⁸ Me apresuraría a escapar del viento borrascoso, de la tempestad".

⁹ Destrúyelos, Señor; confunde la lengua de ellos,
porque he visto violencia y rencilla en la ciudad.

¹⁰ Día y noche la rodean sobre sus muros, e iniquidad y trabajo hay en medio de ella.

¹¹ La maldad está en medio de ella, y el fraude y el engaño no se apartan de sus plazas.

¹² No me afrentó un enemigo, lo cual yo habría soportado,
ni se alzó contra mí el que me aborrecía, pues me habría ocultado de él;

¹³ sino tú, hombre, al parecer íntimo mío ¡mi guía y mi familiar!

¹⁴ que juntos comunicábamos dulcemente los secretos
y andábamos en amistad en la casa de Dios.

¹⁵ Que la muerte los sorprenda; desciendan vivos al sheol,
porque hay maldades en sus casas, en medio de ellos.

¹⁶ En cuanto a mí, a Dios clamaré, y Jehová me salvará.

¹⁷ En la tarde, al amanecer y al mediodía oraré y clamaré, y él oirá mi voz.

¹⁸ Él redimirá en paz mi alma de la guerra contra mí, aunque muchos estén contra mí.

¹⁹ Dios oirá, y los quebrantará pronto el que permanece desde la antigüedad,
por cuanto no cambian ni temen a Dios. Selah

²⁰ Extendió el perverso sus manos contra los que estaban en paz con él; violó su pacto.

²¹ Los dichos de su boca son más blandos que mantequilla,
pero guerra hay en su corazón;
suaviza sus palabras más que el aceite, mas ellas son espadas desnudas.

²² Echa sobre Jehová tu carga y él te sostendrá; no dejará para siempre caído al justo.
²³ Mas tú, Dios, harás que ellos desciendan al pozo de perdición.
Los hombres sanguinarios y engañadores no llegarán a la mitad de sus días.
Pero yo en ti confiaré.

Al Sal 54 le sigue otro salmo davídico, que lleva el mismo encabezado: *al músico principal; en Neginot (con instrumentos de cuerda). Masquil (una meditación) de David*. Este salmo concuerda también con el anterior por la frase con la que se abre (cf. Sal 55, 2 con Sal 54, 3), y puede tomarse como el paralelo elohista del salmo 41, 1-13 (que es yahvista). Si el salmo es de David necesitamos encontrar (en oposición a Hengstenberg) una ocasión para situarlo en el contexto de su vida.

El amigo del alma contra el que David se queja con especial tristeza, como en Sal 41, 1-13, no puede ser un personaje abstracto, sino una persona histórica, lo mismo que Judas Iscariote, el antitipo histórico viviente del nuevo David que es Jesús. Este Judas del A. T., no puede ser otro que Ajitofel, mano derecha de Absalón.

Este Sal 55 se sitúa según eso, lo mismo que el Sal 41, entre los cuatro años en los que se fue consolidando la rebelión de Absalón, en un momento en que el partido de Absalón estaba ya tan seguro de su causa que sus miembros no tenían necesidad de mantenerla en secreto. ¿Cómo se explica el hecho de que David, en el comienzo y en los momentos siguientes de la rebelión de Absalón no intentara atajarla, sino que acudió solo al arma de la oración? Ese es un tema del que he tratado en Sal 41, 1-13.

En contra de los argumentos que hay a favor de su postura, Hitzig piensa que este salmo pertenece al tiempo de Jeremías, cuando él también fue perseguido. Pues bien, en contra de esa opinión de Hitzig, tenemos que decir que este salmo no coincide en nada, ni en lenguaje ni en pensamiento, al estilo de Jeremías, a no ser por el hecho de que el profeta, expresara en Jer 1, 9, un deseo semejante al de Sal 55, 7, pero en un sentido general.

De hecho, el único argumento a favor de Jeremías, en contra de David, se limita a la visión de la vida y sufrimiento que está en la raíz del salmo, que podría aplicarse también a la historia de Jeremías. La solución del tema consiste en saber quién de los dos (David o Jeremías) responde mejor a la visión del perseguido de nuestro salmo, cosa que, a nuestro juicio, se entiende mejor desde David. El encabezado del salmo nos invita a entenderlo en esa línea.

55, 2-9. En esta primera parte prevalece la tristeza. David expresa su hondo lamento ante Dios, y desea encontrar para sí mismo algún lugar solitario en el desierto, lejos del falso hogar o lugar de ambición de la banda de confederados que están anunciando ya y deseando su caída.

La palabra "no te veles" (no te escondas de mi súplica: אַל־תִּתְעַלֵּם מִתְּחִנָּתִי) significa "no cierres tu oído" (Lam 3, 56), cosa que Dios hace cuando el orante no tiene un corazón recto, es decir, cuando le falta aquello que puede hacer que su oración sea audible, pueda ser escuchada por Dios (cf. Is 1, 15).

La palabra שִׂיחַ (cf. אָרִיד בְּשִׂיחִי) significa por sí misma una especie de arbusto (siríaco *shucho*, árabe *sîḥ*), pero evoca también *reflexión y cuidado*, tanto en árabe como en arameo. El *hifil* de חריד, que en Gen 27, 40 significa llevar una vida errante, tiene en este caso el significado de andar de un lado a otro, inquieto, intranquilo.

La raíz רד, árabe *rd*, tartamudear, significa andar de arriba abajo, entre dudas y dudas, vagar de un lado a otro, en meditación sin salida, volviendo sin descanso a lo anterior. De esa forma clama el orante en su oración, de un lado para otro, desterrado, sin lugar seguro, pidiendo la ayuda de Dios.

No es necesario leer la palabra final de 55, 3, וְאָהִימָה como en Sal 77, 4, ואחמיה, pues la existencia del verbo הוּם (como en המה, cf. Sal 42, 6. 12) está atestiguada por sus derivados. Pero dado que esos derivados solo aparecen a partir de הוּם, no de הים (utilizados en árabe especialmente para indicar un rapto de amor), ואהימה tiene que ser *hifil*, lo mismo que אריד, con un objeto interno, en el sentido de: *yo me veo obligado a elevar un tumulto de gemidos...*

Por eso, el orante pide a Dios que le responda, elevándose por encima de ese tumulto, apaciguando las llamadas llenas de tristeza. Eso significa que el orante se encuentra en un estado de mente febril, sin descanso, y que se siente obligado a estallar con gritos de dolor, a causa de la voz acusadora del enemigo (עָקַת רָשָׁע) que le persigue sin cesar. La conjetura צעקת (Olshausen y Hupfeld) es superflua. La forma arameizante עקה resulta más elevada y elegante que צרה.

La segunda estrofa (cf. 54, 4b) comienza con una afirmación más precisa de aquello que justifica la pena del orante. El *hifil* de חמיט (כִּי־יָמִיטוּ עָלַי אָוֶן) significa aquí, como en el Sal 140, 11 (en el *qetub*), *declinare* (abajarse, ser destruido): ellos hacen que caiga sobre él la calamidad (el mal), tendiéndole trampas sin cesar, de forma que le envuelve el espanto (וּבְאַף יִשְׂטְמוּנִי), la ira, a pesar de que él solo ha tenido expresiones de amor hacia sus enemigos.

Por eso, su corazón se revuelve en su cuerpo, de tal modo que se retuerce (יהיל, cf. לִבִּי יָחִיל בְּקִרְבִּי, también cf. *Coment.* a Sal 38, 11). Temor y temblor toman posesión de su vida interior, como indica el verbo יבא en el sentido de יבא בִי, como ponen las ediciones impresas (יִרְאָה וָרַעַד יָבֹא בִי). El futuro consecutivo que sigue (וַתְּכַסֵּנִי פַּלָּצוּת, y me envuelve el espanto) pone de relieve el gran terror que sufre, a causa de la invasión de temor y temblor que le sacude.

En esa línea, el deseo que proviene de aquí (y que David manifiesta ante sí mismo), está introducido en la tercera estrofa por un futuro consecutivo: ¡quién me diera alas como de paloma! (מִי־יִתֶּן־לִי אֵבֶר כַּיּוֹנָה), en el sentido de "¡oh, si yo tuviera!"[22], cf. Gesenius 136, 1. El verbo ואשכנה (cf. אָעוּפָה וְאֶשְׁכֹּנָה) tiene el sentido satisfactorio de pararse y descansar (Ez 31, 13): de alcanzar un lugar seguro, para permanecer y resguardarse allí con tranquilidad (cf. 2 Sam 7, 10).

Sin separarnos de nuestro propósito podemos dar un sentido perfecto al tema del Sal 55, 9, אָחִישָׁה מִפְלָט לִי, siempre que no tomemos אחישה como *kal* (Sal 71, 12), sino como *hifil*, en la línea de Is 5, 19; Is 60, 12: no me dejaría llevar por el pánico, sino que encontraría rápidamente un lugar que me sirviera de refugio en medio del huracán devastador y de la tormenta.

Las palabras מֵרוּחַ סֹעָה (del viento borrascoso) son equivalentes al árabe *rihin sâijat-in*, dado que en árabe *s'â* (moverse rápidamente, ir velozmente de un lugar a otro) se pueden aplicar no solo a la luz (Corán, 66, 8) y a los torrentes de agua (vid. Jones, *Comm. Poes. Asiat.*, Lipsiae, p. 358), sino también a las corrientes de aire, esto es, al viento y a otros fenómenos semejantes (que se expresan con la misma raíz de *ruaj*).

La corrección סערה, propuesta por Hupfeld, produce una tautología que desfigura el carácter del texto. Entre aquellos que están en torno a David se está produciendo un movimiento que les desborda. Es normal que él quiera huir y esconderse, como una paloma, que se refugia en un acantilado de la roca cuando se apresura la tormenta, o cuando quiere esconderse de la persecución de un ave de presa, volando sin cesar, hasta encontrar un refugio[23].

55, 10–17. *En la segunda sección* del salmo, el sentimiento dominante es la ira. En la ciudad se han disparado todo tipo de pasiones, de un lado y de otro. Incluso el amigo del alma de David se ha puesto de parte del bando hostil. El hecho de que este pasaje esté evocando hacia atrás la confusión de lenguas de Babel (reflejada en la palabra פלג de Gen 10, 25, y también en la palabra בלל de Gen 11, 1-9), ha contribuido a la elección de בלע, que aquí, lo mismo que en Is 19, 3, está indicando un tipo de hundimiento, es decir, una aniquilación, que proviene de mezclarlo y confundirlo todo.

Los dos verbos en imperativo de 54, 10 (בַּלַּע פַּלַּג) tienen como objeto לְשׁוֹנָם, y el segundo de ellos, פַּלַּג, lleva una puntuación que depende de la letra gutural

---

22. A partir de aquí se ha compuesto el antiguo y bello canto de la iglesia, en relación con Jesús: *¿Ecquis binas columbinas/Alas dabit animae? Et in almam crucis palmam/Evolat citissime*, etc., en el sentido de "quién diera a mi alma dos alas como de paloma, de forma que mi alma volara con rapidez al madero santo de la cruz...").

23. Kimchi observa que la paloma, cuando se encuentra cansada, esconde un ala y vuela con la otra, de forma que así puede escapar con más seguridad. Aben-Ezra encuentra aquí una alusión a las palomas mensajeras.

del fin, a causa de la semejanza de sonidos[24]. Los sujetos de Sal 55, 11 no son violencia y discordia (Hengstenberg, Hitzig), porque resultaría cómico que estas dos ideas personificadas estuvieran rondando en torno a las murallas de la ciudad.

El sujeto es más bien los partidarios de Absalón, y con ellos los espías que vigilan incesantemente los movimientos de David y de sus seguidores, moviéndose de un modo especial por las partes altas de la ciudad. El texto de 2 Sam 15 muestra la pasividad con la que David miraba estos movimientos, hasta que él abandonó por su propia voluntad el palacio, saliendo de Jerusalén.

El espionaje de fuera, en el entorno de la ciudad, se contrapone a los movimientos que se daban dentro de ella y que están indicados por la palabra בקרב. Apenas conocemos más detalles de lo que estaba sucediendo, pero podemos suplir esa carencia con nuestra imaginación, teniendo en cuenta el carácter malicioso y decidido de Absalón. La afirmación de que la ciudad estaba llena de engaño (מרמה) y de maldad queda confirmada en el Sal 55, 13, por la partícula כי.

La causa de la tristeza de David no eran los enemigos abiertos que le combatían, sino los amigos infieles, y entre ellos Ahitófel de Giloh, el hombre de la mayor ingratitud. Los futuros ואשא y ואסתר se utilizan como subjuntivos, y la *waw* de וְאֶסָּתֵר (55, 13) tiene el sentido de *alioqui* (además), como en Sal 51, 18, cf. Job 6, 14. David le dice así en su cara, al enemigo oculto, para su vergüenza, la relación de amistad que ha tenido con él, mientras que ahora él le traiciona.

Sal 55, 14 no se traduce "y tú eres…", sino "y tú, que ahora actúas así, eras antes…". De esa forma los futuros נמתיק y נהלך describen cómo había sido la actuación del "amigo" en el pasado. David no le impone su majestad real, sino que se coloca en relación con el de amigo a amigo, tratándole como a un igual. En este caso, el sufijo de כערכי no tiene sentido subjetivo (conforme a mi estima), sino objetivo (conforme al valor que me dan, al valor que yo tengo como persona).

Esta lamentación de David, a quien traiciona su amigo, se entiende muy bien en boca de Jesús, segundo David, cuando se presenta a sí mismo como traicionado por sus discípulos y especialmente por Judas Iscariote. El término אלוּף de אלף, árabe *alifa*, significa *tener relación íntima con alguien*, formar parte de sus íntimos. Por su parte, ese término, אלוּף, conforme al sentido normal de ידע, conocer, implica una relación muy profunda.

La primera de las cláusulas de relativo del Sal 55, 15 describe la relación íntima que había entre David y su amigo. La segunda muestra el hecho de que se trataba de una relación abierta, que se mostraba en público.

La palabra סוד tiene aquí el mismo sentido que en Job 19, 19 (vid. sobre Sal 25, 14). המתיק סוד expresa una relación "dulce", llena de sentimiento, en el

---

24. Hay, sin embargo, algunas excepciones, dado que la *waw* viene cargada a veces con un acento disyuntivo, como en Is 49, 4; Jer 40, 10; Jer 41, 16, a diferencia de los casos en los que tiene un acento conjuntivo, como en Gen 45, 23; Gen 46, 12; Lev 9, 3; Miq 2, 11; Job 4, 16; Ecl 4, 8.

sentido de "acariciar". Por su parte, רגשׁ tiene un significado opuesto a סוד, lo mismo que רגשׁה, tumulto ruidoso, en Sal 64, 3. En esa línea, רגשׁ tiene aquí el mismo sentido que el poeta koraita atribuye a המון חוגג en Sal 42, 5.

Pues bien, dirigiéndose a esos amigos infieles, dirigentes de la facción de Absalón, David irrumpe ahora, en Sal 55, 16, con imprecaciones terribles. El *qetub* es ישׁימות, y significa "que caigan desolaciones" (sobre ellos); pero este término se refiere especialmente a cosas (como en el caso de "casas desoladas") y no a personas, como en este verso del salmo; por eso parece preferible el *keré* ŶÎtw<m"Đ yViÛy:, y venga la muerte sobre ellos. Esta expresión del *keré*, con las dos palabras unidas (venga o se imponga sobre ellos la muerte, cf. ישׁיאמות) da un sentido bueno a la frase.

A este ישׁיא (recaiga) corresponde la palabra חיים de la segunda imprecación: que ellos caigan vivos al abismo o Hades (שׁאול, quizá originalmente שׁאולה, con la ה final que ha caído por la ח que sigue). Esto significa que mueran y se hundan en el sheol cuando su vida es todavía vigorosa, es decir: *que mueran de muerte violenta*, ahora mismo. La escritura continuada de ישׁימות como una palabra única es el resultado de la antigua *scriptio continua* y de la forma abreviada de escribir ישׁי, como יני en Sal 141, 5, y como אבי en 1 Rey 21, 29.

Böttcher traduce esta frase de un modo diferente: ¡que la muerte caiga sobre ellos! Pero la forma futura de ישׁי igual a ישׁאה que vendría de שׁאה igual a ישׁא no es más que una imaginación del mismo Böttcher, que no se puede apoyar en el texto de Num 21, 30. Hitzig traduce "que la muerte les entumezca (enfríe)", en el sentido de ישׁים. Pero esta es una figura que no tiene sentido y que no puede compararse con el enfriamiento y frigidez de las *trepidantes Manes* de Virgilio, *Eneida* VIII, 246.

En la frase confirmatoria de Sal 55, 16b, la palabra במגורם, con בקרבם que sigue (כִּי־רָעוֹת בִּמְגוּרָם בְּקִרְבָּם), no puede tomarse como expresión de un nuevo pensamiento, como si מגור pudiera traducirse en forma de nuevo surgimiento o lugar de vida, en la línea de παροικία (LXX, Targum) o de asamblea (Aquila, Símaco, Jerónimo).

En ese contexto, la mejor traducción es la que ofrece Hitzig, "en su santuario, en su pecho" (como ἐν τῷ θησαυρῷ τῆς καρδίας αὐτῶν, Lc 6, 45), pues מגורם es la forma abreviada de מגורתם, respondiendo a la tendencia y a las contracciones que se encuentran en la poesía, como he puesto de relieve en *Coment.* a Sal 25, 5. El cambio de nombres de Dios en Sal 55, 17 es significativo. El salmista invoca a וַיהוָה, que está exaltado sobre todo el mundo, aquel que interviene misericordiosamente en la historia de la humanidad para ayudarle.

En la *tercera sección* (**55, 18–24**) domina la confianza, a partir del tono que había sido ya anunciado en 55, 17. Mañana, mediodía y tarde, como principio, medio y culminación, indican la totalidad o extensión del día. David pone así de relieve el carácter incesante y continuo de su presencia suplicante ante Dios, tanto en los momentos de quietud de su espíritu, como en los momentos en que él eleva oraciones más intensas, con voces más altas.

El futuro consecutivo וישמע vincula la escucha y la respuesta, como resultado inevitable de la oración. También el pretérito פדה está poniendo de relieve la certeza de la fe. Por su parte, la palabra בשלום indica (con un sentido pregnante, como el de Sal 118, 5) el estado de salvación y prosperidad no disturbada, interior y exterior, que Dios ofrece a su alma al rescatarla de la opresión en que se hallaba.

Si leemos *mi-kerob* (55, 19), קרב ha de tomarse en la línea de las traducciones antiguas como infinitivo, en el sentido de *ne appropinquent mihi* (a fin de que no se acerquen a mí). Sin embargo, a partir de J. H. Michaelis se ha dado preferencia a la pronunciación *mi-kerāb* (מִקְּרׇב־לִי), a *conflictu mihi sc. parato* (del conflicto preparado para mí); pero en ese caso habría que haber puntuado מקרב־ (con *metheg*).

De todas formas, tiene razón Hitzig cuando observa que, en ese caso, tras el מן negativo de מִקְּרׇב־לִי, el infinitivo tendría que venir previamente, para que לי tuviera el sentido de עלי, como en Sal 27, 2. El problema de fondo es la traducción de כִּי־בְרַבִּים הׇיוּ עִמׇּדִי, es decir, "aunque muchos estén עִמׇּדִי", palabra que puede tomarse en sentido negativo (contra mí) o positivo (conmigo).

Los que toman esa palabra en sentido positivo, piensan, evidentemente, en aquellos que ayudaron a David (es decir, en Hushai, Zadok y Abiathar, con cuya ayuda se pudo frustrar el propósito perverso de Ajitofel). Otros, como Aben-Ezra, que sigue a *Numeri Rabba* 294a piensan en la asistencia de los ángeles, un sentido que puede vincularse al que tiene ברבים en 2 Rey 6, 16 (cf. también 2 Cron 32, 7). A pesar de ello, es preferible en sentido negativo (aunque muchos estén en contra de mí), indicando así que ha sido y es el mismo Dios quien le ayuda, a pesar de que sus enemigos son muchos.

La traducción de 55, 20 (יִשְׁמַע אֵל וְיַעֲנֵם, Dios escucha y los humilla), tal como la ofrecen los LXX, εἰσακούσεται ὁ Θεὸς καὶ ταπεινώσει αὐτοὺς ὁ ὑπάρχων πρὸ τῶν αἰώνων (Dios me escucha, y les humillará aquel que reina desde antes de los siglos) es buena, pero requeriría que el texto hebreo pusiera ויעשנם en vez de וְיַעֲנֵם, palabra que no parece tener ese significado ni en *kal* ni en *hifil*. Más aún, incluso en el caso de que יַעֲנֵם pudiera tener ese sentido (según 1 Rey, vid. Keil), es decir, ταπεινώσει αὐτοὺς, parece difícil admitirlo en este caso, pues va en paralelo con el ישמע al que sigue.

Saadia (seguido por Aben-Ezra) ha interpretado יענם de una forma digna de atención, leyendo el texto así: יענה בם, *y él (Dios) testificará en contra de ellos*. Mejor es aún la interpretación de Hengstenberg: "Dios escuchará (el tumulto de los enemigos) y les responderá (juzgándoles)". En ese caso, el texto original habría sido: וְיַעֲנֵמוּ יֹשֵׁב קֶדֶם. Pero tal como ahora aparece, וְיֹשֵׁב קֶדֶם es una cláusula subordinada, por lo que se omite el sujeto, הוּא, y ha de traducirse "el que sede entronizado desde el principio de los tiempos" (vid. *Coment.* a Sal 7, 10).

Esa fuerte expresión (יֹשֵׁב קֶדֶם) retoma de forma abreviada el motivo de Dios rey-juez, tal como aparece en Sal 74, 12; Hab 1, 12, cf. Dt 33, 27. Este es el Dios que está entronizado, desde el principio de los tiempos, hasta la actualidad, como rey y juez, es decir, como aquel que puede mantener y mantendrá su autoridad y majestad, defendiéndose en contra de aquellos que le combaten, en la persona de su Ungido.

A pesar de la interrupción de música con el "*selah*" (en el centro de 55, 20), el tema continúa con אֲשֶׁר אֵין חֲלִיפוֹת לָמוֹ, precisando la forma en la que Dios responderá con ira a los enemigos de David. Esta cláusula de relativo ofrece, al mismo tiempo, la razón del castigo de Dios, en contra de aquellos que se relacionan de un modo impío unos con otros.

El nombre חֲלִיפוֹת suele referirse, en general, al cambio de vestidos, o a un cambio en tiempo de guerra, o a un relevo en un grupo de trabajadores. Aquí significa más bien un cambio de mente (como supone en Targum), lo mismo que en Job 14, 14 donde se refiere a un cambio de condición en la vida. El plural significa que estos enemigos de David están muy lejos de todo tipo de cambio de mente o de conducta.

El Sal 55, 21, David se fija de nuevo en aquel enemigo infiel, destacando su mala conducta entre la multitud de los rebeldes. שְׁלֹמָיו es equivalente a שְׁלֹמִים אִתּוֹ, como en Gen 34, 21, y se refiere a personas que formaban parte de su grupo de amigos, con los que mantenía una relación de paz (שָׁלוֹם, Sal 41, 10). David les clasifica así entre sus partidarios fieles.

בְּרִית significa aquí un pacto de fidelidad, tanto en sentido defensivo como ofensivo, un pacto sellado ante Dios. Con חִלֵּל y שָׁלַח se está evocando la intención de los enemigos, aunque no se haya cumplido aún de hecho. En Sal 55, 22 el texto pasa al esquema de las "cesuras". En מַחְמָאֹת, la מ pertenece al mismo nombre, que significa "leche cuajada" o mantequilla. En las palabras וּקְרָב־לִבּוֹ el *makkeph* debe ser suprimido. Las palabras forman una cláusula de sustantivo.

Con la exhortación de Sal 55, 23 comienza una nueva estrofa menos abrupta, como un consejo que David se da a sí mismo, pero al mismo tiempo, a todos los que sufren siendo inocentes, cf. Sal 27, 14, sabiendo que Dios mismo será quien les ayudará a llevar su carga. En vez del ἅπαξ γεγραμμ. יְהָב, el Sal 37, 5 pone דַּרְכְּךָ y Prov 16, 3, מַעֲשֶׂיךָ. Los LXX traducen: ἐπίρριψον ἐπὶ κύριον τὴν μέριμνάν σου. Estas palabras del salmo aparecen en 1 Ped 5, 7.

Conforme al Talmud יְהָב, significa un peso. Como dice Rabba bar-Chana, en B. *Rosh ha-Shana*, 26b: "Yo estaba caminando un día con un comerciante árabe (¿nabateo?) que llevaba un pesado paquete. Y él me dijo: שְׁקִיל יהביך ושׁדי אגמלאי, toma este peso y ponlo sobre mi camello. Esto es lo que Dios hace al tomar nuestro peso".

Esta palabra del salmo proviene del hecho de que Dios está deseoso de llevar nuestros pesos, incluso los más duros. Dios realiza nuestra más dura tarea, haciéndonos capaces de realizarla por nosotros mismos, con su ayuda. Por eso, el salmo sigue diciendo: Dios te sostendrá de tal manera (כלכל) que tú no sucumbas por tu debilidad. Desde aquí se entiende el sentido de 55, 23: él no permitirá (no sufrirá, cf. Sal 78, 66) que los justos padezcan y caigan para siempre.

Los justos no vacilarán, no serán aplastados por la sobrecarga de peso que les imponen los injustos. En esa línea, David está seguro de que sus enemigos no solo serán derrumbados en tierra, sino que descenderán al Hades, cosa que aquí se indica con una combinación de sinónimos, diciendo que descenderán al באר שׁחת, un pozo, una sima, un abismo, como por ejemplo en Prov 8, 31; Ez 36, 3, y que lo harán antes de haber alcanzado la mitad de sus días, es decir, antes de haber llegado a la edad madura (cf. Sal 102, 25; Jer 16, 11).

Con ואתה אלהים se insiste en el hecho de que Dios no permite que sufran los justos, mientras que arroja al abismo a los injustos. De esa forma, al final, presentándose él mismo como ejemplo, con ואני, David muestra a sus enemigos que está de buen ánimo, con todo valor, ahora y para siempre.

Salmo 56. El gozoso coraje de un fugitivo

¹ לַמְנַצֵּחַ עַל־יוֹנַת אֵלֶם רְחֹקִים לְדָוִד מִכְתָּם
בֶּאֱחֹז אֹתוֹ פְלִשְׁתִּים בְּגַת:

² חָנֵּנִי אֱלֹהִים כִּי־שְׁאָפַנִי אֱנוֹשׁ כָּל־הַיּוֹם לֹחֵם יִלְחָצֵנִי:

³ שָׁאֲפוּ שׁוֹרְרַי כָּל־הַיּוֹם כִּי־רַבִּים לֹחֲמִים לִי מָרוֹם:

⁴ יוֹם אִירָא אֲנִי אֵלֶיךָ אֶבְטָח:

⁵ בֵּאלֹהִים אֲהַלֵּל דְּבָרוֹ בֵּאלֹהִים בָּטַחְתִּי לֹא אִירָא מַה־יַּעֲשֶׂה בָשָׂר לִי:

⁶ כָּל־הַיּוֹם דְּבָרַי יְעַצֵּבוּ עָלַי כָּל־מַחְשְׁבֹתָם לָרָע:

⁷ יָגוּרוּ (יִצְפִּינוּ) [וְיִצְפֹּנוּ] הֵמָּה עֲקֵבַי יִשְׁמֹרוּ כַּאֲשֶׁר קִוּוּ נַפְשִׁי:

⁸ עַל־אָוֶן פַּלֶּט־לָמוֹ בְּאַף עַמִּים הוֹרֵד אֱלֹהִים:

⁹ נֹדִי סָפַרְתָּה אָתָּה שִׂימָה דִמְעָתִי בְנֹאדֶךָ הֲלֹא בְּסִפְרָתֶךָ:

¹⁰ אָז יָשׁוּבוּ אוֹיְבַי אָחוֹר בְּיוֹם אֶקְרָא זֶה־יָדַעְתִּי כִּי־אֱלֹהִים לִי:

¹¹ בֵּאלֹהִים אֲהַלֵּל דָּבָר בַּיהוָה אֲהַלֵּל דָּבָר:

¹² בֵּאלֹהִים בָּטַחְתִּי לֹא אִירָא מַה־יַּעֲשֶׂה אָדָם לִי:

¹³ עָלַי אֱלֹהִים נְדָרֶיךָ אֲשַׁלֵּם תּוֹדֹת לָךְ:

¹⁴ כִּי הִצַּלְתָּ נַפְשִׁי מִמָּוֶת הֲלֹא רַגְלַי מִדֶּחִי לְהִתְהַלֵּךְ לִפְנֵי
אֱלֹהִים בְּאוֹר הַחַיִּים:

<Al músico principal; sobre "La paloma silenciosa en paraje muy distante".
Mictam de David, cuando los filisteos lo apresaron en Gat>

¹ Dios, ten misericordia de mí, porque me devoraría el hombre;
me oprime combatiéndome cada día.
² Todo el día mis enemigos me pisotean,
porque muchos son los que pelean contra mí con soberbia.
³ En el día que temo, yo en ti confío.
⁴ En Dios, cuya palabra alabo, en Dios he confiado.
No temeré. ¿Qué puede hacerme el hombre?

⁵ Todos los días ellos pervierten mi causa;
contra mí son todos sus pensamientos para mal.
⁶ Se reúnen, se esconden, miran atentamente mis pasos, como quienes acechan
mi alma.
⁷¡Págales conforme a su iniquidad, Dios, y derriba en tu furor a los pueblos!

⁸ Mis huidas tú has contado; pon mis lágrimas en tu redoma, ¿no están ellas en
tu libro?
⁹ Serán luego vueltos atrás mis enemigos, el día en que yo clame.
Esto sé, Dios está a mi favor.
¹⁰ En Dios, cuya palabra alabo, en Jehová, cuya palabra alabo,
¹¹ en Dios he confiado. No temeré. ¿Qué puede hacerme el hombre?

¹² Sobre mí, Dios, están los votos que te hice; te ofreceré sacrificio de alabanza,
¹³ porque has librado mi alma de la muerte y mis pies de caída,
para que ande delante de Dios en la luz de los que viven.

Sal 55, 7 expresaba este deseo: "Oh, si yo tuviera alas de paloma…". Ningún
otro salmo podría ser más apropiado para seguirle, conforme a la disposición del
redactor final, que Sal 56, cuyo encabezado musical dice así: *al músico principal (al
preceptor); sobre "la paloma silenciosa en paraje muy distante"…, cuando los filisteos
lo apresaron en Gat*. La palabra רחקים es un segundo genitivo, cf. Is 28, 1, y puede
significar "hombres distantes" o *longiqua*, lugares lejanos, como en Sal 65, 6, cf.
נעימים, Sal 16, 6.

Igual que en Sal 58, 2, resulta dudoso si la puntuación אֵלֶם es la correcta,
con el sentido de "paloma del pueblo lejano", pues la aplicación de אלם a pueblo
no se conoce en hebreo, y resulta muy dudosa en fenicio. Por su parte, Olshausen
traduce אלם de un modo más aceptable con el sentido de "paloma de los terebintos
lejanos", dando ese sentido a la palabra אלם.

Como en otros encabezados, על no significa "sobre" como traduce Joh.
Campensis en sus *Paráfrasis de los Salmos* (1532) y en otros lugares: "Praefector

musices, de columba muta quae procul avolaverat" (al preceptor de los músicos sobre la paloma muda que volaba lejos), sino más bien "según" (conforme a); en esa línea, la coincidencia entre la definición de la melodía y la situación del escritor del salmo se explica por la consideración de que la melodía ha sido escogida a causa de esa misma situación.

Los LXX (cf. Targum), interpretando la figura, traducen ὑπὲρ τοῦ λαοῦ τοῦ ἀπὸ τῶν ἁγίων μεμακρυμμένου (sobre el pueblo alejado de los santos, del santuario), mientras Símaco pone φύλου ἀπωσμένου (separado del amigo). La traducción de Aquila es correcta: ὑπὲρ περιστερᾶς ἀλάλου μακρυσμῶν (sobre la paloma muda alejada).

Por el tema de Sal 55 (Sal 56, 7, cf. Sal 38, 14) no podemos formarnos una idea del tipo de salmo al que se alude aquí con las palabras יונת אלם רחקים, porque Sal 55 es distinto de Sal 56 y pertenece al tiempo del alzamiento de Absalón, de forma que su encabezado se refiere a una fecha posterior, mientras que Sal 56 nos sitúa en el momento en que los filisteos le prendieron en Gat (cf. 1 בידם, Sam 21, 14), situándonos así en el tiempo anterior al de las luchas con Saúl (no con Absalón), un tiempo al que se refiere también el Sal 34.

Este Salmo 56 muestra puntos de contacto muy estrecho con los salmos de ese período, y así se justifica el encabezado. Un rasgo característico de estos salmos es la perspectiva de que el juicio de Dios ha de venir sobre todo el mundo hostil, un juicio que, según David, está vinculado con sus enemigos, cf. Sal 56, 8; Sal 7, 9; Sal 59, 6. La imagen del recipiente en el que Dios guarda las lágrimas de los que lloran corresponde al tiempo de la estancia de David en el desierto.

Por lo que se refiere a la forma, con este Sal 56 comienza la serie de los *michtammîm* elohistas, propios de David. Tres de esos primeros *michtammîm* pertenecen al tiempo de la persecución de Saúl, y los tres contienen "refranes" (sentencias sapienciales repetidas), un hecho que hemos reconocido ya en Sal 16, 1 como algo peculiar de estos poemas, con sus palabras o frases favoritas, que en Sal 56 son las siguientes: לי בשׂר (אדם) מה-יעשׂה y באלהים אהלל דבר.

56, 2-5. Las palabras אלהים y אנושׁ, Sal 56, 2 (cf. Sal 9, 20; Sal 10, 18) forman una antítesis: frente al Dios majestuoso de arriba, los hombres son débiles seres. Su rebelión en contra del consejo de Dios es una locura ineficaz. Si el poeta cuenta con el favor de Dios, entonces él debe enfrentarse en contra de esos hombres enanos que se portan como si fueran gigantes, que luchan en contra del Dios Altísimo, מרום, queriendo elevarse a su altura, de un modo orgulloso (cf. ממרום, Sal 73, 8), contra el poder invencible de Dios.

שׁאף (cf. שָׁאֲפוּ שׁוֹרְרֵי כָל-הַיּוֹם) significa *inhiare*, me atacan, acechan contra mí, como en Sal 57, 4; לחם, como en Sal 35, 1 לֹחֲמִים לִי, luchando en contra de mí), con la ל de לי que tiene el sentido de אל, cf. Jer 1, 19. Por eso el salmista no teme, porque el día en que podría encontrarse (Gesenius 123, 3b) dominado por el miedo (conjuntivo futuro, e. g., Jos 9, 27), él se apoya con toda confianza en su Dios (con אל como en Sal 4, 6; Prov 3, 5, *passim*), de forma que sus enemigos no podrán acercarse y prenderle.

Desde ese fondo hay que entender el tema clave de 56, 3: "En Dios cuya palabra alabo…". El salmista cuenta con la palabra de la promesa de Dios (דברו como en Sal 130, 5). Por eso, באלהים, por medio de Dios, él proclamará su palabra, tal como se ha cumplido gloriosamente en él. Hupfeld ha interpretado correctamente ese tema, que otros traducen de formas distintas, pero que ha de entenderse así: "a Elohim yo celebro, celebro su palabra…".

La traducción de Hitzig resulta en un sentido buena (en Dios yo me glorío, en…), pero esa expresión es más bien prosaica, en contra de la fuerte brevedad del texto hebreo, y además depende, sin razón, de Sal 10, 3 y Sal 44, 9. Por su parte, הלל no significa en modo alguno, en este pasaje, *gloriari*, gloriarse, sino celebrar; y באלהים ha de entenderse en el sentido de Sal 60, 14. La expresión ב בטח (cf. באלהים בָּטַחְתִּי לֹא אִירָא) es equivalente a πιστεύειν ἐν del Nuevo Testamento. לֹא אִירָא es una cláusula circunstancial con un verbo finito, como es normal en conexión con לא, Sal 35, 8; Job 29, 24, y con עב, Prov 19, 23.

56, 6–8. La segunda estrofa describe a los adversarios, y termina con una imprecación, pidiendo que el fuego de la ira de Dios descienda sobre ellos. Hitzig traduce: todo el tiempo, ellos están ultrajando mis asuntos, es decir, mis intereses. También esta traducción suena poco poética. Así como decimos חמס תורה, hacer violencia a la Torá (Sof 3, 4; Ez 22, 26), podemos decir también: "torturar las palabras de alguien", esto es, las palabras que él dice, invirtiendo y cambiando su sentido. David ratifica su inocencia, pero sus enemigos pervierten ese testimonio, interpretando esas palabras con un falso sentido, sacando de ellas unas inferencias falsas. Ellos crean además sus propias bandas violentas y ponen hombres al acecho para prenderle. El verbo גור significa a veces volverse a un lado, habitar (como el árabe *jâr*); a veces tener miedo (como יגר, árabe *wjr*); a veces excitar, Sal 140, 3 (como גרה); y a veces, como aquí y en Sal 59, 4; Is 54, 15, reunirse (igual a אגר).

El *keré* lee יִצְפּוֹנוּ (como en Sal 10, 8; Prov 1, 11), pero la *scriptio plena* supone que es un *hifil* (cf. Job 24, 6, y también Sal 126, 5), y el המה siguiente (עֲקֵבַי יִשְׁמֹרוּ הֵמָּה) nos lleva a la conclusión de que el verbo ha de entenderse como causativo: ellos vigilan desde lo escondido, ponen emboscadas (el verbo es sinónimo de האריב, Sal 15, 5), de forma que המה se refiere a los mentirosos, esto es, a aquellos que "observan mis pasos, mis talones" (como el femenino plural de Sal 77, 20 y Sal 89, 52), vigilando mis pisadas (Rashi, mis huellas), es decir, todos mis movimientos, pero no para ser justos y ayudarme, sino para mentir y destruirme. Atentando así contra mi vida, ellos se esfuerzan por perderme, mienten con ese fin (con קוה en el sentido de שׁמר, Sal 71, 10, con el acusativo expresado por קוּה ל, cf. כַּאֲשֶׁר קִוּוּ נַפְשִׁי, como en Sal 119, 95).

A esta representación detallada de su proceder hostil contra David se opone la cláusula en imperativo que suele traducirse "págales según su iniquidad" (עַל־אָוֶן פַּלֶּט־לָמוֹ), una cláusula que, sin embargo, conforme al contexto, ha de entenderse en forma de interrogación (¿cómo les dejarán escapar a pesar de esta mala acción, es decir, a pesar de esta iniquidad?), como muestran los textos paralelos de 2 Rey 5, 26; Is 28, 28. En ese sentido, igual que en Sal 32, 7, la palabra פלט es un verbo finito substantivado, indicando que Dios no puede dejarles escapar.

Esta es la interpretación normal desde el tiempo de Kimchi, aunque Mendelssohn explica el texto de un modo diferente, siguiendo a Aben-Jachja, a pesar de que él, como Saadia, piensa que פלט es un imperativo. Ciertamente, las nociones adverbiales se expresan por medio de על, como, por ejemplo, en על־יתר, abundantemente (Sal 31, 24), lo mismo que en על־שׁקר, falsamente (Lev 5, 22; vid. Gesenius, *Thesaurus*, p. 1028). Pero no se dice על־הבל, y tampoco puede decir על־און (de ningún modo, por nada, en vano).

El contexto pide aquí que און se entienda de un modo ético, en relación con la conducta de los enemigos. Hupfeld transforma פלט en פלס, y así traduce: "Recompénsales por su maldad", lo que no solo es improbable críticamente, sino contrario al uso del lenguaje, dado que פלט significa *pesar* el metal de la moneda (= pagar lo justo), pero no *recompensar* y necesita un acusativo de objeto.

La extensión del sentido de esas palabras a todo el mundo hostil ha sido bien explicada por Hengstenberg, dado que la ejecución especial de este juicio por parte de Dios es solo una aplicación concreta de su forma general (universal) de realizar el juicio, conforme a la conducta de los hombres, y a la certeza de que ese juicio particular se funda en la fe, en el juicio universal de Dios. El significado de הוֹרֵד se aclara desde el salmo anterior (Sal 55, 24), con el que este nuevo salmo se vincula de muchas maneras.

56, 9–12. Aquello por lo que el poeta oraba en 56, 8 se expresa aquí como elemento de su esperanza puesta en Dios. La palabra נד (Sal 56, 9: נֹדִי סְפַרְתָּה) no se puede traducir como "huidas" en plural, pues no se trata de huidas distintas que puedan ser numeradas (Olshausen), sino del hecho general, de que David es un fugitivo, un hombre que lleva una vida sin asiento, siempre teniendo que escapar (Prov 27, 8). Lo que Dios puede y debe contar son los modos y momentos de la vida errante de David, su duración, las diversas paradas que él ha realizado, escondiéndose en la huida, aquí y allí.

El poeta concede mucha importancia al hecho de que Dios va siguiendo con su mirada omnividente todos los lugares en los que David se ha ido escondiendo en el desierto (a fin de protegerle). Según eso, Dios ha contado (סְפַרְתָּה אַתָּה) todos los desiertos y rocas en los que David se ha refugiado y, por su parte, David sabe ya desde hace tiempo que, en una situación como la suya, no se puede contar con la ayuda de los hombres, sino solo con la de Dios.

La acentuación insiste de un modo especial en נֹדִי, *mi vida fugitiva*, como palabra colocada enfáticamente al principio de todo, con un *zarka*; y a esta palabra le sigue סְפַרְתָּה, con un *galgal* conjuntivo, y después אָתָּה, en forma pausal, con *olewejored* (que se coloca en la sílaba final de la palabra anterior, vinculando ambas). Aquel que conoce todos los pasos de los hombres, es decir, Dios (Job 31, 4), sabe bien cuántas veces ha sido arrojado David de aquí para allí, sin hogar fijo, aunque haya estado libre de toda culpa.

David se consuela aquí de eso, pero no sin lágrimas, por la dura condición de su vida, y por eso pide a Dios que conserve y preserve sus lágrimas. Esto es lo que exige que שִׂימָה sea imperativo (שִׂימָה דִמְעָתִי בְנֹאדֶךָ, pon mis lágrimas en tu redoma) como por ejemplo en 1 Sam 8, 5. Pero dado que שִׂים, שִׂימָה son también formas de participio pasivo (1 Sam 9, 24; 2 Sam 13, 32, *passim*), resulta quizá más natural traducir también en este caso *posita est lacrima mea*, está puesta mi lágrima en la ampolla o redoma que tú conservas, de forma que la palabra se pronuncie como *milra* (Ewald, Hupfeld, Böttcher y Hitzig).

La palabra דִמְעָתִי (mis lágrimas, cf. Ecl 4, 1) responde quiásticamente a נֹדִי, que forma un juego de sonidos con בְנֹאדֶךָ. Por su parte, la cláusula final, בְּסִפְרָתֶךָ הֲלֹא, responde también a סְפַרְתָּה, de la primera parte del verso (56, 9), sin que en 56a ni en 56b encontremos una partícula de comparación (que no es necesaria).

La razón de que aquí se utilice un lenguaje figurado es esta: Dios recoge como en un frasco las lágrimas de sus santos y las mantiene ante sí, como en un memorial (Mal 3, 16). El poeta lo sabe y así se lo aplica a sí mismo, pidiéndole a Dios que recoja y recuerde sus lágrimas como en una ampolla o redoma de cristal.

El אָז que sigue en 56, 10 (אָז יָשׁוּבוּ אוֹיְבַי, serán vueltos atrás mis enemigos…), puede traducirse lógicamente "a consecuencia de ello…" (como en Sal 19, 14; Sal 40, 8), pero también se podría traducir con un simple "entonces", trazando así un punto de inflexión en el camino de la vida de David, el fugitivo que llora (vagando por doquier entre lágrimas), o quizá también anunciando un futuro semejante, siempre repetido, andaré huyendo (comparar este tema con Sal 14, 5; Sal 36, 13, vid. *Coment.* a Sal 2, 5).

Las palabras בְּיוֹם אֶקְרָא no forman una expansión de אָז, pues ello sonaría de un modo poco apropiado. Lo que el poeta dice es que, un día, sus enemigos se verán obligados a volverse atrás, cuando su oración, que ahora es escuchada en lo profundo por Dios, se cumpla también de una manera externa, de forma que la ayuda de Dios se despliegue también de un modo eficaz, castigando a los enemigos.

Por medio de זֶה־יָדַעְתִּי (Sal 56, 10) el poeta justifica esta esperanza, fundándose en su conciencia creyente. Estas palabras no se deben traducir como en Job 19, 19, "yo, que conozco…" (como si fueran una simple aposición, sin conectar su sentido con lo que precede), sino en la línea de 1 Rey 17, 24: esto es lo que sé (de esto estoy seguro), que Elohim está a mi favor. La partícula זה ha de tomarse con un sentido neutro, y así aparece en unión con ידע en Prov 24, 12 y en muchos otros lugares (Gen 6, 15; Ex 13, 8; Ex 30, 13; Lev 11, 4; Is 29, 11, cf. Job 15, 17); y también con לי como en Gen 31, 42.

En Sal 56, 11, David continúa diciendo que en (por) Elohim "yo alabaré la Palabra" (בֵּאלֹהִים אֲהַלֵּל דָּבָר). Pues bien, en este contexto, de un modo absoluto, lo mismo que en Sal 2, 12 el texto sigue identificando implícitamente a la Palabra (דָּבָר) con el Hijo (que en hebreo influido por el arameo es בר) tomado también de un modo absoluto. De esa manera, al menos implícitamente, el salmista identifica a la Palabra (dabar) con el Hijo (bar), en una línea que culminará en el evangelio de Juan (cf. Jn 1, 1-18).

Este es un pensamiento que se repite, primero en relación con Elohim (בֵּאלֹהִים אֲהַלֵּל דָּבָר) y después en relación con Yahvé (בַּיהֹוָה אֲהַלֵּל דָּבָר). En primer lugar viene Elohim, y su Palabra, luego Yahvé y su Palabra, como en los salmos elohistas, cf. Sal 58, 7.

El estribillo o refrán de Sal 56, 12 (בֵּאלֹהִים בָּטַחְתִּי לֹא אִירָא), cf. Sal 56, 5) indica la conclusión de la estrofa. El hecho de que ahora ponga אדם en lugar de בשׂר, como el Sal 56, 11 pone דבר en vez de דברו (Sal 56, 5), se debe a la costumbre que tienen los salmos de no repetir los estribillos de un modo exacto.

56, 13-14. Esperando esta liberación, el poeta promete de antemano cumplir el deber de la acción de gracias. עלי (עָלַי אֱלֹהִים נְדָרֶיךָ) *incumbent, se mantienen vivos ante mí los votos que he prometido*, como en Prov 7, 14; 2 Sam 18, 11. Los נדריך, con un sujeto objetivo, son los votos hechos a Dios, y en esa línea se distinguen de los תודות, que son los sacrificios de alabanza (אֲשַׁלֵּם תּוֹדֹת לָךְ), cf. por ejemplo 2 Cron 29, 31. Dios no permitirá que queden sin cumplirse ni los נדר שׁלמי ni los שׁלמי תודה, de forma que David, liberado así por Dios, será capaz de cantar y declarar: *tú has rescatado mi alma de la muerte…*

El perfecto que viene después de כי (כִּי הִצַּלְתָּ נַפְשִׁי מִמָּוֶת, porque has librado mi alma de la muerte…) está haciendo referencia a aquello que ya ha pasado, como también sucede en el Sal 59, 17 (cf. el pasaje dependiente del Sal 116, 8). La expresión es בְּאוֹר הַחַיִּים, en la luz de los vivientes, tanto aquí como en el discurso de Elihu (cf. Job 33, 30). Luz de la vida (Jn 8, 12) o de los vivientes (LXX, τῶν ζώντων) no es exclusivamente la luz del sol en este mundo, pues vida es aquí lo opuesto a la muerte, en el sentido más profundo y comprensivo del término. La luz de la que termina hablando el salmo es, según eso, lo opuesto a la noche del Hades, la noche que consiste en separarse de Dios y de su revelación en la historia de los hombres.

Salmo 57. Antes de caer dormido en el desierto

לַמְנַצֵּחַ אַל־תַּשְׁחֵת לְדָוִד מִכְתָּם בְּבָרְחוֹ מִפְּנֵי־שָׁאוּל בַּמְּעָרָה: ¹

חָנֵּנִי אֱלֹהִים חָנֵּנִי כִּי בְךָ חָסָיָה נַפְשִׁי וּבְצֵל־כְּנָפֶיךָ אֶחְסֶה עַד יַעֲבֹר הַוּוֹת: ²

אֶקְרָא לֵאלֹהִים עֶלְיוֹן לָאֵל גֹּמֵר עָלָי: ³

יִשְׁלַח מִשָּׁמַיִם וְיוֹשִׁיעֵנִי חֵרֵף שֹׁאֲפִי סֶלָה יִשְׁלַח אֱלֹהִים חַסְדּוֹ וַאֲמִתּוֹ: ⁴

נַפְשִׁי בְּתוֹךְ לְבָאִם אֶשְׁכְּבָה לֹהֲטִים בְּנֵי־אָדָם שִׁנֵּיהֶם ⁵
חֲנִית וְחִצִּים וּלְשׁוֹנָם חֶרֶב חַדָּה:

רוּמָה עַל־הַשָּׁמַיִם אֱלֹהִים עַל כָּל־הָאָרֶץ כְּבוֹדֶךָ: ⁶

רֶשֶׁת הֵכִינוּ לִפְעָמַי כָּפַף נַפְשִׁי כָּרוּ לְפָנַי שִׁיחָה נָפְלוּ בְתוֹכָהּ סֶלָה: ⁷

נָכוֹן לִבִּי אֱלֹהִים נָכוֹן לִבִּי אָשִׁירָה וַאֲזַמֵּרָה: ⁸

עוּרָה כְבוֹדִי עוּרָה הַנֵּבֶל וְכִנּוֹר אָעִירָה שָּׁחַר: ⁹

אוֹדְךָ בָעַמִּים אֲדֹנָי אֲזַמֶּרְךָ בַּל־אֻמִּים: ¹⁰

כִּי־גָדֹל עַד־שָׁמַיִם חַסְדֶּךָ וְעַד־שְׁחָקִים אֲמִתֶּךָ: ¹¹

רוּמָה עַל־שָׁמַיִם אֱלֹהִים עַל כָּל־הָאָרֶץ כְּבוֹדֶךָ: ¹²

<Al músico principal; sobre "No destruyas".
Mictam de David, cuando huyó de delante de Saúl a la cueva>

¹ Ten misericordia de mí, Dios, ten misericordia de mí,
porque en ti ha confiado mi alma
y en la sombra de tus alas me ampararé hasta que pasen los quebrantos.
² Clamaré al Dios Altísimo, al Dios que me favorece.
³ Él enviará desde los cielos y me salvará de la infamia del que me acosa. Selah

Dios enviará su misericordia y su verdad.
⁴ Mi vida está entre leones; estoy echado entre hijos de hombres que vomitan llamas;
sus dientes son lanzas y saetas, y su lengua, espada aguda.
⁵ ¡Exaltado seas, Dios, sobre los cielos! ¡Sobre toda la tierra sea tu gloria!
⁶ Red han armado a mis pasos; se ha abatido mi alma;
hoyo han cavado delante de mí; en medio de ese hoyo han caído ellos mismos. Selah

⁷ Listo está mi corazón, Dios, mi corazón está dispuesto; cantaré y entonaré salmos.
⁸ ¡Despierta, alma mía! ¡Despertad, salterio y arpa! ¡Me levantaré de mañana!
⁹ Te alabaré entre los pueblos, Señor; te cantaré entre las naciones,
¹⁰ porque grande es hasta los cielos tu misericordia y hasta las nubes tu verdad.
¹¹ ¡Exaltado seas, Dios, sobre los cielos! ¡Sobre toda la tierra sea tu gloria!

Con este salmo comienza los que han de ser cantados según la melodía אַל־תַּשְׁחֵת (salmos 57 y 58, con el 59 que es de David y el 75 que es de Asaf). La referencia a la ejecución musical del salmo debería haber sido propiamente אַל־תַּשְׁחֵת, *no destruyas,* pero esta forma se evita porque es poco melodiosa y es dura, por lo que se refiere a la sintaxis. La versión del MS de Ginebra es la correcta, y así dice: "Al

Cantor, sobre *Al taschchet"* (no destruyas). Esas palabras no se refieren de hecho a Dt 9, 26, ni a 1 Sam 26 (¿por qué no buscar una referencia a Is 65, 8?), sino a la melodía de la música.

La descripción histórica dice: cuando huyó de delante de Saúl a la cueva. Por la conexión de este encabezado con los hechos históricos de la vida de David, debería quedar claro si este salmo pertenece al tiempo en el que David habitaba en la cueva de Abdulam (1 Sam 22) o si más bien se escondía en las cavernas intrincadas de las montañas sobre Engedi, "por los caminos de cabras" (1 Sam 24), como describe Van de Velde, *Journey* II, 74-76.

Hay en estos salmos diversos detalles que pertenecen al tiempo en el que David escapaba y huía perseguido por Saúl y sus soldados. Sal 57, 1-11 incluye no solamente la súplica "ten misericordia de mí, Elohim", al comienzo de la oración, sino que שׁאף ha de entenderse también en la misma línea (Sal 57, 4; Sal 56, 2), como en el conjunto de Sal 56.

En este salmo 57 encontramos varios puntos de relación con otros: la identificación de כבודי y נפשי (mi gloria y mi alma, cf. Sal 57, 9; Sal 7, 6); la comparación de los enemigos con leones (Sal 57, 5; Sal 7, 3); la imagen de la espada de la lengua (Sal 57, 5; Sal 59, 8, cf. Sal 52, 4); la relación entre la liberación del ungido con la redención de todos los pueblos (Sal 57, 10; Sal 22, 28).

Sal 57 se relaciona también con Sal 36: "así se habla en ambos casos del refugio de los justos bajo la sombra de las alas de Dios" (Sal 57, 2; Sal 36, 8), y se emplea también la comparación de la misericordia de Dios con la altura de los cielos (Sal 57, 11; Sal 36, 6). Sin embargo, cada texto tiene su tendencia característica: (a) Sal 56 insiste en utilizar la interrogación הלא (Sal 57, 9. 14); (b) por el contrario, Sal 57, 1-11 utiliza la figura de la *epizeuxis*, que consiste en la repetición enfática de una misma palabra en Sal 57, 2. 4. 8. 9. Por otra parte, Sal 108, 1-13 ha de entenderse, según veremos en el comentario, como un centón de textos tomados de Sal 57, 1-11 y Sal 60, 1-12.

El esquema estrófico de Sal 57 está formado así: 4. 5. 6; 4. 5. 6[25]. Este *michtam* no carece tampoco de palabras favoritas, y un estribillo de carácter elevado cierra la primera y la segunda parte del texto. En la primera parte domina un tipo de sumisión alegre. En la segunda destaca la certeza de la victoria, anticipando de esa forma el canto de alabanza.

57, 2-6. Por medio de dos formas verbales distintivas el poeta describe esta "huida" del creyente que se esconde en Dios como *refugio* en el sentido de algo que ha sucedido ya (con חסיה, cf. בְּךְ חָסָיָה, de חסה igual a חסי fuera de pausa, con formas

---

25. La versión siríaca del salmo cuenta solo 29 στίχοι (*fetgome*); como puede verse en la edición de la Hexapla tomada del Cod. 14434 (Add. MSS) en el *British Museum*, según el *Vierteljahrsschrift* 2, Heidenheim, 1861.

iguales en Sal 73, 2; Sal 122, 6). El salmo habla, pues, de un hecho repetido, que ha podido renovarse muchas veces (siempre podemos refugiarnos en Dios), y que se expresa de un modo particular en este momento de la vida de David.

La sombra de las alas de Dios se identifica con la protección de su amor generoso y tierno. Esa sombra de las alas de Dios es el descanso que tranquiliza y que ofrece gozo y alegría a los hombres, y aquí especialmente a David.

Bajo la sombra de esas alas de Dios se refugia ahora el poeta, como ha hecho antes, hasta que pasen los quebrantos (עַד יַעֲבֹר הַוּוֹת), es decir, los peligros abismales que le amenazan (cf. Is 26, 20; sobre el enálage numérico de Sal 10, 10, cf. Gesenius 147a). No es como si después el salmista ya no tuviera necesidad de protección divina, pero ahora se siente especialmente necesitado de ella. Por eso, en este momento, su tarea fundamental consiste en resistir de un modo triunfante a las pruebas que van a sobrevenirle.

Este es, por tanto, su gesto más significativo, que consiste *en refugiarse siempre de nuevo, bajo la sombra de las alas de Dios*, pidiendo la ayuda de aquel que habita por encima de todo y que gobierna la totalidad del universo. El Dios elevado, עליון, aparece aquí también sin artículo, como en los restantes casos.

También גמר (el Dios que me favorece: אֵל גֹּמֵר עָלָי, Sal 57, 3) está sin artículo, pues los participios se utilizan casi siempre sin artículo, a fin de que así puedan precisarse mejor; cf. Am 9, 12; Ez 21, 19 (Hitzig). El orante llama de esa forma a Dios, pidiéndole que se ocupe totalmente de él (Est 4, 16), que defienda su causa, la de David y la de todos los perseguidos. גמר es transitivo, lo mismo que en Sal 138, 8.

Los LXX traducen τὸν εὐεργετήσαντά με, el que ha hecho bien a favor de mí, como si el texto hebreo fuera עלי גמל (Sal 13, 6, *passim*). Ciertamente, Hitzig y Hupfeld piensan que el significado es exactamente el mismo. Pero, aunque גמל y גמר forman parte de una misma noción radical, las letras finales matizan el sentido de las palabras, para indicar una diferencia de significado que debe tenerse en cuenta. En Sal 57, 4 siguen futuros de esperanza.

En este caso, *aquello que me ofrece liberación* ha de suplirse en pensamiento con ישלח (cf. Sal 20, 3) no con ידו como en Sal 18, 17, cf. Sal 144, 7. En este caso, el objeto general y no mencionado queda concretado y definido por las palabras *su misericordia y su verdad,* como en Sal 57, 4.

Dios enviará desde el cielo su *misericordia y verdad* (יִשְׁלַח אֱלֹהִים חַסְדּוֹ וַאֲמִתּוֹ) que aparecen así como si fueran *dos espíritus buenos,* que descienden desde la altura celeste hasta la tierra (cf. Sal 43, 3), haciendo que la divina ישועה o salvación llegue a cumplirse. Las palabras שאפי חרף (וַיּוֹשִׁיעֵנִי חֵרֵף שֹׁאֲפִי, me salvará de la infamia que me acosa) quedan así al final de la primera parte del verso, ofreciendo sentido a todo el conjunto. De esa forma, Dios se opone para siempre a mis perseguidores (con *Selah,* insistiendo en el significado del texto).

De todas formas, חֶרֶף שֹׁאֲפִי ha de conectarse con lo que sigue, a modo de prótasis hipotética (Gesenius 155, 4a), de manera que la frase puede entenderse así: en el caso de que aquel (el enemigo) me persiga enfurecido (*inhians mihi*, es decir, amenazándome de un modo infamante), entonces Elohim enviará para salvarme su misericordia y su verdad. En ese momento, con el *Selah*, suena fuerte la música, marcando la apódosis y llenando de confianza a los creyentes.

Por el contrario, en Sal 57, 5 resulta fácil seguir sin más el sentido del texto que viene dado por los acentos, tal como han hecho Lutero y otros intérpretes, empezando por נַפְשִׁי בְּתוֹךְ לְבָאִם, mi alma en medio de leones. Dado que לְבָאִם tiene *zarka (zinnor)* y לְהָטִים tiene *olewejored*, el texto debe traducirse así: "Mi alma está en medio de leones, yo quiero (debo) yacer entre hombres de fuego, los hijos de los hombres —sus dientes son espadas y flechas".

La traducción de los LXX y la versión siríaca concuerdan con nuestra puntuación del texto, dado que ambas comienzan la nueva frase con ἐκοιμήθην (ודמכת, y yo dormí). Por el contrario, Aquila y Símaco (interpretando נפשי, según parece, como una expresión perifrástica de la noción del sujeto, colocada al principio) toman todo lo que viene hasta להטים como una sola frase, dividiendo el verso al menos en dos partes, poniendo en el centro la palabra להטים, como muestran los acentos.

La traducción de Aquila es: ἐν μέσῳ λεαινῶν κοιμηθήσομαι λάβρων (en medio de leones me acostaré furioso, encendido); la de Símaco dice: ἐν μέσῳ λεόντων εὐθαρσῶν ἐκοιμήθην (en medio de leones me acosté con gran coraje); o conforme a otra lectura μεταξὺ λεόντων ἐκοιμήθην φλεγόντων (… me acosté ardiendo). Jerónimo les sigue, pero, a fin de reproducir el sentido de נפשי, ha cambiado אשכבה en שכבה, *Anima mea in medio leonum dormivit ferocientium* (mi alma durmió en medio de leones furiosos).

Una construcción como esa puede utilizarse en griego y latín, pero no en hebreo. Según eso, traducimos el texto teniendo en cuenta el sentido de los acentos, incluso el *zarka* colocado sobre לְבָאִם (una forma plural que en todo el salterio solo aparece en este lugar y que tiene el mismo sentido de לביים). En sentido general, debemos observar que este לבאים en conexión con אשכבה no es acusativo de objeto, sino de lugar, aunque quizá pudiera tomarse como acusativo de objeto con verbos que tienen el sentido de habitar. Sobre שכב, cf. Rut 3, 8 y 3, 14, con Sal 88, 6; Miq 7, 5 (donde al menos se presupone la posibilidad de esta construcción del verbo). Pero hay varios elementos que resultan dudosos:

— *Es dudoso el sentido de* להטים. La traducción "flamígeros" (que vomitan llamas), aparece en el Targum, Saadia y quizá en Símaco. La palabra להט recibe ese sentido aparentemente a partir de la noción fundamental de golpear o tragar. Y en esa línea Teodoción traduce esa palabra por ἀναλισκόντων y Aquila de un modo más apropiado por λάβρων (en ambos casos en el sentido de destruir...). Pero להט no significa nunca devorar en el sentido físico; el poeta debe estar pensando más en las garras de una fiera flamígera ideal que en las garras de un león físico, con gestos de fiereza, que se expresan y expanden como si fueran llamas de fuego.

– *Debe precisarse la forma en que se entiende el cohortativo* אשכבה (estoy echado...). Ciertamente, el cohortativo indica a veces aquello que se debe hacer más por imposición externa que por impulso interno, aunque nunca sin que uno en realidad lo quiera o lo acepte (Ewiger, 228a). Por eso, la mejor traducción es "yo debo", es decir, yo debo acostarme (estar acostado entre...). En esa línea, la comparación entre las bestias de presa y los hijos de los hombres, que son peores que ellas, requiere que se tome el sentido normal de cohortativo.

Será bueno que representemos la situación. El verbo שכב tiene aquí el sentido de *cubitum ire,* es decir, de acostarse (Sal 4, 9). Así, partiendo de la palabra אשכבה entendemos mejor el significado de Sal 57, 9, de forma que aparece ante nosotros como un canto de la tarde o de la noche. David, el perseguido, se encuentra en el desierto y, si aceptamos el testimonio del encabezado, está en una cueva, como rodeado de leones, lo que significa que su vida está expuesta a sus ataques.

Pues bien, es aquí, en este momento, cuando, fortaleciéndose en la fe, David se decide a acostarse para dormir, sintiéndose más seguro entre leones que entre hombres, porque los hijos de los hombres, sus enemigos mortales, tanto en obras como en palabras, son peores que las bestias de presa, pues sus dientes y su lengua son armas mortales más peligrosas que las garras de los animales.

Esta alegría brutal por la destrucción de los otros que prevalece entre los hombres (entre los enemigos) le impulsa a elevar su oración ante Dios, que está exaltado por encima de los cielos, más allá de toda la tierra, esperando que él se manifieste desde la altura, como aquel que está exaltado[26].

El salmista pide a Dios que su gloria se manifieste (sea exaltada, con ירום), sobre toda la tierra. Para sus santos, la gloria de Dios es una luz que se difunde, expandiendo salud. Por el contrario, para los enemigos de Dios y para los hombres que no tienen corazón esa gloria es un fuego que consume. El salmista quiere que todo el mundo se vea impelido (obligado) a reconocer la gloria de Dios, que se manifiesta a modo de santidad, a fin de que todas las cosas desplieguen esa gloria y todo lo que es hostil (contrario a Dios) sea derribado (destronado).

---

26. Cf. Ecl 25, 15, en su texto hebreo, אין ראש מעל ראש ואין חמה מעל חמה אויב (no hay veneno más peligroso que el de la serpiente, y no hay ira mayor que la ira de un enemigo).

57, 7–12. En esta segunda parte del salmo el poeta se consuela a sí mismo con el pensamiento de que podrá ver aquello por lo que ha estado ansiando, de forma que sus deseos llegarán a cumplirse precisamente en la próxima mañana, después de esta noche de maldición y miseria. El perfecto final de Sal 57, 7 (נָפְלוּ בְתוֹכָה, ellos han caído en medio…), con los perfectos anteriores, establece lo que había sucedido antes, de manera que a partir de ahora podrá establecerse lo que sucederá en el futuro.

Si la cláusula כָּפַף נַפְשִׁי se traduce "mi alma se ha inclinado…" (cf. חלל, Sal 109, 22). Pero esa expresión no responde de un modo adecuado al despliegue de la frase anterior, donde se decía que han puesto trampas para sus pies. En esa línea, debemos tomar כָּפַף como transitivo: "Y él (el enemigo) ha hecho que mi alma se doble, se incline". El paso del plural al singular y viceversa en la mención de los enemigos es algo común en los salmos, cuando se trata de temas como estos, sea que el poeta tenga ante su mente un enemigo principal, κατ' ἐξοχήν, o que quiera resumir a todos en uno.

Incluso los LXX traducen καὶ κατέκαμψαν τὴν ψυχήν μου (y humillaron mi alma…), como si el original pusiera וכפפו (en plural), pero es evidente que ellos no han leído el texto hebreo, en plural, sino en singular. Esta primera línea del verso (57, 7) es aún notable por otras razones, especialmente por el hecho de que en la última parte se invierte el sentido de los tres verbos anteriores: han querido destruirle, le han puesto trampas para que caiga, le han humillado, han cavado un pozo para enterrarle…, pero al fin son ellos los que quedan enterrados.

Así culmina este verso en un poderoso impulso dirigido al gozo y al canto. Por eso, la palabra נָפְלוּ בְתוֹכָה (han caído…) ha de tomarse como un *praet. confidentiae* (un pretérito de confianza, de seguridad). Lógicamente la música del *"selah"* se expresa a modo de *forte* triunfante, que manifiesta la alegría y confianza del corazón de David (Símaco: ἑδραία), de manera que un impulso interior poderoso le urge para entonar y cantar salmos con el arpa (cf. 57, 8-9).

Desde ese fondo, el salmo se convierte ahora en himno de victoria. En 57, 4 habíamos encontrado un principio de esperanza; pero solo aquí esa esperanza se ha vuelto certeza de victoria. Por eso, él invoca a su fuerza/kabod y le dice que despierte (כבודי como en Sal 16, 9; Sal 30, 13); de igual manera invoca también a la cítara y al arpa (עוּרָה הַנֵּבֶל וְכִנּוֹר אָעִירָה שָּׁחַר), diciendo que despierten (הַנֵּבֶל וְכִנּוֹר, con un solo artículo para las dos palabras, como en Jer 29, 3; Neh 1, 5; mientras עוּרָה lleva el acento en la última sílaba, a fin de que las dos consonantes aspiradas no se pronuncien como una sola).

David ha permanecido en su escondite, en su cueva, no ha escapado. Pero él ha transformado la noche de miedo en mañana de victoria, de manera que con la música de sus instrumentos y con la voz de su canto él quiere despertar a la aurora, incluso antes de que salga el sol. La palabra אעירה significa despertaré *expergefaciam* (no *expergiscar*), como en Cant 2, 7, y en Ovidio (*Metam.* XI, 597) donde se dice que el gallo, *evocat auroram* (llama o despierta a la aurora)[27].

Sin embargo, su canto de alabanza no se limitará a sonar en un pequeño espacio, en el que apenas es oído. El salmista saldrá fuera, avanzará como evangelista de su liberación y de su liberador en el mundo de las naciones (בעמים; la palabra paralela, que aparece también en el Sal 108, 4; Sal 149, 7, ha de escribirse como בלעמים *con lamed raphatum* y *metheg* ante ella). Su vocación se extiende, según eso, más allá de Israel, de manera que los acontecimientos de su vida han de servir para muchos (para el beneficio de la humanidad). Aquí percibimos la autoconciencia de una misión más extensa que la que ha acompañado a David desde el comienzo hasta el final de su carrera de rey (vid. Sal 18, 50).

Lo que se expresa en 57, 11 se vuelve ahora motivo y tema de anuncio entre los pueblos, pues la misericordia y verdad se elevan tan alta como los cielos (Sal 36, 6). Esta expresión (la misericordia de Dios se extiende incluso hasta los cielos) viene a presentarse como expresión terrena del carácter infinito de Dios, cuya obra salvadora se extiende ya (o ha de extenderse) a todos los pueblos (cf. Ef 3, 18).

En el estribillo de 57, 12, que solo se distingue en una letra del de 57, 6, el salmista retoma el lenguaje de la oración. Cielos y tierra tienen una historia que está mutuamente implicada y el fin bendito y glorioso de esta historia es el amanecer de la gloria divina sobre todo lo que existe (es decir, sobre el cielo y la tierra), como aquí pide el salmista.

Salmo 58. Grito de venganza sobre aquellos que pervierten la justicia

¹לַמְנַצֵּחַ אַל־תַּשְׁחֵת לְדָוִד מִכְתָּם׃
²הַאֻמְנָם אֵלֶם צֶדֶק תְּדַבֵּרוּן מֵישָׁרִים תִּשְׁפְּטוּ בְּנֵי אָדָם׃
³אַף־בְּלֵב עוֹלֹת תִּפְעָלוּן בָּאָרֶץ חֲמַס יְדֵיכֶם תְּפַלֵּסוּן׃
⁴זֹרוּ רְשָׁעִים מֵרָחֶם תָּעוּ מִבֶּטֶן דֹּבְרֵי כָזָב׃
⁵חֲמַת־לָמוֹ כִּדְמוּת חֲמַת־נָחָשׁ כְּמוֹ־פֶתֶן חֵרֵשׁ יַאְטֵם אָזְנוֹ׃
⁶אֲשֶׁר לֹא־יִשְׁמַע לְקוֹל מְלַחֲשִׁים חוֹבֵר חֲבָרִים מְחֻכָּם׃
⁷אֱלֹהִים הֲרָס־שִׁנֵּימוֹ בְּפִימוֹ מַלְתְּעוֹת כְּפִירִים נְתֹץ יְהוָה׃
⁸יִמָּאֲסוּ כְמוֹ־מַיִם יִתְהַלְּכוּ־לָמוֹ יִדְרֹךְ (חִצּוֹ) [חִצָּיו] כְּמוֹ יִתְמֹלָלוּ׃

<hr>

27. Con referencia a este pasaje de los salmos, el Talmud, *B. Berachoth 3b*, dice: "David solía tener una cítara colgada de su cama; de esa forma, cuando llegaba la media noche, cuando el viento norte soplaba entre las cuerdas de la cítara, ellas se ponían a sonar por sí mismas; de esa forma, al llegar la madrugada David se levantaba y se apresuraba él mismo a tocar y cantar hasta que ascendía el pilar de la aurora (עמוד השחר)". En ese contexto, Rashi observa: "La madrugada despertaba a los otros reyes; David, en cambio, decía: yo despertaré a la aurora" (מעורר את השחר אני).

‎⁹ כְּמוֹ שַׁבְּלוּל תֶּמֶס יַהֲלֹךְ נֵפֶל אֵשֶׁת בַּל־חָזוּ שָׁמֶשׁ:
‎¹⁰ בְּטֶרֶם יָבִינוּ סִּירֹתֵיכֶם אָטָד כְּמוֹ־חַי כְּמוֹ־חָרוֹן יִשְׂעָרֶנּוּ:
‎¹¹ יִשְׂמַח צַדִּיק כִּי־חָזָה נָקָם פְּעָמָיו יִרְחַץ בְּדַם הָרָשָׁע:
‎¹² וְיֹאמַר אָדָם אַךְ־פְּרִי לַצַּדִּיק אַךְ יֵשׁ־אֱלֹהִים שֹׁפְטִים בָּאָרֶץ:

<Al músico principal; sobre "No destruyas". Mictam de David>

¹ Poderosos ¿pronunciáis en verdad justicia?
¿Juzgáis rectamente, hijos de los hombres?
² Antes bien, en el corazón maquináis la maldad;
hacéis pesar la violencia de vuestras manos en la tierra.

³ Se apartaron los impíos desde la matriz;
se descarriaron hablando mentira desde que nacieron.
⁴ Veneno tienen, como veneno de serpiente;
son como la víbora sorda que cierra su oído,
⁵ que no oye la voz de los que encantan, por más hábil que sea el encantador.

⁶ Quiebra, Dios, sus dientes en sus bocas;
quiebra, Jehová, las muelas de los leoncillos.
⁷ Sean disipados como aguas que corren;
cuando disparen sus saetas, que se rompan en pedazos.
⁸ Pasen ellos como con el caracol que se deshace;
como el que nace muerto, no vean el sol.
⁹ Antes que sus ollas sientan la llama de los espinos,
así vivos, así airados, los arrebatará él con tempestad.

¹⁰ Se alegrará el justo cuando vea la venganza; sus pies lavará en la sangre del impío.
¹¹ Entonces dirá el hombre, "Ciertamente hay galardón para el justo;
ciertamente hay Dios que juzga en la tierra".

En Sal 57 David decía que los dientes de sus enemigos son lanzas y flechas, y que su lengua es una espada afilada. En Sal 58 pide a Dios que rompa los dientes de esos enemigos en su boca. Este común pensamiento ha hecho que David añada al *miktam* anterior de Dios que debía ser cantado con el tono *al-tashcheth* (no destruyas). Sin embargo, este nuevo salmo (Sal 58) pertenece a un período distinto de la vida de David, es decir, al período de Absalón.

La incomparable dureza del lenguaje no impide que este canto sea de David. En ningún otro salmo encontramos tantos improperios juntos como en los límites estrechos de este salmo. Pero el hecho de que sea David quien habla aquí se encuentra en cierto sentido garantizado por el Sal 64 y el Sal 140.

Estos tres salmos (58, 64 y 140) cuyos versos finales se parecen mucho (de forma que han de ser comparados entre sí), muestran que el mismo David, que escribía de un modo tan hermoso, tierno y claro, es capaz de elevarse a tal altura de imprecación y condena que sus palabras rueden como si fueran truenos retumbando sobre la triste oscuridad de las nubes.

Es así como habla David cuando eleva su súplica en contra de los malvados (Sal 58, 7) o cuando predice el juicio de Dios (Sal 140, 10) sobre los jueces y los poderosos perversos. El uso cumulativo de כמו en sus diversas aplicaciones es peculiar de este salmo. Su carácter de *miktam* aparece claramente en el verso final.

58, 2-3. El texto de Sal 58, 2 empieza con una pregunta a los poderosos: ¿pronunciáis en verdad justicia? Esta es una pregunta ante la que los jueces deben guardar silencio, tal como (cf. Sal 56, 1) parece haber querido decir el redactor final de los salmos l (אלם es igual a אלום, *B. Chullin* 89a). Conforme a la visión de Houbigant, de J. D. Michaelis, de Mendelssohn y de otros, este pasaje ha de entenderse como una imprecación y condena dirigida a aquellos que no cumplen bien el oficio divino de gobernantes y jueces.

Tanto el interrogativo האמנם (הַאֻמְנָם אֵלֶם צֶדֶק תְּדַבֵּרוּן, con la ŭ al principio de una cláusula interrogativa), en el sentido de *num vere* (pero es cierto que…), que proviene de la duda de que el hecho sea posible (Num 22, 37; 1 Rey 8, 27; 2 Cron 6, 18), como el miembro paralelo del verso, se vinculan con las circunstancias históricas de las que proviene este salmo.

David condena aquí la práctica de los jueces y gobernantes injustos. Absalón y sus seguidores habían convertido la administración de la justicia en un medio para separar a David del corazón de su pueblo, mientras él (David) quería mantenerse como juez imparcial. Por eso, él pregunta si las cosas son realmente así, dirigiéndose a los "poderosos" (a los que llama dioses, con אלים como אלהים, Sal 82, 1, rechazando su orgullo malvado): ¿es cierto que pronunciáis en verdad justicia, que juzgáis rectamente, hijos de los hombres?

David responde que no (¡no juzgan rectamente!), añadiendo que en su corazón (no meramente en el acto externo, sino por dentro, dejándose llevar por la injusticia) esos jueces injustos preparan y realizan villanías (con פעל como en Miq 2, 1 y עולת como en Sal 64, 7, cf. Sal 92, 16; Job 5, 16) en la tierra donde imponen la violencia de sus manos; de esa forma, él indica la violencia que define la pretendida justicia de estos jueces convertidos en falsos dioses.

בְּנֵי אָדָם en Sal 58, 2 es un acusativo de objeto, pues si fuera un segundo vocativo tendría que haber sido בְּנֵי־אִישׁ (Sal 4, 3). La expresión está en forma invertida para hacer posible el uso de futuros de intensidad. בָּאָרֶץ (que muchas veces suele ponerse erróneamente con *pazer*) tiene *athnach*, cf. Sal 35, 20; Sal 76, 12.

58, 4-6. Tras un duro comienzo, el salmo sigue con las imágenes más fuertes, que se suceden unas a las otras con rapidez. La primera es la serpiente, una imagen que se desarrolla con más longitud que las siguientes. El verbo זוּר (cognitivo de סוּר) se escribe intencionalmente זוּר, que se toma en este caso como neutro, en plural, זרוּ, como בְּשׁוּ, טבוּ.

Bakius encuentra una referencia retrospectiva a este pasaje en Is 48, 8. En esos textos, la Escritura ofrece el testimonio de una experiencia fuerte de pecado: hay hombres en los que el mal ofrece desde su juventud un carácter diabólico, lleno de egoísmo, incapaz de amor. Pues bien, aunque la pecaminosidad innata y el pecado hereditario (entendido como principio de culpa) sean comunes a todos los hombres, esa pecaminosidad toma las combinaciones y formas más variadas, expresándose sobre todo en los poderosos. En ese contexto, la herencia del pecado y el influjo múltiple del poder del mal, enfrentado al impulso de la gracia de Dios, han hecho que la historia de la humanidad tenga el carácter que tiene, encontrándose envuelta en pecado.

חמת־למו (cf. חֲמַת־נָחָשׁ, חֲמַת־לָמוֹ כִּדְמוּת, con *rebia*, como en Is 18, 18) no es sujeto (como si el veneno les perteneciera a ellos), sino una cláusula independiente: *veneno hay en ellos, ellos tienen veneno*. El estado constructo, tanto aquí como en Lam 2, 18; Ez 1, 27, no expresa una relación de unión o identidad de hecho, pero implica de hecho una intensa conexión.

יאטם (יַאְטֵם אָזְנוֹ), con un *daggesh* ortofónico, que pone de relieve la importancia de la *teth* al comienzo de la sílaba) es una forma optativa de futuro, que se utiliza como expresión de un estilo poético, como en el Sal 18, 11. El sujeto de esta cláusula atributiva, a modo de continuación del adjetivo, es la víbora sorda, que aparece aquí como signo de aquellos que se hacen sordos a sí mismos (y sordos a la voz de la gracia de Dios). La misma naturaleza de la víbora (que es una serpiente) viene a presentarse de esta forma como una figura del endurecimiento del malhechor.

A partir de aquí, con אֲשֶׁר (אֲשֶׁר לֹא־יִשְׁמַע) comienza la descripción más detallada de la víbora, pues incluso entre las serpientes hay diferencia. Las víboras pertenecen al tipo más perverso de cosas (de animales), de forma que son inaccesibles a toda influencia humana (pues el hombre no puede domarlas, humanizarlas). Todo tipo de encantamientos (o incluso de brujerías) resultan con las víboras venenosas.

מלחשׁים son los murmullos de las fórmulas mágicas (cf. en árabe *naffathât*, murmuraciones). Por su parte el חוֹבֵר חֲבָרִים es un tipo de hechicero que trabaja "cerrando" nudos, creando conexiones mágicas (cf. חבר, que significa atar, lo mismo que hechizar, en árabe *'qqd*, en persa *'nn*, atar en el sentido de κατάδεσμος, vid. *Coment.* a Isaías, I 118, II 242). Ni el amor más grande, ni la paciencia más intensa pueden cambiar su mente. Por eso no hay, según David, más remedio que esperar una posible intervención de Dios, que es el único que puede hacer que estos pecadores cambien.

58, 7-10. El verbo הרס (הֲרָס־שִׁנֵּימוֹ) se utiliza en el mismo sentido ἀράσσειν (e. g., *Iliada*, XIII. 577, ἀπὸ δὲ τρυφάλειαν ἄραξεν), donde tiene también un carácter onomatopéyico. La forma יִמָּאסוּ tiene el mismo significado que יִמְּסוּ en Job 7, 5. Los comentaristas judíos comparan, de un modo menos adecuado, la palabra צֹנַאכֶם, Num 32, 24, con בְּזֹאוּ en el sentido de בְּזֹזוּ, Is 18, 2; Is 18, 7. Pero שָׁאסִיךְ, *qetub* de Jer 30, 16 y רָאמָה, Zac 14, 10, se parecen más a esa palabra.

El sentido de apretar (tensar) el arco se transfiere aquí a las flechas, lo mismo que en Sal 64, 4, (como en כּוֹנֵן, Sal 11, 2): así como quien tensa y dispara unas flechas, que se rompen en pedazos sin alcanzar al blanco, así ellos, los malvados han de terminar (morir) y perder la vida, sin conseguir lo que pretenden.

En Sal 58, 9 siguen dos figuras de tipo suplicatorio: "Pase con ellos como…". El texto podría traducirse quizá: "Haz que perezca como un caracol al que tú haces que muera, es decir, lo aplastas con los pies (תמס, como en Sal 39, 12, futuro *hifil* de מסה igual a מסס)". Pero el cambio de número no favorece esta traducción, y conforme al uso del lenguaje, que tiende a construir הלך con gerundios y participios, y además con nombres abstractos, como en הלך תם, הלך קרי, las palabras תֶּמֶס יַהֲלֵךְ han de ir unidas, y acentuadas de un modo consecuente: "*Como un caracol o una babosa que caminan hacia su destrucción…*", así han de ir *y disolverse los malvados* (con תמס según la forma תְּבֵל de בֵלֵל).[28]

El caracol ha tomado ese nombre del hecho de que parece derretirse en el limo. Por su parte, שַׁבְּלוּל (con *daggesh dirimens* en vez de שְׁבְלוּל) es un tipo de caracol desnudo o babosa. En esa línea ha traducido el texto el Targum, donde, según la visión antigua, se habla del זָחִיל תְּבַלְלָא, que es el gusano del limo, palabra vinculada con שְׁבֵלֵל, humedecer, derretir[29]. Desde aquí, el salmo evoca en forma simbólica un tipo de signos que pueden compararse con el intento destructor de Absalón y de sus compañeros que se han alzado en armas contra David:

---

28. En fenicio, el cobre de la mina Ταμασσός de Chipre parece haber tomado su nombre de תמס, *liquefactio*, derretirse (Levy, *Phönizische Studien*, III, 7).

29. Por su parte, el Talmud, *B. Shabbath* 77b dice que "Dios no ha creado nada que no tenga un uso". Así añade: "Dios ha creado el caracol (שבלול לכתית) para curar ampollas o moretones, apoderándose de ellos", cf. *Gen Rabba*, cap. 51 al inicio, donde la palabra שבלול se explica por לימצא, סיליי, כיליי, κογχύλη, σέσιλος. Abraham B. David de Fez, contemporáneo de Saadia, en su léxico de hebreo-árabe explicó la palabra a partir de אלחלזון, babosa. Sin embargo, este es el nombre de una babosa con casa, es decir, de un caracol (נרתיק), en talmúdico חלזון, palabra que se utiliza en Siria y Palestina donde se dice en árabe ḥlzûn (que se pronuncia ḥalezôn).

A pesar de ello, en conformidad con su figura y con la etimología de la palabra שבלול, aquí se trata del caracol desnudo o babosa. Las versiones antiguas fueron quizá incapaces de reconocer esto, porque las babosas no son frecuentes en países cálidos de oriente; pero la palabra שבלול resulta tradicional con este significado. El mismo sentido de fondo tiene la traducción "como torrentes de lluvia o de montaña que corren y desaparecen" (כְּמוֹ־מַיִם יִתְהַלְּכוּ־לָמוֹ), una imagen que aparece en Sal 58, 8.

1. *El alzamiento de Absalón contra David se compara con una pérdida de mujer (aborto).* En ese contexto, en נֵפֶל אֵשֶׁת בַּל־חָזוּ שָׁמֶשׁ, las palabras נפל אשת van unidas, y tienen el sentido de "la pérdida final de una mujer". Tanto el Talmud (B. *Med katan,* 6b) como el Targum (en contra de los acentos) aplican esta imagen al aborto, y que actualmente, en hebreo postbíblico, se llama אשת, plural אישות, vid. *Keelim* XXI, 3.

   La forma *constructa* de אשת aparece también en otros casos (Dt 21, 11; 1 Sam 28, 7), pero no en forma de genitivo, sino en conexión con otra palabra con la que se coordina. Así aparece la expresión aquí, donde בַּל־הֹזוּ שָׁמֶשׁ, conforme a Job 3, 16; Ecl 6, 3-5, es una cláusula atributiva de נפל אשת (la pérdida de una mujer, es decir, un aborto), palabra utilizada de un modo colectivo (Ewiger, 176b). Así es el alzamiento de sus enemigos en contra de David, como un aborto de mujer.

2. *Como fuego de retama.* En Sal 58, 10, la palabra אטד (que en fenicio africano, es decir, en púnico, aparece en Dioscórides como *atadi'n*) está evocando el *rhamnus* o espino que, como el רתם o retama, produce no solo un alegre fuego chisporroteante, sino también unas cenizas que conservan el calor por mucho tiempo, de manera que son muy útiles para cocer o asar la comida.

   La alternativa כמו (כְּמוֹ־חַי כְּמוֹ־חָרוֹן יִשְׂעָרֶנּוּ) significa como en latín *sive, sive,* es decir, una o la otra. Así, como fuego de retama, que es muy brillante, pero se convierte luego en ceniza es el alzamiento de los enemigos de David.

3. *Como carne fresca o que se está cociendo...* Así se distinguen dos tipos la carne: una es la carne fresca, otra la carne cocida, כְּמוֹ־חַי כְּמוֹ־חָרוֹן. En esa línea hay que traducir: sea la carne fresca, sea la carne que se está cociendo... En un caso o en el otro, Dios arrebatará la carne, la dispersará, como hace una gran tempestad. Hengstenberg traduce rectamente: "La carne sin más se refiere a los planes inmaduros, y la carne cocida a los planes que ya han madurado".

Por nuestra parte pensamos que el salmo está evocando los tiempos del alzamiento de Absalón; según eso, la carne que se está cociendo alude al nuevo reinado de Absalón, que se está preparando para realizar su alzamiento contra David, un alzamiento que fracasará.

En ese momento, David se mantenía alejado de los planes de la conspiración de Absalón, sin actuar directamente en contra de ellos. Eso significa que él confiaba totalmente en Dios, esperando que el mismo Dios interviniera; dejando así que las cosas siguieran sucediendo, hasta que la carne en la olla estuviera totalmente a punto. Pues bien, en ese contexto, David confiaba en que Dios actuaría y resolvería el tema tan pronto como la olla estuviera totalmente caliente, de forma que la carne se encontrara ya preparada para la comida.

58, 11-12. Finalmente, encontramos aquí los resultados de la intervención judicial de Dios. La expresión que se utiliza para describir la satisfacción que esto produce en los justos responde totalmente al lenguaje y tono militar del A. T. (cf. Sal 68, 24). David es de hecho rey, y quizá ningún rey ha permanecido tanto tiempo inactivo como él ante el despliegue de la más clara rebelión, queriendo evitar el derramamiento de sangre, como él quiso.

Si a pesar de ello tuviera que fluir la sangre como ríos, tendría que ser la sangre de los partidarios de su hijo engañado. Por eso, aquellos que se mantuvieran más tiempo fijos en su rebelión (contra David), cuanto más tiempo se mostrara él (David) inactivo, se verían obligados a confesar al fin que merece la pena mantener la justicia, pues hay Uno (Dios) que es más alto que todos los altos y grandes del mundo (Ecl 5, 7), un Dios de verdad (אלהים) por encima de todos los dioses falsos (אלים), un Dios que a pesar de no hacerlo inmediatamente ejecuta el verdadero juicio sobre la tierra.

La palabra אך (cf. אַךְ־פְּרִי לַצַּדִּיק, ciertamente hay galardón para el justo), tanto aquí como en Job 18, 21; Is 45, 14, mantiene su significado originalmente afirmativo que está en la raíz de אכן (=אַךְ). En el segundo caso en que se emplea (אַךְ יֵשׁ־אֱלֹהִים, ciertamente hay Elohim), la palabra אלהים se construye con futuro (Gesenius 112, nota 3), como sucede con frecuencia, e. g., 2 Sam 7, 23 (donde, sin embargo, el cronista posterior, cf. 1 Cron 17, 21, ha alterado el texto más antiguo). Este plural no indica que aquí esté hablando un pagano que cree en varios dioses (Baur), sino que se utiliza para poner de relieve la infinita majestad y omnipotencia del Juez celestial en contraste con los "dioses" de mentira.

Salmo 59. Plegaria de un inocente a quien los hombres intentan prender

¹ לַמְנַצֵּחַ אַל־תַּשְׁחֵת לְדָוִד מִכְתָּם בִּשְׁלֹחַ שָׁאוּל
וַיִּשְׁמְרוּ אֶת־הַבַּיִת לַהֲמִיתוֹ:
² הַצִּילֵנִי מֵאֹיְבַי אֱלֹהָי מִמִּתְקוֹמְמַי תְּשַׂגְּבֵנִי:
³ הַצִּילֵנִי מִפֹּעֲלֵי אָוֶן וּמֵאַנְשֵׁי דָמִים הוֹשִׁיעֵנִי:
⁴ כִּי הִנֵּה אָרְבוּ לְנַפְשִׁי יָגוּרוּ עָלַי עַזִים לֹא־פִשְׁעִי וְלֹא־חַטָּאתִי יְהוָה:
⁵ בְּלִי־עָוֹן יְרוּצוּן וְיִכּוֹנָנוּ עוּרָה לִקְרָאתִי וּרְאֵה:
⁶ וְאַתָּה יְהוָה־אֱלֹהִים׀ צְבָאוֹת אֱלֹהֵי יִשְׂרָאֵל הָקִיצָה לִפְקֹד
כָּל־הַגּוֹיִם אַל־תָּחֹן כָּל־בֹּגְדֵי אָוֶן סֶלָה:

⁷ יָשׁוּבוּ לָעֶרֶב יֶהֱמוּ כַכָּלֶב וִיסוֹבְבוּ עִיר׃

⁸ הִנֵּה׀ יַבִּיעוּן בְּפִיהֶם חֲרָבוֹת בְּשִׂפְתוֹתֵיהֶם כִּי־מִי שֹׁמֵעַ׃

⁹ וְאַתָּה יְהוָה תִּשְׂחַק־לָמוֹ תִּלְעַג לְכָל־גּוֹיִם׃

¹⁰ עֻזּוֹ אֵלֶיךָ אֶשְׁמֹרָה כִּי־אֱלֹהִים מִשְׂגַּבִּי׃

¹¹ אֱלֹהֵי (חַסְדּוֹ) [חַסְדִּי] יְקַדְּמֵנִי אֱלֹהִים יַרְאֵנִי בְשֹׁרְרָי׃

¹² אַל־תַּהַרְגֵם׀ פֶּן־יִשְׁכְּחוּ עַמִּי הֲנִיעֵמוֹ בְחֵילְךָ וְהוֹרִידֵמוֹ מָגִנֵּנוּ אֲדֹנָי׃

¹³ חַטַּאת־פִּימוֹ דְּבַר־שְׂפָתֵימוֹ וְיִלָּכְדוּ בִגְאוֹנָם וּמֵאָלָה וּמִכַּחַשׁ יְסַפֵּרוּ׃

¹⁴ כַּלֵּה בְחֵמָה כַּלֵּה וְאֵינֵמוֹ וְיֵדְעוּ כִּי־אֱלֹהִים מֹשֵׁל בְּיַעֲקֹב לְאַפְסֵי הָאָרֶץ סֶלָה׃

¹⁵ וְיָשׁוּבוּ לָעֶרֶב יֶהֱמוּ כַכָּלֶב וִיסוֹבְבוּ עִיר׃

¹⁶ הֵמָּה (יְנוּעוּן) [יְנִיעוּן] לֶאֱכֹל אִם־לֹא יִשְׂבְּעוּ וַיָּלִינוּ׃

¹⁷ וַאֲנִי׀ אָשִׁיר עֻזֶּךָ וַאֲרַנֵּן לַבֹּקֶר חַסְדֶּךָ כִּי־הָיִיתָ מִשְׂגָּב לִי וּמָנוֹס בְּיוֹם צַר־לִי׃

¹⁸ עֻזִּי אֵלֶיךָ אֲזַמֵּרָה כִּי־אֱלֹהִים מִשְׂגַּבִּי אֱלֹהֵי חַסְדִּי׃

<Al músico principal; sobre "No destruyas". Mictam de David,
cuando envió Saúl, y vigilaron la casa para matarlo>

¹ Líbrame de mis enemigos, Dios mío;
ponme a salvo de los que se levantan contra mí.

² Líbrame de los que cometen maldad y sálvame de hombres sanguinarios,

³ porque están acechando mi vida; se han juntado contra mí poderosos,
no por falta mía, ni pecado mío, Jehová;

⁴ sin delito mío corren y se preparan. Despierta para venir a mi encuentro, y mira.

⁵ Y tú, Jehová, Dios de los ejércitos, Dios de Israel,
despierta para castigar a todas las naciones;
no tengas misericordia de todos los que se rebelan con maldad. Selah

⁶ Volverán a la tarde, ladrarán como perros y rodearán la ciudad.

⁷ Declaran con su boca; espadas hay en sus labios, pues dicen, "¿quién oye?".

⁸ Mas tú, Jehová, te reirás de ellos; te burlarás de todas las naciones.

⁹ A causa del poder del enemigo esperaré en ti, porque Dios es mi defensa.

¹⁰ El Dios de mi misericordia irá delante de mí;
Dios hará que vea en mis enemigos mi deseo.

¹¹ No los mates, para que mi pueblo no olvide;
dispérsalos con tu poder y abátelos, Jehová, escudo nuestro.

¹² Por el pecado de su boca, por la palabra de sus labios,
sean ellos presos en su soberbia, y por la maldición y mentira que profieren.

¹³ ¡Acábalos con furor, acábalos, para que no existan más!
¡Sépase que Dios gobierna en Jacob hasta los confines de la tierra! Selah

¹⁴ Vuelvan, pues, a la tarde, y ladren como perros y rodeen la ciudad.

¹⁵ Anden ellos errantes para hallar qué comer;
y al no saciarse, que pasen la noche quejándose.

¹⁶ Pero yo cantaré de tu poder, alabaré de mañana tu misericordia,
porque has sido mi amparo y refugio en el día de mi angustia.
¹⁷ Fortaleza mía, a ti cantaré, porque eres, Dios, mi refugio,
el Dios de mi misericordia.

Este *miktam*, con la melodía de *al-tashcheth*, que coincide con Sal 57, 5 y Sal 58, 7 por la figura utilizada en Sal 59, 8 (¡te reirás de ellos!), es el más antiguo de los salmos davídicos datados en el tiempo de la persecución de Saúl, "cuando Saúl envió y ellos (los enviados por el rey) vigilaron la casa para matarlo". Este salmo pertenece, por tanto, al tiempo al que se alude en 1 Sam 19, 11.

Este encabezado no implica que el salmo fuera compuesto aquella misma noche, antes de la huida de David (por medio del artificio ideado por Mikal), como tampoco el encabezado del Sal 51 implica que aquel salmo fuera escrito el mismo día de la llegada de Natán. La ב de esas inscripciones (cf. בִּשְׁלֹחַ שָׁאוּל) solo presenta de un modo general el contexto histórico extenso del canto. Si lo comentamos desde esa perspectiva obtenemos una buena visión de conjunto de su tema.

Tenemos que imaginar que Saúl, incluso antes de mandar que vigilaran la casa de David en la noche para asesinarle en la mañana siguiente, después que hubiera salido Mikal (1 Sam 19, 11), estaba buscando la manera de asesinarle en secreto. Parece claro que los servidores corruptos de su corte, mal dispuestos hacia David, le habían ofrecido su ayuda para matarlo. En esta situación podemos suponer que hubo gran actividad en Gibea, lugar de residencia de David, especialmente por las mañanas, cuando los bandidos pasaban por la ciudad para matarle.

Salmistas y profetas son con frecuencia el medio a través del cual ganamos una visión más profunda de los acontecimientos, con más precisión que la que ofrecen los libros históricos que, en general, solo tratan de asuntos externos. Dado que la descripción de los procedimientos nocturnos de los enemigos se repite a modo de estribillo y dado que el poeta insiste en 59, 17 en su esperanza gozosa de aquello que pasará el día siguiente por la mañana frente al ardor de los que patrullan de noche por las calles, el Salmo 59 parece un canto de la tarde perteneciente a aquellos peligrosos días que David pasó en Gibea.

59, 2-10. Primera parte (59, 2-6). Hasta 59, 4, este salmo recoge elementos familiares que conocemos por los salmos. Los enemigos reciben el nombre de מתקוממי (cf. מִמִּתְקוֹמְמֵי תְשַׂגְּבֵנִי), como en Job 27, 7, cf. Sal 17, 7. Los עזים son aquellos que no tienen vergüenza (cf. עזי נפש o עזי פנים, como en Is 56, 11) a causa de su forma de actuar descarada, como los perros. Sobre לא es una cláusula subordinada, vid. Ewald, 286g, *sin que yo hubiera cometido alguna transgresión o pecado por mi parte* (יָגוּרוּ עָלַי עַזִים לֹא־פִשְׁעִי וְלֹא־חַטָּאתִי); el sufijo de "transgresión por mi parte" es semejante al del Sal 18, 24.

La cláusula בְּלִי־עָוֹן (cf. Job 34, 6) ofrece una descripción adverbial semejante: *sin que hubiera pecado* por el que yo debía ser condenado. El futuro enérgico *jezurûn* (בְּלִי־עָוֹן יְרוּצוּן וְיִכּוֹנֶנּוּ) se refiere a los que cumplen servilmente el capricho malo del rey, que van de una parte a la otra, buscando los lugares adecuados. הכונן tiene el mismo sentido que התכונן, como el *hitpael* הכסה, Prov 26, 26, el *hotpael* הכבס, Lev 13, 55, y el *hitpael* נכפר, Dt 21, 8.

Rodeado por una banda de asesinos como esos, David aparece como alguien que se encuentra sitiado, y que está pidiendo socorro. Y por eso invoca a Yahvé, que parece hallarse dormido, dispuesto a abandonarle, con sus fuertes palabras. Así le dice: עוּרָה לִקְרָאתִי וּרְאֵה, despierta para venir a mi encuentro y mira. De esa forma quiere despertarle para encontrarse con él, es decir, para acoger su ayuda, como la de un ejército salvador, a fin de convencerle a través de una manifestación directa del extremo peligro en que se encuentra.

La continuación del texto, en 59, 6, comienza con וְאַתָּה יְהוָה־אֱלֹהִים ׀ צְבָאוֹת (ואתה), como una llamada a Dios que se introduce entre עורה y הקיצה. Sin embargo, el tú enfático, una vez que se ha expresado, sirve para poner de relieve el carácter condicional de la liberación realizada por el Dios Absoluto. Es "condicional" porque depende de Dios, no del mérito del orante.

Desde ese fondo se entiende cada uno de los nombres divinos utilizados en esta larga invocación, que responde a la intensa ansiedad del poeta, como reto que él eleva, por así decirlo, ante la habilidad y buena disposición, ante el poder y la promesa de Dios. La yuxtaposición de *Jahve Elohim Tsebaoth* (יְהוָה־אֱלֹהִים צְבָאוֹת, nombres que aparecen además de aquí en Sal 80, 5. 20; Sal 84, 9) es peculiar de los salmos elohistas, y ha de explicarse por el hecho de que Elohim se ha convertido en un nombre propio de Dios, igual que Yahvé, y porque la designación de *Yahvé Tsebaoth*, con el añadido de Elohim (de acuerdo con el estilo de los salmos elohistas), recibe un tono más imponente y solemne. En este contexto, צבאות es un genitivo que depende no solamente de יהוה, sino de אלהים יהוה (semejante al caso del Sal 56, 1; Is 28, 1; *Symbolae*, p. 15).

יִשְׂרָאֵל אֱלֹהֵי está en aposición a los tres nombres de Dios. Evidentemente, el poeta se reconoce a sí mismo como perteneciente a un Israel del que excluye a sus enemigos. En contra de esos enemigos, el poeta forma parte del verdadero Israel que es en realidad el pueblo de Dios. Entre los paganos, en contra de los que el poeta invoca la ayuda de Dios, se incluyen los israelitas paganizados. Esa es al menos la visión que pone de relieve esta oración de la plegaria.

Con esas palabras, en conexión con אַל־תָּחֹן כָּל־בֹּגְדֵי אָוֶן, *no tengas piedad de todos los que se rebelan con maldad*, el poeta tiene principalmente en su mente a todos los que le rodean y están dispuestos a matarle. Es decir, él se fija en aquellos que actúan de un modo traidor, con vaciedad moral e indignidad (און es un genitivo epexegético). La música a la que apela el *Selah* (59, 6) se vuelve aquí más ruinosa, intensificando así el fuerte grito por el que se pide que llegue el juicio de Dios. Y de esa forma culmina el primer despliegue del pensamiento del *miktam*.

La segunda parte (59, 7–10) comienza con la descripción de los movimientos del enemigo, que habían comenzado en el Sal 59, 4. 5. Aquí vemos inmediatamente la forma en que el Sal 59, 7 coincide con Sal 59, 5, y Sal 59, 8 con Sal 59, 4, y Sal 59, 9 con Sal 59, 6. Desde aquí se entiende el carácter imprecatorio de los futuros del Sal 59, 7.

Durante el día, los emisarios de Saúl no se atreven a poner en práctica su complot; y David, naturalmente, no se deja prender por ellos. Por eso, ellos siguen viniendo, tarde tras tarde (cf. Job 24, 14), aullando como lobos con המה, que se utiliza en diversos lugares para indicar el sonido propio de los animales), porque no quieren ser reconocidos por sus palabras o sus gritos, sino que intentan ocultar su indignación y su rabia. Por eso andan dando vueltas por la ciudad (como סובב בעיר, Cant 3, 2, cf. sobre el Sal 55, 11), a fin de impedir que la víctima (David) pueda huir o, quizá, lo que sería preferible para ellos, quieren correr en contra de él y agarrarle en la oscuridad.

La descripción posterior del Sal 59, 8 va mostrando lo que hacen los enemigos mientras van espiando a David. Lo que ellos quieren decir, la forma en que echan saliva por la boca puede inferirse por el hecho de que llevan las espadas en la misma boca, lo que significa que ellas se mueven tan pronto como ellos mueven sus labios.

Su boca está llena de pensamientos asesinos y de calumnias contra David, y con ellas justifican su rabia asesina, como si no hubiera nadie, ni siquiera Dios que pudiera escucharlos. Pero Yahvé ante quien nada puede mantenerse secreto, se ríe de ellos, lo mismo que se ríe de los paganos, con quienes se compara esta banda de asesinos, que tienen miedo de la luz y que son indignos de llamarse israelitas.

Este es el pasaje más antiguo de la serie en la que se incluyen Sal 37, 13; Sal 2, 4... Este salmo (Sal 59) es quizá el más antiguo de los cantos davídicos que ha llegado hasta nosotros, y según eso el monumento más antiguo de la poesía israelita en el que aparece el nombre divino de Yahvé Sebaot. Por eso, el cronista que sabe que esos nombres empezaron a unirse en el tiempo de Samuel y de David, los utiliza solo en la vida de David. Pues bien, así como la estrofa se abrió en el Sal 59, 7 con un dístico que vuelve a repetirse en el Sal 59, 15, así concluye ahora con un dístico que vuelve en 59, 18, como veremos en la enmienda de ese pasaje.

59, 11–18. En esta segunda mitad del salmo, el grito de miedo queda en segundo plano, mientras se impone la esperanza y la ira, que arde con fiereza. Según el *keré*, Sal 59, 11 ha de leerse אֱלֹהֵי חַסְדִּי יְקַדְּמֵנִי, el Dios de mi misericordia irá delante de mí. Pero ¿de qué manera, con qué? Esta pregunta desaparece inmediatamente si puntuamos אֱלֹהַי חַסְדּוֹ יְקַדְּמֵנִי, mi Dios se anticipará a mí con su misericordia (cf. Sal 21, 4), i. e., *él se encontrará conmigo (vendrá a mí), ofreciéndome su misericordia, sin necesidad de ningún esfuerzo por mi parte.*

Incluso los traductores antiguos han sentido que חַסְדּוֹ ha de vincularse al verbo como un segundo objeto. Los LXX lo traducen de un modo correcto: ὁ Θεὸς μου τὸ ἔλεος αὐτοῦ προφθάσει με (mi Dios me mostrará de antemano su misericordia)[30].

La petición siguiente (59, 12: אַל־תַּהַרְגֵם פֶּן־יִשְׁכְּחוּ עַמִּי, "no los mates, para que mi pueblo no olvide…", no va en contra de la oración que sigue, pidiendo su destrucción (cf. 59, 13). Lo que el poeta pide es que aquellos que mienten, esperándole a él para matarle, puedan vivir por un tiempo, ante los ojos de la gente de su pueblo, antes de ser totalmente destruidos (como serán, sin duda) para así aparecer por un tiempo como personas que van a ser castigadas. De acuerdo con esto, la palabra הניעמו (הֲנִיעֵמוֹ בְחֵילְךָ), en comparación con el *hifil* de Num 32, 13 y el *kal* del Sal 59, 16; 109, 10 ha de traducirse: "haz que vaguen entorno…" (así traduce el Targum, cf. *Gen Rabba*, 38 initium, טלטלמו).

En conexión con בחיל uno puede recordar involuntariamente el Sal 10, 10. 14, tendiendo a leer y entender בחלד en el sentido de "haz que vaguen en medio de la adversidad y opresión", como en árabe *'umr ḫâlik*, en una *vita caliginosa,* i. e., *miserable,* y especialmente por el hecho de que בחילך no aparece en ningún otro caso en vez de בזרעך o בימינך. Pero la *yod* de בְחֵילְךָ va en contra de esta suposición. Aquí sigue además el apóstrofe marcial por el que a Dios se le llama "nuestro escudo" y se dice que abaje y humille a nuestros enemigos (וְהוֹרִידֵמוֹ מָגִנֵּנוּ אֲדֹנָי).

La elección de estas palabras se explica por el hecho de que el poeta concibe el poder de Dios como un ejército (Joel 2, 25), y piensa quizá directamente en el ejército de los cielos (Joel 3, 11), sobre el que ejerce su mando el Sebaot, Señor de los Ejércitos (Hitzig). Este Dios tiene pues que dispersar a los enemigos de David (de su reino; cf. נָע וָנָד, Gen 4, 12), para así destruirles después totalmente (Sal 56, 8). El Señor (אדני) es quien debe hacer esto, pues él es el escudo de Israel en contra de todos los paganos y de todos los israelitas falsos que se han convertido casi en paganos.

La primera parte de Sal 59, 13 ha de entenderse, sin duda, de un modo descriptivo: "El pecado de su boca (= de su lengua) es la palabra de sus labios" (con el sufijo en *mo*, שְׂפָתֵימוֹ, por cuyo uso el Sal 59 se asocia con los salmos del tiempo

---

30. El *keré* ha surgido por el hecho de que el redactor ha pensado que el refrán o estribillo de 59, 18 debía añadirse aquí (o en 59, 10) con אלהי חסדי (cf. un caso semejante en Sal 42, 6-7). Pero al añadir el estribillo en 59, 10, el verso siguiente (59, 11) podría parecer disminuido… Para remediar ese desajuste, Olshausen propuso terminar el Sal 59, 10 con אלהי חסדי y comenzar el Sal 59, 11 con חסדו (cf. Sal 79, 8). Pero esta solución no tiene consistencia alguna.

del enfrentamiento de David con Saúl, cf. Sal 56, 1-13; Sal 11, 1-7; Sal 17, 1-15; Sal 64, 1-10). Por otra parte, la combinación וילכדו בגאונם, sugiere inmediatamente pasajes paralelos como Prov 11, 6 y Prov 6, 2, como lo sugiere también la מן inicial en palabras como וּמֵאָלָה וּמִכַּחַשׁ יְסַפֵּרוּ (por la maldición y mentira que profieren). Esta מן suele vincularse con designaciones que indican una disposición de mente, con un tipo de acción por la cual los enemigos de David deben ser castigados, como indica la palabra final יספרו, que ellos profieren (cf. Sal 69, 27; Sal 64, 6).

Esas palabras han de ser traducidas: "Que ellos sean apresados por su orgullo, y a causa de la maldición y engaño que voluntariamente han proferido". De esa manera, en virtud de la justicia del Juez del mundo, tras haber servido por un tiempo como ejemplo viviente para Israel, ellos serán arrojados totalmente fuera del camino, a fin de que, por el mismo hecho de perecer, puedan percibir que Elohim es el gobernante y juez sobre Jacob y hasta los confines de la tierra (בְּיַעֲקֹב לְאַפְסֵי הָאָרֶץ, en el primer caso con la ב utilizada para indicar el objeto primario de dominio, e. g., Miq 5, 1, y en el segundo caso con la ל como si fuera con על, Sal 48, 11). Igual que el primer grupo de la primera parte, también este primer grupo de la segunda termina con *selah*.

El segundo grupo de esta segunda parte (59, 15-18) se abre igual que el segundo de la primera, pero con una diferencia: este grupo comienza con un וישבו, que conecta de un modo menos intenso con lo que precede, mientras que en el caso anterior se decía ישובו, con una conexión más estrecha. La mirada del poeta se vuelve de nuevo hacia su condición ya enderezada (ya resuelta) y nuevamente aparecen ante su mente los "perros" con los que Saúl le había estado "cazando".

יֶהֱמוּ כַכֶּלֶב וִיסוֹבְבוּ עִיר) הֵמָּה, ladren como perros y rodeen la ciudad) evoca la antítesis que sigue y que encuentra su expresión final en וילינו (cf. אִם־לֹא יִשְׂבְּעוּ וַיָּלִינוּ, buscando su comida y quejándose, si no la encuentran). El texto supone que los enviados de Saúl han andado como perros, buscando comida, de un lado para otro. Evidentemente, esa comida es el mismo David, al que no han logrado agarrar, devorar. Por eso, ellos, que son los perros, tienen que pasar la noche fuera ansiosos de comida.

Esta interpretación es la más natural, la más simple, la única que armoniza no solo con el texto actual, sino con la situación histórica de David perseguido por los enviados de Saúl. El poeta describe así la actividad de sus enemigos, completando o retocando algunos rasgos anteriores, pues él mismo, David, aparece de esa forma como comida o presa que los "perros" deseaban devorar, pero sin conseguirlo. De esa manera, el deseo de muerte de esos perros ha quedado insatisfecho. Por el contrario, él, David, puede cantar a su Dios: pero yo cantaré tu poder y te alabaré por la mañana (וַאֲנִי אָשִׁיר עֻזֶּךָ וַאֲרַנֵּן לַבֹּקֶר).

David puede así cantar el poder de Dios que le protege y alabar de un modo exultante su misericordia, poniendo de relieve la ternura amante de Dios, que le sacia (Sal 90, 14). En el día del miedo, que para él ha pasado ya, Dios ha sido su fortaleza inaccesible, su asilo al que nadie podía acercarse para prenderle. A ese Dios irá dirigida de ahora en adelante la música de su arpa (אזמרה), al Dios que le ha protegido (cf. אשמרה, Sal 59, 10), al Dios de su misericordia (59, 18: אֱלֹהֵי חַסְדִּי).

Salmo 60. Salmo doliente tras haber perdido una batalla

¹לַמְנַצֵּחַ עַל־שׁוּשַׁן עֵדוּת מִכְתָּם לְדָוִד לְלַמֵּד:
²בְּהַצּוֹתוֹ׀ אֶת אֲרַם נַהֲרַיִם וְאֶת־אֲרַם צוֹבָה וַיָּשָׁב יוֹאָב וַיַּךְ אֶת־אֱדוֹם בְּגֵיא־מֶלַח שְׁנֵים עָשָׂר אָלֶף:
³אֱלֹהִים זְנַחְתָּנוּ פְרַצְתָּנוּ אָנַפְתָּ תְּשׁוֹבֵב לָנוּ:
⁴הִרְעַשְׁתָּה אֶרֶץ פְּצַמְתָּהּ רְפָה שְׁבָרֶיהָ כִי־מָטָה:
⁵הִרְאִיתָה עַמְּךָ קָשָׁה הִשְׁקִיתָנוּ יַיִן תַּרְעֵלָה:
⁶נָתַתָּה לִּירֵאֶיךָ נֵּס לְהִתְנוֹסֵס מִפְּנֵי קֹשֶׁט סֶלָה:
⁷לְמַעַן יֵחָלְצוּן יְדִידֶיךָ הוֹשִׁיעָה יְמִינְךָ (וַעֲנֵנוּ) [וַעֲנֵנִי]:
⁸אֱלֹהִים׀ דִּבֶּר בְּקָדְשׁוֹ אֶעְלֹזָה אֲחַלְּקָה שְׁכֶם וְעֵמֶק סֻכּוֹת אֲמַדֵּד:
⁹לִי גִלְעָד׀ וְלִי מְנַשֶּׁה וְאֶפְרַיִם מָעוֹז רֹאשִׁי יְהוּדָה מְחֹקְקִי:
¹⁰מוֹאָב׀ סִיר רַחְצִי עַל־אֱדוֹם אַשְׁלִיךְ נַעֲלִי עָלַי פְּלֶשֶׁת הִתְרֹעָעִי:
¹¹מִי יֹבִלֵנִי עִיר מָצוֹר מִי נָחַנִי עַד־אֱדוֹם:
¹²הֲלֹא־אַתָּה אֱלֹהִים זְנַחְתָּנוּ וְלֹא־תֵצֵא אֱלֹהִים בְּצִבְאוֹתֵינוּ:
¹³הָבָה־לָּנוּ עֶזְרָת מִצָּר וְשָׁוְא תְּשׁוּעַת אָדָם:
¹⁴בֵּאלֹהִים נַעֲשֶׂה־חָיִל וְהוּא יָבוּס צָרֵינוּ:

<Al músico principal; sobre "Lirio del Testimonio". Mictam de David, para enseñar, cuando tuvo guerra contra Aram-Naharaim y contra Aram de Soba, y volvió Joab y destrozó a doce mil de Edom en el valle de la Sal>

¹ Tú, Dios, tú nos has desechado, nos quebrantaste; te has airado. ¡Vuélvete a nosotros!

² Hiciste temblar la tierra, la has hendido; ¡sana sus fracturas, porque titubea!

³ Has hecho ver a tu pueblo cosas duras; nos hiciste beber vino de aturdimiento.

⁴ Has dado a los que te temen bandera que alcen por causa de la verdad. Selah

⁵ ¡Para que se libren tus amados, salva con tu diestra y óyeme!

⁶ Dios ha dicho en su santuario,
"Yo me alegraré; repartiré a Siquem y mediré el valle de Sucot.

⁷ Mío es Galaad y mío es Manasés;
Efraín es la fortaleza de mi cabeza; Judá es mi legislador.

⁸ Moab, vasija para lavarme; sobre Edom echaré mi calzado; me regocijaré sobre Filistea".

⁹ ¿Quién me llevará a la ciudad fortificada? ¿Quién me llevará hasta Edom?

¹⁰ ¿No serás tú, Dios, que nos habías desechado
y no salías, Dios, con nuestros ejércitos?

¹¹ Danos socorro contra el enemigo, porque vana es la ayuda de los hombres.

¹² Con Dios haremos proezas, y él aplastará a nuestros enemigos.

Este último de los *michtammîm* elohistas de David está datado en el tiempo de la Guerra Siro-Amonita, que él (David) emprendió (con *hifil* נצה, de empujar, agarrar por el pelo) contra[31] Aram Naharaim (el pueblo de la tierra de los dos ríos, Mesopotamia) y contra Aram Zobah (probablemente entre el Éufrates y el Orontes, al noroeste de Damasco). Fue entonces cuando Joab, a la vuelta (וישב, con transición del infinitivo al verbo finito, Gesenius 132, nota 2), derrotó y destruyó a Edom en el valle de la Sal (es decir, en el *Ghor* Idumeo, con sus diez millas de anchura, en la extremidad sur del Mar Muerto), con doce mil soldados.

Este encabezado histórico proviene de una crónica antigua, que el salmo está citando en este contexto; se trata de un hecho que los libros canónicos de la Biblia no han citado ni conservado. Tanto 2 Sam 8, 13 como 1 Cron 18, 12 hablan de un número de 18000 en vez de 12000. En el primer caso, עשה שם equivale básicamente al latín *triumphum agere*, y tenemos que leer את־עדם conforme al encabezado de nuestro salmo, pues la victoria final de Joab, el capitán de David, fue contra Edom, no contra los arameos.

De todas formas, resulta aún más probable que las palabras ויך את־עדם (LXX, ἐπάταξε τὴν Ἰδουμαίαν), donde se indicaba que había conquistado Idumea se hayan dejado accidentalmente a un lado. El hecho de que en este salmo la victoria de los israelitas en contra de los edomitas se atribuya a Joab, mientras que en el libro de las Crónicas se atribuye a Abshai (Abisai, hermano de Joab), y en 2 Sam al mismo David, puede resolverse con toda facilidad: dado que el responsable último del ejército era David, y el comandante general Joab; por eso se puede afirmar que la guerra la ganó David, o también Joab o, finalmente, de hecho, Abisai, que era hermano de Joab, y responsable inmediato de las operaciones militares (cf. 2 Sam 10, 10).

Esta inscripción nos sitúa en tiempos de la mayor, de la más larga y más gloriosa de las guerras de David, en contra de los amonitas que, por lo que a ellos se refiere terminó en el segundo año, con la conquista de Rabbah, la capital de los amonitas (vid. Sal 21, 1-13). Esta guerra estuvo vinculada a la contienda más duradera en contra de los enemigos arameos, entre los que sobresale Hadad-ezer, gobernante del poderoso reino de Zobah, que fue vencido en el primer año de la guerra, en Chlam, al otro lado del Jordán. Después, en el año segundo, cuando

---

31. Con את en el sentido de על, como en Num 26, 9; según Ben-Asher, con *segol* en vez de *makkeph*, como en Sal 47, 5; Prov 3, 12. Estos tres pasajes han sido puestos de relieve por la Masora.

intentó fortificarse de nuevo en las riberas del río Éufrates, fue totalmente vencido y subyugado, tanto él como los sirios, que habían venido en su ayuda. De esta forma se combinan los relatos de las guerras de los arameos, tal como han sido narrados en 2 Sam 8 y 2 Sam 10, 1.

Pues bien, en ese momento, cuando los ejércitos de David estaban realizando tan grandes progresos en el norte, los edomitas del sur habían invadido la tierra colindante que estaba carente de tropas, de manera que aquí, en el sur, estalló una nueva guerra que ponía en riesgo todos los triunfos conseguidos en el norte. Este Sal 60 se refiere de un modo especial a esta contienda edomita.

Hengstenberg se equivoca cuando infiere a partir del encabezado que el título del salmo fue compuesto tras la victoria en el Valle de la Sal, antes de la conquista de Idumea. La inscripción solo ofrece una visión general del contexto histórico de la guerra, y fue compuesta antes de la Victoria del Valle de la Sal, y presupone que el sur de Israel había sido dolorosamente devastado por los edomitas, contra quienes los pocos soldados israelitas que quedaban en la zona eran incapaces de oponerse de un modo adecuado.

Por otros textos podemos inferir que la ocupación de los edomitas, que habían tomado no solo el sur de Israel, sino otros territorios, estaba clamando venganza en contra de ellos, cf. *Coment.* a Sal 44. Ese salmo korahita (Sal 44), puede haber sido compuesto después del salmo davídico que estamos comentando (Sal 60), y de esa forma se explica la relación que hay entre ambos. Por otra parte, en el "centón" o visión general de tipo histórico y de origen posterior del Sal 108 los versos 7-14 corresponden a Sal 60, 7-14.

El carácter de *miktam* o lamento y meditación sapiencial de este Sal 60 se manifiesta en el hecho de que desarrolla un oráculo divino, y también en que ofrece un lenguaje de lamento (Señor, tú nos has rechazado, cf. Sal 44, 10), que se repite aquí varias veces. Sobre las palabras עֵדוּת שׁוּשַׁן־עַל, "el testimonio del lirio" o el lirio del testimonio, vid. *Coment.* a Sal 45, 1.

El añadido לְלַמֵּד, para enseñar, ha de interpretarse según 2 Sam 1, 18, קֶשֶׁת יְהוּדָה־בְּנֵי לִמַּד, como título de un canto que se debe cantar en relación con las prácticas militares realizadas con el arco de guerra (קֶשֶׁת). Es normal que la elegía de David por Saúl y Jonathan (2 Sam 1, 17-27) se cantara con ese ritmo "del arco", porque el arco era el arma favorita del Jonathan como guerrero, y además por el hecho de que los hábiles arqueros filisteos decidieran la derrota de los israelitas en la batalla de Gilboa.

Este Sal 60 es el más marcial de todos, siendo el más apropiado para la práctica de las armas, debiendo ser cantado para inflamar y ratificar el ardor marcial patriótico de los jóvenes israelitas cuando realizaban sus prácticas de guerra. Hengstenberg y otros, siguiendo el esquema de los masoretas, dividen este salmo en tres estrofas de cuatro versos cada uno. El hecho de que el uso que el Sal 108 hace de este salmo comience en Sal 60, 7, למען יחלצון, ofrece cierto fundamento a esta división, que está favorecida por el *Selah*. De todas formas, los versos Sal 60, 6 y 7 van unidos de forma inseparable.

60, 3–7. Esta primera estrofa contiene quejas y peticiones, y funda la oración en la grandeza de la necesidad y de la relación de Israel con Dios. El sentido en que ha de tomarse פרצתנו (cf. זְנַחְתָּנוּ פְּרַצְתָּנוּ) aparece claro a partir de 2 Sam 5, 20, donde David utiliza esa palabra refiriéndose a la derrota de los filisteos, y la explica de un modo figurado. Esa palabra (פרצתנו) significa abrir una brecha a través de lo que hasta entonces había sido una masa compacta, para destruir, dispersar, desparramar a los enemigos.

La oración aparece primero de un modo muy tímido, con תְּשׁוֹבֵב לָנוּ, *vuélvete a nosotros*, en forma de deseo. Después, con רפה (Sal 60, 4) y הושיעה (Sal 60, 7) se vuelve más y más apasionada y elocuente. La primera petición, ל שׁובב, evoca aquí la gran restauración (como ל הניח, dar descanso; Sal 23, 3; Is 58, 12). La palabra significa también invertir la dirección, retornar (volverse…), pero en ese sentido no se puede construir con ל. Sobre פצמתה, Dunash ha puesto ya de relieve su relación con el árabe *fsm, rumpere, scindere* (romper, escindir), y Mose ha-Darshan ha insistido en su relación con el targúmico פצם que es igual a פרע, Jer 22, 14.

Las fuertes heridas que los edomitas han infligido al país son en el fondo una visita airada del mismo Dios, como יין תרעלה, y se comparan con un vino que intoxica y emborracha (en aposición y no en forma de genitivo de atracción, cf. *Coment.* a Is 30, 20), un vino con el que Dios mismo embota a su pueblo. Esta figura de la copa que embriaga ha pasado de los salmos de David y de Asaf a los profetas (e. g., Is 51, 17; Is 51, 21).

Hay un proverbio que tiene un sentido parecido: *quem Deus perdere vult, eum dementat* (a quien Dios quiere destruir lo enloquece). Todos los pretéritos hasta השקיתנו (Sal 60, 5, הִשְׁקִיתָנוּ יַיִן תַּרְעֵלָה, *nos hiciste beber vino de aturdimiento*) insisten en aquello que ha tenido que sufrir el pueblo.

Pero Sal 60, 6 no se puede ya entender de esa manera, retomando como hacen Ewald y Hitzig, el texto de los LXX: tú has elevado una bandera para aquellos que te honran, pero no para vencer, sino para huir. Esa lectura es inadmisible, a pesar de que קשת מפני (no *ante el arco*, sino *ante la verdad*) sea una frase muy utilizada. El encabezado del salmo parece favorable a la mención del arco:

— Porque las palabras, comenzando con נתת, no suenan como expresión de algo que es digno de lamentación, sino de esperanza. En el caso de que esa imagen debiera entenderse como lamentación tendría que haberse expresado con להתנוסס עך (solo para huida, no para victoria).

— Pero la palabra קשת no significa aquí arco de guerra, sino que es una forma incorrecta de escribir קשט (con *teth*, no con *taw*), que no significa "arco", sino verdad (como ha entendido este pasaje el mismo Targum). Ese es el sentido que tiene la raíz árabe de verdad *ḳiṣṭ,* de קש, ser fuerte, duro, firme.

Desde aquí se entiende bien la frase: *tú has dado a aquellos que te temen una bandera para dirigirles,* es decir, para juntarles (para ayudarles) tras un estandarte, a causa de la verdad; por eso debes ayudarles, a fin de que tus fieles amados puedan ser liberados (לְמַעַן יֵחָלְצוּן יְדִידֶיךָ), con tu mano derecha. Toda la oración termina así: הוֹשִׁיעָה יְמִינְךָ וַעֲנֵנוּ, salva con tu mano derecha y respóndenos.

Esta traducción, según la cual 60, 6 pone de relieve la buena causa de Israel en oposición a los enemigos está favorecida por la elevación de la música, que ha de interpretarse así según prescribe el *Selah*: מִפְּנֵי קֹשֶׁט סֶלָה. En esa línea, la palabra התנוסס no puede tomarse aquí como *nifal* de נוס, en el sentido de disponerse para huir, sino, al contrario, con el significado de "elevarse".

Este sentido no se alcanza por una simple yuxtaposición con נס (cf. נסה, Sal 4, 7), sino por el hecho de que la misma palabra נס, como el árabe *naṣṣun,* toma el significado de נסס, árabe *naṣṣ,* establecer, elevar. El sentido de fondo es, por tanto, el de elevar una bandera por causa de la libertad, que se identifica en el fondo con la verdad.

Resulta indudable que en el hebreo más antiguo (y no simplemente en el tardío, como en Neh 5, 15), la expresión מפני evoca la razón, motivo y finalidad de algo (como en Dt 28, 20). Por otra parte, Sal 44 es una especie de comentario de la expresión מפני קשט (por causa de la verdad), una expresión en la que se manifiesta la conciencia del pueblo de la alianza de una forma breve y ajustada, declarando su vocación al mundo, que es una vocación a favor de la verdad. A partir de esta conciencia de lucha a favor de la verdad, expresada en 60, 6, ha de entenderse la petición de 60, 7.

Israel interpreta así su batalla en contra de los gentiles, vinculados con Edom (su enemigo simbólico más significativo), como una manifestación y lucha a favor de la verdad, de acuerdo con su misión en el mundo. Por eso, el salmista, que es el mismo David, rey de Israel, en nombre del pueblo, pide a Dios que sus amados puedan quedar libres, que sean rescatados del poder de los enemigos (לְמַעַן יֵחָלְצוּן יְדִידֶיךָ).

La palabra ימינך (en el sentido de *tu mano derecha salvadora*) se entiende aquí de un modo instrumental (vid. *Coment.* a Sal 3, 5). Por su parte, la palabra final ha de entenderse en la línea del *keré* (ÎynInE)[]w,, y óyeme), en vez del *qetub* (וַעֲנֵנוּ, óyenos), porque el que ruega al final del salmo es el mismo rey, en nombre de todo el pueblo, no los miembros del pueblo en cuanto tales.

60, 8–10. El oráculo divino que se ha oído, prometiéndole victoria, se expresa ahora en una segunda estrofa. Por esta razón, el rey conoce que él puede y debe tomar posesión libre e inalienable de la tierra que Dios ha prometido a su pueblo, en oposición a las naciones del entorno: Moab, Edom y Filistea, y que así debe elevarse como Señor victorioso ante el que deben inclinarse todos los pueblos.

Aquí se expresa la gran voz de promesa de 2 Sam 7, 9, y ella nos permite entender esta estrofa del salmo, pues estos versos (Sal 60, 8-10) son una reproducción plástica de aquel oráculo o promesa de 2 Sam 7. Pero también es posible que, en ese momento, cuando Edom amenazaba con rebelarse en contra de la autoridad del reino de Israel, David recibiera un oráculo del sumo sacerdote, a través de los *Urim* y los *Tummim*, asegurándole que poseería de una forma continua y para siempre la soberanía sobre las naciones enemigas, y en especial sobre Edom.

Lo que Dios dice en su santidad es una declaración o promesa que se cumplirá de un modo inviolable, conforme a su más alta soberanía. Este es, por tanto, un juramento "por su santidad" (Sal 89, 36; Amós 4, 2). El oráculo no sigue en forma directa, porque no es Dios el que habla de esta forma, con estas palabras, (como piensa Olshausen), pues Dios no podría decir אֶעְלֹזָה, yo me alegraré.

Este es más bien el oráculo transmitido por el sacerdote del templo, quien habla en nombre de Dios, dirigiendo sus palabras, indirectamente, al rey y con él a todo el pueblo. Pero, en un sentido extenso, estas palabras pueden tomarse como sentencia y declaración del mismo rey David, que habla en nombre de Dios y por boca del sacerdote que pronuncia el oráculo.

Siquem es el centro de la región de Cisjordania, al lado oeste del río Jordán, y el Valle de Sukot está en el corazón de la zona de Transjordania, al otro lado del Jordán. Ciertamente, hay un territorio llamado en árabe *sâkût* (sukot, las tiendas) en la zona oeste del Jordán, hacia el norte, al sur de Beisan (Scythopolis). Pero ha existido también otro Sukot al otro lado del Jordán (en la actual Transjordania, en el entorno del antiguo Galaad, cf. Gen 33, 17; Jc 8, 4) un territorio que hasta ahora no ha podido ser trazado con precisión.

Ese territorio de Sukot yace en el entorno del río Jabok (ez-Zerka), casi en la misma latitud de Shechem (Sichem), al sudeste de Scythopolis, pero al otro lado del Jordán, donde Estori ha-Parchi afirma que ha encontrado huellas de una población significativa, no lejos de la ribera del Jordán.

El libro de Jos 13, 27 ofrece cierta información de ese עמק (valle) de Sukot. La ciudad y el valle pertenecían a la tribu de Gad. El clan de Galaad, vecino de Manasés, Sal 60, 9, comprendía distritos pertenecientes a las tribus de Gad y de Rubén. Eso significa que, según Sal 60, 9, Dios prometió a David el libre dominio de todo el país de la Cisjordania y Transjordania, prometido a Josué.

Los predicados más eminentes se atribuyen a las tribus de Efraím y Judá, las dos principales de Israel. Efraím era la más poderosa y numerosa, era el "yelmo" de David, la protección de su cabeza. Por su parte, Judá era la vara o cetro de su mando (מחקק, la vara de mando, con poder sobre la tribu concreta y sobre el pueblo entero de Israel, como se dice en Gen 49, 10; Num 21, 18). En virtud de su Antigua promesa, Judá era la tribu regia, de la que debía surgir el pueblo, llamado a tener dominio sobre el mundo entero.

La designación de Judá como vara o cetro del rey muestra que el rey es el que está hablando (y no el pueblo en general), de forma que Judá, Edom y Filistea se encuentran sometidas a él. Así se dice que la misma Moab, nación orgullosa, le sirve como de jofaina para lavarse[32].

Edom, el pueblo de gran poder y malicia, queda convertido así en posesión del rey de Judá, con la obligación de servirle; y por su parte, Filistea, la nación guerrera está obligada a someterse al mismo rey de Israel, que ahora aparece como gobernante irresistible. סִיר רְחְצִּי es una vasija para lavarse y se distingue del vaso o vasija para beber que se llama también סִיר. El hecho de arrojar una sandalia o calzado sobre un territorio es un signo de tomar posesión de él, por la fuerza, lo mismo que el quitarse el calzado (חליצה) es un signo de renuncia de un derecho sobre algo, siendo en ambos casos un símbolo de posesión legal[33].

La traducción de la última línea (עָלַי פְּלֶשֶׁת הִתְרֹעָעִי), como hacen Hitzig y Hengstenberg, "alégrate sobre mí, oh Filistea" (salúdame con gozo, aunque estés obligado a hacerlo por la fuerza) no se puede aceptar, pues nuestro texto עלי, está en vez de lo que tendría que haberse dicho לי. El verbo רוע tiene ciertamente el significado general de "dar un gran grito"; tanto en *hifil* (e. g., Is 15, 4) como en *hitpael*. Esa palabra puede utilizarse para indicar un gran grito de violencia.

---

32. Un servidor real, llamado *tasht-dâr*, portador de la jofaina o vasija de agua, estaba siempre a disposición del rey persa, tanto en los viajes como en las guerras (vid. Spiegel, *Avesta* II). En nuestro caso, como dice el salmista, Moab no solamente está al servicio del rey con la jofaina para que se lave, sino que él mismo le sirve como jofaina.

33. La sandalia o zapato puede entenderse en árabe (*wṭ*) como *medio para pisar u oprimir a otros*, y tiene estos dos sentidos metafóricos: (1) *Un hombre débil* e incapaz de defenderse por sí mismo en contra de los opresores dice así: *ma kuntu na'lan*, "no tengo zapato", no puedo oprimir a nadie bajo mis pies. (2) *La sandalia es también signo de una mujer sometida (quae subjicitur)*, y así suele decirse *g'alaa' na'lahu*, "él se ha quitado la sandalia, ha expulsado a su mujer" (cf. Lane, *Diccionario de árabe*, voz *ḥiḍá'a*, que significa zapato y mujer).

En un sentido convergente, la misma palabra árabe *wṭ'* puede tomarse por extensión como el acto de oprimir o de poner bajo el propio dominio a otros. Por eso, el árabe *wa'l* sirve como símbolo de sometimiento o dominio. Rosenmüller (*Das alte und neue Morgenland*, No. 483) recuerda que los reyes de Abisinia siguen lanzando un zapato como signo de posesión violenta de sus tierras y dominios. Aunque se pueda afirmar que este uso no está fundado en el pasaje del salmo que estamos comentando, ello muestra, al menos, que un pueblo que piensa y habla al modo oriental asocia el gesto de lanzar un zapato o sandalia con el dominio sobre una tierra o reino.

60, 11–14. La tercera estrofa retoma el motivo de la plegaria anterior; pero lo hace ahora con más libertad, con una fuerte conciencia y decisión de lucha. La ciudad fortificada (עיר מצור) no es Rabbath, la capital de Ammón, sino que, como es evidente por el estico paralelo del verso y por 2 Rey 14, 7, es la ciudad principal o capital de Idumea, la ciudad llamada *Sela'* (סלע) o *Petra* (vid. Knobel, *Coment.* sobre Gen 36, 42, cf. Sal 31, 22; 2 Cron 8, 5; 2 Cron 11, 5, y también Sal 14, 5).

La expresión "quién me conducirá" (en el sentido de ¡oh si alguien me condujera...! Gesenius 136, 1) indica un deseo marcial gozoso ante la perspectiva de la victoria. Sobre la expresión מי נחני, *quis perduxerit me*, vid. *Coment.* a Sal 11, 3.

Desde aquí se entienden las palabras posteriores, y que ofrecen el fundamento de todo lo que sigue, con la interrogación de 60, 12: הֲלֹא־אַתָּה אֱלֹהִים, "acaso no eres tú, Elohim...". El rey de Israel se encuentra muy presionado en la guerra, pero él sabe que la victoria solo puede venir de arriba, del Dios que hasta ahora, en gesto de ira, ha rehusado a su pueblo, de manera que ha dado a Edom el poder de romper las defensas de Israel (vid. Sal 44, 10). Pero esa situación debe cambiar, y en ese sentido deben entenderse las palabras de David, quien tiene la confianza de que Dios mismo va a darle el poder sobre la tierra de los idumeos.

El rey sabe bien que el socorro humano es inútil, como ha podido ver recientemente en el caso de los reyes de Zobah y Ammón, que han sucumbido a pesar de sus grandes fuerzas confederadas. Por eso, Israel (el rey David) ruega a Dios que le envíe su poder victorioso desde arriba, para así alcanzar la victoria expresada en 60, 14.

La expresión חיל עשה (cf. בֵאלֹהִים נַעֲשֶׂה־חָיִל, con Elohim haremos proezas) significa actuar valientemente, mostrar valor, de forma que es equivalente a ser victorioso, como en Sal 118, 16. Por medio de Dios, Israel podrá conquistar las tierras de los enemigos. Dios mismo lo hará a través de Israel (para bien de Israel), de acuerdo con los deseos de su pueblo.

Salmo 61. Plegaria agradecida de un rey expulsado que retoma su trono

לַמְנַצֵּחַ עַל־נְגִינַת לְדָוִד: ¹

שִׁמְעָה אֱלֹהִים רִנָּתִי הַקְשִׁיבָה תְּפִלָּתִי: ²

מִקְצֵה הָאָרֶץ‖ אֵלֶיךָ אֶקְרָא בַּעֲטֹף לִבִּי בְּצוּר־יָרוּם מִמֶּנִּי תַנְחֵנִי: ³

כִּי־הָיִיתָ מַחְסֶה לִי מִגְדַּל־עֹז מִפְּנֵי אוֹיֵב: ⁴

אָגוּרָה בְאָהָלְךָ עוֹלָמִים אֶחֱסֶה בְסֵתֶר כְּנָפֶיךָ סֶּלָה: ⁵

כִּי־אַתָּה אֱלֹהִים שָׁמַעְתָּ לִנְדָרָי נָתַתָּ יְרֻשַּׁת יִרְאֵי שְׁמֶךָ: ⁶

יָמִים עַל־יְמֵי־מֶלֶךְ תּוֹסִיף שְׁנוֹתָיו כְּמוֹ־דֹר וָדֹר: ⁷

יֵשֵׁב עוֹלָם לִפְנֵי אֱלֹהִים חֶסֶד וֶאֱמֶת מַן יִנְצְרֻהוּ: ⁸

כֵּן אֲזַמְּרָה שִׁמְךָ לָעַד לְשַׁלְּמִי נְדָרַי יוֹם‖ יוֹם: ⁹

<Al músico principal; sobre "Neginot". Salmo de David>

[1] Oye, Dios, mi clamor; atiende a mi oración.
[2] Desde el extremo de la tierra clamaré a ti cuando mi corazón desmaye.
Llévame a la roca que es más alta que yo,
[3] porque tú has sido mi refugio y torre fuerte delante del enemigo.
[4] Yo habitaré en tu Tabernáculo para siempre;
estaré seguro bajo la cubierta de tus alas. Selah

[5] porque tú, Dios, has oído mis votos;
me has dado la heredad de los que temen tu nombre.
[6] Días sobre días añadirás al rey; sus años serán como generación y generación.
[7] Estará para siempre delante de Dios;
prepara misericordia y verdad para que lo conserven.
[8] Así cantaré tu nombre para siempre, pagando mis votos cada día.

Han terminado los *miktammîm* davídicos y sigue ahora un corto canto davídico על־
נגינת. ¿Significa esta expresión "con acompañamiento de instrumentos de cuerda"?
Estrictamente hablando no, pues esa idea se expresa con el encabezado בנגינות
(Sal 4, 1, cf. Is 30, 29. 32). Pero la fórmula puede significar "según la música de
instrumentos de cuerda", no que נגינת sea un tipo de melodía musical específica.
La terminación *ath* no indica que esa palabra esté en estado constructo, sino que
puede ser una terminación femenina, como ha sido usual en fenicio.

Algunos comentaristas como Köster, Ewald, Hitzig y Olshausen, a pesar del
encabezado לדוד, se sienten obligados a buscar otro lugar histórico para este salmo,
un lugar que algunos alargan hasta el exilio de Babilonia y hasta los tiempos de los
ptolomeos y los seléucidas. Hupfeld trata de la indicación לדוד con algo más de
respeto. Por su parte, Böttcher (*De Inferis*, p. 204) refuta las hipótesis anteriores,
pero se decide finalmente a favor de la idea de que el rey de quien habla el salmo
es Ciro (a quien el salmo desea larga vida). Pero esta aplicación no es más que
otra ensoñación vacía. Nosotros preferimos seguir sosteniendo el sentido literal
de לדוד, y así podemos interpretar el salmo de una manera mucho más sencilla,
sin necesidad de inventar un nuevo verso entre 61, 5 y 61, 6, como hace Ewald.

Es un salmo davídico del tiempo de la guerra de Absalón, compuesto en
Mahanaim o en algún lugar de Galaad, cuando el ejército de David había derrotado
ya a los rebeldes en el bosque de Efraím. Tiene dos partes de ocho líneas cada una.

61, 2-5. Expulsado de la tierra del Señor (de Judea) en el sentido estricto de la
palabra[34], habitando al otro lado del Jordán, David se siente como si estuviera

---

34. Igual que en Num 32, 29, la tierra de Transjordania queda excluida del nombre de
"tierra de Canaán", en el sentido estricto, de manera que para muchos judíos ella se consideró desde
los tiempos más antiguos como un país extranjero (חוצה לארץ), aunque habitaran allí dos tribus y

desterrado en el límite extremo del mundo como tal (fuera de la tierra de Israel, cf. Sal 46, 10; Dt 28, 49, *passim*), lejos de la presencia de Dios (Hengstenberg). De esa forma, David tiene el sentimiento de estar fuera de su hogar, separado de la morada de Dios. Por eso, la distancia geográfica que en sí misma no es muy grande (lo mismo que ha sucedido a otros muchos exiliados posteriores) se vuelve para él inmensamente grande.

Se siente lejos porque necesita continuamente la intervención y la ayuda de Dios. Su entendimiento se siente velado, su corazón debilitado. La palabra עטף, árabe *'ṭf* (cf. בַּעֲטֹף לִבִּי, cuando mi corazón desmaye, se sienta oprimido), significa inclinarse, yacer en el suelo como si estuviera cubierto por un tipo de gran velo. Pesa sobre él (David) una montaña de dificultades, demasiado grandes para sus pequeñas fuerzas, para sus capacidades humanas, de manera que le parecen insuperables. Pero tiene un gran coraje, y Dios le dirigirá con paso seguro, librándole de todo peligro, como roca firme bajo sus pies.

David tiene buen ánimo, pues Dios se ha mostrado para él como lugar de refugio, torre fuerte, de forma que podrá desafiar todo ataque que quiera aplastarle, de tal manera que él, el perseguido, no será vencido por nadie (cf. Prov 18, 10). Más aún, él se encuentra ahora en camino hacia su propio país, donde, de acuerdo con la voluntad de Dios ha querido habitar en el centro de ese país de Israel (en su tabernáculo, en cohortativo, como en Is 38, 10; Jer 4, 21; cf. *Coment.* sobre Sal 15, 1), a lo largo de los siglos (una palabra que recuerda los sincronismos de Sal 23, 6). Con גור (אָגוּרָה בְאָהָלְךָ עוֹלָמִים, habitaré en tu tienda/tabernáculo para siempre) se combina la idea de la protección divina (cf. árabe *gâr ollah*, la protección de Dios, y en lenguaje beduino *gaur*, tierra protectora). En esa línea, un *gawir*, palabra que por su forma se vincula con גר, es alguien que huye para refugiarse en una tierra segura. Una imagen fuerte de esta protección de Dios es aquella por la que se dice que David estará acogido bajo el refugio de las alas de Dios (אֶחֱסֶה בְסֵתֶר כְּנָפֶיךָ).

Durante el tiempo en que el Tabernáculo se estaba aún moviendo de lugar en lugar, no se hablaba todavía de habitar en el tabernáculo o casa de Dios. Fue David quien acuñó esta expresión para evocar la presencia amorosa del Dios de la revelación, vinculada ya a Sión, un lugar establecido como espacio donde se coloca y mantiene el arca sagrada para siempre.

En los salmos esta expresión no aparece todavía en el tiempo de las persecuciones bajo Saúl. Por eso, cuando David desea en Sal 52, 7 que Doeg reciba un lugar de habitación o morada alejada de Dios no menciona todavía el lugar del Arca de la alianza. Lógicamente vemos así que ese salmo no pertenece al

---

media de Israel. Por eso, no solo se dice que Moisés murió fuera de la tierra de Israel, sino que el mismo Saúl fue enterrado en una tierra extranjera (*Numeri Rabba*, cap. VIII, *passim*).

tiempo de las persecuciones de Saúl, cuando no se podía hablar todavía de estar desterrado de la tierra de Dios. Solo más tarde, ya en tiempos de la persecución bajo Absalón, se puede hablar de una lejanía respecto de Dios, pues su arca ha sido establecida ya en Sión.

61, 6-9. La segunda parte del salmo comienza con una confirmación del propósito de gracia de Dios tal como se había expresado en 61, 5. David cree que él experimentará aquello que ha dicho en 61, 5, pues Dios ha revelado que ni su vida ni su reino serán destruidos. Según eso, Dios tiene que responder a sus oraciones de elegido, con los votos que él ha prometido a Dios desde su humillación (cf. 2 Sam 15, 25), de manera que él, David, podrá volver a la tierra de su herencia, que había sido amenazada por rebeldes y ladrones (los partidarios de su hijo Absalón), tierra a la que no tienen derecho los que se han separado de Dios, por rebeldes y ladrones.

Es por tanto claro que solo aquellos "que temen el nombre del Señor" (יִרְאֵי שְׁמֶךָ) podrán habitar en su tierra, que es ya lugar de la presencia de Dios. El genitivo de relación describe a los ירשה como aquellos que heredarán la tierra, en oposición a los que la han usurpado (נָתַתָּ יְרֻשַּׁת יִרְאֵי שְׁמֶךָ, has dado la herencia a los que temen tu nombre). Evidentemente, en este caso, ירשה no significa lo mismo que ארשת en el Sal 21, 3. Esta expresión (cf. נָתַתָּ יְרֻשַּׁת יִרְאֵי שְׁמֶךָ) es una frase muy utilizada, cuyo significado es "dar algo a alguien como herencia o propiedad", y así debe mantenerse (e. g., Dt 2, 19).

Dios ha reconocido la causa de David, y de esa forma ha quitado la tierra de Israel de las manos de aquellos a quienes no les pertenecía, y así comienza una nueva era en (para) el reino del rey justo. En vista de eso, en 61, 7-8, el rey pide a Dios que añada todavía una nueva porción o duración al tiempo de su vida. Las palabras parecen de intercesión, pero han sido pronunciadas por el mismo salmista de 61, 2-5. Tanto el Targum como la iglesia muestran que esas palabras, מלכא משיחא (el rey mesías), han de atribuirse al rey mesiánico del futuro, tras la extinción de la dinastía de David.

El tono exaltado del deseo expresado en el Sal 61, 7 (cf. Joel 2, 2) está a favor de esa interpretación, aunque sin exigirla totalmente (cf. עולמים, Sal 61, 5; Sal 21, 5, con la salutación real de 1 Rey 1, 31; Dan 2, 4, *passim*). Ni en este contexto (ni tampoco en Sal 9, 8) se puede andar discutiendo si ישב en el Sal 61, 8 significa sentarse en el trono como rey o habitar, en sentido más extenso, porque para un rey "sentarse" significa estar entronizado, de manera que para él ambas cosas son lo mismo: sentarse y reinar están indicando un mismo hecho. מן en el Sal 61, 8 (חֶסֶד וֶאֱמֶת מָן יִנְצְרֻהוּ) es un imperativo apocopado (según la forma צו, נס, הס).

El poeta alaba a Dios presentando la misericordia y la verdad (חֶסֶד וֶאֱמֶת) como ángeles guardianes del rey (cf. Sal 40, 12; Prov 20, 28, donde se dice צרו,

en una forma no pausal; cf. por otra parte Sal 78, 7; Prov 2, 11; Prov 5, 2). Dado que el poeta que aquí pide ayuda a Dios es el mismo rey por el que pide resulta normal la transición de la tercera a la primera persona en el v. 9 (de rogar por el rey a rogar por él mismo).

וְכֵן significa, como en otros casos, "así", correspondiendo al cumplimiento de esas peticiones, respondiendo de un modo agradecido. יְמַלֵּשׁ es un infinitivo de intención o finalidad. Con el canto de alabanza y el acompañamiento musical, el rey hará que toda su vida sea un cumplimiento agradecido de sus votos.

Salmo 62. Confianza en Dios cuando amenazan los enemigos

לַמְנַצֵּחַ עַל־יְדוּתוּן מִזְמוֹר לְדָוִד׃ ¹

אַךְ אֶל־אֱלֹהִים דּוּמִיָּה נַפְשִׁי מִמֶּנּוּ יְשׁוּעָתִי׃ ²

אַךְ־הוּא צוּרִי וִישׁוּעָתִי מִשְׂגַּבִּי לֹא־אֶמּוֹט רַבָּה׃ ³

עַד־אָנָה תְּהוֹתְתוּ עַל אִישׁ תְּרָצְּחוּ כֻלְּכֶם כְּקִיר נָטוּי גָּדֵר הַדְּחוּיָה׃ ⁴

אַךְ מִשְּׂאֵתוֹ יָעֲצוּ לְהַדִּיחַ יִרְצוּ כָזָב בְּפִיו יְבָרֵכוּ וּבְקִרְבָּם יְקַלְלוּ־סֶלָה׃ ⁵

אַךְ לֵאלֹהִים דּוֹמִּי נַפְשִׁי כִּי־מִמֶּנּוּ תִּקְוָתִי׃ ⁶

אַךְ־הוּא צוּרִי וִישׁוּעָתִי מִשְׂגַּבִּי לֹא אֶמּוֹט׃ ⁷

עַל־אֱלֹהִים יִשְׁעִי וּכְבוֹדִי צוּר־עֻזִּי מַחְסִי בֵּאלֹהִים׃ ⁸

בִּטְחוּ בוֹ בְכָל־עֵת עָם שִׁפְכוּ־לְפָנָיו לְבַבְכֶם אֱלֹהִים מַחֲסֶה־לָּנוּ סֶלָה׃ ⁹

אַךְ הֶבֶל בְּנֵי־אָדָם כָּזָב בְּנֵי אִישׁ בְּמֹאזְנַיִם לַעֲלוֹת הֵמָּה מֵהֶבֶל יָחַד׃ ¹⁰

אַל־תִּבְטְחוּ בְעֹשֶׁק וּבְגָזֵל אַל־תֶּהְבָּלוּ חַיִל כִּי־יָנוּב אַל־תָּשִׁיתוּ לֵב׃ ¹¹

אַחַת דִּבֶּר אֱלֹהִים שְׁתַּיִם־זוּ שָׁמָעְתִּי כִּי עֹז לֵאלֹהִים׃ ¹²

וּלְךָ־אֲדֹנָי חָסֶד כִּי־אַתָּה תְּשַׁלֵּם לְאִישׁ כְּמַעֲשֵׂהוּ׃ ¹³

<Al músico principal; a Jedutún. Salmo de David>

¹ En Dios solamente descansa mi alma; de él viene mi salvación.

² Solamente él es mi roca y mi salvación; es mi refugio, no resbalaré mucho.

³ ¿Hasta cuándo conspiraréis contra un hombre, tratando todos vosotros de aplastarlo como a pared desplomada y como a cerca derribada?

⁴ Solamente conspiran para arrojarlo de su grandeza.
Aman la mentira; con su boca bendicen, pero maldicen en su corazón. Selah

⁵ En Dios solamente reposa mi alma, porque de él viene mi esperanza.

⁶ Solamente él es mi roca y mi salvación. Es mi refugio, no resbalaré.

⁷ En Dios está mi salvación y mi gloria; en Dios está mi roca fuerte y mi refugio.

⁸ Pueblos, ¡esperad en él en todo tiempo!

¡Derramad delante de él vuestro corazón! ¡Dios es nuestro refugio! Selah

⁹ Por cierto, solo un soplo son los hijos de los hombres,
una mentira son los hijos de los poderosos;
pesándolos a todos por igual en la balanza, serán menos que nada.
¹⁰ No confiéis en la violencia ni en la rapiña os envanezcáis.
Si se aumentan las riquezas, no pongáis el corazón en ellas.
¹¹ Una vez habló Dios; dos veces he oído esto, que de Dios es el poder,
¹² y tuya, Señor, es la misericordia, pues tú pagas a cada uno conforme a su obra.

Este salmo está colocado después del anterior por el hecho de que hay entre ellos varios puntos de contacto (comparar Sal 62, 8 con Sal 61, 4. 8; Sal 62, 9 con Sal 61, 4; Sal 62, 13b con Sal 61, 9), pues ambos han brotado en el tiempo de la persecución de Absalón. Sobre el sentido de על־יותון hemos tratado ya en la introducción al Sal 39, pues ambos forman una pareja gemela. La partícula אך aparece allí (en Sal 39) cuatro veces, y en este no menos de seis. La estructura de las estrofas resulta parecida en ambos casos, aunque aquí tenemos estrofas más largas, separadas por algunos trísticos.

62, 2-5. Aunque parece irrecuperablemente perdido (derrotado), el poeta no desespera, sino que, en contra del amontonamiento de los enemigos que le amenazan, él responde con un claro y quieto sometimiento a Dios, un sometimiento que no consiste en una resignación fatalista, sino en el gesto más hondo por el que el salmista se pone voluntariamente en manos de Dios a quien él reconoce claramente (vid. 2 Sam 12, 7-13) como autor de todo lo que le está sucediendo.

En este contexto, la partícula אך (sí, solo, sin embargo) refleja el lenguaje creyente, por el cual, ante aquellos que le atacan, el orante establece y confirma una serie de verdades de fe. De esa manera él ratifica unas resoluciones que él asume de un modo deliberado y que mantiene y declara de un modo solemne.

No hay necesidad de tomar דומיה (no דומיה), que es siempre sustantivo (no solo en Sal 22, 3; Sal 39, 3, sino también en otros casos, como en el Sal 65, 2), y que se relaciona con דומה, como si solo significara un puro silencio pasivo (cf. Sal 94, 17; Sal 115, 17). Ese silencio activo del salmista ha de entenderse en forma de oración, תפלה, como en el Sal 109, 4.

En ese sentido se entiende la palabra דומיה (אַךְ אֶל־אֱלֹהִים דּוּמִיָּה נַפְשִׁי), en Dios-Elohim descansa mi alma). Su alma aparece así sometida, en silencio reverente y activo ante Dios, resignada siempre en Dios, sin propósito ni acción propia, independiente, pero en oración incesante.

La salvación del salmista viene de Dios; más aún, Dios mismo es su salvación, de tal forma que, mientras él esté presente (sea su Dios) el salmista se encontrará seguro de su salvación, manteniéndose firme en ella de un modo imperturbable. Por comparación con el Sal 37, 24, sabemos lo que el poeta quiere decir con רבה (רֵבָּה לֹא־אֶמּוֹט, no resbalaré mucho, totalmente). Nada le hará vacilar ni resbalar ni caer para siempre. Este רבּה es un adverbio como en el Sal 123, 4, y como en הרבּה, Ecl 5, 19.

Hay alguna dificultad sobre el ἅπαξ λεγομ. תהותתו (cf. תְּהוֹתְתוּ עַל אִישׁ, Sal 62, 4). Abulwald, a quien siguen Parchon, Kimchi y muchos otros, compara esa palabra con el árabe *hatta 'l-rajul,* que significa "el hombre que se envanece". Pero en árabe *ht* (forma intensiva *htht*) significa hablar de un modo fluido, con una palabra tras otra, de un modo claro, y este sentido no es aquí el apropiado. En árabe existe también la palabra *htt* (de la raíz *htk, proscindere*: cortar, insultar, denigrar), con un sentido que se adapta más a nuestro texto, que se utiliza todavía en el lenguaje hablado en algunas regiones de Siria.

En esa línea, en el entorno de Damasco, *el-hettât* es el apelativo de una persona que insulta sin consideración a otras personas, especialmente en *kal* con un acusativo de objeto. Pues bien, las palabras de esta frase, tomadas en conjunto (עַד־אָנָה ׀ תְּהוֹתְתוּ עַל אִישׁ) se explican mejor desde el árabe *hwwt*, utilizado también en la actualidad, en el entorno de Damasco, con *kal*, aunque solo de forma intensiva.

El *piel* árabe *hwwt 'lá flân* significa enfrentarse con alguien, darle un grito con el fin de intimidarle. En esa línea se puede aceptar la traducción de los LXX en la que aparece la palabra ἐπιτίθεσθε, Vulgata, *irruitis*: ¿hasta cuándo irrumpiréis o conspiraréis contra un hombre…?

Desde tiempo antiguo, al referirse al Sal 62, 4, la escuela de Tiberíades y la de Babilonia han discutido sobre la forma y traducción de תרצחו. Dado que esa palabra sigue estando regida todavía por עד־אנה, ha de tomarse en principio en forma de *piel*, y como indica la siguiente figura (como a pared desplomada…), debe entenderse en la línea del Sal 42, 11, con su significado primario de romper, destruir (de la raíz רץ)[35].

La tristeza del poeta se refleja en la forma comprimida, oscura y peculiar de la contraposición entre אישׁ y כּלכם (un único hombre –vosotros todos que queréis destruirle), palabras que están en contraste entre sí. La expresión כּקיר וגו (כְּקִיר נָטוּי גָּדֵר הַדְּחוּיָה, como pared destruida, cerca derribada, cf. Sal 63, 6) forma el objeto de תרצחו.

La lectura tradicional (גָּדֵר הַדְּחוּיָה), aunque no sea del todo incorrecta en sí misma, en lo que se refiere al género (Prov 24, 31) y al artículo (Gesenius 111, 2a), puede quizá cambiarse por la de גדרה דחויה (como piensan Olshausen y otros) de acuerdo con el miembro paralelo del verso, dado que las dos palabras, גדרה y גדר, pueden utilizarse para cualquier tipo de pared, empalizada o cerca.

---

35. La lectura de Ben-Asher תרצחו ha sido seguida por Aben-Ezra, Kimchi y por otros. La de Ben-Naphtali ha sido asumida por *B. Sanhedrin* 119a. Hay además otras lecturas que no cambian el sentido de conjunto de la expresión.

Conforme a la visión de sus enemigos, David parece una pared inclinada, un muro que se está derribando, una pared poco segura a la que se ha dado un golpe que hará que al fin se caiga. Y además de eso todos sus enemigos se agolpan en contra de él, unidos para destruirle, en contra de él, que no es más que un hombre amenazado.

Por eso él exclama, con una indignación que tiene casi un tono sarcástico: ¿hasta cuándo seguirán realizando su obra, sin quedar nunca saciados ni satisfechos de su empeño destructivo, que parece que durará mucho tiempo? Es evidente que el salmista se opone al empeño de sus enemigos, cuya determinación es clara (con יעץ, cf. אַךְ מִשְּׂאֵתוֹ יָעָצוּ, también cf. Is 14, 24).

Ellos solo quieren (con אַךְ, que aquí tiene el sentido de *tantummodo, prorsus,* únicamente) arrojarle de su alta posición, es decir, de su trono, a él, el hombre a quien están siempre persiguiendo (con להדיח en el sentido de להדיחו). No hay medio ninguno que ellos consideren indigno, a fin de conseguir lo que pretenden; no necesitan ni siquiera ponerse la máscara de la hipocresía, pueden hacerlo todo a rostro descubierto.

Las frases que evocan una forma de expresión futura son subordinadas (Ewiger, 341b). El lenguaje del A. T., permite un cambio de número en los sujetos, como בפיו en lugar de בפיהם, incluso en momentos extremos, en medio de una gran tensión emocional. En este caso, el singular es distributivo (בְּפִיו יְבָרֵכוּ), *suo quisque ore,* cada uno con su boca, como לו en Is 2, 20, ממנו en Is 5, 23, cf. Is 30, 22; Zac 14, 12. La puntuación יקללו sigue la regla de יהללו, cf. Sal 22, 27, con ירננו en Sal 149, 5, *passim* (con las excepciones que forman הנני, חקקי, רננת).

62, 6-9. El comienzo del segundo grupo retoma los motivos del comienzo del primero. אַךְ tiene un sentido afirmativo, tanto en el Sal 62, 6 como en el Sal 62, 7. El poeta toma de nuevo las afirmaciones emocionales de Sal 62, 2. 3, y con firmeza y gesto desafiante, se enfrenta con sus enemigos enmascarados. Lo que él dice aquí a su alma es muy semejante a lo que ha dicho en el Sal 62, 2, pues él se sitúa ante su alma como si fuera algo objetivo, distinto de su yo. Este desdoblamiento entre el espíritu (el yo profundo) y el alma es el fundamento en el que consiste su personalidad.

El salmista amonesta a su alma por aquel silencio que en el Sal 62, 2 él ha reconocido como suyo. Toda existencia espiritual del ser vivo permanece idéntica a sí misma (sin cambiarse) en medio de un perpetuo "llegar a ser", por medio de una renovación continua y autoconsciente. Por eso, el salmista reafirma su esperanza en 62, 6 (כִּי־מִמֶּנּוּ תִּקְוָתִי) conforme a su misma idea básica, que no es más ni menos que su propia salvación (62, 2). Aquello en lo que espera aquel que pone su confianza en Dios viene del mismo Dios; por eso, él no puede fallarle, pues solo él, el Todopoderoso, lleno de misericordia es para el hombre la seguridad.

David renuncia así a toda ayuda que le venga de sí mismo, a todo intento de fundar su vida en su propio honor, porque su honor y su salvación provienen de עַל־אֱלֹהִים (vid. *Coment.* a Sal 7, 11). La roca sobre la que se funda su fuerza, su refugio, es בֵּאלֹהִים. David, como hombre, vive allí donde vive Elohim, de manera que se puede afirmar que Elohim se identifica con él, en persona (con בּ como en Is 26, 4: צוּר־עֻזִּי מַחְסִי בֵּאלֹהִים).

Por medio de עָם, Sal 62, 9 (עָם שִׁפְכוּ־לְפָנָיו) el rey se dirige a aquellos que han permanecido fieles a él, a aquellos a quienes él ha tenido que sostener también en los salmos que pertenecen a ese período. Esta llamada no se dirige a la totalidad del pueblo que, en su mayor parte, ha caído en la apostasía, pues en ese caso tendría que haber dicho עַמִּי (mi pueblo). La palabra עָם se aplica con frecuencia a los que forman parte del cortejo o de la guardia personal de un príncipe (Jc 3, 18), o de los que están al servicio de una persona de rango (1 Rey 19, 21), a los que pertenecen a un grupo especial de la corte del rey (2 Rey 4, 42).

David se refiere aquí a los que han seguido dependiendo de él, y el hecho de que no pueda llamarles "mi pueblo" se debe a que la mayoría se han alejado de él. Pero aquellos que han permanecido fieles (que son aquí עָם) no tienen que perder la esperanza, sino que pueden confiar en Dios, que encontrará la forma de protegerles, lo mismo que al rey, cualquiera que sea el riesgo en que puedan hallarse.

62, 10–13. Así como los hombres en su conjunto, con todas las cosas terrenas en las que puedan apoyarse, son perecederos, así también todas las empresas puramente terrenas de los que han estado con David, pero sin confiar en Dios llevan en sí mismas el germen de la ruina. Según eso, Dios será el que decida como juez entre el destronado (David) y los usurpadores, de acuerdo con la relación en que hayan estado con él (con Dios). Esta es la conexión interna de esta tercera parte del salmo con los dos precedentes.

Por medio de esta estrofa (62, 10-13) el salmo puede compararse del modo más hondo con los dos salmos anteriores, y de un modo especial con Sal 39, 1-13. Sobre la relación entre בְּנֵי־אָדָם y בְּנֵי־אִישׁ, vid. *Coment.* a Sal 49, 3 y Sal 4, 3. Por su parte, el Sal 62, 10 se divide de un modo bastante correcto por los acentos. Algunos suponen que este pasaje constituye una cláusula independiente: ellos están colocados en la balanza לַעֲלוֹת, para desaparecer; eso significa que serán dispersados, pues no tienen peso ninguno (Hengstenberg).

Ciertamente, esta lectura es posible (cf. *Coment.* a Sal 25, 14; Sal 1, 1-6), pero el hecho de que en esta cláusula no exista un sujeto (que siempre es necesario en una frase u oración independiente) hace que nos opongamos a esa traducción, de forma que resulta preferible combinar las palabras de otra manera, no como frase independiente, sino como frase subordinada de ablativo en gerundio: "Colocados en la balanza *ad ascendendum* (es decir, para ascender), de esa manera subirán (*certo ascensuri*), pero acabarán fracasando, como si fueran nada, como si no existieran, es decir, para desaparecer".

Eso significa que los hombres (cada uno y todos) pertenecen a la nada o vanidad (מן partitivo), o que son incluso menos que nada (מן comparativo). Este pasaje afirma que los hombres se encuentran en la categoría de aquello que es nada o vanidad o, mejor dicho, ellos pertenecen al dominio de lo que es sin valor o vano.

La advertencia del Sal 62, 11 no se refiere a los partidarios de Absalón, sino que se coloca aquí como ejemplo significativo para aquellos que viendo la próspera condición y la gozosa vida de muchos malvados pueden quizá volverse envidiosos, queriendo poseer lo mismo que ellos poseen. Al lado de ב בטח ב, la expresión ב הבל (אל־תֶּהְבְּלוּ חָיִל) no consiste en poner en vano la esperanza sobre algo (pues ese verbo no lleva en sí la idea de esperar, cf. Job 27, 12; Jer 2, 5), sino al contrario, significa enloquecerse, cegarse ante algo que es vano (Hitzig).

Por un lado, los fieles pueden querer que su corazón quede enriquecido por sus propias riquezas; pero, por otra parte, no pueden volverse envidiosos por el hecho de que las riquezas de otros aumentan (נוב, raiz נב, elevarse uno a sí mismo, volverse grande, árabe *nabata*, enorgullecerse, crecer, y también *nabara*, aumentar). Los creyentes no pueden tener envidia de aquellos que así se enriquecen, como si fueran por eso grandes y afortunados, merecedores de una atención u honor especial. De esa forma expone el poeta dos grandes verdades, divinamente atestiguadas (no enorgullecerse de las propias riquezas, no envidiar las riquezas ajenas).

No se puede traducir la frase diciendo: una vez ha hablado Dios, y ahora he escuchado yo dos veces (Job 40, 5; 2 Rey 6, 10), sino que se debe traducir en la línea del Sal 89, 36: una vez ha hablado Dios, y dos son cosas las que yo he escuchado. En esa línea, lo mismo que en el Sal 12, 8 (cf. *Coment*. a Sal 9, 16), lo que se quiere decir es que, habiendo hablado Dios una vez, el hombre ha escuchado dos cosas, y estas son grandes verdades:

— *Que Dios tiene el poder sobre todos los asuntos de la tierra*, de forma que nada sucede sin él (sin que él lo quiera), de forma que todo lo que es contrario a Dios perecerá, antes o después.
— *Que este Dios verdadero, el soberano Señor (אדני), es también misericordia*, una misericordia cuya energía se mide por su omnipotencia, de manera que él, Dios, no permite que sucumban aquellos a quienes él protege.

El poeta establece con כִּי estas dos grandes verdades: la primera diciendo כִּי עֹז לֵאלֹהִים; la segunda añadiendo וּלְךָ־אֲדֹנָי חֶסֶד כִּי־אַתָּה תְשַׁלֵּם. Dios es poder, y ese poder divino se expresa en forma de misericordia, porque él sanciona a cada uno según sus obras, como lo expresa su justo gobierno, tal como se despliega en la historia de los hombres, Dios recompensa a cada uno conforme a su vida, a sus acciones, κατὰ τὰ ἔργα αὐτοῦ, tal como Pablo confiesa (Rom 2, 6) no menos que David, y siempre (conforme a los LXX) con las mismas palabras de David.

A cada hombre se le recompensará conforme a su conducta, y de esa forma se expresará el sentido de la relación de cada uno con Dios. Aquel que se eleva y actúa en contra de la voluntad y del orden de Dios sentirá su poder (עז) como principio de castigo, pues Dios le romperá en pedazos. Por el contrario, aquel que, ansiando la salvación, pone su propia voluntad en manos de la voluntad de Dios, recibirá de Dios misericordia y ternura amorosa (חסד), que provienen de la plenitud desbordante del mismo Dios. El hombre justo recibirá, por tanto, la recompensa prometida por la fidelidad, descubriendo así que el sentido de su confianza básica es Dios, y esperando su cumplimiento.

Salmo 63. Himno matutino de un perseguido en el desierto, sin agua

¹ מִזְמוֹר לְדָוִד בִּהְיוֹתוֹ בְּמִדְבַּר יְהוּדָה׃
² אֱלֹהִים‎ אֵלִי אַתָּה אֲשַׁחֲרֶךָּ צָמְאָה לְךָ‎ נַפְשִׁי כָּמַהּ לְךָ בְשָׂרִי בְּאֶרֶץ־צִיָּה וְעָיֵף בְּלִי־מָיִם׃
³ כֵּן בַּקֹּדֶשׁ חֲזִיתִיךָ לִרְאוֹת עֻזְּךָ וּכְבוֹדֶךָ׃
⁴ כִּי־טוֹב חַסְדְּךָ מֵחַיִּים שְׂפָתַי יְשַׁבְּחוּנְךָ׃
⁵ כֵּן אֲבָרֶכְךָ בְחַיָּי בְּשִׁמְךָ אֶשָּׂא כַפָּי׃
⁶ כְּמוֹ חֵלֶב וָדֶשֶׁן תִּשְׂבַּע נַפְשִׁי וְשִׂפְתֵי רְנָנוֹת יְהַלֶּל־פִּי׃
⁷ אִם־זְכַרְתִּיךָ עַל־יְצוּעָי בְּאַשְׁמֻרוֹת אֶהְגֶּה־בָּךְ׃
⁸ כִּי־הָיִיתָ עֶזְרָתָה לִּי וּבְצֵל כְּנָפֶיךָ אֲרַנֵּן׃
⁹ דָּבְקָה נַפְשִׁי אַחֲרֶיךָ בִּי תָּמְכָה יְמִינֶךָ׃
¹⁰ וְהֵמָּה לְשׁוֹאָה יְבַקְשׁוּ נַפְשִׁי יָבֹאוּ בְּתַחְתִּיּוֹת הָאָרֶץ׃
¹¹ יַגִּירֻהוּ עַל־יְדֵי־חָרֶב מְנָת שֻׁעָלִים יִהְיוּ׃
¹² וְהַמֶּלֶךְ יִשְׂמַח בֵּאלֹהִים יִתְהַלֵּל כָּל־הַנִּשְׁבָּע בּוֹ כִּי יִסָּכֵר פִּי דוֹבְרֵי־שָׁקֶר׃

<*Salmo de David, cuando estaba en el desierto de Judá*>

¹ ¡Dios, Dios mío eres tú! ¡De madrugada te buscaré!
Mi alma tiene sed de ti, mi carne te anhela en tierra seca y árida donde no hay aguas,
² para ver tu poder y tu gloria, así como te he mirado en el santuario.
³ Porque mejor es tu misericordia que la vida, mis labios te alabarán.

⁴ Así te bendeciré en mi vida; en tu nombre alzaré mis manos.
⁵ Como de médula y de grosura será saciada mi alma,
y con labios de júbilo te alabará mi boca,
⁶ cuando me acuerde de ti en mi lecho, cuando medite en ti en las vigilias de la noche,

7 porque has sido mi socorro y así en la sombra de tus alas me regocijaré.

8 Está mi alma apegada a ti; tu diestra me ha sostenido.

9 Pero los que para destrucción buscaron mi alma caerán en los sitios bajos de la tierra.

10 Los destruirán a filo de espada; serán presa de los chacales.

11 Pero el rey se alegrará en Dios; será alabado cualquiera que jura por él, porque la boca de los que hablan mentira será cerrada.

Sigue ahora el Salmo 63, oración de la mañana de la antigua iglesia, con el que comenzaba normalmente el canto de los Salmos en los servicios litúrgicos del domingo. Las *Constitutiones Apostolicae* II, 59 dicen: Ἐκάστης ἡμέρας συναθροίζεσθε ὄρθρου καὶ ἑσπέρας ψάλλοντες καὶ προσευχόμενοι ἐν τοῖς κυριακοῖς· ὄρθρου μὲν λέγοντες ψαλμὸν τὸν ξβ᾽ (Sal 63), ἑσπέρας δὲ τὸν ρμ᾽ (Sal 141, 1-10): "Cada día se reunirán por la mañana y por la tarde, cantando y orando los Salmos del Señor; proclamando cada mañana el salmo 63 y por la tarde el salmo 141". Por su parte, Atanasio dice lo mismo en su *De virginitate*, πρὸς ὄρθρον τὸν ψαλμὸν τοῦτον λέγετε κ. τ. λ. (por la mañana leed este salmo, etc.).

Por eso, este salmo 63 ha recibido directamente el nombre de ὁ ὀρθρινός (el Himno de la Mañana) en *Constit. Apostol*. VIII. 37. Eusebio alude al hecho de que esto se dice también en el Sal 91 (92), p. 608, ed. Montfaucon. De igual manera, en el orden litúrgico de la Iglesia de Siria, este es el salmo κατ᾽ ἐξοχήν o por excelencia; véase Dietrich, *De psalterii usu publico et diccione in Ecclesia Syriaca*, p. 3. Los LXX traducen אשחרך del Sal 63, 2, πρὸς σὲ ὀρθρίχω (por la mañana) y באשמרות (por la tarde); en el Sal 63, 7, ἐν τοῖς ὄρθροις (*en matutinis*, por la mañana).

Este salmo se encuentra todavía más estrechamente vinculado con el Sal 61 que el anterior (Sal 62). Aquí, lo mismo que en el Sal 61, David expresa su deseo de acudir al santuario; y en ambos salmos él se presenta a sí mismo como rey (vid. *Symbolae*, p. 56). Los tres salmos fueron compuestos durante el tiempo de la rebelión de Absalón, pues no debemos dejarnos engañar por la inscripción "un salmo de David, cuando estuvo en el Desierto de Judá" (así piensan también los LXX, conforme a la lectura correcta de Euthymius, que pone τῆς Ἰουδαίας, no τῆς Ἰδουμαίας), como hacen los comentaristas antiguos, atribuyendo este salmo al tiempo de la persecución de Saúl.

Durante ese período de enfrentamiento con Saúl, David no podía presentarse a sí mismo como "el rey" y; además, durante el tiempo de su persecución por Absalón, antes de cruzar el río Jordán, David tuvo que demorarse uno o dos días בערבות המדבר, en las estepas del desierto (2 Sam 15, 23. 28; 2 Sam 17, 16; i. e., en el desierto de Judá, que se encuentra muy cerca de Jerusalén). Esta es una vasta extensión seca que se extiende en la parte occidental del Mar Muerto.

Vemos así claramente a partir de 2 Sam 16, 2 (הַיָּעֵף בַּמִּדְבָּר) y de 2 Sam 14. 15 (עֵיֵפִים) que David se encuentra en condición de עָיֵף o fugitivo. Entendido desde ese fondo, este encabezado, arroja su luz sobre todo el salmo, mostrando que el poeta es un rey, que está ansioso de acercarse al Dios de Sión, donde ha tenido una alegría muy grande al poder contemplarle, mientras que se encuentra ahora perseguido por enemigos que desean su ruina.

De un modo consecuente, la afirmación de que él está en el desierto (**Sal 63, 1**) no es una pura figura retórica. Y por eso, cuando eleva su imprecación contra sus enemigos (que ellos sean comida de chacales...) resulta claro el influjo del desierto sobre sus pensamientos.

Aquí tenemos, por tanto, un salmo original davídico que aparece como contrapartida de los dos salmos korahíticos (Sal 42 y 43). Este es un salmo que ofrece un contenido más profundo y espiritual y que lo hace además de una forma más delicada. Pero, en otro sentido, su exposición resulta difícil de precisar.

Cuando hemos expuesto ya los dos salmos anteriores (42 y 43), este nos ofrece aún nuevos enigmas. Sea como fuere, todos estos salmos son difíciles de traducir por el carácter clásico de su lenguaje y por su hondura espiritual; ellos son, al mismo tiempo, semitransparentes y semiopacos, cosa que les ofrece un gran poder poético, un gran atractivo espiritual y literario.

Siendo salmos de contenido inagotable ellos nos dejan siempre un residuo indescifrado. Por eso, aunque el trabajo del expositor puede ir avanzando, no concluye nunca. En esa línea resulta difícil y excitante adaptar estos salmos a nuestra propia oración. Para ello se necesita un alma que sea capaz de amar del mismo modo que el salmista, entendiendo, al mismo tiempo, lo que él quiere transmitir, porque, como dice santamente Bernardo: *lingua amoris non amanti barbara est* (la lengua del amor es bárbara para aquellos que no aman).

63, 3-4. Si las palabras de **Sal 63, 2** fueran אֱלֹהִים אַתָּה אֲשַׁחֲרֶךָ, tendríamos que traducirlas con Böttcher, según Gen 49, 8: "Elohim, a ti es a quien yo busco, precisamente a ti". Pero אֵלִי (אֱלֹהִים אֵלִי אַתָּה אֲשַׁחֲרֶךָ) va en contra de esa traducción. Y la aserción de que el texto debería decir "Yahvé, tú eres mi Dios" (Sal 140, 7) se apoya sobre el desconocimiento del estilo elohista.

Cuando está solo por sí mismo אֱלֹהִים es un vocativo, y por eso tiene *un mehupach legarme*. El verbo שָׁחַר significa importunar, buscando e inquiriendo (e. g., Sal 78, 34), y en ese plano no tiene relación alguna con la palabra שַׁחַר en el sentido de amanecer o madrugada. Pero, dado que el Sal 63, 7 remite hacia atrás, hacia la noche anterior, שָׁחַר parece referirse al amanecer, en la madrugada, lo mismo que en Is 26, 9 donde שָׁחַר se encuentra al lado de אַף בְּלַיְלָה.

Por eso, los LXX no son incorrectos cuando traducen: πρὸς δὲ ὀρθρίζω (antes de que amaneciera; cf. Lc 21, 38: ὁ λαὸς ὤρθριζεν πρὸς αὐτὸν, el pueblo vino de madrugada hacia él). En ese sentido, Apolinar avanza en la buena línea, cuando comienza su paráfrasis: Νύκτα μετ᾽ ἀμφιλύκην σὲ μάκαρ μάκαρ ἀμφιχορεύσω (de noche, cuando amanece la mañana, yo exultaré por ti…).

La suposición de que בארץ es equivalente a כאשר בארץ, o incluso de que la *beth* es un *beth essentiae*, carecen de todo fundamento, a no ser el de sembrar desconfianza ante el encabezado del salmo. Lo que aquí se está evocando es el desierto seco, de arena, que provoca sed, desierto en el que David se encuentra en ese momento. No traducimos "en una tierra seca y árida", porque ציה no es un adjetivo, sino un sustantivo. Por otra parte, el cambio de un adjetivo femenino a una forma primaria masculina, como sucede algunas veces (cf. 1 Rey 19, 11) no se puede aplicar en este caso, que debe entenderse histórica y geográficamente desde la estancia de David en el desierto, con lo que ello implica para comprender su situación externa y su sentimiento interno.

En una región en la que se encuentra totalmente rodeado por una tierra de aridez quemada por el sol, donde no hay más colores que los de ceniza incinerada, que arrojan una imagen dura sobre su interior, que se encuentra en la misma situación de sequedad; en esa situación, el alma del salmista se descubre llena de sed, su carne languidece, preocupada, carente de agua (*languidus deficiente*), anhelando la presencia de Dios, fuente de vida.

La palabra כָּמַהּ (en el sentido de "tener sed de ti" tiene el acento en la parte de atrás) se aplica al ardiente deseo que consume las últimas energías de un ser humano. Viene de la raíz כם, de donde provienen כמן y כמס, tapar, de forma que, igual que עלף, עטף, esa palabra termina teniendo el sentido de rodear (árabe *kamiha*, ser ciego, estar desconcertado). Los LXX y Teodoción leen erróneamente כמה (como hacen con frecuencia). Por el contrario, Aquila traduce ἐπετάθη, y Símaco aún mejor ἱμείρεται (palabra que se utiliza para el deseo de amor).

Resulta muy importante el hecho de que David haya sido capaz de evocar ese deseo intenso de Dios como algo que él tiene no solo en el alma, sino en la misma carne (בְּשָׂרִי בְּאֶרֶץ־צִיָּה, mi carne en tierra seca). Eso significa que su espíritu tiene dominio sobre su cuerpo, sobre su sangre, de forma que no se limita a tener la carne sometida, sino que, en lo posible, esa misma carne está llena del deseo de Dios.

Esta es una experiencia que se alcanza más fácilmente en un estado de turbación y necesidad, que hace sufrir a la naturaleza carnal, mejor que en medio de un estado de abundancia y prosperidad exterior. El Dios por quien David se encuentra sediento (sediento de amor), en alma y cuerpo, es el Dios que se manifiesta en Sión.

En ese contexto se entiende el sentido de כֵּן en el Sal 63, 3 (כֵּן בַּקֹּדֶשׁ חֲזִיתִיךָ, así te miraba en el santuario), como partícula que ofrece su propia fisionomía a este salmo, lo mismo que hacía אַךְ en el salmo anterior. Esa partícula se puede entender de dos maneras: te he mirado como a mi Dios (porque tú eres mi Dios, Ewald) o; te he mirado con el deseo ya dicho, como tierra reseca esperando el agua (así e. g., Oettinger).

En el primer caso, el salmista retoma la confesión anterior, la del principio del salmo: "Elohim, mi Dios eres tú". En el segundo, el salmista retoma el motivo de su deseo general, que se toma no solo como algo propio de este momento excepcional, sino en el sentido más amplio de la vida humana como deseo de Dios.

Resulta preferible entender esa expresión en la segunda línea, refiriéndose no a Dios, sino a la disposición de la mente, del orante, que necesita a Dios.

En ese sentido, כן es equivalente a "anhelando por ti de esa manera". Los dos כן del Sal 63, 3 y 63, 5 son según eso paralelos y tienen la misma importancia. La alternancia del perfecto (Sal 63, 3) y del futuro (Sal 63, 5) indica que eso que ha sido el anhelo principal del salmista en el pasado lo será también en el futuro.

Por otra parte, ציה בארץ y בקדש forman una antítesis directa. Esto que David hace ahora (deseando a Dios en una tierra seca) es lo que él hacía en un tiempo anterior junto al santuario, cuando miraba con anhelo hacia Dios (חזה vincula dos ideas: solemnidad y devoción). No tenemos aquí necesidad de tomar לראות como gerundio (*videndo*), cosa que es en sí misma improbable, pues uno mira, observa, contempla una cosa precisamente con la finalidad de descubrir su naturaleza como objeto (Sal 14, 2; Is 42, 18).

La finalidad de mirar de esa manera hacia Dios es la de conseguir una comprensión de su naturaleza, en la medida que ella puede ser conocida por una creatura. O, por decirlo como aquí se dice, se trata de contemplar su poder y su gloria (לראות עזך וכבודך), es decir, su majestad, que se expresa de un modo terrible y, al mismo tiempo, como luz y como amor. Se trata, pues, de contemplar a Dios, tal como se manifiesta en los sacrificios y en los signos sacramentales.

Este deseo de Dios, que ahora en el desierto más alejado del santuario se muestra con más intensidad, le mueve e impulsa, porque la amante bondad de Dios es mejor que su propia vida, mejor que su existencia natural (vid. *Coment.* a Sal 17, 14), aunque la existencia natural es también una bendición, un presupuesto en el que se fundan todas las bendiciones de la tierra.

La amante bondad de Dios constituye un bien mucho mayor que todos los restantes, es el bien más alto, la vida verdadera; por eso, los labios del salmista alaban a este Dios de misericordia, dirigiendo hacia él el canto de la mañana. Eso significa que lo que hace al salmista verdaderamente feliz, aquello que él desea ahora como antes, aquello que ansía, es solo (sobre todo) la bondad amante (חסד, misericordia) de este Dios, cuya infinita dignidad se mide por la grandeza de su poder (עז) y de su gloria (כבוד).

Por eso, el texto se puede traducir: "Porque tu amante bondad es mejor que la vida, por eso te alabarán mis labios". En esa línea, en el caso de que כי

(כִּי־טוֹב חַסְדְּךָ מֵחַיִּים) se tome como demostrativo (porque), vincula no meramente lo que sigue (como si fuera una partícula de relativo), sino también lo que precede: "porque tu amante bondad…, por eso mis labios te alabarán" שְׂפָתַי יְשַׁבְּחוּנְךָ, con el sufijo añadido al enérgico plural con *ún*, como en Is 60, 7. 10; Jer 2, 24).

63, 5–9. Esta estrofa retoma nuevamente el motivo del כֵּן (Sal 63, 3), mostrando así que también para el futuro el deseo del orante está puesto en Dios, de tal forma que él bendecirá a Dios en toda su vida (con כֵּן אֲבָרֶכְךָ בְחַיָּי, como en Sal 104, 33; Sal 146, 2, cf. Baruc 4, 20, ἐν ταῖς ἡμέραις μου), invocando de esa manera su nombre y apelando a él, llenando sus manos con su Nombre, es decir, con la misma presencia y poder de Dios (בְּשִׁמְךָ אֶשָּׂא כַפָּי).

El hecho de estar ocupado en Dios, aunque sea en el árido desierto, con hambre y sed, le llena de satisfacción y le hace feliz, más que todas las comidas, saciando su alma mejor que con todos los alimentos posibles (velut adipe et pinguedine satiatur anima mea, como de grasa y manteca, cf. Lev 3, 17; Lev 7, 25).

Grussetius y Frisch piensan que aquí se trata de comidas espirituales. Ciertamente es así, pues el poeta no ha podido tener en su mente solo las comidas sacrificiales de grasa y carne de animales (Hupfeld), es decir, la comida (חלב) de los *shelamim* o sacrificios pacíficos, que se pone sobre el altar, de donde se retira la parte de alimento para los oferentes y los sacerdotes.

Ciertamente, conforme a este salmo, la Torá o ley sacrificial no ha de entenderse al pie de la letra cuando prohíbe que se coma la grasa de los animales, vid. Dt 32, 14, cf. Jer 31, 14. En esa línea, también aquí la expresión (כְּמוֹ חֵלֶב וָדֶשֶׁן, como de grasa y manteca, de médula y grosura) se refiere a la comida espiritual, vinculada al deseo y encuentro con Dios en el santuario.

Por eso, el orante que está lejos del templo de Sión, se siente satisfecho ante el recuerdo y celebración de la más noble de todas las fiestas, con manjares preciosos, de manera que sus labios cantan himnos de júbilo (con accus. instrumental, conforme a Gesenius 138, nota 3): con labios jubilosos y bien entonados, el salmista cantará las alabanzas de Dios.

Lo que ahora sigue en Sal 63, 7b no lo tomamos ya como una prótasis (como la de Is 5, 4): "cuando recuerdo, meditando sobre ti…". Al contrario, el Sal 63, 7a es la prótasis y el Sal 63, 7b es la apódosis, cf. Sal 21, 12; Job 9, 16 (Hitzig): *como yo me acordaba de ti* (*meminerim*, Ewiger 355b) *sobre mi lecho* (*stratis meis*, como en Sal 132, 3; Gen 49, 4, cf. 1 Cron 5, 1), es decir, cuando llegaba la luz de la mañana…, *así medito yo en ti en las vigilias de la noche* (Símaco, καθ᾽ ἑκάστην φυλακήν, en cada una de las vigilias), es decir, a lo largo de la noche en vela como con בחיי en Sal 63, 5. No se trata, según eso, de un salmo desligado del tiempo (intemporal), pues el salmista dice: "Yo paso gran parte de la noche absorto en la meditación de ti, de Dios".

Al salmista no le faltan temas de meditación, pues Dios se ha convertido para él en una ayuda (*auxilio*, vid. el Sal 3, 3); Dios le ha rescatado en este desierto y le ha escondido bajo la sombra de sus alas (vid. Sal 17, 8; Sal 36, 8; Sal 57, 2), ofreciéndole su frescura en el calor ardiente de la tierra, en medio de la batalla, protegiéndole contra sus enemigos, de manera que él puede mostrarse exultante (ארנן, en potencial).

Entre David y Dios se ha creado y subsiste una relación recíproca de amor. Conforme al esquema de la posición cruzada de las palabras (quiasmo) אחריך y בי aparecen situadas, de un modo intencional, una palabra frente a la otra: David depende de Dios, que está muy cerca de él, es decir, siguiéndole a todas partes y no dejándole, incluso cuando parece que le abandona; por su parte, la mano derecha de Dios le sostiene con fuerza, no dejándole que se pierda, no abandonándole en manos de sus enemigos.

63, 10–12. Esta estrofa final se dirige en contra de los enemigos del salmista. En contraste con su propia persona, lo mismo que en Sal 59, 16; Sal 56, 7, por medio de והמה, el salmista describe a sus enemigos, por causa de los cuales él ha tenido que retirarse al desierto. Queda abierto el sentido de si לְשׁוֹאה (יָבֹאוּ בְּתַחְתִּיּוֹת הָאָרֶץ לְשׁוֹאָה, para destrucción bajaron a las partes inferiores de la tierra…) se refiere, según el Sal 35, 17 al mismo David (al que han querido destruir su vida…) o, con Hupfeld, a los perseguidores (para su propia destrucción).

Si se toma la primera posibilidad, para poner de relieve la antítesis implicada en 63, 9, tendríamos que traducir: "sin embargo, son ellos…, los que han de bajar a las partes inferiores de la tierra" (Böttcher, y otros); pero esta es una lectura sintácticamente extraña y difícil. Por eso traducimos "por otra parte, aquellos que, para su propia ruina buscan mi alma…". Ciertamente, de un modo más preciso, esto tendría que haberse expresado con לְשׁוֹאתם (para su destrucción, en el sentido estricto de *shoah*), pero esa ausencia de sufijo resulta menos extraña que la tracción en relativo יבקשׁו.

Lo que sigue en el Sal 63, 10-11 es una expansión de לְשׁוֹאה. Los futuros, desde יבאו en adelante han de tomarse como predicciones, no como imprecaciones, pues esto concuerda mejor con el carácter tranquilo y elegante de todo el salmo. Les pasará a los enemigos lo mismo que a la banda de Korah. הארץ תחתיות es el interior de la tierra, en el lugar de su máxima profundidad. Este significado aparece también en Sal 139, 15; Is 44, 23[36].

---

36. En ese pasaje de Isaías se evocan las profundidades del mundo (LXX, θεμέλια τῆς γῆς), la hondura de la tierra en su parte extrema, con sus cavernas, abismos y pasajes subterráneos. Por su parte, el apóstol dice en Ef 4, 9, τὰ κατώτερα τῆς γῆς con el mismo significado que en los LXX tiene τὰ κατώτατα τῆς γῆς, el interior de la tierra, el inframundo, tal como lo entendieron

La frase יְגִירֻהוּ עַל־יְדֵי־חָרֶב, tanto aquí como en Jer 18, 21; Ez 35, 5, está en *hifil*, pero no de גרר, arrastrar, retirar, sino de נגר, llevar hacia adelante, conceder, en el sentido de poner a alguien en manos de (Job 16, 11), i. e., entregar a alguien (הסגיר) bajo el poder de la espada, en la línea de *effundent eum* que (lo mismo que en Job 4, 19; Job 18, 18, *passim*) equivale a *effundetur*, ser destruido.

La enálage es como en Sal 5, 10; Sal 7, 2, *passim*, y el singular se refiere a cada individuo de una multitud homogénea, o a la multitud misma, concebida como una persona moral concreta. En contra de eso, el rey que ahora está desterrado de Jerusalén y vive entre chacales se regocija en Elohim, mientras son ellos, sus enemigos, los que caen presa de chacales (véase el cumplimiento de esa anticipación en 2 Sam 18, 7). En ese contexto se añade que todos los que juren por el rey recibirán una alabanza.

Teodoreto interpreta este gesto como un juramento κατὰ τὴν τοῦ βασιλέως σωτηρίαν, por la salvación del rey. Hengstenberg compara este juramento con חי פרעה, Gen 42, 15. Por su parte, Ewald (217f) piensa que esta explicación resulta cuestionable, pues los israelitas han de jurar por el nombre de Dios y no por ningún otro, o por ninguna otra cosa, Dt 6, 13; Is 65, 16, cf. Amós 8, 14.

Si se tratara de jurar por el rey, tendría que haberse puesto לו הנשבע, precisando así la identidad de la persona que le jura alianza u obediencia. La sintaxis no nos permite decidir a quién se refiere esa partícula בּוֹ (כָּל־הַנִּשְׁבָּע בּוֹ, a Dios o al rey). N. Moeller (1573) afirmaba que בו se refiere al rey, en el sentido de comprometerse con él. Por su parte, A. H. Franke en su *Introductio in Psalterium* responde que tiene que referirse a Elohim, con quien se compromete el orante.

Desde una perspectiva del lenguaje son posibles las dos referencias; pero desde la perspectiva del argumento de fondo solo la segunda se puede admitir. Sea como fuere, aquí se trata de jurar por Dios, y se refiere a aquella persona que, sin separarse de él, jura por Elohim, el Dios de Israel, el Dios de David, que es su ungido, el Dios que está exaltado sobre todas las cosas.

Solo el que jura así podrá enorgullecerse o gloriarse, porque Dios reconocerá el buen fundamento y sabiduría de su gesto. Él se gloriará, porque la boca de aquellos que dicen mentiras será clausurada, violentamente cerrada. Eso significa que aquellos que se han opuesto al Cristo de Dios (que es aquí David) han negado la reverencia que deben al mismo Dios. El salmo 64 terminará de un modo semejante, y por eso viene convocado después de este.

---

los Padres de la Iglesia griega, en la medida en que yo los conozco. El comparativo κατώτερος se utiliza en el mismo sentido que ἐνέρτερος.

Salmo 64. Invoca la protección divina en contra de la falsedad de los hombres

¹ לַמְנַצֵּחַ מִזְמוֹר לְדָוִד׃

² שְׁמַע־אֱלֹהִים קוֹלִי בְשִׂיחִי מִפַּחַד אוֹיֵב תִּצֹּר חַיָּי׃

³ תַּסְתִּירֵנִי מִסּוֹד מְרֵעִים מֵרִגְשַׁת פֹּעֲלֵי אָוֶן׃

⁴ אֲשֶׁר שָׁנְנוּ כַחֶרֶב לְשׁוֹנָם דָּרְכוּ חִצָּם דָּבָר מָר׃

⁵ לִירוֹת בַּמִּסְתָּרִים תָּם פִּתְאֹם יֹרֻהוּ וְלֹא יִירָאוּ׃

⁶ יְחַזְּקוּ־לָמוֹ דָּבָר רָע יְסַפְּרוּ לִטְמוֹן מוֹקְשִׁים אָמְרוּ מִי יִרְאֶה־לָּמוֹ׃

⁷ יַחְפְּשׂוּ־עוֹלֹת תַּמְנוּ חֵפֶשׂ מְחֻפָּשׂ וְקֶרֶב אִישׁ וְלֵב עָמֹק׃

⁸ וַיֹּרֵם אֱלֹהִים חֵץ פִּתְאוֹם הָיוּ מַכּוֹתָם׃

⁹ וַיַּכְשִׁילוּהוּ עָלֵימוֹ לְשׁוֹנָם יִתְנֹדְדוּ כָּל־רֹאֵה בָם׃

¹⁰ וַיִּירְאוּ כָּל־אָדָם וַיַּגִּידוּ פֹּעַל אֱלֹהִים וּמַעֲשֵׂהוּ הִשְׂכִּילוּ׃

¹¹ יִשְׂמַח צַדִּיק בַּיהוָה וְחָסָה בוֹ וְיִתְהַלְלוּ כָּל־יִשְׁרֵי־לֵב׃

<Al músico principal. Salmo de David>

¹ Escucha, Dios, la voz de mi queja; guarda mi vida del miedo al enemigo.

² Escóndeme del plan secreto de los malignos, de la conspiración de los malvados

³ que afilan como espada su lengua; lanzan como una saeta suya la palabra amarga,

⁴ para disparar a escondidas contra el íntegro; de repente le disparan, y no temen.

⁵ Obstinados en su perverso designio,
tratan de esconder los lazos, y dicen, ¿quién los ha de ver?

⁶ Planean maldades, hacen una investigación exacta;
el íntimo pensamiento de cada uno de ellos, así como su corazón, es profundo.

⁷ Pero Dios los herirá con saeta; de repente llegarán sus plagas.

⁸ Sus propias lenguas los harán caer. Se espantarán todos los que los vean.

⁹ Temerán entonces todos los hombres,
y anunciarán la obra de Dios, y entenderán sus hechos.

¹⁰ Se alegrará el justo en Jehová y confiará en él;
¡se gloriarán todos los rectos de corazón!

Incluso Hilario comienza la exposición de este salmo con las palabras de su encabezado, diciendo *historiam non continet*, con el fin de dejar a un lado todas sus posibles conexiones históricas. Pero el *Midrash* observa que se puede aplicar muy bien a Daniel a quien los sátrapas mandaron arrojar al foso de los leones, por medio de un complot muy delicadamente trenzado.

Ciertamente, esto es verdad, pero solo porque el encabezado no incluye ningún detalle que permita situarlo en uno de los dos grandes períodos de sufrimiento de David, perseguido primero por Saúl y después por los partidarios de su hijo Absalón. Pero eso no quiere decir que el salmo no sea suyo.

64, 2-5. El salmo comienza con un octoestico y termina de la misma manera. El nombre de infinitivo שִׂיחַ (cf. קוֹלִי בְשִׂיחִי) significa un lamento, pero no expresado en tonos o gritos de pena, sino por palabras. La traducción de los LXX (tanto aquí como en el Sal 55, 3) es muy general, ἐν τῷ θέεσθαί με. El terror (פַּחַד) del enemigo (מִמְּפַחַד אוֹיֵב) es el que procede de ese enemigo (con genitivo objetivo, como en Dt 2, 15, *passim*).

El singular genérico אויב queda particularizado de un modo más preciso con una descripción más detalladas del uso del plural. סוד es un grupo, una banda. רגשה (targúmico igual a המון, e. g., Ez 30, 10) es: una multitud ruidosa. Los perfectos, tras אשר, muestran que lo que ellos hacen ahora es lo mismo que lo que estaban haciendo antes, cf. Sal 140, 4 y Sal 58, 8, donde, como en este pasaje, el hecho de preparar o tensar el arco se aplica a la misma flecha. דבר מר es una interpretación añadida a la figura, lo mismo que en el Sal 144, 7.

Lo que es amargo se llama מר, raíz מר, *stringere*, apretar, por su gusto agrio. Aquí se aplica de un modo figurado, aplicándose al lenguaje que produce heridas e inflige penas (en la línea de una flecha o estilete), en griego πικροὶ λόγοι. Con el *kal* לירות (Sal 11, 2) alterna el *hifil* ירהו. La descripción toma con פתאם un nuevo comienzo. Las palabras וְלֹא יִירָאוּ forman una asonancia con las precedentes, indicando que los impíos actúan sin temor alguno, incluso sin temor de Dios (cf. Sal 55, 20; Sal 25, 18).

64, 6-7. La palabra mala o designio malo (דָּבָר רָע) retoma el motivo de la palabra amarga de 64, 4, con la flecha que los malvados están ansiosos de disparar. Esta palabra mala se entiende aquí como designio o decisión perversa, que los enemigos afirman y ratifican por sí mismos, para asegurar su ejecución. El verbo ספר (utilizado con frecuencia para evocar el lenguaje cortante de los impíos: Sal 59, 13; Sal 69, 27; cf. Talmud, סִפֵּר לְשׁוֹן שְׁלִישִׁי, hablar con tres lenguas, i. e., de un modo difamatorio) se construye aquí (cf. יְסַפְּרוּ לִטְמֹן מוֹקְשִׁים) con ל para indicar la insolencia u orgullo del lenguaje que utilizan.

Desde ese fondo se dice que ellos no se ocupan en modo alguno de Dios, que es el que todo lo ve, sino que preguntan *quis conspiciat ipsis* (quién puede mirarlos). No hay necesidad de tomar למו en el sentido de לו (Hitzig); no se trata de un dativo de objeto en lugar de un acusativo, sino que es un dativo ético: ¿quién podrá mirarlos o verlos, ejerciendo, según eso, algún tipo de influjo sobre ellos? La pregunta no se formula aquí de forma directa, sino indirecta, de manera que מי viene seguido de verbos con sentido de futuro (Jer 44, 28) o potencial (Job 22, 17; 1 Rey 1, 20).

Por lo que se refiere a עולת (יחְפְּשׂוּ־עוֹלֹת), vid. Sal 58, 3. No es seguro que תמנו (el uso de תַּמְנוּ en Baer, *Psalterium* es un error que ha sido repetido por Heidenheim) esté en 1ª persona (igual a תַּמּוֹנוּ) como en Num 17, 13; Jer 44, 18, o en 3ª persona como en Lam 3, 22 (igual a תמו, que primero toma la forma de תנמו para transmutarse en תמנו, como מעזניה igual a מעגזיה, Is 23, 11). La lectura טמנו, asumida por Rashi, y seguida por Lutero en su traducción, se opone a los LXX y al Targum; ella no responde al sujeto, y no es más que una forma involuntaria y falsa de resolver la dificultad.

Si tomamos en consideración el hecho de que תמם no es preparar, sino estar preparado y que, por tanto, חפש מחפש ha de tomarse por sí mismo, la frase puede traducirse de dos maneras: (a) *ellos planean maldades o villanías, pero nosotros estamos preparados, pues la parte interior del hombre y el corazón es profundo*; (b) pero nosotros preferimos otra traducción: *ellos planean maldades, hacen una investigación exacta, dan un golpe inteligente* y (el poeta añade, de un modo irónico) *¡Pues el interior del hombre y el corazón es (verdaderamente) profundo!* No hay nada extraño en el hecho de que el poeta utilice la forma תמנו en vez de תמו, pues los Salmos, cuando exponen los designios o acciones pecadoras de los impíos, tienden a utilizar un lenguaje con singularidades abundantes. Sobre el sentido de ולב (en וְלֵב עָמֹק וְקֶרֶב אִישׁ) y su relación con אִישׁ, cf. Sal 118, 14.

64, 8–11. Profundo es el corazón y el interior del hombre, pero no demasiado profundo para Dios, que conoce los corazones (Jer 17, 9). Por eso, Dios sorprenderá de repente a los enemigos de su Ungido, con un golpe de muerte, cuando ellos estén precisamente atentando contra él.

El futuro consecutivo que sigue indica aquello que ha de venir, de un modo seguro, con la certeza de un hecho histórico, como una retribución o castigo que proviene de la misma maldad de los enemigos. Conforme a los acentos, el Sal 64, 8 puede traducirse: "Pero Dios los herirá, una saeta repentina les causará heridas". Ese es el sentido general del texto, pero su significado de fondo resulta enigmático.

El Targum y los comentaristas judíos lo han interpretado de un modo diferente: "Entonces, Dios les disparará con flechas, de un modo repentino". Pero en este caso, dado que el texto queda demasiado romo y poco preciso, habría que repetir mentalmente la palabra פתאם sin que su sentido quedara bien aclarado. Con Ewald y Hitzig, nosotros puntuamos y traducimos el texto así: "Entonces Elohim les disparará una flecha (y) de repente surgirán (se harán realidad) sus heridas (cf. Miq 7, 4), es decir, las de aquellos que habían querido disparar contra el Ungido (esto es, contra los justos)".

El Sal 64, 9 es todavía más difícil de traducir. La interpretación de Kimchi, que responde a los acentos, *et corruere facient eam super se, linguam suam* (y harán que caiga sobre ellos su propia lengua), resulta inaceptable. El sujeto proléptico, haciendo referencia a לשונם (Ex 3, 6; Job 33, 20) tendría que haber sido femenino (vid. Coment. a Sal 22, 16) y, por otra parte, "hacer que su lengua caiga sobre ellos" es una fantasía, una lectura imposible.

El sufijo objetivo (de עָלֵימוֹ) tiene que referirse por enálage al enemigo. Pero no como quiere Hitzig, que después ha intentado resolver la dificultad alterando el texto, que antes había traducido: "Y ellos hicieron caer a aquellos a quienes habían calumniado" (= a aquellos sobre los que vino su lengua).

Esta forma de retribución no responde al contexto. Y además, tanto la palabra עלימו, como el final en -הו de וַיַּכְשִׁילוּהוּ se refieren probablemente a los enemigos y no a aquellos a quienes hacen objeto de su hostilidad (contra los que luchan). Es mejor la interpretación de Ewald y Hengstenberg: *y uno les derribó por tanto con su lengua.* En otras palabras "el pecado de su lengua, con la que habían querido derribar a otros les derribó a ellos mismos" (es decir, a los calumniadores).

El sujeto de וַיַּכְשִׁילֵהוּ, como en Sal 63, 11; Job 4, 19; Job 7, 3; Lc 12, 20, son los poderes que están al servicio de Dios, aunque ellos no se citen externamente en este pasaje. Y el pensamiento de עָלֵימוֹ לְשׁוֹנָם (que es una cláusula circunstancial) se parece al de Sal 140, 10, donde encontramos, en una conexión semejante, un mismo estilo lapidario y terso (les harán caer sus propias lenguas, caerán por ellas).

Partiendo de lo anterior, en el Sal 64, 9 debemos fundarnos en el presupuesto de que, en ese contexto, la expresión כָּל־רֹאֵה בָם (ב ראה) está evocando recompensa (la justa paga) de aquellos que son justamente castigados, de forma que no puedan ser ya más capaces de hacer daño. Por eso, los que vean cómo caen (por qué razón, de qué manera) quedarán espantados.

Esos que están mirando lo que pasa (רֹאֵה בָם) no son las personas que intentan escapar. Esos que miran son los que se espantan, no los que quieren prepararse para huir (Ewald, Hitzig). Los que se espantan de la suerte de los que caen se "sacuden", hacen muecas de admiración, como los que mueven la cabeza (Sal 44, 15; Jer 18, 16), en un gesto bien conocido de condena del mal del otro, para burlarse de ellos.

Pues bien, ese acto judicial de Dios que castiga a los malvados (que deja más bien que se castiguen a sí mismos) viene a convertirse en una bendición para la humanidad (64, 10). De boca en boca pasa la noticia, hasta convertirse en aviso para unos, en amonestación para otros. En particular, para los justos, ese juicio de Yahvé es el principio de la salvación, el punto de partida para la redención de los rectos y justos.

De esa manera, por todo lo anterior, el salmista se regocija en su Dios, que por su forma de juzgar y redimir abre un nuevo camino en la historia de la redención. De un modo consecuente, todos los justos se glorían en el Dios que mira su interior y de esa forma les reconoce, viendo que sus corazones están dirigidos enteramente hacia él. Y así, en lugar de futuros consecutivos, con su referencia profética, aquí aparecen solo simples futuros, y en medio de ellos un perfecto consecutivo, como expresión de aquello que sucederá cuando venga a realizarse del todo aquello que ahora no es más que un anuncio profético.

Salmo 65. Acción de gracias por la victoria y bendiciones concedidas

1 לַמְנַצֵּחַ מִזְמוֹר לְדָוִד שִׁיר:

2 לְךָ דֻמִיָּה תְהִלָּה אֱלֹהִים בְּצִיּוֹן וּלְךָ יְשֻׁלַּם־נֶדֶר:

3 שֹׁמֵעַ תְּפִלָּה עָדֶיךָ כָּל־בָּשָׂר יָבֹאוּ:

4 דִּבְרֵי עֲוֺנֹת גָּבְרוּ מֶנִּי פְּשָׁעֵינוּ אַתָּה תְכַפְּרֵם:

5 אַשְׁרֵי תִּבְחַר וּתְקָרֵב יִשְׁכֹּן חֲצֵרֶיךָ נִשְׂבְּעָה בְּטוּב בֵּיתֶךָ קְדֹשׁ הֵיכָלֶךָ:

6 נוֹרָאוֹת בְּצֶדֶק תַּעֲנֵנוּ אֱלֹהֵי יִשְׁעֵנוּ מִבְטָח כָּל־קַצְוֵי־אֶרֶץ וְיָם רְחֹקִים:

7 מֵכִין הָרִים בְּכֹחוֹ נֶאְזָר בִּגְבוּרָה:

8 מַשְׁבִּיחַ שְׁאוֹן יַמִּים שְׁאוֹן גַּלֵּיהֶם וַהֲמוֹן לְאֻמִּים:

9 וַיִּירְאוּ יֹשְׁבֵי קְצָוֺת מֵאוֹתֹתֶיךָ מוֹצָאֵי־בֹקֶר וָעֶרֶב תַּרְנִין:

10 פָּקַדְתָּ הָאָרֶץ וַתְּשֹׁקְקֶהָ רַבַּת תַּעְשְׁרֶנָּה פֶּלֶג אֱלֹהִים מָלֵא מָיִם תָּכִין דְּגָנָם כִּי־כֵן תְּכִינֶהָ:

11 תְּלָמֶיהָ רַוֵּה נַחֵת גְּדוּדֶיהָ בִּרְבִיבִים תְּמֹגְגֶנָּה צִמְחָהּ תְּבָרֵךְ:

12 עִטַּרְתָּ שְׁנַת טוֹבָתֶךָ וּמַעְגָּלֶיךָ יִרְעֲפוּן דָּשֶׁן:

13 יִרְעֲפוּ נְאוֹת מִדְבָּר וְגִיל גְּבָעוֹת תַּחְגֹּרְנָה:

14 לָבְשׁוּ כָרִים הַצֹּאן וַעֲמָקִים יַעַטְפוּ־בָר יִתְרוֹעֲעוּ אַף־יָשִׁירוּ:

<Al músico principal. Salmo. Cántico de David>

1 Tuya, Dios, es la alabanza en Sión, y a ti se pagarán los votos.

2 Tú oyes la oración; a ti vendrá toda carne.

3 Las iniquidades prevalecen contra mí, pero tú perdonas nuestras rebeliones.

4 Bienaventurado el que tú escojas y atraigas a ti para que habite en tus atrios.
Seremos saciados del bien de tu Casa, de tu santo Templo.

5 Con tremendas cosas nos responderás tú en justicia, Dios de nuestra salvación,
esperanza de todos los términos de la tierra y de los más remotos confines del mar.

6 Tú, el que afirma los montes con su poder, ceñido de valentía;

7 el que sosiega el estruendo de los mares, el estruendo de sus olas,
y el alboroto de las naciones.

8 Por tanto, los habitantes de los confines de la tierra temen ante tus maravillas.
Tú haces alegrar las salidas de la mañana y de la tarde.

9 Visitas la tierra y la riegas; en gran manera la enriqueces.
Con el río de Dios, lleno de aguas, preparas la siembra del grano, cuando así la dispones.

10 Haces que se empapen sus surcos, haces correr el agua por sus canales,
la ablandas con lluvias, bendices sus renuevos.

11 Tú coronas el año con tus bienes, y tus nubes destilan abundancia,

12 destilan sobre los pastizales del desierto y los collados se ciñen de alegría.

¹³ Se visten de manadas los llanos y los valles se cubren de grano;
¡dan voces de júbilo y aún cantan!

La colocación de este salmo, inmediatamente después del Sal 64, se explica por razón de la palabra וייראו tan importante en ambos (Sal 64, 10; Sal 65, 9); también en este salmo se mezclan de manera inseparable elementos de la naturaleza y de la historia de la salvación, como en Sal 8. 19. 29. La congregación, reunida en torno al santuario de Sión, alaba a su Dios, por cuya misericordia ha sido rescatada, y por cuya bondad se encuentra de nuevo en paz, rodeada por campos ricos en promesa.

Teniendo en cuenta las bendiciones que ha recibido por las bondades de la naturaleza, el pueblo de Dios recuerda de un modo especial la respuesta que él ha experimentado en su relación histórica con las naciones. De esa manera, el gobierno de Dios en la historia y su gobierno en la naturaleza se relacionan y completan entre sí. En uno y en otro campo el orante descubre la mano todopoderosa y bondadosa del Dios que responde a la oración de sus fieles y expía sus pecados, abriendo así por medio de su juicio un camino hacia su amor.

La liberación que el pueblo ha experimentado redunda así en el reconocimiento del Dios de su salvación entre los pueblos más distantes. Los resultados beneficiosos de la intervención de Yahvé en los acontecimientos, tal como se expresan en el mundo, se extienden de una forma temporal y espiritual más allá de las fronteras de Israel. De esa forma se vuelve evidente la liberación de Israel y de otros pueblos, por la que Dios responde en general a los poderes opresores del mundo.

En la primavera del año tercero, del que se habla en Is 37, 30, era ya evidente para los judíos que la derrota de Asiria era definitiva, de manera que la cosecha de la bendición, en la que ellos esperaban, maduraba ante sus ojos en los campos. Esa primavera ofrece el contexto histórico más oportuno para este salmo. La inscripción "al preceptor, un salmo, por David, un canto" (cf. Sal 75, 1; Sal 76, 1) nos guía bien en esa línea, aunque nos parezca poco crítico asignar a David todos los salmos que llevan este encabezado: לדוד [37].

65, 2–5. *Alabanza a Dios a causa de la misericordia con la que él gobierna sobre Sión.* Los LXX traducen σοὶ πρέπει ὕμνος, pero דומיה, "es digno de ti", a ti te conviene la alabanza (Ewald), no responde al uso del lenguaje hebreo (cf. Sal 33, 1; Jer 10, 7). La palabra דמיה significa, conforme a Sal 22, 3, silencio, y en sentido ético recibe el matiz de "resignación" ante Dios (Sal 62, 2). Conforme a

---

37. En muchos MS y ediciones (Complutense, Vulgata), además de las palabras Εἰς τὸ τέλος ψαλμὸς τῷ Δαυίδ ᾠδή, hay un añadido que dice: ᾠδὴ Ἰερεμίου καὶ Ἰεζεκιὴλ, (ἐκ) τοῦ λαοῦ τῆς παροικίας ὅτε ἔμελλον ἐκπορεύεσθαι (canto de Jeremías y de Ezequiel, del pueblo de los que habitaban en la tierra, cuando debían salir al destierro). Este encabezado podría tener algún sentido al comienzo del salmo siguiente. En este salmo no tiene sentido.

la posición de las palabras, parece que דמיה es el sujeto y תהלה el predicado. Así lo indican también los acentos (*illuj, shalsheleth*), que interpretan esas palabras como sujeto y predicado.

De un modo consecuente, la traducción no es "a ti pertenece la resignación, la alabanza" (Hengstenberg), sino "para ti la resignación es alabanza". Es decir, la resignación te es dada o presentada como alabanza. Hitzig obtiene el mismo significado, aunque solo a través de una alteración del texto: לך דמיה תהלל. Pero en contra de esa alteración está el hecho de que ל הלל no se encuentra en ningún caso en el salterio, sino solo en los escritos del Cronista.

De todas formas, dado el hecho de que las palabras לך תהלה se encuentran por sí mismas vinculadas (Sal 40, 4), el poeta no tiene ningún miedo de que su sentido cambie y se vuelva ambiguo cuando entre ellas se inserta *dmyh* (לְךָ דֻמִיָּה תְהִלָּה), porque esa palabra quiere indicar que la resignación tiene valor y sentido de oración en Sión. Lo que aquí se quiere decir es que la sumisión o resignación ante Dios es la verdadera oración, renunciando por ella a toda intromisión o interferencia, a todo deseo de hacer cambiar a Dios (Ex 14, 14).

El segundo miembro de este verso afirma que la alabanza que consiste en la resignación piadosa no queda sin ser respondida. Así como a Dios se le alaba en Sión a través de una oración por la que los fieles ponen (resignan) silenciosamente en sus manos la propia voluntad, de un modo semejante se le ofrecen a Dios los votos cuando él cumple esa plegaria. De esa manera las respuestas de Dios a la oración han de entenderse en contexto, como vemos en el Sal 65, 3, cuando nos dirigimos a él diciendo que él (Dios) escucha o responde a la oración.

A él (a Dios), por ser quien escucha y responde a la oración, viene toda carne, como indica la palabra עדיך (עָלֶיךָ כָּל־בָּשָׂר יָבֹאוּ, cf. Is 45, 24), pues nadie puede encontrar ayuda en ningún otro lugar. Solo Dios puede proteger a los hombres, pues solo él abre (aclara) un camino para que los hombres puedan encontrarle.

Eso significa que los hombres son absolutamente dependientes, impotentes por sí mismos, sin ninguna otra ayuda, tanto colectiva como individualmente (como aquellos que están determinados a perecer o desaparecer), a no ser que emigren, vuelen, hacia Dios, como refugio y auxilio final. En ese contexto, antes de todas las restantes oraciones se encuentra aquella por la que invocamos a Dios pidiéndole el perdón del pecado, sabiendo que Dios nos responderá gratuitamente, pues sin perdón no podemos vivir.

Al perfecto de Sal 65, 4a le sigue el futuro de Sal 65, 4b. De acuerdo con el sentido de la frase, el primero forma una prótasis hipotética, que se puede formular así: dado que los poderes del pecado han sido tan fuertes para mí (cf. Gen 4, 13: un peso intolerable), nuestras transgresiones han de ser expiadas por ti (tú eres el único que puedes y estás deseoso de hacerlo).

דברי tiene aquí un significado extenso, semejante al que tiene en Sal 35, 20; Sal 105, 27; Sal 145, 5, cf. 1 Sam 10, 2; 2 Sam 11, 18. De esa manera, esa palabra (דבר) se aplica al pecado en general en instancias y circunstancias distintas.

En ese contexto se dice que es bienaventurado aquel hombre a quien (supliendo aquí אשר) Dios escoge y tiene cerca de sí, es decir, le hace habitar en sus atrios, esto es, en Jerusalén (en futuro, con la fuerza de una cláusula que indica un propósito, como, e. g., en Job 30, 28). ¡Dichoso el hombre que tiene su verdadero hogar en Dios, y vive allí como en su casa, en el lugar donde Dios se encuentra entronizado, y se revela a sí mismo, en Sión! (vid. Sal 15, 1).

La congregación reunida en torno a Sión ha sido estimada digna de esta distinción entre las naciones de la tierra. Por eso, la misma comunidad se da fuerza y se anima a sí misma con la conciencia bendita de su privilegio, concedido de un modo gratuito (בחר), pudiendo así gozar plenamente (שבע con ב como en Sal 103, 5) la abundante bondad o bendición (טוב) del santuario de Dios, del lugar santo (ἅγιον) de su templo, es decir, de su santuario (קדש como en Sal 46, 5, cf. Is 57, 15). A modo de respuesta a todo aquello que la gracia de Dios nos ofrece no podemos darle gracias de mejor manera que teniendo hambre y sed de él, de forma que nuestra pobre alma quede de esa forma satisfecha en Dios.

65, 6–9. Esta es la alabanza que Israel dirige a Dios a causa de su ternura amante, porque Israel es el único pueblo entre los pueblos que ha experimentado esa ternura. El futuro תעננו (תַּעֲנֵנוּ אֱלֹהֵי יִשְׁעֵנוּ) confiesa en forma de presente la bondad de la acción de Dios, como un hecho que se mantendrá firme en todos los tiempos que vienen.

Conforme a Sal 20, 7, y también a Sal 139, 14, la palabra נוראות (cf. נוֹרָאוֹת בְּצֶדֶק) podría ser un acusativo de clarificación (para precisar el sentido del verbo). Pero también puede ser, como en 1 Sam 20, 10 y en Job 9, 3, un segundo acusativo, gobernado por el mismo verbo (תַּעֲנֵנוּ): Dios responde superabundantemente a la oración de su pueblo, le replica con נוֹרָאוֹת, cosas terribles, y lo hace בצדק, conforme a una regla que expresa de un modo fundamental el sentido de su justicia (vid. *Coment.* a Jer 42, 6). En esa línea él actúa en contra de los opresores de su pueblo, apareciendo así como fundamento de confianza para todos aquellos que están oprimidos.

El mar de las regiones distantes (וְיָם רְחֹקִים) es aquel de las tierras más alejadas (cf. Sal 56, 1). Así observa Venema: *significatur Deum esse certissimum praesidium, sive agnoscatur ab hominibus et ei fidatur, sive non* (aquí se indica que Dios es el refugio más seguro, tanto si los hombres lo reconocen y se fían de él como si no). Este sentido de la palabra está cerca del que tiene γνόντες (Rom 1, 21; *Psychologie*, p. 347). Pero de acuerdo con el colorido subjetivo de la frase, la idea de fondo de מבטח (מִבְטָח כָּל־קַצְוֵי־אָרֶץ, esperanza de todos los términos de la tierra) es que, por medio del testimonio salvador de Dios en Israel (cf. Is 33, 13; 2 Cron 32, 22), todos los pueblos podrán reconocer y aceptar la obra de Dios.

En la naturaleza y en la vida de los hombres Dios se mostrará a sí mismo como Realidad llena de poder, ante la que todos tienen que inclinarse, recibiendo vida. Él es quien mantiene firmes las montañas (cf. Jer 10, 12) y amansa la furia del océano. Al hablar de las montañas inmensas, es posible que el poeta está evocando mentalmente los poderes del cosmos (vid. Is 41, 15).

En relación con el mar él está expresando de un modo alegórico una multitud de pensamientos. Tanto el rugido de las olas del mar como el tumulto salvaje de las naciones y el poder del imperio del mundo se acallan por medio de la amenaza del Dios de Israel (Is 17, 12-14). Cuando Dios haya sometido el imperio orgulloso del mundo, cuya tiranía se ha impuesto a lo largo y a lo ancho del orbe, entonces se extenderá por todas partes el miedo reverencial hacia Dios y la alegría exultante por el fin de la gran amenaza de la destrucción (vid. Is 13, 4-8).

El término אותת (וַיִּירְאוּ יֹשְׁבֵי קְצָוֹת מֵאוֹתֹתֶיךָ, y temerán los habitantes de la tierra ante tus maravillas) proviene de la forma originalmente femenina de אות igual a āwājat, de אוה, marcar (Num 34, 10). El nombre que los LXX han dado a esas intervenciones maravillosas de Dios en la historia de la tierra es σημεῖα. Por su parte, קצוי, Sal 65, 6 (cf. Is 26, 15 y קצות), como lugares extremos de salida de la mañana y de la tarde, son el este y el oeste, con referencia a los que allí habitan.

En contra de lo que pensaba Lutero, מוֹצָאֵי־בֹקֶר וָעֶרֶב (מוצאי) no se refiere a las creaturas que habitan y se mueven con gozo en aquellos lugares, sino a los mismos lugares o regiones donde irrumpe la mañana y se pone la tarde. El texto no dice que el sol entra y sale (בוא יצא), sino que se refiere más bien a los lugares de los que surge el alba y el crepúsculo, como ha traducido Perret-Gentil: *les lieux d'o surgissent l'aube et le crepuscule*. Dios hace que ambos lugares exulten de alegría, en la medida en que él impone calma al *din* o ley de la guerra.

65, 10-14. Este pasaje recoge la alabanza a Dios por la rica bendición que Dios ha concedido este año a la tierra de su pueblo. En Sal 65, 10-11, el salmista alaba a Dios porque ha enviado lluvia abundante para la siembra (vid. *Coment. a Isaías* II, 522) y para el crecimiento de la semilla, de manera que como afirma 65, 12-14 hay esperanza de buena cosecha. La cosecha como tal no ha sido aún recolectada.

El centro del pasaje, Sal 65, 10-11, ofrece una visión retrospectiva; los versos 12-14 son una descripción de la bendición que se ofrece ante los ojos de los orantes, en este año que está ya cercano a su culminación (es decir, a la recogida de la cosecha). Ciertamente, si las formas רוה y נחת fueran imperativos de súplica, los verbos de Sal 65, 11 tendrían que entenderse en sentido de pasado, de forma que la perspectiva de la oración del salmo no sería la del tiempo entre Pascua y Pentecostés, las dos fiestas que pertenecen al comienzo de la cosecha, sino al tiempo de la fiesta de los Tabernáculos, cuando se da gracias por la cosecha ya realizada. Pero no hay nada que nos permita afirmar que la perspectiva de Sal 65, 11 tenga que cambiarse, situándonos en el tiempo de la fiesta de los Tabernáculos.

שקק junto a העשיר (וּתְשֹׁקְקֶהָ רַבַּת תַּעְשְׁרֶנָּה, regar y enriquecer) está indicando que el agua corre en gran medida, a fin de que todo se encuentre en estado propicio para una cosecha de abundancia. La raíz שׁוּק (aquí en *hifil*, cf. Joel 2, 24, correr en abundancia), en árabe, *sâq*, impeler, hacer que algo se mantenga sin cesar fluyendo, sin parar. רבת (cf. רבה en Sal 62, 3) es un adverbio que significa *copiosamente*, en abundancia (cf. Sal 120, 6; Sal 123, 4; Sal 129, 1), como מאת, un ciento de veces (Ecl 8, 12). תַּעְשְׁרֶנָּה está en *hifil* y tiene la sílaba del centro abreviada, cf. Gesenius 53, 3, nota 4.

La Fuente o Río de Dios (פלג, cf. פֶּלֶג אֱלֹהִים מָלֵא מָיִם, río de Dios, lleno de aguas), es el nombre que se da aquí a la abundancia inextinguible de bendiciones, y de un modo especial a la gran cantidad de agua del cielo que Dios hace descender sobre la tierra a través de la lluvia fertilizadora. כִּי־כֵן תְּכִינֶהָ, cuando así lo dispones) forma una aliteración con הכין, preparar.

El significado de la frase es que Dios, preparando y llevando a término su obra, produce los alimentos del campo que los habitantes de la tierra necesitan para vivir. Es Dios quien prepara así la tierra, de acuerdo con la abundancia de su fuente superior, regando copiosamente (con רוה, infin. absoluto como en 1 Sam 3, 12; 2 Cron 24, 10; Ex 22, 22; Jer 14, 19; Os 6, 9) y llenando de agua los surcos del campo, de forma que el agua puede desbordarse con abundancia, ablandando así por medio de la lluvia los surcos abiertos por el arado en ella[38].

En Sal 65, 12 el mismo año en el que vive y canta el salmista aparece como tiempo de abundancia o bondad divina (טובה, buenas/bonitas, cf. עֲטַרְתָּ שְׁנַת טוֹבָתֶךָ,

---

38. Fürst interpreta erróneamente תלם (cf. תְּלָמֶיהָ רַוֵּה) como una especie de línea de tierra más elevado entre dos surcos profundos, a diferencia de los מענה o מענית (vid. *Coment.* a Sal 129, 3) que son el surco. Pero ese tipo de elevaciones entre los surcos o lechos de tierra son desconocidos en la agricultura actual de Siria, y no eran conocidos tampoco en tiempos antiguos. En contra de eso, la palabra árabe *tilm* (תל, hebreo תלם, igual a *talm*), conforme a la visión de Kamus (como sucede actualmente en el árabe del Magreb), corresponde exactamente a nuestro surco, un tipo de zanja o fisura que el arado va cortando en el campo.

Así dice Neshwn (i. 491): el verbo *talam*, futuro *jatlum* y *jatlim*, significa en Yemen y en el Gohr (la tierra de la orilla del Mar Rojo) las tierras más bajas u hondonadas (árabe *'l-šuqûq*) que forma el arado, de forma que *tilm*, colectivo plural *tilâm*, es en los países mencionados un surco formado en el campo de los cereales. Algunas personas pronuncian la palabra como *thilm*, plural colectivo de *thilâm*. Así se hace actualmente en el Haurán. Yo mismo he escuchado en Edreʿât que al surco de agua de un campo de cereal le llamaban *thilm el-kanâh* (árabe *tlm 'l-qnât*). Pero la pronunciación árabe con ṭ no es la original, sino que ha surgido por una sustitución de la raíz árabe, emparentada y más familiar, *tlm*, cf. *šrm* (*shurêm*, una abertura). En otras partes de Siria y Palestina, incluso allí donde la distinción entre los sonidos árabes t y ṭ se mantiene cuidadosamente, yo he escuchado solo la pronunciación *tilm* (nota de Wetzstein).

coronas el año con tus bienes), de manera que la perspectiva de una bendición de la cosecha aparece como corona puesta sobre el tiempo que está transcurriendo. Este es el sentido del texto: porque tú has coronado el año con tu bondad (o de tu bondad). Los futuros después de עטרת (has coronado) muestran los resultados de la cosecha tal como pueden observarse en este momento.

Los campos presentan según eso una cosecha exuberante, que se está produciendo incluso en los pastizales de la tierra que aún no ha sido cultivada y que sin lluvia son campos de pasto improductivo (cf. Job 38, 26). Las colinas están aquí personificadas, según el Sal 65, 13 (cf. וְגִיל גְּבָעוֹת תַּחְגֹּרְנָה, y los collados/colinas se visten de alegría). Esta expresión aparece en otros lugares (e. g., Sal 44, 23; Sal 49, 13), y la encontramos de un modo especial salmos de este tipo (Sal 96, 11; Sal 98, 7, cf. Sal 89, 13).

El verdor de las colinas aparece así como un vestido de fiesta, con el que se cubren aquellos que antes iban desnudos o mal vestidos. Por su parte la cosecha de cereal aparece como un manto con el que los campos se rodean y visten en su totalidad (con עטף en acusativo, como el árabe *t'ṭf* que se aplica a un vestido o a un paño con el que el hombre se cubre).

Las palabras finales (יִתְרוֹעֲעוּ אַף־יָשִׁירוּ, dan voces de júbilo y cantan), y así se muestran vinculadas de un modo muy estrecho al comienzo del salmo, evocando el grito gozoso y el canto con la música, como un gesto que continúa realizándose hasta el momento en que se escribe o canta el salmo. Las praderas y los valles no son el sujeto del canto, pues no se puede decir que ellas canten (contra Böttcher).

Esa expresión requiere que haya hombres, como sujetos que cantan; y de esa forma se refiere a los hombres en el sentido más amplio y general de la palabra. Todos los hombres participan de ese canto, desde la profundidad más honda de sus pechos. Todos elevan himnos de alegría, como lo muestra el verbo שִׁיר a diferencia de קָנַן.

Salmo 66. Acción de gracias por una liberación nacional y personal

¹ לַמְנַצֵּחַ שִׁיר מִזְמוֹר הָרִיעוּ לֵאלֹהִים כָּל־הָאָרֶץ׃
² זַמְּרוּ כְבוֹד־שְׁמוֹ שִׂימוּ כָבוֹד תְּהִלָּתוֹ׃
³ אִמְרוּ לֵאלֹהִים מַה־נּוֹרָא מַעֲשֶׂיךָ בְּרֹב עֻזְּךָ יְכַחֲשׁוּ לְךָ אֹיְבֶיךָ׃
⁴ כָּל־הָאָרֶץ יִשְׁתַּחֲווּ לְךָ וִיזַמְּרוּ־לָךְ יְזַמְּרוּ שִׁמְךָ סֶלָה׃
⁵ לְכוּ וּרְאוּ מִפְעֲלוֹת אֱלֹהִים נוֹרָא עֲלִילָה עַל־בְּנֵי אָדָם׃
⁶ הָפַךְ יָם לְיַבָּשָׁה בַּנָּהָר יַעַבְרוּ בְרָגֶל שָׁם נִשְׂמְחָה־בּוֹ׃
⁷ מֹשֵׁל בִּגְבוּרָתוֹ עוֹלָם עֵינָיו בַּגּוֹיִם תִּצְפֶּינָה הַסּוֹרְרִים׀
אַל־(יָרִימוּ) [יָרוּמוּ] לָמוֹ סֶלָה׃
⁸ בָּרְכוּ עַמִּים׀ אֱלֹהֵינוּ וְהַשְׁמִיעוּ קוֹל תְּהִלָּתוֹ׃

⁹ הַשָּׂם נַפְשֵׁנוּ בַּחַיִּים וְלֹא־נָתַן לַמּוֹט רַגְלֵנוּ׃

¹⁰ כִּי־בְחַנְתָּנוּ אֱלֹהִים צְרַפְתָּנוּ כִּצְרָף־כָּסֶף׃

¹¹ הֲבֵאתָנוּ בַמְּצוּדָה שַׂמְתָּ מוּעָקָה בְמָתְנֵינוּ׃

¹² הִרְכַּבְתָּ אֱנוֹשׁ לְרֹאשֵׁנוּ בָּאנוּ־בָאֵשׁ וּבַמַּיִם וַתּוֹצִיאֵנוּ לָרְוָיָה׃

¹³ אָבוֹא בֵיתְךָ בְעוֹלוֹת אֲשַׁלֵּם לְךָ נְדָרָי׃

¹⁴ אֲשֶׁר־פָּצוּ שְׂפָתָי וְדִבֶּר־פִּי בַּצַּר־לִי׃

¹⁵ עֹלוֹת מֵחִים אַעֲלֶה־לָּךְ עִם־קְטֹרֶת אֵילִים אֶעֱשֶׂה בָקָר עִם־עַתּוּדִים סֶלָה׃

¹⁶ לְכוּ־שִׁמְעוּ וַאֲסַפְּרָה כָּל־יִרְאֵי אֱלֹהִים אֲשֶׁר עָשָׂה לְנַפְשִׁי׃

¹⁷ אֵלָיו פִּי־קָרָאתִי וְרוֹמַם תַּחַת לְשׁוֹנִי׃

¹⁸ אָוֶן אִם־רָאִיתִי בְלִבִּי לֹא יִשְׁמַע אֲדֹנָי׃

¹⁹ אָכֵן שָׁמַע אֱלֹהִים הִקְשִׁיב בְּקוֹל תְּפִלָּתִי׃

בָּרוּךְ אֱלֹהִים אֲשֶׁר לֹא־הֵסִיר תְּפִלָּתִי וְחַסְדּוֹ מֵאִתִּי׃

<Al músico principal. Cántico. Salmo>

¹ Aclamad a Dios con alegría, toda la tierra.

² Cantad la gloria de su nombre; dadle la gloria con alabanza.

³ Decid a Dios, "¡Cuán asombrosas son tus obras!
Por la grandeza de tu poder se someterán a ti tus enemigos.

⁴ Toda la tierra te adorará y cantará a ti; cantarán a tu nombre". Selah

⁵ ¡Venid y ved las obras de Dios,
las cosas admirables que ha hecho por los hijos de los hombres!

⁶ Volvió el mar en tierra seca; por el río pasaron a pie. Allí en él nos alegramos.

⁷ Él señorea con su poder para siempre;
sus ojos atalayan sobre las naciones; los rebeldes no serán enaltecidos. Selah

⁸ ¡Bendecid, pueblos, a nuestro Dios, y haced oír la voz de su alabanza!

⁹ Él es quien preservó la vida a nuestra alma y no permitió que nuestros
pies resbalaran,

¹⁰ porque tú, Dios, nos probaste; nos purificaste como se purifica la plata.

¹¹ Nos metiste en la prisión (red); pusiste sobre nuestros lomos pesada carga.

¹² Hiciste cabalgar hombres sobre nuestra cabeza.
¡Pasamos por el fuego y por el agua, pero nos sacaste a la abundancia!

¹³ Entraré en tu Casa con holocaustos; te pagaré mis votos,

¹⁴ que pronunciaron mis labios y que habló mi boca cuando estaba angustiado.

¹⁵ Holocaustos de animales engordados te ofreceré, te inmolaré carneros;
te ofreceré en sacrificio toros y machos cabríos. Selah

¹⁶ ¡Venid, oíd todos los que teméis a Dios, y contaré lo que ha hecho en mi vida!

¹⁷ A él clamé con mi boca y fue exaltado con mi lengua.

¹⁸ Si en mi corazón hubiera yo mirado a la maldad, el Señor no me habría escuchado.

¹⁹ Mas ciertamente me escuchó Dios; atendió a la voz de mi súplica.

²⁰ ¡Bendito sea Dios, que no echó de sí mi oración ni de mí su misericordia!

De Sal 65 al 68 en adelante nos encontramos en la mitad de una serie de salmos que, según la disposición del encabezado, se titulan מזמור y שיר. Las dos palabras se encuentran, conforme a la disposición de los acentos, en estado constructo y, por lo tanto, significan "canto-salmo." Esta serie está distribuida conforme a la presencia de algunas palabras temáticas o más significativas. En Sal 65, 2 leemos: "a ti se cumplen los votos", en Sal 66, 13 "yo te cumpliré mi voto"; en Sal 66, 20 se dice "para ti son mis votos" y en otros casos "bendito sea Elohim" o "Elohim nos bendiga" (cf. Sal 67, 8, etc.).

Por otra parte, Sal 66 y 67 tienen este rasgo en común. En los 55 casos en los que למנצח aparece en los salmos viene siempre acompañado del nombre del autor, menos en el caso de estos dos salmos que son anónimos. Por otra parte, el hecho de que *Selah* aparezca con frecuencia en ambos salmos indica también que ellos han sido compuestos para ir acompañados de música. Estas indicaciones que se refieren a la música del templo, están a favor del origen preexílico de estos dos salmos. Ambos son puramente elohistas; y como es normal en estos salmos solo una vez (cf. Sal 66, 18) aparece אדני, alternando con Elohim.

Con ocasión de un caso de liberación de los israelitas, superando la esclavitud anterior, surge este salmo, invitando a todo el mundo a elevar un canto de alabanza a Dios. En la primera parte es la misma congregación la que habla (hasta Sal 66, 12). A partir de Sal 66, 13 aparece en primer plano la persona del poeta. Pero aquello que al poeta le lleva a presentar esta ofrenda de acción de gracias no es nada más ni nada menos que lo que ha experimentado toda la congregación. No es posible precisar mejor ese acontecimiento salvador. La alta conciencia de tener un Dios ante el que todo el mundo debe inclinarse, sea de un modo gozoso o por imposición, se ha vuelto común en Israel, especialmente tras la derrota de Asiria durante el reinado de Ezequías. Pero no hay razón alguna que nos permita pensar que ha sido Ezequías el compositor de este salmo. Si עולם significara aquí mundo o cosmos (Sal 66, 7), como piensa Hitzig, el autor de este salmo tendría que haber sido uno de los últimos escritores del A. T. (cf. Sal 24, 9); pero esa palabra significa en este caso lo mismo que en todos los restantes del A. T.: tiempo indefinido, para siempre. La Iglesia griega presenta este salmo como Ψαλμὸς ἀναστάσεως, pues los LXX le dan este encabezado, quizá con referencia a Sal 66, 12, ἐξήγαγες ἡμᾶς εἰς ἀναψυχήν (nos sacó para llevarnos al descanso).

66, 1–4. La frase ל כבוד שים significa en otros pasajes "dadle Gloria a él" (Jos 7, 19; Is 42, 12), pero aquí tenemos un segundo acusativo: שִׂימוּ כָבוֹד תְּהִלָּתוֹ, que puede entenderse de varias formas: (a) תהלתו puede ser acusativo de objeto (שימו כבוד תהלתו), *facite laudationem ejus gloriam*, en el sentido de "alabanza gloriosa" (Maurer y otros); (b) pero si tomamos כבוד como acusativo de objeto, y la palabra posterior como acusativo de predicado podemos traducir: *reddite honorem laudem* *ejus*, rendid honor a su alabanza (Hengstenberg); (c) finalmente podemos tomar תהלתו como una aposición, en el sentido de *reddite honorem, scil. laudem ejus* (Hupfeld). Preferimos la traducción intermedia: "Dad gloria a su alabanza", en sentido de "dadle gloria a él cómo o por su alabanza".

Pero no debemos traducir con Hengstenberg "qué terrible eres tú en tus obras" (מַה־נּוֹרָא מַעֲשֶׂיךָ), pues en ese caso debería haberse incluido la palabra אתה. Ciertamente, מַעֲשֶׂיךָ podría haber estado preferentemente en singular (Hupfeld, Hitzig); pero esas palabras con una *yod* en la raíz son muy infrecuentes. El predicado en singular (¡qué terrible...!), tanto aquí como en otros casos, cf. Sal 119, 137, precede a un plural designando cosas. La forma en que este salmo exalta la liberación nacional es esencialmente la misma que utilizan los arpistas celestiales de Ap 15, 3: Μεγάλα καὶ θαυμαστὰ τὰ ἔργα σου (grandes y maravillosas son tus obras).

66, 5-7. La invitación לְכוּ וּרְאוּ מִפְעֲלוֹת, *venid y ved...* (tomada en apariencia de Sal 46, 9) está evocando alguna manifestación contemporánea del poder de Dios, cuyas consecuencias vienen a manifestarse ahora. Pero eso no exige de ninguna manera que la traducción tenga que ser: "Entonces (cuando esa manifestación tenga lugar os regocijaréis en él..." (cf. Sal 66, 6). Esa traducción resulta antinatural, y mirada rectamente, no está exigida ni por la gramática ni por el tema. Ciertamente, en este pasaje, שָׁם (cf. שָׁם נִשְׂמְחָה־בּוֹ) es equivalente a אז, y el futuro, después de אז toma el significado de un aoristo y, dado que la forma cohortativa del futuro puede referirse al pasado (e. g., después de עד, Sal 73, 7, y en frases que tienen un sentido hipotético), el texto ha de entenderse como una actualización de ese pasado, de forma que el texto se puede traducir diciendo: "Entonces (por esa razón o, quizá mejor, allí) nosotros nos regocijaremos en él". Sobre el "nosotros", cf. Jos 5, 1, *qetub*, Os 12, 1-14. De esa forma se vinculan los orantes de Israel con todo el pueblo, lo mismo que se vincula el pasado y el presente de la iglesia israelita en la alabanza de Dios. La iglesia israelita de todas las edades forma una unidad, pues todas sus partes separadas se vinculan en un todo, a lo largo del tiempo. En este momento del salmo, la iglesia dirige la atención de todos los hombres de la historia hacia las obras poderosas que Dios ha realizado en Israel, desde el tiempo de la liberación de Egipto, es decir, desde el paso por el Mar Rojo y por el Río Jordán.

De esa manera, los israelitas ofrecen su testimonio diciendo que aquello que han experimentado en todas las edades (como obra del poder soberano de Dios) es siempre lo mismo, pues Dios gobierna con todo su poder en el עולם (que no significa "sobre el mundo" en todo su poder, porque eso tendría que decirse בעולם, sino a lo largo de todos los tiempos, en un tipo de "eternidad", con acusativo de dirección, como en Sal 89, 2; Sal 45, 7). Eso significa que Dios no ha gobernado solo en los días antiguos del principio, sino que sigue gobernando y que gobernará en todos los tiempos que han de venir. Los ojos de Dios miran observando todo lo que sucede entre los pueblos; según eso, los rebeldes que luchan contra el yugo de Dios y persiguen a su pueblo hubiera sido mejor que no hubieran nacido, pues les irá mal. El *qetub* pone יְרִימוּ mientras que el *keré* dice יָרוּמוּ. El sentido es en ambos casos el mismo. הרים (incluso sin קרן, ראש, יד, Sal 65, 5) puede significar "exaltarse", ser soberbio.Por medio de למו esa conducta orgullosa aparece como egoísta, carece de sentido. Por eso, los hombres egoístas, los que se elevan a sí mismos, no podrán exaltarse más y triunfar. Desde ese fondo les avisa el salmista, diciéndoles que no se dejen llevar por su arrogancia, pues hay Uno (Dios) que es más exaltado, aquel ante cuyo ojo nadie puede escapar. Por eso, todos los que no acepten su poder irresistible sucumbirán ante su sagrada voluntad.

66, 8-12. La identidad del acontecimiento evocado se verifica por el hecho de que el Dios que sacó a Israel de Egipto posee y ejerce todavía su antiguo poder soberano, y así viene a expresarse claramente por medio de esta llamada repetida del salmista que invita a los pueblos a que compartan la gloria de Israel. Dios ha superado el peligro de muerte y derrumbamiento de su pueblo; ese mismo Dios ha dado vida al alma del salmista (con בחיים, como בישע en el Sal 12, 6). Eso significa que Dios ha introducido al salmista en el reino de la vida, no ha permitido que sus pies resbalen y caigan.

Eso mismo es lo que ha hecho Dios purificando a su pueblo: Dios ha introducido en una especie de horno de fundición, en una olla de purificación, para limpiar y probar a los fieles, no para castigarlos y matarlos, sino para liberarlos y elevarlos de la muerte. Esta es una figura favorita que ha sido desarrollada por Isaías y Jeremías, pero que se encuentra también en otros profetas como Zac 13, 9; Mal 3, 3; Ez 19, 9.

Ella es decisiva para precisar el sentido de מצודה, donde הביא במצודות (cf. הֲבֵאתָנוּ בַמְּצוּדָה) significa nos metiste en la cárcel o prisión (cf. 66, 11), no en una red para los pájaros, como algunos traducen (cf. Reina-Valera), sino en una cárcel entendida como horno de purificación, escuela de transformación. Ciertamente, a la red de pájaros se le llama también מצודה o מצודה, pero no se puede aplicar en este contexto, donde no se habla de una red o cárcel para destruir y matar, sino de un lugar y tiempo de purificación para transformar y salvar a los fieles de Israel.

La palabra מצודה (vid. Sal 18, 3) significa también *specula*, cárcel, tanto en el sentido natural como en el figurado, y así se puede aplicar a un puesto de vigilancia en la montaña. Pues bien, aquí se toma en el sentido de vigilancia o prisión, impuesta por los enemigos, con el sentido de una carencia total de libertad. El hecho de imponer sobre uno una carga pesada, tal como se menciona en el Sal 66, 11, va también en esta línea; pero, conforme al sentido de todo el contexto, esa cárcel tiene para el pueblo un sentido de educación, de purificación, de transformación.

מוּעקה (.cf מוּעָקָה שַׂמְתָּ בְּמָתְנֵינוּ), pusiste sobre nuestros hombros o lomos una carga pesada) indica algo que oprime, con la presión de una carga, tiene forma *hofal*, como מטה, una carga extendida encima de uno, cf. Is 8, 8, con forma semejante masculina en Sal 69, 3; Is 8, 13; Is 14, 6; Is 29, 3. Se mencionan aquí los hombros (como las espaldas) porque sobre ellos se colocan cargas pesadas, de manera que uno tiene que agacharse para levantarlas. Pues bien, este salmo se refiere a los hombres con la palabra אנוש, que se utiliza con frecuencia (Sal 9, 20; Sal 10, 18; Sal 56, 2; Is 51, 12; 2 Cron 14, 10) para referirse a los tiranos como hombres infames, creaturas perecederas, quienes quieren en el fondo divinizarse.

Pues bien, en este momento (para purificar a su pueblo) Dios ha ordenado que esos tiranos, hombres perversos, rueden (pasen) por encima de Israel, impidiendo así que los israelitas puedan levantar libremente su cabeza, haciendo así que ellos se encuentren sometidos y heridos profundamente en su autoestima.

Fuego y agua (cf. בָאֵשׁ וּבַמַּיִם) son aquí, como en Is 43, 2 una imagen de las vicisitudes y peligros por los que ha tenido que pasar Israel, corriendo el peligro de quemarse o ahogarse. Pero Dios ha querido que ese paso por el fuego y por el agua tenga un sentido de purificación no de destrucción. Dios ha permitido que los israelitas superen el peligro, de manera que puedan introducirse en la abundancia (וַתּוֹצִיאֵנוּ לָרְוָיָה), esto es, en una superabundancia de prosperidad, siendo así salvados de todos los peligros de los enemigos[39].

66, 13–15. A partir de aquí es el mismo poeta el que habla, pero, como muestra la diversidad de sacrificios a los que alude, él lo hace como miembro de la comunidad en su conjunto, ofreciendo sacrificios a Dios. Los primeros sacrificios son los עוֹלוֹת, como expresiones de un homenaje (holocausto) de buen olor. La ב es una *beth* de acompañamiento, como en Lev 16, 3; 1 Sam 1, 24, cf. Hebr 9, 25. Con los holocaustos se vinculan los votos (cf. אֲשַׁלֵּם לְךָ נְדָרָי, te pagaré, te ofreceré mis votos).

Por su parte, la palabra פצה (cf. אֲשֶׁר־פָּצוּ שְׂפָתָי, que pronunciaron mis labios) se refiere a un tipo de votos que los orantes prometen cumplir en un momento de peligro, en medio de una gran necesidad, cuando afirman que realizarán cosas extraordinarias a favor de Dios, si es que Dios les libera del peligro en que se encuentran (Jc 11, 35)[40]. Los sacrificios que vienen a ser presentados aquí aparecen ahora numerados.

---

39. Los LXX, que han traducido εἰς ἀναψυχήν (Jerónimo lo dice de un modo más general: *in refrigerium*, en descanso), y ha debido leer en el texto hebreo la palabra לרוחה, en vez de לָרְוָיָה. Símaco traduce εἰς εὐρυχωρίαν, viendo probablemente un texto hebreo que dice לרחבה (Sal 119, 45; Sal 18, 20). Ambas traducciones insisten en la antítesis.

40. En este contexto, la partícula אשר (cf. אֲשֶׁר־פָּצוּ שְׂפָתָי) está indicando un acusativo de objeto, refiriéndose a los votos, *quae aperuerunt* igual a *aperiendo nuncupaverunt labia mea*, que abriéndose pronunciaron de un modo solemne mis labios (Geier). En Sal 66, 15, la palabra עשה,

(a) Son sacrificios de מיחים (incorrecto en vez de מחים), es decir, de corderos gordos, cebados.

(b) Son sacrificios de corderos y toros (בקר), los animales más universalmente estimados para ser ofrecidos a Dios.

(c) Por su parte, el carnero (איל) es el animal que se utiliza para las ofrendas quemadas del sumo sacerdote, del príncipe de las tribus y del pueblo. El mismo carnero aparece también como el animal adecuado por los *shelamim* o sacrificios pacíficos en conexión con los *shelamim* de Aarón, del pueblo y del príncipe de las tribus, y de los nazareos (Num 6, 14).

(d) El cabrito joven (עתוד) no se menciona nunca para el conjunto de las ofrendas quemadas, pero sí como animal adecuado para los *shelamim* de los príncipes de las tribus en Num 7.

Según eso, resulta probable que los *shelamim* que debían ser ofrecidos en relación estrecha con todas las ofrendas quemadas fueran introducidos por el pueblo (עם) de manera que קטרת significa las partes grasas de los *shelamim* que se quemaban sobre el altar de incienso sobre el fuego. La mención de los carneros nos obliga a tomar al poeta como uno de los que se integran entre el pueblo, en cuyo nombre está elevando su canto.

66, 16–20. Las palabras de Sal 66, 16 se dirigen en el sentido más extenso (lo mismo que las de Sal 5 ,66 y 2 ,66) a todos los que temen a Dios, en cualquier lugar del mundo en que se encuentren. A todos estos, para gloria de Dios y para provecho de ellos mismos, el poeta relatará con alegría lo que Dios le ha concedido a él. El hecho de que aquí se utilice una expresión que parece individual (לנפשי) no se opone al hecho de que la respuesta maravillosa de Dios a la petición de sus fieles, haya sido experimentada no solo por el salmista, sino por toda la congregación a la que pertenece. El salmista grita a Dios con su boca, es decir, no simplemente en silencio interior, en espíritu, sino de un modo audible, en forma de himno.

Así dice: אֵלָיו פִּי־קָרָאתִי וְרוֹמַם תַּחַת לְשׁוֹנִי, a él le llamé con mi boca y le exalté con mi lengua (Kimchi, en *Michlol* 146, y Parchón, en entrada רמם, leen רוֹמַם con *pathach*; y Heidenheim y Baer les han seguido). Eso significa que el orante llama a Dios con la boca y con los labios, en voz alta, de manera que se encuentra totalmente seguro de que Dios va a escucharle, de forma que tiene incluso preparado el canto de alabanza (vid. Sal 10, 7): "que yo empezaré a publicar cuando Dios haya escuchado mi plegaria, asegurándome que se cumplirá lo que pido". El salmista puede hablar así porque el propósito de su corazón no iba nunca en contra de sus palabras (no

---

usado directamente (como el arameo y fenicio עבד) en el sentido de "sacrificar" (Ex 29, 36-41, *passim*), alterna con העלה, sinónimo de הקטיר.

era un propósito mentiroso), pues Dios aborrece און, la vileza, la falta de sinceridad. ראה con el acusativo, como en Gen 20, 10; Sal 37, 37, significa querer hacer algo, tener ante los propios ojos el designio de hacer algo. Así traducimos: si yo hubiera querido algo malo en mi corazón, el Señor no me habría escuchado, no me habría respondido, pues en esas circunstancias él no escucha nunca.

Dios no escucha una oración hipócrita, una oración que proviene de un corazón que no está totalmente dirigido hacia él. El Sal 66, 19 refuta la idea de que un corazón pueda esconder el sentido de su oración de un modo hipócrita, engañando de esa forma a Dios. Por eso, el hecho de que Dios haya escuchado su oración significa que ella era una oración sincera, sin hipocresías.

En la doxología final de 66, 20 la acentuación muestra claramente que las palabras (לֹא־הֵסִיר תְּפִלָּתִי וְחַסְדּוֹ מֵאִתִּי) están indicando que la plegaria humana y la misericordia de Dios van vinculadas, como la voz y el eco de la voz. Cuando Dios aleja de un hombre su plegaria (y la misericordia divina), él (Dios) le exige que quede en silencio, y se niega a darle una respuesta favorable.

Pues bien, en contra de eso, el poeta alaba a Dios, porque él (Dios) no le ha privado del gozo de la oración, ni le ha negado las pruebas de su favor divino. En ese sentido, refiriéndose a este pasaje, Agustín ofrece una observación práctica: *Cum videris non a te amotam deprecationem tuam, securus esto, quia non est a te amota misericordia ejus* (cuando vieres que no has sido privado de tu oración, estate seguro de que Dios no te ha privado de su misericordia).

Salmo 67. Canto de acción de gracias por la cosecha

¹ לַמְנַצֵּחַ בִּנְגִינֹת מִזְמוֹר שִׁיר:

² אֱלֹהִים יְחָנֵּנוּ וִיבָרְכֵנוּ יָאֵר פָּנָיו אִתָּנוּ סֶלָה:

³ לָדַעַת בָּאָרֶץ דַּרְכֶּךָ בְּכָל־גּוֹיִם יְשׁוּעָתֶךָ:

⁴ יוֹדוּךָ עַמִּים‖ אֱלֹהִים יוֹדוּךָ עַמִּים כֻּלָּם:

⁵ יִשְׂמְחוּ וִירַנְּנוּ לְאֻמִּים כִּי־תִשְׁפֹּט עַמִּים מִישׁוֹר וּלְאֻמִּים‖ בָּאָרֶץ תַּנְחֵם סֶלָה:

⁶ יוֹדוּךָ עַמִּים‖ אֱלֹהִים יוֹדוּךָ עַמִּים כֻּלָּם:

⁷ אֶרֶץ נָתְנָה יְבוּלָהּ יְבָרְכֵנוּ אֱלֹהִים אֱלֹהֵינוּ:

⁸ יְבָרְכֵנוּ אֱלֹהִים וְיִירְאוּ אֹתוֹ כָּל־אַפְסֵי־אָרֶץ:

<Al músico principal; en Neginot. Salmo. Cántico>

¹ Dios tenga misericordia de nosotros y nos bendiga;
haga resplandecer su rostro sobre nosotros; Selah

² para que sea conocido en la tierra tu camino,
en todas las naciones tu salvación.

³ ¡Alábente, Dios, los pueblos, todos los pueblos te alaben!
⁴ Alégrense y gócense las naciones, porque juzgarás los pueblos con equidad
y pastorearás las naciones en la tierra. Selah

⁵ ¡Alábente, Dios, los pueblos; todos los pueblos te alaben!
⁶ La tierra dará su fruto; nos bendecirá Dios, el Dios nuestro.
⁷ Bendíganos Dios y témanlo todos los términos de la tierra.

Igual que Sal 65, este salmo, lleva como encabezado "al preceptor" (al músico principal), con acompañamiento de instrumentos de cuerda (מזמור שיר), celebrando así la bendición por los frutos del campo. El salmo 66 contemplaba la cosecha y los frutos, que estaban todavía en el campo; este, en cambio, los ve como ya recolectados, desde la perspectiva de la historia de la redención.

Cada cosecha abundante es para Israel un cumplimiento de la promesa de Lev 26, 4, y una garantía de que Dios está con su pueblo y que su misión para el conjunto del mundo (de los pueblos) se cumplirá sin falta. Este tono de misión referido al cumplimiento de la obra de Dios aquí abajo ha sido desafortunadamente poco desarrollado en la historia de la iglesia, pero suena de un modo muy preciso y dulce en el himno de Lutero: "Que Dios sea generoso con nosotros".

Este salmo consta de siete estrofas, tres estrofas de dos líneas cada una y en el centro (entre las primeras tres y las últimas tres) una de tres líneas, que forma como el broche central de una *septíada*; esta circunstancia ha hecho que algunos comentaristas antiguos hayan dicho que este salmo es el Padre-Nuestro del A. T. (porque tiene siete peticiones)[41]. La segunda estrofa, después de las tres primeras líneas, comienza en el Sal 67, 6, lo mismo que el final de la primera estrofa en 67, 4. Por tres veces se repite en el salmo יברכנו (que nos bendiga) a fin de que la bendición del sacerdote pueda llenar todo el salmo, con sus tres momentos o partes.

67, 2-3. El salmo comienza con palabras de la bendición sacerdotal de Num 6, 24-26. Con la expresión (יָאֵר פָּנָיו אִתָּנוּ) אתנו la iglesia desea que descienda sobre ella, de una forma abierta la presencia clara de la luz que se difunde a partir del rostro amoroso de Dios. En ese momento, tras el eco de la bendición más santa y gloriosa de los sacerdotes, suena la música.

En Sal 67, 2 se pasa de la *beraka* o bendición a la *tephilla*, que es la oración propiamente dicha. La expresión לדעת (para conocer) se vincula con el tema más general de la oración y de la vida: que cada uno pueda entender y acoger, que todos podamos conocer tu camino, etc.El Dios de la gracia mayor ofrece en la iglesia su testimonio del modo más amplio y eficaz: que el conocimiento de Dios

---

41. Vid. Sonntag, *Tituli Psalmorum* (1687), donde se ofrece un estudio sobre los salmos de súplica o *Rogate*.

pueda extenderse desde la iglesia al mundo entero. De esa forma, los hombres podrán conocer su דֶּרֶךְ, i. e., la realización progresiva de su consejo y de su יְשׁוּעָה, es decir, de la salvación que es la finalidad y meta del consejo divino, pero no solo de Israel, sino de toda la humanidad.

67, 4-5. Aquí sigue la promesa y prospectiva de la entrada de todos los pueblos en el Reino de Dios, a fin de que todos ellos le alaben también, unidos a Israel, como su Dios. En ese contexto, el juicio (שׁפט) de Dios no se entiende en forma de castigo judicial, sino a modo de gobierno recto y justo, como en los paralelos cristológicos de Sal 72, 12 y de Is 11, 3. La palabra מִישׁר se entiende aquí en sentido ético, en vez de מִישָׁרִים, como en Sal 45, 7; Is 11, 4; Mal 2, 6. Por su parte, הנחה, evoca, como en Sal 31, 4, la guía gratuita de Dios (a diferencia de Job 12, 23).

67, 6-8. La intensa esperanza de la conversión de los gentiles, expresada con las mismas palabras del Sal 67, 5, recibe aquí su garantía o fundamento en el acontecimiento gozoso del momento actual, es decir, en el hecho de que la tierra ha producido su fruto (cf. Sal 85, 13), el fruto que ha sido sembrado y esperado. El aumento del trigo y de los frutos es una bendición, y una promesa de futuras bendiciones, por medio de las cuales (Jer 33, 9; Is 60, 3; cf. tema opuesto en Joel 2, 17) todos los pueblos, hasta los confines de la tierra, reverenciarán al Dios de Israel. Porque este es el camino de Dios: que todos los bienes que él ha manifestado y ofrecido a Israel puedan ser de provecho para el conjunto de la humanidad.

Salmo 68. Himno de guerra y victoria, al estilo de Débora

1 לַמְנַצֵּחַ לְדָוִד מִזְמוֹר שִׁיר:

2 יָקוּם אֱלֹהִים יָפוּצוּ אוֹיְבָיו וְיָנוּסוּ מְשַׂנְאָיו מִפָּנָיו:

3 כְּהִנְדֹּף עָשָׁן תִּנְדֹּף כְּהִמֵּס דּוֹנַג מִפְּנֵי־אֵשׁ יֹאבְדוּ רְשָׁעִים מִפְּנֵי אֱלֹהִים:

4 וְצַדִּיקִים יִשְׂמְחוּ יַעַלְצוּ לִפְנֵי אֱלֹהִים וְיָשִׂישׂוּ בְשִׂמְחָה:

5 שִׁירוּ לֵאלֹהִים זַמְּרוּ שְׁמוֹ סֹלּוּ לָרֹכֵב בָּעֲרָבוֹת בְּיָהּ שְׁמוֹ וְעִלְזוּ לְפָנָיו:

6 אֲבִי יְתוֹמִים וְדַיַּן אַלְמָנוֹת אֱלֹהִים בִּמְעוֹן קָדְשׁוֹ:

7 אֱלֹהִים מוֹשִׁיב יְחִידִים בַּיְתָה מוֹצִיא אֲסִירִים בַּכּוֹשָׁרוֹת אַךְ סוֹרְרִים שָׁכְנוּ צְחִיחָה:

8 אֱלֹהִים בְּצֵאתְךָ לִפְנֵי עַמֶּךָ בְּצַעְדְּךָ בִישִׁימוֹן סֶלָה:

9 אֶרֶץ רָעָשָׁה אַף־שָׁמַיִם נָטְפוּ מִפְּנֵי אֱלֹהִים זֶה סִינַי מִפְּנֵי אֱלֹהִים אֱלֹהֵי יִשְׂרָאֵל:

10 גֶּשֶׁם נְדָבוֹת תָּנִיף אֱלֹהִים נַחֲלָתְךָ וְנִלְאָה אַתָּה כוֹנַנְתָּהּ:

11 חַיָּתְךָ יָשְׁבוּ־בָהּ תָּכִין בְּטוֹבָתְךָ לֶעָנִי אֱלֹהִים:

12 אֲדֹנָי יִתֶּן־אֹמֶר הַמְבַשְּׂרוֹת צָבָא רָב:

13 מַלְכֵי צְבָאוֹת יִדֹּדוּן יִדֹּדוּן וּנְוַת בַּיִת תְּחַלֵּק שָׁלָל:

¹⁴ אִם־תִּשְׁכְּבוּן֮ בֵּ֪ין שְׁפַ֫תָּ֥יִם כַּנְפֵ֣י י֭וֹנָה נֶחְפָּ֣ה בַכֶּ֑סֶף
וְ֝אֶבְרוֹתֶ֗יהָ בִּירַקְרַ֥ק חָרֽוּץ׃

¹⁵ בְּפָ֘רֵ֤שׂ שַׁדַּ֓י מְלָ֘כִ֤ים בָּ֗הּ תַּשְׁלֵ֥ג בְּצַלְמֽוֹן׃

¹⁶ הַר־אֱ֭לֹהִים הַר־בָּשָׁ֑ן הַ֥ר גַּ֝בְנֻנִּ֗ים הַר־בָּשָֽׁן׃

¹⁷ לָ֤מָּה ׀ תְּֽרַצְּדוּן֮ הָרִ֪ים גַּבְנֻ֫נִּ֥ים הָהָ֗ר חָמַ֣ד אֱלֹהִ֣ים לְשִׁבְתּ֑וֹ
אַף־יְ֝הוָ֗ה יִשְׁכֹּ֥ן לָנֶֽצַח׃

¹⁸ רֶ֤כֶב אֱלֹהִ֗ים רִבֹּתַ֣יִם אַלְפֵ֣י שִׁנְאָ֑ן אֲדֹנָ֥י בָ֝֗ם סִינַ֥י בַּקֹּֽדֶשׁ׃

¹⁹ עָלִ֨יתָ לַמָּר֗וֹם שָׁבִ֘יתָ שֶּׁ֥בִי לָקַ֣חְתָּ מַ֭תָּנוֹת בָּאָדָ֑ם וְאַ֥ף
סוֹרְרִ֗ים לִשְׁכֹּ֤ן ׀ יָ֬הּ אֱלֹהִֽים׃

²⁰ בָּ֤ר֣וּךְ אֲדֹנָי֮ י֤וֹם ׀ י֥וֹם יַֽעֲמָס־לָ֗נוּ הָ֘אֵ֤ל יְשֽׁוּעָתֵ֬נוּ סֶֽלָה׃

²¹ הָ֤אֵ֣ל ׀ לָנוּ֮ אֵ֤ל לְֽמוֹשָׁ֫ע֥וֹת וְלֵֽיהוִ֥ה אֲדֹנָ֑י לַ֝מָּ֗וֶת תֹּצָאֽוֹת׃

²² אַךְ־אֱלֹהִ֗ים יִמְחַץ֮ רֹ֤אשׁ אֹ֫יְבָ֥יו קָדְקֹ֥ד שֵׂעָ֑ר מִ֝תְהַלֵּ֗ךְ בַּאֲשָׁמָֽיו׃

²³ אָמַ֣ר אֲ֭דֹנָי מִבָּשָׁ֣ן אָשִׁ֑יב אָ֝שִׁ֗יב מִֽמְּצֻל֥וֹת יָֽם׃

²⁴ לְמַ֤עַן ׀ תִּֽמְחַ֥ץ רַגְלְךָ֗ בְּ֫דָ֥ם לְשׁ֥וֹן כְּלָבֶ֑יךָ מֵאֹיְבִ֥ים מִנֵּֽהוּ׃

²⁵ רָא֣וּ הֲלִיכוֹתֶ֣יךָ אֱלֹהִ֑ים הֲלִ֘יכ֤וֹת אֵלִ֖י מַלְכִּ֣י בַקֹּֽדֶשׁ׃

²⁶ קִדְּמ֣וּ שָׁ֭רִים אַחַ֣ר נֹגְנִ֑ים בְּת֥וֹךְ עֲ֝לָמ֗וֹת תּוֹפֵפֽוֹת׃

²⁷ בְּֽ֭מַקְהֵלוֹת בָּרְכ֣וּ אֱלֹהִ֑ים יְ֝הוָ֗ה מִמְּק֥וֹר יִשְׂרָאֵֽל׃

²⁸ שָׁ֤ם בִּנְיָמִ֨ן ׀ צָעִ֡יר רֹדֵ֗ם שָׂרֵ֣י יְ֭הוּדָה רִגְמָתָ֑ם שָׂרֵ֥י זְ֝בֻל֗וּן שָׂרֵ֥י נַפְתָּלִֽי׃

²⁹ צִוָּ֥ה אֱלֹהֶ֗יךָ עֻ֫זֶּ֥ךָ עוּזָּ֥ה אֱלֹהִ֑ים ז֝֗וּ פָּעַ֥לְתָּ לָּֽנוּ׃

³⁰ מֵ֭הֵיכָלֶךָ עַל־יְרוּשָׁלִָ֑ם לְךָ֤ יוֹבִ֖ילוּ מְלָכִ֣ים שָֽׁי׃

³¹ גְּעַ֨ר חַיַּ֪ת קָנֶ֡ה עֲדַ֤ת אַבִּירִ֨ים ׀ בְּעֶגְלֵ֬י עַמִּ֗ים מִתְרַפֵּ֥ס
בְּרַצֵּי־כָ֑סֶף בִּזַּ֥ר עַ֝מִּ֗ים קְרָב֥וֹת יֶחְפָּֽצוּ׃

³² יֶאֱתָ֣יוּ חַ֭שְׁמַנִּים מִנִּ֣י מִצְרָ֑יִם כּ֥וּשׁ תָּרִ֥יץ יָ֝דָ֗יו לֵאלֹהִֽים׃

³³ מַמְלְכ֣וֹת הָאָ֣רֶץ שִׁ֣ירוּ לֵאלֹהִ֑ים זַמְּר֖וּ אֲדֹנָ֣י סֶֽלָה׃

³⁴ לָ֭רֹכֵב בִּשְׁמֵ֣י שְׁמֵי־קֶ֑דֶם הֵ֥ן יִתֵּ֥ן בְּ֝קוֹל֗וֹ ק֣וֹל עֹֽז׃

³⁵ תְּנ֥וּ עֹ֗ז לֵֽאלֹ֫הִ֥ים עַֽל־יִשְׂרָאֵ֥ל גַּאֲוָת֑וֹ וְ֝עֻזּ֗וֹ בַּשְּׁחָקִֽים׃

³⁶ נ֤וֹרָ֥א אֱלֹהִ֗ים מִֽמִּקְדָּ֫שֶׁ֥יךָ אֵ֤ל יִשְׂרָאֵ֗ל ה֤וּא נֹתֵ֨ן ׀ עֹ֥ז
וְתַעֲצֻמ֥וֹת לָעָ֑ם בָּר֥וּךְ אֱלֹהִֽים׃

<Al músico principal. Salmo de David. Cántico>

¹ Levántese Dios, sean esparcidos sus enemigos
y huyan de su presencia los que lo aborrecen.

² Como se dispersa el humo, los disiparás; como se derrite la cera ante el fuego,
así perecerán los impíos delante de Dios.

³ Pero los justos se alegrarán; se gozarán delante de Dios y saltarán de alegría.

⁴ Cantad a Dios, cantad salmos a su nombre;
exaltad al que cabalga sobre los cielos (= por los desiertos).
Jah es su nombre, ¡alegraos delante de él!

⁵ Padre de huérfanos y defensor de viudas es Dios en su santa morada.

⁶ Dios hace habitar en familia a los desamparados;
saca a los cautivos a prosperidad; mas los rebeldes habitan en tierra árida.

⁷ Cuando tú, Dios, saliste delante de tu pueblo, cuando anduviste por el desierto,
Selah
⁸ la tierra tembló y destilaron los cielos; ante la presencia de Dios,
aquel Sinaí tembló, delante de Dios, del Dios de Israel.

⁹ Abundante lluvia esparciste, oh Dios;
y a tu heredad que estaba exhausta tú la reanimaste.
¹⁰ Los que son de tu grey han morado en ella;
por tu bondad, Dios, has provisto para el pobre.

¹¹ El Señor daba la palabra, multitud de mujeres anunciaba las buenas nuevas,
¹² "¡Huyeron, huyeron reyes de ejércitos!",
y las mujeres que se quedaban en casa repartían los despojos.

¹³ Bien que quedasteis echados entre apriscos,
seréis como alas de paloma cubiertas de plata, y sus plumas de amarillez de oro.
¹⁴ Cuando esparció el Omnipotente los reyes allí,
fue como si hubiera nevado en el monte Salmón.
¹⁵ Muy altos son los montes de Basán, altas son sus cimas.
¹⁶ ¿Por qué miráis con hostilidad, montes altos, al monte que deseó Dios para
su morada?
Ciertamente Jehová habitará en él para siempre.

¹⁷ Los carros de Dios se cuentan por veintenas de millares de millares;
el Señor viene del Sinaí a su santuario.
¹⁸ Subiste a lo alto, tomaste cautivos. Tomaste dones de los hombres,
también de los rebeldes, para que habite entre ellos Jah Dios.

¹⁹ ¡Bendito sea el Señor!
¡Cada día nos colma de beneficios el Dios de nuestra salvación! Selah
²⁰ Dios, nuestro Dios, ha de salvarnos; de Jehová el Señor es el librar de la muerte.

²¹ Ciertamente Dios herirá la cabeza de sus enemigos,
la testa cabelluda del que camina en sus pecados.
²² El Señor dijo "De Basán te haré volver; te haré volver de las profundidades del mar,
²³ porque tu pie se enrojecerá con la sangre de tus enemigos,
y con ella la lengua de tus perros".

²⁴ ¡Vieron tus caminos, oh Dios; los caminos de mi Dios, de mi Rey, en el santuario!
²⁵ Los cantores van delante, los músicos atrás; en medio, las doncellas con panderos.
²⁶ ¡Bendecid a Dios en las congregaciones; al Señor, vosotros de la estirpe de Israel!
²⁷ Allí estaba el joven Benjamín, a la cabeza de ellos, los príncipes de Judá

en su congregación, los príncipes de Zabulón, los príncipes de Neftalí.

[28] Tu Dios ha ordenado tu fuerza; confirma, Dios, lo que has hecho para nosotros.

[29] Por causa de tu Templo, en Jerusalén, los reyes te ofrecerán dones.

[30] Reprime la reunión de gentes armadas,la multitud de toros con los becerros de los pueblos,

hasta que todos se sometan con sus piezas de plata.

¡Esparce a los pueblos que se complacen en la guerra!

[31] Vendrán príncipes de Egipto; Etiopía se apresurará a extender sus manos hacia Dios.

[32] ¡Reinos de la tierra, cantad a Dios, cantad al Señor, Selah

[33] al que cabalga sobre los cielos de los cielos, que son desde la antigüedad!

Él hará oír su voz, su poderosa voz.

[34] Atribuid el poder a Dios.

Sobre Israel es su magnificencia y su poder está en los cielos.

[35] Temible eres, Dios, desde tus santuarios.

El Dios de Israel, él da fuerza y vigor a su pueblo. Bendito sea Dios.

Con admirable y delicado tacto, el editor de los Salmos ha hecho que este שיר מזמור (Sal 68) siga al מזמור שיר de Sal 67. El anterior comenzaba con el eco de la bendición que Moisés había puesto en boca de Aarón y de sus hijos. Este comienza con una repetición de las palabras memorables con las que, al levantar el campamento para iniciar la marcha, el mismo Moisés invocaba a Yahvé para que marchara delante de Israel (Num 10, 35).

Como dice Hitzig, refiriéndose a este gran salmo, no es fácil comentarlo de un modo adecuado, porque es como un Titán poderoso. No hay quien no haga suya esta observación.

Este es un salmo compuesto al estilo del canto de Débora, que se eleva a lo más alto del sentimiento y de la proclamación hímnica de Israel. Es el himno más glorioso de la literatura del período antiguo de Israel, y en su fondo aparecen palabras memorables de las bendiciones de Moisés, con las profecías de Balaam, con el Deuteronomio y el Canto de Ana, que aquí se reflejan.

Pero, por encima de todo, el lenguaje de este salmo es tan elevado y atrevido, que en él encontramos hasta trece palabras que no aparecen en ningún otro texto del A. T. Es un salmo elohístico y así cita a Elohim 23 veces. Pero, además de eso, este salmo recoge toda una "cornucopia" de nombres divinos. Así presenta estos nombres: יהוה en Sal 68, 17; אדני seis veces; האל dos veces; שדי en Sal 68, 15; יה en Sal 68, 5; אדני יהוה en Sal 68, 21; יה אלהים en Sal 68, 19. Por todo eso, este salmo es el más reluciente de los salmos elohistas.Por la gran complejidad de este salmo, no es extraño que los comentaristas, en especial los antiguos, tengan muchas diferencias en su interpretación, tanto en el conjunto, como en sus diversas partes.

Este dato ha sido interpretado de un modo falso por Ed. Reuss en su ensayo: *Der acht-und-sechzigste Salm, Ein Denkmal exegetischer Noth und Kunst zu Ehren unsrer ganzen Zunft*, Jena, 1851 (El salmo 68. Un monumento a la Necesidad y al arte, para Gloria de todo nuestro gremio, donde pone en ridículo la poca seriedad en la exégesis del A. T., tal como aparece ilustrada en los comentarios a este salmo).

Como ha recordado Reuss últimamente, se dice que este salmo ha sido escrito entre el tiempo de Alejandro Magno y los Macabeos, para expresar el deseo de que los israelitas, muchos de los cuales estaban muy alejados de Palestina y dispersos a lo ancho del mundo, pudieran volver pronto y reunirse de nuevo en su tierra patria. Pero esta visión solo puede defenderse con un tipo de violencia exegética, especialmente cuando se supone que en el verso 23 aquellos que Dios quiere que retornen son los exilados.

Reuss piensa que aquellos que han de volver de Basán son los exilados en Siria, y que los que han de volver de las profundidades del mar son los exilados en Egipto. Pero él no tiene en cuenta la coincidencia muy significativa entre las tribus del Norte, incluida la de Benjamín, en Sal 68, 28, los salmos asáficos, de manera que para él Judá y Benjamín son Judea, mientras que Zabulón y Neftalí son Galilea, en el sentido del tiempo posterior al exilio. Ciertamente, la "bestia salvaje" de los juncos es un símbolo de Egipto, pero él (Reuss) está equivocado al situar esa bestia al lado de Siria.

Sea como fuere, Olshausen ha puesto de relieve el servicio que Reuss ha realizado con respecto a este salmo; pero, después de haber incorporado dos páginas enteras del "*Denkmal*" o "monumento exegético" de Reuss en su propio comentario, Olshausen no se contenta con hablar en general del período entre Alejandro y los Macabeos, y a través de tres consideraciones, también en este caso, llega a la conclusión de que hay que situar ese salmo el en período del alzamiento de los macabeos, que posee para él una atracción irresistible.

En contra de ese intento de trasplantar este salmo al tiempo de los macabeos, podemos apelar a Hitzig que, cuando ve alguna razón para ello, insiste en el origen macabeo de muchos salmos. Pues bien, en contra de su tendencia, en ese caso, Hitzig sitúa este salmo en el contexto de la victoriosa campaña que Joram hizo, en compañía de Josafat, en contra de la infiel Moab.

Por otra parte, Böttcher piensa que este es un salmo festivo de triunfo que pertenece al tiempo de Ezequías y que se cantaba de un modo antifonal en las fiestas de fraternización de la pascua, cuando el joven rey volvía, tras alguna de sus expediciones en contra de los asirios, que se habían fortificado en el país del otro lado del Jordán (en Basán).

Thenius (siguiendo el ejemplo de Rödiger) mantiene una visión distinta. Él conoce muy bien las discusiones sobre este salmo, y ha llegado a la conclusión de que en esta línea no se puede avanzar ya más. En esa línea, él termina diciendo que este canto ha sido compuesto para animar al ejército ante la batalla que Josías mantuvo en contra de Necao, de manera que el personaje arrogante y odioso de Sal 68, 22 es el mismo Faraón, con un adorno elevado y artificial sobre su cabeza rapada. Pero conocemos bien el trágico final que esa batalla tuvo para el rey judío. Si esa fuera la ocasión para la que fue compuesto, este salmo sería un memorial del más lamentable de los fracasos de Israel.

Todos estos y otros comentaristas modernos se glorían de haber presentado unas pruebas definitivas para interpretar el sentido de la inscripción que dice "de David", לדוד (pero lo hacen en contra de David). Pues bien, ellos dejan de lado el hecho de que en la vida de David hay dos acontecimientos que deben ser cuidadosamente estudiados antes de abandonar el sentido histórico de ese לדוד dejando el origen del salmo en manos de la pura conjetura.

El primero de esos acontecimientos fue el traslado del Arca de la Alianza a Sión, y en ese contexto sitúa este salmo, por ejemplo, Franz Volkmar Reinhard (en vol. II de Velthusen, *Commentationes Theologicae* 1795) con Stier y Hofmann. Pero la forma en que este salmo empieza presentándose como paráfrasis de las palabras memorables de Moisés en Deuteronomio, se opone a esta hipótesis. Por otra parte, dada la imposibilidad de unificar desde ese fondo el contenido del salmo, tenemos que oponernos a esa visión.

El salmo supone que Yahvé ha puesto desde hace tiempo su morada sobre esta montaña. Además, está escrito como salmo de guerra y victoria, describiendo a Dios como el Señor Exaltado que, en el tiempo actual, lo mismo que en tiempos antiguos, cabalga en lo alto de los cielos, a la cabeza de su pueblo, derrotando a los poderes hostiles, que se oponen a él y a los israelitas, haciendo que todos los pueblos confiesen que el Dios de Israel gobierna desde su santuario con poder invencible.

Pues bien, hay una ocasión mucho más apropiada para situar el origen de este salmo, y es la guerra siro-amonita de David, guerra en la que el Arca fue llevada con el pueblo en armas (2 Sam 11, 11). Este himno no se compuso según eso cuando, acabada la Guerra, el Arca fue llevada de nuevo a la Santa Montaña (Hengstenberg, Reinke), sino cuando ella salía de su tabernáculo (fue puesta en movimiento) desde la montaña de Sión, a la cabeza de Israel, cuando sus tropas avanzaban en contra de los reyes confederados y de su gran ejército (2 Sam 10, 6).

La guerra se mantuvo hasta el siguiente año, cuando fue necesario iniciar una segunda campaña a fin de culminarla. Pues bien, este es el hecho que ofrece al menos un período adecuado, posible, para situar el origen de este salmo. Resulta claro que Sal 68, 12-15, con más claridad que en Sal 68, 20-24 (y desde un punto de vista más genérico que en Sal 68, 29-35), la victoria contra los reyes enemigos no se ha conseguido todavía, sino que se está esperando.

En esa línea, Sal 68, 25-28 presenta la victoria de David como algo ya muy cercano, como algo al alcance de la mano. Este salmo pone de relieve el espíritu de fe con el que el pueblo celebra de antemano la gloria de Yahvé, interpretando la victoria particular de David como prenda y anuncio de la victoria final sobre todos los pueblos de la tierra. Así podemos afirmar que el tema del salmo, por encima de su ocasión inmediata, es la victoria del Dios de Israel sobre todo el mundo.

Por lo que toca a la naturaleza de su contenido, el conjunto del salmo se divide en dos mitades: 68, 2-19 y 68, 20-35, que tienen argumentos distintos. La primera parte insiste más en la acción poderosa que Dios realiza; la segunda se centra en las impresiones que esa victoria produce sobre la iglesia y sobre los pueblos de la tierra.

En ambas partes, la victoria de Dios aparece por un lado como algo futuro y por otra como algo del pasado, pues el deseo de la oración y la confianza de la esperanza se elevan de forma profética, de modo que el futuro se presenta como un hecho ya cumplido. Por tres veces aparece la interrupción musical del *selah* (Sal 68, 8; Sal 68, 20; Sal 68, 33). Estos tres momentos del "forte musical" abren perspectivas importantes para la comprensión del significado colectivo del salmo.

Pero ¿podemos decir que fue David el autor de este salmo? Su tema general es más asáfico que davídico (vid. *Coment. Habakkuk*, p. 122). Sus referencias al monte Salmón, a Benjamín y a las tribus del norte, con el canto de Débora y en general con el libro de los Jueces (aunque no en su forma actual), dan la impresión de que este es un salmo efraimita. Entre los Salmos de David se encuentra enteramente aislado, y en esa línea la crítica resulta incapaz de explicar el encabezado לדוד.

Por otra parte, si las palabras de Sal 68, 29 están dirigidas al rey, este salmo está indicando que ha sido compuesto por un poeta distinto de David. Pero ¿se trata de un poeta contemporáneo a David? La mención del santuario de Sión en 68, 30 no excluye esa posibilidad. Por otra parte, la amenaza de "la bestia salvaje de los juncos" (Sal 68, 31) parece llevarnos a un tiempo posterior al de David, un tiempo de hostilidades con Egipto, que surgieron en el reinado del rey Roboam, después del reinado de Salomón.

De todas formas, la amenaza de Egipto no desapareció nunca del horizonte de Israel, y el hecho de que Egipto aparezca en primer lugar entre los enemigos (cuando se habla de la sumisión de los reyes de este mundo bajo el Dios de Israel, que se describe aquí desde una perspectiva de futuro) no puede extrañarnos en un poeta del tiempo de David.

Por otra parte, esa amenaza de Egipto puede situarnos también, según 68, 28, en un tiempo posterior a la división de los reinos. Por eso, es muy posible que el salmo deba situarse en el tiempo de la expedición común de Joram y de Josafat en contra de Moab y sus aliados (Hitzig). De todas maneras, parece que la celebración indiscriminada de esta expedición de los dos reinos resulta un motivo poco apropiado para la temática de conjunto de este salmo.

68, 2–7. El salmo comienza con la expresión de un deseo, mostrando que está cerca, al alcance de la mano, la victoria de Dios sobre sus enemigos y la exultación triunfante de los justos. Ewald y Hitzig toman יקום אלהים de un modo hipotético: si Dios se levanta, sus enemigos serán dispersados.

Esta traducción es posible desde la perspectiva de la sintaxis, pero en este contexto se opone todo a ella, porque los futuros de Sal 68, 2-4 forman una cadena inseparable. Por otra parte, una mirada a las afirmaciones del salmo desde 68, 20 en adelante, muestra que las circunstancias de Israel bajo las que el poeta escribe suscitan el deseo de que Dios se eleve y humille a sus enemigos. Por otra parte, el pasaje originario de Num 10, 35, muestra que el lenguaje fundamental de estas oraciones es el futuro, expresado en forma de deseo.

Sal 68, 3 va dirigido directamente al mismo Dios, de forma que se expresa en forma de petición. Por su parte הנדף (cf. כְּהִנְדֹּף עָשָׁן תִּנְדֹּף) se vincula (a diferencia de ג ירדף, con Sal 7, 6, de ירדף) con הנדף (como הנתן, Jer 32, 4). En contra de las reglas normales de la gramática, esas palabras se construyen así para responder a la conformidad de los sonidos (cf. הקצות en Lev 14, 43 y Sal 51, 6), con תנדף, que es el lugar en el que ha de suplirse "tus enemigos" (*dispellas*, sc., *hostes tuos*); esta omisión deja más claro que ante Dios tienen que someterse todas las creaturas.

El hecho de citar el *humo* que se dispersa y la *cera* que se derrite (la cera es דונג, raíz דג, דٰאק, sánscrito, disolverse, *zend tak*, de donde proviene *vitakina*, disolverse, neopersa *gudâchten*, en causativo, hacer que algo se derrita) es un signo de la debilidad del hombre, que se dispersa como humo, se derrite como cera. Bakius observa "si creatura creaturam non fert, ¿quomodo creatura creatoris indignantis faciem ferre possit?" (si una creatura no puede mantenerse ante otra creatura ¿cómo podrá mantenerse ante el rostro indignado del Creador?).

El deseo expresado en Sal 68, 4 forma el reverso de la idea del verso anterior: וְצַדִּיקִים יִשְׂמְחוּ יַעַלְצוּ לִפְנֵי אֱלֹהִים (pero los justos se alegrarán, se gozarán ante Elohim). Las expresiones de gozo se amontonan con el fin de describir la trascendencia de la alegría que vendrá cuando se quiebre el yugo de los enemigos. La expresión לפני se utiliza aquí explícitamente en alternancia con el מפני de Sal 68, 2; Sal 68, 3.

Por un lado, del rostro airado de Dios procede un tipo de calor que derrite la cera de los enemigos y que les dispersa como si fueran humo; pero, en contra de eso, para los justos la mirada de Dios es principio de vida, frescura y alegría.

Como resultado de la petición expresada en Sal 68, 2-4, vemos ahora que Elohim va delante de su pueblo, comenzando así su marcha. Por eso, Sal 68, 5 es una llamada para alabarle con un canto, para alabar su nombre con la música de un instrumento de cuerda, para acompañarle en su marcha por los cielos. Desde la perspectiva de Sal 68, 34 no podemos tomar צרבות (רֹכֵב בָּעֲרָבוֹת), como hacen el Targum y el Talmud (B. Chagiga 12b), como nombre de uno de los siete cielos, un significado que, dejando a un lado otras consideraciones, no puede recibir el verbo ערב, que tiene el sentido de desaparecer, confusión, oscuridad. Esa palabra debe explicarse aquí a partir de Is 40, 3, que se refiere a la estepa, desierto.

En Isaías se invoca a Yahvé en ayuda de su pueblo; pues bien, aquí Yahvé aparece como aquel que cabalga en ayuda (a la cabeza) de su pueblo, por las estepas (desiertos) a fin de juzgar a los enemigos de Israel. No solo la referencia histórica asignada por Hitzig, sino también la que adoptamos nosotros, permite que se aluda aquí a las estepas de Moab, porque el campamento de Madaba, donde se habían establecido los mercenarios amonitas (1 Cron 19, 7), se sitúa en el contexto de esas estepas, sino también el camino que lleva de Jerusalén a Rabbath Ammon (2 Sam 10, 7).

El verbo סֹלּוּ (סֹלּוּ לָרֹכֵב) pide a los fieles que ensalcen (= que acompañen) al Dios glorioso e invencible (cf. Is 57, 14; Is 62, 10). סלל significa fijar, pavimentar una calle o camino por el que pueda transitarse. Símaco traduce *katastroophesate* en el sentido de seguir, acompañar. El mismo Dios que se abre y avanza por el desierto traza un camino de salvación para su pueblo. Por eso, el salmista pide a los fieles que le precedan, que canten con alegría delante de él.

La *beth* en בְּיָהּ (Símaco: ῐα) es una *beth essentiae*, que aquí como en Is 26, 4 va junto al sujeto: su Nombre es (existe, está incluido en יה: בְּיָהּ שְׁמוֹ) i. e., su nombre esencial es *Yah* (Yahvé). Este es el nombre por el que Dios viene a ser conocido y nombrado, el Dios de la salvación que, con el poder de su gracia, invade o permea toda la historia. Ese nombre (Yahvé) es una fuente de gozo exultante para su pueblo, y así ha venido a expresarse en Sal 68, 6: אֲבִי יְתוֹמִים וְדַיַּן אַלְמָנוֹת, padre de huérfanos, defensor de viudas.

El Altamente Exaltado, que se sienta entronizado en el cielo de la Gloria, gobierna sobre toda la historia de aquí abajo, y se interesa por los más pequeños, en todas las circunstancias de la vida, conforme a su propia decisión de socorrerles. Dios actúa así como padre de los huérfanos, asumiendo como propia la causa de las viudas, y hace que ella prospere.

Elohim es aquel que hace que el solitario o aislado pueda habitar en su casa (en familia), בַּיְתָה, con ה local, respondiendo así a la pregunta *dónde* y *con quién*. En ese sentido, בית es una casa/hogar, es decir, unos lazos familiares, en oposición a los יְחִידִים (יהיד) que son los solitarios, apartados, cf. Sal 25, 16.

Dachselt traduce rectamente *in domum*, h. e. *familiam numerosam durabilemque eos ut patres-familias plantabit* (en una familia numerosa y durable Dios les plantó como padre de familia). Dios es finalmente aquel que libera (saca de la cárcel o de la cautividad) a aquellos que están encadenados para liberarlos de la opresión (cf. מוֹצִיא אֲסִירִים בַּכּוֹשָׁרוֹת). La palabra כּוֹשָׁרוֹת, que solo aparece aquí, es un plural ético de כֹּשֶׁר, sinónimo de אָשַׁר, ser recto, ser bienaventurado.

Sal 68, 7b expresa de manera breve y precisa el reverso de esa forma condescendiente que Dios tiene de actuar con la humanidad. אך (cf. אַךְ סוֹרְרִים,

pero los rebeldes) es aquí (cf. Gen 9, 4; Lev 11, 4) restrictivo o adversativo (como sucede con אכן). Los סוררים (cf. צְחִיחָה שָׁכְנוּ סוֹרֲרִים) son los rebeldes (la palabra no viene de סור, apóstatas, Aquila *afistamenoi*, sino, como en Sal 66, 7, de סרר).

Conforme a Símaco son los ἀπειθεῖς, aquellos que no quieren someterse a la norma de un Dios de gracia, de manera que, por eso, serán excluidos para siempre de las manifestaciones del favor de Dios. Estos han de habitar צחיחה (acusativo de objeto), en una tierra calcinada, abrasada por el sol, palabra que viene de צחח, brillo que ciega, bajo cielo cegador, seco, infértil.

Así los incrédulos permanecen en el desierto, sin entrar en la tierra habitada, fertilizada por las aguas de la gracia, llenas de fresca verdura y ricos frutos. El poeta parece que tiene en su mente la imagen del pueblo liberado de Egipto ὧν τὰ κῶλα ἔπεσαν ἐν τῇ ἐρήμῳ, cuyos cadáveres cayeron en el desierto (Hebr 3, 17).

En caso de que sea así, lo que sigue se entiende mucho mejor. Pero no hay necesidad de precisar más el tema, pues el poeta tiene en su mente, desde el principio, la marcha de Israel a través del desierto, desde el Sinaí hasta Canaán, bajo la guía de Yahvé el conquistador irresistible. Pues bien, el poeta desarrolla y expresa ahora esa idea, poniendo de relieve la guía maravillosa de Dios, a fin de que los fieles puedan recibir ánimos con ello.

68, 8-11. En 68, 8ss el poeta repite las palabras de Débora (Jc 5, 4), que remiten a Dt 33, 2, cf. Ex 19, 15. Por otra parte, este salmo 68 ha sido imitado por Hab 3. El verbo marcial יצא (אֱלֹהִים בְּצֵאתְךָ לִפְנֵי עַמֶּךָ) presenta a Elohim como aquel que viene (desciende) de su morada celeste (Is 26, 21) para colocarse a la cabeza de Israel.

Por otra parte el nuevo verbo majestuoso צעד (בְּצַעְדְּךָ בִישִׁימוֹן) le representa acompañado de las huestes de su pueblo, avanzando como un héroe que confía en su victoria. En ese contexto el mismo nombre terrible de desierto, ישימון, ha sido escogido para expresar el contraste entre el lugar terrible donde Dios actúa y la salvación que él ofrece a sus fieles.

El verbo implícito en סיני זה (זֶה סִינַי מִפְּנֵי אֱלֹהִים) puede suplirse fácilmente. La traducción de Dachselt siguiendo los acentos es correcta: *hic mons Sinai* (sc. *in specie ita tremuit*), este Sinaí tembló. La descripción hace que pongamos nuestra atención en el Sinaí, como punto central de todas las revelaciones de Dios durante el tiempo de la liberación del pueblo por mano de Moisés, como la escena más gloriosa de todas esas revelaciones (vid. *Coment*. a Habakkuk. p. 136s).

Los fenómenos mayestáticos que proclaman la cercanía de Dios quedan así distribuidos a lo largo de todo el itinerario, pero se concentran de la manera más gloriosa en la revelación de la ley en el Sinaí. La tierra tembló a lo largo del extenso circuito de aquella cadena montañosa, y los cielos llovieron, mientras la oscuridad de las nubes de tormenta descargaba sobre el Sinaí, acompañada por incesantes relámpagos (Ex 19).

Fue aquí donde, conforme al pasaje original del Éxodo, Yahvé se encontró con su pueblo. Yahvé venía del este, el pueblo del oeste, allí se juntaron ambos, y mientras la tierra temblaba, descendiendo desde los cielos, Yahvé concedió a su pueblo una prenda de su omnipotencia, prometiéndoles que desde entonces él les defendería y guiaría.

Con toda razón, el poeta concede a Elohim en este pasaje el nombre de "Dios de Israel", indicando así que la relación de alianza de Dios con Israel comienza en el Sinaí, porque, desde ese momento en adelante, por razón de la Torá, Dios ha sido y será el rey de Israel (Dt 33, 5). Dado que se ha puesto al principio un hecho de la historia antigua, y dado que los pretéritos alternan entre sí, los futuros que siguen en Sal 68, 10. 11 han de entenderse en referencia a ese pasado, pero sin necesidad de que el Sal 68, 10 deba referirse de un modo directo a la provisión milagrosa de alimento, y más especialmente a la lluvia del maná a lo largo de la marcha por el desierto.

Que Israel haya recibido la ley en el Sinaí está indicando que se convertirá en un pueblo establecido de un modo firme en una tierra sagrada. En esa línea, la liberación de la esclavitud solo culmina en la toma y posesión constante (duradera) de la tierra prometida. De un modo consecuente, Sal 68, 10, 11 se refieren a la bendición y protección del pueblo que ha puesto su morada en esa tierra prometida.

La נחלה (tierra) de Dios, con *genit. auctoris*, como en 2 Mac 2, 4 (cf. נַחֲלָתְךָ וְנִלְאָה אַתָּה כוֹנַנְתָּה) es la tierra que Dios ha asignado a Israel como herencia. Por su parte גשם נדבות es un signo y garantía de la abundancia de dones que Dios ha hecho recaer sobre esa tierra, desde que Israel puso su morada en ella. La palabra נדבה es el nombre que se asigna al regalo que proviene de un impulso interior, y en ese contexto la idea intensa de riqueza y superabundancia queda expresada por medio del plural: גֶּשֶׁם נְדָבוֹת תָּנִיף (cf. גֶּשֶׁם נְדָבוֹת תָּנִיף), una abundancia de dones que descienden como lluvia, desde arriba.

El *hifil* הניף gobierna aquí sobre un doble acusativo, como el *kal* de Prov 7, 17, hasta נחלתך, pues, en oposición a la lectura del Targum, los acentos se vinculan entre si ונלאה y נחלתך, así se podría decir "tu regaste tu heredad, esta que es tan seca (con *waw* epexegético en וְנִלְאָה, como en 1 Sam 28, 3; Am 3, 11; Am 4, 10). Pero esta expresión "tu heredad" parece menos apropiada. ¿Por qué no poner más bien "la heredad" en absoluto, הנלאה?

La traducción de Böttcher, "tu seca y cansada..." resulta inadmisible, tal como están los acentos... A la vista de las dificultades del texto, la mejor solución consiste en vincular נחלתך con Sal 68, 10a, de forma que Sal 68, 10b comience con ונלאה, como traducen los LXX, καὶ ἠσθένησε σὺ δὲ κατεερτίσω αὐτήν (y estaba debilitada, pero tú la fortaleciste).

Ciertamente, נלאה no es un verbo hipotético de pretérito, equivalente a ונלאתה, aunque, como sucede con frecuencia en los participios no conjugados

(Ewiger, 341b), tiene el valor de una cláusula hipotética: "Pero, aunque ella (la heredad de Israel) estuviera en una condición seca y exhausta (cf. la raíz emparentada להה, Gen 47, 13), tú, en cambio, la has afirmado de nuevo" (Sal 8, 4; Sal 15, 1-5), es decir, la has fortalecido, le has dado vida. También aquí, la idea de los habitantes está íntimamente asociada con la tierra misma, como se dice en el Sal 68, 11 donde se evocan de un modo más específico las creaturas "que habitan allí" (חַיָּתְךָ יָשְׁבוּ־בָהּ תָּכִין, los de tu ley/vida habitarán en ella).

Casi todos los comentaristas modernos toman חיה en la línea de 2 Sam 23, 11. 13 (cf. 1 Cron 11, 15), con el significado de tienda-circular, campamento circular (de la raíz árabe חו, *ḥw*, mover o rodear en círculo), o con el significado árabe de *ḥayy* (del árabe *ḥayiya* igual a חיה, חיי), una raza o tribu, i. e., una colección de seres vivientes (cf. חיי, 1 Sam 18, 18). Pero el carácter asáfico de este salmo, que es claro por otros detalles, se opone a esa traducción.

Este tipo de salmos tiende a comparar a Israel con un rebaño, y en esa línea, lo mismo que en el Sal 74, 19, חית עניין significa las creaturas (*Getheir*, en sentido colectivo), es decir, tus pobres, tus pobres creaturas. El uso de חיה es ciertamente peculiar, pero no en el sentido de Hupfeld, que identifica a esas creaturas con las codornices (Ex 16).

El hecho de evitar la palabra בהמה en relación con la idea de *brutum*, animal (Sal 73, 22), que es inseparable de ella, resulta suficiente para tenerla en cuenta. Pero en la palabra חיה, ζῷον, no está implicada la noción de "animal bruto", sino solo la de vida en movimiento. Por eso tenemos que explicarla de acuerdo con Miq 7, 14, donde se dice que Israel es un rebaño extendido por el campo, en medio del Carmelo. Dios hará que el rebaño de Israel, aunque duramente perseguido, continúe habitando en la tierra.

בה, como en Miq 7, 15 se refiere a Canaán. עני en Sal 68, 11 es la *ecclesia pressa* (iglesia cautiva), rodeada por todas partes de enemigos. Así se traduce el texto: "Elohim, tú has ofrecido vida a tu pueblo pobre, le has llenado con tus bendiciones" (cf. תָּכִין בְּטוֹבָתְךָ לֶעָנִי) como en Gen 43, 16; 1 Cron 12, 39, es decir, con tus bienes que son la comida, y la vida en paz. טובה como en Sal 65, 12, טוב ה, Jer 31, 12. No se puede aplicar תכין a la tierra, porque sería una tautología (a diferencia del Sal 65, 10, Ewald), ni siquiera al desierto (Olshausen), porque su descripción ha quedado muy atrás.

68, 12–15. Los futuros que ahora siguen no han de entenderse como referidos a la historia anterior, pues ya no alternan tampoco con pretéritos. Más aún, la transición al lenguaje directo del Sal 68, 14 muestra que el poeta está mirando desde su tiempo y circunstancia presente hacia el futuro; por otra parte, la introducción del nombre divino אדני, después que se ha utilizado once veces Elohim, es una indicación de que estamos ante un nuevo comienzo.

De esa forma se indica la próspera situación en la que Dios pone a su iglesia entregándole como despojo los bienes del mundo. El nombre אמר (אֲדֹנָי יִתֶּן־אֹמֶר) que nunca aparece en una relación de genitivo, y nunca con sufijo, porque en ese caso se olvidaría su rasgo más específico, indica siempre que lo que está por venir es una proclamación importante, es decir, una palabra de promesa de Dios (Sal 77, 9), o su palabra de poder (Hab 3, 9), que suele estar representada por la voz poderosa de un trueno (Sal 68, 34; Is 30, 30) o de un toque de trompeta (Zac 9, 14). En nuestro caso será una voz de poder por la que Dios cambiará repentinamente la condición de su iglesia oprimida.

El estado totalmente nuevo de cosas que esta palabra divina conjura y pone en marcha se expresa con toda claridad en el Sal 68, 12-13, con las mujeres que proclaman las buenas noticias, es decir, que proclaman el evangelio de la victoria: הַמְבַשְּׂרוֹת צָבָא רָב (las mujeres evangelistas anuncian la gran victoria). Esta es la victoria y triunfo que sigue a la palabra, אמר, de Dios, como expresión de su יהי victoriosa.

Aquí se evoca la liberación de Israel del ejército del Faraón, la liberación de la mano de Jabín, por medio de la derrota de Sísara; se evoca también la victoria de Jefté sobre los amonitas y la victoria especial de David contra Goliat, que celebraron las mujeres cantoras. La palabra decisiva de Dios se expandirá de manera intensa en este momento, y las evangelistas como Myriam y Débora se convertirán en un grupo importante de evangelizadoras.

Sal 68, 13 describe el motivo de esa exultación triunfante. Hupfeld piensa que Sal 68, 13-15 es un canto de victoria por sí mismo, y que así ha de tomarse como fragmento de una antigua oda triunfal (*epinikion*) que aquí se reproduce. Pero nada impide que esos versos puedan y deban mirarse como continuación directa del Sal 68, 12.

Los enemigos a los que aquí se alude son los ejércitos bien equipados de los reyes paganos, que dirigen la batalla en contra del pueblo de Dios. La expresión inusual de מַלְכֵי צְבָאוֹת, reyes de los ejércitos, suena, por lo tanto, como una antítesis irónica frente al acostumbrado "Yahvé de los ejércitos" (Böttcher).

Dios, el verdadero Señor, actúa, y ellos no tienen más remedio que huir, vacilando mientras lo hacen, mientras van de retirada, como muestra la anadiplosis (cf. Jc 5, 7; 19, 20), pues van marchando en todas direcciones. El *fut. energicum* (יִדֹּדוּן יִדֹּדוּן), con la acentuación en la sílaba final sirve para intensificar la expresión pictórica. Mientras los enemigos vencidos se dispersan, los vencedores vuelven a sus hogares cargados con ricos expolios.

בִּית נות (נְוַת בַּיִת תְּחַלֵּק שָׁלָל) tiene aquí un sentido colectivo, y se refiere a las esposas o mujeres en general, que quedaron en las casas (Jc 5, 24) mientras los maridos han ido a la batalla. Esa expresión, נְוַת בַּיִת, no se refiere al ornamento o adornos de la casa (cf. נוה en Jer 6, 2) como piensa Lutero, con los LXX, Vulgata, y siríaco[42], sino a los mismos habitantes de la casa (cf. נות, Job 8, 6), ἡ οἰκουρός. En todos los casos, el reparto de los despojos pertenece a los vencedores. Aquí se está aludiendo al botín que ha caído en suerte a cada uno de los vencedores individuales, con la distribución de lo así conseguido, que termina siendo repartido por las mujeres en las casas (Jc 5, 30; 2 Sam 1, 24).

Ewald afirma en este contexto que el Sal 68, 14 conserva las palabras de un antiguo canto de victoria, pero 68, 13b no es un texto adecuado para introducirlas. El lenguaje directo del Sal 68, 14 proviene más bien del propio poeta, que describe aquí la condición del pueblo que ha conseguido la victoria con la ayuda de su Dios, y que vive de nuevo, de un modo pacífico, en su propia tierra, tras haber vencido y expulsado a los enemigos.

אם (cf. אִם־תִּשְׁכְּבוּן בֵּין שְׁפַתָּיִם, bien que quedasteis entre los apriscos...) no tiene aquí un sentido hipotético, sino temporal, como por ejemplo en Job 14, 14 (vid. *Coment.* a Sal 59, 16). El hecho de quedarse entre los apriscos (שפתים igual a משפתים, cf. שפט, משפט, que aparecen así distribuidos de dos en dos) es el signo de una vida en paz, un signo que, lo mismo que en Sal 68, 8 y Sal 68, 28, está refiriéndose al canto de Débora, Jc 5, 16, cf. Gen 49, 14. Un tiempo como ese es el que ahora empieza a darse en Israel, un tiempo de prosperidad pacífica, con abundancia de botín recogido.

Todo tiene que brillar y resplandecer con plata y oro. Israel es la paloma de Dios, cf. Sal 74, 19; Sal 56, 1; Os 7, 11 y 11, 11. Por eso, las nuevas circunstancias de tranquilidad y confort se comparan con el brillo de las alas y las plumas de las palomas. Sus alas aparecen recubiertas de plata (cf. נחפה, que no es pretérito, sino participio femenino *nifal*, predicado de כנפי, cf. 1 Sam 4, 15; Miq 4, 11 y 1, 9; Ewiger, 317a); el texto alude según eso a las alas plateadas (cf. Ovid, *Metam.* II, 537, *Niveis argentea pennis*, con plumas de plata color nieve), mientras sus plumas son de plata dorada[43].

---

42. Así han pensado algunos que el "*Hausehre*" o "señor del hogar" es la mujer, como ornamento de la casa, cf. F. Dietrich, *Frau und Dame* (1864) p. 13.

43. Ewald recuerda que los poetas árabes dicen que las palomas son *'l-wrq'á,* de color amarillento-verde, brillando como el oro, cf. Kosegarten, *Chrestom.* p. 156s. Pero esta palabra poética árabe parece referirse más bien al color verde-ceniza, con toques blancos y negros. De todas formas, se puede aceptar que el רקרק ha de entenderse en el sentido de verde o verdeante. Bartenoro, *Negaim* XI, 4, dice que el color de las alas del gallo es ירקרק.Por mi parte, yo recuerdo que Wetzstein me dijo una vez que, conforme a un proverbio árabe, la superficie de un buen café tenía que ser "como el cuello de un pavo real", brillante y resplandeciente como su ojo. Por otra parte, en el hebreo postbíblico, la palabra *aurak* va pasando del significado del amarillo al gris, y en esa línea se dice que cuando alguien está enojado tiene פנים הוריק, es decir, un rostro verde-gris, *Gen Rabba,* 47a, de un color intermedio entre el amarillo y el gris. En el Talmud se dice que el color de una paloma adulta es צהוב y זהוב, *Chullin,* 22b.

Al lado de esa imagen audaz del botín y del aprisco de ovejas, aparece en 68, 15 la imagen de los reyes que huyen... El sufijo de בה (בְּפָרֵשׂ שַׁדַּי מְלָכִים בָּהּ) se refiere a la tierra de Israel, como en Is 8, 21 y 65, 9. Conforme al uso del lenguaje, tal como se ha transmitido hasta nosotros, צלמום, no es un nombre común, con el sentido de honda oscuridad (el Targum lo identifica con צלמות, sombra de muerte), sino que es el nombre de una montaña de Efraím, de la que Abimelech cortó y transportó los árboles para prender fuego a la torre de Siquem (Jc 9, 48). La literatura talmúdica dice que en ese monte nacía un río, y habla con frecuencia de una localidad que llevaba el nombre de esa montaña. Quizá esa montaña se cita porque, al igual que la ciudad de Silo (Gen 49, 10), está situada en el centro de la tierra santa[44].

השליג (cf. בְּצַלְמוֹן תַּשְׁלֵג) significa nevar, y también (como en árabe *atlj*) quedar blanco como la nieve. Este *hifil* no se utiliza para describir el color, como en הלבין. Dado que la prótasis es בפרשׂ y no בפרשׂך, la palabra תשלג ha de entenderse de un modo impersonal (cf. Sal 50, 3; Am 4, 7; Sal 3, 6). Por eso, las palabras han de ser traducidas: *entonces nieva en el monte Salmón.*

En ese contexto la nieve ha de entenderse como signo del brillante botín que ha caído en manos de los israelitas, o como símbolo de que los vencidos y caídos se vuelven de color blanco, sea por los huesos liberados de la carne (cf. Virgilio, *Aeneida*. V. 865, *albi ossibus scopuli*, como montes de huesos blancos; id. XII. 36, *campi ossibus albent,* campos que toman el color blanco por los huesos...; cf. también. Ovid, *Fasti* I, 558, *humanis ossibus albet humus,* la tierra se vuelve blanca por los huesos de hombres...) o también por los cadáveres desnudos, de color blanco (2 Sam 1, 19, עַל־בָּמוֹתֶיךָ חָלָל).

Sea que pensemos que la comparación se refiere a la abundancia del botín (como copos de nieve...) o al color blanco de los huesos o cadáveres esparcidos por el campo, בצלמון no es equivalente a כבצלמון, sino que lo que sigue (cuando el Todopoderoso dispersó allí a los reyes) queda ilustrado por el sentido del monte Salmón, que por un lado queda representado como campo de batalla (cf. Sal 110, 6), y por otro (cosa que responde mejor a su naturaleza de montaña boscosa) aparece como campo en el que pueden esconderse los fugitivos.

---

44. En la Tosefta, *Para*, ch. VIII., se menciona un río llamado יורדת הצלמון, cuyas aguas no podían utilizarse para preparar el agua de la expiación (מי חטאת), porque se habían secado en un tiempo de guerra (en el tiempo del alzamiento y derrota de Bar-Kokba) y que por eso habían contribuido a la derrota de Israel. Por su parte, Grätz, *Geschichte der Juden,* IV, 157, 459s) alude en este contexto al Nahar Arsuf, que fluye de las montañas de Efraim para desembocar en el Mediterráneo, tras pasar por Bethar. La población de Salmón aparece en la Mishná, *Jebamoth* XVI 6, *passim.* La Gemará de Jerusalén (*Maaseroth* I, 1) insiste en el valor de los algarrobos de Salmona junto a los de Shitta y Gadara.

La prótasis (בְּפָרֵשׂ שַׁדַּי מְלָכִים, al dispersar el Omnipotente a los reyes) está a favor de la segunda posibilidad, pues פרשׂ significa dispersar en un ancho entorno, indicando así que los reyes antes reunidos en un todo compacto, acaban huyendo cada uno por su lado, por muchas partes (Zac 2, 10, cf. el Niph. de Ez 17, 21). El ejército hostil se dispersa en varias direcciones, como si fueran copos de nieve, dejando atrás el botín mientras huyen. También Homero (*Ilíada*, XIX. 357-361) compara la gran cantidad de yelmos, escudos, armaduras y lanzas con la visión de una intensa nevada. En este salmo más que en Homero se pone de relieve el signo de la nieve, que cae en gran cantidad y brilla, más que el hecho de que ella lo cubre todo en su caída (vid. *Ilíada*, XII. 277ss). Esta figura aparece como complemento de la paloma y sus brillantes colores[45].

68, 16-17. Esta victoria de Israel sobre los reyes de los gentiles concede al poeta la seguridad gozosa de que Sión es el lugar inaccesible en el que habita Elohim, Dios de los ejércitos celestiales. La mención de Salmón ha conducido al poeta a mencionar otras montañas, y en esa línea alude a las de Basán como signo de los poderes hostiles, al este del Jordán.

Esos poderes están en contra del pueblo de Dios, como las poderosas montañas de Basán, elevándose en la estepa, a diferencia de la pequeña colina de Sión. A este lado del río Jordán se entremezclan las formaciones de yeso y piedras areniscas. Por el contrario, las montañas de Basán son de origen volcánico y están formadas de lava endurecida y de basalto (*basanites*), nombre que aparentemente proviene de Basán (este es el origen más probable de la palabra basalto, para el que no hay una palabra propia en los idiomas semitas; en Siria se le llama "piedra negra", *hag'ar*).

La sierra o conjunto de montañas de Basán tienen una forma muy particular, y por eso se les llama "montes de Elohim", pues están formados por moles de basalto que se elevan en forma de conos, con picos cortados, o elevados hacia el cielo en forma de columnas partidas o dotadas de ángulos afilados. Por eso, las montañas de Basán reciben el nombre de הר גבנים, i. e., una serie de montañas (pues, como es bien sabido הר significa no solo una altura única, sino una serie de cumbres), con muchos picos, es decir, con muchas cumbres.

---

45. Wetzstein ofrece una explicación distinta (*Reise in den beiden Trachonen und um das Haura*, tema publicado en *Zeitscheift fr allgem. Erdkunde*, 1859, p. 198). La nieve cae sobre la montaña, de manera que la montaña queda vestida con un tipo de ornamento de luz en celebración de ese gozoso acontecimiento. Cualquiera que haya vivido en Palestina conoce el bello y refrescante panorama de montañas lejanas cubiertas de nieve.

La belleza de esta figura poética queda destacada por el hecho de que el monte Salmón (árabe *ḏlmân*), conforme a su etimología, significa una cadena montañosa oscura por el tupido bosque que se alza dentro de ella, por sus rocas negras. Pero ese último rasgo podría referirse también a las montañas de Haurán, entre las que Ptolomeo (p. 365 y 370, Ed. Wilberg) menciona una que lleva el nombre de Ἀσαλμάνος, montaña de Salmán.

גבנן (cf. הָרִים גַּבְנֻנִּים) es un adjetivo, como אמלל. Con sus formas extrañas, de masas de rocas majestuosas, estos montes de Basán dan la impresión de una gran antigüedad, parecen invencibles, a diferencia de las sierras del otro lado del Jordán, formadas por piedra arenisca porosa, con formaciones suaves, y especialmente en relación con Sión. Estos montes de Basán parecen así una expresión de los poderes del mundo que se alzan y se oponen en contra del pueblo de Dios, como si fueran colosos invencibles.

El Salmista pregunta a esas montañas: ¿por qué miráis con hostilidad, montes altos, al monte que deseó Dios para su morada? רצד (לָמָּה ו תְּרַצְּדוּן). De acuerdo con la raíz árabe, la palabra *rsd* significa asentarse firmemente en un lugar, como las bestias de presa que están vigilando su botín, como el cazador, como un enemigo dispuesto a lanzarse sobre la víctima desde la maleza donde se esconde.

De esa forma, estos montes parecen estar esperando para atacar a Sión, como en griego ἐνεδρεύειν, de un modo poderoso, insidioso, como *râsid*, un engañoso enemigo vigilante. En esa línea se dice en latín: *quare indiviose observatis, montes cacuminosi, hunc montem* (δεικτικῶς), *quem*: "¿Por qué estáis vigilando vosotros, montes altos, a este monte, es decir, a Sión, de un modo tan interesado…?".

Aquí descubrimos por primera vez la razón de la mirada vigilante y negativa de los montes de Basán: miran con envidia el hecho de que Dios haya escogido a Sión como sede de su trono, no solo en el pasado, sino también en el futuro. Esos montes tienen envidia de que Dios siga habitando en Sión, concediéndole su honor, por encima de todas las restantes montañas de Basán.

68, 18–19. A partir de aquí el salmista describe el tipo de Dios que tiene su sede en Sión, es decir, que está entronizado allí. Por su parte, los carros de combate de los ejércitos celestiales reciben en 68, 18 el nombre colectivo de רכב: así se dice que, רֶכֶב אֱלֹהִים רִבֹּתַיִם אַלְפֵי שִׁנְאָן, los carros de Elohim son veintenas de millares, como en 2 Rey 6, 17. La palabra רִבֹּתַיִם (con *dech*, no *olewejored*) es una forma dual רבות en el sentido de miríadas, sea una veintena de miríadas o una pluralidad indefinida de miríadas…

Se podría decir veintenas (gran número) de millares. Pero también se podría decir אַלְפֵי, miles de repeticiones de grupos dobles (con שִׁנְאָן), una pluralidad indefinida de millares nuevamente repetidos, miles y nuevamente miles, un número incalculable de miles, en la línea de la expresión de Dan 7, 10. El Dios de Sión viene del Sinaí a su santuario de Sión con un número incalculable de carros celestes de combate[46].

---

46. La tradición judía (Targum, Saadia y Abulwalid) han pensado a veces que שׁנא es un sinónimo de מלאך, un ángel. Así han pensado también los LXX (con Jerónimo), χιλιάδες εὐθηνούντων y Símaco, χιλιάδες ἠχούντων. La forma radical es שׁנה, como שׁנים, árabe *thinán*, *ithnân*, todo aquello que se dobla y multiplica.

De esa forma se pone de relieve la multitud de los ejércitos que el Dios de Sión puede y quiere enviar en contra de los reyes de los ejércitos del mundo (cf. 68, 12: מַלְכֵי צְבָאוֹת). Dios se enfrenta de esa manera, con su ejército superior, a los poderes marciales de las tropas del mundo, para protección y triunfo de su pueblo. Carros y caballos de fuego habían aparecido en 2 Rey 2, 11 y 6, 17 como ejércitos de Dios. En Dan 7, 10 encontramos un ejército de fuerzas angélicas que se hacen visibles en contra de los enemigos de Dios. Ellas le rodean por ambos lados, en miles de miríadas, en número incontable.

En este contexto se dice en 68, 18, אֲדֹנָי בָם סִינַי בַּקֹּדֶשׁ (בָם con *beth raphatum*) que el Señor está entre ellos (cf. Is 45, 14), es decir, ellos están en torno a él; el Señor les tiene con él (Jer 41, 15) y está presente con ellos. En ese contexto resulta clara la mención del Sinaí, porque Yahvé, autor de la ley, se ha revelado allí, rodeado de diez millares de ángeles santos (Dt 33, 2).

Pero ¿en qué sentido se menciona? El poeta tiene la certeza de que la altura y templo de Sión ofrece el mismo espectáculo (cumple la misma función) que el monte Sinaí de otro tiempo, aunque tampoco el Sinaí fuera una de las montañas más grandes del mundo[47]. La frase "Sinaí es el santuario" puede y debe aplicarse según eso a Sión, que sustituye al antiguo Sinaí, donde Dios se apareció rodeado de toda su santidad, con sus santos. Así lo exige la expresión בקדש en Sal 68, 25; Sal 77, 14; Ex 15, 11.

Con Sal 68, 19 el salmo deja su lenguaje narrativo y se convierte en oración. Conforme al sentido de Sal 7, 8 y 47, 6, la palabra למרום parece referirse a la altura del cielo. Sión aparece aquí, en Sal 68, 16-18, como lugar inaccesible de la presencia de Dios, es decir, como "altura divina", cf. Jer 31, 12; Ez 17, 23 y 20, 40.

Desde esta perspectiva, los pretéritos, que en otras circunstancias deberíamos tomar como proféticos (referentes a algo futuro), vienen a presentarse aquí como visiones retrospectivas de la entrada (subida y conquista) de David, cuando tomó la "fortaleza de Sión" (2 Sam 5, 6-10), como si fuera Dios mismo el que (por medio de él) tomó y conquistó para sí (como sede de su presencia en el mundo) la altura de Sión.

Por otra parte, tenemos que suponer que al decir לקחת מתנות באדם el salmista se está refiriendo a los *netineos* (cf. Esd 8, 20; Num 17, 6), es decir, a los "donados" o entregados al servicio del templo, como habían sido en otro tiempo los gabaonitas, entre los que se custodiaba al Arca, Jos 9, 23.

---

47. Cf. el epigrama de Saadia, *Jardín de Rosas*: entre todas las montañas, el Sinaí es de las más pequeñas, pero es la más grande y digna de estimación para Dios. Sobre las palabras סיני בקדש, cf. el nombre de honor *tûr m'ana*, que se da al Sinaí como montaña de la meditación (Pertsch, *Die persischen Handschriften der Gothaer Bibliothek*, 1859, p. 24).

En ese sentido, la *beth* de באדם no es una *beth substantiae*, como si el don de Dios fueran esos mismos netineos (donados de Dios, como piensan J. D. Michaelis y Ewald), sino que la expresión significa más bien *inter homines*, entre los hombres, como en Sal 78, 60; 2 Sam 23, 3; Jer 32, 20. Eso significa que entre los hombres Dios escogió para sí (para servir al templo) a los netineos.

עלית למרום se refiere a la ascensión triunfante del Dios Uno. Por su parte, שבית שבי (cf. Jc 5, 12) indica la conquista y sometimiento de los enemigos; לקחת וגו es la recepción de los dones que el vencedor tiene derecho a que le ofrezcan los vencidos como homenaje de alianza de sometimiento (Dt 28, 38, *passim*). Estos son los dones que los habitantes del entorno tienen que ofrecer al nuevo vencedor, que es Yahvé Dios, que ha subido y tomado posesión de Sión, donde queda entronizado, y tiene derecho a recibir los tributos que los vencidos han de ofrecerle como vencedor.

Estos son los tributos que Yahvé, entronizado en Sión, ha recibido de los hombres de su territorio, incluidos (con ואף, *atque etiam*) los vencidos, como en Lev 26, 29-32, es decir, algunos que habían sido antes rebeldes. Este es un tema que ha sido muy discutido entre los comentaristas, a causa de la forma en que han sido y están colocadas las palabras en la frase. Pero debemos fijarnos en la finalidad de toda la construcción de estas frases, en las que se habla del "ascenso" de Dios a la altura de Sión, donde él ha venido a poner su trono, לשכן, es decir, para habitar entre los hombres.

Lo que el texto quiere decir es que Dios, אלהים יה, ha venido y de esa forma ha sido entronizado en Sión, לשכן, para establecerse allí (Ewald, Hupfeld), para habitar incluso entre rebeldes (Gesenius 132, nota 1), que terminan aceptándole de alguna forma. En esa línea debemos preferir la versión siríaca en la que se dice que los rebeldes habitan ante Dios (יעמדון קדם אלהא).

Así traduce también Jerónimo: *insuper et non credentes inhabitare Dominum Deum* (de modo que incluso los no creyentes habitan con Dios). De esa forma interpreta Teodoreto las versiones de los LXX y de Aquila: tú no has tenido en cuenta su desobediencia anterior, sino que has sido bondadoso, lleno de gracia para ellos (ἕως αὐτοὺς).

Esa expresión suena quizá demasiado grandilocuente, y por eso, teniendo en cuenta lo que dice el Sal 68, 7, podemos unir ואף סוררים con באדם: "E incluso (entre los antes rebeldes) tú has recibido dones" (incluso los rebeldes te han dado dones…). Desde ese fondo se entiende לשכן, una frase que indica el propósito, la finalidad…, de manera que Yahvé Elohim pueda habitar, seguir habitando, desde (por medio de) Sión en la tierra, una tierra en la que incluso los antes rebeldes le aceptan.

Y de esta forma termina aquí (en 68, 19) la primera parte del salmo. Con las palabras clave (Jäh Elohim) el salmo ha alcanzado su altura, su sentido básico, y todo lo que viene en adelante ha de entenderse desde aquí. Dios ha triunfado, se ha elevado en Sión, a favor de su pueblo, en contra de sus enemigos, y de esa manera él triunfa sobre y a favor de los hombres (incluso de algunos enemigos anteriores).

Esta circunstancia de la elevación de Elohim ha de entenderse como ascenso a su gloria final. Desde ese fondo ha entendido Pablo (Ef 4, 8) el mensaje de este salmo, especialmente el del Sal 68, 19, sin seguir al pie de la letra a los LXX, diciendo lo siguiente: ἀναβὰς εἰς ὕψος ᾐχμαλώτευσεν αἰχμαλωσίαν καὶ ἔδωκε δόματα τοῖς ἀνθρώποις (subiendo a la altura cautivó a la cautividad, y dio dones a los hombres).

Quizá él (Pablo) pudo tener en mente el Targum, que en eso concuerda con la versión siríaca que dice יהבתא להון מתנן לבני נשא. Pablo interpreta así el salmo desde la historia de Cristo, donde se cumple su sentido, pues el ascenso de Elohim solo se ha cumplido históricamente en la ascensión de Cristo.

Este ascenso de Cristo fue en verdad una procesión triunfal, como la describe el salmo (cf. Col 2, 15). El Cristo vencedor ha conseguido su victoria sobre los poderes de la oscuridad y de la muerte. Él ha vencido no para elevarse a sí mismo, por su interés, sino por interés de los hombres.

De esa manera, cuando se dice מתנות באדם, se están evocando los dones que él ofrece por su elevación pascual entre los hombres, de un modo especial entre los engañados y oprimidos. En esa línea interpreta el apóstol las palabras del salmo, poniendo ἔδωκε en lugar de ἔλαβες.

Los dones de Cristo no son los que él recibe para sí, sino los que concede a su iglesia, a través del Espíritu Santo. Por eso, este Sal 68 es el más apropiado para la *Dominica Pentecostés*, o domingo del Pentecostés cristiano. Por su parte, de un modo lógico, el ritual judío utiliza este salmo para el segundo día de la fiesta de las Semanas (*Shabuoth* o Pentecostés).

Esta es una distribución de dones, una dispensación de beneficios que está vinculada de un modo esencial a la victoria de Cristo, cuando asciende de un modo pascual, como vencedor, poseedor de las bendiciones. Sus dones son los despojos (el botín) que él ha ganado sobre los enemigos del hombre, que son el pecado, la muerte y Satán.

Así lo dice precisamente H. Lemann en la segunda parte de sus *Bibelstudien* (1861). En otra línea se sitúa Hormann (*Schriftbeweis*, II, 482) que no aplica esta cita del salmo a la obra redentora de Cristo, pues no refiere estas palabras al ascenso de Cristo (ᾐχμαλώτευσεν αἰχμαλωσίαν ni κατέβη εἰς τὰ κατώτερα μέρη τῆς γῆς), ni al descenso al Hades para vencer a la muerte, ni a la liberación de los cautivos del Hades.

En contra de esa visión, tenemos que seguir la interpretación del apóstol Pablo, pues, hablando de Elohim, el salmista se está refiriendo al Señor que ha subido a las alturas, destruyendo así los poderes de la muerte, del Hades. Las palabras del salmo han de aplicarse de esa forma, según Teodoreto, a la acción salvadora de Dios en Cristo, que ha abierto la cárcel de la muerte, de la que no podíamos salir por nosotros mismos; Cristo ha destruido las puertas de bronce de la muerte, ha roto sus cerrojos de hierro. Así lo ha puesto de relieve el Evangelio de Nicodemo, cf. Tischendorf, *Evangelia Apocrypha* (1853), p. 307; por eso se dice que Cristo tiene ahora las llaves de la muerte y del Hades.

68, 20–28. En este momento comienza el nuevo desarrollo del salmo. De la altura majestuosa del futuro de Cristo a la que antes nos había llevado, el poeta vuelve a su tiempo presente, cuando Israel sigue aún oprimido, pero no abandonado por Dios. La traducción ha de seguir a los acentos, tal como han sido restaurados por Baer siguiendo a Heidenheim, de forma que אֲדֹנָי tiene *zarka*, y יַעֲמָס־לָנוּ tiene *olewejored*, precedido por un *rebia parvum*, de forma que podemos traducir: *Benedictus Dominator, quotidie bajulat nobis* (bendito el Dominador que nos sostiene, opta por nosotros cada día); esta traducción concuerda con el Targum, Rashi y Kimchi, conforme al texto tradicional.

La palabra עמס (יַעֲמָס־לָנוּ) lo mismo que נשׂא y סבל, puede tener dos significados: poner el peso sobre otro (Zac 12, 3; Is 46, 1; Is 46, 3), y llevar un peso. Con על significa poner un peso sobre alguien; aquí con ל significa tomar el peso de alguien, y llevarlo en lugar de él (cargar así el peso de otro). Así se está evocando el peso o carga de un mundo hostil, que el Señor ayuda a llevar día tras día a su iglesia, pues él tiene fuerza para ello, mientras que la Iglesia es débil.

Como sujeto de la frase, el nombre de Dios (אל) va con artículo, הָאֵל, como Dios de nuestra salvación. Y en este momento suena de nuevo la música con un *forte*, y después, el mismo pensamiento, enfatizado por la música se repite de nuevo en 68, 21, con una expresión más intensa (הָאֵל לָנוּ אֵל לְמוֹשָׁעוֹת): Dios como persona es Dios para salvarnos, él es quien nos ofrece su ayuda en abundancia. El plural (מוֹשָׁעוֹת) no está evocando ayudas puntuales y particulares, sino la riqueza de su poder y gracia liberadora.

En el Sal 68, 21, לַמָּוֶת va vinculado a לָנוּ, pero no en el sentido general de que a él le pertenecen los rescatados de la muerte (Böttcher), sino que él puede hacer que uno no caiga preso de la muerte. La palabra תּוֹצָאוֹת (cf. אֲדֹנָי לַמָּוֶת תּוֹצָאוֹת וְלֵיהוִה) está en paralelo con מוֹשָׁעוֹת, y significa, de un modo normal, las "salidas" (liberaciones) de la muerte. Va con יצא, *evadere*, sacar, como en 1 Sam 14, 41; 2 Rey 13, 5; Ecl 7, 18. Yahvé tiene el poder para liberar de la muerte, i. e., para liberar a aquellos que están ya abandonados o caídos en manos de la muerte.

Con אַךְ (אַךְ־אֱלֹהִים יִמְחַץ רֹאשׁ אֹיְבָיו, Elohim herirá la cabeza de sus enemigos) se expresa aquello que Dios significa para Israel. El paralelismo divide correctamente este verso, mostrando que aquí רֹאשׁ, lo mismo que en el Sal 110, 6, significa la cabeza en sentido literal, y no tiene el significado figurado de "príncipe".

El pelo cubriendo el cráneo (קׇדְקֹד שֵׂעׇר) aparece como signo de fuerza arrogante, de orgullo impenitente y no humillado, como en Dt 32, 42, como en ático *koma'n*, que significa elevarse a sí mismo, darse aires. La construcción de genitivo recuerda la de Is 28, 1 y 32, 13[48].

En 68, 23, el poeta escucha una revelación divina, un recuerdo que él ha escuchado ya anteriormente: "De Basán te haré volver; te haré volver de las profundidades del mar" (con צוּל, cf. מִמְּצֻלוֹת יָם, que es igual a צלל, en el sentido de dar vueltas, de ahondar), es decir, de las profundidades o abismos del mar.

¿A quién salvará de esas profundidades? Cuando después de la destrucción de Jerusalén el año 70 d. C., zarpó de Palestina un barco cargado de cautivos distinguidos y bien formados, que estaban destinados a la prostitución, todos ellos se lanzaron al mar, confortados con este pasaje de la Escritura (*Gittin* 57b, cf. *Echa Rabbathi* 66a). Según eso, ellos entendieron la frase del Sal 68, 23 como una promesa dirigida a Israel[49]; pero esta frase expresa un propósito (cf. Sal 68, 24), no una promesa y la paráfrasis de Am 9, 2 muestra que aquí se está pensando en los enemigos de Israel.

Incluso si ellos, esos enemigos, se han escondido en los lugares más lejanos, Dios les arrancará de allí, y hará que los hombres de su pueblo ejecuten la justicia divina en contra de ellos. Aquí se está suponiendo que la huida de los enemigos vencidos del norte se dirigirá hacia el sur, de forma que ellos se esconderán en los bosques primordiales de Basán, e incluso más al sur, en las profundidades del Mar Muerto (ים como en Is 16, 8; 2 Cron 20, 2). Así están en oposición el ocultamiento en los bosques montañosos de Basán y el ocultamiento en los abismos del mar, es decir, en los lugares más extremos y remotos, que este salmo ha vinculado.

Dado que el primer miembro de la frase está indicando la finalidad, Sal 68, 24 resulta más fácil de entender y más agradable si leemos תִּרְחַץ (תִּמְחַץ רַגְלְךָ לְמַעַן), como hacen los LXX, con el texto siríaco y la Vulgata, *ut intingatur* (para que se tiñan), en la línea del Sal 58, 11. Por lo que se relaciona con las letras, resulta preferible y más natural leer el texto desde Is 63, 1 (Hitzig): que tus pies queden rojos por la sangre. Esta es una buena opción, aunque ella resultaría más adecuada si tuviéramos מדם en vez de בדם.

Tal como ahora está el texto, תמחץ es equivalente a תמחצם (a ellos, es decir, a los enemigos). Por su parte, רַגְלְךָ בְּדָם es una cláusula adverbial (poniendo o

48. La forma de expresión se refiere nuevamente a Num 24, 17, y nos sitúa en un contexto muy semejante al de Jer 48, 45. En el caso de que קׇדְקֹד שֵׂעׇר actúe como objeto, ראש (cf. רֹאשׁ אֹיְבׇיו) ha de tomarse también como un segundo objeto. El orden de las palabras no impide esa interpretación (cf. Sal 3, 8 con Dt 33, 11), pero ella tiene el peligro de aumentar la ambigüedad del texto.

49. En una línea semejante, el Targum piensa que la promesa se refiere a la restauración de los justos que han sido comidos por bestias o arrojados al mar. Cf. también las cosas que se dicen del tiempo de los califas, en Jost, *Geschichte des Judenthums*, II, 399 y en Görtz, *Gesch. der Juden*, V 347.

hundiendo tus pies en sangre). Sin embargo, es también posible que מחץ tenga aquí el sentido del árabe *machaḍa* (conmoverse de un modo vehemente), *ut concutias seu agites pedem tuam in sanguine* (a fin de que golpees, que agites tus pies en la sangre).

Lo que ahora se describe en 68, 25-28, no es el regocijo por una victoria conseguida en el pasado inmediato, ni la satisfacción por la liberación antigua en el Mar Rojo, sino la celebración gozosa que Israel ha experimentado por la obra vengadora y redentora que Yahvé, su Dios y Rey, ha realizado a favor de su pueblo; cf. Sal 77, 14; Hab 3, 6.

הליכות (los caminos: רָאוּ הֲלִיכוֹתֶיךָ אֱלֹהִים הֲלִיכוֹת אֵלִי) parece referirse al camino-marcha de Dios contra el enemigo. Pero lo que sigue muestra que la *pompa magnifica* de Dios está evocando una gloria que se expresa después que Dios ha triunfado sobre el enemigo. Este pasaje nos sitúa ante una fiesta que los israelitas celebran con una procesión triunfal, en torno (en honor) del Dios Rey, que gobierna sobre el mundo con santidad, y que ahora ha subyugado y dominado a sus enemigos impíos.

La expresión בקדש se entiende como en Sal 68, 18. La traducción "en el santuario" sería muy natural en este caso, pero Ex 15, 11 y Sal 77, 14 van en contra de ella; por eso es mejor traducir "en santidad". El sujeto de ראו (los que verán) es todo el mundo, y de un modo especial los paganos que han logrado escapar de la muerte, es decir, de ser degollados tras la victoria de Dios. Los perfectos están indicando que ellos han visto todo קדמו, ocupando la posición central, de frente.

Los cantores encabezan la procesión, detrás אחר, con, que es un adverbio[50], aquí como en Gen 22, 14; Ex 5, 1) van los músicos con arpas y cítaras (נגנים, participio de נגן), y a cada lado van vírgenes con panderetas (en español adufe, de la misma raíz). תופפות es participio apocopado *piel* con retención de la ē (cf. שוקקה, Sal 107, 9), de תפף, chocar, sonar, como תף (en árabe duff).

Estas expresiones ofrecen una visión retrospectiva del canto del mar (Ex 15), que revive nuevamente, con Myriam y las mujeres de Israel cantando entre los músicos con panderos. La liberación que ahora se celebra aparece así como actualización de la liberación de Egipto, con cantos que resuenan como en Sal 68, 27: *"En las reuniones de la congregación* (y por así decirlo en coros bien formados) *cantad a Elohim"*.

מקהלות (cf. מקהלים, Sal 26, 12; también cf. בְּמַקְהֵלוֹת בָּרְכוּ, en las congregaciones bendecid) es el plural de קהל (cf. Sal 22, 23), que está en el origen de nombres como el postbíblico קהלות. Sal 68, 27 es una forma condensada de ברכו אדני אשר אתם ממקור ישראל, bendecid al Señor, vosotros que tenéis a Israel

---

50. Conforme a B. Nedarim 37b, este אחר es una עטור סופרים, es decir, una *ablatio scribarum* o cambio de los escribes, *sopherim (sofrim)* que velaban por la buena *conservación* del texto; ellos quitaron el ואחר, que era una lectura muy ordinaria, y pusieron en su lugar אחר, tanto aquí como en Gen 18, 5; Gen 4, 55; Num 31, 2, pues era el texto originario.

como vuestra fuente. De acuerdo con su sentido, יְהֹוֶה tiene aquí *mugrash*. Por su parte, Israel es aquí el nombre del patriarca Jacob, tomado como fuente de la que brota la nación, cf. Is 48, 1; Is 51, 1, y, según la sintaxis, מִמְּךָ, son aquellos que descienden de ti, de Israel, Is 58, 12.

En la asamblea festiva, las tribus de Israel están representadas por sus príncipes. Así se mencionan dos que representan el sur y dos el norte de Israel. De Benjamín provino el primer rey de Israel, el primer vencedor sobre los gentiles. Por otra parte, conforme a la promesa (Dt 33, 12) y de acuerdo con los cómputos de las fronteras de las tribus (Jc 18, 16 y 15, 7), el Santuario de Sión formaba parte de la tribu de Benjamín. Por eso, esta tribu que, por nacimiento (Gen 43, 29) y por la extensión de su territorio y el número de sus habitantes era la más pequeña (1 Sam 9, 21), fue honrada por encima de las otras[51].

Por su parte, Judá vino a ocupar el trono a través de la persona de David, y de esa forma vino a convertirse para siempre en tribu real. Zabulón y Neftalí son las tribus más alabadas en el canto de victoria de Débora (Jc 5, 18, cf. Sal 4, 6) a causa de su valentía patriótica. Por su parte, רדם (עֲלֵיר רֹדֵם שָׂרֵי יְהוּדָה), palabra que carece de sentido si la derivamos del verbo bien conocido רדם, proviene de רדה, y por consiguiente tiene el sentido de someterles o dominarles (cf. Lam 1, 13), siendo así equivalente a רדה בם (dominar sobre ellos, cf. 1 Rey 5, 30; 1 Rey 9, 23; 2 Cron 8, 10), como המצלם, que no significa "su jefe dominante", sino ὁ ἀναγαγὼν αὐτοὺς, Is 63, 11, el que les dirige.

El verbo רדה, que en otros casos significa oprimir, tenerles sometidos a la fuerza (cf. Ez 34, 4; Lev 25, 53), se aplica a alguien que ocupa el lugar de los dirigentes, organizando la procesión de triunfo de Yahvé. En ese contexto se utiliza la palabra רגמתם (שָׂרֵי יְהוּדָה רִגְמָתָם) que ha sido entendida de varias maneras.

Algunos, como Hengstenberg, Vaihinger y otros (siguiendo a Böttcher, *Proben*) piensan que esa palabra, רגמתם, tiene el sentido de "el que les lapida"; pero רגם no significa lapidar con una honda, en la guerra, sino hacerlo con otro tipo de "piedra" en un proceso judicial. De todas maneras, estrictamente hablando, esa raíz tiene el sentido original de *congerere, accumulare,* es decir, de organizar, vincular, según el árabe *rajama* VIII y *rakama*.

En esa línea, רגמתם significa "en su congregación", en su grupo cercano, como han explicado los comentaristas judíos (קהלם או קבוצם). De esa forma se evoca la congregación de los príncipes de Judá. Incluso en el caso de que vinculáramos רגם con רקם, asociar, como en árabe *rajm*, *socius*, socio (Böttcher), llegaríamos al mismo significado (los reunidos de Judá).

---

51. Tertuliano dice en esa línea que, por referencia a su origen tribal y a su nombre, Pablo respondía a su nombre de "pequeño". Por su parte, Agustín dice que la poetisa del Magnificat era *nostra tympanistria*, nuestra tocadora de pandero.

68, 29–32. El poeta extiende ahora su mirada más allá del dominio de Israel y describe las obras de juicio y liberación de Yahvé en el mundo gentil. El lenguaje de Sal 68, 29 se dirige a Israel, o mejor a su rey (Sal 86, 16; Sal 110, 2). El Dios ante quien se somete todo lo que existe ha dado a Israel la עז, victoria y poder sobre el mundo.

El salmista tiene la certeza de que solo ese Dios puede preservar a Israel sobre la altura del poder en que se asienta. Teniendo eso en cuenta, el salmista ruega a Dios y le dice: "Confirma, oh Dios..." (עוּזָּה אֱלֹהִים). La palabra עוּזָּה va con acento en la última sílaba, a causa de la *alef* que sigue: lo que tú has hecho por nosotros. עזז tiene el sentido de *roborare*, confirmar, como en Prov 8, 28; Ez 7, 19. En los LXX δυνάμωσον, Símaco ἐνίσχυσον.

Esas palabras podrían interpretarse también como *muéstrate poderoso* (cf. רוּמָה, Sal 21, 14), tú que has actuado, tú que has hecho cosas por nosotros, לְתָ לָּנוּ פָּעַ (Is 42, 24), con פָּעַל como en Is 43, 13, con ל, como en ל עשֹה, Is 64, 3. Pero en otro sentido, esta oración puede unirse de un modo secuencial con lo anterior: el salmista ha comenzado diciendo lo que Dios ha hecho por Israel, y después le pide que actúe, añadiendo que por razón de su templo de Jerusalén han de ofrecerle sus dones los reyes del mundo.

De esa forma, la oración se centra en la presencia y acción de Dios, que se expresa por medio del templo de Jerusalén, extendiendo su influjo sobre los reyes de los pueblos, que le ofrecerán dones. Ese lenguaje se mantiene en 68, 30.

Las palabras מֵהֵיכָלֶךָ עַל־יְרוּשָׁלָ‍ִם, por tus atrios o templo de Jerusalén..., son el comienzo de esta nueva oración. Por la presencia de Dios en el templo, los reyes le ofrecerán dones. El templo de Dios se eleva sobre Jerusalén; en ese templo está entronizado Dios, en el Santo de los Santos; por eso, los reyes han de ofrecerle como tributo sus dones (שַׁי como en Sal 76, 12; Sal 18, 7).

En este contexto de plegaria se expresa el gran deseo de que el templo de Jerusalén pudiera convertirse en el zenit o meta a la que todo tiende, donde todo culmina, como "cinosura" o polo de atracción de todas las cosas y deseos de los hombres, de forma que Sión pueda aparecer como lo que es, como metrópoli del mundo. De esa forma, Jerusalén viene a presentarse en este salmo como sede de adoración religiosa para toda las naciones, por causa de su templo (מֵהֵיכָלֶךָ).

En Sal 68, 31 sigue una petición, con la que concluye y culmina todo el salmo. La traducción de Reina-Valera ha comenzado pidiendo: "Reprime la reunión de gentes armadas". Pero esa traducción es demasiado general. En sentido estricto, חַיַּת קָנֶה empieza significando "la bestia del cañaveral", que no es el león, que no suele habitar entre cañaverales (aunque a veces se dice que el león mora *inter arundineta Mesopotamiae*, entre las espesuras o zarzales de Mesopotamia, Ammianus). Por su parte, el Sal 18, 7, alude también en un contexto semejante a los matorrales en torno al Jordán (cf. Jer 49, 19; Jer 50, 44; Zac 11, 3).

Los cañaverales o mejor los juncos, son el símbolo de Egipto (Is 36, 6, cf. Sal 19, 6). Más que al león este pasaje alude al cocodrilo de las márgenes y juncos del Nilo, como símbolo del poder de Egipto (Ez 29, 3, cf. Sal 74, 13). Esta imagen de la bestia del cañaveral o de los juncos puede referirse igualmente al hipopótamo (en egipcio *p-ehe-môut*), que es también el símbolo de Egipto en Is 30, 6.

Conforme a Job 40, 21 este símbolo de hipopótamo es más apropiado que el del cocodrilo (התנין אשר בים, Is 27, 1), pues se le llama קנה חית. Egipto aparece así como el mayor y más terrible de los poderes del mundo. Pues bien, conforme a esta oración del Salmo, Elohim ha de probar, subyugar y dominar a todos los poderes orgullosos que se exaltan sobre Israel y sobre el Dios de Israel.

Por su parte, los אבירים, los fuertes, son los toros (Sal 22, 13) como emblema o signo de los grandes reyes. Esos toros van unidos a los novillos (cf. בְּעֶגְלֵי עַמִּים, עֲדַת אַבִּירִים), עגלי, que son los pueblos sobre los que dominan los toros. De esa manera, con el único símbolo o emblema de Egipto, como enemigos del pueblo de Dios, aparecen aquí los toros de los pueblos que se elevan confiando en sí mismos y que desafían a Dios, al Dios de Israel (cf. Jer 46, 20).

Aquello que este salmo ha colocado en el primer plano, como consecuencia de la amenaza que los poderes del mundo elevan contra Israel, aparece en estos signos. La palabra מתרפס (מִתְרַפֵּס בְּרַצֵּי־כָסֶף, hasta que se sometan con sus piezas de plata), de la raíz רפס, ha sido bien explicada por Flaminius: *ut supplex veniat* (hasta que venga/vengan suplicantes...) y ha de tomarse como participio de futuro (conforme a la gramática árabe: *hâl muqaddar*, como una condición previa).

Por eso esta palabra está comprensiblemente en singular (como en עבר en Sal 8, 9), sometido/sometidos, con su orgullo humillado, porque רפס (cf. רמס) significa dejarse cambiar, caer de rodillas, abajarse uno a sí mismo (Prov 6, 3), echarse de un modo violento en el suelo.

Otros explican esa palabra como *conculcandum se praebere*, dejarse pisar, pero ese término, con ese sentido, no ha sido documentado en hebreo; tampoco se puede entender como dejarse pisotear por otros, pues ello exige un sentido más activo, como el de בְּרַצֵּי־כָסֶף, expresión en la que se muestra la idea de que las riquezas que los gentiles habían empleado hasta ahora al servicio de unos valores mundanos opuestos al Señor han de ponerse ya al servicio del Dios de Israel (cf. Is 60, 9). רצץ (רץ־כסף, romper, dividir) es una pieza, una barra de plata o lingote de plata.

Este pasaje nos sitúa así ante un cambio rápido en el desarrollo del salmo, un cambio que aparece en muchos textos del A. T., y especialmente en este salmo ditirámbico. Por eso (en contra de algunos intérpretes) debemos dejar el texto como está, sin necesidad de cambiar su puntuación, de forma que pasamos del uso del dinero al cumplimiento de la voluntad de Dios, con la cesación de la guerra, tal como aparece en el deseo de 68, 31c: ¡esparce y subyuga a los pueblos que se complacen en la guerra! con בזר o בּזּר (LXX, διασκόρπισον).

Por su parte, בֻּזֵּר, tal como aparece en este pasaje no puede ser un imperativo (Hitzig), porque falta la vocal del fin, que es necesaria para el imperativo *piel*. El salmista no pide a Dios que esparza o disperse a los pueblos que se complacen en la guerra, sino que afirma que lo ha hecho ya, de manera que se pueda afirmar que la guerra ha terminado, que la paz del mundo se ha realizado.

En Sal 68, 32, la contemplación de lo que ha de venir toma de nuevo un tono diferente, de manera que el texto nos sitúa ante una serie de futuros que indican lo que sucederá dentro de poco. Así se dice יֶאֱתָיוּ, un verbo que suele colocarse en una pausa del texto, pero que aquí aparece de un modo provocativo al principio, como en Job 12, 6, diciendo: יֶאֱתָיוּ חַשְׁמַנִּים מִנִּי מִצְרָיִם, vendrán príncipes de Egipto.

Esos הַשְׁמַנִּים (príncipes de Egipto) han de compararse con los *chaśśm*, que son en árabe los que tienen una nariz y mirada orgullosa, despreciativa (cf. árabe *aśammun*, *nasutus*, de gran nariz, una palabra que se aplica a las personas orgullosas, que se envanecen sin valer nada).

Pues bien, esos príncipes orgullosos de Egipto tendrán que venir para inclinarse ante el Dios de Sión. Ellos acudirán, como impulsados por un deber superior, presionados, obligados a presentarse ante el Dios de Sión, pues solo reconociéndole como Señor supremo podrán vivir ellos con sus familiares, bajo el poderío más alto del Dios de Sión. Esos dignatarios de Egipto vendrán para dar gloria al Dios de Israel. Y también vendrán de Etiopía, pues כּוּשׁ תָּרִיץ יָדָיו לֵאלֹהִים, Cush (Etiopía) extenderá su mano ante Elohim, el Dios de Israel, pidiéndole protección, poniéndose bajo su servicio (cf. Hab 3, 7); extender las manos significa declararse siervo, para realizar lo que Dios les pida.

Así interpretan el texto la mayoría de los comentaristas. En este contexto es necesario precisar el sentido de "extender las manos". ¿Por qué se pone de relieve esa figura? ¿Qué se quiere decir con ella? Las manos van por delante, porque los notables de Etiopía llevan en ellas los dones que quieren ofrecer al Dios de Sión.

Así se puede traducir el texto: *cush, sus manos les hacen correr*... Llevan en ellas los dones para Dios y así deben apresurarse para entregárselos (cf. 1 Sam 17, 17; 2 Cron 35, 13). Se trata, pues, de dones propiciatorios, para conseguir con ellos la benevolencia de Dios.

68, 33-36. El poeta se encuentra tan completamente inmerso en esta gloria del final que, dirigiéndose en fe a todos los reinos del mundo, les pide que eleven su alabanza al Dios de Israel. Ese Dios es aquel que רכב (cabalga) sobre los altos cielos, el Dios a quien todos los reyes han sido invitados a cantar (שִׁירוּ).

Los cielos de los cielos (cf. Dt 10, 14) están aquí descritos con קדם como cielos originarios (שְׁמֵי־קֶדֶם), que fueron creados según Gen 1 el cuarto día, cielos que están más allá del horizonte de este mundo. Dios se dice que cabalga sobre esos cielos primigenios (Dt 33, 26), cuando extiende sus operaciones por medio del *Querubín* (Sal 18, 11) sobre todas las partes de las infinitas distancias y alturas del mundo.

El epíteto "que cabalga sobre los cielos de los cielos del principio" denota la majestad superior de Dios, como el Uno que está por encima de la tierra, que a causa de su inmanencia en la historia, aparece como "aquel que cabalga sobre las estepas" (רכב בערבות, Sal 68, 5). Las palabras יתן בקולו (hace oír su voz) son una repetición de lo ya dicho en 68, 12, con יתן אמר. Lo que aquí se está evocando es la voz poderosa del poder de Dios que truena (se impone) sobre todos aquellos que se atreven a elevarse en contra de él.

Como ha puesto de relieve Gesenius 138, nota 3, conforme a la expresión נתן בקול (Sal 46, 7; Jer 12, 8), la voz se concibe como medio para manifestar lo más profundo, es decir, para expresar la propia intimidad, de manera que uno pueda ser oído. Según eso, debemos tomar קול עז, no como objeto (como en la frase latina *sonitum dare*, producir un sonido), sino como una aposición, como en *él se hace oír con su voz, una voz poderosa*. Por eso, sigue diciendo el salmista, "dad a Dios gloria, עז", ofrecedle en alabanza, manifestad el reconocimiento de su omnipotencia, la omnipotencia que él tiene y de la que ha dado ya abundantes pruebas.

Su gloria (גאוה) reina de un modo especial sobre Israel, de un modo muy particular, siendo su guardián y su defensa. Pero su poder (עז) va más allá de Israel y abraza todas las cosas creadas, no solo la tierra, sino las regiones más elevadas del cielo. El reino de la gracia revela la majestad y gloria de su obra redentora (cf. Ef 1, 6), por su parte, el reino de la naturaleza muestra el dominio universal de esa omnipotencia de Dios.

A esta llamada que el salmista dirige a los reinos de la tierra, ellos responden en 68, 36: "Temible eres, Dios, desde tus santuarios". Estas palabras están dirigidas a Israel, de manera que מקדשים no se refieren al santuario celeste y terrestre, en plural (Hitzig), sino al único santuario de Jerusalén (Ez 21, 72) en la multitud de sus santos lugares (Jer 51, 51, cf. Am 7, 9).

La confesión de los gentiles reza de esta manera: *temible eres, Dios, desde tus santuarios. El Dios de Israel, él da fuerza y vigor a su pueblo. Bendito sea Dios.* Pidiendo reverencia, *Dios reina desde tus más santos lugares, oh Israel; el Dios que te ha escogido como pueblo mediador para todos los pueblos.*

Por eso, el Dios de Israel concede a su pueblo poder y fuerza abundante. De esa forma, los pueblos gentiles han experimentado la omnipotencia de Dios en Israel, como un hecho de experiencia, concediendo a Israel gran fuerza y poder.

Por eso, todos los pueblos con sus dioses sucumben (sucumbirán) al fin ante Israel y su Dios. Esta confesión del mundo gentil con la alabanza "bendito sea Dios", בָּרוּךְ אֱלֹהִים, va precedida con un *mugrash* que proviene de un *athnach*. Esto que el salmista había dicho en nombre de Israel en Sal 68, 20, "bendito sea el Señor, Yahvé". Esto resuena y se repite ahora como palabra de todo el mundo: "Bendito sea Elohim".

El mundo viene a estar representado ahora por la Iglesia de Yahvé, y no simplemente de una forma externa, sino de manera espiritual, fundamental. El hecho de que todos los pueblos del mundo vayan a ser integrados en el reino de Dios será el gran tema del libro del Apocalipsis, un motivo que ha sido ya central de este salmo. Su primera mitad culminaba con la ascensión triunfante de Yahvé, desde Sión; esta segunda parte culmina con su victoria y triunfo final que abraza el mundo entero, con el de todos los pueblos.

Salmo 69. Oración desde el hondo desconsuelo, por causa de la verdad

¹לַמְנַצֵּחַ עַל־שׁוֹשַׁנִּים לְדָוִד׃

²הוֹשִׁיעֵנִי אֱלֹהִים כִּי בָאוּ מַיִם עַד־נָפֶשׁ׃

³טָבַעְתִּי ׀ בִּיוֵן מְצוּלָה וְאֵין מָעֳמָד בָּאתִי בְמַעֲמַקֵּי־מַיִם וְשִׁבֹּלֶת שְׁטָפָתְנִי׃

⁴יָגַעְתִּי בְקָרְאִי נִחַר גְּרוֹנִי כָּלוּ עֵינַי מְיַחֵל לֵאלֹהָי׃

⁵רַבּוּ ׀ מִשַּׂעֲרוֹת רֹאשִׁי שֹׂנְאַי חִנָּם עָצְמוּ מַצְמִיתַי אֹיְבַי שֶׁקֶר אֲשֶׁר לֹא־גָזַלְתִּי אָז אָשִׁיב׃

⁶אֱלֹהִים אַתָּה יָדַעְתָּ לְאִוַּלְתִּי וְאַשְׁמוֹתַי מִמְּךָ לֹא־נִכְחָדוּ׃

⁷אַל־יֵבֹשׁוּ בִי ׀ קֹוֶיךָ אֲדֹנָי יְהוִה צְבָאוֹת אַל־יִכָּלְמוּ בִי מְבַקְשֶׁיךָ אֱלֹהֵי יִשְׂרָאֵל׃

⁸כִּי־עָלֶיךָ נָשָׂאתִי חֶרְפָּה כִּסְּתָה כְלִמָּה פָנָי׃

⁹מוּזָר הָיִיתִי לְאֶחָי וְנָכְרִי לִבְנֵי אִמִּי׃

¹⁰כִּי־קִנְאַת בֵּיתְךָ אֲכָלָתְנִי וְחֶרְפּוֹת חוֹרְפֶיךָ נָפְלוּ עָלָי׃

¹¹וָאֶבְכֶּה בַצּוֹם נַפְשִׁי וַתְּהִי לַחֲרָפוֹת לִי׃

¹²וָאֶתְּנָה לְבוּשִׁי שָׂק וָאֱהִי לָהֶם לְמָשָׁל׃

¹³יָשִׂיחוּ בִי יֹשְׁבֵי שָׁעַר וּנְגִינוֹת שׁוֹתֵי שֵׁכָר׃

¹⁴וַאֲנִי תְפִלָּתִי־לְךָ ׀ יְהוָה עֵת רָצוֹן אֱלֹהִים בְּרָב־חַסְדֶּךָ עֲנֵנִי בֶּאֱמֶת יִשְׁעֶךָ׃

¹⁵הַצִּילֵנִי מִטִּיט וְאַל־אֶטְבָּעָה אִנָּצְלָה מִשֹּׂנְאַי וּמִמַּעֲמַקֵּי־מָיִם׃

¹⁶אַל־תִּשְׁטְפֵנִי ׀ שִׁבֹּלֶת מַיִם וְאַל־תִּבְלָעֵנִי מְצוּלָה וְאַל־תֶּאְטַר־עָלַי בְּאֵר פִּיהָ׃

¹⁷עֲנֵנִי יְהוָה כִּי־טוֹב חַסְדֶּךָ כְּרֹב רַחֲמֶיךָ פְּנֵה אֵלָי׃

¹⁸וְאַל־תַּסְתֵּר פָּנֶיךָ מֵעַבְדֶּךָ כִּי־צַר־לִי מַהֵר עֲנֵנִי׃

¹⁹קָרְבָה אֶל־נַפְשִׁי גְאָלָהּ לְמַעַן אֹיְבַי פְּדֵנִי׃

²⁰אַתָּה יָדַעְתָּ חֶרְפָּתִי וּבָשְׁתִּי וּכְלִמָּתִי נֶגְדְּךָ כָּל־צוֹרְרָי׃

²¹חֶרְפָּה ׀ שָׁבְרָה לִבִּי וָאָנוּשָׁה וָאֲקַוֶּה לָנוּד וָאַיִן וְלַמְנַחֲמִים וְלֹא מָצָאתִי׃

²²וַיִּתְּנוּ בְּבָרוּתִי רֹאשׁ וְלִצְמָאִי יַשְׁקוּנִי חֹמֶץ׃

²³ יְהִי־שֻׁלְחָנָ֣ם לִפְנֵיהֶ֣ם לְפָ֑ח וְלִשְׁלוֹמִ֥ים לְמוֹקֵֽשׁ׃

²⁴ תֶּחְשַׁ֣כְנָה עֵ֭ינֵיהֶם מֵרְא֑וֹת וּ֝מָתְנֵיהֶ֗ם תָּמִ֥יד הַמְעַֽד׃

²⁵ שְׁפָךְ־עֲלֵיהֶ֣ם זַעְמֶ֑ךָ וַחֲר֥וֹן אַ֝פְּךָ֗ יַשִּׂיגֵֽם׃

²⁶ תְּהִי־טִֽירָתָ֥ם נְשַׁמָּ֑ה בְּ֝אָהֳלֵיהֶ֗ם אַל־יְהִ֥י יֹשֵֽׁב׃

²⁷ כִּי־אַתָּ֣ה אֲשֶׁר־הִכִּ֣יתָ רָדָ֑פוּ וְאֶל־מַכְא֖וֹב חֲלָלֶ֣יךָ יְסַפֵּֽרוּ׃

²⁸ תְּֽנָה־עָ֭וֹן עַל־עֲוֺנָ֑ם וְאַל־יָ֝בֹ֗אוּ בְּצִדְקָתֶֽךָ׃

²⁹ יִמָּח֥וּ מִסֵּ֣פֶר חַיִּ֑ים וְעִ֥ם צַ֝דִּיקִ֗ים אַל־יִכָּתֵֽבוּ׃

³⁰ וַ֭אֲנִי עָנִ֣י וְכוֹאֵ֑ב יְשׁוּעָתְךָ֖ אֱלֹהִ֣ים תְּשַׂגְּבֵֽנִי׃

³¹ אֲהַֽלְלָ֣ה שֵׁם־אֱלֹהִ֣ים בְּשִׁ֑יר וַאֲגַדְּלֶ֥נּוּ בְתוֹדָֽה׃

³² וְתִיטַ֣ב לַֽ֭יהוָה מִשּׁ֥וֹר פָּ֗ר מַקְרִ֥ן מַפְרִֽיס׃

³³ רָא֣וּ עֲנָוִ֣ים יִשְׂמָ֑חוּ דֹּרְשֵׁ֥י אֱ֝לֹהִ֗ים וִיחִ֥י לְבַבְכֶֽם׃

³⁴ כִּי־שֹׁמֵ֣עַ אֶל־אֶבְיוֹנִ֣ים יְהוָ֑ה וְאֶת־אֲ֝סִירָ֗יו לֹ֣א בָזָֽה׃

³⁵ יְֽ֭הַלְלוּהוּ שָׁמַ֣יִם וָאָ֑רֶץ יַ֝מִּ֗ים וְכָל־רֹמֵ֥שׂ בָּֽם׃

³⁶ כִּ֤י אֱלֹהִ֨ים ׀ יוֹשִׁ֬יעַ צִיּ֗וֹן וְ֭יִבְנֶה עָרֵ֣י יְהוּדָ֑ה וְיָ֥שְׁבוּ שָׁ֝֗ם וִירֵשֽׁוּהָ׃

³⁷ וְזֶ֣רַע עֲ֭בָדָיו יִנְחָל֑וּהָ וְאֹהֲבֵ֥י שְׁ֝מ֗וֹ יִשְׁכְּנוּ־בָֽהּ׃

<Al músico principal; sobre "lirios". Salmo de David>

¹ ¡Sálvame, Dios, porque las aguas han entrado hasta el alma!

² Estoy hundido en cieno profundo, donde no puedo hacer pie;
he llegado hasta lo profundo de las aguas y la corriente me arrastra.

³ Cansado estoy de llamar; mi garganta se ha enronquecido;
han desfallecido mis ojos esperando a mi Dios.

⁴ Han aumentado más que los cabellos de mi cabeza los que me odian sin causa;
se han hecho poderosos mis enemigos, los que me destruyen sin tener por qué.
¿Y he de pagar lo que no robé?

⁵ Dios, tú conoces mi insensatez, y mis pecados no te son ocultos.

⁶ No sean avergonzados por causa mía los que en ti confían,
Señor, Jehová de los ejércitos;
no sean confundidos por causa mía los que te buscan, Dios de Israel,

⁷ porque por amor de ti he sufrido afrenta; confusión ha cubierto mi rostro.

⁸ Extraño he sido para mis hermanos y desconocido para los hijos de mi madre.

⁹ Me consumió el celo de tu Casa
y los insultos de los que te vituperaban cayeron sobre mí.

¹⁰ Lloré, afligiendo con ayuno mi alma, y esto me ha sido por afrenta.

¹¹ Me vestí, además, con ropas ásperas y vine a serles por proverbio.

¹² Hablaban contra mí los que se sentaban a la puerta,
y se burlaban de mí en sus canciones los bebedores.

¹³ Pero yo a ti oraba, Jehová, en el tiempo de tu buena voluntad;
Dios, por la abundancia de tu misericordia, por la verdad de tu salvación, escúchame.

¹⁴ Sácame del lodo y no sea yo sumergido;
sea yo libertado de los que me aborrecen y de lo profundo de las aguas.
¹⁵ No me arrastre la corriente de las aguas, ni me trague el abismo,
ni el pozo cierre sobre mí su boca.

¹⁶ Respóndeme, Jehová, porque benigna es tu misericordia;
mírame conforme a la multitud de tus piedades.
¹⁷ No escondas de tu siervo tu rostro, porque estoy angustiado. ¡Apresúrate, óyeme!
¹⁸ ¡Acércate a mi alma, redímela! ¡Líbrame por causa de mis enemigos!
¹⁹ Tú sabes mi afrenta, mi confusión y mi oprobio.
Delante de ti están todos mis adversarios.

²⁰ El escarnio ha quebrantado mi corazón y estoy acongojado.
Esperé a quien se compadeciera de mí, y no lo hubo;
busqué consoladores, y ninguno hallé.
²¹ Me pusieron además hiel por comida y en mi sed me dieron a beber vinagre.

²² Sea su banquete delante de ellos por lazo, y lo que es para bien, por tropiezo.
²³ Sean oscurecidos sus ojos para que no vean,
y haz temblar continuamente sus lomos.
²⁴ Derrama sobre ellos tu ira y el furor de tu enojo los alcance.

²⁵ Sea su palacio desolado; en sus tiendas no haya morador,
²⁶ porque persiguieron al que tú heriste y cuentan del dolor de los que tú llagaste.
²⁷ ¡Pon maldad sobre su maldad y no entren en tu justicia!

²⁸ ¡Sean borrados del libro de los vivientes y no sean inscritos con los justos!
²⁹ Pero a mí, afligido y miserable, tu salvación, Dios, me ponga en alto.
³⁰ Alabaré yo el nombre de Dios con cántico, lo exaltaré con alabanza.

³¹ Y agradará a Jehová más que sacrificio de buey o becerro
que tienen cuernos y pezuñas.
³² Lo verán los oprimidos y se gozarán. Buscad a Dios y vivirá vuestro corazón,
³³ porque Jehová oye a los menesterosos y no menosprecia a sus prisioneros.

³⁴ ¡Alábenlo los cielos y la tierra, los mares y todo lo que se mueve en ellos!
³⁵ porque Dios salvará a Sión y reedificará las ciudades de Judá;
habitarán allí y la poseerán.
³⁶ La descendencia de sus siervos la heredará
y los que aman su nombre habitarán en ella.

Este salmo sigue al Sal 68 porque en Sal 69, 36-37 se desarrolla, en un lenguaje no figurativo, el mismo pensamiento que en 68, 11 hallamos en lenguaje figurativo, es decir, que "tus creaturas habitan en ti". En otros aspectos, estos dos salmos son muy diferentes, como el día a la noche.

El Sal 69 no es un himno marcial y triunfal, sino un salmo de aflicción, que solo se supera y se abre a la luz hacia el final. Por otra parte, en este salmo no es la Iglesia la que está hablando, como en el salmo anterior, sino un individuo. Conforme al encabezado, este individuo es David, no es un hombre justo como tipo ideal (Hengstenberg), sino un hombre y justo concreto, el Ungido del principio de la historia de Israel, y eso en el momento en que estaba siendo perseguido por Saúl.

La descripción del sufrimiento armoniza aquí en varios puntos con los salmos que proceden del tiempo de la persecución de Saúl, incluso en el hecho de que le hayan abandonado sus partidarios más cercanos, cf. Sal 69, 9; Sal 31, 12 (cf. Sal 27, 10). Este salmo pone de relieve el ayuno de David, que le ha hecho estar muy débil (Sal 69, 11; Sal 109, 24), con la maldición contra los enemigos (tema en el que Sal 35, 69 y 109 van desarrollando de manera cada vez más intensa) y la llamada inspiradora a los santos, que son sus compañeros de sufrimiento, Sal 69, 33; Sal 22, 27; Sal 31, 25.

Si no tuviéramos duda de que el Sal 40 es davídico, tampoco la tendríamos del origen davídico de este salmo 69; pero, en vez de confirmar la autoridad davídica de ambos salmos el encabezado común, לדוד, tiende a aumentar nuestras dudas, y a debilitar nuestra confianza. Estos dos salmos (Sal 40 y 69) están íntimamente relacionados como textos gemelos, y en ambos el poeta describe su sufrimiento como una forma de hundirse en un pozo cenagoso.

En ambos salmos hallamos la misma desconfianza frente a los sacrificios ceremoniales, la misma forma de referirse a la gran multitud como más numerosa que los cabellos de mi cabeza, Sal 69, 5; Sal 40, 13; y el mismo intento de fortalecer la fe de los santos, Sal 69, 33; Sal 69, 7; Sal 40, 17; Sal 40, 4. Pero ambos salmos ofrecen elementos que pueden hacernos dudar de su origen davídico.

En el Sal 40 lo que va en contra de su origen davídico es el estilo y la disposición exterior, más que los contenidos; por el contrario, en Sal 69 no es tanto la forma como el contenido, que no responde a la autoridad de David. Por esa razón Clericus y Vogel (en su disertación *Inscriptiones Psalmorum serius demum additas videri*, 1767) dudaron ya hace tiempo del valor real del encabezado לדוד; por otra parte, Hitzig ha defendido la conjetura previamente formulada por Seiler, Bengel, y otros, según la cual ni Sal 69 ni Sal 40 son de David, sino de Jeremías. En favor de esa visión puedo ofrecer las siguientes razones:

(1) Estos dos salmos parecen ser de Jeremías, y así lo muestra el martirio que el profeta tuvo que sufrir por su celo a favor de la casa de Dios, mortificándose a sí mismo y padeciendo el desprecio y la hostilidad mortal de sus enemigos. Además, podemos comparar estos salmos de

un modo especial con Jer 15, 15-18, una confesión por la que el profeta se sitúa en la línea del espíritu de estos dos salmos.

(2) También va a favor de la autoridad de Jeremías la animosidad asesina que el profeta tiene que padecer por parte de los hombres de Anathoth, Jer 11, 18, una animosidad y persecución que puede compararse y que concuerda con los sufrimientos del salmista en Sal 69, 9. En esa línea, la parte final del salmo (vv. 35-37) es como un sumario de lo que Jeremías compuso y compendió en el Libro de la Restauración (Jer 30).

(3) En esa línea se sitúa el carácter más concreto de los sufrimientos de Jeremías, que fue rechazado por los príncipes, como si fuera un enemigo de su país, metido en una cisterna cenagosa en el patio de la guarda del palacio, como un muerto en vida. Ciertamente, en Jer 38, 6 se dice que esta cisterna no tenía agua, sino solamente lodo, y eso parece ir en contra del lenguaje del salmo; pero se añade que el profeta se hundió en el limo, lo que indica que en ese momento no tenía agua, pero que la había tenido, pues, de lo contrario, si estuviera llena de agua se hubiera ahogado.

(4) De todas formas, es claro que estuvo en peligro de muerte, como afirma la tercera *kînah* o Lamentación (Lam 3), que por otra parte tiene muchos puntos de contacto con Sal 69. Así dice Jeremías en Lam 3, 53: "Ellos me echaron a un pozo y lanzaron piedras en contra de mí. El agua me cubría hasta la cabeza. Yo pensaba "estoy perdido", e invocaba tu nombre, oh Yahvé, para que me sacaras del pozo profundo. Tú escuchaste mi grito. ¡No escondas tu oído a las palabras de mi grito, pues te llamo pidiendo ayuda! Tu viniste cerca en el día en que grité, tú me dijiste ¡no temas!"

Ciertamente, conforme a la visión de Hitzig, las palabras anteriores de Lam 3 tienen mucho en común con la experiencia y palabra de Jeremías. Por otra parte, entre el lenguaje del profeta, y el Sal 69 hay muchas coincidencias. De todas formas, podemos preguntarnos: ¿cómo pudo haber recibido este salmo el encabezado de לדוד? ¿Pudo haber sido a causa de la semejanza entre el final de Sal 59 y el de Sal 22? Y, ¿por qué no citar en este contexto el Sal 71, que tiene todas las apariencias de ser de Jeremías, con un encabezado que dice incluso לדוד?

Más aún, en el Sal 69 no hallamos aquellos rasgos de carácter imitativo que hacen que el Sal 71 pueda atribuirse, sin más, a Jeremías. Pero, a pesar de las objeciones expuestas, y reconociendo honradamente las razones de los que afirman que este Sal 69 es de David, no de Jeremías (cf. Keil, *Luth. Zeitschrift*, 1860, p. 485s y Kurtz, *Dorpater Zeitschrift*, 1865, p. 58ss), seguimos manteniendo como antes, la opinión de que *este salmo se explica mucho mejor en el contexto de la vida y obra de Jeremías que en la de David.*

Este Salmo pertenece a los Salmos de Pasión, que son la parte de la Escritura del Antiguo Testamento que se cita con más frecuencia en el Nuevo Testamento. En ese contexto, debemos reconocer que no hay en el N. T., ningún otro salmo que se cite más veces que este, a no ser el Salmo 22. Estas son las citas básicas:

(1) Los enemigos de Jesús le odiaron sin causa. Así dice Jn 15, 25, retomando un motivo del Sal 69, 5. Es más probable que esta cita aluda a Sal 69, 5 que a Sal 35, 19.

(2) Cuando Jesús expulsó a los compradores y vendedores del templo se cumplió según Jn 2, 17 la profecía del Sal 69, 10: a Jesús le consumía el celo por la casa de Dios, y por ese celo fue odiado y despreciado.

(3) Jesús aceptó voluntariamente ese reproche (el de estar lleno del celo de Dios), y de esa forma vino a presentarse como un ejemplo para nosotros. En esa línea, se cumplió según Rom 15, 3, la palabra de nuestro salmo (69, 10).

(4) Según Hch 1, 20 la imprecación de Sal 69, 26 se cumplió en Judas Iscariote. Los sufijos de este pasaje están en plural, pero ese plural ha de entenderse como dice J. H. Michaelis: *quod ille primus et prae reliquis hujus maledictionis se fecerit participem* (en él se cumplió esa maldición como en el primer y más significativo de todos los malditos por esa misma razón).

(5) Según Rom 11, 9, las palabras del Sal 69, 23 se han cumplido en el rechazo actual (histórico) de Israel en contra de Jesús. El apóstol no puso esas imprecaciones directamente en la boca de Jesús, pues ellas no son apropiadas en los labios del salvador sufriente. Pablo dice solo que lo que el salmista afirma aquí, lleno de ardor profético (un celo compartido por la severidad del Sinaí y por el espíritu de Elías), se ha cumplido plenamente en aquellos que de un modo malvado han puesto sus manos sobre el Santo de Dios.

(6) Por otra parte, los rasgos proféticos de este Sal 69 no se agotan en las citas del N. T., que hemos evocado. Desde este salmo se pueden evocar las burlas que hicieron a Jesús los soldados del pretorio (cf. Sal 69, 12; Mt 27, 27-30). También puede citarse el Sal 69, 21 en relación con el hecho de que a Jesús le ofrecieron vinagre mezclado con hiel (Mc 15, 23), cosa que Jesús rechazó antes de la crucifixión, lo mismo que la esponja con vinagre (cf. Mt 27, 34; Jn 19, 29). Cuando Juan dice que Jesús se preparó para morir de un modo libre y consciente, pero que tomó un trago de la bebida que le ofrecieron, para que se cumplieran totalmente las Escrituras, él está evocando el Sal 22, 16 y el Sal 69, 22.

(7) Hay otros muchos elementos del N. T., que se iluminan a partir del Sal 69, 27, comparando ese pasaje con Is 53, 1-12 y Zac 13, 7. Todo este salmo es típicamente profético, como expresión de una historia de vida y sufrimiento modelada por Dios, como predicción referida a Jesús, el Cristo, como Rey y/o como Profeta. En esa línea, el espíritu de la profecía ha modelado las declaraciones de este salmo en relación con el Mesías futuro que es Jesús.

El salmo se divide en tres partes, que constan de las siguientes estrofas: (1) 3. 5. 6. 6. 7; (2) 5. 6. 7; (3) 6. 6. 6. 6. 6. El encabezado, עַל־שׁוֹשַׁנִּים, que suele traducirse "sobre o según los lirios", puede estar refiriéndose quizá a las estrofas de seis líneas, en vez de a los lirios de seis hojas. De todas formas, parece que eso no es cierto, pues los comentaristas antiguos afirman que el encabezado alude a la santa inocencia de la rosa o lirio, que es blanco por la inocencia de Cristo y rojo por su sangre preciosa.

Sea como fuere, la palabra שׁוּשַׁן no significa propiamente una rosa, pues las rosas eran desconocidas en la Tierra Santa en el tiempo en que se escribió este salmo. Las rosas solo se importaron y trasplantaron mucho más tarde a partir del Asia Central, y se llamaron ורד (ρόδον).

Estrictamente hablando שׁוּשַׁן es el lirio, que suele ser blanco, pero que en Tierra Santa es sobre todo de color rojo. Se trata, ciertamente, como planta, de un signo muy hermoso para Cristo. Así dice Orígenes, *propter me qui in convalle eram, Sponsus descendit et fit lilium* (por mí que estaba en el valle, descendió el esposo y se hizo lirio).

69, 2–14. Desde su más honda tristeza, causada por sus enemigos, el salmista se lamenta y grita pidiendo ayuda. Ciertamente, grita por sus pecados, que él vincula con sus sufrimientos, pero él es también muy consciente de que es objeto de hostilidad y desprecio por causa de Dios, y por eso le pide ayuda, apelando a su misericordia, de acuerdo con sus promesas (de Dios). Así dice que las aguas han entrado hasta su alma (כִּי בָאוּ מַיִם עַד־נָפֶשׁ), pues ellas le amenazan, cuando se encuentra en peligro de muerte, con todo el cuerpo enfermo, especialmente su respiración, cf. Jonás 2, 6; Jer 4, 10.

Las aguas son también una figura de las calamidades que vienen como una inundación y que arrastran todo en su torbellino: Sal 18, 17; Sal 32, 6; Sal 124, 5, cf. Sal 66, 12; Sal 88, 8. 18. Aquí, sin embargo, esa imagen se aplica de un modo poético, en una línea cercana a la del canto del libro de Jonás. El pantano donde el orante se hunde se llama יון, y la profundidad temida como torbellino recibe el nombre de מצולה.

Estas son las palabras fundamentales de 69, 3: el nombre מעמד en *hofal* significa propiamente hablando en un lugar seguro, un lugar donde uno se asienta con firmeza (LXX, ὑπόστασις), como מטה, lugar extendido, extensión, Is 8, 8. Por su parte שבלת (en lenguaje de la tierra de Efraím סבלת) es una corriente, una inundación, de שבל, árabe *sbl*, correr, fluir (cf. *Coment*. a Sal 58, 9). ב בוא, caer en, como en Sal 66, 12, y שטף con acusativo es desbordar, como en Sal 124, 4.

69, 4. El justo que se lamenta está casi ahogándose, a consecuencia de hallarse hundido en el cieno y el agua, porque ha gritado en vano por ayuda y no la recibe. Está cansado de gritar constantemente (יגע ב, como en Sal 6, 7, Jer 45, 3), su garganta está seca (נחר de חרר; LXX y Jerónimo: está ronca), sus ojos le fallan (Jer 14, 6) mientras espera a su Dios. El participio מיחל, que es como cláusula de relativo (cf. Sal 18, 51; 1 Rey 14, 6), se vincula con el sufijo del nombre precedente (Hitzig).

69, 5. No hay necesidad de corregir el texto מיחל'(מְיַחֵל לֵאלֹהָי, esperando a mi Dios, cf. LXX, *apo' τοῦ elpi'zein me*). Sobre la acentuación de רבּו, vid. *Coment*. a Sal 38, 20. A no ser por las palabras "más que los cabellos de mi cabeza" (Sal 40, 13), el lamento ante la multitud de los enemigos sin razón es el mismo que hallamos en Sal 38, 20; Sal 35, 19, cf. Sal 109, 3, tanto por el tema como por su forma de expresarlo.

En vez de מצמיתי, mis destructores, la versión siríaca lee מעצמותי (más numerosos que mis huesos), una versión aceptada por Hupfeld; pero el hecho de calcular la multitud de los enemigos por el número de los propios huesos es algo carente de gusto y sin ejemplo en la Biblia. Por otra parte, la lectura actual del texto puede apoyarse, si tuviera necesidad de ello, en Lam 3, 52.

Las palabras "los que me destruyen sin tener razón para ello", lo mismo que "¿he de pagar lo que no robé?" han de entenderse como ejemplo y son quizá como en Jer 15, 10, una expresión proverbial que tiene el sentido de: "¿Cómo he de sufrir por aquello que no he destruido o hecho mal…?" (cf. Jer 15, 10; en esa misma línea se puede entender el lamento de Sal 35, 11).

Uno está tentado de tomar אז (אָז אָשִׁיב) con el significado de "sin embargo" (Ewald), pero ese sentido no se ajusta al contexto, pues esa palabra se utiliza en vez de זאת (cf. οὕτως en lugar de ταῦτα, Mt 7, 12), refiriéndose así a la restitución deseada, como referencia de un presupuesto falso: yo no he robado (por tanto, no tengo que restituir nada).

69, 6. El paso del sufrimiento soportado a una confesión del pecado es el mismo que hallamos en el Sal 40, 13. El orante sabe y ha dicho que está siendo perseguido sin razón; sin embargo, en otro plano, él confiesa que esa persecución es un castigo que él merece por sus pecados, de parte de Dios.

Por una parte, con אַתָּה יָדַעְתָּ לְאִוַּלְתִּי (tú sabes mi insensatez, cf. Sal 40, 10; Jer 15, 15; Jer 17, 16; Jer 18, 23, y con la ל como expresión del objeto al que se refiere, Jer 16, 16; Jer 40, 2), *el salmista no se reconoce pecador*, pero, al mismo tiempo, en otro plano, él se encomienda en manos de la divina misericordia (omnisciente), *reconociéndose necesitado*, poniendo humildemente su אּוֹלֶת (Sal 38, 6) y su אַשְׁמוֹת 2) Cron 28, 10) ante la manos del Omnisciente.

69, 7. Aún en el caso de que él sea pecador, si Dios le abandona en manos de la destrucción, todos los que son fieles tendrán que soportar por él la vergüenza y confusión, siendo tentados por su ejemplo. קוֹיךָ son los que confían en Dios, desde la perspectiva de la πίστις y מבקשיך, son los que se apoyan en Dios por amor, ἀγάπη.

Los diversos nombres de Dios que utiliza aquí el salmo son como llamadas por las que el salmista apela al honor de Dios, a la fidelidad de sus relaciones de alianza. Ciertamente, el salmista que así llama a Dios es un pecador, pero el hecho de que sea pecador no justifica la forma en que los hombres se conducen en relación con él, porque él, de hecho, está sufriendo por causa de Dios, porque es el mismo Dios el que se está manifestando a través de él.

Desde aquí se entiende su oración en 69, 8-10. עָלֶיךָ (cf. כִּי־עָלֶיךָ נָשָׂאתִי חֶרְפָּה, porque por ti he sufrido oprobio), como en Sal 44, 23; Jer 15, 15. El reproche que ha tenido que soportar, y la ignominia que ha cambiado su faz y le ha hecho casi irreconocible (Sal 44, 16, cf. Sal 83, 17), le han separado de todos (Sal 38, 12, cf. Sal 88, 9; Job 19, 13-15; Jer 12, 6), incluso de sus propios hermanos (אחי, en paralelo con בני אמי, como en el Sal 50, 20; cf. por otra parte, Gen 49, 8, donde ese intercambio de palabras toma expresamente otra forma de manifestarse). El salmista expresa así el ardor de su celo por la causa y casa de Dios (כִּי־קִנְאַת בֵּיתְךָ אֲכָלָתְנִי, el celo de tu casa me ha consumido).

קִנְאָה de קִנָא significa, conforme al paralelo árabe, un celo o pasión profunda por la casa de Yahvé, es decir, por la santidad del santuario, y por la congregación reunida en torno a la casa de Yahvé (esta es una expresión que, según Köhler, aparece igualmente en el fondo de Zac 9, 8, cf. también Num 12, 7; Os 8, 1, en relación con el santuario). Eso muestra que el honor del Dios que está entronizado en el templo le consume, como fuego que arde en sus huesos, fuego que irrumpe y se expresa en su vida (Jer 20, 9; 23, 9), ardiendo, al mismo tiempo, en contra de la malicia de aquellos que están separados de Dios (que le combaten a él, su salmista-profeta).

69, 11-12. El salmista describe ahora la forma en que su actitud ante la triste condición de la casa de Dios se ha convertido para él en causa de reproche (cf. Sal 109, 24). Es dudoso que נפשי (וָאֶבְכֶּה בַצּוֹם נַפְשִׁי, y afligí con ayuno mi alma) sea un sujeto alternativo para ואבכה (fut. consecutivo, no apocopado), cf. Jer 13, 17, y no más bien un acusativo que define de manera más precisa la acción del verbo, como en Is 26, 9 (vid. *Coment.* a Sal 3, 5), o si forma con בצום una cláusula circunstancial (*et flevi dum in jejunio esset anima mea*, y lloré mientras mi alma estaba ayunando), o si, incluso, puede tomarse como un acusativo de objeto, en una construcción pregnante (como בכה ושפך נפשו, Sal 42, 5; 1 Sam 1, 15): hice que mi alma llorara ayunando. Entre todas esas posibilidades la última es la menos probable, y la primera (cf. *Coment.* a Sal 44, 3; Sal 83, 19) es, con mucho, la más probable, pues viene apoyada también por los acentos.

La traducción de los LXX en 69, 12 (וָאֶתְּנָה לְבוּשִׁי שָׂק, *me vestí de saco...*), καὶ συνέκαψα (Olshausen, Hupfeld y Böttcher), es la más natural (Sal 35, 13), pues evoca el paso de una expresión poéticamente más fuerte a otra más pálida o general (pues en el Pentateuco עִנָּה נֶפֶשׁ equivale a ayuno, צוּם). El gesto de sollozar, lo mismo que el de ayunar, es una expresión de tristeza ante calamidades públicas, pero no de condolencia privada como en Sal 35, 13. Sobre ואתנה, véase *Coment.* al Sal 3, 6.

A causa de esta aflicción o lamento vinieron sobre el orante reproches tras reproches, con burlas y canciones humillantes. Así se dice que, en todos los lugares, tanto en las puertas de la ciudad (donde se reúnen los jueces y se resuelven los juicios), como en los corros de gente que se forman por doquier (en especial en los grupos de borrachos), los hombres se burlan del salmista y le humillan (Lam 3, 14, cf. Lam 5, 14; Job 30, 9). La expresión שִׁיח ב (cf. יָשִׁיחוּ בִי יֹשְׁבֵי שָׁעַר) significa en sí mismo *fabulari de*, sin tener en principio ninguna segunda intención mala (cf. Prov 6, 22, *confabulabitur tecum...*). Pero aquí se aplica en un sentido fuerte de burla y crítica.

Desde ese fondo se entiende el Sal 69, 14 donde el salmista responde diciendo cómo actúa ante aquellos que le odian y se burlan de él. Este es el sentido de (וַאֲנִי תְפִלָּתִי־לְךָ יְהוָה ואני) como en el Sal 109, 4: *sarcasmis hostium suam opponit in precibus constantiam* (Geier): él responde con su oración al sarcasmo de los enemigos. Este es el gesto del salmista, que dirige su oración hacia Yahvé, precisamente en este tiempo, cuando su aflicción como testigo de Dios le ofrece la seguridad de que será bien aceptado por Dios (con עת רצון en el sentido de בעת רצון, Is 49, 8).

Esta oración del salmista perseguido se dirige al mismo tiempo a Yahvé y a Elohim, a aquel que es el Absoluto en la historia de la redención (Yahvé), siendo, al mismo tiempo, aquel que está exaltado sobre el mundo (Elohim), a causa de la grandeza y plenitud de su misericordia. El salmista quiere que Dios pueda responder con (y en) la verdad de su salvación, desde la infalibilidad con la que su propósito de misericordia ha de verificarse y cumplirse, según sus promesas. De esa forma se explica 69, 14 de acuerdo con sus acentos: "Elohim, por virtud de la grandeza de tu misericordia escúchame, escúchame en virtud de la verdad de tu salvación".

69, 15–22. Esta es la segunda parte de la petición del salmista, que aparece así como si estuviera rodeando a la primera. El peligro se hace mayor cuanto más tiempo dure, y con el peligro crece la necesidad de gritar por ayuda. La imagen de hundirse en el cieno o en el barro de un pozo (בָּאר, Sal 55, 24, cf. בּוֹר, Sal 40,

3) se pone de nuevo de relieve, y lo hace con tal fuerza que se puede pensar que el salmista está describiendo algo que realmente le ha sucedido.

69, 15-16. La combinación entre "aquellos que me odian" y "la profundidad de las aguas" muestra que la imagen de esas aguas no es una pura figura retórica, lo mismo que la forma de su oración: que el pozo no cierre su boca sobre mí (69, 16: ni el pozo cierre sobre mí su boca). Boca es la parte superior del pozo, y el hecho de que ella se pueda cerrar y dejar al orante en manos de la pura muerte, no es una figura puramente literaria, sino que muestra el peligro de muerte en que se encuentra el perseguido.

En esa misma línea se sitúan las palabras siguientes: que no me arrastre la corriente de las aguas (אַל־תִּשְׁטְפֵנִי שִׁבֹּלֶת מַיִם). Esas palabras desarrollan el argumento de la oración anterior del salmista, indicando un riesgo que está presente desde 69, 3, algo que en un sentido ya ha sucedido. Desde esa angustia, el salmista pide que no llegue sobre él la destrucción completa.

69, 17. La petición "respóndeme" (עֲנֵנִי יְהוָה כִּי־טוֹב חַסְדֶּךָ, respóndeme Yahvé, porque tu misericordia es grande) se funda en la certeza de que la *hesed* o misericordia amante de Dios es buena, טוֹב, i. e., positiva, absolutamente buena, como se dice en otro salmo gemelo de la Pasión (Sal 109, 21): mejor que todas las cosas restantes (Sal 63, 4), la misericordia de Dios es el único medio de curación o salvación del mal. Sobre el Sal 69, 17, cf. Sal 51, 3; Lam 3, 32.

En Sal 69, 18-19 la oración se funda en la penosa situación del poeta, que pide urgentemente ayuda (כִּי־צַר־לִי מַהֵר עֲנֵנִי, estoy angustiado, apresúrate, escúchame, cf. Sal 102, 3; Sal 143, 7; Gen 19, 22; Est 6, 10). En esa línea siguen las palabras קָרְבָה אֶל־נַפְשִׁי גְאָלָהּ, acércate a mi alma, redímela. קרבה es un imperativo *kal* (cf. el cumplimiento en Lam 3, 57). Dios es el *Goel*, el redentor, que ha de venir a redimir-liberar a los hombres, que son sus aliados, que están vinculados por pacto con él.

La razón por la que se pide la intervención de Dios es לְמַעַן אֹיְבַי פְּדֵנִי, a causa de mis enemigos líbrame, como en Sal 5, 9; Sal 27, 11, *passim*. La causa y razón es la misma que en el Sal 13, 5: el honor de Dios no puede soportar que los enemigos de los justos triunfen sobre ellos (es decir, sobre el mismo Dios, porque el honor y vida de los justos se identifica con el de Dios).La acumulación de sinónimos en Sal 69, 20 responde al estilo de Jeremías. Así, por ejemplo, en Jer 13, 14; Jer 21, 5; Jer 21, 7; Jer 32, 37. La misma acumulación aparece en el Sal 31 (cf. Sal 31, 10) y en el Sal 44 (cf. Sal 44, 4. 17. 25). Sobre הרפה שברה לבי, cf. Sal 51, 19; Jer 23, 9.

El ἅπαξ γεγραμ, ואנושה (en sentido histórico), de נוש, se explica por ענוש de אנש, que significa enfermo, peligrosamente débil, mal dispuesto, una palabra que es favorita de Jeremías. Por su parte, la palabra נוד en el sentido de pedir piedad, no se encuentra en ningún otro lugar del salterio, pero es común en Jeremías, e.

g., Jer 15, 5, en el sentido de tratar a alguien con piedad, simpatizando con él y reconociendo la magnitud de su mal.

69, 22. Las palabras "me dieron hiel por comida y en mi sed me dieron a beber vinagre" (וַיִּתְּנוּ בְּבָרוּתִי רֹאשׁ וְלִצְמָאִי יַשְׁקוּנִי חֹמֶץ) responden al estilo de Jeremías, cf. Jer 8, 14; Jer 9, 14; Jer 23, 15. La palabra רֹאשׁ significa una planta venenosa, con una especie de cabeza en forma de paraguas; en un momento posterior (dado que veneno y comida amarga son intercambiables en las lenguas semitas) ha pasado a significar hiel, la más amarga de las comidas. Los LXX traducen: καὶ ἔδωκαν εἰς τὸ βρῶμά μου χολήν, καὶ εἰς τὴν δίψαν μου ἐπότισάν με ὄξος.

Ciertamente, ב נתן puede significar *poner algo en algo*, mezclar algo con algo, pero la palabra paralela לצמאי (para mi sed, es decir, para saciarla; cf. Neh 9, 15. 20) hace que la ב de בברותי sea *beth essentiae*, de manera que como traduce Lutero, la frase ha de entenderse: *ellos me dieron hiel para comer*. El ἅπαξ γεγραμ. ברות (Lam 4, 10, ברות) significa βρῶσις, de ברה, βιβρώσκειν (raíz βορ, sánscrito *gar*, latín *vor-are*).

69, 23–37. La descripción de los sufrimientos ha alcanzado su clímax en Sal 69, 22, y tras haberlos presentado se inflama la ira del perseguido, y estalla en una serie de imprecaciones. La primera imprecación se vincula con la de 69, 22 y empieza así: me han dado de comer hiel y vinagre. De esa manera, según 69, 23, la mesa del orante, que estaba llena de buenos alimentos, se convierte en una serpiente de la que el orante y los que le acompañan son incapaces de escapar.

שְׁלוֹמִים (forma colateral de שְׁלֹמִים), es el nombre que se da al sentimiento "carnal" de hallarse uno seguro en sí mismo. Pues bien, el salmista responde "קֵשׁ וְלִשְׁלוֹמִים לְמוֹ" (que lo que para ellos es paz se vuelva tropiezo, cf. Sal 55, 21). De esa forma sobrevendrá en contra de ellos la destrucción, de repente, cuando están diciendo "paz y seguridad" (1 Tes 5, 3).

Los LXX traducen de forma equivocada: καὶ εἰς ἀνταπόδοσιν en vez de וּלְשִׁלּוּמִים. Pero, en sí misma, la asociación de ideas del Sal 69, 24 resulta transparente. Con sus mismos ojos, los enemigos del salmista, ellos han celebrado su propia fiesta a costa de los que sufren y con la fuerza de sus lomos les han oprimido.

Pues bien, esos ojos, con su mirada maligna sedienta de sangre, han de quedar ciegos. Esos lomos (riñones) llenos de autosuficiencia han de vacilar y caer (con המעד, imperativo *hifil* como הרחק, Job 13, 21, de המעיד, en lugar de lo cual, en Ez 29, 7, y quizá también en Dan 11, 14, encontramos העמיד). Además de eso, Dios ha de derramar sobre ellos su ira (Sal 79, 6; Oseas 5, 10; Jer 10, 25), es decir, ha de soltar en contra de ellos las fuerzas cósmicas de destrucción que existen originalmente en esta naturaleza.

La palabra זעמך (cf. שְׁפָךְ־עֲלֵיהֶם זַעְמֶךָ, derrama sobre ellos tu ira, 69, 25) tiene un *daggesh* para precisar su pronunciación. En el Sal 69, 26, la palabra טירה

(de טוּר, rodeas, cf. תְּהִי־טִירָתָם נְשַׁמָּה, quede su palacio desolado) está indicando un campamento, un lugar de habitación (LXX, ἔπαυλις), nombre tomado de los campamentos circulares (árabe *sîrât, sirât, dwâr, duâr*) de los nómadas (Gen 25, 16). Pues bien, el campamento, pueblo o casa de los enemigos quedará devastado. En este contexto debemos recordar que *desolación de la propia casa* (incluyendo en ella la familia) es el más terrible de todos los infortunios de los semitas (vid. *Coment.* a Job 18, 15).

El poeta justifica esa terrible imprecación en el hecho de que le han perseguido, como si quisieran destruir a Dios. Pues bien, Dios les destruirá a causa de su pecado, por haberle perseguido a él (al poeta, al salmista) en un tiempo que él debía haber dedicado a extender el celo y la solicitud por la casa de Dios.

Ciertamente, Dios mismo ha castigado al poeta, pero lo ha hecho para que él (el poeta) pueda así dar mejor testimonio de Dios. Pero ellos, los enemigos, han agrandado ese sufrimiento por todos los medios, sin manifestar hacia el salmista ningún tipo de piedad ni misericordia, sino imputándole pecados que él no había cometido, y respondiéndole con un odio mortal por unos beneficios a causa de los cuales ellos debían haberle dado gracias.

También otros hombres, aunque pocos, han compartido su martirio con él. El salmista les llama, refiriéndose a Yahvé חֲלָלֶיךָ, los fatalmente heridos (וְאֶל־מַכְאוֹב חֲלָלֶיךָ יְסַפֵּרוּ, y cuentan el dolor de los que tú has llagado). Estos "heridos" son aquellos a los que Dios ha destinado para que lleven en sí mismos un corazón herido o llagado (vid. el Sal 109, 22, cf. Jer 8, 18), ante la mirada de una sociedad sin Dios.

Del hondo dolor de esos heridos (con אֶל, como aparece en el Sal 2, 7) hablan ellos, los que se consideran justos, burlándose de ellos (cf. la frase talmúdica: ספר לשון הרע o ספר בלשון הרע, referente a la calumnia perversa). Los LXX y el texto siríaco traducen así la palabra יוסיפו (προσέθηκαν): ellos añaden (la calumnia a la angustia).

El Targum, Aquila, Símaco y Jerónimo siguen el texto tradicional, mostrando así la sentencia que el salmista pronuncia en contra de los enemigos: que caigan ellos de un pecado en otro, en el sentido de *culpam super culpam eorum* (pon culpa sobre su culpa), de forma que la condena acumulada corresponda a su culpa acumulada (Jer 16, 18); que no puedan entrar en la justicia de Dios, que les sea negada la gracia justificante y santificante de Dios; que sean borrados del libro de la vida, חיים ספר (Ex 32, 32, cf. Is 4, 3; Daniel 12, 1), es decir, excluidos de la lista de los vivientes, y de la vida en el mundo presente.

En esa línea, el N. T., habla de un libro de la Vida que contiene los nombres de los herederos de la ζωὴ αἰώνιος. Conforme a la concepción tanto del A. T., como del N. T., solo los justos (צדיקים) son herederos de la vida. Por eso, el Sal 69, 29 desea que esos impíos, que de esa forma se oponen a los justos, no sean inscritos en el libro de Dios, junto a los justos, que según Hab 4 ,2 "viven", es decir, están preservados por su fe.

Con ואני (69, 30: וַאֲנִי עָנִי וְכוֹאֵב יְשׁוּעָתְךָ), el salmista, lo mismo que en el Sal 40, 18, se pone a sí mismo en contraste frente a los que merecen ese tipo de execración. Ellos se encuentran ahora en lo alto, pero caerán. Por el contrario, él es miserable y lleno de dolor intenso, pero será exaltado. La salvación de Dios le librará de los enemigos, para situarle sobre una altura que ellos no podrán nunca alcanzar (Sal 59, 2; Sal 91, 14). Entonces, él alabará (הלל) y magnificará (גדל) el nombre de Dios con cantos, con su confesión agradecida (69, 31: אֲהַלְלָה שֵׁם־אֱלֹהִים בְּשִׁיר וַאֲגַדְּלֶנּוּ בְתוֹדָה).

Esa תודה, como acción de gracias del corazón, es más agradable a Dios que el sacrificio de bueyes o toros (con cuernos y pezuñas). Esas notas (cuernos, pezuñas…) no están evocando un elemento material de los animales que han de ser sacrificados (Hengstenberg), sino su calificación legal para ser sacrificados[52]. Pues bien, los mismos pacientes-pobres que sufren (ענוים), unidos al salmista por su aflicción verán el sacrificio que él ofrece como confesión agradecida y se regocijarán. ראו (verán) es un pretérito hipotético. No es וראו (perf. consec.) ni יראו (Sal 40, 4; Sal 52, 8; Sal 107, 42; Job 22, 19).

La declaración de 69, 33, tras la *waw* de la apódosis, viene a presentarse como una apóstrofe dirigida a los buscadores de Elohim, diciéndoles que triunfarán: וִיחִי לְבַבְכֶם, y sus corazones revivirán, de forma que recibirán nueva vida, pues así como han sufrido en compañía con él (con el salmista), que ha sido ahora liberado, ellos se renovarán también con él. Entendido de esa forma, este pasaje nos recuerda el del Sal 22, 27, donde una palabra como esta aparece a modo de exhortación de aquel que dirige la acción de gracias a Dios en una comida.

69, 34 ofrece la razón de esa respuesta de Dios, de esa alegría de los orantes: כִּי־שֹׁמֵעַ אֶל־אֶבְיוֹנִים יְהוָה, porque Yahvé escucha a los pobres, menesterosos; Yahvé está atento a los necesitados, no desprecia a los heridos (Sal 107, 10), sino todo lo contrario. A partir de esta proposición, que es la consecuencia clara de lo que él ha experimentado, la visión del poeta se amplía en una perspectiva profética, evocando el gesto de la liberación de Israel, saliendo del exilio y entrando en la tierra prometida.

Ante la visión esperanzada de esta redención futura el poeta llama a todas las creaturas (cf. Is 44, 23) para que den gracia a Dios, a fin de que culmine la salvación de Sión, de manera que puedan edificarse de nuevo las ciudades de Judá,

---

52. מקרין es el nombre que se da a un toro joven, que aún no tiene tres años (cf. 1 Sam 1, 24; LXX, ἐν μόσχῳ τριετίζοντι); מפרים indica que ese animal pertenece a la clase de animales puros de cuatro patas… Incluso los animales más significativos, plenamente crecidos y puros que pueden ser ofrecidos como sacrificio, están a los ojos de Yahvé muy lejos del sacrificio de alabanza agradecida que viene del corazón del hombre.

de modo que sea restaurada la tierra, liberada de la desolación y toda la nueva generación de los temerosos de Dios, los hijos de los siervos de Dios que están en el exilio, puedan volver a Israel (69, 34-35). Los sufijos femeninos (cf. 69, 36) se refieren a las עָרֵי o ciudades de Judá: וְיִבְנֶה עָרֵי יְהוּדָה וְיָשְׁבוּ שָׁם וִירֵשׁוּהָ (cf. Jer 2, 15; Jer 22, 6, *qetub*). La idea de fondo de Is 65, 9 es semejante.

Si el salmo hubiera sido escrito por David, la parte final, a partir del Sal 69, 23 sería más difícil de entender (aunque podemos compararla con el Sal 14, 7 y con el final del Sal 51). Por el contrario, si el autor del salmo es Jeremías, podemos afirmar, sin más, que este final trata de la restauración y repoblación de la tierra, y no de una simple continuación de lo anterior (Hofmann y Kurtz).

Jeremías vivió la catástrofe que él había anunciado. Pero a medida que su mensaje se acercaba más al tiempo final de la destrucción de Jerusalén, sus palabras comenzaron a volverse más confortadoras, anunciando la terminación del exilio y la restauración de Israel. Las predicciones de Jer 32 aparecen así muy de acuerdo con las del Sal 69, 36, y pertenecen al tiempo del segundo asedio de la ciudad santa. Jerusalén no había caído aún en manos de los babilonios; pero las fortalezas de la tierra habían caído ya y estaban en ruinas.

Salmo 70. Grito de un perseguido, pidiendo ayuda

1 לַמְנַצֵּחַ לְדָוִד לְהַזְכִּיר:

2 אֱלֹהִים לְהַצִּילֵנִי יְהֹוָה לְעֶזְרָתִי חוּשָׁה:

3 יֵבֹשׁוּ וְיַחְפְּרוּ מְבַקְשֵׁי נַפְשִׁי יִסֹּגוּ אָחוֹר וְיִכָּלְמוּ חֲפֵצֵי רָעָתִי:

4 יָשׁוּבוּ עַל־עֵקֶב בָּשְׁתָּם הָאֹמְרִים הֶאָח׀ הֶאָח:

5 יָשִׂישׂוּ וְיִשְׂמְחוּ׀ בְּךָ כָּל־מְבַקְשֶׁיךָ וְיֹאמְרוּ תָמִיד יִגְדַּל אֱלֹהִים אֹהֲבֵי יְשׁוּעָתֶךָ:

6 וַאֲנִי׀ עָנִי וְאֶבְיוֹן אֱלֹהִים חוּשָׁה־לִּי עֶזְרִי וּמְפַלְטִי אַתָּה יְהֹוָה אַל־תְּאַחַר:

‹Al músico principal. Salmo de David, para conmemorar›

1 Acude, Dios, a librarme; apresúrate, Jehová, a socorrerme.

2 Sean avergonzados y confundidos los que buscan mi vida;
sean vueltos atrás y avergonzados los que mi mal desean.

3 Sean vueltos atrás, en pago de su afrenta, los que se burlan de mí.

4 ¡Gócense y alégrense en ti todos los que te buscan!
Y digan siempre los que aman tu salvación, "¡Engrandecido sea Dios!".

5 Yo estoy afligido y menesteroso; apresúrate a mí, oh Dios.
Ayuda mía y mi libertador eres tú ¡Jehová, no te detengas!

Este corto salmo, colocado después del 69 a causa del parentesco de sus contenidos (especialmente de 70, 6 con 69, 30) es, con algunas pequeñas desviaciones, una repetición (o una copia independiente) de Sal 40, 14ss. Esta parte de la segunda mitad del Sal 40, ha sido separada del conjunto del salmo y convertida en un salmo nuevo, en estilo elohista. Sobre להזכיר (encabezado, para conmemorar), que se emplea en la presentación del memorial de la *minjá*, cf. Sal 38, 1. Es evidente que el autor de este salmo, en su forma empequeñecida, no es ya David. El encabezado לדוד se justificaría, sin embargo, si David fuera el autor del salmo original, modificado y adaptado aquí para el uso litúrgico.

Vemos inmediatamente, por la omisión de רצה (Sal 40, 14), que tenemos ante nosotros un fragmento del Sal 40, y que se trata de un fragmento que quizá solo de un modo casual ha venido a tener una existencia independiente, como salmo distinto. La palabra להצילני, que antes estaba gobernada por רצה, pertenece ahora a הושה, de forma que la construcción de conjunto (אֱלֹהִים לְהַצִּילֵנִי יְהֹוָה לְעֶזְרָתִי חוּשָׁה) no tiene ejemplo fuera de este salmo.

En el **Sal 70, 3** (= Sal 40, 15) falta יחד y לספותה. El original tenía una entonación más completa y elevada. En vez de ישמו (se vuelvan atrás, *torpescant*), **Sal 70, 4** decía ישובו, *recedant*, retrocedan (como en Sal 6, 11, cf. Sal 9, 18), que es una construcción más normal por venir tras יסגו אחור. En el Sal 70, 4, tras ויאמרים faltaba la לי, que aquí es necesaria (cf. por el contrario Sal 35, 21).

Tanto en los **versos 5-6 como en el 2** se alternan los nombres de Yahvé y Elohim (אֱלֹהִים לְהַצִּילֵנִי יְהֹוָה לְעֶזְרָתִי חוּשָׁה) lo que ha de tenerse en cuenta para entender su relación con Sal 70. En vez de תשועתך este salmo pone ישועתך; en vez de עזרתי, aquí tenemos עֶזְרִי (versos 5-6) y en vez de אדני יחשב לי aquí tenemos אלֹהִים חוּשָׁה־לִּי עֶזְרִי. De esa manera, la esperanza del Sal 70 se convierte en petición: apresúrate a venir a mí. Esta forma nueva de expresar la petición está fundada en el hecho de utilizar la partícula לי, a mí.

Salmo 71. Oración de un siervo de Dios anciano pidiendo ayuda divina

¹ בְּךָ־יְהֹוָה חָסִיתִי אַל־אֵבוֹשָׁה לְעוֹלָם:

² בְּצִדְקָתְךָ תַּצִּילֵנִי וּתְפַלְּטֵנִי הַטֵּה־אֵלַי אָזְנְךָ וְהוֹשִׁיעֵנִי:

³ הֱיֵה לִי לְצוּר מָעוֹן לָבוֹא תָּמִיד צִוִּיתָ לְהוֹשִׁיעֵנִי כִּי־סַלְעִי וּמְצוּדָתִי אָתָּה:

⁴ אֱלֹהַי פַּלְּטֵנִי מִיַּד רָשָׁע מִכַּף מְעַוֵּל וְחוֹמֵץ:

⁵ כִּי־אַתָּה תִקְוָתִי אֲדֹנָי יְהֹוִה מִבְטַחִי מִנְּעוּרָי:

⁶ עָלֶיךָ נִסְמַכְתִּי מִבֶּטֶן מִמְּעֵי אִמִּי אַתָּה גוֹזִי בְּךָ תְהִלָּתִי תָמִיד:

⁷ כְּמוֹפֵת הָיִיתִי לְרַבִּים וְאַתָּה מַחֲסִי־עֹז:

⁸ יִמָּלֵא פִי תְּהִלָּתֶךָ כָּל־הַיּוֹם תִּפְאַרְתֶּךָ:

⁹ אַל־תַּשְׁלִיכֵנִי לְעֵת זִקְנָה כִּכְלוֹת כֹּחִי אַל־תַּעַזְבֵנִי:

¹⁰ כִּי־אָמְרוּ אוֹיְבַי לִי וְשֹׁמְרֵי נַפְשִׁי נוֹעֲצוּ יַחְדָּו:

¹¹ לֵאמֹר אֱלֹהִים עֲזָבוֹ רִדְפוּ וְתִפְשׂוּהוּ כִּי־אֵין מַצִּיל:

¹² אֱלֹהִים אַל־תִּרְחַק מִמֶּנִּי אֱלֹהַי לְעֶזְרָתִי (חִישָׁה) [חוּשָׁה]:
¹³ יֵבֹשׁוּ יִכְלוּ שֹׂטְנֵי נַפְשִׁי יַעֲטוּ חֶרְפָּה וּכְלִמָּה מְבַקְשֵׁי רָעָתִי:
¹⁴ וַאֲנִי תָּמִיד אֲיַחֵל וְהוֹסַפְתִּי עַל־כָּל־תְּהִלָּתֶךָ:
¹⁵ פִּי יְסַפֵּר צִדְקָתֶךָ כָּל־הַיּוֹם תְּשׁוּעָתֶךָ כִּי לֹא יָדַעְתִּי סְפֹרוֹת:
¹⁶ אָבוֹא בִּגְבֻרוֹת אֲדֹנָי יְהוִה אַזְכִּיר צִדְקָתְךָ לְבַדֶּךָ:
¹⁷ אֱלֹהִים לִמַּדְתַּנִי מִנְּעוּרָי וְעַד־הֵנָּה אַגִּיד נִפְלְאוֹתֶיךָ:
¹⁸ וְגַם עַד־זִקְנָה וְשֵׂיבָה אֱלֹהִים אַל־תַּעַזְבֵנִי עַד־אַגִּיד
זְרוֹעֲךָ לְדוֹר לְכָל־יָבוֹא גְּבוּרָתֶךָ:
¹⁹ וְצִדְקָתְךָ אֱלֹהִים עַד־מָרוֹם אֲשֶׁר־עָשִׂיתָ גְדֹלוֹת אֱלֹהִים מִי כָמוֹךָ:
²⁰ אֲשֶׁר (הִרְאִיתַנוּ) [הִרְאִיתַנִי] צָרוֹת רַבּוֹת וְרָעוֹת תָּשׁוּב
(תְּחַיֵּינוּ) [תְּחַיֵּינִי] וּמִתְּהֹמוֹת הָאָרֶץ תָּשׁוּב תַּעֲלֵנִי:
²¹ תֶּרֶב גְּדֻלָּתִי וְתִסֹּב תְּנַחֲמֵנִי:
²² גַּם־אֲנִי אוֹדְךָ בִכְלִי־נֶבֶל אֲמִתְּךָ אֱלֹהָי אֲזַמְּרָה לְךָ
בְכִנּוֹר קְדוֹשׁ יִשְׂרָאֵל:
²³ תְּרַנֵּנָּה שְׂפָתַי כִּי אֲזַמְּרָה־לָּךְ וְנַפְשִׁי אֲשֶׁר פָּדִיתָ:
²⁴ גַּם־לְשׁוֹנִי כָּל־הַיּוֹם תֶּהְגֶּה צִדְקָתֶךָ כִּי־בֹשׁוּ כִי־חָפְרוּ מְבַקְשֵׁי רָעָתִי:

¹ En ti, Jehová, me he refugiado; no sea yo avergonzado jamás.
² Socórreme y líbrame en tu justicia; Inclina tu oído y sálvame.
³ Sé para mí una roca de refugio adonde recurra yo continuamente.
Tú has dado mandamiento para salvarme, porque tú eres mi roca y mi fortaleza.

⁴ Dios mío, líbrame de manos del impío, de manos del perverso y violento,
⁵ porque tú, Señor Jehová, eres mi esperanza, seguridad mía desde mi juventud.
⁶ En ti he sido sustentado desde el vientre.
Del vientre de mi madre tú fuiste el que me sacó; para ti será siempre mi alabanza.

⁷ Como prodigio he sido a muchos, y tú mi refugio fuerte.
⁸ Sea llena mi boca de tu alabanza, de tu gloria todo el día.
⁹ No me deseches en el tiempo de la vejez;
cuando mi fuerza se acabe, no me desampares,

¹⁰ porque mis enemigos hablan de mí
y los que acechan mi alma se consultan entre sí,
¹¹ diciendo, "Dios lo ha desamparado; perseguidlo y tomadlo,
porque no hay quien lo libre".
¹² ¡No te alejes, Dios, de mí; Dios mío, acude pronto en mi socorro!

¹³ Sean avergonzados, perezcan los adversarios de mi alma;
sean cubiertos de vergüenza y de confusión los que mi mal buscan.
¹⁴ Mas yo esperaré siempre y te alabaré más y más.
¹⁵ Mi boca publicará tu justicia y tus hechos de salvación todo el día,
aunque no sé su número.

¹⁶ Volveré a los hechos poderosos de Jehová el Señor;
haré memoria de tu justicia, de la tuya sola.
¹⁷ Me enseñaste, Dios, desde mi juventud,
y hasta ahora he manifestado tus maravillas.
¹⁸ Aun en la vejez y las canas, Dios, no me desampares,
hasta que anuncie tu poder a la posteridad, tu potencia a todos los que han de venir,

¹⁹ y tu justicia, Dios, que llega hasta lo excelso.
¡Tú has hecho grandes cosas! Dios ¿quién como tú?
²⁰ Tú, que me has hecho ver muchas angustias y males,
volverás a darme vida y de nuevo me levantarás desde los abismos de la tierra.
²¹ Aumentarás mi grandeza y volverás a consolarme.

²² Asimismo yo te alabaré con instrumento de salterio,
Dios mío; tu lealtad cantaré a ti en el arpa, Santo de Israel.
²³ Mis labios se alegrarán cuando cante para ti; y mi alma, la cual redimiste.
²⁴ Mi lengua hablará también de tu justicia todo el día; por cuanto han sido avergonzados, porque han sido confundidos los que mi mal procuraban.

Al salmo davídico 70 le sigue un salmo anónimo que comienza como el Sal 31 y concluye como el Sal 35. Este salmo 71 es un eco del Sal 35, como el Sal 70 es un eco del 40. Todo este salmo es un eco de salmos más antiguos que han venido a convertirse en pensamiento y mensaje del autor de este salmo, que revive y expresa su propia experiencia. A pesar de su ausencia total de originalidad, este salmo tiene vida propia, en la línea de las profecías y cantos de Jeremías. Las consideraciones siguientes nos inclinan a pensar que fue escrito por el mismo Jeremías:

(1) Sal 71 se relaciona con salmos del tiempo de David y con otros salmos antiguos del tiempo de los primeros reyes, pero posteriores a David, y este hecho nos lleva a situarlo en torno al tiempo de Jeremías.

(2) Este salmo ofrece una antología de temas de salmos anteriores, tejiendo y componiendo sus textos a partir de pasajes previos. Pues bien, esa forma de componer los discursos de un modo tradicional e inteligente, introduciendo toques propios en textos antiguos, es exactamente el modo de escribir de Jeremías.

(3) En algunos casos, este salmo refleja el estilo del Sal 69, adornado austeramente con algunas figuras, para volverse luego a veces más prosaico, y de esa forma recuerda el estilo de Jeremías. El autor del Sal 71 es también un hombre perseguido, lo mismo que Jeremías, siendo, al mismo tiempo, un poeta lleno de experiencias, alguien que ha sido milagrosamente guiado por Dios.

(4) Esta salmista parece un hombre que ha tenido una larga experiencia, a lo largo de más de treinta años, especialmente bajo el reinado de Sedecías, en un tiempo duro y sombrío, lo mismo que Jeremías, como indica el hecho de que ha cumplido un oficio elevado (cf. 71, 21). Eso le ha permitido alcanzar un grado fuerte de madurez, por su edad y su experiencia, por su autocontrol, por la forma de mantenerse (de no descomponerse) ante los infortunios personales.

(5) A todas esas correspondencias hay que añadir un testimonio histórico. Los LXX dan este título al salmo: τῷ Δαυίδ υἱῶν Ἰωναδάβ καὶ τῶν πρώτων αἰχμαλωτισθέντων. Conforme a este encabezado, la primera parte, τῷ Δαυίδ, es errónea, pero la segunda es tan explícita y precisa que debe fundarse en una buena tradición y, según ella, este salmo debió ser un canto favorito de los recabitas y de los primeros exilados. Los recabitas eran una tribu que tendía a mantener una forma de vida nómada, de acuerdo con el deseo del fundador de la tribu, a quienes Jeremías (Jer 15) presenta como ejemplo de adhesión y fidelidad a su padre, poniendo así en vergüenza a los habitantes de Jerusalén, que habían abandonado las tradiciones de sus antepasados. Si este salmo es de Jeremías resulta normal que los recabitas, a quienes él había mostrado tanto respeto, lo tomaran como propio, para su uso particular, lo mismo que hicieron los primeros exilados[53].

71, 1-6. Fundado en Yahvé, en quien había puesto su confianza desde su primera juventud, el poeta autor de este salmo (Jeremías) espera y ruega por la liberación de la ciudad de manos de los enemigos. La primera de las dos estrofas de este pasaje (Sal 71, 1-3) está tomada de Sal 31, 2-4, y la segunda (Sal 71, 4-6, con la excepción de Sal 71, 4 y Sal 71, 6) está tomada de Sal 22, 10-11. Sin embargo, tal como aparecen en el salmo, estas estrofas muestran una gran libertad de composición, propia de un poeta que reproduce con gran libertad temas que ha tomado de otros.

Olshausen quiere poner מעוז (cf. Sal 90, 1; Sal 91, 9) en lugar de מעון (הֱיֵה לִי לְצוּר מָעוֹן, *sé para mí una roca de refugio*), lo que a su juicio es un error de escritura. Pero esa palabra (מעון), que forma parte del lenguaje antiguo del deuteronomista (vid. *Coment.* a Sal 90, 1, con el juramento postbíblico המעון, ¡por el Templo!) tiene que ser respetada.

53. Hitzig infiere de Sal 71, 20, que en el tiempo de composición del salmo Jerusalén había caído ya en manos de los caldeos, mientras que en el Sal 69 se dice que solo las ciudades de Judá habían sido destruidas, pero no Jerusalén. De todas formas, tras la caída de Jerusalén no encontramos un tiempo en el que Jeremías pudiera haber compuesto este salmo, con sus lamentos de violencia y burla. Por eso, es más normal pensar que fuera escrito antes de la caída de la ciudad.

Yahvé, a quien en otros lugares se le presenta como roca de refugio (Sal 31, 3), aparece aquí como roca de morada o lugar de habitación, es decir como una roca-fortaleza que no puede ser tomada por asalto ni escalada desde fuera, de forma que ofrece un refugio seguro para los que allí habitan. Esta figura ha sido retocada aún más y remodelada en el Sal 31, 3. לבוא תמיד significa "para ir constantemente a ella", para refugiarse en ella; es decir, una roca donde uno puede encontrar siempre amparo en caso de necesidad.

El añadido צוה (צִוִּיתָ לְהוֹשִׁיעֵנִי, has dado mandamiento para salvarme) podría entenderse como equivalente de אשר צוית; pero probablemente se trata de una cláusula independiente: tú has mandado (de hecho), es decir, tú has determinado de forma inalterable (Sal 44, 5; Sal 68, 29; Sal 133, 3), que vas a mostrarme la salvación, porque eres mi roca, etc.

A las palabras לבוא תמיד צוית corresponde la expresión לבית מצודות del Sal 31, 3, que los LXX traducen καὶ εἰς οἶκον καταφυγῆς (y como casa a donde huir), una frase que tiene el mismo sentido que καὶ εἰς τόπον ὀχυρόν. Eso nos lleva a suponer que los LXX han leído en hebreo לבית מבצרות, cf. Dan 11, 15 (Hitzig).

En Sal 71, 5, la expresión "tú eres mi esperanza" (כִּי־אַתָּה תִקְוָתִי) recuerda uno de los nombres divinos, como ישראל מקוה en Jer 17, 13 y en Jer 50, 7 (cf. ἡ ἐλπίς ἡμῶν, aplicada a Cristo en 1 Tim 1, 1; Col 1, 27). La palabra נסמכתי (cf. 71, 6: עָלֶיךָ נִסְמַכְתִּי מִבֶּטֶן, en ti he esperado desde el vientre) no es menos hermosa que la de הִשְׁלַכְתִּי en el Sal 22, 11.

El salmista confía en Dios desde su estado de embrión (cf. Sal 3, 6), y luego de forma semiinconsciente (cuando aún no tenía plena conciencia de ello, por ser niño). Dios ha sido, por tanto, el apoyo fundacional, el cimiento vivo de su vida. Por otra parte, el cambio de גוזי en lugar de גחי (cf. Sal 22, 10) es otra de las modificaciones afortunadas del salmista54.

El texto de los LXX con σκεπαστής (μου) ofrece una lectura errónea, en vez de ἐκσπαστής, como resulta claro del Sal 22, 10, ὁ ἐκσπάσας με. La expresión הלל ב, Sal 44, 9 (cf. שיח ב, Sal 69, 13) está en el fondo de expresiones como esta de Sal 71, 6. El Dios a quien el salmista debe servir, el Dios que le ha preservado hasta el momento actual, es la certeza constante (el fundamento y sentido vital) que está al fondo de toda su alabanza.

---

54. El significado de este גוזי no puede derivarse de גזה igual a גזה, árabe *jz'*, *retribuere* (repartir, distribuir), porque גמל responde en hebreo a un verbo arameo-arábigo de sentido distinto. Tampoco se puede derivar de גוז, *transire*, pasar, cuyo participio, si es que lo tuviere, equivalente a מוציאי (Targum), debería ser גוזי. El verbo גזה, de acuerdo con su significado de *abscindere* (raíz גז, sinónimos: קט, קד, קץ, y semejantes), indica el instante de separación del niño del vientre de la madre.

71, 7-12. Conducido y guardado con seguridad a través de peligros de todo tipo, el salmista se ha vuelto כְּמוֹפֵת, como una maravilla, un milagro (árabe *aft* de *afata*, de la familia de *afaka*, הפך, volverse, inclinarse, aquello que ha sido dado de vuelta, de forma que aparece de un modo contrario al que debía tener, de manera que causa admiración en aquellos que miran, cf. Sal 40, 4). Pues bien, él mira a su Dios, como lo ha hecho hasta ahora y lo hará en el futuro, le mirará para ser de esa manera milagrosamente preservado, מחסי־עז, como en 2 Sam 22, 33.

וְאַתָּה מַחֲסִי־עָז) עז, y tú mi refugio fuerte) está en genitivo, sin sufijo, a fin de que pueda destacarse con más claridad aquello que Dios es y hace ser. De esa forma, en el Sal 71, 8, el salmista nos dice aquello que él espera firmemente a partir de aquello que ya tiene (ya ha recibido) en Dios y de Dios.

De ese fondo brota la oración del Sal 71, 9: אַל־תַּשְׁלִיכֵנִי לְעֵת זִקְנָה, no me expulses (de tu presencia, cf. Sal 51, 13; Jer 7, 15, *passim*) en el tiempo de mi vejez... (con לעת, como en Gen 8, 11). Hablando así, el salmista se presenta como anciano (זקן), aunque solo en el comienzo de su ancianidad o זקנה; por eso, él pide la ayuda de Dios para el tiempo presente y para el que viene, ahora que sus poderes vitales están fallando.

Por esa razón, pide a Dios que no le olvide. De esa manera él suplica a Dios (al Dios que otras veces le ha liberado maravillosamente), diciéndole y recordándole que ahora él sigue estando amenazado por enemigos. El Sal 71, 11 se apoya en lo ya dicho en el Sal 71, 10, presentando el pensamiento y deseo de los enemigos, es decir, lo que ellos hablan de él (כִּי־אָמְרוּ אוֹיְבַי לִי וְשֹׁמְרֵי).

En el pasaje anterior tenemos una ל de relación o de referencia, como en el Sal 41, 6. La expresión לֵאמֹר, *diciendo*, de 71, 11, que es en sí misma innecesaria, indica que nos hallamos ante un poeta del período tardío, cf. Sal 105, 11; Sal 119, 82 (aunque aquí esa palabra es menos innecesaria), en contra del Sal 83, 5.

El hecho de que el autor es un poeta tardío se muestra también en el Sal 71, 12, que es un eco de oraciones semejantes de David, cf. Sal 22, 12; Sal 22, 20 (Sal 40, 14, cf. Sal 70, 2), Sal 35, 22; Sal 38, 22. Aquí puede aún conservarse el estilo davídico, lo mismo que en otros momentos, aunque muy modificado. En lugar de הישה el *keré* pone חושה, que es la forma que aparece en los restantes casos.

71, 13-18. A la vista del Sal 40, 15 (Sal 70, 3); Sal 35, 4. 26; Sal 109, 29 y de otros pasajes, la lectura de יכלמו, como en siríaco, en lugar de יכלו en el Sal 71, 13 puede aceptarse sin más. Hay también en este salmo otros casos en los que encontramos una modificación de los pasajes originales de donde se han tomado esos textos del salmo. El salmista pide aquí que venga la ruina y confusión sobre sus enemigos (71, 13: חֶרְפָּה וּכְלִמָּה), deseando así que ellos queden llenos de vergüenza.

Este es el destino que el poeta desea para sus enemigos mortales. En contra de eso, él quiere mantenerse siempre tranquilo: וַאֲנִי תָּמִיד אֲיַחֵל (Sal 71, 14, cf. Sal 31,

25), de manera que cuando se cumpla la justa retribución él pueda tener nuevos motivos y razones para alabar a Dios, junto a las razones que hasta ahora ha tenido.

El origen tardío de este salmo se muestra aquí de nuevo, por ejemplo, en el pretérito *hifil* הוסיף (que solo encontramos en los libros de los Reyes y en el Eclesiastés), pues en el lenguaje anterior se utilizaba el pretérito *kal*. Desde ese fondo dice que "su boca proclamará sin cesar (con ספר, como en Jer 51, 10) la justicia de Dios, que es el Dios de la salvación y de la justicia cuyo número y grandeza él no puede contar, porque es innumerable" (cf. Sal 139, 17)[55].

Las pruebas divinas de la justicia y salvación son עצמו מספר (Sal 40, 6), de manera que nadie, ni el poeta, las puede contar, pues son infinitas (סְפֹרוֹת כִּי לֹא יָדַעְתִּי), de forma que el mismo tema resulta inexhaustible. A pesar de ello, el salmista quiere contar esas cosas que son incontables; él quiere penetrar en las obras poderosas del Señor Yahvé, para reconocer con alabanza su justicia, que es suya solo, de Dios.

La palabra גברות (cf. 71, 16: אָבוֹא בִּגְבֻרוֹת אֲדֹנָי יְהוִה), como las δυνάμεις del N. T., significa usualmente las pruebas y signos (manifestaciones) de la divina potencia o גבורה (e. g., Sal 20, 7). La *beth* de בִּגְבֻרוֹת es una *beth* de acompañamiento, como en Sal 40, 8; Sal 66, 13.

La expresión ב בוא, *venire cum*, es como el árabe *j'a͏̈ b* (*atā*), equivalente a *afferre*, presentar. El poeta quiere ofrecer de nuevo las pruebas del divino poder, que son muy numerosas. Es evidente que en el Sal 71, 18 las גברות no se refieren de un modo activo al poeta (que obraría así desde la plenitud del poder divino), sino que van vinculadas a las צדקתך o justicias de Dios, formando un par de palabras referidas a Dios (a su potencia y su justicia).

Por su parte, según su sentido, לבדך se vincula estrechamente con el sufijo de צדקתך (cf. Sal 83, 19): tu justicia (que ha estado dirigida hacia mí en misericordia), solo ella, tu justicia (*te solum* en el sentido de *tui solius,* tuya solo), es la que ha obrado todo esto.

Desde su juventud, Dios le ha instruido (a él, al salmista) en sus caminos (Sal 25, 4), que son dignos de toda alabanza, y por eso él quiere cantar también de ahora en adelante las maravillas del reinado de Dios, de su forma de dirigir a los hombres y de acompañarlos. Por eso, el salmista pide a Dios que no le olvide de ahora en adelante: aun en la vejez y las canas, Dios, no me desampares (וְגַם עַד־זִקְנָה וְשֵׂיבָה אֱלֹהִים אַל־תַּעַזְבֵנִי).

El poeta es ya anciano, y está llegando a la edad en que se encanece el cabello. Por eso le pide a Dios que en esa edad de la vida, en su ancianidad, no le

---

55. Los LXX traducen οὐκ ἔγνων πραγματείας; el *Psalterium Romanum*, "non cognovi negotiationes"; *Psalt. Gallicum* (Vulgata), "non cognovi litteraturam (en vez de lo cual el *Psalt. Hebraicum* dice *litteraturas*). Conforme a Böttcher, el poeta quiere decir que él, realmente, no conoce el arte de escribir, lo cual no es cierto.

desampare, que le conserve la fuerza, que le ofrezca su favor, hasta que él (el poeta) puede declarar el poder de su brazo (el de Dios), tal como actúa y se expresa en la historia humana. El poeta quiere anunciar ese poder de Dios a la posteridad (דּוֹר), a todos los que vendrán más tarde, en la generación futura. Este es un tema que el poeta desarrolla a partir de lo dicho ya en el Sal 22, 31.

71, 19-24. El pensamiento de esta proclamación absorbe de un modo tan completo al poeta, que él vuelve otra vez a profundizar en lo anterior; y dado que, según su fe, la liberación se ha realizado ya como una cosa del pasado, el tierno canto de su oración quejumbrosa desemboca en un alto canto de alabanza en el que presenta nuevamente sus temas principales. Sin que el Sal 71, 19-24 se subordine a lo anterior (desde las palabras וְעַד־הֵנָּה אַגִּיד, hasta ahora, en 71, 17), el nuevo comienzo de 71, 19 (וְצִדְקָתְךָ) se vincula de un modo muy intenso con בִּגְבוּרָתְךָ del verso anterior (71, 18).

Sea como fuere, el Sal 71, 19 constituye una cláusula independiente, y עַד־מָרוֹם (hasta lo excelso) tiene aquí una función de predicado: la justicia de Dios excede todos los límites, de manera que es infinita (וְצִדְקָתְךָ אֱלֹהִים עַד־מָרוֹם, cf. también Sal 36, 6; Sal 57, 11). El grito de "quién como tú" (כָמוֹךָ מִי), aquí, lo mismo que en Sal 35, 10; Sal 69, 9; Jer 10, 6, remite a Ex 15, 11.

Conforme al *qetub* (הִרְאִיתַנוּ), la extensión de la visión del poeta, en 71, 10, se funda en las pruebas de la fuerza y justicia de Dios que él (el poeta) ha experimentado en su propia persona, y también en aquellas otras pruebas que él ha experimentado en su relación otros en la historia de su propia nación. Por su parte, el *keré* (הִרְאִיתַנִי, véase también Sal 60, 5; Sal 85, 7; Dt 31, 17) parece dejar a un lado la relación de las experiencias del salmista con las del conjunto de la nación (pues el salmista parece centrarse solo en sí mismo).

En ambos casos, sea con el *keré* o con el *qetub*, תָּשׁוּב desempeña una función adverbial, como en el Sal 85, 7 (cf. Sal 51, 4). תְּהוֹם (cf. el sentido de וּמִתְּהֹמוֹת הָאָרֶץ תָּשׁוּב תַּעֲלֵנִי, volverás a elevarme desde los abismos/*tehom* de la tierra) es una hondonada, como un pozo profundo de agua, de donde toma su horrible significado el abismo.

Así se habla de los abismos de la tierra (LXX, ἐκ τῶν ἀβύσσων τῆς γῆς, y en esa línea traduce la versión siríaca antigua la palabra ἄβυσσος del N. T., e. g., en Lc 8, 31, en sirio *tehūmā'*), abismos que son como las puertas de la muerte (Sal 9, 14), una imagen de los grandes peligros y riesgos en medio de los cuales uno está como hundido en el abismo del Hades.

Aquí se distinguen claramente el pasado y el futuro por la secuencia de los tiempos verbales. Cuando Dios eleve de nuevo a su pueblo, sacándole de la hondura de la catástrofe presente, entonces él (el mismo Dios) magnificará también la גְּדֻלָּה o grandeza del poeta, ennobleciendo la dignidad de su oficio, vengándole y elevándole de un modo brillante, frente a sus enemigos, concediéndole una vez más su dignidad, con תָּשׁוּב (cf. וַתְּסֹב תְּנַחֲמֵנִי, futuro *nifal* como תָּשׁוּב).

Por su parte, el mismo salmista (cf. Job 40, 14) estará lleno de agradecimiento por esta restauración nacional y por su propia rehabilitación personal, de manera que alabará a Dios, alabando su verdad, es decir, la fidelidad a su promesa. La expresión נֶבֶל בִּכְלִי (con el instrumento del salterio), en vez de בְּנֵבֶל, resulta más detallista que en la poesía antigua.

El nombre divino קְדוֹשׁ יִשְׂרָאֵל, *el Santo de Israel*, aparece aquí por tercera vez en el salterio. Las otras dos son Sal 78, 41; Sal 89, 19, temporalmente anteriores, y que preceden incluso a Isaías, que utiliza esta expresión por treinta veces, y también a Habacuc que la utiliza una vez. Jeremías, por su parte, la utiliza dos veces (Jer 50, 29; Jer 51, 5).

En Sal 71, 23-24 el poeta insiste en el hecho de que labios y lengua, canto y palabra, se unan y actúen en forma de alabanza a Dios. El cohortativo después de כִּי (כִּי אֲזַמְּרָה־לָּךְ, cuando cante para ti, cf. LXX, ὅταν, cuando) quiere insistir en este significado: cuando yo me siente impulsado a tocar el arpa para ti.

En estos verbos en perfecto, en la línea final del salmo, aparece con claridad aquello por lo que ha suspirado el alma del salmista, presentándose como si ya se hubiera cumplido y realizado lo que él esperaba. En este contexto se repite como conclusión la partícula כי (כִּי־חָפְרוּ מְבַקְשֵׁי רָעָתִי, porque han sido confundidos los que buscaban mi mal) con énfasis triunfante de victoria.

Salmo 72. Oración por la paz y el Ungido de Dios

¹ לִשְׁלֹמֹה ׀ אֱלֹהִים מִשְׁפָּטֶיךָ לְמֶלֶךְ תֵּן וְצִדְקָתְךָ לְבֶן־מֶלֶךְ׃

² יָדִין עַמְּךָ בְצֶדֶק וַעֲנִיֶּיךָ בְמִשְׁפָּט׃

³ יִשְׂאוּ הָרִים שָׁלוֹם לָעָם וּגְבָעוֹת בִּצְדָקָה׃

⁴ יִשְׁפֹּט ׀ עֲנִיֵּי־עָם יוֹשִׁיעַ לִבְנֵי אֶבְיוֹן וִידַכֵּא עוֹשֵׁק׃

⁵ יִירָאוּךָ עִם־שָׁמֶשׁ וְלִפְנֵי יָרֵחַ דּוֹר דּוֹרִים׃

⁶ יֵרֵד כְּמָטָר עַל־גֵּז כִּרְבִיבִים זַרְזִיף אָרֶץ׃

⁷ יִפְרַח־בְּיָמָיו צַדִּיק וְרֹב שָׁלוֹם עַד־בְּלִי יָרֵחַ׃

⁸ וְיֵרְדְּ מִיָּם עַד־יָם וּמִנָּהָר עַד־אַפְסֵי־אָרֶץ׃

⁹ לְפָנָיו יִכְרְעוּ צִיִּים וְאֹיְבָיו עָפָר יְלַחֵכוּ׃

¹⁰ מַלְכֵי תַרְשִׁישׁ וְאִיִּים מִנְחָה יָשִׁיבוּ מַלְכֵי שְׁבָא וּסְבָא אֶשְׁכָּר יַקְרִיבוּ׃

¹¹ וְיִשְׁתַּחֲווּ־לוֹ כָל־מְלָכִים כָּל־גּוֹיִם יַעַבְדוּהוּ׃

¹² כִּי־יַצִּיל אֶבְיוֹן מְשַׁוֵּעַ וְעָנִי וְאֵין־עֹזֵר לוֹ׃

¹³ יָחֹס עַל־דַּל וְאֶבְיוֹן וְנַפְשׁוֹת אֶבְיוֹנִים יוֹשִׁיעַ׃

¹⁴ מִתּוֹךְ וּמֵחָמָס יִגְאַל נַפְשָׁם וְיֵיקַר דָּמָם בְּעֵינָיו׃

¹⁵ וִיחִי וְיִתֶּן־לוֹ מִזְּהַב שְׁבָא וְיִתְפַּלֵּל בַּעֲדוֹ תָמִיד כָּל־הַיּוֹם יְבָרֲכֶנְהוּ׃

¹⁶ יְהִי פִסַּת־בַּר ׀ בָּאָרֶץ בְּרֹאשׁ הָרִים יִרְעַשׁ כַּלְּבָנוֹן פִּרְיוֹ

וִיצִיצוּ מֵעִיר כְּעֵשֶׂב הָאָרֶץ׃

17 יְהִי שְׁמוֹ לְעוֹלָם לִפְנֵי־שֶׁמֶשׁ (ינין) [יִנּוֹן] שְׁמוֹ וְיִתְבָּרְכוּ בוֹ כָּל־גּוֹיִם יְאַשְּׁרוּהוּ׃

18 בָּרוּךְ ׀ יְהוָה אֱלֹהִים אֱלֹהֵי יִשְׂרָאֵל עֹשֵׂה נִפְלָאוֹת לְבַדּוֹ׃

19 וּבָרוּךְ ׀ שֵׁם כְּבוֹדוֹ לְעוֹלָם וְיִמָּלֵא כְבוֹדוֹ אֶת־כָּל הָאָרֶץ אָמֵן ׀ וְאָמֵן׃

20 כָּלּוּ תְפִלּוֹת דָּוִד בֶּן־יִשָׁי׃

<Para Salomón>

¹ Dios, da tus juicios al rey y tu justicia al hijo del rey.

² Él juzgará a tu pueblo con justicia y a tus afligidos con rectitud.

³ Los montes llevarán paz al pueblo, y los collados justicia.

⁴ Juzgará a los afligidos del pueblo,
salvará a los hijos del menesteroso y aplastará al opresor.

⁵ Te temerán mientras duren el sol y la luna, de generación en generación.

⁶ Descenderá como la lluvia sobre la hierba cortada;
como el rocío que destila sobre la tierra.

⁷ Florecerá en sus días justicia y abundancia de paz, hasta que no haya luna.

⁸ ¡Dominará de mar a mar, y desde el río hasta los confines de la tierra!

⁹ Ante él se postrarán los moradores del desierto, y sus enemigos lamerán el polvo.

¹⁰ Los reyes de Tarsis y de las costas traerán presentes;
los reyes de Sabá y de Seba ofrecerán dones.

¹¹ Todos los reyes se postrarán delante de él; todas las naciones lo servirán.

¹² Él librará al menesteroso que clame y al afligido que no tenga quien lo socorra.

¹³ Tendrá misericordia del pobre y del menesteroso; salvará la vida de los pobres.

¹⁴ De engaño y de violencia redimirá sus almas,
y la sangre de ellos será preciosa ante sus ojos.

¹⁵ Vivirá, y se le dará del oro de Sabá,
y se orará por él continuamente; todo el día se le bendecirá.

¹⁶ Será echado un puñado de grano en la tierra, en las cumbres de los montes;
su fruto hará ruido como el Líbano; los de la ciudad florecerán como la hierba
de la tierra.

¹⁷ Será su nombre para siempre; se perpetuará su nombre mientras dure el sol.
Benditas serán en él todas las naciones; lo llamarán bienaventurado.

¹⁸ *Bendito Jehová Dios, el Dios de Israel, el único que hace maravillas.*

¹⁹ *¡Bendito su nombre glorioso para siempre!*
¡toda la tierra sea llena de su gloria! ¡amén y amén!

²⁰ Aquí terminan las oraciones de David, hijo de Isaí.

El último salmo de la primera colección va unido al Sal 71 porque ambos se refieren
con frecuencia a términos relacionados con la justicia (צדקה). Se ha dicho que este

salmo es de David, pues el encabezado, לִשְׁלֹמֹה, no se refiere al autor del salmo, sino a aquel a quien va dedicado. Pero la *lamed* del encabezado, לשלמה, tanto aquí como en el Sal 127, no puede significar algo distinto de lo que significa en todos los encabezados semejantes: que el autor del salmo es precisamente la persona citada.

Por otra parte, por estilo y carácter, este salmo no tiene ninguna semejanza con los de David. Al contrario, su argumento y estilo es característico de la literatura de Salomón, tanto por el modo de citar o desarrollar proverbios, como por la forma de distribuir el tema en dísticos, lo que hace que el salmo pierda la frescura original, y tenga un estilo más reflexivo y más lento.

Según eso, la forma literaria y el contenido general del salmo no tienen ninguna semejanza con los salmos de David. En esa línea debemos añadir que, por la amplitud de las referencias geográficas, la riqueza de las figuras tomadas de la naturaleza y los puntos de contacto con el libro de Job, este salmo pertenece, sin duda, al círculo de la literatura de Salomón.

Pero si el autor del salmo es Salomón surge inmediatamente la pregunta: ¿quién es el rey al que se refiere? Según Hitzig, el rey de ese salmo sería Ptolomeo Philadelphos, que gobernó en Egipto del 285 al 246 a. C., pero un salmo de Israel no podría cantar de esa manera a un rey pagano, y no hay en la literatura de Israel ningún himno de ese tipo que haya sido aceptado e incluido en el libro de cantos de Israel.

El sujeto al que se refiere este salmo solo puede ser el mismo Salomón (como piensan los LXX: εἰς Σαλωμών) o el Mesías (como indica el Targum: "Oh Dios, ofrece tus regulaciones de justicia para el Rey Mesías: משיחא למלכא"). Ambas atribuciones son correctas.

La intercesión y los deseos de bendición de este salmo se refieren sin duda a Salomón. En esa línea, podemos recordar que David, poco después de su ascenso al trono, compuso unos salmos (Sal 20 y 21) para que el pueblo los cantara a favor suyo, y así pudo también hacerlo Salomón después de su unción real, como "salmo o canto de la comunidad" a su favor. Pero este salmo es, al mismo tiempo (y con no menos derecho) un salmo mesiánico, de forma que la Iglesia Cristiana lo ha utilizado en la fiesta de la Epifanía que, precisamente por eso, ha venido a llamarse fiesta de los tres reyes (*festum trium regum*), presentando a los magos como reyes.

Salomón fue en verdad un gobernante recto, benigno, temeroso de Dios. Él estableció y extendió también el reino de Israel y gobernó sobre pueblos innumerable, fue elevado y rico en sabiduría y fortuna, sobre todos los reyes de la tierra. Su tiempo fue el más feliz para Israel, el más rico en paz y en alegría, en una medida que nunca se había conocido antes. Todas las palabras del salmo se cumplieron en él, incluso las del dominio universal que se le deseaba.

Pero el final de su reinado no fue como su principio. Aquella imagen gloriosa, pura y noble de rey mesiánico se fue volviendo pálida y perdiendo fuerza.

Y a partir de aquí su relación con el desarrollo de la historia de la salvación tomó un giro distinto.

En el tiempo de David y Salomón, la esperanza de los creyentes, vinculada al reinado de la casa de David, se aplicaba básicamente al tiempo presente. En un primer momento, con poquísimas excepciones, no se sabía nada de un mesías distinto del rey ungido por Dios, que no era otro que David o Salomón. Pero poco después se vio que la identificación del mesías de Dios con el rey reinante en Jerusalén era imposible, pues los sucesores de David y Salomón hicieron que se destruyera esa vinculación del reino de Dios con el presente del pueblo.

La visión de un mesías identificado con el rey actual pudo aún mantenerse y revivir en algunos momentos, como en el tiempo del reinado de Ezequías, pero después se apagó totalmente, de manera que los fieles de Israel se vieron obligados a trasladar la idea del presente al futuro, hacia un rey mesiánico que vendría al final de los tiempos. Entonces y solo entonces se rompió para siempre la vinculación entre la esperanza mesiánica y el tiempo presente.

Desde ese momento la imagen del Mesías empezó a dibujarse en un tipo de cielo del tiempo futuro, con colores y figuras tomadas de las profecías antiguas no cumplidas, partiendo de la contradicción existente entre el rey existente en la actualidad y la idea mesiánica del rey verdadero, delegado de Dios. En esa línea, el rey mesías vino a convertirse en una figura cada vez más supraterrenal, sobrehumana, perteneciendo al futuro, como refugio y meta invisible de una fe que se separa del presente y que se vuelve cada vez más espiritual y celestial, como muestran las imágenes brillantes, tomadas de los cantos que aparecen en Is 11, Miq 5, 3, Miq 5, 6; Zac 9, 9.

A fin de valorar bien este hecho, debemos liberarnos del prejuicio de que el centro de la salvación del A. T. (o del evangelio) se identifica sin más con la vida y figura del mesías. Más que algún tipo de Mesías, en el A. T., el verdadero redentor del mundo es Yahvé. El centro de la proclamación de la salvación en el A. T., es la aparición (*parusia*) de Yahvé (no de un rey distinto).

Hay una alegoría que puede servirnos para ilustrar ese hecho. El A. T., es como la noche en relación con el día del Nuevo Testamento. En esa noche surgen, en direcciones opuestas, dos estrellas prometidas. Una describe el camino que va de arriba hacia abajo: es la promesa de Yahvé que está por venir. La otra describe el camino que va de abajo hacia arriba, es la esperanza que se apoya en la semilla de David, la profecía del Hijo de David, que tomará al final figura humana, con un carácter puramente terreno.

Estas dos estrellas se vinculan y juntan solo al fin en una única estrella: entonces se desvanece la Noche y llega el Día. Esta estrella única es Jesucristo, que es Yahvé e Hijo de David en una única persona, de manera que el rey de Israel viene a presentarse al mismo tiempo como redentor del mundo, el Dios hombre.

72, 1–4. El nombre de Dios, que solo aparece una vez, es Elohim (así empieza el salmo: אלהים מִשְׁפָּטֶיךָ לְמֶלֶךְ תֵּן וְצִדְקָתְךָ לְבֶן־מֶלֶךְ, *Elohim, da tus juicios al rey y tu justicia al hijo del rey*) y eso nos muestra que este es un salmo elohista. Las palabras מלך (cf. Sal 21, 2) y בֶּן־מלך se utilizan sin artículo, conforme al uso poético del lenguaje. La misma petición, e incluso la posición de las palabras muestran que el hijo del rey y el rey se identifican.

A Dios se le pide que conceda al mesías sus מִשְׁפטים, es decir, los derechos o poderes legales que le pertenecen, y su צדקה, i. e., el don oficial que le permite ejercer esos derechos de acuerdo con la justicia divina. Tras esa súplica, los futuros que ahora siguen, sin la *waw* de la apódosis son, sin duda, optativos.

Montañas y colinas describen por sinécdoque la totalidad de la tierra de la que ellas son los lugares más altos. נשא se utiliza en el sentido נשא פרי (cf. Ez 17, 8), con el deseo de que la שלום, que es la paz, sea el fruto que madura sobre cada montaña y colina, es decir, la prosperidad universal para sus habitantes.

El predicado para el Sal 72, 3b ha de tomarse del Sal 72, 3a, lo mismo que, por otra parte, el fruto de la justicia, בצדקה (en o por la justicia) que es la paz (cf. Is 32, 17), pertenece también al Sal 72, 3a. De esa forma, los dos miembros del verso (3a y 3b) se complementan mutuamente entre sí. El deseo del poeta es este: que por medio de la justicia pueda brotar a su debido tiempo el fruto de la paz, adornando las alturas de la tierra. De todas formas, el Sal 72, 3b produce siempre la impresión de que falta un verbo como podría ser תפרחנה (los collados "producirán…"), como ha sugerido Böttcher.

En el Sal 72, 4 los deseos continúan expresándose en un lenguaje que no es ya figurativo como el de los montes y las colinas, sino que se identifica con הושיע, que tiene aquí el significado de salvar (de alcanzar la salvación), por lo que, como sucede con frecuencia, tiene el objeto en dativo. En ese contexto, los בְּנֵי־אביון (cf. יוֹשִׁיעַ לִבְנֵי אֶבְיוֹן וִידַכֵּא עוֹשֵׁק) a los que el rey ha de salvar son aquellos que han nacido en pobreza, como בֶּן־מלך es uno que ha nacido rey. A los ojos de un gobernante injusto, los que han nacido en pobreza carecen de derechos.

72, 5–8. La invocación del Sal 72, 1 continúa aquí en forma de deseo: que ellos te teman a ti Elohim, עִם־שמש, con el sol, es decir, durante todo el tiempo de tu duración, que será como la del sol (עם tiene el sentido de existencia plena, en este tiempo, como existencia en plenitud, como en Dan 3, 33).

לִפְנֵי־ירח, ante la luz de la luna (cf. Job 8, 16, לִפְנֵי־שמש, ante la luz del sol), i. e., mientras siga brillando la luna. La expresión דּוֹר דּוֹרִים (con acusativo de duración, de tiempo, cf. Sal 102, 25) significa hasta más allá de la última generación, aquella que viene después de las otras generaciones (como שְׁמֵי השמים se refiere al último de los cielos, que va más allá de todos los restantes, a los que rodea, excede y completa).

Estas dos primeras expresiones perifrásticas, que se aplican a un tiempo ilimitado, retornan en el Sal 89, 37, un salmo compuesto tras el tiempo de Salomón (cf. la expresión no figurada del tema en la oración de la dedicación del templo en 1 Rey 8, 40). La continuación del reinado, del que se espera que suscite y ratifique el temor de Dios, no queda afirmada hasta el Sal 72, 17.

Carece de sentido referir al rey el lenguaje del discurso (en forma de palabra directa, cf. Sal 72, 5), como hacen Hupfeld y Hitzig, pues este discurso no está dirigido directamente al rey, ni en el Sal 72, 4 ni en el Sal 72, 6, ni en ningún otro lugar del salmo. Con respecto a Dios, el deseo que aquí se expresa es que el gobierno justo y benigno del rey se manifieste en la extensión del temor de Dios, de generación en generación, a lo largo de edades sin fin.

En 72, 6 el poeta amontona una serie de sinónimos, con el fin de dar más intensidad a sus pensamientos. Las dos últimas expresiones están una al lado de la otra, lo mismo que en 72, 5. La palabra רביבים (cf. כִּרְבִיבִים זַרְזִיף אָרֶץ, como rocío que destina sobre la tierra) proviene de רבב, árabe *rbb, densum, spissum esse* (ser denso o espeso), y a partir de aquí puede significar "ser numeroso".

Esa palabra se aplica en este caso al agua que cae en gotas muy espesas, cercanas unas de las otras. Por su parte, la palabra זרזיף se refiere en sentido estricto al agua que cae de un tejado (cf. *B. Joma 87a*, "cuando la muchacha que estaba encima arrojó el agua sobre el suelo, זרזיפי דמיא, cayeron las gotas sobre su cabeza").

De todas formas, la palabra גז (cf. 72, 6: יֵרֵד כְּמָטָר עַל־גֵּז כִּרְבִיבִים זַרְזִיף אָרֶץ) no significa una pradera que está bien segada, equivalente a una superficie "rasurada", ni גז גזה, árabe *gizza*, significa una piel rapada, sino, al contrario, una piel con pelo o con plumas (e. g., con plumas de avestruz), como una pradera llena de cosecha, es decir, una tierra con mucha hierba que se quiere segar. La palabra final ארץ (acusativo de lugar como en el Sal 147, 15) se vincula con la palabra inicial ירד, *descendat in terram* (que descienda en la tierra).

En las últimas palabras de su vida (cf. 2 Sam 23) David había comparado los efectos del reinado de su sucesor, que él contempló en visión, con los efectos fertilizantes del sol y de la lluvia sobre la tierra. La idea de 72, 6 es, por lo tanto, la de que el gobierno de Salomón ha de mostrarse así beneficioso para el conjunto de la tierra. La figura de la lluvia en el Sal 72, 7 da origen a otra: bajo su reinado florecerá la justicia (se expandirá sin impedimentos, bajo las circunstancias más favorables), de manera que podrá surgir la salvación en toda su plenitud, mientras existe la luna (cf. וְרֹב שָׁלוֹם עַד־בְּלִי יָרֵחַ, una expresión semejante en Job 14, 12).

A este deseo de que se extienda una prosperidad y felicidad ininterrumpida de los justos bajo al dominio del rey sucede el deseo de que su dominio perdure de forma ilimitada, en 72, 8. Los primeros puntos de referencia de su reino son el mar (Mediterráneo) y el río (Éufrates), de forma que por las fronteras se entiende la tierra limitada por ellas. En el momento de su elevación al trono, Salomón reina desde el Éufrates hasta los límites de Egipto. Los deseos así expresados son los más amplios y así los retoma Zacarías en referencia al rey mesías (Zac 9, 10).

72, 9–11. La tercera estrofa contiene las perspectivas y los fundamentos de aquello que se expresará en la cuarta. El lugar que ocupan los futuros es aquí nuevo respecto a lo anterior. El argumento pasa de las relaciones internas del nuevo gobierno a las relaciones exteriores que surgen cuando se expresa la palabra de Dios, y los deseos se convierten ya en esperanzas cumplidas. El dominio reverencial del rey se extenderá hasta los límites más distantes del desierto.

La palabra צִיִּים (cf. לְפָנָיו יִכְרְעוּ צִיִּים) suele aplicarse a los moradores del desierto, hombres y animales que allí habitan, pero en este caso (Sal 74, 14; cf. Is 23, 13) no está claro si se aplica a los hombres o a los animales. Los LXX, Aquila, Símaco y Jerónimo traducen Αἰθίοπες, las tribus nómadas a la derecha y a la izquierda del Golfo de Arabia, que parecen haber sido asociadas mentalmente por la tradición de los así llamados *Ichthyophagi*, comedores de peces. Esas tribus doblarán de un modo reverente las rodillas ante el rey, y aquellos que se enfrenten con él estarán obligados a velar sus rostros ante él en el desierto.

Los lugares más remotos del oeste y del sur serán sus tributarios, es decir, los reyes de Tarsis en el sur de España, rica en plata, y los reyes de la Polinesia de Europa (Islas griegas), los mismos que los cusitas, de las regiones de Joktan, que son los de שְׁבָא וּסְבָא, de Sheba y Shiba, como se llamaba, según Josefo, la ciudad principal de *Meros* (cf. *Coment.* a Gen, 206). Una reina de Joktan y, por lo tanto, de la zona de Seba/Saba, en el sur de Arabia —o quizá más probablemente (cf. Wetzsteen, en mi *Coment.* a Isaías II, 529) una reina cusita, nubia, de Sheba— fue atraída por la fama de la sabiduría de Salomón, cf. 1 Rey 10.

La fama de su riqueza en oro y en otras piedras preciosas está asociada con ambos pueblos. Con la expresión הֵשִׁיב מִנְחָה (pagar tributo, 2 Rey 17, 3, cf. Sal 3, 4) no se está indicando un tipo de impuesto por la protección que les ofrece Salomón (Maurer, Hengstenberg y Olshausen), ni una obligación que se ha de repetir periódicamente (Rödiger, que se refiere a 2 Cron 27, 5), sino al pago de una deuda, *referre s. reddere debitum* (como dice Hupfeld), conforme a la idea según la cual las ganancias por una propiedad se llaman *redditus* (rentas).

En la expresión sinónima אֶשְׁכָּר יַקְרִיבוּ, la ofrenda de presentes o regalos aparece como un acto de sacrificio. אשכר significa en Ez 27, 15 un pago realizado en mercancías, aquí es una renta o tributo debido que se ha de pagar. En el Sal 72, 11 esa esperanza se abre y extiende en todas las posibles direcciones, de forma que todo lo que existe se someterá bajo el dominio mundial del cetro del rey israelita.

72, 12–15. Aquí se confirma la prospectiva anterior; en esa línea se entremezclan las formas voluntativas con las afirmativas, pues la perspectiva abierta al futuro es más lírica que profética. El hecho de que al rey se le eleve y se le conceda el dominio sobre el mundo es la recompensa por su forma misericordiosa de dominar.

El rey aparece de esa forma como el señor que ayuda y protege a los pobres y oprimidos, que son el objeto especial de la protección y ayuda de Dios. Esta es su tarea más importante, la que él realiza con simpatía más honda. Así se dice que (יָחֹס עַל־דַּל וְאֶבְיוֹן) tendrá misericordia del pobre y del oprimido, es decir, de las personas que viven en circunstancias de sometimiento, pues son preciosas a sus ojos, a los ojos de Dios.

Esta palabras del Sal 72, 12 han sido retomadas por Job 29, 12. Por otra parte, el significado del Sal 72, 14 (וְיֵיקַר דָּמָם בְּעֵינָיו), será preciosa a sus ojos la sangre de ellos) aparece también en el Sal 116, 15. Lo mismo que en el Sal 49, 10, la palabra ייקר de 72, 14 viene seguida en 72, 15 por (ויחי מִזְּהַב) וְיִתֶּן־לוֹ וִיחִי, y vivirá, y se le dará el oro...). De esa forma se individualiza el argumento, de manera que el pobre que estaba amenazado de muerte, vivirá y tendrá riquezas (con referencia al rey, y con el rey al pueblo que él representa).

Pero ¿quién es ahora el sujeto de וְיִתֶּן־לוֹ, aquel a quien se le darán esas riquezas? Estrictamente hablando no será al rescatado pobre (Hitzig), porque después de las designaciones anteriores (Sal 72, 11) no podemos esperar que el oro de Saba (de Yemen o Etiopía) venga a ser su posesión. El texto se refiere por tanto a Salomón, porque es a él a quien se le concede, de un modo característico, el oro de Saba y de Seba.

Este es el tema de fondo, esta es la tarea en la que se centra el mandato de Salomón. Él recibirá muchas riquezas, pero con ellas él hará que puedan revivir, tener riquezas, los pobres que se hallaban caídos y en riesgo de morir por su pobreza.

Esos pobres revivirán, porque el rey no se limitará a defender sus causas, sino que les concederá dones generosos, con su mano liberal. Por eso, aquellos pobres, rescatados y enriquecidos con los tesoros del rey, podrán orar y orarán incesantemente por él, bendiciéndole siempre, en todo tiempo.

El pobre de quien aquí trata el salmo es aquel que puede ser restaurado a la vida, dotado de bienes, aquel que intercede y bendice al rey, que es benefactor, dador de beneficios. El lector mismo debe poner los sujetos a los verbos de 72, 14-15. De esa forma el texto queda abierto a la interpretación de los oyentes y lectores. La precisión que nosotros, occidentales, exigimos a los textos, con sujeto y objetos bien definidos, es ajena al estilo oriental de los salmos (vid. mi *Geschichte der jüdischen Poesie*, p. 189). Maurer y Hofmann dan también la misma interpretación que nosotros hemos dado al texto.

72, 16-17. En esta estrofa, en la que los futuros se encuentran de nuevo al principio de las frases, esos futuros han de entenderse también como *optativos*. Aquí se desea no solo que el rey tenga un dominio conforme al corazón de Dios, de manera que no exista solo una mera fertilidad externa, sino también fecundidad extraordinaria para el mismo campo.

La palabra פסה (cf. בָּאָרֶץ פִסַּת־בַּר וִיהִי, se echará un puñado de grano...) es un ἅπ. λεγ., que la versión siríaca traduce como *sugo*, es decir, como abundancia. Esa palabra ha sido bien interpretada por los lexicógrafos judíos como equivalente a פשׂה (que aparece en la ley sobre los leprosos), en lenguaje misnaico y arameo פסה, árabe *fśâ*, pero también como equivalente a *fśś* (cf. *Coment.* a Job 35, 14-16), extenderse, expandirse, en sentido de abundancia, de gran cantidad de semilla para un ancho espacio de tierra.

בראש, en/desde la cumbre, como en Sal 36, 6; Sal 19, 5. La idea que aquí se obtiene es la misma que la que ofrece Hofmann (*Weissagung und Erfüllung*, I, 180s), que toma פסה (de פסס igual a אפס) con el significado de línea divisoria: "Cerca de la cumbre de la montaña se sembrará el último trigo...", indicando así el cultivo de la tierra en terrazas, descendiendo desde la altura de los montes y colinas.

פריו פִּרְיוֹ כַּלְּבָנוֹן יִרְעַשׁ, su fruto "hará ruido", se moverá y se escuchará al moverse como el del Líbano) no alude hacia atrás a בארץ (como piensa Hitzig, que se equivoca al referir el texto a Joel 2, 3), sino a בר, indicando así que el fruto de la tierra será tan alto y denso que se moverá y sacudirá con el viento, arriba y abajo, como los densos bosques del Líbano.

Los LXX, que traducen *huperartheesetai*, piensan que יִרְעַשׁ viene de ראש, cabeza, como hace también Ewald, de manera que la frase significa: y su fruto subirá a la altura, como el Líbano. Pero no existe, que sepamos, ese verbo ראש; y además esa imagen (la del fruto que se eleva...) resulta altisonante, y sin relación al contexto, comparada con la que proponemos: el movimiento ondulado de las mieses, como el de los bosques del Líbano.

Los otros deseos se refieren al rápido y gozoso aumento de la población: que hombres y mujeres florezcan, los de la ciudad y los de fuera de ella como la hierba del campo (cf. Job 5, 25, donde צאצאיך tiene un sonido semejante a יָצִיצוּ; cf. también יָצִיצוּ מֵעִיר כְּעֵשֶׂב הָאָרֶץ), y que lo hagan de un modo hermoso y cuantioso. De hecho, Israel se convirtió bajo el cetro de Salomón en un pueblo numeroso "como las arenas del mar" (1 Rey 4, 20). Pues bien, ese aumento de población aparece también por doquier como un elemento constante de los tiempos mesiánicos (cf. Sal 110; Is 9, 2; Is 49, 20; Zac 2, 8; cf. también Ecl 44, 21).

Por eso si, bajo el justo y benigno gobierno del rey, tanto la tierra como la población han de ser así bendecidas, puede y debe desearse duración eterna para el rey. Este es, por tanto, el deseo del poeta: que la fama del rey se perpetúe (que broten de él nuevos retoños), de manera que su mismo nombre, feliz y bendito, reconocido en toda la tierra, ofrezca siempre nuevas ocasiones para ser glorificado, que todos le bendigan y que en él sean bendecidas (y reciban bienaventuranza) todas las naciones: וְיִתְבָּרְכוּ בוֹ כָּל־גּוֹיִם יְאַשְּׁרוּהוּ.

Eso significa que las bendiciones y la bienaventuranza del rey sean lo más grande que puedan desear las naciones. Las palabras *benedicant sibi in eo* (sean bendecidas en él…) ha de tener el sujeto más universal, es decir "todos los pueblos" (todos los hombres posibles), como indica la palabra clave כָּל־גּוֹיִם, todas las naciones.

72, 18-19. Estos versos contienen la *beraká* final del segundo libro del salterio. Esta bendición tiene un tono más intenso que la del final del primer libro, ya que a Dios se le llama aquí *Yahvé Elohim, Dios de* Israel (יְהוָּה אֱלֹהִים אֱלֹהֵי יִשְׂרָאֵל), pues el Dios de Israel no se llama solo Yahvé (como en el libro primero), sino Yahvé Elohim. De este Dios se dice que es el único que hace maravillas (נִפְלָאוֹת לְבַדּוֹ עֹשֵׂה), como indica una alabanza bien conocida de Dios, que aparece en Sal 86, 10; Sal 136, 4; cf. Job 9, 8.

שֵׁם כְּבוֹדוֹ (cf. בָּרוּךְ שֵׁם כְּבוֹדוֹ) es una palabra favorita en el lenguaje de la liturgia divina del período que sigue al exilio (Neh 9, 5). Esta designación es equivalente a la de la *beraká* litúrgica שֵׁם כְּבוֹד מַלְכוּתוֹ. Este es el nombre glorioso de Dios, el nombre que lleva la impronta de su gloria. Las palabras finales (וְיִמָּלֵא כְבוֹדוֹ אֶת־כָּל־הָאָרֶץ, y esté llena toda la tierra de su gloria), están tomadas de Num 14, 21.

Tanto en este salmo como en Números tenemos una construcción activa, con un doble acusativo, mientras que lo que ha de ser llenado con la gloria divina aparece en pasivo. כְבוֹדוֹ es también acusativo: toda la tierra esté llena de su Gloria (¡que Dios la llene de gloria!). El doble אמן unido por una *waw* (אָמֵן וְאָמֵן) aparece en el A. T., solamente en estas doxologías del salterio.

72, 20. Es la *superinscriptio* o colofón de la primera gran colección del libro de los salmos (Sal 1-72). El origen de este colofón no puede ser el mismo de la doxología anterior (Sal 72, 18-19), que se ha insertado más tarde entre el colofón y el salmo, para que fuera leída (la doxología) en el curso del servicio litúrgico (*Symbolae*, p. 19).

כֻּלּוּ equivale a כָּלּוּ, como דֹּחוּ en el Sal 36, 13 y כֻּסּוּ, Sal 80, 11, que son formas *puales*, como muestra el acento en la última sílaba. Un paralelo a este colofón es el que encontramos en "aquí terminan las palabras de Job" (Job 31, 40), que separan los discursos de la controversia de Job y su monólogo posterior, que antecede a los discursos de Dios.

Nadie que tuviera una visión general de todo el salterio, en su forma actual, que contiene muchos salmos de David después del Sal 73, pudo haber colocado aquí este colofón, dividiendo las partes del libro. Por el contrario, si este colofón es anterior a la división doxológica del salterio en cinco libros, estas palabras son una indicación significativa que nos ayuda a comprender la historia del surgimiento de la colección de los salmos.

Este colofón prueba que la colección del conjunto del libro, tal como ahora aparece ante nosotros, ha sido precedida por una colección más pequeña, de la que podemos decir que se extendía hasta el Sal 72, pero sin que podamos decir si esa primera colección incluía todos los salmos que actualmente aparecen entre el 1 y el 72, pues muchos de esos salmos pudieron ser incluidos más tarde, cuando se formó la colección actual.

De todas formas, es muy posible que la primera colección incluyera el salmo 72, pues al principio, el primer salterio, solo contenía salmos compuestos hasta el tiempo de Salomón. El hecho de que este colofón siga a un salmo de Salomón se debe a la misma razón por la que el salterio actual se cite en el N. T., bajo el nombre de David.

David es (según 2 Cron 29, 17) el padre de los שׁיר ה (es decir, de los cantos de Yahvé), y por eso se dice que todos los salmos son davídicos, lo mismo que se dice que todos los proverbios sapienciales o משׁלים son salomónicos, sin que por ello se tenga que suponer que todos han sido escritos por Salomón y todos los salmos por David.

LIBRO III
SALMOS 73–89

Salmo 73. Tentación de apostasía vencida

מִזְמוֹר לְאָסָף אַךְ טוֹב לְיִשְׂרָאֵל אֱלֹהִים לְבָרֵי לֵבָב: 1

וַאֲנִי כִּמְעַט (נָטוּי) [נָטָיוּ] רַגְלָי כְּאַיִן (שֻׁפְּכָה) [שֻׁפְּכוּ] אֲשֻׁרָי: 2

כִּי־קִנֵּאתִי בַּהוֹלְלִים שְׁלוֹם רְשָׁעִים אֶרְאֶה: 3

כִּי אֵין חַרְצֻבּוֹת לְמוֹתָם וּבָרִיא אוּלָם: 4

בַּעֲמַל אֱנוֹשׁ אֵינֵמוֹ וְעִם־אָדָם לֹא יְנֻגָּעוּ: 5

לָכֵן עֲנָקַתְמוֹ גַאֲוָה יַעֲטָף־שִׁית חָמָס לָמוֹ: 6

יָצָא מֵחֵלֶב עֵינֵמוֹ עָבְרוּ מַשְׂכִּיּוֹת לֵבָב: 7

יָמִיקוּ וִידַבְּרוּ בְרָע עֹשֶׁק מִמָּרוֹם יְדַבֵּרוּ: 8

שַׁתּוּ בַשָּׁמַיִם פִּיהֶם וּלְשׁוֹנָם תִּהֲלַךְ בָּאָרֶץ: 9

לָכֵן (יָשִׁיב) [יָשׁוּב] עַמּוֹ הֲלֹם וּמֵי מָלֵא יִמָּצוּ לָמוֹ: 10

וְאָמְרוּ אֵיכָה יָדַע־אֵל וְיֵשׁ דֵּעָה בְעֶלְיוֹן: 11

הִנֵּה־אֵלֶּה רְשָׁעִים וְשַׁלְוֵי עוֹלָם הִשְׂגּוּ־חָיִל: 12

אַךְ־רִיק זִכִּיתִי לְבָבִי וָאֶרְחַץ בְּנִקָּיוֹן כַּפָּי: 13

וָאֱהִי נָגוּעַ כָּל־הַיּוֹם וְתוֹכַחְתִּי לַבְּקָרִים: 14

אִם־אָמַרְתִּי אֲסַפְּרָה כְמוֹ הִנֵּה דוֹר בָּנֶיךָ בָגָדְתִּי: 15

וָאֲחַשְּׁבָה לָדַעַת זֹאת עָמָל (הִיא) [הוּא] בְעֵינָי: 16

עַד־אָבוֹא אֶל־מִקְדְּשֵׁי־אֵל אָבִינָה לְאַחֲרִיתָם: 17

אַךְ בַּחֲלָקוֹת תָּשִׁית לָמוֹ הִפַּלְתָּם לְמַשּׁוּאוֹת: 18

אֵיךְ הָיוּ לְשַׁמָּה כְרָגַע סָפוּ תַמּוּ מִן־בַּלָּהוֹת: 19

כַּחֲלוֹם מֵהָקִיץ אֲדֹנָי בָּעִיר צַלְמָם תִּבְזֶה: 20

כִּי יִתְחַמֵּץ לְבָבִי וְכִלְיוֹתַי אֶשְׁתּוֹנָן: 21

וַאֲנִי־בַעַר וְלֹא אֵדָע בְּהֵמוֹת הָיִיתִי עִמָּךְ: 22

וַאֲנִי תָמִיד עִמָּךְ אָחַזְתָּ בְּיַד־יְמִינִי: 23

בַּעֲצָתְךָ תַנְחֵנִי וְאַחַר כָּבוֹד תִּקָּחֵנִי: 24

מִי־לִי בַשָּׁמַיִם וְעִמְּךָ לֹא־חָפַצְתִּי בָאָרֶץ: 25

כָּלָה שְׁאֵרִי וּלְבָבִי צוּר־לְבָבִי וְחֶלְקִי אֱלֹהִים לְעוֹלָם: 26

כִּי־הִנֵּה רְחֵקֶיךָ יֹאבֵדוּ הִצְמַתָּה כָּל־זוֹנֶה מִמֶּךָּ: 27

וַאֲנִי קִרֲבַת אֱלֹהִים לִי־טוֹב שַׁתִּי בַּאדֹנָי יְהֹוִה מַחְסִי 28

לְסַפֵּר כָּל־מַלְאֲכוֹתֶיךָ:

<Salmo de Asaf>

¹ Ciertamente es bueno Dios para con Israel, para con los limpios de corazón.

² En cuanto a mí, casi se deslizaron mis pies ¡por poco resbalaron mis pasos!

³ porque tuve envidia de los arrogantes, viendo la prosperidad de los impíos.

⁴ No se atribulan por su muerte, pues su vigor está entero.

⁵ No pasan trabajos como los otros mortales, ni son azotados como los demás hombres.

⁶ Por tanto, la soberbia los corona; se cubren con vestido de violencia.

⁷ Los ojos se les saltan de gordura; logran con creces los antojos del corazón.

⁸ Se mofan y hablan con maldad para hacer violencia; hablan con altanería.

⁹ Ponen su boca contra el cielo y su lengua pasea la tierra.

¹⁰ Por eso esta gente se engrandecerá a sí misma,
y aguas abundantes extraerán para ellos.

¹¹ Y dicen: "¿Cómo sabe Dios? ¿Acaso hay conocimiento en el Altísimo?".

¹² Estos impíos, sin ser turbados por el mundo, aumentaron sus riquezas.

¹³ ¡Verdaderamente en vano he limpiado mi corazón y he lavado mis manos en inocencia!

¹⁴ pues he sido azotado todo el día y castigado todas las mañanas.

¹⁵ Si dijera ¡Yo Hablaré como ellos! engañaría a la generación de tus hijos.

¹⁶ Cuando pensé para saber esto, fue duro trabajo para mí,

¹⁷ hasta que, entrando en el santuario de Dios, comprendí el fin de ellos.

¹⁸ Ciertamente, los has puesto en deslizaderos, en asolamiento los harás caer.

¹⁹ ¡Cómo han sido asolados de repente! ¡Perecieron, se consumieron de terrores!

²⁰ Como sueño del que despierta, así, Señor, cuando despiertes,
menospreciarás su apariencia.

²¹ Se llenó de amargura mi alma y en mi corazón sentía punzadas.

²² Tan torpe era yo, que no entendía; ¡era como una bestia delante de ti!

²³ Con todo, yo siempre estuve contigo; me tomaste de la mano derecha.

²⁴ Me has guiado según tu consejo, y después me recibirás en gloria.

²⁵ ¿A quién tengo yo en los cielos sino a ti? Y fuera de ti nada deseo en la tierra.

²⁶ Mi carne y mi corazón desfallecen;
mas la roca de mi corazón y mi porción es Dios para siempre.

²⁷ Ciertamente los que se alejan de ti perecerán;
tú destruirás a todo aquel que de ti se aparta.

²⁸ Pero en cuanto a mí, el acercarme a Dios es el bien.
He puesto en Jehová el Señor mi esperanza, para contar todas tus obras.

Hemos estudiado ya el primer salmo de Asaf (segundo libro de Salmos, Sal 50). Pues bien, a partir de aquí siguen once salmos de Asaf en este tercer libro (Sal 73-83). Todos ellos son elohistas, mientras que los salmos korahitas se dividen en yahvistas y elohistas. El Sal 84 forma la transición entre yahvistas y elohistas. Los salmos elohistas se extienden del 73 al 83, y están rodeados, por un lado y el otro, por salmos yahvistas.

Este Sal 74 es paralelo al Sal 50. En el Sal 50 se criticaba el sentido básico de la santidad que se fundaba en puras obras; de un modo semejante, este Sal 73 critica la aparente buena fortuna de los impíos, por la que el poeta se siente tentado a caer en manos de un tipo de paganismo (Hitzig), pero no de un paganismo sin más, sino de un tipo de libre pensamiento que en el mundo pagano se opone a *la deisidaimonía* (adoración pagana a los ídolos) y que en Israel se opone a la fe en Yahvé entendido como Dios personal y providente.

Pues bien, este salmo de Asaf (לְאָסָף) va en contra de esa visión según la cual carece de sentido adorar a Dios, pues la suerte de los impíos es mejor que la de los hombres religiosos, una reflexión que está en el fondo del Sal 37, del Sal 49 y especialmente del libro de Job. La teodicea de este salmo, con su vindicación o defensa de Dios, no se funda en la esperanza de una retribución futura después de este mundo, cuando Dios resuelve todas las contradicciones del presente, pues la gloria trascendente, futura, queda todavía fuera del ángulo de visión y de la esperanza de este salmo.

En ese sentido, la fe firme del salmista que, renunciando a todo premio futuro, se mantiene firme en Dios, de manera que el puro amor a Dios es para él más importante que cielo y tierra, resulta mucho más admirable, teniendo en cuenta este conocimiento defectuoso de la retribución del mundo futuro. El esquema de estrofas de este salmo es básicamente el de ocho esticos: 4. 8. 8. 8; 8. 8. 5. Las puertas de entrada de las dos partes del conjunto del salmo son Sal 73, 1 y 73, 15.

73, 1–2. El salmo empieza con אַךְ (אַךְ טוֹב לְיִשְׂרָאֵל אֱלֹהִים, ciertamente es bueno para Israel Elohim), una palabra que pertenece a las favoritas de la fe, que impide que la desconfianza se imponga sobre la fe, en el sentido de "no obstante", de manera que vincula una frase afirmativa con una restrictiva o también, según las circunstancias, con una adversativa (véase Coment. sobre Sal 39, 6).

En ese sentido, esa partícula אַךְ puede traducirse como *ciertamente* es bueno, *solamente* es bueno, nada más que bueno… Esas traducciones expresan un tipo de afirmación segura, infalible, en relación con las cosas.

Dios parece estar enojado con los piadosos, pero en realidad él se encuentra amorosamente dispuesto hacia ellos, aunque les envía aflicción tras aflicción (cf. Lam 3, 25). Las palabras יִשְׂרָאֵל אלהים .cf) טוֹב לְיִשְׂרָאֵל אֱלֹהִים לְבָרֵי לֵבָב) no han de tomarse en el sentido de exclusividad, como en Gal 6, 16, como si Dios fuera algo propio de Israel (τὸν Ἰσραήλ τοῦ Θεοῦ), ni en el sentido de "solo hay bien en el Dios de Israel", sino en el sentido de que "Elohim es para Israel alguien que es solamente bueno" (que no tiene en sí mal alguno). Esta es una afirmación que va en contra de lo que muchos estaban suponiendo en aquel tiempo, pues decían que Elohim contiene también males (es decir que defendían un tipo de dualismo intradivino, formado por bien y mal).

Pues bien, esta certeza de que Israel es bueno en todos los aspectos (es solamente bueno) es algo que solo comprenden y aceptan los puros de corazón (Sal 24, 4; Mt 5, 8). En ese sentido no son Israel todos los que descienden de

Jacob, sino aquellos que se han despojado de toda impureza de conducta y de toda mancha de pecado en sus corazones; es decir, aquellos que se han despojado del pecado en su vida más honda, de manera que por un esfuerzo de santificación constante (Sal 73, 13) se mantienen a sí mismos en pureza.

En relación con estos que forman la verdadera iglesia israelita, Dios es puro amor, nada más que amor. El poeta lo ha visto confirmado así cuando ha pasado a través del conflicto de la tentación, cuando ha descubierto el sentido y riesgo de la visión opuesta (de que en Dios hay también pecado).

El *qetub* נְטוּי רַגְלָי (cf. Num 24, 4) o נטוי (cf. 2 Sam 15, 32) está equivocado. La narración de algo ya pasado no puede comenzar con una cláusula de participio como esa, y por su parte כמעט, en ese sentido (non multum abfuit quin, no faltó mucho para que, con כְּאִין, nihil abfuit quin, no faltó nada para que), va seguida siempre por un perfecto, e. g., Sal 94, 17; Sal 119, 87.

Según eso, hay que leer el *keré* נטוי (como forma plena de נטו, que se utiliza no solo con verbos indicativos como en Sal 36, 8; Sal 122, 6; Num 24, 6, sino también con conjuntivos, fuera de pausa, e. g., Sal 57, 2, cf. Sal 36, 9; Dt 32, 37; Job 12, 6): *mis pies se han inclinado,* casi han resbalado hacia atrás o hacia los lados. Por otra parte, el *qetub* שֻׁפְּכָה no puede ser impugnado.

El femenino singular se encuentra frecuentemente como predicado de un sujeto plural anterior (Sal 18, 35, cf. Dt 21, 7; Job 16, 16), pero también (y con más frecuencia) de un sujeto colocado después como, por ejemplo, en Sal 37, 31; Job 14, 19. Se dice que los pies se han deslizado cuando uno resbala y cae en el suelo.

73, 3-6. Aquí sigue la ocasión del conflicto de la tentación que surge cuando se considera la buena fortuna de aquellos que están separados de Dios. De acuerdo con la oscuridad del tema, también el estilo literario del texto es oscuro, y en esa línea amontona sufijos tonales terminados en *amo y emo* (véase Sal 78, 66; Sal 80, 7; Sal 83, 12; Sal 83, 14). Ambos sufijos se sitúan en la línea de los salmos de Davéase

La palabra קנא con *beth* de objeto (קִנֵּאתִי בַּהוֹלְלִים, tuve celo o envidia de los arrogantes), está dirigida a aquellos contra los que se enciende el sentimiento de celo o ardor de los piadosos (cf. Sal 37, 1; Prov 3, 31) en contra de la buena fortuna de los malvados. El verbo הוֹלֵל (Sal 5, 6; Sal 73, 3), indica aquellas circunstancias en las que se ha excitado la envidia. Sobre la sintaxis del texto, cf. Sal 49, 6; Sal 76, 11.

En Sal 73, 4 el verbo חרצצבות (de חרצב igual a חצב de חצב, de la familia de עצב, de la que proviene עצב, pena, árabe *ʿaṣābe*, un lazo, un dolor…) que aparece en la frase כִּי אֵין חַרְצֻבּוֹת לְמוֹתָם, refiriéndose a aquellos que no se atribulan por la muerte, ha de entenderse en el mismo sentido en que se entiende en latín *tormenta*, tormentos (de *torquere*), como un dolor que produce contracciones convulsivas.

En esa línea, para poner de relieve que "ellos no tienen que sufrir dolores hasta su muerte", el texto introduce להם, para ellos, para él. La frase ha de entenderse en este sentido: no sufren dolores antes de la muerte, no hay dolores para ellos antes de morir.

El texto contiene detalles que pueden y deben discutirse, pero tal como aparece ante nosotros ha de entenderse en el siguiente sentido: para ellos (para ese tipo de impíos) la muerte no es dolorosa. Ese es el sentido actual del texto, pero dentro del contexto de conjunto ese sentido no queda del todo claro, pues el poeta no puede comenzar centrando la buena fortuna de los impíos en el hecho de que ellos tengan una muerte sin dolores, para describir después su condición feliz de vida en este mundo.

Por eso es quizá mejor cambiar el texto como hacen Ewald, Hitzig, Böttcher y Olshausen, poniendo אוּלָם וּבָרִיא תֻּם (en vez de כִּי אֵין חַרְצֻבּוֹת לְמוֹ) que se traduce así: ellos no han sufrido dolores vigorosos (con תֻּם como en Job 21, 23, תָּמִים, Prov 1, 12). En esa línea, muchos impíos aparecen ante la protesta del creyente como personas que viven bien nutridas, con buena fortuna, y que mueren sin más, en paz, sin tener sufrimientos, después de haber culminado una vida sin contratiempos.

Esta descripción del Sal 73, 4 continúa en el Sal 73, 5, donde, mientras uno podía esperar que los piadosos formaran una excepción frente a la maldad universal de la humanidad (siendo por ello felices en este mundo), son precisamente los impíos (no los justos) los que quedan exentos de todo sufrimiento y calamidad.

Por eso, también aquí, como en el Sal 59, 14, hay que leer אֵינָמוֹ, como en el Sal 59, 14, no אֵינֵימוֹ (Biblia Stuttgartensia: בַּעֲמַל אֱנוֹשׁ אֵינָמוֹ, no pasan trabajo como los demás mortales). Esos soberbios de garganta (arrogantes) son duros y brutos de apariencia (de vestido). La garganta aparece así como signo de orgullo; como si los arrogantes e impíos llevaran una cadena de soberbia sobre su cuello.

De acuerdo con ese pensamiento, en el Sal 73, 6, הָמָס, violencia, es el sujeto (יַעֲטָף־שִׁית חָמָס לָמוֹ, se cubren de vestido de crimen). Según eso, ellos se visten de violencia (שִׁית חָמָס como בִּגְדֵי נָקָם, Is 59, 17). El texto se puede traducir también: la violencia les cubre como un vestido.

73, 7-10. La lectura עוֹנָמוֹ, LXX: ἡ ἀδικία αὐτῶν (cf. en Zac 5, 6, עֵינָם, que los LXX traducen exactamente, de la misma manera), en favor de la cual están Hitzig, Böttcher y Olshausen, ha de traducirse así: "Su iniquidad presiona y crece a partir de su corazón, de un interior engordado". En esa línea se puede situar el texto de Mt 15, 18 donde se habla de una iniquidad que procede del corazón: ἐξέρχεσθαι ἐκ τῆς καρδίας.

De todas formas, la lectura tradicional del texto ofrece también un buen sentido, a partir de la visión de los ojos que "saltan" de gordura o mejor dicho "de la gordura", como si fueran a salirse de un rostro adiposo, desgarrando la grasa de su cara abotargada, como si rompieran el cerco de la mirada, como si quisieran elevarse con arrogancia y salir de sí mismos.

Este es un rasgo por el que la naturaleza interior se expresa en la mirada. En ese sentido, este pasaje puede compararse con el de Mt 12, 34, cuando afirma que la abundancia del corazón (τὸ περίσσευμα τῆς καρδίας) se expresa en los gestos y en el lenguaje de la persona, pues en el comportamiento del hombre se manifiestan las visiones e imágenes de su corazón. Conforme a la visión de este salmo la vida (soberbia y orgullo) del hombre se expresa por sus ojos[1].

Las palabras de los impíos responden a ese tipo de mirada, expresando un orgullo que supera todos los límites (Jer 5, 28). Según Lutero, "ellos destruyen todo lo que miran", todo aquello de lo que hablan.

La palabra חמיק (יָמִיקוּ וִירַבְּרוּ בְרָע, se mofan y hablan con maldad) es equivalente al arameo מִיק (μωκᾶσθαι): se ríen y burlan, y hablan abiertamente con maldad, ברע (con una ā en conexión con un *munach* que viene de *dech*), con intención perversa (cf. Ex 32, 12), con opresión; de esa manera expresan abiertamente su deseo de violencia.

Estos son los que están dominados por un capricho destructor. Ellos hablan o dictan sentencia ממרום, desde un lugar superior (73, 8) donde imaginan que están elevados para imponerse por encima de los otros. Ellos piensan incluso que están sentados sobre los cielos, por arriba, imponiéndose allí con su lenguaje.

Ni siquiera los más altos quedan libres de su escandaloso lenguaje (como dice la carta de Judas 1, 16): ellos blasfeman incluso en contra del Altísimo y del Santo (de Dios), y su lengua se desliza y domina así de un modo "orgulloso" e imperioso sobre la tierra inferior, despreciando todo lo que existe, y proclamando (imponiendo) nuevas leyes sobre todos, como si fueran del mismo Dios.

Y su lengua תהלך (וּלְשׁוֹנָם תְּהֲלַךְ בָּאָרֶץ) pasea con maldad sobre la tierra, como en Ex 9, 23, con un *kal* que tiene casi el sentido de *hitpael*, con el significado de *grassari*, de avanzar de un modo impositivo, dominando sobre todos. En el Sal 73, 10, el *qetub* יָשִׁיב por el cual se indicaría que este tipo de personas buscan la manera de que el pueblo esté sometido a ellos, es decir, al opresor, no puede aceptarse, pues no responde al sentido de הלם (aquí).

עַמּוֹ es el pueblo y con el sufijo (su pueblo) no se refiere a Dios, como piensa Stier (pues el nombre de Dios no ha sido previamente mencionado), sino al tipo de personas que han sido antes mencionadas. El texto se refiere, por tanto, al pueblo que quiere *volverse más alto, más fuerte* (שׁוּב no significa aquí volver, o

---

1. De un modo convergente, Redslob (*Deutsch. Morgenländ. Zeitschr.* 1860, p. 675) interpreta esa imagen de los ojos desde la experiencia de orgullo de los hombres que quieren expresar su poder a través de la mirada. De esa forma, la mirada orgullosa, que desea apoderarse de las cosas o personas a las que se dirige, aparece como un cuchillo afilado que traspasa el círculo del propio rostro para apoderarse de las cosas y personas con las que el orgulloso se relaciona.

volver atrás, sino volverse hacia dentro, elevarse a sí mismo como, por ejemplo, en Jer 15, 19)[2].

Este es el pueblo que quiere *volverse dueño* y dominador de los otros. Sobre los sufijos que marcan el sentido de este pasaje, cf. *Coment.* a Sal 18, 24; Sal 49, 6; Sal 65, 12. Estos que así obran ganan partidarios (Sal 49, 14) entre aquellos que han abandonado el temor de Dios y que se someten, sin embargo (por eso), a los dominadores de este mundo, es decir, a los hombres opresores.

En ese sentido, וּמֵי מָלֵא יִמָּצוּ לָמוֹ (מלא מי, aguas en abundancia son extraídas para ellos) son corrientes de agua que siempre van llenas (cf. Sal 74, 15, corrientes que duran siempre, que nunca se secan). Esas corrientes aparecen aquí como signo de sus principios corruptos (cf. Job 15, 16), aguas que ellos beben o chupan (מצה, raíz מץ, de donde proviene מצץ, árabe *mṣṣ*, chupar, tragar) devorando la vida de aquellos a quienes engañan y oprimen.

En torno a los orgullosos librepensadores que se elevan sobre los demás, queriendo chuparlo todo, se eleva una clase de gente que se somete a ellos, que bebe ansiosamente de todo lo que procede de ellos, como si ellos tuvieran el agua verdadera de la vida. Incluso en tiempos de David (Sal 10, 4; Sal 14, 1; Sal 36, 2) había ya ese tipo de espíritus orgullosos (Is 46, 12) rodeados de un rebaño de imitadores de siervos (*servûm imitatorum pecus*). Un humus o contexto favorable para este tipo de personas fue la última etapa mundana del reinado de Salomón.

73, 11–14. Las personas que hablan ahora son apóstatas que, ilusionados por la buena fortuna y el libre pensamiento de los impíos, se entregan a sí mismos en sus manos (en las manos de los impíos). Sobre el sentido modal de ידע (וְאָמְרוּ אֵיכָה יָדַע־אֵל, y dicen *quomodo sciverit*, cómo sabrá Dios), véase Sal 11, 3, cf. Job 22, 13.

Con וְיֵשׁ דֵעָה בְעֶלְיוֹן (ויש, hay conocimiento en Elohim) continúa la pregunta en tono de duda. Böttcher traduce así: "a pesar de ello, hay conocimiento en el Más Alto" (con cláusula circunstancial como en Prov 3, 28; Mal 1, 14; Jc 6, 13). Pero, en contra de eso, ellos afirman que Dios no tiene un conocimiento de hecho de aquello que sucede en el mundo, rechazando así el atributo de su omnisciencia.

No ha de traducirse: "Mira, estos son (conforme a la moral natural) los impíos" (con אלה, tales, como זה, Sal 48, 15, Dt 5, 26, cf. המה, Is 56, 11). Ni tampoco, en una línea más cercana a la del miembro paralelo (73, 12), que indica el tema central del salmo: "Mira, pasa así con los impíos como tales" (conforme a su lote, como en Job 18, 21, cf. Is 20, 6). Sino que ha de traducirse, en conexión con la dinámica de fondo del escepticismo del Sal 73, 11, y también en armonía

---

2. En general שוב no significa necesariamente volverse, cambiar, sino, como en árabe ʿâda, persico *gashten*, entrar en un nuevo estado, activo o pasivo.

con el conjunto de la acentuación: "Mirad los impíos..."; o quizá mejor, pues el texto no dice הרשעים, con artículo, sino הִנֵּה־אֵלֶּה רְשָׁעִים: *"Mirad, estos son impíos y además temerarios* (Jer 12, 1), *ellos han adquirido gran poder"*.

Con el más amargo הנה (הִנֵּה־אֵלֶּה como rectamente observa Stier), el texto dice que ellos mismos llevan (son) la prueba evidente de lo contrario de aquello que dicen: ¿cómo puede decirse que Dios no es el regente omnisciente del mundo? Los impíos, debido a su seguridad carnal, se han creído poderosos y fuertes, pensando además que la piedad, en vez de ser recompensada se vincula solo con el infortunio; pero Dios les mostrará, les irá mostrando que eso es falso.

En esa línea, aquellos que han sido corrompidos al modo antes citado afirman: "Mi esfuerzo hacia la santidad (cf. Prov 20, 9), mi abstinencia respecto de toda mancha moral (cf. Prov 26, 6) ha sido absolutamente en vano" (אך como en 1 Sam 25, 21). Además (cf. Ewiger, 345a), ellos siguen diciendo: "Yo estaba siempre atormentado (cf. Sal 73, 5) y cada mañana (לבקרים, como en el Sal 101, 8, cf. לבקרים, en Job 7, 18) aumentaba más mi sufrimiento por la represión a la que sometía mi vida...".

A partir de aquí podemos suplir las conclusiones, de acuerdo con el tema base de 73, 10: "Por eso, yo, nosotros, nos hemos unido con aquellos a quienes no importa nada el temor de Dios, pues vemos que les va mejor que a nosotros".

73, 15-18. Para gente como esa, la duda se ha vuelto transición a la idolatría. El poeta ha resuelto el enigma de esa distribución desigual de las fortunas de los hombres de una forma totalmente distinta. En vez de כמו en el Sal 73, 15, es innecesario leer כמוהם (Böttcher), o cambiar la palabra siguiente הנה, como hace Saadia, en contra de los acentos (árabe *mtl hḏâ*), poniendo כמו הנה (Ewald), pues las preposiciones se toman a veces (cf. כעל, Is 59, 18) como adverbios, lo que es posible, incluso en el caso de כמו (en arameo כמא, en etíope *kem*).

El poeta quiere decir: *si yo hubiera dejado que dominara en mi mente el mismo curso de razonamiento de los impíos habría olvidado la solidaridad de los hijos de Dios y por lo tanto habría perdido el derecho de sus bendiciones*. El significado subjuntivo de los perfectos en la prótasis hipotética y en la apódosis del Sal 73, 15 (cf. Jer 23, 22) se deduce solo del contexto.

Los futuros en lugar de los perfectos hubieran significado: *si dicerem..., perfide agerem* (si dijera eso..., actuaría de un modo perverso). Es decir, en ese caso, דְּרוֹר בָּנֶיךָ בָנָתִי, engañaría a la generación de tus hijos, es decir, a la totalidad de aquellos en quienes la relación filial en que Dios ha colocado a Israel (en referencia a sí mismo) se ha convertido en una realidad interior o espiritual (esos son los que forman la generación de los justos, Sal 14, 5).

Esa generación de hijos es un apelativo genérico del pueblo en cuanto tal, como en Dt 14, 1; Os 2, 1 y se diferencia respecto a la filiación o *uhiothesía* del

N. T. En el A. T., es siempre el pueblo en su conjunto, como Israel, el que se llama בן, y en plural בנים, pues los individuos como tales, en su relación con Dios, no pueden llamarse todavía "hijos" de Dios, como se dirá en el N. T. (donde se dice con claridad que los hombres individuales son hijos de Dios).

En el A. T., el carácter individual de esa generación respecto a Dios quedaba incluido o dentro de la especie humana (del conjunto social, del pueblo entero). En este momento, cada ser humano no era todavía independiente, autónomo.

Aquel era un tiempo de infancia, νηπιότης, de manera que la adopción filial se realizaba de un modo nacional y la salvación se expresa dentro de los límites de una nacionalidad particular, pues no se había revelado todavía la filiación común (humana, universal) que es inseparable de la filiación personal, individual, de cada uno de los hombres y mujeres.

El verbo בגד con ב significa tratar con alguien de un modo "infiel", sin fidelidad personal, de manera que uno puede abandonar a los otros, incluso a Dios, a un amigo o a un esposo, pensando que a Dios no le importa esa forma de actuar. Ciertamente, conforme al salmista, aquel que se vincula en su palabra con ese tipo de librepensadores se coloca a sí mismo fuera del círculo de los hijos de Dios, de aquellos que son verdaderamente piadosos.

Sin embargo, por otro lado, cuando el salmista quiere penetrar por su meditación (לדעת) en la hondura del tema, surge dentro de él un tipo de duda, como si hubiera algo que le turba (זאת), algo que continúa siendo para él עמל, de manera que él se encuentra en una situación de turbación, incapaz de hallar salida, dentro de un enigma insoluble (cf. Ecl 8, 17). Tanto si leemos הוא o היא, con el *qetub* o con el *keré* (זֹאת עָמָל בְּעֵינָי) el sentido sigue siendo el mismo. A diferencia del *qetub* ;ayhiÀ, el *keré*, הוא, prefiere, como hace Job 31, 11, la atracción del género.

La forma cohortativa de futuro אחשבה (וָאֲחַשְּׁבָה לָדַעַת זֹאת), y cuando pensé para saber esto), tanto aquí como en otros casos (Gesenius 128, 1), con o sin partícula condicional (Sal 139, 8; 2 Sam 22, 38; Job 16, 6; Job 11, 17; Job 19, 18; Job 30, 26), forma una prótasis hipotética: "y bien, cuando yo meditaba en esto". Según el texto de Montfaucon, Símaco pone εἰ᾽ἐλογιζόμην. Como Vaihinger observa de un modo acertado, pensar a solas no ofrece ni auténtica luz ni verdadera felicidad. Luz y felicidad se encuentran solo en la fe que puede compartirse con otros.

El poeta viene a quedar así dirigido hacia el camino de la fe, y solo en ella encuentra luz y paz. El futuro después de 73, 17 עד (עַד־אָבוֹא אֶל־מִקְדְּשֵׁי־אֵל), hasta que entré en el santuario de Dios), tiene frecuentemente el significado de un subjuntivo imperfecto (cf. Job 32, 11; Ecl 2, 3, cf. también Prov 12, 19: *donec autem*, es decir, por un momento). Incluso en un contexto de historia, como en Jos 10, 13 y 2 Cron 29, 34, ese futuro se concibe como un subjuntivo (*donec ulcisceretur, se sanctificarent*, mientras fueran llegando se santificarían), pero también a veces como indicativo, como en Ex 15, 16 (*donec transibat*, mientras pasaba) y también en nuestro texto.

En esa línea, אַךְ introduce la meta objetiva en la cual encuentra solución el enigma: עַד־אָבוֹא אֶל־מִקְדְּשֵׁי־אֵל אָבִינָה לְאַחֲרִיתָם, hasta que, entrando en el santuario de Dios, descubrí el fin que tenían ellos, es decir, el fin de sus vidas, לְאַחֲרִיתָם (con לְ como en el pasaje básico de Dt 32, 29; cf. Job 14, 21).

Aquí se dice que el salmista fue a los "santuarios" de Dios, en plural, como en el Sal 68, 36 (cf. מִקְדָּשׁ en los salmos de Asaf: Sal 67, 7; Sal 78, 69), aunque ese plural ha de entenderse en forma de singular intensivo; se trata solo del templo de Jerusalén. Él salmista oró en ese lugar para encontrar luz en la oscuridad de su conflicto y allí se abrieron sus ojos para descubrir los santos planes y caminos de Dios (Sal 77, 14), descubriendo el triste final de los malhechores.

Por "santuarios de Dios", Ewald y Hitzig entienden "sus secretos"; pero ese significado no tiene fundamento en el uso del lenguaje, pues el texto habla del templo como tal. En contra de eso, el hecho de que el orante encontrará una luz al abandonar el bullicio del mundo, para penetrar en la quietud de la morada de Dios, centrando allí con devoción su mente, está totalmente en armonía con el contexto y con la experiencia de conjunto de los salmos. La estrofa se cierra con una confesión de la respuesta allí recibida.

Por su parte, שִׁית (cf. אַךְ בַּחֲלָקוֹת תָּשִׁית לָמוֹ, ciertamente los has puesto en desfiladeros) se construye con *lamed* dado que colocar, poner, equivale a *locum assignare*, asignarles un lugar (véase Sal 73, 6). Dios hace que los malvados caminen sin seguridad, por lugares resbaladizos, en los que uno puede perder fácilmente la estabilidad (cf. Sal 35 ,6; Jer 23, 12). Por eso, inevitablemente, los impíos caen, pues Dios les lanza o les deja caer en el hondo, לְמַשּׁוּאוֹת, entre ruinas, con fragores que equivalen a *ruinae*, de שׁוֹא igual a שָׁאָה, estar confuso, desolado.

Esa palabra tiene la apariencia de proceder de נָשָׁא, emboscadas, ataques repentinos (Hitzig), palabra que se adapta mejor al Sal 74, 3 que a este pasaje. Las palabras "desolación y ruina" pueden aplicarse también a personas, como en הֶרֶס, Sal 28, 5; וְנִשְׁבְּרוּ, Is 8, 15; נֶפֶץ, Jer 51, 21-23. El poeta no conoce más teodicea que esta, ni la conoce en general toda la literatura preexílica de Israel (véase Sal 37; Sal 39, 1-13, Jer 12; Job 1, 1).

Ciertamente, la última profecía y la literatura de la *hokma* habían avanzado ya en este campo, pues ellas formulaban la necesidad de un juicio universal (véase en especial Mal 3, 13), pero ningún texto va más allá de esta experiencia. Por ahora el estado presente y el futuro, el tiempo y la eternidad no aparecen de un modo básicamente separados.

73, 19-22. El poeta queda calmado con la solución del enigma que ha descubierto, de manera que, de ahora en adelante, por dignidad, como ser humano auténtico, no permitirá que le asalten pensamientos como los anteriores. Colocándose a sí mismo desde la perspectiva del fin, él descubre la manera en que los impíos caen en un momento y se someten bajo el poder de la destrucción, de forma que su vida termina, llega a su fin (con וּפֵס de סוּף), y así acaban (וּמֵת), como expresión y resultado de unas experiencias terribles (תוֹהֲלֹב, palabra favorita, que aparece sobre todo en Job) que les expulsan del camino de la vida.

Con los malvados sucede lo que sucede en los sueños después que uno ha despertado (כַּחֲלוֹם מֵהָקִיץ, con מִן como en 1 Cron 8, 8). Uno olvida al despertar el motivo y tema de los sueños, pues son nada (Job 20, 8). De igual forma, los malhechores que se enorgullecen a sí mismos, μετὰ πολλῆς φαντασίας (con grandes imaginaciones, Hch 25, 23), son ante Dios צלם, una fantasía o sombra insubstancial. Por eso, cuando él, el Señor soberano despierte, es decir, se levante para juzgar, después que haya mirado las cosas con paciencia, desechará las imaginaciones de sombras de los impíos y los arrojará con desprecio de su lado.

De esta forma traduce Lutero: "Así haces tú, Señor, que su imagen sea despreciada en la ciudad". Pero ni el *kal* בזה (בְּעִיר צַלְמָם תִּבְזֶה) tiene ese significado masculino de despreciar, ni en el contexto actual se menciona en ese sentido la ciudad. Tampoco en Os 11, 19 se puede traducir בעיר como *in urbem* (en la ciudad), sino que significa furia, o calor de ira, como en Jer 15, 8, calor de angustia.

En esa línea Schröder mantiene el primer significado (véase el Sal 139, 20), *in fervore (irae)*, en el hervor de la ira, y la palabra tiene también aquí ese mismo sentido. Eso significa que la expresión בעיר ha de tomarse como en el Targum, a modo de palabra sincopada de בהעיר (cf. לביא, Jer 39, 7; 2 Cron 31, 10; בכשלו, Prov 24, 17, *passim*).

No puede traducirse, por tanto, "cuando ellos despierten", es decir, del sueño de la muerte (Targum), ni tampoco según el Sal 78, 38, *cuando tú les despiertes* del sueño de su seguridad (De Wette, Kurtz), sino que debe traducirse conforme al Sal 35, 23, "cuando tú despiertes", es decir, cuando Dios se siente para juzgar[3].

Hasta aquí (73, 20) llega la respuesta divina, que ha sido reproducida por el poeta, en forma de oración. A partir de aquí Hengstenberg sigue traduciendo en 73, 21: "Porque mi corazón estaba indignado" (כִּי יִתְחַמֵּץ לְבָבִי). Pero no podemos tomar יתחמץ según la secuencia de los tiempos como un imperfecto, ni entender כי como una partícula explicativa. Por el contrario, a partir de la explicación o respuesta que ha recibido, el poeta habla aquí de un posible retorno (con כי seguido de futuro igual a ἐάν) de su tentación, de forma que condena de antemano esa

---

3. La versión del Targum es: así como el borracho abandona su ensoñación cuando despierta de su borrachera, así tú, Señor, harás que ellos abandonen sus ensoñaciones cuando despierten y salgan de sus tumbas, haciendo que olviden sus imaginaciones falsas. En esa línea debe corregirse el texto de nuestras ediciones, conforme a las observaciones de Bechai (sobre Dt 33, 29) y Nachmani (en su tratado שער הגמול).

tentación, como si dijera: *si exacerbaretur animus meus atque in renibus meis pungerer* (aunque se exacerbara mi ánimo y me punzaran los riñones…).

התחמץ significa amargarse, volverse agrio, lleno de pasión. הִשְׁתּוֹנן, con el acusativo de definición más precisa, כִּלְיוֹתַי, significa estar irritado, escocido, picado. La apódosis comienza con ואני (73, 11): וַאֲנִי־בַעַר וְלֹא אֵדָע, y yo era tan torpe, y no entendía, en el sentido de "yo tenía que haber sido perfecto" (como en el Sal 73, 15, según Gesenius 126, 5). Sobre לֹא ידע, *non sapere*, véase Sal 14, 4.

La palabra בהמות עִמָּךְ (בְּהֵמֹות הָיִיתִי עִמָּךְ, y yo era una bestia ante ti) significa *animal*, un *ser vivo, pero sin entendimiento*. De todas formas, puede tratarse de una palabra abreviada, en vez de כבהמות, refiriéndose, como en Job 40, 15, al *p-ehe-mou* egipcio, que es el buey de agua, al *hippopotamus*, término egipcio hebraizado en forma de בהמות, como un inmenso coloso de carne, entendido aquí como "coloso de estupidez" (Maurer, Hitzig)[4].

Lo que el poeta quiere decir es que él no sería un hombre verdadero si se pusiera en contra de Dios (con עם, como en Sal 78, 37; Job 9, 2, cf. árabe *ma'a*, en comparación con), si se dejara llevar por las mismas dudas anteriores, sino que en ese caso sería como el más estúpido de los animales que, estando ante Dios, son incapaces de acoger su conocimiento.

73, 23-26. Pero después que Dios le ha tomado por la mano derecha y le ha rescatado del peligro de caer (Sal 73, 23), el hombre se afirma con mucha más firmeza en su verdad y no permitirá que su comunión perpetua con Dios sea rota con comportamientos que le separen nuevamente de él.

De un modo confiado, el salmista se pone en manos del Dios que le guía, a pesar de que no puede ver en su totalidad el misterio del plan divino (עצה). Él conoce, sin embargo, que *después* (אחר con *mugrash*, adverbio, como en el Sal 68, 26), es decir, después de este oscuro camino de fe, Dios le recibirá en gloria, כבוד, le tomará consigo y le apartará de todo sufrimiento (con לקח como en el Sal 49, 16, como hizo con Enoc, Gen 5, 24).

La comparación con Zac 2, 12 es engañosa. En este caso, כָּבֹוד תִּקָּחֵנִי אחר (וְאַחַר) está bien acentuada como preposición: él me ha enviado rectamente hacia la gloria… Ciertamente el orden de las palabras (וְאַחַר כָּבֹוד תִּקָּחֵנִי) nos invita a traducir "para recibir después gloria" (cf. el reverso de Is 58, 8), pero este es un pensamiento extraño. La palabra כבוד es un adjetivo con el sentido de "glorioso" (Hofmann) y puede traducirse de dos formas: (a) como acusativo de finalidad (Hupfeld: *para recibir después gloria*); (b) o también como acusativo de modo o

---

4. La *p* egipcia se convierte frecuentemente en hebreo en *b* y viceversa, como en el nombre *Aperiu* igual a עברים. A pesar de ello, la *p* se retiene en פרעה igual a *phar-aa*, gran casa (οἶκος μέγας) en Horapolis, de manera que el nombre de los gobernantes egipcios se señala con el signo del plano de una casa igual a *p*.

manera, en una línea que está más conforme con el estilo del A. T., como traduce Lutero: *recibiendo así honor o gloria.*

Con la palabra אַחַר el poeta condensa en forma de sumario aquello que él toma como meta de la actual guía divina. El futuro es para él oscuro, pero está iluminado por la esperanza de que el fin de la existencia terrena ofrecerá la solución del enigma. Aquí, como en todos los restantes casos es la fe la que abre un camino a través de la oscuridad no solo de este mundo, sino también del Hades.

En aquel momento (cuando el salmista escribe este salmo) no había todavía ninguna revelación divina sobre un triunfo celeste de la iglesia, es decir, sobre la resurrección de los justos, sino solo la fe en el nombre de Yahvé, pero una fe que tiene desde ahora (desde esta misma tierra), una hondura trasparente que penetra más allá del Hades hasta alcanzar la vida eterna.

Eso significa que no puede haber un cielo de bienaventuranza y gloria sin Dios. Pero aquel que en amor puede decir que Dios es suyo (su Dios) posee el cielo sobre la tierra, y aquel que no puede llamar a Dios en amor, diciéndole "mi Dios" no posee ni poseerá cielo, sino infierno, incluso en medio del cielo.

En ese sentido, el poeta dice en 73, 25: ¿a quién tengo yo en el cielo? ¿Quién será allí objeto de mi deseo, saciedad de mis anhelos? Sin ti el mismo cielo con toda su gloria es una extensión desierta y vacía, en la que nada me importa. Por el contrario, contigo, poseyéndote a ti, yo no tengo deleite ninguno en la tierra, porque llamarte "mío" sobrepasa toda posesión y todo deseo de la tierra.

Si aquí tomamos la tierra, בארץ, de un modo aún más exacto como paralelo de בשמים, sin hacer que dependa de חפצתי (y poseyéndote a ti yo no tengo ningún deseo sobre la tierra), el sentido de la frase sigue siendo el mismo. Pero si tomamos בארץ como palabra que está gobernada por חפצתי, de acuerdo con el uso general del lenguaje, podemos llegar a ese significado de un modo mucho más natural.

Ni cielo ni tierra, ni ángeles ni hombres, ofrecen una satisfacción verdadera; su único amigo, su solo deseo y amor es Dios. El amor de Dios, que David expresa en el Sal 16, 2 en una breve frase (tú eres mi Señor, tú eres mi bien más alto) se expande aquí con una incomparable profundidad y belleza mística. La versión de Lutero muestra su mano de maestro. La iglesia sigue su traducción en el himno "Herzlich lieb hab' ich dich" (de corazón tengo yo amor de ti); y de esa forma canta:

> Todo el ancho mundo no logra contentarme; cielo y tierra, Señor, no me preocupan, pues no quiero otra cosa que amarte a ti… Aunque mi corazón esté a punto de romperse, tú eres mi confianza, y nada podrá quebrarla. Luz de mi corazón, eso has de ser tú. Y cuando mi corazón estalle en pedazos, tú seguirás siendo mi corazón (cf. Paul Gerhard, en su himno de pasión: ein Lämmlein geht und trägt die Schuld der Welt und ihrer Kinder, un Corderito viene y lleva el pecado del mundo y de sus hijos).

El perfecto hipotético כָּלָה expresa algo importante, a pesar de que no aparezca claro quién es aquel que llama a Dios "su Dios", incluso en la muerte. Aunque su hombre exterior e interior puedan perecer, sin embargo, Dios sigue siendo la roca sobre la que se asienta su corazón, como fundamento firme en que se asientan él mismo y su ego, cuando todo lo demás vacila y se destruye.

Solo Dios es la "porción" del creyente, la posesión que nada ni nadie podrá arrebatarle, cuando él lo pierda todo, incluso la vida espiritual que pertenece a su cuerpo... Dios y solo Dios son para el creyente su porción por siempre, עולם. De esa manera el creyente sobrevive con la Vida que él tiene en Dios, por encima de la muerte de la vida antigua.

El poeta supone, en un caso extremo, un caso que es imposible en sí mismo, pero que puede concebirse de un modo ideal, que su ser interno y externo pueden hundirse del todo. Pues bien, incluso en ese caso con el *merus actus* (el acto de su yo) ese hombre continuará vinculado a Dios. En medio de esta vida natural de perecimiento y pecado, comienza en (para) él (para el justo) una nueva vida individual, entregada a Dios, que está viviendo dentro de él; de esa manera, en esa vida, en Dios, él tiene la garantía y promesa de que no podrá perecer, de la misma forma que Dios, con quien él está internamente unido, no puede perecer. Este es precisamente el nervio de la prueba de la resurrección de los muertos que Jesús propone en oposición a los saduceos (cf. Mt 22, 32).

73, 27–28. El poeta ofrece aquí una vez más el sentido de la gran oposición en la que parece que la buena fortuna y el infortunio están aparentemente (pero solo aparentemente) divididas de una manera que es tan contraria a la justicia divina. El punto central de esa idea, que aparece introducida con כי aparece en el Sal 73, 27: כִּי־הִנֵּה רְחֵקֶיךָ יֹאבֵדוּ, porque los que se alejan de ti perecerán.

Esa experiencia de alejamiento de Dios se había expresado con la raíz רחק. Esa frase queda confirmada por el paralelo הִצְמַתָּה כָּל־זוֹנֶה מִמֶּךָ, *destruirás a todo el que se aparta de ti*. זנה se vincula con מן en vez de con מתחת o con מאחרי. Todos aquellos que se separan de la fuente primera de vida caen presa de la ruina. Todos los que siendo infieles abandonan a Dios, escogiendo el mundo con sus ídolos en lugar de su amor, caen presa de la destrucción. Por el contrario, para el poeta, la cercanía de Dios, es decir, el estado de unión con Dios, constituye el mismo Bien (cf. Sal 119, 71); eso es para él la buena fortuna.

En ese sentido, la palabra קרבה (קִרְבַת אֱלֹהִים לִי־טוֹב, la cercanía de Dios es para mí el bien) ha de entenderse como nombre de acción, según la forma יקהה, árabe *waqhat*, obediencia, y נצרה, mirada, Sal 141, 3, y tiene esencialmente el mismo significado que *kurba* (קרבה) que es la palabra que se utiliza en árabe para la *unio mystica*. Cf. también Sant 4, 8: ἐγγίσατε τῷ Θεῷ καὶ ἐγγιεῖ ὑμῖν (acercaos a Dios y se acercará a vosotros).

Así como קרבת אלהים (cercanía de Dios) está en antítesis con רחקיך (separación de él, de ti), así también לי טוב (bueno para mí) está en antítesis con הצמתה y יאבדו (perecerán y destruirás). Para los primeros, la lejanía de Dios produce destrucción. Por el contrario, el justo (el poeta) encontrará en la compañía de Dios aquello que es bueno para él, tanto en el tiempo presente como en el futuro.

Poniendo su confianza (מחסי) en Dios, el poeta declara y quiere ser capaz de declarar un día todas las מלאכות, i. e., las manifestaciones del gobierno justo, gratuito y sabio de Dios. En este momento, el lenguaje narrativo se convierte en lenguaje de invocación. De esa forma, el salmo concluye con una mirada elevada de adoración gratuita a Dios que dirige a su propio pueblo, a través de tiempos que son ciertamente extraños, pero siempre llenos de felicidad, por medio del sufrimiento, hasta la gloria.

Salmo 74. Invocación a Dios, contra la persecución y la violación del templo

¹ מַשְׂכִּיל לְאָסָף לָמָה אֱלֹהִים זָנַחְתָּ לָנֶצַח יֶעְשַׁן אַפְּךָ בְּצֹאן מַרְעִיתֶךָ:

² זְכֹר עֲדָתְךָ ׀ קָנִיתָ קֶּדֶם גָּאַלְתָּ שֵׁבֶט נַחֲלָתֶךָ הַר־צִיּוֹן ׀ זֶה ׀ שָׁכַנְתָּ בּוֹ:

³ הָרִימָה פְעָמֶיךָ לְמַשֻּׁאוֹת נֶצַח כָּל־הֵרַע אוֹיֵב בַּקֹּדֶשׁ:

⁴ שָׁאֲגוּ צֹרְרֶיךָ בְּקֶרֶב מוֹעֲדֶךָ שָׂמוּ אוֹתֹתָם אֹתוֹת:

⁵ יִוָּדַע כְּמֵבִיא לְמָעְלָה בִּסֲבָךְ־עֵץ קַרְדֻּמּוֹת:

⁶ (וְעֵת) [וְעַתָּה] פִּתּוּחֶיהָ יָּחַד בְּכַשִּׁיל וְכֵילַפֹּת יַהֲלֹמוּן:

⁷ שִׁלְחוּ בָאֵשׁ מִקְדָּשֶׁךָ לָאָרֶץ חִלְּלוּ מִשְׁכַּן־שְׁמֶךָ:

⁸ אָמְרוּ בְלִבָּם נִינָם יָחַד שָׂרְפוּ כָל־מוֹעֲדֵי־אֵל בָּאָרֶץ:

⁹ אוֹתֹתֵינוּ לֹא רָאִינוּ אֵין־עוֹד נָבִיא וְלֹא־אִתָּנוּ יֹדֵעַ עַד־מָה:

¹⁰ עַד־מָתַי אֱלֹהִים יְחָרֶף צָר יְנָאֵץ אוֹיֵב שִׁמְךָ לָנֶצַח:

¹¹ לָמָּה תָשִׁיב יָדְךָ וִימִינֶךָ מִקֶּרֶב (חוֹקְךָ) [חֵיקְךָ] כַלֵּה:

¹² וֵאלֹהִים מַלְכִּי מִקֶּדֶם פֹּעֵל יְשׁוּעוֹת בְּקֶרֶב הָאָרֶץ:

¹³ אַתָּה פוֹרַרְתָּ בְעָזְּךָ יָם שִׁבַּרְתָּ רָאשֵׁי תַנִּינִים עַל־הַמָּיִם:

¹⁴ אַתָּה רִצַּצְתָּ רָאשֵׁי לִוְיָתָן תִּתְּנֶנּוּ מַאֲכָל לְעָם לְצִיִּים:

¹⁵ אַתָּה בָקַעְתָּ מַעְיָן וָנָחַל אַתָּה הוֹבַשְׁתָּ נַהֲרוֹת אֵיתָן:

¹⁶ לְךָ יוֹם אַף־לְךָ לָיְלָה אַתָּה הֲכִינוֹתָ מָאוֹר וָשָׁמֶשׁ:

¹⁷ אַתָּה הִצַּבְתָּ כָּל־גְּבוּלוֹת אָרֶץ קַיִץ וָחֹרֶף אַתָּה יְצַרְתָּם:

¹⁸ זְכָר־זֹאת אוֹיֵב חֵרֵף ׀ יְהוָה וְעַם נָבָל נִאֲצוּ שְׁמֶךָ:

¹⁹ אַל־תִּתֵּן לְחַיַּת נֶפֶשׁ תּוֹרֶךָ חַיַּת עֲנִיֶּיךָ אַל־תִּשְׁכַּח לָנֶצַח:

²⁰ הַבֵּט לַבְּרִית כִּי מָלְאוּ מַחֲשַׁכֵּי־אֶרֶץ נְאוֹת חָמָס:

²¹ אַל־יָשֹׁב דַּךְ נִכְלָם עָנִי וְאֶבְיוֹן יְהַלְלוּ שְׁמֶךָ:

²² קוּמָה אֱלֹהִים רִיבָה רִיבֶךָ זְכֹר חֶרְפָּתְךָ מִנִּי־נָבָל כָּל־הַיּוֹם׃

²³ אַל־תִּשְׁכַּח קוֹל צֹרְרֶיךָ שְׁאוֹן קָמֶיךָ עֹלֶה תָמִיד׃

<Masquil de Asaf>

¹ ¿Por qué, Dios, nos has desechado para siempre?
¿Por qué se ha encendido tu furor contra las ovejas de tu prado?
² Acuérdate de tu congregación, la que adquiriste desde tiempos antiguos,
la que redimiste para hacerla la tribu de tu herencia;
este monte Sión, donde has habitado.
³ Dirige tus pasos a las ruinas eternas,
a todo el mal que el enemigo ha hecho en el santuario.

⁴ Tus enemigos vociferan en medio de tus asambleas;
han puesto sus estandartes por señal.
⁵ Son como los que levantan el hacha en medio de tupido bosque,
⁶ y ahora con hachas y martillos han quebrado todas sus entalladuras.
⁷ Han puesto a fuego tu santuario,
han profanado el tabernáculo de tu nombre, echándolo a tierra.
⁸ Dijeron en su corazón, "¡Destruyámoslos de una vez!".
¡Han quemado todas las moradas de Dios en la tierra!

⁹ No vemos ya nuestras señales; no hay más profeta,
ni entre nosotros hay quien sepa hasta cuándo.
¹⁰ ¿Hasta cuándo, Dios, nos insultará el angustiador?
¿Ha de blasfemar el enemigo perpetuamente contra tu nombre?
¹¹ ¿Por qué retraes tu mano? ¿Por qué escondes tu diestra en tu seno?

¹² Pero Dios es mi rey desde tiempo antiguo;
el que obra salvación en medio de la tierra.
¹³ Dividiste el mar con tu poder; quebraste cabezas de monstruos en las aguas.
¹⁴ Aplastaste las cabezas del Leviatán
y lo diste por comida a los habitantes del desierto.

¹⁵ Abriste la fuente y el río; secaste ríos impetuosos.
¹⁶ Tuyo es el día, tuya también es la noche; tú estableciste la luna y el sol.
¹⁷ Tú fijaste todos los términos de la tierra; el verano y el invierno tú los formaste.

¹⁸ Acuérdate de esto, que el enemigo ha afrentado a Jehová
y un pueblo insensato ha blasfemado contra tu nombre.
¹⁹ ¡No entregues a las fieras el alma de tu tórtola!
¡No olvides para siempre la vida de tus pobres!
²⁰ ¡Mira al pacto, porque los lugares tenebrosos de la tierra
están llenos de habitaciones de violencia!

²¹ No vuelva avergonzado el abatido;
¡el afligido y el menesteroso alabarán tu nombre!

²² ¡Levántate, Dios! ¡Aboga tu causa!
¡Acuérdate de cómo el insensato te insulta cada día!

²³ No olvides los gritos de tus enemigos;
el alboroto de los que se levantan contra ti sube sin cesar.

Al salmo 73, que era un מזמור, le sigue ahora un *masquil* (véase Sal 32, 1) que tiene en común con el anterior una palabra rara, משׁוּאות (Sal 74, 3; Sal 73, 18), pero también el hecho de ser asáfico. Aquí encontramos una imagen asáfica favorita (Israel como un rebaño) y la predilección de los salmos asáficos por referencias retrospectivas a la historia antigua de Israel (Sal 74, 13-15). Aquí hallamos el primero de esos dos rasgos característicos en Sal 79, 1-13, que reflejan las mismas circunstancias de tiempo de este salmo.

En otro plano, Jeremías aparece en la misma relación con estos dos salmos (Sal 73 y Sal 74). En Jer 10, 25 y en Sal 73, 6 se repiten casi las mismas palabras. En otra línea, el Sal 74 se parece a Lam 2, 2 (cf. Sal 74, 7), a Sal 2, 7 (cf. Sal 74, 4) y a otros pasajes. El lamento "ya no hay profetas" (Sal 74, 9) está muy cerca de Lam 2, 9.

Sabemos la forma en que Jeremías reproduce y recrea textos anteriores, conocemos su forma de apelar a pasajes originales más antiguos y de vincular las ideas que en ellos se contienen (cf. כיום מועד, Lam 2, 7, con בקרב מועדך de este salmo). Desde ese fondo, es natural que asignemos la prioridad a estos dos salmos asáficos, entendidos como cantos de lamentación nacional. Pero la sustancia de ambos salmos que, según algunos, se sitúa en el tiempo de la invasión de los caldeos pero, según otros, en la era de los macabeos, ha de estudiarse mejor, como haremos a continuación.

Después de haber vuelto de la segunda expedición egipcia (170 a. C.) Antíoco Epífanes castigó, de la manera más cruel a Jerusalén, que se había introducido en el conflicto por medio de Jasón (aspirante a sumo sacerdote): entró en el templo acompañado de la corte del sumo sacerdote Menelao y tomó los más caros vasos sagrados, e incluso el oro de los muros y las puertas del templo para llevarlo consigo.

Miles de judíos fueron por entonces masacrados o vendidos como esclavos. En aquel tiempo, durante la cuarta expedición de Antíoco (168 a. C.), cuando surgió de nuevo en Jerusalén un partido favorable a los ptolomeos, Antíoco mandó a Apolonio para que castigara a los sublevados (167 a. C.), de manera que las tropas de Apolonio devastaron la ciudad a sangre y fuego, destruyendo casas y murallas, quemando varias de las puertas del templo y arrasando algunas de sus estancias. También en este caso miles de judíos fueron asesinados y otros vendidos como esclavos.

Entonces comenzó el intento de Antíoco de helenizar la nación judía. Un anciano ateniense fue encargado de llevar a cabo esas medidas, utilizando para ello la fuerza, a fin de obligar a los judíos a aceptar la religión pagana, para servir de hecho a Zeus Olímpico (Júpiter). En ese contexto, el día 25 del mes de *kislev*, se erigió un pequeño altar sobre el altar de las ofrendas quemadas del templo y el día 25 del mismo mes se ofreció el primer sacrificio a Zeus Olímpico en el templo de Yahvé, dedicado ahora a Zeus. Este era el estado de cosas, cuando un grupo de confesores fieles se unieron en torno a un sacerdote asmoneo llamado Matatías.

Estos dos salmos (73 y 74) se armonizan muy bien con estas circunstancias, especialmente el 74. En aquel tiempo se cumplió del modo más doloroso lo que se cuenta en 1 Mac 4, 46; 9, 27; 14, 41. Los confesores y mártires que bravamente se unieron al levantamiento macabeo recibieron, como en Sal 79, 2, el nombre de *hasidim*, חסידים, Ἀσιδαῖοι, asideos. En aquel tiempo ellos vieron, como dice 1 Mac 4, 38 "el santuario desolado, el altar profanado y las puertas quemadas, con la maleza creciendo en los patios como en un bosque o en una de las montañas del entorno; entonces se destruyeron las cámaras de los sacerdotes y se redujeron a cenizas las puertas del templo" (cf. 2 Mac 8, 33; 1, 8).

Las señales idolátricas (Sal 74, 4) de los paganos ocupaban el lugar donde Yahvé solía revelarse. Sobre el altar del patio central elevaron la abominación de la desolación, βδέλυγμα ἐρημώσεως; en los otros patios plantaron árboles y, de un modo semejante, otros signos de la religión pagana; por su parte, las שכות (παστοφόρια), una especie de recintos sagrados adosados al templo, permanecían en ruinas.

Cuando más tarde, bajo Demetrio Soter (año 161), Alcimo (un apóstata a quien Antíoco había nombrado sumo sacerdote) y Báquides vinieron con promesas de paz, pero con un ejército a su lado, un grupo de escribas, los más significativos de los asideos de Israel, fueron a encontrarse con ellos e interceder por la nación.

Sin embargo, Alcimo, tomó a sesenta de ellos, les degolló en un día, y así sigue diciendo 1 Mac 7, 16s: "Según la palabra que escribió (= de la Escritura): derramaron la sangre de tus santos en torno a Jerusalén, y no hubo nadie que les enterrara". Conforme a la fórmula de la cita, κατὰ τὸν λόγον ὃν (τοὺς λόγου οὓς) ἔγραψε (conforme a la palabra o palabras que escribió), y en particular conforme a la palabra ἔγραψε, se podría y debería decir que el autor del libro de los macabeos estaba citando precisamente este salmo 74, y aplicándolo a las circunstancias de su tiempo.

De hecho, no hay edad alguna que pudiera haber añadido algunos Salmos a la colección del salterio antiguo mejor que esta edad de los macabeos, en la semana sesenta y tres predicha por la profecía de Daniel (cf. Dan 9). Esta fue la semana de años marcada por el sufrimiento de los justos, una edad que muchos tomaron como final de los tiempos de la historia, la época de los mártires, a la que el libro de los Macabeos concede un significado muy grande en relación con la historia de la redención. Por eso es normal que muchos piensen que este salmo haya sido creado por entonces.

Pero, si queremos ser imparciales ante este motivo (sobre el posible origen macabeo de este salmo), debemos empezar citando algunas razones que van en contra de la atribución al tiempo de los macabeos: (a) por una parte, en Sal 74, 1-13 no hay nada que vaya en contra de la atribución de este salmo al tiempo de la toma de Jerusalén por los caldeos; (b) por otra parte, algunos pasajes de otros salmos semejantes, como el Sal 79, 11 (cf. Sal 102, 21; Sal 69, 34) son incluso favorables a esa hipótesis histórica (del tiempo de los caldeos, no de los macabeos).

Ciertamente, conforme a lo dicho, hay en Sal 74 algunos detalles (cf. Sal 74, 4. 8. 9) que parecen explicarse mejor desde la perspectiva de la edad de los macabeos. Pero, en contra de eso, hay otras partes que se explican mejor desde la hipótesis de la conquista de Jerusalén por los caldeos, como seguiré indicando.

Así, por ejemplo, la afirmación de que pusieron en llamas el templo (74, 7) se explica mejor desde la conquista caldea que desde la persecución de los sirios, en tiempo de los macabeos. Y el grito de oración de 74, 3 "dirige tu paso a las ruinas eternas…" parece indicar que se ha dado una devastación total del templo, y que ha durado al menos una serie de años, cosa que no se puede aplicar al tiempo de los macabeos, aunque de ese tiempo se diga que Jerusalén esta ἀοίκητος ὡς ἔρημος, inhabitable y como desierta (1 Mac 3, 45). Ciertamente, Hitzig, traduce ese texto así: "eleva tus pies de los ataques repentinos, sin fin", pero en los dos pasajes en que aparece esta palabra, משׁואות, ella tiene el sentido de "desolaciones" (Targum, Símaco, Jerónimo y Saadia).

En el caso de que este salmo deba situarse en el tiempo de la catástrofe caldea, el autor de esos salmos (conforme al testimonio de Esd 2, 41; Neh 7, 44 y Neh 11, 22) podría ser un asafita contemporáneo al exilio, aunque estos salmos podrían haber sido escritos también por un autor posterior, en estilo asafita. Y por lo que se refiere a la relación de estos dos salmos con Jeremías podemos recordar que su estilo como escritor es muy "reproductivo", tomando temas de escritos anteriores; pero esa característica reproductiva la tienen también algunos escritores posteriores, y en este caso algunos salmistas.

De todas formas, estos argumentos (sobre el origen caldeo de estos salmos) no son definitivos. Y en ese contexto, debemos indicar que estos no son unos salmos "reproductivos", pues no hay en la fisionomía de estos salmos nada que corresponda a un infortunio nacional anterior a la catástrofe caldea del año 588 a. C. El intento de Vaihinger de interpretar estos salmos desde el contexto del reinado de terror de Atalía no tiene ningún fundamento.

Ciertamente hay en Israel ejemplos del saqueo de Jerusalén y del templo anteriores al tiempo de Sedecías y al de los caldeos, como en el reinado de Joram, pero en ninguno de ellos se dice que la ciudad fuera reducida a cenizas. Por otra parte, la profanación del templo por parte del general persa Bagoes (Josefo, Ant. XI 7), en cuyo contexto situaba antes Ewald este salmo, no estuvo acompañada por ningún tipo de daño producido al edificio del templo como tal, pues ni el templo ni la ciudad fueron reducidos a cenizas.

Solo quedan, por tanto, dos posibilidades de elección: (a) la devastación de Jerusalén y del templo en el año 587; (b) o la profanación del templo el año 167, en el contexto del alzamiento macabeo. Nosotros nos hemos reservado la libertad de admitir algunas inserciones del tiempo de los macabeos en la redacción final del salterio (en la introducción de este comentario). Pues bien, en el momento actual de la investigación, dado que en estos dos salmos (74 y 79) todo concuerda con la edad de los macabeos (mientras que en la referencia al tiempo de los caldeos encontramos muchas más dificultades, especialmente en conexión con Sal 74, 4. 8-9; Sal 79, 2-3), *nos inclinamos a pensar que ambos salmos (Sal 74 y 79) responden mejor a la situación de la nación judía bajo Antíoco y Demetrio, es decir, en el tiempo de la crisis macabea.* Por otra parte, su contenido coincide con el de la oración de Judas Macabeo en 2 Mac 8, 1-4.

En los primeros versos, el poeta comienza con la más honda plegaria, pidiendo a Dios que tenga nuevamente piedad de su Iglesia, sobre la que ha derramado su juicio de ira, reconstruyendo otra vez las ruinas de Sión.

74, 1. ¿Por qué nos has rechazado…, para siempre? (לָמָה אֱלֹהִים זָנַחְתָּ לָנֶצַח, cf. Sal 74, 10; Sal 79, 5; Sal 89, 47, cf. Sal 13, 2). Es decir: ¿por qué de manera tan continua, y según parece sin fin? El pretérito del Sal 74, 1 indica el acto de rechazar hacia adelante, esto es, la condición duradera del rechazo.

La palabra interrogativa לָמָה, cuando la letra inicial de la palabra siguiente es gutural, y en especial si tiene solo una semivocal (pero también en otras circunstancias, cf. Gen 12, 19; Gen 27, 45; Cant 1, 7), va sin *daggesh* y se acentúa en la última sílaba (como Mose ha-Nakdan observa expresamente) a fin de que no desaparezca la *ah* posterior. Cf. *Coment.* a Sal 10, 1. Sobre *la ira de Dios* que se enciende, véase Sal 18, 9. Esa expresión asáfica característica es también propia de Jeremías, Jer 23, 1.

74, 2-3. Dios ha de recordar aquello que una vez hizo a favor de la congregación de su pueblo. Por su parte, la palabra קֶדֶם, igual que en el Sal 44, 2, remite al tiempo mosaico antiguo, cuando la salida de Egipto (Ex 15, 17), como indican las palabras קָנִיתָ קֶּדֶם גָּאַלְתָּ, con קנה que significan adquirir o comprar y גָאל (Sal 77, 15; Sal 78, 35; Ex 15, 13) que es redimir (*redemptio*).

שֵׁבֶט נַחֲלָתֶךָ indica un objeto factitivo, en el sentido de *para hacerla tu tribu o pueblo*. Aquí שׁבט es el nombre que se da a toda la nación, para distinguirla de otros pueblos, como en Jer 10, 16; Jer 51, 19, cf. Is 63, 17. זה aparece separado por su acento de הר־צִיּוֹן זֶה ׀ שָׁכַנְתָּ בּוֹ) הר־צִיּוֹן) y cumple directamente la función de אשר, como en Sal 104, 8; Sal 104, 26; Prov 23, 22; Job 15, 17 (Gesenius 122, 2). La congregación del pueblo y su morada central (el templo de Jerusalén) aparecen así como si estuvieran abandonadas de Dios, en una condición que contrasta tristemente con su elección antigua y permanente.

נצח משאות son ruinas (véase Sal 73, 18) en un estado tal de destrucción que parece que no tienen ya ni forma ni sentido. נצח mira aquí hacia adelante, como las עוֹלָם חרבות, Is 63, 12; Sal 61, 4, miran hacia atrás: *quiera Dios levantar sus pies de esas ruinas* (con פעמים que es un término poético, en vez de con רגלים, cf. Sal 58, 11 con Sal 68, 24). El salmista pide así a Dios que corra, que se apresure, con pasos rápidos, sin parar, que vaya hacia su morada (lugares que ahora se encuentran en ruinas) de forma que, en virtud de su acción, la ciudad pueda elevarse de nuevo.

El enemigo había destruido sin piedad la ciudad y el templo, había tratado mal todas las cosas, sin tener piedad del santuario (con כל, como en el Sal 8, 7; para el sentido de חכל, cf. את־כל en Sof 1, 2). ¿Cómo es posible que una maldad sacrílega de ese tipo pueda quedar sin recibir el merecido castigo de Dios?

74, 4–8. El poeta describe ahora, de un modo más minucioso, la forma en que ha actuado el enemigo. Dado que en el Sal 74, 3 קדש significa el conjunto del templo, en el Sal 74, 4 מוֹעֲדֶיךָ) בְּקֶרֶב מוֹעֲדֶךָ) debe significar igualmente el templo, abarcando sus varios patios. De todas formas, el sentido plural puede ser aquí equívoco (cf. Sal 74, 8) y es además una lectura entre otras. Baer ha optado por מוֹעֲדֶךָ (en singular, *en tu congregación*, no en tus congregaciones o templos)[5].

La escena de la profanación del templo y de la sustitución de las insignias nacionales de Israel exige que el texto se tome aquí desde una perspectiva religiosa, en la línea de las instituciones de la circuncisión y del sábado (cf. Ex 31, 13). Estas אתות paganas, que se imponen sobre el templo y la congregación son, por lo tanto, aquellas que van en contra de la ley de Israel, tal como aparecen en 1 Mac 1, 45-49; ellas se centran de un modo especial en la así llamada "abominación de la desolación", que aparece en 1 Mac 1, 54.

Con יודע (Sal 74, 5: יִוָּדַע כְּמֵבִיא לְמָעְלָה, son como los que levantan el hacha) se evoca la terrible escena que se ha desarrollado delante de sus ojos (Sal

---

5. La lectura מעודיך ha sido recibida, e. g., por Elias Hutter y Nissel. El Targum traduce también de esa manera y Kimchi le sigue en esa interpretación, lo mismo que Abraham de Zante en su paráfrasis, que podría aceptarse en principio, pero que, según los LXX y la versión siríaca y muchos MSS, debe ser rechazada. Como en Lam 2, 6, מועד, es el lugar instituido por Dios (cf. Num 17, 1-13) para estar presente y dialogar con su congregación (cf. árabe *mi'âd*, entrevista). Lo que dice Jeremías en Lam 2, 7 (cf. שאג, Jer 2, 15) se expresa aquí de un modo más breve. Por אותתם (Sal 74, 4: שָׂמוּ אוֹתֹתָם אֹתוֹת, han puesto sus estandartes como señales) no debemos entender las insignias militares.

79, 10). כְּמֵבִיא es el sujeto: algo visible, tangible, algo que se ha podido observar, i. e., mirar y experimentar, como si se viera la mano del hombre que descarga su hacha contra la espesura del bosque del templo, a la derecha e izquierda de su entramado de columnas. En este caso es necesario el plural קַדְמוֹת porque son muchos los soldados paganos, que aquí como en Jer 46, 22 se comparan con los leñadores que talan un bosque.

Norzi dice que el *kametz* de בִּסֲבָךְ־עֵץ es un *kametz chatuph*, una combinación que se produce por una contracción de סבך (Ewald, Olshausen), porque la ā larga de סבך no admite ninguna contracción. Conforme a otra visión hay que leer *bisbāch-etz*, como en Est 4, 8, *kethāb-hadāth* con *metheg* de contratono al lado de la vocal larga, como en עֵץ־הַגָּן, Gen 2, 16.

El poeta sigue presentando así la obra de destrucción hasta el golpe final introducido por ועת (וְעֵת וְעַתָּה פִּתּוּחֶיהָ יַחַד), texto que quizá debe leerse con el *keré* וְעַתּה) que atrae nuestra atención (74, 6). De esa manera se pone de relieve la obra de la destrucción con tonos que recuerdan el fuerte esfuerzo ciclópeo al que alude Virgilio en *Geórgicas* IV, 149ss: *illi inter sese...* (ellos entre sí con gran fuerza).

Es como si oyéramos la obra de destrucción de las hachas elevadas, que van rompiendo a golpes los más costosos maderos tallados del artesonado del templo (cf. יַהֲלֹמוּן). Según eso, el sufijo de פִּתּוּחֶיהָ (los troncos tallados...) se refiere, conforme al sentido, a מוֹעֲדָךְ, es decir, al lugar de reunión de la congregación. Los LXX, favoreciendo la interpretación macabea de este salmo, traducen ἐξέκοψαν τάς θύρας αὐτῆς, destruyeron sus puertas (פתחיה).

Sigue así en 74, 7 la quema (como parece indicar el texto) del artesonado como tal, hecho de madera. La mejor lectura es en este caso מקדשך (שִׁלְחוּ בָאֵשׁ מִקְדָּשֶׁךְ) no שׁלח. La expresión בָאֵשׁ מִקְדָּשֶׁךְ significa poner fuego, quemar, *immittere igni*. Sobre לָאָרֶץ חִלְּלוּ, cf. Lam 2, 2; Jer 19, 13.

Hitzig, siguiendo a los LXX, al Targum y a Jerónimo, piensa que la exclamación de los enemigos en 74, 8 (אָמְרוּ בְלִבָּם נִינָם יַחַד), con נינם que deriva de נין, proviene de toda aquella generación (véase les arrancaremos de raíz). Pero נין significa la posteridad, es decir, los descendientes. Pues bien, en ese caso: ¿por qué han de ser solo los descendientes, que son jóvenes y no los de más edad? Y, ¿por qué tomar el verbo como expresión de objeto, y no más bien de acción, pues el objeto en cuanto tal resulta evidente: quemar las moradas de Dios? Por su parte, נינם es fut. *Kal* de ינה, con el mismo sentido que el *hifil* הונה, forzar, oprimir, tiranizar, lo mismo que אנס, que en hebreo posterior significa obligar por violencia.

Pues bien, después de que se ha mencionado la quema del artesonado del templo, la expresión כָּל־מוֹעֲדֵי־אֵל no puede referirse al lugar de las manifestaciones de Dios, conforme a sus divisiones (Hengstenberg), menos aún a las asambleas festivas de los israelitas fieles (Böttcher), lugar que el enemigo podría haber quemado encendiendo fuego en el templo sobre sus cabezas, cosa que va en contra del sentido de כל. Esta expresión se refiere, al menos aparentemente, a las sinagogas, como Aquila y Símaco traducen el texto (esto es algo que resulta indiscutible).

Aquí no se puede pensar en los servicios religiosos separados, realizados por profetas en el reino del norte (2 Rey 4, 23), porque ese reino no existía ya cuando fue escrito este salmo. No puede referirse tampoco a los lugares de memoria religiosa de la antigua historia de Israel, a los que nunca se les llama מועדים, lugares de culto, que, después de la instauración del santuario central, aparecen siempre como sedes de falsos ritos religiosos. Esa expresión (כל־מוֹעֲדֵי־אֵל) se refiere, lo mismo que ועד בית (*Sota* IX, 15), a lugares legítimos de asamblea con propósitos religiosos, es decir, a *casas de oración y enseñanza, como son las sinagogas*, un tema y sentido que nos hace situar este salmo en el contexto de la historia de los macabeos.

74, 9–11. La cosa más dura que el poeta echa en cara a Dios es que él no ha reconocido a su pueblo durante su tiempo de sufrimiento, como lo hacía antaño. La expresión "nuestros signos" (cf. אוֹתֹתֵינוּ לֹא רָאִינוּ) es una antítesis directa en contra de "sus signos" (Sal 74, 4). Por eso, esos signos no han de ser entendidos en la línea del Sal 86, 17, como señales en las que Dios se manifiesta. El sufijo muestra además que se trata de signos que tienen un carácter periódico, repetido, como algo instituido por el mismo Dios, ceremonias que los israelitas ahora no pueden realizar porque han sido prohibidas por los enemigos.

La queja "no hay ya profetas" parecería extraña en el período inmediatamente posterior a la destrucción de Jerusalén, porque Jeremías siguió activo hasta un tiempo después. Por otra parte, un año antes (el décimo del reinado de Sedecías) él había predicho que la dominación de Babilonia y el mismo exilio duraría setenta años. Además, seis años antes de la destrucción de Jerusalén apareció Ezequiel, que estaba en comunicación con los que habían permanecido en la tierra de Israel. La referencia a Lam 2, 9 (cf. Ez 7, 26) no es satisfactoria, porque Lamentaciones asume que había profetas, cosa que este pasaje niega.

Estas palabras (Sal 74, 9: *no hay profetas...*) podrían situarse, en general, en el tiempo del exilio, en medio del cual (cf. Os 3, 4; 2 Cron 15, 3 y además el *canticum trium puerorum*, Dan 3, 14: καὶ οὐκ ἔστιν ἐν τῷ καιρῷ τούτῳ ἄρχων καὶ προφήτης καὶ ἡγούμενος, y no hay en este tiempo jefes, ni profetas, ni dirigentes) no existían ni signos, ni milagros, ni palabras proféticas de consolación. En aquel tiempo, los setenta años de la profecía de Jeremías eran aún un enigma, sin solución bien conocida (cf. Dan 9). Pues bien, si aquello a lo que se refiere el Sal 74, 8 son las sinagogas, estas palabras del Sal 74, 9 (¡no hay profetas!) concuerdan mejor con los calamitosos tiempos de la opresión de Antíoco (1 Mac 4, 46; 9, 27; 14, 41) en los que he situado este salmo.

En el Sal 74, 11 el poeta se vuelve al mismo Dios con la pregunta: ¿hasta cuándo durará esta época, aparentemente sin fin, de blasfemias de los enemigos?

¿Por qué has apartado de nosotros (ממנו, de nosotros, no עלינו, sobre nosotros, Sal 81, 15) tu mano y tu mano derecha? (לָמָּה תָשִׁיב יָדְךָ וִימִינֶךָ). El amontonamiento de sinónimos (tu mano y tu mano derecha) es semejante al del Sal 44, 4 y Ecl 33, 7, y aparece como una expresión de la omnipotente energía divina.

A partir de aquí, el orante pide a Dios que ayude a su pueblo: "¿por qué retraes tu mano? ¿Por qué escondes la diestra en tu seno?". Esas palabras quieren decir: ¡saca la mano de tu seno y destruye a los enemigos, no estés inactivo...! Ese es el significado del qetub (חוֹקְךָ כַלֵּה). El término חוק, cf. árabe *ḥawq*, significa, como חיק, árabe *ḥayq*, extender, abrir. El texto supone, según eso que la mano de Dios ha estado como retirada, oculta en su seno, y que ahora tiene que actuar.

74, 12–17. Con la plegaria por la destrucción de los enemigos, por obra de Dios, se cierra la primera mitad del salmo, que ha tenido como tema básico la sangrante contradicción entre el estado de cosas presente y la relación de Dios con Israel. El poeta se consuela ahora mirando hacia atrás, hacia el tiempo en el que Dios, como rey de Israel, desplegó la rica plenitud de su salvación por doquier sobre la tierra, allí donde Israel estuviera en peligro.

בְּקֶרֶב הָאָרֶץ, en medio de la tierra, se refiere no solo al espacio de la tierra santa, sino también, por ejemplo, a la tierra de Egipto (Ex 8, 18-22). El poeta tiene en su mente, de un modo especial, a Egipto, porque desde allí comienza su mirada histórica (Sal 74, 13-15), para desplegarse después sobre el ancho espacio en el que Dios ejerce su poder (Sal 74, 16. 17).

Hengstenberg opina que Sal 74, 13-15 ha de entenderse también en ese último sentido, y en ese contexto apela a Job 26, 11-13. Pues bien, en esa línea hay que decir que, de igual forma que Isaías (Is 51, 9, cf. Sal 27, 1) aplica estos signos de la omnipotencia de Dios en el mundo a su acción y poder en la historia de la redención de Israel (en el contexto de los imperios del mundo), así también lo hace aquí el salmista en Sal 74, 13-15.

El תַּנִּין (el gran saurio) es en Isaías, lo mismo que en Ezequiel (הַתַּנִּים, Ez 29, 3; 32, 2), un signo del faraón y de su reino. De un modo semejante, aquí, en este salmo, Leviatán es el nombre simbólico de gran poder de Egipto. Así como el monstruo de agua o cocodrilo, cuando levanta su cabeza del agua, podría ser destruido con un gran golpe, así rompió Dios la cabeza de los egipcios en el Mar Rojo, de forma que el mar arrojó sus cadáveres secos sobre la orilla (Ex 14, 30).

Los צִיִּים, habitantes de la estepa, para quienes los egipcios muertos fueron comida, no son los etíopes (LXX, Jerónimo), ni un tipo de *ichthyophagi* o comedores de peces (Bocahrt, Hengstenberg), quienes según Agatárquidas se alimentaron de hombre muertos, como si fueran peces (cf. ἐκ τῶν ἐκριπτομένων εἰς τὴν χέρσον κητῶν), ni fueron tampoco caníbales, sino las bestias salvajes del desierto, a las que aquí se les llama עַם, como en Prov 30, 25: las hormigas y un tipo de tejones de roca. לציים aplica el sentido de לעם, que no había sido concretado, y lo refiere a un tipo de animales silvestres de la estepa.

El Sal 74, 15 no se refiere ya a milagros de la creación, sino a milagros realizados en el curso de la historia de la redención. Así se refiere al milagro del agua de la roca (Sal 78, 15) y al paso a través del Jordán, que se secó de un modo milagroso (הובשת, como en Jos 2, 10; 4, 23 y 5, 1). El objeto de מֵעִין וָנָחל (מעין ונחל אַתָּה בָקַעְתָּ, abriste la fuente y el río) se refiere al resultado del milagro, indicando que el agua fluyó de la roca como una fuente y un río.

נהרות, son las varias corrientes del río Jordán. El genitivo atributivo איתן las describe como afluentes que conservan siempre su abundancia de agua de manera que no se secan nunca, corrientes de agua perenne. El Dios de Israel que se ha hecho conocer así de un modo maravilloso en la historia es, por tanto, el Creador y Señor de todas las cosas creadas. Día y noche son sus creaturas, lo mismo que las estrellas. En profunda conexión con la noche, que es mencionada en segundo lugar, la luna que es la מאור o luminaria de la noche, precede al sol. Cf. Sal 8, 4, donde כונן tiene el mismo sentido que הכין en este pasaje.

En este contexto se entiende 74, 17 (אַתָּה הִצַּבְתָּ כָּל־גְּבוּלוֹת אָרֶץ, *tú estableciste todas las fronteras de la tierra*). גבולות no son simplemente las fronteras de la tierra en relación con el mar, Jer 5, 22, sino que, conforme a Dt 32, 8; Hch 17, 26, son las fronteras o confines de la tierra, *cini tak*.

Por su parte, las palabras קַיִץ וָחֹרֶף אַתָּה יְצַרְתָּם se refieren a las dos mitades del año, entendidas como estaciones especiales: por un lado está קַיִץ, el verano, incluyendo la primavera (אביב), que comienza en Nissan, hasta el equinoccio del verano. Por otro lado, está el otoño, וָחֹרֶף, que incluye el invierno (צתו), tras el cual comienza de nuevo la vegetación (Cant 2, 11). Las estaciones aparecen así personificadas, como formaciones u obras de Dios, como si fueran los ángeles del verano y del invierno.

74, 18–23. De esa forma, el poeta, tras haberse consolado a sí mismo por la contemplación del poder que Dios ha desplegado para bien de su pueblo, como su Redentor, y para bien del conjunto de la humanidad como su Creador, vuelve de nuevo a la oración, pero de un modo más alegre y audaz. Como la Biblia hace siempre, este pasaje aplica también los actos de la creación al tiempo actual; de esa forma, teniendo presente los hechos poderosos de Dios, la palabra זאת (זְכָר־זֹאת אוֹיֵב חֵרֵף׀ יְהוָה, *recuerda esto, el enemigo ha afrentado a Yahvé*) indica que los enemigos han blasfemado de Dios, como si Dios no tuviera conocimiento de ello (sin que respondiera castigándoles).

La palabra חֵרֵף tiene detrás un *pasek* a fin de separarla, de señalar su importancia, indicando que ella es una injuria en contra del nombre más santo. El epíteto נָבָל וְעַם, y un pueblo insensato, recuerda el de Dt 32, 21. En el Sal 74, 19, conforme a los acentos, חַיַּת significa "bestias" (אַל־תִּתֵּן לְחַיַּת נֶפֶשׁ תּוֹרֶךָ חַיַּת עֲנִיֶּיךָ אַל־תִּשְׁכַּח לָנֶצַח): no entregues a las bestias el alma de tu paloma, no rechaces para siempre la vida de tus pobres). Este es el sentido más normal de la expresión (sobre la forma originaria de חיה, véase *Coment*. a Sal 61, 1): no entregues, no abandones a las bestias salvajes, el alma de tu tórtola-paloma.

Israel, que en el Sal 68, 14 aparecía como una paloma, se compara aquí con una tórtola (תֹּר, cf. תּוֹרֶךָ). En el Sal 74, 19b, חַיַּת tiene el mismo significado que en Sal 74, 19a y en Sal 68, 11 (cf. Sal 69, 37), y se refiere a las personas oprimidas, "miserables" (חַיַּת עֲנִיֶּיךָ), es decir, a tus pobres, humildes creaturas. Esta es una designación de la *ecclesia pressa*. La iglesia, que en los salmos asáficos recibe nombres simbólicos, tomados del mundo animal, aparece aquí como formada por ovejas en medio de lobos, de manera que parece abandonada por Dios.

El grito de oración לברית הַבֵּט לַבְּרִית כִּי, mira el pacto porque...) evoca unas circunstancias que nos sitúan mejor en la edad de los macabeos. ברית es aquí el pacto de la circuncisión (Gen 17). La persecución del tiempo de los seléucidas puso a los creyentes ante una situación difícil, de forma que la misma circuncisión, que era signo de la garantía de Israel ante la gratuita y generosa protección de Dios, vino a convertirse en el signo por el que los sirios conocían a sus víctimas. En el libro de Daniel (11, 28; 11, 30; cf. Sal 22, 32) ברית se identifica directamente con la religión de Israel, como elemento distintivo de los creyentes.

La cláusula decisiva de 74, 20 (mira al pacto...) corresponde a la edad de los macabeos, cuando los confesores se escondían en las montañas alejadas (1 Mac 2, 26ss; 6, 11), de donde los enemigos les sacaban para matarlos, en un tiempo en que los escondites (κρύφοι, 1 Mac 1, 53) de la tierra estaban llenos de violencia. La combinación נְאוֹת חמס (habitaciones de violencia) es como la de נְאוֹת השלום (habitaciones de paz, de Jer 25, 37, cf. Gen 6, 11).

A partir de aquí, el salmo continúa y acaba de un modo más parecido al que encontramos en otros salmos. אל־יָשֹׁב, Sal 74, 21 (cf. אַל־יָשֹׁב דַּךְ נִכְלָם, que el abatido no vuelva avergonzado), es decir, que no tenga que avergonzarse de acudir a ti con sus peticiones. Así acaba el salmo, con el tumulto que parece crecer (שְׁאוֹן קָמֶיךָ עֹלֶה תָמִיד, sube sin fin, עלה תמיד, cf. 1 Sam 5, 12; 1 Rey 22, 35) perpetuamente. El tono de la oración culmina así de un modo sobrio, pero muy intenso.

Salmo 75. Viene el juez con la copa de la ira

¹לַמְנַצֵּחַ אַל־תַּשְׁחֵת מִזְמוֹר לְאָסָף שִׁיר:
² הוֹדִינוּ לְּךָ ׀ אֱלֹהִים הוֹדִינוּ וְקָרוֹב שְׁמֶךָ סִפְּרוּ נִפְלְאוֹתֶיךָ:
³ כִּי אֶקַּח מוֹעֵד אֲנִי מֵישָׁרִים אֶשְׁפֹּט:
⁴ נְמֹגִים אֶרֶץ וְכָל־יֹשְׁבֶיהָ אָנֹכִי תִכַּנְתִּי עַמּוּדֶיהָ סֶּלָה:

⁵ אָמַ֣רְתִּי לַֽהוֹלְלִ֭ים אַל־תָּהֹ֑לּוּ וְ֝לָרְשָׁעִ֗ים אַל־תָּרִ֥ימוּ קָֽרֶן׃
⁶ אַל־תָּרִ֣ימוּ לַמָּר֣וֹם קַרְנְכֶ֑ם תְּדַבְּר֖וּ בְצַוָּ֣אר עָתָֽק׃
⁷ כִּ֤י לֹ֣א מִמּוֹצָ֣א וּמִֽמַּעֲרָ֑ב וְ֝לֹ֗א מִמִּדְבַּ֥ר הָרִֽים׃
⁸ כִּֽי־אֱלֹהִ֥ים שֹׁפֵ֑ט זֶ֥ה יַ֝שְׁפִּ֗יל וְזֶ֣ה יָרִֽים׃
⁹ כִּ֤י כ֪וֹס בְּֽיַד־יְהֹוָ֡ה וְיַ֤יִן חָמַ֨ר ׀ מָ֥לֵא מֶסֶךְ֮ וַיַּגֵּ֢ר מִ֫זֶּ֥ה
אַךְ־שְׁמָרֶ֥יהָ יִמְצ֑וּ יִשְׁתּ֓וּ כֹּ֖ל רִשְׁעֵי־אָֽרֶץ׃
¹⁰ וַ֭אֲנִי אַגִּ֣יד לְעֹלָ֑ם אֲ֝זַמְּרָ֗ה לֵאלֹהֵ֥י יַעֲקֹֽב׃
¹¹ וְכָל־קַרְנֵ֣י רְשָׁעִ֣ים אֲגַדֵּ֑עַ תְּ֝רוֹמַ֗מְנָה קַרְנ֥וֹת צַדִּֽיק׃

<Al músico principal; sobre "No destruyas". Salmo de Asaf. Cántico>

¹ Gracias te damos, Dios, gracias te damos, pues cercano está tu nombre;
los hombres cuentan tus maravillas.

² En el tiempo que yo decida, juzgaré rectamente.
³ Se arruinaban la tierra y sus moradores; yo sostengo sus columnas. Selah
⁴ Dije a los insensatos, "¡No os jactéis!"; y a los impíos, "No os enorgullezcáis;
⁵ no hagáis alarde de vuestro poder ¡no habléis con cerviz erguida!",

⁶ porque ni de oriente ni de occidente ni del desierto viene el enaltecimiento,
⁷ pues Dios es el juez; a este humilla, y a aquel enaltece.
⁸ La copa está en la mano de Jehová; el vino está fermentado, lleno de mixtura,
y él lo derrama, ¡hasta el fondo lo apurarán y lo beberán todos los impíos de la tierra!

⁹ Pero yo siempre anunciaré y cantaré alabanzas al Dios de Jacob.
¹⁰ Quebrantaré todo el poderío de los pecadores, pero el poder del justo será exaltado.

Aquello por lo que ruega el Sal 74, 22 (Levántate Yahvé, defiende tu causa) es lo que contempla y atestigua el Sal 75: el juicio de Dios sobre los pecadores orgullosos se convierte en fuente de alabanza y de gozo triunfante para el salmista. Esta visión profética se eleva sobre un fundamento lírico muy intenso; emerge de la hondura del sentimiento y culmina en una profunda alabanza de Dios.

El encabezado dice: *para el preceptor, no destruyas* (véase *Coment.* a Sal 57, 1), *salmo de Asaf, cántico*. Todo ello está confirmado por el texto. El *selah* de 75, 4 muestra que el salmo, como שיר מזמור es adecuado para el acompañamiento musical. Y la atribución לאסף corresponde a su carácter básicamente asáfico, que recuerda de un modo especial al Sal 50, aunque aquí, en el Sal 75, el sentido de los temas se define a través de la esperanza en la intervención judicial de Dios.

Según su apariencia general, este salmo se sitúa en el tiempo del juicio de las naciones en la persona o historia de Asiria, pero no en el tiempo que sigue a la gran catástrofe, sino en el tiempo anterior a ella, cuando se ha proclamado ya (pero no se ha cumplido aún) la profecía de Isaías sobre la destrucción del poder de los asirios en su ataque contra Jerusalén.

En esa línea, Hengstenberg interpreta este salmo como presentación lírica de la ruina que amenaza desde Asiria y como testimonio de la viva fe que la iglesia de aquel tiempo recibe y expresa en la palabra de Dios. En contra de eso, Hitzig atribuye estos dos salmos (75 y 76) a Judas Macabeo, que celebra en ellos sus victorias, en un caso sobre Apolonio y en otro sobre Serón. Así se expresa Hitzig: "Podemos imaginar que Judas Macabeo proclama las palabras del Sal 75, 11 cuando toma en la mano y eleva la espada de Apolonio ya vencido".

Esta opinión de Hitzig no puede aceptarse, pero tiene el valor de hacernos penetrar mejor en la historia y teología del tiempo de los macabeos (véase Sal 75, 7; Sal 76, 5-7). Nosotros pensamos que estos salmos (75 y 76) son del tiempo del rey Ezequías y deben entenderse como textos originales, no como ecos de salmos anteriores. La única influencia que podríamos sostener sobre el Sal 75 es la del cántico de Ana (1 Sam 2).

75, 1-6. En forma anticipada, de esperanza, la Iglesia israelita da gracias por la revelación judicial de su Dios, que anuncia la manifestación ya próxima de su presencia. La conexión de שמך וקרוב (cf. נִפְלְאוֹתֶיךָ סִפְּרוּ שְׁמֶךָ וְקָרוֹב) con lo anterior, por medio de la *waw*, resulta difícil de justificar, pues no hallamos ningún otro caso donde la *waw* tenga ese sentido y se identifique con un tipo de כי (כִּיקְרוֹב). Por eso podemos suponer que, en lugar de *waw*, el texto primitivo tenía una כי.

El intento de Hupfeld, que ha querido explicar el texto diciendo "y tus maravillas han declarado que tu nombre está cerca" no resuelve en modo alguno el tema, pues esa personificación de las maravillas de Dios no pertenece al espíritu de la poesía bíblica, y ese tipo de cláusula de relativo va más allá de las normas de la sintaxis hebrea.

Por otra parte, si tomáramos שמך וקרוב, en la línea del Sal 50, 23, como resultado de una acción de gracias (*Campensis*), quedaría sin definir el objeto por el que se dan las gracias. Tampoco se resuelve el tema diciendo que קרוב se refiere a la experiencia de la presencia interior del nombre de Dios (Hengstenberg), pues conforme a Jer 12, 2 (cf. Dt 30, 14) ese significado requeriría algún tipo de añadido en el texto, precisando el lugar en el que se expresa esa cercanía de Dios (en la boca o en el corazón del salmista).

Según eso, no nos queda otro remedio que identificar la cercanía del nombre de Dios con algún hecho externo, por el que el orante se siente llamado a darle gracias. La iglesia ha recibido la promesa de una manifestación judicial y redentora de Dios, y por ella proclama: "Nosotros te damos gracias y (sabemos que) tu nombre está cerca". El salmista se está refiriendo, por tanto, a la manifestación cercana de Dios, dando gracias por ello.

Este fue, ciertamente, el estado de cosas en el tiempo de Ezequías, cuando la opresión de los asirios había alcanzado su punto álgido. Isaías había prometido la cercana liberación milagrosa de Dios; y por eso, el creyente del salmo, responde dando gracias a Dios, proclamando su cercanía, con agradecimiento, por la revelación del Nombre de Yahvé (Is 30, 27).

El כִּי que se esperaba después de הוֹדִינוּ לְּךָ (75, 2, cf. Sal 100, 4) no viene sino hasta el Sal 75, 3 (כִּי אֶקַּח מוֹעֵד). Dios mismo asume la confirmación de la próxima acción de gracias a través de un anuncio directo de su ayuda que se encuentra ya muy cerca, a la mano (Sal 85, 10). No se ha de traducir "cuando yo decida…", etc., porque el Sal 75, 3 no puede entenderse como apódosis.

El כִּי es confirmatorio, y sea cual fuere la interpretación que le demos, las palabras de la iglesia aparecen muy pronto como palabra de Dios. El término מוֹעֵד (cf. כִּי אֶקַּח מוֹעֵד אֲנִי), en el lenguaje de la profecía, y más especialmente en el de la apocalíptica, es una expresión que indica el tiempo determinado por Dios para su juicio o venida final (véase *Coment.* sobre Hab 2, 3).

Cuando llegue ese momento de su cumplimiento final, Dios tomará posesión de toda la historia (con כִּי אֶקַּח, לקח, en el sentido original fuerte de asumir algo con energía, cf. Sal 18, 17; Gen 2, 15). En ese momento del final, el mismo Dios actuará y realizará el juicio conforme a la norma estrictamente observada de la rectitud judicial (מִישָׁרִים, acusativo adverbial, cf. בְּמֵישָׁרִים, Sal 9, 9, passim).

Entonces, aunque sucediera que la tierra y todos sus habitantes fueran derretidos (destruidos, cf. Is 14, 31; Ex 15, 15; Jos 2, 9) bajo la presión de la justicia (como puede deducirse del Sal 75, 3), aunque los hombres perdieran su ánimo y fueran dispersados por todas partes, como si estuvieran a punto de ser aniquilados, entonces, Él, esto es, Dios (con el yo absoluto, אנכי, אָנֹכִי תִכַּנְתִּי עַמּוּדֶיהָ) impedirá que eso suceda, mostrándose como salvador para su pueblo.

En ese momento de gran riesgo, Dios colocará en su lugar los pilares, es decir, los "ejes" (Job 9, 6) de la tierra. En otras palabras, Dios asentará de nuevo las leyes que subyacen en el fundamento de la estabilidad del mundo. תכנתי es un verbo de certeza, y Sal 75, 4 es una cláusula circunstancial colocada primero, como en el caso de un ablativo absoluto latino. Hitzig compara este pasaje con Prov 29, 9. También Is 23, 15 puede entenderse en esa línea.

La palabra de Dios continúa tras el *selah*, en 75, 5. No es el pueblo de Dios el que se dirige a los enemigos con el lenguaje de la advertencia fundada en la promesa de Dios (Hengstenberg), pues en ese caso, el poeta hubiera dicho אמרנו (no אָמַרְתִּי לַהוֹלְלִים), o al menos עַל־כֵּן אמרתי. Al contrario, aquí es Dios mismo quien habla, y sus palabras no son de condena sin más, como en el Sal 50, 16 (cf. 46, 11), sino de amonestación y de amenaza, porque quien habla no es el Dios del juicio ya cumplido, imposible de ser cambiado, sino el que anuncia su llegada.

Con אמרתי Dios habla a los fanfarrones, cautivados por la locura de su supuesta grandeza, y a los malhechores que elevan con orgullo su cuerno o su cabeza[6], queriendo decirles de una vez por todas lo que han de sufrir durante el corto espacio de tiempo que les queda hasta el juicio.

Si hemos situado bien el salmo, el poeta está pensando en la próxima llegada de los generales asirios, en el tiempo del asedio de Jerusalén, cf. Is 37, 23. La ל (cf. לַהוֹלְלִים וְלָרְשָׁעִים) tiene en ese pasaje el mismo sentido que el אל de Zac 2, 4 (véase Köhler), expresando la idea de una tendencia hostil.

Por su parte la אל del Sal 75, 6 (אַל־תָּרִימוּ לַמָּרוֹם) tiene el sentido de "no habléis con insolencia...". Otros pasajes paralelos como Sal 31, 19; Sal 94, 4, y de un modo especial el pasaje originario de 1 Sam 5, 3, muestran que עתק cumple una función de objeto y que בצוּאר tiene por sí mismo, igual que en Job 15, 26, el sentido de τραχηλιῶτες ο ὑπεραυχοῦντες, es decir, de *duros de cerviz*, de envanecidos y orgullosos.

75, 7-9. La iglesia toma aquí las palabras de Dios, comenzando de nuevo con el כִּי como en el Sal 75, 3 (y como en 1 Sam 2, 3), diciendo que "ni de oriente ni de occidente...". Un pasaje del Midrash, refiriéndose a la palabra final de este pasaje (הָרִים) dice: הרים חוץ מזה כל הרים שבמקרא (en todos los pasaje en los que hallamos en la Escritura הָרִים, esa palabra significa montañas, a excepción de este pasaje). De esa manera han explicado este texto Rashi, Kimchi, Alshch y otros, diciendo que, vaya donde vaya, el hombre no podrá alcanzar gran poder por medio de su propia fuerza y habilidad (cf. *Bamidbar Rabba*, cap. XXII. Por el contrario, en *Berêshîth Rabba*, LII, la palabra הרים equivale a דרום).

También es discutido el sentido de מִמִּדבּר. Es claro que מִמּוֹצָא וּמִמַּעֲרָב son oriente y occidente, dos partes o direcciones del mundo. Menos claro es el sentido de מִמִּדְבַּר הָרִים, que en un primer acercamiento significa "del desierto de las montañas". Algunos han cambiado la lectura del texto, haciendo que signifique *de cualquier otro lugar* o, de un modo más preciso "las tres cuartas partes del cielo", es decir, todo lo que no forma parte de oriente ni occidente. Pero no es claro el sentido de esas palabras (de las tres cuartas partes del cielo), pues ellas aparecen aquí de un modo indeterminado, de manera que resulta difícil precisar su sentido.

Por otra parte, lo que la iglesia desea (según este salmo) no es una simple promoción humana, dentro de este mundo, sino la redención, es decir, una transformación radical. Por otra parte, los LXX, el Targum, el texto siríaco y la Vulgata traducen, *a deserto montium (desertis montibus)*. En esa línea, incluso

---

6. La cabeza se llama en sánscrito *iras*, en zend se llama *aranh,* igual a κάρα. El cuerno es en sánscrito, *ringa,* i. e. (según Burnlouf, *Études,* p. 19), aquello que procede de y se expande desde la cabeza (*iras*), en zendo es *rva* igual a κέρας, קרן (*karn*).

Aben-Ezra piensa rectamente que esa expresión se refiere a la zona del sur de Palestina (cf. Sal 121, 1).

El hecho de que aquí no se mencione el norte, sino solo tres partes de la tierra (oriente, occidente y sur, como desierto de los montes, en la zona que está al sur de Judá, hacia Edom…) ha de entenderse desde la perspectiva profética, refiriéndose al norte como lugar del poder arrogante, incluso blasfemo, de los invasores enemigos de Israel, que vienen con poder destructor. Pues bien, en contra de ese poder del Norte (Asiria), arrogante y blasfemo, que amenaza a la pequeña nación israelita con su destrucción, y en contra de aquellos que buscan ayuda del este y del oeste, o de los juncos de Egipto (Is 36, 6), más allá de los desiertos de Arabia Pétrea, el salmista pide ayuda solamente a Dios, conforme a la palabra clave de Isaías, según la cual solo Yahvé nos juzgará y nos salvará, שפטנו ה (Is 33, 22).

El pensamiento negativo del salmo queda sin concretizarse, pues al salmista le interesa insistir en su visión y promesa afirmativa, porque Elohim es juez, כִּי־אֱלֹהִים שֹׁפֵט, 75, 8. La estrecha conexión entre ambos pensamientos se expresa de un modo sorprendente por los ritmos de הָרִים, montes (75, 7), y יָרִים, les enaltece (75, 8). La כי del Sal 75, 8 confirma la negación anterior poniendo de relieve el pensamiento positivo. Por su parte, 75, 9 confirma esta visión del salmo: כִּי כוֹס בְּיַד־יְהוָה, porque la copa está en manos de Yahvé.

Esta es la copa de vino mezclado (וְיַיִן חָמַר׀ מָלֵא מֶסֶךְ וַיַּגֵּר מִזֶּה), fermentado (חמר como en árabe *'chtmr,* fermentar, hervir). Conforme al uso antiguo del lenguaje, que aún se conserva en el árabe actual, este es un vino mezclado con agua, que se distingue del *merum,* que es el vino puro, árabe *chamr.* El vino se mezclaba con agua no solo para diluirlo (para hacer que perdiera grados), sino también para hacerlo más agradable al paladar. Por eso מֶסֶךְ significa purificar e incluso destilar el vino (véase Hitzig sobre Is 5, 22).

Es innecesario entender aquí "vino con especias" (talmúdico קונדיטון, *conditum,* vino debilitado), porque la idea colateral de atenuar la fuerza del vino no está necesariamente vinculada con la mezcla con agua. אַךְ (אַךְ־שְׁמָרֶיהָ יִמְצוּ יִשְׁתּוּ כֹּל רִשְׁעֵי־אָרֶץ) ratifica todas las afirmaciones que siguen; Dios hará beber de la copa a todos los malvados de la tierra, todos ellos se verán obligados a beber sin parar (Is 51, 17), de manera que no podrán hacer ni siquiera una pausa, pues Dios, el juez del mundo, les obligará a beber, hasta el fin, aunque no quieran (Ez 23, 34).

Este es el testimonio principal de una figura que había sido esbozada ya en el Sal 60, 5, una figura que los profetas desarrollarán de una manera más explícita y terrible. Ciertamente, Abd 1, 12 (cf. Job 21, 20) se contenta con un simple esbozo de la imagen del vino fermentado; en contra de eso, Isaías, Habacuc y Ezequiel, y con más fuerza Jeremías (Jer 25, 27; 48, 26; 49, 12), desarrollan de manera mucho más extensa el tema. Jer 25, 15 despliega esta imagen en el contexto de un acto simbólico: la copa de la ira es copa de embriaguez, con la que Dios emborracha y destruye a los hombres, a los pecadores, para que ellos se mantengan en el mal y sufran hasta el fin.

75, 10-11. El poeta se vuelve ahora de un modo agradecido y alegre al futuro proféticamente desarrollado que sigue a su propio presente. Con וַאֲנִי él se presenta a sí mismo como miembro de la iglesia oprimida, frente a los opresores orgullosos; de esa forma quiere afirmarse como heraldo perpetuo de la obra siempre memorable de la redención.

Así dice לְעוֹלָם (וַאֲנִי אַגִּיד לְעֹלָם) porque él se presenta a sí mismo como alguien que está de tal forma entregado al Dios redentor que con su ayuda nunca morirá. Él es un miembro de la *ecclesia pressa*, de manera que será también miembro de la *ecclesia triumphans*; porque εἰ᾽ ὑπομένομεν, καὶ συμβασιλεύσομεν, porque si nos mantenemos firmes reinaremos también con él (2 Tim 2, 12). De esa manera, con la certeza de que reinará con Dios (con συμβασιλεύειν), con el Dios que se muestra ya poderoso en su debilidad, el salmista se descubre vinculado en 75, 11 al Dios cuya obra ha presentado y desarrollado en el Sal 75, 8.

Sobre esta imagen (cuernos como signos de poder), cf. Dt 33, 17; Lam 2, 3, y especialmente los cuatro cuernos de la segunda visión de Zac 2, 1; 1, 18. El plural en ambos casos es קְרָנוֹת y קַרְנֵי, cuernos de los malvados y de los justos (וְכָל־קַרְנֵי רְשָׁעִים אֲגַדֵּעַ תְּרוֹמַמְנָה קַרְנוֹת צַדִּיק). Esos cuernos son aquí signos de ataque y defensa. Los cuernos sobrenaturales mantienen de esa forma su soberanía sobre los cuernos naturales, corporales. El salmo termina así con un tema subjetivo o personal del salmista, como había comenzado. La visión profética queda expresada, según eso, de una forma lírica.

Salmo 76. Alabanza de Dios tras haber realizado su juicio

¹לַמְנַצֵּחַ בִּנְגִינֹת מִזְמוֹר לְאָסָף שִׁיר׃

² נוֹדָע בִּיהוּדָה אֱלֹהִים בְּיִשְׂרָאֵל גָּדוֹל שְׁמוֹ׃

³ וַיְהִי בְשָׁלֵם סֻכּוֹ וּמְעוֹנָתוֹ בְצִיּוֹן׃

⁴ שָׁמָּה שִׁבַּר רִשְׁפֵי־קָשֶׁת מָגֵן וְחֶרֶב וּמִלְחָמָה סֶלָה׃

⁵ נָאוֹר אַתָּה אַדִּיר מֵהַרְרֵי־טָרֶף׃

⁶ אֶשְׁתּוֹלְלוּ אַבִּירֵי לֵב נָמוּ שְׁנָתָם וְלֹא־מָצְאוּ כָל־אַנְשֵׁי־חַיִל יְדֵיהֶם׃

⁷ מִגַּעֲרָתְךָ אֱלֹהֵי יַעֲקֹב נִרְדָּם וְרֶכֶב וָסוּס׃

⁸ אַתָּה נוֹרָא אַתָּה וּמִי־יַעֲמֹד לְפָנֶיךָ מֵאָז אַפֶּךָ׃

⁹ מִשָּׁמַיִם הִשְׁמַעְתָּ דִּין אֶרֶץ יָרְאָה וְשָׁקָטָה׃

¹⁰ בְּקוּם־לַמִּשְׁפָּט אֱלֹהִים לְהוֹשִׁיעַ כָּל־עַנְוֵי־אֶרֶץ סֶלָה׃

¹¹ כִּי־חֲמַת אָדָם תּוֹדֶךָּ שְׁאֵרִית חֵמֹת תַּחְגֹּר׃

¹² נִדְרוּ וְשַׁלְּמוּ לַיהוָה אֱלֹהֵיכֶם כָּל־סְבִיבָיו יוֹבִילוּ שַׁי לַמּוֹרָא׃

¹³ יִבְצֹר רוּחַ נְגִידִים נוֹרָא לְמַלְכֵי־אָרֶץ׃

<Al músico principal; sobre "Neginot". Salmo de Asaf. Cántico>

[1] Dios es conocido en Judá; en Israel es grande su nombre.

[2] En Salem está su Tabernáculo y su habitación en Sión.

[3] Allí quebró las saetas del arco,
el escudo, la espada y las armas de guerra. Selah

[4] Glorioso eres tú, poderoso más que los montes de caza.

[5] Los fuertes de corazón fueron despojados, durmieron su sueño;
no hizo uso de sus manos ninguno de los varones fuertes.

[6] A tu represión, Dios de Jacob, el carro y el caballo fueron entorpecidos.

[7] ¡Temible eres tú! ¿Quién podrá estar en pie delante de ti cuando se encienda tu ira?

[8] Desde los cielos hiciste oír tu juicio; la tierra tuvo temor y quedó en suspenso

[9] cuando te levantaste, Dios, para juzgar,
para salvar a todos los mansos de la tierra. Selah

[10] Ciertamente la ira del hombre te alabará; tú reprimirás el resto de las iras.

[11] Prometed y pagad a Jehová vuestro Dios;
todos los que están alrededor de él traigan ofrendas al Temible.

[12] Él cortará el aliento de los príncipes; temible es para los reyes de la tierra.

Ningún salmo puede seguir mejor al 75 que este, que lleva como encabezado "al músico principal; sobre Neginot (es decir, con acompañamiento de instrumentos de cuerda, véase Sal 4, 1), Salmo de Asaf, un canto". La semejanza de algunas expresiones (Dios de Jacob, Sal 75, 10 y Sal 76, 7; santos, malvados de la tierra, Sal 75, 9 y Sal 76, 10) y el mismo desarrollo de conjunto están a favor de la unidad de autor de ambos salmos (Sal 75 y 76). También en otros aspectos, ellos forman una pareja: Sal 75 prepara el camino para la acción divina del juicio como algo inminente; por su parte, Sal 76 celebra ese tema como algo que ya ha sucedido.

Es difícil encontrar unos salmos cuyo contenido coincida de manera tan precisa con una situación histórica que conocemos bien por otras fuentes, es decir, con la derrota del ejército de Asiria ante Jerusalén (LXX, πρὸς τὸν Ἀσσύριον) con los resultados que ello tuvo. El salterio contiene salmos bastante parecidos que se refieren a un acontecimiento semejante durante el reinado de Josafat, es decir, en la guerra de los judíos contra el ejército aliado de los pueblos del entorno, que se destruyeron unos a otros, a través de una masacre que se produjo entre ellos, tal como lo había predicho el asafita Jahaziel (véase *Coment.* a Sal 46, 1-11 y Sal 83).

Ciertamente, en Sal 76, 1-12 la "montaña de la presa (= de la caza)", aplicada a los montes de Seir, con sus numerosos bandidos, podría situarnos en ese contexto del tiempo de Josafat. Pero, lo mismo que en Sal 75 la referencia a la catástrofe de Asiria en el reinado de Ezequías se evoca en este salmo sin ninguna otra referencia al norte, así también en Sal 76 tanto la descripción de שׁמה en 76,

4 como la descripción de la catástrofe remitan al tiempo de la invasión asiria, y solo a ella.

Los puntos de contacto con Isaías y en parte con Oseas (cf. Sal 76, 4 y Os 2, 20) y con Nahúm son explicables por el hecho de que en aquel momento la poesía lírica y la profecía iban vinculadas. En ese contexto, Isaías evoca el tiempo en que Dios descargará su furia sobre Asiria en Is 30,29: "Vuestro canto retumbará como en la noche en que se celebra la fiesta". Ese es un salmo de seis esticos, con una estructura simétrica de estrofas.

76, 2–4. En todo Israel y especialmente en Judá, Elohim es conocido (cf. Sal 76, 2, con participio, mientras que en el Sal 9, 17 va con verbo finito), pues él se ha hecho conocido (cf. דַּע, Is 33, 13). Su nombre es grande en Israel en la medida en que él mismo se ha mostrado como el Grande y ha sido asimismo alabado como el Grande. Dios es conocido en Judá, y más especialmente en Jerusalén, y dentro de Jerusalén en Sión, la ciudadela, con sus puertas primordiales (Sal 24, 7), como lugar donde tiene su morada sobre la tierra, dentro de las fronteras de Israel.

וַיְהִי בְשָׁלֵם סֻכּוֹ) שלם, y está en Salem su tabernáculo) es el nombre antiguo de Jerusalén, pues la ciudad Salem de Melquisedec (Gen 14, 17-20) es la misma Jerusalén de Adonisedec (Jos 10, 1). En esa ciudad primordial de Salem Dios tenía su סֻכּוֹ, su tabernáculo (שכו, Lam 2, 6, igual a סכתו, como en el Sal 27, 5), su מעונתו, su lugar de habitación, una palabra que aparece en otros contextos, aplicada por ejemplo a la madriguera del león (Sal 104, 22; Amós 3, 4); cf. sobre la elección de palabras *Coment.* a Is 31, 9.

El futuro ויהי (וַיְהִי בְשָׁלֵם סֻכּוֹ) es una expresión del hecho evidente de que Dios es conocido en Judá y de que su nombre es grande en Israel, por aquello por lo que él se ha dado a conocer, haciendo que su nombre sea glorificado. שׁמּה (שָׁמָּה שִׁבַּר רִשְׁפֵי-קָשֶׁת), allí, desde donde rompió las flechas del arco, en aquel mismo lugar... Esta palabra, שָׁמָּה, se utiliza en el mismo sentido que שׁם, como en Is 22, 18; 65, 9; 2 Rey 23, 8, *passim*. En árabe *tamma* (*tumma*); en esa línea, תמן (de תמה) confirma el valor acusativo de la terminación *ah* en שָׁמָּה.

רִשְׁפֵי-קָשֶׁת (con *phe raphatum*, cf. en otro sentido Cant 8, 6) son las flechas rápidas como el relámpago, saliendo del arco (cf. Job 41, 20-28). Al lado de las flechas se mencionan otros dos tipos de armas, y finalmente todo lo que pertenece a la guerra, que se incluye en la palabra מלחמה (cf. Os 2, 18).

Dios ha roto en piezas las armas de los poderes mundanos dirigidos en contra de Judá y, por lo tanto, ha destruido ese mismo poder mundano (Is 14, 25). De esa manera se ha manifestado como vencedor, de acuerdo con las predicciones de Os 1, 7 e Is 10, 14, con Is 17, 1-14 y particularmente con Is 31, 8. Dios ha rescatado a su pueblo sin intervención militar directa, sin introducirse en un plano militar en el contexto de las guerras históricas entre las naciones del mundo.

76, 5-7. "Montañas de caza" (cf. מֵהַרְרֵי־טָרֶף), en lugar de las cuales los LXX ponen ὀρέων αἰωνίων (טרם?), es una denominación emblemática para referirse a las orgullosas posesiones de los poderes del mundo, que destruyen a todos los que se acercan a ellas[7]. En este caso es el mismo Dios el que destruye de un modo especial a los poderes mundanos orgullosos y depredadores, sin necesidad de guerra.

Muy por encima de esos poderes planea la Gloria de Dios, que es ilustre (brillante, llena de luz, נאור, como la lámpara), en sentido moral y religioso, no militar. Dios se revela así como el Iluminado por excelencia, como el ser rodeado de luz, fortificado en la Luz que es Dios, en el sentido de Dan 2, 22; 1 Tim 6, 16.

Dios es אדיר, es el fuerte, y ante él sucumben los más grandes poderes de las naciones, que son como las montañas del Líbano (cf. Is 10, 34). Como dice Solinus (ed. Mommsen, p. 124) los "moros" (magrebíes) llaman al Atlas el monte *Addirim* (monte de los Fuertes).

La destrucción de esos poderes se describe en el Sal 76, 6. Los fuertes de corazón, los de corazón de león, han sido despojados (אֶשְׁתּוֹלְלוּ אַבִּירֵי לֵב), desarmados, desnudados. Esa palabra (אֶשְׁתּוֹלְלוּ, con *gaya orthophonico*, véase Baer, *Metheg-Setzung*, 4) es una pretérito arameizante, *hitpoel* (como אתחבר en 2 Cron 20, 35; cf. Dan 4, 16; Is 63, 3) con un significado pasivo.

Por el Sal 76, 6 vemos que se describe ya el comienzo de la catástrofe, y que por tanto נמו (נָמוּ שְׁנָתָם) ha de entenderse en sentido incoativo: ellos han caído en un profundo sueño, el sueño sin fin (Jer 51, 39; Jer 51, 57), como dice Nahúm 3, 18: tus pastores duermen, oh rey de Asiria, tus valientes descansan, están inactivos.

Así los vemos en el Sal 76, 6, dormidos, en los últimos tronos de la muerte, haciendo un último esfuerzo inútil de levantarse de nuevo. Pero no pueden encontrar sus manos, que ellos habían antes levantado de forma amenazadora en contra de Jerusalén, pues ellas se encuentran tullidas, sin movimiento, rígidas y muertas. Cf. las frases de Jos 8, 20; 2 Sam 7, 27 y la sentencia talmúdica: "No ha encontrado sus manos y sus pies en la casa de la escuela", en el sentido de "estaba totalmente desconcertado y estupefacto" (referencias en Dukes, *Rabbinische Blumenlese*, p. 191).

El campo de cadáveres es el resultado de la energía omnipotente de la palabra del Dios de Jacob (cf. וגער בו, Is 17, 13). Ante esa amenaza de la palabra de Dios tanto el carro de combate como el caballo han caído presa de un ataque de inmovilidad y de inconsciencia (una alusión a Ex 15 y a Is 43, 17), donde se dice que quedan destruidos caballo y caballero, el ejército y sus héroes: se han

---

7. Un verso de un bello poema que Muḥammel Ibn Duḥî, el filarca de los Beni Zumeir, un honorable poeta de la estepa, dictó al Cónsul Wetzstein reza así: los nobles son como una montaña elevada en la que, cuando tú llegas a ella, encuentras dispuesta una cena y protección (árabe: *'l-'š' w-ḍry*).

desvanecido, no se levantarán nunca jamás, pues se han apagado para siempre como mecha de fuego humeante.

76, 8–10. También Nahúm 1, 6 saca la misma conclusión de la derrota de Senaquerib que la que vemos aquí en el Sal 76, 8. מאז אפך (וּמִי־יַעֲמֹד לְפָנֶיךָ מֵאָז אַפֶּךָ): ¿quién podrá estar en pie ante ti cuando se encienda tu ira? (cf. Ruth 2, 7; Jer 44, 18). Eso significa que ha llegado el tiempo decisivo, como muestra la partícula אז en el Sal 2, 5: cuando irrumpa tu ira.

Dios ha enviado desde el cielo su palabra de juicio, en medio del "din" o violencia de guerra de este mundo hostil, de forma que inmediatamente tuvo que cesar la guerra, la tierra quedó estremecida de miedo, y su tumulto tuvo que cesar, en el momento en el que Dios se elevó con su ayuda a favor de su pueblo inquieto y sufriente, cuando él habló, como leemos en Is 33, 10, respondiendo a la plegaria que los oprimidos le dirigieron en medio de la más honda necesidad (cf. Is 33, 2).

76, 11–13. El hecho experimentado en los versos anteriores viene a condensarse y expresarse ahora en el Sal 76, 11 en forma de verdad universal, que aparece ya de un modo externamente manifiesto. La ira de los hombres debe "alabarte a ti", esto es, debe redundar en último término en tu gloria, dado que permanece contigo, para ti (para Dios) un שְׁאֵרִית, i. e., un resto siempre inextinguible (propio de Dios, no de los hombres), por medio del cual tú puedes ceñirte, esto es, armarte en contra de la ira humana para así aplacarla.

Ese שְׁאֵרִית חֵמֹת es un depósito infinito de ira que queda todavía a disposición de Dios, después de que la ira humana ha llegado a su límite. Esta es la ira infinita de Dios que aún permanece a su lado (de su parte) después que la rabia o ira humana (חמה) se ha extinguido en sí misma, cuando Dios, con toda calma, riendo (Sal 2, 4) permita a los titanes hacer lo que ellos quieran, como está sucediendo en este tiempo, sabiendo que ellos acabarán destruyéndose a sí mismos.

Conforme a esta interpretación, con el resto de la furia de los hombres hostiles, Dios se ceñirá, de forma que ella (esa furia derrotada) le servirá como adorno y ornamento. Dios convierte así la malignidad del hombre en lo contrario. De esa manera, el "resto de la ira" (שארית חמת, ἐγκατάλειμμα ἐνθυμίου) indica la malignidad que se convierte de pronto en lo inverso, de manera que Dios puede convertir la ira humana en principio de salvación.

Este es el sentido del poder inexhaustible de la ira divina, que se encuentra en el fondo de todo lo que estamos indicando. En esa línea, conforme a este contexto, aquellos que pertenecen al pueblo de Dios tienen que hacer votos a Dios y "pagarlos", es decir, cumplirlos. Esta es la revelación suprema de la ira de Dios, ante la que deben inclinarse los hombres de Israel, cumpliendo sus votos. Y no solo ellos, sino todos los pueblos que habitan en el entorno del pueblo de Dios.

Según eso, כָּל־סְבִיבָיו, todos los pueblos del entorno de Israel tienen que llevar sus ofrendas (Sal 68, 30) al Dios que es מוֹרָא (כָּל־סְבִיבָיו יוֹבִילוּ שַׁי לַמּוֹרָא), el "terrible", en sentido positivo, suma y plenitud de todo aquello que suscita terror, para transformar la vida de los hombres. De esa forma, este pasaje nos sitúa ante el Dios del *Terror* universal, entendido como principio de Salvación.

Así se le llama a Dios en Is 8, 13 (el gran *Terror*, מוֹרָא). Esta palabra del Sal 76, 13, concuerda con la predicción de Isaías, según la cual, a consecuencia de la acción judicial de Dios sobre Asiria, Etiopía se presentará ante el Dios de Israel con ofrendas (Is 18, 1-7), como aparece en el cumplimiento de 2 Cron 32, 23. De esa manera, el lenguaje del Sal 76, 13a se parece al de Isaías (cf. Is 18, 5; 25, 1-12; Is 33, 1).

De esa forma se manifiesta el Dios que cortará el aliento de los príncipes, es decir, de los déspotas, lo mismo que el viñador cuando corta los retoños silvestres o las ramas inútiles de la viña. De la misma forma, Dios corta todo lo que es inútil, lo que no da fruto. Esta es la figura que ha sido esbozada por Joel 3, 13, desarrollada por Isaías y expresada en forma de visión de Ap 14, 17-20, donde se recuerda el texto aquí evocado.

Dios pone así un fin a toda la conducta desafiante, arrogante, de los tiranos de la tierra, apareciendo de esa forma como el Temido por todos los reyes de la tierra —hasta que al fin todos los pueblos vengan a ser de Dios y de su Cristo, cuando la ira se transforme en principio de salvación.

Salmo 77. Consuelo que deriva del pasado en años de aflicción

¹ לַמְנַצֵּחַ עַל־(יְדִיתוּן) [יְדוּתוּן] לְאָסָף מִזְמוֹר׃
² קוֹלִי אֶל־אֱלֹהִים וְאֶצְעָקָה קוֹלִי אֶל־אֱלֹהִים וְהַאֲזִין אֵלָי׃
³ בְּיוֹם צָרָתִי אֲדֹנָי דָּרָשְׁתִּי יָדִי| לַיְלָה נִגְּרָה וְלֹא תָפוּג
מֵאֲנָה הִנָּחֵם נַפְשִׁי׃
⁴ אֶזְכְּרָה אֱלֹהִים וְאֶהֱמָיָה אָשִׂיחָה| וְתִתְעַטֵּף רוּחִי סֶלָה׃
⁵ אָחַזְתָּ שְׁמֻרוֹת עֵינָי נִפְעַמְתִּי וְלֹא אֲדַבֵּר׃
⁶ חִשַּׁבְתִּי יָמִים מִקֶּדֶם שְׁנוֹת עוֹלָמִים׃
⁷ אֶזְכְּרָה נְגִינָתִי בַּלָּיְלָה עִם־לְבָבִי אָשִׂיחָה וַיְחַפֵּשׂ רוּחִי׃
⁸ הַלְעוֹלָמִים יִזְנַח| אֲדֹנָי וְלֹא־יֹסִיף לִרְצוֹת עוֹד׃
⁹ הֶאָפֵס לָנֶצַח חַסְדּוֹ גָּמַר אֹמֶר לְדֹר וָדֹר׃
¹⁰ הֲשָׁכַח חַנּוֹת אֵל אִם־קָפַץ בְּאַף רַחֲמָיו סֶלָה׃
¹¹ וָאֹמַר חַלּוֹתִי הִיא שְׁנוֹת יְמִין עֶלְיוֹן׃
¹² (אַזְכִּיר) [אֶזְכּוֹר] מַעַלְלֵי־יָהּ כִּי־אֶזְכְּרָה מִקֶּדֶם פִּלְאֶךָ׃
¹³ וְהָגִיתִי בְכָל־פָּעֳלֶךָ וּבַעֲלִילוֹתֶיךָ אָשִׂיחָה׃

¹⁴ אֱלֹהִים בַּקֹּדֶשׁ דַּרְכֶּךָ מִי־אֵל גָּדוֹל כֵּאלֹהִים:

¹⁵ אַתָּה הָאֵל עֹשֵׂה פֶלֶא הוֹדַעְתָּ בָעַמִּים עֻזֶּךָ:

¹⁶ גָּאַלְתָּ בִּזְרוֹעַ עַמֶּךָ בְּנֵי־יַעֲקֹב וְיוֹסֵף סֶלָה:

¹⁷ רָאוּךָ מַּיִם אֱלֹהִים רָאוּךָ מַּיִם יָחִילוּ אַף יִרְגְּזוּ תְהֹמוֹת:

¹⁸ זֹרְמוּ מַיִם עָבוֹת קוֹל נָתְנוּ שְׁחָקִים אַף־חֲצָצֶיךָ יִתְהַלָּכוּ:

¹⁹ קוֹל רַעַמְךָ בַּגַּלְגַּל הֵאִירוּ בְרָקִים תֵּבֵל רָגְזָה וַתִּרְעַשׁ הָאָרֶץ:

²⁰ בַּיָּם דַּרְכֶּךָ (וּשְׁבִילֶיךָ) וּשְׁבִילְךָ בְּמַיִם רַבִּים וְעִקְּבוֹתֶיךָ לֹא נֹדָעוּ:

²¹ נָחִיתָ כַצֹּאן עַמֶּךָ בְּיַד־מֹשֶׁה וְאַהֲרֹן:

<Al músico principal; para Jedutún. Salmo de Asaf>

¹ Con mi voz clamé a Dios, a Dios clamé porque él me escucha.

² Al Señor busqué en el día de mi angustia;

alzaba a él mis manos de noche, sin descanso; mi alma rehusaba el consuelo.

³ Me acordaba de Dios, me conmovía; me quejaba y desmayaba mi espíritu. Selah

⁴ No me dejabas pegar los ojos; estaba yo quebrantado y no hablaba.

⁵ Consideraba los días desde el principio, los años pasados.

⁶ Me acordaba de mis cánticos de noche; meditaba en mi corazón y mi espíritu inquiría,

⁷ "¿Desechará el Señor para siempre y no volverá más a sernos propicio?

⁸ ¿Ha cesado para siempre su misericordia?

¿Se ha acabado perpetuamente su promesa?

⁹ ¿Ha olvidado Dios el tener misericordia?

¿Ha encerrado con ira sus piedades?". Selah

¹⁰ Entonces dije: "Enfermedad mía es esta; traeré,

pues, a la memoria los años de la diestra del Altísimo".

¹¹ Me acordaré de las obras de Jah; sí, haré yo memoria de tus maravillas antiguas.

¹² Meditaré en todas tus obras y hablaré de tus hechos.

¹³ Dios, santo es tu camino ¿Qué dios es grande como nuestro Dios?

¹⁴ Tú eres el Dios que hace maravillas; hiciste notorio en los pueblos tu poder.

¹⁵ Con tu brazo redimiste a tu pueblo, a los hijos de Jacob y de José. Selah

¹⁶ Dios, te vieron las aguas; las aguas te vieron y temieron;

los abismos también se estremecieron.

¹⁷ Las nubes echaron inundaciones de aguas,

tronaron los cielos y se precipitaron tus rayos.

¹⁸ La voz de tu trueno estaba en el torbellino;

tus relámpagos alumbraron el mundo; se estremeció y tembló la tierra.

¹⁹ En el mar fue tu camino y tus sendas en las muchas aguas;

tus pisadas no fueron halladas.

²⁰ Condujiste a tu pueblo como a ovejas por mano de Moisés y de Aarón.

La tierra tembló y quedó callada, dice el Sal 76, 9; la tierra tembló y quedó conmocionada, dice Sal 77, 19. Este pensamiento común es como el lazo con el que quedan vinculados estos dos salmos.

En un sentido general puede decirse que el poeta del Sal 77 vuela de la situación de tristeza actual a la memoria de los viejos tiempos, y se consuela de un modo especial con la liberación de Egipto, un gesto tan rico en maravillas. Por lo demás no queda claro el tipo de aflicción nacional que lleva al salmista a refugiarse desde el Dios actualmente escondido en el Dios que antiguamente se manifestaba.

De todas formas, no se trata de una aflicción puramente personal, sino, como lo muestra la búsqueda de revelaciones antiguas en el contexto de la historia nacional, tiene que tratarse de una aflicción compartida con el conjunto de su pueblo. En medio de esta retrospectiva hímnica el salmo parece acabar y romperse de repente en 77, 20, de forma que algunos como Olshausen piensan que se trata de un salmo mutilado y otros como Tholuck piensan que el autor no pudo terminarlo.

Pero como muestran Sal 77 y 81, esta es una manera asáfica de concluir una visión histórica, sin que la línea de pensamiento tenga que volver a su principio. Allí donde este salmo acaba, empieza Hab 3, retomando el argumento y siguiendo en adelante. En esa línea, el profeta comienza con la oración por la que pide a Dios que haga que revivan los hechos antiguos, desde los tiempos de Moisés, acordándose de su misericordia en medio de la ira. Pues bien, dicho eso, a partir de ese momento, con figuras y palabras tomadas de nuestro salmo, Habacuc describe un nuevo camino de redención, por el que se supera y trasciende lo antiguo.

Esto queda claro: que el Sal 77 es anterior que Habacuc. Ciertamente, Philippson considera que las mutuas relaciones entre Habacuc y Sal 77 son accidentales y que se limitan a la semejanza general de ciertas expresiones. Pero, en contra de eso, según Hitzig, el autor de este salmo es lector e imitador de Hab 3.

En esa línea, conforme a lo que hemos probado en nuestro *Comentario de Habacuc* (1843, p. 118-125), pienso que la relación mutua entre el Sal 77 y Hab 3 es muy profunda, pero en un sentido inverso al que propone Hitzig. Estoy convencido de que ha sido este salmo el que ha influido mucho en la visión profética de Habacuc, que lo ha reelaborado.

En ese sentido podemos afirmar que, en general, los salmos asáficos están llenos de esquemas teológicos novedosos y valientes, que han sido después completados por los escritores proféticos. Así ponemos aquí de nuevo la pregunta: ¿cómo ha sido posible que un salmo sombrío como el Sal 77, dirigido hacia la historia del pasado, haya podido ser recreado o expandido en Hab 3, con su gozosa mirada dirigida hacia adelante, hacia un luminoso y bendito futuro?

La razón nos parece clara: Hab 3 se funda en la visión retrospectiva del Sal 77, pero con la confianza de que la plegaria del orante de este salmo ha sido escuchada. De esa forma, con la certeza de que esa oración ha llegado hasta el

Altísimo, el profeta puede abrir su mente a la nueva acción de Dios, en la que se revive y cumple la liberación anunciada, iniciada, en los días de Moisés.

Esto es todo lo que puede afirmarse: que el Sal 77 es anterior a Habacuc, profeta que actuó públicamente en el reinado de Josías, o quizá incluso durante el tiempo de Manasés. De una comparación entre Sal 77, 3. 16 y Gen 37, 35, no se puede sacar la conclusión de que la caída del reino de las diez tribus, que había sucedido en ese tiempo (durante el reinado de Manasés) fue un tema importante de pena o dolor para el autor de este salmo. En los versos de este salmo no se pueden encontrar más referencias a ese posible acontecimiento de la caída del reino del norte. De todas formas, los salmos asáficos ponen de relieve en su conjunto la importancia de las tribus de José.

La tarea del preceptor o músico principal se atribuye en este salmo a Jedutún (*keré* Jedutun), con עַל (Sal 62, 1), que suele alternar con לְ (Sal 39, 1). Por otra parte, la hipótesis de que יְדוּתוּן se está refiriendo aquí al conjunto de los *jedutunitas* (que serían "supervisores" de los textos) es posible, pero no tenemos ejemplos que puedan confirmarla. El esquema estrófico del salmo es 7. 12. 12. 12. 2. Las tres primeras estrofas o grupos de esticos terminan con *Selah*.

77, 2-4. El poeta está resuelto a orar sin descanso, y así lo hace, aunque su alma se encuentre sin consuelo, y muy tentada por la gran diferencia que existe entre los días antiguos y los tiempos actuales. Conforme a la puntuación, וְהַאֲזִין אֵלָי וְהַאֲזִין, y/porque me escucha) parece ser un imperativo, según la forma הַקְטִיל, en lugar de הַקְטֵל y הַקְתִילָה, cf. Sal 94, 1; Is 43, 8; Jer 17, 18, cf. también Sal 142, 5; 2 Rey 8, 6, *passim*. En esa línea, el sentido es *et audi* con el significado de *ut audias,* que oigas (cf. 2 Sam 21, 3).

Los pretéritos del Sal 77, 3 expresan algo que ha comenzado y que seguirá realizándose. Durante este tiempo presente de aflicción, el salmista se dirige al Señor, que (a su juicio) se ha separado de él o que le ha abandonado. Su mano está abierta, está extendida (pero no "derramada", porque el sentido radical de נגר, נִגְּרָה יָדִי לַיְלָה, extendí mis manos en la noche es *protrahere,* como indica el siríaco). Eso significa que el orante sigue empeñado y cansado en la noche en oración, pero, a pesar de ello, se mantiene firme (con אֱמוּנָה, como en Ex 17, 12), extendidas sus manos hacia el cielo.

Su alma de orante carece de alivio, y todos los consuelos se alejan de él, como si rebotaran ante su presencia (cf. Gen 37, 35; Jer 31, 15). Si recuerda a Dios, que en otro tiempo estuvo cerca de él, se siente movido a gemir (cf. Sal 55, 18, Sal 55, 3; sobre la forma cohortativa de los verbos en *lamed he*, cf. Gesenius 75, 6), porque Dios está separado de él. Por eso, cuando el salmista suplica para encontrar a Dios de nuevo, su espíritu vuelve a ponerse en vela, introduciéndose en la noche y debilidad (תִתְעַטֵּף como en Sal 107, 5; Sal 142, 4; Sal 143, 4). Cada uno de los dos miembros del Sal 77, 4 son prótasis y apódosis. Sobre este tipo de estructura emocional de la sentencia, cf. Ewald, 357b.

77, 5–10. El poeta dice que sus párpados son שְׁמֻרוֹת עֵינָי. (guardianes de mis ojos). Dios mismo es quien los mantiene abiertos en oración, mientras que él (el poeta), ya agotado, quisiera dormir y descansar. Esa mirada hacia Dios mantiene despierto al poeta, a pesar de la sobrecarga de sus preocupaciones. Hupfeld y otros traducen así: "Tú has mantenido, tú has hecho que estén despiertas las vigilias de la noche de mis ojos", pero esta expresión resulta poco precisa. Los pretéritos establecen lo que ha sucedido hasta ahora, y no ha culminado todavía.

El poeta se mantiene como antes, recibiendo los mismos golpes y ataques, como si estuviera atado sobre un yunque (פעם), y su voz le fallara. En este momento comienza el soliloquio silencioso, en lugar de la oración audible anterior. De esa forma, él vuelve en pensamiento a los días antiguos (Sal 143, 5), a los años de períodos pasados (Is 51, 9), en los que había recibido pruebas tan abundantes del poder y de la ternura amorosa de Dios, que se le manifestaba como un Dios cercano; pero ese Dios se encuentra ahora escondido.

El salmista recuera el pasado más feliz de su pueblo, y el suyo en particular, y de esa manera, en medio de la noche, él hace que vuelva en la oscuridad de su mente el tiempo en el que la gozosa acción de gracias le impulsaba a cantar las alabanzas de Dios, acompañado por la música del arpa (la palabra בלילה, en la frase אֶזְכְּרָה נְגִינָתִי בַּלָּיְלָה, se vincula según los acentos con el verbo, no con נגינתי, aunque esa construcción tendría a su favor una serie de pasajes paralelos como los de Sal 16, 7; Sal 42, 9; Sal 92, 3, cf. Job 35, 10).

Pues bien, en contra del consuelo que recibía de los cantos de antaño, ahora se siente hundido en medio de sus gritos, de sus suspiros y del silencio triste que le ha dominado. Por eso, ahora, se dedica a murmurar con el corazón, es decir, en el retiro más profundo de su naturaleza, y de esa forma permite que sus pensamientos vengan y vayan entre el tiempo presente y los días antiguos, de manera que, a causa de esto (con un futuro consecutivo, אֶזְכְּרָה אֲשִׂיחָה, como en el Sal 42, 6), su espíritu se encuentra rumiando, como si estuviera lleno de escrúpulos (que los LXX reproducen con la palabra σκάλλειν; Aquila con σκαλεύειν), mientras que el conflicto de su tentación interior crece cada vez más.

Ahora siguen las dos preguntas de duda que brotan de su situación de hombre tentado, que se expresan en 77, 8-10 (cf. Sal 85, 7): el salmista quiere saber si Dios ha abandonado su misericordia y su promesa, aunque sabe que ese abandono iría en contra del carácter incambiable de su naturaleza (Mal 3, 6) y de la inviolabilidad de su alianza. En esa línea אפס (הֶאָפֵס לָנֶצַח חַסְדּוֹ) alterna con גמר (גָּמַר אֹמֶר לְדֹר וָדֹר), cf. Sal 12, 2).

Por su parte, חַנּוֹת es un infinitivo constructo, formado en la línea de los verbos *lamed he*, a pesar de que esos verbos suelen construirse como infinitivos absolutos (שְׁמוֹת, Ez 36, 3, cf. *Coment.* a Sal 17, 3). Tanto Gesenius como Olshausen (que tienen dudas de esta forma de infinitivo: p. 245s) explican esta palabra en la línea de Aben-Ezra y Kimchi, como plural de un substantivo (que sería חַנָּה) pero, teniendo en cuenta el ejemplo que ellos citan del libro de Ezequiel (cf. Hitzig), ese tipo de plural substantivado es sintácticamente imposible.

77, 11-16. Con וָאֹמַר (וָאֹמַר חַלּוֹתִי הִיא, y dije "enfermedad mía es esta") el poeta introduce la palabra de ánimo con la que él se ha calmado, tras vencer los problemas de la tentación anterior, tranquilizándose a sí mismo. En la traducción de חַלּוֹתִי (con el tono cargado hacia atrás por el monosílabo siguiente) incluso el Targum vacila entre מְרָעוּתִי (mi enfermedad, mi aflicción) y בָּעוּתִי (mi súplica); y lo mismo sucede en la traducción del Sal 77, 11, entre אִשְׁתַּנִּי (he cambiado) y שְׁנִין (años).

שְׁנוֹת (cf. שְׁנוֹת יְמִין עֶלְיוֹן) no puede significar cambio, en un sentido activo, como traduce Lutero. "La mano derecha del Altísimo puede cambiar todo…", pero solo haciendo que sea diferente, como han traducido los LXX, con ἀλλοίωσις y Símaco, con ἐπιδευτέρωσις, de manera que Maurer, Hupfeld y Hitzig han traducido el texto así: *esta es mi aflicción, que la mano derecha del Altísimo ha cambiado.*

Pero después que en el Sal 77, 6 hemos traducido שְׁנוֹת como plural poético de שָׁנָה, tenemos que empezar precisando si esa palabra tiene aquí el mismo significado. Sobre eso pueden darse al menos dos interpretaciones: (a) el texto puede traducirse: "Mi súplica es esta: (quiero) años de la mano derecha del Altísimo", es decir, años que se renueven como los antiguos. Pero este pensamiento no responde a la introducción del texto con וָאֹמַר; (b) o puede traducirse: "Han existido años de la mano derecha del Altísimo", es decir, años en los que la mano poderosa de Dios, ante la que yo debo humillarme (1 Ped 5, 6), me ha formado y medido.

En conexión con esta forma de entender 77, 11, el nuevo verso de 77, 12 se encuentra ajustado al contexto, y se puede vincular bien con lo anterior. El poeta se dice a sí mismo que la aflicción que le ha tocado ahora tiene su tiempo, y que no durará para siempre. Aquí se funda una esperanza según la cual la visión retrospectiva del pasado puede convertirse en un principio más fuerte de consuelo para el futuro.

En 77, 12, ha de preferirse el *qetub* אֶזְכִּיר, porque así se explica mejor el כִּי posterior: כִּי־אֶזְכְּרָה מִקֶּדֶם, yo recordaré, es decir, daré a conocer o celebraré (Is 63, 7) los hechos de *Yah,* tus maravillosas acciones de días antiguos. De esa manera se mitiga el dolor por la diferencia entre el pasado y el futuro, porque la mano poderosa de Dios hará que se eleven y cumplan en su propio tiempo los acontecimientos del pasado. Por eso, como muestra el cambio del indicativo al cohortativo (cf. Sal

17, 15), el poeta se consuela y anima con la obra de salvación de Dios, a través de todas sus manifestaciones milagrosas desde los tiempos más antiguos.

El nombre más simple del Dios de Israel es יה (cf. אַזְכִּיר מַעֲלְלֵי־יָהּ, me acordaré de las obras de Yah). Este es el apelativo más conciso y completo de Dios en la historia de la redención, tal como pide el profeta Habacuc, cuando dice a Yah/Jah que retome su obra de redención en medio de los años que vienen, llevándola a su cumplimiento glorioso. A ese Dios que fue y que ha de ser nuevamente salvador en el futuro eleva el poeta su voz de alabanza y celebración. El camino de Dios es la norma de la historia y especialmente, como en Hab 3, 6, el sentido y esperanza de su הליכות, su norma redentora.

El pasaje originario de este tema, Ex 15, 11 (cf. Sal 68, 25) muestra que בקדש no ha de traducirse "en el santuario" (LXX, ἐν τῷ ἁγίῳ), sino "en santidad" (Símaco, ἐν ἁγιασμῷ). Dios es santo y glorioso en su amor y en su ira. Dios va (camina) a través de la historia y se muestra a sí mismo en ella como el incomparable, con el que ninguna realidad (incluidos los dioses/ídolos que no son) puede compararse. Él es האל, Dios sin más, Dios en absoluto, en exclusiva, hacedor de milagros (עשׂה פלא, cf. Gen 1, 11).

Dios se define así como עֹשֵׂה פֶלֶא, el Dios que se revela a sí mismo a través de sus obras, como el Viviente, por encima de este mundo. Él ha hecho que su omnipotencia sea conocida entre todos los pueblos, como se muestra en Ex 15, 16 por medio de la redención de su pueblo, que son las tribus de Jacob y la doble tribu de José, a las que ha sacado de Egipto.

El éxodo se entiende así como la obra del brazo de Dios, la obra de su poder, de forma que por ella Dios se ha revelado a todos los pueblos, mostrándose a toda la tierra, como Dios del mundo entero, Dios de la salvación (Ex 9, 16; Ex 15, 14). בזרוע, con su brazo, es decir, con su brazo extendido (Ex 6, 6; Dt 4, 34, *passim*), como se decía en el Sal 75, 6, בצואר, con su cuello, es decir, con su cuello elevado. Y aquí suena la música, de forma que toda esta estrofa puede entenderse como obertura para el próximo himno de celebración por la salida de Egipto, de forma que Dios aparecerá como el Redentor que ha sacado a los israelitas de la esclavitud (cf. 77, 17-21).

77, 17–21. Cuando Dios dirigió su lanza (su palabra) hacia el mar Rojo, que se oponía al camino de sus redimidos, las aguas sintieron de repente que se hallaban como en un tipo de dolores de parto (רָאוּךָ מַּיִם יָחִילוּ: יָחִילוּ, te vieron las aguas y temieron, como dice Hab 3, 10), e incluso los abismos de la profundidad temblaron, porque ante la omnipotencia del Dios redentor, que crea una obra nueva en medio de la vieja creación, las normas del curso ordinario de la naturaleza vinieron a ser superadas. Desde ese fondo han de entenderse los versos 77, 18-19 con su visión de la tormenta.

El poeta desea describir la forma en que todos los poderes de la naturaleza vienen a convertirse en servidores de la majestuosa revelación de Yahvé, cuando él ejecuta su juicio sobre Egipto y libera a los israelitas. La palabra זרם (מַיִם עָבוֹת זרְמוּ, las nubes arrojaron inundaciones de aguas…) es *poel* de זרם (de la raíz de זרב, זרף, etíope זנם) y significa llover intensamente, arrojar torrentes de agua. En vez de mantener el tema en esa línea, con un cambio en la letra del pasaje originario, algo que es más normal en Jeremías, Habacuc ha escrito en este contexto זרם מים עבר.

El retumbar de los cielos o שחקים que se extiende en la distancia (נתנו, cf. Sal 68, 34) es el trueno[8]. Las flechas de Dios (חִצֶּיךָ, en Hab חציך) son los relámpagos. El *hitpael* יִתְהַלָּכוּ (en lugar del cual Habacuc pone יחלכו), indica el ir y venir, zigzaguear, de los relámpagos, que van de un lugar a otro al servicio de la omnipotencia de Dios que los envía.

Queda abierta la cuestión de si גלגל (קוֹל רַעַמְךָ בַּגַּלְגָּל) expresa el rodar del trueno (Aben-Ezra, Maurer, Böttcher: el sonido de tu trueno iba rodando. cf. Sal 29, 4) o si es más bien el torbellino que acompaña a la tormenta del trueno (Hitzig). El uso del lenguaje parece estar a favor de esta última interpretación (Sal 83, 14, también Ez 10, 13, siríaco *golgolo*).

El Sal 77, 19 ha dejado un eco fuerte en el Sal 97, 4. En medio de las fuertes conmociones en la naturaleza, encima y por abajo, Yahvé camina por el mar, y lo hace de un modo especial a favor de su pueblo, es decir, a favor de sus redimidos en las aguas del Mar Rojo. Su persona y su acción en sí resultaban invisibles, pero fue visible el resultado de su presencia activa a favor de los redimidos.

Yahvé trazó su camino a través del mar, delineando o cortando su senda (*qetub* plural, שְׁבִילֶיךָ, como en Jer 18, 15) por las grandes aguas (o, según Habacuc, haciendo que sus caballos galoparan…) sin dejar huellas de sus pisadas (עקבות *con dag. dirimens*), pero mostrando claramente que había pasado.

---

8. Hemos indicado en Sal 18, 12; Sal 36, 6, que los שׁהקים (los cielos) reciben ese nombre por su delgadez, pero pasajes como el del Sal 18, 12 y el que ahora estudiamos no favorecen esa idea. Quizá es preferible buscar la raíz y sentido original de esa palabra en el árabe *sḥq*, estar distante (de donde viene *suḥk*, distancia; *saḥîk*, distante), de manera que שׁהקים signifique "las distancias", como שׁמים, las alturas, de שׁחק igual a *suḥk*. Pero en hebreo no encontramos trazas de esta raíz verbal, mientras que שׁחק, árabe *sḥq*, contusionar, afinar (Neshwn: romper las piedras, término usado en las farmacias para pulverizar drogas o medicinas) es una raíz y palabra que se emplea tanto en hebreo como en árabe.

Esa es una palabra que se sigue asociando en árabe con ese sentido, por ejemplo, en *saḥábun saḥqun* (nubes tenues, *nubila tenuia*), que se dice también *sḥâb rqîq*. Según eso, שׁהקים, conforme a su primer sentido, es aquello que se extiende de un modo fino, tenue, sobre una superficie extensa, en contra de las nubes densas y pesadas. Eso significa que las שׁהקים de este pasaje no son las nubes, sino la superficie lisa y estrellada del cielo que se muestra ante nosotros, que está por encima de nosotros (nota de Fleischer).

El verso 77, 21, si hemos dividido de un modo correcto las estrofas anteriores, no es una nueva estrofa, sino más bien un refrán o estribillo conclusivo. Como si fuera un rebaño, Dios dirige a su pueblo por la mano de Moisés y Aarón (Num 33, 1) llevándole a la meta prometida (נָחִיתָ כַצֹּאן עַמֶּךָ בְּיַד־מֹשֶׁה וְאַהֲרֹן).

Esta es una figura favorita del salmista, de manera que puede tomarse como "monograma" o tema distintivo de los salmos de Asaf y de su escuela. De manera significativa, el poeta termina aquí su salmo, como introduciéndose él mismo en la antigua historia de la redención, un recuerdo que le ofrece descanso en abundancia, una narración que se vuelve para él profecía del futuro, una profecía ratificada en los tiempos fecundos del pasado, lejos de los calamitosos del presente.

Salmo 78. Historia de Moisés a David: un espejo que avisa

¹ מַשְׂכִּיל לְאָסָף הַאֲזִינָה עַמִּי תּוֹרָתִי הַטּוּ אָזְנְכֶם לְאִמְרֵי־פִי:

² אֶפְתְּחָה בְמָשָׁל פִּי אַבִּיעָה חִידוֹת מִנִּי־קֶדֶם:

³ אֲשֶׁר שָׁמַעְנוּ וַנֵּדָעֵם וַאֲבוֹתֵינוּ סִפְּרוּ־לָנוּ:

⁴ לֹא נְכַחֵד מִבְּנֵיהֶם לְדוֹר אַחֲרוֹן מְסַפְּרִים תְּהִלּוֹת יְהוָה וֶעֱזוּזוֹ וְנִפְלְאוֹתָיו אֲשֶׁר עָשָׂה:

⁵ וַיָּקֶם עֵדוּת בְּיַעֲקֹב וְתוֹרָה שָׂם בְּיִשְׂרָאֵל אֲשֶׁר צִוָּה אֶת־אֲבוֹתֵינוּ לְהוֹדִיעָם לִבְנֵיהֶם:

⁶ לְמַעַן יֵדְעוּ דּוֹר אַחֲרוֹן בָּנִים יִוָּלֵדוּ יָקֻמוּ וִיסַפְּרוּ לִבְנֵיהֶם:

⁷ וְיָשִׂימוּ בֵאלֹהִים כִּסְלָם וְלֹא יִשְׁכְּחוּ מַעַלְלֵי־אֵל וּמִצְוֹתָיו יִנְצֹרוּ:

⁸ וְלֹא יִהְיוּ כַּאֲבוֹתָם דּוֹר סוֹרֵר וּמֹרֶה דּוֹר לֹא־הֵכִין לִבּוֹ וְלֹא־נֶאֶמְנָה אֶת־אֵל רוּחוֹ:

⁹ בְּנֵי־אֶפְרַיִם נוֹשְׁקֵי רוֹמֵי־קָשֶׁת הָפְכוּ בְּיוֹם קְרָב:

¹⁰ לֹא שָׁמְרוּ בְּרִית אֱלֹהִים וּבְתוֹרָתוֹ מֵאֲנוּ לָלֶכֶת:

¹¹ וַיִּשְׁכְּחוּ עֲלִילוֹתָיו וְנִפְלְאוֹתָיו אֲשֶׁר הֶרְאָם:

¹² נֶגֶד אֲבוֹתָם עָשָׂה פֶלֶא בְּאֶרֶץ מִצְרַיִם שְׂדֵה־צֹעַן:

¹³ בָּקַע יָם וַיַּעֲבִירֵם וַיַּצֶּב־מַיִם כְּמוֹ־נֵד:

¹⁴ וַיַּנְחֵם בֶּעָנָן יוֹמָם וְכָל־הַלַּיְלָה בְּאוֹר אֵשׁ:

¹⁵ יְבַקַּע צֻרִים בַּמִּדְבָּר וַיַּשְׁקְ כִּתְהֹמוֹת רַבָּה:

¹⁶ וַיּוֹצִא נוֹזְלִים מִסָּלַע וַיּוֹרֶד כַּנְּהָרוֹת מָיִם:

¹⁷ וַיּוֹסִיפוּ עוֹד לַחֲטֹא־לוֹ לַמְרוֹת עֶלְיוֹן בַּצִּיָּה:

¹⁸ וַיְנַסּוּ־אֵל בִּלְבָבָם לִשְׁאָל־אֹכֶל לְנַפְשָׁם:

¹⁹ וַיְדַבְּרוּ בֵּאלֹהִים אָמְרוּ הֲיוּכַל אֵל לַעֲרֹךְ שֻׁלְחָן בַּמִּדְבָּר:

²⁰ הֵן הִכָּה־צוּר וַיָּזוּבוּ מַיִם וּנְחָלִים יִשְׁטֹפוּ הֲגַם־לֶחֶם יוּכַל תֵּת אִם־יָכִין שְׁאֵר לְעַמּוֹ:

²¹ לָכֵן שָׁמַע יְהוָה וַיִּתְעַבָּר וְאֵשׁ נִשְּׂקָה בְיַעֲקֹב וְגַם־אַף עָלָה בְיִשְׂרָאֵל:

²² כִּי לֹא הֶאֱמִינוּ בֵּאלֹהִים וְלֹא בָטְחוּ בִּישׁוּעָתוֹ׃

²³ וַיְצַו שְׁחָקִים מִמָּעַל וְדַלְתֵי שָׁמַיִם פָּתָח׃

²⁴ וַיַּמְטֵר עֲלֵיהֶם מָן לֶאֱכֹל וּדְגַן־שָׁמַיִם נָתַן לָמוֹ׃

²⁵ לֶחֶם אַבִּירִים אָכַל אִישׁ צֵידָה שָׁלַח לָהֶם לָשֹׂבַע׃

²⁶ יַסַּע קָדִים בַּשָּׁמָיִם וַיְנַהֵג בְּעֻזּוֹ תֵימָן׃

²⁷ וַיַּמְטֵר עֲלֵיהֶם כֶּעָפָר שְׁאֵר וּכְחוֹל יַמִּים עוֹף כָּנָף׃

²⁸ וַיַּפֵּל בְּקֶרֶב מַחֲנֵהוּ סָבִיב לְמִשְׁכְּנֹתָיו׃

²⁹ וַיֹּאכְלוּ וַיִּשְׂבְּעוּ מְאֹד וְתַאֲוָתָם יָבִא לָהֶם׃

³⁰ לֹא־זָרוּ מִתַּאֲוָתָם עוֹד אָכְלָם בְּפִיהֶם׃

³¹ וְאַף אֱלֹהִים עָלָה בָהֶם וַיַּהֲרֹג בְּמִשְׁמַנֵּיהֶם וּבַחוּרֵי יִשְׂרָאֵל הִכְרִיעַ׃

³² בְּכָל־זֹאת חָטְאוּ־עוֹד וְלֹא־הֶאֱמִינוּ בְּנִפְלְאוֹתָיו׃

³³ וַיְכַל־בַּהֶבֶל יְמֵיהֶם וּשְׁנוֹתָם בַּבֶּהָלָה׃

³⁴ אִם־הֲרָגָם וּדְרָשׁוּהוּ וְשָׁבוּ וְשִׁחֲרוּ־אֵל׃

³⁵ וַיִּזְכְּרוּ כִּי־אֱלֹהִים צוּרָם וְאֵל עֶלְיוֹן גֹּאֲלָם׃

³⁶ וַיְפַתּוּהוּ בְּפִיהֶם וּבִלְשׁוֹנָם יְכַזְּבוּ־לוֹ׃

³⁷ וְלִבָּם לֹא־נָכוֹן עִמּוֹ וְלֹא נֶאֶמְנוּ בִּבְרִיתוֹ׃

³⁸ וְהוּא רַחוּם יְכַפֵּר עָוֹן וְלֹא־יַשְׁחִית וְהִרְבָּה לְהָשִׁיב אַפּוֹ וְלֹא־יָעִיר כָּל־חֲמָתוֹ׃

³⁹ וַיִּזְכֹּר כִּי־בָשָׂר הֵמָּה רוּחַ הוֹלֵךְ וְלֹא יָשׁוּב׃

⁴⁰ כַּמָּה יַמְרוּהוּ בַמִּדְבָּר יַעֲצִיבוּהוּ בִּישִׁימוֹן׃

⁴¹ וַיָּשׁוּבוּ וַיְנַסּוּ אֵל וּקְדוֹשׁ יִשְׂרָאֵל הִתְווּ׃

⁴² לֹא־זָכְרוּ אֶת־יָדוֹ יוֹם אֲשֶׁר־פָּדָם מִנִּי־צָר׃

⁴³ אֲשֶׁר־שָׂם בְּמִצְרַיִם אֹתוֹתָיו וּמוֹפְתָיו בִּשְׂדֵה־צֹעַן׃

⁴⁴ וַיַּהֲפֹךְ לְדָם יְאֹרֵיהֶם וְנֹזְלֵיהֶם בַּל־יִשְׁתָּיוּן׃

⁴⁵ יְשַׁלַּח בָּהֶם עָרֹב וַיֹּאכְלֵם וּצְפַרְדֵּעַ וַתַּשְׁחִיתֵם׃

⁴⁶ וַיִּתֵּן לֶחָסִיל יְבוּלָם וִיגִיעָם לָאַרְבֶּה׃

⁴⁷ יַהֲרֹג בַּבָּרָד גַּפְנָם וְשִׁקְמוֹתָם בַּחֲנָמַל׃

⁴⁸ וַיַּסְגֵּר לַבָּרָד בְּעִירָם וּמִקְנֵיהֶם לָרְשָׁפִים׃

⁴⁹ יְשַׁלַּח־בָּם חֲרוֹן אַפּוֹ עֶבְרָה וָזַעַם וְצָרָה מִשְׁלַחַת מַלְאֲכֵי רָעִים׃

⁵⁰ יְפַלֵּס נָתִיב לְאַפּוֹ לֹא־חָשַׂךְ מִמָּוֶת נַפְשָׁם וְחַיָּתָם לַדֶּבֶר הִסְגִּיר׃

⁵¹ וַיַּךְ כָּל־בְּכוֹר בְּמִצְרָיִם רֵאשִׁית אוֹנִים בְּאָהֳלֵי־חָם׃

⁵² וַיַּסַּע כַּצֹּאן עַמּוֹ וַיְנַהֲגֵם כַּעֵדֶר בַּמִּדְבָּר׃

⁵³ וַיַּנְחֵם לָבֶטַח וְלֹא פָחָדוּ וְאֶת־אוֹיְבֵיהֶם כִּסָּה הַיָּם׃

⁵⁴ וַיְבִיאֵם אֶל־גְּבוּל קָדְשׁוֹ הַר־זֶה קָנְתָה יְמִינוֹ׃

⁵⁵ וַיְגָרֶשׁ מִפְּנֵיהֶם גּוֹיִם וַיַּפִּילֵם בְּחֶבֶל נַחֲלָה וַיַּשְׁכֵּן בְּאָהֳלֵיהֶם שִׁבְטֵי יִשְׂרָאֵל׃

⁵⁶ וַיְנַסּוּ וַיַּמְרוּ אֶת־אֱלֹהִים עֶלְיוֹן וְעֵדוֹתָיו לֹא שָׁמָרוּ׃

⁵⁷ וַיִּסֹּגוּ וַיִּבְגְּדוּ כַּאֲבוֹתָם נֶהְפְּכוּ כְּקֶשֶׁת רְמִיָּה׃

⁵⁸ וַיַּכְעִיסוּהוּ בְּבָמוֹתָם וּבִפְסִילֵיהֶם יַקְנִיאוּהוּ׃

⁵⁹ שָׁמַע אֱלֹהִים וַיִּתְעַבָּר וַיִּמְאַס מְאֹד בְּיִשְׂרָאֵל׃

⁶⁰ וַיִּטֹּשׁ מִשְׁכַּן שִׁלוֹ אֹהֶל שִׁכֵּן בָּאָדָם׃

61 וַיִּתֵּן לַשְּׁבִי עֻזּוֹ וְתִפְאַרְתּוֹ בְיַד־צָר:

62 וַיַּסְגֵּר לַחֶרֶב עַמּוֹ וּבְנַחֲלָתוֹ הִתְעַבָּר:

63 בַּחוּרָיו אָכְלָה־אֵשׁ וּבְתוּלֹתָיו לֹא הוּלָּלוּ:

64 כֹּהֲנָיו בַּחֶרֶב נָפָלוּ וְאַלְמְנֹתָיו לֹא תִבְכֶּינָה:

65 וַיִּקַץ כְּיָשֵׁן ׀ אֲדֹנָי כְּגִבּוֹר מִתְרוֹנֵן מִיָּיִן:

66 וַיַּךְ־צָרָיו אָחוֹר חֶרְפַּת עוֹלָם נָתַן לָמוֹ:

67 וַיִּמְאַס בְּאֹהֶל יוֹסֵף וּבְשֵׁבֶט אֶפְרַיִם לֹא בָחָר:

68 וַיִּבְחַר אֶת־שֵׁבֶט יְהוּדָה אֶת־הַר צִיּוֹן אֲשֶׁר אָהֵב:

69 וַיִּבֶן כְּמוֹ־רָמִים מִקְדָּשׁוֹ כְּאֶרֶץ יְסָדָהּ לְעוֹלָם:

70 וַיִּבְחַר בְּדָוִד עַבְדּוֹ וַיִּקָּחֵהוּ מִמִּכְלְאֹת צֹאן:

71 מֵאַחַר עָלוֹת הֱבִיאוֹ לִרְעוֹת בְּיַעֲקֹב עַמּוֹ וּבְיִשְׂרָאֵל נַחֲלָתוֹ:

72 וַיִּרְעֵם כְּתֹם לְבָבוֹ וּבִתְבוּנוֹת כַּפָּיו יַנְחֵם:

<Masquil de Asaf>

¹ Escucha, pueblo mío, mi Ley;

inclinad vuestro oído a las palabras de mi boca.

² Abriré mi boca en proverbios; hablaré cosas escondidas desde tiempos antiguos,

³ las cuales hemos oído y entendido, las que nuestros padres nos contaron.

⁴ No las encubriremos a sus hijos,

contaremos a la generación venidera las alabanzas de Jehová,

su potencia y las maravillas que hizo.

⁵ Él estableció testimonio en Jacob y puso ley en Israel,

la cual mandó a nuestros padres que la notificaran a sus hijos;

⁶ para que lo sepa la generación venidera, los hijos que nazcan;

y los que se levanten lo cuenten a sus hijos,

⁷ a fin de que pongan en Dios su confianza y no se olviden de las obras de Dios;

que guarden sus mandamientos

⁸ y no sean como sus padres, generación terca y rebelde;

generación que no dispuso su corazón, ni cuyo espíritu fue fiel para con Dios.

⁹ Los hijos de Efraín, arqueros muy diestros,

volvieron las espaldas en el día de la batalla.

¹⁰ No guardaron el pacto de Dios ni quisieron andar en su Ley;

¹¹ al contrario, se olvidaron de sus obras

y de sus maravillas que les había mostrado.

¹² Delante de sus padres hizo maravillas en la tierra de Egipto, en el campo de Zoán.

¹³ Dividió el mar y los hizo pasar. Detuvo las aguas como en un montón.

¹⁴ Los guio de día con nube y toda la noche con resplandor de fuego.

¹⁵ Hendió las peñas en el desierto y les dio a beber como de grandes abismos,

¹⁶ pues sacó de la peña corrientes e hizo descender aguas como ríos.

¹⁷ Pero aun así, volvieron a pecar contra él, rebelándose contra el Altísimo en el desierto,
¹⁸ pues tentaron a Dios en su corazón, pidiendo comida a su gusto.
¹⁹ Y hablaron contra Dios, diciendo, "¿podrá poner mesa en el desierto?
²⁰ Él ha herido la peña, y brotaron aguas y torrentes inundaron la tierra. ¿Podrá dar también pan? ¿Dispondrá carne para su pueblo?".

²¹ Y lo oyó Jehová y se indignó; se encendió el fuego contra Jacob y el furor subió contra Israel,
²² por cuanto no le habían creído ni habían confiado en su salvación.
²³ Sin embargo, mandó a las nubes de arriba, abrió las puertas de los cielos
²⁴ e hizo llover sobre ellos maná para que comieran, y les dio trigo de los cielos.
²⁵ Pan de nobles comió el hombre; les envió comida hasta saciarlos.

²⁶ Movió el viento solano en el cielo, y trajo con su poder al viento del sur,
²⁷ e hizo llover sobre ellos carne como polvo, como la arena del mar, aves que vuelan.
²⁸ Las hizo caer en medio del campamento, alrededor de sus tiendas.
²⁹ Comieron y se saciaron; les cumplió, pues, su deseo.

³⁰ No habían saciado aún su apetito, aún estaba la comida en su boca,
³¹ cuando vino sobre ellos el furor de Dios, e hizo morir a los más robustos de ellos y derribó a los escogidos de Israel.
³² Con todo esto, volvieron a pecar y no dieron crédito a sus maravillas.
³³ Por tanto, hizo acabar sus días como un soplo y sus años en tribulación.

³⁴ Si los hacía morir, entonces buscaban a Dios; entonces se volvían solícitos en busca suya,
³⁵ y se acordaban de que Dios era su refugio, que el Dios altísimo era su redentor.
³⁶ Pero lo halagaban con su boca, y con su lengua le mentían,
³⁷ pues sus corazones no eran rectos con él ni permanecieron firmes en su pacto.

³⁸ Pero él, misericordioso, perdonaba la maldad y no los destruía; apartó muchas veces su ira y no despertó todo su enojo.
³⁹ Se acordó de que eran carne, soplo que va y no vuelve.
⁴⁰ ¡Cuántas veces se rebelaron contra él en el desierto, y lo enojaron en el yermo!

⁴¹ Y volvían, y tentaban a Dios, y provocaban al Santo de Israel.
⁴² No se acordaban de su mano, del día que los redimió de la angustia;
⁴³ cuando manifestó en Egipto sus señales y sus maravillas en el campo de Zoán.
⁴⁴ Y volvió sus ríos en sangre, y sus corrientes, para que no bebieran.

⁴⁵ Envió entre ellos enjambres de moscas que los devoraban y ranas que los destruían.
⁴⁶ Dio también a la oruga sus frutos y sus labores a la langosta.
⁴⁷ Sus viñas destruyó con granizo y sus higuerales con escarcha.
⁴⁸ Entregó al granizo sus bestias y sus ganados a los rayos.

⁴⁹ Envió sobre ellos el ardor de su ira; enojo, indignación y angustia,
¡un ejército de ángeles destructores!
⁵⁰ Dispuso camino a su furor; no eximió la vida de ellos de la muerte,
sino que los entregó a mortandad.
⁵¹ Hizo morir a todo primogénito en Egipto, las primicias de su fuerza en las
tiendas de Cam.

⁵² Hizo salir a su pueblo como a ovejas y los llevó por el desierto como a un rebaño.
⁵³ Los guio con seguridad, de modo que no tuvieran temor; y el mar cubrió a sus
enemigos.
⁵⁴ Los trajo después a las fronteras de su tierra santa,
a este monte que ganó con su mano derecha.
⁵⁵ Echó las naciones de delante de ellos; con cuerdas repartió sus tierras en heredad
e hizo habitar en sus tiendas a las tribus de Israel.

⁵⁶ Pero ellos tentaron y enojaron al Dios altísimo y no guardaron sus testimonios;
⁵⁷ más bien, le dieron la espalda, rebelándose como sus padres;
se torcieron como arco engañoso.
⁵⁸ Lo enojaron con sus lugares altos y lo provocaron a celo con sus imágenes de talla.
⁵⁹ Lo oyó Dios y se enojó, y en gran manera aborreció a Israel.

⁶⁰ Dejó, por tanto, el tabernáculo de Silo, la tienda en que habitó entre los hombres.
⁶¹ Entregó a cautiverio su poderío; su gloria, en manos del enemigo.
⁶² Entregó también su pueblo a la espada y se irritó contra su heredad.
⁶³ El fuego devoró a sus jóvenes y sus vírgenes no fueron loadas en cantos nupciales.
⁶⁴ Sus sacerdotes cayeron a espada y sus viudas no hicieron lamentación.

⁶⁵ Entonces despertó el Señor como quien duerme,
como un valiente que grita excitado por el vino,
⁶⁶ e hirió a sus enemigos por detrás; les dio perpetua afrenta.
⁶⁷ Desechó la casa de José y no escogió la tribu de Efraín,
⁶⁸ sino que escogió la tribu de Judá, el monte Sión, al cual amó.

⁶⁹ Edificó su santuario a manera de eminencia, como la tierra que cimentó para
siempre.
⁷⁰ Eligió a David su siervo y lo tomó de los rebaños de ovejas;
⁷¹ de detrás de las paridas lo trajo, para que apacentara a Jacob su pueblo,
a Israel su heredad.
⁷² Y los apacentó conforme a la integridad de su corazón;
los pastoreó con la pericia de sus manos.

En el último verso del Sal 77 Israel aparece como un rebaño dirigido por Moisés
y en el último del Sal 78 como un rebaño dirigido por David, un hombre de

puro corazón, con manos dispuestas a la justicia. Ambos salmos concuerdan en pensamientos y expresiones, y en el encabezado לאסף que uno esperaba en ellos.

El Sal 78 lleva el nombre de *masquil*, una meditación. En este contexto, esa palabra puede llevar también el significado de "poema didáctico", pues la historia de Israel aparece recapitulada aquí desde la perspectiva de la salida de Egipto, a lo largo del tiempo de los jueces hasta David, y eso con la aplicación práctica para los tiempos actuales, diciendo a los israelitas que deben apoyarse fielmente en Yahvé, mejor que lo que había hecho la generación de sus padres.

En la línea de los salmos de Asaf, los efraimitas reciben aquí una importancia especial dentro del conjunto del pueblo; pero este salmo pone de relieve su desobediencia, lo mismo que el rechazo del santuario de Silo y la elección de David, con lo que terminó para siempre la supremacía de Efraím y también la de su tribu hermana de Benjamín.

Algunos se han opuesto al origen asáfico del salmo, por dos razones: (1) porque el Sal 78, 9 se refiere no solo a la apostasía de Efraím, sino también a la de otras tribus, centrándose en la división del reino; pero esta referencia está introducida de un modo capcioso en 78, 9, y no responde al argumento principal del texto; (2) porque este salmo expresa un tipo de malicia o, mejor dicho, un tipo de odio nacional en contra de Efraím, cosa que solo se puede explicar después de la apostasía de las diez tribus; pero esta separación y estos celos entre Efraím y Judá son anteriores a la ruptura de la unidad del reino.

A causa de su posición geográfica, las tribus del norte, que estaban más expuestas al contacto con el mundo pagano habían aceptado rasgos distintos de los rasgos de Judá, que seguía viviendo bajo un tipo de organización patriarcal. Ellos, los de las tribus del norte, podían gloriarse de tener una historia más movida y más guerrera, más rica en opresiones. En el tiempo de los jueces no existen casi referencias a Judá, de forma que los jueces pensaron menos en esa tribu, mientras que la de Efraím se tomaba a sí misma como la más sobresaliente de todas.

Pues bien, desde el comienzo de la persecución de Saúl en contra de David, cuando los habitantes de la tribu de Judá entraron en conflicto por el dominio político con las tribus de Israel (oponiéndose a la forma de vida más laxa de los efraimitas), hasta la rebelión de Jeroboam contra Salomón, se dieron una serie de acontecimientos que manifiestan un tipo de escisión entre Judá y las otras tribus, especialmente las de Benjamín y Efraím.

Por eso, aunque este salmo 78 tuviera un tono de hostilidad contra Efraím, eso no es una prueba en contra de su origen asáfico antiguo, pues el salmista se apoya en hechos antiguos. De esa manera, sin fundar su preferencia por Judá sobre unos méritos propios de esa tribu, el salmista contempla el pecado de Efraím, sin ningún tipo de orgullo a favor de Judá, en conexión con el pecado de toda la nación, pecado que implica la responsabilidad de todos.

En esa línea, el verso Sal 78, 68 no va en contra de Asaf, contemporáneo de David, pues Asaf puede haber visto la construcción del templo de Jerusalén, tal como se elevaba hacia los cielos. Más aún, Caspari, en su trabajo sobre el *Santo de Israel* (*Luther. Zeitschrift*, 1844, 3) ha mostrado que incluso la utilización del nombre divino קדוש ישראל (el Santo de Israel) no se opone a la visión teológica de este salmo, que responde a la teología de los salmos de Asaf, en su tiempo originario.

En conexión con el Sal 76 he puesto de relieve la intensa relación entre Isaías y el lenguaje de los Salmos de Asaf. Esto no puede sorprendernos, pues Asaf fue predecesor de Isaías en el uso del nombre del *Santo de Israel*. Por otra parte, el hecho de que el autor de este salmo tome las palabras y matices de su narración de los cinco libros del Pentateuco, con la excepción del Levítico, no se opone tampoco a nuestra visión de la antigüedad y del carácter originario del Pentateuco, sino que está a favor de ella.

El autor del libro de Job, con el que el Sal 78, 64 coincide verbalmente, es para nosotros más reciente. Y los puntos de contacto con otros salmos que llevan el encabezado de "David", de "los hijos de Koreh" o de "Asaf" no pueden emplearse para determinar el tiempo de surgimiento de este salmo, porque nuestro poeta, el autor del Sal 78, no es mero imitador de otros autores.

La forma de presentación de los temas en este salmo resulta épica por su extensión, pero ella es, al mismo tiempo, concisa y sentenciosa. Las afirmaciones históricas separadas tienen un estilo gnómico y una gran elegancia, como si fueran perlas. El conjunto se divide en dos partes principales (1-37 y 38-72); la segunda parte pasa de la infidelidad de Israel que tienta a Dios en el desierto a la infidelidad de Israel en la tierra de Canaán. Cada tres estrofas forman un grupo.

78, 1–8. El poeta comienza de un modo parecido al del Sal 49, y de esa forma se eleva sobre el pueblo como un predicador y pide a sus oyentes una escucha atenta. Las palabras sobre la Torá, תורה (הַאֲזִינָה עַמִּי תּוֹרָתִי, escucha pueblo mío mi ley) se refiere a toda doctrina o instrucción humana, especialmente la de los profetas, que retoman y propagan la substancia de la enseñanza divina. Pues bien, Asaf es un profeta, y así lo reconoce Mt 13, 34 cuando cita este salmo 78, 2 como ῥηθὲν διὰ τοῦ προφήτου (lo dicho por el profeta)[9].

Este profeta-salmista cuenta al pueblo su historia, מִנִּי־קֶדֶם, desde antiguo, es decir, desde la edad egipcio-sinaítica en adelante, partiendo del momento en que Israel alcanzó su independencia nacional y su lugar específico en relación con el resto del mundo. Sin embargo, lo que el salmista quiere exponer no son los rasgos externos de esa historia, sino sus enseñanzas internas.

9. La lectura διὰ Ἡσαΐου τοῦ προφήτου (de o por Isaías profeta) es errónea, pero antigua; por su parte, las homilías clementinas introducen este pasaje como palabra de Isaías.

El mashal, מָשָׁל (cf. 78, 2: אֶפְתְּחָה בְמָשָׁל פִּי, mi boca abriré en proverbios) es un tipo de proverbio, una alegoría o parábola, παραβολή, y más en concreto un apotegma, que es el tipo de poesía que forma parte del género de la *hokma* o sabiduría. Se trata, pues, en general, de un tipo de discurso escrito en estilo elevado, lleno de figuras, de pensamientos piadosos y bien redondeados.

De todas formas, el poeta no quiere decir que expondrá un discurso literario de tipo gnómico, con sentencias y adivinanzas, sino que *expondrá la historia de los padres en forma de parábola y enigma*, de manera que quiere presentarla como una historia didáctica, a fin de que los acontecimientos pasados sean como signos de interrogación y de comprensión (de cambio) para la presente edad.

Los LXX traducen así: ἀνοίξω ἐν παραβολαῖς τὸ στόμα μου, φθέγξομαι προβλήματα ἀπ᾽ ἀρχῆς, abriré en parábolas mi boca, expondré problemas que vienen del principio... Matizando el tema, el evangelio de Mateo 15, 35 pone: ἀνοίξω ἐν παραβολαῖς τὸ στόμα μου, ἐρεύξομαι κεκρυμμένα ἀπὸ καταβολῆς (κόσμου), abriré en parábolas mi boca, investigaré las cosas escondidas desde el principio del mundo. Según eso, Mateo reconoce en este lenguaje del salmo una profecía de Cristo, pues se adapta perfectamente a su boca; según eso, Jesús no es solo el cumplimiento de la Ley y de la Profecía, sino también el sentido más profundo de la vocación y mensaje de este poeta-profeta del salmo.

Pues bien, lo que sigue en 78, 3 no es una cláusula de relativo perteneciente a los enigmas de la edad antigua, sino que con אֲשֶׁר comienza el relato de cosas ya conocidas, que solo se vuelven enigmas por la forma en que el poeta las asume e interpreta. De esa manera, con 78, 3 comienza un período nuevo (cf. Sal 69, 27; Jer 14, 1, *passim*). Así dice el poeta: lo que nuestros padres han oído, y en consecuencia conocido, lo que ellos nos han dicho (palabra a palabra, como en Sal 44, 1; Jc 6, 13), eso no debemos esconderlo a nuestros hijos (cf. Job 15, 18).

La acentuación es perfecta. El *rebîa* מִבְּנֵיהֶם (en 78, 4: לֹא נְכַחֵד מִבְּנֵיהֶם) tiene más fuerza que el *rebîa* en לְדוֹר אַחֲרוֹן. Por eso ha de traducirse: eso lo diremos a la próxima generación (la que sigue a los padres antiguos). Lo que debe contarse son, por tanto, los hechos gloriosos de Yahvé, etc. El futuro consecutivo וַיָּקֶם se apoya en אֲשֶׁר עָשָׂה.

Este es el tema del salmo: los hechos gloriosos de Dios, las pruebas de su poder en Israel, los milagros que él realizó y, en conexión con eso, el mandato que puso a los hijos de Jacob, diciéndoles que propagaran por tradición el recuerdo y sentido de esos hechos poderosos (Ex 13, 8; Ex 13, 14; Dt 4, 9, *passim*). Ese mandato que Dios impuso a los hijos de Jacob, para que lo notificaran o transmitieran a sus hijos (לְהוֹדִיעָם לִבְנֵיהֶם) tiene el mismo objeto que וְהוֹדַעְתָּם en Dt 4, 9; Jos 4, 22.

El tema en cuestión no es, por tanto, la acogida y cumplimiento de la Ley (cosa que debería haberse mencionado expresamente), sino la proclamación (transmisión) de los *magnalia Dei*, e indirectamente la promoción de la confianza en Dios con la fidelidad posterior a la Ley (cf. Sal 81, 5, donde el precepto especial, relacionada con la fiesta de la Pascua, viene descrito como עֵדוּת establecida en José). Este es, pues, un mandato de "recuerdo", de transmisión de los grandes hechos de Dios, de padres a hijos, en el curso de las edades.

Ese mandato central de Israel se formula de esa manera: que los hijos conozcan los hechos de Dios, de forma que puedan elevarse a partir de su recuerdo (יָקֻמוּ, no simplemente nacer a la vida externa) y transmitirlo a la siguiente generación, a fin de que los nuevos israelitas puedan poner su esperanza en Dios (שִׂים כֶּסֶל, como מַחְסֶה שִׂים en el Sal 73, 28), sin olvidar sus hechos poderosos (Sal 118, 17), guardando así sus mandamientos, evitando la desobediencia de sus padres.

Esta generación de los israelitas desobedientes a quienes no deben imitar los que escuchan y acogen este salmo son los que forman la generación terca y rebelde (דּוֹר סוֹרֵר וּמֹרֶה, 78, 8), que pueden compararse con los hijos degenerados que han de ser lapidados conforme al mandato de Dt 21, 18. Esa fue la generación que no mantuvo recto su corazón, que no fue fiel a Dios. Pues bien, en contra de esa generación, el salmista quiere enseñar la buena doctrina a los nuevos israelitas para que escuchen su palabra y sean fieles a Dios (cf. en esa línea Sal 78, 37; 2 Cron 20, 33; Ecl 2, 17).

78, 9–11. El verso 78, 9 que ahora aparece en el centro de esta descripción es torpe y poco inteligible. La suposición de que la frase "hijos de Efraím" es una forma de referirse a todo Israel queda refutada por 78, 67. La visión histórica retrospectiva de este salmo insiste en la elección de Judá. En ese contexto no tiene sentido llamar hijos de Efraím a todos los israelitas. Y, sin embargo, por otra parte, lo que aquí se dice de los efraimitas puede aplicarse en general a todos los israelitas, como dirá el Sal 78, 57.

El hecho de que se aluda especialmente a los efraimitas, dentro del conjunto de la generación de todo Israel, puede y debe entenderse por el interés especial que los salmos de Asaf muestran por las tribus de José y aquí, de un modo especial, a modo de preparación, por lo que se dirá después del rechazo de Silo y de Efraím. En 78, 10-11 se sigue hablando todavía de los efraimitas, y solo en 78, 12, cuando se hable de "sus padres" el salmista volverá a ocuparse de toda la nación de Israel.

Los efraimitas reciben el nombre de נוֹשְׁקֵי רוֹמֵי־קָשֶׁת, hábiles arqueros, en el sentido de נוֹשְׁקֵי קֶשֶׁת רוֹמֵי קָשֶׁת. Esas dos formas constructas de participio no están en subordinación una de la otra, sino en coordinación, como en Jer 46, 9; Dt 33, 19; 2 Sam 20, 19, como en otros lugares donde encontramos dos sustantivos, de los cuales uno es la explicación del otro, combinados en forma de estado constructo, como en Job 20, 17, cf. 2 Rey 17, 13, en *keré*. Aquí se trata, por tanto, de hombres que preparan el arco, es decir, que llevan el arco como arma de guerra (נשק como en 1 Cron 12, 2; 2 Cron 17, 17), esto es, hombres que disparan flechas, que lanzan proyectiles militares con el arco (Jer 4, 29), cf. Böttcher, 728.

Lo que aquí se dice de ellos (que vuelven la espalda en el día de la batalla, con הָפְכוּ, como en Jc 20, 39; Jc 20, 41) está en contraste con su habilidad como arqueros y soldados, de manera que aparece aquí como una nota discordante en el conjunto del discurso. ¿Se quiere decir aquí que la poderosa y guerrera tribu de Efraím terminó cansada en la obra de la conquista de Canaán (Jc 1) y que no rindió los servicios que podían haberse esperado de ella? Ciertamente, pero, dado que la visión histórica retrospectiva no entra en detalles hasta 78, 12 en adelante, esta referencia especial vendría aquí demasiado pronto. Según eso, esta afirmación ha de entenderse de un modo más general, es decir, en la línea de 78, 57, de un modo figurado.

Así se dice, pues, de un modo general, que Efraím se mostró inestable y poco constante en la defensa y promoción de la causa de Dios, de forma que terminó abandonándola. Los efraimitas no actuaron, por tanto, como lo requería la Ley de Dios; se negaron a caminar (לֶלֶכֶת, cf. Ecl 1, 7) dentro de los límites y tareas de su Torá, es decir, de la Ley israelita, de la que ellos habían sido testigos, bajo la guía de Moisés y de Josué, lo mismo que los miembros de otras tribus de Israel.

78, 12-16. Ahora se pone de relieve la forma maravillosa en la que Dios dirigió a los padres de esos efraimitas, que se comportaron de manera tan negativa, habiendo sido como eran la tribu dirigente de Israel. El salmo describe la manera en que ellos, una y otra vez, respondieron a Dios de un modo perverso, mientras Dios les seguía dando pruebas de su poder y de su ternura amorosa.

En este contexto se alude a la ciudad muy antigua (cf. Num 13, 22) de Zoán (Tanis), antiguo egipcio Zane, copto Gane, en la ribera oriental del brazo tanaítico del Nilo (se llama tanaítico precisamente por la ciudad de Tanis). Conforme a las investigaciones a las que ha conducido el Papiro 112 de Turín, esa ciudad se identifica con Avaris (cf. *Coment.* a Is 19, 11)[10] y fue la sede de las dinastías de los hicsos que gobernaron en la parte oriental del delta, donde, tras haber sido derrotados por Ramsés II, el faraón del cautiverio de los israelitas, para congraciarse con la masa enfurecido de la población semítica del Bajo Egipto, aceptaron la adoración de Baal, instituida por el rey Apofis.

La colosal figura sedente de Ramsés II en el patio de columnas del Museo Real de Berlín es, según Brugsch (*Aus dem Orient* II, 45), la figura que el mismo Ramsés dedicó al templo de Baal en Tanis, colocada ante su entrada. Este gran

---

10. De todas formas, la identidad de Avaris y Tanis se ha vuelto nuevamente dudosa. Tanis fue una ciudad de los Hyksos; por su parte, Pelusium es la misma Avaris, que era también fortaleza de los hicsos; véase Petermann, *Mittheilungen,* 1866, p. 296-298.

coloso es contemporáneo de Moisés que, ciertamente, alguna vez pudo mirar ese monumento, cuando el Sal 78 dice que Dios "obró maravillas en la tierra de Egipto, en el Campo de Zoán". Por otra parte, el salmista se coloca muy cerca de la Torá o Pentateuco en la reproducción de la historia del Éxodo, de tal forma que debió tener ante sí la totalidad del Pentateuco, en sus diversas partes, partiendo del Deuteronomio, con elementos elohistas y yahvistas.

Conforme al principio según el cual Dios hizo maravillas (cf. 78, 12: עָשָׂה פֶלֶא, con el comentario al Sal 53, 5), el texto primario del que deriva Sal 78, 13 (cf. נוזלים, Sal 78, 16) es Ex 15, 8, con la palabra central נד (cf. וַיִּצְּבוּ־מַיִם כְּמוֹ־נֵד, detuvo las aguas como un muro), es decir, como una especie de masa elevada, como en el Sal 33, 7. En esa línea, el Sal 78, 14 es una abreviación de Ex 13, 21. En el Sal 78, 15, el texto alude a uno de los dos momentos en los que en la travesía del éxodo los israelitas reciben agua de la roca, en el primer año del éxodo, según Ex 17 (el segundo momento está evocado en el año 40, cf. Num 20).

El *piel* יבקע y el plural צרים se entienden en este contexto. Por su parte, רבה no es un adjetivo (según la analogía de תהום רבה), sino un adverbio, como el Sal 62, 3, pues el hecho de dar agua para beber necesita un calificativo, pero תהמות (los abismos) no necesita ninguna calificación.

78, 17–25. El tema continúa en 78, 17, con וַיּוֹסִיפוּ עוֹד לַחֲטֹא־לוֹ (ויוסיפו לחטא־לו), y continuaron aun pecando contra él) sin que antes se hubiera hecho mención de ningún pecado por parte de la generación del desierto. Ese hecho es explicable por la consideración de que el recuerdo de aquella murmuración está muy vinculado con el agua que mana de la roca, hecho al que remiten los nombres de Massah y Meríbah, con Meríbath-Kadesh (cf. Num 20, 13 con Num 27, 14; Dt 32, 51).

En ese contexto se dice que ellos siguieron (עוד) pecando en contra de Dios, a pesar de los milagros que experimentaban. La expresión למרות (cf. לְוֹן בִּצָּ֑, לַמְרוֹת עֶ, rebelándose contra el Altísimo en el desierto) es una forma sincopada de להמרות como en Is 3, 8.

En el Sal 78, 18 el poeta condensa el conjunto de manifestaciones de descontento que preceden a los relatos de las codornices y del maná (Ex 16), y del segundo milagro de las codornices (Num 11) como él había hecho ya en los dos casos de milagro del agua que sale de la roca, en 78, 15. Ellos tentaron a Dios exigiéndole que actuara inmediatamente a su favor (לשאל, cf. Ewiger, 280d), de un modo incrédulo y desafiante, en lugar de esperar de un modo confiado en oración.

וַיְנַסּוּ־אֵל בִּלְבָבָם (בלבבם, y tentaron a Dios en sus corazones) está refiriéndose a la mala fuente del mal corazón. Por su parte, לנפשם describe su deseo como una especie de ansiedad sensual, un tipo de codicia del alma. En vez de dejar que los milagros, que hasta entoces habían surgido en ellos como expresión de fe, los malos israelitas convirtieron los milagros en el punto de partida de nuevas dudas de fe, de nuevas maneras de tentar a Dios. Ahora el salmista declara en lenguaje poético aquello que leemos en lenguaje narrativo en Ex 16, 3; Num 11, 4 y Sal 21, 5.

La falta de fe se expresa de un modo fuerte en 78, 20, אִם־יָכִין שְׁאֵר לְעַמּוֹ: ¿podrá Dios dar carne para su pueblo? Estas palabras parecen como una expresión de ironía por la que el pueblo se condena a sí mismo. Dios responde de un modo tajante: לָכֵן שָׁמַע יְהֹוָה וַיִּתְעַבָּר, escuchó Yahvé y se indignó (78, 21), cf. Is 5, 4; 12, 1; Rom 6, 27. El texto sigue evocando la eclosión de la ira de Dios en Taberah, según Num 11, 1-3, texto que precede al milagro de las codornices en el segundo año del éxodo.

Es evidente que Sal 78, 21 y Num 11, 1 coinciden en el tema. En este contexto se dice que el fuego de Dios ardió contra Jacob (וְאֵשׁ נִשְׂקָה בְיַעֲקֹב). Así se encendió en el campamento de los israelitas una especie de conflagración, una lucha entre la ira y el amor de Dios. En nuestro caso, en el salmo, la relación entre la ira y el fuego parece externa, mientras que en Num 11, 1 tiene un sentido interno.

El fundamento o causa en el que se basa el decreto de la ira de Dios, que en Num 11 solo aparece insinuado, ha sido descrito de un modo más minucioso en el Sal 78, 22: Dios se enfureció y mandó su fuego contra Jacob-Israel porque los israelitas no habían creído en él, en Elohim (véase Num 14, 11): ellos no fundaron su vida en la esperanza creyente en Dios, ni se pusieron en sus manos, ni tuvieron fe en su salvación, a partir de lo que habían experimentado al salir de Egipto (Ex 14, 13; Ex 15, 2), cuando Dios les ofreció la garantía de su presencia y protección para el futuro.

Pues bien, ahora, en este relato del Sal 78, parece que la ira del fuego de Dios queda pendiente y no se cumple, sino que viene primero el don del maná, el alimento en el desierto (Sal 78, 23-25) y luego sigue el relato del don de la carne, de las codornices, en el mismo desierto (Sal 78, 26-29). De esa forma se invierte el orden de los acontecimientos expuestos en Num 14. De un modo poético, el salmo vincula los dos grandes dones de Dios (*el maná, las codornices*), dones que responden al deseo del pueblo que quería ardientemente más carne y más comida.

En medio de esa problemática, a pesar de la falta de fe de los israelitas, Dios se mantiene fiel, y en vez de empezar castigando, comienza ofreciendo a los hombres del pueblo aquello que le piden: maná y codornices. Dios hizo que el maná lloviera del cielo, que se abrieran así las puertas/ventanas superiores (cf. del cielo, Gen 7, 11; 2 Rey 7, 2; Mal 3, 10), y de esa manera ofreció a los israelitas codiciosos y rebeldes la más rica abundancia de comida.

Al maná se le llama pan (como en el Sal 105, 40) y, siguiendo a Ex 16, 4, pan del cielo, porque ha descendido en forma de granos de trigo, y ha hecho la función del pan durante los cuarenta años de peregrinación por el desierto. Se le llama también אבירים לחם, pan de los fuertes, que los LXX correctamente traducen como ἄρτον ἀγγέλων (אבירים igual a כח גברי, Sal 103, 20).

Se le llama pan de los ángeles (Sal 16, 20) porque viene de los cielos (Sal 78, 24; Sal 105, 40), lugar de morada de los ángeles, siendo así *mann es-semâ*, don del cielo, como se le llama en árabe. Ese nombre se aplica también al maná vegetal que proviene de la *Tamarix mannifera,* un tipo de resina producida por el *Coccus manniparus,* que ofrece hasta el día de hoy una comida muy importante para los habitantes del desierto del Sinaí. אִישׁ, hombre débil, es la antítesis de los אבירים (hombres fuertes, valientes guerreros).

78, 26–37. Pasando al tema de las codornices, el poeta está pensando de un modo especial en la primera narración, mencionada en Ex 16, que precede al don del Maná. Pero la descripción se apoya en el segundo texto sobre las codornices, pues comienza con יסע (יַּסַּע קָדִים בַּשָּׁמָיִם), movió en el cielo el viento solano, del sudeste…), tal como lo narra Num 11, 31. Las dos partes del espacio (este y sur) van unidas. Aquel era un viento sudeste, que provenía del golfo elanítico, un viento que "hacía llover…", como expresión figurada de la abundancia de las codornices.

La lluvia de codornices cayó בְּקֶרֶב מַחֲנֵהוּ סָבִיב לְמִשְׁכְּנֹתָיו, en medio del campamento, alrededor de las tiendas (Num 11, 31, cf. Ex 16, 13). El término תַּאֲוָה (cf. 78, 29-30: לֹא־זָרוּ מִתַּאֲוָתָם עוֹד), aparece dos veces, marcando el fuerte deseo de los israelitas, como en el Sal 21, 3, y evoca la escena de *Kibroth-hattaavah* (sepulcro de la codicia, Num 11, 34; cf. Num 17, 2; 33, 16; Dt 9, 22), el momento y lugar del gran deseo carnal de los israelitas en el desierto. הביא es el transitivo de בוא en Prov 13, 12. En estos versos, Sal 78, 30-31, incluso en la construcción, el poeta sigue de cerca el texto de Num 11, 33 (cf. también זרו con לְזָרָא, aversión, disgusto, Num 11, 20).

La *waw* de וְאַף אֱלֹהִים עָלָה בָהֶם une las cosas que se producen de un modo simultaneo. Esta es una construcción que tiene la ventaja de poner de relieve la importancia del sujeto. La ira de Dios consiste en dejar que el pueblo caiga en manos de un tipo de enfermedad que es el resultado del mismo deseo inmoderado del pueblo, una enfermedad de la que caen presa los mejores nutridos y los más jóvenes (los que más de dejan llevar por la gula inmoderada, en contra de la palabra de Dios).

Cuando el poeta sigue diciendo en Sal 78, 32 que, a pesar de esas visitas o "castigos" medicinales de Dios (בכל־זאת), los israelitas siguieron pecando, él tiene también en su mente la rebelión tras el retorno de los exploradores de la tierra de Israel (cf. Sal 78, 32 con Num 14, 11). Por su parte, el Sal 78, 33 se refiere al juicio de muerte en el desierto, decretado para aquellos que tenían más de 20 años a la salida de Egipto (Num 14, 28-34).

Desde ese momento, la vida de los israelitas, condenados por su pecado a la muerte en el desierto, quedó בהבל y בבהלה, es decir, como en manos de una inestabilidad que puede compararse con un débil aliento, con un riesgo constante de muerte. Las diversas formas de expresión de Sal 31, 11; Job 36, 1 sugieren al poeta un juego extenso de palabras expresivas. Pues bien, ahora (en el tiempo del salmista), cuando un juicio repentino y violento se desata como gran amenaza en contra de esta generación (como en Num 21, 6), ellos preguntan a Dios, buscan de nuevo su favor, de forma que aquellos que habían sido preservados en medio del gran riesgo de muerte recuerdan de nuevo al Dios que se les había revelado como roca firme (Dt 32, 15. 18. 37) y como redentor (Gen 48, 16).

Partiendo de ese pecado, y con el deseo de superarlo, Sal 78, 36-37[11] nos cuenta la respuesta que los israelitas dieron al mandato de "volver" a Dios. Ciertamente, ellos le aplacaron con su boca, es decir, quisieron ganarle de nuevo con hermosos discursos, pues, en esa línea, ellos concebían a Dios de un modo *antropopático*, portándose con su lengua de un modo hipócrita, pues su corazón no era sincero (עִם como אֵת en Sal 78, 8), i. e., no estaba dirigido de un modo recto hacia Dios, mostrando así que no se hallaban bien asentados (πιστοί, propiamente βέβαιοι) en su relación de pacto con él.

78, 38-48.

78, 38-48. Aquí comienza la segunda parte del salmo. A pesar de la conducta del pueblo, Dios aplacó su ira, siendo como es compasivo. Pero los israelitas siguieron tentando a Dios, no solo a lo largo de sus cuarenta años de camino por el desierto, sino también después en la tierra de Canaán, de forma que olvidaron los milagros de juicio y salvación entre los que se produjo su liberación de Egipto.

Con וְהוּא (cf. Sal 78, 38 וְהוּא רַחוּם יְכַפֵּר עָוֹן, siendo él misericordioso perdonaba su pecado)[12] comienza una cláusula adversativa, que es de gran importancia, pues pone de relieve el perdón de Dios: וְלֹא־יַשְׁחִית, y no los destruía. De esa forma, el Sal 78, 38 desarrolla la idea de lo que significa רַחוּם, pues Dios es misericordioso y expía la iniquidad, teniendo piedad y perdonando el pecado de los hombres (יְכַפֵּר עָוֹן), en vez de dar rienda suelta a su derecho de venganza, matando de esa forma al pecador.

Con וְהִרְבָּה (וְהִרְבָּה לְהָשִׁיב אַפּוֹ, cf. Gesenius 142, 2), el salmista deduce esta idea universal a partir de la historia de Israel, pues ella muestra la forma en que Dios ha depuesto su ira, es decir, ha reconsiderado de nuevo su forma de actuar y no ha descargado del todo su furor contra el pueblo (cf. Is 42, 13). Esto significa que Dios no ha desplegado la ira en toda su plenitud e intensidad.

---

11. Conforme a la investigación de la Masora, este verso 78, 36 está en el centro de los 2527 versos del salterio, cf. Buxtorf, *Tiberias*, 1620, p. 133.

12. Según *B. Kiddushin 30a*, este verso (este estico) del Sal 78, 38 forma el centro de los 5896 פסוקין, στίχοι o esticos del salterio. Conforme a *B. Maccoth 22b*, el texto del Sal 78, 38, y previamente los de Dt 28, 58-59; Dt 29, 8. 9, eran los que se leían cuando, conforme a 2 Cor 11, 24, Pablo recibió por cinco veces los 39 latigazos que se aplicaban a los culpables.

El Sal 78, 38 evoca esta conducta de Dios hacia Israel, y luego el Sal 78, 39 muestra la razón de esa conducta universal de Dios partiendo de la forma en que se ha comportado con Israel. Este Dios ha moderado su ira en contra de su pueblo porque tiene en cuenta la condición frágil y perecedera de la humanidad. Dios se fija en el hecho de que el hombre es carne (וַיִּזְכֹּר כִּי־בָשָׂר הֵמָּה רוּחַ הוֹלֵךְ וְלֹא יָשׁוּב), se acordó de que los hombres eran carne, aliento que pasa y no vuelve).

Estas palabras no se refieren solo a la fragilidad física de los hombres, sino también a su debilidad moral (cf. Gen 6, 3; Gen 8, 21), y al hecho de que, tras una corta vida, ellos terminan siendo presa de la muerte. Por eso, Dios es longánimo con ellos y amoroso, sabiendo que los israelitas han caído de tiempo en tiempo bajo el poder de los deseos sensuales y de un tipo de aversión contra él, pero él (Dios) ha sido misericordioso con ellos. En esa línea, la exclamación כַּמָּה יַמְרוּהוּ בַמִּדְבָּר, cuántas veces se rebelaron contra él en el desierto… (78, 40), pone de relieve el poco éxito que ha tenido esta conducta gratuita de perdón de Dios hacia Israel.

Con el Sal 78, 41 comienza de nuevo el recuerdo y recuento de los pecados del pueblo. No hay nada que indique que aquí se esté aludiendo solo al último ejemplo de insubordinación del Pentateuco (Num 35, 1-9), pues el poeta comienza citando otra vez el conjunto de provocaciones de Israel contra Dios en el desierto, para así poner de relieve la ingratitud impía de la conducta de ese pueblo. El verbo הַתְווּ (78, 42, cf. וּקְדוֹשׁ יִשְׂרָאֵל הִתְווּ, y provocaron al santo de Israel) es causativo de תוה, en siríaco tewā', תהא, incitar; LXX, παρώξυναν.

Pues bien, a fin de liberar a los israelitas de Egipto, Dios tuvo que realizar una serie de milagros, enviando contra los egipcios una serie de plagas, que se nombran ahora con detalle, para poner de relieve el crimen de tentar a Dios y de hacerlo con gran ingratitud (*ad exaggerandum crimen tentationis Dei cum summa ingratitudine conjunctum*, cf. Venema)[13]. El salmo narra así, de un modo especial, el conjunto de las "plagas" de Egipto, es decir, de las grandes obras de Dios en contra de los egipcios, dirigidas a la liberación del pueblo.

La primera de las plagas (Ex 7, 14-25), la conversión de las aguas en sangre, está al comienzo del Sal 78, 44. A partir de aquí, el poeta da un salto hasta *la cuarta plaga* (la de los mosquitos, ערב; LXX, κυνόμυια, una especie de moscas dolorosas y destructivas, Ex 8, 20-32), combinando con ella la *segunda plaga*, que es la de las ranas (Ex 8, 1-15). Esa rana egipcia, de tipo pequeño, צפרדע, es la *rana mosaica*, a la que aún ahora se le llama en árabe ḍfd', ḍofda. Después, en el Sal 78, 46 viene *la octava plaga* (cf. Ex 10, 1-20), con חסיל (una palabra especial

---

13. El tiempo de la redención aparece aquí como un día de liberación (יום, como en Gen 2, 4 en el *hexahemeron*, en la culminación de la obra de los seis días de la creación). El hecho de שים אות (synon. de נתן, עשׂה) se utiliza como en Ex 10, 2. Hemos encontrado ya la expresión יֹום אֲשֶׁר־פָּדָם מִנִּי־צָר, del día en que los liberó de su angustia, 78, 42) en el Sal 44, 11.

para referirse a la langosta migratoria que es la (ארבה). La *tercera plaga* es la de los cínifes o mosquitos, כנים.

Pues bien, una vez que se ha citado el castigo a través de seres vivientes peligrosos para el hombre, sigue en 78, 47 la amenaza destructora *del granizo,* que es la *séptima plaga* (Ex 9, 13-35). En ese contexto, la palabra (חנמל בּחֲנָמֵל שִׁקְמוֹתָם יַהֲרֹג, destruyó sus higueras/sicómoros con granizo) ha sido traducida de varias formas: como un tipo de escarcha o hielo (πάχνη: LXX, Vulgata, Saadia y Abulwald), o también como una clase de langostas (Targum, כזוּבא igual a חגב), u hormigas (J. D. Michaelis). Esas traducciones no responden al fondo histórico, pues la escarcha se llama כפוּר y la hormiga נמלה (en árabe, en sentido colectivo: *neml*).

A pesar de que por el contexto solo podemos proponer conjeturas, pensamos con Parchon y Kimchi, que esa palabra (חנמל) solo puede referirse al granizo, y en especial a las piedras de granizo: con grandes piedras de granizo, destruyó Dios las viñas y las higueras (en Egipto, a la tierra de Fayum se le llamaba "el distrito de los sicómoros"). La palabra הרג (נֶפֶם בַּבָּרָד יַהֲרֹג, destruyó sus viñas con granizo) está evocando la concepción bíblica según la cual las plantas poseen un tipo de vida propia.

La descripción de esta plaga continúa en el Sal 78, 48. Los MSS ponen דבר (peste) en vez de granizo (בְּעִירָם לַבָּרָד וַיַּסְגֵּר, entregó al granizo sus bestias), pero aun suponiendo que רשפים (sus rayos) puede significar las fiebres ardorosas de un tipo de enfermedad (cf. *Coment.* a Hab 3, 5), la referencia a la peste en cuanto tal viene más tarde, en 78, 50, y la devastación producida según Ex 9, 19-22 por el granizo sobre los ganados se encuentra aquí justamente evocada. Más aún, en Ex 9, 24 se dice expresamente que con el granizo hubo también un tipo de incendio. En ese sentido, רשפים son, sin duda, los rayos y relámpagos de la tormenta.

78, 49-59. Cuando estas plagas descargaron su mayor violencia, Israel alcanzó la libertad, y pudiendo salir de la opresión, fue conducido por Dios a la tierra prometida. Pero ahora, en el momento en que escribe el salmista, aunque pudieran vivir en libertad, los israelitas continuaron comportándose como lo habían hecho en el desierto, es decir, actuando en contra de su Dios.

En Sal 78, 49-51, el poeta desarrolla *la quinta plaga* de Egipto, la de la peste (Ex 9, 1-7), y también *la décima*, que es la última, la muerte de los primogénitos, מכת בכרות, Ex 11, 1. Por su parte, el Sal 78, 49 suena como Job 20, 23 (cf. más adelante el Sal 78, 64). Para matar a los primogénitos se supone que Dios envía a un tipo de ángeles perversos (cf. רָעִים מַלְאֲכֵי מִשְׁלַחַת). Pero el texto no dice que sean un ejército de ángeles perversos; en contra de esa visión apela Hengstenberg a la tesis bíblica de Jacobus Odé (1698-1751), en su obra *De Angelis* (1755), en la que dice que Dios, para castigar a los hombres malos envía ángeles buenos y para castigar a los piadosos utiliza ángeles malos, que traen mala suerte o infortunio.

Esta frase está construida a través de un adjetivo de genitivo subordinado al sustantivo, como en רַע אֵשֶׁת, Prov 6, 24, cf. 1 Sam 28, 7; Num 5, 18; Num 5, 24; 1 Rey 10, 15; Jer 24, 2, y en árabe *msjdu 'l-jâm'*, la mezquita de los reunidos, i. e., la mezquita de la asamblea (de la congregación): מִשְׁלַחַת מַלְאֲכֵי רָעִים. De esta forma, el texto se refiere a los ángeles (מַלְאָכֵי) portadores de infortunio para los malos (Ewiger, 287a). El poeta parafrasea así la palabra הַמַּשְׁחִית que está concebida de un modo colectivo en Ex 12, 13; Ex 12, 23; cf. Hebr 11, 28.

En el Sal 78, 50 la ira se concibe como torrente de fuego (יְפַלֵּס נָתִיב לְאַפּוֹ) y la muerte como ejecutora de la pena, a través de la peste concebida en forma de castigo (וְחַיָּתָם לַדֶּבֶר הִסְגִּיר). En 78, 51, רֵאשִׁית אוֹנִים בְּאָהֳלֵי־חָם) ראשית אונים, Gen 49, 3; Dt 21, 17) los primogénitos de Egipto, condenados a la muerte, aparecen como aquellos que han brotado primero del vigor generador masculino de sus padres (*plur. intensivus*). A Egipto se le llama חם como en Sal 105 y Sal 111, 1-10, de acuerdo con Gen 10, 6. Los mismos egipcios antiguos se llamaban así *Kemi*, en copto *Chmi, Kme* (véase Plutarco, *De Iside et Osiride*, cap. 33).

Pues bien, cuando las plagas en contra del Faraón se habían cumplido ya en Egipto, Dios dispuso para su pueblo una salida libre del cautiverio, guiando a los israelitas como a un rebaño (כַּעֵדֶר, como en Jer 31, 24, con *daggesh implicitum*), i. e., Dios guio como un pastor al rebaño de su pueblo (figura favorita de los Salmos de Asaf) a través del desierto, y de esa forma les dirigió con seguridad, apartando todos los terrores del camino y ahogando a sus enemigos en el Mar Rojo, para llevarles a su santo territorio, a la montaña que (con זה) su mano derecha había adquirido o, según los acentos a la montaña, allí (זה), que…, etc.

Aquí no se alude directamente a Sión, sino que, lo mismo que en el pasaje primario de Ex 15, 16, y de acuerdo con el paralelismo y el uso del lenguaje (algo que no se puede negar, a partir de Is 11, 9; 57, 13), aquí se alude a la totalidad de la Tierra Santa con sus montañas y valles (cf. Dt 11, 11).

La expresión נַחֲלָה בְּחֶבֶל (heredad repartida con cuerdas…) es una imagen poética equivalente a בְּנַחֲלָה, Num 34, 2; Num 36, 2, *passim*. La *beth* de בְּחֶבֶל es una *beth essentiae* (en la misma posición sintáctica que en Is 48, 10; Ez 20, 41, y en Job 22, 24): Dios hizo que ellos (es decir, como en Jos 23, 4, los territorios de los paganos) cayeran (implícitamente en lotes, בְּגוֹרָל) como porción medida por cuerdas, a modo de herencia para los israelitas (como en el Sal 105, 11).

Solo en el Sal 78, 56 (y no como a veces se ha dicho, en el Sal 78, 41) la narración viene a centrarse en la conducta apóstata de los hijos de la generación del desierto, es decir, en los pecados de los israelitas ya en la tierra de Canaán. En vez de עֵדוֹרָיו de עֵדוּת, la palabra clave es aquí עֵדוֹתָיו de עֵדָה (derivativo de עוּד, no de יַעַד; cf. וְעֵדוֹתָיו לֹא שָׁמָרוּ, y no guardaron sus testimonios). Dado que la apostasía de Israel no creció hasta después de la muerte de Josué y de Eleazar, este pasaje se refiere al período de los Jueces.

קֶשֶׁת רְמִיָּה, Sal 78, 57 (נֶהְפְּכוּ כְּקֶשֶׁת רְמִיָּה, se torcieron como arco engañoso), no es un acto de debilidad física, sino de engaño, porque el punto de comparación, conforme a Os 7, 16, es el hecho de perder el blanco: se refiere al arco que descarga su flecha en dirección equivocada, que no da en su objetivo.

El verbo רמה significa no solo dejarse llevar por un tipo de flojedad, sino *spe dejicere*, frustrar la esperanza, negar. En vez de inclinarse hacia Dios o, al menos, de querer inclinarse hacia él en un gesto de esfuerzo y de ternura amante, los israelitas se volvieron atrás (Jer 2, 21) como un arco que equivoca su blanco y que decepciona tanto a Dios como a los hombres.

La expresión del Sal 78, 58 (וַיַּכְעִיסוּהוּ בְּבָמוֹתָם, le exasperaron en los lugares altos de culto a los ídolos) es como la de Dt 32, 16; Dt 32, 21. Por su parte שמע וַיִּתְעַבָּר (78, 59): שָׁמַע אֱלֹהִים וַיִּתְעַבָּר, lo oyó Dios y se enojó...) se refiere a las oraciones dirigidas a los baales (Jc 2, 11). La palabra (וַיִּתְעַבָּר) תעבר, que aparece tres veces en este salmo, pertenece al lenguaje del Deuteronomio (Dt 3, 26). El Sal 78, 59 reproduce casi exactamente lo dicho en el Sal 78, 21. El propósito divino de amor, rechazado por los hijos igual que lo habían rechazado los padres, se convirtió en este caso, como en el anterior, en provocación en contra de Dios.

78, 60-72. Estos versos tratan del rechazo de Silo y del pueblo que allí adoraba a Dios, y que más tarde (cuando el Dios se expresó con gran compasión) evocaron la elección de Judá y del Monte Sión, con David, el rey conforme al corazón de Dios.

En el tiempo de los Jueces, el tabernáculo fue instalado en Silo (Jos 18, 1). Por eso, allí, de un modo consecuente, estaba el santuario central de todo el pueblo, un santuario que en el tiempo de Elí y de Samuel, como se deduce de 1 Sam 1, 1, se había convertido en un templo fijo, en un edificio sagrado.

No se sabe cuándo fue destruido este edificio. Probablemente, conforme a Jos 18, 30 (cf. Jer 7, 12-15), no sucedió hasta el tiempo de los asirios. Sin embargo, el rechazo de Silo fue anterior a la destrucción del edificio y, prácticamente, tuvo lugar en el mismo momento de la institución del santuario central en Sión, de manera que Silo dejo de ser el santuario del Arca de Dios y de la vinculación de las tribus de Israel. Ese rechazo fue decidido de hecho cuando el arca de la alianza, que había sido tomada por los filisteos, no fue reestablecida en Silo, sino colocada en Kirjath Yearim (1 Sam 7, 2), de donde fue trasladada a Jerusalén.

La cláusula atributiva (78, 60 שכן באדם: אֹהֶל שִׁכֵּן בָּאָדָם, la tienda en que habitó entre los hombres) utiliza שכן en lugar de הִשְׁכִּין como en Jos 18, 1. La puntuación indica que esas palabras significan "donde habitó entre los hombres" (Hitzig). De un modo consecuente, שכן es causativo *kal*, cf. Lev 16, 16; Jos 22, 19. En el Sal 78, 61 el Arca de la alianza aparece vinculada al nombre de poder y gloria de Dios (עֻזּוֹ וְתִפְאַרְתּוֹ, cf. עזו ארון, Sal 132, 8; 1 כבוד, Sam 4, 21) como lugar de su presencia en Israel y como signo mediador de su revelación.

Sin embargo, en la batalla con los filisteos, entre Eben-ezer y Aphek, Yahvé entregó el arca, que los israelitas habían sacado de Silo, en manos de los enemigos, a fin de visitar (castigar) al sumo sacerdote de los hijos de Itamar, porque habían negado o rechazado sus ordenanzas, de forma que murieron en la batalla 30000 soldados de a pie, entre ellos los dos hijos de Helí, que eran Hophni y Phinehas, los sacerdotes (1 Sam 4). El fuego del Sal 78, 63 (cf. בַּחוּרָיו אָכְלָה־אֵשׁ, a sus jóvenes los devoró el fuego) es el de la guerra, como en Num 21, 28, *passim*.

Razonablemente, el incidente mencionado en 1 Sam 6, 19 queda aquí fuera de consideración. La expresión לֹא הוּלָּלוּ (וּבְתוּלֹתָיו לֹא הוּלָּלוּ), y sus doncellas no fueron cantadas; LXX pone erróneamente, οὐκ ἐπένθησαν como si el original fuera הֵילִילוּ) se refiere a los cantos nupciales (cf. Talmud הִלּוּלָא, la tienda nupcial, y הִלּוּלִים בֵּית, casa matrimonial).

"Sus viudas (de sacerdotes asesinados) no lloraron" (לֹא תִבְכֶּינָה), como en Job 27, 15). Con ese verbo se alude a la ceremonia acostumbrada del llanto (Gen 23, 2); ellas sobreviven a sus maridos, pero con la excepción del caso recordado en 1 Sam 14, 19-22, no tienen posibilidad de mostrar sus signos de honor por haber sido mujeres de sacerdotes, pues los terrores de guerra (Jer 15, 8) se lo impidieron.

Con el Sal 78, 65 el canto presenta un nuevo comienzo. Después que el juicio punitivo ha tamizado y purificado a Israel, Dios recibe a su pueblo de nuevo como suyo, pero haciendo que la precedencia pase de Efraím a la tribu de Judá, como si el mismo Dios despertara de un largo sueño (Sal 44, 24, cf. Sal 73, 20), pues él parecía estar dormido mientras Israel se había convertido en pueblo siervo de los paganos. Él se levantó, como un héroe lleno de vigor (en contra de los que dicen que se levanto exultado por el vino), es decir, como un guerrero fuerte, un *gibbor* (כְּגִבּוֹר מִתְרוֹנֵן מִיָּיִן), lleno de nuevo coraje (Hengstenberg).

הַתְרוֹנֵן (מִתְרוֹנֵן) no es *hithpael* de רוּן con el sentido que la raíz tiene en árabe, que es ajeno al hebreo (conquistar...). No se trata de un guerrero "embriagado", conquistado por el vino, pues ese sentido no es aquí el adecuado, ni responde a la forma reflexiva del verbo, en contra de Hitzig quien, sin ningún precedente idiomático, traduce esta palabra como si Dios hubiera sido conquistado por el vino. Esta palabra es más bien el *hithpael* de רנן, que significa gritar con gran fuerza, según la analogía de los reflexivos הַתְרוֹעֵעַ, הַתְנוֹדֵד, הַתְאוֹנֵן. El salmo nos sitúa, según eso, ante el grito de victoria de Dios.

El texto nos ha situado ante la derrota de los israelitas en manos de los filisteos. Pues bien, invirtiendo esa perspectiva, Sal 78, 68 nos sitúa ante las victorias posteriores de los israelitas sobre los filisteos, pudiendo evocar las palabras de 1 Sam 5, 6 como suponen los LXX, la Vulgata y Lutero. Este pasaje asume y retoma todas las victorias de Israel contra los filisteos, desde Samuel y Saúl hasta David, desde 1 Sam 5, 1-12 hacia adelante.

Pues bien, ahora, cuando los israelitas fueron capaces de recuperar el Arca, que había sido antes tomada por los filisteos, llevándola a un lugar seguro de descanso, Dios no escogió ya a Silo, de la tribu de Efraím, sino a Judá y a la montaña de Sión, que él había amado (Sal 47, 5), entre las tribus de Benjamín y de Judá (Jos 15, 63; Jc 1, 8. 21), un lugar de frontera, pero que, según la promesa (Dt 33, 12) y la distribución del país, debía pertenecer a la tribu de Benjamín (véase *Coment.* a Sal 68, 28). En otras palabras: Dios escogió la ciudad de Jerusalén[14].

Dios edificó allí su templo a modo de "eminencia" o altura וַיִּבֶן כְּמוֹ־רָמִים מִקְדָּשׁוֹ, no como lugar ameno (cf. נְעִימִים, Sal 16, 6), sino como lugar כְּמוֹ־רָמִים. Esa palabra, רָמִים, puede significar *excelsa* (lugar elevado, cf. Is 45, 2, הֲדוּרִים; Jer 17, 6, חֲרֵרִים), siendo así poéticamente equivalente a מְרוֹמִים, en el sentido de lugar duradero como las alturas del cielo, firme como la tierra, lugar que él ha fundado para siempre.

La duración eterna del cielo y de la tierra va en la línea de un cambio radical en la forma de entender el tiempo, tanto en el Antiguo como en el Nuevo Testamento (véase e. g., Is 65, 17), pues la palabra לְעוֹלָם (יְסָדָהּ לְעוֹלָם) se aplica no solo al edificio de piedra, sino al lugar en el que Yahvé se revela a sí mismo, y al hecho de que él haya querido tener ese lugar de habitación en Israel, y más precisamente en Judá, esto es, en Jerusalén, sobre el Monte Sión. Según eso, mirando el hecho de un modo espiritual, es decir, esencialmente, dejando a un lado la forma accidental en que ha venido a manifestarse, en su esencia, el templo de Sión es tan eterno como el reinado de Dios sobre Sión, con lo que culmina el salmo (78, 70-72).

La elección de David pone su sello al camino de la historia de la salvación hasta la eternidad. Ese es un tema radicalmente asáfico, adecuado para mostrar la forma en que el pastor del rebaño de Jesé (Isaí) vino a convertirse en pastor del rebaño de Yahvé que debía pastorear ahora a ancianos y jóvenes de Israel con el mismo cuidado y ternura que a los jóvenes corderos detrás de los cuales él andaba en su tiempo de pastor de ovejas (עֲלוֹת, como en Gen 33, 13, y ב רעה, cf. 1 Sam 16, 11; 1 Sam 17, 34, como ב מֹשֵׁל, etc.).

El poeta puede así terminar este salmo glorificando la forma en que David ha cumplido esta vocación, con un corazón puro y con una gran inteligencia. Desde la muerte de David, la lírica y la profecía de Israel se han centrado en él, tanto de un modo retrospectivo como prospectivo, recordando lo que ha sido y anunciando lo que será él y su descendencia.

---

14. Según *B. Menachoth 53b*, el nuevo Jedidiah (= Salomón, 2 Sam 12, 25) edificó el templo en la propiedad de Jedidiah (que era Benjamín, Dt 33, 12).

Salmo 79. Oración de súplica en tiempo de devastación, matanza y burla

1 מִזְמוֹר לְאָסָף אֱלֹהִים בָּאוּ גוֹיִם בְּנַחֲלָתֶךָ
טִמְּאוּ אֶת־הֵיכַל קָדְשֶׁךָ שָׂמוּ אֶת־יְרוּשָׁלַ͏ִם לְעִיִּים׃

2 נָתְנוּ אֶת־נִבְלַת עֲבָדֶיךָ מַאֲכָל לְעוֹף הַשָּׁמָיִם בְּשַׂר חֲסִידֶיךָ לְחַיְתוֹ־אָרֶץ׃

3 שָׁפְכוּ דָמָם כַּמַּיִם סְבִיבוֹת יְרוּשָׁלָ͏ִם וְאֵין קוֹבֵר׃

4 הָיִינוּ חֶרְפָּה לִשְׁכֵנֵינוּ לַעַג וָקֶלֶס לִסְבִיבוֹתֵינוּ׃

5 עַד־מָה יְהוָה תֶּאֱנַף לָנֶצַח תִּבְעַר כְּמוֹ־אֵשׁ קִנְאָתֶךָ׃

6 שְׁפֹךְ חֲמָתְךָ אֶל־הַגּוֹיִם אֲשֶׁר לֹא־יְדָעוּךָ וְעַל מַמְלָכוֹת אֲשֶׁר בְּשִׁמְךָ לֹא קָרָאוּ׃

7 כִּי אָכַל אֶת־יַעֲקֹב וְאֶת־נָוֵהוּ הֵשַׁמּוּ׃

8 אַל־תִּזְכָּר־לָנוּ עֲוֺנֹת רִאשֹׁנִים מַהֵר יְקַדְּמוּנוּ רַחֲמֶיךָ כִּי דַלּוֹנוּ מְאֹד׃

9 עָזְרֵנוּ אֱלֹהֵי יִשְׁעֵנוּ עַל־דְּבַר כְּבוֹד־שְׁמֶךָ וְהַצִּילֵנוּ וְכַפֵּר עַל־חַטֹּאתֵינוּ לְמַעַן שְׁמֶךָ׃

10 לָמָּה יֹאמְרוּ הַגּוֹיִם אַיֵּה אֱלֹהֵיהֶם יִוָּדַע (בַּגִּיִּים) [בַּגּוֹיִם] לְעֵינֵינוּ נִקְמַת דַּם־עֲבָדֶיךָ הַשָּׁפוּךְ׃

11 תָּבוֹא לְפָנֶיךָ אֶנְקַת אָסִיר כְּגֹדֶל זְרוֹעֲךָ הוֹתֵר בְּנֵי תְמוּתָה׃

12 וְהָשֵׁב לִשְׁכֵנֵינוּ שִׁבְעָתַיִם אֶל־חֵיקָם חֶרְפָּתָם אֲשֶׁר חֵרְפוּךָ אֲדֹנָי׃

13 וַאֲנַחְנוּ עַמְּךָ וְצֹאן מַרְעִיתֶךָ נוֹדֶה לְּךָ לְעוֹלָם לְדֹר וָדֹר נְסַפֵּר תְּהִלָּתֶךָ׃

<*Salmo de Asaf*>

1 ¡Vinieron, Dios, las naciones a tu heredad!

¡Han profanado tu santo templo! ¡Han reducido Jerusalén a escombros!

2 ¡Han dado los cuerpos de tus siervos por comida a las aves de los cielos,

la carne de tus santos a las bestias de la tierra!

3 Derramaron su sangre como agua en los alrededores de Jerusalén

y no hubo quien los enterrara.

4 Somos afrentados por nuestros vecinos,

escarnecidos y ofendidos por los que están en nuestros alrededores.

5 ¿Hasta cuándo, Jehová? ¿Estarás airado para siempre? ¿Arderá como fuego tu celo?

6 ¡Derrama tu ira sobre las naciones que no te conocen

y sobre los reinos que no invocan tu nombre!

7 porque han consumido a Jacob y su morada han destruido.

8 No recuerdes contra nosotros las maldades de nuestros antepasados.

¡Vengan pronto tus misericordias a encontrarnos, porque estamos muy abatidos!

9 ¡Ayúdanos, Dios de nuestra salvación, por la gloria de tu nombre!

¡Líbranos y perdona nuestros pecados por amor de tu nombre!

10 porque dirán los gentiles, "¿dónde está su Dios?" ¡Sea notoria en las naciones,

delante de nuestros ojos, la venganza de la sangre de tus siervos que ha sido derramada!

¹¹ Llegue delante de ti el gemido de los presos;
conforme a la grandeza de tu brazo preserva a los sentenciados a muerte,
¹² y devuelve a nuestros vecinos en su seno siete veces más la infamia
con que te han deshonrado, Jehová.

¹³ Y nosotros, pueblo tuyo y ovejas de tu prado, te alabaremos para siempre.
¡De generación en generación cantaremos tus alabanzas!

Este salmo es en todos los sentidos el complemento del Sal 74. Los puntos de contacto no son simplemente de estilo (comparar el Sal 79, 5 ¿hasta cuándo...? con Sal 74, 1. 10), sino de temática de fondo. Compárese también 79, 10, יוֹדַע con 74, 5; y 79, 6 (אֶל־הַגּוֹיִם אֲשֶׁר לֹא־יְדָעוּךָ) con Sal 79, 2. Por otra parte, la visión de Israel como un rebaño que es un tema central de todo el Sal 79 aparece también en Sal 74, 1 y Sal 74, 19.

La mutua relación de esos dos salmos (79 y 74) es todavía más profunda. Ambos tienen el mismo estilo asáfico, ambos están en la misma relación con Jeremías, y los dos se lamentan de las mismas circunstancias de su tiempo, respecto a la destrucción del templo y de Jerusalén. En esa línea, esos lamentos solo pueden situarse en dos momentos de la historia de Israel: en la era de los seléucidas (1 Mac 1, 31; 3, 45, 2 Mac 8, 3) o en el período de la destrucción de Jerusalén por los caldeos[15].

En un sentido resulta más probable la referencia a la profanación del templo y a la matanza de los siervos de Dios, los *hasidim* (1 Mac 7, 13; 2 Mac 14, 6), algo que solo puede referirse a la era de los seléucidas. En esa línea podemos afirmar que la obra de la destrucción del templo, que había comenzado en el Sal 74 aparece completada ahora en el Sal 79; y tanto en un salmo como en otro tenemos la impresión de que los ultrajes no provienen de una guerra abierta (con la destrucción total de la ciudad, como en el año 587 a. C., en la era de los caldeos), sino de un tipo de persecución de fondo religioso (como en el tiempo de los macabeos), pues en ese tiempo más que el edificio externo del templo se destruyó su "sacralidad", y los creyentes corrían el riesgo de ser masacrados.

Ciertamente, además de mostrar otros contactos significativos, los temas básicos de Sal 79, 6-7 aparecen repetidos al pie de la letra en Jer 10, 25, de manera que parece más probable que Jeremías haya tomado esas palabras de un salmo anterior, y en esa línea Hengstenberg ha observado correctamente que las palabras inmediatamente anteriores de Jer 10, 24 parecen depender del Sal 74 o 79. Pero, dado que no hay en el tiempo anterior a los macabeos ninguna historia en la que

15. Conforme a Soferim XVIII 3, los salmos 79 y 137 son los propios de la liturgia "de los nudos" (*Tisha b'Av*), que se celebra el día 9 del mes de Av, conmemorando la destrucción de Jerusalén por los caldeos y los romanos.

puedan situarse unos lamentos como los de este salmo, podemos y debemos pensar que en este caso el texto de Jeremías es anterior y ha servido de ejemplo para el salmista. Según eso, el texto de Jeremías nos parece anterior.

Así lo muestra también el hecho de que Sal 79, 6-7 ha cambiado el uso más correcto de algunos términos de Jeremías con palabras menos adecuadas; así el salmo cambia el על de Jeremías y pone en su lugar un אל; también cambia la palabra más elegante משפחות por ממלכות, y el plural אכלו por אכל. En estos y otros casos, el lenguaje de Jeremías es más original, más lleno de vida. Por eso, pensamos que el Sal 79 (lo mismo que el 74) es posterior, está vinculado a la historia de los macabeos y depende en su terminología de los textos más ajustados y elegantes de Jeremías[16].

79, 1-4. El salmo comienza con un lamento elevado hacia Dios, y sus palabras iniciales se parecen a Lam 1, 10. La profanación no excluye la destrucción del templo, convertido en cenizas; al contrario, parece suponerla de un modo espontáneo, lo mismo que el Sal 74, 7, con un incendio intencionado del templo. El lamento de 79, 1 se parece al de la profecía de Miqueas 3, 12, que en su tiempo causó mucha impresión y oposición (cf. Jer 26, 18). Cf. también Sal 79, 2; Dt 28, 26. Pero todo eso no exige que el templo haya sido totalmente destruido, como sucedió en la conquista de los caldeos, el 587 a. C., sino solo profanado, como en el caso de los macabeos.

La palabra עבדיך, tus siervos (cf. נָתְנוּ אֶת־נִבְלַת עֲבָדֶיךָ) confiere el honor del martirio a los que han sido masacrados en esas circunstancia. Los LXX traducen לְחַיְתוֹ־אָרֶץ), לעיים, a las bestias de la tierra) por εἰς ὀπωροφυλάκιον, un motivo de opresión que deriva de Is 1, 8. Sobre la cita tomada de memoria por 1 Mac 7, 16s, cf. introducción al Sal 74.

El traductor del original hebreo del primer libro de los Macabeos muestra que está familiarizado con el Salterio de los LXX (cf. 1 Mac 1, 37, καὶ ἐξέχεαν αἷμα ἀθῷον κύκλῳ τοῦ ἁγιάσματος: y derramaron sangre inocente…). "Como agua" (cf. Dt 15, 23), es decir, como si la sangre no tuviera más valor que el agua, sin escrúpulo ninguno. El Sal 44, 14 se repite en 79, 4. En el tiempo de la catástrofe de los caldeos esto se aplicaría de un modo más preciso a los idumeos.

---

16. Según eso, este salmo aplica algunas referencias de Jeremías del tiempo de la guerra de los caldeos al tiempo de la persecución de los sirios, en el contexto del alzamiento de los macabeos. Casiodoro y Bruno observan que este salmo deplora la persecución de Antíoco que se debía realizar en el tiempo de los macabeos (*deplorat Antiochi persecutionem tempore Machabeorum factam, tunc futuram*). Por su parte, Notker añade que el tema de este salmo, con su argumento fundamental, es bien conocido por aquellos que han leído el primer libro de los Macabeos.

79, 5-8. El texto comienza con una pregunta (¿hasta cuándo, Jehová? ¿estarás airado para siempre, y tu furor seguirá ardiendo como un fuego...? cf. Dt 32, 22). Pero esa pregunta se convierte pronto en oración (Sal 79, 6). El salmista pide a Dios que dirija su ira en contra de los paganos que, siendo enemigos, están siendo ahora utilizados por Dios para castigar a su pueblo.

Ciertamente por la forma del texto no se puede afirmar que las palabras de Sal 79, 6-7 están tomadas sin más de Jer 10, 25. Pero, en conjunto, el argumento y la línea central del salmo aparecen de manera más original en Jeremías, con un estilo que es exactamente propio del profeta, cf. Jer 6, 11 y 2, 3, en relación con el Sal 49, 20. Por eso, tenemos que pensar que el discurso de Jeremías es anterior a nuestro salmo.

La partícula אל, en vez de על, que aparece después de שפך en el versículo 79, 5 (שְׁפֹךְ חֲמָתְךָ אֶל־הַגּוֹיִם אֲשֶׁר לֹא־יְדָעוּךָ, ¡derrama tu ira sobre las naciones que no te conocen!) es poco correcta. El singular אכל (כִּי אָכַל אֶת־יַעֲקֹב, porque devoran a Jacob) reúne en una expresión las afirmaciones de Is 5, 26; Is 17, 13. El hecho de que Dios haya concedido ese poder a las naciones sobre Israel se funda en los pecados de Israel.

Por 79, 8 se puede inferir que el texto está evocando la apostasía que devastó ya de antiguo la vida de Israel. ראשנים no es un adjetivo (Job 31, 28; Is 59, 2), pues si lo fuera tendría que expresarse con עונותינו הראשנים (nuestros pecados antiguos), sino que es un sustantivo en genitivo, y se refiere a las iniquidades de los antepasados (Lev 26, 14, cf. Sal 39, 1-13). Sobre el Sal 79, 8, cf. en conjunto con Jos 6, 6.

Como es evidente a partir del Sal 79, 9, el poeta no quiere decir que la generación presente (no teniendo culpa en sí misma) tiene que expiar la culpa de sus padres (en contra de Dt 24, 16; 2 Rey 14, 6; Ez 18, 20). El salmista aparece aquí como uno de los israelitas ya convertidos, que no siguen cometiendo los pecados de los antepasados, es decir, él aparece como alguien que se ha colocado ya en un espacio nuevo de perdón y de gracia redentora.

79, 9-13. Dios no quiere, ciertamente, la victoria del mundo. Por tanto, su propio honor no puede soportar que ese mismo mundo, al que ha utilizado para castigar a su pueblo, pueda aparecer para siempre como orgullosamente triunfante. La palabra שמך (לְמַעַן שְׁמֶךָ) se repite con énfasis al final de la petición del Sal 79, 9, conforme a la figura literaria de la epanáfora (repetición de sonidos).

על־דבר tiene el mismo sentido que למען, como en el Sal 45, 5, cf. Sal 7, 1, y se utiliza también en el Pentateuco. Por su parte, la expresión de "por qué han de decir los gentiles..." aparece también en la Torá (Ex 32, 12, cf. Num 14, 13-17; Dt 9, 28). Aquí (cf. Sal 115, 2) se funda en Joel 2, 17.

El deseo expresado en el Sal 79, 10 está apoyado en Dt 32, 43. El poeta, en compañía de sus contemporáneos, como testigos oculares, desea tener la experiencia que Dios ha prometido para los últimos tiempos, es decir, quiere que Dios se vengue de la sangre de sus siervos. La petición de Dt 32, 11 es semejante a la del Sal 102, 21, cf. Sal 18, 7. La palabra אָסִיר de 79, 11 (cf. לְפָנֶיךָ אֶנְקַת אָסִיר תָּבוֹא, llegue a tu rostro el gemido de tus presos) evoca de un modo individual la suerte de los cautivos y encarcelados.

תְּמוּתָה בְּנֵי (hijos de la muerte) son aquellos a los que Dios no preserva con la grandeza de su brazo (כִּגְדֹל זְרוֹעֲךָ הוֹתֵר בְּנֵי תְמוּתָה, cf. גדל, Ex 15, 16), es decir, con su gran omnipotencia, de forma que sucumbirán bajo el poder de la muerte como *patria potestas,* como si ella, la muerte, fuera su padre (existe en árabe una aplicación activa de este concepto: los *benî el-môt* son los héroes que destruyen a los enemigos en la batalla).

La petición del Sal 79, 12 evoca el motivo de los pueblos vecinos quienes, pudiendo haber alcanzado más fácilmente el conocimiento del Dios de Israel, como Dios vivo y verdadero, tienen la culpa más grande por haberse rebelado en contra de ese Dios. El "seno" (79, 23: וְהָשֵׁב לִשְׁכֵנֵינוּ שִׁבְעָתַיִם אֶל־חֵיקָם, devuelve a nuestros enemigos en su seno siete veces...) se toma como lugar de intimidad, donde uno toma y retiene aquello que se le ha entregado, como en Lc 6, 38. Cf. también "retribuir a uno siete veces", חֵיק (עַל) אֶל הֵשִׁיב, como en Is 65, 7; Is 65, 6; Jer 32, 18.

Retribuir a uno siete veces por algo (cf. Gen 4, 15. 24) es mantener y llevar hasta el final la justicia del talión, que debe ser cumplida en una sentencia criminal. El verso final (79, 13) forma la conclusión de este salmo de confesión de pecados y de acción de gracias (compuesto por tres unidades de 9. 9. 9 esticos).

Salmo 80. Oración pidiendo ayuda de Dios

¹לַמְנַצֵּחַ אֶל־שֹׁשַׁנִּים עֵדוּת לְאָסָף מִזְמוֹר׃

² רֹעֵה יִשְׂרָאֵל הַאֲזִינָה נֹהֵג כַּצֹּאן יוֹסֵף יֹשֵׁב הַכְּרוּבִים הוֹפִיעָה׃

³ לִפְנֵי אֶפְרַיִם׀ וּבִנְיָמִן וּמְנַשֶּׁה עוֹרְרָה אֶת־גְּבוּרָתֶךָ וּלְכָה לִישֻׁעָתָה לָּנוּ׃

⁴ אֱלֹהִים הֲשִׁיבֵנוּ וְהָאֵר פָּנֶיךָ וְנִוָּשֵׁעָה׃

⁵ יְהוָה אֱלֹהִים צְבָאוֹת עַד־מָתַי עָשַׁנְתָּ בִּתְפִלַּת עַמֶּךָ׃

⁶ הֶאֱכַלְתָּם לֶחֶם דִּמְעָה וַתַּשְׁקֵמוֹ בִּדְמָעוֹת שָׁלִישׁ׃

⁷ תְּשִׂימֵנוּ מָדוֹן לִשְׁכֵנֵינוּ וְאֹיְבֵינוּ יִלְעֲגוּ־לָמוֹ׃

⁸ אֱלֹהִים צְבָאוֹת הֲשִׁיבֵנוּ וְהָאֵר פָּנֶיךָ וְנִוָּשֵׁעָה׃

⁹ גֶּפֶן מִמִּצְרַיִם תַּסִּיעַ תְּגָרֵשׁ גּוֹיִם וַתִּטָּעֶהָ׃

¹⁰ פִּנִּיתָ לְפָנֶיהָ וַתַּשְׁרֵשׁ שָׁרָשֶׁיהָ וַתְּמַלֵּא־אָרֶץ׃

¹¹ כָּסּוּ הָרִים צִלָּהּ וַעֲנָפֶיהָ אַרְזֵי־אֵל׃

¹² תְּשַׁלַּח קְצִירֶהָ עַד־יָם וְאֶל־נָהָר יוֹנְקוֹתֶיהָ׃

¹³ לָמָה פָּרַצְתָּ גְדֵרֶיהָ וְאָרוּהָ כָּל־עֹבְרֵי דָרֶךְ׃

¹⁴ יְכַרְסְמֶנָּה חֲזִיר מִיָּעַר וְזִיז שָׂדַי יִרְעֶנָּה׃

¹⁵ אֱלֹהִים צְבָאוֹת שׁוּב־נָא הַבֵּט מִשָּׁמַיִם וּרְאֵה וּפְקֹד גֶּפֶן זֹאת׃

¹⁶ וְכַנָּה אֲשֶׁר־נָטְעָה יְמִינֶךָ וְעַל־בֵּן אִמַּצְתָּה לָּךְ׃

¹⁷ שְׂרֻפָה בָאֵשׁ כְּסוּחָה מִגַּעֲרַת פָּנֶיךָ יֹאבֵדוּ׃

¹⁸ תְּהִי־יָדְךָ עַל־אִישׁ יְמִינֶךָ עַל־בֶּן־אָדָם אִמַּצְתָּ לָּךְ׃

¹⁹ וְלֹא־נָסוֹג מִמֶּךָּ תְּחַיֵּנוּ וּבְשִׁמְךָ נִקְרָא׃

²⁰ יְהוָה אֱלֹהִים צְבָאוֹת הֲשִׁיבֵנוּ הָאֵר פָּנֶיךָ וְנִוָּשֵׁעָה׃

<Al músico principal; sobre "Lirios". Testimonio. Salmo de Asaf>

¹ Pastor de Israel, escucha; tú que pastoreas como a ovejas a José,
tú que estás entre querubines, resplandece.

² ¡Despierta tu poder delante de Efraín, de Benjamín y de Manasés, y ven a salvarnos!

³ ¡Dios, restáuranos! ¡Haz resplandecer tu rostro y seremos salvos!

⁴ Jehová, Dios de los ejércitos,
¿hasta cuándo mostrarás tu indignación contra la oración de tu pueblo?

⁵ Les diste a comer pan de lágrimas y a beber lágrimas en abundancia.

⁶ Nos pusiste por escarnio de nuestros vecinos
y nuestros enemigos se burlan de nosotros.

⁷ ¡Dios de los ejércitos, restáuranos! ¡Haz resplandecer tu rostro y seremos salvos!

⁸ Hiciste venir una vid de Egipto; echaste las naciones y la plantaste.

⁹ Limpiaste el terreno para ella, hiciste arraigar sus raíces y llenó la tierra.

¹⁰ Los montes fueron cubiertos con su sombra y con sus sarmientos los cedros de
Dios.

¹¹ Extendió sus vástagos hasta el mar y hasta el río sus renuevos.

¹² ¿Por qué rompiste sus cercas y la vendimian todos los que pasan por el camino?

¹³ La destroza el puerco montés y la bestia del campo la devora.

¹⁴ Dios de los ejércitos, vuelve ahora; mira desde el cielo, considera y visita esta viña,

¹⁵ y protégela, pues la plantó tu diestra y el renuevo que para ti afirmaste.

¹⁶ ¡Quemada a fuego está, asolada! ¡Perezcan por la reprensión de tu rostro!

¹⁷ Sea tu mano sobre el Varón de tu diestra, sobre el Hijo de hombre que para ti
afirmaste.

¹⁸ Así no nos apartaremos de ti; vida nos darás e invocaremos tu nombre.

¹⁹ Jehová, Dios de los ejércitos ¡restáuranos!
¡Haz resplandecer tu rostro y seremos salvos!

Con las palabras "somos tu pueblo y ovejas de tu rebaño" se cerraba el Sal 79; pues
bien, el Sal 80 comienza con un canto al pastor de Israel. Sobre el encabezado (al

músico principal; sobre "Lirios". Testimonio. Salmo de Asaf). Cf. *Coment.* a Sal 45, 1, *supra*.

Los LXX traducen: εἰς τὸ τέλος (hasta el fin), ὑπὲρ τῶν ἀλλοιωθησομένων (poco claro y preciso gramaticalmente, equivale a אֶל־שֹׁשַׁנִּים), μαρτύριον τῷ Ἀσάφ (como la acentuación del hebreo, que une estas palabras con *tarcha*: עֵדוּת לְאָסָף), ψαλμός ὑπὲρ τοῦ Ἀσσυρίου (cf. Sal 76, 1), que es quizá la traducción de אֶל־אֹשׁוּר, una nota que interpreta el "oso de la selva" como emblema de Asiria.

Esta indicación es importante, pues resuelve el enigma de por qué José representa a todo Israel en 80, 2, y por qué se mencionan las tribus de José en el Sal 80, 3, y por qué en medio de estas se coloca a Benjamín, tribu descendiente de Raquel y de su dolor, que nunca aceptó del todo el hecho de que su reinado o supremacía pasara a las tribus hermanas de José. Más aún, la tribu de Benjamín fue la única que permaneció fiel a la casa de David tras la división del reino[17].

Esta tríada (Benjamín, Efraím y Manasés); ha de tomarse como una expansión de 80, 2. Pero el reino del norte, acabados sus recursos y bajo el dominio feudal del reino sirio de Damasco, sucumbió bajo el dominio mundial de Asiria en el año seis de Ezequías a consecuencia de unos fuertes ataques que están estrechamente asociados con los nombres de tres reyes asirios: Pul, Tiglath-Pileser y Salmanasar.

Según parece, el salmista está escribiendo y orando en un momento en que la opresión de Asiria se imponía de un modo pesado sobre el reino de Efraím, de forma que Judá se sentía muy amenazada de ruina si es que este apoyo o baluarte del norte caía en manos de los asirios.

Debemos recordar, en ese contexto, que este salmo comparte su visión de las tribus de José con otros salmos preexílicos de Asaf (Sal 77, 16; Sal 78, 9; Sal 81, 6). Esta es una característica común que pertenece a ese conjunto de Salmos de Asaf. ¿Significa esto que Asaf, el fundador de este grupo de Salmos, formaba parte de una de las ciudades levíticas de la provincia o zona de las tribus de Efraím o de Manasés?

Este salmo consta de cinco estrofas de ocho líneas, de las cuales la primera, la segunda y la quinta terminan con el estribillo: "Restáuranos, Elohim, haz que tu

---

17. Ciertamente, leemos que Benjamín se puso de parte del rey Roboam de Judá, después de la división del reino (1 Rey 12, 21), de manera que Judá y Benjamín aparecen como partes del reino de Judá (2 Cron 11, 3; 2 Cron 11, 23; 2 Cron 15, 8, *passim*). Sea como fuere, según 1 Rey 11, 13. 32. 36, solo una tribu (שֵׁבֶט אֶחָד) permaneció fiel a la casa de David, es decir, la de Judá, pues Benjamín no permaneció enteramente bajo el cetro de David y, por su parte, Simeón no aparece en la lista de tribus (cf. *Coment.* a Genesis, pp. 603). En esa línea, las ciudades benjaminitas de Betel, Gilgal y Jericó formaron parte del reino del norte, pero como en el caso de Rama (1 Rey 15, 21) con cierta oposición (cf. e. g., 2 Cron 13, 19). Las fronteras de los reinos fueron por un tiempo fluctuantes, véase Ewald, *Geschichte des Volkes Israel*, p. 439-441.

rostro brille sobre nosotros y nos ayude". Esta es una oración que brota en tiempos de gran necesidad. El estribillo comienza la primera vez con Elohim, la segunda *con Elohim Tsebaôth* y la tercera con el nombre triple de *Yahvé Elohim Tsebaôth*, con el que se abre también la segunda estrofa (Sal 80, 5).

80, 2-4. La primera estrofa solo tiene peticiones. En primer lugar, la nación recibe el nombre de Israel, por descender de Jacob. En segundo lugar, como en el Sal 81, 6, ella recibe el nombre de José, nombre que, cuando se distingue de Jacob o Judá, se aplica al reino de las diez tribus del norte (véase Caspari, *Coment.* a Abdías 1, 18) o a las tribus del norte en general (Sal 77, 16; Sal 78, 67). En nuestro caso (Sal 80, 3) es esto lo que aparece puesto de relieve.

El hecho de que, en la bendición de José, Jacob llame a Dios *Pastor* (רעה, Gen 48, 15; Gen 49, 24), tiene quizá algo que ver con la elección de los dos primeros nombres. En este contexto se vinculan dos títulos básicos de Dios: (a) en primer lugar Dios aparece como pastor, נֹהֵג כַּצֹּאן יוֹסֵף, guiando a José como a un rebaño; (b) pero después él aparece implícitamente entronizado entre querubines, y lleno de resplandor (יֹשֵׁב הַכְּרוּבִים הוֹפִיעָה); es evidente que aquí se vincula el Dios del santuario del cielo con el Dios del santuario de la tierra, pues el A. T., es consciente de la mutua relación que existe entre el templo de la tierra y el templo (היכל) del cielo, de manera que uno está totalmente inmerso en el otro.

Dios se sienta, según eso, entronizado, en el cielo, y los querubines son los portadores del carro (מרכבה) del Gobernante del mundo (véase Sal 18, 11). Al decir הופיעה (יֹשֵׁב הַכְּרוּבִים הוֹפִיעָה, sentado sobre querubines resplandece..., de יפע, árabe *yf'*, brillar, como en el salmo asáfico 50, 2) el poeta pide a Dios que se aparezca en su resplandor de luz, es decir, con su brillo de fuego, juzgando, brillando y rescatando al pueblo con su gloria, sea de un modo directamente visible, sea reconocible por sus obras.

Ambos temas (Dios pastor y Dios que brilla entre querubines) son propios de los Salmos de Asaf, Sal 78, 52, cf. Sal 26, 1-12, lo mismo que los nombres que se aplican a la nación. La designación de Israel según las tribus de Efraím y Manasés se vincula con el nombre de José, y entre ambos nombres se cita en el centro el de Benjamín, su hermano según la carne, de quien era madre la amada Raquel (que era también madre de José, el padre de Efraím y Manasés). También en Num 2 estos tres nombres aparecen unidos, teniendo su campamento al oeste del tabernáculo.

En ese contexto, Sal 80, 3 pide a Dios que עוֹרְרָה אֶת־גְּבוּרָתֶךָ, es decir, que encienda, ponga en marcha (עורר, *excitare*, que se vincula y distingue de העיר, *expergefacere*, despertar) su גבורה, es decir, su poder, ante Efraín, Benjamín y Manasés (לִפְנֵי אֶפְרַיִם וּבִנְיָמִן וּמְנַשֶּׁה). Eso significa que hace falta una intervención poderosa de Dios ante (a favor de) esas tres tribus, de forma que él actúe como su líder victorioso. לכה (cf. וּלְכָה לִישֻׁעָתָה לָּנוּ, ven a salvarnos...) es una súplica en forma imperativa[18].

Por lo que se refiere a ישעתה (וּלְכָה לִישֻׁעָתָה לָּנוּ, ven a salvarnos), véase *Coment.* a Sal 3, 3. La construcción con Lamed (לִישֻׁעָתָה) no va en contra de la construcción adverbial con el final en "*ah*" (תָה) como tampoco la *beth* de בחרשה (en el bosque) de 1 Sam 23, 15, véase Böttcher, *Neue Aehrenlese*, p. 221, 384, 449.

Lo que se pide aquí con השתבנו no es la vuelta del exilio, pues todo el salmo supone que los israelitas se encuentran en su tierra, pero ellos necesitan superar su situación de debilidad y opresión, y para ello resulta necesaria una intervención de Dios para alcanzar de nuevo la salvación, de acuerdo a las promesas, a fin de que ellos mismos puedan superar la opresión, para estar así liberados. Por eso pide el salmista que Dios haga brillar su rostro sobre ellos, que pueda ayudarles, como ellos desean (ונושעה).

80, 5–8. En la segunda estrofa hallamos palabras de fuerte amargura y de llanto en relación con la ira (opresión) del tiempo presente, de forma que surge nuevamente una petición. El hecho de que se aluda al "humo" que brota de las narices de Dios (con עשן: עַד־מָתַי עָשַׁנְתָּ בִּתְפִלַּת עַמֶּךָ) está indicando una intensa indignación llena de ira (cf. Sal 74, 1; Dt 29, 19).

Esta es una expresión fuerte aplicada a Dios; pero ella responde a la visión bíblica de la ira (véase *Coment.* a Sal 18, 9), de manera que no hay necesidad de evitarla, apelando a la palabra siríaca עשן, ser fuerte, poderoso (¿por qué eres así fuerte, por qué te endureces a ti mismo?).

El perfecto después de עד־מתי (עַד־מָתַי עָשַׁנְתָּ) tiene el sentido de presente con un matiz retrospectivo, como en Ex 10, 3 (cf. עד־אנה), que ha de entenderse como en ב חרה (encenderse contra, estar furioso por). En esa línea la oración del salmista no es una oración airada, sino más bien una oración para superar la ira. Mientras el orante ruega, Dios parece velarse a sí mismo en el humo de la ira, a través de la cual el orante no puede penetrar. Los LXX han debido leer בתפלת עבדיך, porque traducen ἐπὶ τὴν προσευχήν τῶν δούλων σου (sobre la oración de tus siervos, o también en singular τοῦ δούλου σου).

Pan de lágrimas es, conforme al Sal 42, 4, pan hecho de lágrimas: las lágrimas que corren como torrentes sobre los labios de los orantes y de los que ayunan son su comida y su bebida. השקה (וַתַּשְׁקֵמוֹ בִּדְמָעוֹת שָׁלִישׁ), nos diste a beber

---

18. La palabra לְכָה no es un pronombre con el sentido de "a ti" (a ti pertenece nuestra salvación, como han pensado el Talmud, el Midrash y la Masora, véase Norzi), sino que es verbo en imperativo ¡ven! Por eso, J. Succa 54c, escribe de un modo preciso לך. Ese לכה en el sentido de לך se llama en la Masora e incluso en el Midrash (*Exod. Rabba*, fol. 121) un לכה ודאית (véase Buxtorf, *Tiberias*, p. 245).

lágrimas en abundancia) significa dar de beber algo, y con *beth*, dar de beber por medio de algo.

Pero no se puede traducir: les das a beber una tercera parte con lágrimas (*potitandum das eis cum lacrymis trientem*, como hacen De Dieu, Von Ortenberg y Hitzig). שליש (talmúdico, una tercera parte) es un acusativo de definición más precisa (Vatablus, Gesenius, Olshausen y Hupfeld), que se utiliza para medir diversas cosas (LXX ἐν μέτρῳ, Símaco μέτρῳ). En esa línea, la medida de un tercio de *efa* es demasiado pequeña para medir el polvo de la tierra (Is 40, 12), pero es demasiado grande para contener y medir lágrimas. Esa palabra (שָׁלִישׁ) significa aquí simplemente "con abundancia": nos diste a beber lágrimas con abundancia.

Los vecinos son las naciones vecinas para las que Israel ha venido a convertirse en מדון, un objeto de burla. Con למו se indica el placer que la burla contra Israel produce en esos pueblos vecinos.

80, 9-20. La queja asume ahora, en esta estrofa, un carácter más detallado, en especial cuando se comparan los días antiguos con los del presente. En esa línea se despliega la oración, de forma cada vez más importuna. La descripción retrospectiva comienza de un modo general y el poeta piensa más en la naturaleza del acto, que en el tiempo en que se produce (Ewiger, 136b).

En las bendiciones de Jacob (Gen 49, 22) la tribu de José se compara con una planta nueva (בן) que da mucho fruto (פרת) y cuyas ramas (בנות) se elevan sobre el muro. Pues bien, en este salmo, se compara con una viña (Gen 49, 22; גפן פריה, Sal 128, 3) que ha crecido en Egipto y que ha sido trasplantada allí en la tierra prometida; cf. 80, 9, con הסיע, LXX μεταίρειν, como en Job 19, 10, quizá aludiendo a los מסעים del viaje del pueblo hasta Canaán (Sal 78, 52)[19].

Según eso, Dios dispuso para su viña un camino y un lugar; con פנה, preparaste, adaptaste el suelo... (פִּנִּיתָ לְפָנֶיהָ, limpiaste el terreno para ella). Solo entonces, cuando había asegurado para su viña un terreno propio y apropiado, con la posibilidad de que brotara y prendiera, Dios plantó sus raíces, las aseguró en profundidad, hizo que ella se extendiera, en hondura y anchura, la rodeó de buena tierra (cf. antipo de esta imagen en Is 27, 6). De esa manera, el reino de Israel se extendió por todas partes, de acuerdo con la promesa.

En este contexto se evocan las fronteras, con la extensión de la viña (90, 10-11), a modo de alegoría extendida. Sus fronteras se extienden por un lado hacia el sur, por el lado de las montañas; por otro lado, se extienden hacia el

---

19. Con referencia a este pasaje, *Exod. Rabba* 44 dice: "Cuando los viñadores vieron que la viña crecía ¿qué hicieron? La sacaron de su lugar y la trasplantaron (שותלין) en otro". Por su parte, *Levit. Rabba* 36, dice: "No se planta una viña donde hay grandes piedras ásperas, sino que se busca un buen lugar para plantarla. Así también tú expulsaste a los pueblos y plantaste allí...".

norte, llegando hasta los cedros del Líbano, con el Gran Mar al Poniente y el río (Éufrates) hacia el Oriente (véase Dt 11, 24 y otros pasajes).

צלה y ענפיה son acusativos que se refieren a los objetos más remotos (Gesenius 143, 1). קציר es un "corte" y aquí equivale a una rama; así se dice; תְּשַׁלַּח קְצִירֶהָ עַד־יָם, extendió sus ramas hasta el mar. Por su parte יונקת son las ramas jóvenes, de las que se dice וְאֶל־נָהָר יוֹנְקוֹתֶיהָ, que crecieron hasta el río. ארזי־אל son los Cedros del Líbano, que aparecen así como monumentos vivos del poder de Dios, hacia el norte de Israel.

Esta alegoría de la tierra de Israel va más allá de las medidas físicas que ella tiene, de forma que puede aplicarse de un modo típico, desbordando las fronteras meramente físicas de la tierra prometida. Esos son los límites ideales de Israel. Pues bien, desde la realidad de su propio tiempo, el poeta se pregunta: לָמָּה פָּרַצְתָּ גְדֵרֶיהָ, ¿por qué rompiste sus cercas...? La situación de Israel en su tiempo resulta para el salmista un enigma. Las cercas de la viña, sus muros, están derribados. Todos los que pasan a su lado "vendimian" la viña, se llevan sus frutos.

De un modo especial, el poeta se está refiriendo al puerco salvaje que viene del bosque: יְכַרְסְמֶנָּה חֲזִיר מִיָּעַר, el jabalí que destroza la viña[20] (con כרסם, que deriva de כסם) y las bestias del campo que la devoran (וְזִיז שָׂדַי יִרְעֶנָּה). Aquí se está aludiendo, por tanto, no solo a la devastación de la tierra, levantada por los jabalíes, sino también a la destrucción de los frutos, por obra de animales más pequeños, como pueden ser las langostas y otros insectos, como las hormigas[21].

Parece claro que el poeta está asociando al jabalí con una nación particular, pues en diversos lugares de la Biblia los animales son símbolos de naciones; así, por ejemplo, el Leviatán, la serpiente de agua, con el Behemot (Is 30, 6) y los mosquitos (Is 7, 18) son símbolos de Egipto. Pues bien, en esa línea, el Midrash identifica al jabalí con Seir-Edom y a las וְזִיז שָׂדַי, bestias del campo, con los árabes nómadas (cf. Gen 16, 12).

En el Sal 80, 15 la plegaria empieza por tercera vez, de un modo urgente, suplicando a favor de la viña renovada por la divina providencia, por el cuidado

---

20. Conforme a *Kiddushin*, 30a, la letra *ayin* de este pasaje (חֲזִיר מִיָּעַר) está en el centro del salterio, mientras la *waw* de Lev 11, 42, es la letra central de la Torá. No parece que existan personas empeñadas en probar la verdad de esta afirmación; sin embargo, a mediados del siglo XVII, vivió un clérigo llamado Laymarius, que tomó en serio ese cálculo, descubriendo que las afirmaciones de la Masora (e. g., que ה אדני aparece 222 veces) son en parte poco exactas y así lo escribió en *Monatliche Unterredungen*, 1691, p. 467, y así lo confirmó también Geiger, *Urschrift und Uebersetzungen der Bibel*, p. 258s.

21. El texto puede referirse a diversos tipos de animales, empezando por las hormigas y terminando por los roedores, y de un modo especial por las langostas. Como dice Saadia, las langostas devoran los frutos del campo desde arriba, las hormigas desde abajo. Dunash cita en este contexto los קרסם, refiriéndose a las hormigas, pero también, como en árabe *qrḍ*, a los roedores.

de la gracia divina. Hemos dividido el verso según la acentuación, dado que צְבָאוֹת שֽׁוּב־נָא הַבֵּט ha de entenderse en la línea de lo que propone Gesenius, 142.

La unión de lo anterior con 80, 16 por medio de la *waw* se opone a la suposición de que וְכַנָּה (וְכַנָּה אֲשֶׁר־נָטְעָה יְמִינֶךָ) significa un retoño o una planta (*plantam*, cf. Targum, Siríaco, Aben-Ezra, Kimchi y otros), y que por consiguiente todo el verso 80, 16 esté gobernado por וּפְקֹד (mira y considera esta viña). Tampoco puede significar la base o tronco (de la viña), en el sentido de כֵּן (Böttcher), pues uno no planta un tronco.

Los LXX traducen וכנה como καὶ κατάρτισαι, suponiendo que la palabra es imperativo aoristo, en el sentido de כּוֹנְנָה. Pero la utilización de על (cf. Prov 2, 11, y el árabe *jn 'lá*, cubrir) con el acusativo de objeto hacen más natural que la palabra tenga que derivar de כנה, no de כנן en el sentido de כּוּן, con el significado del árabe *kanna* גנן igual a cubrir, tapar (de donde viene el árabe *kinn,* una cubierta, un techo, una protección). En esa línea, el verso ha de traducirse "y protégela" (a la planta) que tu diestra ha plantado.

Desde ese fondo se puede entender el segundo estico que aparece en 80, 16 (וְכַנָּה אֲשֶׁר־נָטְעָה יְמִינֶךָ וְעַל־בֵּן אִמַּצְתָּה לָּךְ) en el sentido de: *y protege al que plantó tu diestra*, y al renuevo/hijo (בֵּן) que para ti afirmaste. Eso significa que la viña y el Hijo (hijo de hombre, hijo de Dios) son el mismo pueblo de Dios. El Targum traduce el texto así: "y al Rey Mesías a quien tú has establecido para ti mismo", en la línea de Sal 2, 1-12 y Dan 7, 13.

De todas formas, como en el último pasaje, ese hijo no es Cristo como tal, sino la nación de la cual él ha de proceder. En ese contexto, אמץ tiene el sentido fuerte de apropiarse de alguien (o de algo) para sí, en el sentido de una posesión firme, como en Is 44, 14. Así lo pone de relieve Rosenmüller traduciendo bien: *al que adoptaste y vinculaste a* ti con tantos nexos o vinculaciones (*quem adoptatum tot nexibus tibi adstrinxisti*).

La figura de la viña que está en el fondo de todo lo anterior continúa también en 80, 17. Aquí se pone de relieve el sentido ya evocado, la identificación de la "viña" (pueblo) con el Hijo de hombre: תְּהִי־יָדְךָ עַל־אִישׁ יְמִינֶךָ עַל־בֶּן־אָדָם אִמַּצְתָּ לָּךְ, pon tu mano sobre el hombre de tu derecha, sobre el hijo de hombre que para ti afirmaste… En este caso no se pueden referir estas palabras (pon tu mano…) a la destrucción de los enemigos, pues se refieren a la viña, a la que Dios no quiere destruir, sino afirmar con su mano, como se afirma al hijo. En este sentido ha de entenderse la súplica de על כנה, proteger, afirmar, fundamentar.

De esa manera se sigue acentuando aquí el sentido del בֵּן del Sal 80, 16, que es el Hijo a quien Dios ha llamado de Egipto para que viva, y que le ha llamado y sacado luego de Egipto para adoptarlo como propio, esto es, para tomarlo para sí, como se declara del modo más solemne en el monte Sinaí y en toda la salida de Egipto (Ex 4, 22; Os 11, 1).

En este contexto el "hijo de la derecha" o mejor dicho el "hombre de la derecha" es el mismo Benjamín, Hijo de Hombre (אִישׁ יְמִינֶךָ בֶּן־אָדָם), que es signo y representante de todo Israel, como Hijo de Dios. Este es el sentido de fondo del Sal 80, 3 (cf. 80, 16), el יְמִינֶךָ אִישׁ, el Hijo de la Derecha de Dios (Benjamín), que es el pueblo que Yahvé ha preferido por encima de los otros, el pueblo al que ha colocado a su mano derecha[22].

El Hijo, hombre de la derecha de Dios, que es el pueblo de Israel ha sido elegido por Dios para realizar su obra de salvación. Este hijo recibe, al mismo tiempo, el nombre de בֶּן־אָדָם, hijo de hombre, porque pertenece a la humanidad que es débil en sí misma, que está muy condicionada por el pecado, que es muy dependiente... Las palabras siguientes no ofrecen una definición más precisa del "hijo de hombre", aunque insisten en el hecho de que "no será separado de ti" (וְלֹא־נָסוֹג מִמֶּךָ, no nos apartaremos de ti). Así lo han puesto de relieve Hupfeld, Hitzig y otros.

Esta es la misma relación que se repite en el Sal 80, 19, como apódosis de la petición anterior: entonces no nos separaremos nunca de ti. Así, las palabras מִמֶּךָ וְלֹא־נָסוֹג, no nos apartaremos de ti, implican una decisión "voluntativa", un nuevo ofrecimiento a Dios en forma de acción de gracias, pues el hecho de no separarse de Dios es objeto y resultado de una preservación y presencia especial de Dios.

Por eso, la oración del Sal 80, 18, תְּהִי־יָדְךָ עַל־אִישׁ יְמִינֶךָ, sea tu mano derecha sobre el hombre de tu derecha tiene que culminar en una palabra de acción de gracias, como proclamación solemne de la presencia y acción salvadora de Dios con la que culmina el salmo en 80, 20: Yahvé, Elohim, Sebaot restáuranos, haz resplandecer tu rostro y seremos salvos (יְהוָה אֱלֹהִים צְבָאוֹת הֲשִׁיבֵנוּ הָאֵר פָּנֶיךָ וְנִוָּשֵׁעָה).

Así aparece el nombre triple, más solemne de Dios (Yahvé, Elohim, Sebaot), repetido por tercera vez, culminando la trilogía del salmo. Estas palabras centrales expresan la certeza de la presencia salvadora de Dios, que es Yahvé, que es Elohim y que es Sebaot, Dios de la victoria final sobre todos los males del mundo.

Salmo 81. Fiesta de verano. Saludo y discurso

¹ לַמְנַצֵּחַ ׀ עַל־הַגִּתִּית לְאָסָף׃
² הַרְנִינוּ לֵאלֹהִים עוּזֵּנוּ הָרִיעוּ לֵאלֹהֵי יַעֲקֹב׃
³ שְׂאוּ־זִמְרָה וּתְנוּ־תֹף כִּנּוֹר נָעִים עִם־נָבֶל׃
⁴ תִּקְעוּ בַחֹדֶשׁ שׁוֹפָר בַּכֵּסֶה לְיוֹם חַגֵּנוּ׃
⁵ כִּי חֹק לְיִשְׂרָאֵל הוּא מִשְׁפָּט לֵאלֹהֵי יַעֲקֹב׃

22. Pinsker traduce así, *que tu mano sea sobre el hombre, tu mano derecha sobre el Hijo del Hombre, al que*... Pero la impresión de que אמצתה לך y ימינך se vinculan es tan fuerte que ninguno de los intérpretes antiguos (de los LXX y el Targum en adelante) ha podido liberarse de ella.

עֵדוּת ׀ בִּיהוֹסֵף שָׂמֹו בְּצֵאתֹו עַל־אֶרֶץ מִצְרָיִם שְׂפַת לֹא־יָדַעְתִּי אֶשְׁמָע: ⁶

הֲסִירֹותִי מִסֵּבֶל שִׁכְמֹו כַּפָּיו מִדּוּד תַּעֲבֹרְנָה: ⁷

בַּצָּרָה קָרָאתָ וָאֲחַלְּצֶךָּ אֶעֶנְךָ בְּסֵתֶר רַעַם אֶבְחָנְךָ עַל־מֵי מְרִיבָה סֶלָה: ⁸

שְׁמַע עַמִּי וְאָעִידָה בָּךְ יִשְׂרָאֵל אִם־תִּשְׁמַע־לִי: ⁹

לֹא־יִהְיֶה בְךָ אֵל זָר וְלֹא תִשְׁתַּחֲוֶה לְאֵל נֵכָר: ¹⁰

אָנֹכִי ׀ יְהוָה אֱלֹהֶיךָ הַמַּעַלְךָ מֵאֶרֶץ מִצְרָיִם הַרְחֶב־פִּיךָ וַאֲמַלְאֵהוּ: ¹¹

וְלֹא־שָׁמַע עַמִּי לְקֹולִי וְיִשְׂרָאֵל לֹא־אָבָה לִי: ¹²

וָאֲשַׁלְּחֵהוּ בִּשְׁרִירוּת לִבָּם יֵלְכוּ בְּמֹועֲצֹותֵיהֶם: ¹³

לוּ עַמִּי שֹׁמֵעַ לִי יִשְׂרָאֵל בִּדְרָכַי יְהַלֵּכוּ: ¹⁴

כִּמְעַט אֹויְבֵיהֶם אַכְנִיעַ וְעַל צָרֵיהֶם אָשִׁיב יָדִי: ¹⁵

מְשַׂנְאֵי יְהוָה יְכַחֲשׁוּ־לֹו וִיהִי עִתָּם לְעֹולָם: ¹⁶

וַיַּאֲכִילֵהוּ מֵחֵלֶב חִטָּה וּמִצּוּר דְּבַשׁ אַשְׂבִּיעֶךָ: ¹⁷

<Al músico principal, sobre Gitit. Salmo de Asaf>

¹ ¡Cantad con gozo a Dios, fortaleza nuestra!
¡Al Dios de Jacob aclamad con júbilo!
² Entonad canción y tocad el pandero,
el arpa que deleita y el salterio.
³ Tocad la trompeta en la nueva luna,
en el día señalado, en el día de nuestra fiesta solemne,
⁴ porque estatuto es de Israel,
ordenanza del Dios de Jacob.
⁵ Lo constituyó como testimonio en José
cuando salió por la tierra de Egipto.
Oí un lenguaje que no entendía:

⁶ "Aparté su hombro de debajo de la carga,
sus manos fueron descargadas de los cestos.
⁷ En la calamidad clamaste y yo te libré,
te respondí en lo secreto del trueno, te probé junto a las aguas de Meriba". Selah
⁸ "Oye, pueblo mío, y te amonestaré.
¡Si me oyeras, Israel!"
⁹ No habrá en ti dios ajeno ni te inclinarás a dios extraño.
¹⁰ Yo soy Jehová tu Dios, que te hice subir de la tierra de Egipto,
abre tu boca y yo la llenaré.

¹¹ "Pero mi pueblo no oyó mi voz, Israel no me quiso a mí.
¹² Los dejé, por tanto, a la dureza de su corazón,
caminaron en sus propios consejos.
¹³ ¡Si me hubiera oído mi pueblo!
¡Si en mis caminos hubiera andado Israel!
¹⁴ En un momento habría yo derribado a sus enemigos

y habría vuelto mi mano contra sus adversarios".

[15] Los que aborrecen a Jehová se le habrían sometido
y el tiempo de ellos sería para siempre.

[16] Y yo les alimenté con flor de harina
y te sacié con miel de la peña.

Al Sal 80, que mira hacia atrás, hacia el tiempo de la salida de Egipto, le sigue otro con los rasgos característicos del grupo de Asaf, que echa una mirada retrospectiva hacia la historia primitiva de Israel (comparar Sal 81, 11 con Sal 80, 9). Este Sal 81 combina el elemento lírico del 77 con el elemento didáctico del 78.

La unidad de estos salmos (77, 80 y 81) es indudable. Mirados desde atrás, los tres tienen la apariencia de ser fragmentarios, pues el autor se goza de ir subiendo temáticamente hasta la altura del argumento, pero al final desciende, aunque sin retomar el motivo del origen, dejando el tema abierto. Sal 77 define a Israel en conjunto como los hijos de Jacob y de José. El Sal 78 define a toda la nación como "los hijos de Efraím". Aquí, en el Sal 81, todo Israel aparece mirado en conjunto como José.

Esto muestra que los tres salmos tienen un mismo autor. El Sal 81, lo mismo que el Sal 79, están fundados en la historia del Pentateuco, del Éxodo al Deuteronomio y el mismo Yahvé es quien habla a través de la boca del poeta, como hizo en otro tiempo por la boca de Moisés. Por eso, Asaf aparece por excelencia, κατ᾽ ἐξοχήν, como el profeta (חזה) entre los salmistas.

Un elemento característico de Asaf es la transición de un discurso a otro, con cambios rápidos de sentimientos, en la línea de lo que los árabes llaman *talwîn el-chitab,* es decir, "cambio de colorido" de los temas vinculados al cambio de personas, algo que aparece de un modo también especial en Miqueas (cf. 6, 15).

Conforme a una antigua costumbre de la fiesta judía del Año Nuevo, este Sal 81 se vincula con la Fiesta de las Trompetas (Num 29, 1) siendo, por tanto, el salmo del día primero y segundo de Tishri (cambio de luna de otoño, con lo que empieza el año nuevo). De todas formas, queda abierta la cuestión de si el toque de la trompeta (*shophar*) está vinculado más bien a las fiestas de la Luna nueva, cuando se dice que se toque, y de un modo especial con el primer día de Nisán, que se toma litúrgicamente como día de año nuevo en primavera (cambio de luna de primavera).

El poeta invita a los miembros de la congregación para que den una bienvenida jubilosa a la nueva estación festiva del año (cf. 81, 7). Yahvé mismo aparece así como pregonero de la fiesta. Dios quiere que aquellos que viven ahora conforme a su *hesed* o fidelidad miren hacia atrás, retomando la historia antigua de Israel, y les amonesta para que no incurran en el pecado de una infidelidad semejante a la de aquellos israelitas antiguos en una fiesta determinada, a fin de que no pierdan los beneficios del *hesed* de Dios. ¿De qué fiesta concreta trata el salmo? Puede tratar de la Pascua (primavera) o de los Tabernáculos (otoño), pues solo esas fiestas coinciden con la luna nueva.

Dado que esta es una fiesta vinculada a la redención de Israel con la salida de Egipto, el Targum, el Talmud (en especial en *Rosh ha-Shana*, donde este salmo ha sido muy discutido), el Midrash y el libro de la Cábala (Zohar) suponen que esta es la fiesta de los Tabernáculos, pues Sal 81, 2-4 parece referirse a la luna nueva del mes séptimo, que se celebra más que otras lunas nuevas (Num 10, 10) como התרועה יום (día de las trompetas, Num 29, 1, cf. Lev 23, 24), i. e., como el día primero de Tishri, que se toma como Nuevo Año Civil. Pero ese toque de trompetas del mes séptimo no se realiza conforme a las Escrituras, sino conforme a la tradición civil (véase Maimónides, *Hilchoth Shophar*, Sal 1, 2), respondiendo a una costumbre también antigua. A pesar de ello, debemos dejar a un lado esta referencia del Salmo al día primero de Tishri y a la fiesta de los Tabernáculos, que comienza el quince de Tishri por tres razones:

–   Porque entre el gran día de fiesta del uno de Tishri y la fiesta de los Tabernáculos que se celebra en el quince y el veintiuno de Tishri se celebra el gran día de la reparación o Kippur, un día que quedaría en un segundo plano si la fiesta de las trompetas se siguiera celebrando con grandes toques de trompeta desde el uno de Tishri hasta el diez.

–   Porque el recuerdo de la redención de Israel se vincula de un modo especial con la fiesta de Pascua, más que con los Tabernáculos. Así aparece en la legislación más antigua (Ex 23, 16; Ex 34, 22) donde la fiesta de los Tabernáculos aparece como האסיף חג, i. e., como fiesta de la cosecha de los frutos del otoño y, por lo tanto, como tiempo en que se clausura toda la recogida de la cosecha, sin referencia histórica concreta al paso de los israelitas por el desierto. Ésta es la fiesta de las cabañas, de las casas de campo hechas con ramas, hasta el añadido de Lev 23, 39-44, donde se alude a la celebración en la tierra de Canaán, donde la fiesta que comienza en la luna llena de Nisán no ha perdido toda su referencia a la agricultura, aunque recibe básicamente los nombres históricos de פסח y de המצות חג (de pascua y de los panes ácimos).

–   Finalmente, en el mismo salmo (cf. Sal 81, 6) se hace alusión al hecho de que se está celebrando la pascua. Sobre el sentido de על־הגתית (Gitit), cf. *Coment.* a Sal 8, 1. El plan simétrico de los esticos del salmo resulta claro, conforme al esquema de 11. 12. 12.

81, 2-4. El discurso de 81, 2 está dirigido a toda la congregación, dado que la palabra הָרִיעוּ no se refiere al toque de las trompetas, sino al canto de la congregación, como en Esd 3, 11, *passim*. El mandato de 81, 3 se aplica de un modo especial a los levitas, a los cantores determinados para ello y a los músicos, en conexión con los servicios divinos, tal como se dice en 2 Cron 5, 12, *passim.*

El mandato del Sal 81, 4 está dirigido a los sacerdotes, a quienes se les ha confiado no solo el toque de las dos trompetas de plata (más tarde se habla de 120, véase 2 Cron 5, 12), sino que aparece también en Jos 6, 4 y en otros lugares (cf. Sal 47, 6 con 2 Cron 20, 28) refiriéndose a los toques del *shofar.*

El Talmud observa que desde la destrucción del templo los nombres de los instrumentos שׁופרא (cuerno) y חצוצרתא (trompeta) han tendido a confundirse (*B. Sabbath* 36a, *Sukot* 34a) y, en esa línea, confundiéndose él mismo, el Talmud infiere de Num 10, 10 el deber y significado de tocar siempre el *shofar*, como si solo hubiera un tipo de trompeta (B. *Erachin* 3b).

Los LXX traducen ambos términos por σάλπιγξ, pero el lenguaje bíblico distingue bien entre el *shofar*, שׁופר, y el חצצרה, que puede ser un cuerno (más específicamente un cuerno de carnero) o una trompera de metal, relacionados entre sí en el Sal 98, 6 y 1 Cron 15, 28, mostrando de esa forma que son diferentes.

La Torá no dice nada del empleo del *shofar* en conexión con el servicio divino, sino solo que al comienzo del año cincuenta (para el jubileo), que se llama por eso el שׁנת היבל, *annus buccinae* (año de la trompeta, año del jubileo), se tocará a lo largo y a lo ancho de toda la tierra (Lev 25, 9). Eso es lo único que se dice del *shofar* en la Ley (Pentateuco). Pero por analogía se ha pensado que el *shofar* debía tocarse no solo en el día primero de Tishri, al comienzo del año común, sino también, por razón de este pasaje del Sal 81, asumiendo que el בחרש (81, 4), LXX ἐν νεομηνίᾳ, se refiere no solo al mes de Tishri, sino también al de Nisán, podemos y debemos suponer que, al comienzo de cada mes, y en especial al comienzo del mes con el que se inaugura el año eclesiástico (Nisán) se celebraba (inauguraba) con el toque del *shofar.*

Así lo supone Josefo, *Bell.* IV, 9, 12, cuando añade que el *shofar* se tocaba también al comienzo y a la clausura del Sabbath, y que lo anunciaba un sacerdote, desde el pináculo del templo, tocando la trompeta (*salpinx*). El poeta quiere aquí decir que la fiesta de Pascua ha de ser saludada por la congregación con gritos de alegría, con la música de los levitas, y que el comienzo de la fiesta de la luna nueva (neomenia) del mes de la pascua se celebraba con el toque del *shofar*, que continuaba sonando en la fiesta de pascua.

La fiesta de Pascua, que según Hupfeld se celebraba con un tipo de triste melancolía (cf. *Commentationes de primitiva et vera festorum apud Hebraeos ratione*, 1851, 4), era una fiesta gozosa, una especie de Navidad del Antiguo Testamento, como muestra 2 Cron 30, 21 poniendo de relieve la exultación del pueblo y la música ruidosa de los sacerdotes levitas que la celebraban.

Según Num 10, 10, el toque de trompetas de los sacerdotes iba acompañado con los sacrificios y en ese contexto se realizaba la muerte de los corderos pascuales en medio del "tan-tara-tan" de los sacerdotes (un tipo de acorde de notas largas y bajas intercalado por notas breves, agudas y estridentes (תקיעה תרועה וקיעה), tal como se dice expresamente al referirse a los tiempos postexílicos, como he puesto de relieve en mi estudio sobre los ritos de pascua del tiempo del Segundo Templo en *Luther. Zeitschr.* 1855; cf. Armknecht, *Die heilige Saridoe*, 1855, p. 5).

La frase נתן תּף (cf. שְׂאוּ־זִמְרָה וּתְנוּ־תֹף, entonad la canción, tocad el pandero) proviene de la expresión נתן קול, según la cual נתן significa directamente entonar, hacer que se oiga. Por lo que se refiere a כסה (81, 4: בַּכֶּסֶה לְיוֹם חַגֵּנוּ, cf. Prov 7, 20) las tradiciones que tenemos son inseguras. La interpretación talmúdica (*B. Rosh ha-Shana* 8b, *Betza* 16a y el Targum correspondiente) insiste en el día de la luna nueva (primer día del mes), día en que la luna se esconde a sí misma, de manera que no se ve en toda la mañana y en la tarde solo por un momento después de la puesta del sol.

Esa es la interpretación que ha sido adoptada por gran cantidad de autoridades (LXX, Vulgata, Menahem, Rashi, Jacob Tam, Aben-Ezra, Parchón y otros), y según ella כֶּסֶה (בְּכֶסֶה) es un tiempo muy preciso, fijado por computación (de כסה igual a כסס, computare), un tiempo en el que, conforme a la palabra siríaca *keso*, la luna "se cubre del todo". De esa luna que está totalmente cubierta (invisible), al final del cuarto menguante, se pasa, en un instante al primer resplandor de la luna nueva.

Ese *kise/keso* indica el cálculo del tiempo que va (dos semanas) de la luna cubierta, que no se ve, antes de la luna nueva, a la luna llena del día quince del mes. Ese es el cálculo de la luna nueva que se cubre (principio y fin del mes) para descubrirse del todo (luna llena).

Desde ese fondo se entienden las fiestas del medio del mes (*quae sunt en medio mensis*) que no forman parte de la luna nueva anterior ni de la siguiente. Cf. traducción de la *Peshita*, en 1 Rey 12, 32, en referencia al día 10 del octavo mes, y en 2 Cron 7, 10, en referencia al día 23 del séptimo, en ambos casos aludiendo a la Fiesta de los Tabernáculos, en relación a la cual ha de traducirse también nuestro *wa-b-kese* (בְּכֶסֶה לְיוֹם חַגֵּנוּ) tal como lo explica Rosenmüller a partir de un *Glosario Syro-Arabigo*.

En este caso, la *Peshita*, lo mismo que el Targum, parte de la lectura de חַגֵּנוּ en plural (como חגינו), día de nuestras fiestas solemnes, pero esa lectura plural ha de ser rechazada, con los LXX y los mejores MSS, de forma que debemos mantener בְּכֶסֶה לְיוֹם חַגֵּנוּ en singular, aludiendo a "nuestra fiesta", no a nuestras fiestas. Pues bien, si esa palabra ha de entenderse así en singular, y כֶּסֶה con *segol* doble (según Kimchi), el cálculo al que alude esa palabra no se refiere al *interlunium*, sino al *plenilunium* (en vez de lo cual el mismo Jerónimo pone *in medio mense*, en medio del mes, y en Prov 7, 20, *in die plenae lunae*, Aquila ἡμέρᾳ πανσελήνου), de manera que ese cálculo puede aludir a la Fiesta de los Tabernáculos, tomada en sentido absoluto como "la fiesta", הֶחָג, en 1 Rey 8, 2 (2 Cron 5, 3) *passim*, o a la Pascua, que también se llama así, no solo en Is 30, 29, sino en otros muchos lugares.

En nuestro caso, como veremos con más claridad en 81, 5, el cálculo se refiere a la fiesta de los Ácimos, el pórtico de la cual es, por así decirlo, la פסח ערב (vigilia de pascua) con la noche de la observancia o del recuerdo, שמרים ליל (Ex 12, 42), la noche que va del 14 al 15 de Nisán. Las trompetas aparecen así en Sal 81, 2; Sal 81, 3 para dar la bienvenida a la fiesta.

El toque del *shofar* sirve para anunciar el comienzo del mes de la Pascua, y más en concreto el comienzo del mismo día de la pascua, con la fiesta de los panes ácimos, en que han de renovarse los panes. La *lamed*, ל, de ליום, no ha de utilizarse aquí de modo temporal, como quizá en Job 21, 30, para ese día en concreto (pues en ese caso tendría que haber dicho ביום), sino que alude a la fiesta en cuanto tal, lo mismo que el *lamed* de 81, 2, donde se supone que el *shofar* se toca en honor de la gran fiesta de Yahvé.

81, 5-6. Estos versos indican el origen y sentido de la fiesta que ha de celebrarse así (como han dicho los versos anteriores, con cantos y con música). Estas son las palabras clave חֹק מִשְׁפָּט יַעֲקֹב: se trata de una institución divina (de una ley de Jacob) que viene desde el tiempo de la redención de Egipto, realizada por la mano de Moisés. Se llama חק porque es un decreto legalmente sancionado y משפט porque es un mandato que obliga por ley, y עדות porque es una declaración positiva de la voluntad de Dios. La ל en לישראל indica que es el receptor y en לאלהי indica que Dios es su autor, el legislador.

Por בצעתו se indica que el establecimiento de ese estatuto está ligado a la salida de Egipto. Pero lo que se pone de relieve no es la salida de Egipto, sino el hecho de iniciar desde allí un camino, בִּיהוֹסֵף שָׂמוֹ בְּצֵאתוֹ עַל־אֶרֶץ מִצְרָיִם. En esa línea, lo que el texto está destacando es que el Dios de Israel hace que el pueblo escogido abra un camino nuevo, mientras Dios está juzgando a Egipto.

El sujeto de la frase es Elohim, y צאת (בְּצֵאתוֹ עַל־אֶרֶץ מִצְרָיִם) ha de entenderse en la línea de Ex 11, 4 (Kimchi, De Dieu, Dathe, Rosenmüller y otros), cuando el que pasa (en la Pascua) no es el pueblo de Israel, sino el mismo Dios, que pasa juzgando a la tierra de Egipto. No se trata, pues, del paso/juicio del pueblo, sino del paso/juicio de Dios en su pascua o paso por la tierra de Egipto (cf. Miq 1, 3).

La referencia al tiempo como tal vincula este salmo con el Paso de Dios, conmemorando el perdón (la liberación de Israel, Ex 12, 27), precisamente en la noche del juicio en que Dios, en su pascua, hiere al pueblo de Egipto. Esta es la forma en que debe entenderse el texto, conforme a sus acentos. Según eso, las palabras que siguen (שְׂפַת לֹא־יָדַעְתִּי אֶשְׁמָע, oí un lenguaje que no entendía) son una cláusula de relativo, vinculada con מצרים (Egipto) donde oí un lenguaje que no entendía (Sal 114, 1).

Ciertamente, שׁפה ידע, "entender un lenguaje" es una expresión admisible (cf. ספר ידע, entender la escritura, ser capaz de leer, Is 29, 11). Por otra parte, el hecho de escoger para lenguaje o idioma la palabra שָׂפֵ en vez de la más usual de לשׁון (cf. שׁמע לשׁון, Dt 28, 49; Is 33, 19; Jer 5, 15) puede entenderse bien, después del verbo אשׁמע, pero la omisión de "allí", שׁם (y de אשׁר) resulta dura y falta de sentido, y debe entenderse a partir de nuestra visión de בצאתו, como paso de Dios.

Partiendo del discurso que sigue es evidente que esa frase ha de entenderse como introducción del discurso divino, sea con el sentido *de sermonem quem non novi* (sermón que no entendí, cf. Sal 18, 44: *populus quem non novi*, pueblo que no conocí), o en el de *alicujus, quem non novi*, de alguien a quien no conocí (Gesenius 123, nota 1), sentidos todos que son admisibles.

Estas palabras (oí un lenguaje desconocido...) no parecen referirse al discurso siguiente que Dios ha dado a conocer al salmista: ¿debo oír un lenguaje desconocido..., o el lenguaje de alguien a quien no conozco? Döderlein explica esa frase de esta forma: *subitanea et digna poetico impetu digressio, cum vates sese divino adflatu subito perculsum sentit et oraculum audire sibi persuadet* (esta es una digresión súbita y digna del espíritu poético; por medio de ella, el poeta se siente golpeado por el hálito divino y quiere convencerse a sí mismo para escuchar ese oráculo divino). En esa línea entienden el texto diversos autores, como De Wette, Olshausen, Hupfeld y otros.

Pero el oráculo de Dios no puede aparecer tan extraño para el poeta y vidente israelita como en el caso de la voz del espíritu de Dios de la que habla Eliphaz (Job 4, 16), y por otra parte la palabra אשׁמע tiene la presunción de que es una palabra con un significado imperfecto..., que ha de precisarse. Ella debe interpretarse en la línea de Ex 6, 2. Se trata del lenguaje de un Dios conocido, pero que ofrece aquí un mensaje que antes era desconocido; este es el lenguaje de redención que Israel está escuchando en ese momento, un lenguaje que solo ahora pueden entender los israelitas.

Es, por tanto, el lenguaje de un Dios que se ha manifestado como יהוה de un modo, por así decirlo renovado, con un lenguaje más alto. Este nuevo lenguaje de Dios, entendido desde el trasfondo de la historia patriarcal, es algo que hasta ahora no se conocía, un lenguaje que solo se empieza a escuchar (a entender) a partir (= a la luz) del nuevo y maravilloso juicio que Dios ha ejecutado sobre Egipto, con la protección, redención y elección de Israel.

Este es el lenguaje que hasta ahora había permanecido desconocido, un lenguaje que solo ahora, habiendo llegado al Sinaí, recibe un sentido enteramente nuevo, pues solo a partir de ahora la congregación o iglesia de Israel aparece como una nación distinta, como reino de Yahvé, de forma que el vínculo de unión de los israelitas entre sí es una ley nacional, una ley que les educa para la salvación real y vital que está por venir, para manifestarse.

Las palabras de Yahvé que seguirán después (de 81, 7 en adelante) no son ya las que los israelitas escucharon en el tiempo del éxodo. El recuerdo de esas palabras ha de entenderse como una transición para las nuevas palabras que se escucharán ahora. El poeta recuerda aquí el lenguaje con el que aquel Dios que se revela a sí mismo de una forma nunca vista ni oída habló a su pueblo en aquel tiempo; este es el lenguaje de aquel que siempre vive, el Uno y Mismo en sí mismo, el que es uno ayer y hoy, aquel que habla a su pueblo para recordar lo que era entonces para ellos, y lo que habló para ellos entonces.

81, 7–11. Este es un discurso amable, pero profundo y festivo que Dios Redentor dirige a su pueblo redimido. Comienza como podría esperarse con una alocución pascual, con una referencia a סבלות (Ex 1, 11-14; 5, 4; 6, 6), y a la דּוּד, *duwd*, que es el cesto de trabajo con el que los oprimidos israelitas transportaban la arcilla o los ladrillos en Egipto (Ex 1, 14; Ex 5, 7)[23].

Yahvé liberó de la opresión al pueblo pobre que gritaba pidiendo libertad (Ex 2, 23-25); él les respondió en lo secreto del trueno (אֶעֶנְךָ בְּסֵתֶר רַעַם), pero no en la línea del Sal 22, 22; Is 32, 2 (ofreciendo protección contra la tormenta), sino conforme al Sal 18, 12 y Sal 77, 17), desde las nubes de la tormenta, en las que él (Dios) se vela y revela a sí mismo, derribando a los enemigos de Israel con su relámpago, lo que quiere referirse, ante todo, al paso a través del Mar Rojo (véase Sal 77, 19).

Al mismo tiempo, este Dios liberador les probó junto a las aguas de Meriba (אֶבְחָנְךָ עַל־מֵי מְרִיבָה, cf. *Coment.* sobre Job 35, 6), es decir, allí donde ellos deberían haber confiado en él a causa de los gloriosos signos de poder y de misericordia que les había ofrecido. El nombre de *Aguas de Meríbah*, que solo aparece en *Meríbath Kadesh*, se refiere al lugar donde Dios les dio a beber agua de la roca el año 40 de la salida de Egipto (Num 20, 13; Num 27, 14; Dt 32, 51; Dt 33, 8).

Pues bien, ese nombre se transfiere aquí al lugar donde les había dado agua en el primer año, recibiendo el nombre de *Massah u-Meríbah* (Ex 17, 7), como recuerdo de dos milagros, que se realizaron bajo circunstancias semejantes y que suelen vincularse entre sí (véase *Coment.* a Sal 95, 8). El salmo dice ahora que Israel no respondió como debía a la esperanza de Dios que se había mostrado de un modo tan maravilloso con el pueblo.

En este momento (final de 81, 8) suena la música, como ratificando lo anterior, y haciendo una larga y fuerte pausa, sobre todo lo que se ha venido diciendo. Lo que ahora sigue (81, 9-12) recoge las palabras que Dios dirigió al

---

23. En el papiro Leydensis I. 346, los israelitas reciben el nombre de Aperiu (עברים), es decir, los que arrastraban las piedras para construir la gran torre de vigilancia de la ciudad de Ramesés. El Pap. Leyd. I. 349, según la referencia de Lauth, dice que los Aperiu arrastraban piedras para los almacenes de la ciudad de Ramesés.

pueblo de Israel en el desierto, que quieren poner de relieve la fidelidad de Dios, para recuerdo de Israel en el presente.

Desde ese fondo dice Yahvé a Israel en 81, 9: שְׁמַע עַמִּי וְאָעִידָה בָּךְ, con בְּ הָעִיד, como en Sal 50, 7; Dt 8, 19, en el sentido de dar testimonio en contra de uno. La partícula אם (אִם־תִּשְׁמַע־לִי, oh sí me escucharas, como en el Sal 95, 7, que se parece mucho a este salmo) plantea un tipo de pregunta que desea sea contestada (¡si me quisieras escuchar de verdad…!).

El verso 81, 10 plantea con toda radicalidad el mandato básico con el que se abre el Decálogo, pidiendo a los israelitas que sean fieles a Yahvé, prohibiéndoles la idolatría, que aparece así, como pecado de todos los pecados. ¡No tendrás para ti un Dios extraño, לֹא־יִהְיֶה בְךָ אֵל זָר, un Dios que se oponga al Dios verdadero, que es el de Israel.

El pueblo de Israel tendría que haberse entregado de un modo indiviso, de todo corazón, en manos de este Dios único, con quien tenía gran deuda, pues en su condescendencia, Dios le había escogido y con su poder maravilloso le había redimido sacándole y haciéndole subir de la tierra de Egipto (הַמַּעַלְךָ מֵאֶרֶץ מִצְרָיִם). El pueblo tendría que haberse sometido de un modo mucho más libre y voluntario, pues como paga de sus ricos dones, para bien del cuerpo y del alma de sus fieles, él (Dios) no quería ni pedía ninguna cosa, sino solo que ellos (los israelitas) mantuvieran sus bocas abiertas para recibir los dones del alto; Dios solo quería que ellos le desearan con fe, con hambre de misericordia, con ansia de salvación (Sal 119, 131).

81, 12–17. Este discurso pascual de Dios toma ahora un tono triste y dolorido, pues la desobediencia y egoísmo de Israel han frustrado los deseos de gracia de los mandamientos y de las promesas de Dios. Como en el lamento de Is 1, 3, aquí se van alternando los nombres de "mi pueblo" y de "Israel". Pero Israel no escuchó, ni quiso a Dios (וְיִשְׂרָאֵל לֹא־אָבָה לִי), לֹא־אבה seguido con el dativo, como en Dt 13, 9: οὐ συνθελήσεις αὐτῷ.

Entonces, Dios convirtió su pecado en castigo, entregándoles judicialmente (con שׁלח como en Job 8, 4) en manos de la dureza de su corazón, con שרר (בִּשְׁרִירוּת לִבָּם, de los deseos egoístas de sus corazones), en arameo שרר, en árabe *sarra*, oponiéndose así a las determinaciones de Dios como si fueran extrañas, lejanas.

Desde ese fondo, el salmo sigue diciendo que ese estado de infidelidad del pueblo, en contra de la fidelidad de Dios, se ha mantenido esencialmente inalterado hasta el tiempo presente. De esa forma se dirige Dios a su pueblo, precisamente en este tiempo de fiestas de pascua, de manera que, respondiendo al estilo de esta fiesta amable, Dios habla de un modo cariñoso a los israelitas. De esa forma se queja Dios, con un לוּ עַמִּי שֹׁמֵעַ לִי לוּ, ¡si mi pueblo me escuchara!). Esta partícula puede tener el significado de "si" (seguido del participio, como en 2 Sam 18, 12:

¡si me escuchara…!), o también de אִם (como en el Sal 81, 9), expresando un deseo más fuerte, como en el Sal 81, 15 (¡ojalá me escuchara!).

La palabra כְּמַעַט (כִּמְעַט אוֹיְבֵיהֶם אַכְנִיעַ, en un momento habría derribado a sus enemigos…). Esta expresión nos hace pensar que la relación que Israel mantenía con las naciones no respondía por entonces a la dignidad de la nación de Dios, llamada a dominar y gobernar el mundo entero con la fuerza de Dios. Por su parte, en este pasaje, וְעַל צָרֵיהֶם אָשִׁיב יָדִי) הָשִׁיב, en contra de sus enemigos habría vuelto yo mi mano) no significa solo "volver" la dirección de la mano, sino imponerla sobre alguien. El significado es, por tanto, que él habría vuelto la mano, que ahora estaba castigando a su pueblo, de manera que castigaría a los otros, es decir, a los enemigos del pueblo (en ese sentido se suele emplear esta expresión, en textos como Is 1, 25; Amós 1, 8; Jer 6, 9; Ez 38, 12).

La promesa del verso 81, 16 se refiere a Israel y a todos los miembros de la nación. De esa forma, los enemigos de Dios se habían visto obligados, aún por la fuerza, a someterse a él, de manera que su tiempo (el tiempo de la gloria de Israel) hubiera durado para siempre (מְשַׂנְאֵי יְהוָה יְכַחֲשׁוּ־לוֹ וִיהִי עִתָּם לְעוֹלָם). Su tiempo (עִתָּם) es equivalente a duración, y en este lugar, con la noción colateral de prosperidad, como en otros casos (Is 13, 22) podría tratarse de los enemigos, de "tiempo de castigo".

El verso final (81, 17) pone de relieve el tema de la comida, en un tono de promesa: וַיַּאֲכִילֵהוּ מֵחֵלֶב חִטָּה, que la traducción de Reina-Valera interpreta "y les alimentaría con lo mejor del trigo…", situando así el final del salmo en la línea de promesa y esperanza de futuro. Pero tal como aparece en el texto la palabra וַיַּאֲכִילֵהוּ, no puede entenderse en el sentido futuro de *les alimentaré* (= les alimentaría), sino que debe entenderse como una afirmación histórica, referente al pasado (les alimenté).

Ciertamente, se podría esperar una palabra de esperanza de futuro, pero ella tendría que haber sido וְאַאֲכִילֵהוּ, en forma de promesa, mientras el texto actual pone וַיַּאֲכִילֵהוּ, *y yo les alimenté*, como han visto los LXX, el Siríaco y la Vulgata, que entienden el texto en forma retrospectiva: y yo les alimenté con flor de harina y les sacié con miel de la peña. Esta interpretación está en la línea de otros salmos asáficos, como el 77 y el 78, que rompen la promesa histórica de futuro y nos sitúan nuevamente ante la visión retrospectiva de la historia del pueblo de Dios.

En esa línea, las palabras finales terminan siendo un discurso directo de Dios a su pueblo, al que recuerda en segunda persona lo que ha hecho en su favor, pasando de "yo les alimenté" (81, 17a) al "yo te sacié" (81, 17b: וּמִצּוּר דְּבַשׁ אַשְׂבִּיעֶךָ). Al salmista (a Dios) le interesa sobre todo recordar el pasado. Pero es evidente que ese recuerdo tiene un sentido de futuro: si el pueblo de Israel escuchara en la actualidad al legislador del Sinaí, si cumpliera sus mandamientos, Dios renovaría los dones antiguos, el pan de flor de harina, la miel de la roca.

Salmo 82. El juicio de Dios sobre los dioses de la tierra

מִזְמוֹר לְאָסָף אֱלֹהִים נִצָּב בַּעֲדַת־אֵל בְּקֶרֶב אֱלֹהִים יִשְׁפֹּט׃

עַד־מָתַי תִּשְׁפְּטוּ־עָוֶל וּפְנֵי רְשָׁעִים תִּשְׂאוּ־סֶלָה׃

שִׁפְטוּ־דַל וְיָתוֹם עָנִי וָרָשׁ הַצְדִּיקוּ׃

פַּלְּטוּ־דַל וְאֶבְיוֹן מִיַּד רְשָׁעִים הַצִּילוּ׃

לֹא יָדְעוּ וְלֹא יָבִינוּ בַּחֲשֵׁכָה יִתְהַלָּכוּ יִמּוֹטוּ כָּל־מוֹסְדֵי אָרֶץ׃

אֲנִי־אָמַרְתִּי אֱלֹהִים אַתֶּם וּבְנֵי עֶלְיוֹן כֻּלְּכֶם׃

אָכֵן כְּאָדָם תְּמוּתוּן וּכְאַחַד הַשָּׂרִים תִּפֹּלוּ׃

קוּמָה אֱלֹהִים שָׁפְטָה הָאָרֶץ כִּי־אַתָּה תִנְחַל בְּכָל־הַגּוֹיִם׃

<Salmo de Asaf>

¹ Dios se levanta en la reunión de los dioses,
en medio de los dioses juzga.
² ¿Hasta cuándo juzgaréis injustamente
y haréis acepción de personas con los impíos? Selah

³ Defended al débil y al huérfano,
haced justicia al afligido y al menesteroso,
⁴ librad al afligido y al necesitado,
¡libradlo de manos de los impíos!

⁵ No saben, no entienden, andan en tinieblas,
tiemblan todos los cimientos de la tierra.

⁶ Yo dije: vosotros sois dioses
y todos vosotros hijos del Altísimo,
⁷ pero como hombres moriréis,
y como cualquiera de los príncipes caeréis.

⁸ ¡Levántate, Dios, juzga la tierra,
porque tú heredarás todas las naciones!

Como el Sal 81, también el Sal 82 (que según el Talmud se proclama los jueves en la liturgia del templo) presenta a Dios como aquel que habla conforme a la manera en que hablan los profetas.

Son semejantes a este salmo los salmos 58 y el 94, pero especialmente Is 3, 13-15. El vidente Asaf contempla aquí a Dios reprobando, corrigiendo y amenazando a los jefes de la congregación de su pueblo, que han pervertido el esplendor que la Majestad (Dios) ha puesto en sus manos, convirtiéndolo en tiranía.

Es característica de Asaf (cf. Sal 50; 75; 81) la forma en que él se introduce en la contemplación del juicio divino, presentando al mismo tiempo a Dios como aquel que habla. No hay nada que vaya en contra de que este salmo haya sido escrito por Asaf, contemporáneo de David, aunque quizá ese no sea el sentido más adecuado de la expresión לְאָסָף del encabezado.

Hupfeld piensa que en la segunda mención de 82, 1 (בְּקֶרֶב אֱלֹהִים) la palabra Elohim significa "ángeles", cosa que Bleek había defendido antes que él, traduciendo así las inscripción (ampliada): juicio de Dios sobre los jueces injustos, en el cielo y sobre la tierra. Pero los ángeles, como tales, no se llaman nunca "Elohim" en el Antiguo Testamento, aunque en principio pudieran llamarse así. Por otra parte, el hecho de que aquí se les juzgue por la forma injusta que ellos tienen de juzgar a los hombres, constituye, como dice Hupfeld "un tema oscuro, que aún no ha sido aclarado".

Sea como sea, una interpretación como esa (que, en contra del uso del lenguaje identifica a los "Elohim" con ángeles, creando un enigma que luego es incapaz de resolver) se condena a sí misma. Elohim no son aquí ángeles superiores, sino seres humanos con autoridad especial.

Por otra parte, la afirmación de Hupfeld (con Knobel, Graf y otros), según la cual en Ex 21, 5; 22, 7 y en otros pasajes la palabra אלהים se refiere a Dios mismo y no directamente a las autoridades de la nación, como representantes de Dios en la tierra, está refutado, sin más, por el hecho de que a esos *elohim* se les llame en este salmo "mortales" (82, 7; cf. también Sal 45, 7; Sal 58, 2).

Jesús apela a este salmo para indicar a los judíos (cf. Jn 10, 34-36) que cuando él mismo se llama "hijo de Dios" no está blasfemando contra Dios, sino que utiliza una *argumentatio a minori ad majus* (que va de un caso menos importante, a otro más importante). Este es su argumento: si la Ley llama "dioses" a los que no han recibido este nombre en virtud de una declaración divina (y la Escritura no puede equivocarse en este caso, como no se equivoca en ningún otro), no puede tomarse en modo alguno como blasfemia el hecho de que él (Jesús) se llame a sí mismo Hijo de Dios, pues Dios no solo le ha llamado así, por medio de una proclamación divina (porque realiza una función que el mismo Dios le ha confiado), sino también porque él (Jesús) está cumpliendo una obra para la que el Padre le ha santificado, mandándole al mundo.

En conexión con esta palabra ἡγίασε (le ha santificado) tenemos que recordar el hecho de que aquellos a quienes el salmo llama "elohim" son al fin censurados (declarados mortales) porque su conducta no es santa. Ese nombre (Elohim) no les pertenece de un modo originario, y ellos no muestran ser moralmente dignos de llevarlo. Por el contrario, al decir que Dios le ha santificado y enviado a él, Jesús pone de relieve su filiación divina, anterior a la de aquellos que comenzaron a vivir (realizar su obra) solo en el tiempo presente.

82, 1-4. Dios se eleva y se hace escuchar ante todo censurando y amonestando a los "elohim". "La congregación de Dios" (cf. עֲדַת־אֵל) en la que se introduce el salmista es, como en Num 27, 17; 31, 16; Jos 22, 16, la comunidad o iglesia de los hijos de Israel, que Dios ha "adquirido" de entre las naciones (Sal 74, 2), y sobre la que él es el Legislador, marcando en ella su impronta divina.

El salmista y vidente ve a los *elohim* de pie en la congregación de Dios. El participio *nifal* (como en Is 3, 13) indica no solo el carácter repentino y poco preparado de la asamblea, sino la inmovilidad solemne y la finalidad terrorífica de la aparición de Dios. Entre el rango de la congregación de Dios, aquí aparece destacada la función de los *elohim*.

Estos Elohim, son hombres de autoridad, que ejercen un derecho sobre la vida y muerte de los hombres, algo que resulta esencial en la administración de la justicia, compartiendo así una prerrogativa de Dios. Desde el tiempo de Gen 9, 6, Dios ha confiado la ejecución de esta prerrogativa de vida y de muerte a la humanidad, y ha instituido en ella un "oficio" representado por la espada de la justicia, una función que existe también en su congregación teocrática, en la que aparece como expresión de la ley positiva de Dios, como base de su continuidad y como regla de su acción.

En cualquier lugar entre los hombres, pero de un modo preeminente en la Congregación de Dios, aquellos que tienen autoridad son delegados de Dios y portadores de su imagen, de manera que como representantes suyos pueden llamarse "Elohim", esto es "dioses" (motivo que los LXX expresan en Ex 21, 6 hablando de un κριτήριον τοῦ Θεοῦ, y que el Targum, tanto aquí como en Ex 22, 7-8; Ex 22, 27 llama uniformemente דיניא, en referencia al "din" o juicio de Dios).

Dios ha conferido este ejercicio de poder a estos *elohim* subordinados, pero sin dejarlo sin más en sus manos, y ahora se sienta en medio de ellos para realizar el juicio, como el salmista está "viendo" con su imaginación. Por eso, él escucha a Dios que dice: ¿hasta cuándo juzgaréis injustamente y haréis acepción de personas con los impíos?

La expresión עול שפט (cf. תִּשְׁפְּטוּ־עָוֶל) equivale a עשה עול במשפט, hacer mal en el juicio (Lev 19, 15. 35), cosa que es lo opuesto de מישרים שפט (Sal 58, 2). Hacer acepción de personas con los impíos significa inclinarse hacia ellos en el juicio, por soborno, poniéndose a favor de los malvados. La música (*selah*) que aquí irrumpe con un *forte* da intensidad a esta terrible acusación, va dirigida a poner a los "dioses" de la tierra en su debido lugar.

Las siguientes advertencias o mandatos (82, 3-4) exigen a los jueces que hagan aquello que hasta ahora no han hecho. Ellos han de tener como principio de administración de la justicia la defensa de los que no tienen defensa, es decir, de los destituidos, de los que no tienen ayuda, de aquellos por los que se preocupa especialmente Dios, el Legislador. La palabra שר, שאר (cf. וְרָשׁ הַצַּדִּיקוּ. עָנִי), de la que no se tiene evidencia hasta el tiempo de David y Salomón es un sinónimo de דל.

Todas estas palabras (דַּל וְיָתוֹם עָנִי וָרָשׁ) están vinculadas a causa de su significado. Ellas aparecen repetidas con frecuencia en los profetas especialmente en Isaías (cf. Is 1, 17). Ellas fundamentan la dignidad de la ley, son las palabras centrales de la justicia israelita, interesada sobre todo en la defensa de aquellos que no pueden defenderse a sí mismos por falta de autoridad.

82, 5-7. Estos versos no son un paréntesis añadido a lo anterior, sino que definen la condena de los malos jueces, para invocar finalmente a Dios que es el verdadero juez. Ciertamente hay algunas posibles incoherencias en el conjunto y parece que el verso 5 y el 6 no se ajustan del todo, pero el sentido de conjunto del texto es claro.

En ese sentido, Dios habla de los malos jueces como si estuviera totalmente separado de ellos, sin buscar su conversión, sino suponiendo que están perdidos de antemano, de forma que se limita a declarar su sentencia (82, 6: moriréis...).

Los verbos de 82, 5 no ofrecen argumentos concretos, no acusan a los malos jueces por algún tipo de pecados o injusticias especiales, sino indicando que Dios les condena de un modo general, por su falta de razón y entendimiento, porque no conocen (no han conocido: לֹא יָדְעוּ וְלֹא יָבִינוּ בַּחֲשֵׁכָה יִתְהַלָּכוּ), no saben y no entienden, caminan en tinieblas, como ponen de relieve los LXX al afirmar que no han conocido, ἐγνώκασι, *non noverunt*, cf. Sal 14, 1; Is 44, 18.

Dios no les amonesta por algún pecado concreto, sino que supone que están condenados de antemano, y de esa forma deja que sigan sus caminos, en un estado de oscuridad mental, manteniéndose así fijados (como implica el *hitpael*) en su seguridad carnal y en su autocomplacencia.

De todas formas, por los versos anteriores sabemos que los mandamientos que estos jueces transgreden son los fundamentos de la justicia (cf. Sal 11, 3) como ejes y pilares de ella (Sal 75, 4, cf. Prov 29, 4), pues sobre esos mandamientos se apoyan y mantienen todas las relaciones establecidas por la creación y reguladas por la Torá. Sus transgresiones hacen que la tierra y el mundo se tambaleen y se destruyan de un modo físico y moral, de un modo que anuncia y marca el preludio de su condena y destrucción de la que habla el final del salmo.

Cuando el Señor celestial de todo lo que existe piensa sobre esta perversión que la injusticia y la tiranía de los jueces introduce sobre el mundo, su ira se enciende, de manera que él proclama ante los jueces y gobernantes su sentencia declaratoria (condenatoria) juzgando y castigando a aquellos a quienes él había investido con una dignidad casi divina, pues la han pervertido. Ellos, jueces y gobernantes del mundo, han sido de hecho "elohim", pero no poseían el gobierno por derecho propio, sino por don del Más Elevado (עליון) ante quien ellos son responsables, como malos administradores del poder que han recibido.

Según eso la forma en que los jueces actúan como si fueran dioses (Elohim) puede tomarse en el salmo de un modo sarcástico (como dice Ewald, Olshausen y otros). Pero, en otro sentido, esa visión sarcástica está refutada en el Sal 82, 6, donde se supone y se dice que ellos han sido y son realmente *elohim* por gracia de Dios. Ellos son, en un sentido, "Elohim", representantes de Dios en la tierra. Pero, en otro sentido, la forma que ellos han tenido de ejercer esa dignidad (ese juicio) va en contra de la voluntad de Dios, de forma que ellos serán desvestidos de su majestad, es decir, de sus prerrogativas anteriores, pues han manchado su dignidad, han renegado de su oficio como representantes de Dios.

Por eso, habiendo sido y pudiendo ser "como Elohim", ellos han de morir como "Adán", כאדם, como simples mortales, pues no se elevan en modo alguno sobre la masa de los restantes hombres (cf. אדם בני, op. איש בני, Sal 4, 3; Sal 49, 3), de forma que cada uno de ellos morirá (cf. Jc 16, 7; Abd 1, 11), como todos los príncipes que a lo largo del juicio de la historia han caído condenados por el juicio de Dios (Os 7, 7). Su oficio divino no les protegerá. Porque, aunque la *justitia civilis* no puede identificarse con la justicia que redime ante Dios, la *injustitia civilis* es ante Dios la mayor de las abominaciones.

82, 8. El poeta termina pidiendo a Dios que realice aquello que él ha mantenido en espíritu, y de esa forma le dice que se siente él mismo en el trono supremo, para juzgar rectamente (שפטה como en Lam 3, 59), en contra del juicio que esos jueces/elohim ejercen de un modo tan perverso sobre la tierra.

Todos los pueblos son ciertamente נחלה, herencia de Dios, de forma que él tiene un derecho hereditario de propiedad sobre (en) todas las naciones (así traducen los LXX y la Vulgata según Num 18, 20, *passim*), en todas las ἔθνη. Por eso, el salmista le pide a Dios que mantenga y realice ese derecho.

No es cierto que este salmo se encuentre dirigido solo (de un modo directo) contra los que poseen el poder entre los gentiles. En principio el salmo se dirige sobre todo al pueblo de Israel que, de un modo inconsecuente, mancillando así su poder teocrático, desmiente y va en contra de la revelación y llamada de Dios.

Así, el mismo pueblo de Israel viene a presentarse en este plano como un pueblo más de la tierra (un גוי), siendo igual de perverso que los גוים, y situándose en la misma categoría de maldad que ellos. Por eso, el juicio sobre el mundo en su conjunto será, al mismo tiempo, un juicio contra (sobre) Israel, que sigue las mismas formas de vida del mundo, con unos jefes y jueces separados de Dios.

Salmo 83. Grito a Dios en contra de la alianza enemiga

¹ שִׁיר מִזְמוֹר לְאָסָף׃

² אֱלֹהִים אַל־דֳּמִי־לָךְ אַל־תֶּחֱרַשׁ וְאַל־תִּשְׁקֹט אֵל

³ כִּי־הִנֵּה אוֹיְבֶיךָ יֶהֱמָיוּן וּמְשַׂנְאֶיךָ נָשְׂאוּ רֹאשׁ׃

4 עַל־עַמְּךָ יַעֲרִימוּ סוֹד וְיִתְיָעֲצוּ עַל־צְפוּנֶיךָ:

5 אָמְרוּ לְכוּ וְנַכְחִידֵם מִגּוֹי וְלֹא־יִזָּכֵר שֵׁם־יִשְׂרָאֵל עוֹד:

6 כִּי נוֹעֲצוּ לֵב יַחְדָּו עָלֶיךָ בְּרִית יִכְרֹתוּ:

7 אָהֳלֵי אֱדוֹם וְיִשְׁמְעֵאלִים מוֹאָב וְהַגְרִים:

8 גְּבָל וְעַמּוֹן וַעֲמָלֵק פְּלֶשֶׁת עִם־יֹשְׁבֵי צוֹר:

9 גַּם־אַשּׁוּר נִלְוָה עִמָּם הָיוּ זְרוֹעַ לִבְנֵי־לוֹט סֶלָה:

10 עֲשֵׂה־לָהֶם כְּמִדְיָן כְּסִיסְרָא כְיָבִין בְּנַחַל קִישׁוֹן:

11 נִשְׁמְדוּ בְעֵין־דֹּאר הָיוּ דֹּמֶן לָאֲדָמָה:

12 שִׁיתֵמוֹ נְדִיבֵמוֹ כְּעֹרֵב וְכִזְאֵב וּכְזֶבַח וּכְצַלְמֻנָּע כָּל־נְסִיכֵמוֹ:

13 אֲשֶׁר אָמְרוּ נִירֲשָׁה לָּנוּ אֵת נְאוֹת אֱלֹהִים:

14 אֱלֹהַי שִׁיתֵמוֹ כַגַּלְגַּל כְּקַשׁ לִפְנֵי־רוּחַ:

15 כְּאֵשׁ תִּבְעַר־יָעַר וּכְלֶהָבָה תְּלַהֵט הָרִים:

16 כֵּן תִּרְדְּפֵם בְּסַעֲרֶךָ וּבְסוּפָתְךָ תְבַהֲלֵם:

17 מַלֵּא פְנֵיהֶם קָלוֹן וִיבַקְשׁוּ שִׁמְךָ יְהוָה:

18 יֵבֹשׁוּ וְיִבָּהֲלוּ עֲדֵי־עַד וְיַחְפְּרוּ וְיֹאבֵדוּ:

19 וְיֵדְעוּ כִּי־אַתָּה שִׁמְךָ יְהוָה לְבַדֶּךָ עֶלְיוֹן עַל־כָּל־הָאָרֶץ:

<Cántico. Salmo de Asaf>

1 ¡Dios, no guardes silencio!
¡No calles, Dios, ni te estés quieto!
2 porque rugen tus enemigos
y los que te aborrecen alzan la cabeza.
3 Contra tu pueblo han consultado astuta y secretamente,
y han entrado en consejo contra tus protegidos.
4 Han dicho, "Venid y destruyámoslos, para que no sean nación
y no haya más memoria del nombre de Israel".

5 A una se confabulan de corazón.
Contra ti han hecho alianza
6 las tiendas de los edomitas y de los ismaelitas,
Moab y los agarenos,
7 Gebal, Amón y Amalec,
los filisteos y los habitantes de Tiro.
8 También el asirio se ha juntado con ellos,
sirven de brazo a los hijos de Lot. Selah

9 Hazles como a Madián, como a Sísara,
como a Jabín en el arroyo Cisón,
10 que perecieron en Endor,
fueron convertidos en estiércol para la tierra.
11 Pon a sus capitanes como a Oreb y a Zeeb,

como a Zeba y a Zalmuna a todos sus príncipes,
[12] que han dicho, "¡Hagamos nuestras las moradas de Dios!".

[13] Dios mío, ponlos como torbellinos,
como hojarascas delante del viento,
[14] como fuego que quema el monte, como llama que abrasa el bosque.
[15] Persíguelos así con tu tempestad y atérralos con tu huracán.
[16] Llena sus rostros de vergüenza, y busquen tu nombre, Jehová.

[17] Sean confundidos y turbados para siempre,
sean deshonrados y perezcan.
[18] Y conozcan que tu nombre es Jehová,
¡tú solo el Altísimo sobre toda la tierra!

El final de este salmo concuerda con el final del anterior. Este es el último de los salmos de Asaf en el salterio. El poeta pide la ayuda de Dios en contra de todas las naciones, que se han aliado con los descendientes de Lot (es decir, con Moab y Amón) para arrancar y destruir a Israel como pueblo. Aquellos que defienden la hipótesis del origen macabeo de muchos salmos (Hitzig y Olshausen), siguiendo el precedente de Van Til y Von Bengel, piensan que este salmo ha de situarse en el tiempo de 1 Mac 5: también Grimm está inclinado a tomar esta opinión como la correcta.

Ciertamente, la oposición mortal de los pueblos del entorno (ἔθνη κυκλόθεν) en contra de Israel, hostilidad que se despliega por todas partes[24], como si partiera de una señal dada para todos los pueblos del entorno, en contra de Israel, que se ha vuelto de nuevo independiente con los macabeos, nos permite entender algunos rasgos de este salmo, mejor que en el contexto de Sanballat, de Tobiah y de aquellos otros que intentaban impedir la reconstrucción de Jerusalén en el tiempo de Nehemías (esta es la opinión de Vaihinger, Ewald y Dillmann).

Pero hay todavía otro contexto, además del recordado por 1 Mac 5, con el que podemos vincular este salmo: es el de la confederación de naciones del entorno para la destrucción de Judá, en el tiempo de Josafat (2 Cron 20). Este nos parece, comparativamente hablando, el mejor contexto para situar este salmo, pues habla de una liga real de naciones en contra de Israel, mientras que en 1 Mac 5 las diversas naciones que atacaron a Israel lo hicieron sin estar aliadas entre sí, ni de un modo conjuntado, como supone el Sal 83, 9.

Los hijos de Lot (es decir, moabitas y amonitas) eran los más importantes en los tiempos de Josafat, mientras que en 1 Mac 5 son los hijos de Esaú los

---

24. Respecto a los υἱοὶ Βαιᾶν (Benî Baiján), 1 Mac 5, 4, resulta aún difícil para nosotros ofrecer una respuesta convincente, véase Wetzstein, *Excursus* II, pp. 559s.

que ocupan el lugar principal. Por otro lado, en tiempos de Josafat se recuerda la actuación de un "asafita", llamado Jahaziel, que intervino en el curso de los acontecimientos, cosa que coincide de un modo notable con el hecho de que este salmo se atribuya a Asaf (לאסף).

Como dice 2 Cron 20, 1, la liga antiisraelita de aquel tiempo de Josafat estaba formada por los Moabitas, Amonitas y una parte de los מעונים (así ha de leerse según traducen los LXX). Pero 2 Cron 20, 2 (donde ha de leerse מאדם en lugar de מארם) añade a los Edomitas (מאדם) porque así ha de entenderse lo que se dice más tarde (en 2 Cron 20, 10. 22. 23) cuando se indica que los habitantes de los Montes de Seir estaban con los confederados.

Por otra parte, debemos suponer que el grupo de los מעונים estaba formado por los ismaelitas y agarenos de los que habla el salmo (83, 7), lo que ha sido confirmado por Josefo en *Ant.* IX. 1, 2. Además, Gebal (Sal 83, 8) ha de identificarse con el Monte Seir de las Crónicas, lo que está confirmado por el árabe *jibâl*, nombre que se utiliza todavía en la actualidad.

Ciertamente, queda todavía una dificultad, y es el hecho de que el salmo menciona también los nombres de Amalec, Filistea, Tiro y Asur, nombres y pueblos no mencionados por Crónicas en el tiempo del reino de Josafat. Pero esa dificultad está contrabalanceada por el hecho de que en el tiempo de los macabeos (es decir, de los seléucidas) no existían ya los amalecitas, de manera que, como podía esperarse, no se mencionan en 1 Mac 5. Por otra parte, de los moabitas no se habla ya más en ese momento (aunque puedan mencionarse algunas ciudades moabitas de otro tiempo, en la zona de Galaad). Queda además el hecho de que אשור (que equivale a Siria, conforme a un uso posible de la palabra) aparece en una posición subordinada, mientras que era el poder dominante en el tiempo antiguo.

En conclusión, la mención de Amalek es inteligible en el contexto del Sal 83, y el hecho de que no aparezca mencionada en 2 Cron 20 no parece resultar significativo, teniendo en cuenta los datos que ofrece Gen 36, 12. Por otra parte, Filistea, Tiro y Asur se mencionan al final de la referencia del salmo, y pueden haberse nombrado porque, aunque no formaban parte del ejército propiamente dicho, ofrecieron algún tipo de ayuda a los confederados del sudeste, sin tomar parte directa en la campaña, en apoyo a los líderes de esa federación, que eran los hijos de Lot.

Por todo eso, pensamos que la hipótesis más probable es la de que el Sal 83 (lo mismo que el Sal 48) se refieren a la alianza de las naciones vecinas en contra de Judá, en el reinado de Josafat, tal como defienden en tiempos modernos autores como Keil, Hengstenberg y Movers.

83, 2–5. El poeta pide a Dios que no permanezca inactivo, como simple espectador, ante el peligro de destrucción que amenaza a su pueblo. La palabra דמי (אַל־דָּמִי־לָךְ,

ha de suplirse por יְהִי, estar/ser) es lo opuesto a estar alerta, חרשׁ es lo opuesto a hablar, es decir, a actuar (pues la palabra de Dios se identifica con su acción), שׁקט es lo opuesto a estar agitado, en actividad. El futuro enérgico *jehemajûn* (יֶהֱמָיוּן) da un énfasis externo a la petición, mientras que el hecho de que los enemigos de Israel son enemigos de Dios le concede gran énfasis interno. Sobre נשׂא ראשׁ, cf. Sal 110, 7.

סוד (cf. עַל־עַמְּךָ יַעֲרִימוּ סוֹד) significa aquí un acuerdo secreto, y יַעֲרִימוּ tiene el sentido de actuar con poder; eso indica que los enemigos han trazado y quieren realizar un fuerte complot contra el pueblo de Dios. עַל־צְפוּנֶיךָ (contra tus protegidos) ha de entenderse en la línea de Sal 27, 5; Sal 31, 21. El *hitpael* התיעץ alterna aquí con el *nifal* que es más tradicional (Sal 83, 6).

El designio de los enemigos de Israel resulta claro: es la total extirpación del pueblo de Dios, el pueblo separado que se excluye a sí mismo de la vida pecadora de los pueblos del mundo a los que condena. Los enemigos quieren exterminar a Israel מגוי, impidiendo que sea pueblo distinto, destruyéndolo como pueblo, como en Is 7, 8; Is 17, 1; Is 25, 2; Jer 48, 42. Este salmo de Asaf ha influido en diversos pasajes de los profetas, como en Is 62, 6, cf. Sal 83, 2, y en Is 17, 12, cf. Sal 83, 3.

83, 6-9. En vez de אחד לב, un corazón (tal como aparece en 1 Cron 12, 38), el texto del salmo dice *deliberant corde unâ* (כִּי נוֹעֲצוּ לֵב יַחְדָּו), deliberan con un mismo corazón, pues יחדו da intensidad al significado recíproco del verbo y también al sentido adjetivo de לב. Entre los pueblos confederados, el cronista (2 Cron 20) menciona los moabitas, los amonitas, los habitantes del monte de Seir y los Meunim, en vez de los cuales Josefo, *Ant* IX 1. 2, pone un grupo de pueblos árabes.

Esa multitud de pueblos viene del otro lado del Mar Muerto, מאדם (como ha de leerse en lugar de מארם, cf. *Coment.* a Sal 60, 2), es decir, del territorio de Edom, mencionado por el poeta en primer lugar, pues Moab era el iniciador y dirigente del complot antiisraelita. Las *tiendas* de Edom y de los ismaelitas (cf. árabe *ahl*, pueblo) se refieren a las tribus y naciones que viven en tiendas.

Por otra parte, el poeta presenta a las naciones hostiles conforme a su posición geográfica. Las siete primeras, de Edom a Amalek, que aún existían en el tiempo del salmista (sobre la destrucción final de los amalecitas a manos de los simeonitas, cf. 1 Cron 4, 42, de forma que ellos dejan de existir en un período indeterminado, anterior al exilio) son las naciones de las regiones que están al este y sudeste del Mar Muerto.

Conforme a Gen 25, 18, los ismaelitas se habían extendido desde Higz (Hejaz árabe), a través de la península del Sinaí, más allá de los desiertos del este y del sur, hasta las zonas que se hallaban entonces bajo el dominio de Asiria. Los agarenos vivían en tiendas desde el golfo pérsico hasta la zona del este de Galaad (1 Cron 5, 10) hacia el Éufrates. גבל, Gebal, árabe *jbâl*, es el nombre del pueblo que habitaba en las montañas situadas en el sur del Mar Muerto, es decir, al norte de las montañas de Seir. Tanto Gebal como, según parece, Amalek (así puede deducirse de Gen 36, 12, cf. Josefo, *Ant* II 1. 2, que presenta a los Ἀμαληκῖτις como una parte de Idumea), intentaron integrarse en la zona o región de Edom.

Después aparecen los filisteos y los fenicios, las dos naciones de la costa del Mediterráneo, que han sido citados en Amós 1, 1-15 (cf. Joel 3), haciendo causa común con los idumeos en contra de Israel. Vienen igualmente Asiria, nación lejana del nordeste, que aquí no aparece como poder principal, sino sosteniendo a los otros (sobre el significado de זרוע, brazo, en el sentido de asistencia, ayuda, cf. Gesenius, *Thesaurus*, p. 433b).

Finalmente están los hijos de Lot, i. e., los moabitas y amonitas, con los que empezó el conflicto o complot contra Israel, formando una especie de poderosa reserva del ejército enemigo. En este momento, poniendo fin a la numeración de pueblos, suena con ira la música, para que comiencen las imprecaciones con la estrofa siguiente.

83, 10–17. Con (כְּמִדְיָן עֲשֵׂה־לָהֶם כְּמִדְיָן, hazles como a Madián) se evoca la victoria de Gedeón sobre los madianitas, un hecho que pertenece a los recuerdos más gloriosos de la historia de Israel, un recuerdo que ha sido evocado en otros casos en el contexto de las esperanzas nacionales: cf. Is 9, 3 [4]; Is 10, 26, Hab 3, 7.

Esa victoria queda vinculada, en forma de *asyndeton*, sin partículas de enlace con כְּסִיסְרָא כְיָבִין בְּנַחַל קִישׁוֹן, vinculándose así a la victoria de Débora y Barak contra Sísara, general del rey cananeo Jabín. La *beth* de בנחל es como la de בדרך en el Sal 110, 7. Conforme al relato de Jc 5, 21, el torrente Kisón llevó los cadáveres del ejército vencido. Por su parte, Endôr, cerca del Tabor y, por lo tanto, no lejos de Taanach y Megiddo (Jc 5, 19) formaba parte del campo de batalla.

La palabra אדמה (cf. הָיוּ דֹּמֶן לָאֲדָמָה, los cadáveres fueron estiércol para la tierra) empieza teniendo el sentido de aquello que tapa, aquello que yace como דם, sangre, en el sentido de manto de tierra que cubre el universo, es decir, como *humus* (como ארץ, terra/tierra, y como תבל, tellus/campo cultivado). Aquí se está indicando que la sangre (*dam*) de los cadáveres arrastrados por el torrente se convirtió en *adamá*, tierra regada por sangre.

El Sal 83, 12 ofrece una visión retrospectiva de la victoria de Gedeón. Oreb y Zeēb habían sido los שרים, cabezas o jueces de los madianitas, cf. Jc 7, 25. Zeba y Zalmuna eran sus reyes (Jc 8, 5)[25]. Por lo que se refiere al tema de fondo, 2 Cron 20, 11 está en armonía con el Sal 83, 13. Canaán, tierra de Dios, tierra que él

---

25. La *Hexapla* siria (Oseas 10, 14) pone צלמנע en vez de שלמן, una sustitución que ha sido aceptada por Geiger, *Deutsch. Morgenländ. Zeitschr.* 1862, p. 729s. Sobre el *significado* del nombre de los príncipes madianitas, véase Nöldeke, *Ueber die Amalekiter*, p. 9.

ha concedido a su pueblo, recibe el nombre de נְאוֹת אֱלֹהִים, que los enemigos han querido tomar como tierra propia, en contra de la voluntad de Dios (cf. Sal 74, 20).

En los versos 83, 14-17, con אלהי (אֱלֹהַי שִׁיתֵמוֹ כַגַּלְגַּל, Dios mío, ponlos como a torbellino), que indica que Dios ha de actuar, comienza el despliegue de la tormenta divina a favor de su pueblo. גלגל significa una rueda, un torbellino en movimiento circular, tal como surge cuando el viento cambia de repente de dirección, y todo empieza a moverse en círculo, como un tornado, Is 17, 13[26].

La palabra קַשׁ (de קָשַׁשׁ, arabe *qšš, aridum esse*, estar seco) es el sonido del grano seco (del trigo) movido por el viento o el sonido de la cosecha que se trilla en la era o sobre un campo, y se aplica de un modo especial al chisporroteo del fuego cuando las hojas secas arden o al ruido de la mies madura. A consecuencia del fuego que se extiende rápidamente, haciendo que toda se encienda, quemando la selva y destruyendo el arbolado de los montes, aparecen círculos o conos de tierra desnuda.

De esa forma quiere el orante que Dios destruya en la airada tempestad de su furia a todos sus enemigos, y que lo haga de una forma repentina. Esa imagen de fondo del Sal 83, 15 ha sido reelaborada por Is 10, 16-19. En la apódosis del Sal 83, 16, cambia esa imagen y aparece otra semejante: como una tempestad que lo quema todo, como un huracán, aliento fuerte de Dios, que todo lo destruye.

Desde aquí se entiende la meta en la que desemboca y se cumple este lenguaje de maldición: el orante quiere que, al fin de la tormenta, de forma voluntaria o involuntaria, todos puedan rendir gloria al Dios de la revelación. Este es el fin al que tiende lo anterior en el Sal 83, 17: וִיבַקְשׁוּ שִׁמְךָ יְהוָה, que todos busquen (ensalcen) el nombre de Yahvé. Este es el final, la meta del salmo, que se repite una vez más en el tetrástico de los versos 18-19.

83, 18-19. Así aparece el deseo del salmista: que todos los pueblos que se han unido para destruir a Israel, en medio de su derrota, puedan buscar la misericordia

---

26. Saadia traduce el גלגל del Sal 77, 19 como un fenómeno astronómico, en árabe *'l-frk*, la esfera de los cielos. Aquí acude a la palabra árabe *kálgráblt*, que parece un plural expandido de *grábíl*, cernidores en forma de tambor, tamboriles, como parece que debe leerse el texto de Is 17, 13, *Codex Oxon.*, árabe *kálgirbált*. El verbo árabe *garbala*, tamizar, cernir, se aplica al viento, como hace Mutanabbi (cf. comentario de Dieterici, pp. 29, l. 5-6): es lo que sucede con el polvo de esta región, cuando los vientos chocan unos contra otros y se forma un torbellino, en árabe *mugarbalu* (i. e., algo que está siendo "tomado" y que empieza a girar en torno, "tornado").

Para otras explicaciones y aplicaciones de este término גלגל, y de la idea subyacente, cf. Makkarî, I. p. 102, l. 18: "Es como si el suelo tuviera que quedar limpio de polvo, por medio del torbellino que eleva y aleja el polvo", árabe *gurbilat* (i. e., el polvo que es sorbido y elevado por el torbellino). Según eso, en árabe *girbálat*, significa primero un tipo de círculo de polvo que gira por el viento, y después un verdadero tornado o huracán, en el sentido que Saadia da a esa palabra גלגל. Así lo interpreta también Fleischer en oposición a Ewald, que traduce "como barreduras o suciedades".

de Dios y apoyarse en ella, confesando que Yahvé es la única liberación de sus vidas. Para eso, en un primer momento, esos pueblos tienen que padecer, llegando al vacío completo (a la nada), de forma que después, convirtiéndose y dando gloria a Dios desde su total derrota, puedan glorificar a Dios de manera que no sean destruidos sin remedio.

El orante pide, por un lado, que todos sean confundidos y turbados (הֵלוּ יֵבֹשׁוּ וְיִבָּ), pero de forma que su castigo se convierta en principio de una revelación más alta de la justicia de Dios: que todos vean, que todos perciban y conozcan (וְיֵדְעוּ) la justicia del castigo, de forma que, en el fondo de ese conocimiento, puedan obtener un tipo de salvación más alta. Pero más que la salvación final de los (algunos) enemigos, al salmista le interesa la revelación de la justicia de Dios; lo que el salmista quiere es que Yahvé, el Dios de la revelación de Israel, puede elevarse y ser reconocido como el totalmente exaltado ante la conciencia de todas las naciones, יְהוָה לְבַדְּךָ עֶלְיוֹן עַל־כָּל־הָאָרֶץ, pues solo tú, Yahvé, eres altísimo sobre toda la tierra.

Salmo 84. Anhelo por la Casa de Dios y la felicidad de habitar en ella

¹ לַמְנַצֵּחַ עַל־הַגִּתִּית לִבְנֵי־קֹרַח מִזְמוֹר:

² מַה־יְּדִידוֹת מִשְׁכְּנוֹתֶיךָ יְהוָה צְבָאוֹת:

³ נִכְסְפָה וְגַם־כָּלְתָה נַפְשִׁי לְחַצְרוֹת יְהוָה לִבִּי וּבְשָׂרִי יְרַנְּנוּ אֶל אֵל־חָי:

⁴ גַּם־צִפּוֹר מָצְאָה בַיִת וּדְרוֹר קֵן לָהּ אֲשֶׁר־שָׁתָה אֶפְרֹחֶיהָ אֶת־מִזְבְּחוֹתֶיךָ יְהוָה צְבָאוֹת מַלְכִּי וֵאלֹהָי:

⁵ אַשְׁרֵי יוֹשְׁבֵי בֵיתֶךָ עוֹד יְהַלְלוּךָ סֶּלָה:

⁶ אַשְׁרֵי אָדָם עוֹז־לוֹ בָךְ מְסִלּוֹת בִּלְבָבָם:

⁷ עֹבְרֵי בְּעֵמֶק הַבָּכָא מַעְיָן יְשִׁיתוּהוּ גַּם־בְּרָכוֹת יַעְטֶה מוֹרֶה:

⁸ יֵלְכוּ מֵחַיִל אֶל־חָיִל יֵרָאֶה אֶל־אֱלֹהִים בְּצִיּוֹן:

⁹ יְהוָה אֱלֹהִים צְבָאוֹת שִׁמְעָה תְפִלָּתִי הַאֲזִינָה אֱלֹהֵי יַעֲקֹב סֶלָה:

¹⁰ מָגִנֵּנוּ רְאֵה אֱלֹהִים וְהַבֵּט פְּנֵי מְשִׁיחֶךָ:

¹¹ כִּי טוֹב־יוֹם בַּחֲצֵרֶיךָ מֵאָלֶף בָּחַרְתִּי הִסְתּוֹפֵף בְּבֵית אֱלֹהַי מִדּוּר בְּאָהֳלֵי־רֶשַׁע:

¹² כִּי שֶׁמֶשׁ וּמָגֵן יְהוָה אֱלֹהִים חֵן וְכָבוֹד יִתֵּן יְהוָה לֹא יִמְנַע־טוֹב לַהֹלְכִים בְּתָמִים:

¹³ יְהוָה צְבָאוֹת אַשְׁרֵי אָדָם בֹּטֵחַ בָּךְ:

<Al músico principal, sobre "Gitit". Salmo para los hijos de Coré>

¹ ¡Cuán amables son tus moradas,
Jehová de los ejércitos!

² ¡Anhela mi alma y aun ardientemente desea los atrios de Jehová!

¡Mi corazón y mi carne cantan al Dios vivo!

³ Aun el gorrión halla casa, y la golondrina nido para sí, donde poner sus polluelos, cerca de tus altares, Jehová de los ejércitos, Rey mío y Dios mío.

⁴ ¡Bienaventurados los que habitan en tu Casa, perpetuamente te alabarán! Selah

⁵ ¡Bienaventurado el hombre que tiene en ti sus fuerzas,
en cuyo corazón están tus caminos!

⁶ Atravesando el valle de lágrimas,
lo cambian en fuente cuando la lluvia llena los estanques.

⁷ Irán de poder en poder, verán a Dios en Sión.

⁸ Jehová, Dios de los ejércitos, oye mi oración,
¡escucha, Dios de Jacob! Selah

⁹ Mira, Dios, escudo nuestro,
y pon los ojos en el rostro de tu elegido.

¹⁰ Mejor es un día en tus atrios que mil fuera de ellos.
Escogería antes estar a la puerta de la casa de mi Dios
que habitar donde reside la maldad,

¹¹ porque sol y escudo es Jehová Dios,
gracia y gloria dará Jehová. No quitará el bien a los que andan en integridad.

¹² ¡Jehová de los ejércitos, bienaventurado el hombre que en ti confía!

Con el Sal 83 ha terminado la serie de los cantos asáficos (doce salmos: uno en el libro 2, once en el tres) y con el Sal 84 empieza la otra mitad de la serie de los salmos korahitas, que se abre con el último de los salmos korahitas de tipo elohista. Ciertamente, Hengstenberg (Vol. III. *Appendix*. p. 45) dice que nadie excepto yo (*Symbolae*, p. 22) tomaría este Sal 84 como elohista.

Pero, en contra de lo que Hengstenberg dice, estoy convencido de que las señales elohistas de este salmo son obvias. El poeta utiliza el nombre Elohim dos veces, y en el Sal 84, 8, donde cualquier otro hubiera puesto el nombre de Yahvé, el autor de ese salmo se esfuerza en componer nombres distintos de Dios, de manera que el nombre común de *Yahvé Sebaot* aparece tres veces, mientras que el específicamente elohista, *Yahvé Elohim Sebaot* solo una vez.

Del origen de este salmo he tratado ya en conexión con su salmo complementario (Sal 42) diciendo que su autor es un sacerdote que se encuentra desterrado, en tierra extraña, acompañando quizá a David, en el momento en que se hallaba lejos de Jerusalén, lo más seguro en Mahanaim, en el entorno de Siria, cuando parecía triunfar el alzamiento de Absalón, hijo de David, contra su padre.

Todavía no está construido el templo de Salomón, pero David ha levantado ya un tabernáculo en Sión, donde ha trasladado el arca de la alianza. Ese tabernáculo funciona en realidad como un templo, con un patio o varios patios por delante, con altares. Pues bien, desde su lejano destierro, este sacerdote se lamenta y eleva su deseo de habitar junto a la "casa" o morada de Dios que ha quedado en Sión, en manos de enemigos.

Este salmo ofrece una expresión muy cordial e inteligente de amor al santuario de Yahvé, anhelado por él desde la distancia y llamando felices a todos los que tienen la buena fortuna de tener allí su hogar. La oración se convierte en una intercesión por el ungido de Dios, porque el poeta se encuentra entre los seguidores de David, el desterrado[27].

El autor de este salmo no ruega por sí mismo (Hengstenberg, Tholuck, Von Gerlach), sino que expresa su amor a Dios, que es el amante Yahvé de los ejércitos, el rey celestial y, al mismo tiempo, aquel que ama a su Elegido mesiánico, a quien considera inviolable. ¿Y cómo podría ser de otra manera si con ese elegido (David) ha comenzado una nueva era para el santuario de Sión, antes abandonado, de manera que el servicio deleitoso del Señor ha tomado un nuevo impulso, que se expresa en el culto de los cantos (en la liturgia de los salmos)? El autor de este salmo comparte con David la alegría y la brevedad.

Así reza el encabezado: "Al músico principal, sobre "Gitit". Salmo para los hijos de Coré". Sobre על־הגתית, véase *Coment.* a Sal 8, 1. La estructura del salmo es artística, con un dístico; está formado por dos mitades, con una conclusión en forma de bienaventuranza (אַשְׁרֵי). El esquema es: 3. 5. 2. 5. 5. 5. 3. 2.

84, 2–5. Qué amado y amable es el lugar sagrado donde moras, מֶה־יְדִידוֹת מִשְׁכְּנוֹתֶיךָ, con יְדִידוּת en plural como en el Sal 43, 3, el lugar del Dios omnipotente y redentor: ¡su lugar de habitación está en la altura de Sión! A partir de aquí el poeta se siente impulsado por un deseo de amor fuerte, que le hace ponerse pálido y que le consume (con כלה como en Job 19, 27). Su corazón y su carne saludan con gozo al Dios vivo que allí habita, al Dios que es como fuente que siempre mana, saciando así la sed del alma (Sal 42, 3).

Este es el gozo que el poeta siente al arrojarse en espíritu en manos del gozo que le llena en la casa de Dios, como si nunca lograra habitar en ella del todo, como si un tipo de pena y alegría, de dulzura y amargura, le llenara siempre (cf. Sal 63, 2). La mención de los "patios" o atrios de Yahvé (חַצְרוֹת יְהוָה, que, con la excepción del salmo davídico 65 solo se citan aquí) no excluyen la referencia del salmo a la tienda-templo de Dios en Sión, sino al contrario, exige que exista esa tienda (tabernáculo), ante el cual se encuentran esos atrios y altares de Dios.

---

27. Nonnen ofrece una visión distinta en su *Dissertatio de Tzippor et Deror*, etc., 1741. Él piensa que el autor del salmo es un efraimita qua había sido aceptado de nuevo como partidario de la adoración de Dios en Sión, durante el reinado de Josafat (2 Cron 19, 4).

En el momento en que el poeta escribe este salmo no existía todavía un templo, construido como edificio de piedra. Pero el Tabernáculo, edificado ya en Sión para el arca de la alianza, a modo de templo, tenía al menos un patio sagrado por delante. Ciertamente, la disposición de la tienda/templo de David es desconocida para nosotros, pero conforme a una visión en la que podemos confiar (véase Knobel, *Exodus*, pp. 253-257, especialmente la 255) ella era más lujosa y espaciosa que el tabernáculo antiguo que se había alzado en Gabaón, antes de que David trasladara el arca a Sión.

En 84, 4 tenemos que aceptar la explicación según la cual la palabra מִזְבְּחוֹתֶיךָ (las moradas de Yahvé, cf. אֶת־מִזְבְּחוֹתֶיךָ יְהוָה צְבָאוֹת) depende de מָצְאָה (גַּם־צִפּוֹר מָצְאָה בַיִת) sin necesidad de suplir una palabra intermedia como בַּיִת (la "casa/nido" del gorrión) o una expresión como קֵן (cf. וּדְרוֹר קֵן לָהּ, el nido de la golondrina) como indicación más exacta del objeto (morada, templo) que el poeta tiene en su mente.

Según eso, los altares de la "casa de Dios" son los que forman el lugar y signo de la presencia de Dios para el salmista. Esta es su casa, la casa de Dios, estos son los nidos del gorrión y de la golondrina, con los que el salmista vincula la casa de Dios, su lugar de presencia en Sión, su verdadero templo.

A Dios se le compara así con estos animales, los gorriones, las golondrinas, que ponen su nido en el entorno sagrado del templo. También Dios ha puesto su nido, que es el Tabernáculo de Sión, lugar donde el salmista encuentra su casa. Este tipo de pájaros han encontrado un tipo de casa/nido confortable en la que vivir. Pues bien, en lugar de esa casa-nido de los animales, Dios tiene un tabernáculo en Sión, unos altares, en los que mantiene y expresa su presencia.

Con estas palabras y signos descubrimos que el salmista ha encontrado una casa o lugar confortable, junto a los altares de Yahvé en el patio del templo, en la casa del templo. Dios mismo es el gorrión, es la golondrina de la casa de Dios (véase Tobler, *Denkblätter aus Jerusalem*, 1853, p. 117), como supone con toda claridad la traducción de los LXX.

La palabra צִפּוֹר significa en general el pájaro, y más en concreto el gorrión. Por su parte, דְּרוֹר no es la tórtola/paloma (LXX, Targum, Siríaco), sino la golondrina, a la que se llama así en el Talmud, con el nombre de צִפּוֹר דְּרוֹר (igual a סְנוּנִית), que parece haber tomado ese nombre por su tipo de vuelo rasante (cf. el árabe *jadurru* que se aplica al caballo, que se lanza como flecha, a la carrera).

Después que el poeta ha dicho que todo su deseo se dirige hacia el santuario, él añade que posiblemente las cosas no podrían ser de otra manera. Por eso empieza poniendo la partícula גַּם al principio de la cláusula, marcando el sentido de toda la sentencia, como, por ejemplo, en Is 30, 33 (Ewald, 352b).

También él, el poeta, como un gorrión, como una golondrina, ha encontrado una casa, un nido, para habitar en seguridad, es decir, en los altares de Yahvé de los ejércitos, su rey y su Dios (Sal 44, 5; Sal 45, 7), que de modo glorioso y seguro le libera del ataque de todos los enemigos y le protege, un Dios con le resguarda con el amor más cordial, más lleno de fe.

El añadido "donde" (אֲשֶׁר como en Sal 95, 9; Num 20, 13) poner sus polluelos (אֲשֶׁר־שָׁתָה אֶפְרֹחֶיהָ) no carece de significado. Se ha de recordar aquí el hecho de que, en el tiempo del Segundo Templo, los hijos de los sacerdotes recibían el nombre de כהנה פרחי (polluelos de los sacerdotes), y en esa línea, el poeta-sacerdote se está refiriendo a sí mismo y a su familia, indicando que los altares de Dios son su protección y sostenimiento seguro.

Por eso añade el poeta que aquellos que gozan de esta buena fortuna tienen que ser muy felices y bienaventurados. Lo dice él, que en este momento se encuentra apenado, en un país extraño, siendo por tanto incapaz de poner su hogar en la casa de un Dios tan adorable y generoso.

עוֹד no significa aquí "constantemente" (Gen 46, 29), pues para decir eso el salmista tendría que haber puesto תָּמִיד, en vez de עוֹד que significa *todavía* (como en el Sal 42, 6). Según eso, la relación del Sal 84, 5a con el Sal 84, 5b es semejante a la de las dos partes del Sal 41, 2. El presente es oscuro, pero vendrá un tiempo nuevo en el que los que habitan en la casa de Dios (los οἰκεῖοι τοῦ Θεοῦ, Ef 2, 10) le alabarán como a aquel que les ayuda. La música suena aquí de nuevo, anticipando la alabanza que sigue.

84, 6–13. Esta segunda mitad del salmo toma como punto de partida los bienaventurados de la primera, que son los que habitan en las moradas de Dios (אַשְׁרֵי יוֹשְׁבֵי בֵיתֶךָ), de forma que hay que unir íntimamente esta parte con la anterior.

El poeta sabe que tendrá que vencer muchos impedimentos para volver a Sión, su patria verdadera, pero su mismo deseo le ofrece la seguridad de que se cumplirá aquello que quiere. Por eso dice, refiriéndose a sí mismo, que es bienaventurado el hombre que posee su fuerza en ti, es decir, en Dios (אַשְׁרֵי אָדָם עוֹז־לוֹ בָךְ). Este es el hombre que, teniendo su fuerza en Dios, puede apoyarse así en el poder de aquel para quien todas las cosas son posibles, desde su misma debilidad.

Eso significa que la bienaventuranza del hombre no está en aquello que él tiene en sí mismo, sino en aquello que proviene de su relación con Dios. Por eso, los מְסִלּוֹת o caminos de los que aquí se habla no pueden entenderse en la línea de Is 40, 3, o en algún otro pasaje de la Biblia, en un sentido ético (Venema, Hengstenberg, Hitzig y otros), sino en la línea de Is 33, 8 (cf. Jer 31, 21), como han visto Aben-Ezra, Vatablus y otros muchos comentaristas, pues se trata de los caminos que dirigen hacia Sión, no los que se refieren al retorno del exilio, sino los que evocan un tipo de peregrinación festiva, los caminos de los devotos que van a adorar a Dios en Sión con sus paradas o estaciones intermedias.

Esos son los caminos que estaban presentes en la mente de personas como las del autor de este salmo, con el deseo constante de peregrinar hacia Sión y de habitar allí. Por muy alejados que estén de Jerusalén, los hombres como este salmista desearán cumplir siempre este deseo, llegar hasta la meta de la peregrinación que es Jerusalén.

El presente más oscuro se vuelve brillante para ellos, de manera que, aunque tengan que pasar por un terrible desierto, lo harán de tal forma que lo convertirán (יְשִׁיתֻהוּ) en un lugar de fuentes. Su gozosa esperanza y la infinita belleza de la meta a la que tienden es merecedora de todos los posibles esfuerzos, de todos los sacrificios necesarios; esa esperanza les ofrece el consuelo y fuerza para seguir caminando en medio de la más árida estepa.

La expresión עֵמֶק הַבָּכָא no significa, sin más, "valle del llanto", como ha traducido Hupfeld (cf. LXX, κοιλάδα τοῦ κλαυθμῶνος), aunque Burckhardt encontró junto al Sinaí un valle llamado *wâdî 'l-bk'* (valley o wadi del llanto). En hebreo, llanto se dice בְּכִי, בְּכֶה, בְּכוּת, no בְּכָא. Por su parte, Renan, en el cap. 4 de su *Vie de Jésus*, piensa que la expresión significa la última estación del camino que lleva del norte de Palestina, por el oeste del Jordán, hacia Jerusalén, un lugar llamado *Ain el-Haramîje*, en un estrecho y melancólico valle donde brota una corriente oscura de agua que proviene de la roca, y donde hay tumbas excavadas en las peñas, de manera que el lugar se llama הככא עמק, que significa Valle de las Lágrimas o de las aguas que gotean.

Pero ese "goteo de agua de la roca" se llama también בְּכִי, Job 28, 11, y no בְּכָא, que es el singular de בְּכָאִים en 2 Sam 5, 24 (cf. נְכָאִים, צְבָאִים, Sal 103, 21), nombre que se da también a un árbol, que, según los antiguos lexicógrafos judíos, es la morera (talmúdico תּוּת, árabe *tût*). Pero, conforme a esta designación, relacionada con un árbol que gotea, debería ser un *bakaun*, que es un tipo de balsamera, un árbol común en el árido valle de la Meca, árbol que puede entrarse también en algún lugar de los yermos valles del entorno de la Tierra Santa (véase Winer, *Realwörterbuch*, voz *Bacha*).

Conforme a 2 Sam 5, 22-25, ese valle podría ser alguno de los que se dirigen de la costa de los filisteos hacia Jerusalén. Sea como fuere, lo que se dice en pasajes como Is 35, 7; Is 41, 18, refiriéndose a la omnipotencia de Dios, que lleva a su pueblo a la patria que es Sión, aparece aquí como resultado del poder de la fe de aquellos que, manteniendo en su mente la misma meta final de sus caminos, tienen que pasar a través de un valle infértil y estéril.

En este contexto se añade también el don del agua (84, 7). Dios no se limitó a que surgiera el agua de las arenas y rocas del desierto, sino que, conforme a este salmo, anticipa de un modo amoroso su cuidado por aquellos que peregrinan hacia Sión, ofreciéndoles agua generosa, como aquella que refresca los campos de su tierra en el otoño, descendiendo como lluvia desde arriba, ofreciendo gran cantidad de

bendiciones para la tierra, cuando la lluvia llena los estanque (גַּם־בְּרָכוֹת יַעְטֶה מוֹרֶה),
con יעטה, en *hifil*, con dos acusativos de los cuales uno ha de ser suplido por los
oyentes o lectores (cf. comentario a esa figura en el Sal 65, 14).

La árida estepa se convierte en un campo de flores festivas, que cubren la
tierra como un vestido (Is 35, 1), no solo con una apariencia externa, sino también
de un modo espiritual. Y así, mientras que en circunstancias ordinarias la fuerza
de los viajeros disminuye en proporción al camino recorrido, en los peregrinos de
Sión se produce todo lo contrario, pues en ellos va aumentando la fuerza (sobre
esta expresión, cf. Jer 9, 2; 12, 2), de forma que ellos reciben cada vez más poder
(יֵלְכוּ מֵחַיִל אֶל־חָיִל, irán de fuerza en fuerza). Sobre el motivo de fondo, cf. Is 40, 31;
Jn 1, 16. La fuerza de estos peregrinos aumenta sobre todo cuando se encuentran
ya cerca de la meta deseada, que ellos no pueden dejar de alcanzar.

El grupo de peregrinos (este es el sujeto de יֵרָאֶה: יֵרָאֶה אֶל־אֱלֹהִים בְּצִיּוֹן)
tendrá cada vez más fuerza hasta alcanzar el fin y ver a Elohim en Sión. Habiendo
alcanzado esta meta final, todos expandirán su corazón en forma de lenguaje de
plegaria, tal como vemos en el Sal 84, 9, y entonces se escuchará la música, llenando
sus corazones de simpatía y de júbilo con la oración de la Iglesia que dialoga con
su Dios. Pero el poeta, que ha acompañado a los peregrinos en espíritu, se siente
al fin más dolorosamente consciente que nunca del hecho de que, en este tiempo
presente, se encuentra separado, alejado de la meta, de forma que en la próxima
estrofa tendrá que orar pidiendo consuelo.

En esta última estrofa (84, 9-13) el salmista llama a Dios מָגִנֵּנוּ, nuestro
escudo (84, 10: מָגִנֵּנוּ רְאֵה אֱלֹהִים, nuestro escudo, Yahvé, mira...). El salmista pide a
Dios que le (les) mire, como en el Sal 59, 12, porque sin su ayuda y su protección
su causa está perdida (y el orante no podrá volver a Sión). Esta es su oración: que
Dios le mire (ראה, en absoluto, como en 2 Cron 24, 22, cf. Lam 3, 50) y se fije
de un modo especial en su Ungido, por quien está pidiendo ayuda, desde el fondo
de su situación.

La posición de las palabras (מָגִנֵּנוּ רְאֵה אֱלֹהִים וְהַבֵּט פְּנֵי מְשִׁיחֶךָ) muestra que en
84, 10 la palabra מָגִנֵּנוּ no puede tomarse como objeto de ראה, en la línea del Sal
89, 19 (cf. Sal 47, 10) porque en ese caso el orden de conjunto tendría que haber
sido אלהים ראה מגננו. La respuesta del Sal 84, 11 (mejor es un día en tus atrios...)
muestra que estamos ante un salmo que pertenece al tiempo de la persecución de
David por Absalón. De un modo manifiesto, el salmista quiere que cuando el rey
venza (cf. lenguaje de David en 2 Sam 15, 25), también él, como sacerdote-poeta
pueda ser restaurado y vivir en torno al santuario de Jerusalén.

Un simple día de su vida en los patios de Dios tiene para él más valor que
mil otros días (מֵאָלֶף con *olewejored* y precedido por *rebia parvum*). Él prefiere vivir
un día en los atrios del santuario de la casa de su Dios que habitar mil días en las
tiendas de los impíos, pues בְּאָהֳלֵי־רֶשַׁע significa aquí tiendas, no palacios, como se

habría podido esperar si en aquel tiempo de Absalón se hubiera construido ya el templo de Salomón, rodeado de palacios.

El placer de habitar en palacios no puede compararse en modo alguno con la salvación y protección que Yahvé Elohim concede a sus santos. Aquí se dice que Dios es שֶׁמֶשׁ וּמָגֵן יְהוָה אֱלֹהִים, sol y escudo. Este es el único lugar de la Biblia en el que a Dios se le llama directamente *sol* (שמש, Ecl 42, 16).

Dios aparece también como escudo protector para aquellos que se refugian en él; Dios les hace inaccesibles a sus enemigos, como un Sol elevado, como Ser que habita en una luz inaccesible, como aquel que saliendo en amor al encuentro de los hombres aparece definido como חֵן וְכָבוֹד, como gracia y gloria, como la luz amorosa y protectora, la χάρις y δόξα, que es propia del Padre de las Luces.

El Bien más alto es autocomunicación (ser *communicativum sui*). El Dios de la salvación no rehúsa ningún bien a aquellos que caminan de manera perfecta, לַהֹלְכִים בְּתָמִים (בדרך תמים, Sal 101, 6, cf. *Coment.* a Sal 15, 2). Para todos aquellos que son receptivos a sus dones, para todos aquellos que están deseosos y son capaces de recibir sus bendiciones, Dios les ofrece la abundancia de sus dones más altos.

Así se repiten en esta sección la estrofa y la antiestrofa, la amenaza y la promesa más alta de Dios. Por eso, el salmo culmina con una palabra de bienaventuranza de Dios: אַשְׁרֵי אָדָם בֹּטֵחַ בָּךְ, bienaventurado el hombre que en ti confía. A esta última bienaventuranza no sigue la música de ningún *selah*. La música había terminado ya, sigue en el fondo. Todo el salmo muere y se apaga (culmina) en un silencio expectante que aguarda.

Salmo 85. El pueblo antes favorecido pide a Dios que le favorezca de nuevo

1 לַמְנַצֵּחַ לִבְנֵי־קֹרַח מִזְמוֹר׃
2 רָצִיתָ יְהוָה אַרְצֶךָ שַׁבְתָּ (שְׁבִית) [שְׁבוּת] יַעֲקֹב׃
3 נָשָׂאתָ עֲוֹן עַמֶּךָ כִּסִּיתָ כָל־חַטָּאתָם סֶלָה׃
4 אָסַפְתָּ כָל־עֶבְרָתֶךָ הֱשִׁיבוֹתָ מֵחֲרוֹן אַפֶּךָ׃
5 שׁוּבֵנוּ אֱלֹהֵי יִשְׁעֵנוּ וְהָפֵר כַּעַסְךָ עִמָּנוּ׃
6 הַלְעוֹלָם תֶּאֱנַף־בָּנוּ תִּמְשֹׁךְ אַפְּךָ לְדֹר וָדֹר׃
7 הֲלֹא־אַתָּה תָּשׁוּב תְּחַיֵּנוּ וְעַמְּךָ יִשְׂמְחוּ־בָךְ׃
8 הַרְאֵנוּ יְהוָה חַסְדֶּךָ וְיֶשְׁעֲךָ תִּתֶּן־לָנוּ׃
9 אֶשְׁמְעָה מַה־יְדַבֵּר הָאֵל יְהוָה כִּי יְדַבֵּר שָׁלוֹם אֶל־עַמּוֹ וְאֶל־חֲסִידָיו וְאַל־יָשׁוּבוּ לְכִסְלָה׃
10 אַךְ קָרוֹב לִירֵאָיו יִשְׁעוֹ לִשְׁכֹּן כָּבוֹד בְּאַרְצֵנוּ׃
11 חֶסֶד־וֶאֱמֶת נִפְגָּשׁוּ צֶדֶק וְשָׁלוֹם נָשָׁקוּ׃
12 אֱמֶת מֵאֶרֶץ תִּצְמָח וְצֶדֶק מִשָּׁמַיִם נִשְׁקָף׃

נֶם־יְהוָה יִתֵּן הַטּוֹב וְאַרְצֵנוּ תִּתֵּן יְבוּלָהּ: ¹³
צֶדֶק לְפָנָיו יְהַלֵּךְ וְיָשֵׂם לְדֶרֶךְ פְּעָמָיו: ¹⁴

<Al músico principal. Salmo para los hijos de Coré>

¹ Fuiste propicio a tu tierra, Jehová,
volviste la cautividad de Jacob.
² Perdonaste la maldad de tu pueblo,
todos los pecados de ellos cubriste. Selah
³ Reprimiste todo tu enojo, te apartaste del ardor de tu ira.

⁴ Restáuranos, Dios de nuestra salvación,
y haz cesar tu ira contra nosotros.
⁵ ¿Estarás enojado contra nosotros para siempre?
¿Extenderás tu ira de generación en generación?
⁶ ¿No volverás a darnos vida, para que tu pueblo se regocije en ti?
⁷ ¡Muéstranos, Jehová, tu misericordia y danos tu salvación!

⁸ Escucharé lo que hablará Jehová Dios, porque hablará paz a su pueblo
y a sus santos, para que no se vuelvan a la locura.
⁹ Ciertamente cercana está su salvación a los que lo temen,
para que habite la gloria en nuestra tierra.
¹⁰ La misericordia y la verdad se encontraron,
la justicia y la paz se besaron.

¹¹ La verdad brotará de la tierra
y la justicia mirará desde los cielos.
¹² Jehová dará también el bien y nuestra tierra dará su fruto.
¹³ La justicia irá delante de él y sus pasos nos pondrá por camino.

La segunda parte del libro de Isaías está escrita para el Israel del exilio. Fueron los incidentes del exilio los que primero desvelaron esta grande e indivisible profecía de Isaías, que por su certera orientación no tiene paralelo en el conjunto de los libros sagrados. Y solo después que ella ha sido desvelada han podido surgir todos estos cantos de la colección de los salmos, que nos recuerdan el modelo común de Isaías, en parte por su lenguaje figurativo (alegorizante) y en parte por sus elevados pensamientos de consuelo.

Por su lenguaje simbólico (en forma de alegoría) este primer salmo korahita de Yahvé (que en 85, 13 ofrece semejanzas con el Sal 84) se vincula con Is 40ss y pertenece al grupo de los llamados salmos del Deutero-isaías. Como dice Dursch, la referencia de este salmo al exilio resulta muy clara. Pero, en contra de eso, en otra línea, Hengstenberg afirma que este salmo no admite ninguna interpretación histórica, añadiendo que, desde la perspectiva de Sal 85, 2-4, este salmo no puede entenderse de forma histórica y no se refiere a la liberación del exilio. Ciertamente, este Salmo no es un formulario que pueda quedar cerrado en un período particular único de la historia israelita, pero todo nos lleva a pensar que proviene de los labios de un pueblo que ha sido rescatado y llevado de nuevo a su patria (en un contexto que ha sido interpretado proféticamente por el Deutero-Isaías.

85, 2-4. Ante todo, el poeta quiere mirar hacia el pasado, tan rico de signos a su favor. Los seis perfectos de este pasaje, son un recuerdo de acontecimientos pasados, sin nada anterior que los fundamente. Eso significa que los recuerdos salvadores son el punto de partida.

Sin duda, aquello que ha sido experimentado, según este pasaje, en el pasado puede aplicarse también al futuro, como supone Hitzig. Pero si se hubiera querido absolutizar ese elemento de promesa y futuro el texto tendría que haber comenzado en 85, 5-8, de forma que 85, 9 nos hiciera retornar al punto de partida, en un movimiento retrospectivo que resulta muy poco probable, pues las palabras de 85, 5 (שׁוּבֵנוּ אֱלֹהֵי יִשְׁעֵנוּ) marcan una transición, un paso que nos lleva a la renovación de un favor de Dios previamente manifestado.

Las palabras de 85, 2, שַׁבְתָּ (שְׁבוּת) וְשָׁבִיתָ יַעֲקֹב, hiciste cesar la cautividad de Jacob, se aplican aquí a la superación de una desgracia nacional y parece que deben tomarse de un modo literal, no figurativo (cf. Sal 14, 7). רצה, con acusativo (רָצִיתָ אַרְצֶךְ), significa tener y mostrar placer en alguien, como en el caso de otras lamentaciones korahitas semejantes, cf. Sal 44, 4; Sal 147, 11. Por otra parte, el Sal 85, 3 concibe el pecado como una carga de conciencia, como una mancha de sangre. Y en este momento suena la música en medio de la estrofa, con un sentido de bendición, como en el Sal 32, 1.

En el Sal 85, 4 la ira desatada de Dios (אָסַפְתָּ כָל־עֶבְרָתֶךָ, reprimiste todo tu enojo) aparece como una emanación de su poder destructor. Pero en un momento dado esa emanación destructora deja de producirse, pues Dios no se muestra ya airado (אסף como en Joel 3, 15; Sal 104, 29; 1 Sam 14, 19) y no expresa ya su enojo en forma destructora. Según eso, la ira furiosa de Dios se concibe como una manifestación activa de su poder destructor, que deja de producirse cuando él se vuelve a sí mismo (con השׁיב, *hifil*, en forma de transitivo interno, como en Ez 14, 6; Ez 39, 25, cf. la forma *kal* en Ex 32, 12), penetrando en su interior y haciendo que manifieste desde sí mismo lo opuesto, que es el poder del perdón y la promesa de vida.

85, 5-8. El poeta pide a Dios ahora que manifieste de nuevo la amante ternura (*hesed*) que él manifestaba antiguamente. En esa línea, la palabra "restáuranos de nuevo" (שְׁבוּת) no es un lazo de unión con la estrofa precedente, sino que, según

Gesenius 121, 4, ella ha de entenderse en el sentido de *vuelve de nuevo a nosotros*: שׁוּב לָנוּ (אֵלֵינוּ). El poeta pide a Dios que se manifieste de nuevo de forma amorosa a su pueblo, como lo hacía en tiempos antiguos. De esa manera la transición de los perfectos retrospectivos anteriores a la nueva petición de perdón y vida resulta totalmente adecuada, desde la perspectiva de la situación actual.

Asumiendo su origen postexílico, esta estrofa nos muestra que el salmo fue compuesto en un momento en que se veía con más claridad la distancia que había entre la situación actual del pueblo y la restauración nacional prometida para el fin del exilio. Sobre el sentido de עמנו (cf. 85, 5: וְהָפֵר כַּעַסְךָ עִמָּנוּ), en relación con nosotros, dirigiéndote a nosotros) al lado de כַּעַסְךָ, cf. Job 10, 17, y sobre הפר, cf. Sal 89, 34. En referencia al tema del Sal 89, 6 donde se le pide en el fondo a Dios que exprese su amor y su promesa, la palabra מֹשֵׁךְ (תִּמְשֹׁךְ אַפְּךָ לְדֹר וָדֹר) tiene el sentido de mantenerse por siempre en una actitud, sin cambiarla.

La expresión del Sal 85, 7 es como la del Sal 71, 20 (cf. Sal 80, 19). La palabra שׁוּב tiene el sentido de *rursus*, volver de nuevo, como dice Gesenius 142. Aquí se ponen de relieve dos atributos fundamentales de Dios como Yahvé: וְיֶשְׁעֲךָ חַסְדְּךָ, su misericordia y su salvación.

85, 9–11. A la oración anterior sigue en 85, 9 la escucha de la respuesta de Dios o, mejor dicho, la misma respuesta. El salmista se eleva para escuchar las palabras de Yahvé (אֶשְׁמְעָה מַה־יְדַבֵּר הָאֵל יְהוָה), como en Hab 2, 1. La construcción הָאֵל יְהוָה es de aposición, como הַמֶּלֶךְ דָּוִד, Gesenius 113. La partícula כִּי (כִּי יְדַבֵּר שָׁלוֹם אֶל־עַמּוֹ) no introduce la respuesta de Dios con sus mismas palabras, ni ofrece la razón por la que él escucha, sino que indica que Dios habla y dice aquello que tiene que decir.

La paz es la esencia de aquello que él ha prometido a su pueblo y en especial a sus santos (con una *waw* de particularización, וְאֶל־חֲסִידָיו), con un añadido de amonestación: para que no vuelvan a su locura, וְאַל־יָשׁוּבוּ לְכִסְלָה). Según eso, אל es un *antihortativo* (= para que no). La expresión כִּסְלָה está relacionada con כֶּסֶל en el sentido de locura. Eso significa que el infortunio actual es la consecuencia merecida de la locura anterior (es decir, de que los israelitas "han hecho algo que es una locura").

En el Sal 85, 10 el poeta pone de relieve la promesa de la paz que él ha escuchado, tal como ha sonado en sus oídos. El tema de fondo es יִשְׁעוֹ, la salvación de Dios que se expresa primero en infinitivo y después en dos verbos en perfecto. Estas son las notas que hacen que un pueblo sea verdaderamente feliz y próspero, y ellas están expresadas con una alegoría hermosa, conforme al estilo de Isaías en Is 32, 16; 45, 8; 59, 14.

La "gloria" que había sido alejada retorna y se hace de nuevo presente en la tierra. Este es el tema clave de 85, 11, misericordia y verdad, justicia y paz, נָשָׁקוּ חֶסֶד־וֶאֱמֶת נִפְגָּשׁוּ צֶדֶק וְשָׁלוֹם. La misericordia y la ternura amante o *hesed* (que es la verdad) caminan de nuevo por las calles de Jerusalén, y ellas se encuentran con la fidelidad, como un ángel guardián que se encuentra con otro. Justicia y paz son dos hermanas inseparables que se besan, cayendo de un modo amoroso, una en los brazos de la otra[28].

85, 12-14. El poeta sigue desarrollando esta hermosa pintura del futuro. Después que la verdad de Dios (אמת) i. e., después que su fidelidad a las promesas haya descendido como rocío, surge de la misma tierra el fruto de esa influencia fertilizadora. Por su parte, la צדקה que es la justicia gratuita mirará desde el cielo, sonriendo con su favor y dispensando bendición.

La partícula גם del Sal 85, 13 vincula de forma recíproca estas dos promesas, diciendo que Dios dará su bien, הטוב, y la tierra dará su fruto: גַּם־יְהוָה יִתֵּן הַטּוֹב וְאַרְצֵנוּ תִּתֵּן יְבוּלָהּ. Ese fruto (יְבוּלָהּ) que proviene del "bien" de Dios (que es la verdadera felicidad) se expresa en la abundancia de bienes, propia de una tierra tan ricamente bendecida (cf. Sal 67, 7 con la promesa de Lev 26, 4).

Yahvé mismo está presente en la tierra, con la justicia que camina ante él de manera majestuosa, como su heraldo, siguiendo y marcando todos sus pasos. Este es el último verso del salmo: צֶדֶק לְפָנָיו יְהַלֵּךְ וְיָשֵׂם לְדֶרֶךְ פְּעָמָיו. El signo supremo de la presencia de Dios es la justicia, צֶדֶק, que no solamente le precede (va ante él), sino que le sigue de un modo inseparable, marcando sus huellas en el camino.

Eso significa que la justicia es el signo o marca de los pasos de Dios. En otras palabras: Dios pone su huella o marca de justicia en cada uno de los pasos que da en la historia de su pueblo y de la humanidad. La misma justicia que marcha ante Dios habita y camina en Israel, de forma que se muestra amorosamente presente en sus huellas.

Salmo 86. Oración de un piadoso perseguido

¹תְּפִלָּה לְדָוִד הַטֵּה־יְהוָה אָזְנְךָ עֲנֵנִי כִּי־עָנִי וְאֶבְיוֹן אָנִי:

² שָׁמְרָה נַפְשִׁי כִּי־חָסִיד אָנִי הוֹשַׁע עַבְדְּךָ אַתָּה אֱלֹהַי הַבּוֹטֵחַ אֵלֶיךָ:

³ חָנֵּנִי אֲדֹנָי כִּי אֵלֶיךָ אֶקְרָא כָּל־הַיּוֹם:

⁴ שַׂמֵּחַ נֶפֶשׁ עַבְדֶּךָ כִּי אֵלֶיךָ אֲדֹנָי נַפְשִׁי אֶשָּׂא:

⁵ כִּי־אַתָּה אֲדֹנָי טוֹב וְסַלָּח וְרַב־חֶסֶד לְכָל־קֹרְאֶיךָ:

---

28. Así lo puso de relieve san Bernardo, partiendo de este salmo: *misericordia et veritas obviaverunt sibi, justitia et pax osculatae sunt* (la misericordia y la verdad salieron al encuentro, una al lado de la otra, la justicia y la paz se besaron). Este ha sido un tema importante en la pintura, la poesía y el drama de la Edad Media, como ha puesto de relieve Piper, *Evangelischer Kalender*, 1859, pp. 24-34, y la hermosa miniatura que representa la ἀσπασμός o resurrección de la justicia y de la paz, δικαιοσύνη εἰρήνη, que aparecen en un Salterio Griego del año 1867, p. 63.

הַאֲזִינָה יְהוָה תְּפִלָּתִי וְהַקְשִׁיבָה בְּקוֹל תַּחֲנוּנוֹתָי: ⁶

בְּיוֹם צָרָתִי אֶקְרָאֶךָּ כִּי תַעֲנֵנִי: ⁷

אֵין־כָּמוֹךָ בָאֱלֹהִים אֲדֹנָי וְאֵין כְּמַעֲשֶׂיךָ: ⁸

כָּל־גּוֹיִם אֲשֶׁר עָשִׂיתָ יָבוֹאוּ וְיִשְׁתַּחֲווּ לְפָנֶיךָ אֲדֹנָי וִיכַבְּדוּ לִשְׁמֶךָ: ⁹

כִּי־גָדוֹל אַתָּה וְעֹשֵׂה נִפְלָאוֹת אַתָּה אֱלֹהִים לְבַדֶּךָ: ¹⁰

הוֹרֵנִי יְהוָה דַּרְכֶּךָ אֲהַלֵּךְ בַּאֲמִתֶּךָ יַחֵד לְבָבִי לְיִרְאָה שְׁמֶךָ: ¹¹

אוֹדְךָ אֲדֹנָי אֱלֹהַי בְּכָל־לְבָבִי וַאֲכַבְּדָה שִׁמְךָ לְעוֹלָם: ¹²

כִּי־חַסְדְּךָ גָּדוֹל עָלָי וְהִצַּלְתָּ נַפְשִׁי מִשְּׁאוֹל תַּחְתִּיָּה: ¹³

אֱלֹהִים זֵדִים קָמוּ־עָלַי וַעֲדַת עָרִיצִים בִּקְשׁוּ נַפְשִׁי וְלֹא שָׂמוּךָ לְנֶגְדָּם: ¹⁴

וְאַתָּה אֲדֹנָי אֵל־רַחוּם וְחַנּוּן אֶרֶךְ אַפַּיִם וְרַב־חֶסֶד וֶאֱמֶת: ¹⁵

פְּנֵה אֵלַי וְחָנֵּנִי תְּנָה־עֻזְּךָ לְעַבְדֶּךָ וְהוֹשִׁיעָה לְבֶן־אֲמָתֶךָ: ¹⁶

עֲשֵׂה־עִמִּי אוֹת לְטוֹבָה וְיִרְאוּ שֹׂנְאַי וְיֵבֹשׁוּ כִּי־אַתָּה יְהוָה עֲזַרְתַּנִי וְנִחַמְתָּנִי: ¹⁷

<Oración de David>

¹ Inclina, Jehová, tu oído, y escúchame, porque estoy afligido y menesteroso.

² Guarda mi alma, porque soy piadoso ¡salva tú, Dios mío, a tu siervo que en ti confía!

³ Ten misericordia de mí, Jehová, porque a ti clamo todo el día.

⁴ Alegra el alma de tu siervo, porque a ti, Señor, levanto mi alma,

⁵ porque tú, Señor, eres bueno y perdonador,

y grande en misericordia para con todos los que te invocan.

⁶ Escucha, Jehová, mi oración y está atento a la voz de mis ruegos.

⁷ En el día de mi angustia te llamaré, porque tú me respondes.

⁸ Señor, ninguno hay como tú entre los dioses ni obras que igualen tus obras.

⁹ Todas las naciones que hiciste vendrán

y adorarán delante de ti, Señor, y glorificarán tu nombre,

¹⁰ porque tú eres grande y hacedor de maravillas, ¡solo tú eres Dios!

¹¹ Enséñame, Jehová, tu camino, y caminaré yo en tu verdad,

afirma mi corazón para que tema tu nombre.

¹² Te alabaré, Jehová, Dios mío, con todo mi corazón y glorificaré tu nombre para siempre,

¹³ porque tu misericordia es grande para conmigo

y has librado mi alma de las profundidades del sheol.

¹⁴ Dios, los soberbios se levantaron contra mí,

conspiración de violentos ha buscado mi vida y no te han tomado en cuenta.

¹⁵ Mas tú, Señor, Dios misericordioso y clemente,

lento para la ira y grande en misericordia y verdad,

¹⁶ mírame y ten misericordia de mí, da tu poder a tu siervo

y guarda al hijo de tu sierva.

¹⁷ Haz conmigo señal para bien, y véanla los que me aborrecen
y sean avergonzados, porque tú, Jehová, me ayudaste y me consolaste.

Este es un Salmo "de David", que tiene puntos de contacto con el Sal 85 (comparar Sal 86, 2, חסיד, con Sal 85, 9; Sal 86, 15, חסד ואמת, con Sal 85, 11), que ha sido insertado aquí entre salmos korahitas. Solo puede llamarse "de David" porque ha crecido a partir de salmos davídicos y de otros pasajes semejantes.

El autor de este salmo no puede compararse por su capacidad poética ni con David ni con el autor de otros salmos como el 116 y el 130. Su salmo es más litúrgico que puramente poético y se titula תפלה, pero no tiene ninguna de las designaciones musicales que ese nombre indica. Su característica más significativa es que repite siete veces el nombre de אדני, como sucede tres veces en el Sal 130, formando así el punto de partida de una serie de "salmos de Adonai", escritos como imitación de los salmos de Elohim[29].

86, 1-5. Esta oración es semejante a la del Sal 55, 3, y la afirmación sobre la que se funda el Sal 86, 1 es palabra a palabra semejante a la del Sal 40, 18. Así aparece como "oración por el cuidado" (guárdame), por la vigilancia (custódiame), con שמרה, como en el Sal 119, 167, que aunque es imperativo ha de leerse como *shāmerah* (שָׁמְרָה נַפְשִׁי כִּי־חָסִיד אָנִי, guarda mi alma, porque soy piadoso); cf. Sal 30, 4, מירדי; Sal 38, 21, רדפי o רדפי, como hemos observado al tratar el Sal 16, 1, שמרני.

El orante pide a Dios que le guarde, éyvip.n: hr"äm.v'(, no solo porque necesita su ayuda, sino también porque él es un חסיד (Sal 4, 4; Sal 16, 10), es decir, porque está unido con Dios por un lazo de afecto amoroso (חסד, cf. Os 6, 4; Jer 2, 2), porque no es indigno de ello, es decir, de la guarda o protección de Dios.

Sal 86, 2-3 tiene rasgos semejantes a Sal 25, 20 y Sal 31, 7. Así, en particular, el Sal 86, 3 se vincula con el Sal 57, 2. Por su parte, la confirmación del Sal 86, 4 está tomada al pie de la letra del Sal 25, 1, cf. también el Sal 130, 6. Por su parte, el Sal 86, 5 retoma motivos de otro salmo de Adonai, el 130, como indica un ἅπαξ γεγραμ: la palabra סלה (cf. כִּי־אַתָּה אֲדֹנָי טוֹב וְסַלָּח, porque tú, Adonai, eres bueno y perdonador...).

סלה viene de la raíz (של) סל, ofrecer libertad, χαλᾶν, ceder, *remittere*, perdonar). El Señor es bueno (טוֹב), i. e., es totalmente amoroso, y por esa razón está pronto a perdonar, es grande y rico en misericordia, para todos los que le invocan.

---

29. Conforme a una lectura auténtica de 86, 4 (en contra de Hidenheim que lee יהוה y del Sal 86, 5, donde Nissel lee también יהוה), en contra del texto original ha de ser אדני (cf. Bomberg, Hutter). Ambos nombres divinos de Sal 86, 4 y 86, 5 pertenecen a los 134 nombres divinos ודאין de los salmos. Este nombre אדני, escrito como tal, y no como sustituto de un pasaje donde el texto original dice יהוה, es característico de la Masora, según la cual ודאי evoca la unidad originaria y divina del Uno.

86, 6-13. También esta sección es como un eco del lenguaje anterior de los salmos y de la Torá. Así, por ejemplo, el Sal 86, 7 sigue al Sal 17, 6 y a otros pasajes; el Sal 86, 8 está tomado de Ex 15, 11; cf. Sal 89, 9, donde se evoca el nombre de אלהים en el sentido de dioses.

El Sal 86, 8 sigue a Dt 3, 24; el Sal 86, 9 sigue al Sal 22, 28. El Sal 86, 11 está tomado del Sal 27, 11; el Sal 86, 11 del Sal 26, 3; el Sal 86,13, שׁאול תחתיה, de Dt 32, 22, donde en vez de esas palabras encontramos תחתית, como en el Sal 130, 2, y donde se dice תחנוני (oración de súplica) en vez de תחנונותי (súplicas importunas). Por su parte, el Sal 86, 10 (cf. Sal 72, 18) es una fórmula doxológica que existía ya previamente.

La construcción ב הקשׁיב (cf. 86, 6: וְהַקְשִׁיבָה בְּקוֹל תַּחֲנוּנוֹתָי) es la misma que aparece en el Sal 66, 19. Pero, aunque la mayor parte de sus expresiones deriven de textos anteriores, este salmo tiene una gran importancia y belleza. Con la confesión del carácter incomparable del Señor se combina la esperanza de que todas las naciones de la tierra le reconozcan como Dios. Esta clara predicción de la conversión de los gentiles, que no puede tomarse en sentido alegórico, encuentra su mejor paralelo en Ap 15, 4: todas las naciones que tú has hecho reciben de ti su realidad, y aunque lo hayan olvidado (cf. Sal 9, 18), ellas vendrán al fin a reconocerlo.

En el verso siguiente, 86, 9, כל־גוים la expresión aparece sin artículo (cf. כָּל־גּוֹיִם אֲשֶׁר עָשִׂיתָ יָבוֹאוּ וְיִשְׁתַּחֲווּ) y se refiere a todas las naciones que Dios ha hecho, naciones de todas las tribus, países y nacionalidades), cf. Jer 16, 19, con Sal 22, 18; Tob 13, 11: ἔθνη πολλά; y también con Sal 14, 6, πάντα τὰ ἔθνη.

Tenemos que poner de relieve la petición breve, equilibrada y encantadora del Sal 86, 11: יַחֵד לְבָבִי לְיִרְאָה שְׁמֶךָ, *uni cor meum, ut timeat nomen tuum,* unifica mi corazón para que tema tu nombre. De un modo correcto, Lutero se ha separado de la traducción de los LXX, Siríaco y Vulgata, poniendo *laetetur,* alégrese (יחד de חדה).

El significado de esta frase no es, sin embargo, "mantén mi corazón cerca de la única cosa necesaria", sino "dirige todos sus poderes (los del corazón) y concéntralos hacia una cosa". Los siguientes versos (86, 12-13) nos muestran el sentido de la liberación del infierno (שׁאול תחתיה, como ארץ תחתית, la tierra inferior, las partes interiores de la tierra, Ez 31, 14), por lo que el poeta promete de antemano que manifestará toda su gratitud (cf. כי, Sal 86, 13, como en Sal 56, 14).

86, 14-17. La situación es como aquella que encontramos en los salmos del tiempo de la persecución de Saúl. El salmista es un perseguido, alguien que está en peligro constante de perder su vida. Él ha tomado el argumento del Sal 86, 14 del salmo elohista 54, 5, y retiene el nombre Elohim como nombre propio de Dios (cf. por otra parte Sal 86, 8. 10), poniendo זרים (אֱלֹהִים זֵדִים קָמוּ־עָלַי), que aquí, como en Is 13, 11 (cf. sin embargo, Sal 25, 5) es la palabra alternativa para עריצים (los poderosos).

En el Sal 86, 15, el orante apoya la petición que sigue en el testimonio que Yahvé ofrece de sí mismo en Ex 34, 6. Los apelativos que el poeta se da a sí mismo en el Sal 86, 16 (עַבְדְּךָ בֶּן־אֲמָתֶךָ) son los que aparecen en el Sal 116, 16 (cf. Sal 9, 5). El poeta se llama a sí mismo "hijo de tu sierva", como si él mismo hubiera nacido como siervo de Dios, una relación que proviene de su mismo nacimiento. En este contexto aparece el nombre de Adonai por séptima vez, de manera muy hermosa.

El salmista se presenta a sí mismo, desde el vientre de su madre, como siervo del Señor Soberano, de manera que puede esperar en su omnipotencia, aguardando que él (Dios) intervenga de manera milagrosa en su favor. Así dice al final, en 86, 17, עֲשֵׂה־עִמִּי אוֹת לְטוֹבָה, haz conmigo una señal para bien, lo que significa que él sabe que Dios se encuentra favorablemente dispuesto a su favor. La expresión לטובה, para bien, aparece también en boca de Nehemías (Neh 5, 19; 13, 31), en la de Esdras (Esd 8, 22) y en la de Jeremías. La expresión "que los enemigos sean avergonzados (וְיֵבֹשׁוּ כִּי־אַתָּה)" es la misma que la de Is 26, 11.

Salmo 87. Sión, todos han nacido en ella

¹ לִבְנֵי־קֹרַח מִזְמוֹר שִׁיר יְסוּדָתוֹ בְּהַרְרֵי־קֹדֶשׁ׃
² אֹהֵב יְהוָה שַׁעֲרֵי צִיּוֹן מִכֹּל מִשְׁכְּנוֹת יַעֲקֹב׃
³ נִכְבָּדוֹת מְדֻבָּר בָּךְ עִיר הָאֱלֹהִים סֶלָה׃
⁴ אַזְכִּיר רַהַב וּבָבֶל לְיֹדְעָי הִנֵּה פְלֶשֶׁת וְצוֹר עִם־כּוּשׁ זֶה יֻלַּד־שָׁם׃
⁵ וּלֲצִיּוֹן יֵאָמַר אִישׁ וְאִישׁ יֻלַּד־בָּהּ וְהוּא יְכוֹנְנֶהָ עֶלְיוֹן׃
⁶ יְהוָה יִסְפֹּר בִּכְתוֹב עַמִּים זֶה יֻלַּד־שָׁם סֶלָה׃
⁷ וְשָׁרִים כְּחֹלְלִים כָּל־מַעְיָנַי בָּךְ׃

<A los hijos de Coré. Salmo. Cántico>

¹ Su cimiento está en el monte santo.
² Ama Jehová las puertas de Sión más que todas las moradas de Jacob.
³ ¡Cosas gloriosas se han dicho de ti, ciudad de Dios! Selah

⁴ Yo me acordaré de Rahab y de Babilonia entre los que me conocen,
aquí están Filistea y Tiro, con Etiopía: estos nacieron allá.
⁵ Y de Sión se dirá: este y aquel han nacido en ella.
Y el Altísimo mismo la establecerá.
⁶ Jehová contará al inscribir a los pueblos, "Este nació allí". Selah

⁷ Y cantores y danzantes dirán en ella: "Todas mis fuentes están en ti".

El pensamiento de la misión expresada en el Sal 86, 9 viene ahora a convertirse en elemento central de este nuevo salmo korahita. Este es por su estilo un salmo profético, audaz y conciso, en medio de su oscuridad (Eusebio le llama muy enigmático y oscuro: σφόδρα αἰνιγματώδης καὶ σκοτεινῶς εἰρημένος), un texto que parece emparentado con tres pasajes muy especiales de Isaías: 21, 1; 30, 6 y 30, 7.

Este salmo recoge esos tres oráculos de Isaías porque, en su comienzo, el verso 1 se abre con una proclamación solemne que condensa los diversos elementos del conjunto del salmo en una especie de afirmación emblemática: אֹהֵב יְהוָה שַׁעֲרֵי צִיּוֹן מִכֹּל מִשְׁכְּנוֹת יַעֲקֹב: Yahvé ama las puertas de Sión más que todas las tiendas de Jacob.

Rahab y Babilonia aparecen después como signo de los mayores poderes del mundo que empezarán uniéndose a la congregación de Yahvé. Dado que esa perspectiva del poeta se ha modelado conforme a un presente rico en promesas y lleno de esperanza de futuro, es natural que algunos (como Tholuck, Hengstenberg, Vaihinger, Keil y otros) hayan supuesto que este salmo fue compuesto cuando, a consecuencia de la destrucción del ejército asirio ante Jerusalén, fueron muchos los que trajeron ofrendas y presentes de diversos lugares, para ponerlos ante Yahvé y ante el rey de Judá (2 Cron 32, 23). Fue en ese tiempo cuando la admiración por Ezequías, favorecido por Dios, se extendió hasta Babilonia.

Así como Miq 4, 10 menciona a Babilonia como lugar de castigo y redención de su nación, y como Isaías, hacia el año catorce del reinado de Ezequías, afirmó que sus tesoros y su posteridad serían llevados a Babilonia, aquí se dice que Egipto y Babilonia, los herederos de Asiria, siendo como eran los poderes más importantes del mundo, se verían un día obligados a inclinarse ante el Dios de Israel. En un contexto semejante, Is 19, 1 no menciona a Babilonia, sino a Asiria al lado de Egipto.

87, 1-4. El poeta está absorto en la contemplación de la gloria de un tema que él ha comenzado a celebrar ya con mucha fuerza. Podemos traducir la palabra clave יְסוּדָתוֹ, de dos formas: *lo fundado* (pues מִיסָד y מוּסָד se utilizan en general como participio pasado) o *su fundamento* (en la línea de מְלוּכָה, que se utiliza con el significado de יְסוֹד, lo que funda, el cimiento). En ambos casos el mensaje es el mismo, pero el tema se entiende mejor en sentido objetivo, pues la palabra יְסוּדָתוֹ (el fundamento de las puertas de Sión: שַׁעֲרֵי צִיּוֹן) se toma como participio (lo que Dios funda), no como nombre (su cimiento).

El sufijo se refiere a Yahvé, y su acción de fundar se refiere a Sión, que es tema favorito de los cantos korahitas. No podemos saber a través de los acentos si la frase ha de tomarse como cláusula de sustantivo (su ciudad está fundada sobre la santa montaña) o de acción verbal. De todas formas, el centro de atención no es la ciudad material externa, sino la acción de Dios que se expresa en ella, que así la fundamenta. Esa acción es la que hace que las puertas de Sión (ciudad-Sión) sean más valiosas que todos los restantes campamentos de Jacob.

De esa forma, en este momento, la ciudad fundada por Dios (rodeada en tres de sus lados por valles hondos), ciudad cuyos fundamentos firmes y visibles son la manifestación externa de su naturaleza interior imperecedera, se eleva excelsa sobre los otros lugares de habitación de Israel. Eso significa que Yahvé se encuentra en una relación de amor (אהב) con las puertas duraderas, firmes y fieles de Sión, que es la ciudad en la que habita.

Estas puertas son una perífrasis para indicar a todo Sión, porque ellas rodean el circuito de la ciudad, y porque los que aman una ciudad se deleitan entrando con frecuencia por sus puertas, de manera que ellas pueden tomarse como expresión de la plenitud de las puertas del cielo por las que han de entrar los creyentes.

En el Sal 87, 3, los LXX traducen de un modo correcto, y en armonía con la sintaxis de conjunto: Δεδοξασμένα ἐλαλήθη περὶ σοῦ (= cosas gloriosas se hablan de ti). Este tipo de construcción, con un sujeto plural y un predicado singular, es también común en otros casos, tanto si el sujeto se concibe como unidad en forma de plural (e. g., Sal 66, 3; Sal 119, 137; Is 16, 8) o si se concibe como realidad unificada mentalmente (como sucede en el caso más probable de Gen 27, 29, cf. Sal 12, 3). Sea como fuere, las cosas gloriosas que se dicen aquí de Sión, en relación con las naciones, se conciben como suma o conjunto de todo lo que se dice en la Escritura sobre Sión como ciudad de Dios.

El tipo de construcción de la frase (נִכְבָּדוֹת מְדֻבָּר בָּךְ עִיר הָאֱלֹהִים) está vinculado a la forma en que se entienda la partícula בּ (según los MS seguidos por Delitzsch) o מִ (en el texto oficial de la edición Stuttgartensia) que acompaña a דבר. Esa partícula puede entenderse en ambos casos en sentido local o instrumental: Dios hace grandes cosas en Sión o por Sión. De cualquier forma que se entienda, Sión aparece como lugar de presencia y de actuación de Dios, no solo para los israelitas, sino para todos los pueblos.

El poeta se está refiriendo aquí, sin duda, a las palabras de promesa referidas a la continuidad eterna y a la gloria futura de Jerusalén: gloriosas cosas se han dicho, es decir, existen como dichas, en referencia a ti, ciudad de Dios, lugar de su elección y de su amor. El contenido glorioso de esta promesa ha sido desarrollado en este salmo de la manera más viva y directa. Yahvé mismo eleva aquí su discurso y declara la misión gratuita, gloriosa y universal de su ciudad elegida y amada, que vendrá a convertirse de esa forma en lugar de nacimiento de todas las naciones.

Así dice Dios: אַזְכִּיר רַהַב וּבָבֶל לְיֹדְעָי, me acordaré de Rahab y Babilonia entre los que me conocen… Rahab es Egipto, como en el Sal 89, 11; Is 30, 7 y 51, 9, el poder mundial del sur; y Babilonia es el poder mundial del norte. הזכיר, *me acordaré*, se toma aquí, igual que otras veces (Jer 4, 16) como recuerdo honorable, como mención o conmemoración pública, Sal 45, 18.

Este recuerdo no se toma como expresión de un registro oficial en las memorias públicas de una nación, un recuerdo vinculado al מזכיר, que es el escriba que recoge en un documento en el que se fijan los acontecimientos memorables de su tiempo. Por eso, esas palabras no se pueden traducir como hace Hofmann: *y yo añadiré* los nombres de Rahab y de Babilonia entre aquellos que me conocen.

En general, la partícula ל que se aplica aquí a los que *me conocen* (לְיֹדְעָי) no se utiliza para añadir unos nombres nuevos a la lista de los anteriores, sino para poner de relieve (cf. 2 Sam 5, 3; Is 4, 3) el hecho de que esos poderes, que antes eran hostiles a Dios y a su pueblo, cambian radicalmente de actitud y de condición. Antes eran enemigos de Dios, pero ahora, Yahvé, Dios de Sión, declara de una forma pública y solemne que él mismo les acepta como suyos, afirmando que ellos le conocen de un modo práctico (véase Sal 36, 11) y le aceptan como su Dios.

Según eso, resulta claro que la expresión זֶה יֻלַּד־שָׁם, *estos han nacido allí*, se refiere no solo a la conversión de esos dos imperios (Egipto y Babilonia), sino también a la transformación de las otras tres naciones a las que el dedo de Dios se está refiriendo con הִנֵּה, es decir, a la nación guerrera de los filisteos, a la rica y poderosa Tiro y a la venturosa y poderosa Etiopía (Is 18, 1-7).

La palabra זה, estos, no se refiere a los individuos de esas naciones, ni a la suma de las tres, sino a todas ellas, una por una, nación tras nación (cf. זֶה הָעָם, Is 23, 13), fijándose de un modo concreto en cada una de ellas por separado. Por su parte, שָׁם, allí, se refiere a Sión.

Estas palabras de Yahvé, en 87, 4, que vienen sin ninguna partícula o preparación intermedia, están en conexión muy estrecha con el lenguaje del poeta y vidente. Sión aparece así, como madre que suscita y hace que surja Israel de nuevo como un pueblo numeroso, universal (Is 66, 7; Sal 54, 1-3). Así se dice aquí, que ella (Sión), recoge y reúne de nuevo, como en Is 60, 4 a los hijos de la dispersión; pero no solo eso, sino que se dice que las mismas naciones han nacido en Sión, forman parte de ella.

Ciertamente, el poeta no combina con eso la idea de nacer de nuevo, con la profundidad que ese concepto tiene en el Nuevo Testamento; pero indica, sin embargo, que las naciones alcanzarán el derecho de ciudadanía de Sión (formarán parte de la ciudadanía de Israel, πολιτεία τοῦ Ἰσραήλ, Ef 2, 12), que así viene a mostrarse como su segunda ciudad-madre, de forma que ellas tendrán que experimentar un cambio espiritual que, mirado desde la perspectiva del Nuevo Testamento, se tomará como nuevo nacimiento en el agua y el espíritu.

87, 5-7. Dado que ahora las naciones vienen así a nosotros en la Iglesia (o congregación) de los hijos de Dios y de los hijos de Abraham, Sión se convierte por elevación en ciudad de inconmensurable grandeza. Por eso se dirá a Sión o de Sión, con la *lamed* ל, de referencia: אִישׁ וְאִישׁ יֻלַּד־בָּהּ, es decir, todos han nacido en ella. Sión, ciudad única, aparece de esa forma en contraste con todos los países, como Ciudad de Dios frente a los demás reinos del mundo, de forma que se puede decir איש ואיש (este y este) en oposición con זה, que es *esta*, la única ciudad de Dios, con alcance universal.

Este contraste, del que depende la recta comprensión de todo el salmo, se pasa por alto cuando se dice, como hace Hofmann: "Mientras que en relación con todos los restantes países se habla en forma de naciones (conjuntos), en relación con Sión se habla solo en forma de personas, no como una nación". En esa visión de Hofmann se deja a un lado la referencia a ילד (nacido en…) y se insiste en un tipo de visión individualista que no es propia de la antigüedad, una visión que no puede aplicarse a Sión en la que importan los individuos, pero también, al mismo tiempo, sobre todo, la nación como un conjunto.

En todos los lugares donde se dice איש איש, Lev 17, 10. 13, o איש ואיש, Est 1, 8, esa expresión significa uno y cada uno. También aquí איש ואיש (individuo tras individuo) está indicando un *progressus in infinitum*, un progreso hasta el infinito, donde cada uno se añade al otro. Se habla así de una multitud inconmensurable, y de cada individuo de esa multitud, diciéndose que él ha nacido en Sión.

Pues bien, וְהוּא יְכוֹנְנֶהָ עֶלְיוֹן, y el mismo Altísimo la establecerá, tiene una conexión significativa con lo anterior. De esa forma, mientras que más y más gente de los pueblos extranjeros van adquiriendo el derecho de nacionalidad de Sión, y entrando así en una nueva alianza nacional con ella, se va creando un nuevo tipo de relación (de amistad) de Sión con todas las naciones. El mismo Dios (cf. 1 Sam 20, 9), el más elevado, defenderá a Sión (Sal 48, 9), de tal forma que, bajo su protección y bendición, la ciudad de Dios se volverá cada vez más grande y poderosa, para bien de todas las naciones.

El Sal 87, 6 nos habla de lo que será la incorporación sucesiva de aquellos que hasta entonces estaban alejados en la iglesia de Sión. De esa forma, Yahvé les reconocerá cuando los inscriba (כתוב como en Jos 18, 8) en Sión, como su pueblo, a las naciones: יְהוָה יִסְפֹּר בִּכְתוֹב עַמִּים זֶה יֻלַּד־שָׁם.

Está en el fondo la experiencia del libro de la vida o de los vivientes (Is 4, 3), una experiencia y símbolo que existía desde tiempo inmemorial: así se dice que Dios reconocerá a este y este como inscrito (כתוב, palabra que tiene la forma de פקוד, Ez 13, 9) de entre las naciones. Aquí se indica que Dios irá pasando entre las naciones mencionadas, inscribiendo a los elegidos para la próxima salvación: "este ha nacido allí". Así les reconocerá, a uno tras otro, entre los nacidos en Sión.

El fin de la historia se cumplirá, por tanto, cuando Sión se convierta en metrópoli de todas las naciones. Cuando venga y se introduzca en ella la plenitud de las naciones. Entonces, todos, y, al mismo tiempo, cada uno, cantarán mientras danzan (se suple "diciendo", יאמרו): *todas mis fuentes están en ti.*

Entre todas las traducciones antiguas la mejor es la de Aquila: καὶ ᾄδοντες ὡς χοροί· πᾶσαι πηγαὶ ἐν σοί (y cantarán como en coro…). Jerónimo sigue esa traducción y dice: *et cantores quasi in choris; omnes fontes mei in te* (y los cantores como en coros…). En vez de "cantores y músicos" (וְשָׁרִים כְּחֹלְלִים) se podría traducir "cantores y flautistas", pues כְּחֹלְלִים (LXX, ὡς ἐν αὐλοῖς), puede significar flautistas, ya que חֹלל podría ser un denominativo de חָלִיל (1 Rey 1, 40), pero es preferible vincular esa palabra con חלל (*piel* de חול), que significa danzar, como si fuera מחוללים, como לצצים, Os 7, 5.

El texto habla, por tanto, de cantores y danzantes… La gente de los pueblos vendrá cantando y bailando, mostrando así su gozo festivo, en común, ante Sión. De esa forma, los hombres de todas las naciones, incorporados a Sión, dirán: todas mis fuentes, es decir, todas las fuentes de la salvación (cf. Is 12, 3), están en ti, en la ciudad de Dios.

En lugar de "todas mis fuentes", algunos han pensado que aquí se trata de "todas mis miradas, mis ojos" (el objeto de la vista de mis ojos, todos mis pensamientos, en la línea del hebreo moderno, donde עין, fuente, se aplica a la meditación espiritual). Pero esa traducción es una interpretación y no responde al texto originario.

Tampoco se puede aceptar la conjetura de Böttcher, y antes que él la de Schnurrer (*Dissertationes*, p. 150), quien piensa que, en vez de כָּל־מַעְיָנַי, en el sentido de "fuente", esa palabra (מעיני) significa mis "habitantes cercanos", y más en concreto los que habitan conmigo debajo de un mismo techo (Hupfeld cita en este contexto a Rashi quien interpreta esa palabra "fuentes" como refiriéndose a mis partes interiores, o incluso a mis parientes…). Esa explicación no responde al texto hebreo originario, y le priva de su sentido más profundo. Según el salmo, Jerusalén será el centro del universo, la fuente de la que brotan todas las aguas, todas las fuentes, para el conjunto de la humanidad, de forma que todos los pueblos (= gente de todos los pueblos, de la humanidad entera) cantarán y bailarán en Jerusalén, afirmando que allí están las fuentes de su vida.

Salmo 88. Lamentación de un paciente que sufre como Job

¹ שִׁיר מִזְמוֹר לִבְנֵי קֹרַח לַמְנַצֵּחַ עַל־מָחֲלַת
לְעַנּוֹת מַשְׂכִּיל לְהֵימָן הָאֶזְרָחִי׃

² יְהוָה אֱלֹהֵי יְשׁוּעָתִי יוֹם־צָעַקְתִּי בַלַּיְלָה נֶגְדֶּךָ׃

³ תָּבוֹא לְפָנֶיךָ תְּפִלָּתִי הַטֵּה־אָזְנְךָ לְרִנָּתִי׃

⁴ כִּי־שָׂבְעָה בְרָעוֹת נַפְשִׁי וְחַיַּי לִשְׁאוֹל הִגִּיעוּ׃

⁵ נֶחְשַׁבְתִּי עִם־יוֹרְדֵי בוֹר הָיִיתִי כְּגֶבֶר אֵין־אֱיָל׃

⁶ בַּמֵּתִים חָפְשִׁי כְּמוֹ חֲלָלִים שֹׁכְבֵי קֶבֶר אֲשֶׁר לֹא זְכַרְתָּם
עוֹד וְהֵמָּה מִיָּדְךָ נִגְזָרוּ׃

⁷ שַׁתַּנִי בְּבוֹר תַּחְתִּיּוֹת בְּמַחֲשַׁכִּים בִּמְצֹלוֹת׃

⁸ עָלַי סָמְכָה חֲמָתֶךָ וְכָל־מִשְׁבָּרֶיךָ עִנִּיתָ סֶּלָה׃

⁹ הִרְחַ֥קְתָּ מְיֻדָּעַ֗י מִ֫מֶּ֥נִּי שַׁתַּ֣נִי תוֹעֵב֣וֹת לָ֑מוֹ כָּ֝לֻ֗א וְלֹ֣א אֵצֵֽא׃

¹⁰ עֵינִ֥י דָאֲבָ֗ה מִנִּ֫י עֹ֥נִי קְרָאתִ֣יךָ יְהוָ֣ה בְּכָל־י֑וֹם שִׁטַּ֖חְתִּי אֵלֶ֣יךָ כַפָּֽי׃

¹¹ הֲלַמֵּתִ֥ים תַּעֲשֶׂה־פֶּ֑לֶא אִם־רְ֝פָאִ֗ים יָק֤וּמוּ ׀ יוֹד֬וּךָ סֶּֽלָה׃

¹² הַיְסֻפַּ֣ר בַּקֶּ֣בֶר חַסְדֶּ֑ךָ אֱ֝מֽוּנָתְךָ֗ בָּאֲבַדּֽוֹן׃

¹³ הֲיִוָּדַ֣ע בַּחֹ֣שֶׁךְ פִּלְאֶ֑ךָ וְ֝צִדְקָתְךָ֗ בְּאֶ֣רֶץ נְשִׁיָּֽה׃

¹⁴ וַאֲנִ֤י ׀ אֵלֶ֣יךָ יְהוָ֣ה שִׁוַּ֑עְתִּי וּ֝בַבֹּ֗קֶר תְּֽפִלָּתִ֥י תְקַדְּמֶֽךָּ׃

¹⁵ לָמָ֣ה יְ֭הוָה תִּזְנַ֣ח נַפְשִׁ֑י תַּסְתִּ֖יר פָּנֶ֣יךָ מִמֶּֽנִּי׃

¹⁶ עָ֘נִ֤י אֲנִ֣י וְגֹוֵ֣עַ מִנֹּ֑עַר נָשָׂ֖אתִי אֵמֶ֣יךָ אָפֽוּנָה׃

¹⁷ עָ֭לַי עָבְר֣וּ חֲרוֹנֶ֑יךָ בִּ֝עוּתֶ֗יךָ צִמְּתוּתֻֽנִי׃

¹⁸ סַבּ֣וּנִי כַ֭מַּיִם כָּל־הַיּ֑וֹם הִקִּ֖יפוּ עָלַ֣י יָֽחַד׃

¹⁹ הִרְחַ֣קְתָּ מִ֭מֶּנִּי אֹהֵ֣ב וָרֵ֑עַ מְֽיֻדָּעַ֥י מַחְשָֽׁךְ׃

<Cántico. Salmo para los hijos de Coré. Al músico principal, para cantar sobre Mahalat. Masquil de Hemán ezraíta>

¹ Jehová, Dios de mi salvación, día y noche clamo delante de ti.
² ¡Llegue mi oración a tu presencia! ¡Inclina tu oído hacia mi clamor!
³ porque mi alma está hastiada de males y mi vida cercana al sheol.

⁴ Soy contado entre los que descienden al sepulcro,
soy como un hombre sin fuerza,
⁵ abandonado entre los muertos, como los pasados a espada que yacen en el sepulcro,
de quienes no te acuerdas ya y que fueron arrebatados de tu mano.
⁶ Me has puesto en el hoyo profundo, en tinieblas, en lugares profundos.
⁷ Sobre mí reposa tu ira y me sumerges en todas tus olas. Selah

⁸ Has alejado de mí a mis conocidos, me has hecho repugnante para ellos,
encerrado estoy sin poder escapar.
⁹ Mis ojos enfermaron a causa de mi aflicción.
Te he llamado, Jehová, cada día, he extendido a ti mis manos.
¹⁰ ¿Manifestarás tus maravillas a los muertos?
¿Se levantarán los muertos para alabarte? Selah

¹¹ ¿Será proclamada en el sepulcro tu misericordia o tu verdad en el Abadón?
¹² ¿Serán reconocidas en las tinieblas tus maravillas
y tu justicia en la tierra del olvido?
¹³ Mas yo a ti he clamado, Jehová, y de mañana mi oración se presenta delante de ti.
¹⁴ ¿Por qué, Jehová, ¿desechas mi alma? ¿Por qué escondes de mí tu rostro?
¹⁵ Yo estoy afligido y menesteroso,
desde la juventud he llevado tus terrores, he estado lleno de miedo.

¹⁶ Sobre mí han pasado tus iras y me oprimen tus terrores.
¹⁷ Me han rodeado como aguas continuamente, a una me han cercado.
¹⁸ Has alejado de mí al amado, y a mis compañeros familiares has puesto en tinieblas.

El Sal 88 tiene de melancólico lo que el Sal 87 tiene de alegre; están uno junto al otro, pero contienen profundos contrastes. No sabemos por qué y cómo ha podido colocarse después del Sal 87 esa "oda" a la que algunos han llamado *omnium tristissima*, la más triste de todas.

Ciertamente es oscura y triste, quizá el más lastimero de todos los salmos. Y, sin embargo, el orante sigue invocando a Dios, y su misma oración muestra que la chispa de la fe no se encuentra en él totalmente extinguida, sino que tiene aún fuerza para destilar un hondo lamento desde el fondo del más severo conflicto de la tentación, en presencia de la muerte. Pero la triste melancolía del orante no ilumina lo suficiente para convertirse en esperanza, de forma que el mismo salmo va muriendo, como mueren algunas lamentaciones del libro de Job.

En este lamento advertimos ecos del Sal 42 (korahita) y de algunos salmos davídicos. Así se puede comparar Sal 88, 3 con Sal 18, 7; Sal 88, 5, con 28, 1; Sal 88, 6, con 31, 23; Sal 88, 18 con 22, 17; Sal 88, 19 (aunque aplicado de un modo diferente) con 31, 12. Por otro lado, las preguntas de Sal 88, 11-13 pueden compararse con el Sal 6, 6, como si fueran ampliaciones de su argumento. Pero, más que todos esos ecos de otros salmos, nos sorprende las semejanzas y los puntos de contacto de este Sal 88 con el conjunto del libro de Job.

- *Hay contactos lingüísticos*: así דאב, Sal 88, 10 y Job 14, 14; רפאים, Sal 88, 11 y Job 26, 5; אבדון, Sal 88, 12 y Job 26, 6; 28, 22; נער, Sal 88, 16 y Job 33, 25; 35, 14; אמים, Sal 88, 16 y Job 20, 25; בעותים, Sal 88, 17 y Job 6, 4.
- *Hay contactos de pensamiento*: Sal 88, 5 con Job 14, 10; Sal 88, 9 con Job 30, 10; Sal 88, 19 con Job 17, 9 y Job 19, 14).
- *Hay contactos entre el sufrimiento de Job y la condición sufriente del salmista*, esto es, del autor del Sal 88, no solo en la forma de enfrentarse ante el dolor, sino en la forma de expresarlo.
- *El poeta del Sal 88 se encuentra en medio de la misma tentación de Job*, no solo por la forma en que se implican mente y espíritu, sino también por la aflicción externa, como lo muestra el tipo de sus lamentaciones. Estamos ante un tipo semejante de lepra (cf. Sal 88, 9), una lepra que parece vinculada a la forma de ser del salmista, que en él aparece como herencia de juventud (Sal 88, 16).

Pues bien, dado que el libro de Job es una obra de la Literatura Sapiencial (de *Hokma*) de la era de Salomón, y dado que estos dos salmos ezraítas (Sal 87-88) pertenecen a los grandes sabios de la corte de Salomón (1 Rey 4, 31), resulta natural suponer que el libro de Job ha brotado de ese círculo de Sabiduría (*Hokma*), de forma que podríamos aventurarnos a pensar que el mismo Hemán el ezraíta, que es el autor del Sal 88, ha podido pasar parte de su vida inmerso en medio de sufrimientos y conflictos de alma, sometido a un tipo de experiencia dramática como la de Job.

El encabezado del salmo tiene dos partes: (a) *"Cántico. Salmo para los hijos de Coré.* Al músico principal (preceptor), para ser recitado (no pulsado/tocado con música, ni para ser cantado alternativamente, con música) sobre Mahalat" (de una manera triste, con una voz sorda); (b) *"Masquil (una meditación) de Hemán ezraíta".*

Este es un encabezado doble, y sus dos mitades (las dos partes del díptico) se contradicen entre sí[30]. Pero ¿qué parte del encabezado resulta más fiable: ¿la que atribuye el salmo a los hijos de Coré o la que afirma que ha sido compuesto por Hemán, el ezraíta?

Quizá la última, porque שִׁיר מִזְמוֹר לִבְנֵי־קֹרַח no es más que una simple repetición del encabezado del salmo anterior (Sal 77) que se ha incluido aquí quizá por equivocación. Por otra parte, el encabezado segundo, tanto por la designación más precisa de la melodía, como por la presentación más precisa del autor, que corresponde al estilo del salmo que sigue, nos ofrece más garantías, y responde al carácter antiguo e histórico del salmo.

88, 2-8. El poeta se encuentra en medio de unas circunstancias que son muy sombrías, pero no se desespera, sino que se vuelve a Yahvé con sus lamentos, llamándole Dios de su salvación (יְהוָה אֱלֹהֵי יְשׁוּעָתִי). Este *actus directus* (gesto fundante) de refugiarse en oración, poniéndose en las manos del Dios de la salvación, que se hace presente abriendo su camino a través de todo lo que es oscuro y triste, es un rasgo fundamental de toda fe verdadera.

El Sal 88, 2 no ha de traducirse como cláusula independiente por sí misma (יוֹם־צָעַקְתִּי בַלַּיְלָה נֶגְדֶּךָ, de día te grito, en la noche estoy junto a ti, LXX y Targum), pues en ese caso tendría que haber puesto יוֹמָם, sino que (tal como está puntuado en el texto de Baer), ha de traducirse *en el día*, es decir, *en el tiempo en que* (cf. Sal

---

30. El hecho de que vayan juntos, sin más, לְהֵימָן (de Hemán) y לִבְנֵי־קֹרַח (de los hijos de Coré) podría estar perfectamente en orden, dado que el preceptor de Hemán era un korahita, según 1 Cron 6, 33-38. Pero Hemán el ezraíta, הָאֶזְרָחִי חֵימָן, como persona, formaba parte de los cuatro grandes sabios israelitas de 1 Rey 4, 31, y, conforme a lo que dice 1 Cron 2, 6, era un descendiente directo de Zerah y, por lo tanto, no era de la tribu de Leví, sino de la de Judá.

La suposición de que Hemán, el Korahita hubiera sido adoptado en la familia de Zerah, o en la de Hemán el ezraíta, perteneciendo de esa forma a la tribu de los levitas, es solo un intento carente de base, creado para resolver la dificultad. En contra de eso, tenemos que suponer que en el encabezado del salmo se han puesto, uno al lado del otro, dos textos de encabezado que son muy distintos, aunque no sean del todo irreconciliables entre sí. La suposición de que el encabezado del salmo era meramente שִׁיר מִזְמוֹר לִבְנֵי קֹרַח, y no, por el contrario, la otra parte (לַמְנַצֵּחַ עַל־מָחֲלַת לְעַנּוֹת מַשְׂכִּיל לְהֵימָן הָאֶזְרָחִי), se funda solo en el hecho de que únicamente en este salmo la fórmula לַמְנַצֵּחַ no ocupa la primera parte del encabezado.

56, 4; Sal 78, 42, con Sal 18, 1), es decir, *cuando yo grito ante ti de noche*, haz que mi oración llegue... (Hitzig).

En el Sal 88, 3 el salmista pide que su oración suplicante, רִנָּתִי, como en Sal 17, 1; Sal 61, 2 llegue hasta Dios. הַטֵּה tiene el mismo sentido que en el Sal 86, 1, en la línea de הַט en el Sal 17, 6. La *beth* de ברעות (כִּי־שָׂבְעָה בְרָעוֹת נַפְשִׁי: pues mi alma está saciada de males) es como la del Sal 65, 5; Lam 3, 15 y 3, 30, e indica que la carga que ahora padece el alma es ya suficiente, que no puede resistir ya más.

Sobre la sintaxis del Sal 88, 4, cf. lo dicho acerca del Sal 31, 11. La palabra אֱיָל (cf. כְּגֶבֶר אֵין־אֱיָל, *como un geber/fuerte sin fuerza*, es un ἅπαξ λεγομ, como אֱיָלוּת, Sal 22, 20) significa *estar compacto, ser vigoroso*, tener energía (ἁδρότης). El poeta se presenta como un hombre al que se le ha quitado toda la frescura vital, de forma que ahora no es más que una sombra de un ser humano, se siente como si estuviera ya muerto.

En 88, 6, los LXX traducen חָפְשִׁי (בַּמֵּתִים חָפְשִׁי) como ἐν νεκροῖς ἐλεύθερος (Símaco, ἀφεὶς ἐλεύθερος), abandonado o dejado entre muertos, y de igual forma traducen el Targum y el Talmud, como si pudiera referirse a una persona que al estar ya muerta no está obligada a cumplir los preceptos de la Ley (cf. Rom 6, 7). Por el contrario, Hitzig, Ewald, Köster y Böttcher explican el tema a la luz de Ez 27, 20 (donde חפש significa lecho o yacija): *entre los muertos está mi lecho* (חָפְשִׁי en el sentido de יְצוּעִי, Job 17, 13).

De todas formas, en el caso de Job 3, 19, la traducción en adjetivo parece la más probable: "uno que está libre de la muerte" (LXX) es uno que ya no está "atado" (vinculado, asegurado) por el lazo de la vida (cf. Job 39, 5), de un modo semejante a lo que se dice en latín donde una persona muerta es un *de-functus*, es decir, aquel que no tiene ya ninguna función que cumplir.

En ese sentido, Dios no se ocupa de los muertos, pues ya no tienen historia que cumplir, están desvinculados de su vida, desprovistos de toda historia progresiva, abierta a la paz final, de manera que su condición permanece siempre siendo la misma, pues se encuentran de hecho separados, desvinculados, cortados de la existencia (נגזר como en el Sal 31, 23; Lam 3, 54; Is 53, 8), es decir, de la mano de Dios que les guía y ayuda.

Según eso, el lugar donde habitan los muertos es la hondura (el pozo) formado por los lugares que permanecen abajo, en la profundidad (cf. *Coment.* a תַּחְתִּיּוֹת, en Sal 63, 10; Sal 86, 13; Ez 26, 20 y en particular en Lam 3, 55). Esos lugares de los muertos son las regiones oscuras (מַחֲשַׁכִּים, como en el Sal 143, 3; Lam 3, 6), las profundidades marinas (בִּמְצֹלוֹת: LXX, Símaco, Siríaco, etc., ἐν σκιᾷ θανάτου, en la sombra de la muerte, que equivale a בְּצַלְמָוֶת, según Job 10, 21, *passim*, pero en contra de Lam 3, 54), de forma que la muerte se identifica para cada uno con el abismo de la tumba, esto es, con la destrucción progresiva y final de su existencia.

Sobre el Sal 88, 8, cf. Sal 42, 8. El *mugrash* sobre כָּל־מִשְׁבָּרֶיךָ está indicando
que esa palabra (todas tus olas) ha de tomarse como un término adjetivado (así
en el Targum), o más correctamente como objeto colocado antes del verbo (sobre
mí has hecho pasar todas tus olas, con עָלִי עִנִּיתָ). עִנָּה, hacer que uno se incline,
dominar, aquí en el sentido de hacer que uno tenga que abajarse (LXX, ἐπήγαγες)
por la fuerza de las olas que caen como una catarata sobre el afligido.

88, 9–13. A los octoesticos anteriores siguen ahora unos hexaesticos que van en
parejas. La queja sobre la alienación o ruptura de las relaciones más cercana se
parece a la de Job 19, 13, pero ese mismo tipo de lamento aparece con frecuencia
en los salmos más antiguos, escritos en tiempos de sufrimiento, como en el Sal
31, 9. El salmista se encuentra abandonado por todos sus amigos y familiares
(no simplemente de sus conocidos, pues מְיֻדָּע significa más que eso, en línea de
comunicación de sangre/vida); se encuentra solo en la cárcel de los malditos, donde
nadie se acerca y de donde él no puede en modo alguno escaparse.

Estas palabras suenan como en Lev 13, a modo de llanto de un leproso.
El Levítico se ocupa allí de la impureza con la que comienza la vida humana hasta
llegar a la impureza mucho más terrible de la durísima muerte de los leprosos.
La enfermedad aparece así, como el estadio intermedio del hombre, entre el
nacimiento y la muerte y, conforme a la visión de oriente, la lepra es la más horrible
de todas las enfermedades, como muerte prematura que se va apoderando del
enfermo (Num 12, 12), de manera que se entiende, de un modo muy preciso,
como un castigo de la mano de Dios (נגע), como un azote o plaga de Dios (צרעת).

El hombre de quien se sospechaba que fuera un leproso quedaba sometido
a siete días de cuarentena, hasta la determinación del diagnóstico del sacerdote,
y si se confirmaba la lepra tenía que vivir fuera del campamento (Lev 13, 46),
en un lugar en el que, sin estar en prisión, se encontraba separado de su casa y
de su familia (cf. *Coment.* a Job 19, 19); y si el enfermo era un hombre de cierta
dignidad social quedaba condenado a un estado de retiro y separación impuesta,
que le apartaba de todos y le privaba de todo influjo y autoridad social. Es claro
que la palabra כָּלֻא (cf. כָּלָא וְלֹא אֵצֵא, encerrado y sin poder escapar) ha de conectarse
con שַׁתַּנִי (שַׁתַּנִי תוֹעֵבוֹת לָמוֹ, me has hecho maldición para ellos).

En el Sal 88, 10, עֵינִי (cf. Sal 6, 8; Sal 31, 10) son "mis ojos", que han
languidecido, que han perdido la fuerza, que se desvanecen (cf. עֵינִי דָאֲבָה, con דאב
que tiene el sentido de *tābescere,* consumirse, perder el vigor, como דּוּנָג, Sal 68,
3), a consecuencia de la aflicción. El salmista invoca sin cesar a Yahvé, se extiende
hacia él, alarga sus manos (con שטח, igual que en árabe), como queriendo sujetarse
a Dios, que así debía presentarse como un escudo que le defiende, como un oído
que le escucha, de un modo compasivo, superando de esa forma (dejando a un
lado) su ira; pero Dios no lo hace y él se encuentra así desamparado.

En Sal 88, 11-13, el orante fundamenta su grito pidiendo ayuda con un doble deseo: (a) quiere ser objeto del auxilio milagroso de Dios; (b) quiere ser capaz de alabarle. Ninguno de esos dos deseos podría cumplirse si él muere, de forma que acaba su vida, porque lo que queda después de la muerte es la oscuridad informe y total, sin ninguna historia posible, sin ningún futuro.

Con los muertos, מתים, alternan los רפאים (sing. רפא), los *relajados*, i. e., las sombras (σκιαί) del mundo inferior. Sobre יודו (אִם־דְּפָאִים יָקוּמוּ יוֹדוּךָ) en lugar de להודות, véase Ewald, 337b. En paralelo con חֹשֶׁךְ, oscuridad, está אֶרֶץ נְשִׁיָּה, la tierra del olvido (cf. הֲיִוָּדַע בַּחֹשֶׁךְ פִּלְאֶךָ וְצִדְקָתְךָ בְּאֶרֶץ נְשִׁיָּה), la tierra de la λήθη, en la que termina todo pensamiento, todo sentimiento, toda actividad (Ecl 9, 5-6. 10), donde reina la monotonía de la muerte, sin ningún tipo de pensamiento o recuerdo.

De esta forma representa el Antiguo Testamento el estado de vida después del tiempo presente, incluso en el Eclesiastés y en los libros deutero-canónicos o apócrifos, como Ecl 17, 27s, en la línea de Is 38, 18, o como Baruc 2, 17s. En contra de eso, el Nuevo Testamento ofrecerá una visión distinta (luminosa) no solo del estado que sigue a la muerte, sino de la misma muerte.

88, 14-19. Aquel que se ha quejado de esa forma, sin conocimiento ni consuelo, y sin embargo no se ha desesperado, vuelve a centrarse en sí mismo para formular de nuevo su oración. Elevándose con la palabra וַאֲנִי, pero yo, el orante se pone en contraste con los muertos, que están separados de la manifestación del amor de Dios. Manteniéndose todavía en vida, aunque bajo la ira que aparentemente no cesa, retoma todo su esfuerzo para mantenerse en oración, hasta colocarse ante Dios.

Sus lamentos se convierten en peticiones, pues ellos se expresan ante Dios en forma orante. El destino bajo el cual él se ha mantenido (el salmista) durante un tiempo como un hombre que está más cerca de la muerte que de la vida, le conduce de nuevo hasta su juventud, para retomar así su vida en forma de oración.

La palabra מנער (cf. מִמְנֹעַר נָשָׂאתִי אֵמֶיךָ אָפוּנָה) no se declina y es equivalente a מנעורי. El verbo אָפוּנָה es un ἅπαξ λεγ., difícil de traducir, pero el texto de los LXX, que pone ἐξηπορήθην, he sido "torturado", nos ayuda a entenderlo. Aben-Ezra y Kimchi derivan esa palabra de la partícula adversativa פֶּן, como עלה de עַל[31] y le asignan el significado de *dubitare*, dudar, como si fuera "enfrentarse".

Pero esa palabra se explica quizá mejor a partir de la palabra árabe *afana, afina, ma'fûn* (raíz *rf*, empujar hacia adelante), en la cual domina la experiencia básica de estrechar, apretar y agotar, que se transfiere a una debilidad o debilitamiento del entendimiento. Podemos así comparar פנה con el árabe *faniya*, desaparecer, desvanecerse. En esa línea, la traducción ἐξηπορήθην de los

---

31. Esta derivación no es contraria al genio del lenguaje hebreo, teniendo en cuenta el poder creador de la liturgia y de la poesía de la sinagoga, que es capaz de convertir las partículas en verbos, como ha puesto de relieve Zunz, *Die synagogaie Poesie des Mittelalters*, p. 421.

LXX favorece el parentesco con el árabe *afina*, en el sentido de *infirma mente et consilii inops* (con mente enferma y la voluntad inepta)[32], en la línea de lo que había indicado ya Castell en su comentario.

Pero el aoristo del verbo de los LXX resulta aquí equivocado, lo mismo que en Sal 42, 5; Sal 55, 3; Sal 57, 5. En todos estos casos el cohortativo implica el resultado que proviene de un impulso interior que se apodera de una persona, como se dice en hebreo: *yo me encuentro dominado por temblores* (Is 13, 8; Job 18, 20; Job 21, 6) *o por gozo* (Is 35, 10; Is 51, 11) cuando la fuerza de las circunstancias le conduce a uno a un estado de mente de ese tipo.

Consumido bajo el peso de una dispensación divina de carácter terrorífico, el salmista se encuentra en un estado de debilidad y agotamiento mental, o de temblor inexorable (que le insensibiliza), como si se hubiera apoderado de él el fuego de la ira de Dios, dejándole en manos de sus decretos terribles (véase comentario a בעת en Sal el 18, 5), de manera que casi le ha consumido.

La forma del verbo צִמְּתוּתֻנִי (88, 17: צִמְּתוּתֻנִי בְּעוּתֶיךָ) no es imposible (Olshausen, 251a), y ha de tomarse como expresión intensiva de צמתו, con la última sílaba repetida, como en עהבו הבו, Os 4, 18 (cf. en el campo de los nombres, פִּיפִיּות, que se repiten como en ángulos-ángulos, con el sentido de muchos ángulos: Sal 149, 6), quizá bajo el influjo de los verbos derivativos.

Heidenheim interpreta así el texto: tus terrores se han vuelto para mí inseparables e insoportables (צמתת, Lev 25, 23). Las posibles correcciones צמתתני (de צמתת) o צמתתני (de צמת) son posibles, pero es más prudente dejar la palabra como está y explicarla desde la misma tradición del lenguaje.

En el Sal 88, 18 los incendios de fuego se han vuelto inundaciones de agua, de manera que la ira de Dios puede compararse con una corriente que todo lo destruye y sobrepasa. Las olas amenazan con sumergirle, sin ayuda alguna, de forma que en vez de estar rodeado de amigos y parientes se encuentra estrechado por todas partes por la fuerza irresistible de las aguas.

En este contexto ha de explicarse 88, 19a, que puede entenderse a partir de Job 16, 14 en el sentido de: *mi amigo y familiar más próximo es la terrible enfermedad*. En otras palabras: en vez de aquellos que hasta ahora eran mis familiares (Job 19, 14), la oscuridad se ha vuelto mi familia.

De todas formas, en este caso, uno podría haber esperado מידעי (Schnurrer) o, según Prov 7, 4, מודעי (en vez de וְרֵעַ מְיֻדָּעַי מֶחְשָׁךְ, y mis amigos familiares has puesto en tinieblas), de manera que מחשך debería estar al principio como sujeto... Pero es preferible mantener el orden de las palabras: mis familiares amigos han sido

---

32. También Abulwald explica אפונה partiendo del árabe, pero de una forma que no puede aceptarse, en el sentido de "desde un largo tiempo en adelante", a partir del árabe *iffán* (*ibbân, iff, afaf, ifáf, taiffah*), que significa tiempo, período: el tiempo concebido como un impulso interno que arrastra hacia adelante, como sucesión constante de momentos.

reducidos a la más triste oscuridad (en plural, como puede entenderse partiendo de Job 19, 14: llamo madre y hermana al gusano, en la tumba).

Con este llanto final el arpa cae de la mano del poeta. Así queda en silencio y espera en Dios, pues solo Dios puede resolver el enigma de su aflicción. Partiendo del libro de Job podemos inferir que Dios se le aparece al fin (cf. Job 39-42), pues Dios es más fiel que los hombres. Nadie que en el fondo de la ira apele al amor de Dios, sea con mano firme o temblorosa, será abandonado por él.

Salmo 89. Pidiendo a Dios que renueve sus misericordias a David

¹ מַשְׂכִּיל לְאֵיתָן הָאֶזְרָחִי׃

² חַסְדֵי יְהוָה עוֹלָם אָשִׁירָה לְדֹר וָדֹר׀ אוֹדִיעַ אֱמוּנָתְךָ בְּפִי׃

³ כִּי־אָמַרְתִּי עוֹלָם חֶסֶד יִבָּנֶה שָׁמַיִם׀ תָּכִן אֱמוּנָתְךָ בָהֶם׃

⁴ כָּרַתִּי בְרִית לִבְחִירִי נִשְׁבַּעְתִּי לְדָוִד עַבְדִּי׃

⁵ עַד־עוֹלָם אָכִין זַרְעֶךָ וּבָנִיתִי לְדֹר־וָדוֹר כִּסְאֲךָ סֶלָה׃

⁶ וְיוֹדוּ שָׁמַיִם פִּלְאֲךָ יְהוָה אַף־אֱמוּנָתְךָ בִּקְהַל קְדֹשִׁים׃

⁷ כִּי מִי בַשַּׁחַק יַעֲרֹךְ לַיהוָה יִדְמֶה לַיהוָה בִּבְנֵי אֵלִים׃

⁸ אֵל נַעֲרָץ בְּסוֹד־קְדֹשִׁים רַבָּה וְנוֹרָא עַל־כָּל־סְבִיבָיו׃

⁹ יְהוָה׀ אֱלֹהֵי צְבָאוֹת מִי־כָמוֹךָ חֲסִין׀ יָהּ וֶאֱמוּנָתְךָ סְבִיבוֹתֶיךָ׃

¹⁰ אַתָּה מוֹשֵׁל בְּגֵאוּת הַיָּם בְּשׂוֹא גַלָּיו אַתָּה תְשַׁבְּחֵם׃

¹¹ אַתָּה דִכִּאתָ כֶחָלָל רָהַב בִּזְרוֹעַ עֻזְּךָ פִּזַּרְתָּ אוֹיְבֶיךָ׃

¹² לְךָ שָׁמַיִם אַף־לְךָ אָרֶץ תֵּבֵל וּמְלֹאָהּ אַתָּה יְסַדְתָּם׃

¹³ צָפוֹן וְיָמִין אַתָּה בְרָאתָם תָּבוֹר וְחֶרְמוֹן בְּשִׁמְךָ יְרַנֵּנוּ׃

¹⁴ לְךָ זְרוֹעַ עִם־גְּבוּרָה תָּעֹז יָדְךָ תָּרוּם יְמִינֶךָ׃

¹⁵ צֶדֶק וּמִשְׁפָּט מְכוֹן כִּסְאֶךָ חֶסֶד וֶאֱמֶת יְקַדְּמוּ פָנֶיךָ׃

¹⁶ אַשְׁרֵי הָעָם יוֹדְעֵי תְרוּעָה יְהוָה בְּאוֹר־פָּנֶיךָ יְהַלֵּכוּן׃

¹⁷ בְּשִׁמְךָ יְגִילוּן כָּל־הַיּוֹם וּבְצִדְקָתְךָ יָרוּמוּ׃

¹⁸ כִּי־תִפְאֶרֶת עֻזָּמוֹ אָתָּה וּבִרְצֹנְךָ (תָּרִים) [תָּרוּם] קַרְנֵנוּ׃

¹⁹ כִּי לַיהוָה מָגִנֵּנוּ וְלִקְדוֹשׁ יִשְׂרָאֵל מַלְכֵּנוּ׃

²⁰ אָז דִּבַּרְתָּ־בְחָזוֹן לַחֲסִידֶיךָ וַתֹּאמֶר שִׁוִּיתִי עֵזֶר עַל־גִּבּוֹר הֲרִימוֹתִי בָחוּר מֵעָם׃

²¹ מָצָאתִי דָּוִד עַבְדִּי בְּשֶׁמֶן קָדְשִׁי מְשַׁחְתִּיו׃

²² אֲשֶׁר יָדִי תִּכּוֹן עִמּוֹ אַף־זְרוֹעִי תְאַמְּצֶנּוּ׃

²³ לֹא־יַשִּׁא אוֹיֵב בּוֹ וּבֶן־עַוְלָה לֹא יְעַנֶּנּוּ׃

²⁴ וְכַתּוֹתִי מִפָּנָיו צָרָיו וּמְשַׂנְאָיו אֶגּוֹף׃

²⁵ וֶאֱמוּנָתִי וְחַסְדִּי עִמּוֹ וּבִשְׁמִי תָּרוּם קַרְנוֹ׃

²⁶ וְשַׂמְתִּי בַיָּם יָדוֹ וּבַנְּהָרוֹת יְמִינוֹ׃

²⁷ הוּא יִקְרָאֵנִי אָבִי אָתָּה אֵלִי וְצוּר יְשׁוּעָתִי׃

²⁸ אַף־אָנִי בְּכוֹר אֶתְּנֵהוּ עֶלְיוֹן לְמַלְכֵי־אָרֶץ׃

²⁹ לְעוֹלָם (אֶשְׁמוֹר)[אֶשְׁמָר־]לוֹ חַסְדִּי וּבְרִיתִי נֶאֱמֶנֶת לוֹ׃

30 וָאֲשַׂמְתִּ֣י לָעַ֣ד זַרְע֑וֹ וְ֝כִסְא֗וֹ כִּימֵ֥י שָׁמָֽיִם׃

31 אִם־יַעַזְב֣וּ בָ֭נָיו תּוֹרָתִ֑י וּ֝בְמִשְׁפָּטַ֗י לֹ֣א יֵלֵכֽוּן׃

32 אִם־חֻקֹּתַ֥י יְחַלֵּ֑לוּ וּ֝מִצְוֺתַ֗י לֹ֣א יִשְׁמֹֽרוּ׃

33 וּפָקַדְתִּ֣י בְשֵׁ֣בֶט פִּשְׁעָ֑ם וּבִנְגָעִ֥ים עֲוֺנָֽם׃

34 וְ֭חַסְדִּי לֹֽא־אָפִ֣יר מֵעִמּ֑וֹ וְלֹֽא־אֲ֝שַׁקֵּ֗ר בֶּאֱמוּנָתִֽי׃

35 לֹא־אֲחַלֵּ֥ל בְּרִיתִ֑י וּמוֹצָ֥א שְׂ֝פָתַ֗י לֹ֣א אֲשַׁנֶּֽה׃

36 אַ֭חַת נִשְׁבַּ֣עְתִּי בְקָדְשִׁ֑י אִם־לְדָוִ֥ד אֲכַזֵּֽב׃

37 זַ֭רְעוֹ לְעוֹלָ֣ם יִהְיֶ֑ה וְכִסְא֖וֹ כַשֶּׁ֣מֶשׁ נֶגְדִּֽי׃

38 כְּ֭יָרֵחַ יִכּ֣וֹן עוֹלָ֑ם וְעֵ֥ד בַּ֝שַּׁ֗חַק נֶאֱמָ֣ן סֶֽלָה׃

39 וְאַתָּ֣ה זָ֭נַחְתָּ וַתִּמְאָ֑ס הִ֝תְעַבַּ֗רְתָּ עִם־מְשִׁיחֶֽךָ׃

40 נֵ֭אַרְתָּה בְּרִ֣ית עַבְדֶּ֑ךָ חִלַּ֖לְתָּ לָאָ֣רֶץ נִזְרֽוֹ׃

41 פָּרַ֥צְתָּ כָל־גְּדֵרֹתָ֑יו שַׂ֖מְתָּ מִבְצָרָ֣יו מְחִתָּֽה׃

42 שַׁ֭סֻּהוּ כָּל־עֹ֣בְרֵי דָ֑רֶךְ הָיָ֥ה חֶ֝רְפָּ֗ה לִשְׁכֵנָֽיו׃

43 הֲ֭רִימוֹתָ יְמִ֣ין צָרָ֑יו הִ֝שְׂמַ֗חְתָּ כָּל־אוֹיְבָֽיו׃

44 אַף־תָּ֭שִׁיב צ֣וּר חַרְבּ֑וֹ וְלֹ֥א הֲ֝קֵימֹת֗וֹ בַּמִּלְחָמָֽה׃

45 הִשְׁבַּ֥תָּ מִטְּהָר֑וֹ וְ֝כִסְא֗וֹ לָאָ֥רֶץ מִגַּֽרְתָּה׃

46 הִ֭קְצַרְתָּ יְמֵ֣י עֲלוּמָ֑יו הֶֽעֱטִ֨יתָ עָלָ֖יו בּוּשָׁ֣ה סֶֽלָה׃

47 עַד־מָ֣ה יְ֭הוָה תִּסָּתֵ֣ר לָנֶ֑צַח תִּבְעַ֖ר כְּמוֹ־אֵ֣שׁ חֲמָתֶֽךָ׃

48 זְכָר־אֲנִ֥י מֶה־חָ֑לֶד עַל־מַה־שָּׁ֝֗וְא בָּרָ֥אתָ כָל־בְּנֵי־אָדָֽם׃

49 מִ֤י גֶ֣בֶר יִֽ֭חְיֶה וְלֹ֣א יִרְאֶה־מָּ֑וֶת יְמַלֵּ֓ט נַפְשׁ֖וֹ מִיַּד־שְׁא֣וֹל סֶֽלָה׃

50 אַיֵּ֤ה ׀ חֲסָדֶ֖יךָ הָרִאשֹׁנִ֥ים ׀ אֲדֹנָ֑י נִשְׁבַּ֥עְתָּ לְ֝דָוִ֗ד בֶּאֱמוּנָתֶֽךָ׃

51 זְכֹ֣ר אֲ֭דֹנָי חֶרְפַּ֣ת עֲבָדֶ֑יךָ שְׂאֵתִ֥י בְ֝חֵיקִ֗י כָּל־רַבִּ֥ים עַמִּֽים׃

52 אֲשֶׁ֤ר חֵרְפ֖וּ אוֹיְבֶ֥יךָ ׀ יְהוָ֑ה אֲשֶׁ֥ר חֵ֝רְפ֗וּ עִקְּב֥וֹת מְשִׁיחֶֽךָ׃

53 בָּר֖וּךְ יְהוָ֥ה לְעוֹלָ֗ם אָ֘מֵ֥ן ׀ וְאָמֵֽן׃

‹Masquil de Etán ezraíta›

1 Las misericordias de Jehová cantaré perpetuamente,
de generación en generación haré notoria tu fidelidad con mi boca.
2 Dije: "Para siempre será edificada la misericordia,
en los cielos mismos afirmarás tu fidelidad".

3 Hice pacto con mi escogido, juré a David mi siervo, diciendo,
4 "Para siempre confirmaré tu descendencia
y edificaré tu trono por todas las generaciones". Selah

5 Celebran los cielos tus maravillas, Jehová,
tu fidelidad también en la congregación de los santos,
6 porque ¿quién en los cielos se igualará a Jehová?
¿Quién será semejante a Jehová entre los hijos de los poderosos?

7 Dios temible en la gran congregación de los santos
y formidable sobre todos cuantos están a su alrededor.

⁸ Jehová, Dios de los ejércitos, ¿quién como tú?
Poderoso eres, Jehová, y tu fidelidad te rodea.

⁹ Tú tienes dominio sobre la bravura del mar,
cuando se levantan sus olas, tú las sosiegas.
¹⁰ Tú quebrantaste a Rahab como a un herido de muerte,
con tu brazo poderoso esparciste a tus enemigos.

¹¹ Tuyos son los cielos, tuya también es la tierra;
el mundo y su plenitud, tú lo fundaste.
¹² El norte y el sur, tú los creaste, el Tabor y el Hermón cantarán en tu nombre.

¹³ Tuyo es el brazo potente, fuerte es tu mano, exaltada tu diestra.
¹⁴ Justicia y derecho son el cimiento de tu trono,
misericordia y verdad van delante de tu rostro.

¹⁵ Bienaventurado el pueblo que sabe aclamarte, andará, Jehová, a la luz de tu rostro.
¹⁶ En tu nombre se alegrará todo el día y en tu justicia será enaltecido,

¹⁷ porque tú eres la gloria de su potencia
y por tu buena voluntad acrecentarás nuestro poder.
¹⁸ Jehová es nuestro escudo, nuestro rey es el Santo de Israel.

¹⁹ Entonces hablaste en visión a tu santo y dijiste,
"He puesto el socorro sobre uno que es poderoso,
he exaltado a un escogido de mi pueblo.
²⁰ Hallé a David mi siervo, lo ungí con mi santa unción.

²¹ Mi mano estará siempre con él, mi brazo también lo fortalecerá.
²² No lo sorprenderá el enemigo ni hijo perverso lo quebrantará,

²³ sino que quebrantaré delante de él a sus enemigos y heriré a los que lo aborrecen.
²⁴ Mi fidelidad y mi misericordia estarán con él y en mi nombre será exaltado su poder.
²⁵ Asimismo pondré su mano sobre el mar y sobre los ríos su diestra.

²⁶ Él clamará a mí, diciendo, "Mi padre eres tú, mi Dios, y la roca de mi salvación".
²⁷ Yo también lo pondré por primogénito, el más excelso de los reyes de la tierra.

²⁸ Para siempre le aseguraré mi misericordia y mi pacto será firme con él.
²⁹ Estableceré su descendencia para siempre y su trono como los días de los cielos.

³⁰ Si dejaran sus hijos mi Ley y no anduvieran en mis juicios,
³¹ si profanaran mis estatutos y no guardaran mis mandamientos,

³² entonces castigaré con vara su rebelión y con azotes sus maldades.
³³ Pero no quitaré de él mi misericordia ni faltaré a mi fidelidad.

³⁴ No olvidaré mi pacto ni mudaré lo que ha salido de mis labios.

³⁵ Una vez he jurado por mi santidad y no mentiré a Davéase

³⁶ Su descendencia será para siempre y su trono como el sol delante de mí.

³⁷ Como la luna será firme para siempre y como un testigo fiel en el cielo". Selah

³⁸ Mas tú desechaste y menospreciaste a tu ungido, y te has airado con él.

³⁹ Rompiste el pacto de tu siervo, has profanado su corona hasta la tierra.

⁴⁰ Abriste brecha en todos sus muros, has destruido sus fortalezas.

⁴¹ Lo saquean todos los que pasan por el camino, es la deshonra de sus vecinos.

⁴² Has exaltado la diestra de sus enemigos, has alegrado a todos sus adversarios.

⁴³ Embotaste asimismo el filo de su espada, y no lo levantaste en la batalla.

⁴⁴ Hiciste cesar su gloria y echaste su trono por tierra.

⁴⁵ Has acortado los días de su juventud, ¡lo has cubierto de vergüenza! Selah

⁴⁶ ¿Hasta cuándo, Jehová? ¿Te esconderás para siempre? ¿Arderá tu ira como el fuego?

⁴⁷ ¡Recuerda cuán breve es mi tiempo!
¿Por qué habrás creado en vano a todo hijo de hombre?

⁴⁸ ¿Qué hombre vivirá y no verá muerte? ¿Librará su vida del poder del sheol? Selah

⁴⁹ Señor: ¿dónde están tus antiguas misericordias,
que juraste a David según tu fidelidad?

⁵⁰ Señor, acuérdate del oprobio de tus siervos,
oprobio de muchos pueblos, que llevo en mi seno,

⁵¹ porque tus enemigos, Jehová, han deshonrado,
porque tus enemigos han deshonrado los pasos de tu ungido.

⁵² ¡Bendito sea Jehová para siempre! ¡Amén y amén!

El colector de los Salmos ha colocado juntos estos dos salmos ezraítas[33]. De todas formas, incluso sin la referencia a los autores, la yuxtaposición entre los salmos se encontraría también justificada por la relación recíproca que existe entre ambos, y también por sus notables coincidencias con el libro de Job. Por lo demás, el Sal 88 era un lamento puramente individual, mientras que el Sal 89 es un canto

---

33. Tras haber reconocido en el comentario al salmo anterior que el doble encabezado del Sal 88 ofrece dos afirmaciones irreconciliable de su origen, una al lado de la otra, renunciamos a exponer los artificios por los que Etán (איתן, un nombre fenicio, en la forma יתן, *Itan*, Ἰτανός, ליתן, *litan*, equivalente a לעלם), un ezraíta de la tribu de Judá (1 Rey 5, 11; 4, 31; 1 Cron 2, 6), ha sido identificado con Etán (Jedutún) hijo de Jusías, el Merarita, de la tribu de Leví (1 Cron 6, 29-32; 6, 44-47; 15, 17), preceptor o maestro de música, con Asaf y Hemán, jefe de los grupos de músicos sobre los cuales fueron colocados como subdirectores sus seis hijos (1 Cron 25).

íntegramente nacional. En esa línea, tanto los rasgos poéticos como la situación de los dos salmos son totalmente distintos.

Las circunstancias en la que se encuentra el escritor del Sal 89 están en contradicción flagrante con las promesas dadas a la casa de Davéase El salmo pone de relieve esas promesas de Dios, destacando su majestad y su fidelidad, para insistir luego con mucho sentimiento en la gran distancia que existe entre esas promesas y las circunstancias presentes, lamentándose sobre el destino sufriente (afligido) del ungido de Dios, pidiéndole a Dios que recuerde sus promesas, reprochándole al mismo tiempo la forma en que su Ungido y su pueblo se encuentran sometidos a tanto sufrimiento.

El Ungido no es sin más la nación (Hitzig), sino el Rey, *aquel* que en ese momento lleva la corona, que se encuentra tirada y manchada por el suelo. Por su parte, él (el salmista) se encuentra envejecido y agotado antes de tiempo, porque todas las vallas y cercados de su tierra se han quebrado, sus fortalezas han caído, y los enemigos han expulsado al pueblo de sus campos de forma que, por todas partes, paso a paso, el pueblo se encuentra amenazado por el reproche y el desprecio.

Ciertamente, no hubo motivo para esas quejas en el reinado de Salomón, pero las hubo en el tiempo de Roboam, durante la primera década de su gobierno, cuando Etán el ezraíta pudo haber sobrevivido al rey Salomón, que murió a la edad de sesenta años. En el año quinto de Roboam, Sesak (שׁישׁק igual a Σέσογχις, es decir, a Shishonk I), el primer faraón de la dinastía 22 (de Bubastis), marchó contra Jerusalén, rodeado de un ejército de muchas naciones, conquistó las ciudades fortificadas de Judá y saqueó el templo y palacio de Jerusalén, llevando incluso los escudos de oro de Salomón, una circunstancia que la historia ha recordado de un modo especial.

En ese tiempo hubo un profeta llamado Semaías que predicó arrepentimiento, en el momento de mayor calamidad de la guerra, y a consecuencia de eso el rey y los príncipes se humillaron, de tal forma que en medio del ataque en contra de Jerusalén experimentaron la presencia gratuita del perdón de Dios, de manera que no fueron aniquilados. Dios no completó su destrucción, de manera que se oyeron por entonces דברים טובים, i. e., *palabras buenas* (cf. Jos 23, 14; Zac 1, 13), anuncios consoladores de Dios en Judá. Esto es lo que se dice en la narración del libro de los Reyes (1 Rey 14, 25-28), tal como ha sido completado por el Cronista en 2 Cron 12, 1-12.

En este período ha surgido el Sal 89. El joven rey davídico, a quien la pérdida de parte de su reino y la desgracia militar hicieron prematuramente anciano, es Roboam, aquel joven de apariencia débil a quien el Faraón Sesonk llevó entre otros cautivos ante el dios Amón, tal como aparece en la pintura monumental de Karnak, que lleva esculpida en su anillo las palabras *Judhmelek* (rey de Judá), uno de los descubrimientos más importantes y fiables de Champollion, uno de los mayores triunfos en la lectura de los jeroglíficos (cf. Blau, *Sisags Zug gegen Juda*, trabajo ilustrado partiendo del monumento de Karnak, publicado en *Deutsche Morgenländische Zeitschrift* XV, pp. 233-250).

El Sal 89 se relaciona no solo con el Sal 74, sino también con los salmos 77-78, que ofrecen una mirada retrospectiva hacia los tiempos esenciales antiguos de la historia de Israel. Todos estos son salmos asáficos, algunos de los antiguos (Sal 77-78) y otros de los más recientes (Sal 74, Sal 79, 1-13). Por este hecho sabemos que los Salmos de Asaf eran los modelos favoritos de aquella escuela de sabios de la que formaban parte los dos ezraítas, autores de salmos.

89, 2-5. El poeta, que aparece como alguien que observa los hechos desde el comienzo del salmo, es un hombre ingenioso y de gran conocimiento, un sabio, חכם, que comienza recordando la inviolabilidad de las mercedes prometidas a la casa de David (cf. הסדי דוד הנאמנים, Is 55, 3). Así traduce el comienzo del salmo la Vulgata: *misericordias Domini in aeternum cantabo*, cantaré eternamente las misericordias del Señor (nombre que se ha dado en la liturgia al domingo 2º después de pascua).

El salmista quiere cantar eternamente la fidelidad amorosa de Dios hacia la casa de David, un amor que es fiel a sus promesas, un amor que él dará a conocer de un modo incesante, con su boca, es decir, de un modo audible y público (cf. Job 19, 16) para que pueda recordarlo la posteridad más distante. Tanto aquí como en Lam 3, 22, encontramos la palabra חַסְדֵי, así puntuada, con una sílaba final acentuada. La *lamed* de לְדֹר וָדֹר, en la línea del Sal 103, 7 y el Sal 145, 12, es *lamed* de dativo. Con כִּי־אָמַרְתִּי (LXX y Jerónimo, en contra del Sal 89, 3, ὅτι εἶπας) el poeta funda su verso y mensaje en el convencimiento de que podrá proclamar la misericordia de Dios para siempre.

עוֹלָם חֶסֶד יִבָּנֶה (en נבנה, eternamente será fundada/edificada la misericordia) no significa edificar de una vez y para todos, sino hacerlo en un proceso de construcción constante, continuada (e. g., Job 22, 23; Mal 3, 15), a través de un despliegue mantenido de prosperidad. La misericordia, como ternura amante, חֶסֶד, se mantiene para siempre (con acusativo de duración), en el curso de una edificación que se sigue elevando, sobre el fundamento inamovible de la promesa de la gracia, cumpliéndose siempre de acuerdo con esa promesa.

Esta es una edificación que tiene el fundamento muy sólido, que no solamente no podrá convertirse en ruinas, sino que, añadiendo una piedra sobre otra, se elevará cada vez a más altura. En esa línea, שמים (cf. שָׁמַיִם תָּכִן אֱמוּנָתְךָ בָהֶם, en los mismos cielos "afirmaras" tu verdad) se pone al principio de la frase como caso absoluto; por su parte בהם, como en el Sal 19, 5, es un pronombre referido a lo anterior. En los cielos, exaltados por encima de las cosas de aquí abajo que se elevan y caen, ha establecido Dios su fidelidad, pues ellos están firmes, como el sol sobre la tierra, aunque la condición de las cosas de abajo parezcan a veces ir en contra de ello (cf. Sal 119, 89).

En Sal 89, 4-5 siguen las palabras directas de Dios, la suma de las promesas que él ha concedido a David y a su descendencia en 2 Sam 7, a las que remite el poeta, tal como aparecen del modo más natural en el Sal 89, 20. Esas promesas aparecen evocadas aquí sin conexión con el contexto, formando la sustancia y contenido de la misericordia y de la verdad de 89, 3, que se expande ahora a modo de aposición.

Así, las palabras אָכִין y תָּכִין con וּבָנִיתִי y יִבָּנֶה se corresponden mutuamente. En virtud de la fidelidad divina, la semilla de David tendrá asegurada una existencia eterna, pues Yahvé edifica el trono de David de generación en generación, haciendo que se eleve siempre, nuevo y vigoroso, sin volverse nunca viejo y débil.

89, 6-9. Al final de las promesas de Sal 89, 4-5, la música se ha vuelto fuerte, con un jubiloso סֶלָה al que se vincula la invitación siguiente: וְיוֹדוּ שָׁמַיִם פִּלְאֲךָ, y canten/celebren los cielos tus maravilla. De esa manera, en Sal 89, 6-9, el canto sigue dirigido a la majestad exaltada de Dios, especialmente a su omnipotencia y fidelidad, porque el valor de la promesa se mide por la identidad de la persona que promete. El Dios de la promesa es aquel a quien alaban los cielos y los santos de lo alto (los ángeles).

La manera de actuar de Dios es פלא, con rasgos trascendentes, paradójicos, maravillosos. Así le alaban los cielos, así también le alaba (con יודו, cf. Gesenius 137, 3) la asamblea o *qahal* de los santos (קְהַל קְדֹשִׁים), con los espíritus celestes del mundo superior, esto es, los ángeles (cf. Job 5, 1; Job 15, 15, con Dt 33, 2), porque él es el exaltado, sin par, por encima de los cielos cósmicos y de los ángeles.

La palabra שׁחק, en singular poético, en vez de שְׁחָקִים (véase sobre *Coment.* a Sal 77, 18), que es ya en sí misma una palabra poética, significa los "cielos", en sentido físico y religioso. El texto sigue diciendo que nadie puede compararse (con ערך, en sentido medio, es decir, ser igual) a Yahvé, cf. Is 40, 18. Sobre los אלים בְּנֵי, véase *Coment.* a Sal 29, 1. En el gran concilio o congregación de los santos en 89, 6 (קְהַל קְדֹשִׁים) y en 89, 7 (סוֹד־קְדֹשִׁים רַבָּה) Yahvé se eleva como el terrible, por encima de todos aquellos que le rodean (1 Rey 22, 19, cf. Daniel 7, 10) por su excelsa majestad.

La palabra רַבָּה podría ser un adverbio, como en Sal 62, 3; Sal 78, 15, pero teniendo en cuenta el orden de la frase ha de tomarse mejor en forma de adjetivo, como en Job 31, 34, אֶעֱרֹץ הֲמוֹן רַבָּה כִּי (cuando tuve miedo de la gran multitud). En el Sal 89, 9 Yahvé aparece apostrofado como אֱלֹהֵי צְבָאוֹת, es decir, como aquel que esta exaltado por encima de los cielos y de los ángeles.

La pregunta "quién es como tú" (cf. מִי־כָמוֹךָ) recibe su forma original en Ex 15, 11. Por su parte, חֲסִין יָהּ (חֲסִין יָהּ, *Poderoso Yah*) no es una forma en constructo, sino que tiene sentido principal, como גְּבִיר יָדִיד עוּיל יד, con חֲסִין como una derivación siríaca de la raíz siria *ḥsan,* tomada del arameo, de donde proviene en sirio *ḥaṣīnā* igual a שָׁדִי. La expresión de Dios como Yahvé queda reducida en יָהּ a su forma literaria más breve posible (véase *Coment.* a Sal 68, 19).

Las palabras "y tu fidelidad te rodea por todas partes" (וֶאֱמוּנָתְךָ סְבִיבוֹתֶיךָ) expresan y despliegan el pensamiento originario del poeta de este salmo. Ellas se refieren al Dios cuya fidelidad constituye la garantía del cumplimiento de todas sus promesas, incluidas las ofrecidas a la casa de David, que están siempre en el fondo de su vida, como impulsándole. Ciertamente, puede estallar alguna vez su gloria con terror, pero la fidelidad que le rodea suaviza siempre el brillo de su gloria cegadora (¡aterradora!), que es como sol abrasador, haciendo que despierte y triunfe la confianza en él, como gobernante tan mayestático.

89, 10–15. En el tiempo en que el poeta proclama este salmo, la nación de la casa de David estaba amenazada por el asalto de violentos enemigos, y esto le ofrece la ocasión para ofrecer una pintura o visión del poder de Dios en el reino de la naturaleza. Aquel que aquieta la fuerza de las olas del mar, aquieta también la furiosa tormenta de los pueblos, cf. Sal 65, 8. גֵּאוּת se aplica a la elevación orgullosa de algo o de alguien, y aquí se aplica a las olas del mar (אַתָּה מוֹשֵׁל בְּגֵאוּת הַיָּם, tú dominas sobre el orgullo del mar), como גָּאֹה en el Sal 46, 4.

En vez de בְּשׂוֹא (בְּשׂוֹא גַלָּיו, cuando se levantan sus olas), Hitzig quiere poner otra palabra, en la línea de בְּשָׂאוּ (de שָׂאָה), pero la forma en que está escrito el texto, con שׂוֹא es también muy posible, por lo que se refiere al lenguaje, *sea como infinitivo,* igual a נְשׂוֹא, Sal 28, 2; Is 1, 14 (en lugar de שְׂאֵת), sea *como nombre verbal de infinitivo,* como שִׂיא, orgullo, cf. Job 20, 6. La formación de la frase está a favor de que se tome la palabra como verbo, en el sentido de *cuando las olas se elevan tú las aquietas (= acallas).*

En esa perspectiva, del mar físico, el poeta pasa al mar social de los pueblos, mostrando que en el milagro del Mar Rojo se dio al mismo tiempo un milagro físico (se aquietó el mar de agua) y un milagro social (al mismo tiempo fue subyugado el enemigo egipcio). Es evidente por Sal 74, 13-17 e Is 51, 9 que, en este pasaje, lo mismo que en el Sal 87, 4, *Rahab* se refiere a Egipto.

Ciertamente, Rahab significa ante todo impetuosidad, violencia, y después alude a un monstruo, como la bestia salvaje de los juncos de Egipto, cf. Sal 68, 31, el Leviatán o Dragón. דִּכֵּאתָ se conjuga con los verbos en *lamed he,* como en el Sal 44, 20. Por su parte כֶּחָלָל ha de entenderse como si estuviera describiendo el acontecimiento (cf. Sal 18, 43), refiriéndose a la caída y destrucción fatal del reino de Egipto. En esa línea, el texto que sigue en 89, 12-15 eleva primero su alabanza a Dios partiendo de la naturaleza y después (en el fondo) lo hace partiendo de la historia del pueblo de Dios.

De Yahvé son los cielos y la tierra. Él es su Creador, y por esa razón es el dueño absoluto de ambos (de cielo y tierra). El norte y el sur (expresado como mano derecha) tú los fundaste (צָפוֹן וְיָמִין אַתָּה בְרָאתָם). Norte y sur, representan la tierra entera, desde un extremo de los cielos (del horizonte) al otro extremo.

Por un lado, el Tabor, al occidente del Jordán, representa el oeste (cf. Os 5, 1) y el Hermón, por otro lado, representa el este de la tierra santa. Ambos montes exultan por el nombre de Dios, porque, por medio de su fresca y gozosa mirada, ellos ofrecen una grata impresión de alegría, como revelación del poder creador divino que se manifiesta en sus alturas.

En el Sal 89, 14 la alabanza se sitúa de nuevo en un plano de historia. Tuyo es el *brazo fuerte,* es decir, el poder fundante, la *gebûrah* (לְךָ זְרוֹעַ עִם־גְּבוּרָה), dice el poeta, distinguiendo entre el atributo inherente a Dios (גְּבוּרָה) y el medio de su manifestación en la historia de los hombres (זְרוֹעַ, el brazo). El trono de Dios tiene un מכון (מְכוֹן כִּסְאֶךָ), es decir, un fundamento inmutable (Prov 16, 12; 25, 5) que se expresa en forma de justicia y derecho que regulan su acción, y que se manifiesta también en forma de dualidad, como misericordia y verdad.

Así aparecen los cuatro atributos fundamentales de Dios, justicia y derecho, misericordia y verdad (צֶדֶק וּמִשְׁפָּט חֶסֶד וֶאֱמֶת). Los dos primeros van delante de Dios (cf. הִלֵּךְ לִפְנֵי, Sal 85, 14), como anticipándose a su venida (Sal 88, 14; Sal 95, 2; Miq 6, 6). Por su parte, los dos últimos, misericordia y verdad, van detrás, como si fueran como los dos genios (*genii*), espíritus protectores de la historia sagrada (Sal 43, 3), de pie ante su trono, como sirvientes esperando su gesto de mando.

89, 16–19. El poeta ha descrito la identidad de Dios de cuya promesa depende la casa real de Israel. Por eso es bendito el pueblo que camina (= caminará) a la luz de su rostro (בְּאוֹר־פָּנֶיךָ יְהַלֵּכוּן). El verbo הִלֵּךְ significa caminar de un modo seguro y firme. Las palabras דעי תרועה (cf. הָעָם יוֹדְעֵי תְרוּעָה, el pueblo que sabe aclamarte) son la afirmación del fundamento de la bendición de Dios que se expresa en la vida del pueblo que tiene razón y motivo abundante de exultación (cf. Sal 84, 5).

תְּרוּעָה es el canto/grito de gozo del pueblo (Num 23, 21), con el sonido de las trompetas o demás instrumentos de viento (Sal 27, 6). Esta confirmación de la bendición se expande en Sal 89, 17-19. La revelación del nombre de Yahvé (בְּשִׁמְךָ יְגִילוּן כָּל־הַיּוֹם, en tu nombre se alegrará el pueblo todo el día) se manifiesta así como principio y objeto de alegría incesante.

Por la justicia de Dios será elevado, enaltecido, el pueblo (וּבְצִדְקָתְךָ יָרוּמוּ); la justicia de Dios es la que ofrece al pueblo todo su vigor, manteniéndole exaltado por encima de todo desprecio e inseguridad. Dios aparece así revestido con el ornamento o gloria de su potencia (כִּי־תִפְאֶרֶת עֻזָּמוֹ אָתָּה): el ornamento o belleza más honda del pueblo se expresa así en forma de *tipheret,* תִּפְאֶרֶת, que en el judaísmo medieval aparece como una de las *sefirot* o emanaciones de Dios).

En esa línea, en 89, 18, el poeta declara que Israel es (ha de ser) un pueblo feliz, pues Dios, con su buena voluntad, con su decisión salvadora, acrecienta y confirma el poder de su pueblo: וּבִרְצֹנְךָ תָּרִים קַרְנֵנוּ, y con su voluntad salvadora eleva nuestro poder, es decir, nuestro "cuerno" (קַרְנֵנוּ), conforme al *qetub* (aunque también puede aceptarse el *keré*, que no cambia el sentido del texto). En un sentido ese "cuerno" es el mismo Dios, como poder. Pero, en otro sentido, ese "cuerno" o poder de Dios en la historia humana es el mismo rey.

En esa línea, las palabras מגננו y מלכנו (Sal 89, 19) podrían ser designaciones paralelas del rey mesiánico, que así aparece no solo como rey estrictamente dicho, sino también como escudo protector de sus fieles. Pero, nada nos obliga a superar los límites del contexto en que está escrito ese salmo, de manera que debemos seguir aplicando esos atributos (escudo y rey) al mismo Dios rey, más que a un mesías davídico. Por eso no podemos decir, sin más, que el Santo de Israel es el rey mesiánico (davídico), como piensa Hitzig, pues tenemos que interpretar ese salmo desde la perspectiva del tiempo en que está escrito.

Por eso, el Escudo y Rey de Israel, como dice el poeta con una confianza (fe) desafiante, es el mismo Yahvé. Solo él, Yahvé, es el santo de Israel. Por eso, el pueblo de Israel, como posesión divina, se encuentra bajo la protección de Yahvé, que es el auténtico Santo, aquel que ha tomado a este pueblo como suyo, bajo su posesión. Por eso, dado que Yahvé es el verdadero rey de Israel, es imposible que el trono de David pueda caer sometido (como presa) bajo algún poder mundano.

89, 20-23. Viniendo así a referirse de nuevo al rey de Israel, el poeta despliega una vez más la promesa que Dios ha hecho a la casa de Davéase Las condiciones actuales de vida están en contra de ella. Pero la oración que el salmista eleva a Yahvé, a partir de todo lo anterior, se dirige a remover, a superar, esa contradicción.

Con la partícula אז (אָז דִּבַּרְתָּ־בְחָזוֹן לַחֲסִידֶיךָ, entonces hablaste en visión a tus santos, amigos...) se define de forma precisa el tiempo anterior en pasado. El amigo íntimo de Yahvé (חסיד) es Natán (1 Cron 17, 15), pero podría ser también David, según traduzcamos בחזון "en una visión" o "por medio de una visión".

Por otra parte, al lado del texto normal, en singular לַחֲסִידְךָ, encontramos también una lectura, que parece preferible, en plural, לַחֲסִידֶיךָ (que es la de la Biblia Stuttgartensia, nota del traductor), que ha sido tomada como base de las grandes traducciones antiguas, LXX, Siríaco, Vulgata, Targum, Aquila, Símaco y la Quarta, y que ha sido adoptada por Rashi, Aben-Ezra y por otros, incluidos algunos modernos como Heidenheim y Baer. Ese plural (tus santos) se refiere a Samuel y a Natán, pues la afirmación posterior recoge lo que Dios ha revelado a estos dos profetas referente a David.

La palabra עזר significa asistencia o ayuda, como un regalo (שִׁוִּיתִי עֵזֶר עַל־גִּבּוֹר, *he puesto mi ayuda sobre un gibbor, un valiente...*). Esta forma de expresar la ayuda, con la presentación de la persona ayudada como un גָּבּוֹר está indicando que se trata de una asistencia en la batalla, es decir, en la guerra. Por su parte, ese בָּחוּר o elegido a quien Dios ha elevado sobre el pueblo (הֲרִימוֹתִי בָחוּר מֵעָם), en cuanto distinto del בָּחִיר del Sal 89, 4, es un hombre joven, *adolescens*, pues David era todavía joven cuando fue elevado de su baja condición (Sal 78, 71), siendo colocado por encima del resto del pueblo.

Cuando David recibió la promesa (2 Sam 7) él había sido ungido y había recibido el señorío sobre todo Israel. Por eso, los pretéritos de Sal 89, 20-21 están seguidos por futuros de promesa, a partir de 89, 22. La palabra תִּכּוֹן es futuro *nifal* y, significa establecer, afirmar con fuerza a alguien, probar que uno es firme, que no puede ser cambiado desde fuera y destruido (Sal 78, 37).

89, 24–30. Lo que se promete en 89, 26 es un dominio mundial, no un simple dominio sobre el territorio establecido en tiempos anteriores, como en Gen 15, 18 y 2 Cron 9, 26, en cuyo caso se tendría que haber dicho וּבַנָּהָר (es decir, hasta el río, que es el Éufrates). Pero la promesa no suena tampoco aquí tan amplia y definida, más allá de las fronteras, como en el Sal 72, 8, sino que permanece indefinida (sin límites) y universal, sin necesidad de que se pregunte a qué ríos se refiere la palabra וּבַנְּהָרוֹת.

La fórmula נָתַן יָד בְּ, como שָׁלַח (Is 11, 14), se refiere a dar o tomar posesión sobre algo. Con (אַף־אָנִי בְּכוֹר אֶתְּנֵהוּ) אַף־אָנִי, yo también le pondré como primogénito) Dios expresa la forma en que responderá al amor filial de Davéase A aquel mismo David que era el más pequeño de los hijos de Jesé, Dios le instituye y unge como primogénito (בְּכוֹר de בכר, ser el primero, en contra de שׁלקק, ser el tardío, véase Job 2, 1-13), es decir, como el más favorecido de los hijos del Altísimo (Sal 82, 6).

Así como, según Dt 28, 1, Israel está llamado a ser la más alta (עֶלְיוֹן) de las naciones de la tierra, así David, el Rey de Israel, en quien se expresa y realiza la gloria nacional, viene a ser constituido como el más alto (עֶלְיוֹן) entre los gobernantes, es decir, sobre los reyes de la tierra. En la persona de David se incluye su simiente, es decir, su descendencia. Precisamente ese lugar de honor, que ha sido desplegado de un modo anticipado y en forma de promesa por David y Salomón, debe venir a ser cumplido del todo en su descendencia, tal como afirma la promesa.

Según eso, conforme al Sal 89, 29, el pacto con David debe permanecer para siempre, pues, como afirma el Sal 89, 30, su trono durará para siempre, a través de su descendencia; Dios hará que sus descendientes y su trono permanezcan sin fin, es decir, לָעַד, para toda la eternidad. Ese trono y descendencia durarán como los días del cielo, es decir, eternamente. Esta descripción de la duración eterna del reino de David se proclama también en Ecl 45, 15; Bar 1, 11. En ese sentido, recreada a partir de Dt 11, 21, la promesa del Sal 89, 30 es una reproducción poética de 2 Sam 7, 16.

89, 31–38. Sigue ahora una paráfrasis de 2 Sam 7, 14, según la cual la infidelidad de la descendencia de David en relación con el pacto no impedirá, es decir, no anulará la fidelidad de Dios. Este era un pensamiento consolador, pero no se podía utilizar, sin más, de un modo absoluto, en el tiempo de crisis del reinado de Roboam. Dado que Dios había colocado a la casa de David en una relación filial consigo mismo, él castigaría a los miembros apóstatas de la casa de David, pero lo haría como un padre cuando castiga a su hijo, para corregirle, no para destruirle, cf. Prov 23, 13.

Este es un tema que aparece en 1 Cron 17, 13, pero en ese caso el cronista omite las palabras de 2 Sam 7, 14 en las que se habla de las consecuencias negativas que tendrán las acciones perversas (העוות) de la semilla de Davéase Pues bien, en contra de eso, nuestro salmo desarrolla esas consecuencias negativas, mostrando así una prueba de su originalidad, pero al mismo tiempo, su fidelidad a la tradición. En ese sentido, aunque, como muestra la historia, los castigos serán ineficaces en el caso de muchos individuos, la casa de David en cuanto tal se mantendrá siempre en un estado de favor respecto de Dios.

Sal 89, 34. Las palabras חסדי לא־אפיר מעמו responden a וחסדי־לא־יסור ממנו de 2 Sam 7, 15 (LXX, Targum). Eso significa que el pacto que Dios ha establecido con David es sagrado para él, de forma que no lo profanará ni romperá nadie (con לא־אחלל בריתי, no olvidaré mi pacto, no romperé los lazos de la santidad).

Dios cumplirá, por tanto, lo que ha salido de sus labios (ומוצא שפתי לא אשנה); será fiel a su promesa, conforme a Dt 23, 24, cf. Num 30, 3. Una cosa ha jurado a David (no una vez por todas, como suponen los LXX); y esa cosa que ha jurado para siempre es el tema del que trata lo que sigue en Sal 89, 37-38 (lo mismo que en el Sal 62, 12).

Dios lo había jurado por su santidad, נשבעתי בקדשי, *per sanctitatem suam*, no "en mi santuario", *in sanctuario meo*. Así se debe traducir בקדשי en este pasaje y en Amós 4, 2 (cf. en Sal 60, 8), porque en los demás casos la expresión es בי, Gen 22, 16; Is 45, 23, o בנפשו, cf. Amós 6, 8; Jer 51, 14, o בשמי, Jer 44, 26, o בימינו, Is 62, 8. Ciertamente, no hallamos ninguna fórmula de juramento estricto en 2 Sam 7; 1 Cron 17, pero así como Is 54, 9 toma la promesa de Gen 8, 21 como un juramento, así también la palabra tan seria y solemne de Dios a David puede y debe ser interpretada por los poetas (tanto aquí como en el Sal 132, 11) que reproducen el hecho histórico, como si fuera una promesa ratificada de hecho por un juramento.

Con el אם del Sal 89, 36 (אם־לדוד אכזב, no mentiré a David), Dios asegura que él no repudiará lo que ha dicho a David sobre esto, es decir, sobre la perpetuidad de su trono. Esa promesa se mantendrá para siempre, como el sol y la luna, porque esos astros, aunque puedan un día cambiar (Sal 102, 27), no serán nunca destruidos. Teniendo en cuenta las palabras de 2 Sam 7, 16 parece que el Sal 89, 38 debería traducirse: *así como son perpetuos los testigos del cielo (sol y luna), así será perpetuo el trono de David*, que es el gran testigo de Dios en la tierra.

En esa línea, por "testigo de los cielos" podría entenderse el arcoíris, como memorial y signo permanente de la alianza de Dios con los hombres. De esa forma lo han entendido Lutero, Geier, Schmid y otros. Pero ni esa traducción, ni la más natural, que sería "y el testigo perpetuo y fiel en las nubes" puede aceptarse, pues falta la partícula כ de la comparación. En esa línea, siguiendo el ejemplo de los comentaristas judíos, Hengstenberg traduce: "Y el testigo de los cielos es perpetuo", identificando ese testigo con la luna, con la que se asocia la continuidad de la línea de la casa de David, así como se asocia con el arcoíris la continuidad de la vida de la tierra amenazada.

Pero ¿en qué sentido puede atribuirse a la luna el nombre de "testigo", que no aparece con ese significado en ningún otro lugar de la Biblia? ¡En un sentido que hallamos vinculado con el libro de Job! Así como el libro de Job fue la llave para entender la conclusión del Sal 88, así también ahora, ese libro de Job, puede ser igualmente la llave para entender este ambiguo verso (Sal 89, 38) de nuestro salmo.

Este verso se puede interpretar en la línea de Job 16, 19, donde se dice: "Mira, mi testigo está en el cielo, y mi seguridad en las alturas". Yahvé, el Dios fiel, נאמן אל (Dt 7, 9), sella su promesa diciendo: "Y el testigo en el cielo (en las alturas del éter) es fiel". La objeción de Hengstenberg (que Yahvé no puede aparecer como testigo de sí mismo) viene superada por el hecho de que frecuentemente la partícula עד se refiere a la persona que testifica algo sobre sí misma. En ese sentido, de hecho, todo este pasaje se ha traducido como ה עדות (testimonio de Yahvé).

89, 39–46. Ahora, después que el poeta ha dirigido sus pensamientos hacia los comienzos de la casa de David, que habían sido tan ricos en promesas, a fin de que esa "casa" pueda encontrar consuelo bajo la miseria presente, el contraste entre los dos períodos se vuelve todavía más fuerte a los ojos del salmista.

Con ואתה (Sal 89, 39: וְאַתָּה זָנַחְתָּ עִם־מְשִׁיחֶךָ, y ahora, tú que habías ratificado tu promesa con juramento, has desechado a tu ungido...) este salmo toma un nuevo giro. La palabra וְאַתָּה se utiliza aquí de un modo absoluto, como en Sal 44, 24; Sal 74, 1; Sal 77, 8, de manera que no necesita ningún objeto que deba suplirse.

89, 40. Los LXX traducen el hebreo נארתה (נֵאַרְתָּה בְּרִית עַבְדֶּךָ, rompiste el pacto de tu siervo) como *katestrepsas*. Hubiera sido mejor traducir como se hace en Lam 2, 7, con ἀπετίναξε, porque נאר es sinónimo de נער, expulsar, cf. árabe *el-menâˁir*, con el sentido de los que expulsan (con la lanza). Por su parte, עבדך es el nombre de vocación del rey en cuanto tal. Su corona es sagrada como insignia del oficio que Dios le ha concedido.

Pues bien, ahora, Dios ha envilecido al rey sagrado, arrojando su corona por el suelo (con חלל לארץ, como en el Sal 74, 17, profanar). El pasaje fundante de Sal 89, 41-42 es el Sal 80, 13. Sus muros, sus vallas son los límites protegidos que tiene la tierra del rey, como las מבצריו o fortalezas del país (en ambos casos sin כל, pues no se ha llegado todavía a un asedio total de esas fortalezas por parte de los enemigos)[34].

89, 42. שסהו (cf. שַׁסֻּהוּ כָּל־עֹבְרֵי דָרֶךְ, lo saquean todos los que pasan por el camino) vincula y mezcla rey y tierra. עברי־דרך son las "hordas" de pueblos que pasan por la tierra. Por su parte, שכניו son los pueblos vecinos que en otro tiempo estaban obligados a pagar tributos a la casa de Davéase Ahora, esos pueblos buscan cualquier oportunidad para aprovecharse del reino de David y debilitarlo.

Sal 89, 44. No podemos traducir la palabra צוּר por roca, o por la roca de su espada (Hengstenberg). La palabra צור no significa meramente roca, sino también raíz o filo, cf. árabe *sâr*, el ruido que produce un filo o espada al cortar, y también el mismo cuchillo o la espada. Según el texto, Dios ha decretado que el filo o cuchillo de la espada del rey se vuelva romo, o también que se aparte del enemigo, de tal forma que él no pueda mantener su campo o defenderse en la batalla.

Por su parte, la *mem* de מטהרו (הִשְׁבֵּת מִטְּהָרֹו, le hiciste cesar de su gloria...), conforme a la analogía con Ez 16, 41; Ez 34, 10 y con otros pasajes es una preposición: *cessare fecisti eum a splendore suo* (le hiciste cesar o le despojaste de su esplendor). El nombre מִטְּהָר igual a מטהר con *daggesh dirimens*[35], como מקדש en Ex 15, 17, מנזר en Nahúm 3, 17 (Abulwald, Aben-Ezra, Parchón, Kimchi y otros), parece que no puede tener el significado que aquí se requiere, y no se encuentra ni en el hebreo bíblico ni en el postbíblico.

En primer lugar, טהר no significa pureza, sino brillo. Por otra parte, no podemos partir de la forma טהר que encontramos en este caso, pues la palabra no es טהרו, sino מִטְּהָרֹו, y en esa línea se sigue situando la lectura adoptada por Norzi, Heidenheim y Baer, como también por Nissel y otros (*miṭṭoharo*). La forma personal en que nos sitúa todo este verso 89, 40 requiere que el brillo o gloria al que se refiere el texto deba aplicarse a la casa de David que sigue aún reinando, que no ha muerto antes de tiempo (Olshausen), pero que se está volviendo prematuramente vieja, por razón de las tristes experiencias de su gobierno. El reino de Roboam ha perdido la mitad de su territorio, Egipto y los reinos del entorno amenazan la

34. En la lista de naciones y ciudades conquistadas por el Faraón Sesonk he encontrado incluso ciudades de la tribu de Isacar, como Shen-ma-an, Sunem, véase Brugsch, *Reiseberichte*, pp. 141-145, y Blau a quien arriba me he referido.

35. La visión de Pinsker (*Einleitung*, p. 69), según la cual este *daggesh* no está indicando que se trata de una letra doble, sino que es un mero signo diacrítico (anterior a la invención del sistema de las vocales), para decir que la letra, que tendría que ser pronunciada con una vocal *chateph* (e. g., *miṭohar*), es incorrecta. El *daggesh* que indica la doble consonante hace que el *sheb* sea audible, tomando de esa manera el colorido de la consonante y de la vocal más cercana.

otra mitad que le queda y, en vez de estar vestido con su propia gloria, el rey se encuentra totalmente cubierto de infamia.

89, 47–52. Tras haber precisado la condición actual de las cosas, el salmista comienza a pedir a Dios que remueva todo aquello que va en contra de la promesa. La pregunta del lamento del Sal 89, 47, a excepción de una palabra, es *verbatim* la misma que la del Sal 79, 5. La ira a la que se refiere *quousque* (עַד־מֶה יְהוָה) está voluntariamente implícita, como supone la partícula de intensificación de לָנֶצַח, véase Sal 13, 2, indicando que se trata de algo para siempre.

La palabra חֶלֶד (cf. זְכָר־אֲנִי מֶה־חָלֶד) evoca la vida temporal que se desliza y pasa de un modo secreto, sin que nos demos cuenta de ello (Sal 17, 14). Por su parte, la expresión זְכָר־אֲנִי no es equivalente a זָכְרֵנִי, recuérdame (en lugar de la cual por causa del énfasis solo podría decirse זָכְרֵנִי אָנִי). La conjetura de Houbigant y de algunos comentaristas modernos que leen זְכֹר אֲדֹנָי (cf. Sal 89, 51) no es necesaria, porque la posición inversa de las palabras es la misma que hallamos en el Sal 39, 5.

En el Sal 89, 48 no se puntúa שָׁוְא עַל־מָה: ¿por qué (Job 10, 2; Job 13, 14) (me) has creado en vano? (cf. Sal 127, 1, Hengstenberg), sino עַל־מַה־שָּׁוְא: ¿a causa de qué o por qué me has creado tú por nada (מַה־שָּׁוְא, como adjetivo y sustantivo, como en Sal 30, 10; Job 26, 14), por qué has creado todos los hijos de los hombres? (De Wette, Hupfeld y Hitzig).

Todo esto con עַל, es decir: ¿por qué causa o motivo directo (sin el interrogativo directo que es menos apropiado) pasa y desemboca todo en la muerte y en el Hades? ¿Por qué en ese breve espacio de tiempo, que no es más que un suspiro, Dios no podría manifestarse a sus creaturas como misericordioso y tierno, en vez de presentarse siempre como airado? En este momento suena la música (89, 49: סֶלָה), y lo hace, necesariamente, en un "mesto" o majestuoso, adaptado a la elegía.

Si en el mundo actual tarda y no se cumple la justicia, la fe del Antiguo Testamento aparece duramente tentada y probada, porque esa fe no es capaz de encontrar consuelo en la vida del más allá. Así se muestra la fe del poeta en el estado actual de cosas, en el que la apariencia externa del Ungido de Israel se encuentra en una gran contradicción, en contra de la misericordia que Dios juró y concedió a David.

La palabra חֲסָדִים o misericordia (cf. אַיֵּה חֲסָדֶיךָ הָרִאשֹׁנִים) no tiene aquí el sentido de promesas a favor, como en 2 Cron 6, 42, sino de *pruebas de favor*, refiriéndose con הָרִאשֹׁנִים al largo período de los reinados de David y Salomón[36].

---

36. El *pasek* colocado entre הָרִאשֹׁנִים אֲדֹנָי (הָרִאשֹׁנִים y חֲרֹאשֹׁנִים אֲדֹנָי) no tiene simplemente la finalidad de separar el predicado anterior de Adonai que es, sin duda, el Primero y el Último, sino también la de asegurar la pronunciación de la gutural *aleph*, pasando así directamente a la *mem* siguiente, cf. Gen 1, 27; Gen 21, 17; Gen 30, 20; 42, 21, *passim*.

El salmo asáfico 77 y la tefila de Is 63 contienen quejas semejantes; en esa línea, en conexión con el Sal 89, 51 uno puede recordar los textos asáficos de Sal 79, 2. 10, y en relación con el Sal 89, 52 también el Sal 79, 12.

La expresión נשא בחיקו (90, 51: שְׂאֵתִי בְחֵיקִי כָּל־רַבִּים עַמִּים, todos los pueblos numerosos que llevo en mi seno) se aplica en otros casos al amor que nutre y da vida, Num 11, 12; Is 40, 11. Por razones sintácticas, no se puede tomar כָּל־רַבִּים עַמִּים como dependiente de חרפת (Ewald) o, como le gusta decir a Hupfeld, como un genitivo *postliminar*.

Algunos piensan que כל es una mutilación de כְּלִמַּת, según Ez 36, 15, como sugiere Böttcher. Pero no necesitamos apelar a esa conjetura. (1) Porque llevar a uno en el seno implica estar vinculado necesariamente a él, con la sujeción que ello implica, con la imposibilidad de liberarse de él (cf. Jer 15, 15). (2) No hay duda de que, como sucede con los numerales, רבים puede colocarse delante del sustantivo al que pertenece, Ez 32, 10; Prov 31, 29; 1 Cron 28, 5; Neh 9, 28, cf. en el otro caso, Jer 16, 16. (3) De un modo consecuente, כָּל־רַבִּים עַמִּים puede significar la totalidad de muchos pueblos, como en el caso de גוים רבים כל en Ez 31, 6.

El poeta se queja de que, siendo miembro de una nación, como si fuera ciudadano de un gran imperio, él se ve obligado a fomentar y cuidar en su seno a muchas naciones, dado que la tierra de Israel estaba ocupada por los egipcios y sus aliados, los libios, trogloditas y etíopes.

El אשר que sigue en el Sal 89, 52 (אֲשֶׁר חֵרְפוּ אוֹיְבֶיךָ) no puede aplicarse retrospectivamente al Sal 89, 51 (con חֶרְפַּת עֲבָדֶיךָ, como tal), en sentido relativo, no confirmativo (en la línea de porque, *quoniam*). Por eso lo vinculamos con los כָּל־רַבִּים עַמִּים del verso anterior y tomamos אוֹיְבֶיךָ a modo de aposición, como en el Sal 139, 20: ¡qué reproche para ti, qué reproche, que tus enemigos..., te han deshonrado, han deshonrado los pasos (עִקְּבוֹת como en el Sal 77, 20 con *Daggesh dirimens*, con su tono emocional) de tu Ungido...! Eso significa que ellos, los enemigos, han seguido por todas partes al Ungido, dondequiera que él haya ido, vigilando todo lo que ha podido hacer, a fin de humillarle.

89, 53. *Doxología final.* Con las palabras anteriores, muy significativas (los pasos de tu Ungido, עִקְּבוֹת מְשִׁיחֶךָ), termina el libro 3º de los Salmos, como ratifica la conclusión solemne de 89, 53 (בָּרוּךְ יְהוָה לְעוֹלָם אָמֵן וְאָמֵן), que ya no forma parte de este salmo, sino que es el final de todo el libro 3º.

LIBRO IV
SALMOS 90–106

Salmo 90. Refugiado en la ternura de Dios, contra el juicio airado de la muerte

¹ תְּפִלָּה לְמֹשֶׁה אִישׁ־הָאֱלֹהִים אֲדֹנָי מָעוֹן אַתָּה הָיִיתָ לָּנוּ בְּדֹר וָדֹר:

² בְּטֶרֶם׀ הָרִים יֻלָּדוּ וַתְּחוֹלֵל אֶרֶץ וְתֵבֵל וּמֵעוֹלָם עַד־עוֹלָם אַתָּה אֵל:

³ תָּשֵׁב אֱנוֹשׁ עַד־דַּכָּא וַתֹּאמֶר שׁוּבוּ בְנֵי־אָדָם:

⁴ כִּי אֶלֶף שָׁנִים בְּעֵינֶיךָ כְּיוֹם אֶתְמוֹל כִּי יַעֲבֹר וְאַשְׁמוּרָה בַלָּיְלָה:

⁵ זְרַמְתָּם שֵׁנָה יִהְיוּ בַּבֹּקֶר כֶּחָצִיר יַחֲלֹף:

⁶ בַּבֹּקֶר יָצִיץ וְחָלָף לָעֶרֶב יְמוֹלֵל וְיָבֵשׁ:

⁷ כִּי־כָלִינוּ בְאַפֶּךָ וּבַחֲמָתְךָ נִבְהָלְנוּ:

⁸ (שַׁתָּ) [שַׁתָּה] עֲוֹנֹתֵינוּ לְנֶגְדֶּךָ עֲלֻמֵנוּ לִמְאוֹר פָּנֶיךָ:

⁹ כִּי כָל־יָמֵינוּ פָּנוּ בְעֶבְרָתֶךָ כִּלִּינוּ שָׁנֵינוּ כְמוֹ־הֶגֶה:

¹⁰ יְמֵי־שְׁנוֹתֵינוּ בָהֶם שִׁבְעִים שָׁנָה וְאִם בִּגְבוּרֹת׀ שְׁמוֹנִים שָׁנָה
וְרָהְבָּם עָמָל וָאָוֶן כִּי־גָז חִישׁ וַנָּעֻפָה:

¹¹ מִי־יוֹדֵעַ עֹז אַפֶּךָ וּכְיִרְאָתְךָ עֶבְרָתֶךָ:

¹² לִמְנוֹת יָמֵינוּ כֵּן הוֹדַע וְנָבִא לְבַב חָכְמָה:

¹³ שׁוּבָה יְהוָה עַד־מָתָי וְהִנָּחֵם עַל־עֲבָדֶיךָ:

¹⁴ שַׂבְּעֵנוּ בַבֹּקֶר חַסְדֶּךָ וּנְרַנְּנָה וְנִשְׂמְחָה בְּכָל־יָמֵינוּ:

¹⁵ שַׂמְּחֵנוּ כִּימוֹת עִנִּיתָנוּ שְׁנוֹת רָאִינוּ רָעָה:

¹⁶ יֵרָאֶה אֶל־עֲבָדֶיךָ פָעֳלֶךָ וַהֲדָרְךָ עַל־בְּנֵיהֶם:

¹⁷ וִיהִי׀ נֹעַם אֲדֹנָי אֱלֹהֵינוּ עָלֵינוּ וּמַעֲשֵׂה יָדֵינוּ כּוֹנְנָה עָלֵינוּ
וּמַעֲשֵׂה יָדֵינוּ כּוֹנְנֵהוּ:

<Oración de Moisés, varón de Dios>

¹ Señor, tú nos has sido refugio de generación en generación.

² Antes que nacieran los montes y formaras la tierra y el mundo,
desde el siglo y hasta el siglo, tú eres Dios.

³ Vuelves a convertir en polvo al hombre y dices,
"¡Convertíos, hijos de los hombres!".

⁴ Ciertamente mil años delante de tus ojos son
como el día de ayer, que pasó, y como una de las vigilias de la noche.

⁵ Los arrebatas como con torrente de aguas, son como un sueño.
Como la hierba que crece en la mañana,

⁶ en la mañana florece y crece, a la tarde es cortada y se seca.

⁷ Ciertamente con tu furor somos consumidos y con tu ira somos turbados.

⁸ Pusiste nuestras maldades delante de ti, nuestros yerros a la luz de tu rostro.

⁹ Ciertamente todos nuestros días declinan a causa de tu ira;
acabamos nuestros años como un pensamiento.

¹⁰ Los días de nuestra edad son setenta años. Si en los más robustos son ochenta años,
con todo, su fortaleza es molestia y trabajo, porque pronto pasan y volamos.

¹¹ ¿Quién conoce el poder de tu ira, y tu indignación según el temor que te es debido?
¹² Enséñanos de tal modo a contar nuestros días que traigamos al corazón sabiduría.

¹³ ¡Vuélvete, Jehová! ¿Hasta cuándo? ¡Ten compasión de tus siervos!
¹⁴ De mañana sácianos de tu misericordia,
y cantaremos y nos alegraremos todos nuestros días.
¹⁵ Alégranos conforme a los días que nos afligiste y los años en que vimos el mal.
¹⁶ Aparezca en tus siervos tu obra y tu gloria sobre sus hijos.
¹⁷ Sea la luz de Jehová, nuestro Dios, sobre nosotros.
La obra de nuestras manos confirma sobre nosotros,
sí, la obra de nuestras manos confirma.

El libro 4° de los salmos corresponde al libro de Números (al במדבר ספר del Pentateuco), y comienza con la oración de Moisés, hombre de Dios, que proviene de la generación antigua de los hombres del Éxodo, que murieron durante la marcha por el desierto, antes de entrar en la tierra prometida. A su nombre, que no podía quedar sin una calificación, porque es con el de Abraham el más grande de la historia de la redención del Antiguo Testamento, se añade el título de honor האלהים איש (como en Dt 33, 1; Jos 14, 6).

Este es un nombre antiguo de los profetas que expresa la íntima relación de comunión con Dios, mientras que el nombre de "siervo de Yahvé" expresa la relación de servicio, conforme a su oficio especial en la historia de la redención de los hombres, en la que Dios se introduce para salvarles.

No hay ninguna memoria escrita que justifique la antigüedad del origen de este salmo, que podría haber sido preservado en alguna obra anterior, quizá en el "Libro de Jasar" (Jos 10, 13; 2 Sam 1, 18), hasta el tiempo de la redacción final del salterio. Pero no solo por su contenido, sino también por su forma de lenguaje, responde perfectamente a la autoridad de Moisés.

Incluso Hitzig es incapaz de aportar ninguna objeción importante en contra del origen mosaico de este salmo, pues la que se centra en la alusión a las "generaciones pasadas" (90, 1), diciendo que Israel no había nacido antes de Moisés, se puede resolver diciendo que Israel había existido ya desde los tiempos patriarcales. Ciertamente, hay una pequeña verdad en la afirmación de que el *piel* שבענו del Sal 90, 14, en contra del *hifil*, parece suponer que este salmo ha sido escrito en tiempos posteriores, mientras que el *hifil* de והאבדת en el Sal 143, 12, en lugar del *piel,* hace que el Sal 143 (cercano por su argumento al 90) deba situarse hacia atrás, en tiempos muy antiguos.

Pero estas pequeñas consideraciones no tienen peso alguno en comparación con el hecho de que el Sal 90 lleva los mismos signos distintivos del canto האזינו (Dt 32), de las bendiciones de Moisés (Dt 33) y los discursos del Deuteronomio y, en general, de las porciones directamente mosaicas del Pentateuco.

Nosotros tomamos el Libro de la Alianza (Ex 31ss), junto con el Decálogo (Ex 19) y el Deuteronomio (sin su suplemento) con razones muy sólidas como la parte más extensa y original del Pentateuco (afirmando que es propia de Moisés). El libro del Deuteronomio es la Torá de Moisés (משה תורת) por excelencia, en sentido preeminente.

90, 1–4. El poeta comienza con la confesión de que el Señor ha dado a los suyos la prueba de sí mismo en todos los períodos de la historia, mostrando lo que él había sido antes del mundo, y lo que será después, para siempre. A Dios se le llama expresamente con su nombre אדני, que aparece con frecuencia en la boca de Moisés, en los libros centrales del Pentateuco, y también en el Cántico del Mar, Ex 15, 17 y Dt 3, 24. De esa forma se le llama aquí, presentándole como Señor que gobierna la historia humana, con una exaltación que es siempre la misma.

La historia humana discurre בְּדֹר וָדֹר, de generación en generación, de forma que a un período (περίοδος) en que los hombres viven como contemporáneos entre sí sigue otro período, como indica esta expresión deuteronomista (Dt 32, 7). El curso de las generaciones queda según eso detrás del poeta, y en todas ellas el Señor ha sido refugio para la "iglesia" o comunidad de los justos, iglesia desde la que el poeta pronuncia su discurso. También esta expresión (refugio, מָעוֹן) es deuteronómica (Dt 33, 27).

מָעוֹן significa una habitación, un lugar de vivienda (véase *Coment.* a Sal 26, 8), más especialmente el lugar de habitación celeste y terrena de Dios, y también el lugar en el que Dios habita con sus santos, en la medida en que él toma bajo su auxilio, recoge y protege a aquellos que huyen de los malvados y se vuelven a él (Sal 71, 3; Sal 91, 9).

A fin de expresar el sentido que tiene en la Vulgata la palabra *fuisti* (tú has sido para nosotros), era necesaria una expresión como אַתָּה הָיִיתָ לָּנוּ, pero igual que *fuisti* viene de *fuo*, φύω, הָיִיתָ viene de היה (הוה)que no significa un ser cerrado en sí, sino un ser que se abre y se despliega a sí mismo, de manera que *fuisti* ha de entenderse en el sentido de *exhibuisti* (te mostraste).

Esta automanifestación histórica de Dios está fundada en el hecho de que él es אל, i. e., aquel que lo puede todo, el poder absoluto, antes del comienzo de la historia, en su despliegue y en el futuro (וּמֵעוֹלָם עַד־עוֹלָם אַתָּה אֵל): desde el siglo y hasta el fin del siglo tú eres El/Dios).

El fundamento de la historia de este mundo es la creación. La combinación אֶרֶץ וְתֵבֵל, muestra lo que se quiere decir en esa línea, como *tierra/totalidad*, el orbe. La palabra וַתְּחוֹלֵל (con *metheg* en la sílaba final, privada de acento, véase *Coment.* a Sal 18, 20), empleada en lenguaje directo (Rashi), está indicando que la realidad que está siendo creada brota o nace en algún sentido del mismo Dios (con ילד), pues él hace que surja desde el fondo de sí mismo, tal como aquí se expresa después con חוֹלֵל (como en Dt 32, 18, cf. Is 51, 2). De esa forma, la creación se compara con un tipo de "parto" que se produce en medio de dolores (cf. *Psychologie*, p. 114).

En el caso de que uno lea el original como lo han hecho los LXX y el Targum, ha de tener bien en cuenta la palabra pasiva וַתְּחוֹלֵל (Böttcher, Olshausen, Hitzig y la Biblia Stuttgartensia), que es el *pual* חוֹלֵל, cf. Prov 8, 24. Esta es la lectura preferible, dado que la prexistencia de Dios puede datarse mejor partiendo de los actos del mundo que de los actos de Dios en cuanto tal. De todas formas, la visión aquí evocada sigue siendo esencialmente la misma, dado que el Eterno es el Dios Absoluto, מחולל, aquel de quien brota todo lo que existe.

Que se empiece citando las montañas está en armonía con Dt 33, 15. El *modus consecutivus*, es decir, la forma de expresión consecutiva, nos lleva a entender el texto de esta manera: *antes de que surgieran las montañas, antes de que tú te esforzaras (estuvieras esforzándote) en ello*... La formación de las montañas coincide de un modo consecuente con la creación de la tierra, a la que aquí se le llama ארץ, como un cuerpo, una masa, mientras que al "continente" (al orbe) con el relieve de las montañas y zonas bajas se le llama תבל (cf. תבל ארץ, Prov 8, 31; Job 37, 12).

A la doble cláusula con טרם, seguida de pretéritos (cf. por otra parte Dt 31, 21 donde esta palabra viene seguida de un futuro), se le añade וּמעולם, como una segunda definición del tiempo, antes de la creación del mundo, y luego *siempre*, de eternidad en eternidad. El Señor era Dios antes de que el mundo fuera (esta es la primera afirmación del Sal 90, 2; su existencia divina va más allá del pasado ilimitado y del futuro ilimitado). Por su parte, אל no es vocativo, aunque a veces, pero raramente, lo es en los Salmos, sino que es un predicado, como en Dt 3, 24.

Esto puede verse también en Sal 90, 3-4. El Sal 90, 3 presenta de un modo más definido la omnipotencia de Dios y, 90, 4 insiste en la supratemporalidad de Dios o en su omnipresencia en el tiempo. Los LXX dejan a un lado este sentido de los términos cuando prescinden del segundo אל (Dios) en 90, 2 (tú haces volver al hombre al polvo...) y así le presentan en tercera persona, con תשב (Dios convierte al hombre en polvo). La forma corta del verbo (תשב) se utiliza aquí poéticamente en lugar de la larga, como en el Sal 11, 6 y en el Sal 26, 9. Cf. el mismo tema, con la expresión en forma *constructa*, en Dt 26, 12.

De un modo intencionado, a la generación que está muriendo el poeta la llama אנוש, que se refiere al ser humano desde la perspectiva de la fragilidad, de su carácter perecedero; por el contrario, a la nueva generación la llama בני־אדם, pues con ella se vincula la idea de la entrada en la vida, esto es, del nacimiento de los seres humanos.

Resulta evidente que תָּשֵׁב אֱנוֹשׁ עַד־דַּכָּא, haces que el hombre vuelva al polvo, ha de entenderse en la línea de Gen 3, 19, pero no es claro si דַּכָּא ha de concebirse en forma de adjetivo, como en Sal 34, 19; Is 57, 15 (tú pones a los hombres de nuevo en una condición de aplastados, condenados, cf. también la referencia en Num 24, 24), o si es un femenino neutro de דַּךְ (tú haces que terminen o mueran como polvo), o si ha de tomarse más bien como un sustantivo abstracto, como דִּכָּה, o si, finalmente, conforme a otra lectura (cf. Sal 127, 2; Dt 23, 2), esa palabra (דְּכָא) ha de entenderse más bien como en Dt 23, 2, en el sentido de aplastar, como tal.

Esta última lectura parece la más simple, pero en el fondo se identifica con la segunda (haces que los hombres mueran como polvo, dado que דכא significa aplastar, matar, de manera que el hombre se vuelva polvo). A esto sigue un futuro consecutivo: el hecho de que Dios haga que una generación muera tiene como consecuencia el nuevo hecho de que él llame a la vida a otra generación, con lo que eso implica (cf. el epíteto árabe de Dios como *el-muʿîd* igual a המשיב, el que hace volver, el resucitador).

Hofmann y Hitzig toman תשׁב como imperfecto a causa del verbo siguiente ותאמר: *tú has decretado que los hombres mueran* (has decretado mortalidad para los humanos). Pero puede ser un futuro consecutivo, que expresa una secuencia coordinada de pensamientos, con un tipo de conexión de fondo (cf. Job 14, 10). Dios hace que los hombres mueran, pero (cf. 90, 4) mil años son para él un pequeño período de tiempo.

A partir de aquí podemos preguntar: ¿qué conexión hay entre los diversos elementos del texto? Lo que está en el fondo de todo es que Dios es el Todopoderoso (אל), pues en esa sucesión de generaciones, que se está produciendo siempre, en medio del cambio incesante, él permanece sin cesar, eternamente, el mismo.

Este es el fundamento de la argumentación: el tiempo está lleno de la acción de Dios, pero no implica para Dios ningún tipo de limitación. Mil años, que serían motivo de gran cansancio para un hombre que los viviera, son para Dios un punto diminuto, como algo que no tiene entidad. Como muestra 2 Ped 3, 8, esta afirmación puede plantearse también de un modo inverso: "Un día es para el Señor como mil años…". Dios está exaltado por encima de todos los cambios, de manera que el período más largo de tiempo aparece para él como muy corto. Pero, al mismo tiempo, podemos y debemos decir que en el período más corto Dios puede realizar la obra más grande.

— *La perspectiva de la primera comparación (como un ayer, como un día que ha pasado…)* puede tomarse desde la perspectiva del milenio. Todo un milenio que ha pasado aparece ante Dios, en comparación con lo que nos parece a nosotros (כי), como un simple punto en el despliegue de la vida, como un día de ayer que ha pasado (יעבר), pues desde el borde del nuevo día miramos hacia atrás y descubrimos que el día de ayer ha pasado, ya no es nada.

— *La segunda comparación (como una vigilia en la noche...).* Los mil años aparecen como una de las tres vigilias o tiempos de vela que los israelitas computaban en la noche. Había tres velas o vigilas, la primera al entrar la noche, la segunda a media noche, y la tercera al acabar la noche. Los mil años despiertos eran para Dios como un simple día; pues bien, ahora, esos mil años, son mucho menos, como una simple vigilia en la noche, que pasa rápidamente en el sueño, sin que uno se dé cuenta de ello (véase Winer, *Realwörterbuch*, entrada *Nachtwache*).

El poeta dice intencionadamente בלילה אשמורה en vez de הלילה אשמרת. El tiempo en la noche es para dormir, una vigilia en la noche es un tiempo para recogerse, de forma que pasa sin que uno se dé cuenta, como en un duermevela. Ciertamente, un día que ya ha pasado produce cierta impresión en el recuerdo, pues pueden tenerse en cuenta las cosas que en ese día han pasado. Pero una vigilia en la noche, en medio del sueño, pasa sin dejar rastro de ella, siendo por tanto como si no fuera tiempo.

Esto es lo que le sucede a Dios en relación con los mil años, que no son nada largos en comparación con él, no le afectan, de manera que cuando ellos concluyen las cosas siguen como habían sido en el principio, pues Dios es el Absoluto (אל). El tiempo es para él como si no fuera. Los cambios del tiempo no forman ningún tipo de barrera que impida la realización de su consejo. Esta es una verdad consoladora, pero puede volverse también terrible pues en la noche habitan y se expanden muchos miedos para los hombres.

90, 5-8. Los versos 90, 5-6 muestran la gran distancia que hay entre los hombres que pasan y la identidad eterna de Dios. El sufijo de זְרַמְתָּם, los arrebatas, puede referirse a los mil años y produce una enálage (vinculación de términos que no parecen homogéneos). Pero es quizá más natural referir ese sufijo a los בני־אדם, a los que Dios ha creado y a los que arrebata.

No son los años lo que Dios arrebata, sino los hombres. No los arrebata haciéndolos nacer como las plantas nacen del agua y de la tierra, sino que los arrebata con la corriente de agua. Esta es la imagen que se indica con el agua caudalosa que anega, arrastra y destruye a los hombres, como decían algunos comentaristas antiguos: *abripere instar nimbi*, como el agua de la gran tormenta arrastra todo lo que encuentra.

Así traducía en una primera versión Lutero: *tú les arrastras...* Pero una traducción posterior precisa el sentido del texto: tú haces que ellos (los hombres) pasen, desaparezcan, como una gota de agua en la gran tormenta. Pero más que a la corriente de agua del río que arrastra todo, la palabra זרם se refiere al agua que cae de arriba, en la lluvia, y en esa línea podemos traducir el texto diciendo: así como una gran descarga de agua convertida en corriente de diluvio lo limpia y arrastra todo, así el Dios omnipotente barre y destruye a los hombres.

En esa línea, el poeta lleva hasta el final la imagen diciendo, שֵׁנָה יִהְיוּ, refiriéndose con ella al sueño de la muerte, Sal 76, 6, שְׁנַת עולם, Jer 51, 39; Jer 51, 57, cf. יָשֵׁן, Sal 13, 4. Aquellos a quienes arrastra el "torrente" del diluvio desembocan en un estado de inconsciencia, de forma que duermen del todo, es decir, mueren.

Tras esta imagen de la muerte, el poeta pasa a otra distinta. Una generación desaparece, como si fuera arrastrada por la inundación en la noche, pero a la mañana siguiente crece otra distinta: nuevos hombres son sujetos de ese crecimiento en la mañana: כֶּחָצִיר יַחֲלֹף, como hierba crecen (como si fuera con יִהְיוּ). El singular colectivo alterna aquí con el plural, como en el Sal 90, 3 alternaba אֱנוֹשׁ con בְּנֵי־אָדָם. Los dos miembros del Sal 90, 5 se encuentran en contraste.

El poeta está describiendo el proceso de las generaciones: una perece, como si fuera arrastrada por una inundación, y otra nace y crece, y esto sucede como por obra de un mismo destino. De acuerdo con esta idea se define, tanto en 90, 5 como en 90, 6, el sentido del verbo חלף, que muchos han entendido de forma equivocada, siguiendo a los LXX, Vulgata y Lutero, pensando erróneamente que *praeterire,* pasar, es lo mismo que *interire,* morir.

El significado general de este verbo (חלף, *praeterire*), que corresponde al árabe *chlf,* es "seguir o mover después, ir al lugar del otro, y en general pasar de un lugar o estado a otro". Según eso, el *hifil* del verbo significa pasar a una nueva condición, Sal 102, 27, o, quizá mejor, poner una cosa nueva en el lugar de la antigua, Is 9, 9 [10], recibir nueva fuerza, tomar nuevo coraje (cf. Is 40, 31; Is 41, 1) y en referencia a las plantas producir nuevos retoños, Job 14, 7. De un modo consecuente, el verbo en *kal,* refiriéndose a las plantas, significa producir nuevos brotes, germinar de nuevo, *regerminare,* cf. árabe *chlf,* una nueva planta, una nueva rama.

El Sal 90, 6 retoma este pensamiento: en la mañana, la hierba crece y produce nuevos brotes (se está refiriendo a la hierba, con la que aquí se asemejan los hombres, una figura que ha sido desarrollada por Is 40); pero a la tarde esa misma hierba la cortan y se seca. Algunos traducen מוֹלֵל como secarse, no como cortarse (לָעֶרֶב יְמוֹלֵל וְיָבֵשׁ), de la raíz מל, propiamente ser largo, colgar sin fuerza. Pero esa traducción de מוֹלֵל como secarse, no como cortar, va en contra del sentido intransitivo del verbo; y además la forma reflexiva que encontramos en el Sal 58, 8 prueba que ese verbo significa cortar por delante o por arriba.

Según eso, no se trata de que la hierba se seque en una tarde y luego la puedan cortar, sino al contrario: la hierba crece en una mañana, luego la cortan y, de forma consecuente, se seca. Eso significa que no se trata de un proceso puramente natural, con la hierba que primero se seca y después la cortan, sino que intervienen factores externos; en el proceso de "secado" de la hierba interviene la siega, es decir, el hecho de que ella sea cortada.

De esa forma se entiende la frase de un modo normal: la hierba que antes estaba verde la cortan y así, después se convierte en heno seco. De esa manera, en un solo día se produce la alternancia de la hierba, es decir, de los hombres simbolizados por la hierba, que crecen por la mañana y los cortan a la tarde (como a través de una muerte violenta) y de esa forma se secan, en el mismo día.

El poeta retoma y desarrolla ese motivo anterior en el Sal 90, 7, partiendo de la experiencia de aquellos entre los cuales él mismo se incluye (formando parte del לָנוּ evocado en el Sal 90, 1). Hengstenberg supone que el Sal 90, 7 presenta la razón de la transitoriedad de la vida humana, fundándola en la ira de Dios. Pero, en contra de eso, debemos recordar que el poeta no comienza con כִּי בְאַפְּךָ, sino con כָלִינוּ כִי (כִּי־כָלִינוּ בְאַפֶּךָ וּבַחֲמָתְךָ), ciertamente en tu furor y en tu ira…, somos consumidos). El énfasis no está en lo que hace Dios, sino en el hecho de que nosotros somos consumidos.

Si el sujeto de כָלִינוּ fueran los hombres en general (Olshausen), la frase sería una pura repetición (una explicación de lo mismo, por lo mismo). Pero, conforme al Sal 90, 1, aquellos de quienes se habla aquí no son todos los hombres, sino los que se refugian en el Eterno. El poeta habla, por tanto, en nombre de la Iglesia, y expresa su visión a partir del conjunto de aquello que su pueblo ha experimentado hasta el tiempo presente.

Por su propia experiencia histórica, Israel es capaz de corroborar que todos los hombres pasan y mueren, pues los mismos israelitas pasan y mueren conforme a un decreto especial de la ira de Dios a causa de sus pecados. Eso significa que el texto de 90, 7-8 nos sitúa sobre el fundamento de unos hechos históricos. De esa manera el testimonio del encabezado se verifica en el contenido del salmo.

La generación antigua de los que salieron de Egipto cayó presa de la sentencia de castigo, de forma que ellos fueron muriendo gradualmente durante los cuarenta años de camino por el desierto, de manera que incluso Moisés y Aarón (con la excepción de Josué y Caleb) fueron incluidos entre los castigados, por razones especiales, Num 14, 26; Dt 1, 34-39.

Este es el hecho del que Moisés se lamenta aquí. La ira de Dios recibe en este caso los nombres de אַף y חֵמָה (cf. בְאַפְּךָ וּבַחֲמָתְךָ), como hace el libro del Deuteronomio que, a distinción de otros libros del Pentateuco, tiene la tendencia de combinar esos dos sinónimos (Dt 9, 19; Dt 29, 22. 27, cf. Gen 27, 44).

La oposición infinita que hay entre la santa naturaleza de Dios y el pecado de los hombres es la que ha destruido a la iglesia en la persona de sus miembros, hasta el día de hoy, cf. נבהל (נִבְהָלְנוּ, somos turbados, como en el Sal 104, 29). La muerte es consecuencia de los pecados de los hombres. עֲוֹן significa pecado como perversión de la forma de ser y de la conducta. Por su parte עֲלֻם es aquello que está velado, es decir, los pecados ocultos, que no se manifiestan. De esa forma, el texto distingue esos dos tipos de pecados y los vincula entre sí עֲוֹנֹתֵינוּ י עֲלֻמֵנוּ, de forma que Dios los tiene todos ante sí.

Dios coloca ante sí las transgresiones de los hombres, unas y otras, cuando su medida rebosa, y el perdón resulta inadmisible (inaceptable), de forma que ellas se convierten en objeto de castigo. שַׁתָּ (keré, como en el Sal 8, 7, cf. שַׁתָּ עֲוֹנֹתֵינוּ לְנֶגְדֶּךָ) tiene el acento en la última sílaba, pues la siguiente es gutural.

El paralelo de לְנֶגְדֶּךָ es לִמְאוֹר, y פָּנֶיךָ מְאוֹר significa *a la luz de tu rostro*, de manera que מאור es como un cuerpo de luz (suma de la luz del sol y de la luna) o más bien el círculo de luz que se forma en torno a Yahvé. El rostro de Yahvé (ה פני) es la naturaleza de Dios en la medida en que ella se inclina hacia el mundo, de forma que ה מאור פני es la Gloria de su naturaleza en cuanto dirigida hacia el mundo, una luz que configura todo lo que existe con el ser de Dios (Num 6, 25), de manera que queda manifiesto hasta el fondo todo aquello que es opuesto a Dios, siendo consumido por su airado fuego.

90, 9-12. Después que ha sido confirmada la transitoriedad de nuestra vida en el Sal 90, 6, partiendo de la experiencia especial de Israel, se demuestra ahora el hecho de que esta experiencia particular está fundada en un decreto divino de ira confirmado por hechos de experiencia descritos de un modo más particular en 90, 11; hechos que, de modo desafortunado, han contribuido poco para que los hombres puedan crecer en el temor de Dios, que es la condición y principio de la sabiduría.

Esta fue una generación que cayó presa de la ira de Dios (דור עברתו, cf. Jer 7, 29). La palabra עברה significa la ira que pasa por encima, y que rompe los lazos de la identidad que define a una persona. Todos sus días (cf. Sal 103, 15) declinan, pasan (פנה, volverse, pasar, e. g., Dt 1, 24) a causa de esa ira de Dios, totalmente penetrados por ella.

Sus años han transcurrido (hemos cumplido nuestros años) como un sueño, como un leve pensamiento (כָלִינוּ שָׁנֵינוּ כְמוֹ־הֶגֶה), y de esa forma han terminado antes de haberse realizado, sin dejar huella de su paso, como si no hubieran sido más que un triste sonido, un murmullo (Job 37, 2), un gemido (Ez 2, 10).

Con יְמֵי־שְׁנוֹתֵינוּ בָהֶם (בהם), los días de nuestra vida) quedan fijados en el Sal 90, 10 como setenta años, que son para muchos la suma de sus años. Hitzig traduce, "los días en los que se suman nuestros años (בהם) son setenta", pero es preferible tomar שנותינו al lado de ימי como una definición o precisión de genitivo: los días de nuestros años son setenta. En vez del plural שנים aparece aquí el plural poético שנות, que se utiliza también en Dt 32, 7 (y en ningún otro lugar del Pentateuco).

Dado que estamos ante un "estado absoluto" (no *constructo*), la suma de los años aparece primero (los días de nuestros años son setenta). La traducción de

Lutero (*Siebenzig Jahr, wens hoch komt so sinds achtzig*, setenta años, y cuando son más ochenta…), que había sido defendida por Símaco, ἐν παραδόξῳ (cf. también Crisóstomo) es también la propuesta que hace el Talmud (הגיע לגבורות, alcanzar una gran edad, *B. Moed katan*, 28a). Esa lectura ha sido también rectamente aprobada por Hitzig y Olshausen.

La palabra גבורת (וְאִם בִּגְבוּרֹת שְׁמוֹנִים שָׁנָה, y si en los robustos ochenta años) significa en el Sal 71, 16 gran fuerza, aquí medida completa, plenitud de los años. Setenta, y a lo más ochenta años, había sido el promedio de vida que alcanzó la generación de los que murieron en el desierto. Los LXX traducen la palabra ורהבם (וְרָהְבָּם עָמָל וָאָוֶן) como τὸ πλεῖον αὐτῶν (y lo que sobrepasa de esos años), pero רהבם no es equivalente a "más", רבם. El verbo רהב significa comportarse de un modo violento, es decir, inoportuno, Prov 6, 3, con un tratamiento insolente, cf. Is 3, 5, de forma que רהב significa violencia, un modo de actuación soberbia, vanidosa (cf. Job 9, 13; Is 30, 7).

El poeta quiere decir que todo aquello de lo que nuestra vida se enorgullece (riquezas, apariencia externa, lujuria, belleza, etc.), cuando se mira a la luz verdadera de Dios, no es más que עמל, algo que nos causa molestia y penalidades y pecado, אוּן, porque carece de todo mérito y valor intrínseco. A este argumento se añade una cláusula confirmatoria, con un חיש que es un infinitivo adverbial, de חוש, היש, Dt 32, 35: rápidamente, con toda velocidad y dolor pasan los años (Símaco, la Quinta y Jerónimo).

En todos los idiomas semitas, el verbo גוז significa pasar, *transire*, y siguiendo ese significado, que aparece en forma transitiva en Num 11, 31, los comentaristas judíos y Schultens traducen rectamente, *nam transit velocissime* (pues pasan con gran velocidad). Siguiendo al perfecto גז, el *modus consecutivus* וַנָעֻפָה mantiene su significado retrospectivo. De esa manera, el poeta dirige su mirada desde el final de todo el curso de su vida. Y de esa manera, ella, su vida, con todo lo que ha podido parecer signo y causa de orgullo, viene a presentarse al fin como una carga vacía, porque pasa rápidamente, como si voláramos, como si fuéramos llevados lejos, con rápido vuelo, sobre las alas del pasado.

Estas experiencias deberían potenciar el temor de Dios, pero raramente lo hacen, a pesar de que ese temor de Dios es la condición (la estipulación básica y el comienzo) de la sabiduría. El verbo ידע del Sal 90, 11 (מִי־יוֹדֵעַ עֹז אַפֶּךָ: ¿quién conoce el poder de tu ira?) está refiriéndose no solo a un tipo de sabiduría teórica, sino a un conocimiento vivo y eficaz; aquí se aplica al conocimiento que, como se sabe, conduce a la salvación.

El significado de וּכְיִרְאָתְךָ queda determinado de acuerdo con eso. El sufijo no es de tipo subjetivo (conforme a tu temor, con יראה como en Ez 1, 18), ni tampoco objetivo (conforme al temor que se te debe, que en principio resulta más natural, cf. Sal 5, 8; Ex 20, 20; Dt 2, 25), sino que designa un tipo de conocimiento que raramente se encuentra, y que está determinado por el temor de Dios, como todo conocimiento verdaderamente religioso.

Ese es el conocimiento que Moisés pide para sí mismo y para Israel, para enseñarnos a entender rectamente el número de nuestros días. El texto de 1 Sam 23, 17, donde יָדַע כֵּן se traduce "hasta mi padre lo entiende así", muestra lo que se quiere decir por כֵּן. En contra de la acentuación, esa partícula se vincula con לִמְנוֹת יָמֵינוּ, pero, en sentido básico, "numerar nuestros días" es equivalente a "contemplar con precisión el carácter fugitivo y fugaz de nuestros días". Por eso, con כֵּן הוֹדַע, el salmista pide a Dios que le ofrezca la capacidad para actuar así, de acuerdo con la auténtica experiencia de la vida.

El futuro que sigue está bien vinculado a la búsqueda anterior, como es frecuente en la Biblia, en los lugares donde se vincula aquello que se desea y aquello que se alcanza. Pero נָבִא (cf. וְנָבִא לְבַב חָכְמָה) no ha de tomarse (como hacen Ewald y Hitzig) con el significado de traer como una ofrenda, un significado que este verbo no puede tener por sí solo (¿por qué no se podría haber dicho וְנַקְרִיב?). Böttcher lo traduce también erróneamente según la analogía de Prov 2, 10, "de manera que podamos llevar sabiduría al corazón", pues en ese caso tendría que haber puesto הָבִיא.

Se trata, más bien, de hacer que la sabiduría llegue al corazón, un significado que está vinculado con la agricultura: obtener, ganar, conseguir. Así, por ejemplo, llevar al granero, 2 Sam 9, 10, *Haggada. Psa* 1, 6, los productos del campo, con el sentido general de ganar, de conseguir un provecho, cosa que se llama תְּבוּאָה.

Lo que un hombre gana o cosecha, conociendo y valorando así bien los días, es lo que obtiene teniendo siempre la memoria de su fin. La expresión לְבַב חָכְמָה está indicando poéticamente el sentido de לֵב חָכָם (corazón sabio), lo mismo que לֵב מַרְפֵּא (Prov 14, 30), que significa un corazón reconciliado consigo mismo.

90, 13–17. A la oración para un conocimiento salvador o un buen discernimiento, que nos permita superar la ira divina, sigue ahora una oración para que Dios nos ofrezca su favor, con el deseo de que él realice su obra de salvación y bendiga las acciones de Israel hasta su cumplimiento.

Estas palabras nos recuerdan el bien conocido lenguaje de la oración de Moisés en Ex 32, 12, según la cual por medio de שׁוּבָה (שׁוּבָה יְהוָה עַד־מָתָי) no se pide a Dios que se vuelva hacia Israel, sino que se vuelva (se aparte) de su ira (que supere él mismo su ira). Por su parte, el deseo de "hasta cuándo" (עַד־מָתַי) está relacionándose con el fin del enojo de Dios respecto a Israel.

En esa línea, la petición de misericordia (וְהִנָּחֵם עַל־עֲבָדֶיךָ) se explica conforme al mismo pasaje paralelo: que Dios sienta remordimiento y/o piedad (que en este caso coinciden) en relación con sus siervos, esto es, que ponga fin a la aflicción que ha recaído sobre ellos. El hecho de que a su iglesia se le llame con el nombre de "tus siervos", עבדיך (como en Dt 9, 27, cf. Ex 32, 13 sobre los patriarcas), recuerda la petición de Dt 32, 36, en relación con sus siervos a los que Dios ha de ofrecer su salvación (con *hitpael* en vez de *nifal*).

A la oración *para que cese la ira* le sigue en el Sal 90, 14 la oración a fin de que Dios responda con su favor a sus siervos. En la referencia a la mañana (בבקר) subyace el pensamiento de que hasta ahora ha sido noche en Israel. La mañana aparece, por tanto, como comienzo de una nueva estación de favor de Dios. En el fondo de שַׂבְּעֵנוּ בַבֹּקֶר חַסְדֶּךָ, sácianos por la mañana con tu misericordia, subyace el pensamiento de que Israel había estado antes con hambre del favor de Dios (cf. el adjetivo שבע con el mismo significado fundamental en Dt 33, 23).

Los imperativos de súplica van seguidos por dos declaraciones consecuentes: "de manera que nosotros" o "a fin de que nosotros" podamos regocijarnos y estar alegres. En esa línea, los futuros que siguen ponen de relieve la intención de alcanzar algo como resultado de lo antes expresado, cf. Ewiger, 325a. Por su parte, la expresión בכל־ימינו (en todos nuestros días) no viene gobernada por verbos de regocijo, en cuyo caso tendría que haberse puesto *en nuestra vida* (בחיינו), sino que es una definición adverbial de tiempo (Sal 145, 2; Sal 35, 8), es decir, durante los días de vida que se nos concedan.

Como indica el Sal 90, 15 el tiempo de aflicción ha sido largo. La duración de los cuarenta años de ira, que en el contexto del camino hacia Canaán habrían parecido como una eternidad, se toman ahora como fundamento para retomar el más hondo deseo de Dios. El plural ימות en lugar de ימי se utiliza solo de un modo común en este salmo y en Dt 32, 7, y no aparece en ningún otro texto de la Biblia Hebrea. Por su parte la palabra poética שנות en lugar de שני (que encontramos en todos los restantes casos) aparece por primera vez en Dt 32, 7.

El significado de שַׂמְּחֵנוּ כִּימוֹת עִנִּיתָנוּ, alégranos conforme a los días en que nos afligiste), en un contexto en el que aparece ימות a manera de genitivo, se explica a partir de Dt 8, 2, tomando como punto de referencia los cuarenta años de peregrinación de los israelitas por el desierto, pensados por Dios para humillar (ענות) y probar a Israel por medio del sufrimiento. Al final de esos cuarenta años, Israel pudo encontrarse a las puertas de la tierra prometida.

Para Israel, todas las esperanzas finales estaban estrechamente vinculadas a la posesión de su tierra. Así lo sabemos por Gen 49, pues este es el horizonte de la bendición profética de Jacob. También este salmo, 90, 16. 17 termina con la oración por el cumplimiento de esa meta, que es la promesa de la tierra.

El salmista había comenzado en 90, 1 su adoración invocando el nombre divino de אדני. En el Sal 90, 13 había empezado su plegaria con el nombre de gracia de יהוה. Pues bien, ahora (90, 17), el salmista menciona a Dios por tercera vez, y lo hace con tres nombres, muy cargados de fe, que son Yahvé, Adonai y Elohim: וִיהִי נֹעַם אֲדֹנָי אֱלֹהֵינוּ עָלֵינוּ.

En vez de אל aquí se utiliza על, pues la salvación no es obra de Israel, sino que viene desde arriba, y desciende para desembocar en Israel. Es digno de notarse que el nombre פעל (cf. 90, 16: יֵרָאֶה אֶל־עֲבָדֶיךָ פָעֳלֶךָ) en toda la Torá solo aparece en el Deuteronomio. Pues bien, la iglesia responde en este salmo presentando la obra del Señor (90, 17) como מעשה ידינו, es decir, como obra que Dios realiza en o por medio de los hombres (de los israelitas).

En esa línea, ratificando la obra superior de Dios (פָעֳלֶךָ), el salmo destaca ahora la obra de las manos de los hombres (וּמַעֲשֵׂה יָדֵינוּ) como expresión del compromiso y de la fidelidad humana que ha ido recorriendo todo el Deuteronomio: Dt 2, 7; 4, 28; 11, 7; 14, 29; 16, 15; 24, 19; 27, 15; 28, 12; 30, 9. En la obra del Señor se desvela el aspecto luminoso de la presencia y acción de Dios, que aparece aquí como הדר o gloria del mismo Dios (וְהֲדָרְךָ), una palabra que no es ajena al lenguaje del Deuteronomio (Dt 33, 17). En ella se hace patente ה נעם, es decir, la luz de Yahvé, su gracia y compasión, una palabra que David ha tomado de Moisés, tal como aparece en el Sal 27, 4.

יראה y יהי son optativos. כוננה es una petición urgente, un imperativo de petición (*imperativum obsecrantis*, como decían los comentaristas antiguos). Al final de todo, en 90 17, vuelve a repetirse con una *waw* la misma idea (וּמַעֲשֵׂה יָדֵינוּ), a través de una anadiplosis o expresión que se repite, de un modo casi idéntico.

Este es un método que se utiliza con frecuencia en Deuteronomio. De esa manera culmina la impronta deuteronomista de este salmo, que nos ha venido acompañando de principio a fin, desde מעון (90, 1) hasta מעשה ידים. Es normal que las comparaciones de tipo deuteronomístico (Dt 1, 31; 1, 44; 8, 5; 28, 29; 28, 49, cf. Dt 28, 13; 28, 44; 29, 17-18) hayan aparecido también en este salmo.

Salmo 91. Canto de agradecimiento en tiempo de guerra y peste

¹ יֹשֵׁב בְּסֵתֶר עֶלְיוֹן בְּצֵל שַׁדַּי יִתְלוֹנָן׃
² אֹמַר לַיהוָה מַחְסִי וּמְצוּדָתִי אֱלֹהַי אֶבְטַח־בּוֹ׃
³ כִּי הוּא יַצִּילְךָ מִפַּח יָקוּשׁ מִדֶּבֶר הַוּוֹת׃
⁴ בְּאֶבְרָתוֹ ׀ יָסֶךְ לָךְ וְתַחַת־כְּנָפָיו תֶּחְסֶה צִנָּה וְסֹחֵרָה אֲמִתּוֹ׃
⁵ לֹא־תִירָא מִפַּחַד לָיְלָה מֵחֵץ יָעוּף יוֹמָם׃
⁶ מִדֶּבֶר בָּאֹפֶל יַהֲלֹךְ מִקֶּטֶב יָשׁוּד צָהֳרָיִם׃
⁷ יִפֹּל מִצִּדְּךָ ׀ אֶלֶף וּרְבָבָה מִימִינֶךָ אֵלֶיךָ לֹא יִגָּשׁ׃
⁸ רַק בְּעֵינֶיךָ תַבִּיט וְשִׁלֻּמַת רְשָׁעִים תִּרְאֶה׃
⁹ כִּי־אַתָּה יְהוָה מַחְסִי עֶלְיוֹן שַׂמְתָּ מְעוֹנֶךָ׃
¹⁰ לֹא־תְאֻנֶּה אֵלֶיךָ רָעָה וְנֶגַע לֹא־יִקְרַב בְּאָהֳלֶךָ׃
¹¹ כִּי מַלְאָכָיו יְצַוֶּה־לָּךְ לִשְׁמָרְךָ בְּכָל־דְּרָכֶיךָ׃

עַל־כַּפַּיִם יִשָּׂאוּנְךָ פֶּן־תִּגֹּף בָּאֶבֶן רַגְלֶךָ: 12

עַל־שַׁחַל וָפֶתֶן תִּדְרֹךְ תִּרְמֹס כְּפִיר וְתַנִּין: 13

כִּי בִי חָשַׁק וַאֲפַלְּטֵהוּ אֲשַׂגְּבֵהוּ כִּי־יָדַע שְׁמִי: 14

יִקְרָאֵנִי וְאֶעֱנֵהוּ עִמּוֹ־אָנֹכִי בְצָרָה אֲחַלְּצֵהוּ וַאֲכַבְּדֵהוּ: 15

אֹרֶךְ יָמִים אַשְׂבִּיעֵהוּ וְאַרְאֵהוּ בִּישׁוּעָתִי: 16

(Voz 1): ¹ El que habita al abrigo del Altísimo morará bajo la sombra del Omnipotente.
(Voz 2): ² Diré yo a Jehová, "Esperanza mía y castillo mío; mi Dios, en quien
confiaré".

(Voz 3): ³ Él te librará del lazo del cazador, de la peste destructora.
⁴ Con sus plumas te cubrirá y debajo de sus alas estarás seguro;
escudo y protección es su verdad.
⁵ No temerás al terror nocturno ni a la saeta que vuele de día,
⁶ ni a la pestilencia que ande en la oscuridad,
ni a mortandad que en medio del día destruya.
⁷ Caerán a tu lado mil y diez mil a tu diestra; mas a ti no llegarán.
⁸ Ciertamente con tus ojos mirarás y verás la recompensa de los impíos.

(Voz 2): ⁹ Porque tú, o Jehová eres mi refugio.

(Voz 1): Tú has puesto al Altísimo por tu habitación,
¹⁰ no te sobrevendrá mal ni plaga tocará tu morada,
¹¹ pues a sus ángeles mandará acerca de ti, que te guarden en todos tus caminos.
¹² En las manos te llevarán para que tu pie no tropiece en piedra.
¹³ Sobre el león y la víbora pisarás; herirás al cachorro del león y al dragón.

(Voz 3, voz divina)
¹⁴ "Por cuanto en mí ha puesto su amor, yo también lo libraré;
lo pondré en alto, por cuanto ha conocido mi nombre.
¹⁵ Me invocará y yo le responderé; con él estaré yo en la angustia;
lo libraré y lo glorificaré.
¹⁶ Lo saciaré de larga vida y le mostraré mi salvación".

Al salmo primordial anterior le sigue un canto anónimo, atribuido por los LXX a
David, τῷ Δαυίδ, pero sin ninguna garantía. No podemos determinar el tiempo
de su composición, y ha sido colocado en este lugar del salterio porque su último
verso concuerda de algún modo con el último del Sal 90. El salmista pide a Dios
que se revele, y Dios se lo promete: yo te garantizo que verás mi salvación.

La obra de Yahvé es aquí la salvación ya realizada. Los dos salmos, 90 y 91,
tienen también otros puntos en contacto, como el hecho de que ambos presentan
a Dios como מעון o refugio (véase *Symbolae*, p. 60). Este salmo 91 recibe en la

iglesia el nombre de *Invocavit* (pues su verso 15 comienza en la Vulgata: *Invocavit, me invocará y le responderé*, 90, 15). Por medio de este salmo la iglesia pone de relieve la gracia protectora de Dios que experimentan en todo tiempo, aquellos que se refugian en él, especialmente en momentos de angustia y tristeza[1].

La relación entre 91, 1 y 91, 2 nos pone desde el principio ante un enigma difícil de resolver. Si tomamos el verso 91, 1 como frase completa resulta tautológica, pues los dos esticos dicen lo mismo. Si tomamos אמר del Sal 91, 2 como un participio (Jerónimo: *dicens*) habría que traducir de esta manera: "Aquel que se sienta…, está diciendo". Pero esta traducción es poco elegante y muy improbable, porque en otros casos este אמר (aquí: אֹמַר לַיהוָה) es siempre la 1ª persona del futuro y en esa línea deberíamos tomar todo el verso 1 como aposición, con sujeto antepuesto, de forma que debería traducirse: "Como uno que está sentado al abrigo del Altísimo…" (91, 1a); pero en ese caso chocamos con el sentido del verbo נָ יִתְלוֹ de 91, 1b (habitará), pues ese tipo de transición de un participio a un verbo finito (especialmente si carece de cópula) resulta siempre confusa.

Por otra parte, si seguimos leyendo hacia adelante, encontramos que una dificultad como esa (motivada por el cambio de personas), aparece varias veces en el salmo, lo mismo que al principio (en versos 1-2). Olshausen, Hupfeld y Hitzig han querido resolver esta dificultad con todo tipo de conjeturas. Sea como fuere, este salmo nos pone ante un abrupto cambio de personas, y así lo ha reconocido el Targum, aunque no ha sido capaz de interpretarlo, como han hecho por primera vez J. D. Michaelis y Maurer (en sus obras sobre la poesía de Los Salmos).

En este salmo hay, por lo menos, dos voces que hablan (como en Sal 121, 1-8), y además está la voz de Dios que actúa en tercer lugar. Su discurso final, rico en promesas, consta, de manera intencionada, de una estrofa de siete líneas. No podemos decir si el salmo se ejecutaba o proclamaba de esa forma, a tres coros. Pero es evidente que el poeta lo compuso en esa perspectiva, como he señalado en la misma traducción, distinguiendo tres voces. Sea como fuere, a pesar de que tiene muchos ecos de modelos anteriores, este es uno de los salmos más originales y hermosos del salterio, y puede compararse con la segunda parte de Isaías por su distribución armónica, de rico colorido y dicción transparente.

91, 1-2. Como aquel que está en lo oculto, Dios recibe el nombre de עֶלְיוֹן, el Uno más excelso, inaccesible y también el nombre de שַׁדַּי, el que se esconde, el

---

1. Por eso, en *J. Shabbath* 8, vol. 2, y en el *Midrash Shocher tob* a Sal 91, 1 y en otros lugares, este salmo, unido al Sal 3 recibe el nombre (שִׁיר פְּגָעִין) פְּגָעִים, *salmo de protección,* y se utiliza incluso como un talismán para tiempos y circunstancias de peligro como dice Sebald Heyden (1499-1561) en el canto que le ha dedicado, con el nombre de "Salmo que protege en contra de la peste", dirigido a los que se ponen bajo la protección del Altísimo y confían su vida en Dios.

invencible y poderoso. Sin embargo, el creyente le llama con su nombre de alianza (el Nombre Santo) qué es יהוה, y también, con el sufijo de apropiación, אלהי (mi Dios). En conexión con este salmo 91 podemos recordar algunas expresiones del libro de Job (cf. 39, 28) relacionadas con el águila que construye su nido en la altura.

Conforme a la acentuación, el Sal 91, 2 debería traducirse, como hace Geier, "*Dicit, in Domino meo (o Domini meo) latibulum, etc.*", en el sentido de *en mi Señor (o de mi Señor) la morada escondida...* Pero la combinación más natural es la que vincula "decir" y "Yahvé" (decir a Yahvé: אֹמַר לַיהוָה), pues las dos partes de este verso (91, 2) mantienen un lenguaje directo dirigido a otra persona.

91, 3-9a. En 91, 3, יקוש, como en Prov 6, 5; Jer 5, 26, significa en el fondo la muerte: te librará de *la red del cazador* (que es la muerte), cf. Hebr 2, 14; 2 Tim 2, 26. La red del cazador de aves está mostrando el peligro que las aves tienen de perder la propia vida, cf. Ecl 9, 12.

En relación con el Sal 91, 4 tenemos que recordar a Dt 32, 11: Dios protege a los suyos como un águila a sus crías con largas y fuertes alas. אברה (בְּאֶבְרָתוֹ וְיֶסֶךְ לָךְ), con sus plumas te cubrirá). Por su parte, יֶסֶךְ es el *hifil* de הסך, de סכך, con dativo de objeto, como el *kal* del Sal 140, 8, en el sentido de ofrecer cobijo, protección. Conforme al significado de su raíz, el ἅπαξ λεγ. סחרה significa aquello que rodea y protege algo o a alguien.

En ese caso, esa palabra (סחרה), colocada al lado de צנה (escudo), tiene que referirse a un arma defensiva que rodea y protege el cuerpo por todas partes. De un modo consecuente, no corresponde al siríaco *sharta'*, fortaleza militar (סהר, מסגרת), sino al siríaco *sabra'*, un tipo de broquel (escudo grande). El Targum traduce צנה con תריסא, θυρεός, y סחרה con עגילא, que parece referirse a un escudo redondo.

Por su parte, אמתו es la verdad de las promesas divinas. *Dios aparece como protección impenetrable en tiempos de guerra*, cf. 91, 5, para defendernos de los peligros de la noche y de las batallas que amenazan cada día. Y, al mismo tiempo, como *auxilio (fuente de salud) en tiempos de peste*, Sal 91, 6, pues el ángel de la destrucción que pasa a su lado y destruye al pueblo (Ex 11, 4) no puede dañar al hombre que ha puesto su refugio en Dios, tanto a media noche como a mediodía.

El futuro יהלך se refiere a la peste que va escondida en la oscuridad (cf. מִדֶּבֶר בָּאֹפֶל יַהֲלֹךְ, más que a la peste que anda/camina en la noche). Los LXX, Aquila y Símaco asociaban erróneamente יָשׁוּד con el nombre de un demonio שֵׁד (cf. מִקֶּטֶב יָשׁוּד צָהֳרָיִם). En contra de eso, esa palabra יָשׁוּד es un futuro de יָשׁ, cf. Prov 29, 6, como ירון, de ירון, cf. Is 42, 4, y tiene el sentido de romper o destruir.

En el Sal 91, 7, la palabra יִפֹּל (cf. רַק בְּעֵינֶיךָ תַבִּיט, aunque con tus ojos mires...) es una prótasis hipotética, "aunque caigan" (*si cadant*), en pretérito en el sentido de "aunque cayeran" (*cediderint*, Ewiger, 357b). En esa línea, con רק se introduce aquello que acontece después, en medio de una gran excepción.

Desde ese fondo, Burke traduce correctamente: *nullam cum peste rem habebis, nisi ut videas* (no tendrás relación alguna con la peste ni siquiera aunque veas). Tú serás solo un simple espectador, y verás lo que pasa ante tus ojos, pero tú mismo serás inaccesible a la peste, de forma que sobrevivirás, descubriendo que estás vivo porque Dios te protege, a diferencia de aquellos que están muriendo a tu lado.

De esa forma podrás ver, como veía Israel en la noche de la Pascua, en Egipto, la justa retribución de los malhechores, que caían presa de la muerte, mientras tú y tus hijos estabais sanos. La palabra שֻׁלְמָה (aquí שֻׁלְמַת רְשָׁעִים, recompensa de los impíos) es la retribución, un *hapaxlegomenon*, cf. שִׁלֻּמִים, Is 34, 8. De esa manera, dando gloria a Dios, la segunda voz confirma o ratifica las promesas anteriores.

91, 9b-16. Vuelve aquí la primera voz, que retoma y ratifica lo anterior, y despliega aún más esas promesas: "Tú has hecho que el Altísimo sea tu morada (מעון); y por eso no te sobrevendrá, no te tocará…, la desgracia". La promesa de Dios se eleva, según eso, siempre más alta, y resuena cada vez de manera más gloriosa. El *pual* לֹא־תְאֻנֶּה אֵלֶיךָ רָעָה (אנה, no te sobrevendrá mal) ha de entenderse en el sentido de no caerá sobre ti mal alguno, como en Prov 12, 2. Aquila traduce bien: οὐ μεταχθήσεται πρὸς σὲ κακία, no se abalanzará sobre ti nada malo.

Por su parte, וְנֶגַע לֹא־יִקְרַב בְּאָהֳלֶךָ (לֹא־יִקְרַב), no se te acercará la plaga, tiene un sentido semejante al de Is 54, 14, donde sigue אֶל en vez de לֹא, con la בְּ, en tu morada o tienda, como en Jc 19, 13. El ángel guardián que Dios concede al que confía en él aparece también en Sal 91, 11-12, como un hecho universal, no como algo excepcional que solamente acontece en circunstancias extraordinarias.

Así observa Brentius comentando este pasaje: esta es la condición de los milagros, que en ellos se manifieste algunas veces de manera externa aquello que Dios realiza siempre en lo escondido (*Haec est vera miraculorum ratio, quod semel aut iterum manifeste revelent ea quae Deus semper abscondite operatur*). En יִשָּׂאוּנְךָ (cf. 91, 12: עַל־כַּפַּיִם יִשָּׂאוּנְךָ, te llevarán en sus palmas), el sufijo ha sido combinado con la forma plena del futuro.

Los LXX traducen correctamente el Sal 91, 12, μήποτε προσκόψῃς πρὸς λίθον τὸν πόδα σου, a fin de que no tropiece tu pie en la piedra, porque נגף tiene siempre y, por tanto, también aquí, como en Prov 3, 23, un sentido transitivo, no intransitivo (en contra de Aquila, Jerónimo, Símaco, cf. Jer 13, 16).

El Sal 91, 13 dice aquello que puede hacer el hombre que confía en Dios, en virtud de la ayuda que le ofrece Dios por medio de los ángeles. Esta promesa recuerda la de Mc 16, 18, ὄφεις ἀροῦσι, tomarán serpientes en sus manos; pero aún más, la de Lc 10, 19: mirad, yo os doy poder para caminar sobre serpientes y escorpiones, y sobre toda la fuerza del Enemigo (ἐπάνω ὄφεων καὶ σκορπίων καὶ ἐπὶ πᾶσαν τὴν δύναμιν τοῦ ἐχθροῦ).

Aquí se están evocando los tipos de poderes destructivos que pertenecen al mundo de la naturaleza y, en especial, al del espíritu. Se les llama leones, y leones fieros, por su gran poder natural y visible, entendido como amenaza de destrucción; se les llama también víboras y dragones por su maldad escondida y venenosa.

En el Sal 91, 13a se promete que el hombre que confía en Dios caminará sin armas por encima de esos monstruos, enemigos malignos, porque confía en Dios. Por su parte, el Sal 91, 13b añade que quien confía en Dios destruirá de raíz esos poderes (cf. Rom 16, 20). Esto que la voz divina de la promesa dice aquí, al final de este salmo, constituye por su forma un eco de las promesas que encontramos en el Sal 50, especialmente en 50, 14 y 23, palabras que aquí se toman casi al pie de la letra.

Por su parte, Gen 46, 4 y especialmente Is 63, 9, pueden compararse con el final de este Salmo (91, 15). De este pasaje se infiere en *B. Taanith* 16a, que Dios tiene compasión de los que sufren, a los que él debe castigar y probar por su misma santidad (para que se muestren también ellos santos).

Tanto aquí como en el Sal 50, 23 la salvación de Dios es la realización plena del propósito divino de su misericordia. El Antiguo Testamento pudo contemplar y anticipar todo esto, como anuncio de salvación para aquellos que confían en Dios. Esta fue también la esperanza de la edad de los apóstoles y de todo el Nuevo Testamento.

Salmo 92. Pensamientos sabáticos

¹ מִזְמוֹר שִׁיר לְיוֹם הַשַּׁבָּת:

² טוֹב לְהֹדוֹת לַיהוָה וּלְזַמֵּר לְשִׁמְךָ עֶלְיוֹן:

³ לְהַגִּיד בַּבֹּקֶר חַסְדֶּךָ וֶאֱמוּנָתְךָ בַּלֵּילוֹת:

⁴ עֲלֵי־עָשׂוֹר וַעֲלֵי־נָבֶל עֲלֵי הִגָּיוֹן בְּכִנּוֹר:

⁵ כִּי שִׂמַּחְתַּנִי יְהוָה בְּפָעֳלֶךָ בְּמַעֲשֵׂי יָדֶיךָ אֲרַנֵּן:

⁶ מַה־גָּדְלוּ מַעֲשֶׂיךָ יְהוָה מְאֹד עָמְקוּ מַחְשְׁבֹתֶיךָ:

⁷ אִישׁ־בַּעַר לֹא יֵדָע וּכְסִיל לֹא־יָבִין אֶת־זֹאת:

⁸ בִּפְרֹחַ רְשָׁעִים כְּמוֹ עֵשֶׂב וַיָּצִיצוּ כָּל־פֹּעֲלֵי אָוֶן לְהִשָּׁמְדָם עֲדֵי־עַד:

⁹ וְאַתָּה מָרוֹם לְעֹלָם יְהוָה:

¹⁰ כִּי הִנֵּה אֹיְבֶיךָ יְהוָה כִּי־הִנֵּה אֹיְבֶיךָ יֹאבֵדוּ יִתְפָּרְדוּ כָּל־פֹּעֲלֵי אָוֶן:

¹¹ וַתָּרֶם כִּרְאֵים קַרְנִי בַּלֹּתִי בְּשֶׁמֶן רַעֲנָן:

¹² וַתַּבֵּט עֵינִי בְּשׁוּרָי בַּקָּמִים עָלַי מְרֵעִים תִּשְׁמַעְנָה אָזְנָי:

¹³ צַדִּיק כַּתָּמָר יִפְרָח כְּאֶרֶז בַּלְּבָנוֹן יִשְׂגֶּה:

¹⁴ שְׁתוּלִים בְּבֵית יְהוָה בְּחַצְרוֹת אֱלֹהֵינוּ יַפְרִיחוּ:

¹⁵ עוֹד יְנוּבוּן בְּשֵׂיבָה דְּשֵׁנִים וְרַעֲנַנִּים יִהְיוּ:

¹⁶ לְהַגִּיד כִּי־יָשָׁר יְהוָה צוּרִי וְלֹא־(עֹלָתָה) [עַוְלָתָה] בּוֹ:

<Salmo. Cántico para el sábado>

¹ Bueno es alabarte, Jehová, y cantar salmos a tu nombre, oh Altísimo;
² anunciar por la mañana tu misericordia y tu fidelidad cada noche,
³ con el decacordio y el salterio, en tono suave, con el arpa.

⁴ Por cuanto me has alegrado, Jehová, con tus obras;
en las obras de tus manos me gozo.
⁵ ¡Cuán grandes son tus obras, Jehová! ¡Muy profundos son tus pensamientos!
⁶ El hombre necio no sabe y el insensato no entiende esto.

⁷ Cuando brotan los impíos como la hierba
y florecen todos los que hacen maldad, es para ser destruidos eternamente.
⁸ Mas tú, Jehová, para siempre eres altísimo.
⁹ Aquí están tus enemigos, Jehová, ciertamente perecerán tus enemigos;
serán esparcidos todos los que hacen maldad.

¹⁰ Pero tú aumentarás mis fuerzas como las del toro salvaje;
seré ungido con aceite fresco.
¹¹ Y mirarán mis ojos sobre mis enemigos;
oirán mis oídos hablar de aquellos que como villanos se levantaron contra mí.
¹² El justo florecerá como la palmera; crecerá como cedro en el Líbano.

¹³ Plantados en la casa de Jehová, en los atrios de nuestro Dios florecerán.
¹⁴ Aun en la vejez fructificarán; estarán vigorosos y verdes,
¹⁵ para anunciar que Jehová, mi fortaleza, es recto y que en él no hay injusticia.

Este salmo, que es un canto de sábado, ha sido el canto sabático por excelencia entre los salmos del servicio semanal del postexilio. Este salmo se cantaba durante la ofrenda de bebidas que acompañaba al cordero Tamid, sacrificado en el templo cada mañana, y formaba parte de la ofrenda más solemne de la *Musaf* que se cantaba por la mañana de los sábados y en los grandes días de fiesta (Num 28, 9) con el canto del Dt 32 (dividido en seis partes). También se cantaba con la *minjá* u ofrenda de la tarde, con otros tres himnos: Ex 15, 1-10; Ex 15, 11-19, Num 21, 17-20 (*B. Rosh ha-Shana* 31a). Por su parte, 1 Mac 9, 23 puede tomarse como recuerdo de Sal 92, 1-15, desviándose un poco de la versión de los LXX, como en 1 Mac 7, 17 que es una cita tomada del Sal 89.

Con respecto al carácter sabático de este salmo, hay en el Talmud una disputa: unos piensan que se refiere al *Sábado de la creación* (R. Nehemiah, partiendo del Targum); otros piensan que se refiere al *Sábado final de la historia del mundo* (en esa línea, R. Akiba lo aplica al día del sábado total; cf. Atanasio, αἰνεῖ ἐκείνην τὴν γενησομένην ἀνάπαυσιν, este salmo es un canto al descanso venidero). Esta segunda opinión resulta más correcta.

Este salmo es una alabanza a Dios, creador y gobernante del mundo, cuyo reinado es pura bondad amorosa y plena fidelidad (*hesed y emeth*). Es un canto que lleva en sí la calma, por encima de la próspera condición de los malhechores, abriendo la perspectiva de la culminación final, por la que quedará ratificada la justicia de Dios, que durante un tiempo había parecido imperceptible y escondida. Este canto alaba a Dios como creador y gobernante del mundo, que transformará la congregación de los justos, convirtiéndola en una arboleda o jardín de palmeras y cedros sobre la tierra santa.

Desde ese fondo coinciden el Sal 92, 12 y el Sal 91, 8, y en el principio de ellos Dios aparece como Elyon o Altísimo. Pero solo en el Sal 92 aparece el tetragrama sagrado siete veces, como expresión de los siete días de la creación. Por otra parte, su esquema de estrofas (6. 6. 7. 6. 6) está lleno de significado. El centro del salmo lleva la marca del número sabático, y en esa línea debemos añadir que el poeta alcanza el número siete por una anadiplosis o repetición en el Sal 92, 10. Este método de repetición para llegar al clímax aparece también en otros salmos como Sal 93, 3; Sal 94, 3; Sal 96, 13.

92, 2-4. El sábado es el día que Dios ha santificado, y por eso ha de ser consagrado a Dios por el abandono de los trabajos y negocios de los restantes días de labor (Is 58, 13) para que los fieles se dediquen a la alabanza y adoración de Dios, que es la ocupación más propia del Santo Sábado. Eso es bueno, no simplemente ante los ojos de Dios, sino también para los hombres, algo que es agradable y bendito.

La ternura amante (hesed) aparece expresamente conectada con el amanecer de la mañana, porque la misma luz del día irrumpe a través de la noche (Sal 30, 6; Sal 59, 17), de tal manera que tras la fidelidad de la noche ante Dios pueda llegar la luz de la mañana, como tiempo para verificar la presencia de Dios.

La palabra עָשׂוֹר al lado de נבל (cf. עֲלֵי־עָשׂוֹר וַעֲלֵי־נָבֶל) es equivalente al נבל עשׂור del Sal 33, 2; Sal 144, 9, de manera que no son dos instrumentos (decacordio y lira), sino una lira o arpa de diez (עָשׂוֹר) cuerdas. הגיון es la música propia de instrumentos de cuerda (véase *Coment.* a Sal 9, 17).

La palabra הגה no es apropiada para indicar el rasguido (*strepitus*) de las cuerdas, sino que se aplica más bien para el arte y modo elevado de la música (a diferencia de Am 6, 5, donde פרט se utiliza de un modo despreciativo), y ella puede aplicarse al Sal 9, 17 (donde se añade al "forte" del interludio) y a la construcción con *beth instrumenti* (como en nuestro caso: הִגָּיוֹן בְּכִנּוֹר).

92, 5-7. Aquí se ofrecen las razones para pedir que se alabe a Dios. פעל es la palabra normal para indicar la acción histórica de Dios (Sal 44, 2; Sal 64, 10; Sal 90, 16, etc.). Por su parte, יָדֶיךָ מַעֲשֵׂי (las obras de tus manos) se refiere a las obras de Dios como creador, aunque sin excluir las de Dios como gobernante del mundo (Sal 143, 5). La capacidad de regocijarse por la revelación de Dios en la creación y por la revelación de Dios en general es un don superior, que al hombre se le concede desde arriba, un don que el poeta confiesa con agradecimiento, diciendo que lo ha recibido.

La Vulgata comienza el Sal 92, 5 diciendo *"quia delectasti me"* (porque me deleitaste); y Dante en su *Purgatorio*, XXVIII 80, llama a este salmo, de un modo consecuente, salmo *Delectasti*, vinculándolo con una mujer sonriente del paraíso y diciendo que ella está recogiendo flores y es feliz porque con el salmo *Delectasti* se alegra y goza por la gloria de las obras de Dios.

Las obras de Dios son grandes, y lo son de un modo trascendente: muy profundos son sus pensamientos, que moldean la historia humana, que aparece así como expresión de la vida y obra del mismo Dios (cf. Sal 40, 6; Sal 139, 17, donde se atribuye a las obras de Dios una plenitud infinita). El hombre normal no puede medir la grandeza de las obras divinas, ni penetrar en la hondura de sus pensamientos. Sin embargo, el hombre iluminado percibe el carácter inconmensurable de las obras de Dios y la hondura insondable de sus pensamientos.

Por el contrario, un אִישׁ־בַּעַר (cf. אִישׁ־בַּעַר לֹא יֵדָע), un hombre necio no conoce las obras de Dios, porque está dominado por su naturaleza animal (*homo brutus*, véase Sal 73, 22), de forma que no capta, ni ama, ni comprende (con לֹא יָדַע, utilizado en sentido absoluto, como en el Sal 14, 4).

Por su parte, un כְּסִיל es un hombre insensato, alguien que tiene la mente oscurecida, pues su naturaleza carnal le domina, de forma que no puede sopesar ni desplegar las potencialidades de su verdadera esencia intelectual y espiritual; por eso no puede discernir אֶת־זֹאת (cf. 2 Sam 13, 17), *id ipsum*, esto mismo, es decir, el carácter insondable de los juicios de Dios y la hondura inescrutable de sus caminos (Rom 11, 33).

92, 8–10. Bien mirada, la prosperidad de los impíos no es más que una apariencia que solo dura un momento. La construcción de infinitivo del Sal 92, 8 continúa con un tiempo histórico, y así puede traducirse también con un verbo de futuro. Antes de לְהִשָּׁמְדָם (לְהִשָּׁמְדָם עֲדֵי־עַד) ha de suplirse mentalmente זֹאת הָיְתָה (Saadia, árabe *fânnh*), como en Job 27, 14.

Aquí se está hablando de una experiencia histórica que se repite y confirma hasta el momento actual, en su comienzo, despliegue y meta. Y así será también en el futuro, en el tiempo que ha de venir, cuando los impíos serán destruidos a través de un juicio definitivo y decisivo (עֲדֵי־עַד) de destrucción.

Yahvé, en cambio, es מָרוֹם לְעֹלָם, eternamente elevado, por su misma naturaleza, y su reinado se mantiene en su altura siempre en relación con las creaturas, y en relación con todo lo que se sucede aquí abajo. Dios tiene siempre una naturaleza que está por encima de todo esto, siendo como es el Absoluto.

Así, Dios viene a mostrarse totalmente inaccesible, por encima de todo lo que se le pueda oponer desde aquí abajo, en contra de todos los que se envanecen con un orgullo estúpido, sobre todos los que se rebelan y exaltan, como si fueran titanes idolatrados, capaces de oponerse a Dios. Dios permite que esos perversos "titanes" parezcan elevarse por un momento para destruirlos al fin totalmente.

Por eso, el curso actual de la historia deberá terminar con una victoria final de Dios sobre todos los poderes que se le oponen por su perversidad: *porque tus enemigos, Yahvé, porque tus enemigos...* Con la partícula הַנֵּה es como si Dios estuviera apuntando con su dedo señalando el inevitable fin de todas las cosas perversas.

La anadiplosis o repetición final muestra con más fuerza el amor celoso del salmista que proclama la gloria de la causa de Dios como si fuera suya. Los enemigos de Dios perecerán, todos los poderes del mal serán destruidos, dispersados, יִתְפָּרְדוּ (cf. Job 4, 11). Ellos forman ahora una especie de masa compacta y firme, pero al final caerán demolidos, dispersados, cuando termine esta mezcla histórica de bien y de mal y triunfe el bien completo.

92, 11-13. La iglesia, ahora oprimida, será para siempre gloriosa. Los futuros consecutivos, con sentido de pretérito, referentes a un pasado ideal, se convierten así en futuros plenos, reales, marcando el tiempo que ha de venir. Los LXX traducen καὶ ὑψωθήσεται (וַתָּרֶם) ὡς μονοκέρωτος τὸ κέρας μου: y se elevará mi cuerno, como cuerno de rinoceronte. La palabra μονόκερως (de un cuerno) ha de tomarse como referida al *oryx*, animal del que hablan Aristóteles y el Talmud (véase *Coment.* a Sal 29, 6; Job 39, 9-12).

En el Talmud ese animal se llama קְרַשׁ (quizá una forma abreviada de μονόκερως). El mismo Talmud utiliza también la palabra אַרְזִילָא (gacela), que es un sinónimo de רְאֵם (en arameo רִימָא, en forma enfática. Véase Lewysohn, *Zoologie des Talmud*, 146 y 174). Los pasajes primordiales en los que aparecen esos animales son Num 23, 22 y Dt 33, 17.

El cuerno es signo de poder defensivo y también puede aplicarse a un tipo de gracia, de plenitud. El aceite fresco, verde, es signo de un estado agradable, gozoso, de vida, en clave de victoria y alegría de la iglesia, que se siente poseída y llena de Dios (cf. Hch 3, 19).

Los LXX toman erróneamente בַּלֹּתִי (cf. בַּלֹּתִי בְּשֶׁמֶן רַעֲנָן) como si fuera infinitivo *piel*, en el sentido de τὸ γῆράς μου, mi vejez, un significado que el *piel* no puede tener. Pero esa palabra es pretérito *kal* de בלל, *perfusus sum*, estoy ungido (cf. árabe *balla*, ser ungido; cf. también *ballah* y *bullah*, humedad, buena salud, frescura de juventud).

En la expresión שֶׁמֶן רַעֲנָן, aceite fresco, el adjetivo, que en otros casos se aplica solo al árbol del olivo, se transfiere al mismo aceite, que contiene gran fuerza, como esencia del fruto del olivo. De esa forma, la *ecclesia pressa* se convierte en *triumphans*, triunfante. Por eso, los ojos que solo se habían atrevido a mirar con timidez y lágrimas a los perseguidores, los oídos, a los que causaban terror el nombre y presencia de los opresores, descubren ahora que su miedo ha pasado, pues los perseguidores no existen ya.

La expresión שָׁמַע בְּ (atestiguada solo aquí) tiene un sentido semejante al de רָאָה בְּ, cf. árabe *nḏr fī*, perderse a sí mismo en la contemplación de algo. שׁוּרָי puede ser un sustantivo, siguiendo la forma de בּוּז, גּוּר, o un participio, con el significado de "aquellos que me miran con hostilidad", como נוּס, huido, Num 35, 32, o como סוּר, separados, a cierta distancia, como en Jer 17, 13.

Por su parte, שׁוּב significa *vueltos de nuevo*, que han retornado, cf. Miq 2, 8. Este participio no tiene solo un significado pasivo (como מוּל, *circumcidado*), sino que tiene a veces un significado deponente de perfecto. Por su parte, חוּשׁ, Num 32, 17, en caso de que pertenezca a este tipo de palabras, puede significar huidos con prisa.

De todas formas, שׁוּרָי no puede tener un colorido de simple pasivo. Su sentido es más bien activo, como el de *insidiati* (Luzzato, *Grammatica*, 518, aquellos que me miraban con sospecha). No hay necesidad de mirar esa palabra, como hacen Böttcher y Olshausen, como si fuera una corrupción de שְׁרָרֵי (participio apocopado *piel* del mismo verbo). Más que ante una corrupción estamos ante un suavizamiento del sonido de la palabra (Ewald, Hitzig).

En el Sal 92, 12 no se ha de traducir "sobre los malhechores (villanos) que se levantan contra mí". Esa manera de colocar el adjetivo delante del sustantivo (con la excepción de רַב cuando se utiliza como un numeral) resulta imposible en hebreo (a pesar de los pasajes aportados a favor por Hitzig, véase 1 Cron 27, 5; 1 Sam 31, 3[2]), de manera que ese verso ha de traducirse más bien como "sobre aquellos que como villanos se levantan contra mí".

Que el salmista de 92, 13 no hable ya de sí mismo, sino de los justos (del justo en general) se debe a que la congregación de los santos aparece como grupo de aquellos que quieren regular su vida conforme al orden divino de la salvación, hacia cuyo futuro quiere mirar ahora el poeta. Solo cuando acabe la prosperidad de los impíos podrá empezar el despliegue y crecimiento de los justos.

Aquí se toma como ejemplo la riqueza de la cosecha de una palmera (תָּמָר), que aparece con claridad en el hecho de que, cuando alcanza su madurez, ella produce tres o cuatro veces más de lo normal, llegando a dar hasta seiscientas libras de fruto (una libra son unos 500 gramos de peso).

No hay una visión más alegre y majestuosa que la de las palmeras del desierto, que son los árboles más importantes de las zonas llanas, con su diadema orgullosa de palmas, con una elegancia que se vislumbra desde lejos, plenamente

---

2. En el primer pasaje, כֹּהֵן רֹאשׁ se toma como una única noción (gran sacerdote) y en el segundo, אֲנָשִׁים בַּקֶּשֶׁת (hombres con un arco) ha de tomarse como hace Keil como una aposición.

abiertas hacia la faz del sol, con un verdor perenne y una fuerza vital que se renueva desde sus raíces, como signo de la vida que se eleva desde en medio del desierto, es decir, de la muerte.

La comparación de los justos con la palmera, árbol sagrado, hermano del hombre como le llaman los árabes, ofrece muchos puntos de comparación. Al lado de la palmera está el cedro, el príncipe de los árboles de la montaña y, en especial, del monte Líbano. El punto más natural de comparación para el cedro, como indica יִשְׂגֶּה (cf. Job 8, 11), está constituido por su graciosa y gran altura. También es común τὸ δασὺ καὶ θερμὸν καὶ θρέψιμον (Teodoreto), es decir, la intensidad de su vida vegetativa, con su perpetuo follaje y el perfume que exhala (Os 14, 7).

92, 14-16. Aquí se alude al suelo en que los justos están plantados (los LXX dicen πεφυτευμένοι, pero otras versiones griegas tienen μεταφυτευθέντες) o también al suelo en que están trasplantados, y donde germinan de nuevo sus raíces, como plantación del Señor, para su alabanza, en su santo templo, en el centro de una relación de familia con Dios, que tiene allí su punto de partida, una relación ilimitada en tiempo y espacio.

Los justos se establecen allí, en el templo, como en su fundamento y espacio sagrado, que les ofrece poderes siempre nuevos de vida. Ellos producen allí sus frutos, en los atrios de Dios fructificarán (בְּחַצְרוֹת אֱלֹהֵינוּ יַפְרִיחוּ, cf. הפריח, como Job 14, 9) y conservarán una frescura siempre verde, con gran vitalidad, llena de sabia (como el olivo, cf. 52, 10; Jc 9, 9) incluso en la vejez, como indica la palabra נוב, fuerza productora capaz de dar nuevos retoños (cf. raíz נב, en *Coment.* a Génesis, p. 635 e Is 65, 22: como la duración de los árboles es la duración de mi pueblo).

De esa forma, los justos mantienen constante su fuerza, de manera que pueden mirar hacia atrás, al pasado de su vida rica en experiencias de justicia divina y de amante ternura (de *hesed*), confirmando de esa forma la confesión que Moisés había colocado al principio de su canto, en Dt 32, 4. La expresión allí es אֵין עֶוֶל, aquí es אֵין עלתה בּוֹ (no hay injusticia o mal en él). Esta palabra (en *qetub* עלתה y en el *keré* עַוְלָתָה, expandido), es ciertamente original de este salmo, que ofrece también otros muchos puntos de coincidencia con el libro de Job (como el salmo 107 que, sin embargo, en 107, 42 no pone עלתה, sino עֹולה).

Salmo 93. El trono real sobre el mar de los pueblos

יְהוָה מָלָךְ גֵּאוּת לָבֵשׁ לָבֵשׁ יְהוָה עֹז הִתְאַזָּר אַף־תִּכּוֹן תֵּבֵל בַּל־תִּמּוֹט:¹
נָכוֹן כִּסְאֲךָ מֵאָז מֵעוֹלָם אָתָּה:²
נָשְׂאוּ נְהָרוֹת ׀ יְהוָה נָשְׂאוּ נְהָרוֹת קוֹלָם יִשְׂאוּ נְהָרוֹת דָּכְיָם:³
מִקֹּלוֹת ׀ מַיִם רַבִּים אַדִּירִים מִשְׁבְּרֵי־יָם אַדִּיר בַּמָּרוֹם יְהוָה:⁴
עֵדֹתֶיךָ ׀ נֶאֶמְנוּ מְאֹד לְבֵיתְךָ נַאֲוָה־קֹּדֶשׁ יְהוָה לְאֹרֶךְ יָמִים:⁵

¹ ¡Jehová reina! ¡Se ha vestido de majestad! ¡Jehová se ha vestido,
se ha ceñido de poder! Afirmó también el mundo y no será removido.

² Firme es tu trono desde siempre; tú eres eternamente.

³ Alzaron los ríos, Jehová, los ríos alzaron sus voces; alzaron los ríos sus olas.

⁴ Jehová en las alturas es más poderoso que el estruendo de las muchas aguas,
más que las recias olas del mar.

⁵ Tus testimonios son muy firmes; la santidad conviene a tu Casa,
Jehová, por los siglos y para siempre.

Al lado de los salmos que contemplan por anticipado el futuro mesiánico, ya sea de un modo simplemente profético o típico/simbólico y profético al mismo tiempo, evocando el reino del Ungido de Yahvé que sobrepasa y bendice el mundo, hay otros salmos en los que se contempla de antemano la perfecta teocracia, pero no como aparición (parusía) de un rey humano, sino como aparición y parusía del mismo Yahvé, es decir, como Reino de Dios manifestado en toda su gloria.

Estos salmos teocráticos forman, al lado de los salmos cristocráticos, dos series proféticas que se refieren a los últimos tiempos y que discurren en paralelo, una al lado de la otra. Una serie tiene como meta al Ungido de Yahvé, que reina desde Sión, sobre todos los pueblos. La otra se centra en Yahvé, sentado sobre los querubines, al que rinde su homenaje todo el mundo.

Ciertamente, las dos series convergen en el Antiguo Testamento, pero no se encuentran plenamente ni se funden. Solo la historia mesiánica de Cristo hará que culminen (se cumplan) esos dos tipos y las profecías, mostrando algo que en el Antiguo Testamento aparece solo en ciertos momentos de clímax de la profecía y de la lírica (cf. *Coment.* a Sal 45, 1), mostrando así que la parusía del Ungido y la de Dios no son dos, sino una única parusía.

La palabra teocracia es una expresión que ha sido acuñada por F. Josefo. En contra de los tipos de gobierno, monárquico, oligárquico y democrático que existen en otras naciones, él dice que la Ley Mosaica forma una teocracia, θεοκρατία, pero lo dice con cierta timidez, ὡς ἄν τις εἴποι βιασάμενος τὸν λόγον, como si alguien se atreviera a decir, forzando la palabra (*Contra Apion.* II 17).

Es algo digno de agradecimiento el que Josefo haya acuñado esa palabra, pero con la condición de se supere la falsa idea de que la teocracia pueda identificarse con un tipo de "constitución" política particular de un pueblo o de una iglesia. Las formas alternantes de gobierno no pueden ser nunca más que modos distintos de "ajustar" lo que está en el fondo de la teocracia.

La teocracia como tal constituye una relación recíproca entre Dios y los hombres, una relación que se eleva sobre las otras formas intermedias, una relación que tuvo sus primeras manifestaciones cuando Yahvé vino a convertirse en Rey de Israel (Dt 33, 5, cf. Ex 15, 18) y que solo llegará a su perfección cuando supere su autolimitación nacional, de forma que el rey de Israel se convierta en rey de todo el mundo, alcanzando así su plenitud, tanto externa como espiritual. Según eso, la teocracia es un objeto de predicción y de esperanza.

En ese sentido, la palabra rey, מלך, se aplica a Yahvé no solamente al comienzo de su dominio imperial, y a través de la manifestación de ese dominio en los momentos fundamentales de la historia de la redención, sino también y sobre todo en la culminación de ese dominio imperial en su gloria ya perfecta. Nosotros encontramos que esa palabra se emplea en ese sentido elevado y en relación con los últimos tiempos, por ejemplo, en Is 24, 23; Is 52, 7, y de un modo totalmente claro en Ap 11, 17 y Sal 19, 6.

La expresión *Yahvé reina*, יהוה מלך, constituye la palabra clave de los salmos teocráticos. Así se utiliza ya en el Sal 47, 9; pero el primer salmo que comienza con esa palabra clave es el Sal 93. Todos estos salmos son postexílicos. El punto de partida de estos salmos es la experiencia de la libertad y del nuevo nacimiento que los israelitas han conseguido, como don de Dios, al volver del exilio, y al restaurar su estado en Jerusalén, de una forma nueva.

Hitzig dice de un modo pertinente: "El tema de este salmo 93 se encuentra ya contenido *in nuce* en el Sal 92, 9, que seguramente proviene del mismo autor. Así se manifiesta por el movido comienzo del discurso en 93, 3 (cf. 92, 10), que condensa el pensamiento en dos miembros, el primero de los cuales funda su sentido en la palabra יהוה".

Los LXX (Cod. Vaticano y Sinaítico) ponen como encabezado: Εἰς τὴν ἡμέρην τοῦ προσαββάτου, ὅτε κατῴκισται ἡ γῆ, αἶνος ᾠδῆς τῷ Δαυίδ (para el día de la víspera del sábado, cuando había sido poblada la tierra. Canto de alabanza, de David). La tercera parte del encabezado tiene menos importancia. La primera parte, en la cual el Cod. Alex. pone erróneamente τοῦ σαββάτου (para el sábado) está confirmada por la tradición talmúdica.

El Sal 93 era realmente el salmo del viernes, porque, como dice *Rosh hashana* 31a, מלאכתו שגמר שם על (בששי) עליהן ומלך Dios había completado entonces su obra de la creación y había comenzado a reinar sobre ella, es decir, sobre sus creaturas. En ese sentido hay que explicar ὅτε κατῴκισται (κατῴκιστο): cuando la tierra había sido poblada (con creaturas y de un modo especial con hombres).

93, 1–2. El sentido de מְלַךְ (con ā junto a *zinnor* o como en Sal 97, 1; Sal 99, 1, junto a *dech*)[3] es de tipo histórico, y se sitúa en el centro entre el presente (Yahvé

---

3. Es bien conocido el hecho de que la forma pausal de la 3ª persona del pretérito, en masculino, va unida con *zakeph*; pero también se encuentra con *rebia* en el Sal 112, 10 (וכעס), Lev

reina) y el futuro (Yahvé reinará), con la certeza de que ha comenzado ya el reino de Yahvé, de manera que él empieza a reinar de ahora en adelante.

En un tiempo anterior, Dios había renunciado a su omnipotencia, se había abajado, había permanecido al fondo; pero ahora, sin embargo, él se muestra a sí mismo con su más alta majestad, de manera que se eleva sobre todas las cosas. Él ha tomado pues las riendas de su reinado como si fueran una vestidura, de forma que él es rey y se manifiesta como tal ante todo el mundo, con sus ornamentos regios.

El primer לבש tiene un *olewejored* (cf. גֵּאוּת לָבֵשׁ); en el segundo caso (לָבֵשׁ יְהֹוָה עֹז הִתְאַזָּר) tiene un *dech*, y se vincula con עֹז הִתְאַזָּר por medio de un *athnach*. עֹז, como en Sal 29, 1-11, se refiere a los enemigos. Lo que aquí se está poniendo de relieve es la triunfante omnipotencia invencible de Dios, que se ha revestido con el poder supremo (Is 51, 9), con el que él se rodea (se reviste) a sí mismo, en sentido militar (Is 8, 9): Yahvé hace la Guerra en contra de todo lo que se le opone, y lo derriba por el suelo con las armas de su juicio airado.

Encontramos una descripción nueva y más precisa de esta experiencia del Dios que se reviste de poder en Is 59, 17 y 63, 1, cf. Daniel 7, 9[4]. Lo que no puede faltar en conexión con esta ascensión de Yahvé como rey (es decir, con la toma de posesión de su reino) es el uso de la partícula אף (עֹז הִתְאַזָּר אַף־תִּכּוֹן תֵּבֵל).

En cuanto al lugar del reino de Yahvé, el mundo debe mantenerse sin ser removido, en oposición a todos los poderes hostiles (Sal 96, 10). Hasta ahora, la hostilidad entre Dios y los poderes del mundo había perturbado el equilibrio y había amenazado con romper todas las relaciones establecidas por Dios. Sin embargo, la intervención de Yahvé, cuando él, finalmente, ponga en movimiento todo el poder de su gobierno real, hará que la tierra no pueda ya conmoverse en modo alguno (cf. Sal 75, 4).

El trono de Dios se mantiene, según eso, totalmente firme, exaltado sobre todo riesgo de conmoción, מאז. Ese reino de Dios alcanza, por un lado, hacia atrás, hasta el más distante pasado, porque Yahvé es מעולם; su ser se hunde (se funda hacia el origen) en aquello que es inmemorial e inconmensurable. El trono y la naturaleza de Yahvé no tienen comienzo en el tiempo y, por lo tanto, no pueden tampoco perecer. Por eso, siendo sin principio, son también sin fin, son infinitos en duración.

6, 2 (גזל), Jos 10, 13 (עמד), Lam 2, 17 (זמם); pero no en Dt 19, 19; Zac 1, 6 (Kimchi incluye estos pasajes en su gramática *Michlol*). Esa palabra con יהוה, aparece, en cambio, con *tarcha* en Is 14, 27 (יעץ), en Os 6, 1 (טרף) y en Amós 3, 8 (שאג). Con *teb* aparece en Lev 5, 18 (שגג); e incluso con *munach* en 1 Sam 7, 17 (שפט), y conforme a Abulwald con *mercha* en 1 Rey 11, 2 (דבק).

4. Estos pasajes, unidos con Sal 93, 1; Sal 104, 1, están citados en *Cant. Rabba* 26b (cf. *Debarim Rabba* 29d), donde se dice que el Santo (Dios) llama a Israel diez veces כלה (novia) en la Escritura, mientras que, por su parte, la Escritura (Israel) atribuye a Dios también diez veces unas vestimentas judiciales de sumo rey.

93, 3-5. Todo el furor del mundo será por tanto incapaz de detener el despliegue del reino de Dios y su eclosión final a través de la gloria de su victoria. El mar con sus poderosas masas de agua, con el inquieto y constante movimiento de sus olas, con su presión incesante en contra de la tierra firme, con su choque espumoso en contra de las rocas, es el signo del mundo gentil, alejado de Dios y enemigo. Por su parte, los ríos (las grandes corrientes) son signos de los reinos del mundo, como el Nilo lo es de Egipto (Jer 44, 7), y el Éufrates de Asiria (Is 8, 7), o más exactamente el Tigris, que corre como una flecha, es signo de Asiria y el tortuoso Éufrates es el emblema del imperio de los babilonios (Is 27, 1).

Como dice el poeta mientras eleva su mirada de llanto esperanzado hacia Yahvé, las aguas han levantado sus corrientes, han elevado su estruendo, han multiplicado su clamor. De esta manera eleva el poeta eso que pudiéramos llamar "su paralelismo con limitaciones". Los verbos en perfecto afirman lo que ha sucedido, los futuros muestran aquello que aún no ha llegado a realizarse.

Este mundo parece dominado por un mar y por unos ríos contrarios a Dios, pero Dios ha de manifestar su más alto poder. El ἅπαξ λεγ (93, 3: יִשְׂאוּ נְהָרוֹת דָּכְיָם, elevaron los ríos sus olas) está evocando un choque en contra de algo (una *collisio*), con gran ruido, con decisión.

En 93, 4 el poeta ratifica que Yahvé está exaltado por encima del rugido de las olas, y así lo hace utilizando un מִן de comparación (מִקֹּלוֹת מַיִם רַבִּים, más que las voces de muchas agua), no de causa, como dicen algunos: "a causa del rugido de las grandes aguas son gloriosas las olas del mar..." (Starck, Geier). Tampoco se puede traducir como hace Mendelssohn: más que el rugido de las grandes aguas son las olas del mar.

La comparación de fondo de 93, 4 está formada por dos elementos: (a) en primer lugar por el estruendo de las muchas aguas poderosas (מַיִם רַבִּים אַדִּירִים); (b) en segundo lugar, por las recias olas del mar (מִשְׁבְּרֵי־יָם). Eso significa que, por una parte, la palabra אַדִּירים (poderosas) ha de tomarse como segundo atributo de las מַיִם, y, por otra parte, מִשְׁבְּרֵיים (las olas del mar rompiendo sobre las rocas, unas tras otras) han de tomarse como una designación más concreta de las aguas poderosas (אַדִּירים, conforme a Ex 15, 10), como muestran los mismos acentos del texto[5].

Así culmina el salmo en 93, 5. La majestad celestial de Yahvé se eleva sobre todos los estruendos majestuosos de aquí abajo cuyas olas, por muy altas que se eleven no pueden alcanzar nunca su trono. Él es el Rey de su pueblo, es el

---

5. Una enigmática afirmación de R. Azaria en el Talmud dice: וִיפְרַע אַדִּיר יָבֹא בָּאַדִּירים מַאַדִּירים לַאַדִּירים: que el único glorioso (Yahvé, Sal 93, 4, cf. Is 10, 34; Is 33, 21) venga y mantenga el derecho de los gloriosos (Israel, Sal 16, 3) en contra de los otros gloriosos (los egipcios, cf. Ex 15, 10 conforme a la construcción del Talmud), por encima de las gloriosas (las olas del mar, Sal 93, 4).

Señor de su Iglesia que conserva su revelación y le adora en su templo. A causa de su reinado inalcanzable y todopoderoso, la revelación de Dios es inviolable; ella determina y dirige el establecimiento de su reino y el cumplimiento futuro de sus gloriosas promesas, porque sus palabras son fieles y verdaderas, λόγοι πιστοί καὶ ἀληθινοί, Ap 19, 9; 22, 6.

A la casa o templo de Dios le pertenece la santidad (לְבֵיתְךָ נַאֲוָה־קֹדֶשׁ) por encima de toda la majestad de las aguas de ríos y mares del mundo, con נַאֲוָה־קֹדֶשׁ, que es 3ª persona del pretérito en *piel* [6]. Esta cláusula final, formulada a manera de oración es, al mismo tiempo, una petición para que, en todo tiempo futuro, Yahvé proteja su templo de Jerusalén, para que ese templo sea el lugar seguro en el que habita aquí abajo, en el mundo, su honor, en contra de toda profanación.

Salmo 94. El consuelo de la oración bajo la opresión de los tiranos

¹ אֵל־נְקָמוֹת יְהוָה אֵל נְקָמוֹת הוֹפִיעַ׃

² הִנָּשֵׂא שֹׁפֵט הָאָרֶץ הָשֵׁב גְּמוּל עַל־גֵּאִים׃

³ עַד־מָתַי רְשָׁעִים׀ יְהוָה עַד־מָתַי רְשָׁעִים יַעֲלֹזוּ׃

⁴ יַבִּיעוּ יְדַבְּרוּ עָתָק יִתְאַמְּרוּ כָּל־פֹּעֲלֵי אָוֶן׃

⁵ עַמְּךָ יְהוָה יְדַכְּאוּ וְנַחֲלָתְךָ יְעַנּוּ׃

⁶ אַלְמָנָה וְגֵר יַהֲרֹגוּ וִיתוֹמִים יְרַצֵּחוּ׃

⁷ וַיֹּאמְרוּ לֹא יִרְאֶה־יָּהּ וְלֹא־יָבִין אֱלֹהֵי יַעֲקֹב׃

⁸ בִּינוּ בֹּעֲרִים בָּעָם וּכְסִילִים מָתַי תַּשְׂכִּילוּ׃

⁹ הֲנֹטַע אֹזֶן הֲלֹא יִשְׁמָע אִם־יֹצֵר עַיִן הֲלֹא יַבִּיט׃

¹⁰ הֲיֹסֵר גּוֹיִם הֲלֹא יוֹכִיחַ הַמְלַמֵּד אָדָם דָּעַת׃

¹¹ יְהוָה יֹדֵעַ מַחְשְׁבוֹת אָדָם כִּי־הֵמָּה הָבֶל׃

¹² אַשְׁרֵי׀ הַגֶּבֶר אֲשֶׁר־תְּיַסְּרֶנּוּ יָּהּ וּמִתּוֹרָתְךָ תְלַמְּדֶנּוּ׃

¹³ לְהַשְׁקִיט לוֹ מִימֵי רָע עַד יִכָּרֶה לָרָשָׁע שָׁחַת׃

¹⁴ כִּי׀ לֹא־יִטֹּשׁ יְהוָה עַמּוֹ וְנַחֲלָתוֹ לֹא יַעֲזֹב׃

¹⁵ כִּי־עַד־צֶדֶק יָשׁוּב מִשְׁפָּט וְאַחֲרָיו כָּל־יִשְׁרֵי־לֵב׃

¹⁶ מִי־יָקוּם לִי עִם־מְרֵעִים מִי־יִתְיַצֵּב לִי עִם־פֹּעֲלֵי אָוֶן׃

¹⁷ לוּלֵי יְהוָה עֶזְרָתָה לִּי כִּמְעַט׀ שָׁכְנָה דוּמָה נַפְשִׁי׃

¹⁸ אִם־אָמַרְתִּי מָטָה רַגְלִי חַסְדְּךָ יְהוָה יִסְעָדֵנִי׃

¹⁹ בְּרֹב שַׂרְעַפַּי בְּקִרְבִּי תַּנְחוּמֶיךָ יְשַׁעַשְׁעוּ נַפְשִׁי׃

²⁰ הַיְחָבְרְךָ כִּסֵּא הַוּוֹת יֹצֵר עָמָל עֲלֵי־חֹק׃

6. Algunos comentaristas como Heidenheim y Baer, han precisado el sentido de נאוה, palabra que, según la tradición masorética, es una de las siete en las que la *alef* es aún audible, en contra de todos los restantes casos en los que es quiescente y no se pronuncia, cf. יז מלין דמפקין אלף וכל חד חד לית מפיק (Frensdorf, *Ochla we-Ochla*, p. 123).

²¹ יָגוֹדּוּ עַל־נֶפֶשׁ צַדִּיק וְדָם נָקִי יַרְשִׁיעוּ׃

²² וַיְהִי יְהוָה לִי לְמִשְׂגָּב וֵאלֹהַי לְצוּר מַחְסִי׃

²³ וַיָּשֶׁב עֲלֵיהֶם׀ אֶת־אוֹנָם וּבְרָעָתָם יַצְמִיתֵם יַצְמִיתֵם יְהוָה אֱלֹהֵינוּ׃

¹ ¡Jehová, Dios de las venganzas, Dios de las venganzas, muéstrate!

² ¡Engrandécete, Juez de la tierra; da el pago a los soberbios!

³ ¿Hasta cuándo los impíos, hasta cuándo, Jehová, se gozarán los impíos?

⁴ ¿Hasta cuándo pronunciarán, hablarán cosas duras
y se vanagloriarán todos los que hacen maldad?

⁵ A tu pueblo, Jehová, quebrantan y a tu heredad afligen.

⁶ A la viuda y al extranjero matan y a los huérfanos quitan la vida.

⁷ Y dijeron, "No verá Jah, no lo sabrá el Dios de Jacob".

⁸ ¡Entended, necios del pueblo! Y vosotros, insensatos, ¿cuándo seréis sabios?

⁹ El que hizo el oído ¿no oirá? El que formó el ojo ¿no verá?

¹⁰ El que castiga a las naciones ¿no reprenderá?
¿No sabrá el que enseña al hombre la ciencia?

¹¹ Jehová conoce los pensamientos de los hombres, que son vanidad.

¹² Bienaventurado el hombre a quien tú, Jah, corriges, y en tu Ley lo instruyes

¹³ para hacerlo descansar en los días de aflicción,
en tanto que para el impío se cava el hoyo.

¹⁴ No abandonará Jehová a su pueblo ni desamparará su heredad,

¹⁵ sino que el juicio será vuelto a la justicia
y en pos de ella irán todos los rectos de corazón.

¹⁶ ¿Quién se levantará por mí contra los malignos?
¿Quién estará por mí contra los que hacen maldad?

¹⁷ Si no me ayudara Jehová, pronto moraría mi alma en el silencio.

¹⁸ Cuando yo decía, "Mi pie resbala", tu misericordia, Jehová, me sostenía.

¹⁹ En la multitud de mis pensamientos íntimos,
tus consolaciones alegraban mi alma.

²⁰ ¿Se juntará contigo (con Dios) el trono de la maldad
que hace el agravio en forma de ley?

²¹ Ellos se juntan contra la vida del justo y condenan la sangre inocente.

²² Pero Jehová me ha sido por refugio y mi Dios por roca de mi confianza.

²³ Él hará volver sobre ellos su maldad
y los destruirá en su propia malicia. Los destruirá Jehová, nuestro Dios.

Este salmo, semejante al 92 y 93 con la utilización de anadiplosis o repeticiones, lleva en la LXX la inscripción Ψαλμὸς ᾠδῆς τῷ Δαυίδ, τετράδι σαββάτου (salmo canto de David, para el día 4º del sábado). Hay también una tradición talmúdica[7] según la cual este era el canto del jueves en la liturgia del templo (τετράδι σαββάτου es igual a ברביעי בשבת). Atanasio explica esa fecha en referencia al cuarto mes (cf. Jer 39, 2).

Sea como fuere, la referencia a David no puede aceptarse. Este es un salmo postdavídico. De todas formas, aunque no sea davídico posee todavía reminiscencias de modelos anteriores, de tipo davídico y asáfico. Los enemigos en contra de los cuales se pide la revelación del Dios de la justa retribución, como muestra la comparación con Sal 94, 5. 8. 10-12, son no-israelitas, que desprecian al Dios de Israel y no temen su venganza, cf. 94, 7; son gentes feroces que, por sus acciones, suscitan incluso entre los israelitas oprimidos fuertes dudas sobre el comportamiento omnisciente de Yahvé y sobre su intervención judicial.

Este es, según eso, uno de los últimos salmos del salterio, pero no es necesariamente del tiempo de los macabeos. La última etapa del dominio persa, en cuyo tiempo se escribió el Eclesiastés, pudo haber sido también un tiempo apropiado para que se desarrollaran ideas como las de este salmo.

94, 1–3. La primera estrofa pide a Dios que se eleve con su venganza judicial en contra de la arrogancia de los impíos. En vez de חופיע (הוֹפִיעַ נְקָמוֹת אֵל: Dios de las venganzas manifiéstate), que aparece con menos frecuencia como imperativo de הופע (Gesenius 53, nota 3), el texto original ponía הוֹפִיעָה (Sal 80, 2), cuya *he* final ha caído por la *he* que sigue en el verso 2 (הִנָּשֵׂא שֹׁפֵט הָאָרֶץ).

El plural נקמות significa no solamente momentos de tomar venganza (Ez 25, 17, cf. sobre el Sal 18, 48), sino también una revancha o recompensa intensa, completa (Jc 11, 36; 2 Sam 4, 8). Esta designación de Dios es semejante a la de גמלות אל en Jer 51, 56, la anadiplosis es como la de Sal 94, 3. 23; Sal 93, 1. 3. El imperativo הנשא, levántate, álzate, es decir, actúa con majestad judicial, recuerda el texto del Sal 7, 7. Por su parte, הָשֵׁב גְּמוּל עַל־גֵּאִים, da el pago a los soberbios, se construye con על (cf. ל, Sal 28, 4; Sal 59, 18), cf. Joel 3, 4. Con גאים concuerda accidentalmente el sentido de ἀγαυός y κύδεϊ γαίων en los poetas épicos.

---

7. Conforme a *B. Erachin 11a*, en el tiempo de la destrucción de Jerusalén por los caldeos, los levitas estaban cantando en sus estrados el salmo 94 y, llegando a las palabras "él hará volver sobre ellos su iniquidad" (94, 23), entraron los enemigos en el templo, de manera que no pudieron terminar la segunda parte de ese verso final (los destruirá Yahvé, nuestro Dios). Pero a la objeción de que este es un salmo del día 4º, esto es, del jueves y no del domingo, que fue el día fatal de la toma del templo (שבת מוצאי), se replica: este es un canto de lamentación, que los levitas cantaban aquel día de domingo (primer día de la semana) por las circunstancias del momento (להו דנפל דעלמא בפומייהו בעלמא אליא).

94, 4–7. La segunda estrofa describe la conducta de aquellos a quienes ha de venir el juicio de Dios del que hablaba la primera. Con הַבִּיעַ (cf. יַבִּיעוּ יְדַבְּרוּ עָתָק ¿hasta cuándo dirán cosas duras…?) se introduce una frase típica, que se utiliza en aquella clase de discursos que brotan de un fuerte impulso interior y fluyen con rica abundancia. El mismo poeta explica lo que aquí se quiere decir (cf. Sal 59, 8): que ellos, los enemigos hablan עָתָק, cosas que son insolentes, que no han sido medidas, ajustadas a lo que se debe decir (véase Sal 31, 19).

Schultens interpreta el *hitpael* התאמר *como emiri* (árabe *'mîr*, un tipo de comandante) *se gerunt* (se comportan como comandantes, gentes de gran mando). Pero אמיר, significa en hebreo la parte superior de un árbol (véase *Coment.* a Is 17, 9); y en ese sentido se puede traducir como "planear, imponerse por arriba", con lo que se vincula el verbo אמר, hablar, prop. *effere* igual a *effari* (hablar con arrogancia), de manera que התאמר, como התימר en Is 61, 6, significa directamente *exaltarse*, elevarse uno a sí mismo, querer estar por arriba. Sobre יְהוָה יְדַכְּאוּ וּדכאו עַמְּךָ, a tu pueblo, Yahvé, quebrantan), cf. Prov 22, 22; Is 3, 15, y sobre el principio de ateísmo o negación práctica de Dios que subyace en esa expresión, que וַיֹּאמרו vincula estrechamente con su forma de actuar, cf. Sal 10, 11; Sal 59, 8.

94, 8–11. La tercera estrofa pasa ahora de los opresores sangrientos y blasfemos del pueblo de Dios, cuya conducta clama por la venganza de Yahvé, a aquellos que, en el mismo pueblo de Dios, plantean con inquietud el tema de la omnisciencia e indirectamente de la justicia de Dios, por el hecho de que se retrase su venganza.

Estos se llaman los בֹּעֲרִים y כְּסִילִים en el sentido del Sal 73, 21. También aquellos contra quienes se pedía antes que llegara la venganza de Dios forman parte de los que dudan de su justicia. Pero en sentido estricto son distintos. Estos a los que se refiere esta parte del salmo pertenecen a la clase de los que son oprimidos y asesinados y forman parte del pueblo de Dios, a causa de lo que sucede, de manera que ellos tienen que aprender, como les dice el salmista (בִּינוּ בֹּעֲרִים בָּעָם: entended, necios del pueblo).

Es absurdo que Dios, *el que ha hecho el oído* (הֲנֹטַע אֹזֶן, como שׂסע en Lev 11, 7, con el acento del verbo en la última sílaba, porque el pretérito *kal* no sigue la regla de retrasar el acento: אחור נסוג) y *el que ha formado el ojo* (cf. Sal 40, 7; Ex 4, 11), no sea capaz de oír y de ver; Dios tiene que poseer en su forma original, con absoluta perfección, todo aquello que es excelente en las creaturas, el ver, el oír[8].

En este momento, el poeta evoca el mundo de fuera de Israel y llama a Dios הֲיֹסֵר גּוֹיִם, el que castiga a las naciones, atributo que se refiere únicamente al

---

8. La pregunta no es, por tanto ¿no deberá tener él orejas externas…? Como observa justamente Jerónimo: Dios escucha sin orejas materiales: *membra tulit, efficientias dedit* (el salmo no le atribuye miembros externos, pero le da capacidad de entender-oír).

aviso o advertencia por la voz de la conciencia. El verbo יסר utilizado así sin más precisión, no significa advertir, sino castigar (Prov 9, 7).

Partiendo de hechos como aquellos que aparecen en Job 12, 23, el poeta supone que el castigo judicial de Dios sobre las naciones es un hecho innegable, y plantea desde ese fondo la pregunta siguiente: "Aquel que castiga a las naciones ¿no podrá y querrá castigar también a los opresores de su Iglesia (cf. Gen 18, 25)? ¿No tendrá que castigar aquel que enseña conocimiento a los hombres, siendo como es Omnipotente, pues todo conocimiento y poder proviene de él?".

Esta es la conclusión del argumento, tal y como aparece en 94, 11: Yahvé penetra en las profundidades del pensamiento de los hombres, llegando hasta su raíz (יְהוָה יֹדֵעַ מַחְשְׁבוֹת אָדָם), Dios ve y descubre que esos pensamientos son vanidad. Así ha de interpretarse el texto: no que los hombres son sin más vanidad, sino que lo son sus pensamientos (cuando se exaltan a sí mismos, cuando dudan de la justicia de Dios…).

La traducción de los LXX (cf. 1 Cor 3, 20), ὅτι εἰσὶ μάταιοι (Jerónimo: *quoniam vanae sunt*, porque son vanos) es, por tanto, correcta. La partícula הֵמָּה, que puede parecer poco precisa, está aquí en lugar de כִּי־הֵמָּה הֶבֶל, porque ellos (ahora los hombres, no los pensamiento) son vanidad, הֶבֶל.

Dios no ve solo a través de los pensamientos de los hombres, él ve a través de los hombres en sí mismos, les conoce por dentro, descubriendo que ellos son הֶבֶל, vanidad, debilidad pecadora, como ha puesto de relieve el libro del Qohelet, empezando precisamente por esas palabras, "vanidad de vanidades…".

94, 12–15. La cuarta estrofa alaba a los sufrientes piadosos, cuya buena causa sostendrá Dios, de manera que al fin alcancen su derecho. אַשְׁרֵי הַגֶּבֶר אֲשֶׁר־תְּיַסְּרֶנּוּ יָּהּ, bienaventurado el hombre/*geber* a quien tú, Yahvé, corriges… Esta bienaventuranza recuerda la de Sal 34, 9; 40, 5, y de un modo especial la de Job 5, 17, cf. Prov 3, 11. Lo que aquí se evoca al hablar de "correcciones" son aquellas a las que se alude en el Sal 94, 5, que son, en realidad, "dispensaciones" de Dios.

En relación con la finalidad y el fruto de purificar y probar por medio de aflicciones, tenemos que decir que Dios enseña por su ley a los que sufren, de manera que (cf. e. g., Dt 8, 5) alcancen el descanso, es decir, la paz interior (cf. Jer 49, 23 con Is 30, 15). Dios no quiere que los hombres sufran desalentados y tentados por su propia maldad, en medio de una calamidad que les destruye (Ewiger, 287b), sino que les manda sufrimiento para que sean purificados hasta que (como sucederá de un modo inevitable) se excave y abra la fosa donde caerán de cabeza todos los impíos (cf. Sal 112, 7).

La palabra divina יָּהּ tiene un *daggesh* enfático que, propiamente hablando no sirve para doblar la consonante, y menos para unirla con lo anterior o posterior, sino para poner de relieve la pronunciación enfática de la vocal posterior, que podría volverse inaudible por la primera letra de la palabra siguiente. Por otra parte, la *yod* del nombre divino podría perder aquí su valor de consonante, absorbida por la *û* anterior, y eso es lo que el *daggesh* quiere impedir, cf. Sal 118, 5. 18[9].

La *certeza* del buen fin que ha sido marcada así por עַד (עַד יִכָּרֶה לָרָשָׁע שָׁחַת, hasta que se excave la fosa para el impío, en 94, 13) queda confirmada por כִּי en 94, 14 (כִּי לֹא־יִטֹּשׁ יְהוָה, porque no abandonará Yahvé...). Es imposible que Dios abandone a su iglesia. Él no puede hacerlo, no puede desertar de su comunidad. No puede hacerlo, porque él es el juez en quien desemboca y se cumple todo derecho, de manera que el מִשְׁפָּט o juicio se realice según צדק o justicia.

Eso implica que el derecho, que ahora se encuentra dislocado y pervertido pueda fundarse de nuevo en la justicia estrictamente administrada. Estas palabras (כִּי־עַד־צֶדֶק יָשׁוּב מִשְׁפָּט, *que el derecho vuelva a, o se funde en la justicia*) expresan y ratifican aquello que ha de ser el modo de vida y comportamiento de todos los justos. מִשְׁפָּט es ante todo el derecho concreto, que se ajusta a las circunstancias de tiempos y lugares, mientras que צדק, igual que אמת en Is 42, 3, es la verdad-rectitud originaria, la justicia por la que el derecho viene a presentarse como verdad y realidad práctica.

94, 16-19. En esta quinta estrofa el poeta celebra la alabanza del Señor como la única ayuda en la que él puede confiar, la ayuda que le consuela. El significado de la pregunta del Sal 94, 16 es que ningún hombre podrá elevarse y socorrerle en el conflicto que mantiene con los malhechores. La lamed, לְ, tiene la misma función que en Ex 14, 25; Jc 6, 31; por su parte, עם tiene el sentido de *contra*, como en el Sal 55, 19, cf. 2 Cron 20, 6. Solo Dios es su ayuda, solo Dios le rescata de la muerte.

La palabra לוּלֵי tiene que ser completada mentalmente con היה (לִי) לוּלֵי יְהוָה עֶזְרָתָה, si Yahvé no fuera ayuda para mí...). Si Dios no fuera su ayuda, el alma (el hombre total) moraría en el silencio, su morada sería la muerte (כִּמְעַט שָׁכְנָה דוּמָה נַפְשִׁי). Sobre este tipo de construcción gramatical, cf. Sal 119, 92; Sal 124, 1-5; Is 1, 9. Sobre כמעט, con el pretérito, cf. Sal 73, 2; Sal 119, 87; Gen 26, 10 (por otro lado, con futuro, cf. Sal 81, 15). דוּמָה es, como en el Sal 115, 17, el silencio de la tumba y del Hades. Aquí es el objeto de שָׁכְנָה, *moraría*, como en Sal 37, 3; Prov 8, 12, *passim*.

9. Si es correcto lo que Aben-Ezra y Parchón decían, que וּ, como letra compuesta por una o (u) + i, se pronunciaba como un tipo de *u* francesa (como en la palabra *pur*), este *daggesh*, con su función ortofónica resulta más inteligible en casos como יה קראתי y יה תיסרנו, cf. Pinsker, *Einleitung*, p. 153, y Geiger, *Urschrift*, p. 277. Así en palabras como קומו צאו, Gen 19, 14; Ex 12, 31, קומו סעו, Dt 2, 24, la *tsade* y la *samech* tienen *daggesh* por la misma razón, igual que la *sin* en שְׁאוּר תשביתו, Ex 12, 15 (véase Heidenheim en *Coment.* a ese pasaje), es decir, cuando hay el peligro de que la letra quede sin pronunciarse, a causa de su carácter sibilante. En contra de eso, incluso Chajug (cf. Ewald y Duke, *Beiträge*, III, 23) confunde este *daggesh* ortofónico con el *daggesh forte conjunctivum*.

Cuando el orante aparece ante sí mismo como alguien que ha caído, la misericordia de Dios le mantiene. Y en ese momento se multiplican dentro de él diversos pensamientos, tristes y terribles. Pero el gozo de Dios le deleita; Dios le anima con su palabra y con la asistencia interior del Espíritu Santo. La palabra שַׂרְעַפִּים (cf. בְּרֹב שַׂרְעַפַּי), como en el Sal 139, 23, es equivalente a שְׂעִפִּים, a שֵׂעֵף, סָעֵף, árabe *š'b*, lo que se divide, lo que brota (*Psychologie*, p. 181), lo que surge de la mente, los pensamientos interiores.

94, 20–23. En esta sexta estrofa, que es la final, el poeta espera la retribución inevitable de Dios, por la que él ha rogado ansiosamente en la introducción. Muchos, incluso Gesenius, toman יְחָבְרְךָ (cf. כִּסֵּא הַוּוֹת) erróneamente como futuro *pual* en el sentido de יְחֻבַּרְךָ, igual a עִמְּךָ יְחֻבַּר, con contracción y reduplicación, pero no tenemos para ello ningún ejemplo en la Escritura.

Se trata más bien de un futuro *kal* igual a יַחְבָּרְךָ, de יַחְבָּר. Podría ser también *poel*, más que *pual* (como תֹּאכְלֵנוּ, Job 20, 26), pero es preferible tomarlo como *kal*, en el sentido originario de *entrar en relación con* (Gen 14, 3; Os 4, 17). Según eso (a semejanza de lo que aparece en el Sal 5, 5, יְגֻרְךָ), el sentido de la frase es *consociabitur tecum*: ¿acaso se asociará contigo (es decir, con el tribunal de Dios) el trono/tribunal de la maldad...?

La palabra כִּסֵּא (94, 20), significa la sede del juicio, como en árabe *cursi*, que aplica directamente al tribunal de Dios (a diferencia del árabe *'l-'arš*, que es el trono de su Majestad). Por lo que toca a הַוּוֹת, cf. *Coment.* a Sal 5, 10. Dado que חֹק (עֲלֵי־חֹק) es, en principio, un estatuto u ordenamiento divino, aquí descubrimos que los malvados son aquellos que pervierten el Derecho de Dios, convirtiendo la justicia divina en fuente de un título legal falso para justificar una conducta injusta, un título legal para destruir a los inocentes en su opresión o desventura[10]. Este es el pecado que consiste en convertir la justicia de Dios en principio de opresión.

El tema anterior continúa en 94, 21: יָגוֹדּוּ עַל־נֶפֶשׁ צַדִּיק, *se juntan contra el alma del justo*. גָּדַד, גּוּד, tiene el significado de *scindere, incidere,* dividir, incidir (cf. árabe *jdd*, pero también *chd*, supra, p. 255), de donde puede derivar fácilmente el significado de *invadere* (cf. גְּדוּד, una ruptura, una invasión: se juntan para luchar contra). Con referencia a la דָּם נָקִי, sangre inocente, cf. *Psychologie*, p. 243, porque la sangre es el alma, de tal forma que sangre significa propiamente hablando "persona".

El sujeto de יָגוֹדּוּ (los que se juntan contra el justo, para derramar su sangre inocente) son los miembros de la "sede o tribunal" de corrupción, que puede entenderse como un alto tribunal, compuesto de muchos jueces, o también como tribunal de un rey con su corte. Pues bien, en contra de eso, la respuesta profética

---

10. En contra del orden de las palabras, Hitzig traduce este pasaje a partir de Prov 17, 26, donde, sin embargo, עַל־יִשֶׁר recibe el sentido de Mt 5, 10: ἕνεκεν δικαιοσύνης, por causa de la justicia.

que marca el final del salmo se expresa en los dos últimos versos (94, 21-22) que comienza con וַיְהִי (וַיְהִי יְהוָה לִי לְמִשְׂגָּב, pero Yahvé será refugio para mí) y con וַיָּשֶׁב (וַיָּשֶׁב עֲלֵיהֶם אֶת־אוֹנָם, y hará recaer sobre ellos su maldad). La figura de Dios como מִשְׂגָּב (refugio) es davídica y korahita. El sentido de צוּר מַחְסִי, roca de mi confianza, ha sido explicado en el Sal 18, 2.

Dado que הֵשִׁיב designa la retribución como retorno en forma de castigo de la culpa en que se ha incurrido, se podría traducir como "recompensa" (sanción positiva o negativa, en la línea de la "venganza" del comienzo del salmo). Sobre וּבְרָעָתָם יַצְמִיתֵם בְּרָעָתָם, y por sus males los destruirá) Hitzig apela correctamente a 2 Sam 14, 7; 2 Sam 3, 27.

El salmo concluye con una anadiplosis (וּבְרָעָתָם יַצְמִיתֵם / יַצְמִיתֵם יְהוָה), tal como había comenzado, precisando así el sentido de la "venganza" de Dios, como expresión del pecado de los hombres. La apelación final a "nuestro Dios" (אֱלֹהֵינוּ) indica que la destrucción de los perseguidores vendrá con seguridad cuando la iglesia sea capaz de llamar a Yahvé "su Dios".

Salmo 95. Adorar a Dios y obedecer su Palabra

1 לְכוּ נְרַנְּנָה לַיהוָה נָרִיעָה לְצוּר יִשְׁעֵנוּ:

2 נְקַדְּמָה פָנָיו בְּתוֹדָה בִּזְמִרוֹת נָרִיעַ לוֹ:

3 כִּי אֵל גָּדוֹל יְהוָה וּמֶלֶךְ גָּדוֹל עַל־כָּל־אֱלֹהִים:

4 אֲשֶׁר בְּיָדוֹ מֶחְקְרֵי־אָרֶץ וְתוֹעֲפוֹת הָרִים לוֹ:

5 אֲשֶׁר־לוֹ הַיָּם וְהוּא עָשָׂהוּ וְיַבֶּשֶׁת יָדָיו יָצָרוּ:

6 בֹּאוּ נִשְׁתַּחֲוֶה וְנִכְרָעָה נִבְרְכָה לִפְנֵי־יְהוָה עֹשֵׂנוּ:

7 כִּי הוּא אֱלֹהֵינוּ וַאֲנַחְנוּ עַם מַרְעִיתוֹ וְצֹאן יָדוֹ הַיּוֹם אִם־בְּקֹלוֹ תִשְׁמָעוּ:

8 אַל־תַּקְשׁוּ לְבַבְכֶם כִּמְרִיבָה כְּיוֹם מַסָּה בַּמִּדְבָּר:

9 אֲשֶׁר נִסּוּנִי אֲבוֹתֵיכֶם בְּחָנוּנִי גַּם־רָאוּ פָעֳלִי:

10 אַרְבָּעִים שָׁנָה אָקוּט בְּדוֹר וָאֹמַר עַם תֹּעֵי לֵבָב הֵם וְהֵם לֹא־יָדְעוּ דְרָכָי:

11 אֲשֶׁר־נִשְׁבַּעְתִּי בְאַפִּי אִם־יְבֹאוּן אֶל־מְנוּחָתִי:

1 ¡Venid, aclamemos alegremente a Jehová!
¡Cantemos con júbilo a la roca de nuestra salvación!

2 ¡Lleguemos ante su presencia con alabanza! ¡Aclamémoslo con cánticos!

3 Porque Jehová es Dios grande, gran Rey sobre todos los dioses.

4 En su mano están las profundidades de la tierra
y las alturas de los montes son suyas.

5 Suyo también el mar, pues él lo hizo, y sus manos formaron la tierra seca.

6 Venid, adoremos y postrémonos;
arrodillémonos delante de Jehová, nuestro hacedor,

7 porque él es nuestro Dios; nosotros el pueblo de su prado y ovejas de su mano.

Si oís hoy su voz,

⁸ "No endurezcáis vuestro corazón, como en Meriba,

como en el día de Masah en el desierto,

⁹ donde me tentaron vuestros padres, me probaron y vieron mis obras.

¹⁰ Cuarenta años estuve disgustado con la nación,

y dije: "Es pueblo que divaga de corazón y no han conocido mis caminos".

¹¹ Por tanto, juré en mi furor que no entrarían en mi reposo".

95, 1–2. A Yahvé se le llama aquí "roca de nuestra salvación" (como en el Sal 89, 27, cf. Sal 94, 22), porque es su fundamento más firme y seguro. Pues bien, este salmo supone que un hombre devoto se acerca con otros ante el rostro de Dios, visitando su casa y diciedo: נְקַדְּמָה פָנָיו (קדם פני, lleguemos ante su presencia).

Praeoccupare faciem, ponerse ante el rostro, equivale a *visere* (visitare). תודה no es una *confessio peccati*, confesión de pecado, sino de alabanza, *laudis*. La *beth* que precede a תודה es de acompañamiento, como en Miq 6, 6. La *beth* antes de זמרות (que según 2 Sam 23, 1 es el nombre de los Salmos, mientras la palabra מזמר solo puede utilizarse como una expresión técnica) es una *beth* de mediación.

95, 3–7b. El hecho de que Dios pueda ser adorado recibe una confirmación triple: él es exaltado sobre todos los dioses como rey, sobre todas las cosas como creador, y sobre su pueblo como pastor y gobernante.

אלהים (dioses) son aquí, como en Sal 96, 4; Sal 97, 7; Sal 97, 9, *passim*, los poderes del mundo natural y del mundo de los hombres, poderes a los que los gentiles deifican y llaman reyes (como Moloch, el fuego deificado), pero todos ellos están bajo el señorío de Yahvé, que se encuentra infinitamente exaltado por encima de todo aquello a lo que se llama "dios" o divino (Sal 96, 4; Sal 97, 9).

La suposición de que וְתוֹעֲפוֹת הָרִים (95, 4, cumbres de las montañas) son las minas (μέταλλα) de las montañas (Böttcher) es muy improbable, porque esa expresión aparece como antítesis de las מֶחְקְרֵי־אָרֶץ, que son las profundidades de la tierra. La derivación de וְתוֹעֲפוֹת, de יעף, κάμνειν, κοπιᾶν (fatigas, fatigarse) no responde tampoco al sentido de la palabra תועפות en Num 23, 22; Num 24, 8, porque fatigas y ser infatigables son nociones que se encuentran muy apartadas.

La expresión תוֹעֲפוֹת כסף de Job 22, 25 puede entenderse en la línea de "plata de fatigas", i. e., plata que proviene del trabajo fatigoso de los mineros. En esa línea, la expresión תועפות הרים de nuestro pasaje (Sal 95, 4) podría interpretarse como hacen Gussetius, Geier y Hengstenberg, tomando las cumbres (*cacumina*) de los montes en esa línea de "fatiga", *quia defatigantur qui eo ascendunt* (porque fatigan a los que suben a ellas), en la línea de תועפות כסף, que, en vez de llamarse la "plata de las fatigas" por el trabajo de su fabricación (Job 22, 25), podría llamarse plata de las montañas altas (fatigosas). Pero los LXX, que en Num 23, 33 y 24,

8 y en nuestro pasaje traducen τὰ ὕψη τῶν ὀρέων (la altura de las montañas), nos sitúan ante un camino más correcto.

El verbo וְעָף, es una transposición de וּפַע, y proviene de la raíz וּף, estar delante, por encima, ser elevado, según lo cual la palabra תּוֹעֲפוֹת igual a תּוֹעֲפוֹת significa "alturas", *eminentiae*, las cumbres o prominencias, en el sentido de lo más alto, de la mayor perfección (véase *Coment.* a Job 22, 25). En nuestro pasaje, esa palabra es un sinónimo del árabe *mîfan, mîfâtun, pars terrae eminens*, parte que sobresale de la tierra (del árabe *wfâ* יפע, algo que se eleva por encima). En esa línea se sitúan los nombres de "eminencia" que derivan del árabe *yf'* (que Hitzig vincula con los "dientes" o alturas de las montañas).

Dado que Yahvé es el "dueño" (cf. 1 Sam 2, 8), siendo el creador de todas las cosas, la llamada a la oración dirigida a Dios (95, 6: venid adoremos, postrémonos…) conviene de un modo especial a Israel, el pueblo que, antes que todos los demás, es creación de Dios, es decir, creación de su poder milagroso de gracia, como el texto dice por segunda vez.

En esta llamada o invitación, הִשְׁתַּחֲוָה (בֹּאוּ נִשְׁתַּחֲוֶה וְנִכְרָעָה נִבְרְכָה לִפְנֵי־יְהוָה, venid, adoremos y postrémonos) significa extenderse totalmente sobre el suelo, de cuerpo entero, en actitud propia de adoración; כָּרַע, por su parte, es inclinarse con cortesía. Finalmente, בָּרַךְ, árabe *baraka*, partiendo del sentido radical de inclinarse, ha terminado significando arrodillarse, ponerse de rodillas, *in genua* (πρόχνυ, *pronum* que es igual a *procnum*) *procumbere*, inclinarse de un modo total, cayendo sobre las rodillas, 2 Cron 6, 13 (cf. G. H. Lemann, *Bibelstudien*, I. 135s).

Junto a מַרְעִיתוֹ עַם, (95, 7a) pueblo de sus pastos, צֹאן יָדוֹ no es el rebaño formado por sus manos creadoras (en contra de Agustín: *ipse gratiâ suâ nos oves fecit*, él mismo, por su gracia nos hizo sus ovejas), sino, según Gen 30, 35, el rebaño que está bajo su protección, el rebaño dirigido y defendido por su mano sabia y poderosa. Böttcher traduce "el rebaño que está bajo su cuidado"; pero en ese sentido (cf. Jer 6, 3), יָד significa un lugar, y la expresión "rebaño de su lugar" parece menos apropiada.

95, 7c–11. El segundo decaestico comienza en el centro de 95, 7 (texto masorético). Hasta este momento la Iglesia ha querido despertarse para aparecer delante de su Dios. Ahora es la voz de Dios (Hebr 4, 7) la que nos amonesta con toda seriedad, resonando desde el santuario.

Dado que, en 95, 7, שָׁמַע בְּ no significa simplemente escuchar, *sino escuchar con obediencia*, no puede ser una prótasis condicionante para lo que sigue. Hengstenberg desea suplir la apódosis: "Entonces, Dios te bendecirá a ti, que eres su pueblo…". Pero también en otros casos (cf. Sal 81, 9; Sal 139, 19; Prov 24, 11), como sucede con אִם, לוּ (cf. הַיּוֹם אִם־בְּקֹלוֹ תִשְׁמָעוּ) tiene un sentido optativo, que queda claro por la supresión de una apódosis entendida en forma de promesa.

La palabra *hoy*, הַיּוֹם, colocada al principio del texto, pone de relieve su sentido de presente, de manera que la llamada a la obediencia se sitúa en el centro de la frase, como momento clave de cambio. La voz de advertencia divina es como un aviso que golpea en la mente del pueblo autoendurecido de Israel, un tema planteado con toda fuerza por la referencia a Meríbah, en el día de Masah. A lo que el texto se refiere es, como en el Sal 81, 1, al hecho de que Israel tentó a Dios en el año segundo del exilio, a causa de la falta de agua, en los alrededores del Horeb, en el lugar que por esa razón se llamó *Massah u-Meríbah* (Ex 17, 1-7).

Por eso, esta referencia tiene que distinguirse de la tentación de Dios en el año cuarenta del Éxodo, en *Meríbah*, es decir, en las aguas de la disputa, cerca de Kadesh (escrito el texto entero: *Mê-Meríbah Kadesh*, o más brevemente: *Mê-Meríbah*), Num 20, 2-13 (cf. *Coment.* a Sal 78, 20). Estrictamente hablando, כִּמְרִיבָה no significa más que *Meribah*, como en el Sal 83, 10, en la tierra de los madianitas. Pero, teniendo en cuenta el contexto y la totalidad del argumento, כ es equivalente a כְּעַל en el Sal 106, 32, como כְּיוֹם es equivalente a כְּבְיוֹם.

Sobre אֲשֶׁר (cf. 95, 9: אֲשֶׁר נִסּוּנִי אֲבוֹתֵיכֶם, donde/*quum* me tentaron vuestros padres, cf. también Dt 11, 6). El significado de גַּם־רָאוּ פָעֳלִי no es que "ellos también (גַם como en el Sal 52, 7) habían visto su obra". La referencia a la salida del agua de la roca habría introducido en el tema una referencia que aquí no es central, y además resulta poco definida para ser entendida partiendo del juicio sobre aquellos que habían tentado a Dios (Hupfeld y Hitzig).

Esa afirmación (גַּם־רָאוּ פָעֳלִי, también vieron mi obra) ha de traducirse más bien: "no obstante (*homoos*, Ewiger, 354a), a pesar de que habían (= aunque habían, cf. גַם en Is 49, 15) visto su obra (su maravillosa guía y protección), de manera que podían estar seguros de que él (Dios) no permitiría que fueran destruidos".

El verbo קוט, (95, 10: אַרְבָּעִים שָׁנָה אָקוּט בְּדוֹר, cuarenta años estuve disgustado con la nación/generación) tiene el sentido de κοτέω, κότος. La palabra בְּדוֹר ha sido traducida por los LXX como τῇ γενεᾷ ἐκείνῃ (con aquella generación), sin más referencia, a fin de que ella pueda entenderse de manera más cualitativa que relativa, como referencia a toda una generación.

Con 95, 10: וָאֹמַר עַם תֹּעֵי לֵבָב (y decía: pueblo que divaga de corazón...), Yahvé está evocando las repetidas veces que ha amonestado al pueblo, diciéndole que le ha ofendido con su infidelidad de corazón, inclinado siempre al error que conduce a la destrucción. Pues bien, esas declaraciones de Dios no habían producido fruto. Precisamente por eso, como resultado de la ineficacia de su indignación (con אֲשֶׁר, que no se entiende aquí como ὅτι, sino como ὥστε, igual que en Gen 13, 16; Dt 28, 27; Dt 28, 51; 2 Rey 9, 37, *passim*), este pasaje añade *él juró*, etc. En 95, 11, אִם tiene aquí el sentido de "verdaderamente no", Gesenius 155s, con la forma de futuro enfático que sigue. Esta palabra de Dios se está refiriendo al juramento de Num 14, 27.

La generación antigua murió en el desierto y, por lo tanto, no pudo entrar en el "descanso" de Dios, a causa de su desobediencia. De un modo consecuente, si ahora, varios siglos después de Moisés, los israelitas son invitados por el salterio davídico a adorar con sometimiento a Yahvé, con una llamada significativa (¡hoy, si escucháis su voz...!), amonestándoles con el mal ejemplo de los padres para que respondan con una obediencia de fe, eso significa que tanto ahora, como en el tiempo antiguo, la puerta de entrada en el descanso de Dios está abierta para ellos.

Por su desobediencia, los antepasados perdieron ese "descanso". Ciertamente tomaron posesión de la tierra de Canaán, pero esa posesión no fue la מנוחה, el verdadero descanso prometido (Dt 12, 9). Ese es el sentido del hondo pensamiento que asume y desarrolla el autor de la Carta a los Hebreos (cap. 3-4), partiendo del texto de este salmo.

Salmo 96. Saludo ante la venida del Reino de Dios

שִׁירוּ לַיהוָה שִׁיר חָדָשׁ שִׁירוּ לַיהוָה כָּל־הָאָרֶץ: ¹

שִׁירוּ לַיהוָה בָּרֲכוּ שְׁמוֹ בַּשְּׂרוּ מִיּוֹם־לְיוֹם יְשׁוּעָתוֹ: ²

סַפְּרוּ בַגּוֹיִם כְּבוֹדוֹ בְּכָל־הָעַמִּים נִפְלְאוֹתָיו: ³

כִּי גָדוֹל יְהוָה וּמְהֻלָּל מְאֹד נוֹרָא הוּא עַל־כָּל־אֱלֹהִים: ⁴

כִּי כָּל־אֱלֹהֵי הָעַמִּים אֱלִילִים וַיהוָה שָׁמַיִם עָשָׂה: ⁵

הוֹד־וְהָדָר לְפָנָיו עֹז וְתִפְאֶרֶת בְּמִקְדָּשׁוֹ: ⁶

הָבוּ לַיהוָה מִשְׁפְּחוֹת עַמִּים הָבוּ לַיהוָה כָּבוֹד וָעֹז: ⁷

הָבוּ לַיהוָה כְּבוֹד שְׁמוֹ שְׂאוּ־מִנְחָה וּבֹאוּ לְחַצְרוֹתָיו: ⁸

הִשְׁתַּחֲווּ לַיהוָה בְּהַדְרַת־קֹדֶשׁ חִילוּ מִפָּנָיו כָּל־הָאָרֶץ: ⁹

אִמְרוּ בַגּוֹיִם יְהוָה מָלָךְ אַף־תִּכּוֹן תֵּבֵל בַּל־תִּמּוֹט יָדִין עַמִּים בְּמֵישָׁרִים: ¹⁰

יִשְׂמְחוּ הַשָּׁמַיִם וְתָגֵל הָאָרֶץ יִרְעַם הַיָּם וּמְלֹאוֹ: ¹¹

יַעֲלֹז שָׂדַי וְכָל־אֲשֶׁר־בּוֹ אָז יְרַנְּנוּ כָּל־עֲצֵי־יָעַר: ¹²

לִפְנֵי יְהוָה כִּי בָא כִּי בָא לִשְׁפֹּט הָאָרֶץ יִשְׁפֹּט־תֵּבֵל בְּצֶדֶק וְעַמִּים בֶּאֱמוּנָתוֹ: ¹³

¹ Cantad a Jehová cántico nuevo; cantad a Jehová toda la tierra.

² Cantad a Jehová, bendecid su nombre. Anunciad de día en día su salvación;

³ proclamad entre las naciones su gloria, en todos los pueblos sus maravillas,

⁴ porque grande es Jehová y digno de suprema alabanza;
temible sobre todos los dioses.

⁵ Todos los dioses de los pueblos son ídolos; pero Jehová hizo los cielos.

⁶ ¡Alabanza y magnificencia delante de él! ¡Poder y hermosura en su santuario!

⁷ Tributad a Jehová, familias de los pueblos, dad a Jehová la gloria y el poder.

⁸ Dad a Jehová la honra debida a su nombre; traed ofrendas y venid a sus atrios.

⁹ Adorad a Jehová en la hermosura de la santidad;
temed delante de él, toda la tierra.

¹⁰ Decid entre las naciones, "¡Jehová reina! También afirmó el mundo,
no será conmovido; juzgará a los pueblos con justicia".
¹¹ Alégrense los cielos y gócese la tierra; brame el mar y su plenitud.

¹² Regocíjese el campo y todo lo que hay en él;
entonces todos los árboles del bosque rebosarán de contento
¹³ delante de Jehová, que vino, porque ha venido a juzgar la tierra.
¡Juzgará al mundo con justicia y a los pueblos con su verdad!

Lo que decía el Sal 95, 3: "Un gran Dios es Yahvé, y un gran rey sobre todos los dioses", se repite en Sal 96, 1-13.

— *Los LXX* ponen como encabezado Ὠδὴ τῷ Δαυίδ, y *el Cronista* ha tomado casi la totalidad de este salmo, que se habría cantado el día de la entrada del Arca en Jerusalén (1 Cron 16, 23-33); pero como muestran las referencias cruzadas de 1 Cron 16, 22-23 y 33-34 (cf. también *Coment.* a Sal 105), este salmo parece un tipo de mosaico compuesto para expresar el tono y los rasgos festivos del traslado del arca a Jerusalén.
— *El encabezado de los LXX* sigue poniendo: ὅτε ὁ οἶκος ᾠκοδομεῖτο (Cod. Vaticano: ᾠκοδόμηται) μετὰ τὴν αἰχμαλωσίαν (cuando la casa fue edificada después del cautiverio). En esa línea, los LXX interpretan correctamente ese salmo como un canto postexílico, y de esa manera este salmo en su conjunto refleja los cambios y avances que Israel ha ido experimentado en el tiempo del exilio en relación con su misión en el mundo.

Aquí recibe sus ecos más triunfantes, gozosos y líricos la conciencia de que la religión de Yahvé está destinada para extenderse a la humanidad en su conjunto. Por otra parte, el tono básico de este salmo nos sitúa en el contexto del Deutero-Isaías. La intención básica de Is 40ss había sido descubrir y declarar la gloria suprema de la misión apostólica a la que Israel había sido elevado a través de la hondura de la aflicción que había sufrido en el exilio.

Todos estos cantos postexílicos se acercan mucho más que los preexílicos al espíritu del Nuevo Testamento. En esa línea, el carácter más hondo del Antiguo Testamento, liberado de sus barreras y limitaciones, se muestra en ese proceso que se va desplegando a través de la historia de Israel, un proceso en que el Exilio fue uno de los momentos de crisis y progreso más importantes.

De esa manera, tomado en sentido estricto, el salmo 96 es mucho más mesiánico que muchos textos que suelen llamarse mesiánicos, pues el punto central del evangelio del Antiguo Testamento (su anuncio de salvación: *Heilsverkündigung*) no se centra en la venida del Mesías como tal, sino en la aparición (parusía) de Yahvé. Este hecho se explica bien por la circunstancia de que, en el Antiguo Testamento, el misterio de la encarnación queda todavía más allá del conocimiento de la revelación y de la experiencia de la salvación.

Por eso, toda intervención particular de un pueblo en el tema de la salvación va apareciendo como una cosa puramente humana, y en esa línea se entiende como algo que en el fondo va en contra de Dios, en un contexto de nación particular. Según eso, aunque tenga algunos rasgos que parecen sobrehumanos, el rey davídico que se espera es solamente un hombre, ciertamente un hombre de Dios, pero no igual a Dios, no un Dios-hombre.

Ciertamente, cuanto más nos acercamos a la revelación de Cristo, el misterio de la encarnación va arrojando sus luces sobre la profecía, pero el sol de Cristo permanece siempre más allá del horizonte, de manera que la redención aparece ante todo como un acto del propio Yahvé, de manera que el mensaje central de "viene Yahvé" sigue siendo la palabra clave y el lema del último de los profetas (Mal 3).

Las estrofas de cinco-seis líneas de este salmo 96 no deben equivocarnos. El Cronista (1 Cron 16, 8-36, especialmente 23-33) ha dejado fuera cinco líneas de este salmo, desorganizando, por tanto, su estructura estrófica; por otra parte, él ha cambiado de lugar una línea. Por eso, la originalidad de este salmo ha de verse por la forma en que aparece en el salterio, de manera que, teniendo eso en cuenta, podemos ver mejor la falta de independencia del Cronista que, por otra parte, trata este salmo como historiador, no como poeta.

96, 1-3. *Llamada a la nación de Yahvé para que cante la alabanza de su Dios* y ponga de relieve la evangelización a los paganos. La invitación שירו, se repite tres veces. Este canto ve las cosas de una forma nueva, y las canta desde un presente que aparece como principio que garantiza el despliegue de un nuevo estado de cosas, es decir, del reconocimiento de Yahvé a través de toda la historia de las naciones, un Dios que eleva y despliega su señorío sobre toda la tierra.

Este salmo es, por lo tanto, un eco de la revelación de la salvación y gloria de Dios que se aproximna. Así, ofrece el material inexhaustible de las buenas nuevas gozosas que se expanden y se proclaman de día en día (ליום מיום, como en Est 3, 7, mientras que en el Cronista encontramos אל־יום מיום como en Num 30, 15). El texto del Sal 96, 1 aparece verbalmente en Is 42, 10. Por su parte, el Sal 96, 2 nos recuerda a Is 52, 7 y a Is 60, 6. Finalmente, el Sal 96, 3 está vinculado con Is 66, 19.

96, 4–6. La confirmación de la llamada de la gloria de Yahvé se vuelve ahora manifiesta. La cláusula del Sal 96, 4, lo mismo que la del Sal 145, 3, está tomada del Sal 48, 2. La expresión כָּל־אֱלֹהִים es el plural del כָּל־אֱלוֹהַ, todo Dios, 2 Cron 32, 15 (נוֹרָא הוּא עַל־כָּל־אֱלֹהִים, temible sobre todo lo divino). El artículo puede aparecer o ser omitido en כָּל־אֱלֹהִים (Sal 95, 3, cf. Sal 113, 4).

Todos los *elohim*, es decir, los dioses de los pueblos, son אֱלִילִים, palabra que viene del negativo אַל, son "nadas", dioses que no sirven de nada, sin realidad, sin "utilidad". Los LXX traducen δαιμόνια, demonios, como si la palabra hebrea fuera שֵׁדִים (cf. 1 Cor 10, 20), que es más correcta que ídolos, εἴδωλα (Ap 9, 20). Lo que dice el Sal 96, 5 aparece también en Is 40 e Is 44, y en otros lugares. Esa palabra אֱלִילִים referida a dioses aparece en Isaías más que en ningún otro lugar.

El santuario (Sal 96, 6: הוֹד־וְהָדָר לְפָנָיו עֹז וְתִפְאֶרֶת בְּמִקְדָּשׁוֹ, gloria y alabanza ante él, poder y hermosura en su santuario) es aquí el templo de la tierra. Desde Jerusalén, sobre la cual brota antes que en ningún otro lugar la luz (Is 60), es decir, la *doxa* supraterrena de Dios, hace que esa luz se revele y expanda desde ella en todo el mundo. הוֹד־וְהָדָר son las palabras que se emplean para destacar la gloria real. El Cronista lee בְּמִקְמוֹ וְחֶדְוָה עֹז, poder y gloria en su "lugar".

הָדָר es una palabra hebrea tardía, lo mismo que אַחֲוָה, fraternidad, amor fraterno (cf. Ex 18, 9). Con el lugar de Dios uno puede asociar el pensamiento del templo celeste de Dios, en su espacio trascendente. El Cronista podría haber alterado בְּמִקְדָּשׁוֹ poniendo בְּמִקְמוֹ porque cuando el arca fue trasladada a Jerusalén el templo (בֵּית הַמִּקְדָּשׁ) no había sido todavía construido.

96, 7–9. Estos versos transmiten la llamada para que las familias de los pueblos adoren a Dios, el Único Dios, el viviente. הָבוּ se repite aquí tres veces, lo mismo que en Sal 29, 1-11, del que toda esta estrofa es un eco. Isaías 60 contemplaba cómo todos los pueblos vienen con dones, que ellos han de llevar, según mandato, a los atrios de Yahvé (Crónicas pone solo לְפָנָיו, ante él, no en sus atrios).

En vez de הַשְׁתַּחֲווּ לַיהוָה בְּהַדְרַת־קֹדֶשׁ (קֹדֶשׁ בְּהַדְרַת, adorad a Yahvé en la hermosura de su santidad), como pone este pasaje hebreo y el Cronista, los LXX suponen que se repite una vez más la palabra "en sus atrios" (חֲצֵרֹת). Pero la dependencia de este pasaje respecto a Sal 29, 1-11 ofrece la garantía de que el texto original está diciendo que se acuda a Yahvé con las "vestiduras santas", lo mismo que en la parábola del Banquete en el Nuevo Testamento (Mt 22). En lugar de מִפָּנָיו, el Sal 96, 9 pone מִלְּפָנָיו, alternando así las dos expresiones, 2 Cron 32, 7, cf. 1 Cron 19, 18.

96, 10–11. Aquello que se debe decir y proclamar entre los pueblos es el gozoso evangelio del reino del cielo, que ahora va a realizarse. La palabra clave o estribillo (Yahvé es Rey: יְהוָה מָלָךְ) es la misma de Is 52, 7. Los LXX traducen correctamente ὁ κύριος ἐβασίλευσε (el Señor ha reinado)[11], pues la palabra מלך ha de entenderse aquí en sentido histórico (Ap 11, 17).

Igual que en el Sal 93, 1, la partícula אף introduce aquello que se deriva de ese hecho (del reinado de Dios), y lo hace de una forma abierta, dirigida a todos los pueblos. El mundo inferior, conmovido antes por guerra y anarquía, aparece ahora fundado sobre bases que no pueden ser conmovidas, bajo el orden justo y amoroso de Dios.

Este es el anuncio gozoso de la nueva era, que el poeta predice a partir de su propio tiempo, cuando describe el gozo que llenará el conjunto de la creación. En conexión con esto ha de recordarse que Sal 96, 11a y Sal 96, 11b contienen el acróstico de los nombres divinos, יהוה y יהו.

Esta vinculación de todas las creaturas en el gozo de Yahvé constituye uno de los rasgos característicos de Is 40ss. Estos rasgos aparecen ya destacados en Is 35, 1: "El mar y su plenitud" (cf. también Is 42, 10). En el Cronista, el verso del Sal 96, 10 (ויאמרו en vez de אמרו) aparece entre Sal 96, 11a y Sal 96, 11b. Por su parte, utilizando toda su "ingenuidad" a favor de una recensión más Antigua del texto, Hitzig piensa que eso se debe a un descuido del copista.

96, 12–13. El Cronista cambia שדי por el prosaico השדה, y, omite כל en כל־עצי־ יעל. El salmista sigue en esta parte el modelo de Isaías, haciendo que los árboles del bosque exulten y aplaudan (cf. Is 55, 12; 44, 23). Así aparece aquí la partícula אז (אָז יְרַנְּנוּ, entonces se alegrarán), que anuncia el tiempo festivo para todas las creaturas, tiempo que comienza con la venida de Yahvé, como en Is 35, 5.

En vez de לפני, delante de (cf. 93, 13: לִפְנֵי יְהֹוָה), el Cronista pone מלפני, término que es muy familiar para él y que está ocasionado por la aparición de Yahvé. El Sal 96, 13 suena de un modo muy parecido al Sal 9, 9. El Cronista ha reducido el texto del Sal 96, 13, apelando a la formulación mosaica tomada del Sal 105.

Al final, el poeta se eleva desde el pasado ideal al futuro prometido. La palabra בא (לִפְנֵי יְהֹוָה כִּי בָא כִּי בָא לִשְׁפֹּט הָאָרֶץ) es un participio (que viene, está viniendo, para juzgar la tierra, cf. Ewiger, 200). Tras juzgar y organizar la tierra, habiendo realizado el castigo, Yahvé gobernará sobre el mundo con justicia misericordiosa, con fidelidad a sus promesas.

---

11. El *Psalterium Veronense* añade *apo xylu*, Cod. 156, latinización de ἀπὸ τῷ ξύλῳ (desde el árbol). En los Salterios Latinos (a excepción de la Vulgata) la expresión *a ligno* es, sin duda, el añadido de una mano posterior cristiana, un añadido al que Justino y los antiguos Padres latinos han dado mucha importancia.

Salmo 97. Llegada del Reino; Dios juez y salvador

1 יְהוָה מָלָךְ תָּגֵל הָאָרֶץ יִשְׂמְחוּ אִיִּים רַבִּים:

2 עָנָן וַעֲרָפֶל סְבִיבָיו צֶדֶק וּמִשְׁפָּט מְכוֹן כִּסְאוֹ:

3 אֵשׁ לְפָנָיו תֵּלֵךְ וּתְלַהֵט סָבִיב צָרָיו:

4 הֵאִירוּ בְרָקָיו תֵּבֵל רָאֲתָה וַתָּחֵל הָאָרֶץ:

5 הָרִים כַּדּוֹנַג נָמַסּוּ מִלִּפְנֵי יְהוָה מִלִּפְנֵי אֲדוֹן כָּל־הָאָרֶץ:

6 הִגִּידוּ הַשָּׁמַיִם צִדְקוֹ וְרָאוּ כָל־הָעַמִּים כְּבוֹדוֹ:

7 יֵבֹשׁוּ כָּל־עֹבְדֵי פֶסֶל הַמִּתְהַלְלִים בָּאֱלִילִים הִשְׁתַּחֲווּ־לוֹ כָּל־אֱלֹהִים:

8 שָׁמְעָה וַתִּשְׂמַח צִיּוֹן וַתָּגֵלְנָה בְּנוֹת יְהוּדָה לְמַעַן מִשְׁפָּטֶיךָ יְהוָה:

9 כִּי־אַתָּה יְהוָה עֶלְיוֹן עַל־כָּל־הָאָרֶץ מְאֹד נַעֲלֵיתָ עַל־כָּל־אֱלֹהִים:

10 אֹהֲבֵי יְהוָה שִׂנְאוּ רָע שֹׁמֵר נַפְשׁוֹת חֲסִידָיו מִיַּד רְשָׁעִים יַצִּילֵם:

11 אוֹר זָרֻעַ לַצַּדִּיק וּלְיִשְׁרֵי־לֵב שִׂמְחָה:

12 שִׂמְחוּ צַדִּיקִים בַּיהוָה וְהוֹדוּ לְזֵכֶר קָדְשׁוֹ:

1 ¡Jehová reina! ¡Regocíjese la tierra! ¡Alégrense las muchas costas!

2 Nubes y oscuridad alrededor de él; justicia y juicio son el cimiento de su trono.

3 Fuego irá delante de él y abrasará a sus enemigos alrededor.

4 Sus relámpagos alumbraron el mundo; la tierra vio y se estremeció.

5 Los montes se derritieron como cera delante de Jehová,
delante del Señor de toda la tierra.

6 Los cielos anunciaron su justicia y todos los pueblos vieron su gloria.

7 Avergüéncense todos los que sirven a las imágenes de talla,
los que se glorían en los ídolos. Póstrense ante él todos los dioses.

8 Oyó Sión y se alegró; y las hijas de Judá se gozaron, Jehová, por tus juicios,

9 porque tú, Jehová, eres el Altísimo sobre toda la tierra;
eres muy exaltado sobre todos los dioses.

10 Los que amáis a Jehová, aborreced el mal;
él guarda las almas de sus santos; de manos de los impíos los libra.

11 Luz está sembrada para el justo y alegría para los rectos de corazón.

12 ¡Alegraos, justos, en Jehová, y alabad la memoria de su santidad!

Este es el único salmo que tiene como encabezado מזמור, sin más añadido; y por eso se le llama en *B. Aboda Zara*, 24b, יתומא מזמורא (salmo huérfano). La *peshita* siríaca pone en el encabezado: *de redemtione populi ex Aegypto* (de la redención del pueblo de Egipto). Sin embargo, este salmo nuevo no es el canto de Moisés, sino una contrapartida de ese (cf. Ap 15, 3).

En este salmo la exclamación "el Señor Reina" resuena por primera vez junto al mar; aquí se canta la culminación que comenzó junto al mar (a la salida de Egipto), llegando a la gloria final del reino de Dios que irrumpe y se expande plenamente por medio de su juicio. El comienzo y fin están tomados de Sal 96. Casi todo lo que queda en medio, entre ese principio y final, está tomado de la segunda parte de Isaías. El libro de la consolación de Isaías para los exiliados viene a presentarse así como una especie de "fuente de Castalia" (junto al oráculo de Delfos) para la lírica religiosa de los salmos.

El tema de este salmo es también la venida de Yahvé para establecer su reino a través del juicio, y su palabra clave es *Yahvé reina* (יְהוָה מָלָךְ). Los LXX ponen el encabezado: τῷ Δαυίδ ὅτε ἡ γῆ αὐτοῦ καθίσταται/καθίστατο (de David, cuando la tierra sea restituida por él). Jerónimo dice: *quando terra ejus restituta est.*

La palabra τῷ Δαυίδ no tiene consistencia histórica. El tiempo de la restauración, en el que surge este salmo es el tiempo postexílico; pero el salmo en su forma actual está compuesto como un mosaico de temas y citas tomadas de pasajes originales de David y de los salmos asáficos y de los profetas, especialmente de Isaías, siendo resultado y expresión de la conciencia religiosa que proviene del tiempo posterior al exilio.

97, 1-3. Aquí tenemos muchos ecos de la literatura más antigua. Para el Sal 97, 1, cf. Is 42, 10-12; Is 51, 5. Para el Sal 97, 2a, cf. Sal 18, 10. 12. El Sal 97, 2b es igual al Sal 89, 15. Para el Sal 97, 3a, cf. Sal 50, 3; Sal 18, 9. Finalmente, para el Sal 97, 3b, cf. Is 42, 25. Comenzando con la llegada del Reino de Dios en el presente (יְהוָה מָלָךְ), el poeta se sitúa ante la perspectiva del Reino que ha de venir. A partir de aquí recoge y proclama un rico material que invita a la alegría universal.

El verbo תָּגֵל הָאָרֶץ, se alegra la tierra) está en indicativo, como en el Sal 96, 11, y frecuentemente. אִיִּים רַבִּים (רַבִּים, las numerosas islas o costas) son "todas", pues "muchos" significa en este contexto "todos" (cf. Is 52, 15). La descripción de la teofanía, para la que el Sal 97, 2 está preparando el camino, recuerda la de Hab 3.

Envolviéndose en oscuridad, Dios ofrece el testimonio de su seriedad judicial. Él viene como juez, de forma que así pone de relieve el fundamento de su trono real y de su tribunal de juicio. Su heraldo es el fuego que consume por todas partes a sus adversarios, como aquel fuego de la columna de nube consumió en otro tiempo a los egipcios en el éxodo.

97, 4-6. También aquí encontramos básicamente ecos de la literatura anterior: Sal 97, 4 es igual a Sal 77, 19, cf. también Sal 77, 17. Para el Sal 97, 5, cf. Miq 1, 4 y 4, 13. Por su parte, 97, 6 es igual al Sal 50, 6; cf. Is 35, 2; 40, 5; 52, 10; 66, 18. El poeta describe aquí, con certeza histórica, aquello que ha de suceder en el futuro. Lo que el Sal 77, 19 dice sobre la manifestación de Dios en los tiempos primordiales lo transfiere este salmo a la revelación de Dios en los tiempos finales.

La tierra lo ve y a consecuencia de ello comienza a temblar (97, 4: הָאָרֶץ רָאֲתָה וַתָּחֵל, la tierra lo vio y se estremeció). Esa lectura ratificada por Heidenheim y Baer se sitúa en la línea de 1 Sam 31, 3, y puede compararse con palabras como וַתְּשַׂם, y וְתִּרֶם, וַתָּקָם, וַתָּבֶן. La figura de la cera que se derrite se encuentra en el Sal 68, 3. También en otros lugares a Yahvé se le llama "Señor de toda la tierra", cf. Zac 4, 14 y 6, 5.

La proclamación de los cielos es una expresión de alegría, como en el Sal 96, 11. Los cielos proclaman la radicalidad judicial estricta con la que Yahvé, de acuerdo con sus promesas, realiza su plan de salvación, que culminará en el hecho de que todos los hombres verán la gloria de Dios.

97, 7–8. Cuando se manifieste la gloria de Yahvé, todo aquello que se opone a ella será castigado y consumido por su luz (por su fuego). Aquellos que sirven a los ídolos se volverán conscientes de su engaño, y lo harán con vergüenza y terror, cf. Is 42, 17; Jer 10, 14. Entonces, los poderes sobrehumanos (LXX, ἄγγελοι), que han sido deificados por los paganos, se inclinarán ante aquel que es el único Elohim o Dios, como personalidad absoluta.

Por su parte, הִשְׁתַּחֲווּ־לוֹ כָּל־אֱלֹהִים (הִשְׁתַּחֲווּ, ante él se postran todos los dioses) no es imperativo (como en LXX, Siríaco), pues como mandato esta frase sería abrupta, y no tendría conexión con el resto del texto. Este verbo es más bien un perfecto, que indica aquello que está sucediendo. La cita de Hebr 1, 6 está tomada de Dt 32, 3 (LXX), aunque en el contexto de Sal 97, 7-88 (en la línea del Sal 48, 12) retoma el motivo anterior y lo aplica a su propia nación (Israel).

Cuando escucha que Yahvé se ha revelado, y que el mundo entero con todos sus poderes se ha inclinado ante él, Sión se alegra, porque su Dios ha venido a ser reconocido así entre todos los pueblos. Y de esa forma todas las comunidades hijas de la tierra judía exultan con Sión, con la madre iglesia, por la salvación que llega a través de los juicios de Dios.

97, 9. Este verso es un "epifonema", una reflexión en la que el salmista admira y comenta lo que está sucediendo, como en un "aparte". Esta reflexión consta de dos esticos y recoge motivos ya expuestos en Sal 83, 19 y Sal 47, 3. Con este epifonema podía haber terminado el texto, pero en su forma actual el salmo sigue con una estrofa de tipo exhortativo, que quizá pudo ser añadida en un momento posterior.

97, 10–12. El Sal 97, 12a es como el Sal 3, 11; por su parte, el Sal 97, 12b es igual al Sal 30, 5. La promesa del conjunto de este verso es como la del Sal 37, 28 y el Sal 34, 21. Pero, en todo lo demás, especialmente en 97, 11, esta estrofa tiene un mensaje original: es una amonestación a la fidelidad a Yahvé, en un momento en que parecía triunfar un espíritu pasivo de sometimiento al paganismo, mientras que la firme confesión y la adhesión firme a Yahvé estaba amenazada con la pérdida de la vida (es decir, con la condena a muerte).

Aquellos que se mantuvieron firmes en su confesión, en un momento como el de los macabeos recibieron el nombre de "asideos", Ἀσιδαῖοι, חסדיו. Esta es la afirmación central del salmo, en tiempos de persecución: Yahvé guarda las "almas" (= vidas) de sus asideos (חֲסִידָיו, los que mantienen su *hesed*, su pacto de misericordia, cf. 97, 12: שֹׁמֵר נַפְשׁוֹת חֲסִידָיו מִיַּד רְשָׁעִים יַצִּילֵם).

La hermosa figura del Sal 97, 11 ha sido mal comprendida por las versiones antiguas que leen זרח (cf. Sal 112, 4) en vez de זרע. La palabra sobre la "semilla" no significa aquí arrojar o esparcir la semilla en la tierra, sino sembrarla (= sembrar la luz) a lo largo del camino de la vida, de manera que el justo (el *asideo*, que vive a la luz del *hesed* de Dios) avanza paso a paso en la luz.

Hitzig compara rectamente esa expresión con las palabras griegas *kidnatai skidnatai*, que evocan el nacimiento de la luz por la mañana y su oscurecimiento con la puesta del sol. De esa primera imagen del nacimiento de la luz dirá Virgilio, *Aen*. IV, 584s: *et jam prima novo spargebat lumine terras* (y ya la primera aurora con su nueva luz inundaba las tierras).

Samol 98. Saludos al Dios conocido por su justicia y salvación

¹ מִזְמוֹר שִׁירוּ לַיהוָה׀ שִׁיר חָדָשׁ כִּי־נִפְלָאוֹת
עָשָׂה הוֹשִׁיעָה־לּוֹ יְמִינוֹ וּזְרוֹעַ קָדְשׁוֹ:
² הוֹדִיעַ יְהוָה יְשׁוּעָתוֹ לְעֵינֵי הַגּוֹיִם גִּלָּה צִדְקָתוֹ:
³ זָכַר חַסְדּוֹ׀ וֶאֱמוּנָתוֹ לְבֵית יִשְׂרָאֵל רָאוּ כָל־אַפְסֵי־אָרֶץ אֵת יְשׁוּעַת אֱלֹהֵינוּ:
⁴ הָרִיעוּ לַיהוָה כָּל־הָאָרֶץ פִּצְחוּ וְרַנְּנוּ וְזַמֵּרוּ:
⁵ זַמְּרוּ לַיהוָה בְּכִנּוֹר בְּכִנּוֹר וְקוֹל זִמְרָה:
⁶ בַּחֲצֹצְרוֹת וְקוֹל שׁוֹפָר הָרִיעוּ לִפְנֵי׀ הַמֶּלֶךְ יְהוָה:
⁷ יִרְעַם הַיָּם וּמְלֹאוֹ תֵּבֵל וְיֹשְׁבֵי בָהּ:
⁸ נְהָרוֹת יִמְחֲאוּ־כָף יַחַד הָרִים יְרַנֵּנוּ:
⁹ לִפְנֵי־יְהוָה כִּי בָא לִשְׁפֹּט הָאָרֶץ יִשְׁפֹּט־תֵּבֵל בְּצֶדֶק וְעַמִּים בְּמֵישָׁרִים:

¹ Cantad a Jehová un cántico nuevo, porque ha hecho maravillas;
su diestra lo ha salvado y su santo brazo.

² Jehová ha hecho notoria su salvación;
a vista de las naciones ha descubierto su justicia.

³ Se ha acordado de su misericordia y de su verdad para con la casa de Israel;
todos los términos de la tierra han visto la salvación de nuestro Dios.

⁴ Cantad alegres a Jehová, toda la tierra. Levantad la voz, aplaudid y cantad salmos.

⁵ Cantad salmos a Jehová con arpa; con arpa y voz de cántico.
⁶ Aclamad con trompetas y sonidos de bocina, delante del Rey, Jehová.

⁷ Brame el mar y su plenitud, el mundo y los que en él habitan;
⁸ los ríos batan las manos, regocíjense todos los montes
⁹ delante de Jehová, porque vino a juzgar la tierra.
Juzgará al mundo con justicia y a los pueblos con rectitud.

98, 1–3. El tema del Sal 98, 1ab lo hemos encontrado ya en el Sal 96, 1. Lo que sigue en el Sal 98, 1c está tomado de Is 52, 10; 63, 5, cf. Sal 98, 7; 59, 16; 40, 10. El pasaje originario de Is 52, 10 muestra que el *athnach* del Sal 98, 2 está correctamente colocado. לְעֵינֵי (a los ojos de, abiertamente) es lo contrario de los simple rumores (cf. árabe *l-l-'yn*, algo que se sabe por observación propia, en oposición al árabe *l-l-chbr*, lo que se sabe por rumor de otras personas). El dativo לבית depende de יִשְׂרָאֵל וִיזַכֹּר, de acuerdo con el Sal 106, 45, cf. Lc 1, 54, canto del *Benedictus*: חַסְדּוֹ | וֶאֱמוּנָתוֹ לְבֵית יִשְׂרָאֵל, su misericordia y verdad para con la casa de Israel.

98, 4–6. La invitación de 98, 4 pide que se responda con una gozosa manifestación de las voces diversas, algo que se puede hacer de varias maneras: en 98, 5, con la unión del canto y de la música de instrumentos de cuerda, como hacen los levitas; en 98, 5 con el sonido de instrumentos de viento, como hacen los sacerdotes. Sobre 98, 4, cf. Is 52, 9, junto con Is 14, 7 (dado que פִּצְחוּ וְרַנְּנוּ es equivalente a פִּצְחוּ רִנָּה). La expresión וְקוֹל זִמְרָה, voz del canto, se encuentra también en Is 51, 3.

98, 7–9. Estos versos ofrecen también un eco del lenguaje anterior de los salmos y de los profetas. El Sal 98, 7a es igual a 96, 11. El Sal 98, 7b es como el Sal 24, 1. El Sal 98, 8 toma los motivos de Is 55, 12, pero en vez de la expresión habitual de "תקע כף", batir palmas (cf. Sal 47, 2, o de la de הכה כף, de 2 Rey 11, 12, aplicada a los árboles del campo), encontramos la expresión מחא כף (aplicada a los ríos).

Este salmo quiere que el conjunto de la naturaleza comparta el gozo de la humanidad, evocando aquí la imagen de los ríos (נהרות) cuyas aguas (como olas que chocan entre sí con estrépito) aclaman a Dios aplaudiendo, batiendo entre sí sus palmas[12]. En una línea algo distinta se sitúa la expresión de Hab 3, 10 donde se dice que los abismos del mar elevan sus manos a la altura, haciendo que las olas de agua choquen entre sí como montañas.

---

12. Lutero traduce "las corrientes de las aguas exultan" (*frohlocken*). Por su parte, Eychman, en su *Vocabularius predicantium* (vocabulario de predicadores) explica el aplauso de los ríos como un *plaudere* (aplaudir) y exultar de alegría, chocando las manos por el gozo. Ese tema aparece en Lutero, traducción de Ez 21, 17.

Salmo 99. Canto de alabanza en honor del tres veces Santo

יְהוָה מָלָךְ יִרְגְּזוּ עַמִּים יֹשֵׁב כְּרוּבִים תָּנוּט הָאָרֶץ: ¹

יְהוָה בְּצִיּוֹן גָּדוֹל וְרָם הוּא עַל־כָּל־הָעַמִּים: ²

יוֹדוּ שִׁמְךָ גָּדוֹל וְנוֹרָא קָדוֹשׁ הוּא: ³

וְעֹז מֶלֶךְ מִשְׁפָּט אָהֵב אַתָּה כּוֹנַנְתָּ מֵישָׁרִים מִשְׁפָּט וּצְדָקָה ⁴

בְּיַעֲקֹב׀ אַתָּה עָשִׂיתָ:

רוֹמְמוּ יְהוָה אֱלֹהֵינוּ וְהִשְׁתַּחֲווּ לַהֲדֹם רַגְלָיו קָדוֹשׁ הוּא: ⁵

מֹשֶׁה וְאַהֲרֹן׀ בְּכֹהֲנָיו וּשְׁמוּאֵל בְּקֹרְאֵי שְׁמוֹ קֹרִאים אֶל־יְהוָה וְהוּא יַעֲנֵם: ⁶

בְּעַמּוּד עָנָן יְדַבֵּר אֲלֵיהֶם שָׁמְרוּ עֵדֹתָיו וְחֹק נָתַן־לָמוֹ: ⁷

יְהוָה אֱלֹהֵינוּ אַתָּה עֲנִיתָם אֵל נֹשֵׂא הָיִיתָ לָהֶם וְנֹקֵם עַל־עֲלִילוֹתָם: ⁸

רוֹמְמוּ יְהוָה אֱלֹהֵינוּ וְהִשְׁתַּחֲווּ לְהַר קָדְשׁוֹ כִּי־קָדוֹשׁ יְהוָה אֱלֹהֵינוּ: ⁹

¹ ¡Jehová reina! Temblarán los pueblos.
Él está sentado sobre los querubines; se conmoverá la tierra.
² Jehová en Sión es grande y exaltado sobre todos los pueblos.
³ ¡Alaben tu nombre grande y temible! ¡Él es santo!

⁴ La gloria del rey es amar la justicia; tú confirmas la rectitud;
tú ejerces en Jacob la justicia y el derecho.
⁵ Exaltad a Jehová, nuestro Dios,
y postraos ante el estrado de sus pies. ¡Él es santo!

⁶ Moisés y Aarón entre sus sacerdotes,
y Samuel entre los que invocaron su nombre; invocaban a Jehová y él les respondía.
⁷ En columna de nube hablaba con ellos;
guardaban sus testimonios y el estatuto que les había dado.
⁸ Jehová Dios nuestro, tú les respondías;
fuiste para ellos un Dios perdonador y retribuidor de sus obras.
⁹ Exaltad a Jehová, nuestro Dios, y postraos ante su santo monte,
porque Jehová, nuestro Dios, es santo.

Este es el tercero de los salmos que comienzan con el lema יְהוָה מָלָךְ, Yahvé reina (cf. Sal 93; 97; 99).

Este salmo se divide en tres partes, de las cuales la primera (Sal 99, 1-3) termina con הוא קדוש (él es santo), la segunda (Sal 99, 4-5) igualmente con קדוש הוא, y la tercera (99, 6-9), de manera más desarrollada, con כִּי־קָדוֹשׁ יְהוָה אֱלֹהֵינוּ: (porque es Santo Yahvé, nuestro Dios), formando así una especie de eco del trisagio de los serafines de Is 6.

Los dos primeros "sanctus" forman cada uno un hexástico; mientras que el tercero tiene dos hexásticos, cosa que responde al hecho de que el día 3º y el 6º de la creación (Gen 1) incluyen cada uno dos obras creadoras. En contra de lo que piensa Olshausen esta misma disposición simétrica es un argumento a favor de la integridad del texto. Pero el "claro-oscuro" del lenguaje y de la expresión plantea no pocas preguntas a los lectores o cantores del salmo.

Bengel ha sido quien más profundamente ha penetrado en el carácter de este salmo, y así dice: "el salmo 99 consta de tres partes en las cuales se celebra al Señor como aquel que ha de venir, como el que es y el que era, y cada una de ellas culmina con una confesión que nos conduce a la alabanza: "¡Él es Santo!". En esa línea ha sido comentado el salmo por Oettinger, Burk y C. H. Rieger.

99, 1-3. Los tres futuros expresan hechos del tiempo que viene, y que son el resultado inevitable del dominio real de Yahvé, que se realiza desde el cielo, y aquí abajo desde Sión, sobre todo el mundo. Esos futuros declaran, por tanto, aquello que debe suceder y sucederá. El participio יֹשֵׁב כְּרוּבִים, *insidens cherubis*, *sentado sobre querubines* (Sal 80, 2, cf. Sal 18, 11), constituye una definición de la manera en que Yahvé reina (Olshausen), entronizado sobre los querubines.

El verbo נוט (תָּנוּט הָאָרֶץ, tiembla la tierra), como en árabe *nwd*, es una formación de la raíz *na, nu,* inclinarse, *nod.* Aquí no se alude a un temblor que sea absolutamente opuesto a la alegría, sino a un temblor que conduce a la salvación. El *Breviarium in Psalterium*, que lleva el nombre de Jerónimo, observa: *"Terra quamdiu immota fuerit, sanari non potest; quando vero mota fuerit et intremuerit, tunc recipiet sanitatem"* (si la tierra estuviera quieta no podría salvarse; pero cuando fuere movida y temblara entonces podría recibir la salvación).

El Sal 99, 3 nos hace pasar de la declaración a la invocación, de forma que el nombre de Dios, "grande y terrible" (Dt 10, 17), sea universalmente reconocido, a fin de que la religión de Israel se convierta en religión de todo el mundo, como quiere el poeta. A pesar de ello, el texto no dice אתה קדוש, *tú eres santo*, sino הוא קדוש (*santo es él*), y esto se explica por la conexión que existe entre este pasaje y el *trisagio* de los serafines de Is 6, 3. La partícula הוא se refiere a Yahvé. Él y su nombre son nociones que se implican mutuamente, de manera que se pasa con facilidad de una a la otra.

99, 4-5. El segundo sanctus celebra a Yahvé por su continuo reinado de Justicia en Israel. La mayoría de los comentaristas traducen: "Y alabarán el poder del rey, que ama el derecho". Pero es arriesgado juntar esta primera frase de 99, 4 con la anterior de 99, 3 que empezaba con el estribillo de יודו (יֹורוּ שִׁמְךָ גָּדוֹל וְנוֹרָא) יודו, alabad o alaben su nombre). De todas formas, וְעֹז מֶלֶךְ מִשְׁפָּט אָהֵב (la gloria del rey es amar la justicia) no puede ser una frase independiente, porque אהב no puede aplicarse a עז, sino a su posesor, el rey.

En principio, la división del verso en אהב, adoptada por los LXX no puede aceptarse. משפט אהב es una cláusula atributiva de מלך como en el Sal 11, 7. Por su parte, עֹז, con lo que pertenece a esa palabra, es objeto del כּוֹנַנְתָּ que sigue (מֵישָׁרִים אַתָּה כּוֹנַנְתָּ, tú has afirmado/fundado la rectitud), verbo que se aplica al trono del rey, como en los otros lugares (Sal 9, 8; 2 Sam 7, 13; 1 Cron 17, 12).

De esa forma se alude al poder del rey que se expresa en forma de מֵישָׁרִים, indicando así su forma de actuar. El texto habla, pues, del poder de un rey que ama el derecho (frase principal), esto es, de uno que no gobierna conforme a un tipo de capricho dinástico, sino según la justicia (en frase subordinada), conforme a unos preceptos morales: "Tú has fundado rectamente (el trono), tú lo estableces מִשְׁפָּט וּצְדָקָה, en derecho y justicia".

El texto evoca así un tipo de reinado teocrático. Lo que ese reino teocrático implica lo ha mostrado ya el Sal 11, 4, mostrando lo que supone el reinado más alto de Yahvé, conforme a su Torá: Dios mantiene el derecho y la rectitud sobre su pueblo (cf. e. g., 2 Sam 8, 15; 1 Cron 18, 14; 1 Rey 10, 9; Is 16, 5).

Partiendo de esta manifestación de la rectitud de Dios, que se expresa y se estima en Israel mejor que en todos los restantes lugares, porque Israel es la nación donde se ha expresado la historia de la redención, surge la llamada dirigida al más alto Dios de Israel, pidiendo a cada creyente que le adore, וְהִשְׁתַּחֲווּ לַהֲדֹם רַגְלָיו, es decir, que se incline ante el estrado de sus pies.

Lo mismo que el Sal 132, 7, la *lamed* de לַהֲדֹם ַ רַגְלָיו no es una determinación de objeto (Is 45, 14 ha de tomarse en otro sentido), sino (como אֶל en otros casos) es una *lamed* de lugar o de dirección (cf. Sal 7, 14) para indicar que ha de hacerse la προσκύνησις. El mismo templo aparece como estrado de Yahvé (1 Cron 28, 2, cf. Lam 2, 1; Is 60, 13), con referencia al arca, con el *kaporet*, concretizado en el zafiro transparente (Ex 24, 10) y con el firmamento como de cristal de la *mercabá* (Ez 1, 22, cf. 1 Cron 28, 18).

99, 6–9. La visión del tercer sanctus nos sitúa en la historia de los viejos tiempos de Israel, antes del surgimiento de la monarquía davídica. Para apoyar la afirmación de que Yahvé es un Dios vivo, un Dios que se muestra a sí mismo con misericordia y juicio, el poeta apela a los tres héroes de los tiempos antiguos y a los acontecimientos vinculados con ellos.

Ciertamente, la afirmación suena como si se refiriera a algo que pertenece a los tiempos presentes; y en esa línea Hitzig cree que ella debe aplicarse a los tres intercesores (99, 6: Moisés, Aarón y Samuel), en la línea de Onías y Jeremías en la visión de 2 Mac 15, 12-14. Pero Hitzig no tiene en cuenta el hecho de que esos nombres (Moisés, Aarón y Samuel) están implicando que Dios se manifiesta activamente en aquellos que han sido sus testigos en tiempo antiguo y que han culminado su camino, muriendo en fidelidad a Dios.

En esa línea, el verso 99, 7 está poniendo de relieve el hecho de que Dios hablaba con esos tres testigos desde la columna de la nube. La frase sustantiva del

Sal 99, 6 muestra claramente que ese pasaje nos sitúa ante una visión retrospectiva, por la cual los futuros que siguen han de tomarse como expresión y cumplimiento final de un pasado que se toma como normativo en el presente.

Moisés fue también un poderoso hombre de oración, y por sus manos elevadas en plegaria él obtuvo la victoria del pueblo sobre los amalecitas (Ex 17, 11); en otra ocasión, él mismo se puso en la brecha y rescató de la ira de Dios y de la destrucción a los que estaban amenazados de muerte (Sal 106, 23; Ex 32, 30-32; cf. también Num 12, 13).

Ciertamente, Samuel era solo un levita por descendencia, pero él fue sacerdote (*cohen*) por oficio en un tiempo de urgente necesidad, en lugares donde, por la ausencia del tabernáculo sagrado con el Arca de la Alianza, no se podían ofrecer sacrificios según la letra de la ley. Por eso, él construyó un altar en Ramah, que era su residencia como juez, en un lugar alto (*bama*), donde ejerció un oficio superior al del Sumo Sacerdote, de forma que el pueblo no comenzaba sus comidas sacrificiales antes de que él hubiera bendecido el sacrificio (1 Sam 9, 13).

Pero el carácter de hombre poderoso en oración se aplica de un modo muy especial a Moisés, por su identidad como sacerdote, pues él fue, por así decirlo, el protosacerdote de Israel, y en esa línea realizó por dos veces unos actos sacrificiales que constituyen el principio y fundamento de todos los siguientes: (a) la aspersión de sangre para ratificar el sacrificio bajo el Sinaí (Ex 24); (b) y la fijación de todo el ritual que sirvió de modelo para el sacerdocio consagrado, por la consagración de los sacerdotes (Lev 8). Él fue, además, quien realizó el servicio sagrado del santuario antes de la consagración de los sacerdotes: organizó la ofrenda de los panes de la proposición; preparó el candelabro y quemó el incienso sobre el altar de oro (Ex 40, 22-27).

Por otra parte, en el caso de Samuel, su carácter de mediador en los servicios religiosos vino ratificado por su poder en la oración, pues por ella obtuvo Israel la victoria sobre los filisteos de Ebenezer (1 Sam 7, 8); el signo de que él era enviado por Dios quedó además confirmado por el trueno y la lluvia en una gran sequía, a pesar de que no había nubes (1 Sam 12, 16, cf. Ecl 46, 16s).

El poeta dice expresamente que Moisés y Aarón estaban entre los sacerdotes de Dios, y Samuel entre aquellos que le invocaban. Esta tercera estrofa de doce líneas no solo destaca la importancia de esos tres (Moisés, Aarón y Samuel), sino la de toda la nación de las doce tribus, con los sacerdotes y orantes que pertenecían a ella.

El Sal 99, 7 no se puede aplicar solo a esos tres intercesores, pues con la excepción de un solo caso (Num 12, 5), Dios trata y resuelve los problemas solo con Moisés, no con Aarón, y mucho menos con Samuel. En esa línea, cuando el texto dice que אליהם (יְדַבֵּר אֲלֵיהֶם, hablaba con ellos) se refiere a todo el pueblo, al que Dios tienta, para bien del propio pueblo, cuando se revela a través de Moisés, por medio de la columna de nube (Ex 33, 7).

Por otra parte, tampoco el Sal 99, 6 puede referirse solo a los tres, pues no hay nada que indique que Dios se dirigiera al pueblo por medio de ellos cuando los israelitas gritaban a Yahvé. Al contrario, cuando el pueblo grita, Dios responde al pueblo entero, a todos los que guardan sus testimonios y ley que él les ha dado.

Una mirada a 99, 8 nos muestra que en Israel se distinguen el bien y el mal, lo bueno y lo que va en contra de Dios. Dios por su parte responde a aquellos que pueden rogarle con el deseo fuerte de ser respondidos.

99, 7 era, al menos virtualmente, una cláusula de relativo, declarando las condiciones que una oración ha de tener para ser respondida. 99, 8 añade la idea de que la historia de Israel, en el tiempo de su redención de Egipto, constituye un espejo en el que se refleja no tanto la justicia de Dios como su gracia que perdona.

Las afirmaciones del Sal 99, 7-8 no pueden referirse solo a los tres intercesores, pues en ese caso las palabras נֹשֵׂא הָיִיתָ לָהֶם וְנֹקֵם עַל־עֲלִילוֹתָם, fuiste para ellos perdonador y retribuidor de sus maldades, carecería de sentido o sería muy extraña. No se puede referir tampoco עלילותם de un modo objetivo, a los pecados de Coré y de sus socios, como suponen Símaco (καὶ ἔκδικος ἐπὶ ταῖς ἐπηρείναις αὐτῶν) y Kimchi (*ulciscens in omnes adinventiones eorum*, castigando todas sus perversiones, como traduce también la Vulgata). Cf. también Raemdonck, *David propheta*, 1800: *in omnes injurias ipsis illatas, uti patuit in Core*, en todas las injurias realizadas por ellos, como quedó patente en la rebelión de Coré, etc.

Esos versículos (Sal 99, 7-8) se refieren, sin duda, a todo el pueblo, y también a la falta de oración que aquí se está suponiendo (cf. Miq 7, 18). Esta llamada de atención, recordando la generación del desierto, que no respondió plenamente a las promesas de Dios, constituye una advertencia muy fuerte para la generación del salmista. El Dios de Israel es santo en su amor y en su ira, tal como él mismo lo expresa al manifestar su nombre en Ex 34, 6-7.

Por eso, el salmista pide a sus contemporáneos que alaben a Dios, a quien ellos pueden invocar diciendo con orgullo que es "su Dios", reconociendo y confesando su majestad. Les pide así que se inclinen y le adoren (con ל, cf. אל, Sal 5, 8) en la Montaña de su Santidad, en el lugar que Dios mismo ha escogido como lugar de su presencia.

Salmo 100. Canto universal para servicio del Dios verdadero

מִזְמוֹר לְתוֹדָה הָרִיעוּ לַיהוָה כָּל־הָאָרֶץ: [1]

עִבְדוּ אֶת־יְהוָה בְּשִׂמְחָה בֹּאוּ לְפָנָיו בִּרְנָנָה: [2]

דְּעוּ כִּי־יְהוָה הוּא אֱלֹהִים הוּא־עָשָׂנוּ (וְלֹא) וְלוֹ אֲנַחְנוּ עַמּוֹ וְצֹאן מַרְעִיתוֹ: [3]

בֹּאוּ שְׁעָרָיו בְּתוֹדָה חֲצֵרֹתָיו בִּתְהִלָּה הוֹדוּ־לוֹ בָּרֲכוּ שְׁמוֹ: [4]

כִּי־טוֹב יְהוָה לְעוֹלָם חַסְדּוֹ וְעַד־דֹּר וָדֹר אֱמוּנָתוֹ: [5]

<Salmo para alabanza>

¹ Cantad alegres a Dios, habitantes de toda la tierra.
² Servid a Jehová con alegría; venid ante su presencia con regocijo.
³ Reconoced que Jehová es Dios; él nos hizo y no nosotros a nosotros mismos;
pueblo suyo somos y ovejas de su prado.

⁴ Entrad por sus puertas con acción de gracias, por sus atrios con alabanza.
¡Alabadlo, bendecid su nombre!
⁵ porque Jehová es bueno; para siempre es su misericordia,
y su fidelidad por todas las generaciones.

Este canto cierra la serie de salmos inspirados en el Deutero-Isaías, que comenzaban en el Sal 91. Es común a todos ellos una sublimidad dulce, una clara alegría, un carácter espiritual sin tristeza, con una apertura cercana a la del Nuevo Testamento, que nos hace maravillar en la lectura de la segunda parte del libro de Isaías. Además de eso, estos salmos se encuentran vinculados por la figura de la anadiplosis, con otras consonancias y acuerdos.

Por otra parte, la distribución de los materiales, al menos desde el Sal 93 responde a la de Isaías, y sus temas se relacionan con los de Is 24-27 e Is 13-23. Así como el ciclo anterior de profecías culmina con la referencia a las naciones, a modo de despliegue musical, así los salmos que vienen desde el Sal 93 en adelante retratan de una forma viva el despliegue gozoso del reino de Dios en forma intensa de jubilación y canto (de *Jubilate* y *Cantate*).

Dado que este último salmo, llamado de *Jubilate* es enteramente un eco del primero (es decir, de la primera mitad de Sal 95, 1-11), podemos descubrir el ingenio con el que estos salmos se encuentran dispuestos. Así encontramos en el Sal 95 todos los pensamientos que aparecen aquí en el Sal 100. Estos son dos de los más significativos: (a) en el Sal 95, 7 se dice: "él es nuestro Dios y nosotros el pueblo de su pasto, y las ovejas de su mano"; (b) por su parte, en el Sal 95, 2 se dice: "¡Lleguemos ante su presencia con alabanza! ¡Aclamémoslo con cánticos!".

Esta תודה o alabanza aparece expresada aquí en el mismo título del salmo: מזמור לתודה. Si tomamos la palabra תודה en el sentido general de alabanza resulta poco significativa. Pero debemos tomar esa palabra לתודה con el significado litúrgico (como hace el Targum, con Mendelssohn, Ewald y Hitzig), como ליום השבת, Sal 92, 1 (para el día del sábado, dentro de esta serie de salmos litúrgicos) y como להזכיר en Sal 38, 1; Sal 70, 1 (para el recuerdo).

Aquí no se evoca solo la *tôda* del corazón, sino la *shelamîm-tôda*, o alabanza de los sacrificios, תודה זבח, cf. Sal 107, 22; Sal 116, 17, a la que se le llama de un modo absoluto תודה en el Sal 56, 13 y 2 Cron 29, 31. Este tipo de *shelamîm* o sacrificios litúrgicos se llaman así על-תודה, i. e., como alabanza de acción de gracias por los beneficios recibidos, y en especial por la milagrosa protección y liberación (véase Sal 107).

100, 1-3. La invitación del Sal 100, 1 suena como la del Sal 98, 4; Sal 66, 1. ‏כָּל־‏ ‏הָאָרֶץ‏ son todas las tierras o, mejor dicho, todos los hombres que forman parte de la población de la tierra. Este primer verso (‏הָרִיעוּ לַיהוָה כָּל־הָאָרֶץ‏) forma un monoestico, sin paralelismo, y es como señal para un toque de trompetas.

Aquí se sigue diciendo solo "servid a Yahvé con alegría" (‏עִבְדוּ אֶת־יְהוָה בְּשִׂמְחָה‏), en vez de como en el Sal 1, 11, donde se dice que se le sirva con temor y temblor (‏עִבְדוּ אֶת־יְהוָה בְּיִרְאָה בִּרְעָדָה‏). El temor y el gozo no se excluyen mutuamente. El temor se dirige hacia el Señor exaltado, ante la santa gravedad de sus requerimientos; el gozo se vincula con el Señor de la gracia, con su bendito servicio.

La exigencia de manifestar estar alegría de un modo religioso y festivo brota de un amor esperanzado, que se abre al mundo entero; por su parte, este amor es el resultado espontáneo de una fe viva en la promesa conforme a la cual todas las tribus de la tierra serán bendecidas en la semilla de Abraham, y conforme a las profecías en las que se despliega esa promesa.

El verbo ‏דְעוּ‏ (100, 3: ‏דְּעוּ כִּי־יְהוָה הוּא אֱלֹהִים‏, reconoced que Yahvé él es Elohim, cf. Sal 4, 4) lo interpreta bien Teodoreto, diciendo: "aprended por sus hechos que…". Por los hechos de experiencia interna y externa, los creyentes han de reconocer que Yahvé es Dios, que él nos ha hecho y no nosotros. Así dice el *qetub* (‏הוּא־עָשָׂנוּ וְלֹא אֲנַחְנוּ‏, él nos ha hecho y no nosotros) retomado por los LXX: αὐτὸς ἐποίησεν ἡμᾶς καὶ οὐχ ἡμεῖς (y lo mismo el Siríaco y la Vulgata).

En contra de eso, Símaco (con Rashi), oponiéndose a todas las posibilidades del lenguaje, traducen: αὐτὸς ἐποίησεν ἡμᾶς οὐκ ὄντας (él nos hizo sin cuando no éramos). El mismo Midrash (*Bereshith Rabba*, cap. C *init.*) indica que esta confesión es el reverso de las arrogantes palabras del Faraón: "Yo mismo me he creado" (Ez 29, 3). En una línea distinta, el *keré* lee: ‏הוּא־עָשָׂנוּ וְלוֹ אֲנַחְנוּ‏, él nos ha hecho, y nosotros somos de él.

Ciertamente, la palabra ‏וְלוֹ‏ podría tener un sentido de negación (tomando ‏וְלוֹ‏ como ‏וְלֹא‏)[13]. Pero es mucho más sencillo entender la partícula ‏וְלוֹ‏ con el sentido de "de él" (de Dios creador), y de esa forma la frase puede tener un sentido muy bueno: Él nos ha hecho y (nosotros) somos de él (de Dios).

Muchos han recibido consuelo de las palabras *ipse fecit nos et non ipsi nos*; e. g., *Melancthon* cuando lloraba sin consuelo la pérdida de su hijo en Dresde el 12 de julio de 1559. Pero también en *ipse fecit nos et ipsius nos sumus* hay una rica

---

13. La Masora indica con toda precisión que este es uno de los quince lugares en los que se ‏לֹא‏ y se lee ‏לוֹ‏: Ex 21, 8; Lev 11, 21; Lev 25, 30; 1 Sam 2, 3; 2 Sam 16, 18; 2 Rey 8, 10; Is 9, 2; Is 63, 9; Sal 100, 3; Sal 139, 16; Job 13, 15; Sal 41, 4; Prov 19, 7; Prov 26, 2; Esd 4, 2. Los casos de Is 49, 5; 1 Cron 11, 20 son dudosos y no los citamos aquí.

mina de consuelo y amonestación, porque el creador es nuestro dueño, porque su corazón se inclina hacia sus creaturas, y las creaturas se deben enteramente a él, pues sin él no habrían recibido el ser, ni podrían continuar viviendo.

Pues bien, dado que el pasaje paralelo, Sal 95, 7, está a favor de וְלוֹ más que וְלֹא; dado, además que וְלֹא es la lectura más fácil; y dado que "su pueblo y ovejas de su rebaño" se entiende mejor como una continuación de אֲנַחְנוּ וְלוֹ..., pensamos que se debe mantener decididamente la preferencia por el *keré*: הוּא־עָשָׂנוּ וְלוֹ אֲנַחְנוּ, *ipse fecit nos et ipsius nos sumus* (él nos hizo y nosotros somos suyos, de él, לוֹ).

Sea cual fuere la lectura que tomemos, עָשָׂה tiene un sentido relacionado con la historia de la redención, lo mismo que en 1 Sam 12, 6, mostrando así que Israel es obra (מַעֲשֵׂה) de Dios: Is 29, 23; 60, 21, cf. Dt 32, 6. 15. Eso significa que Israel no es solo un pueblo más entre otros, sino el pueblo especialísimo de Dios, tema que aparece ya en la llamada de Abraham, Gen 12, 1-3.

100, 4-5. Por eso, los hombres de todas las naciones deben pasar con acción de gracias por las puertas del templo de Dios, entrando en los patios de ese templo con alabanza (Sal 96, 8), para unirse ellos también a la acción de gracias de su iglesia que, siendo una creación de Yahvé, para bien de toda la tierra, se ha congregado en torno a su templo, que es así el lugar de su oración.

La peregrinación de todos los pueblos a la montaña santa constituye en el Antiguo Testamento un testimonio de esperanza de la conversión de todos los pueblos al Dios de la revelación, y de la unión de esos pueblos con el pueblo de Dios. El templo de Dios está abierto para todos ellos.

Todos los pueblos pueden entrar en la nación de Dios, y cuando lo hagan podrán esperar grandes cosas. Eso significa que el Dios de la revelación (Sal 52, 11; 54, 8) es bueno (Sal 25, 8; Sal 34, 9), y su ternura amante (*Hesed*) y su fidelidad (*Emunah*) duran por siempre. Este es un pensamiento que se repite con frecuencia en los salmos tardíos de tipo *Hallelujah* y *Hodu* (de alabanza), y que ha venido a convertirse así en una fórmula litúrgica (Jer 33, 11). La misericordia o ternura amante de Dios es su generosidad. Así, su fidelidad es la constancia de su amor.

Salmo 101. Deseos o votos para el rey

¹ לְדָוִד מִזְמוֹר חֶסֶד־וּמִשְׁפָּט אָשִׁירָה לְךָ יְהוָה אֲזַמֵּרָה:

² אַשְׂכִּילָה׀ בְּדֶרֶךְ תָּמִים מָתַי תָּבוֹא אֵלָי אֶתְהַלֵּךְ
בְּתָם־לְבָבִי בְּקֶרֶב בֵּיתִי:

³ לֹא־אָשִׁית׀ לְנֶגֶד עֵינַי דְּבַר־בְּלִיָּעַל עֲשֹׂה־סֵטִים שָׂנֵאתִי לֹא יִדְבַּק בִּי:

⁴ לֵבָב עִקֵּשׁ יָסוּר מִמֶּנִּי רָע לֹא אֵדָע:

⁵ (מְלוֹשְׁנִי) [מְלָשְׁנִי] בַסֵּתֶר׀ רֵעֵהוּ אוֹתוֹ אַצְמִית גְּבַהּ־עֵינַיִם

וּרְחַב לֵבָב אֹתוֹ לֹא אוּכָל:
⁶ עֵינַי ׀ בְּנֶאֶמְנֵי־אֶרֶץ לָשֶׁבֶת עִמָּדִי הֹלֵךְ בְּדֶרֶךְ תָּמִים הוּא יְשָׁרְתֵנִי:
⁷ לֹא־יֵשֵׁב ׀ בְּקֶרֶב בֵּיתִי עֹשֵׂה רְמִיָּה דֹּבֵר שְׁקָרִים לֹא־יִכּוֹן לְנֶגֶד עֵינָי:
⁸ לַבְּקָרִים אַצְמִית כָּל־רִשְׁעֵי־אֶרֶץ לְהַכְרִית מֵעִיר־יְהוָה כָּל־פֹּעֲלֵי אָוֶן:

<Salmo de David>

¹ Misericordia y justicia cantaré; a ti, Jehová, cantaré.

² Andaré por el camino de la perfección ¿cuándo vendrás a mí?
En la integridad de mi corazón andaré en medio de mi casa.

³ No pondré delante de mis ojos cosa injusta.
Aborrezco la obra de los que se desvían;
ninguno de ellos se acercará a mí.

⁴ Corazón perverso se apartará de mí; no conoceré al malvado.

⁵ Al que solapadamente difama a su prójimo, yo lo destruiré;
no sufriré al de ojos altaneros y de corazón vanidoso.

⁶ Mis ojos pondré en los fieles de la tierra, para que estén conmigo;
el que ande en el camino de la perfección, este me servirá.

⁷ No habitará dentro de mi casa el que hace fraude;
el que habla mentiras no se afirmará delante de mis ojos.

⁸ Por las mañanas destruiré a todos los impíos de la tierra,
para exterminar de la ciudad de Jehová a todos los que hagan maldad.

Este es el "salmo del príncipe" o, como se inscribe en la versión de Lutero, "Espejo davídico de un monarca"[14]. Quizá no exista un lema más apropiado para el argumento de este salmo que lo que en el Sal 99, 4 se dice del gobierno del rey. En esa línea se puede afirmar que Sal 101, 1-5 es una especie de final del Sal 100, al que se le ha añadido después el conjunto del Sal 101 como un eco en el que se refleja el corazón de David. En ese sentido, la autenticidad de las palabras del encabezado (לְדָוִד מִזְמוֹר, cuya posición corresponde a la de los salmos 24, 40, 109, 110 y 139) está corroborada por su forma y contenido.

Probablemente, la gran obra histórica, de la que el Cronista ha sacado extractos ha ofrecido al colector postexílico una serie brillante de salmos davídicos o, al menos, atribuidos a él. Este salmo 101 es ciertamente de David y corresponde al tiempo en el que el Arca se hallaba en la casa de Obed-Edom, donde el rey la había depositado por el terror que le había producido el infortunio de Uzías. En

14. Eyring, en su *Vita* de Ernesto el Piadoso, duque de Sajonia-Gotha (1601-1675) cuenta que el duque envió a un ministro infiel una copia de este salmo y que en su país se volvió proverbial el hecho de que, cuando algún oficial de su gobierno hacía algo equivocado, recibía inmediatamente una copia de este "Salmo del Príncipe" para que la leyera.

aquel momento, David dijo, ¿cómo podrá venir el Arca de Yahvé a mi casa (siendo yo pecador)? (cf. 2 Sam 8, 6).

David no quiso arriesgarse a llevar el Arca del Dios terrible y santo, introduciéndola en su casa. Pues bien, a pesar de ello, en este salmo, él declara su determinación real de impulsar la santidad en su propia conducta, en su gobierno y en su casa, elevando esta resolución ante Yahvé, como un voto.

Por eso, teniendo en cuenta la rica bendición que el arca de Dios irradia en torno a ella (2 Sam 6, 11), él suspira y dice: ¿cuándo será que quieras venir a mí? Esta referencia histórica ha sido reconocida por Hammond y Venema. Por el hecho de que Yahvé viene a Jerusalén, Jerusalén se convierte en "la ciudad de Yahvé" (101, 8). Por eso, David se compromete en este salmo a defender, con su fidelidad más honda y con todo su poder, la santidad de la ciudad en la que Dios habita.

El contenido del primer verso (101, 1, חֶסֶד־וּמִשְׁפָּט אָשִׁירָה לְךָ יְהוָה אֲזַמֵּרָה, misericordia y justicia, a ti Yahvé cantaré…) se refiere no solo al salmo que sigue, como anuncio de su tema, sino a toda la vida de David. La misericordia y justicia de Dios, que son las dos manifestaciones vinculadas de su gobierno, han de ser la inspiración del rey que gobierna a su pueblo, siendo también el tema clave de este canto. Yahvé, fuente originaria de gracia y justicia aparece así, como aquel a quien David consagra su talento poético y la música de su arpa.

חֶסֶד (חֶסֶד־וּמִשְׁפָּט אָשִׁירָה לְךָ) es la condescendencia o compasión que fluye del principio del amor, de un modo libre y misericordioso. Por su parte, מִשְׁפָּט es la ley que responde de un modo imparcial, sin capricho alguno, a la norma de aquello que es recto y bueno. Estos son dos modos de conducta que se complementan mutuamente y que Dios pide a cada hombre (cf. Miq 6, 8; Mt 23, 23, τὴν κρίσιν καὶ τὸν ἔλεον) y, de un modo muy especial, al rey. Más aún, David ha tomado la decisión de actuar siempre, en pensamiento y obra, conforme a su sabiduría (בְּ הַשְׂכִּיל, cf. Dan 9, 13), según el camino de aquello que es perfecto, es decir, sin tacha alguna.

Lo que ahora sigue (**101, 2**: מָתַי תָּבוֹא אֵלָי, cuándo vendrás a mí) podría traducirse conforme a una cláusula de relativo. Hitzig lo traduce de un modo diferente: yo defenderé el lote de los justos, cuando vengan a mí, es decir, tan pronto como tenga conocimiento de ellos. Pero si el sentido fuera ese la palabra clave tendría que haber sido בדבר (cuando lo supiera…) y no בדרך (בְּדֶרֶךְ תָּמִים, el camino de los perfectos, cf. Ex 18, 16, Ex 18, 19; 2 Sam 19, 12). Debemos recordar que דרך תמים es una noción ética y que aquí, en 101, 2, tiene que utilizarse en el mismo sentido que en **101, 6**.

Además, מתי se utiliza en hebreo como interrogativo, a no ser quizá en Prov 23, 35. Atanasio comenta correctamente el texto, ποθῶ σου τὴν παρουσίαν, ὦ δέσποτα, ἱμείρομαί σου τῆς ἐπιφανείας, ἀλλὰ δὸς τὸ ποθούμενον (espero tu venida, oh Señor, deseo tu manifestación, pero cumple lo que yo deseo…).

Se trata, pues, de una pregunta de gran ansiedad: ¿cuándo vendrás a mí? ¿Está ya cerca el tiempo en el que tú quieras erigir a mi lado tu trono?

A fin de que este deseo se cumpla, David está resuelto y quiere comportarse como indican los votos que ha de hacer, conforme sigue diciendo el texto. Él se compromete a caminar dentro de su casa, es decir, en su palacio, con inocencia o simplicidad de corazón (Sal 78, 72; Prov 20, 7), sin tomar la libertad de separarse de los compromisos que ha tomado como suyos por gracia. Cf. 101, 3: לֹא־אָשִׁית לְנֶגֶד עֵינַי דְּבַר־בְּלִיָּעַל. Por eso dice: no pondré ante mis ojos, como proposición o deseo eficaz (Dt 15, 9; Ex 10, 10; 1 Sam 29, 10, LXX), nada que sea moralmente indigno o que carezca de valor (cf. Sal 41, 8, sobre בְּלִיַּעַל, cf. *Coment.* a Sal 18, 5).

El orante odia o rechaza la realización de todo tipo de excesos (**101, 3:** עֲשֹׂה־סֵטִים שָׂנֵאתִי, odio a los que cometen cosas delictivas), con עֲשֹׂה que es infinitivo constructo, en vez עֲשׂוֹת como en Gen 31, 28; 50, 20; Prov 21, 3, cf. רְאֹה en Gen 48, 11 y שְׁתוֹ en Prov 31, 4. Por su parte, סֵטִים (cf. שֵׂטִים en Os 5, 2), como objeto de עֲשֹׂה, no tiene un significado personal (como suponen Kimchi y Ewald; cf. por otra parte el Sal 40, 5), sino un sentido material (objetivo), en sentido de *facta declinantia*, cosas que están fuera del orden de la ley (como זֵדִים, Sal 19, 13, *insolentia*; o como הַבְלִים, Zac 11, 7, *vincientia*, cosas vinculadas a la violencia). El orante afirma que él arrojará fuera de sí todos los deseos o excitaciones de este tipo, los sacudirá con fuerza, a fin de que ninguno de ellos le domine.

Las confesiones del **Sal 101, 4** se refieren a la propia naturaleza interior del orante (לֵבָב עִקֵּשׁ יָסוּר מִמֶּנִּי, el falso corazón se apartará de mí...). Por su parte, עִקֵּשׁ לֵב es un corazón falso, que no es fiel en sus intenciones, ni en relación con Dios, ni en relación con los hombres. El orante no quiere conocer la maldad (רָע, como en el Sal 36, 5), i. e., no quiere alimentarse ni nutrirse con ella. Por eso destruirá a quien difame en secreto a su prójimo. Eso significa que, nadie podrá alcanzar su amistad ni su ayuda si se comporta de un modo perverso.

David sabe bien cómo actuar con los perversos, por sus relaciones con Saúl; por eso se compromete a destruir a los que siguen ese tipo de conducta (אוֹתוֹ אַצְמִית, a ese lo destruiré, cf. Prov 30, 10). En ese fondo destaca el salmista en **101, 5** las tres cosas que él odia, los tres tipos de personas a quienes él quiere destruir:

— *A los difamadores.* En vez del *qetub* vocalizado según la regla (מְלוֹשְׁנִי), el *keré* lee מְלָשְׁנִי, *melošní*, como *poel* (de לְשֵׁן, *linguâ petere*, difamar, como en הַלְשִׁין, Prov 30, 10). El que difama destruye con su lengua a los demás; por eso debe ser destruido.

— *A los soberbios.* El difamador va unido con el soberbio, aquel que mira a los demás con ojos altaneros, elevados (גְּבַהּ־עֵינַיִם), situándose por encima de ellos.

– *A los orgullosos*. Finalmente, con los soberbios y altaneros vincula el salmista a los "anchos de corazón" (וּרְחַב לֵבָב), esto es, a los que se jactan y envanecen, a los llenos de sí mismos, a los hinchados (Prov 28, 25, cf. Sal 21, 4) y orgullosos, que deben ser también destruidos.

A todos estos el salmista (el rey) no los puede soportar, en el sentido de digerir, con אוּכָל לֹא (לֹא אוּכָל), fut. *hofal*. En este contexto se debe suplir לָשֵׂאת, a esos, como en Is 1, 13, en la línea de Prov 30, 21; Jer 44, 22. En contra de ellos, conforme a 101, 6, el salmista (el rey David) pondrá sus ojos *en los fieles de la tierra* (נֶאֶמְנֵי־אֶרֶץ, los que viven conforme a la *emunah*, verdad), con el deseo y propósito de tenerlos a su lado.

Así dice que los que caminan en rectitud le servirán (שׁרת, como se traduce en griego, θεραπεύειν, con un sentido semejante al עבד, δουλεύειν, servir). A diferencia de esos, los engañadores no entrarán en su casa. Esto significa que los que no son leales con los otros no permanecerán en su presencia, ni los que mienten y pervierten las relaciones humanas.

Esta es una palabra (una sentencia) que el salmista (David) dirige de un modo especial, día tras día, a los habitantes de Jerusalén, que es su ciudad, la ciudad de Dios. Por eso añade que cada mañana (לַבְּקָרִים, como en el Sal 73, 14; Is 33, 2; Lam 3, 23, cf. *Coment*. a Job 7, 18), cuando Yahvé tome posesión de Jerusalén (= ponga su morada en Jerusalén), él destruirá a todos los malhechores (a los רִשְׁעֵי como en el Sal 119, 119), i. e., es decir, a todos los que son incorregiblemente malvados (cf. לַבְּקָרִים אַצְמִית כָּל־רִשְׁעֵי־אֶרֶץ, por la mañana destruiré a todos los hacedores de maldad, en cualquier lugar en que se encuentren). La ciudad real de David tiene que convertirse según eso en ciudad santa de Yahvé (לְהַכְרִית עִיר־יְהֹוָה) en la que no podrán morar los malvados.

Salmo 102. Oración de uno que sufre, por sí y por Jerusalén en ruinas

¹ תְּפִלָּה לְעָנִי כִי־יַעֲטֹף וְלִפְנֵי יְהֹוָה יִשְׁפֹּךְ שִׂיחוֹ׃

² יְהֹוָה שִׁמְעָה תְפִלָּתִי וְשַׁוְעָתִי אֵלֶיךָ תָבוֹא׃

³ אַל־תַּסְתֵּר פָּנֶיךָ מִמֶּנִּי בְּיוֹם צַר לִי הַטֵּה־אֵלַי אָזְנֶךָ בְּיוֹם אֶקְרָא מַהֵר עֲנֵנִי׃

⁴ כִּי־כָלוּ בְעָשָׁן יָמָי וְעַצְמוֹתַי כְּמוֹ־קֵד נִחָרוּ׃

⁵ הוּכָּה־כָעֵשֶׂב וַיִּבַשׁ לִבִּי כִּי־שָׁכַחְתִּי מֵאֲכֹל לַחְמִי׃

⁶ מִקּוֹל אַנְחָתִי דָּבְקָה עַצְמִי לִבְשָׂרִי׃

⁷ דָּמִיתִי לִקְאַת מִדְבָּר הָיִיתִי כְּכוֹס חֳרָבוֹת׃

⁸ שָׁקַדְתִּי וָאֶהְיֶה כְּצִפּוֹר בּוֹדֵד עַל־גָּג׃

⁹ כָּל־הַיּוֹם חֵרְפוּנִי אוֹיְבָי מְהוֹלָלַי בִּי נִשְׁבָּעוּ׃

¹⁰ כִּי־אֵפֶר כַּלֶּחֶם אָכָלְתִּי וְשִׁקֻּוַי בִּבְכִי מָסָכְתִּי׃

¹¹ מִפְּנֵי־זַעַמְךָ וְקִצְפֶּךָ כִּי נְשָׂאתַנִי וַתַּשְׁלִיכֵנִי׃

¹² יָמַי כְּצֵל נָטוּי וַאֲנִי כָּעֵשֶׂב אִיבָשׁ׃

¹³ וְאַתָּה יְהוָה לְעוֹלָם תֵּשֵׁב וְזִכְרְךָ לְדֹר וָדֹר׃

¹⁴ אַתָּה תָקוּם תְּרַחֵם צִיּוֹן כִּי־עֵת לְחֶנְנָהּ כִּי־בָא מוֹעֵד׃

¹⁵ כִּי־רָצוּ עֲבָדֶיךָ אֶת־אֲבָנֶיהָ וְאֶת־עֲפָרָהּ יְחֹנֵנוּ׃

¹⁶ וְיִירְאוּ גוֹיִם אֶת־שֵׁם יְהוָה וְכָל־מַלְכֵי הָאָרֶץ אֶת־כְּבוֹדֶךָ׃

¹⁷ כִּי־בָנָה יְהוָה צִיּוֹן נִרְאָה בִּכְבוֹדוֹ׃

¹⁸ פָּנָה אֶל־תְּפִלַּת הָעַרְעָר וְלֹא־בָזָה אֶת־תְּפִלָּתָם׃

¹⁹ תִּכָּתֶב זֹאת לְדוֹר אַחֲרוֹן וְעַם נִבְרָא יְהַלֶּל־יָהּ׃

²⁰ כִּי־הִשְׁקִיף מִמְּרוֹם קָדְשׁוֹ יְהוָה מִשָּׁמַיִם אֶל־אֶרֶץ הִבִּיט׃

²¹ לִשְׁמֹעַ אֶנְקַת אָסִיר לְפַתֵּחַ בְּנֵי תְמוּתָה׃

²² לְסַפֵּר בְּצִיּוֹן שֵׁם יְהוָה וּתְהִלָּתוֹ בִּירוּשָׁלָ͏ִם׃

²³ בְּהִקָּבֵץ עַמִּים יַחְדָּו וּמַמְלָכוֹת לַעֲבֹד אֶת־יְהוָה׃

²⁴ עִנָּה בַדֶּרֶךְ (כחו) [כֹּחִי] קִצַּר יָמָי׃

²⁵ אֹמַר אֵלִי אַל־תַּעֲלֵנִי בַּחֲצִי יָמָי בְּדוֹר דּוֹרִים שְׁנוֹתֶיךָ׃

²⁶ לְפָנִים הָאָרֶץ יָסַדְתָּ וּמַעֲשֵׂה יָדֶיךָ שָׁמָיִם׃

²⁷ הֵמָּה יֹאבֵדוּ וְאַתָּה תַעֲמֹד וְכֻלָּם כַּבֶּגֶד יִבְלוּ כַּלְּבוּשׁ תַּחֲלִיפֵם וְיַחֲלֹפוּ׃

²⁸ וְאַתָּה־הוּא וּשְׁנוֹתֶיךָ לֹא יִתָּמּוּ׃

²⁹ בְּנֵי־עֲבָדֶיךָ יִשְׁכּוֹנוּ וְזַרְעָם לְפָנֶיךָ יִכּוֹן׃

<Oración del que sufre, cuando está angustiado
y delante de Jehová derrama su lamento>

¹ Jehová, escucha mi oración y llegue a ti mi clamor.

² No escondas de mí tu rostro en el día de mi angustia;

inclina a mí tu oído; apresúrate a responderme el día que te invoque,

³ porque mis días se desvanecen como el humo

y mis huesos cual tizón están quemados.

⁴ Mi corazón está herido y seco como la hierba, por lo cual me olvido de comer

mi pan.

⁵ Por la voz de mi gemido mis huesos se han pegado a mi carne.

⁶ Soy semejante al pelícano del desierto; soy como el búho de las soledades;

⁷ Me desvelo y soy un pájaro solitario sobre el tejado.

⁸ Cada día me deshonran mis enemigos.

Los que se burlan de mí ya se han conjurado en mi contra.

⁹ Por lo cual yo me alimento de ceniza en vez de pan y mezclo mi bebida con

lágrimas,

¹⁰ a causa de tu enojo y de tu ira, pues me alzaste y me has arrojado.

¹¹ Mis días son como una sombra que se va y me he secado como la hierba.

¹² Mas tú, Jehová, permanecerás para siempre
y tu memoria de generación en generación.
¹³ Te levantarás y tendrás misericordia de Sión,
porque es tiempo de tener misericordia de ella, porque el plazo ha llegado,
¹⁴ porque tus siervos aman sus piedras y del polvo de ella tienen compasión.

¹⁵ Entonces las naciones temerán el nombre de Jehová
y todos los reyes de la tierra tu gloria,
¹⁶ por cuanto Jehová habrá edificado a Sión y en su gloria será visto.
¹⁷ Habrá considerado la oración de los desvalidos
y no habrá desechado el ruego de ellos.

¹⁸ Se escribirá esto para la generación venidera
y el pueblo que está por nacer alabará a Yah,
¹⁹ porque miró desde lo alto de su santuario; miró Jehová desde los cielos a la tierra
²⁰ para oír el gemido de los presos, para soltar a los sentenciados a muerte,
²¹ para que se publique en Sión el nombre de Jehová y su alabanza en Jerusalén,
²² cuando los pueblos y los reinos se congreguen en uno para servir a Jehová.

²³ Él debilitó mi fuerza en el camino; acortó mis días.
²⁴ Dije: "¡Dios mío, no me cortes en la mitad de mis días!
¡Por generación y generación son tus años!".
²⁵ Desde el principio tú fundaste la tierra, y los cielos son obra de tus manos.
²⁶ Ellos perecerán, mas tú permanecerás;
y todos ellos como una vestidura se envejecerán,
como un vestido los mudarás y serán mudados;
²⁷ pero tú eres el mismo y tus años no se acabarán.
²⁸ Los hijos de tus siervos habitarán seguros
y su descendencia será establecida delante de ti.

El Sal 101 expresaba este deseo: ¿cuándo vendrás a mí? Por su parte, el Sal 102 tiene este encabezado, "Oración de un sufriente (עָנִי) cuando está angustiado y derrama su lamento delante de Jehová". Por eso, la plegaria "escucha mi oración y llegue a ti mi clamor" (192, 1) ha de tomarse al pie de la letra, de un modo personal (individual), sin que el orante se identifique con la nación como tal. Sin embargo, por otro lado, esta oración del עָנִי es ciertamente un canto de la nación entera, pues el poeta es un siervo de Yahvé que comparte la calamidad en la que ha caído Jerusalén y su pueblo que no tiene patria (tierra propia), tanto en el aspecto externo como en el interior (en la profundidad individual del alma de los fieles).

La palabra עטף (cf. encabezado: כִּי־יַעֲטֹף) significa consumirse, languidecer, como en el Sal 61, 3; Is 57, 16. Por su parte יִשְׁפֹּךְ שִׂיחוֹ significa exponer sus propios pensamientos y sus quejas, la ansiedad y la angustia, como en el Sal 142, 3, cf.

1 Sam 1, 15. Como muchos salmos anteriores, también este lleva la marca del Deutero-Isaías, del principio al final.

Cuanto más profundicemos en la temática del salmo más claramente descubriremos su prototipo profético, inspirado en el libro de Isaías. El profeta se vincula también con salmos anteriores, como Sal 22; 69 y 79, por lo que, aun siendo capaz de elevarse a alturas poéticas, su pensamiento sigue moviéndose en el nivel de los autores anteriores, sin que podamos descubrir aquí un desarrollo ulterior de la revelación bíblica.

102, 2-3. El salmo se abre con expresiones familiares de plegaria, que surgen del corazón y de la boca del orante, sin que se diga que provienen de textos anteriores. Sobre el Sal 102, 2, cf. de un modo especial Sal 39, 13; 18, 7; 88, 3. Sobre el Sal 102, 3, cf. Sal 27, 9 (no escondas tu rostro de mí); Sal 59, 17 (לִי צַר בַּיּוֹם); Sal 31, 3 con frecuencia (inclina tu oído hacia mí); Sal 56, 10 (אֶקְרָא בַיּוֹם); Sal 69, 8; Sal 143, 7 (עֲנֵנִי מַהֵר), etc.

102, 4-6. A partir de aquí el salmo se vuelve más original. Sobre la *beth* en בְעָשָׁן (כִּי־כָלוּ בְעָשָׁן יָמָי, porque se desvanecen como el humo mis días), véase *Coment.* a Sal 37, 20. La lectura קַד כְּמוֹ (propia del caraíta Ben-Jerucham) enriquece el léxico del salmo en la misma línea, insistiendo en una palabra que apenas se ha utilizado, la palabra מוֹקֵד (כְּמוֹ־קֵד, árabe *mauḳid*) que significa aquí como en otros casos "calor". נִחָרוּ es, como en el Sal 69, 4, *nifal*, "mis huesos están ardiendo, con calor de fiebre", como una llama que está brotando del fuego que lleva dentro.

הוּכָּה (cf. הוּכָּה־כָעֵשֶׂב וַיִּבַשׁ לִבִּי, está herido como la hierba y seco mi corazón, יָגוּדּוּ, Sal 94, 21) aparece con el mismo sentido en Os 9, 16, cf. Sal 121, 5. Se dice que el corazón queda seco cuando falla o falta la sangre de la vida, que tiene su depósito en el corazón. El verbo שָׁכַח viene seguido por un מִן de descontento: כִּי־שָׁכַחְתִּי מֵאֲכֹל לַחְמִי, por lo que me olvido de comer mi pan.

Sobre el hecho de que los huesos se pegan a la carne por estar como cocidos (es decir, que se pegan a la piel, pues *basar* significa en su origen la carne más externa del cuerpo, al lado de la epidermis), cf. Job 19, 20; Lam 4, 8. La lamed (לְ) que viene regida por דבק (דָּבְקָה עַצְמִי לִבְשָׂרִי, se han pegado mis huesos a mi carne) se utiliza en el mismo sentido que una בּ. En contra de lo que dice Böttcher, no es necesario unir las palabras de 102, 6, מִקּוֹל אַנְחָתִי (*por la voz de mi gemido*), a Sal 102, 5, pues el gemido continuo, unido a una oración perseverante, que brota de un conflicto interno, devasta y destruye al mismo cuerpo.

102, 7-9. La palabra קָאַת (en constructo, de la raíz קָאָה, véase *Coment.* a Is 34, 11-12), conforme a la traducción de los LXX, significa un pelícano; כּוֹס es un "cuerno" de noche o, de un modo más exacto, el búho que tiene unas plumas que parecen pequeños cuernos[15]. Por su parte, דמה significa *ser como*, ser igual a (*aequalem esse*), partiendo del significado radical de "ser plano", extendido, como puso de relieve Dutch.

Tanto el pelícano como el búho son creaturas impuras, amigas de la soledad, de los lugares desiertos o de las ruinas. Estas palabras hacen que el poeta se traslade (nos traslade) a su pesar, al lugar del exilio. Así dice que pasa las noches sin dormir (שקד, estar en vela en un tiempo que debía dedicarse al sueño). De esa manera, él se compara con un pájaro solitario (בודד, la traducción siríaca pone erróneamente נודד), sobre el techo, en la cubierta de la casa, mientras todos duermen en ella. El *athnach* del Sal 102, 8 (cf. כְּצִפּוֹר) indica los fundamentos de algo y lo que resulta de esos fundamentos.

Así, en este caso, los enemigos reprochan al salmista porque es un solitario (como el pájaro en el techo de la casa), un olvidado de Dios. Por su parte, מהולל, part. *poal*, es alguien que era o se ha vuelto loco, cf. Ecl 2, 2, "mis locos", es decir, aquellos que están locos en contra de mí. Estos se burlan del orante solitario, y se "conjuran" en contra de él (בִּי נִשְׁבָּעוּ), maldiciendo: "que Dios haga contigo lo que ha hecho con ese hombre loco", tema que está en el fondo de Is 65, 15; Jer 29, 22.

102, 10–12. Cenizas son su comida (cf. Lam 3, 16), dado que él, como plañidero, se sienta sobre cenizas y las ha esparcido sobre su cabeza (cf. Job 2, 8; Ez 27, 30), de manera que puede decirse que son su comida.

La palabra שִׁקּוּי (וְשִׁקֻּוַי בִּבְכִי מָסָכְתִּי y mi bebida con lágrimas mezclo…) que significa mi bebida, aparece en Os 2, 7 como שִׁקּוּי. La expresión, נְשָׂאתַנִי וַתַּשְׁלִיכֵנִי, tú me has elevado y me has arrojado al suelo, ha de entenderse en la línea de Job

---

15. El texto hebreo dice: דָּמִיתִי לִקְאַת מִדְבָּר הָיִיתִי כְּכוֹס חֳרָבוֹת, me parezco al pelícano del desierto, soy como el búho de las soledades. Así traducen los LXX, identificando las soledades con un tipo de casa ruinosa o lugar de ruinas (οἰκοπέδῳ). En armonía con los LXX, Saadia (con la versión árabe editada por Erpenius, la traducción árabe samaritana y la de Abulwald) traducen קאת por el árabe *qûq* (aquí y en Lev 11, 18; Dt 14, 17; Is 34, 17) y, por otra parte, traducen כוס por el árabe *bûm*. Él último término (כוס) es una palabra onomatopéyica (bum) referida al búho. Por su parte, *kuk* no es el pequeño búho "cornudo" (aunque en Egipto le llaman *kuéik* y en Africa *abu kuéik*; véase Bocthor y Marcel, *Dictionaire,* palabra *chouette*), sino el pelícano, ave acuática de largo cuello (cf. Hasan ben-Mohammed el-Saghani, *Lexikon,* palabra *'Obáb*). La versión Greco-Véneta traduce también קאת con πελεκάν. Por el contrario, la Peshita traduce esa palabra con el término sirio *qâqâ'*. Conforme a lo que dice Efrén sobre Dt 14, 17 y también el *Physiologus Syrus* (ed. Tychsen, p. 13, cf. pp. 110s), la palabra siria *qâqa'* se aplica a un ave de zonas húmedas o pantanosas, que cuida mucho a sus polluelos, que habita en lugares desolados y que es muy ruidosa, de manera que puede identificarse muy bien con el pelícano. De todas formas, algunos lexicógrafos sirios dudan de esa identificación. Cf. Oedmann, *Vermischte Sammlungen* 3, Cap. 6 (nota de Fleischer con aportaciones de Rodiger).

30, 22. En primer lugar, Dios ha comenzado a quitarle el suelo firme debajo de sus plantas, y después, desde la altura, le ha arrojado al suelo.

Este es un signo de la suerte del pueblo de Israel, expulsado de su patria (en la tierra de Canaán) y arrojado al exilio, en un país extraño. En esta nueva circunstancia, los días de su vida son como una sombra que pasa, יָמַי כְּצֵל נָטוּי, que se va alargando hasta perderse en la total oscuridad (cf. Sal 109, 23). A esta sigue otra imagen: el poeta es como una planta arrancada de raíz, que se seca.

102, 13-15. Cuando la Iglesia muere en sus miembros individuales en una tierra extranjera, a pesar de ello, su Dios sigue siendo el Uno inmutable. Dios permanece y con él su promesa, que tiene la garantía de que se cumplirá. La fe se apoya sobre esta garantía, como en el Sal 90.

A partir del Sal 90, 8 y Lam 5, 19, resulta clara la forma en que ha de entenderse תשב (וְאַתָּה יְהוָה לְעוֹלָם תֵּשֵׁב, pero tú, Yahvé, permaneces para siempre). El nombre con el que Yahvé da testimonio de sí mismo, nunca se vuelve un nombre muerto en el pasado, sino que es un memorial siempre vivo (cf. זכר, Ex 3, 15). De esa manera se indica, además, que él restaurará a Jerusalén. Ahora llega el momento, el tiempo destinado hacia el que tiende la promesa, el tiempo en que han de cumplirse los deseos del poeta.

Conforme a Sal 75, 3 y Hab 2, 3, aquí se dice מועד (cf. כִּי-בָא מוֹעֵד, כִּי-עֵת לְחֶנְנָהּ, porque es tiempo de tener misericordia), porque ha llegado el plazo adecuado, el tiempo de juicio de los enemigos y de la salvación de Israel. La palabra לחננה, del infinitivo חנן, significa tener gracia o piedad. Por su parte, רצה, con acusativo, significa gozarse en algo, vincularse a ello con gran gozo. Y según Prov 14, 21, חנן significa tener un amor compasivo, tierno, hacia el objeto amado. Los siervos de Dios no se sienten en su hogar en Babilonia, sino que sus deseos de amor crecen sobre las ruinas, sobre las piedras y montones de basura de Jerusalén (Neh 4, 2).

102, 16-18. Con וייראו se indica que, cuando venga a realizarse aquello que se esperaba en el Sal 102, 14, se cumplirá, al mismo tiempo, aquello que se pedía a Dios; el mismo honor de Yahvé depende de eso, esto es, de la restauración de Jerusalén que vendrá a convertirse en el medio para conversión de todo el mundo. Este es un pensamiento fundamental de Is 40ss (cf. de un modo especial Is 59, 19; Is 60, 2) al que se alude en esta estrofa. Esta perspectiva profética (propia de Is 40, 1-5) según la cual la restauración de Jerusalén se realizará al mismo tiempo que la gloriosa parusía de Yahvé para todos los pueblos, resuena aquí en forma lírica.

La partícula כי del Sal 102, 17 (כִּי-בָנָה יְהוָה צִיּוֹן נִרְאָה בִּכְבוֹדוֹ, porque Yahvé construirá a Sión y será visto en su gloria) funda la razón por la que el Dios de Israel será reverenciado, lo mismo que en el Sal 102, 20, de manera que la liberación de los oprimidos será el fundamento o principio por el que será alabado. Al pueblo del exilio se le llama en el Sal 102, 18 הָעַרְעָר, pueblo oprimido (פָּנָה אֶל־תְּפִלַּת הָעַרְעָר, escucha la oración de los oprimidos).

Desde ese fondo ha de entenderse la palabra de עָרַר, estar desnudo, sin casa, sin poder, sin honor y, a los ojos de los hombres, sin posible futuro. Los LXX traducen esta palabra (הָעַרְעָר) en Jer 17, 6 como ἀγριομυρίκη, un plural formado con cambio interior de vocales (destacando el estado de total desamparo, como en Jer 48, 6) con el sentido ὄνος ἄγριος, onagro, poniendo de relieve el matiz fundante de estar desnudo, abandonado, en estado salvaje[16].

102, 19–23. El poeta sigue indicando lo que será el cumplimiento de sus deseos, mostrando lo que acontecerá cuando Dios restaure a Sión. De esa forma muestra el evangelio de la acción redentora de Dios para las próximas generaciones, con el surgimiento de un nuevo pueblo, la iglesia del futuro que alabará a Dios por ello.

Por eso se dice aquí que estás palabras se escribirán para la generación última, la del futuro, תִּכָּתֶב זֹאת לְדוֹר אַחֲרוֹן, como en el Sal 48, 14; Sal 78, 4, es decir, para el pueblo que ha de nacer עַם נִבְרָא, como נולד עם (Sal 22, 32), quizá con referencia a pasajes del Deutero-Isaías, como Is 43, 17. Sobre el Sal 102, 20, cf. Is 63, 15. En el Sal 102, 21 (cf. Is 42, 7; Is 61, 1) el colorido del Deutero-Isaías es evidente. Por su parte el Sal 102, 21 se funda al pie de la letra en el Sal 79, 11.

El pueblo del exilio se encuentra como en prisión y en cadenas (אָסִיר), avanzando hacia su destrucción, si es que Dios no actúa, si no viene para liberar a los sentenciados a muerte (102, 21: לְפַתֵּחַ בְּנֵי תְמוּתָה, los amenazados a muerte son precisamente los que han vuelto de exilio, oprimidos en su propia tierra).

Los versos 102, 22-23 anuncian lo que sucederá en ese tiempo de liberación, cuando el nombre de Yahvé se proclame en Jerusalén (לְסַפֵּר בְּצִיּוֹן שֵׁם יְהוָה), cuando los pueblos y los reinos se reúnan allí, para servir a Yahvé (לַעֲבֹד אֶת־יְהוָה). Este será el momento de la nueva creación en Sión. Tras haber revelado así la gloria del tiempo de la redención, el salmista vuelve a rogar por sí mismo.

102, 24–29. Él (Dios) debilitó mi fuerza en el camino (con בּ como en el Sal 110, 7), no por medio del camino (también con בּ como en el Sal 105, 18). En este contexto aparece de algún modo una definición más precisa de lo sucedido: Dios ha debilitado la fuerza del salmista (cf. Dt 8, 2) a lo largo de un camino lleno de perturbaciones y fatigas que el mismo Dios ha debido recorrer con su pueblo. Dios ha acortado sus días, de forma que el salmista solo puede arrastrarse lleno de cansancio, a lo largo de la poca distancia que le queda por recorrer, hasta sucumbir.

---

16. El texto de Sal 102,18 está tomado de Sal 22,25: El pueblo de Israel en el exilio se ve reflejado en el espejo de este salmo y de otros, escritos en tiempos de opresión.

El *qetub* (כֹּחוֹ) (LXX, ἰσχύος αὐτοῦ, su fuerza) puede aplicarse a la fuerza irresistible del poder de Dios, como en Job 23, 6; Job 30, 18, pero en esa línea parece que falta la designación más precisa del objeto. La introducción con אֹמַר (dije, cf. Job 10, 2), que anuncia de un modo más preciso lo que sigue, sirve para poner de relieve la importancia de las palabras que ahora vienen.

La expresión אַל־תַּעֲלֵנִי בַּחֲצִי יָמָי, no me cortes en la mitad de mis días, concibe la vida como una línea cuya longitud está fijada; por eso, morir antes de tiempo significa acortar esa línea, de forma que no se pueda recorrer (mantener, gozar) la segunda parte, es decir, lo que aún queda del trayecto personal (cf. Sal 55, 24; Is 38, 10).

Cuando pide a Dios que no le lleve antes de tiempo, el poeta no está indicando la eternidad de Dios (que está por encima del tiempo de los hombres), sino el tiempo y la obra de regeneración del mundo y de la restauración de Israel, que Dios ha de cumplir, porque él vive siempre. El fundamento de la oración del poeta es el deseo de ver este tiempo nuevo, vinculado a la prolongación de su tiempo personal.

Confesar a Dios como creador (102, 26: לְפָנִים הָאָרֶץ יָסַדְתָּ וּמַעֲשֵׂה יָדֶיךָ שָׁמָיִם, al principio creaste la tierra) recuerda, por su forma, a la de Is 48, 13, cf. Sal 44, 24. הֵמָּה (Sal 102, 27); retoma las dos grandes divisiones del universo arriba citadas, tierra y cielo). La promesa de que Dios creará de nuevo un cielo y una tierra (promesa evocada en el fondo de 102, 27) aparece ya en Is 34, 4, pero solo se desarrolla plenamente y de varias maneras en la segunda parte de Isaías: Is 51, 6. 16; Is 65, 17; Is 66, 22. Por la figura del vestido (Is 51, 6, cf. Sal 50, 9) y por las mismas palabras, como עמד (הֵמָּה | יֹאבֵדוּ וְאַתָּה תַעֲמֹד, ellos perecerán, pero tú perdurarás, cf. Is 66, 22), resulta claro que el salmista ha recibido esta temática de Isaías.

La expresión הוּא אָתָּה, pero tú eres Aquel, es decir, el mismo Uno Inalterable, está tomada igualmente del mismo profeta (Is 41, 4; 43, 10; 46, 4; 48, 12). Por su parte, הוּא es un predicado e indica la identidad de Yahvé (cf. Hofmann, *Schriftbeweis*, I, 63). También en 102, 29, donde la oración por el alargamiento de la vida parece disminuir, oímos los ecos de Is 65, 2; Is 66, 22.

Es evidente que esta visión, tanto del profeta como del salmista, pertenece al tiempo posterior al exilio, donde se expresa la esperanza final de la nueva Jerusalén, sobre la nueva tierra, bajo el cielo nuevo. Esta visión forma parte de la segunda mitad del Exilio, tal como ha sido anunciada por el profeta Isaías.

Cuando más adelante el escritor de la Carta a los Hebreos aplique a Cristo las palabras del Sal 102, 26-28 lo hará de un modo totalmente justificado, pues el Dios a quien el poeta del salmo confiesa es el mismo Yahvé incambiable que ha de venir.

Salmo 103. Himno en honor del Dios todocompasivo

לְדָוִד׀ בָּרֲכִי נַפְשִׁי אֶת־יְהוָה וְכָל־קְרָבַי אֶת־שֵׁם קָדְשׁוֹ: ¹

בָּרֲכִי נַפְשִׁי אֶת־יְהוָה וְאַל־תִּשְׁכְּחִי כָּל־גְּמוּלָיו: ²

הַסֹּלֵחַ לְכָל־עֲוֹנֵכִי הָרֹפֵא לְכָל־תַּחֲלֻאָיְכִי: ³

הַגּוֹאֵל מִשַּׁחַת חַיָּיְכִי הַמְעַטְּרֵכִי חֶסֶד וְרַחֲמִים: ⁴

הַמַּשְׂבִּיעַ בַּטּוֹב עֶדְיֵךְ תִּתְחַדֵּשׁ כַּנֶּשֶׁר נְעוּרָיְכִי: ⁵

עֹשֵׂה צְדָקוֹת יְהוָה וּמִשְׁפָּטִים לְכָל־עֲשׁוּקִים: ⁶

יוֹדִיעַ דְּרָכָיו לְמֹשֶׁה לִבְנֵי יִשְׂרָאֵל עֲלִילוֹתָיו: ⁷

רַחוּם וְחַנּוּן יְהוָה אֶרֶךְ אַפַּיִם וְרַב־חָסֶד: ⁸

לֹא־לָנֶצַח יָרִיב וְלֹא לְעוֹלָם יִטּוֹר: ⁹

לֹא כַחֲטָאֵינוּ עָשָׂה לָנוּ וְלֹא כַעֲוֹנֹתֵינוּ גָּמַל עָלֵינוּ: ¹⁰

כִּי כִגְבֹהַּ שָׁמַיִם עַל־הָאָרֶץ גָּבַר חַסְדּוֹ עַל־יְרֵאָיו: ¹¹

כִּרְחֹק מִזְרָח מִמַּעֲרָב הִרְחִיק מִמֶּנּוּ אֶת־פְּשָׁעֵינוּ: ¹²

כְּרַחֵם אָב עַל־בָּנִים רִחַם יְהוָה עַל־יְרֵאָיו: ¹³

כִּי־הוּא יָדַע יִצְרֵנוּ זָכוּר כִּי־עָפָר אֲנָחְנוּ: ¹⁴

אֱנוֹשׁ כֶּחָצִיר יָמָיו כְּצִיץ הַשָּׂדֶה כֵּן יָצִיץ: ¹⁵

כִּי רוּחַ עָבְרָה־בּוֹ וְאֵינֶנּוּ וְלֹא־יַכִּירֶנּוּ עוֹד מְקוֹמוֹ: ¹⁶

וְחֶסֶד יְהוָה׀ מֵעוֹלָם וְעַד־עוֹלָם עַל־יְרֵאָיו וְצִדְקָתוֹ לִבְנֵי בָנִים: ¹⁷

לְשֹׁמְרֵי בְרִיתוֹ וּלְזֹכְרֵי פִקֻּדָיו לַעֲשׂוֹתָם: ¹⁸

יְהוָה בַּשָּׁמַיִם הֵכִין כִּסְאוֹ וּמַלְכוּתוֹ בַּכֹּל מָשָׁלָה: ¹⁹

בָּרֲכוּ יְהוָה מַלְאָכָיו גִּבֹּרֵי כֹחַ עֹשֵׂי דְבָרוֹ לִשְׁמֹעַ בְּקוֹל דְּבָרוֹ: ²⁰

בָּרֲכוּ יְהוָה כָּל־צְבָאָיו מְשָׁרְתָיו עֹשֵׂי רְצוֹנוֹ: ²¹

בָּרֲכוּ יְהוָה׀ כָּל־מַעֲשָׂיו בְּכָל־מְקֹמוֹת מֶמְשַׁלְתּוֹ בָּרֲכִי נַפְשִׁי אֶת־יְהוָה: ²²

<Salmo de David>

¹ Bendice, alma mía, a Jehová, y bendiga todo mi ser su santo nombre.

² Bendice, alma mía, a Jehová, y no olvides ninguno de sus beneficios.

³ Él es quien perdona todas tus maldades, el que sana todas tus dolencias,

⁴ el que rescata del hoyo tu vida, el que te corona de favores y misericordias,

⁵ el que sacia de bien tu boca de modo que te rejuvenezcas como el águila.

⁶ Jehová es el que hace justicia y derecho a todos los que padecen violencia.

⁷ Sus caminos notificó a Moisés, y a los hijos de Israel sus obras.

⁸ Misericordioso y clemente es Jehová; lento para la ira y grande en misericordia.

⁹ No contenderá para siempre ni para siempre guardará el enojo.

¹⁰ No ha hecho con nosotros conforme a nuestras maldades
ni nos ha pagado conforme a nuestros pecados.

¹¹ Porque así como el cielo se eleva sobre la tierra
así es grande su misericordia sobre los que lo temen.

¹² Cuanto está lejos el oriente del occidente,
así hizo alejar de nosotros nuestras rebeliones.
¹³ Como el padre se compadece de los hijos,
se compadece Jehová de los que lo temen,
¹⁴ porque él conoce nuestra condición; se acuerda de que somos polvo.

¹⁵ El hombre, como la hierba son sus días; florece como la flor del campo,
¹⁶ que pasó el viento por ella, y pereció, y su lugar ya no la conocerá más.
¹⁷ Mas la misericordia de Jehová es desde la eternidad
y hasta la eternidad sobre los que lo temen,
y su justicia sobre los hijos de los hijos,
¹⁸ sobre los que guardan su pacto
y se acuerdan de sus mandamientos para ponerlos por obra.

¹⁹ Jehová estableció en los cielos su trono y su reino domina sobre todos.
²⁰ ¡Bendecid a Jehová, vosotros sus ángeles, poderosos en fortaleza,
que ejecutáis su palabra obedeciendo a la voz de su precepto!
²¹ ¡Bendecid a Jehová, vosotros todos sus ejércitos,
ministros suyos que hacéis su voluntad!
²² ¡Bendecid a Jehová, vosotras todas sus obras, en todos los lugares de su señorío!
¡Bendice, alma mía, a Jehová!

Las palabras del Sal 102, 14 (tú tendrás compasión de Sión) ofrecen el pensamiento básico que será desarrollado en este Sal 103. Pero en otros aspectos los dos salmos se diferencian mucho entre sí. El encabezado לדוד (de David), sin ningún otro añadido, aparece también delante de otros salmos del libro primero (Sal 25; 26; 37). Ciertamente, este encabezado no es una simple conjetura, sino que se basa en una tradición, pues no hay razones internas que puedan haber llevado a formular ese encabezado, ni tampoco el lenguaje está a favor de ello.

Este es un salmo que reflexiona sobre el Todopoderoso, con un colorido arameo, como en Sal 116; 124; 129. En su manera de amontonar formas de sufijo arameizante puede compararse con la historia de Eliseo, 2 Rey 4, 1-7, donde el *keré* sustituye las formas usuales, mientras que aquí sucede todo lo contrario, el texto deja intencionadamente las formas arameas, de forma que el *qetub* queda sin ser corregido.

Entre esas formas arameizantes está la 2ª persona del femenino singular, *ēchi* en vez de *ēch*, y la 2ª persona singular masculina *ājchi* en vez de *ajich*. La *i* no acentuada que se añade aquí está en lugar de la pronunciación original que era אתי en lugar de את y לכי y en lugar de לך. Fuera del salterio (cf. también Sal 116, 7. 19), estas formas de sufijo con *echi* y *ajchi* aparecen solo en Jer 11, 15 y en la historia del profeta del norte de Palestina (Eliseo) en el libro de los Reyes.

Las estrofas de este salmo comienzan en 103, 1; 103, 6; 103, 11; 103, 15 y 103, 19. Si contamos sus líneas encontramos este esquema: 10. 10. 8. 8. 10. Según eso, la versión corta reconoce 46 CTYXOC, i. e., στίχοι (esticos).

103, 1–5. En 103, 1 el poeta pide al alma que se eleve para alabar con gratitud al Dios que justifica, redime y renueva su gracia. En estos soliloquios es el *ego* el que habla, uniéndose con el *espíritu* que es la parte más fuerte y varonil del ser humano (*Psychologie*, pp. 104s): el hombre aparece así como "alma", porque el *alma*, parte intermedia entre el espíritu y el cuerpo, representa la totalidad de la persona (*Psychologie*, p. 203), el Ego que expresa su personalidad, de un modo objetivo.

De esa forma, también aquí, en el Sal 103, 3 el alma a la que se dirige todo el discurso representa la totalidad del hombre. La palabra קרב (cf. וְכָל־קְרָבַי, y todo mi ser, todo mi interior) aparece como un expresión más elevada que מעים, el corazón, al que se le llama קרב, κατ᾽ ἐξοχήν (incluyendo riñones, hígado, etc.). Según la concepción bíblica (*Psychologie*, p. 266), estos órganos que se encuentran en la parte interior del pecho y del abdomen sirven no solo para la vida corporal, sino también para la vida psicoespiritual.

La invitación (ברכי נפשׁי, bendice alma mía) se repite como *anaphora* (recogiendo el pensamiento anterior). Nada hay en el alma del hombre más propenso a ser olvidado que dar las gracias debidas, y de un modo más estricto las que han de rendirse a Dios. Por eso debe repetirse esta llamada a la acción de gracias, para que el alma (el hombre) no se olvide de agradecer las bendiciones que debe a Dios y no olvide todas sus acciones (גמל igual que גמר; cf. גמול, ῥῆμα μέσον, e. g., en el Sal 137, 8), que son acciones de ternura amante, en forma de misericordia que perdona los pecados.

Los verbos סלח y רפא van con un dativo que indica el objeto en el que se expresa y despliega la acción verbal (103, 3: הַסֹּלֵחַ לְכָל־עֲוֹנֵכִי הָרֹפֵא לְכָל־תַּחֲלֻאָיְכִי, perdonar pecados, perdonar dolencias). La última palabra, תחלואים (tomada de Dt 29, 21; cf. 1 Cron 21, 19, de חלא igual a חלה, raíz הל, estar "atado") no se refiere solo a enfermedades corporales, sino a todo tipo de sufrimientos interiores o exteriores. Los LXX traducen משׁחת por ἐκ φθορᾶς (de la corrupción, como en Job 17, 14); pero en esta antítesis, sería más normal traducir esa palabra por "fosa" (de שׁוּח), en el sentido de Hades (infierno), como en el Sal 16, 10.

Así como el alma debe a Dios la liberación de la culpa, de la tristeza y de la muerte, así ella debe a Dios todos los dones y riquezas que ha recibido de su divino amor. La palabra עטר, sin adiciones como las que aparecen en el Sal 5, 13, significa "coronar" como en el Sal 8, 6: הַמְעַטְּרֵכִי חֶסֶד וְרַחֲמִים: el que te corona de *hesed* y *rehem*, de fidelidad amante y de misericordia). Como es normal, esa palabra (עטר) se construye con un doble acusativo; es como si la misma corona estuviera tejida de *hesed* y *rehem*.

La *beth* de בְּטוֹב del Sal 103, 5, que se utiliza en vez del acusativo (Sal 104, 28) está indicando el medio por el que se realiza la satisfacción (בַּטּוֹב עֶדְיֵךְ הַמַּשְׂבִּיעַ, el que sacia de bien tu boca...). La palabra final (עֶדְיֵךְ) ha sido traducida de diversas formas. Así el Targum traduce *dies senectutis tuae* (los días de tu vejez), mientras en el Sal 32, 9 se traduce como *ornatus ejus* (su adorno). La Peshita traduce *corpus tuum*, tu cuerpo, y en el Sal 32, 9, por el contrario, *juventus eorum* (su juventud, de ellos).

Estos significados (vejez, juventud...) son puras invenciones. Y, dado que las palabras se dirigen al alma, עֶדְיִ, lo mismo que כָּבוֹד en otros casos, tiene que ser un nombre del alma en cuanto tal (cf. Aben-Ezra, Mendelssohn, Philippsohn, Hengstenberg y otros). En esa línea, podemos volver con Hitzig al sentido que esa palabra tiene en el Sal 32, 9, donde los LXX traducen τάς σιαγόνας αὐτῶν (sus mejillas). Pero aquí hemos de hacerlo de un modo más libre, partiendo del sentido original de עֶדְיִ, en árabe *chadd*, mejillas: τὸν ἐμπιπλῶντα ἐν ἀγαθοῖς τὴν ἐπιθυμίαν σου (que llena de bienes tus mejillas, es decir, tu rostro, tu vida...).

Así el salmista dice al alma (esto es, a sí mismo, a su propia persona) que Dios la satisface con sus bienes, que llena de alimento superior sus mejillas (cf. Sal 81, 11). La comparación final de 103, con כַּנֶּשֶׁר (תִּתְחַדֵּשׁ כַּנֶּשֶׁר נְעוּרָיְכִי, que renueve tu juventud como la del águila..., cf. Miq 1, 16; Is 40, 31), ha de referirse al hecho de que se creía que las águilas cambian cada año de plumaje y así se renovaban.

Esta renovación del plumaje de las águilas es un signo de la recreación de la vida del creyente por gracia. La palabra נְעוּרָיְכִי (tu juventud, es un plural de extensión) y aparece de un modo normal en singular femenino.

103, 6-10. El tema anterior se amplía a partir del Sal 103, 6, donde el salmista describe la conducta gratuita y paterna de Dios hacia los hombres pecadores y perecederos, tal como se muestra en la historia de Israel y tal como se reconoce a la luz de la revelación. Lo que dice 103, 6 constituye un lugar común en la historia de Israel. La palabra מִשְׁפָּטִים está en acusativo regido por עֹשֵׂה (como pone de relieve Baer según la Masora).

En el contexto del Sal 103, 6, que ofrece una visión general retrospectiva del pasado, el verbo יוֹדִיעַ del Sal 103, 7 puede afirmar lo que sucedió de hecho en el pasado (cf. Sal 96, 6): יוֹדִיעַ דְּרָכָיו לְמֹשֶׁה (Dios) notificó, hizo conocer sus caminos, a Moisés. En contra de lo que piensan Hengstenberg y Hitzig, Moisés no representa aquí al conjunto de Israel, como hacen en otros casos Jacob, Isaac y José, sino que aparece como una persona concreta.

El salmista tiene en su mente la oración de Moisés "dame a conocer tu camino" (Ex 33, 13), petición a la que Yahvé respondió pasando ante él cuando estaba en la hendidura de la roca, mostrándose visible, cuando él (Moisés) miraba hacia Dios, en medio de la proclamación de sus atributos. Los caminos de Yahvé en este pasaje no son, por tanto, aquellos por los que los hombres deben caminar, de acuerdo a los preceptos de Dios, sino aquellos que el mismo Dios recorre (por los que camina) en el curso de su historia redentora (Sal 67, 3).

La confesión que se contiene en Ex 34, 6 ha venido a convertirse en la fórmula básica de la fe israelita (Sal 86, 15; Sal 145, 8; Joel 2, 13; Neh 9, 17, *passim*). En el Sal 103, 9 el cuarto atributo (וְרַב־חֶסֶד, rico en *hesed*/misericordia) ha venido a presentarse como objeto de alabanza.

Dios no es solo aquel que contiene su ira, es decir, que espera un largo tiempo antes de que estalle, sino que, cuando actúa según ella, es decir, cuando deja que su ira estalle, después de haberla mantenido largo tiempo controlada, para actuar al fin de un modo judicial, tampoco entonces lo hace de un modo consecuente y total, hasta el fin (Sal 78, 38).

Significa que Dios no se mantiene para siempre airado (con נטר: יִטּוֹר לְעוֹלָם לֹא, no guardará para siempre su enojo, cf. Amós 1, 11, destacando de un modo especial el paralelismo, tanto verbal como material, con Jer 3, 5; Is 57, 16). La realización de su justicia no está regulada por nuestros pecados, sino conforme al propósito de su misericordia. Los perfectos de Sal 103, 9-10 establecen aquello que Dios hace: no guarda para siempre su enojo, no actúa conforme a nuestros pecados.

103, 11-14. Las ingeniosas imágenes del Sal 103, 11 (cf. Sal 36, 6; Sal 57, 11) ilustran el infinito poder y la completa gratuidad de la misericordia de Dios, es decir, de su amorosa ternura (חַסְדּוֹ עַל־יְרֵאָיו) que se eleva sobre nosotros como el cielo sobre la tierra. La palabra הרחיק (הִרְחִיק מִמֶּנּוּ אֶת־פְּשָׁעֵינוּ) tiene *gaja* (como la tienen también השחיתו y התעיבו; cf. Sal 14, 1; Sal 53, 2, en textos semejantes), a fin de mantener la pronunciación de la gutural en la combinación de sonidos con רח.

El Sal 103, 13 tiene un contenido muy semejante al del Espíritu Santo del Nuevo Testamento, como lo tienen Sal 103, 11. 12. La relación que tienen con Yahvé aquellos que le temen es una relación filial basada sobre una libre reciprocidad (Mal 3, 11). Su compasión paterna (Sal 103, 14) se apoya sobre la fragilidad y el carácter perecedero del hombre, que Dios conoce bien, como prometió tras el diluvio, cuando decretó que no volvería a juzgar de aquella forma a los seres humanos (Gen 8, 21).

Conforme a este pasaje y a Dt 31, 21, la palabra יצרנו (יִצְרֵנוּ יָדַע כִּי־הוּא, porque él conoce nuestra condición) podría referirse al modo de ser actual de la humanidad pecadora. Pero, conforme al Sal 103, 14, uno está obligado a pensar que esa palabra se refiere más a la naturaleza del hombre tal como ha sido creado por Dios (וַיִּצֶר, Gen 2, 7) que a su elección moral en cuanto resultado del pecado transmitido de alguna manera por herencia (cf. *Coment.* a Sal 51, 7).

Desde aquí se entiende la palabra final, זכור, Dios recuerda…, que ha de tomarse en la línea de Job 28, 23 y 7, 7. En ese sentido, el salmista pone de relieve la fragilidad humana (cf. Sal 78, 39; Sal 89, 48), contraponiéndola con la naturaleza eterna de la misericordia divina, que es la que ofrece apoyo y seguridad a los que temen a Dios, en medio de este mundo donde las cosas suben y bajan, cambiando siempre, sin estabilidad. Solo la misericordia de Dios es el fundamento de la vida de los hombres y del orden en el mundo.

103, 15-18. La imagen de la hierba recuerda a la del Sal 90, 5, cf. Is 40, 6-8; 51, 12. La imagen de la flor recuerda a la de Job 14, 2. La palabra אֱנוֹשׁ describe al hombre como ser mortal; la duración de su vida se compara a la de un tallo de hierba, y su belleza y gloria a la de una flor del campo, cuyo pleno florecimiento es el inicio de su muerte.

La palabra בּוֹ en el Sal 103, 16 (lo mismo que en Is 40, 7) se refiere al hombre a quien se le compara con la hierba y con las flores. La partícula כִּי va unida a ἐάν con un perfecto hipotético; y el viento que seca a las plantas (כִּי רוּחַ עָבְרָה־בּוֹ) se refiere a todo tipo de peligros que amenazan la vida del hombre, como sucede a veces con un soplo de viento que destruye la vida de los hombres. La fuerte expresión que alude a una persona que "desaparece sin dejar ni rastro" (וְלֹא־יַכִּירֶנּוּ עוֹד מְקוֹמוֹ, de manera que su lugar no será ya conocido) está tomada de Job 7, 10, cf. *Coment.* a Job 8, 18; 20, 9.

Y, sin embargo, en la hondura de este frágil destino del hombre (que es como el de la planta que perece) hay un fundamento de permanencia, un poder duradero que eleva a todos los que se vinculan con Dios por encima del carácter transitorio de las leyes de la naturaleza, haciéndoles eternos, como Dios mismo es eterno.

Este es el poder de la misericordia de Dios, que se extiende sobre todos aquellos que le temen, como un cielo eterno. Esta es la justicia de Dios, que recompensa a los que se vinculan fielmente a su alianza y cumplen de un modo consciente sus preceptos, de acuerdo con el orden de la redención. Esta es la justicia que se mantiene hacia el futuro, y que se expresa en los hijos de los hijos (con *lamed*: לִבְנֵי בָנִים) según Ex 20, 6; Ex 34, 7; Dt 7, 9, hasta mil generaciones, es decir, sin fin.

103, 19-22. Dios es capaz de mostrarse a sí mismo de esa forma, de un modo gratuito, porque está por encima del mundo, como rey que todo lo gobierna. Con este pensamiento se apresura el poeta a la conclusión de este cántico de alabanza. El cielo, en oposición a la tierra, lo mismo que en el Sal 115, 3; Ecl 5, 12, es el reino inmutable que está por arriba, encima de las cosas de aquí abajo que nacen y mueren. Sobre el Sal 103, 19, cf. 1 Cron 29, 12.

La expresión בַּכֹּל en 103, 19 (וּמַלְכוּתוֹ בַּכֹּל מָשָׁלָה, y su reinado sobre todo) se refiere a todas las cosas creadas, sin excepción alguna, al universo en su conjunto. En conexión con los cielos gloriosos, el poeta tiene que evocar a los ángeles. La llamada que él dirige a los ángeles para que se unan en la alabanza de Yahvé tiene su paralelo en Sal 29, 1-11 y Sal 148, 1-14. Ella brota de la conciencia de la iglesia de la tierra, que sabe que está en comunión de mente con los ángeles de Dios y que tiene una dignidad que se eleva por encima de todas las cosas creadas, incluso de los ángeles, destinados para servirle (Sal 91, 11).

A los *ángeles* se les llama גברים como en Joel 3, 11, y también גִּבֹּרֵי כֹחַ, es decir, los fuertes, pues ellos tienen una fuerza sin igual. La vida de los ángeles, dotados de fuerza superior (heroica) es un ejemplo para los mortales, pues se emplea totalmente en la tarea de ejecutar la voluntad de Dios. לִשְׁמֹעַ no es la definición de una acción, sino de una forma de ser: los ángeles viven obedeciendo a Dios (cf. Gen 2, 3 *perficiendo*, haciendo).

De esa manera, obedeciendo a la llamada de Dios, los ángeles cumplen su voluntad. *Los ejércitos de Dios* (צבאיו), como muestra el apelativo מְשָׁרְתָיו (cf. מְשָׁרְתָיו עֹשֵׂי רְצוֹנוֹ, sus servidores, cumplidores de su voluntad) son los espíritus más altos, poderes de rango superior (cf. Lc 2, 13), λειτουργικὰ πνεύματα, espíritus servidores (litúrgicos, cf. Sal 104, 4; Dan 7, 10; Hebr 1, 14), que forman parte de la jerarquía celeste, *hierarchia caelestis*.

De esos arcángeles ha pasado así el poeta a las miríadas de los ejércitos de Dios, y de esas miríadas a *todas las creaturas,* es decir, a todas las obras de Dios (כָּל־מַעֲשָׂיו בְּכָל־מְקֹמוֹת מֶמְשַׁלְתּוֹ, todas sus obras, en todos los lugares de su dominio), a fin de que ellas, cualquiera que sea el lugar que ocupan dentro del gran dominio de Dios, puedan vincularse a este gran canto de alabanza.

Y a partir de aquí, el orante vuelve a su propia vida (בָּרְכִי נַפְשִׁי אֶת־יְהוָה, bendice alma mía a Yahvé), que él modestamente incluye entre las creaturas que acaba de mencionar. De esa manera, el mismo salmista se vincula a la triple bendición de los grandes ángeles, de los poderes cósmicos y de las obras y realidades del mundo, de forma que su salmo vuelve al principio donde había pronunciado la bendición por dos veces (103, 1-2: בָּרְכִי נַפְשִׁי אֶת־יְהוָה), para culminar ahora, por tercera vez, con su mismo deseo y propósito de bendecir al Señor.

Salmo 104. Himno en honor al Dios de los siete días

¹ בָּרְכִי נַפְשִׁי אֶת־יְהוָה יְהוָה אֱלֹהַי גָּדַלְתָּ
מְּאֹד הוֹד וְהָדָר לָבָשְׁתָּ׃

² עֹטֶה־אוֹר כַּשַּׂלְמָה נוֹטֶה שָׁמַיִם כַּיְרִיעָה׃

³ הַמְקָרֶה בַמַּיִם עֲלִיּוֹתָיו הַשָּׂם־עָבִים רְכוּבוֹ הַמְהַלֵּךְ עַל־כַּנְפֵי־רוּחַ׃

⁴ עֹשֶׂה מַלְאָכָיו רוּחוֹת מְשָׁרְתָיו אֵשׁ לֹהֵט׃

⁵ יָסַד־אֶרֶץ עַל־מְכוֹנֶיהָ בַּל־תִּמּוֹט עוֹלָם וָעֶד׃

⁶ תְּהוֹם כַּלְּבוּשׁ כִּסִּיתוֹ עַל־הָרִים יַעַמְדוּ־מָיִם׃

⁷ מִן־גַּעֲרָתְךָ יְנוּסוּן מִן־קוֹל רַעַמְךָ יֵחָפֵזוּן׃

⁸ יַעֲלוּ הָרִים יֵרְדוּ בְקָעוֹת אֶל־מְקוֹם זֶה׀ יָסַדְתָּ לָהֶם׃

⁹ גְּבוּל־שַׂמְתָּ בַּל־יַעֲבֹרוּן בַּל־יְשׁוּבוּן לְכַסּוֹת הָאָרֶץ׃

¹⁰ הַמְשַׁלֵּחַ מַעְיָנִים בַּנְּחָלִים בֵּין הָרִים יְהַלֵּכוּן׃

¹¹ יַשְׁקוּ כָּל־חַיְתוֹ שָׂדָי יִשְׁבְּרוּ פְרָאִים צְמָאָם׃

¹² עֲלֵיהֶם עוֹף־הַשָּׁמַיִם יִשְׁכּוֹן מִבֵּין עֳפָאיִם יִתְּנוּ־קוֹל׃

¹³ מַשְׁקֶה הָרִים מֵעֲלִיּוֹתָיו מִפְּרִי מַעֲשֶׂיךָ תִּשְׂבַּע הָאָרֶץ׃

¹⁴ מַצְמִיחַ חָצִיר׀ לַבְּהֵמָה וְעֵשֶׂב לַעֲבֹדַת הָאָדָם לְהוֹצִיא לֶחֶם מִן־הָאָרֶץ׃

¹⁵ וְיַיִן׀ יְשַׂמַּח לְבַב־אֱנוֹשׁ לְהַצְהִיל פָּנִים מִשָּׁמֶן וְלֶחֶם לְבַב־אֱנוֹשׁ יִסְעָד׃

¹⁶ יִשְׂבְּעוּ עֲצֵי יְהוָה אַרְזֵי לְבָנוֹן אֲשֶׁר נָטָע׃

¹⁷ אֲשֶׁר־שָׁם צִפֳּרִים יְקַנֵּנוּ חֲסִידָה בְּרוֹשִׁים בֵּיתָהּ׃

¹⁸ הָרִים הַגְּבֹהִים לַיְּעֵלִים סְלָעִים מַחְסֶה לַשְׁפַנִּים׃

¹⁹ עָשָׂה יָרֵחַ לְמוֹעֲדִים שֶׁמֶשׁ יָדַע מְבוֹאוֹ׃

²⁰ תָּשֶׁת־חֹשֶׁךְ וִיהִי לָיְלָה בּוֹ־תִרְמֹשׂ כָּל־חַיְתוֹ־יָעַר׃

²¹ הַכְּפִירִים שֹׁאֲגִים לַטָּרֶף וּלְבַקֵּשׁ מֵאֵל אָכְלָם׃

²² תִּזְרַח הַשֶּׁמֶשׁ יֵאָסֵפוּן וְאֶל־מְעוֹנֹתָם יִרְבָּצוּן׃

²³ יֵצֵא אָדָם לְפָעֳלוֹ וְלַעֲבֹדָתוֹ עֲדֵי־עָרֶב׃

²⁴ מָה־רַבּוּ מַעֲשֶׂיךָ׀ יְהוָה כֻּלָּם בְּחָכְמָה עָשִׂיתָ מָלְאָה הָאָרֶץ קִנְיָנֶךָ׃

²⁵ זֶה׀ הַיָּם גָּדוֹל וּרְחַב יָדָיִם שָׁם־רֶמֶשׂ וְאֵין מִסְפָּר חַיּוֹת קְטַנּוֹת עִם־גְּדֹלוֹת׃

²⁶ שָׁם אֳנִיּוֹת יְהַלֵּכוּן לִוְיָתָן זֶה־יָצַרְתָּ לְשַׂחֶק־בּוֹ׃

²⁷ כֻּלָּם אֵלֶיךָ יְשַׂבֵּרוּן לָתֵת אָכְלָם בְּעִתּוֹ׃

²⁸ תִּתֵּן לָהֶם יִלְקֹטוּן תִּפְתַּח יָדְךָ יִשְׂבְּעוּן טוֹב׃

²⁹ תַּסְתִּיר פָּנֶיךָ יִבָּהֵלוּן תֹּסֵף רוּחָם יִגְוָעוּן וְאֶל־עֲפָרָם יְשׁוּבוּן׃

³⁰ תְּשַׁלַּח רוּחֲךָ יִבָּרֵאוּן וּתְחַדֵּשׁ פְּנֵי אֲדָמָה׃

³¹ יְהִי כְבוֹד יְהוָה לְעוֹלָם יִשְׂמַח יְהוָה בְּמַעֲשָׂיו׃

³² הַמַּבִּיט לָאָרֶץ וַתִּרְעָד יִגַּע בֶּהָרִים וְיֶעֱשָׁנוּ׃

³³ אָשִׁירָה לַיהוָה בְּחַיָּי אֲזַמְּרָה לֵאלֹהַי בְּעוֹדִי׃

³⁴ יֶעֱרַב עָלָיו שִׂיחִי אָנֹכִי אֶשְׂמַח בַּיהוָה׃

³⁵ יִתַּמּוּ חַטָּאִים׀ מִן־הָאָרֶץ וּרְשָׁעִים׀ עוֹד אֵינָם בָּרְכִי נַפְשִׁי אֶת־יְהוָה הַלְלוּ־יָהּ׃

¹ ¡Bendice, alma mía, a Jehová! Jehová, Dios mío, mucho te has engrandecido;
te has vestido de gloria y de magnificencia:

² eres el que se cubre de luz como de vestidura,
que extiende los cielos como una cortina,

³ que establece sus aposentos entre las aguas, el que pone las nubes por su carroza,
el que anda sobre las alas del viento,

⁴ el que hace a los vientos sus mensajeros y a las llamas de fuego sus ministros.

⁵ Él fundó la tierra sobre sus cimientos; no será jamás removida.

⁶ Con el abismo, como con vestido, la cubriste; sobre los montes estaban las aguas.

⁷ A tu represión huyeron; al sonido de tu trueno se apresuraron;

⁸ subieron los montes, descendieron los valles al lugar que tú les fijaste.

⁹ Les pusiste un límite, el cual no traspasarán, ni volverán a cubrir la tierra.

¹⁰ Tú eres el que viertes los manantiales en los arroyos; van entre los montes,

¹¹ dan de beber a todas las bestias del campo, mitigan su sed los asnos monteses.

¹² En sus orillas habitan las aves del cielo ¡Cantan entre las ramas!

¹³ Él riega los montes desde sus aposentos; del fruto de sus obras se sacia la tierra.

¹⁴ Él hace brotar el heno para las bestias y la hierba para el servicio del hombre, para sacar el pan de la tierra,

¹⁵ el vino que alegra el corazón del hombre, el aceite que hace brillar el rostro y el pan que sustenta la vida del hombre.

¹⁶ Se llenan de savia los árboles de Jehová, los cedros del Líbano que él plantó.

¹⁷ Allí anidan las aves; en las hayas hace su casa la cigüeña.

¹⁸ Los montes altos son para las cabras monteses; las peñas, para madrigueras de los conejos.

¹⁹ Hizo la luna para los tiempos sagrados; el sol conoce su ocaso.

²⁰ Pones las tinieblas, y es de noche; en ella corretean todas las bestias de la selva.

²¹ Los leoncillos rugen tras la presa y reclaman de Dios su comida.

²² Sale el sol, se recogen y se echan en sus cuevas.

²³ Sale el hombre a su labor y a su labranza hasta la tarde.

²⁴ ¡Cuán innumerables son tus obras, Jehová! Hiciste todas ellas con sabiduría; ¡la tierra está llena de tus beneficios!

²⁵ He allí el grande y ancho mar, en donde se mueven seres innumerables, seres pequeños y grandes.

²⁶ Allí lo surcan las naves; allí esta Leviatán que hiciste para que jugaras con él.

²⁷ Todos ellos esperan en ti, para que les des la comida a su tiempo.

²⁸ Tú les das y ellos recogen; abres tu mano y se sacian de bien.

²⁹ Escondes tu rostro, se turban; les quitas el hálito, dejan de ser y vuelven al polvo.

³⁰ Envías tu espíritu, son creados y renuevas la faz de la tierra.

³¹ ¡Sea la gloria de Jehová para siempre! ¡Alégrese Jehová en sus obras!

³² Él mira a la tierra y ella tiembla; toca los montes y humean.

³³ A Jehová cantaré en mi vida; a mi Dios cantaré salmos mientras viva.

³⁴ Dulce será mi meditación en él; yo me regocijaré en Jehová.

³⁵ ¡Sean consumidos de la tierra los pecadores y los impíos dejen de ser! ¡Bendice, alma mía, a Jehová! ¡Aleluya!

Como el Sal 103 (*Bendice alma mía...*) comienza este Salmo 104, centrado en la alabanza al reinado de Dios, tanto en un plano de naturaleza como en el plano de la gracia, a la que se invita también a los ángeles. El poeta empieza cantando al mundo actual, tal como ha sido creado por Dios en el principio (Gen 1); y termina pidiendo que el mal pueda ser expulsado de esta buena creación de Dios, que revela de una forma tan completa y buena su poder, su sabiduría y su bondad.

Este es un salmo de la naturaleza, pero está compuesto de tal forma que ninguno de los poetas gentiles podría haberlo hecho. El poeta israelita se sitúa de manera libre, sin ataduras de ningún tipo, ante la presencia de Dios en la naturaleza, de forma que todas las cosas aparecen ante él, surgiendo y siendo sostenidas por el poder creador de su mano.

Así, todas las cosas han brotado y son mantenidas en la existencia, de manera que él (Dios), el único que es suficiente en sí mismo, pueda ofrecerles su amor de un modo libre y misericordioso, a fin de que las creaturas, siendo en sí mismas buenas y puras, pero estando manchadas y desorganizadas por la autocorrupción del hombre (bajo pecado y maldad), puedan convertirse y ser transformadas por medio de la acción de Dios, de forma que su gozo pueda culminar en ellas.

Este salmo es en conjunto un eco del *heptahemerôn* (es decir, de la historia de los siete días de la creación, conforme a Gen 1). Respondiendo a esos siete días, esas obras se dividen en siete grupos, en los que se expande la palabra de Gen 1, 1: הנה־טוב מאד (he aquí que todas las obras de Dios eran muy buenas). No se trata, sin embargo, de que cada estrofa responda a un día de la creación, pues el salmo está compuesto teniendo ante sí, desde el principio, la creación entera, de tal forma que no sigue un plan cronológico ni temático. A pesar de eso, el salmo comienza con la luz y culmina con una alusión al sábado divino.

Siendo un canto unitario, este salmo tiene varias contradicciones internas. Así, el Sal 104, 8 se ajusta con violencia al despliegue del tema; por su parte, el Sal 104, 18 parece forzado, sin conexión con el resto y contrario a un plano de conjunto; finalmente el Sal 104, 32 solo puede entenderse en su lugar a través de una combinación artificial de pensamientos. Todo eso nos lleva a pensar, conforme a una suposición de Hitzig (que es buena, pero que está desarrollada de un modo artificial y forzado) que este salmo ha sido estropeado por algún poeta posterior que ha querido completarlo.

104, 1-4. La primera estrofa comienza celebrando la obra de los dos primeros días de la creación. Las palabras הוֹד וְהָדָר לָבָשְׁתָּ (הוד והדר, te has vestido de gloria y majestad) no son aquí una doxología dirigida al Dios de antes de los siglos, πρὸ παντὸς τοῦ αἰῶνος (Jud 1, 25), sino que expresan la gloria que él ha tomado (hecha suya, cf. Job 40, 10) desde que ha creado el mundo. Se trata de una gloria que es inmanente a Dios, pero que se refleja de diversas formas, con diversas gradaciones, de cierta manera, en todo el mundo.

Por un lado, Dios ha comenzado la obra de la creación con el surgimiento de la luz, pero, al mismo tiempo, él ha tomado la luz de su creación como si fuera su propia vestimenta. Esto que comenzó con la creación puede expresarse, como se hace con frecuencia (cf. Am 4, 13; Is 44, 24; Is 45, 7; Jer 10, 12), por medio de participios de presente, porque la creación originaria continúa y se expresa a través de la preservación del mundo. Por otra parte, los participios con artículo determinado alternan con participios sin artículo, como en Is 44, 24-28, sin otra diferencia que el hecho de que unos son más predicativos y otros más atributivos.

Con el Sal 104, 2 pasamos a la obra del segundo día, que es la creación de la bóveda (רקיע) divisoria entre las aguas superiores e inferiores, que Dios ha separado extendiendo sobre el mundo una especie de techo, como si fuera la cobertura de una tienda (cf. Is 40, 22; Is 54, 2), por la que pasa la luz, como si fuera transparente. עֹטֶה־אוֹר כַּשַּׂלְמָה נוֹטֶה שָׁמַיִם כַּירִיעָה נוטה rima aquí con עטה (Dios se cubre de luz, como de vestidura; extiende los cielos como una cortina).

En las aguas de arriba, por encima de la bóveda, asienta Dios las columnas de sus aposentos superiores (que se dicen עליותתו, como en Am 9, 6, y con מעלותיו, de עליה, ascenso, elevación, como si fuera un piso superior, una cámara más alta, que podría haberse expresado de un modo más preciso con la palabra עליה, como en arameo y árabe). Pero esas columnas y cámaras superiores no están hechas de agua, sino colocadas en el lugar de las aguas superiores, elevadas sobre la tierra, pues para el Uno Divino, que es Inmaterial, incluso aquello que es fluido es sólido y aquello que es denso es transparente.

Las nubes (cf. 104, 3) son los recipientes de las aguas superiores, y como indican los relámpagos, los truenos y la lluvia, ellas forman la carroza (רכוב) de Dios, que cabalga sobre ellas, a fin de que su poder pueda sentirse en la parte inferior de la tierra, como signo de juicio (Is 19, 1), pero también como principio de rescate y bendición para los hombres. La palabra רכוב, atestiguada solo aquí (הַשָּׂם־עָבִים רְכוּבוֹ הַמְהַלֵּךְ עַל־כַּנְפֵי־רוּחַ, el que puso a las nubes como carroza, el que camina en las alas del viento) concuerda por su sonido con כרוב, querubim (Sal 18, 11), de manera que las alas del viento actúan como carrozas de nubes.

En el Sal 104, 4, los LXX (cf. Hebr 1, 7) convierten el primer sustantivo en acusativo de objeto y el segundo en predicado: Ὁ ποιῶν τοὺς ἀγγέλους αὐτοῦ πνεύματα καὶ τοὺς λειτουργοὺς αὐτοῦ πυρὸς φλόγα (el que hace a sus ángeles espíritus, y a sus servidores llamas de fuego). Esta traducción es posible, por lo que toca al lenguaje (cf. Sal 100, 3 qetub, con la posición de las palabras como en Am 4, 13, cf. Sal 5, 8); por su parte, משרתיו en plural (servidores) resulta explicable por el paralelismo, y אש en singular (fuego) por el hecho de que esta palabra no tiene plural.

De todas formas, la frase (104, 4) tiene dos acusativos, que depende de עשה (el que hace) que significa usualmente el que produce algo de algo, indicando por un lado lo que produce, y por otro lado "la materia" de la que lo produce. En esa línea, la frase puede traducirse así: *aquel que hace a sus mensajeros o ángeles de viento, de ruah* (עֹשֶׂה מַלְאָכָיו רוּחוֹת), *a sus servidores de llamas* (מְשָׁרְתָיו אֵשׁ לֹהֵט), es decir, de fuego que consume (véase *Coment.* a Sal 57, 5, con אֵשׁ, como en Jer 48, 45, en masculino).

Esto puede indicar dos cosas. (1) Que Dios hace uso del viento y del fuego, para realizar algunas misiones (cf. Sal 148, 8). (2) Que Dios pone viento o fuego en manos de sus ángeles (cf. Hofmann, *Schriftbeweis*, I, 325ss) a fin de realizar por medio de ellos sus acciones, como si fueran materiales de su manifestación externa, revestimiento de su presencia[17]. En esa línea, en el Sal 18, 11 se asocian viento y querubines, como vehículos de la actividad divina en el mundo. Por su parte, en el Sal 35, 5 el ángel de Yahvé está representado como energía del viento.

104, 5-9. En este segundo decaestico el poeta habla de la fijación de las aguas inferiores y del establecimiento de la tierra, que se eleva sobre ellas. El sufijo de יָסַד־אֶרֶץ עַל־מְכוֹנֶיהָ (מְכוֹנֶיהָ, estableció la tierra sobre su fundamento), referido a la tierra, quiere decir que ella cuelga libre en el espacio (Job 26, 7), pues tiene su fundamento interno, de manera que su estabilidad queda preservada incluso en medio del juicio final del que se habla en Is 24, 16, pues la tierra permanece y se renueva a través de ese juicio, sin ser removida de su lugar anterior, sino transformada, como tierra glorificada.

El abismo (תְהוֹם) con el que Dios cubre a la tierra es la masa primordial de agua, como si fuera un embrión, del que ha sido creada y brota, pues ella, la tierra, ha surgido ἐξ ὕδατος καὶ δι᾽ ὕδατος (2 Ped 3, 5). La palabra כִּסִּיתוֹ (en תְהוֹם כַּלְּבוּשׁ כִּסִּיתוֹ, con el abismo como vestido la cubriste) no se refiere a תְהוֹם (masculino como en Job 28, 14), porque en ese caso no tendría que haberse añadido עָלֶיהָ, sino a אֶרֶץ, la tierra, y el masculino debe explicarse por atracción (según el modelo de 1 Sam 2, 4), o por reversión a las formas básicas de masculino del discurso precedente (sucede lo mismo con עִיר, 2 Sam 17, 13, con צְעָקָה, Ex 11, 6 y con יָד, cf. Ez 2, 9).

Conforme al Sal 104, 6, la tierra que así sobresalió del agua era montañosa. Según eso, la formación originaria de las montañas es tan antigua como el תְהוֹם que se menciona en sucesión directa, como el ובהו תהו de Gen 1, 1-2. Tras esto, el Sal 104, 7 describe el sometimiento de las aguas primordiales por la elevación de la tierra seca y por el confinamiento de esas aguas en sus lechos, rodeadas por riberas de tierra. Aterradas por el despótico (fuerte, decisivo) mandato de Dios, las aguas quedaron por debajo y las montañas se elevaron, de forma que apareció la tierra seca, con sus alturas y sus zonas bajas.

---

17. Conforme a una visión talmúdica, Dios hace a sus ángeles realmente de fuego, *B. Chagiga*, 14a (cf. Corán, XXXVIII, 77); día tras día crea Dios a sus ángeles de fuego (נהר דינור), a fin de que ellos canten su alabanza y mueran luego.

El hecho de que las aguas, impulsadas por una excitación salvaje, se elevaran sobre las montañas y descendieran de nuevo (Hengstenberg), no concuerda con la forma en que están representadas en el Sal 104, 6, cuando dice "por encima de las montañas". En esa línea no se puede suponer tampoco, conforme a 107, 26, que ellas (las aguas) se elevaron sobre las montañas, para descender después a los valles o zonas hondas. Por eso, lo que dice este salmo ha de entenderse en forma simbólica, no de creación física, en línea científica.

La referencia a la descripción del surgimiento de la tierra seca en el tercer día de la creación exige que las montañas, הרים, deban tomarse como sujeto del verbo יעלו (se elevaron). Pero en ese caso, בקעות (valles) sería el sujeto de ירדו, como traduce Hilario de Poitiers en su *Coment.* a *Genesis*, 5, 97, etc., diciendo *subsidunt valles*, de manera que serían los valles los que descienden, y no las aguas en los valles.

Como dice Hupfeld, el Sal 104, 8 ha de tomarse como un paréntesis, afirmando que, dado que las aguas descendieron, dejando que la tierra sólida quedara desnuda, de modo que montañas y valles se volvieron visibles. Cf. Ovid, *Metam.* I, 344, *Flumina subsidunt, montes exire videntur* (bajaron los ríos, se vio que los montes se elevaban).

El Sal 104, 8 continúa con las palabras אל־מקום (cf. Gen 1, 9, אחד אל־מקום), indicando que las aguas se retiraron a su lugar (זה, cf. Sal 104, 26, en vez de אשר, Gen 39, 20), pues Dios había asignado para ellas un límite (גבול, *synon.* חק, Prov 8, 29; Jer 5, 22), de forma que ese límite las contuvo, a fin de que no pudieran cubrir de nuevo la tierra, como habían hecho en el principio las aguas del caos primordial.

104, 10–14b. El tercer decaestico nos sitúa ante el tercer día de la creación y pone de relieve la importancia que tienen las riberas rodeadas de aguas para el mundo de los animales y para las plantas de la tierra, regadas con el agua inferior y con la lluvia de arriba. Siendo Dios, que es el Uno bendito, el principal sujeto del salmo, el poeta (desde el Sal 104, 10 en adelante) sigue trazando a partir de Dios los participios atributivos y predicativos. Así empieza diciendo: el que vierte los manantiales, בנחלים, en los arroyos o *wadis*.

Como muestra 104, 10, נחל es en este caso sinónimo de בקעה, las zonas hondas. Aquí no se dice que las aguas fluyan y desemboquen en las llanuras, sino que se convierten en ríos. Los LXX ponen en este contexto la expresión en ἐν φάραγξιν, en las partes bajas o hendiduras. La frase כָּל־חַיְתוֹ שָׂדָי es doblemente poética, con השדה y חית. De esa manera, Dios provee y ofrece también su alimento para todas las bestias que habitan lejos de los hombres.

Por su parte, el onagro (asno salvaje), que se pone aquí como ejemplo de creatura de Dios, independiente de los hombres, es rápido como una flecha, de manera que solo puede ser cazado con dificultad. Un tipo de onagro se dice פרא, árabe *ferâ*, raíz פר, árabe *fr*, moverse rápidamente, escapar, huir. El onagro propiamente dicho se dice en árabe *himr el-wahs*, un animal que habita en la estepa.

Solo aquí se emplea en la biblia la expresión יְשַׁבְּרוּ צְמָאָם, romper (saciar) la sed. La expresión עֲלֵיהֶם, a sus orillas, se refiere en el Sal 104, 12 a los manantiales, (104, 10 מעינים), que forman también el sujeto de 104, 11. La manera de puntuar עֳפָאִים hace que surja sin necesidad una forma híbrida al lado de עפאים (como לבאים) y de עפיים.

Al evocar las ramas de los árboles de las orillas, el poeta nos lleva a la segunda mitad del tercer día. De esa manera, al describir el reino de las plantas, el poeta recuerda la lluvia que, descendiendo de la cámara más alta de los cielos, riega las cumbres secas de las montañas. Igual que el Talmud (*B. Ta'anîth*, 10a), Hitzig piensa que el "fruto de tu obra" (מעשיך) en singular: מִפְּרִי מַעֲשֶׂיךָ תִּשְׂבַּע הָאָרֶץ, del fruto de tu obra se sacia la tierra) es la lluvia. Pero la lluvia es, más bien, aquello que fertiliza, de manera que resulta preferible pensar que el fruto de los trabajos de Dios (מעשיך, plural) son las plantas de la tierra. Lo que sacia a los animales y a los hombres y les ofrece alimentos son las plantas que surgen de la tierra que Dios riega con la lluvia.

En ese contexto, al hablar de עשב (וְעֵשֶׂב לַעֲבֹדַת הָאָדָם, hierbas/plantas para servicio de los hombres), el poeta está pensando en las plantas cultivadas, especialmente en los cereales. Por su parte, לַעֲבֹדַת no significa "para cultivo de los hombres", pues como Hitzig ha mostrado correctamente, aquel que obra es Dios, pero lo hace (como en 1 Cron 26, 30) para servicio, es decir, para uso (no para cultivo) de los hombres.

104, 14c–18. En el cuarto decaestico el poeta insiste en las creaturas del campo y del bosque. El sujeto de להוציא en 14c (לְהוֹצִיא לֶחֶם מִן־הָאָרֶץ, para sacar el alimento de la tierra) es Dios, como מצמיח (14a: מַצְמִיחַ חָצִיר, Yahvé, el que hace brotar la hierba). Esa construcción, con indicación de finalidad, que empieza dos veces con un infinitivo, continúa en ambos casos con otro infinitivo, como en Is 13, 9, pero con cambio de sujeto (cf. e. g., Am 1, 11 y Am 2, 4), con un verbo finito (para producir vino, aceite y pan).

Para lo que se dice sobre el vino, cf. Ecl 10, 19; Ecl 40, 20 y en especial Isaías, que describe varias veces el vino como signo de todas las fuentes naturales de alegría. La idea de fondo de משמן es "ante el aceite". La traducción "más brillante que el aceite" es un error que ha sido rectamente refutado por Böttcher (cf. *Proben*, Leipzig 1833, y *Aehrenlese*), aunque él afirma que el salmista se refiere al aceite de un modo que va en contra de su argumento y que, además, resulta inadecuado.

Trigo, vino y aceite se mencionan como productos básicos del reino vegetal (cf. Lutero, Calvino, Grotius, Dathe y Hupfeld), condensados los tres bajo la palabra עֵשֶׂב, como en el Sal 104, 14 y en otros lugares donde resulta superflua una distinción más precisa de los tres, como en Ex 9, 22. Dios mismo hace que el aceite sirva para que el rostro brille y esté alegre, no a través de la unción, que no se realizaba en el rostro, sino en la cabeza de aquellos a quienes se ungía (Mt 6, 17), y de un modo especial a través de la misma comida que, por medio del aceite recibía más sabor y fuerza nutritiva.

La palabra לְהַצְהִיל פָּנִים (לְהַצְהִיל פָּנִים, para que brille el rostro) se escoge por su cercanía fonética con יצהר (para sacar el pan) del verso anterior. En el Sal 104, 15c la expresión וְלֶחֶם לְבַב־אֱנוֹשׁ יִסְעָד (לבב־אנוש יסעד), y pan que sustenta la vida del hombre) no viene después, como en el Sal 104, 15a, sino antes del verbo, porque לבב como algo interior está en antítesis con פנים que es algo exterior.

La fecundación de la tierra por la lluvia viene siendo el tema principal del argumento desde el Sal 104, 13, de forma que en el Sal 104, 16 ese motivo ha sido ya fijado (cf. 104, 10-14), sin suscitar ninguna sospecha crítica. Pues bien, a partir de ahora (en 104, 15-16) lo que da satisfacción a los hombres, lo que les alegra, no son los productos concretos de la tierra, sino la lluvia, como expresión de la bondad creadora de Dios, que suscita todos los frutos.

Así, con la lluvia se llenan de savia (de fuerza) los árboles de Yahvé (יִשְׂבְּעוּ עֲצֵי יְהוָה) que son los cedros, que proclaman la grandeza de su creador por encima de los demás árboles. אֲשֶׁר־שָׁם (que están allí...) se refiere a esos árboles, que son los cedros del Líbano (אַרְזֵי לְבָנוֹן), plantados por Dios, y con ellos los cipreses (בְּרוֹשִׁים, de בר, cortar), no las hayas como traduce Reina-Valera.

Esos son los lugares donde anidan las aves grandes y pequeñas, y de un modo especial la cigüeña, que lleva el nombre de חֲסִידָה, la más piadosa de las aves, πτηνῶν εὐσεβέστατον ζῷων (Barbrius, *Fab.* XIII), llamada también *avis pia* (*pietati cultrix*, que cultiva la piedad, como dirá Petronio, *Satiricon* LV, 6). A la cigüeña le llama piadosa por su forma de vida familiar, y porque se consideraba portadora de buena fortuna para la casa[18].

El cuidado de Dios por el alojamiento de sus creaturas hace que el poeta pase de los árboles del bosque a las alturas de las montañas y a los lugares escondidos de las rocas (104, 18), para referirse a las cabras y conejos. Este cambio de tema es ciertamente abrupto y rompe de algún modo el esquema o despliegue de su relato sobre la creación. Así dice el texto: הָרִים הַגְּבֹהִים לַיְּעֵלִים, las montañas altas

---

18. En el distrito de Merg, donde la cigüeña no se llama *leklek,* como en otros lugares, en árabe, sino *charnuk,* a causa de que tiene en la frente una cresta, como un largo cuerno (árabe *chrn*), las mujeres y los niños le llaman *'bu'sa'd,* que significa portadora de buena suerte. Como la חסידה, hay también un tipo *Vultur percnopterus,* de buitre carroñero, al que algunos llaman cigüeña de montaña, ὀρειπελαργός, dándole el nombre de רחם (árabe *rhm*), la piadosa, a causa de su στοργή (que significa también piedad).

son para los que suben a ellas, es decir, para las cabras monteses, de manera que hay un tipo de aposición entre גְּבֹהִים y יְּעֵלִים.

La palabra יָעֵל (árabe *wa'il*) se refiere a la cabra de monte que es la que habita יָעֵל (*wa'l, wa'la*), i. e., en los lugares altos de las rocas; de un modo semejante, Wetzstein dice que יָעֵן (cf. Lam 4, 3) es el avestruz, como habitante de los *wa'na*, i. e., de los desiertos estériles. Por otra parte, el שָׁפָן es el tejón de roca (llamado en árabe del sur *tufun*), que habita en las grietas de las rocas (Prov 30, 26) y que se parece a las marmotas.

La tradición judía ha pensado que el שָׁפָן (סְלָעִים מַחְסֶה לַשְׁפַנִּים, las rocas son refugio de *safanes*) son un tipo de conejos de zonas cercanas al desierto. En esa línea, la *peshita* traduce לחגסא (חגס, *cuniculus*, conejo). Ambos animales, el conejo y el tejón de roca, pueden haber sido evocados en Lev 11, 5 y Dt 14, 7, pues ninguno de los dos tiene las pezuñas hendidas (שִׁסּוּעָה פַרְסָה). El conejo de cuatro dedos y el *hyrax* o conejo de roca tienen una formación peculiar en la pezuña, que no está hendida, sino dividida en varias partes.

104, 19–23. El quinto decaestico, por el que se pasa del tercero al cuarto día, muestra que el poeta tiene en su mente el orden de los días de la creación. Así menciona primero la luna, porque quiere que la visión del día venga después de la experiencia de la noche. Además, el poeta pone a la luna al principio como astro principal para fijar la marcha del calendario sagrado de las fiestas.

El texto dice que (Dios) hizo la luna para los מוֹעֲדִים (עָשָׂה יָרֵחַ לְמוֹעֲדִים), que son las divisiones y puntos del tiempo (las épocas), pues la medida más importante para fijar el calendario de la vida civil y eclesiástica viene dado por la luna, que es la señal de las fiestas a lo largo del año (cf. Ecl 43, 7, ἀπὸ σελήνης σημεῖον ἑορτῆς), lo mismo que el sol constituye el principio de medida del tiempo para cada día en sí mismo, desde que sale hasta que se pone.

El verso 104, 20, donde se dice que todo lo que existe es presencia de Dios, que ha surgido en su honor, se formula ya en forma de discurso directo, con verbos en yusiva (תָּשֶׁת, וִיהִי) tanto en las prótasis hipotéticas como en las apódosis (Ewiger, 357b). Todo depende de la voluntad de Dios, de manera que cuando él quiere se hace noche, y empieza a desarrollarse la vida propia de los animales salvajes. Entonces rugen los jóvenes leones por su presa: וּלְבַקֵּשׁ מֵאֵל אָכְלָם, y *flagitaturi sunt a Deo cibum suum* (y reclaman a Dios su comida).

El infinitivo con *lamed* se utiliza como expresión elíptica para una afirmación perifrástica (véase *Coment.* sobre Hab 1, 17), como una variante de futuro. Esta es una forma que se ha utilizado después de manera aproximada en arameo. El rugido de los leones y su búsqueda de presa responde a una ley que el mismo Dios ha implantado en su naturaleza.

Con la salida del sol el aspecto de las cosas se vuelve muy distinto. El sol, שֶׁמֶשׁ, está aquí personificado en femenino (cf. Sal 19, 1-14). Cuando apunta el día con el sol comienza el tiempo de vida para los hombres. Tanto el tema como el estilo del Sal 104, 21 nos recuerdan a Job 24, 5; 37, 8; 38, 40.

104, 24–30. Fijando los ojos sobre el mar, con sus pequeñas y grandes creaturas, y en el cuidado de Dios por todos los seres vivientes, el autor pasa al quinto y sexto día de la creación. Los ricos contenidos de este sexto grupo exceden la extensión del decaestico. Con מָה־רַבּוּ מַעֲשֶׂיךָ (104, 24), *qué numerosas son tus obras* (no מַה־גָּדְלוּ, qué grandes, como en el Sal 92, 6), el poeta expresa su admiración ante el gran número de las obras de Dios, cada una respondiendo a su designio y todas sirviéndose mutuamente unas a otras, cooperando entre sí.

El verbo קָנַן significa, al mismo tiempo, *crear* (hacer surgir) algo *y adquirir*. Aquí tiene el primer sentido, de acuerdo con el predicado: el mundo está lleno de creaturas que llevan en sí mismas las huellas del nombre de su creador (קָנָה), pues מָלְאָה הָאָרֶץ קִנְיָנֶךָ, la tierra está llena de tus creaciones.

Sin embargo, al lado de la forma קִינְיָך, aquí encontramos también la lectura קִנְיָנֶךָ (קִנְיָנֶךָ) que ha sido adoptada por Norzi, Heidenheim y Baer, y que está representada por varias versiones (LXX, Vulgata y Jerónimo), por diversos expositores (Rashi, שֶׁלְּךָ קִנְיַן), y por la mayoría de los MSS (según Norzi), por todas las ediciones antiguas. Esa palabra (קִנְיָנֶךָ) tiene el significado de κτίσεως σου o, conforme a las versiones latinas, *possessione tua*, de tu posesión (Lutero dice "deiner Güter", de tus bienes). Pero este singular es inferior al plural *ktismatôn sou* (de tus obras), como acusativo de objeto de מָלְאָה.

De un modo particular, el mar aparece como un mundo de innumerables creaturas movientes (Sal 69, 35). La expresión זֶה הַיָּם גָּדוֹל וּרְחַב יָדָיִם, ese mar grande y ancho) no significa propiamente hablando *este mar*, sino *aquel mar*, el mar de allí (cf. Sal 68, 9; Is 23, 13; Jos 9, 13).

Los atributos siguen en forma de aposición, sin relacionarse de manera estrecha entre sí, en un tipo de no determinación fija y permanente (cf. Sal 68, 28; Jer 2, 21; Gen 43, 14), a diferencia de lo que sucedía en el texto anterior, en el Sal 104, 18. Por su parte אֳנִיָּה (אֳנִיּוֹת) en relación con אֳנִי, es un *nomen unitatis* (un nombre de concreción, con el sentido de *un barco particular*). Este es un nombre antiguo, que se emplea también en Egipto, en la forma *hani* y *ana*[19].

En el libro de Job, Leviatán es el cocodrilo. En este pasaje (Sal 104, 26: לִוְיָתָן זֶה־יָצַרְתָּ לְשַׂחֶק־בּוֹ, este Leviatán que hiciste para "jugar" con él) es el nombre

19. Véase Chabas, *Le papyrus magique Harris*, p. 246, No. 826, HANI (אני), barco, navío; y el *Libro de los muertos*, 1, 10, donde *hani* aparece como imagen determinante de un barco. Sobre la forma *ana*, véase Chabas loc. cit. p. 33.

de *una ballena* (véase Lewysohn, *Zoologie des Talmuds*, 178-180, 505). Ewald y Hitzig, con la tradición judía, piensan que, en este caso, בּוֹ (como en Job 41, 5) significa para jugar *con él;* pero esa traducción de "jugar", aplicada a Dios, ofrece una idea que no es digna de Dios. Quizá hay que sustituir בּוֹ por שָׁם (cf. בּוֹ en el Sal 104, 20; Job 40, 20), para "jugar allí", es decir, en el mar (Saadia).

En 104, 27, con כֻּלָּם (כֻּלָּם אֵלֶיךָ יְשַׂבֵּרוּן), todos ellos esperan en ti) el alcance del texto se extiende desde las creaturas del mar a todas las cosas vivientes de la tierra, como muestran los pasajes que han sido tomados de aquí, en Sal 145, 15; Sal 147, 9. Ese término, כֻּלָּם, por anulación del sufijo, significa directamente "todos, totalmente". Por su parte, בְּעִתּוֹ (cf. Job 38, 32) significa *a su tiempo*, a su debido tiempo.

Sobre el cambio de sujeto, en la cláusula principal y en la de infinitivo, véase Ewiger, 338a. La existencia, el origen y el fallecimiento de todos los seres está condicionada por Dios, que es quien todo lo provee. Cuando Dios vuelve su rostro hacia las cosas, todas ellas se elevan. Su aliento, su espíritu creador, es el que anima y renueva todos los seres. El espíritu de vida de toda creatura es la dispensación o presencia del Espíritu divino, que planeaba sobre las aguas primordiales y transformaba el caos en cosmos.

En el Sal 104, 29, תֹּסֵף (תֹּסֵף רוּחָם יִגְוָעוּן), *les quitas el espíritu y mueren*, no son nada) equivale a תֵּאָסֵף, como en 1 Sam 15, 6 y frecuentemente. Las formas de futuro, acentuadas en la última sílaba, de 104, 27 en adelante, dan énfasis a las afirmaciones. Con 104, 29 puede compararse Job 24, 14ss.

104, 31-35. El poeta llega aquí al fin, a la visión de conjunto de las maravillas de la creación, y concluye su salmo con este séptimo grupo, que es de nuevo básicamente un decaestico, con una meditación sabática. El poeta desea aquí, finalmente, que la Gloria que Dios ha puesto en sus creaturas y que se refleja y vuelve de nuevo desde las creaturas hacia él pueda mantenerse por siempre, de manera que las obras de Dios se mantengan siempre firmes, de tal forma que Dios pueda quedar satisfecho con la culminación de la obra de los seis días, regocijándose en ellas.

Porque si ellas dejan de darle gozo, Dios puede expulsarlas (destruirlas) como hizo en el tiempo del diluvio, pues él es capaz de hacer que todo tiemble a su mirada (הַמַּבִּיט לָאָרֶץ וַתִּרְעָד, mira a la tierra y tiembla, cf. Am 5, 8; 9, 6), y con un toque de su mano puede hacer que las montañas se hundan y se consuman en el fuego (יִגַּע בֶּהָרִים וְיֶעֱשָׁנוּ, toca las montañas y tiemblan, como en el Sal 144, 5; Zac 9, 5, cf. *Coment.* sobre Hab 3, 10).

De esta manera, a lo largo de todo el salmo, el poeta no ha soportado que hubiera ningún tipo de deficiencia o fallo en la obra de glorificación de Yahvé, pues todo el sentido de su vida como salmista se centra y consiste en glorificar a su Dios con música y canto (אָשִׁירָה לַיהוָה בְּחַיָּי), cantaré a Yahvé con mi vida, como en el Sal 63, 5, cf. Bar 4, 20, ἐν ταῖς ἡμέραις μου). Esta es su finalidad: que su meditación y su canto puedan ser agradables a Dios (יֶעֱרַב עָלָיו שִׂיחִי, que sea dulce mi meditación para él).

Este es el tema clave del salmo: que Yahvé pueda regocijarse en el salmista, como el salmista se regocija en su Dios. Entre "yo me regocijaré en Yahvé" (אָנֹכִי אֶשְׂמַח בַּיהוָה, 104, 34) y "Yahvé se regocijará" (יִשְׂמַח יְהוָה, 104, 31) hay una relación recíproca como la hay entre el Sábado de la creatura en Dios y el Sábado de Dios en la creatura.

Cuando el salmista desea que Dios pueda tener su gozo en las obras de la creación y, por otra parte, quiere agradar a Dios y poseer en él su alegría, él tiene todo el derecho de desear que sean removidos de la tierra (יִתַּמּוּ, cf. Num 14, 35) aquellos que se complacen en la maldad, aquellos que en vez de dar gloria a Dios excitan su ira, porque van en contra del propósito de la buena creación de Dios, ponen en peligro la continuidad de sus obras y destruyen la alegría de sus creaturas.

El deseo no es que no existan ya más pecados, obras pecadoras como tales (con חטאים, como parece leer *B. Berachoth*, 10a, con algunas ediciones como la de Bamberg de 1521), sino que no existan ya más hombres pecadores (יִתַּמּוּ חַטָּאִים מִן־הָאָרֶץ, que mueran, sean consumidos, los pecadores de la tierra) porque el pecado solo existe en los pecadores.

Con la palabra final בָּרְכִי נַפְשִׁי אֶת־יְהוָה (bendiga mi alma a Yahvé, 104, 35) el salmista vuelve al primer verso del canto, añadiendo un הַלְלוּ־יָהּ, *hallelujah*, con el que invita a todas las creaturas para que alaben a Dios, una invitación que no aparece antes en ningún otro lugar del salterio, sino aquí por primera vez, siendo así acuñada en una edad antigua. En las ediciones impresas modernas se escribe unas veces como הַלְלוּ־יָהּ (como una sola palabra) y otras como הללו יה (como dos palabras), pero en las más antiguas (e. g., Venecia 1521, Wittenberg 1566) aparece casi siempre como una sola palabra הללויה [20].

En la mayoría de los MSS aparece también como una sola palabra[21] y siempre con ה, excepto en este primer הללויה del final del Sal 104, donde aparece

---

20. De un modo preciso puede escribirse con *chateph* o vocal larga en la יה como pide expresamente Jekuthil ha-Nakdan. De todas formas, el "aleluya" suele escribirse en general como una sola palabra, y de esa forma indica la Masora que la forma de escribir הללו־יה aparece solo una vez, en el Sal 135, 3, con la anotación לית בטעם para indicar que este es el único caso en que se escribe así.

21. Sin embargo, incluso en el Talmud (*J. Megilla* I. 9; *Sofrim* v. 10) sigue dándose una controversia sobre la forma de escribir esta palabra, sea en forma separada o combinando sus dos elementos. Así, *B. Pesachim* 117a, apela a un Salterio de la escuela de Chabibi (חביבי דבי תילי) donde הללו se hallaba en una línea y יה en la otra, para insistir en la separación de las dos palabras.

En el mismo lugar, Rab Chasda alude a un רב חנין דבי תילי donde él ha visto que el Hallelujah se encuentra entre dos salmos, lo que puede indicar que esa palabra puede ser la conclusión del salmo anterior o el comienzo del salmo que sigue, pues ella se escribe en medio de los dos (פירקא בעמצע). Allí donde הלליה se escribe como una sola palabra, la יה no se toma estrictamente como el nombre una ה *rafada* (incluso en buenos MSS y en las primeras ediciones impresas). Este modo de escribir es el que esta atestiguado por la Masora (véase Baer, *Psalterium*, p. 132). El Talmud y el Midrash observan que este primer *Hallelujah* se conecta de un modo significativo con la destrucción final de los malvados. Ben-Pazzi (*B. Berachoth* 10a) cuenta 103 פרשיות (divisiones del salterio) hasta esta Hallelujah, tomando Sal 1, 1-6 y Sal 2, 1-12 como un solo פרשת.

Salmo 105. Himno de acción de gracias al Dios de la historia de Israel

1 הוֹדוּ לַיהוָה קִרְאוּ בִשְׁמוֹ הוֹדִיעוּ בָעַמִּים עֲלִילוֹתָיו׃

2 שִׁירוּ־לוֹ זַמְּרוּ־לוֹ שִׂיחוּ בְּכָל־נִפְלְאוֹתָיו׃

3 הִתְהַלְלוּ בְּשֵׁם קָדְשׁוֹ יִשְׂמַח לֵב׀ מְבַקְשֵׁי יְהוָה׃

4 דִּרְשׁוּ יְהוָה וְעֻזּוֹ בַּקְּשׁוּ פָנָיו תָּמִיד׃

5 זִכְרוּ נִפְלְאוֹתָיו אֲשֶׁר־עָשָׂה מֹפְתָיו וּמִשְׁפְּטֵי־פִיו׃

6 זֶרַע אַבְרָהָם עַבְדּוֹ בְּנֵי יַעֲקֹב בְּחִירָיו׃

7 הוּא יְהוָה אֱלֹהֵינוּ בְּכָל־הָאָרֶץ מִשְׁפָּטָיו׃

8 זָכַר לְעוֹלָם בְּרִיתוֹ דָּבָר צִוָּה לְאֶלֶף דּוֹר׃

9 אֲשֶׁר כָּרַת אֶת־אַבְרָהָם וּשְׁבוּעָתוֹ לְיִשְׂחָק׃

10 וַיַּעֲמִידֶהָ לְיַעֲקֹב לְחֹק לְיִשְׂרָאֵל בְּרִית עוֹלָם׃

11 לֵאמֹר לְךָ אֶתֵּן אֶת־אֶרֶץ־כְּנָעַן חֶבֶל נַחֲלַתְכֶם׃

12 בִּהְיוֹתָם מְתֵי מִסְפָּר כִּמְעַט וְגָרִים בָּהּ׃

13 וַיִּתְהַלְּכוּ מִגּוֹי אֶל־גּוֹי מִמַּמְלָכָה אֶל־עַם אַחֵר׃

14 לֹא־הִנִּיחַ אָדָם לְעָשְׁקָם וַיּוֹכַח עֲלֵיהֶם מְלָכִים׃

15 אַל־תִּגְּעוּ בִמְשִׁיחָי וְלִנְבִיאַי אַל־תָּרֵעוּ׃

16 וַיִּקְרָא רָעָב עַל־הָאָרֶץ כָּל־מַטֵּה־לֶחֶם שָׁבָר׃

17 שָׁלַח לִפְנֵיהֶם אִישׁ לְעֶבֶד נִמְכַּר יוֹסֵף׃

18 עִנּוּ בַכֶּבֶל (רַגְלָיו) [רַגְלוֹ] בַּרְזֶל בָּאָה נַפְשׁוֹ׃

19 עַד־עֵת בֹּא־דְבָרוֹ אִמְרַת יְהוָה צְרָפָתְהוּ׃

20 שָׁלַח מֶלֶךְ וַיַּתִּירֵהוּ מֹשֵׁל עַמִּים וַיְפַתְּחֵהוּ׃

21 שָׂמוֹ אָדוֹן לְבֵיתוֹ וּמֹשֵׁל בְּכָל־קִנְיָנוֹ׃

22 לֶאְסֹר שָׂרָיו בְּנַפְשׁוֹ וּזְקֵנָיו יְחַכֵּם׃

23 וַיָּבֹא יִשְׂרָאֵל מִצְרָיִם וְיַעֲקֹב גָּר בְּאֶרֶץ־חָם׃

24 וַיֶּפֶר אֶת־עַמּוֹ מְאֹד וַיַּעֲצִמֵהוּ מִצָּרָיו׃

25 הָפַךְ לִבָּם לִשְׂנֹא עַמּוֹ לְהִתְנַכֵּל בַּעֲבָדָיו׃

26 שָׁלַח מֹשֶׁה עַבְדּוֹ אַהֲרֹן אֲשֶׁר בָּחַר־בּוֹ׃

27 שָׂמוּ־בָם דִּבְרֵי אֹתוֹתָיו וּמֹפְתִים בְּאֶרֶץ חָם׃

---

divino, sino solo como una forma de dar fuerza a la noción de הללו, como en במרחביה del Sal 118, 5; con referencia a esto, cf. Geiger, *Urschrift*, pp. 275.

28 שָׁלַח חֹשֶׁךְ וַיַּחְשִׁךְ וְלֹא־מָרוּ אֶת־(דְּבָרָיו) [דְּבָרֽוֹ]׃

29 הָפַךְ אֶת־מֵימֵיהֶם לְדָם וַיָּמֶת אֶת־דְּגָתָֽם׃

30 שָׁרַץ אַרְצָם צְפַרְדְּעִים בְּחַדְרֵי מַלְכֵיהֶֽם׃

31 אָמַר וַיָּבֹא עָרֹב כִּנִּים בְּכָל־גְּבוּלָֽם׃

32 נָתַן גִּשְׁמֵיהֶם בָּרָד אֵשׁ לֶהָבוֹת בְּאַרְצָֽם׃

33 וַיַּךְ גַּפְנָם וּתְאֵנָתָם וַיְשַׁבֵּר עֵץ גְּבוּלָֽם׃

34 אָמַר וַיָּבֹא אַרְבֶּה וְיֶלֶק וְאֵין מִסְפָּֽר׃

35 וַיֹּאכַל כָּל־עֵשֶׂב בְּאַרְצָם וַיֹּאכַל פְּרִי אַדְמָתָֽם׃

36 וַיַּךְ כָּל־בְּכוֹר בְּאַרְצָם רֵאשִׁית לְכָל־אוֹנָֽם׃

37 וַיּוֹצִיאֵם בְּכֶסֶף וְזָהָב וְאֵין בִּשְׁבָטָיו כּוֹשֵֽׁל׃

38 שָׂמַח מִצְרַיִם בְּצֵאתָם כִּי־נָפַל פַּחְדָּם עֲלֵיהֶֽם׃

39 פָּרַשׂ עָנָן לְמָסָךְ וְאֵשׁ לְהָאִיר לָֽיְלָה׃

40 שָׁאַל וַיָּבֵא שְׂלָו וְלֶחֶם שָׁמַיִם יַשְׂבִּיעֵֽם׃

41 פָּתַח צוּר וַיָּזוּבוּ מָיִם הָלְכוּ בַּצִּיּוֹת נָהָֽר׃

42 כִּי־זָכַר אֶת־דְּבַר קָדְשׁוֹ אֶת־אַבְרָהָם עַבְדּֽוֹ׃

43 וַיּוֹצִא עַמּוֹ בְשָׂשׂוֹן בְּרִנָּה אֶת־בְּחִירָֽיו׃

44 וַיִּתֵּן לָהֶם אַרְצוֹת גּוֹיִם וַעֲמַל לְאֻמִּים יִירָֽשׁוּ׃

45 בַּעֲבוּר ׀ יִשְׁמְרוּ חֻקָּיו וְתוֹרֹתָיו יִנְצֹרוּ הַלְלוּ־יָֽהּ׃

¹ ¡Alabad a Jehová, invocad su nombre,
dad a conocer sus obras entre los pueblos!

² ¡Cantadle, cantadle salmos! Hablad de todas sus maravillas.

³ Gloriaos en su santo nombre; alégrese el corazón de los que buscan a Jehová.

⁴ ¡Buscad a Jehová y su poder; buscad siempre su rostro!

⁵ Acordaos de las maravillas que él ha hecho,
de sus prodigios y de los juicios de su boca,

⁶ vosotros, descendencia de Abraham su siervo, hijos de Jacob, sus escogidos.

⁷ Él es Jehová, nuestro Dios; en toda la tierra están sus juicios.

⁸ Se acordó para siempre de su pacto;
de la palabra que mandó para mil generaciones,

⁹ la cual concertó con Abraham, y de su juramento a Isaac.

¹⁰ La estableció a Jacob por decreto, a Israel por pacto sempiterno,

¹¹ diciendo, "A ti te daré la tierra de Canaán como porción de vuestra heredad".

¹² Cuando ellos eran pocos en número y forasteros en ella,

¹³ y andaban de nación en nación, de un reino a otro pueblo,

¹⁴ no consintió que nadie los agraviara, y por causa de ellos castigó a los reyes.

¹⁵ "No toquéis —dijo— a mis ungidos, ni hagáis mal a mis profetas".

¹⁶ Trajo hambre sobre la tierra y cortó todo sustento de pan.

¹⁷ Envió a un hombre delante de ellos; a José, que fue vendido como esclavo.

¹⁸ Afligieron sus pies con grillos; en cárcel fue puesta su persona.

¹⁹ Hasta la hora en que se cumplió su palabra, el dicho de Jehová lo probó.

²⁰ Envió el rey y lo soltó; el señor de los pueblos lo dejó ir libre.

²¹ Lo puso por señor de su casa, y por gobernador de todas sus posesiones,

²² para regir a sus grandes como él quisiera y enseñar a sus ancianos sabiduría.

²³ Después entró Israel en Egipto, Jacob moró en la tierra de Cam.

²⁴ Y multiplicó su pueblo en gran manera y lo hizo más fuerte que sus enemigos.

²⁵ Cambió el corazón de ellos para que aborrecieran a su pueblo,
para que contra sus siervos pensaran mal.

²⁶ Envió a su siervo Moisés y a Aarón, al cual escogió.

²⁷ Puso en ellos las palabras de sus señales, y sus prodigios en la tierra de Cam.

²⁸ Envió tinieblas que lo oscurecieron todo; no fueron rebeldes a su palabra.

²⁹ Volvió sus aguas en sangre y mató sus peces.

³⁰ Su tierra produjo ranas hasta en las cámaras de sus reyes.

³¹ Habló, y vinieron enjambres de moscas y piojos en todo su territorio.

³² Les dio granizo por lluvia y llamas de fuego en su tierra.

³³ Destrozó sus viñas y sus higueras, y quebró los árboles de su territorio.

³⁴ Habló, y vinieron langostas y pulgón sin número;

³⁵ y se comieron toda la hierba de su país, devoraron el fruto de su tierra.

³⁶ Hirió de muerte a todos los primogénitos en su tierra,
las primicias de toda su fuerza.

³⁷ Los sacó con plata y oro y no hubo en sus tribus enfermo.

³⁸ Egipto se alegró de que salieran porque su terror había caído sobre ellos.

³⁹ Extendió una nube por cubierta y fuego para alumbrar la noche.

⁴⁰ Pidieron, e hizo venir codornices; y los sació con pan del cielo.

⁴¹ Abrió la peña y fluyeron aguas; corrieron por los sequedales como un río,

⁴² porque se acordó de su santa palabra dada a Abraham su siervo.

⁴³ Sacó a su pueblo con gozo; con júbilo a sus escogidos.

⁴⁴ Les dio las tierras de las naciones y las labores de los pueblos heredaron,

⁴⁵ para que guardaran sus estatutos y cumplieran sus leyes. ¡Aleluya!

Este nuevo salmo que termina con *Hallelujah*, abre la serie de *Salmos-Hodu*, nombre que se da a los que comienzan con הודו (Sal 105; 107; 118; 136), como se llama aleluyáticos (*alleluiatici*) a los que comienzan con הללויה (Sal 106; 111; 117; 135; 146). Las expresiones להלל y וללהודות, que aparecen con frecuencia en los libros de Crónicas, Esdras y Nehemías evocan estos dos tipos de salmos, o ponen al menos de relieve sus elementos principales.

Los salmos de las fiestas que, según 1 Cron 16, 7, David puso en manos de Asaf y de sus hermanos para la ejecución musical cuando el arca de la alianza se instaló en Sión y comenzó allí el servicio divino, se refieren por lo que atañe a su primera parte (1 Cron 16, 8-22) a este Salmo 105, al que sigue el Sal 96 como segunda parte, para culminar en el Sal 116 y el Sal 106.

Hitzig piensa que el Canto de las Festividades de Crónicas es el fundamento y que los paralelos respectivos de los Salmos son como "derivados" o brotes. A su juicio, el canto de Crónicas ha sido producido con esfuerzo, buscando ayuda externa, para recuperar de esa forma un pasado que parecía ya irremisiblemente muerto. Pero, en contra de eso, debemos decir que la transición del Sal 105, 22 a 105, 23 y de 105, 33 a 105, 34 (tan carente de conexión) y la introducción de los temas referentes al exilio de Babilonia del Sal 106 en el Sal 105, 35, e incluso la doxología del libro 4º de los Salmos (106, 48: אָמֵן הַלְלוּ־יָהּ), tomada como parte integral de ese salmo (cf. 105, 45), refuta esa falsa visión de las relaciones entre esos salmos, una visión que él (Hitzig) ha intentado defender para insistir en su origen macabeo.

Como han mostrado de nuevo recientemente Riehm y Kühler, el canto de fiesta de 1 Cron 16 es una recopilación a partir de salmos anteriores ya existentes, realizada con una finalidad bien precisa, partiendo del supuesto de que los salmos como un todo son davídicos (igual que los Proverbios como un todo serían salomónicos), porque David fue el que primero utilizó la poesía de los salmos para los servicios religiosos. En esa línea se ha intentado tomar aquel canto de 1 Cron 16 como expresión del origen de la liturgia de Sión, en círculos vinculados con los salmos davídicos.

Por lo que se refiere al tema, el Sal 105 se vincula con el Sal 78 (de Asaf), que recapitula la historia de Israel. Sin embargo, aquí, esa recapitulación no se hace con una finalidad didáctica, sino con la intención de crear un himno, y esto no puede situarse más allá de los tiempos de Moisés y Josué. Su fuente es según eso la Torá, tal como ahora yace ante nosotros. El salmista condensa lo que narra la Torá, y lo reviste de forma poética.

105, 1-6. Invitación a la alabanza, una alabanza que resuena lejos y de forma extensa entre los pueblos, mostrando que Dios se ha manifestado de un modo maravilloso, en hechos y palabras conectadas, con la historia de la fundación de Israel. La expresión הוֹדוּ לַיהוָה, alabad a Yahvé, como en Sal 33, 2; Sal 75, 2, significa una alabanza y confesión agradecida que se ofrece a Dios. קִרְאוּ בִשְׁמוֹ, invocad su nombre, significa llamarle, de una forma audible, como solemne atestación de Dios, en forma de plegaria y discurso (Símaco, κηρύσσετε).

La alegría del corazón[22] que aquí se desea es la condición para la apertura gozosa de la boca, y para la firme conversión de Israel a Yahvé, la condición de

---

22. El *mugrash* de ישמח (cf. 105, 3: יִשְׂמַח לֵב, alégrese el corazón), con el *legarme* siguiente, parece tener aquí el mismo valor que el *zakeph* de 1 Cron 16,10.

toda posible salvación, porque solo la fuerza de Dios supera todos los peligros, y su rostro es el que ilumina toda oscuridad.

Los וּמִשְׁפְּטֵי־פִיו, los juicios de su boca, son como enseña 105, 7 las decisiones judiciales de Dios, ejecutadas y cumplidas sin ninguna oposición posible, especialmente en el caso de las intervenciones de Dios en contra de los egipcios, de su Faraón y de sus dioses. El Cronista pone פיהו y זרע ישראל, con una formulación poco apropiada, pues uno no sabe si la palabra עבדו, su siervo, ha de referirse al patriarca Israel/Jacob o a la semilla de Israel, que es la nación israelita; esa última referencia sería propia del Deutero-Isaías. En ambos casos, los LXX han leído en plural, como "sus siervos".

105, 7-11. El poeta comienza a hacer ahora lo que había pedido a Israel que hiciera, es decir, alabar a Yahvé, el Dios de Israel, a fin de que su reinado justo se extienda sobre toda la tierra, mientras su pueblo experimenta y mantiene una fidelidad inviolable a su alianza. En 105, 7 (הֲהוּא יְהֹוָה אֱלֹהֵינוּ), la palabra יהוה está en aposición a הוּא, porque el Dios que lleva ese nombre es, sin duda alguna, el objeto de este canto de alabanza.

El verbo זכר, (105, 8: זָכַר לְעוֹלָם בְּרִיתוֹ, se acordó para siempre de su alianza) es un perfecto que fundamenta la confianza de los hombres en Yahvé (cf. Sal 111, 5, donde ese verbo aparece como futuro de confianza). El Cronista pone, en cambio, זכרו (los LXX, de un modo algo distinto, ponen μνημονεύωμεν, recordamos). Pero el tema no es el hecho de que el hombre pide ayuda a Dios, sino el hecho de que Dios habla y ofrece confianza a los hombres. Dios recuerda su alianza para todo el tiempo futuro, de forma que el exilio y la carencia de independencia nacional no son más que condiciones temporales, excepcionales, de vida del pueblo.

- *Dios recuerda su pacto*, es decir, la "palabra que él mandó", צוה (cf. דָּבָר צִוָּה לְאֶלֶף דּוֹר, palabra que instituyó), con el significado radical de establecer, fundar, como en el Sal 111, 9. La expresión לְאֶלֶף דּוֹר, en la que דור es un acusativo de especificación, está tomada de Dt 7, 9. Y, dado que דבר es la palabra de promesa de la alianza, el texto puede continuar diciendo en 105, 9, אֲשֶׁר כָּרַת אֶת־אַבְרָהָם, que determinó con Abraham (cf. Ag 2, 5, con *Coment.* de Köhler).

- *Dios recuerda su juramento*, el que instituyó en relación a Isaac, וּשְׁבוּעָתוֹ לְיִשְׂחָק. Este es el segundo objeto de זכר, el juramento establecido en el monte Moriah de Jerusalén, lugar del "sacrificio" de Isaac (Gen 22, 16), con Abraham y su descendencia, a través de ישחק (el Cronista dice ליצחק), como en Am 7, 9; Jer 33, 26.

- *Esta es la palabra que Dios estableció para Jacob,* prometiendo concederle la tierra de Canaán como tierra hereditaria para siempre. Así pasamos de Abraham e Isaac a Jacob/Israel quien, siendo el padre de las doce tribus, aparece como signo de la nación entera, que de esa forma nace a la existencia. Esta es la palabra final en la que se condensa todo lo que sigue, diciendo: לְךָ אֶתֵּן אֶת־אֶרֶץ־כְּנָעַן, a ti te daré la tierra de Canaán, como posesión hereditaria... Ese *tú*, a ti (לְךָ), tiene un sentido al mismo tiempo individual (es Jacob como persona) y colectivo (es todo el pueblo de Israel).

105, 12–15. El profeta celebra ahora la providencia que Dios ha mostrado hacia Israel en sus pequeños comienzos, cuando los patriarcas se sintieron amenazados en medio de sus peregrinaciones. Esos patriarcas eran מְתֵי מִסְפָּר, pequeños en número, es decir, un grupo de personas que "pueden contarse", a diferencia de aquellos que no pueden contarse, pues son muy numerosos. Así se les presenta כִּמְעַט, como pocos, un número escaso, un grupo de personas insignificantes, que no tienen valor (Prov 10, 20). בה se refiere a Canaán.

En 105, 13 resulta instructiva la forma en que se alternan גּוֹי y עַם. En ese contexto, גּוֹי significa nación, un grupo de personas vinculadas por un origen común, un lenguaje, un país, una descendencia. Por el contrario, עַם es un pueblo vinculado por una unidad de gobierno, es decir, por un estado[23]. La apódosis no comienza sino hasta el Sal 105, 14 y es diferente el sentido que tiene la palabra בהיותכם en el cronista, en el salterio hebreo y en la versión siríaca, según la cual la frase del Sal 105, 12 debería unirse a la estrofa precedente.

En el Sal 105, 14 el poeta tiene en su mente las tres historias de la protección de las mujeres de los patriarcas, es decir, la de Sara en Egipto (Gen 12), y las de Sara y Rebeca en Filistea (Gen 20, 1-9 y Gen 26, 1-12, cf. especialmente Sal 26, 11). En el Segundo caso, Dios declara que el patriarca es un profeta (Gen 20, 7).

Una mención especial se refiere al caso de la defensa de las esposas, y la otra a Gen 17, donde destaca la importancia de Abraham, padre de pueblos y reyes, y la de Sara como princesa. Ellos reciben el nombre de מְשִׁיחִים (ungidos, en forma pasiva), como príncipes elegidos por Dios y נְבִיאִים (forma intensiva de נבא, raíz נב, divulgar), no como hombres inspirados (Hupfeld), sino como portavoces de Dios (cf. Ex 7, 1 con Ex 4, 15), es decir, como recipientes y mediadores de una revelación divina.

---

23. Por esta razón, un rey dice עַמִּי (mi pueblo), pero no גּוֹיִי (mi Estado). En esa línea, גּוֹי solo aparece dos veces con sufijo de pertenencia cuando se refiere a Yahvé (Sal 106, 5; Sof 2, 9). Por otra parte, cuando aparece al lado de עַם, la palabra más noble es גּוֹי, como en Dt 32, 21; Jer 2, 11. Por esa razón עַם se añade con frecuencia a גּוֹי como un predicado ulterior, para dignificar aún más el sentido de גּוֹי, cf. Ex 33, 13; Dt 4, 6. En esa línea, los גּוֹיִם y el pueblo de Yahvé (ה עַם) se utilizan de un modo antitético.

105, 16–24. Llamar o traer el hambre sobre una tierra es también una expresión que aparece en prosa en 2 Rey 8, 1. La expresión כָּל־מַטֵּה־לֶחֶם שָׁבָר, *romper todo bastón de pan* (el pan es el bastón que sostiene la vida de los hombres) es una metáfora muy antigua que aparece en Lev 26, 28. El hecho de interpretar la venta de José de un modo providencial, como "envío anticipado" aparece ya de algún modo en Gen 45, 5. Por su parte, el Sal 105, 24 nos permite entender mejor el sentido de עִנּוּ בַכֶּבֶל, afligieron con grillos de hierro.

La afirmación de que el hierro vino sobre su alma (בַּרְזֶל בָּאָה נַפְשׁוֹ) quiere decir que él, José, tuvo que soportar los sufrimientos producidos por grillos de hierro, que eran una amenaza contra su vida. La mayoría de los comentaristas toman ברזל como equivalente de בברזל, pero Hitzig ha visto rectamente que נפשו es el objeto como supone el Targum; pues ברזל como nombre de unos grillos de hierro puede cambiar de género[24], como hacen, por ejemplo, otras dos palabras: צפון que es el nombre del viento norte y כבוד en el sentido de gloria.

La prisión de José, muy dolorosa en sus comienzos, duró unos diez años, hasta que al final se cumplió la palabra que le había llegado en sueños, concerniente a su exaltación (Gen 42, 9). Conforme al Sal 107, 20, דברו (cf. 105, 19a: עַד־עֵת בֹּא־דְבָרוֹ, hasta que se cumplió su palabra) parece que se refiere a la palabra de Yahvé, pero en ese caso uno habría esperado en 105, 19 una expresión distinta.

Esa palabra de Yahvé (אִמְרַת יְהוָה) es la revelación de Dios relacionada con sus promesas, una revelación dirigida a probar y purificar a José (con צרף, como en el Sal 17, 3 y con frecuencia), pues él (José) no iba a ser elevado a la gloria sin haber probado su fidelidad en un estado de profundo abajamiento, manteniéndose firme, lleno de confianza, sin desesperación. La "palabra" divina aparece aquí como un poder eficaz, lo mismo que en el Sal 119, 50.

La historia de la exaltación comienza en 105, 20 como en Gen 41, 14[25] y sigue después muy de cerca al relato de Gen 41, 39-41 y de 41, 44, donde, conforme a (לֶאְסֹר שָׂרָיו בְּנַפְשׁוֹ), el texto ofrece una precisión colateral de לאסר, en el sentido de ברצונו, según la inspiración de su alma, es decir, según su voluntad (véase *Psychologie*, p. 202). A consecuencia de esta exaltación de José,

---

24. También en árabe antiguo *firzil* (conforme al arameo פרזלא) significa directamente un grillete de hierro (y las grandes tijeras del herrero, para cortar el hierro). De un modo consecuente, el verbo denominativo árabe *farzala*, con acusativo de persona, significa encadenar a alguien con grillos de hierro. El hierro se llama ברזל de ברז, penetrar, como el árabe *ḥdíd*, material con el que se fabrican herramientas puntiagudas.

25. La palabra שלח en Gen 41, 14 va unida con *makkeph* con la palabra siguiente, con la que se apresura a vincularse, mientras que en el Sal 105, 28 שָׁלַח מֶלֶךְ וַיַּתִּירֵהוּ, envió el rey y lo liberó) ella tiene su propio acento, una circunstancia sobre la que la Masora ha dirigido su atención, conforme al apotegma: מתינין דחשוכא שלוחי זריזין זריזין שלוחי דמלכא (los emisarios del rey van con prisa, los de la oscuridad van con retraso); véase Baer, *Thorath Emeth*, p. 22.

Jacob-Israel se trasladó a Egipto y habitó allí como en una casa de protección (conforme a גּוּר, véase supra, p. 414).

Egipto recibe aquí (cf. Sal 105, 23. 27) el nombre de tierra de Cam como en el Sal 78, 51. Conforme a Plutarco, en la lengua vernácula de Egipto, Cam haría referencia a la tierra negra, de colorido de ceniza oscura, que proviene del barro arrastrado por el río Nilo, y que da color al país. Israel se convirtió allí en un pueblo poderoso y numeroso (Ex 1, 7; Dt 26, 5), mayor que sus opresores.

105, 25-38. Estos versos cuentan el éxodo de Egipto después de las plagas. El Sal 105, 25 cuenta la forma en que los egipcios se convirtieron en opresores de los israelitas. Ese cambio fue provocado indirectamente por Dios al conceder poder creciente a su pueblo Israel, moviendo a envidia a los egipcios. El enfrentamiento alcanzó su mayor violencia cuando los egipcios quisieron debilitar y destruir a los israelitas, matando a todos los niños varones que nacieran.

En el Sal 105, 27, la palabra דִּבְרֵי (cf. דִּבְרֵי אֹתוֹתָיו) significa "hechos", lo mismo que en Sal 65, 4; Sal 145, 5. También aquí, como en el Sal 78, el juicio milagroso de las diez plagas no se cuenta exactamente en el orden histórico del libro del Éxodo. El poeta comienza con la novena, que ofrece la representación más precisa de la ira de Dios, es decir, la oscuridad (Ex 10, 21-29): שָׁלַח חֹשֶׁךְ וַיַּחְשִׁךְ, envió la tiniebla y se entenebreció (todo).

La primera palabra (שָׁלַח) tiene un *gaja* ortofónico, para indicar al lector que debe pronunciarse con cuidado la sílaba gutural átona, que de lo contrario podía pasarse por alto en la lectura. El *hifil* וַיַּחְשִׁךְ tiene aquí un significado causativo, lo mismo que en Jer 13, 16. La forma contracta de escribir la *yod* inicial puede estar ocasionada por la *waw* conversiva.

El Sal 105, 28b no puede referirse a los egipcios, pues la expresión sería una equivocación. Por otra parte, el intento de entender la frase como un interrogativo (*nonne rebellarunt*, ¿acaso no se rebelaron?) resulta forzado, y la cancelación de la negación (לֹא, LXX y siriaco) hace que el pensamiento sea vacilante. Hitzig propone leer שָׁמְרוּ וְלֹא, ellos no observaron sus palabras. Pero esta formulación resulta sin sentido cuando se aplica a los egipcios.

El sujeto debe ser, por tanto, el mismo de שָׂמוּ en 105, 27, שָׂמוּ-בָם, es decir, Moisés y Aarón que, en contraste con su conducta en Mê-Merîbah (Num 20, 24; 27, 14; cf. 1 Rey 13, 21. 26), en este momento no se rebelaron en contra de las palabras de Dios (el *keré* pone sin razón alguna דְּבָרוֹ), sino que ejecutaron los terribles mandamientos de Dios de un modo preciso y voluntario.

En 105, 29 el poeta pasa de la plaga novena a la primera (Ex 7, 14-25), de manera que a la negra oscuridad se añade la *sangre roja*. Viene después la segunda, que es la de las *ranas* (Ex 8, 1-15). En el Sal 105, 31 el poeta evoca brevemente la cuarta plaga, es decir, la de las *moscas*, עָרֹב, LXX: κυνόμυια (cf. Ex 8, 20-32 (véase *Coment.* a Sal 78, 45), y después la tercera (Ex 8, 16-19), es decir, la de los *mosquitos*, que no habían sido incluidos en el Sal 78.

De la tercera plaga, el poeta (cf. Sal 105, 32-33) salta a la séptima, es decir, a la del granizo (Ex 9, 13-35). En el Sal 105, 32, el salmista tiene en su mente (Ex 9, 24) las masas de fuego que descienden con el granizo. Después, en el Sal 105, 33 (como en Sal 78, 47), el salmo retoma motivos de Ex 9, 25. Tras la séptima viene la plaga octava (Sal 105, 34-35), es decir, la de las langostas (Ex 10, 1-20), a las que se les da el nombre paralelo de ילק (un tipo de saltamontes), lo mismo que en el Sal 78, 46, donde se les da el nombre de חסיל (un tipo de grillo).

La expresión que evoca el carácter innumerable de las langostas (105, 34) es la misma utilizada en 104, 25 (וְאֵין מִסְפָּר, sin número). La quinta plaga, la peste (Ex 9, 1-7), y la sexta, que son las calenturas (Ex 9, 8-12), quedan sin mencionar. La serie de plagas culmina con la décima, que es la *muerte de los primogénitos* (Ex 11, 1), que el Sal 105, 36 expone con el lenguaje asáfico del Sal 78, 51.

No hay aquí mención de la institución de la Pascua, de manera que a la décima plaga sigue la salida de los israelitas, con las vasijas de plata y oro que habían pedido a los egipcios (Ex 12, 35; Ex 11, 2; Ex 3, 22). Los egipcios, por su parte, quedaron contentos por dejar marcharse al pueblo de los israelitas, cuya presencia era para ellos una amenaza de destrucción total (Ex 12, 33).

El poeta recoge aquí temas de Is 5, 27; 14, 31; 63, 13 y Ex 15, 16. El sufijo de שְׁבָטָיו כּוֹשֵׁל (וְאֵין בִּשְׁבָטָיו כּוֹשֵׁל, y no hubo en sus tribus) remite a Dios (de modo que el texto se refiere a las tribus de Dios, según el Sal 122, 4), aunque, naturalmente, esa palabra puede referirse también a las tribus de los israelitas (Num 24, 2).

105, 39-45. Sigue ahora la guía maravillosa del pueblo por el desierto, para tomar posesión de la tierra de Canaán. El salmista no alude en 105, 39 a la presencia de una *nube de agua* (עָנָן, raíz עָן, manifestarse a la vista, de donde viene el árabe ʿanăn, la forma visible externa de la bóveda del cielo) como guía por el día, y de su conversión en *columna de fuego* por la noche (Ex 13, 21). Él habla más bien de una nube a modo de cubierta (עָנָן לְמָסָךְ), que no sirve para producir la lluvia, ni como defensa contra los enemigos (cf. Ex 14, 19), sino como cubierta contra las quemaduras del sol, con el sentido de פרש (Ex 40, 19, cf. Is 4, 5) como si fuera una especie de pabellón.

El envío de las codornices, como expresión del carácter tentador del deseo, se cita solo de forma momentánea, de manera que el mayor énfasis se pone en la omnipotencia de la bondad divina que responde al deseo o necesidad de los hombres. En 105, 40 (שָׁאַל וַיָּבֵא שְׂלָו וְלֶחֶם שָׁמַיִם יַשְׂבִּיעֵם) en vez de שָׁאַל hay que poner שָׁאֲלוּ, pues la *waw* final de שָׁאַל ha sido pasada por alto, por confusión con la *waw* inicial de la palabra siguiente. El pan del cielo del que se sigue hablando (cf. Sal 78, 24) es el maná.

El Sal 105, 41 identifica o vincula el agua de la roca en Refidim y en Kadesh. La expresión del texto responde mejor al primer caso (Ex 17, 6, cf. Num 20, 11). הלכו se refiere a las aguas, y נהר en vez de כנהרות (Sal 78, 16), es aquí, lo mismo que en el Sal 22, 14, un tipo de identificación, más que una comparación. Con este acompañamiento de signos, la promesa patriarcal avanza hacia su cumplimiento. La santa palabra de la promesa y la fe firme, probada, de Abraham constituyen los argumentos y motivos principales del texto y de todo el salmo.

El segundo את que aparece en el 105, 42 es también (como el primero, cf. כִּי־זָכַר אֶת־דְּבַר קָדְשׁוֹ אֶת־אַבְרָהָם עַבְדּוֹ, y se acordó de la santa palabra que prometió a Abraham, su siervo) un signo de objeto, no una preposición (LXX, Targum), de manera que el Sal 105, 42b no es una simple continuación del Sal 105, 42a, lo que rompería el paralelismo. La alegría y la exultación se mencionan aquí como respuesta y forma de ser de los redimidos, refiriéndose a la festiva alegría que ellos habían puesto de relieve en el Mar Rojo y en el Sinaí.

En 105, 43 se recuerdan las descripciones que ofrece Isaías en Is 35, 10; 51, 11 y 55, 12, lo mismo que en el caso del Sal 105, 41 en referencia a Is 48, 21. Las tierras de los paganos son los territorios de las tribus de Canaán. עמל es equivalente a יגיע en Is 45, 14, el campo cultivado, las ciudades habitadas, con los tesoros allí acumulados. Israel tomó posesión de la herencia de esos pueblos en todos los sentidos.

Como un pueblo independiente, sobre una tierra que es de ellos por herencia, manteniendo la ley revelada de su Dios, así viene a presentarse Israel, en forma de modelo, como nación santa, organizada según la voluntad de Dios. De esa manera, como muestra el comienzo de este salmo, los descendientes de los patriarcas han sido llamados como pueblo especial para unir a todos los pueblos con el pueblo de Dios (Israel) y con su Dios, que es el Dios de la redención universal, proclamando la redención que a ellos se les ha ofrecido como lote.

Salmo 106. Infidelidad de Israel desde Egipto, fidelidad de Dios hasta el presente

הַלְלוּיָהּ׀ הוֹדוּ לַיהוָה כִּי־טוֹב כִּי לְעוֹלָם חַסְדּוֹ: ¹

מִי יְמַלֵּל גְּבוּרוֹת יְהוָה יַשְׁמִיעַ כָּל־תְּהִלָּתוֹ: ²

אַשְׁרֵי שֹׁמְרֵי מִשְׁפָּט עֹשֵׂה צְדָקָה בְכָל־עֵת: ³

זָכְרֵנִי יְהוָה בִּרְצוֹן עַמֶּךָ פָּקְדֵנִי בִּישׁוּעָתֶךָ: ⁴

לִרְאוֹת׀ בְּטוֹבַת בְּחִירֶיךָ לִשְׂמֹחַ בְּשִׂמְחַת גּוֹיֶךָ לְהִתְהַלֵּל עִם־נַחֲלָתֶךָ: ⁵

חָטָאנוּ עִם־אֲבוֹתֵינוּ הֶעֱוִינוּ הִרְשָׁעְנוּ: ⁶

אֲבוֹתֵינוּ בְמִצְרַיִם׀ לֹא־הִשְׂכִּילוּ נִפְלְאוֹתֶיךָ לֹא זָכְרוּ ⁷

אֶת־רֹב חֲסָדֶיךָ וַיַּמְרוּ עַל־יָם בְּיַם־סוּף:

⁸ וַיּוֹשִׁיעֵם לְמַעַן שְׁמוֹ לְהוֹדִיעַ אֶת־גְּבוּרָתוֹ:

⁹ וַיִּגְעַר בְּיַם־סוּף וַיֶּחֱרָב וַיּוֹלִיכֵם בַּתְּהֹמוֹת כַּמִּדְבָּר:

¹⁰ וַיּוֹשִׁיעֵם מִיַּד שׂוֹנֵא וַיִּגְאָלֵם מִיַּד אוֹיֵב:

¹¹ וַיְכַסּוּ־מַיִם צָרֵיהֶם אֶחָד מֵהֶם לֹא נוֹתָר:

¹² וַיַּאֲמִינוּ בִדְבָרָיו יָשִׁירוּ תְּהִלָּתוֹ:

¹³ מִהֲרוּ שָׁכְחוּ מַעֲשָׂיו לֹא־חִכּוּ לַעֲצָתוֹ:

¹⁴ וַיִּתְאַוּוּ תַאֲוָה בַּמִּדְבָּר וַיְנַסּוּ־אֵל בִּישִׁימוֹן:

¹⁵ וַיִּתֵּן לָהֶם שֶׁאֱלָתָם וַיְשַׁלַּח רָזוֹן בְּנַפְשָׁם:

¹⁶ וַיְקַנְאוּ לְמֹשֶׁה בַּמַּחֲנֶה לְאַהֲרֹן קְדוֹשׁ יְהוָה:

¹⁷ תִּפְתַּח־אֶרֶץ וַתִּבְלַע דָּתָן וַתְּכַס עַל־עֲדַת אֲבִירָם:

¹⁸ וַתִּבְעַר־אֵשׁ בַּעֲדָתָם לֶהָבָה תְּלַהֵט רְשָׁעִים:

¹⁹ יַעֲשׂוּ־עֵגֶל בְּחֹרֵב וַיִּשְׁתַּחֲווּ לְמַסֵּכָה:

²⁰ וַיָּמִירוּ אֶת־כְּבוֹדָם בְּתַבְנִית שׁוֹר אֹכֵל עֵשֶׂב:

²¹ שָׁכְחוּ אֵל מוֹשִׁיעָם עֹשֶׂה גְדֹלוֹת בְּמִצְרָיִם:

²² נִפְלָאוֹת בְּאֶרֶץ חָם נוֹרָאוֹת עַל־יַם־סוּף:

²³ וַיֹּאמֶר לְהַשְׁמִידָם לוּלֵי מֹשֶׁה בְחִירוֹ עָמַד בַּפֶּרֶץ לְפָנָיו לְהָשִׁיב חֲמָתוֹ מֵהַשְׁחִית:

²⁴ וַיִּמְאֲסוּ בְּאֶרֶץ חֶמְדָּה לֹא־הֶאֱמִינוּ לִדְבָרוֹ:

²⁵ וַיֵּרָגְנוּ בְאָהֳלֵיהֶם לֹא שָׁמְעוּ בְּקוֹל יְהוָה:

²⁶ וַיִּשָּׂא יָדוֹ לָהֶם לְהַפִּיל אוֹתָם בַּמִּדְבָּר:

²⁷ וּלְהַפִּיל זַרְעָם בַּגּוֹיִם וּלְזָרוֹתָם בָּאֲרָצוֹת:

²⁸ וַיִּצָּמְדוּ לְבַעַל פְּעוֹר וַיֹּאכְלוּ זִבְחֵי מֵתִים:

²⁹ וַיַּכְעִיסוּ בְּמַעַלְלֵיהֶם וַתִּפְרָץ־בָּם מַגֵּפָה:

³⁰ וַיַּעֲמֹד פִּינְחָס וַיְפַלֵּל וַתֵּעָצַר הַמַּגֵּפָה:

³¹ וַתֵּחָשֶׁב לוֹ לִצְדָקָה לְדֹר וָדֹר עַד־עוֹלָם:

³² וַיַּקְצִיפוּ עַל־מֵי מְרִיבָה וַיֵּרַע לְמֹשֶׁה בַּעֲבוּרָם:

³³ כִּי־הִמְרוּ אֶת־רוּחוֹ וַיְבַטֵּא בִּשְׂפָתָיו:

³⁴ לֹא־הִשְׁמִידוּ אֶת־הָעַמִּים אֲשֶׁר אָמַר יְהוָה לָהֶם:

³⁵ וַיִּתְעָרְבוּ בַגּוֹיִם וַיִּלְמְדוּ מַעֲשֵׂיהֶם:

³⁶ וַיַּעַבְדוּ אֶת־עֲצַבֵּיהֶם וַיִּהְיוּ לָהֶם לְמוֹקֵשׁ:

³⁷ וַיִּזְבְּחוּ אֶת־בְּנֵיהֶם וְאֶת־בְּנוֹתֵיהֶם לַשֵּׁדִים:

³⁸ וַיִּשְׁפְּכוּ דָם נָקִי דַּם־בְּנֵיהֶם וּבְנוֹתֵיהֶם אֲשֶׁר זִבְּחוּ לַעֲצַבֵּי כְנַעַן וַתֶּחֱנַף הָאָרֶץ בַּדָּמִים:

³⁹ וַיִּטְמְאוּ בְמַעֲשֵׂיהֶם וַיִּזְנוּ בְּמַעַלְלֵיהֶם:

⁴⁰ וַיִּחַר־אַף יְהוָה בְּעַמּוֹ וַיְתָעֵב אֶת־נַחֲלָתוֹ:

⁴¹ וַיִּתְּנֵם בְּיַד־גּוֹיִם וַיִּמְשְׁלוּ בָהֶם שֹׂנְאֵיהֶם:

⁴² וַיִּלְחָצוּם אוֹיְבֵיהֶם וַיִּכָּנְעוּ תַּחַת יָדָם:

⁴³ פְּעָמִים רַבּוֹת יַצִּילֵם וְהֵמָּה יַמְרוּ בַעֲצָתָם וַיָּמֹכּוּ בַּעֲוֹנָם:

⁴⁴ וַיַּרְא בַּצַּר לָהֶם בְּשָׁמְעוֹ אֶת־רִנָּתָם:

⁴⁵ וַיִּזְכֹּר לָהֶם בְּרִיתוֹ וַיִּנָּחֵם כְּרֹב (חַסְדּוֹ) [חֲסָדָיו]:

⁴⁶ וַיִּתֵּן אוֹתָם לְרַחֲמִים לִפְנֵי כָּל־שׁוֹבֵיהֶם:

⁴⁷ הוֹשִׁיעֵנוּ יְהוָה אֱלֹהֵינוּ וְקַבְּצֵנוּ מִן־הַגּוֹיִם לְהֹדוֹת לְשֵׁם
קָדְשֶׁךָ לְהִשְׁתַּבֵּחַ בִּתְהִלָּתֶךָ:

⁴⁸ בָּרוּךְ־יְהוָה אֱלֹהֵי יִשְׂרָאֵל מִן־הָעוֹלָם וְעַד הָעוֹלָם וְאָמַר
כָּל־הָעָם אָמֵן הַלְלוּ־יָהּ:

¹ ¡Aleluya! ¡Alabad a Jehová, porque él es bueno,
porque para siempre es su misericordia!

² ¿Quién expresará las poderosas obras de Jehová? ¿Quién contará sus alabanzas?

³ ¡Bienaventurados los que guardan el derecho, los que hacen justicia en todo tiempo!

⁴ Acuérdate de mí, Jehová, según tu benevolencia para con tu pueblo;
visítame con tu salvación,

⁵ para que yo vea el bien de tus escogidos,
para que me goce en la alegría de tu nación y me gloríe con tu heredad.

⁶ Pecamos nosotros, como nuestros padres; hicimos maldad, cometimos impiedad.

⁷ Nuestros padres, en Egipto, no entendieron tus maravillas;
no se acordaron de la muchedumbre de tus misericordias,
sino que se rebelaron junto al mar, el Mar Rojo.

⁸ Pero él los salvó por amor de su nombre, para hacer notorio su poder.

⁹ Reprendió al Mar Rojo y lo secó, y los hizo ir por el abismo como por un desierto.

¹⁰ Los salvó de manos del enemigo, y los rescató de manos del adversario.

¹¹ Cubrieron las aguas a sus enemigos; ¡no quedó ni uno de ellos!

¹² Entonces creyeron a sus palabras y cantaron su alabanza.

¹³ Bien pronto olvidaron sus obras; no esperaron su consejo.

¹⁴ Se entregaron a un deseo desordenado en el desierto
y tentaron a Dios en la soledad.

¹⁵ Él les dio lo que pidieron, pero envió mortandad sobre ellos.

¹⁶ Tuvieron envidia de Moisés en el campamento y de Aarón, el santo de Jehová.

¹⁷ Entonces se abrió la tierra y tragó a Datán, y cubrió la compañía de Abiram.

¹⁸ Y se encendió fuego contra su grupo; ¡la llama quemó a los impíos!

¹⁹ Hicieron un becerro en Horeb, se postraron ante una imagen de fundición.

²⁰ Así cambiaron su gloria por la imagen de un buey que come hierba.

²¹ Olvidaron al Dios de su salvación, que había hecho grandezas en Egipto,

²² maravillas en la tierra de Cam, cosas formidables en el Mar Rojo.

²³ Y los habría destruido de no haberse interpuesto Moisés, su escogido, delante de él,
a fin de apartar su indignación para que no los destruyera.

²⁴ Pero aborrecieron la tierra deseable, no creyeron en su palabra;

²⁵ antes bien, murmuraron en sus tiendas y no oyeron la voz de Jehová.

²⁶ Por tanto, alzó su mano contra ellos para abatirlos en el desierto,

²⁷ y humillar a su pueblo entre las naciones y esparcirlos por las tierras.

²⁸ Se unieron asimismo a Baal-peor y comieron los sacrificios a los dioses muertos.

²⁹ Provocaron la ira de Dios con sus obras y se desarrolló la mortandad entre ellos.

³⁰ Entonces se levantó Finees e hizo juicio, y se detuvo la plaga.

³¹ Y le fue contado por justicia de generación en generación y para siempre.

³² También lo irritaron en las aguas de Meriba; le fue mal a Moisés por causa de ellos,

³³ porque hicieron rebelar a su espíritu y habló precipitadamente con sus labios.

³⁴ No destruyeron a los pueblos que Jehová les dijo;

³⁵ al contrario, se mezclaron con las naciones, aprendieron sus obras

³⁶ y sirvieron a sus ídolos, los cuales fueron causa de su ruina.

³⁷ Sacrificaron sus hijos y sus hijas a los demonios,

³⁸ y derramaron la sangre inocente, la sangre de sus hijos y de sus hijas,
a quienes ofrecieron en sacrificio a los ídolos de Canaán;
y la tierra fue contaminada con sangre.

³⁹ Se contaminaron así con sus obras y se prostituyeron con sus hechos.

⁴⁰ Se encendió, por tanto, el furor de Jehová contra su pueblo
y abominó su heredad;

⁴¹ los entregó en poder de las naciones
y se enseñorearon de ellos los que los detestaban.

⁴² Sus enemigos los oprimieron y fueron quebrantados debajo de su mano.

⁴³ Muchas veces los libró, pero ellos se rebelaron contra su consejo
y fueron humillados por su maldad.

⁴⁴ Con todo, él miraba cuando estaban en angustia, y oía su clamor;

⁴⁵ se acordaba de su pacto con ellos
y se compadecía conforme a la muchedumbre de su misericordia.

⁴⁶ Hizo asimismo que tuvieran de ellos misericordia
todos los que los tenían cautivos.

⁴⁷ Sálvanos, Jehová, Dios nuestro, y recógenos de entre las naciones,
para que alabemos tu santo Nombre, para que nos gloriemos en tus alabanzas.

⁴⁸ ¡Bendito Jehová, Dios de Israel, desde la eternidad y hasta la eternidad!
Diga todo el pueblo "¡Amén!", "¡Aleluya!".

Con este salmo anónimo comienza la serie de los salmos aleluyáticos estrictos, es decir, aquellos que ponen al comienzo como eje central y como encabezado la invitación הַלְלוּיָהּ (Sal 106; 117; 135 y 145-150). El Cronista, en su salmo de conjunto de 1 Cron 16 y de un modo especial en los versos 34-36, puso el primero y último verso de este salmo (Sal 106, 1 y Sal 106, 47), con la *Beraká* final (Sal 106, 48) con la que concluye el libro 4° de los salmos, en boca de David, de lo cual puede deducirse que este salmo no es macabeo (como no lo son el 96 y el 105) y que el salterio en su conjunto fue dividido en cinco libros que estaban marcados al fin por unas doxologías que existían ya en el tiempo del Cronista.

Parece que la *beraká* final (cf. Sal 106, 48), fue tomada ya en aquel tiempo como una parte integral del salmo, conforme a su uso litúrgico. Este salmo de tipo aleluyático, como el Sal 105 y el Sal 78, recapitula la historia de los tiempos antiguos de la nación israelita. Pero la finalidad y la forma de esa recapitulación difiere en cada uno de esos salmos: el 78 es didáctico, el 105 es hímnico y este salmo 106 es de tipo penitencial.

Este es un salmo penitencial, de lamento por los pecados, como וִדּוּי (de התודה o confesión, Lev 16, 21). Los tipos más antiguos de esta forma de oraciones litúrgicas son dos formularios: uno para el ofrecimiento de los primeros frutos, Dt 26, y otro para la dedicación del templo, 1 Rey 8. A este tipo de oración o *tephilla* pertenece, fuera del salterio, la plegaria de Dan 9 (véase cómo es introducida en Dan 9, 4) y la oración de Nehemías (Neh 9, 5-38) que ocho levitas cantaban en nombre del pueblo en la celebración del día de ayuno del 24 del mes de Tishri.

Ciertamente, Sal 106 se distingue de esas oraciones de confesión en prosa por el hecho de que es un salmo poético, pero tiene tres puntos en común con ellas y con la *tephilla* litúrgica en general: (1) utiliza un ritmo de inflexión, es decir, una búsqueda de terminaciones rítmicas con los mismos sufijos; (2) se complace en el amontonamiento de sinónimos; (3) ofrece un desarrollo de sus pensamientos en orden lineal.

Estas tres peculiaridades se encuentran no solo al principio y final del salmo (106, 1-6; 106, 47), sino también en la parte histórica del centro, que constituye el grueso de su texto. Ciertamente, aquí se observa todavía la ley del paralelismo; pero, a no ser por este despliegue de los dísticos en forma de ondas, todo el salmo se desarrolla y avanza de un modo directo, en una línea recta, sin divisiones técnicas.

106, 1-5. El salmo comienza con una llamada litúrgica a la alabanza, que no ha sido acuñada por primera vez en la edad de los macabeos (1 Mac 4, 24), sino que estaba ya en uso en el tiempo de Jeremías (cf. Sal 33, 11). De un modo apropiado, los LXX traducen טוב por χρηστός, porque a Dios se le llama bueno no tanto por su naturaleza en sí, sino por la revelación amorosa de su naturaleza.

Como dice el Sal 106, 2 (igual que el Sal 40, 6), la revelación de esta naturaleza es inexhaustible. Las גבורות de Dios (cf. 106, 2: מִי יְמַלֵּל גְּבוּרוֹת יְהוָה, ¿quién expresará las grandezas de Yahvé?) son la manifestación de su poder omnipoderoso, que hace que todas las cosas estén al servicio de su finalidad redentora (Sal 20, 7). Por su parte, la תהלה (cf. 106, 2: מִי יַשְׁמִיעַ כָּל־תְּהִלָּתוֹ, ¿quién contará todas sus alabanzas?) es la grandeza o celebración de su autorevelación en la historia. La proclamación de esas alabanzas por parte del hombre nunca logra ser una descripción exhaustiva de ellas.

En 106, 3 el poeta muestra la identidad de aquellos que experimentan esas manifestaciones de Dios. Al presentar la bienaventuranza de esos hombres, el salmista añade la petición de 106, 4-5, suplicando a Dios que le conceda participar en la experiencia de toda la nación, que es el objeto o destinatario de esas manifestaciones. En esa línea, עמך al lado de ברצון (בְּרָצוֹן עַמֶּךָ בְּטוֹבַת בְּחִירֶיךָ: benevolencia para con tu pueblo, bien de tus elegidos) es un genitivo de objeto, *con el placer de que vuelvas hacia tu pueblo, de que muestres hacia ellos tu gracia* (cf. Sal 106, 47).

Sobre פקד, cf. Sal 8, 5; Sal 80, 15, y sobre ב ראה, cf. *Coment.* a Jer 29, 32. Una *beth* semejante aparece en 106, 5, al lado de לשׂמח (cf. לִשְׂמֹחַ בְּשִׂמְחַת גּוֹיֶךָ, para que me goce con el gozo de tu nación, cf. Sal 21, 2; Sal 122, 1). La heredad de Dios es su pueblo, cuyo nombre aparece de cuatro maneras (pueblo, nación, escogidos, heredad...) entre las que destaca גוי (בְּשִׂמְחַת גּוֹיֶךָ) de un modo excepcional, lo mismo que en Sof 2, 9.

106, 6-12. La palabra clave de la confesión penitencial (עִם־אֲבוֹתֵינוּ הֶעֱוִינוּ הִרְשָׁעְנוּ חָטָאנוּ, pecamos con nuestros padres, hicimos maldad, cometimos iniquidad), con una formulación establecida desde 1 Rey 8, 47 (cf. Dan 9, 5; Bar 2, 12), aparece ya en el Sal 106, 6: Israel está padeciendo en este tiempo el castigo por sus pecados, porque sigue siendo infiel, como han sido sus padres.

En esta condición de necesidad y falta de ayuda, hablando a lo largo del salmo como miembro de la asamblea de Israel, el salmista comienza confesando sus pecados, e iniciando un camino que lleva al perdón y a la eliminación del castigo por el pecado. La palabra רשע (cf. הִרְשָׁעְנוּ, véase 1 Rey 8, 47) significa *ser malo*, y en *hifil* confesar que uno forma parte de un pueblo pecador, עם רשע. En el Sal 106, 6 es equivalente a *aeque ac*, ser pecador como el mismo pueblo (cf. Ecl 2, 16; Job 9, 26).

Con el Sal 106, 7 comienza la visión retrospectiva. Los padres se enfrentaron con Moisés y Aarón en Egipto (Ex 5, 21) y no hicieron caso del anuncio de redención (Ex 6, 9). Los juicios milagrosos que realizó Moisés (Ex 3, 20) no tuvieron efecto, no lograron que su mente cambiara, y los signos abundantes de la ternura amante o *hesed* (Is 63, 7) con la que Dios les redimía tuvieron tan poco resultado en sus memorias que ellos comenzaron a desesperarse y murmurar en el mar Rojo (Ex 14, 11).

La על y la ב alternan en este verso (como en Ez 10, 15, בנהר); cf. la alternancia de preposiciones en Joel 3, 8. Porque ellos se comportaron de esa forma, Yahvé podría haberles abandonado, sin que se cumpliera su redención, pero, actuando con su misericordia gratuita, Dios les redimió.

Sal 106, 8-11 depende de Ex 14. En esa línea, el Sal 106, 11 retoma el motivo básico de Ex 14, 28 (cf. Sal 34, 21; Is 34, 16). Por otra parte, el Sal 106,

9 está tomado de Is 63, 13 (cf. Sal 19, 9); Is 63, 7-64 que es también una plegaria por la redención y tiene un colorido semejante.

El mar por el que pasan los hebreos liberados se llama, igual que en la Torá, יַם־סוּף, o Mar Rojo, que, según Ex 2, 3; Is 19, 3, parece significar *el mar de los juncos* o de las cañas, aunque los juncos como tales no crecen en el mismo Mar, sino solo en las zonas pantanosas de la costa. Pero también puede significar *el mar de las algas* (*mare algosum*), por un tipo de sargazos o algas marinas (como en árabe *sûf* que significa ambas cosas).

Esa palabra (סוּף) es ciertamente egipcia, sea que se refiera a la voz *sippe* (alga marina) o *seebe* (juncia, juncal), y se utiliza, por lo tanto, como un nombre propio, por lo que carece de sentido la propuesta de Knobel (véase *Coment.* sobre Ex 8, 18) según la cual la ausencia de artículo indicaría que סוּף es el nombre de una ciudad de la parte norte del golfo del Mar Rojo.

Sea como fuere, el milagro del mar de los juncos o de las algas marinas no careció de efecto, como dice el Sal 106, 12. En ese sentido, Ex 14, 31 afirma que ellos creyeron en Yahvé y en Moisés, su siervo, de forma que cantaron el himno que sigue en Ex 15. Pero muy pronto ellos añadieron pecados e ingratitud.

106, 13-23. *El primero de los pecados principales* cometidos al otro lado del Mar aparece en Sal 106, 13-15. Esto que el Sal 106, 13 coloca en el principio fue la raíz de todos los restantes males: los israelitas abandonaron la fe en la promesa de Dios, y en esa línea olvidaron las obras que Dios había hecho confirmando esa promesa, y no se mantuvieron firmes en el cumplimiento de sus palabras.

El poeta tiene ante sus ojos la murmuración por el agua, de manera que, en el tercer día después de la milagrosa liberación (Ex 15, 22-24), y después en Rephidim (Ex 17, 2), ellos murmuraron pidiendo carne, en el año primero y segundo del Éxodo, a lo que siguió el envío de las codornices (Ex 16 y Num 11) y después el juicio airado de Dios, como castigo por la segunda murmuración (en Kibrôth ha-Ta'avah; Num 11, 33-35).

A esta "dispensación" de ira el poeta le llama רזון (cf. רָזוֹן בְּנַפְשָׁם, mortandad para sus almas), que los LXX, la Vulgata y el texto siríaco le llaman erróneamente πλησμονήν, quizá de מזון, que es alimento. El salmista interpreta esa palabra a partir de Num 11, 33-35 como una enfermedad devastadora (mortandad) con la que Yahvé castigó e hizo morir a parte del pueblo a consecuencia de su comida desordenada de carne, conforme a la expresión del Sal 78, 31 que sigue fielmente a Is 10, 16.

El "consejo salvador" de Dios que no siguieron los israelitas (106, 13: לֹא־חִכּוּ לַעֲצָתוֹ) era su plan relacionado con el tiempo y la forma de ayudarles. La palabra חכה (cf. לֹא־חִכּוּ), de la raíz árabe *ḥk*, cf. también *ḥkl*, p. 111, significa "mantenerse firme", oponerse, hacer un nudo (cf. *Coment.* a Sal 33, 20), y a partir de aquí (sin necesidad de apelar a la metáfora que propone Schultens, *moras nectere*, dar largas, poner impedimentos) toma el sentido de impedir, de negarse a algo (no aceptando en este caso el plan de Dios). La expresión epigramática תאוה ויתאוו (cf. 106, 14: וַיִּתְאַוּוּ תַאֲוָה בַּמִּדְבָּר, y se entregaron a un deseo desordenado en el desierto, cf. también ויתאו, Is 45, 12) está tomada de Num 11, 4.

El segundo pecado principal fue la insurrección contra sus superiores, cf. Sal 106, 16-18. El salmista tiene ante sus ojos el pecado de Num 16, 1. Los rebeldes fueron tragados por la tierra, y sus 250 partidarios nobles, no levitas, fueron consumidos por el fuego. El hecho de que el poeta no mencione a Koré entre los tragados por la tierra está en armonía con Num 16, 25 y Dt 11, 6; cf. sin embargo, Num 26, 10s. La expresión elíptica תִּפְתַּח־אֶרֶץ (Sal 106, 17) se explica desde Num 16, 32 y 26, 10.

El tercer pecado principal fue la adoración del becerro (Sal 106, 19-23). El salmista se inspira aquí en Ex 32, pero teniendo presente, al mismo tiempo, el texto de Dt 9, 8-12, pues la expresión "en el Horeb" es deuteronómica, cf. Dt 4, 15; Dt 5, 2, *passim*. Por su parte, el Sal 106, 20 se funda también en el libro del Deuteronomio: ellos cambiaron su Gloria, que era la nota distintiva de los israelitas ante todos los pueblos (cf. Dt 4, 6-8; Dt 10, 21 y también Jer 2, 11), por la semejanza (תבנית) de un buey de arado, en contra de la prohibición de Dt 4, 17. La expresión שׁוֹר אֹכֵל עֵשֶׂב, buey que come hierba, es de tipo general, pues la palabra שׁוֹר (buey) se aplica en sentido extenso a todos los animales de trabajo. Sobre el Sal 106, 21, cf. la advertencia de Dt 6, 12.

La "tierra de Cam" es Egipto, como en el Sal 78, 51 y el Sal 105, 23. 27. Con ויאמר (cf. 106, 23: וַיֹּאמֶר לְהַשְׁמִידָם) la expresión es nuevamente deuteronomista, cf. Dt 9, 25; Ex 32, 10. Como dice el texto, Dios estaba dispuesto a destruir Israel. Entonces, Moisés se colocó "en la brecha" (ante la brecha: לוּלֵי מֹשֶׁה בְחִירוֹ עָמַד), como si quisiera cubrirla, poniendo en riesgo su vida. Sobre este hecho, además de Ex 32, cf. Dt 9, 18; Sal 10, 10. Sobre la expresión "ponerse en la brecha", cf. Ez 22, 30 y también Jer 18, 20.

106, 24-33. El hecho que refiere 106, 24-27, es decir, la rebelión a consecuencia de la información de los espías, forma *el cuarto pecado de Israel*, y ha sido narrado en Num 13-14. El apelativo אֶרֶץ חֶמְדָּה, tierra deseable, aparece también en Jer 3, 19 y Zac 7, 14. Por lo demás, ese apelativo se vincula con el Pentateuco. En este contexto se dice que "ellos despreciaron la tierra" (Num 14, 31), que murmuraron en sus tiendas (Dt 1, 27).

"Levantar la mano" (106, 26: וַיִּשָּׂא יָדוֹ לָהֶם) significa jurar, según Ex 6, 8; Dt 32, 40. La amenaza, לְהַפִּיל, significa derribarles, hacerles caer (cf. Num 14, 29. 32). La amenaza del exilio se funda en los dos grandes capítulos de juicio del Pentateuco; Lev 26 y Dt 28. Cf. especialmente Lev 26, 33 (con los ecos en Jer

9, 15; Ez 22, 15, etc.). Por su parte, Ez 20, 23 se encuentra en relación temática con el Sal 106, 26.

Sigue en Sal 106, 28-31 el *quinto de los pecados principales* que consiste en participar en la adoración a Baal, según la religión propia de los moabitas. El verbo נצמד (estar atado o encadenado), tomado de Num 25, 3. 5, está indicando la prostitución con la que era adorado Baal Peor, un tipo de Príapo moabita.

Las fiestas sacrificiales en las que, según Num 25, 2, tomaron parte los israelitas se describen como "comer sacrificios de los muertos", porque los ídolos son seres muertos (*nekroi*, Sal 13, 10-18), pues son opuestos a Dios, el Viviente. El texto de Ap 2, 14 interpreta este motivo de un modo correcto: τὰ τοῖς εἰδώλοις τελεσθέντα κρέα (consumir carne sacrificada a los ídolos)[26]. En el texto hebreo de 106, 29 falta la persona a la que provocaron וַיַּכְעִיסוּ בְּמַעַלְלֵיהֶם, aunque es evidente que ella es Dios, como saben el Sal 106, 7 y el Sal 106, 32. La expresión del Sal 106, 29 es como la de Ex 19, 24.

El verbo עמד se escoge como referencia a Num 17, 13. El resultado de la acción se expresa en el Sal 106, 30, en la línea de Num 25, 8. 18. Cf. Num 17, 13. La palabra וַיַּעֲמֹד פִּינְחָס וַיְפַלֵּל (פלל, y se levantó Pinjás) para "ajustar", es decir, para hacer justicia la traducen correctamente los LXX y la Vulgata, según el sentido: ἐξιλάσατο. De esa manera, el poeta asocia el pensamiento de la satisfacción que se debe a Dios con la acción vengadora que realizó Pinjás, matando con la jabalina a los culpables.

Este acto de celo de Pinjás a favor de Yahvé, que compensó la infidelidad de Israel, fue computado por Dios como un acto de justicia, de manera que Pinjás fue recompensado por ello con el sacerdocio para todas las edades, Num 25, 10-13. Esta manera de considerar esa acción como una obra de justicia solo es aparentemente contradictoria respecto a Gen 15, 5, pues la acción brotó ciertamente de la firmeza de la fe de Pinjás, viniendo a ser considerada, por tanto, como una obra que le permitió ser tomado como justo, a causa del principio de fe del que provenía, de manera que ese gesto probaba que él era un creyente.

En Sal 106, 32-33 sigue el sexto de los pecados principales, *la insurrección contra Moisés y Aarón, en las aguas de la disputa*, el año cuarenta de la salida de Egipto, de forma que por ella Moisés no pudo entrar en la tierra prometida (Num

---

26. En la segunda sección de *Aboda zara*, conforme a las palabras de la Mishná: "Está permitida la carne que se ha elegido para ofrecerla después a los ídolos; pero aquella que ha sido ya ofrecida, pues viene del templo, está prohibida, porque es como un sacrificio a los muertos". En el folio 32b se observa: "En esa línea, le preguntaron a R. Jehuda ben Bethra: ¿cómo es que aquello que se ha ofrecido a los ídolos (זרה לעבדה תקרובת) mancha como un cuerpo muerto? Y él respondió: lo sé por el Sal 106, 28. Igual que los cuerpos muertos manchan todo lo que está bajo el mismo techo, así mancha lo que ha sido ofrecido a los ídolos". El apóstol Pablo va en contra de esta visión objetiva o material de la mancha como un tipo de pecado. Más en concreto, cf. *Coment.* a 1 Cor 10, 28.

20, 11; Dt 1, 37; Dt 32, 51), porque él mismo fue arrastrado por la constante obstinación del pueblo en contra del Espíritu de Dios (כִּי־הִמְרוּ אֶת־רוּחוֹ, con el futuro de מרה, como en Sal 106, 7. 43; Sal 78, 17. 40. 56). En esa línea, el mismo Moisés se rebeló de algún modo contra Dios. Sobre אֶת־רוּחוֹ, cf. *Coment.* a Is 63, 10.

En ese contexto, Moisés expresó su impaciencia ante Dios, con un tinte de increencia, como muestran las palabras que utilizó dirigiéndose al pueblo, cf. Num 20, 10, con el hecho de golpear por dos veces la roca. Igual que el narrador de Num 20, el poeta distingue entre la obstinación del pueblo y la transgresión de Moisés que aparece en forma de falta de fe (como se muestra en la raíz de su gesto). En ese sentido debe ajustarse la referencia a Num 27, 14.

106, 34–43. *Los pecados en la tierra de Canaán consistieron en negarse a exterminar a los pueblos idólatras y en compartir la idolatría de los cananeos.* En el Sal 106, 34 el poeta retoma el mandamiento que Dios impuso diversas veces a los israelitas, desde Ex 23, 32 en adelante, exigiéndoles exterminar a los habitantes de Canaán. Dado que ellos no ejecutaron ese mandamiento (cf. Jc 1, 1), aconteció aquello que se intentaba evitar, de manera que los paganos se convirtieron para ellos en una trampa (106, 36: לְמוֹקֵשׁ, cf. Ex 23, 33; Ex 34, 12; Dt 7, 16).

Los israelitas se casaron (se entremezclaron) con los paganos cananeos, de manera que siguieron y practicaron una costumbre cananea en la que culminaban las abominaciones de su religión, es decir, la de los sacrificios paganos, que Yahvé aborrecía (Dt 12, 31), y que solo agradaba a los demonios (שֵׁדִים, Dt 32, 17). De esa manera, la tierra quedó contaminada con una "culpa de sangre" (חָנֵף, Num 35, 33, cf. Is 24, 5; Is 26, 21), de manera que ellos mismos, los israelitas, se volvieron impuros (manchados, cf. Ez 20, 43) por la "prostitución" de la idolatría.

En Sal 106, 40-43 el salmista (lo mismo que en Neh 9, 26) insiste en la alternancia entre apostasía, cautividad, redención y vuelta a la caída, que vino a darse tras la posesión de la tierra de Canaán, tal como se expresó de un modo característico en el período de los jueces. El consejo o decisión de Dios era hacer que Israel fuera un pueblo libre y glorioso, pero los israelitas quisieron apoyarse en sí mismos (no en Dios), siguiendo sus propias intenciones (בַּעֲצָתָם).

A consecuencia de esto, ellos perecieron por sus pecados. Cf. 106, 43: וְהֵמָּה יַמְרוּ בַעֲצָתָם וַיָּמֹכּוּ בַּעֲוֺנָם, y ellos (los israelitas) se rebelaron, siguiendo su mal deseo, y de esa forma cayeron, fueron humillados, por su maldad. El salmista utiliza el verbo מכך (hundirse, ser humillado) en vez de נמק (ser moldeado, que aparece en el pasaje original de Lev 26, 39, conservado por Ez 24, 23; Ez 33, 10). En contra de lo que piensa Hitzig, este es un cambio deliberado y significativo.

106, 44–46. El salmista amplía aquí su campo de visión, pasando del tiempo de los Jueces, a través de las edades sucesivas, hasta su propio tiempo, pues toda la historia de Israel estuvo marcada por ese pecado fundamental. Pero el salmista sabe también que la infidelidad de Israel no anula la fidelidad de Dios.

Aquello que Salomón había rogado a Dios, diciéndole que los enemigos de los israelitas terminarán ayudándoles (cf. 1 Rey 8, 50) es lo que estaba sucediendo en el tiempo del salmista, cuando muchos israelitas se hallaban dispersos entre todas las naciones como Babilonia o Egipto (cf. Sal 107, 3). En ese momento, Yahvé consiguió que los corazones de los opresores se volvieran hacia los oprimidos (israelitas) y les favorecieran.

Sobre וַיִּרָא בַּצַּר לָהֶם, mirar sobre ellos de un modo compasivo, cf. Gen 29, 32; 1 Sam 1, 11. La expresión בַּצַּר לָהֶם ha de entenderse como en el Sal 107, 6. Por su parte, רנה es un grito de lamentación, como en 1 Rey 8, 28, en la oración de Salomón el día de la dedicación del templo. De esta fuente viene el Sal 106, 6, y también el Sal 106, 46, cf. 1 Rey 8, 50 con Neh 1, 11[27].

La expresión del Sal 106, 46 es como la de Gen 43, 14. Aunque la condición de los israelitas de la dispersión, en el tiempo del salmista, puede haber sido en sí misma tolerable, el estado de una dispersión involuntaria de la nación constituye siempre un estado de castigo. Por eso, el salmista ruega a Dios en 106, 47 que ponga fin a este estado de cosas.

106, 47. La narración ha llegado a la meta, hacia la que todo el salmo se esforzaba por llegar, y lo ha hecho insistiendo en su acusación al pueblo y en la alabanza a la fidelidad de Dios. השתבח (לְהִשְׁתַּבֵּחַ בִּתְהִלָּתֶךָ, para gloriarnos en tus alabanzas) se encuentra solo aquí, como reflexivo *piel*, en la línea de Ecl 4, 2: a fin de que podamos tomarnos como felices, siendo capaces de alabarte. En este sentido reflexivo e incluso pasivo, השתבח es una palabra bien conocida en el arameo y el hebreo postbíblico.

106, 48. Esta es la doxología conclusiva del cuarto libro de los salmos. El autor de esa conclusión es el mismo Cronista (el autor de 1 Cron 16, 8-36). Ese autor, para construir su largo himno, ha tenido delante el Sal 106 y el Sal 107, y así ha elaborado su texto, en forma de mosaico, de manera que su estilo de trabajo resulta bastante palpable. Él ha transformado de un modo especial el verso 106, 48 (cf. 1 Cron 16, 36) en una frase de tipo histórico (ליהוה והלל אמן כל־העם ויאמרו) para que el pueblo pueda *responder Amen, Aleluya*, conforme a su propio estilo (cf. 1 Cron 25, 3; 2 Cron 5, 1 y especialmente Esd 3, 11).

---

27. En וְיִנָּחֵם, 106, 45, en contra de lo que sucede en Gen 24, 67, el tono no pasa a la sílaba final. El חסדו del *qetub* (כְּרֹב חֲסָדוֹ) no se puntúa como en Sal 5, 8; Sal 69, 14, sino como en Lam 3, 32, en la línea de Sal 106, 7; Is 63, 7. El sentido de חסדו es "conforme a la plenitud o riqueza de su gran misericordia", es decir, de la gran misericordia de la ternura de Dios (*hesed*).

Hitzig supone que los salmos incluidos en su obra por el Cronista son los originales, y que el Salterio los ha reformado. En esa línea supone que 1 Cron 16, 36 es el texto original del que proviene la *beraká* de nuestro salmo (106, 48), invirtiendo así la verdadera relación que hay entre los textos. Sobre este tema, cf. Riehm, *Theolog. Literat. Blatt*, 1866, No. 30 y Köhler, *Luther. Zeitschrift*, 1867, pp. 297ss. Pues bien, en contra de Hitzig, la prioridad del Sal 106 resulta clara por el hecho de que el Sal 106, 1 ofrece una forma litúrgica que estaba ya en uso en tiempo de Jeremías (Jer 33, 11), y que el Sal 106, 47 retoma el estilo de la *tephila* del principio (cf. Sal 106, 4).

La prioridad del Sal 106, 48 frente a 1 Cron 16 resulta clara, pues se trata de una fórmula de conclusión del libro 4º de los salmos, redactada conforme al estilo de la fórmula final del libro 2º (Sal 72, 18), bajo la influencia del salmo anterior. El Aleluya final es un eco del argumento de este salmo aleluyático, así como el Elohim del final del Sal 72 es un eco del tema de ese salmo elohista. Por su parte, וְאָמַר כָּל־הָעָם אָמֵן, *que todo el pueblo diga amén*, retoma el mismo pensamiento del Sal 150, 6, que es la doxología conclusiva de todo el salterio. La fórmula final, אָמֵן הַלְלוּ־יָהּ, Ἀμὴν ἀλληλούϊα (con las dos palabras unidas, como en Ap 19, 4) es una confirmación laudatoria de todo lo anterior.

LIBRO V
SALMOS 107–150

Salmo 107. Dar gracias a Dios porque supera las calamidades

¹ הֹדוּ לַיהוָה כִּי־טוֹב כִּי לְעוֹלָם חַסְדּוֹ׃

² יֹאמְרוּ גְּאוּלֵי יְהוָה אֲשֶׁר גְּאָלָם מִיַּד־צָר׃

³ וּמֵאֲרָצוֹת קִבְּצָם מִמִּזְרָח וּמִמַּעֲרָב מִצָּפוֹן וּמִיָּם׃

⁴ תָּעוּ בַמִּדְבָּר בִּישִׁימוֹן דָּרֶךְ עִיר מוֹשָׁב לֹא מָצָאוּ׃

⁵ רְעֵבִים גַּם־צְמֵאִים נַפְשָׁם בָּהֶם תִּתְעַטָּף׃

⁶ וַיִּצְעֲקוּ אֶל־יְהוָה בַּצַּר לָהֶם מִמְּצוּקוֹתֵיהֶם יַצִּילֵם׃

⁷ וַיַּדְרִיכֵם בְּדֶרֶךְ יְשָׁרָה לָלֶכֶת אֶל־עִיר מוֹשָׁב׃

⁸ יוֹדוּ לַיהוָה חַסְדּוֹ וְנִפְלְאוֹתָיו לִבְנֵי אָדָם׃

⁹ כִּי־הִשְׂבִּיעַ נֶפֶשׁ שֹׁקֵקָה וְנֶפֶשׁ רְעֵבָה מִלֵּא־טוֹב׃

¹⁰ יֹשְׁבֵי חֹשֶׁךְ וְצַלְמָוֶת אֲסִירֵי עֳנִי וּבַרְזֶל׃

¹¹ כִּי־הִמְרוּ אִמְרֵי־אֵל וַעֲצַת עֶלְיוֹן נָאָצוּ׃

¹² וַיַּכְנַע בֶּעָמָל לִבָּם כָּשְׁלוּ וְאֵין עֹזֵר׃

¹³ וַיִּזְעֲקוּ אֶל־יְהוָה בַּצַּר לָהֶם מִמְּצֻקוֹתֵיהֶם יוֹשִׁיעֵם׃

¹⁴ יוֹצִיאֵם מֵחֹשֶׁךְ וְצַלְמָוֶת וּמוֹסְרוֹתֵיהֶם יְנַתֵּק׃

¹⁵ יוֹדוּ לַיהוָה חַסְדּוֹ וְנִפְלְאוֹתָיו לִבְנֵי אָדָם׃

¹⁶ כִּי־שִׁבַּר דַּלְתוֹת נְחֹשֶׁת וּבְרִיחֵי בַרְזֶל גִּדֵּעַ׃

¹⁷ אֱוִלִים מִדֶּרֶךְ פִּשְׁעָם וּמֵעֲוֹנֹתֵיהֶם יִתְעַנּוּ׃

¹⁸ כָּל־אֹכֶל תְּתַעֵב נַפְשָׁם וַיַּגִּיעוּ עַד־שַׁעֲרֵי מָוֶת׃

¹⁹ וַיִּזְעֲקוּ אֶל־יְהוָה בַּצַּר לָהֶם מִמְּצֻקוֹתֵיהֶם יוֹשִׁיעֵם׃

²⁰ יִשְׁלַח דְּבָרוֹ וְיִרְפָּאֵם וִימַלֵּט מִשְּׁחִיתוֹתָם׃ נ

²¹ יוֹדוּ לַיהוָה חַסְדּוֹ וְנִפְלְאוֹתָיו לִבְנֵי אָדָם׃ נ

²² וְיִזְבְּחוּ זִבְחֵי תוֹדָה וִיסַפְּרוּ מַעֲשָׂיו בְּרִנָּה׃ נ

²³ יוֹרְדֵי הַיָּם בָּאֳנִיּוֹת עֹשֵׂי מְלָאכָה בְּמַיִם רַבִּים׃ נ

²⁴ הֵמָּה רָאוּ מַעֲשֵׂי יְהוָה וְנִפְלְאוֹתָיו בִּמְצוּלָה׃ נ

²⁵ וַיֹּאמֶר וַיַּעֲמֵד רוּחַ סְעָרָה וַתְּרוֹמֵם גַּלָּיו׃ נ

²⁶ יַעֲלוּ שָׁמַיִם יֵרְדוּ תְהוֹמוֹת נַפְשָׁם בְּרָעָה תִתְמוֹגָג׃

²⁷ יָחוֹגּוּ וְיָנוּעוּ כַּשִּׁכּוֹר וְכָל־חָכְמָתָם תִּתְבַּלָּע׃

²⁸ וַיִּצְעֲקוּ אֶל־יְהוָה בַּצַּר לָהֶם וּמִמְּצוּקֹתֵיהֶם יוֹצִיאֵם׃

²⁹ יָקֵם סְעָרָה לִדְמָמָה וַיֶּחֱשׁוּ גַּלֵּיהֶם׃

³⁰ וַיִּשְׂמְחוּ כִי־יִשְׁתֹּקוּ וַיַּנְחֵם אֶל־מְחוֹז חֶפְצָם׃

³¹ יוֹדוּ לַיהוָה חַסְדּוֹ וְנִפְלְאוֹתָיו לִבְנֵי אָדָם׃

³² וִירֹמְמוּהוּ בִּקְהַל־עָם וּבְמוֹשַׁב זְקֵנִים יְהַלְלוּהוּ׃

³³ יָשֵׂם נְהָרוֹת לְמִדְבָּר וּמֹצָאֵי מַיִם לְצִמָּאוֹן׃

³⁴ אֶרֶץ פְּרִי לִמְלֵחָה מֵרָעַת יֹשְׁבֵי בָהּ׃

³⁵ יָשֵׂם מִדְבָּר לַאֲגַם־מַיִם וְאֶרֶץ צִיָּה לְמֹצָאֵי מָיִם׃

³⁶ וַיּוֹשֶׁב שָׁם רְעֵבִים וַיְכוֹנְנוּ עִיר מוֹשָׁב׃

³⁷ וַיִּזְרְעוּ שָׂדוֹת וַיִּטְּעוּ כְרָמִים וַיַּעֲשׂוּ פְּרִי תְבוּאָה׃

38 וַיְבָרֲכֵם וַיִּרְבּוּ מְאֹד וּבְהֶמְתָּם לֹא יַמְעִיט׃

39 וַיִּמְעֲטוּ וַיָּשֹׁחוּ מֵעֹצֶר רָעָה וְיָגוֹן׃ נ

40 שֹׁפֵךְ בּוּז עַל־נְדִיבִים וַיַּתְעֵם בְּתֹהוּ לֹא־דָרֶךְ׃

41 וַיְשַׂגֵּב אֶבְיוֹן מֵעוֹנִי וַיָּשֶׂם כַּצֹּאן מִשְׁפָּחוֹת׃

42 יִרְאוּ יְשָׁרִים וְיִשְׂמָחוּ וְכָל־עַוְלָה קָפְצָה פִּיהָ׃

43 מִי־חָכָם וְיִשְׁמָר־אֵלֶּה וְיִתְבּוֹנְנוּ חַסְדֵי יְהוָה׃

¹ Alabad a Jehová, porque él es bueno, porque para siempre es su misericordia.

² Díganlo los redimidos de Jehová, los que ha redimido del poder del enemigo

³ y los ha congregado de las tierras, del oriente y del occidente, del norte y del mar.

⁴ Anduvieron perdidos por el desierto, por soledad sin camino,
sin hallar ciudad en donde vivir.

⁵ Hambrientos y sedientos, su alma desfallecía en ellos.

⁶ Entonces clamaron a Jehová en su angustia y los libró de sus aflicciones.

⁷ Los dirigió por camino derecho, para que llegaran a ciudad habitable.

⁸ ¡Alaben la misericordia de Jehová
y sus maravillas para con los hijos de los hombres!

⁹ porque sacia al alma menesterosa, y llena de bien al alma hambrienta.

¹⁰ Algunos moraban en tinieblas y en sombra de muerte,
aprisionados en aflicción y en hierros,

¹¹ por cuanto fueron rebeldes a las palabras de Jehová,
y aborrecieron el consejo del Altísimo.

¹² Por eso quebrantó con el trabajo sus corazones;
cayeron, y no hubo quien los ayudara.

¹³ Luego que clamaron a Jehová en su angustia, los libró de sus aflicciones;

¹⁴ los sacó de las tinieblas y de la sombra de muerte, y rompió sus prisiones.

¹⁵ ¡Alaben la misericordia de Jehová
y sus maravillas para con los hijos de los hombres!

¹⁶ porque quebrantó las puertas de bronce y desmenuzó los cerrojos de hierro.

¹⁷ Fueron afligidos los insensatos a causa del camino de su rebelión
y a causa de sus maldades;

¹⁸ su alma rechazó todo alimento y llegaron hasta las puertas de la muerte.

¹⁹ Pero clamaron a Jehová en su angustia y los libró de sus aflicciones.

²⁰ Envió su palabra y los sanó; los libró de su ruina.

²¹ ¡Alaben la misericordia de Jehová
y sus maravillas para con los hijos de los hombres!

²² ¡Ofrezcan sacrificios de alabanza y publiquen sus obras con júbilo!

²³ Los que descienden al mar en naves y hacen negocio en las muchas aguas,

²⁴ ellos han visto las obras de Jehová y sus maravillas en las profundidades,

²⁵ porque habló, e hizo levantar un viento tempestuoso que encrespa sus olas.

²⁶ Suben a los cielos, descienden a los abismos; sus almas se derriten con el mal.

²⁷ Tiemblan y titubean como ebrios, y toda su ciencia es inútil.

²⁸ Entonces claman a Jehová en su angustia y los libra de sus aflicciones.

²⁹ Cambia la tempestad en sosiego y se apaciguan sus olas.

³⁰ Luego se alegran, porque se apaciguaron, y así los guía al puerto que deseaban.

³¹ ¡Alaben la misericordia de Jehová y sus maravillas para con los hijos de
los hombres!

³² ¡Exáltenlo en la asamblea del pueblo, y en la reunión de ancianos lo alaben!

³³ Él convierte los ríos en desierto y los manantiales de las aguas en sequedales;

³⁴ la tierra fructífera en estéril, por la maldad de los que la habitan.

³⁵ Vuelve el desierto en estanques de aguas y la tierra seca en manantiales.

³⁶ Allí establece a los hambrientos y fundan ciudad donde vivir.

³⁷ Siembran campos y plantan viñas; rinden abundante fruto.

³⁸ Los bendice, y se multiplican en gran manera; y no disminuye su ganado.

³⁹ Luego son menoscabados y abatidos a causa de tiranía, de males y congojas.

⁴⁰ Él esparce menosprecio sobre los príncipes
y los hace andar perdidos, vagabundos y sin camino.

⁴¹ Levanta de la miseria al pobre
y hace multiplicar las familias como a rebaños de ovejas.

⁴² Véanlo los rectos y alégrense, y todos los malos cierren su boca.

⁴³ Quien sea sabio y guarde estas cosas, entenderá las misericordias de Jehová.

Con este salmo comienza el Libro Quinto, que responde al que empieza en el Pentateuco con las palabras אלה הדברים (Deuteronomio). Con el 106 terminaba el Libro Cuarto, equivalente a במדבר (Números) y su primer salmo (Sal 90) daba testimonio de la manifestación de la ira de Dios en contra de la generación del desierto, que al fin tomaba refugio en el Dios Eterno e Inmutable (en contra del poder de la muerte dominadora).

La palabra favorita del salmo 106, el último del libro 4º, era במדבר (cf. Sal 106, 14; Sal 107, 26), con la confesión de los pecados de Israel a lo largo del camino hacia Canaán. Ahora, como al principio del libro del Deuteronomio, Israel se encuentra ante los umbrales de la tierra prometida, después que dos tribus y media se hubieran establecido ya al otro lado del río Jordán. De esa manera, al comienzo del libro 5º de los salmos, el pueblo de Israel aparece restaurado en la tierra de sus antepasados. Por un lado, este libro nos sitúa ante el Israel redimido de Egipto; por otro lado, el Israel redimido de las tierras del exilio.

En el momento antiguo, al principio, el Legislador Moisés amonestaba una vez más a Israel para que fuera obediente a la Ley de Yahvé; en este tiempo, el Salmista pide a Israel que muestre gratitud hacia Aquel que ha redimido a Israel del exilio de Babilonia, de la opresión y de la muerte. Según eso, no puede sorprendernos el hecho de que el Sal 106 y el Sal 107 estén profundamente conectados, a pesar del hecho de que entre esos dos salmos exista un tipo de frontera (que marca el paso del libro 4º al 5º).

Este salmo 107 muestra muchas conexiones con el 106. La misma semejanza en el comienzo remite al Sal 106. En 107, 3, el salmista da gracias a Dios porque ha concedido aquello que se deseaba en 106, 47. La alabanza al Señor que el salmista prometía en el Sal 106, 47 en el caso de que se cumpliera la promesa es la que aquí se le ofrece, después que esa promesa se ha cumplido. Así argumentaba rectamente Hengstenberg.

Los salmos 104-107 forman, en cierto sentido, una tetralogía. El 104 toma su material de la historia de la creación. El 105 de la preparación e historia antigua de Israel en Egipto. El 106 describe la historia de Israel en Egipto, en el desierto y en la tierra prometida, hasta el exilio. Por su parte, el Sal 107 presenta el tiempo de la restauración, tras el exilio. A pesar de ello, la conexión entre Sal 104 y 105 no es tan estrecha como la que hay entre el Sal 105 y los dos salmos siguientes (Sal 106-107).

Estos tres salmos (105-107) forman una trilogía estrictamente dicha; son las tres partes de un todo escrito por un mismo autor. Esta es una observación ya antigua. La obra *Die Harpffe Davids mit Teutschen Saiten bespannet* (El Arpa de David tocada con cuerdas alemanas), que es una traducción de los salmos que apareció en Augsburgo el año 1659, dice así al comienzo del Sal 106: "Por tercera vez yo vengo para proclamar, con mucho agradecimiento, tu gran generosidad".

- *El tema básico del Sal 105* han sido los hechos maravillosos, de amante ternura y compasión, que Dios realizó a favor de Israel desde el tiempo de sus antepasados hasta la redención del éxodo de Egipto, conforme a la promesa, dando a los israelitas la posesión de la tierra de Canaán.
- Por su parte, *el tema básico del Sal 106* ha sido la conducta pecadora de Israel, desde Egipto en adelante, durante el viaje a través del desierto y después en la tierra de la promesa; de esa manera evocaba el salmista el cumplimiento y superación de la amenaza del exilio (cf. Sal 106, 27); pero incluso aquí la misericordia de Dios no quedó sin ser atestiguada (Sal 106, 46).
- *El Sal 107* insiste en el sacrificio que los israelitas deben ofrecer a Aquel que les ha redimido del exilio y de todo tipo de destrucciones.

Así podemos comparar el Sal 105, 44 (les dio en heredad las tierras, ארצות, de los paganos) con el Sal 106, 27 (les amenazó con arrojar su semilla entre los paganos, dispersándoles en las tierras, בָּאֲרָצוֹת), y con el Sal 107, 3 (de las tierras, מֵאֲרָצוֹת, él les trajo de nuevo, juntos, del este y oeste, del norte y del sur). En estos tres salmos se pone de manifiesto la semejanza de las expresiones y la conexión interna de los temas y el progreso del argumento, conforme a un plan bien definido.

Estos tres salmos se encuentran también íntimamente entrelazados en otros sentidos. A Egipto se le llama en estos salmos "la tierra de Cam" (Sal 105, 23. 27; Sal 106, 22) y los israelitas aparecen como los escogidos de Yahvé (Sal 105, 6. 43; Sal 106, 5, cf. Sal 23, 1-6).

Los tres salmos utilizan exclamaciones con interrogativos (Sal 106, 2; Sal 107, 43). En los tres encontramos un acercamiento a la concepción "hipostática" de la Palabra (דבר, Sal 105, 19; Sal 106, 20). Comparar también יְשִׁימוֹן del Sal 106, 14; Sal 107, 4, con el *hitpael* התהלל del Sal 105, 3; Sal 106, 5, lo mismo que הְשִׁתַּבֵּחַ del Sal 106, 47 con הִתְבַּלָּע del Sal 107, 27. El autor de estos tres salmos está familiarizado con Is 40ss, y también con el libro de Job.

El Sal 107 es el más lleno de reminiscencias tomadas de esos libros siendo, por otra parte, aquel en el que el poeta muestra más libertad para recapitular la historia de fondo de los temas. Todo nos lleva en esa línea a la afirmación de que los tres salmos (105-107) son una especie de "*trifolium*" (triforio), como un tríptico, con dos salmos tipo *Hodu* (en los laterales) y un salmo *Aleluya* en el centro.

El salmo 107 consta de seis "grupos" o partes, con un introito (107, 1-3) y un epifonema o conclusión (Sal 107, 43). De esa manera, el poeta despliega ante los dispersos de Israel (que han alcanzado de nuevo la posesión de su tierra nativa) la historia de la liberación divina que se expresa en el conjunto de la humanidad y, de un modo muy especial, en la suerte de los exilados.

El epifonema ofrece, al mismo tiempo, la seguridad de que este himno es un Salmo de Consuelo abierto al futuro, pues aquellos que han sido reunidos de nuevo de las tierras de los paganos están buscando todavía la plenitud de la redención, más allá del régimen ahora más suave, pero siempre despótico, de aquellos imperios que dominan desde el centro de los poderes seculares.

107, 1-3. Este introito contiene la llamada que el salmista dirige a los retornados del exilio para que alaben a Dios. Desde el principio su salmo lleva las marcas del Deutero-Isaías, con su referencia a los redimidos de Yahvé, tomada de Is 62, 12, cf. Sal 63, 4. Cf. también el verbo קבץ (que aparece en el Sal 107, 3: וּמֵאֲרָצוֹת קִבְּצָם, y los reunió de los países) en Is 56, 8, *passim*.

En ese contexto, se dice מִצָּפוֹן וּמִיָּם (del norte y del mar, tomado como sur), como en Is 49, 12. En este caso el mar (ים), que se distingue, pero que se relaciona con este, oeste y norte tienen que ser el sur; pero dado que la palabra mar, ים, se utiliza en hebreo para el oeste (por referencia al Mar Mediterráneo), quizá aquí está aludiendo a la parte sureste del Mar Mediterráneo, que baña las costas de Egipto.

De esa manera, el poeta puede referirse a los diversos lugares de donde han de venir los exilados, pues la palabra וּמִמַּעֲרָב puede y debe referirse a los exilados de las islas, es decir, de la costa de Asia Menor y de Grecia (de Europa). El salmista está escribiendo, por tanto, en un período en el que el nuevo estado judío, fundado nuevamente por la liberación de los exilados de Babilonia, está queriendo que vuelvan al entorno de Jerusalén los exilados dispersos en todos los países del mundo.

Pidiendo a los redimidos que alaben al Dios liberador, a fin de que la obra de la redención y restauración de Israel pueda realizarse con la acción de gracias de los redimidos, el salmista formula esa petición con el lenguaje de acción de gracias de la liturgia antigua, tal como aparece en Jer 33, 11. La nación, nuevamente establecida sobre el suelo de la madre patria, desde que ha podido adquirir nuevamente la libertad, tras haber sufrido todo tipo de destrucción en una tierra extraña, ahora puede y quiere alabar a Dios recordando todos sus favores.

La invitación al sacrificio de acción de gracias se expande a partir de aquí, de un modo consecuente, en una serie de visiones que retratan los peligros pasados en una tierra extraña, que no son simplemente alegóricos, como personificaciones del exilio, sino más bien reales y ejemplares, para mostrar así mejor lo que ha sido el cautiverio.

107, 4–9. Esto es lo que ha sucedido, lo que cuenta la primera estrofa, cuando dice: ellos vagaban por una tierra extraña, a través de desiertos y soledades, pareciendo que sucumbirían, muriendo de hambre. Conforme a Sal 107, 40 e Is 43, 19, da la impresión de que el Sal 107, 4 terminaba en לֹא־דָרֶךְ (sin camino, cf. Olshausen, Baur y Thenius). Pero con esa terminación la línea quedaría así acortada de un modo poco elegante. Pues bien, en vez de retomar solo esa palabra (לֹא־דָרֶךְ, sin camino) este verso se extiende y junta dos palabras, unidas por *munach*, en estado constructo (lo mismo que פֶּרֶא אָדָם, Gen 16, 12), es decir, בִּישִׁימוֹן דָּרֶךְ, un "desierto de camino", en el sentido de lugar desierto, ἔρημος ὁδός, Hech 8, 26 (Ewald, Hitzig).

Estas dos palabras en estado constructo, responden mejor al estilo poético que la simple palabra "camino", solo דֶרֶךְ, lo mismo que en el caso de מִשְׁנֶה־כֶּסֶף, y en otros semejantes, donde encontramos un acusativo (בִּישִׁימוֹן) de definición más precisa del sustantivo, que es aquí el camino, דָּרֶךְ (Hengstenberg). En conexión con eso, el poeta, que es amigo de vincular palabras (cf. Sal 107, 7. 36, cf. בֵּית־מוֹשָׁב, Lev 25, 29), utiliza la combinación עִיר מוֹשָׁב, que se refiere a cualquier ciudad que puede ofrecer una acogida hospitalaria a unos caminantes sin hogar, como eran los israelitas.

Con los perfectos, que describen lo que ha sido experimentado por los israelitas en el desierto, alternan en 107, 5 los imperfectos, que ponen de relieve la forma en que sus almas respondieron al peligro (véase Sal 61, 3) en un momento en que estaban cerca de la extinción. Pues bien, con el futuro consecutivo que sigue en el Sal 107, 6 el salmista describe el cambio que se produjo en su fortuna, en aquella situación de opresión: su grito de petición de ayuda fue escuchado (como muestra el imperfecto יַצִּילֵם), de manera que ellos (los vagabundos del desierto) fueron liberados, como muestra el futuro consecutivo que sigue: וידריכם (es decir: 107, 7, וַיַּדְרִיכֵם בְּדֶרֶךְ יְשָׁרָה, y les dirigió por un camino llano).

Los que han experimentado esas cosas tienen que enaltecer al Señor con su alabanza, agradeciéndole su amante ternura, es decir, su *hesed* (107, 8: יוֹדוּ לַיהוָה חַסְדּוֹ) y sus obras maravillosas al servicio de los hijos de los hombres. Estrictamente hablando, no se debe traducir poniendo solo "sus maravillas (las de Dios)" hacia los hijos de los hombres, pues las dos *lamed* que se emplean aquí van en paralelo: (a) hay que alabar por un lado a Yahvé, con *lamed* (לַיהוָה), por su misericordia; (b) por otro lado, hay que alabar a los hijos de los hombres, también con *lamed* (לִבְנֵי אָדָם). Por eso, la alabanza del salmo no se dirige solo a Yahvé, sino también a los hombres, para que, fundándose en las obras maravillosas que han experimentado, ellos mismos puedan ofrecer a Dios el fruto de su alabanza.

En 107, 9, el alma menesterosa (נֶפֶשׁ שֹׁקֵקָה) es como en Is 29, 9 el alma sedienta, con la palabra שׁוּק, árabe *sáq*, urgir hacia adelante, desear con gran ansia. Los pretéritos son aquí una expresión de aquello que ha pasado y que, por lo tanto, se ha convertido en un hecho de experiencia. De un modo superabundante, Dios ha tenido que elevar al alma languideciente que estaba en peligro de perderse.

107, 10–16. Otros sufrieron prisiones y cadenas; pero aquel mismo Dios que había decretado este castigo para ellos, hizo que alcanzaran de nuevo la libertad. Igual que en la primera estrofa, aquí también, hasta el יודו de 107, 15, tenemos una misma frase compuesta. En vista de ello, el poeta comienza con participios.

La expresión "algunos moraban en tinieblas y sombras de muerte" (107, 10: יֹשְׁבֵי חֹשֶׁךְ וְצַלְמָוֶת, cf. Sal 23, 4) ha de entenderse en la línea de Is 9, 1 (donde ישבי se construye con ב) y del Sal 42, 7 (con ישבי construido como aquí, cf. Gen 4, 20; Zac 2, 11), mientras que "aprisionados en aflicción y hierros" (אֲסִירֵי עֳנִי וּבַרְזֶל) tiene un sentido semejante al de Job 36, 8.

Los comentaristas antiguos tomaban la expresión como una hendíadis, con dos palabras (aflicción y hierros) de igual sentido (como en el Sal 105, 18); pero es más correcto tomar una palabra en sentido general y la otra en sentido particular: apresados por todo tipo de aflicciones, que ellos no podían superar, y especialmente con grilletes de hierro (ברזל, como en árabe *firzil*, argollas de hierro, véase *Coment.* a Sal 105, 18).

El Sal 107, 11 retoma el motivo básico de Is 5, 19, mientras que el Sal 107, 12 repite de un modo inolvidable el doble juego de sonidos de algunas palabras, que es igual al de Is 3, 8. Con עצה se evoca el plan por el que Dios dirige el mundo (cf. וַעֲצַת עֶלְיוֹן נָאָצוּ, es decir, aborrecieron el consejo del Altísimo) y de un modo especial el propósito particular por el que dirige a Israel.

Los israelitas no solo han rechazado este propósito de misericordia de Dios, oponiéndose de un modo desafiante (המרה) en contra de sus mandamientos (אמרי, árabe *awâmir, âmireh*), sino que han blasfemado en contra de esos propósitos. En esa línea נאץ, Dt 32, 19, es una antigua designación mosaica para blasfemia, cf. Dt 31, 20; Num 14, 11. 23; 16, 30.

Por eso, Dios los humilló de un modo consecuente con trabajos aflictivos, e hizo que cayeran (כשל). Pero cuando ellos se volvieron a él y le rogaron con fuerza, él les ayudó liberándoles de sus aflicciones. El estribillo varía, conforme a una costumbre bien conocida. En este caso tenemos יוֹדוּ לַיהוָה חַסְדּוֹ וְנִפְלְאוֹתָיו, alaben a Yahvé por su misericordia y sus maravillas. Por dos veces se utiliza la expresión ויצעקו, otras dos ויזעקו; una vez יצילם, dos veces יושיעם, y por último (יוצאם וְצַלְמָוֶת יוֹצִיאֵם מֵחֹשֶׁךְ) que sigue aquí, en el Sal 107, 14, como una aliteración (cf. 107, 10).

El sumario en el que se condensa la liberación experimentada (Sal 107, 16) retoma los motivos de Is 45, 2. El exilio se puede tomar también en cuanto tal como una larga cárcel (cf. Is 42, 7. 22), pero las descripciones del poeta no pueden tomarse como pinturas estrictas de los hechos aludidos, sino como ejemplos.

107, 17-22. Otros fueron conducidos hasta el borde de la tumba por medio de fuertes enfermedades, pero cuando ellos se volvieron con una intensa oración a Aquel que había decidido que debían sufrir a causa de sus pecados, Él mismo (Dios) vino a mostrarse ante ellos como su salvador. En esta línea, la palabra אויל (cf. e. g., Job 5, 3), con el sentido de insensatos, cf. אֱוִלִים מִדֶּרֶךְ פִּשְׁעָם, lo mismo que נבל (los necios, véase Sal 14, 1), ofrece una idea ética y no se refiere solo a un tipo de visión intelectual o teórica del tema.

Insensato es alguien que vive de manera poco sana, dejando pasar el tiempo para mal, y haciéndose culpable de la ruina de su salud, de su familia, de su propia vocación personal, es decir, arruinándose a sí mismo y destruyendo todas las cosas y personas que le pertenecían.

El poeta comienza diciendo que los que vivían así estaban obligados a sufrir por razón (o a consecuencia) de su malvada conducta. Lo primero que se pone de relieve es la causa de sus días de pena y tristeza. Dado que el sentido de esos males se relaciona con el pecado, el salmista acude a la palabra יתענו (cf. 107, 17: אֱוִלִים מִדֶּרֶךְ פִּשְׁעָם יִתְעַנּוּ, fueron afligidos a causa del camino de sus obras...). De esa manera él pone más fácilmente de relieve todo aquello que sucedió en el pasado.

Esa palabra (יתענו) en *hitpael* (cf. 1 Rey 2, 26) significa sufrir de una manera intencional o voluntaria. Aquí, en cambio, significa estar obligados a sufrir en contra de la propia voluntad. Pero hay algunos como Hengstenberg que construyen el tema de un modo diferente: "Fueron afligidos, enloquecidos, a causa de su forma de caminar en transgresiones (más que a causa de su transgresión), y a causa de sus iniquidades fueron afligidos —y su alma rechazó todo alimento…". En ese contexto, la partícula מִן al lado de יתענו (מִדֶּרֶךְ וּמֵעֲוֹנֹתֵיהֶם) está indicando que el mal camino y las transgresiones son la causa de su aflicción.

En el Sal 107, 18 el poeta tiene ante sus ojos el libro de Job (Job 33, 20. 22). Por su parte, en relación al Sal 107, 20 (יִשְׁלַח דְּבָרוֹ וְיִרְפָּאֵם, ἀπέστειλεν τὸν λόγον αὐτοῦ καὶ ἰάσατο αὐτούς, LXX), no hay ningún pasaje más cercano que el del Sal 105, 19, incluso más que el del Sal 147, 18, porque en uno y otro caso (Sal 105, 19 y Sal 107, 17) se está evocando la intervención de Dios en la esfera de la historia humana, y no en la esfera del mundo de la naturaleza (del orden cósmico en cuanto tal). Tanto en el mundo de la naturaleza como en la historia humana, la Palabra (דבר) es el mensajero de Dios (Sal 105, 19, cf. Is 55, 10), y aquí aparece como mediadora de la curación divina.

Tanto aquí como en Job 33, 23 se anuncia el hecho fundamental del Nuevo Testamento que Teodoreto condensa en este pasaje diciendo: *el Dios Logos encarnado y enviado como hombre curó todas las heridas de los hombres y destruyó los pensamientos destructores* (Ὁ Θεὸς Λόγος ἐνανθρωπήσας καὶ ἀποσταλεὶς ὡς ἄνθρωπος τὰ παντοδαπὰ τῶν ψυχῶν ἰάσατο τραύματα καὶ τοὺς διαφθαρέντας ἀνέρρωσε λογισμούς). Los LXX traducen: καὶ ἐρρύσατο αὐτοὺς ἐκ τῶν διαφθορῶν αὐτῶν (les liberó de las cosas que les destruían).

En esa línea, los traductores suponen que שְׁחִיתוֹתָם deriva de שְׁחִיתָה (Dan 6, 5), en la línea de שַׁחַת (véase Sal 16, 10), que tiene el mismo sentido que διαφθείρειν, corromper, destruir, como ha destacado Hitzig. Pero Lam 4, 20 va en contra de esa derivación, pues a partir de שׁחה se ha formado un nombre nuevo, שְׁחוּת, que significa lugar hondo (Prov 28, 10), cuya forma colateral שְׁחִית se conjuga como חֲנִית, plural חֲנִיתוֹת, con una retención del final substantivado. Los lugares hondos, los pozos, son las aflicciones profundas en las cuales se hallaban hundidos los israelitas, y de las cuales Dios ha logrado liberarles. Por su parte, el sufijo de וַיִּרְפָּאֵם, les sanó, puede aplicarse también a וַיְמַלֵּט, les liberó, como en Gen 27, 5; 30, 31; Sal 139, 1; Is 46, 5.

107, 23–32. Otros han vuelto para contar los peligros del mar. Sin alegoría alguna (Hengstenberg), el salmista habla de aquellos que por razón de su oficio (expresado por el verbo ירד, descender, porque a su juicio la superficie del mar yace por debajo de la tierra, que emerge en las costas) bajan al mar en barcos (בָּאֳנִיּוֹת, como *booñijoth*, sin artículo), pero no como pescadores, sino (como Lutero ha interpretado correctamente) para realizar empresas comerciales.

Estos han visto las obras y maravillas de Dios en la profundidad llena de los remolinos de las aguas, es decir, han visto con sus propios ojos lo que Dios puede hacer en su ira, cuando llama a los poderes de la naturaleza y lo que, por otra parte, hace cuando ordena que esos poderes se mantengan dentro de sus límites. A través de su mandato (con וַיֹּאמֶר, como en Sal 105, 31; Sal 105, 34) Dios hace que surja un viento tormentoso (cf. עמד, Sal 33, 9), y de esa forma alza las olas del mar hacia la altura, de manera que los marinos se elevan por un momento hasta el cielo para descender después al profundo abismo, de manera que sus "almas se derriten con/por el mal" (נַפְשָׁם בְּרָעָה תִתְמוֹגָג), de una forma peligrosa, ansiosa, sin firmeza.

Ellos se encuentran así inmersos como en un círculo (con יָחוֹגּוּ, de חגג igual a חוג: cf. יָחוֹגּוּ וְיָנוּעוּ כַּשִּׁכּוֹר, tiemblan, giran y titubean como ebrios). Toda su sabiduría se consume, esto es, se pierde en sí misma, es decir, se convierte en "nada", como dice Ovidio, *Trist.* I. 1, en conexión con una tormenta semejante en el mar: la misma capacidad o arte del timonel queda perpleja ante los ambiguos males *(ambiguis ars stupet ipsa malis).*

El poeta escribe aquí bajo el influjo de Is 19, 3. 14. Pues bien, ante la súplica constante de los marinos, Dios les libera de sus miedos y riesgos (Sal 25, 17), haciendo que la tormenta arrasadora se convierta en viento suave (como en דְּמָמָה דַקָּה, 1 Rey 19, 12). La palabra הֵקִים (cf. יָקֵם סְעָרָה לִדְמָמָה, cambia la tempestad en sosiego), construida con לְ tiene aquí el sentido de "transportar", de llevar a otra condición o estado de cosas, como traduce Apolinar: hizo que la tempestad viniera a ser como el aire suave anterior (αὐτίκα δ᾽ εἰς αὔρην προτέρην μετέθηκε θύελλαν). El sufijo de גַּלֵּיהֶם (sus olas) no puede referirse a מַיִם רַבִּים (las muchas aguas, Sal 107, 23), palabras que están muy alejadas. "Sus olas" son aquellas con las que los marinos tienen que enfrentarse.

Para gozo de los marinos, las aguas se calmaron (חָשָׁה) y quedaron quietas (con שתק, como en Jon 1, 11), y Dios les guio al puerto que buscaban, ἐπὶ λιμένα θελήματος αὐτῶν (LXX). La palabra מָחוֹז (cf. אֶל־מְחוֹז חֶפְצָם וַיַּנְחֵם, y le guio al puerto...) es un hápax legómenon, del árabe *ḥâz (ḥwz),* cerrar por todos los lados, para guarecerse uno a sí mismo (raíz árabe *ḥw,* en latín *gyravit, in gyrum egit,* girar, estar rodeando...), que evoca un lugar circular cerrado, por tanto un puerto, y quizá en principio un estuario o, para utilizar una palabra escandinava, un fiordo.

La palabra שתק tiene un sentido más fuerte que חָשָׁה, como יבש en relación con חרם en la historia del diluvio. Aquellos que han sido liberados de una forma tan maravillosa están invitados para alabar a Dios, su liberador, en el lugar donde se reúne la iglesia nacional, allí donde los jefes de la nación se sientan en concilio, es decir, en un sentido extenso, en el templo y en el foro[1].

---

1. Las ediciones actuales de Norzi, Heidenheim, Baer ponen delante de Sal 107, 23. 24. 25. 26. 27. 28 y 107, 40 una serie de *nuns* (נ) inversivas (הפוכין נונין, en el lenguaje de la Masora נונין מנוזרות), como antes de Num 10, 35 y entre Num 10, 36 y 11, 1. En total son nueve. Su significado resulta desconocido.

107, 33–38. A partir de lo anterior siguen dos grupos o estrofas, sin las bellas e impresionantes antífonas que se intercalaban antes. La estructura es menos artística y las transiciones aquí y allí son abruptas y torpes. Se podría decir que estos dos grupos que siguen (107, 33-38 y 107, 33-43) son inferiores a los anteriores, como los discursos de Elihu son inferiores al resto del libro de Job. Sin embargo, ellos provienen de la misma mano del salmista, como se ve por la constante dependencia respecto del libro de Job y de Isaías.

Hengstenberg ha visto en Sal 107, 33-42 "el canto con el que la asamblea del pueblo y la sede de los ancianos alaban al Señor"; pero el tema o materia *laudis* es, en todo caso, diferente de aquello que se podía esperar de los cantos anteriores de alabanza. No es en modo alguno claro que el Sal 107, 33 se refiera a la destrucción de Babilonia, ni que 107, 35 aluda al cambio de fortuna que en ese momento se dio para Israel.

En esa línea, el Sal 107, 35 no se aplica bien a Canaán, pues en ese caso las expresiones de 107, 36 cobrarían un sentido muy difuso. Lo que el poeta quiere hacer aquí (107, 33-38) es ilustrar el gobierno generoso, justo y gratuito de Dios, tal como aparece en la historia de la dispersión, del exilio y del retorno de los israelitas, un tema que ellos pueden cantar en cualquier lugar en que se encuentren.

Desde 107, 35 el salmista retoma la historia del pasado de la liberación, de un modo retrospectivo, a partir de יָשֵׂם (cf. יָשֵׂם מִדְבָּר לַאֲגַם־מָיִם, y convierte el desierto en estanques de agua) y así empieza a contar aquellas cosas que los antes cautivos han observado y experimentado en su retorno a la tierra que Dios les había concedido. El Sal 107, 33a suena como Is 50, 2; y el Sal 107, 33b como Is 35, 7a. Por su parte, el Sal 107, 35 retoma el motivo de Is 41, 18. La yuxtaposición de מוֹצָאֵי (cf. 107, 35) y de צִמָּאוֹן (cf. 107, 33) pertenece, desde Dt 8, 15, a las aliteraciones antitéticas favoritas de la Biblia, cf. Is 61, 3.

מְלֵחָה (cf. אֶרֶץ פְּרִי לִמְלֵחָה, convierte la tierra fructífera en...) es la tierra salitrosa (LXX, cf. Ecl 39, 23, ἅλμη); ese es el nombre que Job 39, 6 emplea para referirse a una estepa no cultivada, estéril. Pues bien, en algunas ocasiones, una tierra que ha sido devastada, por castigo contra sus habitantes, ha venido a convertirse después en campos fructuosos, por obra de una generación pobre pero trabajadora que se ha establecido en ella. En esa línea, a menudo, una tierra abandonada y, al parecer, absolutamente sin provecho, se ha convertido en campo de inesperada fertilidad.

Los exilados a los que Jeremías escribió (en Sal 29, 5) edificaron casas y se establecieron en el exilio; plantaron huertos y comieron de sus frutos, experimentando así la bendición divina. Su industria y su conocimiento contribuyeron también a ello, pero mirando las cosas en profundidad, eso no fue solo el resultado de su propia industria y conocimiento, sino obra de Dios, quien hizo que sus patrimonios prosperaran, y que ellos se extendieran más y más, de forma que poseyeran no una pequeña, sino una gran cantidad de animales, de ganadería (cf. 2 Rey 4, 3).

107, 39–43. Pero a veces les fue mal porque, a pesar de su floreciente condición cayó sobre ellos la envidia de los poderosos y tiranos; pero Dios puso fin a su tiranía, y restauró siempre a su pueblo con honor y fuerza. Conforme a la opinión de Hitzig, el Sal 107, 39 nos sitúa en un tiempo en el que las cosas se volvieron diferentes para aquellos que, conforme a Sal 107, 36-38, habían prosperado.

El *modus consecutivus* que aquí encontramos se utiliza a veces de un modo retrospectivo (véase Is 37, 5). Pero en nuestro caso la simetría del despliegue de los temas, a partir de Sal 107, 36-38, y el cambio que se expresa en el Sal 107, 39, en comparación con el Sal 107, 38, exige una interpretación consecutiva del texto.

Ellos se volvieron pocos, perdieron importancia, fueron reducidos (con שחח, cf. Prov 14, 19, arruinarse, ser sobrepasados), *a coarctatione malitiae et maeroris* (por la violencia de la maldad y de la tristeza). עצר es la imposición de un poder despótico, רעה es el mal que los hombres han de sufrir bajo la opresión de ese poder despótico y יגון es la tristeza que consume su vida.

מֵעֹצֶר tiene *tarcha* y רָעָה tiene *munach* (en vez de *mercha* y *mugrash*, véase *Accentuationssystem*, XVIII, 2). No hay razón para abandonar este tipo de puntuación y traducir "por tiranía, mal y tristeza". Lo que es rígido y torpe en el despliegue de la descripción del Sal 107, 40 (como en Job 12, 21. 24) proviene del hecho de que el poeta no quiere hacer cambios en esas sublimes palabras.

La traducción muestra la forma en que ha de entenderse la relación entre las frases. Por un lado, Dios derrama su ira sobre los tiranos que han despreciado a los hombres que se someten a ellos, haciendo que se pierdan como fugitivos en el terrible desierto; por otro, el mismo Dios eleva a los necesitados y a aquellos que hasta ahora han sido despreciados, haciéndoles subir desde la hondura de su aflicción, de manera que sus familias puedan crecer como un rico rebaño, convirtiéndose de esa manera en un pueblo numeroso que brinca de alegría.

Igual que la temática anterior se relacionaba con Job 21, 1, la figura del Sal 107, 42 está tomada de Job 22, 19 y Job 5, 16. La visión de este acto de reconocimiento por parte de Dios sobre aquellos que han sido injustamente oprimidos suscita la alegría de los justos, de manera que toda maldad (עולה, véase Sal 92, 16) tenga que cerrar la boca, es decir, que sea silenciada. Finalmente, en 107, 43, el poeta hace que los sones del salmo se vayan apagando a la manera de Os 14, 10 [9], y así lo muestra la *nota bene* o añadido final de 106, 43 que se expresa en forma de advertencia: quien sea sabio guarde (o guardará) en su mente estas cosas.

La transición al tema de la sabiduría, con el cambio de número (del plural al singular), resulta obvia por el hecho de que, como en Oseas (lugar citado, cf. Jer 9, 11; Est 5, 6, cf. Jc 7, 3; Prov 9, 4. 16), la expresión מִי־חָכָם es equivalente a *quisquis sapiens est* (aquel que es sabio). Las חַסְדֵי יְהוָה son las manifestaciones de la misericordia de Yahvé, es decir, de la ternura amante con la que se despliega en la historia la misericordia siempre duradera de Dios. Aquel que es sabio tiene una buena memoria y alcanzará un claro entendimiento de esto.

Salmo 108. Dos fragmentos elohistas vinculados entre sí

שִׁיר מִזְמוֹר לְדָוִד: ¹

נָכוֹן לִבִּי אֱלֹהִים אָשִׁירָה וַאֲזַמְּרָה אַף־כְּבוֹדִי: ²

עוּרָה הַנֵּבֶל וְכִנּוֹר אָעִירָה שָּׁחַר: ³

אוֹדְךָ בָעַמִּים׀ יְהוָה וַאֲזַמֶּרְךָ בַּל־אֻמִּים: ⁴

כִּי־גָדוֹל מֵעַל־שָׁמַיִם חַסְדֶּךָ וְעַד־שְׁחָקִים אֲמִתֶּךָ: ⁵

רוּמָה עַל־שָׁמַיִם אֱלֹהִים וְעַל כָּל־הָאָרֶץ כְּבוֹדֶךָ: ⁶

לְמַעַן יֵחָלְצוּן יְדִידֶיךָ הוֹשִׁיעָה יְמִינְךָ וַעֲנֵנִי: ⁷

אֱלֹהִים׀ דִּבֶּר בְּקָדְשׁוֹ אֶעְלֹזָה אֲחַלְּקָה שְׁכֶם וְעֵמֶק סֻכּוֹת אֲמַדֵּד: ⁸

לִי גִלְעָד׀ לִי מְנַשֶּׁה וְאֶפְרַיִם מָעוֹז רֹאשִׁי יְהוּדָה מְחֹקְקִי: ⁹

מוֹאָב׀ סִיר רַחְצִי עַל־אֱדוֹם אַשְׁלִיךְ נַעֲלִי עֲלֵי־פְלֶשֶׁת אֶתְרוֹעָע: ¹⁰

מִי יֹבִלֵנִי עִיר מִבְצָר מִי נָחַנִי עַד־אֱדוֹם: ¹¹

הֲלֹא־אֱלֹהִים זְנַחְתָּנוּ וְלֹא־תֵצֵא אֱלֹהִים בְּצִבְאֹתֵינוּ: ¹²

הָבָה־לָּנוּ עֶזְרָת מִצָּר וְשָׁוְא תְּשׁוּעַת אָדָם: ¹³

בֵּאלֹהִים נַעֲשֶׂה־חָיִל וְהוּא יָבוּס צָרֵינוּ: ¹⁴

<Cántico. Salmo de David>

¹ Mi corazón, Dios, está dispuesto; cantaré y entonaré salmos; esta es mi gloria.
² ¡Despiértate, salterio y arpa; despertaré al alba!

³ Te alabaré, Jehová, entre los pueblos; a ti cantaré salmos entre las naciones,
⁴ porque más grande que los cielos es tu misericordia
y hasta los cielos tu fidelidad.
⁵ Exaltado seas, Dios, sobre los cielos,
y sobre toda la tierra sea enaltecida tu gloria.

⁶ Para que sean librados tus amados, salva con tu diestra y respóndeme.

⁷ Dios ha dicho en su santuario: "¡Yo me alegraré;
repartiré a Siquem y mediré el valle de Sucot!
⁸ Mío es Galaad, mío es Manasés y Efraín es la fortaleza de mi cabeza;
Judá es mi legislador.
⁹ Moab, la vasija para lavarme; sobre Edom echaré mi calzado;
me regocijaré sobre Filistea".

¹⁰ ¿Quién me guiará a la ciudad fortificada? ¿Quién me guiará hasta Edom?

¹¹ ¿No serás tú, Dios, que nos habías desechado

y no salías, Dios, con nuestros ejércitos?

¹² Danos socorro contra el adversario, porque vana es la ayuda del hombre.

¹³ En Dios haremos proezas y él hollará a nuestros enemigos.

La palabra אוֹדְךָ (cf. אוֹדְךָ בָעַמִּים יְהוָה) del Sal 108, 4 y el contenido de este salmo es un eco del הוֹדוּ del salmo anterior. El encabezado lo atribuye a David, pero solo porque está compilado con antiguos materiales davídicos. Que no se incluya la referencia a לַמְנַצֵּחַ hace natural suponer que se trata de un salmo de origen posterior.

El redactor del salmo se ha limitado a vincular aquí dos piezas de estilo elohímico, con variantes muy pequeñas, sin soldarlas entre sí y sin situarlas en el contexto original histórico. No es concebible que el mismo David hubiera compilado dos salmos anteriores, haciendo de ellos uno (como piensa Hengstenberg); por tanto, este salmo en su conjunto no es suyo.

108, 2-6. Esta primera mitad está tomada de Sal 57, 8-12; pero aquí se omite la frase "mi corazón confía"; por otra parte, en lugar de "mi gloria" de la exclamación (¡despierta mi Gloria!) se proclama aquí el motivo de "yo cantaré y tocaré el arpa", como descripción más precisa del tema (véase *Coment.* a Sal 3, 5); Dios mismo lo hará, es decir, lo hará el alma del orante, con la ayuda de todos los poderes divinos.

En 108, 4 en vez de Yahvé se pone Adonai; y la *waw* copulativa se introduce antes del Sal 108, 4 y del Sal 108, 6, en contra de Sal 57, 1-11. Por su parte, la palabra מֵעַל, en lugar de עַד, en el Sal 108, 5 (como en Est 3, 1) sería un buen cambio si el Sal 108, 5a viniera después del Sal 108, 5b y si la definición no fuera de tipo regresivo en vez de progresivo. Por otra parte, Sal 36, 6; Jer 51, 9 (cf. עַל en Sal 113, 4; Sal 148, 13) está a favor de עַד en oposición a מֵעַל.

108, 7-14. Estos versículos forman la segunda mitad del salmo. En el 108, 7 (לְמַעַן יֵחָלְצוּן יְדִידֶיךָ הוֹשִׁיעָה יְמִינְךָ וַעֲנֵנִי) viene primero la fórmula que expresa la finalidad con לְמַעַן, y a ella le sigue הוֹשִׁיעָה, como cláusula principal de la que depende la anterior. En lugar de וַעֲנֵנוּ, que uno podría haber esperado, la expresión que aquí se utiliza es וַעֲנֵנִי, sin ningún otro cambio en el modo de escribir o de leer.

Muchas ediciones impresas ponen aquí también וַעֲנֵנוּ; Baer, siguiendo a Norzi, pone correctamente וַעֲנֵנִי. En lugar de לִי,...וְלִי, Sal 60, 9, aquí leemos לִי,...לִי, que es menos elevada. En vez de "grita en alto sobre mí, Filistea", aquí tenemos "yo me alegraré (gritaré) por Filistea" (como grito de victoria). En esa línea, Hupfeld desea tomar אֶתְרוֹעָע como infinitivo "sobre Filistea es mi grito de gozo". En vez de עִיר מָצוֹר, aquí tenemos la forma de expresión más utilizada עִיר מִבְצָר. El motivo del Sal 108, 12 aparece debilitado por la omisión de הֲלֹא (אַתָּה).

Salmo 109. Imprecación contra aquel que prefiere maldición a bendición

¹ לַמְנַצֵּחַ לְדָוִד מִזְמוֹר אֱלֹהֵי תְהִלָּתִי אַל־תֶּחֱרַשׁ׃

² כִּי פִי רָשָׁע וּפִי־מִרְמָה עָלַי פָּתָחוּ דִּבְּרוּ אִתִּי לְשׁוֹן שָׁקֶר׃

³ וְדִבְרֵי שִׂנְאָה סְבָבוּנִי וַיִּלָּחֲמוּנִי חִנָּם׃

⁴ תַּחַת־אַהֲבָתִי יִשְׂטְנוּנִי וַאֲנִי תְפִלָּה׃

⁵ וַיָּשִׂימוּ עָלַי רָעָה תַּחַת טוֹבָה וְשִׂנְאָה תַּחַת אַהֲבָתִי׃

⁶ הַפְקֵד עָלָיו רָשָׁע וְשָׂטָן יַעֲמֹד עַל־יְמִינוֹ׃

⁷ בְּהִשָּׁפְטוֹ יֵצֵא רָשָׁע וּתְפִלָּתוֹ תִּהְיֶה לַחֲטָאָה׃

⁸ יִהְיוּ־יָמָיו מְעַטִּים פְּקֻדָּתוֹ יִקַּח אַחֵר׃

⁹ יִהְיוּ־בָנָיו יְתוֹמִים וְאִשְׁתּוֹ אַלְמָנָה׃

¹⁰ וְנוֹעַ יָנוּעוּ בָנָיו וְשִׁאֵלוּ וְדָרְשׁוּ מֵחָרְבוֹתֵיהֶם׃

¹¹ יְנַקֵּשׁ נוֹשֶׁה לְכָל־אֲשֶׁר־לוֹ וְיָבֹזּוּ זָרִים יְגִיעוֹ׃

¹² אַל־יְהִי־לוֹ מֹשֵׁךְ חָסֶד וְאַל־יְהִי חוֹנֵן לִיתוֹמָיו׃

¹³ יְהִי־אַחֲרִיתוֹ לְהַכְרִית בְּדוֹר אַחֵר יִמַּח שְׁמָם׃

¹⁴ יִזָּכֵר ׀ עֲוֹן אֲבֹתָיו אֶל־יְהוָה וְחַטַּאת אִמּוֹ אַל־תִּמָּח׃

¹⁵ יִהְיוּ נֶגֶד־יְהוָה תָּמִיד וְיַכְרֵת מֵאֶרֶץ זִכְרָם׃

¹⁶ יַעַן אֲשֶׁר ׀ לֹא זָכַר עֲשׂוֹת חָסֶד וַיִּרְדֹּף אִישׁ־עָנִי וְאֶבְיוֹן וְנִכְאֵה לֵבָב לְמוֹתֵת׃

¹⁷ וַיֶּאֱהַב קְלָלָה וַתְּבוֹאֵהוּ וְלֹא־חָפֵץ בִּבְרָכָה וַתִּרְחַק מִמֶּנּוּ׃

¹⁸ וַיִּלְבַּשׁ קְלָלָה כְּמַדּוֹ וַתָּבֹא כַמַּיִם בְּקִרְבּוֹ וְכַשֶּׁמֶן בְּעַצְמוֹתָיו׃

¹⁹ תְּהִי־לוֹ כְּבֶגֶד יַעְטֶה וּלְמֵזַח תָּמִיד יַחְגְּרֶהָ׃

²⁰ זֹאת פְּעֻלַּת שֹׂטְנַי מֵאֵת יְהוָה וְהַדֹּבְרִים רָע עַל־נַפְשִׁי׃

²¹ וְאַתָּה ׀ יְהוִה אֲדֹנָי עֲשֵׂה־אִתִּי לְמַעַן שְׁמֶךָ כִּי־טוֹב חַסְדְּךָ הַצִּילֵנִי׃

²² כִּי־עָנִי וְאֶבְיוֹן אָנֹכִי וְלִבִּי חָלַל בְּקִרְבִּי׃

²³ כְּצֵל־כִּנְטוֹתוֹ נֶהֱלָכְתִּי נִנְעַרְתִּי כָּאַרְבֶּה׃

²⁴ בִּרְכַּי כָּשְׁלוּ מִצּוֹם וּבְשָׂרִי כָּחַשׁ מִשָּׁמֶן׃

²⁵ וַאֲנִי ׀ הָיִיתִי חֶרְפָּה לָהֶם יִרְאוּנִי יְנִיעוּן רֹאשָׁם׃

²⁶ עָזְרֵנִי יְהוָה אֱלֹהָי הוֹשִׁיעֵנִי כְחַסְדֶּךָ׃

²⁷ וְיֵדְעוּ כִּי־יָדְךָ זֹּאת אַתָּה יְהוָה עֲשִׂיתָהּ׃

²⁸ יְקַלְלוּ־הֵמָּה וְאַתָּה תְבָרֵךְ קָמוּ ׀ וַיֵּבֹשׁוּ וְעַבְדְּךָ יִשְׂמָח׃

²⁹ יִלְבְּשׁוּ שׂוֹטְנַי כְּלִמָּה וְיַעֲטוּ כַמְעִיל בָּשְׁתָּם׃

³⁰ אוֹדֶה יְהוָה מְאֹד בְּפִי וּבְתוֹךְ רַבִּים אֲהַלְלֶנּוּ׃

³¹ כִּי־יַעֲמֹד לִימִין אֶבְיוֹן לְהוֹשִׁיעַ מִשֹּׁפְטֵי נַפְשׁוֹ׃

<Al músico principal. Salmo de David>

¹ Dios de mi alabanza, no calles,

² porque boca de impío y boca de engañador se han abierto contra mí;
han hablado de mí con lengua mentirosa.

³ Con palabras de odio me han rodeado y pelearon contra mí sin causa.

⁴ En pago de mi amor me han sido adversarios; pero yo oraba.

⁵ Me devuelven mal por bien y odio por amor.

⁶ Pon sobre él al impío y Satanás esté a su diestra.

⁷ Cuando sea juzgado, salga culpable, y su oración sea para pecado.

⁸ Sean pocos sus días, tome otro su oficio.

⁹ Queden sus hijos huérfanos y su mujer viuda.

¹⁰ Anden sus hijos vagabundos y mendiguen;
procuren su pan muy lejos de sus desolados hogares.

¹¹ Que el acreedor se apodere de todo lo que tiene
y extraños saqueen su trabajo.

¹² No tenga quien le haga misericordia
ni haya quien tenga compasión de sus huérfanos.

¹³ ¡Su posteridad sea destruida; en la segunda generación sea borrado su nombre!

¹⁴ Venga en memoria ante Jehová la maldad de sus padres
y el pecado de su madre no sea borrado.

¹⁵ Estén siempre delante de Jehová y él corte de la tierra su memoria,

¹⁶ por cuanto no se acordó de hacer misericordia, y persiguió al hombre afligido
y menesteroso, al quebrantado de corazón, para darle muerte.

¹⁷ Amó la maldición, y esta le sobrevino; no quiso la bendición,
¡y ella se alejó de él!

¹⁸ Se vistió de maldición como de su vestido;
y la maldición entró como agua en su interior y como aceite en sus huesos.

¹⁹ Séale como vestido con que se cubra
y en lugar de cinto con que se ciña siempre.

²⁰ Sea este el pago de parte de Jehová a los que me calumnian
y a los que hablan mal contra mi alma.

²¹ Y tú, Jehová, Señor mío, favoréceme por amor de tu nombre;
líbrame, porque tu misericordia es buena,

²² porque yo estoy afligido y necesitado, y mi corazón está herido dentro de mí.

²³ Me voy como la sombra cuando declina; ¡soy sacudido como una langosta!

²⁴ Mis rodillas están debilitadas a causa del ayuno
y mi carne desfallece por falta de gordura.

²⁵ Yo he sido para ellos objeto de oprobio; me miraban
y, burlándose, meneaban su cabeza.

²⁶ ¡Ayúdame, Jehová, Dios mío! ¡Sálvame conforme a tu misericordia!

²⁷ Y entiendan que esta es tu mano; que tú, Jehová, has hecho esto.

²⁸ Maldigan ellos ¡pero bendice tú! Levántense, pero sean avergonzados,
y que se regocije tu siervo.

²⁹ Sean vestidos de ignominia los que me calumnian;
¡sean cubiertos de confusión como con manto!
³⁰ Yo alabaré a Jehová en gran manera con mi boca;
en medio de la muchedumbre lo alabaré,
³¹ porque él se pondrá a la diestra del pobre,
para librar su alma de los que lo juzgan.

La expresión אוֹדֶה יְהוָה, alabaré a Yahvé, que responde como un eco al motivo principal del Sal 107 (alabad), aparece también aquí en el Sal 109, 30. Pero el Sal 109 se vincula más estrechamente con el Sal 69. La ira en contra de los impíos, que responden al amor con ingratitud, que persiguen al inocente y desean maldición en vez de bendición, ha alcanzado aquí su expresión más radical.

Sin embargo, las imprecaciones no van directamente dirigidas en contra de una multitud, como en el Sal 69, sino que toda su fuerza va dirigida en contra de una persona. ¿Quién es ella, Doeg el idumeo o Cush el benjaminita? No sabemos. Aquí faltan las señales de una intervención de Jeremías, que nos hacían tener una duda sobre el sentido de לדוד del Sal 69.

Por un lado, el desarrollo de los pensamientos de este Sal 109 aparece difuso y recargado para poderse atribuir a David; por otro lado, muchas expresiones, como las relacionadas con מעט en el Sal 109, 8 con la palabra נכאה, que se explica desde el siríaco, en el Sal 109, 16, y el semipasivo חלל en el Sal 109, 22, parecen llevarnos a un momento posterior del lenguaje. Sin embargo, en este salmo no hallamos pensamientos que respondan a un período tardío del idioma hebreo, aunque tampoco encontramos ecos de modelos anteriores.

Así, por ejemplo, entre el Sal 109, 6 y Zac 3, 1, y entre el Sal 109, 18; el Sal 109, 29 e Is 59, 17, encontramos ciertamente relaciones, pero no es fácil saber qué textos son anteriores y cuales posteriores. Sin embargo, Sal 109, 22 y Sal 55, 5 (cf. también Sal 109, 4 y Sal 55, 15) son variaciones que se pueden atribuir al mismo poeta (cf. también los estribillos). De todas formas, los anatemas, que se utilizan aquí de una manera más extensa que en todos los restantes casos, hablan a favor de David como autor (o al menos de su contexto como lugar de surgimiento) de este salmo.

Esos anatemas brotan de la honda conciencia que David tenía de ser el Ungido de Yahvé, y de su forma de entender su relación con Cristo. La persecución en contra de David no era un pecado en contra de él, sino en contra del Cristo a quien él representaba; de esa forma, dado que Cristo habitaba en David, los estallidos de ira del A. T., tomaban una forma profética, de manera que este salmo, lo mismo que el Sal 69, ha de tomarse como un salmo típicamente profético.

Según eso, las declaraciones relacionadas con David (o pronunciadas por el mismo David) han de aplicarse, por espíritu de profecía, al mismo Cristo, de manera que las maldiciones se convierten en anuncios de lo que ha de venir en forma de maldición, es decir, en anuncios de la maldición final del juicio de Cristo (Crisóstomo: προφητεία ἐν εἴδει ἀρᾶς).

De todas formas, estas imprecaciones no son apropiadas en la boca del Salvador sufriente, pues en ellas no habla el espíritu de Sión, sino el espíritu de la Ley del Sinaí, por boca de David. Aquí ha de aplicarse lo que dice Jesús sobre el espíritu de Elías que, conforme a Lc 9, 55 (¡no sabéis de qué espíritu sois!), no es el espíritu del Nuevo Testamento.

Este espíritu de ira ha sido superado en el N. T., por el Espíritu de Amor. De todas formas, estos anatemas no han de tomarse tampoco como simples golpes dados contra el aire, sino que en ellos se expresa una energía divina, como en las bendiciones y maldiciones que provienen de todo aquel que está unido con Dios, y especialmente de un hombre cuya forma de mente es como la de David.

Estos anatemas poseen el mismo poder que las amenazas proféticas, y en ese sentido ellas aparecen cumplidas en el Nuevo Testamento en el hijo de la perdición (Jn 17, 12). Para la generación del tiempo de Jesús, estos anatematismos eran una advertencia disuasoria para no ofender al Santo de Dios. Estos anatemas han de tomarse como *Psalmus Ischarioticus* (Hech 1, 20), salmo dedicado a Judas Iscariote, un signo o aviso para los enemigos y perseguidores de Cristo y de su iglesia.

109, 1–5. El salmo comienza con una queja en contra de los perseguidores ingratos. La expresión "Dios de mi alabanza" (אֱלֹהֵי תְהִלָּתִי) equivale a "Dios, que eres mi alabanza…" (Jer 17, 14, cf. Dt 10, 21). El Dios a quien el salmista ha tenido hasta ahora razón para alabar se le mostrará también aquí como digno de ser alabado. Sobre esta fe se funda la petición del salmista: ¡no calles…! (Sal 28, 1; Sal 35, 22).

Sus enemigos han abierto en contra de él unas bocas de las que proviene engaño. Ellos han hablado en contra de él con una lengua (con acusativo, cf. *Coment.* a Sal 64, 6) de falsedad, i. e., con un lenguaje falso. דברי se aplica a cosas y a palabras, como en el Sal 35, 20. No se puede tomar el sufijo תַּחַת־אַהֲבָתִי) אהבתי, en pago de mi amor, en el Sal 109, 4) como genitivo de objeto (el amor que ellos me debían) y en 109, 5 (תַּחַת אַהֲבָתִי, en lugar de mi amor) como genitivo subjetivo.

A partir del Sal 38, 21 se puede afirmar que lo que el salmista indica en 109, 4 es el amor que ha expresado a sus adversarios. La afirmación de que él es alguien que ora quiere decir que, rechazando todo tipo de venganzas personales, el orante se ha refugiado en Dios, en cuyas manos pone su vida y sus palabras.

Los enemigos han respondido a su bien con mal, y con odio al amor que él les ha mostrado. Por dos veces insiste el orante en el hecho de que sus enemigos han respondido a su amor con odio. Los perfectos alternan aquí con los aoristos. No se trata de una enemistad de ayer. Las imprecaciones que siguen presuponen un endurecimiento inflexible de parte de los enemigos.

109, 6–10. El salmista se vuelve ahora hacia uno de sus adversarios en especial, y lo hace lleno de fervor celoso airado, porque ese adversario ha despreciado su amor. Por eso, el salmista invoca el juicio de Dios sobre (en contra de) él. Con la palabra פקד על (cf. הַפְקֵד עָלָיו רָשָׁע, venga sobre él el malvado...) el salmista está invocando la presencia y acción de un poder más alto, propio del רָשָׁע o malvado, especialmente dotado para castigar, como en Jer 15, 3 y Lev 26, 16.

El que ha impuesto su terror sobre los inocentes deberá encontrar un ejecutor superior que le lleve ante el tribunal (lo que se expresa en latín con las palabras: *legis actio per manus injectionem,* acción de la ley por aprehensión corporal). La escena de juicio de 109, 6-7 indica que es eso lo que se busca en 109, 6.

La mano derecha es el lugar donde se coloca el acusador, que no descansará hasta que se pronuncie el *damnatus est* (ha sido condenado). El acusador se llama satán, שָׂטָן, palabra que aquí no se puede entender en la línea de 1 Sam 29, 2; 2 Sam 19, 22, sino en la de Zac 3, 1; 1 Cron 21, 1, donde, si no es directamente Satán (Diablo), el acusador aparece como un tipo de poder sobrehumano (cf. Num 22, 22), que se opone al acusado, apareciendo ante Dios como su delator o κατήγωρ. En esa línea, conforme al Sal 109, 7a, el שָׂטָן ha de entenderse como acusador, mientras que, conforme al Sal 109, 7b, Dios aparece como juez.

En este contexto de juicio, רשע ahora tiene el sentido de reo, y יצא se refiere a la publicación de la sentencia. El salmista del Sal 109, 7 desea que su oración (la del reo que quiere evitar la sentencia divina de condena) pueda ser לחטאה, no en el sentido de ineficaz (Thenius), sino más bien, conforme al sentido usual de la palabra, en el sentido de falsa, es decir, una acusación pecadora porque esa oración del malvado no proviene de la penitencia, sino de la desesperación.

En el Sal 109, 8 se desea al incorregible una muerte a destiempo, que venga pronto (מעטים, como aparece en Ecl 5, 1), y también se pide que él (el acusado incorregible, el malvado) pierda su función (su oficio). Los LXX traducen τὴν ἐπισκοπὴν αὐτοῦ λάβοι ἕτερος, que su función la reciba otro. La palabra פקדה (cf. פְּקֻדָּתוֹ יִקַּח אַחֵר) indica que el adversario ha tenido el oficio importante de supervisor o superintendente (eso significa ἐπισκοπὴν), de manera que él ha ejercido una función de importancia entre los enemigos del salmista.

Pues bien, el salmista quiere que muera antes de tiempo, y que deje detrás una familia muy reducida, de manera que su casa-mansión anterior, por la que se ve que él era rico, se convierta en ruinas. El salmista desea que los hijos de su enemigo vaguen de un lado para otro entre esas ruinas (con מן, como en Jc 5, 11; Job 28, 4), y que al mismo tiempo mendiguen pan o comida (posibilidades de vida) lejos de esas ruinas (con וְדָרְשׁוּ מֵחָרְבוֹתֵיהֶם).

109, 11–15. En forma de *piel* (cf. יְנַקֵּשׁ נוֹשֶׁה לְכָל-אֲשֶׁר-לוֹ, que el acreedor se apodere de todo lo que tiene), esa palabra, נקשׁ, significa propiamente "agarrar en una trampa". En este caso, lo mismo que en árabe *nqs*, II, IV, corresponde al latín *obligare* (refiriéndose al derecho que el acreedor tiene a reclamar la deuda). נֹשֶׁה, *nosheh*, es el nombre del acreedor, entendido como aquel que da tiempo para el pago (véase Is 24, 2).

En el Sal 109, 12, חסד משך (cf. מֹשֵׁךְ חֶסֶד אַל־יְהִי־לוֹ, no tenga quien le haga misericordia) significa obtener piedad de un modo duradero, cf. Sal 36, 11; Jer 31, 3. La expresión אחריתו, Sal 109, 13, no significa su futuro, sino, como en el Sal 109, 13 (cf. Sal 37, 38), su posteridad. Por su parte, יְהִי לְהַכְרִית no significa meramente *exscindatur* (sea extinguida), sino *debe ser extinguida* (Ez 30, 16, cf. Jos 2, 6), como ל חיה corresponde en otros casos a un futuro activo de tipo perifrástico, e. g., Gen 15, 12; Is 37, 26.

Sobre la palabra ימח (contracto de ימחה, cf. וְחַטַּאת אִמּוֹ אַל־תִּמָּח, y el pecado de su madre no sea borrado), véase Gesenius 75, nota 8. Hay una interpretación acróstica del nombre ישׁי que dice: וזכרו שמו ימח, y sea borrado el recuerdo de su nombre. Esta es la maldición que debe recaer sobre el υἱὸς τῆς ἀπωλείας, el hijo de la perdición. Todos los pecados de sus padres y de sus antepasados deben permanecer indelebles ante Dios, el Juez, que está en la altura, toda la familia de ese hombre, igualmente culpable, debe ser desarraigada de la tierra, incluso su memoria, sin dejar rastro de sí.

109, 16-20. Aquel a quien el malvado perseguía con sed de sangre, era, además de perseguido, un gran sufridor, un humillado y pobre, un נִכְאֵה לֵבָב, quebrantado de corazón, un hombre aterrado. Cf. LXX, κατανενυγμένον (Jerónimo, *compunctum*, compungido). La palabra raíz no es נכא o נכה, raíz נך, sino כאה, siríaco *ba̅ʾ*, cogn. כהה, *traer cerca*, encontrar. El verbo (נִכְאֵה), y más concretamente en *nifal*, aparece en hebreo en Dan 11, 30.

Conforme a 109, 17, este malvado es un hombre que amó la maldición, de manera que, a consecuencia de ella, persigue a otros con odio mortal. Él tuvo que haber experimentado la misericordia (חסד) en alto grado pero, a pesar de ello, no se acordó de hacer *hesed* (לֹא זָכַר עֲשׂוֹת חָסֶד), de forma que borró de su memoria lo que había experimentado, sin imaginar ni por un instante que él también tenía la obligación de ejercer חסד, es decir, misericordia.

El *poel* מותת (cf. וּלְנִכְאֵה לֵבָב לְמוֹתֵת, para dar muerte al quebrantado de corazón) está evocando una muerte agónica (Is 53, 9, cf. Ez 28, 10, מותי) por la que el malvado destruye a los ungidos de Dios (los quebrantados...). El destino del derramador de sangre no se expresa aquí en forma de deseo de futuro (109, 16-18), sino de recuerdo histórico, como indicando algo ya ocurrido, como si ese destino fuera un resultado inmediato de la maldición del mismo salmista.

El verbo בוא, seq. acc. (וַתָּבֹא כַמַּיִם, entró como agua), está evocando un ataque por sorpresa, de repente, como en Is 41, 25. Las tres figuras del Sal 109,

18 se sitúan de forma progresiva: se ha vestido de maldición, la ha bebido como agua (Job 15, 16; Job 34, 7), ella ha penetrado incluso en la médula de sus huesos. En el Sal 109, 19 el énfasis recae sobre תמיד y יעטה.

El sumario del Sal 109, 20 es la conclusión de la estrofa. פעלה es una recompensa o castigo merecido, como aparece con frecuencia en Is 40ss, cf. también Sal 49, 4; Sal 40, 10. Esa palabra aparece incluso en la Torá, Lev 19, 13. Aquellos que responden con esa maldad de palabra y obra a los gestos de amor del justo cometen un pecado satánico, para el que no existe perdón.

La maldición que recae sobre los que actúan de esa forma es el fruto de su propia elección y acción. Así lo dice Arnobio: no es que Dios predestine sin más, a unos a la bendición y a otros a la maldición, sino que la suerte de los hombres depende de su propia opción o arbitrio (nota ex arbitrio evenisse ut nollet, propter haeresim, quae dicit Deum alios praedestinasse ad benedictionem, alios ad maledictionem).

109, 21–25. Tras el trueno y el relámpago viene ahora un tipo de lluvia de lágrimas de triste llanto. En este contexto, el Sal 109 concuerda con el Sal 69, como el Sal 69 lo hace con el Sal 22 en la anteúltima estrofa. El doble nombre de Yahvé Adonai responde bien a ese profundo lamento. Por su parte, la expresión אתי עשה (cf. עֲשֵׂה־אִתִּי לְמַעַן שְׁמֶךָ, trátame conforme a tu nombre, es decir, socórreme) no se diferencia mucho de עשה לי tal como aparece en 1 Sam 14, 6.

La afirmación del Sal 109, 21, corresponde al Sal 69, 17: tu amante ternura es טוב, ella es lo absolutamente bueno, el principio de todo lo que es bueno, y el fin de todo lo que es malo. Hitzig traduce aquí, como en el Sal 69, 17, כטוב חסדך, "conforme a la bondad de tu amante ternura", pero eso no responde a ningún otro texto de la Biblia.

La fórmula כִּי־טוֹב חַסְדֶּךָ, porque tu *hesed* es buena, corresponde a la más utilizada de "por causa de tu nombre". En el Sal 109, 22 (variante del Sal 55, 5), חלל (cf. וְלִבִּי חָלַל בְּקִרְבִּי, y mi corazón está herido dentro de mí) es una palabra tradicional. En este contexto, חלל, como verbo denominativo, significa estar herido, traspasado, y es equivalente a חולל (cf. Lc 2, 35, en referencia a la madre de Jesús).

La metáfora de la sombra en el Sal 109, 23 es como la que aparece en el Sal 102, 12: *cuando el día declina las sombras se alargan, se vuelven más y más largas* (Virgilio: majoresque cadunt altis de montibus umbrae, y de los montes más altos caen las sombras), hasta que se disuelven en la oscuridad universal. De esa forma pasa y desaparece la vida del que sufre. El poeta utiliza de un modo intencionado el *nifal* נהלכתי (conforme a otra lectura es נהלכתי): כְּצֵל־כִּנְטוֹתוֹ נֶהֱלָכְתִּי, como sombra que declina, así me voy.

La langosta o saltamontes (dejando a un lado su plaga devastadora) es un animal proverbialmente sin defensa, una pequeña creatura inofensiva que pronto desaparece, cf. Job 39, 20. En esa línea se entiende כָּאַרְבֶּה נִנְעַרְתִּי: soy sacudido como una langosta; cf. árabe *na'ûra*, una noria de agua que llena sus vasijas de arcilla del agua del río, para echarla de nuevo más abajo… Cf. también הנער, Zac 11, 16, que Hitzig quiere traducir *dispulsio* igual a *dispulsi,* derramar, extender)[2].

El ayuno en el Sal 109, 24 es el resultado de aborrecer todas las comidas a causa de la tristeza. מִשֶּׁמֶן כָּחַשׁ significa desfallecer, por falta de "grasa", de alimento consistente. En el Sal 109, 25, אני aparece como palabra destacada. El salmista viene a presentarse así como blanco del reproche de muchos, de manera que ellos (sus enemigos) menean la cabeza en forma interrogativa, mirándole como a uno que ha sido castigado por Dios, y que carece de esperanza, tomándole así como perdido. De esa forma ha de entenderse la frase a partir del Sal 69, 11.

109, 26–31. El grito de petición de ayuda se retoma en la última estrofa, y el salmo conduce a un final que es muy semejante al de Sal 69 y 22, con una gozosa esperanza de que terminará la aflicción. En el Sal 109, 27 la mano de Dios aparece en contraste con la obra del hombre y sus propios esfuerzos. Todos y cada uno de los hombres percibirán que la mano de Dios interviene, es decir, que su mano realiza aquello que a los ojos de los hombres resulta imposible, de manera que ha sido la mano de Dios la que se ha mostrado en su aflicción y la que debe mostrarse en la forma que los fieles tienen de superarla.

Los futuros del Sal 109, 29 no son ya imprecaciones, sino una expresión de confianza creyente. En los textos correctos כַּמְעִיל tiene un *mem raphatum*. La palabra *muchos* (רַבִּים, de 109, 30) son la congregación entera (véase Sal 22, 23). En el caso de la maravillosa liberación del sufriente, la congregación o iglesia recibe la garantía de su propia liberación y el espejo brillante de la amante ternura (*hesed*) de su Dios. El despliegue de la alabanza y de la acción de gracias sigue en 109, 31, con la partícula כי en el sentido de *quod*, que aparece como un ὅτι, *recitativum* (cf. Sal 22, 25).

Los tres salmos del Viernes Santo retoman el consuelo que brota de la aflicción de David, a favor de todos los sufrientes en unas sentencias como estas del fin del Sal 109 (cf. Sal 22, 25; Sal 69, 34). Yahvé viene y se sitúa a la mano derecha del pobre, poniéndose a su servicio (cf. Sal 110, 5), a fin de salvarle de aquellos que le juzgan (cf. Sal 37, 33), es decir, de aquellos que condenan su alma. El contraste entre este pensamiento final y el Sal 109, 6 resulta inconfundible.

2. El grupo verbal כחש y כחד, árabe *hajda, kahuta*, etc., tiene el sentido primitivo de perder vitalidad, de decrecer. Así se entiende וּבְשָׂרִי כָּחַשׁ מִשֶּׁמֶן, mi carne desfallece por falta de gordura. Saadia compara este pasaje con (פרה) כחושה בהמה, una vaca flaca, *Berachoth* 32a. En esa línea, el Targum II traduce כהישת תורתא de Gen 41, 27, como ganado flaco.

A la derecha del atormentador impío aparece Satán como acusador; a la derecha del atormentado está Dios, como su defensor. Aquel que le entregó en manos de los jueces humanos queda condenado; por el contrario, aquel que fue entregado a la condena queda ahora liberado de la tristeza y del juicio (Is 53, 8). Esa es la obra de Dios, que es Juez de los jueces, de manera que, como podremos oír en el salmo siguiente, el liberado podrá sentarse a la derecha del Juez Celestial. Como dice Pablo: Ἐδικαιώθη ἐν πνεύματι..., ἀνελήμφθη ἐν δόξῃ (1 Tim 3, 16: fue justificado en espíritu, ha sido elevado en gloria).

Salmo 110. El rey sacerdote a la derecha de Dios

¹ לְדָוִד מִזְמוֹר נְאֻם יְהוָה לַאדֹנִי שֵׁב לִימִינִי
עַד־אָשִׁית אֹיְבֶיךָ הֲדֹם לְרַגְלֶיךָ׃

² מַטֵּה־עֻזְּךָ יִשְׁלַח יְהוָה מִצִּיּוֹן רְדֵה בְּקֶרֶב אֹיְבֶיךָ׃

³ עַמְּךָ נְדָבֹת בְּיוֹם חֵילֶךָ בְּהַדְרֵי־קֹדֶשׁ מֵרֶחֶם מִשְׁחָר לְךָ טַל יַלְדֻתֶיךָ׃

⁴ נִשְׁבַּע יְהוָה וְלֹא יִנָּחֵם אַתָּה־כֹהֵן לְעוֹלָם עַל־דִּבְרָתִי מַלְכִּי־צֶדֶק׃

⁵ אֲדֹנָי עַל־יְמִינְךָ מָחַץ בְּיוֹם־אַפּוֹ מְלָכִים׃

⁶ יָדִין בַּגּוֹיִם מָלֵא גְוִיּוֹת
מָחַץ רֹאשׁ עַל־אֶרֶץ רַבָּה׃

⁷ מִנַּחַל בַּדֶּרֶךְ יִשְׁתֶּה עַל־כֵּן יָרִים רֹאשׁ׃

<Salmo de David>

¹ Jehová dijo a mi Señor, "Siéntate a mi diestra,
hasta que ponga a tus enemigos por estrado de tus pies".

² Jehová enviará desde Sión la vara de tu poder,
"¡Domina en medio de tus enemigos!

³ Tu pueblo se te ofrecerá voluntariamente en el día de tu mando,
en la hermosura de la santidad.
Desde el seno de la aurora tienes tú el rocío de tu juventud".

⁴ Juró Jehová y no se arrepentirá,
"Tú eres sacerdote para siempre según el orden de Melquisedec".

⁵ El Señor está a tu diestra; quebrantará a los reyes en el día de su ira.
⁶ Juzgará entre las naciones, las llenará de cadáveres;

quebrantará las cabezas en muchas tierras.
⁷ Del arroyo beberá en el camino, por lo cual levantará la cabeza.

"Cuando se reunieron los fariseos, Jesús les preguntó: ¿qué pensáis del Cristo? ¿De quién es hijo? Ellos le dijeron: de David. Él les dijo: ¿cómo entonces David le llama *Señor,* por inspiración del Espíritu Santo, diciendo: dijo el Señor a mi Señor: siéntate a mi derecha, hasta que haga a tus enemigos estrado de tus pies. Si David le llama *Señor* ¿cómo se puede decir que es su hijo? Y nadie fue capaz de responderle una palabra, ni se atrevió nadie desde aquel día a proponerle cuestiones". Así leemos en Mt 22, 41-45; Mc 12, 35-37 y Lc 20, 41-44.

Jesús deja a los fariseos que saquen la conclusión, que ha de apoyarse en dos premisas: (a) que el Sal 110 es davídico; (b) y que contiene un mensaje profético-mesiánico, es decir, que el mesías futuro es aquel que David tiene proféticamente en su mente.

Si aquellos que le interrogaban hubieran sido capaces de contestar que no era David el que hablaba aquí del mesías futuro, sino que había puesto en boca del pueblo unas palabras relacionadas con él; o si, como piensa Hofmann (que ha modificado ahora la visión que antes tenía, cf. *Schriftbeweis,* II, 1, 496-500), David hablaba aquí en general de un rey futuro[3], la respuesta y la nueva pregunta de Jesús a la pregunta de los fariseos no hubiera podido presentarse como argumento probativo, nadie la habría aceptado.

Pues bien, en contra de esas interpretaciones, el valor profético-mesiánico del Sal 110 fue reconocido en su tiempo (y así lo siguió manteniendo la sinagoga posterior, a pesar del dilema que este salmo supuso para ella, en relación con la iglesia cristiana). En ese contexto, los mismos fariseos, con los que Jesús discutía, debieron admitir de alguna forma que, siendo a la vez Hijo y Señor de David, el

---

3. Cf. refutación de la visión modificada de Hofmann (1810–1877) en Kurtz, *Zur Theologie der Salmen,* Dorpater Zeitschrift,1861, p. 516. En los últimos años de su vida, Hofmann ha interpretado este salmo de una forma profético-mesiánica. Estas son sus propias palabras:

"Como declaración de un profeta que proclama la palabra de Dios a la persona a la que se dirige, este salmo comienza dando a conocer en 110, 4 a esa persona lo que Dios ha proclamado con juramento: que él (Dios) se compromete bajo su mando, de un modo total, a sus enemigos. Eso significa que antes de que llegue el día de su victoria total, David ha de alcanzar el dominio sobre sus enemigos, contando para eso con el apoyo de Dios. A David se le promete el triunfo final, a través de la palabra de Dios, que le instituye como nuevo Melquisedec, ofreciéndole un sacerdocio distinto del de Aarón. En esa línea, Dios mismo se compromete a darse una victoria total, en el día de su ira.

Esta es la visión de un Rey de Sión que vendrá en el futuro, para realizar aquello que, según el Sal 72, 8, ha sucedido ya, la victoria de un rey poderoso, que ha de reinar sobre sus enemigos, un rey como es ahora Jesús a quien Dios ha concedido la victoria sobre la Roma pagana, un rey bajo el que deberán someterse todos sus enemigos, cuando él se revele plenamente. Mientras llegue ese día de victoria total de Jesús, él actúa como sacerdote regio y como rey sacerdotal del pueblo de Dios. El profeta que así proclama la palabra de Dios es David, y aquel a quien se dirige llamándole Señor (Adonai) es el Rey Mesiánico futuro, que está ya destinado para venir en el tiempo oportuno, conforme a 2 Sam 23, 3".

mesías debía ser, de un modo superior, al mismo tiempo, ambas cosas: de condición humana y sobrehumana. En ese sentido, ellos debían reconocer, conforme a la Escritura, que este Cristo anunciado debía ser, al mismo tiempo, hombre (hijo de David) e Hijo de Dios, de naturaleza divina.

El Nuevo Testamento supone también que en este salmo David no habla de sí mismo, sino que se dirige directamente a aquel en quien debía cumplirse finalmente y para siempre aquello de lo que hablaban las promesas de Dios. En esa línea, el Sal 110, 1 aparece en varios lugares del Nuevo Testamento como una profecía de la exaltación de Cristo, que se sienta a la derecha del Padre, tras su victoria final sobre sus enemigos (cf. Hch 2, 34; 1 Cor 15, 25; Hebr 1, 13. 10, 13). La carta a los Hebreos (cf. 5, 6; 7, 17. 21) fundamenta aquí su abrogación del sacerdocio levítico por el sacerdocio de Jesucristo, según Melquisedec, cf. Sal 110, 4.

David fue aquel que elevó el sacerdocio levítico a un esplendor que nunca había tenido antes; pero él no instituyó un sacerdocio en la línea de Melquisedec, que en algún sentido existía ya antes y existirá después, al final de la historia de la salvación. Pues bien, en esa línea, de un modo profético, David pudo anunciar el surgimiento de un sacerdocio según Melquisedec, que significaría (= que ha significado) la terminación (abrogación) del sacerdocio levítico, impidiendo de un modo total la continuidad del sacerdocio levítico hasta el final de los tiempos.

Por eso, no debemos engañarnos sobre la comprensión de este salmo, tal como aparece en las Escrituras del Nuevo Testamento. Según ellas, David no habla en el Sal 110 meramente de un tipo de Cristo en general, tal como el espíritu de Dios, le ha guiado, de una forma meramente simbólica, sino que habla directamente de Jesús de un modo objetivo, a modo de representación profética de Dios, como Salvador futuro. Pero ¿no será esto imposible?

Ciertamente, no hay en el salterio ningún otro salmo en el que David se distinga a sí mismo del Mesías, tomándole como alguien que se sitúa frente a él (como alguien distinto). Los otros salmos mesiánicos de David son reflexiones en las que él se presenta a sí mismo de un modo intenso, pero en forma ideal, ofreciendo de esa forma unas imágenes típicas de la figura mesiánica.

Esas imágenes contienen también reflexiones sobre la visión ideal del rey mesiánico, con rasgos típicos de su propia historia y de su destino regio, con elementos proféticos, porque en esos salmos David habla también de un modo espiritual, ἐν πνεύματι, aunque contienen elementos que no se han cumplido o desarrollado aún en su persona concreta. En ese sentido, las últimas palabras de David en 2 Sam 23, 1-7 nos prueban que podemos encontrar un salmo directamente mesiánico que proviene de sus labios, un salmo como este, el 110.

Este es el trasfondo desde el que puede entenderse el Sal 110: tras el descubrimiento de que todo el esplendor que le había pertenecido de un modo individual había desaparecido casi totalmente, ante sus propios ojos y ante los ojos de aquellos que se hallaban en su entorno, David tuvo que volverse aún más consciente de la gran distancia existente entre aquello que él había realizado por sí mismo y la idea del Ungido de Dios que debía venir en el futuro.

Así vino a descubrirlo cuando se hallaba en su lecho de muerte y el resplandor externo de su vida se estaba ya ocultando. Pues bien, en ese momento en el que toda la gloria con la que Dios le había favorecido a lo largo de su vida se le presentaba de un modo condensado, David descubrió y sintió ante sí mismo y ante Dios lo que él ha sido: un hombre elevado a lo alto, el ungido del Dios de Jacob, el dulce cantor de Israel, el instrumento del Espíritu de Yahvé.

Esto es lo que él había sido y, de esa forma, él, que se había contemplado a sí mismo como el inmortal, sintió y descubrió ahora que debía morir, y de esa manera, mientras se acercaba su muerte, pudo descubrir los pilares de la divina promesa. En ese momento, mientras terminaba su tiempo presente en el mundo, David pudo mirar como profeta hacia el futuro de su descendencia, hacia aquello que su Dios (la Roca de Israel) le había dicho: surgirá de tu descendencia un gobernante futuro de la humanidad, un hombre justo, lleno del temor de Dios; surgirá como la luz de la mañana, cuando el sol se eleva, una mañana sin nubes, cuando, tras haber brillado el sol y descendido del cielo la lluvia, la tierra aparece verde, llena de vegetación.

Porque mi casa, sigue pensando David en su lecho, mi "casa" no puede ser una cosa puramente pasajera, no es pequeña (לֹא־כֵן, como puede decirse partiendo de Job 9, 35, cf. Num 13, 33; Is 51, 6). La "casa" que Dios me ha prometido no es pequeña ante él, porque él ha realizado un pacto eterno conmigo, un pacto bien ordenado en todo, bien seguro, para mi salvación… ¿Por eso, no ha de brotar y cumplirse plenamente todo eso? ¿No tendrá que haber un futuro Mesías en quien se realice plenamente aquello que a mí se me había prometido?

Según eso, David se sintió seguro de que la idea perfecta del Mesías pleno debe realizarse, de acuerdo con la promesa, en su propia "casa" davídica. De esa forma, la visión del futuro que pasa ante su alma no es otra cosa que la visión del Mesías en sí mismo, del Mesías verdadero, Hijo de Dios, separado (distinto) de su propia subjetividad. Así lo descubre ahora, en el momento de su muerte. Si las cosas fueron así, si estos fueron sus pensamientos: ¿por qué no han debido expresarse también en las palabras de este salmo 110?

Ciertamente, no se puede negar que el Sal 110 tiene aspectos que le vinculan con la historia de su tiempo; más aún, el hecho de que este salmo se incluya en el libro 5° del Salterio nos hace pensar que ha de tomarse y entenderse desde la colección contemporánea de los anales históricos del tiempo de David. Pero, al mismo tiempo, este salmo se abre al futuro de las promesas de Dios, en su totalidad.

El primero de los vínculos que este salmo tiene con los anales de la historia contemporánea de David ha de vincularse con el traslado del Arca a Sión. Revestido con el efod de lino de los sacerdotes, David había acompañado al Arca hasta Sión, con signos de exultación. Allí, sobre Sión, el mismo Yahvé, cuyo trono terreno es el Arca, tomó su asiento al lado de la casa (palacio) de David. Pues bien, de un modo espiritual, el tema debió plantearse de este modo: al establecerse sobre Sión, Dios concedió a David el honor de sentarse entronizado, en adelante, a su lado, un honor que culminaría en el ungido del fin de los tiempos.

El segundo vínculo de la historia de David con la entronización de Dios está relacionado con el final de la guerra siro-efraimita, y también con la guerra edomita, que tuvo lugar en ese contexto. La guerra contra los amonitas y sus aliados fue la más importante, la más larga y la más gloriosa de las guerras de David, y terminó al segundo año, cuando el mismo David se unió al ejército, para tomar la ciudad de Rabat, capital de los amonitas. Estos dos vínculos han de tomarse en cuenta, pero no ofrecen a este salmo más que un tipo de "contexto típico", en la línea de contenido profético.

Pues bien, en este Sal 110, David mira hacia adelante desde la altura a la que Dios le ha elevado con la victoria sobre Amón, para dirigirse así hacia el futuro de su semilla (de su descendencia), fundándose de un modo especial en Aquel (Dios, el Señor) que lleva a término la obra comenzada en él (en David). Pues bien, al compararse con ese Rey mesiánico del futuro, David no aparece como su rey (como Señor), sino como súbdito suyo (alguien que está sometido a ese Rey que ha de venir). Por eso, como alguien que forma parte del pueblo de ese Rey futuro que ha de venir, David le llama "mi Señor".

Esta era la situación en que se encontraba David, poeta regio y profético, que ha recibido nuevas revelaciones sobre el futuro de su descendencia. Él está bajando de su trono y de la altura de su poder (y así lo siente cuando le llega la muerte), y de esa forma mira hacia el futuro, descubriendo la llegada total de Dios salvador, que se manifestará en el Ungido total, que es la presencia plena de Dios, siendo al mismo hijo suyo (de David).

También él (David) se encuentra entronizado sobre Sión. También él es victorioso. Su comunicación con Dios es la más íntima que hasta ahora pueda imaginarse, y el último enemigo de su pueblo (el rey amonita) yace vencido a sus pies. Por otra parte, él, David, no es meramente rey, sino que es también sacerdote que se ocupa de la salvación de su pueblo, y así puede sentirse como sacerdote eterno, en virtud de la promesa que Dios le ha jurado; y de esa forma puede presentar la venida de su descendiente futuro, de quien habla en este salmo.

De esa manera, el salmo se abre a la historia del futuro de su pueblo desde una base típica, de carácter sacerdotal y regio. En esa línea se puede explicar el hecho de que el triunfo final sobre los enemigos y el cumplimiento total de la esperanza mesiánica aparezcan en la mente de David como algo separado de su propia vida particular, como algo más grande, propio del tiempo futuro.

En medio de esa guerra amonita tuvo lugar el gran pecado de David, que puso una sombra de tristeza sobre todo su futuro, privándole de su gloria personal más honda. Pues bien, a partir de esas cenizas de su gloria caída pudo elevarse el ave fénix de la profecía mesiánica. Por eso, de esa forma, pudo crecer en su conciencia la visión y la certeza del futuro rey mesiánico. Desde ese fondo pudo crecer para David la visión de la Corona mesiánica de su descendiente, que sería el Nuevo Rey futuro[4].

110, 1-2. En los salmos 20 y 21 hemos podido observar ya la manera en que un hombre del pueblo se relaciona con su rey. Pero en este caso (en el Sal 110) el lenguaje es muy distinto, pues no se habla ya de la relación normal que un rey humano (aunque sea de la dinastía de David) puede tener con su Dios.

No tiene sentido que Yahvé se dirija a un simple rey del mundo llamándole "Adonai" (לַאדֹנִי, 110, 1) y utilizando para ello el término נאם (נְאֻם יְהֹוָה לַאדֹנִי). No es correcto que el salmista se refiera a un rey normal y le llame "mi señor" (cf. 1 Sam 22, 12), aunque la forma más exacta de referirse a él sería "mi Señor el rey" (1 Sam 24, 9). En esa línea, además, el uso de la palabra נאם es un argumento decisivo en contra de la suposición de que aquí estamos ante la voz de un israelita que está hablando de la relación de Yahvé con su rey mundano, llamándole Adonai.

Es absurdo suponer que un israelita hablando en el nombre del pueblo hubiera comenzado como lo hacen los profetas, con la palabra נאם, especialmente porque el uso de esa palabra, colocada de esa forma a la cabeza del discurso, נְאֻם יְהֹוָה לַאדֹנִי, sin ningún ejemplo igual en la Biblia (1 Sam 2, 30; Is 1, 24 son solo semejantes), resulta extraordinariamente significativo. En general, esta apertura con נאם, incluso en los casos en los que siguen otros genitivos distintos de יהוה, resulta

---

4. El Sal 110 consta de tres grupos de siete unidades: se repite tres veces un tetrástico con un triestico. El *rebia magnum* del Sal 110, 2 (מַטֵּה־עֻזְּךָ) sirve para mantener esta división de esticos, y lo mismo el *olewejored* de חֵילֶךָ en 110, 3, y en general todos los acentos requeridos para mantener el sentido del salmo. Por su parte, Sal 110, 1 y 110, 2 indican claramente que se debe mantener esa división de tres grupos de siete unidades, porque el Sal 110, 1 con sus inflexiones rítmicas nos muestra que es un tetraestico, que unido al Sal 110, 2 forma un heptaestico. Lo mismo sucede en el Sal 110, 4 en relación con el Sal 110, 3, pues los siete esticos de este grupo mantienen la misma disposición que el heptaestico anterior. Tenemos así siete líneas, la quinta de las cuales forma con 110, 7 el trístico final.

Este salmo lleva, por tanto, el signo del número siete, que es el número del pacto y de la alianza. Tiene, por tanto, una intensa impronta profética. Contiene dos proclamaciones divinas, que no son las normales en la historia de David, reproducidas aquí como en los casos de Sal 89 y 132, sino que son totalmente desconocidas en la historia anterior de David, y que aparecen aquí por primera vez en la Biblia. A Dios se le llama por cuatro veces Adonai, y el salmo aparece así como un salmo profético. A fin de revelar el carácter inviolable y misterioso de su contenido, en comparación con su organización externa, ha sido organizado como una septíada que consta de tres partes y que está sellada con la repetición ternaria del tetragrama.

muy rara. Cf. נאם en Num 24, 3. 15 con 2 Sam 23, 1 (de David) y Prov 30, 1 (de Agur), y siempre (incluso en el Sal 36, 2) con un significado oracular.

Más aún, si estuviera hablando un hombre cualquiera del pueblo, esa declaración debería contener una visión retrospectiva, aludiendo a una revelación o a un oráculo anterior de Dios. Pero la historia no conoce nada sobre un tipo de declaración semejante. Y, además, נאם ה introduce siempre una palabra de Dios que está hablando en este mismo momento, sin que se pueda argüir en contra de eso ningún ejemplo, ni siquiera un texto aducido por Hofmann (Num 14, 28).

Por eso, este salmo no recoge una declaración pasada de Dios, hacia la que el poeta pueda mirar de forma retrospectiva, sino una revelación nueva que David acaba de escuchar en Espíritu, ἐν πνεύματι (Mt 22, 43), una revelación referente al futuro de la salvación. Por eso, este pasaje no trata de una declaración del pueblo refiriéndose a David, sino de una declaración de David refiriéndose al Cristo de Dios que ha de venir.

Cuando otros textos hablan del rey de Israel dicen que él se sienta sobre el trono de Yahvé (1 Cron 29, 23), es decir, como representante visible del Rey invisible (1 Cron 28, 5). Pues bien, en nuestro caso, Yahvé manda a la persona a la que él se dirige diciéndole que se siente a su derecha, en el lugar más alto de su honor, de su reinado (1 Rey 2, 19)[5].

Pues bien, en este caso, sentarse a la mano derecha de Dios no es un simple honor simbólico, sino que implica "ser acogido en el ámbito de Dios", recibiendo y compartiendo de esa forma la dignidad y dominio, la exaltación y participación del reinado de Dios (βασιλεύειν, 1 Cor 15, 25).

Así como Yahvé se sienta entronizado en los cielos y se "burla" de los rebeldes de aquí abajo, de esa forma aquel que está exaltado a su derecha comparte con él su bendito señorío, hasta que Dios someta bajo su poder (el poder de su Ungido) a todos sus enemigos, dándole por tanto un poder ilimitado, reconociéndole como gobernante universal.

La partícula עד (cf. עַד־אָשִׁית אֹיְבֶיךָ, hasta que ponga a tus enemigos) como en Os 10, 12, en vez de עד־כי, no excluye el tiempo que viene después (como si después ya no siguiera estando a la derecha de Dios), sino que lo incluye, igual que en el Sal 112, 8 y Gen 49, 10. Ese rasgo (la sumisión de los enemigos) está indicando la culminación de lo anterior, y el comienzo de algo nuevo, un momento a partir del cual todo será distinto (véase Hch 3, 21; 1 Cor 15, 28), como principio y comienzo de la plenitud eterna del reinado del Ungido de Dios. הדם (estrado) es un acusativo de predicado.

5. Sobre la costumbre de los antiguos reyes árabes de hacer que sus virreyes (*ridf*) se sienten a su derecha, cf. Eichhorn, *Monumenta antiquiss. hist. arabum*, p. 220.

Los enemigos yacerán bajo sus pies (1 Rey 5, 17), es decir, bajo los pies del Mesías que pisoteará las gargantas de los vencidos (Jos 10, 24); y de esa manera la victoria de Dios sobre aquellos que se le oponen vendrá a presentarse como fondo oscuro sobre el que se eleva el glorioso reinado de los vencedores. La historia del mundo termina así con el triunfo del bien sobre el mal, pero no con la aniquilación del mal, sino con su sometimiento. Así culmina todo: la omnipotencia absoluta de Dios se expresa por medio (al servicio) del Cristo exaltado.

En 110, 2a, a partir de la proclamación de Yahvé, siguen palabras que expresan una perspectiva profética. Sión es la morada imperial del gran Rey futuro (Sal 2, 6). La expresión עזך מטה (cf. מַטֵּה־עֻזְּךָ יִשְׁלַח יְהוָה מִצִּיּוֹן: *la vara de tu poder* enviará Yahvé desde Sión; cf. Jer 48, 17; Ez 19, 11-14) significa el "cetro", como insignia y como medio de ejercicio de la autoridad que Dios delega en su Mesías Ungido (1 Sam 2, 10, Miq 5, 3). Yahvé extenderá este cetro hasta muy lejos a partir de Sión, sin que se mencione un límite o meta hasta la que se extiende, aunque hay pasajes como Zac 9, 10 en los que se muestra la forma en que los profetas entendían el sentido de este reinado del Ungido de Dios.

En el Sal 110, 2b siguen las palabras con las que Dios acompaña e interpreta esta extensión del dominio de su Ungido Exaltado: Yahvé hará que todos los enemigos del Mesías tengan que someterse bajo sus pies, pero eso no significa que el Mesías permanecerá pasivo, pues entonces, habiendo alcanzado la plenitud de poder sobre los enemigos (בקרב), ese Mesías reinará plenamente sobre ellos, forzándoles a estar sometidos, y manteniéndoles bajo su dominio. En esa línea tenemos que leer רדה (רְדֵה בְּקֶרֶב אֹיְבֶיךָ), en un sentido mesiánico (dominará, cf. Sal 72, 8. Así aparece también en la profecía de Balaam (Num 24, 19), donde el cetro de poder (Num 24, 17) es un signo o emblema del mismo Mesías.

110, 3–4. A fin de que pueda reinar de esa manera, victoriosamente, es necesario que el Mesías tenga un pueblo y un ejército bajo sus órdenes. De acuerdo con este despliegue de pensamientos, que aparece anticipado en el Sal 110, 3, se sigue diciendo עַמְּךָ נְדָבֹת בְּיוֹם חֵילֶךָ: el pueblo se te ofrecerá voluntariamente el día de tu llamada, el día en que convoques al ejército (2 Cron 26, 13) para que se reúna y vaya contigo a la batalla.

Ese día, el pueblo del rey acudirá con total prontitud (נדבת), con disposición gozosa; irán dispuestos todos para sacrificar su vida con el rey, con todo lo que son y lo que tienen. No necesitarán ninguna imposición, ninguna proclama imperiosa para juntarse con él. No se presentarán como ejército de mercenarios, sino como hombres que vienen ante su rey voluntariamente, por impulso interior (cf. מתנדב, Jc 5, 2. 9).

La puntuación, que marca la cesura principal en חילך (cf. בְּיוֹם חֵילֶךָ בְּהַדְרֵי־קֹדֶשׁ) con *olewejored*, hace que resulte más claro el paralelismo entre los términos. ילדותך

no significa *roboris tui*, de tu fuerza; tampoco חֵילֶךָ significa (como supone Ecl 11, 9), *de tu juventud*, παιδιότητός σου (Aquila), ni tampoco como Hofmann interpreta, la "frescura de rocío" de tu juventud, cuando la mañana del gran día se extienda sobre el rey y le defienda.

La palabra גָּלוּת significa dos cosas, *exilio y los exilados*, así, יַלְדוּת. De un modo semejante, νεότης, juventud, *juventa*, significa también dos cosas, *el tiempo y la edad de la juventud*, es decir, la juventud como tal y los jóvenes. Sin embargo, esta palabra no debe aplicarse al rey, sino al pueblo (a la juventud del pueblo) que se pone al servicio del rey. Los jóvenes son como el rocío que gentilmente desciendo sobre el rey, desde el vientre (útero) de la mañana al amanecer, para acompañarle y darle la victoria[6].

מִשְׁחָר (del rocío) se relaciona con שָׁחַר como מִחְשָׁךְ con חֹשֶׁךְ; el sentido שַׁחַר y de חֹשֶׁךְ se define así de una manera más precisa. El ejército de los jóvenes se compara con el rocío, tanto a causa de su vigor como de su multitud. Estos jóvenes del ejército mesiánico se parecen por su frescura al rocío de las montañas y a la inmensa multitud de sus gotas (cf. 2 Sam 17, 12; Num 23, 10). Ellos aparecen así, con ese nombre (como rocío), a causa del ocultamiento silencioso del que surgen de repente y por la forma que tienen de venir a la luz, en que aparecen (cf. Miq 5, 7).

Según eso, no hemos referido "tu juventud" (יַלְדֻתֶיךָ) a la juventud del rey. Por otra parte, en contra de Hofmann, tampoco podemos referir בְּהַדְרֵי־קֹדֶשׁ a la "vestimenta" del rey, a la santidad de su armadura. קֹדֶשׁ הֲדָרַת es la vestimenta de los sacerdotes para el servicio divino, y en esa línea, los cantores levitas iban delante del ejercito con vestimenta sagrada, cf. 2 Cron 20, 21. Aquí, en cambio, es todo el pueblo, sin distinción alguna, el que lleva vestiduras sagradas.

Según eso, los jóvenes de su ejército, rodean al rey como rocío que ha nacido del vientre de la aurora rosada. El salmo nos sitúa así ante un pueblo

---

6. Los LXX traducen, ἐν ταῖς λαμπρότησι τῶν ἁγίων σου (en el resplandor de tus santos), ἐκ γαστρὸς πρὸ ἑωσφόρου ἐγέννησά σε (*antes de la aurora te engendré*: Psalt. Veron. *exegenenesa se*; Bamberg. *gegennica se*). La Vulgata, siguiendo de cerca a la Ítala: *in splendoribus sanctorum; ex utero ante luciferum genui te* (en los esplendores de los santos…).

En algunos casos, los Padres de la Iglesia aplican este pasaje al Nacimiento de Cristo en la Navidad: del vientre (del esplendor de Dios o de las montañas), antes del Lucero de la mañana, te engendré. La mayoría de los traductores evocan así su "nacimiento antemundano". Según la paráfrasis de Apollinar: γαστρὸς καρπὸς ἐμῆς πρὸ ἑωσφόρου αὐτὸς ἐτύχθης (del fruto de mi vientre, antes de la aurora fuiste engendrado).

Pero, en su propia traducción independiente, Jerónimo lee בהררי (como en el Sal 87, 1), *in montibus sanctis quasi de vulva orietur tibi ros adolescentiae tuae* (en los santos montes, como del útero, te nacerá el rocío de la adolescencia). También Símaco: ἐν ὄρεσιν ἁγίοις (en los montes santos); sin embargo, en los demás casos se traduce ἐν δόξῃ ἁγίων (en la gloria de los santos). Esa sustitución es importante, pues las ideas de rocío y montañas (Sal 133, 3) se vinculan fácilmente. Pero fue más importante insistir en la relevancia de la santidad del acontecimiento (gloria de los santos), que en el lugar (montes santos).

sacerdotal, dirigido para la santa batalla, como en Ap 19, 14, donde los ejércitos celestes siguen al Logos de Dios sobre caballos blancos, ἐνδεδυμένοι βύσσινον λευκὸν καθαρόν (vestidos de lino blanco puro). Ellos forman, por tanto, una nueva generación, maravillosa por su nacimiento milagroso, como si hubieran nacido de la luz divina (en la aurora); una generación numerosa, fresca, como gotas de rocío, el primer fruto de la aurora.

Esta visión de un pueblo sacerdotal nos conduce a 110, 4. El rey que dirige a este pueblo sacerdotal, como escuchamos en 104, 4, es un sacerdote (כֹּהֵן, *cohen*). Como han mostrado Hupfeld y Fleischer, el sacerdote recibe ese nombre como uno que "está", se mantiene, se eleva (de כהן igual a כון con un sentido intransitivo) ante Dios (Dt 10, 8, cf. Sal 134, 1; Hebr 10, 11), como נביא, es decir, como portavoz y representante de Dios[7].

Estar ante Dios es lo mismo que servirle, y esto significa ser sacerdote. El gobernante a quien este salmo celebra es un sacerdote que interviene en los asuntos mutuos que vinculan a Dios con su pueblo en el plano de la adoración divina: este sacerdote muestra y realiza así el carácter sacerdotal del pueblo, es decir, de aquellos que se comprometan a ser dirigidos por él (por un rey que es sacerdote) en la batalla y en la victoria.

Este rey es sacerdote en virtud de la promesa de Dios, confirmada por un juramento. El juramento no es solo una garantía del cumplimiento de la promesa, sino también un sello del alto significado de su tarea al servicio de Dios, que aparece así como aquel que es absolutamente fiel (Num 13, 19): esta es la más alta implicación y sentido de lo que significa la palabra de la profecía, como oráculo de Yahvé, נאם ה (Am 6, 8).

Dios declara que la persona a la que él se dirige (como su Ungido) es sacerdote para siempre "según el orden de Melquisedec", de la manera más solemne posible. La *yod* de עַל־דִּבְרָתִי es la misma vocal de conexión que aparece en מַלְכִּי de Melquisedec y así mantiene su tono (cf. עַל־דִּבְרָתִי מַלְכִּי־צֶדֶק), tono que ella pierde cuando (como en el caso de Lam 1, 1) viene después una vocal tónica. El extenso significado de עַל־דִּבְרָתִי, "respecto de, en relación con" (cf. Ecl 3, 18; 7, 14; 8, 2), recibe aquí un sentido especial, *según la manera de, conforme a*, cf. los LXX, κατὰ τὴν τάξιν, según el orden de.

En ese Ungido se vincula el sacerdocio con el reino, pues este Ungido gobierna desde Sión, lo mismo que en el caso de Melquisedec, rey de Salem, y lo hace para siempre (como rey y sacerdote). Conforme a la visión de De Wette, Ewald y Hofmann, aquí no se trata de un sacerdocio especial, sino del sacerdocio propio

---

7. Los lexicógrafos árabes explican *kâhin* como *mn yqûm b-'mr 'l-rjl w-ys'â fî hâjth*, es decir, como "aquel que está ante alguien realizando sus tareas y resolviendo sus negocios". El árabe *qâm*, קום, y *mtl*, משל, una palabra al lado de la otra, con עמד, son sinónimos de כהן, en ese sentido de estar dispuestos para realizar el servicio requerido, con capacidad oficial para ello.

del rey, que consiste en el hecho de que el rey de Israel, por razón de su oficio, representa (y presenta) al pueblo en oración ante Dios, de forma que bendice al pueblo en el nombre de Dios y, por tanto, tiene que ejercer el oficio de organizar el santuario y el servicio del templo.

Ciertamente, todo Israel es un "reino de sacerdotes" (Ex 19, 6; Num 16, 3; Is 61, 6), de manera que la vocación real debe mirarse como una vocación sacerdotal. Pero este sacerdocio espiritual y, si así se quiere, esta supervisión real de las cosas sagradas del santuario no necesitaba ser confirmada a través de una promesa solemne, pues ese tipo de supervisión estaba implicada en la misma dignidad real del Ungido, sin más precisiones ulteriores.

Pero aquello de lo que aquí se habla no es el sacerdocio normal del rey David (de un rey de su dinastía), ni el sacerdocio del conjunto del pueblo. Aquí se está hablando de un sacerdocio distinto, que no era el de David, ni el sacerdocio del pueblo de Israel. En esa línea, David no podía ser presentado aquí como sacerdote según Melquisedec, pues él no tenía derecho a recibir las primicias y diezmos sacerdotales como Melquisedec, ni tenía autoridad para ofrecer sacrificios[8], una autoridad que era inseparable de la idea del sacerdocio del Antiguo Testamento (cf. 2 Cron 26, 20).

Si David hubiera sido la persona a quien se dirige la declaración de Dios en este salmo, habría estado en antagonismo con el derecho del sacerdocio de Melquisedec, tal como se recuerda en Gen 14, un sacerdocio que, conforme a la presentación indiscutible de la carta a los Hebreos, tenía la misma la autoridad de ley que la del sacerdocio levítico-aarónico (cf. Kurtz, *Zur Theologie der Psalmen*, p. 523).

Uno podría responder más fácilmente a la problemática de fondo de este pasaje (Sal 110, 4) aplicando el sacerdocio de este salmo a uno de los sacerdotes-príncipes macabeos (cf. Hitzig, Von Lengerke y Olshausen). Y en esa línea podríamos referirnos a Jonatán Macabeo que, haciéndose rey, tomó la "santa estola" del sacerdocio (cf. 1 Mac 10, 21), como pensaba en principio Hitzig, o a Alejandro Janeo, que asumió de hecho el título de rey (así pensó más tarde Hitzig), o finalmente a Simón a quien el pueblo instituyó gobernador y sumo sacerdote para siempre, hasta que surgiera un verdadero profeta (1 Mac 14, 41) tras la muerte de Jonatán, su hermano. La unión de estos dos oficios (rey y sacerdote) constituía una irregularidad, aunque no era absolutamente ilegal.

Pero el sacerdocio que poseían en principio los Macabeos, por ser sacerdotes de nacimiento, se promete aquí a un sacerdote totalmente distinto, como es el referido en el Sal 110, 4. Este pasaje nos sitúa ante algo que es plenamente nuevo,

---

8. En esa línea, el sociniano G. Enjedin, refiriéndose a este salmo de David comenzó diciendo que Dios le había concedido unas funciones sacerdotales que no había concedido a ningún otro. Literatura sobre este tema controvertido en Serpilius, *Personalia Davidis*, pp. 268-274.

algo que va en contra de la visión sacerdotal antigua o de la nueva del tiempo de los macabeos. Pues bien, para entender esta novedad del salmo, que es única en el Antiguo Testamento, tenemos que dejarnos guiar por el profeta Zacarías, cuya palabra clave se encuentra en Zac 6, 12.

Zacarías sitúa el cumplimiento de este salmo en un tiempo distinto, más allá del tiempo presente del Antiguo Testamento, pues traza una separación radical entre la dignidad monárquica y la sacerdotal (jerárquica, en sentido estricto) para situar el nuevo sacerdocio en el futuro y referirlo al retoño de Yahvé (צמח) que ha de venir. Solo aquel que construirá el verdadero templo de Dios unirá de un modo satisfactorio en su única persona los dos oficios, el de sacerdote y el de rey que, en aquel momento de la restauración, tras el exilio, estaban asignados a Josué, como sumo sacerdote, y a Zorobabel, como príncipe.

De esa manera entendió este salmo la profecía posterior. ¿De qué otra manera podría haberse apropiado de este salmo la iglesia postdavídica, como oración y como himno, sino en un sentido escatológico-mesiánico? Pues bien, este es el sentido que se encuentra en el fondo del texto original. David "escucha" (como palabra de Dios) y así declara en este salmo, de un modo solemne, que el rey del futuro, exaltado a la derecha de Dios, el rey a quien él llama su Señor (Adonai) es, al mismo tiempo, el sacerdote eterno. Y dado que ese ungido será ambas cosas, la misma guerra que él dirige será una obra regio-sacerdotal, de manera que, precisamente por eso, su ejército (los jóvenes que le acompañan) tienen que estar revestidos también como él, con vestiduras sacerdotales, porque su guerra es una guerra sacerdotal, no puramente política.

110, 5–7. Así como en 110, 2 (tras la proclamación: siéntate a mi derecha), aquí, tras la segunda proclamación (104: tú eres sacerdote...), el poeta sigue hablando en forma expresa, intensa. Según el Sal 110, 5, el Señor (Adonai) romperá en piezas a los reyes, y lo hará con la fuerza de su mano derecha, como rey-sacerdote, en el día en que se encienda su ira (Sal 2, 12; cf. 21, 10). אֲדֹנָי se acentúa rectamente como sujeto. En el fondo, la obra victoriosa a la que se refiere el salmista no la realiza el rey en cuanto señor (Adonai), sino que esa obra será propia de Yahvé (que la realizará a través del rey-Adonai), en armonía con lo dicho en 110, 1.

El Rey-Sacerdote exaltado se sienta a la derecha de Yahvé, y eso indica que participa de su alta dignidad y de su dominio, de forma que podemos hablar de una obra que es mutua, de uno y de otro. En realidad, la mano que actúa es la de Yahvé, pero la mano derecha del exaltado no está inactiva (cf. Num 24, 17. 18), pues el Señor Yahvé no le abandona ni le falla cuando él (el rey mesiánico) se ve obligado a utilizar su brazo en contra de sus enemigos.

El sujeto agente de יָדִין בַּגּוֹיִם, juzgará entre las naciones, y de מָחַץ (quebrantará a los reyes y a las naciones) es el mismo Yahvé, a través del rey mesiánico. Las palabras claves, יָדִין בַּגּוֹיִם, juzgará entre los pueblos, ofrece una esperanza escatológica (Sal 7, 9; Sal 9, 9; Sal 96, 10, cf. 1 Sam 2, 10).

El resultado de ese juicio de los pueblos queda ratificado por el verbo מָלֵא con su acusativo מָלֵא גְוִיּוֹת (גְוִיּוֹת), las llenará de cadáveres; cf. Sal 65, 10; Dt 34, 9), de manera que la multitud de cadáveres cubrirá por doquier la tierra de las naciones. Este es el mismo pensamiento que aparece en Is 66, 24, y que ha sido desarrollado de un modo semejante en el contexto paralelo de Ap 19, 17; 18, 21. Igual que el מָחַץ anterior de 110, 5, también el siguiente (cf. 110, 6: מָחַץ רֹאשׁ עַל־אֶרֶץ רַבָּה, quebrantará cabezas) es un perfecto, con idea de pasado.

En esa línea, las palabras siguientes, רבה ארץ, parece que significan la tierra o un país (cf. רחבה ארץ, Ex 3, 8; Neh 9, 35) que es ancho y extenso, como רבה תהום que tiene el sentido de la profundidad más grande. Pero también podría significar la tierra de la ciudad de Rabbah (capital de Ammón), como cuando se dice *tierra de Jacer* (Num 32, 1), *país de Goshen* (Jos 10, 41), etc. También resulta cuestionable si רֹאשׁ עַל־אֶרֶץ רַבָּה ha de tomarse como κεφαλὴν ὑπὲρ πάντα (cabeza sobre todos, Ef 1, 22, Hoffmann), o si עַל־אֶרֶץ רַבָּה pertenece a מָחַץ como designación del campo de batalla.

Los paralelos, tanto de la palabra como de la cosa evocada (Sal 68, 22; Hab 3, 13) están indicando que ראש no significa el jefe de los enemigos, sino la cabeza, pero no en sentido colectivo (LXX, Targum), sino la cabeza del que es רשע, κατ᾽ ἐξοχήν, del que es jefe de los enemigos como tal (véase Is 11, 4). En este caso se podría traducir: él rompe en piezas una cabeza, pero no en el campo de la ciudad Rabbah-Ammón, sino en un campo más grande, más extenso, sobre el mundo entero.

En esa línea, en este contexto se puede suponer que el texto quiere poner de relieve que el rey mesiánico rompe la cabeza de aquel que es el gobernante de un amplio territorio. La elección de esa palabra podría entenderse como una alusión a la guerra de David contra los amonitas (y en especial contra su rey, que es cabeza del pueblo), pero en el fondo se refiere a la victoria del Ungido en contra del Enemigo Satánico, del representante y principio de todo mal sobre el mundo.

Según eso, el sujeto del Sal 110, 7 no es ya el archienemigo, que renueva su juventud en el curso de la historia, que podrá volver a elevarse de nuevo, sino el Mesías-Rey-Sacerdote, a quien el salmo está cantando en su totalidad. El Sal 110, 7a evoca el esfuerzo que el mesías ha debido realizar en la batalla; por su parte, 110, 7b muestra la recompensa de ese esfuerzo.

Así, עַל־כֵּן equivale al griego ἀντὶ τούτου, por eso. Sin embargo, בַּדֶּרֶךְ (cf. מִנַּחַל בַּדֶּרֶךְ יִשְׁתֶּה, del torrente beberá en el camino), aunque puede pertenecer a מִנַּחַל (del torrente, en el camino, Sal 83, 10; Sal 106, 7), se relaciona mejor con יִשְׁתֶּה a causa de los acentos: en el duro camino, que es el camino de su misión (cf. Sal 102, 24), el rey sacerdote podrá saciarse con agua del torrente.

Solo tendrá un pequeño tiempo para refrescarse, y lo hará para seguir luchando de nuevo. Él tendrá que perseguir incesantemente a los enemigos, hasta culminar su victoria, sin tomarse ningún tiempo para el descanso ni para hacer una pausa en la batalla. Pero, como recompensa por lo que ha hecho y lo que hace, él podrá levantar la cabeza como signo de victoria. Este gesto, interpretado en sentido cristológico, está esencialmente en armonía con Flp 2, 8; Hebr 12, 2 y Ap 5, 9.

Salmo 111. Salmo alfabético en alabanza de Dios

¹ הַלְלוּ יָהּ׀ אוֹדֶה יְהוָה בְּכָל־לֵבָב בְּסוֹד יְשָׁרִים וְעֵדָה:

² גְּדֹלִים מַעֲשֵׂי יְהוָה דְּרוּשִׁים לְכָל־חֶפְצֵיהֶם:

³ הוֹד־וְהָדָר פָּעֳלוֹ וְצִדְקָתוֹ עֹמֶדֶת לָעַד:

⁴ זֵכֶר עָשָׂה לְנִפְלְאֹתָיו חַנּוּן וְרַחוּם יְהוָה:

⁵ טֶרֶף נָתַן לִירֵאָיו יִזְכֹּר לְעוֹלָם בְּרִיתוֹ:

⁶ כֹּחַ מַעֲשָׂיו הִגִּיד לְעַמּוֹ לָתֵת לָהֶם נַחֲלַת גּוֹיִם:

⁷ מַעֲשֵׂי יָדָיו אֱמֶת וּמִשְׁפָּט נֶאֱמָנִים כָּל־פִּקּוּדָיו:

⁸ סְמוּכִים לָעַד לְעוֹלָם עֲשׂוּיִם בֶּאֱמֶת וְיָשָׁר:

⁹ פְּדוּת׀ שָׁלַח לְעַמּוֹ צִוָּה־לְעוֹלָם בְּרִיתוֹ קָדוֹשׁ וְנוֹרָא שְׁמוֹ:

¹⁰ רֵאשִׁית חָכְמָה׀ יִרְאַת יְהוָה שֵׂכֶל טוֹב לְכָל־עֹשֵׂיהֶם תְּהִלָּתוֹ עֹמֶדֶת לָעַד:

¹ ¡Aleluya! Alabaré a Jehová con todo el corazón
en la compañía y congregación de los rectos.
² Grandes son las obras de Jehová, buscadas conforme a todos sus propósitos.
³ Gloria y hermosura es su obra, y su justicia permanece para siempre.
⁴ Ha hecho memorables sus maravillas; clemente y misericordioso es Jehová.
⁵ Ha dado alimento a los que lo temen; para siempre se acordará de su pacto.
⁶ El poder de sus obras manifestó a su pueblo dándole la heredad de las naciones.
⁷ Las obras de sus manos son verdad y juicio; fieles son todos sus mandamientos,
⁸ afirmados eternamente y para siempre, hechos en verdad y rectitud.
⁹ Redención ha enviado a su pueblo; para siempre ha ordenado su pacto.
¡Santo y temible es su nombre!
¹⁰ El principio de la sabiduría es el temor de Jehová;
buen entendimiento tienen todos los que practican sus mandamientos;
¡su loor permanece para siempre!

Con este Sal 111 comienza la trilogía de los salmos de Aleluya. Puede añadirse el Sal 110, porque despliega el sentido del "por siempre" (cf. 110, 4), situándolo en el contexto de la historia de la redención, repitiendo, alabanza tras alabanza, los hechos y las disposiciones de Yahvé. Está también en relación muy estrecha con el Sal 112. Mientras que, como dice correctamente Hitzig, el Sal 111 celebra la gloria, el poder y la amante ternura de Yahvé en el círculo de la altura de Dios, el Sal 112, descubre y celebra esa altura que desciende y se expresa en la felicidad de aquellos que la acogen, es decir, de aquellos que temen a Yahvé.

Sal 111 y 112 son gemelos en forma y contenido. Ellos ofrecen una mezcla de materiales que provienen de salmos antiguos y de declaraciones sapienciales; ambos están compuestos por sentencias separadas y siguen un orden alfabético (son acrósticos). Cada uno de ellos consta de 22 líneas, con las 22 letras del alfabeto al comienzo[9], y en general cada línea consta de tres palabras.

Estos dos salmos contienen cadenas de líneas, pero sin ninguna agrupación temática, de manera que no pueden dividirse por estrofas. La misma acentuación muestra la intensa relación que hay entre ambos salmos, que terminan (111, 9 y 111, 10) con dos versos de tres miembros, mientras que antes se dividían en versos de dos miembros.

Lo que el poeta se propone en **111, 1** lo empieza a realizar en **111, 2**. Conforme al Sal 64, 7 y 118, 14, la palabra וְעֶדְרָה es equivalente a ועדתם. En la línea del Sal 111, 10, los הפציהם del Sal 2, 111 son aparentemente aquellos hombres que encuentra placer en ellas (es decir, en *las obras de Yahvé*); pero חפצי (como שׂמחי en Is 24, 7) no parece estado constructo de חפץ, de manera que no hay necesidad ninguna de identificar a los que buscan las obras de Dios con los que se alegran en ellas.

Por eso resulta preferible interpretar esa expresión en la línea de לכל־חפצו de 1 Rey 9, 11 (en comparación con Is 44, 28; 46,10, cf. Is 53, 10) donde חפץ significa el propósito y gozo de Dios, un consejo constantemente buscado y por lo tanto digno de ser investigado (con דרשׁ, raíz דר, buscar y conocer de un modo activo, es decir, experimental) de acuerdo con los deseos más profundos de cada uno. No se trata pues de las obras que agradan a los hombres, sino de las obras que agradan a Dios. Son esas obras las que los hombres tienen que buscar.

En el **Sal 111, 4**, la palabra זכר (זֵכֶר עָשָׂה לְנִפְלְאֹתָיו, ha hecho memorables sus maravillas) evoca un tipo de fiestas del recuerdo, que mantienen la memoria de las obras de Dios realizadas a través de Moisés. En esa línea, טרף (**Sal 111, 5**: טֶרֶף נָתַן לִירֵאָיו, ha dado alimento a los que le temen) es la comida que Dios concedió a los liberados de Egipto en el éxodo, siendo también la comida de Pascua, la de los ácimos. De esa manera se evoca la fiesta del recuerdo (זכרון, Ex 12, 14), fiesta de la "exención" de los fieles de la alianza, a quienes perdonó el ángel exterminador que mató a los primogénitos de Egipto.

---

9. Böttcher transforma algunos versos del Sal 111 y del Sal 112, pero de esa forma, en el calor de su celo crítico, rompe las fronteras y el orden del estilo alfabético.

Así decía Lutero que este salmo le parecía compuesto para la celebración de la Pascua. Ya en el tiempo de Teodoreto y Agustín el pensamiento de la Eucaristía había sido conectado con el Sal 111, 5, conforme al pensamiento del Nuevo Testamento. Con buenas razones, la Iglesia ha vinculado este salmo con la celebración de la fiesta de la Cena del Señor.

En relación con הגיד (cf. כֹּחַ מַעֲשָׂיו הִגִּיד לְעַמּוֹ, el poder de sus obras manifestó a su pueblo) tenemos que recordar la *Aggadah* de la Pascua (Pesach-Haggada). El poder de la redención que relata esa *Aggadah* continúa actuando en la historia, porque a la iglesia de Yahvé se le asigna la Victoria no solo sobre los pueblos de Canaán, sino sobre el mundo entero.

El poder de las obras de Yahvé que él ha dado a conocer a su pueblo, y que los israelitas liberados siguen proclamando, culmina allí donde Dios les concede la herencia de los pueblos. Las obras de sus manos son verdad y rectitud, porque ellas son la realización de aquello que es verdadero, de aquello que se mantiene y se verifica a sí mismo, de aquello que es recto y que despliega de un modo triunfal su fundamento. Las ordenanzas de Yahvé son נאמנים (cf. נֶאֱמָנִים כָּל־פִּקּוּדָיו, fieles), están establecidas, atestiguadas en sí mismas y en sus resultados, ofreciendo una confianza total en su carácter salvador (cf. Sal 19, 8).

Esas ordenanzas son סמוכים לָעַד לְעוֹלָם, estables y firmes para siempre, pero no en un sentido externo, sino interno, en sí mismas, de manera que son imperturbables (סָמוּךְ, como en Sal 112, 8; Is 26, 3). עֲשׂוּיִם בֶּאֱמֶת וְיָשָׁר, están establecidas, formuladas y dispuestas de parte de Dios en verdad y rectitud. La palabra יָשָׁר es acusativo de predicado (cf. Sal 119, 37). Si hemos entendido bien el sentido de **Sal 111, 4-6**, la palabra פדות (cf. פְּדוּת שָׁלַח לְעַמּוֹ, Dios ha enviado/concedido la libertad a su pueblo) nos obliga a mirar hacia atrás, hacia la liberación de Egipto.

Sobre esta base se establece la ratificación del pacto del Sinaí, que permanece inviolable hasta el tiempo presente del poeta, un pacto que tiene como garantía el carácter santo y terrible del nombre de Dios. Por eso, el temor de Yahvé es el principio de la sabiduría (רֵאשִׁית חָכְמָה יִרְאַת יְהֹוָה): este es el argumento y base de la Sabiduría en el libro Job 28, 28, y en Proverbios (cf. Prov 1, 7; 9, 10), que son los libros de la *Hokma* o sabiduría en Israel.

El **Sal 111, 10** retoma en esa línea el tema bíblico de la Sabiduría como expresión del temor de Dios que se manifiesta en forma de obediencia a sus principios y mandatos, pues ellos (los פקודים divinos) son טוֹב שֵׂכֶל (Prov 13, 15; Prov 3, 4, cf. 2 Cron 30, 22), sabiduría profunda, discernimiento loable. Por eso, los que practican esos preceptos reciben alabanza duradera.

Puede parecer que, desde el **Sal 111, 3**, esa alabanza o תהלתו (cf. תְּהִלָּתוֹ עֹמֶדֶת לָעַד, loor para siempre) se refiere a Dios; pero aquí la alabanza se dirige a los que temen a Dios. En ese sentido podemos decir, como Bakius: *ubi haec* *ode desinit, sequens íncipit*, donde termina el argumento de este canto comienza el argumento del que sigue. Y con esto damos paso al nuevo salmo, donde la alabanza a Dios se convierte en alabanza de aquellos que le temen.

Salmo 112. Salmo alfabético, alabanza de aquellos que temen a Dios

¹הַלְלוּ יָהּ׀ אַשְׁרֵי־אִישׁ יָרֵא אֶת־יְהוָה
בְּמִצְוֹתָיו חָפֵץ מְאֹד׃
²גִּבּוֹר בָּאָרֶץ יִהְיֶה זַרְעוֹ דּוֹר יְשָׁרִים יְבֹרָךְ׃
³הוֹן־וָעֹשֶׁר בְּבֵיתוֹ וְצִדְקָתוֹ עֹמֶדֶת לָעַד׃
⁴זָרַח בַּחֹשֶׁךְ אוֹר לַיְשָׁרִים חַנּוּן וְרַחוּם וְצַדִּיק׃
⁵טוֹב־אִישׁ חוֹנֵן וּמַלְוֶה יְכַלְכֵּל דְּבָרָיו בְּמִשְׁפָּט׃
⁶כִּי־לְעוֹלָם לֹא־יִמּוֹט לְזֵכֶר עוֹלָם יִהְיֶה צַדִּיק׃
⁷מִשְּׁמוּעָה רָעָה לֹא יִירָא נָכוֹן לִבּוֹ בָּטֻחַ בַּיהוָה׃
⁸סָמוּךְ לִבּוֹ לֹא יִירָא עַד אֲשֶׁר־יִרְאֶה בְצָרָיו׃
⁹פִּזַּר׀ נָתַן לָאֶבְיוֹנִים צִדְקָתוֹ עֹמֶדֶת לָעַד קַרְנוֹ תָּרוּם בְּכָבוֹד׃
¹⁰רָשָׁע יִרְאֶה׀ וְכָעָס שִׁנָּיו יַחֲרֹק וְנָמָס תַּאֲוַת רְשָׁעִים תֹּאבֵד׃

¹ ¡Aleluya! Bienaventurado el hombre que teme a Jehová
y en sus mandamientos se deleita en gran manera.

² Su descendencia será poderosa en la tierra;
la generación de los rectos será bendita.

³ Bienes y riquezas hay en su casa, y su justicia permanece para siempre.

⁴ Resplandeció en las tinieblas luz a los rectos; es clemente, misericordioso y justo.

⁵ El hombre de bien tiene misericordia y presta; gobierna sus asuntos con justicia.

⁶ Por lo cual no resbalará jamás; en memoria eterna será el justo.

⁷ No tendrá temor de malas noticias; su corazón está firme, confiado en Jehová.

⁸ Asegurado está su corazón; no temerá, hasta que vea en sus enemigos su deseo.

⁹ Reparte, da a los pobres; su justicia permanece para siempre;
su poder será exaltado con gloria.

¹⁰ Lo verá el impío y se irritará; crujirá los dientes y se consumirá.
El deseo de los impíos perecerá.

El salmo alfabético anterior que era también aleluyático, celebraba el gobierno de Dios. Ahora sigue este Sal 112, que celebra la conducta de los hombres, regulada según el modelo divino, con la misma estructura del anterior (con CTYXOC KB, es decir, con 22 esticos o στίχοι, como cuenta correctamente la versión etíope).

Como sucedía en el anterior, este salmo empieza también planteando el tema de todo lo que sigue. Lo que decía 111, 3 de la justicia de Dios lo aplica

112, 3 de la justicia de aquellos que temen a Dios, de manera que así permanecen para siempre. De esa forma, la justicia del hombre aparece como una copia de la justicia divina, a modo de obra y don de Dios (Sal 24, 5), pues la acción y conducta salvadora de Dios, mantenida en fe por el hombre, se expresa en una forma de acción y conducta semejante de los hombres, como afirma el **Sal 112, 9**, conforme a su naturaleza que es el amor.

La promesa del **Sal 112, 4** (זָרַח בַּחֹשֶׁךְ אוֹר לַיְשָׁרִים חַנּוּן וְרַחוּם וְצַדִּיק), hizo resplandecer en la tiniebla luz para los rectos...) es semejante a la de Is 60, 2. Hengstenberg sigue traduciendo: hizo resplandecer..., aquel que es compasivo, misericordioso y justo. Pero esta traducción es imposible conforme al estilo del texto. Los tres adjetivos (compasivo..., como en Sal 111, 4, retomando el motivo de Ex 34, 6, cf. Sal 145, 8; Sal 116, 5) son una referencia a los atributos de Dios.

רחום y חנון nunca toman artículo en el hebreo de la Biblia, y aquí צדיק sigue su ejemplo (cf. al contrario, Ex 9, 27). Dios mismo es la luz que brota en la oscuridad para aquellos que son sinceros en su forma de tratar con él.

Dios mismo es el Sol de la justicia, y las alas de sus rayos dispensan gracia y ternura para aquellos que le acogen (Mal 4, 2). El hecho de que él es compasivo para aquellos que son compasivos como él resulta evidente según el **Sal 112, 5**. Ser טוב, como en Is 3, 10; Jer 44, 17, se expresa en forma de prosperidad. Por eso, טוב איש (hombre bueno) es aquí equivalente a איש אשרי (hombre bienaventurado), como muestra la frase rabínica טוביה דגברא (hombres buenos). חונן significa, como en Sal 37, 21. 26, uno que es caritativo y que ofrece (expande) sus dones a las personas del entorno.

El **Sal 112, 5** no es una expansión de esa visión de la virtud, sino que, lo mismo que el Sal 127, 5, ha de entenderse en la línea de promesa, de acción futura: el hombre bueno tiene (= tendrá) misericordia, prestará... (טוֹב־אִישׁ חוֹנֵן וּמַלְוֶה). Por eso se añade que יְכַלְכֵּל דְּבָרָיו בְּמִשְׁפָּט, gobernará sus asuntos con integridad (cf. Sal 72, 2; Is 9, 7), es decir, que realizará con justicia aquello que depende de él (cf. Sal 143, 2, Prov 24, 23, *passim*). En esa línea, כלכל, *sustinere*, significa sustentar, mantener, e incluso soportar, aguantar, estar firme en medio de las adversidades.

Esto queda confirmado, a modo de explicación, en el **Sal 112, 6**: de un modo general, el hombre justo se mantendrá firme, imperturbable (כִּי־לְעוֹלָם לֹא־יִמּוֹט, no resbalará jamás). Más aún, cuando él muera se convertirá en objeto de memoria eterna, de forma que su nombre será siempre bendecido (לְזֵכֶר עוֹלָם יִהְיֶה צַדִּיק, en recuerdo eterno será el justo, cf. Prov 10, 7). Dado que él tiene una buena y gozosa conciencia, su corazón no será desconcertado por malas noticias (Jer 49, 23), sino que permanecerá נכון, elevado, recto y firme, sin ser derribado ni deformado.

בטח בה significa "lleno de confianza en Yahvé" (en sentido pasivo, como expresión de una confianza completa que viene de Yahvé, como זכור, Sal 103, 14). סמוך indica seguridad (cf. סָמוּךְ לִבּוֹ לֹא יִירָא, asegurado estará en su corazón, no temerá). Esas dos palabras (סמוך y בטח) están tomadas de Is 26, 3, donde se habla de la iglesia de los últimos tiempos. El Sal 91, 8 nos ofrece información sobre el sentido de עד; como en el Sal 94, 13, ראה בצריו (cf. לֹא יִירָא עַד אֲשֶׁר־יִרְאֶה בְצָרָיו, no temerá hasta que vea en sus enemigos…) se refiere a la meta de los deseos del justo, que permanecerá firme hasta que se cumplan.

En esa línea, cf. 2 Cor 9, 9. Pablo utiliza el **Sal 112, 9** para mostrar la forma en que deben actuar los cristianos haciendo el bien (פִּזַּר׀ נָתַן לָאֶבְיוֹנִים צִדְקָתוֹ עֹמֶדֶת לָעַד, dio limosna a los pobres, hizo justicia para siempre…), insistiendo así en la beneficencia y mostrando que la justicia cristiana se identifica con la del Antiguo Testamento. פזר significa "dar" (regalar) de un modo liberal, de muchas maneras, como en Prov 11, 24. Por su parte, רום (cf. קַרְנוֹ תָּרוּם בְּכָבוֹד, su poder será exaltado en gloria) está en oposición a הרים, es decir, a la elevación egoísta del Sal 75, 5.

El malhechor debe ver esto y quedar confundido, avergonzado por ello, apretando sus dientes de rabia y envidia, derritiéndose por dentro, es decir, perdiendo consistencia, volviéndose desquiciado hasta la muerte (נמס tercera persona del pretérito *nifal*, como en Ex 16, 21, forma pausal). El enemigo ha deseado muchas veces ver la ruina de aquel a quien ahora contempla lleno de honor.

De esa forma, los papeles se han invertido. El impío y sus deseos impíos terminan en la nada, mientras que se realizan los deseos de aquel a quien el impío se oponía y a quien condenaba. Sobre יראה, con su objeto evidente, cf. Miq 7, 10. Sobre la forma pausal de וכעס, cf. Sal 93, 1. Hupfeld quiere leer תקות en vez de וכעס, en la línea del Sal 9, 19, Prov 10, 28. En defensa de la lectura tradicional, Hitzig apela rectamente a Prov 10, 24 con Prov 10, 28.

Salmo 113. Aleluya a Aquel que eleva a los pobres

הַלְלוּ יָהּ׀ הַלְלוּ עַבְדֵי יְהוָה הַלְלוּ אֶת־שֵׁם יְהוָה: ¹

יְהִי שֵׁם יְהוָה מְבֹרָךְ מֵעַתָּה וְעַד־עוֹלָם: ²

מִמִּזְרַח־שֶׁמֶשׁ עַד־מְבוֹאוֹ מְהֻלָּל שֵׁם יְהוָה: ³

רָם עַל־כָּל־גּוֹיִם׀ יְהוָה עַל הַשָּׁמַיִם כְּבוֹדוֹ: ⁴

מִי כַּיהוָה אֱלֹהֵינוּ הַמַּגְבִּיהִי לָשָׁבֶת: ⁵

הַמַּשְׁפִּילִי לִרְאוֹת בַּשָּׁמַיִם וּבָאָרֶץ: ⁶

מְקִימִי מֵעָפָר דָּל מֵאַשְׁפֹּת יָרִים אֶבְיוֹן: ⁷

לְהוֹשִׁיבִי עִם־נְדִיבִים עִם נְדִיבֵי עַמּוֹ: ⁸

מוֹשִׁיבִי׀ עֲקֶרֶת הַבַּיִת אֵם־הַבָּנִים שְׂמֵחָה הַלְלוּ־יָהּ: ⁹

¹ ¡Aleluya! Alabad, siervos de Jehová, alabad el nombre de Jehová.

² Sea el nombre de Jehová bendito desde ahora y para siempre.

³ Desde el nacimiento del sol hasta donde se pone,
sea alabado el nombre de Jehová.

⁴ Excelso sobre todas las naciones es Jehová, sobre los cielos su gloria.

⁵ ¿Quién como Jehová, nuestro Dios, que se sienta en las alturas,

⁶ que se humilla a mirar en el cielo y en la tierra?

⁷ Él levanta del polvo al pobre y al menesteroso alza de su miseria,

⁸ para hacerlos sentar con los príncipes, con los príncipes de su pueblo.

⁹ Él hace habitar en familia a la estéril que se goza en ser madre de hijos. ¡Aleluya!

Con este salmo comienza el Hallel, que se proclama en las tres grandes fiestas: el día de la *Dedicación* (Hanuka), los días de *Luna Nueva* (pero no el día de Año Nuevo, ni en los días de *Reparación*, porque un canto de alegría como es este salmo no va en la línea de la triste solemnidad de esos días). Finalmente, se proclama también, pero solo en fragmentos durante *los últimos días de Pascua*, "porque mis creaturas, dice el Santo, Bendito sea, fueron arrojados al mar y ¿podrás tú ese día regocijarte con cantos de alegría?

En la celebración familiar de la Pascua, la noche se divide en dos partes; en la primera mitad se cantan Sal 113 y 114, antes de la comida, antes de que se beba la segunda copa de fiesta; en la segunda mitad de la noche se canta el Sal 115, después de la cena, tras haber llenado la cuarta copa, a lo que debe referirse la palabra *hymnesantes* (cantando el himno, cf. Mt 26, 30; Mc 14, 26), después de la institución de la Cena del Señor, conectada con la cuarta copa festiva.

Paulus Burgensis (Pablo de Burgos, España) define este Sal 113, 1 como el Gran Aleluya de los judíos, *Alleluja Judaeorum magnum*. Esta designación aparece también con frecuencia en otros lugares. Pero conforme a la costumbre más general, el Sal 113 y en especial el Sal 115 se llaman Hallel sin más, mientras que el Sal 136, con su palabra central (su misericordia dura por siempre), repetida seis veces, lleva el nombre de "Gran Hallel" (הַלֵּל הַגָּדוֹל)[10].

En este salmo 113 encontramos un amontonamiento sin igual del así llamado *chirek compaginis*. Gesenius y otros comentaristas piensan que estas vocales de conexión (que son la *i* y la *o*, y en nombres propios también la *u*) son el resto de un tipo distinto de terminaciones antiguas. En esa línea pueden compararse

---

10. Cf. tratado *Sofrim*, XVIII. 2. Además de las fiestas de Luna Nueva, en las cuales se recita el Hallel por antonomasia o Hallel κατ᾽ ἐξοχήν, i. e., Sal 118-113, según costumbre (מנהג), pero no por obligación de Ley, el Hallel se recitaba 18 veces al año, durante el tiempo del Templo (y en Palestina hasta el día de hoy), es decir: una vez en *Pascua*, una vez en *Shabuoth* (Pentecostés o fiesta de las semanas), ocho veces por *Succoth* (Tabernáculos) y ocho por *Hanuka* (Dedicación). Ahora, en el exilio, se canta 22 veces, porque Pascua y Shabuoth han recibido en adición dos días festivos más. Además de este Hallel que es el fundamental, encontramos también la apelación de "Hallel Egipcio" (המצרי הלל) aplicado a los salmos 113-118. El antiguo ritual solo distingue entre el Hallel Egipcio y el Gran Hallel. Cf. *Coment.* a Sal 136.

con una forma de terminación árabe de genitivo y con la terminación árabe de nominativo, que es más tardía.

Pero, en contra de eso, se ha respondido rectamente que esta *i* y *o* no se vinculan con la palabra de la que dependen (el genitivo), sino con la palabra dominante de la frase. Conforme a la visión más probable de Ewald, 211, estas *i* y estas *o* de conexión son equivalentes a vocales que indican un tipo de relación de genitivo, que se encuentran por igual tanto en las lenguas indoeuropeas como en las semíticas antiguas.

- La *i* es la letra en la que aparece con más frecuencia esta *chirek compaginis* y va unida al primer miembro del estado constructo, tanto en *masculino* (cf. Dt 33, 16; Zac 11, 17, quizá dos veces, cf. Köhler en loc.) como en *femenino* (cf. Gen 31, 39; Sal 110, 4; Is 1, 21. No parece que Lev 26, 42; Sal 116, 1 puedan contarse entre estos casos).
- Este tipo de *i* aparece con frecuencia en el segundo miembro del estado constructo, cuando tiene una preposición, como en Gen 49, 11; Ex 15, 6, Abd 1, 3 (Jer 49, 16), Os 10, 11; Lam 1, 1; Sal 123, 1 y quizá en Cant 1, 9. Cf. también el *qetub* de Jer 22, 23; Jer 51, 13; Ez 27, 3.
- En tercer lugar, esta *chirek* aparece cuando una palabra está entre dos que se relacionan entre sí conforme a una vinculación de genitivo, en una forma semejante a la del estado constructo, como en Sal 101, 5; Is 22, 16; Miq 7, 14. Este es el caso de muchas *i* que aparecen en nombres propios, tanto israelitas, cf. Gamaliel (beneficio de Dios), como fenicios, cf. *Melchizedek, Hanniba'*al (favor de Baal). De un modo semejante se añade a diversas preposiciones hebreas, como בלתי (donde la *i* puede ser también, conforme al contexto, un sufijo pronominal), זולתי (donde puede ser también un sufijo), מני (en forma poética).

El Sal 113, 8 (cf. לְהוֹשִׁיבִי עִם־נְדִיבִים עִם נְדִיבֵי עַמּוֹ, para hacerlos sentar con los príncipes, con los príncipes de su pueblo) es un buen ejemplo del uso de esta antigua *i*, que aparece incluso en infinitivos, como en לְהוֹשִׁיבִי, cosa que ha extrañado a algunos que han pensado incluso que se trata de un error del copista.

Entre los temas que este salmo ha puesto de relieve está la condescendencia de Dios, que se abaja a sí mismo para exaltar a los oprimidos, realizando de esa manera su forma más alta de redención. A partir de aquí resulta explicable que María asuma en el Magníficat la misma temática de este salmo y del canto de Ana en 1 Sam 2.

113, 1–3. La llamada inicial, sin limitaciones como en el Sal 134, 1, o incluso en la línea de 134, 1 (y en la del Sal 130, 20), se extiende al conjunto de la tierra, y debe ser asumida por todo el verdadero Israel para corresponder así a su elección por gracia, siendo fiel a su misión. La designación de "siervos de Yahvé" (עַבְדֵי יְהוָה, cf. también Sal 69, 37; 34, 23; 136, 22) ha venido a ponerse de moda especialmente a partir de este salmo.

A este Israel, siervo de Yahvé, se le pide que alabe a Yahvé. En esa línea, la alabanza y celebración del nombre de Yahvé, es decir, de su naturaleza que se expresa por medio de su revelación, constituye el elemento principal, el fundamento y meta del servicio de Dios, llenando de esa forma todo tiempo y espacio del mundo. מְהֻלָּל (*laudatum est*, מְהֻלָּל שֵׁם יְהוָה, es o sea alabado el nombre de Yahvé) es equivalente a αἰνετόν, *laudabile* (LXX, Vulgata), y en esa línea tiene un sentido cercano al de *laudetur* (sea alabado). La interpretación predictiva (en la línea de *será alabado*) se opone al contexto (cf. Köhler en *Coment*. a Malaquías 1, 11).

113, 4–6. Aquí se confirma el valor de ese gesto de alabar a Yahvé. La apertura de esta sección (113, 4: רָם עַל־כָּל־גּוֹיִם יְהוָה, elevado sobre todos los pueblos Yahvé) se parece al Sal 99, 2. Entre גוים y יהוה hay un *pasek* para mantener separadas ambas palabras. La totalidad de las naciones es grande, pero Yahvé se eleva sobre ellas. Los cielos son gloriosos, pero la gloria de Yahvé se eleva sobre todos ellos. Este motivo no debe explicarse a partir del Sal 148, 13, sino desde la perspectiva de Sal 57, 6. 12.

רם, elevado, pertenece a 113, 4 como predicado. Dios es el inseparable Uno, que ha elevado su trono sobre la altura, pero, al mismo tiempo, dirige su mirada hacia abajo (cf. Gesenius 142, nota 1), sobre los cielos y sobre la tierra (cf. 113, 6), y nada de lo que existe se escapa a su mirada, nada hay tan bajo o pequeño que pase inadvertido para él.

Al contrario, Dios dirige su mirada especialmente a lo que es humilde, como lo indica la estrofa siguiente en una serie de figuras que nos muestran las cosas o personas que son objeto especial de su mirada. La estructura de Sal 113, 5-6 va en contra de una interpretación puramente interrogativa de Sal 113, 5b-6a, en la línea de Dt 3, 24.

113, 7–9. Los pensamientos centrales de 113, 7-8 provienen básicamente del canto de Ana (1 Sam 2). Por su parte la palabra מְקִימִי מֵעָפָר דָּל (עפר דל, levanta del polvo al pobre) es, conforme a 1 Rey 16, 2, cf. Sal 14, 7, un signo de las personas de baja condición, mientras אשפת (de שפת) es un signo de los más pobres, de los totalmente abandonados. En ese contexto se dice en Siria y Palestina que una persona que ha sido expulsada de la sociedad yace en la *mezbele* (el basurero, un montón de cenizas o basuras), pidiendo limosna de día a los pasajeros, y refugiándose de noche entre la ceniza que ha sido calentada de día por el sol (véase *Coment*. a 2ª edición del libro de Job, p. 62s).

La repetición de pensamientos de 113, 8, lo mismo que la de 113, 1, sigue un modelo de la *epizeuxis* o palilogía. Lo mismo que el canto de Ana, el autor de este salmo tiene ante sus ojos la exaltación de una mujer, a quien Dios ha liberado de su tristeza y de su reproche. Sin embargo, el autor del salmo no repite las palabras del canto anterior que se refieren a esto (cf. 1 Sam 2, 5), sino que reviste y reformula la experiencia de fondo de Ana con su propio lenguaje.

Una mujer a la que se le llama עקרת es una mujer casada y, por tanto, señora de la casa, נות (בעלת) הבית, pero sin ser todavía madre. Una mujer de ese tipo no tiene un lugar totalmente firme en la casa, pues falta ese lugar firme (que son los hijos) en relación con su marido. Por eso, solo si Dios le concede hijos ella puede arraigarse plenamente en la casa, teniendo una posición bien segura en ella, por medio de sus hijos.

Por eso, la expresión אֵם־הַבָּנִים שְׂמֵחָה, se alegra con los hijos, sirve para ratificar y fundamentar la posición de la mujer y madre en la casa del marido. Dios aparece así, como aquel que puede elevar a la mujer estéril, dándole hijos, que son para ella la mayor bendición posible.

Salmo 114. Conmoción de la naturaleza ante el Dios que redime a Egipto

¹ בְּצֵאת יִשְׂרָאֵל מִמִּצְרָיִם בֵּית יַעֲקֹב מֵעַם לֹעֵז:

² הָיְתָה יְהוּדָה לְקָדְשׁוֹ יִשְׂרָאֵל מַמְשְׁלוֹתָיו:

³ הַיָּם רָאָה וַיָּנֹס הַיַּרְדֵּן יִסֹּב לְאָחוֹר:

⁴ הֶהָרִים רָקְדוּ כְאֵילִים גְּבָעוֹת כִּבְנֵי־צֹאן:

⁵ מַה־לְּךָ הַיָּם כִּי תָנוּס הַיַּרְדֵּן תִּסֹּב לְאָחוֹר:

⁶ הֶהָרִים תִּרְקְדוּ כְאֵילִים גְּבָעוֹת כִּבְנֵי־צֹאן:

⁷ מִלִּפְנֵי אָדוֹן חוּלִי אָרֶץ מִלִּפְנֵי אֱלוֹהַּ יַעֲקֹב:

⁸ הַהֹפְכִי הַצּוּר אֲגַם־מָיִם חַלָּמִישׁ לְמַעְיְנוֹ־מָיִם:

¹ Cuando salió Israel de Egipto, la casa de Jacob, de un pueblo extranjero,

² Judá vino a ser su santuario, e Israel su señorío.

³ El mar lo vio, y huyó; el Jordán se volvió atrás.

⁴ Los montes saltaron como carneros, los collados como corderitos.

⁵ ¿Qué sucedió, mar, que huiste? ¿Y tú, Jordán, que te volviste atrás?

⁶ Montes, ¿por qué saltasteis como carneros, y vosotros, collados, como corderitos?

⁷ A la presencia de Adonai tiembla la tierra, a la presencia del Dios de Jacob,

⁸ el cual cambió la peña en estanque de aguas en fuente de aguas la roca.

Al lado del salmo aleluyático 113 viene este salmo histórico 114, que también aparece adornado en el verso 8 con un *chirek compaginis* y además con un *cholem compaginis*. Este es el salmo de la fiesta de la octava de Pascua en el ritual judío. Las obras de Dios en el tiempo del Éxodo aparecen aquí vinculadas en conjunto, formando como una miniatura majestuosa y encantadora de los hechos. Este salmo consta de cuatro tetraesticos, que se suceden con la suavidad y rapidez de un ave, como si fueran cuatro movimientos de sus alas. La iglesia cristiana canta este salmo con *un tonus peregrinus* o tono de peregrinación que es distinto de los seis tonos de los salmos.

114, 1-4. Los egipcios aparecen aquí como עם לעז עם (con לעז, de la raíz לעג לעה), porque hablaban un lenguaje ininteligible para Israel (Sal 81, 6), como si estuvieran tartamudeando. Los LXX, y de igual forma el Targum, traducen ἐκ λαοῦ βαρβάρου (de un pueblo bárbaro, palabra que viene del Sánscrito *barbaras*, palabra *onomatopoética*, lo mismo que *balbus,* con el sentido de balbucir o tartamudear, cf. Fleischer, en Levy, *Chaldäisches Wörterbuch*, I. 420).

La nación redimida se llama Judá, pues Dios la ha convertido en su santuario (קדש) por haber colocado allí su templo (מקדש, Ex 15, 17). Esa Jerusalén (llamada aún *El Kuds, La Santa*) se tomaba al principio como heredad de los benjaministas, pero acabó siendo registrada directamente como parte de Judea.

Dios quiso poner en Jerusalén su santuario (con מַמְשְׁלוֹתָיו, en sentido amplificativo plural, con la primera consonante *mem* abierta), indicando así que Dios (cf. Dt 33, 5) está en una relación de rey con ese pueblo, que así aparece como pueblo de su posesión, con el nombre de Israel. Con el establecimiento del santuario de Dios en Judá (Jerusalén) comienza la nueva historia de Israel.

El establecimiento de ese nuevo comienzo de la historia de la redención, que culminará en Jerusalén, se realizó en medio de grandes maravillas, de forma que la misma naturaleza se puso al servicio de esa obra de Dios, colaborando con ella de un modo generoso (cf. Sal 77, 15). La apertura del Mar Rojo es el comienzo, y la división del Río Jordán es el final del camino de los israelitas por el desierto para llegar a la tierra de Canaán, a fin de que Yahvé, su Dios, se estableciera en su santuario de Jerusalén.

El Mar Rojo se abrió y el río Jordán se partió, formando como un muro por el norte, a fin de que el pueblo de los redimidos pudiera pasar a través del lecho seco del río para llegar hasta Jerusalén. Y en medio, entre esas grandes maravillas del éxodo y de la entrada en la tierra de Canaán, aconteció el milagro no menor del don de la Ley en el Sinaí, cuando saltaron las montañas como carneros y las colinas como hijos de ovejas (בני־צאן), es decir, como corderos (cf. Sal 19, 9). Con esto se está indicando el terremoto en el Sinaí y en sus alrededores (Ex 19, 18, cf. Sal 68, 9. Sobre la figura de fondo, cf. Sal 29, 6).

114, 5–8. Cuando el poeta pregunta "¿qué te pasa mar que huyes como…?", él se transporta en el tiempo y aparece inmerso en un momento anterior de la historia, como si fuera un contemporáneo de los hechos fundantes, de manera que los tiempos presentes y los antiguos fluyen juntos en su mente. Por eso, la respuesta que él mismo da a la pregunta toma la forma de un mandato triunfante: la tierra debe temblar ante el Señor, el Dios de Jacob, que es poderoso por sus obras maravillosas.

En este contexto, el nombre divino אדון (cf. מִלְפְנֵי אָדוֹן חוּלִי אָרֶץ, ante Adón/Adonai tiembla la tierra) va sin artículo, porque ese nombre sagrado se completa y recibe su sentido del apelativo siguiente: אֱלוֹהַּ יַעֲקֹב, el Dios de Jacob. Estamos ante una *epizeuxis* o repetición ampliadora de la misma palabra, con tonos distintos, como en Sal 113, 8; 94, 3; 96, 7. 13.

La palabra ההפכי (cf. הַהֹפְכִי הַצּוּר אֲגַם־מָיִם, el que convirtió la roca en estanque de aguas) tiene la î final del estado constructo propio de una relación de genitivo. Por su parte, en למעינו (cf. לְמַעְיְנוֹ־מָיִם, en fuente de aguas) tenemos otra vinculación de estado constructo con *ô*, cosa que solo suele darse en combinaciones de genitivo, con la excepción de este pasaje y de באר בנו, Num 24, 3. 15 (cosa que no se da, sin embargo, en Prov 13, 4, refiriéndose a una persona vaga). Esta construcción aparece sobre todo en el nombre de animales salvajes, como en חיתו־ארץ, y en ese contexto viene a darse muchas veces, desde Gen 1, 24.

La referencia a הצּוּר (cf. הַהֹפְכִי הַצּוּר אֲגַם־מָיִם, cambió la peña en estanque de aguas) está tomada de Ex 17, 6; por otra parte, la referencia a חלמיש (LXX: τὴν ἀκρότομον, lo alto o abrupto, la roca)[11] está evocando poéticamente, según Dt 8, 15, la narración de Num 20, 11, donde encontramos la palabra סלע. El salmista recuerda, sin duda, estas dos historias, la de Ex 17 y la de Num 20, referidas ambas al surgimiento del agua de una roca o peña.

¿Por qué se evocan en particular estas historias? Porque el nacimiento del agua de una dura roca es una prueba práctica de la omnipotencia ilimitada y de la gracia transformante de Dios, que convierte la muerte en vida. Que la tierra vibre, según eso, ante el Señor, el Dios de Jacob. La tierra tembló antaño ante Dios, y tendrá que temblar. Porque aquello que Dios fue en otro tiempo lo sigue

---

11. Esta palabra suele compararse con el árabe *chlnbûs* o *chalnabûs* (el lexicógrafo caraíta Abraham ben David escribe חלמבוס). Pero esa palabra antigua puede significar originalmente una piedra dura, de color negro grisáceo. En Haurán las puertas de las casas y las cubiertas de las ventanas suelen llamarse en árabe *ḥalasat* cuando están hechas de bloques de dolerita, probablemente por su color negruzco. Quizá חלמיש es el nombre antiguo para basalto. Al referirse a esa roca, que se parece a una masa de metal fundido, el hecho de que la roca se abriera para que brotara una fuente de agua constituye un gran milagro (nota de Wetzstein. Para otras visiones del tema, cf. *Coment.* a Is 49, 21; Is 50, 7).

siendo ahora; y así como vino y realizó su obra una vez (hasta poner su santuario en Jerusalén) Dios podrá venir y actuar de nuevo.

Salmo 115. Invocar al Dios vivo, rescatar el honor de su nombre

¹ לֹא לָנוּ יְהוָה לֹא לָנוּ כִּי־לְשִׁמְךָ תֵּן כָּבוֹד עַל־חַסְדְּךָ עַל־אֲמִתֶּךָ:

² לָמָּה יֹאמְרוּ הַגּוֹיִם אַיֵּה־נָא אֱלֹהֵיהֶם:

³ וֵאלֹהֵינוּ בַשָּׁמָיִם כֹּל אֲשֶׁר־חָפֵץ עָשָׂה:

⁴ עֲצַבֵּיהֶם כֶּסֶף וְזָהָב מַעֲשֵׂה יְדֵי אָדָם:

⁵ פֶּה־לָהֶם וְלֹא יְדַבֵּרוּ עֵינַיִם לָהֶם וְלֹא יִרְאוּ:

⁶ אָזְנַיִם לָהֶם וְלֹא יִשְׁמָעוּ אַף לָהֶם וְלֹא יְרִיחוּן:

⁷ יְדֵיהֶם וְלֹא יְמִישׁוּן רַגְלֵיהֶם וְלֹא יְהַלֵּכוּ לֹא־יֶהְגּוּ בִּגְרוֹנָם:

⁸ כְּמוֹהֶם יִהְיוּ עֹשֵׂיהֶם כֹּל אֲשֶׁר־בֹּטֵחַ בָּהֶם:

⁹ יִשְׂרָאֵל בְּטַח בַּיהוָה עֶזְרָם וּמָגִנָּם הוּא:

¹⁰ בֵּית אַהֲרֹן בִּטְחוּ בַיהוָה עֶזְרָם וּמָגִנָּם הוּא:

¹¹ יִרְאֵי יְהוָה בִּטְחוּ בַיהוָה עֶזְרָם וּמָגִנָּם הוּא:

¹² יְהוָה זְכָרָנוּ יְבָרֵךְ יְבָרֵךְ אֶת־בֵּית יִשְׂרָאֵל יְבָרֵךְ אֶת־בֵּית אַהֲרֹן:

¹³ יְבָרֵךְ יִרְאֵי יְהוָה הַקְּטַנִּים עִם־הַגְּדֹלִים:

¹⁴ יֹסֵף יְהוָה עֲלֵיכֶם עֲלֵיכֶם וְעַל־בְּנֵיכֶם:

¹⁵ בְּרוּכִים אַתֶּם לַיהוָה עֹשֵׂה שָׁמַיִם וָאָרֶץ:

¹⁶ הַשָּׁמַיִם שָׁמַיִם לַיהוָה וְהָאָרֶץ נָתַן לִבְנֵי־אָדָם:

¹⁷ לֹא הַמֵּתִים יְהַלְלוּ־יָהּ וְלֹא כָּל־יֹרְדֵי דוּמָה:

¹⁸ וַאֲנַחְנוּ נְבָרֵךְ יָהּ מֵעַתָּה וְעַד־עוֹלָם הַלְלוּ־יָהּ:

¹ No a nosotros, Jehová, no a nosotros, sino a tu nombre da gloria,
por tu misericordia, por tu verdad.

² ¿Por qué han de decir las gentes: ¿dónde está ahora su Dios?

³ ¡Nuestro Dios está en los cielos; todo lo que quiso ha hecho!

⁴ Los ídolos de ellos son plata y oro, obra de manos de hombres.

⁵ Tienen boca, pero no hablan; tienen ojos, pero no ven;

⁶ orejas tienen, pero no oyen; tienen narices, pero no huelen;

⁷ manos tienen, pero no palpan; tienen pies, pero no andan,
ni hablan con su garganta.

⁸ Semejantes a ellos son los que los hacen y cualquiera que confía en ellos.

⁹ Israel ¡confía en Jehová! Él es tu ayuda y tu escudo.

¹⁰ Casa de Aarón ¡confiad en Jehová! Él es vuestra ayuda y vuestro escudo.

¹¹ Los que teméis a Jehová ¡confiad en Jehová! Él es vuestra ayuda y vuestro escudo.

¹² Jehová se ha acordado de nosotros y nos bendecirá.

Bendecirá a la casa de Israel; bendecirá a la casa de Aarón.

¹³ Bendecirá a los que temen a Jehová, a pequeños y a grandes.

¹⁴ Aumentará Jehová bendición sobre vosotros; sobre vosotros y sobre vuestros hijos.

¹⁵ ¡Benditos vosotros de Jehová, que hizo los cielos y la tierra!

¹⁶ Los cielos son los cielos de Jehová, y él ha dado la tierra a los hijos de los hombres.

¹⁷ No alabarán los muertos a Jah, ni cuantos descienden al silencio;

¹⁸ pero nosotros bendeciremos a Jah desde ahora y para siempre. ¡Aleluya!

Este salmo no tiene nada en común con el precedente, excepto la expresión "casa de Jacob" (cf. 114, 1) que está en su fondo. En hebreo este salmo 115 aparece separado (como canto independiente), pero diversas versiones (como los LXX, la siríaca, árabe y etíope) lo unen con el 116. Por su parte, esas versiones dividen el Sal 116 en dos. Debemos mantener en principio esta versión y división del texto hebreo, aunque Kimchi está a favor de la estructura de los LXX (que aparece, por otro lado, en algunos pocos manuscritos hebreos).

Este es un salmo en el que Israel pide la ayuda de Dios, ante una expedición militar en contra de los enemigos paganos. El salmo consta de cuatro estrofas, las dos centrales tienen la misma composición. Ewald piensa que el principio de este salmo se cantaba antes del sacrificio, hasta que en el verso 115, 12 venía un sacerdote y proclamaba que Dios había aceptado complacido este sacrificio. Pero el cambio de voces comienza ya en 115, 9, como supone también Olshausen.

115, 1–2. No se trata aquí del honor de Israel, que no es digno de recibirlo (Ez 36, 22) y que debe reconocer que Dios le castiga con toda razón; se trata, más bien del honor de Dios, que no puede soportar que se continúe deshonrando su nombre. Dios quiere que su nombre sea santificado. El salmista eleva su oración siendo consciente de su unión con la voluntad de Dios; solo a partir de esa certeza, el salmista eleva también su petición a favor de Israel, fundándose, como en dos columnas en la *charis y aletheia* (עַל־חַסְדְּךָ עַל־אֲמִתֶּךָ).

Conforme a una nota expresa de la Masora, la segunda עַל del texto citado no tiene delante una *waw*, aunque los LXX y el Targum la introducen. El pensamiento del Sal 115, 2 está moldeado en la línea del Sal 79, 10, o quizá en la de Joel 2, 17, cf. Sal 42, 4; Miq 7, 10. La expresión אַיֵּה־נָא (cf. אַיֵּה־נָא אֱלֹהֵיהֶם) se sitúa en la línea de נַגְדָה־נָא del Sal 116, 18. En el antiguo hebreo encontramos expresiones como אַל־נָא, אִם־נָא etc.

115, 3–8. El poeta responde a la pregunta despreciativa de los enemigos (¿dónde está vuestro Dios…?) con una confesión gozosa de la exaltación de Yahvé por encima de los falsos dioses. El Dios de Israel está en los cielos y es, por lo tanto, supramundano, por su naturaleza y por su vida, como el Uno que es absolutamente ilimitado, capaz de hacer todas las cosas con una libertad que solo está condicionada por él mismo, de forma que *quod vult, valet,* lo que él quiere puede hacerlo (Sal 115, 3 igual a Sal 135, 6; Sal 12, 18, *passim*).

Por el contrario, los dioses tallados o esculpidos (עצב, de la raíz de קצב חצב) de los paganos son imágenes muertas, desprovistas de toda vida, de forma que los órganos externos de sus sentidos son incapaces de tener ninguna sensación. Los ídolos tienen ojos y oídos, boca y narices, manos y pies, etc., pero solo como cosa externa, sin vida. En un caso se dice que tienen boca, pero no hablan… En los restantes casos se dice en general que no viven, que carecen de personalidad.

El salmista puede conocer por experiencia lo poco que los idólatras distinguen entre la imagen externa que adoran como símbolo y la realidad simbolizada por las imágenes. Por eso, igual que a los profetas posteriores, al salmista le parece que la adoración de los ídolos constituye el extremo más alto de la auto estupidez, esto es, de la destrucción de la conciencia humana, de manera que el destino final de los adoradores de ídolos consiste en convertirse en lo que esos ídolos son, como seres privados de conciencia, de vida, de existencia. Los adoradores de ídolos se vuelven como los mismos ídolos, convirtiéndose de esa forma en nada (Is 44, 9). Toda esta sección de Sal 115, 3-8 se repite en Sal 135, 15-18.

115, 9–14. Tras esta confesión de Israel se escucha una voz que se dirige a Israel. La triple división (Israel, casa de Aarón y aquellos que temen a Yahvé es la misma que aparece en Sal 118, 2-4). En el Sal 135 a la casa de Aarón se le añade la casa de Leví. Aquellos que temen a Yahvé, que aparecen en el último pasaje, son probablemente los prosélitos (como en Hechos de los Apóstoles, los σεβόμενοι τὸν Θεόν, o meramente σεβόμενοι)[12]; ciertamente, entre los que "teman a Yahvé" se pueden contar los laicos del pueblo de Israel (que no son de la casa de Aarón o de Leví), pero en este salmo esa expresión se extiende probablemente más allá de la casa de Israel, que ha sido antes ya citada.

En este contexto se proclama la gran palabra (distinta del Sal 33, 20), que dice que nuestra ayuda y escudo es Él, Dios: los que teméis a Yahvé, confiad en Yahvé; él es nuestra ayuda y escudo… (יִרְאֵי יְהוָה בִּטְחוּ בַיהוָה עֶזְרָם וּמָגִנָּם הוּא). Estas son las palabras centrales de este salmo antifonal, que pide a Dios protección y ayuda en la campaña que ahora se inicia. Como dice Hitzig, las palabras de súplica y la respuesta en nombre de Dios prometiendo esa ayuda, son el centro de este salmo.

---

12. No aparece, sin embargo, la denominación φοβούμενοι, a no ser que apelemos a Hch 10, 2. Pero en las inscripciones latinas los prosélitos de la religión judía (*religionis Judaicae*) aparecen con el nombre de temerosos de Dios, *metuentes*. Cf. Orelli-Hentzen, *Incriptiones Latinae*, No. 2523 y Auer, *Zeitschrift für katholische Theologie,* 1852, p. 80.

Estas palabras piden por un lado a Israel que tenga valor en la batalla, y por otro lado anuncian al pueblo que Dios ha aceptado su sacrificio. Con estas palabras, el representante de Dios afirma que Yahvé se ha recordado de la casa de Israel y la bendice (115, 12: יְבָרֵךְ אֶת־בֵּית זְכָרָנוּ יְהוָה éhw"hy, cf. Sal 20, 7). Ellas se proclaman quizá en el mismo momento en que él se presenta ante Yahvé, en el templo, llevando el memorial (אזכרה), que es la ofrenda de comida (Sal 38, 1).

Por tres veces ha pedido el pueblo la ayuda de Dios; por tres veces responde Dios ofreciendo su bendición desde el templo, en el momento en que culmina el sacrificio. La promesa especial de bendición que se añade en 115, 14 (aumentará Dios la bendición…) es un eco de Dt 1, 11 y de 2 Sam 24, 3. A pesar de la opresión que sufre por parte de los paganos, Dios hará que el pueblo sea cada vez más numeroso, más capaz de ofrecer resistencia y de inspirar terror ante los adversarios.

115, 15-18. La voz de consuelo continúa en el Sal 115, 15, pero se convierte en voz de esperanza por venir fortalecida por el tono de la palabra creyente de la congregación. A Yahvé se le llama aquí creador del cielo y de la tierra, porque el valor y magnitud de su bendición responden a la grandeza del cielo y de la tierra. Él ha reservado los cielos para sí mismo, pero ha dado la tierra a los hombres.

Esta separación de cielo y tierra constituye un elemento fundamental de la historia postdiluviana. El trono de Dios está en los cielos, y la promesa, que él ha ofrecido a los patriarcas a favor de la humanidad no se refiere a la promesa del cielo, sino a la posesión de la tierra (Sal 37, 22). Esta promesa se mantiene por ahora limitada al mundo presente, pero el Nuevo Testamento supera esa limitación, de forma que la κληρονομία o herencia abarcará ya cielo y tierra.

Esta limitación del Antiguo Testamento encuentra una expresión posterior en el Sal 115, 17 (cf. לֹא הַמֵּתִים יְהַלְלוּ־יָהּ וְלֹא כָּל־יֹרְדֵי דוּמָה, los muertos no alabarán a Yahvé, ni todos los que bajan al silencio). Esa palabra, דוּמָה, *silencio*, lo mismo que en el Sal 94, 17 está evocando la tierra muerta del Hades.

El Antiguo Testamento no conoce nada de una *ecclesia* o iglesia celestial que alaba a Dios sin descanso; una iglesia que no consta meramente de ángeles, sino también de espíritus de hombres que mueren en fe. Sin embargo, no faltan en el Antiguo Testamento algunas señales que evocan el futuro de la vida de los hombres, señales que fueron mejor entendidas en los momentos finales del Antiguo Testamento, señales que se entenderán finalmente mejor en el Nuevo Testamento.

La mañana del Nuevo Testamento comenzó a amanecer sobre el silencio de la iglesia postexílica. Por eso, no podemos extrañarnos de escuchar el tono de textos como los de Sal 6, 6; Sal 30, 10; Sal 88, 11-13, esparcidos por aquí y por allí en el salterio. En esa línea se puede reinterpretar el sentido de la confesión final de este salmo (cf. Sal 115, 18), en la que se dice: "Pero nosotros confesaremos a Yahvé desde ahora y para siempre" (וַאֲנַחְנוּ נְבָרֵךְ יָהּ מֵעַתָּה וְעַד־עוֹלָם).

Eso significa que la iglesia (es decir, la comunidad creyente) no muere. Mueren los individuos, pero el pueblo creyente no muere, de forma que el salmista puede saber y confesar (partiendo, por ejemplo, de Is 26, 19 y 25, 8) que hay algo de la vida de los creyentes que no termina (que no se destruye en la muerte), por más que los miembros individuales de la iglesia mueran. En esa línea, la conclusión del salmo muestra que esas predicciones que iluminan la vida del más allá fueron convirtiéndose solo gradualmente en elementos o, mejor dicho, en anticipos y promesas de los dogmas posteriores de la Iglesia universal cristiana.

Salmo 116. Canto agradecido de uno que ha escapado de la muerte

¹ אָהַבְתִּי כִּי־יִשְׁמַע׀ יְהֹוָה אֶת־קוֹלִי תַּחֲנוּנָי:
² כִּי־הִטָּה אָזְנוֹ לִי וּבְיָמַי אֶקְרָא:
³ אֲפָפוּנִי׀ חֶבְלֵי־מָוֶת וּמְצָרֵי שְׁאוֹל מְצָאוּנִי צָרָה וְיָגוֹן אֶמְצָא:
⁴ וּבְשֵׁם־יְהֹוָה אֶקְרָא אָנָּה יְהֹוָה מַלְּטָה נַפְשִׁי:
⁵ חַנּוּן יְהֹוָה וְצַדִּיק וֵאלֹהֵינוּ מְרַחֵם:
⁶ שֹׁמֵר פְּתָאיִם יְהֹוָה דַּלּוֹתִי וְלִי יְהוֹשִׁיעַ:
⁷ שׁוּבִי נַפְשִׁי לִמְנוּחָיְכִי כִּי־יְהֹוָה גָּמַל עָלָיְכִי:
⁸ כִּי חִלַּצְתָּ נַפְשִׁי מִמָּוֶת אֶת־עֵינִי מִן־דִּמְעָה אֶת־רַגְלִי מִדֶּחִי:
⁹ אֶתְהַלֵּךְ לִפְנֵי יְהֹוָה בְּאַרְצוֹת הַחַיִּים:
¹⁰ הֶאֱמַנְתִּי כִּי אֲדַבֵּר אֲנִי עָנִיתִי מְאֹד:
¹¹ אֲנִי אָמַרְתִּי בְחָפְזִי כָּל־הָאָדָם כֹּזֵב:
¹² מָה־אָשִׁיב לַיהֹוָה כָּל־תַּגְמוּלוֹהִי עָלָי:
¹³ כּוֹס־יְשׁוּעוֹת אֶשָּׂא וּבְשֵׁם יְהֹוָה אֶקְרָא:
¹⁴ נְדָרַי לַיהֹוָה אֲשַׁלֵּם נֶגְדָה־נָּא לְכָל־עַמּוֹ:
¹⁵ יָקָר בְּעֵינֵי יְהֹוָה הַמָּוְתָה לַחֲסִידָיו:
¹⁶ אָנָּה יְהֹוָה כִּי־אֲנִי עַבְדֶּךָ אֲנִי־עַבְדְּךָ בֶּן־אֲמָתֶךָ פִּתַּחְתָּ לְמוֹסֵרָי:
¹⁷ לְךָ־אֶזְבַּח זֶבַח תּוֹדָה וּבְשֵׁם יְהֹוָה אֶקְרָא:
¹⁸ נְדָרַי לַיהֹוָה אֲשַׁלֵּם נֶגְדָה־נָּא לְכָל־עַמּוֹ:
¹⁹ בְּחַצְרוֹת׀ בֵּית יְהֹוָה בְּתוֹכֵכִי יְרוּשָׁלַ͏ִם הַלְלוּ־יָהּ:

¹ Amo a Jehová, pues ha oído mi voz, mis súplicas,

² porque ha inclinado a mí su oído; por tanto, lo invocaré en todos mis días.

³ Me rodearon ligaduras de muerte, me encontraron las angustias del sheol; angustia y dolor había yo hallado.

⁴ Entonces invoqué el nombre de Jehová, diciendo: ¡Jehová, libra ahora mi alma!

⁵ Clemente es Jehová, y justo; sí, misericordioso es nuestro Dios.

⁶ Jehová guarda a los sencillos; estaba yo postrado, y me salvó.

⁷ ¡Vuelve, alma mía, a tu reposo, porque Jehová te ha hecho bien!
⁸ pues tú has librado mi alma de la muerte, mis ojos de lágrimas y mis pies de resbalar.
⁹ Andaré delante de Jehová en la tierra de los vivientes.

¹⁰ Creí; por tanto hablé, estando afligido en gran manera.
¹¹ Y dije en mi apresuramiento: todo hombre es mentiroso.
¹² ¿Qué pagaré a Jehová por todos sus beneficios para conmigo?
¹³ Tomaré la copa de la salvación e invocaré el nombre de Jehová.
¹⁴ Ahora pagaré mis votos a Jehová delante de todo su pueblo.

¹⁵ Estimada es a los ojos de Jehová la muerte de sus santos.
¹⁶ Jehová, ciertamente yo soy tu siervo, siervo tuyo soy, hijo de tu sierva.
Tú has roto mis prisiones.
¹⁷ Te ofreceré sacrificio de alabanza e invocaré el nombre de Jehová.
¹⁸ A Jehová pagaré ahora mis votos delante de todo su pueblo,
¹⁹ en los atrios de la casa de Jehová, en medio de ti, Jerusalén. ¡Aleluya!

Este es otro salmo anónimo, que termina con un Aleluya. No es un canto de súplica con una perspectiva final feliz, como el Sal 115, sino un canto de acción de gracias, con el recuerdo reciente de un peligro mortal, del que el orante ha salido bien parado. No es tampoco un canto que proviene de la boca de la iglesia, sino más bien de los labios de un individuo que se distingue bien de la iglesia en cuanto tal. Un individuo que ha sido liberado del peligro es quien aquí canta la amable bondad que ha experimentado, y que lo hace con un lenguaje de tierno afecto.

Los LXX han dividido este ferviente canto en dos partes: 116, 1-9 y 116, 10-19, de manera que han elaborado a partir de él dos cantos de aleluya (mientras que antes habían unido en un solo salmo el 114 y el 115). Las cuatro secciones o estrofas, los principios de las cuales se corresponden entre sí (cf. 116, 1 y 116, 10, y por otra parte 116, 5 y 116, 15), aparecen aquí bien separadas.

Las palabras וּבְשֵׁם יְהוָה אֶקְרָא, *y el nombre de Yahvé invocaré*, se repiten tres veces. Al principio son retrospectivas, pero después se van convirtiendo en un voto de alabanza. La parte final de la composición se distingue no solo por el fuerte colorido arameo del lenguaje (con todo tipo de embellecimientos), sino también por el hecho de que se compone de pasados tomados de los salmos preexílicos. La apertura y expansión del comienzo de la primera estrofa, recuerdan la del Sal 118, y ofrecen un buen punto de partida para la exposición de todo el salmo.

116, 1-4. Las palabras אָהַבְתִּי כִּי־יִשְׁמַע יְהוָה, no significan solo "yo amo (estoy contento) porque ha oído Yahvé…", en el sentido de ἀγαπῶ ὅτι, amo porque… (Tucídides VI. 36), pues ese sentido es contrario al uso del hebreo; por otra parte, la traducción "amo que (me gusta que) Dios me responda…" resulta también superficial y poco apropiada para lo que sigue en 116, 2. Dado que 116, 3-4 provienen de Sal 18, 5-17, אהבתי ha de entenderse en la línea de 18, 2, con el sentido de "yo amo a Yahvé", de manera que el siguiente יהוה no se puede tomar como objeto gramatical, pero sí como objeto lógico.

Al poeta le agrada este uso pregnante del verbo, sin tener un objeto expreso, como vemos en אקרא (116, 2) y en האמנתי (116, 10). El *pasek* siguiente (כִּי־יִשְׁמַע‎ ׀ יְהוָה) tiene la finalidad de evitar que se fundan y unifiquen la "a" final de יִשְׁמַע y la *yod* o *alef* inicial de יְהוָה (pronunciado אדני, cf. Sal 56, 1-13; Sal 5, 2, tema desarrollado en Baer).

Por otra parte, la acentuación impide que se diga *vocem orationis meae*, la voz de mi súplica (contra la Vulgata y los LXX), y lo hace por medio del *mugrash* (אֶת־קוֹלִי). Según eso, la î de קוֹלִי no puede tomarse como vocal de conexión, en una perspectiva antigua (Ewiger, 211b), como tampoco en Lev 26, 42, sino que el poeta interpreta esas palabras (mi voz y mi súplica) en sentido permutativo y no de genitivo, como en el Sal 28, 6, de forma que אֶת־קוֹלִי תַּחֲנוּנַי debe traducirse "mi voz, mi suplica" (= mi voz y/o mi súplica).

La segunda כי (en 116, 2: כִּי־הִטָּה אָזְנוֹ לִי, porque ha inclinado su oído hacia mí) permite que la siguiente frase se tome como continuación confirmatoria de la primera. "Y en (todos) mis días le invocaré" (וּבְיָמַי אֶקְרָא) tiene el mismo sentido que en Is 39, 8 y Bar 4, 20 (cf. בחיי en el Sal 63, 5, *passim*) y equivale a "mientras yo viva".

En esas palabras seguimos escuchando el tono del Sal 18, 2, como continúa en Sal 116, 3-4 (pasaje tomado prestado del Sal 18). Pero en lugar de las "tinieblas" (del Hades) aquí tenemos מצרי, *angustiae*, las angustias, conforme a la palabra מסב del Sal 118, 5; Lam 1, 3 (Böttcher, *De inferis*, 423); las estrecheces o angustias del Sheol (וּמְצָרֵי שְׁאוֹל) son los peligros de muerte de los que nadie puede escapar.

Los futuros אמצא y אקרא (116, 3-4) están vinculados entre sí, y se refieren al pasado reciente o contemporáneo. La palabra אנה (אָנָּה יְהֹוָה מַלְּטָה נַפְשִׁי, ah, Yahvé, libra ahora mi alma!) con sentido suplicante (en vez de בקשה בלישן) suele escribirse con *he*; solo aquí y en otros cinco casos se escribe con *alef*, como observa justamente la Masora; por otra parte, tiene un *metheg* fijo, *por lo que la ah* final de *ānnah* (אֶקְרָא אָנָּה יְהֹוָה) está acentuada no meramente porque le sigue un יהוה que es igual a אדני en su pronunciación (véase *Coment.* a Sal 3, 8), sino en todos los casos, pues incluso allí donde el *metheg* se ha cambiado, poniendo el verbo en conjuntivo, ese cambio queda suplido por dos acentos diferentes, el segundo de los cuales indica el tono (como en Gen 50, 17; Ex 32, 31)[13].

---

13. Olvidando el sentido original del *metheg*, Kimchi toma אנה como *milel*. Pero los dos sistemas de puntuación, el palestino y el babilonio, coinciden en que el אנה suplicante es *milra*, mientras que el interrogativo es *milel* (con la excepción de nuestro texto donde la siguiente palabra empieza con *alef*, de Adonai, que sustituye a Yahvé). Pinsker (*Einleitung*, p. XIII) insinúa, en contra

Y en este momento, en vez de añadir lo que resulta obvio (y Dios me respondió), el poeta introduce una confesión laudatoria de verdades fundamentales que ha brotado en su mente de una forma viva al experimentar la respuesta de Dios, como veremos en los versos 5-9.

116, 5–9. A los dos primeros atributos de Dios (clemente y compasivo…, חַנּוּן מְרַחֵם) el poeta añade aquí el de justo (וְצַדִּיק) que incluye y pone de relieve todo lo que Dios dice de sí mismo en la gran confesión de Ex 34, 6 a partir de las palabras "rico en bondad y verdad o lealtad". Su amor se dirige de un modo especial hacia los simples y pequeños (LXX, τὰ νήπια, cf. Mt 11, 25) que necesitan su protección y se entregan en manos de ella.

שֹׁמֵר פְּתָאִים יְהֹוָה (פתאים, escucha Yahvé a los simples o sencillos, como en Prov 9, 6) es una palabra que también puede escribirse פתיים. El poeta ha experimentado el amor o protección de Dios en momentos de impotencia y gran necesidad. דלותי se acentúa aquí en la última, y no en la anteúltima sílaba, como en el Sal 142, 7. La acentuación se encuentra regulada por una ley fonética o rítmica que no ha sido aclarada todavía (cf. *Coment.* a Job 19, 17)[14].

La palabra יהושיע (cf. דַּלּוֹתִי וְלִי יְהוֹשִׁיעַ, estaba postrado y me salvó) es un tipo de *hifil* que se ha hecho común en un momento tardío del idioma hebreo, pero que tampoco falta en el período más antiguo, especialmente en poesía (Sal 45, 18, cf. Sal 81, 6; 1 Sam 17, 47; Is 52, 5). En el Sal 116, 7 hallamos un tipo semejante de soliloquia, que conocemos ya desde Sal 42, 1; Sal 103.

La petición שׁובי (cf. שׁוּבִי נַפְשִׁי לִמְנוּחָיְכִי, vuelve alma mía a tu reposo) está también aquí con *milra*, como en otros casos. El plural מנוחים significa descanso pleno y completo, un descanso que solo se encuentra en Dios, con un sufijo como el que aparece en Sal 103, 3-5. El perfecto גמל expresa la experiencia actual del orante, tal como queda ratificada en el Sal 116, 8 en los perfectos retrospectivos que están indicando que él ha superado un peligro de muerte.

En Sal 116, 8-9 escuchamos las palabras del Sal 56, 14 amplificadas, a las que podemos añadir las del Sal 27, 13, para descubrir así el sentido profundo de los pensamientos del poeta, que ha sido liberado de la muerte. מִן־דִּמְעָה (cf. אֶת־עֵינִי מִן־דִּמְעָה, mis ojos de las lágrimas) forma parte de las nuevas palabras con las que se indica el sentido de la salvación. En el Sal 116, 9 el poeta declara el

---

del Sistema palestino, que en los casos en los que אנא tiene dos acentos la puntuación resulta insegura, pero su insinuación proviene de un conocimiento deficiente de las implicaciones del tema.

14. Los gramáticos judíos, al menos en la medida en que conocemos sus interpretaciones, no ofrecen una explicación del caso. De Balmis piensa que estas formas en *milra* (בלותי, דלותי, y otras semejantes) han de tomarse como infinitivos. Pero, al mismo tiempo, habla de las diversas interpretaciones que existen sobre el tema.

resultado de su liberación divina, pues Dios le ha liberado de las lágrimas vinculadas con la angustia de la muerte.

El *hitpael* אתהלך (cf. אֶתְהַלֵּךְ לִפְנֵי יְהוָה, andaré ante Yahvé) indica la forma de ir y venir en torno (tras) el Señor. En vez de hablar de la tierra de los vivos (como en el Sal 27, 13), el salmista utiliza una expresión más general: בְּאַרְצוֹת הַחַיִּים, por las tierras de los vivientes, en un sentido más extenso. Por esas tierras camina el salmista, sin nada que impida la marcha de sus pies, sin nada que limite su morada, en la presencia de Yahvé, es decir, teniendo siempre ante sus ojos a Aquel que le ha liberado y le libera de la muerte.

116, 10–14. Dado que כִּי אֲדַבֵּר אָנִי, *por eso yo dije*, no introduce nada que indique un objeto concreto de fe, la expresión הֶאֱמַנְתִּי כִּי אֲדַבֵּר אָנִי ha de tomarse aquí en sentido absoluto: creí y por eso dije…, como en Job 24, 22; 29, 24. Con לֹא esa misma palabra (הֶאֱמַנְתִּי) significaría "no tener fe", es decir, desesperar. Pero ¿qué sentido tiene aquí? Los LXX traducen ἐπίστευσα, διὸ ἐλάλησα (creí, por eso hablé), que el Apóstol utiliza en 2 Cor 4, 13, aunque no estemos por ello obligados como Lutero a traducir: "Yo creo, por lo tanto, hablo".

כי no significa διὸ en el sentido de por eso. De todas maneras, conforme a su sentido, כי puede utilizarse en vez de לכן, y en esa línea podría traducirse como hace Hengstenberg: yo creí, por lo tanto, hablé, aunque estaba muy afligido. Pero esta traducción no recoge la articulación del texto, y no responde a su sintaxis. El texto podría traducirse mejor diciendo: "Yo he creído que tendría que hablar, es decir, que una vez más yo contaría con una liberación nueva de Dios, y que tendría que celebrarla manifestándola". Pero la conexión con los miembros paralelos del contexto, que es bastante genérica, se opone a esta traducción.

Hitzig intenta interpretar el texto como sigue: "Yo confío, cuando (כִּי, como en Jer 12, 1) debo hablar, aunque me encuentro muy afligido…"; es decir: yo estoy muy afligido, pero tengo confianza de no caer en el desaliento… Pero esta interpretación no parece acertada, porque las palabras del Sal 116, 10 no implican un lamento, sino una afirmación de desaliento ante la realidad.

Podemos decir que "he creído" y "he dicho" (הֶאֱמַנְתִּי כִּי אֲדַבֵּר y אֲנִי אָמַרְתִּי בְחָפְזִי, Sal 116, 10 y 116, 11) se sitúan en un mismo punto de tiempo, y en esa línea podemos interpretar "yo tenía fe por eso hablé (estaba obligado a hablar)". Pero la palabra אֲדַבֵּר se opone a esta forma de interpretar el tiempo a partir del presente.

Por todo eso, resulta mejor suponer que el Sal 116, 10 está recogiendo el sentido de todo lo que el salmista ha experimentado hasta ahora, como si dijera "Yo he mantenido hasta ahora la fe, y a consecuencia de ello, cuando hablo (cuando tengo que hablar) me encuentro profundamente afligido" (אֲנִי עָנִיתִי מְאֹד), con ענה como en el Sal 119, 67 (cf. árabe *'ná*, estar inclinado, más particularmente "en cautiverio", como en árabe *'l-'nât*, aquellos que están sometidos, abatidos).

En ese sentido, debemos recordar que el verso 116, 11 tiene un sentido retrospectivo. El salmista cree ahora en Dios porque está totalmente decepcionado de haber puesto su confianza en los hombres, y así termina diciendo, en su desesperación o abatimiento (tema del Sal 31, 23), como resultado de una condición profundamente abatida, que "todo hombre es mentiroso" כָּל־הָאָדָם כֹּזֵב: (πᾶς ἄνθρωπος ψεύστης, Rom 3, 4), pero que él cree en Dios.

Abandonado por todos aquellos de quienes podía haber esperado socorro y ayuda, el salmista recibe la experiencia de la verdad y la fidelidad de Dios. Avanzando en la línea de ese pensamiento, él pregunta a Dios en el Sal 116, 12: ¿cómo podré dar gracias a Dios por todos sus beneficios? y lo hace con מה (cf. מָה־אָשִׁיב לַיהוָה כָּל־תַּגְמוּלוֹהִי עָלָי.).

Según eso, la partícula מָה (en ¿cómo pagaré a Yahvé todos sus "beneficios" para conmigo?) ha de entenderse como acusativo adverbial, en vez de במה, como en Gen 44, 16. El sustantivo תגמול (beneficio) es en hebreo una palabra de formación posterior, y tiene el sufijo posterior arameo que no aparece en ningún otro lugar.

El poeta describe en el Sal 116, 13 la forma en que él puede y quiere dar gracias a su liberador (Dios), y lo hace utilizando una figura tomada de la fiesta judía de la pascua (cf. también Mt 26, 27): quiere dar gracias a Dios con una comida-memorial, celebrando la redención de Egipto. La copa de la salvación es aquella que se eleva y se bebe en el contexto de la acción de gracias por la múltiple y abundante salvación (ישועות) experimentada. Por su parte וּבְשֵׁם יְהוָה אֶקְרָא es la expresión usual para una invocación solemne y pública del nombre de Dios.

En el Sal 116, 14 esta acción de gracias se designa con las palabras נְדָרַי לַיהוָה אֲשַׁלֵּם, mis votos "pagaré" a Yahvé) que son las que utiliza (cf. נדר שלמי) ahora el poeta. El salmista quiere agradecer su salvación con una comida y bebida común y gozosa en la presencia de Dios, una comida asociada con los *shelamim* o sacrificios pacíficos.

La partícula נא unida a נגדה (cf. נֶגְדָה־נָּא, véase Sal 115, 2), de una manera muy libre, concede un tono más animado a la palabra a la que se añade. Dado que el salmista se encuentra impelido a dar gracias a Dios, de un modo franco y libre delante de toda la congregación, la partícula נא puesta al lado de נגד resulta más apropiada que el sufijo intencional *ah*.

116, 15–19. De todo lo que ha experimentado, el poeta infiere que *los santos de Yahvé* están bajo la providencia más especial de Yahvé, y así quiere mostrar que la muerte de los santos (de los *hasidim*) es muy dolorosa para Dios, y lo expresa de un modo muy solemne en 116, 15: la muerte de sus *hasidim* o fieles (con *lamed* de pertenencia) es muy "estimable, costosa, para Yahvé" (יָקָר בְּעֵינֵי יְהוָה הַמָּוְתָה לַחֲסִידָיו.).

En vez de la "muerte" se podría haber empleado la palabra "alma" o "sangre" de sus fieles, como en el pasaje primario del Sal 72, 14. Pero, como dice Grotius, *quae pretiosa sunt, non facile largimur* (en el sentido de "nos cuesta atribuir a Dios las cosas que son más costosas…"). La muerte de sus santos no es para Dios algo baladí o de menos importancia. Por eso, desde el Nuevo Testamento, podemos afirmar que él no ha permitido que su Hijo sea separado de él por la muerte[15].

Después de estas palabras, en 116, 16, el poeta sigue rogando a Dios y diciéndole: אָנָּה יְהוָה כִּי־אֲנִי עַבְדֶּךָ (ah, Yahvé, que soy tu siervo). Las peticiones que siguen no recogen externamente la oración del salmista en sí misma, sino aquello que él quiere expresar y ha expresado por medio de ellas, como en el caso de Job 21, 16.

De todas maneras, el contenido de esa oración del salmista queda implícito en su palabra más cordial, pues él sigue pidiendo אָנָּה יְהוָה, *sigue siendo para mí tan lleno de gracia, como me lo has probado hasta aquí*. El poeta se alegra y está orgulloso del hecho de que él pueda llamarse a sí mismo "siervo de Yahvé", כִּי־אֲנִי עַבְדֶּךָ.

Al citar a su madre dice que ella es sierva de Dios (אֲנִי־עַבְדְּךָ בֶּן־אֲמָתֶךָ, soy tu siervo, hijo de tu sierva, cf. 86, 16). El hebreo no tiene un femenino de siervo, en la forma de עבדה. La palabra árabe *amata* significa un tipo de "doncella, criada", pero que no es, tampoco en árabe una *'abdat*, una esclava. El dativo de objeto לְמוֹסֵרִי (cf. פִּתַּחְתָּ לְמוֹסֵרָי, has roto mis prisiones), de מוֹסְרִים, se utiliza con פִּתַּחְתָּ en vez del acusativo (al estilo del arameo), pero eso no sucede en el antiguo hebreo (e. g., Job 19, 3; Is 53, 11).

La finalidad de dar gracias públicamente al Dios que es autor de toda gracia se muestra ahora de un modo más fuerte, al final del salmo. Dado que aquí se pone el énfasis en el templo y en la congregación, lo que se está elaborando aquí es un tipo de liturgia de acción de gracias, como expresión de "pago" (de cumplimiento) de los votos.

En la palabra בְּתוֹכֵכִי (cf. 116, 19: בְּתוֹכֵכִי יְרוּשָׁלַיִם en medio de ti, Jerusalén, cf. Sal 135, 9) descubrimos por tercera vez un sufijo antiguo en "i", que es propio del arameo (cf. Sal 116, 7). Por medio de ese sufijo descubrimos que el poeta se vincula así con Yavé, נֶגְדָּה־נָּא (en medio de todo el pueblo), en los atrios de la casa de Yahvé (בְּחַצְרוֹת בֵּית יְהוָה). Y al final, como pensamiento que todo lo condensa, pensamiento con el que el salmo respira y concluye (se apaga), tenemos el Aleluya.

---

15. Las *Constituciones Apostólicas* (VI, 30) recomiendan que estas palabras u otras como estas se canten en los funerales de aquellos que mueren en la fe (cf. Augusti, *Denkwürdigkeiten*, IX, 563). En el reinado del emperador Decio, Babylas, obispo de Antioquía, lleno de santa esperanza, se enfrentó con la muerte cantando estas palabras.

Salmo 117. Invitación a los pueblos para que entren en el Reino de Dios

הַלְלוּ אֶת־יְהוָה כָּל־גּוֹיִם שַׁבְּחוּהוּ כָּל־הָאֻמִּים: ¹

כִּי גָבַר עָלֵינוּ׀ חַסְדּוֹ וֶאֱמֶת־יְהוָה לְעוֹלָם הַלְלוּ־יָהּ: ²

¹ Alabad a Jehová, naciones todas; pueblos todos, alabadlo,

² porque ha engrandecido sobre nosotros su misericordia,

y la fidelidad de Jehová es para siempre. ¡Aleluya!

El salmo anterior de acción de gracias, que terminaba con el Aleluya, está seguido por el Sal 117, el más corto de todos los salmos, un canto de Aleluya dirigido al mundo pagano. A pesar de su brevedad, es uno de los mayores testimonios del poder con el que, en medio del Antiguo Testamento, la misión universal de la religión (revelación) protestó en contra de la limitación nacional en la que podía caer un tipo de judaísmo, superándola por dentro. Este salmo ha sido sellado por el Apóstol en Rom 15, 11 como *locus classicus* (lugar clásico) para fundamentar participación gratuita de los paganos en la salvación prometida de Israel.

Incluso este salmo, el más corto de todos, tiene sus peculiaridades desde el punto de vista del lenguaje. En esa línea, debemos recordar que la palabra אֻמִּים (arameo אמיא, árabe *umam*) está atestiguada solamente aquí en el Antiguo Testamento hebreo, donde aparece solo en la forma femenina אמות, como apelativo de las tribus ismaelitas o madianitas. Por su parte, כָּל־גּוֹים son, en Sal 72, 11. 17, todos los pueblos sin distinción, y כָּל־הָאֻמִּים todas las naciones sin excepción.

Esta llamada universal está confirmada por el poder de *la misericordia* o ternura amante de Yahvé (חַסְדּוֹ) que se muestra poderoso sobre Israel, cubriendo y perdonando así con ella (con su hesed) de un modo superabundante (con גבר, como en el Sal 103, 11; cf. ὑπερεπερίσσευσε, Rom 5, 20, ὑπερεπλεόνασε, 1 Tim 1, 14) el pecado y la enfermedad de los hombres.

Esta llamada universal a la salvación está confirmada también por la verdad (אֱמֶת) de Dios, en virtud de la cual la historia humana culmina en la eternidad, en la que se verifican sus promesas. Misericordia y verdad (חַסְדּוֹ וֶאֱמֶת־יְהוָה) son los dos poderes divinos que un día se expresarán y desarrollarán perfectamente en Israel y que, yendo más allá de Israel, se abrirán y abarcarán al mundo entero.

Salmo 118. Canto de fiesta para la dedicación del nuevo templo

הוֹדוּ לַיהוָה כִּי־טוֹב כִּי לְעוֹלָם חַסְדּוֹ: ¹

יֹאמַר־נָא יִשְׂרָאֵל כִּי לְעוֹלָם חַסְדּוֹ: ²

³ וְיֹאמְרוּ־נָא בֵית־אַהֲרֹן כִּי לְעוֹלָם חַסְדּוֹ׃

⁴ יֹאמְרוּ־נָא יִרְאֵי יְהוָה כִּי לְעוֹלָם חַסְדּוֹ׃

⁵ מִן־הַמֵּצַר קָרָאתִי יָּהּ עָנָנִי בַמֶּרְחָב יָהּ׃

⁶ יְהוָה לִי לֹא אִירָא מַה־יַּעֲשֶׂה לִי אָדָם׃

⁷ יְהוָה לִי בְּעֹזְרָי וַאֲנִי אֶרְאֶה בְשֹׂנְאָי׃

⁸ טוֹב לַחֲסוֹת בַּיהוָה מִבְּטֹחַ בָּאָדָם׃

⁹ טוֹב לַחֲסוֹת בַּיהוָה מִבְּטֹחַ בִּנְדִיבִים׃

¹⁰ כָּל־גּוֹיִם סְבָבוּנִי בְּשֵׁם יְהוָה כִּי אֲמִילַם׃

¹¹ סַבּוּנִי גַם־סְבָבוּנִי בְּשֵׁם יְהוָה כִּי אֲמִילַם׃

¹² סַבּוּנִי כִדְבוֹרִים דֹּעֲכוּ כְּאֵשׁ קוֹצִים בְּשֵׁם יְהוָה כִּי אֲמִילַם׃

¹³ דַּחֹה דְחִיתַנִי לִנְפֹּל וַיהוָה עֲזָרָנִי׃

¹⁴ עָזִּי וְזִמְרָת יָהּ וַיְהִי־לִי לִישׁוּעָה׃

¹⁵ קוֹל רִנָּה וִישׁוּעָה בְּאָהֳלֵי צַדִּיקִים יְמִין יְהוָה עֹשָׂה חָיִל׃

¹⁶ יְמִין יְהוָה רוֹמֵמָה יְמִין יְהוָה עֹשָׂה חָיִל׃

¹⁷ לֹא אָמוּת כִּי־אֶחְיֶה וַאֲסַפֵּר מַעֲשֵׂי יָהּ׃

¹⁸ יַסֹּר יִסְּרַנִּי יָּהּ וְלַמָּוֶת לֹא נְתָנָנִי׃

¹⁹ פִּתְחוּ־לִי שַׁעֲרֵי־צֶדֶק אָבֹא־בָם אוֹדֶה יָהּ׃

²⁰ זֶה־הַשַּׁעַר לַיהוָה צַדִּיקִים יָבֹאוּ בוֹ׃

²¹ אוֹדְךָ כִּי עֲנִיתָנִי וַתְּהִי־לִי לִישׁוּעָה׃

²² אֶבֶן מָאֲסוּ הַבּוֹנִים הָיְתָה לְרֹאשׁ פִּנָּה׃

²³ מֵאֵת יְהוָה הָיְתָה זֹּאת הִיא נִפְלָאת בְּעֵינֵינוּ׃

²⁴ זֶה־הַיּוֹם עָשָׂה יְהוָה נָגִילָה וְנִשְׂמְחָה בוֹ׃

²⁵ אָנָּא יְהוָה הוֹשִׁיעָה נָּא אָנָּא יְהוָה הַצְלִיחָה נָּא׃

²⁶ בָּרוּךְ הַבָּא בְּשֵׁם יְהוָה בֵּרַכְנוּכֶם מִבֵּית יְהוָה׃

²⁷ אֵל יְהוָה וַיָּאֶר לָנוּ אִסְרוּ־חַג בַּעֲבֹתִים עַד־קַרְנוֹת הַמִּזְבֵּחַ׃

²⁸ אֵלִי אַתָּה וְאוֹדֶךָּ אֱלֹהַי אֲרוֹמְמֶךָּ׃

²⁹ הוֹדוּ לַיהוָה כִּי־טוֹב כִּי לְעוֹלָם חַסְדּוֹ׃

(*En la salida*)

¹ Alabad a Jehová, porque él es bueno, porque para siempre es su misericordia.

² Diga ahora Israel que para siempre es su misericordia.

³ Diga ahora la casa de Aarón que para siempre es su misericordia.

⁴ Digan ahora los que temen a Jehová que para siempre es su misericordia.

(*Al caminar*)

⁵ Desde la angustia invoqué a Jah, y me respondió Jah, poniéndome en lugar espacioso.

⁶ Jehová está conmigo; no temeré lo que me pueda hacer el hombre.

⁷ Jehová está conmigo entre los que me ayudan; por tanto,
yo veré mi deseo en los que me aborrecen.

⁸ Mejor es confiar en Jehová que confiar en el hombre.

⁹ Mejor es confiar en Jehová que confiar en príncipes.

¹⁰ Todas las naciones me rodean; mas en el nombre de Jehová yo las destruiré.

¹¹ Me rodean y me asedian; mas en el nombre de Jehová yo las destruiré.

¹² Me rodean como abejas; se enardecen contra mí como fuego entre espinos; mas en el nombre de Jehová yo las destruiré.

¹³ Me empujaban con violencia para que cayera, pero me ayudó Jehová.

¹⁴ Mi fortaleza y mi cántico es Jah, y él me ha sido por salvación.

¹⁵ Voz de júbilo y de salvación hay en las tiendas de los justos;
la diestra de Jehová hace proezas.

¹⁶ La diestra de Jehová es sublime; la diestra de Jehová hace valentías.

¹⁷ ¡No moriré, sino que viviré y contaré las obras de Jah!

¹⁸ Me castigó gravemente Jah, pero no me entregó a la muerte.

(Al acercarse)
¹⁹ ¡Abridme las puertas de la justicia; entraré por ellas, alabaré a Jah!;

(Aquellos que reciben la procesión festiva)
²⁰ esta es la puerta de Jehová; ¡por ella entrarán los justos!

²¹ Te alabaré porque me has oído y me fuiste por salvación.

²² La piedra que desecharon los edificadores ha venido a ser la cabeza del ángulo.

²³ De parte de Jehová es esto y es cosa maravillosa a nuestros ojos.

²⁴ Este es el día que hizo Jehová; ¡nos gozaremos y alegraremos en él!

²⁵ Jehová, sálvanos ahora, te ruego; te ruego, Jehová, que nos hagas prosperar ahora.

²⁶ ¡Bendito el que viene en el nombre de Jehová! Desde la casa de Jehová os bendecimos.

²⁷ Jehová es Dios y nos ha dado luz; atad víctimas con cuerdas a los cuernos del altar.

(Respuesta de los que han llegado)
²⁸ Mi Dios eres tú y te alabaré; Dios mío, te exaltaré.

(Todos juntos)
²⁹ Alabad a Jehová, porque él es bueno, porque para siempre es su misericordia.

Lo que dice el final del Sal 117 (que la verdad o *emet* de Dios dura para siempre) lo dice el comienzo del Sal 118 sobre su "hermana", es decir, su *hesed* o amante ternura. Este es el salmo final del Hallel, que empieza en el Sal 113, y el tercero de los salmos "hodu", es decir, de alabanza (cf. lo dicho sobre el Sal 105). Este fue el salmo favorito de Lutero, su más famoso *Confitemini*, que le permitió superar sus tribulaciones, cosa que nadie, ni emperador ni rey, ni ningún otro hombre de la tierra pudo hacer. De la exposición de este salmo, su más noble joya, su defensa y tesoro, se ocupó él en la soledad de su Patmos.

Se trata, ciertamente, de un salmo postexílico. También en este caso, Hupfeld se deja llevar y lo difumina todo con vagas generalidades. Pero la historia del período que viene después del Exilio, sin necesidad de llegar a la época de los macabeos (como quieren De Wette y Hitzig), nos ofrece tres ocasiones en las que puede haber surgido este salmo:

- *En la Fiesta de los Tabernáculos*, en el séptimo mes del primer año del retorno, cuando en Jerusalén solo había un simple altar erigido sobre el lugar sagrado, cf. Esd 3, 1-4 (acontecimiento que debe distinguirse de la celebración posterior de la Fiesta de los Tabernáculos, ya con solemnidad, de acuerdo con las directrices de la Ley, Neh 8). Así lo supone Ewald.
- *En la colocación de la piedra fundacional del templo*, en el segundo mes del segundo año de la vuelta del exilio, como dice Esd 3, 8. Así piensa Hengstenberg.
- *En la dedicación del templo ya completado*, en el mes doce del sexto año de Darío, según Esd 6, 15. Esta es la opinión de Stier.

Estas tres referencias a la historia del salmo tienen argumentos a favor y en contra, como indicaré a continuación:

La primera opinión está favorecida por el hecho de que, en el tiempo del segundo templo, la palabra Hosanna, הוֹשִׁיעָה נָּא, del Sal 118, 25 era el grito con el que se celebraba (una vez cada día) la ofrenda de los sacrificios quemados sobre el altar, los seis días anteriores a la fiesta de los Tabernáculos, para repetirse siete veces, el día de la fiesta de los Tabernáculos.

Ese día séptimo se llamaba día del *Gran Hosanna* (*Hosanna rabba*), de manera que no se llamaban *Hosanna* solamente las oraciones de los fieles, sino también los ramos (incluidos los de mirto) que se unían al ramo de palmera (*lulab*), se llamaban "Hosannas" (הושענות, arameo הושעני). (Cf. mi trabajo *Der Hosianna-Ruf*, en *Talmudische Studien* VI, *Lutherische Zeitschrift*, 1855, p. 653-656).

La segunda referencia histórica esta favorecida por el hecho de que la narración de la colocación de la primera piedra del templo en Esd 3 parece referirse directamente a nuestro salmo cuando dice: "Y los constructores colocaron los fundamentos del templo de Yahvé, y los sacerdotes les acompañaban con las vestimentas oficiales y con trompetas, y los levitas descendientes de Asaf con címbalos, para alabar a Yahvé, conforme a las directrices de David, rey de Israel, y cantaban "porque es eterna su misericordia", כי־לעולם טוב חסדו, etc. El texto sigue diciendo que el pueblo gritaba con grandes voces, diciendo בהלל ליהוה, porque la casa de Yahvé había sido fundada.

Pero, en contra de esa datación del salmo, debemos recordar que tanto el Sal 116, 19 como el Sal 118, 20 suponen que el templo estaba ya terminado y en pleno funcionamiento, mientras que el relato de Esd 3 dice que el templo no estaba aún construido, sino que se estaba poniendo la primera piedra. Hasta que el templo se termine y pueda consagrarse tendrán que superarse numerosas dificultades que provenían de las intrigas de los samaritanos, de la hostilidad de los pueblos vecinos y del capricho de los gobernantes persas.

Por eso debemos optar por *la tercera posibilidad*: este salmo 118 se ha compuesto y celebrado (cantado) cuando el templo había sido ya construido y dedicado, tras el mes doce del sexto año de Darío, según Esd 6, 15. En esa línea podemos pensar que fue compuesto para la dedicación del templo, no para la celebración vinculada con la colocación de la primera piedra. Solo así se explican sin dificultad las palabras de 118, 19-20. Por otra parte, 118, 22 se entiende también mejor si el nuevo templo ha sido ya construido. Solo en esa línea pueden interpretarse las palabras de 118, 27 (atad víctimas con cuerdas a los cuernos del altar) a la luz de Esd 6, 17. El salmo se divide en dos partes:

— *La primera (118, 1-19) se canta en la procesión festiva de los sacerdotes y levitas*, que van ascendiendo al templo con los animales para el sacrificio. Con el Sal 118, 19 los miembros de la procesión se sitúan ante la puerta de entrada.

— *La segunda parte (Sal 118, 20-27) la canta el cuerpo de levitas* que reciben la procesión festiva. El Sal 118, 28 es la respuesta de aquellos que han llegado y el Sal 118, 29 es el canto de conclusión de todos.

Esta disposición antifonal la reconoce incluso el Talmud (*B. Pesachim*, 119a) y el Midrash. El salmo entero tiene, además, una formación peculiar: se parece a los cantos sapienciales, de tipo *mashal,* que se caracterizan por el hecho de que cada verso tiene por sí un sentido completo, su propio aroma, su matiz distinto. Cada verso se junta a otros versos como cada rama a otra rama, cada flor a otras flores.

118, 1-18. El grito de *Hodu* (הוֹדוּ לַיהוָה כִּי־טוֹב, alabad a Yahvé porque es bueno) está dirigido en primer lugar a todos; después al conjunto del pueblo de Israel con sus sacerdotes; y finalmente (como parece) a los prosélitos (véase *Coment.* a Sal 115, 9-11) que temen al Dios de la revelación; y a todos ellos les pide el salmista urgentemente que respondan con un eco afirmativo, diciendo que "sí", "porque es eterna su misericordia", a modo de hipofonía (estribillo o respuesta de fondo). De esa forma, todo Israel empieza en el Sal 118, 5 a responder como un solo hombre, alabando la bondad siempre generosa de Dios.

El monosílabo יָהּ (cf. מִן־הַמֵּצַר קָרָאתִי יָּהּ, desde la angustia invoqué a Ja/Ya, 118, 5), que podría volverse inaudible después de קָרָאתִי, tiene un *daggesh* enfático, como en el Sal 118, 18, y הַמֵּצַר lleva una tilde eufónica junto a מֵצַר (el así llamado מַקֵּל) que insiste en la recta pronunciación y tono de la sílaba con *dechî* (cf. Baer, *Thorath Emeth*, p. 7, nota 1, y p. 21, fin de nota 1). Como en otros lugares, la petición *escúchame* se puntúa עֲנֵנִי, con un acento no solo distintivo, sino conjuntivo[16].

La construcción es de tipo pregnante (como en Sal 22, 22; 28, 1; 74, 7; 2 Sam 18, 19; Esd 2, 62; 2 Cron 32, 1): él me respondió poniéndome en un lugar abierto (Sal 18, 20). Las dos líneas de 118, 5 terminan con un יָהּ. Sin embargo, la lectura בַמֶּרְחַבְיָהּ (con la יָהּ unida a בַמֶּרְחָב) se encuentra atestiguada por la Masora (véase Baer, *Psalterium*, pp. 132s), en lugar de בַמֶּרְחָב יָהּ.

Esa lectura tiene su apoyo, incluso en el Talmud (*B. Pesachim*, 117a), y significa una extensión sin límites (de Dios), pues יה expresa el grado más alto de comparación, como מאפליה en Jer 2, 31, que significa la más grande oscuridad. Incluso los LXX parece que han leído מרחביה de esa manera, como una palabra (εἰς πλατυσμόν, Símaco εἰς εὐρυχωρίαν). Sin embargo, el Targum y Jerónimo, leen y traducen el texto como lo hacemos nosotros, porque es muy improbable que en un mismo texto el nombre divino no haya sido utilizado de la misma manera.

En la mente del poeta, en 118, 6 (יְהוָה לִי לֹא אִירָא מַה־יַּעֲשֶׂה לִי אָדָם, *Yahvé está conmigo, no temeré ¿qué podrá hacerme el hombre?*), resuenan textos como Sal 56, 1-13 (cf. también Sal 56, 5. 10. 12). Por su parte, en el Sal 118, 7 escuchamos el eco de Sal 54, 1-7 (cf. Sal 54, 6). En ese último pasaje (Sal 54, 6) resulta más claro que en el Sal 118 la *beth* de בְעֹזְרִי (יְהוָה לִי בְּעֹזְרָי, Yahvé conmigo entre los que me ayudan) no está refiriéndose a *unus e multis*, uno entre muchos, sino a Aquel cuya ayuda sobrepasa con mucha la de todos los restantes.

El pueblo judío ha experimentado este socorro y ayuda de Yahvé en oposición a todas las persecuciones de los samaritanos y de los sátrapas persas durante la construcción del templo, y al mismo tiempo ha aprendido lo que se está diciendo en Sal 118, 7-8 (cf. Sal 146, 3), pues la confianza en Yahvé (en el sentido de חסה ב, cf. טוֹב לַחֲסוֹת בַּיהוָה, mejor es confiar en Yahvé...) se muestra verdadera, mientras que la confianza en los hombres, especialmente en los príncipes, resulta engañosa.

En ese contexto podemos recordar que, bajo el Pseudo-Esmerdis fue prohibida la obra de reconstrucción del templo de Jerusalén, comenzada bajo Ciro, porque se había tomado como sospechosa en el reinado de Cambises. Solo bajo el reinado de Darío esa obra pudo comenzar de nuevo. De esa manera mostró

---

16. Hitzig en *Coment.* a Prov 8, 22 piensa que la puntuación de עֲנֵנִי tiene *tarcha* (mientras en 1 Sam 28, 15 tiene *munach*). Pero en nuestro pasaje, si leemos בַמֶּרְחָב יָהּ como si fuera una solo palabra, con במרחביה, como hace la Masora, ענני ha de acentuarse más bien con *mugrash*. Por su parte, en 1 Sam 28, 15, la palabra ענני tiene una acentuación distinta (cf. *Biblia de Bomberg*, 1521). De todas formas, tanto la palabra צרפתני del Sal 17, 3 como הרני de Job 30, 19 (conforme a la opinión de Kimchi, *Michlol*, 30a), muestran que, lo mismo en un contexto conjuntivo como disyuntivo, la regla de acentuación no es invariable.

Yahvé que él dispone los acontecimientos y los corazones de los hombres a favor de su pueblo, de tal manera que ha podido surgir en el judaísmo la esperanza de que todas las naciones se someterán un día bajo el reinado de Israel, como muestra el Sal 118, 10.

Las frases de Sal 118, 10. 11. 12, expresadas con verbos en perfecto, han de entenderse de un modo hipotético, más que como descripción de hechos concretos. Los perfectos aparecen así como tiempos adecuado para indicar lo que podría suceder (lo que haría el creyente en caso de ser atacado...), cuando vienen seguidos por un futuro.

La expresión כל־גוים (cf. 118, 10: כָּל־גּוֹיִם סְבָבוּנִי בְּשֵׁם יְהֹוָה, *todas las naciones* me rodeaban, pero en nombre de Yahvé...) está refiriéndose aquí, como en el Sal 117, 1, a los pueblos paganos de todo tipo. דברים (cf. סַבּוּנִי כִדְבוֹרִים, me rodean como avispas) significan, tanto en arameo como en árabe (aunque con ז), tanto las moscas como las abejas, que se muestran especialmente agresivas en el tiempo de la cosecha.

El sufijo de אֲמִילַם (de מוּל igual a מלל, destruir, cortar en piezas) es el mismo que aparece en Ex 29, 30; Ex 2, 17, y con un acento conjuntivo en el Sal 74, 8. En este caso, la lectura אֲמִילַם, como יְחִיתַן, Hab 2, 17, es la mejor atestiguada (véase Gesenius, *Lehrgebude*, p. 177), y ha sido aceptada por Norzi, Heidenheim y Baer. La partícula כי (cf. בְּשֵׁם יְהֹוָה כִּי אֲמִילַם, pero en nombre de Yahvé les destruiré) ratifica el fundamento o razón de la acción triunfante de Dios (Sal 128, 2. 4), que aquí, tras "en el nombre de Yahvé" se utiliza como juramento, cf. 1 Sam 14, 44.

En sentido general, como ha demostrado Redslob, כי no es originalmente un relativo, sino una partícula positiva que determina e intensifica el sentido de la frase, apareciendo así como un sonido "demostrativo" (para ratificar algo), como la שׁ, ד, ז y también la ת (cf. ἐκεῖ, ἐκεῖνος, κεινος, *ecce, hic, illic*, etc.; véanse las formas dóricas τηνεί, τῆνος). La idea de rodear de manera amenazadora se intensifica en el Sal 118, 11 con la yuxtaposición de dos formas del mismo verbo (סַבּוּנִי גַם־סְבָבוּנִי, me rodeaban..., cf. Gesenius 67, nota 10), como en Os 4, 28; Hab 1, 5; Sof 2, 1, *passim*.

La imagen de las abejas está tomada de Dt 1, 44. El perfecto דֹּעֲכוּ (קוֹצִים דֹּעֲכוּ כְּאֵשׁ, me rodeaban como fuego en las zarzas..., cf. Is 43, 17), viene seguido, de forma instantánea e inesperada, por la destrucción de las abejas (בְּשֵׁם יְהֹוָה כִּי אֲמִילַם, en el nombre de Yahvé las destruiré...). El *pual* de דֹּעֲכוּ evoca el poder punitivo que se abalanza sobre ellas, de formas que son extinguidas (*exstinguuntur*) como por un fuego en las zarzas, un fuego que se apaga rápidamente cuando lo ha abrasado todo (Sal 58, 10).

En el Sal 118,13 el lenguaje del salmista se dirige de forma inmediata al poder hostil del mundo, como muestra la antítesis: empujaban, sí, me empujaban para que cayera (דָּחֹה דְחִיתַנִי לִנְפֹּל), con un infinitivo de intensificación; sobre la puntuación de לִנְפֹּל, cf. Sal 40, 15), pero Yahvé no permitirá que eso suceda. De esa forma retoma aquí el salmista, en el corazón y en la boca de Israel (cf. Sal 118, 14 e Is 12, 2), un tema tomado de Ex 15, 2.

La palabra עֻזִּי (cf. 118, 14: עָזִּי וְזִמְרָת יָהּ, mi fortaleza y mi canto es Jah) está expresando aquí (cf. Ewiger, 255a) la alta autoconciencia del pueblo, unida a la posesión de un gran poder divino, que se expresa a través de una exclamación de alegría. Sobre el sentido de זמרת, véase *Coment.* a Sal 16, 6. Dado que en aquel tiempo (cf. 118, 15a), קוֹל רִנָּה וִישׁוּעָה בְּאָהֳלֵי צַדִּיקִים, el grito de exultación y de salvación, es decir, de liberación y victoria, se escucha en las tiendas de los justos, se puede seguir cantando יְמִין יְהוָה עֹשָׂה חָיִל (cf. 118, 15b) para así indicar con toda claridad que la diestra de Yahvé hace proezas (cf. Num 24, 18).

Esto significa que Dios muestra su valor, expresa su energía, vence (mantiene la victoria). Por eso se añade יְמִין יְהוָה רוֹמֵמָה (la diestra de Yahvé es victoriosa, cf. Ewiger, 120d), con רוממה en *milra*, es decir, como adjetivo. Esa palabra רוֹמֵמָה viene de רמם igual a רום como שׁוֹמֵם viene de שׁמם y tiene un sentido claro, como adjetivo derivado de participio en *kal* (cf. *romēmáh*, forma plena de *ramáh*, Ex 14, 8, en la línea de *ramáh*, Is 26, 11).

No es su propia fuerza la que hace que Israel sea capaz de cantar victoria, sino la energía de la derecha de Yahvé. Habiendo llegado al borde del abismo, Israel ha vuelto a estar segura de su inmortalidad, porque Dios le ayuda. Ciertamente, Yahvé le ha castigado con severidad, יסרני (cf. יַסֹּר יִסְּרַנִּי יָּהּ, castigar, me ha castigado Yahvé), con el sufijo *anni* como en Gen 30, 6, y יָּהּ con un *daggesh* enfático, que no reduplica ni conecta (cf. Sal 118, 5; Sal 94, 12), sino que modera el ímpetu de la frase (Is 27, 7); pero no ha permitido que caiga en manos de la muerte, sino que ha reservado al pueblo para una vocación más alta, para que pueda ver las obras poderosas de Dios y proclamarlas a todo el mundo. Y con esas palabras, en medio de esa celebración festiva de la dedicación del templo, la procesión ha llegado al muro que rodea y separa al mismo templo.

118, 19-29. Las puertas del templo se llaman *puertas de justicia* (118, 19: שַׁעֲרֵי־צֶדֶק) porque ellas son las entradas que llevan al lugar de la comunicación entre Dios y su iglesia, de acuerdo con el orden de la salvación. La invocación y petición se dirige primero a las puertas en plural (שַׁעֲרֵי־צֶדֶק) y luego a una puerta única, que es la entrada principal (118, 20: זֶה־הַשַּׁעַר לַיהוָה צַדִּיקִים יָבֹאוּ בוֹ, *esta es la puerta de Yahvé*, los justos entrarán por ella). Los que entran por ella han de ser justos, pues solo la conformidad con el deseo amante de Dios concede el derecho de entrar por ella.

Con referencia a la formación de la conclusión del Sal 118, 19, cf. Ewiger, 347b. En el edificio del templo, el pueblo de Israel descubre ante sí un reflejo de aquello que ha tenido que soportar, tras haber sido liberado del castigo, algo que solo ha podido conseguir por la misericordia de Dios. Con la exultación de la multitud en el feliz comienzo de la reedificación se había mezclado, al colocar la piedra del cimiento, el hondo lamento de muchos sacerdotes ancianos, de levitas y jefes de las tribus que habían visto aún el primer templo (Esd 3, 12), en cuya comparación este nuevo templo era muy pobre.

Ese carácter mezclado y turbulento del momento presente les produjo tristeza de espíritu, por la consideración de las circunstancias opresoras en que se encontraban en ese momento. La comparación entre el gran templo antiguo destruido y el pequeño templo actual reconstruido pesaba de un modo muy intenso sobre su memoria, y les hacía estar tristes en medio de la alegría por haber reconstruido el templo[17].

Por otra parte, sobre Zorobabel, el líder de la reconstrucción, se elevaba una montaña de problemas: surgieron gigantescas dificultades y oposiciones entre la debilidad presente de Zorobabel y la culminación de la edificación del templo, que había empezado a construirse, pero que encontraba muchas dificultades para avanzar. Esta montaña de dificultades formaba parte del plan de Dios, que había destinado a Zorobabel para poner la piedra del cimiento y la piedra angular (הראשה האבן), para culminar en su forma actual la construcción del edificio, que fue así consagrado, en medio de un estallido de incesantes gritos de júbilo (Zac 4, 7).

El Sal 118, 22 remite al desdén con el que algunos habían mirado la obra del comienzo (Esd 3, 10) cuando se puso la primera piedra, evocando además las interrupciones en la construcción. Pues bien, aquella pequeña piedra de cimiento que había sido rechazada, desdeñada, por algunos "constructores", se había convertido, sin embargo, en la פנה ראש, i. e., la piedra angular de la construcción (Job 38, 6), como piedra que, al ser colocada en el ángulo, sostiene y protege la estabilidad del edificio. Aquella piedra, despreciada por otros (y por los gentiles) se había convertido en signo del poder y de la dignidad que Israel había alcanzado en medio de los pueblos, saliendo así de su honda humillación.

La palabra "constructores" se refiere de un modo irónico a los gentiles o a los pueblos enemigos de los judíos (cf. 118, 22: אֶבֶן מָאֲסוּ הַבּוֹנִים, la piedra que despreciaron los constructores). Esos "constructores" de grandes imperios han despreciado a los israelitas, pensando que serían incapaces de culminar la obra de edificación del templo. Por otra parte, ese desprecio puede referirse también a otros israelitas (como los samaritanos) que habían menospreciado los pequeños comienzos de la construcción del templo de Jerusalén. En otra perspectiva, ese desprecio se explica aún mejor en conexión con las declaraciones de Jesús, el Cristo, en Mt 21, 42-44; Mc 12, 10; Hch 4, 11, con la referencia a ὑφ᾽ ὑμῶν τῶν οἰκοδομούντων (vosotros, los constructores, cf. también 1 Ped 2, 7). En esa línea,

---

17. Kurtz, al oponerse a nuestra interpretación, reduce el número de los que lloraban, diciendo que eran solo unos pocos, pero la narración de Esdras dice lo contrario.

los constructores que despreciaban el pequeño comienzo del templo de Jerusalén eran los jefes y miembros del mismo Israel, y no los paganos.

A partir de 1 Ped 2, 6; Rom 9, 33 vemos que esta referencia a Cristo se pone de relieve por medio de Is 28, 16, donde Yahvé dice: "Mirad, soy yo quien ha puesto en Sión una piedra de prueba (de escándalo), una piedra angular preciosa, de bien fundados fundamentos —cualquiera que crea no vacilará". En ese sentido, a la luz de la profecía de Isaías, el Sal 118, 22 comienza a tener también un significado mesiánico, garantizado porque la historia de Israel ha sido recapitulada y culmina en la historia total de la revelación de Dios, culminada en Cristo.

Pues bien, conforme a Jn 2, 19-21 (cf. Zac 6, 12), esa recapitulación cristiana del salmo queda confirmada de un modo más preciso por el hecho de que aquel que, en su estado de humillación fue despreciado y rechazado (Jesús), se convierte en su estado de glorificación en el templo eterno y glorioso en el que habita corporalmente toda la plenitud de la divinidad, unida con la humanidad que ha sido redimida de una vez y para siempre.

Aquí se anticipa el gozo de la Iglesia ante el templo del cuerpo de Cristo que resucitó a los tres días de haber sido enterrado, un gozo que se expresa típicamente en estas palabras: "Porque por medio de Yahvé, es decir, por el poder que habita en él, ha venido a suceder esto, una cosa que es maravillosa ante nuestros ojos, recibiendo así su cumplimiento (el cumplimiento de lo anunciado por él)".

Esto es נִפְלָאת בְּעֵינֵינוּ, maravilloso ante nuestros ojos. Aquí podemos escuchar las palabras de Is 25, 9 resonando a través de este pasaje (Sal 118, 23-24), lo mismo que oíamos en las de Is 26, 1 y en el Sal 118, 19. El Dios de Israel ha realizado este cambio en la historia, un cambio tan glorioso para su pueblo, a través de Jesús. Así dice 118, 24: זֶה־הַיּוֹם עָשָׂה יְהוָה נָגִילָה וְנִשְׂמְחָה בוֹ, nos gozaremos y alegraremos en él. Según Crisóstomo estas palabras han sido un "*hypophon*", un canto de fondo, de gloria y gozo de la iglesia.

A partir de aquí, el salmista es ya capaz de pedir a Dios que envíe a su pueblo una salvación y prosperidad más honda, con toda su confianza fervorosa. Así comienza en 118, 25, empezando con אנא, cf. הוֹשִׁיעָה נָּא אָנָא יְהוָה הַצְלִיחָה נָּא. אָנָא יְהוָה, que aparece con *milra*, como en los restantes casos (véase *Coment.* a Sal 116, 4). הושיעה se acentúa como es costumbre en la penúltima sílaba, y vincula consigo la siguiente נא por medio de un *daggesh forte* de tipo conjuntivo.

Por su parte, הצליחה es *milra* conforme a la Masora y a otros testimonios antiguos, y en este segundo caso נא no tiene *daggesh*. Después de este aviso, pidiendo a todos que oren en la fiesta de acción de gracias, aquellos que reciben la procesión de los que están viniendo al templo (הבא con *dech*), les ofrecen la bienvenida en nombre de Yahvé (Sal 118, 26).

La expresión "desde la casa de Yahvé" (מִבֵּית יְהוָה), semejante a "desde la fuente de Israel" (Sal 68, 27) puede interpretarse como: bienvenidos vosotros, que pertenecéis a esta casa, y a la iglesia congregada en torno a ella. En la boca del pueblo, que daba su bienvenida a Jesús como Mesías, la palabra Hosanna (cf. 118, 25: הוֹשִׁיעָה נָּא) era equivalente a "Dios salve al rey" (cf. *Coment.* a Sal 20, 10). Los que recibían a Jesús llevaban al mismo tiempo ramos de palma, como los *lulabs* del grito gozoso de la Fiesta de los Tabernáculos, y le saludaban con el grito "Bendito el que viene en nombre del Señor" (118, 26: בָּרוּךְ הַבָּא בְּשֵׁם יְהוָה), tomándole como aquel que era el deseado para el día de la fiesta (Mt 21, 9).

Conforme al *midrash*, las palabras del Sal 118, 26 las pronuncia el pueblo que saluda de esa forma a los peregrinos. Sin embargo, en el sentido original del salmo son los levitas y sacerdotes que están sobre la colina del templo los que reciben y saludan de esa forma a la congregación que está llegando. La multitud de animales que ellos traen para el sacrificio se enumeran en Esd 6, 17. Fundados en el hecho de que Yahvé se ha mostrado a sí mismo como אֵל, Dios absolutamente poderoso, por haber concedido la luz a su pueblo, es decir, la ternura amorosa (*hesed*), la libertad y la alegría, los ministros del templo, que reciben a los peregrinos siguen diciendo en 118, 17: אִסְרוּ־חַג בַּעֲבֹתִים עַד־קַרְנוֹת הַמִּזְבֵּחַ, atad víctimas con cuerdas, a los cuernos del altar.

Esa expresión, *atad víctimas* (atad los sacrificios…) con cuerdas ha sido traducida de diversas formas, dependiendo del sentido que se dé a בַּעֲבֹתִים (que hemos empezado interpretando como "con cuerdas"). Los LXX ponen συστήσασθε ἑορτὴν ἐν τοῖς πυκάζουσιν, texto que el *Psalterium Romanum* interpreta así, *constituite diem solemnem in confrequentationibus* (instituid el día solemne de las reuniones mutuas…). Así traducen también Eusebio, Teodoreto y Crisóstomo (aunque este ultimo de un modo tanteante).

En un sentido algo distinto, el *Psalterium Gallicum* (de las Galias) traduce *in condensis*, mientras que Apollinar y Jerónimo ponen *in frondosis*. En esa línea, por mucho que la traducción de Lutero (adornad la fiesta con ramas verdes, incluso en los cuernos del altar) vaya en la línea de nuestro gusto alemán, debemos añadir que ella resulta insostenible, porque אסר (cf. אִסְרוּ־חַג) no puede significar rodear con guirnaldas, ni tiene sentido relacionar esa acción con חג.

En este contexto, A. Lobwasser traduce el texto de manera muchísimo más correcta, aunque con poco gusto: "El Señor es grande y poderoso de fuerza, él nos ilumina a todos; atad vuestros toros a los cuernos del lado del altar". Pero ¿por qué a los cuernos? También Hitzig y otros traducen así. Pero אִסְרוּ־חַג puede significar atar algo a algo? Y, ¿qué objeto tendría atar los sacrificios a los cuernos del altar? ¿Quizá para que no se pudieran escapar? Hengstenberg y Von Lengerke han hecho al menos el esfuerzo de desconectar estas palabras (en los cuernos del altar) con ese tipo de preocupación para que no se escapen los animales, poniendo "hasta que él (el animal para el sacrificio), sea elevado sobre los cuernos del altar y sacrificado".

Pero tampoco puede tratarse de eso. Ciertamente חג significa los animales para las ofrendas festivas, y había un gran número (según Esdras en el lugar citado 6, 12), de manera que todo el espacio del patio de los sacerdotes estaba lleno de ellos, y al tenerlos atados ocupaba todo el patio, hasta los mismos cuernos del altar. Ainsworth (1627) traduce rectamente: "Hasta los cuernos, es decir, en todo el patio de los sacrificios, hasta que uno llegara a los cuernos del altar...".

El significado de 118, 27 es, por tanto: llevad vuestros animales para la hecatombe, y tenedlos preparados para el sacrificio[18]. En 118, 28 (cf. Ex 15, 2), los miembros de la procesión festiva responden de acuerdo con el carácter de esa celebración, y con esa respuesta termina el salmo, retomando el motivo del principio, con un *hodu* (אֵלִי אַתָּה וְאוֹדֶךָּ, tú eres mi Dios y yo te alabaré). Con estas palabras se unen todas las voces y acaba el salmo.

Salmo 119. Veintidós series de aforismos de un perseguido por la fe

Al Sal 118, que era un Salmo-Hodu o de alabanza escrito, envuelto y ceñido en estilo gnómico, le sigue un salmo que es totalmente gnómico-didáctico, que consta de 176 versos masoréticos que se dividen en estrofas compuestas por dísticos y divididas según las 22 letras del alfabeto, de manera que se compone de 22 grupos que, según los expositores antiguos, formaban las ὀγδοάδες u *octonarii* de este salmo acróstico, organizado siguiendo las letras del alfabeto. Cada grupo u octonario contiene ocho versos (dísticos), de manera que cada uno de ellos comienza con la misma del alefato, en forma consecutiva, de manera que tenemos 22 grupos, cada uno de ellos compuestos por ocho versos (ocho *alefs*, ocho *betas*, etc.), lo que dan 176 versos.

Los salterios latinos (como el Veronense, y originalmente quizá todos los griegos) llevaban el nombre de cada letra delante de cada grupo. La traducción siríaca lleva los signos de las letras. Por otra parte, en la Biblia Complutense y en todas las demás, cada grupo comienza con una línea nueva.

El *Talmud, B. Berachoth*, dice de este salmo, "consta de ocho alefs, de ocho betas, etc". La *Masora* le llama רבא ביתא אלפא (muchas alfas, muchas betas...). El *Midrash* le llama מדרש אלפא ביתא (*midrash* de los alef, beth...). Por su parte la Peschita le llama אפי פסיקתא דתמניא. En las ediciones alemanas suele tener esta

---

18. En el lenguaje del ritual judío, *Isru-chag* (אִסְרוּ־חַג) se ha convertido en el nombre del día que sigue al último la fiesta, de forma que el Sal 118 es el que se utiliza para el אִסְרוּ־חַג de todas las reuniones festivas o מועדים.

inscripción: "El ABC dorado de la Alabanza Cristiana: Amor, Poder y Uso de la palabra de Dios".

Este salmo ofrece, de una forma inmejorable, aquello que la palabra de Dios es para el hombre, y la forma en que un hombre debe comportarse en relación con ella. La Masora observa que en este salmo solo hay un verso (119, 122) en el que no se contiene, de un modo u otro, una referencia a la palabra de la revelación (cosa que hallamos en los otros 175 versos)[19], de manera que la revelación de Dios se expresa a través de una cadena de sinónimos, vinculados de muchas maneras, que se van repitiendo a través de todo el salmo.

En conexión con esta disposición ingeniosa, pensada y desplegada de un modo muy artificioso, no puede ser accidental el hecho de que el nombre de Yahvé aparezca 22 veces, como ha observado Bengel, *bis et vicesies pro número octonariorum* (22 veces, una por cada octonario).

A pesar de todo esto, se han propuesto muchas visiones erróneas en relación a este salmo. En esa línea, Köster, Von Gerlach, Hengstenberg y Hupfeld han renunciado a todo intento de demostrar que haya en este salmo algún tipo de congruencia o plan establecido, de manera que no encuentran en su desarrollo nada más que una serie de máximas inconexas, sin ningún progreso o conexión interna. Ewald comienza sin más con la afirmación errónea de que este salmo nos sitúa ante una larga oración, propia de un anciano maestro experimentado; en contra de eso, como muestra el Sal 119, 9, el poeta de este salmo es un joven, como lo confirman también otros versos, como Sal 119, 99. 100.

El salmista es un joven que se encuentra en una situación descrita en el mismo salmo: un hombre del que otros se ríen, un oprimido, perseguido por aquellos que desprecian la palabra divina (pues la apostasía le rodea por doquier), y que de un modo especial se encuentra amenazado por un gobierno que se opone a la verdadera religión, cf. Sal 119, 23. 33. 46. 161.

El autor de este salmo yace en cadenas (Sal 119, 61, cf. Sal 119, 83), esperando la muerte (Sal 119, 109). Ciertamente, él reconoce en su dolor el hecho de que Dios le está humillando de un modo saludable, descubriendo que, en medio de esa situación, la palabra de Dios es su consuelo y su sabiduría. A pesar de eso, él pide ayuda, y ruega ansiosamente por ella.

Todo el salmo es la oración de un hombre (de un pueblo) que ruega a Dios que le conceda firmeza en medio de una raza impía y degenerada, desde el fondo de una gran turbación, producida por la pena que el salmista siente ante la apostasía

---

19. Esta es la observación de la Masora sobre el Sal 119, 122: en todos los demás versos de este salmo (menos en este) encontramos uno de los diez términos en los que se condensa y expresa el decálogo de la ley del Sinaí que son estas: palabra, dicho, testimonio, camino, juicio, precepto, mandamiento (צוּוּי), ley, estatuto, verdad (conforme a otra lectura: rectitud).

triunfante. Esta es una oración donde el salmista pide la liberación final, tal como se expresa en el grupo octavo (*kaph*), con una palabra que dice: *¿hasta cuándo?*

Si reconocemos esta línea "personal", claramente definida por el salmo, no será difícil descubrir su despliegue o proceso interior. Después que ha alabado la fidelidad a la palabra de Dios (*aleph*), y la ha presentado como virtud de todas las virtudes, de gran valor para el joven y para aquel que se pone en manos de la revelación de Dios (*beth*), el salmista eleva su plegaria, en medio de personas que le rodean, desprecian y persiguen, pidiendo la gracia de la iluminación (*gimel*), de la fortaleza (*daleth*), de la perseverancia (*he*), de la confesión adecuada y gozosa (*waw*).

La palabra de Dios ocupa todo su pensamiento y su búsqueda (*zajin*); por eso, el salmista se apoya en los que temen a Dios (*heth*), y reconoce el valor saludable del hecho de que Dios mismo le humille (*teth*), pero se muestra necesitado de consuelo (*yod*), suplicando ¿hasta cuándo? (*kaph*).

Sin la palabra de Dios, que es eterna, segura y poderosa, el salmista se hubiera desesperado (*lamed*). De esa manera muestra su sabiduría en medio de circunstancias difíciles (*mem*). Ha jurado fidelidad a la palabra y la mantiene estando perseguido (*nun*), de forma que aborrece y desprecia a los apóstatas (*samech*).

El salmista está oprimido, pero Dios no soportará que sea destruido (*ajin*). Pues bien, en esa situación, el salmista rechaza las acciones de los que actúan de un modo impío, de los hipócritas que derraman delante de él ríos de lágrimas falsas, para así oprimirle con más fuerza (*phe*). El salmista es un pobre y pequeño creyente (todavía joven), un despreciado a quien le está consumiendo el celo de la impiedad dominante (*tsade*).

Solo si Dios escuchara su grito de día y de noche (*koph*), él podría elevarse rápidamente, por la ayuda de la piedad divina (*resh*). Así reviviría él, que, estando perseguido por príncipes, se apoya solamente, con gran fuerza, en el Dios (*shin*), que debería buscarle a él, la oveja solitaria, que se encuentra en un gran peligro (*tau*).

Este esbozo del argumento del salmo, no recoge todos los pensamientos fundamentales de cada una de las ogdóadas, tal como podremos conocerlas si las estudiamos de un modo más preciso y detenido. Pero esto ya dicho es suficiente para mostrar que el salmo no carece de coherencia, ni de un movimiento progresivo. No se trata de un canto o poema teórico, que describe una situación simplemente ideal, sino que está basado en hechos que se fundan en relaciones públicas, sociales, de las que brota esta celebración múltiple de la palabra de Dios, como fruto de la enseñanza del salmista.

Es natural suponer que la composición del salmo tuvo lugar en unos tiempos en los que representantes de la dominación griega eran hostiles a los judíos, de manera que una parte considerable de los mismos judíos, que eran favorables al gobierno griego, perseguían con mucha fuerza a los confesores de la verdadera Torá. Así dice Hitzig: "Se puede asegurar que este salmo fue escrito en la edad de los macabeos por un ilustre israelita, que fue aprisionado bajo la autoridad de los gentiles. Resulta al menos probable que este salmo, trenzado de un modo bastante artificial, ofrezca de principio a fin una visión de conjunto de lo que siente la mente afligida y sometida de un confesor de la fe. Este salmo aparece en fin como la obra de un creyente que estando en prisión empleaba su tiempo en trenzar de forma armoniosa sus lamentos y sus pensamientos de consuelo".

1–8. Aleph (א)

¹ אַשְׁרֵי תְמִימֵי־דָרֶךְ הַהֹלְכִים בְּתוֹרַת יְהוָה:
² אַשְׁרֵי נֹצְרֵי עֵדֹתָיו בְּכָל־לֵב יִדְרְשׁוּהוּ:
³ אַף לֹא־פָעֲלוּ עַוְלָה בִּדְרָכָיו הָלָכוּ:
⁴ אַתָּה צִוִּיתָה פִקֻּדֶיךָ לִשְׁמֹר מְאֹד:
⁵ אַחֲלַי יִכֹּנוּ דְרָכָי לִשְׁמֹר חֻקֶּיךָ:
⁶ אָז לֹא־אֵבוֹשׁ בְּהַבִּיטִי אֶל־כָּל־מִצְוֹתֶיךָ:
⁷ אוֹדְךָ בְּיֹשֶׁר לֵבָב בְּלָמְדִי מִשְׁפְּטֵי צִדְקֶךָ:
⁸ אֶת־חֻקֶּיךָ אֶשְׁמֹר אַל־תַּעַזְבֵנִי עַד־מְאֹד:

¹ Bienaventurados los íntegros de camino, los que andan en la Ley de Jehová.
² Bienaventurados los que guardan sus testimonios y con todo el corazón lo buscan,
³ pues no hacen maldad los que andan en sus caminos.
⁴ Tú encargaste que tus mandamientos sean guardados con esmero.
⁵ ¡Ojalá fueran estables mis caminos para guardar tus estatutos!
⁶ Entonces no sería yo avergonzado, cuando atendiera a todos tus mandamientos.
⁷ Te alabaré con rectitud de corazón cuando aprenda tus justos juicios.
⁸ ¡Tus estatutos guardaré! ¡No me abandones enteramente!

Las ocho Aleph. Bienaventurados aquellos que cumplen la voluntad de Dios. El poeta quiere ser uno de esos bienaventurados. Este salmo alfabético de gran extensión comienza de un modo apropiado, no solo con una simple alef, א (Sal 112, 1), sino con dos אַשְׁרֵי, *ashre*, bienaventurados (con alef inicial). Se refiere principalmente a los íntegros de vida, *integri viae* (vitae).

El Sal 119, 3 ofrece una honda descripción de aquellos a quienes se toma como bienaventurados. Los tiempos en perfecto alternan, como es habitual, con los futuros, utilizados como presentes. En el verso, Sal 119, 4, לשמר (cf. לִשְׁמֹר מְאֹד, para cumplirlos bien) expresa el propósito de aquello que se manda cumplir, y en 119, 5 se describe la finalidad de las directrices de la ley. אחלי (cf. 119, 5: אַחֲלַי יִכֹּנוּ דְרָכָי, ojalá fueran firmes mis caminos, como en 2 Rey 5, 3) se compone de אח y de לי (לוי), y por consiguiente significa "oh sí…". Sobre יכנו, cf. Prov 4, 26 (LXX: κατευθυνθείησαν, fueran rectos o firmes).

La visión retrospectiva de אז (cf. אָז לֹא־אֵבוֹשׁ, entonces yo no sería avergonzado) se expande en el Sal 119, 6: entonces yo… La expresión

בְּלָמְדִי מִשְׁפְּטֵי צִדְקֶךָ, "cuando aprenda los juicios de tu justicia", se refiere a las decisiones que se relacionan con el bien y con el mal y que hacen que se cumpla la justicia de Dios.

La palabra בלמדי (cuando aprenda) se refiere a las instrucciones de la Escritura en relación con la historia y conducta de los hombres (en especial de los israelitas). En el comienzo del salmo se destaca por tanto el estudio, como elemento central de la vida del sabio y cumplidor israelita, como un hombre instruido en la Ley.

9–16. Beth (ב)

⁹ בַּמֶּה יְזַכֶּה־נַּעַר אֶת־אָרְחוֹ לִשְׁמֹר כִּדְבָרֶךָ:
¹⁰ בְּכָל־לִבִּי דְרַשְׁתִּיךָ אַל־תַּשְׁגֵּנִי מִמִּצְוֹתֶיךָ:
¹¹ בְּלִבִּי צָפַנְתִּי אִמְרָתֶךָ לְמַעַן לֹא אֶחֱטָא־לָךְ:
¹² בָּרוּךְ אַתָּה יְהוָה לַמְּדֵנִי חֻקֶּיךָ:
¹³ בִּשְׂפָתַי סִפַּרְתִּי כֹּל מִשְׁפְּטֵי־פִיךָ:
¹⁴ בְּדֶרֶךְ עֵדְוֹתֶיךָ שַׂשְׂתִּי כְּעַל כָּל־הוֹן:
¹⁵ בְּפִקֻּדֶיךָ אָשִׂיחָה וְאַבִּיטָה אֹרְחֹתֶיךָ:
¹⁶ בְּחֻקֹּתֶיךָ אֶשְׁתַּעֲשָׁע לֹא אֶשְׁכַּח דְּבָרֶךָ:

⁹ ¿Con qué limpiará el joven su camino? ¡Con guardar tu palabra!

¹⁰ Con todo mi corazón te he buscado; no me dejes desviar de tus mandamientos.

¹¹ En mi corazón he guardado tus dichos, para no pecar contra ti.

¹² ¡Bendito tú, Jehová! ¡Enséñame tus estatutos!

¹³ Con mis labios he contado todos los juicios de tu boca.

¹⁴ Me he gozado en el camino de tus testimonios más que de toda riqueza.

¹⁵ En tus mandamientos meditaré; consideraré tus caminos.

¹⁶ Me regocijaré en tus estatutos; no me olvidaré de tus palabras.

Las ocho Beth. Actuando de acuerdo con la palabra de Dios, un joven estudiante de la ley puede caminar sin reproche. Esto es lo que el poeta desea, y lo que pide a Dios, al decirle que le asista de un modo gratuito con el fin de cumplir lo que le pide. Purificar o limpiar el camino o despliegue de su vida (זכה, cf. Sal 73, 13; Prov 20, 9) significa mantener pura esa vida, en todo su camino. La palabra זך (cf. בַּמֶּה יְזַכֶּה־נַּעַר אֶת־אָרְחוֹ, ¿cómo limpiará el joven su camino?) está vinculada al árabe *zk*, hacer que brille, *nitere*, que triunfe[20], limpiando así las manchas del pecado.

El Sal 119, 9b es la respuesta a la pregunta del Sal 119, 9a: לִשְׁמֹר (cf. כִּדְבָרֶךָ לִשְׁמֹר, guardando tu palabra), que significa *custodiendo semetipsum*, guardándose a sí mismo, porque שׁמר puede significar también "mantenerse en guardia de sí

20. La palabra recibe así el sentido de νικᾶν, vencer, como en árabe *ḏhr* y *bhr*, con el significado de *estar brillante*, lleno de poder. Cf. Fleischer en Levy, *Chaldäisches Wörterbuch*, I. 424.

mismo", sin necesidad de añadir נפשׁו (Jos 6, 18). En 119, 10-11, la antigua palabra clásica אמרתך (בְּלִבִּי צָפַנְתִּי אִמְרָתֶךָ, en mi corazón he guardado tus dichos, e. g., Sal 18, 31) alterna de un modo constante con דברך, tus caminos.

Ambas palabras se utilizan de un modo colectivo. Se dice aquí que uno guarda (צפן) la palabra de Dios en su corazón cuando la tiene siempre presente, no simplemente como un precepto externo, sino como un motivo y principio interior de actuación, en oposición a la acción egoísta (Job 23, 12).

El Sal 119, 12 pasa de la descripción anterior a la petición. El verbo ספרתי de 119, 13 no significa simplemente enumerar los mandamientos, sino "retomarlos" (recordarlos activamente), como en Dt 6, 7. El término עדות (cf. בְּדֶרֶךְ עֵדְוֺתֶיךָ שַׂשְׂתִּי כְּעַל כָּל־הוֹן:, me he alegrado en el camino de tus testimonios como en todo tipo de riquezas) puede ser el plural de עדות o de עדה, como en el Sal 119, 138; en ambos casos significa los "testimonios", es decir, las revelaciones en las que Dios se ha expresado a sí mismo o ha revelado su voluntad a lo largo de la historia, que el joven ha de estudiar.

Estrictamente hablando, כעל no significa, como en el Sal 119, 162, "más que" (cf. Olshausen), sino "como en todo tipo de" (abreviación de כאשר על). Los testimonios de Dios son toda la riqueza del justo israelita. En esa línea, הון, que ha aparecido ya en Sal 44, 13; Sal 112, 3 (como en árabe *hawn*, ser ligero, *levem*), significa aquello que tiene valor: los bienes, las *propiedades económicas*, véase Fleischer en Levy, *Chald. Wörterb*. I. 423s. Por su parte, ארחתיך, Sal 119, 15, son los caminos trazados por la palabra de Dios. Son estos los que el salmista quiere mantener con toda atención ante su mente.

17-24. Guimel (ג)

17 גְּמֹל עַל־עַבְדְּךָ אֶחְיֶה וְאֶשְׁמְרָה דְבָרֶךָ:

18 גַּל־עֵינַי וְאַבִּיטָה נִפְלָאוֹת מִתּוֹרָתֶךָ:

19 גֵּר אָנֹכִי בָאָרֶץ אַל־תַּסְתֵּר מִמֶּנִּי מִצְוֺתֶיךָ:

20 גָּרְסָה נַפְשִׁי לְתַאֲבָה אֶל־מִשְׁפָּטֶיךָ בְכָל־עֵת:

21 גָּעַרְתָּ זֵדִים אֲרוּרִים הַשֹּׁגִים מִמִּצְוֺתֶיךָ:

22 גַּל מֵעָלַי חֶרְפָּה וָבוּז כִּי עֵדֹתֶיךָ נָצָרְתִּי:

23 גַּם יָשְׁבוּ שָׂרִים בִּי נִדְבָּרוּ עַבְדְּךָ יָשִׂיחַ בְּחֻקֶּיךָ:

24 גַּם־עֵדֹתֶיךָ שַׁעֲשֻׁעָי אַנְשֵׁי עֲצָתִי:

17 Haz bien a tu siervo; que viva y guarde tu palabra.

18 Abre mis ojos y miraré las maravillas de tu Ley.

19 Forastero soy yo en la tierra; no encubras de mí tus mandamientos.

20 Quebrantada está mi alma de desear tus juicios en todo tiempo.

21 Reprendiste a los soberbios, malditos los que se desvían de tus mandamientos.

22 Aparta de mí la deshonra y el menosprecio, porque he guardado tus testimonios.

²³ Príncipes también se sentaron y hablaron contra mí;

mas tu siervo meditaba en tus estatutos,

²⁴ pues tus testimonios son mis delicias y mis consejeros.

Las ocho Guimel. Este es el deseo de su vida, y él debe cumplirlo, para superar el riesgo de caer bajo la maldición de la apostasía, y así lo hará, aunque deba sufrir persecución a causa de ellos. En el Sal 119, 17 se dice אחיה (cf. אֶחְיֶה וְאֶשְׁמְרָה דְבָרֶךְ, que viva y cumpla tu palabra) como en el Sal 118, 19, no ואחיה como en Sal 119, 77. 116. 144. Por su parte, la apódosis de imperativo comienza solo con ואשמרה (y cumpliré) mientras que אחיה es el mismo bien o recompensa por la que ruega el poeta.

En 119, 18 גל es imperativo apocopado *piel* de גלה (como גס en Dan 1, 12). וְאַבִּיטָה נִפְלָאוֹת מִתּוֹרָתֶךְ (cf. נפלאות, y miraré las maravillas de tu ley) es la palabra que se utiliza para poner de relieve *todo aquello que es sobrenatural y misterioso*, que es incomprensible para el entendimiento ordinario, aquello que solo por fe puede percibirse. Según eso, la Ley, Torá, contiene bajo la superficie de su letra una abundancia de "hechos maravillosos", en los que solo pueden penetrar unos ojos de los que Dios ha removido el velo de una visión corta. Ese es el origen de la petición de 119, 18.

No tenemos en la tierra un lugar de habitación y descanso seguro, sino que habitamos en ella como en una posesión extraña (Sal 119, 19; Sal 39, 13; 1 Cron 29, 15). Por eso, el poeta pide a Dios en el Sal 119, 19 que le muestre la forma de cumplir sus mandamientos (אַל־תַּסְתֵּר מִמֶּנִּי מִצְוֹתֶיךָ, no los encubras de mí), es decir, que le enseñe a conocer las normas de conducta para el viaje de su vida. Hacia eso tienden, según Sal 119, 20, sus deseos.

גרס (cf. גָּרְסָה נַפְשִׁי לְתַאֲבָה אֶל־מִשְׁפָּטֶיךָ, quebrada está mi alma de desear tus juicios), en *hifl* (cf. Lam 3, 16), significa está rota en piezas, como en árabe *jršˇ*, y también aquí, como en arameo גרס, estar aplastado, destruido... Por su parte, לתאבה (forma secundaria de אבה, cf. Sal 119, 40. 174) está indicando el estado de mente en que el alma se siente de tal forma dominada que tiene miedo de romperse, es decir, de perder su estabilidad, deseando que se muestre el juicio de Dios, con el ansia de que ella, el alma, pueda conocerlo, pues de lo contrario corre el riesgo de escindirse y partirse internamente.

En el Sal 119, 21 los LXX han captado la intención del salmista y lo han hecho probablemente mejor que los masoretas que han vocalizado el texto de otra forma, utilizando la palabra ἐπικατάρατοι, como en Sal 119, 59. 89. Así lo ha comprendido Kamphausen que acepta esa traducción de los LXX, pues ארורים como atributo es una palabra poco poética, y no puede utilizarse como acusativo de predicado, mientras que aparece naturalmente como predicado antes de צֹוֹתֶיךָ אֲרוּרִים הַשֹּׁגִים מִמִּ (malditos los que se separan de tus mandamientos, ממצותיך). Por su parte, אֲרוּרִים, son los malditos, de ארר, como el árabe *harra, detestari*, los detestados por Dios.

גל (cf. גַּל מֵעָלַי חֶרְפָּה, aparta de mí la deshonra), de גָּלַל, Jos 5, 9, tiene el sentido de "descubrir" (quitar la cubierta o velo), lo mismo que גלה, como en el Sal 119, 18, en contra de cubrirse con un velo (como, por ejemplo, en el Sal 69, 8), cf. Is 22, 8 (quizá también Lam 2, 14; 4, 22). En 119, 23, como en Jer 36, 25, גם tiene el sentido de גם־כִּי, *etiamsi*, también. Por su parte, en 119, 24, el mismo גם tiene el sentido de *sin embargo*, ὅμως, Ewiger, 354a. Sobre בִּי נִדְבְּרוּ (hablaron en contra de mí), cf. Ez 33, 30. Como en un juicio para asuntos criminales, los príncipes se sientan y deliberan sobre la forma en que podrán hacer que el salmista (el estudioso de la ley) no pueda ser un motivo de preocupación o de condena (de peligro) para ellos.

25–32. Daleth (ד)

דָּבְקָה לֶעָפָר נַפְשִׁי חַיֵּנִי כִּדְבָרֶךָ׃ ²⁵
דְּרָכַי סִפַּרְתִּי וַתַּעֲנֵנִי לַמְּדֵנִי חֻקֶּיךָ׃ ²⁶
דֶּרֶךְ־פִּקּוּדֶיךָ הֲבִינֵנִי וְאָשִׂיחָה בְּנִפְלְאוֹתֶיךָ׃ ²⁷
דָּלְפָה נַפְשִׁי מִתּוּגָה קַיְּמֵנִי כִּדְבָרֶךָ׃ ²⁸
דֶּרֶךְ־שֶׁקֶר הָסֵר מִמֶּנִּי וְתוֹרָתְךָ חָנֵּנִי׃ ²⁹
דֶּרֶךְ־אֱמוּנָה בָחָרְתִּי מִשְׁפָּטֶיךָ שִׁוִּיתִי׃ ³⁰
דָּבַקְתִּי בְעֵדְוֹתֶיךָ יְהֹוָה אַל־תְּבִישֵׁנִי׃ ³¹
דֶּרֶךְ־מִצְוֹתֶיךָ אָרוּץ כִּי תַרְחִיב לִבִּי׃ ³²

²⁵ Abatida hasta el polvo está mi alma; ¡vivifícame según tu palabra!
²⁶ Te he manifestado mis caminos y me has respondido; enséñame tus estatutos;
²⁷ hazme entender el camino de tus mandamientos, para que medite en tus maravillas.
²⁸ ¡Se deshace mi alma de ansiedad; susténtame según tu palabra!
²⁹ Aparta de mí el camino de la mentira y en tu misericordia concédeme tu Ley.
³⁰ Escogí el camino de la verdad; he puesto tus juicios delante de mí.
³¹ Me he apegado a tus testimonios; Jehová, no me avergüences.
³² Por el camino de tus mandamientos correré cuando alegres mi corazón.

Las ocho Daleth. El salmista está en honda turbación y pide que Dios, a quien ha confiado su vida, le ofrezca consuelo y fuerza. Su alma se encuentra abatida en el polvo (Sal 44, 26), a causa de no ser reconocido, por tener que vivir como un proscrito, incapaz de levantarse a sí mismo. Por eso, en 119, 25, implora a Dios nueva fuerza y vida, en conformidad con y a través de su Palabra (חַיֵּנִי כִּדְבָרֶךָ, con חיה como en Sal 71, 20; Sal 85, 7).

Él se ha fundado en Dios, con toda su fuerza, y Dios no le ha dejado sin respuesta, sino que le ha llenado de dicha. Por eso, sigue pidiendo a Dios que le haga ir avanzando en la comprensión de su Palabra, a fin de que (aunque los hombres estén en su contra) él pueda mantenerse firme, 119, 26-27. Ese lamento y petición del Sal 119, 25 se renueva en 119, 28, donde el salmista dice דָלַף (cf. דָּלְפָה נַפְשִׁי מִתּוּגָה, se deshace mi alma de ansiedad). Es como si su misma vida se fundiera, derritiéndose en lágrimas. קִיֵּם es un *piel* de formación aramea, que pertenece al lenguaje del hebreo tardío.

En Sal 119, 29-30 se oponen entre sí los dos caminos, uno de fidelidad o perseverancia en la verdad y otro de mentira. La palabra חָנַן (cf. מִמֶּנִּי וְתוֹרָתְךָ חָנֵּנִי הָסֵר, en tu misericordia concédeme/enséñame tu ley) se construye con un doble acusativo, pues la ley o תּוֹרָה no se toma aquí de un modo rígido, como enseñanza fija, sino como una instrucción viva, que se va desplegando en el camino.

שִׁוָּה (cf. מִשְׁפָּטֶיךָ שִׁוִּיתִי, tus juicios he colocado..., en el sentido de שִׁוָּה לְנֶגֶד, ante mí, cf. Sal 16, 8) significa poner, colocar, instituir como *normans*, o norma fundante que se mantiene siempre ante los ojos.

El salmista se apoya y funda en los testimonios de Dios, y así pide a Yahvé que no frustre la esperanza que brota de esos mandamientos, conforme a su promesa (Sal 119, 31). De esa forma, el salmista puede caminar de un modo vigoroso y alegre, por la vía de los mandamientos de Dios, porque Dios ha ensanchado su corazón, concediendo y manteniendo al perseguido en el gozo de su confesión y en la confianza de la esperanza.

33-40. He (ה)

33 הוֹרֵנִי יְהוָה דֶּרֶךְ חֻקֶּיךָ וְאֶצְּרֶנָּה עֵקֶב׃

34 הֲבִינֵנִי וְאֶצְּרָה תוֹרָתֶךָ וְאֶשְׁמְרֶנָּה בְכָל־לֵב׃

35 הַדְרִיכֵנִי בִּנְתִיב מִצְוֹתֶיךָ כִּי־בוֹ חָפָצְתִּי׃

36 הַט־לִבִּי אֶל־עֵדְוֹתֶיךָ וְאַל אֶל־בָּצַע׃

37 הַעֲבֵר עֵינַי מֵרְאוֹת שָׁוְא בִּדְרָכֶךָ חַיֵּנִי׃

38 הָקֵם לְעַבְדְּךָ אִמְרָתֶךָ אֲשֶׁר לְיִרְאָתֶךָ׃

39 הַעֲבֵר חֶרְפָּתִי אֲשֶׁר יָגֹרְתִּי כִּי מִשְׁפָּטֶיךָ טוֹבִים׃

40 הִנֵּה תָּאַבְתִּי לְפִקֻּדֶיךָ בְּצִדְקָתְךָ חַיֵּנִי׃

³³ Enséñame, Jehová, el camino de tus estatutos y lo guardaré hasta el fin.

³⁴ Dame entendimiento, guardaré tu Ley y la cumpliré de todo corazón.

³⁵ Guíame por la senda de tus mandamientos, porque en ella tengo mi voluntad.

³⁶ Inclina mi corazón a tus testimonios y no a la avaricia.

³⁷ Aparta mis ojos para que no se fijen en cosas vanas; avívame en tu camino.

³⁸ Confirma tu palabra a tu siervo, que te teme.

³⁹ Quita de mí el oprobio que he temido, porque buenos son tus juicios.

⁴⁰ Puesto que he anhelado tus mandamientos; vivifícame en tu justicia.

Las ocho He. El salmista sigue pidiendo instrucción y guía, a fin de que pueda escapar de los caminos falsos del egoísmo y de la negación de los demás. El nombre עֵקֶב (cf.

וְאֶצְּרֶנָּה עֵקֶב, y lo guardaré para siempre), que se utiliza en general como un adverbio de acusativo con el significado de *ad extremum*, hasta el final (Sal 119, 33 y Sal 119, 112), es peculiar de nuestro poeta. En este contexto, el verbo וְאֶצְּרֶנָּה (con un *shewa* que recibe su matiz de la frase principal) se vincula con דרך, en el sentido de camino.

En la petición "dame entendimiento" (119, 34: הֲבִינֵנִי וְאֶצְּרָה תוֹרָתֶךָ), que aparece seis veces en este salmo, חבין es causativo, como en Job 32, 8 y con frecuencia en los escritos postexílicos. En 119, 36, el verbo בצע (cf. וְאַל־אֶל־בָּצַע, y no a la avaricia) que significa en su raíz "cortar", como κέρδος, ganancia, que rima por su sonido con κείρειν, cortar; significa una ganancia y adquisición conseguida dañando a otros, destruyendo su propiedad, por robo, engaño o extorsión (1 Sam 8, 3). Como sustantivo, esa palabra se refiere a un vicio, que es la avaricia y en general el egoísmo. שוא es aquello que no tiene valor real, que no ha sido concedido por Dios, aquello que se opone a la enseñanza y vida de Dios.

En 119, 37, בִּדְרָכֶךָ (cf. בִּדְרָכֶךָ חַיֵּנִי, dame vida en tu camino), que Heidenheim y Baer escriben erróneamente como בדרכיך con una *yod* plural, contraria a la Masora, es un plural defectivo, en la línea de חסדך, Sal 119, 41, וּמִשְׁפָּט, Sal 119, 43, etc. En el Sal 119, 38, la palabra "confirmar" (cf. בְּדָךְ אִמְרָתֶךָ הָקֵם לְעַ, fortalece o confirma a tu siervo en tu palabra) equivale a mantener firme la doctrina y promesa divina. Por su parte, la frase de relativo אֲשֶׁר לְיִרְאָתֶךָ, no se refiere a "tu siervo" (לעבדך), según 119, 85 (donde la expresión tiene un sentido diferente), sino a אמרתך: "Confirme a tu siervo tu palabra o promesa", pues eso es lo que quieres, que los hombres te puedan temer alcanzando así su plenitud" (cf. Sal 130, 4; Sal 40, 4).

Lo que el poeta teme en el Sal 119, 39 no es el reproche de los hombres (que le acusan de ser infiel a Dios), sino negar al mismo Dios. Según eso, משפטיך no son los juicios de Dios (es decir, sus actos de juicio), sino las decisiones reveladas de Dios, que son siempre buenas, porque al hombre que las cumple le va bien.

El salmista apela a Dios apoyándose en el conocimiento y experiencia que tiene de aquellos que tienen nostalgia de Dios. En esa línea, él funda su petición sobre el hecho de que Dios, en virtud de su justicia (es decir, por la fidelidad con la que mantiene su principio de gracia) cumplirá sus promesas y se apresurará a socorrerle, a él (al salmista) que en el momento presente se encuentra como muerto de tristeza y de pesadumbre.

41–48. Waw (ו)

⁴¹ וִיבֹאֻנִי חֲסָדֶךָ יְהוָה תְּשׁוּעָתְךָ כְּאִמְרָתֶךָ׃

⁴² וְאֶעֱנֶה חֹרְפִי דָבָר כִּי־בָטַחְתִּי בִּדְבָרֶךָ׃

⁴³ וְאַל־תַּצֵּל מִפִּי דְבַר־אֱמֶת עַד־מְאֹד כִּי לְמִשְׁפָּטֶךָ יִחָלְתִּי׃

⁴⁴ וְאֶשְׁמְרָה תוֹרָתְךָ תָמִיד לְעוֹלָם וָעֶד׃

45 וְאֶתְהַלְּכָה בָרְחָבָה כִּי פִקֻּדֶיךָ דָרָשְׁתִּי׃

46 וַאֲדַבְּרָה בְעֵדֹתֶיךָ נֶגֶד מְלָכִים וְלֹא אֵבוֹשׁ׃

47 וְאֶשְׁתַּעֲשַׁע בְּמִצְוֹתֶיךָ אֲשֶׁר אָהָבְתִּי׃

48 וְאֶשָּׂא־כַפַּי אֶל־מִצְוֹתֶיךָ אֲשֶׁר אָהָבְתִּי וְאָשִׂיחָה בְחֻקֶּיךָ׃

⁴¹ Venga a mí tu misericordia, Jehová; tu salvación, conforme a tu dicho.

⁴² Y daré por respuesta a quien me avergüenza que en tu palabra he confiado.

⁴³ No quites de mi boca en ningún tiempo la palabra de verdad,
porque en tus juicios espero.

⁴⁴ Guardaré tu Ley siempre, para siempre y eternamente.

⁴⁵ Y andaré en libertad, porque busqué tus mandamientos.

⁴⁶ Hablaré de tus testimonios delante de los reyes y no me avergonzaré.

⁴⁷ Me regocijaré en tus mandamientos, los cuales he amado.

⁴⁸ Alzaré asimismo mis manos a tus mandamientos que amo
y meditaré en tus estatutos.

Las ocho Waw. El salmista ruega por la gracia de la verdad y por poder confesarla de una forma gozosa y sin miedo. Los LXX traducen 119, 41, καὶ ἔλθοι ἐπ' ἐμὲ τὸ ἔλεός σου, y venga sobre mí tu misericordia, pero el Targum y Jerónimo (cf. Sal 119, 77; Is 63, 7) ponen rectamente la frase en plural (vengan a mí tus misericordias), las pruebas de la amante bondad de Dios, de acuerdo con sus promesas, de forma que él (el salmista) no se vea obligado a mantenerse ciego y callado ante la presencia de aquel que le reprocha, sino que sea capaz de responderle, bien fundado en su propia experiencia.

En 119, 42, el verbo ענה (cf. וְאֶעֱנֶה חֹרְפִי דָבָר, y responderé con palabra a quien me avergüenza), que en sí mismo tiene varios sentidos, recibe el significado de "responder" a través de la palabra, דבר, como aquí se indica (en el sentido de השיב דבר). El Sal 119, 43 se refiere también al deber de confesar a Dios. El significado de la oración es que Dios no puede soportar que el salmista se encuentre en una situación en la que sea incapaz de dar un testimonio de la verdad, porque el lenguaje muere en la boca de aquel que es indigno de confesar a Dios.

El salmista no tiene miedo por sí mismo, porque su esperanza está fundada en los juicios de Dios (119, 43: כִּי לְמִשְׁפָּטֶךָ יִחָלְתִּי, porque en tus juicios espero), con למשפט, como plural defectivo, lo mismo que en el Sal 119, 149 (comparar Sal 119, 156 y Sal 119, 175). Los futuros que siguen, de 119, 44 a 119, 48, declaran aquello que el salmista está dispuesto a realizar por la gracia de Dios, esforzándose en hacerlo: él quiere caminar en libertad (119, 45: וְאֶתְהַלְּכָה בָרְחָבָה כִּי), es decir, en un espacio extenso, sin estar impedido u oprimido. Eso no significa solo caminar con felicidad, sino hacerlo de un modo valiente, sin que otros se lo impidan, sin dejarse intimidar por nada, es decir, con una libertad interior que se manifiesta también de un modo externo.

En el Sal 119, 46 la Vulgata traduce: *et loquebar de (in) testimoniis tuis in conspectu regum et non confundebar'*, y hablaba de (en la línea de) tus mandamientos ante los reyes y no era confundido (no me avergonzaba). En un contexto cercano al de este pasaje se sitúa la confesión de Lutero en la Dieta de Augsburgo (año 1555), aunque esa traducción (siendo buena) no responde del todo al sentido original de los verbos en el texto original hebreo.

El gesto de levantar las manos en el Sal 119, 48 es la expresión de un deseo y anhelo ferviente, como muestran (en un contexto de oración) diversos pasajes de los salmos, como Sal 28, 2; Sal 63, 5; Sal 134, 2; Sal 141, 2 y otros muchos. El hecho de que en el verso siguiente (119, 48) se repitan las palabras de 119, 47, אֲשֶׁר אָהָבְתִּי (que he amado), puede deberse a una inadvertencia del copista. La expresión final וְאָשִׂיחָה בְחֻקֶּיךָ (y meditaré en tus estatutos) está evocando una meditación que puede ser silenciosa o audible (con palabras externas), por la que el orante queda absorbido en el objeto sobre el que medita, que son los estatutos o leyes de Dios.

49–56. Zain (ז)

```
⁴⁹ זְכֹר־דָּבָר לְעַבְדֶּךָ עַל אֲשֶׁר יִחַלְתָּנִי:
⁵⁰ זֹאת נֶחָמָתִי בְעָנְיִי כִּי אִמְרָתְךָ חִיָּתְנִי:
⁵¹ זֵדִים הֱלִיצֻנִי עַד־מְאֹד מִתּוֹרָתְךָ לֹא נָטִיתִי:
⁵² זָכַרְתִּי מִשְׁפָּטֶיךָ מֵעוֹלָם| יְהוָה וָאֶתְנֶחָם:
⁵³ זַלְעָפָה אֲחָזַתְנִי מֵרְשָׁעִים עֹזְבֵי תּוֹרָתֶךָ:
⁵⁴ זְמִרוֹת הָיוּ־לִי חֻקֶּיךָ בְּבֵית מְגוּרָי:
⁵⁵ זָכַרְתִּי בַלַּיְלָה שִׁמְךָ יְהוָה וָאֶשְׁמְרָה תּוֹרָתֶךָ:
⁵⁶ זֹאת הָיְתָה־לִּי כִּי פִקֻּדֶיךָ נָצָרְתִּי:
```

⁴⁹ Acuérdate de la palabra dada a tu siervo, en la cual me has hecho esperar.
⁵⁰ Ella es mi consuelo en mi aflicción, porque tu dicho me ha vivificado.
⁵¹ Los soberbios se han burlado mucho de mí, pero no me he apartado de tu Ley.
⁵² Me acordé, Jehová, de tus juicios antiguos, y me consolé.
⁵³ Horror se apoderó de mí a causa de los inicuos que abandonan tu Ley.
⁵⁴ Cánticos fueron para mí tus estatutos en la casa en donde fui extranjero.
⁵⁵ Me acordé en la noche de tu nombre, Jehová, y guardé tu Ley.
⁵⁶ Estas bendiciones tuve porque guardé tus mandamientos.

Las ocho Zain. La palabra de Dios es la esperanza y confianza del salmista por encima de todas las burlas que padece, y así, cuando arde por dentro lleno de indignación en contra de los apóstatas, la palabra de Dios le tranquiliza. Como en 119, 49, la expresión no es דברך (tus palabras), sino דבר (cf. זְכֹר־דָּבָר לְעַבְדֶּךָ, recuerda la palabra dada a tu siervo), el texto no puede interpretarse como en Sal 98, 3; Sal 106, 45.

Ese verso trata de la palabra concreta que Dios ha dirigido al salmista, dándole esperanza. זְכֹר es un *piel* causativo, como, por ejemplo, נשׁה (hacer olvidar, Gen 41, 51) con este sentido: recuerda que me has confortado, prometiéndome una solución bienaventurada, fundando así mi esperanza.

Este es su consuelo en medio de una situación de abatimiento: el hecho de que la declaración de la promesa de Dios le ha tranquilizado (119, 61), y le ha dado poder para revivir. Los soberbios הֱלִיצֻנִי (cf. זֵדִים הֱלִיצֻנִי עַד־מְאֹד) *ludificantur*, se han burlado mucho de mí. Estos soberbios, זדים son precisamente לצים, personas frívolas, libertinos, librepensadores (como en Prov 21, 24), en el sentido de que no acogen la palabra de Dios.

Desde ese fondo se entienden los זָכַרְתִּי מִשְׁפָּטֶיךָ מֵעוֹלָם (cf. משׁפטיך מעולם), recuerdo tus juicios antiguos), los juicios o decisiones de Dios, llenas de valor y de verdad, reveladas al pueblo de Israel desde los tiempos más antiguos. El recuerdo de esos "juicios" (acciones salvadoras de Dios) determina la suerte de un hombre, conforme a la manera que él tenga de aplicar esos juicios, de responder a ellos. El recuerdo de esos juicios concede consuelo al salmista, de manera que, conforme al uso posterior del lenguaje, el verbo en *hitpael* (וָאֶתְנֶחָם) puede traducirse "y fui consolado".

Sobre la palabra זלעפה (cf. 119, 53: זַלְעָפָה אֲחָזַתְנִי מֵרְשָׁעִים), el horror, la ira, se apoderó de mi vida, Sal 11, 6) y sobre el tema de fondo, cf. Sal 119, 21. 104. El poeta interpreta el mundo en el que vive como una "tierra de mi peregrinación" (בְּבֵית מְגוּרָי). Ciertamente, la tierra es de los hombres (Sal 115, 16), pero él (el salmista) no tiene en ella un lugar de descanso duradero (1 Cron 29, 15), pues su עולם בית o casa perdurable (Ecl 12, 5) se halla en Dios, fuera de ese mundo concreto en el que le acusan y persiguen sus enemigos (véase sobre Sal 119, 19; Sal 39, 13).

Los estatutos de Dios son aquí sus cantos, ellos le dan refrigerio espiritual, ellos endulzan la dureza de su peregrinación, ellos miden e impulsan sus pasos. El nombre de Dios ha estado hasta ahora en su mente, no solamente de día, sino también de noche, y a consecuencia de ello, él ha cumplido la ley de Dios (וָאֶשְׁמְרָה), una palabra cinco veces repetida en este salmo, cf. Sal 3, 6). Esa ley es el lote o tarea que le ha caído en suerte: mantener, observar, los preceptos de Dios. A otros les han caído en suerte otros lotes (Sal 4, 8), pero el suyo es el más importante o necesario.

57–64. Heth (ח)

⁵⁷ חֶלְקִי יְהוָה אָמַרְתִּי לִשְׁמֹר דְּבָרֶיךָ:
⁵⁸ חִלִּיתִי פָנֶיךָ בְכָל־לֵב חָנֵּנִי כְּאִמְרָתֶךָ:
⁵⁹ חִשַּׁבְתִּי דְרָכָי וָאָשִׁיבָה רַגְלַי אֶל־עֵדֹתֶיךָ:
⁶⁰ חַשְׁתִּי וְלֹא הִתְמַהְמָהְתִּי לִשְׁמֹר מִצְוֹתֶיךָ:
⁶¹ חֶבְלֵי רְשָׁעִים עִוְּדֻנִי תּוֹרָתְךָ לֹא שָׁכָחְתִּי:
⁶² חֲצוֹת־לַיְלָה אָקוּם לְהוֹדוֹת לָךְ עַל מִשְׁפְּטֵי צִדְקֶךָ:

63 חָבֵר אָנִי לְכָל־אֲשֶׁר יְרֵאוּךָ וּלְשֹׁמְרֵי פִּקּוּדֶיךָ׃

64 חַסְדְּךָ יְהוָה מָלְאָה הָאָרֶץ חֻקֶּיךָ לַמְּדֵנִי׃

⁵⁷ Mi porción es Jehová; he dicho que guardaré tus palabras.

⁵⁸ Tu presencia he suplicado de todo corazón;
ten misericordia de mí según tu palabra.

⁵⁹ Consideré mis caminos y volví mis pies a tus testimonios.

⁶⁰ Me apresuré y no me retardé en guardar tus mandamientos.

⁶¹ Compañías de impíos me han rodeado, mas no me he olvidado de tu Ley.

⁶² A medianoche me levanto para alabarte por tus justos juicios.

⁶³ Compañero soy yo de todos los que te temen y guardan tus mandamientos.

⁶⁴ De tu misericordia, Jehová, está llena la tierra. ¡Enséñame tus estatutos!

Las ocho Heth. Esta es su porción o herencia: entender y mantener la palabra de Dios, este es el objeto de su oración y de su agradecimiento incesante, esta es la gracia y la ayuda más grande que podía haber recibido. Conforme al Sal 16, 5 y al Sal 73, 26, las palabras חֶלְקִי יְהוָה se vinculan mutuamente.

La expresión del Sal 119, 57b es una inferencia que se deriva de ello, con ל אמר (cf. אָמַרְתִּי לִשְׁמֹר דְּבָרֶיךָ, he dicho que guardaré tus palabras), como en Ex 2, 14. De esta forma se verifica la división del verso. חִלִּיתִי פָנֶיךָ בְכָל־לֵב (cf. פְּנֵי חַלָּה, he querido, he pedido, ver tu rostro de todo corazón), como en el Sal 45, 13, es una expresión de ruego cariñoso, halagador, como en latín *caput mulcere (demulcere)*, acariciar la cabeza.

El poeta describe el hecho de volverse hacia la palabra de Dios en el Sal 119, 59 como el resultado de un cuidadoso ejercicio de su voluntad. Después de ello, el orante afirma en el Sal 119, 60 que cumplirá la palabra de Dios, de un modo gozoso e intenso, sin más deliberación, con alma y cuerpo, a pesar de que le rodeen las trampas de los malvados.

El significado de חבלי (cf. חֶבְלֵי רְשָׁעִים עִוְּדֻנִי, compañías de impíos me han rodeado) ha de verse a la luz del Sal 119, 110. La puntuación no distingue bien entre los dos posibles sentidos de חבלי, que son *dolores* (ὠδῖνας) o *trampas,* en el sentido de lazos (véase Sal 18, 5). Pero el significado que el término tiene en otros lugares hace que aquí también nos inclinemos por el sentido de "bandas", grupos (compañías) de malvados, cf. también 1 Sam 10, 5 (Böttcher, 800).

El agradecimiento le lleva a postrarse a medianoche (acusativo de tiempo, como en Job 34, 20) ante Dios, para orar. De un modo consecuente él se comporta de forma amistosa (= está estrechamente conectado, cf. Prov 28, 24) con aquellos que temen a Dios (119, 63: חָבֵר אָנִי לְכָל־אֲשֶׁר יְרֵאוּךָ). Apoyándose en la ternura amorosa de Dios, que aparece atestiguada en todas partes sobre el mundo (Sal 119, 64 = Sal 33, 5), el salmista implora para sí mismo la enseñanza interior de la palabra de Dios como la más alta y más deseada de sus mercedes.

65-72. Teth (ט)

65 טֹוב עָשִׂיתָ עִם־עַבְדְּךָ יְהֹוָה כִּדְבָרֶךָ׃

66 טוּב טַעַם וָדַעַת לַמְּדֵנִי כִּי בְמִצְוֹתֶיךָ הֶאֱמָנְתִּי׃

67 טֶרֶם אֶעֱנֶה אֲנִי שֹׁגֵג וְעַתָּה אִמְרָתְךָ שָׁמָרְתִּי׃

68 טוֹב־אַתָּה וּמֵטִיב לַמְּדֵנִי חֻקֶּיךָ׃

69 טָפְלוּ עָלַי שֶׁקֶר זֵדִים אֲנִי בְּכָל־לֵב אֶצֹּר פִּקּוּדֶיךָ׃

70 טָפַשׁ כַּחֵלֶב לִבָּם אֲנִי תּוֹרָתְךָ שִׁעֲשָׁעְתִּי׃

71 טוֹב־לִי כִי־עֻנֵּיתִי לְמַעַן אֶלְמַד חֻקֶּיךָ׃

72 טֽוֹב־לִי תוֹרַת־פִּיךָ מֵאַלְפֵי זָהָב וָכָסֶף׃

65 Bien has hecho con tu siervo, Jehová, conforme a tu palabra.

66 Enséñame buen sentido y sabiduría, porque tus mandamientos he creído.

67 Antes que fuera yo humillado, descarriado andaba; pero ahora guardo tu palabra.

68 Bueno eres tú, y bienhechor; ¡enséñame tus estatutos!

69 Contra mí forjaron mentira los soberbios,
pero yo guardaré de todo corazón tus mandamientos.

70 Se engrosó el corazón de ellos como sebo, mas yo en tu Ley me he regocijado.

71 Bueno me es haber sido humillado, para que aprenda tus estatutos.

72 Mejor me es la Ley de tu boca que millares de oro y plata.

Las ocho Teth. La palabra buena del Dios de la gracia es fuente de todos los bienes, y esa palabra se aprende en el camino de la humildad. El salmista revive su pasado y descubre en cada cosa que le ha sucedido la cita o llamada del Dios de la salvación, conforme al plan y al orden redentor de su palabra. La forma עבדך (cf. 119, 65: טֹוב עָשִׂיתָ עִם־עַבְדְּךָ, bien hiciste con tu siervo), que es la empleada fuera del estado de pausa, se utiliza aquí con *athnach*, aunque no esté precedida por *olewejored* (cf. Sal 35, 19; Sal 48, 11; Prov 30, 21).

Apoyándose de un modo creyente en los mandamientos, el salmista ruega a Dios que le enseñe buen discernimiento y conocimiento. טעם (cf. טוּב טַעַם וָדַעַת לַמְּדֵנִי, enséñame buen sentido y sabiduría) es la capacidad de distinguir entre el bien y el mal, y de descubrir el mal, como si fuera a través de un tacto especial. Por su parte, טוּב טַעַם, buen entendimiento, es una pareja de palabras vinculadas por su sentido profundo, como en el caso de לֵב טוב, buena disposición, amabilidad. Dios ha introducido al salmista en esta relación con su palabra al hacer que se mantenga en humildad, evitando así que él pudiera perder el buen camino.

אמרה en Sal 119, 67 (cf. וְעַתָּה אִמְרָתְךָ שָׁמָרְתִּי, pero ahora guardo tu palabra), lo mismo que en 119, 11, no es una palabra que ofrece una promesa, sino una que impone un deber. A Dios se le llama טוב porque tiene una disposición buena hacia los hombres, y מטיב (hacedor de bien) porque actúa conforme a esa buena disposición. Pues bien, el salmista pide a este Dios amoroso (Dios de gracia) que sea su maestro.

En su fidelidad a la palabra de Dios, el salmista no permitirá que le pervierta ninguna de las mentiras que los hombres orgullosos quieren imponer sobre él (Böttcher). Quizá mejor (cf. Job 13, 4), no permitirá que ellos le transformen de tal manera que su verdadera naturaleza resulte irreconocible, como si llevara por encima un emplasto o un revoque de cal (con טָפֵל, cf. טָפְלוּ עָלַי שֶׁקֶר זֵדִים, contra mí forjaron mentira los soberbios), como ha puesto de relieve el Targum, el Talmud y la traducción siríaca.

Las calumnias de los hombres han querido mancharle, transformarle en sentido malo, como si fuera una caricatura de sí mismo, como si estuviera cubierto con un emplasto de sebo grueso, haciéndole ser insensible y obstinado (cf. Sal 17, 10; Sal 73, 7; Is 6, 10; LXX ἐτυρώθη, Aquila ἐλιπάνθη, Símaco ἐμυαλώθη). En contra de eso, el salmista quiere mantenerse libre ante Dios, fundando su gozo y libertad en la ley de Dios, שעשע, con acusativo de objeto (cf. אֲנִי תוֹרָתְךָ שִׁעֲשָׁעְתִּי, yo en tu ley me he regocijado). De esa forma se muestra lo buena que ha sido la escuela de la aflicción, que le ha capacitado para lograr ese fin, por eso, él dice ahora: la palabra de Dios es más preciosa que todos los tesoros de la tierra.

73–80. Yod (י)

73 יָדֶיךָ עָשׂוּנִי וַיְכוֹנְנוּנִי הֲבִינֵנִי וְאֶלְמְדָה מִצְוֹתֶיךָ׃

74 יְרֵאֶיךָ יִרְאוּנִי וְיִשְׂמָחוּ כִּי לִדְבָרְךָ יִחָלְתִּי׃

75 יָדַעְתִּי יְהוָה כִּי־צֶדֶק מִשְׁפָּטֶיךָ וֶאֱמוּנָה עִנִּיתָנִי׃

76 יְהִי־נָא חַסְדְּךָ לְנַחֲמֵנִי כְּאִמְרָתְךָ לְעַבְדֶּךָ׃

77 יְבֹאוּנִי רַחֲמֶיךָ וְאֶחְיֶה כִּי־תוֹרָתְךָ שַׁעֲשֻׁעָי׃

78 יֵבֹשׁוּ זֵדִים כִּי־שֶׁקֶר עִוְּתוּנִי אֲנִי אָשִׂיחַ בְּפִקּוּדֶיךָ׃

79 יָשׁוּבוּ לִי יְרֵאֶיךָ (וְיָדְעוּ) [וְיֹדְעֵי] עֵדֹתֶיךָ׃

80 יְהִי־לִבִּי תָמִים בְּחֻקֶּיךָ לְמַעַן לֹא אֵבוֹשׁ׃

73 Tus manos me hicieron y me formaron;
hazme entender y aprenderé tus mandamientos.

74 Los que te temen me verán y se alegrarán, porque espero en tu palabra.

75 Conozco, Jehová, que tus juicios son justos
y que conforme a tu fidelidad me afligiste.

76 Sea ahora tu misericordia para consolarme,
conforme a lo que has dicho a tu siervo.

77 Vengan a mí tus misericordias para que viva, porque tu Ley es mi delicia.

78 Sean avergonzados los soberbios, porque sin causa me han calumniado;
pero yo meditaré en tus mandamientos.

79 Vuélvanse a mí los que te temen y conocen tus testimonios.

80 Sea mi corazón íntegro en tus estatutos, para que no sea yo avergonzado.

Las ocho Yod. Dios humilla, pero exalta de nuevo, conforme a su palabra. Por esto ruega el poeta, a fin de que pueda volverse ejemplo de consuelo para los que temen a Dios y ejemplo de confusión para sus enemigos. Es imposible que Dios pueda abandonar al hombre, que es su creatura, y negarle aquello que puede hacerle verdaderamente feliz, es decir, la comprensión y conocimiento de su palabra.

El poeta ruega a Dios que le conceda este don espiritual en el Sal 119, 73 (cf. Dt 32, 6; Job 10, 8; Job 31, 15); y así desea en el Sal 119, 74 que todos los que temen a Dios puedan ver en él (es decir, en el salmista) un ejemplo de la forma en que la palabra de Dios recompensa a los hombres (cf. Sal 34, 3; 35, 27; 69, 33; 107, 42 y otros pasajes).

El salmista conoce que los actos de juicio de Dios son pura justicia, es decir, están regulados por la santidad de Dios, de la que ellos brotan, y por la salvación de los hombres, que esos juicios procuran. En ese sentido, él reconoce que Dios le ha humillado, pero lo ha hecho conforme a su verdad (cf. וֶאֱמוּנָה עִנִּיתָנִי, con אמונה como acusativo adverbial, en vez de באמונה), para ofrecerle así su salvación, siendo fiel en su forma de tratarle, pues solo en la escuela de la aflicción uno aprende a estimar la palabra de Dios y a sentir su poder.

Pero el dolor, aunque se encuentre dulcificado por una comprensión más honda del designio salvador de Dios, es siempre amargo. Desde ese fondo se justifica la oración del Sal 119, 76, por la que el salmista pide a Dios que le conceda por misericordia su consuelo, de acuerdo con la palabra de promesa que ha concedido a su siervo (כְּאִמְרָתְךָ לְעַבְדֶּךָ, cf. Sal 119, 49).

La palabra עוּת, Sal 119, 78 (cf. יְבֹשׁוּ זֵדִים כִּי־שֶׁקֶר עִוְּתוּנִי, sean avergonzados los soberbios, porque sin causa me han humillado), pone de relieve la forma en que los poderosos del mundo han causado mal (han humillado) al salmista, como en Job 19, 6; Lam 3, 36. Por eso, el Sal 119, 79 insiste en el valor de la persona que ha sido injuriada, pidiendo a los justos que le reconozcan, que vengan en su ayuda (cf. Sal 73, 10; Jer 15, 19, con Prov 9, 4. 16).

En vez de וִידְעֵי (en la línea del Sal 119, 63), podemos leer según el *qetub* וְיָדְעוּ (cf. Sal 119, 125); en ese sentido, יָשׁוּבוּ לִי está indicando que, al volverse hacia el salmista, todos los que tienen deseos de aprender pueden enriquecer su vida con el conocimiento de su experiencia. Por eso, en el Sal 119, 80, el mismo salmista desea adquirir un conocimiento total, sin vacilaciones, una adhesión plena a la palabra de Dios, pues solo de esa forma él podrá superar el riesgo de ser ignominiosamente engañado, pudiendo al mismo tiempo ayudar a otros.

81–88. Kaph (כ)

81 כָּלְתָה לִתְשׁוּעָתְךָ נַפְשִׁי לִדְבָרְךָ יִחָלְתִּי׃

82 כָּלוּ עֵינַי לְאִמְרָתֶךָ לֵאמֹר מָתַי תְּנַחֲמֵנִי׃

83 כִּי־הָיִיתִי כְּנֹאד בְּקִיטוֹר חֻקֶּיךָ לֹא שָׁכָחְתִּי׃

84 כַּמָּה יְמֵי־עַבְדֶּךָ מָתַי תַּעֲשֶׂה בְרֹדְפַי מִשְׁפָּט:

85 כָּרוּ־לִי זֵדִים שִׁיחוֹת אֲשֶׁר לֹא כְתוֹרָתֶךָ:

86 כָּל־מִצְוֺתֶיךָ אֱמוּנָה שֶׁקֶר רְדָפוּנִי עָזְרֵנִי:

87 כִּמְעַט כִּלּוּנִי בָאָרֶץ וַאֲנִי לֹא־עָזַבְתִּי פִקֻּדֶיךָ:

88 כְּחַסְדְּךָ חַיֵּנִי וְאֶשְׁמְרָה עֵדוּת פִּיךָ:

81 Desfallece mi alma por tu salvación, pero espero en tu palabra.

82 Desfallecen mis ojos por tu palabra, diciendo, ¿cuándo me consolarás?

83 Aunque estoy como un odre expuesto al humo, no he olvidado tus estatutos.

84 ¿Cuántos son los días de tu siervo?

¿Cuándo harás justicia contra los que me persiguen?

85 Los soberbios me han cavado hoyos, mas no proceden según tu Ley.

86 Todos tus mandamientos son verdad. Sin causa me persiguen, ¡ayúdame!

87 Casi me han echado por el campo, pero no he dejado tus mandamientos.

88 Vivifícame conforme a tu misericordia y guardaré los testimonios de tu boca.

Las ocho kaph. Según la promesa hecha a Dios, ese fortalecimiento es el deseo más fuerte (כלה) *del salmista,* en este momento, cuando sus enemigos están decidiendo su ruina (כלה). Su alma y sus ojos languidecen como en Sal 69, 4; 84, 3, cf. Job 19, 27, buscando la salvación de Dios, es decir, deseando que ella pueda llegarle, conforme a su palabra o promesa, de forma que esa palabra pueda cumplirse.

En el Sal 119, 83, la partícula כי (cf. כִּי־הָיִיתִי כְּנֹאד בְּקִיטוֹר, aunque estuviera como un odre expuesto al humo) no contiene una afirmación, sino que plantea una hipótesis, como en el Sal 21, 12 y en otros casos. Aquí, como quizá también en el Sal 27, 10, esa partícula tiene el sentido de "aunque" (Ewiger, 362b). El salmista no ha rechazado la palabra de Dios y, sin embargo, ha venido a convertirse en una especie de odre de cuero ennegrecido y marchitado, envejecido, por el humo, por la envidia de sus enemigos.

La costumbre de los antiguos de colocar jarros con vino sobre fuego, a fin de que el vino envejezca más pronto y se vuelva más dulce (véase Rosenmüller), no nos ayuda a entender este pasaje. Ayuda quizá más a entenderlo el hecho de que los odres que no estaban en uso se colocaban en lo alto de la estancia, de forma que resulta evidente que ellos recibían el influjo del humo ascendente, aunque aquí no se haga ninguna mención a que en la estancia hubiera una chimenea.

De todas maneras, este pasaje no trata del humo material que envejece los odres de vino, sino que (como dice Hitzig) alude a un hombre que está encarcelado y que se encuentra constantemente expuesto a las maquinaciones de sus perseguidores, que son como el humo que mancha y envejece.

Con la partícula כמה, cf. en el Sal 119, 84 (cf. כַּמָּה יְמֵי־עַבְדֶּךָ; ¿cuántos, cuán pocos, son los días de tu siervo?), se pone de relieve el hecho de que nuestra vida de aquí abajo es corta, y así es corto también el tiempo en que puede revelarse la justicia divina. La palabra שִׂיחוֹת (cf. שִׂיחוֹת זֵדִים כָּרוּ־לִי, los soberbios han cavado hoyos para que me caiga) es antigua y aparece en el Sal 57, 7.

La cláusula de relativo del Sal 119, 85 (אֲשֶׁר לֹא כְתוֹרָתֶךָ, los que no proceden según tu ley) describe el orgullo de los que actúan en oposición (contradicción) a la Ley de Dios, queriendo así hacer que caigan y mueran los justos. Todos los mandamientos de Dios son una emanación de su fidelidad, y por eso exigen que los hombres respondan y actúen igualmente, mostrando su fidelidad a Dios. Pues bien, está fidelidad a Dios es lo que enfurece a los enemigos del salmista, que por eso le persiguen, queriendo destruirle, aplastándole sobre el suelo (כִּמְעַט כִּלּוּנִי בָאָרֶץ).

Muchos traducen אֶרֶץ por tierra (como si se opusiera a cielo). Pero la palabra "cielo" que aparece en el octonario siguiente está demasiado lejos para ser antítesis de "tierra", ni lo exige la frase (en contra de ἐν τοῖς ouranoi'j de Mt 5, 12, donde cielo se contrapone a tierra). Aquí hay que traducir, por tanto, *en (por) el campo* (cf. Sal 58, 3; 73, 9), donde ellos, los soberbios, piensan que son los únicos que tienen el derecho de habitar. De esa forma, casi le han destruido, pero el salmista ha conservado su fe, aunque pide a Dios ayuda, pues la necesita para no sucumbir.

89–96. Lamed (ל)

⁸⁹ לְעוֹלָם יְהוָה דְּבָרְךָ נִצָּב בַּשָּׁמָיִם:

⁹⁰ לְדֹר וָדֹר אֱמוּנָתֶךָ כּוֹנַנְתָּ אֶרֶץ וַתַּעֲמֹד:

⁹¹ לְמִשְׁפָּטֶיךָ עָמְדוּ הַיּוֹם כִּי הַכֹּל עֲבָדֶיךָ:

⁹² לוּלֵי תוֹרָתְךָ שַׁעֲשֻׁעָי אָז אָבַדְתִּי בְעָנְיִי:

⁹³ לְעוֹלָם לֹא־אֶשְׁכַּח פִּקּוּדֶיךָ כִּי בָם חִיִּיתָנִי:

⁹⁴ לְךָ־אֲנִי הוֹשִׁיעֵנִי כִּי פִקּוּדֶיךָ דָרָשְׁתִּי:

⁹⁵ לִי קִוּוּ רְשָׁעִים לְאַבְּדֵנִי עֵדֹתֶיךָ אֶתְבּוֹנָן:

⁹⁶ לְכָל תִּכְלָה רָאִיתִי קֵץ רְחָבָה מִצְוָתְךָ מְאֹד:

⁸⁹ Para siempre, Jehová, permanece tu palabra en los cielos.

⁹⁰ De generación en generación es tu fidelidad; tú afirmaste la tierra, y subsiste.

⁹¹ Por tu ordenación subsisten todas las cosas hasta hoy, pues todas ellas te sirven.

⁹² Si tu Ley no hubiera sido mi delicia, ya en mi aflicción hubiera perecido.

⁹³ Nunca jamás me olvidaré de tus mandamientos, porque con ellos me has vivificado.

⁹⁴ ¡Tuyo soy yo, sálvame, porque he buscado tus mandamientos!

⁹⁵ Los impíos me han aguardado para destruirme; mas yo consideraré tus testimonios.

⁹⁶ A toda perfección he visto fin; amplio sobremanera es tu mandamiento.

Las ocho Lamed. La vigorosa y consoladora palabra de Dios, a la que el poeta aquí apela es eterna e imperecedera por el constante testimonio que da de sí misma. El cielo es el lugar donde ella permanece y, por lo tanto, ella tiene cualidades de cielo y, ante todo, posee una estabilidad como la celeste. El Sal 89, 3 utiliza un lenguaje semejante en referencia a la fidelidad de Dios, a la que alude aquí el Sal 119, 90, diciendo que ella dura por todas las generaciones.

Dios ha establecido la tierra al crearla, y ella permanece como prueba práctica de la fidelidad infinita e incambiable de Dios. Cielo y tierra no son sujetos del Sal 119, 91 (en contra de Hupfeld), porque antes se ha mencionado aquí solo la tierra. La referencia a los cielos en 119, 89 tiene un carácter distinto.

Hitzig y otros piensan que el sujeto es לְמִשְׁפָּטֶיךָ עָמְדוּ הַיּוֹם (cf. 119, 91: לְמִשְׁפָּטֶיךָ, por tu ordenación permanecen hasta hoy…); pero el עבדיך posterior (כִּי הַכֹּל עֲבָדֶיךָ, pues todas las cosas te sirven) requiere un sujeto distinto, pues no son las ordenaciones o mandamientos las que obedecen a Dios, sino que han de hacerlo de un modo especial los hombres, en la línea de Num 35, 12; Jos 20, 6; Ez 44, 24.

Como muestra el siguiente הכל (cf. 119, 91: הַיּוֹם כִּי כִּי הַכֹּל עֲבָדֶיךָ, pues todas las cosas te obedecen), el sujeto de עָמְדוּ ha de tomarse en el sentido más general (cf. Job 38, 14): todos los seres del mundo son siervos (sujetos) de Dios, de manera que han de humillarse ante sus decisiones judiciales, tal como han sido formuladas en la Torá. La expresión הַיּוֹם tiene el sentido de hasta el día de hoy. Esta palabra de Dios, siempre segura, que todo lo fundamenta y sostiene, es la que ofrece su gozo al poeta, en medio de su aflicción, Sal 119, 92.

El salmista, que ha sido perseguido y arrojado al suelo, como si fuera un muerto, debe su vida a la palabra de Dios que le sostiene, Sal 119, 93. Como posesión y propiedad de Dios, en gesto de fe y amor, el poeta mira hacia adelante, esperando su salvación, 119, 94. Aunque los malhechores mientan esperando destruirle, con קוו (cf. לִי קִוּוּ רְשָׁעִים לְאַבְּדֵנִי, aunque aguarden para perderle), en sentido hostil, como en el Sal 56, 7 (con קוה, cf. חכה, de la raíz קוה, árabe *qawiya*, estar preparado, amenazar…), el salmista medita en los testimonios de Dios.

El salmista sabe por experiencia que todas las perfecciones (הלכת) de los hombres, y de la tierra entera, tienen un fin (es decir, acaban: una vez que han alcanzado su altura ellas descienden…); pero, en contra de eso, el salmista afirma que el mandamiento de Dios es רְחָבָה מִצְוָתְךָ מְאֹד, es amplio sobremanera (מִצְוָתְךָ mi en singular como en Dt 11, 22; cf. Job 11, 9), es ilimitado por su duración, así permanece para siempre.

97–104. Mem (ממ)

מָה־אָהַבְתִּי תוֹרָתֶךָ כָּל־הַיּוֹם הִיא שִׂיחָתִי: [97]

מֵאֹיְבַי תְּחַכְּמֵנִי מִצְוֺתֶךָ כִּי לְעוֹלָם הִיא־לִי: [98]

מִכָּל־מְלַמְּדַי הִשְׂכַּלְתִּי כִּי עֵדְוֺתֶיךָ שִׂיחָה לִי: [99]

מִזְּקֵנִים אֶתְבּוֹנָן כִּי פִקּוּדֶיךָ נָצָרְתִּי: [100]

מִכָּל־אֹרַח רָע כָּלִאתִי רַגְלָי לְמַעַן אֶשְׁמֹר דְּבָרֶךָ: [101]

מִמִּשְׁפָּטֶיךָ לֹא־סָרְתִּי כִּי־אַתָּה הוֹרֵתָנִי׃ 102

מַה־נִּמְלְצוּ לְחִכִּי אִמְרָתֶךָ מִדְּבַשׁ לְפִי׃ 103

מִפִּקּוּדֶיךָ אֶתְבּוֹנָן עַל־כֵּן שָׂנֵאתִי ׀ כָּל־אֹרַח שָׁקֶר׃ 104

97 ¡Cuánto amo yo tu Ley! ¡Todo el día es ella mi meditación!

98 Me has hecho más sabio que mis enemigos con tus mandamientos,
porque siempre están conmigo.

99 Más que todos mis enseñadores he entendido,
porque tus testimonios son mi meditación.

100 Más que los ancianos he entendido, porque he guardado tus mandamientos.

101 De todo mal camino contuve mis pies para guardar tu palabra.

102 No me aparté de tus juicios, porque tú me enseñaste.

103 ¡Cuán dulces son a mi paladar tus palabras! ¡Más que la miel a mi boca!

104 De tus mandamientos he adquirido inteligencia;
por tanto, he aborrecido todo camino de mentira.

Las ocho Mem. El salmista alaba la sabiduría práctica que enseña la Palabra de Dios que es para él muy dulce en su auténtico sentido. La preciosa ley de Dios, de la que él se ocupa de un modo incesante, le hace superior no solo a sus enemigos, en sabiduría (Dt 4, 6), inteligencia y juicios, sino a sus maestros y a los mismos ancianos (Job 12, 20). Había en aquel tiempo maestros y ancianos (πρεσβύτεροι) que (al igual que los saduceos helenizantes) se hallaban debido a su laxitud no muy lejos de la apostasía, y que persiguieron duramente a los jóvenes y fieles celosos de la ley de Dios.

La construcción del Sal 119, 98 se parece a lo que está en Joel 1, 20; Is 59, 12 y en otros textos. הִיא, ella, la Ley de Dios es todo el día, ella es mi meditación (cf. כָּל־הַיּוֹם הִיא שִׂיחָתִי). Esa ley se refiere a los mandamientos en su unidad; y él, el salmista, ha tomado posesión de esos mandamientos para siempre (cf. Sal 119, 111). En el texto que sigue, la Mishná (*Aboth* IV, 1) interpreta las palabras de un modo equivocado: de todos mis maestros adquiero yo entendimiento; pero la partícula מִן (de) que aparece en Sal 119, 98-100 no significan *de* (de ellos aprendo), sino *prae* (LXX ὑπὲρ), *por encima* de ellos aprendo.

Por la forma en que se escribe, el verbo כְּלָאתִי, Sal 119, 101, es un *lamed aleph* que se convierte en *lamed he*. Por su parte, הוֹרֵתַנִי (cf. 119, 102: כִּי־אַתָּה הוֹרֵתָנִי, porque tú me enseñaste), lo mismo que en Prov 4, 11 (cf. Ex 4, 15), está en escritura defectiva en vez de הוֹרִיתַנִי. La palabra נִמְלְצוּ, Sal 119, 103, no es equivalente a נִמְרְצוּ, Job 6, 25 (véase Job 6, 25; Job 16, 2-5), sino que, a consecuencia del dativo de objeto (לְחִכִּי, a mi paladar), significa algo que se come con agrado, aquello que tiene buen gusto (LXX ὡς gluke'a). En esa línea, sabiendo que מלץ es igual a מלט, ser suave, podemos traducir: ¡qué suaves son tus palabras (promesas), qué fácilmente entran (cf. Prov 23, 31) en mi paladar y dan gusto!

El nombre colectivo singular אִמְרָתְךָ está construido con un plural de predicado (cf. Ex 1, 10). El salmista no se limita a saborear el tiempo presente, separado de Dios, sino que su gusto más fuerte se centra y culmina en el futuro prometido de Dios. Por las leyes de Dios el salmista ha adquirido la capacidad de probar los espíritus; por eso él odia todos los caminos de la falsedad (igual que en 119, 128), es decir, todas las tendencias heterodoxas que responden al espíritu de su edad (de su tiempo), esperando la plena manifestación de la verdad de Dios.

105–112. Nun (נ)

105 נֵר־לְרַגְלִי דְבָרֶךָ וְאוֹר לִנְתִיבָתִי׃
106 נִשְׁבַּעְתִּי וָאֲקַיֵּמָה לִשְׁמֹר מִשְׁפְּטֵי צִדְקֶךָ׃
107 נַעֲנֵיתִי עַד־מְאֹד יְהוָה חַיֵּנִי כִדְבָרֶךָ׃
108 נִדְבוֹת פִּי רְצֵה־נָא יְהוָה וּמִשְׁפָּטֶיךָ לַמְּדֵנִי׃
109 נַפְשִׁי בְכַפִּי תָמִיד וְתוֹרָתְךָ לֹא שָׁכָחְתִּי׃
110 נָתְנוּ רְשָׁעִים פַּח לִי וּמִפִּקּוּדֶיךָ לֹא תָעִיתִי׃
111 נָחַלְתִּי עֵדְוֹתֶיךָ לְעוֹלָם כִּי־שְׂשׂוֹן לִבִּי הֵמָּה׃
112 נָטִיתִי לִבִּי לַעֲשׂוֹת חֻקֶּיךָ לְעוֹלָם עֵקֶב׃

105 Lámpara es a mis pies tu palabra y lumbrera a mi camino.
106 Juré y ratifiqué que guardaré tus justos juicios.
107 ¡Afligido estoy en gran manera! ¡Vivifícame, Jehová, conforme a tu palabra!
108 Te ruego, Jehová, que te sean agradables
los sacrificios voluntarios de mi boca y que me enseñes tus juicios.
109 Mi vida está de continuo en peligro, pero no he olvidado tu Ley.
110 Me pusieron lazo los impíos, pero yo no me desvié de tus mandamientos.
111 Por heredad he tomado tus testimonios para siempre,
porque son el gozo de mi corazón.
112 Mi corazón incliné a cumplir tus estatutos de continuo, hasta el fin.

Las ocho nun. La palabra de Dios es su guía constante, y a ella se ha entregado el salmista para siempre. El camino aquí abajo, en el mundo, discurre a través de la oscuridad, es un camino que conduce a unos abismos cerrados del pasado, con el peligro de caer y perderse; pero la palabra de Dios es una lámpara en sus pies (= para sus pasos), es decir, una lámpara para andar por el buen camino (Prov 6, 23). La palabra de Dios es su lámpara, su antorcha y su sol.

El salmista ha jurado mantener las justas exigencias de Dios; pero no solamente lo ha jurado, sino que ha cumplido esas exigencias, aceptando las fuertes aflicciones que van vinculadas con la obligación de confesar a Dios, como él ha hecho. Por eso, él ruega a Dios (como en el Sal 119, 25) que le haga revivir, conforme a su palabra, pues él, Dios, promete vida a quien cumplen esa palabra.

A estas confesiones de su oración, que brotan del más hondo impulso del corazón, por las que el salmista reconoce la deuda que tiene con Dios, y se entrega totalmente en manos de su misericordia, él les llama ofrendas sacrificiales voluntarias de su boca (cf. Sal 119, 108, y también Sal 50, 14; Sal 19, 15). El salmista pide a Dios que acepte sus peticiones, pues se encuentra reducido y humillado hasta el extremo.

En ese contexto, el salmista dice que tiene su alma en la mano (cf. 119, 109: mi vida está en mi mano constantemente...). De esa forma, él muestra que es consciente del peligro en que se encuentra (cf. Jc 12, 3; 1 Sam 19, 5; 1 Sam 28, 21; Job 13, 14), mostrando también, al mismo tiempo, que está dispuesto a dar su propia vida, es decir, a arriesgarla, por cumplir los mandamientos de Dios[21].

A pesar de que su vida se encuentra amenazada (Sal 119, 109), el salmista no duda de Dios, ni se separa de su palabra. Él ha buscado, ha tomado y ha cumplido (ha hecho suyos) los testimonios de Dios para siempre (cf. Sal 119, 98). Ellos son su herencia, y de esa forma, para conseguirla, él entrega voluntariamente todo lo que tiene, todo lo restante, porque ellos (המה en lugar de הנה) hacen que su vida sea bendita, haciéndole capaz de descubrir y expresar su más hondo sentido.

Las palabras del Sal 119, 112 no han de interpretarse en la línea del Sal 19, 12 (eterna es la recompensa que uno recibe por cumplir tus preceptos), sino que han de tomarse en el sentido del Sal 119, 33, con עקב que es equivalente a לעד: los preceptos de Dios han de cumplirse hasta el fin. Según eso, el final del que cumple los mandamientos de Dios queda abierto para siempre (119, 111: לְעוֹלָם, sin nada que lo impida), es decir, eternamente (cf. 119, 112: עֵקֶב לְעוֹלָם, de continuo, hasta el fin).

113-120. Samech (ס ξ)

113 סֵעֲפִים שָׂנֵאתִי וְתוֹרָתְךָ אָהָבְתִּי:

114 סִתְרִי וּמָגִנִּי אָתָּה לִדְבָרְךָ יִחָלְתִּי:

115 סוּרוּ־מִמֶּנִּי מְרֵעִים וְאֶצְּרָה מִצְוֺת אֱלֹהָי:

116 סָמְכֵנִי כְאִמְרָתְךָ וְאֶחְיֶה וְאַל־תְּבִישֵׁנִי מִשִּׂבְרִי:

117 סְעָדֵנִי וְאִוָּשֵׁעָה וְאֶשְׁעָה בְחֻקֶּיךָ תָמִיד:

118 סָלִיתָ כָּל־שׁוֹגִים מֵחֻקֶּיךָ כִּי־שֶׁקֶר תַּרְמִיתָם:

119 סִגִים הִשְׁבַּתָּ כָל־רִשְׁעֵי־אָרֶץ לָכֵן אָהַבְתִּי עֵדֹתֶיךָ:

120 סָמַר מִפַּחְדְּךָ בְשָׂרִי וּמִמִּשְׁפָּטֶיךָ יָרֵאתִי:

---

21. Así dice *B. Taanth 8a* que "Dios no escucha la oración de un hombre que no esté dispuesto a sacrificar su propia vida", es decir, a ponerla en su mano, al servicio del Dios verdadero (אם אלא בכפו נפשו משים כן).

¹¹³ Aborrezco a los hombres hipócritas, pero amo tu Ley.

¹¹⁴ Mi escondedero y mi escudo eres tú. En tu palabra he esperado.

¹¹⁵ ¡Apartaos de mí, malignos, pues yo guardaré los mandamientos de mi Dios!

¹¹⁶ Susténtame conforme a tu palabra y viviré;

no quede yo avergonzado de mi esperanza.

¹¹⁷ Sostenme y seré salvo, y me regocijaré siempre en tus estatutos.

¹¹⁸ Hollaste a todos los que se desvían de tus estatutos,

porque su astucia es falsedad.

¹¹⁹ Como escorias hiciste consumir a todos los impíos de la tierra;

por tanto, yo he amado tus testimonios.

¹²⁰ Mi carne se estremece por temor de ti, y de tus juicios tengo miedo.

Las ocho Samech. Su esperanza descansa en la palabra de Dios, de manera que el salmista no se deja llevar por los que crean divisiones y son apóstatas. La palabra סֵעֲפִים (cf. סֵעֲפִים שָׂנֵאתִי, a los hipócritas odio...) suele aplicarse a unas fórmulas de lenguaje que son defectivas o de doble sentido, pero aquí se refiere a las personas que dividen y separan a los otros, a las personas que están como "partidas" entre dos opiniones o tendencias, como en 1 Rey 18, 21, personas que en parte quieren ser fieles a Yahvé y en parte al paganismo, como si quisieran combinar la fe en el Dios verdadero y la adoración de un tipo de dios pagano.

En contra de eso, el amor, la fe y esperanza del salmista se centran enteramente en el camino del Dios de la revelación. Pues bien, en contra de todos los que quieren expulsarle de ese camino, el poeta se dirige indignado en el Sal 119, 115 (cf. Sal 6, 9) diciendo: "apartaos de mí malignos" (סוּרוּ־מִמֶּנִּי מְרֵעִים). Por obrar así, él se encuentra necesitado de gracia, para perseverar y vencer.

Este es el contenido de su ruego en Sal 119, 116-117. El מן de מִשְׂבְּרִי (cf. וְאַל־תְּבִישֵׁנִי מִשִּׂבְרִי, y no quedaré avergonzado de mi esperanza) tiene un sentido equivalente a מן בוּשׁ (en el sentido de *no me avergonzaré*). La *ah* final de וְאֶשָׁעָה (cf. סָעֲדֵנִי וְאִוָּשֵׁעָה, sostenme y quedaré sano) es un *ah* intencional, *a fin de que* (Ewiger, 228c), como en Is 41, 23.

El sentido de fondo de סלית (cf. סָלִיתָ כָּל־שׁוֹגִים מֵחֻקֶּיךָ, *hollaste, vilipendiaste* a todos los que se desvían de tus estatutos) no significa *no tener éxito en el engaño* (Hengstenberg, Olshausen), sino mantenerse en la falsedad, sin la consistencia que ofrece la verdad, indicando una tendencia al autoengaño y a la seducción.

En vez de תַּרְמִיתָם (cf. Sal 119, 119), los LXX y el siríaco leen תרעיתם, "su sentimiento", pero esta es una palabra aramea, ininteligible en hebreo, una palabra que los comentaristas antiguos han aceptado en el texto solo a causa de su aparente tautología.

La lectura השׁבת (de חשׁבתי, que Aquila, Símaco y Jerónimo traducen a partir de los LXX, ἐλογισάμην) ha sido discutida entre los comentaristas; su sentido es

סְגִים הִשְׁבַּתָּ כָל־רִשְׁעֵי־אָרֶץ, como *escoria has consumido* a todos los malvados de la tierra (cf. כָל־רִשְׁעֵי־אָרֶץ), una palabra con un doble acusativo de objeto (malvados) y de efecto (escoria): *a todos los malvados* que existen en la tierra (por muchos que sean) tú los has convertido *en escoria* (סְגִים), *desperdicio*, algo que no vale ya para nada.

En ese sentido, en el Sal 119, 120, (וּמִמִּשְׁפָּטֶיךָ יָרֵאתִי) מִשְׁפָּטֶיךָ son los juicios punitivos de Dios o, mejor dicho (cf. Sal 119, 91), las leyes o principios de justicia por los cuales él realiza su juicio. Lo que se evoca aquí son sentencias de castigo, como en Lev 26; Dt 28. El salmista tiene miedo de las sentencias de condena, porque la omnipotencia de Dios puede cambiar de repente esas palabras de sentencia en hechos reales de condena. Por temor al Dios que se ha manifestado en Ex 34, 7, la piel del salmista se estremece y su carne se siente morir.

121–128. Ayin (ע)

121 עָשִׂיתִי מִשְׁפָּט וָצֶדֶק בַּל־תַּנִּיחֵנִי לְעֹשְׁקָי:

122 עֲרֹב עַבְדְּךָ לְטוֹב אַל־יַעַשְׁקֻנִי זֵדִים:

123 עֵינַי כָּלוּ לִישׁוּעָתֶךָ וּלְאִמְרַת צִדְקֶךָ:

124 עֲשֵׂה עִם־עַבְדְּךָ כְחַסְדֶּךָ וְחֻקֶּיךָ לַמְּדֵנִי:

125 עַבְדְּךָ־אָנִי הֲבִינֵנִי וְאֵדְעָה עֵדֹתֶיךָ:

126 עֵת לַעֲשׂוֹת לַיהוָה הֵפֵרוּ תּוֹרָתֶךָ:

127 עַל־כֵּן אָהַבְתִּי מִצְוֹתֶיךָ מִזָּהָב וּמִפָּז:

128 עַל־כֵּן כָּל־פִּקּוּדֵי כֹל יִשָּׁרְתִּי כָּל־אֹרַח שֶׁקֶר שָׂנֵאתִי:

121 Juicio y justicia he hecho, ¡no me abandones a mis opresores!

122 Afianza a tu siervo para bien; no permitas que los soberbios me opriman.

123 Mis ojos desfallecen por tu salvación y por la palabra de tu justicia.

124 Haz con tu siervo según tu misericordia y enséñame tus estatutos.

125 Tu siervo soy yo, dame entendimiento para conocer tus testimonios.

126 Tiempo es de actuar, Jehová, porque han invalidado tu Ley.

127 Por eso he amado tus mandamientos más que el oro, y más que oro muy puro.

128 Por eso he estimado rectos todos tus mandamientos sobre todas las cosas y he aborrecido todo camino de mentira.

Los ocho Ayin. En aquel tiempo duro de apostasía y persecución, el salmista mantiene de la manera más estricta las directrices de la palabra divina y se encomienda a la protección y enseñanza de Yahvé. Siendo consciente de su buena conducta (en los demás casos se dice צדק ומשפט; aquí, en cambio, se dice: משפט וצדק, cf. עָשִׂיתִי מִשְׁפָּט וָצֶדֶק, juicio y justicia he realizado) el poeta espera que Dios no le abandonará a la acción arbitraria de sus opresores (con בל). Sin embargo, esta esperanza no le exime de la necesidad y virtud de la oración constante, que le permita recibir la ayuda de Dios contra sus enemigos.

La palabra ערב (cf. 119, 122: עֲרֹב עַבְדְּךָ לְטוֹב, afianza a tu siervo en el bien), seguida de acusativo, significa mantenerse en el lugar propio, obrando siempre bien y actuando en general como mediador de justicia para los demás, Job 17, 3; Is 38, 14. La expresión לְטוֹב es semejante a לְטוֹבָה, Sal 86, 17; Neh 5, 19, para mi bien, para mi ventaja. La expresión del deseo de redención en el Sal 119, 123 suena como en el Sal 119, 81. "La palabra de tu justicia" (וּלְאִמְרַת צִדְקֶךָ) tiene el sentido de una promesa que procede de la justicia de Dios y que, dado que él es el justo y fiel, no puede dejar de cumplirse.

Sin embargo, la petición principal del poeta, que él retoma en el Sal 119, 124, se refiere al conocimiento más profundo de la palabra de Dios, porque ese conocimiento es en sí mismo, al mismo tiempo, vida y bendición, y así lo muestran de un modo más urgente los verbos en presente, pues la gran muchedumbre va de hecho, en la práctica y de un modo radical, en contra de la ley de Dios (cf. 119, 126, הֵפֵרוּ תּוֹרָתֶךָ: עֵת לַעֲשׂוֹת לַיהוָה, es tiempo de actuar a favor de Yahvé, porque han invalidado tu ley...).

Ha llegado, según eso, el tiempo de actuar a favor de Yahvé, de un modo decidido (con עשׂה ל como en Gen 30, 30; Is 64, 4; Ez 29, 20), y para hacerlo es necesario un conocimiento bien fundado y fiable de la ley. Por eso, el salmista se vincula con todo su amor a los mandamientos de Dios, pues ellos son para él más preciosos que el oro fino (Sal 19, 11), y nada hay para él más valioso que su cumplimiento. De un modo consecuente, el salmista cumple de la manera más estricta la palabra de Dios, y de esa forma reconoce y observa todo lo que él manda (119, 128: עַל־כֵּן כָּל־פִּקּוּדֵי כֹל יִשָּׁרְתִּי, por eso he estimado rectos todos tus preceptos...).

De esa forma insiste en la totalidad de los mandamientos, pues ellos son ישׁרים, rectos (con ישׁר, declarar que una afirmación o acción es justa). Por eso, el salmista odia toda tendencia religiosa que sea falsa (mentirosa), todos los caminos del pseudojudaísmo pervertido de su tiempo.

Ciertamente, el Sal 119, 126 podría interpretarse también así: es tiempo de que Yahvé actúe, es decir, se imponga de un modo judicial. Pero esa interpretación está fuera de contexto, y no responde a la partícula de consecuencia (עַל־כֵּן), pues en ese caso tendría que haberse dicho עת לעשׂות ליהוה. Sobre כָּל־פִּקּוּדֵי (todos los mandamientos, de cualquier tipo que sean), cf. Is 29, 11; en cuanto a la forma, cf. Num 8, 16; Ez 44, 30. La expresión queda así bien acentuada y no tiene sentido corregir el texto poniendo כָּל־פִּקּוּדֶיךָ (Ewald, Olshausen y Hupfeld) porque la referencia al Dios de la revelación es evidente en este contexto.

129–136. Pe (פ)

129 פְּלָאוֹת עֵדְוֹתֶיךָ עַל־כֵּן נְצָרָתַם נַפְשִׁי:
130 פֵּתַח דְּבָרֶיךָ יָאִיר מֵבִין פְּתָיִים:

פִּי־פָעַרְתִּי וָאֶשְׁאָפָה כִּי לְמִצְוֹתֶיךָ יָאָבְתִּי: ¹³¹

פְּנֵה־אֵלַי וְחָנֵּנִי כְּמִשְׁפָּט לְאֹהֲבֵי שְׁמֶךָ: ¹³²

פְּעָמַי הָכֵן בְּאִמְרָתֶךָ וְאַל־תַּשְׁלֶט־בִּי כָל־אָוֶן: ¹³³

פְּדֵנִי מֵעֹשֶׁק אָדָם וְאֶשְׁמְרָה פִּקּוּדֶיךָ: ¹³⁴

פָּנֶיךָ הָאֵר בְּעַבְדֶּךָ וְלַמְּדֵנִי אֶת־חֻקֶּיךָ: ¹³⁵

פַּלְגֵי־מַיִם יָרְדוּ עֵינָי עַל לֹא־שָׁמְרוּ תוֹרָתֶךָ: ¹³⁶

¹²⁹ Maravillosos son tus testimonios; por eso los ha guardado mi alma.

¹³⁰ La exposición de tus palabras alumbra; hace entender a los sencillos.

¹³¹ Mi boca abrí y suspiré, porque deseaba tus mandamientos.

¹³² Mírame y ten misericordia de mí, como acostumbras con los que aman tu nombre.

¹³³ Ordena mis pasos con tu palabra y ninguna maldad se enseñoree de mí.

¹³⁴ Líbrame de la violencia de los hombres y guardaré tus mandamientos.

¹³⁵ Haz que tu rostro resplandezca sobre tu siervo y enséñame tus estatutos.

¹³⁶ Ríos de agua descendieron de mis ojos, porque no guardaban tu Ley.

Las ocho Pe. Cuanto más profunda era la depresión de su espíritu en relación con aquellos que desprecian la palabra de Dios, mayor era su anhelo por la luz y alimento de aquella palabra. Los testimonios de Dios son פלאות, maravillosos y extraños, paradójicos, exaltados, por encima de la vida de cada día y por encima del entendimiento común de los hombres. En este contexto, la palabra נצרתם (cf. 119, 129: עַל־כֵּן נְצָרָתַם נַפְשִׁי, por eso los ha observado mi alma) no se refiere a un tipo de conocimiento externo, sino a una contemplación profunda y atenta, que se prolonga hasta que se alcanza una comprensión penetrante de los temas.

El despliegue o apertura de פֵּתַח (cf. 119, 130: פֵּתַח דְּבָרֶיךָ יָאִיר, la exposición o puerta de tus palabras alumbra...), en el sentido de *apertio*, va con *tsere* para distinguirse así de פתח en el sentido de una simple puerta de la casa (en latín *porta*). Este despliegue o apertura de la palabra de Dios ofrece luz al entendimiento humano, y de esa manera hace que los simples (פתיים, como en Prov 22, 3) se vuelvan sabios o sagaces.

El salmista está indicando así que Dios mismo despliega los misterios de su palabra a aquellos que están deseando aprender. Entre esos deseosos de aprender se encuentra el poeta, que jadea y se esfuerza con la boca abierta, esperando recibir los dones de la palabra de Dios (con פער como פער פה en Job 29, 23, cf. Sal 81, 11).

יאב (יָאָבְתִּי, que es *hapaxlegomenon*) lo mismo que תאב es una forma secundaria de אבה. Se refiere al amor de Dios que no puede permanecer sin respuesta. La experiencia de la gracia auxiliadora es un derecho y un don vinculado a aquellos que aman al Dios de la revelación. Esta es su prerrogativa: el Amor como respuesta al amor, la salvación como respuesta al deseo de salvación. Como fundamento de esta relación recíproca se formulan luego las peticiones de Sal

119, 133-135, que culminan con el deseo final "enséñame" tus estatutos (חֻקֶּיךָ וְלַמְּדֵנִי אֶת־חֻ).

El término אמרה, Sal 119, 133, no es en este caso simplemente una promesa, sino la voluntad declarada de Dios. La expresión כָל־אָוֶן (119, 133) se refiere en especial a todos los pecados de rechazo (negación) de Dios en los que el salmista puede caer por presión externa e interna, porque él tiene en su entorno hombres que no guardan los mandamientos de la ley de Dios.

A causa de esos apóstatas (על לא) como en Is 53, 9, en el sentido de (אשרעל־ לא) el salmista dice que de sus ojos brotan ríos de lágrimas (ירד como en Lam 3, 48, con acusativo de objeto). Su llanto no es una forma de autoglorificación, sino de tristeza como la de Jeremías, a causa de aquellos que desprecian a Yahvé, es decir, por la condena o autodestrucción de aquellos que se oponen a él.

137–144. Tsade (צ)

137 צַדִּיק אַתָּה יְהוָה וְיָשָׁר מִשְׁפָּטֶיךָ׃

138 צִוִּיתָ צֶדֶק עֵדֹתֶיךָ וֶאֱמוּנָה מְאֹד׃

139 צִמְּתַתְנִי קִנְאָתִי כִּי־שָׁכְחוּ דְבָרֶיךָ צָרָי׃

140 צְרוּפָה אִמְרָתְךָ מְאֹד וְעַבְדְּךָ אֲהֵבָהּ׃

141 צָעִיר אָנֹכִי וְנִבְזֶה פִּקֻּדֶיךָ לֹא שָׁכָחְתִּי׃

142 צִדְקָתְךָ צֶדֶק לְעוֹלָם וְתוֹרָתְךָ אֱמֶת׃

143 צַר־וּמָצוֹק מְצָאוּנִי מִצְוֹתֶיךָ שַׁעֲשֻׁעָי׃

144 צֶדֶק עֵדְוֹתֶיךָ לְעוֹלָם הֲבִינֵנִי וְאֶחְיֶה׃

137 Justo eres tú, Jehová, y rectos son tus juicios.

138 Tus testimonios, que has recomendado, son rectos y muy fieles.

139 Mi celo me ha consumido, porque mis enemigos se olvidaron de tus palabras.

140 Sumamente pura es tu palabra y la ama tu siervo.

141 Pequeño soy yo y desechado, pero no me he olvidado de tus mandamientos.

142 Tu justicia es justicia eterna, y tu Ley, la verdad.

143 Aflicción y angustia se han apoderado de mí,
pero tus mandamientos han sido mi delicia.

144 Justicia eterna son tus testimonios; ¡dame entendimiento y viviré!

Las ocho Tsade. Dios gobierna de un modo recto y fiel, conforme a su palabra, y el poeta, aunque joven y despreciado, tiene gran celo por ella y quiere guardarla. El predicado ישׁר en el Sal 119, 137 (וְיָשָׁר מִשְׁפָּטֶי, y rectos tus juicios) precede al sujeto מִשְׁפָּטֵי (las decisiones de Dios en palabra y obra) conforme a un modelo de cláusula verbal que puede utilizarse en alemán (y también en español).

Los acusativos צֶדֶק וֶאֱמוּנָה (Sal 119, 138) no son predicativos (Hitzig), sino adverbiales y, conforme a su posición, la partícula מאד está subordinada a ואמונה

como adjetivo virtual (cf. Is 47, 9). La frase puede traducirse así: las exigencias de la ley revelada proceden de una disposición y de una forma de actuar de Dios que está estrictamente determinada por su santidad (צדק), de manera fiel y honesta, al servicio del bienestar de los hombres (מאד אמונה).

El hecho de percibir que esta buena ley de Dios está siendo despreciada por sus perseguidores enciende el celo del salmista, un celo que, por otra parte, le consume (poniéndole en riesgo de quedar destruido, 119, 139: צִמְּתַתְנִי קִנְאָתִי, me ha consumido mi celo; cf. Sal 69, 10 con צמתת y Sal 88, 17).

Las declaraciones de Dios son totalmente puras, sin mancha, probadas al fuego, como el más noble metal (Sal 18, 31; Sal 12, 7). Por eso, el salmista las ama y, aunque sea *joven* (צָעִיר אָנֹכִי וְנִבְזֶה, LXX νεώτερος, Vulgata *adolescentulus*) y despreciado, no se deja intimidar por las demostraciones de orgullo de sus oponentes, que son mayores y más fuerte que él (la estructura del Sal 119, 141 es como la del Sal 119, 95, y la de otros muchos casos).

La justicia del Dios de la revelación es eterna (cf. 119, 142: צִדְקָתְךָ צֶדֶק לְעוֹלָם). En este contexto, אמת (verdad) es el atributo y la acción que está condicionada de acuerdo con la justicia (צדק), que se identifica con aquel estado de vida que concuerda con aquello que es totalmente recto. En esa línea, también en el Sal 119, 144, los testimonios de Yahvé son צדק para siempre, de manera que todas las creaturas deben glorificar la armonía que ellas muestran por ser todas ellas absolutamente rectas.

La vida del espíritu se define de esa forma y crece por la capacidad de introducirse de manera cada vez más profunda en la armonía y perfección de todas las creaturas. El poeta pide a Dios que le conceda entendimiento para descubrir esa armonía y penetrar en ella.

145-152. Qof (ק)

קָרָאתִי בְכָל־לֵב עֲנֵנִי יְהֹוָה חֻקֶּיךָ אֶצֹּרָה: 145

קְרָאתִיךָ הוֹשִׁיעֵנִי וְאֶשְׁמְרָה עֵדֹתֶיךָ: 146

קִדַּמְתִּי בַנֶּשֶׁף וָאֲשַׁוֵּעָה (לדבריך) [לִדְבָרְךָ] יִחָלְתִּי: 147

קִדְּמוּ עֵינַי אַשְׁמֻרוֹת לָשִׂיחַ בְּאִמְרָתֶךָ: 148

קוֹלִי שִׁמְעָה כְחַסְדֶּךָ יְהֹוָה כְּמִשְׁפָּטֶךָ חַיֵּנִי: 149

קָרְבוּ רֹדְפֵי זִמָּה מִתּוֹרָתְךָ רָחָקוּ: 150

קָרוֹב אַתָּה יְהֹוָה וְכָל־מִצְוֺתֶיךָ אֱמֶת: 151

קֶדֶם יָדַעְתִּי מֵעֵדֹתֶיךָ כִּי לְעוֹלָם יְסַדְתָּם: 152

¹⁴⁵ Clamé con todo mi corazón; respóndeme, Jehová, y guardaré tus estatutos.

¹⁴⁶ A ti clamé ¡sálvame! y guardaré tus testimonios.

¹⁴⁷ Me anticipé al alba y clamé; esperé en tu palabra.

¹⁴⁸ Se anticiparon mis ojos a las vigilias de la noche, para meditar en tus mandatos.

¹⁴⁹ Oye mi voz conforme a tu misericordia; Jehová, vivifícame conforme a tu justicia.

¹⁵⁰ Se acercaron a la maldad los que me persiguen; se alejaron de tu Ley.

¹⁵¹ Cercano estás tú, Jehová, y todos tus mandamientos son verdad.

¹⁵² Hace ya mucho que he entendido tus testimonios,

que para siempre los has establecido.

Las ocho Qof. Fidelidad a la palabra de Dios, y liberación según su promesa: sentido y meta de la oración del salmista. Así dice en 119, 147: קִדַּ֣מְתִּי בַ֭נֶּשֶׁף וָאֲשַׁוֵּ֑עָה, anticipándose de esa forma para orar. Incluso en el amanecer (נֶשֶׁף) él se despierta para orar, diciendo קִדַּ֣מְתִּי וָאֲשַׁוֵּ֑עָה, me anticipé y clamé; incluso en la madrugada, antes del amanecer, yo clamé.

La frase se construye con קִדֵּם, que puede significar "ir por delante" (Sal 68, 26) y también apresurarse para hacer algo pronto. Así se dice aquí: antes de que amaneciera yo grite. En vez del *qetub* לִדְבָרֶיךָ, el *keré* (con el Targum, Siríaco y Jerónimo) pone de manera más apropiada לִדְבָרְךָ, en el sentido de para hablarte, en la línea del Sal 119, 74; Sal 119, 81; Sal 119, 114.

Eso significa que el poeta se anticipa en oración a la madrugada. Pero se anticipa también a las vigilias de la noche, pues no quiere que le sorprendan ya durmiendo (cf. לְרֹאשׁ, Lam 2, 19). Por eso dice קִדְּמ֣וּ עֵ֭ינַי אַשְׁמֻר֑וֹת לָ֝שִׂ֗יחַ בְּאִמְרָתֶֽךָ, se anticipan mis ojos a las vigilias (de la noche) para meditar en tu palabra. אִמְרָה es aquí como en Sal 119, 140; Sal 119, 158 y con frecuencia *toda palabra de Dios*, tanto en lo que enseña como en lo que requiere y promete.

En el Sal 119, 149, בְמִשְׁפָּט (cf. כְּֽמִשְׁפָּטֶ֥ךָ חַיֵּֽנִי, יְהֹוָה, Yahvé, dame vida, según tus juicios) es un plural defectivo como en el Sal 119, 43 (cf. *Coment.* a Sal 119, 37 y Sal 119, 156), aunque, conforme al Sal 119, 132 podría admitirse también el singular (cf. LXX, Targum, Jerónimo); sea como fuere, el texto evoca el orden o despliegue de la salvación de Dios, con lo que se relaciona con ella.

El carácter correlativo del Sal 119, 150 y del Sal 119, 151 resulta natural por la posición de las palabras. Con קָרְבוּ (cf. קָֽרְב֥וּ רֹדְפֵ֑י, se acercaron los que me persiguen) se asocia la idea de abalanzarse contra él con intenciones hostiles. Por el contrario, con קָרוֹב (קָר֣וֹב אַתָּ֣ה יְהֹוָ֑ה, cerca estás tú, Yahvé, como en Sal 69, 19; Is 58, 2) se asocia la idea de aproximarse con rapidez a socorrerlo.

זִמָּה es la infamia rechazada por la ley; en contra de ella, la ley de Dios es ante todo la verdad que se verifica a sí misma. El poeta tiene desde antiguo el conocimiento de que la Ley no busca ni ofrece una recompensa temporal. Por eso, los sofismas y mentiras de los apóstatas no pueden desviarle del camino. יְסַדְתָּם (los has establecido, los testimonios) en vez de יְסַדְתָּן, como הֵמָּה en el Sal 119, 111.

153–160. Resh (ר)

¹⁵³ רְאֵֽה־עׇנְיִ֥י וְחַלְּצֵ֑נִי כִּי־תֽוֹרָתְךָ֥ לֹ֣א שָׁכָֽחְתִּי׃

¹⁵⁴ רִיבָ֣ה רִ֭יבִי וּגְאָלֵ֑נִי לְאִמְרָתְךָ֥ חַיֵּֽנִי׃

¹⁵⁵ רָח֣וֹק מֵרְשָׁעִ֣ים יְשׁוּעָ֑ה כִּֽי־חֻקֶּ֝֗יךָ לֹ֣א דָרָֽשׁוּ׃

¹⁵⁶ רַחֲמֶ֖יךָ רַבִּ֥ים ׀ יְהוָ֑ה כְּֽמִשְׁפָּטֶ֥יךָ חַיֵּֽנִי׃

¹⁵⁷ רַ֭בִּים רֹדְפַ֣י וְצָרָ֑י מֵ֝עֵדְוֺתֶ֗יךָ לֹ֣א נָטִֽיתִי׃

¹⁵⁸ רָאִ֣יתִי בֹ֭גְדִים וָֽאֶתְקוֹטָ֑טָה אֲשֶׁ֥ר אִ֝מְרָתְךָ֗ לֹ֣א שָׁמָֽרוּ׃

¹⁵⁹ רְ֭אֵה כִּי־פִקּוּדֶ֣יךָ אָהָ֑בְתִּי יְ֝הוָ֗ה כְּֽחַסְדְּךָ֥ חַיֵּֽנִי׃

¹⁶⁰ רֹאשׁ־דְּבָרְךָ֥ אֱמֶ֑ת וּ֝לְעוֹלָ֗ם כָּל־מִשְׁפַּ֥ט צִדְקֶֽךָ׃

¹⁵³ Mira mi aflicción y líbrame, porque de tu Ley no me he olvidado.

¹⁵⁴ Defiende mi causa y redímeme; vivifícame con tu palabra.

¹⁵⁵ Lejos está de los impíos la salvación, porque no buscan tus estatutos.

¹⁵⁶ Muchas son tus misericordias, Jehová; vivifícame conforme a tus juicios.

¹⁵⁷ Muchos son mis perseguidores y mis enemigos,

pero de tus testimonios no me he apartado.

¹⁵⁸ Veía a los traidores y me disgustaba, porque no guardaban tus palabras.

¹⁵⁹ ¡Mira, Jehová, que amo tus mandamientos!

¡Vivifícame conforme a tu misericordia!

¹⁶⁰ La suma de tu palabra es verdad, y eterno es todo juicio de tu justicia.

Las ocho Resh. Dado que Dios no permite que sucumban aquellos que aceptan su palabra, el salmista le pide ayuda en contra de sus perseguidores. רִיבִי (cf. 119, 154: רִיבָ֣ה רִיבִי֮ וּגְאָלֵ֥נִי לְאִמְרָתְךָ֥ חַיֵּֽנִי, defiende mi causa y redímeme, vivifícame con tu palabra) con *milra* antes de la *resh* inicial, que es semigutural, como en Sal 43, 1; Sal 74, 22. La *lamed* de לְאִמְרָתְךָ es de referencia (*con respecto* a tu palabra), tanto si la referencia es *normativa* (en el sentido de כְּאִמְרָתֶךָ, Sal 119, 58), como en Is 11, 3, o *causal*, como en Is 25, 2. 5; Job 42, 5.

El predicado רָח֣וֹק (cf. 119, 155: רָח֣וֹק מֵרְשָׁעִ֣ים יְשׁוּעָ֑ה, lejos de los impíos la salvación) como יָשָׁר en el Sal 119, 137, está al principio de la frase, como forma indefinida. Por lo que se refiere al Sal 119, 156, cf. Sal 119, 149. A la vista de los impíos, el salmista siente un profundo disgusto. וָֽאֶתְקוֹטָ֑טָה (y me disgustaba) es un aoristo pausal, y debe suplirse por בָּהֶם (de ellos), cf. Sal 139, 21. La palabra אֲשֶׁר (cf. 119, 158: אֲשֶׁ֥ר אִמְרָתְךָ֗ לֹ֣א שָׁמָֽרוּ, "pues" no guardaban tu palabra), puede traducirse como *quippe qui* o como *siquidem*.

רֹאשׁ en el Sal 119, 160 significa cabeza, lo superior, el número más alto de una suma. Sea que la רֹאשׁ־דְּבָרְךָ se tome como la suma de las palabras de Dios o como un todo que las engloba, el denominador de todas ellas es la verdad. La súplica חַיֵּנִי (sálvame) se repite por tres veces en esta unidad. Cuanto más nos acercamos a su fin, más insistente se vuelve este salmo.

161–168. Shim (שׁ)

¹⁶¹ שָׂ֭רִים רְדָפ֣וּנִי חִנָּ֑ם (וּמִדְּבָרֶ֥יךָ) [וּמִדְּבָרְךָ֗] פָּחַ֥ד לִבִּֽי׃

¹⁶² שָׂ֣שׂ אָ֭נֹכִי עַל־אִמְרָתֶ֑ךָ כְּ֝מוֹצֵ֗א שָׁלָ֥ל רָֽב׃

שֶׁקֶר שָׂנֵאתִי וַאֲתַעֵבָה תּוֹרָתְךָ אָהָבְתִּי: ¹⁶³
שֶׁבַע בַּיּוֹם הִלַּלְתִּיךָ עַל מִשְׁפְּטֵי צִדְקֶךָ: ¹⁶⁴
שָׁלוֹם רָב לְאֹהֲבֵי תוֹרָתֶךָ וְאֵין־לָמוֹ מִכְשׁוֹל: ¹⁶⁵
שִׂבַּרְתִּי לִישׁוּעָתְךָ יְהוָה וּמִצְוֹתֶיךָ עָשִׂיתִי: ¹⁶⁶
שָׁמְרָה נַפְשִׁי עֵדֹתֶיךָ וָאֹהֲבֵם מְאֹד: ¹⁶⁷
שָׁמַרְתִּי פִקּוּדֶיךָ וְעֵדֹתֶיךָ כִּי כָל־דְּרָכַי נֶגְדֶּךָ: ¹⁶⁸

¹⁶¹ Príncipes me han perseguido sin causa,
pero mi corazón tuvo temor de tus palabras.
¹⁶² Me regocijo en tu palabra como el que halla muchos despojos.
¹⁶³ La mentira aborrezco y abomino; tu Ley amo.
¹⁶⁴ ¡Siete veces al día te alabo a causa de tus justos juicios!
¹⁶⁵ Mucha paz tienen los que aman tu Ley, y no hay para ellos tropiezo.
¹⁶⁶ Tu salvación he esperado, Jehová, y tus mandamientos he puesto por obra.
¹⁶⁷ Mi alma ha guardado tus testimonios y los he amado en gran manera.
¹⁶⁸ He guardado tus mandamientos y tus testimonios,
porque todos mis caminos están delante de ti.

Ocho veces Shim/Shin[22]. *En medio de la persecución, la palabra de Dios era para el salmista el motivo central de su temor, de su alegría y de su amor, era objeto de su agradecimiento y razón de su esperanza.* Hay príncipes que le persiguen sin causa, pero su corazón no les teme a ellos, sino que tiene miedo al no cumplimiento de las palabras de Dios, en plural, וּמִדְּבָרֶיךָ (un plural que el *keré* interpreta en singular, וּמִדְּבָרְךָ, como en el Sal 119, 147), porque ese sería el mayor de todos los males posibles.

Pero ese miedo está asociado con un fuerte gozo de corazón (Sal 119, 111), que aparece como gran recompensa (Jc 5, 30; Is 9, 3). Por eso, el salmista da gracias a Dios, no solamente a la mañana y a la tarde, no solo tres veces al día (Sal 55, 18), sino siete veces (שֶׁבַע, como en Lev 26, 18; Prov 24, 16), i. e., una y otra vez, aprovechando cualquier impulso interior.

De esa forma da gracias a Dios, que decide todo de un modo tan eficaz y que le guía de un modo tan recto, como fuente de paz superior, que ya no está expuesto a ningún riesgo de caer (מִכְשׁוֹל, LXX σκάνδαλον, cf. 1 Jn 2, 10), porque cuenta siempre con la ayuda más alta de Dios.

En el Sal 119, 166 el salmista habla como Jacob en Gen 49, 18, y puede hacerlo así porque ha buscado la santificación de un modo intenso e incansable. De esa forma intenta mantener la ley de Dios del modo más consciente y más constante, y por ello puede apelar a Dios, que es el omnisciente. שָׁמְרָה (cf. 119,

22. Posiblemente en la alfabeto antiguo de los *piyutim* (poetas y escribas) el sonido de la actual *shin* (שׁ) podía estar representado por la *samech*; pero, en contra de eso, en los poemas alfabéticos de la Biblia la *samech* va por separado y las *shim* y la *shin* (שׂ y שׁ) coinciden o van unidas.

168: שָׁמְרִתִּי פִקּוּדֶיךָ, he guardado tus mandamientos) es aquí pretérito, mientras que en el Sal 86, 2 era imperativo.

169-176. Tau (ת)

169 תִּקְרַב רִנָּתִי לְפָנֶיךָ יְהוָה כִּדְבָרְךָ הֲבִינֵנִי:

170 תָּבוֹא תְּחִנָּתִי לְפָנֶיךָ כְּאִמְרָתְךָ הַצִּילֵנִי:

171 תַּבַּעְנָה שְׂפָתַי תְּהִלָּה כִּי תְלַמְּדֵנִי חֻקֶּיךָ:

172 תַּעַן לְשׁוֹנִי אִמְרָתֶךָ כִּי כָל־מִצְוֹתֶיךָ צֶּדֶק:

173 תְּהִי־יָדְךָ לְעָזְרֵנִי כִּי פִקּוּדֶיךָ בָחָרְתִּי:

174 תָּאַבְתִּי לִישׁוּעָתְךָ יְהוָה וְתוֹרָתְךָ שַׁעֲשֻׁעָי:

175 תְּחִי־נַפְשִׁי וּתְהַלְלֶךָּ וּמִשְׁפָּטֶךָ יַעֲזְרֻנִי:

176 תָּעִיתִי כְּשֶׂה אֹבֵד בַּקֵּשׁ עַבְדֶּךָ כִּי מִצְוֹתֶיךָ לֹא שָׁכָחְתִּי:

169 Llegue mi clamor delante de ti, Jehová;
dame entendimiento conforme a tu palabra.

170 Llegue mi oración delante de ti; líbrame conforme a tu palabra.

171 Mis labios rebosarán de alabanza cuando me enseñes tus estatutos.

172 Hablará mi lengua tus dichos, porque todos tus mandamientos son justicia.

173 Esté tu mano pronta para socorrerme, porque tus mandamientos he escogido.

174 He deseado tu salvación, Jehová, y tu Ley es mi delicia.

175 ¡Viva mi alma y te alabe, y tus juicios me ayuden!

176 Yo anduve errante como una oveja extraviada;
¡busca a tu siervo, porque no me he olvidado de tus mandamientos!

Las ocho Taw: el salmista pide a Dios que escuche su súplica y que se interese por su siervo, que es una oveja expuesta a gran peligro. Las dos peticiones básicas (dame entendimiento y líbrame) van unidas, porque el poeta es alguien que ha sido perseguido por causa de su fe, y se encuentra en necesidad de fortalecerla, para liberarse de las opresiones exteriores que le amenazan.

תִּקְרַב רִנָּתִי לְפָנֶיךָ :169 ,119 .cf) רנה, llegue mi oración ante ti) es una plegaria que se expresa en voz alta, bien audible. תחנה es una oración fervorosa y urgente. ענה, que propiamente tiene el sentido de responder, significa aquí, en el Sal 119, 172 (cf. תַּעַן לְשׁוֹנִי אִמְרָתֶךָ, proclamará mi lengua tus dichos) empezar, esforzarse por contestar (como a veces ἀποκρίνεσθαι).

Conforme a la norma establecida en el Sal 50, 23, el poeta expresa su petición de ayuda como alabanza agradecida a Dios y a su palabra. Sabiendo que aquello que él posee es ya don de Dios, él tiene la certeza de que puede y debe seguir suplicándole y pidiéndole por aquello que aún no posee.

La salvación que ansía y por la que pide (con תאב como en Sal 119, 40; Sal 119, 20) es la redención del mundo malo, en el que está en peligro la salvación de su alma. Por eso quiere que los juicios de Dios le ayuden, porque todos ellos son justos (כִּי כָל־מִצְוֺתֶיךָ צֶּדֶק, cf. Sal 119, 43; Sal 119, 149). Por eso quiere que le fortalezca la mano de Dios (cf. 119, 173: תְּהִי־יָדְךָ לְעָזְרֵנִי כִּי פִקּוּדֶיךָ בָחָרְתִּי, porque él ha escogido sus mandamientos). Han de socorrerle así la mano de Dios y sus mandamientos, ya que ambos signos están implicados, pues la mano es el "medio" por el que se expresa la palabra.

Tras haber destacado en este salmo su relación con la palabra de Dios, puede parecer extraño que el salmista termine en su último verso indicando תָּעִיתִי כְּשֶׂה אֹבֵד בַּקֵּשׁ, yo anduve errante como oveja extraviada. La acentuación no nos permite traducir este verso como en Is 53, 6, sino que nos hace interpretarlo así: si he andado perdido, busca tú a tu siervo como a una oveja extraviada.

שֶׂה אֹבֵד es una oveja perdida o errante (אבדים, los dispersos, cf. Is 27, 13), con peligro total de destrucción (cf. Sal 31, 13 con Lev 26, 38). Partiendo de esta interpretación, que responde a los acentos del texto, este final del Sal 119, 176 se conecta más fácilmente con lo que precede. El hogar al que retorna el salmista, superando el riesgo de los desvíos y equivocaciones, está junto al Señor.

Salmo 120-134. Los veinte salmos graduales

Estos salmos llevan el nombre de שִׁיר הַמַּעֲלוֹת. Los LXX, conforme al significado más normal de la palabra, traducen: ᾠδὴ τῶν ἀναβαθμῶν: cantos de los que ascienden. La Ítala y la Vulgata traducen *canticum graduum* (cántico de los grados o escalones, de donde proviene el término litúrgico: "salmos graduales"). Pero el significado permanece oscuro. Según eso, cuando Teodoción traduce ᾆσμα τῶν ἀναβάσεων (cantos de los ascensos), Aquila y Símaco ᾠδὴ εἰς τάς ἀναβάσεις (cantos de los que entran, como si el texto hebreo fuera לַמַּעֲלוֹת, como en el Sal 121, 1), parece que están dando una explicación más que una traducción.

Los Padres de la Iglesia, con Teodoreto y, en particular los de la Iglesia de Siria, sitúan estos salmos en el contexto temporal de la salida de Babilonia, tras el exilio, ἡ ἀπὸ Βαβυλῶνος ἐπάνοδος. Ewald defiende desde antiguo esta propuesta. En su introducción a los libros poéticos del A. T. (*Die poetischen Bücher des Alten Bundes,* 1839), él ha presentado estos salmos como "Cantos de las caravanas de peregrinos" o como "marchas en camino hacia la patria", volviendo del exilio.

El verbo עלה que está al fondo de הַמַּעֲלוֹת es ciertamente un término adecuado para evocar el camino que va de las bajas tierras de Babilonia a Palestina, lo mismo que desde el valle del Nilo en Egipto hasta Jerusalén. En esa línea se sitúa el hecho de que el retorno del exilio se llame, en Esd 7, 9, מִבָּבֶל הַמַּעֲלָה.

Algunos de estos salmos, como el 121; 123; 129; 130; 132 y 133, responden a esta situación o, al menos, pueden adaptarse a ella. Pero el Sal 120 responde mejor al Éxodo de Egipto. La primera parte del Sal 126 puede ser un canto de camino de aquellos que retornan del exilio; pero la segunda es un himno de qiuienes ya han retornado y dan gracias a Dios. Por su parte, el Sal 122 supone que ya ha sido construido el templo, por lo que muchos lo frecuentan o van a la ciudad santa.

Finalmente, el Sal 134 supone también que el servicio del templo se encuentra en pleno funcionamiento. Por otra parte, la palabra מעלה, en sí misma, solo significa un viaje de subida, no indica que se trate de un viaje o peregrinación a la patria, ni ofrece ninguna otra precisión sobre el sentido de fondo de esa subida.

En sí misma, esta palabra tiene también otros significados, como son una grada, un peldaño de escalera, los grados o divisiones de un reloj de sol, los pensamientos ascendentes, etc. (Ez 11, 5), de manera que puede significar tanto una cosa como un tipo de acción o movimiento. Finalmente, esa palabra está en plural, haciéndonos preguntar: ¿qué significa eso? Es muy poco probable que esa palabra se pueda referir a las diversas caravanas de los que retornaban de Babilonia a Jerusalén. Es más probable que deba referirse a las tres "subidas" o tres viajes de peregrinación ritual, para las tres grandes fiestas que, según una expresión posterior hebrea son los tres viajes de a pie, שלש רגלים.

Estas subidas a Jerusalén, exigidas por la Ley, se llaman también usualmente עלה. Así lo han puesto de relieve Agellius (1606), Herder, Eichhorn, Maurer, Hengstenberg, Keil y otros, incluso Ewald en la segunda edición (1866) de su introducción a los libros poéticos del A. T. (*Die Dichter des Alten Bundes*). Esta es también la opinión de Kamphausen y Reuss en su tratado *Chants de Pèlerinage ou petit Psautier des Pèlerins du second temple* (*Nouvelle Revue de Théologie*, I, 273-311), lo mismo que Liebusch en el *Quedlinburg Östern Programm*, 1866 (en su estudio sobre los Cantos de Peregrinación en el Pentateuco).

Pero la palabra מעלה no aparece con este significado en otros textos anteriores de la Biblia. Ciertamente, en contra de eso, cuando Hupfeld arguye que "el hecho de que ese nombre no aparezca accidentalmente en el Antiguo Testamento tiene poca importancia, porque aquí no se trata solo del A. T., sino de su interpretación posterior", debemos responder que tampoco en el hebreo postbíblico encontramos huellas de este uso de la palabra מעלה.

Teniendo esto en cuenta, Thenius intenta justificar el tema de otra forma: a su juicio, מעלות son las diferentes estaciones del camino, es decir, las diversas paradas en la marcha de subida hacia Jerusalén (que está en lo alto), y explica el tema en referencia a las diversas fiestas de peregrinación. Pero el nombre apropiado para ello no es מעלות, sino que debiera haber sido מעמדות o מסעות. Por otra parte, la referencia a la subida al Monte Calvario (en la piedad cristiana posterior) no se puede aducir en el contexto de las observancias de Israel.

No tenemos pues, en esa línea, ningún fundamento para aplicar el título de estos salmos a las peregrinaciones de los israelitas a Jerusalén, con ocasión de las fiestas. Por otra parte, la afirmación de que los tres primeros y los tres últimos salmos graduales son adecuados como "libro de himnos" para las peregrinaciones festivas, y el hecho de que todos ellos (esos seis) llevan en sí (como ha demostrado Liebusch) unos rasgos característicos de cantos nacionales de tipo espiritual no pueden emplearse para determinar con más precisión el sentido de מעלות.

En este contexto, podemos apelar a la prueba de la interpretación posterior judía. Como se dice en el Talmud, *Sukkot* 15b, había en los edificios del templo de Jerusalén, unas escaleras de quince peldaños que bajaban del patio de los hombres (עזרת ישראל) al patio inferior de las mujeres (עזרת נשים), y sobre esos quince peldaños, que correspondían a los quince salmos graduales, los levitas tocaban instrumentos musicales en la tarde del primer día de la fiesta de los Tabernáculos, en conexión con la gozosa celebración de la recogida o transporte del agua por los patios del templo. Así lo he mostrado en *Geschichte der jüdischen Poesie*, p. 193s; y además de eso, en la entrada, sobre el umbral de la puerta de Nicanor o de Agripa[23], se situaban dos sacerdotes con trompetas.

Se ha supuesto que esta es una fábula talmúdica, inventada a partir de la inscripción de nuestros salmos (cf. Sal 120, 1: שִׁיר הַמַּעֲלוֹת הַמַּעֲלוֹת) y que los quince escalones o gradas son los de Ez 40, 26. 31 (leyendo los dos versos unidos). Pero esta suposición proviene de la ignorancia, porque el Talmud no dice en aquel pasaje que los quince salmos han tomado el nombre de los quince escalones, ni dice en particular que estos salmos se leyeran en cada uno de aquellos escalones, sino que se limita a situar los quince en paralelo con los quince salmos. Más aún, el Talmud interpreta el nombre שיר המעלות de un modo muy distinto, es decir, partiendo de una leyenda relacionada con David y Ajithophel, *Succa*, 53a, *Maccoth*, 11a (traducida de un modo distinto en el Talmud de Jerusalén, sección *Chelek*, tratado *Sanhedrin*).

Esta leyenda vinculada a la inscripción del Targum (véase Buxtorf, *Lex. Talmud*, cf. קפא) es bastante extraña, pero no tiene nada que ver con los quince escalones. Solo en un momento posterior, los comentaristas judíos afirmarán que los quince salmos han tomado este nombre (*Salmos Graduales*, הַמַּעֲלוֹת הַמַּעֲלוֹת שִׁיר) de los quince "grados" o escalones del libro de Ezequiel[24].

---

23. En el templo de Zorobabel se llamaba Puerta de Nicanor; y en el templo de Herodes Puerta de Agripa. En ambos casos, las escaleras subían hasta el umbral de las puertas a través de quince escalones o pasos, cf. G. Unruh, *Das alte Jerusalem und seine Bauwerke* (1861), p. 137 y 194.

24. Lyra en sus *Postillae*, y Jacob Leonitius en su libro hebreo *Libellus effigiei templi Salomonis* (Amsterdam 1650, 40), siguen diciendo que los levitas cantaban los quince salmos graduales sobre cada uno de los escalones de esa escalera del templo. También Lutero ha generalizado esa visión, porque su traducción "un canto sobre el coro más alto" intenta afirmar *cantores harum odarum stetisse in loco eminentiori* (los cantores de estas odas se situaban en un lugar más alto, Bakius).

Incluso Hipólito parece haber oído algo semejante cuando afirma (p. 190, *ed. Lagarde*), refiriéndose a los quince salmos de ascenso, que ellos simbolizan los quince escalones de subida del templo, indicando que corresponden al número siete y ocho, que forman juntos el quince (πάλιν τε αὐτοῦ εἰσί τινες τῶν ἀναβαθμῶν ᾠδαί, τὸν ἀριθμὸν πεντεκαίδεκα, ὅσοι καὶ οἱ ἀναβαθμοὶ τοῦ ναοῦ, τάχα δελοῦσαι τάς ἀναβάσεις περιέχεσθαι ἐν τῷ ἑβδόμῳ καὶ ὀγδόῳ ἀριθμῷ).

También Hilario es testigo de esta tradición, cuando afirma: *esse autem in templo gradus quindecim historia nobis locuta est* (hemos oído la historia de los quince escalones del templo). Había, según eso 15 (7 + 8) escalones, que llevaban del patio de los sacerdotes al Santo de los Santos.

Sobre esta base se fundamentaba, pues, el tipo de alegorías en las que se deleitaba la interpretación de la iglesia, como explica, por ejemplo, Otmar Nachtgal: "Estos son los salmos de los escalones de ascenso, que expresan el espíritu de aquellos que ascienden de las cosas espirituales a Dios". Así por ejemplo el Codex Furtmeier de Maihingen, ha titulado estos salmos: "Salmo del primer escalón…" (hasta el salmo del escalón quince).

Dejando a un lado su *sensus anagogicus* (alegórico, de ascenso espiritual) debemos afirmar que ese título no es en sí mismo inapropiado (como muestra el título de "Liber Gradualis" o *Gradual* que se sigue utilizando en la iglesia romana); pero este es solo un "signo externo" del carácter de estos salmos[25].

Ha sido Gesenius el primero que ha discernido el verdadero significado de esta discutida inscripción (שִׁיר הַמַּעֲלוֹת), dicho ya en el año 1812 (*Hallische Lit. Zeitschrift*, 1812, p. 205), y desde entonces en varios lugares. Él ha descubierto y mostrado que los quince salmos graduales llevan ese nombre por el ritmo escalonado de sus pensamientos, mostrando como ejemplo que un título como *triolet* (canto que consta de tres partes, y que se emplea para danzas en coro) no se refiere al uso concreto o al tema de fondo de los cantos, sino a la estructura técnica de la música.

Son muchos los comentaristas que han aceptado esta interpretación, y en especial lo ha hecho De Wette, quien pone ejemplos de ritmo de pasos o grados aún en caso de movimientos ritmos y movimientos de música más artificiales. Estos cantos se llaman *Cantos de Grados o Salmos graduales* por ser cantos que se mueven y avanzan hacia un clímax.

Ellos tienen una estructura de *plokh epiplokh*, esto es, de "posición y superposición", repitiendo la palabra o idea anterior, pero subiendo de nivel, dándole una mayor intensidad. Estos salmos se ponen juntos, formando una división especial, por el hecho de que tienen una característica distinta, propia de

---

25. Hitzig, en su Comentario (1865), ha querido buscar una nueva combinación del sentido de esos salmos en referencia al número de versos que contienen 120 y 121 (7 + 8) y al número total de escalones de las escaleras del templo.

ellos, como los *Michtammim,* es decir, los salmos que llevan el título de Michtam (en especial Sal 56-60) por algún rasgo característico común.

Ciertamente, Liebusch pone la objeción de que no encontramos en la Biblia en ningún otro lugar esta palabra מעלות con este sentido figurativo; pero esa objeción no es concluyente, porque en las inscripciones de los salmos encontramos un lenguaje especial que (con la excepción de algunos pasajes de Crónicas) no aparece en ningún otro lugar de la Biblia, porque se trata de un lenguaje técnico, de tipo poético y musical.

Tampoco se puede refutar este dato por el hecho de que este lenguaje o movimiento ascendente de los pensamientos, con nuevas palabras apoyándose en las anteriores, no es exclusivo de estos quince salmos, sino que se encuentra también en otros salmos, como Sal 26, 5; Sal 93, 1-5; Sal 96, 1-13) e incluso en otros lugares (Is 17, 12; y en especial en el Canto de Débora, Jc 5, 3-6, etc.). Por otra parte, esta técnica no se aplica de un modo coherente y consecuente en estos quince salmos, pero está presente en ellos.

Resulta significativo el hecho de que en estos salmos resulta mucho menos importante el ritmo del paralelismo, incluso en Sal 125, 1-5; 127, 1-5; 128, 1-6; 132. Este es el rasgo característico de estos salmos: ellos se van desarrollando en forma de gradación o avance de pensamiento, paso a paso, de tal forma que cada paso se apoya en lo anterior, y de esa forma va avanzando y ascendiendo hacia una altura más grande de pensamiento o sentimiento.

Salmo 120. Grito de tristeza de un hombre rodeado por violentos

¹ שִׁיר הַמַּעֲלוֹת אֶל־יְהוָה בַּצָּרָתָה לִּי קָרָאתִי וַיַּעֲנֵנִי׃

² יְהוָה הַצִּילָה נַפְשִׁי מִשְּׂפַת־שֶׁקֶר מִלָּשׁוֹן רְמִיָּה׃

³ מַה־יִּתֵּן לְךָ וּמַה־יֹּסִיף לָךְ לָשׁוֹן רְמִיָּה׃

⁴ חִצֵּי גִבּוֹר שְׁנוּנִים עִם גַּחֲלֵי רְתָמִים׃

⁵ אוֹיָה־לִי כִּי־גַרְתִּי מֶשֶׁךְ שָׁכַנְתִּי עִם־אָהֳלֵי קֵדָר׃

⁶ רַבַּת שָׁכְנָה־לָּהּ נַפְשִׁי עִם שׂוֹנֵא שָׁלוֹם׃

⁷ אֲנִי־שָׁלוֹם וְכִי אֲדַבֵּר הֵמָּה לַמִּלְחָמָה׃

<Cántico gradual>

¹ A Jehová clamé estando en angustia y él me respondió.

² ¡Libra mi alma, Jehová, del labio mentiroso y la lengua fraudulenta!

³ ¿Qué te dará o qué te aprovechará, lengua engañosa?

⁴ Agudas saetas de valiente con brasas de enebro.

⁵ ¡Ay de mí, que vivo en Mesec y habito entre las tiendas de Cedar!
⁶ Mucho tiempo ha morado mi alma con los que aborrecen la paz.
⁷ Yo soy pacífico, pero ellos, apenas hablo, me hacen guerra.

El primero de los cantos graduales se vincula con el verso final del canto anterior (Sal 119, 176). El poeta del Sal 119, rodeado por todas partes de apostasía y persecución, se comparaba a sí mismo con una oveja que se pierde con facilidad, una oveja a la que el pastor busca y lleva a casa, a fin de que no perezca. Pues bien, el salmista de 120 es también como una oveja en medio de lobos.

En el tiempo en que vive el salmista no es seguro y, por tanto, no es tampoco claro si está sufriendo ataques malignos constantes de extranjeros bárbaros, o si está perseguido por sus mismos paisanos judíos de mente mundana. E. Tilling quiso buscar un tercer momento para el salmo en su *Disquisitio de ratione inscript. XV Pss. grad.* (1765). A su juicio, este y los siguientes salmos graduales surgieron en el tiempo inmediatamente posterior al retorno del exilio, cuando la oposición secreta y abierta de los samaritanos y de otros pueblos vecinos (Neh 2, 10. 19; 4, 17; 6, 1) intentaban destruir de raíz el despliegue de la nueva colonia judía.

120, 1-4. Conforme a la puntuación de וַיַּעֲנֵנִי (cf. 120, 1: יְרַוַּעֲנִי קָרָאת לִי בַּצָּרָתָה, en mi angustia clamé y me respondió) el salmista parece fundar la petición que sigue (que desde el Sal 120, 2 es la sustancia de todo el salmo) en el hecho de que Dios previamente ha respondido a su petición. Conforme a su sentido originario, צרתה evoca un estado o condición del salmista, como en Sal 3, 3; Sal 44, 27; Sal 63, 8; Jon 2, 10; Os 8, 7. En sentido estricto, בצרתה לי equivale a בַּצָּר־לִי, Sal 18, 7, y responde a la expresión frecuente צר לי.

En el Sal 120, 2 sigue la petición que el poeta dirige a Yahvé con la certeza de que será respondido. רמיה va junto a לשׁון, a pesar de que no es masculino. רמי (que en arameo aparece como רמאי, רמי), se toma aquí como un adjetivo, según la forma טריה, עניה, que aparece también quizá en Miq 6, 12.

La pregunta del Sal 120, 3 se dirige a la lengua orgullosa, elevada (לְשׁוֹן רְמִיָּה). Como norma, לשׁון es ciertamente femenino; pero, aunque "lengua" sea femenino como el לשׁון רמיה de la interrogación, esa interrogación, como en el Sal 52, 6, se refiere a aquel que tiene ese tipo de lengua (cf. Hitzig sobre Prov 12, 27), de forma que el לך masculino de la pregunta está bien justificado.

Ciertamente, la traducción "qué te dará o qué te aprovechará, lengua engañosa" o "de qué te vale o qué provecho será para ti una lengua poderosa" es sin duda posible por lo que se refiere a la sintaxis (Gesenius, 147e), pero no resulta apropiada, porque es ambigua y confusa en su expresión.

Por otra parte, por la correspondencia entre מַה־יִּתֵּן לְךָ וּמַה־יֹּסִיף לָךְ y por la fórmula de juramento de 1 Sam 3, 17; 20, 13; 25, 22; 2 Sam 3, 35; Ruth 1, 17 (יוֹסִיף לְכָה אלהים יעשׂה־לְּךְ כּה) tenemos que suponer que el sujeto de יתן y יסיף es el mismo Dios, a quien se dirige la oración. Por eso, el sentido de la frase es como sigue: ¿qué deberá darte él (Dios) a ti (con נתן como en Os 9, 14), y que deberá él (Dios) añadirte, a ti, lengua soberbia, engañosa?

La relación recíproca entre el Sal 120, 4a, con מה־יתן, y el Sal 120, 4b, con la partícula עם, aquí añadida, con מה־יסיף, muestra que el Sal 120, 4 no sigue siendo una descripción del sentido de la lengua (de la que trata 104, 3), como supone Ewald. Por consiguiente, 120, 4 ha de entenderse como respuesta a 120, 3, y en ella se expone el doble castigo que Dios hará sentir a la lengua falsa.

La pregunta de 120, 3 era "qué le aprovechará a la falsa lengua" su engaño. La respuesta aparece de forma sarcástica en 120, 4: lo que Dios dará a la lengua falsa y engañosa son "agudas saetas de valiente, con brasas de enebro", esto es, un castigo por guerra (saetas) y por incendio (fuego de enebro).

La lengua mala es como una espada afilada (Sal 57, 5), una flecha puntiaguda (Jer 9, 7), un fuego encendido de infierno (Sant 3, 6). De forma lógica el castigo de Dios corresponderá a ese tipo de conducta perversa de los hombres de lengua orgullosa (cf. Sal 64, 4). El "valiente" o poderoso, *gibbôr*, que lanza las flechas (חִצֵּי גִבּוֹר שְׁנוּנִים, LXX δυνατός) es el mismo Dios, como ha observado B. Erachin, 15b, evocando una referencia de Is 42, 13: "Nadie es poderoso como Dios, bendito sea".

Dios responde a la mala lengua de un modo semejante al suyo, en forma de talión, igual con igual (Sal 140, 11). Flechas y fuego aparecen también en otros casos como medios de castigo. Aquel que ha destruido a los demás con las flechas de su lengua será atravesado por las flechas afiladas del poder irresistible del poderoso Dios; aquel que ha encendido de angustia a su prójimo padecerá una fiebre de angustia, tendrá que sufrir los carbones encendidos y torturadores del fuego de Dios.

Los LXX traducen este verso (120, 4) de un modo general, σὺν τοῖς ἄνθραξι τοῖς ἐρημικοῖς, con los carbones que destruyen; Aquila, siguiendo la traducción judía, pone ἀρκευθίναις; pero רתם, árabe *ratam, ratem*, son las brasas encendidas de enebro (e. g., una madera frecuente en la Belká).

120, 5-7. Dado que las flechas y los carbones encendidos, con las que Dios castiga a las lenguas malas, siguen actuando, el poeta se lamenta con אוֹיָה־לִי, ¡ay de mí! expresión que solo aparece aquí. גּוּר (cf. כִּי־גַרְתִּי מֶשֶׁךְ, que habito como extranjero en Mesec) con el acusativo de lugar o persona junto a la que habita, como en Sal 5, 5; Is 33, 14; Jc 5, 17.

De la palabra Mesec, que es un nombre de lugar (מֶשֶׁךְ), han derivado los LXX un apelativo con el significado de las personas que habitan allí (cf. Is 66, 19): los "moscos", los de Mesec que habitan entre el Mar Negro y el Caspio…; pero es imposible habitar al mismo tiempo entre los de esa tierra y los de Kedar (véase

Sal 83, 7). Por eso, esos nombres (Mesec y Kedar) han de tomarse de un modo simbólico, como han dicho ya Saadia, Calvino, Amyraldus y otros, refiriéndose *a homines similes ejusmodi barbaris et truculentis nationibus* (hombres semejantes de naciones bárbaras y criminales)[26].

Mesec se vincula con Magog en Ez 38, 2 y los de Kedar aparecen como hombres dominados por el deseo de posesión (Gen 16, 12) y de guerra de todos contra todos (*bellum omnium contra omnes*). Estos tipos de personas violentas y amigas de disputas han rodeado al poeta (y a sus paisanos, con los que él quizá se está vinculando) durante ya mucho tiempo. La palabra רבת (cf. 120, 6: רַבַּת שָׁכְנָה־לָּהּ נַפְשִׁי, mucho tiempo ha morado allí mi alma...), que significa abundantemente (véase Sal 65, 10), aparece en 2 Cron 30, 17 como palabra de prosa. La partícula לה, que vincula la acción con el sujeto, sirve para matizar el colorido de la declaración, como en Sal 122, 3; Sal 123, 4.

El poeta, en cambio (120, 7), es un hombre de paz, אֲנִי־שָׁלוֹם (cf. Miq 5, 5; Sal 119, 4; Sal 110, 3), porque el amor de la paz, su disposición para la paz y el deseo de paz llenan su alma. Pero tan pronto como abre su boca los otros le declaran la guerra, ellos están siempre dispuestos a la contienda, su modo de conducta se vuelve siempre hostil. Ewald (362b, siguiendo a Saadia) construye la frase así: y yo, aunque hable de paz...

Pues bien, aunque כִּי (cf. וְכִי אֲדַבֵּר, como עד, en el Sal 141, 10) pudiera tener ese sentido en la frase, וְכִי con la *waw* no puede entenderse así. En este contexto, tras אֲדַבֵּר no se puede introducir שָׁלוֹם (hablar de paz, como Hitzig sugiere, apelando a Sal 122, 8; Sal 28, 3; Sal 35, 20). El salmo concluye con la fuerte disonancia entre yo-paz y ellos-guerra (אֲנִי־שָׁלוֹם הֵמָּה לַמִּלְחָמָה), una disonancia u oposición que el salmista quiere superar volviendo a la petición del comienzo del salmo.

Salmo 121. El Consuelo de la protección divina

1 שִׁיר לַמַּעֲלוֹת אֶשָּׂא עֵינַי אֶל־הֶהָרִים מֵאַיִן יָבֹא עֶזְרִי:

2 עֶזְרִי מֵעִם יְהוָה עֹשֵׂה שָׁמַיִם וָאָרֶץ:

3 אַל־יִתֵּן לַמּוֹט רַגְלֶךָ אַל־יָנוּם שֹׁמְרֶךָ:

4 הִנֵּה לֹא־יָנוּם וְלֹא יִישָׁן שׁוֹמֵר יִשְׂרָאֵל:

5 יְהוָה שֹׁמְרֶךָ יְהוָה צִלְּךָ עַל־יַד יְמִינֶךָ:

6 יוֹמָם הַשֶּׁמֶשׁ לֹא־יַכֶּכָּה וְיָרֵחַ בַּלָּיְלָה:

7 יְהוָה יִשְׁמָרְךָ מִכָּל־רָע יִשְׁמֹר אֶת־נַפְשֶׁךָ:

8 יְהוָה יִשְׁמָר־צֵאתְךָ וּבוֹאֶךָ מֵעַתָּה וְעַד־עוֹלָם:

26. Si este fuera un salmo de origen macabeo se podría pensar que משך, de משך, con συρειν, está aludiendo a los sirios o incluso a los judíos apóstatas, refiriéndose a ערלה משך, es decir, a los que disimulan la circuncisión, cf. ἐπισπᾶσθαι τὴν ἀκροβυστίαν (1 Cor 7, 18).

<Cántico gradual>

¹ Alzaré mis ojos a los montes. ¿De dónde vendrá mi socorro?
² Mi socorro viene de Jehová, que hizo los cielos y la tierra.

³ No dará tu pie al resbaladero ni se dormirá el que te guarda.
⁴ Por cierto, no se adormecerá ni dormirá el que guarda a Israel.

⁵ Jehová es tu guardador, Jehová es tu sombra a tu mano derecha.
⁶ El sol no te fatigará de día ni la luna de noche.

⁷ Jehová te guardará de todo mal, él guardará tu alma.
⁸ Jehová guardará tu salida y tu entrada desde ahora y para siempre.

Este salmo gradual es uno de los que lleva el encabezado de שִׁיר לַמַּעֲלוֹת, con *lamed*, y no שִׁיר הַמַּעֲלוֹת, en absoluto. Los LXX, el Targum y Jerónimo lo traducen como en los otros casos. Por el contrario, Aquila y Símaco traducen: ᾠδὴ (ᾆσμα) εἰς τὰς ἀναβάσεις, oda o canto para las subidas, y el *Midrash Sifrí* lo interpreta así de un modo místico, como "Salmo sobre las escalas", es decir, sobre los caminos por los que Dios dirige al justo llevándole al mundo superior.

Aquellos que aplican המעלות a las caravanas que vuelven a la tierra, o a las peregrinaciones de los israelitas, piensan que למעלות está a favor de esa explicación. Pero el *lamed* tiene aquí un sentido de norma o ejemplo. El signo distintivo de este salmo es el movimiento "gradual" de los pensamientos, de forma que podemos decir que el salmo está construido למעלות, a modo de peldaños de una escalera.

El comienzo del salmo se opone a la visión de los que piensan que estamos ante un canto de peregrinación, pues el salmista parece inmerso en un espacio de visión limitado por las montañas, dentro de un contexto fijo, alejado de sus montañas nativas. El salmo está estructurado de manera inconfundible con tetrásticos.

121, 1–4. Apolinar traduce este comienzo de una manera muy falta de sentido: ὄμματα δενδροκόμων ὀρέων ὑπερεξετάνυσσα (he elevado mis ojos a las montañas con árboles), partiendo de una reproducción poco fiel de ἦρα, de airein de los LXX. La expresión exacta es אֶשָּׂא y no נָשָׂאתִי. Y las montañas a las que el salmista dirige sus ojos no son unas montañas cualesquiera. En Ezequiel, la designación de su tierra nativa, desde el punto de vista de la llanura de Mesopotamia, es "las montañas de Israel".

Su mirada anhelante está dirigida hacia el distrito de esas montañas, de manera que ellas son su *kibla*, i. e., la dirección en la que debe realizar su oración, como sabemos por Daniel 6, 11. No se puede traducir en afirmativo, como hace Lutero: "De donde viene mi ayuda". La partícula מאין (121, 11: מֵאַיִן יָבֹא עֶזְרִי, ¿de dónde vendrá mi ayuda?) es un interrogativo, lo mismo que en Jos 2, 4, donde tenemos una pregunta indirecta.

El poeta está mirando hacia las montañas, las montañas de su tierra nativa, sus santas montañas (Sal 133, 3; Sal 137, 1; Sal 125, 2), y de esa manera pregunta con ansia: ¿de dónde vendrá mi ayuda? Y a partir de ese deseo ansioso viene la respuesta: la ayuda no viene de ningún otro lugar, sino de Yahvé, el que ha hecho el cielo y la tierra, el que está entronizado, detrás y por encima de esas montañas, aquel cuyo poder llega hasta los límites y ángulos más lejanos de la creación; y con él (עם) que es quien ayuda, viene siempre el deseo y poder de ayudar, de manera que el auxilio no viene de ningún otro lugar, sino solo de él, מֵעִם יְהוָה (con מִן).

En el Sal 121, 1a el poeta propone una cuestión a la que él mismo responde en el Sal 121, 2, mientras que en el Sal 121, 3 y en adelante el mismo que responde vuelve a preguntar a quien antes preguntaba (de forma que podemos distinguir entre el mismo poeta y su Ego).

El poeta se vuelve así objeto de conversación interior, de manera que su Ego, calmado en Dios, le promete descanso, presentando ante él la gozosa perspectiva contenida en la esperanza de Yahvé. En 121, 3, la respuesta negativa אַל־יִתֵּן לַמּוֹט רַגְלֶךָ אַל־יָנוּם שֹׁמְרֶךָ, no dará tu pie al resbaladero, no dormirá tu guardián) ratifica la fidelidad de Dios, apareciendo así como un rechazo de aquello que es absolutamente imposible.

El poeta se dice a sí mismo que Él (Dios) no abandonará su pie, no le dejará resbalar (con לַמּוֹט, como en el Sal 66, 9, cf. Sal 55, 23), porque su Guardián (el Dios שֹׁמֵר) no dormita ni duerme. Avanzando en esa línea, conforme a la técnica de ascenso e intensificación de los salmos graduales, el yo profundo del poeta confirma y ratifica las afirmaciones anteriores diciendo en 121, 4: הִנֵּה לֹא־יָנוּם וְלֹא יִישָׁן שֹׁומֵר יִשְׂרָאֵל, ciertamente no dormita ni duerme el Guardián de Israel; es decir, no se cansa, ni pasa de la vigilia al sueño, como los hombres, pues los ojos de su providencia están siempre abiertos (sin cerrarse nunca) para Israel.

121, 5–8. El salmista se aplica en 121, 5 a sí mismo, de un modo creyente, la conversación mantenida entre Dios y el pueblo de Israel, porque él forma parte del pueblo de Israel, cf. Gen 28, 15. Yahvé es su guardián, Yahvé es su sombra (su presencia), está a su mano derecha (con הַיָּמִין, como en Jc 20, 16; 2 Sam 20, 9, *passim*), y le protege. La expresión se encuentra en estado constructo en vez de con aposición (יְהוָה צִלְּךָ עַל־יַד יְמִינֶךָ), mostrando que Dios le protege y le mantiene "fresco" (lleno de vigor), cubriéndole del calor ardiente del sol, con עַל, como en Sal 109, 6; Sal 110, 5, con la idea de una protección que se extiende y aplica a todo lo que le rodea (cf. Num 14, 9).

A la figura de la sombra (צִלְּךָ) se añade en el Sal 121, 6 la del fortalecimiento y descanso: יוֹמָם הַשֶּׁמֶשׁ לֹא־יַכֶּכָּה, de día el sol no te fatigará. El verbo הכה aplicado al sol significa quemar, dañando con fuerza a las plantas (Is 49, 10), de forma que ellas se secan (Sal 102, 5). Ese mismo sol hiere en la cabeza de los hombres (Jon

4, 8), de forma que aparecen síntomas de insolación (2 Rey 4, 19; Judit 8, 2s), pero Dios protege a los suyos del ardor del sol, y lo hace con su misma sombra.

La aplicación del tema a la luna no se hace en forma de zeugma, sino a través de una nueva afirmación. También pueden ser peligrosos e insoportables los rayos de luna, dañando en los ojos, sobre todo, en las regiones ecuatoriales, produciendo inflamaciones graves en el cerebro[27].

De las influencias dañinas de la naturaleza (del entorno) la promesa del texto se extiende en 121, 7-8 en todas las direcciones. El poeta se dice a sí mismo que Yahvé le mantendrá, le guardará de todo mal que puede amenazarle, de cualquier tipo que sea: él guardará tu alma, es decir, toda tu vida, tanto de forma interna como externa; él protegerá tus salidas y entradas (יְהוָה יִשְׁמָר־צֵאתְךָ וּבוֹאֶךָ, cf. Sal 9, 9), es decir, todas tus acciones, relaciones y tareas en la vida (Dt 28, 6, *passim*).

En ese contexto observa Crisóstomo: ἐν τούτοις ὁ βίος ἅπας, ἐν εἰσόδοις καὶ ἐξόδοις, en las entradas y salidas se condensa la vida entera, en todas partes, en todos los tiempos, desde ahora y para siempre (מֵעַתָּה וְעַד־עוֹלָם). Es el pensamiento básico del salmo: la vida del creyente se encuentra bajo una protección tan universal y completa del amor eterno de Dios que no podrá sufrir ninguna injuria.

Salmo 122. Una mirada de buen deseo a la ciudad de los peregrinos

¹ שִׁיר הַמַּעֲלוֹת לְדָוִד שָׂמַחְתִּי בְּאֹמְרִים לִי בֵּית יְהוָה נֵלֵךְ׃

² עֹמְדוֹת הָיוּ רַגְלֵינוּ בִּשְׁעָרַיִךְ יְרוּשָׁלָ͏ִם׃

³ יְרוּשָׁלַ͏ִם הַבְּנוּיָה כְּעִיר שֶׁחֻבְּרָה־לָּהּ יַחְדָּו׃

⁴ שֶׁשָּׁם עָלוּ שְׁבָטִים שִׁבְטֵי־יָהּ עֵדוּת לְיִשְׂרָאֵל לְהֹדוֹת לְשֵׁם יְהוָה׃

⁵ כִּי שָׁמָּה יָשְׁבוּ כִסְאוֹת לְמִשְׁפָּט כִּסְאוֹת לְבֵית דָּוִיד׃

⁶ שַׁאֲלוּ שְׁלוֹם יְרוּשָׁלָ͏ִם יִשְׁלָיוּ אֹהֲבָיִךְ׃

⁷ יְהִי־שָׁלוֹם בְּחֵילֵךְ שַׁלְוָה בְּאַרְמְנוֹתָיִךְ׃

⁸ לְמַעַן אַחַי וְרֵעָי אֲדַבְּרָה־נָּא שָׁלוֹם בָּךְ׃

⁹ לְמַעַן בֵּית־יְהוָה אֱלֹהֵינוּ אֲבַקְשָׁה טוֹב לָךְ׃

<Cántico gradual; de David>

¹ Yo me alegré con los que me decían, "¡A la casa de Jehová iremos!".

² Nuestros pies estuvieron dentro de tus puertas, Jerusalén.

³ Jerusalén, que ha sido edificada como una ciudad que está bien unida entre sí.

---

27. Muchos comentaristas piensan, sin embargo, que el "daño" de la luna se debe al fuerte frío de las noches de luna, que se menciona en ciertos casos, en oposición al calor del sol, cf. Gen 31, 40; Jer 36, 30. De Sacy observa también: *on dit quelquefois d'un grand froid, comme d'un grand chaud, qu'il est brulant* (tanto de un gran frío, como de un gran calor, se dice a veces que queman). También los árabes dicen que tanto la nieve como el sol son *jaḥrik*, es decir, que queman.

⁴ Allá subieron las tribus, las tribus de Jah,
conforme al testimonio dado a Israel, para alabar el nombre de Jehová,
⁵ porque allá están las sillas del juicio, los tronos de la casa de David.

⁶ Pedid por la paz de Jerusalén; ¡sean prosperados los que te aman!
⁷ ¡Sea la paz dentro de tus muros y el descanso dentro de tus palacios!
⁸ Por amor de mis hermanos y mis compañeros diré yo, "¡La paz sea contigo!".
⁹ Por amor a la casa de Jehová, nuestro Dios, buscaré tu bien.

Si las montañas del Sal 121, 1 son las de tierra santa, resulta clara la razón por la que el redactor final del salterio ha colocado después del canto anterior este nuevo salmo gradual (Sal 122), que comienza con una expresión de alegría por la peregrinación a la casa de Yahvé y, por lo tanto, a la Santa Montaña. Por otra parte, su deseo de paz (שָׁלוֹם) se relaciona de un modo muy estrecho con el Sal 120.

El salmista expresa en voz alta su saludo de bendición para la ciudad santa, recordando el tiempo delicioso en el que habitaba allí como peregrino, durante la fiesta, disfrutando de su presencia inspiradora. Si es que, conforme al título לְדָוִד, se pudiera tomar como davídico, este salmo pertenecería a la serie de cantos del tiempo de la persecución de Absalón, en los que encontramos una mirada anhelante dirigida hacia el hogar más alto, hacia la casa de Dios (cf. Sal 23, 1-6; Sal 26, 1-12; Sal 55, 15; Sal 61, 1-8 y especialmente Sal 63, 1-11).

Pero ese encabezado, לְדָוִד, falta en los LXX, en el Códice Alejandrino y Vaticano, mientras que el Cód. Sinaítico, que tiene ΤΩ ΔΑΔ (de David) coloca ese título delante del Sal 124 (εἰ' μὴ ὅτι κύριος κ. τ. λ., *si el Señor no hubiera…*), en contra de lo que hacen el Alejandrino y el Vaticano. En este salmo, esa referencia a David está ocasionada por el Sal 122, 5 (כִּסְאוֹת לְבֵית דָּוִיד, los tronos de la casa de David), pero sin ningún discernimiento crítico.

Ciertamente, las medidas adoptadas por Jeroboam I (al separarse de la casa de David) muestran que las peregrinaciones a Jerusalén por las fiestas eran ya costumbre en tiempos de David y Salomón. Las imágenes de los becerros de Dan y Betel y el cambio de la fiesta de los Tabernáculos a otro mes, habían sido introducidos en el Reino de Israel para ratificar la separación política, rompiendo la unidad religiosa del conjunto del pueblo e impidiendo las peregrinaciones a Jerusalén.

De todas formas, el autor de este salmo vivió mucho después de esa ruptura. En esa línea, partiendo del Sal 122, 3, Hupfeld afirma que el autor de este salmo tuvo que vivir en el tiempo del postexilio, cuando Jerusalén se levantó nuevamente de sus ruinas. En ese tiempo, el autor del salmo había participado en una de esas grandes fiestas, y aquí en el salmo, él se siente todavía inspirado por esa memoria, de forma que mira hacia atrás, hacia la Ciudad Santa. En esa línea, a pesar de lo que digan Reuss, Hupfeld y Hitzig, por lo que se refiere a su estilo, el contenido del Sal 122 ha de entenderse de forma retrospectiva.

122, 1–3. El pretérito de שִׂמַחְתִּי (cf. שָׂמַחְתִּי בְּאֹמְרִים לִי, me alegré con los que me decían), podría significar *me alegro* (1 Sam 2, 1), pero aquí, por comparación con el Sal 122, 2, debe tener un sentido retrospectivo, pues היה (en 122, 2), con el participio, tiene en la mayor parte de los casos ese sentido, cf. Gen 39, 22; Dt 9, 22. 24; Jc 1, 7; Job 1, 14. Ciertamente, היו עמדות (cf. עֹמְדוֹת הָיוּ רַגְלֵינוּ בִּשְׁעָרַיִךְ, "nuestros pies estuvieron…") puede significar también "ellos estuvieron y todavía están…" (como en Sal 10, 14; 59, 2; 30, 20), pero, en ese caso, las cosas tendrían que haberse expresado de un modo más breve con עמדו (Sal 26, 12).

Los LXX traducen rectamente, εὐφράνθην y ἑστῶτες ἦσαν. El poeta, en el camino de vuelta de Jerusalén, o habiendo retornado ya a casa, recuerda con gozo el grito con el que se pusieron en marcha: "Vayamos a la casa de Yahvé". Cuando él y los otros participantes de la marcha alcanzaron la meta de su peregrinación, sus pies pudieron ya descansar, como si estuvieron hechizados por la visión gloriosa e imponente del santuario[28].

Reviviendo este momento, el salmista exclama: Jerusalén, tú que has sido construida de nuevo como ciudad… (122, 3a: יְרוּשָׁלַםִ הַבְּנוּיָה כְּעִיר). Ciertamente, en sentido original, la palabra בנה significa solo construir. Pero, en nuestro caso, ella ha de ser traducida y entendida en un sentido más estricto, *como ciudad reconstruida*, no simplemente "construida".

Por eso, esta expresión ha de tomarse de un modo gozoso, después del exilio. En ese sentido, la expresión יְרוּשָׁלַםִ הַבְּנוּיָה כְּעִיר recibe el mismo significado que en el Sal 102, 17. Por su parte, Sal 147, 2 se refiere a Jerusalén como ciudad "reconstruida" (Gesenius, *Hierosolyma restituta*).

Ciertamente, el miembro paralelo del verso, Sal 122, 3b כְּעִיר שֶׁחֻבְּרָה־לָּהּ יַחְדָּו, como ciudad bien unida entre sí…), no exige sin más ese sentido, pero, al menos, es favorable a él. La traducción más antigua de Lutero (como ciudad compacta en sí) es mejor que la posterior: "Una ciudad donde ellos han de ir juntos", una traducción que requeriría un *nifal* o *hitpael* en vez del pasivo שֶׁחֻבְּרָה.

La palabra חבר significa, como en Ex 28, 7, estar unidos, juntos (como compañeros/amigos), formando así un todo. Por su parte, יחדו acentúa la idea de algo que está unido de un modo armonioso, perfecto, en unidad bien perfilada (cf. Sal 133, 1).

El *kaph* de כְּעִיר es el así llamado *kaph veritatis*, *kaph* de la verdad. Jerusalén ha sido reconstruida de nuevo, a partir de unas condiciones previas de ruina y devastación. Se han cerrado bien sus brechas y agujeros (Is 58, 12), de manera

---

28. Así lo interpreta Veith en sus (por muchos rasgos) hermosas *conferencias* sobre los doce Salmos *Graduales* (Viena, 1863), p. 72: "Ellos se pararon un momento con el fin de dar tiempo a la admiración que les producía la vista del templo, la ciudadela del rey y la magnífica ciudad".

que la ciudad se eleva como una edificación compacta con unas casas unidas a otras casas[29].

122, 4-5. El carácter imponente que produce la ciudad a los peregrinos, queda ratificado por la consideración de que esta es la ciudad en la que en otro tiempo se reunían las doce tribus de la nación de Dios (que aún después del exilio podían reconocerse, como suponen Rom 11, 1; Lc 2, 36 y Sant 1, 1) para las tres grandes solemnidades. El uso de la שׁ por dos veces como equivalente de אשׁר (como en el Cantar) resulta apropiado para el estilo ornamental y feliz (como de miniatura gozosa) de estos salmos graduales.

La forma שֵׁשׁם en vez de שֵׁם, como en Ecl 1, 7, es equivalente a שֵׁמָה, que, por otra parte, en 122, 5 tiene un carácter básicamente enfático (cf. Sal 76, 4; Sal 68, 7). El verbo עלוּ (cf. שֶׁשָּׁם עָלוּ שְׁבָטִים, pues allí subían las tribus…) está mostrando un hábito (cf. Job 1, 4) del pasado que se extiende en el presente. La expresión עֵדוּת לְיִשְׂרָאֵל, como testimonio para Israel, no es un acusativo de definición o destinación (Ewiger, 300c), sino una aposición a la cláusula anterior, como dice por ejemplo Hitzig, al ocuparse de Lev 22, 3. 14. 21. 31, refiriéndose a la norma establecida en Ex 23, 17; Ex 34, 23; Dt 16, 16.

La costumbre que surgió de esa manera (de subir a Jerusalén por las fiestas) está confirmada en el Sal 122, 5, por el hecho de que Jerusalén, la ciudad del santuario central de la nación, era al mismo tiempo la capital del reino davídico. El sentido de la frase יָשְׁבוּ כִסְאוֹת לְמִשְׁפָּט se transfiere aquí de los jueces (personas que forman parte de un tribunal, cf. Sal 29, 10 con Sal 9, 5; Sal 28, 6) que se sientan para juzgar, con las sedes o tronos dispuestos allí para el juicio (cf. Sal 125, 1, con la frase: θρόνος ἔκειτο, se puso el trono, Ap 4, 2).

El Targum piensa en este contexto en las sedes del templo, que estarían elevadas sobre pilares para el rey y para el tribunal supremo de los israelitas, al lado de la puerta de arriba, שׁער העליון, pero למשׁפט parece referirse al palacio real, 1 Rey 7, 7, más que al templo de Yahvé.

En la edad floreciente del reino davídico había, por tanto, en Jerusalén una corte más alta o suprema de juicio para el conjunto de Israel. El rey era el juez más alto (2 Sam 15, 2; 1 Rey 3, 16), y los hijos, hermanos y compañeros del rey eran sus asesores y consejeros. En el tiempo del salmista era ya diferente. Pero el atractivo de Jerusalén, no solo como ciudad de Yahvé, sino también como ciudad de David, permanecía vivo a través de los tiempos.

---

29. Tanto la sinagoga como la Iglesia han tenido la costumbre de interpretar el Sal 122, 3 desde la perspectiva de la Jerusalén celeste y terrestre.

122, 6–9. Cuando evoca ante su mente, en estos versos, la visión de Jerusalén como ciudad de paz, la imagen de gran gloria que él descubre en su actualidad y de gloria aún mayor que él sabe que había tenido en tiempo anterior, el poeta se siente emocionado y extiende sobre ella sus manos desde la distancia (122, 6). En ese momento, el poeta bendice a Jerusalén, a la luz de su amor, rogando a todos los israelitas de su entorno y de todos los lugares y diciéndoles: *apprecamini salutem Hierosolymis,* pedid por la salvación de Jerusalén.

Así presenta Gesenius correctamente el tema (*Thesaurus*, p. 1347). En esa línea, שַׁאֲלוּ שְׁלוֹם יְרוּשָׁלָ͏ִם (cf. לִשְׁלוֹם לוֹ שָׁאַל, pedid por la paz de Jerusalén) significa procurad su bien, saludándole con esta pregunta לְךָ הֲשָׁלוֹם, ¿está la paz contigo? (Jer 15, 5). שָׁאַל שְׁלוֹם significa interesarse por la prosperidad de alguien, preguntándole por ella, para conocer con alegría y descubrir alegremente que le va bien, expresando el deseo de que pueda estar aún mejor.

Así, en siríaco, שׁאל שלמא ד significa directamente "saludar" a alguien. De manera consecuente, la pregunta לְךָ הֲשָׁלוֹם (¿te va bien?) y el buen deseo שָׁלוֹם לְךָ, εἰρήνη σοί (que la paz sea contigo, Lc 10, 5; Jn 20, 19), tienen la misma raíz y el mismo significado. En este contexto, en la persona amada a la que se saluda quedan incluidos todos aquellos a los que ella ama, la mujer con el esposo, los hijos con la madre. שלה forma una aliteración con שלום; la forma enfática יִשְׁלָיוּ (cf. יִשְׁלָיוּ אֹהֲבָיִךְ, prosperen los que te aman) aparece también en otros casos, fuera de la pausa (e. g., Sal 57, 2).

El versículo 122, 7 retoma la aliteración entre las formas de שׁלוה (cf. יְהִי־שָׁלוֹם בְּחֵילֵךְ שַׁלְוָה בְּאַרְמְנוֹתָיִךְ, sea la paz dentro de tus muros, el descanso en tus palacios), de manera que ambas formas de la palabra evocan no solo un bien particular, sino el bien de conjunto de Jerusalén. Como observa Venema, la constante aliteración de las voces entre sí, y de todas con el nombre de Jerusalén acentúa la elegancia de la frase (*ad elegantiam facit perpetua vocum ad se invicem et omnium ad nomen Hierosolymae alliteratio*).

Estos elementos marcan el ritmo de este salmo gradual. Desde lejos, el poeta grita a la ciudad, pidiendo felicidad para ella, seguridad en sus baluartes, prosperidad en sus palacios, esto es, tanto fuera como dentro de ella. חֵיל son los rampantes o murallas, su "circunvalación" (de חוּל, rodear, árabe *hawl*, en torno, que se puede escribir tanto con חֵיל como con חֵל). Por su parte, ארמנות (palacios) está en paralelo con muros, como en el Sal 48, 14. Los dos elementos de este deseo de paz brotan del amor por los hermanos y del amor por la casa de Dios.

Por amor a los hermanos, el salmista está decidido a hablar de paz y a desearla (deseando aquello que se refiere a su paz: τὰ πρὸς εἰρήνην αὐτῆς, Lc 19, 42). El texto habla así de lo que se refiere a la paz, con דבר ב (אֲדַבְּרָה־נָּא שָׁלוֹם בָּךְ: diré "la paz contigo", cf. Sal 87, 3; Dt 6, 7; LXX περὶ σοῦ. Cf. también שׁלום דבר con אל o con ל, decir (= desear) paz a alguien, Sal 85, 9; Est 10, 3). En esa línea, el salmista desea la paz a Jerusalén, buscando su bien, a causa de la casa de Yahvé, deseando así su bienestar, aquello que conduce a su bien (como טובה לבקש en Neh 2, 10, cf. también שלום דרש, Dt 23, 6; Jer 29, 7).

Cuando dice estas palabras, el salmista se encuentra ya lejos de Jerusalén, pues su visita directa ha terminado. Pero él sigue unido en amor con la ciudad santa, a la que tomará siempre como meta de sus anhelos, mirando a todos los que viven en ella como sus hermanos y amigos. Jerusalén es y seguirá siendo el corazón de todo Israel, lo mismo que Yahvé, que tiene allí su casa, es el Dios de Israel.

Salmo 123. Mirada más alta al Señor en tiempos de desprecio

שִׁיר הַמַּעֲלוֹת אֵלֶיךָ נָשָׂאתִי אֶת־עֵינַי הַיֹּשְׁבִי בַּשָּׁמָיִם: ¹
הִנֵּה כְעֵינֵי עֲבָדִים אֶל־יַד אֲדוֹנֵיהֶם כְּעֵינֵי שִׁפְחָה אֶל־יַד גְּבִרְתָּהּ ²
כֵּן עֵינֵינוּ אֶל־יְהוָה אֱלֹהֵינוּ עַד שֶׁיְּחָנֵּנוּ:
חָנֵּנוּ יְהוָה חָנֵּנוּ כִּי־רַב שָׂבַעְנוּ בוּז: ³
רַבַּת שָׂבְעָה־לָּהּ נַפְשֵׁנוּ הַלַּעַג הַשַּׁאֲנַנִּים הַבּוּז לִגְאֵיוֹנִים: ⁴

<Cántico gradual>

¹ A ti alcé mis ojos, a ti que habitas en los cielos.

² Como los ojos de los siervos miran la mano de sus señores,
y como los ojos de la sierva, la mano de su señora, así nuestros ojos
miran a Jehová, nuestro Dios, hasta que tenga misericordia de nosotros.

³ Ten misericordia de nosotros, Jehová, ten misericordia de nosotros,
porque estamos muy hastiados del menosprecio.

⁴ Hastiada está nuestra alma de la burla de los que están satisfechos,
y del menosprecio de los soberbios.

Este salmo va unido al anterior porque ambos comparten el nombre divino de Yahvé, nuestro Dios. Alsted (fallecido en 1638) dio a este salmo un título breve e ingenioso: *oculus sperans* (canto del ojo que espera). Este salmo nos hace dirigir una mirada de fe esperanzada hacia Yahvé, en un momento de opresión tiránica. El hecho de que este salmo aparezca en forma rítmica (como quizá ningún otro texto del Antiguo Testamento, dice Reuss) proviene de sus ritmos e inflexiones que parecen arrastrarse, deslizándose por sí mismas, en estilo de oración (de *tephilla*).

123, 1-2. El destino de todos los hombres, y en particular el de la Iglesia en su conjunto, está en las manos del Rey que se sienta entronizado sobre la gloria inaccesible de los cielos, gobernando el universo y siendo Juez sobre todo lo que existe. A ese Dios, rey y juez, eleva el poeta sus ojos, como hace la iglesia, con la que él puede decir "Yahvé es nuestro Dios", añadiendo: "como los ojos de los siervos se dirigen hacia las manos de sus señores, y los ojos de las siervas hacia las manos de sus señoras, así nuestros ojos se dirigen a las manos de Yahvé", pues esas manos regulan el orden de toda la casa del mundo, de forma que los hombres tienen que observar atentos todos sus movimientos y señales.

Los hombres y mujeres de Israel son siervos de Yahvé. Israel, la iglesia, es la sierva de Yahvé. En la mano de Dios reside el futuro de sus fieles. En su momento él tendrá compasión de los suyos. Por lo tanto, la mirada anhelante de los hombres tiene que dirigirse hacia Dios, sin cansarse, hasta que él invierta y supere la postración de los hombres.

Sobre הישבי (cf. הַיֹּשְׁבִי בַּשָּׁמָיִם, que habitas en los cielos), véase *Coment.* a Sal 113, 1-9; Sal 114, 1-8. אדוניהם significa su señor. Esa soberanía de Dios aparece así concebida con un *plur. excellentiae*, que se refiere a una sola persona, pues en general, esa expresión aparece pocas veces como un plural estrictamente relacionado con varios señores (Gen 19, 2. 18; Jer 27, 4).

123, 3-4. Como si fuera un eco de la anterior, la segunda estrofa comienza pidiendo חָנֵּנוּ יְהוָה חָנֵּנוּ, Yahvé, ten misericordia de nosotros, ten misericordia... De esa forma suena como un *Kyrie eleison*, que va siendo confirmado *in crescendo*, como si fuera subiendo por una escala de intensidad.

La iglesia se encuentra ahora saciada de ignominia. רב significa en abstracto "muchos", y רבה, Sal 62, 3, evoca algo que es grande (véase Böttcher, *Lehrbuch*, 624). La partícula לה (cf. רַבַּת שָׂבְעָה־לָּהּ נַפְשֵׁנוּ, muy saciada está nuestra alma, ella...) intensifica el carácter personal, subjetivo, del lamento, como en el Sal 120, 6, indicando así que probablemente ambos salmos son obra de un mismo autor.

La palabra בוז ha sido intensificada por לעג (cf. הַלַּעַג הַשַּׁאֲנַנִּים, la burla de los satisfechos) como בז en Ez 36, 4. El artículo de esa palabra, הַלַּעַג, es retrospectivamente un demostrativo (lleno del desprecio de los orgullosos, cf. Ewiger, 290d). En ese sentido, el artículo הבוז (cf. הַבּוּז לִגְאֵיוֹנִים) es también, retrospectivamente, un demostrativo; pero dado que la repetición del artículo por cuarta vez hubiera sido poco elegante el poeta pone después לגאיונים con *lamed*, en vez de con *he*, lo que aparece aquí como circunloquio de genitivo.

La Masora señala que esa palabra (לִגְאֵיוֹנִים) es una de las quince de la Biblia que se escriben como palabra única, pero que se lee como dos. En algunos manuscritos se añade un *keré* que dice יונים לגאי, *superbis oppressorum*, de los opresores soberbios (con יונים, participio *kal*, como היונה, Sof 3, 1, passim). Pero esa construcción de genitivo es inapropiada e innecesaria, pues distingue entre unos soberbios que son opresores y otros que no lo son, en contra de la intención del texto.

Esta palabra גאיון (conforme al modelo רעיון, אביון, עליון) es quizá una nueva formación del poeta. Saadia la interpreta conforme a la formación talmúdica לגיון, *legio*. Pero es muy difícil suponer que una palabra latina helenizada, como es λεγεών pudiera haberse introducido en el Salterio. El comentarista Dunash ben-Labrat (en torno al 960) piensa que גאיונים es una palabra compuesta con el significado היונים הגאים, en referencia a los gentiles jonios.

De hecho, el poeta podría haber escogido la forma adjetival por otra parte no utilizada de סינויאג porque ella evoca mejor a los סינוי, aunque no sea una palabra compuesta como סינויבד. En el caso de que este fuera un salmo del tiempo de los macabeos, sería natural pensar que סינויאגל constituye una alusión a la conducta despótica de los סינוי.

Salmo 124. Liberador de la muerte, en el agua y en la trampa

שִׁיר הַמַּעֲלוֹת לְדָוִד לוּלֵי יְהוָה שֶׁהָיָה לָנוּ יֹאמַר־נָא יִשְׂרָאֵל׃ ¹

לוּלֵי יְהוָה שֶׁהָיָה לָנוּ בְּקוּם עָלֵינוּ אָדָם׃ ²

אֲזַי חַיִּים בְּלָעוּנוּ בַּחֲרוֹת אַפָּם בָּנוּ׃ ³

אֲזַי הַמַּיִם שְׁטָפוּנוּ נַחְלָה עָבַר עַל־נַפְשֵׁנוּ׃ ⁴

אֲזַי עָבַר עַל־נַפְשֵׁנוּ הַמַּיִם הַזֵּידוֹנִים׃ ⁵

בָּרוּךְ יְהוָה שֶׁלֹּא נְתָנָנוּ טֶרֶף לְשִׁנֵּיהֶם׃ ⁶

נַפְשֵׁנוּ כְּצִפּוֹר נִמְלְטָה מִפַּח יוֹקְשִׁים הַפַּח נִשְׁבָּר וַאֲנַחְנוּ נִמְלָטְנוּ׃ ⁷

עֶזְרֵנוּ בְּשֵׁם יְהוָה עֹשֵׂה שָׁמַיִם וָאָרֶץ׃ ⁸

<Cántico gradual; de David>

¹ De no haber estado Jehová por nosotros, diga ahora Israel,

² de no haber estado Jehová por nosotros,

cuando se levantaron contra nosotros los hombres,

³ vivos nos habrían tragado entonces, cuando se encendió su furor contra nosotros.

⁴ Entonces nos habrían inundado las aguas;

sobre nuestra alma hubiera pasado el torrente;

⁵ hubieran entonces pasado sobre nuestra alma las aguas impetuosas.

⁶ ¡Bendito sea Jehová, que no nos dio por presa a los dientes de ellos!

⁷ Nuestra alma escapó cual ave del lazo de los cazadores;

se rompió el lazo y escapamos nosotros.

⁸ Nuestro socorro está en el nombre de Jehová, que hizo el cielo y la tierra.

La afirmación "nos habrían inundado las aguas" de este 5º salmo gradual concuerda en el fondo con "nuestra alma está saciada" del 4º. Ambos salmos coinciden también en la formación de nuevos sinónimos, como גאיונים y זידונים, que parecen contener una alusión a hechos de la historia de aquel tiempo. El título לדוד falta en LXX, Cód. Alejandrino y Vaticano (como en el Sal 122), y falta también, con la excepción del Targum, en las versiones antiguas, de forma que no se puede tomar como texto críticamente establecido.

De todas formas, este es un salmo construido a la manera de los salmos davídicos, con los que se vincula de un modo especial por el uso de la metáfora de las aguas desbordantes, como en Sal 18, 5; Sal 18, 17 (cf. Sal 144, 7); Sal 69, 2, y también por la referencia al pájaro pequeño. Cf. también לולי en el Sal 27, 13. Sobre אדם, aplicado a los hombres hostiles, cf. Sal 56, 12. Sobre חיים בלע, cf. Sal 55, 16; sobre ברוך ה, cf. Sal 28, 6; Sal 31, 22.

Este bello canto parece, sin embargo, de origen más reciente por sus rasgos de tipo arameizante, y porque, en la línea de la poesía posterior, insiste en varias formas de embellecimiento del lenguaje. El arte de su composición no se expresa a través de la simetría de las estrofas, sino en el hecho de que cada pensamiento se vincula en forma de intensificación con el pensamiento anterior, paso a paso, en forma gradual. La imitación que hizo Lutero (1524), "Si Dios no hubiera estado entonces con nosotros" (*Wäre Gott nicht mit uns diese Zeit*), lleva el título de: "La salvaguarda de los verdaderos creyentes".

124, 1–3. El verso 1 suele traducirse "de no haber estado Jehová por nosotros". Pero, aunque el sujeto se coloque primero (cf. Gen 23, 13), la שׁ pertenece a לולי (cf. לולי יְהוָה שֶׁהָיָה לָנוּ), pues en hebreo arameizante (cf. Gen 31, 42) שׁ לולי (cf. árabe *lawlā an*) significa *nisi* (prop. *nisi quod*, a no ser que), como en arameo.

La palabra אזי (124, 3-5), peculiar de este salmo en el A. T., en vez de אז, sigue el modelo de Adon/Adonai, אדין, árabe *idan*, sirio *hāden* (הידין, הדין). A fin de comenzar la apódosis con לולי enfáticamente (לולא) el lenguaje antiguo utiliza el כי de confirmación, Gen 31, 42; Gen 43, 10. Aquí tenemos אזי (bien traducido por los LXX por ἄρα), como en el Sal 119, 92.

El *lamed* de לנו (cf. שֶׁהָיָה לָנוּ) es un *lamed raphatum*. Cuando los hombres (אדם, con sentido de enemigos) se levantaron en contra de Israel, de forma que su ira se encendió contra ellos, los israelitas, que eran débiles, habrían sido engullidos por ellos si Yahvé no les hubiera defendido, si Yahvé no hubiera estado de su parte.

Esta expresión (tragados vivos, חַיִּים בְּלָעוּנוּ) se utiliza normalmente en referencia al Hades que se abalanza de manera repentina y poderosa sobre sus víctimas, Sal 55, 16; Prov 1, 12. Aquí, sin embargo, como en el Sal 124, 6, esa expresión se aplica a los enemigos, que están representados como bestias salvajes.

124, 4–5. El poder hostil que se abalanza sobre los israelitas se compara con una corriente de agua desbordada, que en Is 8, 7 se aplica a los asirios. נחלה, torrente o río, es el primero de los acusativos (cf. Num 34, 5); pero después se utiliza en nominativo, como לַיְלָה, הַמּוֹתָה, y las palabras semejantes (cf. en el griego de la koiné ἡ νύχθα, ἡ νεόντητα); de esa manera se vinculan y relacionan las terminaciones: תה con ה, ־ת con ־מוּ, ־נה con ־ן y con ־ם (Böttcher, 615). Estos salmos (122-125) tienden a utilizar embellecimientos formales, a modo de adornos, con palabras arameas o arameizantes.

Así, זִידוֹנִים (cf. 124, 5: הַמַּיִם הַזֵּידוֹנִים, aguas tempestuosas) es una palabra que puede encontrarse en hebreo, pero que es mucho más frecuente en caldeo. En ese sentido aparece utilizada en el Targum en vez de זדים en Sal 86, 14; Sal 119, 51; Sal 119, 78 (también en el Sal 54, 5 en vez de זרים), aunque según Levy los MSS no ponen זידונין, sino זידנין. En este pasaje, el Targum traduce: *el Rey que es como las aguas orgullosas* (למוי זידוניא) *del mar* (¿Antíoco Epífanes?); un escolio añade: οἱ ὑπερήφανοι (los soberbios). Por lo que se refiere a עבר antes de un sujeto en plural, cf. Gesenius 147.

124, 6-8. Tras haber puesto de relieve el socorro divino, en 124, 6, sigue el agradecimiento por ello, y en 124, 7 el grito de alegría de los rescatados. En el Sal 124, 6 los enemigos se conciben como bestias de presa, deseosas de sangre, como los imperios mundiales que aparecen en el libro de Daniel. En el Sal 124, 7 esos enemigos aparecen, por su astucia, como cazadores de pájaros.

Conforme a la puntuación no debe traducirse "nuestra alma es como un pájaro que ha escapado" (124, 7) pues en ese caso habría que haber puntuado כצפור בפשנו (no נַפְשֵׁנוּ כְּצִפּוֹר), sino "nuestra alma (como sujeto, con *rebia magnum*) como un pájaro (cf. כְּצִפּוֹר como en Os 11, 11; Prov 23, 32; Job 14, 2) ha escapado de la trampa de los cazadores" (יוֹקֵשׁ, en otros casos יָקוֹשׁ יְקוֹשׁ, cazador de aves, Sal 91, 3). נִשְׁבָּר (con ā junto a *rebia*) es 3ª persona del pretérito: la trampa se rompió, y fuimos libres.

El Sal 124, 8 (cf. Sal 121, 2; Sal 134, 3) pone de relieve la certeza fundamental (aquí concretizada) de que la ayuda de Israel se encuentra en Yahvé, que es el creador del mundo, es decir, aquel que se manifiesta constantemente a sí mismo. De esta forma concluye este salmo, de un modo epifonemático. El poder del mundo puede querer que la iglesia se asemeje sin más al mundo, o puede querer aniquilarla, pero no lo logrará. Esta es la confesión creyente de Israel, que se mantiene fiel hasta la muerte, pues ella conduce también a su liberación.

Salmo 125. Baluarte de Israel, contra la tentación de apostasía

¹ שִׁיר הַמַּעֲלוֹת הַבֹּטְחִים בַּיהוָה כְּהַר־צִיּוֹן לֹא־יִמּוֹט לְעוֹלָם יֵשֵׁב׃
² יְרוּשָׁלַםִ הָרִים סָבִיב לָהּ וַיהוָה סָבִיב לְעַמּוֹ מֵעַתָּה וְעַד־עוֹלָם׃

³ כִּי לֹא יָנוּחַ שֵׁבֶט הָרֶשַׁע עַל גּוֹרַל הַצַּדִּיקִים
לְמַעַן לֹא־יִשְׁלְחוּ הַצַּדִּיקִים בְּעַוְלָתָה יְדֵיהֶם:
⁴ הֵיטִיבָה יְהוָה לַטּוֹבִים וְלִישָׁרִים בְּלִבּוֹתָם:
⁵ וְהַמַּטִּים עֲקַלְקַלּוֹתָם יוֹלִיכֵם יְהוָה אֶת־פֹּעֲלֵי הָאָוֶן שָׁלוֹם עַל־יִשְׂרָאֵל:

<Cántico gradual>

¹ Los que confían en Jehová son como el monte Sión,
que no se mueve, sino que permanece para siempre.
² Como Jerusalén tiene montes alrededor de ella,
así Jehová está alrededor de su pueblo desde ahora y para siempre.

³ No reposará la vara de la impiedad sobre la heredad de los justos;
no sea que extiendan los justos sus manos a la maldad.

⁴ Haz bien, Jehová, a los buenos y a los que son rectos en su corazón.
⁵ Mas a los que se apartan tras sus perversidades,
Jehová los llevará con los que hacen maldad. ¡La paz sea sobre Israel!

La palabra favorita *Israel* (125, 5) ofrece la ocasión externa para vincular este salmo con el anterior. La ocasión es la misma que la de los dos salmos anteriores. El pueblo se encuentra bajo poder extranjero, y ello se expresa en una tendencia seductora hacia la apostasía. Los piadosos y los apóstatas se encuentran ya separados. Sin embargo, aquellos que han permanecido fieles no deben quedar esclavizados. En torno a Jerusalén hay montañas, pero es mucho más importante el hecho de que Yahvé, que es la roca de la firmeza, rodee a su pueblo.

Este es uno de los salmos más tardíos del salterio, como lo expresa la expresión circunstancial "la rectitud de sus corazones" (לִישָׁרִים בְּלִבּוֹתָם), en vez de la expresión más antigua (la rectitud de corazón). Aquí encontramos también la expresión פֹּעֲלֵי הָאָוֶן, obras del mal, en vez de otra más antigua (און פעלי) y también למען לא (que además de aquí solo aparece en Sal 119, 11; Sal 119, 80; Ez 19, 9; Ez 26, 20; Zac 12, 7) en vez de אשר למען לא o de פֶּן.

125, 1–2. La firmeza que muestran aquellos que confían en Yahvé, en medio de todo tipo de tentación y de asalto, se compara con la del Monte Sión, porque el Dios en quien ellos se apoyan de un modo creyente es el que se encuentra entronizado en Sión. El futuro יֵשֵׁב (cf. לְעוֹלָם יֵשֵׁב) (לֹא־יִמּוֹט) significa "él se sienta y se sentará", es decir, continuará entronizado, cf. Sal 9, 8; Sal 122, 5.

Algunos comentaristas antiguos han pensado que este pasaje se refiere a la Jerusalén celestial, mirada desde la perspectiva de las catástrofes de la Jerusalén de la tierra (destruida por los caldeos y por los romanos). Pero esas catástrofes destruyeron solo los edificios construidos sobre la montaña de Sión, no la montaña como tal que, en sí misma y conforme a su destino prometido por Dios (cf. Miq 3, 12; 4, 1), permaneció sin ser dañada.

Pero aquí, el Sal 125, 2 se refiere a la Jerusalén de la tierra, la ciudad santa, que está rodeada de montañas, y al pueblo que habita en ella, y que eleva desde allí su oración. Esta ciudad terrena de Jerusalén tiene su más alta defensa en Yahvé, que la rodea (véase *Coment.* a Sal 34, 8), como una especie de muralla de fuego (Zac 2, 5), o como un río extenso, invadeable (Is 33, 21), una afirmación y promesa confirmada también por nuestro texto. Las promesas de 125, 2 quedan confirmadas en 125, 3, pero no con לכן, como podría esperarse, sino con כי (cf. כִּי לֹא יָנוּחַ שֵׁבֶט הָרֶשַׁע עַל גּוֹרַל הַצַּדִּיקִים, *pues no se impondrá la vara de la impiedad sobre la herencia de los justos*, centrada en Sión).

125, 3. La imposición y opresión del poder mundano, que ahora cae pesadamente sobre la tierra santa, no durará para siempre. La duración de la calamidad será exactamente proporcional al poder de resistencia de los justos, a quienes Dios prueba y purifica por la calamidad, pero preservando al mismo tiempo su vida. La "vara de la impiedad" (שֵׁבֶט הָרֶשַׁע) es el cetro o poder de los paganos, y los justos son los israelitas que mantienen la religión de sus padres.

La tierra santa, cuyos únicos herederos y poseedores pueden ser estos justos, recibe aquí el nombre de su "lote" (גורל, κλῆρος igual a κληρονομία). Por su parte, נוח (cf. כִּי לֹא יָנוּחַ שֵׁבֶט הָרֶשַׁע) significa imponerse, establecerse y, habiéndose establecido, imponerse sobre el resto de la población (cf. Is 11, 2 con Jn 1, 32, ἔμεινεν). Los LXX traducen לֹא יָנוּחַ con οὐκ ἀφφήσει (Is 30, 32). Eso significa que no seguirá dominando la tiranía del cetro pagano sobre la tierra santa.

Dios no permitirá que los santos se encuentren dominados por más tiempo en su propia tierra (que debe ser tierra de justicia), a fin de que ellos (los justos) no imiten a los paganos y no compartan sus obras impías. Así debe entenderse el verbo שלח (cf. לֹא־יִשְׁלְחוּ הַצַּדִּיקִים בְּעַוְלָתָה יְדֵיהֶם, no sea que los justos extiendan su mano a la maldad) con *beth*; es decir, a fin de que la maldad de los impíos no se convierta en una trampa, de forma que también los justos se inclinen hacia ella. Según eso, שלח significa inclinarse hacia algo que es malo, extender su mano sobre algo (como en Job 28, 9), frecuentemente con על.

125, 4-5. Partiendo de la intensa fe del Sal 125, 1 y de la esperanza confiada del Sal 125, 3, el salmista pide ahora a Yahvé que conceda a los fieles la bendición de la paz, tan hondamente deseada, y que rechace y destruya la cobardía de aquellos israelitas que tienen miedo de confesar su fe en Dios y de aquellos que se vinculan (que tienden a unirse) con los apóstatas y con los perversos, abandonando así el camino israelita. Este es el sentido básico del Sal 125, 4.

Por el contrario, los טובים (cf. הֵיטִיבָה יְהוָה לַטּוֹבִים, Yahvé, haz el bien a los buenos...), que en Prov 2, 20 y 14, 19 se oponen a los malvados, רשעים son aquellos que creen de verdad y que actúan rectamente, de acuerdo con la buena voluntad de Dios[30], es decir, aquellos que en el fondo de sus corazones están dispuestos rectamente, para hacer lo que Dios quiere y pide, como indica el estico paralelo de 125, 4 (y a los rectos de corazón).

El poeta pide a Dios lo bueno para ellos, es decir, que les preserve de negar a Dios, y que les libre de la esclavitud de la maldad. Por el contrario, a aquellos que se apartan de Dios (הטה, cf. הַמַּטִּים עֲקַלְקַלּוֹתָם) y siguen tras sus perversidades, en una dirección que se opone al camino recto (con עקלקלותם, que es acusativo de objeto más que de dirección, cf. Jc 5, 6; Amós 2, 7; Prov 17, 23), a ellos el salmista desea que Dios les expulse, les haga perecer con los que hacen abiertamente el mal (יוֹלִיכֵם יְהוָה אֶת־פֹּעֲלֵי הָאָוֶן), es decir, con los que son totalmente pecadores (los impíos paganos).

Esos judíos falsos, vinculados con los paganos, son para la iglesia una fuente de peligro que no es menor que el peligro de los paganos. Los LXX traducen correctamente: τοὺς δὲ ἐκκλίνοντας εἰς τάς στραγγαλιὰς (aquellos que se inclinan hacia las luchas y violencias; Aquila διαπλοκάς, Símaco σκολιότητας, Teodoción διεστραμμένα) ἀπάξει κύριος μετὰ κ. τ. λ. (el Señor les destruirá, etc.).

Finalmente, abriendo sus manos hacia Israel, como si estuviera pronunciando la bendición de los sacerdotes, reuniendo en una oración todas sus esperanzas y deseos, el salmista dice: שָׁלוֹם עַל־יִשְׂרָאֵל, que la paz sea con Israel. Él se está refiriendo sin duda al Israel de Dios (cf. Gal 6, 16). Sobre este Israel invoca el salmista la paz más alta, la paz que es el cese y superación de la tiranía, de la hostilidad, de la oposición, de la inquietud y del terror. La paz es libertad y armonía, unidad, seguridad y bendición.

Salmo 126. Sembrar con lágrimas, cosechar con alegría

¹ שִׁיר הַמַּעֲלוֹת בְּשׁוּב יְהוָה אֶת־שִׁיבַת צִיּוֹן הָיִינוּ כְּחֹלְמִים׃
² אָז יִמָּלֵא שְׂחוֹק פִּינוּ וּלְשׁוֹנֵנוּ רִנָּה אָז יֹאמְרוּ בַגּוֹיִם
הִגְדִּיל יְהוָה לַעֲשׂוֹת עִם־אֵלֶּה׃
³ הִגְדִּיל יְהוָה לַעֲשׂוֹת עִמָּנוּ הָיִינוּ שְׂמֵחִים׃
⁴ שׁוּבָה יְהוָה אֶת־(שְׁבוּתֵנוּ) [שְׁבִיתֵנוּ] כַּאֲפִיקִים בַּנֶּגֶב׃
⁵ הַזֹּרְעִים בְּדִמְעָה בְּרִנָּה יִקְצֹרוּ׃
⁶ הָלוֹךְ יֵלֵךְ וּבָכֹה נֹשֵׂא מֶשֶׁךְ־הַזָּרַע בֹּא־יָבוֹא בְרִנָּה נֹשֵׂא אֲלֻמֹּתָיו׃

---

30. El Midrash recuerda en este contexto un refrán Talmúdico que dice: vino un hombre bueno (Moisés, Ex 2, 2) y recibió una buena cosa (la Torá, Prov 4, 2) de aquel que es Bueno (es decir, de parte de Dios, Sal 145, 9) para los buenos (Israel, Sal 125, 4).

<Cántico gradual>

¹ Cuando Jehová hizo volver de la cautividad a Sión, fuimos como los que sueñan.
² Entonces nuestra boca se llenó de risa y nuestra lengua de alabanza.
Entonces decían entre las naciones: ¡grandes cosas ha hecho Jehová con estos!
³ ¡Grandes cosas ha hecho Jehová con nosotros! ¡Estamos alegres!

⁴ ¡Haz volver nuestra cautividad, Jehová, como los arroyos del Neguev!
⁵ Los que sembraron con lágrimas, con regocijo segarán.
⁶ Irá andando y llorando el que lleva la preciosa semilla,
pero al volver vendrá con regocijo trayendo sus gavillas.

El tema de este salmo, que conecta con el anterior a través de la palabra favorita que es Sión, es el mismo del Sal 85 que, por una parte, da también gracias a Dios por la restauración de los cautivos de Israel, pero que por otra parte lamenta la ira, que no ha sido todavía totalmente superada, y pide por la restauración nacional. Algunos comentaristas aplican al futuro la visión retrospectiva de agradecimiento con la que comienza este salmo gradual, como el Sal 126, que es korahita (entre los traductores que se sitúan en esa línea está Lutero, que es, al menos, más sólido que los anteriores); pero ellos fundan esta interpretación con razones que he superado ya en el Sal 85, y que carecen de todo fundamento sintáctico.

126, 1–3. Las razones que se aducen para afirmar que en este pasaje, como en otros (Is 1, 9; Gen 47, 25, etc), והיינו es perfecto consecutivo, con sentido de futuro, para probar que הָיִינוּ כְּחֹלְמִים puede significar *erimus quasi somniantes* (seremos como los que están soñando) no tienen en cuenta las diferencias de sintaxis. En este caso, cualquier traducción que no sea la de los LXX es imposible: Ἐν τῷ ἐπιστρέψαι κύριον τὴν αἰχμαλωσίαν Σιὼν ἐγενήθημεν ὡς παρακεκλημένοι (כנחמים) —que Jerónimo interpreta correctamente *quasi somniantes* (como los que sueñan). No se trata, pues, de "seremos", sino de "fuimos" (y somos).

Resulta, sin embargo, equivocado lo que hace después Jerónimo cuando traduce: *tunc implebitur risu os nostrum* (entonces nuestra boca se llenará de risas). Ciertamente, el futuro hebreo después de אז tiene un significado como el del futuro en nuestras lenguas modernas, en pasajes donde el contexto se refiere a temas de historia futura, como en Sal 96, 12; Sof 3, 9. Pero una vez que se ha expresado ya el aspecto básico del pasado histórico (como en Ex 15, 1; Jos 8, 30; Jos 10, 12; 1 Rey 11, 7; 16, 21; 15, 16; 38, 21) el futuro tiene siempre el sentido de perfecto, de manera que hay que traducir *tunc implebatur* (*entonces se llenaba*, en sentido de pasado).

Esta es, según eso, la alegría de los exilados que han vuelto y habitan ya en su patria, sobre la tierra de sus antepasados; son, por tanto, ellos, los liberados, los que dirigen su vista hacia el tiempo feliz cuando su destino cambió de pronto, porque el Dios de Israel había hecho que Ciro, que había conquistado Babilonia, les dejara de pronto en libertad y les enviara de un modo honorable hacia su tierra nativa.

La palabra שִׁיבַת no equivale a שְׁבִית, ni hay necesidad de leer de esa manera el tema (Olshausen, Böttcher y Hupfeld). שִׁיבָה (de שׁוּב, como בִּיאָה, קִימָה) significa *retorno*, y a partir de aquí *aquellos que retornan*. Sin duda, esta forma de expresarse ha sido una innovación de este poeta muy tardío.

Cuando Yahvé hizo que volvieran a su patria los que habían estado desterrados de Sión, el poeta se atreve a decir: éramos como personas que sueñan. ¿Qué quiere decir con estas palabras? ¿Qué los setenta años de aflicción quedaban atrás como un sueño que se desvanece, como piensa Joseph Kimchi? ¿O que la redención llegó tan de repente que al principio no creíamos que fuera una realidad, sino un hermoso sueño?

El tenor del lenguaje está a favor de esta última interpretación, como si los liberados no estuvieran viviendo aquello que les sucedía, sino que estuvieran solo soñando. Entonces, sigue diciendo el poeta, nuestra boca se llenaba de risas (Job 8, 21) y nuestra lengua con gritos de júbilo, pues la impresión que nos producía esa buena fortuna contrastaba tanto con la opresión anterior que hacía que nuestra boca se abriera para que nuestro gozo estallara como una corriente poderosa, impulsándonos a dar gritos de alegría que no podían apagarse porque el motivo de nuestro regocijo era inagotable.

En aquel momento, ese cambio de Israel produjo un tipo de terror sagrado entre los pueblos del entorno. Incluso los paganos confesaban que aquello era obra de Dios, y que el mismo Dios había hecho cosas grandes a favor de los israelitas (cf. Joel 2, 20; 1 Sam 12, 24) —pues se estaban cumpliendo las gloriosas predicciones de Isaías y de Sal 45, 14; 52, 10 y otras muchas. Por su parte, la iglesia posterior ha ratificado aquella confesión que venía de boca de los paganos. Esto es lo que les hacía estar tan gozosos: que Dios mismo les había reconocido como suyos, a través de una obra tan poderosa.

126, 4-6. Pero la obra que había comenzado de un modo tan poderoso y gratuito no se había completado todavía. Aquellos que habían retornado, aquellos de cuyo corazón se podía decir que brotaba este salmo, no eran más que una pequeña vanguardia en relación con el conjunto de la nación. En lugar de שְׁבוּתֵנוּ, el *keré* lee שְׁבִיתֵנוּ, de שְׁבִית, cf. Num 21, 29, en la línea de בְּכִית en Gen 50, 4.

En otros lugares leemos que Sión está ansiando por sus hijos, y que Yahvé asegura a su ciudad de un modo solemne: "Los pondrás a todos como joyas, y te vestirás con ellas, como se viste una novia..." (Is 49, 18). Pues bien, de un modo semejante, el poeta parte aquí de la idea de que la Tierra Santa está anhelando la venida abundante de su población (de sus hijos), así como el Negev (la parte sur de Judea, cf. Gen 20, 1, y en general la parte sur de Israel, hacia el desierto del Sinaí) tiene sed de corrientes de agua que provienen de la lluvia, aguas que normalmente desaparecen en verano y vuelven solo en el invierno… De un modo semejante, los israelitas necesitan el agua de la libertad y abundancia de Dios.

Sobre el sentido de אפיק (cf. כַּאֲפִיקִים בַּנֶּגֶב, como los torrentes del Negev), que es un canal o corriente de agua, cf. *Coment.* a Sal 18, 16. Si tradujéramos *converte captivitatem nostram*, convierte nuestra cautividad (como hace Jerónimo, siguiendo a los LXX), no entenderíamos bien el sentido de la imagen, mientras que la traducción *reduc captivos nostros* (haz que vuelvan nuestros cautivos) responde muy bien al objeto y al verbo dominante.

En esa línea la palabra Negev no se aplica a la tierra del exilio, sino a la tierra de la promesa (que parece ahora árida, muy distinta de lo que ha de ser la tierra prometida). Por eso, los que siembran con lágrimas no son los exilados, sino aquellos que han vuelto ya y están sembrando en su tierra natal, llenos de lágrimas, porque esa tierra está tan abandonada y seca que parece que no va a producir cosecha. Pero esa siembra que los retornados del exilio realizan entre lágrimas se transformará en una recolección gozosa.

Debemos recordar aquí la tierra seca y la carencia de cosecha con la que tuvo que enfrentarse la primera generación de judíos que habían vuelto a su tierra, en tiempos del profeta Ageo. Debemos recordar también que el profeta les prometió una abundante bendición, en el caso de que se comprometieran a reedificar con todo su vigor el templo.

En el caso de este salmo, la "siembra entre lágrimas" a la que se refiere el texto, es también un signo de la primera siembra en la tierra del retorno, una siembra que se realizó de hecho entre muchas lágrimas (Esd 3, 12), en medio de una gran tristeza, en circunstancias de una gran depresión. En este contexto podemos añadir que, en un sentido general, el lenguaje del salmo coincide con el del Sermón de la Montaña de Mt 5, 4; Bienaventurados los que lloran, porque ellos serán consolados.

El sujeto del Sal 126, 6 son los agricultores, y en sentido realista, cada uno de los miembros de la iglesia oprimida, *ecclesia pressa*. La construcción con gerundios del Sal 126, 6a (como en 2 Sam 3, 16; Jer 50, 4, frente al estilo más indo-germano de 2 Sam 15, 30) evoca el paso continuo, de aquí para allí, de un hombre triste y pensativo. Pero la segunda parte del verso, Sal 126, 6b, evoca la figura de un hombre que viene, apareciendo seguro de sí mismo, porque ha sido bendecido con una abundancia mayor que la esperada.

En el primer caso (126, 6a) el hombre lleva la semilla (נֹשֵׂא מֶשֶׁךְ־הַזָּרַע), unos puñados de grano, tomados del resto del cereal para sembrarlos (sobre הזרע משׁך, cf. Amós 9, 13, donde se refiere a la semilla que se siembra en los surcos del campo). En el segundo caso (126, 6b) el hombre lleva las gavillas, es decir, el producto de la cosecha (תבואה), de manera que la tristeza se convierte en alegría.

En este contexto, la siembra significa todo aquello que cada persona aporta para la edificación del Reino de Dios; por su parte, las gavillas simbolizan el fruto que proviene de la cosecha, que Dios ha bendecido, un fruto que va más allá de lo que podíamos esperar por nosotros mismos.

Salmo 127. Todo depende de la bendición de Dios

שִׁיר הַמַּעֲלוֹת לִשְׁלֹמֹה אִם־יְהוָה׀ לֹא־יִבְנֶה בַיִת שָׁוְא׀ עָמְלוּ בוֹנָיו בּוֹ
אִם־יְהוָה לֹא־יִשְׁמָר־עִיר שָׁוְא׀ שָׁקַד שׁוֹמֵר:
שָׁוְא לָכֶם׀ מַשְׁכִּימֵי קוּם מְאַחֲרֵי־שֶׁבֶת אֹכְלֵי לֶחֶם
הָעֲצָבִים כֵּן יִתֵּן לִידִידוֹ שֵׁנָא:
הִנֵּה נַחֲלַת יְהוָה בָּנִים שָׂכָר פְּרִי הַבָּטֶן:
כְּחִצִּים בְּיַד־גִּבּוֹר כֵּן בְּנֵי הַנְּעוּרִים:
אַשְׁרֵי הַגֶּבֶר אֲשֶׁר מִלֵּא אֶת־אַשְׁפָּתוֹ מֵהֶם לֹא־יֵבֹשׁוּ
כִּי־יְדַבְּרוּ אֶת־אוֹיְבִים בַּשָּׁעַר:

<Cántico gradual; para Salomón>

¹ Si Jehová no edifica la casa, en vano trabajan los que la edifican;
si Jehová no guarda la ciudad, en vano vela la guardia.

² Por demás es que os levantéis de madrugada y vayáis tarde a reposar,
y que comáis pan de dolores, pues que a su amado dará Dios el sueño.

³ Herencia de Jehová son los hijos; cosa de estima el fruto del vientre.
⁴ Como saetas en manos del valiente, así son los hijos tenidos en la juventud.

⁵ ¡Bienaventurado el hombre que llenó su aljaba de ellos!
No será avergonzado cuando hable con los enemigos en la puerta.

El encabezado לשלמה se ha añadido a este salmo no solo porque en 127, 2 se ha encontrado una alusión al nombre Jedidiah, que Salomón recibió de Natán (2 Sam 12, 25), sino también porque él (Salomón) fue dotado con sabiduría y riquezas conforme al sueño de Gabaón (1 Rey 3, 5).

Y a estos dos motivos se les puede añadir el hecho de que este salmo tiene una forma que puede compararse a la de los Proverbios, como un tipo de *mashal* extendido, cuya forma de expresión recuerda de varias maneras aquella que emplea el libro de los Proverbios (con עצבים en el Sal 127, 2, en el sentido de esfuerzos, como en Prov 5, 10; מאחרי en el Sal 127, 2, como en Prov 23, 30; הנעורים בני en el Sal 127, 4, hijos de la juventud, como en Prov 17, 6; בשער en el Sal 127, 5, como en Prov 22, 22; 24, 7).

En esa línea, el conjunto del salmo podría tomarse como un desarrollo de Prov 10, 22: la bendición de Yahvé es lo que enriquece al hombre, de manera que el trabajo del hombre no añade nada a la bendición de Yahvé. Pero ya Teodoreto observaba, partiendo del supuesto de que el Sal 127, 1 se refiere a la edificación del templo, que este salmo ha de entenderse desde el contexto de Zorobabel y Josué, cuando pueblos enemigos del entorno se oponían con todos los medios a la reedificación del templo de Jerusalén. Por otra parte, en ese mismo contexto, teniendo en cuenta el pequeño número de aquellos que habían vuelto del exilio, el hecho de tener una familia numerosa, con muchos hijos, debía tomarse como doble y triple bendición de Dios.

127, 1-2. El poeta prueba que todo depende de la bendición de Dios, utilizando ejemplos tomados de la ordenación divina de la vida de familia y del Estado. El salmista apela al gobierno y crianza de una casa, que ofrece protección, a la estabilidad de la ciudad en la que puede habitarse de un modo seguro y pacífico, en la adquisición de posesiones que mantienen y adornan la vida, la generación y crianza de los hijos, que serán una ayuda sustancial para los padres en tiempos de vejez…, todas esas cosas dependen de la bendición de Dios, que va más allá de las condiciones de la naturaleza y del trabajo previo de los hombres; son cosas que no se pueden conseguir solo por la fuerza, ni por el cuidado y trabajo incesante de los hombres, pues dependen de Dios, pero están vinculadas también con el trabajo y compromiso humano, en la familia y en la sociedad.

El trabajo es importante, pero no basta. Muchos hombres quieren edificar para sí un hogar, pero no son capaces de conseguirlo, o mueren antes de tomar *posesión* de la casa, o el edificio se destruye a través de fortunas adversas o puede acabar siendo presa de un tipo de catástrofe violenta (a causa de una guerra, de la invasión de enemigos). Por eso, es necesario que sea Dios el que edifique de verdad la casa, porque, si Dios no la edifica, los hombres trabajan en vano (עמל ב, cf. Jon 4, 10; Ecl 2, 21) para construirla.

Muchas ciudades están bien organizadas, y parecen hallarse aseguradas a través de sabias precauciones para impedir todo tipo de infortunio, como puede ser un incendio o un ataque repentino de los enemigos… Pero si Dios mismo no la guarda resulta inútil que los hombres se esfuercen trabajando sin descanso y cumpliendo los deberes de su oficio con la mayor dedicación posible (con שקד, una palabra que solo ha empezado a ser utilizada de un modo frecuente a partir de la literatura del tiempo de Salomón).

El perfecto de la apódosis indica que el trabajo del hombre resulta ineficaz si es que todo lo anterior no se realiza con la ayuda de Dios (אִם־יְהוָה לֹא־יִבְנֶה בַיִת, si Yahvé no edifica la casa…, cf. Num 32, 23). Son muchos los que se levantan muy temprano para realizar sus trabajos, y siguen trabajando el mayor tiempo posible (algunos como Hupfeld indican que ellos retrasan incluso el tiempo de acostarse, pero eso debería haberse dicho con el verbo שכב, no con ישב).

Parece que el texto se refiere a los que trabajan con tanta intensidad que no tienen ni un momento para sentarse y comer tranquilos (así piensa Hitzig). Esos que tanto trabajan comen incluso de pie (con קוּם), sin sentarse para descansar un momento (con שֶׁבֶת). En ese contexto, 1 Sam 20, 24 muestra que, antes de la introducción de las costumbres griegas, conforme a las cuales se comía estando recostados o tumbados (con ἀνα- o κατα-κείμενος), los israelitas comían sentados.

El poeta exclama así que los hombres no pueden conseguirlo todo a través de su trabajo; si actúan de esa forma, sin descanso, ellos solo podrán comer un pan de dolores, es decir, un pan que se consigue solo con esfuerzo y llanto (cf. Gen 3, 17, בְּעִצָּבוֹן). "Así también vosotros, de igual manera, כֵּן, solo conseguiréis comer a través de esfuerzos ansiosos y dolorosos".

En contra de eso, Dios ofrece su comida a sus amados (Sal 60, 7; Dt 33, 12) mientras duermen, con שֵׁנָא, que es un acusativo adverbial (como בֹּקֶר, לַיְלָה, עֶרֶב), es decir, sin necesidad de que los hombres se entreguen a un tipo de actividad frenética, con una renuncia total al descanso. Dios concede su comida a los que viven de un modo modesto, entregándose a él con calma. Hay un proverbio alemán que dice que "Dios concede sus dones durante la noche" (*Gott bescherd über Nacht*). Hay otro proverbio muy extendido, en varias lenguas, en el que se dice que Dios ayuda a sus amigos, incluso cuando duermen.

127, 3–5. Con הִנֵּה (cf. הִנֵּה נַחֲלַת יְהוָה בָּנִים, he aquí que la herencia de Dios son los hijos), el salmista ofrece el ejemplo más significativo en apoyo de su declaración básica, según la cual todo depende de la bendición de Dios. En ese contexto añade que lo más valioso son los hijos, los frutos del vientre שָׂכָר פְּרִי הַבֶּטֶן, cf. Gen 30, 2; Dt 7, 13); ellos son la mayor ayuda para el hombre (cuando dice hijos, בֶּטֶן, no está excluyendo a las hijas).

Con בנים (cf. Gen 30, 18) sucede lo mismo que con נהלת, herencia. La herencia no se entiende aquí en sentido legal hereditario, sino como un don o un regalo, conforme a la libre voluntad de quien la ofrece, así también los hijos: ellos no son una paga o salario, que ha de darse por deber, sino una recompensa de Dios, conforme a su promesa, de forma que no pueden ser en modo alguno exigidos.

Los hijos son una bendición de lo Alto (del Dios celeste). Ellos lo son, especialmente cuando proceden de un matrimonio entre jóvenes esposos (en oposición a los hijos de la vejez, בֶּן־זְקֻנִים, Gen 37, 3; Gen 44, 20). En esa línea se añade que los hijos de la juventud, esto es, de los esposos que son fuertes y están llenos de vida (Gen 49, 3), son de gran ayuda para el padre, cuando se vuelve anciano, como flechas en manos de un guerrero.

Esta es una comparación natural en aquel tiempo, cuando en la restauración de Israel (en tiempos de peligro) los hombres tenían que llevar en una mano la paleta para construir la casa y en la otra la espada para defenderse. Era entonces necesaria la espada para mantener alejados no solo a los enemigos, sino a los vecinos envidiosos y a los falsos hermanos. Entonces no bastaba tener flechas en la aljaba, sino que era preciso tenerlas en la mano (בְּיָד), para dispararlas y así defenderse.

Los hijos eran entonces el mayor tesoro, en un tiempo en que era imprescindible estar siempre dispuestos a luchar, en una guerra defensiva u ofensiva. En ese momento de penuria y necesidad, eran necesarios hijos jóvenes para defender a los padres mayores y a los miembros más débiles de la familia.

Así exclama el poeta: bienaventurado el hombre que llenó con ellos su aljaba, es decir, el hombre que llena su vida con esas flechas de hijos, de manera que pueda enfrentarse con sus enemigos con todas las armas que sean necesarias. Un padre al que rodea una hueste de hijos así (dispuestos a defenderle) forma una especie de falange militar que no podrá ser atravesada o rota. Según eso, si tiene que defender un juicio en la puerta de la ciudad, para rechazar las mentiras de los enemigos o defenderse de sus acusaciones, un padre así, con buenos hijos que le ayuden, no podrá ser avergonzado, es decir, intimidado, desanimado o deshonrado.

Gesenius en su *Thesaurus*, siguiendo a Ibn-Jachja, toma aquí דָּבַר (cf. כִּי־יְדַבְּרוּ אֶת־אוֹיְבִים בַּשָּׁעַר, cuando "hable" con los enemigos en la puerta...) en un sentido casi militar, de lucha a muerte. Pero la lucha a la que aquí se alude no es de tipo militar, con riesgo de asesinato, sino que ha de entenderse en una línea de disputa por el honor. En ese sentido se entiende la expresión לֹא־יֵבֹשׁוּ, no será avergonzado, es decir, desacreditado en las discusiones y disputas que se mantenían en las puertas de la ciudad.

Cuando un padre como este es acusado en un juicio, delante de sus hijos, los falsos testigos tendrán que retirarse avergonzados, lo mismo que los jueces injustos y los miedosos, pues una familia así, capaz de apoyar al padre, impone respeto en la ciudad. La visión opuesta la ofrece Job 5, 4, cuando habla de los hijos sobre los que recae la maldición de sus padres.

Salmo 128. Prosperidad de la familia de temerosos de Dios

¹ שִׁיר הַמַּעֲלוֹת אַשְׁרֵי כָּל־יְרֵא יְהוָה הַהֹלֵךְ בִּדְרָכָיו׃
² יְגִיעַ כַּפֶּיךָ כִּי תֹאכֵל אַשְׁרֶיךָ וְטוֹב לָךְ׃
³ אֶשְׁתְּךָ ׀ כְּגֶפֶן פֹּרִיָּה בְּיַרְכְּתֵי בֵיתֶךָ בָּנֶיךָ כִּשְׁתִלֵי זֵיתִים סָבִיב לְשֻׁלְחָנֶךָ׃
⁴ הִנֵּה כִי־כֵן יְבֹרַךְ גָּבֶר יְרֵא יְהוָה׃
⁵ יְבָרֶכְךָ יְהוָה מִצִּיּוֹן וּרְאֵה בְּטוֹב יְרוּשָׁלָםִ כֹּל יְמֵי חַיֶּיךָ׃
⁶ וּרְאֵה־בָנִים לְבָנֶיךָ שָׁלוֹם עַל־יִשְׂרָאֵל׃

<Cántico gradual>

¹ Bienaventurado todo aquel que teme a Jehová, que anda en sus caminos.
² Tú comerás el trabajo de tus manos, bienaventurado serás y te irá bien.

³ Tu mujer será como vid que lleva fruto a los lados de tu casa;
tus hijos, como plantas de olivo alrededor de tu mesa.

⁴ Así será bendecido el hombre que teme a Jehová.
⁵ ¡Bendígate Jehová desde Sión, y que veas el bien de Jerusalén
todos los días de tu vida,
⁶ y que veas a los hijos de tus hijos! ¡La paz sea sobre Israel!

Como hemos visto, Sal 127, 1-5 seguía a Sal 126, 1-6 por el hecho de que los israelitas se hallaban tan sorprendidos por la redención del exilio, que pensaban que estaban soñando, deduciendo de aquí la verdad universal de que Dios concede a quienes ama, incluso mientras duermen, aquello que otros son incapaces de adquirir trabajando y sudando día y noche. De un modo semejante, el Sal 128 sigue al 127 por la misma razón por la que el Sal 2 sigue al Sal 1. En ambos casos nos hallamos ante salmos que están colocados juntos porque uno comienza con *ashrê* (bienaventurado) el otro termina con *ashrê*.

Por otra parte, el Sal 128 y el Sal 127 se complementan entre sí, y se relacionan como en el N. T., con la parábola del tesoro en el campo y la parábola de la perla preciosa. Lo que hace a uno feliz está representado en el Sal 127 como regalo en forma de bendición, y en el Sal 128 como una recompensa que viene también a modo de bendición; la felicidad aparece aquí como don de gracia, como se dice en la sentencia *ora et labora* (ora y trabaja), y no como resultado de una actividad humana centrada solo en sí misma, sin oración.

Ewald piensa que estos dos salmos (127 y 128) son cantos que deben cantarse en la mesa. Pero, en contra de Ewald, ellos no están pensados con esa finalidad, porque contienen un tipo de "espejos" de vida, y no peticiones ni bendiciones de aquellos que se preparan para compartir la comida.

128, 1–3. El כִּי del Sal 128, 2 (cf. יְגִיעַ כַּפֶּיךָ כִּי תֹאכֵל, comerás fruto del trabajo de tus manos) no significa "porque" (Aquila, κόπον τῶν ταρσῶν σου ὅτι φάγεσαι), ni "cuando comas…" (cf. Símaco, κόπον χειρῶν σου). Se trata de un כִּי directamente afirmativo (comerás…), que suele colocarse a veces de esa forma después de unas palabras anteriores (Sal 118, 10-12; Gen 18, 20; Gen 41, 32).

Como prueba a favor de este uso de la palabra podemos citar el כִּי aseverativo que aparece usualmente en forma de כִּי עַתָּה en la apódosis de una prótasis hipotética, o también como כִּי־אָז en Job 11, 15, o también como simple כִּי en Is 7, 9; 1 Sam 14, 39, en el sentido de "pues ciertamente". La transición de una formula confirmativa a una afirmativa es evidente aquí en el Sal 128, 4 (יְבֹרַךְ הִנֵּה כִי־כֵן, pues así será bendecido).

El hecho de que cada uno tenga que mantenerse con su propio trabajo es algo que el mismo Pablo ha querido cumplir (cf. Hch 20, 34), de manera que es una gran fortuna (algo bueno para ti, טוב לך como en el Sal 119, 71) comer del producto del trabajo de las propias manos (LXX: τοὺς καρποὺς τῶν πόνων, o, más bien, conforme a la lectura del texto original τοὺς πόνους τῶν καρπῶν)[31].

Así se destaca el valor de las personas que, siendo de ayuda para los demás, son independientes, de manera que comen el pan de la bendición que Dios les concede, que es más dulce que el pan de la caridad que proviene de los otros hombres. En estrecha conexión con esto se cita aquí la prosperidad de una casa que se mantiene en paz y sosiego consigo misma, llevando una vida de familia amable, tranquila y esperanzada.

Tu esposa, אשתך (cf. אֶשְׁתְּךָ כְּגֶפֶן פֹּרִיָּה), es como una viña que produce su fruto, es decir, su vino. Esta figura de la viña se aplica de un modo admirable a la esposa, que es como una rama o tallo que brota del marido, y que debe apoyarse en él, pues necesita su ayuda y sostén, como la viña que necesita apoyarse en una vara, en un muro, en un tipo de "pérgola".

ביתך בירכתי (a los lados de la casa...) parece una imagen nueva, referida a la esposa que se encuentra y florece en los ángulos de la casa, es decir, en las partes profundas y privadas. El lugar de la mujer en la casa se encuentra, por tanto, en la intimidad del hogar, en el trasfondo, en las partes privadas, de manera que no se deje ver mucho en el espacio exterior, sino que lleva una vida tranquila, totalmente dedicada a la felicidad de su marido y de toda su familia.

Por su parte, los hijos aparecen como nuevos frutos de la viña (o del olivo) alrededor de la mesa de familia de la casa. Esta imagen aparece en Eurípides, *Medea*, 1098, τέκνων ἐν οἴκοις γλυκερὸν βλάστημα (se refiere a los hijos como ramas dulces del árbol de la casa), y también en el mismo Eurípides, *Hércules furioso*, 839, καλλίπαις στέφανος (evocando a los frescos y jóvenes olivos, que son los hijos, promesa de vida de la casa).

128, 4-6. Retomando esta preciosa visión de la vida de familia, el poeta sigue diciendo: הִנֵּה כִי־כֵן יְבֹרַךְ גָּבֶר יְרֵא יְהוָה, mirad, pues, así será bendecido el hombre que teme a Yahvé. En este caso, כי confirma la realidad de aquello a lo que הנה se refiere. Por su parte el futuro de promesa del Sal 128, 5 está seguido por imperativos

---

31. El hecho de que el τῶν καρπῶν de los LXX, tanto aquí como en Prov 31, 20, se refiere al producto del trabajo de las propias manos lo ha destacado Teodoreto, y el mismo Dídimo (en Rosenmuller), καρποὺς φησὶ νῦν ὡς ἀπὸ μέρους τὰς χεῖρας (i. e., por sinécdoque, las partes por el todo), τουτέστι τῶν πρακτικῶν σου δυνάμεων φάγεσαι τοὺς πόνους).

que se dirigen al hombre que teme a Dios, para que actúe según las promesas, pues ellas se cumplirán.

מציון (desde Sión), como en Sal 134, 3; Sal 20, 3. וּרְאֵה־בָנִים לְבָנֶיךָ, y que veas a los hijos de tus hijos, en vez de בני בניך, ofrece una visión más indefinida y abierta del futuro. Toda bendición que goza el hombre viene del Dios de la salvación, que ha puesto su morada en Sión. Esa es la bendición que proviene de la participación en la prosperidad de la ciudad santa y del conjunto de la iglesia, centrada en Sión.

Un canto del Nuevo Testamento hubiera insistido en este momento en la visión de la Nueva Jerusalén. Pero la proclamación del Antiguo Testamento, que no admite el consuelo de la vida futura, tiene que centrarse en la bendición de los que temen a Yahvé dentro de este mundo. Por eso, aquí no hay más promesa que la referida a la participación presente en el bienestar de Jerusalén (Zac 8, 15), con la bendición de una vida larga que se prolonga en la vida de los hijos de los hijos.

En esa línea, el salmista termina su canto pidiendo por la paz de Israel (שְׂרָאֵל שָׁלוֹם עַל־יִ), extendida a todos sus miembros, en todos los lugares y tiempos en los que vivan, de manera que la felicidad se identifica en el fondo con la vida de Israel.

Salmo 129. El fin de los opresores de Israel

¹ שִׁיר הַמַּעֲלוֹת רַבַּת צְרָרוּנִי מִנְּעוּרַי יֹאמַר־נָא יִשְׂרָאֵל:
² רַבַּת צְרָרוּנִי מִנְּעוּרָי גַּם לֹא־יָכְלוּ לִי:
³ עַל־גַּבִּי חָרְשׁוּ חֹרְשִׁים הֶאֱרִיכוּ (לְמַעֲנוֹתָם) [לְמַעֲנִיתָם]:
⁴ יְהוָה צַדִּיק קִצֵּץ עֲבוֹת רְשָׁעִים:
⁵ יֵבֹשׁוּ וְיִסֹּגוּ אָחוֹר כֹּל שֹׂנְאֵי צִיּוֹן:
⁶ יִהְיוּ כַּחֲצִיר גַּגּוֹת שֶׁקַּדְמַת שָׁלַף יָבֵשׁ:
⁷ שֶׁלֹּא מִלֵּא כַפּוֹ קוֹצֵר וְחִצְנוֹ מְעַמֵּר:
⁸ וְלֹא אָמְרוּ הָעֹבְרִים בִּרְכַּת־יְהוָה אֲלֵיכֶם בֵּרַכְנוּ אֶתְכֶם בְּשֵׁם יְהוָה:

<Cántico gradual>

¹ Mucho me han angustiado desde mi juventud, que lo diga ahora Israel;
² mucho me han angustiado desde mi juventud, pero no prevalecieron contra mí.

³ Sobre mis espaldas araron los aradores, hicieron largos surcos.
⁴ ¡Jehová es justo, cortó las coyundas de los impíos!
⁵ Serán avergonzados y vueltos atrás todos los que aborrecen a Sión.

⁶ Serán como la hierba de los tejados, que se seca antes de crecer,
⁷ de la cual no llenó el segador su mano ni sus brazos el que hace gavillas;
⁸ ni dijeron los que pasaban: la bendición de Jehová sea sobre vosotros.

¡Os bendecimos en el nombre de Jehová!

Así como al Sal 124, con las palabras "que diga Israel", le siguió el Sal 125, con "la paz sea sobre Israel", así al Sal 128, con "la paz sea sobre Israel", le sigue el 129 con יֹאמַר־נָא יִשְׂרָאֵל, que lo diga ahora Israel. Este salmo no se caracteriza solo por la palabra "que lo diga ahora Israel", sino también por el hecho de que habla de una liberación que ha sido ya experimentada (cf. Sal 129, 4 con Sal 124, 6), de manera que, a partir de ese punto, el salmista puede mirar con agradecimiento hacia el pasado y con plena confianza hacia el futuro. Por otra parte, este salmo tiene aquí y allí unos rasgos de tipo arameo, mezclados con otros que forman parte de la tradición clásica de los salmos, lo mismo que en el Sal 124.

129, 1–2. Israel siente la alegría de poder confesar que no ha sucumbido, a pesar de la abundancia y dureza de sus opresiones. רבת (en arameo *rebath*), igual que רבה (cf. 129, 1 y 2), son palabras que aparecieron en Sal 65, 10; 62, 3, y se han vuelto de uso normal en el lenguaje postexílico, Sal 120, 6; Sal 123, 4; 2 Cron 30, 18.

La expresión "desde mi juventud" (מִנְּעוּרָי) se está refiriendo al tiempo de la opresión egipcia, pues los años en que los israelitas habitaron en Egipto fueron en el tiempo de su juventud (Os 2, 17; Os 11, 1; Jer 2, 2; Ez 23, 3). La prótasis del Sal 129, 1 (רַבַּת צְרָרוּנִי) se repite en forma de cadena "gradual", ascendente, y en 129, 2 para completar de esa manera el pensamiento. El verso 129, 2 aparece como punto de inflexión, donde, tras repetirse lo anterior, insistiendo en que ello ha sido desde la juventud (רַבַּת צְרָרוּנִי מִנְּעוּרָי), el salmista sigue diciendo que, a pesar (con גם) de los problemas que los israelitas han sufrido desde su juventud, los malvados no han podido prevalecer contra ellos.

Esa partícula, גם, significa "pero", en el sentido de "a pesar de ello", ὅμως (sinónimo de בכל־בכל), como en Ez 16, 28; Ecl 6, 7 (cf. *Coment.* a Sal 119, 24): aunque ellos me oprimieron mucho y lo hicieron de forma muy dura, sin embargo, no han logrado vencerme, es decir, no han logrado prevalecer, como se dice en Num 13, 30 y en otros lugares.

129, 3–5. En muchos pasajes de la Biblia se afirma que los enemigos han atacado a Israel (Sal 66, 12), o que le han herido en las espaldas (Is 51, 23). En nuestro caso se utiliza un lenguaje intensamente figurativo (cf. און חרש), en la línea de Job 4, 8 (cf. Os 10, 13). Ese tipo de lenguaje se extiende y aplica a un tipo de tratamiento hostil, sin compasión ni consideración por el dolor y dignidad de las personas.

Así se dice, por ejemplo, que los enemigos han hecho surcos en la espalda de Israel, como si fuera un campo que se abre, una tierra que se roza con el arado; como si los enemigos no hubieran querido poner fin a su ferocidad, ni límite a la destrucción del pueblo y país esclavizado. De esa forma se entiende la imagen del arado que abre surcos en la tierra, en esa línea se dice que los enemigos de Israel rasgaron su espalda con heridas como surcos.

De todas formas, en contra de lo que dice Keil en *Coment.* a 1 Sam 14, 14 (aunque él explique ese pasaje de manera más correcta que Thenius), la palabra מענה (*qetub* לְמַעֲנוֹתָם, *keré* לְמַעֲנִיתָם) no significa propiamente surco (pues en ese caso tendría que haber puesto גדוד, תלם), sino una franja o zona de tierra arable, como el árabe *ma'nât*, un fracción de tierra que el agricultor prepara y dispone para el cultivo, hasta completar su tarea, para comenzar después con otra franja o terreno. Esa palabra, מענה, viene de inclinarse, volver, hasta completar el trabajo de la tierra que se ara, "castigándola" así de un modo organizado, completo, total. Pues bien, así han "arado" los enemigos la tierra del pueblo de Israel.

Pero Yahvé es justo (יְהֹוָה צַדִּיק); esta es la verdad universal que el salmista ratifica en las circunstancias presentes. Yahvé ha cortado las cuerdas con las que los malvados oprimían al pueblo de Israel (con עבות, como en el Sal 2, 3), los lazos o ataduras con las que les tenían sujetos. Esta es la experiencia de la historia anterior de Israel. En esa experiencia del pasado se funda la esperanza de que todos los que odian a Sión (שֹׂנְאֵי צִיּוֹן, un apelativo que el salmista ha sido el primero en emplear) serán obligados a retirarse con vergüenza y confusión.

129, 6–8. El poeta ilustra el destino que les espera a los malvados por medio de una imagen que ha tomado y recreado desde Is 37, 27, diciendo que ellos serán como hierba en los tejados o azoteas de las casas, etc., con שׁ como relativo de יבש (שֶׁקַּדְמַת שָׁלַף יָבֵשׁ, *quod exarescit*, que se seca antes de crecer), con קדמת en el sentido de *priusquam*, una forma hebraizada, como la que aparece en דנה מן־קדמת (Dan 6, 11) o en דנה מקדמת (Esd 5, 11).

En todos los restantes casos, שׁלף tiene el sentido de "sacar fuera" (arrancar la hierba del tejado), como una espada que se saca de la vaina, un pie fuera del calzado, una flecha fuera de la aljaba..., como traducen los LXX, Teodoción y la versión Quinta de la Vulgata, πρὸ τοῦ ἐκσπασθῆναι, antes de que haya crecido. Pero junto a la traducción ἐκσπασθῆναι de los LXX encontramos también otra que dice *exanthe'sai*, y en ese sentido Jerónimo traduce *statim ut viruerit* (tan pronto como empieza a madurar), Símaco ἐκκαυλῆσαι (antes de que broten las espigas), Aquila ἀνέθαλεν, la Sexta ἐκστερεῶσαι (antes de que alcancen plena madurez).

El Targum parafrasea el sentido de la frase: יְהִיוּ כַּחֲצִיר גַּנּוֹת שִׁקַּדְמַת שָׁלַף יָבֵשׁ será como la yerba del tejado que se seca antes de madurar, incluso antes de que se arranque. Venema interpreta el texto en la primera línea: *antequam se evaginet vel evaginetur*, i. e., *antequam e vaginulis suis se evolvat et succrescat*, es decir, antes que el fruto pueda salir de la vaina en que está encapsulado y alcanzar su crecimiento. En esa línea siguen traduciendo Parchón, Kimchi, Aben-Ezra y también Ortenberg, quienes piensan que la palabra original del texto es שחלף (y no שָׁלַף).

Dado que la yerba de los tejados o terrazas de las casas no tienen tierra para crecer, en el fondo da lo mismo que se arranque antes o después de haber "madurado", pues en ningún caso tendrá fruto, porque no se ha desarrollado (no ha salido de su vaina) o, si se ha desarrollado y salido de la vaina, se ha secado inmediatamente, pues no ha podido madurar, por falta de tierra...

Teniendo eso en cuenta parece preferible optar por la primera posibilidad, aludiendo así a la yerba de los tejados que se seca sin haberse desarrollado y crecido. Esa hierba se marchita antes de haberse desarrollado, porque no tiene raíces profundas, de forma que no puede mantenerse viva bajo el calor del sol[32].

El poeta desarrolla aún más la imagen de la hierba en el tejado o azotea de las casas. El envoltorio o vaina (κόλπος) que rodea al fruto se llama en todas partes חצן (Is 49, 22; Neh 5, 13), y así también en nuestro caso, como en árabe *ḥiḍn* (diminutivo נדה), de la misma raíz que מחוז, arroyo, en el Sal 107, 30.

A partir de aquí se puede dilucidar el sentido de conjunto del texto: el salmista está diciendo que los enemigos de Israel son como la hierba que crece sin tierra suficiente sobre los tejados, una hierba que no se puede recoger en los graneros, de manera que su vida y crecimiento termina en una pura y segura destrucción, pues su semilla y fruto se secan sin más y se destruyen.

La observación de Knapp, según la cual cualquier poeta occidental hubiera terminado su poema en 129, 6 se funda en el error de suponer que 129, 7-8 no es más que un mal embellecimiento. Los saludos que los caminantes deberían dirigir a los segadores en 129, 8 están tomados de las relaciones normales entre los habitantes de una zona, pues el saludo no se niega en Israel ni siquiera a los paganos, como en el caso de Booz (Rut 2, 4), que saludó a las extranjeras "Yahvé sea con vosotras", recibiendo su respuesta: "y Yahvé te bendiga".

Pues bien, en contra de esa costumbre universal, los que pasan por el camino no llaman a los que siegan la hierba del tejado, ni les dicen בִּרְכַּת־יְהוָה אֲלֵיכֶם, que la bendición de Yahvé sea con vosotros[33], como en la bendición de los sacerdotes de Aarón. Teniendo eso en cuenta, la frase final בֵּרַכְנוּ אֶתְכֶם בְּשֵׁם יְהוָה, os bendecimos en el nombre de Yahvé, no se puede entender como gesto de cortesía de los que pasan, sino que debe tomarse como saludo y bendición final del mismo salmo (o del salmista). Eso significa que para los justos hay una cosecha abundante de bendiciones, que se expresa en el saludo final del salmo.

---

32. En esa línea interpreta el texto Geiger, *Deutsche Morgenlndische Zeitschrift*, XIV. 278s, apoyándose en el árabe *slf* (ﺳﻠﻒ), que, según Saadia y Abu-Said, significa llegar a la primera madurez, florecer. Ese es el sentido que la palabra שֶׁלֶף puede tener también aquí. Cf. la palabra talmúdica שלופפי que se emplea para los dátiles que están todavía en flor, que no han madurado.

33. Aquí y allí, en algunos manuscritos se encuentra la forma עליכם que en principio es un error del copista. El Salterio Hebreo de Basilea (1547) indica que esta lectura es una variante.

Salmo 130. De lo profundo

שִׁיר הַמַּעֲלוֹת מִמַּעֲמַקִּים קְרָאתִיךָ יְהוָה׃ ¹

אֲדֹנָי שִׁמְעָה בְקוֹלִי תִּהְיֶינָה אָזְנֶיךָ קַשֻּׁבוֹת לְקוֹל תַּחֲנוּנָי׃ ²

אִם־עֲוֹנוֹת תִּשְׁמָר־יָהּ אֲדֹנָי מִי יַעֲמֹד׃ ³

כִּי־עִמְּךָ הַסְּלִיחָה לְמַעַן תִּוָּרֵא׃ ⁴

קִוִּיתִי יְהוָה קִוְּתָה נַפְשִׁי וְלִדְבָרוֹ הוֹחָלְתִּי׃ ⁵

נַפְשִׁי לַאדֹנָי מִשֹּׁמְרִים לַבֹּקֶר שֹׁמְרִים לַבֹּקֶר׃ ⁶

יַחֵל יִשְׂרָאֵל אֶל־יְהוָה כִּי־עִם־יְהוָה הַחֶסֶד וְהַרְבֵּה עִמּוֹ פְדוּת׃ ⁷

וְהוּא יִפְדֶּה אֶת־יִשְׂרָאֵל מִכֹּל עֲוֹנֹתָיו׃ ⁸

<Cántico gradual>

¹ De lo profundo, Jehová, a ti clamo.

² Señor, oye mi voz; estén atentos tus oídos a la voz de mi súplica.

³ Jah, si miras los pecados ¿quién, Señor, podrá mantenerse?

⁴ Pero en ti hay perdón, para que seas reverenciado.

⁵ Esperé yo en Jehová; esperó mi alma, en su palabra he esperado.

⁶ Mi alma espera en Jehová más que los centinelas la mañana,
más que los vigilantes la mañana.

⁷ Espere Israel en Jehová, porque en Jehová hay misericordia
y abundante redención con él.

⁸ Él redimirá a Israel de todos sus pecados.

Una vez preguntaron a Lutero cuáles eran los mejores salmos, y él respondió "los paulinos". Y cuando los compañeros de mesa insistieron preguntando cuáles eran esos salmos, él respondió: el 32, el 51, el 130 y el 143. Y ciertamente el Sal 130 expresa de una forma completamente paulina el carácter pecador del hombre, la libertad de la misericordia de Dios y la naturaleza espiritual de la redención.

Este es el sexto de los salmos penitenciales (cf. Sal 6; 32; 38; 51; 102; 130 y 143). Incluso el Cronista tenía ante sí este salmo en la clasificación que presenta, colocándolo cerca del salmo 132. El añadido independiente con el que Salomón enriquece la oración de la dedicación del templo, en 2 Cron 6, 40-42, está tomado del Sal 130 (sobre el Sal 130, 2, cf. la respuesta divina en 2 Cron 7, 15) y del Sal 132 (cf. Sal 132, 8. 10. 16).

Hemos evocado ya en *Coment.* a Sal 86 la relación que existe entre el Sal 130 y el Sal 86. Estos dos salmos son el primer intento de añadir un tercer estilo de salmos "adonáicos" (de Adonai) a los yehovistas y a los elohistas. Adonaí se repite en estos salmos siete veces, y en el nuestro tres veces.

Hay también otros rasgos que indican que el autor del Sal 130 conocía bien el Sal 86 (comparar Sal 130, 2, בקולי שמעה, con Sal 86, 6, בקול והקשיבה. Comparar también Sal 130, 2, תחנוני לקול, con Sal 86, 6, תחנונותי בקול. Cf. también Sal 130, 4, הסליחה עמך, con Sal 86, 5, וסלח, y Sal 130, 8, עם החסד, con Sal 86, 5. 15, (רב־חסד).

El hecho de que בושׁק (según la forma לוכשׁ) aparezca además de aquí solo en pasajes dependientes del Cronista, y de que בשׁק aparezca solo en Neh 1, 6. 11, y que החילס aparezca solo en este salmo, y además en Dan 9, 9; Neh 9, 17, hace que situemos este salmo en un período tardío de manera que podemos decir que (lo mismo que el Sal 86) no puede ser de origen davídico.

130, 1–4. Las profundidades (מעמקים) no son las honduras del alma, sino la honda tristeza exterior e interior en que el profeta se encuentra, como en aguas profundas (Sal 69, 3; Sal 69, 15). Desde esas honduras grita al Dios de la salvación, e importuna con su oración al que dirige todas las cosas y puede escuchar sus peticiones de un modo complacido (con שמע ב, Gen 21, 12; 26, 13; 30, 6).

Siendo el Omnisciente, Dios escucha en sí mismo la más suave y secreta de todas las palabras. Pero, como observa Hilario, *fides officium suum exsequitur, ut Dei auditionem roget, ut qui per naturam suam audit per orantis precem dignetur audire* (la fe tiene su propio camino, de manera que aquel que escucha por naturaleza se digne escuchar la petición de los orantes).

En esa línea, el orante pide a Dios que sus oídos puedan volverse קשבות (cf. תִּהְיֶינָה אָזְנֶיךָ קַשֻּׁבוֹת לְקוֹל תַּחֲנוּנָי, estén tus oídos atentos a la voz de mi plegaria), forma colateral de קשׁב, *arrectae aures*, oídos plenamente atentos a la petición intensa y urgente del orante (Sal 28, 2). La vida del orante depende de la compasión divina.

Si Dios se fija en las iniquidades de los hombres ¿quién podrá mantenerse en pie ante él? Si Dios conserva o guarda en su memoria (שׁמר) los pecados de los hombres, al dirigirse a ellos (Sal 32, 2; cf. Gen 37, 11) o, si como se dice de un modo figurado en Job 14, 17, él los "sella" y pone bajo su custodia para castigar en su tiempo a los hombres… ¿quién podrá mantenerse en pie?

La consecuencia inevitable de esto sería la destrucción del pecador, pues ningún hombre puede mantenerse en pie ante la justicia punitiva de Dios (Nah 1, 6; Mal 3, 2; Esd 9, 15). Si Dios se mostrara solamente como Jâh (= Yahvé)[34],

---

34. Eusebio, comentando el Sal 68 (67), 5, observa que al Logos se le llama "aquel que "tomando la forma de Siervo ha expresado en su cuerpo los misterios de la divinidad (cf. μορφὴν δούλον λαβὼν καὶ τάς ἀκτῖνας τῆς ἑαυτοῦ θεότητος συστείλας καὶ ὥσπερ καταδὺς ἐν τῷ σώματι). Hay un pasaje semejante en Vicentius Ciconia (1567), que he citado en mi comentario más extenso a los Salmos (1859-60).

ninguna creatura podría mantenerse en pie ante él; por eso se presenta también como Adonai (cf. אִם־עֲוֹנוֹת תִּשְׁמָר־יָהּ / אֲדֹנָי מִי יַעֲמֹד, si vigilas los pecados, Jâh ¿quién podrá mantenerse, Adonai?).

Pero Dios no actúa solo de esa forma, conforme a la exigencia de una justicia de legalidad conmutativa o de talión. Este es el pensamiento que está en el fondo de 130, 3, para ser ratificado en 130, 4, con el כִּי (cf. כִּי־עִמְּךָ הַסְּלִיחָה, pero en ti hay perdón), insistiendo en el perdón, como en Job 22, 2; Job 31, 18; Job 39, 14; Is 28, 28 (cf. Ecl 5, 6).

Dios aparece como aquel que está dispuesto al perdón (הסליחה), a fin de que así pueda ser reverenciado; eso significa que él perdona a causa de su nombre (cf. Sal 79, 9), es decir, a fin de que su nombre pueda ser glorificado. Como único autor de salvación, él se muestra como aquel que, dejando a un lado toda vanagloria, hace que la misericordia ocupe el lugar de la justicia en relación con nosotros (cf. Sal 51, 6), a fin de que así pueda ser reverenciado. De esa forma, Dios hace que el pecador tenga ocasión, fundamento y motivo para alabarle y darle gracias por haberle perdonado de un modo absolutamente libre y gratuito.

130, 5-8. Por eso, el pecador no tendrá necesidad de desesperarse, ni lo hará el poeta. Él espera en Yahvé (cf. קִוִּיתִי יְהוָה קִוְּתָה נַפְשִׁי, he confiado, en Yahvé ha confiado mi alma, con acusativo de objeto, como en Sal 25, 5; 25, 21; 40, 2). Aguardar y esperar a Yahvé es la expresión más honda de su vida entera de creyente.

El salmista espera en la palabra de Dios, que es la palabra de salvación (Sal 119, 81) que, penetrando en su alma y ajustándose a ella, calma toda su inquietud. Esa palabra de perdón transforma e ilumina todo lo que existe, dentro y fuera del alma del hombre.

El alma de salmista es לאדני, está totalmente dirigida hacia Adonai con toda su firmeza. En esa línea, desde su lecho de muerte, Chr. A. Crusius elevaba sus ojos y sus manos hacia el cielo, exclamando con gozo: "Mi alma está llena de la misericordia de Jesucristo, toda mi alma está dirigida hacia Dios".

El significado de לאדני (cf. נַפְשִׁי לַאדֹנָי מִשֹּׁמְרִים לַבֹּקֶר, mi alma "espera" en (a) Adonaí más que el centinela a la aurora) resulta claro, como indica el Sal 143, 6, de forma que no se necesita suplir una palabra como שמרת (de "guardar", como piensa Hitzig), unida a la palabra siguiente, לבקר, la aurora.

El centinela se vuelve de forma expectante hacia el Señor, como aquellos que en la noche esperan la mañana. La repetición de las palabras (לַבֹּקֶר שֹׁמְרִים לַבֹּקֶר, cf. Is 21, 11) produce la impresión de que la espera es larga y penosa.

La ira bajo la cual se encuentra ahora el poeta se compara con una oscuridad nocturna, de la que él quiere liberarse para penetrar en el reino soleado del amor (Mal 4, 2), pero no solo él, sino, al mismo tiempo, todo Israel, que se encuentra bajo la misma opresión y necesidad, esperando igualmente, con fe, el camino de la salvación. Pues bien, en contra de eso, con Yahvé y exclusivamente con él, se encuentra y se manifiesta en toda su plenitud la *hesed* (cf. כִּי־עִם־יְהוָה הַחֶסֶד, porque con él está la misericordia), que expulsa toda culpa de pecado, con sus consecuencias, produciendo en contra de eso libertad, paz y alegría de corazón.

El salmista sigue diciendo que con Adonai existe redención abundante (וְהַרְבֵּה עִמּוֹ פְדוּת), con הרבה, un infinitivo absoluto, de tipo adverbial, utilizado aquí como adjetivo, lo mismo que en Ez 21, 20. Es redención abundante que aquí proclama el salmista, se expresa en una serie de dones, centrados en un tipo de voluntad, de poder y de sabiduría que son necesarias para conseguir la redención, como una especie de muro de separación (cf. Ex 8, 19) frente a la destrucción que amenaza a los que están en peligro de ella.

Por eso, el orante particular debe dirigirse a Dios, para conseguir misericordia, y también debe dirigirse a Dios el pueblo entero, lleno de esperanza. Esta esperanza dirigida hacia Dios no podrá ser avergonzada, pues él, con la plenitud del poder de su libertad gratuita (cf. Is 43, 25), redimirá a Israel de todas sus iniquidades, perdonando sus pecados y removiendo (destruyendo) todas las consecuencias infelices del pecado, internas y externas.

El poeta se consuela a sí mismo con la promesa del final del salmo (cf. Sal 25, 22), diciendo וְהוּא יִפְדֶּה אֶת־יִשְׂרָאֵל מִכֹּל עֲוֹנֹתָיו, él, Dios, redimirá a Israel de todos sus enemigos. De esa forma, el salmista poeta está anunciando la redención completa y total, por encima de todas las dificultades, en un sentido que está abierto a la redención espiritual del Nuevo Testamento.

Salmo 131. Como niño en manos de Dios

¹ שִׁיר הַמַּעֲלוֹת לְדָוִד‪ ‬לֹא־גָבַהּ לִבִּי
וְלֹא־רָמוּ עֵינַי‪ ‬וְלֹא־הִלַּכְתִּי‪ ‬בִּגְדֹלוֹת וּבְנִפְלָאוֹת מִמֶּנִּי׃
² אִם־לֹא שִׁוִּיתִי‪ ‬וְדוֹמַמְתִּי‪ ‬נַפְשִׁי כְּגָמֻל עֲלֵי אִמּוֹ כַּגָּמֻל עָלַי נַפְשִׁי׃
³ יַחֵל יִשְׂרָאֵל אֶל־יְהוָה מֵעַתָּה וְעַד־עוֹלָם׃

<Cántico gradual; de David>

¹ Jehová, no se ha envanecido mi corazón ni mis ojos se enaltecieron;
ni anduve en grandezas ni en cosas demasiado sublimes para mí.

² En verdad me he comportado y he acallado mi alma como un niño
destetado de su madre. ¡Como un niño destetado está mi alma!

³ Espera, Israel, en Jehová, desde ahora y para siempre.

Este pequeño canto lleva el encabezado לדוד porque es como un eco de la respuesta (2 Sam 6, 21) con la que David rechazó la observación burlona de Mical, cuando él danzaba ante el arca, vestido con un efod de lino, no con atuendo de rey, sino con un vestido común de sacerdote, como diciéndole: yo me valoro aún menos de lo que indica este vestido, y aparezco como indigno ante mis propios ojos.

David no se impuso en el reino con violencia, sino que permitió que le apartaran y excluyeran. De esa forma, no tomó posesión del trono por la fuerza de las armas, sino que aún después que Samuel le hubiera ungido rey, recorrió de un modo voluntario y paciente un largo, espinoso, tortuoso camino de abajamiento, hasta que recibió, como don de Dios, el trono que el mismo Dios le había prometido.

A lo largo de unos diez años fue perseguido por Saúl, y su reinado en Hebrón, que al principio fue solo algo incipiente, duró siete años y medio. No luchó directamente contra Saúl, ni contra su hijo Ishbosheth, sino que dejó que fuera el mismo Dios quien les apartara del trono. Dejó también que Shimei le maldijera, y abandonó Jerusalén ante el ataque de su hijo Absalón.

Las notas distintivas de su noble carácter fueron el sometimiento ante la guía de Dios, la resignación ante sus disposiciones, la aceptación de lo que Dios le iba ofreciendo. Estos fueron los rasgos básicos de su preclaro carácter, que el poeta, autor de este salmo, va presentando de un modo indirecto, como en un espejo, ante sí mismo y ante sus contemporáneos, es decir, ante el conjunto de Israel, en el tiempo del exilio, un tiempo en el que el pueblo debía mantenerse en pequeñez, bajo circunstancias difíciles, debiendo conservar la humildad, esperando con calma.

Al decir לֹא־גָבַהּ לִבִּי, no se ha enaltecido mi corazón, el poeta rechaza el orgullo, no deja que se convierta en un modo de ser de su alma. Con וְלֹא־רָמוּ עֵינַי, y no se han elevado mis ojos, el poeta rechaza el orgullo en la mirada y en el comportamiento con *lo-ramu* (esa palabra lleva el acento como en Prov 30, 13, delante de un *ayin*, cf. también Gen 26, 10; Is 11, 2, en contra de la falsa acentuación del texto de Baer, que debe ser corregido). Con וְלֹא־הִלַּכְתִּי, el salmista rechaza esa forma de comportamiento pecador.

El orgullo tiene su sede en el corazón, y se expresa de un modo especial en la forma de conducta. El salmista ha rechazado un tipo de orgullo y de búsqueda de grandes cosas (וְלֹא־הִלַּכְתִּי בִּגְדֹלוֹת וּבְנִפְלָאוֹת מִמֶּנִּי). Aquello que se opone a las "grandes cosas" (Jer 23, 3; 45, 5) no son las cosas pequeñas en sí mismas, sino el hecho de mantenerse en pequeñez, sin soberbia. El salmista no ha ambicionado cosas que serían para él demasiado sublimes (Gen 18, 14), pero no se ha dejado caer en lo trivial, sino que ha buscado y defendido aquello que responde a su camino ante Dios.

אִם־לֹא שִׁוִּיתִי וְדוֹמַמְתִּי נַפְשִׁי כְּגָמֻל .cf) אִם־לֹא, ciertamente, me he comportado y he calmado mi alma como un niño) no es el comienzo de una prótasis condicional, pues la apódosis no aparece por ninguna parte. Esa expresión no significa tampoco "pero", un sentido que no puede apoyarse en Gen 24, 38; Ez 3, 6. Tanto en nuestro pasaje como en los otros citados, esa es una expresión aseverativa, tomada de la formulación normal de los juramentos, con el sentido de "ciertamente…, yo".

La palabra שׁוה significa (cf. Is 28, 25) nivelar o allanar la superficie de un campo, al ararla y prepararla para sembrar, y tiene aquí un sentido ético, como ישׁר con sus opuestos עקב y עפל. El *poel* de סומם (cf. וְדוֹמַמְתִּי נַפְשִׁי, he calmado mi alma) ha de entenderse en la línea de דומיה en Sal 62, 2 y de דומם en Lam 3, 26.

El salmista ha nivelado y calmado su alma, de manera que ella se mantiene en un estado de humildad y tranquilidad; por eso está en silencio, en descanso, dejando que Dios hable y actúe. Así se encuentra, como una tierra llana, como el agua tranquila de la superficie de un lago. La traducción de Ewald y Hupfeld "como un niño destetado por su madre, así mi alma se encuentra tranquila en mí" no responde al texto hebreo que, para tener ese sentido, en vez de decir כַּגָּמֻל tendría que haber dicho כגמולה, o mejor aún גמולה כן.

El sentido de la frase es este: como un niño que ha sido destetado hace algún tiempo (no como uno que acaba de ser destetado en este mismo momento), que está ya algo crecido (de גמל, de la familia de גמר), de manera que tiene cierta autonomía, se sienta, sin embargo, y permanece al lado de la madre, sin impacientarse ni llorar para que la madre le tome en brazos, contento con el hecho de que su madre esté cerca… Como este niño destetado y tranquilo, al lado de su madre, así está el alma del salmista, ya tranquila, en relación con su Ego (que está implícito en עלי, cf. *Psichologie,* p. 151ss).

Este es el estado de ánimo del alma del poeta, que por su naturaleza tiende a moverse ansiosamente y sin descanso; ella se encuentra ya tranquila, centrada en su Ego profundo, bien apaciguada. Por eso, no desea ya placeres de la tierra, ni otro tipo de gozos que Dios podría concederle, sino que está satisfecha, en comunión con Dios, encontrando su plena satisfacción en él, saciada de (en) Dios.

En su última declaración, en el Sal 131, 3, el lenguaje anterior del salmista, de tipo individual, se abre al conjunto de la congregación. Así el pueblo de Israel debe renunciar a su orgullo, a su actividad egoísta, para esperar con humildad, confianza y quietud, en su Dios, ahora y por siempre. Este es el Dios que resiste a los orgullosos, pero que concede su gracia a los humildes.

Salmo 132. Por Dios y la casa de David

שִׁיר הַמַּעֲלוֹת זְכוֹר־יְהוָה לְדָוִד אֵת כָּל־עֻנּוֹתוֹ: ¹
אֲשֶׁר נִשְׁבַּע לַיהוָה נָדַר לַאֲבִיר יַעֲקֹב: ²
אִם־אָבֹא בְּאֹהֶל בֵּיתִי אִם־אֶעֱלֶה עַל־עֶרֶשׂ יְצוּעָי: ³
אִם־אֶתֵּן שְׁנַת לְעֵינָי לְעַפְעַפַּי תְּנוּמָה: ⁴
עַד־אֶמְצָא מָקוֹם לַיהוָה מִשְׁכָּנוֹת לַאֲבִיר יַעֲקֹב: ⁵

⁶ הִנֵּה־שְׁמַעֲנוּהָ בְאֶפְרָתָה מְצָאנוּהָ בִּשְׂדֵי־יָעַר׃

⁷ נָבוֹאָה לְמִשְׁכְּנוֹתָיו נִשְׁתַּחֲוֶה לַהֲדֹם רַגְלָיו׃

⁸ קוּמָה יְהוָה לִמְנוּחָתֶךָ אַתָּה וַאֲרוֹן עֻזֶּךָ׃

⁹ כֹּהֲנֶיךָ יִלְבְּשׁוּ־צֶדֶק וַחֲסִידֶיךָ יְרַנֵּנוּ׃

¹⁰ בַּעֲבוּר דָּוִד עַבְדֶּךָ אַל־תָּשֵׁב פְּנֵי מְשִׁיחֶךָ׃

¹¹ נִשְׁבַּע־יְהוָה לְדָוִד אֱמֶת לֹא־יָשׁוּב מִמֶּנָּה מִפְּרִי בִטְנְךָ אָשִׁית לְכִסֵּא־לָךְ׃

¹² אִם־יִשְׁמְרוּ בָנֶיךָ בְּרִיתִי וְעֵדֹתִי זוֹ אֲלַמְּדֵם גַּם־בְּנֵיהֶם עֲדֵי־עַד יֵשְׁבוּ לְכִסֵּא־לָךְ׃

¹³ כִּי־בָחַר יְהוָה בְּצִיּוֹן אִוָּהּ לְמוֹשָׁב לוֹ׃

¹⁴ זֹאת־מְנוּחָתִי עֲדֵי־עַד פֹּה־אֵשֵׁב כִּי אִוִּתִיהָ׃

¹⁵ צֵידָהּ בָּרֵךְ אֲבָרֵךְ אֶבְיוֹנֶיהָ אַשְׂבִּיעַ לָחֶם׃

¹⁶ וְכֹהֲנֶיהָ אַלְבִּישׁ יֶשַׁע וַחֲסִידֶיהָ רַנֵּן יְרַנֵּנוּ׃

¹⁷ שָׁם אַצְמִיחַ קֶרֶן לְדָוִד עָרַכְתִּי נֵר לִמְשִׁיחִי׃

¹⁸ אוֹיְבָיו אַלְבִּישׁ בֹּשֶׁת וְעָלָיו יָצִיץ נִזְרוֹ׃

<Cántico gradual>

¹ Acuérdate, Jehová, de David y de toda su aflicción.

² De cómo juró a Jehová y prometió al Fuerte de Jacob,

³ "No entraré en el aposento de mi casa ni subiré al lecho de mi descanso;

⁴ no daré el sueño a mis ojos ni a mis párpados adormecimiento,

⁵ hasta que halle lugar para Jehová, morada para el Fuerte de Jacob".

⁶ En Efrata lo oímos; lo hallamos en los campos del bosque.

⁷ ¡Entraremos en su Tabernáculo!

¡Nos postraremos ante el estrado de sus pies!

⁸ Levántate, Jehová, al lugar de tu reposo, tú y el Arca de tu poder.

⁹ Tus sacerdotes se vistan de justicia y se regocijen tus santos.

¹⁰ Por amor de David tu siervo no vuelvas de tu ungido el rostro.

¹¹ En verdad juró Jehová a David y no se retractará de ello,

"De tu descendencia pondré sobre tu trono.

¹² Si tus hijos guardan mi pacto y mi testimonio, que yo les enseño,

sus hijos también se sentarán sobre tu trono para siempre",

¹³ porque Jehová ha elegido a Sión; la quiso por morada suya.

¹⁴ "Este es para siempre el lugar de mi reposo. Aquí habitaré, porque la he querido.

¹⁵ Bendeciré abundantemente su provisión; a sus pobres saciaré de pan.

¹⁶ Asimismo vestiré de salvación a sus sacerdotes

y sus santos darán voces de júbilo.

¹⁷ Allí haré retoñar el poder de David; he dispuesto lámpara para mi ungido.

¹⁸ A sus enemigos vestiré de confusión, pero sobre él florecerá su corona".

Con toda razón, el Sal 131 precede al Sal 132. El primero ha crecido a partir de la memoria de una declaración que David pronunció cuando llevó el arca de Dios a su lugar. El segundo empieza con el recuerdo del humilde y celoso intento de David, que quiso encontrar y establecer una morada digna para el Dios que está sentado sobre el Arca, en medio de su pueblo.

Este es el único salmo en el que se menciona el arca sagrada. El Cronista ha puesto las palabras de Sal 132, 8-10 en boca de Salomón, en la dedicación del templo (2 Cron 6, 41). Tras un pasaje tomado del Sal 130, 2 que se añade con un עתה a la oración de dedicación del templo, Salomón añade (en el libro de las Crónicas) nuevos pasajes tomados del Sal 132 con ועתה.

Lo único que prueban las variaciones de esos versos del salmo, que Salomón añade a su texto de una forma libre (tomados de memoria: Yahvé Elohim en vez de Yahvé, לנּוּחֶךְ por למנוּחתך, תּשׁוּעה por צדק, y finalmente ישׂמחו בטוב por ירנּנוּ), es que Salomón ha alterado el salmo y no al revés (en contra de lo que Hitzig sigue manteniendo de un modo persistente). En este contexto puede verse todavía con claridad la forma en que Is 55, 3 ha sido incluido en la conclusión de 2 Cron 6, 42, lo mismo que el recuerdo de Is 55, 2, que ha influido quizá también en la conclusión de 2 Cron 6, 41.

El salmista pide a Dios que favorezca al *ungido de Yahvé*, a causa de David. En ese contexto, el ungido no es ni el sumo sacerdote, ni es tampoco Israel (a quien nunca se le atribuye ese nombre, cf. *Coment.* a Hab 3, 13), ni el mismo David, quien en todas las necesidades de la gente de su raza y de su pueblo se mantuvo fiel ante Dios, como afirma Hengstenberg (aunque lo hace queriendo datar este salmo gradual, al igual que los otros, en el tiempo del postexilio).

Este ungido puede ser más bien *Zorobabel* (Baur), con quien, según la profecía final del libro de Hageo, debía comenzar un nuevo período de dominio davídico en el mundo. Pero Zorobabel, el פּחת יהוּדה, gobernador de Judea, no pudo llamarse משׁיח, porque no lo era. El Cronista ha situado bien este salmo, poniéndolo justamente en boca de Salomón (en 2 Cron 6, como he mostrado).

La visión de que fue compuesto por el mismo Salomón, cuando el arca de la alianza se trasladó de la tienda/templo de Sión al nuevo Templo/Edificio (como piensan Amyraldus, De Wette, Tholuck y otros) tiene a su favor las circunstancias que se narran en 2 Cron 5, 5, los deseos expresados en el salmo y la cercanía de sus pensamientos con los del Sal 72, por su aliento de fondo, por la repetición de palabras y por un tipo de laborioso movimiento ascendente, aunque en algunos momentos parece menos claro.

Sea como fuere, este salmo pertenece a un tiempo en el que se mantenía firme el trono de David, un tiempo en que el arca sagrada no se había perdido (destruido) de un modo irrecuperable (como sucederá el año 587 a. C.). En esa línea, siguiendo el argumento de 2 Sam 6-7, lo que David hizo por la gloria de Yahvé y, por otra parte, lo que Yahvé le prometió, ha sido reinterpretado por el poeta postdavídico como fundamento de una plegaria de intercesión, llena de esperanza a favor del reinado y del sacerdocio de Sión y de la Iglesia, presidiendo sobre ambos (reino y sacerdocio).

El Salmo consta de cuatro estrofas de diez líneas. Solo la primera estrofa puede suscitar alguna objeción, de manera que se podría afirmar que consta de nueve y no de diez líneas. Pero las tres estrofas siguientes deciden con claridad la cuestión de sus medidas. Según ellas, el Sal 132, 1 tiene que dividirse en dos líneas, según los acentos. Cada estrofa cita por una vez el nombre de David, y además el progreso en "escalones", propio de los salmos graduales (en los que cada nuevo escalón se apoya en el precedente), resulta aquí claro y no puede dejar de observarse.

132, 1-5. A una persona se le dice que recuerde algo que otro ha hecho cuando se le indica lo que el otro ha hecho por él, o cuando se le pide que haga lo que ha prometido a otro. Pues bien, la iglesia postdavídica recuerda aquí a Yahvé las promesas ya mencionadas (las "mercedes" de David, cf. 2 Cron 6, 42; Is 55, 3) con las que Dios ha respondido a las עָנוֹת de David (132, 1: אֵת כָּל־עֻנּוֹתוֹ, y toda su aflicción). Con este sustantivo verbal (de *pual*) se evocan los cuidados y dificultades que David tuvo que superar con el fin de ofrecer una morada digna para el santuario de Yahvé.

ב עָנָה significa esforzarse, sacrificarse por algo, *afflictari* (como se dice con frecuencia en el libro del Eclesiastés). El *pual* se utiliza aquí para indicar las aflicciones que David ha tenido que imponerse, e incluso las que han estado vinculadas con circunstancias externas, como guerras emprendidas desde antiguo o con poco éxito, y con acciones constantes, nunca completadas del todo, al servicio de algo, y especialmente de su propio ideal de rey elegido por Dios (1 Rey 5, 17).

David había hecho a Dios un voto de que él no se concedería ningún descanso hasta que no hubiera logrado conseguir una morada fija para Yahvé. Lo que él dijo a Natán (2 Sam 7, 2) fue una indicación de lo que implicaba ese voto, realizado en un momento que parecía de paz triunfante, un tiempo en el que daba la impresión que todo podría realizarse muy pronto, trasladando a Sión el Arca de la alianza (2 Sam 6). El texto ha de entenderse de esa forma, pues 2 Sam 7 se une a 2 Sam 6 por conexión temática, no por orden cronológico.

Tras haber llevado el Arca a su lugar, cosa por la que se había suspirado desde tiempo antiguo (Sal 101, 2), pero que solo se logró con dificultades y miedos, fueron pasando una serie de años durante los cuales David buscaba siempre la forma de edificar a Dios un Templo digno, a fin de que el Arca tuviera que seguir en una simple tienda o tabernáculo. Y cuando recibió por medio de Natán el anuncio de que no sería él quien edificara a Dios una casa, sino que eso lo haría su hijo y sucesor, David se esforzó, sin embargo, todo lo que pudo, para que se cumpliera el deseo de su corazón, conforme a la declaración de la voluntad de Yahvé.

Fue él quien consagró el emplazamiento del futuro templo, el que procuró reunir los medios y materiales necesarios para construirlo, fue él quien realizó todos los preparativos obligados para el servicio y culto futuro del templo, fue quien avivó la voluntad y el espíritu del pueblo para realizar la obra gigantesca que se proponía, transmitiendo a su hijo el modelo del templo (los planos), como lo indica con todo detalle el Cronista.

El nombre divino de אֲבִיר יַעֲקֹב, poderoso de Jacob, está tomado de Gen 49, 24 y aparece en Is 1, 24; 49, 26; 60, 16. Los filisteos, con su Dios Dagón, sintieron el poder de esta Roca de Jacob cuando tomaron con ellos el Arca sagrada (1 Sam 5, 1-12). Con la partícula אם (cf.אִם־אָבֹא בְּאֹהֶל בֵּיתִי, no entraré en la tienda o aposento de mi casa), David declara de un modo solemne aquello que está resuelto a cumplir. El significado de este voto expresado de un modo hiperbólico, a modo de juramento, es que él, David, no gozaría de una casa/habitación confortable, ni dormiría tranquilo, es decir, sin ansiedad, en fin, que no descansaría, hasta construir una casa para Yahvé.

Los genitivos después de אֹהל y ערשׂ son de aposición. El Sal 44 ofrece también combinaciones semejantes de sinónimos. יצוּעי (en latín *strata mea*, mis aposentos) es un plural poético, lo mismo que מִשְׁכָּנוֹת. Con תְּנוּמָה (que se aplica siempre a los párpados de los ojos, Gen 31, 40; Prov 6, 4; Ecl 8, 16, no a los ojos como tales) alterna שׁנַת en lugar de שֵׁנָה (dormir). El final en *ath* de 130, 4 (cf. אִם־אֶתֵּן שְׁנַת לְעֵינָי לְעַפְעַפַּי תְּנוּמָה:) tiene el mismo sentido que el de נחלת en el Sal 16, 6, cf. 60, 13; Ex 15, 2, *passim*. Los LXX añaden, καὶ ἀνάπαυσιν τοῖς κροτάφοις μου (לרקותי וּמנוּחה), pero ese añadido impone una sobrecarga excesiva al verso.

132, 6–10. Con 132, 6 comienza el lenguaje de la comunidad o iglesia, por el que el Salmista recuerda a Yahvé las promesas que él ha proclamado y cumplido a favor de David y su descendencia, y se conforta a sí mismo con ellas. Olshausen ve este verso como inexplicable. Sin embargo, para su interpretación podemos decir que:

— Dado que el tema del que se habla es el establecimiento de un santuario fijo, digno de Yahvé, el sufijo de הִנֵּה־שְׁמַעֲנוּהָ (con *chateph* como en Os 8, 2, cf. Ew., 60a) y el de מְצָאנוּהָ se refieren al Arca de la Alianza, que está en femenino, igual que en otros casos (1 Sam 4, 17; 2 Cron 8, 11).

— El Arca de la Alianza, que los israelitas habían sacado de Silo para la batalla, cayó en manos de los filisteos victoriosos, que la entregaron de nuevo a los judíos, de forma que permaneció durante veinte años en Kiriath-Jearim (1 Sam 7, 1), hasta que David la llevó de allí y la puso en el distrito judío de Sión (2 Sam 6, 2-4; cf. 2 Cron 1, 4).

– Por eso es natural que בִּשְׂדֵי־יָעַר, campos del bosque, sea una forma de expresión poética de Kiriath-Jearim (cf. "campo de Zoán" en Sal 78, 12), para indicar el lugar en que había estado antes el arca.

Kiriath-Jearim tuvo, como es bien conocido, varios nombres. Así aparece con ese nombre en Jer 26, 20 (y como Kiriath-'arim en Esd 2, 25, cf. Jos 18, 28). Pero recibe también otros nombres, como *Kiriath-ba'al* en Jos 16, 1-10 y como *Kiriath-Ba'alah* en Jos 15, 9; 1 Cron 13, 6 (cf. *Har-ha-ba'alah*, Jos 15, 11, con *Har-Jearim* en Jos 15, 10), y así parece que se identifica con *Ba'al Jehudah* en 2 Sam 6, 2.

Por eso es normal que pueda llamarse *Ja'ar*, nombre que se asemeja a *Kiriath-Jearim*, teniendo especialmente en cuenta el hecho de que se encuentra en un distrito montañoso, pues el mismo nombre de Jearim está indicando un tipo de colina, igual que el nombre de "ciudad del bosque" está indicando que se encuentra en un distrito o zona de bosques. Por eso pensamos que la frase debe traducirse: la hemos encontrado (al Arca) en los campos de Jaar (pero no podemos olvidar que Jaar es una abreviación del nombre de la ciudad, Kiriath-Jearim).

Pues bien, a partir de aquí, se plantea el sentido del nombre de *Efrata* (הִנֵּה־שְׁמַעֲנוּהָ בְאֶפְרָתָה). Este es un nombre antiguo de Belén; pero el Arca de la alianza no estuvo nunca en Belén. Teniendo eso en cuenta, Hengstenberg interpreta la narración de esta manera: "Eso lo conocimos en Belén (donde David paso su juventud), pero solo de oídas, pues ninguno la había visto; pero solo encontramos al arca en Kiriath-Jearim, más allá de los alrededores boscosos de la ciudad, donde estaba como enterrada, en oscuridad y soledad".

Así lo entiende también Antón Hulsius (1650). Según él, es el mismo David el que habla, refiriéndose al Arca, de la que él había oído hablar cuando estaba todavía en Belén, pues hablaban de ella los mayores, siendo él joven. David escuchó entonces que el arca había sido hallada en los campos de Jaar (cf. *Ipse David loquitur, qui dicit illam ipsam arcam, de qua quum adhuc Bethlehemi versaretur inaudivisset, postea a se, vel majroibus suis ipso adhuc minorenni inventam fuisse in campis Jaar*). Pero, en contra de esa traducción debemos decir:

– La suposición de que aquí sigue hablando David no armoniza con la forma en que las palabras de David han sido introducidas en 132, 2, pues esas palabras no pueden extenderse más allá de la formulación del voto ya indicado.
– Si es la comunidad la que habla resulta incomprensible que aquí se hable en particular de Belén, como lugar donde se decían esas cosas sobre el Arca. ¿Por qué se refiere solo a cosas que se decían en Belén?
– Las palabras "lo oímos en Efrata" (cf. también Ch. G. Kühnöl, 1799) solo pueden significar, por *antiptosis* (por anticipación, como en Gen

1, 4, aunque sin כִּי): "Oímos que estaba en Efrata", aunque antes que en Kiriath-Jearim el arca había estado en Silo.

Kiriath-Jearim se hallaba en la tribu de Judá, cerca de la frontera oeste de Benjamín. Por su parte, Silo se hallaba en medio de la tribu de Efraím. Pues bien, dado que אֶפְרָתִי significa casi siempre "efraimita" (como betlemita significa uno que es de Belén), podemos preguntar si Efrata no significa aquí el territorio de la tribu de Efraím (Khünöl, Gesenius, Maurer, Tholuck y otros). Según eso, el significado del texto sería este: oímos que el arca sagrada estaba en Silo, pero no la encontramos allí, ni tampoco la encontramos en Kiriath-Jearim.

Podemos entender fácilmente la razón por la que el poeta menciona estos dos lugares, y lo hace precisamente de este modo. Conforme a su etimología, Efrata significa campos de frutos abundantes, palabra que está en contraste con Kiriath-Jearim, campos de bosques. Según eso, el Arca habría descendido de Silo, lugar de frutos, a un tipo de campos de bosques desiertos.

Pero ¿sigue siendo probable que, especialmente en conexión con Miq 5, 1, donde, hablando de Efrata se alude a Belén y a la memoria de David, Efrata signifique en este caso la tierra de Efraím? Podemos responder que Efrata no se refiere a la tribu de Efraím como tal, sino que es el nombre del distrito donde se hallaba la ciudad de Kiriath-Jearim. Así, por ejemplo, se dice que Caleb tuvo con Efrata, su tercera mujer, un hijo llamado Hûr, 1 Cron 2, 19. Este Hûr, primogénito de Efrata, fue el padre de la población de Belén (1 Cron 4, 4), pero Shobal, un hijo de este Hûr, fue padre de la población de Kiriath-Jearim (1 Cron 2, 50).

Según eso, Kiriath-Jearim es, por así decirlo, la ciudad hija de Belén. En tiempo antiguos, Efrata fue el nombre de Belén, y este nombre se convirtió lógicamente en nombre de todo el distrito (Miq 5, 1). Pues bien, Kiriath-Jearim perteneció al distrito de Caleb-Efrata (1 Cron 2, 24), y así parece haberse llamado la parte norte del distrito, para distinguirse de Negeb-Caleb, la zona sur de los territorios de Caleb (1 Sam 30, 14).

Pero, por otra parte, מִשְׁכְּנוֹתָיו (Sal 132, 7: נָבוֹאָה לְמִשְׁכְּנוֹתָיו, entremos en su tabernáculo) no aparece aquí como designación de la casa de Abinadab en Kiriath-Jearim, porque esa expresión sería demasiado noble, e incluso confusa, teniendo en cuenta el uso de esa palabra en 132, 5, ni es tampoco (utilizándose de un modo separado, como aquí) una designación del edificio del templo salomónico. Esta palabra tiene que referirse, según eso, a la tienda/templo erigido por David para el Arca, cuando él la trasladó a Sión (2 Sam 7, 2, יְרִיעָה).

En este contexto se añade que la comunidad se anima a entrar en ese tabernáculo, en gesto de adoración (véase Sal 99, 5), ante el estrado de Yahvé (es decir, de su Arca), pero ¿con qué propósito? El Arca de la Alianza necesita ahora un lugar más digno para ella, un lugar de descanso verdadero, de מְנוּחָה (cf. עֻזֶּךָ

קוּמָה יְהוָה לִמְנוּחָתֶךָ אַתָּה וַאֲרוֹן, levántate, Yahvé, al lugar de tu descanso, tú y el arca de tu poder); cf. 1 Cron 28, 2, מנוחה בית, donde llegaron a cumplirse los esfuerzos de David, a través de Salomón.

Esta es la forma en que el Arca del poder de Dios, que nadie podía tocar (el poder inviolable del Arca aparece en 1 Sam 5, 1-12; 1 Sam 6, 2. 6), vino a ser "encontrada", para ser trasladada a su verdadero destino y lugar que era Sión. En ese contexto, el salmo pide que los sacerdotes, que han de servir a Yahvé se revistan a sí mismos de justicia, es decir, que tengan una justicia que responda a la voluntad y al gozo de Dios.

Por eso se añade que sus "santos" (*hasidim*), que han de buscar y encontrar aquí misericordia, griten de gozo (וַחֲסִידֶיךָ יְרַנֵּנוּ). Y por encima de todo, el salmista quiere que, por referencia a David, su siervo, Dios dirija su faz hacia su Ungido, es decir, no le rechace cuando se dirija hacia él en actitud orante (cf. Sal 84, 10).

El Cronista ha interpretado el Sal 132, 10 como intercesión a favor de Salomón, y así parece requerirlo la situación en la que nos introduce Sal 132, 6-8. Sin embargo, es posible que un poeta más reciente haya reproducido aquí, en Sal 132, 7-8, unas palabras tomadas del corazón de la comunidad, en tiempos de Salomón, introduciendo peticiones propias de su tiempo.

El sujeto de todo es la comunidad, que sigue siendo la misma a pesar del cambio producido en las personas de sus miembros. Esta es la comunidad o iglesia que llevó el Arca sagrada de Kiriath-Jearim a Sión y que después la acompañó de allí a la colina del templo, y la que después adoraba a Yahvé —que habitaba sobre el Arca— en el santuario levantado por Salomón (el Te,mplo), respondiendo con este al celo de David.

Esta comunidad a la que se refiere el salmo de David es la misma a la que se refiere Salomón en 2 Cron 6, pues la gloria de Yahvé es una y la misma. La oración a favor de los sacerdotes y a favor de todos los *hasidim* o santos y, en especial, la oración por el rey reinante que resonó después en la dedicación del templo, continuó a lo largo de la historia de Israel hasta el tiempo en que ya no había rey, manteniendo siempre el recuerdo del cumplimiento de la promesa mesiánica.

132, 11-13. Aquí se desarrolla con detalle el sentido de בַּעֲבוּר דָּוִד עַבְדֶּךָ, *por causa de David tu siervo,* de la estrofa anterior (132, 10). La palabra אמת del Sal 132, 11 (cf. נִשְׁבַּע־יְהוָה לְדָוִד אֱמֶת, Yahvé juró a David en verdad) no es acusativo de objeto, sino acusativo adverbial. El primer miembro del verso (132, 11) concluye con לְדָוִד, que tiene un *pazer* distintivo, precedido por un *legarmeh* (נִשְׁבַּע־יְהוָה) como subdistintivo; después sigue étm,a, a la cabeza del segundo miembro, con un *zinnor*, después לֹא־יָשׁוּב מִמֶּנָּה con *olewejored* y su *galgal* conjuntivo, que por regla general sigue al *zinno*r. El sufijo de מִמֶּנָּה se refiere a aquello que ha sido afirmado con juramento, como en Jer 4, 28.

Yahvé colocará en el trono (לכסא como לראשׁי en el Sal 21, 4) a los descendientes directos de David, de manera que puedan seguirle como poseedores del trono. Los hijos de David se sentarán en su trono (אֹשִׁית לְכִסֵּא־לָךְ) hasta que la promesa culmine finalmente en Cristo (cf. Jer 9, 5; 36, 7). Así lo ha prometido Yahvé, y espera en retorno que los hijos de David observen su ley. Según eso, si los descendientes de David cumplen los mandatos de Dios se sentarán para siempre sobre su trono: אִם־יִשְׁמְרוּ בָנֶיךָ ׀ בְּרִיתִי עֵדִי־עַד יֵשְׁבוּ לְכִסֵּא־לָךְ. Ellos tienen que cumplir este testimonio o ley que Dios les enseña (וְעֵדֹתִי זוֹ), de manera que dependen, por tanto, de la ley y voluntad de Dios.

Las palabras de Dios se extienden, por tanto, hasta el fin del Sal 132, 12, como dice גַּם־בְּנֵיהֶם עֲדֵי־עַד יֵשְׁבוּ לְכִסֵּא־לָךְ, también tus hijos se sentarán sobre tu trono para siempre. Según eso, el cumplimiento de las hipótesis marcadas con אם (אִם־יִשְׁמְרוּ בָנֶיךָ ׀ בְּרִיתִי, si tus hijos cumplen mi ley...) son decisivas para la continuidad de la sucesión davídica, pero no en el sentido de que la acción de los hombres está por encima de la promesa de Dios, pues la infidelidad de los hombres no anula la fidelidad de Dios (su palabra sobre la duración perpetua del trono de David).

La razón del cumplimiento de la promesa davídica viene dada en el Sal 132, 13. Ese cumplimiento se funda en la misericordia universal de Dios que ha escogido a Jerusalén. La partícula אוּה (cf. אִוָּהּ לְמוֹשָׁב לוֹ, la quiso como morada para él) tiene *mappic*, como ענה en Dt 22, 29, aunque el sufijo (*ah*) no sea absolutamente necesario. La siguiente estrofa desarrolla el propósito de la elección de Jerusalén, con palabras del mismo Yahvé.

132, 14–18. Silo fue rechazada (Sal 78, 60), solo por un tiempo estuvo el Arca sagrada en Betel (Jc 20, 27) y en Mispah (Jc 21, 5); durante unos cuarenta años estuvo depositada y custodiada en la casa de Abinadab en Kiriath-Jearim (1 Sam 7, 2), y únicamente tres meses en la casa de Obed-Edom en Perez-uzzah (2 Sam 6, 11) —pero solo Sión era el lugar de habitación destinado para Yahvé, su verdadero asentamiento, su מנוּחה (como en Is 11, 10; Is 66, 1, y además en 1 Cron 28, 2). Desde Sión, que es su lugar escogido y amado, Yahvé bendice todo aquello que forma parte de las necesidades temporales del pueblo de Dios (con צידה en vez de זידתה, cf. *Coment.* a Sal 27, 5). Sión se convierte así, por el Arca, en principio y centro de las bendiciones de Yahvé sobre el conjunto de Israel:

— *Los primeros en recibir su bendición serán los pobres de Sión,* que no sufrirán necesidad, porque el amor de Dios se extiende de un modo especial a los pobres (cf. 132, 15: אֶבְיוֹנֶיהָ אַשְׂבִּיעַ לָחֶם, a sus pobres saciaré de pan).

— *La segunda bendición se refiere a los sacerdotes,* porque a través de ellos mantendrá Dios su relación con el pueblo que él ha escogido. Dios hará que el sacerdocio de Sión sea una institución real de salvación: él revestirá a sus sacerdotes de salvación, de forma que ellos no sean puros portadores materiales de salvación, sino que la lleven consigo y la posean de un modo personal, de manera que su misma apariencia externa sea una proclama o anuncio de salvación.

— *La tercera bendición se refiere a todo el pueblo: y a todos sus santos (hasidim) Dios ofrecerá motivo y razón para una alegría elevada y duradera,* dándose a conocer a la iglesia o comunidad, en la que él ha puesto su morada, a través de obras de misericordia (de ternura amante o de gracia).

En Sión (cf. שָׁם, Sal 133, 3) reside ciertamente el reino de la promesa, que no puede fallar o dejar de cumplirse, pues Dios hará que surja allí un cuerno de salvación para David (שָׁם אַצְמִיחַ קֶרֶן לְדָוִד), disponiendo una lámpara para la casa de David y su descendencia, pues él era el ungido de Dios que reinaba en aquel tiempo. Por eso, a todos los que eleven sus hostilidades en contra de los descendientes de David, Dios los cubrirá de vergüenza, como un vestido roto (Job 8, 22), mientras la corona, consagrada por la promesa de Dios, que llevará el descendiente de David florecerá como una guirnalda que nunca se marchita.

Si tenemos en cuenta la visión de Ez 29, 21, con las predicciones sobre el *Renuevo* (*zemach,* rama) de Is 4, 2; Jer 23, 5; 33, 15; Zac 3, 8; 6, 12 (cf. Hebr 7, 14), con la *Beraká* 15 de las Shemoné Esré que es la oración diaria de las 18 bendiciones (haz que el renuevo de David, tu siervo, brote rápidamente, y que su cuerno se eleve por obra de tu salvación…), resulta evidente que el poeta dio a su promesa un significado mesiánico. Retomando el motivo de este salmo, Zacarías, padre de Juan Bautista, convirtió la *beraká* suplicante de su nación (Lc 1, 68-70) en una *beraká* de alabanza, anticipando de un modo gozoso el cumplimiento de esta promesa en Jesús.

Salmo 133. Por la amistad fraterna

שִׁיר הַמַּעֲלוֹת לְדָוִד הִנֵּה מַה־טּוֹב וּמַה־נָּעִים שֶׁבֶת אַחִים גַּם־יָחַד׃ ¹

כַּשֶּׁמֶן הַטּוֹב עַל־הָרֹאשׁ יֹרֵד עַל־הַזָּקָן זְקַן־אַהֲרֹן שֶׁיֹּרֵד עַל־פִּי מִדּוֹתָיו׃ ²

כְּטַל־חֶרְמוֹן שֶׁיֹּרֵד עַל־הַרְרֵי צִיּוֹן כִּי שָׁם צִוָּה יְהוָה ³

אֶת־הַבְּרָכָה חַיִּים עַד־הָעוֹלָם׃

<Cántico gradual; de David>

¹ ¡Mirad cuán bueno y cuán delicioso es
que habiten los hermanos juntos en armonía!

² Es como el buen óleo sobre la cabeza, el cual desciende sobre la barba,

la barba de Aarón, y baja hasta el borde de sus vestiduras;
³ como el rocío del Hermón, que desciende sobre los montes de Sión,
allí envía Jehová bendición y vida eterna.

Como dice Hengstenberg, a través de este salmo, David despierta en la conciencia de la Iglesia la gloria de la compañía con los santos, una compañía que se ha hecho esperar durante tanto tiempo, y cuya restauración ha comenzado con el establecimiento del Arca en Sión.

Este salmo no habla del fin de la dispersión, sino de la unidad del pueblo en todas las partes de la tierra con el fin de realizar la adoración divina en el único santuario. Como sucedía en el salmo anterior (Sal 132), que es su complemento, también en este el tema central es la adoración divina en el santuario único de Yahvé. Por otra parte, lo mismo que en el salmo anterior, la ocasión de fondo puede hallarse en la historia de David, respondiendo al לדוד de la inscripción.

Pero el lenguaje no permite tomar a David como autor de este salmo, porque la construcción de שׁ con participio, como שׁיֹרֵד (שֶׁיֹרֵד עַל־פִּי מִדּוֹתָיו, *qui descendit*, que desciende hasta el borde de las vestiduras, cf. Sal 135, 2, שׁעמדים, *qui stant*), no se conoce en hebreo hasta el tiempo posterior al exilio. Por otra parte, la inscripción לדוד falta en el LXX, Códice Vaticano y en el Targum. Ese título responde más bien al hecho de que el salmo se encuentra lleno del aliento de David, como aparece en el despliegue de su amor por Jonatán.

Con la partícula גם (גַּם־יָחַד) la afirmación pasa de la comunidad de naturaleza y sentimiento, expresada por la palabra hermanos (אַחִים) a la manifestación activa (externa) y a la realización que corresponde a ella: es dulce y deleitoso (cf. 135, 3) el hecho de que los hermanos, unidos por sangre y también por corazón (conforme a la naturaleza de su fraternidad), habiten juntos —una alegría bendita de la que los israelitas gozaban durante el tiempo de las tres grandes fiestas, aunque solo fuera por unos pocos días (véase Sal 122, 1-9).

Dado que el Sumo Sacerdote en quien culmina el oficio de la mediación sacerdotal, es el personaje más importante en la celebración de la fiesta, la naturaleza y valor de la reunión de los hermanos en sentido físico se expresa por una metáfora tomada de su oficio sacerdotal. El שׁמן הטוב es el aceite para la unción, tal como aparece en Ex 30, 22-33, y que consta de una mezcla de aceite y de especies aromáticas que no pueden utilizarse en la vida común.

Los hijos de Aarón podían ser rociados por este aceite de unción; pero solo Aarón podía ser expresamente ungido con él, tal como hizo Moisés que ungió a su hermano Aarón sobre su cabeza. Por eso, al Sumo Sacerdote se le llamaba expresamente el "sacerdote ungido" (הכהן המשיה), mientras que los demás sacerdotes eran simplemente "ungidos" (משׁחים, Num 3, 3) dado que sus vestiduras, como las de Aarón, eran también rociadas con aceite (y con la sangre del macho cabrío de la consagración, Lev 8, 12; Lev 8, 30).

En el tiempo del Segundo Templo, cuando no había aceite sagrado de unción, la institución y consagración como sumo sacerdote se realizaba con la investidura de las vestimentas sacerdotales. De todas formas, cuando al Sumo Sacerdote se le llama Aarón, el salmista tiene ante sus ojos la plenitud de la consagración divina (cf. Lev 21, 10).

Así dice la *Aggadáh* que dos gotas de aceite sagrado permanecían para siempre colgando de la barba de Aarón, como dos perlas, a modo de signo de expiación y de paz. Pero en el acto de la unción como tal, el óleo precioso descendía libremente por la barba del sacerdote que, según Lev 21, 5, no se solía cortar.

En aquella parte de la Torá, donde se describe la vestimenta del Sumo Sacerdote, שׁוּלֵי eran sus dobladillos y פִּי רֹאשׁ, o, en modo absoluto פֶּה, era la apertura para la cabeza, es decir, para el cuello, de forma que por ella debía introducirse la vestidura, que no tenía mangas, y finalmente שָׂפָה significaba la unión, los bordados de la parte del cuello (véase Ex 28, 32; Ex 39, 23; cf. Job 30, 18: כֻּתָּנְתִּי פִי, el cuello de mi túnica o camisa).

En ese contexto de normas de la Torá ha de entenderse probablemente la palabra פִי (cf. עַל־פִּי מִדּוֹתָיו, hasta el borde de las vestiduras), lo mismo que la palabra מִדּוֹת (que aparece solo aquí, en lugar de מַדִּים) que, comenzando con Lev 6, 3, indica toda la vestidura del Sumo Sacerdotes, aunque sin mayores distinciones. Pero el Targum traduce פִי con אִמְרָא (fimbria, borde inferior de las vestiduras sacerdotales) —una palabra que suele relacionarse con אִמְרָא, *agnus* (cordero), como ᾤα se relaciona con ὄῖς.

Esta ᾤα se utiliza tanto en el borde superior como en el inferior de una vestidura. En esa línea, lo mismo Apolinar que las versiones latinas aplican ἐπὶ τὴν ᾤαν de los LXX a la gema (que suele ir unida a los bordes de una vestimenta). Teodoreto piensa que esa palabra se refiere al borde superior del vestido, pues ᾤα son los bordes de la vestidura, es decir, el dobladillo, en torno al cuello; hasta esos bordes llegaría el aceite de la unción del sumo sacerdote, que desciende por la barba hasta la parte superior de los hábitos sacerdotales, es decir, hasta los bordes del cuello (cf. ᾤαν ἐκάλεσεν ὃ καλοῦμεν περιτραχήλιον, τοῦτο δὲ καὶ ὁ Ἀκύλας στόμα ἐνδυμάτων εἴρηκε). Así traduce también De Sacy, *sur le bord de son vêtement, c'est dire, sur le haut de ses habits pontificaux* (sobre el borde de su vestidura, es decir, hasta la parte alta o dobladillo del cuello de sus hábitos sacerdotales).

Esta interpretación ha de vincularse con la figura del versículo siguiente (133, 3: כְּטַל־חֶרְמוֹן שֶׁיֹּרֵד עַל־הַרְרֵי צִיּוֹן, como rocío del Hermón que desciende hasta los montes de Sión). Si comparamos las dos imágenes (unción, rocío) descubrimos que el centro de la comparación es el poder unificador del sentimiento de fraternidad, que une en alma y corazón a personas que están en lugares muy distantes, haciendo que se vinculen a pesar de estar separadas.

En un caso tenemos la comparación entre la barba de Aarón y el dobladillo o la parte superior bordada de sus vestiduras, cosas que, por un lado, se oponen, pero que por otra se vinculan por el óleo sagrado que desciende desde la barba hasta las vestiduras. En el otro caso tenemos el rocío del monte Hermón que llega hasta las montañas de Sión.

En ese sentido, פִי no es la parte superior del cuello, sino el dobladillo de la vestidura, por la parte del cuello (cf. שְׂפָה, Ex 26, 4, el borde de una cortina). Desde esa perspectiva es claro que lo que desciende hasta el dobladillo superior de la vestidura no puede ser la barba de Aarón, sino el óleo o aceite, entendido como amor que vincula y que une las partes separadas.

Esta referencia se ajusta más al estilo del movimiento interno de los salmos graduales, como se confirma en 133, 3, donde se alude al rocío, que toma el lugar del aceite en la otra metáfora. Cuando los hermanos, unidos en amor armonioso, se encuentran en un lugar, así como en las grandes fiestas de Israel, sucede lo mismo que vemos con el santo y precioso crisma (aceite, óleo sagrado) difundiendo el perfume mezclado de muchas especias, que va bajando por la barba de Aarón hasta el dobladillo superior de las vestiduras. Ese perfume se vuelve por todas partes perceptible, desde lejos y de cerca, de forma que todo Israel, lejano y cercano, se encuentra penetrado por un mismo espíritu, que vincula a todos.

Ese espíritu unificador del amor fraterno se encuentra simbolizado también por el rocío del monte Hermón, que desciende como en gotas hasta los montes de Sión. Así dice Ch. M Van de Velde en su *Narrative of a journey through Syria and Palestine in 1851 and 1852* (vol 1, p. 97):

"Se me ha vuelto claro aquello que leemos en el Sal 133 sobre el rocío del Hermón que desciende sobre las montañas de Sión. Yo estoy aquí sentado, a los pies del Hermón, y comprendo que las gotas de agua que descienden de sus alturas llenas de bosques, y de sus picos más altos, cubiertos todo el año de nieve, después que se han atenuado los rayos del sol, humedecen la atmósfera, convirtiéndose en un tipo de rocío que se posa sobre las montañas más bajas. Uno tiene que haber contemplado las alturas del Hermón, con su corona de nieve, de color blanco dorado, brillando en la altura del cielo, para entender bien esta imagen del salmo 133. En ningún otro lugar del país resulta más perceptible el rocío que en los distritos cercanos al Monte Hermón".

El poeta del Sal 133 compara el amor fraterno con ese rocío. Este amor es como el rocío del Hermón, está lleno de frescura y así lo refresca todo, de esa manera desciende de arriba (cf. Sal 110, 3), como rocío del Hermón que baja hasta las montañas de Sión... Esta es una imagen tomada de la naturaleza. Cuando han precedido días calurosos puede llegar hasta Jerusalén un rocío abundante, refrescante, a causa de una corriente fría que desciende y se extiende desde el monte Hermón que está al norte. Ciertamente, nosotros (en Alemania) conocemos por experiencia hasta qué lugar lejano puede llegar una corriente de aire frío y producir sus efectos.

Esta figura del poeta es, sin duda, verdadera y bella. Cuando los hermanos se vinculan en amor se reúnen y juntan en un mismo lugar. Eso es lo que sucede cuando se unen los hermanos que vienen del norte y aquellos que vienen del sur, en Jerusalén, que es la ciudad madre de todos, en los días de las grandes fiestas, con un amor que es como el monte Hermón, cubierto con nieve abundante, casi eterna[35], de donde desciende el rocío sobre las montañas desnudas, secas, sin frutos del entorno de Sión.

En Jerusalén debe encontrarse el amor y todo aquello que es bueno. Porque allí (con שָׁם, como en el Sal 132, 17) Yahvé ha enviado (con צוה, como en Lev 25, 21, cf. Sal 42, 9; Sal 68, 29) la bendición, i. e., él ha querido que allí se reúnan las bendiciones, como amor que reúne a los hermanos. Este es el tema conclusivo: pues allí (שָׁם) ha enviado Yahvé אֶת־הַבְּרָכָה חַיִּים עַד־הָעוֹלָם, la bendición y la vida para siempre. Las palabras finales, עַד־הָעוֹלָם (cf. Sal 28, 9) dependen de צוה, ese es el cumplimiento del orden inviolable y eterno de Dios, que se expresa en el amor entre los hermanos.

Salmo 134. Vigilia nocturna ante el santuario

שִׁיר הַמַּעֲלוֹת הִנֵּה׀ בָּרֲכוּ אֶת־יְהוָה ¹
כָּל־עַבְדֵי יְהוָה הָעֹמְדִים בְּבֵית־יְהוָה בַּלֵּילוֹת:
שְׂאוּ־יְדֵכֶם קֹדֶשׁ וּבָרֲכוּ אֶת־יְהוָה: ²
יְבָרֶכְךָ יְהוָה מִצִּיּוֹן עֹשֵׂה שָׁמַיִם וָאָרֶץ: ³

<Cántico gradual>

¹ Mirad, bendecid a Jehová, vosotros todos los siervos de Jehová,
los que en la casa de Jehová estáis por las noches.

² Alzad vuestras manos al santuario y bendecid a Jehová.

³ ¡Desde Sión te bendiga Jehová, el cual ha hecho los cielos y la tierra!

---

35. Un poema del Haurán, publicado en Wetzstein, *Lieder-Sammlungen* comienza en árabe: '*l-bárihat habbat 'lynâ šarârt mn 'áliya 'l-tlj* (ayer voló hacia mí como una chispa de la alta montaña nevada…", esto es, del Hermón. El comentarista que recitaba para mí este canto me dijo que en árabe *šarârt*, la chispa brillante puede referirse al resplandor de la montaña de nieve brillante en la mañana o a una corriente de aire frio, pues, como se dice comúnmente en árabe '*l-saqa' yahriq*, el hielo quema (véase nota al Sal 121, 6).

Este salmo consta de un saludo, Sal 134, 1-2, y de la contestación al mismo. El saludo está dirigido a los sacerdotes y levitas que hacen la guardia de noche en el templo. Este pequeño salmo antifonal ha sido colocado de un modo muy apropiado en la conclusión de la colección de los Salmos Graduales, de manera que al final de ellos aparezca una bendición o *Beraká* más alta. En ese sentido, Lutero dice que este salmo es un *epiphonema superiorum* (un resumen y conclusión de los anteriores). Es un final apropiado de los salmos graduales.

134, 1-2. El salmo comienza como el anterior con הִנֵּה, dirigiendo así la atención a un fenómeno atractivo, a un deber de los sacerdotes, que deriva de su mismo oficio. Este salmo no se dirige a las personas que frecuentan el templo, sin vivir allí, por el hecho de que esas personas no podían quedarse de noche en el santuario, a no ser que fuera por alguna excepción particular.

Por otra parte, la palabra עמד (cf. הָעֹמְדִים בְּבֵית־יְהֹוָה, los que habitáis en la casa de Yahvé) se aplica al servicio de los sacerdotes y levitas (cf. Dt 10, 8; 18, 7; 1 Cron 23, 30; 2 Cron 29, 11, *Coment.* a Is 61, 10 y Sal 110, 4), que continuaba y se realizaba también en la noche (cf. 1 Cron 9, 33). Incluso el Targum, al Sal 134, 1, alude a la vela en el templo de noche.

En el Segundo Templo, después de la media noche los jefes de los guardianes de las puertas tomaban las llaves de la parte interior del templo y salían con algunos de los sacerdotes a través del postigo de la puerta del fuego (המוקד בית שער). Esta patrulla se dividía después en dos compañías, encabezadas por una antorcha ardiente. Una compañía se volvía hacia el oeste, otra hacia el este y rodeaban el patio para observar si todo estaba en orden para el servicio del día siguiente.

En la cámara de los panaderos, donde se horneaba o cocía la ofrenda (*minchá*) del sumo sacerdote (הביתין עשי לשכת), ellos se encontraban de nuevo y gritaban "todo está bien". Durante ese tiempo, el resto de los sacerdotes salían también del templo, se bañaban y se vestían con sus vestiduras. Entonces iban a la Cámara de Piedra (una parte de la cual era el lugar de sesiones del Sanedrín), donde, bajo la superintendencia del encargado de distribuir los trabajos y del juez, en torno al cual estaban de pie todos los sacerdotes, con sus vestiduras de oficio, se asignaban a suerte las funciones sacerdotales del siguiente día (Lc 1, 9).

Tholuck y Köster toman Sal 134, 1. 3 como antífonas de los vigilantes del templo, de los que habían terminado la función del día anterior y de los que debían asumir las funciones del día siguiente. Esos versos podían tomarse también como llamada y respuesta con la que los vigilantes se saludaban unos a otros al encontrarse. Pero, conforme a una visión más cuidadosa del tema, este salmo ha de entenderse como llamada (invitación) a la devoción e intercesión, dentro del templo, una llamada que la congregación en conjunto dirige a los sacerdotes y levitas encargados de realizar los servicios nocturnos del templo.

Es un error suponer que "por las noches" (בַּלֵּילוֹת) tiene el mismo sentido de temprano en la tarde. Ciertamente, si el salterio contiene salmos de la mañana (Sal 3, 1-8; Sal 63, 1-11) y salmos de la tarde (Sal 4, 1-8; Sal 141, 1-10) ¿por qué no puede contener también un salmo de vigilia o por la noche? Teniendo esto en cuenta no tiene sentido acudir a la idea de Venema, según el cual בַּלֵּילוֹת es una forma sincopada de בְּהַלֵּילוֹת, con el sentido de alabanzas de la noche.

Dejando a un lado otras interpretaciones, debemos afirmar que es totalmente natural entender al pie de la letra la invitación con la que se abre este salmo: בָּרְכוּ (cf. בָּרְכוּ אֶת־יְהוָה כָּל־עַבְדֵי יְהוָה), bendecid a Yahvé todos los siervos de Yahvé), dado que una parte de los servidores de Dios que ejercían su ministerio en el templo tenían que permanecer allí en la noche, como vigilantes, para que no pasara nada extraño en ese tiempo, y para que al día siguiente estuviera todo preparado para los nuevos servicios del día.

La finalidad de este salmo es la de combinar ese ministerio de vigilancia con la oración y la plegaria (cf. 134, 2). Esos servidores del templo en la noche tienen que elevar sus manos suplicantes (con ידכם, en vez de ידיכם, quizá por negligencia del copista) ante el lugar más santo, el Santo de los Santos (τὰ ἅγια), bendiciendo a Yahvé. La palabra קדֹשׁ (que según *B. Sota* 39a, es acusativo de definición, en estado de pureza, tras haberse lavado las manos), conforme a los paralelos de Sal 28, 2; Sal 5, 8; Sal 138, 2 (cf. רום en Hab 3, 10), ha de tomarse como un acusativo de dirección.

134, 3. Llamando así a Dios desde la colina del templo, la iglesia (la comunidad) recibe desde arriba (desde los sacerdotes que permanecen en el templo) el nuevo saludo, como respuesta de bendición. Antes era el pueblo el que saludaba a los sacerdotes, ahora son los sacerdotes los que saludan y bendicen al pueblo, *diciendo que Dios os bendiga desde Sión* (como en el Sal 128, 5).

Dios es el creador del cielo y de la tierra, como en Sal 115, 15; Sal 121, 2; Sal 124, 8. Desde el tiempo en que se formula la bendición de Num 6, 24: יְבָרֶכְךָ יְהוָה, la frase *que Yahvé te bendiga* es la forma principal de la bendición sacerdotal. Está dirigida a la iglesia como si fuera una solo persona, y a cada individuo en su individualidad, como expresión de toda la iglesia.

Salmo 135. Aleluya a cuatro voces: Dios de Israel, Dios de los dioses

¹ הַלְלוּ יָהּ‖ הַלְלוּ אֶת־שֵׁם יְהוָה הַלְלוּ עַבְדֵי יְהוָה:
² שֶׁעֹמְדִים בְּבֵית יְהוָה בְּחַצְרוֹת בֵּית אֱלֹהֵינוּ:
³ הַלְלוּ־יָהּ כִּי־טוֹב יְהוָה זַמְּרוּ לִשְׁמוֹ כִּי נָעִים:
⁴ כִּי־יַעֲקֹב בָּחַר לוֹ יָהּ יִשְׂרָאֵל לִסְגֻלָּתוֹ:

⁵ כִּי אֲנִי יָדַעְתִּי כִּי־גָדוֹל יְהוָה וַאֲדֹנֵינוּ מִכָּל־אֱלֹהִים׃

⁶ כֹּל אֲשֶׁר־חָפֵץ יְהוָה עָשָׂה בַּשָּׁמַיִם וּבָאָרֶץ בַּיַּמִּים וְכָל־תְּהוֹמוֹת׃

⁷ מַעֲלֶה נְשִׂאִים מִקְצֵה הָאָרֶץ בְּרָקִים לַמָּטָר עָשָׂה מוֹצֵא־רוּחַ מֵאוֹצְרוֹתָיו׃

⁸ שֶׁהִכָּה בְּכוֹרֵי מִצְרָיִם מֵאָדָם עַד־בְּהֵמָה׃

⁹ שָׁלַח אֹתוֹת וּמֹפְתִים בְּתוֹכֵכִי מִצְרָיִם בְּפַרְעֹה וּבְכָל־עֲבָדָיו׃

¹⁰ שֶׁהִכָּה גּוֹיִם רַבִּים וְהָרַג מְלָכִים עֲצוּמִים׃

¹¹ לְסִיחוֹן מֶלֶךְ הָאֱמֹרִי וּלְעוֹג מֶלֶךְ הַבָּשָׁן וּלְכֹל מַמְלְכוֹת כְּנָעַן׃

¹² וְנָתַן אַרְצָם נַחֲלָה נַחֲלָה לְיִשְׂרָאֵל עַמּוֹ׃

¹³ יְהוָה שִׁמְךָ לְעוֹלָם יְהוָה זִכְרְךָ לְדֹר־וָדֹר׃

¹⁴ כִּי־יָדִין יְהוָה עַמּוֹ וְעַל־עֲבָדָיו יִתְנֶחָם׃

¹⁵ עֲצַבֵּי הַגּוֹיִם כֶּסֶף וְזָהָב מַעֲשֵׂה יְדֵי אָדָם׃

¹⁶ פֶּה־לָהֶם וְלֹא יְדַבֵּרוּ עֵינַיִם לָהֶם וְלֹא יִרְאוּ׃

¹⁷ אָזְנַיִם לָהֶם וְלֹא יַאֲזִינוּ אַף אֵין־יֶשׁ־רוּחַ בְּפִיהֶם׃

¹⁸ כְּמוֹהֶם יִהְיוּ עֹשֵׂיהֶם כֹּל אֲשֶׁר־בֹּטֵחַ בָּהֶם׃

¹⁹ בֵּית יִשְׂרָאֵל בָּרֲכוּ אֶת־יְהוָה בֵּית אַהֲרֹן בָּרֲכוּ אֶת־יְהוָה׃

²⁰ בֵּית הַלֵּוִי בָּרֲכוּ אֶת־יְהוָה יִרְאֵי יְהוָה בָּרֲכוּ אֶת־יְהוָה׃

²¹ בָּרוּךְ יְהוָה מִצִּיּוֹן שֹׁכֵן יְרוּשָׁלִָם הַלְלוּ־יָהּ׃

¹ "¡Aleluya!" ¡Alabad el nombre de Jehová! Alabadlo, siervos de Jehová,

² los que estáis en la casa de Jehová, en los atrios de la casa de nuestro Dios.

³ Alabad a Jah, porque él es bueno; cantad salmos a su nombre, porque él es benigno,

⁴ porque Jah ha escogido a Jacob para sí, a Israel por posesión suya.

⁵ Yo sé, ciertamente, que Jehová es grande,
que el Señor nuestro, mayor que todos los dioses.

⁶ Todo lo que Jehová quiere, lo hace, en los cielos y en la tierra,
en los mares y en todos los abismos.

⁷ Hace subir las nubes de los extremos de la tierra;
hace los relámpagos para la lluvia; saca de sus depósitos los vientos.

⁸ Él es quien hizo morir a los primogénitos de Egipto,
desde el hombre hasta la bestia.

⁹ Envió señales y prodigios en medio de ti, Egipto,
contra el faraón y contra todos sus siervos.

¹⁰ Destruyó a muchas naciones y mató a reyes poderosos,

¹¹ A Sehón, rey amorreo, a Og, rey de Basán, y a todos los reyes de Canaán.

¹² Y dio la tierra de ellos en heredad, en heredad a Israel su pueblo.

¹³ ¡Jehová, eterno es tu nombre; tu memoria, Jehová, de generación en generación!

¹⁴ Jehová juzgará a su pueblo y se compadecerá de sus siervos.

¹⁵ Los ídolos de las naciones son plata y oro, obra de manos de hombres.

¹⁶ Tienen boca y no hablan; tienen ojos y no ven;

¹⁷ tienen orejas y no oyen; tampoco hay aliento en sus bocas.

¹⁸ Semejantes a ellos son los que los hacen y todos los que en ellos confían.

¹⁹ Casa de Israel, ¡bendecid a Jehová! Casa de Aarón, ¡bendecid a Jehová!

²⁰ Casa de Leví, ¡bendecid a Jehová! Los que teméis a Jehová, ¡bendecid a Jehová!

²¹ Desde Sión sea bendecido Jehová, que mora en Jerusalén. ¡Aleluya!

En diversos lugares (véase Tosefta, *Pesachim*, 117a) el Sal 135 se toma como un solo salmo con el 134. En esa línea, como muestra la mutua relación entre el fin del Sal 134 y el comienzo del Sal 135, puede pensarse que este nuevo salmo (que es aleluyático) es un canto expandido a partir del salmo 134, que es más corto y está tomado a partir del Sal 115.

Este salmo tiene un estilo de mosaico, como dice el poeta latino Lucilio cuando habla de textos complejos y temas múltiples, construidos a partir de teselas o piedrecitas de mosaico tomadas de otros textos anteriores. Este Sal 135 no es el primer caso en el que encontramos este estilo de composición en forma de mosaico.

Tenemos ya un primer ejemplo de ello en el Sal 97 y el Sal 98. Estos salmos fueron compuestos de un modo especial a partir de pasajes del Deutero-Isaías. Por su parte, nuestro Sal 135 toma sus teselas (es decir, sus motivos y temas particulares) de otros textos de los libros de la Ley, los Profetas y los Salmos.

135, 1–4. El comienzo esta tomado del Sal 134; el Sal 135, 2 remite al Sal 116, 19 (cf. Sal 92, 14); y el Sal 135, 4 es un eco de Dt 7, 6. Los siervos de Yahvé a los que se dirige la invocación no son solo, como en 134, 1, los ministros oficiales del templo, sino todos aquellos que temen a Yahvé, formando así un cuerpo de creyentes, como muestra el hecho de que se encuentran en los patios del templo, donde se reúnen todos los israelitas.

La repetición triple del nombre de Yahvé al principio queda después retomada con la repetición de *Jāh* (יָהּ הַלְלוּ, cf. nota 1 al Sal 104, 35). El objeto al que se refiere נעים כי (cf. נָעִים כִּי לִשְׁמוֹ זַמְּרוּ, cantad salmos a su nombre, porque es benigno) no es *Yahvé* (Hupfeld), a quien los israelitas no se atreven a llamar נעים en el Antiguo Testamento, sino su *Nombre*, según el Sal 54, 8 (Lutero, Hitzig), o lo que responde mejor al Sal 147, 1 (cf. Prov 22, 18), la misma alabanza de su nombre (Apolinar: ἐπεὶ τόδε καλὸν ἀείδειν). Lo que es hermoso y deleitoso es la alabanza del nombre de Yahvé, pues esta es la función más importante de Israel, como pueblo al que Dios ha escogido como posesión suya.

135, 5–7. La alabanza en sí comienza ahora. El כי había establecido la razón para este deber agradable de alabar a Yahvé, y así lo retoma el כי con el que comienza esta estrofa (135, 5: כִּי אֲנִי יָדַעְתִּי כִּי־גָדוֹל יְהוָה, porque yo sé que Yahvé es grande), que confirma la razón para alabar a Yahvé a partir de materiales existentes de la tradición anterior. Yahvé es digno de ser alabado, porque el salmista sabe que el Dios que le ha elegido es el Dios de los dioses.

El comienzo está tomado de Sal 115, 3. 7 y de Jer 10, 13 (cf. Sal 51, 16). El cielo, la tierra y el agua son los tres reinos de las cosas creadas, como en Ex 20, 4. נשיא significa lo que es elevado, lo que está en lo alto, y aquí, como en Jeremías, una nube. El significado de בְּרָקִים לַמָּטָר עָשָׂה no es "convierte los rayos en lluvia" (hace que las nubes se conviertan en agua) lo que es antinatural, sino que puede traducirse de dos formas: (a) en la línea de Zac 10, 1: "Él produce rayos a fin de que haya lluvia", es decir, a fin de que pueda descender la lluvia a consecuencia de los relámpagos y truenos; (b) o poéticamente: "Él hace rayos para la lluvia", para anunciar así la lluvia (Apolinar) y para acompañarla.

La palabra מוצא (cf. Sal 78, 16; Sal 105, 43) aparece aquí como participio *hifil* (cf. מוֹצֵא־רוּחַ מֵאוֹצְרוֹתָיו, hace salir a los vientos de sus depósitos) en plural como מחצרים, מחלמים, y מעזרים, quizá bajo la influencia de ויוצא en Jeremías, porque no se trata de מוצא de מצא que significa "produciendo", sino de מוֹצִיא igual a מפיק. La metáfora de los "depósitos", como lugar de tesoros es como la de Job 38, 22. Lo que aquí se quiere poner de relieve es la plenitud del poder divino, que es el fundamento del origen y de los impulsos de todas las cosas de la naturaleza.

135, 8–14. 135, 8-9. Digno es Dios de ser alabado, porque él es el que ha redimido a Israel de Egipto. בתוככי como en el Sal 116, 19, cf. Sal 105, 27. 135, 10-12. Digno es Yahvé de ser alabado porque él es el que ha conquistado la tierra de la promesa, un motivo que está vinculado a Dt 4, 38; 7, 1; 11, 23; Jos 23, 9. La expresión שֶׁהִכָּה גּוֹיִם רַבִּים no significa destruyó a muchos pueblos, sino a pueblos grandes (cf. גדלים en el Sal 136, 17), porque la palabra paralela, עצומים, no se refiere en modo alguno a un número de gentes que puede ser numerosa, sino a un poder que es grande (cf. Is 53, 12).

Por lo demás, el texto sigue al libro del Deuteronomio, cf. וּלְכֹל מַמְלְכוֹת כְּנָעַן, *y a todos los reyes de Canaán*, como en Dt 3, 21, y también נחלה נתן como en Dt 4, 38, con otras frases semejantes. Todo es deuteronómico en esta parte del salmo, con excepción del uso de la שׁ de relativo (formación arameizante) y la ל (cf. Sal 135, 11) como nota de acusativo (como en el Sal 136, 19, cf. Sal 69, 6; Sal 116, 16; Sal 129, 3).

La construcción de הרג (cf. וְהָרַג מְלָכִים עֲצוּמִים, y mató a reyes poderosos) es arameizante como en Job 5, 2; 2 Sam 3, 30 (donde 2 Sam 3, 31 y 2 Sam 3, 36-37 son añadidos explicativos). El verbo הרג alternando con הכה, en referencia a los dos reyes, se aplica también a los dos reinos de Canaán, es decir, a sus habitantes. Og aparece también como rey amorrreo en Dt 3,8.

El verso 135, dice que este Dios que gobierna de manera tan admirable en el universo y en la historia de Israel es el mismo, ayer, hoy y para siempre. Así como en el Sal 135, 13 (cf. Sal 102, 13) este motivo está tomado de Ex 3, 15, así como el Sal 135, 14 proviene de Dt 32, 36, cf. Sal 90, 13. Cf. también *Coment.* a Hebr 10, 30-31.

135, 15-18. Para bien de su iglesia, sometida a la prueba, Dios se manifiesta a sí mismo como el Dios viviente, mientras que los ídolos y sus adoradores son "vanos" (no tienen consistencia), un tema que aparece ya en Sal 115, 4-8, retomado aquí, aunque con algunas reducciones. La palabra אף (cf. אַף אֶין־יֵשׁ־רוּחַ בְּפִיהֶם, tampoco hay aliento en sus bocas), utilizada aquí como partícula, nos recuerda lo que dice el Sal 115 del órgano del olfato (también con אף), pues los ídolos no huelen, un tema que puede compararse con el aliento, רוּח (aquí como en Jer 10, 14), porque se afirma que los ídolos no respiran (cf. הריח).

El texto ha de traducirse, según eso, de esta forma: no hay en los ídolos aliento, en modo alguno, ni rastro de ello en sus bocas. La expresión es distinta en 1 Sam 21, 9, donde la expresión יֵשׁ אִין (no אִין por aislado) es equivalente al arameo אִית אִין: ¿acaso hay? (*num/an est*), en interrogativo. En hebreo del norte de Palestina אִין es equivalente al interrogativo אם (y por eso el Targum traduce אִית אִלוּ).

135, 19-21. Es una llamada a la alabanza de Yahvé, que está por encima de los dioses de las naciones, una llamada dirigida a Israel como un todo, que sirve para redondear y culminar el sentido de conjunto del salmo, retomando el tema del principio. La triple llamada de Sal 115, 9-11 y Sal 118, 2-4, se repite aquí cuatro veces (pues junto a Israel, Aarón y los que temen al Señor se añaden los levitas), y la llamada a la bendición de 134, 3 se convierte aquí en referencia a los que tienen que alabar.

Siendo el lugar donde Yahvé da testimonio de sí mismo en poder y en ternura amante, Israel viene a presentarse aquí también como el lugar desde donde ese testimonio de Dios se extiende a todo el mundo por boca de los hombres (Israel, temerosos de Dios, sacerdotes y levitas). De esa forma se cumple el sentido de la historia.

Salmo 136. Dad gracias al Señor porque es bueno

¹ הוֹדוּ לַיהוָה כִּי־טוֹב כִּי לְעוֹלָם חַסְדּוֹ׃
² הוֹדוּ לֵאלֹהֵי הָאֱלֹהִים כִּי לְעוֹלָם חַסְדּוֹ׃
³ הוֹדוּ לַאֲדֹנֵי הָאֲדֹנִים כִּי לְעֹלָם חַסְדּוֹ׃
⁴ לְעֹשֵׂה נִפְלָאוֹת גְּדֹלוֹת לְבַדּוֹ כִּי לְעוֹלָם חַסְדּוֹ׃

⁵ לְעֹשֵׂה הַשָּׁמַיִם בִּתְבוּנָה כִּי לְעוֹלָם חַסְדּוֹ׃

⁶ לְרֹקַע הָאָרֶץ עַל־הַמָּיִם כִּי לְעוֹלָם חַסְדּוֹ׃

⁷ לְעֹשֵׂה אוֹרִים גְּדֹלִים כִּי לְעוֹלָם חַסְדּוֹ׃

⁸ אֶת־הַשֶּׁמֶשׁ לְמֶמְשֶׁלֶת בַּיּוֹם כִּי לְעוֹלָם חַסְדּוֹ׃

⁹ אֶת־הַיָּרֵחַ וְכוֹכָבִים לְמֶמְשְׁלוֹת בַּלָּיְלָה כִּי לְעוֹלָם חַסְדּוֹ׃

¹⁰ לְמַכֵּה מִצְרַיִם בִּבְכוֹרֵיהֶם כִּי לְעוֹלָם חַסְדּוֹ׃

¹¹ וַיּוֹצֵא יִשְׂרָאֵל מִתּוֹכָם כִּי לְעוֹלָם חַסְדּוֹ׃

¹² בְּיָד חֲזָקָה וּבִזְרוֹעַ נְטוּיָה כִּי לְעוֹלָם חַסְדּוֹ׃

¹³ לְגֹזֵר יַם־סוּף לִגְזָרִים כִּי לְעוֹלָם חַסְדּוֹ׃

¹⁴ וְהֶעֱבִיר יִשְׂרָאֵל בְּתוֹכוֹ כִּי לְעוֹלָם חַסְדּוֹ׃

¹⁵ וְנִעֵר פַּרְעֹה וְחֵילוֹ בְיַם־סוּף כִּי לְעוֹלָם חַסְדּוֹ׃

¹⁶ לְמוֹלִיךְ עַמּוֹ בַּמִּדְבָּר כִּי לְעוֹלָם חַסְדּוֹ׃

¹⁷ לְמַכֵּה מְלָכִים גְּדֹלִים כִּי לְעוֹלָם חַסְדּוֹ׃

¹⁸ וַיַּהֲרֹג מְלָכִים אַדִּירִים כִּי לְעוֹלָם חַסְדּוֹ׃

¹⁹ לְסִיחוֹן מֶלֶךְ הָאֱמֹרִי כִּי לְעוֹלָם חַסְדּוֹ׃

²⁰ וּלְעוֹג מֶלֶךְ הַבָּשָׁן כִּי לְעוֹלָם חַסְדּוֹ׃

²¹ וְנָתַן אַרְצָם לְנַחֲלָה כִּי לְעוֹלָם חַסְדּוֹ׃

²² נַחֲלָה לְיִשְׂרָאֵל עַבְדּוֹ כִּי לְעוֹלָם חַסְדּוֹ׃

²³ שֶׁבְּשִׁפְלֵנוּ זָכַר לָנוּ כִּי לְעוֹלָם חַסְדּוֹ׃

²⁴ וַיִּפְרְקֵנוּ מִצָּרֵינוּ כִּי לְעוֹלָם חַסְדּוֹ׃

²⁵ נֹתֵן לֶחֶם לְכָל־בָּשָׂר כִּי לְעוֹלָם חַסְדּוֹ׃

²⁶ הוֹדוּ לְאֵל הַשָּׁמָיִם כִּי לְעוֹלָם חַסְדּוֹ׃

¹ Alabad a Jehová, porque él es bueno, porque para siempre es su misericordia.

² Alabad al Dios de los dioses, porque para siempre es su misericordia.

³ Alabad al Señor de los señores, porque para siempre es su misericordia,

⁴ al único que hace grandes maravillas, porque para siempre es su misericordia;

⁵ al que hizo los cielos con entendimiento, porque para siempre es su misericordia;

⁶ al que extendió la tierra sobre las aguas, porque para siempre es su misericordia;

⁷ al que hizo las grandes lumbreras, porque para siempre es su misericordia,

⁸ el sol para que señoree en el día, porque para siempre es su misericordia;

⁹ la luna y las estrellas para que señoreen en la noche,
porque para siempre es su misericordia.

¹⁰ Al que hirió a Egipto en sus primogénitos, porque para siempre es su misericordia.

¹¹ Al que sacó a Israel de en medio de ellos, porque para siempre es su misericordia,

¹² con mano fuerte y brazo extendido, porque para siempre es su misericordia.

¹³ Al que dividió el Mar Rojo en partes, porque para siempre es su misericordia;

¹⁴ e hizo pasar a Israel por en medio de él, porque para siempre es su misericordia;

¹⁵ y arrojó al faraón y a su ejército en el Mar Rojo,

porque para siempre es su misericordia.

[16] Al que pastoreó a su pueblo por el desierto, porque para siempre es su misericordia.

[17] Al que hirió a grandes reyes, porque para siempre es su misericordia;

[18] y mató a reyes poderosos, porque para siempre es su misericordia;

[19] a Sehón, rey amorreo, porque para siempre es su misericordia,

[20] y a Og, rey de Basán, porque para siempre es su misericordia.

[21] Y dio la tierra de ellos en heredad, porque para siempre es su misericordia.

[22] En heredad a Israel su siervo, porque para siempre es su misericordia.

[23] Al que en nuestro abatimiento se acordó de nosotros,
porque para siempre es su misericordia;

[24] y nos rescató de nuestros enemigos, porque para siempre es su misericordia.

[25] Al que da alimento a todo ser viviente, porque para siempre es su misericordia.

[26] ¡Alabad al Dios de los cielos, porque para siempre es su misericordia!

Al Sal 135, 3 (alabad a Jah, porque Yahvé es Bueno) sigue ahora este salmo *Hodu* (cf. הוֹדוּ לַיהוָה כִּי־טוֹב, alabad a Yahvé porque es bueno), el último de la colección, diciendo "alabad a Yahvé porque su bondad dura por siempre" (כִּי לְעוֹלָם חַסְדּוֹ), un tema que se repite 25 veces como verso intercalar. En lenguaje litúrgico este salmo se llama el *Gran Hallel* por antonomasia, pues conforme a su mayor extensión el Gran Hallel comprende los Sal 120-136[36], mientras que el Hallel estrictamente dicho está formado por los salmos que van del 113 al 118 (a los que se puede añadir el 136).

Este Sal 136 aparece en forma de contraste entre canto y contra canto, organizados en forma de grupos de Hexa-esticos o estrofas que, sin embargo, a partir de 136, 19, es decir, desde el momento en que la dependencia respecto del Sal 135 (que había comenzado ya en 136, 17) se convierte casi en simple préstamo o copia literal, de manera que de los Hexa-esticos se pasa a los octo-esticos. En el Salterio de Heidenheim este salmo aparece editado (como en Norzi) en dos columnas (como Dt 32); ciertamente, esta disposición no se apoya en la tradición (cf. Sal 18) ni cuenta con el testimonio de los MSS, pero realmente corresponde a la estructura del texto.

136, 1-9. Como el salmo anterior, este se funda también en el Deuteronomio. El Sal 136, 2-3 (con Dios de los dioses y Señor de los señores) depende de Dt 10, 17. Por su parte, el Sal 136, 12 (con mano fuerte y brazo extendido) viene de Dt 4, 34; Dt 5, 15, *passim* (cf. Jer 32, 21). El Sal 136, 16 retoma el motivo de Dt

---

36. En el Talmud y el Midrash hay tres opiniones sobre el Gran Hallel: (1) Sal 136; (2) Sal 135-136; (3) Sal 120-136.

8, 15 (cf. Jer 2, 6). Con referencia al colorido deuteronómico de Sal 136, 19-22, véase *Coment.* a Sal 135, 10-12. La expresión "Israel su siervo" va en la línea de Dt 32, 36 (cf. Sal 135, 14; Sal 90, 13), y aún más en la de Is 40, 1ss, donde se pone de relieve la comprensión de Israel con este nombre, a partir de esta experiencia.

En otros aspectos este salmo es también un eco de modelos anteriores. Así la expresión en la que se dice que "solo Dios hace grandes maravillas" (cf. Sal 72, 18; Sal 86, 10). El adjetivo "grande", añadido a "maravillas" muestra que el poeta ha encontrado ya esa fórmula anteriormente. En conexión con el Sal 136, 5 se puede apelar a Prov 3, 19 o Jer 10, 12.

La palabra תבונה (cf. לְעֹשֵׂה הַשָּׁמַיִם בִּתְבוּנָה, el que hizo los cielos con entendimiento), lo mismo que חכמה, sabiduría, está evocando una visión demiúrgica de la sabiduría. El Sal 136, 6 recuerda a Is 42, 5 e Is 44, 24. La expresión "sobre las aguas" (como en el Sal 34, 2, "sobre los mares") se emplea porque el agua es parcialmente visible y parcialmente invisible, cf. לָאָרֶץ מִתַּחַת (Ex 20, 4).

El plural אורים, luces, en vez de מארות, luminarias (cf. Ez 32, 8, אוֹר מְאוֹרֵי), no tiene precedentes. Se discute si אורת en Is 26, 19 significa luces (cf. אוֹרָה, Sal 139, 12) o hierbas (2 Rey 4, 39). El plural ממשלות es también raro (solo aparece aquí y en el Sal 114, 2), e indica, por un lado, el dominio de la luna y, por otro, de las estrellas (cf. Gen 1, 16). בלילה, como ביום, es el segundo miembro del constructo.

136, 10-26. Hasta aquí, el salmo habla de Dios en absoluto, como creador de todas las cosas, el Dios a quien han de alabar todos los seres. A partir de aquí, el salmo nos sitúa ante la historia de la salvación. En el Sal 136, 13, el verbo גזר (que aparece en vez de בקע, cf. Sal 78, 13; Ex 14, 21; Neh 9, 11) evoca la división de las aguas del Mar Rojo. Por su parte, גזרים (Gen 15, 17, en paralelo con בתרים) son las piezas o partes en las que se divide una cosa. נער es una palabra favorita de este salmo, tomada de Ex 14, 27.

Por lo que se refiere al nombre del gobernante egipcio o Faraón, debemos recordar que también Heródoto en II, 111, llama al Faraón del tiempo del Exilio, hijo de Sesostris-Rameses, Miumun, no Μενόφθας, como él se llamaba, sino, de un modo absoluto, Φερῶν (véase *Coment.* a Sal 73, 22). Después que al Dios a quien se dirige la alabanza se le presenta con la *lamed* (ל) para evocar sus atributos, resulta extraño que se utilice también la misma ל delante de los nombres de Sehón y Og.

Las palabras de esos versos (como las seis líneas de Sal 136, 17-22) están tomadas básicamente de Sal 135, 10-12, solo con una ligera alteración en la forma en que se expresan. En el Sal 136, 23 termina el influjo continuado de la construcción ל הודו. De todas formas, la conexión por medio de שׁ (cf. שֶׁבְּשִׁפְלֵנוּ זָכַר לָנוּ כִּי, al que en nuestro abatimiento se acordó de nosotros, cf. Sal 135, 8; Sal 135, 10), se refiere de esa forma a lo anterior (כִּי לְעוֹלָם חַסְדּוֹ, porque su misericordia dura para siempre).

El lenguaje lleva aquí el sello del último período del A. T. Ciertamente, זכר con *lamed* de objeto se utiliza ya en el hebreo más antiguo, pero la palabra שפל solo aparece en Ecl 10, 6, igual que פרק (cf. וַיִּפְרְקֵנוּ מִצָּרֵינוּ, y nos liberó de nuestros enemigos). Esa palabra, que significa soltarse, se emplea en general en arameo, con el sentido de redención, lo mismo que en Lam 5, 8, situándonos así en los tiempos finales de la Biblia Hebrea.

En esa línea, la fórmula אֵל הַשָּׁמַיִם, Dios del Cielo, del último verso (136, 26), pertenece también a la literatura del tiempo final del A. T., y así aparece en Neh 1, 4 y 2, 4. Además, el atributo divino de 136, 25 (cf. נֹתֵן לֶחֶם לְכָל־בָּשָׂר, el que da pan en tiempo de hambre, cf. Sal 147, 9; Sal 145, 15) nos hace pensar en un tiempo en que el hambre dominaba sobre los israelitas al lado de la esclavitud.

Salmo 137. Sobre los ríos de Babilonia

¹ עַל נַהֲרוֹת‬ בָּבֶל שָׁם יָשַׁבְנוּ גַּם־בָּכִינוּ בְּזָכְרֵנוּ אֶת־צִיּוֹן:

² עַל־עֲרָבִים בְּתוֹכָהּ תָּלִינוּ כִּנֹּרוֹתֵינוּ:

³ כִּי שָׁם שְׁאֵלוּנוּ שׁוֹבֵינוּ דִּבְרֵי־שִׁיר וְתוֹלָלֵינוּ שִׂמְחָה שִׁירוּ לָנוּ מִשִּׁיר צִיּוֹן:

⁴ אֵיךְ נָשִׁיר אֶת־שִׁיר־יְהוָה עַל אַדְמַת נֵכָר:

⁵ אִם־אֶשְׁכָּחֵךְ יְרוּשָׁלָ͏ִם תִּשְׁכַּח יְמִינִי:

⁶ תִּדְבַּק־לְשׁוֹנִי‬ לְחִכִּי אִם־לֹא אֶזְכְּרֵכִי אִם־לֹא אַעֲלֶה אֶת־יְרוּשָׁלַ͏ִם עַל רֹאשׁ שִׂמְחָתִי:

⁷ זְכֹר יְהוָה‬ לִבְנֵי אֱדוֹם אֵת יוֹם יְרוּשָׁלָ͏ִם הָאֹמְרִים עָרוּ‬ עָרוּ עַד הַיְסוֹד בָּהּ:

⁸ בַּת־בָּבֶל הַשְּׁדוּדָה אַשְׁרֵי שֶׁיְשַׁלֶּם־לָךְ אֶת־גְּמוּלֵךְ שֶׁגָּמַלְתְּ לָנוּ:

⁹ אַשְׁרֵי‬ שֶׁיֹּאחֵז וְנִפֵּץ אֶת־עֹלָלַיִךְ אֶל־הַסָּלַע:

¹ Junto a los ríos de Babilonia, allí nos sentábamos y llorábamos acordándonos de Sión.

² Sobre los sauces, en medio de ella, colgamos nuestras arpas.

³ Y los que nos habían llevado cautivos nos pedían cánticos,
los que nos habían desolado nos pedían alegría, diciendo,
"Cantadnos algunos de los cánticos de Sión".

⁴ ¿Cómo cantaremos un cántico de Jehová en tierra de extraños?

⁵ Si me olvido de ti, Jerusalén, pierda mi diestra su destreza.

⁶ Mi lengua se pegue a mi paladar, si de ti no me acuerdo;
si no enaltezco a Jerusalén como preferente asunto de mi alegría.

⁷ Jehová, recuerda a los hijos de Edom cuando el día de Jerusalén decían,
"¡Arrasadla, arrasadla hasta los cimientos!".

⁸ Hija de Babilonia, la desolada,

bienaventurado el que te dé el pago de lo que tú nos hiciste.

⁹ ¡Dichoso el que tome tus niños y los estrelle contra la peña!

Al salmo *Aleluya* (Sal 135) y al *Hodu* o alabanza (Sal 136) sigue el Sal 137 donde se recuerda el tiempo de exilio, cuando no podían cantarse unos himnos tan alegres como los cantados con acompañamiento de música por los levitas en la adoración a Dios sobre el monte Sión. El encabezado Τῷ Δαυίδ (διὰ) Ιερεμίου (a David, por Jeremías) que se encuentra en algunos códices de los LXX, y en el que se quiere decir que este es un salmo davídico que surgió del corazón de Jeremías es muy falso, porque Jeremías no estuvo nunca en Babilonia con los exiliados[37].

La שׁ, que se repite tres veces en el Sal 136, 8, corresponde al tiempo de la composición del salmo, tal como se deduce en su contenido. Lo mismo sucede con la "I" paragógica (de futuro) del Sal 136, 6 (cf. אִם־לֹא אֶזְכְּרֵכִי). Pero, en otros aspectos, el lenguaje es clásico; su ritmo es al principio elevado, de tipo elegíaco, y después se vuelve más y más excitado, con abundancia de vocales y sonidos sibilantes, con rasgos muy pictóricos, de forma que apenas podrá encontrarse otro salmo que se imprima de manera más fuerte en la memoria.

Por su métrica, este salmo podría llamarse elegía, con un esquema de cesuras o separaciones que se parecen a las del libro de Lamentaciones y a las cadencias de Is 16, 9-10, cosa que tiene semejanzas en el tipo de estrofa sáfica de los griegos. Cada segundo enlace corresponde al pentámetro del ritmo elegíaco.

137, 1-6. Comenzando con perfectos, parece que el salmo no ha surgido en el tiempo del exilio, sino que está escrito en memoria del exilio. La orilla de un río, como la del mar, es un lugar favorito de descanso o lamentación para aquellos a quienes una honda tristeza ha separado de la comunicación con otros hombres, arrojándoles a su propia soledad.

La línea de separación del río ofrece una especie de respaldo seguro a su soledad. La sucesión monótona de las ondulaciones del agua mantiene en ellos viva la oscura y melancólica alternancia de pensamientos y sentimientos; pero, al mismo tiempo, la vista del agua fría y fresca ejerce un influjo suavizante en medio de la fiebre que consume sus corazones.

Los ríos de Babilonia son los del imperio babilónico, no solamente el Éufrates con sus canales, y el Tigris, sino también el Chaboras (Kebar) con el Eulaeos ('Ulai), en cuyas orillas solitarias Ezequiel (cf. Ez 1, 3) y Daniel (cf. Dan 8, 2) recibieron visiones divinas. La partícula שָׁם (cf. שָׁם יָשַׁבְנוּ גַּם־בָּכִינוּ, allí nos

---

37. En contra de eso, Ellies du Pin (en su prefacio a la *Bibliotéque des Auteurs Ecclésiastil ques*) dice: *le Psaume 136 porte le nom de David et de Jeremie, ce qu'il faut apparement entendre ainsi, Psaume de Jeremie fait l'imitation de David* (el salmo 136 lleva el nombre de David y Jeremías, cosa que, en apariencia, debe entenderse así: Salmo que Jeremías hizo imitando a David).

sentábamos y llorábamos) es aquí importante: está evocando un lugar extraño, un lugar en el que se hallaban en cautividad, bajo el dominio del poder del mundo.

Por otra parte, en este contexto se escoge la partícula גם en vez de la *waw* (ו), como para indicar que allí, al sentarse en la soledad de la ribera del río, les llegó inmediatamente el llanto. Este escenario de la naturaleza de su entorno contrastaba de manera tan fuerte con el de su tierra nativa que el recuerdo de Sión brotaba en ellos de la manera más fuerte y la pena por su alejamiento del hogar podía expresarse de un modo más libre, sin que hubiera allí ojos hostiles para observarles.

Los sauces (צפצפה) o arbustos de río son árboles pequeños asociados con el agua corriente en zonas bajas y cálidas, y se producen de un modo abundante en las llanuras del entorno de Babilonia. Pero aquí no se pone צפצפה, sino ערב (ערבה) (cf. עַל־עֲרָבִים בְּתוֹכָהּ), una palabra que parece identificarse con el árabe *grb*, que no es el sauce sin más, ni menos el sauce llorón que en árabe se dice *safsâf mustahî*, sauce inclinado, sino un tipo de *viburnum* con hojas dentadas, que ha sido descrito por Wetzstein (cf. *Coment.* a Is 44, 4).

También el Talmud distingue entre sauce más normal (*saf-saf* o *tsaph-tsapha*) y un tipo de sauce *'araba*, pero sin poder precisar la diferencia botánica que existe entre ellos. Los ערבה, cuyas ramas se emplean como *lulab* para la Fiesta de los Tabernáculos (Lev 23, 40), se aplican al sauce frágil, de tronco agrietado (Salix fragilis). Ciertamente, nuestro salmo 137 no distingue con precisión botánica el sauce al que se está refiriendo, pero quizá la palabra ערבה que emplea puede referirse en sentido extenso al sauce llorón (*Salix Babylonica*).

En las ramas de esos árboles abundantes junto a las aguas de las tierras de Babilonia, colgaban los exiliados sus cítaras. Ellos vivían en un tiempo de aflicción, que no es apropiado para la música, como dice el Eclesiástico (cf. Ecl 22, 6: μουσικὰ ἐν πένθει ἄκαιρος διήγησις). Los cantos gozosos, como los designados por la palabra שיר, no eran apropiados para aquella situación.

Así colgaron sus cítaras, pues, aunque los señores de la tierra les pedían que cantaran para divertirles con sus cantos nacionales, ellos no sentían la alegría necesaria para cantar salmos en los que resonaran las melodías de su tierra nativa. Los LXX, el Targum y el Siríaco toman תוללינו (cf. וְתוֹלָלֵינוּ שִׂמְחָה, y los que nos habían deportado nos pedían alegría...) como sinónimo de שובינו y de שוללינו, de forma que de hecho esa palabra no significa, como שולל, los despojados y cautivos, sino más bien los "despojadores", es decir, los que toman prisioneros a los otros.

Pero en arameo no existe la palabra תלל igual a שלל, de forma que ella puede tomarse más bien como un *poel* תולל (igual a התל), decepcionar, reírse de (Hitzig). De todas formas, el uso del lenguaje no está a favor de este sentido de la palabra, y además ella debe tener aquí un sentido más fuerte.

Por un lado, תולל igual a תהולל y a מהולל, Sal 102, 9, puede significar alguien que está delirando, hombre sediento de sangre, un tirano; pero también puede provenir de יָלַל, ulular, alguien que emite el grito de "ay", de venganza y sangre de los atormentadores. Este último sentido parece aquí el preferible, junto a las palabras תּוֹשָׁב y תַּלְמִיד, que se forman igualmente con la partícula performativa ת.

Conforme a su sentido, esa palabra (תּוֹלָלֵינוּ, los que nos habían desterrado) se asemeja al *hifil* הוֹלִיל, como תּוֹכֵחָה, תּוֹעֵלֶת, con הוֹעִיל y הוֹכִיחַ, con un sentido básicamente abstracto (cf. Dietrich, *Abhandlungen*, pp. 160s). דִּבְרֵי junto a שִׁיר (דִּבְרֵי־שִׁיר) se utiliza como en Sal 35, 20; 65, 4; 105, 27; 145, 5, es decir, de un modo partitivo, distinguiendo y dividiendo las formas genitivas de las especies, palabras y cantos, como partes o fragmentos del tesoro nacional de los cantares de Sión, como en מִשִּׁיר צִיּוֹן, que aparece un poco después.

En esa línea, Rosenmüller dice correctamente refiriéndose a alguno de los cantos de Sión: es un tipo de canto sagrado, de aquellos antiguos que se cantaban en Sión (*sacrum aliquod carmen ex veteribus illis suis Siónicis*). Con la expresión "canto de Sión" alterna en el Sal 137, 4 la expresión "canto de Yahvé", que en 2 Cron 29, 27 (cf. 1 Cron 25, 7) significa cantos sagrados o litúrgicos, pertenecientes a la poesía de los Salmos (y del Cantar de los Cantares). Al situarnos ante 137, 4, debemos imaginar que, respondiendo a la petición de los babilonios, los judíos de aquel tiempo dijeron las cosas que siguen, o pensaron así cuando se separaron de ellos.

El significado de la exclamación (cf. אֵיךְ נָשִׁיר אֶת־שִׁיר־יְהוָה עַל אַדְמַת נֵכָר, ¡cómo cantaremos cantos de Yahvé en tierra extranjera!) no dice que se prohíbe sin más el canto de himnos sagrados en tierra extranjera (לְאֶרֶץ חוּצָה), como algo contrario a la Ley, porque los salmos continuaron cantándose también en el exilio, siendo además enriquecidos por nuevos salmos. Lo que esa respuesta quiere decir es que los salmos cesaron durante el exilio, en la medida en que ellos debieron cesar en el culto público (o en público), retirándose a la quietud de la adoración en familia o en las casas de oración, a fin de que lo que en ellos había de santo no fuera profanado. Por otra parte, dado que el canto no podía ir acompañado, como en el templo, con trompetas de sacerdotes y música de levitas, los Salmos se volvieron más recitativos que cantados, de forma.

A través del fuerte contraste entre los tiempos presentes y los antiguos, los miembros del pueblo del exilio vinieron de hecho al conocimiento de sus pecados, de tal forma que así pudieron retomar el camino de la penitencia y el deseo de vuelta al hogar, como elementos inseparables. De un modo consecuente, todos los que abandonaron el recuerdo de Sión acabaron entregándose en manos del paganismo y fueron excluidos de la redención.

Por eso, el poeta, situándose en el contexto de los exilados, y armándose de fuerza, en contra de la tentación de apostasía y del peligro de negar a Dios, dice de un modo consecuente: si yo me olvido de ti, Jerusalén…, con תִּשְׁכַּח (cf. אִם־אֶשְׁכָּחֵךְ יְרוּשָׁלַם). Pero otros toman la palabra תִּשְׁכַּח como pronunciada por el mismo Yahvé, *si obliviscaris dexterae meae* (si te olvidaras de mi mano derecha, como en el canto de Wolfgang Dachstein, *An Wasserflüssen Babylon,* en los canales de Babilonia), pero esa forma de vincular a Yahvé con Jerusalén parece poco natural.

Otros interpretan la palabra ימיני (mi mano derecha) como sujeto, y תשכח de un modo transitivo: que se olvide mi mano derecha de cantar, *obliviscatur dextera mea,* scil. *artem psallendi* (cf. Aben-Ezra, Kimchi, Pagninus, Grotius, Hengstenberg y otros). Pero esta elipse es arbitraria y la interpolación de מני (de mí) después de ימיני (Von Ortenberg, siguiendo a Olshausen) produce una cadencia poco elegante.

Hay algunos que piensan que תשכח tiene un sentido pasivo: *oblivioni detur* (LXX, Ítala, Vulgata y Lutero), o semipasivo, *in oblivione sit* (Jerónimo). Pero la idea de que "sea olvidada mi mano derecha" resulta inapropiada y forzada. Más cerca del sentido de la frase está *obliviscatur me* (que se olvide de mí: Siríaco, Saadia y el Psalterium Romanum).

La palabra תשכח ha de tomarse de un modo reflexivo, *obliviscatur sui ipsius* (que se olvide de sí misma, que se olvide de su servicio, de lo que debería hacer: Amyraldus, Schultens, Ewald y Hitzig), lo que equivale a decir "que se vuelva manca", inútil, que pierda su destreza, que esté como dormida, como en árabe, donde la palabra *nasiya* significa ambas cosas: olvidarse de sí y que la mano quede manca (cf. Gesenius, *Thesaurus,* p. 921b).

Así traduce correctamente La Harpe: *¡O Jerusalem! si je t'oublie jamais, que ma main oublie aussi le mouvement!* (Oh Jerusalén, si yo te olvido, que mi mano también olvide el movimiento). De esa forma se corresponden entre sí el Sal 137, 5 y 137, 6: que mi lengua se pegue al paladar, si no te recuerdo, si no pongo a Jerusalén como cumbre y suma de mi alegría.

תִּדְבַּק־לְשׁוֹנִי ׀ לְחִכִּי אִם־לֹא אֶזְכְּרֵכִי (cf. אזכרכי, que se pegue mi lengua a mi paladar sino recuerdo…) lleva un *chirek* con el que estos salmos tardíos se adornan a sí mismos. Por su parte, al final de 137, 6 la palabra ראש (cf. רֹאשׁ שִׂמְחָתִי, cabeza o cumbre de mi alegría) tiene el mismo sentido que en el Sal 119, 160, *supra summam laetitiae meae* (por encima de la totalidad de mi alegría), como traduce Coccejus. Pero en ese caso se podría haber puesto על כל (por encima de la totalidad de mis alegrías).

Por eso, debemos recordar que ראש no significa aquí κεφάλαιον, sino κεφαλή, en el sentido de "si no pongo a Jerusalén sobre la cumbre de mi alegría", es decir, si no la tomo como mi alegría más alta. El sentido de la frase es: *que se me pegue la lengua al paladar si no tomo a Jerusalén como mi alegría más alta.* La alegría espiritual que el salmista siente por Jerusalén ha de brillar por encima de todas las alegrías humanas.

137, 7–9. La segunda parte del salmo pide venganza sobre Edom y Babilonia. Sabemos por la profecía de Abdías —retomada por Jeremías— que los idumeos/

edomitas, pueblo hermano de los israelitas por su ascendencia, pero que en ese momento eran enemigos de Israel, se portaron de forma vergonzosa durante la toma de Jerusalén por los caldeos, respondiendo de un modo maligno, rapaz e inhumano.

El imperativo *piel* ערו que los idumeos repiten refiriéndose a Jerusalén (cf. עָרוּ עָרוּ עַד הַיְסוֹד בָּהּ, arrasadla, arrasadla hasta los cimientos) viene de ערה (no es imperativo *kal* de ערר, que se debería vocalizar de un modo distinto). En ambos casos, la palabra (עָרוּ עָרוּ) tiene el acento en la primera sílaba, aunque debería tenerlo en la segunda. Ello se debe a que se quiere poner de relieve el carácter pausal de los términos (cf. כלו en el Sal 37, 20, y también en הסו, Neh 8, 11) y porque se quiere que las dos palabras aparezcan separadas, sin juntarse ni confundirse.

Con ese fin se introduce también un *pasek* entre las dos palabras, no solo para que se mantengan separadas, sino para que se pronuncien de un modo preciso la inicial gutural del segundo ערו (cf. Gen 26, 28; Num 35, 16). El sentido es "arrasadla, arrasadla", y הַיְסוֹד בָּהּ (¡dejadla desnuda…!), como en Hab 3, 13 (cf. גלה en Miq 1, 6), con *beth* de lugar (con respecto a ella) o con *beth* de objeto (arrasadla hasta el cimiento, hasta las bases, sin dejar una piedra sobre otra).

La imprecación del salmista pasa después de los falsos hermanos de Edom (137, 7) a Babilonia, la ciudad del poder imperial del mundo. La "hija" es la población de Babilonia a la que se le llama "la desolada" (הַשְּׁדוּדָה). Es natural que se le aplique este epíteto, como designación de sus hechos, que claman venganza. Pero en ningún caso se puede traducir "tú, la destructora" (como hacen el siríaco y el Talmud, que le llama *bozuzto* y como hace Símaco que le llama ἡ λῃστρίς, la ladrona) porque שדד no significa robar y saquear, sino hacer violencia y devastar.

Ciertamente, el texto supone que Babilonia es devastadora, pero la palabra, tal como la presenta el texto (הַשְּׁדוּדָה), no puede tener ese sentido, pues no es participio activo, sino pasivo y tiene el significado de προνενομευμένη (Aquila), *vastata* (Jerónimo), es decir, *destruida*. Es posible que pueda entenderse en sentido futuro (*vastanda*, la que ha de ser devastada), aunque en ese sentido de futuro pasivo se utilizan más bien los participios en forma *nifal* (e. g., Sal 22, 32; Sal 102, 19) y *pual* (Sal 18, 4). Por otra parte, tampoco puede significar ciudad "ya devastada", en sentido histórico, en referencia a la destrucción posterior de Babilonia, realizada por Darius Hystaspes (Hengstenberg).

Sea como fuere, el Sal 137, 7 pide a Dios que llegue la retribución, no dice en modo alguno que esa retribución ya se ha haya realizado. Para que השדודה pueda significar la devastación ya realizada, debería referirse a algo que, al menos en parte, ya había sido ejecutado. Ciertamente, se podría tratar de una representación profética del juicio futuro de devastación. Pero esta representación profética exigiría que el texto se tomara como una imprecación, pues, conforme a la imaginación semita, cuando alguien proclama una maldición el cumplimiento de esa maldición se toma como algo ya realizado.

En ese sentido se dice: "¿Has visto tú al herido/maldecido, *maḍrúb?*", es decir, a aquel a quien Dios detesta y debe herir. También se dice "persigue a quien debe ser destruido" (*ilḥak elma'chûdh*), es decir, a aquel a quien Dios permite que tú le destruyas. Los semitas pueden hablar de esa manera porque ellos anticipan en su imaginación lo que debe suceder. En esa línea, la palabra הַשְּׁדוּדָה puede tener también el sentido de *vastanda*, refiriéndose a la ciudad de Babilonia, que debe ser devastada.

Lo que el salmista desea que se le dé a (que se haga con) Babilonia es la compensación (por ley de talión) de aquello que Babilonia ha hecho con Israel, conforme a Is 47, 6. Este es el mismo "destino penal" (aplicado también a los niños) que ha predicho ya Is 13, 16-18, diciendo que esa venganza de talión ha de ser ejecutada por los enemigos medos (de Media), cuando conquisten Babilonia. Los niños pequeños (con referencia a עוֹלֵל, עוֹלָל, cf. *Coment.* a Sal 8, 3) han de ser divididos en piezas, a fin de que no pueda haber una nueva generación que eleve otra vez el dominio mundial del imperio que ha sido destruido, cf. Is 14, 21. Lo que pone esas palabras tan duras en boca del poeta es el celo de Yahvé.

> El poeta quiere que la excelencia y buena fortuna de Israel pueda ser ampliada al mundo entero; lógicamente, por esa misma razón, para que el final de buena fortuna universal pueda cumplirse, quiere que se supere (se destruya) la hostilidad del mundo presente de las naciones en contra de la iglesia de Dios. Y por eso (= para eso) tiene que destruirse Babilonia (este es el argumento de fondo de Hofmann).

Pero, dicho eso, debemos añadir que el tipo de "bendición" de este salmo no responde a la Iglesia del Nuevo Testamento. En el A. T., la iglesia como tal se expresaba y realizaba a través de una nación, y por eso, el deseo de la revelación de la justicia divina quedaba también revestido y realizado con rasgos de tipo militar, guerrero. En el N. T., la iglesia no se expresa y realiza a través de una nación.

Salmo 138. Mediador y perfeccionador

¹ לְדָוִד ׀ אוֹדְךָ בְכָל־לִבִּי נֶגֶד אֱלֹהִים אֲזַמְּרֶךָּ׃
² אֶשְׁתַּחֲוֶה אֶל־הֵיכַל קָדְשְׁךָ וְאוֹדֶה אֶת־שְׁמֶךָ עַל־חַסְדְּךָ
וְעַל־אֲמִתֶּךָ כִּי־הִגְדַּלְתָּ עַל־כָּל־שִׁמְךָ אִמְרָתֶךָ׃
³ בְּיוֹם קָרָאתִי וַתַּעֲנֵנִי תַּרְהִבֵנִי בְנַפְשִׁי עֹז׃
⁴ יוֹדוּךָ יְהוָה כָּל־מַלְכֵי־אָרֶץ כִּי שָׁמְעוּ אִמְרֵי־פִיךָ׃
⁵ וְיָשִׁירוּ בְּדַרְכֵי יְהוָה כִּי גָדוֹל כְּבוֹד יְהוָה׃
⁶ כִּי־רָם יְהוָה וְשָׁפָל יִרְאֶה וְגָבֹהַּ מִמֶּרְחָק יְיֵדָע׃
⁷ אִם־אֵלֵךְ ׀ בְּקֶרֶב צָרָה תְּחַיֵּנִי עַל אַף אֹיְבַי תִּשְׁלַח יָדֶךָ וְתוֹשִׁיעֵנִי יְמִינֶךָ׃
⁸ יְהוָה יִגְמֹר בַּעֲדִי יְהוָה חַסְדְּךָ לְעוֹלָם מַעֲשֵׂי יָדֶיךָ אַל־תֶּרֶף׃

<Salmo de David>

¹ Te alabaré con todo mi corazón; delante de los dioses te cantaré salmos.
² Me postraré hacia tu santo templo y alabaré tu nombre
por tu misericordia y tu fidelidad,
porque has engrandecido tu nombre y tu palabra sobre todas las cosas.

³ El día que clamé, me respondiste; fortaleciste el vigor de mi alma.
⁴ Te alabarán, Jehová, todos los reyes de la tierra,
porque han oído los dichos de tu boca.
⁵ Cantarán en los caminos de Jehová: porque la gloria de Jehová es grande,
⁶ porque Jehová es excelso, y atiende al humilde, pero al altivo mira de lejos.

⁷ Cuando camino en medio de la angustia, tú me vivificas;
contra la ira de mis enemigos extiendes tu mano y me salva tu diestra.
⁸ Jehová cumplirá su propósito en mí. Tu misericordia,
Jehová, es para siempre ¡no desampares la obra de tus manos!

Vendrá un tiempo en el que la alabanza a Yahvé —que según el Sal 137, 3, tenía que mantenerse en silencio en presencia de los paganos— será cantada según el Sal 138, 5 por los mismos reyes paganos. En la LXX, junto a la inscripción τῷ Δαυίδ, el Sal 137 llevaba también la inscripción "de Jeremías, Ἰερεμίου"; pues bien, en la inscripción del Sal 138 se añade Ἀγγαίου καὶ Ζαχαρίου (de Hageo y Zacarías).

Quizá esas afirmaciones quieren referirse al hecho de que esos salmos han sido compuestos por los profetas citados (véase Köhler, *Haggai*, p. 33). Dado el hecho de que no hay en la LXX ningún salmo atribuido a Malaquías, esto podría deberse a que, conforme a la visión de los LXX, la colección de los salmos se completó en un tiempo anterior, vinculado a la memoria de Malaquías.

Siguiendo la alta expectación expresada en 138, 4, el autor de este salmo tiene que ser un rey y, según la inscripción ya citada, no puede ser otro que David. Sin embargo, no hay en el salmo nada que nos permita atribuirlo directamente a David. De todas formas, desde una perspectiva de conjunto de los salmos davídicos, compuestos como si estuvieran inspirados por el alma de David, ese Sal 138 podría ser un eco del tema de fondo que se expone en 2 Sam 7 (1 Cron 17).

Este salmo asume y glorifica la promesa según la cual el trono de David y su descendencia tendrán una duración eterna. Siguiendo a Hengstenberg, podríamos suponer que su argumento responde a la alta conciencia a la que David fue elevado cuando, tras haber vencido numerosas batallas, atribuyó a Dios la gloria de ellas y decidió edificarle un templo, en lugar de la tienda que había elevado para él en Sión.

138, 1-2. El poeta da gracias a aquel a quien se refiere sin mencionar su nombre, pero destacando su misericordia, es decir, su amor que se anticipa a los hombres, de un modo condescendiente, y destacando también su verdad, es decir, su veracidad y su fidelidad, esto es, por haber magnificado la promesa vinculada a su nombre, es decir, aquella que sobrepasa todas las promesas establecidas en tiempos anteriores, elevando un Nombre y Memorial más alto para sí mismo.

En el caso de que esa promesa superior sea aquella que fue proclamada por boca de Natán (2 Sam 7) entonces podemos comparar Sal 138, 1-2 con la palabra de 2 Sam 7, 21, en la que se repiten las palabras גדל, גדול, גדלה, (que indican grandeza) como un eco que viene del corazón de la historia de David.

Pues bien, en esa línea, las palabras del Sal 138, 2 (כִּי־הִגְדַּלְתָּ עַל־כָּל־שִׁמְךָ, porque has engrandecido tu nombre sobre todo) pueden entenderse como expresión y actualización de aquella promesa, que constituye uno de los puntos centrales y de las transformaciones más importantes de la historia de la salvación. En esa línea pueden proponerse tres traducciones, partiendo de נֶגֶד אֱלֹהִים, delante de *Elohim*, conforme al sentido que demos a esa palabra:

– La palabra Elohim pueden incluir a dioses y ángeles, pero aquí puede y quizá debe referirse al Dios universal. En ese se sentido אֱלֹהִים אֲזַמְּרֶךָּ נֶגֶד debería traducirse "ante Elohim", es decir: *delante de Dios, oh Dios, te cantare*. Así traduce Ewald: "en la presencia de Dios", que probablemente es "en el santo lugar", esto es, en el templo (De Wette, Olshausen) te cantaré... Pero esta expresión "delante de Dios" (o en el templo de Dios) cantaré himnos para ti resulta poco clara.

– Los LXX traducen ἐναντίον ἀγγέλων, delante de los ángeles, identificando así a los Elohim (en plural) con los ángeles. Sin duda, esta traducción es admisible y está llena de sentido, pero no parece coherente dentro de este salmo, donde la introducción de los ángeles rompe el sentido del conjunto. Por otra parte, y además es muy cuestionable que en el lenguaje del Antiguo Testamento אלהים pueda traducirse así, en plural, sin más, como *los ángeles*, a no ser que haya una palabra que nos permita entender en ese sentido el nombre אלהים, que puede significar Dios o dioses.

– El texto puede traducirse también, quizá con más precisión, "en presencia de los dioses", es decir, de los dioses de los pueblos (Hengstenberg, Hupfeld y Hitzig). Pero a fin de aplicar este pasaje a dioses que solo aparentemente son tales haría falta algún tipo de añadido. Allí donde se dice אלהים, sin ningún añadido, esa palabra está refiriéndose a un tipo de autoridades o personas que tienen rasgos que podemos llamar "divinos". El sentido de la palabra debe quedar claro por el contexto, como sucede en el Sal 82, 1 (cf. Sal 45, 7), a pesar de lo que piensan Knobel, Graf y Hupfeld. En esa línea entendemos aquí el texto (cf. מלכים נגד en el Sal 119, 46), y lo hacemos con Rashi, Aben-Ezra, Kimchi, Falminius, Bucero, Clericus y otros.

Esos "dioses" o *elohim* son los grandes (los poderosos) que existen en la tierra (cf. 2 Sam 7, 9), entre los que David se incluye, pues habiendo llegado a ser rey desde su condición anterior de pastor, él ha venido a situarse entre los reyes, e incluso por encima de ellos, porque ha recibido la promesa del reino eterno. Ante esos "dioses" (señores) de la tierra quiere alabar David al Dios de la promesa. Ellos deberán oír la palabra más alta de Yahvé, quedando por ello confundidos y avergonzados, pero de forma salvadora, rindiendo homenaje al Dios que ha hecho a él (David) el más grande de los reyes de la tierra (Sal 89, 28).

138, 3-6. Hay dos cosas por las cuales el poeta da gracias a Dios: (a) porque le ha respondido en los días de sufrimiento, cuando estaba siendo perseguido por Saúl, y en todas sus demás aflicciones; (b) porque le ha respondido elevándole al trono, y concediéndole victoria tras victoria, prometiéndole la posesión del trono para siempre, llenándole de gran valentía y concediéndole pensamientos elevados, que han llenado su alma, antes dominada de temor, porque pensaba que no tendría ayuda alguna.

En ese fondo se entiende la frase תַּרְהִבֵנִי בְנַפְשִׁי עֹז, fortaleciste con vigor mi alma. La palabra רהב significa impetuosidad, vehemencia y también un "monstruo", de forma que הרהיב puede tomar dos sentidos: (a) apoderarse de uno con violencia, imponiéndose sobre él (cf. Cant 6, 5; cf. también el siríaco *arheb*, árabe *arhaba*, aterrorizar); (b) hacer que uno se vuelva valiente, arriesgado, teniendo la confianza de vencer.

La expresión עז בנפשי forma una especie de corolario del verbo (תַּרְהִבֵנִי), que está marcado con *mugrash* o *dech*: de forma que en mi alma hubo עֹז, es decir, *poder* o, quizá mejor, *conciencia de poder* (cf. Jc 5, 21). La confianza que él (David), rey de la promesa, manifiesta ante Dios, se transmitirá según eso a todos los reyes de la tierra cuando ellos escuchen (שמעו, como *fut. exactum*) las palabras de su boca, es decir, la divina אמרה, y de esa forma canten (שיר con בּ, como דבר ב en el Sal 87, 3, שיח ב en el Sal 105, 2, *passim*, הלב ב en el Sal 44, 9, הזכיר ב en el Sal 20, 8, etc.) los caminos de Dios en la historia de la salvación, proclamando así la grandeza de la gloria de Yahvé.

El Sal 138, 6 nos muestra la forma y los medios por los que Dios se ha manifestado a sí mismo dirigiendo a David. Dios se ha manifestado como el exaltado, como aquel que abrazando bajo su dominio todo lo que existe *no abandona al humilde* (cf. confesiones de David en el Sal 131, 1; 2 Sam 6, 22) apartándole a un lado (Sal 113, 6), sino que, al contrario, le hace objeto especial de su mirada.

Por otra parte, aunque parezca estar lejos (cf. Sal 139, 2), Dios conoce por dentro (con ידע como en el Sal 94, 11; Jer 29, 23) a los orgullosos que piensan que nadie les observa, comportándose como si no tuvieran que rendir cuentas a ningún ser superior por aquello que hacen (Sal 10, 4).

En los textos correctos, וגבה tiene *mugrash* y ממרחק tiene *mercha* (וְגָבֹהַּ מִמֶּרְחָק יְיֵדָע, y al soberbio le conoce de lejos). El futuro *kal* יְיֵדָע está formado por analogía con las formas *hifil* de יְיֵלִיל en Is 16, 7, *passim* y con ייטיב en Job 24, 21. Probablemente, esa palabra (יְיֵדָע) quiere ser enfática, y por eso se restaura de algún modo la primera radical que suele desaparece en ידע.[38]

138, 7–8. Además de esas experiencias de David (exaltado por Dios a través de la humillación), experiencias que han sido muy importantes para toda la humanidad, los oyentes o lectores del Sal 138 podrán tener confianza para el futuro. El comienzo de esta estrofa (cf. אִם־אֵלֵךְ ׀ בְּקֶרֶב צָרָה תְּחַיֵּנִי, si/cuando camino en medio de la angustia me das vida) nos recuerda la de 23, 4. Aunque su camino pueda expresarse en el corazón como un dolor que oprime, Yahvé romperá estos lazos de muerte y restablecerá al orante, le dará vida, con rapidez (con חיה como en Sal 30, 4; Sal 71, 20, *passim*).

Aunque sus enemigos puedan abalanzarse con ira contra él, Yahvé extenderá su mano amenazadora contra ellos y tranquilizará a los israelitas, salvándole así con su mano derecha. ימינך (cf. וְתוֹשִׁיעֵנִי יְמִינֶךָ, y me salvará tu diestra) es el sujeto, como muestran el Sal 139, 10 y otros pasajes, y no acusativo de instrumento como piensan algunos autores (como en el Sal 60, 7).

En 138, 8, la palabra יגמר (cf. יְהוָה יִגְמֹר בַּעֲדִי, Yahvé cumplirá su propósito en mí) tiene el mismo sentido que en el Sal 57, 3: él realizará…, como en la palabra ἐπιτελεῖν (Flp 1, 6). Conforme a su sentido original, בעדי (cubriéndome) tiene en este pasaje el mismo sentido que עלי (cf. Sal 13, 6; Sal 142, 8).

La garantía o prenda de ese cumplimiento de la voluntad de Dios es su misericordia duradera, que no descansará hasta que la promesa se cumpla de un modo perfecto y verdadero. Según eso, él no abandonará ni olvidará la obra de sus manos (vid. Sal 90, 16), como explica correctamente Hengstenberg: todo lo que Dios ha realizado hasta aquí por medio de David (desde su liberación de las manos de Saúl hasta que le ha garantizado el cumplimiento de su promesa), ese mismo Dios lo seguirá realizando, sin permitir que se detenga aquello que ha empezado

---

38. Sucede algo parecido en los imperfectos griegos con doble aumento (silábico y temporal), como ἑώρων, ἀνέῳγον. El comentarista judío Chajug piensa también que la primera *yod* es en esos casos performativa y la segunda pertenece a la raíz. Por el contrario, Abulwald, *Gramm.* cap. XXVI. p. 170, afirma que la primera *yod* es una prótasis y la segunda es performativa. Conforme a la visión de otros, como Kimchi, ידע puede ser futuro *hifil*, formado a partir de יהידיע (יהדע); pero esa es una derivación inadmisible, pues ידע proviene de ודע.

a cumplirse ya. הרפה (de donde viene תרף, cf. :מַעֲשֵׂי יָדֶיךָ אַל־תֶּרֶף, no abandones la obra de tus manos), significa dejar sin realizar, renunciar a lo iniciado.

Salmo 139. Adorar a Dios, omnisciente y omnipotente

לַמְנַצֵּחַ לְדָוִד מִזְמוֹר יְהוָה חֲקַרְתַּנִי וַתֵּדָע: ¹

אַתָּה יָדַעְתָּ שִׁבְתִּי וְקוּמִי בַּנְתָּה לְרֵעִי מֵרָחוֹק: ²

אָרְחִי וְרִבְעִי זֵרִיתָ וְכָל־דְּרָכַי הִסְכַּנְתָּה: ³

כִּי אֵין מִלָּה בִּלְשׁוֹנִי הֵן יְהוָה יָדַעְתָּ כֻלָּהּ: ⁴

אָחוֹר וָקֶדֶם צַרְתָּנִי וַתָּשֶׁת עָלַי כַּפֶּכָה: ⁵

(פְּלִיאָה) [פְּלִיאָה] דַעַת מִמֶּנִּי נִשְׂגְּבָה לֹא־אוּכַל לָהּ: ⁶

אָנָה אֵלֵךְ מֵרוּחֶךָ וְאָנָה מִפָּנֶיךָ אֶבְרָח: ⁷

אִם־אֶסַּק שָׁמַיִם שָׁם אָתָּה וְאַצִּיעָה שְּׁאוֹל הִנֶּךָּ: ⁸

אֶשָּׂא כַנְפֵי־שָׁחַר אֶשְׁכְּנָה בְּאַחֲרִית יָם: ⁹

גַּם־שָׁם יָדְךָ תַנְחֵנִי וְתֹאחֲזֵנִי יְמִינֶךָ: ¹⁰

וָאֹמַר אַךְ־חֹשֶׁךְ יְשׁוּפֵנִי וְלַיְלָה אוֹר בַּעֲדֵנִי: ¹¹

גַּם־חֹשֶׁךְ לֹא־יַחְשִׁיךְ מִמֶּךָּ וְלַיְלָה כַּיּוֹם יָאִיר כַּחֲשֵׁיכָה כָּאוֹרָה: ¹²

כִּי־אַתָּה קָנִיתָ כִלְיֹתָי תְּסֻכֵּנִי בְּבֶטֶן אִמִּי: ¹³

אוֹדְךָ עַל כִּי נוֹרָאוֹת נִפְלֵיתִי נִפְלָאִים מַעֲשֶׂיךָ וְנַפְשִׁי יֹדַעַת מְאֹד: ¹⁴

לֹא־נִכְחַד עָצְמִי מִמֶּךָּ אֲשֶׁר־עֻשֵּׂיתִי בַסֵּתֶר רֻקַּמְתִּי בְּתַחְתִּיּוֹת אָרֶץ: ¹⁵

גָּלְמִי רָאוּ עֵינֶיךָ וְעַל־סִפְרְךָ כֻּלָּם יִכָּתֵבוּ יָמִים יֻצָּרוּ ¹⁶

(וְלֹא) [וְלוֹ] אֶחָד בָּהֶם:

וְלִי מַה־יָּקְרוּ רֵעֶיךָ אֵל מֶה עָצְמוּ רָאשֵׁיהֶם: ¹⁷

אֶסְפְּרֵם מֵחוֹל יִרְבּוּן הֱקִיצֹתִי וְעוֹדִי עִמָּךְ: ¹⁸

אִם־תִּקְטֹל אֱלוֹהַּ רָשָׁע וְאַנְשֵׁי דָמִים סוּרוּ מֶנִּי: ¹⁹

אֲשֶׁר יֹאמְרֻךָ לִמְזִמָּה נָשֻׂא לַשָּׁוְא עָרֶיךָ: ²⁰

הֲלוֹא־מְשַׂנְאֶיךָ יְהוָה אֶשְׂנָא וּבִתְקוֹמְמֶיךָ אֶתְקוֹטָט: ²¹

תַּכְלִית שִׂנְאָה שְׂנֵאתִים לְאוֹיְבִים הָיוּ לִי: ²²

חָקְרֵנִי אֵל וְדַע לְבָבִי בְּחָנֵנִי וְדַע שַׂרְעַפָּי: ²³

וּרְאֵה אִם־דֶּרֶךְ־עֹצֶב בִּי וּנְחֵנִי בְּדֶרֶךְ עוֹלָם: ²⁴

<Al músico principal. Salmo de David>

¹ Jehová, tú me has examinado y conocido.

² Tú has conocido mi sentarme y mi levantarme.

Has entendido desde lejos mis pensamientos.

³ Has escudriñado mi andar y mi reposo, y todos mis caminos te son conocidos,

⁴ pues aún no está la palabra en mi lengua y ya tú, Jehová, la sabes toda.

⁵ Detrás y delante me rodeaste, y sobre mí pusiste tu mano.

⁶ Tal conocimiento es demasiado maravilloso para mí;

¡alto es, no lo puedo comprender!

⁷ ¿A dónde me iré de tu espíritu? ¿Y a dónde huiré de tu presencia?

⁸ Si subiera a los cielos, allí estás tú; y si en el sheol hiciera mi estrado, allí tú estás.

⁹ Si tomara las alas del alba y habitara en el extremo del mar,

¹⁰ aun allí me guiará tu mano y me asirá tu diestra.

¹¹ Si dijera, "Ciertamente las tinieblas me encubrirán",

aun la noche resplandecerá alrededor de mí.

¹² Aun las tinieblas no encubren de ti, y la noche resplandece como el día;

¡lo mismo te son las tinieblas que la luz!

¹³ Tú formaste mis entrañas; me hiciste en el vientre de mi madre.

¹⁴ Te alabaré, porque formidables y maravillosas son tus obras;

estoy maravillado y mi alma lo sabe muy bien.

¹⁵ No fue encubierto de ti mi cuerpo, aunque en oculto

fui formado y entretejido en lo más profundo de la tierra.

¹⁶ Mi embrión vieron tus ojos, y en tu libro estaban escritas

todas aquellas cosas que fueron luego formadas, sin faltar ni una de ellas.

¹⁷ ¡Cuán preciosos, Dios, me son tus pensamientos!

¡Cuán grande es la suma de ellos!

¹⁸ Si los enumero, se multiplican más que la arena.

Yo despierto y aún estoy contigo.

¹⁹ De cierto, Dios, harás morir al impío.

¡Apartaos, pues, de mí, hombres sanguinarios!

²⁰ Blasfemias dicen ellos contra ti; tus enemigos toman en vano tu nombre.

²¹ ¿No odio, Jehová, a los que te aborrecen, y me enardezco contra tus enemigos?

²² Los aborrezco por completo, los tengo por enemigos.

²³ Examíname, Dios, y conoce mi corazón; pruébame y conoce mis pensamientos.

²⁴ Ve si hay en mí camino de perversidad y guíame en el camino eterno.

Este es un salmo arameizante, que retoma el motivo del Sal 138, 6 y lo desarrolla de un modo consecuente, mostrando que Yahvé está exaltado, que acoge a los humildes y rechaza a los orgullosos. Tiene muchos puntos en común con el salmo anterior.

Desde un punto de vista teológico este es uno de los textos más instructivos del salterio y es digno de David, tanto por su contenido como por su carácter poético. Pero solo lleva el título "de David" porque está escrito según el modelo davídico, y así aparece como contrapartida del Sal 19 y de otros salmos davídicos. Por su parte, el añadido de למנצח no es una prueba de su origen davídico, ni de que es anterior al exilio, como muestra, por ejemplo, el Sal 74, que fue compuesto después de la catástrofe caldea (la destrucción de Jerusalén el año 587 a. C.).

Este salmo se divide en tres partes: 1-12, 13-18 y 19-24. La distribución de las estrofas no resulta clara; de todas formas, hay algunos rasgos y aspectos que pueden precisarse:

– La primera parte (1-12) celebra al Omnisciente y Omnipresente: el poeta reconoce que está rodeado por todas partes por el conocimiento y la presencia de Dios; su espíritu está presente en todo y nadie se puede apartar de su presencia; su rostro lo contempla todo, en ira y amor.

– La segunda parte (13-18) continúa desarrollando ese tema, con referencia al origen del hombre, a su sentido más hondo.

– En la tercera parte (19-24) el poeta se dirige en profunda humillación de espíritu hacia los enemigos de ese Dios, a quien le pide que le ayude y guíe.

En Sal 139, 1. 4, Dios recibe el nombre de Yahvé. En 139, 17 se le llama Él. En 139, 19 se le llama *Eloha*, en el Sal 139, 21 aparece nuevamente como Yahvé y en el Sal 139, 23 otra vez como Él. Ciertamente, este salmo está marcado por una gran hondura y originalidad de ideas y de sentimientos, pero la forma de su estilo no puede situarse en la edad davídica. Todo nos lleva a pensar que el lenguaje de fondo del poeta es un tipo de arameo-hebreo del tiempo del postexilio.

Por su apariencia, este salmo pertenece a los textos que, siendo herederos de modelos anteriores de tipo clásico, llevan las señales del lenguaje arameo imperial que el reino de Babilonia impuso o extendió entre los exilados. Este influjo afectó en primer lugar al dialecto popular de los judíos, pero se extendió también en el lenguaje escrito, como muestran los libros de Daniel y de Esdras.

En ese sentido, la poesía de los salmos recibe rasgos de este movimiento "retrospectivo" de Israel, que retoma elementos del lenguaje arameo que habían sido propios de los patriarcas ancestrales. El Cód. Alex. de los LXX añade Ζαχαρίου al título del salmo (que era τῷ Δαυίδ ψαλμός) y una mano posterior añadió ἐν τῇ διασπορᾷ (en la diáspora) que Orígenes introdujo también en algunos ejemplares de su obra (Hexapla).

139, 1-7. Entre las formas arameas de esta estrofa se encuentran el ἅπαξ λεγομ. רע (forma base רעי) de Sal 139, 2 y 139, 17, significa tarea, deseo, pensamiento, lo mismo que רעות y רעיון en los libros postexílicos. Esa palabra viene de רעה (רעא), desear, pensar. También hallamos aquí el ἅπ. λεγ. רבע del Sal 139, 3 es equivalente a רבץ, reposo, a no ser que רבעי (cf. אָרְחִי וְרִבְעִי זֵרֵיתָ, mi andar y mi reposo conoce) sea un infinitivo como בלעי en Job 7, 19, pues ארחי no es una forma conjugada de ארח, sino un infinitivo, como עברי en Dt 4, 21, de ארח.

Por otro lado, el verbo ארח, con la excepción de este pasaje, solo aparece en la Biblia en los discursos de Elihu (Job 34, 8), que son la parte más arameizante del libro de Job. Además, como rasgo arameizante tenemos la relación objetiva marcada por el *lamed* de la expresión בַּנְתָּה לְרֵעִי מֵרָחוֹק, tú conoces desde lejos mi pensamiento, como en Sal 116, 16; Sal 129, 3; Sal 135, 11; Sal 136, 19. El monóstico con el que comienza el salmo (cf. יְהוָה חֲקַרְתַּנִי וַתֵּדָע, Yahvé, tú me has examinado y conocido) es de estilo davídico, cf. Sal 23, 1.

Entre los profetas en concreto Isaías es aquel que más utiliza ese tipo de introducciones (en la línea del Sal 139, 1). Sobre וַתֵּדָע, cf. *Coment.* a Sal 107, 20. La partícula pronominal se pone a veces en el primer verbo, otras en el segundo (2 Rey 9, 25), en vez de repetirse en los dos (Hitzig). Esa partícula (*me*) se expande luego y se aplica a sentarse y levantarse, a caminar y a estar quieto, evocando la suma de formas de comportarse o de estados de los hombres.

El conocimiento intenso, tal como lo establece la palabra וַתֵּדָע suele atribuirse al conocimiento del hombre, pero aquí se aplica, de un modo distinto, a Dios. En esa línea, Sal 139, 2 y 3 utilizan el perfecto, para indicar una sabiduría activa, porque el conocimiento de Dios no deja nunca de realizarse, sino que es siempre actual, siempre presente. La palabra מרחוק (cf. בַּנְתָּה לְרֵעִי מֵרָחוֹק, tu conoces mi pensamiento "de lejos") quiere indicar que Dios no ve meramente un pensamiento que está ya plenamente formado y madurado, sino también aquel pensamiento que está en germen, que se está desarrollando.

Lutero (con Azulai y otros) combina זרית de זרה con זר, guirnalda (de זרר, apretar, ceñir), traduciendo así: tanto si camino como si descanso, tú me rodeas (*Ich gehe oder liege, so bist du umb mich*). Pero la palabra זרה debería tener aquí el mismo significado de proteger (no simplemente de rodear, e incluso de enaltecer como una guirnalda), y así puede compararse como hace Wetzstein con la palabra árabe (especialmente beduina) de *drrâ, dherrâ*, que significa resguardar.

Así ha de entenderse la idea de fondo de este pasaje, que se refiere a la omnisciencia de Dios, a quien se debería presentar como una valla de seguridad que protege a quienes él conoce, impidiendo así que sufra o sea lastimado[39].

Volvamos a la palabra זרית (cf. אָרְחִי וְרִבְעִי זֵרִיתָ, has examinado mi andar y mi reposo). El árabe *ḏrâ*, conocer, tiene un sentido especial. No significa simplemente "conocer", sino que se relaciona con el árabe *ḏr'*, empujar, impulsar hacia adelante, e indica un tipo de conocimiento que se consigue a través de pruebas y experimentos.

No hace falta que busquemos su sentido acudiendo al árabe *ḏrâ*, proteger, pues resulta mejor que permanezcamos dentro del contexto del uso hebreo del término (זרה) que significa aventar, extender lo que ha sido recolectado y trillado, exponiéndolo a la corriente de viento, que se dice en árabe *ḏrrâ* (de donde viene מזרה, *midhrâ*, la horca o pala de aventar, como רחת, *racht*, horca de aventar).

---

39. El verbo árabe *wety* es antiguo y su derivativo *dherâ*, protección, es una palabra elegante que, vinculada con otro derivativo, *dherwe*, significa un muro o roca que protege a uno de los vientos, cf. *Coment.* a nota sobre Job 24, 7. La 2ª forma de ese verbo (en *piel*) significa protección en el sentido más amplio de la palabra, como, por ejemplo, en Neshwân, II, 343b: "*drâ ʾl-šâ*, él protegió las ovejas (para que no se cambiaran) poniendo una marca en su lana, cuando fueron trasquiladas, para que pudieran ser reconocidas y separadas de las otras ovejas".

Esa palabra ofrece una buena imagen de lo que quiere decir el texto, que es investigar o buscar desde el principio, desde la raíz (cf. LXX, Símaco y Teodoción: ἐξιξἐηνίασας); en esa línea la Itálica traduce *investigasti* y Jerónimo *eventilasti*. Por su parte, הסכין (cf. וְכָל־דְּרָכַי הִסְכַּנְתָּה, y todos mis caminos te son conocidos) con acusativo, como en Job 22, 21, como עם, significa conocer en el sentido de entrar en una relación cercana, familiar, con alguno. En esa línea, cf. שָׁכַן, árabe *skn*, habitar. Dios conoce todos nuestros caminos de un modo que no es superficial, sino profundo y pleno, y así decimos que él está "acostumbrado" a nosotros.

En el Sal 139, 4 esta omnisciencia de Dios queda corroborada con כִּי. Este verso ha de entenderse como cláusula de relativo, aunque aparezca de un modo independiente. La palabra מלה (cf. כִּי אֵין מִלָּה בִּלְשׁוֹנִי, pues aún no está la palabra en mi boca), que Jerónimo en su carta a Sunnia y Fretela, 82, translitera como *mala* (מלה), es una palabra aramea, que aparece incorporada al lenguaje hebreo ya en la edad de David y Salomón. כלה significa, al mismo tiempo, todo y cada cosa.

En el Sal 139, 5 Lutero se ha equivocado siguiendo a los LXX y a la Vulgata, que toman צור (cf. אָחוֹר וָקֶדֶם צַרְתָּנִי, por detrás y delante me rodeaste) en el sentido de *formare* (de donde viene צורה, forma). Pero, como muestra esa expresión doble (por detrás y por delante), esa palabra significa envolver. Dios está familiarizado con los hombres, porque les sostiene y rodea por todas partes, de forma que el hombre no puede hacer nada a no ser que Dios, que ha puesto sobre él su mano creadora (Job 9, 23), le conceda la libertad de movimiento requerida.

En 139, 6, en vez de דעתך (LXX: ἡ γνῶσίς σου) el poeta dice de un modo intencionado solo דעת, evocando así el conocimiento omnipenetrante, omnicomprensivo de Dios. El *keré* lee פְּלִיאָה, pero el *qetub* pone פְּלִאיָה, una lectura que está ratificada por el *qetub* de Jc 13, 18, que es פלאי, mientras que el *keré* es פלי (forma pausal masculina de un adjetivo cuyo femenino sería פליה).

Con ממני se pone de relieve la transcendencia, con נשגבה la inalcanzabilidad y con לא־אוּכַל לָהּ la incomprensibilidad de la omnipotencia de Dios que, a juicio del poeta, se identifica con su omnipresencia, porque el conocimiento verdadero, no meramente fenoménico, es imposible sin la inmanencia del cognoscente en la realidad conocida.

Dios, sin embargo, es omnipresente, y de esa forma sostiene la vida de todos los seres por su Espíritu, revelándose en amor o en ira, a través de lo que el poeta llama su "rostro". Es imposible esconderse de la omnipresencia de Dios (con מן, fuera de), como quisiera hacer gozosamente aquel que es pecador y es consciente de su culpa. Sobre el primer אנה (cf. 138, 5: אָנָה אֵלֵךְ מֵרוּחֶךָ, dónde iré lejos de tu espíritu), que se acentúa aquí en la última sílaba, véase *Coment.* a Sal 116, 4.

139, 8–12. La forma de futuro con אסק (cf. 139, 8: אִם־אֶסַּק שָׁמַיִם, si subiera a los cielos) que es la acostumbrada en arameo, puede derivarse de סלק, por un tipo de asimilación como יסב igual a יסבב, o también de נסק, que solo aparece atestiguada de un modo inseguro por Dan 6, 24, להנסקה (cf. להנזקת, Esd 4, 22; הנפק, Dan 5, 2), dado que la *nun*, como en להנעלה, Dan 4, 3, puede deberse también a una compensación por la reduplicación de la consonante (véase Bernstein, *Lexicon Chrestom. Kirschianae*, y Levy, cf. נמק).

La partícula אם con el futuro simple va seguida de cohortativos (véase *Coment.* a Sal 73, 16) y tiene el sentido de אשא, *et si stratum facerem mihi infernum* (y si estableciera mi estrado en el sheol o infierno, con acusativo de objeto, como en Is 58, 5). En otros pasajes se mencionan las alas del sol (Mal 4, 2) y del viento (Sal 18, 11); y aquí aparecen mencionadas las alas del alba, de la madrugada (כַּנְפֵי־שָׁחַר), *pennae aurorae*; ellas trazan, como dice Eugubinus (1548): *velocissimus aurorae per omnem mundum decursus*, el velocísimo movimiento de la aurora por todo el mundo.

El texto puede traducirse así: si yo pudiera tener alas (כנפים נשא, Ez 10, 16, *passim*) como aquellas que tiene la aurora de la mañana, es decir, si yo pudiera volar con la rapidez de la aurora, sobre el cielo del oriente, hasta el extremo de occidente y habitar allí… En ese sentido, el cielo y el hades (sheol) aparecen como aquello que está por encima y por debajo de la tierra, y así se oponen también el este y el oeste.

אחרית ים es el final o extremo del mar (que es el Mediterráneo, con las islas de los gentiles). En el Sal 139, 10 sigue la apódosis, con la mano de Dios, que gobierna todo lo que existe, de forma que nadie ni nada puede escaparse de ella, porque está en todas partes (*dextera Dei ubique est*). ואמר (cf. וָאֹמַר אַךְ־חֹשֶׁךְ יְשׁוּפֵנִי, si dijera: ciertamente las tinieblas me cubrirían) ha de entenderse como prótasis hipotética, *quodsi dixerim*, si dijera…

Las palabras אַךְ־חֹשֶׁךְ se vinculan entre sí: *merae tenebrae* (vid, Sal 39, 6.); יְשׁוּפֵנִי me cubrirían con su oscuridad. El significado de fondo puede ser *conterere*, *contundere* (cubrir, dominar, como en Gen 3, 15; Job 9, 17), pero ese significado seguido por los LXX (y la Vulgata), καταπατήσει, parece poco apropiado para la oscuridad. El significado *inhiare* (me protegerían…), que puede deducirse de שאף, responde mejor al contexto, pero no del todo bien (¿hubiera sido mejor que el texto dijera יבלעני?).

Así, el significado *obvelare* (me cubrirían) que uno podría esperar, conforme al Targum, a Símaco, Jerónimo, Saadia y otros, tampoco es seguro, aunque podría adivinarse partiendo del contexto, dado que שׁוּף no tiene ese sentido en ningún otro lugar, y no podemos aducir a su favor la palabra נשף (ni a otras palabras vinculadas como נפש, נשב, נשם) ni עטף, cuya raíz es עת (עתה), ni צעף o צעיף, que no significa cubrir, *velo*, sino que, conforme al árabe *ḏ'f*, significa doblar, unir.

Según eso, tenemos que traducir יְשׁוּפֵנִי (cf. אַךְ־חֹשֶׁךְ יְשׁוּפֵנִי, si la oscuridad me "cubriera", en el sentido de "ocultar"), aunque sin ser capaces de probarlo, o sustituir ese verbo por otro con ese significado, como podría ser יְשׁוּכֵנִי (Ewald) o יְעוּפֵנִי (Böttcher). Ese último significado nos parece aquí el más apropiado, dado que el sujeto es la oscuridad (חֹשֶׁךְ, sinónimo de מְעוּף עֵיפָה), como si dijera: que solo me cubra la oscuridad..., y que la luz se vuelva para mi oscuridad y me cubra (con בַּעֲדֵנִי, forma poética en lugar de בַּעֲדִי, como תַּחְתֵּנִי en 2 Sam 22).

Pues bien, incluso en ese caso la oscuridad no podría extenderse en torno a mí como oscuridad (cf. Sal 105, 28), las tinieblas no me cubrirían de ti (con מִן, מִמֶּךָ), no me separarían de tu ojo penetrante, no me apartarían de ti. Desde ese fondo se entiende יָאִיר, que no ha perdido su significado de *hifil* (cf. וְלַיְלָה כַּיּוֹם יָאִיר), traduciendo: *la noche resplandecería como día, daría luz desde sí misma, como si fuera día*.

Según eso, el significado de noche y día no se puede aplicar a Dios; Dios está por encima de esas distinciones, propias de las cosas creadas, porque él es el *Uebercreatürliche*, por encima de todo lo creado, siendo luz en sí mismo, sin oscuridad alguna. Los dos כ de 139, 12 (cf. כַּיּוֹם כַּחֲשֵׁיכָה) son correlativos, como en 1 Rey 22, 4.

139, 13–18. Esta estrofa confirma ahora, apelando a su origen, el hecho de que el hombre se encuentre desde su raíz abierto a Dios. El desarrollo del niño en el vientre de la madre ha sido uno de los grandes misterios para la *hokma* israelita, como indica Ecl 11, 5. En esa línea, en este pasaje, el poeta describe su venida a la existencia como una obra maravillosa de la omnipotencia omnisciente y omnipresente de Dios.

קנה (cf. כִּי־אַתָּה קָנִיתָ כִלְיֹתָי, porque tú formaste mis entrañas) significa aquí *condere*, formar, fundar. Por su parte סכך (cf. תְּסֻכֵּנִי בְּבֶטֶן אִמִּי, me hiciste en el vientre de mi madre) no significa cubrir, proteger como en el Sal 140, 8; Job 40, 22, sino plasmar, entrelazar, con huesos, órganos y venas, como שכך en Job 10, 11. Aquí se destacan de un modo especial los riñones para poner de relieve la sede de las emociones y de los secretos más tiernos, como obra de aquel que sondea el corazón y los riñones.

La oración o προσευχή se convierte en el Sal 139, 14 en acción de gracias o εὐχαριστία: אֹלֹא־נִכְחַד עָצְמִי מִמֶּךָ אֲשֶׁר־עֻשֵּׂיתִי, en el sentido de "yo te doy gracias porque he surgido bajo circunstancias maravillosas...", es decir, en circunstancias que producen admiración y asombro (נוֹרָאוֹת, como en el Sal 65, 6). Por su parte נפלה (como נפלא) ha de tomarse como el pasivo de הפלה, Sal 4, 4; Sal 17, 7.

En ese contexto, Hitzig piensa que התְּפַלֵּן (te has mostrado a ti mismo como maravilloso) es, como piensan también los LXX, el siríaco, la Vulgata y Jerónimo, la única lectura correcta; pero el pensamiento que se logra de esa manera se expresa después en la siguiente línea, Sal 139, 14, y de esa forma el texto viene a presentarse como una tautología.

La palabra ʽ*otsem* (colectivo, que es equivalente a עצמים, Ecl 11, 5, cf. לֹא־נִכְחַד עָצְמִי מִמֶּךָ, no escondiste mis huesos ante ti), *son los huesos*, el esqueleto y, partiendo de esa idea, de un modo más general, es el estado total del ser del hombre como suma de sus partes. אֲשֶׁר, sin ser necesariamente una conjunción (Ewiger, 333a), se vincula al sufijo de עצמי (cf. לֹא־נִכְחַד עָצְמִי מִמֶּךָ אֲשֶׁר־עֻשֵּׂיתִי, no escondiste mis huesos ante ti, aunque…).

רקם (cf. רֻקַּמְתִּי בְּתַחְתִּיּוֹת אָרֶץ, entretejido en lo más profundo de la tierra) significa compuesto de varios colores, como en un encaje, como sistema de venas que se van ramificando en el cuerpo, dando colorido a sus diversos miembros y a sus partes, en especial a las interiores. Quizá se están evocando los colores y formas del conjunto del cuerpo, poniendo así de relieve la formación de los miembros y del organismo en general[40].

El vientre de la madre se llama aquí no meramente סתר, lo oculto, como en Esquilo (cf. *Eumenides*, 665, ἐν σκότοισι νηδύος τεθραμμένη, en las oscuras cavidades…) o como en el Corán, *Sura* XXXIX. 8 (lugar donde el feto se va formando en una triple oscuridad, cf. Böttcher, *Lehrbuch*, 298), sino que se describe, con una atrevida afirmación, como las partes más profundas de la tierra, es decir, el interior del universo (con חְתִּיּוֹת אָרֶץ, cf. *Coment.* a Sal 63, 10), como laboratorio secreto del origen del hombre, con el mismo significado de fondo que aparece en Gen 2, donde se dice que el ser humano fue formado del polvo/barro de la tierra, como cuando Job 1, 21 añade: "Desnudo vine del vientre de mi madre, y desnudo he de volver allí".

Así se dice en Ecl 40, 1: שׁמּה, allí, esto es, εἰς τὴν γῆν τὴν μητέρα πάντων (a la madre de todas las cosas). El interior del *sheol* recibe también el nombre de בטן שׁאול (*vientre del sheol*: Jonás 2, 2; Ecl 51, 5). Conforme a la visión de la Escritura, la creación de Adán se repite en la formación de cada ser humano, cf. Job 33, 6; Job 33, 4. La tierra fue el vientre materno de Adán; y el vientre de la madre de la que nacen los hijos de Adán es la tierra de la que provienen.

En 139, 16, el embrión que aparece en forma de huevo recibe el nombre de גלם, como algo que está enrollado, como un globo, un balón, palabra que en el Talmud se aplica a cualquier tipo de masa sin forma (LXX ἀκατέργαστον, Símaco ἀμόρφωτον, sin forma), de material crudo, e. g., de madera o metal sin haber recibido una forma, como un vaso, un ánfora[41]. Para precisar el tema habría que

---

40. En el Talmud el huevo de un pájaro o de un réptil se llama מרקמת, cuando son ya visibles los rasgos del embrión que se va desarrollando; y lo mismo en el embrión humano, cuando pueden ya observarse sus trazas y su organización de conjunto.

41. Epifanio, *Haer*, XXX. 31, dice que el hebreo γολμη significa los granos desnudos de espelta o de trigo, antes de mezclarse, amasarse y cocerse, es decir, los granos de cereal en sí mismos; pero no tenemos ejemplos de ese significado.

comparar estos versículos con las visiones retrospectivas del estado del embrión humano (como en Job 10, 8-12 y 2 Mac 7, 22s; cf. *Psychologie*, pp. 209ss).

Sobre las palabras *in libro tuo* (cf. כֻּלָּם יִכָּתֵבוּ וְעַל־סִפְרְךָ, y en tu libro estaban todas escritas) hace Belarmino la siguiente observación que es correcta: *quia habes apud te exemplaria sive ideas omnium, quomodo pictor vel sculptor scit ex informi materia quid futurum sit, quia videt exemplar* (porque tú, Dios, tienes en ti las ideas ejemplares de todas las cosas, como el pintor o el esculptor sabe lo que surgirá de la materia informe, porque ve el ejemplar de ello).

El significado de futuro de יכתבו está regulado por ראו, y así se traduce, a partir de la sincronía de pasado, *scribebantur*. El sujeto de *estaban escritas* es יצרו, en el sentido de *las cosas ya formadas*. Normalmente se traduce: "Los días que han de ser formados antes"[42]. Pero, asumiendo el carácter original de la לא (que aparece en el *qetub*) con un significado negativo, hay que traducir יָמִים יֻצָּרוּ וְלֹא אֶחָד בָּהֶם, "en los días en que estaban ya formadas, y sin embargo no existía ninguna de ellas…" (ninguna había aparecido aún externamente).

El sufijo de כלם se refiere al ימים posterior, al que se añade יצרו como cláusula atributiva. Por su parte, las palabras וְלֹא אֶחָד בָּהֶם se subordinan a יצרו, *cum non* (o *cum nondum*, Job 22, 16) *unus inter eos* (igual a *unus eorum*, Ex 14, 28) *esset* (cuando aún no existía una de ellas, una de esas cosas). Pero esa expresión (en lugar de otra más clara como sería היה לא ועוד o también יהיה טרם) sigue siendo también dudosa, de forma que podemos preguntarnos si no sería preferible el *keré* וְלוֹ, *y para su nacimiento* (cf. *Coment a* Sal 100, 3), en lugar del *qetub* וְלֹא (preferido por los LXX, Aquila, Símaco, Teodoción, Targum, Siríaco, Jerónimo y Saadia).

Este וְלוֹ, referido a גלמי, ofrece un significado que es aceptable (y *para él*, es decir, para su nacimiento, *uno de aquellos días…*), sin necesidad de hacer ningún cambio en la interpretación ya propuesta de יצרו. Aquí nos decidimos por esta visión, porque ella (בהם אחד ולו) no exige que tengamos que suplir ningún היה, como tendríamos que hacerlo en el caso de optar por בהם אחד ולא, porque la expresión ולי que comienza en el Sal 139, 17 sigue normalmente, a modo de continuación[43].

---

42. Hubiera sido preferible poner ייצרו en vez de יצרו; pero el rechazo de la *yod* performativa solo se permite en el futuro *piel* de los verbos *pe yod*, y después de la *waw convertens*, e. g., ויבש igual a וייבש, Nah 1, 4 (cf. Caspari, *Obadiah* 1, 11). Fuera del A. T., ese rechazo se da también en el *pual*, pero a causa de un uso equivocado de la palabra, como he señalado en *Anekdota* (1841), p. 372s.

43. La acentuación no nos permite fijar el tipo de referencia que hay entre כלם y el siguiente ימים, pues ella coloca un *olewejored* en יכתבו (cf. כֻּלָּם יִכָּתֵבוּ יָמִים). Hupfeld sigue esta acentuación, refiriendo כלם hacia atrás a גלמי, como una espiral o despliegue de los días de la propia vida. Hitzig hace lo mismo, refiriendo también כלם a los embriones. Pero la precedencia del pronombre relativo aparece también en otros casos, y carece de toda dureza, especialmente en conexión con כלם, que significa directamente *siempre, del todo* (e. g., Is 43, 14). En esa línea, como dice Gesenius (*Lehrgebude*, p. 739s), el poeta hebreo se refiere a cosas de las que todavía no ha dicho nada. Este fenómeno pertenece al estilo hebreo en general, como he mostrado en *Anekdota* (1841), p. 382.

Sea como fuere, lo que el poeta pone aquí de relieve es la confesión de la omnisciencia que está unida a la omnipotencia de Dios, en referencia a sí mismo, de la misma forma en que Yahvé aparece relacionándose con Jeremías en Jer 1, 5. Entre los días en que ellos (el poeta y Jeremías) estaban siendo preformados en la idea de Dios (cf. sobre יצרו, *Coment.* a Is 22, 11; Is 37, 26), el salmista dice aquí que hay un día especial "en el desarrollo del embrión" de mi vida. El conocimiento de Dios abraza el comienzo, desarrollo y culminación de todos los tiempos (*Psychologie*, p. 37ss).

El mayor y más gozoso tesoro del poeta es el conocimiento de los pensamientos de Dios, que están escritos en el libro de la creación y de la revelación; y su tarea preferida consiste en pensar sobre ello y ponderarlo. La palabra יקרו (cf. Sal 36, 8) no significa algo difícil de comprender (Maurer, Olshausen), en la línea de Dan 2, 11, pues eso tendría que haberse dicho con עמקו (Sal 92, 6, en el sentido de algo profundo, Hitzig), sino que, conforme al uso normal del hebreo, significa algo muy valorado, en latín "*cara*", una cosa muy importante.

La suma de ellos, es decir, de *los pensamientos de Dios* (cf. מֶה עָצְמוּ רָאשֵׁיהֶם, ¡cuán grande es la suma de ellos!) es poderosa, prodigiosa (cf. Sal 40, 6) y no puede ser entendida por los hombres como una *summa summarum* (suma o conjunto de todas las sumas).

Si el hombre quisiera contar esa suma de pensamientos de Dios (con אֶסְפְּרֵם, *futuro hipotético*, cf. Sal 91, 7; Job 20, 24), sería más numerosa que las arenas del mar, con todos sus granos, esto es, sería innumerable. El hombre acabaría dormido, contando todos los granos, y al despertarse acabaría estando en Dios, es decir, absorbido por la contemplación del Dios insondable, sin que el sueño o la fatiga pudiera detener su contemplación.

Ewald explica este pasaje de un modo algo distinto: si me pierdo en la gran corriente de los pensamientos e imágenes de Dios, al recobrarme de mi estado de ensueño, yo sigo aún estando en ti, oh Dios sin haber terminado. Pero esa interpretación exigiría que el texto dijera העירותי o התעוררתי en vez de וְעוֹדִי.

Hofmann ofrece una interpretación distinta: si yo quiero contarlos son más numerosos que la arena, de manera que si despierto sigo estando contigo (es decir, en el otro mundo, después de haber muerto mientras seguía contando la arena...). Pero esta traducción es imposible, porque הקיצתי (cf. הֲקִיצֹתִי וְעוֹדִי עִמָּךְ), por su posición en el conjunto, no puede ser un *perfecto hipotético*.

Por otra parte, conforme a esta interpretación, la palabra עוד (cf. וְעוֹדִי) sería una expresión inadecuada, en el sentido de "continuamente", pues esa palabra se entiende en el sentido de una duración continuada, siguiendo algo que existía antes (y no para indicar algo distinto, como la vida tras la muerte). Lo que el texto dice es que *no se puede acabar de contar las grandezas de Dios,* añadiendo, por otra parte, que esa ocupación (la de contar las grandezas de Dios) es la más adecuada para uno que está despierto, y la más dulce (cf. Jer 31, 26) para alguien que está dormido o soñando en brazos de Dios.

139, 19–22. Pero este Dios no es creído y amado por muchos, sino también odiado y blasfemado, cf. 139, 19. Por eso, el poeta se dirige ahora a esos enemigos de Dios, con profundo sufrimiento de espíritu. La partícula אם, que era condicional en el Sal 139, 8, tiene aquí un sentido optativo, *oh si…* (cf. אִם־תִּקְטֹל אֱלוֹהַּ רָשָׁע, *oh si tú, Eloah, hicieras morir a los impíos*), como en Sal 81, 9; Sal 95, 7.

La expresión אלוה תקטל puede compararse con algunas del libro de Job, porque, con la excepción de este salmo, el de Job es el único libro que utiliza el verbo קטל, que es más arameo que hebreo, con el nombre divino de *Eloah*, que aparece aquí en más lugares que en todo el resto de la Biblia.

La transición del optativo al imperativo, con סורו (cf. וְאַנְשֵׁי דָמִים סוּרוּ מֶנִּי, apartaos de mí, hombres sanguinarios) resulta dura. Hubiera sido más fácil y llana si no se hubiera puesto la *waw copulativa* (וְאַנְשֵׁי), como muestran las expresiones más simples de Sal 6, 9; Sal 119, 115. Pero no por ello debemos leer יסורו, como hace Olshausen. Todo en este pasaje resulta notable, todo este salmo tiene una forma característica, por lo que se refiere al lenguaje. La expresión final מֶנִּי es la forma básica, en lugar de la más recargada como *mem inicial* ממני, y así aparece también en Job 21, 16, cf. מנהו, Job 4, 12, Sal 68, 24.

En 139, 20 la forma de escribir ימרוך (cf. אֲשֶׁר יְמָרְךָ לִמְזִמָּה, que dicen blasfemias contra ti), sin la *alef* (aunque los textos babilonios tienen יאמרוך o יְאָמְרֻךָ como en la Biblia Hebrea Stuttgartensia, *nota del traductor*) es la misma que en 2 Sam 19, 15, cf. 2 Sam 20, 9, fundiendo así la *alef* con la vocal anterior, en conexión con *alef*, como en 2 Sam 22, 40 (cf. אזר) y en Is 13, 20 (con אהל).

Construida con acusativo de persona, אמר significa *profiteri*, un significado que no aparece en ningún otro lugar. Pero, tanto למזמה (cf. למרמה, Sal 24, 4, con el Targum: quien jura por tu nombre por desenfreno o maldad) como el miembro paralelo de este verso, que está modelado según Ex 20, 7, muestran que este verbo no debe leerse ימרוך (la Quinta pone: παρεπίκραναν σε, te irritaron).

También es notable la forma נשוא (cf. נָשֻׂא לַשָּׁוְא עָרֶיךָ, tus enemigos toman en vano tu nombre) con *aleph otians* u ociosa. En vez de eso se debería haber escrito al menos נשאו (cf. נרפוא, Ez 47, 8). Pero ese mismo modo de escribir aparece en el *nifal* de Jer 10, 5, ינשוא, por lo que se supone que la forma básica es נשה (Sal 32, 1), que se conjuga lo mismo que אבוא en Is 28, 12 (cf. Gesenius 23, 3, nota 3).

Por otra parte se echa en falta la ausencia de objeto en נָשֻׂא לַשָּׁוְא, de forma que debemos pensar que ha de suplirse según la fórmula del decálogo (cf. Ex 20, 7, tomar el nombre de Dios en vano), lo que nos hace suponer que en vez de עָרֶיךָ, tenemos que estar pensando en שמך (Böttcher, Olshausen) o en זכרך (Hitzig sobre Is 26, 13). Pero el texto es también inteligible tal como está ahora.

En nuestro texto, el objeto de נִשָּׂא ha de ser derivado de יְמָרוּךָ, y el término siguiente, עָרֶיךָ, ha de tomarse como explicación del sujeto que se está suponiendo en נִשָּׂא y que se introducirá después. El Sal 89, 52 prueba la posibilidad de esta estructura de la cláusula, que ha sido rectamente traducida por Aquila, ἀντίζηλοί σου, y por Símaco, οἱ ἐναντίοι σου.

עַר (cf. עָרֶיךָ) es propiamente un "enemigo", alguien que es celoso, un *celota* (de עוּר, o mejor עִיר, como el árabe *gâr*, en forma media *je*; es decir, es un ζηλοῦν, alguien que tiene celo por algo, de donde viene עיר, árabe *gayrat* igual a קנאה), una palabra que esta atestiguada por 1 Sam 28, 16; Dan 4, 16, y que ha sido introducida por este salmo en forma de arameísmo. La forma תְּקוֹמַם por מִתְקוֹמֵם (cf. וּבִתְקוֹמְמֶיךָ אֶתְקוֹטָט, y me enardezco en contra de tus enemigos) ha prescindido del *mem* performativo (cf. שְׁפָתִים y מִשְׁפָּתִים, con מִקְרָה en Dt 23, 11, por מִמִּקְרֵה). El sufijo ha de entenderse conforme a Sal 17, 7.

Entre יהוה y אֶשְׂנָא hay un *pasek* (cf. יְהוָה אֶשְׂנָא) a fin de que las dos palabras no se lean como si fueran una sola (cf. Job 27, 13, y también Sal 10, 3). הִתְקוֹטָט ha de tomarse como en el Sal 119, 158. El énfasis en el Sal 139, 22 recae en לִי: el poeta toma a los enemigos de Dios como si fueran sus propios enemigos. תַכְלִית cumple una función de adjetivo: *con odio extremo les odio*. Esta es la relación que el poeta establece con los enemigos de Dios, pero sin gloriarse en modo alguno por ello.

139, 23–24. El poeta ve en los enemigos el peligro que también a él le amenaza, y ruega a Dios que no le permita caer en un juicio de auto ilusión, sino que le ofrezca un juicio claro del estado de su alma. La expresión inicial del salmo (tú me has sondeado o conocido), se convierte ahora en una petición: אֵל וְדַע לְבָבִי חָקְרֵנִי, examíname, Dios, y conoce mi corazón.

En vez de רֵעִים como en el Sal 139, 17, el poeta dice aquí בְּחָנֵנִי וְדַע שַׂרְעַפָּי, pruébame y conoce mis pensamientos, con שַׂרְעַפִּים, que significa "ramas" (Ez 31, 5), el despliegue de los pensamientos y cuidados (cf. Sal 94, 19). La letra *resh* de שַׂרְעַפִּים es epentética, pues la forma primera de la palabra es שְׁעַפִּים, Job 4, 13; Job 20, 2. El poeta pone así de relieve el verdadero fundamento y vida de su corazón, con todas sus manifestaciones exteriores, a la luz de la omnipotencia divina.

Finalmente, en el Sal 139, 24, el salmista pide a Dios que mire y vea si queda en él algún pensamiento o camino de perversidad (con בִי, como en 1 Sam 25, 24), con lo que no se está refiriendo a un camino de ídolos (Rosenmüller, Gesenius y Maurer), en la línea de Is 48, 5, pues la inclinación a los ídolos o al paganismo no sería un pecado oculto, sino muy manifiesto. Además, por todo lo indicado hasta aquí, ese no puede ser un pecado propio de un poeta como el autor de nuestro salmo.

Mejor que la expresión del texto (דֶּרֶךְ־עֹצֶב) sería בֹּצַע דּוֹךְ (según Grätz), pero עֹצֶב דּוֹךְ es una dicción más amplia y general. De esa forma expresa el poeta el sentido del *camino* que le conduciría a una pena y tortura muy grande, es decir, un camino que desemboca en el castigo interior y exterior por el pecado. En contra de eso, el camino por el que él quiere ser guiado es el דרך עולם o *camino eterno*, con una continuidad sin fin (LXX, Vulgata, Lutero), no el camino de los tiempos primitivos —como quieren traducir, en la línea de Job 6, 16, autores como Maurer y Olshausen.

Ese camino primitivo es por sí mismo ambiguo, como muestran Job 22, 15; Jer 18, 15, y además no responde al ritmo antitético del final del salmo. Ese camino duradero o sin fin (בְּדֶרֶךְ עוֹלָם) es el de Dios (Sal 27, 11), el camino de los justos que está firme para siempre, y nunca lleva a la muerte o perece (cf. Sal 1, 6).

Salmo 140. Oración protectora, contra malvados y poderosos

1 לַמְנַצֵּחַ מִזְמוֹר לְדָוִד:

2 חַלְּצֵנִי יְהוָה מֵאָדָם רָע מֵאִישׁ חֲמָסִים תִּנְצְרֵנִי:

3 אֲשֶׁר חָשְׁבוּ רָעוֹת בְּלֵב כָּל־יוֹם יָגוּרוּ מִלְחָמוֹת:

4 שָׁנֲנוּ לְשׁוֹנָם כְּמוֹ־נָחָשׁ חֲמַת עַכְשׁוּב תַּחַת שְׂפָתֵימוֹ סֶלָה:

5 שָׁמְרֵנִי יְהוָה מִידֵי רָשָׁע מֵאִישׁ חֲמָסִים תִּנְצְרֵנִי אֲשֶׁר חָשְׁבוּ לִדְחוֹת פְּעָמָי:

6 טָמְנוּ־גֵאִים פַּח לִי וַחֲבָלִים פָּרְשׂוּ רֶשֶׁת לְיַד־מַעְגָּל מֹקְשִׁים שָׁתוּ־לִי סֶלָה:

7 אָמַרְתִּי לַיהוָה אֵלִי אָתָּה הַאֲזִינָה יְהוָה קוֹל תַּחֲנוּנָי:

8 יְהוִה אֲדֹנָי עֹז יְשׁוּעָתִי סַכֹּתָה לְרֹאשִׁי בְּיוֹם נָשֶׁק:

9 אַל־תִּתֵּן יְהוָה מַאֲוַיֵּי רָשָׁע זְמָמוֹ אַל־תָּפֵק יָרוּמוּ סֶלָה:

10 רֹאשׁ מְסִבָּי עֲמַל שְׂפָתֵימוֹ (יְכַסּוּמוֹ) [יְכַסֵּמוֹ]:

11 (יָמִיטוּ) [יִמּוֹטוּ] עֲלֵיהֶם גֶּחָלִים בָּאֵשׁ יַפִּלֵם בְּמַהֲמֹרוֹת בַּל־יָקוּמוּ:

12 אִישׁ לָשׁוֹן בַּל־יִכּוֹן בָּאָרֶץ אִישׁ־חָמָס רָע יְצוּדֶנּוּ לְמַדְחֵפֹת:

13 (יָדַעְתָּ) [יָדַעְתִּי] כִּי־יַעֲשֶׂה יְהוָה דִּין עָנִי מִשְׁפַּט אֶבְיֹנִים:

14 אַךְ צַדִּיקִים יוֹדוּ לִשְׁמֶךָ יֵשְׁבוּ יְשָׁרִים אֶת־פָּנֶיךָ:

<Al músico principal. Salmo de David>

1 Líbrame, Jehová, del hombre malo; guárdame de hombres violentos,

2 los cuales maquinan males en el corazón y cada día provocan contiendas.

3 Aguzan su lengua como una serpiente;
veneno de víbora hay debajo de sus labios. Selah

4 Guárdame, Jehová, de manos del impío; líbrame de hombres injuriosos,
que han planeado trastornar mis pasos.

5 Me han tendido lazo y cuerdas los soberbios; han tendido red junto a la senda;
me han puesto lazos. Selah

6 He dicho a Jehová, "Dios mío eres tú; escucha, Jehová, la voz de mis ruegos.

7 Jehová, Señor, potente salvador mío,

tú pusiste a cubierto mi cabeza en el día de batalla".

⁸ No concedas, Jehová, al impío sus deseos;
no saques adelante sus pensamientos, para que no se ensoberbezca. Selah

⁹ En cuanto a los que por todas partes me rodean,
la maldad de sus propios labios cubrirá sus cabezas.
¹⁰ Caerán sobre ellos brasas, serán echados en el fuego,
en abismos profundos de donde no escaparán.
¹¹ El hombre deslenguado no será firme en la tierra;
el mal cazará al hombre injusto para derribarlo.

¹² Yo sé que Jehová tomará a su cargo la causa del afligido
y el derecho de los necesitados.
¹³ Ciertamente los justos alabarán tu nombre; ¡los rectos morarán en tu presencia!

La conclusión del salmo anterior es la llave para entender el lugar y la forma de comportamiento ante sus enemigos, que viene a expresarse en este salmo. El salmista se lamenta aquí de la guerra que le hacen, una guerra ante la que él tendrá que luchar a la larga en batalla abierta. Este salmo, que por su estructura y despliegue es más duro que hermoso, justifica su encabezado (לדוד) porque es davídico en sus formas y figuras, y porque puede situarse en el contexto de la rebelión de Absalón, a la que se unió, como expresión de envidia de los efraimitas, la rebelión de Sheba ben Bichri, el benjaminita.

En esa línea este salmo es muy semejantes al Sal 58 y al Sal 64. El final de los tres salmos suena de manera semejante; los tres concuerdan en el uso de formas de expresión muy parecidas y en el hecho de que su lenguaje se vuelve a veces oscuro por su estilo y por sus formas, especialmente al dirigirse en contra de los enemigos.

140, 1–4. Aquí se renuncia a la asimilación de la *nun* del verbo נצר (cf. תִּנְצְרֵנִי מֵאִישׁ חֲמָסִים, guárdame de hombres violentos), como en Sal 61, 8; Sal 78, 7, y con frecuencia, a fin de que la expresión mantenga todo su tono. La cláusula de relativo muestra que חמסים איש no se aplica solo a una persona.

La expresión בלב (cf. רָעוֹת בְּלֵב, males de corazón) pone de relieve el sentido de aquello que está profundamente escondido y premeditado. No es claro si יגורו (cf. כָּל־יוֹם יָגוּרוּ מִלְחָמוֹת, todos los días provocan guerra) significa levantar ejércitos en plan de guerra o promover contiendas. Pero, dado que la palabra גור en Sal 56, 7; Sal 59, 4; Is 54, 15, no significa congregar a otros, sino congregarse, se puede deducir que en este pasaje (lo mismo que גרה o התגרה de Dt 2, 9; Dt 2, 24, en siríaco y en el Targum), גור significa instigar, excitar, aunque sin hacer guerra o luchar en sentido externo (cf. שׁוּר, lo mismo que שׂרה, Oseas 12, 4).

El Sal 140, 4 coincide con el Sal 64, 4 y el Sal 58, 5: ellos afilan sus lenguas, produciendo así una picadura fatal, como la que viene de las serpientes, de la parte inferior de sus labios, disparando desde allí el veneno de la víbora (cf. Cant 4, 11). La palabra עכשוב (cf. חֲמַת עַכְשׁוּב תַּחַת שְׂפָתֵימוֹ, veneno de víboras hay bajo sus labios) es una ἅπαξ λεγομ., que no viene de כשב (cf. mi libro *Jesurun*, p. 207), sino de עכש, árabe *'ks* y *'ks̆*, raíz *'k* (véase Fleische, *Coment.* a Is 59, 5, עכביש), aunque ambos verbos tienen el significado de inclinarse, volverse y enrollarse como una serpiente[44].

140, 5–6. El despliegue de esta segunda parte del salmo es exactamente paralelo al de la primera. Los perfectos describen la conducta anterior, como muestra la comparación de 130, 3a con 140, 3b. La palabra פעמים es poéticamente equivalente a רגלים, y significa tanto pie como pisada (Sal 57, 5; 58, 11) y la huella que deja la pisada (Sal 85, 14; Sal 119, 133), pero aquí los dos sentidos no pueden distinguirse.

Los enemigos se llaman גֵּאִים (cf. טָמְנוּ־גֵאִים פַּח לִי, me han puesto lazos los enemigos) por la ambición desordenada de la que están infatuados. Las metáforas tomadas de la vida de los cazadores (cf. Sal 141, 9; Sal 142, 4) se amontonan aquí, como formando un "cuerpo" de sinónimos. El significado de לְיַד־מַעְגָּל se explica desde el Sal 142, 4. La expresión לְיַד, a la mano, es equivalente a lo que está muy cerca (1 Cron 18, 17; Neh 11, 24). En el mismo camino por donde el justo tiene que pasar han puesto lazos sus enemigos para atraparle cuando aparezca.

140, 7–9. Esta es la conducta de sus enemigos. Sin embargo, el orante ruega a su Dios, y así pone ante él sus razones (sus armas). Este día del equipamiento es el día de la crisis, cuando ha de trabarse totalmente la batalla. Yahvé es el salvador, y así le dice el orante סַכֹּתָה לְרֹאשִׁי בְּיוֹם נָשֶׁק, tú pusiste a cubierto mi cabeza en el día de la batalla. Este perfecto, סכותה muestra aquello que el orante ha recibido (recibirá) de parte de Dios, que protegerá su cabeza de los dardos o de las armas mortales de los enemigos.

Tanto el Sal 140, 8a como el Sal 140, 8b están evocando el yelmo, en el sentido de רֹאשׁ מָעוֹז, protección de la cabeza (cf. Sal 60, 9, con la expresión "yelmo de salvación", en Is 59, 17). Además de מַאֲוַיֵּי (cf. אַל־תִּתֵּן יְהוָה מַאֲוַיֵּי רָשָׁע,

---

44. La *beth* final de עַכְשׁוּב es una adición orgánica, modificando el sentido de la raíz. Conforme a los léxicos árabes *'ks* significa inclinarse uno a sí mismo, para extenderse a los lados, como las raíces de las viñas, a fin de moverse así en forma de V como las víboras (conforme a Ḳamûs) o de caminar como los borrachos (conforme a Neshwân). Pero, estrictamente hablando, el árabe *'ks̆* significa entrelazarse, como los peinados de cabellos o como el entrecruzamiento de las ramas de algunos árboles. Esta raíz ha sido aparentemente expandida para formar עכשוב, añadiendo una *beth*, que sirve para precisar su sentido, como en árabe *'rqûb*, la parte convexa de una roca empinada (nota de Wetzstein).

no concedas oh Yahvé sus deseos al malvado), el ἅπ. λεγ. מַאֲוָה, exige también la lectura מַאֲוַיֵּי (sin reduplicación de la primera *yod*), que Abulwald encontró en su códice de Jerusalén (en Zaragoza). La forma regular hubiera sido מַאֲוַי, mientras que la forma doblemente irregular מַאֲוַיֵּי sigue el ejemplo de palabras como מַחְשְׁכֵּי מַחְמַדֵּי y otras semejantes de las que no hay ejemplos en la Biblia.

Por su parte, זְמָמוֹ (cf. זְמָמוֹ אַל־תָּפֵק, sus pensamientos no saques adelante), en vez de מְזִמָּתוֹ, es también un *hápax legómenon*. Conforme a Gesenius, la forma principal es זָמַם (como קְרָב), que en arameo significa un tipo de treta, en el sentido de plan adverso o de engaño. El *hifil* הֵפִיק (raíz פק, de donde viene נפק, árabe *nfq*) significa "sacar adelante" (hacer que triunfen sus pensamientos), cf. Prov 3, 13; 8, 35; 12, 2; 18, 22, y en el sentido de "hacer que se extiendan", cf. Sal 144, 13; Is 58, 10.

El orante pide a Dios que no se cumplan los planes de los malvados, y lo hace con palabras que aparecen en el libro de Proverbios e Isaías. El futuro יָרוּמוּ indica las consecuencias que derivarían del triunfo del plan de los malvados (cf. Sal 61, 8), que se enorgullecerían, y contra ellas desea ponerse en guardia el salmista.

140, 10–12. Aquí termina la armonía simétrica. A medida que el poeta se introduce más en la contemplación de los rebeldes, más elevado y digno se vuelve su lenguaje, con expresiones cada vez más extrañas y construcciones más inimaginables. El *hifil* הֵסֵב (cf. רֹאשׁ מְסִבָּי, en cuanto a los que me rodean) significa, causativamente, rodear por todas partes (Ex 13, 18), y alzarse también alrededor (2 Cron 14, 6); aquí, en la línea de Jos 6, 11, con un acusativo posterior, y con el significado de caminar alrededor, hacer un circuito en torno a alguien, como los enemigos que rodean una ciudad por todas partes y buscan el punto o brecha más favorable para el asalto.

מְסִבָּי es participio de מֵסַב. Aunque derive del sustantivo מֵסַב (Hupfeld), "los que me rodean" es equivalente a אֹיְבַי סְבִיבוֹתַי (los enemigos que me rodean: Sal 27, 6). Por su parte, Hitzig traduce la frase (רֹאשׁ מְסִבָּי) como "la cabeza de mis calumniadores", en el sentido de סבב, andar alrededor, en árabe contar difamaciones contra alguien, infamar. Pero el árabe *sbb*, que significa en futuro "abusar", no se utiliza en *hifil* ni en el lenguaje antiguo ni en el moderno y, además, esa palabra no tiene relación ninguna con el hebreo סבב, sino que significa originalmente cortar alrededor, en el sentido de injuriar el honor o buen nombre de alguien[45].

En nuestro pasaje, los enemigos que rodean al salmista por todas partes aparecen a modo de calumniadores, como indica aquí la palabra שְׂפָתֵימוֹ: el salmista

---

45. El lexicógrafo Neshwân en I, 279b, dice en árabe: *'l-sbb 'l - šatm w-qîl an aṣl 'l-sbb 'l - qaṭ' ṭm ṣâr 'l - štm*. Por su parte, *sebb* significa abusar; en la base de su significado se encuentra el gesto de cortar/dividir a otro, es decir, de "difamarle". Según eso, esa palabra es un sinónimo del árabe *qt'*, como en *lištqt'finâ*: ¿por qué nos has insultado, has destruido nuestro honor? (nota de Wetzstein).

quiere y pide que el mal que le causan los labios calumniadores de sus enemigos recaiga sobre sus propias cabezas.

ראש significa así cabeza, en el sentido primero y literal que tiene en el Sal 7, 17. Por su parte, יכסימו (con la *yod* de la raíz, como en Dt 32, 26; 1 Rey 20, 35) se refiere hacia atrás a ראש, y así queda claro el sentido de la frase: sobre la cabeza de aquellos que me calumnian..., que el mal de sus labios les cubra (les destruya).

En el Sal 140, 11, ימיטו (cf. יָמִיטוּ עֲלֵיהֶם גֶּחָלִים, caerán sobre ellos brasas) tiene un sentido indefinido y se refiere a los poderes punitivos (cf. Gesenius, 137), con el significado de que "desciendan" (que hagan caer sobre ellos) brasas, en la línea del Sal 55, 4. El ἅπ. λεγ. מהמרות (cf. בְּמַהֲמֹרוֹת בַּל־יָקוּמוּ, en abismos profundos de donde no podrán levantarse) ha sido relacionado por Parchón y otros con el árabe *hmr*, que al lado de otras significaciones (golpear, derribar, etc.), tiene también la de fluir, desatarse (así, por ejemplo, en el Corán, *maʾ munhamir* son las aguas desbordantes).

El fuego y el agua desatadas son signo de los peligros a los que un hombre no puede escapar (Sal 66, 12), y en ese sentido puede hablarse de abismos o pozos de fuego o de agua. El significado de "pozos" está atestiguado por el Targum, Símaco, Jerónimo y por una cita de Kimchi: "Ellos serán ante todo enterrados en מהמורות, cuando su carne sea consumida, recogidos sus huesos y enterrados en sepulcros". Sobre בַּל־יָקוּמוּ, cf. Is 26, 14. Como en Sal 140, 10-12, esa frase no ha de tomarse como una máxima general, sino como la expresión de un deseo, de acuerdo con el tono excitado de la estrofa: ¡que sean enterrados...!

En 140, 12, לשון איש (cf. אִישׁ לָשׁוֹן בַּל־יִכּוֹן בָּאָרֶץ, el hombre maligno no permanecerá en la tierra), el que habla exagerando no es un simple charlarán, sino alguien que dice maldades, esto es, un calumniador (LXX: ἀνὴρ γλωσσώδης, cf. Ecl 8, 4). Conforme a los acentos, אִישׁ־חָמָס רָע יְצוּדֶנּוּ לְמַדְחֵפֹת (el hombre de violencia a quien el mal le cazará para derribarle) está en paralelo con el calumniador.

Pero ¿por qué la violencia es peor que la calumnia, como aquí se supone? Con Sommer, Olshausen y otros, pensamos que רע es el sujeto de יְצוּדֶנּוּ: que el mal, es decir, el castigo que brota del mal, le cace, es decir, se adueñe de él y le destruya (cf. Prov 13, 21, רעה תרדף חטאים, con la expresión opuesta en el Sal 23, 6). No traducimos el ἅπ. λεγ. למדחפת en la línea de Hengstenberg, Olshausen y otros, suponiendo que el mal va derribando a golpes, empujón tras empujón, a los malvados, pues ese gesto no responde a la imagen del cazador, sino al contrario. Por otra parte, la raíz דחף tiene siempre el sentido de precipitar con prisa; aquí se trata, pues, de que el mal caza y derriba de repente a los malvados.

140, 13-14. Con el Sal 140, 13 la forma del lenguaje vuelve a ser de nuevo agradable y gozosa. La ira se ha apagado, y por eso cambia de nuevo el estilo y el tono, de forma que el texto se despliega con gusto, como llegando a su meta. En referencia a יֹדַעַת en vez de ידעתי (cf. *qetub* y el *keré*: יָדַעְתְּ יָֽדַעְתִּי), como en Job 42, 2, véase Sal 16, 2.

Aquello que David esperaba confiadamente para sí en el Sal 9, 5 se generaliza ahora y se expresa a modo de esperanza de triunfo para todos los oprimidos, que están representados por el salmista. Después que parecía haber sido abandonado, Dios se le manifiesta otra vez y todos los que parecían expulsados de la tierra de los vivos encuentran de nuevo un lugar de seguridad para vivir ante y con su gozosa mirada (Sal 16, 11).

Salmo 141. Oración de la tarde, en tiempos de Absalón

מִזְמֹור לְדָוִד יְהֹוָה קְרָאתִיךָ חוּשָׁה לִי הַאֲזִינָה קֹולִי בְּקָרְאִי־לָֽךְ: ¹
תִּכֹּון תְּפִלָּתִי קְטֹרֶת לְפָנֶיךָ מַשְׂאַת כַּפַּי מִנְחַת־עָֽרֶב: ²
שִׁיתָה יְהֹוָה שָׁמְרָה לְפִי נִצְּרָה עַל־דַּל שְׂפָתָֽי: ³
אַל־תַּט־לִבִּי לְדָבָר רָע לְהִתְעֹולֵל עֲלִלֹות בְּרֶשַׁע ⁴
אֶת־אִישִׁים פֹּֽעֲלֵי־אָוֶן וּבַל־אֶלְחַם בְּמַנְעַמֵּיהֶֽם:
יֶהֶלְמֵנִי־צַדִּיק חֶסֶד וְיֹוכִיחֵנִי שֶׁמֶן רֹאשׁ אַל־יָנִי רֹאשִׁי ⁵
כִּי־עֹוד וּתְפִלָּתִי בְּרָעֹותֵיהֶֽם:
נִשְׁמְטוּ בִֽידֵי־סֶלַע שֹׁפְטֵיהֶם וְשָׁמְעוּ אֲמָרַי כִּי נָעֵֽמוּ: ⁶
כְּמֹו פֹלֵחַ וּבֹקֵעַ בָּאָרֶץ נִפְזְרוּ עֲצָמֵינוּ לְפִי שְׁאֹֽול: ⁷
כִּי אֵלֶיךָ יְהֹוִה אֲדֹנָי עֵינָי בְּכָה חָסִיתִי אַל־תְּעַר נַפְשִֽׁי: ⁸
שָׁמְרֵנִי מִידֵי פַח יָקְשׁוּ לִי וּמֹקְשֹׁות פֹּעֲלֵי אָֽוֶן: ⁹
יִפְּלוּ בְמַכְמֹרָיו רְשָׁעִים יַחַד אָנֹכִי עַד־אֶעֱבֹֽור: ¹⁰

<Salmo de David>

¹ Jehová, a ti he clamado; apresúrate a venir a mí;
escucha mi voz cuando te invoque.

² Suba mi oración delante de ti como el incienso,
el don de mis manos como la ofrenda de la tarde.

³ Pon guarda a mi boca, Jehová; guarda la puerta de mis labios.
⁴ No dejes que se incline mi corazón a cosa mala,
para hacer obras impías con los hombres (gobernantes) que hacen el mal;
y no coma yo de sus deleites.

⁵ Que el justo me castigue y me reprenda será un favor;
pero que bálsamo de impíos no unja mi cabeza,
pues mi oración será continuamente contra sus maldades.

⁶ Serán despeñados sus jueces, y oirán mis palabras, que son verdaderas.
⁷ Como quien hiende y rompe la tierra,
son esparcidos nuestros huesos a la boca del sheol.

⁸ Por tanto, a ti, Jehová, Señor, miran mis ojos.
En ti he confiado, no desampares mi alma.
⁹ Guárdame de los lazos que me han tendido y
de las trampas de los que hacen maldad.
¹⁰ Caigan los impíos a una en sus redes, mientras yo paso adelante.

Este salmo (141), con el anterior (140) y los dos siguientes (142-143) están entrelazados de muchas formas, los unos con los otros (*Symbolae*, p. 67s). Los siguientes pasajes son muy semejantes: Sal 140, 7; 141, 1; 142, 2 y 143, 1. Así como el poeta se lamenta en el Sal 142, 4 (cuando mi espíritu vela dentro de mí) así lo hace también en el Sal 143, 4. Como él ruega en el Sal 142 (saca mi alma de la prisión), así lo hace también en el Sal 143, 11 ("saca mi alma de la tristeza", de forma que צרה toma el lugar de la palabra metafórica מסגר). Además de esas semejanzas, compárese Sal 140, 5-6 con Sal 141, 9 y Sal 142, 7 con Sal 143, 9. Comparar también Sal 140, 3 con Sal 141, 5 (רעות); Sal 140, 14 con Sal 142, 8; Sal 142, 4 con Sal 143, 8.

La buena comprensión de nuestro salmo depende de la buena interpretación de su situación. La inscripción לדוד quiere referirse presumiblemente a una situación determinada de la historia de David, partiendo de la cual se ha compuesto el salmo, sea que lo escribiera el mismo David o algún otro que deseaba expresar sus sentimientos a partir de esa situación.

En ese contexto debemos recordar que el despliegue de los salmos davídicos que aparece en los dos últimos libros del salterio deriva en gran parte de las obras de historia en las que se inspiran esos salmos, de manera que ellos son reproducciones libres de los sentimientos de David, a diferencia de los antiguos modelos davídicos, que surgían a partir de narraciones históricas.

Este Sal 141 adorna y expresa el sentido de la historia de David en el tiempo de la persecución de Absalón. En aquel tiempo, David fue expulsado de Jerusalén, y separado por tanto de la liturgia sacrificial de Dios que se realizaba en Sión. Nuestro salmo aparece así, como un himno de la tarde de aquellos turbulentos días.

La iglesia antigua, incluso antes del tiempo de Gregorio (*Constitutiones Apostolicae*, II, 59) escogió este salmo como himno de la tarde. Por eso, así como el Sal 63 recibió el nombre de ὀρθρινός o de la mañana (cf. *Constitutiones* 8, 37), así este salmo, tomado como himno de vísperas, fue llamado ἐπιλύχνιος (véase 8, 35).

141, 1-2. El verdadero comienzo del Sal 141, 1 no es realmente davídico, pero sigue el estilo davídico; así, en vez de decir apresúrate por mí (קְרָאתִיךָ; 141, 1), David decía siempre "apresúrate a socorrerme" (Sal 22, 20; 38, 23; 40, 14). También el לך unido a בקרא (בְּקָרְאִי־לֶךְ, como en Sal 4, 2) ha de explicarse como en el Sal 57, 3, "cuando yo te llamo" (relacionado con "cuando estás como ahora lejos de mí").

Al grito general pidiendo ayuda, le sigue en el Sal 141, 2 una petición en la que el salmista ruega a Dios que responda a su plegaria. Lutero ha traducido el texto de un modo excelente: que mi oración te alcance como ofrenda de incienso, la elevación de mis manos como sacrificio vespertino (cf. *wie ein Reuchopffer, wie ein Abendopffer*).

El verbo תִּכּוֹן (cf. תִּכּוֹן תְּפִלָּתִי קְטֹרֶת לְפָנֶיךָ, suba mi oración como incienso a tu presencia) es fut. *nifal* de כּוּן, y significa propiamente hablando ser elevado o establecido; también puede entenderse en sentido reflexivo, colocarse o disponerse uno a sí mismo, cf. Amós 4, 12, o en sentido de continuidad, como en el Sal 101, 7. Así se puede traducir: que mi oración aparezca o sea (*sistat se*) o, mejor dicho, que siga siendo aceptada o reconocida por ti como incienso (que se eleva, como קְטֹרֶת), y la elevación de mis manos como מִנְחַת־עֶרֶב, ofrenda de la tarde.

Los comentaristas suelen decir que en estos dos casos estamos ante una *comparatio decurtata* (una comparación simplificada, como en el Sal 11, 1 y en otras ocasiones), como ofrenda de incienso, como *mincha* de la tarde. Pero el poeta omite a propósito la כ de la comparación. Él quiere que su oración suba ante Dios como humareda de suave olor o como incienso, como ascendía la humareda y el incienso de la *azcara,* que era la ofrenda de comida de la tarde, con su perfume ascendente, en dirección hacia Dios[46].

El salmista desea así que la elevación de sus manos le agrade a Dios (con מַשְׂאַת en constructo, que no significa *oblatio*, sino *elevatio,* conforme a la frase יָדַיִם כַּפַּיִם נְשׂא, cf. Jc 20, 38. 34 con Sal 28, 2, *passim*) como ofrenda o *mincha* de la tarde, que según Ex 29, 38-42 se añadía al *tamîd* vespertino, concluyendo así el servicio litúrgico del día en el templo[47].

141, 3–4. Con estos versos comienza la oración propiamente dicha del salmo, expresada ya en concreto, de un modo particular, en forma de petición, trayendo a la memoria antiguos pasajes davídicos como Sal 39, 2; Sal 34, 14. La situación de David, traicionado por su hijo, requiere mesura al hablar; y lo mismo la conciencia

---

46. El salmo no alude aquí al קְטֹרֶת תָּמִיד, al así llamado "incienso perpetuo" sobre el altar dorado del santo lugar, como en Ex 30, 8 (pues, según Hitzig aquí no se está hablando del humo del sacrificio de los sacerdotes, que según Hitzig, debía ser por supuesto el de Juan Hyrcano), sino más bien, como en Is 1, 13, al incienso de la *azcara* de la ofrenda de comida que un sacerdote común hacía quemar (הַקְטִיר) sobre el altar. De esa manera, el incienso (Is 66, 3) se consumía enteramente, y no solo un puñado.

47. La razón de que se añada la ofrenda o *mincha* de la tarde es porque ella se menciona más veces que la *mincha* matutina (cf. sin embargo, 2 Rey 3, 20). En conjunto, la *mincha* de la mañana y la de la tarde (2 Rey 16, 15; 1 Rey 18, 29; 1 Rey 18, 36) forman el comienzo y la conclusión del servicio principal del día. Según eso, de acuerdo con el *usus loquendi* o forma de hablar de Dan 9, 21 y Esd 9, 4, la palabra *mincha* significaba directamente la hora de la ofrenda de la mañana o de la tarde.

de haber pecado, no ciertamente contra los rebeldes, sino contra Dios, que solo le visitaría (a David) si él lo mereciera, de forma que él, David, no podía empezar justificándose a sí mismo.

En 141, 3, en la frase *pone custodiam ori meo* (cf. שִׁיתָה יְהוָה שָׁמְרָה לְפִי, pon Yahvé una guarda a mi boca), la palabra שמרה es un ἅπ. λεγ., en forma de infinitivo, como en דבקה, עזבה, עצמה. Por su parte, דל (cf. נִצְּרָה עַל־דֵּל שְׂפָתָי) es ἅπ. λεγ. de דלת; cf. "puertas de la boca" en Miq 7, 5 (en una línea semejante a la de las πύλαι στόματος de Eurípides).

La palabra נִצְּרָה podría ser imperativo *kal*, yo te ruego, con *daggesh dirimens* como en Prov 4, 13. Pero la expresión נצר על no se utiliza en la Biblia, y no puede tener aquí ese sentido. Además, como paralelo de שמרה, que ofrece igualmente la impresión de ser imperativo, נצרה se explica mejor en comparación con יקהה, cf. Gen 49, 10, con דברה, Dt 33, 3 y con קרבה, cf. Sal 73, 28.

A esta oración por la que se pide la gracia de mantenerse en silencio (de tener cerrada la boca), sigue en el Sal 141, 4 una oración en la que el salmista pide a Dios que le separe de todos los gobernantes malvados. Con un tono de ironía se les llama אישים (hombres, como señores, gobernantes), en el sentido de בני איש, como en el Sal 4,3[48].

La cosa mala (לְבָר לָע) a la que Dios no debe inclinar nunca el corazón del salmista (con תט, *fut. apoc. hifil*, como en el Sal 27, 9), se describe inmediatamente de un modo más preciso y consiste en *perpetrare facinora maligne cum dominis* (hacer obras con los "señores" malos...). עללות significa "grandes obras", pero en el sentido de "obras infames"; esta palabra aparece también en Sal 14, 1; Sal 99, 8. Aquí tenemos, sin embargo, el *hitpoel* התעלל, que con עללות como acusativo de objeto, significa realizar voluntariamente esas obras de los malos (cf. árabe *ta'allala b-'l-s̆*, entrometerse en algún tema, divertirse, entretenerse con algo).

Esta expresión sirve para indicar rechazo, del modo más fuerte posible. El poeta apela para ello a destacar los matices coloridos del lenguaje. En la expresión siguiente, וּבַל־אֶלְחַם בְּמַנְעַמֵּיהֶם, *neve eorum vescar cupediis*, se utiliza la palabra poética לחם (pan, comer pan) en vez de אכל, y la ב de בְּמַנְעַמֵּיהֶם es una *beth* de partitivo, como en Job 21, 25.

Por su parte, מנעמים es otro *hápax legómenon*, pero como expresión de comidas deleitosas o manjares (de נעם, ser dulce, tierno, agradable), debe haber sido una palabra utilizada con frecuencia. Es un hecho bien conocido que los usurpadores se aprovechan de la comida y bebida de aquellos a quienes han expulsado de sus territorios, para ocuparlo ellos.

---

48. En ese sentido se utiliza en español la expresión hidalgos, *hijos d'algo*, de alguien importante (*nota del traductor*).

141, 5–7. Hasta aquí el salmo ha sido de fácil exposición, a partir de aquí se vuelve difícil, aunque no imposible de comentar. Siendo consciente de sus pecados en contra de Dios y de sus imperfecciones como monarca, oponiéndose a los abusos que ahora está sufriendo, David dice que él aceptaría cualquier reproche fraterno (que el justo me castigue y me reprenda, eso será un favor, como aceite sobre mi cabeza, es decir, como algo positivo…).

Traduzco así el pasaje, siguiendo los acentos, y no como Hupfeld, Kurtz y Hitzig: "Si un justo me critica, eso es amor; si él me reprueba, eso es para mí ungüento en la cabeza". Si el texto quisiera decir eso no podría haberse olvidado del הִיא, que por dos veces se omite, cosa que no es admisible.

צַדִּיק (cf. יֶהֶלְמֵנִי־צַדִּיק, que me reprenda el justo) aparece aquí como un sustantivo abstracto, con el sentido de un hombre, cualquiera que sea, en antítesis a los rebeldes y a los que se han unido a ellos. Amyraldus, Maurer y Hengstenberg piensan que ese *Justo* es Dios. Pero la palabra צַדִּיק solo se aplica a Dios como atributo, y nunca como apelación directa.

חסד, como en Jer 31, 3, es equivalente a בחסד, *cum benignitate*, como en latín *benigne*. Lo que aquí se quiere decir es como en Job 6, 14, lo que Pablo (Gal 6, 1) llama πνεῦμα πραΰτητος. Por su parte הלם, *tundere* (golpear), se utiliza como de los golpes o de las correcciones, incluso las más serias, pero realizadas con buena intención, como en el caso de los de un amigo (Prov 27, 6).

Esos golpes serían para él como aceite en la cabeza (Sal 23, 5; 133, 2), que no es signo de desprecio, sino de fortalecimiento. La palabra יני (cf. אַל־יָנִי רֹאשִׁי שֶׁמֶן רֹאשׁ), escrita defectivamente, en vez de יניא, como ישי, en el Sal 55, 16; 1 Rey 21, 29, *passim*, viene de הניא (raíz נא, árabe n') y significa aquí negar, como en el Sal 33, 10, llevar a la nada, destruir. Por su parte, los LXX traducen μὴ λιπανάτω τὴν κεφαλήν μου (no unja mi cabeza), traducción que es seguida también por el siríaco y por Jerónimo. El sentido de esta imagen es el siguiente: un buen reproche sería aceptable y espiritualmente provechoso para el salmista.

La confirmación que sigue con כִּי־עוֹד וגו (cf. כִּי־עוֹד וּתְפִלָּתִי בְּרָעוֹתֵיהֶם, mi oración sería constantemente contra sus maldades) resulta enigmática, tanto por su significado como por su expresión. La עוֹד es la clave de toda la frase, de manera que tanto la *yod* que sigue (וּתְפִלָּתִי) como la *waw* con la que se introduce la apódosis (וְיוֹכִיחֵנִי שֶׁמֶן רֹאשׁ) dependen de esa partícula (עוֹד).

Nosotros interpretamos el texto así: porque el tema es este, que mi oración sea en contra de su maldad, es decir, que yo no utilice otra arma de combate contra los malvados, sino que me mantenga en un estado espiritual de mente, una buena mente que está siempre dispuesta a un reproche bien intencionado.

La traducción de Mendelssohn es semejante a la nuestra: yo sigo orando, mientras ellos acuden a infamias. Sobre el sentido de עוד con *waw* posterior (כִּי־עוֹד וּתְפִלָּתִי), cf. Zac 8, 20, אשר עוד (véase Köhler), y Prov 24, 27, ו. אחר. El mismo que ha pedido a Dios en el Sal 141, 3 que ponga en su boca una guarda se mantiene después callado en presencia de aquellos que quieren imponer ahora su poder, deseando mantenerse siempre limpios, alejado de acciones pecadoras, mientras que él está dispuesto a sufrir el castigo de los justos.

De esa manera, mientras más silencioso se muestre el poeta ante el mundo (cf. Am 5, 13), más intensa será su vinculación con Dios. Pero vendrá un tiempo en el que aquellos que ahora son opresores caerán como presa de la venganza del pueblo al que ellos han engañado y descarriado. Y, por otra parte, la confesión de la salvación y del sentido de la intervención de Dios, al que se ha impuesto silencio hasta ahora podrá hacerse oír libremente, escuchando una escucha y aceptación libre.

Como dice 141, 6, los nuevos gobernantes o jueces caerán bajo el poder de la indignación del pueblo y serán arrojados desde la roca al hondo de los precipicios (cf. נִשְׁמְטוּ בִידֵי־סֶלַע שֹׁפְטֵיהֶם), mientras que el pueblo obedecerá a las palabras de David, descubriendo que ellas son agradables y beneficiosas (véase Prov 15, 26; 16, 24).

La forma de castigar a las personas, arrojándolas desde una roca fue un modo usual de ejecución (2 Cron 25, 12). יְדֵי־סֶלַע son los lados de la roca (Sal 140, 6; Jc 11, 26), y en ese contexto se entiende la expresión ἐχόμενα πέτρας de los LXX, que ha sido mal interpretada por Jerónimo[49]; esa expresión significa los lados de la roca, concebidos como si fueran las manos del cuerpo de la roca.

En el Sal 141, 7 sigue una nueva afirmación sobre David y sus seguidores: *instar findentis et secantis terram* (בקע con *beth*, con el significado hostil de *irrumpere*): *dispersa sunt ossa nostra ad ostium* (לפי, como en Prov 8, 3) *orci* (como quien hiende y rompe la tierra, son esparcidos nuestros huesos a la boca del sheol). De un modo semejante traduce Símaco, ὥσπερ γεωργὸς ὅταν ῥήσσῃ τὴν γὴν, οὕτως ἐσκορπίσθη τὰ ὀστᾶ ἡμῶν εἰς στόμα ᾅδου. Por su parte, la traducción griega, la Quinta, pone: ὡς καλλιεργῶν καὶ σκάπτων ἐν τῇ γῇ κ. τ. λ.

En un sentido radical, estas palabras han de entenderse como expresión de una mirada de esperanza en el futuro, aún en el caso de que sus huesos (los de David) y los de sus seguidores estuvieran ya esparcidos ante la boca del Sheol, con su alma abajo y sus huesos arriba. Sucede así lo mismo que con el labrador que ara la tierra y pone en ella la semilla. No lo hace para que la semilla quede de esa forma para siempre, sino para que pueda brotar de nuevo, de manera que la semilla que se ha sembrado germine y produzca frutos, a partir de la tierra donde ha sido enterrada.

---

49. Beda Pieringer, *Psalterium Romana Lyra Redditum* (Ratisbonae, 1859) interpreta κατεπόθησαν ἐχόμενα πέτρας οἱ κραταιοὶ αὐτῶν en el sentido de "sus poderosos, sus jueces, han sido tragados junto a la roca…".

Los códices Vaticano y Sinaítico de la LXX ponen τὰ ὀστᾶ ἡμῶν (nuestros huesos), pero otros MSS ponen αὐτῶν, de ellos (Códice Alejandrino: corrección de una segunda mano, con versiones siríaca, árabe y etiópica). Sea como fuere, aquí podemos vislumbrar una esperanza de resurrección, aunque no directamente (cf. Oehler, en Herzog, *Real-Encyclopdie*, volumen conclusivo, p. 422), al menos como signo y esperanza de victoria, a pesar de haber sucumbido en la tierra.

Lo que hace posible que ofrezcamos esta interpretación es la figura del labrador, y la frase condicional del Sal 141, 8 (cf. כִּי אֵלֶיךָ׀ יְהוִה אֲדֹנָי עֵינָי, porque a ti Yahvé, Señor, se dirigen nuestros ojos), que nos sitúa en el centro de la comparación; porque si 141, 7 fuera un lamento del justo, pero sin respuesta de Dios, ese sería un texto ininteligible, por estar aislado con respecto a lo que ha precedido y a lo que sigue.

141, 8-10. Si 141, 7 no es mero lamento, sino también signo de esperanza, no tenemos ya necesidad de dar al כי inicial un sentido adversativo, sino que podemos aceptar su sentido natural, de tipo confirmativo, como *namque*. Desde esta perspectiva el salmo culmina en una serie de afirmaciones que son fáciles de entender, y que responden perfectamente al contexto. En relación con el Sal 141, 8 uno puede recordar a Sal 25, 15 y 31, 2. En relación con 141, 9 podemos recordar a Sal 7, 16; 69, 23 y otros pasajes.

La raíz ערה (cf. בְּכָה חָסִיתִי אַל־תְּעַר נַפְשִׁי, en ti he esperado, no abandones mi alma) en *piel* es equivalente al *hifil*, cf. הערה en Is 53, 12. La expresión פח ידי (cf. שָׁמְרֵנִי מִידֵי פַּח יָקְשׁוּ לִי, guárdame de los lazos que me han tendido...) está evocando las manos de una serpiente que agarra y captura. לי יקשׁו es virtualmente un genitivo, *qui insidias tendunt mihi*, que me ponen acechanzas, pues no se dice פח יקש, *ponere laqueum* (poner un lazo).

En 141, 10, מכמרים (cf. יְחַד רְשָׁעִים בְּמִכְמֹרָיו יִפְּלוּ, caigan en sus redes a una los impíos...) es otro *hápax legómenon*. Tenemos aquí una *enálage* de número, como en el Sal 62, 5; Is 2, 8; Is 5, 23, de forma que se dice en singular lo que se refiere a muchos, pero en particular a cada uno. Por su parte el plural מקשׁות (cf. וּמֹקְשׁוֹת פֹּעֲלֵי אָוֶן, y de las trampas de los que hacen maldad), en vez de מקשׁים, Sal 18, 6; Sal 64, 6, solo aparece aquí.

יחד (cf. יַחַד אָנֹכִי עַד־אֶעֱבוֹר, solo yo pasaré adelante) ha de explicarse aquí como en el Samo 4, 9, para mostrar la coincidencia entre el derrocamiento de los impíos enemigos y la liberación del perseguido. Con יחד אנכי el poeta pone de relieve la simultaneidad y la diferencia de destino entre el salmista (el único que se libera, por gracia de Dios) y los enemigos que caen en las redes que ellos mismos han tendido.

Salmo 142. Grito desde la prisión para el bien de los amigos

מַשְׂכִּיל לְדָוִד בִּהְיוֹתוֹ בַמְּעָרָה תְפִלָּה: ¹
קוֹלִי אֶל־יְהוָה אֶזְעָק קוֹלִי אֶל־יְהוָה אֶתְחַנָּן: ²
אֶשְׁפֹּךְ לְפָנָיו שִׂיחִי צָרָתִי לְפָנָיו אַגִּיד: ³
בְּהִתְעַטֵּף עָלַי רוּחִי וְאַתָּה יָדַעְתָּ נְתִיבָתִי בְּאֹרַח־זוּ אֲהַלֵּךְ טָמְנוּ פַח לִי: ⁴
הַבֵּיט יָמִין וּרְאֵה וְאֵין־לִי מַכִּיר אָבַד מָנוֹס מִמֶּנִּי אֵין דּוֹרֵשׁ לְנַפְשִׁי: ⁵
זָעַקְתִּי אֵלֶיךָ יְהוָה אָמַרְתִּי אַתָּה מַחְסִי חֶלְקִי בְּאֶרֶץ הַחַיִּים: ⁶
הַקְשִׁיבָה אֶל־רִנָּתִי כִּי־דַלּוֹתִי מְאֹד הַצִּילֵנִי מֵרֹדְפַי כִּי אָמְצוּ מִמֶּנִּי: ⁷
הוֹצִיאָה מִמַּסְגֵּר נַפְשִׁי לְהוֹדוֹת אֶת־שְׁמֶךָ בִּי יַכְתִּרוּ צַדִּיקִים כִּי תִגְמֹל עָלָי: ⁸

<Masquil de David. Oración que hizo cuando estaba en la cueva>

¹ Con mi voz clamaré a Jehová; con mi voz pediré a Jehová misericordia.
² Delante de él expondré mi queja; delante de él manifestaré mi angustia.
³ Cuando mi espíritu se angustiaba dentro de mí, tú conocías mi senda.

En el camino en que andaba, me escondieron lazo.
⁴ Mira a mi diestra y observa, pues no hay quien quiera conocer.
¡No tengo refugio ni hay quien cuide de mi vida!
⁵ Clamé a ti, Jehová; dije,
"¡Tú eres mi esperanza y mi porción en la tierra de los vivientes!".

⁶ Escucha mi clamor, porque estoy muy afligido.
Líbrame de los que me persiguen, porque son más fuertes que yo.
⁷ Saca mi alma de la cárcel, para que alabe tu nombre.
Me rodearán los justos, porque tú me serás propicio.

Este es el último de los ocho salmos davídicos que en su encabezado tienen la referencia al tiempo de la persecución por Saúl (véase en Sal 34): es un *masquil* o meditación de David, cuando él estaba en la cueva, es decir, una *oración*. De estos ocho salmos el 52 y el 54 llevan también el nombre de *masquil* (véase *Coment.* a Sal 32). En este caso se añade también más tarde תפלה, oración, que solo aparece además como inscripción en Sal 90, 1; Sal 102, 1; Sal 3, 1, y que aquí se utiliza como explicación de la palabra *masquil* (que solo aparece en la poesía de los salmos).

El artículo que se pone en במערה (en la cueva), como en el Sal 57, 1, se está refiriendo a la Cueva de Ádullam (1 Sam 22) o a la de Engedi (1 Sam 24), que tras comenzar por una entrada estrecha y casi oculta forma después un conjunto laberíntico de pasajes y de bóvedas que las antorchas y cuerdas de los exploradores no han logrado recorrer totalmente hasta ahora.

Este salmo no contiene ningún signo o referencia que nos lleve a una etapa postdavídica; pero, a pesar de ello, parece que, tomado en conjunto, es una imitación de modelos anteriores, de forma que podemos afirmar que Sal 142, 2 y 4 se inspiran en Sal 77, 2 y 4. Esta misma dependencia respecto al Sal 77 puede advertirse también en Sal 143, 1-12 (cf. Sal 142, 5) en relación con el Sal 77, 12. El tema de la referencia de estos dos salmos (142 y 143) a David ha de estudiarse en conjunto.

142, 1-4a. El énfasis de las dos primeras líneas recae en אֶל־יְהוָה. Olvidado por todos los seres creados, el salmista confía en Yahvé. Se vuelve a él a través de una oración patética por la que pide su ayuda (con זעק), una frase cuya palabra más significativa es התחנן, como en el Sal 30, 9. No se trata de una oración puramente interior (cf. Ex 14, 15), sino que se expresa externamente, como en el Sal 3, 5.

Esta es una oración audible, que influye de un modo tranquilizante y fortalecedor sobre el mismo orante, que descarga sobre Dios los problemas y tensiones que le impiden pensar (cf. אֶשְׁפֹּךְ לְפָנָיו שִׂיחִי, expondré ante él mi queja, como en el Sal 102, 1, cf. Sal 62, 9; Sal 64, 2; 1 Sam 1, 16). De esa forma, el orante presenta ante Dios todo aquello que le pesa y le entristece.

No se trata de que Dios no conociera previamente los problemas del orante. Por el contrario, cuando su espíritu (con רוּחִי, como en Sal 143, 4; Sal 77, 4, cf. también נפשי en Jon 2, 7; Sal 107, 5 o לבי en Sal 61, 3) está como amortajado dentro de sí (עלי, cf. Sal 42, 5) y languidece, justamente entonces siente consuelo, porque sabe que Dios le conoce bien, le mira y acompaña en medio de todos los peligros que le amenazan, pues él comparte la razón y sentido de su llanto.

La *waw* de ואתה (cf. וְאַתָּה יָדַעְתָּ נְתִיבָתִי, y tú conocías mi senda) es la misma que aparece en 1 Rey 8, 36, cf. Sal 35. Pues bien, en ese momento, en vez de decir "yo me consuelo con el hecho de que…", el orante declara y describe aquello que le fortalece. Suponiendo que este es el sentido del texto no hay necesidad de cambiarlo para suprimir la aparente incongruencia que pudiera darse entre 142a y 142b.

142, 4b-6. La oración del poeta se vuelve ahora más honda y excitada, y se adentra de manera más precisa en los detalles de su situación: a donde quiera que vaya (cf. Sal 143, 8) le amenazan los lazos hábilmente tendidos de sus enemigos. Todos aparecen así manchados. Ni Dios, cuyos ojos lo ven todo, puede descubrir a nadie que actúe con fidelidad y que se interese cuidadosamente por él (por el salmista).

הביט (cf. הַבֵּיט יָמִין וּרְאֵה וְאֵין־לִי מַכִּיר: mira a mi diestra y observa, no hay nadie que me quiera bien…). Mira… Esta es una forma de expresión híbrida en la que se vinculan הבט y הביט, el tipo de imperativo usual y el más raro. Cf. הביא en 1 Sam 20, 40 (y también en Jer 17, 18), con otras formas de infinitivo absoluto en Jc 1, 28; Amós 9, 8, y de futuro inverso en Ez 40, 3.

Por su parte, מַכִּיר es como en Rut 2, 19, cf. Sal 10, alguien que mira con cariño sobre otro, alguien de buenas intenciones (cf. הַכִּיר פָּנִים), de buenos deseos, amistoso y amigo. Si hubiera un hombre así estaría a su lado עֹמֵד עַל־יְמִינוֹ o מִימִינוּ (Sal 16, 8). Alguien como ese estaría a su derecha (Sal 109, 6), como ayuda en la batalla (Sal 110, 5) como abogado o defensor (Sal 109, 31), ocupando y manteniendo su lugar, para así apoyarle y defenderle, a él que está en peligro (Sal 121, 5). Pero si Dios mira en esa dirección descubrirá que el salmista se encuentra solo, pidiéndole ayuda, sin protección ninguna.

En lugar de וַאֵין (cf. אֵין דּוֹרֵשׁ לְנַפְשִׁי, nadie que cuide de mi vida) uno habría esperado una partícula כִּי o אֲשֶׁר, para introducir así la condición en que él se encuentra. Pero en ese contexto, la conjetura de Hitzig (וְרָאָה יָמִין הַבֵּיט, observando los días y viendo) confunde aún más las cosas, introduciendo un tipo de arameísmo, con יָמִין igual a יוֹמִין con el sentido que tiene יָמִים en Dan 8, 27; Neh 1, 4.

Resulta mejor la traducción de Ewald: "aunque me dirijo a la derecha y miro (וְרָאָה) no aparece ninguno que sea amigo para mí...". Pero esta forma de construir la frase, con un infinitivo absoluto y una apódosis adversativa resulta desconocida en la Biblia. Por eso, para encontrar una buena traducción debemos guiarnos por la puntuación, que nos permite descubrir que esta fórmula (הַבֵּיט וּרְאֵה) aparece también en otros casos, como Job 35, 5; Lam 5, 1.

El hecho de que David, rodeado por una "banda" o grupo de súbditos leales, confiese sin embargo que no tiene ningún amigo verdadero, resulta comparable al de Pablo cuando dice en Flp 2, 20, "que no tiene a nadie que piense en verdad como él". Dado que el pecado ha tomado posesión de la humanidad, todo amor humano es más o menos egoísta, y toda comunicación de fe y amor es imperfecta.

Más aún, hay circunstancias en las que esos lados oscuros de la vida se vuelven sobrecogedores, de forma que un hombre se siente totalmente aislado, y tiene que dirigirse de un modo más urgente a Dios, que es el único que puede suplir la falta de amor del alma, alguien cuyo amor es totalmente puro, sin egoísmo, amor que no cambia, que es siempre amigo transparente, alguien a quien el alma puede confiar sin reserva todos sus pesares, alguien que no solo desea el bien del alma, sino que es capaz de acompañarle y rodearle a pesar de todos los obstáculos que puedan surgir.

En un caso como ese, rodeado de enemigos que quieren su sangre, de personas que en el fondo desconfían de él o no le entienden, en medio de "amigos falsos", David se siente roto, separado de todos los seres creados. Él no tiene en este mundo ningún tipo de refugio (con una expresión que es como la de Job 11, 20). No hay nadie que se preocupe o pregunte por su vida más honda, que se interese con seriedad de su liberación.

Entonces, por eso, no poniendo ya su esperanza en ninguna de las cosas visibles, David grita al Único invisible, al Dios que es su refugio (Sal 91, 9) y su porción (Sal 16, 5; Sal 73, 26), para así poder compartir una "posesión" que le satisfaga. Solo esto le basta: que Dios pueda llamarse "su Dios", אַתָּה מַחְסִי חֶלְקִי בְּאֶרֶץ הַחַיִּים, y que él pueda decirle: tú eres mi esperanza y mi porción en la tierra de los vivos. Porque Yahvé es el viviente, aquel que le posee, de forma que él, el salmista, teniendo a Dios se encuentra a sí mismo en la tierra de los vivientes (Sal 27, 13; Sal 52, 7). En ese sentido, el salmista no puede morir, no puede perecer.

142, 7-8. La petición del salmista asciende ahora, de un modo confiado, sabiendo que será respondida, llena de calma, a pesar de su debilidad y de la superioridad de sus enemigos, queriendo así glorificar el nombre de Dios. En 142, 7, la palabra רִנָּתִי (cf. הַקְשִׁיבָה | אֶל־רִנָּתִי כִּי־דַלּוֹתִי מְאֹד, escucha mi clamor porque estoy muy afligido...) recuerda las palabras del Sal 17, 1, con el Sal 79, 8 y el Sal 18, 18. Este es el único pasaje de todo el salterio en el que el salmista presenta la tristeza en que se encuentra, encerrado en un tipo de prisión o מסגר, diciendo desde allí: הוֹצִיאָה מִמַּסְגֵּר | נַפְשִׁי לְהוֹדוֹת אֶת־שְׁמֶךָ, libera de la prisión mi alma, para que alabe tu nombre.

El final del salmo (142, 8) es una invitación, para que todos los justos participen en la alabanza del nombre de Dios. Eso significa que el poeta no se encuentra al fin absolutamente solo, como podría suponerse a partir del Sal 142, 5. Él no aparece ya como el único que es justo, sino que viene a presentarse como miembro de una comunidad o iglesia de personas cuyo destino se encuentra entrelazado con el suyo, una comunidad de creyentes que él desea que sean liberados como él mismo, porque si un miembro es honrado serán honrados y se regocijarán todos con él (1 Cor 12, 26).

Desde ese fondo entendemos la palabra יכתירו (cf. בִּי יַכְתִּרוּ צַדִּיקִים כִּי תִגְמֹל עָלָי, me rodearán los justos porque tú me serás propicio), en el sentido de alegrarse con todos los miembros de la comunidad, en la línea de compartir el gozo con ellos (συγχαίρει). Los LXX, el Siríaco y Aquila traducen: "los justos esperan por mí".

Esperar se dice aquí כתר y no הכתיר. Por otra parte, casi todas las versiones modernas, como hace Lutero siguiendo a Felix Pratensis (judío sefardita, convertido al cristianismo) traducen "los justos me rodearán" (vendrán a unirse a mí), de forma que en esa línea, como observa Hengstenberg, la partícula ב בי evocaría la simpatía que ellos sienten por él al rodearle.

Pero no tenemos ningún ejemplo de un verbo que evoque un gesto de "rodear" (cf. אפף, סבב,עוד,עטר,הקיף) y que se construya con ב. Símaco (aunque traduce erróneamente: τὸ ὄνομά σου στεφανώσονται δίκαιοι), Jerónimo (*in me coronabuntur justi*), lo mismo que Parchón, Aben-Ezra, Coccejus y otros, interpretan bien la palabra יכתירו como forma denominativa de כתר, poner encima una corona o coronar (cf. Prov 14, 18): a causa de mí, los justos se adornarán con coronas, es decir, triunfarán, porque tú me has tratado de un modo bondadoso (como un eco del Sal 13, 6).

En la línea de pasajes como Sal 64, 11; Sal 40, 17, uno podría haber esperado בו en vez de בי (será propicio con ellos). Pero el final del Sal 22 (Sal 22, 23), cf. Sal 140, 12, muestra que la forma בי es también admisible. El hecho de que David no contemple su destino y el destino de sus enemigos de una forma ideal (sin relación de unos con otros), sino de una forma realista, de oposición y de amor, sí, a modo de comunión y enfrentamiento, pertenece a las características propias de los salmos de David, en el tiempo de su persecución bajo Saúl.

Salmo 143. Ansia de misericordia desde una dura prisión

מִזְמוֹר לְדָוִד יְהוָה। שְׁמַע תְּפִלָּתִי הַאֲזִינָה ¹
אֶל־תַּחֲנוּנַי בֶּאֱמֻנָתְךָ עֲנֵנִי בְּצִדְקָתֶךָ:

וְאַל־תָּבוֹא בְמִשְׁפָּט אֶת־עַבְדֶּךָ כִּי לֹא־יִצְדַּק לְפָנֶיךָ כָל־חָי: ²

כִּי רָדַף אוֹיֵב। נַפְשִׁי דִּכָּא לָאָרֶץ חַיָּתִי הוֹשִׁיבַנִי ³
בְּמַחֲשַׁכִּים כְּמֵתֵי עוֹלָם:

וַתִּתְעַטֵּף עָלַי רוּחִי בְּתוֹכִי יִשְׁתּוֹמֵם לִבִּי: ⁴

זָכַרְתִּי יָמִים। מִקֶּדֶם הָגִיתִי בְכָל־פָּעֳלֶךָ בְּמַעֲשֵׂה יָדֶיךָ אֲשׂוֹחֵחַ: ⁵

פֵּרַשְׂתִּי יָדַי אֵלֶיךָ נַפְשִׁי। כְּאֶרֶץ־עֲיֵפָה לְךָ סֶלָה: ⁶

מַהֵר עֲנֵנִי। יְהוָה כָּלְתָה רוּחִי אַל־תַּסְתֵּר פָּנֶיךָ מִמֶּנִּי וְנִמְשַׁלְתִּי עִם־יֹרְדֵי בוֹר: ⁷

הַשְׁמִיעֵנִי בַבֹּקֶר। חַסְדֶּךָ כִּי־בְךָ בָטָחְתִּי הוֹדִיעֵנִי דֶּרֶךְ־זוּ ⁸
אֵלֵךְ כִּי־אֵלֶיךָ נָשָׂאתִי נַפְשִׁי:

הַצִּילֵנִי מֵאֹיְבַי। יְהוָה אֵלֶיךָ כִסִּתִי: ⁹

לַמְּדֵנִי। לַעֲשׂוֹת רְצוֹנֶךָ כִּי־אַתָּה אֱלוֹהָי רוּחֲךָ טוֹבָה תַּנְחֵנִי בְּאֶרֶץ מִישׁוֹר: ¹⁰

לְמַעַן־שִׁמְךָ יְהוָה תְּחַיֵּנִי בְּצִדְקָתְךָ। תוֹצִיא מִצָּרָה נַפְשִׁי: ¹¹

וּבְחַסְדְּךָ תַּצְמִית אֹיְבָי וְהַאֲבַדְתָּ כָּל־צֹרְרֵי נַפְשִׁי כִּי אֲנִי עַבְדֶּךָ: ¹²

<Salmo de David>

¹ Jehová, oye mi oración, escucha mis ruegos.

¡Respóndeme por tu verdad, por tu justicia!

² No entres en juicio con tu siervo,

porque no se justificará delante de ti ningún ser humano.

³ El enemigo ha perseguido mi alma, ha postrado en tierra mi vida,

me ha hecho habitar en tinieblas como los que han muerto.

⁴ Mi espíritu se angustió dentro de mí; está desolado mi corazón.

⁵ Me acordé de los días antiguos; meditaba en todas tus obras;

reflexionaba en las obras de tus manos.

⁶ Extendí mis manos hacia ti, mi alma te anhela como la tierra sedienta. Selah

⁷ Respóndeme pronto, Jehová, porque desmaya mi espíritu;
no escondas de mí tu rostro,
no venga yo a ser semejante a los que descienden a la sepultura.
⁸ Hazme oír por la mañana tu misericordia, porque en ti he confiado.
Hazme saber el camino por donde ande, porque hacia ti he elevado mi alma.

⁹ Líbrame de mis enemigos, Jehová; en ti me refugio.
¹⁰ Enséñame a hacer tu voluntad, porque tú eres mi Dios;
tu buen espíritu me guíe a tierra de rectitud.
¹¹ Por tu nombre, Jehová, me vivificarás; por tu justicia sacarás
mi alma de la angustia.
¹² Por tu misericordia disiparás a mis enemigos
y destruirás a todos los adversarios de mi alma, porque yo soy tu siervo.

En algunos códices de los LXX, como lo muestra también Euthymio, este salmo carece de encabezado. En otros, sin embargo, tiene esta inscripción: Ψαλμὸς τῷ Δαυεὶδ ὅτε αὐτὸν ἐδίωκεν Ἀβεσσαλὼμ ὁ υἱὸς αὐτοῦ, salmo de David, cuando le perseguía Absalón, su hijo (Códice Sinaítico, οτε αυτον ο υιος καταδιωκει, cuando le perseguía su hijo). Quizá está escrito por el mismo autor de Sal 142, 1-7, con el que concuerda en Sal 143, 4. 8. 11 (cf. Sal 142, 4. 8), siendo también un ejemplo de la salmodia davídica tardía, y ha sido compuesto como si hubiera surgido en la persecución de Absalón contra David.

Los salmos de persecución de este tiempo de Absalón se distinguen de los del tiempo de persecución por Saúl por la honda melancolía del rey destronado y perseguido, una melancolía que se vincula con la conciencia de su propia culpa. A causa de este rasgo fundamental, la iglesia ha escogido este Sal 143 como el último de los Penitenciales. El *selah* del final de 143, 6 divide el salmo en dos mitades.

143, 1-6. El poeta apela a dos motivos para que Dios responda a su plegaria, y los dos se encuentran en el mismo Dios: por un lado la אמונה o fidelidad con la que Dios ratifica la firmeza de sus palabras, es decir, la seguridad de sus promesas; y por otro lado su צדקה, es decir, su rectitud, que no se entiende a modo de recompensa legal, sino de gracia, en el sentido del evangelio, partiendo del carácter firme y estricto con el que Yahvé mantiene el orden de salvación establecido por su santo amor, en contra de los ingratos que le desobedecen y de los insolentes que le desprecian.

Habiendo entrado en este orden de salvación, y dentro de la esfera de su servicio a Yahvé como su Dios y Señor, el poeta viene a presentarse como siervo de Yahvé. La conducta del Dios salvador está regulada por este "principio de salvación" de Dios, que se identifica con su justicia que, conforme a su manifestación fundamental, se expresa en la justificación del pecador, que no puede presentarse por sí mismo como justo ante Dios, merecedor de gracia, sino que puede y debe manifestar y confesar de un modo penitencial su pecado y su deseo de salvación, pidiéndole a Dios que le restituya la justicia. En ese contexto, el orante pide a Dios que no entre en juicio con él (בוא במשפט, como hace Job 9, 32; 22, 4; 14, 3), utilizando para ello su misericordia en vez de su justicia.

El poeta sabe que ni la santidad de los espíritus buenos coincide con la absoluta santidad de Dios, de quien se encuentran muy alejados; sabe además que esa distancia respecto a Dios es todavía mucho más grande en el caso de los hombres, que son espíritus encarnados, pues que sus defectos son mayores, ya que ellos tienen un origen terreno y, como dice el Sal 51, 7, han sido concebidos en pecado, y así son pecadores desde el mismo nacimiento, pues su vida está indisolublemente entrelazada con el pecado. Eso significa que ningún hombre del mundo posee una justicia que pueda mantenerse firme frente a Dios (cf. Job 4, 17; 9, 2; 14, 3; 15, 14, *passim*)[50].

Por medio de כי (cf. Sal 143, 3: כִּי רָדַף אוֹיֵב ׀ נַפְשִׁי דִּכָּא לָאָרֶץ חַיָּתִי, porque el enemigo ha perseguido mi alma, ha postrado en tierra mi vida...) el poeta formula el fundamento de su petición, y de un modo especial la razón por la que necesita que se le perdone su culpa. Él está siendo perseguido por enemigos mortales, y se encuentra cerca de la muerte, de manera que su liberación depende del perdón de sus pecados, y coincide en el fondo con ese perdón, vinculado a la vida que Dios le ofrece.

Estas palabras (el enemigo persigue mi alma) son una variante del lenguaje del Sal 7, 6 con חיה en vez de חיים, como en el Sal 78, 50, y frecuentemente en el libro de Job, y de un modo especial en los discursos de Elihú. Recordando al Sal 7, 6, estas palabras del Sal 143, 3 resuenan como las de Lam 3, 6 (cf. Sal 88, 7).

La palabras מתי עולם (cf. כְּמֵתֵי עוֹלָם הוֹשִׁיבַנִי בְּמַחֲשַׁכִּים, me ha hecho habitar entre tinieblas, como a los muertos antiguos..., LXX νεκροὺς αἰῶνος) se refieren a los hombres que han muerto para siempre (como supone el texto siríaco, según שְׁנַת עוֹלָם en Jer 51, 39, cf. עוֹלָמוֹ בֵּית en Ecl 12, 5) o a aquellos que han muerto en un tiempo tan antiguo que no pueden ya ni recordarse (Jerónimo), en la línea de עַם עוֹלָם en Ez 26, 20.

La construcción de genitivo admite ambos sentidos. De todas formas, es más natural el primer sentido, dado que הוֹשִׁיבַנִי parece referirse a un principio que no tiene fin, de manera que el poeta es como un hombre que ha sido enterrado para siempre.

---

50. Gerson observa en este contexto (véase Thomasius, *Dogmatik*, IV. 251): yo te pido la justicia de la misericordia, la que tú concedes en la presente vida, no aquel juicio de justicia que tú manifestarás en la vida futura; por eso te pido la justicia que justifica a los arrepentidos.

A consecuencia de esta hostilidad, propia de los que quieren su destrucción, el poeta siente que su espíritu, es decir, su vida más interna, se encuentra como velada, perdida en sí misma (esta expresión aparece en Sal 142, 4; Sal 77, 4). De esa manera, en su parte más honda, su corazón se encuentra derribado en un estado de perturbación (con יִשְׁתּוֹמֵם, un *hitpoel* peculiar del hebreo tardío), de forma que casi cesa de latir.

En ese contexto, el salmista recuerda los días antiguos en los que Yahvé se le manifestaba, y reflexiona sobre las grandes obras redentoras de Dios, con todos los hechos poderosos y misericordiosos en los que entonces se manifestaba Dios. El poeta medita así sobre la acción (במעשה) propia de sus manos, es decir, él reflexiona sobre la historia de su vida y de la vida de su pueblo, maravillosamente moldeada por Dios.

Hay en el texto ecos de Sal 77, 4-7. 12. El contraste entre la situación presente y los recuerdos que el salmista mantiene del pasado abren sus heridas de un modo más profundo, y hacen que su petición de ayuda sea más urgente. Por eso extiende sus manos hacia Dios, pidiéndole que le asista y proteja (véase Hölemann, *Bibelstudien*, I, 150s). Como tierra reseca, su alma se vuelve hacia Dios, con palabras en las que reconocemos la huella del texto más antiguo del Sal 63, 2.

143, 7–12. Esta segunda parte reproduce, aún más que la anterior, el texto de salmos antiguos. La oración de 143, 7, מַהֵר עֲנֵנִי ׀ יְהוָה ׀ אַל־תַּסְתֵּר פָּנֶיךָ, respóndeme pronto, no ocultes tu rostro, se parece a Sal 69, 18; 27, 9, cf. Sal 102, 3. La expresión de deseo angustiado porque "mi espíritu desmaya" (כָּלְתָה רוּחִי) se parece a Sal 84, 3. Y la apódosis (a fin de que no sea como aquellos que bajan a la fosa) coincide con el texto del Sal 28, 1, cf. Sal 88, 5. Por otra parte, las palabras "hazme oír por la mañana tu misericordia" (143, 8) se parecen a las palabras paralelas de Moisés en el Sal 90, 14, lo mismo que la razón de fondo del orante: "porque he confiado en ti" (cf. Sal 25, 2, *passim*).

El orante empieza pidiendo que la noche de la aflicción pueda tener fin y que a la mañana que sigue pueda él sentir la amante ternura de la misericordia de Dios, de forma que por la oración se manifieste el camino que ha de seguir para liberarse de las trampas de aquellos que quieren prenderle con sus lazos. Esa última oración parece inspirarse en Ex 33, 13 y dentro del salterio en el Sal 25, 4 (cf. Sal 142, 4). Por otra parte, las palabras de confirmación de 143, 8 (llenas de ansia de salvación y de confianza en la fe: porque hacia ti he elevado mi alma) se inspiran en Sal 25, 1; Sal 86, 4.

Sin embargo, las palabras de 143, 9, הַצִּילֵנִי מֵאֹיְבַי ׀ יְהוָה אֵלֶיךָ כִסִּתִי (כסיתי אליך), líbrame de mis enemigos, Señor, porque en ti he confiado…, cf. Sal 59, 2; Sal 31, 16) son peculiares de este salmo, no están tomadas de otros. La versión siríaca las deja sin traducir. Los LXX traducen ὅτι πρὸς σὲ κατέφυγον, porque en ti me he refugiado, mostrando indirectamente que el texto de fondo pudo haber sido algo distinto. El Targum traduce לפריק מנתי מימרך, "a tu Logos/Memra tomo yo como mi redentor", como si las palabras tuvieran que haber sido traducidas "en ti me refugio, contigo cuento…" (con כסיתי igual a כסתי, Ex 12, 4).

Sobre el sentido más concreto de 143, 9 (אֵלֶיךָ כִסִּתִי) se han dado diversas interpretaciones, Lutero sigue de cerca a los LXX, "hacia ti he huido, buscando refugio". Jerónimo, en cambio, traduce *ad te protectus sum* (en ti soy protegido), como si el texto original pusiera כסיתי. Hitzig (tanto en este pasaje como en Prov 7, 20) piensa que la palabra primigenia habría sido כסתי de כסא, mirar ("hacia ti he mirado"). Pero en hebreo no hay ni rastro de ese verbo, con el sentido de "mirar". Ciertamente, la luna llena se llama כסא, pero no por ser más visible, sino por su esfera cubierta (de luz). Teniendo en cuenta todos sus aspectos, esa expresión (אֵלֶיךָ כִסִּתִי) solo puede ser interpretada de dos formas:

— *Ad (apud) te texi*, "en ti he confiado secretamente" (Rashi, Aben-Ezra, Kimchi, Coccejus, J. H. Michaelis, J. D. Michalis, Rosenmüller, Gesenius y De Wette). Pero esta es una *constructio praegnans*, de forma que la palabra כסה tendría que haber cambiado de significado, pasando así del sentido "velar" (cf. מן כסה, Gen 18, 17) al significado opuesto, de manera que apenas resulta concebible que la frase pudiera haberse entendido así, pues para ello debería haberse expresado de otra forma, como en כי גליתי אליך, cf. Jer 11, 20; 20, 12.
— *Ad (apud) te abscondidi*, "en o hacia ti me escondí" (Saadia, Calvino, Maurer, Ewald y Hengstenberg). Esta es la opción por la que nos decidimos. Resulta evidente que, conforme a Gen 38, 14; Dt 22, 12, cf. Jon 3, 6, כסה pueda expresar el acto de cubrirse, como gesto personal de resguardarse, refugiarse. Según eso, el salmista le está diciendo a Dios "contigo me he escondido". Yahvé es aquel con quien (en quien) el salmista se refugia y esconde; Yahvé es el único que puede darle a conocer lo que es recto y beneficioso para él, en la posición en que él se encuentra, expuesto a peligros temporales y espirituales. Yahvé es el único que puede darle a conocer la voluntad de Dios (que es buena, agradable y perfecta, Rom 12, 2). Este es el tema y motivo de la oración que sigue en 143, 10.

Este es el tema de fondo: Yahvé es para el salmista su Dios, y no puede dejarle en el error, al ser asaltado y tentado, por fuera y/o por dentro. Por eso, el salmista pide a Dios: רוּחֲךָ טוֹבָה תַּנְחֵנִי בְּאֶרֶץ מִישׁוֹר, que tu espíritu bueno me guíe hacia la tierra de la rectitud (con טובה רוּחך en vez de con הטובה רוּחך, Neh 9, 20), una tierra llana y suave, porque, como se dice en Is 26, 7, refiriéndose a Yahvé: "El camino que el hombre justo toma es un camino llano y suave; tú haces que el camino de los justos sea llano". El término físico אֶרֶץ מִישׁוֹר (tierra llana: Dt 4, 43; Jer 48, 21), se interpreta aquí de un modo espiritual.

En este pasaje (143, 10-12) encontramos muchas reminiscencias de salmos anteriores. Sobre "hacer tu voluntad", cf. Sal 40, 9; sobre "tú eres mi Dios", cf. Sal 40, 6, *passim*. Sobre tu "buen espíritu", cf. Sal 51, 14. Sobre una tierra llana y sobre el conjunto de la petición del salmista, cf. Sal 27, 22, donde aparece la frase "un camino llano", lo mismo que en Sal 5, 9; 25, 4; 31, 4.

Este salmo utiliza además otras expresiones bien conocidas de salmos anteriores, como "a causa de tu nombre, Yahvé" (Sal 25, 11), apresúrate de nuevo (Sal 71, 20, *passim*); por razón de tu justicia saca mi alma de la tristeza (Sal 142, 8; 25, 17, *passim*); en virtud de tu amante ternura (*hesed*) haz que mis enemigos se alejen (Sal 54, 7).

Igual que en 143, 1 se vinculan fidelidad y justicia, aquí al final del salmo (143, 11-2) se vinculan *tzedaqa* (justicia) y *hesed* (misericordia). Conforme a la visión del salmista, es imposible que Dios permita que aquel que se ha refugiado en él muera y perezca; Dios no puede permitir que los enemigos del justo triunfen. Por eso, el salmista confirma el sentido de su oración separándose de sus enemigos (con הצמית, como en el Sal 94, 23) y evitando así la destrucción. De esa forma se divide al final la historia de los hombres, con la salvación de los justos y la destrucción de los enemigos.

Salmo 144. Pidiendo valentía a Dios ante un combate decisivo

¹ לְדָוִד ׀ בָּרוּךְ יְהוָה ׀ צוּרִי הַמְלַמֵּד יָדַי לַקְרָב אֶצְבְּעוֹתַי לַמִּלְחָמָה:
² חַסְדִּי וּמְצוּדָתִי מִשְׂגַּבִּי וּמְפַלְטִי לִי מָגִנִּי וּבוֹ חָסִיתִי הָרוֹדֵד עַמִּי תַחְתָּי:
³ יְהוָה מָה־אָדָם וַתֵּדָעֵהוּ בֶּן־אֱנוֹשׁ וַתְּחַשְּׁבֵהוּ:
⁴ אָדָם לַהֶבֶל דָּמָה יָמָיו כְּצֵל עוֹבֵר:
⁵ יְהוָה הַט־שָׁמֶיךָ וְתֵרֵד גַּע בֶּהָרִים וְיֶעֱשָׁנוּ:
⁶ בְּרוֹק בָּרָק וּתְפִיצֵם שְׁלַח חִצֶּיךָ וּתְהֻמֵּם:
⁷ שְׁלַח יָדֶיךָ מִמָּרוֹם פְּצֵנִי וְהַצִּילֵנִי מִמַּיִם רַבִּים מִיַּד בְּנֵי נֵכָר:
⁸ אֲשֶׁר פִּיהֶם דִּבֶּר־שָׁוְא וִימִינָם יְמִין שָׁקֶר:
⁹ אֱלֹהִים שִׁיר חָדָשׁ אָשִׁירָה לָּךְ בְּנֵבֶל עָשׂוֹר אֲזַמְּרָה־לָּךְ:
¹⁰ הַנּוֹתֵן תְּשׁוּעָה לַמְּלָכִים הַפּוֹצֶה אֶת־דָּוִד עַבְדּוֹ מֵחֶרֶב רָעָה:
¹¹ פְּצֵנִי וְהַצִּילֵנִי מִיַּד בְּנֵי־נֵכָר אֲשֶׁר פִּיהֶם דִּבֶּר־שָׁוְא וִימִינָם יְמִין שָׁקֶר:
¹² אֲשֶׁר בָּנֵינוּ ׀ כִּנְטִעִים מְגֻדָּלִים בִּנְעוּרֵיהֶם בְּנוֹתֵינוּ כְזָוִיֹּת מְחֻטָּבוֹת תַּבְנִית הֵיכָל:
¹³ מְזָוֵינוּ מְלֵאִים מְפִיקִים מִזַּן אֶל־זַן צֹאונֵנוּ מַאֲלִיפוֹת מְרֻבָּבוֹת בְּחוּצוֹתֵינוּ:
¹⁴ אַלּוּפֵינוּ מְסֻבָּלִים אֵין־פֶּרֶץ וְאֵין יוֹצֵאת וְאֵין צְוָחָה בִּרְחֹבֹתֵינוּ:
¹⁵ אַשְׁרֵי הָעָם שֶׁכָּכָה לּוֹ אַשְׁרֵי הָעָם שֶׁיְהוָה אֱלֹהָיו:

<Salmo de David>

¹ ¡Bendito sea Jehová, mi roca, quien adiestra
mis manos para la batalla y mis dedos para la guerra!
² Misericordia mía y mi castillo, fortaleza mía y mi libertador,
escudo mío, en quien he confiado; el que somete a mi pueblo debajo de mí.

³ Jehová: ¿qué es el hombre para que en él pienses,
o el hijo de hombre para que lo estimes?
⁴ El hombre es como un soplo; sus días son como la sombra que pasa.

⁵ Jehová, inclina tus cielos y desciende; toca los montes, y humeen.
⁶ Despide relámpagos y disípalos; envía tus saetas y túrbalos.
⁷ Extiende tu mano desde lo alto; redímeme y sácame
de las muchas aguas, de manos de los hombres extraños,
⁸ cuya boca habla falsedad y cuya diestra es diestra de mentira.

⁹ A ti, Dios, cantaré un cántico nuevo; con salterio, con decacordio cantaré a ti.
¹⁰ Tú, el que da victoria a los reyes,
el que rescata de maligna espada a David tu siervo.
¹¹ Rescátame, y líbrame de manos de los hombres extraños,
cuya boca habla falsedad y cuya diestra es diestra de mentira.

¹² Sean nuestros hijos como plantas crecidas en su juventud,
nuestras hijas como esquinas labradas, como las de un palacio;
¹³ nuestros graneros llenos, provistos de toda suerte de grano; nuestros ganados,
que se multipliquen a millares y decenas de millares en nuestros campos;
¹⁴ nuestros bueyes estén fuertes para el trabajo; no tengamos asalto,
ni que hacer salida, ni grito de alarma en nuestras plazas.
¹⁵ ¡Bienaventurado el pueblo que tiene todo esto!
¡Bienaventurado el pueblo cuyo Dios es Jehová!

Este es el punto de partida del salmo: Bendito sea Yahvé, que me ha enseñado a luchar y conquistar (Sal 144, 1; 144, 2), a mí que soy un pobre mortal, y que solo soy fuerte en él, Sal 144, 3-4. Que Dios tenga a bien concederme también en este tiempo la victoria en contra de los enemigos orgullosos y mentirosos, Sal 144, 5-8; y así podré cantarle cantos nuevos de agradecimiento, a él, que me concede la victoria, Sal 144, 9-10. Que él me libre de la mano de los enemigos que envidian nuestra prosperidad, pues ella, nuestra bendición, proviene del hecho de tener a Yahvé como nuestro Dios, confiando en él, Sal 144, 11-15.

Una mirada sobre el despliegue del pensamiento de este salmo está a favor de la inscripción posterior de los LXX (que según Orígenes aparecía solo en algunos ejemplares), πρὸς τὸν Γολιάδ, sobre Goliat, con la referencia targúmica según la cual la "mala espada" del Sal 144, 10 era la espada de Goliat (conforme al ejemplo del Midrash, en 1 Sam 17, 47); según eso, este salmo habría crecido a partir de esa palabra de David.

En una de las antiguas historias, como muchas de las que se encuentran en la base de los libros de Samuel y que son reconocibles como fuente de información de los Salmos, se quiso expresar los sentimientos con que David entró en combate mano a mano contra Goliat, que decidió la victoria de Israel sobre los filisteos.

En aquel momento, David había sido ya ungido por Samuel, como reconocen las dos narraciones que han sido utilizadas al mismo tiempo para elaborar el primer libro de Samuel, que son 1 Sam 16, 13 y 1 Sam 10, 1. Esta victoria fue para David un gran paso para su ascenso al trono.

En ese contexto es muy importante la interpretación de אשר en el Sal 144, 12 (cf. אֲשֶׁר בָּנֵינוּ כִּנְטִעִים מְגֻדָּלִים, sean nuestros hijos como plantas crecidas en su juventud). Algunos piensan que ese אשר debe entenderse como *eo quod* (por lo que, de tal forma que). En ese caso, la envidia y falsedad de la que habla el verso anterior (144, 11) habrían de tomarse como razón de la nueva estrofa (144, 12ss), que pone de relieve el hecho de situarse frente a esa envidia, falsedad y ataque de los pueblos del entorno (cf. 144, 11: פִּיהֶם דִּבֶּר־שָׁוְא וִימִינָם יְמִין שָׁקֶר).

Según eso, el salmista apoyaría su seguridad y su oración en la protección que le ofrecen los hijos que rodean su mesa y le defienden. De esa manera, conforme a la visión de conjunto del salmo, los versos 144, 12-15 deberían tomarse como un momento integrante del argumento del conjunto.

Pero, en contra de eso, debemos afirmar que אשר no puede entenderse como afirmación sobre la finalidad o el propósito del argumento de conjunto, como si 144, 12 dijera: "A fin de que ellos, los hijos…" puedan ser la defensa del salmista frente a los enemigos mentirosos (en contra de Jerónimo, De Wette, Hengstenberg y otros), pues estos versos (144, 12ss) son solo unas frases de tipo ilustrativo, que no han de tomarse en sentido optativo ("nosotros, cuyos hijos queremos que sean…", cf. Maurer).

Además, debemos añadir que אשר no tiene nunca el sentido de asegurar lo anterior ("de manera que así podamos…", Vaihinger). Más aún, en contra de lo que piensa Saadia, no podemos volver hasta el Sal 144, 9 para interpretar el sentido de אשר (como en árabe *asbh 'lá ma*), cantando a Dios para que nos conceda hijos que nos defiendan de los enemigos, pues la envidia o mal deseo de los enemigos (קנאה) y además וִימִינָם יְמִין שָׁקֶר (y su diestra es diestra de mentira) está expresando una forma de ser, no una acción de los enemigos.

Estrictamente hablando, el Sal 144 podría haber terminado en 144, 11, con su argumento completado, sin que le faltara nada, de forma que resulta muy dudoso que 144, 12-15 haya pertenecido originalmente al salmo. De todas formas, entre los salmos más cercanos no podemos descubrir ningún lugar seguro del que se podrían haber tomado estos versos (144, 12-15) para añadirlos en este lugar, como final del Sal 144. Sin duda, como piensa Hitzig, estos versos podrían haber estado antes incluidos entre el Sal 147, 13 y el Sal 147, 14. Pero su ritmo y estilo difieren también de los de ese salmo 147.

Por eso, solo podemos afirmar ahora dos cosas: (a) los versos 144, 12-15 formaban parte de otro salmo, y en un momento dado han sido añadidos aquí; (b) pero en su forma actual, esos versos son un elemento integrante del salmo 144. Ciertamente, en su forma actual, el Sal 144 ha sido compuesto a modo de gran conjunto, pero esos versos 12-15 no formaban su piedra angular o conclusión, de forma que en principio no tendríamos que buscar ni esperar nada más, después del estribillo final de 144, 11 y de la referencia a la espada triunfadora de David en 144, 10 (cf. Sal 18, 51).

144, 1-2. Esta primera estrofa es una imitación del gran canto de agradecimiento del Sal 18. De ese salmo toma la súplica a Yahvé como "mi roca" (cf. Sal 18, 3; Sal 18, 47). De ese salmo 18 provienen también los apelativos del Sal 144, 2, que son como ecos del Sal 18, 3.

Pero la fórmula וּמְפַלְטִי־לִי (*lamed* sin *daggesh*) sigue el modelo de 2 Sam 22, 2. La forma de llamar a Yahvé חַסְדִּי (cf. 144, 2: חַסְדִּי וּמְצוּדָתִי מִשְׂגַּבִּי וּמְפַלְטִי לִי) es una abreviación de חַסְדִּי אֱלֹהַי en el Sal 59, 11, y de Jon 2, 8 donde el Dios a quien los idólatras olvidan se llama הַסְדָּם. En vez מִלְחָמָה, que aparece en algunos salmos davídicos (Sal 55, 22; 78, 9), aquí se dice הַמְלַמֵּד יָדַי לַקְרָב קְרָב, que adiestra mis manos para la pelea (unas palabras que aparecen ya en el Sal 18, 35).

Las últimas palabras de la estrofa (cf. הָרוֹדֵד עַמִּי תַחְתָּי, el que sujeta a mi pueblo debajo de mí) están tomadas del Sal 18, 48; pero en vez de decir וַיַּדְבֵּר, nuestro poeta dice הָרוֹדֵד, de רָדַד igual a רָדָה (cf. Is 45, 1; Is 41, 2), quizá bajo el influjo de דִּירְמוֹ en 2 Sam 22, 48. Por otra parte, en el Sal 18, 48 leemos עַמִּים, y la Masora ha vinculado el Sal 144, 2 con 2 Sam 22, 44; Lam 3, 14, presentándolos como los tres pasajes en los que se pone עַמִּי, mientras que se podría haber esperado עַמִּים o עַמִּים como en el Targum, Siríaco y Jerónimo (pero no en los LXX).

Pero ni por el tipo de lenguaje de esos libros (Sal; 2 Sam; Lam), ni por el dialecto popular que ellos podrían haber utilizado, podría haberse esperado que utilizaran עַמִּי en lugar de עַמִּים en un contexto tan ambiguo. El tema de fondo es la identidad de aquellos a quienes Dios somete bajo David: ¿son los pueblos en conjunto, עַמִּים? ¿O es más bien su propio pueblo israelita, עַמִּי?

Rashi habla de una nota imaginaria de la Masora donde se incluiría el keré עַמִּי. Pero esa nota no parece cierta. Por eso, resulta preferible mantener el texto, afirmando que Dios someterá a su pueblo de Israel bajo David, pero no se tratará de un sometimiento despótico (como el impuesto sobre los enemigos), sino de un sometimiento beneficioso del pueblo, bajo la autoridad de David.

Pensemos que en el tiempo en que le sitúa este pasaje David no ha subido todavía al trono, de forma que aquí se puede expresar la esperanza de que Dios le concederá la victoria sobre los enemigos, haciendo que todo Israel se someta bajo su poder, sea de una forma voluntaria, aunque también con ciertos rechazos.

144, 3-4. Es evidente que el Sal 144, 3 es una variación del Sal 8, 5, pero con otros verbos. Así se utiliza el verbo ידע en el sentido de intimidad amorosa. Por su parte, חשב es propiamente contar, computar; aquí se entiende como *rationem habere* (dar razón de).

En vez de כי seguida por un futuro, en este caso tenemos futuros consecutivos. En vez de בן־אדם aquí tenemos la forma arameizante בר אנש, pero metamorfoseada como בן־אנוש. Por otra parte, el Sal 144, 4 es también otra imitación de Sal 39, 6. 11, cf. Sal 62, 10. La figura de la sombra es la misma que en Sal 102, 12, cf. Sal 109, 23. La conexión de la tercera estrofa con la segunda es aún más abrupta que la conexión de la segunda con la primera.

144, 5-8. La presentación de los datos que aparecen en el Sal 18 se han convertido aquí en objeto de oración. Así podemos ver, en relación con el Sal 18, 10 que el sujeto de ותרד, Sal 144, 5 (cf. יְהוָה הַט־שָׁמֶיךָ וְתֵרֵד, toca los cielos y desciende) es Yahvé, y no los cielos. Por otra parte, a diferencia de lo que sucede en el Sal 18, 15 el sufijo *em* del Sal 144, 6 (וּתְפִיצֵם וּתְהֻמֵּם) se refiere en ambos casos a los enemigos, que son así los hijos de países extranjeros, es decir, los "bárbaros", como en el Sal 18, 45.

El hecho de que Yahvé extienda sus manos desde los cielos y rescate a David (שְׁלַח יָדֶיךָ מִמָּרוֹם) de las grandes aguas se toma del *verbatim* del Sal 18, 17. Sobre Sal 144, 8, cf. Sal 12, 3 y Sal 41, 7. La combinación de las palabras *mano derecha* y *falsedad* es la misma que en el Sal 109, 2.

Pero nuestro poeta, siendo un gran imitador, tiene también muchas cosas propias, que son buenas. El verbo ברק, significa enviar rayos; פצה, que en idioma arameo-arábico significa romper y rescatar, en los salmos propios de David significa abrir (la propia boca), cf. Sal 22, 14; Sal 66, 14. Por su parte, la combinación "la mano derecha de la falsedad" (como "la boca de la falsedad", Sal 109, 2), es decir, la mano que se eleva para jurar en falso, aparece solamente aquí.

La figura del Omnipotente "que toca las montañas y humean", como en el Sal 104, 32, está tomada de las montañas humeantes sobre las que Dios revelaba su Ley, Ex 19, 18; 20, 15. Esas montañas, como en el Sal 68, 17 (cf. Sal 76, 5) son una evocación de los poderes mundanos. Dios no hace más que tocarlas con la punta de su dedo y el fuego interior que las consume asciende a partir de ellas. A la oración por la victoria le sigue un voto de agradecimiento por aquello que ha de ser concedido.

144, 9-11. Con la excepción de Sal 108, 1-13, que consta de dos salmos davídicos de tipo elohista, el nombre divino de *Elohim* en el Sal 144, 9, en esta estrofa, es el único que encontramos en los dos últimos libros del salterio, y así aparece como un intento, aunque débil, de reproducir el estilo elohímico de David. Este canto nuevo (שִׁיר חָדָשׁ) nos hace recordar el Sal 33, 2. El hecho de que David se mencione a sí mismo con su propio nombre en 144, 10, nos recuerda al Sal 33, 3 y 40, 4. Por su parte, עָשׂוֹר נֶבֶל (decacordio) se vincula con el Sal 33, 2.

La mención de David por su propio nombre es también una imitación del Sal 18, 51. De la altura del agradecimiento (144, 9-10), el salmo desciende a la petición (144, 11), donde se repite como estribillo lo ya dicho en Sal 144, 7-8.

La petición final de 144, 11 se despliega a partir de los atributos anteriores de Dios (144, 10), en los que se ofrece la garantía de que se cumplirá la petición. Porque ¿cómo permitirá el Dios a quien deben su victoria todos los reyes (Sal 33, 16, cf. 2 Rey 5, 1; 1 Sam 17, 47) que su siervo David sucumba bajo la espada del enemigo? La espada mala, חֶרֶב רָעָה, es aquella que se pone al servicio del mal.

144, 12-15. Hemos expuesto ya en la introducción la relación de este pasaje con la parte anterior del salmo. No es claro si la palabra inicial אֲשֶׁר, pertenece originalmente a este pasaje o si ha sido añadida por el redactor final como una especie de grapa de unión. Aquí significa *quoniam*, como en Jc 9, 17; Jer 16, 13. Los LXX ponen ὧν οἱ υἱοί (בניהם אשר, los hijos de los cuales), de tal manera que la prosperidad material de los enemigos viene a oponerse a la posesión espiritual de Israel. Esa interpretación es posible, pero es muy difícil que aquí aparezca así la referencia a los enemigos.

El lenguaje de Sal 144, 12-15 es muy particular, de forma que resulta difícil encontrar paralelos anteriores. En la frase כִּנְטִעִים מְגֻדָּלִים בִּנְעוּרֵיהֶם, como plantas crecidas en "su juventud", el texto se está refiriendo a los hijos de la juventud. מְזָוֵינוּ, nuestros graneros, proviene de un singular מְזָו o מְזוּ (aparentemente de un verbo, מְזָה, pero contraído a partir de מְזוּה) y es un hápax legómenon.

En su lugar, el lenguaje más antiguo suele poner מִמְּגוּרָה, אוֹצָר, אָסָם. De igual manera זַן (cf. מִזַּן אֶל־זַן, de todo tipo de géneros, véase Ewald, *Lehrbuch*, p. 380) es una palabra tardía que, fuera de aquí, se encuentra solo en 2 Cron 16, 14, donde וּזְנִים significa *et varia quidem*, siríaco *zenonoje*, en el sentido de especies de especies, clases de clases.

En vez de אַלּוּפִים que significa en el lenguaje antiguo "príncipes", el Sal 8, 8 pone אֲלָפִים, aquí tiene el sentido de millares. La *scriptio plena* de צֹאנֵנוּ (ovejas, ganadería...) sin la *waw* corresponde a un período tardío. Por su parte, מְסֻבָּלִים (cf. אַלּוּפֵינוּ מְסֻבָּלִים) significa "cargados" (bueyes llevando la carga) que solo aparece aquí. La palabra צֹאן (a diferencia de Gen 30, 39) se toma como femenino colectivo, mientras אַלּוּף, bueyes (cf. שׁוֹר en Job 21, 10) es un nombre epiceno.

En contra del uso normal de la palabra אַלּוּף, Maurer, Köster, Von Lengerke y Fürst la traducen como *príncipes* (אַלּוּפֵינוּ מְסֻבָּלִים, príncipes que están de pie, en la línea de Esd 6, 3); pero en un contexto en el que se está hablando de animales sobre los campos, fuera de las puertas de la ciudad, no se espera aquí una referencia a los príncipes sentados o de pie en la ciudad, sino más bien a los toros (ganadería provista de cuernos) en los establos.

Por lo que se refiere a las hijas de 144, 12, זוית significa normalmente ángulo; y aquí, conforme a la lectura dominante del texto, debe referirse a los pilares de los ángulos de la casa; de esa forma, las esbeltas y elegantes hijas se comparan con cariátides esculpidas con gusto, pero no con imágenes esculpidas como si fueran estatuas de dioses... (Lutero).

En referencia a esa imagen (pilares, estatuas) la palabra זוית no significa un tipo de estatua, sino una esquina, un ángulo de la casa, como en árabe *zâwyt*, de *zâwia* (en la terminología de una casa de piedra, las piedras del ángulo se llaman פנה אבן), del árabe *zwâ, abdere*, esconder (cf. e. g., el proverbio *fî'l zawâjâ chabâjâ*, en las esquinas están los tesoros). Por otra parte, el texto parece referirse a los pilares de la casa, no a un tipo de saliente externo.

Por lo que sabemos de la arquitectura antigua y nueva de Siria y Palestina, no hay en ella nada que pueda llevarnos a imaginar a las hijas, mujeres, de la casa como "pilares" o columnas de los ángulos. Tampoco se puede deducir ese sentido a partir de la palabra semítica זוית. Pero, por otra parte, los ángulos de las habitaciones grandes de personas pudientes están ornamentales con madera o piedra tallada, hasta el día de hoy, con muy diversos motivos.

En esa línea podemos preguntarnos si מחתבות no significa aquí formas esculpidas, talladas y no simplemente pintadas en colores diversos; esta es la visión que preferimos. La palabra חטב (cogn. חצב) significa simplemente madera tallada al fuego[51]. Y por otra parte, el significado del árabe *chaṭiba*, estar rayado o coloreado, se encuentra también utilizado con ese sentido por la palabra hebrea חטב en Prov 7, 16. Según eso, la palabra de nuestro texto, referida a las hijas tiene este sentido: ellas son como los ángulos de los palacios o casas nobles, adornados con varios colores[52].

---

51. En los diversos lugares en los que aparece la palabra חטב (cogn. חצב), frecuentemente al lado de מים שאב (sacar agua), ella se refiere a la madera tallada al fuego. De un modo frecuente, la palabra árabe *ḥaṭab* significa madera tallada al fuego, a diferencia de la simple madera para edificar, como un tronco sin más, se dice *chsb*. Más aún, esa palabra se utiliza en general para referirse a los materiales que se emplean para alimentar al fuego (nota de Wetzstein).

52. Todavía hoy, en Damasco, las habitaciones nobles de recepción de las casas ricas suelen estar adornadas con madera o piedra tallada. Cf. Lane, *Manners and Customs of the Modern Egyptians*, introducción. Este es un ornamento arquitectónico compuesto con mucho gusto y trabajo artístico, con formas talladas en la madera, recubiertas incluso de oro resplandeciente y de brillantes colores, cubriendo la parte superior de los ángulos del salón de recepción.

Las palabras מַאֲלִיפוֹת מְרֻבָּבוֹת בְּחוּצוֹתֵינוּ :13 ,144 .cf) מרבב y הָאֱלִיף, que se multipliquen por mil y por decenas de millares en nuestros campos) están formadas con gran libertad, indicando la abundancia de la ganadería, que es la riqueza fundamental en aquel contexto. Sobre חוצות, campos o praderas, véase *Coment.* a Job 18, 17. La palabra פרץ (cf. אֵין־פֶּרֶץ, sin asaltos) significa propiamente hablando derrota militar, así por ejemplo en Jc 21, 15; aquí se refiere a un tipo de asalto o violencia, que causa, por ejemplo, una brecha en el muro. Por su parte יוצאת (cf. וְאֵין יוֹצֵאת, sin salida) parece referirse a las piezas de ganado que se pierden y mueren por mala suerte.

La lamentación en las calles o plazas (cf. וְאֵין צְוָחָה בִּרְחֹבֹתֵינוּ, sin grito de alarma en nuestras plazas) tiene el mismo sentido que en Jer 14, 2. Por su parte, la palabra שככה (cf. אַשְׁרֵי הָעָם שֶׁכָּכָה, bienaventurado el pueblo...) se encuentra también en *Cant* 5, 9, el pueblo que tiende todo esto. En ese contexto, en la palabra paralela a שככה el poeta no duda en fundir la שׁ con el tetragrammaton en una sola palabra, poniendo אַשְׁרֵי הָעָם שֶׁיְהוָה אֱלֹהָיו, bienaventurado el pueblo que tiene a Yahvé como su Dios.

La *yod* de Yahvé no tiene *daggesh* (cf. שֶׁיְהוָה, comparar con el Sal 123, 2), porque la palabra debe pronunciarse en la lectura con שָׁאדֹנִי, cf. מִיהוה igual a מֵאֲדֹנִי en Gen 18, 14. Lutero toma el Sal 144, 15a y el Sal 144, 15b como un contraste: bienaventurado el pueblo que está en esa situación; pero bienaventurado de verdad el pueblo cuyo Dios es el Señor. De todas formas, el salmista no busca aquí la antítesis, sino solo un paralelismo en el que el segundo estico excede al primero.

El hecho de invocar a Dios como Señor implica infinitamente más bienaventuranza que todas las riquezas materiales de este mundo. El culmen de la buena fortuna de Israel consiste en ser, por elección de gracia, el pueblo del Señor (Sal 33, 12).

Esta decoración, muy agradable a la vista, tiene evidentemente la intención de adornar los ángulos oscuros de la parte superior de los salones, que pueden ser muy elevados. Este es un estilo de decoración que puede retrotraerse hasta la antigüedad bíblica, de forma que el salmista utiliza esa decoración de los ángulos de los salones nobles de las casas ricas para poner de relieve la hermosura, los espléndidos vestidos y los adornos ricos de las mujeres.

Estas mujeres de familias ricas aparecen así vestidas de un modo modesto y casto, pero de gran belleza (como se distingue en árabe entre una mujer *mesturât*, es decir, que esta velada, a diferencia de una mujer *memshushât*, tostada por el sol). Así las mujeres aparecen adornadas pero escondidas a los ojos de los extraños, como los ángulos tallados de las habitaciones nobles. En esa línea, un proverbio árabe ya citado dice: "los tesoros se esconden en las esquinas de las casas". Así también en el encabezado de una carta dirigida a mujeres de alta posición suele ponerse: "Que esta carta bese la mano de la gran señora, con sus escondidas joyas" (nota de Wetzstein).

Salmo 145. Himno de alabanza al Dios que es todogeneroso

1 תְּהִלָּה לְדָוִד אֲרוֹמִמְךָ אֱלוֹהַי הַמֶּלֶךְ וַאֲבָרֲכָה שִׁמְךָ לְעוֹלָם וָעֶד:

2 בְּכָל־יוֹם אֲבָרֲכֶךָּ וַאֲהַלְלָה שִׁמְךָ לְעוֹלָם וָעֶד:

3 גָּדוֹל יְהוָה וּמְהֻלָּל מְאֹד וְלִגְדֻלָּתוֹ אֵין חֵקֶר:

4 דּוֹר לְדוֹר יְשַׁבַּח מַעֲשֶׂיךָ וּגְבוּרֹתֶיךָ יַגִּידוּ:

5 הֲדַר כְּבוֹד הוֹדֶךָ וְדִבְרֵי נִפְלְאֹתֶיךָ אָשִׂיחָה:

6 וֶעֱזוּז נוֹרְאֹתֶיךָ יֹאמֵרוּ (וּגְדוּלָתֶיךָ) [וּגְדוּלָּתְךָ] אֲסַפְּרֶנָּה:

7 זֵכֶר רַב־טוּבְךָ יַבִּיעוּ וְצִדְקָתְךָ יְרַנֵּנוּ:

8 חַנּוּן וְרַחוּם יְהוָה אֶרֶךְ אַפַּיִם וּגְדָל־חָסֶד:

9 טוֹב־יְהוָה לַכֹּל וְרַחֲמָיו עַל־כָּל־מַעֲשָׂיו:

10 יוֹדוּךָ יְהוָה כָּל־מַעֲשֶׂיךָ וַחֲסִידֶיךָ יְבָרֲכוּכָה:

11 כְּבוֹד מַלְכוּתְךָ יֹאמֵרוּ וּגְבוּרָתְךָ יְדַבֵּרוּ:

12 לְהוֹדִיעַ לִבְנֵי הָאָדָם גְּבוּרֹתָיו וּכְבוֹד הֲדַר מַלְכוּתוֹ:

13 מַלְכוּתְךָ מַלְכוּת כָּל־עֹלָמִים וּמֶמְשַׁלְתְּךָ בְּכָל־דּוֹר וָדוֹר:

14 סוֹמֵךְ יְהוָה לְכָל־הַנֹּפְלִים וְזוֹקֵף לְכָל־הַכְּפוּפִים:

15 עֵינֵי־כֹל אֵלֶיךָ יְשַׂבֵּרוּ וְאַתָּה נוֹתֵן־לָהֶם אֶת־אָכְלָם בְּעִתּוֹ:

16 פּוֹתֵחַ אֶת־יָדֶךָ וּמַשְׂבִּיעַ לְכָל־חַי רָצוֹן:

17 צַדִּיק יְהוָה בְּכָל־דְּרָכָיו וְחָסִיד בְּכָל־מַעֲשָׂיו:

18 קָרוֹב יְהוָה לְכָל־קֹרְאָיו לְכֹל אֲשֶׁר יִקְרָאֻהוּ בֶאֱמֶת:

19 רְצוֹן־יְרֵאָיו יַעֲשֶׂה וְאֶת־שַׁוְעָתָם יִשְׁמַע וְיוֹשִׁיעֵם:

20 שׁוֹמֵר יְהוָה אֶת־כָּל־אֹהֲבָיו וְאֵת כָּל־הָרְשָׁעִים יַשְׁמִיד:

21 תְּהִלַּת יְהוָה יְדַבֶּר־פִּי וִיבָרֵךְ כָּל־בָּשָׂר שֵׁם קָדְשׁוֹ לְעוֹלָם וָעֶד:

<Salmo de alabanza; de David>

¹ א Te exaltaré, mi Dios, mi Rey, y bendeciré tu nombre eternamente y para siempre.

² ב Cada día te bendeciré y alabaré tu nombre eternamente y para siempre.

³ ג Grande es Jehová y digno de suprema alabanza; su grandeza es insondable.

⁴ ד Generación a generación celebrará tus obras y anunciará tus poderosos hechos.

⁵ ה En la hermosura de la gloria de tu magnificencia
y en tus hechos maravillosos meditaré.

⁶ ו Del poder de tus hechos estupendos hablarán los hombres,
y yo publicaré tu grandeza.

⁷ ז Proclamarán la memoria de tu inmensa bondad, y cantarán tu justicia.

⁸ ח Cemente y misericordioso es Jehová, lento para la ira y grande en misericordia.

⁹ ט Bueno es Jehová para con todos, y sus misericordias sobre todas sus obras.

¹⁰ י ¡Te alaben, Jehová, todas tus obras, y tus santos te bendigan!

¹¹ כ La gloria de tu reino digan, y hablen de tu poder,

¹² ל Para hacer saber a los hijos de los hombres sus poderosos hechos
y la gloria de la magnificencia de su reino.

¹³ ם Tu reino es reino de todos los siglos y tu señorío por todas las generaciones.

¹⁴ ס Sostiene Jehová a todos los que caen y levanta a todos los oprimidos.

¹⁵ ע Los ojos de todos esperan en ti y tú les das su comida a su tiempo.

¹⁶ פ Abres tu mano y colmas de bendición a todo ser viviente.

¹⁷ צ Justo es Jehová en todos sus caminos y misericordioso en todas sus obras.

¹⁸ ק Cercano está Jehová a todos los que lo invocan,

a todos los que lo invocan de veras.

¹⁹ ר Cumplirá el deseo de los que lo temen;

oirá asimismo el clamor de ellos y los salvará.

²⁰ ש Jehová guarda a todos los que lo aman, pero destruirá a todos los impíos.

²¹ ת La alabanza de Jehová proclamará mi boca.

¡Todos bendigan su santo nombre eternamente y para siempre!

Con el salmo anterior la colección avanzaba doxológicamente hacia su meta; pues bien, ese salmo 144, que comenzaba en forma de *beraká* (ה ברוך) viene seguido por este en el que las palabras favoritas son *benedicam* (te bendeciré, אֲבָרֶכְךָ, Sal 145, 2) y *benedicat* (bendígale, וִיבָרֵךְ, Sal 145, 21). Este es el único salmo que lleva como título la palabra תְּהִלָּה לְדָוִד, *oración (salmo) de David*, cuyo plural תהלים se ha convertido en el nombre colectivo de los Salmos.

En *B. Berachoth* 4b, este salmo viene citado por un apotegma que dice: "Aquel que repita tres veces al día la palabra תְּהִלָּה לְדָוִד puede estar seguro de que es un hijo del reino que viene" (הבא העולם בן). ¿Por qué? No simplemente porque este salmo, como dice la Gemará, בית באלף אתיא, es acróstico (sigue el curso del alfabeto) como el Sal 119 (y multiplicado por ocho), ni tampoco porque celebra el cuidado de Dios por todas las creaturas (porque el Gran Hallel lo hace también, Sal 136, 25), sino porque vincula en sí todas estas cualidades (תרתי ביה דאית משום).

De hecho, el Sal 145, 16 constituye una celebración de la bondad de Dios que abraza todo ser viviente, una celebración con la que solo puede compararse la del Sal 136 no el Sal 111. Así dice Bakius: *valde sententiosus hic Salmus est*, muy sentencioso es este salmo. ¿No encontramos en él nuestro favorito *Benedicite* y el *Oculi omnium* que nuestros niños repiten antes de la comida?

Este es el salmo que la iglesia reservaba para la comida del mediodía (véase Armknecht, *Die heilige Salmodie*, 1855, p. 54). El Sal 145, 15 se utilizaba también para la santa comunión, pues como dice Crisóstomo, contiene aquellas palabras por las que los iniciados cantan diciendo de un modo comprensible: "los ojos de todos esperan en ti" y "tú les das comida en el tiempo oportuno" (τὰ ῥήματα ταῦτα, ἅπερ οἱ μεμυημένοι συνεχῶς ὑποψάλλουσι λέγοντες· Οἱ ὀφθαλμοὶ πάντων εἰς σὲ ἐλπίζουσιν καὶ σὺ δίδως τὴν τροφὴν αὐτῶν ἐν εὐκαιρίᾳ).

En esa línea, como observa Teodoreto, este salmo contiene y expresa el sentido de todas las letras (cf. Κατὰ στοιχεῖον καὶ οὗτος ὁ ὕμνος σύγκειται). Este es un salmo compuesto por dísticos, y cada primera línea del dístico responde a una letra. Falta, sin embargo, la *nun*. El Talmud piensa que eso se debe al hecho de que la נפלה fatal de Am 5, 2 (¡cayó para no levantarse la doncella de Israel!) empezaba con *nun*. En contra de eso, Ewald, Vaihinger y Sommer, con Grotius, piensan que la estrofa *nun* se ha perdido por algún accidente en la transmisión del texto.

Los LXX (pero no Aquila, Símaco, Teodoción ni Jerónimo en su traducción del texto original) reproducen esa estrofa, tomada quizá de un MS hebreo (como el de Dublin Cod. Kennicot, 142) en el que esa estrofa se había conservado. Esa estrofa dice: Πιστὸς (נאמן, como en el Sal 111, 7) κύριος ἐν (πᾶσι) τοῖς λόγοις αὐτοῦ καὶ ὅσιος ἐν πᾶσι τοῖς ἔργοις αὐτοῦ (fiel es el Kyrie en todas sus palabras, y santo en todas sus obras).

Ese texto se identifica con el Sal 145, 17, cambiando solo dos palabras del dístico. Hitzig piensa que la estrofa *nun* de este salmo ha sido introducida (a la fuerza) en el Sal 141, pero solo un pretendido "clarividente" como él puede atreverse a separar y unir de esa manera textos de los Salmos. En este contexto solo podemos afirmar que la omisión de esta estrofa *nun* es un ejemplo más de la libertad con la que los poetas del Antiguo Testamento se situaban ante temas como estos.

145, 1–7. Los movimientos con los que este salmo se abre resultan familiares. En esa línea podemos recordar el Sal 30 y el 34 que es igualmente de alabanza y acción de gracias. Aquí se repite la *plena scriptio*, אלוהי de Sal 143, 10; Sal 98, 6. El lenguaje de saludo "mi Dios el Rey" (אֱלוֹהַי הַמֶּלֶךְ), que suena duro en comparación con la fórmula más usual (mi rey y mi Dios: Sal 5, 3; Sal 84, 4), invoca a Dios expresamente de un modo universal, es decir, de la manera más absoluta, como rey.

Si el poeta mismo es un rey, la ocasión para llamar a Dios de esa manera resulta natural, y el significado del término es del todo pertinente. Pero incluso en la boca de otras personas, ese término resulta significativo. Cualquiera que llame a Dios así reconoce su prerrogativa real, y al mismo tiempo le rinde homenaje y se vincula con él en gesto de lealtad. Es precisamente este gesto de confesión y de exaltación de Dios, el Absolutamente Exaltado, el que aparece descrito con el nombre de רומם, enaltecer (cf. אֲרוֹמִמְךָ אֱלוֹהַי הַמֶּלֶךְ, te ensalzaré, mi Dios, el Rey).

¿Cómo puede expresar el poeta el propósito de alabar el nombre de Dios por siempre? Porque la alabanza de Dios es algo que responde plenamente a su naturaleza más profunda. Porque el poeta, el salmista, en cuanto ser humano y mortal puede y debe superar su propia condición mortal, y de esa forma alaba y pone su vida en manos de aquel que es el rey siempre viviente.

Vinculándose en adoración al que es Eterno, el salmista se siente a sí mismo como eterno; en esa línea, si existe alguna prueba práctica para una vida después de la muerte, esa prueba es el ardiente deseo del alma, un deseo impulsado por el mismo Dios, conforme a la alabanza dirigida a su vida eterna, un deseo, una alabanza que ofrece al hombre el más alto y más noble deleite.

La idea del Hades silente, que se impone por doquier (como en el Sal 6, 6), allí donde la mente del poeta se encuentra ensombrecida por el pecado (sin poder invocar a Dios), queda aquí totalmente superada, dado que la mente del poeta aparece como espejo claro de la gloria divina. En esa línea, el Sal 145, 2 rechaza la idea de una posible cesación de la alabanza, esto es, la existencia del hades/sheol donde el hombre ya no puede alabar a Dios. El poeta quiere alabar y alabará a Dios todos los días, sin cesar (Sal 68, 20), tanto en tiempos de prosperidad como de tristeza, de un modo ininterrumpido por toda la eternidad, glorificando su *Nombre* (אֲהַלְלָה, como en el Sal 69, 31).

No hay un objeto más digno de alabanza que Dios (Sal 145, 3). Yahvé es grande y de un modo intenso ha de ser alabado (וּמְהֻלָּל מְאֹד, conforme a una palabra tomada del Sal 48, 2; cf. también Sal 96, 4; 18, 4). En esa línea, la grandeza de Dios (que aparece aquí, como en 1 Cor 29, 11, como primero de sus atributos) no puede ser abarcada por los hombres; esa alabanza es tan abismalmente profunda que nadie puede llegar hasta su hondura (וְלִגְדֻלָּתוֹ אֵין חֵקֶר, no hay fin para su grandeza, ella es insondable, cf. Is 40, 28; Job 11, 7).

Sin embargo, esa grandeza de Dios ha sido y está siendo revelada sin cesar, y por eso está siendo celebrada por este salmo 145, 4, donde se dice que una generación transmite a la siguiente la alabanza creciente de las obras que Dios ha realizado (מַעֲשִׂים עֹשֶׂה). En ese sentido, según este salmo, los hombres son capaces de ofrecer todo tipo de pruebas del poder victorioso de Dios, que triunfa por encima de la misma muerte, haciendo que todo esté sometido a su poder (גְבוּרֹת, como en el Sal 20, 7, *passim*).

El poeta quiere aquí considerar devotamente las maravillas de la gloria de Dios que se ha manifestado en la historia, y en la tradición de Israel, conforme a sus hechos. Estas son sus palabras centrales, según 145, 5: הֲדַר כְּבוֹד הוֹדֶךָ וְדִבְרֵי נִפְלְאוֹתֶיךָ אָשִׂיחָה, meditaré en la hermosura de la gloria de tu magnificencia y en tus hechos maravillosos. De esa forma se vinculan la hermosura, הדר, y la gloria o כבוד de la magnificencia de Dios, הוד (cf. Jer 22, 18; Dan 11, 21).

El poeta no insiste en su "yo" אֲנִי גַם (*yo también* me uno a esa alabanza), pues lo que importa no es su yo, ni en 145, 5 y ni en 145, 6 donde retorna la misma secuencia de pensamientos, haciéndolo de un modo más breve. El énfasis no es el yo del orante, sino el poderío y presencia de Yahvé. El poderío (cf. עזוז en el Sal 78, 4 y en Is 42, 25), como expresión de las grandes obras de Yahvé, de sus *actos terribles*, pasará de boca a boca (cf. אמר con un objeto sustantivado, como en el Sal 40, 11), estará siempre presente, *evocando sus actos poderosos* (גדלות, *magnalia*, como en 1 Cron 17, 19. 21, conforme al *keré*, que está determinado por אספרנה)[53].

---

53. Cf. sin embargo, en una línea algo distinta, 2 Sam 22, 23; 2 Rey 3, 3; 10, 26.

Pero lo que se revela en la historia que cuenta el salmista no es solo la majestad de Dios, inspiradora de terror, que se revela a los hombres, sino también la grandeza de su bondad y de su justicia (con רב que se utiliza como un sustantivo, cf. Sal 31, 20; Is 63, 7; Is 21, 7, a diferencia de רבים en Sal 32, 10; Sal 89, 51 que es un adjetivo colocado antes del nombre en forma de numeral).

Esa bondad y justicia de Dios reflejan la determinación inviolable de su consejo divino a favor de la salvación de los hombres. La memoria de la bondad trascendente de Dios, que es objeto del reconocimiento universal del salmista y tema central de su justicia, constituyen el objeto de su exultación también universal (רנן con el acusativo, como en Sal 51, 16; Sal 59, 17). Después que el salmista ha cantado el glorioso testimonio de Yahvé, conforme a sus dos lados (el terrible y el bondadoso), él sigue desarrollando el lado bueno, el lado luminoso, que responde a la parte delantera del Nombre de Yahvé, tal como ha sido expuesto en Ex 34, 6.

145, 8-13. La memorable revelación de Yahvé aparece entrelazada aquí también, de un modo semejante, con la manifestación del amor de Dios, en 145, 8-13. Pero, en lugar de רב־חסד, rico en misericordia, la expresión utilizada aquí es וּגְדָל־חֶסֶד, y grande en misericordia (*keré*, como en Nah 1, 3, cf. Sal 89, 29, con *makkeph*).

La voluntad real de Dios se expresa aquí en forma de amor activo (de favor), que se manifiesta como tendencia al amor gratuito (חנּון), y hacia la compasión, que se interesa por los pecadores, para ayudarles y confortarles (רחום). La ira es solo el otro lado (el trasfondo) de la naturaleza que Dios solo despliega de un modo reluctante (como a su pesar), tras haber esperado mucho tiempo con su oferta de perdón (אפים ארך) en contra de aquellos que desprecian su gran misericordia, porque, como dice 145, 9, su bondad lo abraza todo; sus merced misericordiosa se despliega en el fondo de sus obras, protege y acompaña a todas sus creaturas.

Por eso, tras decir que todas las obras alaban a Yahvé, este salmo expone con voz muy alta el amor de simpatía de Dios que abraza todas las cosas, sin excluir a nadie. Por eso, sus santos, que viven inmersos en el amor de Dios, le bendicen (con יְבָרְכוּכָה, escrito como en 1 Rey 18, 44): las bocas de sus santos o *hasidim* (חֲסִידֶיךָ) no cesan de declarar (יאמרו) la gloria del reino de este Dios amante, hablando (ידבּרו) sin interrupción del poder soberano con el que mantiene y extiende su reino. Esta confesión constituye la tarea de la vida de los santos, a fin de que el conocimiento de los actos poderosos de Dios y de la majestad de su reino puedan convertirse en posesión o patrimonio general de la humanidad.

Cuando el poeta proclama la grandeza de Dios, en el verso 12, lo hace de forma directa, afirmando מַלְכוּתְךָ מַלְכוּת כָּל־עֹלָמִים וּמֶמְשַׁלְתְּךָ בְּכָל־דּוֹר וָדוֹר, tu reino es reino para todos los siglos, y tu dominio se expresa sin excepción y de un modo continuo en todas las generaciones (ודר בכל־דור, como en el Sal 45, 18; Est 9, 28, en forma de pleonasmo, como en el Sal 90, 1).

Dios abarca la circunferencia eterna de la historia del tiempo, pero, al mismo tiempo, contiene toda su sustancia o realidad, que se va desplegando y se manifiesta a sí misma en la sucesión de las edades que marcan su curso, el curso de la acción de su vida como expresión de misericordia.

En esa línea las cosas del cielo y de la tierra se reunirán (ἀνακεφαλαιώσασθαι, Ef 1, 10) en el reino omniabarcador de su Cristo, que es el fin o meta y la sustancia de toda la historia, que surge y se despliega a partir del mismo Cristo. De esa forma, culmina aquí, en el Sal 145, 13 (en la línea de Dan 3, 33 y 4, 11 que son, según Hitzig, los pasajes más significativos en este contexto de pensamiento) el sentido de esta estrofa central del salmo.

145, 14–21. El poeta celebra ahora en detalle las obras del rey magnánimo que es Dios. Las palabras con לְ son simples dativos (cf. לְכָל־הַנֹּפְלִים, a todos los que caen), a diferencia de la expresión en acusativo en el Sal 146, 8. Yahvé en persona sostiene en medio de su caída a los que caen (נוֹפְלִים, no a los que han caído, cf. Sal 28, 1, cf. también Nicephorus, τοὺς καταπεσεῖν μέλλοντας ἑδραιοῖ, ὥστε μὴ καταπεσεῖν, a los que están para caer, no a los caídos), y mantiene firme a los inclinados, de manera que puedan elevarse.

Dios es quien alimenta a todos los seres, el Padre Universal, aquel a quien se elevan en la gran casa del mundo los ojos de todos los que esperan en él (cf. עֵינֵי־כֹל אֵלֶיךָ יְשַׂבֵּרוּ, con עֵינֵי sin tono en la sílaba final: Ewiger, 100b), es decir, todos los seres, dotados de razón o irracionales, animados de intensa confianza (Mt 6, 26); Dios es aquel que les da comida a su debido tiempo. Este lenguaje es muy semejante al de Sal 104, 27-28, y se mantiene en esa misma línea (cf. Ecl 40, 14).

Dios abre su mano, que está siempre llena (como la mano de un hombre que da siempre de comer a las palomas en el patio), y concede sin cesar aquello que es bueno, רָצוֹן, gozoso, para cumplir de esa manera el deseo de todos los vivientes, es decir, de aquellos que tienen necesidad de ayuda, tanto para el cuerpo como para los restantes aspectos de su vida.

El texto ha de ser interpretado de esa manera, conforme a Dt 33, 23 (en esa línea los LXX varían entre εὐδοκίας y εὐλογίας, es decir, entre buena voluntad y riqueza), cf. Hch 14, 17, llenando de comida y bendición nuestros corazones, es decir, toda nuestra vida (ἐμπιπλῶν τροφῆς καὶ εὐφροσύνης τὰς καρδίας ἡμῶν). La palabra הִשְׂבִּיעַ (cf. וּמַשְׂבִּיעַ לְכָל־חַי רָצוֹן, *y colmas a todo ser viviente de bendición*) se construye con dativo y acusativo de objeto, en vez de hacerlo con dos acusativos de objeto (Gesenius, 139. 1, 2).

El uso del lenguaje va en contra de interpretar רָצוֹן como adverbio en el sentido de "voluntariamente" (Hitzig), pues en ese caso tendría que haber puesto בִּרְצוֹנֶךָ. En todos los caminos que impulsa y recorre en su reinado histórico, Yahvé es "justo", esto es, él mantiene de un modo estricto la regla o norma de su santo amor. Y en todas las obras que él realiza en la historia él es misericordioso (חסיד), i. e., él practica la misericordia (חסד, cf. Sal 12, 2). De esa forma, en este tiempo concreto la esencia profunda de su manifestación activa se expresa en forma de misericordia precedente y de amor condescendiente.

Sin duda, Dios permanece lejos de los hipócritas, pues ellos, los hipócritas, se mantienen lejos de él (Is 29, 13). Pero en todo el resto de los casos, con igualdad imparcial, él se mantiene cerca (קרוב, como en el Sal 34, 19) de todos los que le llaman en verdad, באמת, de un modo firme, en fidelidad. Dios se mantiene cerca de aquellos cuya oración brota del corazón, con santo fervor (cf. Is 10, 20; Is 48, 1).

Aquí se está aludiendo a una oración verdadera y real, en oposición a las obras muertas, νεκρὸν ἔργον, tal como lo expresa también Jn 4, 23. Ante esas oraciones, Yahvé se hace presente, en misericordia (pues en cuanto a su poder él se encuentra presente en todo); él convierte en realidad el deseo de aquellos que le temen, y les garantiza la salvación (σωτηρία) por la que ruegan.

En esa línea, aquellos de los que en el Sal 145, 19 se dice que temen a Dios aparecen en 145, 20 como aquellos que le aman (אֶת־כָּל־אֹהֲבָיו). Amor y temor de Dios se vinculan de un modo inseparable, pues *temor sin amor* es un gesto servil, sin libertad; y *amor sin temor* es un tipo de familiaridad atrevida, sin respeto. Temor sin amor deshora al Dios de la gracia, amor sin temor deshonra al Dios exaltado. Dios preserva a todos los que le aman y le temen, pero al mismo tiempo, con la otra mano, extermina a los pecadores atrevidos, sin conciencia.

Habiendo alcanzado así la *tau* (eso es, la última letra del alefato), el himno de alabanza, que ha recorrido todos los elementos del lenguaje, alcanza su fin. El poeta, sin embargo, quiere terminar el salmo diciendo que la alabanza de Dios ha de ser su tarea duradera (cf. תְּהִלַּת יְהוָה יְדַבֶּר־פִּי, la alabanza de Yahvé proclamará mi boca, con *olewejored*, es decir, con el *mahpach* o signo de *jethib* que representa por arriba el *makkeph*), queriendo que toda carne, todos los hombres, siendo σὰρξ καὶ αἷμα (בשר ודם), puedan bendecir el santo nombre de Dios por toda la eternidad.

La realización de este deseo es la meta final de la historia. De esa forma se cumplirá el gran anhelo de Dt 32, 43: Yahvé es Uno y su nombre es Uno (cf. Zac 14, 9), de manera que Israel alabe a Dios ὑπὲρ ἀληθείας (por su verdad) y los gentiles ὑπὲρ ἐλέους (por su misericordia, cf. Rom 15, 8).

Salmo 146. Aleluya a Dios, el único socorro verdadero

¹ הַלְלוּ־יָהּ הַלְלִי נַפְשִׁי אֶת־יְהוָה:
² אֲהַלְלָה יְהוָה בְּחַיָּי אֲזַמְּרָה לֵאלֹהַי בְּעוֹדִי:
³ אַל־תִּבְטְחוּ בִנְדִיבִים בְּבֶן־אָדָם שֶׁאֵין לוֹ תְשׁוּעָה:
⁴ תֵּצֵא רוּחוֹ יָשֻׁב לְאַדְמָתוֹ בַּיּוֹם הַהוּא אָבְדוּ עֶשְׁתֹּנֹתָיו:

5 אַשְׁרֵי שֶׁאֵל יַעֲקֹב בְּעֶזְרוֹ שִׂבְרוֹ עַל־יְהוָה אֱלֹהָיו׃
6 עֹשֶׂה׀ שָׁמַיִם וָאָרֶץ אֶת־הַיָּם וְאֶת־כָּל־אֲשֶׁר־בָּם הַשֹּׁמֵר אֱמֶת לְעוֹלָם׃
7 עֹשֶׂה מִשְׁפָּט׀ לָעֲשׁוּקִים נֹתֵן לֶחֶם לָרְעֵבִים יְהוָה מַתִּיר אֲסוּרִים׃
8 יְהוָה׀ פֹּקֵחַ עִוְרִים יְהוָה זֹקֵף כְּפוּפִים יְהוָה אֹהֵב צַדִּיקִים׃
9 יְהוָה׀ שֹׁמֵר אֶת־גֵּרִים יָתוֹם וְאַלְמָנָה יְעוֹדֵד וְדֶרֶךְ רְשָׁעִים יְעַוֵּת׃
10 יִמְלֹךְ יְהוָה׀ לְעוֹלָם אֱלֹהַיִךְ צִיּוֹן לְדֹר וָדֹר הַלְלוּ־יָהּ׃

1 Aleluya ¡Alaba, alma mía, a Jehová!
2 Alabaré a Jehová en mi vida; cantaré salmos a mi Dios mientras viva.
3 No confiéis en los príncipes ni en hijo de hombre, porque no hay en él salvación,
4 pues sale su aliento y vuelve a la tierra;
en ese mismo día perecen sus pensamientos.

5 Bienaventurado aquel cuyo ayudador es el Dios de Jacob,
cuya esperanza está en Jehová su Dios,
6 el cual hizo los cielos y la tierra, el mar, y todo lo que en ellos hay;
que guarda la verdad para siempre,
7 que hace justicia a los agraviados, que da pan a los hambrientos.

Jehová liberta a los cautivos;
8 Jehová abre los ojos a los ciegos; Jehová levanta a los caídos;
Jehová ama a los justos.
9 Jehová guarda a los extranjeros; al huérfano y a la viuda sostiene, y
el camino de los impíos trastorna.
10 Reinará Jehová para siempre;
tu Dios, Sión, de generación en generación. ¡Aleluya!

El salterio llega a su fin con cinco salmos de aleluya. El primero tiene muchos puntos de contacto con el himno alfabético anterior: comparar אהללה del Sal 2 ,146 con el Sal 145, 2; שׂברו del Sal 146, 5 con el Sal 145, 15; "que da pan a los hambrientos" del Sal 146, 7 con el Sal 145, 15; "que hace ver a los ciegos" del Sal 146, 8 con el Sal 145, 14; "Yahvé reina" del Sal 146, 10 con el Sal 145, 13. El estilo común de pensamiento muestra que estos dos salmos provienen de un mismo autor.

En los LXX el Sal 147, conforme a la numeración de los últimos salmos ha sido dividido en dos, 146 y 147, y lleva la inscripción Ἀλληλούια: Ἀγγαίου καὶ Ζαχαρίου, que se ha repetido cuatro veces. Estos salmos parecen haber formado un Hallel separado, atribuido a esos profetas, y así aparecía en la liturgia antigua del segundo templo. Más tarde, esos salmos, con el 149, vinieron a formar parte integrante de la oración diaria de la mañana, en las דזמרה פסוקי, i. e., es decir, en la obra litúrgica en la que se incluyen salmos y otras obras poéticas, para la oración del comienzo del día, y así aparecen evocadas también en B. *Shabbath 118b* (Rashi, sin embargo, solo incluye Sal 148 y 150).

Este tipo de Hallel se distingue de aquel que debe recitarse en pascua y otras fiestas, y que recibe el nombre del "Hallel egipcio". A pesar de ello, Krochmal afirma que esos cinco salmos (Sal 145-150) forman el Gran Hallel. Sea como fuere, nada nos obliga a datar estos salmos en un tiempo posterior al de Esdras y Nehemías.

El acuerdo entre 1 Mac 2, 63 (ἔστρεψεν εἰς τὸν χοῦν αὐτοῦ καὶ ὁ διαλογισμὸς αὐτοῦ ἀπώλετο) y el Sal 146, 4, que ha sido muy estudiado por Hitzig, no decide nada sobre el momento en que se ha compuesto este salmo, sino que se limita a mostrar que este salmo existía ya en el tiempo del autor de 1 Mac, algo para lo que no teníamos necesidad de mayores pruebas. El hecho de no poner la confianza en los príncipes resultaba tan importante en el tiempo de la dominación de los persas como en el de la dominación de los griegos.

146, 1-4. En vez de bendecir, como en Sal 103, 1; Sal 104, 1, el poeta de este salmo dice "alabad": alabe mi alma al Señor (הַלְלִי נַפְשִׁי אֶת־יהוה); de esa forma centra su vida en la alabanza de Dios, diciendo "alabo" (alabaré). Pero él no quiere alabar a Dios solo con el canto que comienza, sino "en mi vida" (אֲהַלְלָה יהוה בְּחַיָּי, cf. también Sal 63, 5), elevando a Dios su propia vida, o בְּעוֹדִי, que propiamente hablando significa *en este momento* (= desde este momento), de forma que su vida posterior sea una constante y continuada alabanza a Dios, esto es, del Rey que, siendo todopoderoso, eterno y perpetuamente fiel es el único principio de confianza de su existencia humana.

La advertencia en contra de poner la confianza en los príncipes (146, 3: אַל־תִּבְטְחוּ בִנְדִיבִים) retoma el motivo de 118, 8. En esa línea, el salmo sigue diciendo "no confiéis en los hijos de hombre, que no pueden ayudar, tema que ha de entenderse en la línea del Sal 60, 13.

La afirmación siguiente de 146, 4 (תֵּצֵא רוּחוֹ יָשֻׁב לְאַדְמָתוֹ, sale su aliento y vuelve a la tierra), con la expresión לאדמתו, emparentada con el בֶּן־אָדָם anterior (de 146, 3), vincula los pensamientos de Gen 2, 7 y Gen 3, 19. Si el aliento del hombre se va (esto es, perece), eso significa que el ser humano no puede ser fuente de confianza, dado que es solo un débil hijo de Adán, que ha sido sacado de la tierra y que vuelve a la tierra (es decir, al *humus* de su primer comienzo).

En esa línea es más exacta la expresión אֶל־עֲפָרָם, al polvo, según la cual se cambia el εἰς τὴν γῆν αὐτοῦ de la LXX por εἰς τὸν χοῦν αὐτοῦ de 1 Mac 2, 63, cf. Ewiger, 357b. En aquel día, el inevitable día de la muerte, los proyectos y planes del hombre terminan de una vez y para siempre; la vida de los hombres acaba, solo queda Dios. El ἅπ. λεγ. עשתנת (cf. בַּיּוֹם הַהוּא אָבְדוּ עֶשְׁתֹּנֹתָיו, ese día perecen sus planes) describe la naturaleza de esos pensamientos sutiles y perecederos.

146, 5-7a. La ayuda humana, cerrada en sí misma, no vale. Por el contrario, אַשְׁרֵי שֶׁאֵל יַעֲקֹב בְּעֶזְרוֹ, bienaventurado es aquel cuyo ayudador es el Dios de Jacob.

Este אשרי o bienaventurado ofrece la última de las veinticinco bienaventuranzas del salterio. La partícula de שאל (como la de שיהוה en el Sal 144, 15) cumple la misma función de la *beth essentiae* (cf. בעזרו, véase *Coment.* a Sal 35, 2). Bienaventurado es aquel cuya confianza (con שבר, como en el Sal 119, 116) se funda en Yahvé, a quien el orante llama "su Dios" (cf. שִׂבְרוֹ עַל־יְהוָה אֱלֹהָיו, aquel cuya esperanza está en Yahvé, su Dios).

A menudo, los hombres son incapaces de ofrecer ayuda, aunque ellos quisieran darla. Dios, en cambio, puede darla siempre, porque es el Todopoderoso, creador de los cielos, de la tierra y del mar, y de todos los seres vivientes que los llenan (cf. Neh 9, 6). Los hombres cambian con frecuencia de parecer, y no pueden conservar su palabra. Dios, en cambio, es aquel que mantiene la verdad y la fidelidad, pues, siendo como es incambiable, cumple siempre sus promesas.

La expresión אמת שמר, guardar la verdad, es equivalente a שמר חסד y הברית שמר (mantener la misericordia, cumplir el pacto). De esa forma, aquello que Dios puede hacer, por ser todopoderoso, y no puede dejar de hacer por ser fiel, es realmente su forma de manifestación activa, que se vuelve evidente a través de sus hechos: hace justicia a los oprimidos, da pan a los hambrientos, y en esa línea se muestra como aquel que socorre a los que están injustamente oprimidos, sin causa.

Dios es quien se preocupa de dar el pan diario a los que están necesitados de la ayuda de su gratuita mano. Yahvé es el הַשֹּׁמֵר אֱמֶת לְעוֹלָם, el que mantiene la verdad para siempre, con השמר, el único participio determinado de la estrofa, que pone de relieve la fidelidad de Dios a sus promesas.

146, 7b–10. Estas cinco primeras líneas, que comienzan todas con Yahvé, van unidas. Cada una consta de tres palabras, una forma que resulta también favorita en el libro de Job. La expresión en la más breve posible. El verbo התיר (cf. יְהוָה מַתִּיר אֲסוּרִים, Yahvé libera a los cautivos) tiene un sentido que se transfiere del yugo y cadenas a la persona misma, las cinco líneas celebran a Dios en una especie de nueva Torá, presentando sus cinco obras de sanación y liberación, culminando con la más honda ternura dirigida en particular a los extranjeros, huérfanos y viudas.

Como dice la sexta línea, Dios les rehabilita y les da fuerza (con referencia al עודד, cf. Sal 20, 9; Sal 31, 12). Así comenta Bakius: "Es para mí muy agradable el hecho de que los tres momentos de esta salvación, ofrecida a los extranjeros, huérfanos y viudas se expresen de un modo precioso en un solo verso, algo que no encontramos en ningún otro lugar del salterio" (*Valde gratus mihi est hic Salus, ob Trifolium illud Dei, Advenas, Pupillos, et Viduas, versu uno luculentissime depictum, id quod in toto Psalterio nullibi fit*). Ciertamente, en el conjunto de los salmos, Dios ayuda de muchas maneras a sus santos, de manera que tengan un buen fin. Por el contrario, Dios condena el camino de los malvados, que lleva al error y termina en el abismo (Sal 1, 6).

Esa manifestación judicial salvadora de Dios (que protege a extranjeros, huérfanos y viudas) se condensa ahora en este salmo. Sin duda, Dios gobierna en amor y en ira, pero se deleita sobre todo en el amor. Yahvé es ciertamente el Dios de Sión. La duración eterna de su reino es también la garantía de su culminación gloriosa futura, a través de la victoria del amor, Aleluya.

Salmo 147. Aleluya al que sostiene todo y restaura a Jerusalén

¹ הַלְלוּ יָהּ‏ כִּי־טוֹב זַמְּרָה אֱלֹהֵינוּ כִּי־נָעִים נָאוָה תְהִלָּה:

² בּוֹנֵה יְרוּשָׁלַ͏ִם יְהוָה נִדְחֵי יִשְׂרָאֵל יְכַנֵּס:

³ הָרֹפֵא לִשְׁבוּרֵי לֵב וּמְחַבֵּשׁ לְעַצְּבוֹתָם:

⁴ מוֹנֶה מִסְפָּר לַכּוֹכָבִים לְכֻלָּם שֵׁמוֹת יִקְרָא:

⁵ גָּדוֹל אֲדוֹנֵינוּ וְרַב־כֹּחַ לִתְבוּנָתוֹ אֵין מִסְפָּר:

⁶ מְעוֹדֵד עֲנָוִים יְהוָה מַשְׁפִּיל רְשָׁעִים עֲדֵי־אָרֶץ:

⁷ עֱנוּ לַיהוָה בְּתוֹדָה זַמְּרוּ לֵאלֹהֵינוּ בְכִנּוֹר:

⁸ הַמְכַסֶּה שָׁמַיִם‏ בְּעָבִים הַמֵּכִין לָאָרֶץ מָטָר הַמַּצְמִיחַ הָרִים חָצִיר:

⁹ נוֹתֵן לִבְהֵמָה לַחְמָהּ לִבְנֵי עֹרֵב אֲשֶׁר יִקְרָאוּ:

¹⁰ לֹא בִגְבוּרַת הַסּוּס יֶחְפָּץ לֹא־בְשׁוֹקֵי הָאִישׁ יִרְצֶה:

¹¹ רוֹצֶה יְהוָה אֶת־יְרֵאָיו אֶת־הַמְיַחֲלִים לְחַסְדּוֹ:

¹² שַׁבְּחִי יְרוּשָׁלַ͏ִם אֶת־יְהוָה הַלְלִי אֱלֹהַיִךְ צִיּוֹן:

¹³ כִּי־חִזַּק בְּרִיחֵי שְׁעָרָיִךְ בֵּרַךְ בָּנַיִךְ בְּקִרְבֵּךְ:

¹⁴ הַשָּׂם־גְּבוּלֵךְ שָׁלוֹם חֵלֶב חִטִּים יַשְׂבִּיעֵךְ:

¹⁵ הַשֹּׁלֵחַ אִמְרָתוֹ אָרֶץ עַד־מְהֵרָה יָרוּץ דְּבָרוֹ:

¹⁶ הַנֹּתֵן שֶׁלֶג כַּצָּמֶר כְּפוֹר כָּאֵפֶר יְפַזֵּר:

¹⁷ מַשְׁלִיךְ קַרְחוֹ כְפִתִּים לִפְנֵי קָרָתוֹ מִי יַעֲמֹד:

¹⁸ יִשְׁלַח דְּבָרוֹ וְיַמְסֵם יַשֵּׁב רוּחוֹ יִזְּלוּ־מָיִם:

¹⁹ מַגִּיד (דְּבָרוֹ) [דְּבָרָיו] לְיַעֲקֹב חֻקָּיו וּמִשְׁפָּטָיו לְיִשְׂרָאֵל:

²⁰ לֹא עָשָׂה כֵן‏ לְכָל־גּוֹי וּמִשְׁפָּטִים בַּל־יְדָעוּם הַלְלוּ־יָהּ:

¹ Alabad a Jah, porque es bueno cantar salmos a nuestro Dios,
porque suave y hermosa es la alabanza.

² Jehová edifica a Jerusalén; a los desterrados de Israel recogerá.

³ Él sana a los quebrantados de corazón y venda sus heridas.

⁴ Él cuenta el número de las estrellas; a todas ellas llama por sus nombres.

⁵ Grande es el Señor nuestro y mucho su poder, y su entendimiento es infinito.

⁶ Jehová exalta a los humildes y humilla a los impíos hasta la tierra.

⁷ Cantad a Jehová con alabanza, cantad con arpa a nuestro Dios.

⁸ Él es quien cubre de nubes los cielos, el que prepara la lluvia para la tierra,
el que hace a los montes producir hierba.

⁹ Él da a la bestia su mantenimiento y a los hijos de los cuervos que claman.
¹⁰ No se deleita en la fuerza del caballo ni se complace en la agilidad del hombre.
¹¹ Se complace Jehová en los que lo temen y en los que esperan en su misericordia.

¹² ¡Alaba a Jehová, Jerusalén; Sión, alaba a tu Dios!
¹³ porque fortificó los cerrojos de tus puertas; bendijo a tus hijos dentro de ti.
¹⁴ Él da en tus territorios la paz; te hará saciar con lo mejor del trigo.
¹⁵ Él envía su palabra a la tierra; velozmente corre su palabra.
¹⁶ Da la nieve como lana y derrama la escarcha como ceniza.
¹⁷ Echa su hielo como pedazos; ante su frío, ¿quién resistirá?
¹⁸ Enviará su palabra y los derretirá; soplará su viento y fluirán las aguas.
¹⁹ Ha manifestado sus palabras a Jacob, sus estatutos y sus juicios a Israel.
²⁰ No ha hecho así con ninguna otra de las naciones; y
en cuanto a sus juicios, no los conocieron. ¡Aleluya!

En este y en los dos salmos siguientes escuchamos el tono del tiempo de la restauración de Esdras y Nehemías, resonando con fuerza, de un modo más claro que en los salmos precedentes (cf. Sal 147, 6 con Sal 146, 9). Este salmo da gracias a Dios por la restauración de Jerusalén, que aparece una vez más como ciudad con muros y puertas. El Sal 148 da gracias a Dios por la restauración de la independencia nacional. Por su parte, el Sal 149 le da gracias por la restauración gozosa y la triunfante defensa de un pueblo que por largo tiempo había estado sin defensa, ignominiosamente esclavizado.

En el año siete de Artajerjes (Artaxerxes I. Longimanus), el sacerdote Esdras entró en Jerusalén tras un viaje de cinco meses, con unos dos mil exilados, la mayoría de familias de levitas (en el 458 a. C.). En el año 20 de ese mismo rey clemente, es decir, 13 años después (445 a. C.), vino Nehemías, su copero, en calidad de *tirshâtha* o gobernador (cf. comentario de Isaías).

Esdras hizo todo lo que pudo por introducir de nuevo la Ley de Moisés, en la mente y vida social de la nación; por su parte, Nehemías impulsó la edificación de la nación, y de un modo especial la de sus muros y puertas. Él mismo nos cuenta en Neh 2, 1, en el libro de sus Memorias, la manera infatigable y cautelosa con la que trabajó para cumplir su obra. Por su parte, Neh 12, 27 se encuentra estrechamente conectada con las memorias del mismo Nehemías.

Tras estar un tiempo en Susa y tras neutralizar las informaciones escandalosas que habían llegado a la corte de Persia, en su segunda estancia en Jerusalén, promovió una fiesta para la dedicación de las murallas. Los músicos levitas que se habían establecido en los alrededores de Jerusalén recibieron el mandato de establecerse en la ciudad. Sacerdotes y levitas fueron así purificados, y ellos, por su parte, purificaron al pueblo, con las puertas, las murallas y los huesos de los muertos que fueron sacados de la ciudad y sepultados fuera de ella (como dice Herzfeld).

Entonces se realizó, conforme a la Ley, la purificación con el agua lustral de la novilla roja, purificación de la que se dice que fue realizada de nuevo por Esdras, por vez primera, después del exilio (cf. 1 Cron 3, 5). Después de eso, los principales de Judá, los sacerdotes y los músicos levitas fueron colocados al oeste de la ciudad, en dos grandes coros (תודת)[54].

Un coro festivo, que estaba dirigido por la mitad de los príncipes y sacerdotes, dirigidos por Esdras a su frente marcharon alrededor de la ciudad por la parte derecha y los otros hicieron la ronda por la izquierda, mientras el conjunto del pueblo miraba desde las murallas y las torres. Las dos procesiones se unieron al este de la ciudad, para entrar en el templo donde ofrecieron los sacrificios festivos en medio de música y de gritos de alegría.

No puede se asegurar que este salmo 147 se cantara en el momento de la dedicación de las murallas, bajo Nehemías (Hengstenberg). Pero la mayoría de los autores sostienen que gran parte de su contenido fue compuesto en tiempos de Nehemías (Keil, Ewald, Dillmann, Zunz), y es muy probable que se refiera a la dedicación de las murallas.

Este salmo se divide en dos partes: Sal 147, 1-11 y Sal 147, 12-20, que muestran un progreso tanto en la construcción de las murallas (Sal 147, 2 y Sal 147, 13), como en las circunstancias político-sociales de aquel tiempo, pues desde ese fondo se entiende el canto de alabanza a Dios (Sal 147, 8 y 147, 16). Este es, pues, un salmo doble; la primera parte parece que ha sido compuesta, como dice Hitzig, con ocasión de las lluvias de noviembre, y la segunda en la parte lluviosa del final del invierno, cuando empieza a soplar la brisa más suave y comienza el deshielo.

147, 1-6. Igual que en el Sal 135, 3, el Aleluya está fundado en el hecho de que "cantar a nuestro Dios" o celebrar con cantos la Gloria de Dios (זמר con un acusativo de objeto, como en el Sal 30, 13, *passim*) constituye el cumplimiento de un deber que tiene una repercusión saludable y beneficiosa sobre nosotros mismos. En esa línea, este es un himno de alabanza (tomado del Sal 33, 1), que expresa, por un lado, el hecho de que Dios es digno de ser alabado y, por otro, la gratitud que nosotros (los hombres) le debemos, teniendo así que alabarle.

En lugar de זמר o לזמר (Sal 92, 2) la expresión que se utiliza en 147, 1 es כִּי־טוֹב זַמְּרָה אֱלֹהֵינוּ כִּי־נָעִים נָאוָה תְהִלָּה (cf. זמרה), porque es bueno alabar a nuestro Dios, porque suave y hermosa es la alabanza). זמרה es una forma de infinitivo *piel*, que no se encuentra en otros lugares, pero que aparece como posible en la línea de ליסרה de Lev 26, 18. Los dos כי están coordinados y כי־נעים no se refiere aquí

---

54. Así han entendido la palabra Menahem, Juda ben Koreish y Abulwald, mientras que otros como Herzfeld piensan que se trata de dos grandes sacrificios o hecatombes, que fueron el comienzo de las dos procesiones festivas posteriores, que se llamarían תחלכת.

a Dios, como tampoco en el Sal 135, 3, en contra de Hitzig que altera el texto del Sal 147, 1 poniendo: "Alabad a Yah porque él es bueno, tocad para nuestro Dios, porque él es amable". El Sal 92, 2 muestra que כִּי־טוֹב puede referirse a Dios; pero el hecho de aplicar la palabra נעים a Dios va en contra de la costumbre y del espíritu del Antiguo Testamento, mientras que טוב y נעים son también en el Sal 133, 1 predicados neutros de un sujeto que aparece en forma de infinitivo.

En Sal 147, 2-3 empieza la alabanza y, al mismo tiempo, la confirmación de ese deber deleitoso de alabar a Dios. Yahvé es el que edifica a Jerusalén, él es quien reúne (con כנס como en Ezequiel, en vez de con קבץ) y אסף) a los expulsados de Israel (como en Is 11, 12; Is 56, 8). La edificación de Jerusalén se toma aquí, por tanto, como reedificación, y la dispersión de Israel se compara con el hecho de que la ciudad se había encontrado en ruinas.

Yahvé sana los corazones rotos (הָרֹפֵא לִשְׁבוּרֵי לֵב) como se ha mostrado en el caso de la vuelta del exilio, y venda sus penas (Sal 16, 4), es decir, sus heridas abiertas. La palabra רפא, a la que sigue aquí חבש, aparece en otros casos como dativo de objeto, tanto en sentido personal activo (Is 6, 10) como en sentido impersonal. En lugar de שְׁבוּרֵי לֵב, el lenguaje más antiguo decía נשברי לב (Sal 34, 19; Is 61, 1).

La conexión de pensamientos que el poeta lleva aquí hasta su máxima altura, se aclara desde el pasaje fundante de Is 40, 26-27. Conocer y remediar los dolores de los hombres es fácil para el Dios que cuenta el número de las estrellas que son innumerables (Gen 15, 5), i. e., para aquel que las ha llamado al ser con su poder creador, conforme al número que él quiera, número que solo él conoce, con מנה (cf. מוֹנֶה מִסְפָּר לַכּוֹכָבִים, que cuenta el número de estrellas), participio presente que aparece con frecuencia en las descripciones del Dios creador. Aquí se dice que Dios llama por su nombre a todas las estrellas, con nombres que son la expresión de su verdadera naturaleza, que él conoce bien, por ser su creador.

El salmista pone aquí de relieve (Sal 147, 5; cf. 145, 3) lo que dice Isaías cuando se refiere a la "grandeza de su poder", al hecho de que Dios es excelso por su dominio (Is 40, 26), añadiendo que su conocimiento resulta incomprensible. Así dice Job 27, 23, que el poder de Dios es grande, y que no se puede contar su entendimiento, pues su hondura y plenitud no se puede encerrar o dominar con ningún número. Este es un gran consuelo para la Iglesia, cuando ella va recorriendo sus caminos, que son a veces como laberintos, llenos de obstáculos.

El Dios de la Iglesia es omnisciente y todopoderoso. Por eso, la historia de los hombres, como todo el universo, es obra de un Dios infinitamente profundo y rico en sabiduría. El mundo aparece así, como un espejo del amor gratificante y de la ira justa de Dios, pues él da fuerzas (מעודד, como en el Sal 146, 9) a los que sufren con paciencia (ענוים); por el contrario, a los pecadores perversos (רשעים) él los expulsa de la tierra (עדי־ארץ, cf. Is 26, 5), arrojando a las honduras a aquellos que se exaltan a sí mismos como si formaran parte del cielo.

147, 7–11. El salmo toma aquí un nuevo vuelo. La expresión לַיהוָה בְּתוֹדָה (ל ענה עֱנוּ, cantad a Yahvé con alabanza) implica dirigirse o cantar con honor a una persona, Num 21, 27; Is 27, 2. Esa acción de alabanza בְּתוֹדָה se expresa a través del canto (cf. e. g., Job 16, 4). Los participios del Sal 147, 8 son cláusulas atributivas, vinculadas de manera libre con לֵאלֹהֵינוּ (cf. הַמֵּכִין לָאָרֶץ מָטָר, el que establece lluvia para la tierra). הכין significa preparar, establecer, como en Job 38, 41, un pasaje en el que está pensando el salmista al formular estos motivos.

הַמַּצְמִיחַ הָרִים חָצִיר (cf. מצמיח, el que hace que los montes produzcan hierba) es una forma causativa de un verbo *crescendi* (de crecimiento) y se construye con un doble acusativo: haciendo que las montañas (lugares a los que no llega la agricultura humana) produzcan hierba (que no es para los hombres, sino para los animales salvajes).

En esa línea sigue el salmo: נוֹתֵן לִבְהֵמָה לַחְמָהּ לִבְנֵי עֹרֵב אֲשֶׁר יִקְרָאוּ, él da a las bestias/fieras su mantenimiento, a las crías de los cuervos. Este tema ha sido desarrollado de forma ejemplar en el Sal 104, 14, pero aquí tiene la novedad de que las crías de cuervo "graznan" (אשר יקראו) aludiendo al hecho de que, según se dice, los cuervos pequeños son abandonados pronto por sus madres y arrojados de los nidos, para añadir que el mismo Dios les salva al concederles su alimento, conforme al tema clave de Job 38, 41 (cf. יְשַׁוֵּעוּ אֶל־אֵל יַלְדָּיו).

El hecho de que el verbo empleado para las crías de cuervo que graznan sea קרא, que significa llamar, κρώζειν (cf. אֲשֶׁר יִקְרָאוּ), es muy significativo, refiriéndose al cuervo, κόραξ, sánscrito *kárava*; pues se podría haber empleado un verbo más genérico, con el significado de gritar o graznar, con שׁוּעַ. Pero al utilizar el verbo יִקְרָאוּ, κοράττειν ο κορακεύεσθαι que significa en sentido estricto implorar de un modo incesante, el salmo supone que los cuervos están llamando directamente a Dios sin ser rechazados, pues Dios mismo les ha dado el instinto para llamarle.

Hacia Dios, que es el sustentador gratuito de todos los seres, están llamando los cuervos cuando graznan, pidiendo alimento (cf. Lc 12, 24, mirad los cuervos...), igual que la tierra que tiene sed de agua (llamando con su sed al mismo Dios). Dios aparece así, como el que responde a las necesidades de todos los seres, pues todos, a su manera le llaman, pidiendo que les ayude.

Los hombres son capaces de conocer por su inteligencia aquello que saben por naturaleza las creaturas irracionales como los cuervos. Con su llamada, pidiendo comida, los cuervos ratifican este sentimiento de dependencia, mostrando así que todos los seres deben confiar en Dios y no en ellos mismos.

A Dios no le agradan los gestos de poder y violencia en los que quieren confiar los hombres; Dios no se deleita ni tiene placer (con יַחְפֹּץ, forma pausal, como יַחְבֹּשׁ) en la fuerza de los caballos, cuyos jinetes se sienten invencibles, incluso cuando se ven obligados a huir, pensando que nadie les alcanzará, Dios no se deleita tampoco en las piernas o musculaturas de un hombre que se imagina tan firme que no podrá ser derribado por nadie, pensando además que, si tiene que huir, podrá ponerse tranquilamente a salvo.

שׁוֹק (cf. לֹא־בְשׁוֹקֵי הָאִישׁ יִרְצֶה, Dios no se complace...), en árabe *sâq*, es la pierna del hombre, desde la rodilla a las plantas de los pies, como en árabe *sâqa*, raíz *sq*, avanzar, ir hacia adelante, de un modo especial correr, como si se fuera al galope. Lo que aquí se quiere decir es que la fuerza y poder muscular del caballo no sirven de nada cuando Dios quiere destruir a un hombre (Sal 33, 16; Amós 2, 14). Tampoco sirven de nada las piernas de un hombre si Dios no le concede su fuerza.

Dios se complace más bien en aquellos que le temen, es decir, en aquellos que conociendo la impotencia de todo poder de las creaturas como tales, confían humildemente en él, sabiendo que dependen de su omnipotencia. En estos se complace Dios (con רצה y acusativo), es decir, en aquellos que, desconfiando de toda confianza propia y de todo egoísmo, esperan en su misericordia.

147, 12-20. Según los LXX (y la Vulgata), esta estrofa es un salmo independiente de alabanza (*Lauda Jerusalem*). Esta alabanza surge nuevamente de la Iglesia, reunida en el suelo de la tierra prometida en torno a Jerusalén. La ciudad santa ha resurgido de sus ruinas, de forma que ella cuenta de nuevo con puertas, que se abren a la luz del día, pero que pueden cerrarse y asegurarse con llaves o trancas cuando llega la noche, para que los habitantes de la ciudad puedan descansar con tranquilidad en ella (Neh 7, 1-4).

Así, la bendición de Dios desciende nuevamente sobre los hijos de la metrópolis sagrada. Su territorio, que había experimentado todos los sufrimientos de la guerra (y que había sido lugar de tumulto guerrero y destrucción, con gritos y petición de ayuda) ha sido nuevamente bendecido por Dios con la paz (cf. שָׁלוֹם הַשָּׂם־גְּבוּלֵךְ, él da en tus territorios la paz, con acusativo de objeto, a diferencia de Is 60, 17). Dado que ahora la tierra puede cultivarse nuevamente en paz, se cumple la antigua promesa (Sal 81, 17), conforme a la cual Dios alimentará a los hombres y mujeres del pueblo con flor de harina, en el caso de que ellos le obedezcan.

El Dios de Israel es el gobernante todopoderoso de la naturaleza. Él es quien ofrece su "*fiat*", hágase (cf. הַשֹּׁלֵחַ אִמְרָתוֹ אָרֶץ, el que envía su palabra a la tierra, con אָרֶץ como acusativo de dirección), conforme al mandato וַיֹּאמֶר, del principio de la creación (cf. Gen 1 y Sal 33, 9). La palabra es así, el mensajero de Dios (véase Sal 107, 20) que se apresura (con עַד־מְהֵרָה), es decir, que corre con toda rapidez para cumplir aquello que se le ha ordenado.

Dios es quien envía la nieve como copos de lana, de forma que los campos se visten de blanco, como de una manta de lana que les proteja[55]. El mismo Dios es

---

55. Bochart, *Hierozoicon*, compara este pasaje con una observación de Eustathius sobre Dionisio Periegetes, τὴν χιόνα ἐριώδες ὕδωρ ἀστείως οἱ παλαιοὶ ἐκάλουν.

quien esparce la escarcha como ceniza, con la palabra כְּפוֹר, cubrir con una especie de rocío helado, como si estuviera formado de polvo de cenizas que el viento ha esparcido por todas partes. Otras veces, Dios envía el hielo —propiamente dicho— que es como el cristal[56] (con קֶרַח de קֶרַח), formando una especie de piedras, o fragmentos helados, con כְּפִתִּים, como piedras de hielo o nieve endurecida. La pregunta "ante su frío ¿quién resistirá?" está formulada en la línea de Nah 1, 6, cf. Sal 130, 3.

Pues bien, el texto sigue diciendo inmediatamente que Dios envía su palabra y hace que nieve, rocío helado y hielo se licúen, de forma que con el viento cálido fluyan las aguas derretidas. Pues bien, ese Dios, que gobierna con su palabra todas las cosas, y las moldea conforme a su deseo, es el mismo Dios de la revelación, que penetra y actúa a lo largo de la historia de la salvación, que se expresa a través de Israel, de forma que por medio de Dios Israel se eleve y ocupe un lugar de honor entre todas las naciones (cf. Dt 4, 7).

Dado que el poeta dice מַגִּיד (cf. מַגִּיד דְּבָרָו לְיַעֲקֹב, ha "manifestado" su palabra a Jacob) y no הִגִּיד (que podría aplicarse mejor a la Ley o Torá), podemos pensar que él se está refiriendo no solo al Pentateuco, sino también a los profetas, como continuadores de la manifestación de Dios, el Legislador. El *keré* דְּבָרָיו, ocasionado por los plurales de los miembros paralelos del verso, ofrece aún una visión más amplia de la revelación de Dios. Pero debemos mantener el *qetub* דְּבָרוֹ, con los LXX, Aquila, Teodoción, la Quinta, la Sexta y Jerónimo.

La palabra, que es el medio de la norma y ley cósmica de Dios ha venido a revelarse como fuente de salvación para Israel, expresándose en estatutos y juicios, elevando de esa forma a Israel a un estadio legal más alto, fundado en la ley positiva de Dios, que ninguna otra nación del mundo ha poseído.

El Aleluya final (147, 20) no es una palabra de exultación en contra de las otras naciones que no han podido conocer la ley positiva de Dios, sino que (cf. Dt 4, 7; Bar 4, 4) pone de relieve solamente el hecho de que a Israel se le ha concedido la posesión de esa ley. En otros lugares de la Biblia se afirma con frecuencia que está posesión de la Ley por Israel tiene la finalidad de que la salvación pueda convertirse en propiedad común de todos los pueblos.

---

56. Los LXX (Itálica, Vulgata) ponen κρύσταλλον, i. e., es decir, hielo, de la raíz κρυ, que es helar, congelar (Jerónimo *glaciem*) *¿Quid est crystallum?* ¿Qué es el cristal? pregunta Agustín, y responde: "*Nix est glacie durata per multos annos ita ut a sole vel igne facile dissolvi non possit*" (es la nieve, convertida en hielo, durante muchos años, de manera que no puede disolverse fácilmente ni por el sol ni por el fuego).

Salmo 148. Aleluya de todas las creaturas del cielo y de la tierra

¹ הַלְלוּ יָהּ ׀ הַלְלוּ אֶת־יְהוָה מִן־הַשָּׁמַיִם הַלְלוּהוּ בַּמְּרוֹמִים:

² הַלְלוּהוּ כָל־מַלְאָכָיו הַלְלוּהוּ כָּל־(צְבָאוֹ) [צְבָאָיו]:

³ הַלְלוּהוּ שֶׁמֶשׁ וְיָרֵחַ הַלְלוּהוּ כָּל־כּוֹכְבֵי אוֹר:

⁴ הַלְלוּהוּ שְׁמֵי הַשָּׁמָיִם וְהַמַּיִם אֲשֶׁר ׀ מֵעַל הַשָּׁמָיִם:

⁵ יְהַלְלוּ אֶת־שֵׁם יְהוָה כִּי הוּא צִוָּה וְנִבְרָאוּ:

⁶ וַיַּעֲמִידֵם לָעַד לְעוֹלָם חָק־נָתַן וְלֹא יַעֲבוֹר:

⁷ הַלְלוּ אֶת־יְהוָה מִן־הָאָרֶץ תַּנִּינִים וְכָל־תְּהֹמוֹת:

⁸ אֵשׁ וּבָרָד שֶׁלֶג וְקִיטוֹר רוּחַ סְעָרָה עֹשָׂה דְבָרוֹ:

⁹ הֶהָרִים וְכָל־גְּבָעוֹת עֵץ פְּרִי וְכָל־אֲרָזִים:

¹⁰ הַחַיָּה וְכָל־בְּהֵמָה רֶמֶשׂ וְצִפּוֹר כָּנָף:

¹¹ מַלְכֵי־אֶרֶץ וְכָל־לְאֻמִּים שָׂרִים וְכָל־שֹׁפְטֵי אָרֶץ:

¹² בַּחוּרִים וְגַם־בְּתוּלוֹת זְקֵנִים עִם־נְעָרִים:

¹³ יְהַלְלוּ אֶת־שֵׁם יְהוָה כִּי־נִשְׂגָּב שְׁמוֹ לְבַדּוֹ הוֹדוֹ עַל־אֶרֶץ וְשָׁמָיִם:

¹⁴ וַיָּרֶם קֶרֶן ׀ לְעַמּוֹ תְּהִלָּה לְכָל־חֲסִידָיו לִבְנֵי יִשְׂרָאֵל עַם־קְרֹבוֹ הַלְלוּ־יָהּ:

¹ Aleluya. Alabad a Jehová desde los cielos; alabadlo en las alturas.

² Alabadlo, vosotros todos sus ángeles; alabadlo, vosotros todos sus ejércitos.

³ Alabadlo, sol y luna; alabadlo, todas vosotras, lucientes estrellas.

⁴ Alabadlo, cielos de los cielos y las aguas que están sobre los cielos.

⁵ Alaben el nombre de Jehová, porque él mandó, y fueron creados.

⁶ Los hizo ser eternamente y para siempre; les puso ley que no será quebrantada.

⁷ Alabad a Jehová desde la tierra, los monstruos marinos y todos los abismos,

⁸ el fuego y el granizo, la nieve y el vapor,

y el viento de tempestad que ejecuta su palabra;

⁹ los montes y todos los collados, el árbol de fruto y todos los cedros;

¹⁰ la bestia y todo animal, reptiles y volátiles.

¹¹ Los reyes de la tierra y todos los pueblos,

los príncipes y todos los jueces de la tierra;

¹² los jóvenes y también las doncellas, los ancianos y los niños.

¹³ Alaben el nombre de Jehová, porque solo su nombre es enaltecido.

Su gloria es sobre tierra y cielos.

¹⁴ Él ha exaltado el poderío de su pueblo; ¡alábenlo todos sus santos,

los hijos de Israel, el pueblo a él cercano! ¡Aleluya!

Después que el Aleluya anterior ha puesto de relieve la autoatestación de Yahvé en referencia al pueblo de la revelación, presentando como tema de su alabanza el gobierno universal del Dios poderoso y todobenevolente en el mundo, el mismo salmista convoca ahora a todas las creaturas del cielo y de la tierra, y de un modo especial al conjunto de la humanidad, a todos los pueblos y clases sociales, a todas las razas y edades, para que se junten en un mismo concierto de alabanza dirigida al nombre de Yahvé, dándole gracias por el poder y el honor que ha concedido a su pueblo, y que lo ha hecho precisamente ahora, una vez más, reuniendo a los israelitas del exilio, de forma que Jerusalén se eleve de nuevo como ciudad reconstruida, surgiendo de sus ruinas.

El himno de los tres jóvenes del horno de fuego, que ha sido interpolado en el texto de Daniel de los LXX, en el cap. 3, es en gran parte una imitación de este salmo. En el lenguaje de la liturgia, este salmo ocupa un lugar especial en la alabanza de Laudes, entre los veinte salmos aleluyáticos. En esa línea los tres salmos finales con los que culmina el Salterio (Sal 148-149-150) se llaman himnos, αἶνοι, y en siríaco *shabchuh* (alabadle a él).

En este salmo se vincula la más alta conciencia de fe con la más honda contemplación del mundo. La iglesia aparece aquí como directora de coro del universo. Ella sabe que su experiencia tiene un significado central y universal para toda la creación; ella reconoce que la misericordia (la amante ternura) que Dios le ha ofrecido como lote es digna de poner en marcha un movimiento de alegría entre todos los seres del cielo y de la tierra.

Por eso ella, la Iglesia, no invoca solo a todos los seres del cielo y de la tierra que comparten una misma comunión de pensamiento, de palabra y libertad, sino que llama también al sol, a la luna y las estrellas, al agua, a la tierra, al fuego y el aire, con las montañas, bosques y animales, llamando igualmente a los fenómenos naturales, como el granizo, la nieve y la niebla, para que alaben a Dios. ¿Cómo debe explicarse esto? La manera más fácil de explicarlo consiste en decir que esto es solo una figura del lenguaje (Hupfeld); pero esa respuesta no aclara nada.

¿Se podrá decir que esta invitación exuberante, sin la precisión lógica de los pensamientos, va más allá de las fronteras de aquello que podemos decir? ¿Qué quiere el poeta, cuando llama a todos estos seres sin vida ni conciencia, pidiendo a todos ellos que alaben a Dios? ¿Significa eso que somos nosotros los que debemos alabarle en lugar de ellas? ¿Será como dice Teodoreto que las mismas creaturas tienen que enseñarnos el sentido de la sabiduría de Dios, de forma que por medio de todas ellas podamos ofrecerle nuestra alabanza más alta en los Salmos? (καὶ τοῦ Θεοῦ τὴν σοφίαν καταμανθάνειν καὶ διὰ πάντων αὐτῷ πλέκειν τὴν ὑμνῳδίαν) ¿Será que las mismas creaturas alaban a Dios, pudiendo a su manera vincularse al gran concierto de alabanza divina que elevan ángeles y hombres?

Todas estas explicaciones son insuficientes. La invitación que el salmista dirige a todas las creaturas tiene la finalidad de que ellas vengan a ser, a su manera, un eco y una reflexión de la gloria divina, de forma que puedan participar a su manera en el gozo y grandeza que Dios ha concedido a su pueblo después de su más intensa humillación.

Este deseo de alabanza se apoya, antes que nada, en la gran verdad de que el camino que la iglesia está atravesando y que lleva a través del sufrimiento a la gloria tiene como fin no solo la glorificación de Dios en sí mismo, sino al mismo tiempo, la glorificación de Dios en y por todas las creaturas, de manera que esa glorificación, a semejanza de la humanidad transformada (glorificada) sea un espejo brillante de la doxa divina, y el himno encarnado de un millar de voces que se elevan para glorificar a Dios. En esa línea, las llamadas que aparecen también en Is 44, 23; 49, 13, cf. Sal 2, 9, y las descripciones de Is 35, 1; 41, 19; 55, 12, proceden de la misma visión que Pablo ha expresado claramente desde la perspectiva del Nuevo Testamento en Rom 8, 18.

148, 1–6. Esta llamada a la alabanza no empieza a subir paso a paso, desde lo más bajo a lo más alto, sino que empieza de repente, en las esferas más altas y lejanas de la creación. El lugar desde el que debe comenzar la alabanza, antes de todos los demás, se identifica con los cielos. Esa alabanza ha de empezar por tanto en las alturas, desde la cumbre de los cielos, esto es, con los mismos cielos (Job 16, 19; Job 25, 2; Job 31, 2).

Ciertamente, el מִן (cf. הַלְלוּ אֶת־יְהוָה מִן־הַשָּׁמַיִם, alabad a Yahvé desde los cielos) podría indicar también *desde el origen* tanto de los cielos como de los seres celestes (cf. Sal 68, 27), pero la construcción en paralelo con בַּמְּרוֹמִים (cf.: הַלְלוּהוּ בַּמְּרוֹמִים, alabadlo en/con las alturas) nos indica que debemos alabar a Dios en/con los cielos.

Sal 148, 2-4 nos dice quiénes son los que han de alabar allí a Dios: primero los ángeles, mensajeros del gobernante del mundo, todos sus ejércitos, es decir, ángeles y estrellas, porque צְבָא, *qetub* (צְבָאָיו, *keré*, como en el Sal 103, 21), es el nombre de su ejército celestial, armado de luz, bajo el mando de Dios *Sebaot* (cf. *Coment.* a Gen 2, 1), un nombre que incluye tanto las estrellas (e. g., en Dt 4, 19) como los ángeles (e. g., en Jos 5, 14; 1 Rey 22, 19). Ángeles y estrellas aparecen unidos también así en otros pasajes de la Escritura (e. g., Job 38, 7).

Cuando el salmista llama a esos seres de luz para que alaben a Yahvé no expresa meramente su gozo por lo que ellas hacen siempre, bajo toda circunstancia (Hengstenberg), sino que está vinculando el mundo celeste con el terrestre, la iglesia de arriba con la de aquí abajo (véase *Coment.* a Sal 29; Sal 103), matizando así el sentido de la alabanza de los seres de la tierra, de manera que ella sea como un eco de la alabanza de los seres celestiales, unidos todos de manera armónica.

Los cielos de los celos (cf. 148, 4: הַלְלוּהוּ שְׁמֵי הַשָּׁמַיִם) son, como en Dt 10, 14; 1 Rey 8, 27; Ecl 16, 18, *passim*, los cielos que se encuentran más allá de los "cielos de la tierra", que fueron creados el cuarto día, de manera que se encuentran más allá de las más altas esferas.

Las aguas que se encuentran por encima de los (primeros) cielos son conforme a Hupfeld "un producto de la fantasía, como los cielos superiores y el conjunto de sus habitantes" (desde una perspectiva física). Pero, en general, aunque no sean una realidad que podamos conocer de la misma forma que conocemos este mundo de abajo, los "elementos sustanciales" de ese mundo superior tienen una entidad que la Escritura conoce y describe de un modo simbólico. Desde su primera página a la última, la Escritura reconoce la existencia de unas aguas celestiales, que se relacionan con las aguas de la lluvia, como si estas aguas de la lluvia fueran una especie de signo de las aguas superiores (cf. Gen 1, 7).

Sean como sean, todos los seres que forman parte del mundo superior, que la Escritura conoce como "cielos", han de alabar el nombre de Yahvé, porque el Dios de Israel es aquel que por medio de su "hágase" o *fiat* de su creación (צוה, como אמר en el Sal 33, 9[57], cf. כִּי הוּא צִוָּה וְנִבְרָאוּ, porque él lo mandó y fueron creados) hizo que los cielos y todos sus "ejércitos" existieran y existan (Sal 33, 6).

Ha sido Dios quien ha creado todos esos seres, que antes no existían. Así se expresa, por ejemplo, en Neh 6, 7, cf. וַיַּעֲמִידֵם לָעַד לְעוֹלָם, y los hizo para que duren eternamente y para siempre (con הֶעֱמִיד, causativo de עמד, cf. Sal 33, 9; Sal 119, 91 y Sal 111, 8), es decir, para mantenerse sin cesar en el puesto para el que Dios les ha destinado.

Dios ha proclamado una ley (חק) por la que queda fijado el carácter distintivo de cada uno de esos seres (estrellas), desde la perspectiva de su naturaleza y de su relación con las otras estrellas, y ninguna transgrede o rechaza la ley que se le ha dado. De esa manera ha de entenderse 148, 6: חָק־נָתַן וְלֹא יַעֲבוֹר, les puso una ley que no será quebrantada (cf. Job 14, 5; Jer 5, 22; Job 38, 10; Sal 104, 9).

En esa línea, partiendo de Jer 31, 36 y de Jer 33, 20, puede entenderse la forma por la que Dios mantiene de un modo inviolable el orden de la naturaleza, respondiendo a la forma de ser de cada cosa, θεοπρεπῶς. Según eso, como muestra el texto paralelo de Jer 5, 22, el sujeto de la frase, esto es, el agente de la creación es el mismo Dios en persona, no la ley, a pesar de lo que piensan, siguiendo a los LXX, autores como Ewald y Maurer, con el siríaco, la itálica, Jerónimo y Kimchi. En combinación con חק, עבר (cf. וְלֹא יַעֲבוֹר) significa siempre transgredir, no cumplir. En ese contexto, el salmo pone de relieve el hecho de que todas las cosas han de cumplir y cumplen la voluntad de Dios que las ha creado.

148, 7-14. La llamada a la alabanza de Yahvé se vuelve ahora, en la segunda parte del salmo, una invitación a la tierra y a todos los seres que pertenecen a ella, en el sentido más extenso de la palabra. Aquí también, la expresión מִן־הָאָרֶץ, lo mismo que מִן־הַשָּׁמַיִם, en el Sal 148, 1, se refiere al lugar en el que resuena la alabanza, no a los seres que en ese lugar habitan, como en el Sal 10, 18.

---

57. La interpolación del miembro paralelo de los LXX, αὐτὸς εἶπεν καὶ ἐγενήθησαν, él habló y fueron hechas, está tomada de este pasaje.

La invitación se dirige en primer lugar a los monstruos del mar o dragones (cf. Sal 74, 13), como Píndaro dice en *Nem* III, 23s: θῆρας ἐν πελάγεῖ ὑπεροχους (las bestias que se encuentran en el océano); y también a los abismos de aguas (תהמות) por encima y dentro de la tierra. Así vienen a expresarse los cuatro fenómenos de la naturaleza (agua y fuego, tierra y viento), descendiendo por un lado de los cielos, y ascendiendo por otro hacia los cielos, fenómenos que han sido distribuidos en el Sal 148, 8 conforme a un modelo de quiasmo u oposición, como fuego y humo (קטור), granizo y nieve, etc. Vemos también aquí relaciones de aposición como la que se da entre el viento y la tormenta (סערה רוח, como en el Sal 107, 25) que, a pesar de su carácter, al parecer caprichoso e intratable, realiza también la obra de Dios.

En esa línea (en 148, 8), lo que se dice de la tormenta se aplica también al fuego…, indicando así que todos los fenómenos de la naturaleza son mensajeros y servidores de Dios, cf. Sal 104, 4; Sal 103, 20. Cuando desea indicar que esos fenómenos pueden unirse en concierto con el resto de las creaturas, para cantar la alabanza de Dios, el poeta omite o deja a un lado el hecho de que, con cierta frecuencia, esos mismos poderes se vuelven destructores, de forma que realizan el castigo judicial de Dios.

Lo que el poeta tiene ante su mente y lo que quiere poner de relieve es el hecho de que esos fenómenos, que a veces se vuelven destructores, que en Palestina son menos frecuentes que entre nosotros (granizo, nieve, hielo…), son expresiones de la grandeza de Dios, y de la relación que existe entre todos los seres, pues están destinados a glorificar a Dios, siendo ellos mismos así glorificados.

Los siguientes versos (148, 9-10) nos conducen hacia las montañas que se elevan como torres hacia el cielo y hacia las alturas de la tierra. Esos versos hablan también de los árboles frutales y los cedros, que son los más grandes de los bosques.

El salmo habla de las fieras salvajes, a las que llama חַיָּה וְכָל־בְּהֵמָה, porque representan los poderes más activos y fuertes de la vida en el mundo animal, recordando también a los cuadrúpedos, especialmente a los animales domésticos, de cuatro patas, llamados en especial בהמה. Con ellos están los reptiles, que se arrastran (רמש), formando parte de la tierra en la que se mueven. Finalmente, el texto se refiere a los pájaros o aves, a quienes se describe como seres alados, צפור כנף, cf. Dt 4, 17; Gen 7, 14; Ez 39, 17, en vez de עוף כנף, como en Gen 1, 21.

Pero así como la llamada y mensaje del Sal 103 encuentra su centro de gravedad, por así decirlo, en último término, en el alma del hombre, así también, en este salmo 148 la llamada a la alabanza se dirige finalmente a la humanidad entera (cf. מַלְכֵי־אֶרֶץ וְכָל־לְאֻמִּים, a los reyes de la tierra y a todos los pueblos), y eso porque la humanidad vive dividida en naciones, bajo un tipo de ley que las vincula a todas, empezando por su cabeza, que son los reyes, es decir, aquellos que gobiernan sobre la tierra, dividida en diversos países. En esa línea, el texto empieza hablando de los príncipes y de todos aquellos que tienen el poder supremo sobre la tierra, para ocuparse después de los seres humanos, varones, mujeres y de todas las edades.

Todos los seres, mencionados a partir de 148, 1 tienen que alabar el nombre de Yahvé, porque únicamente Él (el Dios de ese nombre, que es Yahvé, cf. Is 2, 11; Sal 72, 18) es נשׂגב o enaltecido (cf. 148, 13: כִּי־נִשְׂגָּב שְׁמוֹ לְבַדּוֹ, porque solo su nombre es enaltecido), es tan alto que ningún otro nombre le alcanza, ni puede compararse con él. Su Nombre (su autotestimonio de Gloria) se extiende sobre tierra y cielo (cf. Sal 8, 2).

La partícula כִּי (כִּי־נִשְׂגָּב שְׁמוֹ לְבַדּוֹ) introduce el tema y razón de la alabanza, como algo que es claro y evidente para los que creen, pues saben que solo Yahvé es el nombre supremo. Aquí se funda el deseo del poeta, que se extiende a todos los seres del cielo y de la tierra, desde los más cercanos a los más lejanos, cuya tarea y sentido principal consiste en הַלְלוּ אֶת־יְהוָה, alabar a Yahvé (cf. Gen 2, 4).

El Sal 148, 14 continúa el tema del objeto y fundamento de la alabanza. El motivo del cual deriva esta llamada de todas las creaturas a la alabanza de Dios (Aleluya) proviene de la nueva y más alta misericordia que Dios ha mostrado hacia su pueblo, y esa misericordia es, al mismo tiempo, la meta final a la que debe tender esa alabanza. Desde esa perspectiva, la iglesia de Dios en la tierra es el punto central del universo y en ella se expresa el sentido de la historia del mundo, pues la glorificación de Dios es el punto de partida de la transformación del universo.

La palabra clave es ahora וַיָּרֶם קֶרֶן לְעַמּוֹ, él ha exaltado el cuerno de su pueblo, como en el Sal 132, 17, donde se dice "yo haré que brote el cuerno de David". En ambos casos, el cuerno es un poder que la persona o pueblo antes no poseía, pero que se le ha dado (de un modo algo distinto al que aparece en Sal 89, 18. 25; 92, 11, *passim*).

El Israel del exilio había perdido su cuerno, es decir, su capacidad activa, su poder defensivo y ofensivo. Pero Dios ha vuelto a dar a los israelitas su cuerno, un cuerno elevado, haciendo que Israel alcance de nuevo su independencia entre los pueblos, logrando ser respetado por ellos. En el Sal 132, donde el cuerno es un objeto o elemento de la promesa de futuro, podemos identificarlo directamente con el Retoño (Zemach). Aquí, donde el poeta habla de su propio tiempo este no puede ser el significado que se asocia con sus palabras.

Lo que sigue después es una aposición a וַיָּרֶם קֶרֶן לְעַמּוֹ: Dios ha exaltado el cuerno de su pueblo, de forma que deben alabarle (cf. en el N. T., εἰς ἔπαινον, para gloria) todos sus santos (כָל־חֲסִידָיו, todos sus *hasidim*), los hijos de Israel, el pueblo elegido de Dios. Israel se llama así עם קרבו, el pueblo de la cercanía o vecindad de Dios (Köster) o como Jerusalén se llama en Ecl 8, 10, מְקוֹם קָדוֹשׁ, lugar santo (Ewiger, 287, a, b).

Así se podría decir, según Lev 10, 3, que Israel es עם קרביו, la nación de aquellos que están cerca de Él, de Dios, como traduce el Targum. En ambos casos,

עם es el nombre central de la frase, lo mismo que גבר en עמיתי גבר, Zac 13, 7, que no significa solamente un hombre de mi cercanía, que vive cerca de mí, sino también un hombre de mi vecindad, el hombre más cercano, como indica Ewiger (cf. *Coment.* a Sal 145, 10). Israel es, por tanto, el pueblo que se define por su cercanía respecto a Dios.

No es necesario, como hacen Olshausen y Hupfeld, pensar que se trata de una construcción de adjetivo, como עם קרוב לו, pueblo que está cerca de él. Resulta preferible pensar que se trata de una aposición, como ha visto Hitzig, siguiendo a Aben-Ezra: tu pueblo, tu cercano (לִבְנֵי יִשְׂרָאֵל עַם־קְרֹבוֹ, los hijos de Israel, sus cercanos, sus vecinos). Este es un ejemplo de subordinación de genitivo, muy común en hebreo, en lugar de una coordinación apositiva, como en *populo propinqui sui*, pueblo cercano a él, un pueblo cuya propiedad esencial consiste en estar cerca de Dios.

Este es el sentido que tiene Israel en Dt 4, 7. De esa manera, siendo consciente de la dignidad que pertenece a su nombre, la nación de la historia de la salvación viene a presentarse en este salmo como dirigente de coro (*choragus*) de todas las creaturas, de manera que comienza proclamando un Aleluya que ha de ser seguido (coreado) por los cielos y la tierra.

Salmo 149. Aleluya: el Dios de la victoria y del pueblo elegido

1 הַלְלוּ יָהּ שִׁירוּ לַיהוָה שִׁיר חָדָשׁ תְּהִלָּתוֹ בִּקְהַל חֲסִידִים׃

2 יִשְׂמַח יִשְׂרָאֵל בְּעֹשָׂיו בְּנֵי־צִיּוֹן יָגִילוּ בְמַלְכָּם׃

3 יְהַלְלוּ שְׁמוֹ בְמָחוֹל בְּתֹף וְכִנּוֹר יְזַמְּרוּ־לוֹ׃

4 כִּי־רוֹצֶה יְהוָה בְּעַמּוֹ יְפָאֵר עֲנָוִים בִּישׁוּעָה׃

5 יַעְלְזוּ חֲסִידִים בְּכָבוֹד יְרַנְּנוּ עַל־מִשְׁכְּבוֹתָם׃

6 רוֹמְמוֹת אֵל בִּגְרוֹנָם וְחֶרֶב פִּיפִיּוֹת בְּיָדָם׃

7 לַעֲשׂוֹת נְקָמָה בַּגּוֹיִם תּוֹכֵחֹת בַּל־אֻמִּים׃

8 לֶאְסֹר מַלְכֵיהֶם בְּזִקִּים וְנִכְבְּדֵיהֶם בְּכַבְלֵי בַרְזֶל׃

9 לַעֲשׂוֹת בָּהֶם מִשְׁפָּט כָּתוּב הָדָר הוּא לְכָל־חֲסִידָיו הַלְלוּ־יָהּ׃

1 ¡Aleluya! Cantad a Jehová un cántico nuevo;
su alabanza sea en la congregación de los santos.

2 Alégrese Israel en su Hacedor; los hijos de Sión se gocen en su Rey.

3 Alaben su nombre con danza; con pandero y arpa a él canten,

4 porque Jehová tiene contentamiento en su pueblo;
hermoseará a los humildes con la salvación.

5 Regocíjense los santos por su gloria y canten aun sobre sus camas.

6 Exalten a Dios con sus gargantas y con espadas de dos filos en sus manos,

7 para ejecutar venganza entre las naciones, castigo entre los pueblos;

⁸ para aprisionar a sus reyes con grillos y a sus nobles con cadenas de hierro;
⁹ para ejecutar en ellos el juicio decretado.
Gloria será esto para todos sus santos. ¡Aleluya!

Este salmo ha de situarse, como hemos visto ya al tratar el Sal 147, en el tiempo de la restauración, bajo Esdras y Nehemías. Este nuevo canto evoca (y nos invita a cantar) el poder supremo que Israel ha conseguido por su misma forma de ser sobre el mundo de las naciones. Así como en 148, 14 el hecho de que Dios ha hecho surgir un cuerno para su pueblo se presenta como תְּהִלָּה לְכָל־חֲסִידָיו, alabanza para todos su santos, así también aquí en el Sal 149, 9 el hecho de que Israel tome venganza sobre todas las naciones con sus jefes se llama de igual forma הָדָר הוּא לְכָל־חֲסִידָיו, Gloria para todos sus santos.

Los Santos Padres tenían la opinión de que con esto se refería a las guerras y victorias de los macabeos, a las que aquí se alude proféticamente. Pero el contenido de este salmo puede explicarse mejor en el contexto de la nueva autoconciencia nacional fortalecida en el período que sigue a Ciro. El punto de partida se parece al que está en el fondo del libro de Ester.

La nueva iglesia espiritual del Nuevo Testamento no puede orar como lo hace aquí la iglesia nacional del Antiguo. Bajo la ilusión de que este salmo puede interpretarse sin ninguna transmutación espiritual, Sal 149, 1-9 se ha convertido en lema de los más horribles errores. Con la ayuda de este salmo que, como dice Bakius no está escrito con tinta, sino con sangre, Caspar Scloppius, en su libro clásico sobre la Guerra Santa, inflamó a los príncipes romano-católicos en la guerra religiosa de los Treinta Años. Y por su parte, en la Iglesia Protestante, Thomas Münzer utilizó este salmo para encender la Guerra de los Campesinos.

Los cristianos no pueden utilizar directamente este salmo, y hacerlo propio, pues ellos deben aceptar ante todo la advertencia apostólica, según la cual, las armas de nuestra guerra no son carnales (2 Cor 10, 4). Según eso, la oración cristiana tiene que transponer la letra de este salmo e interpretarla con el espíritu del Nuevo Testamento. Pero, al mismo tiempo, el comentarista cristiano tiene que interpretar el sentido de esta porción de la Escritura del Antiguo Testamento desde el contexto de su historia contemporánea.

149, 1-5. En un período en el que la Iglesia está renovando su juventud y acercándose a la forma que debe finalmente asumir, tiene necesidad de expresar su ideal con nuevos cantos. Esta nueva era está ahora amaneciendo para la iglesia de los santos, para el Israel que ha permanecido fiel a su Dios y a la fe de sus antepasados.

Israel tiene que alegrarse por su autor (cf. יִשְׂמַח יִשְׂרָאֵל בְּעֹשָׂיו, alégrese Israel por su creador). Ese creador es עֹשָׂיו, con sufijo plural, como עֹשָׂי en Job 35, 10, עֹשֵׂיךְ en Is 54, 5, cf. עֹשׂוֹ en Job 40, 19, aunque Hupfeld y Hitzig piensen que es singular (cf. Ewiger, 256b, Gesenius, 93, 9). Este salmo muestra que Yahvé es el Preservador y Rey de Sión, que no puede abandonar por mucho tiempo a los hijos de Sión bajo el poder extranjero, porque él ha escuchado el gemido de los exilados (Is 63, 19; Is 26, 13).

Por eso, la iglesia, nuevamente acogida por su Dios y su Rey, tiene que celebrarle, a él cuyo Nombre brilla de nuevo en su historia, con danzas festivas, panderos y cítaras, porque (por una razón que hasta ahora solo había sido débilmente evocada, pero que ahora se expresa plenamente) Yahvé se ha complacido en su pueblo. En comparación con su misericordia, la ira de Dios no es más que un momento pasajero (Is 54, 7).

Los futuros que ahora siguen en 149, 4-5 expresan aquello que ha de suceder en este tiempo. Los ענוים (cf. יְפָאֵר עֲנָוִים בִּישׁוּעָה, hermoseará a los humildes con la salvación) son aquí, como con frecuencia, una indicación de la *ecclesia pressa*, la iglesia oprimida, que en medio de una paciente resistencia y sufrimiento, está esperando la acción redentora del mismo Dios.

Ese Dios adorna a los santos con la victoria, con la ישׁוּעה, que es la ayuda en contra del mundo hostil. Por eso, los santos, antes esclavizados y oprimidos, se alegran y exultan con la cítara o salterio בכבוד, por el honor con el que Dios les vindica, les venga y protege ante el mundo, haciéndoles a ellos destinatarios de ese honor (ese es también el sentido que tiene 1 Mac 10, 60; 14, 4-5, cf. Grimm *in loco*, comentando la expresión μετὰ δόξης).

Por eso, los santos tienen que gritar de alegría en los lechos, en los que hasta ahora habían derramado su lamento (cf. Os 7, 14), suspirando ardientemente por un futuro mejor (Is 26, 8). Los lechos que eran antes lugar de tristes soliloquios (Sal 4, 5), para derramar lágrimas en ellos (Sal 6, 7) están ahora llenos de cantos de alegría, en el caso de Israel.

149, 6-9. La mirada se dirige ahora al futuro. El pueblo actual ha logrado alcanzar de nuevo, por medio de su Dios, una alta autoconciencia, la conciencia de su destino, que consiste en someter bajo el Dios de Israel a todo el mundo de las naciones. A causa de la nueva exaltación que ellos han experimentado, su garganta se encuentra ahora llena de palabras y cantos que glorifican a Yahvé, con רוממות (cf. רוֹמְמוֹת אֵל בִּגְרוֹנָם, exaltando a Dios con sus gargantas), que es plural de רומם, o, según otra lectura, con רומם (Sal 56, 1-13).

De esa manera, como siervos de ese Dios, Señor justo de todas las naciones (Sal 82, 8), esos santos llevan en sus manos espadas de muchas bocas o filos (חֶרֶב פִּיפִיּוֹת), con el fin de conseguir la victoria a favor de la verdadera religión, como hicieron los macabeos poco tiempo más tarde: ταῖς μὲν χερσὶν ἀγωνιζόμενοι ταῖς δὲ καρδίαις πρὸς τὸν Θεόν εὐχόμενοι, luchando con las manos, orando a Dios con los corazones (2 Mac 15, 27).

El significado de 149, 9 (para ejecutar el juicio decretado, ello será gloria...) resulta diferente según tomemos esta línea como coordinada o subordinada a la anterior. Si se toma como subordinada, ello implicaría que la ejecución de la condena sobre aquellos a quienes se aplica, lo mismo que el מִשְׁפָּט כָּתוּב o juicio prescrito se referiría a actos concretos, prescritos por la ley, como en Num 31, 8; 1 Sam 15, 32 (Hitzig). Pero resulta evidente que el poeta lírico no quiere referirse aquí a normas concretas o leyes específicas al referirse a la ejecución (condena a muerte) de los gobernantes de la tierra conquistada por los israelitas. Por eso, estas palabras no se pueden referir, sin más, al juicio de exterminio pronunciado por ciertas leyes contra las naciones de Canaán, por razones especiales de su tiempo.

Pero si el Sal 149, 9 se toma como oración coordinada a la anterior, entonces, el juicio consistiría en el despliegue total de aquello que ordena la ley, conforme al paralelo de Is 45, 14. Por eso, en relación con el juicio decretado o escrito (כָּתוּב מִשְׁפָּט), el poeta no tiene en su mente este o aquel pasaje de la Escritura, sino el testimonio de conjunto de la Ley y los Profetas, sabiendo que, conforme a ese testimonio, todos los reinos del mundo han de hacerse reinos de Dios y de su Cristo.

Ese sometimiento (y ciertamente no sin derramamiento de sangre) se realiza conforme a ley escrita o מִשְׁפָּט כָּתוּב de la Escritura, y para ello el mismo Yahvé tiene que hacer uso de su propia nación. Dado que el Dios que se venga y vindica a sí mismo es el mismo Dios de Israel, esta sumisión del mundo, por medio de Israel, se identifica con el esplendor y la gloria de Israel en amor dedicado a Yahvé. Según eso, la glorificación de Yahvé es también la glorificación de su pueblo.

Salmo 150. Aleluya final

הַלְלוּ יָהּ׀ הַלְלוּ־אֵל בְּקָדְשׁוֹ הַלְלוּהוּ בִּרְקִיעַ עֻזּוֹ׃ ¹
הַלְלוּהוּ בִגְבוּרֹתָיו הַלְלוּהוּ כְּרֹב גֻּדְלוֹ׃ ²
הַלְלוּהוּ בְּתֵקַע שׁוֹפָר הַלְלוּהוּ בְּנֵבֶל וְכִנּוֹר׃ ³
הַלְלוּהוּ בְתֹף וּמָחוֹל הַלְלוּהוּ בְּמִנִּים וְעוּגָב׃ ⁴
הַלְלוּהוּ בְצִלְצְלֵי־שָׁמַע הַלְלוּהוּ בְּצִלְצְלֵי תְרוּעָה׃ ⁵
כֹּל הַנְּשָׁמָה תְּהַלֵּל יָהּ הַלְלוּ־יָהּ׃ ⁶

¹ ¡Aleluya! Alabad a Dios en su santuario;
alabadlo en la magnificencia de su firmamento.

² Alabadlo por sus proezas;
alabadlo conforme a la muchedumbre de su grandeza.

³ Alabadlo a son de bocina; alabadlo con salterio y arpa.

⁴ Alabadlo con pandero y danza; alabadlo con cuerdas y flautas.

⁵ Alabadlo con címbalos resonantes; alabadlo con címbalos de júbilo.

⁶ ¡Todo lo que respira alabe a Jah! ¡Aleluya!

La llamada para alabar a Dios con danza y pandero del Sal 149 aparece aquí de nuevo en 150, 4, pero con la introducción anterior de todos los instrumentos; y no se dirige ya solo a Israel, sino a todas las almas individuales.

150, 1–5. La sinagoga reconoce trece atributos divinos conforme a Ex 34, 6ss (מִדּוֹת עֶשְׂרֵה שְׁלֹשׁ), a los cuales corresponden, según Kimchi, los trece הַלֵּל de ese salmo. Pero es más probable que el poeta tenga en su mente los diez הַלְלוּ, rodeados por aleluyas, pues el diez es el número de la plenitud, de la exclusividad y de aquello que nunca puede consumirse. Las precisiones del Sal 150, 1 se relacionan atributivamente a Dios y designan aquello que es celestial, pues pertenece al otro mundo, como objeto de alabanza.

- *Primer y segundo hălalu* (150, 1). La palabra בְּקָדְשׁוֹ, en su santuario, tiene posiblemente un sentido local (se refiere al templo de Jerusalén), pues las palabras קֹדֶשׁ y קֹדֶשׁ קָדָשִׁים (santo y santo de los santos) se aplican al tabernáculo y al templo; pero en este pasaje parece aplicarse al הֵיכָל o templo celeste donde habita Dios en la altura. En esa línea, בִּרְקִיעַ עֻזּוֹ alude al firmamento de la gloria de Dios como expansión de su omnipotencia y testimonio de su omnipresencia (Sal 68, 35), pero no en relación con su delantera, dirigida hacia la tierra, sino con su parte trasera o interior, que se vuelve al mundo celestial, que se separa así del mundo terreno.
- *El tercer y cuarto hălalu* (150, 2: הַלְלוּהוּ בִגְבוּרֹתָיו הַלְלוּהוּ כְּרֹב גֻּדְלוֹ) presentan como objeto de canto aquello que es, al mismo tiempo, el fundamento de su alabanza, esto es, la expresión de su גְּבוּרָה (es decir, de su fuerza que todo lo somete) y la plenitud de su גֻּדְלוֹ (su grandeza en cuanto tal, como absoluta e infinita).
- *El quinto y sexto hălalu* (150, 3: הַלְלוּהוּ בְּתֵקַע שׁוֹפָר הַלְלוּהוּ בְּנֵבֶל וְכִנּוֹר) introducen en ese concierto de alabanza a Dios el cuerno de macho cabrío, es decir, el שׁוֹפָר, nombre que se suele aplicar también, pero impropiamente, a la trompeta metálica o חֲצֹצְרָה (véase Sal 81, 4), y los dos tipos de instrumentos de cuerda (véase Sal 33, 2), que son la nabla o נֵבֶל (i. e., el arpa y la lira) y el kinnor o כִּנּוֹר (que es la cítara), que corresponden en los LXX al ψαλτήριον y la κιθάρα (κινύρα).
- *El séptimo hălalu* (150, 4a) invita a la danza festiva, para la que el principal instrumento de acompañamiento es la תֹּף (árabe *duff*, español adufe, derivado del árabe morisco) o un tipo de tamboril.
- *El octavo hălalu* (150, 4b) evoca los instrumentos de cuerda en general, que son el מִנִּים (cf. Sal 45, 9) de מִן, siríaco *menîn*, y un tipo de gaita de pastores, עֻגָב (igual a עוּגָב).

— *Finalmente, el noveno y décimo hălalu* (150, 5) presentan dos tipos de castañuelas (con צְלְצְלֵי, forma constructa de צְלְצְלִים, singular צֶלְצָל), que son como címbalos pequeños, con sonido claro, profundo y ruidoso (cf. κύμβαλον ἀλαλάζον, 1 Cor 13, 1), con צִלְצְלֵי שָׁמַע (forma pausal de שָׁמַע, como סֵתֶר en Dt 27, 15) y תְּרוּעָה צִלְצְלֵי que, según Schlultens, Pfeifer, Burk, Köster y otros, se distinguen entre sí.

150, 6. Hasta aquí, la llamada a la alabanza se ha dirigido a personas, que no han sido mencionadas por su nombre, pero los instrumentos musicales, evocados de modo conjunto, se refieren de un modo específico a todo Israel. Es normal que al final se amplíe la referencia y se aluda a "todo ser que respira", esto es, a todos los vivientes dotados de aliento de vida (Hebreo: חַיִּים נִשְׁמַת, entre los que se incluye la humanidad entera).

El salterio concluye así con una especie de "todos" (de *tutti*). Habiéndose elevado a través de cinco escalones, este salmo final se sitúa por encima de todo, como si quisiera ofrecernos una visión de la totalidad del universo, allí donde, como dice Gregorio de Nisa, las cosas que habían sido desunidas y dispersadas por el desorden del pecado, vuelven a reunirse armoniosamente, unidas por una especie de danza coral (εἰς μίαν χοροστασίαν), de forma que el coro de la humanidad, unido al coro de los ángeles, aparece como un címbalo que proclama la alabanza divina, saludando con un canto final de victoria y con gritos de alegría al Dios conquistador triunfante (τῷ τροπαιούχῳ) de todo.

Ya no hay necesidad de una *beraká* final, ni es necesario ningún amén (como en el Sal 106, 48; cf. 1 Cron 16, 36). El aleluya lo incluye y desborda todo.